D1689241

Kühnen Handbuch der Patentverletzung
11. Auflage

Handbuch der Patentverletzung

Von

Dr. Thomas Kühnen
Vorsitzender Richter am OLG Düsseldorf

11. Auflage

Carl Heymanns Verlag 2019

Zitiervorschlag: Kühnen, Hdb. Patentverletzung, 11. Aufl., Kap A Rdn. 123

Bibliografische Information der Deutschen Nationalbibliothek

Die Deutsche Nationalbibliothek verzeichnet diese Publikation in der Deutschen Nationalbibliografie; detaillierte bibliografische Daten sind im Internet über http://dnb.d-nb.de abrufbar.

ISBN 978-3-452-29123-3

Die 1.–4. Auflage erschien unter »Kühnen/Geschke, Die Durchsetzung von Patenten in der Praxis«.

www.wolterskluwer.de
www.carl-heymanns.de

Alle Rechte vorbehalten.

© 2018 Wolters Kluwer Deutschland GmbH, Luxemburger Straße 449, 50 939 Köln.

Das Werk einschließlich aller seiner Teile ist urheberrechtlich geschützt. Jede Verwertung außerhalb der engen Grenzen des Urheberrechtsgesetzes ist ohne Zustimmung des Verlages unzulässig und strafbar. Das gilt insbesondere für Vervielfältigungen, Übersetzungen, Mikroverfilmungen und die Einspeicherung und Verarbeitung in elektronischen Systemen.

Verlag und Autor übernehmen keine Haftung für inhaltliche oder drucktechnische Fehler.

Umschlagkonzeption: Martina Busch, Grafikdesign, Homburg Kirrberg
Satz: mediaText Jena GmbH, Jena
Druck und Weiterverarbeitung: Williams Lea & Tag GmbH, München

Gedruckt auf säurefreiem, alterungsbeständigem und chlorfreiem Papier.

Vorwort

Mit der vorliegenden Bearbeitung erscheint die 11. Auflage des Handbuchs. Sie bringt die Kommentierung wie gewohnt auf den aktuellen Stand von Gesetzgebung und Rechtsprechung, wobei Änderungen und Entscheidungen bis einschließlich Oktober 2018 berücksichtigt sind.

Für Anregungen und Kritik, aber auch für die Übersendung nicht veröffentlichter Gerichtsentscheidungen ist der Autor weiterhin sehr dankbar. Sie werden unter der E-Mail-Adresse *thomas.kuehnen@olg-duesseldorf.nrw.de* oder per Post unter der Anschrift des *OLG Düsseldorf, Cecilienallee 3, 40474 Düsseldorf*, erbeten.

Krefeld, im Oktober 2018 — Thomas Kühnen

Inhaltsübersicht

Vorwort V
Hinweise für die Onlinenutzung XXVII
Abkürzungen. XXIX
Literatur XXXV

A.	**Schutzbereichsbestimmung**	1
I.	Rechtsgrundlagen	1
II.	Einige Grundregeln der Patentauslegung	2
III.	Zulässiges Auslegungsmaterial	30
IV.	Verständnishorizont	54
V.	Arten der Patentbenutzung	56
B.	**Sachverhaltsermittlung**	219
I.	Merkmalsgliederung	219
II.	Besichtigungsanspruch und Vorlageverpflichtung zur Sachaufklärung und Beweissicherung	220
III.	Vorlageverpflichtung zur Durchsetzung des Schadenersatzanspruchs	265
IV.	Grenzbeschlagnahme	268
V.	Industriestandard	284
VI.	Testkauf	285
VII.	Formalia des Klageschutzrechtes.	287
VIII.	Schutzfähigkeit des Klageschutzrechtes	291
IX.	Weitere Vorüberlegungen	294
C.	**Vorprozessuales**	327
I.	Abmahnung	327
II.	Berechtigungsanfrage	375
III.	Presseerklärung	378
IV.	»Torpedo«	379
D.	**Klageverfahren**	383
I.	Zuständigkeit.	383
II.	Aktivlegitimation	408
III.	Passivlegitimation	431
IV.	Klageansprüche	464
V.	Klageanträge	545
VI.	Klagebegründung	549
VII.	Checkliste für Kläger	553
E.	**Verteidigungsmöglichkeiten des Beklagten**	557
I.	Fehlende Verteidigungsaussichten	557
II.	Formelle Verteidigung	559
III.	Materielle Verteidigung	587
IV.	Checkliste für Beklagte	776
F.	**Rechtsmittelverfahren**	779
I.	Tatbestandsberichtigung	779
II.	Berufungsverfahren	779
III.	Revisionsverfahren	791
G.	**Sonstige Verfahren**	803
I.	Negative Feststellungsklage	803
II.	Einstweilige Verfügung	810
III.	Vollstreckungsabwehrklage, Restitutionsklage	869
IV.	Verzichtsurteil	885
V.	Nebenintervention	886

H.	Zwangsvollstreckungsverfahren	895
I.	Allgemeines	895
II.	Ordnungsmittelverfahren	916
III.	Zwangsmittelverfahren	942

I.	Schadenersatz	967
I.	Anspruchsberechtigter	967
II.	Anspruchsgegner	979
III.	Schadensberechnung	981
IV.	Schadensliquidation im Strafverfahren	1013
V.	Adhäsionsverfahren	1013
VI.	Rückgewinnungshilfe	1014

J.	Sonstiges	1015
I.	Sachverständigenbeweis	1015
II.	Zeugenbeweis	1050
III.	Fotobeweis	1051
IV.	Streitwert	1051
V.	Prozesskostenhilfe	1071

Entscheidungsregister	1081
Sachregister	1125

Inhalt

Vorwort	V
Hinweise für die Onlinenutzung	XXVII
Abkürzungen	XXIX
Literatur	XXXV

A.	**Schutzbereichsbestimmung**		1
I.	Rechtsgrundlagen		1
II.	Einige Grundregeln der Patentauslegung		2
	1. Vorrang des Anspruchs vor der Beschreibung		2
	2. Einheit von Anspruch & Beschreibung		3
	3. Ausführbarkeit & Selbstverständlichkeit		18
	4. Offenbarungsfragen		18
	5. Gattungsbezeichnung, Zusammensetzung		19
	6. Unteransprüche und Ausführungsbeispiele		19
	7. Falsa demonstratio		25
	8. »insbesondere«-Merkmal		26
	9. Disclaimer wegen unzulässiger Erweiterung		30
III.	Zulässiges Auslegungsmaterial		30
	1. Patentbeschreibung und Patentzeichnungen		30
	a) Angegriffene Ausführungsform beschrieben		31
	b) Angegriffene Ausführungsform nicht beschrieben		31
	aa) Legaldefinition		31
	bb) Gebräuchlicher Fachbegriff		32
	cc) Wortschöpfung		34
	dd) Funktionsorientierte Auslegung		34
	ee) Stand der Technik		43
	ff) Verfahrensanspruch		44
	gg) Wirkungsangaben		45
	hh) Maßgeblichkeit des Verletzungszeitpunktes		48
	ii) Wirkstoffkombination		49
	2. Erteilungsakte		50
	a) Grundsatz		50
	b) Ausnahme		51
	3. Einspruchs- oder Nichtigkeitsentscheidung		53
IV.	Verständnishorizont		54
	1. Durchschnittsfachmann		54
	2. Tatsachenfeststellung		54
	3. Anmelde- bzw Prioritätstag		55
V.	Arten der Patentbenutzung		56
	1. Wortsinngemäße Benutzung		56
	a) Technischer Wortsinn		57
	b) Product-by-process-Anspruch		63
	2. Äquivalente Benutzung		65
	a) Grundlagen		65
	aa) Gleichwirkung		65
	bb) Naheliegen		66
	cc) Orientierung am Patentanspruch		66
	b) Verfahrensrechtliches		89
	c) Patentierte Verletzungsform		90
	d) Einzelfälle		100
	aa) Fälle mangelnder Äquivalenz		100
	(1) Fehlende Gleichwirkung		100
	(2) Fehlende Orientierung am Anspruch		101
	bb) Fälle möglicher Äquivalenz		113
	cc) Zahlen- oder Maßangaben		113
	dd) Andere Begriffe		122

			ee)	Unbekanntes Ersatzmittel	122
		e)	Formstein-Einwand		123
			aa)	Voraussetzungen	124
			bb)	Grenzen	124
	3.	Unterkombination			125
	4.	Verbesserte bzw verschlechterte Ausführungsform			129
	5.	Parallelentscheidungen ausländischer Gerichte			130
	6.	Ergänzendes Schutzzertifikat			131
		a)	Schutzbereichsbestimmung		131
		b)	Sonderfall: Mehrere Zertifikate für denselben Wirkstoff		133
			aa)	Rechtsschutz gegenüber Dritten	134
				(1) Rechtskräftiges Urteil eines Zertifikatinhabers	134
				(2) Unterwerfungserklärung gegenüber einem Zertifikatinhaber	135
			bb)	Rechtsschutz gegenüber den anderen Zertifikatinhabern	136
	7.	Benutzungshandlungen			137
		a)	Territorium		137
			aa)	Küstenmeer	137
			bb)	Lieferkette Ausland-Ausland-Inland	137
		b)	Erzeugnisse		140
			aa)	Herstellen	141
				(1) Zwischenprodukt	141
				(2) Prodrug	142
				(3) Sonstiges	144
			bb)	Anbieten	144
				(1) Allgemeine Anforderungen	145
				(2) Weiterverwendung bildlicher Darstellungen	148
				(3) Auslandsbezüge	149
				(a) Inlandsmesse	151
				(b) Auslandsmesse	151
				(4) Internetangebote	152
				(a) Beweisrecht	153
				(b) Hyperlink	153
			cc)	Inverkehrbringen	154
			dd)	Gebrauchen	156
			ee)	Einführen und Besitzen	156
		c)	Verfahren		158
			aa)	Anwenden	158
			bb)	Anbieten	160
		d)	Unmittelbares Verfahrenserzeugnis		161
			aa)	Körperlichkeit, Herstellungsverfahren, Neuheit	162
			bb)	Unmittelbarkeit	164
				(1) Der chronologische Ansatz	164
				(2) Notwendigkeit eines erweiterten Patentschutzes	165
				(3) Verfahrenserzeugnis als Repräsentant des Erfindungswertes	168
				(4) Normative Begrenzung des Sachschutzes	169
		e)	Verwendungspatente		172
			aa)	Sinnfälliges Herrichten	173
			bb)	Zweite medizinische Indikation	176
				(1) Unmittelbare Patentbenutzung	177
				(2) Mittelbare Patentbenutzung	179
				(3) Spezial: Rabattverträge zur Kostendämpfung	180
			cc)	Verbotsumfang	182
	8.	Mittelbare Patentverletzung			183
		a)	Typische Anwendungsfälle		184
		b)	Voraussetzungen		186
			aa)	Anbieten und Liefern	186
			bb)	Mittel	187
			cc)	Wesentliches Element der Erfindung	187
			dd)	Doppelter Inlandsbezug	190
			ee)	Objektive Eignung zur unmittelbaren Patentbenutzung	190

			ff)	Mangelnde Berechtigung des Empfängers.	191
			gg)	Verwendungsbestimmung des Abnehmers	192
			hh)	Vorsatz des mittelbaren Verletzers.	194
		c)	Rechtsfolgen.	195
			aa)	Fehlen patentfreier Nutzungsmöglichkeit.	195
			bb)	Bestehen einer patentfreien Verwendungsmöglichkeit.	196
				(1) Anbieten.	196
				(2) Liefern	197
				(3) Sonderfälle	198
				(a) Wirkungslosigkeit des Warnhinweises.	198
				(b) Technische Gestaltungsmöglichkeiten	198
			cc)	Verwendung im privaten Bereich	199
			dd)	Vorgaben nur in Bezug auf den Verletzungsgegenstand	200
		d)	Haftungsvereinbarungen zwischen Lieferant und Abnehmer	209
	9.	Patentschutz für Ersatz- und Verbrauchsteile	210
		a)	Patentschutz auf das Ersatzteil als solches.	210
			aa)	Herstellungsverfahren für Ersatzteil.	210
			bb)	Sachpatent auf Ersatzteilmaterial.	211
			cc)	Sachpatent auf Geometrie/Abmessungen	211
			dd)	Sachpatent auf »erweiterte« oder »andersartige« Funktionalität	212
		b)	Patentschutz auf eine größere Baueinheit	215
		c)	Patentschutz auf Zubehörteile	216
B.	Sachverhaltsermittlung	219
I.	Merkmalsgliederung.	219
II.	Besichtigungsanspruch und Vorlageverpflichtung zur Sachaufklärung und Beweissicherung	220
	1.	Materielle Voraussetzungen	221
		a)	Art 43 TRIPS.	221
		b)	§§ 809, 810 BGB.	221
		c)	§ 140c PatG	222
			aa)	Antragspatent, Antragsteller, Antragsgegner	222
			bb)	Wahrscheinlichkeit der Patentverletzung	223
			cc)	Verfügungsgewalt.	225
			dd)	Erforderlichkeit	225
			ee)	Geheimhaltungsinteressen	226
			ff)	Verhältnismäßigkeit.	227
	2.	Rechtsfolgen	228
		a)	Besichtigen.	228
		b)	Vorlegen einer Urkunde.	230
		c)	Bank-, Finanz- und Handelsunterlagen.	231
		d)	Zwangsvollstreckung	232
	3.	Verfahrensrechtliche Durchsetzung	233
		a)	Klage und vorläufiger Rechtsschutz	233
		b)	Selbständiges Beweisverfahren.	235
			aa)	Anordnung	238
				(1) Zuständigkeitsfragen.	238
				(2) Besichtigungsumfang	239
				(3) Begleitende Duldungsverfügung	240
				(4) Muster	240
				(5) Nebenintervention	243
				(6) Präklusion.	244
			bb)	Durchsuchung	244
			cc)	Gutachtenaushändigung und Anhörung	246
				(1) Aushändigung des Gutachtens	247
				(a) Besichtigungsschuldner.	247
				(b) Anwälte des Besichtigungsgläubigers	247
				(c) Besichtigungsgläubiger persönlich	248
				(2) Anhörung des Sachverständigen	254
			dd)	Anfechtbarkeit.	255

			(1)	Gutachtenaushändigung	255
			(2)	Besichtigungsanordnung	255
			(3)	Frist zur Hauptsacheklage	256
			(4)	Duldungsverfügung	257
		ee)	Kosten		258
	c)	Schadenersatzpflicht			260
	d)	§§ 142, 144 ZPO			261
	e)	EG-VO 1206/2001			262
	f)	Ausländische Sachaufklärung			262
	g)	Ermittlungsverfahren			265
III.	Vorlageverpflichtung zur Durchsetzung des Schadenersatzanspruchs				265
	1.	Voraussetzungen			266
	2.	Rechtsfolgen			267
	3.	Verfahrensrechtliche Durchsetzung			268
IV.	Grenzbeschlagnahme				268
	1.	Tätigwerden nach der VO (EU) Nr 608/2013			269
		a)	Anwendungsgebiet		269
		b)	Antragsteller		271
		c)	Antrag		271
		d)	Mitteilungspflichten		273
		e)	Tätigwerden		273
			aa)	Aussetzung der Überlassung/Zurückhaltung	273
			bb)	Vernichtung	274
			(1)	Vereinfachtes Verfahren	275
			(a)	Beiderseitige Zustimmung zur Vernichtung	275
			(b)	Ausbleiben einer Zustimmungserklärung	276
			(2)	Kleinmengen	277
			cc)	Frühzeitige Überlassung	278
		f)	Rechtsmittel		278
		g)	Kostenerstattung		280
		h)	Schadenersatz		280
			aa)	Zollbehörde	280
			bb)	Antragsteller	281
			(1)	§ 142a Abs 5 PatG	281
			(2)	§ 823 BGB	283
	2.	Tätigwerden nach nationalen Vorschriften			283
		a)	Antrag		283
		b)	Tätigwerden		284
		c)	Verfahren und Rechtsmittel		284
V.	Industriestandard				284
VI.	Testkauf				285
	1.	Grundsatz: Unbedenklichkeit			285
	2.	Ausnahme: Rechtsmissbrauch			286
		a)	Hereinlegen		286
		b)	Verwerfliche Mittel		286
VII.	Formalia des Klageschutzrechtes				287
	1.	Status			287
	2.	Deutsche Übersetzung			287
		a)	Unvollständige und fehlerhafte Übersetzung		288
		b)	Entschädigungsanspruch		291
	3.	Eintragung als Inhaber			291
VIII.	Schutzfähigkeit des Klageschutzrechtes				291
IX.	Weitere Vorüberlegungen				294
	1.	Prozessgegner			294
	2.	Kostenfragen			294
		a)	Streitwert		294
		b)	Anwaltskosten		295
			aa)	Rechtsanwalt	295
			bb)	Ausländische Partei	300
			cc)	Patentanwalt	301

			dd)	Rechtsmittelverfahren	305

            dd) Rechtsmittelverfahren 305
            ee) Rechtsanwalt im Nichtigkeitsverfahren. 307
            ff)   Kosten des Einspruchsverfahrens 309
            gg) Kosten für den Entwurf eines Rechtsbestandsangriffs. 310
            hh) Discovery-Verfahren. 310
            ii)   Festsetzung gegen die eigene Partei 310
      c) Parteienmehrheit. 310
            aa) Beklagtenmehrheit 312
            bb) Klägermehrheit. 312
      d) Reisekosten der Partei 313
      e) Dolmetscherkosten 313
      f)   Privatgutachterkosten. 314
      g) Kosten der Sachaufklärung 317
      h) Recherchekosten 320
      i)   Übersetzungskosten. 321
      j)   Kosten für Sicherheitsleistung 324
      k) Zinsen auf festgesetzte Kosten. 325
  3. Sonstiges 325

C. Vorprozessuales 327
I. Abmahnung 327
  1. Inhalt 327
      a) Aktivlegitimation 327
      b) Bezeichnung des in Anspruch Genommenen 328
      c) Beschreibung des Verletzungstatbestandes. 328
      d) Unterlassungsverlangen 329
      e) Vertragsstrafe 330
      f)   Fristsetzung 331
      g) Androhung gerichtlicher Schritte 332
      h) Sonstige Ansprüche 332
  2. Form 336
  3. Zugang 336
  4. Vollmacht 338
  5. Kosten der Abmahnung. 338
      a) Haftungsgrund 339
      b) Anspruchshöhe 343
      c) Anrechnung der Geschäftsgebühr 345
      d) Zinsen 347
      e) Verjährung 348
      f)   Verfahrensrechtliches 348
  6. Vertragsstrafe 348
      a) Haftungsgrund 348
      b) Verstoß nach zustande gekommenem Vertragsschluss 351
      c) Auslegung der Unterlassungserklärung 351
      d) Mehrere Verstöße 353
      e) Bemessungskriterien 354
      f)   Verfahrensrechtliches 355
      g) Strategische Erwägungen 356
  7. Unberechtigte Abmahnung 358
      a) Rechtswidrig 359
            aa) Formelle Mängel. 360
            bb) Materielle Mängel 361
      b) Rechtswidrig und schuldhaft. 363
            aa) Fehlbeurteilung des Rechtsbestandes 364
            bb) Übrige Anspruchsvoraussetzungen 364
            cc) Haftung des Anwalts 364
            dd) Abnehmerverwarnung 365
            ee) Schaden. 366
            ff)   Zuständigkeit 366
  8. Entbehrlichkeit einer Abmahnung. 367

			a)	»Sofort«.	367
			b)	Veranlassung zur Klage	368
				aa) Anspruch auf Unterlassung, Rechnungslegung und Schadenersatz	368
				bb) Verwahrungsanspruch	370
				cc) Vindikationsanspruch	371
				dd) Besichtigungsanspruch	372
				ee) Einstweilige Verfügung und parallele Hauptsacheklage	373
	II.	Berechtigungsanfrage			375
	III.	Presseerklärung			378
	IV.	»Torpedo«			379
D.		**Klageverfahren**			**383**
	I.	Zuständigkeit			383
		1.	Internationale Zuständigkeit		383
			a) Art 4 Abs 1 EuGVVO		384
			b) Art 7 Nr 2 EuGVVO		386
			c) Art 8 Nr 1 EuGVVO		390
			d) Art 26 EuGVVO		394
		2.	Örtliche Zuständigkeit		394
			a) Deliktsgerichtsstand		395
				aa) Angebot und Mittelspersonen	395
				(1) Bote	395
				(2) Empfangsvertreter	395
				bb) Internetangebot	397
				cc) Erstbegehungsgefahr	397
				dd) Doppelrelevante Tatsachen	398
			b) Niederlassung		398
			c) Rügeloses Verhandeln		398
		3.	Sachliche Zuständigkeit		398
		4.	Zustellungsfragen in Fällen mit Auslandsberührung		399
			a) Förmliche Auslandszustellung		400
				aa) Haager Zustellungsübereinkommen	400
				bb) EG-VO 1393/2007	400
			b) Vereinfachte Postzustellung		405
			c) Öffentliche Zustellung		405
		5.	Rechtsmittelzuständigkeit		406
		6.	Mehrfachverfolgung		407
		7.	Ladungsfähige Anschrift		407
	II.	Aktivlegitimation			408
		1.	Patentinhaber		408
			a) Übertragung des Klagepatents		409
				aa) Prozessführungsbefugnis und Aktivlegitimation	409
				bb) Abweichende BGH-Rechtsprechung	413
				(1) Kritik	414
				(2) Anwendung der BGH-Rechtsprechung	415
			b) Inhabermehrheit		418
			c) Rechtskrafterstreckung		419
		2.	Ausschließlicher Lizenznehmer		420
		3.	Einfacher Lizenznehmer		425
			a) Unterlassungs-, Rückruf- und Vernichtungsanspruch		425
			b) Rechnungslegung, Entschädigung und Schadenersatz		426
		4.	Sonderfälle		428
	III.	Passivlegitimation			431
		1.	Deliktsrechtliche Haftung		431
		2.	Störerhaftung		434
			a) Betreiber einer Internet-Plattform		435
				aa) Eigenangebote	435
				bb) Dienstleister für Fremdangebote	435
			b) File-Hosting-Dienst		438
			c) Access-Provider		438

			aa)	Rechtslage vor dem 13.10.2017	439
				(1) Gewerbliche Provider	439
				(2) Private Anschlussinhaber	441
				(3) Tatsächliche Vermutung	442
			bb)	Rechtslage seit dem 13.10.2017	442
				(1) Haftungsausschluss	442
				(2) Anspruch auf Websperre	443
		d)	Vermieter/Verpächter einer Domain, Admin-C		446
		e)	Spediteur, Frachtführer		447
	3.	Gesetzliche Vertreter			448
	4.	Haftung von Unternehmen und Gesellschaftern			452
	5.	Prozessrechtliches			452
		a)	Klagenhäufung		452
			aa)	Kumulativ	452
			bb)	Eventuell	453
			cc)	Alternativ	454
			dd)	Übergang	454
		b)	Teilurteil		454
			aa)	Streitgenossen	454
			bb)	Mehrere angegriffene Ausführungsformen/mehrere Klageansprüche	456
			cc)	Mehrere parallele Schutzrechte	456
		c)	Parteiberichtigung		457
		d)	Partei- und Prozessfähigkeit		458
			aa)	Streitige Sachverhalte	458
			bb)	Unstreitige Sachverhalte	459
		e)	Parteierweiterung		460
			aa)	I. Instanz	460
			bb)	II. Instanz	461
		f)	Insolvenz		462
		g)	Insichprozess		464
IV.	Klageansprüche				464
	1.	Unterlassungsanspruch			465
		a)	Wiederholungsgefahr		465
			aa)	Entstehung	465
			bb)	Beendigung	468
		b)	Erstbegehungsgefahr		470
			aa)	Entstehung	471
			bb)	Beendigung	472
		c)	Sonderkonstellationen		473
		d)	Mittelbare Patentverletzung		473
		e)	Antragsfassung		473
			aa)	Handlungsalternativen	474
			bb)	Verurteilungsgegenstand	474
			cc)	Zeitraum	476
		f)	Anspruchsausschluss aus Gründen der Verhältnismäßigkeit		476
		g)	Aufbrauchsfrist		479
		h)	Wirkungsverlust während des Verletzungsprozesses		479
	2.	Beseitigungsanspruch			480
	3.	Urteilsveröffentlichung			482
		a)	Voraussetzungen		482
		b)	Rechtsfolgen		484
	4.	Entschädigungsanspruch			485
		a)	Voraussetzungen		485
		b)	Verpflichteter		487
		c)	Umfang		487
		d)	Verfahren		487
	5.	Schadenersatzanspruch			487
		a)	Verschulden		488
			aa)	Spediteur, Handelsunternehmen, Sortimenter	489
			bb)	Äquivalenz	491

		cc)	Rechtsbeständigkeit.		492
			(1)	Patent.	492
			(2)	Gebrauchsmuster.	493
		dd)	Leichte Fahrlässigkeit		494
		ee)	Mangelndes Verschulden		494
	b)	Angebot als schadensauslösendes Ereignis.			494
	c)	Schadenersatz bei mittelbarer Patentverletzung			494
	d)	Verwendungspatent.			496
	e)	Gesamtvorrichtung, »Peripheriegeräte«, Verbrauchsmaterialien.			497
6.	Bereicherungsanspruch				498
7.	Gemeinsame Verfahrensfragen				499
	a)	Stufenklage.			499
	b)	Feststellungsantrag.			499
8.	Auskunfts- und Rechnungslegungsanspruch				501
	a)	§ 140b PatG.			501
		aa)	Materielles Recht.		502
			(1)	Anspruchsberechtigung.	502
			(2)	Anspruchsgegner.	503

- cc) Rechtsbeständigkeit. ... 492
  - (1) Patent. ... 492
  - (2) Gebrauchsmuster. ... 493
- dd) Leichte Fahrlässigkeit ... 494
- ee) Mangelndes Verschulden ... 494
- b) Angebot als schadensauslösendes Ereignis. ... 494
- c) Schadenersatz bei mittelbarer Patentverletzung ... 494
- d) Verwendungspatent. ... 496
- e) Gesamtvorrichtung, »Peripheriegeräte«, Verbrauchsmaterialien. ... 497

6. Bereicherungsanspruch ... 498
7. Gemeinsame Verfahrensfragen ... 499
   - a) Stufenklage. ... 499
   - b) Feststellungsantrag. ... 499
8. Auskunfts- und Rechnungslegungsanspruch ... 501
   - a) § 140b PatG. ... 501
     - aa) Materielles Recht. ... 502
       - (1) Anspruchsberechtigung. ... 502
       - (2) Anspruchsgegner. ... 503
         - (a) Störer. ... 503
         - (b) Dritte ... 503
           - (aa) Sachliche Reichweite ... 503
             - (aaa) Offensichtliche Rechtsverletzung ... 503
             - (bbb) Klageerhebung. ... 504
           - (bb) Persönliche Reichweite. ... 504
             - (aaa) Früherer Besitzer ... 504
             - (bbb) Inanspruchnahme von Dienstleistungen ... 504
             - (ccc) Erbringer von Dienstleistungen. ... 505
             - (ddd) Denunzierter ... 505
       - (3) Unverhältnismäßigkeit ... 507
       - (4) Inhalt des Anspruchs ... 508
         - (a) Herkunft ... 509
           - (aa) Erzeugnisse ... 509
           - (bb) Dienstleistungen. ... 510
         - (b) Vertriebsweg. ... 510
           - (aa) Abnehmer. ... 510
           - (bb) Menge. ... 510
           - (cc) Verkaufspreise ... 511
         - (c) Unverzüglich ... 511
         - (d) Belegvorlage. ... 511
         - (e) Eidesstattliche Versicherung ... 512
     - bb) Verfahrensrechtliches. ... 512
       - (1) Einstweilige Verfügung. ... 512
       - (2) Aussetzung. ... 512
     - cc) Sonderfall »Verkehrsdaten« ... 513
       - (1) Verkehrsdaten ... 513
       - (2) Gestattungsanordnung. ... 514
       - (3) Zwischenanordnung. ... 515
       - (4) Auskunftsanspruch. ... 516
       - (5) Einzelheiten zum Prozedere. ... 516
     - dd) Folgen der Auskunftserteilung ... 521
       - (1) Auskunftskosten. ... 521
       - (2) Falsche oder unvollständige Auskunft ... 521
   - b) §§ 242, 259 BGB. ... 522
     - aa) Persönlicher Umfang. ... 523
     - bb) Sachlicher Umfang. ... 523
     - cc) Gegenständlicher Umfang. ... 525
     - dd) Zeitlicher Umfang. ... 526
   - c) Wirtschaftsprüfervorbehalt und Einsichtsrecht. ... 527
   - d) Erledigung. ... 528
9. Vernichtungsanspruch ... 528

			a)	Haftungstatbestand	529
				aa) Besitz/Eigentum	529
				bb) Verhältnismäßigkeit	532
				cc) Schutzrechtsablauf	533
				dd) Allgemeiner Beseitigungsanspruch	535
			b)	Rechtsfolge	535
		10.	Rückrufanspruch		537
			a)	Zeitlicher Geltungsrahmen	537
			b)	Anspruchsvoraussetzungen	538
				aa) Allgemeines	538
				bb) Verhältnismäßigkeit	539
			c)	Anspruchsinhalt	541
				aa) Rückruf	541
				bb) Entfernung aus den Vertriebswegen	543
				cc) Eingreifen des Vernichtungsanspruchs	544
				dd) Verfahrensrechtliches	544
V.	Klageanträge				545
VI.	Klagebegründung				549
	1.	Darstellung der Erfindung			550
	2.	Die angegriffene Ausführungsform			552
	3.	Der Verletzungstatbestand			552
	4.	Rechtsausführungen			553
	5.	Erforderlichkeit einer sachverständigen Begutachtung			553
VII.	Checkliste für Kläger				553

E.	**Verteidigungsmöglichkeiten des Beklagten**				557
I.	Fehlende Verteidigungsaussichten				557
	1.	Anerkenntnis			557
	2.	Säumnis			558
II.	Formelle Verteidigung				559
	1.	Mangelnde Zuständigkeit			559
	2.	Prozesskostensicherheit			559
		a)	Berechtigter Personenkreis		559
		b)	Befreiungstatbestände		560
		c)	Einrede		565
		d)	Höhe		566
		e)	Verfahrensrechtliches		567
	3.	§ 145 PatG			570
		a)	Allgemeine Anwendungsvoraussetzungen		571
		b)	Klageerweiterung in erster Instanz		572
		c)	Klageerweiterung im Berufungsrechtszug		573
			aa) Zustimmung/Sachdienlichkeit		574
			bb) Präklusionsrecht		574
		d)	Verfahrensrechtliches		575
	4.	Torpedo			576
		a)	Art 29 Abs 1 EuGVVO		576
			aa) Anwendungsvoraussetzungen		577
				(1) Nationalität	577
				(2) »dieselben Parteien«	577
				(3) »derselbe Anspruch«	579
				(4) Ausschließliche Zuständigkeit des Zweitgerichts	581
			bb) Rechtsfolge		581
		b)	Art 30 EuGVVO		583
		c)	Art 33, 34 EuGVVO		584
		d)	Art 35 EuGVVO		585
		e)	Rechtsmittel		585
	5.	Rechtskraft			585
III.	Materielle Verteidigung				587
	1.	Doppelschutzverbot			587
	2.	Bestreiten der Passivlegitimation			588

3.	Bestreiten des Verletzungsvorwurfs			589
	a)	Ausgestaltung der angegriffenen Ausführungsform		589
		aa) Substantiierungslast		589
		bb) Bestreiten mit Nichtwissen		591
		cc) Verspätungsregeln		594
	b)	Subsumtion unter Schutzbereich		594
	c)	§ 139 Abs 3 PatG		594
4.	Benutzungsbefugnis			595
	a)	Mitinhaberschaft		595
	b)	Lizenzvertrag		601
		aa) Vereinbarungen von/zwischen Mitinhabern		602
		bb) Sonstiges		603
	c)	Schlichte Benutzungserlaubnis		605
5.	Kartellrechtlicher Zwangslizenzeinwand			606
	a)	Fallgruppenübergreifende Vorfragen		607
		aa) Zulässigkeit		607
		bb) § 24 PatG		609
		cc) Patentverwerter		609
		dd) Marktbeherrschung		609
			(1) Bedarfsmarktkonzept	610
			(2) Beherrschende Stellung	611
			(3) Beweislast und Nachweis	613
		ee) Gefahr eines gegnerischen Kartell-Torpedos?		614
	b)	Die einzelnen Fallgruppen		614
		aa) Nichtlizenziertes Patent		615
		bb) Auslizenziertes Patent		616
			(1) Diskriminierung	616
			(a) Standardfreie Technik	616
			(b) Standardgebundene Technik	617
			(c) Beweislast	618
			(2) Ausbeutungsmissbrauch	618
			(3) Sonderfall: Patentpool	620
			(4) Erforderlichkeit eines Lizenzangebotes	621
			(a) Ernsthaft, leistungsfähig, konkret	622
			(b) Vertragsbedingungen	623
			(c) Sonderfragen	624
			(5) Angebotsgerechte Erfüllungshandlungen	626
			(a) Territoriale Reichweite	627
			(b) Rechnungslegung	627
			(c) Hinterlegung	628
			(6) Rechtsfolgen eines Kartellverstoßes	629
			(a) Unterlassungsanspruch	630
			(b) Schadenersatzanspruch	630
			(c) Rechnungslegungsanspruch	630
			(d) Vernichtungs- und Rückrufanspruch	631
		cc) SEP mit FRAND-Erklärung		631
			(1) Bedeutung der Lizenzbereitschaftserklärung	631
			(a) Verzicht auf Unterlassungsanspruch	631
			(b) Deklaratorisch/konstitutiv	632
			(c) Anwendbares Recht und Forderungsrecht des Lizenzsuchers	635
			(d) Art 101 AEUV	636
			(2) Diskriminierung und Ausbeutung	636
			(3) Lizenzangebot	639
			(a) Betroffene Ansprüche	639
			(b) Verpflichteter	640
			(c) Adressat	640
			(d) Inhalt	641
			(e) Prozedere	642
			(aa) Verletzungsanzeige	643

				(bb)	Lizenzierungsbitte	644
				(cc)	Zeitliche Reihenfolge	645
				(dd)	Gegenangebot	646
				(ee)	Umfang und Modalität der Verhandlungen	647
				(ff)	Vertragsbeendigung	650
			(f)	Beweislast		650
			(g)	Verspätungsproblematik		651
				(aa)	Versäumnisse des Patentinhabers	654
				(bb)	Versäumnisse des Verletzers	657
		(4)	Sicherheitsleistung des Lizenzsuchers			659
		(5)	Auswirkungen der FRAND-Zusage auf den Schadenersatzanspruch			661
		(6)	Einstweilige Unterlassungsverfügung			663
	c) Zuständigkeitsfragen					665
	aa) Landgerichte					665
	bb) Oberlandesgerichte					666
	cc) Lizenzbereitschaftserklärung					667
	dd) Isolierte Klage auf Lizenzabschluss					667
	ee) Bestimmung der FRAND-Bedingungen					667
		(1)	Lizenzpflichtige Schutzrechte			668
			(a)	Lizenzierungswunsch des Beklagten		668
			(b)	Lizenzierungswiderstand des Beklagten		669
			(c)	Rechtsbestand		670
			(d)	Benutzung		671
		(2)	Lizenzgebiet			672
		(3)	Höhe der Lizenzgebühr			673
			(a)	Kosten/Nutzen-Ansatz		673
			(b)	Vergleichsmarktkonzept		674
			(c)	Schutz von Betriebsgeheimnissen		675
				(aa)	Erklärungspflicht	675
				(bb)	Betriebs/Geschäftsgeheimnis	676
				(cc)	Modalitäten eines Geheimnisschutzes	680
			(d)	Vorlagenfreie Ermittlung der FRAND-Gebühr		684
				(aa)	Darlegungslast des Anbietenden	684
				(bb)	Erwiderungslast des Angebotsempfängers	687
				(cc)	Entscheidungsfindung des Gerichts	687
	d) Aussetzung wegen EU-Kartellverfahren					687
	e) Exkurs: patent ambush					689
6.	Privates Vorbenutzungsrecht					689
	a) Voraussetzungen					690
	aa) Erfindungsbesitz					690
	bb) Betätigung des Erfindungsbesitzes					691
	cc) Prioritätszeitpunkt					694
	b) Rechtsfolgen					694
7.	Positives Benutzungsrecht					700
8.	Einwand der widerrechtlichen Entnahme					701
	a) Entnahmesachverhalt					702
	b) Reichweite des Einwandes					702
	c) Frist					703
	d) Weiterbenutzungsrecht					704
	e) Vindikationsklage					704
	aa) Mitberechtigung					705
	bb) Ausschlussfrist					705
	cc) Aussetzung wegen Vindikationsprozess					706
	f) Sonstige Rechtsgründe					710
9.	Einwand der unzulässigen Erweiterung					710
10.	Weiterbenutzungsrechte					710
11.	Lizenzbereitschaftserklärung					711
12.	Erschöpfung					712
	a) Objektbezogenheit					713

			b)	Willenslage	714
			c)	EU & EWR	715
				aa) Allgemeines	715
				bb) Besonderer Mechanismus	715
				(1) Sinn und Zweck	715
				(2) Allgemeiner Inhalt	716
				(3) Einzelfragen	717
				(a) Arzneimittel	717
				(b) Entsprechender Erzeugnisschutz	717
				(c) Maßgeblicher Zeitpunkt	720
				(d) Zertifikatverlängerung	721
				(e) Anzeigepflicht	721
				(f) Widerspruch des Schutzrechtsinhabers	722
				(g) Beweis	722
			d)	Vortrags- und Beweislast	723
			e)	Inverkehrbringen	723
			f)	Neuherstellung	725
				aa) Allgemeine Vorbemerkungen	726
				bb) Erste Variante	728
				cc) Zweite Variante	731
				dd) Feststellung der Verkehrsauffassung	732
			g)	Verfahrenspatent	733
			h)	Selbstverpflichtungsvereinbarung	734
		13.	Verjährung		734
			a)	Relative Verjährung	735
			b)	Absolute Verjährung	737
			c)	Rechtsfolgen	737
			d)	Hemmung	739
			e)	Neubeginn	743
			f)	Präklusionsrecht	744
		14.	Verwirkung		744
		15.	Aussetzung		746
			a)	Vorgreiflichkeit	749
			b)	Ermessen	751
				aa) I. Instanz	753
				(1) Nicht-Aussetzungs-Fälle	754
				(2) Aussetzungs-Fälle	756
				bb) II. Instanz	760
				(1) Verurteilung durch LG	760
				(2) Klageabweisung durch LG	761
				cc) III. Instanz	761
			c)	(Hilfsweise) Anspruchskombination	762
			d)	Tenor und Begründung	764
			e)	Anfechtbarkeit	765
			f)	Wirkungen der Aussetzung	768
			g)	Vergleich	768
		16.	Schutzfähigkeit eines Gebrauchsmusters		770
		17.	Versuchsprivileg		773
		18.	Roche-Bolar-Regel		774
	IV.	Checkliste für Beklagte			776
F.	**Rechtsmittelverfahren**				**779**
	I.	Tatbestandsberichtigung			779
	II.	Berufungsverfahren			779
		1.	Fristwahrung und Begründung		779
		2.	Beschwer		781
		3.	Verspätungsrecht		782
		4.	Zurückverweisung		786
		5.	Anschlussberufung		787
	III.	Revisionsverfahren			791

	1.	Hinausgehen über Klageantrag		791
	2.	Angriffe gegen die Patentauslegung		791
	3.	Nachträgliche Einschränkung des Patentanspruchs		793
	4.	Eingeschränkter Klageantrag		796
		a) Nicht-Benutzung der beschränkten Fassung		796
		b) Benutzung der beschränkten Fassung		797
	5.	Zulassungsgründe		798
	6.	Erledigungssachverhalte		800
G.	**Sonstige Verfahren**			**803**
I.	Negative Feststellungsklage			803
	1.	Voraussetzungen		803
		a) Zuständigkeit		803
		b) Aktivlegitimation		803
		c) Passivlegitimation		804
		d) Feststellungsinteresse		804
		e) Subsidiarität		808
	2.	Antrag		809
	3.	Begründung		809
	4.	Beweislast		810
	5.	Streitwert		810
II.	Einstweilige Verfügung			810
	1.	Allgemeines		810
		a) Taugliche Ansprüche wegen Schutzrechtsverletzung		810
		b) Glaubhaftmachung		812
		c) Sondersituation im Patentrecht		813
		d) Rechtsbestand des Verfügungspatents		815
		e) Sicherheitsleistung		825
		f) Messeauftritt		825
	2.	Voraussetzungen		826
	3.	Dringlichkeit		828
		a) Allgemeine Regeln		829
		b) Rechtsprechungsänderung		834
		c) Laufender Hauptsacheprozess		834
		d) Abwarten der Rechtsbestandsentscheidung		835
		e) Vergleichsverhandlungen, Vollstreckungsverzicht, VU		838
		f) Schutzrechtsbestand		838
		g) Zweites eV-Gesuch		839
		h) Berufungsverfahren		840
		i) Strategische Erwägungen		841
	4.	Verfahren		842
		a) Zuständigkeit		842
		b) Rechtliches Gehör		842
		c) Widerspruch		844
		d) Speziell: Kostenwiderspruch		846
		e) Sonstiges		847
	5.	Vollziehung		848
		a) Unterlassungsgebot		849
		aa) Altfälle		850
		bb) Neufälle		852
		b) Auskunfts- und Sequestrationsanspruch		855
	6.	Schadenersatzpflicht		856
	7.	Aufhebung wegen veränderter Umstände		857
	8.	Einstellung der Zwangsvollstreckung		861
	9.	Schutzschrift		862
	10.	Abschlussschreiben		865
		a) Fristgerechte Klage		866
		b) Verfrühte Klage		867
	11.	Abschlusserklärung		867
III.	Vollstreckungsabwehrklage, Restitutionsklage			869

	1.	Vollstreckungsabwehrklage	869
	2.	Restitutionsklage	872
		a) Fallgruppen	872
		b) § 580 Nr 6 ZPO	873
		c) Subsidiarität	874
		d) Klagefristen	875
		aa) Monatsfrist	875
		bb) Kenntnis	877
		cc) Fünfjahresfrist	879
		dd) Gerichtskostenvorschuss	880
		ee) Streitwert	881
		ff) Anerkenntnis	881
		e) Materieller Prüfungsumfang	881
		f) Tenor	882
		g) Vollstreckungseinstellung	882
		h) Rückforderungsansprüche trotz versäumter Wiederaufnahme	883
		aa) Ordnungs- und Zwangsgelder	883
		bb) Schadenersatzzahlungen	883
		cc) Haftungsfeststellung nur dem Grunde nach	884
IV.	Verzichtsurteil		885
V.	Nebenintervention		886
	1.	Zulassungsgründe	888
	2.	Verfahrensrecht	889
	3.	Kosten der Nebenintervention	890
		a) Gerichtliche Entscheidung	890
		b) Grundsatz der Kostenparallelität	891
	4.	Rechtsmittel	892
	5.	Beitrittsetzende Vereinbarungen	892
H.	**Zwangsvollstreckungsverfahren**		895
I.	Allgemeines		895
	1.	Allgemeine Vollstreckungsvoraussetzungen	895
		a) Sicherheitsleistung	896
		b) Teilsicherheit	897
		c) Bankbürgschaft	899
		d) Rechtsbehelf	901
		e) Schadenersatzpflicht	901
	2.	Vorläufige Einstellung der Zwangsvollstreckung	902
		a) Allgemeines	902
		b) Offenkundige Unrichtigkeit	903
		c) Außergewöhnliche Nachteile	906
		d) Verfahrensrecht	908
	3.	Vollstreckungsschutz	909
	4.	Abänderung der Sicherheitsleistung	910
	5.	Rückgabe der Sicherheit	914
II.	Ordnungsmittelverfahren		916
	1.	Voraussetzungen und Verfahrensfragen	916
		a) Geschäftsführer	917
		b) Bestehende Vertragsstrafevereinbarung	918
		c) Allgemeine Vollstreckungsvoraussetzungen	918
		d) Zuwiderhandlung	919
		e) Mehrheit von Verstößen	925
		f) Verfahrensfragen	925
	2.	Verschulden	928
	3.	Abgewandelte Ausführungsform	930
	4.	Verbot der Doppelahndung	934
	5.	Verjährung	934
		a) Verfolgungsverjährung	934
		b) Vollstreckungsverjährung	935
	6.	Nachträgliche Unterlassungsverpflichtungserklärung	936

	7.	Wahl und Höhe des Ordnungsmittels	939
	8.	Insolvenz des Schuldners	940
	9.	Ausländischer Schuldner	941
III.	Zwangsmittelverfahren		942
	1.	Allgemeines und Verfahrensfragen	942
	2.	Wiederholter Zwangsmittelantrag	947
	3.	Zwangshaft gegen juristische Personen	947
	4.	Erfüllung des Rechnungslegungsanspruchs	948
		a) Maßgeblichkeit von Urteilstenor und -gründen	948
		b) Auskunftszeitraum	950
		c) Erfüllung	951
		d) Unmöglichkeit	951
		e) Gestehungskosten und Gewinn	952
		f) Abwandlung	957
		g) Teilleistung	957
		h) Teilweise unberechtigte Beanstandungen	958
		i) Erkundigungspflichten	959
		j) Unrichtige Rechnungslegung	960
		k) Eidesstattliche Versicherung	961

I. Schadenersatz ... 967

I. Anspruchsberechtigter ... 967
   1. Schadenersatz wegen Patentverletzung ... 967
   2. Schadenersatz bei unberechtigter Verletzungsklage ... 970
   3. Schadenersatz wegen unberechtigter Vollstreckung ... 970
     a) Garantiehaftung ... 970
        aa) Haftungsvoraussetzungen ... 971
        bb) Schadenspositionen ... 973
           (1) Urteilsbetrag ... 973
           (2) Gewinneinbuße ... 973
           (3) Ausweichtechnik ... 974
           (4) Mitverschulden ... 975
           (5) Drittschäden ... 976
        cc) Bereicherungsausgleich ... 977
     b) Eingriff in den Gewerbebetrieb ... 978
II. Anspruchsgegner ... 979
   1. Entgangener Gewinn ... 979
   2. Verletzergewinn ... 979
   3. Lizenzanalogie ... 981
III. Schadensberechnung ... 981
   1. Grundlage der Schadensberechnung ... 981
   2. Berechnungsarten und Wahlrecht ... 982
   3. Lizenzanalogie ... 983
     a) Bezugsgröße ... 987
     b) Lizenzsatz ... 989
     c) Zinsen ... 991
     d) Umsatzsteuer ... 994
   4. Verletzergewinn ... 994
     a) Berücksichtigungsfähiger Umsatz ... 994
     b) Abzugsfähige Kosten ... 995
        aa) Allgemeines ... 995
        bb) Einzelfälle ... 998
     c) Kausalität ... 1000
        aa) Methodisches Herangehen ... 1001
        bb) Ursachenkonglomerat ... 1002
           (1) Patentkategorie ... 1003
           (2) Verfehlte Erfindungsvorteile ... 1003
           (3) Werbliche Herausstellung ... 1004
           (4) Realisierter Stand der Technik ... 1004
           (5) Vertriebsbemühungen des Verletzers ... 1005

			(6)	Kompatibilität	1005
			(7)	Preisunterbietung	1006
			(8)	Mitbenutzte weitere Schutzrechte	1006
		d)	Vorprozessuale Zinsen		1007
		e)	Rückstellungen		1008
		f)	Umsatzsteuer		1008
		g)	Anwaltskosten für Zahlungsaufforderung		1009
	5.	Entgangener Gewinn			1009
		a)	Mutmaßliche Umsatzgeschäfte		1010
		b)	Ertragssituation		1011
		c)	Zinsen		1011
		d)	Umsatzsteuer		1012
		e)	Selbständiges Beweisverfahren		1012
	6.	Gesetzliche Verzugszinsen			1012
	7.	Sonderschäden			1013
IV.	Schadensliquidation im Strafverfahren				1013
V.	Adhäsionsverfahren				1013
VI.	Rückgewinnungshilfe				1014

J. Sonstiges ... 1015

I.	Sachverständigenbeweis				1015
	1.	Das Verletzungsmuster als Begutachtungsgrundlage			1015
	2.	Aufgabe des Gutachters			1015
	3.	Beweisbeschluss			1019
		a)	Anordnung		1019
		b)	Anfechtung		1023
	4.	Verfahrensrechtliches			1024
		a)	Sachverständigensuche und Gutachtenauftrag		1024
		b)	Obergutachten		1027
		c)	Erlaubnis Dritter		1027
		d)	Anhörungstermin		1028
		e)	Vorschusspflicht		1033
		f)	Vergütungsanspruch des Sachverständigen		1034
		g)	Besorgnis der Befangenheit		1038
	5.	Weitere Muster			1043
		a)	Höhe des Schadenersatzes nach begangener Patentverletzung		1043
			aa)	Angemessene Lizenzgebühr	1043
			bb)	Entgangener Gewinn	1044
			cc)	Verletzergewinn	1045
		b)	Beweisanordnung zur Feststellung einer Miterfinderquote		1047
II.	Zeugenbeweis				1050
	1.	Vier-Augen-Gespräch			1050
	2.	Vorbereitung einer Zeugenvernehmung			1050
	3.	Besetzungswechsel			1051
III.	Fotobeweis				1051
IV.	Streitwert				1051
	1.	Bedeutung			1051
	2.	Festsetzung			1051
		a)	Bemessungsregeln für den Verletzungsprozess		1052
			aa)	Mehrere Streitgegenstände	1052
			bb)	Unterlassungsanspruch	1052
			cc)	Auskunftsanspruch	1053
			dd)	Schadenersatz	1056
			ee)	Gesamtwert	1056
			ff)	Besichtigungsanspruch	1057
			gg)	Ansprüche ohne Streitwertbedeutung	1057
			hh)	Rechtmittelverfahren	1058
			ii)	Stufenklage	1058
		b)	Kontroverse Streitwertauffassungen		1059
		c)	Bemessungsregeln für Sonderfälle		1063

		aa)	Einstweiliger Rechtsschutz	1063
		bb)	Negative Feststellungsklage	1063
		cc)	Lizenznehmer als Kläger	1063
		dd)	Streithelfer	1063
		ee)	Schutzrechtsablauf	1064
		ff)	Streit um Prozesskostensicherheit	1065
		gg)	Zahlungsantrag unter Berücksichtigung geleisteter Zahlungen	1065
		hh)	Zahlungsantrag und Insolvenz	1065
	d)		Streitwertbemessung im Nichtigkeitsverfahren	1066
	e)		Streitwertbemessung im Vollstreckungsverfahren	1066
3.	Anfechtbarkeit			1067
4.	Ermäßigung			1070
V. Prozesskostenhilfe				1071
1.	Finanzielle Verhältnisse			1072
2.	Erfolgsaussicht			1074
3.	Verfahrensrechtliches			1075
4.	Rechtsfolgen der Bewilligung			1078
5.	Beiordnung			1079
Entscheidungsregister				1081
Sachregister				1125

Hinweise für die Onlinenutzung

Die Mustertexte und die Checklisten für den Kläger und den Beklagten stehen Ihnen in der elektronischen Ausgabe unter https://www.wolterskluwer-online.de/ zum Download zur Verfügung.

Verlinkt sind die betreffenden Textstellen sowie die Online-Übersicht aller Mustertexte und Checklisten.

Zusätzlich stehen Ihnen Mustertexte und Checklisten für den Kläger und den Beklagten im Internet zum Download bereit:

http://www.heymanns-download.de

Passwort: k91233

Abkürzungen

aA	anderer Ansicht
aaO	am angegebenen Ort
ABl	Amtsblatt
Abs	Absatz
AEUV	Vertrag über die Arbeitsweise der Europäischen Union
aF	alte Fassung
AfP	Archiv für Presserecht
AG	Aktiengesellschaft
AGS	Anwaltsgebühren spezial
Alt	Alternative
Anh	Anhang
Anm	Anmerkung
AnwBl	Anwaltsblatt
AO	Abgabenordnung
AO zum EPÜ	Ausführungsordnung zum EPÜ
Art	Artikel
Aufl	Auflage
AVHintG	Ausführungsvorschriften zum Hinterlegungsgesetz
AZ	Aktenzeichen
BAG	Bundesarbeitsgericht
BauR	Baurecht
BayVerfGH	Bayerischer Verfassungsgerichtshof
BB	Betriebsberater
BeckRS	Beck Rechtsprechung
BFH	Bundesfinanzhof
BG	Berufungsgericht
BGB	Bürgerliches Gesetzbuch
BGBl	Bundesgesetzblatt
BGH	Bundesgerichtshof
BGHSt	Entscheidungen des BGH in Strafsachen (Band, Seite)
BGHZ	Entscheidungen des BGH in Zivilsachen (Band, Seite)
BlPMZ	Blatt für Patent-, Muster- u Zeichenwesen
BPatG	Bundespatentgericht
BPatGE	Entscheidungen des Bundespatentgerichts (Band, Seite)
Bsp	Beispiel
BRAGO	Bundesrechtsanwaltsgebührenordnung
BT-Drucks	Bundestags-Drucksache
BVerfG	Bundesverfassungsgericht
BVerwG	Bundesverwaltungsgericht
bzgl	bezüglich
bzw	beziehungsweise
ca	circa
CD	Compact disc
DB	Der Betrieb
DE	Deutschland
ders	derselbe
dh	das heißt
DPMA	Deutsches Patent- und Markenamt
DurchsetzungsG	Gesetz zur Verbesserung der Durchsetzung von Rechten des geistigen Eigentums vom 7.7.2008
DVD	Digital Video Disc

Abkürzungen

EFTA	Europäische Freihandelszone
EG	Vertrag zur Gründung der Europäischen Gemeinschaft
EG-VO	Verordnung (EG) Nr 1348/2000 des Rates vom 29.5.2000 über die Zustellung gerichtlicher und außergerichtlicher Schriftstücke in Zivil- und Handelssachen in den Mitgliedstaaten
EGZPO	Einführungsgesetz zur Zivilprozessordnung
EGBGB	Einführungsgesetz zum Bürgerlichen Gesetzbuch
EGStGB	Einführungsgesetz zum Strafgesetzbuch
Einl	Einleitung
EIPR	European Intellectual Property Review (GB)
Enforcement-RL	Richtlinie 2004/48/EG des Europäischen Parlaments und des Rates vom 29.4.2004 zur Durchsetzung der Rechts des geistigen Eigentums
Entscheidungen	Entscheidungen der 4. Zivilkammer des Landgerichts Düsseldorf
EP	europäisches Patent
EPA	Europäisches Patentamt
EPÜ	Europäisches Patentübereinkommen
etc	et cetera (und so weiter)
EU	Europäische Union
EuG	Europäisches Gericht erster Instanz
EuGH	Gerichtshof der Europäischen Gemeinschaften
EuGVÜ	Übereinkommen über die gerichtliche Zuständigkeit und die Vollstreckung gerichtlicher Entscheidungen in Zivil- und Handelssachen, unterzeichnet in Brüssel am 27.9.1968
EuVTVO	Verordnung der Europäischen Parlamentes und des Rates vom 21. April 2004 zur Einführung eines europäischen Vollstreckungstitels für unbestrittene Forderungen
EuGVVO	s VO 1215/2012
EuZW	Europäische Zeitschrift für Wirtschaftsrecht
eV	einstweilige Verfügung
EWG	Europäische Wirtschaftgemeinschaft
EWR	Europäischer Wirtschaftsraum
evtl	eventuell
FamFG	Gesetz über das Verfahren in Familiensachen und in den Angelegenheiten der freiwilligen Gerichtsbarkeit
FamRZ	Zeitschrift für das gesamte Familienrecht
ff	folgende
FRAND	fair-reasonable and non-discriminatory
FS	Festschrift
GbR	Gesellschaft bürgerlichen Rechts
GebrMG	Gebrauchsmustergesetz
GemS	Gemeinsamer Senat der obersten Gerichtshöfe des Bundes
GF	Geschäftsführer
ggf	gegebenenfalls
GKG	Gerichtskostengesetz
GmbH	Gesellschaft mit beschränkter Haftung
GNotKG	Gerichts- und Notarkostengesetz
GoA	Geschäftsführung ohne Auftrag
GRUR	Gewerblicher Rechtsschutz und Urheberrecht
GRUR Int	GRUR Internationaler Teil
GRUR-Prax	GRUR Praxis im Immaterialgüter- und Wettbewerbsrecht
GRUR-RR	Gewerblicher Rechtsschutz und Urheberrecht, Rechtsprechungs-Report
GSZ	Großer Senat für Zivilsachen
GVG	Gerichtsverfassungsgesetz
GVBl	Gesetz- und Verordnungsblatt
GWB	Gesetz gegen Wettbewerbsbeschränkungen
HGB	Handelsgesetzbuch
HintG NRW	Hinterlegungsgesetz Nordrhein-Westfalen
HlSchG	Halbleiterschutzgesetz

idR	in der Regel
idS	in diesem Sinne
IIC	International Review of Industrial Property and Copyright Law
incl	inklusive, einschließlich
InstGE	Rechtsprechung der Instanzgerichte zum Recht des geistigen Eigentums (Band, Seite)
IntPatÜG	Gesetz über internationale Patentübereinkommen vom 21.6.1976
IPRax	Praxis des Internationalen Privat- und Verfahrensrechts
iVm	in Verbindung mit
JMBl	Justizministerialblatt
JurBüro	Juristisches Büro
JVEG	Justizvergütungs- und -entschädigungsgesetz
JZ	Juristenzeitung
K&R	Kommunikation und Recht
Kap	Kapitel
KG	Kammergericht
KostO	Kostenordnung
KoRsp	Kosten-Rechtsprechung
KV	Kostenverzeichnis (zum GKG)
LG	Landgericht
lit	litera/Buchstabe
LS	Leitsatz
LugÜ	Übereinkommen über die gerichtliche Zuständigkeit und die Vollstreckung gerichtlicher Entscheidungen in Zivil- und Handelssachen, geschlossen in Lugano am 16.9.1988
MarkenG	Markengesetz
MarkenR	Markenrecht – Zeitschrift für deutsches, europäisches und internationales Kennzeichenrecht
MDR	Monatsschrift für Deutsches Recht
MIR	Medien Internet und Recht
Mitt	Mitteilungen der deutschen Patentanwälte
MK	Münchener Kommentar
mm	Millimeter
MMR	MultiMedia und Recht
mwN	mit weiteren Nachweisen
nF	neue Fassung
NJOZ	Neue Juristische Online Zeitschrift
NJW	Neue Juristische Wochenschrift
NJW-RR	Neue Juristische Wochenschrift, Rechtsprechungsreport
NJW-WettbR	Neue Juristische Wochenschrift – Entscheidungsdienst Wettbewerbsrecht
Nr	Nummer
NRW	Nordrhein-Westfalen
NVwZ	Neue Zeitschrift für Verwaltungsrecht
NZA	Neue Zeitschrift für Arbeits- und Sozialrecht
NZB	Nichtzulassungsbeschwerde
NZBau	Neue Zeitschrift für Baurecht und Vergaberecht
NZKart	Neue Zeitschrift für Kartellrecht
NZG	Neue Zeitschrift für Gesellschaftsrecht
NZV	Neue Zeitschrift für Verkehrsrecht
oHG	offene Handelsgesellschaft
OLG	Oberlandesgericht
OLG-Report	Schnelldienst zur Zivilrechtsprechung der Oberlandesgerichte
OVG	Oberverwaltungsgericht
PatG	Patentgesetz
PCT	Patent Cooperation Treaty (Patentzusammenarbeitsvertrag)

PharmR	Pharmarecht
PKH	Prozesskostenhilfe
PS	Patentschrift
r + s	Recht und Schaden
Rdn	Randnummer innerhalb des Werkes
Rn	Randnummer in anderen Werken
RdTW	Recht der Transportwirtschaft
ROM I	Verordnung (EG) Nr. 593/2008 des Europäischen Parlaments und des Rates über das auf vertragliche Schuldverhältnisse anzuwendende Recht vom 17. Juni 2008
ROM II	Verordnung (EG) Nr. 864/2007 des Europäischen Parlaments und des Rates über das auf außervertragliche Schuldverhältnisse anzuwendende Recht vom 11. Juli 2007
RPfl	Der Deutsche Rechtspfleger
RVG	Rechtsanwaltsvergütungsgesetz
S	Seite
s	siehe
SEP	standardessentielles Patent
sic	sicut (gleich wie, nämlich)
Slg	Sammlung der Rechtsprechung des EuGH
sog	so genannte
SortG	Sortenschutzgesetz
Sp	Spalte
StPO	Strafprozessordnung
str	streitig
stRspr	ständige Rechtsprechung
TRIPS	Agreement on Trade-Related Aspects of Intellectual Property Rights (Übereinkommen über handelsbezogene Aspekte des Rechts des geistigen Eigentums) vom 15.4.1994
ua	unter anderem
ÜbersV	Übersetzungsverordnung
UrhG	Urheberrechtsgesetz
Urt	Urteil
USB	Universal Serial Bus
USt	Umsatzsteuer
uU	unter Umständen
UWG	Gesetz gegen den unlauteren Wettbewerb
UZG	Verordnung (EU) Nr 952/2013 des Europäischen Parlaments und des Rates vom 9. Oktober 2013 zur Festlegung des Zollkodex der Union
v	vom
VersR	Versicherungsrecht
vgl	vergleiche
VO 44/2001	Verordnung (EG) Nr 44/2001 des Rates vom 22.12.2000 über die gerichtliche Zuständigkeit und die Anerkennung und Vollstreckung von Entscheidungen in Zivil- und Handelssachen; auch bezeichnet als VO 44/2001
VO 1/2003	Verordnung (EG) Nr 1/2003 des Rates vom 16. Dezember 2002 zur Durchführung der in den Artikeln 81 und 82 des Vertrages niedergelegten Wettbewerbsregeln
VO 1215/2012	Verordnung (EU) Nr. 1215/2012 des Europäischen Parlaments und des Rates vom 12. Dezember 2012 über die gerichtliche Zuständigkeit und die Anerkennung und Vollstreckung von Entscheidungen in Zivil- und Handelssachen
VO (EU) 608/2013	Verordnung (EU) Nr 608/2013 des Europäischen Parlaments und des Rates vom 12. Juni 2013 zur Durchsetzung der Rechts des geistigen Eigentums durch die Zollbehörden und zur Aufhebung der Verordnung (EG) Nr 1383/2003 des Rates

VPP	Vereinigung von Fachleuten des Gewerblichen Rechtsschutzes
VU	Versäumnisurteil
VV	Vergütungsverzeichnis zum RGV
WM	Wertpapiermitteilungen
WRP	Wettbewerb in Recht und Praxis
WTO	World Trade Organization (Welthandelsorganisation)
WuM	Wohnungswirtschaft und Mietrecht
WuW	Wirtschaft und Wettbewerb
Z	Zeile
zB	zum Beispiel
ZfZ	Zeitschrift für Zölle und Verbrauchssteuern
ZGE	Zeitschrift für Geistiges Eigentum
ZGR	Zeitschrift für Unternehmens- und Gesellschaftsrecht
ZGR	Zentralstelle Gewerblicher Rechtsschutz
ZInsO	Zeitschrift für das gesamte Insolvenz- und Sanierungsrecht
ZK	Verordnung (EWG) Nr. 2913/92 des Rates vom 12. Oktober 1992 zur Festlegung des Zollkodex der Gemeinschaften
ZK II	Verordnung (EG) Nr 450/2008 des Europäischen Parlaments und des Rates vom 23. April 2008 zur Festlegung des Zollkodex der Gemeinschaft (Modernisierter Zollkodex)
ZPO	Zivilprozessordnung
ZS	Zivilsenat
zT	zum Teil
ZTR	Zeitschrift für Tarifrecht
ZUM	Zeitschrift für Urheber- und Medienrecht
zVb	zur Veröffentlichung bestimmt
zzgl	zuzüglich
ZZP	Zeitschrift für Zivilprozess

Literatur

Adam	Der sachliche Schutzbereich des Patents in Großbritannien und Deutschland, 2003
Adam	Die Harmonisierung von Patentverletzungs- und Patentnichtigkeitsverfahren, 2015
Adolphsen	Europäisches und internationales Zivilprozessrecht in Patentsachen, 2. Aufl, 2009
Albrecht/Hoffmann	Die Vergütung des Patentanwalts, 3. Aufl, 2016
Amschewitz	Die Durchsetzungsrichtlinie und ihre Umsetzung in deutsches Recht, 2008
Ann/Hauck/Maute	Auskunftsanspruch und Geheimnisschutz im Verletzungsprozess, 2011
Asendorf	Die Aufteilung des Schadenersatzes auf mehrere Verletzer im gewerblichen Rechtsschutz und Urheberrecht, 2011
Bartenbach	Patentlizenz- und Know-how-Vertrag, 7. Aufl, 2013
Battenstein	Instrumente zur Informationsbeschaffung im Vorfeld von Patent- und Urheberrechtsverletzungsverfahren, 2006
Baumbach/Hopt	Handelsgesetzbuch, 38. Aufl, 2018
Benkard	EPÜ, 2. Aufl, 2012
Benkard	Patentgesetz Gebrauchsmustergesetz, 11. Aufl, 2015
Berneke/Schüttpelz	Die einstweilige Verfügung in Wettbewerbssachen, 3. Aufl, 2015
Brakhahn	Manipulation eines Standardisierungsverfahrens durch Patenthinterhalt und Lockvogeltaktik, 2014
Burghartz	Technische Standards, Patente und Wettbewerb, 2011
Busse/Keukenschrijver	Patentgesetz, 8. Aufl, 2016
Cepl/Voß	Prozesskommentar zum Gewerblichen Rechtsschutz, 2. Aufl, 2018
Cimniak	Der derivative Erzeugnisschutz im deutschen Patentrecht, 2014
Dolder/Faupel	Der Schutzbereich von Patenten, Band 1 – Mechanik und Verfahrenstechnik, 4. Aufl, 2019; Band 2 – Chemie und Biotechnologie, 2008
Eigen	Zwangsvollstreckung in gewerbliche Schutzrechte, 2012
Engels	Patent-, Marken- und Urheberrecht, 9. Aufl, 2015
Festschrift	50 Jahre Bundespatentgericht, 2011
Festschrift	50 Jahre VPP, 2005
Festschrift	80 Jahre Patentgerichtsbarkeit in Düsseldorf, 2016
Festschrift	200 Jahre Carl Heymanns Verlag, 2015
Festschrift	für Joachim Bornkamm, 2014
Festschrift	für Gert Kolle und Dieter Stauder, 2005
Festschrift	für Kurt Bartenbach, 2005
Festschrift	für Uwe Blaurock, 2013
Festschrift	für Günther Eisenführ, 2003
Festschrift	für Otto-Friedrich Frhr von Gamm, 1990
Festschrift	für Horst Helm, 2002
Festschrift	für Günter Hirsch, 2008
Festschrift	für Reimar König, 2003
Festschrift	für Wolfgang von Meibom, 2010
Festschrift	für Peter Mes, 2009
Festschrift	für Jochen Pagenberg, 2006

Festschrift	für Guntram Rahn, 2011
Festschrift	für Thomas Reimann, 2009
Festschrift	für Franz Jürgen Säcker, 2006
Festschrift	für Tilman Schilling, 2007
Festschrift	für Gernot Schulze, 2017
Festschrift	für Winfried Tilmann, 2003
Festschrift	für Eike Ullmann, 2006
Fezer	Markenrecht, 4. Aufl, 2009
Flesche	Die Ermittlung unmittelbarer Verfahrenserzeugnisse gemäß § 6 Satz 2 Patentgesetz, 1965
Fitzner/Lutz/Bodewig	Patentrechtskommentar, 4. Aufl, 2012
Freund	Rechtsnachfolge in Unterlassungspflichten, 2008
Groß	Der Lizenzvertrag, 11. Aufl, 2015
Groß/Strunk	Lizenzgebühren, 4. Aufl, 2015
Hahn	Der Schutz von Erzeugnissen patentierter Verfahren, 1968
Haedicke	Patentrecht, 4. Aufl, 2018
Haedicke/Timmann	Handbuch des Patentrechts, 2012
Heinze	Einstweiliger Rechtsschutz im europäischen Immaterialgüterrecht, 2007
Hellebrand/Rabe	Lizenzsätze für technische Erfindungen, 5. Aufl, 2017
Hofmann	Der Schutz von Verfahrenserfindungen im Vergleich zu Erzeugniserfindungen, 2000
Hölder	Grenzüberschreitende Durchsetzung europäischer Patente, 2004
Hötte	Die kartellrechtliche Zwangslizenz im Patentrecht, 2011
Ibbeken	Das TRIPs-Übereikommen und die vorgerichtliche Beweishilfe im gewerblichen Rechtsschutz, 2004
Immenga/Mestmäcker	Wettbewerbsrecht, Band 2: GWB, 5. Aufl, 2014
Ingerl/Rohnke	Markengesetz, 3. Aufl, 2010
Jakobs	Standardsetzung im Lichte der europäischen Wettbewerbsregeln, 2012
Jestaedt	Patentrecht – ein fallbezogenes Lehrbuch, 2. Aufl, 2008
Jelinek	Lizenzen in der Insolvenz – nach deutschem und US-amerikanischem Recht, 2013
Kleindienst	Die Bestimmung angemessener Gebühren für FRAND-Lizenzen an standardessentiellen Patenten, 2016
Knobloch	Abwehransprüche für den Nehmer einer einfachen Patentlizenz?, 2005
Kobler	Instandhaltung und Umbau patentgeschützter Vorrichtungen, 2015
Koch	»Springboard« im Patentrecht – Das Schicksal patentrechtlicher Ansprüche nach Ablauf der Schutzfrist, 2016
Koikkara	Der Patentschutz und das Institut der Zwangslizenz in der Europäischen Union, 2010
Koller/Kindler/Roth/Morck	Handelsgesetzbuch, 8. Aufl, 2015
Korp	Der Patenthinterhalt: Missbrauch essentieller Patente im Rahmen der Standardisierung, 2014
Kraßer/Ann	Patentrecht, 7. Aufl, 2016
Kropholler/von Hein	Europäisches Zivilprozeßrecht, 10. Aufl, 2018
Kübel	Zwangslizenzen im Immaterialgüter- und Wettbewerbsrecht, 2004
Kuta	Die Besichtigungsanordnung nach dem "Düsseldorfer Modell" - Zur Rechtmäßigkeit des Düsseldorfer Besichtigungsverfahrens de lege lata, 2017
Leible/Ohly/Zech	Wissen – Märkte – Geistiges Eigentum, 2010

Loewenheim/Meessen/ Riesenkampff/Kersting/ Meyer-Lindemann	Kartellrecht, 3. Aufl, 2016
Loth	Gebrauchsmustergesetz 2. Aufl., 2017
Maaßen	Normung, Standardisierung und Immaterialgüterrechte, 2006
Maume	Der kartellrechtliche Zwangslizenzeinwand im Patentverletzungsprozess, 2010
Maute	Dreifache Schadens(ersatz)berechnung – Zur dogmatischen Einordnung der Berechnungsmethoden und ihrem Verhältnis zueinander, 2016
Mes	Patentgesetz Gebrauchsmustergesetz, 4. Aufl, 2015
Miosga	Die Ansprüche auf Rückruf und Entfernen im Recht des geistigen Eigentums, 2010
Müller-Stoy	Nachweis und Besichtigung des Verletzungsgegenstandes im deutschen Patentrecht, 2008
Münchener	Gemeinschaftskommentar zum EPÜ, Loseblattsammlung
Nieder	Die Patentverletzung, 2004
Niioka	Klinische Versuche im Patentrecht, 2003
Osterrieth	Patentrecht, 5. Aufl, 2015
Pansch	Die einstweilige Verfügung zum Schutze des geistigen Eigentums im grenzüberschreitenden Verkehr, 2003
Pitz	Patentverletzungsverfahren, 2. Aufl, 2010
Rauh	Die mittelbare Patentverletzung, 2009
Reisner	Die Erschöpfung im Patentrecht - Wirkung, Voraussetzungen, Grenzen und Dogmatik, 2017
Sabellek	Patente auf nanotechnologische Erfindungen, 2014
Sack	Unbegründete Schutzrechtsverwarnungen, 2006
Schärli	Das ergänzende Schutzzertifikat für Arzneimittel, 2013
Schauwecker	Extraterritoriale Patentverletzungsjurisdiktion, 2009
Schramm	Der Patentverletzungsprozess, 7. Aufl, 2013
Schriebl	Die Rechtsfolgen unberechtigter Grenzbeschlagnahmen nach der Verordnung (EU) Nr. 608/2013, 2017
Schulte	Patentgesetz mit EPÜ, 10. Aufl, 2017
Schuschke/Walker	Vollstreckung und Vorläufiger Rechtsschutz, 6. Aufl, 2016
Seiler	Die rechtliche Bedeutung der Patentregistereintragung unter besonderer Berücksichtigung des Patentverletzungsprozesses, 2013
Singer/Stauder	EPÜ, 7. Aufl, 2016
Sommer	Beweisbeschaffung im einstweiligen Rechtsschutz – Die Vorbereitung von Verletzungsverfahren urheber- und patentrechtlich geschützter Software nach Umsetzung der Enforcement-Richtlinie, 2013
Sonnenberg	Die Einschränkung des patentrechtlichen Unterlassungsanspruchs im Einzelfall, 2013
Spernath	Die Schutzschrift in zivilrechtlichen Verfahren, 2009
Stein/Jonas/Schumann	Zivilprozessordnung, Band 4, 22. Aufl, 2008
Stephan	Die Streitwertbestimmung im Patentrecht, 2015
Stjerna	Die Konzentrationsmaxime des § 145 PatG, 2008
Stierle	Das nicht praktizierte Patent, 2017
Ströbele/Hacker/Thiering	Markengesetz, 12. Aufl, 2018
Teplitzky	Wettbewerbsrechtliche Ansprüche und Verfahren, 11. Aufl, 2016
Treichel	Die Sanktionen der Patentverletzung und ihre gerichtliche Durchsetzung im deutschen und französischen Recht, 2001
Wehlau	Handbuch der Schutzschrift, 2. Aufl. 2015

Literatur

Winkel	»FRAND«-standardessentielle Patente und ihre lizenzierte Nutzung im Lichte des Europäischen Kartellrechts, 2015
Wintermeier	Zur Effektivität strafrechtlichen Schutzes gegen Patentverletzungen, 2015
Wirtz	Verletzungsansprüche im Recht des geistigen Eigentums, 2011
Wosgien	Verschuldenshaftung im Patentrecht, 2015
Würtenberger	Technischer Sachverstand im modernen Patentprozess, 2018
Zahn	Die Herausgabe des Verletzergewinns, 2005
Zöller	Zivilprozessordnung, 32. Aufl, 2018
Zorr	Der Schutzbereich von Patenten auf eine zweite medizinische Indikation im Falle eines cross-label-use, 2018

A. Schutzbereichsbestimmung

Ein Patentverletzungsverfahren entscheidet sich zwar in erster Linie vor Gericht, doch schon in der Vorbereitungsphase werden die ersten Weichen für das spätere Gelingen gestellt. Die vorprozessuale Arbeit, vor allem die Beurteilung der relevanten Schutzrechte, aber auch die Ermittlung und Aufarbeitung des Sachverhaltes sollten daher nicht unterschätzt werden. 1

Der erste Schritt bei Entdeckung einer potenziellen Patent- oder Gebrauchsmusterverletzung besteht in der Auswahl der möglicherweise relevanten Schutzrechte, wobei im Hinblick auf das Gebot der Klagenkonzentration nach § 145 PatG zunächst kein in Betracht kommendes Schutzrecht ausgeschlossen werden sollte. Denn nach § 145 PatG kann ein Beklagter nicht ohne weiteres wegen derselben oder einer gleichartigen patentverletzenden Handlung ein weiteres Mal aus einem anderen Patent gerichtlich in Anspruch genommen werden. 2

Am Anfang aller Überlegungen dazu, ob und gegebenenfalls welche Rechte aus einem infrage kommenden Patent geltend gemacht werden können, muss die Bestimmung des Schutzbereichs stehen, der dem als Anspruchsgrundlage in Betracht gezogenen Patent zukommt. 3

Er nämlich entscheidet darüber, ob dasjenige Erzeugnis, welches der Konkurrent herstellt und/oder vertreibt, oder dasjenige Verfahren, welches der Konkurrent anwendet, von den Verbietungsrechten des Patents erfasst wird oder vom Schutzrechtsinhaber unter der Geltung des grundsätzlich freien Wettbewerbs hingenommen werden muss. 4

I. Rechtsgrundlagen

Zentrale Norm für die Schutzbereichsbestimmung ist bei einem deutschen Patent § 14 PatG, für ein europäisches Patent Art 69 EPÜ. Beide Vorschriften stimmen sachlich überein und besagen, dass der Schutzbereich eines Patents durch die Patentansprüche bestimmt wird, wobei zu deren Auslegung die Patentbeschreibung[1] und (soweit vorhanden) die Patentzeichnungen heranzuziehen sind. Bei europäischen Patenten ist die Fassung der Patentansprüche in der vom Anmelder gewählten Verfahrenssprache entscheidend.[2] Das gilt auch dann, wenn das Klagepatent in einem nationalen Verfahren **beschränkt** (aufrechterhalten) worden und – was zulässig ist[3] – der Patentanspruch zum Zwecke der Beschränkung in deutscher Sprache neu gefasst worden ist. Auch hier ist die deutsche Fassung nur insoweit von Belang, wie sie sich in den durch die Anspruchsfassung in der Verfahrenssprache gezogenen Grenzen hält. Zur Auslegung des (in deutscher Sprache) beschränkten Patentanspruchs ist der übrige Inhalt der Patentschrift in der maßgeblichen Verfahrenssprache heranzuziehen.[4] 5

Das Protokoll über die Auslegung von Art 69 EPÜ[5] ordnet darüber hinaus an: 6

---

1 Einer Klage auf Unterlassung oder Beseitigung herabsetzender Äußerungen in einer Patentbeschreibung fehlt das Rechtsschutzbedürfnis (BGH, GRUR 2010, 253 – Fischdosendeckel).
2 Art 70 Abs 1, 3 EPÜ; vgl Rogge, GRUR 1993, 284.
3 BGH, GRUR 2004, 407, 410 – Fahrzeugleitsystem; BGH, GRUR 2010, 414 – Thermoplastische Zusammensetzung.
4 BGH, GRUR 2010, 904 – Maschinensatz.
5 ... das gemäß Art 164 Abs 1 EPÜ Bestandteil des Übereinkommens ist.

A. Schutzbereichsbestimmung

Art 1

Artikel 69 ist nicht in der Weise auszulegen, dass unter dem Schutzbereich des europäischen Patents der Schutzbereich zu verstehen ist, der sich aus dem genauen Wortlaut der Patentansprüche ergibt, und dass die Beschreibung sowie die Zeichnungen nur zur Behebung etwaiger Unklarheiten in den Patentansprüchen anzuwenden sind. Ebenso wenig ist Artikel 69 dahingehend auszulegen, dass die Patentansprüche lediglich als Richtlinie dienen und der Schutzbereich sich auch auf das erstreckt, was sich dem Fachmann nach Prüfung der Beschreibung und der Zeichnungen als Schutzbegehren des Patentinhabers darstellt. Die Auslegung soll vielmehr zwischen diesen extremen Auffassungen liegen und einen angemessenen Schutz für den Patentinhaber mit ausreichender Rechtssicherheit für Dritte verbinden.

Art 2

Bei der Bestimmung des Schutzbereichs eines europäischen Patents ist solchen Elementen gebührend Rechnung zu tragen, die Äquivalente der in den Patentansprüchen genannten Elemente sind.

7 Nach der Rechtsprechung[6] sind die Anweisungen des Auslegungsprotokolls auch für deutsche Patente zu beachten.

II. Einige Grundregeln der Patentauslegung

1. Vorrang des Anspruchs vor der Beschreibung

8 Bereits aus dem Wortlaut der genannten Vorschriften ergibt sich eine erste Konsequenz mit aller Deutlichkeit: Da es für die Bestimmung des Schutzbereichs auf die Patentansprüche ankommt, lässt sich ein **Patentschutz nicht allein aus** der **Patentbeschreibung** oder den Patentzeichnungen herleiten. Eine technische Lehre, die ausschließlich dort beschrieben ist, die in den Patentansprüchen jedoch keinen Niederschlag gefunden hat, bleibt außerhalb des Patentschutzes und ist gemeinfrei.[7] Die Patentbeschreibung und die Zeichnungen sind eben nur ein Auslegungsmittel für den Inhalt der Patentansprüche, sie umreißen aber nicht selbständig den Schutzbereich des Patents.

9 **Umgekehrt** gilt dasselbe: Ein weitgefasster Patentanspruch kann nicht unter Berufung auf den Beschreibungstext unter seinen Wortlaut einschränkend interpretiert werden.[8] Das bedeutet freilich nicht, dass der Anspruchswortlaut als solcher einen bestimmten Schutzbereich hätte, der sich ohne Rückgriff auf die Beschreibung – aus sich heraus – ermitteln ließe und der deshalb auch gegenüber den Erläuterungen des Beschreibungstextes eine feste, nicht überschreitbare Grenze setzt. Eine Auslegung hat *immer* stattzufinden, dh nicht nur, wenn der Anspruchswortlaut Unklarheiten aufwirft, die zu beheben sind, sondern in jedem einzelnen Fall der Schutzbereichsbestimmung, um den mit den Worten des Patentanspruchs verbundenen technischen Sinn aufzudecken[9], mithin auch dann, wenn der Anspruchswortlaut scheinbar eindeutig ist.[10] Das ist schon deshalb zwingend, weil die Patentschrift ihr eigenes Lexikon für die in ihr gebrauchten Begrifflichkeiten darstellt und deswegen nur unter Heranziehung der Beschreibung Aufschluss darüber gewonnen werden kann, was der Anspruch mit einer bestimmten Formulierung meint und aussagen will.[11] Das Auslegungsgebot gilt deswegen auch für solche Begriffe,

---

6 BGH, GRUR 1989, 903, 904 – Batteriekastenschnur; BGHZ 125, 303, 309 = BGH, GRUR 1994, 597, 599 – Zerlegvorrichtung für Baumstämme; BGH, Mitt 2002, 216, 218 – Schneidmesser II.
7 Vgl BGH, GRUR 1980, 219, 220 – Überströmventil; BGHZ 100, 249, 254 = BGH, GRUR 1987, 626, 627 f – Rundfunkübertragungssystem.
8 BGH, GRUR 2004, 1023 – Bodenseitige Vereinzelungseinrichtung; BGH, GRUR 2007, 778 – Ziehmaschinenzugeinheit.
9 BGH, GRUR 2015, 875 – Rotorelemente.
10 BGH, GRUR 2016, 361 – Fugenband.
11 BGH, GRUR 2016, 361 – Fugenband.

die von der Formulierung her scheinbar eindeutig sind.[12] Der Vorrang des Anspruchs vor der Beschreibung besteht demgemäß nicht für den bloß philologisch interpretierten Patentanspruch, sondern für denjenigen Anspruch, der in der gebotenen Weise anhand des Beschreibungstextes (funktionsorientiert und technisch sinnvoll) ausgelegt worden ist.

▶ **Bsp:**[13] 10

Das Klagepatent (EP 1 731 552) schützt einen geschäumten Dämmwerkstoff aus expandierbaren Styrolpolymerisatpartikeln, die teils pigmentfrei und teils pigmententhaltend sind, wobei sich der Anspruchswortlaut zu der Menge pigmentfreier und pigmentierter Polystyrolkugeln nicht weiter verhält. Die pigmentierten Polystyrolkugeln sind nach der Patentbeschreibung dazu vorgesehen, die Wärmeleitfähigkeit des Dämmmaterials vorteilhaft herabzusetzen, die unpigmentierten Kugeln verhindern gleichzeitig, dass es bei länger andauernder Hitzeeinwirkung auf die Dämmplatte zu unerwünschten thermischen Verformungen der Dämmplatte kommt.

Den Gegenstand des Verletzungsangriffs bildet eine Dämmplatte, die aus dreierlei Arten von Polystyrolkugeln besteht, nämlich aus dunkelgrauen (6 Gew.-% Graphitanteil), hellgrauen (1,5 Gew.-% Graphitanteil) und weißen (unpigmentierten) Styrolpolymerisatpartikeln. Während die dunkelgrauen und die hellgrauen Polystyrolkugeln den allergrößten Teil der Dämmplatte ausmachen, bewegt sich der Anteil der weißen Polystyrolkugeln im Promillebereich (von ca. 4000 Styrolpolymerisatpartikeln eines betrachteten Plattenausschnitts sind lediglich 4 Partikel pigmentfrei).

Die Klägern ist der Auffassung, dass, weil die für die Schutzbereichsbestimmung maßgeblichen Ansprüche des Klageschutzrechtes keinerlei mengenmäßige Festlegung hinsichtlich der Zahl pigmentfreier Polystyrolkugeln enthalten, zwangsläufiger Weise jede auch noch so geringe Zahl weißer Polystyrolkugeln geeignet ist, die technische Lehre der Klageschutzrechte zu verwirklichen, auch wenn mit ihrer Anwesenheit kein technischer Effekt im Sinne des Klagepatents verbunden sein kann. Dem ist zu widersprechen. Der technisch sinnvoll verstandene Patentanspruch lässt zwar auch geringe Mengen an pigmentfreien Polystyrolkugeln zu, er verlangt jedoch in jedem Fall, dass eine solche Anzahl vorhanden ist, dass sich der patentgemäß angestrebte Erfolg aus der Sicht des Fachmanns überhaupt in einem, wenn auch vielleicht geringen Ausmaß einstellen kann.

2. Einheit von Anspruch & Beschreibung[14]

Für die praktische Handhabung ist ganz in diesem Sinne zu beachten, dass die **Patentansprüche und** der sie erläuternde **Beschreibungstext** prinzipiell eine **zusammengehörige Einheit** bilden, die der Durchschnittsfachmann demgemäß auch als sinnvolles Ganzes so zu interpretieren sucht, dass sich Widersprüche nicht ergeben.[15] In der Patentbeschreibung erwähnte Ausführungsformen *müssen* deshalb Veranlassung geben, danach zu fragen, ob nicht eine Auslegung der Merkmale des Hauptanspruchs in Betracht kommt, bei der sämtliche als erfindungsgemäß beschriebenen Varianten auch vom Anspruchswortlaut erfasst werden. Nur wenn ein solches Verständnis angesichts der konkreten 11

---

12 BGH, GRUR 2015, 875 – Rotorelemente.
13 OLG Düsseldorf, Urteil v 9.10.2014 – I-2 U 80/13.
14 Rinken, FS 80 Jahre Patentgerichtsbarkeit Düsseldorf, 2016, S 429.
15 BGH, GRUR 2016, 361 – Fugenband; BGH, GRUR 2015, 875 – Rotorelemente; BGH, GRUR 2008, 887 – Momentanpol II; BGH, GRUR 2009, 653 – Straßenbaumaschine; OLG Düsseldorf, Mitt 1998, 179 – Mehrpoliger Steckverbinder.

Anspruchsformulierung ausscheidet, ist Raum für die Annahme, dass der Beschreibungstext einen überschießenden Inhalt hat, der einen Patentschutz nicht zu vermitteln vermag.[16] Erfahrungsgemäß wird es sich hierbei um ganz seltene Ausnahmefälle handeln.

12 ▶ **Bsp:**

> In dem nachfolgenden Fallbeispiel (LG Düsseldorf – 4b O 297/06) wäre letzteres etwa der Fall, wenn der Patentanspruch nicht – auslegungsfähig – auf »Klemmen an den entgegengesetzten Enden der Vorrichtung« gerichtet wäre, sondern in einer – nicht auslegungsfähigen – Formulierung »*zwei* Klemmen an den entgegengesetzten Enden der Vorrichtung« fordern würde.

13 ▶ **Bsp: (LG Düsseldorf, Urteil v 31.7.2007 – 4b O 297/06)[17]**

> I.
>
> Die Klägerin ist eingetragene Inhaberin des mit Wirkung ua für die Bundesrepublik Deutschland erteilten europäischen Patents 0 808 138, das intravaskuläre Vorrichtungen zum Behandeln bestimmter medizinischer Leiden betrifft. Als Anwendungsfälle nennt die Klagepatentschrift beispielhaft die Notwendigkeit, das Gefäß eines Patienten zu verschließen, um den Blutstrom an einen Tumor oder an eine andere Schädigung zu unterbinden. Allgemein – so heißt es – werde dies durch Einführen von vaskulären Verschlusspartikeln oder kurzen Abschnitten von Schraubenfedern vorgenommen, wobei sich die genannten Embolisationsagentia im Gefäß festsetzen sollen. Kritisch hierbei sei jedoch, dass die Verschlusspartikel häufig vom Ort ihrer Einführung mit dem Blutstrom abwärts fließen, bevor sie an der vorgesehenen Stelle das Gefäß verschließen. Mangels einer zuverlässig präzisen Positionierung seien die Embolisationsagentia daher praktisch von lediglich begrenztem Nutzen.
>
> Als alternative Behandlungsmittel seien bereits lösbare Ballonkatheter vorgeschlagen worden, die in ihrem Inneren mit einem aushärtenden Harz versehen sind. Nach ihrer Verbringung zum Einsatzort wird der Ballon vom Ende des Katheters abgelöst und an der vorgesehenen Verschlussstelle zurückgelassen. Als nachteilig beurteilt die Klagepatentschrift hieran, dass Sicherheitsprobleme auftreten können, wenn der Ballon nicht ausreichend aufgefüllt sei, weil er in diesem Fall keinen festen Sitz im Gefäß finde und infolge dessen stromabwärts an eine nicht vorgesehene Stelle des Gefäßes treiben könne. Um diese Problemlage zu vermeiden, könne es vorkommen, dass der Arzt den Ballon übermäßig fülle, was wiederum die Gefahr mit sich bringe, dass der Ballon reiße und das Harz in den Blutstrom des Patienten entlassen werde.
>
> Schließlich befasst sich die Klagepatentschrift mit mechanischen Embolisationsvorrichtungen, Filtern und Fallen, die jedoch als vergleichsweise kostspielig kritisiert werden.
>
> Vor dem Hintergrund des geschilderten Standes der Technik formuliert die Klagepatentschrift die Aufgabe, »eine zuverlässig wirkende Embolisationsvorrichtung zu schaffen,

---

16 BGH, GRUR 2015, 972 – Kreuzgestänge.
17 Bestätigt durch OLG Düsseldorf, Urteil v 22.12.2008 – I-2 U 65/07. Mit der Entscheidung »Okklusionsvorrichtung« (GRUR 2011, 701) hat der BGH die Verurteilung zu Unrecht (vgl die Anmerkung in GRUR 2011, 705) aufgehoben und die Klage abgewiesen. Zu dem Ergebnis mangelnder Patentverletzung sind ebenfalls die Gerichte im Vereinigten Königreich (High Court of Justice vom 31.7.2009 – [2009] EWHC 2013 [Ch]; Court of Appeal vom 22.6.2010 – [2010] EWCA Civ 702); High Court – [2009] EWHC 2013 (Ch), case n° HC07C02 048; und in den Niederlanden (Rechtbank's Gravenhage vom 29.10.2008 – 299 267/HA ZA 07-3614; The Hague Appeal Court vom 19.10.2010 – 200.020.925/01; Hoge Raad vom 25.5.2012 – AZ 11/00 304, gekommen, allerdings unter maßgeblicher Heranziehung der Erteilungsakte.

die sowohl ohne Schwierigkeiten entfaltet als auch präzise in einem Gefäß eingesetzt werden kann«.

Zur Lösung sieht Patentanspruch 1 die Kombination folgender Merkmale vor:

1) Kollabierbare medizinische Vorrichtung (60), die ein Metallgewebe umfasst.
2) Das Metallgewebe ist aus geflochtenen Metalllitzen gebildet.
3) Die Vorrichtung (60) hat
   a) eine kollabierte Konfiguration zur Zuführung durch einen Kanal in einem Patienten;
   b) eine allgemeine hantelförmige entfaltete Konfiguration.
4) Die allgemeine hantelförmige (entfaltete) Konfiguration hat
   a) zwei Teile mit erweitertem Durchmesser (64),
   b) die durch einen Teil mit reduziertem Durchmesser (62) getrennt sind, der zwischen entgegengesetzten Enden der Vorrichtung gebildet ist.
5) Es sind Klemmen (15) zum Festklemmen der Litzen an den entgegengesetzten Enden der Vorrichtung (60) ausgeführt.

Die nachfolgenden Abbildungen der Klagepatentschrift verdeutlichen den Gegenstand der Erfindung anhand bevorzugter Ausführungsbeispiele, wobei die Figuren 1a und 1b Metallgewebe als mögliche Ausgangsstoffe für die Herstellung eines patentgemäßen Gegenstandes zeigen,

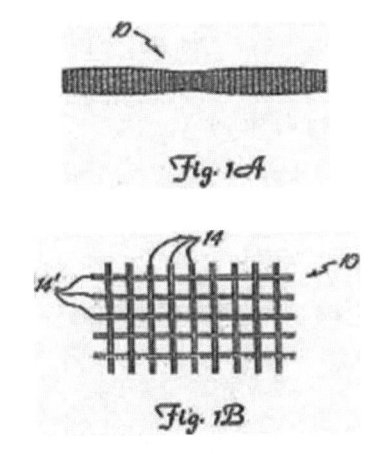

die Figuren 2a, 2b und 4 ein geeignetes Formelement wiedergeben,

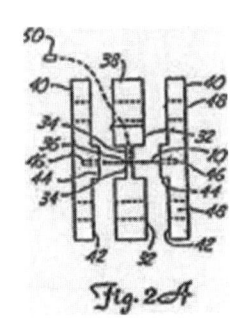

Fig. 2B

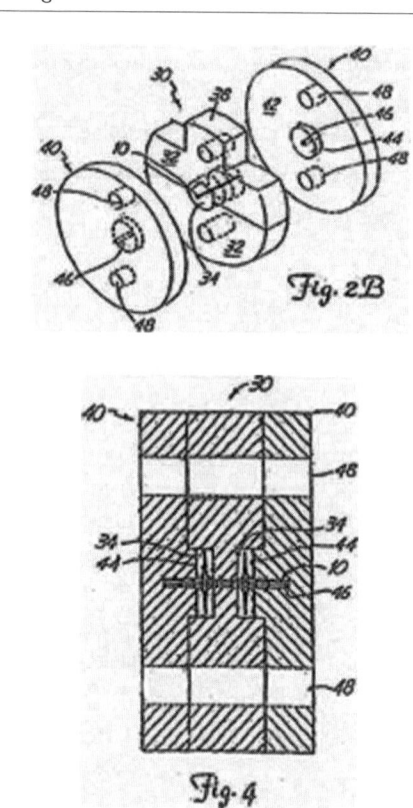

Fig. 4

und die Figuren 5a und 5b eine Seitenansicht bzw eine Ansicht auf das Ende einer erfindungsgemäßen Vorrichtung darstellen.

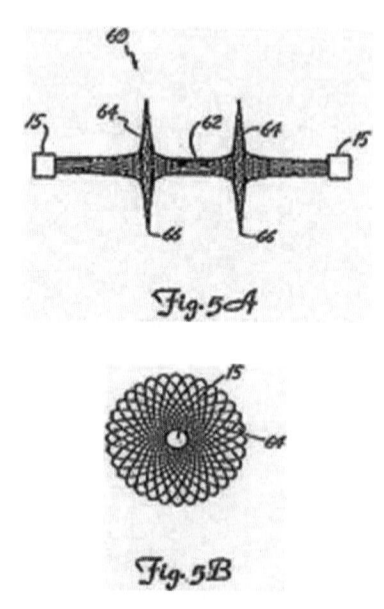

Fig. 5A

Fig. 5B

Die erfindungsgemäße Vorrichtung zeichnet sich dadurch aus, dass sie zum Einen eine kollabierte (dh zusammengefaltete) Form besitzt, die es erlaubt, die Vorrichtung zB mit

Hilfe eines Katheters in das Gefäß eines Patienten einzuführen, und zum Anderen eine definiert entfaltete Form annehmen kann, wenn die kollabierte Vorrichtung aus dem distalen Ende des Katheters entlassen wird, wobei die entfaltete Form gewährleistet, dass sich die Vorrichtung nicht unbeabsichtigt vom Ort ihres therapeutischen Einsatzes entfernen kann. Im Zusammenhang mit der beispielhaft erörterten Verwendung als vaskulärer Verschlussvorrichtung erläutert die Klagepatentschrift diesen letztgenannten Gesichtspunkt dahingehend, dass die Vorrichtung innerhalb des zu verschließenden Blutgefäßes so positioniert wird, dass ihre Achse generell mit der Achse des Blutgefäßes übereinstimmt. Die besondere Hantelform der entfalteten Konfiguration begrenze dabei die Möglichkeiten, dass sich die vaskuläre Verschlussvorrichtung gegenüber der Gefäßachse im Winkel verdrehe, so dass gewährleistet sei, dass die Vorrichtung im Wesentlichen in derjenigen Position verbleibe, in die der Arzt sie im Gefäß eingesetzt hat (Absatz 0058).

Die Beklagten bewerben ein kathederbasiertes Verschlussimplantat zur Behandlung von Septumdefekten (Perforationen der Herzscheidewand). Nachstehend sind Abbildungen wiedergegeben, die die konstruktiven Einzelheiten des Occluder verdeutlichen, wobei es sich – in der Reihenfolge der nachfolgenden Wiedergabe – um eine Seitenansicht, eine Ansicht auf das rechte sowie auf das linke Ende des Occluders handelt.

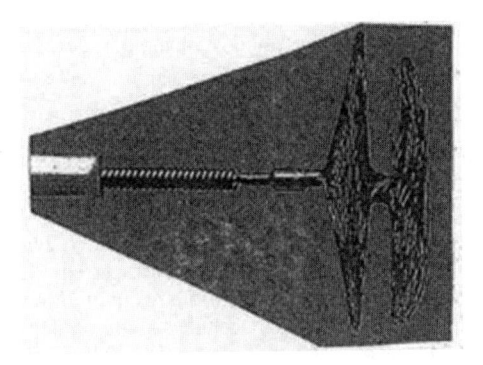

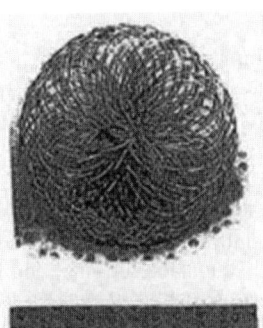

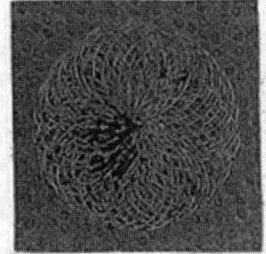

Anhand der Lichtbilder ist zu erkennen, dass die angegriffene Ausführungsform lediglich auf einer (nämlich der linken) Seite mit einer Klemme versehen ist.

Die Klägerin ist der Auffassung, dass die angegriffene Ausführungsform dennoch wortsinngemäß von der technischen Lehre des Patentanspruchs 1 Gebrauch macht und dass bei dessen Fertigung – ebenfalls wortsinngemäß – das Herstellungsverfahren nach Patentanspruch 16 des Klagepatents angewendet wird. Mit ihrer Klage nimmt sie die Beklagten deshalb auf Unterlassung, Rechnungslegung, Vernichtung und Schadenersatz in Anspruch, wobei sie gegenüber sämtlichen Beklagten sowohl den Vorrichtungs- als auch den Verfahrensanspruch geltend macht und Unterlassung, Rechnungslegung sowie Schadenersatz wegen aller in § 9 Nr 1 PatG genannten Benutzungshandlungen begehrt.

Die Beklagten bestreiten den Vorwurf der Patentverletzung und führen hierzu aus: Bei dem streitbefangenen Occluder handele es sich nicht um eine »medizinische Vorrichtung« im Sinne des Klagepatents. Auch würden keine »Metalllitzen« verwendet; ebenso wenig sei ein »Gewebe aus Metall« vorhanden. Vor allem aber fehle es an »Klemmen«, die »an entgegengesetzten Enden der Vorrichtung« ausgeführt seien. Stattdessen sei die angegriffene Ausführungsform mit lediglich einer Klemme an lediglich einem Ende der Vorrichtung versehen.

II.

Der Occluder der Beklagten macht wortsinngemäß von der technischen Lehre des Klagepatents Gebrauch.

1.

Die Beklagten ziehen – zu Recht – nicht in Zweifel, dass die angegriffene Ausführungsform eine kollabierte Konfiguration zur Zuführung durch einen Kanal in einem Patienten sowie eine allgemeine hantelförmige entfaltete Konfiguration besitzt (Merkmal 3), wobei sich die allgemeine hantelförmige Konfiguration durch zwei Teile mit erweitertem Durchmesser sowie einen zwischen entgegengesetzten Enden der Vorrichtung gebildeten Teil mit reduziertem Durchmesser auszeichnet (Merkmal 4). Zu Unrecht bestreiten die Beklagten jedoch, dass der Occluder auch von den weiteren Merkmalen (1), (2) und (5) Gebrauch macht.

a)

Die angegriffene Ausführungsform ist dafür vorgesehen, Perforationen der Herzscheidewand zu verschließen. Es handelt sich deswegen unbestreitbar um eine »medizinische Vorrichtung« im Sinne des Merkmals (1).

Der außerordentlich weit gefasste Anspruchswortlaut erfasst jedwede kollabierbare Vorrichtung, die für irgendwelche medizinischen Zwecke verwendet werden kann. Eine Einschränkung auf bestimmte Therapiefelder, insbesondere ein Ausschluss der Behandlung von Septumdefekten scheint im Patentanspruch nirgends auf. Der Beschreibungstext bietet gleichfalls keinerlei Grundlage für eine reduzierende Interpretation, wie sie von den Beklagten verfochten wird. Richtig ist zwar, dass bei der Aufgabenformulierung (Absatz 0007) ausschließlich von »Embolisationsvorrichtungen« die Rede ist, wobei unter einer therapeutischen Embolisation im Allgemeinen der künstliche Verschluss von Blutgefäßen (aus Anlass einer schwer stillbaren, lebensbedrohlichen Blutung, einer Gefäßfehlbildung oder einer Tumorbehandlung) verstanden wird. Abgesehen davon, dass der für die Schutzbereichsbestimmung maßgebliche Anspruchswortlaut den Begriff »Embolisation« nicht aufgreift, stellt die Patentbeschreibung einleitend klar, dass die Erfindung des Klagepatents »allgemein intravaskuläre Vorrichtungen zum Behandeln bestimmter medizinischer Leiden (betrifft)« (Absatz 0001), wobei nachfolgend als mögliches Leiden, welches den Einsatz eben solcher intravaskulärer Vorrichtungen erfordert, ausdrücklich » ... *die Behandlung von Septumdefekten*« erwähnt ist (Absatz 0002). Darüber hinaus enthält auch Absatz 0019 einen Hinweis auf die Verwendung außerhalb der Behandlung von Gefäßverschlüssen, indem es heißt, dass die Erfindung eine Vorrichtung schafft, »*die im Körper von Patienten in Kanälen wie vaskulären Kanälen, im Harntrakt, Gallenblasengängen und dergleichen verwendet werden (kann)*«. Vor dem Hintergrund des weit gefassten Anspruchswortlauts und der in der Patentbeschreibung gegebenen Erläuterungen besteht deshalb kein Anlass dafür, eine medizinische Vorrichtung mit Blick auf die angegriffene Ausführungsform deshalb zu verneinen, weil mit ihr nicht ein Blutgefäß, sondern die Perforation in einer Herzscheidewand verschlossen werden soll.

b)

Außerhalb jeden vernünftigen Zweifels ist gleichfalls, dass der Occluder ein Metallgewebe umfasst, das aus Metalllitzen geflochten ist.

Bereits nach dem allgemeinen Sprachverständnis begreift der Fachmann, dass die Litzen ein flächenförmiges Gebilde, nämlich ein Gewebe, hervorrufen sollen. Absatz 0027 des Beschreibungstextes erläutert in diesem Zusammenhang, dass die hierzu zu verwendenden Litzen ein Standarddraht (Monofilament) sein können. Mit Rücksicht darauf ist unbestreitbar, dass die Metalldrähte der angegriffenen Ausführungsform (für die im Übrigen die nach Absatz 0026 besonders bevorzugte Memory-Legierung »Nitinol« verwendet wird) »Metalllitzen« im Sinne des Klagepatents sind und dass das mit ihrer Hilfe hervorgerufene Drahtgeflecht ein »Gewebe« im Sinne eines flächenförmig sich erstreckenden Gebildes ist (Merkmal 2).

c)

Verwirklicht ist schließlich auch Merkmal (6), welches vorsieht, dass an den entgegengesetzten Enden der Vorrichtung Klemmen zum Festklemmen der Litzen ausgeführt sind.

Bei philologischer Betrachtung ist den Beklagten zwar Recht in ihrer Auffassung zu geben, dass die im Patentanspruch verwendete Formulierung »Klemmen« zum Ausdruck bringt, dass mindestens zwei Klemmen vorhanden sein sollen, wobei jeweils eine von ihnen an jedem der beiden Enden der kollabierbaren Vorrichtung anzubringen ist. Bei dieser rein sprachlichen Interpretation darf allerdings nicht stehen geblieben werden. Geboten ist vielmehr eine funktionsorientierte Auslegung, die danach fragt, welche technischen Wirkungen das betreffende Merkmal im Rahmen der Erfindung hervorbringen soll, um die dem Patent zugrunde liegende Aufgabe zu lösen. Anspruchsmerkmale sind deswegen so zu begreifen, wie es die ihnen aus der Sicht des angesprochenen Durchschnittsfachmanns zugedachte technische Funktion bei der Verwirklichung des geschützten Erfindungsgedankens verlangt.

Für den Streitfall erhebt sich daher die Frage, welcher auf technischem Gebiet liegende Erfolg mit den im Merkmal (5) angesprochenen »Klemmen« bezweckt ist.

aa)

Soweit die Beklagten einwenden, Sinn der Klemmen sei es, Stromanschlüsse aufzunehmen bzw die länglich kollabierte Vorrichtung manuell zu strecken, ist dem zu widersprechen. Beide vorgenannten Gesichtspunkte werden zwar im besonderen Beschreibungstext der Klagepatentschrift angesprochen, und zwar in den nachfolgend wiedergegebenen Absätzen 0055 und 0073:

»*[0055] Anstatt einzig Konvektionswärme und dergleichen zur Erwärmung des Nitinol in Betracht zu ziehen, ist es auf dem entsprechenden Fachgebiet auch bekannt, elektrischen Strom an das Nitinol zur Erwärmung anzulegen. Bei der vorliegenden Erfindung kann dies beispielsweise dadurch vorgenommen werden, dass an den Klemmen (15) Elektroden an jedem Ende des Metallgewebes angehakt werden, siehe Figur 5.*«

»[0073] ... Die in den Figuren 5 dargestellten Vorrichtungen können beispielsweise eine verhältnismäßig längliche kollabierte Konfiguration haben, bei der die Vorrichtungen entlang ihrer Achsen gestreckt sind. Diese kollabierte Konfiguration kann einfach dadurch erreicht werden, dass die Vorrichtung generell entlang ihrer Achse gestreckt wird, beispielsweise, indem die Klemmen (15) von Hand angefasst und auseinandergezogen werden; ...«

Beide Beschreibungsstellen knüpfen jedoch an ganz spezielle, für die Erfindung nach dem Hauptanspruch 1 keinesfalls zwingende Sachverhaltskonstellationen an – nämlich die Erwärmung mittels Bestromung bzw das Hervorrufen einer länglich kollabierten Form durch manuelle Streckung des Metallgewebes –, die allein deswegen keine Rückschlüsse darauf zulassen, was die Klemmen im Zusammenhang mit einer in Patentanspruch 1 beschriebenen Vorrichtung leisten soll, die diesen besonderen Anforderungen und Verfahrensweisen gerade nicht genügen muss. Abgesehen davon hat die Klägerin im Verhandlungstermin vom 28.6.2007 mit Recht darauf hingewiesen, dass das Merkmal (5) mit der Formulierung »zum Festklemmen der Litzen« selbst den nach der Erfindung mit den Klemmen verfolgten Zweck angibt.

bb)

Der Klägerin ist daher Recht in ihrer Auffassung zu geben, dass die Klemmen dazu dienen,

- ein Ausfasern der Litzenenden
- sowie gegebenenfalls ein Zurückkehren der Litzen in ihre ungeflochtene Konfiguration

zu verhindern. Das erstgenannte Problem des Ausfaserns besteht dabei stets, die zweitgenannte Problemlage stellt sich ein, wenn das Gewebe anfangs nicht wärmebehandelt wurde. Zu verweisen ist insoweit auf die nachstehend wiedergegebenen Beschreibungsstellen in den Absätzen 0028 bis 0030:

»[0028] Bei der Vorbereitung zum Herstellen einer medizinischen Vorrichtung ... wird ein Stück Metallgewebe geeigneter Größe aus dem größeren Gewebestück herausgeschnitten, das beispielsweise durch Flechten von Drahtlitzen zu einem langen Flechtschlauch gebildet wurde. ...

[0029] Beim Zuschneiden des Gewebes auf die gewünschten Abmessungen muss darauf geachtet werden, dass sich das Gewebe nicht auffasert. ... Wurde das Flechtgewebe wärmebehandelt, um die Litzen in der geflochtenen Konfiguration zu fixieren, dann werden sie generell in der geflochtenen Form bleiben und nur die Enden werden ausfasern. Es kann jedoch wirtschaftlich sinnvoller sein, das Flechtgewebe herzustellen, ohne es in dem Zustand einer Wärmebehandlung auszusetzen ...

[0030] Bei solchen unbehandelten NiTi-Geweben werden die Litzen die Tendenz haben, in ihre ungeflochtene Konfiguration zurückzukehren, und das Flechtgewebe kann sich ziemlich schnell auflösen, wenn nicht die Enden des zum Formen der Vorrichtung abgeschnittenen Stückes des Flechtgewebes im Verhältnis zueinander in Form gehalten werden. Um das Flechtgewebe daran zu hindern, sich aufzulösen, hat sich ein Verfahren als nützlich herausgestellt, bei dem das Flechtgewebe an zwei Stellen mit Klemmen zusammengeklemmt wird und das Flechtgewebe so abgeschnitten wird, dass eine Länge des Flechtgewebes mit Klemmen (15 in Figur 2) an jedem Ende übrig bleibt, wodurch ein leerer Raum innerhalb einer geschlossenen Gewebelänge wirksam definiert wird. Diese Klemmen (15) halten die Enden des abgeschnittenen Flechtgewebes zusammen und hindern es am Ausfasern.«

Bereits vor dem Hintergrund dieser technischen Erläuterungen versteht es sich für den Durchschnittsfachmann, dass eine Klemme nur dort notwendig und sinnvoll ist, wo überhaupt ein abgeschnittenes (freies) Drahtende vorliegt, welches ausfasern kann. Diese Erkenntnis ist von besonderer Bedeutung vor dem Hintergrund derjenigen Ausführungsform, die in den nachfolgenden Absätzen 0032 und 0033 ausdrücklich als mögliche Erfindungsvariante beschrieben ist. Am angegebenen Ort heißt es:

»[0032] Die gleichen Probleme tauchen bei der Verwendung eines flachen Gewebestücks auf, wie dem in Figur 1b dargestellten gewobenen Material. Wird ein solches Gewebe verwendet, dann kann es so umgeschlagen werden, dass es eine Vertiefung oder Aushöhlung bildet, und das Gewebe kann um diese Vertiefung so festgeklammert werden, dass es eine leere Tasche bildet (nicht dargestellt), bevor das Gewebe zugeschnitten wird. ...

[0033] Ist ein Stück Metallgewebe angemessener Größe vorhanden, wird das Gewebe so verformt, dass es allgemein mit einer Oberfläche eines Formelementes übereinstimmt. Wie mit der nachfolgenden Beschreibung im Zusammenhang mit den Figuren 2 bis 5 verdeutlicht, bewirkt dieses Verformen des Gewebes eine Neuorientierung der relativen Positionen der Litzen des Metallgewebes aus ihrer ursprünglichen Ordnung in eine zweite, neu orientierte Konfiguration.«

Wird in der zuvor beschriebenen Weise verfahren, ergibt sich eine Ausgestaltung, wie sie nachstehend in einer Bildfolge wiedergegeben ist:

Ausgangspunkt ist ein flaches Gewebestück, wie es in Figur 1b in einer Draufsicht und rechts daneben in einer Seitenansicht dargestellt.

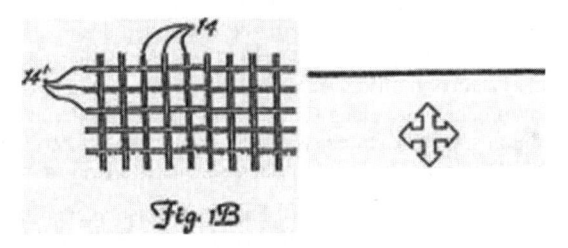

Nach dem Umschlagen aller vier Enden des Gewebestücks nach oben ergibt sich eine Anordnung, wie sie nachstehend eingeblendet ist.

Das Festklammern der Gewebeenden schafft sodann eine leere Tasche, wie sie mit der folgenden Abbildung wiedergegeben ist.

A. Schutzbereichsbestimmung

Soweit die Beklagten behaupten, die Beschreibungsstelle im Absatz [0032] leite den Fachmann zu einer Anordnung an, wie sie nachstehend wiedergegeben ist,

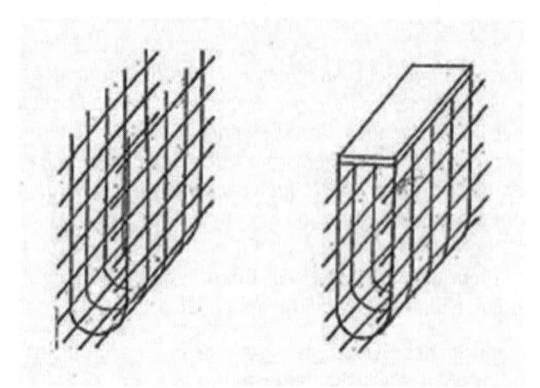

trifft dies ersichtlich nicht zu. Eine »*leere Tasche*«, wie sie erzielt werden soll, entsteht nur dann, wenn nicht lediglich zwei, sondern alle vier Enden des in Figur 1b dargestellten Gewebestücks nach oben geschlagen werden. Dass genau dies gemeint und gefordert ist, erkennt der Fachmann unschwer auch daran, dass bei einem von den Beklagten ins Feld geführten Vorgehen an beiden Längskanten eine Vielzahl von Litzenenden verbleiben würden, die ausfasern könnten, was eine erfolgreiche Durchführung der Erfindung – wie die Beklagten selbst geltend machen – schlechterdings ausschließen würde.

Ausgehend von einem an seinen (sic: allen) Enden umgeschlagenen und anschließend geklammerten Gewebestück ergibt sich unter Verwendung eines Formgebungselementes, wie es in den Figuren 2 bis 4 exemplarisch veranschaulicht ist, eine hantelförmige Konfiguration im Sinne des Merkmals (4):

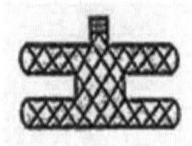

Bei einer solchen, nach dem Beschreibungstext möglichen Ausführungsform der Erfindung liegen bloß auf einer Seite (nämlich oben) freie Drahtenden vor, die ausfransen können und deren Fixierung durch eine Klemme deshalb einer Auflösung des Metallgeflechtes entgegenwirken kann. Bei dieser Sachlage ist es nicht nur möglich, sondern es drängt sich geradezu auf, auf der anderen (unteren) Seite auf die Anbringung einer – dort gänzlich funktionslosen – Klemme (»zum Festklemmen der Litzen«) zu verzichten.

Die Beklagten können dem nicht mit Erfolg entgegenhalten, dass eine Handhabung des Metallgeflechtes, wie sie der vorstehenden Zeichnungsfolge entspricht, zwangsläufiger

Weise dazu führt, dass die Litzen in dem der Klemme gegenüberliegenden Scheitelbereich plastisch verformt werden mit der Folge, dass der erwünschte Memory-Effekt (der für das ordnungsgemäße Entfalten der kollabierten Konfiguration verantwortlich ist) bereichsweise verloren geht. Für die Tauglichkeit und Wirkungsweise der medizinischen Vorrichtung macht es ersichtlich keinen Unterschied, ob sich am distalen Ende ein fest abstehender Bereich deshalb ergibt, weil sich die plastisch verformten Metalllitzen nicht mehr entfalten, oder ob ein ebensolcher Endabschnitt daraus resultiert, dass das untere Ende der Vorrichtung mit einer Klemme versehen ist.

Zieht der Fachmann, wie es geboten ist, zum Verständnis des Patentanspruchs 1 die im Beschreibungstext gegebenen Wirkungs- und Funktionszusammenhänge einschließlich der erwähnten Ausführungsbeispiele heran, so ist deshalb der Klägerin darin beizupflichten, dass der im Merkmal (5) verwendete Plural »Klemmen« lediglich besagt, dass – von Fall zu Fall – so viele Klemmen – eine oder mehrere – verwendet werden sollen, wie nötig sind, um ein Ausfransen der Litzenenden zu verhindern. Es handelt sich um eine Gattungsbezeichnung, die dem Fachmann verdeutlicht, welche *Art* von Bauteil – eben »Klemmen« – zum Einsatz kommen sollen, um die beabsichtigten Wirkungen zu erzielen.

Zu einem anderen Auslegungsergebnis dahingehend, dass in jedem Fall mindestens zwei Klemmen vorhanden sein müssen, zwingt auch nicht der Umstand, dass Klemmen »an den entgegengesetzten Enden der Vorrichtung« ausgeführt sein sollen. Was die »entgegengesetzten Enden der Vorrichtung« sind, ist nicht aufgrund einer rein geometrischen Betrachtung der Vorrichtung – gleichsam »im Raum« – zu bestimmen. Da die Klemmen erfindungsgemäß die Litzen fixieren sollen, werden die – für die Anbringung der Klemmen – entgegengesetzten Enden der Vorrichtung vielmehr durch die freien Ende der das Metallgeflecht bildenden Drähte definiert. Anfang und Ende der Vorrichtung fallen dementsprechend mit den freien (in der Gefahr eines Ausfransens stehenden) Enden der Litzen zusammen. In Bezug auf die in den Absätzen 0032 und 0033 beschriebene Erfindungsvariante bedeutet dies, dass sich die mit Klemmen zu versehenden Enden der Vorrichtung – geometrisch »im Raum« – auf derselben Seite (zB oben) befinden, wobei das eine Ende der Vorrichtung auf der linken und das andere Ende der Vorrichtung auf der rechten Seite der Mittellängsebene liegt, so, wie dies in den nachstehenden Abbildungen verdeutlicht ist.

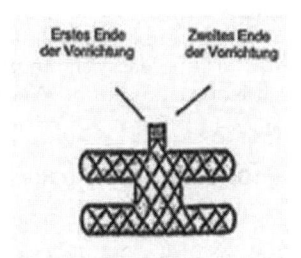

Die gerade erläuterte Sichtweise verbietet sich – anders als die Beklagten meinen – nicht deswegen, weil die »entgegengesetzten Enden der Vorrichtung« im Merkmal (4) abschließend dahingehend definiert sind, dass sich das eine Ende der Vorrichtung jenseits des einen und das entgegengesetzte Ende der Vorrichtung jenseits des anderen Teils der hantelförmigen Konfiguration mit erweitertem Durchmesser befindet. Bei zutreffender, die technischen Wirkungen berücksichtigender Auslegung bezeichnen die in den Merkmalen (4) und (5) gleichlautend gebrauchten Formulierungen »entgegengesetztes Ende der Vorrichtung« nämlich nicht dasselbe. Soweit es um die Anbringung von Klemmen zur Fixierung der Litzenenden geht, geben die freien Drahtenden des Metallgewebes die »Enden der Vorrichtung« vor. Soweit es hingegen um die Form der entfalteten Struktur geht, mit der eine zuverlässige Positionierung der medizinischen Vorrichtung zB in einem Blutgefäß gewährleistet werden soll, ist demgegenüber eine geometrische Betrachtung »im Raum« entscheidend, weil es im Zusammenhang mit dem Merkmal (4) erkennbar darauf ankommt, eine hantelförmige Konfiguration zu erhalten, bei der zwei an unterschiedlichen Enden der Vorrichtung liegende Bereiche mit erweitertem Durchmesser durch einen Verbindungsbereich mit reduziertem Durchmesser beabstandet sind. Denn die Hantelform ist nach der Lehre des Klagepatents dafür verantwortlich, dass die Vorrichtung in einem Gefäß verdrehsicher platziert werden kann oder (mit Blick auf die Behandlung eines Septumdefekts) jenseits der zu schließenden Perforation jeweils ein Bereich mit erweitertem Durchmesser vorhanden ist. Angesichts der gänzlich unterschiedlichen Zwecke, die einerseits mit dem Merkmal (4) und andererseits mit dem Merkmal (5) verfolgt werden, stellt es deshalb keinen Widerspruch dar, die »entgegengesetzten Enden der Vorrichtung« in dem einen Zusammenhang rein geometrisch (Merkmal 4) und im anderen Kontext in Abhängigkeit von den freien Enden der Drahtlitzen (Merkmal 5) zu begreifen.

14 Andererseits bilden auch die **Merkmale des Patentanspruchs eine Einheit**, was es verbietet, einzelne Merkmale unabhängig vom Gesamtzusammenhang der im Anspruch unter Schutz gestellten technischen Lehre zu interpretieren. Vielmehr ist stets danach zu fragen, welcher technische Sinn den einzelnen Merkmalen in ihrer Gesamtheit zukommt und welcher Beitrag zum beabsichtigten Leistungsergebnis den einzelnen Merkmalen des Patentanspruchs zugedacht ist.[18] Dabei kann sich ergeben, dass einem Merkmal ein anderer Inhalt beizumessen ist als dem entsprechenden Merkmal in einer zum Stand der Technik gehörenden, gewürdigten Druckschrift.[19] Kein Beurteilungskriterium bei der Auslegung ist die Frage, mit welchem Inhalt sich die technische Lehre des Klagepatents als patentfähig erweist oder mit welchem Inhalt keine unzulässige Erweiterung vorliegt.[20] Dieses Verbot gilt in beide Richtungen. Eine vom gegebenen Wortsinn her nicht gebotene einengende Interpretation ist also nicht deshalb zulässig, weil das Patent nur mit diesem beschränkten Inhalt rechtsbeständig sein kann; ebenso wenig ist es – umgekehrt – gerechtfertigt, eine begrifflich enge Formulierung nur deshalb weit zu verstehen, weil das Patent auch mit einem über den Wortlaut hinausreichenden Inhalt erteilungsfähig gewesen wäre.[21]

15 Sieht der Patentanspruch eine **Mindestausstattung** der geschützten Vorrichtung mit bestimmten Bauteilen (zB wenigstens 2 Scheiben auf jeder Bearbeitungswalze) vor, weswegen auch eine darüber hinausgehende Ausstattung (mit mehr als 2 Scheiben je Walze) möglich ist, so gibt die Mindestausstattung das Verständnis derjenigen Anspruchsmerkmale vor, die sich mit der näheren Konstruktion und Anordnung der fraglichen Bauteile (zB Walzenscheiben) befassen.[22]

16 ▶ Bsp: (OLG Düsseldorf, Urteil v 10.10.2013 – I-2 U 80/12)

I.

Das Klagepatent (DE 103 25 368.8) betrifft eine Vorrichtung zum Zusammendrücken leerer Weißblechdosen vor ihrem Recycling. Sie umfasst ua zwei Walzen (4.1, 4.2), deren Drehachsen parallel zueinander beabstandet sind. Jede Walze (4.1, 4.2) besitzt wenigstens zwei Scheiben, die mit axialem Abstand (Freiraum) zueinander angeordnet

---

18 BGH, GRUR 2004, 845 – Drehzahlermittlung; BGH, GRUR 2011, 129 – Fentanyl-TTS; BGH, GRUR 2012, 1124 – Polymerschaum.
19 BGH, GRUR 2012, 1124 – Polymerschaum.
20 BGH, GRUR 2012, 1124 – Polymerschaum.
21 OLG Düsseldorf, Urteil v 26.11.2015 – I-2 U 74/14.
22 OLG Düsseldorf, Urteil v 19.9.2013 – I-2 U 80/12.

sind, und weist – in Längsrichtung ihrer Drehachse betrachtet – wenigstens zwei Abschnitte (S 1, S 2) auf, deren Scheibe oder Scheiben im Durchmesser unterschiedlich sind. Die Scheiben besitzen nacheinander im Wechsel folgender Abschnitte (S 1, S 2) jeweils einen anderen Durchmesser (D1, D2). Im montierten Zustand der Walzen sind die den größeren Durchmesser (D2) aufweisenden Abschnitte (S 2) zueinander versetzt mit ihren Umfangsflächen teilweise kämmend nebeneinander angeordnet und bilden somit Schneidkanten zum Einschneiden des Behältermaterials bei dessen Durchgang durch die Walzen (vgl. die nachfolgenden Figuren der Patentschrift).

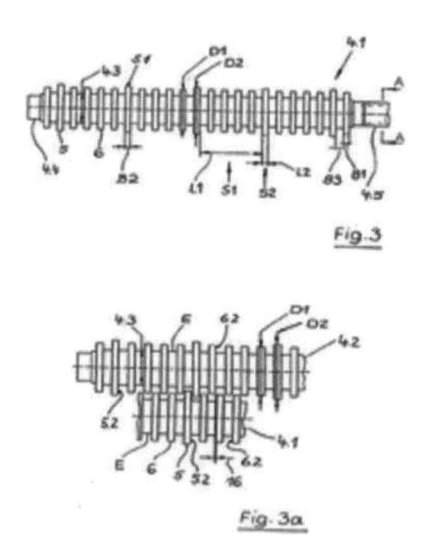

Fig. 3

Fig. 3a

Die angegriffene Ausführungsform – vgl die nachstehende Einblendung eines Walzenausschnitts – verfügt über zwei Walzen, die längs ihrer Drehachse eine Vielzahl ringartiger Erhebungen aufweisen. In der Mitte dieser Erhebungen sind radial über den Walzenumfang verteilt runde Stahlstifte angeordnet.

A. Schutzbereichsbestimmung

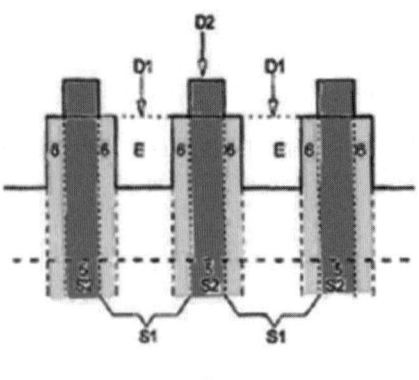

II.

Eine Patentverletzung scheidet aus, weil die Walzen der angegriffenen Ausführungsform keine Scheiben aufweisen, die mit einem axialen Abstand (Freiraum) zueinander angeordnet sind.

1.

Insoweit kann nicht einfach darauf abgestellt werden, dass die Vorrichtung eine Vielzahl von Scheiben besitzt und dass bezogen auf diese Scheibenvielzahl jedenfalls zwei Scheiben auf der Drehachse der Walze mit seitlichem Abstand voneinander positioniert sind. Ein dahingehendes Verständnis übergeht den Umstand, dass sich das Klagepatent mit einer Mindestausstattung der Vorrichtung begnügt, bei der je Walze bloß zwei Scheiben vorhanden sind. Weil dem so ist, müssen auch auf eine solche minimale, von der Erfindung ausdrücklich zugelassene Walzenausstattung alle weiteren Anspruchsmerkmale des Klagepatents gelesen werden. Das bedeutet: Verfügt die Walze über lediglich zwei Scheiben, muss die Walze dennoch zwei Abschnitte bilden, die ihrerseits mit jeweils mindestens einer Scheibe bestückt sind. Die in den Abschnitten untergebrachten Scheiben haben sich dabei durch einen unterschiedlichen Durchmesser sowie wahlweise zusätzlich durch eine unterschiedliche Formgebung auszuzeichnen. Die vorhandenen zwei Scheiben je Walze müssen ferner zwischen sich einen axialen Abstand (Freiraum) aufweisen. Da es bei der erläuterten Minimalausrüstung der Walze überhaupt nur zwei Scheiben gibt, nämlich eine erste Scheibe größeren Durchmessers (Abschnitt S 1) und eine zweite Scheibe kleineren Durchmessers (Abschnitt S 2), kann sich der geforderte axiale Abstand zwischen den Scheiben einer Walze denknotwendig nur auf einen Freiraum zwischen der (einzigen) Scheibe größeren Durchmessers und der (einzigen) Scheibe kleineren Durchmessers beziehen.

Der technische Sinn dieser Anleitung ergibt sich für den Durchschnittsfachmann aus dem Umstand, dass der Anspruchswortlaut einerseits die Durchmesserdifferenz zwischen der radial größeren und der radial kleineren Scheibe einer Walze betragsmäßig nicht näher vorgibt, so dass er auch klein sein kann, andererseits jedoch verlangt, dass die Walzen so zueinander montiert werden sollen, dass die größere Scheibe der einen Walze mit der größeren Scheibe der anderen Walze in einer Weise kämmen kann, dass die beiden im Eingriff stehenden größeren Scheiben Schneidkanten bilden, die das Behältermaterial einschneiden (Merkmal 5). Dieser Schneideingriff setzt voraus, dass sich die Scheiben größeren Durchmessers in ihrem Randbereich senkrecht zur Drehachse der Walze um ein gewisses Maß überlappen, die größere Scheibe der einen Walze also ein gewisses Stück neben die größere Scheibe der anderen Walze eintaucht. Dies wiederum bedingt einen entsprechenden seitlichen Freiraum neben der Scheibe größeren Durchmessers, der – weil der Durchmesser der kleineren Scheibe auf der Walze anspruchsgemäß nur *minimal* geringer sein kann als der Durchmesser der größeren Scheibe auf derselben Walze – noch nicht notwendigerweise durch den Unterschied im

II. 2. Einheit von Anspruch & Beschreibung

Durchmesser der beiden Scheiben einer Walze bereitgestellt wird. Er ergibt sich jedoch zuverlässig durch den vorgeschriebenen axialen Abstand zwischen der Scheibe größeren und der Scheibe kleineren Durchmessers einer Walze, weil der Walzenkern auch die Scheibe kleineren Durchmessers zu tragen hat und der Kern der Walze deshalb einen geringeren Durchmesser haben muss als die Scheibe kleineren Durchmessers. Mit dem geforderten axialen Freiraum zwischen den beiden Scheiben einer Walze wird deshalb (egal wie gering der Durchmesserunterschied der Scheiben einer Walze im Verhältnis zueinander auch ist) verlässlich der senkrecht zur Walzendrehachse benötigte Eintauchraum zur Verfügung gestellt, der für den Randbereich der größeren Scheibe der anderen Walze erforderlich ist, um einen wirksamen kämmenden Eingriff zu gestatten. Der Fachmann versteht insoweit, dass er den Freiraum längs der Drehachse nicht unter allen Umständen beliebig klein (schmal) wählen darf, sondern dass er den Freiraum zur Gewährleistung der dem Abstand zwischen den beiden Scheiben einer Walze zugewiesenen technischen Funktion darauf abzustimmen hat, dass er erforderlichenfalls den überlappenden Eingriff der Scheibe größeren Durchmessers der anderen Walze ermöglicht.

Der Inhalt der die Walzenscheiben hinsichtlich ihrer Dimensionierung und Anordnung betreffenden Anspruchsmerkmale (4a) bis (4c) wird nicht dadurch ein anderer, dass für die angegriffene Ausführungsform eine über die patentgemäße Mindestausstattung hinausgehende Zahl von Scheiben gewählt wird, indem auf jeder Walze mehr als eine einzige große und mehr als eine einzige kleine Scheibe vorgesehen wird. Bei einer derartigen fakultativen Mehr-Ausrüstung geht die Anweisung des Klagepatents dahin, auch zwischen den überzähligen Scheiben, jedenfalls soweit mit ihnen ein Schneideingriff erfolgen soll, einen axialen Abstand vorzusehen, der das kämmende Zusammenwirken mit der gegenüberliegenden Scheibe der anderen Walze gestattet. Dieser Freiraum kann, wenn mehrere große Scheiben auf der Walze nebeneinander liegen, zwischen ihnen geboten sein, ansonsten zwischen der großen Scheibe und der ihr benachbarten kleinen Scheibe einer Walze. Diese Sichtweise ist zwingende Folge des Umstandes, dass das Klagepatent – wie die Klägerin selbst betont hat – mehrere nebeneinander angeordnete große Scheiben zulässt, die alle schneiden sollen, was nur durch einen seitlichen Freiraum neben jeder zum Schneideingriff vorgesehenen großen Scheibe bewerkstelligt werden kann, und darüber hinaus im Falle eines Nebeneinanders von großer und kleiner Scheibe zur Ermöglichung des Schneideingriffs ebenfalls nicht bei einem hinreichend kleinen Durchmesser der kleinen Scheibe ansetzt, sondern die Lösung in einem seitlichen Abstand zwischen der großen und der benachbarten kleinen Scheibe sieht.

2.

Im Streitfall mag deshalb der Auffassung zu folgen sein, dass jeder Bereich radial umlaufender Stahlstifte als Scheibe größeren Durchmessers und die rechts und links daneben liegenden, gegenüber dem Walzenkern erhöhten Bereiche jeweils als Scheiben kleineren Durchmessers anzusehen sind. Selbst wenn dem so wäre, grenzen die seitlichen Scheiben kleineren Durchmessers sämtlich unmittelbar und ohne jeden Freiraum (Abstand) an die (mittige) Scheibe größeren Durchmessers an. Das widerspricht der technischen Lehre des Klagepatents, welches gerade verlangt, dass zumindest *eine* größere Scheibe axial beabstandet zu einer ihr benachbarten kleineren Scheibe ist. Über wenigstens ein solches Scheiben-Paar verfügt die angegriffene Ausführungsform nicht. Eine äquivalente Benutzung scheidet mangels Gleichwertigkeit aus, weil die angegriffene Vorrichtung mit dem Verzicht auf einen axialen Abstand das exakte Gegenteil von dem unternimmt, was das Klagepatent lehrt.

Ein vermeintlicher **Widerspruch zwischen Angaben im kennzeichnenden Teil und** 17
Merkmalen des **Oberbegriffs** darf nicht dahin aufgelöst werden, dass den Merkmalen

des Oberbegriffs keine Bedeutung beigemessen wird, obwohl der Wortsinn des Patentanspruchs eine widerspruchsfreie Auslegung zulässt.[23]

3. Ausführbarkeit & Selbstverständlichkeit

18 Für die Interpretation der Anspruchsmerkmale ist überdies Folgendes zu bedenken: Sinn und Zweck eines jeden Patentanspruchs ist es, dem Durchschnittsfachmann eine technische Lehre an die Hand zu geben, bei deren Nacharbeitung sich der beabsichtigte Erfindungserfolg einstellt. Wie spezifiziert der Patentanspruch den Fachmann über das belehrt, was zu tun ist, um zum erfindungsgemäßen Erfolg zu gelangen, ist von Fall zu Fall verschieden.

19 – Es ist rechtlich ohne weiteres zulässig, den Patentanspruch als eine detailgenaue Handlungsnorm abzufassen. Allein die Tatsache, dass ein Anspruchsmerkmal bei einem bestimmten Verständnis für den Fachmann bloß eine technische **Selbstverständlichkeit** zum Ausdruck bringen würde, schließt deshalb dieses Verständnis nicht aus.[24]

20 – Andererseits ist es nicht unbedingt notwendig, dass der Patentanspruch eine bis ins allerletzte detaillierte Handlungsanweisung gibt, dh eine Anleitung zum technischen Handeln formuliert, die auch Selbstverständlichkeiten aufgreift und erwähnt. Solche können und dürfen vielmehr als präsentes Wissen des Fachmanns in dem Sinne vorausgesetzt werden, dass sie von ihm auch ohne besondere Erwähnung im Patentanspruch eigenständig gesehen und – gleichsam zwischen den Zeilen des Patentanspruchs – ergänzt werden. Für technische Anweisungen, die grundsätzlicher Natur sind, weil ohne sie eine **funktionsfähige Vorrichtung** erst gar nicht erhalten wird, gilt dies jedoch nicht in gleicher Weise. Merkmale in einem Patentanspruch, die keine aus dem selbstverständlichen Wissen des Durchschnittsfachmanns zu schließenden Lücken hinterlassen, sind deswegen so zu interpretieren, dass sich aus der Gesamtheit der Anspruchsmerkmale ein für die Zwecke der Erfindung tauglicher und vor allem funktionsfähiger Gegenstand ergibt.[25]

4. Offenbarungsfragen

21 Schutzbereich und **Offenbarung** haben unmittelbar nichts miteinander zu tun. Es fällt deshalb nicht nur das in den Schutzbereich, was dem Durchschnittsfachmann durch die Klagepatentschrift als neuheitsschädlich offenbart wird. Dies ist schon deshalb zwingend, weil es für die Patentierung einer allgemeinen technischen Lehre ausreicht, dass in der Anmeldung ein möglicher Weg beschrieben wird, auf dem die Lehre ausgeführt werden kann, und weil der Schutzbereich anerkanntermaßen auch Äquivalente umfasst, die in aller Regel außerhalb des Offenbarungsgehalts der Schrift liegen.[26]

---

23 BGH, GRUR 2011, 129 – Fentanyl-TTS.
24 BGH, GRUR 2004, 1023 – Bodenseitige Vereinzelungseinrichtung; BGH, GRUR 2010, 602, 605 – Gelenkanordnung.
25 OLG Düsseldorf, InstGE 13, 129 – Synchronmotor; OLG Düsseldorf, Urteil v 20.6.2013 – I-2 U 78/12.
26 OLG Düsseldorf, Urteil v 30.11.2010 – I-2 U 90/09.

5. Gattungsbezeichnung, Zusammensetzung

Die oben[27] erörterte Entscheidung des LG Düsseldorf (4b O 297/06) darf nicht dahin missverstanden werden, dass es generell gerechtfertigt wäre, die Bezeichnung eines Bauteils im Plural (»Klemmen«, »Spulen«) als bloße **Gattungsbezeichnung** zu interpretieren, die es dem Belieben des Fachmanns überlässt, in welcher Anzahl das Bauteil in dem erfindungsgemäßen Gegenstand vorhanden ist. Hätte es das einen Occluder mit einer einzigen Klemme zeigende Ausführungsbeispiel nicht gegeben, wäre der Patentinhaber mit Sicherheit daran festgehalten worden, dass er mit seiner Forderung nach »Klemmen« mindestens zwei klemmenartig ausgebildete Bauteile zur Voraussetzung für eine Erfindungsbenutzung gemacht habe, womit eine wortsinngemäße Verletzung ebenso hätte ausscheiden müssen wie eine äquivalente. Allein dass eine Mehrzahl des Bauteils für die Umsetzung des erfindungsgemäßen Gedankens – objektiv betrachtet – nicht erforderlich ist und der Durchschnittsfachmann sich auch darüber im Klaren ist, dass die Erfindung genauso gut mit ihrer Einzahl verwirklicht werden kann, rechtfertigt es noch nicht, das fragliche Merkmal als Gattungsbezeichnung abzutun.[28] Jede andere Betrachtung liefe darauf hinaus, aus der Tatsache, dass die gewählte Anspruchsfassung »ungeschickt« ist, weil sie den technischen Erfindungsgedanken nicht restlos ausschöpft, auf einen Patentschutz jenseits des nun einmal gegebenen Anspruchswortlauts zu erkennen. Um in Fällen der fraglichen Art mit einer Gattungsbezeichnung argumentieren zu können, bedarf es also *positiver* Anhaltspunkte im Beschreibungstext dafür (wie ein dahingehendes Ausführungsbeispiel, das unter den Anspruchswortlaut subsumiert werden muss), dass auch ein Gegenstand mit einer Einzahl des Bauteils erfindungsgemäß sein soll.[29]

22

Feste Regeln existieren auch für Formulierungen, die sich zu den Bestandteilen/der Zusammensetzung eines patentgeschützten Gegenstandes verhalten. Während die Begriffe »**enthält**« und »**umfasst**« neben den ausdrücklich erwähnten Bestandteilen weitere Zutaten gestatten und insofern bloß besagen, dass der patentgeschützte Gegenstand auch die im Anspruch genannten Stoffe aufzuweisen hat, sind die Begriffe »**besteht aus**« und »**gebildet aus**« abschließend in dem Sinne zu verstehen, dass außer den anspruchsgemäßen Zutaten keine weiteren Bestandteile erlaubt sind.[30]

23

6. Unteransprüche und Ausführungsbeispiele

Unteransprüche und Ausführungsbeispiele liefern vielfach einen Anhaltspunkt dafür, wie Begriffe des Hauptanspruchs zu interpretieren sind. Dies folgt bereits aus der Tatsache, dass es sich beim Gegenstand eines Unteranspruchs und bei einem Ausführungsbeispiel um exemplarische Erläuterungen des Erfindungsgegenstandes handelt, weswegen dort gezeigte Konstruktionen prinzipiell das zugehörige Merkmal des allgemeinen Hauptanspruchs erfüllen müssen. Da Unteransprüche und Ausführungsbeispiele lediglich bevorzugte Erfindungsvarianten beschreiben und damit bloß eine mögliche *Teil*menge der vom Anspruchswortlaut des Hauptanspruchs erfassten Konstruktionen umreißen, lassen beide prinzipiell nur den Schluss zu, dass dasjenige, was im Unteranspruch/Ausführungsbeispiel beschrieben ist, unter den Hauptanspruch fällt; ihnen kommt jedoch keine die technische Lehre des Hauptanspruchs einengende Bedeutung zu.[31]

24

Darüber hinaus kann allein aus der Nichterwähnung einer bestimmten Ausführungsvariante in der Patentschrift auch nicht gefolgert werden, dass die betreffende Variante

25

---

27 Kap A Rdn 13.
28 OLG Düsseldorf, Urteil v 21.03.2013 – I-2 U 73/09.
29 OLG Düsseldorf, Urteil v 21.03.2013 – I-2 U 73/09.
30 BGH, GRUR 2011, 1109 – Reifenabdichtmittel; OLG Düsseldorf, Urteil v 18.9.2014 – I-2 U 2/14.
31 BGH, GRUR 2016, 1031 – Wärmetauscher.

außerhalb des Patents liegt. Gerade weil ein Unteransprüche und Ausführungsbeispiele bloß exemplarisch (und eben nicht abschließend!) aufzeigen, wie die technische Lehre des Hauptanspruchs umgesetzt werden *kann*, darf der Schutzbereich eines Patents grundsätzlich nicht auf diejenige konstruktive Gestaltung beschränkt werden, die in einem **Unteranspruch** beschrieben oder in einem Ausführungsbeispiel der Erfindung[32] offenbart ist.[33]

26 Wenn es auch der Regelfall ist, dass Unteransprüche und Ausführungsbeispiele dazu dienen, aus einem weit gefassten, allgemeinen Merkmal des Hauptanspruchs einen für die Erfindung besonders vorteilhaften Teilbereich herauszugreifen, was die beschriebenen Rückschlüsse auf den Inhalt des allgemeinen Anspruchsmerkmals erlaubt (nachfolgend: Variante 1), so muss dies nicht in jedem Fall so sein. Mit einem Unteranspruch oder Ausführungsbeispiel können der technischen Lehre des Hauptanspruchs im Einzelfall auch **additive Maßnahmen** hinzugefügt werden, die nicht Gegenstand eines Merkmals des Hauptanspruchs sind, sondern außerhalb von dessen technischer Anweisung liegen und die deshalb auch keinen Anhaltspunkt für das Verständnis eines dort verwendeten Begriffs liefern (nachfolgend: Variante 2).

27 ▶ **Bsp**: Variante 1: Der Hauptanspruch verlangt, dass die Bauteile A und B aneinander fixiert sind. Unteranspruch 2 schlägt hierzu einen Reibschluss vor; Unteranspruch 3 einen Formschluss. Reib- und Formschluss erläutern die im Hauptanspruch allgemein beanspruchte Fixierung (= konkretisierender Unteranspruch).

Variante 2: Der Hauptanspruch sieht vor, dass das Bauteil A mit seiner gesamten Außenfläche an der Innenfläche des aufnehmenden Bauteils B anliegt. Unteranspruch 2 schlägt vor, die Verbindung der Bauteile formschlüssig auszugestalten. Gegenstand des Hauptanspruchs ist ein vollflächiger Reibschluss (= Anlage der Flächen aneinander); der Unteranspruch lehrt – additiv – die Wirkungen des Reibschlusses durch einen *hinzutretenden* Formschluss (im Sinne einer Presspassung) zu steigern (= additiver Unteranspruch). Aus dem Unteranspruch kann deswegen nicht geschlossen werden, dass mit einem Formschluss auch ohne mehr oder weniger vollflächigen Kontakt der Bauteile A und B der technischen Lehre des Hauptanspruchs genügt ist.

28 Die Unterscheidung zwischen konkretisierenden und additiven Unteransprüchen hat ggf weitreichende Auswirkungen auf die Schutzbereichsbestimmung. Additive Unteransprüche suspendieren nämlich nicht von denjenigen Anforderungen, die der Hauptanspruch macht, auf den der Unteranspruch zurückbezogen ist.

29 ▶ **Bsp: (OLG Düsseldorf, Urteil v 3.5.2018 – I-2 U 45/17)**

I.

Das Klagepatent betrifft einen (Verschmutzungen entgegenwirkenden) Schutzmantel für die Antriebskette eines Fahrrades; die nachfolgenden Abbildungen der Patentschrift zeigen Ausführungsbeispiele.

---

32 BGH, GRUR 2008, 779 – Mehrgangnabe.
33 BGH, Urteil v 29.7.2014 – X ZR 5/13.

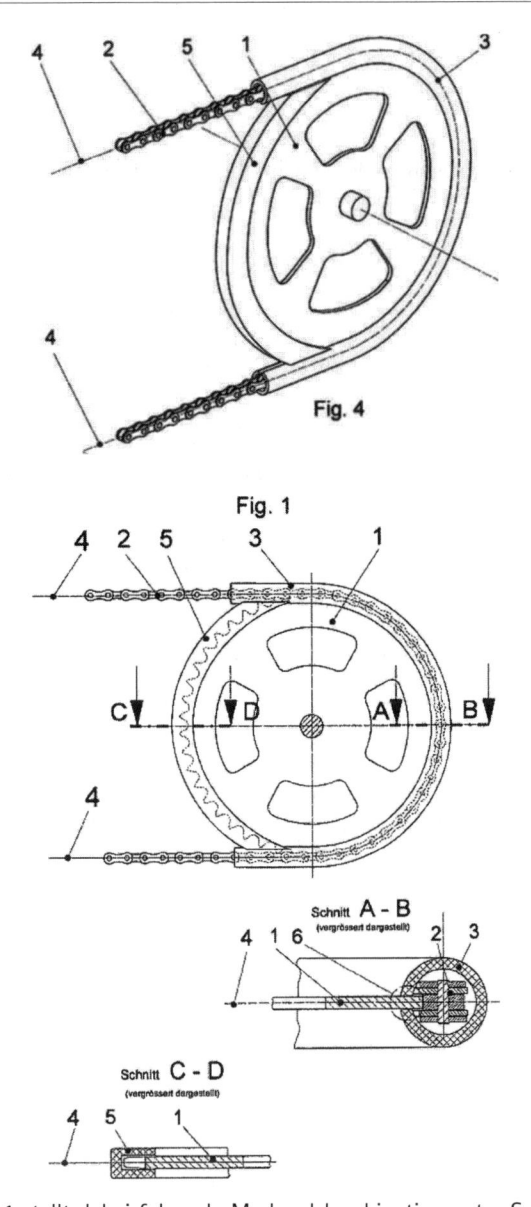

II.6. Unteransprüche und Ausführungsbeispiele

Fig. 4

Fig. 1

Schnitt A - B (vergrössert dargestellt)

Schnitt C - D (vergrössert dargestellt)

Patentanspruch 1 stellt dabei folgende Merkmalskombination unter Schutz:

1. Schutzmantel (3).

2. Der Schutzmantel (3) ist

    2.1. an einem Antriebsritzel (1) einer Antriebskette (2) anbringbar ausgestaltet und

    2.2. mittels einer Haltevorrichtung am Fahrradrahmen gesichert.

3. Entlang des Schutzmantels (3) ist eine Öffnung (6) so angelegt und dimensioniert, dass das Antriebsritzel (1) durch die Öffnung (6) in das Innere des Schutzmantels (3) hindurchpasst.

4. Der Schutzmantel (3) kann

4.1. die Antriebskette (2) am Antriebsritzel (1) umschließen und so vor Verschmutzung schützen und

4.2. sich aufgrund seiner Querschnittsform gleichzeitig an der Antriebskette (2) und am Antriebsritzel (1) halten und zentrieren.

II.

1.

Als vom Schutzmantel zu umschließendes Teil kommt nach der insoweit offenen Anspruchsfassung sowohl das Kettenblatt des vorderen Tretlagers als auch das hintere Antriebsritzel in Betracht. Zu beachten ist dabei, dass der Schutzmantel nicht das Antriebsritzel selbst umschließen soll, sondern vielmehr die Antriebskette *am* Antriebsritzel. Für die Forderung nach einem Umschließen ist deshalb nur derjenige Teilbereich des Antriebsritzels relevant, auf dem die Antriebskette läuft. Der nicht interessierende, übrige Umfangsbereich des Antriebsritzels befindet sich dort, wo Figur 1 die separate Verkleidung mit dem Bezugszeichen (5) vorsieht.

Während sich Patentanspruch 1 mit einem Schutzmantel begnügt, der nur eines der beiden Antriebsritzel (das vordere oder das hintere) in dem beschriebenen Maße umschließt (und so vor Verschmutzung schützt), stellen die Unteransprüche bevorzugte Ausführungsformen unter Schutz, bei denen sich der Schutzmantel über den Bereich des betreffenden – einen – Antriebsritzels hinaus fortsetzt.

- Unteranspruch 2 befasst sich zunächst mit einer Variante, bei der sich der Schutzmantel über den Bereich des Antriebsritzels hinaus entlang der Kettenlinie (also horizontal) fortsetzt.

- Unteranspruch 3 hat eine Ausführungsform zum Gegenstand, bei der gleichzeitig beide Antriebsritzel mit einem Schutzmantel versehen sind (sog. Kettenvollschutz; vgl. Abs. [0011]). Die jeweiligen Schutzmäntel können sich dabei auf den Bereich der Antriebsritzel beschränken (Rückbezug auf Anspruch 1), sie können sich jenseits des Antriebsritzels aber auch entlang der Kettenlinie fortsetzen (Rückbezug auf Anspruch 2).

- Unteranspruch 4 schließlich betrifft eine Ausstattungsvariante, bei der beide Antriebsritzel mit einem Schutzmantel ausgestattet sind (Kettenvollschutz) und darüber hinaus ein Schutzmantel auch entlang der Kettenlinie zwischen den Antriebsritzeln vorhanden ist, wobei der letztgenannte Schutzmantel geschlossen ausgeführt, d.h. nicht mit einer seitlichen Öffnung versehen ist (vgl. Abs. [0010]).

2.

Nimmt man zunächst die Mindestausstattung des Schutzmantels in den Blick, wie sie Gegenstand von Patentanspruch 1 ist, so existiert ein Schutzmantel überhaupt nur entlang desjenigen Teils der Antriebskette, die auf dem (mit einem Schutzmantel ausgestatteten) Antriebsritzel läuft. Da es erfindungsgemäß die Querschnittsform des – nicht über das Antriebsritzel hinausreichenden – Schutzmantels ist, die den Schutzmantel an der Antriebskette und am Antriebsritzel hält und zentriert, stellt sich die Frage, welche konkreten konstruktiven Erfordernisse aus der Sicht des Durchschnittsfachmanns mit den besagten Funktionen des Haltens und Zentrierens verbunden sind.

Zweifellos ist mehr gefordert als eine bloß gehäuseartige Aufnahme von Ritzel und Kette im Inneren des Schutzmantels, die sich schon aus der anderweitigen Forderung von Patentanspruch 1 ergibt, dass der Schutzmantel die Antriebskette und das Antriebsritzel zu umschließen und auf diese Weise vor Verschmutzung zu schützen hat. Über den Verschmutzungsschutz hinaus muss der Schutzmantel am Antriebsritzel und an der Antriebskette halten, womit ersichtlich gemeint ist, dass er sich im Betrieb des Fahrrades nicht radial von Ritzel und Kette lösen (abheben) darf. Damit, dass sich der Schutzmantel darüber hinaus gegenüber dem Ritzel und der Kette zentriert, ist gemeint, dass er sich im Betrieb des Fahrrades radial (d.h. in Umfangsrichtung) und koaxial (d.h. parallel zur Welle des Antriebsritzels) zu den besagten Bauteilen ausrichtet. Soweit für den Schutzmantel eine (weitere) Haltevorrichtung am Fahrradrahmen vorgeschrieben ist, dient diese ausdrücklich dazu, den – schon dank seiner Querschnittsform gehaltenen – Schutzmantel (zusätzlich) »zu sichern«. Merkmal (2.2) bestätigt von daher, dass die eigentliche Haltefunktion von dem Schutzmantel selbst – und nicht von der bloß sichernden Haltevorrichtung – zu leisten ist. Dem Durchschnittsfachmann ist hierbei einsichtig, dass die Haltefunktion vordringlich über ein Zusammenwirken des Schutzmantels mit der seitlich über die Kontur des Antriebsritzels überstehenden Antriebskette zu bewerkstelligen ist, weil das Antriebsritzel als solches typischerweise keine Formgestaltung aufweist, die dem Schutzmantel einen irgendwie haltenden An- oder Eingriff erlaubt, der ein radiales Abheben des Schutzmantels unterbinden könnte.

Beides – das Gehaltensein und das Zentrieren des Schutzmantels – ist erfindungsgemäß dadurch zu bewerkstelligen, dass der Schutzmantel eine für die besagten Wirkungen geeignete Querschnittsform besitzt. Als Formgebungsmaßnahme kommt insoweit praktisch nur eine zu den besagten Zielen führende Gestaltung der seitlichen Öffnung des Schutzmantels infrage. Ein anderer konstruktiver Ansatzpunkt wird in der Klagepatentschrift nicht angesprochen. Die Öffnung im Schutzmantel muss dementsprechend zweierlei leisten: Sie muss zunächst die auf dem Antriebsritzel laufenden Kettenglieder hintergreifen, womit gewährleistet ist, dass sich der Schutzmantel nicht radial von der Antriebskette lösen kann, und sie (die Öffnung im Schutzmantel) muss des Weiteren in einer derartigen Beziehung zum Antriebsritzel stehen, dass sich der Schutzmantel im drehenden Betrieb des Ritzels selbst zentrieren kann. Ob das Hintergreifen einen permanenten Berührkontakt zwischen Schutzmantel und Antriebskette verlangt, wie er sich aus den Figuren der Klagepatentschrift ergibt, braucht nicht abschließend entschieden zu werden. In jedem Fall müssen die hintergreifenden Abschnitte des Schutzmantels so dicht bei der Antriebskette positioniert sein, dass sich der Schutzmantel nicht nennenswert von der Antriebskette abheben kann. Das gleiche gilt mit Blick auf die Zentrierfunktion. Ein etwaiger Abstand zwischen dem Öffnungsbereich im Schutzmantel und dem Ritzel/der Kette darf allenfalls so (gering) bemessen sein, dass es im Gebrauch des Fahrrades zu einer zentrierenden Berührung und dadurch bedingt zu einer radialen und koaxialen Ausrichtung des Schutzmantels kommen kann.

Der Beschreibungstext, der sich – mangels einer allgemeinen Patentbeschreibung – zwar formal lediglich mit Ausführungsbeispielen der Erfindung befasst, an den nachfolgend zitierten Textstellen jedoch allgemein die betrachteten Merkmale des Patentanspruchs 1 erläutert, bestätigt dieses Verständnis:

Abs. [0009] a.E. bis [0010]:

Entlang des Schutzmantels (2) ... ist eine Öffnung (6), die so angelegt und dimensioniert ist, dass das Antriebsritzel (1) ... in sie in das Innere des Schutzmantels (3) durchpasst und so dort die Antriebskette (2) aufnehmen kann.

Der Schutzmantel (3) schützt so die Antriebskette (2) rundherum am Antriebsritzel (1), während er sich selbst an der Antriebskette (2) und am Antriebsritzel (1) mittels seiner umschließenden Querschnittsform hält und zentriert.

Abs. [0014]:

Die Erfindung ermöglicht einen wirksamen Kettenschutz mit niedrigem Konstruktionsaufwand und minimalem Gewicht. Sie zentriert sich selbst am Antriebsritzel und ist einfach zu montieren.

Da es in der Grundausstattung des Patentanspruchs 1 anderswo überhaupt keinen Schutzmantel gibt, versteht es sich von selbst, dass die Halterung und Zentrierung mit Hilfe der Antriebskette in demjenigen Bereich des Schutzmantels stattfinden muss, der die auf dem Antriebsritzel laufende Antriebskette umgibt. Der Ort des Haltens und Zentrierens durch die Antriebskette ist mithin – notwendigerweise – das allein umschlossene Antriebsritzel.

3.

In einer bevorzugten Ausführungsform, wie sie Gegenstand der auf den Hauptanspruch zurückbezogenen Unteransprüche 2 und 3 ist, liegt ein Kettenvollschutz vor, bei dem sich der Schutzmantel über beide Antriebsritzel sowie außerdem über die dazwischenliegenden Kettenlinien erstreckt.

Für einen derartigen Kettenvollschutz sieht Unteranspruch 5 vor, dass »*sich der Schutzmantel (3) an der Antriebskette (2) und am Antriebsritzel (19) mittels seiner umschließenden Querschnittsform hält und zentriert.*«

Welche technische Lehre dem Durchschnittsfachmann hiermit gegeben wird, erschließt sich nicht ohne weiteres:

Zunächst wird das Verständnis schon dadurch erschwert, dass sich das Bezugszeichen (19) – außer im Unteranspruch 5 – nirgends in der Klagepatentschrift findet. Offenbar handelt es sich um ein Schreibversehen und es muss statt »(19)« richtig (1) heißen.

Wegen der deutlich größeren Abdeckung der Antriebskette durch den Schutzmantel, die nicht nur (wie bei Patentanspruch 1) über einen Teilumfang eines einzigen Antriebsritzels gegeben ist, stehen bei einem Kettenvollschutz außerhalb des einen Antriebsritzels weitere Bereiche des Schutzmantels zur Verfügung, denen eine Halte- und Zentrierfunktion überlassen werden kann, nämlich den zum Teilumfangsbereich des zweiten Antriebsritzels sowie den zu den Kettenbereichen zwischen den Antriebsritzeln korrespondierenden Abschnitten des – komplett umlaufenden – Schutzmantels.

Auf der anderen Seite ist Unteranspruch 5 – vermittelt durch die Unteransprüche 3 und 2 – auf Patentanspruch 1 zurückbezogen, womit sich auch für den Kettenvollschutz die grundlegende Anforderung des Hauptanspruchs ergibt, dass sich der Schutzmantel aufgrund seiner Querschnittsform an der Antriebskette und am Antriebsritzel halten und zentrieren können muss. Damit dem Kennzeichen von Unteranspruch 5 bei dieser Sachlage überhaupt eine sinnvolle Bedeutung zukommt, muss die dortige Formulierung (dass »*sich der Schutzmantel (3) an der Antriebskette (2) und am Antriebsritzel (19) mittels seiner umschließenden Querschnittsform hält und zentriert*«) notwendigerweise mehr besagen als dasjenige, was sich bereits aus dem Rückbezug des Unteranspruchs 5 auf Patentanspruch 1 ergibt. Sie hält den Durchschnittsfachmann bei technisch sinnvollem Verständnis dazu an, den haltenden und zentrierenden Kontakt des Schutzmantels mit der Antriebskette und dem Antriebsritzel bei einem Kettenvollschutz auf das (vordere) Antriebsritzel und die beiden Kettenlinien bis zum zweiten (hinteren) Ritzel auszudehnen, so dass sich Halte- und Zentrierkräfte nicht nur in dem von Patentanspruch 1 in den Blick genommenen Teilbereich, sondern über eine deutlich größere Erstreckung ergeben.

III.

Mit Blick auf die Verletzungsfrage bedeutet dies, dass die Unteransprüche nicht davon suspendieren, dass der Schutzmantel seine Halte- und Zentrierfunktion an der Antriebskette des vorderen oder des hinteren Antriebsritzel ausübt. Unter das Klagepatent kann deshalb, gestützt auf die Unteransprüche, keine Ausführungsform subsumiert werden, bei der im Bereich des Antriebsritzels auch nur eine der Funktionen nicht bereitgestellt wird, selbst wenn diese Funktion anderswo (zB im Bereich der Kettenlinien zwischen den Antriebsritzeln) gegeben ist.

Der Sachverhalt läge anders, wenn für den Kettenvollschutz keine Unteransprüche formuliert worden wären, sondern Nebenansprüche oder Ausführungsalternativen im Hauptanspruch.

Eine Auslegung des Patentanspruchs, die dazu führt, dass keines der Ausführungsbeispiele vom Patentanspruch erfasst wird, hat sogar auszuscheiden, es sei denn, eine andere Auslegungsmöglichkeit, die mindestens zu einer Einbeziehung eines Teils der Ausführungsbeispiele führt, hat zwingend auszuscheiden oder der Anspruchswortlaut gibt hinreichend deutliche Anhaltspunkte dafür, dass tatsächlich etwas beansprucht werden soll, was dermaßen weitgehend vom Beschreibungsinhalt mit seinen Ausführungsbeispielen abweicht.[34] — 30

Auch **Bezugszeichen** im Patentanspruch schränken den Schutz nicht auf ein Ausführungsbeispiel ein.[35] — 31

Ebenso wenig kann aus dem Fehlen eines Merkmals in einer Patentzeichnung geschlossen werden, dass es zur patentgemäßen Lehre gehört, dass das betreffende Merkmal nicht vorhanden ist.[36] Umgekehrt dienen **Patentzeichnungen** üblicherweise nur dazu, das Prinzip des beanspruchten Gegenstandes zu erläutern, weshalb es in der Regel nicht zulässig ist, aus ihnen (einschränkend) exakte Abmessungen zu entnehmen.[37] — 32

Etwas anderes gilt allenfalls dann, wenn das Patent ausnahmsweise keine allgemeine Beschreibung besitzt, sondern lediglich ein bevorzugtes Ausführungsbeispiel erörtert. In einem solchen Fall kann unter Umständen die Annahme gerechtfertigt sein, dass ein gezeigtes Detail nicht – wie sonst üblich – eine Spezialität des Ausführungsbeispiels darstellt, sondern den eigentlichen Erfindungsgedanken des Patents wiedergibt.[38] — 33

7. Falsa demonstratio

Da die Auslegung nicht nur Unklarheiten beseitigen soll, die der Anspruchswortlaut als solcher aufwirft, sondern generell angebracht ist, um die unter Schutz gestellte technische Lehre in ihrem Inhalt und ihrer Reichweite zu erfassen[39], ist eine offensichtliche **Falschbezeichnung** im Anspruch aus der Beschreibung heraus zu korrigieren.[40] — 34

▶ **Bsp:** — 35

Das EP 0 705 064 schützt nach seinem Vorrichtungsanspruch ein Klettband mit einem Trägerband, welches Stiele und an den Enden der Stiele kreis- oder scheibenförmige Köpfe vorsieht. Nach der Anspruchsformulierung weisen die Köpfe eine Höhe von 0,1 bis 1,27 mm auf, nach dem erläuternden Beschreibungstext bezieht sich der angegebene Höhenbereich auf die Stiele zzgl Köpfe.

Das gilt – von Ausnahmen abgesehen – nicht ebenfalls, wenn die irrtümlichen Ausführungen in der Patentschrift darin bestehen, dass ein referierter **Stand der Technik unzu-** — 36

---

34 BGH, GRUR 2015, 159 – Zugriffsrechte.
35 BGH, GRUR 2006, 316 – Koksofentür; Regel 29 Abs 7 EPÜ-AO.
36 BGH, GRUR 2009, 390 – Lagerregal.
37 BGH, GRUR 2012, 1242 – Steckverbindung.
38 Vgl zu einem Beispielsfall die 2. Aufl, Rn 16; die dort abgedruckte Entscheidung wurde durch Urteil des OLG Düsseldorf vom 10.2.2005 – I-2 U 155/00 bestätigt.
39 BGH, GRUR 2015, 875 – Rotorelemente.
40 BGH, GRUR 2015, 875 – Rotorelemente.

treffend »stark« geschildert wird, indem ihm bestimmte Maßnahmen oder Erkenntnisse zugeschrieben werden, die dort tatsächlich nicht offenbart waren. Wenn der Durchschnittsfachmann den besagten Irrtum aufgrund seines Fachwissens nicht ohne weiteres erkennt und richtigstellt, ist die in der Patentschrift vorgenommene Würdigung bei der Ermittlung von Inhalt und Schutzbereich des Klagepatents zu beachten.[41] Denn für die Auslegung eines Patents ist nun einmal dessen Beschreibung maßgeblich. Es geht deshalb nicht an, Begriffen der Patentschrift deshalb einen weitergehenden Inhalt beizumessen, weil im Stand der Technik der in der Patentschrift behauptete Erkenntnisstand tatsächlich noch nicht erreicht war, sondern erst durch das Klagepatent zur Verfügung gestellt worden ist.

8. »insbesondere«-Merkmal.

37 Vielfach wird durch das Wort »insbesondere« ein bloß fakultatives Merkmal eingeleitet. Das gilt allerdings nur dann, wenn der dem Wort »insbesondere« nachgestellte Text eine beispielhafte Konkretisierung eines vorweggeschobenen allgemeinen Merkmals beinhaltet. Ist dies nicht der Fall, bestehen zwei Alternativen: Es könnte sein, dass das Wort »insbesondere« für »vorzugsweise« steht, mit der Folge, dass dem insbesondere-Kriterium nur bevorzugt, aber nicht zwingend Rechnung zu tragen ist. Nach dem üblichen Sprachgebrauch – und darin liegt die zweite mögliche Deutung – kann das Wort »insbesondere« in einer nicht konkretisierenden Wendung aber auch die Bedeutung von »vor allem«, »besonders«, »im Besonderen«, »hauptsächlich« oder »in erster Linie« haben und insoweit die besondere Wichtigkeit des mit »insbesondere« eingeleiteten Gesichtspunktes unterstreichen. Welche der in Betracht kommenden Bedeutungen die richtige ist, ist durch Auslegung anhand des technischen Gehalts der Erfindung zu ermitteln.

38 ▶ **Bsp:**[42]

I.

Das Klagepatent (EP 1 654 946) betrifft mit seinem Patentanspruch 1 ein Verfahren zur Herstellung einer Einlage für einen Schuh, die eine während der Benutzung zumindest mit der Fußsohle des Benutzers der Einlage in Kontakt stehende Unterseite aufweist, und die mit einer auf den Benutzer und insbesondere auch auf den Schuh abgestimmten Form versehen ist.

Wie die Klagepatentschrift in ihrer Einleitung ausführt, sind aus dem Stand der Technik derartige Einlagen bekannt, die entweder zur Erzielung eines »orthopädisch« korrekten Fußbettes im Schuh dienen oder aber eine Fehlhaltung des Benutzers oder eine Fehlbildung des entsprechenden Fußbettes des Benutzers kompensieren sollen. Üblicherweise werden solche Einlagen aus mehreren dünnen Lagen unterschiedlicher Härte und/oder Zusammensetzung miteinander verklebt und in Form gepresst, wobei insbesondere für die Erhöhung im Mittelfuß noch ein relativ weiches Füllmaterial zwischen die verschiedenen Schichten eingebracht wird. Hieran kritisiert die Klagepatentschrift als nachteilig, dass es sich um eine sehr dünne und relativ harte Einlage handelt, die zudem konstruktionsbedingt keine insbesondere zur seitlichen Führung des mittleren Innenfußes oder der Ferse dienenden stark erhöhten Bereiche in stabiler Ausgestaltung aufweisen kann. Sofern nach der Herstellung der Einlage, z.B. aufgrund von Tragebeschwerden des Benutzers, eine Anpassung der Einlage erforderlich wird, ist dies außerdem hinsichtlich des topographischen Verlaufs prinzipiell nicht möglich, da allenfalls die Erhöhung im

---

41 OLG Düsseldorf, Urteil v 26.10.2017 – I-15 U 95/16.
42 OLG Düsseldorf, Urteil v 18.12.2014 – I-2 U 19/14.

Mittelfuß durch Materialentnahme etwas reduziert werden kann. Hierfür ist jedoch eine Ablösung der oberen Schicht erforderlich, wodurch diese in der Regel in Mitleidenschaft gezogen wird, so dass häufig zumindest die Deckschicht komplett ersetzt werden muss oder aber die Anfertigung einer neuen Einlage erforderlich wird.

Vor diesem Hintergrund liegt dem Klagepatent das Problem zugrunde, eine Einlage für einen Schuh und ein Verfahren zu ihrer Herstellung anzugeben, mit der zum einen die Herstellung einer solchen Einlage schneller und einfacher erfolgen kann und zum anderen auch spätere Anpassungen problemlos möglich sind, ohne dass hierbei zumindest die Oberseite der Einlage in Mitleidenschaft gezogen wird.

Zur Lösung dieser Aufgabe schlägt Patentanspruch 1 ein Verfahren mit folgenden Merkmalen vor:

(1) Verfahren zur Herstellung einer Einlage (1) für einen Schuh.

(2) Die Einlage (1) weist auf:

(2.1) eine Oberseite (2), die während der Benutzung zumindest mit der Fußsohle des Benutzers in Kontakt steht,

(2.2) eine Unterseite (3), die während der Benutzung zumindest mit der unteren Innenfläche des Schuhs in Kontakt steht.

(3) Die Einlage (1) ist mit einer auf den Benutzer und insbesondere auch auf den Schuh abgestimmten Form versehen.

(4) Die Einlage (1) wird personalisiert und einstückig aus einem Vollmaterial durch Materialabtrag, wie z.B. Fräsen, hergestellt.

(5) Die Einlage (1) wird zumindest oberseitig mit einer Topographie versehen, die auf den konkreten Benutzer und insbesondere auch auf den Schuh abgestimmt ist.

(6) Das Vollmaterial weist einen dreischichtigen Aufbau auf, welcher beinhaltet:

(6.1) eine unterseitige Schicht mit höherer Härte,

(6.2) einen mittleren Bereich geringerer Härte und

(6.3) einen oberen Bereich mit wieder höherer Härte.

II.

Gemäß Merkmal (3) ist die Einlage zunächst mit einer auf den Benutzer und insbesondere auch auf den Schuh abgestimmten Form versehen. Damit in Bezug genommen sind die äußeren Umrisse von Fuß und Schuh, was sich dem Fachmann (einem beruflich erfahrenen Orthopädie-Schuhtechniker) nicht zuletzt aus Abs. [0032] erschließt, in dem das Klagepatent zu einem Ausführungsbeispiel der Erfindung – was an sich ohnehin selbstverständlich ist – festhält, dass »die Einlage ... eine äußere Form auf(weist), die auf den Benutzer und insbesondere auch auf den Schuh, in den sie eingesetzt werden soll, abgestimmt ist«, was »allein schon (deshalb) sinnvoll ist, damit die Einlage später in den Schuh passgenau eingesetzt werden kann«. Merkmal (5) erweitert die Anpassungsvorgabe um einen weiteren Aspekt, nämlich dahingehend, dass die Einlage zumindest oberseitig auch mit einer Topographie (= Oberflächenlandschaft) versehen wird, die auf den konkreten Benutzer und insbesondere auch auf den Schuh abgestimmt ist. Erforderlich ist also eine »doppelte« Abstimmung auf den Benutzer und insbesondere auch auf den Schuh, nämlich – Erstens – bezüglich der Einlagen*form* und – Zweitens – bezüglich der *Topographie* der Einlagen*oberseite*.

Bei der Angabe »und insbesondere auch auf den Schuh abgestimmten Form/Topographie« handelt es sich – entgegen der Ansicht der Klägerin – um kein fakultatives, sondern um ein obligatorisches (Teil-)Merkmal.

a)

Zwar wird durch das Wort »insbesondere« regelmäßig ein bloß fakultatives Merkmal eingeleitet. Das gilt allerdings nur dann, wenn der dem Wort »insbesondere« nachgestellte Text eine beispielhafte Konkretisierung eines vorweggeschobenen allgemeineren Merkmals beinhaltet. So verhält es sich vorliegend gerade nicht. Weder handelt es sich bei der Angabe »einer auf den Schuh abgestimmten Form« um eine Konkretisierung der vorausgehenden Angabe »mit einer auf den Benutzer abgestimmten Form« noch handelt es sich bei der Angabe »auf den Schuh abgestimmten Topographie« um eine Konkretisierung der davorstehenden Angabe »mit einer auf den konkreten Benutzer abgestimmten Topographie«. Beides – die auf den Benutzer abgestimmte Form/Topographie und die auf den Schuh abgestimmte Form/Topographie – repräsentiert vielmehr unterschiedliche technische Sachverhalte, die eigenständig nebeneinander stehen.

b)

Unter solchen Umständen bleibt allenfalls zu erwägen, ob das Wort »insbesondere« nicht für »vorzugsweise« steht, mit der Folge, dass die Einlage nur bevorzugt auch mit einer auf den Schuh abgestimmten Form versehen ist und sie ebenfalls nur vorzugsweise mit einer auch auf den Schuh abgestimmten Topographie versehen wird, womit eine Abstimmung in Bezug auf den Schuh nicht zwingend wäre. Dafür könnte vordergründig sprechen, dass es andernfalls ausgereicht hätte, statt der Formulierung »und insbesondere auch« lediglich das Wort »und« oder die Formulierung »und auch« zu verwenden. Nach dem üblichen Sprachgebrauch kann das Wort »insbesondere« in einer Wendung wie der vorliegenden aber auch die Bedeutung von »vor allem«, »besonders«, »im Besonderen«, »hauptsächlich« oder »in erster Linie« haben und insoweit die besondere Wichtigkeit des mit »insbesondere« eingeleiteten Gesichtspunktes unterstreichen.

Welche der beiden in Betracht kommenden Bedeutungsgehalte die richtige ist, ist durch Auslegung zu ermitteln. Nach Art 69 Abs 1 EPÜ wird der Schutzbereich des Patents durch den Inhalt der Patentansprüche bestimmt, zu deren Auslegung die Beschreibung und die Zeichnungen heranzuziehen sind. Die Auslegung der Patentansprüche dient insoweit nicht nur der Behebung etwaiger Unklarheiten, sondern auch zur Erläuterung der darin verwendeten technischen Begriffe sowie zur Klärung der Bedeutung und der Tragweite der dort beschriebenen Erfindung (BGHZ 98, 12, 18 f. = GRUR 1986, 803 – Formstein; BGHZ 105, 1, 10 = GRUR 1988, 896 – Ionenanalyse; BGHZ 125, 303, 309 = GRUR 1994, 597 – Zerlegvorrichtung für Baumstämme; BGH, GRUR 1992, 594, 596 – mechanische Betätigungsvorrichtung; GRUR 2002, 515, 516 f. – Schneidmesser I; GRUR 2002, 519, 521 – Schneidmesser II; GRUR 2002, 527, 528 f. – Custodiol II). Die danach gebotene Auslegung des Patentanspruchs führt hier zu dem Ergebnis, dass mit den Formulierungen »und insbesondere auch auf den Schuh abgestimmten Form« sowie »und insbesondere auch auf den Schuh abgestimmten Topographie« nicht lediglich eine bevorzugte und damit im Belieben des Fachmanns stehende weitere Abstimmung der Einlagenform und oberseitigen Einlagentopographie beschrieben wird, sondern die Einlage – neben der Abstimmung auf den Benutzer – zwingend auch eine Abstimmung in Bezug auf den Schuh aufweisen muss.

Zum einen entnimmt der Fachmann der Klagepatentbeschreibung, dass das Klagepatent die Begriffe »vorzugsweise« (vgl. Abs. [0010], [0023]), »vorteilhafterweise« (vgl. Abs. [0012], [0014], [0025]) und »bevorzugte Variante« (vgl. Abs. [0013], [0026]) kennt, die es – entsprechend der üblichen Diktion – für lediglich bevorzugte, von den jeweiligen Hauptansprüchen nicht verlangte Maßnahmen bzw. Ausgestaltungen verwendet. Der Patentanspruch spricht jedoch im vorliegenden Zusammenhang von »und *insbesondere* auch« und nicht von »und *vorzugsweise* auch« oder dergleichen.

Zum anderen ergibt sich aus der Patentbeschreibung für den Fachmann kein Anhalt, dass es sich bei der »auf den Schuh abgestimmten Form« bzw. bei der »auf den Schuh abgestimmten Topographie« nur um eine fakultative Zusatzmaßnahme bzw. Variante handelt. In der allgemeinen Patentbeschreibung wird in Übereinstimmung mit dem Anspruchswortlaut im Wesentlichen ebenfalls nur von einer Abstimmung auf den Benutzer »und insbesondere auch auf den Schuh« gesprochen (vgl. Abs. [0007], [0013], [0017], Abs. [0020], [0026]). Dass es sich bei der Abstimmung der oberseitigen Topographie auf den Schuh nur um eine zusätzliche, fakultative Maßnahme handelt, lässt sich den betreffenden Beschreibungsstellen nicht entnehmen. Ganz im Gegenteil wird in der besonderen Patentbeschreibung, und zwar im Absatz [0033] in Bezug auf das in den Figuren der Klagepatentschrift gezeigte Ausführungsbeispiel der Erfindung ausgeführt, dass die Einlage zumindest oberseitig eine »auf den Benutzer und insbesondere auch auf den Schuh abgestimmte Topographie« aufweist, was im anschließenden Satz dahingehend erläutert wird, dies bedeute, dass »der Höhenverlauf ... zumindest der Oberseite der Einlage auf den Benutzer und den Schuh abgestimmt ist«. Mangels einer anderweitigen Definition des Merkmals (5) im Patentanspruch oder der allgemeinen Patentbeschreibung geht der Fachmann davon aus, dass sich letztere Erläuterung nicht nur auf eine Spezialität des Ausführungsbeispiels bezieht, sondern ihm allgemeinverbindlich den Inhalt der Erfindung erläutert. Er versteht die Merkmale (3) und (5) vor diesem Hintergrund dahin, dass das Klagepatent eine »doppelte Abstimmung« der Einlage verlangt, nämlich eine solche in Bezug auf den Benutzer und eine weitere in Bezug auf den Schuh, für den die Einlage bestimmt ist.

Zwar mag eine Interpretation des Anspruchswortlauts dahin, dass die Einlage mit einer auf den Benutzer und »vor allem« (insbesondere) auch auf den Schuh abgestimmten Form versehen ist bzw. dass sie zumindest oberseitig mit einer auf den Benutzer und »vor allem« (insbesondere) auch auf den Schuh abgestimmten Topographie versehen wird, für den Fachmann auf den ersten Blick überraschend sein, weil sie ihm den Eindruck vermittelt, dass die Anpassung auf den Schuh im Vordergrund steht bzw. besondere Wichtigkeit besitzt. Bei näherer Befassung mit dem Erfindungsgegenstand erschließt sich dem Fachmann jedoch, dass nicht nur dem Fuß des Einlagenträgers, sondern gleichermaßen auch dem Schuh, in dem die Einlage platziert werden soll, Bedeutung zukommt. Was die äußeren Umrisse (Form) der Einlage anbetrifft, bedarf dies keiner weiteren Begründung, weil vordringlich der Schuh die Abmessungen für eine passende Einlage vorgibt. Nichts anderes gilt aber für die oberseitige Topographie (= Oberflächenlandschaft) der Einlage. Genauso wie beim Stand der Technik ist es Anliegen der Erfindung, mittels der Einlage ein orthopädisch korrektes Fußbett im Schuh bereitzustellen sowie eine Fehlhaltung des Einlagenträgers zu kompensieren (Abs. [0003]), wobei es in diesem Zusammenhang unter anderem einer Erhöhung im Mittelfußbereich, einer seitlichen Führung des mittleren Innenfußes oder einer Abstützung der Ferse bedürfen kann (Abs. [0003], [0004]). Dass hierzu auf das Oberflächenprofil des Fußes mit seinen Höhen und Tiefen Rücksicht zu nehmen ist, stellt eine technische Selbstverständlichkeit dar, die kaum gesonderter Erwähnung im Patentanspruch bedurft hätte. Um bei einer topographisch bearbeiteten Einlagenoberseite ein funktionstaugliches Fußbett zu erhalten, muss aber auch auf das Oberflächenprofil des Innenschuhs, mit dem die Einlage verwendet werden soll, Bedacht genommen werden. Eine rein fußspezifisch korrekt herausgearbeitete Oberseitentopographie erbringt im Schuh nämlich nur dann einwandfreie »orthopädische« Resultate, wenn mit ihr gleichzeitig auch dem Schuhtyp Rechnung getragen wird. So mag eine oberseitig topographisch ausgearbeitete Einlage in einem Sportschuh mit völlig flacher (planer) Innensohle dem Fuß Halt und Stütze geben; dieselbe Einlage kann jedoch, in einem mit einem ausgebildeten Fußbett ausgerüsteten Schuh eingesetzt, ihre optimale Wirkung verfehlen, weil die darauf nicht abgestimmte Einlage keine korrekte, nämlich bei der Oberflächengestaltung vorausgesetzte Auflage im Schuh findet. Besonders plastisch wird dies im Vergleich zwischen dem (völlig ebenen) Fußbett eines Turnschuhs und dem Fußbett eines Damen-Absatzschuhs. Der Hinweis des Patentanspruchs, dass bei der Herstellung der

> oberseitigen Einlagentopographie auch (und insbesondere) der Schuh mit seinen variierenden Auflageverhältnissen (Innensohle mit oder ohne Fußbett) zu berücksichtigen ist, in dem die Einlage getragen werden soll, erfolgt deshalb völlig zu Recht. Dementsprechend hat auch die fachkundige Klägerin in erster Instanz selbst nicht geltend gemacht, dass es sich bei der Angabe »und insbesondere auch auf den Schuh abgestimmten Topographie« lediglich um ein fakultatives Merkmal handeln soll.

9. Disclaimer wegen unzulässiger Erweiterung[43]

39 Eine Sonderkonstellation kann sich einstellen, wenn der im Verletzungsverfahren befindliche Patentanspruch das Ergebnis einer unzulässigen Erweiterung der Ursprungsoffenbarung ist, mit der ein beschränkendes Merkmal in den Anspruch aufgenommen worden ist. Während die Beschwerdekammern der EPA für europäische Patente unter solchen Umständen zu einem Widerruf des Patents schreiten, weil das unzulässig erweiterte Merkmal nicht mehr aus dem Anspruch entfernt werden kann, da mit seiner Streichung eine seinerseits zum Patentwiderruf führende Schutzbereichserweiterung verbunden wäre (»unentrinnbare Falle«), handhabt der BGH die Situation für deutsche Patente großzügiger. Nach seiner Rechtsprechung[44] hat das unzulässig erweiterte Merkmal bei der Prüfung auf Schutzfähigkeit außer Betracht zu bleiben, während es – weil gemäß § 38 Abs 2 PatG aus einer unzulässigen Erweiterung keine Rechte hergeleitet werden dürfen – für die Schutzbereichsbestimmung und Verletzungsprüfung relevant bleibt. Die Begriffe des Patentanspruchs sind also grundsätzlich so zu deuten, wie sich dies aus der Gesamtheit aller Anspruchsmerkmale – einschließlich des unzulässig erweiterten – ergibt. Auch von dieser Regel sind freilich Ausnahmen zu beachten. Es ist unstatthaft, aus dem erweiterten Merkmal auf ein besonders weites Verständnis eines anderen Merkmals zu schließen, welches sich ohne die Existenz des erweiterten Merkmals nicht ergeben würde.[45] Gleichermaßen verboten ist eine äquivalente Benutzung des unzulässig erweiterten Merkmals oder eines anderen Merkmals, zu dem erst das erweiterte Merkmal den Fachmann veranlassen kann. Das alles gilt gleichermaßen für deutsche Patente wie für deutsche Teile europäischer Patente, für deren Schutzwirkungen das EPÜ auf das nationale Recht (und mithin auch § 38 PatG) verweist. Die Auslegungsrestriktionen als Folge einer unzulässigen Erweiterung sind vom Verletzungsgericht ohne Rücksicht auf ein laufendes Rechtsbestandsverfahren in eigener Verantwortung zu prüfen. Denn eine unzulässige Erweiterung ist nur insoweit im Verletzungsrechtsstreit unbeachtlich, als mit ihr eine Klageabweisung mangels schutzfähigen Klagepatents angestrebt wird.

III. Zulässiges Auslegungsmaterial

1. Patentbeschreibung und Patentzeichnungen

40 Bei der gegebenen Gesetzeslage ist ebenso eindeutig, dass die Patentbeschreibung und die Patentzeichnungen nicht nur ein rechtlich zulässiges, sondern das schlechthin entscheidende Auslegungsmaterial für die Ermittlung derjenigen technischen Lehre darstellen, die von den Patentansprüchen unter Schutz gestellt ist. Rückschlüsse sind darüber hinaus selbstverständlich – und erst recht – aufgrund des Zusammenhangs zu anderen Ansprüchen des Patents möglich.

---

43 Dazu umfassend: Walder-Hartmann, Mitt 2015, 149.
44 BGH, GRUR 2001, 140 – Zeittelegramm; BGH, GRUR 2011, 40 – Winkelmesseinrichtung; BGH, GRUR 2011, 1003 – Integrationselement; BGH, GRUR 2013, 1135 – Tintenstrahldrucker.
45 BGH, GRUR 2011, 40, 44 – Winkelmesseinrichtung.

Aus diesen noch weitgehend theoretischen Erkenntnissen lässt sich für die **praktische** **41**
Handhabung die folgende **Vorgehensweise** ableiten:

a) Angegriffene Ausführungsform beschrieben

Als Erstes ist die Patentschrift daraufhin durchzusehen, ob die bei der angegriffenen **42**
Ausführungsform gegebene Ausgestaltung in den Patentansprüchen oder im Beschreibungstext expressis verbis als erfindungsgemäß erwähnt ist.

Anhaltspunkte dafür, wie ein bestimmter Begriff im Hauptanspruch eines Patents zu **43**
verstehen ist, ergeben sich vordringlich aus (unselbständigen) **Unteransprüchen** des Patents. Sie nämlich betreffen, wenn es sich nicht um additive, sondern um konkretisierende Unteransprüche handelt, als zurückbezogene Ansprüche definitionsgemäß spezielle Ausführungsvarianten des im Hauptanspruch nach allgemeinen Merkmalen umschriebenen Erfindungsgegenstandes. Ein bestimmtes (allgemeines) Merkmal im Hauptanspruch des Patents ist deshalb so auszulegen, dass es auch die im Unteranspruch beschriebene spezielle, bevorzugte Ausgestaltung erfasst.

Weist das Patent mehrere **Nebenansprüche** auf, so zwingt der Inhalt eines Unteran- **44**
spruchs nur demjenigen Nebenanspruch ein bestimmtes Verständnis auf, auf den der Unteranspruch zurückbezogen ist.[46] Wird der fragliche, für den *einen* Nebenanspruch anhand des Unteranspruchs zu interpretierende Begriff in einem anderen Nebenanspruch gleichlautend verwendet, so kann der (formal nicht auf ihn zurückbezogene Unteranspruch) auch für ihn indiziell ein gleiches Verständnis nahelegen.[47]

Als Zweites ist der **Beschreibungstext** zurate zu ziehen. Eine Ausführungsvariante, die **45**
hier – sei es im allgemeinen oder im besonderen Beschreibungsteil – als patentgemäß bezeichnet ist, wird in der Regel auch unter den betreffenden, im Hauptanspruch verwendeten allgemeinen Begriff zu subsumieren sein.

b) Angegriffene Ausführungsform nicht beschrieben

Ist die bei dem angegriffenen Gegenstand verwirklichte Konstruktion in der Patentschrift **46**
(Unteranspruch, allgemeiner und besonderer Beschreibungstext) nicht ausdrücklich erwähnt, so muss der Inhalt des im Hauptanspruch vorgesehenen Merkmals »abstrakt«[48] definiert werden, um eine Antwort auf die Frage zu erhalten, ob die gegebene (nicht ausdrücklich erwähnte) Ausgestaltung dem Merkmal, wie es das Patent gebraucht und versteht, entspricht oder nicht. Hier nun setzt die eigentliche Auslegungstätigkeit ein, die unter Beachtung der oben[49] herausgearbeiteten Regeln vorzunehmen ist.

aa) Legaldefinition[50]

Gelegentlich enthält die Patentschrift für einen bestimmten Begriff des Patentanspruchs **47**
selbst eine Legaldefinition. Ist dies der Fall, muss sich die angegriffene Ausführungsform daran messen lassen, ob sie dieser Definition genügt oder nicht.

Dasselbe gilt nicht ohne weiteres, wenn die Patentschrift für eine bestimmte, in den **48**
Anspruch aufgenommene Sacheigenschaft (zB eine *bestimmte Größe der inneren Oberfläche des Patentgegenstandes je Gramm* oder das Vorliegen einer *reinen festen Lösung*) ein – einziges – geeignetes **Analyseverfahren** (zB den BET-Standard bzw die Röntgen-

---

46 OLG Düsseldorf, Urteil v 21.11.2013 – I-2 U 36/12.
47 OLG Düsseldorf, Urteil v 21.11.2013 – I-2 U 36/12.
48 ... wenngleich natürlich immer mit Blick auf die angegriffene Ausführungsform.
49 Kap A Rdn 8 ff.
50 Baldus, Mitt 2018, 261.

strahlbeugung) erwähnt.[51] Aus der Tatsache, dass die in der Patentbeschreibung zu dem fraglichen Anspruchsmerkmal erörterte Methode gerade keinen Eingang in den Anspruch gefunden hat[52], sondern dort (bewusst) nur die analytisch festzustellende Sacheigenschaft aufscheint, wird im Allgemeinen zu schließen sein, dass die im Text der Beschreibung genannte Untersuchungsmethode bloß beispielhaft erwähnt ist, um die Erfindung für den Fachmann nacharbeitbar zu machen. Unter solchen Umständen ist weder der Schluss gerechtfertigt, dasss jede Ausführungsform als patentverletzend anzusehen ist, die bei Anwendung des in der Patentbeschreibung in Bezug genommenen Verfahrens (oder bei mehreren im Beschreibungstext genannten Methoden nach *einer* von ihnen) Werte innerhalb der Anspruchsmerkmale liefert, noch ist der umgekehrte Schluss erlaubt, dass jede Ausführungsform außerhalb des Schutzbereichs bleibt, die bei Anwendung der (oder einer) fraglichen Analysemethode negative Resultate liefert. Da es einzig und allein auf die Verwirklichung des anspruchsgemäßen Sachmerkmals ankommt, welches im Übrigen auch die Erfindungsvorteile verantwortet, ist vielmehr diejenige Methode maßgeblich, die aus der Sicht des Durchschnittsfachmanns tatsächlich verlässliche Ergebnisse erbringt. Allerdings besteht, weil der fachmännische Kenntnisstand am Prioritätstag für die Patentauslegung entscheidet, der selbstverständliche Vorbehalt, dass die einschlägige Analysetechnik für den durchschnittlichen Fachmann am Prioritätstag verfügbar gewesen ist.[53] Es kann daher sein, dass nach der Methode des Beschreibungstextes falsch-negative Ergebnisse im Sinne einer Patentverletzung zu korrigieren sind, genauso wie sich anfänglich falsch-positive Resultate durch Anwendung der zutreffenden Analysemethode im Nachhinein als schutzrechtsfrei herausstellen können. Das gilt auch, wenn sich bei Anwendung der richtigen (vom Beschreibungstext abweichenden) Analysemethode einzelne oder im Extremfall sogar alle Ausführungsbeispiele als nicht patentbenutzend erweisen sollten.

49 Nur wenn im Beschreibungstext – über die Abhandlung der *einen* Methode zur Analyse hinaus – andere, **konkurrierende Analyseverfahren** ausdrücklich und eindeutig als für die Zwecke der Erfindung ungeeignet abgelehnt werden, kann der Schutzbereich auf solche Erzeugnisse beschränkt sein, die nach dem allein zugelassenen Verfahren eine Verwirklichung der Anspruchsmerkmale ergeben haben. Ausgeschlossen sind freilich nur die konkreten in der Patentbeschreibung als unbrauchbar gewürdigten Methoden, aber keine sonstigen, mögen sie aus der Sicht des Fachmanns auch denselben oder ähnlichen Bedenken begegnen, die die Patentschrift an den von ihr abgelehnten Methoden ausgemacht hat.

50 Fehlt eine Legaldefinition, ist im Wege der Auslegung zu klären, welcher Sinngehalt dem betreffenden Merkmal nach der Erfindung beikommt. Anhand der Patentschrift ist gleichsam im Nachhinein eine Legaldefinition zu entwerfen.

bb) Gebräuchlicher Fachbegriff

51 Handelt es sich bei dem auslegungsbedürftigen Begriff um einen Ausdruck, der in dem betreffenden Fachgebiet gebräuchlich und mit einem bestimmten Inhalt versehen ist (gebräuchlicher Fachbegriff), so darf nicht unbesehen dieser nach dem allgemeinen Sprachgebrauch gegebene Inhalt zugrunde gelegt werden. Denn es ist die Möglichkeit in Rechnung zu stellen, dass das Patent den Ausdruck gerade nicht in diesem geläufigen, sondern in einem davon abweichenden (zB weitergehenden oder engeren) Sinne verwendet. Die Merkmale eines Patentanspruchs dürfen deswegen nicht anhand der Definition in Fachbüchern, sondern sie müssen aus der Patentschrift selbst (die insoweit ihr eigenes

---

51 Vgl LG Düsseldorf, Urteil v 18.07.2017 – 4b O 8/16.
52 Solches wäre etwa bei folgender Formulierung der Fall: *Innere Oberfläche von x qm/g, bestimmt nach dem Y-Standard.*
53 Vgl unten zu Rdn 102.

Lexikon darstellt) ausgelegt werden.[54] Dieser methodische Ansatz kann sowohl zu einem weiteren Begriffsinhalt führen, als ihn eine dem allgemeinen Sprachgebrauch folgende Betrachtung ergeben würde. Er kann, weil der übliche Wortsinn nicht den Mindestinhalt eines Merkmals vorgibt, aber ebenso zu einem engeren Verständnis führen.[55]

Das Gesagte bedeutet nicht, dass bei der Auslegung eines Patents unter keinen Umständen auf den üblichen Sprachgebrauch und Begriffsinhalt zurückgegriffen werden dürfte. Vielfach wird dies – im Gegenteil – angezeigt sein, weil bei der Abfassung einer Patentschrift Begriffe in der Regel mit ihrem auf dem betroffenen Fachgebiet üblichen Inhalt gebraucht zu werden pflegen.[56] Stets ist aber zu prüfen, ob im Einzelfall Anhaltspunkte dafür bestehen, dass sich der Anmelder dieses üblichen Sprachgebrauchs – ausnahmsweise – nicht bedient hat und deshalb das Merkmal im Zusammenhang mit der Erfindung auch in einem anderen Sinne zu verstehen ist.[57] Ist dies der Fall, ist der sich aus der Beschreibung ergebende, vom allgemeinen technischen Sprachgebrauch abweichende Begriffsinhalt maßgeblich.[58] Ein abweichendes Begriffsverständnis kommt nicht nur dann in Betracht, wenn der Beschreibungstext (zB durch eine Legaldefinition oder durch bestimmte Ausführungsbeispiele) explizit deutlich macht, dass ein bestimmter Begriff des Patentanspruchs in einem ganz bestimmten, vom Üblichen abweichenden Sinne verstanden wird. Die Divergenz zum allgemeinen Sprachgebrauch kann sich für den mit der Patentschrift befassten Durchschnittsfachmann auch aus dem gebotenen funktionsorientierten Verständnis der Anspruchsmerkmale ergeben, wie sie grundsätzlich angebracht ist.[59] So ist es beispielsweise verfehlt, für die Deutung des Patentanspruchs an einem hergebrachten Begriffsverständnis zu haften, wenn dieses zu einer Differenzierung zwischen vom Anspruch erfassten und außerhalb des Patentanspruchs liegenden Ausführungsformen führt, die angesichts des technischen Inhalts der Erfindung erkennbar unsinnig ist.

52

▶ **Bsp:**[60]

53

Das Klagepatent (EP 0 596 939) betrifft ein Luftkappensystem für eine Farbspritzpistole, bei der die Farbe durch Zufuhr von Luft versprüht wird. Neben einem zentralen Kanal für die versprühte Farbe weist die Sprühpistole zusätzliche Luftkanäle auf, die blockiert oder gedrosselt werden können, um die Form des Sprühstrahls zu beeinflussen. Am Stand der Technik bemängelt das Klagepatent insofern die Gefahr, dass es zu einer Überhitzung des Gebläsemotors kommen kann, wenn die Luftkanäle im Betrieb blockiert oder gedrosselt sind, weswegen es das Anliegen der Erfindung ist, ein Farbsprühsystem bereitzustellen, bei dem der Gebläsemotor für die Luft weniger belastet ist. Zur Lösung schlägt das Klagepatent eine Blockiervorrichtung vor, die ua dazu vorgesehen ist, die Luftströmung durch den Luftkanal freizugeben, wenn die Luftströmung durch den Entlüftungskanal »blockiert« ist. Bei der angegriffenen Ausführungsform kommt es im maßgeblichen Betriebsmodus zu einem geringen Luftaustritt durch die Entlüftungskanäle.

Eine wortsinngemäße Patentverletzung ist hier bejaht worden. Zwar lege der allgemeine Sprachgebrauch es nahe, dass mit dem Begriff »Blockieren« ein vollständiger Verschuss des Durchtrittsweges gemeint sei. Angesichts der Tatsache, dass die von der Erfindung des Klagepatents zu beseitigenden Nachteile des Standes der Technik sowohl bei einer Blockade als auch bei einer Drosselung des Luftkanals auftreten und dies in der Patentschrift auch

---

54 BGH, GRUR 1999, 909 – Spannschraube; BGH, GRUR 2005, 754 – werkstoffeinstückig.
55 BGH, GRUR 1999, 909 – Spannschraube.
56 BGH, GRUR 2016, 169 – Luftkappensystem.
57 BGH, GRUR 2016, 169 – Luftkappensystem.
58 BGH, GRUR 2005, 754 – werkstoffeinstückig; BGH, GRUR 2007, 410 – Kettenradanordnung.
59 OLG Düsseldorf, Urteil v 27.10.2011 – I-2 U 3/11.
60 BGH, GRUR 2016, 169 – Luftkappensystem.

> so beschrieben sei, müsse gefolgt werden, dass mit dem Wort »Blockieren« im Patentanspruch – abweichend von der üblichen Wortbedeutung – nicht nur eine komplette Absperrung des Entlüftungskanals gemeint sei, sondern gleichermaßen eine teilweise Blockade (Drosselung der Luftströmung).

cc) Wortschöpfung

54 Das Gebot der »Auslegung aus der Patentschrift heraus« gilt notwendigerweise und erst recht, wenn der Begriff nicht aus der einschlägigen Fachsprache entlehnt ist. Handelt es sich um eine eigenartige, neue Wortschöpfung, so kann von vornherein nur die Patentschrift selbst Aufschluss darüber geben, was mit diesem Begriff gemeint ist.

dd) Funktionsorientierte Auslegung

55 In jedem der zuvor erörterten Fälle ist grundsätzlich eine funktionsorientierte Auslegung angebracht. Merkmale und Begriffe des Patentanspruchs sind so zu deuten, wie dies angesichts der ihnen nach dem offenbarten Erfindungsgedanken zugedachten technischen Funktion angemessen ist.[61] Es kommt mithin nicht entscheidend darauf an, was in der Klagepatentschrift – subjektiv – als Aufgabe der Erfindung angegeben ist[62]; maßgeblich ist vielmehr die *objektive* Problemstellung, für deren Ermittlung zu klären ist, welche – nicht nur bevorzugten, sondern zwingenden – Vorteile mit dem Merkmal erzielt und welche Nachteile des vorbekannten Standes der Technik – nicht nur bevorzugt, sondern zwingend – mit dem Merkmal beseitigt werden sollen.[63] Beide – die Vorwie die Nachteile – sind dem (allgemeinen) Beschreibungstext der Patentschrift zu entnehmen.

56 Wegen des Vorrangs des Patentanspruchs gegenüber der (bloß erläuternden) Beschreibung soll die Aufgabe allerdings nach dem zu entwickeln sein, was die Erfindung angesichts der in den Anspruch aufgenommenen Merkmale tatsächlich leistet.[64] Ein bestimmtes Verständnis von einem Merkmal hat deswegen auszuscheiden, wenn es sich aus einer technischen Anforderung ergibt, die das einzige Ausführungsbeispiel der Erfindung nicht zu leisten vermag.[65] Allerdings muss das sich aus den Anspruchsmerkmalen ergebende tatsächliche Leistungsvermögen nicht in jedem Fall den Maßstab bilden; es ist nur bedingt von Interesse, wenn sich aus der Patentschrift deutlich ergibt, dass für die Zwecke der Erfindung ein Weniger an Leistungserfolg ausreicht.

57 ▶ **Bsp:**[66]

> I.
>
> Das Klagepatent (EP 1 009 922) betrifft ein Verfahren zum Betreiben eines Dieselmotors *mit geringem Partikelausstoß*. Zur Erreichung dieses Zwecks sieht Patentanspruch 1 zwei Maßnahmen vor. Die erste besteht in einer bestimmten Ausrüstung des im Fahrzeug verwendeten Abgaskatalysators, dessen Abgasauffangkanäle mit Platin katalysiert sein sollen; die zweite Maßnahme liegt in einer bestimmten Betriebsweise des Motors, nämlich dergestalt, dass ein Gemisch aus Dieselkraftstoff und einer kraftstofflöslichen Ceriumzusammensetzung verbrannt werden soll. Das durch Verbrennen freigesetzte Ceriumdioxid gelangt in die platinkatalysierten Kanäle des Katalysators und senkt dort

---

61 BGH, GRUR 2009, 655 – Trägerplatte.
62 BGH, GRUR 2010, 602, 605 – Gelenkanordnung.
63 OLG Düsseldorf, GRUR 2000, 599, 601 ff – Staubsaugerfilter; OLG Düsseldorf, Urteil v 8.7.2014 – I-15 U 29/14.
64 BGH, GRUR 2010, 602, 605 – Gelenkanordnung.
65 BGH, GRUR 2010, 602, 604 – Gelenkanordnung.
66 OLG Düsseldorf, Urteil v 7.7.2016 – I-2 U 5/14.

in vorteilhafter Weise die Abbrenntemperatur des Katalysators, was den Schadstoffausstoß verringert. Dass die Cerium-Zusammensetzung im Dieselkraftstoff *löslich* sein soll, findet seinen Grund darin, dass das Cerium (wie Zucker, der sich in heißem Kaffee auflöst) gleichmäßig im Kraftstoff verteilt *bleibt*, so dass auch nach einem Stillstand des Fahrzeuges gewährleistet ist, dass mit dem Dieselkraftstoff stets Cerium in die Verbrennung und – als Folge dessen – Ceriumdioxid zur Herabsetzung der Abbrenntemperatur in den Katalysator gelangt.

Als patentverletzend angegriffen ist ein Kraftstoffadditiv in Form von stabilisierten Ceriumdioxid-Nanopartikeln. Sie lösen sich im Dieselkraftstoff nicht vollständig (dh molekular-dispers) auf; sie bleiben jedoch aufgrund ihrer minimalen Größe (4 – 10 nm) über einen Zeitraum von wenigen Monaten im Kraftstoff homogen verteilt und sedimentieren erst danach im Tank.

II.

Dieses Leistungsergebnis genügt.

Dem Klagepatent geht es nicht darum, eine Sedimentation des Cerium über beliebig lange Zeit – gleichsam für die Ewigkeit – zu verhindern; vielmehr soll die Kraftstofflöslichkeit der Cerium-Verbindung sicherstellen, dass *beim Betrieb* des Kraftfahrzeugs (vgl. die Einleitung von Patentanspruch 1: »Verfahren zum *Betreiben eines Dieselmotors* mit niedrigem Partikelausstoß«) die für eine dauerhafte Absenkung der steady-state Abbrenntemperatur erforderliche Menge aktiver Spezies von Cerium abgegeben wird. Es sind dementsprechend die üblichen Nutzungsbedingungen eines Dieselfahrzeuges, die den rechtlich relevanten Rahmen bilden.

Zu ihnen gehört eine vorübergehende Stillstandzeit des Fahrzeuges, wie sie sich als Folge einer – ggf auch mehrwöchigen – Urlaubsreise oder dergleichen ergeben kann, mehr jedoch nicht. Dass die im Klagepatent angesprochenen molekular-dispersen Lösungen aufgrund ihrer endgültig-dauerhaften Auflösung des Cerium im Kraftstoff darüber hinaus für alle Zeit jegliche Sedimentationserscheinung ausschließt, zwingt nicht zu der Annahme, dass es dem Klagepatent um eben dieses – »finale« – Anforderungsprofil geht. Zu berücksichtigen ist nämlich, dass nach den Verhältnissen im Prioritätszeitpunkt hinreichend kleine Nanopartikel technisch überhaupt noch nicht verfügbar waren. Es bestand deswegen nur die Möglichkeit, entweder Kraftstoff-Cerium-Suspensionen vorzuschlagen (was schon nach kürzester Stillstandzeit Ablagerungen des Cerium im Tank hervorgerufen hätte und deswegen für die Zwecke der Erfindung offensichtlich untauglich gewesen wäre) oder aber Kraftstoff-Cerium-Lösungen zu verfolgen, was – im Sinne des anderen Extrems – eine Abwesenheit jeglicher Sedimentation und Ausflockung auf Dauer zur Folge gehabt hätte, ungeachtet dessen, ob es eines solchen maximalen Erfolges für die Zwecke der Erfindung überhaupt bedarf. Dass der besagte Erfolg mit den beanspruchten Lösungen objektiv erreicht wird, bedeutet unter den gegebenen Umständen nicht, dass er von der Erfindung auch angestrebt ist. Dass dem *nicht* so ist, erschließt sich dem Fachmann vielmehr aus der Überlegung, dass mit dem Gegenstand des Klagepatents der gewöhnliche Betrieb eines Dieselfahrzeuges in Bezug auf den Abgasausstoß verbessert werden soll, dass in der Klagepatentschrift jedoch jeglicher Anhaltspunkt dafür fehlt, dass in diesem Kontext jeder noch so außergewöhnlichen Betriebssituation (in Gestalt besonders lang anhaltender Stillstandzeiten) Rechnung zu tragen ist.

Eine **Auslegung unterhalb des** technisch verstandenen **Wortsinns** ist unzulässig, und zwar auch dann, wenn sich die Beschreibung ausschließlich auf bestimmte Ausführungs- 58 beispiele beschränkt, die lediglich einen Teil des weiter zu verstehenden Sinngehalts des Patentanspruchs abdecken.[67]

59 Das Gebot einer die technische Funktion berücksichtigenden Auslegung gilt uneingeschränkt auch in Bezug auf solche **Begriffe, die im Patentanspruch an verschiedenen Stellen** gleichermaßen verwendet werden. Sie müssen nicht unbedingt überall dasselbe besagen, sondern können – entsprechend der in jedem einzelnen Zusammenhang gegebenen anderslautenden technischen Funktion – auch Unterschiedliches bedeuten.[68]

60 Die gebotene funktionale Betrachtung darf bei **räumlich-körperlich oder stofflich definierten Merkmalen** jedoch nicht dazu führen, dass ihr Inhalt auf die bloße Funktion reduziert und das Merkmal in einem Sinne interpretiert wird, der mit der räumlich-körperlichen/stofflichen Ausgestaltung, wie sie dem Merkmal eigen ist, nicht mehr in Übereinstimmung steht.[69] Anderenfalls würde die Grenze zwischen wortsinngemäßer und äquivalenter (dh gleich*wirkender*) Benutzung aufgelöst, die indessen schon wegen der Zulässigkeit des Formstein-Einwandes nur bei einer äquivalenten Benutzung[70] beachtlich ist. Verlangt also das Klagepatent die Verbindung zweier Bauteile mittels einer »Schraube«[71], so darf dieses Merkmal nicht ausschließlich von seiner Funktion her ausgelegt und im Sinne einer lösbaren Verbindung verstanden werden, selbst wenn es für die Zwecke der Erfindung nur auf die Lösbarkeit der Verbindung ankommt. Eine Klipsverbindung oder ein Bajonettverschluss fällt deswegen nicht mehr unter den Wortsinn des Begriffs »Schraube«, sondern stellt allenfalls ein gleichwirkendes (äquivalentes) Ersatzmittel dar.[72] Letzteres verlangt jedoch, dass sich das wortlautgemäße Lösungsmittel (»Schraube«) abstrahieren lässt (Mittel zur lösbaren Befestigung); wo dies nicht der Fall ist, scheidet auch eine Äquivalenz aus.[73] Eine entsprechend strikte Handhabung wird vielfach auch bei chemischen Erfindungen angebracht sein, wenn in den Patentanspruch konkrete Verbindungen aufgenommen werden (zB Pemetrexeddinatrium), die im Wortsinn grundsätzlich nicht auf andere chemische Verbindungen (zB Pemetrexeddikalium) erstreckt werden dürfen.[74]

61 ▶ **Bsp: (LG Düsseldorf, Urteil v 30.3.2004 – 4b O 129/03)[75]**

I.

Das Klagepatent (EP 0 291 194) betrifft Assays[76], wie sie insbesondere für die Durchführung von Schwangerschaftstests gebraucht werden.

---

67 BGH, GRUR 2007, 309 – Schussfädentransport.
68 Bsp: Occluder-Fall (vgl Kap A Rdn 13): Die Worte »entgegengesetztes Ende der Vorrichtung« bedeuten in dem einen Zusammenhang, in dem es um die Beschreibung der Raumform des geschützten Occluders geht, etwas anderes als im zweiten Zusammenhang, in dem es um die Wirkung der dort anzuordnenden Klemmen geht. Ebenso: OLG Düsseldorf, Urteil v 29.1.2015 – I-2 U 28/13; nur im Grundsatz gleicher Meinung ist der BGH, GRUR 2017, 152 – Zungenbett.
69 BGH, GRUR 2016, 921 – Pemetrexed.
70 BGH, GRUR 2016, 169 – Luftkappensystem.
71 Ähnlich eindeutige Vorgaben macht der Begriff »Sacklochbohrung« (vgl OLG Düsseldorf, GRUR-RR 2014, 185 – WC-Sitzgelenk).
72 Meier-Beck, GRUR 2003, 905, 907; OLG Düsseldorf, Urteil v 21.2.2013 – I-2 U 58/11.
73 OLG Düsseldorf, Urteil v 21.2.2013 – I-2 U 58/11.
74 BGH, GRUR 2016, 921 – Pemetrexed; OLG Düsseldorf, Urteil v 5.3.2015 – I-2 U 16/14.
75 Ebenso: OLG Düsseldorf, Urteil v 17.12.2015 – I-2 U 34/10.
76 Der Hauptanspruch des EP 0 560 411 –»Spezifisches Bindungsassay unter Verwendung eines Reagenz …« – ist als Verfahrensanspruch angesehen worden, weil »Assay« allgemein eine Untersuchung zum Nachweis bestimmter Substanzen bezeichnet, weswegen unter einem »Immunoassay« ein bioanalytisches Verfahren zu verstehen ist, das sich die spezifische Bindungsfähigkeit von Liganden und Liganden-Bindungspartnern (Antikörpern und Antigenen) zunutze macht, um das Vorhandensein von Analyten in flüssigen Proben festzustellen (OLG Düsseldorf, Urteil v 17.12.2015 – I-2 U 34/10).

Derartige Test-Kits, die sich auch für eine Anwendung im häuslichen Bereich eignen, sind aus dem Stand der Technik vielfach bekannt. Sie alle verlangen dem Benutzer eine Reihe von nacheinander vorzunehmenden Handlungen ab, bevor das Testergebnis ablesbar ist. Die Klagepatentschrift kritisiert hieran nicht nur den Zeitaufwand, sondern außerdem die Tatsache, dass die Handhabungsschritte, sofern sie nicht korrekt durchgeführt werden, zu Messfehlern führen können.

Aufgabe der Erfindung soll es deshalb sein, eine Testvorrichtung zur Verfügung zu stellen, die ohne weiteres auch von einem Laien bedient werden kann, schnell und bequem in der Handhabung ist und dennoch zuverlässige Testergebnisse liefert.

Patentanspruch 1 des Klagepatents sieht hierzu die Kombination folgender Merkmale vor:

1) Analytisches Testgerät, welches umfasst:

   a) einen trockenen porösen Träger (10),

   b) ein unmarkiertes spezifisches Bindungsreagenz für einen Analyten (Nachweissubstanz),

   c) ein markiertes spezifisches Bindungsreagenz für dieselbe Nachweissubstanz und

   d) ein hohles Gehäuse (30).

2) Der Markierungsstoff ist ein teilchenförmiger Direktmarkierungsstoff.

3) Das unmarkierte Reagenz ist auf dem porösen Träger (10) in einer Nachweiszone (14) permanent immobilisiert und daher in feuchtem Zustand nicht beweglich.

4) Das markierte Bindungsreagenz

   a) ist in einer ersten Zone (12) des trockenen porösen Trägers (10) enthalten und

   b) befindet sich in trockenem Zustand in einer Zone (12) stromaufwärts von der Nachweiszone (14).

5) Die Nachweiszone (14) ist von der ersten Zone (12) räumlich getrennt.

6) Die beiden Zonen (12, 14) sind derart angeordnet, dass eine auf den porösen Träger (10) aufgebrachte Flüssigkeitsprobe über die erste Zone (12) in die Nachweiszone (14) dringen kann.

7) Das markierte spezifische Bindungsreagenz ist innerhalb des porösen Trägers (10) in feuchtem Zustand frei beweglich, so dass die Flüssigkeitsprobe, die dem Testgerät zugeführt wird, das markierte Reagenz aufnehmen und danach in die Nachweiszone (14) eindringen kann.

8) Der poröse Träger (10) und das markierte spezifische Bindungsreagenz sind innerhalb des hohlen Gehäuses (30) enthalten.

9) Das Gehäuse (30)

   a) ist aus feuchtigkeitsundurchlässigem festen Material aufgebaut und

   b) beinhaltet Mittel (32) zum Festhalten des Ausmaßes (sofern gegeben), bis zu dem das markierte Reagenz in der Nachweiszone (14) gebunden ist.

10) Der poröse Träger (10) steht direkt oder indirekt mit dem Äußeren des Gehäuses (30) derart in Verbindung, dass eine flüssige Testprobe auf den porösen Träger (10) aufgebracht werden kann.

Die nachfolgenden Figuren 1 bis 3 der Patentschrift zeigen ein bevorzugtes Ausführungsbeispiel der Erfindung.

A. Schutzbereichsbestimmung

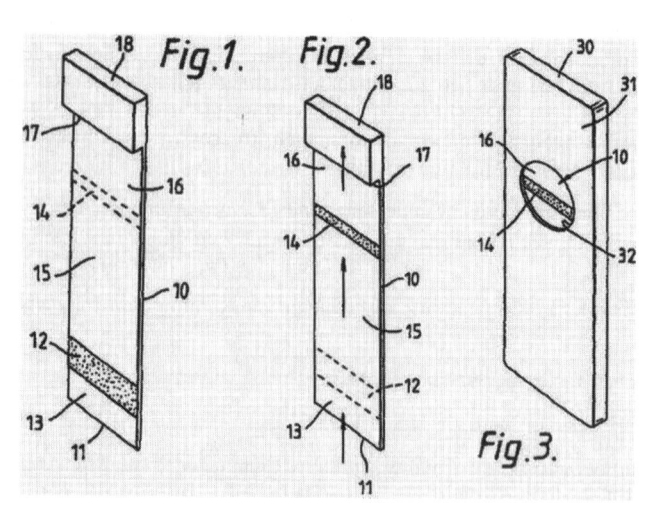

Die Beklagte bietet an und vertreibt einen Schwangerschaftsfrühtest, wie er aus der nachstehenden Explosionszeichnung ersichtlich ist.

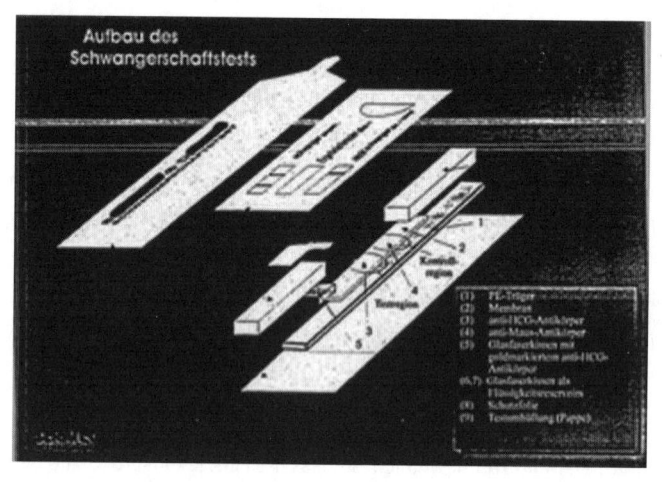

Der in dem Glasfaserkissen (5) befindliche goldmarkierte Anti-hCG-Antikörper bindet an das beta-Epitop des hCG-Schwangerschaftshormons und ist ausschließlich in der Lage, mit *diesem* Hormon (und mit keinem anderen in der Testprobe vorkommenden Stoff) eine Antigen-Antikörper-Reaktion einzugehen. Das Gleiche gilt für die Kontrollregion, die einen Anti-Maus-Antikörper (4) trägt. Demgegenüber ist der Antikörper (3) der Testregion nicht in demselben Maße spezifisch. Sein Paratop korrespondiert zu der alpha-Kette des hCG-Hormons und kann eine Bindung nicht nur mit diesem Hormon, sondern mit weiteren, im Test-Urin unabhängig von einer Schwangerschaft vorkommenden Hormonen eingehen, nämlich mit Lutropin (LH), Follitropin (FSH) und Thyrotropin (TSH).

Die Klägerin ist der Auffassung, dass der streitbefangene Schwangerschaftstest wortsinngemäß von der technischen Lehre des Klagepatents Gebrauch macht. Die Beklagten bestreiten den gegen sie erhobenen Verletzungsvorwurf. Wenn im Klagepatent davon die Rede sei, dass das markierte Reagenz und das unmarkierte Bindungsagens »spezifisch« für die Nachweissubstanz zu sein hätten, so besage dies für den Durchschnittsfachmann, dass das Reagenz und das Bindungsagens *nur* mit der Nachweissubstanz (und mit keinem anderen Stoff) eine Bindung eingehen könne. Bei der angegriffenen Ausführungsform liege eine derartige Spezifität nicht vor, weil der in der Detektionszone immobilisierte Antikörper nicht nur mit dem hCG-Hormon, sondern gleichermaßen mit LH, FSH und TSH reagieren könne. Die angegriffene Ausführungsform verfüge gleichermaßen nicht über ein hohles Gehäuse aus festem Material, sondern über eine Pappumhüllung. Das Testgerät sei damit auch nicht aus einem feuchtigkeitsundurchlässigen Material aufgebaut. Schließlich befinde sich das markierte Bindungsreagenz nicht auf dem porösen Träger (in einer ersten Zone), sondern in einem davon gesonderten Glasfaserkissen.

II. 1.

Kontrovers zwischen den Parteien ist, wie der Begriff »spezifisch« in den Merkmalen (1) und (8) aufzufassen ist.

Rechtlicher Ausgangspunkt für die Beantwortung dieser Frage hat zu sein, dass ein in der allgemeinen Fachsprache des betroffenen technischen Gebietes gebräuchlicher Begriff nicht zwangsläufig auch im Rahmen der Erfindung mit eben diesem geläufigen Inhalt verwendet werden muss. Da die Patentschrift von einem Fachmann abgefasst ist, wird es in der Regel zwar nahe liegen, dass ein bestimmter Fachbegriff mit demjenigen Bedeutungsinhalt verwendet wird, der seinem in der Fachwelt geläufigen Verständnis entspricht. Stets ist jedoch die Möglichkeit in Rechnung zu stellen, dass das Klagepatent den fraglichen Ausdruck gerade nicht in seinem üblichen, sondern in einem davon abweichenden (zB weitergehenden oder engeren) Sinn verwendet. Unter Heranziehung des Beschreibungstextes ist deshalb in jedem Fall eine funktionsorientierte Auslegung vorzunehmen. Merkmale und Begriffe eines Patentanspruchs sind so zu deuten, wie dies angesichts der ihnen nach dem offenbarten Erfindungsgedanken zugedachten technischen Funktion angemessen ist.

Dies vorausgeschickt, entnimmt der Durchschnittsfachmann dem Beschreibungstext, dass es eine bevorzugte Ausführungsvariante der Erfindung darstellt, als markierte Reagenz einen »hochspezifischen Anti-hCG-Antikörper« und als Bindungsagens einen »hochspezifischen unmarkierten Anti-hCG-Antikörper« zu verwenden. Auf Seite 7 f der Patentschrift heißt es in diesem Sinne:

»Eine wichtige Ausführungsform der Erfindung ist ein Schwangerschaftstestgerät, umfassend ein längliches Hohlgehäuse, das einen trockenen porösen Nitrocelluloseträger enthält, der indirekt mit der Außenseite des Gehäuses über ein saugfähiges Urinaufnahmegerät in Verbindung steht, das aus dem Gehäuse herausragt und als Reservois dienen kann, aus dem Urin in den porösen Träger freigesetzt wird, wobei der Träger in einer ersten Zone einen hochspezifischen Anti-hCG-Antikörper enthält, der einen gefärbten »Direkt«-Markierungsstoff trägt ..., und in einer zweiten Zone in räumlichem Abstand von der ersten Zone einen hochspezifischen unmarkierten Anti-hCG-Antikörper enthält ..., wobei die markierten und unmarkierten Antikörper Spezifitäten für unterschiedliche hCG-Epitope haben ...«

Seiten 10/11 der Patentschrift ergänzt hierzu:

»Das immobilisierte spezifische Bindungsreagenz in der zweiten Zone ist vorzugsweise ein hochspezifischer Antikörper, insbesondere ein monoklonaler Antikörper. In der die Sandwich-Reaktion beinhaltenden Ausführungsform der Erfindung ist das markierte Reagenz auch vorzugsweise ein hochspezifischer Antikörper, und insbesondere ein monoklonaler Antikörper.«

Beim Verständnis der vorzitierten Textpassagen ist dem Fachmann gegenwärtig, dass die in der Reaktions- und der Detektionszone erfindungsgemäß stattfindenden Vorgänge (jedenfalls bevorzugt) nach dem Antigen-Antikörper-Prinzip ablaufen sollen. Eine solche Antigen-Antikörper-Reaktion erfolgt über die Antigen-Bindungsregion des Antikörpers (Paratop) an die entsprechende, räumlich komplementäre Antigen-Determinante (Epitop) des Antigens. Der Sache nach handelt es sich um eine Schlüssel-Schloss-Paarung, für die es – je nach der Spezifität des Schlosses – denkbar ist, dass ein bestimmter Schlüssel nur zu einem einzigen Schloss passt, für die aber – bei geringerer Spezifität – ebenso vorstellbar ist, dass mehrere Schlüssel zu demselben Schloss kompatibel sind bzw – umgekehrt – mit einem bestimmten Schlüssel mehrere Schlösser betätigt werden können. In Anbetracht dieses allgemeinen Fachwissens zur Antigen-Antikörper-Reaktion erkennt der Fachmann, dass der in der Patentbeschreibung verwendete Begriff eines »hochspezifischen Antikörpers« eine ganz spezielle Ausführungsform der Erfindung betrifft, nämlich diejenige, bei der der als Markierungsreagenz oder Fängersubstanz eingesetzte Antikörper eine besonders ausgeprägte Spezifität für die in Rede stehende Nachweissubstanz besitzt, indem der Antikörper einzig und allein an den nachzuweisenden Analyten, aber an kein anderes Antigen binden kann. Bereits anhand der der Klagepatentschrift eigenen Begrifflichkeit »*hoch*spezifischer Antikörper« wird dem Fachmann deutlich, dass die von Patentanspruch 1 vorausgesetzte »Spezifität für den Analyten« ein Weniger beinhaltet und nicht – wie die Beklagten geltend machen – dahin verstanden werden kann, dass als »spezifisch« nur ein solcher Antikörper betrachtet werden kann, der ausschließlich an die eine, bestimmte Nachweissubstanz binden kann.

Auch aus technischer Sicht hat der Fachmann keine Veranlassung, das Wort »spezifisch« im Sinne von »hochspezifisch« zu begreifen. Der Fachmann versteht, dass es für die Erfindung wesentlich ist, zunächst in einer ersten Zone einen eingefärbten Antikörper vorzusehen, der eine Bindungsreaktion mit dem zu detektierenden Analyten (zB hCG) eingehen kann. Dem Fachmann ist klar, dass sich hierzu in besonderer Weise ein Epitop auf der beta-Kette des hCG-Hormons eignet und anbietet, weil die beta-Kette einzigartig ist und bei keinem anderen im Test-Urin vorkommenden Hormon (zB LH, FSH und TSH) vorhanden ist. Verwendet der Fachmann einen solchen (für ein beta-Ketten-Epitop) spezifischen Antikörper, kann er sicher sein, dass ausschließlich hCG-Hormone eingefärbt werden. Um diese in der Testanordnung sichtbar zu machen, sieht die Erfindung vor, in der stromabwärts gelegenen Detektionszone einen Antikörper als Fänger zu immobilisieren, der spezifisch für den betrachteten Analyten (zB das hCG-Hormon) ist. Sinn dieser Anweisung ist es ersichtlich, eine Antigen-Antikörper-Reaktion herbeizuführen, in der das (zuvor eingefärbte) hCG-Hormon sich an den in der Detektionszone immobilisierten Antikörper anlagert, infolgedessen in der Detektionszone fixiert wird und durch die dort eintretende Färbung das Vorhandensein des hCG-Hormons anzeigt. Vor dem Hintergrund des geschilderten erfindungsgemäßen Ablaufs ersieht der Fachmann, dass als Fänger (Antikörper) prinzipiell jedes Agens in Betracht kommt, welches das eingefärbte hCG-Hormon binden und damit fixieren kann. Die Möglichkeit zur Bindung und Fixierung besteht dabei gleichermaßen im Hinblick auf die hochspezifische beta-Kette wie auch im Hinblick auf die bei anderen Substanzen im Test-Urin identisch vorkommende alpha-Kette des hCG-Hormons. Entscheidet sich der Fachmann für einen Antikörper, der räumlich komplementär zur alpha-Kette ist, so besteht lediglich das Problem, dass die betreffenden Antikörper von anderen Hormonen im Test-Urin mit identischer alpha-Kette (LH, FSH, TSH) blockiert werden können. Der Fachmann wird hieraus jedoch nicht den Schluss ziehen, dass sich ein für die alpha-Kette des hCG-Hormons spezifischer Antikörper für die Zwecke der Erfindung nicht eignet. Er ist sich vielmehr darüber im Klaren, dass er zB durch einen hinreichenden Überschuss an Antikörpern in der Detektionszone dafür sorgen kann, dass trotz des Vorhandenseins von LH, FSH und TSH ausreichend Bindungspartner für das hCG-Hormon verbleiben. Umgekehrt gilt – für den Fachmann erkennbar – dasselbe. Setzt er in der Reaktionszone einen markierten Antikörper ein, der nicht nur an die fragliche Nachweissubstanz (zB hCG), sondern auch an LH, FSH und TSH binden kann, so ist zwar voraussehbar, dass nicht allein der nachzuweisende Analyt (hCG) eingefärbt wird, sondern gleichermaßen die mit derselben, räumlich komplementären alpha-Kette versehenen Hormone LH, FSH und TSH. Die gegebene Spezifität reicht jedoch für die Zwecke der Erfindung vollständig aus, wenn auf der Detektionszone ein für die Nachweissubstanz hochspezifischer Antikörper immobilisiert wird, der ausschließlich die Nachweissubstanz (zB hCG) einfangen kann, die übrigen, ebenfalls eingefärbten Substanzen (zB LH, FSH und TSH) hingegen passieren lässt. Auch unter solchen Umständen ist nämlich gewährleistet, dass es in der Detektionszone nur dann zu einem Farbsignal kommen kann, wenn in der Probe diejenige Substanz (zB hCG) vorhanden ist, deren Nachweis der Test dienen soll.

Der Inhalt des Begriffs »spezifisch« in den Merkmalen (1) und (8) lässt sich damit zwar nicht einheitlich bestimmen, sondern hängt maßgeblich davon ab, welchen Grad an Spezifität der Antikörper in der jeweils anderen Zone besitzt. Wird im Reaktionsbereich ein hochspezifischer markierter Antikörper verwendet, so verlangt die Spezifität des in der Detektionszone immobilisierten Antikörpers lediglich, dass er auch, wenn auch nicht ausschließlich, an die Nachweissubstanz binden kann. Umgekehrt gilt dasselbe. Wird die Detektionszone mit einem für die Nachweissubstanz hochspezifischen Antikörper versehen, so genügt für die Reaktionszone eine Spezifität in dem Sinne, dass der markierte Antikörper auch, wenn auch nicht ausschließlich, an die Nachweissubstanz binden kann. Eine derartige – wechselwirkende – Interpretation des Begriffs »spezifisch« ist rechtlich ohne weiteres möglich und vorliegend sogar geboten, um der durch das Klagepatent geschützten technischen Lehre gerecht zu werden.

2.

Soweit das Klagepatent ein »hohles Gehäuse aus festem Material« verlangt, genügt eine Anordnung, die einerseits einen Innenraum schafft, in welchem erfindungsgemäß der poröse Träger aufgenommen werden kann, und die andererseits (aufgrund ihrer Festigkeit) Gewähr dafür bietet, dass das Gehäuse eine Schutzfunktion für die in seinem Inneren angeordneten Bauteile erfüllen kann und dem Testgerät eine Ausgestaltung gibt, die seine Handhabung durch den Benutzer erlaubt. Darüber hinausgehende Anforderungen stellt das Klagepatent an das Gehäuse nicht. Insbesondere ist es keine Notwendigkeit, dass der poröse Träger lose und auswechselbar im Gehäuse aufgenommen werden muss.

3.

Soweit das Klagepatent fordert, dass das Gehäuse aus einem flüssigkeitsundurchlässigen Material aufgebaut ist, liegt der technische Sinn dieser Anweisung für den Fachmann erkennbar darin zu verhindern, dass von dem den porösen Träger umgebenden Gehäuse selbst ein Saug- und Kapillareffekt ausgeht, der die erfindungsgemäßen, auf den Prinzipien des Chromatographieverfahrens beruhenden Vorgänge in dem porösen Träger stört oder beeinflusst. Vor dem Hintergrund dieser patentgemäßen Funktion ist es ersichtlich ohne Belang, ob das Gehäuse aus einem an sich flüssigkeitsundurchlässigen Material (zB Kunststoff) besteht. Für die Zwecke der Erfindung entscheidend ist allein, dass das Gehäuse die Eigenschaft besitzt, feuchtigkeitsundurchlässig zu sein, was beispielsweise auch bei einer Ausgestaltung der Fall ist, bei der das Gehäuse aus einem flüssigkeitsdurchlässigen Material (zB Pappe) gebildet wird, im feuchtigkeitsrelevanten Bereich allerdings durch eine Kunststoffbeschichtung oder dergleichen flüssigkeitsundurchlässig gemacht ist. Weil es darum geht, die Chromatographie-Vorgänge auf dem porösen Träger unbeeinflusst zu lassen, kommt es aus der maßgeblichen technischen Sicht des Durchschnittsfachmanns des Weiteren nur darauf an, dass derjenige Teil des

Gehäuses, der bei der Handhabung des Testgerätes mit der flüssigen Probe in Kontakt geraten kann, flüssigkeitsundurchlässig ist.

III.

Das streitbefangene Schwangerschaftstestgerät der Beklagten macht von der technischen Lehre des Klagepatents wortsinngemäß Gebrauch. Hinsichtlich der Merkmale (1a), (1c), (2) bis (3), (4b), (5) bis (8), (9b) und (10) stellen die Beklagten dies selbst – mit Recht – nicht in Abrede.

Es ist ebenfalls unbestreitbar, dass das angegriffene Testgerät in Gestalt der kunststoffbeschichteten Pappumhüllung ein hohles Gehäuse aus festem Material besitzt (Merkmale 1b, 9a).

Da die erste Zone des porösen Trägers einen hochspezifischen, ausschließlich an die Nachweissubstanz (hCG) bindenden Antikörper aufweist, ist der Forderung des Klagepatents nach einer spezifischen Bindungsreagenz für den Analyten in der Detektionszone dadurch genügt, dass der in der Testregion immobilisierte Antikörper auch, wenn auch nicht ausschließlich, mit dem hCG-Hormon reagieren kann.

Das Klagepatent verhält sich nicht dazu, dass der poröse Träger einteilig zu sein hat. Für die erfindungsgemäßen Zwecke kommt es auf eine einstückige Ausbildung ersichtlich auch nicht an, weil die patentgemäßen Funktionsabläufe sich gleichermaßen dann einstellen, wenn der Träger aus mehreren Teilen besteht, solange die einzelnen Teile ihrerseits jeweils porös sind und so zueinander positioniert werden, dass die Flüssigkeitsprobe ihren Weg von der ersten Zone zu der Detektionszone nehmen kann. Gestützt wird dies nicht zuletzt durch die Tatsache, dass auch die Technische Beschwerdekammer des Europäischen Patentamtes in ihrer das Klagepatent betreffenden Beschwerdeentscheidung ausdrücklich festgestellt hat, dass die Lehre der Erfindung sich nicht auf einen einstückigen porösen Träger beschränkt, sondern gleichermaßen mehrteilige Ausführungsformen umfasst. Bei der angegriffenen Ausführungsform ist ein solcher mehrteiliger Träger gegeben, weil das die markierte Bindungsreagenz tragende Glasfaserkissen porös ist und unmittelbar an den die Testregion enthaltenden – zweiten – Teil des porösen Trägers anschließt.

Was schließlich die Flüssigkeitsundurchlässigkeit des Gehäuses betrifft, besteht auch hieran kein vernünftiger Zweifel. Das Testgerät ist auf seiner Außenseite vollständig mit einer flüssigkeitsabweisenden Kunststofflage beschichtet. Bezogen auf die Gebrauchslage bei Benutzung des Testgerätes ist derjenige Innenbereich der Pappumhüllung, der den porösen Träger umgibt, ebenfalls feuchtigkeitsundurchlässig gemacht. Zu diesem Zweck ist die den Träger bis zur Detektionszone aufnehmende Pappunterlage mit einer feuchtigkeitsabweisenden Kleberschicht versehen. Auf der gegenüberliegenden (rückwärtigen) Seite ist ein erster, der Testspitze zugewandter Teil des porösen Trägers durch einen gesonderten Kunststoffstreifen mit der Beschriftung »MAX« versiegelt. In dem sich daran stromabwärts anschließenden Trägerbereich befindet sich eine derartige Beschichtung zwar nicht. Die gegenüberliegende Innenwand der Pappumhüllung weist dort jedoch einen Ausschnitt für das Sichtfenster auf, der nach außen mit einer Kunststofffolie versehen ist. Aufgrund der Folienbeschichtung und der Dimensionierung des Fensterausschnitts ist auch hier ein Kontakt mit einem Teil der Pappumhüllung, welche nicht flüssigkeitsundurchlässig gemacht ist, ausgeschlossen. Etwas anderes gilt allein für zwei Gehäusebereiche. Zum einen für das stromabwärts der Detektionszone vorgesehene Glasfaserkissen, welches dazu dient, den Saugeffekt zu verstärken. Für die Lehre der Erfindung und deren Verwirklichung ist dieser Bereich von vornherein unerheblich, weil sich das Klagepatent mit einer derartigen zusätzlichen Einrichtung innerhalb des Gehäuses nicht befasst. Sie ist zwar möglich, um die Chromatographievorgänge auf dem porösen Träger zu beschleunigen, für sie gilt jedoch nicht die Forderung des Klagepatents nach einem flüssigkeitsundurchlässigen Gehäuse. Für den Fachmann ist dies schon deshalb offensichtlich, weil sich das Glasfaserkissen jenseits der erfindungsrelevanten ersten und zweiten Zone befindet und deshalb ein dort (das heißt stromabwärts der Detektionszone) eintretender Saugeffekt durch das Gehäuse diejenigen Abläufe, die stromaufwärts bis zur Detektionszone stattfinden, nicht nachteilig beeinflussen kann. Im Gegenteil würde ein zusätzlicher Kontakt des Glasfaserkissens mit der (ebenfalls saugenden) Pappumhüllung den Chromatographieeffekt auf dem porösen Träger bis zur Detektionszone allenfalls verstärken. Eine Kunststoffbeschichtung fehlt – zum Zweiten – an einer der beiden Stirnkanten des Testgerätes, zwischen denen die Testspitze hervorragt. Ausweislich der Packungsbeschreibung ist die Handhabung derart vorgesehen, dass lediglich die Testspitze in den Urinstrahl gehalten wird und sich das Testgerät dabei in einer Position befindet, bei der das Sichtfenster nach oben zeigt. Bei einer solchen Handhabung ist es ausgeschlossen, dass an diejenige, nicht kunststoffbeschichtete Stirnkante des Testgerätes Testflüssigkeit in einem nennenswerten Umfang gerät, der die Abläufe auf dem porösen Träger beeinträchtigen könnte.

ee) Stand der Technik

Anhaltspunkte für das Verständnis eines Merkmals können sich außer aus seiner Funktion – allerdings *nie* gegen sie! – aus dem Stand der Technik ergeben, den die Patentschrift erwähnt. Relevant sind in erster Linie diejenigen Schriften, die in der Patentbeschreibung (mit ihren Nachteilen) gewürdigt sind, daneben aber auch solcher Stand der Technik, der lediglich auf dem Deckblatt der Patentschrift als im Prüfungsverfahren berücksichtigte Entgegenhaltung verzeichnet und von der aufgrund konkreter Anhaltspunkte anzunehmen ist, dass sie vom Prüfer im Zuge der Patenterteilung tatsächlich ernsthaft in Betracht gezogen worden ist.[77] Die aus einer solchen nur auf dem Deckblatt verzeichneten Druckschrift zu ziehenden Auslegungsschlüsse sind freilich äußerst gering; sie beschränken sich darauf, dass der Patentanspruch nicht so interpretiert werden darf, dass sein Inhalt durch eine dort verzeichnete Schrift neuheitsschädlich offenbart wäre. 62

Schreibt die Patentschrift dem **Stand der Technik unzutreffend** bestimmte Erkenntnisse und Lösungsansätze zu, die dort tatsächlich nicht offenbart sind, bleibt der Beschreibungstext, so wie er ist, dennoch auslegungsrelevant; anderes gilt nur dann, wenn der Durchschnittsfachmann den Fehler ohne weiteres erkennt und in bestimmter Weise richtigstellt.[78] 63

Kein zulässiges Auslegungsmaterial stellt demgegenüber ein in der Patentschrift nicht erwähnter Stand der Technik dar, mag er auch vor dem Anmelde- bzw Prioritätstag des Patents der Öffentlichkeit zugänglich gewesen sein.[79] Ihn heranzuziehen ist nur dann zulässig, wenn der Nachweis geführt werden kann, dass dieser Stand der Technik zum allgemeinen Fachwissen auf dem betreffenden Gebiet gezählt hat.[80] 64

Die Verwertbarkeit des Standes der Technik bei der Auslegung bedeutet nicht, dass jede konstruktive Einzelheit in den Patentanspruch hineininterpretiert werden dürfte, die beim (vor allem gattungsbildenden) Stand der Technik verwirklicht ist. Von Belang sind von vornherein nur solche Gestaltungsdetails, die für die erfindungsgemäße Lehre Bedeutung haben und dementsprechend in einem Merkmal des Patentanspruchs auf- 65

---

77 Solches ist keineswegs selbstverständlich, sondern kann sich zB aus der Erteilungsakte ergeben, die eine Diskussion der betreffenden Druckschrift ersichtlich macht. Art 113 Abs 2 EPÜ steht der Berücksichtigung solchen Standes der Technik nicht entgegen, weil mit der gebilligten Fassung die Ansprüche, der Beschreibungstext und die Zeichnungen gemeint sind, aber nicht das Deckblatt, auf dessen Inhalt der Anmelder keinen Einfluss hat.
78 OLG Düsseldorf, Urteil v 26.10.2017 – I-15 U 95/16.
79 BGH, GRUR 1991, 811, 813 f – Falzmaschine; BGH, Urteil v 29.7.2014 – X ZR 5/13.
80 BGH, GRUR 1978, 235, 236/237 – Stromwandler.

scheinen. Innerhalb dieses – allein relevanten – Rahmens sind wiederum unterschiedliche Konstellationen denkbar. Es kann sein, dass das Patent von einer bestimmten vorbekannten Konstruktion ausgeht, diese als durchaus vorteilhaft ansieht und für die Erfindung beibehalten will. In einem solchen Fall wird im Zweifel die Annahme berechtigt sein, dass sich das Patent – in diesem Punkt – den Stand der Technik zu eigen macht, weshalb es zulässig und geboten ist, für das Verständnis dieses Merkmals auf den betreffenden Stand der Technik und eine hier etwa gegebene Legaldefinition oder dergleichen zurückzugreifen.[81] Andererseits kann es ebenso gut sein, dass das Patent einen bestimmten Stand der Technik nur »formal« zum Ausgangspunkt für die Darstellung der Erfindung nimmt, ohne dass der Schluss gerechtfertigt wäre, dass sich das Patent damit auf eine spezielle, bei diesem Stand der Technik gegebene Ausgestaltung festlegen wollte. Von der zuletzt genannten Situation wird im Allgemeinen dann auszugehen sein, wenn die vorbekannte Konstruktion im Hinblick auf den Erfindungsgedanken des Patents beliebig und keineswegs zwingend ist und für die Verwirklichung der Erfindung ersichtlich auch andere Konstruktionen infrage kommen. In einem solchen Fall bestehen keine Bedenken dagegen, einem Merkmal, das formal zum Oberbegriff gehört, einen Bedeutungsinhalt beizumessen, der über die bloße Beschreibung des Standes der Technik hinaus einen Lösungsansatz für das von der Erfindung zu bewältigende Problem enthält.[82] Denn Inhalt und Bedeutung eines *jeden* Merkmals des Patentanspruchs (egal ob es im Erteilungsverfahren dem Oberbegriff oder dem Kennzeichen zugeordnet worden ist) sind unter Berücksichtigung der im Klagepatent geschützten Gesamterfindung zu bestimmen und deswegen so auszulegen, wie es die ihm im Rahmen der patentierten Erfindung (und nicht im Stand der Technik) zugedachte technische Funktion verlangt.

ff) Verfahrensanspruch

66 Werden sämtliche Verfahrensschritte ausgeführt, so liegt eine Benutzung des Verfahrensanspruchs nach § 9 Nr 2 PatG vor, selbst wenn **das Ergebnis der Verfahrensführung durch** anschließende **weitere Verfahrensakte wieder beseitigt** oder zunichte gemacht wird. In derartigen Fällen kann allenfalls ein Schutz des Verfahrenserzeugnisses nach § 9 Nr 3 PatG (mangels Unmittelbarkeit) zu verneinen sein.

67 Ist Gegenstand des Patentanspruchs ein Verfahren und sollen die erfindungsgemäßen Verfahrensschritte zu einem Erzeugnis mit bestimmten, im Patentanspruch definierten Eigenschaften führen, welche mit der Formulierung »sodass« an die Verfahrensmerkmale angeschlossen sind, so bedeutet dies, dass das Erzeugnis zumindest maßgeblich auch auf den erfindungsgemäßen Merkmalen beruhen muss. Verfahrenserzeugnisse, die ohne Anwendung der patentgemäßen Verfahrensführung (zB aufgrund anderer Maßnahmen) über die besagte(n) Eigenschaft(en) verfügen, fallen deswegen nicht in den Gegenstand des Patents.[83]

---

81 OLG Düsseldorf, Urteil v 30.10.2014 – I-15 U 30/14; OLG Düsseldorf, Urteil v 20.12.2017 – I-2 U 39/16.
82 OLG Düsseldorf, GRUR 2000, 599, 602 f – Staubsaugerfilter.
83 BGH, GRUR 2004, 268 – Blasenfreie Gummibahn II.

gg) Wirkungsangaben

Zweck-, Wirkungs- und Funktionsangaben in einem Sachanspruch belehren den Fachmann über den möglichen Einsatz- und Gebrauchszweck der patentierten Erfindung.[84] Sie definieren allerdings oftmals die durch das Patent geschützte Sache näher dahin, dass diese nicht nur die räumlich-körperlichen Merkmale erfüllen muss, die der Patentanspruch explizit formuliert, sondern dass die Sache darüber hinaus so ausgebildet sein muss, dass sie die im Patentanspruch erwähnte Wirkung oder Funktion herbeiführen kann.[85] Im Einzelfall kann sich ergeben, dass die in den Patentanspruch aufgenommenen Sachmerkmale bereits alle Bedingungen umschreiben, die aus technischer Sicht zur Erzielung der angegebenen Wirkung notwendig sind. Unter derartigen Umständen ist die Wirkungsangabe für die Verletzungsprüfung irrelevant.[86] In einem anderen Fall können die Sachmerkmale die technischen Voraussetzungen für den Wirkungseintritt unvollkommen beschreiben. Hier definiert die Wirkungsangabe – mittelbar – bestimmte weitere räumlich-körperliche oder funktionale Anforderungen an den geschützten Gegenstand, die sich aus den übrigen Sachmerkmalen des Patentanspruchs noch nicht ergeben, die aber eingehalten werden müssen, damit die geschützte Sache die für sie vorgesehene Wirkung zutage bringen kann.[87] Unter solchen Umständen sind Zweck- und Funktionsangaben – wie jedes andere Anspruchsmerkmal – schutzbereichsrelevant.[88] Sie weisen den Fachmann an, den beanspruchten Gegenstand über die expliziten Sachmerkmale hinaus so auszugestalten, dass die ihm zugedachte Wirkung/Funktion eintreten kann.[89]

68

Ob im konkreten Einzelfall das eine (Unbeachtlichkeit der Wirkungsangabe) oder das andere (Beachtlichkeit der Wirkungsangabe) Szenario zutrifft, ist durch Auslegung anhand der Patentbeschreibung zu ermitteln.[90]

69

Bei der Wirkungserzielung bedarf es einer **Verlässlichkeit**. Der Effekt darf sich also nicht nur vereinzelt, sondern muss sich regelmäßig einstellen können, so dass allenfalls singuläre »Ausreißer« hingenommen werden können, bei denen sich die beabsichtigte Wirkung nicht erzielen lässt. Nur wenn sich der patentgemäße Effekt zuverlässig einstellt, liegt eine Verletzung vor.

70

Welche Bedeutung eine Wirkungsangabe hat, kann im Einzelfall auch von der »**Anspruchskategorie**« des Patents abhängen, zB davon, ob sie Teil eines gewöhnlichen Sachanspruchs ist, der einen einheitlichen Gegenstand zum Inhalt hat, oder ob sich der Anspruch, der die Wirkungsangabe enthält, auf eine Vorrichtungskombination bezieht.

71

▶ **Bsp:**

72

Schützt das Patent (EP 0 879 703) eine Tintenpatrone für einen Drucker und ist vorgesehen, dass die Patrone über einen Verrastungshebel verfügt, dessen Elastizität die Patrone vertikal

---

84 Sie müssen sich allerdings nicht zwingend auf den Gegenstand des Anspruchs oder dessen einzelne Merkmale beziehen, sondern können den Erfindungsgegenstand auch sprachlich zu solchen Gegenständen oder Verfahren in Beziehung setzen, die zur beanspruchten technischen Lehre nur in einem bestimmten Sachzusammenhang stehen. Ihre Erwähnung verfolgt unter solchen Umständen den Zweck, dem Fachmann bloß eine Orientierungshilfe bei der technisch-gegenständlichen Erfassung und Einordnung des Erfindungsgegenstandes zu geben. Bsp: Bezeichnung eines Verfahrens als »Verfahren bei der gezielten Navigation eines Katheters an einen pathologischen Ort in einem menschlichen oder tierischen Hohlraumorgan« (BGH, GRUR 2010, 1081 – Bildunterstützung bei Katheternavigation).
85 BGH, GRUR 2009, 837 – Bauschalungsstütze.
86 BGHZ 112, 140, 155 f – Befestigungsvorrichtung II.
87 BPatG, Mitt 2007, 18 – Neurodermitis-Behandlungs-Gerät (LS).
88 BGH, GRUR 2006, 923 – Luftabscheider für Milchsammelanlage.
89 BGH, GRUR 2008, 896 – Tintenpatrone I.
90 BGH, GRUR 2010, 1081 – Bildunterstützung bei Katheternavigation.

anhebt, sobald die Verrastung gelöst wird, so muss bei der Verletzungsprüfung lediglich festgestellt werden, ob der an der mutmaßlich verletzenden Patrone vorhandene Rasthebel hinreichend elastisch ist, um im Zusammenwirken mit *irgendeiner denkbaren* Druckeraufnahme das Gewicht der Patrone bei gelöster Arretierung anzuheben. Da die Patrone als solche unter Schutz steht, kommt es nicht darauf an, ob es die Aufnahme, in der sich das Anheben vollzieht, am Markt tatsächlich gibt oder ob die Patrone für eine existierende Aufnahme überhaupt geeignet oder vorgesehen ist.[91]

Betrifft das Patent hingegen die Einheit aus Tintenpatrone und Druckeraufnahme, kann in der Lieferung der Patrone allenfalls eine mittelbare Verletzung liegen. Wegen der festzustellenden Verwendungsbestimmung kommt es hier sehr wohl darauf an, ob die Elastizität des Verrastungshebels der Patrone bei gelöster Arretierung zu einem vertikalen Anheben führt, wenn die Patrone in diejenige Druckeraufnahme eingebaut ist, für die sie bestimmungsgemäß gedacht ist (und in Bezug auf die allein eine Verwendungsbestimmung angenommen werden kann).

73 Ähnlich liegt der Sachverhalt, wenn im Patentanspruch ein **Vorrichtungsteil** aufscheint, mit dem der patentgeschützte Gegenstand **zusammenwirken** soll, ohne dass er selbst Teil des Patentgegenstandes ist. Auch hier kommt es nicht darauf an, ob es ein solches vom Patentanspruch vorausgesetztes Vorrichtungsteil tatsächlich gibt, sondern nur, ob es konstruierbar ist.

74 ▶ Bsp:[92]

I.

Um das Be- und Entladen von Gütern zu erleichtern, werden bei Lkw's bewegliche Planen eingesetzt, die rasch beiseite geschoben und wieder zugezogen werden können. Das EP 1 378 385 schützt zu diesem Zweck ein Anschlussstück *für* eine Vorrichtung zum Aufwickeln einer aufwickelbaren Fahrzeugplane, wobei das Anschlussstück (1) dazu bestimmt ist, die angetriebene Übertragungswelle (4) einer Aufwickelvorrichtung einerseits und die die LKW-Plane tragende Aufwickelwelle (2) andererseits miteinander zu verbinden, wie dies die nachfolgenden Abbildungen der Klagepatentschrift verdeutlichen.

---

91 OLG Düsseldorf, Urteil v 18.10.2012 – I-2 U 41/08.
92 OLG Düsseldorf, Urteil v 11.2.2016 – I-2 U 19/15.

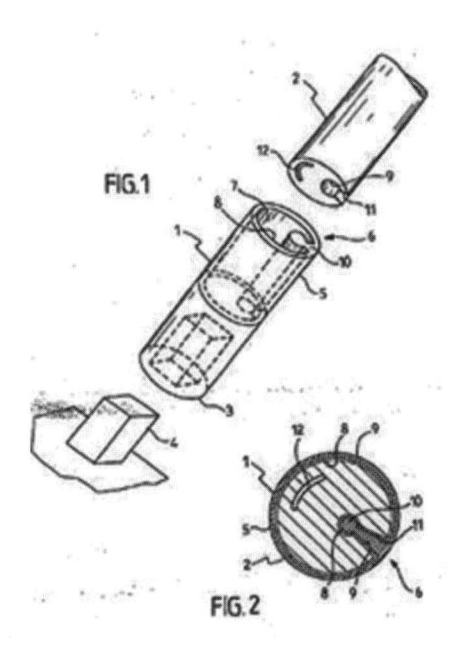

III. 1. Patentbeschreibung und Patentzeichnungen

Erfindungsgemäß soll das Anschlussstück (= Kupplungsstück zwischen Übertragungswelle und Aufwickelwelle) am einen (unteren) Ende mit der Übertragungswelle des Antriebs verbindbar sein und am anderen (oberen) Ende auf das freie Ende der Aufwickelwelle geschoben werden können und ferner einen Mitnehmer (10) in der Form eines schlüssellochförmigen Profils aufweisen, der mit einer komplementären schlüssellochförmigen Ausnehmung (11) in der Aufwickelwelle zusammenwirkt, damit die durch die Übertragungswelle vermittelte Drehbewegung an die Aufwickelwelle vermittelt werden kann.

Angegriffen ist ein Anschlussstück (nachstehende Abbildung links), das für eine bestimmte Aufwickelwelle (nachstehende Abbildung rechts) vorgesehen ist.

II.

Das Klagepatent wird wortsinngemäß verletzt, ohne dass es darauf ankommt, ob in der unteren Öffnung der Aufwickelwelle (rechts) ein schlüssellochförmiges Profil zu erkennen ist oder nicht. Denn die Aufwickelwelle selbst liegt – ebenso wie die Aufwickelvorrichtung mit ihrer Übertragungswelle – gänzlich außerhalb des Erfindungsgegenstandes nach Anspruch 1 des Klagepatents. Beide Gegenstände – das Kupplungsteil der Aufwickelwelle und die Übertragungswelle – sind im Rahmen von Anspruch 1 des Klagepatents nur insofern rechtlich bedeutsam, als ihre im Patentanspruch 1 vorausgesetzte Beschaffenheit Rückschlüsse auf die notwendige Ausgestaltung des Anschlussstücks zulässt, das mit dem Kupplungsstück der Aufwickelwelle und mit der Übertragungswelle der Aufwickelvorrichtung zusammenwirken soll. Keinesfalls stellt es jedoch eine Bedingung für den Benutzungstatbestand dar, dass eine anspruchsgemäße Aufwickel- und Übertragungswelle tatsächlich existiert oder dass die im Markt existierenden oder sogar die zur Verwendung mit dem Anschlussstück vorgesehenen Wellen den Anforderungen des Patentanspruchs 1 genügen. Da das Anschlussstück als solches unter Patentschutz steht, kommt es allein darauf an, dass das Anschlussstück für sich betrachtet sämtliche auf den Erfindungsgegenstand bezogenen Anspruchsmerkmale verwirklicht und dass eine zu ihm passende Aufwickel- und Übertragungswelle denkbar ist, mit denen das so gestaltete Anschlussstück ordnungsgemäß zusammenarbeiten könnte.

75 Dieselbe Beurteilung von Wirkungs- und Funktionsangaben ist bei einem **Verfahrensanspruch** angebracht.[93]

76 | Praxistipp | Formulierungsbeispiel |

Um eine Wirkungsangabe kann es sich auch bei einem auf den ersten Blick reinen Sachmerkmal handeln. Richtet sich der Schutz des Patents auf einen »Skistock«, kann dies im Sinne eines »Stocks *zum Skilaufen*« zu verstehen sein, womit auch Nordic-Walking-Stöcke erfasst werden.[94]

hh) Maßgeblichkeit des Verletzungszeitpunktes

77 Grundsätzlich muss der mutmaßlich verletzende Gegenstand im Moment der Angebots- oder Vertriebshandlung alle Anspruchsmerkmale verwirklichen, dh insbesondere auch eine vorausgesetzte Eignung für die Hervorbringung einer bestimmten Wirkung besitzen. Hiervon kann es jedoch Ausnahmen geben. Im Einzelfall kann es genügen, wenn die Sache zwar noch nicht in ihrer beim Angebot/Vertrieb vorliegenden Form den patentgemäßen Anforderungen entspricht, sich die Verhältnisse in Zukunft jedoch verlässlich und vorhersehbar ändern und sich infolge dessen demnächst mit Sicherheit eine Situation einstellt, bei der es zur Merkmalsverwirklichung kommt. Unter solchen Umständen liegt bereits in dem Angebot/Vertrieb des ursprünglichen Gegenstandes eine Patentverletzung. Dabei spielt es keine Rolle, ob es der erfindungsgemäße Gegenstand selbst ist, der im Laufe der Zeit einer Veränderung unterliegt[95], oder ob sich statt seiner das Bezugsobjekt des patentgemäßen Gegenstandes verändert und es hierdurch zu einer (nachträglichen) Erfindungsbenutzung kommt[96]. Das gilt auch bei sog Prodrugs, auf die später[97] noch gesondert eingegangen wird.

78 ▶ **Bsp:**[98]

Das Klagepatent (EP 1 165 329) betrifft einen textilen Überzug für Fahrzeugreifen, der – gleichsam als Ersatz für eine Schneekette – die Reibung zwischen dem winterlichen

---

93 BGH, GRUR 2010, 1081 – Bildunterstützung bei Katheternavigation.
94 OLG Düsseldorf, Urteil v 13.1.2011 – I-2 U 39/10.
95 OLG Düsseldorf, GRUR 1978, 425 – Umlenktöpfe; OLG Düsseldorf, Urteil v 10.11.2011 – I-2 U 41/11.
96 OLG Düsseldorf, InstGE 12, 213 – Traktionshilfe.
97 Zu Einzelheiten vgl unten Rdn 253.
98 OLG Düsseldorf, InstGE 12, 213 – Traktionshilfe; OLG Düsseldorf, Urteil v 20.11.2014 – I-2 U 137/09; Nichtzulassungsbeschwerde wurde mit Beschluss des BGH vom 8.12.2015 (X ZR 117/14) zurückgewiesen.

Straßenbelag und einem Fahrzeugrad erhöhen soll. Um die Montage des Überzuges bei stehendem Fahrzeug zu erleichtern, sieht der Patentanspruch vor, dass der Überzug gegenüber dem äußeren Radumfang ein Übermaß von mindestens 4 % aufweist. Neue Fahrzeugräder haben üblicherweise ein Profil von 8 mm, welches zulässigerweise bis auf 1,6 mm heruntergefahren werden darf. Denkbar ist nun, dass der angegriffene Überzug das geforderte Übermaß von 4 % zwar noch nicht in Bezug auf einen Neureifen (mit einem vollständigen Profil von 8 mm) aufweist, dass sich ein anspruchsgemäßes Übermaß jedoch einstellt, sobald der Reifen teilweise (zB auf ein Restprofil von 6, 5 oder 4 mm) abgefahren ist. Da ein entsprechender Gebrauchszustand des Rades sicher absehbar ist und da nach der Lebenserfahrung ebenso gewiss ist, dass der Überzug (wenn er nicht von vornherein für einen schon abgenutzten Radsatz gekauft worden sein sollte) auch während des restlichen Lebenszyklus des Rades zum Einsatz gebracht werden wird, ist es gerechtfertigt, für die Merkmalsverwirklichung die künftigen Anwendungsfälle, bei denen es voraussehbar zu dem erfindungsgemäßen Übermaß kommen wird, mit einzubeziehen.

Schematisch[99] zusammengefasst gilt für die Auslegung also das Folgende: 79

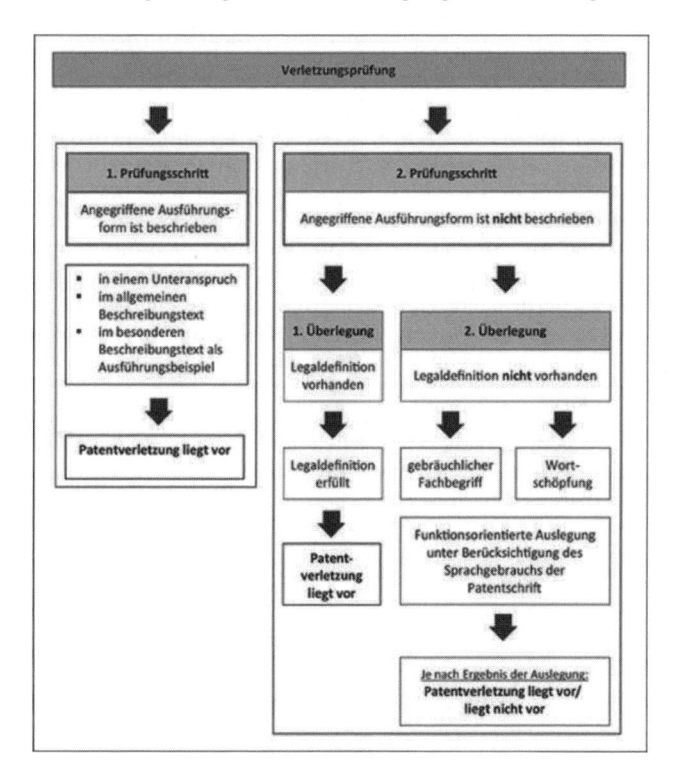

ii) Wirkstoffkombination

Betrifft ein Arzneimittelpatent die Verwendung eines bestimmten Wirkstoffs, fällt unter 80 seinen Schutzbereich auch ein Präparat, das zu dem patentgeschützten einen weiteren Wirkstoff kombiniert.[100] Das gilt auch dann, wenn für die benutzte Wirkstoffkombina-

---

99 Für die Anfertigung der Grafik danke ich Herrn Rechtsanwalt Norbert Diel, Köln.
100 OLG Düsseldorf, Urteil v 6.8.2015 – I-2 U 21/15.

tion ebenfalls ein Patentschutz (ggf sogar desselben Inhabers) existiert.[101] Dementsprechend erstreckt sich auch ein Zertifikatschutz, der sich auf den fraglichen Wirkstoff bezieht, grundsätzlich ebenso auf die Benutzung einer Wirkstoffkombination, selbst wenn sie Gegenstand eines eigenen Zertifikatschutzes ist.[102]

2. Erteilungsakte[103]

a) Grundsatz

81 Prinzipiell wäre es denkbar, dass für das Verständnis der Erfindung und die Interpretation dessen, was der Patentanspruch lehrt und schützt, auch auf den Inhalt der Erteilungsakte zurückgegriffen wird, wie dies verschiedenen ausländischen Jurisdiktionen[104] entspricht. Diesen Weg sind der deutsche und der europäische Gesetzgeber jedoch nicht gegangen. § 14 PatG, Art 69 EPÜ verhalten sich nicht bloß beispielhaft, sondern abschließend dazu, welche Unterlagen zur Auslegung der Patentansprüche (die den Schutzbereich des Patents bestimmen) heranzuziehen sind, nämlich – erstens – die Patentbeschreibung und – zweitens – die Patentzeichnungen. Dass die besagte Aufzählung als ultimativ verstanden werden muss, ergibt sich schon daraus, dass die Hinzuziehung verschiedener Auslegungsmittel (einmal nur der Patentschrift, das andere Mal auch der Erteilungsakte) im Einzelfall zu konträren Auslegungsresultaten führen kann, so dass sich ohne eine definitive Festlegung der Auslegungsquellen die (wegen Art 12, 14 GG) gebotene Rechtssicherheit bei der Schutzbereichsbestimmung nicht gewinnen lässt. Da die Erteilungsakten des Patents (deren Existenz dem Gesetzgeber selbstverständlich bewusst war) in § 14 PatG und Art 69 EPÜ nicht erwähnt sind, bilden sie kraft Gesetzes auch kein zulässiges Auslegungsmaterial.[105] Der Ausschluss gilt nicht nur im Grundsatz, sondern einschränkungslos. Eine Heranziehung der Erteilungsakte kommt deshalb auch in Ausnahmefällen nicht in Betracht. Angesichts der klaren Gesetzesfassung wäre eine streitentscheidende[106] Berücksichtigung der Erteilungsakte nicht nur contra legem, sondern sogar verfassungswidrig, weil sie im Rahmen der Schutzbereichsbestimmung den gesetzgeberischen Willen, wie er in § 14 PatG, Art 69 EPÜ nun einmal zum Ausdruck gekommen ist, nicht bloß umsetzen, sondern – entgegen der eindeutigen Anweisung des Gesetzgebers – ein Auslegungsmittel für die Schutzbereichsermittlung einführen würde, das der Gesetzgeber gerade nicht vorgesehen und zugelassen hat.[107] Der Sache nach würde aus der Erkenntnis heraus, dass die gesetzgeberische Anweisung für einen bestimmten Sachverhalt als nicht befriedigend empfunden wird, eine Vollziehung des Gesetzes (Auslegung des Patentanspruchs nur anhand der Patentbeschreibung und der Patentzeichnungen) verweigert und stattdessen für den betreffenden, gesetzlich mutmaßlich unzureichend geregelten Sonderfall – legislativ – eine neue, eigene Handlungsnorm (Auslegung des Patentanspruchs auch und maßgeblich anhand der Erteilungsakte) kreiert. Das ist nicht Aufgabe der Rechtsprechung, und zwar umso weniger, als eine Berücksichtigung der Erteilungsakte auch rein faktisch vor dem Hintergrund der Tatsache problematisch wäre, dass im Zuge des Erteilungsverfahrens zwischen Anmelder (bzw dessen

---

101 OLG Düsseldorf, Urteil v 6.8.2015 – I-2 U 21/15.
102 OLG Düsseldorf, Urteil v 6.8.2015 – I-2 U 21/15; EuGH, BeckRS 2012, 80847 – Novartis; EuGH, GRUR 2014, 157 – Actavis/Sanofi.
103 Vgl (auch zur Rechtslage in Europa) Kühnen, GRUR 2012, 664.
104 Für die USA vgl Bergen-Babinecz/Hinrichs/Jung/Kolb, GRUR Int 2003, 487.
105 BGH, GRUR 2002, 511 – Kunststoffrohrteil; vgl dazu: Rogge, FS König, 2003, S 451; OLG Karlsruhe, Urteil v 9.7.2014 – 6 U 29/11.
106 Dh die Berücksichtigung der Erteilungsakte, die das sich aus der Patentbeschreibung und den Patentzeichnungen (als den gesetzlich vorgesehenen Auslegungshilfen) ergebende Verständnis des Patentanspruchs in sein Gegenteil verkehrt.
107 BVerfG, Beschluss v 25.1.2011 – 1 BvR 918/10.

Patentanwalt) und Prüfer vielfach telefonische oder persönliche Kontakte stattfinden, die in keiner Weise schriftlich dokumentiert sind, so dass ein zur Auslegung herangezogener Akteninhalt oftmals nicht vollständig, sondern nur fragmentarisch Auskunft darüber gibt, welche Erwägungen tatsächlich zur Gewährung eines Patents mit bestimmtem Wortlaut geführt haben.

Aus dem Vorstehenden ergeben sich die nachstehenden **Folgerungen**: 82

- Ein bestimmtes Verständnis des Patentanspruchs, das sich aus dem Beschreibungstext 83 (zB aus dort ausdrücklich erwähnten Ausführungsbeispielen der Erfindung) ergibt, kann nicht unter Hinweis darauf außer Betracht bleiben, dass die betreffende Textstelle der Patentbeschreibung mit Rücksicht auf den Inhalt der Erteilungsakte gestrichen gehört.

- Hat sich der Anmelder im Rahmen des Prüfungsverfahrens zur Bedeutung eines 84 Merkmals oder Begriffs geäußert, so kann diese Bemerkung allenfalls indizielle Bedeutung dafür haben, wie der Fachmann das betreffende Merkmal begreift.[108] Gleiches gilt für Äußerungen des Prüfers.[109] Eine derartige Berücksichtigung ist bedenkenlos, weil die Erteilungsakte hier bloß die Bedeutung eines Fachbuches oder dergleichen hat, das selbstverständlich zurate gezogen werden darf, um sich Gewissheit über den möglichen technischen Bedeutungsinhalt eines Anspruchsmerkmals zu verschaffen.

Vom BGH[110] bisher noch nicht entschieden ist die Frage, ob zur Auslegung des Patents 85 öffentlich zugängliche Unterlagen wie die **Offenlegungsschrift** oder (im Falle einer Beschränkung des Patents im Einspruchs- oder Nichtigkeitsverfahren) die frühere Fassung des Klagepatents herangezogen werden dürfen, um den Patentanspruch der geltenden Anspruchsfassung zu deuten. Sie ist für die Offenlegungsschrift aus denselben Gründen, aus denen die Erteilungsakte keine Relevanz für die Schutzbereichsbestimmung hat, zu verneinen.[111] Anders verhält es sich bei der veröffentlichten Patentschrift, die von Gesetzes wegen zu dem zugelassenen Auslegungsmaterial gehört.[112] Es ist deswegen nach einem Teilwiderruf des Patents richtig, für die Frage, welche Bedeutung eine schon in der erteilten Patentfassung enthaltene Beschreibungsstelle für die Auslegung des im Verletzungsprozess geltend gemachten beschränkten Patents hat, die erteilte Anspruchsfassung mit in den Blick zu nehmen.[113]

b) Ausnahme

Weitreichendere Bedeutung haben Äußerungen im Einspruchs- oder Nichtigkeitsverfahren nur in einer Sonderkonstellation, nämlich dann, wenn der Patentinhaber (zB in Bezug auf eine bestimmte mögliche Ausführungsform der Erfindung) **schutzbereichsbeschränkende Erklärungen** abgegeben hat, die Beschränkung Grundlage für die Aufrechterhaltung des Patents war und der spätere Verletzungsbeklagte bereits am Einspruchs- oder Nichtigkeitsverfahren teilgenommen hat.[114] Unter derartigen Umständen erfolgt keine Reduzierung des Schutzbereichs; auf rein verfahrensrechtlicher Ebene ist die Erklärung des Patentinhabers aber von Belang, weil angenommen wird, dass die 86

---

108 BGH, NJW 1997, 3377, 3380 = BGH, Mitt 1997, 364 – Weichvorrichtung II.
109 BGH, GRUR 2016, 921 – Pemetrexed.
110 BGH, GRUR 2011, 701 – Okklusionsvorrichtung.
111 Kühnen, GRUR 2012, 664; OLG Düsseldorf, Urteil v 8.7.2014 – I-15 U 29/14.
112 OLG Düsseldorf, Urteil v 13.9.2013 – I-2 U 23/13; OLG Düsseldorf, Urteil v 8.7.2014 – I-15 U 29/14.
113 OLG Karlsruhe, Urteil v 9.7.2014 – 6 U 29/11.
114 BGH, GRUR 1993, 886 – Weichvorrichtung I; BGH, Mitt 1997, 364 – Weichvorrichtung II.

spätere Erhebung einer Verletzungsklage gegen denjenigen, der am Einspruchs- oder Nichtigkeitsverfahren beteiligt war, wegen einer von der schutzbereichsbeschränkenden Erklärung erfassten Ausführungsform ein treuwidriges Verhalten (§ 242 BGB) darstellt. Unerheblich ist, ob die schutzbereichsbeschränkende Erklärung in der Einspruchs- oder Nichtigkeitsentscheidung urkundlich dokumentiert ist oder, weil es daran fehlt, durch Zeugenbeweis[115] aufgeklärt werden muss.[116] In Bezug auf jeden anderen verfahrensunbeteiligten Dritten kann das Patent demgegenüber in seinem vollen Umfang (dh ohne Rücksicht auf die schutzbereichsbeschränkenden Erklärungen des Patentinhabers) durchgesetzt werden.[117]

87 Da sowohl der Einspruch als auch die Nichtigkeitsklage als Popularrechtsbehelf ausgestaltet sind, der jedermann offen steht, ohne dass irgendein eigenes Interesse an der Vernichtung des Klagepatents nachgewiesen werden muss, kann das Rechtsbestandsverfahren in zulässiger Weise grundsätzlich auch von einem **Strohmann** betrieben werden, der den Angriff auf das Klagepatent im eigenen Namen, aber im ausschließlichen Interesse eines Hintermannes führt. Für dessen Rechtsschutzbedürfnis genügt es, dass er (selbst nach Erlöschen des Patents) wegen Patentverletzung in Anspruch genommen werden kann, selbst wenn er aufgrund einer internen Freistellung die wirtschaftlichen Folgen einer Verurteilung letztlich nicht zu tragen haben sollte.[118] Es begründet im Hinblick auf die spätere zweite Nichtigkeitsklage auch nicht den Vorwurf des Rechtsmissbrauchs, wenn von mehreren gemeinsam wegen Schutzrechtsverletzung verklagten Personen zunächst nur einzelne eine erste Nichtigkeitsklage erheben und nach deren Erfolglosigkeit andere Verletzungsbeklagte danach einen zweiten Rechtsbestandsangriff unternehmen.[119]

88 Bleibt die Strohmanneigenschaft während des Rechtsbestandsverfahrens verdeckt, so kann sich der Hintermann nicht auf schutzbereichsbeschränkende Erklärungen berufen, die der Patentinhaber im Laufe des Einspruchs- oder Nichtigkeitsverfahrens gegenüber dem Strohmann abgegeben hat. Denn dem Schutzrechtsinhaber kann der Vorwurf eines treuwidrigen Verhaltens stets nur in Bezug auf diejenige (natürliche oder juristische) Person gemacht werden, die für ihn als Adressat seiner den Schutzbereich beschränkenden Erklärung zu erkennen war. Anders verhält es sich, wenn sich der Strohmann während des Rechtsbestandsverfahrens aktiv als solcher zu erkennen gibt, indem er seinen Hintermann benennt, oder wenn er passiv als Strohmann eines konkreten Hintermannes enttarnt wird und danach eine schutzbereichsbeschränkende Erklärung[120] des Patentinhabers erfolgt. Nach Offenlegung des Strohmannverhältnisses richtet sich die Beschränkungserklärung im Zweifel auch an denjenigen, den es aus der maßgeblichen Sicht des Patentinhabers angeht, weil er den Rechtsbestandsangriff steuert.

89 Greift der Einwand aus Treu und Glauben gegenüber einem Hersteller durch, so sind (obwohl selbst nicht am Einspruchs- oder Nichtigkeitsverfahren beteiligt) allerdings die-

---

115 Die beantragte Vernehmung eines Zeugen kann nicht deshalb unterbleiben, weil der Zeuge in einem anderen Verfahren (Strafverfahren, Einspruchsverfahren) bereits zu derselben Frage vernommen und seine dortige Aussage protokolliert worden ist (Grundsatz der Unmittelbarkeit der Beweiserhebung). Das hindert freilich nicht, das Vernehmungsprotokoll – auch gegen den Willen einer Partei – im Wege des Urkundenbeweises zu verwerten (BGH, MDR 2011, 808; BGH, MDR 2013, 1184). Unzulässig wird die Verwertung einer früheren Aussage im Urkundenbeweis erst dann, wenn eine Partei zum Zwecke des unmittelbaren Beweises die Vernehmung des Zeugen beantragt (BGH, MDR 2013, 1184).
116 BGH, GRUR 2006, 923 – Luftabscheider für Milchsammelanlage.
117 OLG Düsseldorf, Urteil v 20.12.2017 – I-2 U 39/16.
118 BGH, GRUR 2014, 758 – Proteintrennung.
119 BGH, GRUR 2014, 758 – Proteintrennung.
120 … was auch anzunehmen ist, wenn der Patentinhaber eine frühere Erklärung wiederholt oder zumindest an ihr auch nach der Enttarnung festhält.

jenigen **Abnehmer** geschützt, die die Produkte des Herstellers auf nachgeordneten Handelsstufen anbieten und/oder in Verkehr bringen. Die genannte Erweiterung ist dem Umstand geschuldet, dass ansonsten die den Hersteller begünstigende Privilegierung wirtschaftlich ohne Nutzen bliebe, wenn er seine Produkte zwar in den Verkehr bringen dürfte, jedem gewerblichen Abnehmer aber sofort die Verbietungsrechte aus dem Patent entgegengehalten werden könnten (mit der Folge, dass der Hersteller selbst keine Abnehmer für seine Ware mehr finden wird).

Wichtig ist, dass noch nicht jede Äußerung des Patentinhabers zum Stand der Technik, der dem Klagepatent entgegengesetzt wird, eine schutzbereichsbeschränkende Erklärung darstellt. Vielfach und in aller Regel wird es sich bloß um eine **Meinungsäußerung** handeln, die – auch wenn die Einspruchsabteilung oder das BPatG sie aufgreifen – keinen Einwand aus Treu und Glauben hervorbringen kann.[121] Erforderlich ist vielmehr eine Erklärung, die nach den gesamten Umständen für den Adressaten den hinreichenden Willen des Schutzrechtsinhabers erkennen lässt, die Reichweite seines Patents in Bezug auf eine bestimmte Ausführungsform – verzichtend – abzugrenzen.[122] Neben dem Wortlaut der Erklärung sind alle Begleitumstände sowie die Interessenlage zu berücksichtigen, unter der die Äußerung des Patentinhabers gemacht worden ist.   90

3. Einspruchs- oder Nichtigkeitsentscheidung

Auch die Ausführungen in einer Einspruchs- oder Nichtigkeitsentscheidung stellen (gewichtige) sachkundige Äußerungen dar, die vom Verletzungsgericht zur Kenntnis zu nehmen und bei seiner Auslegung zu würdigen sind.[123] Im Einzelfall kann sich hierbei die Notwendigkeit ergeben, sachverständige Hilfe hinzuzuziehen, wenn das Verletzungsgericht von den prima facie fachkundigen Darlegungen in der Einspruchs- oder Nichtigkeitsentscheidung abweichen will.   91

Eine darüber hinausgehende, das Verletzungsgericht rechtlich bindende Bedeutung kommt der Einspruchs- oder Nichtigkeitsentscheidung nur dann zu, wenn das Patent durch sie teilweise vernichtet (geändert) worden ist. Hier treten die die Abweichungen von der Anspruchsfassung der Patentschrift behandelnden Entscheidungsgründe an die Stelle der ursprünglichen Beschreibung und sind deshalb auch bei der Auslegung des Patents – wie jeder Beschreibungstext – zu berücksichtigen.[124]   92

Ein derartiger Fall liegt allerdings nicht vor, wenn und soweit die Teilvernichtung auf einer **Selbstbeschränkung** des Patentinhabers beruht, weil das Nichtigkeitsurteil unter solchen Umständen keine sachliche Begründung aufweist, die sich mit der mangelnden Schutzfähigkeit dieses Teils der Erfindung befasst.[125]   93

Die Erwägungsgründe einer Einspruchs- oder Nichtigkeitsentscheidung entfalten ferner dann keine Bindungskraft, wenn im Zuge der Teilvernichtung zugleich auch die **Beschreibung angepasst** und eine neue Patentschrift veröffentlicht wird. Hier hat die Auslegung allein anhand der geänderten Patentschrift zu erfolgen.   94

Soweit die Entscheidungsgründe relevant sind, kann aus ihnen – ebenso wenig wie aus der regulären Patentbeschreibung – eine einschränkende Interpretation hergeleitet werden, die im Widerspruch zum weiter gefassten Anspruchswortlaut steht.[126]   95

---

121 BGH, Mitt 1997, 364, 365 – Weichvorrichtung II.
122 OLG Düsseldorf, Urteil v 20.12.2017 – I-2 U 39/16.
123 BGH, GRUR 1998, 895 – Regenbecken.
124 BGH, GRUR 1979, 308, 309 – Auspuffkanal für Schaltgase; BGH, GRUR 1992, 839, 840 – Linsenschleifmaschine; OLG Düsseldorf, InstGE 5, 183 – Ziehmaschine (für den deutschen Teil eines EP).
125 BGH, GRUR 2007, 778 – Ziehmaschinenzugeinheit.
126 BGH, GRUR 2007, 778 – Ziehmaschinenzugeinheit.

IV. Verständnishorizont

96 Nachdem nunmehr herausgearbeitet ist, anhand welcher Unterlagen der Schutzbereich des Patents zu ermitteln ist, erhebt sich die Frage, welcher Wissens- und Erkenntnishorizont auf Seiten des Lesers der Patentschrift vorauszusetzen ist.

1. Durchschnittsfachmann

97 Insoweit gilt zunächst der Grundsatz, dass es auf die Sicht und das Verständnis des sog Durchschnittsfachmanns ankommt. Hierbei handelt es sich um eine gedachte (fiktive) Person mit einer beruflichen Ausbildung bzw Qualifikation (zB Facharbeiter, Meister, Ingenieur) und einer praktischen Erfahrung, wie sie üblicherweise diejenigen besitzen, die sich in der betrieblichen oder industriellen Praxis einschlägiger Unternehmen auf demjenigen Fachgebiet, zu dem die Lehre des Patents gehört, mit der Entwicklung von technischen Neuerungen befassen. Betrifft die Erfindung zB Schwungräder für Kraftfahrzeuge, so wird als Durchschnittsfachmann ein an einer Technischen Hochschule ausgebildeter Ingenieur der Fachrichtung Kraftfahrzeugtechnik anzusehen sein, der durch seine berufliche Tätigkeit mehrjährige Erfahrungen auf dem Gebiet der Konstruktion von Massenschwungrädern gesammelt hat. Befasst sich das Patent hingegen mit technisch einfachen Gegenständen, so wird als Qualifikation des Durchschnittsfachmanns nur eine Ausbildung als Techniker zu verlangen sein oder sogar eine langjährige praktische Erfahrung als Betriebsmeister genügen.

2. Tatsachenfeststellung

98 Aus der Sicht des Fachmanns sind (lediglich) diejenigen Tatsachen festzustellen, die in das – allein dem Gericht überantwortete – wertende Verständnis von einzelnen Begriffen und Merkmalen des Patentanspruchs einzufließen haben. Zu solchen Tatsachen gehören etwa ein bestimmtes Vorverständnis Sachkundiger auf dem betreffenden Fachgebiet, aber auch Kenntnisse, Fertigkeiten, Erfahrungen und methodische Herangehensweisen, die dem Fachmann eigen sind und mit denen er die Lektüre der Patentschrift vornimmt. Sie hat das Verletzungsgericht – ggf sachverständig beraten und in Auseinandersetzung mit den Ausführungen des Sachverständigen[127] – zu ermitteln und auf ihrer Grundlage alsdann – was eine Rechtsfrage darstellt[128] – den Inhalt des Patents eigenverantwortlich zu ermitteln.[129] Ob zu Recht von einer sachverständigen Beratung abgesehen worden ist, unterliegt der vollen Kontrolle durch das Revisionsgericht.[130] Unzulässig ist es, die Auslegung des Klagepatents als solche einem Sachverständigen zu überlassen oder dessen Darlegungen unkritisch zu übernehmen.[131] Mit Rücksicht auf den Charakter der Patentauslegung als Rechtsfrage unzulässig ist es ebenso, eine Patentverletzungsklage mit der Begründung abzuweisen, Angaben des Patentanspruchs seien unklar und ihr Sinngehalt selbst nach sachverständiger Beratung unaufklärbar.[132]

---

[127] BGH, GRUR 2006, 962 – Restschadstoffentfernung.
[128] BGH, GRUR 2009, 653 – Straßenbaumaschine; BVerfG, GRUR-RR 2009, 441 – Nichtberücksichtigung eines Beweisangebotes.
[129] BGH, GRUR 2004, 1023 – Bodenseitige Vereinzelungseinrichtung; BGH, GRUR 2004, 411 – Diabehältnis; BGH, GRUR 2006, 131 – Seitenspiegel.
[130] BGH, GRUR 2010, 314 – Kettenradanordnung II.
[131] BGH, GRUR 2006, 962 – Restschadstoffentfernung; BGH, GRUR 2008, 779 – Mehrgangnabe.
[132] BGH, GRUR 2009, 653 – Straßenbaumaschine.

Im **Revisionsverfahren** kann das Klagepatent vom BGH eigenverantwortlich interpretiert werden.[133] Eine Bindung besteht allerdings an diejenigen für die Auslegung relevanten tatsächlichen Feststellungen, die das Berufungsgericht nach Maßgabe des Vorstehenden ordnungsgemäß getroffen hat.[134] Hat das Berufungsgericht – pflichtwidrig – eine Auslegung des Patentanspruchs nicht vorgenommen, ist für eine Sachentscheidung des BGH aufgrund einer eigenen Auslegung des Anspruchs regelmäßig kein Raum.[135] 99

Hat der BGH das Berufungsurteil aufgehoben und die Sache **zurückverwiesen**, so ist gemäß § 563 Abs 2 ZPO das Berufungsgericht bei seiner erneuten Entscheidung an diejenige Rechtsauffassung des BGH gebunden, die der Urteilsaufhebung unmittelbar zugrunde liegt, dh diese kausal trägt.[136] Stellt das Berufungsgericht im neu eröffneten Berufungsverfahren andere Tatsachen fest als diejenigen, die Grundlage der Aufhebung waren, entfällt eine Bindung an die Rechtsauffassung des Revisionsgerichts.[137] 100

Beruht die Kassation darauf, dass der BGH die **Auslegung des Schutzrechts** nicht billigt, so ist zu unterscheiden: Legt sich der BGH für die Aufhebung des Berufungsurteils auf eine ganz bestimmte Auslegung fest, tritt Bindungswirkung ein.[138] Wie ein Schutzrecht auszulegen ist, ist nämlich eine Rechtsfrage, weshalb die Auslegung eines Patents oder Gebrauchsmusters vom Revisionsgericht in vollem Umfang nachprüfbar ist.[139] Eine abschließende Schutzrechtsauslegung, auf die sich das Revisionsgericht für seine Aufhebungsentscheidung stützt, stellt daher eine Rechtsansicht dar, die das Berufungsgericht im wiedereröffneten Instanzenzug bindet. Das gilt auch dann, wenn der Aufhebungsgrund nicht in einer infolge abweichender Patentauslegung unzutreffenden Beurteilung der Verletzungsfrage besteht, sondern darin, dass ausgehend von der vom BGH angeordneten Auslegung zu Einwendungen des Beklagten verfahrensfehlerhaft notwendige Sachaufklärungen unterblieben sind.[140] Keine Bindungswirkung tritt ein, wenn der BGH die Auslegung des Berufungsgerichts lediglich beanstandet (zB weil sie ohne sachverständige Beratung erfolgt ist), ohne jedoch selbst abschließend Position zu beziehen. 101

3. Anmelde- bzw Prioritätstag

Da sich das Wissen und Können solcher Fachleute im Laufe der Zeit verändert, fragt sich, ob auch in *dieser* Hinsicht eine Festlegung auf einen bestimmten Zeitpunkt vorzunehmen ist. Dies ist zu bejahen. Maßgeblich für das Verständnis des Durchschnittsfachmanns ist dessen Kenntnisstand am Anmelde- bzw (bei in Anspruch genommenem Zeitrang) Prioritätstag des Klagepatents.[141] Nur dasjenige, was zum damaligen Zeitpunkt zu seinem allgemeinen Fachwissen gehört hat, ist für das Verständnis der Erfindung heranzuziehen. Erkenntnisse, die erst später in die Fachwelt gedrungen sind, haben dagegen außer Betracht zu bleiben. Für die Maßgeblichkeit des Prioritätstages (statt des späteren Anmeldetages) kommt es nicht darauf an, ob der Zeitrang der Voranmeldung *wirksam* in Anspruch genommen wurde; vielmehr reicht es aus, dass dem Schutzrecht die 102

---

133 BGH, GRUR 2008, 779 – Mehrgangnabe.
134 BGH, GRUR 2006, 962 – Restschadstoffentfernung.
135 BGH, GRUR 2007, 1059 – Zerfallszeitmessgerät.
136 BGH, MDR 2017, 1386.
137 BGH, MDR 2017, 1386.
138 OLG Düsseldorf, Urteil v 4.12.2014 – I-2 U 6/01.
139 BGHZ 160, 204, 213 – Bodenseitige Vereinzelungseinrichtung.
140 OLG Düsseldorf, Urteil v 4.12.2014 – I-2 U 6/01.
141 Auf diese Frage kommt es freilich nur an, wenn sich das auslegungsrelevante Wissen des Fachmanns im Zeitintervall zwischen (früherer) Priorität und (späterer) Anmeldung vermehrt hat, so dass sich unterschiedliche Auslegungsergebnisse einstellen würden, je nach dem, welcher Kenntnisstand berücksichtigt wird.

Priorität im Zuge der Erteilung zuerkannt wurde.[142] Alles Weitere ist eine Frage des Rechtsbestandes (genauso wie die Fragen der Neuheit und Erfindungshöhe), denen das Verletzungsgericht bei der Patentauslegung auch nicht nachgeht. Anderes gilt erst dann, wenn sich die Prioritätsverhältnisse als Folge einer Rechtsbestandsentscheidung ändern.

103 Dieser Grundsatz kann entscheidenden Einfluss bei der Schutzbereichsbestimmung haben.

104 ▶ **Bsp[143]:**

Sieht ein Sachpatent, welches absoluten Stoffschutz vermittelt, die Anwesenheit eines bestimmten, unerwünschten Stoffes (zB einer Verunreinigung) nur mit einem bestimmten, geringen Anteil von weniger als 25 % vor, so bestimmen im Zweifel die am Anmelde- bzw Prioritätstag verfügbaren Messmethoden, wo die Grenze zur Patentverletzung verläuft. Werden nachträglich exaktere Analysemethoden entwickelt, die erstmals weitere, bisher unerkannt gebliebene Verunreinigungen aufdecken, so dass solche bei dem angegriffenen Produkt mit einem Anteil von mehr als 25 % gegeben sind, so führen diese Analyseverfahren das Erzeugnis nicht aus dem Schutzbereich heraus, wenn sich nach allen dem Durchschnittsfachmann am maßgeblichen Stichtag der Anmeldung/Priorität zur Verfügung stehenden (weniger sensiblen) Messmethoden ergibt, dass Verunreinigungen mit einem Anteil von weniger als 25 % vorliegen.[144] Dem lässt sich nicht entgegenhalten, mit dem beanspruchten Zahlenwert werde eine bestimmte Sacheigenschaft vorausgesetzt, die vorhanden sein müsse, so dass spätere, genauere Analyseverfahren, die verlässlicheren Aufschluss über die fragliche Sacheigenschaft geben, Berücksichtigung finden müssten. Vielmehr verhält es sich genau umgekehrt. Der vom Patentanspruch geforderte Wert von 25 % basiert auf den und reflektiert die wenig sensiblen Messmethoden des Prioritätstages. Bei der Umschreibung derjenigen technischen Lehre, die die patentgemäß angestrebten Vorteile hervorbringt, sind *diejenigen* Verunreinigungen, die damals auch schon vorhanden, nur nicht detektierbar waren, sind bei der Festlegung der Obergrenze von 25 % praktisch schon »eingepreist«. Oder anders gewendet: Hätte es bereits am Prioritätstag exaktere Messverfahren gegeben, die weitere Verunreinigungen aufgedeckt hätten, wäre der Zahlenwert um das betreffende Maß nach oben korrigiert worden. Der Schutzbereich darf deshalb nicht einfach unter Hinnahme des auf alter Messtechnik beruhenden Zahlenwertes und gleichzeitiger Heranziehung moderner Messtechnik bei Analyse der angegriffenen Ausführungsform bestimmt werden.

V. Arten der Patentbenutzung[145]

1. Wortsinngemäße Benutzung

105 Nach den unter der Rubrik »Schutzbereichsbestimmung« dargelegten Kriterien ist vorrangig zu prüfen, ob eine wortsinngemäße Benutzung[146] des Klagepatents gegeben ist. Sie hat nicht zuletzt deshalb Priorität, weil bestimmte Verteidigungsargumente (zB der »Formstein-Einwand«) bei ihr nicht zugelassen sind.[147]

---

142 Hierzu tendierend auch LG Düsseldorf, Urteil v 12.7.2018 – 4a O 36/18.
143 LG Düsseldorf, Urteil v 12.7.2018 – 4a O 36/18.
144 LG Düsseldorf, Urteil v 12.7.2018 – 4a O 36/18.
145 Vgl Meier-Beck, GRUR 2003, 905.
146 Vgl Engel, GRUR 2001, 897.
147 BGH, GRUR 1999, 914 – Kontaktfederblock.

a) Technischer Wortsinn

Wie bereits der Begriff »*wortsinn*gemäße« Benutzung deutlich macht, kommt es nicht darauf an, ob die Merkmale in einem rein philologischen Sinne verwirklicht sind. Allein entscheidend ist vielmehr der *technische Sinngehalt*, der sich unter Berücksichtigung von Aufgabe und Lösung der Erfindung mit ihnen verbindet. Es geht mithin darum festzustellen, ob die einzelnen Merkmale in dem Sinne verwirklicht sind, wie sie der Durchschnittsfachmann ihrem technischen Sinngehalt nach versteht.[148] **106**

Rein **funktional abgefasste Merkmale** werden auch durch eine Konstruktion verwirklicht, die dem Fachmann am Prioritätstag noch nicht zur Verfügung gestanden hat, sondern erst durch die spätere technische Entwicklung möglich geworden ist.[149] **107**

Benennt der Patentanspruch demgegenüber konkrete Lösungsmittel zur Erzielung eines bestimmten patentgemäßen Erfolges (Bsp: Befestigungszapfen, die in Befestigungslöcher einrasten, um die mit ihnen ausgestatteten Bauteile lösbar aneinander zu befestigen), so kann von einer wortsinngemäßen Benutzung nur ausgegangen werden, wenn die bei der angegriffenen Ausführungsform vorhandenen Zapfen und Löcher nicht nur **irgendeinen (untergeordneten) Lösungsbeitrag beisteuern**, sondern in einem solchen Maße eine Befestigung herbeiführen, dass die patentgemäße Wirkung in einem vielleicht noch nicht optimalen, aber doch technisch brauchbaren Umfang eintritt.[150] Das Wirken anderer (dritter) Befestigungsmittel ist daher nur unschädlich, wenn sie entweder lediglich die (aufgrund der in die Löcher einrastenden Zapfen) bereits grundsätzlich gegebene Tauglichkeit bloß steigern oder aber für einen gänzlich außerhalb des patentgemäßen Erfolges liegenden Effekt verantwortlich sind.[151] **108**

▶ **Bsp:**[152] **109**

Sollen die in die Befestigungslöcher einrastenden Befestigungszapfen zwei Bauteile so miteinander kuppeln, dass die Vorrichtungsteile in keiner Richtung mehr relativ zueinander bewegt werden können, und verfügt die angegriffene Ausführungsform über Haken, die im gekuppelten Zustand Löcher so hinter greifen, dass zwar eine horizontale Beweglichkeit genauso unterbunden ist wie eine vertikale Beweglichkeit nach unten, während jedoch eine vertikale Beweglichkeit nach oben möglich bleibt, so lässt sich eine wortsinngemäße Benutzung nicht damit begründen, dass die angegriffene Ausführungsform über eine weitere Rastklinke verfügt, die im Patentanspruch nicht ausgeschlossen ist und eine Verschiebung nach oben verhindert.

Unerheblich ist, ob die Lehre des Patentanspruchs planmäßig oder nur **zufällig** verwirklicht wird[153]; unbeachtlich ist gleichfalls, wenn der Vorrichtung eine Bedienungsanleitung oder dergleichen beigefügt ist, die einen anderen als den zur Merkmalsverwirklichung führenden Gebrauch empfiehlt.[154] Solange die angegriffene Ausführungsform aufgrund ihrer Beschaffenheit und Verwendungstauglichkeit *objektiv* in der Lage ist, die Merkmale des Patentanspruchs zu erfüllen, liegt eine Patentbenutzung vor. Das gilt auch dann, wenn die angebotene/vertriebene Vorrichtung in ihrem Auslieferungszustand noch nicht geeignet ist, von sämtlichen Merkmalen des Patents Gebrauch zu machen, der Abnehmer aber selbstverständlich und mit Sicherheit eine für den Erfindungsgedanken **110**

---

148 BGH, NJW-RR 1999, 546 – Sammelförderer.
149 LG Frankfurt/Main, InstGE 6, 1 – Kunstharzzusammensetzung.
150 OLG Düsseldorf, Urteil v 21.2.2013 – I-2 U 68/11.
151 OLG Düsseldorf, Urteil v 21.2.2013 – I-2 U 68/11.
152 OLG Düsseldorf, Urteil v 21.2.2013 – I-2 U 68/11.
153 OLG Düsseldorf, Urteil v 26.4.2012 – I-2 U 30/09.
154 BGH, GRUR 2006, 399, 401 – Rangierkatze.

nebensächliche Veränderung an der Vorrichtung vornehmen wird, die die objektive Eignung zur Verwirklichung sämtlicher Anspruchsmerkmale herbeiführt. Solches kann insbesondere dadurch geschehen, dass der Handelnde diesen letzten Herstellungsakt des Abnehmers anleitet bzw steuert. Unter derartigen Bedingungen macht sich der Handelnde mit seiner Lieferung die Vor- oder Nacharbeit seines Abnehmers bewusst zu eigen, was es rechtfertigt, ihm diese Vor- oder Nacharbeit so zuzurechnen, als habe er die Vorrichtung bereits in dem die Erfindung benutzenden Zustand selbst in den Verkehr gebracht bzw. angeboten.[155] Eine Patentverletzung hat hingegen auszuscheiden, wenn es an der Vorrichtung erst noch besonderer Umgestaltungsmaßnahmen bedarf, um die Tauglichkeit herzustellen, wenn der Erwerber hierzu weder angeleitet wird noch sonst sicher absehbar ist, dass er die nötige Umgestaltung aus eigenem Antrieb vornehmen wird.[156]

111 An der objektiven Eignung der Vorrichtung fehlt es nicht deshalb, weil im Schutzstaat **infrastrukturellen Rahmenbedingungen** herrschen, unter denen sich die objektive Eignung tatsächlich nicht entfalten kann. Gedacht sei beispielsweise an einen Bohrer, der in Deutschland deshalb nicht mit dem erfindungsgemäßen Erfolg und Nutzen zum Einsatz gebracht werden kann, weil geologische Verhältnisse herrschen, die die dem Bohrer immanente Eignung nicht zum Vorschein kommen lässt. Wird der patentgemäß ausgestattete Bohrer in Deutschland angeboten oder vertrieben, handelt es sich selbstverständlich dennoch um eine Patentverletzung. Denn für ein patentverletzendes Anbieten/Inverkehrbringen spielt der spätere Gebrauch per se keine Rolle, was sich schon daran zeigt, dass der Verkauf einer patentgemäßen Sache in Deutschland nicht dadurch patentrechtlich gegenstandslos wird, dass ihr praktischer Einsatz nicht ebenfalls im Inland, sondern ausschließlich im schutzrechtsfreien Ausland vorgesehen ist und stattfindet. Anders liegt der Fall bei einer Handy-Software, die alle features für die Bereitstellung eines patentierten Bezahl-Systems enthält, wenn die fragliche Funktion im Inland deshalb nicht aufgerufen werden kann, weil sich eine dazu notwendige App in Deutschland nicht herunterladen lässt. Im Unterschied zum erstgenannten Fall steht dem Erwerber hier die objektive Eignung eben nicht zur Verfügung, sondern – im Gegenteil – unter dem sicheren Verschluss desjenigen, der die Software vertreibt, so dass die Lage letztlich keine andere ist als wenn die objektive Eignung konstruktionsbedingt nicht vorhanden wäre.

112 Ob die vorrichtungsmäßig gegebene Eignung zu einer einmaligen Verwirklichung des erfindungsgemäßen Erfolges ausreicht oder ob es einer wiederholten Herbeiführung des patentgemäßen Erfolges bedarf, entscheidet sich ebenso nach den Umständen des Einzelfalles wie die Frage, ob sich der erfindungsgemäße Erfolg über ein breites Spektrum von **Einsatzbedingungen** einstellen muss oder ob es genügt, dass der patentgemäße Erfolg nur unter ganz bestimmten, singulären Gebrauchsbedingungen eintritt.

113 ▶ Bsp: (OLG Düsseldorf, Urteil v 26.4.2012 – I-2 U 30/09)

I.1.

Das Klagepatent (EP 0 932 782) betrifft ein Aufblasventil für Airbags, die dazu vorgesehen sind, auf Containerschiffen zwischen transportierten Gütern oder Containern als Stoßdämpfer verwendet zu werden. Zu diesem Zweck sind die Airbags aus flexiblem

---

155 OLG Düsseldorf, GRUR-RR 2016, 97 – Primäre Verschlüsselungslogik.
156 OLG Düsseldorf, GRUR-RR 2016, 97 – Primäre Verschlüsselungslogik (Eingriff in die Software eines digitalen Satellitenempfängers, um eine bestimmte, patentgemäße Gerätefunktion [Entschlüsseln von Bezahlfernsehen] zu aktivieren; konkret bedurfte es des manuellen Aufrufs einer implementierten Funktion, die dem Nutzer des Empfängers weder mitgeteilt noch sonst bekannt war. Gleiches gilt erst Recht, wenn es zur Herbeiführung der Eignung der Entwicklung eines eigenen Softwareprogramms bedarf). Mit Beschluss v 13.6.2017 (X ZR 24/15) hat der BGH die Nichtzulassungsbeschwerde der Klägerin zurückgewiesen.

Material (zB mehreren Papierlagen) gefertigt und mit Hilfe des Ventils, in das das Gaszuführrohr einer Luftpumpe eingesteckt werden kann, mittels Druckluft aufblasbar. Zur Gewährleistung eines konstruktiv einfachen Aufbaus sieht das Klagepatent vor, dass das Aufblasventil eine Ventilklappe besitzt, die das Ventil grundsätzlich geschlossen hält und die, sobald das Gaszuführrohr der Luftpumpe eingeführt wird, mechanisch geöffnet wird, um den Gaszuführkanal des Ventils zum Aufblasen des Airbags freizugeben. Patentanspruch 1 sieht demgemäß folgende Merkmale vor:

1. Aufblasventil (1) für Säcke, Taschen oder ähnliche Behälter mit unstarren Wänden, wobei diese Behälter unter Druck gesetzt werden sollen, vorzugsweise mit Luftdruck.

2. Das Aufblasventil (1) weist

    2.1. einen Flansch (2),

    2.2. eine Einfülldüse (6) und

    2.3. ein Gaszuführrohr (18) auf.

3. Der Flansch (2) ist gebildet aus

    3.1. einem röhrenförmigen Teil (3) mit einer kreisförmigen zylindrischen Öffnung (4) und

    3.2. einem plattenförmigen Teil (5), mit dem der Flansch (2) am Behälter befestigt wird.

4. Die Einfülldüse (6)

    4.1. ist so ausgebildet, dass sie mit Hilfe einer Schnappverbindung in Dichteingriff in der Öffnung (4) des röhrenförmigen Teils (3) des Flansches (2) angeordnet werden kann,

    4.2. ist in der Öffnung (4) des röhrenförmigen Teils (3) des Flansches (2) frei drehbar gelagert,

    4.3. bildet einen Teil eines Ventilkörpers (9) oder ist mit diesem verbunden.

5. Der Ventilkörper (9)

    5.1. erstreckt sich geringfügig über das äußere Ende des röhrenförmigen Teils (3) in Achsrichtung des Flansches (2),

    5.2. ist mit einem Gaszuführkanal (14) versehen, wobei

    5.3. der Gaszuführkanal (14)

    – sich senkrecht zur Achsrichtung des Flansches (2) erstreckt und

    – eine Öffnung (15) hat, die das Gaszuführrohr (18) in Passeingriff aufnimmt.

6. Das Gaszuführrohr (18)

    6.1. kann mit der Einfülldüse (6) verbunden werden und

    6.2. ist an einem Ende (19) so ausgebildet, dass es eine Ventilklappe (16) mechanisch öffnet, sobald das mit der Einfülldüse (6) zu verbindende Gaszuführrohr (18) eingeführt wird.

7. Die Ventilklappe (16)

    7.1. ist im Ventilkörper (9) angebracht und

    7.2. hält normalerweise den Gaszuführkanal (14) aufgrund des elastischen Materials oder der Anbringung der Ventilklappe (16) geschlossen.

A. Schutzbereichsbestimmung

Die nachstehenden Abbildungen zeigen ein bevorzugtes Ausführungsbeispiel der Erfindung, wobei Figur 7 die Situation bei eingeführtem Gaszuführrohr (18) verdeutlicht.

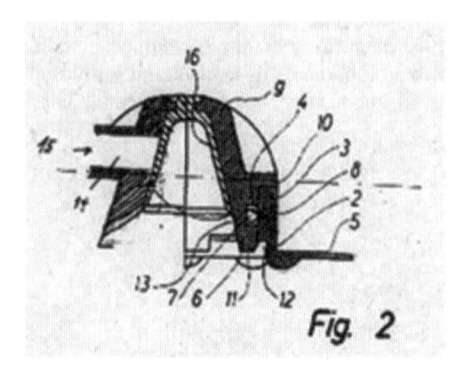

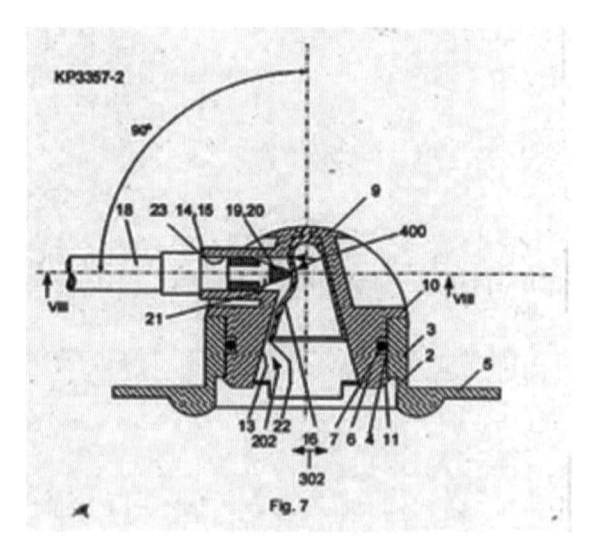

Fig. 2

Fig. 7

2.

Das angegriffene Aufblasventil besitzt ein zylinderförmiges Ventilelement (204) aus elastischem Material, das am proximalen Ende becherförmig geschlossen ist und in der Nähe seines Bodens einen über einen Teil seines Umfangs verlaufenden Schlitz (202) besitzt. Gegen den Boden des becherförmigen Ventils liegt eine Spiralfeder (208) an. Beim Einführen des Gaszuführrohres (18) wird der becherförmige Boden nach hinten verschwenkt, wodurch sich der Schlitz (202) gegen die Kraft der Feder (208) öffnet, so dass Druckgas in den Airbag einströmen kann.

Fig. 2

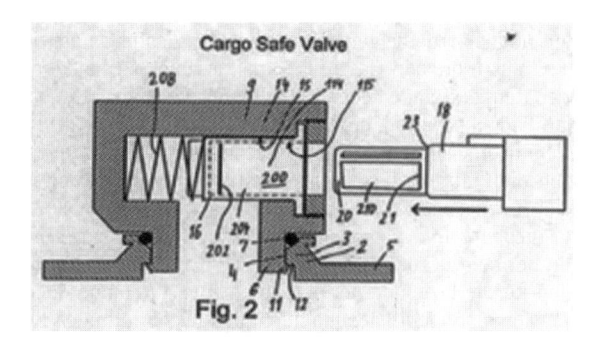

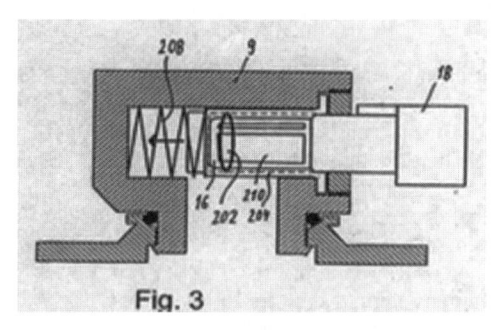

Fig. 3

Unter der Wirkung der Spiralfeder ist das Ventil über den gesamten vorgesehenen Druckbereich, mit dem der Airbag aufgeblasen werden kann, dicht. Auch ohne die Spiralfeder bleibt der Schlitz (202) geschlossen und das Ventil dicht, wenn im Airbag ein hoher Überdruck (von zB 0,2 bar) herrscht, der den Becherboden in Richtung auf das restliche Ventilelement beaufschlagt; bei geringeren Drücken (von zB 0,06 bar) stellt sich dagegen ohne Feder eine Undichtigkeit ein.

II.1.

Das angegriffene Aufblasventil macht wortsinngemäß von der technischen Lehre des Klagepatents Gebrauch. Es verfügt in Gestalt des becherförmigen und mithilfe des Gaszuführrohres (den Schlitz [202] öffnend und schließend) verschwenkbaren Bodens über eine Ventilklappe, die nach erfolgtem Aufblasen den Gaszuführkanal dicht hält.

a)

Nach Merkmal 7.2 muss die Ventilklappe den Gaszuführkanal »normalerweise geschlossen halten«. Erkennbarer Sinn dieser Anweisung ist es sicherzustellen, dass aus dem Ventil, wenn der Aufblasvorgang beendet und der aufgeblasene Airbag bestimmungsgemäß im Einsatz ist, durch den Gaszuführkanal keine Luft mehr nach außen entweichen kann. Würde solches geschehen, wäre die für die zu schützende Fracht angestrebte Stoßdämpferfunktion des Airbags in Frage gestellt. Der Begriff »normalerweise« hat insofern den (»normalen« Gebrauchs-)Zustand des Ventils im Auge, bei dem kein Gaszuführrohr in den Gaszuführkanal eingeführt ist. *Wie* die für den normalen Gebrauchszustand vorgesehene Abdichtung zu erreichen ist, gibt Merkmal 7.2 dem Fachmann ebenfalls vor. Der dichte Abschluss des Gaszuführkanals soll nicht irgendwie, sondern auf ganz bestimmte Weise erreicht werden, nämlich durch die Elastizität des Ventilklappenmaterials oder durch die Anbringung der Ventilklappe im Ventilkörper (oder durch eine Kombination von beidem). Die im Merkmal 7.2 enthaltene Aufzählung versteht der Fachmann als abschließend in dem Sinne, dass – abgesehen von der Materialbeschaffenheit und der Anbringungsart der Ventilklappe – keine weiteren Bauteile notwendig sein dürfen, um die erforderliche Dichtigkeit des Ventils herbeizuführen. Dies folgt zum einen aus dem Anspruchswortlaut (wonach es eben die Elastizität oder die Anbringung der Ventilklappe sein soll, die den Gaszuführkanal geschlossen hält) und zum anderen aus der dem Klagepatent zugrunde liegenden Aufgabe, die dahin geht, einen konstruktiv einfachen Ventilaufbau zu schaffen, der ohne die Verwendung von mechanischen Teilen auskommt, wie sie im vorbekannten Stand der Technik noch gebräuchlich waren. Vorliegend ist deswegen die Frage zu beantworten, ob sich bei der angegriffenen Ausführungsform ein dichter Abschluss des Gaszuführkanals auch dann einstellt, wenn die Spiralfeder hinweggedacht und allein die Ventilklappe (= becherförmiger Boden des Ventilelements) in Betracht gezogen wird. Ist das der Fall, würde es sich bei der Spiralfeder bloß um eine für die Erzielung der patentgemäßen Wirkungen überflüssige Zutat handeln, die einer Merkmalsverwirklichung durch den becherförmigen Boden nicht entgegen stehen könnte.

b)

Festzustellen ist ein dichter Abschluss des Gaszuführkanals ohne die Spiralfeder nicht notwendigerweise für den gesamten Druckbereich, der für die angegriffenen Airbags der Beklagten denkbar oder vorgesehen ist. Patentanspruch 1 bezieht sich nicht auf ein Aufblasventil für Behälter, die unter einen *bestimmten* Druck gesetzt werden können; ebenso wenig sieht der Anspruchswortlaut einen Druck*bereich* für die mit dem Ventil zu versehenden Behälter vor. Im Merkmal 1. heißt es nur, dass die Behälter »unter Druck gesetzt werden sollen«, aber nicht, dass die Behälter »unter einen bestimmten Druck oder unter einen Druck von ... bar bis ... bar gesetzt werden können«. Nur in den beiden zuletzt genannten Alternativen wäre zu fordern, dass das Aufblasventil über den bestimmten, im Anspruch genannten Druck oder über den bestimmten, im Anspruch ausgewiesenen Druckbereich hinweg dicht bleiben muss. Mangels einer derartigen Einschränkung im Anspruchswortlaut reicht es vorliegend aus, dass die Ventilklappe den Gaszuführkanal überhaupt, nämlich für irgendeinen Druckwert dicht abschließt, wobei der betreffende Druckwert freilich in dem Sinne praktisch relevant sein muss, dass er nicht nur theoretisch denkbare, sondern tatsächlich realistische Einsatzbedingungen für den Airbag repräsentiert. Wie der gerichtliche Sachverständige ausgeführt hat, stellt der bei seinen Untersuchungen zugrunde gelegte Druckwert von 0,2 bar solche realen Aufblasbedingungen für den Airbag der Beklagten dar. Es handelt sich zwar um den nach den beigegebenen Verwendungshinweisen höchstzulässigen Druckwert, der jedoch ohne weiteres angezeigt ist, wenn die zu sichernde Ladung mit Rücksicht auf ihr Gewicht einen voll aufgeblasenen Airbag verlangt. Für den Wert von 0,2 bar hat der Sachverständige – was ausreicht – jedenfalls für eines der von ihm untersuchten Muster festgestellt, dass der becherförmige Boden den Gaszuführkanal auch ohne die Feder dicht hält.

c)

Keine Bedeutung hat, ob es bei wiederholtem Gebrauch des Airbags infolge nachlassender Rückstellkräfte im Bereich des becherförmigen Bodens ohne die Feder zu Undichtigkeiten kommen würde. Nach den Darlegungen des Sachverständigen handelt es sich bei den streitgegenständlichen Airbags um Einmalartikel, die nach ihrem erstmaligen Gebrauch weggeworfen zu werden pflegen. Wenn dem so ist, kommt es nur auf eine Dichtigkeit der Ventilklappe über die vorgesehene (einmalige) Gebrauchsdauer des mit dem Ventil versehenen Airbags an.

114   Ist die Vorrichtung in ihrer ausgelieferten Form nicht zur Merkmalsverwirklichung in der Lage (geeignet), wird die Vorrichtung jedoch **zwingend** mit einem **Hilfsmittel** betrieben, bei dessen in ganz verschiedener Weise möglichen Einsatz es zu einer dem Patentanspruch entsprechenden Ausgestaltung kommen *kann* (nicht: muss), so scheidet eine unmittelbare Patentverletzung aus. Ob eine mittelbare Patentbenutzung vorliegt, hängt von den für den Liefernden erkennbaren Verwendungsabsichten des Benutzers ab.

▶ **Bsp:**[157] 115

Das Klagepatent schützt eine Druckvorrichtung, die ua ein Druckwerk sowie ein diesem nachgeordnetes Presswerk umfasst, wobei das Presswerk mit einen höheren Druck betrieben wird als das Druckwerk. Beide Werke bestehen aus gegenüberliegenden Walzen, die zwischen sich einen Walzenspalt bilden, durch den das Druckgut hindurchbewegt wird.

Die angegriffene Druckmaschine ist technisch so eingerichtet, dass der Walzenspalt im Druck- und im nachgelagerten Presswerk immer gleich eingestellt ist, so dass auch die Druckbeaufschlagung in beiden Werken zwingend identisch ist. Die Walzen von Druckmaschinen der fraglichen Art werden allerdings stets mit Gummiauflagen bestückt, die beim Anwender vorhanden und dort in unterschiedlichen Dicken verfügbar sind. Werden die Hinweise und Empfehlungen der Bedienungsanleitung zur Bestückung mit Gummiauflagen befolgt, bleiben die Druckwerte in beiden Werken gleich. Für den Anwender möglich ist es aber auch, für das Presswerk dickere Gummiauflagen zu verwenden als für das Druckwerk, womit der Walzenspalt in beiden Werken unterschiedlich groß wird, so dass im Presswerk höhere Druckwerte wirken als im Druckwerk.

Anders (im Sinne einer Schutzrechtsverletzung wegen objektiver Eignung zur Patentbenutzung) läge der Sachverhalt, wenn über den Bedienstand der ausgelieferten Maschine eine unterschiedliche Druckbeaufschlagung in beiden Druckwerken eingestellt werden könnte. Sofern dies nicht der Fall ist, das vom Benutzer herangezogene Hilfsmittel jedoch zwingend und vorhersehbar ein solches ist, das zur Merkmalsverwirklichung führt, kommt eine unmittelbare Patentverletzung nach den Grundsätzen der Entscheidung »Lungenfunktionsmessgerät«[158] infrage.

b) Product-by-process-Anspruch[159]

Besondere Probleme wirft die Schutzbereichsbestimmung bei »product-by-process«- 116
Ansprüchen auf, welche sich dadurch auszeichnen, dass der Patentschutz zwar auf eine Sache gerichtet, die patentgeschützte Sache jedoch – insgesamt oder teilweise[160] – durch das Verfahren zu seiner Herstellung umschrieben ist.[161] Während es für eine Anspruchsfassung, die darauf abstellt, dass das patentierte Erzeugnis durch das im Anspruch bezeichnete Verfahren »erhältlich ist«, gefestigter Auffassung entspricht, dass das in den Anspruch aufgenommene Herstellungsverfahren im Allgemeinen lediglich beispielhaften Charakter hat und unter den Schutz des Patents deshalb auch solche Gegenstände fallen, die aus einem anderen Verfahren hervorgegangen sind, sofern sie nur diejenigen Produkteigenschaften besitzen, die das anspruchsgemäße Herstellungsverfahren dem Erzeugnis verleiht, ist streitig, ob dasselbe auch gilt, wenn der Patentanspruch vorsieht, dass die geschützte Sache durch das bestimmte Verfahren »erhalten wird«. Während dies früher[162] verneint und der Patentschutz allein auf solche Gegenstände erstreckt wurde, die nach dem im Anspruch genannten Verfahren hervorgebracht worden sind[163], erachtet der BGH in seiner Entscheidung »Tetraploide Kamille«[164] die Formulierung »erhalten durch« der Formulierung »erhältlich durch« völlig gleichwertig.[165] Auch für einen

---

157 OLG Düsseldorf, Urteil v 13.2.2014 – I-2 U 93/12.
158 OLG Düsseldorf, InstGE 13, 78 – Lungenfunktionsmessgerät; vgl unten Kap A Rdn 412.
159 Cepl, Mitt 2013, 62; Giebe, FS 80 Jahre Patentgerichtsbarkeit Düsseldorf, 2016, S 125.
160 BGH, GRUR 2005, 749 – Aufzeichnungsträger; BGH, GRUR 2015, 361 – Kochgefäß.
161 Vgl Schrell/Heide, GRUR 2006, 383.
162 BGH, GRUR 1972, 80, 88 – Trioxan.
163 So auch House of Lords, GRUR Int 2005, 343 – Kirin-Amgen.
164 BGH, GRUR 1993, 651, 655; bestätigt durch BGH, GRUR 2015, 361 – Kochgefäß.
165 Vgl zum Problemkreis ausführlich: Meier-Beck, FS König, 2003, S 323; Rogge, Mitt 2005, 145.

Anspruch, der auf einen »Aufzeichnungsträger mit einer gemäß dem Verfahren nach einem der Ansprüche 1 bis 8 erzeugten Informationsstruktur« gerichtet ist, kommt es (nur) darauf an, durch Auslegung der Patentschrift zu ermitteln, ob und ggf welche besonderen Eigenschaften dem beanspruchten Informationsträger durch das in Bezug genommene Verfahren verliehen werden, die ihn als erfindungsgemäß qualifizieren.[166] Dabei ist den einzelnen Verfahrensmerkmalen hinreichend Beachtung zu schenken, dh es ist für jedes einzelne Verfahrensmerkmal die Frage zu beantworten, welche (am angegriffenen Produkt festzustellende) Sacheigenschaft mit ihm erfindungsgemäß verbunden ist.[167] Auskunft darüber gibt vordringlich die Klagepatentschrift mit ihrer Würdigung des Standes der Technik und den demgegenüber herausgestellten zwingenden Vorteilen des Erfindungsgegenstandes.[168]

117 | **Praxistipp** | Formulierungsbeispiel

Einen tauglichen Anhaltspunkt liefern im Zweifel auch diejenigen **Erklärungen**, die der Anmelder **im europäischen Erteilungsverfahren** (ggf einschließlich eines sich daran anschließenden Einspruchsverfahrens) machen muss, wenn er sein Begehren in Form eines product-by-process-Anspruchs abfassen will. Es entspricht der gefestigten Beschwerdekammer-Rechtsprechung[169], dass es, wenn ein (zB chemisches) Erzeugnis nicht durch stoffliche Merkmale (Stoffparameter), sondern nur durch seine Herstellungsweise (Verfahrensparameter) definiert ist, zur Neuheitsabgrenzung des Nachweises bedarf, dass die Abwandlung der Verfahrensparameter zu anderen Erzeugnissen führt. Hierzu reicht es aus, dass deutliche Unterschiede in den Eigenschaften der Erzeugnisse dargelegt werden, wobei allerdings solche Eigenschaften auszuscheiden haben, die nicht auf Stoffparameter des Erzeugnisses zurückgehen können (zB Fehlen monomerer Verunreinigungen mit unerwünschtem Geruch). Im Verletzungsprozess kann der Patentinhaber zur Vorlage seiner Erklärungen im Erteilungsverfahren aufgefordert werden.

118 Schützt der Sachanspruch ein Fertigprodukt, in welches ein in bestimmter Weise bearbeitetes **Halbzeug** eingegangen ist, so erfasst der Sachanspruch regelmäßig nur einen solchen Gegenstand, bei dem das Halbzeug entsprechend weiterverarbeitet worden ist.[170]

119 ▶ **Bsp:**

Geschützt ist ein Schuh, dessen Lederoberteil oder Ledersohle wasserdicht gemacht worden ist, und zwar nach einem bestimmten, im Patentanspruch in Bezug genommenen Verfahren, bei dem auf die *inwendige* Oberfläche des Leders eine semipermeable Membran aufgepresst ist.

Während im Zusammenhang mit dem zum **Halbzeug** (weiterverarbeitungsfähiges Leder) führenden Verfahren die inwendige Oberfläche nicht festlegt, so dass eine Patentbenutzung schon dann vorliegt, wenn die mit der Membran ausgestattete Oberflächenseite die Innenseite eines Schuhs bilden *könnte*, unterfällt dem auf das **Fertigprodukt** gerichteten Sachanspruch nur ein solcher Schuh, bei dem die Schuh-Innenseite tatsächlich durch ein membranbeschichtetes Lederteil gebildet wird.[171]

---

166 BGH, GRUR 2005, 749 – Aufzeichnungsträger.
167 BGH, Mitt 2017, 267 – mikromechanisches Uhrwerkbauteil (LS).
168 OLG Düsseldorf, Urteil v 15.3.2018 – I-2 U 24/17.
169 EPA-TB v 25.6.1986 – T 205/83.
170 BGH, GRUR 2018, 395 – Wasserdichter Lederschuh.
171 BGH, GRUR 2018, 395 – Wasserdichter Lederschuh.

2. Äquivalente Benutzung

a) Grundlagen

Vorrichtungen oder Verfahren, die von der Lehre eines Schutzrechtes nicht wortsinngemäß Gebrauch machen, können unter dem Gesichtspunkt der Äquivalenz dennoch unter dessen Schutzbereich zu subsumieren sein. Eine Benutzung einer Erfindung liegt nämlich auch dann vor, »wenn der Fachmann aufgrund von Überlegungen, die am Sinngehalt der Ansprüche, dh an der darin beschriebenen Erfindung anknüpfen, die bei der angegriffenen Ausführungsform eingesetzten abgewandelten Mittel mithilfe seiner Fachkenntnisse zur Lösung des der Erfindung zugrunde liegenden Problems als gleichwirkend auffinden konnte.«[172] Bei der Frage, ob ein für eine angegriffene Ausführungsform gewähltes Mittel zu einem in dem Patentanspruch enthaltenen Merkmal äquivalent ist, müssen mithin **drei Voraussetzungen** überprüft werden:[173]

120

aa) Gleichwirkung

Das von der Verletzungsform verwirklichte, abgewandelte Mittel muss – erstens – objektiv gleichwirkend zu dem in dem Patentanspruch genannten Mittel sein, dh die gleiche von dem Schutzrecht erstrebte Wirkung zur Lösung des zugrunde liegenden Problems entfalten (Gleichwirkung). Diese Wirkübereinstimmung bezieht sich nicht ausschließlich auf ein bestimmtes oder einige bestimmte Merkmale. Es ist gleichzeitig die geschützte Vorrichtung als Ganzes zu berücksichtigen.[174] Entscheidend für die übereinstimmende Wirkung ist nicht, welche Effekte das fragliche Merkmal für sich isoliert betrachtet hervorbringen soll; vielmehr ist maßgeblich, welche Wirkungen das betreffende Merkmal im Gesamtzusammenhang der Erfindung erzielen soll. Es kommt deswegen darauf an, dass sich – **Erstens** – trotz der gegebenen Abwandlung vom Wortsinn des Patentanspruchs (zumindest im Wesentlichen) diejenigen Wirkungen einstellen, die mit der patentgemäßen Lehre in ihrer Gesamtheit angestrebt werden, und dass – **Zweitens** – darüber hinaus auch speziell diejenigen Vorteile realisiert werden, die von der Erfindung dem ausgetauschten wortsinngemäßen Mittel zugedacht sind.[175] Die patentgemäßen Wirkungen müssen in ihrer vollständigen Gesamtheit erzielt werden, was bedeutet, dass *alle* diejenigen Wirkungen, die von der Erfindung als obligatorische Vorteile angestrebt werden, vorhanden sein müssen; für jede einzelne Wirkung reicht es allerdings aus, dass sie »im Wesentlichen«, nämlich in einem praktisch noch erheblichen Umfang erreicht wird.[176]

121

Die von dem Schutzrecht im Zusammenhang mit dem fraglichen Merkmal intendierte Wirkung zur Lösung des zugrunde gelegten Problems ist im Wege der **Auslegung** zu ermitteln. Außer Betracht zu bleiben haben solche Effekte, die zwar mit der Verwendung des im Wortsinn des Patentanspruch liegenden Mittel objektiv verbunden sein mögen, denen das Patent jedoch keine Beachtung schenkt, weil ihnen im Kontext der erfindungsgemäßen Lehre keine Bedeutung zukommt.[177]

122

Ist Gegenstand des Patents ein **Verfahren**, so genügt eine bloße Übereinstimmung im Verfahrensergebnis noch nicht. Gleichwirkend ist ein Ersatzmittel vielmehr nur dann, wenn bei dem angegriffenen Verfahren darüber hinaus auch von dem für die unter Schutz gestellte Lehre maßgebenden technischen Gedanken Gebrauch gemacht wird. Eine

123

---

172 So seit BGH, GRUR 1987, 279 – Formstein, vgl zB BGH, GRUR 1988, 896 – Ionenanalyse; BGH, GRUR 1989, 903 – Batteriekastenschnur; BGH, GRUR 2002, 511 – Kunststoffrohrteil.
173 BGH, GRUR 2007, 959 – Pumpeneinrichtung; BGH, GRUR 2011, 313 – Crimpwerkzeug IV.
174 BGH, GRUR 1983, 497 – Absetzvorrichtung; BGH, GRUR 2000, 1005, 1006 – Bratgeschirr.
175 BGH, GRUR 2012, 1122 – Palettenbehälter III; BGH, GRUR 2015, 361 – Kochgefäß.
176 BGH, GRUR 2015, 361 – Kochgefäß.
177 BGH, GRUR 2012, 45 – Diglycidverbindung.

Gleichwirkung ist deshalb zu verneinen, wenn der mit dem angegriffenen Verfahren beschrittene Lösungsweg von dem im Patent unter Schutz gestellten Lösungsweg so weit entfernt ist, dass er nicht mehr als dessen Verwirklichung anzusehen ist.

bb) Naheliegen[178]

124 Das abgewandelte Mittel musste für den Fachmann – zweitens – im Prioritätszeitpunkt des Schutzrechtes ohne besondere (sic: erfinderische) Überlegungen aufgrund seines Fachwissens auffindbar sein. Abzugrenzen ist in diesem Punkt, ob das Austauschmittel für den Fachmann nahe liegend war oder dessen Auffinden selbst einen erfinderischen Schritt darstellte.[179] Es gelten dieselben Maßstäbe und Regeln wie bei der Beurteilung der erfinderischen Tätigkeit im Erteilungs- und Rechtsbestandsverfahren.[180] Wesentlich ist, dass bei der Beurteilung des Naheliegens auf einen Fachmann zum Prioritätszeitpunkt abgestellt, also das Fachwissen zu *diesem* Zeitpunkt zugrunde gelegt wird. Eine unzulässige »ex post«-Beurteilung ist zu vermeiden. Anders als bei der Auslegung des Schutzrechtes kann für die Frage einer äquivalenten Verwirklichung nicht nur der in der Schrift selbst gewürdigte Stand der Technik berücksichtigt werden, sondern der gesamte zum Prioritätszeitpunkt bekannte.

cc) Orientierung am Patentanspruch

125 Diejenigen Überlegungen, die der Fachmann anzustellen hat, um zu der gleichwirkenden Abwandlung zu gelangen, müssen – drittens – derart am Sinngehalt der im Patentanspruch unter Schutz gestellten Lehre orientiert sein, dass der Fachmann die abweichende Ausführung mit ihren abgewandelten Mitteln als der gegenständlichen Lehre gleichwertige Lösung in Betracht zieht (Anspruchsorientierung). Es ist mithin nicht ausreichend, dass der Fachmann aufgrund seines Fachwissens eine Lehre als technisch sinnvoll und gleichwirkend zu der in den Patentansprüchen formulierten Lehre erkennt. Vielmehr müssen sich seine Überlegungen an der Patentschrift (und hier genauer an den Ansprüchen) orientieren, wobei sich aus einer objektiven Betrachtung des Patents eine engere Anspruchsfassung ergeben kann, als dies nach dem technischen Gehalt der Erfindung und gegenüber dem Stand der Technik geboten wäre. Der Patentanmelder ist an die technische Lehre gebunden, die er unter Schutz hat stellen lassen.[181] Es reicht auch nicht aus, die Orientierung isoliert für das abgewandelte Mittel festzustellen; vielmehr muss die angegriffene Ausführungsform in ihrer für die Merkmalverwirklichung relevanten Gesamtheit eine auffindbar gleichwertige Lösung darstellen.[182] Die vom Patent gelehrte technische Lehre muss dabei als sinnhaft hingenommen und darf bei der Suche nach einem Austauschmittel in ihrer sachlichen Berechtigung nicht infrage gestellt werden.[183] Das bedeutet allerdings nicht, dass die Beschreibung des Klagepatents Ausführungen enthalten müsste, die den Fachmann zu der Abwandlung hinführen; solche Darlegungen können zwar die Annahme der Anspruchsorientierung stützen (sofern sie keine »Verzichtsargumentation« zur Folge haben), sie sind hierfür aber keine notwendige Bedingung.[184]

---

178 Brandi-Dohrn, FS Schilling, 2007, 543.
179 BGH, GRUR 1994, 597 – Zerlegvorrichtung für Baumstämme.
180 Wuttke, Mitt 2015, 489.
181 BGH, GRUR 2002, 511 – Kunststoffrohrteil.
182 BGH, GRUR 2007, 959 – Pumpeneinrichtung.
183 OLG Düsseldorf, Urteil v 13.9.2013 – I-2 U 23/13.
184 BGH, GRUR 2014, 852 – Begrenzungsanschlag.

▶ **Bsp: (OLG Düsseldorf, Urteil v 9.6.2011 – I-2 U 8/10)** 126

I.

Die Klägerin ist eingetragene Inhaberin des deutschen Patents 100 49 552, das eine Anbringungs- und Verdichtungsvorrichtung betrifft. Aus diesem Schutzrecht nimmt sie die Beklagte auf Unterlassung, Rechnungslegung, Auskunftserteilung sowie Feststellung ihrer Verpflichtung zum Schadensersatz in Anspruch.

Die im vorliegenden Rechtsstreit nebeneinander geltend gemachten Ansprüche 1 und 5 des Klagepatents in der Fassung des Nichtigkeitsurteils des Bundesgerichtshofs vom 14. Juli 2009 lauten wie folgt:

1. Anbringungsvorrichtung zum Anbringen von Werkzeugen (4) an einem Baggerarm eines großen Baggers mit

- einer Befestigungseinrichtung (2) zum Befestigen der Anbringungsvorrichtung an einem großen Bagger, wobei die Befestigungseinrichtung als Schnellwechsler (2) ausgebildet ist und

- einer Aufnahmeeinrichtung zur Aufnahme von Werkzeugen in Form eines Verdichters (4),

  - welche zumindest in einer Richtung parallel zu dem Schnellwechsler (2) schmaler ausgebildet ist als der Schnellwechsler (2) und in dieser Richtung verschiebbar zu dem Schnellwechsler (2) angeordnet ist und

  - bei welcher eine Verschiebeeinrichtung (8, 10) zum Verschieben der Aufnahmeeinrichtung an dem Schnellwechsler (2) angeordnet und zwischen der Verschiebeeinrichtung (8, 10) und der Aufnahmeeinrichtung ein Distanzstück (6) vorgesehen ist.

5. Verdichtervorrichtung mit einem Verdichter (4) und einer als Schnellwechsler ausgebildeten Befestigungseinrichtung (2), wobei der Verdichter (4) schmaler ausgebildet ist als der Schnellwechsler (2), der Verdichter (4) parallel verschiebbar zu dem Schnellwechsler (2) angeordnet ist und der Verdichter (4) über ein Distanzstück (6) mit dem Schnellwechsler (2) verbunden ist und wobei der Schnellwechsler zum Anbringen an einem Baggerarm eines großen Baggers vorgesehen ist.

Die nachfolgend wiedergegebenen Figuren 1 und 2 der Klagepatentschrift erläutern die Erfindung anhand eines bevorzugten Ausführungsbeispiels. Figur 1 zeigt eine schematische Ansicht der erfindungsgemäßen Anbringungsvorrichtung und Figur 2 zeigt eine schematische Ansicht der erfindungsgemäßen Anbringungs- und Verdichtervorrichtung im Einsatz in einem Graben.

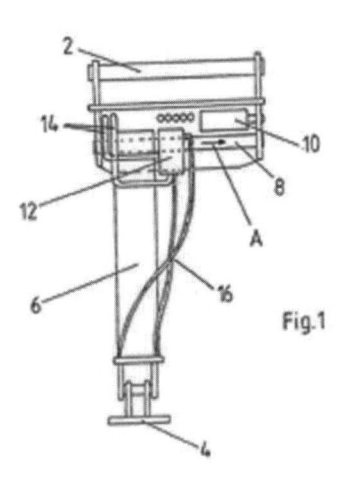

Fig. 2

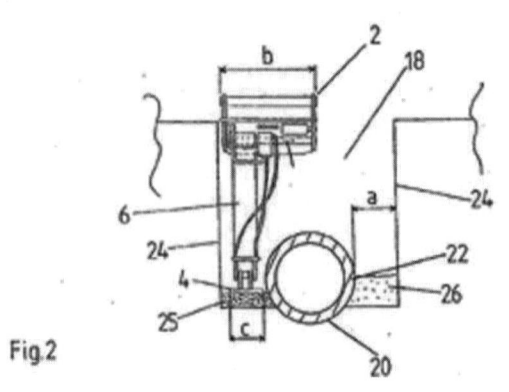

Die Beklagte bot von dritter Seite bezogene Rohrleitungsverdichter (nachfolgend: angegriffene Ausführungsform) in zwei Varianten an. Diese Verdichter sind hinsichtlich ihres prinzipiellen Aufbaus identisch; sie unterscheiden sich lediglich dadurch, dass der Verdichter »R...-TL 30« hydraulisch um 360° drehbar ist, wohingegen der Verdichter »R...-TL 30« mechanisch um 180° drehbar ist. Die generelle Ausgestaltung der Verdichter »R...-TL 30« und »R...-TL 30« ergibt sich aus der nachfolgend wiedergegebenen Figur der deutschen Patentschrift 102 07 066 C1.

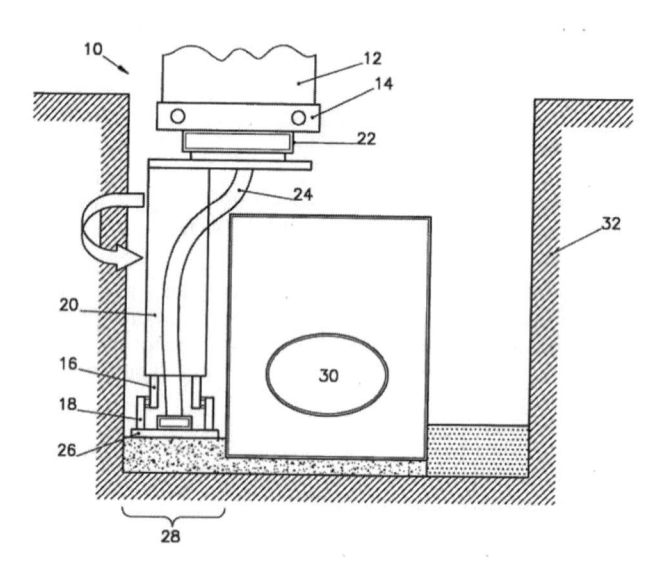

Wie aus dieser Zeichnung zu ersehen ist, ist bei der angegriffenen Ausführungsform I ein Verdichter (18) mit einer Verdichterplatte (26) als Werkzeug an einer Aufnahmevorrichtung (18) exzentrisch befestigt. Die Aufnahmevorrichtung (18) ist am unteren Ende eines Distanzstückes bzw. einer Distanzvorrichtung (20) angeordnet. Am oberen Ende der Distanzvorrichtung (20) befindet sich eine Drehvorrichtung (22), die an einer in Form einer Schnellwechselplatte ausgebildeten Befestigungsvorrichtung (14) montiert ist, welche Befestigungsvorrichtung an einem Baggerarm (12) befestigbar ist. Die Drehvorrichtung (22) weist eine Platte auf, die am seitlichen Rand etwas über die Befestigungsvorrichtungen hinausragt; gleiches gilt für das sich anschließendes Distanzstück (20) sowie den an der Aufnahmevorrichtung befestigten Verdichter (18). Über die Drehvorrichtung (22) werden die Platte, das Distanzstück (20), die Aufnahmevorrichtung

(16) und der daran befestigte Verdichter (18) in einer exzentrischen kreisbogenförmigen Drehbewegung gedreht. Die Distanzvorrichtung (20) mit dem an ihrem unteren Ende befestigten Verdichter kann um bis zu 180° (»R...-TL 30«) bzw. bis zu 360° »R...-TL 30« um die Längsachse der Drehvorrichtung (22) gedreht werden.

Die Klägerin sieht im Angebot und Vertrieb der angegriffenen Ausführungsformen eine Verletzung des Klagepatents. Sie macht geltend, dass beide angegriffenen Ausführungsformen von der technischen Lehre der Ansprüche 1 und 5 des Klagepatents mit teils wortsinngemäßen und teils äquivalenten Mitteln Gebrauch machten.

II.

Die Beklagte ist zur Unterlassung, Rechnungslegung, Auskunftserteilung und zum Schadensersatz verpflichtet. Die angegriffenen Ausführungsformen machen von der technischen Lehre des Klagepatents äquivalent Gebrauch.

A.

Das Klagepatent betrifft eine Anbringungsvorrichtung zum Anbringen von Werkzeugen, insbesondere eine Verdichtervorrichtung, an einen Baggerarm.

Wie die Klagepatentschrift in ihrer Einleitung ausführt, werden im Tiefbau verschiedene Werkzeuge, wie beispielsweise Verdichter, eingesetzt, die an einen Baggerarm angebracht und von diesem geführt werden. Die Anschlusselemente an dem Baggerarm, wie zB eine Schnellwechselvorrichtung zur Aufnahme der Werkzeuge, weisen bestimmte, üblicherweise genormte Mindestmaße auf. Beim Einsatz großer Bagger besteht daher das Problem, dass die Werkzeuge in engen Gruben nicht eingesetzt werden können, weil der Baggerarm und insbesondere die Anschlusselemente an dem Baggerarm sowie die Werkzeuge solche Abmessungen aufweisen, dass der Baggerarm mit dem angebrachten Werkzeug nicht in die Grube eingeführt und in dieser bewegt werden kann. Dieses Problem stellt sich nach den Angaben der Klagepatentschrift insbesondere beim Verlegen von Rohrleitungen, wo es erforderlich ist, den Boden an beiden Seiten einer verlegten Rohrleitung innerhalb eines ausgehobenen Grabens zu verdichten. Da die Anschlusseinrichtungen an dem Baggerarm bestimmte Mindestgrößen aufweisen, besteht die Notwendigkeit, einen Graben auszuheben, der so breit ist, dass der Baggerarm mit dem an den Anschlusselementen angebrachten Werkzeug in den Raum zwischen Grabenwand und Rohrleitung eingeführt werden kann, um auch dort den Boden zu verdichten. Daher ist es erforderlich, sehr breite Gräben auszuheben, was zeit- und kostenintensiv ist (vgl. DE 100 49 552 C 5).

Dem Klagepatent liegt vor diesem Hintergrund das Problem zugrunde, eine Anbringungsvorrichtung zum Anbringen von Werkzeugen, insbesondere eine Verdichtervorrichtung, an einen Baggerarm zu schaffen, welche es ermöglicht, auch mit großen Baggern Arbeiten in engen Gruben oder Gräben auszuführen (Abs. [0003]).

Zur Lösung dieses Problems schlägt Patentanspruch 1 eine Anbringungsvorrichtung mit folgenden Merkmalen vor:

(1) Anbringungsvorrichtung zum Anbringen von Werkzeugen (4) an einem Baggerarm eines großen Baggers mit

   (1.1) einer Befestigungseinrichtung (2) zum Befestigen der Anbringungsvorrichtung an einem großen Bagger und

   (1.2) einer Aufnahmeeinrichtung zur Aufnahme von Werkzeugen in Form eines Verdichters (4).

(2) Die Befestigungseinrichtung (2) ist als Schnellwechsler (2) ausgebildet.

(3) Die Aufnahmeeinrichtung

    (3.1) ist zumindest in einer Richtung parallel zu dem Schnellwechsler (2) schmaler als der Schnellwechsler (2) ausgebildet und

    (3.2) ist in dieser Richtung verschiebbar zu dem Schnellwechsler (2) angeordnet.

(4) Eine Verschiebeeinrichtung (8, 10) zum Verschieben der Aufnahmeeinrichtung ist an dem Schnellwechsler (2) angeordnet.

(5) Zwischen der Verschiebeeinrichtung (8, 10) und der Aufnahmeeinrichtung ist ein Distanzstück (6) vorgesehen.

Patentanspruch 5 schlägt ferner eine Verdichtervorrichtung mit folgenden Merkmalen vor:

(1) Verdichtervorrichtung mit

    (1.1) einem Verdichter (4) und

    (1.2) einer als Schnellwechsler ausgebildeten Befestigungseinrichtung (2).

(2) Der Verdichter (4) ist

    (2.1) schmaler als der Schnellwechsler (2) ausgebildet,

    (2.2) parallel verschiebbar zu dem Schnellwechsler (2) angeordnet und

    (2.3) über ein Distanzstück (6) mit dem Schnellwechsler (2) verbunden.

(3) Der Schnellwechsler (2) ist zum Anbringen an einem Baggerarm eines großen Baggers vorgesehen.

Zu der erfindungsgemäßen Anbringungsvorrichtung heißt es in Absatz [0007] der allgemeinen Patentbeschreibung:

»Die erfindungsgemäße Anbringungsvorrichtung weist eine Befestigungseinrichtung zum Befestigen der Anbringungsvorrichtung an einem Bagger auf. Diese Befestigungseinrichtung weist die entsprechenden Normmaße auf, um an einem standardisierten Baggerarm angebracht werden zu können. Ferner ist eine Aufnahmevorrichtung zur Aufnahme von Werkzeugen vorgesehen, welche zumindest in einer Richtung parallel zu der Befestigungseinrichtung schmaler ausgebildet ist als die Befestigungseinrichtung und in dieser Richtung verschiebbar zu der Befestigungseinrichtung angeordnet ist. Diese Ausgestaltung ermöglicht, dass auch in engen Gruben oder Gräben Werkzeuge eingesetzt werden können, welche kleinere Abmessungen als der Endbereich des Baggerarms und die Befestigungseinrichtung aufweisen. Bei den Werkzeugen kann es sich insbesondere um Verdichter handeln, welche eingesetzt werden, um beispielsweise den Boden seitlich von verlegten Rohren zu verdichten. Es ist erforderlich, diese kleineren Werkzeuge verschiebbar an der Befestigungseinrichtung anzubringen, damit die Werkzeuge jeweils an zwei entgegengesetzten Enden der Befestigungseinrichtung in der Verschieberichtung eingesetzt werden können. Dies ermöglicht, dass Befestigungseinrichtung mit dem Baggerarm in einen Graben oder eine Grube eingeführt werden kann, welche nur unwesentlich breiter als die Befestigungseinrichtung selber ist. Die Werkzeuge können nun mit der Aufnahmeeinrichtung an der Befestigungsvorrichtung derart verschoben werden, dass sie auf der gesamten Gruben- bzw. Grabenbreite wirksam eingesetzt werden können, ohne durch die größere Breite der Befestigungseinrichtung und des Baggerarms in ihrer Beweglichkeit eingeschränkt zu werden.«

Dies vorausgeschickt bedürfen im Hinblick auf den Streit der Parteien die einzelnen Merkmale von Patentanspruch 1 sowie von Patentanspruch 5 näherer Erläuterung.

1.

Soweit Patentanspruch 1 einleitend von »einer Anbringungsvorrichtung zum Anbringen von Werkzeugen an einem Baggerarm eines großen Baggers« (Merkmal [1]) bzw. von »einer Befestigungseinrichtung zum Befestigen der Anbringungsvorrichtung an einem großen Bagger« (Merkmal [1.1]) und soweit Patentanspruch 5 von einem »Schnellwechsler zum Anbringen an einem Baggerarm eines großen Baggers« spricht, handelt es sich bei den in diesen Formulierungen enthaltenen Zusatz »eines großen Baggers« um kein unmittelbares Merkmal der unter Schutz gestellten Vorrichtungen. Die betreffenden Formulierungen stellen lediglich eine den Patentanspruch einleitende bzw. abschließende Zweckbestimmung des Gegenstandes der Erfindung dar. Der Zusatz »eines großen Baggers« ist Teil dieser Zweckangabe und gibt als solcher nur an, dass die Vorrichtung auch an größeren Baggern verwendet werden können soll. Zweckangaben in einem Sachanspruch beschränken als solche dessen Gegenstand nicht notwendigerweise (BGHZ 72, 236 = GRUR 1979, 149, 151 – Schießbolzen; BGH, GRUR 2006, 570 Tz 21 – extracoronales Geschiebe; GRUR 2006, 923 Tz 15 – Luftabscheider für Milchsammelanlage; GRUR 2009, 838 – Bauschalungsstütze). Die Zweckangabe ist damit zwar nicht bedeutungslos. Sie hat vielmehr regelmäßig die Aufgabe, den durch das Patent geschützten Gegenstand dahin zu definieren, dass er nicht nur die räumlich-körperlichen Merkmale erfüllen, sondern auch so ausgebildet sein muss, dass er für den im Patentanspruch angegebenen Zweck verwendbar ist (BGHZ 112, 140, 155 f. = GRUR 1991, 436 – Befestigungsvorrichtung II; BGHZ 72, 236 = GRUR 1979, 149, 151 – Schießbolzen; BGH, GRUR 1981, 259, 260 – Heuwerbungsmaschine II; GRUR 2006, 923 Tz 15 – Luftabscheider für Milchsammelanlage; GRUR 2009, 838 – Bauschalungsstütze; BGH, Urt. v. 06.07.2010 – X ZR 115/07, Umdr. S 11). Dies bedeutet im Streitfall jedoch nur, dass die Anbringungs- bzw. die Verdichtervorrichtung so ausgebildet sein muss, dass sie (auch) an größeren Baggern verwendet werden kann. Die als Schnellwechsler ausgebildete Befestigungseinrichtung muss hierzu bestimmte, üblicherweise genormte Mindestmaße aufweisen, die eine Befestigung des Schnellwechslers an dem Baggerarm eines größeren Baggers erlaubt. Außerdem muss, da Anbringungs-bzw. Verdichtervorrichtungen an größeren Baggern stärkeren Belastungen unterliegen als an kleinen Baggern, die Vorrichtung in ihren Dimensionen so ausgelegt sein, dass sie (auch) an größeren Baggern eingesetzt werden kann. Mehr folgt aus der betreffenden Angabe jedoch nicht.

Der Begriff »großer Bagger« wird in der Klagepatentschrift nicht definiert. Auch in der Klagepatentbeschreibung ist lediglich von einem »großen Bagger« (Abs. [0003], [0014] und [0022]) oder »normalen großen Bagger« (Abs. [0014], [0022] und [0028]) die Rede. Wie das Landgericht zutreffend ausgeführt hat, entnimmt der Fachmann der Klagepatentbeschreibung jedoch, dass mit »großen Baggern« Bagger gemeint sind, wie sie bei »größeren Bauvorhaben« verwendet werden (Abs. [0003]). Solchen Baggern stellt die Klagepatentschrift so genannte Minibagger gegenüber (Abs. [0014], [0022] und [0026]). Diese verfügen über kleinere Werkzeuge (Abs. [0014] und [0026]), können im Rahmen »größerer Bauvorhaben« aber nicht oder nur begrenzt verwendet werden. Dem Klagepatent geht es darum, an bei größeren Bauvorhaben zum Einsatz kommenden Baggern Verdichterwerkzeuge anzubringen, mit denen – wie mit dem Werkzeug eines Minibaggers (Abs. [0014] und [0026]) – auch in engen Gruben oder Gräben gearbeitet werden kann (Abs. [0003], [0004] und [0007]). Soweit das Klagepatent von einem »großen Bagger« spricht, geht es damit – wie das Landgericht zutreffend herausgearbeitet hat – letztlich um die Abgrenzung zu Minibaggern, bei denen ohnehin kleine Werkzeuge zum Einsatz kommen, so dass es dort der technischen Lehre des Klagepatents nicht bedarf. Derartige kleinen Werkzeuge, wie sie üblicherweise nur in Verbindung mit Minibaggern verwendet werden, sollen nunmehr in Form von Verdichterwerkzeugen auch bei größeren Baggern, also Baggern, die größer als Minibagger sind, eingesetzt werden können (Abs. [0014]). Dementsprechend schlägt das Klagepatent eine bevorzugte Ausführungsform vor, bei der die Versorgungsleitungen eine Druck- und/oder Durchflussmengen-Reguliereinrichtung aufweisen, um den Hydraulikdruck des Baggers an den für kleinere, für den Einsatz in Verbindung mit Minibaggern ausgelegte Werkzeuge erforderlichen Druck anzupassen (Abs. [0013] und [0022]).

Ob hiervon ausgehend unter einem »großen Bagger« im Sinne des Klagepatents nur Bagger mit einem Eigengewicht ab 20 Tonnen, die die Klägerin ausweislich des Nichtigkeitsurteils des Bundesgerichtshofs in der mündlichen Verhandlung im Nichtigkeitsverfahren als Beispiel für »große Bagger« bezeichnet hat, oder auch Bagger mit einem geringeren Eigengewicht zu verstehen sind, kann mit Blick auf die angegriffenen Ausführungsformen dahinstehen. Jedenfalls sind Bagger mit einem Eigengewicht von mindestens 20 Tonnen als »große Bagger« im Sinne des Klagepatents anzusehen, weil solche Bagger im Rahmen »größerer Bauvorhaben« eingesetzt werden können. Die patentgemäßen Vorrichtungen sind zur Durchführung von Arbeiten im Tiefbau bestimmt und sollen hierbei insbesondere bei der Verlegung von Rohren zum Einsatz kommen (Abs. [0003], [0015] und [0028]). Wie der Privatgutachter der Klägerin im Einzelnen überzeugend ausgeführt hat, werden für die im kommunalen Tiefbau auszuführenden Leitungsverlegemaßnahmen sehr häufig Hydraulikbagger mit Tieflöffel als Grabwerkzeug mit einem Einsatzgewicht von 20 bis 25 Tonnen benutzt. Diese Baggergewichtsklasse ist ausreichend leistungsstark, um für die überwiegende Anzahl der kommunalen Leitungstiefbauprojekte alle im Zuge von Leitungsverlegemaßnahmen erforderlichen Arbeitsprozesse wie Lösen und Laden, Heben und Senken der Verbauelemente und Rohre sowie Grabenverfüllung und Führung der Verdichtungsgeräte zur Verdichtung des eingebauten Bodenmaterials abzudecken. Wie sich aus dem von der Klägerin vorgelegten Privatgutachten ergibt, werden im kommunalen Bereich in 80 % der Fälle des Rohrleitungsbaus Rohre mit einem Durchmesser bis 800 mm verlegt. Dass solche Rohre mit Baggern, die ein Eigengewicht von mindestens 20 Tonnen haben, verlegt werden können, hat der Privatgutachter der Klägerin bestätigt und dies stellt die Beklagte auch nicht in Abrede. Dass es sich bei den in der Klagepatentbeschreibung angesprochenen »größerer Bauvorhaben« ausschließlich um Großbaustellen handelt, bei denen Rohre mit einer Nennweite ab 1 Meter (DN >/= 1000 mm) verwendet werden, welche mit einem Bagger mit einem Eigengewicht von 20 bis 25 Tonnen nicht verlegt werden können, ist der Klagepatentbeschreibung nicht zu entnehmen. Der Fachmann wird vor diesem Hintergrund davon ausgehen, dass das Klagepatent unter einem »großen Bagger« jedenfalls Bagger mit einem Eigengewicht ab 20 Tonnen versteht.

Soweit die Beklagte dementgegen meint, der Begriff »großen Bagger« sei mit dem gleichzusetzen, was der Fachmann gemeinhin »als Großbagger« bezeichne, worunter Bagger mit einem Eigengewicht ab 40 Tonnen zu verstehen seien, kann dem nicht beigetreten werden. Zum einen verwendet die Klagepatentschrift den Begriff »Großbagger« nicht. Sie spricht vielmehr von einem »großen Bagger« bzw. »normalen großen Bagger«. Zum anderen ist die Klagepatentschrift aus sich selbst heraus auszulegen. Sie bildet gewissermaßen ihr eigenes Lexikon; maßgeblich ist nur der aus der Patentschrift ersichtliche Begriffsinhalt.

2.

Unter einem »Schnellwechsler« (Patentanspruch 1: Merkmal (2); Patentanspruch 5: Merkmal (1.2)) versteht der Fachmann – als solcher ist hier ein Bauingenieur oder Ingenieur der Fachrichtung Maschinenbau anzusehen, der über gute praktische Kenntnisse in der Konstruktion und Entwicklung von Baumaschinen verfügt und zugleich im Kanal- oder Rohrleitungsbau erfahren ist – eine Vorrichtung, die es erlaubt, am Auslegerarm benötigte Werkzeuge vom Steuerstand des Baggers aus automatisch zu wechseln, indem das auszutauschende Werkzeug, zB eine Baggerschaufel, aus- und das danach benötigte Gerät (z. B. ein Verdichter) eingeklinkt wird. Derartige Schnellwechsler sind zweiteilig ausgebildet und baggerseitig üblicherweise etwa genauso breit, wie der Auslegerarm, während sie dieses Maß werkzeugseitig sowohl unter- als auch überschreiten können. Da das Klagepatent hierzu keine Maßangaben enthält und die patentgemäßen Vorrichtungen einen Einsatz von Verdichtern ermöglichen sollen, bei dem die Baggerarme selbst nicht in die ausgehobenen Gräben hinabgesenkt werden müssen, kann der Schnellwechsler entgegen der Auffassung der Beklagten auch breiter als solche Baggerarme ausgelegt sein.

3.

Die in Patentanspruch 1 (Merkmale (1.2) und (3)) angesprochene »Aufnahmeeinrichtung« dient der Aufnahme von »Werkzeugen in Form eines Verdichters«. Bei dem Werkzeug, das die Aufnahmeeinrichtung aufnehmen können soll, handelt es sich hiernach um einen »Verdichter«, welcher im Tiefbau beispielsweise eingesetzt wird, um den Boden seitlich von verlegten Rohren zu verdichten (Abs. [0007] und [0015]), wie dies beispielhaft in Figur 2 der Klagepatentschrift gezeigt und in der zugehörigen Beschreibung (Abs. [0028]) anschaulich beschrieben ist.

Nähere Angaben zur Ausgestaltung der Aufnahmeeinrichtung macht Anspruch 1 nur hinsichtlich ihrer räumlichen Ausgestaltung (dazu sogleich). Im Übrigen überlässt er die konstruktive Ausgestaltung der Aufnahmeeinrichtung dem Fachmann. Die Aufnahmeeinrichtung muss nur so ausgebildet sein, dass sie ein Verdichterwerkzeug aufnehmen. Dahinstehen kann mit Blick auf die angegriffenen Ausführungsformen, ob das Verdichterwerkzeug von der Aufnahmeeinrichtung »trennbar« sein muss, da dies – wie noch ausgeführt wird – bei allen angegriffenen Ausführungsformen der Fall ist. Patentanspruch 1 verlangt jedenfalls nicht, dass der aufzunehmende gegen ein Werkzeug anderer Art oder einen größeren oder kleineren Verdichter austauschbar sein muss. Dass der aufzunehmende Verdichter nicht gegen ein Werkzeug anderer Art auswechselbar sein muss, ergibt sich schon daraus, dass es sich bei der Aufnahmeeinrichtung um eine solche »zur Aufnahme von Werkzeugen in Form eines Verdichters« handelt. Das aufzunehmende Verdichterwerkzeug muss aber auch nicht gegen einen Verdichter anderer Art austauschbar sein. Allein daraus, dass Patentanspruch 1 von einer »Aufnahmeeinrichtung zur Aufnahme von Werkzeugen in Form eines Verdichters« spricht, lässt sich ein solches Erfordernis nicht herleiten. Zum einen wird der verwendete Plural (»Werkzeuge«) bereits durch die weitere Angabe »in Form eines Verdichters« relativiert. Zum anderen greift eine rein philologische Betrachtung zu kurz; der Patentanspruch ist vielmehr seinem technischen Sinn nach aufzufassen. Eine sprachliche oder logisch-wissenschaftliche Begriffsbestimmung ist deshalb nicht ausschlaggebend, sondern die Auffassung des praktischen Fachmanns. Maßgeblich ist, wie ein unbefangener, technisch geschulter Leser die in der Patentschrift verwendeten Begriffe versteht. Vorliegend erkennt der angesprochene Fachmann, dass es dem Klagepatent nicht darum geht, eine Anbringungsvorrichtung bereitzustellen, die den Einsatz von verschiedenen Verdichterwerkzeugen ermöglicht. Eine solche Ausgestaltung mag vorteilhaft sein, sie ist jedoch nicht zwingend. Patentanspruch 1 verlangt auch nicht, dass der Verdichter schnell bzw. leicht von der Anbringungsvorrichtung getrennt werden kann. Eine Ausgestaltung, bei der auch die Aufnahmeeinrichtung als Schnellwechsler ausgebildet ist, ist nach der Klagepatentbeschreibung lediglich bevorzugt (Abs. [0012]). Entsprechendes gilt für die Merkmale (2.1) und (2.2) von Patentanspruch 5.

4.

Die die Aufnahmeeinrichtung betreffenden Merkmale (3.1) und (3.2) in Anspruch 1 bringen zum Ausdruck, dass die Aufnahmeeinrichtung entlang des Schnellwechslers vorzugsweise quer zur Fahrtrichtung des Baggers verschiebbar angeordnet und dafür in dieser Richtung schmaler ausgebildet ist als der Schnellwechsler. Dabei folgt aus der Anweisung »...in dieser Richtung...« zugleich, dass diese Verschiebung erfindungsgemäß linear verläuft, vergleichbar der Bewegung auf einem Schienenstrang. Gleiches gilt für die die erfindungsgemäße Verdichtervorrichtung betreffenden Merkmale (2.1) und (2.2) von Patentanspruch 5.

a)

Über die Ausdehnung des möglichen Verschiebeweges macht das Klagepatent – wie der sachverständig beratene Bundesgerichtshof in seinem Nichtigkeitsurteil vom 14. Juli 2009 ausgeführt hat – keine Angaben. Deshalb kann nicht angenommen werden, dass sich dieser Weg notwendigerweise stets auf die maximale Länge zwischen den Endpunkten der werkzeugseitigen Befestigungseinrichtung erstrecken müsste, sondern es reicht jegliche Verschiebbarkeit aus. Die verschiebbare Anbringung des Verdichterwerkzeuges an der Befestigungseinrichtung soll es zwar ermöglichen, dass das Verdichterwerkzeug jeweils an zwei entgegengesetzten Enden der als Schnellwechsler ausgebildeten Befestigungseinrichtung eingesetzt werden kann (Abs. [0007]). Das bedeutet jedoch nicht, dass es sich hierbei zwingend um die äußeren Endpunkte der Befestigungseinrichtung handeln muss.

b)

Soweit Patentanspruch 1 verlangt, dass die Aufnahmeeinrichtung zumindest in einer Richtung parallel zu dem Schnellwechsler schmaler als dieser ausgebildet ist, ist damit eine Ausgestaltung gefordert, bei der die Breite der Aufnahmeeinrichtung als solche die Breite des Schnellwechslers als solchem unterschreitet. Wie der Bundesgerichtshof in seinem das Klagepatent betreffenden Nichtigkeitsurteil ausgeführt hat, besteht ein Zusammenhang zwischen der »Breite« und der »Verschiebbarkeit«. Damit die Aufnahmeeinrichtung (mit dem Verdichter) verschiebbar ist, soll sie schmaler sein als der Schnellwechsler. Ist dies der Fall, steht es einer Verwirklichung des Merkmals (3.1) nicht entgegen, dass die Aufnahmeeinrichtung auf einer Seite (geringfügig) über den Schnellwechsler hinausragt.

Eine Ausgestaltung, bei der die Aufnahmeeinrichtung auf keiner Seite über den Schnellwechsler hinausragt, ist zur Erzielung der Zwecke der Erfindung nicht erforderlich. Das Klagepatent hat es sich – wie ausgeführt – zur Aufgabe gemacht, eine Anbringungsvorrichtung zum Anbringen von Werkzeugen in Form eines Verdichters an einen Baggerarm bereitzustellen, welche es ermöglicht, auch mit großen Baggern Arbeiten in engen Gruben oder Gräben auszuführen (Abs. [0003]). Hierzu schlägt das Klagepatent ua die Anordnung einer Aufnahmeeinrichtung zur Aufnahme von Werkzeugen in Form eines Verdichters vor, welche Aufnahmeeinrichtung zumindest in einer Richtung parallel zu dem Schnellwechsler schmaler ausgebildet ist als der Schnellwechsler und in dieser Richtung verschiebbar zu dem Schnellwechsler angeordnet ist. Diese Ausgestaltung soll es nach der Klagepatentbeschreibung ermöglichen, dass auch in engen Gruben oder Gräben Verdichter eingesetzt werden können, welche kleinere Abmessungen als der Endbereich des Baggerarms und als die Befestigungseinrichtung des großen Baggers aufweisen (Abs. [0007]). Wenn der Graben aber schmaler als der Endbereich des Baggerarms und die Befestigungseinrichtung sein kann, ist ein Eintauchen des Baggerarms und der Befestigungseinrichtung in den Graben gar nicht möglich. In derartigen Fällen ist ein seitlicher Überstand der Aufnahmeeinrichtung gegenüber dem Schnellwechsler von vornherein irrelevant.

Darüber hinaus ist zu beachten, dass nunmehr sowohl Patentanspruch 1 (Merkmal [5]) als auch Patentanspruch 5 (Merkmal [2.3]) die zwingende Anordnung eines »Distanzstückes« zwischen Befestigungseinrichtung und Aufnahmeeinrichtung (Anspruch 1) bzw. zwischen Befestigungseinrichtung und Verdichter (Anspruch 5) vorsehen. Durch dieses Distanzstück soll ein größerer Abstand zwischen der Befestigungseinrichtung und der Aufnahmeeinrichtung bzw. zwischen der Befestigungseinrichtung und dem Verdichter geschaffen werden, damit die gegenüber dem Schnellwechsler schmalere Aufnahmeeinrichtung gemeinsam mit dem Distanzstück in enge Räume bzw. Spalten eingeführt werden kann, um dort Verdichtungsarbeiten zu verrichten. Auf diese Weise kann das Verdichterwerkzeug noch besser in Bereichen eingesetzt werden, welche Abmessungen aufweisen, die einen Zugang des Endbereichs des Baggerarms und des Schnellwechslers aufgrund deren Abmessungen nicht erlauben (Abs. [0009] und Abs. [0016]). Durch die vom Klagepatent gelehrte Anordnung eines Distanzstückes zwischen Befestigungseinrichtung und Aufnahmeeinrichtung bzw. zwischen Befestigungseinrichtung und Verdichter kann zwischen den besagten Elementen somit ein so großer Abstand hergestellt werden, dass Verdichtungsarbeiten bei über dem Erdreich angeordnetem Baggerausleger auch in tiefen Gräben oder Spalten ausgeführt werden können. Die klagepatentgemäßen Vorrichtungen ermöglichen folglich einen Einsatz von Verdichtern, wobei der Baggerarm und der an diesem befestigte Schnellwechsler selbst nicht in die ausgehobenen Gräben hinab gesenkt werden müssen, sondern außerhalb der ausgehobenen Gräben bleiben können. Aus diesem Grunde kann der Schnellwechsler auch breiter sein als der Baggerarm. Müssen der Baggerarm und der Schnellwechsler aber nicht in den Graben eintauchen, gibt der Schnellwechsler eine Mindestgrubenweite nicht vor. Dann gibt es aber auch keinen Grund, der einem (geringfügigen) Hinausragen der Aufnahmeeinrichtung über den Schnellwechsler auf einer Seite entgegenstehen könnte.

Zwar wird in der allgemeinen Patentbeschreibung hervorgehoben, dass die Befestigungseinrichtung mit dem Baggerarm in einen Graben oder eine Grube eingeführt werden könne, welche nur unwesentlich breiter als die Befestigungseinrichtung selber sei (Abs. [0007]). Dies wird der Fachmann – wovon das Landgericht mit Recht ausgegangen ist – aber nur als optionalen Vorteil ansehen, der ggf. realisiert werden kann, der aber nicht zwingend realisierbar sein muss, weil die klagepatentgemäßen Vorrichtungen gerade einen Einsatz von Verdichtern ermöglichen sollen, bei dem der Baggerarm nicht in den ausgehobenen Graben hinab gesenkt werden muss. Für die wirksame Einsatzmöglichkeit des Verdichters »auf der gesamten Gruben- bzw. Grabenbreite« spielt es überdies keine Rolle, ob die Aufnahmeeinrichtung (leicht) seitlich über den Außenumfang der als Schnellwechsler ausgebildeten Befestigungsvorrichtung hervorsteht. Abgesehen davon weiß der Fachmann auch, dass der Einsatzbereich der erfindungsgemäßen Vorrichtungen selbst im Falle eines Eintauchens des Baggerarms in den Graben durch einen (geringfügigen) seitlichen Überstand der Aufnahmeeinrichtung auf einer Seite nicht nennenswert eingeschränkt wird, weil ein zentimetergenauer Aushub der Gräben im Tiefbau nicht der tatsächlichen Handhabung entspricht, so dass eine Verbreiterung des Grabens im Hinblick auf den seitlichen Überstand in der Regel gar nicht erforderlich wird. Das gilt umso mehr, als bei Verdichtungsarbeiten im Zusammenhang mit der Verlegung von Rohren, für welches Einsatzgebiet die erfindungsgemäßen Vorrichtungen insbesondere vorgesehen sind (Abs. [0003], [0015] und [0028]), nach der insoweit einschlägigen DIN EN 1610: 1997 ohnehin ein Sicherheitsabstand zur Grubenwand einzuhalten ist.

Soweit die Beklagte auf Figur 1 der Klagepatentschrift verweist, ist zwar zutreffend, dass bei der dort gezeigten Ausführungsform die Aufnahmeeinrichtung – und der Verdichter – nicht seitlich über den Schnellwechsler hinausragen. Hierbei handelt es sich aber lediglich um ein bevorzugtes Ausführungsbeispiel, das lediglich der Beschreibung von Möglichkeiten der Verwirklichung des Erfindungsgedankens dient. Darauf, dass die Aufnahmeeinrichtung bei dem gezeigten Ausführungsbeispiel nicht seitlich übersteht, wird im Übrigen in der zugehörigen Klagepatentbeschreibung mit keinem Wort eingegangen. Dies wird in der Figur 1 selbst auch nicht betont. Die von der Beklagten angesprochenen beiden senkrechten Achsen finden sich in der Figur 1 der Klagepatentschrift nicht. Diese hat die Beklagte vielmehr zusätzlich in der auf Seite 6 der Berufungsbegründung wiedergegebenen Zeichnung eingefügt.

5.

Unter der gemäß Patentanspruch 1 vorgesehenen »Verschiebeeinrichtung« (Merkmal [4]) ist ein Antrieb zu verstehen, mit dem die Verschiebung der Aufnahmeeinrichtung bewirkt wird.

6.

»Distanzstück« im Sinne des Klagepatents (Anspruch 1: Merkmal (5); Anspruch 5: Merkmal (2.3)) ist ein eine gewisse eigene Länge aufweisendes Bauteil oder Stück eines Bauteils, das zwischen der Verschiebeeinrichtung und der Aufnahmeeinrichtung bzw. dem Verdichter angeordnet ist. Wie bereits ausgeführt, kann auf diese Weise zwischen den besagten Elementen ein so großer Abstand hergestellt werden, dass Verdichtungsarbeiten bei über dem Erdreich angeordnetem Baggerausleger auch in tiefen Gräben oder Spalten ausgeführt werden können (Abs. [0016]). Es ist dem Fachmann insoweit klar, dass es um die Schaffung eines vertikalen Abstandes zwischen den besagten Bauteilen geht. Zur Erfüllung der dem erfindungsgemäßen Distanzstück zugedachten Funktion muss es sich bei diesem nicht notwendigerweise um ein separates, von den anderen Bauteilen der geschützten Vorrichtung getrenntes Bauteil handeln. Vielmehr können Distanzstück und Aufnahmeeinrichtung auch einstückig ausgebildet sein. Eine Abtrennbzw. Auswechselbarkeit der am unteren Ende des Distanzstückes vorgesehenen Aufnahmeeinrichtungen wird vom Klagepatent nicht verlangt und ist aus technischer Sicht zur Lösung der dem Klagepatent zu Grunde liegenden Aufgabe auch in keiner Weise erforderlich.

Soweit der Bundesgerichtshof in seinem das Klagepatent betreffenden Nichtigkeitsurteil ausgeführt hat, dass es sich bei dem Distanzstück um ein »zusätzliches Bauteil« eigener Länge handelt, das zwischen Befestigungseinrichtung und Aufnahmeeinrichtung für das Verdichterwerkzeug (Anspruch 1) bzw. zwischen Befestigungseinrichtung und Verdichter (Anspruch 5) gesetzt wird, steht dies dem nicht entgegen. Dass es sich bei dem Distanzstück um ein »separates« Bauteil handeln muss, ergibt sich hieraus nicht. Die vom Bundesgerichtshof verwandte Angabe »zusätzlich« bringt nur zum Ausdruck, dass zwischen Befestigungs- und Aufnahmeeinrichtung bzw. zwischen Befestigungseinrichtung und Verdichter noch ein (funktionelles) Teil vorgesehen ist, durch das ein zusätzlicher (vertikaler) Abstand zwischen diesen Elementen hergestellt wird.

Zur konkreten Länge des Distanzstückes machen die in Rede stehenden Patentansprüche keine Vorgaben. Ein »besonders langes« Distanzstück wird nicht verlangt. Das Klagepatent gibt insbesondere nicht vor, dass das Distanzstück so lang sein muss, dass der Verdichter bei der Verlegung von »großen Rohren«, namentlich von Rohren mit einer Nennweite ab 1000 mm, eingesetzt werden kann. Derartiges ergibt sich weder aus den in Rede stehenden Patentansprüchen noch aus der Klagepatentbeschreibung. Sowohl in den Ansprüchen als auch in der Patentbeschreibung finden sich keine Maßangaben für das Distanzstück. Ebenso sind der Klagepatentschrift keine Maßangaben für Grabenbreite, Rohrdurchmesser, Rohrverdichtungszone, Verlegetiefe und Breite der Rohrverdichtungszone oder dergleichen zu entnehmen.

7.

Die von Patentanspruch 5 unter Schutz gestellte Verdichtervorrichtung unterscheidet sich von Anspruch 1 im Wesentlichen nur dadurch, dass der Verdichter über das Distanzstück verschiebbar mit der Befestigungseinrichtung verbunden und eine gesonderte Aufnahmeeinrichtung nicht erwähnt ist. Obwohl in Anspruch 5 eine Verschiebeeinrichtung (Merkmal [4] von Anspruch 1) nicht ausdrücklich angeführt ist, ist aus fachlicher Sicht dieselbe Verschiebbarkeit wie dort beansprucht. Da der Verdichter vom Bagger aus bedient werden soll, scheidet ferner eine manuelle Verschiebung entlang des Verschiebeweges aus. Deshalb ist auch nach Anspruch 5 eine Einrichtung vorzusehen, mit der die horizontale Verschiebung des Verdichters entlang dem Schnellwechsler bewerkstelligt wird.

B.

Zu Recht ist das Landgericht zu dem Ergebnis gekommen, dass die angegriffenen Ausführungsformen sowohl der in Patentanspruch 1 als auch der in Patentanspruch 5 unter Schutz gestellten technischen Lehre äquivalent entsprechen.

a) Patentanspruch 1

Die angegriffene Ausführungsform verwirklicht sämtliche Merkmale von Patentanspruch 1, und zwar teils wortsinngemäß und teils mit patentrechtlich äquivalenten Mitteln.

aa)

In wortsinngemäßer Verwirklichung des Merkmals (1) von Anspruch 1 handelt es sich bei der angegriffenen Ausführungsform um eine Anbringungsvorrichtung zum Anbringen von Werkzeugen an einem Baggerarm eines »großen Baggers«. Denn sie ist unstreitig für die Anbringung an Baggern mit einem Eigengewicht von 6 bis 30 Tonnen ausgelegt. Da – wie ausgeführt – zumindest Bagger mit einem Eigengewicht ab 20 Tonnen »große Bagger« im Sinne des Klagepatents sind, ist die angegriffene Ausführungsform I auch zur Anbringung an einem »großen Bagger« geeignet.

bb)

Die angegriffene Ausführungsform verwirklicht ferner die Merkmale (1.1), (1.2) und (2) der oben wiedergegebenen Merkmalsgliederung von Patentanspruch 1. Sie verfügt unstreitig über eine als Schnellwechsler ausgebildete Befestigungseinrichtung. Da diese – wie soeben ausgeführt – für die Anbringung an Baggern mit einem Eigengewicht bis 30 Tonnen ausgelegt ist, dient sie auch zum Befestigen der Anbringungsvorrichtung an einem »großen Bagger«. Die angegriffene Ausführungsform weist unstreitig eine Aufnahmeeinrichtung zur Aufnahme von Werkzeugen auf, welche in der die angegriffene Ausführungsform betreffenden deutschen Patentschrift 102 07 066 C1 als »Werkzeugbefestigungsvorrichtung« bezeichnet und dort mit der Bezugsziffer 16 gekennzeichnet ist. An dieser Aufnahmeeinrichtung ist ein Verdichterwerkzeug befestigt, weshalb es sich um eine Aufnahmeeinrichtung zur Aufnahme von Werkzeugen in Form eines Verdichters handelt. Dass bei der angegriffenen Ausführungsform ein Wechsel bzw. Austausch des Verdichterwerkzeuges nicht möglich sei, behauptet die Beklagte nicht.

cc)

Die angegriffene Ausführungsform entspricht ferner den Vorgaben des Merkmals (3.1) wortsinngemäß. Wie sich beispielsweise aus der Figur der deutschen Patentschrift 102 07 066 C1 ergibt, ist bei der angegriffenen Ausführungsform die Aufnahmeeinrichtung mit dem Verdichter schmaler ausgebildet als der Schnellwechsler. Dass die Aufnahmeeinrichtung mit dem Verdichter auf der einen Seite über den Schnellwechsler um 45 mm hinausragt, steht der wortsinngemäßen Verwirklichung des Merkmals (3.1) aus den bereits angeführten Gründen nicht entgegen. Wie der Privatgutachter der Klägerin in seinem Gutachten ausgeführt hat, ist es sogar von Vorteil, wenn die Aufnahmeeinrichtung mit dem Verdichteter einseitig (geringfügig) übersteht, weil auf diese Weise der Verdichter unmittelbar an der Grabenwand geführt werden kann, ohne dass dabei der Schnellwechsler Kontakt zur Grabenwand erhält.

dd)

Die angegriffene Ausführungsform verwirklicht auch die Merkmale (3.2) und (4) von Patentanspruch 1.

Zwar werden diese Merkmale von der angegriffenen Ausführungsform – wie zwischen den Parteien zu Recht außer Streit steht – nicht wortsinngemäß verwirklicht. Denn bei der angegriffenen Ausführungsform wird die Aufnahmeeinrichtung mit dem Verdichter nicht mittels einer Verschiebeeinrichtung linear zu dem Schnellwechsler verschoben, vielmehr wird die Aufnahmeeinrichtung mit dem Verdichter mittels einer Dreheinrichtung in einer exzentrischen, kreisbogenförmigen Bewegung um die vertikale Mittelachse des Schnellwechslers gedreht. Hierdurch werden die vorgenannten Merkmale jedoch mit patentrechtlich äquivalenten Mitteln verwirklicht.

Unter dem rechtlichen Gesichtspunkt der Äquivalenz kann eine vom Wortsinn abweichende Ausführungsform nur dann in den Schutzbereich einbezogen werden, wenn sie das der Erfindung zu Grunde liegende Problem mit abgewandelten, aber objektiv im Wesentlichen gleichwirkenden Mitteln löst und seine Fachkenntnisse den Fachmann befähigen, die abgewandelten Mittel als im Wesentlich gleichwirkend aufzufinden, wobei die Überlegungen, die der Fachmann anstellen muss, derart am Sinngehalt der im Schutzanspruch unter Schutz gestellten technischen Lehre orientiert sein müssen, dass der Fachmann die abweichende Ausführung mit ihren abgewandelten Mitteln als eine der gegenständlichen Lösung gleichwertige Lösung in Betracht zieht (vgl. BGHZ 150, 161 ff. = GRUR 2002, 511 ff. – Kunststoffrohrteil; BGHZ 150, 149 ff. = GRUR 2002, 515, 518 – Schneidmesser I; BGH, GRUR 2002, 519, 521 – Schneidmesser II; GRUR 2002, 527, 528 f. – Custodiol II; GRUR 2007, 410, 415 f. – Kettenradanordnung; GRUR 2007, 959, 961 – Pumpeneinrichtung, GRUR 2007, 1059, 1063 – Zerfallzeitmessgerät; GRUR 2011, 313, 317 – Crimpwerkzeug IV). Die Einbeziehung einer vom Wortsinn des Patentanspruchs abweichenden Ausführungsform in den Schutzbereich eines Patents setzt danach dreierlei voraus:

1. Das der Erfindung zu Grunde liegende Problem muss mit zwar abgewandelten, aber objektiv gleichwirkenden Mitteln gelöst werden.

2. Seine Fachkenntnisse müssen den Fachmann befähigen, die abgewandelten Mittel als gleichwirkend aufzufinden.

3. Die Überlegungen, die der Fachmann hierzu anstellen muss, müssen derart am Sinngehalt der im Patentanspruch unter Schutz gestellten technischen Lehre orientiert sein, dass der Fachmann die abweichende Ausführung mit ihren abgewandelten Mitteln als der gegenständlichen gleichwertige Lösung in Betracht zieht.

Diese Voraussetzungen patentrechtlicher Äquivalenz liegen hier hinsichtlich der angegriffenen Ausführungsform vor.

(1)

Die bei der angegriffenen Ausführungsform verwirklichte Ausgestaltung ist gegenüber der in den Merkmalen (3.2) und (4) vorgesehenen Anordnung objektiv gleichwirkend.

Die erforderliche Gleichwirkung liegt vor, wenn das von der angegriffenen Ausführungsform verwirklichte, abgewandelte Mittel objektiv gleichwirkend zu dem in dem Patentanspruch genannten Mittel ist, d. h. die gleiche von dem Patent erstrebte Wirkung zur Lösung des zugrunde liegenden Problems entfaltet. Für die Frage der Gleichwirkung ist es hierbei entscheidend, welche einzelnen Wirkungen die patentgemäßen Merkmale – für sich und insgesamt – gerade zur Lösung des dem Patentanspruch zugrundeliegenden Problems bereitstellen. Eine Ausführung, die anstelle eines oder mehrerer im Patentanspruch genannter Merkmale eine abweichende Gestaltung nutzt, muss sie allerdings nicht in völliger Identität erreichen. Unter dem Gesichtspunkt angemessener Belohnung des Erfinders kann eine Einbeziehung in den Schutzbereich eines Patents bereits dann sachgerecht sein, wenn im Wesentlichen, also in einem praktisch noch erheblichen Maße, die Wirkungen des Patents erzielt werden (BGH, GRUR 2000, 1005, 1006 – Bratgeschirr).

Die bei der angegriffenen Ausführungsform mögliche Drehung der Aufnahmeeinrichtung mit dem Verdichterwerkzeug um die vertikale Mittelachse des Schnellwechslers erzielt den klagepatentgemäß bezweckten technischen Erfolg im Wesentlichen gleichermaßen wie eine lineare Verschiebung der Aufnahmeeinrichtung gegenüber dem Schnellwechsler. Der erfindungsgemäße Zweck der verschieblichen Anordnung der Aufnahmeeinrichtung besteht darin, Verdichter, die schmaler als der Schnellwechsler sind, an zwei entgegengesetzten Enden des Schnellwechslers einsetzen zu können (Abs. [0007]). Dies soll es ermöglichen, den Verdichter seitlich der Grabenwände zum Verdichten des Bodens einzusetzen (Abs. [00 015] und Abs. [00 028]). Die Vorrichtung soll es erlauben, Verdichterarbeiten im Wechsel von der einen Grabenseite auf die andere Grabenseite bzw. von einem Wandbereich zum anderen Wandbereich durchzuführen. Dies ist auch bei der angegriffenen Ausführungsform I möglich. Entsprechend dem Zweck der vom Klagepatent gelehrten verschieblichen Anordnung der Aufnahmeeinrichtung bzw. des Verdichters wird bei ihr durch die exzentrische Drehung des Distanzstückes mit der Aufnahmeeinrichtung und dem Verdichter um die Mittelachse des Schnellwechslers erreicht, dass mit dem Verdichter von einer Grabenseite zur anderen gewechselt werden kann, so dass der Verdichter unmittelbar an beiden Rändern eines Grabens einsetzbar ist.

Soweit in der Klagepatentbeschreibung als Vorteil der Erfindung hervorgehoben wird, dass das Verdichterwerkzeug mit der Aufnahmeeinrichtung an dem Schnellwechsler derart verschoben werden können, dass es »auf der gesamten Gruben- bzw. Grabenbreite« wirksam eingesetzt werden kann, ohne durch die größere Breite der Befestigungseinrichtung und des Baggerarms in seiner Beweglichkeit eingeschränkt zu werden, besteht diese Möglichkeit in praktisch gleichem Umfang auch bei der angegriffenen Ausführungsform. Dass bei dieser zur vollständigen Verdichtung des Grabens über seine gesamte Breite auch der Baggerarm verschwenkt werden muss, ist unschädlich. Denn das Klagepatent hat sich nicht zur Aufgabe gemacht, eine Vorrichtung bereitzustellen, welche es ermöglicht, mit dem Verdichterwerkzeug den Graben über seine gesamte Breite zu bearbeiten, ohne dazu den Baggerarm verschwenken zu müssen. Ein solcher Vorteil wird in der Klagepatentbeschreibung an keiner Stelle erwähnt. Der Beschreibung des in Figur 2 figürlich dargestellten Einsatzes eines erfindungsgemäßen Verdichters beim Verlegen einer Rohrleitung in einem Graben entnimmt der Fachmann vielmehr, dass die Anbringungsvorrichtung bzw. der Verdichteter beim Verdichten des wiedereingebrachten Erdreiches in der Rohrleitungszone, d. h. links und rechts neben dem verlegten Rohr, ohnehin angehoben und wieder abgesenkt werden muss, wenn der Verdichter von einer Seite der Rohrleitung auf die andere Seite wechseln soll. Um den Verdichter von einer Seite auf die andere Seite zu bewegen, muss die Anbringungsvorrichtung mit dem Verdichter zwingend aus der Rohrverdichtungszone über das Rohr angehoben werden. Ein Verschieben der Aufnahmeeinrichtung mit dem Verdichteter auf derselben Ebene, in der zuvor Verdichtungsarbeiten in der Rohrverdichtungszone ausgeführt wurden, ist nicht möglich, weil die Aufnahmeeinrichtung mit dem Verdichteter andernfalls gegen das im Graben verlegte Rohr stoßen würde. Ein vertikales Verschwenken des Baggerarms ist bei einer solchen (patentgemäßen) Verwendung der Vorrichtung daher ohnehin zwingend erforderlich. Darüber hinaus ist dem Fachmann klar, dass der Baggerarm während der Verdichtungsarbeiten auch in der Weise verschwenkt wird, dass die gesamte Vorrichtung in Grabenlängsrichtung wandern kann, um so (ohne einen Fahrervorgang des Baggers erforderlich zu machen) einen gewissen Grabenbereich in Längsrichtung mit dem Verdichter bearbeiten zu können. Außerdem erkennt der Fachmann bei Lektüre der Klagepatentschrift, dass mit der in Patentanspruch 1 beschriebenen Anbringungsvorrichtung bzw. mit der in Patentanspruch 1 beschriebenen Verdichtervorrichtung eine Bearbeitung des Grabens auf seiner gesamten Breite, wie sie in Absatz [00 028] der Klagepatentbeschreibung angesprochen wird, nur dann zu bewerkstelligen ist, wenn der Graben nicht (wesentlich) breiter als der Schnellwechsler ist. Bei Gräben, die deutlich breiter als der Schnellwechsler sind, ist damit ohnehin eine horizontale Verschwenkung des Baggerarms zur Verdichtung des Grabens über seine gesamte Breite notwendig. Die erfindungsgemäße Vorrichtung kann und soll aber auch in Gräben zum Einsatz kommen, deren Breite nicht exakt – nahezu zentimetergenau – an die Abmessungen des Schnellwechslers angepasst sind bzw. die mehr als nur unwesentlich breiter als der Schnellwechsler sind, aber immer noch so schmal sind, dass ein größerer Verdichter dort nicht eingesetzt werden kann. Darüber hinaus macht das Klagepatent – wie ausgeführt – über die Ausdehnung des möglichen Verschiebeweges keine Angaben, weshalb nicht angenommen werden kann, dass sich dieser Weg notwendigerweise stets auf die maximale Länge zwischen den äußeren Enden der werkzeugseitigen Befestigungseinrichtung erstrecken muss, sondern es reicht jegliche Verschiebbarkeit aus. Selbst bei Gräben oder Gruben, welche nur unwesentlich breiter als der Schnellwechsler sind und die deshalb eine seitliche Bewegung des Schnellwechslers nicht oder kaum mehr erlauben, ist daher beim Einsatz einer den Vorgaben des Patentanspruchs 1 wortsinngemäß entsprechenden Anbringungsvorrichtung bzw. einer den Vorgaben des Patentanspruchs 5 wortsinngemäß entsprechenden Verdichtervorrichtung nicht zwingend gewährleistet, dass der Verdichter an dem Schnellwechsler derart verschoben werden kann, dass es auf der gesamten Grabenbreite wirksam eingesetzt werden kann, ohne dass dazu der Baggerarm in Grabenquerrichtung verschwenkt werden muss.

Darin, dass eine exzentrische Drehbewegung des Verdichterwerkzeuges um die Mittelachse des Schnellwechsels ohne Verschwenken des Baggerarms oder Versetzen des Baggers einen unbearbeiteten Bereich um die Achse des Schnellwechslers herum zurücklässt, kann vor diesem Hintergrund kein Verzicht auf einen erfindungsgemäßen Vorteil erblickt werden, weil auch mit einer Vorrichtung, die die Merkmale des Patentanspruchs wortsinngemäß verwirklicht, ein Graben über seine ganze Breite unter Umständen nur verdichtet werden kann, wenn der Baggerarm verschwenkt und/oder der Bagger versetzt wird. Entsprechend kann auch keine die objektive Gleichwirkung der angegriffenen Ausführungsform in Frage stellende Abweichung darin erblickt werden, dass bei dieser aufgrund des kreisförmigen Bewegungsablaufs der Aufnahmeeinrichtung ohne Verschwenken des Baggerarms ggf. Eckbereiche am Ende eines Grabens nicht erreicht werden können. Dass Eckbereiche am Ende eines Grabens nicht bearbeitet werden können, wenn der Verdichter im Vergleich zur Befestigungsvorrichtung zu kurz ist, betrifft im Übrigen die klagepatentgemäße Vorrichtung gleichermaßen wie die angegriffenen Ausführungsformen.

Soweit die Beklagte schließlich geltend macht, aufgrund der Rotation des exzentrisch angeordneten, seitlich über den Schnellwechsler hinausragenden Verdichters sei aufgrund des Durchmessers des Hüllkreises eine größere Grabenbreite erforderlich als bei einer linearen Verschiebung, besteht dieses Problem nur bei Gräben, die nicht bzw. nur unwesentlich breiter sind als der Schnellwechsler und in die der Schnellwechsler zur Durchführung der Verdichtungsarbeiten eingeführt wird. Die klagepatentgemäßen Vorrichtungen ermöglichen – wie ausgeführt – aber einen Einsatz von Verdichtern, bei dem der Baggerarm und der an diesem befestigte Schnellwechsler selbst nicht in die ausgehobenen Gräben hinabgesenkt werden müssen, sondern außerhalb der ausgehobenen Gräben bleiben können, weshalb dieser Umstand der Bejahung einer im Wesentlich gleichen Wirkung ebenfalls nicht entgegenstehen kann. Das gilt umso mehr, als sich das von der Beklagten angesprochene Problem bei der Verlegung von Rohren, wo die patentgemäßen Vorrichtungen insbesondere zur Anwendung kommen sollen, angesichts der hier gemäß DIN EN 1610 einzuhaltenden Mindestgrabenbreiten in der Praxis nicht stellt, weil die Mindestgrabenbreite für eine Rohrleitung aus Betonrohren DN 300 bereits bis 920 bis 960 mm beträgt.

(2)

Die Lösung, die Lage des Verdichterwerkzeuges dadurch zu verändern, dass es samt dem Distanzstück und der Aufnahmeeinrichtung mittels einer exzentrischen Drehung kreisbogenförmig um die Mittelachse des Schnellwechslers gedreht, statt parallel zum Schnellwechsler verschoben wird, konnte der Fachmann auch ohne erfinderische Überlegungen aufgrund seines Fachwissens auffinden. Die klagepatentgemäße Verschieblichkeit der Aufnahmeeinrichtung zur Aufnahme von Werkzeugen in Form eines Verdichters (Anspruch 1) bzw. des über ein Distanzstück mit dem Schnellwechsler verbundenen Verdichters (Anspruch 5) besteht – wie ausgeführt – darin, das Verdichterwerkzeug an zwei entgegengesetzten Enden des Schnellwechslers einsetzen zu können. Erforderlich ist insoweit nur eine Veränderung der Lage der Aufnahmeeinrichtung für das Verdichterwerkzeug bzw. des Verdichters relativ zum Schnellwechsler. Es gilt insoweit lediglich, die Aufnahmeeinrichtung bzw. den Verdichter von einer Seite der Befestigungsvorrichtung zur anderen zu bewegen. Aufgrund seines Fachwissens weiß der Fachmann, dass er diese Lageveränderung statt durch eine lineare Verschiebung auch durch eine Drehbewegung bewirken kann. Diese Kenntnis gehört zum allgemeinen Fachwissen des Fachmannes und liegt für ihn auf der Hand.

Dem stehen die Ausführungen des Bundesgerichtshofs zu der im Nichtigkeitsverfahren entgegengehaltenen japanischen Offenlegungsschrift JP 11-222 807 nicht entgegen. Der Bundesgerichtshof hat angenommen, dass diese ältere Druckschrift dem Fachmann keine Anregung für eine klagepatentgemäße Weiterentwicklung gegeben habe, und hat zur Begründung ua ausgeführt, dass das japanische Gerät für die Anforderung, Verdichtungsarbeiten im Wechsel von der einen auf die andere Grabenseite durchzuführen, bereits eine befriedigende Lösung gegeben habe, nämlich durch Verschwenkung des Baggerarms, an welchem die Stampfmaschine befestigt sei. Die parallelogrammförmige Anbringung der Stampfzylinder bei diesem Stand der Technik gewährleiste, dass die Verdichterplatten in jeder Position exakt parallel zur Grabenwand ausgerichtet seien und das Erdreich entsprechend gleichmäßig verdichtet werden könne. Dabei verlaufe die Verschiebung der Stampfzylinder parallel zur Befestigungseinrichtung auf einem Kreisbogenausschnitt und nicht linear. Wie das Landgericht zutreffend ausgeführt hat, hat der Bundesgerichtshof insoweit lediglich festgestellt, dass die aus der entgegengehaltenen japanischen Druckschrift bekannte Vorrichtung für die Anforderung, Verdichtungsarbeiten im Wechsel von der einen auf die andere Grabenseite durchzuführen, eine befriedigende Lösung in Gestalt des Verschwenkens des Baggerarms bietet und eine Verschiebbarkeit im Sinne des Klagepatents deshalb nicht nahelegt ist. Den vorstehenden Äquivalenzüberlegungen steht dies in keiner Weise entgegen. Denn die hier vorzunehmende Prüfung, ob der Fachmann die abgewandelten Mittel der angegriffenen Ausführungsformen als gleichwirkend auffinden konnte, unterscheidet sich von der im Nichtigkeitsverfahren vorzunehmenden Prüfung, ob der Gegenstand des Klagepatents durch den Stand der Technik nahegelegt war. Vorliegend geht es darum, ob der Fachmann, der das Klagepatent kennt, von dessen technischer Lehre aber nicht wortsinngemäß Gebrauch machen will, die bei den angegriffenen Ausführungsformen verwirklichten abgewandelten Mittel im Prioritätszeitpunkt des Klagepatents ohne erfinderische Überlegungen auffinden konnte. Die Ausgangssituation ist insoweit eine gänzlich andere. Die vom Bundesgerichtshof angesprochene, in der japanischen Schrift offenbarte Parallelogrammanordnung, die eine Verschiebung der Stampfzylinder auf einem Kreisabschnitt erlaubt, gewährleistet im Übrigen nur eine Ausrichtung der Verdichterplatten zur Grabenwand nach dem Verschwenken durch den Baggerarm. In der Schrift wird – wie der Bundesgerichtshof ausgeführt hat – vorgeschlagen, zwei zylindrisch geformte Stampfmaschinen über vertikale Haltebasen an einer Parallelverbindungsvorrichtung anzubringen, die zum Zweck der Regulierung der Stampfbreite der am Fuß der beiden Stampfzylinder angebrachten Verdichterplatten parallelogrammartig verschoben werden kann. In der einen Endstellung dieser Konstruktion stehen die beiden Stampfzylinder so nebeneinander, dass eine Arbeitsfläche von maximaler Breite entsteht. In der anderen Endposition sind die beiden Zylinder hintereinander angeordnet, so dass in schmaleren Bereichen, etwa zwischen der Grabenwand und einem mittig im Graben verlegten Rohr, verdichtet werden kann. Es ist aber nicht möglich, die beiden hintereinander angeordneten Stampfzylinder in dieser Stellung gemeinsam von einem Ende der Befestigungseinrichtung zu einem anderen Ende zu verschieben.

(3)

Diejenigen Überlegungen, die der Fachmann anzustellen hatte, um zu der gleichwirkenden Abwandlung der angegriffenen Ausführungsform zu gelangen, sind schließlich auch derart am Sinngehalt der im Patentanspruch unter Schutz gestellten Lehre orientiert, dass der Fachmann die abweichende Ausführung mit ihren abgewandelten Mitteln als der gegenständlichen Lehre gleichwertige Lösung in Betracht zieht (Gleichwertigkeit). Der Fachmann entnimmt der Klagepatentschrift, dass es darum geht, kleinere Verdichterwerkzeuge beweglich an dem Schnellwechsler anzubringen, damit diese jeweils an zwei entgegengesetzten Enden des Schnellwechslers zu Verdichtungsarbeiten eingesetzt werden können. Er weiß, dass die hierfür erforderliche Lageveränderung des Verdichters nicht nur durch eine lineare Verschiebung, sondern in gleichwertiger Weise auch durch eine Drehbewegung bewirkt werden kann. Dass mit der vom Klagepatent vorgeschlagenen linearen Verschiebung der Aufnahmeeinrichtung bzw. des Verdichters besondere objektive Wirkungen angestrebt werden bzw. Vorteile verbunden sind, ist der Klagepatentschrift nicht zu entnehmen. Ebenso werden andere Bewegungsabläufe – wie zB eine Drehbewegung – nicht als nachteilig beschrieben.

(4)

Stellt die bei der angegriffenen Ausführungsform gewählte Gestaltung, bei welcher die Aufnahmeeinrichtung für den Verdichter in einer exzentrischen, kreisbogenförmigen Bewegung gedreht wird, ein das Merkmal (3.2) äquivalent verwirklichendes Mittel dar, verwirklicht die angegriffene Ausführungsform damit zwangsläufig auch die Merkmale (4) und (5) äquivalent. Dabei tritt an die Stelle der zum Verschieben der Aufnahmeeinrichtung an dem Schnellwechsler angeordneten Verschiebeeinrichtung die eine exzentrische, kreisbogenförmige Drehbewegung ermöglichende Dreheinrichtung, welches in der die angegriffene Ausführungsform betreffenden deutschen Patentschrift 102 07 066 C1 mit der Bezugsziffer 22 gekennzeichnet ist. Den weiteren Vorgaben des Merkmals (5) entspricht die angegriffene Ausführungsform wortsinngemäß. Denn sie weist unstreitig ein Distanzstück auf, welches in der die angegriffene Ausführungsform betreffenden deutschen Patentschrift 102 07 066 C1 als »Distanzvorrichtung« bezeichnet und dort mit der Bezugsziffer 20 gekennzeichnet ist. Dieses Distanzstück ist zwischen der bei der angegriffenen Ausführungsform anstelle einer Verschiebeeinrichtung vorgesehenen Dreheinrichtung und der Aufnahmeeinrichtung für das Verdichterwerkzeug vorgesehen.

ee)

Die angegriffene Ausführungsform entspricht schließlich den Vorgaben des Merkmals (5). Denn sie weist unstreitig ein »Distanzstück« auf, welches in der die angegriffene Ausführungsform betreffenden deutschen Patentschrift 102 07 066 C1 als »Distanzvorrichtung« bezeichnet und dort mit der Bezugsziffer 20 gekennzeichnet ist. Dieses Distanzstück ist zwischen der bei der angegriffenen Ausführungsform I vorgesehenen Dreheinrichtung und der Aufnahmeeinrichtung für das Verdichterwerkzeug vorgesehen und schafft zwischen diesen Elementen einen zusätzlichen vertikalen Abstand. Soweit die angegriffenen Ausführungsform anstatt einer »Verschiebeeinrichtung« eine Dreheinrichtung aufweist, ist Merkmal (5) aus den bereits angeführten Gründen äquivalent verwirklicht.

b) Patentanspruch 5

Die angegriffenen Rohrleitungsverdichter »R...-TL 30« und »R...-TL 30« verwirklichen auch die technische Lehre des Anspruchs 5 des Klagepatents mit patentrechtlich äquivalenten Mitteln. Da sich die von Anspruch 5 unter Schutz gestellte Verdichtervorrichtung – wie ausgeführt – von dem soeben behandelten Anspruch 1 im Wesentlichen nur dadurch unterscheidet, dass der Verdichter über das Distanzstück verschiebbar mit der Befestigungseinrichtung verbunden und eine gesonderte Aufnahmeeinrichtung nicht erwähnt ist, kann insoweit im Wesentlichen auf die vorstehenden Ausführungen verwiesen werden. Wie sich hieraus ergibt, verwirklicht die angegriffene Ausführungsform Merkmal (1) von Patentanspruch 5 insgesamt wortsinngemäß. Merkmal (2.1) wird von der angegriffenen Ausführungsform ebenfalls wortsinngemäß verwirklicht, weil bei dieser nicht nur die Aufnahmeeinrichtung, sondern – wie sich zB aus der Figur der deutschen Patentschrift 102 07 066 ergibt – auch der Verdichter ersichtlich schmaler ausgebildet ist, als der Schnellwechsler. Merkmal (2.3) ist ebenfalls wortsinngemäß verwirklicht, weil der Verdichter über das Distanzstück, an dessen oberen Ende die Dreheinrichtung vorgesehen ist, mit dem Schnellwechsler verbunden ist. In wortsinngemäßer Verwirklichung des Merkmals (3) ist der Schnellwechsler, wie sich aus der dargetanen Benutzung der Merkmale (1) und (1.1) von Anspruch 1 ergibt, auch zum Anbringen an einem Baggerarm eines »großen Baggers« vorgesehen. Merkmal (2.2) wird von der angegriffenen Ausführungsform I aus den bereits angeführten Gründen wiederum mit patentrechtlich äquivalenten Mitteln verwirklicht. Statt parallel verschiebbar zu dem Schnellwechsler ist der Verdichter bei der angegriffenen Ausführungsform exzentrisch drehbar gegenüber dem Schnellwechsler angeordnet. Statt einer Verschiebeeinrichtung ist hierbei eine Dreheinrichtung vorgesehen, mit der exzentrische, kreisbogenförmige Drehung des Distanzstückes mit dem Verdichter um die Mittelachse des Schnellwechslers bewirkt wird.

Wichtig ist, dass der Fachmann *auf der Grundlage der Klagepatentschrift* und der im Anspruch beschriebenen Erfindung die Abwandlung als gleichwirkendes Lösungsmittel auffinden können muss. Daran fehlt es, wenn zwar Anlass zu der Annahme besteht, dass der Fachmann mithilfe seines allgemeinen Wissens erkennt, dass die erfindungsgemäße Aufgabe auch durch die fragliche Abwandlung gelöst wird, der Inhalt der Patentschrift jedoch zu dem Schluss führt, dass diese Abwandlung vom Patent nicht erfasst werden sollte. Die Abwandlung darf sich also nicht in Widerspruch zu derjenigen **technischen Lehre** setzen, **die der** anhand der Patentbeschreibung **ausgelegte Patentanspruch** dem Fachmann nun einmal (egal, ob technisch sinnvoll oder nicht) **gibt**.

127

▶ **Bsp: (LG Düsseldorf, Urteil v 31.5.2005 – 4b O 210/04)**

128

I.1.

Klagepatent ist der deutsche Teil des europäischen Patents 0 733 148, welches eine Halterung für die biegemomentfreie Lagerung von Glasplatten in beliebiger Lage betrifft.

Um Glasplatten in Fassaden-, Dachkonstruktionen und Ähnlichem verwenden zu können, ist es notwendig, das gegen Biegekräfte empfindliche (spröde) Material biegemomentfrei zu lagern. Eine Halterung, die dies leistet, ist aus der DE-PS 39 27 653 vorbekannt. Nachfolgend ist eine bevorzugte Variante dieser Halterung abgebildet.

A. Schutzbereichsbestimmung

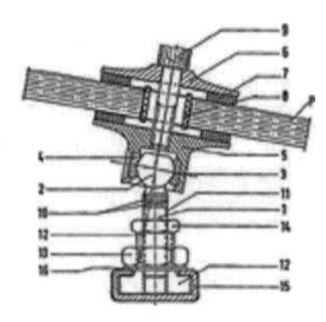

Den Darlegungen der Klagepatentschrift zufolge bringt diese Halterung zwar schon wesentliche Verbesserungen gegenüber dem Stand der Technik mit sich, jedoch ist die Handhabung bei der Montage auf Baustellen – vor allem bei der Über-Kopf-Montage – umständlich und zeitraubend.

Die Klagepatentschrift formuliert vor diesem Hintergrund die Aufgabe, die bekannte Konstruktion derart weiterzuentwickeln, dass die Montage – vor allem die Über-Kopf-Montage – wesentlich vereinfacht und sicherer wird. Außerdem soll sich bei der Lagerhaltung der Einzelteile eine Materialersparnis erzielen lassen.

Zur Lösung dieser Aufgabe sieht Patentanspruch 1 die nachfolgende Merkmalskombination vor:

1) Halterung für die biegemomentfreie Lagerung von Glasplatten mit

   a) einem Montagebolzen (4),

   b) einem unteren Auflageteller (2) für die Glasplatte (7) und

   c) einem oberen Auflageteller (3) für die Glasplatte (7).

2) Der Montagebolzen (4)

   a) ist an seinem einen Ende mit einem Kugelkopf (5) versehen und

   b) in einem Kugelgelenklager (6) nach allen Seiten begrenzt schwenkbar gelagert.

3) Der untere Auflageteller (2) weist

   a) eine entsprechend große Bohrung (8) auf, in die der den Kugelkopf (5) tragende Montagebolzen (4) einschiebbar ist, sowie

   b) einen das Kugelgelenklager (6) umschließenden Teil.

4) Die Bohrung (8)

   a) ist mit einem Innengewinde versehen, in das

   b) eine mit Außengewinde und Innengewinde versehene Sicherungshülse (13) bis zur Berührung mit dem Kugelkopf (5) einschraubbar ist.

5) Ein Einspannbolzen (15)

   a) ist an seinem unteren Ende mit einem Außengewinde versehen, das in das Innengewinde der Sicherungshülse (13) einschraubbar ist, und

   b) weist an seinem oberen Ende eine Bohrung (16) mit Innengewinde auf, in die eine Befestigungs- und Spannschraube (17) einschraubbar ist.

6) Die Befestigungs- und Spannschraube (17) durchsetzt eine Bohrung des oberen Auflagetellers (3).

7) Das Kugelgelenklager (6)

   a) ist außerhalb des Bereichs der zu befestigenden Glasplatte (7) angeordnet und

b) gebildet aus einer hohlkugelkalottenförmigen Aushöhlung (19) am unteren Ende der Sicherungshülse (13), die zusammenwirkt mit einer ebenfalls hohlkugelkalottenförmigen Ausgestaltung der Bohrung (8a) des unteren Auflagetellers (2).

8) Die sich an das Kugelgelenklager (6) anschließende Bohrung (8b) gestattet lediglich den Durchtritt des Schaftes des Montagebolzens (4).

Die nachfolgende Abbildung veranschaulicht den Erfindungsgegenstand anhand eines bevorzugten Ausführungsbeispiels.

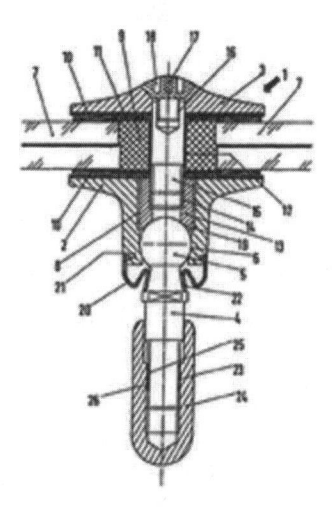

Die Klagepatentschrift hebt hervor, infolge der Trennung des kopflosen Einspannbolzens von der Befestigungs- und Spannschraube werde der Zusammenbau wesentlich vereinfacht. Für unterschiedliche Glasstärken könne ein Vorrat von Einspannbolzen unterschiedlicher Längen bereitgehalten werden, während alle anderen Teile gleich ausgestaltet sein können. Dies vereinfache die Lagerhaltung und die Anpassung der erfindungsgemäßen Halterung an ungewöhnliche Glasstärken.

2.

Die Beklagten bieten an und vertreiben eine Halterung, deren Ausgestaltung sich aus den nachstehend eingeblendeten Lichtbildern ergibt.

A. Schutzbereichsbestimmung

Die Klägerin sieht durch die vorbezeichnete Halterung ihre Rechte aus dem Klagepatent teils wortsinngemäß und teils mit äquivalenten Mitteln verletzt. Es stelle eine patentrechtlich äquivalente Maßnahme dar, wenn der Einspannbolzen nicht in die Sicherungshülse geschraubt werde, sondern – wie bei der angegriffenen Ausführungsform der Fall – einstückig mit ihr verbunden sei.

II.

Die angegriffene Halterung macht von der technischen Lehre des Klagepatents keinen Gebrauch. Die zwischen den Parteien allein streitigen Merkmale (4b) und (5a) sind weder wortsinngemäß noch mit äquivalenten Mitteln verwirklicht.

Die vorbezeichneten Merkmale betreffen im vorliegend interessierenden Zusammenhang die Ausgestaltung von zwei zusammenwirkenden Bauteilen der Halterung, nämlich der Sicherungshülse (13) und des Einspannbolzens (15). Die Sicherungshülse ist neben dem Außengewinde auch mit einem Innengewinde versehen (Merkmal 4b), in welches der seinerseits mit einem Außengewinde versehene Einspannbolzen eingeschraubt werden kann (Merkmal 5a). Eine wortsinngemäße Verwirklichung dieser Merkmale ist vorliegend nicht gegeben und wird von der Klägerin auch nicht geltend gemacht, da bei der angegriffenen Ausführungsform die Sicherungshülse einstückig mit einem (nach oben gerichteten) Fortsatz bzw Stutzen ausgebildet ist, in dessen Innengewinde eine – ebenfalls einstückige – Befestigungsschraube eingeschraubt wird. Nicht gefolgt werden kann der Klägerin in ihrer Ansicht, dass insoweit eine patentrechtlich äquivalente Maßnahme vorliege, weil der Fortsatz als Einspannbolzen (15) zu begreifen sei, der in Abwandlung zur Lehre von Patentanspruch 1 nicht in das Innengewinde des Sicherungshülse eingeschraubt werde, sondern mit dieser einstückig verbunden sei.

Ob eine einstückige Ausgestaltung von Sicherungshülse und Einspannbolzen dieselben erfindungswesentlichen Wirkungen hervorbringt, wie sie eine wortsinngemäße lösbare Schraubverbindung von zwei Einzelteilen mit sich bringt, und der Fachmann solches (allein) auf Grundlage seines Fachwissens erkennt, erscheint schon nicht unzweifelhaft, kann aber auf sich beruhen. Denn es ist nicht ersichtlich, wie der Durchschnittsfachmann anhand der in Patentanspruch 1 offenbarten und durch die Klagepatentschrift erläuterten technischen Lehre zu der Erkenntnis gelangen kann, dass eine solche Abwandlung im Sinne der Erfindung gleichwirkend ist (sog. Gleichwertigkeit).

Gemäß § 14 Satz 1 PatG und Art 69 Abs 1 EPÜ wird der Schutzbereich eines Patents durch den Inhalt des Patentanspruchs bestimmt. Das gleichwertig neben dem Gesichtspunkt eines angemessenen Schutzes der erfinderischen Leistung stehende Gebot der Rechtssicherheit erfordert, dass der durch Auslegung zu ermittelnde Sinngehalt des Patentanspruchs nicht nur den allgemeinen Ausgangspunkt, sondern die maßgebliche Grundlage für die Bestimmung des Schutzbereichs bildet; diese hat sich am *Patentanspruch* auszurichten. Jedes Merkmal des Patentanspruchs ist danach allein schon wegen seiner Aufnahme in den Anspruch wesentlich und begrenzt für jeden erkennbar den

Schutzbereich. Für die Zugehörigkeit einer vom Wortsinn des Patentanspruchs abweichenden Ausführungsform zum Schutzbereich genügt demgemäß nicht, dass sie das der Erfindung zugrunde liegende Problem mit zwar abgewandelten, aber objektiv gleichwirkenden Mitteln löst und seine Fachkenntnisse den Fachmann befähigen, die abgewandelten Mittel als gleichwirkend aufzufinden. Ebenso wie die Gleichwirkung nicht ohne Orientierung am Patentanspruch festgestellt werden kann, müssen darüber hinaus die Überlegungen, die der Fachmann anstellen muss, derart am Sinngehalt der *im Patentanspruch* unter Schutz gestellten Lehre orientiert sein, dass der Fachmann die abweichende Ausführung mit ihren abweichenden Mitteln als der gegenständlichen Lösung gleichwertige Lösung in Betracht zieht (vgl BGH, WRP 2002, 558, 559 – Schneidmesser I, mwN). Hieran fehlt es im Entscheidungsfall.

Patentanspruch 1 und die Klagepatentschrift gehen davon aus, dass der erfindungsgemäße Halter aus diversen Einzelteilen besteht, die gesondert gelagert werden und im Einsatzfall zu einer Halterung für Glasplatten (ggf verschiedener Stärke) zusammengesetzt werden. Zu diesen unterschiedlichen Einzelteilen zählen auch die Sicherungshülse und der Einspannbolzen. Die Merkmale (4b) und (5a) geben dem Fachmann insoweit vor, aufgrund welcher Ausgestaltung die Einzelteile im Anwendungsfall verbunden werden können, nämlich durch korrespondierende Innen- und Außengewinde, die es erlauben, eine Schraubverbindung herzustellen. Charakteristisch für eine Schraubverbindung ist, dass sie eine *lösbare* Verbindung der über die Gewinde zusammenschraubbaren Einzelteile erlaubt. Darin stimmt sie mit anderen lösbaren Verbindungsarten überein (zB Steck- oder Klipsverbindungen), die der Fachmann vorliegend möglicherweise als Austauschmittel in Betracht ziehen wird. In völligem Gegensatz zu solch einer Art der lösbaren Verbindung von Einzelteilen steht eine einstückige Ausgestaltung, bei der ein Einzelteil von vornherein so ausgebildet ist, dass es mehrere Funktionen wahrnehmen kann. In diesem Fall kann sinnvollerweise nicht davon gesprochen werden, zwei Einzelteile (Sicherungshülse und Einspannbolzen) seien entsprechend wie bei einer Schraubverbindung lösbar miteinander verbunden.

Es mag sein, dass der Fachmann dank seines Fachwissens und gestützt auf den Stand der Technik grundsätzlich in der Lage war, die einstückige Ausgestaltung von Sicherungshülse und Einspannbolzen aufzufinden. Hierfür findet er jedoch – was Voraussetzung für die erforderliche Gleichwertigkeit wäre – keinen Anhalt im vorliegend interessierenden *Patentanspruch*. Dieser lehrt den Fachmann nicht nur, dass für einen funktionsfähigen Halter überhaupt Sicherungshülse und Einspannbolzen vorhanden und – in der Anwendung – verbindbar sein müssen. Vielmehr gibt Patentanspruch 1 die Verbindungsart (Schraubverbindung) konkret vor. Mit diesem in den Patentanspruch aufgenommenen Merkmal verbindet der Fachmann zwangsläufig einen technischen Sinn. Denn allein die Aufnahme in den Patentanspruch zeigt, dass es für die technische Nacharbeitbarkeit der Lehre von wesentlicher Bedeutung ist. Allein darauf abzustellen, dass überhaupt ein Bauteil vorhanden ist, welches die Funktion der Sicherungshülse und des Einspannbolzens wahrnimmt, sei es einstückig ausgebildet oder aus Einzelteilen zusammengesetzt, wird dem nicht gerecht. Die vom Klagepatent gelehrte *Art* der Verbindung wäre in diesem Fall ohne technische Bedeutung. Schon aus Gründen der Rechtssicherheit ist eine solche Bedeutung einem in den Patentanspruch aufgenommenen Merkmal aber auch dann zuzuweisen, wenn der Fachmann der Patentbeschreibung einen konkreten Vorteil in Bezug auf dieses Merkmal nicht entnehmen kann. In einem derartigen Fall wird er sich mangels abweichender Erkenntnisse im Zweifel eng an die Vorgabe des Patentanspruchs halten. Dies bedeutet für die vorliegende Fallgestaltung jedoch, dass der Fachmann seine Äquivalenzüberlegungen nur an der nach dem Wortlaut von Patentanspruch 1 gelehrten Art der Verbindung ausrichten wird. Charakteristisch für diese ist, dass Sicherungshülse und Einspannbolzen getrennt gelagerte Bauteile der erfindungsgemäßen Halterung sind, die aufgrund der Ausbildung von Innen- und Außengewinde die Eignung aufweisen, im Bedarfsfalle lösbar miteinander verbunden zu werden. Beide Einzelteile in einem einstückigen Bauteil zusammenzufassen, kann von diesem Horizont ausgehend nicht aufgefunden werden. Dass die Schraubverbindung für die Verwirklichung der in der Klagepatentschrift ausdrücklich angesprochenen Vorteile (Vereinfachung der Montage und Lagerhaltung) keine (wesentliche) Relevanz besitzt, ist vor diesem Hintergrund entgegen der Ansicht der Klägerin unerheblich.

Etwas anderes lässt sich nicht daraus herleiten, dass in der vom Klagepatent gewürdigten DE-PS 39 27 653 Ausführungsformen offenbart sind, bei denen die Halteschraube (9) alternativ in die Bohrung des Auflagetellers eingeschraubt werden kann oder aber auch fest mit diesem verbunden ist. Im Gegenteil: Der Umstand, dass trotz der vorbekannten festen Verbindung der Halteschraube mit dem unteren Auflageteller in Patentanspruch 1 des Klagepatents ausdrücklich für die Verbindung von Sicherungshülse und Einspannbolzen eine Schraubverbindung und damit die Verbindung von zwei – gesondert lagerbaren – Einzelteilen gelehrt wird, zeigt dem Fachmann, dass sich das Klagepatent, welches vom selben Anmelder und Erfinder wie die vorbezeichnete DE-PS stammt, von einer festen und damit einstückigen Verbindung bewusst abgrenzt.

129 Wirken bei der Erzielung des mit dem wortsinngemäßen Mittel verbundenen Effekts **mehrere konstruktive Maßnahmen additiv** und einander wirkungssteigernd **zusammen**, ist für die Äquivalenzprüfung auf diejenige Maßnahmen abzustellen, mit denen die erfindungsgemäßen Vorteile gerade schon[185] erzielt werden. Die bei der angegriffenen Ausführungsform zusätzlich getroffenen, die Wirkung weiter erhöhenden Maßnahmen haben dagegen außer Betracht zu bleiben.

130 ▶ Bsp: (OLG Düsseldorf, Urteil v 23.2.2012 – I-2 U 134/10)

Zur Verbindung zweier Segmente, die jeweils über einen Verbindungsflansch (25, 26) verfügen, sieht die Erfindung (EP 1 539 508) spezielle Klemmmittel vor. Sie bestehen aus zwei die Flansche (25, 26) durchsetzenden Klemmbolzen (23a, 23b) sowie einer Halteplatte (36), an der zwei Käfigmuttern (35) angebracht sind.

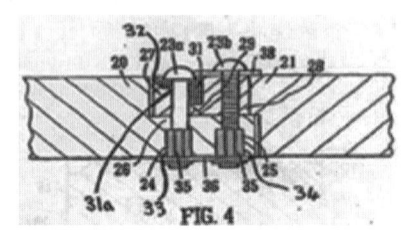

FIG. 4

Mit der besagten Konstruktion wird eine besonders wirksame U-förmige Bolzenverbindung erhalten, weil die Halteplatte die Klemmbolzen mittels der Halteplatte indirekt verbindet.

Die angegriffene Ausführungsform verwendet zwei getrennte Halteplatten, von denen jede eine der beiden Käfigmuttern trägt. Beide Halteplatten besitzen einen Überlappungsbereich, in dem jeweils eine fluchtende Durchgangsbohrung angebracht ist. Die Halteplatten sind – einander überlappend – in das Kunststoffmaterial der Segmentflansche eingegossen. Im Bereich der Durchgangsbohrung entsteht infolgedessen ein beide Halteteile verbindender Kunststoffniet.

---

185 ... im Sinn einer wenigstens verschlechterten Ausführungsform.

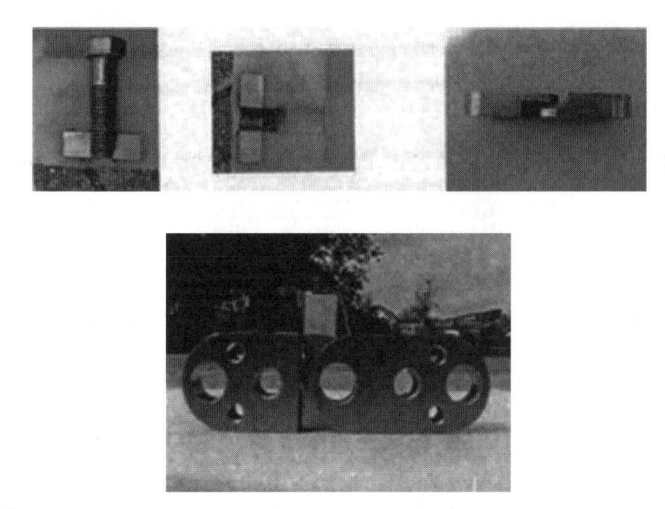

Für die Äquivalenzprüfung (insbesondere das Naheliegen und die Gleichwertigkeit) macht es ersichtlich einen Unterschied, ob vorgetragen werden kann, dass die Wirkungen einer U-förmigen Bolzenverbindung in hinreichendem Maße bereits dadurch erreicht werden, dass je Käfigmutter zwar eine separate Halteplatte verwendet wird, die beiden Halteplatten aber einen Überlappungsbereich aufweisen, der ihre gegenseitige Abstützung erlaubt, und die beiden Halteplatten, einander überlappend, in das Material der Segmentflansche eingegossen sind, oder ob eine hinreichende Verbindung der Klemmbolzen erst dadurch erhalten wird, dass im Überlappungsbereich der Halteplatten zusätzlich eine fluchtende Durchgangsbohrung vorgesehen ist, die infolge des Eingießprozesses einen die Platten verbindenden Kunststoffniet entstehen lässt.

b) Verfahrensrechtliches

Liegt eine wortsinngemäße Benutzung nicht vor, kann das Gericht eine Verurteilung wegen äquivalenter Verletzung grundsätzlich nur aussprechen, wenn eine solche im Prozess vom Kläger – zumindest hilfsweise – geltend gemacht ist.[186] Die besagte Einschränkung ist geboten, weil dem Beklagten bei einer äquivalenten Benutzung eine spezielle Einrede (sog Formstein-Einwand) zusteht, zu deren Voraussetzungen vorzutragen er solange keine Veranlassung hat, wie lediglich eine wortsinngemäße Verletzung im Raume steht. Würde das Gericht sein Urteil (**von Amts wegen**) auf den bislang nicht ins Feld geführten und diskutierten Gesichtspunkt der Äquivalenz stützen, so würde dem Beklagten ein mögliches Verteidigungsmittel genommen, was den Grundsätzen eines fairen Verfahrens und dem Gebot des rechtlichen Gehörs widersprechen würde.

131

Verneint das Gericht eine wortsinngemäße Benutzung und hält es stattdessen eine äquivalente Benutzung für möglich oder sogar gegeben, hat es deshalb spätestens im Haupttermin darauf hinzuweisen, dass es eine wortsinngemäße Benutzung des Klagepatents verneinen will (§ 139 ZPO). Dieselbe **Hinweispflicht** besteht erst Recht für das Berufungsgericht, wenn es von der gegenteiligen Beurteilung der Vorinstanz (die eine wortsinngemäße Verletzung bejaht hat) abweichen will.[187] Aus Gründen der Neutralität unangebracht ist jedes darüber hinausgehende aktive Einwirken des Gerichts dahingehend, dass der Kläger seine Ansprüche tunlichst auf eine äquivalente Verletzung des Klagepatents stützen und seinen Sachvortrag entsprechend ergänzen möge. Die Grenze

132

---

186 Vgl BGH, GRUR 2014, 852 – Begrenzungsanschlag.
187 BGH, GRUR 2011, 313 – Crimpwerkzeug IV.

zu unangemessener Parteinahme ist hierbei schon dort überschritten, wo im Anschluss an den gerichtlichen Hinweis auf das Nichtvorliegen einer wortsinngemäßen Patentverletzung lediglich die Frage aufgeworfen wird, ob nicht ggf eine äquivalente Benutzung vorliegen könnte.

133 Hat der Beklagte – typischerweise schon mit seiner Klageerwiderung – eine wortsinngemäße Verletzung in Abrede gestellt, mag es einer zielführenden Rechtsverfolgung des Klägers entsprechen, sich in der Replik wenigstens hilfsweise auf eine Äquivalenzschutz zu berufen und hierzu vorzutragen. Dennoch wird demjenigen, der die gebotene Vorsicht nicht walten, sondern es auf einen gerichtlichen Hinweis im Haupttermin ankommen lässt, durch eine **Vertagung** Gelegenheit zu geben sein, sein Vorbringen im Hinblick auf eine äquivalente Benutzung des Klagepatents zu vervollständigen. Eine bevorzugte Terminierung wird er dabei freilich umso weniger erwarten können, je offensichtlicher die Bedenken gegen die von ihm geltend gemachte wortsinngemäße Patentverletzung erscheinen. Sinngemäß das Gleiche gilt für den Beklagten. Macht er nach einem gerichtlichen Hinweis und nach der Berufung des Klägers auf die Grundsätze der Äquivalenz geltend, dass er zur Recherche etwaigen Standes der Technik, welcher den Formstein-Einwand rechtfertigen kann, Zeit benötigt, wird eine Vertagung der Verhandlung unumgänglich sein, wenn das Gericht einen Schutzbereichseingriff unter Äquivalenzgesichtspunkten für gegeben hält.

134 In Bezug auf ein- und dieselbe Ausführungsform bilden die wortsinngemäße und die äquivalente Verletzung lediglich verschiedene Begründungen für die geltend gemachten Klageansprüche. Es handelt sich um einen einheitlichen (und nicht um unterschiedliche) Streitgegenstände[188]; die Verneinung einer wortsinngemäßen Benutzung führt bei bejahter Äquivalenz deshalb nicht zu einer **Teilabweisung** der Klage und dementsprechend auch nicht zu einer Kostenquotelung. Dass der Kläger die äquivalente Benutzung zum Gegenstand eines »Hilfsantrages« gemacht hat, ändert an dieser verfahrensrechtlichen Behandlung nichts. Umgekehrt gilt dasselbe, weswegen der nach Äquivalenzgrundsätzen obsiegende Kläger gegen das stattgebende Urteil keine Berufung einlegen muss (und auch nicht kann), um dem Berufungsgericht die Möglichkeit zu geben, anstelle einer bloß äquivalenten eine wortsinngemäße Verletzung anzunehmen und dementsprechend das Rechtsmittel des Beklagten zurückzuweisen.[189] Einer Änderung des Urteilsausspruchs bedarf es in diesen Fällen nicht, weil die auf die äquivalente Benutzung zugeschnittene Antragsfassung die Verletzungsform selbstverständlich auch in ihrer wortsinngemäßen Übereinstimmung mit dem Klagepatent erfasst.[190]

c) Patentierte Verletzungsform

135 Besonders sorgfältiger Prüfung bedarf das Naheliegen oder Nichtnaheliegen der Abwandlung, wenn auf die angegriffene Ausführungsform selbst ein Patent erteilt und dabei das Klagepatent als Stand der Technik berücksichtigt worden ist.[191] Prima facie scheint die Patenterteilung unvereinbar mit der Annahme zu sein, dass die angegriffene Ausführungsform auf der Grundlage des Klagepatents *ohne* erfinderisches Bemühen aufzufinden war. Bei genauerer Betrachtung ergibt sich jedoch, dass dies keineswegs der Fall ist.

136 Die Verletzungsform kann sich so, wie sie Gegenstand ihrer Patentierung ist, durch **zusätzliche Merkmale** auszeichnen, mit denen neben der dem Klagepatent zugrunde

---

188 BGH, GRUR 2016, 1031 – Wärmetauscher.
189 OLG Düsseldorf, Urteil v 20.12.2012 – I-2 U 89/07.
190 OLG Düsseldorf, Urteil v 20.12.2012 – I-2 U 89/07.
191 Vgl Kühnen, GRUR 1996, 729; Gramm, GRUR 2001, 926; Meier-Beck, GRUR 2003, 905, 910; Allekotte, GRUR 2002, 472; König, GRUR 2002, 1009; Körner, GRUR 2009, 97.

liegenden Aufgabe ein weiteres, auf anderem Gebiet liegendes Problem gelöst wird. In einer solchen Konstellation kann die Patenterteilung gerade auf diesen zusätzlichen Merkmalen beruhen, die im Rahmen der Äquivalenzprüfung außer Betracht zu bleiben haben. Die angegriffene Ausführungsform kann deswegen sehr wohl, soweit es um die Merkmale des Klagepatents und *ihre* Abwandlung geht, nahe liegend und mit ihrer gesamten, auch die Zusatzmerkmale einschließenden technischen Lehre zugleich erfinderisch gewesen sein.

Ähnliches gilt, wenn bei der angegriffenen Ausführungsform ein **Merkmal** des Klagepatents **in besonderer Weise konkretisiert** oder ausgestaltet ist. Für eine Einbeziehung in den Schutzbereich unter Äquivalenzgesichts-punkten genügt es, wenn sich der Verletzungsgegenstand im Wege der Abstraktion auf eine allgemeine technische Lehre zurückführen lässt, die der Fachmann als zur Erfindung gleich wirkende Abwandlung auffinden konnte. Ob darüber hinaus auch die spezielle Ausgestaltung dieses Prinzips, wie sie bei der angegriffenen Ausführungsform verwirklicht ist, nahe gelegen hat, ist demgegenüber ohne Belang.[192] Gerade sie kann Gegenstand der Prüfung im Erteilungsverfahren und entscheidend dafür gewesen sein, dass der Verletzungsform Erfindungshöhe zuerkannt worden ist. Auch hier ist es daher möglich, dass die angegriffene Ausführungsform gegenüber dem Klagepatent (mit ihrer allgemeinen technischen Lehre) äquivalent und (in der konkreten Ausgestaltung dieser Lehre) gleichzeitig erfinderisch ist.

137

▶ **Bsp: (OLG Düsseldorf, GRUR 1999, 702 – Schließfolgeregler)**

138

I.1.

Das Klagepatent (EP 0 141 902) betrifft einen mechanischen Schließfolgeregler für zweiflügelige, aus einem sog Standflügel und einem sog Gangflügel bestehende Türen, die an ihren Berührungskanten mit einander überlappenden Anschlagfalzen versehen sind. Zum ordnungsgemäßen Schließen einer derartigen Tür ist es notwendig, dass die Flügel in einer bestimmten Reihenfolge in ihre Schließstellung einlaufen. Da der Anschlagfalz des Gangflügels in die Anschlagfalz des Standflügels eingreift, muss zunächst der Standflügel seine Schließlage einnehmen, bevor der Gangflügel in seine geschlossene Stellung verschwenkt werden kann. Um die richtige Schließfolge (Standflügel vor Gangflügel) sicherzustellen, werden Schließfolgeregler verwendet. Patentanspruch 1 des Klagepatents stellt insoweit die Kombination folgender Merkmale unter Schutz:

1) Vorrichtung zur Regelung der Schließfolge von zweiflügeligen Türen mit
2) zumindest einem dem Gangflügel (12) zugeordneten Türschließer (2) und
3) einer Steueranordnung, die
   a) über den Standflügel (11) betätigbar ist,
   b) mit dem Türschließer (2) des Gangflügels (12) zusammenwirkt und
   c) aus einem Stellglied (14) und
   d) einem Verbindungsorgan (5) besteht.
4) Das Stellglied (14) ist
   a) im schwenkachsenseitigen Bereich des Standflügels (11) angeordnet,
   b) durch den Standflügel (11) zwischen einer ersten und einer zweiten Schaltstellung bewegbar,
   und

---

192 OLG Düsseldorf, GRUR 1999, 702 – Schließfolgeregler.

c) mit dem Verbindungsorgan (5) verbunden.

5) Das Verbindungsorgan (5)

    a) überträgt die Stellgliedbewegung mechanisch zum Gangflügel (12),

    b) wirkt mit dem Steuerglied (8) zusammen und

    c) greift an dem Steuerglied (8) des Türschließers (2) oder dessen Gestängearm (9, 15) an.

6) Das gangflügelseitige Ende des Verbindungsorgans (5) greift in einer der beiden Schaltstellungen des Stellgliedes (14) an dem Steuerglied (8) des Türschließers (2) oder des Gestängearmes (9, 15) an.

7) Das Steuerglied (8) blockiert den Türschließer (2) oder dessen Gestängearm (9, 15) während der Schließbewegung des Standflügels (11).

Die nachfolgenden Abbildungen (Figuren 1–3 der Klagepatentschrift) verdeutlichen die Erfindung anhand bevorzugter Ausführungsbeispiele.

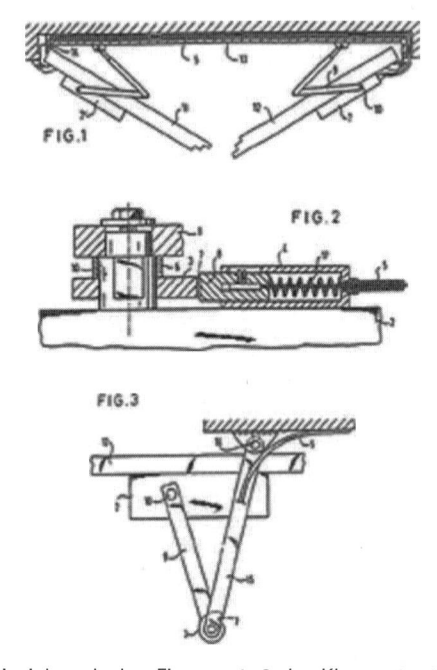

Beim Ausführungsbeispiel nach den Figuren 1–3 der Klagepatentschrift ist als Verbindungsorgan (5) eine Bowdenzuganordnung vorgesehen, die einerseits mit dem im Schwenkbereich der Stirnfläche des Standflügels (11) angeordneten Stellglied (14) und andererseits mit einem Steuerglied (8) des gangflügelseitigen Türschließers (2) verbunden ist. Das Steuerglied (8) ist als Rastschieber ausgebildet, der unter der Vorspannung einer Druckfeder (17) steht und mit einer Kurvenscheibe (3) zusammenwirkt, die entweder auf die Achse (10) des Türschließers (2) – wie aus Figur 2 ersichtlich – oder auf die Achse des Gestängearms (9, 15) – wie aus Figur 3 ersichtlich – aufgesetzt ist. Der Rastschieber blockiert die Drehbewegung der Achse in Abhängigkeit von der Position des Stellgliedes (14) und damit in Abhängigkeit von der Stellung des Standflügels (11). Bei geöffnetem Standflügel ist der Bowdenzug (5) entlastet und der Rastschieber (8) greift unter der Wirkung der Feder (17) an der Kurvenscheibe (3) an; bei geschlossenem Standflügel ist der Bowdenzug (5) infolge der Bewegung des Stellgliedes (14) gezogen und der Rastschieber (8) entgegen der Vorspannkraft der Feder (7) aus dem Radius der Kurvenscheibe (3) zurückgezogen, welche dadurch freigegeben wird.

Im Betrieb arbeitet der Schließfolgeregler wie folgt: Bei geöffneter Tür schließen sich sowohl der Standflügel als auch der Gangflügel zunächst ungehindert. Erst bei einem durch die Kurvenscheibe (3) bzw den Kurvenscheibenanschlag (7) definierten Winkel, der beispielsweise der aus Figur 1 ersichtlichen Stellung von Stand- und Gangflügel entspricht, wird der Gangflügel gesperrt, weil der Rastschieber (8) am Anschlag (7) der Kurvenscheibe (3) zur Anlage kommt, wodurch die weitere Schließbewegung des Gangflügels blockiert wird. Bewegt sich der Standflügel nunmehr in seine endgültige Schließlage, gelangt das Stellglied (14) aus seiner ersten in eine zweite Schaltstellung. Der Bowdenzug (5) wird gezogen, der Rastschieber (8) und die Kurvenscheibe (3) werden entkoppelt und der Gangflügel wird in Richtung seiner Schließstellung freigegeben.

2.

Die angegriffene Ausführungsform betrifft einen Schließfolgeregler für Gleitarm-Türschließer, wie er in den nachstehenden wiedergegebenen Figuren 1–5 und 7 der DE-PS 40 12 358 dargestellt ist.

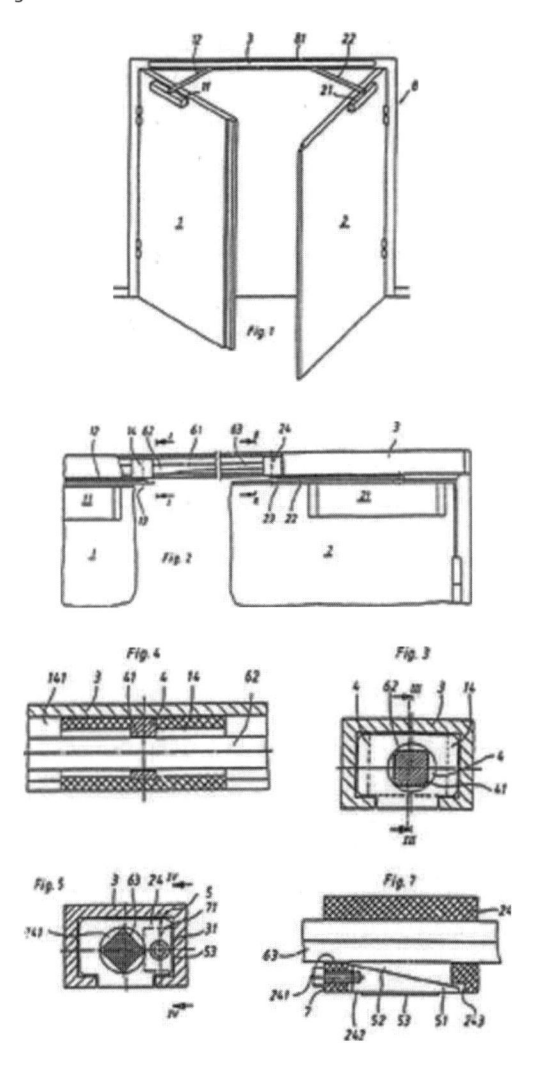

Er besteht aus dem eigentlichen Türschließer (11, 21), einem am Türschließer an gelenkten Schwenkarm (12, 22) und einer im Querschnitt C-förmigen, an der oberen Türrahmenzarge angebrachten Führungsschiene (3), in der die freien Enden der Schwenkarme (12, 22) mithilfe von Gleitstücken (14, 24) verschieblich geführt sind. Zur Schließfolgeregelung sind die beiden Gleitstücke (14, 24) über eine um ihre Längsachse verdrehbare Vierkantstange (6) miteinander verbunden. Die Stange (6) weist einen stand- und einen gangflügelseitigen Endbereich (62, 63) sowie einen um ca 45° verdrillten mittleren Übergangsbereich (61) auf. Während das Ende (62) – wie aus den Figuren 3 und 4 ersichtlich ist – mittels eines Führungsstücks (4) drehmomentenschlüssig im standflügelseitigen Gleitstück (14) aufgenommen ist, durchdringt das andere Ende (63) der Vierkantstange (6) das Gleitstück (24) des Gangflügels. Anhand der Figuren 5 und 7 ist zu erkennen, dass das gangflügelseitige Ende (63) der Stange (6) eine Sperrvorrichtung (5) betätigt, die im Gleitstück (24) angeordnet ist und aus zwei Keilstücken (51, 52) besteht. Das äußere Keilstück (51) ist auf seiner zur Führungsschiene (3) gerichteten Seite mit einem Reibbelag (53) versehen. Bei geöffnetem Standflügel nimmt das Ende (63) der Vierkantstange (6) die in Figur 5 dargestellte Position ein, in der es das Keilstück (51) mit seinem Reibbelag (53) nach außen in Richtung auf die Seitenwand der Führungsschiene drückt. Das Gleitstück (24) wird hierdurch blockiert, sodass der Gangflügel nicht in seine Schließlage verschwenkt werden kann. Wird der Standflügel geschlossen, schiebt sich das Gleitstück (14) mit dem darin aufgenommenen Führungsstück (4) über das verdrillte Übergangsstück (61) der Vierkantstange (6) und verdreht diese um 45°. Der Endbereich (63) der Stange liegt infolgedessen nicht mehr mit seiner Kante (vgl Figur 5), sondern mit einer Flachseite an den Keilstücken (51, 52) an. Der Reibbelag (53) wird dadurch nicht weiter gegen die Seitenwand der Führungsschiene (3) gedrückt. Das Gleitstück (24) ist in der Führungsschiene (3) frei beweglich und der Gangflügel kann in seine endgültige Schließlage verschwenken.

II.

Der angegriffene Schließfolgeregler macht von der technischen Lehre des Klagepatents Gebrauch.

1.

Zwischen den Parteien besteht – mit Recht – kein Streit darüber, dass es sich um eine Vorrichtung zur Regelung der Schließfolge von zweiflügeligen Türen mit einem dem Gangflügel zugeordneten Türschließer und einer Steueranordnung handelt, die über den Standflügel betätigbar ist, mit dem Türschließer des Gangflügels zusammenwirkt und aus einem Stellglied sowie einem Verbindungsorgan besteht (Merkmale 1–3d).

2.

Abweichend vom Merkmal (4a) ist das Stellglied, welches bei der angegriffenen Ausführungsform durch das Gleitstück (14) gebildet wird, allerdings nicht im »schwenkachsenseitigen Bereich« des Standflügels angeordnet.

a)

Wie sich Merkmal (5a) entnehmen lässt, soll das Stellglied eine (Stellglied-)Bewegung ausführen; es soll – wie Merkmal (4b) angibt – zwischen einer ersten und einer zweiten Schaltstellung bewegbar sein. Jede der beiden Schaltstellungen repräsentiert dabei eine bestimmte, für die Schließfolgeregelung wesentliche Position des Standflügels. Die eine Schaltstellung zeigt an, dass der Standflügel – ganz oder teilweise – geöffnet ist (sodass die Schließbewegung des Gangflügels blockiert werden muss), die zweite Schaltstellung signalisiert, dass der Standflügel seine Schließlage erreicht hat (sodass der Gangflügel freigegeben werden kann). Nach Aufgabe und Funktion hat das Stellglied mithin zweierlei zu leisten. Es muss die Position des Standflügels detektieren und in eine für die

Schließfolgeregelung verwertbare erste und (räumlich davon getrennte) zweite Schaltstellung umsetzen.

Gemessen an diesen Anforderungen ist bei der angegriffenen Ausführungsform als Stellglied das standflügelseitige Gleitstück (14) anzusehen. Es ist – wie vom Klagepatent gefordert – beweglich und nimmt in Abhängigkeit von der Position des Standflügels eine erste und eine zweite Schaltstellung ein. Die erste Schaltstellung, die anzeigt, dass der Standflügel geöffnet ist (und dementsprechend bewirkt, dass der Gangflügel durch die Sperrvorrichtung [5] blockiert wird), entspricht dem Verlauf des Endbereichs (62) der Vierkantstange (6). Seine zweite Schaltstellung nimmt das Gleitstück (14) ein, sobald es den verdrillten Übergangsbereich (61) der Vierkantstange (6) überfährt. In dieser Position des Gleitstücks ist der Standflügel geschlossen, sodass die Sperrvorrichtung (durch das Verdrehen der Vierkantstange um 45°) gelöst und der Gangflügel damit freigegeben werden kann.

Endbereich (62) und Übergangsstück (61) der Vierkantstange (6) sind – anders als die Klägerin meint – nicht Teil des Stellgliedes. Das gilt bereits mit Rücksicht auf die Funktion, die dem Endbereich (62) und dem Übergangsstück im Rahmen der angegriffenen Gesamtvorrichtung zukommt. Beide sind notwendig, um die Bewegung des Gleitstücks (14) von seiner ersten in seine zweite Schaltposition mechanisch zum Gangflügel zu übertragen. Endbereich (62) und Übergangsstück (61) der Vierkantstange bilden dementsprechend nicht das Stellglied, sondern – zusammen mit dem gangflügelseitigen Endbereich (63) – das Verbindungsorgan.

Zum Stellglied gehört ebenso wenig der Schwenkarm (12) des standflügelseitigen Türschließers (11). Durch ihn wird, nicht anders als durch den Standflügel selbst, lediglich das Stellglied betätigt, nämlich innerhalb der Führungsschiene (3) in eine erste und eine zweite Schaltstellung verschoben.

b)

Soweit Patentanspruch 1 verlangt, dass das Stellglied »im schwenkachsenseitigen Bereich« des Standflügels »angeordnet« ist, ist damit eine eindeutige räumliche Zuordnung angesprochen. Das Stellglied soll sich in örtlicher Nähe zur Schwenkachse des Standflügels befinden. Bereits der Anspruchswortlaut lässt an diesem Verständnis keinen vernünftigen Zweifel. Der maßgebliche Durchschnittsfachmann – ein Fachhochschulingenieur der Fachrichtung Maschinenbau mit beruflichen Erfahrungen auf dem Gebiet der Baubeschläge – erkennt darüber hinaus, dass das Klagepatent mit Blick auf eine ganz bestimmte Art von Türschließern, nämlich sog Scherenarm-Türschließer, formuliert ist, deren Gestängearm ortsfest an der Türzarge angreift. Ausnahmslos solche Türschließer sind in der DE-PS 31 47 239, von der das Klagepatent als gattungsbildendem Stand der Technik ausgeht, gezeigt; nur sie finden auch in der Beschreibung und den Zeichnungen des Klagepatents Erwähnung. Bei einem Türschließer mit an der Türzarge festliegendem Gestänge hat die Anordnung des Stellgliedes im Bereich der Schwenkachse des Standflügels den erkennbaren Sinn, die jeweilige Stellung des Standflügels auf konstruktiv einfache Weise, zB dadurch zu detektieren, dass die Stirnseite des Standflügels das Stellglied direkt betätigt. Würde das Stellglied schwenkachsenfern angeordnet, bedürfte es einer zusätzlichen Gestängekonstruktion oder dergleichen, die dem Stellglied die Position und Bewegung des Standflügels mitteilt. Die im Klagepatent vorgesehene Anbringung des Stellgliedes nahe der Schwenkachse des Standflügels trägt ferner ästhetischen Gesichtspunkten Rechnung, indem sie es erlaubt, das Stellglied an einem für den Betrachter unauffälligen Einbauort zu platzieren.

Bei der angegriffenen Ausführungsform befindet sich das Gleitstück (14) lediglich während einer bestimmten Phase des Schließvorganges, nämlich bei geöffnetem oder nahezu geöffnetem Standflügel, in der Nähe der Schwenkachse des Standflügels. Es ist indessen nicht – worauf der Wortlaut des Klagepatents entscheidend abstellt – (auf

Dauer) im Bereich der Schwenkachse des Standflügels »angeordnet«. Eine wortsinngemäße Benutzung des Klagepatents ist deshalb zu verneinen.

c)

Der angegriffene Schließfolgeregler fällt jedoch unter Äquivalenzgesichtspunkten in den Schutzbereich des Klagepatents. Er stellt – was auch die Beklagten nicht in Zweifel ziehen – eine technisch gleich wirkende Lösung dar, die – wie die Klägerin zu Recht geltend macht – einem Durchschnittsfachmann keine Überlegungen von erfinderischem Rang abverlangt hat.

aa)

Im Rahmen der Äquivalenzbetrachtung kommt es nach der Rechtsprechung des Bundesgerichtshofes nicht darauf an, ob der Fachmann anhand des Klagepatents zu der konkreten Ausgestaltung der angegriffenen Ausführungsform gelangen konnte. Allein der Umstand, dass für die angegriffene Ausführungsform – wie hier – ein Patent erteilt worden ist, schließt deshalb Äquivalenzüberlegungen keineswegs aus. Für die Einbeziehung in den Schutzbereich des Klagepatents reicht es vielmehr aus, dass sich der Verletzungsgegenstand im Wege der Abstraktion auf eine allgemeine technische Lehre zurückführen lässt, die als zur Erfindung gleich wirkende Abwandlung auffindbar war. In seiner Entscheidung »Befestigungsvorrichtung II« (GRUR 1991, 436, 440) hat der BGH die insoweit maßgeblichen Grundsätze wie folgt zusammengefasst:

»Zur Klärung der Frage, ob eine konkrete Ausführungsform als Fortentwicklung einer noch unter den Schutzbereich eines Patents fallenden äquivalenten Ausführung anzusehen ist oder nicht mehr unter den Schutzbereich des Patents fällt, sind bei der angegriffenen Ausführungsform alle Elemente außer Betracht zu lassen, die aus der Sicht der älteren Erfindung entbehrlich sind; bei abgewandelten Merkmalen ist gegebenenfalls weiter zu prüfen, ob die konkrete Form mit einem allgemeineren Begriffsmerkmal umschrieben werden kann, das seinerseits gegenüber einer wortlautgemäßen Ausbildung als äquivalent und nahe liegend anzusehen ist. Wenn sich auf diese Weise die Benutzung einer patentierten älteren Erfindung feststellen lässt, so kann gleichwohl in der Konkretisierung einzelner oder in der Hinzufügung zusätzlicher Merkmale eine weitere – abhängige – Erfindung liegen.

Der erkennende Senat hat in dem ... Urteil »Etikettiergerät« (GRUR 1975, 484, 486) ... insoweit die Formulierung gewählt, die Äquivalenzprüfung müsse sich nicht auf die besondere Ausgestaltung der bei der beanstandeten Ausführungsform verwendeten Mittel erstrecken; es genüge, wenn der Fachmann habe erkennen können, dass er die patentgemäßen Wirkungen durch den Einsatz von Mitteln erzielen könne, die »ihrer Art nach den Mitteln des Klagepatents gleich wirkend sind«. Mit dieser Formulierung sollte zum Ausdruck gebracht werden, dass auch das als äquivalent unter das Patent fällt, was in einem oder mehreren Merkmalen als konkrete Ausgestaltung einer allgemeineren Aussage zu verstehen ist, die der Fachmann der im Patentanspruch umschriebenen Ausbildung entnehmen kann; unter diesen Voraussetzungen kommt es auf die konkrete Ausgestaltung der angegriffenen Ausführungsform nicht an. Diese Erwägungen gelten wie für das alte Recht in gleicher Weise für die Bestimmung des Schutzbereichs nach ... § 14 PatG 1981.«

bb)

Im vorliegenden Fall ist hiernach nicht zu prüfen, ob die angegriffene Ausführungsform in den Einzelheiten ihrer konstruktiven Ausgestaltung ohne erfinderisches Bemühen aufzufinden war. Es stellt sich vielmehr (lediglich) die Frage, ob es für einen Durchschnittsfachmann in Kenntnis der Lehre des Klagepatents nahe gelegen hat, das Stellglied, statt es im schwenkachsenseitigen Bereich des Standflügels anzuordnen, als in einer am Türrahmen des Standflügels horizontal angebrachten Führung verschiebbares Gleitstück auszubilden. Dies ist zu bejahen.

Die Merkmale des Patentanspruchs (»Stellglied«, »Verbindungsorgan«, »Steuerglied«) sind weitgehend funktional gefasst. Sie offenbaren dem Fachmann eine prinzipielle Lehre, welche darin besteht,

- dass der Standflügel ein Stellglied bewegt,
- das Stellglied seinerseits mit einem Verbindungsorgan gekoppelt ist,
- das Verbindungsorgan wiederum mit einem Steuerglied des gangflügelseitigen Türschließers verbunden ist
- und die gesamte, aus Stellglied, Verbindungsorgan und Steuerglied bestehende Anordnung derart getroffen ist, dass der Standflügel seine Bewegung auf das Stellglied, das Stellglied seine Bewegung auf das Verbindungsorgan und das Verbindungsorgan seine Bewegung auf das Steuerglied überträgt, sodass das Steuerglied den Türschließer des Gangflügels je nach der Schaltstellung des Stellgliedes (und damit in Abhängigkeit von der Position des Standflügels) entweder freigibt oder blockiert.

Ist der Standflügel mit einem Scherenarm-Türschließer ausgerüstet, dessen Gestängearm ortsfest am Türrahmen angelenkt ist, oder verfügt der Standflügel über keinerlei Türschließer, ist es, um die Position bzw Bewegung des Standflügels zu detektieren und mittels des Verbindungsorgans auf den Türschließer des Gangflügels zu übertragen, erforderlich, ein besonderes Stellglied vorzusehen. Aus den oben dargelegten Gründen sieht das Klagepatent vor, das Stellglied im Bereich der Schwenkachse des Standflügels anzuordnen, wo die Stellung des Standflügels unmittelbar erfasst und in eine Bewegung des Stellgliedes umgesetzt werden kann.

Grundlegend anders liegen die Verhältnisse bei sog Gleitarm-Türschließern, die nach dem übereinstimmenden Sachvortrag beider Parteien im Prioritätszeitpunkt als grundsätzliche Alternative zu Scherenarm-Türschließern in der Fachwelt allgemein bekannt waren. Bei ihnen ist ein separates Stellglied von vornherein entbehrlich, weil bereits das Gleitstück des Türschließers eine der Bewegung des Stellgliedes vergleichbare translatorische Bewegung vollzieht. Ist der Standflügel mit dieser Art von Türschließer ausgestattet, liegt es deshalb für den Fachmann unmittelbar nahe, kein zusätzliches, schwenkachsenseitiges Stellglied vorzusehen, sondern stattdessen das ohnehin vorhandene Gleitstück des Türschließers als Stellglied herzurichten. Erforderlich hierfür ist nur, dem Gleitstück eine erste und eine zweite Schaltstellung (die einer ersten und einer zweiten Position des Standflügels entspricht) zuzuordnen. Dies zu realisieren, stellt den Fachmann, insbesondere einen solchen der hier in Rede stehenden Qualifikation, vor keine besonderen Schwierigkeiten. Sogar der im Ausführungsbeispiel des Klagepatents vorgesehene Bowdenzug lässt sich (gegebenenfalls unter Hinzufügung eines geeigneten Übersetzungsgetriebes) beibehalten.

Zu Unrecht meinen die Beklagten, bereits der Gedanke, die Schließfolgeregelung des Klagepatents überhaupt auf Gleitarm-Türschließer zu übertragen, beinhalte eine erfinderische Leistung. Es ist richtig, dass das Klagepatent Scherenarm-Türschließer mit ihrer festen Anlenkung am Türrahmen nicht als nachteilig ansieht. Daraus lässt sich indessen nicht – wie die Beklagten dies tun – folgern, nach dem Offenbarungsgehalt der Klagepatentschrift habe der Fachmann keinerlei Veranlassung gehabt, sich Gleitarm-Türschließern zuzuwenden. Türschließer mit einem in einer Schiene geführten Schwenkarm waren am Prioritätstag seit langem bekannt. Auch bei ihnen besteht, sofern es sich um zweiflügelige Türen handelt, die Notwendigkeit einer Schließfolgeregelung. Allein dies drängt dem Fachmann bereits die Überlegung auf, ob die Schließfolgeregelung des Klagepatents auch für Gleitarm-Türschließer nutzbar gemacht werden kann. Dass diese

Erwägung für einen Durchschnittsfachmann ebenso nahe liegend gewesen ist wie die Erkenntnis, zur Schließfolgeregelung das standflügelseitige Gleitstück (als Stellglied) heranzuziehen, wird durch den zeitlichen Ablauf nicht widerlegt. Zwischen der Offenlegung des Klagepatents am 22. Mai 1985 und der Anmeldung des deutschen Patents 40 12 358 am 18. April 1990 liegen knapp fünf Jahre. Es mag dahinstehen, ob ein derartiger (vergleichsweise kurzer) Zeitraum überhaupt als stichhaltiges Indiz für das Vorliegen einer erfinderischen Tätigkeit gewertet werden kann. Selbst wenn dies anzunehmen sein sollte, rechtfertigt er jedoch allenfalls die Annahme, dass die Fachwelt einige Zeit benötigt hat, um zu der angegriffenen Ausführungsform in ihrer konkreten Ausgestaltung, dh mit der Gesamtheit aller konstruktiven Gestaltungsmerkmale, wie sie verwirklicht und Gegenstand des der Beklagten zu 1) erteilten Patents sind, zu gelangen. Der von den Beklagten ins Feld geführte Zeitablauf lässt indessen keinesfalls eine Aussage dahin gehend zu, dass ein Durchschnittsfachmann auch für die – vorliegend allein interessierende – Erkenntnis, dass bei einem Gleitarm-Türschließer das standflügelseitige Gleitstück als Stellglied ausgebildet werden kann, mehr als nur handwerkliches Können hat aufwenden müssen.

3.

Die Merkmale (4b) bis (7) sind – mit einer einzigen Ausnahme – bei der angegriffenen Ausführungsform wiederum dem Wortsinn nach verwirklicht.

a)

Das Gleitstück (14) ist durch den Standflügel zwischen einer ersten und einer zweiten Schaltstellung bewegbar. Die erste Schaltstellung erstreckt sich über das standflügelseitige Ende (62) der Vierkantstange (6) und entspricht der Öffnungsstellung des Standflügels; die zweite Schaltstellung nimmt das Gleitstück im verdrillten Übergangsbereich (61) der Vierkantstange ein, er repräsentiert die Schließstellung des Standflügels. Dass die Bewegung des Standflügels dem Gleitstück über den Schwenkarm (12) vermittelt wird, ist ohne Belang. Weder der (allgemein gehaltene) Anspruchswortlaut (»... durch den Standflügel ...«) noch der Beschreibungstext geben einen Anhalt dafür, dass das Stellglied von dem Standflügel selbst und unmittelbar betätigt werden muss.

b)

In Gestalt der Vierkantstange (6) verfügt die angegriffene Ausführungsform über ein Verbindungsorgan, das mit dem Stellglied verbunden ist und dessen Bewegung mechanisch zum Gangflügel übermittelt. Entgegen der Auffassung der Beklagten fordert das Klagepatent keine besondere Form der Verbindung. Der ihr zugewiesenen Funktion entsprechend muss die Verbindung zwischen Stellglied und Verbindungsorgan lediglich dergestalt sein, dass die Bewegung des Stellgliedes zum Gangflügel übertragen wird. Dies ist bei der angegriffenen Ausführungsform unbestreitbar der Fall, weil das Gleitstück (14) mit einem Führungseinsatz (4) versehen ist, der bewirkt, dass die Vierkantstange, sobald das Gleitstück dessen verdrillten Übergangsbereich (61) überfährt, um 45° verdreht wird.

c)

Die Vierkantstange wirkt – im Sinne des Merkmals (5b) – mit einem Steuerglied zusammen, das während der Schließbewegung des Standflügels den Gangflügel blockiert. Das Steuerglied besteht aus den Keilstücken (51, 52) und dem Reibbelag (53), die zusammen die Sperrvorrichtung (5) bilden. Bei geöffnetem Standflügel werden die Keilstücke (51, 52) von dem gangflügelseitigen Ende der Vierkantstange gegen die Seitenwand der Führungsschiene (3) gedrückt, sodass ein Schließen des Gangflügels verhindert wird; bei geschlossenem Standflügel gibt dagegen die um 45° verdrehte Vierkantstange die Keilstücke (51, 52) frei, sodass das Gleitstück (24) in der Führungsschiene frei beweglich ist und der Gangflügel in seine Schließlage verschwenken kann.

d)

Die Keilstücke (51, 52), an denen die Vierkantstange angreift, sind allerdings nicht – wie in den Merkmalen (5c) bis (7) vorgesehen – Teil des gangflügelseitigen Türschließers oder dessen Gestängearms. Nach der Begriffsbildung des Klagepatents ist als »Türschließer« nur das am Gangflügel montierte Bauteil – und folglich nicht das in der türseitigen Führungsschiene (3) angeordnete Gleitstück (24) – zu verstehen, in welchem die Sperrvorrichtung (5) untergebracht ist. Die angegriffene Ausführungsform stellt jedoch auch insoweit eine äquivalente Abwandlung dar. Das Klagepatent belehrt den Fachmann in seinem Patentanspruch 1 ausdrücklich darüber, dass das Steuerglied, welches den Türschließer des Gangflügels zu einem bestimmten Zeitpunkt blockieren soll, entweder am Türschließer selbst oder am Gestängearm des Türschließers angeordnet werden kann. Beides sind bewegliche Teile und von daher für einen die Schwenkbewegung des Gangflügels sperrenden Eingriff durch das Steuerglied geeignet. Bei einem Gleitarm-Türschließer entspricht dem Gestängearm (von der Funktion) das in der Führungsschiene verschiebbare Gleitstück (24). Für einen Fachmann liegt es in Anbetracht dessen auf der Hand, das Steuerglied – wie dies bei der angegriffenen Ausführungsform mit Blick auf die Sperrvorrichtung (5) der Fall ist – am gangflügelseitigen Gleitstück angreifen zu lassen.

e)

Mit der sich aus der vorstehenden Abwandlung ergebenden Maßgabe sind die Merkmale (5c) bis (7) ansonsten wortsinngemäß verwirklicht. Das gangflügelseitige Ende (63) der Vierkantstange (6) greift in einer der beiden Schaltstellungen des Gleitstücks (24), nämlich in derjenigen Schaltstellung, die dem Verlauf des standflügelseitigen Endes (62) der Stange (6) entspricht, an den Keilstücken (51, 52) an. Die Keilstücke blockieren (dadurch) den Türschließer während der Schließbewegung des Standflügels.

Festzuhalten bleibt mithin, dass allein die Tatsache, **dass** für die angegriffene Ausführungsform ein Patent erteilt worden ist, noch nichts gegen ein Naheliegen besagt, sondern dass es stets darauf ankommt, **weshalb** die Abwandlung patentiert worden ist. Nur wenn im Rahmen des Erteilungsaktes exakt dieselben und keine weitergehenden Erwägungen angestellt worden sein können, wie sie im Rahmen der Äquivalenzprüfung zu klären sind, spricht der (sachkundige) Erteilungsakt dagegen, dass die Verletzungsform ohne Überlegungen von erfinderischem Rang aufzufinden war. Dies bedeutet zwar noch nicht, dass im Verletzungsprozess die Annahme einer Äquivalenz auszuscheiden hätte. Das Verletzungsgericht ist zwar an die Erteilung des Klagepatents[193], nicht aber an den die angegriffene Ausführungsform betreffenden Erteilungsakt gebunden. Wegen des bereits vorliegenden sachkundigen Votums wird sich jedoch in der Regel die Notwendigkeit ergeben, zuvor ein **Sachverständigengutachten** dazu einzuholen, ob die Abwandlung für einen Durchschnittsfachmann naheliegend war oder nicht.[194]

Vor dem Hintergrund des Gesagten schließt auch der Umstand, dass die angegriffene Ausführungsform Gegenstand einer PCT-Anmeldung und das Klagepatent im **Recherchenbericht** als den Anmeldungsgegenstand nicht nahelegender Stand der Technik eingestuft ist, nicht die Annahme aus, dass es sich bei der angegriffenen Ausführungsform um eine äquivalente (dh nahe liegende) Abwandlung des Klagepatents handelt. Die Kategorisierung im Recherchenbericht (die nicht mit einem Erteilungsbeschluss gleichgesetzt werden kann) zwingt im Allgemeinen ebenso wenig dazu, vor einer verurteilenden Ent-

---

193 BGH, GRUR 2003, 550 – Richterausschluss; BGH, GRUR 2004, 710, 711 – Druckmaschinen-Temperierungssystem I.
194 Vgl Kühnen, GRUR 1996, 729, 734 f.

A. Schutzbereichsbestimmung

scheidung im Verletzungsprozess ein Sachverständigengutachten zur Äquivalenzfrage einzuholen.

141 | **Praxistipp** | Formulierungsbeispiel |

Der **Test** dafür, ob der Erteilungsakt für die angegriffene Ausführungsform sich sachlich mit dem Gegenstand der Äquivalenzprüfung deckt, ist in der Praxis leicht dadurch anzustellen, dass für die angegriffene Ausführungsform ein Klageantrag formuliert wird. Dies geschieht dadurch, dass diejenigen Anspruchsmerkmale, die dem Wortsinn nach verwirklicht sind, dem Wortlaut des Klagepatents folgend übernommen werden, und für dasjenige Merkmal, welches lediglich äquivalent gegeben ist, das gleichwirkende Austauschmittel benannt wird. Die so erhaltene Merkmalskombination ist sodann mit derjenigen Merkmalskombination zu vergleichen, die sich aus dem Hauptanspruch des für die angegriffene Ausführungsform erteilten Patents ergibt. Enthält die zuletzt genannte Kombination einen Überschuss über die zuerst genannte Kombination, steht die Patenterteilung auf die Verletzungsform der Bejahung einer Äquivalenz nicht notwendig entgegen.

d) Einzelfälle

142 Die Frage nach dem Vorliegen einer äquivalenten Benutzung hängt wesentlich vom Einzelfall ab. Es haben sich in den Jahren jedoch Grenzen herausgebildet, die bei Äquivalenzüberlegungen zu beachten sind. Sie sind in jüngster Vergangenheit durch die BGH-Rechtsprechung deutlich verschärft worden, so dass eine erfolgreiche Äquivalenzargumentation – anders als früher – mittlerweile die seltene Ausnahme geworden ist.

aa) Fälle mangelnder Äquivalenz

(1) Fehlende Gleichwirkung

143 Eine Äquivalenz **scheidet wegen mangelnder Gleichwirkung aus**, wenn

144 – für ein Mittel des geltend gemachten Anspruchs bei der angegriffenen Ausführungsform kein Austauschmittel vorgesehen ist, das **Merkmal** und seine Wirkung mithin überhaupt nicht verwirklicht ist, sondern **ersatzlos fehlt**. In einem solchen Fall liegt eine sogenannte Unter- oder Teilkombination vor, die keinen Eingriff in das Schutzrecht darstellt.

145 Um eine derartige (schutzrechtsfreie) Konstellation handelt es sich auch dann, wenn das Ersatzmittel gleicher Wirkung außerhalb des vom Patent unter Schutz gestellten Gegenstandes verwirklicht wird.

146 ▶ **Bsp:**

Das Klagepatent schützt eine Kassette für Heftklammern, die an ihrer Unterseite Führungsflächen zur seitlichen Führung der aus der Kassette abgezogenen Heftklammern aufweisen soll. Bei der angegriffenen Ausführungsform fehlen solche Führungsflächen an der Kassette; lediglich der Heftapparat, in den die Kassette bestimmungsgemäß eingesetzt wird, weist Führungselemente auf, die die seitliche Führung der aus der Kassette austretenden Klammern gewährleisten.[195] Anders läge der Fall, wenn der Patentanspruch auf die Gesamtheit aus Heftapparat und Klammerkassette gerichtet wäre.

---

195 OLG Düsseldorf, Urteil v 5.5.2011 – I-2 U 9/10.

Nicht erforderlich ist, dass die angegriffene Ausführungsform die gleiche Zahl Merkmale aufweist wie der Patentanspruch. Vielmehr kann sich die Entsprechung zu einem Merkmal auch aus dem Zusammenwirken mehrerer Austauschmittel ergeben[196] bzw kann ein Austauschmittel mehreren Merkmalen gerecht werden; 147

– die angegriffene Ausführungsform die **Nachteile** oder einen der Nachteile verwirklicht, **die** durch die geschützte Lehre **vermieden werden sollen**[197]; 148

– der Patentanspruch mit seinen Lösungsmerkmalen auf einen **optimalen Wirkungsgrad** abzielt (zB die Vormontage der *kompletten* Baugruppe), die angegriffene Ausführungsform demgegenüber nur einen verminderten Wirkungsgrad erreicht (zB weil die Baugruppe lediglich in zwei (im Nachhinein miteinander zu montierenden) Teilen vorgefertigt wird[198]; das gilt auch dann, wenn der Stand der Technik eine Vormontage überhaupt nicht vorgesehen hat, so dass an sich schon die Bereitstellung von zwei vorgefertigten Teilbaugruppen beachtliche Montageerleichterungen herbeiführt. 149

(2) Fehlende Orientierung am Anspruch

Eine Äquivalenz scheidet wegen mangelnder Anspruchsorientierung aus, wenn 150

– es sich bei dem Austauschmittel der angegriffenen Ausführungsform um ein **technisches Mittel** handelt, **auf das** die Erfindung gerade **verzichten** will[199]; 151

– das **Austauschmittel** ein solches ist, welches das Klagepatent für denselben technischen Effekt **nur in anderem Zusammenhang** der Erfindung **vorsieht**; 152

> **Bsp:**[200] 153
>
> Das Klagepatent schützt auf eine Tragschiene nebeneinander aufrastbare Module für einen Datenbus. Die Leistungsstromversorgung der angeschlossenen Busteilnehmer soll über »Messer-Gabel-Kontakte« an den Seitenflächen der benachbarten Module bewerkstelligt werden, während für die Verbindung der durch die Module hindurchgeschleiften Datenbus- und Stromversorgungsleitungen seitlich an den Modulen angebrachte »Druckkontakte« vorgesehen sind. Die angegriffene Ausführungsform bedient sich insgesamt nur »Messer-Gabel-Kontakten«;

– der **Gesamtzusammenhang des Anspruchs** ergibt, dass mit der Anspruchsformulierung eine **bewusste Beschränkung** auf ein bestimmtes Lösungsmittel vorgenommen werden sollte; 154

> **Bsp:**[201] 155
>
> Das Klagepatent betrifft die Herstellung eines Wirkstoffs in drei nacheinander durchzuführenden Verfahrensschritten, von denen der erste das Hydrieren, der zweite das Oxidieren des Hydrierungsproduktes und der dritte das Abspalten von Wasser aus dem Oxidationsprodukt ist. Während das Hydrierungsmittel und das Mittel zum Wasserabspalten nicht näher konkretisiert sind, sondern insoweit nur die jeweilige

---

196 BGH, GRUR 1998, 133, 135 – Kunststoffaufbereitung.
197 BGH, GRUR 1993, 886, 889 – Weichvorrichtung I.
198 OLG Düsseldorf, Urteil v 8.3.2012 – I-2 U 136/10.
199 BGH, GRUR 1991, 443, 447 – Autowaschvorrichtung; BGH, GRUR 1991, 744 – Trockenlegungsverfahren.
200 OLG Düsseldorf, Urteil v 7.7.2011 – I-2 U 48/10; Nichtzulassungsbeschwerde zurückgewiesen durch Beschluss des BGH v 19.12.2012 – X ZR 91/11.
201 OLG Düsseldorf, Urteil v 13.9.2013 – I-2 U 26/13.

> Funktion (Hydrieren, Abspalten von Wasser) in den Anspruch aufgenommen ist, schreibt der Patentanspruch das für die Oxidation einzusetzende Mittel (Rutheniumsalz) konkret vor.

156 – es sich bei dem Ersatzmittel um ein solches handelt, das der Beschreibungstext als **Alternative** zu dem im Patentanspruch genannten Lösungsmittel bezeichnet[202]; derartiges ist freilich noch nicht allein deshalb der Fall, weil der Beschreibungstext die Vokabel »alternativ« oder ein Synonym verwendet; maßgeblich ist, ob nach dem Gesamtinhalt des Beschreibungstextes für den Fachmann mit dem fraglichen Mittel wirklich ein erfindungsfremdes aliud gemeint ist (dann keine Äquivalenz) oder in der Sache nicht tatsächlich ein Mittel, das den Anspruchswortlaut erläutert; abzugrenzen ist also zwischen einer alternativen Ausführungsform *der* Erfindung und einer Alternative *zum* Gegenstand der patentierten Erfindung[203];

157 – die **Beschreibung** des Patents **mehrere Möglichkeiten** offenbart[204], wie eine bestimmte technische Wirkung der Erfindung erzielt werden kann, jedoch **nur eine dieser Möglichkeiten** Eingang **in den Patentanspruch** gefunden hat.

158 Hier soll regelmäßig der Schluss berechtigt sein, dass die anderen bloß im Beschreibungstext mitgeteilten Möglichkeiten im Rahmen einer Auswahlentscheidung – aus welchen Gründen auch immer – nicht unter Patentschutz gestellt werden sollten (Verzichtsgedanke).[205] Erforderlich ist freilich, dass das Austauschmittel im Patent nicht bloß in irgendeinem beliebigen Zusammenhang erwähnt wird, sondern dort als ein *zur Lösung des patentgemäßen Problems geeignetes* Mittel ausgewiesen ist.[206]

159 **Kritik:** In seiner Entscheidung »Begrenzungsanschlag«[207] hat der BGH selbst ausgeführt, dass die Beschreibung des Klagepatents, um ein Naheliegen des gleichwirkenden Ersatzmittels annehmen zu können, keine positiven Darlegungen enthalten muss, die den Fachmann zu der Abwandlung hinführen. Allerdings: *»Solche Ausführungen können … die Einbeziehung einer vom Wortsinn des Patentanspruchs abweichenden Ausgestaltung in den Schutzbereich des Patents stützen, sie sind hierfür jedoch keine notwendige Bedin-*

---

202 BGH, GRUR 2011, 701 – Okklusionsvorrichtung. *Sofern* das Klagepatent (was unzutreffend ist; vgl oben Kap A Rdn 13) dahin ausgelegt wird, dass es mindestens zweier Klemmen bedarf, ist die Verneinung der Äquivalenz durch den BGH im Ergebnis zutreffend. Die Rechtfertigung liegt allerdings nicht in der Erwähnung eines Ausführungsbeispiels mit *einer* Klemme in der Patentbeschreibung, sondern darin, dass die Verwendung einer einzigen Klemme der technischen Lehre des Patentanspruchs (der eben zwei Klemmen verlangt) widerspricht.
203 OLG Düsseldorf, Urteil v 21.11.2013 – I-2 U 36/12.
204 Soweit der BGH ursprünglich (BGH, GRUR 2012, 45 – Diglycidverbindung) auch hat ausreichen lassen, dass das Austauschmittel für den Fachmann durch den Beschreibungstext bloß »nahegelegt« wird, ist diese Variante später (BGH, GRUR 2016, 921 – Pemetrexed; BGH, GRUR 2016, 1254 – V-förmige Führungsanordnung) – zwar ohne dies ausdrücklich klarzustellen, aber dennoch unmissverständlich – fallengelassen worden. Außerdem vertritt der BGH seither einen engherzigen Begriff der »Offenbarung«. Verlangt wird eine explizite Erwähnung des vom Verletzer gewählten konkreten Austauschmittels; eine implizite Offenbarung (»… oder auf andere Weise«) reicht nicht, selbst wenn sie für den Fachmann noch so deutlich und ggf sogar allein das betreffende Austauschmittel verschlüsselt. Das ist inkonsistent. In seiner Rechtsprechung räumt der BGH ein, dass es das Auffinden des Austauschmittels erleichtert (und damit die Bejahung von Äquivalenz nahelegt), wenn der Beschreibungstext selbst Hinweise in die fragliche Richtung enthält. Warum soll dieser Gedanke nicht mehr tragen, sondern das genaue Gegenteil (sic: ein Ausschluss aus dem Schutzbereich) gelten, wenn die Patentbeschreibung die stärkste Form der Hinleitung enthält, indem es das vom Verletzer gewählte Ersatzmittel nicht nur andeutet, sondern ausdrücklich benennt?
205 BGH, GRUR 2012, 45 – Diglycidverbindung.
206 OLG Düsseldorf, GRUR-RR 2014, 185 – WC-Sitzgelenk.
207 BGH, GRUR 2014, 852 – Begrenzungsanschlag.

gung.« Die »höchste« Form der Hinleitung zum Austauschmittel ist seine direkte Erwähnung in der Patentschrift. Nach den Gesetzen der Logik müsste dies zu der Annahme einer Äquivalenz führen. Denn der Fachmann muss, um das Ersatzmittel aufzufinden, nicht einmal nachdenken, sondern die Patentschrift bloß zu Ende lesen! Dennoch soll die konkrete Erwähnung des Austauschmittels in der Patentbeschreibung kein Balsam für die Äquivalenz sein, sondern tödliches Gift. Das leuchtet schon im gedanklichen Ansatz nicht ein. Erst Recht aber ist die vom BGH vorgenommene Unterscheidung danach, ob das Ersatzmittel im Beschreibungstext konkret genannt ist (dann keine Äquivalenz möglich) oder dem Fachmann durch – noch so eindeutige – Hinweise auf die Brauchbarkeit anderer als der im Anspruchswortlaut liegender Ausführungsformen nahegelegt wird (dann Äquivalenz möglich), sachgerecht und angemessen. Der Äquivalenzschutz beruht auf der generellen Unzulänglichkeit jeder Patentanmeldungstätigkeit. Von daher gibt es keinen Grund für eine Differenzierung danach, warum und inwiefern der Anspruchswortlaut die Erfindung nicht ausschöpft. Die Unterscheidung nach dem Maß der Offenbarung des Austauschmittels führt dementsprechend zu materieller Ungerechtigkeit. Denn sie benachteiligt denjenigen, der das Auffinden des Ersatzmittels in besonderer Weise gefördert hat, indem er das Ersatzmittel unmittelbar im Beschreibungstext erwähnt hat. Sie knüpft überdies eine ganz gravierende Rechtsfolge (sic: das Vorliegen oder Nichtvorliegen eines Schutzbereichseingriffs und damit den Erfolg oder Mißerfolg einer Verletzungsklage) an reine Zufälligkeiten des Inhalts einer Patentschrift. Ob der Anmelder in seine Patentbeschreibung die Formulierung aufnimmt, dass – im Beispiel »V-förmige Führungsanordnung«[208] – statt der im Anspruch vorgesehenen V-Form der Führungsanordnung auch »andere Querschnittsformen« lösungstauglich sind, wobei dem Fachmann klar ist, dass von den restlichen 25 Buchstaben des lateinischen Alphabets nur die U-Form gemeint sein kann, oder ob er die »U-Form« sogleich benennt, hängt vom Zufall ab, ist keinen besonderen Überlegungen geschuldet und darf deshalb nicht über das Bestehen oder Nichtbestehen eines Patentschutzes entscheiden.

Folgt man der Linie des BGH kann eine den Äquivalenzschutz begrenzende Auswahlentscheidung – entgegen der Auffassung des BGH[209] – auch in der Weise geschehen, dass zwar nicht das bei der angegriffenen Ausführungsform konkret verwirklichte Austauschmittel (zB Pemetrexed*dikalium*) als Lösungsalternative abgehandelt wird, wohl aber die übergeordnete **Produktkategorie** (Pemetrexed), der dieses Austauschmittel angehört.[210] In einem solchen Fall sind alle diejenigen Lösungskonstruktionen der erwähnten Produktkategorie als lösungstauglich offenbart und damit vom »Verzicht« auf einen Patentschutz erfasst, die dem Durchschnittsfachmann am Prioritätstag als Teil der Produktkategorie geläufig waren.[211] Das soll allerdings nur dann gelten, wenn aus der Sicht des Fachmanns die Fokussierung des Patentanspruchs auf ein bestimmtes Lösungsmittel (zB Pemetrexed*dinatrium*) seinen Grund in bestimmten vorteilhaften Eigenschaften hat, die für den Erfindungsgegenstand bedeutsam sind und die den anderen Erscheinungsformen der betreffenden Gattung (Pemetrexed) nicht zukommen.[212]

160

Unzureichend für einen Verzicht ist in jedem Fall, wenn das Ersatzmittel lediglich im Zusammenhang mit einem **anderen Bauteil des Erfindungsgegenstandes** erörtert wird, mag dieses andere Bauteil für den Fachmann auch vergleichbar zu demjenigen Bauteil sein, an dem die gleichwirkende Abwandlung vorgenommen worden ist.

161

---

208 BGH, GRUR 2016, 1254 – V-förmige Führungsanordnung.
209 BGH, GRUR 2016, 921 – Pemetrexed; vgl dazu Meier-Beck, GRUR 2018, 241 und Kellenter, GRUR 2018, 247; BGH, GRUR 2016, 1254 – V-förmige Führungsanordnung.
210 OLG Düsseldorf, Urteil v 5.3.2015 – I-2 U 16/14.
211 OLG Düsseldorf, Urteil v 5.3.2015 – I-2 U 16/14.
212 BGH, GRUR 2016, 921 – Pemetrexed.

162 ▶ **Bsp:**[213]

Das Klagepatent betrifft eine Dämpfungseinrichtung für einen WC-Sitz. Wie die nachfolgend eingeblendete Abbildung verdeutlicht, ist die Dämpfungseinrichtung (11) in einer Aufnahmebohrung (46) aufgenommen, die in einer Befestigungslasche (40) der WC-Sitzgarnitur (1) ausgebildet ist. Mit der Dämpfungseinrichtung (11) drehfest verbunden ist ein zylinderförmiges Adapterstück (20). Es verfügt über eine radiale Sacklochbohrung (24), die dazu dient, das Adapterstück (20) auf einen Scharnierdorn (26) der WC-Keramik aufzusetzen.

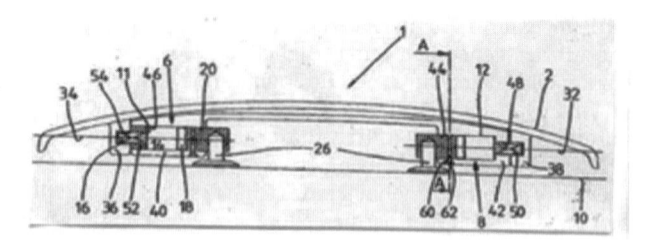

Die angegriffene Ausführungsform hat ein Adapterstück, das statt einer (endseitig geschlossenen) Sacklochbohrung eine durch das Adaptermaterial hindurchtretende Bohrung besitzt, die allerdings im oberen Bereich einen in das Bohrlochinnere vorstehenden Ringbund besitzt, an dem sich der Scharnierdorn der WC-Keramik (ähnlich wie bei einer Sacklochbohrung) abstützen kann. Eine solche gestufte Bohrung ist in der Patentschrift nicht als Alternative für die Sacklochbohrung erörtert, wohl aber als Möglichkeit für die Ausbildung der Aufnahmebohrung abgehandelt, die für die Dämpfungsvorrichtung in der WC-Sitzgarnitur vorgesehen ist. Letzteres reicht für einen Ausschluss aus dem Äquivalenzbereich unter Verzichtsgesichtspunkten nicht aus.

163 Eine »Verzichtsargumentation« ist selbst dann angebracht, wenn lediglich der erteilte Beschreibungstext alternative Lösungsmittel erwähnt hat, der fragliche Hinweis in der geltenden, im Rechtsbestandsverfahren **geänderten Patentschrift** jedoch entfallen ist.[214] Das gilt jedenfalls dann, wenn es anderenfalls zu einer Schutzbereichserweiterung käme.

164 Sind **Vorgänge im Erteilungsverfahren** dafür verantwortlich, dass der Patentschutz von einem zunächst weitergehenden Umfang (zB einer ganzen Stoffklasse) auf eine einzige oder mehrere einzelne Ausführungsformen (zB eine oder einzelne Stoffverbindung(en) der ursprünglich beanspruchten Gattung) zurückgeführt worden ist, so ist dieser Sachverhalt schutzbereichsrelevant, weil das Verletzungsgericht an den Erteilungsakt gebunden ist und deshalb unter Äquivalenzgeschichtspunkten keinen Schutz für etwas gewähren darf, für das dem Anmelder im Erteilungsverfahren ein Schutz versagt worden ist. Nach Ansicht des BGH[215] ist hierbei allerdings zu differenzieren:

165 – Ist die Beschränkung des Patentbegehrens vom Anmelder in der Absicht vorgenommen worden[216], gegenüber dem Stand der Technik die **Patentfähigkeit herzustellen** (Neuheit, Erfindungshöhe), soll regelmäßig ein Verzicht auf einen über den Anspruchswortlaut hinausgehenden Patentschutz nicht ausgeschlossen sein, womit wohl gemeint ist, dass von ihm auszugehen ist. Das gilt, weil es auf die Gründe für

---

213 OLG Düsseldorf, GRUR-RR 2014, 185 – WC-Sitzgelenk.
214 OLG Düsseldorf, Urteil v 8.7.2014 – I-15 U 29/14; offen gelassen von BGH, GRUR 2016, 1254 – V-förmige Führungsanordnung.
215 BGH, GRUR 2016, 921 – Pemetrexed.
216 Dies muss hinreichend deutlich hervortreten.

eine vom Anmelder vorgenommene Begrenzung seines Erteilungsverlangens nicht ankommt, auch dann, wenn die erfolgte Beschränkung objektiv gesehen überhaupt nicht notwendig war, um sich hinreichend vom Stand der Technik abzugrenzen. Aufschluss über die Beschränkungsgründe wird im Zweifel weniger die Patentschrift, sondern vielmehr die Erteilungsakte liefern.[217]

– Eine Versagung von Patentschutz soll demgegenüber nicht in Betracht kommen, wenn die erfolgte Beschränkung des Erteilungsverlangens ihre Ursache in **formellen Erteilungshindernissen** (Klarheit, unzulässige Erweiterung) hat, mögen sie objektiv vorhanden gewesen oder bloß eingebildet gewesen sein, oder wenn dies – weil die Erteilungsunterlagen keine eindeutige Sprache sprechen – zumindest möglich ist.[218]

166

Kritik: Die Erwägungen des BGH sind inkonsistent und führen zu unangemessenen Ergebnissen. Einerseits wird – zu Recht – hervorgehoben, dass es für den Ausschluss vom Patentschutz einzig darauf ankommt, *dass* der Anmelder im Zuge des Erteilungsverfahrens eine Entscheidung zugunsten bestimmter (in den Patentanspruch aufgenommener und damit geschützter) und gegen andere (außerhalb des Erteilungsverlangens gebliebene und somit ungeschützte) Ausführungsformen *getroffen hat*, es aber keine Rolle spielt, ob hinter der – nun einmal getroffenen – Entscheidung eine gerechtfertigte Motivationslage gestanden hat. Andererseits soll – trotz vollzogener Einschränkung des Patentbegehrens – wesentlich sein, welches (ggf auch nur eingebildete) Erteilungshindernis (ein materielles oder ein formelles) den Anmelder zu seiner Entscheidung veranlasst hat, sein Erteilungsverlangen zurückzuführen. Abgesehen davon, dass die vom BGH vorgenommene Differenzierung zwischen den beiden Arten von Erteilungshindernissen nicht stichhaltig begründet wird, leuchtet auch nicht ein, welchen für die Schutzbereichserstreckung relevanten Unterschied es bei einer vom Anmelder *getroffenen* Entscheidung, bestimmte Ausführungsformen von seinem Patentbegehren auszunehmen, machen sollte, ob der erklärte Ausschluss aus (ggf nur eingebildeten) Gründen mangelnder Neuheit oder aus (ggf sogar tatsächlich bestehenden) Gründen unzulässiger Erweiterung erfolgt ist. Sobald aus der Sicht des Durchschnittsfachmanns eine bestimmte Varianten vom Patentschutz ausnehmende Entscheidung des Anmelders getroffen ist, müssen die betreffenden Erfindungsvarianten außerhalb des Patentschutzes verbleiben, egal, was der Anlass für die Beschränkung des Patentschutzes war, und egal, welche Gründe sich der Anmelder ggf auch nur eingebildet haben mag. Das verlangt schon das Gebot der Rechtssicherheit, aus dem auch sonst strikt gefolgert wird, dass der Anmelder für den Inhalt und die Reichweite seiner Patentansprüche verantwortlich ist und sich deshalb auch dann an ihnen festhalten lassen muss, wenn sie den Gegenstand der Erfindung nur unvollständig ausschöpfen. Jede andere Handhabung führt zu sachlich unangemessenen und letztlich willkürlichen Ergebnissen, nämlich dazu, dass eine bestimmte Abwandlung (zB Pemetrexeddikalium), die bewusst außerhalb des formulierten Patentanspruchs (Pemetrexeddinatrium) geblieben ist, in den Äquivalenzschutz einzubeziehen ist, wenn die Beschränkung von Pemetrexed auf Pemetrexeddinatrium objektiv notwendig war, um den Einwand unzulässiger Erweiterung auszuräumen, dass dieselbe Variante (Pemetrexeddikalium) hingegen außerhalb des Patentschutzes bleibt, wenn die vorgenommene Beschränkung auf Pemetrexeddinatrium erfolgt ist, weil der Anmelder irrig der Meinung gewesen ist, anderenfalls keine Erfindungshöhe herstellen zu können. Wo soll hier der tiefere Sinn liegen? In dem einen wie in dem anderen Fall ist die Botschaft an den Rechtsverkehr (Durchschnittsfachmann) dieselbe: Alles andere als Pemetrexeddinatrium ist vom Anmelder im Zuge des Erteilungsverfahrens *bewusst* fallengelassen worden. Das muss zur Folge haben, dass er für alles andere als Pemetexeddinatrium auch keinen

167

---

217 BGH, GRUR 2016, 921 – Pemetrexed.
218 BGH, GRUR 2016, 921 – Pemetrexed.

Patentschutz mehr einfordern kann. Vor dem Hintergrund der Verantwortlichkeit des Patentanmelders für seinen Patentschutz ebenso irritierend ist der Umstand, dass in den Wortsinn des Patentanspruchs (der an sich den Schutzbereich des Patents zu umreißen hat) eine einzige chemische Verbindung fällt, nämlich Pemetrexeddinatrium, dass jedoch in den Äquivalenzbereich (mit dem der Schutz des formulierten Patentanspruchs aus Gründen materieller Gerechtigkeit um ein gewisses Maß erstreckt werden soll), eine ganze Vielzahl chemischer Verbindungen fallen können, was die »Schutzbereichslogik« regelrecht auf den Kopf stellt.

168 Dass lösungstaugliche Ersatzmittel vom Anmelder gesehen und bewusst nicht beansprucht worden sind, ist auch dann anzunehmen, wenn sie sich aus einem Stand der Technik ergeben, der in der Patentschrift prominent gewürdigt worden ist, so dass davon ausgegangen werden muss, dass der betreffende Inhalt dem Anmelder gegenwärtig war. Solches ist bejaht worden, wenn der gattungsbildende Stand der Technik zur Lösung eines technischen Problems zwei verschiedene konstruktive Varianten offenbart (die Gegenstand nebengeordneter Patentansprüche und eigener Patentzeichnungen sind), der Hauptanspruch des Klagepatents mit seinen Merkmalen nur die eine dieser Varianten aufgreift und die angegriffene Ausführungsform sich der anderen Lösungsalternative bedient.[219]

169 Sofern ein Verzichtssachverhalt vorliegt, ist bzgl der Rechtsfolgen zu **differenzieren**:

170 – Das in der Patentbeschreibung erwähnte Ersatzmittel bleibt außerhalb des Schutzbereichs;

171 – in Bezug auf »dritte« (in der Beschreibung nicht genannte) Austauschmittel geht der BGH in seiner Entscheidung »Diglycidverbindung«[220] davon aus, dass eine äquivalente Benutzung infrage kommen kann, allerdings nur unter der Voraussetzung, dass sich – erstens – die abgewandelte Lösung in ihren spezifischen Wirkungen mit der im Patent unter Schutz gestellten Lösung deckt (»Gleichheit im Positiven«) und wenn sie sich – zweitens – in ähnlicher Weise wie die wortsinngemäße Lösung von der nur in der Beschreibung, nicht aber im Patentanspruch aufgezeigten Lösungsvariante unterscheidet (»Gleichheit im Negativen«)[221]; das dritte Lösungsmittel muss also, um äquivalent zu sein, näher bei dem wortsinngemäßen Lösungsmittel des Patentanspruchs als bei dem Ersatzmittel des Beschreibungstextes stehen; zwar hat der BGH seine diesbezügliche Rechtsprechung nicht ausdrücklich aufgegeben, sie dürfte jedoch ihre Gültigkeit verloren haben, nachdem es neuerdings für die Bejahung einer den Äquivalenzschutz ausschließenden Auswahlentscheidung darauf ankommt, dass das mit dem Wortlaut nicht beanspruchte Ersatzmittel in der Patentbeschreibung *konkret* erwähnt wird[222]; die bloße Nähe des verwendeten Austauschmittels zu einem im Beschreibungstext genannten Ersatzmittel kann angesichts dessen nicht genügen;

172 – mit der fraglichen Maßnahme das **Gegenteil** von dem unternommen wird, was der Wortsinn des Patentanspruchs den Fachmann lehrt; denn Äquivalenz verlangt, dass dasselbe getan wird, was das Patent lehrt, nur auf andere Weise!

---

219 OLG Düsseldorf, Urteil v 3.1.2013 – I-2 U 22/10. Für einen ähnlichen Fall ebenso LG Mannheim, Mitt 2015, 234 – Tragstruktur-Element-Anordnung.
220 BGH, GRUR 2012, 45 – Diglycidverbindung.
221 BGH, GRUR 2012, 45 – Diglycidverbindung. Der BGH-Entscheidung ist zu widersprechen: *Wenn* es der Erfindung darum geht, die Festphase mit einer doppelten Glycid-Verbindung zu versehen, um die Möglichkeit zu schaffen, dass die Carbonsäure nicht direkt an die freie Glycidgruppe angeschlossen wird, stellt die in der Patentbeschreibung offenbarte Möglichkeit zur Bereitstellung einer doppelten Glycidgruppe durch Copolymerisation bloß eine andere Ausführungsform *derselben* Erfindung dar, aber *keine* Alternative *zur* Erfindung. Äquivalenz ist deswegen zu bejahen.
222 BGH, GRUR 2016, 921 – Pemetrexed; BGH, GRUR 2016, 1254 – V-förmige Führungsanordnung.

▶ **Bsp:** 173

Das Patent fordert eine »symmetrische« Anordnung, die angegriffene Ausführungsform weist eine asymmetrische Anordnung auf; zur Herbeiführung einer bestimmten im Patentanspruch angesprochenen chemischen Reaktion wird die Zugabe einer »Säure« verlangt, das angegriffene Verfahren bedient sich stattdessen einer Base[223]; als **Ersatzmittel** wird eine Konstruktion gewählt, die **Gegenstand eines Unteranspruchs** und nach dem Gesamtinhalt der Patentschrift lediglich dazu vorgesehen ist, die Wirkungs- und Funktionsweise des geschützten Gegenstandes im synergetischen Zusammenwirken mit dem ersetzten Mittel des Hauptanspruchs weiter zu steigern (vgl das folgende Fallbeispiel).

▶ **Bsp: (OLG Karlsruhe, Urteil v 27.6.2007 – 6 U 102/06[224])** 174

I.

Die Klägerin nimmt die Beklagte wegen Verletzung des Gebrauchsmusters DE 201 19 267 U 1 auf Unterlassung, Auskunft und Rechnungslegung und Schadensersatz in Anspruch, dessen Schutzansprüche 1 und 3 folgenden Wortlaut haben:

1. Federspanner (41), bestehend aus einem in eine zu spannende Schraubenfeder (5) axial einführbaren Spanngerät (9) und einer ersten, mit einem Durchbruch (10) versehenen, tellerartigen Druckplatte (1), welche über ihren Durchbruch (10) mit einem ersten Ende des Spanngerätes (9) lösbar verbindbar ist sowie einer zweiten, mit einem Durchbruch (26) versehenen, tellerartigen Druckplatte (18), welche über ihren Durchbruch (26) mit einem relativ zum ersten Ende des Spanngerätes (9) verstellbaren Stellglied (19) des Spanngerätes (9) lösbar verbindbar ist, wobei das Spanngerät (9) zum Verstellen des Stellgliedes (19) an seinem zweiten Ende einen Antrieb, insbesondere in Form eines mit einem von außen zugänglichen Schlüsselprofil (21) versehen Spindeltriebes aufweist, und wobei jede der Druckplatten (1, 18) zur Aufnahme jeweils einer Federwindung (4) der zu spannenden Schraubenfeder (5) eine umlaufende, radial nach innen und außen begrenzte, durch eine Aussparung (3, 25) unterbrochene Spannfläche (2, 24) aufweist, dadurch gekennzeichnet, dass zur Einstellung der Lage des Antriebs (21) des Spanngerätes (9) des an der Schraubenfeder (5) angesetzten Federspanners (41) relativ zur Schraubenfeder (5) der Durchbruch (10, 26) wenigstens einer der Druckplatten (1, 18) exzentrisch versetzt in der Druckplatte (1, 18) angeordnet ist.

3. Federspanner (41) nach Anspruch 1 oder 2, dadurch gekennzeichnet, dass die innere Begrenzungskante (48) der Auflagefläche (24) der zweiten Druckplatte (18) zumindest in ihrem der Aussparung (25) gegenüberliegenden Umfangsbereich exzentrisch versetzt zur Druckplatte (18) verläuft.

Die nachstehenden Figuren 1 bis 6 der Klagegebrauchsmusterschrift zeigen ein Ausführungsbeispiel der Erfindung.

---

223 OLG Düsseldorf, Urteil v 13.9.2013 – I-2 U 23/13.
224 Die Nichtzulassungsbeschwerde wurde vom BGH (Beschluss v 9.7.2009 – X ZR 108/07) zurückgewiesen. Angesichts der Entscheidung BGH, GRUR 2016, 1031 – Wärmetauscher muss bezweifelt werden, ob der Sachverhalt heute abermals so entschieden werden würde.

A. Schutzbereichsbestimmung

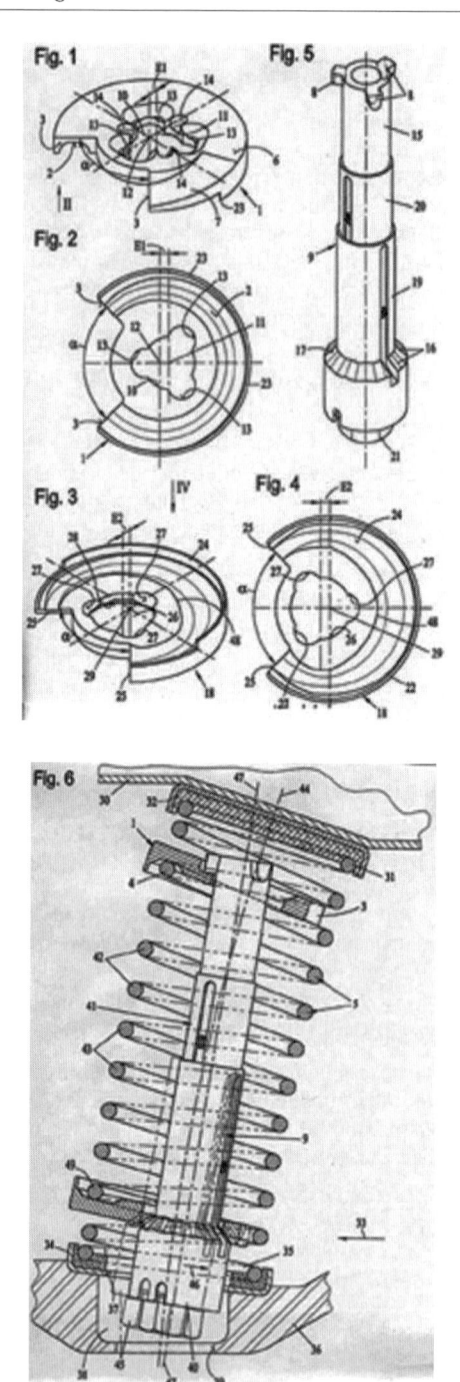

Die Parteien sind Wettbewerber auf dem Gebiet der Herstellung von Federspannern. Sie werden in der Automobilindustrie und in Kfz-Werkstätten eingesetzt, um Achsschraubenfedern zusammenzupressen, etwa beim Ein- und Ausbau solcher Federn. Die Beklagte vertreibt Federspanner, wegen deren Ausgestaltung auf die nachfolgende Abbildung Bezug genommen wird.

II.

Die Klage bleibt ohne Erfolg.

1.

Das Klagegebrauchsmuster betrifft einen Federspanner mit Druckplatten.

Entsprechende Werkzeuge werden insbesondere in der Automobilindustrie und in Kfz-Werkstätten benötigt. Bei Kraftfahrzeugen finden sich Schraubenfedern zwischen Federtellern angeordnet, wobei der eine Federteller an der Fahrzeugkarosserie, der andere am Achskörper angebracht ist. Die Federn stehen in eingebautem Zustand unter Spannung, die sich daraus ergibt, dass die Länge der Schraubenfeder in unbelastetem Zustand größer ist als der maximale Abstand zwischen den Federtellern. Muss die Schraubenfeder ein- oder ausgebaut werden, bedient man sich eines Federspanners. Solche Geräte, die im Stand der Technik an sich bereits bekannt waren, bestehen aus einem Spanngerät und zwei tellerartigen Druckplatten. Die Druckplatten können in die Windung der Schraubenfeder eingeführt und mit dem Spanngerät verbunden werden. Sie – die Druckplatten – weisen flächige Aussparungen auf, durch die die ansteigende Federwindung geführt werden kann. Sie weisen ferner Durchbrüche auf, durch die das Spanngerät geschoben wird. Wenn Spanngerät und Druckplatten fest verbunden werden, kann ein Antrieb betätigt werden, der den Abstand zwischen den Druckplatten verringert, wodurch die Feder gespannt wird. Der Antrieb befindet sich an einem Ende des Spanngerätes. Für die Bedienung des Spanngerätes ist es wichtig, dass der Antrieb gut zugänglich ist. Im Stand der Technik, von dem das Klagegebrauchsmuster ausgeht, waren die Druckplatten jeweils mit einem zentralen Durchbruch versehen.

Das Klagegebrauchsmuster schildert, dass die Durchbrüche im Stand der Technik konzentrisch in den etwa kreisrund ausgebildeten, tellerartigen Druckplatten angeordnet sind. Um das Spanngerät in die Feder einbringen zu können, weist mindestens einer der Federteller – und entsprechend der Achskörper oder die Karosserie – eine Durchgangsöffnung auf, durch die das Spanngerät gesteckt werden kann. Durch diese Öffnung ist der Antrieb des Spanngerätes zugänglich. Die Klagegebrauchsmusterschrift führt aus, dass mit Federspannern, wie sie im Stand der Technik bekannt waren, Probleme auftreten können, wenn die Schraubenfeder im eingebauten Zustand leicht gebogen vorgespannt ist, also einen geneigten Verlauf aufweist. Ein solcher geneigter Verlauf der Schraubenfeder kann dazu führen, dass der Zugang zum Antrieb des Spanngerätes erheblich erschwert oder gar unmöglich wird. Außerdem kann es beim Spannen von gebogen vorgespannten Schraubenfedern zum Verklemmen oder Verkanten des Spanngeräts kommen.

Der Erfindung liegt daher die Aufgabe zugrunde, diesen Nachteil zu beseitigen.

A. Schutzbereichsbestimmung

Zur Lösung dieser Aufgabe schlägt das Klagegebrauchsmuster vor, den Durchbruch wenigstens einer der Druckplatten exzentrisch versetzt in der Druckplatte anzuordnen. Das dient dazu, die Lage des Antriebs des Spanngerätes relativ zur Schraubenfeder einstellen zu können, um auf diese Weise eine gute Zugänglichkeit des Antriebs des Federspanners auch bei gebogen verlaufender Feder zu erreichen und ein Verklemmen oder Verkanten zu vermeiden. Die Merkmale des vorgeschlagenen Federspanners mit Druckplatten lassen sich wie folgt gliedern:

1) Federspanner, bestehend aus einem in eine zu spannende Schraubenfeder axial einführbaren Spanngerät

2) mit einer ersten, mit einem Durchbruch versehen, tellerartigen Druckplatte, welche über ihren Durchbruch mit einem ersten Ende des Spanngerätes lösbar verbindbar ist,

3) sowie mit einer zweiten, mit einem Durchbruch versehen, tellerartigen Druckplatte, welche über ihren Durchbruch mit einem relativ zu ersten Ende des Spanngerätes verstellbaren Stellglied des Spanngerätes lösbar verbindbar ist;

4) das Spanngerät weist zum Verstellen des Stellglieds an seinem zweiten Ende einen Antrieb, insbesondere in Form eines mit einem von außen zugänglichen Schlüsselprofil versehenen Spindeltriebs, auf;

5) jede der Druckplatten weist zur Aufnahme jeweils einer Federwindung der zu spannenden Schraubenfeder eine umlaufende, radial nach innen und außen begrenzte, durch eine Aussparung unterbrochene Spannfläche auf;

6) zur Einstellung der Lage des Antriebs des Spanngerätes des an der Schraubenfeder angesetzten Federspanners relativ zur Schraubenfeder ist der Durchbruch wenigstens einer der Druckplatten exzentrisch versetzt in der Druckplatte angeordnet.

Die Worte »relativ zur Schraubenfeder« in Anspruch 1 beziehen sich auf »zur Einstellung der Lage des Antriebs des Spanngerätes des ... Federspanners« und nicht, wie die Klägerin ausweislich ihrer Merkmalsgliederung es verstanden wissen möchte, auf den exzentrischen Versatz des Durchbruchs. Das ergibt sich insbesondere aus der Gegenüberstellung von einerseits S. 8 Z. 17 f der Klagegebrauchsmusterschrift, wo es heißt, dass durch die erfindungsgemäße Ausgestaltung »die Lage des Antriebs relativ zur Schraubenfeder derart einstellbar« ist, dass dieser gut zugänglich ist, und andererseits S. 8 Z. 24/25 bis S. 9 Z. 2. Dort ist angegeben, dass der Durchbruch wenigstens einer der Druckplatten exzentrisch versetzt in der Druckplatte angeordnet ist, ohne dass – wie es bei Zugrundelegung des Verständnisses der Klägerin zu erwarten wäre – die Relation zur Schraubenfeder erwähnt wird. Gestützt wird dies durch S. 9 Z. 7–13, wo es heißt: »Wird dieser exzentrische Versatz des Durchbruches für die zweite (...) Druckplatte gewählt, so wird sowohl ein radialer Versatz des Antriebes relativ zur zu spannenden Schraubenfeder wie auch eine Veränderung der axialen Winkellage des Spanngerätes innerhalb der Schraubenfeder bewirkt. Auch hieraus ergibt sich, dass sich die Worte »relativ zur Schraubenfeder« auf die Einstellung der Lage des Antriebs des Spanngerätes beziehen, nicht aber auf den exzentrischen Versatz des Durchbruchs. Die Ansicht der Beklagten, die Nennung der Druckplatte am Ende von Merkmal 6 sei nur als Ortsangabe dahin zu verstehen, dass der Durchbruch in der Druckplatte angeordnet sei, ist nicht überzeugend, weil bei dieser Deutung nur etwas wiederholt würde, was in den Merkmalen 2 und 3 bereits gesagt ist. Dem Hinweis der Beklagten, die Gebrauchsmusterschrift unterscheide zwischen »in der Druckplatte« und »zur Druckplatte« und bringe mit der einen Wendung nur eine Ortsangabe, mit der anderen dagegen eine Relation zum Ausdruck, steht insbesondere S. 10 Z. 17 ff entgegen. Dort ist zunächst vom »exzentrischen Versatz des Durchbruches in der Druckplatte« die Rede, dann aber davon, dass die »innere Begrenzungskante der Spannfläche (...) ebenfalls exzentrisch versetzt zur Druckplatte verlaufen« könne (Hervorhebung durch den Senat). Zudem ist S. 12 Z. 21 von dem exzentrischen »Versatz des Durchbruches zur Druckplatte« die Rede.

Der exzentrische Versatz des Durchbruchs wenigstens einer der Druckplatten führt zu einer Verschiebung der Lage des Antriebs am Ende des Spanngerätes. Diese Verschiebung kann dazu genutzt werden, die Lage des Antriebs so einzustellen, dass er auch bei gebogenem Verlauf der Feder besser zugänglich ist. Da die Lage des Spanngerätes innerhalb der Schraubenfeder verändert werden kann, ist es zudem möglich, die Gefahr des Verkantens oder Verklemmens des Spanngerätes beim Einschieben in die bereits in die Feder eingesetzten Druckplatten zu verringern.

2.

Die angegriffene Ausführungsform benutzt Merkmal 6 weder wörtlich noch äquivalent.

Merkmal 6 lehrt, den Durchbruch exzentrisch versetzt in der Druckplatte anzuordnen. Das Merkmal ist dahin zu verstehen, dass die Exzentrizität bezogen ist auf die Druckplatte, nicht auf den äußeren Rand der inneren Begrenzung der Spannfläche. Es ist bei der angegriffenen Ausführungsform nicht verwirklicht, weil bei ihr der Durchbruch konzentrisch zum äußeren Umfang der Druckplatte angeordnet ist.

a)

Bei der Bestimmung des zutreffenden Verständnisses des kennzeichnenden Merkmals 6 wird der Fachmann vom Stand der Technik ausgehen, auf den in der Klagegebrauchsmusterschrift ausdrücklich Bezug genommen wird. In Anlage B 4 wird in Anspruch 1 ein Federspanner mit zwei losen, tellerartigen Druckplatten beschrieben, die jeweils eine zentrale Durchstecköffnung aufweisen. In der Beschreibung ist an mehreren Stellen von zentralen Bohrungen usw. die Rede. Auch in den Anlagen B 9 und B 10 ist jeweils von einer zentralen Durchstecköffnung die Rede. Die Druckplatten sind in den Figuren dieser Druckschriften jeweils im Wesentlichen kreisrund und tellerartig dargestellt und in Anlage B 4 (Sp. 8 Z. 56 ff) auch so beschrieben. Aus der Sicht des Fachmanns spricht schon dieser technische Hintergrund, von dem sich die Erfindung absetzen will, dafür, die Exzentrizität in Bezug zur Druckplatte zu setzen. In diese Richtung weist auch die Beschreibung in der Klagegebrauchsmusterschrift. Insbesondere ist dort auf S. 12 Z. 21 ausdrücklich von dem exzentrischen Versatz des Durchbruches zur Druckplatte die Rede. Für diese Auslegung sprechen auch die Figuren 1 und 2, in denen die Exzentrizität des Durchbruches um den Betrag E 1 auf die Druckplatte bezogen ist – und nicht etwa auf die innere Begrenzung der Spannfläche. Entsprechend werden diese Figuren in der Beschreibung (S. 16 Z. 2-4) erläutert. Auch die Figuren 3 und 4 zeigen Druckplatten, in denen die Exzentrizität des Durchbruchs um den Betrag E 2 auf die Druckplatte bezogen ist, wie in der Beschreibung (S. 19 Z. 12 ff) erläutert wird. Aus der Sicht des Fachmanns ist dieses Verständnis des Merkmals auch technisch sinnvoll und nachvollziehbar. Insofern ist zwar der Hinweis der Klägerin zutreffend, dass es für den angestrebten radialen Versatz des Antriebs auf das Verhältnis zur Schraubenfeder ankommt, doch steht dies dem dargestellten Verständnis des Merkmals 6 nicht entgegen. Das technische Problem, dessen Lösung sich das Klagegebrauchsmuster zur Aufgabe gemacht hat, ergibt sich daraus, dass insbesondere bei Spannfedern, die im eingebauten Zustand einen gebogenen Verlauf aufweisen, die Zugänglichkeit des Antriebs erschwert sein kann. Denn anders als bei gerade eingebauten Spannfedern ist hier nicht ohne weiteres gewährleistet, dass die Öffnung in der Achskonstruktion oder in der Karosserie, durch die zunächst das Spanngerät eingeführt und später der Antrieb des Spanngeräts erreicht werden soll, in der Flucht des Verlaufs des Spanngerätes liegt. Die sich daraus ergebenden Probleme können behoben oder mindestens verringert werden, wenn die Lage des Spanngeräts und damit die Lage des an dessen Ende befindlichen Antriebs gegenüber der Schraubenfeder versetzt wird. Verdeutlicht wird das etwa durch Figur 6 des Klagegebrauchsmusters, wo der Antrieb im Verhältnis zur Schraubenfeder in Richtung des Pfeils 46 verschoben ist, was die Zugänglichkeit des Antriebssechskants durch die Durchgangsöffnung 39 verbessert. Aus der Sicht des Fachmanns gibt es jedoch mehrere Möglichkeiten, die Lage des Antriebs gegenüber der Schraubenfeder einzustellen. *Eine* Möglichkeit besteht darin, den Durchbruch exzentrisch zur Druckplatte zu versetzen. Bei unveränderter – konzentrischer (vgl S. 15 Z. 6 ff) – Anordnung der Federwindung auf der Spannfläche der Druckplatte hat dieser Versatz des Durchbruchs zur Folge, dass sich die Lage des Spanngeräts, das durch den Durchbruch geführt wird, zur Schraubenfeder ändert – und damit auch die Lage des Antriebs, der am Ende des Spanngeräts angebracht ist. Eine andere Möglichkeit besteht darin, die innere Begrenzung der Spannfläche im Verhältnis zum Außenumfang der Druckplatte exzentrisch zu verschieben. Bleibt der Durchbruch im Verhältnis zur Druckplatte dabei konzentrisch angeordnet, hat das ebenfalls eine Veränderung der Lage von Schraubenfeder und Durchbruch zueinander zur Folge.

Der Fachmann wird bei der Lektüre des Klagegebrauchsmusters zur Kenntnis nehmen, dass sich dieses in Unteranspruch 3 explizit mit der Möglichkeit befasst, die Anordnung der Lage des Antriebs durch exzentrischen Versatz der inneren Begrenzung der Spannfläche zu beeinflussen. Unteranspruch 3 beschreibt einen Federspanner nach Anspruch 1 oder 2, der dadurch gekennzeichnet ist, dass die innere Begrenzungskante der Auflagefläche der zweiten Druckplatte zumindest in ihrem der Aussparung gegenüberliegenden Umfangsbereich exzentrisch versetzt zur Druckplatte verläuft. In der Beschreibung wird dazu ausgeführt (S. 10, Z. 16 ff), »zusätzlich zu dem exzentrischen Versatz des Durchbruches in der Druckplatte« könne »auch die innere Begrenzungskante der Spannfläche zumindest in ihrem der Aussparung gegenüberliegenden Umfangsbereich ebenfalls exzentrisch versetzt zur Druckplatte verlaufen«. Durch diesen exzentrisch versetzten Verlauf der inneren Begrenzungskante der Spannfläche sei »die Druckplatte selbst relativ zur aufgenommenen Federwindung und somit insgesamt zur Schraubenfeder zumindest in gewissen Grenzen ausrichtbar, so dass auch dies zu einer entsprechenden Ausrichtung des mit dieser Druckplatte in Eingriff stehenden Spanngerätes« führe. Auf diese Weise könne »die Zugänglichkeit des Antriebs des Spanngerätes weiter verbessert werden, da dies eine zusätzliche Einstellung der Lage des Antriebs« ermögliche.

Das Klagegebrauchsmuster beschreibt somit zwei Möglichkeiten, die Lage des Antriebs im Verhältnis zur Schraubenfeder einzustellen: *Einerseits* durch exzentrische Verlagerung des Durchbruchs, die Gegenstand des kennzeichnenden Merkmals des Anspruchs 1 ist, *andererseits* durch exzentrische Verlagerung der inneren Begrenzungskante der Spannfläche, die Gegenstand des Unteranspruchs 3 ist. Die zweite Möglichkeit ist dabei nur als eine zusätzliche vorgesehen, die zu einer weiteren Verbesserung der Zugänglichkeit des Antriebs führen könne. Unter diesen Umständen liegt es aus der Sicht des Fachmanns gänzlich fern, den Anspruch 1 dahin zu verstehen, dass sich der exzentrische Versatz des Durchbruchs auf den Verlauf der inneren Begrenzungskante der Spannfläche bezieht. Denn dann wäre nicht ersichtlich, inwiefern Unteranspruch 3 ein zusätzliches Merkmal aufwiese. Gerade die im Klagegebrauchsmuster beschriebenen Möglichkeiten der Einstellung der Lage des Antriebs gegenüber der Schraubenfeder sowohl durch Versatz des Durchbruchs als auch durch Versatz der inneren Begrenzungskante der Spannfläche führen den Fachmann dazu, den Anspruch 1 so zu verstehen, dass sich die Exzentrizität des Durchbruchs auf die Druckplatte bezieht.

Bei der angegriffenen Ausführungsform ist der Durchbruch in Bezug auf den maßgeblichen Kreisumfang der Druckplatte konzentrisch – und damit nicht exzentrisch versetzt in der Druckplatte – angeordnet. Damit ist Merkmal 6 nicht verwirklicht.

b)

Das Merkmal 6 wird aber auch nicht äquivalent verwirklicht.

Bei einer vom Sinngehalt der Schutzansprüche abweichenden Ausführung kann eine Benutzung dann vorliegen, wenn der Fachmann auf Grund von Überlegungen, die an den Sinngehalt der in den Ansprüchen unter Schutz gestellten Erfindung anknüpfen, die bei der angegriffenen Ausführungsform eingesetzten abgewandelten Mittel mit Hilfe seiner Fachkenntnisse als für die Lösung des der Erfindung zu Grunde liegenden Problems gleichwirkend auffinden konnte (vgl BGH GRUR 2002, 515, 516 f – Schneidmesser I zu § 14 PatG und Art 69 Abs 1 EPÜ, GRUR 2007, 410, 416 – Kettenradanordnung).

Im Streitfall kann das nicht angenommen werden. Wenn das Klagegebrauchsmuster den exzentrischen Versatz der inneren Begrenzungskante der Auflagefläche zur Druckplatte nur in einem Unteranspruch angibt und in der Beschreibung ausgeführt wird, bei dieser Gestaltung handele es sich um eine Maßnahme, mit der die Zugänglichkeit des Antriebs des Spanngeräts weiter verbessert werden könne, weil dies eine zusätzliche Einstellung der Lage des Antriebs ermögliche (S. 10 Z. 16 bis S. 11 Z. 5), bedeutet dies, dass der Fachmann eine Ausführungsform, die auf einen exzentrischen Versatz des Durchbruchs relativ zur Druckplatte verzichtet, nicht als eine Lösung in Betracht ziehen wird, die der in Anspruch 1 unter Schutz gestellten Lösung gleichwertig ist. Die Argumentation der Klägerin läuft darauf hinaus, als Gegenstand des Schutzes des Klagegebrauchsmusters verallgemeinernd die Idee anzusehen, die Lage des Spanngeräts – und damit des an diesem angebrachten Antriebs – relativ zur Feder zu verändern. Eine solche Verallgemeinerung ist jedoch gebrauchsmusterrechtlich nicht zulässig (vgl zum Patentrecht BGH GRUR 1999, 977, 981 – Räumschild). Anspruch 1 des Klagegebrauchsmuster stellt eine konkrete Möglichkeit der Veränderung der Lage des Antriebs relativ zur Feder unter Schutz – diese ist dadurch gekennzeichnet, dass der Durchbruch wenigstens einer der Druckplatten exzentrisch versetzt in der Druckplatte angeordnet ist. Die Auffassung der Klägerin, auch eine Ausführungsform, bei der hierauf gänzlich verzichtet wird und nur von einer in einem Unteranspruch unter Schutz gestellten weiteren Möglichkeit der Veränderung der Lage des Antriebs Gebrauch gemacht wird, könne in den Schutzbereich des Hauptanspruchs fallen, trifft nicht zu.

bb) Fälle möglicher Äquivalenz

Denkbar ist eine Äquivalenz, sofern sich aus der Patentbeschreibung nicht ein »Verzichtssachverhalt« ergibt, vor allem in zwei Konstellationen: 175

– Zum einen bei einer **kinematischen Umkehr**, 176
– zum anderen, wenn der Patentanspruch ein ganz bestimmtes Lösungsmittel benennt (zB »Schraube«), das aus der maßgeblichen Sicht des Fachmanns **stellvertretend für** die mit ihm verbundene **technische Funktion** (zB lösbare Befestigung) steht; hier kommt ein anderes konstruktives Mittel (zB Bajonettverschluss) derselben Funktion als gleichwirkendes und gleichwertiges Austauschmittel in Betracht. 177

Dass ein alternatives **Lösungsmittel trivial** ist und sich dem Fachmann evident aufdrängt, führt als solches noch nicht zu einer Beschränkung des Äquivalenzschutzes unter Verzichtsgesichtspunkten.[225] 178

cc) Zahlen- oder Maßangaben[226]

Enthält der Patentanspruch Zahlen- oder Maßangaben, mit denen eine bestimmte Quote oder ein bestimmter Bereich als patentgeschützt beansprucht wird, so verbietet es sich 179

---

225 Kühnen, GRUR 2013, 1086; OLG Düsseldorf, GRUR-RR 2014, 185 – WC-Sitzgelenk.
226 Vgl Reimann/Köhler, GRUR 2002, 931; Meier-Beck, GRUR 2003, 905, 907; Köster, Mitt 2003, 5, 10; Bopp/Jeep, Mitt 2003, 293; Rinken, FS 80 Jahre Patentgerichtsbarkeit Düsseldorf, 2016, S 429.

aus Gründen der Rechtssicherheit, eine Ausführungsform in den Schutzbereich einzubeziehen, die den besagten Bereich nennenswert unter- oder überschreitet. Das gilt selbst dann, wenn trotz des außerhalb des beanspruchten Bereiches liegenden Zahlen- oder Maßwertes die erfindungsgemäßen Vorteile in gleicher Weise erzielt werden und dies für den Fachmann des Prioritätstages auch offensichtlich war.[227] Denn der Schutzbereich ist nach dem zu ermitteln, was dem Anmelder auf sein Patentbegehren hin erteilt worden ist (selbst wenn damit der sachliche Gehalt der Erfindung nicht vollständig ausgeschöpft sein sollte), und nicht danach, was objektiv erteilungsfähig gewesen wäre und die Erfindung an Schutz verdient gehabt hätte.

180 Ob und in welchem Umfang Abweichungen von den angegebenen Zahlen- und Maßangaben noch von der Lehre des Patentes (dh seinem Wortsinn) erfasst werden, ist durch Auslegung zu ermitteln, wobei neben den allgemeinen Auslegungsregeln auch eine Rolle spielt, in welchem Umfang sich bei Abweichungen gerade der durch die Zahlenangabe eingegrenzte erfindungsgemäße Erfolg erreichen lässt. Dies führt dazu, dass eine eindeutige Zahlenangabe den geschützten Gegenstand häufig abschließend bestimmt und begrenzt; ihre Über- oder Unterschreitung ist daher in aller Regel nicht mehr zum Gegenstand des Patentanspruchs zu rechnen.[228] Denn Zahlen- und Maßangaben sind von Hause aus präzise. Dessen ist sich auch der Anmelder bewusst. Bedient er sich zur Definition eines Gegenstandes, für den er Schutz begehrt, gleichwohl einer Zahlen- oder Maßangabe, so ist im Allgemeinen die Annahme berechtigt, dass der Anmelder sorgfältig denjenigen Zahlen- oder Maßbereich abgeklärt hat, innerhalb dessen sich die patentgemäßen Wirkungen – schon und noch – einstellen. Der Fachmann wird daher regelmäßig keinen Anlass sehen, sich auch außerhalb des beanspruchten Bereichs für Lösungsmittel zu interessieren und sie für potenziell tauglich zu halten.[229]

181 Das gilt – aus der **Anspruchssystematik** heraus – in besonderem Maße, wenn der fragliche Hauptanspruch, Unteransprüche oder der Beschreibungstext für den Leser belegen, dass sich der Anmelder bei Abfassung der Klagepatentschrift der Möglichkeit einer breiteren Anspruchsfassung bewusst war, was zB daran deutlich wird, dass andere Inhaltsstoffe in den Anspruchssätzen statt mit einem einzelnen konkreten Wert mit einem Wertebereich oder unter Zusatz des Wortes »ca«, »etwa« oder »ungefähr« beansprucht sind.

182 Bei dem Verständnis von Zahlenangaben ist zu berücksichtigen, welche **Dezimalstelle** das Klagepatent in seinem Patentanspruch aufgreift. Enthält der Anspruch ganze Zahlen (Bsp: 10 Gew-%) ohne Nachkommastelle, so führt im Allgemeinen nicht schon jede Verfehlung in irgendeiner Nachkommastelle (Bsp: 10,00001 Gew-% oder 9,99999 Gew-%) zur Nichtverletzung. Würde es auf eine derartige Genauigkeit ankommen, darf der Rechtsverkehr erwarten, dass in den Patentanspruch die betreffende Nachkommastelle aufgenommen worden wäre. Vom Patent wird vielmehr im Zweifel jeder Wert erfasst, der sich nach allgemeinen mathematischen Regeln auf die betreffende volle Zahl des Patentanspruchs **auf- oder abrunden** lässt (Bsp: 10 Gew-% = größer gleich 9,5 Gew-% bis kleiner 10,5 Gew-%). Das gilt als Zweifels-Regel solange, wie keine stichhaltigen technischen Erwägungen aus der Patentschrift heraus erkennbar sind, die eine abweichende (dh großzügigere oder strengere) Handhabung gebieten. Dieselbe Herangehensweise ist auch bei Zahlen*bereichen* angebracht, die nach oben und unten durch ganze Zahlen begrenzt werden. Aus dem gewählten Abstraktionsgrad der Bereichsgrenzen lässt sich – nicht anders als bei Einzelwerten – schließen, mit welchem Grad von Genauigkeit die Obergrenze bzw. Untergrenze des beanspruchten Bereichs erfindungsgemäß eingehalten werden soll.

---

227 LG Düsseldorf, InstGE 1, 186 – Kaminrohr; von Rospatt, GRUR 2001, 991.
228 BGH, GRUR 2002, 519 – Schneidmesser II; BGH, GRUR 2002, 515 – Schneidmesser I; BGH, GRUR 2002, 527 – Custodiol II; BGH, GRUR 2002, 511 – Kunststoffrohrteil.
229 BGH, Mitt 2005, 281, 283 – Staubsaugerrohr.

Kein Kriterium für das Verständnis von Zahlenangaben ist regelmäßig die in einem 183
erfassten Zahlenbereich oder in mehreren Zahlenangaben des Patentanspruchs zum Ausdruck kommende **Skalierung**, dh das mathematische Raster, das den Zahlenwerten und Bereichsspannen zugrundeliegt (Bsp: 10 Gew-%, 15 Gew-%, 55–70 Gew-% ergibt eine Skalierung von 5 Gew-%-Schritten):

– Der Rückgriff auf die Skalierung eines **Zahlenbereichs** würde den durch die gewählte 184
  Zahlenangabe (ganze Zahlen) vorgegebenen Genauigkeitsmaßstab für die Grenzwerte auf ganz andere Zahlenbeträge verschieben können, beispielsweise dann, wenn der kleinste gemeinsame Teiler des Bereichs – wie oben dargelegt – 5 beträgt (55–70 Gew-% stünde alsdann für 52,5–72,5 Gew-%). Hätte der Anmelder einen derart weit gespannten Bereich unter Schutz stellen wollen, wäre es an ihm gewesen, die Ober- und Untergrenze des Bereichs entsprechend festzulegen. Anders als beim Fehlen oder Vorhandensein einer Nachkommastelle besagt der kleinste Teiler eines beanspruchten Zahlenbereichs auch nichts Relevantes über den Genauigkeitsgrad der gewählten Zahlenangabe.

– Ebenso verfehlt ist es, im Rahmen der Auslegung einer **Zahlenangabe** – unabhängig 185
  von Hinweisen in der Patentschrift – stets danach zu fragen, welche Skalierung den mehreren Zahlenwerten desselben Patentanspruchs zugrundeliegt und gemeinsam ist. Ein derartiger Auslegungsgrundsatz (der im obigen Bsp dazu führen würde, dass die Angabe von 10 Gew-% wie 7,5–12,5 Gew-% zu lesen ist) existiert nicht. Wie der Durchschnittsfachmann eine Zahlenangabe zu verstehen hat, hängt allein von demjenigen technischen Beitrag ab, den die betreffende zahlenmäßig erfasste Komponente des Patentgegenstandes nach der Lehre der Erfindung zum Gesamtergebnis beisteuern soll. Insofern ist jede einzelne Zahlenangabe grundsätzlich isoliert für sich zu betrachten und auf *ihren* Leistungsbeitrag zum Erfindungserfolg zu untersuchen. Allenfalls dann, wenn für den Durchschnittsfachmann ein Zusammenhang zwischen den mehreren Zahlenwerten für die multiplen Erfindungsbestandteile erkennbar ist, kann eine Gesamtbetrachtung aller Zahlenwerte und die aus ihnen ersichtliche Skalierung auslegungsrelevant sein. Derartiges verlangt jedoch, dass der hinter den Zahlenwerten des Patentanspruchs stehenden Skalierung aus der Sicht des Durchschnittsfachmanns eine technische Bedeutung für die erfolgreiche Durchführung des Erfindungsgedankens zukommt. Eine mathematisch übergreifende Skalierungsbetrachtung beim Verständnis der Zahlenangaben setzt also einen gleichgelagerten technischen Funktionszusammenhang zwischen den Einzelzahlenwerten des Patentanspruchs voraus. Die Einhaltung des sämtliche Zahlenwerte verbindenden mathematischen Rasters muss – mit anderen Worten – für die Herbeiführung der erfindungsgemäßen Vorteile bedeutsam sein.

Das Gesagte gilt auch dann, wenn die Zahlen- oder Maßangabe im Patentanspruch nicht 186
numerisch dargestellt, sondern **verbal umschrieben** ist (zB rechtwinklig statt 90°).[230]

Für die **praktische Handhabung** lassen sich die folgenden Regeln aufstellen: 187

– Eine **wortsinngemäße** Benutzung wird idR nur angenommen werden können, wenn 188
  der vom wortsinngemäß Beanspruchten[231] abweichende Zahlenwert oder -bereich der angegriffenen Ausführungsform sich innerhalb des technisch bedingten Toleranzbereichs hält, wenn es sich also zB um einen Wert handelt, der auch dann erzielt wird, wenn der Fachmann die beanspruchte Ober- oder Untergrenze exakt einhalten will.

---

230 BGH, GRUR 2002, 523, 525 – Schneidmesser II.
231 Was das ist, bestimmt sich notfalls anhand mathematischer Rundungsregeln; vgl. Rdn 182.

189 – Außerhalb des Wortsinns mit seinem technisch unvermeidlichen Toleranzbereich kommt allenfalls eine **äquivalente** Benutzung in Frage. Insoweit ist zu unterscheiden:

190 – Vermittelt die Patentschrift dem Fachmann den Eindruck, dass es sich bei der Zahlenangabe des Patentanspruchs um einen kritischen Wert handelt, so ist ein davon abweichender Wert für den Fachmann nicht anhand der Patentschrift als gleichwertig auffindbar. Das gilt selbst dann, wenn er aufgrund seines Fachwissens an sich erkennt, dass die Wirkungen der Erfindung sich auch mit diesem abweichenden Wert erzielen lassen.

191 – Ähnliches gilt, wenn der Fachmann von der Patentschrift im Unklaren über den genauen Sinn des in den Anspruch aufgenommenen Zahlenwertes gelassen wird. Mangels gegenteiliger Anhaltspunkte muss der Fachmann zu der Einsicht gelangen, dass die patentgemäßen Wirkungen nur bei genauer Einhaltung des Zahlenwertes erreicht werden können. Jedenfalls ein nennenswert abweichender Wert ist deshalb bei Orientierung an der beanspruchten Erfindung nicht als gleichwertig auffindbar.[232]

192 – Zu bejahen sein kann eine Äquivalenz dagegen am ehesten, wenn der Fachmann in der Beschreibung erläuternde Angaben zum Sinn und Zweck der Maß- oder Bereichsangabe findet, die ihn darüber belehren, dass die Wirkungen der Erfindung auch außerhalb des beanspruchten Bereiches erreicht werden. Auch hier darf der Schutzbereich allerdings nicht beliebig, nämlich auf deutlich außerhalb des im Anspruch definierten Wertes liegende Bereiche, erstreckt werden. In jedem Fall muss das Maß der Über- oder Unterschreitung in einem vernünftigen Verhältnis zu dem beanspruchten Zahlenbereich liegen. Umfasst dieser also beispielsweise eine Spanne von 10 Gew-% (10–20 Gew-%[233]), so wird ein Wert, der den beanspruchten Bereich um mehr als 1/3 verfehlt (Bsp: 5,5 Gew-%; 25 Gew-%) im Allgemeinen nicht mehr als Äquivalent anzusehen sein können.

193 – Beschränkend ist freilich die oben[234] erörterte »**Verzichtsrechtsprechung**« des BGH zu beachten. Außerhalb des Patentanspruchs liegende Zahlenwerte, die in der Patentbeschreibung mit der vom BGH geforderten Konkretheit[235] als lösungstauglich hingestellt werden, können unter dem Gesichtspunkt einer vom Anmelder im Sinne der engeren Anspruchsfassung getroffenen Auswahlentscheidung nicht in den Äquivalenzbereich einbezogen werden.

194 ▶ **Bsp: (LG Düsseldorf, Urteil v 2.12.2004 – 4b O 508/03)**

I.1.

Das Klagepatent (EP 0 722 379) betrifft eine Klingeneinheit für Sicherheitsrasierer mit einer Gruppe von drei Klingen.

Der Klagepatentschrift zufolge sind Klingeneinheiten mit einer Gruppe von drei Klingen zwar vorbekannt gewesen (etwa aus der US-A 4 200 976). Auf dem einschlägigen Markt für Sicherheitsrasierer hatten in der Vergangenheit jedoch vor allem Sicherheitsrasierer mit Klingeneinheiten mit zwei Klingen Erfolg. Diese liefern bereits – insbesondere was die Glätte betrifft – ein besseres Rasurergebnis als Rasierer mit Einzelklingen.

---

232 BGH, GRUR 2002, 519, 522 – Schneidmesser II; BGH, GRUR 2002, 523, 525 f – Custodiol I; BGH, GRUR 2007, 1059 – Zerfallszeitmessgerät.
233 Bei Anwendung mathematischer Rundungsregeln 11 Gew-% (9,5 Gew-% bis kleiner als 20,5 Gew-%).
234 Rdn 157.
235 Sie wird wohl die Benennung von Zahlenwerten verlangen, so dass die bloße Relativierung durch Formulierungen wie »ca.« oder »etwa« nicht schädlich ist.

Auch wenn eine Klingeneinheit mit vielen Klingen grundsätzlich eine glattere Rasur als eine vergleichbare Klingeneinheit mit weniger Klingen bewirken kann, ist die Erhöhung der Klingenanzahl im Hinblick auf die *Gesamt*rasurleistung problematisch, da sie sich deutlich nachteilig auf andere maßgebliche Rasurparameter auswirken kann, und zwar in erster Linie auf die beim Rasieren spürbaren Zugkräfte, die nicht als unangenehm empfunden werden sollen. Trotz glatter Rasur kann die Gesamtleistung einer Klingeneinheit mit vielen Klingen daher im Ergebnis unbrauchbar sein. Hierauf führt die Klagepatentschrift zurück, dass Rasierer mit Klingeneinheiten, die mehr als zwei Klingen aufweisen, sich auf dem Markt gegenüber Klingeneinheiten mit nur zwei Klingen nicht durchsetzen konnten.

Ausgehend von dieser Problemstellung stellt die Klagepatentschrift als Verdienst und Leistung der Erfindung nach dem Klagepatent heraus, eine Lösung gefunden zu haben, bei der die friktionalen Zugkräfte bei der Verwendung einer Klingeneinheit mit drei Klingen auf einem brauchbaren Niveau gehalten werden, während gleichzeitig eine verbesserte Rasureffizienz erreicht wird, was durch eine bestimmte geometrische Exposition der drei Klingen zueinander und zur Schutzeinrichtung und Kappe bewirkt wird. Patentanspruch 1 enthält diesbezüglich die nachfolgenden Lösungsmerkmale:

Klingeneinheit für einen Sicherheitsrasierer, wobei die Einheit folgendes umfasst:

1) Eine Schutzeinrichtung (2),

2) eine Kappe (3) und

3) eine Gruppe von drei Klingen (11, 12, 13) mit parallelen scharfen Kanten, die zwischen der Schutzeinrichtung (2) und der Kappe angeordnet sind.

4) Die erste Klinge (11), die die der Schutzeinrichtung (2) am nächsten angeordnete Kante definiert, weist eine Exposition von nicht mehr als Null auf.

5) Die dritte Klinge (13), die die der Kappe (3) am nächsten angeordnete Kante definiert, weist eine Exposition mit einem positiven Wert auf.

6) Die zweite Klinge (12) weist eine Exposition auf, die nicht kleiner ist als die Exposition der ersten Klinge (11) und nicht größer als die Exposition der dritten Klinge (13).

Der nebengeordnete Patentanspruch 13 grenzt die in den Merkmalen 4 und 5 gemachten Vorgaben dahingehend ein, dass

– die erste Klinge (11) eine Exposition mit einem negativen Wert von nicht weniger als – 0,2 mm aufweist und

– die dritte Klinge (13) eine Exposition mit einem positiven Wert von nicht mehr als + 0,2 mm aufweist.

Die nachfolgende Abbildung (Figur 2 der Klagepatentschrift) veranschaulicht den Gegenstand der Erfindung.

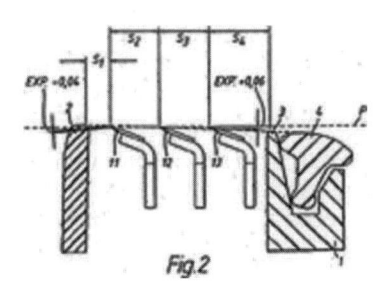

Fig.2

Die Klingenexposition definiert die Klagepatentschrift als den senkrechten Abstand bzw die Höhe der Klingenkante, gemessen im Verhältnis zu einer tangentialen Ebene zu den Hautberührungsoberflächen der Elemente der Klingeneinheit, die als nächste vor und hinter der Kante angeordnet sind. Danach wird bei der erfindungsgemäßen Klingeneinheit mit drei Klingen die Exposition der ersten bzw primären Klinge in Bezug auf eine Ebene gemessen, die tangential zu der Schutzeinrichtung und der Kante der zweiten Klinge verläuft, und wird die Exposition der dritten bzw tertiären Klinge in Bezug auf eine Ebene gemessen, die tangential zur Kante der zweiten Klinge und der Kappe verläuft.

Den weiteren Darlegungen der Klagepatentschrift zufolge neigt die erfindungsgemäße Anordnung dazu, die durch die einzelnen Klingen ausgeführten Arbeiten abzugleichen, da die führende Klinge in einem Rasierer mit einer Mehrzahl von Klingen in der Regel bei der Rasur am meisten beansprucht wird. Die stetig ansteigende Klingenexposition hat sich insoweit als besonders vorteilhaft erwiesen.

2.

Die Beklagte stellt her und vertreibt in der Bundesrepublik Deutschland unter der Bezeichnung »W. Sword Quattro« Klingeneinheiten für Nassrasierer. Die Klingeneinheit verfügt über vier Klingen, die zwischen einer Schutzeinrichtung und einer mit einem Gleitstreifen versehenen Kappe angeordnet sind.

II.

Die angegriffene Klingeneinheit macht von der technischen Lehre der Patentsprüche 1 und 13 des Klagepatents keinen Gebrauch. Das bei beiden Patentansprüchen identische Merkmal 3 ist weder wortsinngemäß (nachfolgend unter 1.) noch mit äquivalenten Mitteln (nachfolgend unter 2.) verwirklicht.

1.

Gemäß Merkmal 3 umfasst die erfindungsgemäße, zwischen Schutzeinrichtung und Kappen angeordnete Klingeneinheit eine *Gruppe von drei Klingen*. Die angegriffene Ausführungsform verfügt zwischen Schutzeinrichtung und Kappe über vier Klingen. Eine wortsinngemäße Verletzung der Patentansprüche 1 und 13 käme daher nur in Betracht, wenn nach der technischen Lehre des Klagepatents dem Vorliegen einer erfindungsgemäßen Dreier-Gruppe nicht entgegen steht, in die Gruppe eine weitere Klinge zu integrieren.

a)

Bereits der Anspruchswortlaut steht einer solchen Betrachtung entgegen. Er legt für den Fachmann unmissverständlich fest, dass die Gruppe drei Klingen aufweisen soll. Die Anordnung von vier Klingen zwischen Schutzeinrichtung und Kappe bildet dementsprechend keine Dreier-Gruppe, wie sie das Klagepatent fordert, sondern eine Vierer-Gruppe von Klingen. Eine vierte, fünfte etc Klinge könnte für die rechtliche Beurteilung allenfalls dann außer Betracht bleiben, wenn es sich um eine bei der Rasur nicht wirksame Klinge, praktisch ein Placebo, handeln würde. Derartiges macht die Klägerin mit Blick auf die angegriffene Ausführungsform indessen selbst nicht geltend. Unstreitig leisten alle vier Klingen der angegriffenen Klingeneinheit einen Beitrag zur Rasur und lassen alle vier Klingen bei der Rasur Zugkräfte entstehen.

Dass die Angabe »drei Klingen« nicht als Mindestangabe verstanden werden kann, belegen auch die weiteren Merkmale der Patentansprüche. Die der Schutzeinrichtung am Nächsten angeordnete Klinge wird als *erste* Klinge, die der Kappe am nächsten angeordnete Klinge als *dritte* und die dazwischen liegende Klinge als *zweite* Klinge bezeichnet (Merkmale 4 bis 5). Diese mit dem konkreten Standort der Klingen verbundene Zählweise macht bei der Verwendung von mehr als drei Klingen technisch keinen Sinn. Da nach dem Verständnis des Klagepatents die der Kappe am nächsten angeordnete Klinge diejenige mit der höchsten Ordnungszahl (sic: drei) ist, müsste die betreffende Klinge bei Verwendung einer Vierer-Gruppe von Klingen als die vierte – und eben nicht als die dritte – Klinge bezeichnet werden.

Dagegen lässt sich nicht einwenden, dass nach dem Anspruchswortlaut die Klingeneinheit eine Gruppe von drei Klingen »umfasst«. Diese Formulierung macht dem Fachmann zwar deutlich, dass die Patentansprüche 1 und 13 keine abschließende Aufzählung enthalten. Ausgesagt ist jedoch lediglich, dass der Sicherheitsrasierer neben der in den Ansprüchen erwähnten Schutzeinrichtung, der Kappe und der dazwischen angeordneten Klingengruppe noch weitere Elemente enthalten kann, zB Sicherheitsdrähte, Gleitstreifen und dergleichen. Dies ändert aber nichts daran, dass gemäß Merkmal 3 als zwingende, konstitutive Voraussetzung eine Gruppe von drei Klingen vorhanden sein muss.

b)

Auch im Rahmen einer funktionalen Betrachtung bietet die Klagepatentschrift – abgesehen von rein sprachlichen Erwägungen – keine Grundlage dafür, dass es vor dem Hintergrund von Aufgabe und Lösung der Erfindung nicht darauf ankommt, dass genau drei – und nicht mehr – Klingen verwendet werden, und die Angabe »drei« für den Fachmann nur eine Mindestanforderung in dem Sinne darstellt, dass die der Kappe am nächsten liegende Klinge zahlenmäßig nicht die dritte Klinge sein muss, sondern dass es ausreicht, wenn es sich um die letzte Klinge einer Gruppe von zumindest drei Klingen handelt.

In sämtlichen Ansprüchen und der gesamten Patentbeschreibung ist ausnahmslos von drei Klingen die Rede. Dabei stellen, anders als die Klägerin offenbar meint, die Bezeichnungen *primäre, sekundäre und tertiäre* Klinge nur Synonyme für die Begriffe erste, zweite und dritte Klinge dar. Nicht einmal andeutungsweise enthält die Patentbeschreibung einen Hinweis darauf, dass in Abgrenzung zum Stand der Technik lediglich *zumindest* drei Klingen als (Basis-)Gruppe zwischen Schutzeinrichtung und Kappe angeordnet werden sollen. In der Klagepatentschrift (S. 1, zweiter Absatz übergreifend auf S. 2) ist in Bezug auf Klingeneinheiten mit »vielen Klingen ganz im Gegenteil das Folgende ausgeführt:

In den vergangenen Jahren wurden Sicherheitsrasierer mit Klingeneinheiten mit zwei Klingen in sehr großen Stückzahlen verkauft ... Ferner wurden über die Jahre hinweg zahlreiche schriftliche Vorschläge für Sicherheitsrasierer mit mehreren Klingen unterbreitet. Eine Klingeneinheit mit vielen Klingen kann eine glattere Rasur liefern als eine vergleichbare Klingeneinheit mit nur einer oder zwei Klingen. Die Glätte der erreichten Rasur ist allerdings nur ein Parameter, die Anwender zur Beurteilung der Leistung eines Rasierers verwenden. Das Hinzufügen weiterer Klingen kann sich deutlich nachteilig auf die Merkmale und Eigenschaften der Klingeneinheit auswirken, speziell auf die Zugkräfte, die man spürt, wenn die Klingeneinheit über die Haut geführt wird, was zur Folge hat, dass die Gesamtleistung der Klingeneinheit deutlich schlechter ausfällt, obwohl eine glattere Rasur erreicht werden kann.

Angesichts dieses Offenbarungsgehaltes der Patentschrift sieht der Fachmann das Hinzufügen weiterer Klingen zu einer Klingeneinheit als problematisch an, da jede weitere Klinge sich zusätzlich – insbesondere negativ auf die bei der Rasur spürbaren Zugkräfte – auswirken kann. Grundsätzlich wird er also mangels genauer Voraussicht und Abschätzbarkeit der konkreten Auswirkungen auf die Rasurparameter von einer Erhöhung der Klingenzahl in der Klingengruppe Abstand nehmen.

Endgültig bestärkt wird der Fachmann in dieser Einschätzung durch die sich an den obigen Problemhinweis anschließende Bemerkung der Klagepatentschrift (S. 2, zweiter Absatz), wonach es erst dank der erfindungsgemäß in bestimmter Weise vorgegebenen geometrischen Anordnung bzw Exposition der drei Klingen gelungen ist, die friktionalen Zugkräfte bei einer Klingeneinheit mit drei Klingen weiter auf einem brauchbaren Niveau zu halten, während gleichzeitig eine verbesserte Rasureffizienz ermöglicht wird. Diese auf eine bestimmte Geometrie von drei Klingen bezogene Aussage lässt sich aus der dem Fachmann durch die Patentschrift vermittelten Sicht nicht auf Klingeneinheiten mit vier oder mehr Klingen erweitern. Zusätzliche Klingen haben – wie die Klagepatentschrift selbst ausführt – zwangsläufig Einfluss auf die Rasurparameter, insbesondere die anfallenden Zugkräfte. Dass infolge der erfindungsgemäßen Exposition von drei Klingen die friktionalen Zugkräfte bei gleichzeitig verbesserter Rasurleistung auf einem »brauchbaren« Maß auch dann verbleiben, wenn statt der vorgesehenen drei zum Beispiel vier Klingen verwendet werden, lässt sich dem Klagepatent nicht entnehmen. Ganz im Gegenteil: Patentanspruch 1 lehrt in bestimmter Weise die Anordnung und Exposition von *drei* Klingen, von denen naturgemäß jede einzelne Einfluss auf die Rasurparameter (Zugkräfte, Rasurglätte) hat. Jede weitere Klinge nimmt ebenfalls Einfluss auf die Rasurparameter der Klingeneinheit, ohne dass dem Klagepatent eine Lehre entnommen werden könnte, wie weitere Klingen im Hinblick auf Anordnung und Exposition ausgerichtet sein müssen, um die erfindungsgemäßen Wirkungen zu erzielen. Liegen zwischen erster und letzter Klinge mehr als eine (zweite) Klinge, so ist unklar, welche die erfindungsgemäße zweite Klinge sein soll, zu der die Patentansprüche Angaben zur Exposition machen. Ließe man ausreichen, dass eine von zwei mittleren Klingen eine erfindungsgemäße Exposition zwischen den beiden äußeren Klingen aufweist, so würde eine Anleitung dazu fehlen, wie die weitere Klinge in der Einheit anzuordnen ist, um den erfindungsgemäßen Erfolg herbeizuführen bzw ihn nicht zu gefährden. Aus Sicht des Fachmanns verbietet es sich von vornherein, einzelne Klingen bei der Beurteilung der Rasurparameter einer Klingeneinheit mit einer Gruppe von Klingen auszublenden. Er wird die Angabe, dass zwischen Schutzeinrichtung und Kappe eine Gruppe von drei Klingen angeordnet ist, vor diesem Hintergrund als Zahlenangabe verstehen, deren Überschreitung nicht unkritisch ist, da der erfindungsgemäße Erfolg ohne Einhaltung dieses Wertes nicht mehr ohne weiteres zu erzielen ist.

Etwas anderes lässt sich entgegen der Ansicht der Kläger nicht daraus ableiten, dass die Klagepatentschrift (S. 2, letzter Absatz) eine allgemeine Definition zur Bestimmung der Klingenexposition enthält, die prinzipiell auch auf Klingeneinheiten mit mehr als drei Klingen angewandt werden könnte. Die entsprechende Beschreibungsstelle enthält lediglich eine abstrakte Aussage dazu, wie die Klingenexposition geometrisch-mathematisch gemessen werden kann. Mit diesem Inhalt hat der Text keinen schutzbereichserweiternden Gehalt. Überdies wird im folgenden Satz der Patentbeschreibung die zunächst abstrakt gelehrte Messmethode auf die erfindungsgemäße Klingeneinheit »mit drei Klingen« übertragen und im Einzelnen ausgeführt, welche Bezugspunkte mit Blick auf die vorgesehenen drei Klingen zur Bestimmung der Klingenexposition maßgeblich sind. Auch ändert die abstrakte Umschreibung der Messung der Klingenexposition nichts daran, dass – wie bereits dargelegt – das Einfügen von weiteren Klingen die Rasurparameter (insbesondere im Hinblick auf die wirkenden Zugkräfte negativ) beeinflusst.

2.

Zwischen Schutzeinrichtung und Kappe statt einer erfindungsgemäßen Gruppe von drei Klingen eine Gruppe von vier Klingen anzuordnen, von denen eine mittlere oder beide mittleren Klingen eine Exposition aufweisen, die nicht kleiner als die Exposition der ersten und nicht größer als die Exposition der letzten Klinge ist, stellt auch keine patentrechtlich äquivalente Maßnahme dar. Äquivalent sind solche Ausführungsformen, die vom Wortsinn abweichen, aber objektiv gleichwirkend sind, wenn der Fachmann die abgewandelten Mittel in naheliegender Weise auffinden kann, wobei die Überlegungen, die der Fachmann anstellen muss, derart am Sinngehalt der im Patentanspruch unter

Schutz gestellten technischen Lehre orientiert sein müssen, dass der Fachmann die abweichende Ausführung mit ihren abgewandelten Mitteln als eine der gegenständlichen Lösung gleichwertige Lösung in Betracht zieht (vgl BGH, WRP 2002, 558, 559 – Schneidmesser I).

Vorliegend fehlt es danach zumindest an der erforderlichen Gleichwertigkeit des Ersatzmittels. Die Patentansprüche 1 und 13 enthalten mit der Vorgabe, eine Gruppe von drei Klingen zu bilden, eine den Schutzbereich beschränkende *Zahlen*angabe. Steht eine solche Zahlenangabe im Raum, kann Äquivalenz zu bejahen sein, wenn der Fachmann in der Patentbeschreibung erläuternde Angaben zum Sinn und Zweck der Zahlen- oder Maßangabe findet, die ihn darüber belehren, dass die Wirkungen der Erfindung auch außerhalb des beanspruchten Bereichs erreicht werden. Lässt die Patentschrift den Fachmann im Unklaren über den genauen Sinn des in den Anspruch aufgenommenen Zahlenwertes, so muss er mangels gegenteiliger Anhaltspunkte im Zweifel davon ausgehen, dass die patentgemäßen Wirkungen nur bei genauer Einhaltung des Zahlenwertes mit hinreichender Sicherheit erreicht werden können. Bei einer solchen Fallgestaltung ist deshalb ein abweichender Wert bei Orientierung an der beanspruchten Erfindung als nicht gleichwertig auffindbar (vgl BGH, Mitt 2002, 216, 219 – Schneidmesser II). Dasselbe gilt erst recht, wenn die Patentschrift dem Fachmann den Eindruck vermittelt, dass es sich bei der Zahlenangabe des Patentanspruchs um einen kritischen Wert handelt, dessen Überschreitung im Hinblick auf die Erzielung der erfindungsgemäßen Wirkungen problematisch ist.

So liegen die Verhältnisse auch im Entscheidungsfall. Die Klagepatentschrift enthält nicht nur keinen Hinweis darauf, dass die Einhaltung des Zahlenwertes von drei Klingen zur Erreichung des angestrebten Ziels (glattere Rasur ohne problematische Zugkräfte) nicht von wesentlicher Bedeutung ist. Vielmehr ergibt sich aus der Beschreibung (vgl oben unter I.1), dass mit jeder Erhöhung der Zahl der Klingen in einer Klingeneinheit nachteilige Folgen für die Verwendbarkeit der gesamten Klingeneinheit, speziell im Hinblick auf die wirkenden Zugkräfte, verbunden sein können. Insofern sieht es die Klagepatentschrift in Abgrenzung zum Stand der Technik als problematisch an, von vorbekannten Rasierern mit zwei Klingen zu Rasierern mit drei Klingen zu wechseln, und schreibt es sich die Erfindung als ausdrückliches Verdienst zu, es erreicht zu haben, die Klingenzahl auf drei zu erhöhen, ohne dass die damit einhergehenden, größeren Zugkräfte als unangenehm empfunden werden. Bei dieser Ausgangslage besteht für den Fachmann kein Anlass zu der Annahme, von der erfindungsgemäßen Klingeneinheit mit drei Klingen könne problemlos zu einer Klingeneinheit mit vier Klingen übergegangen werden. Denn mit der vierten Klinge werden selbstverständlich weiter gesteigerte Zugkräfte wirksam, die beherrscht werden müssen.

Etwas anderes lässt sich auch nicht aus den Angaben der Klagepatentschrift (S. 4, zweiter Absatz u. S. 5, dritter Absatz) zu den Vorteilen der erfindungsgemäßen »stetig ansteigenden Klingenexposition« herleiten. Auch diese Angaben stehen stets im Zusammenhang mit der Funktion einer Klingeneinheit aus *drei* Klingen. Dass aufgrund der stetig ansteigenden Exposition statt nur drei Klingen vier oder sonst beliebig mehr Klingen in der Klingeneinheit untergebracht werden können, lässt sich dem Klagepatent nicht entnehmen und würde auch in Widerspruch zur explizit in der Patentbeschreibung angesprochenen Problematik stehen, dass jede in eine Klingeneinheit zusätzlich aufgenommene Klinge negativen Einfluss auf die Gesamteigenschaften der Einheit haben kann.

Nur diese Sichtweise lässt sich überdies mit den fachkundigen Ausführungen der Einspruchsabteilung des Europäischen Patentamts in ihrer das Klagepatent aufrechterhaltenden Entscheidung vom 23.4.2004 vereinbaren. In der besagten Entscheidung legt die Einspruchsabteilung (überzeugend) dar, dass aus dem Stand der Technik – insbesondere der US-PS 3 660 893 – die Lehre einer stetig ansteigenden Klingenexposition für

> Klingeneinheiten mit zwei Klingen entnommen werden kann, dass es aber auch angesichts des Umstandes, dass die betreffenden Entgegenhaltungen nicht auf Klingeneinheiten mit zwei Klingen beschränkt sind, für den Fachmann nicht naheliegend war, zu der erfindungsgemäßen Klingenexposition für drei Klingen zu gelangen, da dem Fachmann keine Lehre an die Hand gegeben und nahe gelegt wird, wie und mit welcher Exposition er die dritte Klinge anordnen soll. Eine sogenannte Einbahnstraßensituation, die zur erfindungsgemäßen Lehre führt, liegt der Einspruchsabteilung zufolge gerade nicht vor. Konnte der Fachmann von einer steigenden Exposition der Klingen für eine Klingeneinheit mit zwei Klingen nicht naheliegend zu einer stetig ansteigenden Exposition für eine Klingeneinheit mit drei Klingen gelangen, besteht kein Grund zu der Annahme, der Fachmann leite allein aufgrund der Angaben in der Klagepatentschrift zur Exposition der drei Klingen ab, es sei – auch in Ansehung der Zahlenangabe in den Patentansprüchen und entgegen der kritischen Beurteilung des Klagepatents zur Erhöhung der Klingenanzahl in einer Klingeneinheit – eine gleichwertige Maßnahme, statt eine Gruppe von drei Klingen eine Gruppe von vier Klingen vorzusehen, sofern eine oder beide mittleren Klingen eine Exposition aufweisen, die in Bezug auf die beiden äußeren Klingen im für die zweite Klinge patentbeanspruchten Bereich liegt.

dd) Andere Begriffe

195 Auf andere Begriffe in Patentansprüchen lässt sich die Rechtsprechung zu Zahlen- und Maßangaben nicht ohne Weiteres übertragen.[236] Legt sich das Klagepatent beispielsweise für ein Bauteil auf eine bestimmte Werkstoffgruppe (wie Polyamid) fest, so bedeutet dies noch nicht, dass eine Ausführungsform, die einen anderen Werkstoff (wie Polyäthylen) verwendet, außerhalb des Schutzbereichs liegt. Derartiges kann nur angenommen werden, wenn aus der Sicht des die Klagepatentschrift studierenden Fachmanns die Schlussfolgerung berechtigt ist, dass der Anmelder mit der in den Anspruch aufgenommenen Werkstoffgruppe eine ebenso eindeutige Festlegung hat vornehmen wollen, wie sie Zahlen- und Maßangaben schon als solche eigen ist.[237]

ee) Unbekanntes Ersatzmittel[238]

196 War das Ersatzmittel als solches am Prioritätstag noch unbekannt, weil es erst durch den weiteren Fortgang der technischen Entwicklung bereitgestellt worden ist[239], so ließe sich folgern, dass in seiner Wahl keine äquivalente Benutzung liegen kann, weil das Austauschmittel für einen Durchschnittsfachmann mit dem Wissen des Prioritätstages naheliegend gewesen sein muss. Diese Konsequenz wäre jedoch unhaltbar, wenn es in Kenntnis des Patents keiner über die Routine des Fachmanns hinausgehender Erwägungen bedurfte, um zu erkennen, dass die patentierte Erfindung objektiv gleichwirkend auch mit dem erstmals nachträglich zur Verfügung stehenden Mittel ausgeführt werden kann. Hier beruht die Abwandlung vom Anspruchswortlaut gerade nicht auf besonderen schöpferischen Überlegungen des Fachmanns, sondern darauf, dass dem Verletzer – zufällig – der allgemeine technische Fortschritt »in den Schoß gefallen« ist. Unter solchen Umständen muss es für die Einbeziehung in den Schutzbereich ausreichen, dass die Äquivalenzvoraussetzungen des Naheliegens bei Orientierung an der technischen Lehre des Patentanspruchs erfüllt sind, wenn unterstellt wird, dass dem Fachmann das (tatsächlich erst später verfügbar gewordene) Ersatzmittel bereits im Prioritätszeitpunkt bekannt gewesen ist.[240]

---

236 BGH, Mitt 2005, 281, 283 – Staubsaugerrohr.
237 BGH, GRUR 2016, 921 – Pemetrexed.
238 Von Falck, GRUR 2001, 905.
239 Vgl Grabinski, FS von Meibom, S 105.
240 OLG Düsseldorf, InstGE 10, 198 – zeitversetztes Fernsehen.

▶ **Bsp:**[241] 197

Das Klagepatent (EP 1 009 922, DE 698 39 272) betrifft eine Methode zur Verringerung des Schadstoffausstoßes von Dieselmotoren, die sich ua dadurch auszeichnet, dass beim Betrieb des Motors ein Gemisch aus Dieselkraftstoff und einer *kraftstofflöslichen* Cer-Verbindung verbrannt wird. Sinn dieser Maßnahme ist es, dass die Cer-Verbindung stets fein und gleichmäßig verteilt im zu verbrennenden Kraftstoff vorliegt und keine sedimentartigen Ablagerungen bildet, so dass aktive Cer-Spezies in platinkatalysierte Kanäle der Abgasauffangvorrichtung gelangen.

Das als mittelbar patentverletzend angegriffene Produkt ist ein Kraftstoffadditiv zur Beimengung in Dieselkraftstoff. Es weist als aktive Komponente ein Ceroxid *in Form von Nanopartikeln* auf. Nanopartikel waren am Prioritätstag noch nicht verfügbar. Sie haben, obwohl sie sich – anders als die in der Patentschrift als Ausführungsbeispiele abgehandelten molekular-dispersen Lösungen – nicht im Kraftstoff auflösen, ebenfalls zur Folge, dass das Cer gleichmäßig verteilt im Dieselkraftstoff vorhanden ist, so dass es bei der Verbrennung in das Abgas abgegeben wird. Wären Nanopartikel am Prioritätstag bereits geläufig gewesen, hätte für den Fachmann kein Zweifel bestanden, dass sie sich genauso wie molekular-disperse Lösungen für die Zwecke der Erfindung eignen, weil sich wegen der minimalen Partikelgröße über hinreichend lange Zeit keine Ablagerungen bilden können.

Bevor das Austauschmittel aufgrund der allgemeinen technischen Entwicklung für jedermann verfügbar geworden ist, liegt in dessen Verwendung freilich eine erfinderische und daher nicht äquivalente Benutzung. Durch Zeitablauf kann also aus dem anfänglich noch nicht naheliegenden Ersatzmittel ein naheliegendes werden. Derjenige, der ursprünglich erfinderisch abgewandelt und damit Schutz rechtsfrei erlaubt benutzt hat, gerät dadurch nachträglich in den Schutzbereich des Patents. Den Verbietungsrechten des Patentinhabers unterliegt er dennoch nicht, weil die patentfrei begonnene Benutzung analog § 12 PatG ein **Weiterbenutzungsrecht** entstehen lässt, das den Besitzstand auch für die Zeit nach dem allgemeinen Verfügbarwerden des technischen Fortschritts sichert. Unmittelbar liegen die Voraussetzungen des § 12 PatG zwar nicht vor, weil (und wenn) die Benutzungshandlungen erst nach dem Prioritätstag des Klagepatents entfaltet worden sind. Da für den Schutzbereich Eingriff zu Lasten des Benutzers die Verhältnisse nach dem Prioritätstag berücksichtigt werden (indem bei der Äquivalenzbetrachtung auf den späteren Fortgang der technischen Entwicklung Rücksicht genommen wird), ist es allerdings konsequent und richtig, gleiches auch auf der Rechtfertigungsebene zu Gunsten des Benutzers zu tun, und zwar in der Weise, dass bei Beurteilung der Vorbenutzung anstelle des Prioritätstages derjenige Zeitpunkt den Ausschlag gibt, zu dem das Austauschmittel erstmals für den Durchschnittsfachmann verfügbar geworden ist. 198

e) Formstein-Einwand

Wurde festgestellt, dass eine angegriffene Ausführungsform die Merkmale des geltend gemachten Schutzrechtes zumindest zum Teil äquivalent verwirklicht, steht dem Beklagten als besonderes materielles Verteidigungsargument der sog *Formstein-Einwand*[242] offen. 199

---

241 OLG Düsseldorf, Urteil v 7.7.2016 – I-2 U 5/14.
242 Nach der gleichnamigen Entscheidung des BGH, GRUR 1986, 803 – Formstein.

aa) Voraussetzungen

200 Er besagt, dass eine angegriffene Ausführungsform dann nicht in den Schutzbereich eines Patents oder Gebrauchsmusters fällt, wenn sie mit der Gesamtheit[243] ihrer teils wortsinngemäß, teils äquivalent verwirklichten Merkmale in demjenigen **Stand der Technik** vorweggenommen ist oder sich aus demjenigen Stand der Technik naheliegend ergibt, der für das Klagepatent maßgeblich ist.[244] Hintergrund für den Formstein-Einwand ist die Überlegung, dass das Klagepatent im Wege der Äquivalenzbetrachtung nicht auf einen Gegenstand erstreckt werden soll, der sich im vorbekannten Stand der Technik bewegt und für den der Inhaber des Klagepatents deshalb im Zuge des Erteilungsverfahrens keinen Patentschutz hätte erhalten können. Das nicht Erteilungsfähige im Verletzungsprozess aus dem Patentschutz auszugrenzen, ist deshalb erforderlich, weil dem Beklagten ein Rechtsbestandsangriff gegen das Klagepatent nichts nützen würde. Angreifbar ist nur der erteilte und nicht der äquivalent abgewandelte Anspruchswortlaut. Ist ersterer über seine gesamte Breite schutzfähig und bloß die äquivalente Abwandlung durch den Stand der Technik vorbekannt oder nahegelegt, muss die Nichtigkeitsklage ohne Erfolg bleiben.

201 Zu beachten ist, dass der Formstein-Einwand sich nicht auf einzelne, beispielsweise nur die äquivalent verwirklichten Merkmale bezieht, sondern dass sich die angegriffene Ausführungsform **als Ganzes** aus dem Stand der Technik im Prioritätstag des Klagepatents ergeben muss. Die angegriffene Ausführungsform ist bei dieser Beurteilung nicht unabhängig von dem Klageschutzrecht zu betrachten. Vielmehr ist von der angegriffenen Ausführungsform als äquivalenter Benutzungsform des Klageschutzrechtes auszugehen, dh es ist der Patentanspruch zugrunde zu legen, wobei die äquivalent verwirklichten Merkmale in Abweichung vom Wortlaut zu formulieren sind.[245] Die sich hierbei ergebende Merkmalskombination ist auf (mangelnde) Neuheit und Erfindungshöhe zu überprüfen.

202 Sind für die Begründung des Formstein-Einwandes **mehrere** Schriften und Unterlagen heranzuziehen, müssen sich nicht nur aus diesen **Entgegenhaltungen** sämtliche Merkmale der angegriffenen Ausführungsform ohne weitere Überlegungen ergeben, sondern es muss auch die Kombination der jeweiligen Schriften und Unterlagen, durch die die angegriffene Ausführungsform erhalten wird, für den Fachmann nahe liegend gewesen sein. Letzteres kann umso schwerer begründet werden, je mehr Unterlagen für den Formstein-Einwand herangezogen werden müssen.

203 | **Praxistipp** | Formulierungsbeispiel |
|---|---|

Die Praxis lehrt, dass der Formstein-Einwand nur äußerst selten Erfolg hat. Er sollte deshalb mit Bedacht erhoben werden, weil oftmals diejenigen Erwägungen, mit denen das Naheliegen der angegriffenen Ausführungsform begründet wird, dem Kläger gleichzeitig Argumente dafür liefern, weshalb die in Rede stehende Abwandlung ausgehend von der Klagepatentschrift und dem Stand der Technik naheliegend und somit äquivalent ist.

bb) Grenzen

204 Der Formstein-Einwand erfährt eine wichtige sachliche Einschränkung dadurch, dass aufgrund der geltenden **Kompetenzverteilung** zwischen Erteilungsinstanzen einerseits

---

243 BGH, GRUR 2016, 1031 – Wärmetauscher.
244 Umfassend zum Formstein-Einwand: Nieder, FS König, 2003, S 379.
245 BGH, GRUR 1999, 914 – Kontaktfederblock.

und Verletzungsgerichten andererseits die Prüfung der Schutzfähigkeit eines Patents ausschließlich dem Patentamt vorbehalten ist, das Verletzungsgericht die Patenterteilung als gegeben hinzunehmen hat und an die im Erteilungs- oder Nichtigkeitsverfahren getroffene Entscheidung ohne eigene Prüfungsmöglichkeit gebunden ist. Die Erörterung, ob die angegriffene Ausführung mit Rücksicht auf den Stand der Technik keine patentfähige Erfindung darstellt (Formstein-Einwand), darf sich hierzu nicht in Widerspruch setzen. Dies bedingt, dass die Zugehörigkeit der als äquivalent angegriffenen Ausführungsform zum Schutzbereich nicht allein mit solchen Erwägungen verneint werden kann, die – in gleicher Weise auf den Gegenstand des Klagepatents angewendet – zu der Feststellung führen müssten, das Schutzrecht enthalte keine patentfähige Lehre zum technischen Handeln.[246] Der Formstein-Einwand kann deswegen nur dann zum Ziel führen, wenn der entgegengehaltene Stand der Technik überhaupt die äquivalente Abwandlung und nicht ausschließlich solche Merkmale des Patentanspruchs betrifft, die bei der angegriffenen Ausführungsform wortsinngemäß verwirklicht sind.[247] Anderenfalls würde im Verletzungsprozess nicht nur die Frage untersucht, ob die konkrete Verletzungsform, die wegen ihrer äquivalenten Abwandlung vom Anspruchswortlaut als solche noch nicht Gegenstand einer Prüfung im Erteilungsverfahren gewesen ist, eine schutzfähige Erfindung darstellt, sondern es würde in unzulässiger Weise die mit der Patenterteilung für das Verletzungsgericht bindend getroffene Feststellung über die Schutzfähigkeit des Klagepatents infrage gestellt.

3. Unterkombination

Eine besondere Konstellation stellt die oben bereits erwähnte Fallgruppe der Unter- oder Teilkombination dar. Sie zeichnet sich dadurch aus, dass ein oder mehrere Merkmale des Patentanspruchs weder wortsinngemäß noch äquivalent verwirklicht sind, sondern – einschließlich ihrer Wirkungen – *ersatzlos* fehlen.[248]

205

Unter solchen Umständen kommt eine Einbeziehung in den Schutzbereich des Patents nicht in Betracht, selbst dann nicht, wenn das fehlende Merkmal – für den Fachmann erkennbar – für die Verwirklichung der erfindungsgemäßen Lehre überflüssig ist.[249]

206

▶ **Bsp: (LG Düsseldorf, Urteil v 31.1.2006 – 4b O 107/05)**

207

I.1.
Das Klagepatent (DE 42 35 038) betrifft eine Anlage zum Erwärmen von Brauchwasser und zum Abtöten von Legionellen (Bakterien, die eine als Legionärskrankheit bekannte Lungenentzündung verursachen können) in diesem Brauchwasser. Aufbereitungsanlagen dieser Art werden für Krankenhäuser, Hotels, Pflegeheime und dergleichen benötigt.

Wie die Klagepatentschrift erläutert, ist aus der deutschen Patentschrift 38 40 516 – wie deren nachstehend eingeblendete Figur 2 verdeutlicht –

---

246 BGH, GRUR 1997, 454 – Kabeldurchführung.
247 LG Düsseldorf, GRUR 1994, 509 – Rollstuhlfahrrad.
248 Umfassend: Jestaedt, FS König, 2003, S 239.
249 BGH, GRUR 2007, 1059 – Zerfallszeitmessgerät; OLG Düsseldorf, Mitt 2001, 28, 32 f – Abflußrohre.

A. Schutzbereichsbestimmung

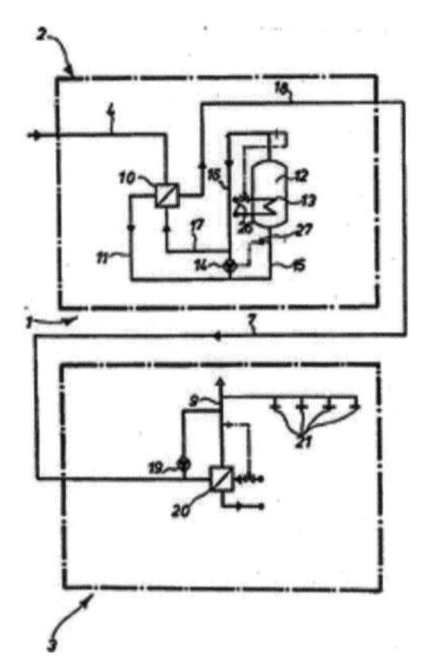

bereits eine Aufbereitungsanlage bekannt, bei der zwischen der Kaltwasserzuleitung (4) und den Zapfstellen (21) ein Desinfektionswasser-Kreislauf (2) angeordnet ist, in dem das Brauchwasser vor seiner Ausgabe an den Zapfstellen (21) auf eine Temperatur erhitzt wird, die zum Absterben etwaiger Legionellen führt.

Die Klagepatentschrift kritisiert den Wirkungsgrad der vorbekannten Aufbereitungsanlage. Untersuchungen – so heißt es – hätten ergeben, dass bei der Erstbefüllung der Anlage mit Kaltwasser Legionellen in den Zirkulationswasser-Kreislauf (bestehend im Wesentlichen aus der Brauchwasser-Verteilungsleitung zu den Zapfstellen, einer Zirkulationspumpe und einer Brauchwasser-Sammelleitung) eingeschleust werden, aus dem sie mit den üblichen Mitteln thermischer Desinfektion nicht wieder zu beseitigen seien. Letzteres liege daran, dass sich die in der deutschen Patentschrift 38 40 516 beschriebene Desinfektion durch eine stufenweise Einstellung der Temperatur in der Brauchwasser-Verteilungsleitung auf 70° in der Praxis bei großen Anlagen nach deren Erstbefüllung oder bei einem Betriebsausfall nicht ausreichend sicher erreichen lasse.

Aufgabe der Erfindung soll es demgemäß sein, eine Anlage zur Verfügung zu stellen, mit der bei energiewirtschaftlichem Betrieb auch die in den Zirkulationswasser-Kreislauf gelangten Legionellen erheblich reduziert oder abgetötet werden.

Zur Lösung dieser Problemstellung sieht Patentanspruch 1 des Klagepatents die Kombination folgender Merkmale vor:

1) Anlage zum Erwärmen von Brauchwasser und zum Abtöten von Legionellen in diesem Brauchwasser.

2) Die Anlage besitzt eine Kaltwasserzuleitung (18) zu einem ersten Wärmeüberträger (10).

3) Der erste Wärmeüberträger (10) dient dazu,

   a) das zugeführte Kaltwasser zu erwärmen und

   b) das Brauchwasser abzukühlen.

4) Das Brauchwasser wird zu den Zapfstellen (12)

   a) aus einem auf Desinfektionstemperatur erhitzten Desinfektionswasser- Kreislauf (1)

   b) über eine Brauchwasser-Abgangsleitung (9)

   c) und über eine Brauchwasser-Verteilungsleitung (11) herangeführt.

5) Der Desinfektionswasser-Kreislauf (1) besteht aus

   a) einem Wassererwärmer (3),

   b) einer Ladepumpe (4),

   c) einem Brauchwasser-Speicher (7) und

   d) einem Puffer (6).

6) Der Puffer (6) ist in Förderrichtung des Brauchwassers über die Brauchwasser-Abgangsleitung (9) mit dem ersten Wärmeübertrager (10) verbunden.

7) Die Brauchwasser-Verteilungsleitung (11) zu den Zapfstellen (12) ist mit der Ladepumpe (4) zu einem Gesamtkreislauf (1, 2) verbunden.

8) Die Verbindung geschieht

   a) von der Brauchwasser-Verteilungsleitung (11) über

      aa) eine Zirkulationsleitung (13),

      bb) eine Zirkulationspumpe (14),

      cc) eine Brauchwasser-Sammelleitung (15),

      dd) einen Rückflussverhinderer (16),

      ee) einen Wassermengenbegrenzer (32, 17),

      ff) die Kaltwasserzuleitung (18) und

      gg) eine Zugangsleitung (23);

   b) mit der Ladepumpe (4) über

      aa) den Wassererwärmer (3) und

      bb) den Puffer (6).

Die nachfolgende Abbildung zeigt ein Ausführungsbeispiel der Erfindung.

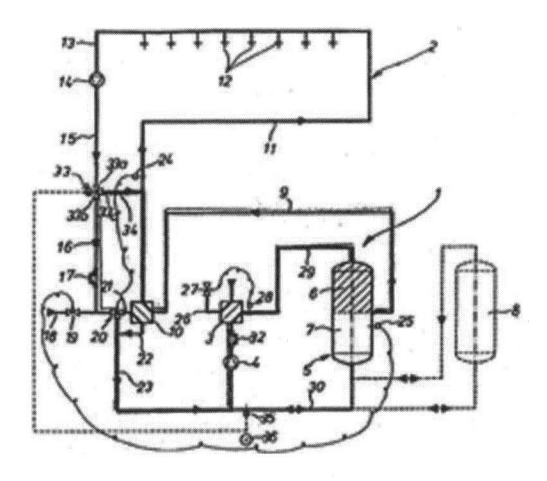

Wesentlich für den Erfindungsgedanken ist Zweierlei: Zum einen, dass der Zirkulationswasser-Kreislauf an den Desinfektionswasser-Kreislauf angebunden wird, so dass das im Zirkulationswasser-Kreislauf befindliche Brauchwasser, welches möglicherweise mit Legionellen belastet ist, bei Zapfruhe ein- oder mehrmals durch den Desinfektionswasser-Kreislauf geschleust werden kann, wodurch eine vollständige Abtötung der Legionellen im Brauchwasser erzielt wird. Der zweite Erfindungsaspekt steht mit dem Wassermengenbegrenzer im Zusammenhang. Durch ihn wird erreicht, dass aus der Brauchwasser-Sammelleitung nur eine so große Zirkulations-Wassermenge zum Desinfektionswasser-Kreislauf zurückgeführt wird, dass stets eine sichere und konstante Desinfektionstemperatur durch die Ladepumpe und den Wassererwärmer gewährleistet bleibt.

2.

Die Beklagte bietet Anlagen zur Legionellen-Prophylaxe an, wie sie aus der nachstehend eingeblendeten Prinzipskizze ersichtlich sind.

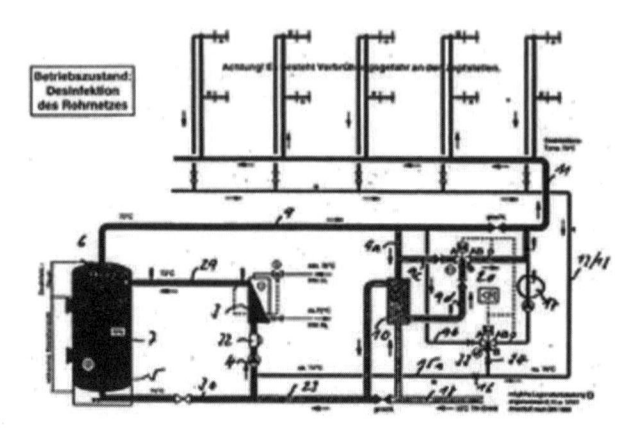

II.

Ansprüche des Klägers aus dem Klagepatent scheitern daran, dass die angegriffene Ausführungsform von der technischen Lehre des geltend gemachten Patentanspruchs 1 keinen Gebrauch machten.

Sie zeichnet sich dadurch aus, dass das Zirkulationswasser nicht über die Kaltwasser-Zuleitung in den Desinfektionswasser-Kreislauf zurückgeführt wird, sondern – unter Umgehung der Kaltwasser-Zuleitung – von der Brauchwasser-Sammelleitung direkt in die Zugangsleitung – und von dort weiter in den Desinfektionswasser-Kreislauf – gelangt.

1.

Bei dieser Sachlage liegt eine wortsinngemäße Benutzung des Klagepatents ersichtlich nicht vor, weil Patentanspruch 1 ausdrücklich verlangt, »dass die Brauchwasser-Verteilungsleitung (11) ... über die Kaltwasser-Zuleitung (18) ... mit der Ladepumpe ... zu einem Gesamtkreislauf (1, 2) verbunden ist.« Der Hinweis des Klägers auf die Figuren 10 bis 16 der Klagepatentschrift ist in diesem Zusammenhang unbehilflich, weil die besagten Ausführungsbeispiele nicht die (erste) Lösungsvariante nach dem allein geltend gemachten Patentanspruch 1 betreffen, sondern sich auf die (zweite) Lösungsvariante des nebengeordneten Patentanspruchs 2 beziehen (vgl Sp. 6 Z. 60 bis Sp. 7 Z. 29).

2.

Die tatbestandlichen Voraussetzungen einer äquivalenten Benutzung liegen gleichfalls nicht vor.

Zwar wird dem Fachmann in der Klagepatentschrift selbst im Zusammenhang mit der Lösung nach Nebenanspruch 2 ein Anschluss der Brauchwasser-Sammelleitung an die Zugangsleitung gelehrt. Auch trifft es zu, dass die Anbindung der Brauchwasser-Sammelleitung an die Zugangsleitung hinter dem Wärmeüberträger aus dem Stand der Technik als Alternative zu einer Rückführung in die Kaltwasser-Zuleitung vor dem Wärmeüberträger geläufig war. Zutreffend führt der Kläger in diesem Zusammenhang aus, dass in beiden Fällen die Energie des erwärmten Brauchwassers genutzt und in den Desinfektionswasser-Kreislauf zurückgeführt wird. Die direkte Anbindung der Brauchwasser-Sammelleitung an die Zugangsleitung zum Desinfektionswasser-Kreislauf ist dabei sogar vorteilhaft, weil der Wärmeüberträger relativ klein ausgelegt werden kann. Dies deshalb, weil das zum Herunterkühlen des aus dem Desinfektionswasser-Kreislauf kommenden Brauchwassers verwendete Kaltwasser in seiner unveränderten Temperatur zur Verfügung steht und nicht durch das erwärmte Zirkulationswasser aufgeheizt wird. Trotz dieser Sachlage und obwohl die Klagepatentschrift im Hinblick auf Nebenanspruch 2 sowie die zugehörigen Figuren 10 bis 16 explizit die Möglichkeit erwähnt, das Zirkulationswasser – unter Umgehung der Kaltwasser-Zuleitung – in den Desinfektionswasser-Kreislauf zurückzuführen, hält Patentanspruch 1 den Fachmann ausdrücklich dazu an, den Rückfluss des Zirkulationswassers über die Kaltwasser-Zuleitung zu organisieren. Der Fachmann muss diese Anweisung allein deshalb ernst nehmen, weil sie Gegenstand des Patentanspruchs 1 ist und grundsätzlich jedes Anspruchsmerkmal allein deshalb wesentlich ist, weil es vom Anmelder in den Anspruch aufgenommen wurde. Es ist vor diesem Hintergrund nicht zu erkennen, wie der Fachmann bei Orientierung an Patentanspruch 1 des Klagepatents naheliegend zu der Überzeugung gelangen konnte, dass er die technische Lehre des Klagepatents in *gleichwertiger* Weise ausführen kann, wenn die Brauchwasser-Verteilungsleitung und die Ladepumpe nicht auch über die Kaltwasser-Zuleitung verbunden sind.

Bei zutreffender Betrachtung handelt es sich bei der angegriffenen Ausführungsform auch nicht um eine Abwandlung (die gleichwirkend, naheliegend und gleichwertig sein könnte), sondern um eine Vorrichtung, bei der ein Anspruchsmerkmal ersatzlos fehlt, dh eine Unterkombination. Der Kläger kann auch kein Ersatzmittel benennen, mit dem das Teilmerkmal einer Verbindung der Brauchwasser-Verteilungsleitung mit der Ladepumpe »über die Kaltwasser-Zuleitung« gleichwirkend realisiert wird. Seine Erwägungen laufen vielmehr darauf hinaus, die Worte »die Kaltwasser-Zuleitung (18)« vollständig aus Patentanspruch 1 zu streichen und den kennzeichnenden Teil auf die Formulierung zu verkürzen »dadurch gekennzeichnet, dass die Brauchwasser-Verteilungsleitung (11) zu den Zapfstellen (12) über eine Zirkulationsleitung (13), eine Zirkulationspumpe (14), eine Brauchwasser-Sammelleitung (15), über einen Rückflussverhinderer (16), einen Wassermengenbegrenzer (17) sowie über eine Zugangsleitung (23) mit der Ladepumpe (4) über den Wassererwärmer (3) und den Puffer (6) zu einem Gesamtkreislauf (1, 2) verbunden ist.« Der Schutz einer Unterkombination, bei der ein Anspruchsmerkmal – hier die Rückführung des Zirkulationswassers über die Kaltwasser-Zuleitung – gänzlich fehlt, ist nach der Rechtsprechung ausgeschlossen.

4. Verbesserte bzw verschlechterte Ausführungsform

Solange sämtliche Merkmale des Patentanspruchs – wortsinngemäß oder äquivalent – verwirklicht sind, ist es ohne Belang, wenn mit dem angegriffenen Gegenstand die patentgemäßen Vorteile in einem besonders hohen, den Erfindungsgegenstand übertreffenden Maße erreicht werden (»**verbesserte Ausführungsform**«) oder wenn mit der

208

angegriffenen Ausführungsform zusätzliche Vorteile verbunden sind.²⁵⁰ Solches kann zB der Fall sein, wenn ein allgemeines Merkmal des Patents in vorteilhafter (möglicherweise sogar erfinderischer) Weise weitergebildet wird, sodass sich außerordentlich günstige, vom Patent selbst nicht erzielte Wirkungen einstellen.

209 Hinsichtlich der umgekehrten Sachverhaltsgestaltung, bei der die Vorteile des Patents in einer nur unvollkommenen Weise vorliegen (»**verschlechterte Ausführungsform**«), ist zu unterscheiden:

210 – Entspricht der angegriffene Gegenstand in sämtlichen Merkmalen dem **Wortsinn** des Patentanspruchs, so ist es unerheblich, ob mit ihm die erfindungsgemäßen Wirkungen überhaupt oder vollständig erzielt werden.²⁵¹ Aufgrund der wortsinngemäßen Übereinstimmung mit dem Patentanspruch handelt es sich immer um eine Patentverletzung. Es ist deswegen auch unerheblich, wenn der Gegenstand regelmäßig in einer Weise benutzt wird, dass die (objektiv möglichen) Vorteile und Wirkungen des Patents tatsächlich nicht erreicht werden. Dies gilt selbst dann, wenn der Hersteller oder Lieferant seine Abnehmer ausdrücklich zu einer solchen die erfindungsgemäßen Effekte vermeidenden Verwendung anhält.²⁵²

211 – Sind einzelne Merkmale dagegen nicht dem Wortsinn nach verwirklicht, so kann eine Patentverletzung unter **Äquivalenz**gesichtspunkten nur angenommen werden, wenn die patentgemäß angestrebten Vorteile zwar möglicherweise nicht vollkommen, aber doch in einem praktisch noch erheblichen Umfang realisiert werden. Lässt sich solches nicht feststellen (zB weil der erfindungsgemäße Vorteil überhaupt nicht oder jedenfalls nicht nennenswert, dh in einem für die praktischen Zwecke brauchbaren Umfang, verwirklicht ist), wird das Patent nicht verletzt.²⁵³ Über die Annahme einer »verschlechterten Ausführungsform« oder einer »Nichtverletzung« entscheiden letztlich graduelle Unterschiede.

212 Verfolgt die Erfindung **mehrere obligatorische Vorteile**, so muss *jeder* dieser zwingenden Vorteile, wenn auch nicht vollständig, so aber doch in nennenswertem Maße, erreicht werden. Eine verschlechterte Ausführung liegt deswegen nicht vor, wenn von mehreren obligatorischen Vorteilen einer überhaupt nicht oder nicht in einem vom Patent angestrebten Mindestmaß erzielt wird, die anderen dagegen komplett. Unter solchen Umständen fehlt es an einer Gleichwirkung und ist eine äquivalente Verletzung zu verneinen.²⁵⁴

5. Parallelentscheidungen ausländischer Gerichte

213 Bei europäischen Patenten kann sich die Situation einstellen, dass in mehreren Vertragsstaaten des EPÜ aus demselben EP gegen dieselbe angegriffene Ausführungsform Verletzungsprozesse geführt werden. Da sowohl die maßgebliche Fassung der Patentansprüche (in der Verfahrenssprache des Klagepatents) als auch die rechtlichen Grundlagen der Schutzbereichsbestimmung (Art 69 EPÜ iVm dem Auslegungsprotokoll) überall dieselben sind, sollte die Verletzungsprüfung in den einzelnen Vertragsstaaten an sich zu übereinstimmenden Resultaten führen. Die Praxis sieht bekanntermaßen gelegentlich anders aus, weil die Rechtsvereinheitlichung in Europa de facto noch nicht abgeschlossen ist.

---

250 BGH, GRUR 2006, 399 – Rangierkatze.
251 BGH, GRUR 2006, 131 – Seitenspiegel; BGH, GRUR 1991, 436, 441 f – Befestigungsvorrichtung II.
252 BGH, GRUR 2006, 399 – Rangierkatze.
253 Instruktiv: OLG Düsseldorf, GRUR 2000, 599, 601 – Staubsaugerfilter.
254 BGH, GRUR 2012, 1122 – Palettenbehälter III; BGH, GRUR 2015, 361 – Kochgefäß.

Im Vereinigten Königreich beispielsweise lassen die Gerichte eine Ausdehnung des Schutzbereichs unter Äquivalenzgesichtspunkten nicht zu. Dennoch ist es richtig, dass der BGH[255] den deutschen Verletzungsgerichten (und damit auch sich selbst!) eine Berücksichtigung von und argumentative Auseinandersetzung mit Entscheidungen abverlangt, die von Gerichten anderer Vertragsstaaten des EPÜ zu vergleichbaren Fragestellungen mit abweichendem Ergebnis getroffen worden sind. Das besagt selbstverständlich nicht, dass sich die deutschen Verletzungsgerichte den Erkenntnissen ausländischer Gerichte zu beugen hätten, bedeutet aber, dass diejenigen Argumente abgehandelt werden, mit denen das ausländische Gericht zu seinem abweichenden Ergebnis gekommen ist. Solches kann auch in der Weise geschehen, dass das Gericht bei der Begründung seiner Entscheidung (bloß inhaltlich) auf diejenigen Erwägungen eingeht, auf denen die abweichende Beurteilung des anderen Entscheidungsträgers beruht.[256]

6. Ergänzendes Schutzzertifikat[257]

Für zulassungspflichtige Arznei- und Pflanzenschutzmittel besteht die Möglichkeit, die durch das dem Vertrieb vorgeschaltete behördliche Zulassungsverfahren verkürzte Patentlaufzeit durch ein ergänzendes Schutzzertifikat zu verlängern. Die maßgeblichen Rechtsgrundlagen hierfür finden sich in § 16a PatG, Art 63 EPÜ, der Verordnung (EG) Nr 469/2009 (vormals: Nr 1768/92 über die Schaffung eines ergänzenden Schutzzertifikats für Arzneimittel) und der Verordnung (EG) Nr 1610/96 über die Schaffung eines ergänzenden Schutzzertifikats für Pflanzenschutzmittel. Rechtstechnisch ist das Zertifikat zwar als eigenständiges Schutzrecht ausgestaltet; der Sache nach soll mit ihm jedoch bloß die reguläre Laufzeit des seiner Erteilung zugrunde liegenden (Grund-)Patents verlängert werden.[258] Art 4 VO (EG) Nr 469/2009 bringt diese Intention dadurch zum Ausdruck, dass der durch das Zertifikat gewährte Schutz durch die Grenzen des Schutzes limitiert wird, den das Grundpatent vermittelt.

214

a) Schutzbereichsbestimmung[259]

Für die Schutzbereichsbestimmung[260] erklärt § 16a Abs 2 PatG die Vorschrift des § 14 PatG für entsprechend anwendbar. Art 5 VO (EG) Nr 469/2009 bestimmt überdies vorrangig, dass das Zertifikat grundsätzlich dieselben Rechte wie das Grundpatent gewährt. Mit Blick auf die praktische Handhabung bedeutet dies (zunächst noch ohne Berücksichtigung der sich aus Art 4 VO [EG] Nr 469/2009 ergebenden Vorbehalte und Beschränkungen):

215

Das Schutzzertifikat selbst enthält keine Ansprüche und keinen Beschreibungstext. Die Schutzbereichsbestimmung hat deshalb unter Rückgriff auf das Grundpatent und dessen Beschreibung, allerdings beschränkt auf dasjenige Erzeugnis (Wirkstoff) zu erfolgen, für welches das Zertifikat erteilt worden ist. Wird das Zertifikat für den identischen Gegenstand des Hauptanspruchs erteilt, ergeben sich keine Besonderheiten. Der Schutzbereich des Zertifikats stimmt mit dem des Grundpatents überein.[261] Reichen die Ansprüche des Grundpatents weiter, so ist anstelle des im Grundpatent verwendeten allgemeinen Begriffs das Erzeugnis des Schutzzertifikats zu setzen; anhand einer so modifizierten

216

---

255 BGH, GRUR 2010, 950 – Walzenformgebungsmaschine.
256 BGH, GRUR 2015, 199 – Sitzplatznummerierungseinrichtung.
257 Schärli, Ergänzendes Schutzzertifikat, 2013.
258 EuGH, GRUR 2015, 245 – Forsgren/Österreichisches Patentamt.
259 Meier-Beck, GRUR 2018, 657.
260 Feldges/Kramer, FS von Meibom, 2010, S 57; Bopp, FS 80 Jahre Patentgerichtsbarkeit Düsseldorf, 2016, S 63.
261 Vgl BGH, GRUR 2000, 683 – Idarubicin II.

Patentschrift hat alsdann die Auslegung und Schutzbereichsbestimmung gemäß § 14 PatG, Art 69 EPÜ nach allgemeinen Grundsätzen stattzufinden.[262]

217 Ist das Zertifikat für eine im Zulassungsbescheid genannte Wirkstoffvariante erteilt worden, die außerhalb des Wortsinns des Grundpatents liegt, ist eine **doppelte Schutzbereichsprüfung** erforderlich. Zunächst ist der Schutzumfang des Zertifikats – wie vorstehend erläutert – zu ermitteln. Um einen Schutz für Äquivalente von Äquivalenten zu vermeiden, ist danach in einem zweiten Schritt zu klären, ob das angegriffene Erzeugnis auch unter den Schutzbereich des Grundpatents fällt. Nur wenn beides zu bejahen ist, liegt ein Eingriff in das Schutzzertifikat vor.

218 Zu beachten ist, dass die **Anspruchskategorie** des Grundpatents zugleich die Reichweite des dem Zertifikat zukommenden Schutzes festlegt. Ist das Grundpatent ein Verfahrenspatent, so erstreckt sich der Schutz des Zertifikats nur auf Erzeugnisse, die nach dem patentierten Verfahren produziert worden sind; handelt es sich um ein Verwendungspatent, schützt auch das Zertifikat nur die Verwendung des Erzeugnisses (einschließlich der sinnfälligen Herrichtung für die patentierte Verwendung).

219 **Klageantrag** und Urteilsformel können deswegen im Falle eines zu einem Verfahrens- oder Verwendungspatent erteilten Schutzzertifikats nicht einfach auf den im Zertifikat ausgewiesenen Wirkstoff gerichtet werden, sondern haben diejenigen Formulierungsusancen zu beachten, die für Verfahrens- und Verwendungspatente gelten.

220 Ist ein ergänzendes Schutzzertifikat für einen bestimmten Mono-Wirkstoff erteilt, auf den sich auch die arzneimittelrechtliche Genehmigung bezieht, so fällt in den Schutzbereich des Zertifikats auch ein Arzneimittel, welches zu dem beanspruchten Wirkstoff einen weiteren Wirkstoff kombiniert.[263] Das gilt jedenfalls dann, wenn mit der **Wirkstoffkombination** kein qualitativ anderes Wirkungsprofil als mit dem Monopräparat verbunden ist.[264]

221 **Limitierend** ist in den vorgenannten Fällen jeweils zu beachten, dass **Art 4 VO (EG) Nr 469/2009** den – nach den vorstehenden Regeln des Art 5 VO (EG) Nr 469/2009 ermittelten – Zertifikatschutz zusätzlich in zweierlei Hinsicht begrenzt, nämlich

222 – zum einen dahin, dass er sich (wenn das Grundpatent mehr als *ein* Erzeugnis schützt) nur auf dasjenige Erzeugnis des Grundpatents erstreckt, das von der Arzneimittelzulassung erfasst wird,

223 – zum anderen dahin, dass unter den Zertifikatschutz nur die Verwendung des geschützten Erzeugnisses *als Arzneimittel* fällt, und zwar diejenige Verwendung, die während der Zertifikatlaufzeit[265] arzneimittelrechtlich genehmigt worden ist (**zweckgebundener Stoffschutz**).[266]

224 Beide Beschränkungen sind logische Folge dessen, dass sich das behördliche Zulassungsverfahren nur im pharmazeutischen Verwendungsbereich des patentierten Gegenstandes verkürzend auf die Monopolrechte auswirkt, weshalb auch nur in diesem Umfang Anlass für eine Laufzeitverlängerung durch ein ergänzendes Schutzzertifikat besteht.

225 Vom Zertifikatschutz werden hiernach, selbst wenn das zugrunde liegende Grundpatent seinem Inhaber absoluten Stoffschutz vermittelt, keine Handlungen erfasst, die die Verwendung des Erzeugnisses nicht als arzneilicher Wirkstoff, sondern außerhalb der Phar-

---

262 OLG Düsseldorf, Urteil v 6.8.2015 – I-2 U 21/15.
263 Vgl Rdn 80.
264 LG Düsseldorf, InstGE 13, 103 – Valsartan.
265 … zugunsten des Inhabers oder eines Dritten.
266 OLG Düsseldorf, Urteil v 6.8.2015 – I-2 U 21/15.

mazeutik (zB als Haushaltsreiniger) betreffen. Vielfach wird bereits die äußere Konstitution des Erzeugnisses (beispielsweise der Grad seiner Reinheit) verlässlich darüber Auskunft geben, ob es sich bei dem fraglichen Erzeugnis um einen Arzneimittelwirkstoff handelt oder er für andere, nicht pharmazeutische Zwecke vorgesehen ist. Die Zweckbindung des Stoffschutzes an den pharmazeutischen Bereich ist dabei nicht so zu verstehen, dass ein Zertifikatschutz nur eingreift, wenn eine Arzneimittelverwendung des geschützten Erzeugnisses gerade im Inland beabsichtigt ist, so dass die inländische Herstellung des Wirkstoffs zum Zwecke seines Exports ins Ausland, wo allein ein pharmazeutischer Gebrauch beabsichtigt ist, schutzrechtsfrei bliebe. Schützt das Grundpatent einen (vielfältig verwendbaren) Stoff (zB Buttersäure), reduziert Art 4 VO (EG) Nr 469/2009 den Schutz des Zertifikats auf Buttersäure als Arzneimittelwirkstoff. Aus dem Stoffpatent wird darüber hinaus aber nicht etwa ein Verwendungspatent und sein Schutzgegenstand bleibt auch weiterhin der Wirkstoff als solcher, ohne Rücksicht auf seine Formulierung in einer pharmazeutischen Zubereitung. Konsequenz dessen ist, dass es für die Dauer der Laufzeit des Zertifikats jedem Dritten untersagt ist, Buttersäure als arzneilichen Wirkstoff im Inland gewerblich herzustellen, anzubieten und in den Verkehr zu bringen (§ 9 Nr 1 PatG). Ersteres geschieht aber, wenn der Buttersäure-Wirkstoff im Inland produziert wird, selbst wenn der anschließende Arzneimittelvertrieb nach Maßgabe der behördlich zugelassenen Indikation ausschließlich im zertifikatfreien Ausland stattfinden soll. Des Weiteren stellt die vom Inland aus vorgenommene Lieferung ins Ausland zur dortigen Formulierung des Arzneimittels ein widerrechtliches Inverkehrbringen des geschützten Wirkstoffs im Inland dar.

Eher theoretischer Natur dürfte die Konstellation sein, dass der im Inland hergestellte Stoff durch seine Konstitution nicht eindeutig als arzneilicher Wirkstoff ausgewiesen ist oder aber zwar als Arzneiwirkstoff identifiziert werden kann, allerdings gleichermaßen für eine zugelassene wie für eine nicht zugelassene Indikation im Ausland verwendbar ist. Unter solchen Umständen ist es Sache des Klägers, belastbare Anhaltspunkte für den nach Art 4 VO (EG) Nr 469/2009 erforderlichen arzneilichen und zulassungsrechtlichen Bezug der inländischen Produktion aufzuzeigen. Sie können sich im Zweifel aus Deklarationen in den Lieferdokumenten des inländischen Herstellers oder aus der tatsächlichen Verwendung des ambivalenten Erzeugnisses im Ausland ergeben. Aufschluss können insoweit die dort vertriebenen Endprodukte und ihre Gebrauchsanweisung (Arzneimittel gegen … oder Reinigungsmittel?), ggf aber auch bereits die bloße Ausrichtung des Geschäftsbetriebes geben, den der Lieferempfänger unterhält (Handel mit Pharmazeutika oder Reinigungsmitteln?). 226

b) Sonderfall: Mehrere Zertifikate für denselben Wirkstoff

Letzteres hat praktische Bedeutung insofern, als es möglich ist, dass für ein- und denselben Wirkstoff oder für ein- und dieselbe Wirkstoffzusammensetzung (das »Erzeugnis«) mehrere Schutzzertifikate erteilt werden.[267] Erforderlich ist nämlich nur, dass der Wirkstoff durch ein Grundpatent geschützt ist, wobei der erforderliche Schutz durch ein Sachpatent, durch ein Verfahrenspatent oder durch ein Verwendungspatent vermittelt werden kann (Art 1c). Solche Patente können ohne weiteres nebeneinander existieren, weil zB das Herstellungsverfahren für den als solches bereits bekannten und patentierten Wirkstoff neu und erfinderisch sein kann, genauso wie – bei bekanntem Wirkstoff und bekannter Herstellung – die Verwendung für ein neues Therapiefeld als neu und erfinderisch anzuerkennen sein kann. 227

---

267 Vgl dazu Kühnen, FS 50 Jahre BPatG, 2011, S 361 ff.

aa) Rechtsschutz gegenüber Dritten

228 Bei der Verfolgung von Zertifikatsverletzungen bei Erteilung mehrerer Schutzzertifikate für denselben Wirkstoff an unterschiedliche Inhaber (von Grundpatenten) gilt, dass im Grundsatz jeder Zertifikatsinhaber einen dritten Verletzer aus dem zu *seinem* Grundpatent erteilten Zertifikat in Anspruch nehmen kann. Die sich aus den einzelnen Zertifikaten ergebenden materiell rechtlichen Verbietungsansprüche stehen selbständig nebeneinander und vermitteln jedem Inhaber einen eigenen Schutz. Konsequenz hiervon ist, dass, wenn der Verletzer nur von einem der Zertifikatinhaber eine Lizenz erhalten hat, dadurch die Verbietungsrechte der anderen Zertifikatinhaber nicht zum Erliegen kommen. Die Vertriebshandlungen des Lizenznehmers bleiben in Bezug auf die anderen Zertifikate rechtswidrig und sie führen infolgedessen auch nicht zu einem **Erschöpfungstatbestand**. Zur Vermeidung eigener Rechtsverletzungen, aber auch zum Schutz seiner gewerblichen Abnehmer vor einer möglichen Inanspruchnahme ist der Lizenznehmer deshalb gehalten, sich bei allen Zertifikatinhabern, deren Erfindung er in Gebrauch nimmt, um eine Benutzungserlaubnis zu bemühen.

229 Das Nebeneinander der aus jedem verletzten Zertifikat folgenden Ansprüche gilt einschränkungslos für alle **kompensatorischen Ansprüche** auf Entschädigung, Schadenersatz und Bereicherungsausgleich (nebst korrespondierender Rechnungslegung), ebenso für die **zukunftsorientierten Ansprüche** auf Auskunft, Rückruf, Vernichtung und Urteilsbekanntmachung.[268] Hinsichtlich des Vernichtungsanspruchs ist lediglich zu beachten, dass, sobald die zugunsten eines Zertifikatinhabers angeordnete Vernichtung tatsächlich erfolgt ist, in demselben Umfang eine Zuerkennung entsprechender Ansprüche zugunsten der Inhaber anderer, paralleler Zertifikate an der Tatsache scheitern muss, dass der Verletzer zu einer dahingehenden Handlung nicht mehr in der Lage ist und deswegen auch nicht zu ihr verurteilt werden darf.[269] Im Hinblick auf den Rückrufanspruch ist von einer – gleichfalls anspruchsvernichtenden – Erfüllung[270] auszugehen, soweit der Verletzer in Befolgung eines von einem anderen Zertifikatinhaber gegen ihn erstrittenen Urteils bereits Ware aus den Vertriebswegen zurückgerufen hat.

(1) Rechtskräftiges Urteil eines Zertifikatinhabers

230 Die besagten Ansprüche – einschließlich des Unterlassungsanspruchs – jedes einzelnen Zertifikatinhabers bleiben auch dann unangetastet, wenn einer von ihnen gegen den Verletzer bereits ein rechtskräftiges Urteil erstritten hat.[271] Nur als Inhaber eines sie selbst berechtigenden Vollstreckungstitels können die verletzten Zertifikatinhaber aufgrund eigener Handlungsmöglichkeiten sicher sein, dass die fraglichen Ansprüche vom Verletzer tatsächlich erfüllt werden. Speziell für den Auskunfts- und den Bekanntmachungsanspruch kommt hinzu, dass in der Person jedes einzelnen Zertifikatinhabers ein berechtigtes Interesse an einer Leistung an *sich* besteht, welches durch eine Leistungserbringung gegenüber einem anderen Zertifikatinhaber nicht befriedigt werden kann. Allein das eigene Wissen um die Herkunft und den Absatzweg der Verletzungsgegenstände erlaubt die gebotene Prüfung und ggf Verfolgung etwaiger weiterer Ansprüche gegen Zulieferer und/oder Abnehmer des Verletzers. In ähnlicher Weise kann die im Markt aufgetretene Verwirrung jedes einzelne Schutzzertifikat unabhängig von den anderen betreffen, weswegen auch der Anspruch auf korrigierende Bekanntmachung jedem einzelnen von der Desinformation betroffenen Zertifikatinhaber im Hinblick auf sein verletztes Schutzzertifikat zustehen muss.

---

268 Kühnen, FS 50 Jahre BPatG, 2011, S 361 ff.
269 BGH, GRUR 2009, 794 – Auskunft über Tintenpatronen.
270 BGH, VersR 2007, 1081.
271 Kühnen, FS 50 Jahre BPatG, 2011, S 361 ff.

(2) Unterwerfungserklärung gegenüber einem Zertifikatinhaber[272]

Speziell für den **Unterlassungsanspruch** fragt sich, ob nach freiwilliger Unterwerfung des Verletzers gegenüber *einem* Zertifikatinhaber die Wiederholungsgefahr gegenüber anderen ebenfalls verletzten Zertifikatinhabern entfällt, so dass gleichlautende Ansprüche der weiteren Zertifikatinhaber nicht mehr in Betracht kommen. Prozessrechtlich hätte diese Sichtweise zur Konsequenz, dass, wenn der Unterwerfungssachverhalt bereits bei Klageerhebung vorliegt und bekannt ist, die Klage abzuweisen wäre, anderenfalls (dh wenn sich der Unterwerfungssachverhalt erst während des laufenden Klageverfahrens einstellt) der Rechtsstreit für in der Hauptsache erledigt erklärt werden müsste. 231

Ernsthaft zu erwägen ist ein Fortfall der Wiederholungsgefahr von vornherein nur für den Fall, dass sich die Unterwerfung auf dasjenige Schutzzertifikat bezieht, welches für das Wirkstoff-Sachpatent erteilt worden ist. In Anbetracht der Absolutheit jeden Stoffschutzes ist mit dem durch die Unterwerfungserklärung wirksamen Unterlassungsversprechen Gewähr dafür gegeben, dass der geschützte Wirkstoff schlechthin – und damit ungeachtet der Art seiner Herstellung und ungeachtet der für ihn vorgesehenen Verwendung und Herrichtung – nicht mehr angeboten und vertrieben wird. Das »Verbot« aus dem Sachpatent-Zertifikat lässt mithin keinen Raum mehr für die Befürchtung, dass es in Zukunft noch zu irgendwelchen Verletzungshandlungen kommen könnte, die das Verfahrens- und/oder Verwendungspatent-Zertifikat beeinträchtigen könnten. Umgekehrt hat der Gedanke selbstverständlich keine Gültigkeit. Verspricht der Verletzer, eine künftige Benutzung des Verfahrens- und/oder Verwendungspatent-Zertifikats zu unterlassen, verbleiben dem Verletzer vielfältige Möglichkeiten, das Sachpatent-Zertifikat ohne Verstoß gegen die freiwillige Unterlassungspflicht zu benutzen. Ein verbotsfreier, aber dennoch rechtswidriger Gebrauch stellt sich immer dann ein, wenn der angebotene oder in Verkehr gebrachte Zertifikatwirkstoff nicht durch das besondere, patentierte Herstellungsverfahren, sondern auf andere, patentfreie Weise hervorgebracht ist und/oder nicht zu der speziellen, patentgeschützten Verwendung, sondern zu einem anderen, patentfreien Gebrauch hergerichtet ist. Existieren überhaupt nur ein Verfahrens- und ein Verwendungspatent-, aber kein Sachpatent-Zertifikat, ist eine in Bezug auf die eine Zertifikatkategorie (zB das Verfahrenspatent-Zertifikat) abgegebene Unterwerfungserklärung ohne jede Bedeutung für den aus dem Zertifikat der jeweils anderen Kategorie (zB dem Verwendungspatent-Zertifikat) folgenden Unterlassungsanspruch. Die Zusage, durch ein bestimmtes Verfahren unmittelbar hergestellte Wirkstoffe nicht weiter zu benutzen, besagt nichts darüber, dass es in Zukunft nicht mehr zu Angebots- oder Vertriebshandlungen mit dem fraglichen Wirkstoff kommt, der für eine bestimmte (patentierte) Verwendung hergerichtet ist. Solches zu tun, bleibt dem Verletzer vielmehr im Hinblick auf alle diejenigen Wirkstoffe unbenommen, die ihre Entstehung einem anderen als dem patentierten Verfahren verdanken. Für die umgekehrte Konstellation, dass sich die Unterwerfungserklärung auf das Verwendungspatent-Zertifikat bezieht, gilt sinngemäß das Gleiche. 232

Für die rechtliche Beurteilung ausschlaggebend ist des Weiteren, dass die mehreren Schutzzertifikate unterschiedliche Laufzeiten haben können (und im Regelfall auch haben werden). Nach Art 13 VO (EG) Nr 469/2009 ist die sich an den Ablauf des Grundpatents übergangslos anschließende Dauer des Zertifikatschutzes nach der Formel – Differenz zwischen dem Anmeldetag des Grundpatents und der ersten arzneimittelrechtlichen Zulassung in einem Mitgliedstaat der EU abzüglich 5 Jahre – zu ermitteln. Wegen der rechnerischen Anknüpfung einerseits an die typischerweise für jedes Grundpatent verschiedenen Anmeldedaten und andererseits an das vielfach gleiche Genehmigungsdatum der ersten arzneimittelrechtlichen EU-Zulassung ergeben sich im Regelfall 233

---

272 Kühnen, FS 50 Jahre BPatG, 2011, S 361 ff.

für jedes Schutzzertifikat abweichende Laufzeiten, die (mit Rücksicht auf die differierenden Anmelde- und damit auch Erlöschensdaten der Grundpatente) zu unterschiedlichen Zeitpunkten wirksam werden. Kalendermäßig wird der mehrfache Zertifikatschutz für denselben Arzneimittelwirkstoff deswegen an verschiedenen Tagen beginnen, eine unterschiedliche Dauer haben und zu anderen Zeitpunkten sein Ende finden. Der – allein für einen Wegfall der Wiederholungsgefahr in Betracht kommende – Sachpatent-Zertifikatschutz kann von daher ggf die gesamte Schutzdauer der übrigen parallelen Zertifikate abdecken; im Einzelfall kann sich aber ebenso gut eine bloß streckenweise zeitliche Übereinstimmung ergeben, bei der der Sachpatent-Zertifikatschutz später einsetzt und/ oder früher endet als der Schutz aus einem oder allen verletzten parallelen Zertifikat(en). Es versteht sich von selbst, dass die Rechte aus einem Schutzzertifikat wegen der gegenüber einem anderen Inhaber abgegebenen Unterwerfungserklärung nur abgeschnitten werden dürfen, wenn sich dadurch keine schutzfreien Zeiträume ergeben, während der sich die anderen (blockierten) Zertifikate noch in Kraft befinden, aber gleichwohl nicht mehr gegen Dritte durchgesetzt werden können. Sobald daher die Zertifikatlaufzeiten der Verfahrens- und/oder Verwendungspatent-Zertifikate in irgendeiner Hinsicht über die kalendarische Laufzeit des Sachpatent-Zertifikates hinausreichen, ist ein Wegfall der Wiederholungsgefahr nicht zu rechtfertigen. Gleich gelagert liegt der Fall, wenn sich die ursprüngliche Prognose eines die Schutzdauer der anderen Zertifikate vollständig überspannenden Sachpatent-Zertifikatschutzes nachträglich als unzutreffend erweist, weil das Sachpatent-Zertifikat vorzeitig erlischt, sei es durch Verzicht[273], Nichtzahlung der Jahresgebühren[274] oder Nichtigerklärung.[275] Stellt sich der betreffende Sachverhalt erst ein, nachdem das Klageverfahren aus dem parallelen Zertifikat bereits (durch Klageabweisung oder Feststellung der Erledigung) abgeschlossen ist, liegt wegen der nachträglich veränderten Umstände ein anderer Streitgegenstand vor, der eine erneute Unterlassungsklage des bislang erfolglosen Zertifikatinhabers zulässig macht.

bb) Rechtsschutz gegenüber den anderen Zertifikatinhabern

234 Der gesetzliche Schutz aus dem Zertifikat nach Art 4, 5 VO (EG) Nr 469/2009 wirkt gegenüber jedermann und folglich in demselben Umfang wie im Verhältnis zu Dritten auch gegenüber einem anderen Zertifikatinhaber für denselben Wirkstoff. Das gilt ohne jede Einschränkung für denjenigen Inhaber, dessen Zertifikat auf einem prioritätsjüngeren Grundpatent beruht. *Er* ist in jedem Fall den Verbietungsansprüchen ausgesetzt, die sich aus einem zu einem prioritätsälteren Grundpatent erteilten Schutzzertifikat ergeben. Inhaber eines Zertifikats, dessen Grundpatent prioritätsälter ist, dürfen demgegenüber – trotz nachfolgender weiterer Schutzrechtserteilungen – zwar die technische Lehre ihrer eigenen Erfindung weiterbenutzen. Verboten bleibt auch ihnen hingegen, von zusätzlichen Merkmalen eines späteren, prioritätsjüngeren (zB Verfahrens- oder Verwendungspatent-)Zertifikats Gebrauch zu machen, selbst wenn dessen Grundpatent von ihrer (zB den Wirkstoff erstmals zur Verfügung stellenden Sachpatent-)Erfindung abhängig ist.[276] Daraus folgt: Greift nicht ausnahmsweise ein Weiterbenutzungsrecht aus einem prioritätsälteren Grundpatent durch, folgt der Rechtsschutz gegen Zertifikatverletzungen durch Inhaber denselben Wirkstoff betreffender anderer Schutzzertifikate den (oben dargelegten) Regeln, die im Verhältnis zu Dritten einschlägig sind.

---

273 Art 14 b) VO (EG) Nr 469/2009.
274 Art 14 c) VO (EG) Nr 469/2009.
275 Art 15 VO (EG) Nr 469/2009.
276 BGH, GRUR 2009, 655 – Trägerplatte.

7. Benutzungshandlungen

Steht fest, dass der angegriffene Gegenstand von der technischen Lehre des fraglichen Schutzrechts Gebrauch macht, ist weiter zu prüfen, ob der potenzielle Verletzer eine der in § 9 Satz 2 PatG abschließend aufgezählten Benutzungshandlungen vornimmt. Unterschieden wird dabei zwischen Erzeugnissen (§ 9 Satz 2 Nr 1 PatG), patentierten Verfahren (§ 9 Satz 2 Nr 2) und Erzeugnissen, die unmittelbar durch ein patentiertes Verfahren hergestellt wurden (§ 9 Satz 2 Nr 3 PatG). 235

Jede einzelne Benutzungsart repräsentiert dabei einen eigenen **Streitgegenstand**, selbst wenn aus jeder von ihnen dieselben, vollständigen Rechtsfolgen hergeleitet und zugesprochen werden können.[277] 236

▶ **Beispiel:** 237

Der Kläger begründet seine Klage damit, dass der Beklagte schutzrechtsbenutzende Erzeugnisse sowohl angeboten als auch in den Verkehr gebracht hat. Im Prozess bestätigt sich lediglich das Angebot, nicht aber der Vertrieb. Ungeachtet dessen, dass bereits aufgrund der festgestellten Angebotshandlung sämtliche Benutzungsarten außer der des Herstellens zu verurteilen sind, unterliegt der Kläger insoweit, als er sein Klagebegehren (im Wege kumulativer Klagenhäufung) auch auf den Vertrieb gestützt hat.

Im Verletzungsprozess bedeutet dies, dass es in Fällen, in denen sich nur *einer* von mehreren zur Klagebegründung bemühten Benutzungsarten als gegeben erweist, zu einem Teilunterliegen mit entsprechender Kostenquote zu Lasten des Klägers kommt. Nach vollständiger Klageabweisung bedarf es mit Blick auf ein Rechtsmittelverfahren zur Zulässigkeit einer Berufung, die sich gegen das landgerichtliche Urteil insgesamt richtet, einer Auseinandersetzung mit sämtlichen Klagegründen (= verneinten Benutzungsarten).[278] 238

a) Territorium[279]

aa) Küstenmeer

Die Benutzung muss im Geltungsbereich des Klageschutzrechts stattgefunden haben, wozu nur das Hoheitsgebiet des Erteilungsstaates zählt. Zu ihm gehört auch das **Küstenmeer** bis zur 12 Seemeilen-Zone (Art 2 UN-Seerechtsübereinkommen v 10.12.1982). Seegebiete (einschließlich dort vorhandener Bohrinseln, Windparks oder dergleichen) außerhalb der genannten Zone zählen zwar zur ausschließlichen Wirtschaftszone des betreffenden Staates[280], sie sind aber kein Staatsgebiet und deshalb auch kein Inland, in dem das PatG gilt.[281] 239

bb) Lieferkette Ausland-Ausland-Inland

Da sich die Benutzungshandlung im Inland abspielen muss, kann die Lieferung eines patentgemäßen Gegenstandes vom patentfreien Ausland ins patentfreie Ausland grundsätzlich keine Schutzrechtsverletzung darstellen. Anderes gilt nur dann, wenn der gelieferte Gegenstand anschließend ins Schutzterritorium des Klagepatents weitergeliefert 240

---

277 OLG Düsseldorf, Urteil v 23.3.2017 – I-2 U 58/16.
278 OLG Düsseldorf, Urteil v 23.3.2017 – I-2 U 58/16.
279 Zum Patentschutz im Weltraum vgl Schlimme, Mitt 2014, 363.
280 Eine ausschließliche Wirtschaftszone hat Deutschland für die Nordsee und die Ostsee proklamiert.
281 LG Mannheim, Urteil v 5.7.2016 – 2 O 96/15; LG Hamburg, GRUR-RS 2018, 8035 – Windturbinenschaufel.

wird[282] und diese das Schutzrecht verletzende Aktion dem ursprünglichen, selbst nur im Ausland agierenden Lieferanten zugerechnet werden kann.[283] Abgesehen von den Fällen der Mittäterschaft und Beihilfe reicht hierfür eine fahrlässige Mitverursachung des späteren inländischen Weiterverkaufs nur aus, wenn der Auslandsakteur bei *seiner* Lieferung konkrete Anhaltspunkte hatte, die es bei objektiver Betrachtung als naheliegend erscheinen lassen mussten, dass sein Abnehmer den Verletzungsgegenstand (direkt oder indirekt über weitere Auslandshändler) ins Inland verbringen oder dort anbieten wird.[284] Eine allgemeine (von Verdachtsgründen losgelöste) Prüfungspflicht hinsichtlich der weiteren Verwendung eines im Ausland bereitgestellten Gegenstandes besteht nicht.[285] Ob die gegebenen Umstände – für sich allein betrachtet oder in ihrer kombinatorischen Gesamtschau – für den notwendigen Verdacht der Inlandslieferung ausreichen, ist eine Frage der tatrichterlichen Würdigung im Einzelfall. Grundsätzlich genügt weder eine einschlägige Tätigkeit des Abnehmers auf dem inländischen Markt noch der Umstand, dass der ausländische Abnehmer ähnliche Erzeugnisse in der Vergangenheit bereits ins Inland geliefert hat.[286] Bloßes Fürmöglichhalten einer Inlandslieferung (= dolus eventualis) ist deswegen unbeachtlich.[287] Die Verhältnisse können freilich auch anders liegen. Etwa für den Kfz-Bereich wird man aufgrund der Lebenserfahrung annehmen können, dass ein weltweit operierender Fahrzeugbauer seine Pkw kontinuierlich zu entsprechenden Teilen in den einzelnen zu seinem Vertriebsgebiet gehörenden Ländern absetzt, so dass die Annahme berechtigt ist, dass von einer ausländischen, patentgemäße Erzeugnisse hervorbringenden Produktion ein gewisser Teil auch nach Deutschland als wichtigem Absatzmarkt gelangt. Aus dem Vorhandensein deutschsprachiger Benutzungshinweise lässt sich ebenfalls nicht unbedingt auf eine inländische Vertriebsabsicht schließen.[288] Abgesehen davon, dass außer Deutschland auch andere schutzrechtsfreie deutschsprachige Territorien (Österreich, Schweiz, Südtirol) in Betracht kommen, können die abgedruckten Sprachen öffentlichrechtlichen Vorgaben geschuldet sein, was ihnen eine verbindliche Aussagekraft zu dem ins Auge gefassten Vertriebsgebiet nehmen kann.[289] Im Einzelfall kann der Sachverhalt allerdings auch abweichend gelagert sein. Anlass für einen Verdacht und entsprechende Rückfragen zur geplanten Verwendung der Ware besteht in jedem Fall aber dann, wenn die im Ausland abgenommene Liefermenge so groß ist, dass sie vom Empfänger bei Berücksichtigung von dessen Vertriebsnetz erkennbar nicht allein auf schutzrechtsfreien Märkten abgesetzt werden kann, oder wenn das Abnahmeverhalten des Belieferten auffällig mit dessen schutzrechtsverletzender Tätigkeit im Geltungsbereich des Klagepatents korreliert.[290] Finden im Ausland mehrere Liefervorgänge nacheinander statt, bevor die Ware patentverletzend ins Inland verbracht wird, so sind die haftungsbegründenden Verdachtsgründe für jeden Auslandslieferanten separat zu prüfen. Tendenziell können die Einsichtsmöglichkeiten in die schlussendlich rechtsverletzende Verwendung der Ware mit der Entfernung des jeweiligen Lieferanten vom Inlandstäter schwinden und deshalb einer Haftung der entfernt stehenden Akteure entgegen stehen; zwingend ist dies selbstverständlich nicht.

---

282 Ohne Vorliegen einer Patentverletzung mindestens in Form der Erstbegehungsgefahr scheidet eine Haftung des Lieferanten wegen unmittelbarer Patentverletzung aus; möglich bleibt unter den Voraussetzungen des § 10 PatG nur eine mittelbare Verletzung (BGH, GRUR 2017, 785 – Abdichtsystem).
283 BGH, GRUR 2017, 785 – Abdichtsystem.
284 BGH, GRUR 2017, 785 – Abdichtsystem.
285 BGH, GRUR 2017, 785 – Abdichtsystem.
286 BGH, GRUR 2017, 785 – Abdichtsystem.
287 BGH, GRUR 2017, 785 – Abdichtsystem.
288 BGH, GRUR 2017, 785 – Abdichtsystem.
289 OLG Karlsruhe, GRUR 2016, 482 – Abdichtsystem.
290 BGH, GRUR 2017, 785 – Abdichtsystem.

Bestehen Verdachtsgründe, hat der Lieferant seinen Abnehmer auf die Möglichkeit einer 241
Patentverletzung bei Angebot und Lieferung ins Inland **hinzuweisen und** ihn nach der
geplanten Verwendung zu **befragen**. Hält er trotz bestehenden Verdachts keine Nachfrage oder erhält er auf seine Anfrage hin keine plausible Antwort und setzt er die Belieferung des Empfängers ungeachtet dessen fort, so haftet er fortan wegen Förderung fremder Patentverletzung, selbst wenn er subjektiv von einem rechtskonformen Verhalten des Abnehmers ausgehen sollte.[291]

Lieferungen vom Ausland ins Ausland mit der dadurch hervorgerufenen Gefahr einer 242
verletzenden Weiterlieferung ins Inland erfordern auch im Hinblick auf die **Rechtsfolgenseite** eine spezielle Behandlung.

– Was zunächst den **Unterlassungsanspruch** betrifft, lässt der BGH nicht »ohne weiteres« einen uneingeschränkten Verbotsausspruch zu und macht es von einer tatrichterlichen Einzelfallabwägung abhängig, welche Maßnahmen dem Verpflichteten zuzumuten sind, um Patentverletzung durch seine ausländischen Abnehmer (oder deren weitere Abnehmer) zu vermeiden.[292] Bedeutsam kann dabei sein, in welchem Umfang es bereits zu inländischen Patentverletzungen durch die Abnehmer gekommen ist, welchen Kenntnisstand die Abnehmer in Bezug auf die Schutzrechtslage haben, wie hoch die Wahrscheinlichkeit ist, dass sie sich bewusst der Gefahr einer Patentverletzung durch Weiterlieferung der Gegenstände ins Inland aussetzen, und welche anderen rechtlichen Möglichkeiten der Verletzte hat, um – gemeint ist offenbar direkt und mit praktischer Aussicht auf Erfolg – gegen die Verletzungshandlungen des Abnehmers vorzugehen.[293] Ein weiteres Kriterium kann das Maß des Entdeckungsrisikos für den Abnehmer bei künftigen Inlandslieferungen sein; je geringer es ist, umso spürbarer müssen die den Abnehmer treffenden Folgen im Falle einer (zufälligen) Tataufdeckung sein. Auslandslieferungen können deswegen ggf nur unter Vereinbarung einer vertragsstrafebewehrten Pflicht des Abnehmers zu gestatten sein, die im Ausland bereitgestellten Gegenstände nicht ins Inland zu liefern. 243

Für die Abfassung eines **Klageantrages** auf Unterlassung folgt daraus: 244

– Dort, wo die Inlandslieferung mit **positiver Kenntnis** des Verpflichteten geschieht 245
(Mittäterschaft, Beihilfe) und wo deswegen eine volle Zurechnung der inländischen Verletzungshandlungen des/der Dritten zu Lasten des Auslandslieferanten stattfindet, ergeht ein uneingeschränktes Unterlassungsgebot. Dasselbe gilt, wenn aufgrund der besonderen Umstände des Falles feststehen sollte, dass jede Auslandslieferung des Verpflichteten auch künftig – direkt oder indirekt – zu einer verletzenden Inlandslieferung führt.

– Dort, wo letzteres nicht feststellbar ist und wo bloß eine **ansonsten vorwerfbare** 246
Unterstützung der fremden Inlandslieferung gegeben ist, kommt eine Unterlassungsverurteilung nur vorbehaltlich derjenigen Maßnahmen in Betracht, die im Zusammenhang mit der mittelbaren Patentverletzung geläufig sind. Die Auslandslieferung wird also verboten, wenn der Abnehmer nicht mit einem Warnhinweis auf das inländische Patent hingewiesen bzw vertraglich, ggf sogar strafbewehrt, dazu angehalten wird, eine Weiterlieferung ins Inland zu unterlassen. Die besagten Maßnahmen stehen dabei in dem sich aus der Reihenfolge ihrer Aufzählung ergebenden Rangverhältnis dergestalt, dass der Warnhinweis die mildeste und die strafbewehrte Unterlassungsvereinbarung die – näher zu rechtfertigende – schärfste

---

291 BGH, GRUR 2017, 785 – Abdichtsystem.
292 BGH, GRUR 2017, 785 – Abdichtsystem.
293 BGH, GRUR 2017, 785 – Abdichtsystem.

Maßnahme repräsentiert. Bzgl desjenigen, der die Inlandslieferung seines Abnehmers nur leicht fahrlässig ermöglicht hat und von dem ein grundsätzlich rechtstreues Verhalten erwartet werden kann, wird regelmäßig ein Warnhinweis auf die inländische Schutzrechtslage genügen, weil sie nach der Lebenserfahrung hinreichend sicher gewährleistet, dass künftige weitere Inlandslieferungen unterbleiben; bzgl. desjenigen Abnehmers, der bei seinem Weitervertrieb deutliche Anzeichen für eine Schutzrechtsverletzung ausgeblendet und/oder sonstwie ein gesteigertes Interesse an einer Fortsetzung seiner rechtsverletzenden Inlandslieferungen hat, werden demgegenüber drastischere Maßnahmen (Unterlassungsvertrag, ggf mit angemessener Vertragsstrafe zugunsten des Patentinhabers) nötig und deshalb auch angebracht sein.

247 Im Falle einer **mehrstufigen Auslandslieferkette** kommt es auf den Anreiz für Inlandslieferungen in der Person desjenigen an, der am Ende der ausländischen Lieferkette steht und demzufolge Inlandsimporteur ist. Erfordern die bei ihm gegebenen Verhältnisse (Angewiesensein auf Inlandsgeschäft, geringes Entdeckungsrisiko) verschärfte Maßnahmen, so sind diese allerdings nicht jedem Glied in der ausländischen Lieferkette aufzuerlegen, sondern nur demjenigen letzten Lieferanten, der den das Inlandsgeschäft betreibenden Auslandsabnehmer bedient. Im Hinblick auf dessen Vorlieferanten besteht auch kein Anspruch darauf, dass diese den jeweils nächsten in der Kette ihrerseits zu bestimmten Vertriebsmaßnahmen (Warnhinweis, Unterlassungsvertrag) verpflichten. Vielmehr ist es Sache des Verletzten, innerhalb der Kette denjenigen in Anspruch zu nehmen, für den ausreichende Verdachtsgründe ausgemacht werden und hinsichtlich dessen ein Einschreiten zur Unterbindung weiterer Inlandslieferungen sachgerecht erscheint.

248 – Bezüglich des Anspruchs auf **Rechnungslegung** besteht die Besonderheit, dass bezüglich desjenigen ausländischen Abnehmers, dem mindestens *eine* schadenersatzpflichtige Inlandslieferung nachgewiesen werden kann, umfassende Auskünfte über alle Auslandslieferungen an *diesen* Abnehmer geschuldet werden, auch über solche, die von ihm in der Folge nicht zu einem schutzrechtsverletzenden Inlandsvertrieb, sondern zu einer Lieferung ins patentfreie Ausland geführt haben.[294] Inhaltlich ist der Rechnungslegungsanspruch – wie sonst auch – auf dasjenige beschränkt, was im Wissen des Auslandslieferanten liegt und ihm deshalb bei gehöriger Anstrengung objektiv möglich ist. Offenbarungspflichtig sind deshalb zwar die eigenen Bezugsquellen und die eigenen ausländischen Lieferhandlungen nebst Kosten und Gewinnen, typischerweise aber keine Details zu den schlussendlichen inländischen Benutzungen und ihren Erträgnissen (Umsätze, Gewinne) für den ausländischen Abnehmer. Mangels Vertragsbeziehung zum Inlandstäter hat der Auslandslieferant im Allgemeinen auch keine Gelegenheit, sich die betreffende Kenntnis auf zumutbare Weise von dritter Seite zu beschaffen.

b) Erzeugnisse

249 Sachpatente schützen grundsätzlich umfassend, sieht man von den Beschränkungen des § 11 PatG ab. Vorbereitungshandlungen, gerichtet auf eine Benutzung in der Zukunft, werden von § 9 PatG nicht erfasst. Ausnahmen gelten im Hinblick auf Verwendungspatente. Zudem können Vorbereitungshandlungen eine Erstbegehungsgefahr begründen. Die einzelnen Benutzungshandlungen sind in § 9 Satz 2 Nr 1 PatG abschließend aufgelistet.

---

294 BGH, GRUR 2017, 785 – Abdichtsystem.

aa) Herstellen

Die Benutzungshandlung des Herstellens umfasst den gesamten Schaffensprozess des Erzeugnisses von Beginn an und wird nicht auf den letzten, die Vollendung herbeiführenden Schritt beschränkt.[295] Wegen des **Territorialitätsgrundsatzes** ist freilich erforderlich, dass das patentverletzende Produkt (dh ein grundsätzlich sämtliche Anspruchsmerkmale aufweisender Gegenstand) im Inland vorliegt. Das ist auch dann der Fall, wenn ein Vorprodukt oder Komponenten im Ausland gefertigt und nach ihrer Verbringung ins Inland dort zu dem patentbenutzenden Gegenstand vervollständigt werden, nicht hingegen in der umgekehrten Konstellation, dass der Herstellungsprozess lediglich im Inland begonnen, aber im Ausland zum Abschluss gebracht wird.[296] Letzteres gilt auch dann, wenn Auslands- und Inlandsakteur mittäterschaftlich zusammenarbeiten, weil zwar eine Zurechnung der beiderseitigen Tatbeiträge stattfindet, dies aber nichts daran ändert, dass der Herstellungserfolg im Ausland und nicht im allein schutzrechtsrelevanten Inland eintritt.[297] Weil jede in § 9 Nr 1 PatG genannte Benutzungshandlung selbständig ist, kommt es nicht darauf an, ob das Erzeugnis später tatsächlich in patentverletzender Weise benutzt (zB angeboten oder vertrieben) wird.[298]

250

(1) Zwischenprodukt

Es führt infolgedessen nicht aus dem Benutzungstatbestand heraus, dass das patentgemäße Erzeugnis als bloßes Zwischenprodukt auf dem Weg zu einem nicht patentgemäßen Endprodukt, dessen Vertrieb allein beabsichtigt ist, anfällt. Das gilt selbst dann, wenn für das Zwischenprodukt die patentgemäße Ausgestaltung technisch unvermeidlich ist. Da das Zwischenprodukt ein notwendiges Durchgangsstadium auf dem Weg zum gewerblichen Endprodukt ist, kann auch nicht damit argumentiert werden, dass es für das patentverletzende Zwischenprodukt an einer kommerziellen Zielrichtung fehlt, so dass *insoweit* ein privilegiertes Handeln im privaten Bereich (§ 11 Nr 1 PatG) vorliegt, das keine Verbietungsrechte auslöst. Der gesamte Herstellungsakt ist von gewerblichen Interessen getragen, weswegen für das Zwischenprodukt keine bloß privaten Belange angenommen werden können. Voraussetzung ist freilich, dass das patentverletzende Zwischenprodukt im Zuge des Herstellungsprozesses tatsächlich als verfügbarer Gegenstand anfällt. Daran fehlt es, wenn das Zwischenprodukt lediglich ein flüchtiges Durchgangsstadium darstellt, das (zB weil der chemische Umsetzungsprozess nicht aufgehalten werden kann) der Fachmann nicht in die Hand bekommen kann.

251

Exkurs: Für die Benutzungsformen des **Anbietens und Vertreibens** kommt es ebenfalls nur auf dasjenige Erzeugnis und *seine* Beschaffenheit an, das im Schutzgebiet des Patents in Verkehr gelangt. Fehlt dem Endprodukt die vom Patent vorausgesetzte Beschaffenheit oder Wirkung, so liegt aus diesem Grund nicht etwa deshalb ein Schutzrechtseingriff vor, weil es (zB bei der im schutzrechtsfreien Ausland durchgeführten Herstellung) durch ein Zwischenprodukt gewonnen worden ist, das die patentgemäße Beschaffenheit aufgewiesen hat, wenn diese auf dem weiteren Weg zu dem im Patentgebiet auf den Markt gebrachten Endprodukt wieder verloren gegangen ist. Umgekehrt gilt dasselbe. Bleibt die patentgemäße Ausgestaltung im Endprodukt erhalten, so liegt eine Patentbenutzung vor, selbst wenn die zur Patentbenutzung führenden Bestandteile des Endproduktes objektiv funktionslos, subjektiv unerwünscht und als Verunreinigung des Syntheseprozesses ggf. technisch oder wirtschaftlich sogar unvermeidlich sind.[299] Dass dem so ist, ergibt sich als notwendige Folge aus der Tatsache, dass jeder auf eine Sache bezogene

252

---

295 BGH, GRUR 1951, 452 – Mülltonne.
296 OLG Düsseldorf, Beschluss v 14.8.2017 – I-2 W 13/17.
297 OLG Düsseldorf, Beschluss v 14.8.2017 – I-2 W 13/17.
298 BGH, GRUR 1979, 149 – Schießbolzen.
299 AA: LG Düsseldorf, GRUR 1987, 896 – Grasherbizid.

Patentschutz allumfassend ist, indem er weder auf subjektive Absichten des Vertreibers noch auf subjektive Absichten des Abnehmers Rücksicht nimmt, sondern allein die objektive Sachlage zum Maßstab hat. Wenn es beim Vertrieb des Endproduktes unweigerlich zu einer Patentbenutzung kommt und diese Benutzung ungewollt ist, hat der Vertrieb eben zu unterbleiben, weil auch sonst nicht danach gefragt wird, ob dem Verletzer der von ihm objektiv verursachte Verletzungserfolg recht oder unlieb ist.[300]

(2) Prodrug

253 Von den Zwischenprodukten sind sog Prodrugs[301] zu unterscheiden. Bei ihnen handelt es sich um verkehrsfähige Produkte, die als solche die patentgemäßen Merkmale des Sachpatents noch nicht aufweisen (zB den geschützten Wirkstoff nicht enthalten), die in diese Merkmale jedoch, bedingt durch Stoffwechselprozesse im menschlichen oder tierischen Organismus, hineinwachsen, nachdem sie insbesondere zu therapeutischen Zwecken eingenommen worden sind. Zwei Spielarten sind insofern denkbar. Zunächst kann in das verkaufsfertige Produkt ein zusätzlicher (aus der Patentverletzung herausführender) Strukturbestandteil eingebaut sein, welcher nach der Einnahme im Körper zügig abgespalten wird, so dass der patentgeschützte, aktive Wirkstoff freigesetzt wird; des Weiteren kann der umgekehrte Weg beschritten werden, indem durch Stoffwechselprozesse eine funktionelle chemische Gruppe hinzugefügt und dadurch der patentgeschützte Wirkstoff erhalten wird.[302]

254 – Vollziehen sich die – in der einen oder anderen Richtung – zur patentgemäßen Umgestaltung des in Verkehr gebrachten Prodrug führenden Stoffwechselprozesse **unwillkürlich** (dh ohne weiteres Zutun), **vorhersehbar und unabwendbar**, so ist nach den oben[303] bereits in anderem Zusammenhang herausgearbeiteten Zurechnungsregeln eine unmittelbare wortsinngemäße Patentverletzung anzunehmen. Sie ist nicht nur in der Handlungsalternative des Herstellens gegeben[304], sondern gleichermaßen in der Benutzungsform des Anbietens und Inverkehrbringens. Denn der Lieferant des zunächst noch nicht patentgemäßen Gegenstandes macht sich den von ihm mit dem Prodrug angestoßenen und im Folgenden unweigerlich ablaufenden Geschehensprozess (stoffwechselbedingter Umbau des bereitgestellten Prodrug in ein dem Patent entsprechendes Erzeugnis) bewusst zunutze, was eine Zurechnung der sich absehbar einstellenden chemischen Veränderungen seines Liefergegenstandes rechtfertigt. Dies gilt auch mit Blick auf den Vetrieb, denn dem Verletzer kommt es darauf an, dass derjenige (patentgemäße) Gegenstand als Objekt seiner Bereitstellungshandlungen verfügbar wird, der sich als Folge der körpereigenen Verstoffwechselungsvorgänge ergibt.

255 – Rechtlich komplizierter liegen die Verhältnisse, wenn sich die zur Patentverletzung führenden Stoffwechselprozesse nicht bedingungslos einstellen, sondern es ganz **besonderer**, willkürlich herbeizuführender **Umstände** bedarf, um sie, dann aber genauso unweigerlich, ablaufen zu lassen. Solche Umstände können zB in einer bestimmten Dosierung des Prodrug, in einer speziellen Verabreichungsform (zB als Retardtablette) oder in der Einnahme ausgesuchter begleitender Substanzen liegen[305],

---

300 Zu Einzelheiten vgl Kühnen/Grunwald, GRUR 2015, 35.
301 Vgl Tauchner/Rauh, FS v Meibom, 2010, S 439; Giebe, FS Schilling, 2007, S 143; Ackermann, GRUR 2018, 772.
302 Ackermann, GRUR 2018, 772.
303 Vgl oben Rdn 77.
304 Die Verfügbarkeit des Produktes (vgl oben Rdn 251) ist mit Blick auf das Prodrug zu bejahen, welches lediglich seine chemische Konstitution in zurechenbarer Weise ändert.
305 Ackermann, GRUR 2018, 772.

zu denen der Lieferant des Prodrug Hinweise oder sonstige zielführende Hilfestellungen geben kann oder auch nicht.

– Unproblematisch sind diejenigen Fälle, bei denen bereits die vom Prodrug-Lieferanten **empfohlene Dosierung und/oder** die von ihm dem Prodrug verliehene **Darreichungsform** den patentgemäßen Umbau herbeiführen. Da in einem solchen Fall der Prodrug-Lieferant die uneingeschränkte Tatherrschaft über sämtliche die Stoffwechselvorgänge veranlassenden Bedingungen hat (indem er eine bestimmte Dosierung vorschreibt oder empfiehlt und/oder indem er sein Präparat in einer bestimmten Darreichungsform (und keiner anderen) auf den Markt bringt), ist eine Zurechnung der sich infolgedessen zwangsläufig vollziehenden chemischen Veränderungen geboten; das Prodrug stellt eine unmittelbare wortsinngemäße Verletzung dar (wobei in den Urteilstenor diejenige Dosierung und/oder diejenige Darreichungsform aufzunehmen ist/sind, die die zur patentgemäßen Konstitution des Prodrug führende Verstoffwechselung verantworten). Veranlasst die Dosierung die fraglichen Stoffwechselvorgänge, ist in dem gleichen Sinne zu entscheiden, wenn dem Prodrug zwar keine dahingehende Dosierungsanleitung beigegeben wird, es dessen aber auch nicht bedarf, weil die zum patentgemäßen Umbau des Prodrug führende Dosierung ohnehin in einem Maße gebräuchlich ist, dass von ihr auch ohne gesonderte Anleitung ausgegangen werden kann.

256

– Bedarf es für die zur patentgemäßen Konstitution führende Verstoffwechselung des Prodrug einer Gabe **begleitender Substanzen**, die als solche auch anderweitig gebräuchlich, ggf sogar vielfältig verwendbar sind, so ist zu unterscheiden:

257

– Bietet der Prodrug-Lieferant die Begleitsubstanz ebenfalls, und zwar zur gemeinsamen Einnahme mit dem Prodrug an, so liegt eine unmittelbare wortsinngemäße Patentverletzung vor. Denn der in seiner Gesamtheit zu betrachtende Handlungsbeitrag (Bereitstellung des Prodrug + Bereitstellung der die Stoffwechselvorgänge auslösenden Begleitsubstanz) macht den patentgemäßen Gegenstand in der vorbeschriebenen Weise verfügbar, was als Haftungsgrundlage ausreicht.

258

– Gleiches gilt, wenn die für die Verstoffwechselung maßgebliche Begleitsubstanz ausschließlich über Dritte zugänglich ist, der Prodrug-Lieferant für sein Produkt jedoch die ergänzende Einnahme der – anderweitig zu beschaffenden – Begleitsubstanz vorschreibt oder empfiehlt. Unter solchen Umständen wird das patentgemäße Erzeugnis mittäterschaftlich verfügbar gemacht, so, wie dies bei einem Angebot beider Substanzen aus derselben Hand des Prodrug-Lieferanten der Fall wäre. Dem ist auch dann so, wenn die im eigenen oder dritten Sortiment enthaltene Begleitsubstanz zwar ohne ausdrücklichen Zusammenhang mit dem Prodrug angeboten und/oder vertrieben wird, sich die Empfehlung zur kombinierten Einnahme von Prodrug und Begleitsubstanz jedoch stillschweigend ergibt, zB deshalb, weil irgendein therapeutischer Nutzen, der mit einer isolierten Einnahme des Prodrug verbunden wäre, ersichtlich nicht existiert.

259

– Besteht keine auch nur konkludente Empfehlung zu einer begleitenden Einnahme der für die Verstoffwechselung verantwortlichen Substanz, so kann die Lieferung des Prodrug (weil mit ihr zurechenbar lediglich *eine* Bedingung von mehreren für die Verfügbarkeit des patentgemäßen Erzeugnisses erfüllt ist) allenfalls eine mittelbare Patentverletzung darstellen. Sie wird im Ergebnis zu verneinen sein, weil es unter den geschilderten Umständen an dem Wissen des Prodrug-Lieferanten darüber fehlt, dass sein Prodrug unter begleitender Einnahme einer Substanz verwendet werden soll, die zu einem Umbau des Prodrug in einen patentgemäßen Gegenstand führt. In den rechtlichen Kategorien des § 10 PatG fehlt die Kenntnis bzw ist es nach den gesamten Umständen für den Prodrug-Lieferanten nicht offensichtlich, dass sein Abnehmer die Bestimmung getroffen hat, das Prodrug

260

in einer Weise zu verwenden, die (dank der Begleitsubstanz) ein patentgemäßes Erzeugnis verfügbar macht.

(3) Sonstiges

261 Die zu den bisherigen Erörterungen umgekehrte Konstellation von **Umbauten** eines geschützten Erzeugnisses oder dessen substanzielle Ausbesserungen können ggf ebenfalls als Neuherstellung und damit als eine ausschließlich dem Patentinhaber vorbehaltene Handlung gewertet werden.[306]

262 Die das patentgemäße Erzeugnis hervorbringenden Handlungen müssen nicht notwendigerweise eigenhändig vorgenommen werden. Hersteller ist auch derjenige, der nach eigenen Angaben eine patentgemäße Vorrichtung durch einen **Dritten** bauen lässt, indem er zB dessen Tätigkeit überwacht und die fertige Vorrichtung überprüft.[307]

263 Keine Herstellungshandlungen sind allerdings die Anfertigung einer **Werkstattzeichnung** oder die bloß ingenieurmäßige Planung einer patentverletzenden Vorrichtung[308], weil sie bei natürlicher Betrachtung noch nicht als Beginn einer gegenständlichen Herstellung gelten können, auch wenn es sich bei den besagten Handlungen um Vorbereitungsmaßnahmen handelt, die für eine spätere Herstellung unumgänglich sind.[309] Allerdings kann die *zweckgerichtete* Überlassung von Werkstattzeichnungen eine Mitwirkung an der von dritter Seite vorgenommenen Herstellung sein.[310]

264 Handelt es sich um ein produzierendes Unternehmen, das verletzende Gegenstände außerhalb des Patentgebietes herstellen lässt und diese innerhalb des Patentgebietes vertreibt, so begründet dies nach Auffassung des BGH[311] eine **Erstbegehungsgefahr** für inländische Herstellungshandlungen, weil die Frage des Produktionsstandortes oder einer Eigen- bzw Auftragsfertigung bei einem produzierenden Unternehmen in erster Linie eine Kostenfrage ist, die sich fortlaufend ändern kann.

265 **Kritik:** Ob dem in dieser Allgemeinheit zuzustimmen ist, erscheint äußerst fraglich. Sicher gibt es Industriezweige, für die die Wahl und/oder Verlagerung eines Produktionsstandortes weitgehend beliebig ist. Genauso existieren aber auch Geschäftsfelder, die zB personalintensiv sind, aber ohne hochqualifizierte Mitarbeiter auskommen, bei denen ein deutscher (bisweilen sogar ein europäischer) Standort aus Wettbewerbs- und Kostengründen auf absehbare Zeit schlechterdings nicht in Betracht kommt. Hier ist es nicht angebracht, ohne konkrete Anhaltspunkte von einer Begehungsgefahr für inländische Herstellungshandlungen auszugehen.[312] Stets entscheiden – wie sonst auch bei der Erstbegehungsgefahr – die Gesamtumstände des Einzelfalles, die aus objektiver Sicht *in naher Zukunft greifbar* inländische Herstellungshandlungen befürchten lassen müssen.

bb) Anbieten

266 Beim Anbieten handelt es sich um eine eigenständige Benutzungshandlung. Verstanden wird unter Anbieten jede im Inland begangene Handlung, die nach ihrem objektiven Erklärungswert das Erzeugnis der Nachfrage wahrnehmbar zum Erwerb der Verfügungsgewalt bereitstellt.[313]

---

306 Zu Einzelheiten vgl Kap E Rdn 628.
307 OLG Düsseldorf, InstGE 7, 258 – Loom-Möbel.
308 LG Düsseldorf, InstGE 6, 130 – Diffusor.
309 OLG Düsseldorf, InstGE 7, 258 – Loom-Möbel.
310 OLG Düsseldorf, InstGE 7, 258 – Loom-Möbel.
311 BGH, GRUR 2012, 512 – Kinderwagen.
312 OLG Düsseldorf, Urteil v 1.3.2018 – I-2 U 22/17.
313 BGH, GRUR 2006, 927 – Kunststoffbügel; BGH, GRUR 1970, 358 – Heißläuferdetektor.

(1) Allgemeine Anforderungen

Es ist nicht erforderlich, dass das angebotene Erzeugnis bereits fertiggestellt ist oder sich im räumlichen Geltungsbereich des verletzten Schutzrechtes befindet.[314] Auf eine Herstellungs- oder Lieferbereitschaft kommt es ebenso wenig an.[315] Unschädlich ist gleichfalls, ob die Lieferung erst für die Zeit nach Auslaufen des Patentschutzes versprochen wird, sofern nur die Angebotshandlung als solche unter der zeitlichen Geltung des Patentschutzes erfolgt ist.[316] Ebenso unerheblich ist, ob der Anbietende den Gegenstand selbst herstellt oder ob er ihn von dritter Seite bezieht.[317] 267

Das »Angebot« muss keine gemäß **§ 145 BGB** rechtswirksame Vertragsofferte enthalten, weswegen es unbeachtlich ist, wenn die Auftragsvergabe erst nach Durchführung eines förmlichen Ausschreibungsverfahrens erfolgt. Es muss auch nicht zwingend ein *eigenes* Verkaufsgeschäft des Anbietenden vorbereiten. Bezweckt das »Angebot« den Geschäftsabschluss über den schutzrechtsverletzenden Gegenstand mit einem **Dritten**, so muss der Anbietende von dem Dritten nicht beauftragt oder bevollmächtigt sein.[318] Im Interesse eines wirksamen Rechtsschutzes für den Patentinhaber kommt es allein darauf an, dass die Angebotshandlung tatsächlich die schädliche Nachfrage nach einem Verletzungsgegenstand weckt, mag diese Nachfrage anschließend auch nicht von dem Anbietenden in eigener Person oder durch von ihm Beauftragte, sondern von fremder dritter Seite gedeckt werden, und mag der »begünstigte« Dritte um die ihm vorteilhaften Aktivitäten des Anbietenden wissen, mit ihnen einverstanden sein oder nicht.[319] Derjenige, der (zB aus Gründen der regionalen Wirtschaftsförderung) Dritten die Möglichkeit zum Auftritt auf einer Messe bietet, indem er den Messestand bucht und diesen an verschiedene Aussteller überlässt, um ihre Produkte auszustellen, haftet im Zweifel als Nebentäter für die von einem Aussteller begangene Patentverletzung.[320] 268

Handelt es sich um ein **Sachpatent**, muss das patentgeschützte Erzeugnis den Nachfragern wahrnehmbar zum Erwerb der Verfügungsgewalt bereitgestellt werden. Solches geschieht auch dann, wenn zusätzlich zu einer Hardware ein Zugang zum Herunterladen einer Software bereitgestellt wird und die Anspruchsmerkmale sich erst nach erfolgtem **Update** einstellen. 269

An einem Angebot fehlt es hingegen, wenn in Bezug auf den Erfindungsgegenstand lediglich eine **Machbarkeitsstudie** durchgeführt und ein Technologietransfervertrag abgeschlossen wird, Konstruktions- und Berechnungsunterlagen zur Verfügung gestellt werden und Personal geschult wird, damit der Kunde den Gegenstand im patentfreien Ausland selbst fertigen kann.[321] Mangels hinreichenden Bezuges zum Handelsverkehr liegt ferner kein Angebot vor, wenn im Vorfeld des späteren Vertriebs Korrespondenz mit einer Behörde (zB Netzagentur) oder Krankenkasse geführt wird, die dazu dient, für die angegriffene Ausführungsform einen zulässigen oder erstattungsfähigen Preis festzulegen. 270

Bei einem **Kombinationspatent** (das zB eine Modulanordnung schützt, die sich aus mehreren in einer Reihe angeordneten Einzelmodulen zusammensetzt) kann ein unmittelbar patentverletzendes Anbieten auch dann vorliegen, wenn in einem Produktkatalog oder dergleichen nicht die vollständige Kombination (dh die komplett montierte Modu- 271

---

314 BGH, GRUR 1969, 35 – Europareise; BGH, GRUR 1960, 423 – Kreuzbodenventilsäcke.
315 OLG Karlsruhe, GRUR 2014, 59 – MP2-Geräte.
316 BGH, GRUR 2007, 221 – Simvastatin; OLG Düsseldorf, InstGE 3, 179 – Simvastatin.
317 BGH, GRUR 2006, 927 – Kunststoffbügel.
318 BGH, GRUR 2006, 927 – Kunststoffbügel.
319 OLG Düsseldorf, Urteil v 13.2.2014 – I-2 U 42/13.
320 OLG Düsseldorf, BeckRS 2014, 16067 – Sterilcontainer.
321 LG Düsseldorf, Urteil v 1.3.2012 – 4b O 141/10.

lanordnung als solche), sondern bloß die Bestandteile der Kombination (dh die für eine Modulreihe notwendigen Einzelmodule) – gleichsam »als Bausatz« – gezeigt und beworben werden. Denn für das Angebot spielt es keine Rolle, ob die Vorrichtung in einer einzigen oder in mehreren gestaffelten Lieferungen bereitgestellt werden soll, sofern sich die Einzellieferungen vom Abnehmer nur unschwer zu der patentgeschützten Kombination vereinigen lassen. Maßgeblich dafür, ob das auf die Summe aller Einzelkomponenten bezogene Angebot auch als unmittelbare Patentbenutzung angesehen werden kann, ist daher, ob der Katalog oder dergleichen nach den gesamten Umständen dahingehend verstanden werden kann, dass dem Kunden nur einzelne Ersatzteile (zB zur Komplettierung einer bei ihm schon vorhandenen Modulreihe) angeboten werden[322], oder ob die Umstände ergeben, dass die beworbenen Einzelteile in einer Bestellung auch so ausgewählt und zusammengestellt werden können (und sollen), dass sie die gesamte Kombination (zB eine komplette, aus mehreren Einzelmodulen bestehende Modulreihe) ergeben, aus der der Erwerber sodann die geschützte Vorrichtung durch einfaches Zusammenfügen der Einzelteile herrichtet.[323]

272 Aus dem Angebot, also etwa einem **Werbeprospekt** oder einem Internetauftritt mit einer Darstellung des Gegenstandes, müssen sich nicht einmal sämtliche Merkmale der geschützten Lehre ergeben, sofern deren Vorliegen aus sonstigen, objektiven Gesichtspunkten zuverlässig geschlossen werden kann.[324] Dies wird meist nur zu bejahen sein, wenn der fragliche Gegenstand bereits existiert und den von dem Angebot angesprochenen Verkehrskreisen bekannt oder für sie (zB anhand der Typenbezeichnung oder dergleichen) ermittelbar ist. Da es auf das Verständnis der inländischen Verkehrskreise ankommt, sind grundsätzlich nur solche Produkte maßgeblich, die dem Verkehr im Inland begegnen/verfügbar sind. Haben hier durchgeführte Testkäufe deshalb bloß eine nicht patentgemäße Konstitution ergeben, lässt sich aus dem Umstand, dass irgendwo im Ausland ein gleich gelabeltes Produkt desselben Herstellers mit patentverletzender Konstitution aufgefunden wurde, noch nicht schließen, dass dem inländischen Verkehr jedwede Ausführungsform des fraglichen Produktes und deshalb auch eine solche angeboten werde, wie sie im Ausland aufgespürt wurde.[325] Dahingehende Feststellungen sind allenfalls dann erlaubt, wenn feststeht, dass der Hersteller das nämliche Produkt überall mit derselben Rezeptur ausstattet, dass es hierbei produktionsbedingt zu gewissen Schwankungen kommt, die Konstitutionen innerhalb und außerhalb des Patentanspruchs hervorbringen, und dass sich patentverletzende Ausführungsformen in einer solchen Anzahl einstellen, dass nach der Lebenserfahrung angenommen werden muss, dass es mit Rücksicht auf die bisherigen (und die sich daraus ergebenden künftigen) Vertriebszahlen im Inland auch hier zu patentverletzenden Lieferungen kommen wird.[326] Der Auslandstestkauf muss also geeignet sein, einen gesicherten *tatrichterlichen* Anhalt dafür zu bieten, wie das für den Kunden im Inland verfügbare Produkt – ungeachtet der im Inland durchgeführten, zufällig ergebnislosen Testkäufe – beschaffen (gewesen) ist, nämlich mit einer Konstitution, die neben einer patentfreien auch patentgemäße Konstruktionen umfasst, weswegen der Interessent das ihm unterbreitete Angebot auch auf letztgenannte Erzeugnisse liest.

273 Ergibt erst die **Zusammenschau mehrerer Unterlagen** die notwendige Gesamtheit aller Anspruchsmerkmale, kommt es darauf an, ob die kombiniert herangezogenen Doku-

---

322 ... in diesem Fall käme lediglich eine mittelbare Patentverletzung infrage.
323 OLG Düsseldorf, Beschluss v 2.4.2012 – I-2 W 3/12; OLG Düsseldorf, Beschluss v 17.12.2012 – I-2 W 28/12.
324 BGH, GRUR 2003, 1031 – Kupplung für optische Geräte; BGH, GRUR 2005, 665 – Radschützer; OLG Düsseldorf, GRUR 2004, 417 – Cholesterinspiegelsenker.
325 OLG Düsseldorf, Urteil v 23.3.2017 – I-2 U 58/16.
326 OLG Düsseldorf, Urteil v 23.3.2017 – I-2 U 58/16.

mente untereinander in einem solchen für den Adressaten erkennbaren Zusammenhang stehen, dass ihre gemeinsame Betrachtung geboten ist. Solches ist beispielsweise der Fall, wenn Unterlagen ausdrücklich aufeinander Bezug nehmen, aber auch dann, wenn ansonsten ein inhaltlich übergreifender Kontext besteht, der dem Leser eindeutig vermittelt, dass das eine Dokument nach dem Willen des Verfassers die Aussage des anderen Dokuments ergänzt/erläutert.

Prinzipiell sind **zwei Konstellationen** auseinanderzuhalten: 274

– Beschreibt die Werbung sämtliche Merkmale des Patentanspruchs als vorhanden, so liegt ein verletzendes Angebot unabhängig davon vor, ob das beworbene Produkt überhaupt erhältlich ist; gleichermaßen belanglos ist, ob das beworbene Produkt mit der Werbebeschreibung übereinstimmt oder nicht, dh ob es den erfindungsgemäßen Merkmalen tatsächlich entspricht oder davon abweicht. Im zuletzt genannten Fall wird sich allerdings eine Begehungsgefahr für patentverletzende *Vertriebs*handlungen vielfach nicht begründen lassen, so dass es bei einem Verbot weiterer *Angebots*handlungen sein Bewenden hat. Das »Hervorgehen der Patentmerkmale« aus der das Angebot darstellenden Werbung kann zunächst auf ganz konkrete Weise dadurch geschehen, dass der beworbene Gegenstand, sei es visuell oder verbal, in seiner technischen Konstruktion und/oder Funktionsweise derart spezifiziert dargestellt wird, dass sich dem Betrachter die einzelnen Anspruchsmerkmal in ihrer bei dem beworbenen Produkt gegebenen Realisierung erschließen. Das Maß der hierfür erforderlichen Substantiierung hängt von der Fassung des Patentanspruchs ab, namentlich davon, ob er rein funktional oder mehr gegenständlich-konstruktiv formuliert ist. Am anderen Ende der Skala von Möglichkeiten bewegt sich die Konstellation, dass die Werbung keinerlei technische Details über den beworbenen Gegenstand preisgibt, sondern nur pauschal die (wertende) Behauptung aufstellt, der Werbegegenstand entspreche der Lehre des Klagepatents. Auch darin liegt ein schutzrechtsverletzendes Angebot, sofern sich nicht aus dem Angebot im Übrigen oder aus sonstigen dem Adressaten ersichtlichen Umständen deutlich ergibt, dass die Berühmung unzutreffend ist, weil der beworbene Gegenstand bei richtigem Verständnis der technischen Lehre des Klagepatents nicht schutzrechtsbenutzend ist. Für Fallgestaltungen zwischen den beiden Extremen gilt sinngemäß dasselbe. 275

– Zeigt die Werbung *nicht* alle, sondern keines oder nur einzelne Merkmale des Patentanspruchs, so dass sich in ihr selbst kein patentverletzendes Angebot sehen lässt, so kann nur das mit der Werbung in Bezug genommene Produkt und dessen tatsächliche Ausgestaltung die Übereinstimmung mit der technischen Lehre des Patentanspruchs ergeben. Bestreitet der Beklagte die sachliche Richtigkeit seiner einzelne Anspruchsmerkmale zeigenden Werbeaussage, so muss tatrichterlich (zB durch Zeugenvernehmung oder ein Sachverständigengutachten) aufgeklärt werden, wie der beworbene Gegenstand beschaffen ist, um an ihm die Identität des beworbenen Produktes mit den Anspruchsmerkmalen des Klagepatents festzustellen. Dahingehende Beweismaßnahmen sind auch insoweit nicht entbehrlich, wie sich der Werbung einzelne Anspruchsmerkmale positiv entnehmen lassen, denn die dortige Darstellung kann fehlerhaft sein. Ein Anspruchsmerkmal, das sich aus der Werbung als vorhanden ergibt, dem Produkt tatsächlich jedoch fehlt, führt zur Nichtverletzung. 276

Das Ausstellen eines Verletzungsgegenstandes auf einer **Verkaufsmesse** stellt problemlos ein Anbieten (an die unbestimmte Vielzahl der Messebesucher) dar.[327] Das gilt unabhän- 277

---

[327] OLG Düsseldorf, BeckRS 2014, 16067 – Sterilcontainer; anders: LG Mannheim, InstGE 13, 11 – Sauggreifer im Anschluss an BGH, GRUR 2010, 1103 – Pralinenform II (für das Markenrecht); BGH, GRUR 2017, 793 – Mart-Stam-Stuhl (für das Urheberrecht).

gig davon, ob begleitend druckschriftliches Werbematerial vorgehalten und konkrete Verkaufsgespräche über das ausgestellte Produkt geführt werden.[328] Sofern sich das Angebot in dem schlichten Präsentieren des Verletzungsgegenstandes erschöpft, besteht eine Verantwortlichkeit grundsätzlich nur für den Betreiber des Messestandes, aber nicht für Mitarbeiter eines anderen (konzernverbundenen) Unternehmens, das am Messestand aushilft.[329] Ob die Präsentation eines schutzrechtsverletzenden Gegenstandes auf einer reinen **Leistungsschau** ein »Angebot« darstellt, entscheidet sich auf der Grundlage einer umfassenden Würdigung aller Umstände des konkreten Einzelfalles.[330] Zu verneinen ist dies bei einer reinen Produktstudie, wie sie zB in der Automobilindustrie üblich ist. Für sie fehlt es wegen der jedermann ersichtlichen Unverkäuflichkeit an einem Angebot auch dann, wenn die Studie auf einer ansonsten kommerziellen Veranstaltung ausgestellt wird. Ihre Präsentation begründet im Allgemeinen auch keine Erstbegehungsgefahr.[331] Dass ein an sich verkaufsfähiger Gegenstand unter deutlichem Hinweis darauf präsentiert wird, dass es sich um einen Prototypen handelt und sich im Zuge des weiteren Entwicklungsprozesses noch geänderte Produktspezifikationen ergeben können, steht einem Angebot allerdings noch nicht entgegen.[332] Mögliche (nicht einmal sichere) Detailänderungen räumen nämlich nicht die Tatsache aus, dass die Ausstellungshandlung den Besucher davon abhalten kann, sich für seine Nachfrage mit dem Konkurrenzprodukt des Schutzrechtsinhabers zu befassen.

278 Hat der Anbietende neben schutzrechtsverletzender Ware auch solche Gegenstände gleicher Art und Ausgestaltung in seinem Besitz, an denen die Patentrechte **erschöpft** sind, und hat er innerbetrieblich keine Vorkehrungen dafür getroffen, dass es im Falle einer Bestellung nur zur Auslieferung der »erschöpften Gegenstände« kommen kann, so bezieht sich das Angebot auch auf den verletzenden Warenbestand und stellt dementsprechend eine das Patent beeinträchtigende Handlung dar.[333]

(2) Weiterverwendung bildlicher Darstellungen

279 Besondere Probleme stellen sich, wenn die schutzrechtsverletzende Ausführungsform in einer Weise abgeändert wird, dass sie dem Patent nicht mehr unterfällt, die für das ursprünglich patentverletzende Produkt verwendete Artikelnummer oder Typenbezeichnung[334] sowie **bildliche Darstellungen** des Verletzungsgegenstandes jedoch in der Werbung **identisch weiterbenutzt** werden, ohne dass auf die erfolgte technische Änderung hingewiesen wird. In einem solchen Fall[335] entscheidet sich die Frage, ob in der Verteilung eines derartigen Werbeprospektes ein patentverletzendes Anbieten liegt, danach, ob die als Adressaten angesprochenen Kreise das beworbene Erzeugnis bei objektiver Betrachtung aller tatsächlichen Umstände des Einzelfalles als schutzrechtsverletzend ansehen.[336]

---

328 OLG Düsseldorf, Urteil v 6.10.2016 – I-2 U 19/16.
329 OLG Düsseldorf, Urteil v 6.10.2016 – I-2 U 19/16. Eine Passivlegitimation von deren Geschäftsherrn wird erst dann begründet, wenn die fremden Mitarbeiter durch Übergabe von Prospektmaterial an Interessenten oder mündliche Erläuterungen des Verletzungsgegenstandes tätig werden.
330 BGH, GRUR 2006, 927 – Kunststoffbügel.
331 BGH, GRUR 2015, 603 – Keksstangen.
332 AA: BGH, GRUR 2017, 793 – Mart-Stam-Stuhl (für das Urheberrecht).
333 LG Düsseldorf, InstGE 8, 4 – Dekorplatten.
334 Vgl dazu: OLG Karlsruhe, InstGE 12, 299 – Messmaschine.
335 … der *nicht* vorliegt, wenn zwar bestimmte werbende Hinweise gleich bleiben, aber die Artikelnummer verändert und andere bildliche Darstellungen gebraucht werden, selbst wenn die abweichenden Bilder zwar nicht alle Verletzungsmerkmale erkennen lassen, aber in dem, was sie zeigen, auch mit dem Verletzungsprodukt des Erkenntnisverfahrens in Einklang stehen (OLG Düsseldorf, Beschluss v 7.6.2018 – I-2 W 13/18).
336 BGH, GRUR 2005, 665 – Radschützer.

Zwei grundsätzliche **Sachverhaltskonstellationen** sind hier zu unterscheiden: 280

– Zeigt die weiterverwendete Abbildung eindeutig den schutzrechtsverletzenden 281
Gegenstand, weil die Darstellung (auch ohne dass ihr jedes einzelne Anspruchsmerkmal entnommen werden könnte) nur mit der ursprünglichen, schutzrechtsverletzenden Ausführungsform in Einklang steht, die geänderte Ausführungsform jedoch nicht wiedergibt, weil diese in aus der Abbildung ersichtlichen Details abweicht, liegt in der Regel ein patentverletzendes Anbieten vor. Denn der angesprochene Verkehr muss angesichts der in der Werbung enthaltenen bildlichen Wiedergabe zu der Überzeugung gelangen, dass mit dem Prospekt der frühere, patentverletzende Gegenstand – und nicht die (von der Werbeabbildung abweichende) neue Ausführungsform – beworben wird.[337]

– Lässt sich die Abbildung gleichermaßen mit der früheren patentverletzenden wie mit 282
der abgewandelten, nicht mehr schutzrechtsverletzenden Ausführungsform in Übereinstimmung bringen, wird der Verkehr, namentlich derjenige Abnehmer, dem die ursprüngliche, schutzrechtsverletzende Ausführungsform bekannt ist, angesichts der identischen Artikelnummer und/oder der ihm für das patentverletzende Erzeugnis geläufigen Abbildungen zu der Annahme verleitet, dass mit der Werbung – weiterhin – das frühere, schutzrechtsverletzende Produkt angeboten wird. Zwingend ist diese Vorstellung indessen nicht. Mit in die Beurteilung einzustellen sind alle objektiven Tatumstände, zu denen beispielsweise eine bei den beteiligten Kreisen allgemein bekannte Umstellung der Ausführungsform im Zeitpunkt der Werbung gehört.[338] Ist den angesprochenen Abnehmern geläufig, dass der Werbende die Konstruktion geändert hat und deswegen hinsichtlich der ursprünglichen Ausführungsform nicht mehr lieferfähig und lieferbereit ist, verbietet sich die Annahme, der Werbende erbiete sich mit dem Prospekt gleichwohl zur Lieferung eines eben solchen Gegenstandes.

Insofern reicht grundsätzlich ein Hinweis darauf bzw eine Kenntnis davon, dass die 283
seinerzeit verletzende Ausführung *überhaupt* geändert worden ist; es muss darüber hinaus nicht ersichtlich sein, dass die Änderung gerade in Bezug auf die Merkmale des Klagepatents vorgenommen worden ist. Die Belehrung über die geänderte Technik muss allerdings in einer Weise erfolgen, dass sie bei der Kenntnisnahme des Angebotes nicht übersehen werden kann, und sie muss unmissverständlich sein, weswegen zweideutige Hinweise unzureichend sind. Beispiele dafür sind die Verwendung von Abkürzungen, die sich dem angesprochenen Publikum nicht sicher erschließen[339], oder Bemerkungen, die eine veränderte Technik nicht zweifelsfrei ergeben.[340] Erfolgt zwar ein Hinweis auf eine geänderte Ausführungsform, ergibt sich jedoch für den angesprochenen Verkehr aus den übrigen Werbeaussagen oder sonstigen Umständen (zB dem Verweis auf eine die patentverletzende Konstruktion im Einzelnen beschreibende Anleitung zur ursprünglichen, patentverletzenden Geräteversion), dass die Ausstattung ausschließlich in nicht erfindungsrelevanten Details variiert worden ist, liegt – trotz Hinweises – ein verletzendes Angebot vor.[341]

(3) Auslandsbezüge

Wegen des Territorialitätsprinzips ist grundsätzlich nur eine inländische Angebotshandlung von Relevanz. Dazu genügt es, dass entweder der Absende- oder der Empfangsort 284

---

337 BGH, GRUR 2003, 1031 – Kupplung für optische Geräte; BGH, GRUR 2005, 665 – Radschützer.
338 BGH, GRUR 2005, 665 – Radschützer.
339 OLG Düsseldorf, InstGE 10, 138 – Schlachtroboter.
340 OLG Düsseldorf, InstGE 10, 138 – Schlachtroboter.
341 OLG Düsseldorf, InstGE 10, 138 – Schlachtroboter.

des Angebots im Inland belegen ist.³⁴² Wenn das Angebot als solches im Inland geschieht, kommt es prinzipiell nicht darauf an, ob die spätere Lieferung, zu der sich der Anbietende erbietet, im Inland oder im schutzrechtsfreien Ausland erfolgen soll.³⁴³ Das hat Relevanz insbesondere für Angebotshandlungen auf einer inländischen Messe, die selbst dann ein inländisches Anbieten repräsentieren, wenn der Aussteller ausschließlich im Ausland residiert und auch nur dort angebotsgerechte Lieferungen vornehmen will.³⁴⁴ Voraussetzung ist freilich, dass sein Angebot sich aus Empfängersicht – zumindest auch – auf das Inland beziehen kann. Davon wird immer auszugehen sein, wenn dem Angebotsempfänger (wie bei einer gewöhnlichen Messepräsentation) nichts anderes ausdrücklich mitgeteilt wird.³⁴⁵ Für die Zulässigkeit solcher inländischer Messeangebote kann nicht geltend gemacht werden, es handle sich um die einzige wichtige internationale Messe in dem fraglichen Fachbereich und das Unterbinden eines Messeauftritts behindere das Bemühen um einen zulässigen Vertrieb im schutzrechtsfreien Ausland unbillig.³⁴⁶ Macht der Aussteller oder der anderweitig Anbietende hingegen unmissverständlich deutlich, dass sein Angebot nur als Erbieten zur Bereitstellung erfindungsgemäßer Gegenstände im Ausland zu verstehen ist, fehlt es an einem Bezug zum inländischen Territorium, weshalb ein inländisches Angebot zu verneinen ist.

285 Folgt dem Angebot eine Lieferung/Errichtung der angebotenen Anlage, ggf auch im patentfreien Ausland³⁴⁷, nach, die die technischen Merkmale des Klagepatents verwirklicht, so rechtfertigt dies im Allgemeinen den Schluss, dass sich das vorausgegangene (inländische) Angebot auf eine ebensolche patentgemäße Sache bezogen hat, so dass das vom Inland aus versandte Angebot zur Lieferung/Errichtung als patentverletzend zu beurteilen ist.³⁴⁸ Das gilt auch dann, wenn dem Adressaten die erfindungsgemäße technische Ausstattung des angebotenen Gegenstandes überhaupt nicht geläufig ist (zB deshalb, weil die betreffenden technischen Details für ihn nicht von Interesse sind).³⁴⁹ An dem inländischen Angebotsort (= Absendeort) ändert nichts der Umstand, dass die vom inländischen Geschäftssitz des Anbietenden aus unterbreitete initiative Offerte noch nicht sämtliche konstruktiven Details enthalten hat, die zur Patentbenutzung führen, und dahingehende Konkretisierungen, die den patentgemäßen Liefergegenstand ergeben, erst später bei im Ausland geführten Besprechungen erfolgt sind.³⁵⁰ Das gilt so lange, wie die ausländischen Handlungen sich im Rahmen des ursprünglichen inländischen Angebotsgegenstandes halten, diesen also bloß näher ausgestalten und nicht abändern.³⁵¹

286 ▶ **Bsp:**

Sämtliche Beschaffungsentscheidungen eines weltweit agierenden Automobilherstellers werden in der deutschen Konzernzentrale getroffen, wo dementsprechend auch die patentfreie ausländische Märkte betreffenden Angebote der Zulieferindustrie eingehen und bearbeitet werden.

---

342 OLG Düsseldorf, Urteil v 23.2.2012 – I-2 U 134/10.
343 LG München I, InstGE 5, 13 – Messeangebot ins Ausland I; OLG München, InstGE 5, 15 – Messeangebot ins Ausland II; OLG Karlsruhe, InstGE 12, 299 – Messmaschine.
344 OLG Düsseldorf, BeckRS 2014, 16067 – Sterilcontainer.
345 OLG Düsseldorf, BeckRS 2014, 16067 – Sterilcontainer.
346 OLG Karlsruhe, InstGE 12, 299 – Messmaschine.
347 Erfolgt die Lieferung des Gesamtgegenstandes oder der im Ausland zusammengefügten Einzelteile vom Inland aus, so liegt außerdem ein inländisches Inverkehrbringen vor, sonst (bei Bereitstellung des Liefergegenstandes/seiner Einzelteile vom Ausland aus) nicht.
348 OLG Düsseldorf, Urteil v 6.4.2017 – I-2 U 51/16.
349 OLG Düsseldorf, Urteil v 6.4.2017 – I-2 U 51/16.
350 OLG Düsseldorf, Urteil v 6.4.2017 – I-2 U 51/16. Denkbar ist derartiges beispielsweise im Sonderanlagenbau.
351 OLG Düsseldorf, Urteil v 6.4.2017 – I-2 U 51/16.

> Prinzipiell anders gestaltet sich die Rechtslage bei der mittelbaren Patentverletzung, bei der sowohl das Anbieten des Mittels als auch dessen vom Angebotsempfänger vorgesehener Gebrauch im Rahmen einer unmittelbaren Benutzung im Inland stattfinden bzw beabsichtigt sein müssen. Ein auf das Inland bezogenes Angebot reicht deshalb für eine Haftung nach § 10 PatG noch nicht aus.

Ergibt sich das Angebot aus einem **Messeauftritt**, ist zu differenzieren: 287

(a) Inlandsmesse

Findet die **Messe im Inland** statt, liegt zumindest der Absendeort, regelmäßig auch der Empfangsort, im Inland. 288

(b) Auslandsmesse

Bei Beteiligung an einer **ausländischen Messe** verhält es sich genau umgekehrt (Absende- und Empfangsort befinden sich am ausländischen Messeort). Dortige Ausstellungshandlungen stellen daher grundsätzlich kein Angebot dar und begründen auch keine Erstbegehungsgefahr hierfür.[352] 289

Allerdings ist speziell bei internationalen Messen in Rechnung zu stellen, dass diese ggf auch von **inländischen Unternehmensvertretern** besucht werden, die ihre Kenntnis vom Angebot im Anschluss an den Messebesuch an die zuständigen Entscheidungsträger ihres Heimatunternehmens in Deutschland vermitteln. Wegen der Territorialität jeden Patentschutzes kann dies nur in Ausnahmefällen zu einer Patentverletzung außerhalb des Messeortes führen. Zivilrechtlich ist eine Einschaltung Dritter in die Übermittlung eines (Messe-)Angebotes in zweierlei Weise möglich. 290

– Entweder dergestalt, dass der Messebesucher als Erklärungs**bote** des ausländischen Ausstellers[353] oder als Empfangs**bote** seines deutschen Geschäftsherrn[354] agiert, oder in der Form, dass der Messebesucher die Stellung eines Empfangsvertreters des inländischen Adressaten hat. Im Falle einer Botenstellung des (deutschen) Messebesuchers liegt der Empfangsort am inländischen Sitz des Heimatunternehmens, an welches das Messeangebot bestimmungsgemäß gelangen soll.[355] 291

– Kann der Messebesucher als **Empfangsvertreter** des deutschen Heimatunternehmens angesehen werden, ist als Ort des Angebotes zunächst der (ausländische) Messeort anzusehen, an dem sich der Stellvertreter, in dessen Person sich der rechtsgeschäftliche Zugang des Angebotes vollzieht, im Augenblick des Zugangs aufhält.[356] Darüber hinaus kann sich nach den Umständen des Falles ein weiterer Empfangsort am inländischen Sitz des Geschäftsherrn befinden. Trifft der Stellvertreter die unternehmerische Entscheidung über das Angebot nicht allein, sondern nach Rücksprache mit einem an einem anderen Ort ansässigen Geschäftsherrn oder ist der Empfangsvertreter an der vom Angebot initiierten Beschaffungsentscheidung überhaupt nicht beteiligt, so kann sich am Sitz des Entscheidungsträgers, auf dessen wirtschaftliche Entschließung mit dem Angebot eingewirkt werden soll, ein weiterer, zweiter Empfangsort befinden.[357] Voraussetzung ist freilich, dass die Beteiligung auswärtiger 292

---

352 LG Hamburg, GRUR-RR 2014, 137 – Koronarstent.
353 Dies wird mangels Weisungsrechts des Ausstellers in aller Regel nicht in Betracht kommen.
354 Auch dies wird allenfalls unter ganz besonders gelagerten Umständen denkbar sein, weil die Botenstellung verlangt, dass die betreffende Person für die Entgegennahme von Erklärungen entweder bestellt ist oder nach der Verkehrsauffassung als bestellt anzusehen ist.
355 OLG Düsseldorf, Urteil v 23.2.2012 – I-2 U 134/10.
356 OLG Düsseldorf, Urteil v 23.2.2012 – I-2 U 134/10.
357 OLG Düsseldorf, Urteil v 23.2.2012 – I-2 U 134/10.

A. Schutzbereichsbestimmung

Entscheidungsträger für den Anbietenden zumindest als in seinen Vorsatz aufzunehmende Möglichkeit erkenn- und vorhersehbar ist[358] und der Messeauftritt auch nach den objektiven Gegebenheiten eindeutig in das Inland gerichtet ist, weil die Angebotspräsentation unter Umständen vorgenommen wird, die diese Zielrichtung klar erkennen lassen.

293 Den jeweiligen Sachvortrag, der die Annahme einer Boten- oder Stellvertreterstellung sowie die Annahme eines inländischen Empfangsortes rechtfertigt, hat der **darlegungspflichtige** Kläger zu leisten.

294 Die ausländischen Messehandlungen können rein tatsächlich zur Folge haben, dass einem inländischen Hersteller weitere **ausländische Kunden** zugeführt werden, so dass im Inland eine gesteigerte Nachfrage nach den angegriffenen Ausführungsformen geschaffen wird, womit wiederum die **inländischen Herstellungshandlungen** angeregt werden. Das könnte zu der Überlegung führen, dass der ausländische Aussteller faktisch die inländischen Verletzungshandlungen eines Anderen unterstützt und deswegen – neben diesem – haftbar ist.

295 Dem ist allerdings nicht so. Zwar kann die Haftung grundsätzlich an jede vorwerfbare (Mit-)Verursachung der Rechtsverletzung einschließlich der ungenügenden Vorsorge gegen solche Verstöße angeknüpft werden. Damit die Verantwortlichkeit nicht über die Maßen ausgedehnt wird, muss zu dem objektiven Verursachungsbeitrag allerdings hinzukommen, dass eine Rechtspflicht verletzt wird, die zumindest auch dem Schutz des verletzten Rechts dient und bei deren Beachtung der Mitverursachungsbeitrag entfallen wäre.[359] Bei der Annahme von haftungsbegründenden Schutzpflichten dürfen deswegen übergeordnete Prinzipien des Patentrechts nicht unberücksichtigt bleiben. So stellt es einen festen Grundsatz dar, dass der Patentschutz territorial auf das Hoheitsgebiet des Erteilungsstaates beschränkt ist und dass der Patentschutz erst mit der Veröffentlichung des Erteilungsbeschlusses einsetzt. Das bedingt, dass auch eine Schutzpflicht Dritter nicht früher als mit dem Eintritt der Patentwirkungen entstehen kann (weshalb Handlungen vor diesem Zeitpunkt weder im Sinne von § 830 BGB noch im Sinne einer Mitverursachung haftungsrelevant sein können), und dass eine Schutzpflicht Dritter auch nicht jenseits des territorialen Geltungsbereichs des verletzten Patents angenommen werden kann. Handlungen, die aus der Sicht des Patentgesetzes im gemeinfreien Ausland stattfinden und auch nur dorthin zielen, sind daher unbeachtlich, selbst wenn sie reflexartige Inlandswirkungen haben, indem sie zB Benutzungshandlungen Anderer im Inland fördern.[360]

(4) Internetangebote

296 Internetangebote[361] sind nicht schon deshalb schutzrechtsverletzend, weil sie vom Inland abgerufen werden können; erforderlich ist vielmehr ein – sich aufgrund einer Gesamtabwägung aller Umstände ergebender – wirtschaftlich relevanter Bezug zum Inland[362], der sich zB daraus ergeben kann, dass das Internetangebot auch in deutscher Sprache abgefasst ist oder dass im Inland bekanntermaßen potenzielle Abnehmer der beworbenen Vorrichtung ansässig sind, so dass offenkundig ist, dass mit dem Angebot auch diese Kreise angesprochen werden sollen. Ein ausreichender Inlandsbezug kann auch dann

---

358 OLG Düsseldorf, Urteil v 23.2.2012 – I-2 U 134/10.
359 BGH, GRUR 2009, 1142, 1145 – MP3-Player-Import.
360 OLG Düsseldorf, Urteil v 23.2.2012 – I-2 U 134/10.
361 Vgl zum Internetangebot einer ausländischen Konzerngesellschaft: OLG Düsseldorf, InstGE 7, 139 – Thermocycler.
362 Vgl BGH, GRUR 2005, 431 – Hotel Maritime (zum Kennzeichenrecht); BGH, GRUR 2014, 601 – englischsprachige Pressemitteilung; OLG Düsseldorf, OLG-Report 2008, 672.

gegeben sein, wenn das Angebot in einer fremden Sprache (zB Englisch) abgefasst ist, sofern diese Sprache von den in Betracht kommenden inländischen Interessenten verstanden wird (zB deshalb, weil die betreffende Sprache auf dem fraglichen Fachgebiet gebräuchlich ist)[363] oder eine Direktbestellmöglichkeit nach Deutschland (unter Preisangabe in inländischer Währung) eröffnet wird. Der Bezug zum Inland kann schließlich dadurch hergestellt werden, dass in dem betreffenden Internetauftritt auf eine deutsche Vertriebstochter hingewiesen wird, während die Angabe einer fremden Währung (zB US-Dollar) auf einen Auslandsbezug hindeuten kann. Durch einen **Disclaimer** lässt sich der Zielort eines Angebotes grundsätzlich einschränken. Voraussetzung ist allerdings, dass der Disclaimer klar und eindeutig gestaltet und aufgrund seiner Aufmachung als ernst gemeint aufzufassen ist, und dass der so Werbende sich an seinen Disclaimer auch tatsächlich hält.[364] Daran fehlt es, wenn die geografische Einschränkung des Angebotes für den Interessenten erst nach dem Anklicken weiterer optionaler Felder erkennbar wird (zB der Option »Verfügbarkeit prüfen«).

Wird für eine primär auf das Ausland ausgerichtete Internetseite in zulässiger Weise ein **Metatag** gesetzt, der eine bessere Erreichbarkeit der Internetseite auch im Inland begründet, so kann sich hieraus ein zur Schutzrechtsverletzung führender relevanter Inlandsbezug nur ergeben, wenn es sich bei der Einrichtung des Metatag um einen Umstand handelt, der von dem Betreiber der Internetseite zumutbar beeinflusst werden konnte.[365] 297

Auf eine tatsächliche **Lieferbereitschaft** des ausländischen Anbieters ins Inland kommt es nicht an; entscheidend ist allein, ob sein Internetauftritt aus der Sicht des angesprochenen inländischen Verkehrs nach den gesamten Umständen auf eine solche Bereitschaft schließen lässt.[366] 298

(a) Beweisrecht

Sollen Internetausdrucke als Beweismittel dienen, empfiehlt es sich, diese notariell beglaubigen zu lassen. Die Beurkundung schafft nämlich eine öffentliche Urkunde, die gemäß § 415 Abs 1 ZPO vollen Beweis für die beurkundete Tatsache (Identität des ausgedruckten Angebots und dessen Verfügbarkeit an dem betreffenden Tag) erbringt. 299

Wird hiervon abgesehen, kann der Nachweis, dass zu einem bestimmten Zeitpunkt ein bestimmtes Angebot unter einer nämlichen IP-Adresse öffentlich zugänglich gemacht worden ist, dadurch geführt werden, dass ein durch Screenshots dokumentierter Ermittlungsvorgang präsentiert und der regelmäßige Ablauf des Ermittlungsvorgangs durch Zeugenbeweis erläutert wird.[367] Der anschließende weitere Beweis, dass die fragliche IP-Adresse zum Tatzeitpunkt einem konkreten Internetanschluss zugeordnet war, lässt sich regelmäßig durch die vom Provider zB im Rahmen staatsanwaltschaftlicher Ermittlungen durchgeführte Adressen-Zuordnung führen. Ohne konkrete Anhaltspunkte für eine Fehlzuordnung ist es nicht erforderlich, dass der Nachweis einer stets absolut fehlerfreien Zuordnung durch den Internet-Provider erbracht wird.[368]

(b) Hyperlink

Welche Haftungsfolgen an das Setzen eines Links geknüpft sind, mit dem der fremde Webinhalte in den eigenen Internetauftritt eingebunden werden, hängt von der Art und 300

---

363 LG Düsseldorf, InstGE 10, 193 – Geogitter.
364 BGH, GRUR 2006, 513 – Arzneimittelwerbung im Internet.
365 BGH, GRUR 2018, 417 – Resistograph.
366 OLG Karlsruhe, InstGE 11, 15 – SMD-Widerstand.
367 BGH, GRUR 2016, 176 – Tauschbörse I.
368 BGH, GRUR 2016, 176 – Tauschbörse I.

Weise der Bezug- und Übernahme ab, wie sie sich dem Durchschnittsadressaten präsentiert:

301 — Wird der verlinkte Inhalt nicht zu werblichen Zwecken übernommen, sondern allein im Interesse einer Information und Meinungsbildung auf Seiten des Adressaten, begründet dies grundsätzlich keine Haftung.[369]

302 — Genau gegenteilig verhält es sich, wenn die Verlinkung zu geschäftlichen Zwecken derart erfolgt, dass der Eindruck entsteht, die fremden Inhalte würden sich zu Eigen gemacht. Ob dies der Fall ist, entscheidet sich aus der objektiven Sicht eines verständigen Durchschnittsnutzers der betreffenden Internetseite auf der Grundlage einer Gesamtbetrachtung aller Umstände.[370] Darauf, ob die Rechtswidrigkeit der verlinkten Inhalte erkennbar war, kommt es nicht an.

303 ▶ **Bsp** für Zueigenmachen: Deeplink direkt zu den schutzrechtsverletzenden Einzelseiten des fremden Webauftritts; Link ist wesentlicher Bestandteil des Geschäftsmodells des Verlinkenden; verlinkter Inhalt wirbt offen oder versteckt für die Produkte des den Link setzenden Unternehmens; verlinkter Inhalt ist zum Verständnis des eigenen Produktangebots des Verlinkenden notwendig;

Bsp gegen Zueigenmachen: Link nur auf die als solche unbedenkliche Startseite eines Dritten, von der die verletzungsrelevanten Inhalte nicht ohne weiteres aufzufinden sind; Link entspricht sachlich einem bloß weiterführenden Literaturnachweis, über den der Leser bei Interesse eigenständig weitere Informationsquellen für sich erschließen kann.

304 — Findet ein »Zueigenmachen« nicht statt, kommt eine Haftung des den Link setzenden Unternehmers für die verlinkten Inhalte als Störer in Betracht, und zwar dann, wenn zumutbare Prüfungspflichten verletzt wurden.[371] Solche können bereits vor dem Setzen des Links außer acht gelassen werden, wenn der schutzrechtsverletzende Inhalt der verlinkten Information für den den Hyperlink Setzenden deutlich erkennbar ist.[372] Anderenfalls kann die Störerhaftung an das Aufrechterhalten des Links anknüpfen, nachdem der den Link Setzende von der Rechtswidrigkeit des verlinkten Inhalts – auf eigene Initiative hin oder aufgrund eines Hinweises von dritter Seite – Kenntnis erlangt hat. Klar muss die Rechtsverletzung – anders als bei Internet-Marktplätzen und File-Hosting-Diensten[373] – nicht zu Tage liegen.[374] Auf eine Abmahnung oder einen sonstigen ernstzunehmenden Verletzungshinweis muss der Verlinkende also selbst eine (fachkundige) Verletzungsprüfung durchführen und den Link alsdann ggf unverzüglich beseitigen.

305 Die Verwendung der »**Teilen**«-**Funktion** in sozialen Netzwerken führt nicht zu einem Zueigenmachen fremder Inhalte mit der Folge einer eigenen Verantwortlichkeit des Teilenden.[375]

cc) Inverkehrbringen

306 Das In-Verkehr-Bringen setzt das Verschaffen der Verfügungsgewalt über das Erzeugnis voraus. Es kommt nicht auf den tatsächlichen Rechts- oder Eigentumsübergang an, son-

---

369 BGH, GRUR 2016, 209 – Haftung für Hyperlink.
370 BGH, GRUR 2016, 209 – Haftung für Hyperlink.
371 BGH, GRUR 2016, 209 – Haftung für Hyperlink.
372 BGH, GRUR 2016, 209 – Haftung für Hyperlink.
373 BGHZ 194, 339 – Alone in the Dark; BGH, GRUR 2015, 485 – Kinderhochstühle im Internet III.
374 BGH, GRUR 2016, 209 – Haftung für Hyperlink.
375 OLG Frankfurt/Main, GRUR-RR 2016, 307 – Hofdamen.

dern auf die tatsächliche Verfügungsgewalt im Sinne einer Veräußerungs- oder Gebrauchsmöglichkeit, die der Verletzer aufgibt und der Dritte erwirbt. Erforderlich ist darüber hinaus ein Bezug zum Handelsverkehr, welcher dergestalt sein muss, dass mit dem Gegenstand, an dem die tatsächliche Verfügungsgewalt verschafft wird, ein Umsatz- oder Veräußerungsgeschäft intendiert oder zumindest möglich ist. Daran fehlt es, wenn die Rückgabe an den Lieferanten des Verletzungsgegenstandes erfolgt und mit ihr einem Rückruf (zu dem der Lieferant ggf sogar verurteilt ist) Folge geleistet wird. Gleiches gilt, wenn der in Rede stehende Gegenstand als solcher überhaupt nicht verkehrsfähig ist und seine Aushändigung nur dazu dient, die Leistungsfähigkeit des Unternehmens in Bezug auf ein anderes Produkt unter Beweis zu stellen. Kein Inverkehrbringen liegt ferner bei reinen Warenbewegungen im Unternehmen oder Konzern vor. Eine Verbringung der Verletzungsprodukte an ein inländisches oder ausländisches Lager oder eine inländische oder ausländische Tochtergesellschaft, ist deswegen kein schutzrechtsverletzender Akt.[376] Zum Umfang der Auskunftspflicht in einem solchen Fall vgl unten Kap D Rdn 523.

▶ **Bsp:** 307

I.

Gegenstand des Klagepatents ist eine Öse für Lkw-Planen, die dazu vorgesehen ist, das Befestigungsseil, mit dem die Plane am Lkw-Aufbau befestigt wird, aufnimmt. Der Patentanspruch sieht eine bestimmte körperliche Ausgestaltung der Öse vor, nachdem die Öse in die Plane eingebracht ist. Die Beklagte befasst sich mit dem Vertrieb von Ösenrohlingen sowie mit dem Verkauf von Ösensetzmaschinen. Während einer Fachmesse hat sie Rohlinge mit ihrer Setzmaschine so in kleine Teststreifen einer Plane eingebracht, dass sich eine dem Klagepatent entsprechende (Fertig-)Öse ergeben hat. Die betreffenden Muster hat die Beklagte an das Messepublikum verteilt.

II.

Die Beklagte hat dadurch, dass sie auf der Fachmesse Ösen an Teststreifen von Trägermaterial angebracht hat, geschützte Gegenstände – unmittelbar patentverletzend (§ 9 Satz 2 Nr 1 PatG) – hergestellt. Andere Benutzungshandlungen fallen der Beklagten demgegenüber nicht zur Last, für sie besteht auch keine Erstbegehungsgefahr. Die Beklagte befasst sich nicht mit der Herstellung oder dem Vertrieb von (zB in eine Trägerbahn eingebrachten) Fertigösen. Ihr Geschäftsfeld ist vielmehr ausschließlich die Produktion von und der Handel mit Rohlingen sowie Setzmaschinen. Die Teststreifen sind mit Rücksicht darauf als Anschauungsobjekte zu dem alleinigen und erkennbaren Zweck gefertigt und verteilt worden, die Arbeitsweise und Leistungsfähigkeit des Produktsortiments der Beklagten (sic: ihrer Rohlinge und Setzmaschinen) für die Messebesucher zu demonstrieren. Darin mag (und wird) eine Angebotshandlung im Hinblick auf die Rohlinge und die zu ihrer patentverletzenden Bearbeitung geeigneten Setzmaschinen liegen. Fertigösen hat die Beklagte jedenfalls weder angeboten noch in Verkehr gebracht. Für die genannten Handlungsformen reicht es noch nicht aus, dass der betreffende Gegenstand (Fertigöse) – was vorliegend zweifellos geschehen ist – in die tatsächliche Verfügungsgewalt eines anderen gebracht wird oder der mutmaßliche Täter sich hierzu erbietet. Maßgeblich ist vielmehr ein Bezug zum Handelsverkehr dergestalt, dass mit dem Gegenstand ein Umsatz- oder Veräußerungsgeschäft beabsichtigt, zumindest aber möglich ist. Daran fehlt es. Unter den gegebenen Umständen kann aus der patentverletzenden Herstellung von Ösen auch nicht auf die Gefahr ihres künftigen Vertriebes geschlossen werden.

---

376 Vgl BGH, GRUR 2004, 421, 424 – Tonträgerpiraterie durch CD-Export.

308 Setzt der patentgemäße Gegenstand (zB eine aus Aluminiumprofilen gebildete Möbel-Einfassung) eine **bestimmte Eignung** (zB zur Aufnahme eines Loom-Geflechts in einer Nut des Aluminiumprofils) voraus, so liegt in der Bewerbung und dem Verkauf eines Gegenstandes (zB von fertigen Flechtmöbeln), bei dem die besagte Eignung **verloren gegangen** ist (zB weil das Loom-Material *unlösbar* in der Nut der Aluminium-Einfassung verklebt ist), kein Angebot oder Inverkehrbringen des patentgeschützten Gegenstandes.

309 Bei einem **Kombinationspatent** muss grundsätzlich die Gesamtkombination geliefert werden. Werden nur ihre Einzelkomponenten in Verkehr gebracht (zB als Ersatz- oder Austauschteile), liegt allenfalls eine mittelbare Patentverletzung vor. Eine Gesamtlieferung kann freilich auch gestaffelt »in mehreren Paketsendungen« erfolgen, ohne dass dadurch die Qualität als unmittelbare Verletzungshandlung verloren ginge, sofern das Zusammenfügen der Einzelkomponenten zu der geschützten Gesamtvorrichtung beim Abnehmer sicher vorhersehbar und einfach[377] zu bewerkstelligen ist. Für die Abgrenzung zwischen Einzel- und gestaffelter Komplettlieferung ist entscheidend, ob aus der Sicht des Lieferanten trotz der gestaffelten Bestellung ein sachlicher Zusammenhang dergestalt existiert, dass letztlich alle Bauteile der Gesamtkombination zu dem Zweck geordert werden, sie beim Abnehmer zu der patentgemäßen Kombination zusammenzufügen.[378]

dd) Gebrauchen

310 Unter einem Gebrauchen versteht man die bestimmungsgemäße Verwendung, wobei zu berücksichtigen ist, dass grundsätzlich das Erzeugnispatent alle möglichen Verwendungen schützt. Auch der Verbrauch und die Weiterverarbeitung stellen ein Gebrauchen dar, wenn der verfolgte Verwendungszweck zu den bestimmungsgemäßen Möglichkeiten gehört.[379] Auf die Bekanntheit einer Verwendungsmöglichkeit kommt es nicht an.[380] Das Gebrauchen setzt – denknotwendig – das körperliche Vorhandensein des Gegenstandes (im Inland) voraus.

ee) Einführen und Besitzen

311 Die Benutzungsalternativen des Einführens und Besitzens schließlich sind nur patentverletzend, wenn sie zu dem Zweck erfolgen, eine der anderen Benutzungshandlungen zu ermöglichen. Mit Blick auf einen Spediteur, Lagerhalter oder Frachtführer liegt diese Zweckrichtung in aller Regel nicht vor.[381] Genauso verhält es sich bei der Einfuhr einzelner Exemplare des zum späteren Vertrieb vorgesehenen Erzeugnisses, das der zum Erhalt einer notwendigen Vertriebserlaubnis erforderlichen Qualitätskontrolle dient, wie dies bei Generika üblich ist. Die gesetzlich geforderte Zweckbindung ist nämlich gegenstandsbezogen und nicht bloß gattungsbezogen zu verstehen, weswegen es darauf ankommt, ob das konkret eingeführte Erzeugnis zum nachfolgenden Angebot und Vertrieb bestimmt ist, und dementsprechend nicht ausreicht, dass Angebot und Vertrieb nur für gattungsgleiche Gegenstände vorgesehen sind.

312 Nach der Gesetzesformulierung stellt die **Durchfuhr**[382] patentverletzender Ware in einem durchgehenden Zollverschlussverfahren (ungebrochener Transit[383]) keine Benut-

---

377 Die Herstellung der Gesamtvorrichtung darf sich also nicht erst beim Abnehmer vollziehen.
378 OLG Düsseldorf, Beschluss v 17.12.2012 – I-2 W 28/12.
379 OLG Düsseldorf, InstGE 7, 258 – Loom-Möbel.
380 BGH, GRUR 1990, 997 – Ethofumesat; BGH, GRUR 1959, 125 – Textilgarn.
381 BGH, GRUR 2009, 1142 – MP3-Player-Import.
382 Umfassend: Cordes, GRUR 2012, 141.
383 Umfassend: Worm/Maucher, Mitt 2009, 445.

zungshandlung dar.³⁸⁴ Das gilt unabhängig davon, ob die durchgeführte Ware für einen Mitgliedstaat der EU oder einen Drittstaat bestimmt ist und ob im Bestimmungsland Patentschutz besteht oder nicht.³⁸⁵ Genauso ist belanglos, wie die Durchfuhr zollrechtlich abgewickelt wird – ob im externen Versandverfahren (T1-Verfahren) oder im T2L-Verfahren.³⁸⁶

Ansprüche ergeben sich unter solchen Bedingungen auch nicht in analoger Anwendung der §§ 1004, 823 BGB, selbst wenn sich mit Blick auf das Bestimmungsland der Durchfuhr die Gefahr einer rechtswidrigen Verletzung des dortigen Auslandspatents feststellen lässt, zu der die Durchfuhr den ersten Teilakt bildet.³⁸⁷ Der unions- und völkerrechtlich anerkannte Territorialitätsgrundsatz für nationale Immaterialgüterrechte verbietet es, ausländische Patente den nationalen Vorschriften (§§ 823, 1004 BGB) zu unterstellen.³⁸⁸ Für dasselbe Ergebnis lässt sich eine weitere Erwägung anführen: Zwar wird § 1004 BGB über den Schutz des bürgerlich-rechtlichen Eigentums hinaus mittlerweile auf alle sonstigen dinglichen Rechte an Sachen sowie auf Rechtsgüter und rechtlich geschützte Interessen ausgedehnt und gewährt damit einen umfassenden quasinegatorischen Anspruch zum Schutz des gesamten Eigentums nach Art 14 GG. Der Vorschrift unterfallen deshalb ua gewerbliche Schutzrechte, das allgemeine Persönlichkeitsrecht sowie der eingerichtete und ausgeübte Gewerbebetrieb, die sämtlich grundrechtlichen Eigentumsschutz genießen. Aus der Konkordanz zwischen Art 14 GG und § 1004 BGB ergeben sich umgekehrt aber auch die natürlichen Grenzen für eine Anwendung des § 1004 BGB; die Vorschrift hat dort keinen Platz, wo auch Art 14 GG nicht einschlägig ist, nämlich bei rein ausländischen Rechtspositionen (wie einem ausländischen gewerblichen Schutzrecht). Zwar entspricht es der Rechtsprechung des BVerfG³⁸⁹, dass unter den Schutz der Eigentumsgarantie des Art 14 GG im Bereich des Privatrechts alle vermögenswerten Rechte fallen, die dem Berechtigten von der Rechtsordnung in der Weise zugeordnet sind, dass er die damit verbundenen Befugnisse nach eigenverantwortlicher Entscheidung zu seinem privaten Nutzen ausüben darf, wobei Art 14 GG selbst solches Eigentum schützt, das aufgrund einer fremden Rechtsordnung besteht, sofern diese Rechtsordnung nicht dem deutschen ordre public widerspricht. Das BVerfG hat hieraus jedoch selbst lediglich die Konsequenz gezogen, dass Eigentumsrechte, die unter der Rechtsordnung der ehemaligen DDR begründet worden sind, *seit dem Beitritt* zur Bundesrepublik Deutschland unter dem Schutz des Art 14 GG stehen. Einen grundrechtlichen Schutz ausländischer Rechtspositionen zieht das BVerfG demgegenüber selbst nicht in Betracht; er ist auch nicht gerechtfertigt. 313

Denkbar ist allein ein Anspruchsbegehren, das unmittelbar auf das **im Bestimmungsland geltende Patent** gestützt ist. Es ist zB gegeben, wenn das Recht des Bestimmungsstaates einen vorbeugenden Unterlassungsanspruch auf Untersagung der Einfuhr schutzrechtsverletzender Ware vorsieht, der nach der maßgeblichen ausländischen Rechtslage durch einen Spediteur ausgelöst wird, welcher mit der Durch- und Weiterfuhr Anstalten zur rechtsverletzenden Einfuhr macht.³⁹⁰ 314

---

384 BGHZ 23, 100, 106 – Taeschner/Pertussin I; BGH, GRUR 1957, 352, 353 – Taeschner/Pertussin II; BGH, GRUR 1958, 189, 197 – Zeiss; BGH, GRUR 2014, 1189 – Transitwaren; jüngst auch: EuGH, GRUR Int 2007, 241 – Montex Holdings/Diesel (zum Markenrecht); LG Hamburg, InstGE 11, 65 – Datenträger.
385 BGH, GRUR 2012, 1263 – Clinique happy.
386 BGH, Beschluss v 25.6.2014 – X ZR 72/13.
387 BGH, GRUR 2012, 1263 – Clinique happy (unter Aufgabe der früheren Rechtsprechung in GRUR 1957, 352 – Taeschner/Pertussin II, der verschiedene Instanzgerichte (LG Hamburg, InstGE 11, 65 – Datenträger; KG, GRUR-RR 2011, 263 – Clinique gefolgt waren).
388 BGH, GRUR 2012, 1263 – Clinique happy.
389 BVerfGE 101, 239, 258 f.
390 BGH, GRUR 2012, 1263 – Clinique happy.

c) Verfahren

315 Verfahrenspatente behalten dem Patentinhaber die Benutzungsarten der Anwendung sowie des Anbietens zur Anwendung vor (§ 9 Satz 2 Nr 2 PatG). Dabei ist der Verfahrensschutz nicht auf einen ggf in dem Schutzrecht angegebenen Zweck beschränkt, soweit es sich um eine reine Zweckangabe handelt.

aa) Anwenden

316 Ein Verfahren wird angewendet, wenn die im Patentanspruch vorgesehenen Maßnahmen durchgeführt werden, also die wesentlichen Verfahrensschritte verwirklicht sind oder die zur Ausübung des Verfahrens erforderlichen Mittel benutzt werden.[391] In der sinnfälligen Herrichtung einer Vorrichtung zur Ausübung des patentgeschützten Verfahrens liegt noch keine Anwendung des Verfahrens.[392] Die Lieferung eines Gegenstandes, der ein patentgeschütztes Verfahren durchführen kann, stellt keine unmittelbare Patentverletzung im Sinne von § 9 Satz 2 Nr 2 PatG, sondern allenfalls eine mittelbare Verletzungshandlung im Sinne von § 10 PatG dar.[393]

317 Grundsätzlich verletzt nur derjenige das Verfahrenspatent unmittelbar, der sämtliche Verfahrensschritte eigenhändig anwendet. Verfahrensbeiträge eines Mittäters gelten allerdings kraft Zurechnung als eigene Handlungen. Eine Ausnahme ist ähnlich wie beim Kombinationspatent für den Fall zu machen, dass der allerletzte Teilakt des Verfahrens von dritter Seite beigesteuert wird, sofern der Dritte das Verfahren vorhersehbar, zwangsläufig und unabhängig von jedem Wissen um die erfindungsgemäße Lehre zum Abschluss bringt.[394] Handlungen, die zeitlich vor den Benutzungshandlungen liegen, sind keine Anwendung des Verfahrens, so zB das Anbieten oder die Lieferung einer zur Ausführung des Verfahrens bestimmten Vorrichtung[395] oder der für die Ausführung des Verfahrens notwendigen Hilfsmittel[396], das Anfertigen von Bauzeichnungen für eine Vorrichtung für das Verfahren, aus denen das Verfahren erkennbar ist[397] oder das Herrichten von Gegenständen für die Benutzung eines patentierten Verfahrens.[398]

318 Mit Rücksicht auf die Territorialität jedes Patents muss das Verfahren prinzipiell mit allen seinen Schritten im **Inland** durchgeführt werden. Benutzungshandlungen, die ausschließlich im Ausland stattfinden, sind rechtlich unbeachtlich. Geschieht die Anwendung des Verfahrens teils im Inland und teils im Ausland, liegt eine insgesamt inländische Schutzrechtsverletzung vor, wenn die im Ausland vorgenommenen Verfahrensschritte demjenigen zugerechnet werden können, der die übrigen Verfahrensschritte im Inland verwirklicht.[399] Herstellungs- und Arbeitsverfahren sind hierbei gleichermaßen in den Blick zu nehmen, wobei es keinen Unterschied macht, ob der im Ausland Agierende derselbe ist wie der im Inland Handelnde oder ein Dritter, und ebenso wenig von Relevanz ist, ob der Dritte eigenverantwortlich oder auf Veranlassung des Inländers aktiv geworden ist.

319 – Bezieht sich der Patentschutz auf ein **Herstellungsverfahren**, ist eine Zurechnung geboten, wenn die ausländischen Verfahrensschritte ein Vor- oder Zwischenprodukt hervorbringen, welches nach Deutschland geliefert und dort unter Anwendung der

---

391 BGH, GRUR 1990, 997 – Ethofumesat; BGH, GRUR 1970, 361 – Schädlingsbekämpfungsmittel.
392 BGH, GRUR 2005, 845 – Abgasreinigungsvorrichtung.
393 LG Mannheim, InstGE 12, 70 – Handover; OLG Düsseldorf, Urteil v 15.5.2014 – I-2 U 74/13.
394 LG Düsseldorf, InstGE 1, 26 – Cam-Carpet.
395 RGZ 101, 135, 139; RGZ 146, 26, 28; RGZ 149, 102, 104.
396 RGZ 101, 135, 139; RGZ 135, 145, 148.
397 RGZ 122, 243, 246.
398 BGH, GRUR 1992, 305 – Heliumeinspeisung.
399 OLG Düsseldorf, InstGE 11, 203 – Prepaid-Telefonkarte.

restlichen Verfahrensschritte zu dem endgültigen Verfahrensprodukt veredelt wird.⁴⁰⁰ Hier muss sich der im Inland Handelnde die geleistete Vorarbeit, die in dem in den Geltungsbereich des PatG verbrachten Vorprodukt repräsentiert ist und auf die für die Herbeiführung des endgültigen Erfindungserfolges aufgebaut wird, zurechnen lassen, weshalb die Sachlage keine andere ist als wenn das Vorprodukt, statt im Ausland, eigenhändig im Inland geschaffen worden wäre.

Anders verhält es sich bei der umgekehrten Konstellation, dass im Inland bloß die zu einem Vorprodukt führenden ersten Verfahrensschritte durchgeführt werden und das Vorprodukt danach ins Ausland verbracht wird, wo – ggf sogar vorhersehbar und möglicherweise auf Veranlassung des Inländers – die das Verfahren beendenden Teilakte unternommen werden. Die Patentbenutzung geschieht hier – anders als im eingangs erörterten Fall – zu wesentlichen und für den letztlichen Erfindungserfolg verantwortlichen Teilen außerhalb des Inlands. Allenfalls die inländischen Verfahrensschritte können dementsprechend dem die Verfahrensführung fortschreibenden Ausländer zugerechnet werden (mit der Folge, dass das dortige nationale Patent verletzt wird), nicht aber umgekehrt. 320

– Bei **Arbeitsverfahren** gelten ähnliche Regeln. Ein Zurechnungssachverhalt liegt bei einem Verfahren zum Verarbeiten von im Voraus bezahlten Telefonanrufen vor, wenn die mit einer Identifikation versehene Prepaid-Telefonkarte im Inland verkauft wird, der das Guthaben verwaltende und die Telefonverbindung zulassende Rechner zwar im Ausland stationiert ist, die vom Rechner generierten Befehle (Identitätsprüfung, Guthabenprüfung, Ermöglichung der Telefonverbindung, Abbruch der Telefonverbindung nach Verbrauch des Guthabens) jedoch im Inland bei der Durchführung des Verfahrens (Ermöglichen von Prepaid-Telefonanrufen) herangezogen werden.⁴⁰¹ 321

Ob eine inländische Verwertung (Zueigenmachen) ausländischer Verfahrensschritte geschieht, beurteilt sich hierbei stets anhand des **Patentanspruchs mit seinen technischen Merkmalen** und nicht anhand dessen, wie das Verfahrensresultat kommerziell verwertet wird.⁴⁰² Maßgeblich ist also der technische Erfindungserfolg und nicht ein davon verschiedener wirtschaftlicher Ertrag. Richtet sich das geschützte Verfahren auf die Untersuchung einer *bereitgestellten Blutprobe (1. Verfahrensschritt)* mit dem Ziel, das Risiko einer *Genanomalie zu diagnostizieren (= letzter Verfahrensschritt)* und erfolgt lediglich die Probenentnahme im Inland, während die nachfolgende DNA-Analyse einschließlich der Risikobewertung (Stellen einer Diagnose) durch ein ausländisches (Partner-)Labor unternommen wird, welches die erhobenen Befunde anschließend dem inländischen Probenentnehmer überlässt, damit dieser den betreffenden Patienten bzw dessen Arzt informiert, so liegt keine inländische Verfahrensanwendung vor. Ungeachtet dessen, dass die kommerzielle Verwertung der Verfahrensresultate (Diagnoseergebnisse) im Inland erfolgt, weil die Diagnoseleistung hier abgerechnet und vergütet wird, ist für die patentrechtliche Beurteilung ausschlaggebend, dass es bei der vorbezeichneten Anspruchsfassung des Klagepatents bereits im Ausland zum vollständigen Abschluss des patentierten Verfahrens (Stellen einer Diagnose bzgl einer Genanomalie) und infolgedessen zum restlosen Eintritt des angestrebten technischen Erfindungserfolges kommt.⁴⁰³ Eine abweichende Handhabung, die maßgeblich darauf abstellen würde, dass der ausländische Benutzungserfolg (Diagnose zum Risiko einer Genanomalie) wirtschaftlich zielgerichtet in Deutschland 322

---

400 OLG Düsseldorf, InstGE 11, 203 – Prepaid-Telefonkarte.
401 OLG Düsseldorf, InstGE 11, 203 – Prepaid-Telefonkarte.
402 OLG Düsseldorf, Urteil v 23.3.2017 – I-2 U 5/17.
403 OLG Düsseldorf, Urteil v 23.3.2017 – I-2 U 5/17.

verwertet wird, weil die erhobenen Befunde *hier* »veräußert« werden, stünde auch im Widerspruch dazu, dass für Ergebnisse eines Diagnoseverfahrens kein derivativer Sachschutz (§ 9 Nr. 3 PatG) möglich ist, der es dem Verletzer verbieten würde, die unmittelbaren Erzeugnisse seines Verfahrens anzubieten und zu vertreiben.[404] Genau ein solcher »Sachschutz« würde dem Schutzrechtsinhaber jedoch zugebilligt, wenn dem Handelnden mittels eines Anwendungsverbots die kommerzielle Verwertung seines im Ausland erzielten Verfahrenserfolges unter Berufung auf das inländische Patent untersagt würde.

323 Anders (im Sinne einer zur Patentverletzung führenden Zurechnung) läge der Sachverhalt, wenn der Patentanspruch außer der Diagnose auch deren anschließende Bekanntgabe an den Patienten umfassen würde. Unter derartigen Rahmenbedingungen würden der erste und der letzte Verfahrensschritt im Inland vollzogen, wobei die in das Ausland verlagerten Zwischenakte sowohl auf der inländischen Vorarbeit (Probenentnahme) aufbauen als auch deren Erträge durch den letzten inländischen Verfahrensakt (Mitteilung der gestellten Diagnose) für die Erzielung des Erfindungserfolges genutzt würden, was es rechtfertigt, sie dem Inländer so zuzurechnen, als hätte er die Zwischenschritte selbst im Inland durchgeführt. In diesem Zusammenhang ist bedeutungslos, ob die inländischen Verfahrensakte (Probenentnahme, Bekanntgabe der Diagnose) aus technischer Sicht wesentlich sind oder untergeordnete Handlungen repräsentieren, mit denen sich der eigentliche Kern der Erfindung nicht verwirklicht.

324 Eine Patentverletzung fehlt erst Recht, wenn die Verfahrensschritte sämtlich im Ausland vorgenommen werden und im Inland lediglich **Vorbereitungs- und Bereitstellungshandlungen** außerhalb der Anspruchsmerkmale stattfinden.[405]

bb) Anbieten

325 Das Anbieten im Sinne des § 9 Satz 2 Nr 2 PatG erfasst nur das Anbieten zur Anwendung des Verfahrens selber, wobei die Anwendung im Geltungsbereich des PatG erfolgen muss.[406] Der Begriffsinhalt des Wortes »Anbieten« im Rahmen von § 9 Satz 2 Nr 2 PatG ist **streitig**.

326 Einigkeit besteht zunächst noch dahingehend, dass die bloße Beschreibung der Verfahrensführung keine Angebotshandlung darstellt. Während es darüber hinaus *eine* Meinung[407] für wesentlich hält, dass der Anbietende dem Angebotsempfänger in Aussicht stellt, die Anwendung des Verfahrens werde durch ihn (den Anbietenden) selbst oder zumindest auf seine (des Anbietenden) Veranlassung hin erfolgen, sehen *andere*[408] als maßgeblich an, ob sich der Anbietende bei seiner Offerte als Inhaber eines Verbietungsrechtes geriert, welches ihn in den Stand versetzt, eine Benutzungsgestattung zu erteilen oder aber zu verweigern. Neben dem Erbieten, die patentierte Verfahrensvorschrift entgeltlich zu veräußern, wird deshalb als Angebot nur ein Verhalten angesehen, welches die Bereitschaft des Anbietenden erkennen lässt, an dem patentierten Verfahren eine Benutzungserlaubnis zu erteilen. Eine *dritte Meinung*[409] schließlich lässt als »Angebotshandlungen« die Sachverhalte beider vorgenannter Kategorien genügen.

---

404 BGH, GRUR 2017, 261 – Rezeptortyrosinkinase II.
405 LG München I, GRUR-RR 2015, 93 – FLT3-Gentest.
406 LG München I, GRUR-RR 2015, 93 – FLT3-Gentest.
407 Busse/Keukenschrijver, § 9 PatG Rn 95; Kraßer/Ann, § 33 Rn 150.
408 Benkard, § 9 PatG Rn 52; Schulte, § 9 PatG Rn 87; OLG Düsseldorf, Urteil v 14.1.2010 – I-2 U 10/08, allerdings – wie Schulte – ohne Beschränkung auf diese Möglichkeit.
409 OLG Düsseldorf, Urteil v 15.5.2014 – I-2 U 74/13.

In Bezug auf die beiden letztgenannten Auffassungen ist Folgendes zu beachten: Dem 327
vertretenen Angebotsbegriff liegt die Überlegung zugrunde, dass sich derjenige, der
einem anderen die Erteilung einer Benutzungserlaubnis an dem patentierten Verfahren in
Aussicht stellt, dadurch die dem Patentinhaber vorbehaltene Verwertung des geschützten
Verfahrens anmaßt und auf diese Weise unmittelbar dessen wirtschaftliche Verwertung
betreibt. Bereits die Anmaßung der dem Patentinhaber vorbehaltenen Befugnis, die
Benutzung zu gestatten (oder zu verbieten), gefährdet das Patentrecht und ist deshalb
verboten. Eine derartige Anmaßung ist unproblematisch möglich, wenn ein Dritter die
Einräumung einer Benutzungserlaubnis *nach* erfolgter Erteilung des Klagepatents anbietet. In einem solchen Fall ist die Anwendung des Verfahrens ohne die Zustimmung des
Patentinhabers prinzipiell verboten, so dass der Dritte durch das Erbieten der Benutzungserlaubnis in das dem Patentinhaber zugewiesene Verwertungsrecht eingreift.
Grundlegend anders verhält es sich aber bei dem Fall, dass das vermeintliche Angebot
des Verfahrens *vor* der Veröffentlichung der Patenterteilung erfolgt. Denn dann ist die
Benutzung der Erfindung auch ohne die Zustimmung des Patentinhabers rechtmäßig.
Zwar steht dem Inhaber einer offen gelegten Patentanmeldung ein Entschädigungsanspruch zu (§ 33 Abs 1 Satz 1 PatG, Art II § 1 IntPatÜG). Gleichwohl kann eine Benutzung durch Dritte bis zur bekanntgemachten Erteilung des Klagepatents nicht als rechtswidrig unterbunden werden. Einer Gestattung der Benutzung durch den Patentinhaber
bedarf es in dieser Situation nicht, weswegen auch die Anmaßung, eine Benutzung der
Erfindung gestatten zu können, ausscheidet.[410]

Das schlichte **Anbieten einer Vorrichtung**, mit der ein patentgeschütztes Verfahren – 328
ausschließlich oder jedenfalls auch – ausgeführt werden kann, fällt nach jeder der vertretenen Auffassungen regelmäßig nur unter § 10 PatG und stellt kein Anbieten des Verfahrens dar.[411]

d) Unmittelbares Verfahrenserzeugnis[412]

Wie viele ausländische Rechtsordnungen kennt auch das deutsche Patentgesetz zwei 329
Kategorien von Patenten, die sich hinsichtlich des Schutzes, welchen sie ihrem Inhaber
vermitteln, grundlegend voneinander unterscheiden.[413] Während Sachpatente es jedem
Dritten innerhalb des territorialen Geltungsbereichs des Patents versagen, das geschützte[414] Erzeugnis ohne Zustimmung des Patentinhabers gewerbsmäßig herzustellen, anzubieten, in Verkehr zu bringen, zu gebrauchen oder zu den genannten Zwecken einzuführen oder zu besitzen (§ 9 Satz 2 Nr 1 PatG), gewähren Verfahrenspatente einen
gesetzlichen Schutz prinzipiell nur gegen das unbefugte Anbieten oder Anwenden des
Verfahrens (§ 9 Satz 2 Nr 2 PatG).

Der so umrissene Verfahrensschutz stößt in der Praxis schnell an seine Grenzen. Er 330
versagt bei einem Herstellungsverfahren, wenn die allein anspruchsbegründende Verfahrensführung in das patentfreie Ausland verlagert ist[415], die wirtschaftlich im Vordergrund
stehenden Verfahrenserzeugnisse jedoch im Inland vertrieben werden, und er greift selbst
bei gegebener inländischer Verfahrensführung nur gegenüber demjenigen ein, der die

---

410 OLG Düsseldorf, Urteil v 30.10.2014 – I-2 U 3/14.
411 OLG Düsseldorf, Urteil v 15.5.2014 – I-2 U 74/13.
412 Cimniak, derivativer Erzeugnisschutz, 2014; Mes, GRUR 2009, 305; speziell zu digitalen Signalfolgen: Verhauwen, FS 80 Jahre Patentgerichtsbarkeit Düsseldorf, 2016, S 15; Arnold, FS 80 Jahre Patentgerichtsbarkeit Düsseldorf, 2016, S 543; Ballestrem/Reisner, Mitt 2017, 525.
413 Umfassend dazu: Hofmann, Verfahrenserfindungen, 2000.
414 Dh wortsinngemäß oder äquivalent den Patentanspruch benutzende ....
415 Zu einem Fall, in dem die Verfahrensschritte teils im Inland und teils im schutzrechtsfreien Ausland vorgenommen wurden und dennoch eine in Deutschland begangene Benutzung des Verfahrenspatents angenommen wurde, vgl OLG Düsseldorf, InstGE 11, 203 – Prepaid-Telefonkarte.

Verfahrensschritte des Patents eigenhändig oder durch Dritte ausführt, gibt indessen regelmäßig keine Handhabe gegenüber demjenigen, der ohne eigene Verfahrenshandlungen lediglich die Verfahrensprodukte im Patentterritorium anbietet oder in Verkehr bringt. Dessen Haftung für die fremden inländischen Verfahrenshandlungen kommt allenfalls unter dem rechtlichen Gesichtspunkt einer Teilnahme in Betracht, wenn die Bereitschaft zu den inländischen Vertriebshandlungen nach den Umständen des Einzelfalles als psychische Beihilfe zu der vorangegangenen patentverletzenden Verfahrensführung gewertet werden kann. Im Tatsächlichen setzt dies eine – nur selten feststellbare – vorsätzlich begangene Haupttat und eine – ebenfalls nur in Ausnahmefällen tatrichterlich feststellbare – vorsätzliche Unterstützungshandlung voraus.[416]

331 Um die bestehende Schutzrechtslücke zu schließen, erstrecken diverse Rechtsordnungen[417], auch die deutsche (§ 9 Satz 2 Nr 3 PatG), den Patentschutz auf solche Erzeugnisse, die durch das patentierte Verfahren unmittelbar hergestellt sind.[418] Jenseits des eigentlichen Verfahrensschutzes vor einem im Inland stattfindenden Anbieten und Anwenden des Verfahrens existiert damit ein eigenständiger Sachschutz dergestalt, dass sich der Patentinhaber – wie bei einem Sachpatent – gegen das Anbieten, Inverkehrbringen, Gebrauchen, Einführen oder Besitzen der unmittelbaren Verfahrenserzeugnisse[419] als jeweils rechtlich selbständiger Verletzungshandlung zur Wehr setzen kann.[420] Da es sich um einen derivativen (dh vom Verfahrensschutz abgeleiteten und eben nicht absoluten) Sachschutz handelt, greift § 9 Satz 2 Nr 3 PatG nur ein, wenn unstreitig oder tatrichterlich festgestellt ist, dass das patentgeschützte Verfahren angewendet wird. Bloß gleiche Verfahrenserzeugnisse, die aus einem anderen als dem patentierten Herstellungsverfahren hervorgegangen sind, genießen deswegen *keinen* erweiterten Sachschutz.

aa) Körperlichkeit, Herstellungsverfahren, Neuheit

332 Die Reichweite des komplementären Verfahrenserzeugnisschutzes hängt zunächst von der – streitigen – Frage ab, ob die Verfahrenserzeugnisse, um ergänzenden Sachschutz zu genießen, **körperlicher Natur** sein müssen.[421] Das ist richtigerweise zu verneinen. Auch der BGH[422] lässt einen derivativen Sachschutz unkörperlicher Signalfolgen jedenfalls dann zu, wenn sie durch geeignete Lesegeräte wahrnehmbar gemacht und auf diese Weise wie körperliche Gegenstände beliebig oft bestimmungsgemäß genutzt werden können. Wie es sich mit solchen unkörperlichen Erscheinungen (wie Licht, Schall, Wärme) handelt, die unmittelbar mit ihrer Erzeugung ge- oder verbraucht werden, ist offen gelassen worden.[423]

333 Die § 9 Satz 2 Nr 3 PatG, Art 64 Abs 2 EPÜ sehen einen (das Anbieten, Inverkehrbringen, Gebrauchen, Einführen, Besitzen) umfassenden Sachschutz allerdings nicht uferlos,

---

416 BGH, GRUR 2009, 1142 – MP3-Player-Import.
417 Zur Rechtslage in Europa vgl Beier/Ohly, GRUR Int 1996, 973.
418 Neben der Bewältigung der vorgenannten Benutzungssachverhalte liegt ein weiterer nicht zu vernachlässigender Effekt des ergänzenden Sachschutzes darin, dass der Schutzrechtsinhaber seine eigenen Verfahrenserzeugnisse unter Hinweis auf ihre Patentierung bewerben kann.
419 … auch solcher, die im patentfreien Ausland hergestellt worden sind, wobei das unmittelbare Verfahrenserzeugnis den Verbietungsrechten des Schutzrechtsinhabers auch dann ausgesetzt bleibt, wenn es sich nicht mehr in der Hand desjenigen befindet, der das patentgemäße Verfahren durchgeführt hat.
420 Voraussetzung für den komplementären Sachschutz ist freilich immer der Nachweis, dass bei der Hervorbringung des angegriffenen Verfahrenserzeugnisses das patentierte Verfahren (wortsinngemäß oder äquivalent) benutzt worden ist. Gleiche Erzeugnisse, die aus einem anderen Verfahren herrühren, lösen nie den Erzeugnisschutz nach § 9 Satz 2 Nr 3 PatG aus.
421 Vgl dazu Mes, GRUR 2009, 305, mwN; LG München I, GRUR-RR 2015, 93 – FLT3-Gentest.
422 BGH, GRUR 2012, 1230 – MPEG-2-Videosignalcodierung.
423 BGH, GRUR 2012, 1230 – MPEG-2-Videosignalcodierung.

sondern (nur) für diejenigen *Erzeugnisse* vor, die *durch das patentierte Verfahren* unmittelbar *hergestellt* sind. Bereits die Gesetzesformulierung macht insofern deutlich, dass der derivative Erzeugnisschutz nicht auf jedwedes Verfahren anwendbar ist, sondern nur für solche Verfahren gilt, die ein Erzeugnis hervorbringen. Es entspricht von daher zu Recht gefestigter Auffassung, dass § 9 Satz 2 Nr 3 PatG allein bei Vorliegen eines **Herstellungsverfahrens**[424] einschlägig ist, welches sich dadurch auszeichnet, dass mit ihm ein Erzeugnis hervorgebracht oder ein Erzeugnis äußerlich oder hinsichtlich seiner inneren Beschaffenheit irgendwie verändert wird. Demgegenüber bleiben reine Arbeitsverfahren[425], bei denen kein Erzeugnis geschaffen oder in seiner Konstitution variiert, sondern – im Gegenteil – veränderungsfrei auf eine Sache eingewirkt (diese zB bloß untersucht, gemessen oder befördert) wird, außerhalb des Anwendungsbereichs von § 9 Satz 2 Nr 3 PatG.[426] Zur Differenzierung zwingt zudem die weitere Überlegung, dass § 9 Satz 2 Nr 3 PatG, Art 64 Abs 2 EPÜ einen Sachschutz fingieren, der – abgesehen von der Handlungsalternative des Herstellens, die im Rahmen des aus einem Verfahrenspatent abgeleiteten Erzeugnisschutzes naturgemäß keinen Platz hat – mit demjenigen Schutz übereinstimmt, der bestehen würde, wenn das Verfahrenserzeugnis selbst durch ein Sachpatent geschützt wäre. Daraus folgt umgekehrt, dass dasjenige, für das ein ergänzender Verfahrenserzeugnisschutz reklamiert wird, prinzipiell taugliches Objekt eines Sachpatents sein können muss. Im Ergebnis kommt damit ein ergänzender Verfahrenserzeugnisschutz nur in Betracht für (nicht notwendigerweise körperliche) Erzeugnisse eines Herstellungsverfahrens, auf die sich ein Sachanspruch richten ließe.[427] In Betracht kommen insoweit auch mikrobiologische Verfahren.[428]

▶ **Bsp:** 334

Außerhalb des § 9 Satz 2 Nr 3 PatG liegen zB Diagnoseverfahren zur Feststellung eines Gendefektes.[429] Ein Untersuchungsbefund, der nach Abschluss des patentgemäßen Verfahrens erhalten wird und der beispielsweise eine Aussage darüber liefert, ob die untersuchte DNA-Probe einen bestimmten Gendefekt aufweist oder nicht, genügt den Anforderungen für einen derivativen Erzeugnisschutz nicht. Erstens: Am Ende des Verfahrens steht kein Erzeugnis, auf das ein Sachpatent gerichtet werden könnte, sondern lediglich ein bestimmtes Wissen um die DNA-Struktur der untersuchten Testprobe. Dieses Wissen mag therapeutisch und kommerziell bedeutsam sein; rechtlich entscheidend ist indessen allein, dass für den Untersuchungsbefund als bloß intellektuelle Erkenntnis ein Sachanspruch nicht gewährbar wäre. Zweitens: Der Befund beruht auf einem für § 9 Satz 2 Nr 3 PatG, Art 64 Abs 2 EPÜ unzureichenden Arbeitsverfahren.[430] Zwar mag die DNA-Probe im Zuge der Verfahrensführung in ihrer Substanz verändert werden. Die patentierte Erfindung bezweckt jedoch ersichtlich nicht diesen Substanzeingriff, wie schon daran deutlich wird, dass es nicht darum geht, die Testprobe nach der Verfahrensführung wieder – verändert – zur Verfügung zu haben;

---

424 Zum Begriff vgl OLG Düsseldorf, Urteil v 8.11.2012 – I-2 U 108/10.
425 Zum Begriff vgl OLG Düsseldorf, Urteil v 8.11.2012 – I-2 U 108/10; BGH, GRUR 2006, 135 – Arzneimittelgebrauchsmuster.
426 BGH, GRUR 2017, 261 – Rezeptortyrosinkinase II; Benkard, § 9 PatG Rn 53 f; Busse/Keukenschrijver, § 9 PatG Rn 102; von Meibom/vom Feld, FS Bartenbach, 2005, S 385, 390 f; Kraßer/Ann, § 33 Rn 166; Jestaedt, Patentrecht, Rn 556–562.
427 OLG Düsseldorf, InstGE 12, 258 – Blut/Gehirnschranke; US-Federal Circuit, GRUR Int 2003, 1040 – Bayer/Housey.
428 OLG Düsseldorf, Urteil v 28.4.2011 – I-2 U 148/09; OLG Düsseldorf, Urteil v 18.7.2013 – I-2 U 99/11; BGH, GRUR 2017, 261 – Rezeptortyrosinkinase II.
429 OLG Düsseldorf, InstGE 12, 258 – Blut/Gehirnschranke; vgl dazu Petri/Böck, Mitt 2012, 103; LG München I, GRUR-RR 2015, 93 – FLT3-Gentest; BGH, GRUR 2017, 261 – Rezeptortyrosinkinase II.
430 AA: LG München I, GRUR-RR 2015, 93 – FLT3-Gentest, das von einem Herstellungsverfahren ausgeht.

Anliegen ist vielmehr allein das Erlangen einer bestimmten Kenntnis um die innere Struktur der untersuchte Sache, nämlich die Aufdeckung der interessierenden DNA-Sequenz und ihres etwaigen Defekts. Kein Erfordernis des derivativen Sachschutzes ist, dass das Erzeugnis des Herstellungsverfahrens »**neu**« ist, indem es sich durch irgendeine Sacheigenschaft von anderweitigen Erzeugnissen unterscheidet.[431] Einer Neuheit in diesem Sinne bedarf es nur, wenn die Beweislastvermutung des § 139 Abs 3 PatG in Anspruch genommen werden soll. Ansonsten genügt eine Neuheit dergestalt, dass das fragliche Produkt, das Ergebnis des patentierten Verfahrens ist, vorher noch nicht vorhanden war, es also durch das Verfahren des Klagepatents hervorgebracht worden ist.[432]

bb) Unmittelbarkeit

335 Entscheidend für den gesetzlichen Schutz ist darüber hinaus – und vor allem –, ob (und wann) davon gesprochen werden kann, dass das mit der Klage angegriffene Erzeugnis, so wie es ist, »**unmittelbar**« – oder bloß »**mittelbar**« – durch das patentierte Verfahren hervorgebracht ist. Im zuerst genannten Fall besteht nach der Gesetzesfassung ein Sachschutz, im zuletzt genannten Fall nicht.

(1) Der chronologische Ansatz

336 Die von § 9 Satz 2 Nr 3 PatG geforderte »Unmittelbarkeit« ist zunächst problemlos zu bejahen und sie wird – soweit ersichtlich – auch einhellig befürwortet, wenn das Erzeugnis direkt durch das patentierte Verfahren erhalten worden ist[433], dem patentgemäßen Verfahren also keine weiteren Bearbeitungs- oder Behandlungsmaßnahmen nachgefolgt sind, um zu dem mit der Verletzungsklage angegriffenen Gegenstand zu gelangen.[434] Welches Erzeugnis dasjenige ist, das am Ende des patentgeschützten Verfahrens erhalten wird, bestimmt der Patentanspruch.[435]

337 Ein derartiger Sachverhalt liegt auch dann vor, wenn das **Verfahrenserzeugnis** nicht selbst (als Einzelteil) Gegenstand des Handelsverkehrs ist, sondern nur als – ggf sogar **integraler – Bestandteil einer größeren Einrichtung** vertrieben wird.

338 ▶ **Bsp:**

Zu denken ist beispielsweise an ein patentgeschütztes Verfahren zur Herstellung einer Flüssigkristallanzeige, wenn nicht die aus dem Herstellungsverfahren gewonnenen Anzeigen als solche, sondern lediglich LCD-Fernseher verkauft werden, die mit erfindungsgemäßen Flüssigkristallanzeigen ausgestattet sind.[436] Es ist offensichtlich, dass unter den geschilderten Bedingungen das unmittelbare Verfahrenserzeugnis des Patents (Flüssigkristallanzeige) in Verkehr gebracht wird. Dass dies nicht separat geschieht, sondern ausschließlich im Verbund mit anderen Vorrichtungsteilen, ist – wie allgemein bei einem Sachpatent – ohne rechtliche

---

431 OLG Düsseldorf, Urteil v 28.4.2011 – I-2 U 148/09; OLG Düsseldorf, Urteil v 18.7.2013 – I-2 U 99/11.
432 OLG Düsseldorf, Urteil v 28.4.2011 – I-2 U 148/09; OLG Düsseldorf, Urteil v 18.7.2013 – I-2 U 99/11.
433 Eingeschlossen sind dabei auch solche Verfahrensschritte, die im Patentanspruch zwar selbst keine spezifizierte Erwähnung gefunden haben, die für den Fachmann aber selbstverständlich sind, um das vom Patentanspruch als Verfahrensziel bezeichnete Erzeugnis zu erhalten.
434 OLG Düsseldorf, Urteil v 28.4.2011 – I-2 U 148/09; OLG Düsseldorf, Urteil v 18.7.2013 – I-2 U 99/11; OLG Düsseldorf, NJOZ 2010, 1781 – interframe dropping; OLG Karlsruhe, InstGE 11, 15 – SMD-Widerstand.
435 OLG Düsseldorf, Urteil v 18.7.2013 – I-2 U 99/11.
436 Anders liegt der Fall, wenn das Verfahrenserzeugnis in der verkauften Einheit ununterscheidbar untergegangen ist, zB deshalb, weil es mit anderen Komponenten unter Aufgabe seiner eigenständigen Existenz vermischt wurde.

Bedeutung. Auch bei einem – gedanklich unterstellten – Sachanspruch auf die patentgemäß erhältliche Flüssigkristallanzeige würde der Vertrieb einer die patentgeschützte Einheit umfassenden Vorrichtung (LCD-Fernseher) ohne weiteres eine auf die mit verkaufte Flüssigkristallanzeige bezogene Unterlassungsverurteilung rechtfertigen, wobei der diesbezügliche Verbotstenor selbstverständlich auch diejenigen Anzeigen umfassen würde, die nicht isoliert, sondern als Bestandteil eines Fernsehers angeboten oder in Verkehr gebracht worden sind.

Praxistipp	Formulierungsbeispiel	339

Ein Urteilsausspruch ginge dementsprechend etwa dahin, dass es der Beklagte künftig zu unterlassen hat, näher bezeichnete Flüssigkristallanzeigen anzubieten oder in Verkehr zu bringen, wobei – nicht notwendigerweise, aber aus Gründen der Klarstellung zweckmäßigerweise – hinzugefügt werden sollte, dass dies auch für den Fall gilt, dass die Anzeige in einen LCD-Fernseher eingebaut ist. Weil dem so ist, stellt sich jedenfalls für den Unterlassungsanspruch nicht die Frage, ob die tatsächlich allein verkaufte Gesamteinheit (LCD-Fernseher mit Flüssigkristallanzeige) ebenfalls als »unmittelbares Verfahrenserzeugnis« betrachtet werden kann. Von Relevanz ist die besagte Fragestellung allerdings im Hinblick auf eine etwaige Kompensationshaftung des Beklagten. Für die Schadensberechnung, egal nach welcher Methode (Lizenzanalogie, Herausgabe des Verletzergewinns, Ersatz des eigenen entgangenen Gewinns des Verletzten) sie stattfindet, macht es einen durchaus beachtlichen Unterschied, ob als Verletzungsgegenstand, an den für die Schadensliquidation angeknüpft werden kann, bloß das im Verfahrenspatent genannte Bauteil (Flüssigkristallanzeige) oder die im Markt gehandelte Gesamtvorrichtung (LCD-Fernseher) betrachtet werden kann.

(2) Notwendigkeit eines erweiterten Patentschutzes

Ungeachtet der Tatsache, dass bislang noch keine höchstrichterliche Entscheidung des BGH zum Unmittelbarkeitserfordernis nach § 9 Satz 2 Nr 3 PatG vorliegt, hat sich in der aktuellen Diskussion weitgehend[437] die Einsicht durchgesetzt, dass bei der vorstehend besprochenen rein chronologischen Betrachtung nicht stehen geblieben werden darf. Sie schränkt den ergänzenden Sachschutz unangemessen ein und sie macht ihn in sachlich nicht zu rechtfertigender Weise von Zufälligkeiten der konkreten Anspruchsformulierung abhängig. 340

▶ Bsp: (OLG Düsseldorf, Urteil v 14.1.2010 – I-2 U 124/08) 341

I.

Das Klagepatent betrifft ein Verfahren zum Komprimieren von Videosignalen. Es gestattet, eine große Datenmenge, wie sie für Videofilme erforderlich ist, auf vergleichsweise geringem Speicherplatz (zB einer DVD) bereitzustellen. Im Einzelnen umfasst das Verfahren folgende Schritte:

a) Verfahren zum Übertragen einer Reihe von Bildern einer Vollbewegungs-Videoszene.

b) Jedes Bild wird mittels eines Codierungsalgorithmus in einen Bilddatenblock umgewandelt, der so viel digitale Information aufweist, dass jedes Bildelement des Bildes rekonstruiert werden kann.

---

437 AA im jüngeren Schrifttum noch Jestaedt, Patentrecht, Rn 558; Singer/Stauder, EPÜ, Art 64 Rn 12 (unter Hinweis auf britische Rechtsprechung).

c) Die Bilder der Reihe werden einer hierarchischen Codierung ausgesetzt,

    a) wobei die ursprüngliche Reihe von Bildern als eine Anzahl verschachtelter Teilreihen mit einer in der Größe zunehmenden Rangordnung betrachtet wird

    b) und wobei zum Codieren eines Bildes einer Teilreihe Bilder aus Teilreihen niedrigerer Rangordnung berücksichtigt werden.

d) Jedem Bilddatenblock wird ein Paketanfangsblock zugefügt, der die Rangordnung der Unterreihen angibt, denen das entsprechende Bild zugeordnet ist.

II.

Nach Abschluss der im Patentanspruch aufgeführten Verfahrensschritte (a) bis (d) liegen Informations- und Aufzeichnungsstrukturen vor, die in bestimmter, vorteilhafter Weise codiert sind. Soll eine die besagten Dateninhalte umfassende (verkaufsfähige) Video-DVD angefertigt werden, bedarf es im Anschluss an die Handlungsvorgaben des Klagepatents verschiedener nachgeordneter Arbeitsschritte, denen allen gemeinsam ist, dass mit ihnen die patentgemäß erhaltene Informations- und Aufzeichnungsstruktur – nacheinander und auf unterschiedliche Weise – materialisiert wird. Zunächst erfolgt eine Fixierung der Daten im Arbeitsspeicher einer Encodersteckkarte sowie daran anschließend auf der Festplatte des mit der Steckkarte ausgerüsteten Rechners. Von dort werden die Videodaten auf weitere externe Aufzeichnungsträger, nämlich DLT-Tapes, DVD-Rs bzw Master, übertragen, um schließlich mit ihrer Hilfe einen Stamper herzustellen. Er beinhaltet eine Negativabbildung der codierten Daten und dient als Pressvorlage, um Video-DVD's mit den patentgemäß codierten, komprimierten Daten beliebig zu vervielfältigen.

Durch die vorbeschriebenen Maßnahmen geht die durch das erfindungsgemäße Codieren und Komprimieren gewonnene Aufzeichnungsstruktur nicht verloren. Es erfolgt nur eine erstmalige Materialisierung und im Anschluss daran eine wiederholte Übertragung und Speicherung der Daten auf verschiedene Aufzeichnungsmedien, bei der die codierten Bilddaten inhaltlich weder verändert noch bearbeitet werden. Der Sache nach vollzieht sich ein schlichter Wechsel des Speichermediums, der der mittels des Klagepatents gewonnenen, für die patentgemäßen Wirkungen verantwortlichen Aufzeichnungsstruktur lediglich eine (andere) ihre Handhabung ermöglichende/erleichternde »Verpackung« verleiht.

342 Da die im Beispielsfall erörterten Speichermaßnahmen nicht Gegenstand des Klagepatents sind, führt eine chronologische Betrachtung zu dem Ergebnis, dass die mit den patentgemäß codierten Daten versehenen DVD's keine »unmittelbaren« Verfahrenserzeugnisse darstellen und deswegen auch nicht am ergänzenden Verfahrenserzeugnisschutz nach § 9 Satz 2 Nr 3 PatG teilhaben. Das erscheint unbillig, weil der eigentliche Wert und Nutzen des aus dem Klagepatent hervorgegangenen Verfahrensprodukts in der komprimierten Datenstruktur als solcher liegt, die nicht deshalb eine andere (sondern genau dieselbe) ist, weil die Daten auf einem Trägermedium materialisiert sind. Unbehagen löst das gefundene Resultat umso mehr aus, als genau anders herum (nämlich im Sinne eines bestehenden Sachschutzes) zu entscheiden wäre, wenn der Patentanspruch sich zur Datenspeicherung als letztem Verfahrensschritt verhalten würde. Das Eingreifen oder Nichteingreifen komplementären Sachschutzes würde bei chronologischer Betrachtung mithin davon abhängen, ob die jedem Fachmann geläufige und selbstverständliche Maßnahme der Datenspeicherung auf einem geeigneten Träger zufälligerweise Eingang in den Patentanspruch gefunden hat oder nicht. Eine solche – mit weitreichenden Rechtsfolgen verknüpfte – Differenzierung kann schwerlich überzeugen. Bedenken ergeben sich schließlich auch daraus, dass mit einer Anwendung des chronologischen Ansatzes dem Verletzer die Möglichkeit eingeräumt wird, einen ergänzenden Sachschutz dadurch ins Leere laufen zu lassen, dass er das Verfahrensprodukt des Klagepatents nach Abschluss der patentgemäß vorgesehenen Schritte irgendeiner weiteren, ggf nur äußerst geringfügigen und nutzlosen, in jedem Fall aber mit Blick auf die vorteilhaften Effekte des patentgeschützten Verfahrens unschädlichen Nachbehandlung unterzieht, die, obwohl aus technischer Sicht belanglos, am Ende darüber entscheidet, ob ein Verfahrenserzeugnisschutz eingreift oder nicht.

Eine Beschränkung des Patentschutzes, wie sie vorstehend exemplarisch aufgezeigt worden ist, lag nachweislich auch nicht in der Absicht des Gesetzgebers. Zwar sind die Gesetzgebungsmaterialien für die Motivationslage nicht sonderlich ergiebig. Feststellen lässt sich aber immerhin das Folgende: Ursprünglich war dem Patengesetz ein ergänzender Verfahrenserzeugnisschutz fremd. Er ist erstmals im Jahr 1890 – im Anschluss an reichsgerichtliche Rechtsprechung[438] – in einen Entwurf zur Änderung des PatG 1877 aufgenommen worden, allerdings zunächst noch ohne eine Fokussierung auf »unmittelbare« Verfahrenserzeugnisse. Der Vorlagentext sah vielmehr die allgemein gehaltene Formulierung vor: »Ist das Patent für ein Verfahren erteilt, so erstreckt sich die Wirkung auch auf die mittels des Verfahrens hergestellten Erzeugnisse.«[439] Nachdem die Vorlage im Zuge des Gesetzgebungsverfahrens zur weiteren Beratung an die XI. Kommission verwiesen worden war, vermerkt der dortige Bericht[440]: »Um aber den Schutz nicht zu weit auszudehnen, insbesondere um zu verhüten, dass etwa Gegenstände, die mit Stoffen zusammen verarbeitet sind, welche nach einen patentierten Verfahren hergestellt werden, auch von dem Patente erfasst werden, wurde beantragt, in dem Satze: »Ist das Patent für ein Verfahren erteilt, so erstreckt sich die Wirkung auch auf die mittels des Verfahrens hergestellten Erzeugnisse« zwischen die Worte »Verfahren« und »hergestellten« das Wort »unmittelbar« einzufügen.« In dieser Form wurde der Entwurfstext in zweiter und dritter Lesung ohne Diskussion gebilligt und in das Patentgesetz vom 7.4.1891 aufgenommen[441], von wo die Regelung jeweils unverändert in die späteren Gesetzesfassungen (1936, 1981) Eingang gefunden hat. Zieht man – wie es geboten ist – die Erwägungen des historischen Gesetzgebers heran, so wird klar, dass die Forderung nach einer »Unmittelbarkeit« des Verfahrenserzeugnisses einen ansonsten uferlosen Sachschutz aus dem Verfahrenspatent vermeiden sollte, der sich unweigerlich eingestellt hätte, wenn jeder (auch nur mittelbar) kausale Beitrag des patentgeschützten Verfahrens zu dem angegriffenen Erzeugnis für eine Erstreckung des Patentschutzes ausgereicht hätte. Der prinzipiell gewollten Ausdehnung des für unzulänglich befundenen Verfahrenspatentschutzes sollten mithin nur gewisse äußere Grenzen gesetzt werden; es ging aber nicht darum, den Erstreckungstatbestand von vornherein auf singuläre, eng definierte Einzelfälle zu limitieren.

343

Als Zwischenergebnis bleibt somit festzuhalten, dass das patentierte Verfahren nicht in jedem Fall den allerletzten Schritt in der zum angegriffenen Produkt führenden Herstellungskette sein muss, sondern dass ein Verfahrenserzeugnisschutz auch dann in Betracht kommen kann, wenn sich an die patentgemäßen Verfahrensschritte weitere Maßnahmen anschließen, die das Produkt erst in derjenigen Weise entstehen lassen, in der es Gegenstand des Verletzungsangriffs ist. Die neuere instanzgerichtliche Rechtsprechung hat – ausgehend hiervon – für die Unmittelbarkeit des Verfahrensprodukts verlangt, dass das im Verletzungsprozess angegriffene Erzeugnis durch das patentgeschützte Verfahren seine charakteristischen Eigenschaften erhalten hat, welche auch durch die späteren Pro-

344

---

438 RGZ 22, 8, 17 – Methylenblau.
439 Vgl die Stenographischen Berichte über die Verhandlungen des Reichstages, VIII. Legislaturperiode 1. Session 1890/91, 2. Anlagenband, Drucksache Nr 152, S 958, 964.
440 Bericht der XI. Kommission vom 26.2.1891, Stenographische Berichte über die Verhandlungen des Reichstages, 3. Anlagenband, Drucksache Nr 322 (1891), S 1233.
441 RGBl 1891, 79 ff.

duktionsschritte nicht verloren gegangen sind[442] und dass es auch seine Selbständigkeit nicht eingebüßt hat.[443]

(3) Verfahrenserzeugnis als Repräsentant des Erfindungswertes

345 Ausgangspunkt für die Beurteilung der Reichweite des komplementären Sachschutzes müssen der Sinn und Zweck des mit § 9 Satz 2 Nr 3 PatG etablierten Verfahrenserzeugnisschutzes sein. Wie dargelegt, zielt die Vorschrift darauf ab, die Stellung des Inhabers von Verfahrenspatenten dadurch zu verbessern, dass ihnen für die aus dem patentgemäßen Verfahren resultierenden Erzeugnisse ein eigenständiger Sachpatentschutz gewährt wird, so dass neben dem Anwender des geschützten Verfahrens auch derjenige wegen Patentverletzung angegriffen werden kann, der die aus der Verfahrensführung resultierenden (ansonsten schutzlosen) Verfahrensprodukte anbietet und vertreibt. Die beschriebene Schutzerstreckung findet ihre innere Rechtfertigung darin, dass sich der Wert einer Verfahrenserfindung ganz maßgeblich in dem aus dem patentierten Verfahren hervorgegangenen Produkt verkörpert. Dies wird augenblicklich einsichtig, wenn man sich vergegenwärtigt, dass Herstellungsverfahren (um die es im Rahmen von § 9 Satz 2 Nr 3 PatG geht[444]) im Unterschied zu Arbeitsverfahren ein Erzeugnis zum Ergebnis haben, das dank des patentierten Verfahrens äußerlich oder stofflich verändert oder gänzlich neu hervorgebracht ist.[445] Die für § 9 Satz 2 Nr 3 PatG relevante Verfahrensführung ist damit kein ergebnisloser Selbstzweck, sondern zielgerichtet darauf angelegt, ein Erzeugnis bestimmter (nämlich mit der Verfahrensführung verbundener) Beschaffenheit, Wirkungs- oder Funktionsweise zu erhalten. So betrachtet verdient das Verfahrensprodukt, eben weil es die vorteilhaften Wirkungen des patentierten Verfahrens repräsentiert, prinzipiell denselben gesetzlichen Schutz[446] wie das im Patentanspruch beschriebene Verfahren.[447]

346 Bereits aus dieser Erkenntnis lassen sich vorläufig zwei grundsätzliche Schlussfolgerungen ziehen. Erstens: Erzeugnisse, die die patentgemäßen Wirkungen infolge der den Verfahrensschritten des Klagepatents nachfolgenden weiteren Behandlungsmaßnahmen wieder eingebüßt haben[448], stellen keine unmittelbaren Verfahrenserzeugnisse dar. Denn sie bilden den Erfindungswert des patentgeschützten Verfahrens gerade nicht (mehr) ab. Das Gleiche gilt, wenn die patentgemäßen Effekte zwar nicht restlos, aber doch in einem solchem Maße verloren gegangen sind, dass nicht mehr davon gesprochen werden kann, dass sie noch in einem – aus der Sicht der Erfindung des Klagepatents – für die praktischen Zwecke relevanten Umfang vorhanden sind. Für die graduelle Abgrenzung zwischen einer noch hinreichenden und einer nicht mehr genügenden Repräsentation des mit dem patentierten Verfahren verbundenen Erfindungswertes im Einzelfall bietet sich ein Rückgriff auf diejenigen Regeln an, die im Zusammenhang mit der Rechtsfigur der verschlechterten Ausführungsform geläufig sind. Zweitens: Solange die mit der patentgemäßen Verfahrensführung verknüpften Vorteile, Wirkungen oder Funktionen – sei es

---

442 LG Düsseldorf, InstGE 7, 70 – Videosignal-Codierung I; OLG Düsseldorf, Urteil v 14.1.2010 – I-2 U 124/08.
443 OLG Karlsruhe, InstGE 11, 15 – SMD-Widerstand; OLG Düsseldorf, Urteil v 14.1.2010 – I-2 U 124/08.
444 Hofmann, Verfahrenserfindungen, 2000, S 216.
445 Schulte, § 1 PatG Rn 237 f, 240.
446 Da Schutzgegenstand ein Erzeugnis ist, sind die Regeln des Sachschutzes einschlägig.
447 Hahn, Schutz von Erzeugnissen patentierter Verfahren, 1968, S 70; Flesche, Ermittlung unmittelbarer Verfahrenserzeugnisse, 1965, S 107.
448 Denkbar ist zB ein Verfahren, das dem herzustellenden Halbfabrikat eine bestimmte Eigenschaft verleiht, die für das Handling im weiteren Fertigungsprozess benötigt wird, die jedoch im Enderzeugnis unerwünscht ist und deshalb später – bis zum Fertigerzeugnis – wieder rückgängig gemacht wird.

vollständig, sei es zumindest in einem praktisch erheblichen Maße – erhalten bleiben, unterliegt – umgekehrt – das Verfahrenserzeugnis trotz seiner Weiterbearbeitung im Grundsatz dem ergänzenden Sachschutz nach § 9 Satz 2 Nr 3 PatG.

Hierbei ist es prinzipiell belanglos, wie viele erfindungsfremde Behandlungsmaßnahmen zwischen der Beendigung der Verfahrensschritte des Klagepatents und der Schaffung des im Verletzungsprozess angegriffenen Gegenstandes stattgefunden haben. Für die bisherigen Überlegungen macht es gleichermaßen keinen Unterschied, ob die mit der Verfahrenserfindung hervorgerufenen (und auf ihr Vorliegen beim mutmaßlichen Verletzungsgegenstand zu überprüfenden) Eigenschaften ihren Niederschlag in einer neuartigen Ausgestaltung oder in einer verbesserten Funktionsweise des Verfahrensproduktes gefunden haben oder (bloß) darin liegen, dass ein strukturell sowie in Bezug auf sein Wirkungsprofil bereits bekanntes Erzeugnis im Vergleich zum Stand der Technik (lediglich) preiswerter gefertigt werden kann.[449] Es ist eine allgemein bekannte Tatsache, dass Patente auf Herstellungsverfahren, mit denen sich Produktionskosten einsparen lassen, wertvoller sein können als Schutzrechte auf Verfahren, mit denen dem erhaltenen Erzeugnis gegenüber dem Bekannten eine neue (innere oder äußere) Konstitution und/oder eine verbesserte, ggf sogar zusätzliche Funktionalität verliehen wird. Sie dennoch kategorisch vom ergänzenden Sachschutz auszunehmen, ist weder aus betriebs- noch aus volkswirtschaftlicher Sicht vernünftig und auch im Hinblick auf den Zweck gewerblicher Schutzrechte nicht angebracht. Der mit einer Patentgewährung verfolgte Belohnungsgedanke, der zugleich den Anreiz dafür schafft, Neuerungen nicht geheim zu halten, sondern der Öffentlichkeit preiszugeben, verlangt im Gegenteil, dass jeder Erfindung ein Monopolschutz zuteilwird, der dem Wert entspricht, um den der Stand der Technik durch sie bereichert worden ist. Kostensenkende Herstellungsverfahren unterscheiden sich insoweit nicht in entscheidungserheblicher Weise von solchen Verfahren, die ein strukturell verändertes Produkt hervorbringen, weswegen beide Kategorien von Herstellungsverfahren auch im Hinblick auf den ihnen zugebilligten Erzeugnisschutz gleich behandelt werden sollten. Aus gutem Grund stellt deshalb auch der Gesetzeswortlaut von § 9 Satz 2 Nr 3 PatG einzig und allein darauf ab, dass mit dem Verfahren, in Bezug auf das ein ergänzender Sachschutz in Rede steht, ein Erzeugnis hergestellt wird, und ist darüber hinaus in § 9 Satz 2 Nr 3 PatG nicht zur – weiteren – Bedingung gemacht, dass das mittels des Verfahrens hergestellte Erzeugnis neu zu sein hat. Die einzige Rechtsfolge, die das Gesetz an die Neuheit des Verfahrenserzeugnisses knüpft, ist die in § 139 Abs 3 PatG vorgesehene Darlegungs- und Beweiserleichterung, der zufolge bei einem Verfahrenspatent zur Herstellung eines »neuen« Erzeugnisses bis zum Nachweis des Gegenteils das von einem anderen hergestellte gleiche Erzeugnis[450] als nach dem patentierten Verfahren hergestellt gilt.

(4) Normative Begrenzung des Sachschutzes

Bei den bisherigen, bewusst als bloß vorläufig bezeichneten Schlussfolgerungen kann es freilich nicht sein Bewenden haben. Käme es nur auf die Feststellung eines Fortbestehens der mit der Verfahrensführung einhergehenden Produkteigenschaften und -wirkungen an, wäre die Unmittelbarkeit in außerordentlich weitem Umfang zu bejahen. Sie würde beispielsweise auch dann gegeben sein, wenn das Verfahrenserzeugnis infolge seiner Wei-

---

449 OLG Düsseldorf, Urteil v 28.4.2011 – I-2 U 148/09; OLG Düsseldorf, Urteil v 18.7.2013 – I-2 U 99/11; Hahn, Schutz von Erzeugnissen patentierter Verfahren, 1968, S 90; Flesche, Ermittlung unmittelbarer Verfahrenserzeugnisse, 1965, S 111 f, 115 f; aA: LG Mannheim, Urteil v 8.5.2009 – 7 O 202/08.
450 Gemeint ist ein Erzeugnis mit mindestens einer gleichen Eigenschaft, die das Verfahrensprodukt von den am Prioritätstag bekannten Produkten erkennbar unterscheidet (LG Düsseldorf, InstGE 3, 91 – Steroidbeladene Körner).

terbearbeitung im angegriffenen (End-)Produkt überhaupt nicht mehr auszumachen ist (weil es mit anderen Teilen ununterscheidbar zu einem neuen Ganzen verschmolzen ist), und die Unmittelbarkeit würde selbst dadurch nicht infrage gestellt, dass die technische Brauchbarkeit und Nützlichkeit durch die patentgemäßen Vorteile nur noch in einem völlig untergeordneten und praktisch zu vernachlässigenden Maße bestimmt wird (weil andere, auf dritte Erfindungen zurückgehende Effekte eindeutig im Vordergrund stehen). Dass derartiges gewollt sein könnte und einem sachlich angemessenen Ergebnis entspricht, wird – zu Recht – ganz überwiegend verneint.

349 – Eine erste Schranke für den Verfahrenserzeugnisschutz ergibt sich bereits aus der Überlegung, dass § 9 Satz 2 Nr 3 PatG dem Schutzrechtsinhaber mit Blick auf die unmittelbaren Verfahrenserzeugnisse einen ergänzenden Patentschutz vermitteln will, der dem eines Sachpatents gemäß § 9 Satz 2 Nr 1 PatG entspricht. Daraus folgt: Weiter als der Schutz eines fiktiven, auf das Verfahrenserzeugnis erteilten Sachanspruchs kann der aus § 9 Satz 2 Nr 3 PatG hergeleitete Schutz keinesfalls reichen. Als unmittelbares Verfahrenserzeugnis kann deswegen nur dasjenige betrachtet werden, was auch zum Gegenstand eines (fiktiven) Sachanspruchs gemacht werden könnte. Erzeugnisse, die als Folge einer sich an die patentgemäßen Verfahrensschritte anschließenden Weiterbearbeitung ihre gegenständliche Existenz verloren haben, sind keine tauglichen Objekte eines Sachpatents und sie genießen deshalb auch keinen komplementären Sachschutz aus § 9 Satz 2 Nr 3 PatG.

350 – Eine zweite, für die Praxis ungleich bedeutsamere Schranke des Erzeugnisschutzes ist dem Umstand geschuldet, dass zur näheren Charakterisierung des hergestellten Verfahrensproduktes, welches komplementär geschützt sein soll, bewusst das Adverb »unmittelbar« in den Gesetzestext aufgenommen wurde. Für den ergänzenden Sachschutz reicht demnach nicht schon jeder irgendwie geartete, beliebig entfernte Zusammenhang zwischen angegriffenem Produkt und patentiertem Herstellungsverfahren aus. Damit § 9 Satz 2 Nr 3 PatG zum Tragen kommt, bedarf es vielmehr einer gewissen – eben »unmittelbaren« – Nähe zwischen Herstellungsverfahren und Verfahrenserzeugnis.

351 Diese Nähe kann nicht rein statistisch anhand der Zahl derjenigen Verfahrensschritte errechnet werden, die dem letzten vom patentgeschützten Verfahren vorausgesetzten Handlungsakt nachfolgen. Eine dahingehende Betrachtung hätte zwar vordergründig[451] ein hohes Maß an Vorhersehbarkeit und infolge dessen eine gesteigerte Rechtssicherheit für sich; sie wäre in ihrem Ergebnis jedoch völlig willkürlich. Ein singulärer Verfahrensschritt kann auf das mit der letzten Handlung des patentierten Verfahrens vorliegende Erzeugnis ganz dramatische Auswirkungen haben, die in anderem technischen Kontext nicht einmal von drei, vier oder fünf aufeinander folgenden Verfahrensschritten zusammen genommen ausgehen würden.

352 Ein geeignetes Abgrenzungskriterium lässt sich ebenso wenig daraus gewinnen, dass gefragt wird, ob das patentierte Verfahren (dh die mit ihm verknüpften Effekte) aus der Sicht des angesprochenen Verkehrs auch für das weiterbearbeitete (End-)Produkt wesentlich[452] oder prägend[453] sind. Die zum Maßstab erhobene Verkehrsauffassung wird typischerweise durch ein Konglomerat von Faktoren gebildet und beeinflusst, welches im Einzelfall kaum zu durchschauen ist. Verlässliche Feststellungen, wie sie in einem

---

451 Unschärfen sind auch hier dadurch bedingt, dass im Einzelfall die Abgrenzung schwierig sein kann, ob ein bestimmter Akt als eigenständiger Verfahrensschritt oder als bloß unselbständiger Verfahrensunterschritt anzusehen ist.
452 So: OLG Düsseldorf, Urteil v 10.4.2005 – U (Kart) 44/01.
453 So: LG Düsseldorf, Urteil v 2.8.2002 – 4 O 63/00.

Verletzungsrechtsstreit vonnöten sind, stoßen damit schon in tatsächlicher Hinsicht an ihre Grenzen. Noch wesentlicher als dieses Bedenken wiegt jedoch ein anderer Umstand. Ob ein technischer Effekt im Verkehr als für das (End-)Produkt »wesentlich« oder »prägend« erkannt wird, hängt zu einem guten Teil – und bisweilen sogar entscheidend – von der werblichen Präsentation ab, die der betreffende Aspekt gefunden hat oder die ihm (aus welchen Gründen auch immer) versagt geblieben ist. Denkbar ist zB, dass der aktuelle Zeitgeist das Eingehen auf eine bestimmte technische Ausstattung verbietet oder zumindest untunlich erscheinen lässt. Darüber hinaus gilt, dass je komplexer ein technischer Gegenstand ist, umso weniger die Möglichkeit besteht, in der Außendarstellung des Produktes auf jeden technischen Effekt einzugehen. Das Eingreifen und die Reichweite des ergänzenden Sachschutzes nach § 9 Satz 2 Nr 3 PatG sollten jedoch – und darüber dürfte an sich kein Disput möglich sein – nicht von den Beliebig- und ggf Zufälligkeiten einer Marketingstrategie abhängig sein. Zu bedenken ist desweiteren, dass die Anschauung des Verkehrs über die Wichtigkeit einer technischen Produkteigenschaft über die Laufzeit des Verfahrenspatents betrachtet einem Wandel unterworfen sein kann. Ein komplementärer Erzeugnisschutz, der zu einem bestimmten Zeitpunkt wegen der in diesem Moment vorherrschenden Verkehrsauffassung zu bejahen ist, kann deshalb für einen späteren Zeitpunkt wegen der bis dahin gewandelten Anschauungen zu verneinen sein. Es ergibt sich damit ein Patentschutz nach Zeitabschnitten, was der Systematik des Patentwesens, Schutz einheitlich für die Laufzeit des Patents zu gewähren, fremd ist.

Die mit Rücksicht auf das Unmittelbarkeitskriterium zu fordernde Nähe zwischen Herstellungsverfahren und Verfahrenserzeugnis muss richtigerweise patentrechtlich interpretiert, nämlich aus der Sicht derjenigen Verfahrenserfindung beurteilt werden, um deren Schutz-Umfang es bei der Bestimmung des »unmittelbaren Verfahrenserzeugnisses« geht.[454] Maßgeblich sollte der Gedanke sein, ob das mit der Verletzungsklage angegriffene Produkt bei natürlicher Betrachtung (trotz seiner weiteren Bearbeitung) immer noch als derselbe Gegenstand, nur in anderer Form, erscheint wie dasjenige Erzeugnis, das nach Abschluss des patentierten Herstellungsverfahrens erhalten wird. Solches ist etwa der Fall, wenn das eigentliche Verfahrenserzeugnis im Zuge seiner Weiterbehandlung lediglich portioniert oder auf dem Fachmann geläufige Weise so aufbereitet wird, dass es sich der ihm ohnehin immanenten Verwendung zuführen lässt. Werden dem Verfahrenserzeugnis Zutaten (im weitesten Sinne) hinzugefügt, bleibt auch dieser Akt unschädlich, selbst wenn es sich um für den technischen Gebrauch unverzichtbare Ergänzungen handelt, solange die Zutaten bloß notwendiges Beiwerk für das weiterhin im Mittelpunkt stehende Erzeugnis des Herstellungsverfahrens sind. Bringt das patentgeschützte Verfahren zB einen neuartigen Wirkstoff hervor, so ist die fertig formulierte Tablette, obgleich sie zusätzlich diverse gebräuchliche Hilfsstoffe umfasst, ohne die eine verabreichungsfähige Tablette nun einmal nicht erhalten werden kann, schlussendlich nichts anderes als eine abweichende Erscheinungsform des patentgemäß hergestellten Wirkstoffs, womit sie – wie dieser – ergänzenden Sachschutz nach § 9 Satz 2 Nr 3 PatG genießt. Anders herum liegen die Verhältnisse, wenn das Herstellungsverfahren dafür verantwortlich ist, dass ein formulierter Wirkstoff in besonders vorteilhafter Weise verzögert abgegeben wird. Hier lässt sich schlechterdings nicht sagen, dass die Tablette – ungeachtet des Vorhandenseins eines erfindungsfremden Wirkstoffs – nur eine andere Form der für die Retard-Wirkung verantwortlichen Komponente ist.

▶ **Bsp:**

Nimmt man als weiteres Anschauungsmaterial noch die oben erörterten Fallbeispiele in den Focus, so ist wie folgt zu differenzieren:

---

454 Für diesen Ansatz plädiert zu Recht schon Krieger in MK zum EPÜ, 23. Lieferung: Februar 1998, Art 64 Rn 69.

> – Die auf eine DVD materialisierte Struktur komprimierter Videodaten stellt ein unmittelbares Verfahrenserzeugnis dar, weil die Speicherung auf einem geeigneten Träger der patentgemäßen Datenstruktur bei natürlicher Betrachtung nur ein anderes äußeres Erscheinungsbild verleiht, aber kein gegenständlich anderes Produkt hervorbringt.
>
> – Die genau gegenteilige Beurteilung ist für die Flüssigkristallanzeige angebracht. Auch wenn sie die Gattung des damit ausgerüsteten LCD-Fernsehers bestimmt und damit von herausragender Bedeutung für dessen Funktion ist, lässt sich angesichts der vielen anderen technischen Ausstattungsdetails eines Fernsehgerätes dennoch nicht behaupten, dass der LCD-Fernseher letztlich nur eine Flüssigkristallanzeige in anderer Erscheinungsform ist. Es handelt sich vielmehr um einen anderen Gegenstand, zu dem die Flüssigkristallanzeige nur einen (wenn auch bedeutenden) Beitrag geleistet hat. Die sich daraus ergebenden rechtlichen Konsequenzen sind keineswegs unbillig, sondern gerecht. Dem Inhaber des Verfahrenspatents verbleibt nämlich ein auf die Flüssigkristallanzeige bezogener ergänzender Sachschutz; verweigert wird ihm nur die Erstreckung des Sachschutzes auf die Gesamtvorrichtung LCD-Fernseher, für die es in Anbetracht der Tatsache, dass die Flüssigkristallanzeige eben nur eine von mehreren Bestandteilen eines Fernsehers ist, auch keinen Anlass gibt.

355 Als **Resultat** der vorstehenden Überlegungen lassen sich drei Qualifikationsmerkmale benennen, die ein »unmittelbares« Verfahrenserzeugnis auszeichnen, das im Anschluss an den letzten im Patent vorausgesetzten Verfahrensschritt weiteren Behandlungsmaßnahmen unterzogen worden ist:

356 – **Erstens**: Es ist von einer gegenständlichen Präsens, so dass die Formulierung eines (fiktiven) Sachanspruchs möglich wäre.

357 – **Zweitens**: Es weist – mindestens im Sinne einer verschlechterten Ausführungsform – diejenigen Qualitäten auf, die das patentgeschützte Herstellungsverfahren verleiht.

358 – **Drittens**: Es hält trotz der Weiterbearbeitung eine solche Nähe zum patentierten Herstellungsverfahren, dass es bei natürlicher Betrachtung bloß als eine andere Erscheinungsform des mit Abschluss des geschützten Verfahrens vorliegenden Erzeugnisses daherkommt.

e) Verwendungspatente

359 Bei Patenten, bei denen die Verwendung eines (vorbekannten) Stoffs oder einer (vorbekannten) Sache für einen neuen, erfinderischen Zweck unter Schutz gestellt ist, wird die Wirkung des Patents vorverlagert. Sie erstreckt sich nicht nur auf die geschützte Verwendung als solche, sondern erfasst bereits im Vorfeld liegende Handlungen, mit denen der Stoff oder die Sache zu der geschützten Verwendung *sinnfällig* hergerichtet wird, wobei die Verwendung für einen anderen Zweck als den angegebenen Zweck außerhalb der Schutzwirkung des Patents liegt.[455] Dahinter steht die Erwägung, dass im Interesse eines effektiven Patentschutzes schon gegen die typischerweise im gewerblichen Raum stattfindende Herrichtung der Sache vorgegangen werden soll und nicht erst die (ggf sogar im privaten, patentfreien Raum stattfindende) Verwendung abgewartet werden muss, wenn mit der Herrichtung die Entscheidung darüber gefallen ist, dass es mit der Sache – dank ihrer Herrichtung – zu der patentierten Verwendung kommen wird.

---

455 BGH, GRUR 1992, 305 – Heliumeinspeisung; BGH, GRUR 1990, 505 – Geschlitzte Abdeckfolie; BGH, GRUR 2016, 257 – Glasfasern II; LG Düsseldorf, Mitt 1999, 155 – Verwendungsschutz; auf Verfahrensansprüche ist die Rechtsprechung zur sinnfälligen Herrichtung nicht übertragbar (BGH, GRUR 2005, 845 – Abgasreinigungsvorrichtung), obwohl Verfahrensverwendungsansprüche denkbar sind (BGH, GRUR 2013, 1121 – Halbleiterdotierung).

Die Rechtsprechung zum sinnfälligen Herrichtung ist zwar zu einer Gesetzeslage entwi- 360
ckelt worden, als die mittelbare Verletzung gesetzlich noch nicht (in § 10 PatG) kodifiziert war. Gleichwohl hat sie auch für die geltende Rechtslage Bedeutung, wie sich u.a.
aus der BGH-Entscheidung »Abgasreinigungsvorrichtung«[456] ergibt, in der die mangelnde Anwendbarkeit der Rechtsprechung zur Herrichtung auf Verfahrenspatente in
Bezug auf ein europäisches Patent nicht damit begründet worden ist, dass die besagten
Grundsätze angesichts der durch § 10 PatG geschaffenen neuen (veränderten) Rechtslage
prinzipiell keine Bedeutung mehr haben, sondern mit der besonderen Kategorie eines
Verfahrenspatents im Gegensatz zum Verwendungspatent gerechtfertigt worden ist. In
seiner Entscheidung »Trigonellin«[457] hat der BGH seine Rechtsprechung zur sinnfälligen
Herrichtung auch für »Neufälle« für selbstverständlich einschlägig gehalten.

aa) Sinnfälliges Herrichten

Ein sinnfälliges Herrichten kann schon in der besonderen **Gestaltung des Erzeugnisses** 361
(Zusammensetzung, Formgebung, Wirkungsweise) liegen, die es für den patentgeschützten Gebrauch prädestiniert.[458] Zu denken ist vordringlich an den Fall, dass sich die
Sache – technisch und/oder wirtschaftlich sinnvoll – überhaupt nur für den patentgemäßen Zweck (und für keinen anderen) eignet. Unabdingbar ist dies aber nicht. Die »Sinn-
fälligkeit« der Herrichtung meint keine *Ausschließlichkeit*, sondern lediglich ein solches
Maß an *Klarheit und Deutlichkeit*, dass es nach der Lebenserfahrung ausreichend sicher
zu der unter Patentschutz stehenden Verwendung kommt. Bestehen für die Sache nebeneinander mehrere gleichermaßen realistische Gebrauchsmöglichkeiten, von denen die
patentgemäße zwar bloß, aber eben doch *eine* ist, so stellt die Sachbeschaffenheit deshalb
eine Herrichtungsmaßnahme für den patentgemäßen Zweck dar, wenn nach der Lebenserfahrung davon auszugehen ist, dass es mit der Sache bereits einmal zu der patentgemäßen Verwendung gekommen ist oder es zumindest zeitnah hierzu kommen wird.[459]
Diese Erwartung ist im Allgemeinen nur gerechtfertigt, wenn der (auch) patentgemäße
Verwendungszweck für die interessierten Abnehmerkreise anhand der Sache und ihrer
Beschaffenheit ersichtlich ist.[460] Ist der patentgerechte Gebrauch der Sache hingegen
allenfalls unter ganz besonderen, seltenen Rahmenbedingungen zu erwarten, deretwegen
im Streitfall weder eine Wiederholungs- noch eine Erstbegehungsgefahr für die patentgeschützte Verwendung angenommen werden kann, bedarf es zusätzlicher anderweitiger
Herrichtungsmaßnahmen, die sich beispielsweise aus der **Umverpackung** oder der Bei-
gabe einer **Gebrauchsanleitung** beim Vertrieb ergeben kann, die den Erwerber – allein
oder auch – zu der patentgeschützten Verwendung anhält.[461] Angesichts dessen, dass die
sinnfällige Herrichtung deshalb anspruchsbegründend ist, weil sie Gewähr für die ihr
nachfolgende, herrichtungsgemäße Verwendung im Sinne des Klagepatents bietet, kommen als Herrichtungsmaßnahmen stets nur solche Akte in Betracht, die einen derart
engen Bezug zu der zu verwendenden Sache haben, dass sie nach den Erfahrungen des
täglichen Lebens deren (patentgemäßen) Gebrauch bestimmen und infolgedessen auch
erwarten lassen.

---

456 BGH, GRUR 2005, 845, 847.
457 BGH, GRUR 2001, 730 f – Trigonellin.
458 OLG Karlsruhe, GRUR 2014, 764 – Verwendungspatent.
459 Zu den Folgen für die einzelnen Ansprüche wegen Patentverletzung vgl weiter unten zu Rdn 365 ff.
460 … woran es bei einem zu mehreren therapeutischen Zwecken verwendbaren Medikament fehlt, weswegen hier für die sinnfällige Herrichtung zurecht auf die Therapieempfehlung auf der Umverpackung oder im Beipackzettel abgestellt wird.
461 BGH, GRUR 2001, 730 – Trigonellin; BGH, GRUR 2016, 257 – Glasfasern II; OLG Düsseldorf, Urteil v 7.8.2014 – I-2 U 8/14.

362 ▶ **Beispiel:**[462]

> Das Klagepatent betrifft die Verwendung einer Zusammensetzung aus Glasfasern bestimmter Größe und bestimmten Materials als Glasfasern, die kein kanzerogenes Potential zeigen. Angegriffen sind Glasfaserprodukte in Plattenform, die als Dämmmaterial für den Hochbau angeboten werden.
>
> Die sinnfällige Herrichtung der Dämmstoffplatten für den vorgesehenen Verwendungszweck ergibt sich daraus, dass bindende gesetzliche Vorschriften bestehen, die wegen der Gefahr von Krebserkrankungen den Gebrauch von Glasfasern zur Wärme- und Schalldämmung im Hochbau entweder generell untersagen oder nur mit einem besonderen Warnhinweis erlauben. Aus der besagten Gesetzeslage folgt, dass derjenige, der den Vorschriften unterfallende Glasfasermaterialien vertreibt, damit deren gesundheitliche Unbedenklichkeit, nämlich kanzerogene Ungefährlichkeit zum Ausdruck bringt, womit der patentgeschützte Verwendungszweck deklariert ist.

363 Ob die **Gebrauchsanleitung** zusammen mit der Sache (gleichsam in einer Postsendung) verschickt wird oder separat, ist belanglos, solange der Bezug zu der Sache für den Empfänger und Verwender in einer Weise erhalten bleibt, dass aufgrund der beigegebenen Anleitung der patentgeschützte Gebrauch mit hinreichender Sicherheit zu erwarten ist. In diesem Sinne kann die Gebrauchsanleitung der Versendung der Sache im Einzelfall auch vorausgehen oder ihr nachfolgen. Notwendig ist freilich immer, dass die in Verkehr gebrachte Sache als solche auf die patentgeschützte Verwendung ausgerichtet wird.

364 **Allgemeine Werbeankündigungen** (wie eine Plakat- oder Internetwerbung), die sich losgelöst vom Vertrieb der konkreten Sache mit der patentierten Verwendung befassen, sind in aller Regel unzureichend, weil – anders als bei einer sinnfälligen Herrichtung der Sache selbst – im Ungewissen bleibt, ob der Empfänger der Sache überhaupt von ihnen Notiz nimmt, und deswegen auch ungewiss bleibt, ob es tatsächlich zu der patentgeschützten Verwendung der Sache kommt.[463] Von der Sache entfernte Werbemaßnahmen können allenfalls die Grundlage für eine mittelbare Verletzung des Verwendungspatents sein.

365 Ist die Sache nicht nur für eine einzige (nämlich die patentgemäße) Verwendung brauchbar und sinnfällig hergerichtet, sondern existieren **weitere, andere Brauchbarkeiten,** auf die in der Bedienungsanleitung oder dergleichen ggf sogar ebenfalls hingewiesen wird, so sind die rechtlichen Folgen unterschiedlich, je nach dem, um welchen aus der Patentverletzung resultierenden Anspruch es sich handelt:

366 – Für den **Unterlassungsanspruch** ergeben sich keine prinzipiellen Besonderheiten. Solange es zB infolge Erwähnung des patentgemäßen Einsatzzweckes in der Gebrauchsanleitung bereits zu der patentgeschützten Verwendung des fraglichen Erzeugnisses gekommen ist (Wiederholungsgefahr) oder solches mindestens für die Zukunft greifbar zu erwarten steht (Erstbegehungsgefahr[464]), ist dem Lieferanten zu untersagen, Gegenstände der betreffenden Art bei ihrem Angebot und Vertrieb dadurch sinnfällig für die patentgemäße Verwendung herzurichten, dass der dem Patent entsprechende Einsatzzweck in der Bedienungsanleitung erwähnt wird. Die Gebrauchsanweisung ist mithin in einer Weise umzuformulieren, dass die patentgemäße Gebrauchsmöglichkeit entfällt, während die anderen konkurrierenden Einsatz-

---

462 BGH, GRUR 2016, 257 – Glasfasern II.
463 OLG Düsseldorf, Urteil v 31.1.2013 – I-2 U 54/11; OLG Düsseldorf, Urteil v 7.8.2014 – I-2 U 8/14 (für den Internetauftritt und dortige Angaben).
464 ... Sie wird sich im Zweifel schon aus der Erwähnung des patentgemäßen Gebrauchs in der der Sache beigegebenen Bedienungsanleitung ergeben.

zwecke aufgelistet bleiben dürfen, ggf. sogar erwähnt bleiben müssen, wenn nur so effektiv einem drohenden patentgemäßen Gebrauch vorgebeugt werden kann. Eröffnet bereits die objektive Brauchbarkeit der Sache allein (dh ohne eine begleitend herrichtende Bedienungsanleitung oder dergleichen) die Erwartung ihrer geschützten Verwendung, so geht der Unterlassungsanspruch dahin, entweder die Sache so umzugestalten, dass der patentgemäße Gebrauch entfällt, die anderen Einsatzzwecke aber erhalten bleiben, oder in einer für den Abnehmer der Sache unübersehbaren Weise darauf hinzuweisen, dass sich die Sache nicht für die patentgeschützte Verwendung eignet oder mit ihm eine – ggf vertragstrafebewehrte – Vereinbarung dahingehend zu treffen, dass er die patentgemäße Verwendung unterlässt. Es gelten ähnliche Regeln, wie sie die Rechtsprechung[465] für Auslandslieferungen entwickelt hat, die absehbar zu einem schutzrechtsverletzenden inländischen Weitervertrieb führen.[466] Welche Maßnahme zu ergreifen ist, hängt von den jeweiligen Umständen des Einzelfalles ab, wobei insbesondere maßgeblich ist, wie groß oder gering die Wahrscheinlichkeit einer patentverletzenden Verwendung ist, welcher Aufwand mit der fraglichen Maßnahme für den Lieferanten verbunden ist, in welchem Umfang durch sie die Verkäuflichkeit des Produktes insgesamt beeinträchtigt wird, welche Gewähr die jeweilige Maßnahme dafür bietet, dass die patentgerechte Verwendung künftig unterbleibt und welches Entdeckungsrisiko bei einer patentverletzenden Verwendung existiert, womit einhergeht, welche faktische Rechtsverfolgungsaussicht hiergegen für den Verletzten besteht.

– Für sämtliche sinnfällig hergerichteten Gegenstände bestehen problemlos auch der **Auskunftsanspruch** nach § 140b PatG sowie der **Rückrufanspruch**, wobei vom Rückruf diejenigen Empfänger ausgenommen werden dürfen, für die (zB wegen der speziellen Ausrichtung ihres Geschäftsbetriebes) nachweislich eine patentfreie Verwendung der gelieferten Sache feststeht. Ein **Vernichtungsanspruch** hinsichtlich der sinnfällig hergerichteten Sache kommt nicht in Betracht, weil bei einem Verwendungspatent kein »patentiertes Erzeugnis« im Sinne von § 140a Abs 1 PatG vorliegt. 367

Komplizierter verhält es sich mit dem **Schadenersatzanspruch**. Da der eigentliche Schutzbereichseingriff bei der tatsächlichen patentgerechten Verwendung der Sache stattfindet, müssen diejenigen Lieferfälle schadenersatzfrei bleiben, die beim Abnehmer nicht zu der patentgemäßen, sondern zu einer patentfreien Verwendung geführt haben. Schadenersatz wegen Schutzrechtsverletzung schuldet derjenige, der sinnfällig hergerichtete Erzeugnisse in Verkehr gebracht hat, deshalb nur für diejenigen Lieferungen, deren Gegenstand beim Abnehmer patentgemäß – und nicht patentfrei – verwendet worden ist. Sofern wenigstens *ein* solcher Gebrauchsfall wahrscheinlich ist, kann die Schadenersatzpflicht des Lieferanten – wie sonst auch – (dem Grunde nach) gerichtlich festgestellt werden. 368

– Die Geltendmachung von **beziffertem Schadenersatz** verlangt demgegenüber konkrete Kenntnisse darüber und substanziellen Prozessvortrag des beweispflichtigen Verletzten dazu, wie die einzelnen Abnehmer der sinnfällig hergerichteten Sachen den Liefergegenstand in ihrem Unternehmen gebraucht haben. Um sich – abgesehen von eigenen Recherchen – die nötigen Informationen zu beschaffen, besteht der **Rechnungslegungsanspruch** (§§ 242, 259 BGB) im Hinblick auf *alle* Abnehmer des Lieferanten, weil der Verletzte nur mit diesem Wissen[467] in der Lage ist auszumachen, wo es im Nachgang zu der Lieferung zu einer schadenersatzbegründenden patentge- 369

---

465 BGH, GRUR 2017, 785 – Abdichtsystem.
466 Vgl dazu oben Rdn 240 ff.
467 ZB kann die allgemeine Ausrichtung des Geschäftsbetriebes beim Abnehmer Rückschlüsse auf die Art und Weise der dortigen Verwendung des Liefergegenstandes geben.

schützten Verwendung gekommen sein kann.[468] Inhaltlich ist der Anspruch desweiteren dahin erweitert, dass der Verletzer Angaben dazu machen muss, für welchen Einsatzzweck jeder einzelne Abnehmer den ihm gelieferten Gegenstand vorgesehen/bestellt hat. Die Pflicht zur Auskunft besteht selbstverständlich nur im Rahmen des beim Lieferanten vorhandenen Wissens, das dieser allerdings, soweit es reicht, nach Treu und Glauben mit dem Verletzten zu teilen hat.

bb) Zweite medizinische Indikation[469]

370 Besteht die Verwendung der Sache in einem therapeutischen[470] Einsatz[471] (zweite oder weitere medizinische Indikation), gelten ganz besondere Regeln. Sie stehen ua damit im Zusammenhang, dass die Praxis des EPA zeitweise keinen Patentschutz zuließ, der die Verwendung des Stoffes zu einem bestimmten medizinischen Zweck zum Inhalt hat.[472] Getragen wurde die besagte Restriktion von der Überlegung, dass ein so formulierter Verwendungsanspruch eine therapeutische Maßnahme beinhalten würde, die kraft Gesetzes (Art 52 Abs 4 EPÜ 1973) vom Patentschutz ausgeschlossen ist. Gebilligt wurde nur eine Anspruchsfassung, wonach die Verwendung des Stoffes der *Herstellung* einer Zusammensetzung für den bestimmten therapeutischen Zweck dient. Diese Rechtslage hat sich mit dem 13.12.2007 grundlegend geändert, weil seither die Gewährung eines zweckgebundenen Stoffschutzes (Wirkstoff X zur Behandlung der Krankheit Y) erlaubt ist (§ 3 Abs 4 PatG, Art 54 Abs 5 EPÜ[473]).

371 Völlig unabhängig von der konkreten Anspruchsformulierung, die für den auf die weitere medizinische Indikation gerichteten Patentschutz gewählt worden ist oder wegen der zur Zeit der Patenterteilung geltenden Rechtslage gewählt werden musste[474], geht die Rechtsprechung des BGH[475] davon aus, dass sich der Patentschutz auf die Eignung des bekannten Wirkstoffs für den bestimmten medizinischen Einsatzzweck und damit letztlich auf eine dem Wirkstoff innewohnende Eigenschaft bezieht. Die vom BGH verordnete Behandlung von Verwendungspatenten alter Prägung als zweckgebundene Stoffschutzpatente neuen Rechts hat zwangsläufigerweise Folgen für den Schutzbereich. Da sämtliche Schutzrechte auf eine weitere medizinische Indikation[476] als (lediglich indikationsbeschränkte) *Sach*patente angesehen werden, gilt für sie gleichermaßen die Vorschrift des § 9 Nr 1 PatG.[477] Zweckgebundene Stoffpatente erlegen jedem Dritten daher das Verbot auf, den geschützten Wirkstoff für den patentgeschützten Zweck (sic: die weitere

---

468 Vgl BGH, GRUR 2017, 785 – Abdichtsystem (zu der hinsichtlich des Schaffens einer Gefährdungslage für den späteren Schutzrechtseingriff vergleichbaren Sachlage, die bei einer Auslandslieferung mit nachfolgendem Weitervertrieb ins Inland gegeben ist).
469 Vgl. umfassend: Zorr, Zweite medizinische Indikation, 2018.
470 Erfasst sind Maßnahmen sowohl am menschlichen wie am tierischen Körper, § 2a Abs 1 Nr 2 PatG.
471 Ist der Patentanspruch dahin gefasst, dass der bestimmte Wirkstoff »zur Herstellung eines Arzneimittels« zur Behandlung einer bestimmten Krankheit verwendet werden soll, beschränkt sich der Schutz im Zweifel nicht auf »Arzneimittel« im zulassungsrechtlichen Sinne (OLG Düsseldorf, Urteil v 7.8.2014 – I-2 U 8/14).
472 EPA-GK, GRUR Int 1985, 193 – Zweite medizinische Indikation.
473 EPA-GK, ABl 2010, 456 – Dosierungsanleitung/ABBOTT RESPIRATORY.
474 Es macht folglich keinen Unterschied, ob der Anspruch auf die Verwendung eines Wirkstoff zur Behandlung einer bestimmten Krankheit oder – noch weiter ausholend – auf die Verwendung eines Wirkstoffs zur Herstellung eines Medikaments zur Therapie einer bestimmten Krankheit (Swiss Type Claim) gerichtet oder als zweckgebundener Stoffschutz neuer Prägung (Wirkstoff X zur Behandlung der Krankheit Y) formuliert ist.
475 BGH, GRUR 2016, 921 – Pemetrexed; BGH, GRUR 2014, 461 – Kollagenese I; BGH, GRUR 2001, 730 – Trigonellin.
476 Dh auch Verwendungspatente und Herstellungsverwendungspatente.
477 OLG Düsseldorf, GRUR 2017, 1107 – Östrogenblocker; vgl dazu Kühne, GRUR 2018, 456 sowie Schäffner, GRUR 2018, 449.

medizinische Indikation) anzubieten und/oder zu vertreiben. Bei dieser Klassifizierung findet die eigentliche Benutzungshandlung nicht mehr bei der schlussendlichen Verwendung der Sache (als verfahrensähnlicher Akt) statt, sondern bei dessen Übermittlung in den Geschäftsverkehr durch Angebot und Vertrieb, die eben nur *für* den patentgeschützten Therapiezweck zu geschehen hat.[478]

(1) Unmittelbare Patentbenutzung

Wegen des durch die Zweckbindung beschränkten Stoffschutzes liegt eine unmittelbare Benutzung des Verwendungspatents nur vor, wenn der angebotenen oder vertriebenen Sache die erforderliche therapeutische Zweckrichtung, auf die der Patentschutz beschränkt ist, eigen ist. 372

– Dies kann zunächst dadurch bewerkstelligt werden, dass die Zusammensetzung vor ihrem Vertrieb eigens **sinnfällig** für den patentgemäßen Einsatzzweck **hergerichtet**, nämlich so aufbereitet wird, dass es mit ihr voraussehbar zu dem geschützten therapeutischen Gebrauch kommt.[479] Solches kann durch eine auf den speziellen Verwendungszweck abgestellte Formulierung, Konfektionierung, Dosierung, Umverpackung oder durch eine der Sache beigegebene Gebrauchsanleitung geschehen, während allgemeine Werbeankündigungen losgelöst von der Zusammensetzung dafür regelmäßig nicht genügen.[480] 373

– Ob aufgrund der dem Produkt beigegebenen Anleitung voraussichtlich eine zweckentsprechende, patentgemäße Verwendung verwirklicht werden wird, richtet sich danach, wie der von dem fraglichen Produkt angesprochene Verkehr den beigegebenen Verwendungshinweis versteht. In Abhängigkeit von den jeweiligen **Vertriebsusancen** kann zB für ein nicht rezeptpflichtiges Präparat auf den **Verständnishorizont** eines Patienten als medizinischen Laien abzustellen sein, der das Mittel in einer Apotheke ohne weitere fachliche Beratung erwirbt.[481] 374

– Ferner ist darauf zu achten, wo die patentgeschützte Verwendung stattfindet. Liegt sie in der Einnahme des Präparates zur Behandlung einer bestimmten Krankheit, ist »**Verwender« der Patient**, weswegen es entscheidend darauf ankommt, wie *ihm* die angegriffene Ausführungsform begegnet. Eine sinnfällige Herrichtung kann daher zwar aus dem Beipackzettel, aber nicht aus (gegenteiligen) Zulassungsunterlagen hergeleitet werden, an denen sich der Patient für den Gebrauch des Präparates überhaupt nicht orientiert. Der verschreibende Arzt gehört nicht zu den Verwendern. Er mag zwar die Zulassungsunterlagen zurate ziehen und infolgedessen einen Gebrauch verordnen, der entgegen dem Inhalt des Beipackzettels in den patentgeschützten Bereich gehört. Um hierauf abstellen zu können, muss dem Pharmaunternehmen das Verhalten des Arztes aber zugerechnet werden können, was noch nicht deshalb möglich ist, weil das Generikaunternehmen – den gesetzlichen Vorschriften folgend – zunächst Bezug auf die umfassende Arzneimittelzulassung des Patentinhabers genommen und mit Rücksicht auf das Verwendungspatent einzelne Verwendungen gestrichen hat. 375

– Abgesehen davon stellt eine Fach- und Gebrauchsinformation, die in der **AMIS-Datenbank** als Anlage zum Zulassungsbescheid für ein Generikum ausgewiesen ist, keinen tauglichen Anknüpfungspunkt für eine sinnfällige Herrichtung des Generi- 376

---

478 OLG Düsseldorf, GRUR 2017, 1107 – Östrogenblocker.
479 OLG Düsseldorf, GRUR 2017, 1107 – Östrogenblocker.
480 OLG Düsseldorf, Urteil v 31.1.2013 – I-2 U 54/11; OLG Düsseldorf, Urteil v 7.8.2014 – I-2 U 8/14.
481 OLG Düsseldorf, Urteil v 7.8.2014 – I-2 U 8/14 (für den Einsatz eines Migränemittels nicht zur Bekämpfung von dessen Ursachen, sondern zur Linderung der Migräneschmerzen).

kums dar.⁴⁸² Aus ihr ergibt sich lediglich, für welche Zwecke das Präparat arzneimittelrechtlich zugelassen ist und deshalb maximal verwendet werden kann. Das besagt noch nichts Zwingendes darüber, ob der behördlich zugelassene Anwendungsbereich auch für den tatsächlichen Vertrieb des Arzneimittels ausgeschöpft werden soll. Schlüsse verbieten sich erst recht, wenn der Zulassungsbegünstigte von der gesetzlichen Möglichkeit Gebrauch gemacht hat, durch Einschränkung der Fachinformation das Anwendungsgebiet des Generikums zu ändern.⁴⁸³ An der fehlenden Herrichtung ändert nichts der Umstand, dass es sich um ein verschreibungspflichtiges Medikament handelt und der Arzt sich für seine Verordnung an der Zulassungsinformation der AMIS-Datenbank orientiert.⁴⁸⁴ Denn das Verhalten des Arztes ist dem Generikahersteller grundsätzlich nicht zuzurechnen.

377 – Es ist keine unabdingbare Voraussetzung, dass die hergerichtete Sache für sich **alle Merkmale erfüllt,** die der zur Verwendung vorgesehene Gegenstand ausweislich des Patentanspruchs aufzuweisen hat. Sollen zB erfindungsgemäß zwei Ausgangsstoffe zur Hervorbringung einer pharmazeutischen Zubereitung verwendet werden, so liegt ein Fall der sinnfälligen Herrichtung vor, wenn der Beklagte nur den einen der beiden Stoffe, diesen jedoch mit der Anleitung vertreibt, unter dessen Verwendung und Hinzunahme des zweiten (anderweitig zu beschaffenden) Stoffes eine pharmazeutische Zubereitung herzustellen. Das gilt jedenfalls dann, wenn die nicht mitgelieferte Zweitkomponente für den Adressaten problemlos zu besorgen ist. Auch unter solchen Umständen schafft die Art und Weise des Vertriebs die Gefahr einer sich anschließenden patentverletzenden Verwendung in einer nicht anderen Qualität als wenn die Zweitkomponente sogleich mit vertrieben worden wäre.

378 – Da nach Auffassung des BGH⁴⁸⁵ im Zentrum des durch ein Verwendungspatent vermittelten Schutzes die objektive Eignung des betreffenden Arzneimittels für die patentgemäße Verwendung steht, ist eine Haftung des Präparatvertreibers – anders als früher – allerdings auch **ohne** eigene **sinnfällige Herrichtungsmaßnahmen** denkbar. Mit Rücksicht auf den nicht allumfassenden, sondern eingeschränkten, nämlich zweckgebundenen Stoffschutz müssen freilich Bedingungen erfüllt sein: Erstens muss das Produkt für den patentgemäßen Zweck tauglich sein und Zweitens muss sich der Vertreiber Umstände zunutze machen, die in ähnlicher Weise wie eine sinnfällige Herrichtung dafür sorgen, dass es mit dem Präparat zu dem zweckgebundenen therapeutischen Gebrauch kommt. Letzteres verlangt einen hinreichenden, nicht bloß vereinzelten Verwendungsumfang nach Maßgabe des Klagepatents sowie ein dahingehendes Wissen oder zumindest ein treuwidriges Verschließen des Lieferanten vor der diesbezüglichen Kenntnisnahme.⁴⁸⁶ Wo die äußeren Rahmenbedingungen für das Angebot und den Vertrieb eines Erzeugnisses bereits auf dessen patentgeschützten Therapieeinsatz hinauslaufen, erübrigt sich eine gesonderte Herrichtung durch den Lieferanten, weshalb in ihr auch nicht der entscheidende Haftungsgesichtspunkt gesehen werden kann.⁴⁸⁷

379 In der Praxis können die besagten Anforderungen vor allem beim sog **cross-label-use**⁴⁸⁸ gegeben sein, der sich dadurch auszeichnet, dass ein Arzneimittel zwar

---

482 LG Düsseldorf, Urteil v 14.3.2013 – 4a O 145/12.
483 LG Düsseldorf, Urteil v 14.3.2013 – 4a O 145/12.
484 LG Düsseldorf, Urteil v 14.3.2013 – 4a O 145/12.
485 BGH, GRUR 2016, 921 – Pemetrexed.
486 OLG Düsseldorf, GRUR 2017, 1107 – Östrogenblocker.
487 OLG Düsseldorf, GRUR 2017, 1107 – Östrogenblocker.
488 Ausführlich zur Haftung des Generikaunternehmens bzw des verordnenden Arztes in Fällen eines »Cross-Label-Use«: Hufnagel, GRUR 2014, 123; Schäffner, GRUR 2018, 449. Mit Fragen einer Haftung der gesetzlichen Krankenkasse und ihres Spitzenverbandes, der IFA, der Datenbankbetreiber und der Softwareanbieter befasst sich Schäffner, GRUR 2018, 449.

erklärtermaßen für die patentfreie Indikation vertrieben wird[489], der Gebrauch in nennenswertem Umfang tatsächlich jedoch, meist aufgrund entsprechender ärztlicher Verordnung[490], in der patentgeschützten Indikation erfolgt.[491] Wenn dem Generikaunternehmen die ihm günstige Verschreibungspraxis geläufig ist oder jedenfalls hätte bekannt sein müssen und es diese Praxis durch Belieferung seiner Großhändler dennoch für sich ausnutzt, ist es angemessen, den Generikahersteller dafür in die patentrechtliche Pflicht zu nehmen.

In beiden vorerörterten Haftungskonstellationen versteht es sich von selbst, dass das **gerichtliche Verbot** gegen den Lieferanten des patentgemäß verwendeten Präparates nicht »schlechthin« erfolgen kann, sondern diejenigen Tatsachen einzubeziehen hat, die für den dem Patent entsprechenden therapeutischen Einsatz des angegriffenen Erzeugnisses verantwortlich sind. 380

– In den Herrichtungsfällen hat der Urteilsausspruch infolgedessen diejenigen Maßnahmen zu bezeichnen, die die sinnfällige Aufbereitung des Präparates für den patentgemäßen Therapiezweck ergeben; sie sind fortan zu unterlassen. Besteht die hinreichend sichere Erwartung, dass es auch nach Eliminierung der in der Vergangenheit erfolgten Herrichtung zu haftungsbegründenden patentgemäßen Verwendungen kommen wird, können darüber hinaus weitere dem entgegenwirkende Auflagen angebracht sein, wie sie nachfolgend besprochen werden. 381

– Findet die patentgemäße Verwendung des Arzneimittels (wie beim cross-label-use) unabhängig von bzw gegen für den patentfreien Therapieeinsatz getroffene Herrichtungsmaßnahmen statt, können dem Präparatvertreiber Handlungen aufgegeben werden, die einer Verwendung im Sinne der patentgeschützten Indikation entgegenwirken. Die zu Gebote stehenden Möglichkeiten sind freilich begrenzt. Das Generikaunternehmen kann dem Arzt weder selbst noch über seinen Großhändler Anweisungen für seine künftige Verschreibungspraxis erteilen. Das gilt schon deshalb, weil keiner von beiden zu dem verordnenden Arzt in irgendeiner Vertragsbeziehung (oder auch nur in irgendeinem Kontakt) steht. Geschäftliche Beziehungen existieren ausschließlich zwischen dem Generikahersteller, seinem Großhändler und den von ihm belieferten Apotheken. In Anbetracht dessen kommen allenfalls (über die bloße Nichterwähnung der patentgemäßen Indikation hinausgehende) aktiv abwehrende Herrichtungsmaßnahmen infrage wie der deutlich platzierte, gestaltete und formulierte *Gefahren*hinweis darauf, dass das Präparat keinesfalls zu der im Patent vorgesehenen Therapie eingesetzt werden darf (»nicht anwenden bei …«). 382

(2) Mittelbare Patentbenutzung

Aus den bisherigen Ausführungen erschließt sich sogleich, in welchen Fällen von einer mittelbaren Benutzung des zweckgebundenen Stoffschutzpatents auszugehen sein kann. Denn was (noch) als unmittelbare Patentbenutzung anzusehen ist, kann keine bloß mittelbare Patentbenutzung sein, die sich definitionsgemäß gerade im Vorfeld der unmittelbaren Benutzung und diese vorbereitend abspielt. 383

Entsprechend der obigen Zweiteilung in Fälle unmittelbarer Patentverletzung *durch* eigene sinnfällige Herrichtung der Sache und *ohne* diese, ergeben sich für die mittelbare Verletzung folgende mögliche Haftungstatbestände: 384

---

489 … für die der Lieferant ggf auch allein eine Vertriebserlaubnis besitzt.
490 … die der Inhaber des Patents auf die zweite medizinische Indikation durch entsprechende Werbemaßnahmen ggf selbst initiiert hat.
491 OLG Düsseldorf, GRUR 2017, 1107 – Östrogenblocker.

385 – Haupttat – Angebot/Vertrieb einer sinnfällig hergerichteten Sache: Anbieten/Liefern einer neutralen Sache, die hergerichtet und anschließend weitervertrieben werden soll; Angebot/Vertrieb von Komponenten, aus denen der patentgeschützte Wirkstoff hergestellt und dieser anschließend patentgemäß eingesetzt werden soll[492].

386 – Haupttat – Angebot/Vertrieb einer nicht sinnfällig hergerichteten Sache: Anbieten/Liefern einer neutralen Wirkstoffkomponente, aus der das patentierte Erzeugnis gefertigt werden soll, wenn dessen indikationsgerechte therapeutische Verwendung zu erwarten ist.

387 **Keine** Haftung wegen mittelbarer Verletzung besteht beim Angebot/bei der Lieferung einer neutralen Sache an einen Abnehmer, der einen patentfreien Einsatzzweck (zB erste medizinische Indikation) verfolgt.

(3) Spezial: Rabattverträge zur Kostendämpfung

388 Ganz spezielle Fragen stellen sich bei der Lieferung von Generika aufgrund eines **Rabattvertrages nach § 130a Abs 8 SGB V**, der zum Zwecke der Kostendämpfung im Gesundheitswesen zwischen den Krankenkassen und den Arzneimittelherstellern geschlossen ist und den Apotheker verpflichtet, unter bestimmten Voraussetzungen statt des Originalpräparates das rabattierte Generikum abzugeben.[493]

389 ▶ Bsp: (LG Hamburg, BeckRS 2015, 08240)

I.

Der dem Klagepatent zugrunde liegende Wirkstoff X ist für die Behandlung von Epilepsie und Angstzuständen gebräuchlich. Das Klagepatent – ein Verwendungspatent – schützt seinen Gebrauch (zweite medizinische Indikation) zur Therapie von neuropathischen Schmerzen.

Die Beklagte vertreibt ein Arzneimittel mit dem besagten Wirkstoff, allerdings beschränkt auf die – auch allein von ihrer behördlichen Vertriebserlaubnis gedeckten – Indikationen Epilepsie und Angststörungen. Sie ist, ohne hierauf hinzuweisen, einem Rabattvertrag (§ 130a Abs 8 SGB V) zu dem Wirkstoff X beigetreten, der keine Indikationsbeschränkung auf Epilepsie und Angstzuständen enthält. Derartige Rabattverträge werden zur Kostendämpfung zwischen den Krankenkassen und den Arzneimittelherstellern abgeschlossen. Sie verpflichten den Apotheker dann, wenn der Arzt ein Arzneimittel nur unter seiner Wirkstoffbezeichnung verordnet oder die Ersetzung des Arzneimittels durch ein wirkstoffgleiches Präparat nicht ausgeschlossen hat, das rabattierte (= preisgünstigste) Arzneimittel (bei dem es sich typischerweise um ein Generikum handelt) abzugeben (§ 129 Abs 1 SGB V). Das gilt auch für eine nicht zugelassene Indikation (hier: Behandlung neuropathischer Schmerzen), weil die Übereinstimmung zum verordneten Präparat in *einer* der Zulassungsindikationen (hier: Epilepsie, Angststörungen) ausreicht. Da für den Apotheker der Grund der ärztlichen Verordnung und damit die bei dem betreffenden Patienten in Rede stehende Indikation nicht ersichtlich ist, kommt es zwangsläufig dazu, dass das rabattierte Generikum der Beklagten anstelle des Originalpräparates des Patentinhabers in Fällen der Wirkstoffverordnung und der »aut idem«-Verordnung auch an solche Patienten abgegeben wird, die unter neuropathischen Schmerzen leiden.

---

492 BGH, GRUR 2016, 921 – Pemetrexed.
493 Schumacher/Wehler, FS 80 Jahre Patentgerichtsbarkeit Düsseldorf, 2016, S 513; von Falck/Gundt, FS 80 Jahre Patentgerichtsbarkeit Düsseldorf, 2016, S 113.

II.

Das LG Hamburg sieht in dem Beitritt der Beklagten zum Rabattvertrag für den Wirkstoff X eine mittelbare Verletzung des auf die Verwendung des Wirkstoffs zur Behandlung neuropathischer Schmerzen gerichteten Klagepatents. Für die sinnfällige Herrichtung des Wirkstoffs genüge die bloße Existenz des Arzneimittels, welches ohne weitere Maßnahmen für die geschützte Indikation gebrauchsfähig sei. Der Beitritt zur Rabattvereinbarung stelle das Angebot eines wesentlichen Erfindungsmittels dar, nämlich desjenigen Erzeugnisses, mit dem sich die patentierte Verwendung durchführen lasse. Letzteres begründe zugleich die objektive Eignung zur unmittelbaren Patentbenutzung durch den – auch subjektiv vorhersehbaren – Gebrauch des Präparates zur Schmerztherapie.

Kritik: Dem Ergebnis ist zuzustimmen, der Begründung nicht. 390

1. Würde es zutreffen, dass die Herstellung des Präparates, weil sich dieses ohne weitere Maßnahmen auch für die geschützte Verwendung (Behandlung neuropathischer Schmerzen) eignet, bereits zu einer sinnfälligen Herrichtung für den patentierten Gebrauch führt, so läge als Folge der mit der Rabattabrede verbundenen Lieferzusage für eben solche Erzeugnisse eine *unmittelbare* Patentverletzung (Angebot sinnfällig hergerichteter Gegenstände) vor. Tatsächlich führt die bloße Existenz einer Sache, die sich aufgrund ihrer Konstitution gleichermaßen für ganz verschiedene Indikationen eignet und verwenden lässt, aber noch keine sinnfällige Herrichtung herbei.[494]

2. Das patentrechtlich relevante Geschehen besteht darin, dass die Beklagte ein nicht sinnfällig hergerichtetes Arzneimittel dadurch der patentgeschützten Verwendung (Schmerzbehandlung) durch den Patienten zuführt, dass sie durch ihre Teilnahme am Rabattvertrag – in Fällen der Wirkstoffverordnung oder der »aut idem«-Verordnung – eine Apothekenabgabe ihres rabattierten Präparates anstelle des hochpreisigen Originalarzneimittels bewirkt oder ermöglicht und damit in Bezug auf solche Patienten, die zufällig unter neuropathischen Schmerzen leiden, entschieden ist, dass es in ihrer Person zu der patentgemäßen Verwendung kommt.

Zutreffend bewertet, erfüllt dieser Sachverhalt die Voraussetzungen einer unmittelbaren Patentverletzung, wobei zwei Begründungslinien denkbar sind.

Zunächst ließe sich argumentieren, dass das Generikaunternehmen ein sinnfällig auf die geschützte Verwendung hergerichtetes Arzneimittels in mittelbarer Täterschaft anbietet. Den ersten Teilakt (Bereitstellen des Wirkstoffpräparates) erledigt die Beklagte selbst; die sich aufgrund der Rabattabsprache vollziehende Abgabe an einen Schmerzpatienten durch den Apotheker, der dadurch – ähnlich einer Gebrauchsanleitung – die sinnfällige Herrichtung des Präparates für die geschützte Verwendung übernimmt, lässt sie aufgrund überlegenen Wissens in mittelbarer Täterschaft ausführen.

Anknüpfend an den Charakter des Verwendungspatents als zweckgebundenes Sachpatent kommt alternativ in Betracht, dass das unter Geltung des Rabattvertrages stattfindende Arzneimittelangebot der Beklagten die Voraussetzungen einer unmittelbaren Patentverletzung schon deshalb erfüllt, weil nach den gegebenen äußeren Umständen (sic: der gesetzlichen Abgabepflicht des Apothekers bei einer bloßen Wirkstoff- oder aut-idem-Verordnung), die sich die Beklagte zunutze macht, hinreichend sicher feststeht, dass es zumindest in einzelnen Fällen zu einem patentgemäßen Einsatz des Generikums zur Schmerztherapie kommt.

---

494 Vgl oben Kap A Rdn 361.

cc) Verbotsumfang

391 Gestützt auf ein Verwendungspatent kann **dagegen vorgegangen werden**, dass ein Dritter

392 – die Sache im Inland gewerblich sinnfällig zu der geschützten Verwendung herrichtet,

393 – einen derart – im In- oder Ausland – hergerichteten Gegenstand im Inland anbietet, in Verkehr bringt, gebraucht oder zu den genannten Zwecken einführt oder besitzt[495], im Klageantrag/Tenor ist die sinnfällig hergerichtete Sache zu bezeichnen, was – wenn die Herrichtung erst hierdurch geschieht – die Erwähnung einer Gebrauchsanleitung oder dergleichen verlangt;

394 – die patentgeschützte Verwendung im Inland unternimmt.

395 **Nicht** vom Verwendungsschutz **umfasst** ist demgegenüber

396 – die bloße Herstellung des Gegenstandes ohne dessen sinnfällige Herrichtung[496] sowie

397 – die sinnfällige Herrichtung für eine nach den gesamten objektiven Umständen im Ausland geplante Verwendung.[497]

398 – Das ist eindeutig, wenn im Ausland kein Verwendungspatentschutz besteht, gilt aber genauso, wenn ein paralleles Patent existiert. Die inländische sinnfällige Herrichtung für eine anschließende patentgeschützte Verwendung im Ausland stellt aus folgenden Erwägungen heraus keine inländische Schutzrechtsverletzung dar. Die Rechtsprechung zur sinnfälligen Herrichtung schafft für Verwendungspatente einen Vorfeldschutz, der aus zwei Gründen für sachgerecht gehalten wird. Zum einen, weil die Verwendung oft im bloß privaten Bereich und damit vollständig außerhalb des Patentrechts stattfindet; zum anderen, weil selbst da, wo gewerbliches Handeln vorliegt, ein erst verhältnismäßig später Eingriff des Patentinhabers – eben gegen die schlussendliche Verwendung – möglich ist. Um die Position des Patentinhabers zu verbessern, soll er schon vor der patentierten Verwendung seine Monopolrechte ausüben können, nämlich gegen solche Handlungen, die der Verwendung zwar vorgelagert, die aber dergestalt sind, dass sie eine patentgeschützte Verwendung »auf den Weg bringen« und »initiieren«, indem sie die zu verwendende Sache für eben den patentgeschützten Gebrauch sinnfällig herrichten. Mit Rücksicht auf den inneren Zusammenhang zwischen Herrichtung einerseits und Verwendung andererseits kann die sinnfällige Herrichtung einer Sache nur dort schutzrechtsrelevant sein, wo ihr eine das Schutzrecht verletzende Verwendung nachfolgt bzw nach dem gewöhnlichen Lauf der Dinge zumindest nachfolgen kann. Wegen der Territorialität der Schutzrechte ist es nicht erlaubt, über die Schutzrechte hinweg zu argumentieren und ausreichen zu lassen, dass die sinnfällige Herrichtung letztlich auch zu einer patentgeschützten Verwendung führt, bloß zu der eines anderen, nämlich inhaltsgleichen ausländischen Schutzrechts.

---

495 Speziell zu arzneimittelrechtlichen Verwendungspatenten und deren Verletzung vgl Bopp, FS Reimann, 2009, S 13.
496 Im Grunde genommen ist – ungeachtet der BGH-Rechtsprechung (BGHZ 88, 209, 217 –Hydropyridin) – schon fraglich, ob ein vorverlagerter Schutz bereits für das sinnfällige Herrichten anzuerkennen ist. Da das Anbieten/Inverkehrbringen für die patentgemäße Verwendung hergerichteter Produkte im Vorfeld der eigentlichen Verwendung liegt, die streng genommen allein unter Patentschutz steht, gibt es für eine noch weitere Erstreckung des Patentschutzes auf die Herstellungsebene an sich keinen triftigen Grund.
497 AA: Benkard, § 9 Rn 50; Busse, § 9 Rn 140.

– Das gilt auch für Verwendungsansprüche im **Arzneimittelbereich**, die nach der   399
BGH-Rechtsprechung – unabhängig von ihrer Anspruchsformulierung – einheitlich
als zweckgebundene Stoffansprüche verstanden werden. Zwar gilt für sie wegen der
genannten Charakterisierung im Ausgangspunkt § 9 Nr 1 PatG, der auch ein Herstellungsverbot beinhaltet, und sind die einzelnen Benutzungsarten rechtlich selbstständig und unabhängig voneinander zu betrachten. Auch für die Alternative des Herstellens muss aber die patentbegründende Zweckbindung gegeben sein, weil der eben
nur zweckgerichtet gewährte Stoffschutz ansonsten wie ein absoluter Sachschutz
behandelt würde, der er nun einmal nicht ist. Diese Zweckbindung hat ganz eindeutig
auch eine geographische Komponente, die im therapeutischen Einsatz des Wirkstoffs
in Deutschland als dem Schutzstaat des zweckgebundenen Patents besteht. Wo er
nicht gegeben ist, kann es deswegen auch keinen Herstellungsschutz geben. Denn
dass die Produktion des Wirkstoffs oder Arzneimittels im Inland stattfindet, erfüllt
zwar den Herstellungstatbestand, aber nicht die geforderte Zweckbindung, die den
Herstellungsakt begleiten muss.[498]

Ist der Verwendungsanspruch **aus** einem ursprünglich erteilten **Sachanspruch hervorge-**   400
gangen, so darf der Patentschutz durch den Wechsel der Anspruchskategorie (zB beim
sinnfälligen Herrichten oder bei der mittelbaren Verletzung) nicht auf Handlungsformen
ausgedehnt werden, gegen die mit dem Sachanspruch nicht hätte vorgegangen werden
können. Notfalls ist deshalb der Schutz im Verletzungsprozess entsprechend zurückzuführen.[499]

Wird im Anschluss an ein absolutes Wirkstoff-Grundpatent ein **ergänzendes Schutzzer-**   401
tifikat erteilt, ist dessen Schutz zwar reduziert, nämlich auf diejenige Erfindungsvariante
beschränkt, die Gegenstand der arzneimittelrechtlichen Zulassung ist. Dieses Faktum
macht den Zertifikatsschutz allerdings noch nicht zu einem bloß zweckgebundenen
Stoffschutz mit den gerade erörterten Konsequenzen. Vielmehr bewirkt das Schutzzertifikat eine – freilich bloß ausschnittsweise – zeitliche Verlängerung des Grundpatentschutzes, was bedingt, dass die dem Grundpatent eigene Kategorie des absoluten Stoffschutz auch beim ergänzenden Schutzzertifikat erhalten bleibt.

8. Mittelbare Patentverletzung[500]

Durch § 10 PatG wird die mittelbare Patentverletzung neben die Benutzungsarten des   402
§ 9 PatG gestellt. Sie soll dem Schutzrechtsinhaber von zB Verfahrens-, Verwendungs-
und Kombinationspatenten die Durchsetzung seiner Rechte durch die Möglichkeit
erleichtern, bereits im Vorfeld einer drohenden unmittelbaren Verletzung aktiv werden,
zB gegen einen Lieferanten vorgehen zu können, statt eine Vielzahl von nachgeschalteten
Unternehmen als unmittelbare Verletzer angreifen zu müssen. Der Tatbestand der mittelbaren Patentverletzung ist bewusst nicht als Teilnahmedelikt angelegt, sondern als reiner
Gefährdungstatbestand konzipiert, was zur Folge hat, dass die Haftung wegen mittelbarer Verletzung nicht voraussetzt, dass es bereits zu einer unmittelbaren Patentbenutzung
gekommen ist, sondern vielmehr ausreicht, dass derartiges nach den gesamten Umständen objektiv möglich und subjektiv zu erwarten ist.

---

498 AA: Benkard, § 9 Rn 50; Busse, § 9 Rn 140.
499 BGH, Mitt 2012, 119 – Notablaufvorrichtung.
500 Umfassend: Rauh, Die mittelbare Patentverletzung, 2009 (rechtsvergleichende Betrachtung Dt, USA, Japan); Nieder, GRUR 2006, 977; Giebe, FS Schilling, 2007, S 143; Scharen, GRUR 2008, 944; zur Rechtslage im Ausland: Langfinger, VPP-Rundbrief 2009, 104.

403 Die gesetzliche Differenzierung zwischen mittelbarer und unmittelbarer Patentverletzung, die sich auch in den unterschiedlichen Haftungsfolgen[501] beider Benutzungskategorien niederschlägt, darf nicht dadurch eingeebnet werden, dass die Lieferung eines Mittels iSv § 10 PatG dann, wenn es unter seiner Verwendung zu einer unmittelbaren Patentverletzung kommt, als **fahrlässige Nebentäterschaft** in Bezug auf die unmittelbare Verletzung beurteilt wird. Umgekehrt gilt, dass eine Benutzungshandlung, die sich unter die Kategorie der unmittelbaren Schutzrechtsverletzung fassen lässt, nicht mehr als mittelbare Verletzung sanktioniert werden kann. Selbst wenn – theoretisch betrachtet – eine Anspruchskonkurrenz in Betracht kommen sollte, gehen die mit einer (als Täter oder Teilnehmer) begangenen unmittelbaren Patentverletzung verbundenen Rechtsfolgen in jeder Hinsicht weiter als die mit einer mittelbaren Verletzung verknüpfte Haftung reicht, weswegen die zusätzliche Bejahung einer mittelbaren Verletzung von bloß akademischem Wert wäre.

a) Typische Anwendungsfälle

404 Klassische Beispiele für Tatbestände einer mittelbaren Patentverletzung sind die Folgenden:

405 – Angebot und Lieferung einer Vorrichtung, mit der ein patentgeschütztes Verfahren ausgeübt werden kann[502];

406 – Angebot und Lieferung eines Vorrichtungsteils, welches mit weiteren Vorrichtungsteilen zu der patentgeschützten Gesamtkombination zusammengefügt werden kann;

407 – Angebot und Lieferung einer Maschine, mit der ein patentgeschützter Gegenstand hergestellt werden kann.

408 Die beiden ersten Fallgruppen bedürfen vorab näherer Betrachtung im Hinblick darauf, ob nicht möglicherweise eine sogar **unmittelbare** Patentbenutzung vorliegt. Sie ist deshalb von Interesse, weil bestimmte Ansprüche (zB auf Vernichtung, Rückruf, Entschädigung) überhaupt nur in Fällen unmittelbarer Patentverletzung zum Zuge kommen und andere Ansprüche (zB auf Schadenersatz) bei Vorliegen einer nur mittelbaren Patentverletzung Restriktionen unterliegen. Darüber hinaus ist der Umfang der anspruchsbegründenden Handlungsalternativen deutlich unterschiedlich.

409 – Wird die zur patentgemäßen Verfahrensführung geeignete Vorrichtung vom Anbietenden in Betrieb genommen, zB zur **Funktionsprüfung** vor der Auslieferung an den Kunden oder um sie während einer Messe vorzuführen oder nach der Lieferung zur **Schulung** des dortigen Personals, kommt zusätzlich zur mittelbaren auch eine unmittelbare Patentverletzung durch eigenhändiges Anwenden des Verfahrens in Betracht. Zu beachten ist insoweit lediglich, ob auch für die Verfahrensanwendung ein Gerichtsstand am Ort des angerufenen Gerichts gegeben ist. Das muss nicht so sein. Wird die Vorrichtung im Internet angeboten, ist bzgl. der mittelbaren Verletzung des Sachanspruchs ein bundesweiter Gerichtsstand eröffnet, während sich der Gerichtsstand der Verfahrensanwendung, die lediglich am Geschäftssitz der Herstellungsstätte zur Qualitätskontrolle stattfindet, auf den Ort der Fertigung und Inbetriebnahme beschränkt.

---

501 Der mittelbare Verletzer haftet zB nicht auf Entschädigung und Vernichtung.
502 BGH, GRUR 2007, 773 – Rohrschweißverfahren; BGH, GRUR 2015, 467 – Audiosignalcodierung. Die erforderliche Eignung, mit einem wesentlichen Element der Erfindung zusammenzuwirken, besitzt die Vorrichtung nur dann, wenn sie zu dem Ergebnis des patentgeschützten Verfahrens einen funktionell relevanten Beitrag leistet, woran es fehlt, wenn die Vorrichtung bloß passives Objekt der Verfahrensführung ist (LG Mannheim, InstGE 12, 70 – Handover).

– In seiner Rechtsprechung zum PatG 1968 hat der BGH[503] bei einem **Kombinations-** **410**
patent eine unmittelbare – statt einer nur mittelbaren – Patentverletzung für möglich
gehalten, wenn das angebotene oder gelieferte Teil bereits alle wesentlichen Merkmale
des geschützten Erfindungsgedankens aufweist und es zu seiner Vollendung allenfalls
noch der Hinzufügung selbstverständlicher, für den Erfindungsgedanken nebensäch-
licher Zutaten bedarf. Wesentlich ist, dass die besagte Rechtsprechung nur für solche
fehlenden Zutaten anwendbar war, die für die im Patent unter Schutz gestellte technische Lehre (!) unbedeutend waren, weil sich in ihnen die eigentliche Erfindung nicht
verkörpert hat.

Ob diese Sichtweise für das neue Recht beibehalten werden kann, ist noch weitge- **411**
hend ungeklärt. Zu bedenken ist zunächst, dass das Patentgesetz 1981 ausdrücklich
zwischen der (in § 9 PatG geregelten) unmittelbaren und der (in § 10 PatG normierten) mittelbaren Patentverletzung unterscheidet, wobei § 14 PatG und Art 69 EPÜ
den Schutzbereich strikt an die Patentansprüche (mit der *Gesamtheit* seiner Merkmale) knüpfen. Wer nicht alle Anspruchsmerkmale verwirklicht, kann grundsätzlich
nur wegen mittelbarer Patentverletzung – unter den hierfür aufgestellten besonderen
Tatbestandsvoraussetzungen des § 10 PatG – haftbar sein. Hinzu kommt, dass der
BGH[504] den Schutz einer Unterkombination ablehnt und in seiner Rechtsprechung
zur mittelbaren Verletzung[505] betont, dass alles das, was Aufnahme in den Patentanspruch gefunden hat, regelmäßig schon deshalb ein wesentliches Erfindungselement
darstellt. Diese Konsequenz darf nicht dadurch unterlaufen werden, dass trotz Fehlens eines Anspruchsmerkmals auf eine unmittelbare Patentverletzung erkannt wird.

Andererseits läge ein klarer Fall unmittelbarer Verletzung vor, wenn dem Abnehmer **412**
die fehlende Zutat – vorher, gleichzeitig oder hinterher – von einem Dritten geliefert
worden wäre. Unter solchen Umständen läge eine arbeitsteilige (je nach der Willenslage) mit- oder nebentäterschaftliche Verwirklichung aller Anspruchsmerkmale vor,
was zur Feststellung einer durch beide Akteure gemeinsam begangenen unmittelbaren Patentverletzung führen würde. Ist der Belieferte bereits im Besitz der fehlenden
Zutat oder wird er sich diese im Anschluss an die fragliche Lieferung mit Sicherheit
besorgen, um sie mit dem gelieferten Gegenstand zur patentgeschützten Gesamtvorrichtung zu kombinieren, liegt ein wertungsmäßig vergleichbarer Zurechnungssachverhalt vor. Der Handelnde baut bei seiner Lieferung gezielt darauf, dass die fehlende
(»Allerwelts«-)Zutat beim Empfänger entweder bereits vorhanden ist (so dass ihre
abermalige Bereitstellung sinnlos ist) oder aber vom Belieferten problemlos selbst
besorgt werden kann und auch tatsächlich beschafft werden wird, um den gelieferten
Gegenstand seiner bestimmungsgemäßen Verwendung zuzuführen. Der Handelnde
macht sich bei einer solchen Sachlage mit seiner Lieferung die Vor- oder Nacharbeit
seines Abnehmers bewusst zu eigen, was es rechtfertigt, ihm diese Vor- oder Nacharbeit so zuzurechnen, als hätte er die Zutat selbst mitgeliefert.[506] Das gleiche gilt erst
Recht, wenn ein letzter Herstellungsakt zwar vom Abnehmer vollzogen, er dabei
aber als »Werkzeug« von dem Liefernden gesteuert wird, indem dieser ihm zB entsprechende Handlungsanweisungen und Hilfsmittel an die Hand gibt, die ohne die
nachfolgende Zutat sinnlos wären.[507] Die skizzierte Argumentation versagt, wenn die
gelieferten Teile auch in nicht patentverletzender Weise verwendet werden können

---

503 BGHZ 82, 254, 256 = BGH, GRUR 1971, 78 – Dia-Rähmchen V.
504 BGH, GRUR 1999, 977, 981 – Räumschild.
505 BGH, GRUR 2004, 758 – Flügelradzähler.
506 OLG Düsseldorf, InstGE 13, 78 – Lungenfunktionsmessgerät; ebenso: OLG Düsseldorf, GRUR-RR 2016, 97 – Primäre Verschlüsselungslogik.
507 OLG Düsseldorf, Urteil v 24.2.2011 – I-2 U 102/09; OLG Düsseldorf, GRUR-RR 2016, 97 – Pri-
märe Verschlüsselungslogik.

und für einen solchen nicht zur Anspruchsverwirklichung führenden Gebrauch eine nicht nur rein theoretische, sondern praktisch realistische Wahrscheinlichkeit besteht.

b) Voraussetzungen

413 Nach § 10 PatG ist es Dritten verboten, ohne Zustimmung des Patentinhabers in der Bundesrepublik Deutschland anderen als zur Benutzung der patentierten Erfindung berechtigten Personen Mittel, die sich auf ein wesentliches Element der Erfindung beziehen, zur Benutzung der Erfindung in der Bundesrepublik Deutschland anzubieten oder zu liefern, wenn der Dritte weiß oder wenn es aufgrund der Umstände offensichtlich ist, dass diese Mittel dazu geeignet und bestimmt sind, für die Benutzung der Erfindung verwendet zu werden.

414 Die Tatbestandsvoraussetzungen sind teils objektiver und teils subjektiver Natur, wobei subjektive Anforderungen sowohl in Bezug auf den Angebotsempfänger bzw Abnehmer als auch mit Blick auf den Anbietenden bzw Lieferanten bestehen. Schematisch dargestellt ergibt sich folgendes Bild:

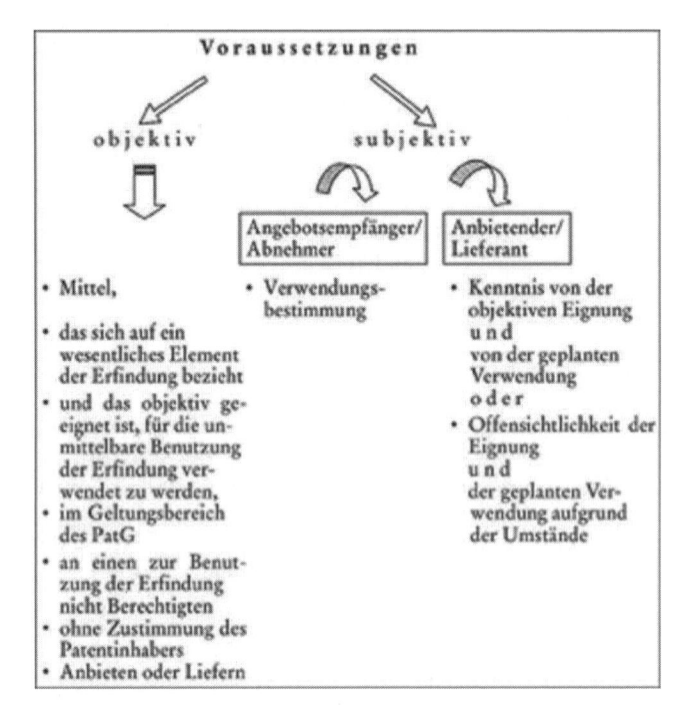

Voraussetzungen

objektiv
- Mittel,
- das sich auf ein wesentliches Element der Erfindung bezieht
- und das objektiv geeignet ist, für die unmittelbare Benutzung der Erfindung verwendet zu werden,
- im Geltungsbereich des PatG
- an einen zur Benutzung der Erfindung nicht Berechtigten
- ohne Zustimmung des Patentinhabers
- Anbieten oder Liefern

subjektiv

Angebotsempfänger/Abnehmer
- Verwendungsbestimmung

Anbietender/Lieferant
- Kenntnis von der objektiven Eignung **und** von der geplanten Verwendung **oder**
- Offensichtlichkeit der Eignung **und** der geplanten Verwendung aufgrund der Umstände

aa) Anbieten und Liefern

415 Untersagt sind jedem Dritten das Anbieten und Liefern bestimmter Mittel. Das Anbieten ist entsprechend dem Benutzungstatbestand in § 9 PatG auszulegen.[508] Liefern setzt die körperliche Übergabe des Mittels voraus, wobei die Person, an die das Mittel übergeben wird, nicht mit derjenigen identisch sein muss, die das Mittel zur Benutzung der Erfindung verwendet.[509] Es reicht, wenn der Angebotsempfänger/Abnehmer das Mittel bestimmungsgemäß an einen Dritten (zB Endabnehmer) weiterliefert, der die Erfindung

---

508 OLG Karlsruhe, GRUR 2014, 59 – MP2-Geräte; vgl auch Benkard, § 10 PatG Rn 12.
509 Vgl Benkard, § 10 PatG Rn 13, mwN.

benutzen soll.[510] Der Angebotsempfänger/Abnehmer muss gegenüber dem mittelbaren Verletzer über eigene Rechtspersönlichkeit verfügen, wobei gesellschaftsrechtliche Verflechtungen belanglos sind. Nur dann handelt es sich um einen »anderen« im Sinne von § 10 PatG. **Patentfrei** sind das Herstellen und der Besitz von Mitteln iSv § 10 PatG.[511] Täterschaft und **Teilnahme** sind nach den allgemeinen Regeln[512] möglich und begründen eine (Mit-)Haftung für die gemeinsam oder von einem Dritten begangenen tatbestandsrelevanten Angebots- und Lieferhandlungen.

bb) Mittel

Angeboten oder geliefert werden müssen Mittel, also Gegenstände, mit denen eine unmittelbare Benutzungshandlung im Sinne des § 9 PatG verwirklicht werden kann. Nach teilweiser Meinung ist notwendig, dass es sich um körperliche Gegenstände handelt[513], wozu auch flüssige oder gasförmige Produkte zählen. Diese Einschränkung ist nicht zu rechtfertigen. Dem Begriff »Mittel« also solchem ist eine Körperlichkeit nicht eigen. Es gibt vielfältige Erfindungen, bei denen einzelne Anspruchsmerkmale mit Hilfe zB einer Software realisiert werden. In solchen Fällen sind es notwendigerweise nicht körperliche Gegenstände, die den Erfindungsgedanken verwirklichen. Aber auch darüber hinaus ist nicht einzusehen, wieso ein nicht körperlicher Gegenstand, wenn er im Zusammenwirken mit anderen Mitteln die Erfindung unmittelbar ausführen kann, nur deshalb nicht als Grundlage für eine mittelbare Benutzungshandlung in Betracht kommen soll, weil er keine Körperlichkeit besitzt. Dementsprechend hat inzwischen auch der BGH[514] anerkannt, dass eine CAM-Software, mit der ein patentgeschütztes Verfahren durchgeführt werden kann, als Mittel iSv § 10 PatG anzusehen ist. **416**

cc) Wesentliches Element der Erfindung[515]

Das Mittel muss sich auf ein wesentliches Element der Erfindung beziehen. Vor der Einführung des § 10 PatG setzte die Rechtsprechung hierfür eine erfindungsfunktionelle Individualisierung des Mittels derart voraus, dass die Mittel durch ihre Ausgestaltung so an den Erfindungsgedanken angepasst worden sind, dass sie sich von anderen vergleichbaren Erzeugnissen unterscheiden und infolge ihrer Ausgestaltung in eine unmittelbare Beziehung zu dem Erfindungsgedanken treten können.[516] § 10 PatG sieht eine solche Einschränkung nicht vor. Die Vorschrift knüpft nicht an eine Anpassung des Mittels an, sondern an dessen Beziehung zu der Erfindung. Dies ergibt sich auch aus § 10 Abs 2 PatG, der allgemein im Handel erhältliche Mittel nicht schlechterdings aus dem Anwendungsbereich des § 10 PatG ausschließt. Die Rechtsprechung zum alten deutschen Patentrecht kann daher nicht ohne weiteres herangezogen werden.[517] **417**

Ein Mittel bezieht sich auf ein **Element** der Erfindung, wenn es geeignet ist, mit einem solchen bei der Verwirklichung des geschützten Erfindungsgedankens funktional zusammenzuwirken.[518] Ausgeschlossen sind damit solche Mittel, die zwar (wie Energie) bei – im Sinne von »gelegentlich« – der Benutzung der Erfindung verwendet werden können, jedoch zur Verwirklichung der technischen Lehre (dh zu der erfindungsgemäßen Lösung **418**

---

510 OLG Karlsruhe, GRUR 2014, 59 – MP2-Geräte.
511 BGH, GRUR 2006, 570 – extracoronales Geschiebe.
512 Vgl unten Kap D Rdn 176.
513 BGH, GRUR 2001, 228 – Luftheizgerät.
514 BGH, GRUR 2013, 713 – Fräsverfahren.
515 Schmid-Dreyer/Waitzhofer, Mitt 2015, 101.
516 BGH, GRUR 1982, 165 – Rigg.
517 BGH, GRUR 2004, 758 – Flügelradzähler.
518 BGH, GRUR 2004, 758 – Flügelradzähler; BGH, GRUR 2005, 848 – Antriebsscheibenaufzug; BGH, GRUR 2006, 570 – extracoronales Geschiebe.

des dem Patent zugrunde liegenden Problems) nichts oder praktisch nichts[519] beitragen.[520] Solches ist der Fall, wenn die fragliche Vorrichtung lediglich den (austauschbaren) Gegenstand darstellt, an dem sich die Verwirklichung des Erfindungsgedankens vollzieht.[521]

419 ▶ **Bsp:**

> In Erwägung gezogen worden ist dies anfänglich bei einer Erfindung, die sich mit der Fortbildung einer bestimmten Funktion einer als solchen bekannten Vorrichtung befasst, und zwar für Merkmale im Patentanspruch, die eine andere, von der Erfindung nicht betroffene Funktion der Vorrichtung zum Gegenstand haben.[522] In der Folge hat der BGH die besagte Argumentation jedoch deutlich ausgeweitet und auch auf DVD mit kodierten Videodaten angewendet, die in Bezug auf ein patentgeschütztes Dekodierungsverfahren deshalb kein »Mittel, das sich auf ein wesentliches Element der Erfindung bezieht«, sein soll, weil die DVD selbst keinen Beitrag zur geschützten Datendekodierung leiste, sondern allein das Objekt repräsentiere, an dem sich die Dekodierung vollzieht.[523] In der logischen Konsequenz dieser Sichtweise müsste eine Anwendung des § 10 PatG auch dort versagt werden, wo das fragliche Mittel (zB ein Handy) bloß den Zugang (zB zu einem Internetdienst) verschafft, mit dessen Hilfe das patentgeschützte (zB Datenübertragungs-)Verfahren ohne Beteiligung des Mittels ausgeführt wird.

420 Unzureichend ist ferner, wenn das Mittel lediglich für die Ausführung von Schritten notwendig ist, die den patentgemäßen Verfahrensschritten vorgelagert sind. Das gilt selbst dann, wenn die besagte Vorarbeit unverzichtbar für die Durchführung des patentgeschützten Verfahrens ist und das Mittel aufgrund seiner konkreten Ausgestaltung nicht anders als für die besagte Vorarbeit zum geschützten Verfahren gebraucht werden kann.[524]

421 **Wesentlich** ist ein Element der Erfindung regelmäßig bereits dann, wenn es Bestandteil des Patentanspruchs ist.[525] Hierbei kommt es nicht darauf an, ob das fragliche Mittel (lediglich) im Oberbegriff des Patentanspruchs aufscheint oder ob es im kennzeichnenden Teil des Patentanspruchs erwähnt ist und somit den Erfindungsgegenstand vom Stand der Technik unterscheidet.[526] Ebenso genügt es, wenn das im Hauptanspruch bloß allgemein erwähnte Mittel in einem rückbezogenen Unteranspruch näher konstruktiv umschrieben wird.[527] Es kann deswegen die Situation eintreten, dass Angebot und Vertrieb eines als solches seit langem gebräuchlichen und gemeinfreien Gegenstandes nachträglich unter die Verbietungsrechte des § 10 PatG fallen, weil der betreffende Gegenstand in ein Kombinationspatent aufgenommen wird. Der bisher uneingeschränkt mögliche Vertrieb kann als Folge dessen nur noch unter Beifügung eines der patentgemä-

---

519 BGH, GRUR 2007, 769 – Pipettensystem.
520 BGH, GRUR 2007, 769 – Pipettensystem.
521 BGH, GRUR 2012, 1230 – MPEG-2-Videosignalcodierung.
522 BGH, GRUR 2007, 769 – Pipettensystem.
523 BGH, GRUR 2012, 1230 – MPEG-2-Videosignalcodierung. Das verkennt, dass die Daten nicht beliebig kodiert sein können, sondern in ganz spezieller Form vorliegen müssen, damit das Dekodierungsverfahren überhaupt in Gang gesetzt werden und ablaufen kann. Die DVD mit den kodierten Daten ist daher gleichsam der Schlüssel, ohne den sich das Schloss der Datendekodierung nicht öffnen lässt.
524 BGH, GRUR 2015, 467 – Audiosignalcodierung.
525 BGH, GRUR 2007, 773 – Rohrschweißverfahren; BGH, GRUR 2015, 467 – Audiosignalcodierung.
526 BGH, GRUR 2004, 758 – Flügelradzähler; BGH, GRUR 2007, 769 – Pipettensystem; BGH, GRUR 2015, 467 – Audiosignalcodierung. Die Rechtsprechung in Europa ist in diesem Punkt nicht einheitlich, anders zB Hoge Raad de Nederlanden v 31.10.2003 in Bijblad Industriele Eigendommen 2004/47 – (Pilvormige) koffiebuiltjes voor de Senseo Crema.
527 OLG Karlsruhe, Urteil v 23.7.2014 – 6 U 89/13.

ßen Kombinationsverwendung entgegenwirkenden es fortgesetzt werden.[528] Dem Anbietenden/Lieferanten einen solchen Hinweis abzuverlangen, ist auch sachgerecht, weil mit der Kombinationserfindung die Verwendungsmöglichkeiten (und damit die Absatzchancen) seines Mittels gesteigert werden und es angesichts dessen ihm als Nutznießer zumutbar ist, durch entsprechende Hinweise Vorsorge dafür zu treffen, dass der Gebrauch seines vorbekannten Mittels auf den (bisher bedienten) gemeinfreien Bereich beschränkt bleibt. Ähnliche Erwägungen gelten, wenn das in Verkehr gebrachte Mittel (zB ein Handy) im Zeitpunkt seines Vertriebs noch keinen Bezug zum Erfindungsgegenstand hat, ihm infolge seiner Inbetriebnahme jedoch von außen (zB durch die Voreinstellung oder einen bestimmten gewählten Betriebsmodus des Handy-Kommunikationsnetzwerks) eine Funktionalität zugewiesen wird, derzufolge das Mittel einen Erfindungsbeitrag leistet.[529] Trotz Erwähnung des Gegenstandes im Anspruch ist die Wesentlichkeit ausnahmsweise zu verneinen, wenn das fragliche Mittel zum erfindungsgemäßen Leistungsergebnis nichts beiträgt.[530]

> **Praxistipp** — Formulierungsbeispiel — 422
>
> Für die praktische Rechtsanwendung folgt daraus: Ist das angebotene oder gelieferte Mittel, das mittelbar patentverletzend sein soll, als solches im Patentanspruch genannt, so handelt es sich in der Regel allein wegen der Aufnahme in den Anspruch des Patents um ein »wesentliches Element der Erfindung«. Mit dieser – einfachen – Überlegung lassen sich in der Praxis die allermeisten Fälle bewältigen. Ein »Mittel, das sich auf ein wesentliches Element der Erfindung bezieht«, muss ein Anspruchsmerkmal des Klagepatents allerdings nicht notwendigerweise selbst verwirklichen. Maßgeblich ist nur, dass es dank seiner Ausgestaltung oder vermöge seiner Eigenschaften in der Lage ist, im Zusammenwirken mit anderen Mitteln die Erfindung unmittelbar auszuführen. Insofern reicht es aus, wenn der Einsatz des »Mittels« (zB einer DVD, die mit in bestimmter Weise codierten Videosignalen versehen ist) dazu führt, dass die patentgeschützte Vorrichtung (zB die Empfangseinrichtung eines DVD-Players zum Decodieren der Videosignale) in Gebrauch genommen wird.[531]

Die mittelbare Patentverletzung spielt auch im Bereich der **Verwendungspatent**e eine 423 Rolle. Der *unmittelbare* Schutz durch das Patent erstreckt sich hier nicht nur auf die eigentliche Verwendung der Sache, sondern erfasst vorverlagert schon das Anbieten oder Liefern einer (beispielsweise durch Gebrauchsanleitungen) sinnfällig hergerichteten, also gerade für die geschützte Verwendung vorbereiteten Vorrichtung.[532] Aus der *zweifachen* Möglichkeit der unmittelbaren Benutzung eines Verwendungspatents folgt eine ebenfalls zweifache Möglichkeit zur mittelbaren Verletzung. Sie kann zunächst im Anbieten oder Liefern der *nicht hergerichteten* Sache zur patentgemäßen Verwendung liegen (anderenfalls lägen die Voraussetzungen einer unmittelbaren Patentbenutzungshandlung vor). Die betreffende Handlung liegt im Vorfeld der Verwendung im eigentlichen Sinne und schafft eine Gefahr, dass es (ohne Herrichtung) zur geschützten Verwendung kommt. Entsprechend dem erweiterten Tatbestand einer unmittelbaren Patentbenutzung durch Anbieten/Liefern einer sinnfällig hergerichteten Sache kann die mittelbare Verletzung

---

528 Zum Bestehen eines positiven Benutzungsrechts aus einem prioritätsälteren Patent für den Gegenstand als solchen vgl unten Kap E Rdn 529 f.
529 Eine weitere Frage ist, ob der fragliche Geschehensablauf für den Anbieter des Mittels hinreichend vorhersehbar ist, um die subjektiven Voraussetzungen einer mittelbaren Patentverletzung zu erfüllen.
530 BGH, GRUR 2007, 773 – Rohrschweißverfahren.
531 LG Düsseldorf, InstGE 7, 122 – Videosignal-Codierung II.
532 BGH, GRUR 1990, 505 – Geschlitzte Abdeckfolie.

(zur Vorbereitung *dieser* unmittelbaren Benutzungsalternative) desweiteren darin bestehen, dass die Sache zum Zwecke ihrer gebrauchsfertigen Herrichtung angeboten oder geliefert wird.[533] Zur mittelbaren Benutzung von (Herstellungsverwendungs-)Ansprüchen für eine zweite medizinische Indikation vgl oben zu Kap A Rdn 370.

dd) Doppelter Inlandsbezug[534]

424 Sowohl das Anbieten[535] und Liefern[536] des Mittels als auch die vom Angebotsempfänger bzw Abnehmer vorgesehene Benutzung des Mittels[537] müssen im Inland erfolgen, weil ansonsten kein Gefährdungstatbestand für eine dem PatG unterfallende unmittelbare Patentverletzung gegeben ist.[538] Die Absicht einer inländischen Benutzung ist auch in Fällen des geplanten Reimportes zu bejahen.[539] Erfasst werden darüber hinaus Fälle, bei denen der Anbietende/Lieferant im Ausland geschäftsansässig ist, sofern er von dort aus ins Inland anbietet/liefert[540], und zwar zur dortigen (inländischen) unmittelbaren Benutzung des Mittels.[541] Es genügt sogar, wenn der Ausländer selbst ausschließlich im Ausland agiert, ihm aber geläufig ist, dass der Bestimmungsort seines Mittels letztlich im Inland belegen ist, wo auch der unmittelbar benutzende Gebrauch stattfinden soll.[542] Darauf, an welchem Ort Eigentum, Besitz und die schuldrechtliche Gefahrtragung übergeht, kommt es nicht an.[543]

ee) Objektive Eignung zur unmittelbaren Patentbenutzung

425 Die Mittel müssen objektiv geeignet sein, für die Benutzung der Erfindung verwendet zu werden. Bei ihrem Einsatz zusammen mit anderen Mitteln oder zur Anwendung eines Verfahrens muss mithin eine unmittelbare (wortsinngemäße oder äquivalente) Patentverletzung *möglich* sein.[544] Um dies festzustellen, hat im Rahmen des § 10 PatG – inzident – eine Prüfung auf das Vorliegen (oder Nichtvorliegen) einer unmittelbaren Patentverletzung stattzufinden, die eine wortsinngemäße oder äquivalente sein kann. Das bedeutet konkret: Betrifft das Patent ein Verfahren oder eine (nicht kombinierte) Sache, muss es beim Gebrauch der mutmaßlich mittelbar verletzenden Vorrichtung zur Anwendung des patentgemäßen Verfahrens bzw zur Herstellung des geschützten Gegenstandes kommen können. Ist das Patent ein Kombinationspatent und soll die mittelbare Verletzung in der Bereitstellung eines Teils der geschützten Kombination liegen, so muss sich bei seinem Zusammenfügen mit dem Rest die unter Patentschutz stehende Gesamtkombination ergeben. Für die Eignung ist allein die objektive Beschaffenheit des Mittels wichtig, und nicht auf Handhabungsanweisungen oder dergleichen Rücksicht zu nehmen, die dem Mittel beigegeben werden.[545] Auch wenn letztere in eine andere von einer Patentbenutzung wegführende Richtung weisen, ändert dies dennoch nichts an der Feststellung, dass das Mittel aufgrund seiner tatsächlichen Konstitution, Wirkung und Verwendbarkeit eine

---

533 LG Düsseldorf, InstGE 4, 97 – Ribavirin; zum Streitstand vgl Benkard, § 10 PatG Rn 11.
534 Vgl Goddar, FS Reimann, 2009, S 153.
535 Dh der Absende- oder der Empfangsort des Angebotes müssen im Inland liegen.
536 Dh der Liefervorgang muss sich mindestens zum Teil im Inland abspielen.
537 BGH, GRUR 2005, 845 – Abgasreinigungsvorrichtung.
538 LG Düsseldorf, InstGE 2, 82 – Lasthebemagnet I; LG Mannheim, InstGE 5, 179 – Luftdruck-Kontrollvorrichtung.
539 BGH, GRUR 2007, 313 – Funkuhr II.
540 ... weil der Zugangsort des Angebotes/die Lieferadresse im Inland liegt (BGH, GRUR 2015, 467 – Audiosignalcodierung).
541 OLG Karlsruhe, GRUR 2014, 59 – MP2-Geräte.
542 BGH, GRUR 2015, 467 – Audiosignalcodierung; OLG Karlsruhe, GRUR 2014, 59 – MP2-Geräte; anders noch LG Mannheim, InstGE 5, 179 – Luftdruck-Kontrollvorrichtung.
543 BGH, GRUR 2015, 467 – Audiosignalcodierung.
544 BGH, GRUR 2005, 848 – Antriebsscheibenaufzug.
545 BGH, GRUR 2007, 679 – Haubenstretchautomat.

unmittelbare Patentverletzung zur Folge haben *kann* (womit der Gefährdungstatbestand verwirklicht ist, den § 10 PatG im Blick hat).

Ein Mittel ist auch dann geeignet, für die Benutzung eines patentierten Verfahrens verwendet zu werden, wenn sich mit seiner Hilfe nicht *sämtliche* Verfahrensmerkmale verwirklichen lassen. Die Ermöglichung einer unmittelbaren Patentbenutzung (mit sämtlichen Merkmalen des Patentanspruchs) kann nämlich auch in Mit- oder Nebentäterschaft geschehen, nämlich dergestalt, dass erst die Beiträge mehrerer Beteiligter zusammengenommen dem Abnehmer eine unmittelbare Patentbenutzung ermöglichen. Der weitere Beteiligte kann entweder ebenfalls ein mittelbarer Verletzer, aber auch der Patentinhaber oder einer seiner Lizenznehmer sein[546]; die mehreren können (als Mittäter) bewusst und gewollt (vorsätzlich) agieren, ihre Tatbeiträge können sich (im Sinne bloßer Nebentäterschaft) aber auch fahrlässig addieren.[547] Kann mit dem Mittel nur ein Teil der Verfahrensmerkmale realisiert werden, so genügt es deshalb, wenn der Abnehmer bei der Verwendung des Mittels auf die von dritter Seite (zweiter Verletzer, Patentinhaber, Lizenznehmer) bereits zuvor realisierten übrigen Merkmale des Verfahrensanspruchs zurückgreift.[548] Es ist unschädlich, wenn die Mittel sowohl patentgemäß als auch patentfrei verwendet werden können. Dies hat lediglich Einfluss auf den Umfang der geltend zu machenden Ansprüche, und zwar darauf, ob von dem mittelbaren Verletzer die Unterlassung der beanstandeten Handlung verlangt werden kann oder lediglich Maßnahmen zur Verhinderung von unmittelbaren Verletzungen durch Dritte. Zur Darlegung der objektiven Eignung können auch gesetzliche Beweisvermutungen (wie § 139 Abs 3 PatG) herangezogen werden.

426

ff) Mangelnde Berechtigung des Empfängers

Untersagt wird im Rahmen der mittelbaren Patentverletzung nur das Anbieten oder Liefern an Personen, die zur Benutzung der patentierten Erfindung im Sinne von § 9 Satz 2 Nr 1–3 PatG[549] nicht berechtigt sind. Die »Berechtigung« muss – zumindest – in der Person desjenigen vorliegen, der das Mittel (unmittelbar patentbenutzend) verwendet. Wird ein im Zwischenhandel tätiger Lieferant angegriffen, ist deshalb nicht erforderlich, dass sein direkter Abnehmer (der gleichfalls gewerblicher Zwischenhändler ist) zur Erfindungsbenutzung berechtigt ist; vielmehr genügt es, wenn der letzte Abnehmer am Ende der Lieferkette, in dessen Person allein eine (unmittelbar patentbenutzende) Gebrauchsabsicht in Betracht kommt, über eine Berechtigung zur Erfindungsbenutzung verfügt, zB deshalb, weil der Letztabnehmer im Besitz eines kraft Erschöpfung gemeinfrei gewordenen Gegenstandes ist, der bei Verwendung des gelieferten Mittels gebraucht (aber nicht neu hergestellt) wird.[550]

427

Die Berechtigung kann sich beispielsweise aus einem Vorbenutzungsrecht oder aus einer Lizenz ergeben. Letztere kann auch stillschweigend erteilt werden, was insbesondere bei Verfahrenspatenten von Interesse ist. Hier geht die Rechtsprechung des BGH[551] dahin, dass derjenige, der vom Inhaber eines Verfahrenspatents eine zur Ausübung des geschützten Verfahrens erforderliche Vorrichtung erworben hat, diese bestimmungsge-

428

---

546 In den beiden letztgenannten Alternativen stellt sich freilich auf der Rechtswidrigkeitsebene die Frage der Erschöpfung; vgl dazu BGH, GRUR 2007, 773 – Rohrschweißverfahren.
547 BGH, GRUR 2015, 467 – Audiosignalcodierung.
548 OLG Düsseldorf, InstGE 4, 252 – Rohrschweißverfahren; BGH, GRUR 2007, 773 – Rohrschweißverfahren; BGH, GRUR 2015, 467 – Audiosignalcodierung sowie OLG Karlsruhe, GRUR 2014, 59 – MP2-Geräte (für den Fall, dass das gelieferte Mittel (TV) lediglich die Dekodierung der zuvor anderweitig (durch die Fernsehsender) kodierten Daten ermöglicht).
549 BGH, GRUR 2007, 773 – Rohrschweißverfahren.
550 AA: LG Düsseldorf, InstGE 7, 122 – Videosignal-Codierung II; OLG Düsseldorf, Urteil v 14.1.2010 – I-2 U 128/08.
551 BGH, GRUR 1980, 38 – Fullplastverfahren; BGH, GRUR 2007, 773 – Rohrschweißverfahren.

mäß benutzen darf, sofern sich nicht entgegenstehende Abreden feststellen lassen. Erteilt der Patentinhaber einem Dritten die Lizenz, solche Vorrichtungen in den Verkehr zu bringen, hat der Dritte mangels abweichender Vereinbarungen die Befugnis, seinen Abnehmern die Ausübung des patentgeschützten Verfahrens (mithilfe der erworbenen Vorrichtung) zu erlauben.[552]

429 In der Praxis von besonderer Bedeutung ist die Frage, ob bzw in welchem Umfang sich eine Berechtigung aus der **Erschöpfung** des Patentrechtes ergibt. Dieses Problem stellt sich insbesondere dann, wenn für geschützte Vorrichtungen Ersatzteile geliefert werden, um Defekte auszubessern bzw nicht mehr funktionstaugliche Vorrichtungen wieder herzurichten. Auch das Anbieten und Liefern von üblichen Verschleiß- oder Verbrauchsteilen kann vor diesem Hintergrund eine mittelbare Patentverletzung darstellen.

430 Die Darlegungs- und **Beweislast** für eine behauptete Berechtigung zur Patentbenutzung trägt derjenige, der sich darauf beruft, mithin der Beklagte.[553]

431 Keine Berechtigung vermitteln nach der ausdrücklichen Regelung in § 10 **Abs 3 PatG** die Privilegierungstatbestände des § 11 Nr 1–3 PatG. Dass der Abnehmer des Mittels im privaten Bereich oder zu Versuchszwecken agiert und somit selbst keinen Verbietungsansprüchen aus dem Patent unterliegt, hindert deshalb nicht die Haftung des Lieferanten als mittelbarer Verletzer.[554]

gg) Verwendungsbestimmung des Abnehmers[555]

432 Weiter muss das Mittel zur Benutzung der Erfindung subjektiv bestimmt werden. Diese Bestimmung spiegelt den erkennbaren Handlungswillen des Belieferten wider, der die ihm gelieferte Vorrichtung so zusammenfügen und herrichten wollen muss, dass sie patentverletzend verwendet werden kann.[556] Auf die tatsächliche Verwendung kommt es nicht an, wenngleich diese selbstverständlich einen stichhaltigen Beleg für den zu erwartenden Gebrauch der Sache liefert. Der Handlungswille des Angebotsempfängers oder Lieferempfängers muss im Zeitpunkt der Vornahme der mittelbaren Patentverletzung (dh beim Angebot oder bei der Lieferung des Mittels) hinreichend sicher absehbar sein.[557] Das bedeutet: Es ist nicht erforderlich, dass der Abnehmer die Verwendungsbestimmung bei Zugang des Angebotes bzw der Lieferung bereits getroffen hat und der Liefernde dies weiß; vielmehr genügt, dass bei objektiver Betrachtung aus der Sicht des Liefernden die hinreichend sichere Erwartung besteht, dass der Abnehmer die angebotenen/gelieferten Mittel zum patentverletzenden Gebrauch bestimmen wird.[558] Allein der Umstand, dass dem Empfänger die objektive Eignung des Mittels, unmittelbar patentverletzend verwendet zu werden, bekannt ist, rechtfertigt es allerdings noch nicht, auf dessen Absicht zu einem eben solchen Gebrauch zu schließen.[559] Ist vom Angebots- oder Lieferempfänger selbst keine unmittelbare Patentbenutzung zu erwarten (zB weil ein Verfahren geschützt ist und der Empfänger selbst die zur Verfahrensführung geeignete Vorrichtung nur weiterhandelt), reicht es aus, wenn in Bezug auf den letztendlichen Abnehmer mit der gebotenen Gewissheit anzunehmen ist, dass er die patentgeschützte Lehre unmittelbar anwendet.[560] Darlegungs- und beweispflichtig für die »subjektive

---

552 BGH, GRUR 2007, 773 – Rohrschweißverfahren; BGH, GRUR 2015, 467 – Audiosignalcodierung.
553 BGH, GRUR 2015, 467 – Audiosignalcodierung.
554 OLG Düsseldorf, Urteil v 17.12.2015 – I-2 U 34/10.
555 Vgl Höhfeld, FS Schilling, 2007, S 263; Rigamonti, Mitt 2009, 57.
556 BGH, GRUR 2001, 228 – Luftheizgerät; BGH, GRUR 2005, 848 – Antriebsscheibenaufzug.
557 BGH, GRUR 2006, 839 – Deckenheizung; BGH, GRUR 2007, 679 – Haubenstretchautomat.
558 BGH, GRUR 2006, 839 – Deckenheizung.
559 BGH, GRUR 2005, 848 – Antriebsscheibenaufzug.
560 OLG Karlsruhe, GRUR 2014, 59 – MP2-Geräte.

Bestimmung« ist in jedem Fall der Kläger.[561] Ihm kann zB ein technischer Standard zu Hilfe kommen, der die fragliche Verwendung zwingend oder optional vorsieht.

In Fällen des **Testkaufs** wird – rein objektiv betrachtet – nicht die Besorgnis einer unmittelbar patentverletzenden Benutzung des Mittels bestehen. Denn der Testkauf dient nur dazu, die Rechtstreue des anderen zu überprüfen. Zu diesem Zweck muss der Testkäufer wie ein normaler Kunde auftreten, was es rechtfertigt, bei der Prüfung, ob die hinreichend sichere Erwartung für eine patentverletzende Verwendung der gelieferten Mittel besteht, auf eine vernünftige Sicht abzustellen, die nur diejenigen Tatumstände berücksichtigt, die schon zum Zeitpunkt des Angebots oder der Lieferung erkennbar waren. Da der Testkaufcharakter der Bestellung des Mittels verborgen bleibt, muss sich der Lieferant so behandeln lassen, als wenn er die Mittel an einen gewöhnlichen Abnehmer geliefert hätte. Sprechen – ausgehend von dieser Prämisse – die Umstände für einen unmittelbar patentverletzenden Gebrauch, ist die notwendige Verwendungsbestimmung zu bejahen.[562]

433

Die subjektive Bestimmung des Abnehmers zur unmittelbar patentverletzenden Verwendung eines angebotenen oder gelieferten Mittels ist regelmäßig aufgrund der Umstände **offensichtlich**, wenn das Mittel ausschließlich patentverletzend verwendet werden kann und folgerichtig auch tatsächlich beim Abnehmer ausschließlich patentverletzend verwendet wird.[563] Zwingend ist dies freilich nicht. Maßgeblich ist immer, ob die Verwendungseignung und -bestimmung für den Anbietenden/Lieferanten in seiner konkreten Angebots/Liefersituation erkennbar war. An der Offensichtlichkeit kann es deswegen fehlen, wenn die gelieferte Vorrichtung, mit der das patentgeschützte Verfahren ausgeübt werden kann, ein Zukaufteil ist, das nie im Besitz des Anbietenden gewesen, sondern von dem Zulieferanten direkt an den Abnehmer ausgehändigt worden ist.[564]

434

Ist das Mittel **sowohl patentgemäß als auch patentfrei einsetzbar** und weist der Anbietende in seinen Prospekten und dgl nur auf die patentgemäße Verwendungsmöglichkeit hin, so kann regelmäßig von einem offensichtlichen Handlungswillen des Abnehmers im Sinne des patentgemäßen Gebrauchs ausgegangen werden.[565] Gleiches gilt, wenn in der Gebrauchsanleitung oder dergleichen auf beide Benutzungsmöglichkeiten – die patentgemäße und die patentfreie – gleichermaßen, ggf sogar empfehlend, hingewiesen wird[566] oder wenn – ohne nähere Erläuterungen in einer Bedienungsanleitung oder dergleichen – der patentgeschützte Gegenstand tatsächlich das Ergebnis eines Fertigungsprozesses ist, welcher mit Rücksicht auf Konstruktion und Steuerung der Herstellungsvorrichtung neben anderen, nicht zur Patentbenutzung führenden Betriebsweisen möglich ist.[567] Befasst sich die Anleitung hingegen allein mit der patentfreien Verwendungsmöglichkeit, kann Offensichtlichkeit nur angenommen werden, wenn konkrete tatsächliche Anhaltspunkte dafür feststellbar sind, dass die von dem Prospekt angesprochenen Angebotsempfänger die beschriebene patentfreie Verwendung von vornherein außer Betracht lassen und statt dessen oder mindestens auch die patentverletzende Verwendung des Mittels vorsehen.[568] Davon kann keine Rede sein, wenn die patentgemäße Verwendung (zB einer Prüfbank für Akkuschrauber) nur im Zusammenhang mit einem Gegenstand (sic: einer

435

---

561 BGH, GRUR 2005, 848 – Antriebsscheibenaufzug.
562 OLG Düsseldorf, Urteil v 14.1.2010 – I-2 U 128/08.
563 BGH, GRUR 2005, 848 – Antriebsscheibenaufzug; BGH, GRUR 2007, 679 – Haubenstretchautomat.
564 LG Düsseldorf, InstGE 5, 1 – Unterstretch.
565 BGH, GRUR 2007, 679 – Haubenstretchautomat.
566 BGH, GRUR 2007, 679 – Haubenstretchautomat.
567 OLG Düsseldorf, InstGE 9, 66 – Trägerbahnöse.
568 BGH, GRUR 2005, 848 – Antriebsscheibenaufzug; BGH, GRUR 2007, 679 – Haubenstretchautomat.

ganz speziellen Schraubergattung) in Betracht kommt, die am Markt keinerlei Bedeutung haben, sondern bloß »papierener« Stand der Technik sind. Umgekehrt steht es dem Beklagten frei, trotz eines Hinweises in der Bedienungsanleitung nur auf den patentverletzenden Gebrauch objektive Umstände darzutun, die ergeben, dass in Bezug auf seine Abnehmer (zB wegen deren Produktionsausrichtung, Geräteausstattung oder dergleichen) ein schutzrechtsgemäßer Gebrauch des Mittels nicht zu erwarten war und ist.

436 Im Rahmen der im Einzelfall vorzunehmenden Abschätzung der Verwendungsabsichten des Belieferten können bedeutsam sein:

437 – Das Maß der Eignung des Mittels für den patentgemäßen und für andere (patentfreie) Zwecke,

438 – die Üblichkeit der patentgemäßen oder patentfreien Verwendung,

439 – die konkrete Ausrichtung des belieferten Unternehmens (die eine patentgemäße oder eine patentfreie Verwendung nahe legen kann),

440 – ausdrückliche oder stillschweigende Anwendungshinweise des Lieferanten.

441 Befindet sich die Anweisung zur patentverletzenden Verwendung des gelieferten Mittels nur in **älteren Prospekten**, während im aktuellen Werbematerial ausschließlich ein patentfreier Einsatz empfohlen wird, so kann die Annahme einer mittelbaren Patentverletzung geboten sein, wenn damit zu rechnen ist, dass die älteren Prospekte vom Empfänger aufbewahrt worden sind und auch noch nach längerer Zeit herangezogen werden, um eine Beschaffungsentscheidung zu treffen.[569]

442 Eine Verwendungsbestimmung kann nicht aus einem Angebot oder einer Lieferung hergeleitet werden, das gegenüber einem Adressaten vorgenommen worden ist, der sich in Bezug auf das Klagepatent strafbewehrt zur Unterlassung verpflichtet hat.[570] Das gilt jedenfalls so lange, wie er sich an die **Unterlassungsverpflichtungserklärung** hält.

hh) Vorsatz des mittelbaren Verletzers[571]

443 § 10 PatG enthält mehrere subjektive Komponenten. Der Lieferant muss – wiederum im Zeitpunkt des Angebotes oder der Lieferung[572] – um die Eignung des Mittels und um die Verwendungsbestimmung seines Abnehmers wissen (Vorsatz) bzw Eignung und Verwendungsbestimmung müssen nach den gesamten Umständen offensichtlich sein.[573] Das Zusammenwirken von Lieferant und Abnehmer und die sich hieraus ergebende besondere Gefährdung eines Schutzrechtes rechtfertigen den Tatbestand einer mittelbaren Patentverletzung.

444 Die **Eignung** zur patentgemäßen Nutzung eines Gegenstandes wird dem mittelbaren Patentverletzer zumeist bewusst sein, sei es aufgrund seiner Fachkenntnisse oder aus seiner Position als Wettbewerber auf dem relevanten Markt. Dies ändert jedoch nichts daran, dass insoweit ein substantiierter Sachvortrag genauso erfolgen muss, wie zu der Frage der Kenntnis des Verletzers von der Bestimmung durch den Abnehmer. Dabei sind an die Beweisführung vor allem dann keine zu geringen Anforderungen zu stellen, wenn die streitige Vorrichtung auch, ggf sogar vordringlich, patentfrei verwendet werden kann.[574]

---

569 OLG Düsseldorf, Mitt 2003, 264, 267 – Antriebsscheibenaufzug.
570 BGH, GRUR 2007, 679 – Haubenstretchautomat.
571 Rigamonti, Mitt 2009, 57.
572 BGH, GRUR 2007, 679 – Haubenstretchautomat.
573 BGH, GRUR 2001, 228 – Luftheizgerät.
574 Vgl auch OLG Düsseldorf, Mitt 2003, 252 – Haubenstretchautomat; LG Düsseldorf, InstGE 2, 23 – Längsführungssystem.

Hinsichtlich der **Verwendungsbestimmung** kann zunächst der Nachweis erbracht werden, dass dem Anbietenden/Lieferanten die Gebrauchsabsichten des Abnehmers positiv bekannt waren. Da der subjektive Wille des Abnehmers in der Regel nur schwer nachzuweisen ist, hat die in § 10 PatG vorgesehene Beweiserleichterung auch hier ihre Bedeutung. Es ist ausreichend, wenn aufgrund der Umstände eine Bestimmung des Abnehmers zur patentgemäßen Verwendung des Mittels offensichtlich ist, zB weil sie sich aufdrängt.[575] Insoweit kann auf Erfahrungen aus dem täglichen Leben zurückgegriffen werden.[576] Die Offensichtlichkeit kann danach gegeben sein, wenn der Lieferant eine besondere Verwendung seiner Vorrichtung empfiehlt oder das Gerät infolge seiner technischen Eigenart und Zweckbestimmung auf eine patentgemäße Benutzung zugeschnitten ist und zu dem entsprechenden Gebrauch angeboten wird.[577] Die Offensichtlichkeit der Eignung und Bestimmung erfordert aber auch in derartigen Fällen ein hohes Maß an Vorhersehbarkeit[578], die von dem Kläger darzulegen ist.[579]

445

c) Rechtsfolgen

aa) Fehlen patentfreier Nutzungsmöglichkeit

Zu beachten ist, dass eine mittelbare Patentverletzung nicht in jedem Fall eine unbedingte Unterlassungsverurteilung (Schlechthinverbot) zur Rechtsfolge hat. Diese kann grundsätzlich nur durchgesetzt werden, wenn das angebotene oder gelieferte Mittel – technisch und wirtschaftlich sinnvoll[580] – ausschließlich in patentverletzender Weise – und nicht anders – verwendet werden kann. Eine außerhalb des Klagepatents liegende Verwendungsmöglichkeit hat noch nicht deshalb außer Betracht zu bleiben, weil der Kläger geltend machen kann, dass mit ihr widerrechtlich von einem weiteren Patent zB des Schutzrechtsinhabers Gebrauch gemacht wird. Eine alternative Verwendung gilt vielmehr so lange als schutzrechtsfrei, wie das Gegenteil nicht rechtskräftig festgestellt ist. Ganz besonders ist dies der Fall, wenn das weitere Patent einem Dritten zusteht, von dem der klagende Schutzrechtsinhaber nicht absehen kann, ob dieser dem mutmaßlichen Verletzer nicht eine Lizenz erteilt. Immer muss es sich bei der alternativen Verwendungsmöglichkeit jedoch um eine real existierende oder zumindet greifbar absehbare handeln; die bloß theoretische Aussicht, dass es künftig vielleicht eine patentfreie Gebrauchsmöglichkeit geben könnte, ist rechtlich unbeachtlich.

446

Darlegungs- und beweispflichtig für das Fehlen einer patentfreien Benutzungsmöglichkeit ist der klagende Schutzrechtsinhaber, der ein Schlechthinverbot begehrt.[581] Allerdings ist zu beachten, dass es sich bei dem Fehlen einer patentfreien Verwendungsmöglichkeit um eine **negative Tatsache** handelt. Für sie gilt der prozessrechtliche Grundsatz, dass der Beweispflichtige seiner Darlegungslast zunächst dadurch nachkommt, dass er die negative Tatsache (vorliegend also das Nichtbestehen einer Benutzungsmöglichkeit außerhalb des Patents) pauschal behauptet. Es ist sodann Sache des Gegners, konkret eine patentfreie Verwendungsmöglichkeit zu benennen.[582] Erst wenn dies geschehen ist, kann – und muss – der Kläger diese Benutzungsmöglichkeit ausräumen, indem er zB dartut, dass die eingewandte Verwendung ebenfalls in den Schutzbereich des Patents fällt

447

---

575 BGH, GRUR 2006, 839 – Deckenheizung.
576 BGH, GRUR 1958, 179, 182 – Resin.
577 BGH, GRUR 2001, 228 – Luftheizgerät; BGH, GRUR 2005, 848 – Antriebsscheibenaufzug.
578 BGH, GRUR 2005, 848 – Antriebsscheibenaufzug.
579 König, Mitt 2000, 10, 21.
580 OLG Düsseldorf, Mitt 2003, 264, 268 – Antriebsscheibenaufzug; OLG Karlsruhe, Urteil v 25.2.2010 – 6 U 182/06; OLG Karlsruhe, Urteil v 23.7.2014 – 6 U 89/13; LG Düsseldorf, InstGE 5, 173 – Wandverkleidung.
581 BGH, GRUR 2013, 713 – Fräsverfahren.
582 OLG Karlsruhe, Urteil v 23.7.2014 – 6 U 89/13.

oder aber technisch bzw wirtschaftlich sinnlos ist und deswegen keine praktisch relevante Handlungsalternative darstellt. In diesem Zusammenhang können den Beklagten sekundäre Darlegungslasten treffen, wenn und weil er – anders als der Kläger – in besonderer Weise mit dem abzuändernden Gegenstand vertraut ist.[583]

448 Trotz fehlender patentfreien Benutzungsalternative ist **ausnahmsweise** von einem Schlechthinverbot abzusehen, wenn übergeordnete rechtliche Gründe dies erfordern. Solches ist der Fall, wenn die mittelbare Benutzungshandlung einem Dritten Versuche oder Studien ermöglicht, die nach **§ 11 Nr 2, 2b PatG** privilegiert sind. Da unter die besagten – sachlichen, nicht persönlichen – Privilegierungstatbestände auch ein kommerzieller Zulieferer fällt, sofern dieser hinreichende Vorkehrungen gegen eine missbräuchliche Verwendung seines bereitgestellten Studien- oder Versuchsmittels trifft, darf die Bereitstellung nicht generell unterbunden, sondern kann nur unter den Vorbehalt geeigneter Missbrauchsvorkehrungen gestellt werden.[584]

bb) Bestehen einer patentfreien Verwendungsmöglichkeit

449 Kommt eine patentfreie Nutzungsmöglichkeit in Betracht, sind nur eingeschränkte Verbote gerechtfertigt, die sicherstellen, dass einerseits der wirtschaftliche Verkehr mit dem angegriffenen Gegenstand außerhalb des Schutzrechtes unbeeinträchtigt bleibt und andererseits der unmittelbar patentverletzende Gebrauch durch den Abnehmer mit hinreichender Sicherheit ausgeschlossen wird.[585] Als geeignete Maßnahmen kommen grundsätzlich **Warnhinweise** an die Abnehmer in Betracht, nicht ohne Zustimmung des Schutzrechtsinhabers im Sinne der patentgemäßen Lehre zu handeln, sowie eine vertragliche **Unterlassungsverpflichtungsvereinbarung** mit dem Abnehmer, die ggf mit der Zahlung einer Vertragsstrafe an den Schutzrechtsinhaber für den Fall der Zuwiderhandlung gegen die Unterlassungsvereinbarung verbunden ist.[586] Welche Maßnahme im Einzelfall geboten und angemessen ist, hängt von den jeweiligen Umständen ab, wobei insbesondere von Bedeutung ist, wie groß die Wahrscheinlichkeit einer patentgemäßen Benutzung ist[587], welche Vorteile mit ihr verbunden sind und wie die Beweismöglichkeiten für den Schutzrechtsinhaber einzuschätzen sind.

(1) Anbieten

450 In Bezug auf das Anbieten wird dem mittelbaren Verletzer in der Praxis ein schriftlicher Warnhinweis auf das Klagepatent abverlangt. Er ist auf dem Angebot als solchem[588] anzubringen und nicht nur in einer Bedienungsanleitung.[589] Den bisher üblichen Zusatz »ausdrücklich und unübersehbar« sieht der BGH – zu Unrecht[590] – als (mangels Bestimmtheit) unzulässig an.[591] Um zu verhindern, dass der Warnhinweis in einer Weise angebracht wird, dass er seine Funktion nicht ordnungsgemäß erfüllen kann, sind deshalb konkrete Vorgaben in den Klageantrag/Urteilstenor aufzunehmen[592], zB dessen Anbrin-

---

583 BGH, GRUR 2013, 713 – Fräsverfahren.
584 OLG Düsseldorf, GRUR-RR 2014, 100 – Marktzulassungsprivileg.
585 BGH, GRUR 2004, 758 – Flügelradzähler; BGH, GRUR 2006, 839 – Deckenheizung; BGH, GRUR 2007, 679 – Haubenstretchautomat.
586 BGH, GRUR 2007, 679 – Haubenstretchautomat; Scharen, GRUR 2001, 995.
587 BGH, GRUR 2007, 679 – Haubenstretchautomat.
588 Dh: In Katalogen und auf der Homepage nahe bei der betreffenden Ware, in schriftlichen Einzelangeboten.
589 BGH, GRUR 2007, 679 – Haubenstretchautomat.
590 Kühnen, GRUR 2008, 218.
591 BGH, GRUR 2007, 679 – Haubenstretchautomat.
592 AA. Meier-Beck, GRUR 2008, 1033, 1038 FN 58, der derartige Attribute für überflüssig hält.

gung auf der ersten Seite, in einer bestimmten Schriftgröße, blickfangmäßig herausgestellt[593], etc.

(2) Liefern

Welche Maßnahme in Bezug auf Lieferungen geboten ist, hängt von den Umständen des Einzelfalles und hier vor allem davon ab, wie vorteilhaft die erfindungsgemäße Verwendung ist und wie groß dementsprechend auch der Anreiz für den Abnehmer ist, das gelieferte Mittel im Sinne der Erfindung einzusetzen. 451

So kann für Lieferungen die Verpflichtung zu einem **Warnhinweis** reichen, insbesondere in einem Wirtschaftszweig, in dem die Schutzrechtslage erfahrungsgemäß zur Kenntnis genommen und, um Patentverletzungen zu vermeiden, beachtet wird.[594] Der Hinweis ist deutlich sichtbar in den Lieferpapieren sowie auf der Verpackung, nicht nur in einer beiliegenden Anleitung[595], anzubringen. Ob darüber hinaus ein Aufdruck (ggf in Form eines Piktogramms) auf der Ware selbst notwendig ist, hängt von den Umständen des Einzelfalles ab, wobei Gesichtspunkte der Verhältnismäßigkeit eine wichtige Rolle spielen (welches *zusätzliche* Maß an Gewähr für ein Unterbleiben patentgemäßer Verwendung ist mit einem solchen Produkthinweis verbunden? Welcher Aufwand ist damit für den Verletzer verbunden?). 452

▶ **Bsp:** 453

Der angegriffene Dübel zur Befestigung von Styropor-Dämmstoffplatten darf nicht mit seinem Kopf im Dämmstoffmaterial versenkt montiert werden (wie dies der Lehre des patentgeschützten Verfahrens entspricht), sondern nur in der Weise, dass die obere Druckplatte auf der Dämmstoffplatte bündig aufliegt. Ist ein entsprechender Montagehinweis auch auf dem Dübel selbst anzubringen? Pro: Die eigentliche Verwendung geschieht durch den Arbeiter auf der Baustelle, der weder die Lieferunterlagen noch die Umverpackung zu Gesicht bekommt; contra: Geringe Größe der Dübeloberfläche, die schon andere Verwendungshinweise etc tragen muss; die Entscheidung über die versenkte oder bündige Montage fällt im Rahmen der Bestellung der Dübel, weswegen es vordringlich darauf ankommt, dem diesbezüglichen Entscheider (Einkäufer) einen Warnhinweis zu erteilen.

Es kann aber auch notwendig sein, dem Verletzer für den Fall einer Lieferung – allein oder zusätzlich zum Warnhinweis – zur Auflage zu machen, mit seinem Abnehmer eine ggf sogar **vertragsstrafegesicherte Vereinbarung** dahin gehend zu treffen, dass dieser das gelieferte Mittel nicht patentverletzend verwendet, wenn auf andere Weise die Gefahr weiterer Verletzungen nicht ausgeschlossen werden kann und eine solche Auflage die Interessen des Verletzers nicht unangemessen beeinträchtigt.[596] Denkbar mag es im Einzelfall ferner sein, einen *bestimmten*, unzuverlässigen Abnehmer von der Belieferung auszunehmen. 454

---

593 OLG Karlsruhe, Urteil v 25.2.2010 – 6 U 182/06, wonach mit dem Begriff »blickfangmäßig« gemeint ist, dass der Warnhinweis drucktechnisch hervorgehoben, vom übrigen Text abgesetzt und in Fettdruck gehalten sein muss, wobei die Schriftgröße bei einem Angebot größer sein muss als die maximale Schriftgröße des Angebots und bei dem Hinweis auf der Verpackung die Schriftgröße größer sein muss als der sonstige aufgedruckte Text mit Ausnahme der Produkt- oder Firmenbezeichnung und eines eventuellen Logos.
594 BGH, GRUR 2007, 679 – Haubenstretchautomat.
595 OLG Karlsruhe, Urteil v 25.2.2010 – 6 U 182/06.
596 BGH, GRUR 2007, 679 – Haubenstretchautomat; BGH, GRUR 1961, 627 – Metallspritzverfahren; BGH, GRUR 1964, 496 – Formsand II; OLG Düsseldorf, InstGE 2, 115 – Haubenstretchautomat; OLG Düsseldorf, Mitt 2003, 264, 267 f – Antriebsscheibenaufzug.

455 Stellt sich im Nachhinein heraus, dass die angeordnete Maßnahme einer unmittelbaren Patentverletzung nicht wirksam begegnet, kann dies Veranlassung sein, im noch offenen Erkenntnisverfahren (zB auf ein Anschlussrechtsmittel des Klägers) zu einer einschneidenderen Auflage zu schreiten. Nach Rechtskraft des Verletzungsurteils ist eine derartige Korrektur freilich ausgeschlossen.

(3) Sonderfälle

456 Trotz prinzipiell patentfreier Verwendungsmöglichkeit kann gegen den Lieferanten **ausnahmsweise** ein **Schlechthinverbot** ergehen.

(a) Wirkungslosigkeit des Warnhinweises

457 Das gilt zunächst dann, wenn weder ein Warnhinweis noch eine Vertragsstrafenvereinbarung Gewähr dafür bieten können, dass es unter Verwendung des Mittels nicht zu einer Patentverletzung kommt, eine etwaige Patentverletzung für den Schutzrechtsinhaber praktisch nicht feststellbar wäre *und* dem Lieferanten ohne Weiteres zumutbar ist, das Mittel so umzugestalten, dass es nicht mehr patentgemäß verwendet werden kann.[597]

(b) Technische Gestaltungsmöglichkeiten

458 Ein Schlechthinverbot wird ferner generell dann in Betracht zu ziehen sein, wenn die patentfreie Benutzung auf eine dem Klagepatent entsprechende Ausgestaltung des Mittels überhaupt nicht angewiesen ist, weil das Mittel ohne weiteres derart abgeändert werden kann, dass es den Vorgaben des Patents nicht mehr entspricht, seine Eignung zur patentfreien Verwendung aber dennoch nicht einbüßt.[598] In solchen Fällen bedarf es der patentgemäßen Ausbildung des Mittels zur Gewährleistung eines gemeinfreien Gebrauchs außerhalb des Patents nicht; an ihr kann deswegen auch kein schützenswertes Interesse desjenigen bestehen, der das Mittel anbietet oder vertreibt.

459 Es steht dabei zur **Darlegungslast** des Patentinhabers, die Umstände vorzutragen, aus denen sich ergibt, dass das Mittel patentfrei umgestaltet werden und deshalb ein Schlechthinverbot gerechtfertigt sein kann.[599] Besondere Umstände, die es ausnahmsweise unzumutbar machen, die besagte technische Änderung vorzunehmen, sind demgegenüber vom Verletzer substantiiert darzulegen.[600]

460 Werden hindernde Umstände nachgewiesen, ist es eine Frage der **objektiven Interessenabwägung** im Einzelfall, ob dem Verlangen des Schutzrechtsinhabers nach einem Schlechthinverbot ein solches Gewicht beigemessen werden kann, dass ihm im wertenden Vergleich mit dem für den Verletzer mit einer technischen Änderung des Mittels verbundenen Aufwand der Vorrang eingeräumt werden muss. **Zwei Fragen** sind in diesem Zusammenhang zu beantworten:

461 – Zunächst ist zu klären, welches »Mehr« an Sicherheit vor einer patentgemäßen Verwendung des Mittels für den Schutzrechtsinhaber damit verbunden ist, dass anstelle einer Pflicht zum Warnhinweis ein Schlechthinverbot angeordnet wird.

462 – In einem nachfolgenden Schritt sind dem diejenigen Anstrengungen technischer, organisatorischer und/oder finanzieller Art gegenüber zu stellen, die auf Seiten des Verletzers notwendig sind, um das Mittel (zur »Umgehung« des Schlechthinverbotes)

---

597 OLG Düsseldorf, InstGE 4, 252 – Rohrschweißverfahren.
598 LG Düsseldorf, InstGE 5, 173 – Wandverkleidung; OLG Düsseldorf, Urteil v 29.3.2012 – I-2 U 137/10.
599 OLG Düsseldorf, Urteil v 29.3.2012 – I-2 U 137/10.
600 OLG Düsseldorf, Urteil v 29.3.2012 – I-2 U 137/10.

technisch so zu variieren, dass es zwar noch den patentfreien, aber nicht mehr den patentgemäßen Gebrauch zulässt.[601]

Zu denken ist beispielsweise an geleistete Investitionen für die Herstellung des Mittels, die mit der erforderlichen Änderung nutzlos werden würden, an neue Investitionen, die zur Umsetzung der Abwandlung geleistet werden müssten, sich aber wegen des ausgesprochenen Nischencharakters des Mittels nicht lohnen, oder im Falle von Medizinprodukten daran, dass für die Abwandlung eine neue Zulassung eingeholt werden muss mit der Folge, dass der Beklagte bei einem Schlechthinverbot vorübergehend vollständig seinen Marktauftritt einstellen muss. Untauglich ist demgegenüber der Einwand, das Mittel könne im patentfreien Ausland unverändert in Verkehr gelangen, weswegen ein Schlechthinverbot den überregional tätigen Beklagten dazu zwinge, in seinem Geschäftsbetrieb zwei verschiedene Varianten vorrätig und logistisch für den Vertrieb bereitzuhalten, nämlich die unveränderte Version des Mittels für das patentfreie Ausland und eine veränderte Version für das Inland. Wegen der strikten Territorialität des Patentschutzes kommt es rechtlich nicht auf unternehmerische Aktivitäten des Beklagten im Ausland an. Abgesehen davon geht es überhaupt nicht um Aufwendungen, die dafür anfallen, dass mit dem Mittel die technische Lehre des Klagepatents verlassen wird, sondern um denjenigen Aufwand, der dafür zu leisten ist, dass ein Auslandsvertrieb aufrechterhalten werden soll.[602]

463

Anders kann es sich bei einem reinen **Vertriebsunternehmen** verhalten, das – sei es aus tatsächlichen, sei es aus rechtlichen Gründen[603] – selbst keinen Einfluss auf die Änderung der technischen Ausstattung des zur mittelbaren Patentverletzung führenden Gegenstandes hat.

464

Ggf kann in Betracht kommen, eine gewisse **Umstellungsfrist** einzuräumen, während der zu Lasten des Beklagten lediglich ein Warnhinweis verordnet wird und an die sich erst das Schlechthinverbot anschließt.

465

cc) Verwendung im privaten Bereich

Problematisch sind diejenigen Fälle, in denen der streitige, sowohl patentgemäß also auch patentfrei zu nutzende Gegenstand von dem Dritten beispielsweise dem Endverbraucher zur Nutzung im privaten Bereich zu nicht gewerblichen Zwecken angeboten oder geliefert wird, wobei erst der Endverbraucher die patentgemäße Benutzung, also die Bestimmung, vornimmt. Gemäß § 10 Abs 3 PatG gelten Personen, die die in § 11 Nr 1 bis 3 PatG genannten Handlungen vornehmen, im Sinne des § 10 Abs 1 PatG nicht als Personen, die zur Benutzung der Erfindung berechtigt sind. Das bedeutet: § 10 Abs 1 PatG greift selbst dann ein, wenn feststeht, dass eine unmittelbare Patentverletzung nicht stattfindet, weil das gelieferte Mittel im nicht gewerblichen Bereich zum Einsatz kommt (§ 11 Nr 1 PatG[604]), weil es Versuchszwecken dient (§ 11 Nr 2 PatG) oder weil das Mittel im Rahmen der Einzelzubereitung eines Arzneimittels Verwendung findet (§ 11 Nr 3 PatG). Das Gesetz gibt dem Patentinhaber folglich bewusst Verbietungsrechte gegen den mittelbaren Patentverletzer, auch wenn der unmittelbare Benutzer der Erfindung (zB weil er im privaten Bereich zu nicht gewerblichen Zwecken handelt) seinerseits nicht auf Unterlassung haftet. Auf der Rechtsfolgenseite hat diese Gesetzeslage unterschiedliche

466

---

601 OLG Düsseldorf, Urteil v 29.3.2012 – I-2 U 137/10.
602 OLG Düsseldorf, Urteil v 29.3.2012 – I-2 U 137/10.
603 Zu denken ist beispielsweise an eine Änderung der herstellerseitigen Softwaresteuerung, die dessen Urheberrechte verletzen würde.
604 Eine selbständige Tätigkeit, die auf die Erzielung von Einnahmen gerichtet ist, stellt im Sinne des Patentrechts eine gewerbliche Betätigung dar.

Konsequenzen, je nachdem, ob das angebotene oder gelieferte Mittel ausschließlich patentgemäß oder auch patentfrei verwendet werden kann:

467 – Lässt sich das Mittel **nur patentgemäß einsetzen**, ergeht gegen den mittelbaren Verletzer – wie sonst auch – ein Schlechthin-Verbot.

468 – Ist das Mittel technisch und wirtschaftlich sinnvoll **ebenso patentfrei zu verwenden**, scheidet eine eingeschränkte Verurteilung des Inhalts, dass der mittelbare Verletzer mit seinem Abnehmer eine strafbewehrte Unterlassungsverpflichtungsvereinbarung zu treffen hat, aus. Da der private Endverbraucher das Mittel wegen § 11 PatG patentgemäß gebrauchen darf, ist es ausgeschlossen, ihn für den Fall einer solchen Verwendung die Zahlung einer Vertragsstrafe an den Patentinhaber versprechen zu lassen. Andere Maßnahmen, die einer patentgemäßen Verwendung des Mittels entgegenwirken können und die mit Blick auf private Abnehmer rechtlich zulässig sind, kommen demgegenüber in Betracht. So kann zB ein Warnhinweis im Einzelfall durchaus seine Funktion erfüllen.[605] Er ist zwar in seiner gebräuchlichen Formulierung (»eine erfindungsgemäße Benutzung des Mittels sei nur mit Erlaubnis des Patentinhabers statthaft«) sinnlos, weil der private Abnehmer ohne Zustimmung des Patentinhabers zu einer der Lehre des Patents entsprechenden Verwendung berechtigt ist. Der Warnhinweis kann jedoch allgemein gehalten werden, beispielsweise in der Form, »dass das Mittel nicht für die bestimmte Verwendung geeignet ist«. Bei Gegenständen, die (wie Staubsaugerbeutel) üblicherweise einen Kompatibilitätshinweis enthalten (»geeignet für Staubsauger der Typen ...«), kann der Patentbenutzung dadurch entgegen gewirkt werden, dass ein Hinweis auf die patentgeschützte Verwendung unterbleibt.[606] Ggf kann das Verbot auch dahingehend formuliert werden, dass bestimmte Größenabmessungen oder -verhältnisse einzuhalten oder zu meiden sind, wenn dadurch die patentfreie Benutzung ermöglicht, einer patentgemäßen Benutzung indessen entgegengewirkt wird.

dd) Vorgaben nur in Bezug auf den Verletzungsgegenstand

469 Egal, welche konkrete Maßnahme zur Durchsetzung des Unterlassungsanspruchs in Erwägung gezogen wird, ist in jedem Fall zu beachten, dass dem Verletzer mit ihnen Verhaltensmaßregeln nur in Bezug auf den Verletzungsgegenstand gemacht werden können. Ihm kann demgegenüber kein bestimmtes Verhalten in Bezug auf seine sonstige Geschäftstätigkeit abverlangt werden, selbst wenn damit wirksam weiteren unmittelbaren Benutzungshandlungen vorgebeugt werden kann.

470 ▶ **Bsp:**

Das Klagepatent schützt ein Verfahren zur Übertragung großer Datenmengen. Bestimmte Handys der Beklagten unterstützen das patentgemäße Übertragungsverfahren.

Die Handys sind aufgrund dessen patentverletzende »Mittel« iSv § 10 PatG, weswegen sie erfolgreich mit einer Unterlassungsklage, gerichtet auf Einstellung des weiteren Vertriebs der Handys, angegriffen werden können.

In Bezug auf solche Handys, die bei Vollstreckbarkeit des Verbotsurteils bereits an Private ausgeliefert waren, lässt sich hierdurch eine weitere Benutzung des patentierten Übertragungsverfahrens freilich nicht mehr unterbinden. Findet sie vor allem bei Benutzung eines von der Beklagten angebotenen Internetdienstes statt, der praktisch den Anreiz für eine Übertragung großer Datenmengen setzt, ließe sich erwägen, ob die Beklagte es dem Patent-

---

605 AA: LG Düsseldorf, Mitt 2000, 108 – WC-Körbchen II.
606 OLG Düsseldorf, GRUR-RR 2006, 39 – Kaffee-Filterpads; OLG Düsseldorf, Urteil v 7.7.2016 – I-2 U 5/14.

inhaber im Rahmen ihrer Unterlassungspflicht aus § 10 PatG nicht schuldet, den Internetdienst für die von ihr in Verkehr gebrachten Handys einzustellen, so dass die bereits ausgelieferten, mittelbar patentverletzenden Handys nicht mehr schutzrechtsbenutzend gebraucht werden können. Eine derartige Pflicht wäre zweifellos zielführend. Sie ist gleichwohl zu verneinen, weil der mittelbare Verletzer nur dazu verpflichtet ist, Angebot und Lieferung *der* »Mittel« zu unterlassen, die das Klagepatent nach Maßgabe des § 10 PatG verletzen, er aber außerhalb dessen keine Vorkehrungen dagegen schuldet, dass es unter Verwendung der mittelbar verletzenden Gegenstände künftig noch zu Benutzungshandlungen kommt. Finden sie im privaten Bereich statt, sind sie kraft Gesetzes (§ 11 Nr 1 PatG) vom Patentschutz freigestellt, so dass sich der Kläger nicht gegen sie zur Wehr setzen kann, weswegen auch der Beklagte sie nicht – auch nicht im Wege eines Folgenbeseitigungsanspruchs (§ 1004 BGB analog) – zu unterbinden hat. Befinden sich die Handys in der Hand von Gewerbetreibenden, kann (und muss) der Patentinhaber seine Verbietungsrechte wegen unmittelbarer Patentverletzung auf direktem Wege ihnen gegenüber durchsetzen. Freilich wird bei der Bemessung des Schadenersatzes für die an Private mittelbar patentverletzend ausgelieferten Handys zu berücksichtigen sein, dass es mit ihnen fortlaufend zu weiteren Verfahrensbenutzungen kommen kann.

▶ **Bsp: (LG Düsseldorf, Urteil v 26.2.2004 – 4b O 108/03)[607]** 471

I.1.

Das Klagepatent (EP 0 904 717) betrifft eine Baueinheit zum Einsatz in einem Kaffee-Brühgerät.

Die Baueinheit besteht aus einem becherförmigen Behälter (als Träger) und einem darin zu platzierenden Filtereinsatz (mit vorportioniertem Kaffeepulver). Der mit dem Filtereinsatz bestückte Behälter wird in das Kaffee-Brühgerät so eingesetzt, dass heißes Wasser unter Druck durch den Filtereinsatz gepresst wird, dabei das in dem Filtereinsatz enthaltene Kaffeemehl extrahiert wird und schließlich als Kaffeeextrakt aus mindestens einer im Behälterboden angeordneten Auslassöffnung herausfließt.

Nach den Erläuterungen der Klagepatentschrift ist eine derartige – aus Behälter (= Träger) und Filtereinsatz bestehende – Baueinheit bereits aus der US-Patentschrift 3 620 155 bekannt. Wie die nachstehenden Abbildungen verdeutlichen,

---

607 Beachte: In den Niederlanden hat ua der Hoge Raad in einem parallelen Verfahren die geltend gemachten Ansprüche abgewiesen mit der Begründung, Pads für die Zubereitung von Getränken (insbesondere Kaffee) seien aus dem Stand der Technik bereits bekannt. Das Vorliegen eines Mittels, das sich auf ein wesentliches Element der Erfindung bezieht, wurde verneint: Hoge Raad de Nederlanden v 31.10.2003 in Bijblad Industriele Eigendommen 2004/47 – (Pilvormige) koffiebuiltjes voor de Senseo Crema.

A. Schutzbereichsbestimmung

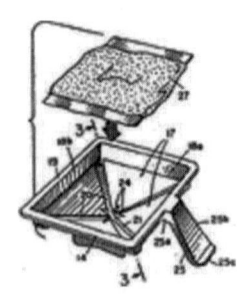

ist der Behälterboden rechteckig ausgestaltet und mit Nuten versehen, die von jedem Eckpunkt zu der zentralen Auslassöffnung verlaufen. Der Filtereinsatz hat ebenfalls eine rechteckige Form und besitzt Abmessungen, die mit denen des Behälterinnenraumes übereinstimmen.

Wie die Klagepatentschrift erläutert, stellt sich bei dieser Konstruktion ein nachteiliger Umlenkeffekt ein. Er resultiert daraus, dass ein Teil des heißen Brühwassers, welches auf die Oberseite des Filtereinsatzes gegeben wird, nicht durch den Filtereinsatz und das darin enthaltene Kaffeepulver hindurchfließt, sondern statt dessen auf der Oberseite des Filtereinsatzes bis in den Randbereich strömt, dort seitlich nach unten in den Bodenbereich fließt, von den sich bis in den Eckbereich des Bodens erstreckenden Nuten aufgenommen wird und auf diese Weise direkt zu der zentralen Auslassöffnung gelangt. Der aus dem Brühgerät erhaltene Kaffeeextrakt wird so durch heißes Wasser verdünnt, was vor allem deshalb unerwünscht ist, weil im Voraus nicht abgeschätzt werden kann, welche Menge an Brühwasser um den Filterbeutel herum über die Nuten unmittelbar zu der Auslassöffnung abfließt.

Ziel der Erfindung des Klagepatents ist es deshalb, diesem Nachteil abzuhelfen.

Patentanspruch 1 des Klagepatents sieht hierzu die Kombination folgender Merkmale vor:

1) Baueinheit (1) zum Einsatz in einem Kaffeebrühgerät.

2) Die Baueinheit (1) enthält

   a) einen *Behälter* (2) mit einem becherförmigen Innenraum (6),

      aa) der von einem Boden (8) umrundet wird,

      bb) der mindestens eine Auslassöffnung (12) aufweist

      cc) und der eine vertikale Seitenwand (10) besitzt, die in dem becherförmigen Innenraum (6) des Behälters (2) angeordnet ist;

   b) einen becherförmigen *Filtereinsatz* (4),

      aa) der aus einem Filterpapier hergestellt ist

      bb) und mit gemahlenem Kaffee befüllt wird.

3) Der Filtereinsatz (4) liegt auf dem Boden (8) des Behälters (2) auf und erstreckt sich über diesen Boden (8) in eine Position an der Seitenwand (10) des Behälters (2).

4) In dem Boden (8) des Behälters (2) ist eine Anzahl von rillenförmigen Nuten (14) vorgesehen, die in radialer Richtung in dem becherförmigen Innenraum (6) zu mindestens einer der Auslassöffnungen (12) verlaufen.

5) Die einzelnen Nuten (14) erstrecken sich von einer Position, die im Abstand von der Seitenwand (10) liegt, in eine Richtung, die sich von der Seitenwand (10) entfernt.

6) Im Gebrauch wird mit Hilfe der Kaffeebrühmaschine heißes Wasser unter Druck an der Oberseite des Behälters (2) so eingefüllt,

   a) dass das Wasser von der Oberseite des Filtereinsatzes (4) durch diesen Filtereinsatz (4) gepresst wird,

   b) um das in dem Filtereinsatz (4) enthaltene Kaffeemehl zu extrahieren,

   c) so dass der hergestellte Kaffeeextrakt aus dem Boden des Filtereinsatzes (4) und dem Behälter (2) über mindestens eine der Auslassöffnung (12) herausfließen kann.

Die nachfolgenden Abbildungen verdeutlichen den Gegenstand der Erfindung anhand bevorzugter Ausführungsbeispiele, wobei die Figuren 1 und 2 den Behälter (2) der Baueinheit in Draufsicht und im Querschnitt zeigen,

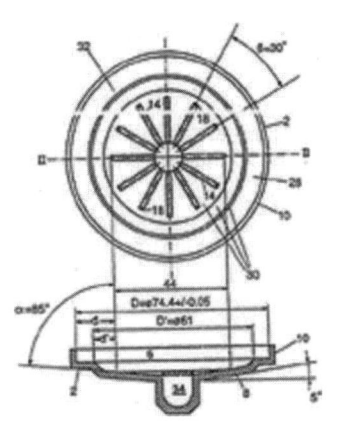

Figur 4 den Filtereinsatz (4) darstellt,

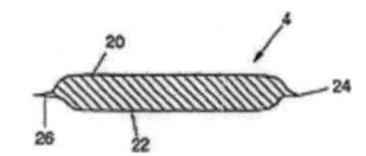

Figur 6 die Baueinheit (1), bestehend aus dem Behälter (2) und dem darin angeordneten Filtereinsatz (4), wiedergibt,

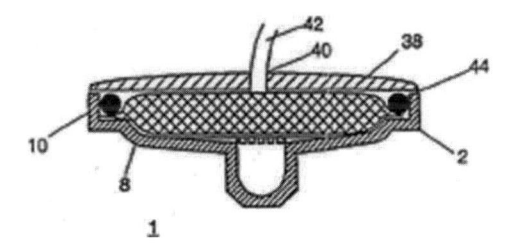

und die Figuren 7 und 9 eine dem Unteranspruch 5 entsprechende Ausführungsform des Behälters (2) zeigen.

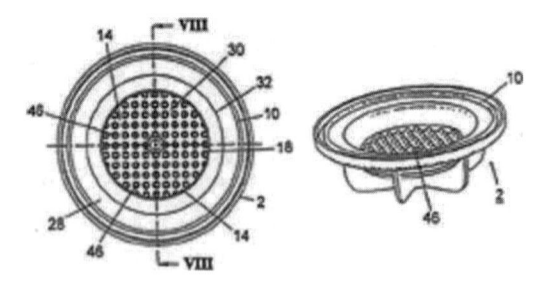

Die Erfindung beruht entscheidend darauf,

- dass sich der Filtereinsatz bis zur Seitenwand des Behälters (dh über die gesamte Bodenfläche hinweg) erstreckt und auf dem Boden aufliegt,

- während die zur Auslassöffnung führenden Bodennuten erst in einem gewissen Abstand von der Seitenwand des Behälters beginnen.

Durch diese Anordnung und gegenseitige Abstimmung von Behälter (dh genauer Behälterboden) und Filtereinsatz ist gewährleistet, dass Brühwasser, welches auf der Oberseite des Filtereinsatzes und seitlich an diesem entlang strömt, nicht von den bodenseitigen Nuten aufgenommen und zur Auslassöffnung abgeführt werden kann, weil die seitenwandnahen Abschnitte des Filtereinsatzes auf den in diesem Bereich ungenuteten Behälterboden aufliegen und dadurch den Strömungsweg zu den bodenseitigen Nuten versperren.

2.

Seit Oktober 2002 vermarktet die Klägerin gemeinsam mit der Firma Ph. die Erfindung in Form des sogenannten Senseo-Kaffeebrühsystems. Es umfasst einen Kaffee-Brühautomaten – wie nachstehend abgebildet –

in welchen – wie nachfolgend darstellt –

Träger eingesetzt werden, welche vorher mit einem Kaffee-Pad (dh Filtereinsatz) bestückt werden.

3.

Der Beklagte bietet an und vertreibt »Coffee-Pads«. Nachstehend ist eine Umverpackung auszugsweise wiedergegeben.

II.

Angebot und Vertrieb der streitbefangenen Coffee-Pads verletzen das Klagepatent mittelbar.

Gemäß Art 64 EPÜ, § 10 Abs 1 PatG hat das Patent die Wirkung, dass es jedem Dritten verboten ist, ohne Zustimmung des Patentinhabers anderen als zur Benutzung der patentierten Erfindung berechtigten Personen Mittel, welche sich auf ein wesentliches Element der Erfindung beziehen, zur Benutzung der Erfindung anzubieten oder zu liefern, wenn der Dritte weiß oder es aufgrund der Umstände offensichtlich ist, dass diese Mittel dazu geeignet und bestimmt sind, für die Benutzung der Erfindung verwendet zu werden. Die genannten Tatbestandsvoraussetzungen sind im Streitfall – entgegen der Auffassung des Beklagten – erfüllt:

1.

Dass es sich bei den streitigen Coffee-Pads um Mittel handelt, die sich auf ein wesentliches Element der Erfindung beziehen, kann nicht ernstlich zweifelhaft sein. Im Rahmen der erfindungsgemäßen technischen Lehre, wie sie Gegenstand von Patentanspruch 1 ist, kommt den Filtereinsätzen nicht nur eine untergeordnete Bedeutung zu; in ihnen verkörpert sich vielmehr – genauso wie in dem den Filtereinsatz aufnehmenden Behälter – der eigentliche Erfindungsgedanke. Der angestrebte Effekt – das Verhindern einer Umlenkung des Brühwassers – beruht nämlich nicht allein auf dem becherförmigen Behälter und seiner erfindungsgemäßen Ausgestaltung; er stellt sich vielmehr nur ein, wenn auch der Filtereinsatz in geeigneter, dh den Erfindungsmerkmalen entsprechender Weise, dimensioniert und ausgestaltet ist. Deutlich wird dies bereits anhand der Anspruchsfassung, die für den Filtereinsatz ganz konkrete, auf den ihn aufnehmenden Behälter bezogene Anforderungen stellt. Merkmal (3) besagt insoweit, dass der Filtereinsatz auf dem Behälterboden aufliegt (dh keinen Abstand von diesem hält) und sich über dem Boden bis zur Seitenwand des Behälters erstreckt. Der technische Sinn dieser Anweisungen erschließt sich dem Durchschnittsfachmann unmissverständlich durch den Beschreibungstext auf Seite 4, Zeilen 1 bis 7, 17 bis 23; S. 12 Zeilen 6 bis 21. Namentlich der zuletzt genannten Textstelle kann der Fachmann entnehmen, dass sich der unerwünschte Umlenkeffekt immer dann einstellen kann, wenn zwischen der Unterseite des Filtereinsatzes und dem Boden des Behälters ein Abstand besteht, der es dem Brühwasser, welches über die Oberseite des Filtereinsatzes in dessen Randbereich strömt, ermöglicht, an der Unterseite des Filtereinsatzes bis zur Auslassöffnung weiter zu fließen. Derartiges ist ersichtlich möglich, wenn der Filtereinsatz überhaupt nicht mit dem Behälterboden in Kontakt steht, sondern von diesem beabstandet ist. Eine Umlenkung kann sich jedoch auch dann einstellen, wenn die zur Auslauföffnung führenden Bodenrillen sich bis in den Randbereich des Filtereinsatzes erstrecken, wie dies beim vorbekannten Stand der Technik nach der US-Patentschrift 3 620 155 der Fall ist. Unter derartigen Verhältnissen nämlich nehmen die Bodenrillen, die zwischen dem Behälter und dem Filtereinsatz partiell einen Abstand schaffen, das zum Rand des Filtereinsatzes geströmte Brühwasser auf und leiten es direkt zur Auslassöffnung ab. Vergleichbares geschieht nicht, wenn die Bodenrillen versetzt zum Rand des auf dem Behälterboden aufliegenden Filtereinsatzes beginnen, weil in diesem Fall im seitenwandnahen Randbereich zwischen Boden und Filtereinsatz ein vollflächiger Kontakt besteht, der das über die Oberseite des Filtereinsatzes zur Seitenwand geströmte Brühwasser daran hindert, seinen Weg unterhalb des Filtereinsatzes fortzusetzen. Die erfindungsgemäße Lehre beruht damit – für den Fachmann erkennbar – auf der gegenseitigen Abstimmung von Behälterboden (speziell seiner Ablaufrillen) und Filtereinsatz. Sie soll und muss zur Erzielung der erfindungsgemäßen Vorteile so getroffen sein, dass der Filtereinsatz sich über denjenigen Bereich des Bodens hinaus erstreckt, in dem die von der Seitenwand beabstandeten Bodennuten beginnen.

2.

Es ist gleichermaßen unbestreitbar, dass die angegriffenen Coffee-Pads objektiv dazu geeignet sind, mit den erfindungsgemäßen Behältern des Typs »Senseo« in patentgemäßer Weise zusammenzuwirken. Belegt wird dies durch die von dem Beklagten selbst vorgelegten Muster. Sie beweisen, dass der mit Nuten versehene Bodenbereich des Behälters einen Durchmesser von 41 mm hat, dass sich radial jenseits dieses genuteten Bereichs ein weiterer, durch die Seitenwand begrenzter Bodenbereich ohne Nuten ringförmig anschließt, dessen Breite etwa 10 mm beträgt, und dass der mit Kaffeepulver bestückte Teil der Pads einen Durchmesser von ca 60 mm besitzt. Die vorliegenden Muster bestätigen insofern, dass der Filtereinsatz auf dem Boden des Behälters aufliegt und sich bis zur Seitenwand des Behälters erstreckt. Da der Durchmesser der Coffee-Pads um ca 20 mm größer ist, als der Durchmesser des genuteten Behälterbodens, ergibt sich in Einbaulage eine Baueinheit dergestalt, dass die bodenseitigen Ablaufrillen in einem Bereich beginnen, der von dem mit Kaffeepulver bestückten Filtereinsatz überdeckt wird. Dass die erfindungsgemäßen Vorteile bei Verwendung eines angegriffenen Coffee-Pads in vollem Umfang erreicht werden, steht bei dieser Sachlage außer Frage.

Der Beklagte selbst hat im Übrigen die fraglichen Pads ursprünglich unter ausdrücklichem Hinweis auf das Senseo-Brühgerät angeboten. Nachdem der Beklagte selbst nicht geltend macht, die Pads seither in ihren Abmessungen verändert zu haben, ist auch vor diesem Hintergrund offensichtlich, dass die Coffee-Pads für eine Verwendung mit den erfindungsgemäßen Behältern, wie sie bei dem Senseo-Brühsystem gebräuchlich sind, taugen, und dem Beklagten dies auch bewusst ist.

Sein Hinweis, die Behälter des Senseo-Systems seien deswegen nicht erfindungsgemäß, weil statt rillenförmiger Nuten senkrechte Vorsprünge vorhanden seien, liegt neben der Sache. Dass die von Patentanspruch 1 vorausgesetzten »rillenförmigen Nuten« auch dadurch gebildet werden können, dass der Behälterboden mit einer Reihe von senkrechten Vorsprüngen in gleichmäßigem Abstand versehen wird, ergibt sich zweifelsfrei aus Unteranspruch 5 des Klagepatents, aus der Patentbeschreibung (Seite 5 Zeile 26 bis Seite 6 Zeile 2; Seite 14 Zeilen 11-23) sowie den Figuren 7 und 9.

3.

Zu Unrecht stellt der Beklagte in Abrede, dass die von ihm angebotenen Coffee-Pads von den Abnehmern subjektiv dazu bestimmt werden, in Senseo-Brühautomaten verwendet zu werden.

Unwidersprochen ist das Senseo-System im Oktober 2002 mit einem erheblichen Werbeaufwand im deutschen Markt eingeführt worden. Wie die Klägerin unwidersprochen vorgetragen hat, sind zwischenzeitlich 800.000 Geräte im Inland verkauft worden. Nach dem unwiderlegten Vorbringen der Klägerin handelt es sich überdies um das erste und bisher einzige Kaffee-Brühsystem für den privaten Haushalt, welches mit vorportionierten Kaffeepulvereinheiten bestückt wird. Dass Vergleichbares bereits vorher existiert hat oder als Konkurrenzprodukt zum Senseo-System auf dem Markt ist, hat der Beklagte nicht dargetan. Die von ihm präsentierten Verwendungsbeispiele beziehen sich nicht auf Kaffeebrühgeräte für den Privathaushalt, sondern auf Espressomaschinen, überwiegend aus dem Gastronomiebereich. Bei der gegebenen Sachlage ist davon auszugehen, dass das Senseo-Brühsystem in der Bundesrepublik Deutschland einzigartig ist, in jedem Fall aber eine Spitzenstellung einnimmt.

Derjenige Kunde, der eine entsprechende Brühmaschine besitzt und neue Kaffee-Pads benötigt, muss angesichts der Verpackungsaufmachung, wie sie von dem Beklagten gewählt worden ist, zwangsläufig zu der Überzeugung gelangen, dass sich auch die Coffee-Pads des Beklagten für seinen Bedarf eignen. Abgesehen davon, dass die Coffee-Pads ausweislich der bildlichen Darstellung auf der Umverpackung ein dem Original der Klägerin sehr ähnliches Aussehen haben und praktisch dieselbe Bezeichnung (»Coffee-Pads« statt »Kaffee-Pads«) tragen, was dem Verbraucher an sich schon eine Austauschbarkeit mit dem Produkt der Klägerin nahelegt, weist der Beklagte auf den Verpackungen – deutlich sichtbar und farbig unterlegt – darauf hin, dass seine Filtereinsätze »für alle Coffee-Pad-Systeme« geeignet sind. Der Kunde versteht dies zwanglos dahin, dass das ihm angebotene Produkt fraglos auch für das am Markt dominierende Senseo-Pad-System brauchbar ist, und wird die Filtereinsätze des Beklagten dementsprechend für sein Senseo-Kaffeebrühgerät kaufen und verwenden.

Dem steht nicht entgegen, dass auf der Packungsrückseite im Rahmen der Verwendungsanweisung davon die Rede ist, die Pads »in den Siebträger der jeweiligen Espresso-Maschine« einzusetzen. Der Hinweis auf Espressomaschinen befindet sich in einem relativ klein gedruckten Fließtext auf der Rückseite der Verpackung. Dort, vor allem aber auf der Verpackungsvorderseite, ist demgegenüber das angebotene Produkt mehrfach – und drucktechnisch auffällig – als »Coffee-Pad« bezeichnet (»die neue Coffee-Idee«, »18 Coffee-Pads«, »für alle Coffee-Pad-Systeme«, »THE UNIVERSAL COFFEE«). Insgesamt kann hiernach für den angesprochenen Verkehr kein vernünftiger Zweifel daran aufkommen, dass es sich um Filtereinsätze handelt, die in mit einem erfindungsgemäßen Behälter ausgestattete Kaffe-Brühgeräte eingesetzt werden sollen. Angesichts der ausdrücklichen und wiederholten Bezeichnung als »Coffee-Pads« kann den Beklagten auch nicht entlasten, dass die Pads – wie er behauptet, für die Kunden jedoch nicht ersichtlich ist – tatsächlich nicht mit Kaffeepulver, sondern einem Espresso-Pulver gefüllt sind.

4.

Dass die Abnehmer der streitigen Pads eine patentgemäße Verwendungsbestimmung treffen, ist dem Beklagten nicht nur bewusst, sondern wird von ihm auch angestrebt. Angesichts der Tatsache, dass die Coffee-Pads ausdrücklich für »alle Coffee-Pad-Systeme« angeboten werden und das Senseo-Kaffeebrühsystem das einzige, in jedem Fall aber das ganz dominierende Pad-System für Kaffeebrühautomaten ist, liegt auf der Hand, dass eine Nachfrage nach Kaffee-Pads vor allem (wenn nicht ausschließlich) bei denjenigen besteht, die im Besitz eines Senseo-Brühautomaten der erfindungsgemäßen Art sind. Es ist insofern offensichtlich, dass der Beklagte mit seinen Produkten auch und gerade diese Nachfrage bedient und bedienen will.

5.

Allein durch den Erwerb und Besitz eines Senseo-Kaffeebrühautomaten sind die betreffenden Abnehmer der streitbefangenen Coffee-Pads nicht als zur Benutzung der Erfindung berechtigte Personen ausgewiesen. In dem mit Billigung der Klägerin erfolgten Verkauf eines (den erfindungsgemäßen Behälter [Träger] umfassenden) Senseo-Brühgerätes liegt zunächst nur das Einverständnis, den Automaten mit Pads der Klägerin zu bestücken und zu betreiben. Auch unter Erschöpfungsgesichtspunkten ergibt sich nichts anderes. Dem Erwerber eines patentgeschützten Gegenstandes ist lediglich der Gebrauch des Erzeugnisses gestattet, wozu übliche Maßnahmen zur Inbetriebnahme, Pflege und Ausbesserung gehören, nicht jedoch die Vornahme von Instandsetzungshandlungen, welche auf eine erneute Herstellung eines funktionsunfähig gewordenen Produktes hinauslaufen. Um einen Fall der letztgenannten Art handelt es sich vorliegend. Anspruch 1 des Klagepatents schützt eine Baueinheit, bestehend aus a) einem Behälter und b) einem Filtereinsatz. Nach Benutzung eines Coffee-Pads ist die patentgeschützte Baueinheit aufgebraucht und als solche nicht mehr funktionstauglich. Das Einlegen eines neuen Filtereinsatzes stellt deshalb die verloren gegangene Brauchbarkeit des patentierten Gegenstandes wieder her, womit es sich um einen Akt der Neuherstellung handelt, welcher dem Schutzrechtsinhaber vorbehalten ist.

Gemäß § 10 Abs 3 PatG steht der Annahme einer mittelbaren Patentverletzung auch nicht entgegen, dass die patentgeschützte Baueinheit erst beim Endverbraucher, dh im privaten Bereich entsteht, welcher gemäß § 11 Nr 1 PatG von den Wirkungen des Patentschutzes ausgenommen ist.

6.

Offensichtlich unbegründet ist der Einwand des Beklagten, bei den streitigen Coffee-Pads handele es sich um allgemein im Handel erhältliche Teile im Sinne von § 10 Abs 2 PatG.

III.1.

Da der Beklagte das Klagepatent nach allem widerrechtlich mittelbar verletzt hat, ist er der Klägerin zur Unterlassung verpflichtet (Art 64 EPÜ, § 139 Abs 1 PatG). Zu Gunsten der Klägerin ist dabei ein Schlechthinverbot auszusprechen, weil die streitigen Coffee-Pads des Beklagten sinnvoll nur in Kaffeebrühautomaten verwendet werden können, die mit einem patentgemäßen Behälter ausgerüstet sind. Die von dem Beklagten entgegengehaltenen alternativen Verwendungsmöglichkeiten stellen keinen in der Praxis ernsthaft in Betracht kommenden Gebrauch der Coffee-Pads dar.

Dies gilt zunächst für die Behauptung, die Pads könnten lose in den Filterkorb einer herkömmlichen Kaffeemaschine eingelegt werden. Wie die Kammer anhand eines praktischen Experimentes mit einer handelsüblichen Kaffeemaschine festgestellt hat, gelingt es auf die von dem Beklagten geltend gemachte Weise nicht, ein Getränk zu erhalten, welches es auch nur annähernd verdient, als Kaffee bezeichnet zu werden. Grund hierfür ist, dass das Brühwasser augenblicklich durch die Auslassöffnung des Filterkorbes austritt, ohne zuvor über eine hinreichende Zeit Gelegenheit gehabt zu haben, das in dem Filtereinsatz enthaltene Kaffeepulver zu extrahieren. Verstärkt wird dieser Effekt weiter dadurch, dass sich die Coffee-Pads in dem Filterkorb im Wesentlichen aufrecht stehend orientieren, was zur Folge hat, dass das Brühwasser den Pad nur teilweise überströmt. Aufgrund beider Faktoren kommt es letztlich dazu, dass eine irgendwie nennenswerte Extraktion des im Filtereinsatz bevorrateten Kaffeemehls nicht stattfindet.

Gleichermaßen unberechtigt ist die Ansicht des Beklagten, die streitigen Coffee-Pads könnten in Espresso-Maschinen verwendet werden. Zu Geräten nach dem sogenannten ESE-Standard, die bestimmungsgemäß mit Espresso-Pads bestückt werden, hat die Klägerin unwidersprochen vorgetragen, dass deren Pad-Träger einen derart geringen Durchmesser haben, dass die angegriffenen (deutlich größer dimensionierten) Pads nicht verwendet werden können. Der Beklagte selbst hat deshalb auch lediglich darauf abgestellt, dass die streitbefangenen Coffee-Pads in becherförmige Siebträger verschiedener handelsüblicher Espressomaschinen eingelegt werden könnten. Auch diese Art der Benutzung steht – anders als der Beklagte meint – nicht ernsthaft zu erwarten. Becherförmige Siebträger werden üblicherweise mit losem Espressopulver gefüllt. Bereits von daher erscheint es fraglich, ob für sie eine Bestückung mit Coffee-Pads vom Abnehmer erwogen wird. Selbst wenn dies zumindest vereinzelt der Fall sein sollte, ist jedoch von Bedeutung, dass es sich ausweislich der eigenen Produktbeschreibung des Beklagten nicht um Espresso-Pads, sondern um Kaffee-Pads handelt. Es stellt sich deshalb die – auch im Verhandlungstermin erörterte – Frage, ob ein Abnehmer, der im Besitz einer Espressomaschine mit becherförmigem Siebträger ist, auf das Produkt des Beklagten zurückgreifen würde. Nach Auffassung der Kammer ist dies zu verneinen. Wer eine Espressomaschine besitzt und einen Espresso aufbrühen will, wird Espresso-Mehl erwerben und verwenden, aber kein Kaffeemehl, und demzufolge auch keine Coffee-Pads.

2.

Der Beklagte hat die Ausschließlichkeitsrechte der Klägerin zumindest fahrlässig verletzt. Er haftet deshalb gemäß Art 64 EPÜ, § 139 Abs 2 PatG auf Schadenersatz. In diesem Zusammenhang ist es ohne Belang, dass der mittelbaren Patentverletzung wegen § 11 Nr 1 PatG keine unmittelbare Patentverletzung nachfolgt (OLG Düsseldorf, Mitt. 2003, 264, 268 f – Antriebsscheibenaufzug). Da die genaue Schadenshöhe derzeit noch nicht feststeht, ist ein berechtigtes Interesse der Klägerin darin anzuerkennen, die Schadenersatzhaftung des Beklagten zunächst dem Grunde nach feststellen zu lassen (§ 256 ZPO).

Damit die Klägerin in die Lage versetzt wird, den ihr zustehenden Schadenersatzanspruch zu beziffern, hat der Beklagte im zuerkannten Umfang Rechnung über seine Verletzungshandlungen zu legen (§ 140b PatG, §§ 242, 259 BGB). Hinsichtlich der Angebotsempfänger ist ihm allerdings – worüber von Amts wegen zu befinden war – ein Wirtschaftsprüfervorbehalt einzuräumen (OLG Düsseldorf, Urteil v 9.1.2003 – 2 U 94/01).

d) Haftungsvereinbarungen zwischen Lieferant und Abnehmer

Vertragliche Absprachen zwischen dem mittelbar verletzenden Lieferanten und dem Abnehmer des Mittels sind niemals zulasten Dritter wirksam. Beide können deshalb nicht durch Vereinbarung das Recht des Verletzten (Patentinhaber, ausschließlicher

Lizenznehmer) beschränken, statt des Abnehmers – allein oder auch – den mittelbar verletzenden Lieferanten gemäß § 10 PatG in Anspruch zu nehmen. Mittelbarer und unmittelbarer Verletzer haften dem Verletzten vielmehr nach *seiner* freien Wahl (und zwar bei Begründetheit des Anspruchs gegen beide als Gesamtschuldner).

473 Haftungsabsprachen zwischen Lieferant und Abnehmer können immer nur Bedeutung für das **Innenverhältnis** haben. Sie sehen typischerweise vor, dass allein der Abnehmer für die Folgen einer mit dem Mittel begangenen Patentverletzung einstehen soll (indem er den Lieferanten von dessen Haftung freizustellen hat). Dahingehende Regelungen machen Sinn, wenn das gelieferte Mittel – technisch und wirtschaftlich vernünftig – auch patentfrei gebraucht werden kann, der Abnehmer es jedoch abredewidrig patentverletzend einsetzt. Ein ersatzfähiger Schaden entsteht dem Lieferanten mindestens durch die erfolgreiche Inanspruchnahme wegen mittelbarer Patentverletzung (Prozesskosten, ggf gesamtschuldnerische Schadenersatzhaftung), was voraussetzt, dass die mit dem Abnehmer über die Mittelverwendung getroffene Unterlassungsvereinbarung unzureichend ist, weil entweder eine Vertragsstrafenvereinbarung oder sogar ein Schlechthinverbot erforderlich gewesen wäre. Im Rechtsstreit über die mittelbare Verletzung kann es sich für den Lieferanten anbieten, dem (freistellungspflichtigen) Abnehmer den Streit zu verkünden, damit den gegen ihn getroffenen Feststellungen zu § 10 PatG Bindungswirkung für den anschließenden Freistellungsrechtsstreit verliehen wird.

9. Patentschutz für Ersatz- und Verbrauchsteile

474 Von besonderer wirtschaftlicher Bedeutung ist das Ersatzteilgeschäft. Durch das Erstgeschäft besteht bereits eine Kundenbindung, die weitere Verkäufe erleichtert; bei Ersatzteilen ist die Preisgestaltung weitgehend frei, was eine Gewinnmaximierung ermöglicht; solange auf dem Markt für das Hauptprodukt ein funktionierender Wettbewerb besteht, begegnet die Patentierung von Ersatzteilen keinen grundsätzlichen Kartellbedenken. Andererseits ruft die attraktive Preis/Kostenrelation unweigerlich Wettbewerber auf den Plan, die es vom Markt fernzuhalten gilt. Dazu bedarf es – neben einem etwaigen Design-, Marken- und Lauterkeitsschutz (§ 4 Nr 9 UWG) – tunlichst auch patentrechtlicher Verbietungsansprüche.

a) Patentschutz auf das Ersatzteil als solches

475 Den größtmöglichen Schutz bietet ein Patent, welches auf das Ersatz- oder Verschleißteil als solches erteilt ist. Der Grund liegt zunächst darin, dass gegen Wettbewerber, die das patentgeschützte Ersatz- oder Verschleißteil anbieten, wegen unmittelbarer – und nicht nur wegen mittelbarer – Patentverletzung vorgegangen werden kann. Unter den gegenüber § 10 PatG erleichterten Voraussetzungen des § 9 PatG reichen die Rechtsfolgen deutlich weiter. Sie umfassen nicht nur zusätzliche Handlungsformen (Herstellen, Besitzen, Gebrauchen, Anwenden), sondern sie vermitteln dem Patentinhaber auch Ansprüche (z.B. auf Vernichtung und Entschädigung), die ihm im Falle einer bloß mittelbaren Patentbenutzung nicht zustünden. Hinzu kommt, dass sich Fragen der patentrechtlichen Erschöpfung von vornherein nicht stellen, wenn der unter Patentschutz stehende Gegenstand als Ganzes aus fremder Quelle ersetzt wird.

476 Eine **Patenterteilung** auf das Ersatzteil muss deshalb die erste Priorität sein. Sie unterliegt keinem generellen Patentierungsverbot und kommt – je nach dem technischen Anwendungsgebiet – prinzipiell in verschiedener Hinsicht in Betracht:

aa) Herstellungsverfahren für Ersatzteil

477 Ein Patent auf ein neues Verfahren zur Herstellung des Ersatzteils macht im Hinblick auf den in § 9 Nr 3 PatG vorgesehenen derivativen Sachschutz für das unmittelbare Ver-

fahrenserzeugnis Sinn. Im Einzelfall ist jedoch abzuwägen, ob es anstelle einer der Öffentlichkeit zugänglichen Patentanmeldung nicht angebrachter ist, das innovative Fertigungsverfahren als geheimes Betriebs-Know-how zu halten. Abwägungskriterien in diesem Zusammenhang werden vordringlich die Möglichkeit eines Verletzungsnachweises sowie die Notwendigkeit einer Verfahrensbenutzung für den Wettbewerber auf dem Ersatzteilmarkt sein.

bb) Sachpatent auf Ersatzteilmaterial

Ähnliche Erwägungen sind für Erfindungen anzustellen, die einen neuen Werkstoff oder Schichtaufbau für das Ersatzteil betreffen. Auch hier stellt sich vor einer Patentanmeldung die Frage nach der Benutzungsnotwendigkeit dahingehend, ob und in welchem Umfang Ersatzteile abweichenden Materials oder Aufbaus trotz niedrigerer Preise im Markt nachgefragt werden. Je geringer der Zwang zur Benutzung des das Material oder den Materialaufbau betreffenden Schutzrechts ist, umso weniger wird sich ein derartiges Patent dazu eignen, Wettbewerber nachhaltig vom Markt fernzuhalten. 478

cc) Sachpatent auf Geometrie/Abmessungen

Als wesentlich effektiver erweist sich in dieser Hinsicht naturgemäß ein Sachpatent, das die konkrete Anschlussstelle (Geometrie, Abmessungen) zwischen dem Ersatzteil (zB einem Kotflügel) und dem Hauptgegenstand (zB dem zugehörigen Fahrzeug) unter Schutz stellt. Allerdings ist die Rechtsprechung äußerst zurückhaltend darin, einem derartigen Patentgegenstand, und zeichne er sich auch durch noch so viele und detaillierte Abmessungs- und Lagedetails aus, die notwendige Erfindungshöhe zuzusprechen.[608] 479

> **Bsp:**[609] 480
>
> Das Klagegebrauchsmuster betrifft ein Federelement für ein Kfz-Federbein mit folgenden Merkmalen:
>
> 1. Federelement basierend auf einem Dämpfungselement (i) auf der Basis von Polyisocyanat-Polyadditionsprodukten.
> 2. Das Dämpfungselement (i)
>   a) ist hohl,
>   b) zylindrisch,
>   c) hat eine Höhe (ii) von 68 bis 72 mm und
>   d) einen äußeren Durchmesser (iii) von 59 bis 63 mm.
> 3. Das Ende des Dämpfungselements (i) ist in Form einer umlaufenden Lippe (iv) ausgestaltet.
> 4. Der Hohlraum des Dämpfungselements (i) weist einen Durchmesser (v) von 20 bis 24 mm auf.
> 5. Der Durchmesser (v) des Hohlraums liegt an dem der umlaufenden Lippe (iv) gegenüberliegenden Ende des Dämpfungselements (i).
> 6. Der Hohlraum des Dämpfungselements erweitert sich
>   a) in einer Höhe von 14 mm
>   b) auf einen Durchmesser von 30,5 mm.

---

608 BGH, Urteil v 15.5.1997 – X ZR 77/94.
609 OLG Düsseldorf, Urteil v 16.6.2011 – I-2 U 97/06.

7. Auf der äußeren Oberfläche des Dämpfungselements (i) befinden sich zwei umlaufende Einschnürungen.

8. Die beiden umlaufenden Einschnürungen befinden sich

   a) in einer Höhe von 25 bis 40 mm und

   b) in einer Höhe von 45 bis 55 mm.

9. Die äußeren Durchmesser in den beiden Einschnürungen betragen zwischen 35 mm und 40 mm und zwischen 38 und 44 mm.

10. Das Dämpfungselement (i) weist Ausstülpungen (viii) auf.

11. Der Abstand (ix) zwischen den Ausstülpungen (viii) beträgt 5 bis 15 mm.

Die nachstehende Abbildung zeigt ein bevorzugtes Ausführungsbeispiel.

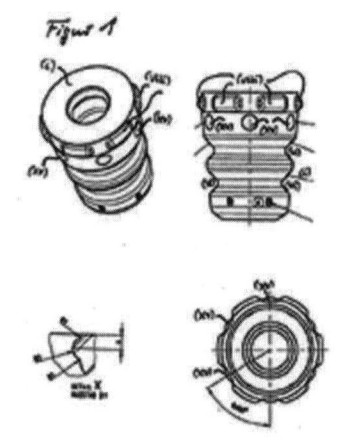

Trotz der Vielzahl von Einzelmerkmalen, die im vorbekannten Stand der Technik weitestgehend nicht identisch offenbart waren, ist eine Erfindung verneint worden. Auf das Wesentliche zusammengefasst wurde wie folgt argumentiert: Bei der Entwicklung des neuen Federelements konnte und musste der Fachmann von den Vorgaben ausgehen, die der Automobilhersteller in Bezug auf die erforderliche Federkennlinie und den verfügbaren Einbauraum (Kolbenstange, Stütztopf) macht. Aus seinem allgemeinen Erfahrungswissen weiß der Fachmann um die Vorzüge einer umlaufenden Lippe am Ende des Federelements sowie darum, dass äußere Einschnürungen ein vorteilhaftes und dementsprechend sinnvollerweise beizubehaltendes Ausstattungsdetail darstellen. Ausgehend hiervon konnte er sich an bekannten Federelementen gleichen Aussehens orientieren, wobei deren konstruktive Variation zur Erzielung der geforderten Federkennlinie als ein rein handwerkliches Vorgehen ohne schöpferischen Rang einzustufen ist.

dd) Sachpatent auf »erweiterte« oder »andersartige« Funktionalität

481 Erfolgversprechender im Hinblick auf eine mögliche Patenterteilung stellt sich ein Sachverhalt dar, bei dem dem Ersatzteil eine neue Funktionalität verliehen wird. Diese Funktion muss nicht notwendigerweise die Gebrauchsvorteile erhöhen und damit bei objektiver Betrachtung von spürbarem Nutzen für den Anwender sein. Seinen Zweck, das Ersatz- oder Verbrauchsteil zu monopolisieren, erfüllt ein Sachpatent vielmehr auch dann, wenn statt einer wirklich innovativen lediglich eine andersartige Funktionalität beansprucht wird, sofern erst sie die Kompatibilität des Ersatzteils mit dem (ggf bewusst

veränderten Hauptgegenstand) gewährleistet oder eine erfolgreiche Inbetriebnahme der Gesamtvorrichtung erlaubt.

▶ **Bsp:**[610]

Das Klagepatent betrifft einen Tintenstrahldrucker. Für solche Geräte ist es aus dem Stand der Technik bekannt, sie derart auszustatten, dass der Typ einer eingesetzten Tintenpatrone bestimmt werden kann. Konkret geschieht dies in der Weise, dass der Drucker (zB mithilfe einer Lichtschranke) das Vorhandensein/die Abwesenheit eines signalblockierenden Abschnitts der Tintenpatrone detektiert. Als Problem wird in der Klagepatentschrift angegeben, dass keine genaue Informationserfassung möglich sei, wenn die Patrone zu schnell oder nur teilweise eingesetzt, danach wieder partiell herausgehoben und schließlich vollends eingeführt wird.

Aber: Wer macht so etwas? Wie groß ist *objektiv* der technische Bedarf, die besagten »Handhabungsexzesse« zu beherrschen, und wie groß ist der *objektive* Nutzen für den technischen Fortschritt, das (scheinbare) Problem gelöst zu haben? Letztlich geht es nur darum, dasselbe nur auf andere technische Weise zu machen als vorher, um künstlich Kompatibilitätshindernisse für das Ersatzteil zu schaffen, indem die Einhaltung der patentierten Lehre die Voraussetzung dafür schafft, dass die Tintenpatrone in dem vom Patentinhaber stammenden Drucker in Betrieb gehen kann.

Die Lösung des Klagepatents besteht in einer mit 3 Signalblockierabschnitten ausgestatteten Tintenpatrone, wie sie nachfolgend beschrieben ist.

1. Tintenpatrone (10, 10') mit

    (1.1) einer Vorderwand (161),

    (1.2) einem ersten Signalblockierabschnitt (191),

    (1.3) einem zweiten Signalblockierabschnitt (189, 199) und

    (1.4) einem dritten Signalblockierabschnitt (72).

2. Der erste Signalblockierabschnitt (191)

    (2.1) steht von der Vorderwand (161) weg vor und

    (2.2) ist aufgebaut entweder zum Verhindern eines ersten Signals von dem Aufzeichnungsgerät (250), da durch zu gehen, oder zum Ändern eines Pfads des ersten Signals, wenn der erste Signalblockierabschnitt (191) das erste Signal empfängt.

3. Der zweite Signalblockierabschnitt (189, 199)

    (3.1) steht von der Vorderwand (161) in einer Einführungsrichtung (30) der Tintenpatrone (10) in ein Aufzeichnungsgerät (250) vor und

    (3.2) ist aufgebaut entweder zum Verhindern eines zweiten Signals von dem Aufzeichnungsgerät (250), da durch zu gehen, oder zum Ändern eines Pfads des zweiten Signals, wenn der zweite Signalblockierabschnitt (189, 199) das zweite Signal empfängt.

4. Der dritte Signalblockierabschnitt (72) ist aufgebaut entweder zum Verhindern des zweiten Signals, da durch zu gehen, oder zum Ändern eines Pfads des zweiten Signals, wenn der dritte Signalblockierabschnitt (72) das Signal empfängt.

---

610 OLG Düsseldorf, Urteil v 20.1.2011 – I-2 U 92/10.

A. *Schutzbereichsbestimmung*

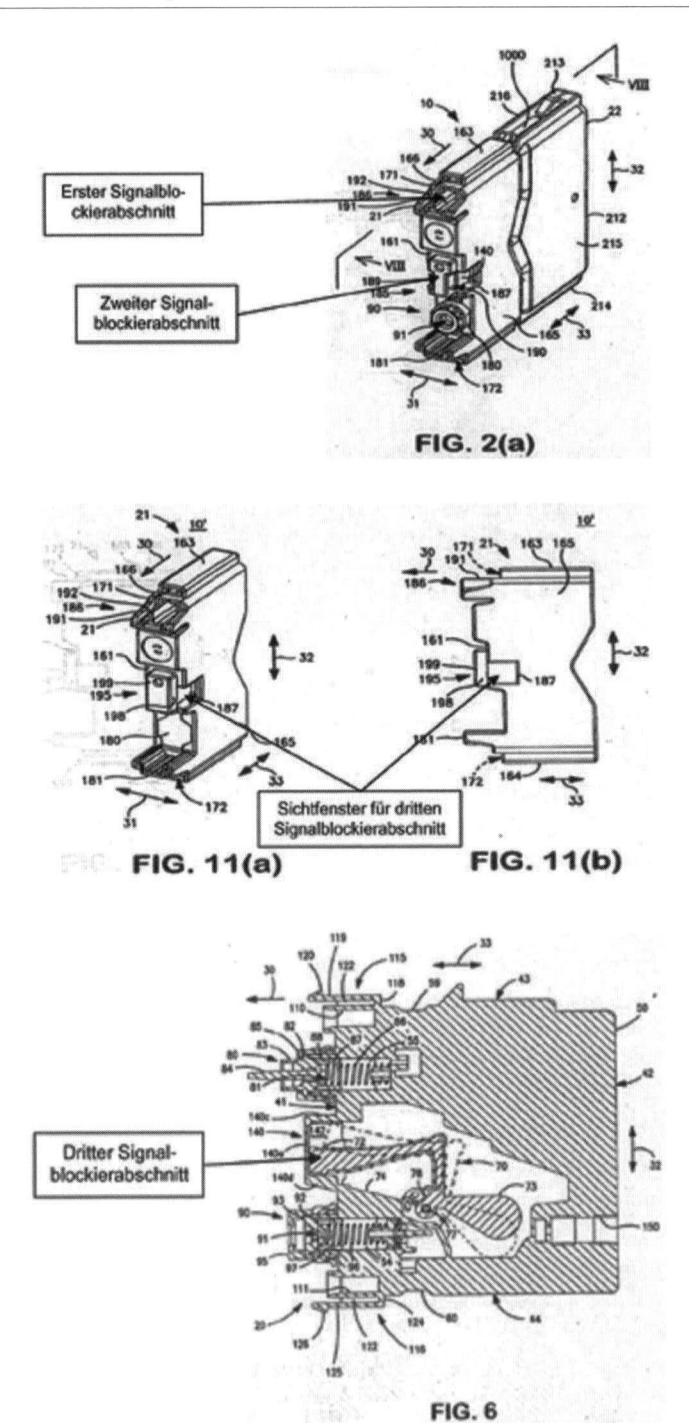

FIG. 2(a)

- Erster Signalblockierabschnitt
- Zweiter Signalblockierabschnitt

FIG. 11(a)   FIG. 11(b)

Sichtfenster für dritten Signalblockierabschnitt

FIG. 6

Dritter Signalblockierabschnitt

FIG. 15

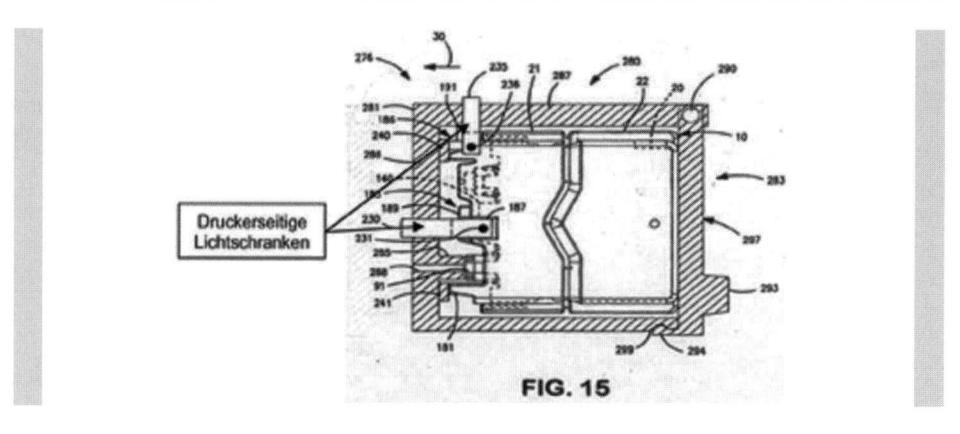

b) Patentschutz auf eine größere Baueinheit

Die zweite (nur nachrangig vorteilhafte) Priorität liegt darin, einen Patentschutz wenigs- 483
tens auf die größere, das Ersatz- oder Verbrauchsteil umfassende Baueinheit zu erhalten.
Ein solches Kombinationspatent erlaubt einen Angriff gegen das von dritter Seite angebotene Ersatzteil (welches lediglich *einen* Teil der geschützten Gesamtkombination
repräsentiert) allein nach den Regeln und unter den Voraussetzungen der mittelbaren
Patentverletzung (§ 10 PatG).

Bedeutung hat dies vor allem im Hinblick auf den **Erschöpfungseinwand**, der immer 484
dann Relevanz gewinnt, wenn das Ersatzteil von dem Wettbewerber für einen anderen
Teil der patentgeschützten Kombination angeboten und geliefert wird, den der Patentinhaber oder sein Lizenznehmer auf den Markt gebracht hat. Bekanntlich – und wie weiter
unten[611] noch näher ausgeführt werden wird – führt die Bereitstellung eines Ersatzteils
dann zu einer Neuherstellung (und mithin zu einem Versagen des Erschöpfungseinwandes), wenn die überwiegende Mehrzahl der Abnehmer patentgemäßer Gegenstände der
Auffassung ist, dass mit dem Verbrauch des auszutauschenden Ersatz- oder Verbrauch-
steils auch der verbleibende Rest der Kombination wirtschaftlich wertlos geworden ist.
Sofern die Einschätzung eine andere ist, liegt eine Neuherstellung dann vor, wenn sich
die Erfindung gerade in dem Ersatz- oder Verbrauchsteil konzentriert, sei es, dass das
Ersatzteil mit seiner konstruktiven Ausgestaltung oder dank der mit ihm bereitgestellten
Funktion einen kardinalen Lösungsbeitrag zur Erfindung leistet, sei es, dass sich die
Erfindungsvorteile speziell in dem Ersatzteil niederschlagen, dessen Funktion oder
Lebensdauer beispielsweise verbessert wird. Da es für die Einschätzung der Verkehrskreise auf die unter Patentschutz stehende Baueinheit ankommt, unabhängig davon, ob
sie auf dem Markt überhaupt selbstständig gehandelt wird, und auch für die Beurteilung
der Frage, wo sich hauptsächlich die Erfindung verwirklicht, der (vom Horizont eines
Durchschnittsfachmanns verstandene) Inhalt der Patentschrift maßgeblich ist, kann
durch eine geschickte Anspruchsformulierung etwaigen Erschöpfungsproblemen aus
dem Weg gegangen werden. Je kleiner die patentierte Baueinheit gewählt wird und je
weniger sie konstruktiv über das eigentliche Ersatz- oder Verbrauchsteil hinausgeht,
umso größer ist tendenziell die Wahrscheinlichkeit, dass sich mit der Funktionsuntaug-
lichkeit des Ersatz- oder Verbrauchseils der gesamte Patentgegenstand erledigt hat, was
unmittelbar zur Nicht-Erschöpfung führt. Allerdings handelt es sich insoweit bloß um
eine Faustformel, weil sich mit der »Größe« der Baueinheit auch der Abnehmerkreis
verändern kann, der zur Beurteilung der Verkehrsauffassung über den Restgegenstand
heranzuziehen ist.

---

611 Vgl Kap E Rdn 627 ff.

485 ▶ **Bsp:**

Patentanspruch 1 betrifft eine Tonerkartusche mit einer elektrofotografischen Trommel und einer Verarbeitungseinheit zum Betätigen der Trommel im Druckbetrieb, wie sie nachstehend bildlich wiedergegeben ist.

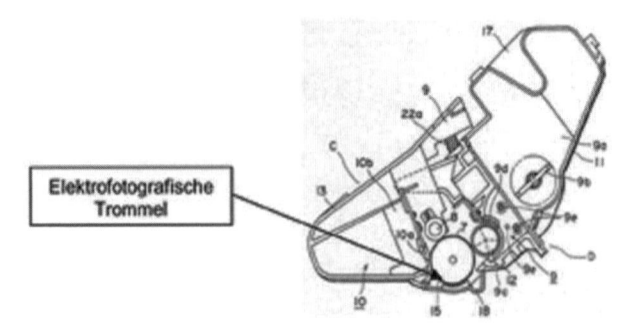

Patentanspruch 2 schützt den gesamten Laserdrucker mit einer Tonerkartusche nach Anspruch 1.

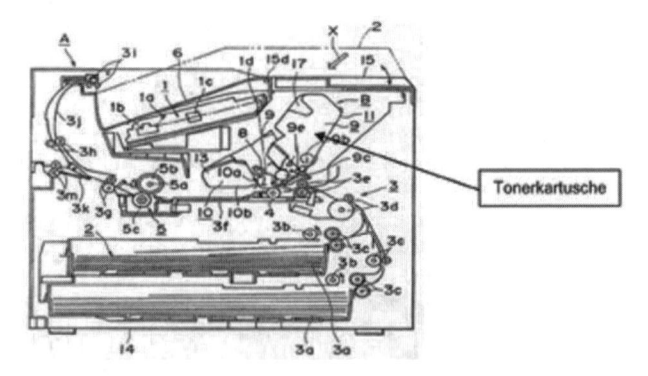

»Abnehmer« (deren Wertvorstellungen entscheiden) sind in Bezug auf eine Baueinheit nach Anspruch 1 die Besitzer patentgemäßer Laserdrucker mit Nachrüstbedarf sowie die professionellen Aufbereiter leerer Tonerkassetten. Haben sie unterschiedliche Werteinschätzungen, kommt es darauf an, welche Abnehmergruppe die zahlenmäßig größere ist. »Abnehmer« hinsichtlich der Baueinheit nach Anspruch 2 sind ausschließlich die Interessenten für Laserdrucker.

c) Patentschutz auf Zubehörteile

486 Alles zuvor Gesagte gilt prinzipiell auch für Zubehörteile, worunter hier solche Ausstattungsbauteile verstanden werden, durch die dem Patentgegenstand eine variierende Funktionalität verliehen wird. Ein mögliches Beispiel bildet der weiter unten[612] noch abgehandelte Fall eines Oszillationsantriebs, der mit verschiedenen Werkzeugaufsätzen (Säge, Spachtel, Meißel) betrieben werden kann. Kommt eine isolierte Patentierung des Werkzeuges nicht in Betracht, was die allererste Priorität sein sollte, und ist lediglich die Kombination aus Antrieb und (nicht näher konkretisiertem) Werkzeug zur Patentertei-

---

612 Kap E Rdn 633.

lung gelangt, ergeben sich Besonderheiten bei der Behandlung des Erschöpfungseinwandes. Er kann nämlich werkzeugspezifisch zu beurteilen sein und kommt alsdann erst in Betracht, wenn der Inhaber des Antriebs aus der Quelle des Patentinhabers nicht nur irgendein taugliches Werkzeug bezogen hat, sondern ein solches, das im Anwendungsbereich mit dem des Drittanbieters übereinstimmt.

B. Sachverhaltsermittlung

Ist der Schutzbereich derjenigen Schutzrechte bestimmt, auf die ein potenzielles Verletzungsverfahren gestützt werden kann, gilt es in einem zweiten Schritt, den Verletzungstatbestand zu ermitteln und festzulegen.

I. Merkmalsgliederung

Um diese Arbeit zu erleichtern und vor allem zu verhindern, dass wesentliche Gesichtspunkte bei der Beurteilung übersehen oder nicht ausreichend berücksichtigt werden, sollte zunächst eine Merkmalsgliederung des bzw der in Kombination geltend zu machenden Ansprüche des fraglichen Klagepatentes angefertigt werden. Auf der einen Seite ist es dabei vorteilhaft, wenn sich die Merkmalsgliederung weitestgehend an dem Aufbau und den Formulierungen der Ansprüche orientiert. Hierdurch können im späteren Verfahrensverlauf Diskussionen über die Merkmalsgliederung vermieden werden. Auf der anderen Seite dient die Merkmalsgliederung jedoch auch dazu, dem Leser und vor allem später einem Gericht den Patentanspruch so darzulegen, dass die technische Lehre verständlich wird.

Drei Dinge sind dabei zu beachten:

– Der Wortlaut des Anspruchs darf nicht verändert werden. Es ist aber unbedingt ratsam, unschöne Relativverschachtelungen, die das Verständnis erschweren, aufzulösen, und zwar jede!

– Die einzelnen Merkmale des Patentanspruches sind – ungeachtet ihrer Zugehörigkeit zum Oberbegriff oder zum Kennzeichen – in derjenigen Reihenfolge (neu) zu ordnen, in der sie nach technischen Gesichtspunkten zusammengehören.[1] Durch die Aufteilung in Merkmale und Untermerkmale können Zusammenhänge hergestellt und Gewichtungen der technischen Komponenten einer Lehre vorgenommen werden, die nicht nur das Verständnis erleichtern, sondern schon die Argumentation im Hinblick auf die patentgemäße Lehre oder den Verletzungstatbestand vorbereiten.

– Nicht vergessen werden sollte sowohl für das eigene Verständnis als auch dasjenige Dritter, die Bezugsziffern aus dem Anspruch und den Figuren des Patents in die Merkmalsgliederung zu übernehmen und – was typischerweise die Merkmale des Oberbegriffs betrifft – fehlende Bezugsziffern zu ergänzen.

Bei europäischen Patenten, die in englischer oder französischer Verfahrenssprache eingereicht wurden, kann es sich anbieten, vor Erstellung der Merkmalsgliederung die Ansprüche in der Verfahrenssprache zurate zu ziehen, um **Übersetzungsfehler** aufzufinden und frühzeitig zu berücksichtigen. Denn nach Art 70 Abs 1 EPÜ stellt in jedem Vertragsstaat der Wortlaut des europäischen Patents in der vom Anmelder gewählten Verfahrenssprache die verbindliche Fassung dar.[2]

---

[1] Vgl umfassend Meier-Beck, GRUR 2001, 967.
[2] Ausdrücklich hervorgehoben auch von BGH, GRUR 1999, 909, 912 – Spannschraube; Vertrauensschutz nach Art II § 3 Abs 5 IntPatÜG aF beachten, der für vor dem 1.5.2008 veröffentlichte Patente weiterhin gilt (Art XI § 4 IntPatÜG)!

8 Anhand einer entsprechend vorbereiteten Merkmalsgliederung kann der Verletzungsgegenstand oder ein schutzrechtsverletzendes Verfahren einfach und systematisch auf seine Übereinstimmungen mit sämtlichen Merkmalen des potenziellen Klageschutzrechtes überprüft werden. Jedes Merkmal ist dabei gesondert zu beurteilen und nachzuvollziehen. Ergeben sich auch nur bei einem Merkmal Zweifel im Hinblick auf die tatsächliche Ausgestaltung des Verletzungsgegenstandes, sollte dieser aufs Neue eingehend untersucht werden.

9 Schon in diesem Stadium ist auch darauf zu achten, dass die Verwirklichung eines jeden Merkmals im Falle des Bestreitens seitens des Beklagten nachgewiesen werden muss. Vor allem wenn der Verletzungsgegenstand sich nicht in den Händen des Klägers befindet, muss frühzeitig ausreichendes Material wie Prospekte, Analysen und Beschreibungen sowie am besten Fotografien der angegriffenen Ausführungsform beschafft werden, wobei sich aus den Unterlagen die Verwirklichung sämtlicher Merkmale der potenziellen Klageschutzrechte durch die angegriffene Ausführungsform ergeben sollte. Ggf ist auch an ein der Verletzungsklage vorgeschaltetes Besichtigungsverfahren zu denken.

II. Besichtigungsanspruch und Vorlageverpflichtung zur Sachaufklärung und Beweissicherung[3]

10 Eine Klage wegen Patentverletzung hat nur Aussicht auf Erfolg, wenn der Verletzungstatbestand substantiiert vorgetragen und im Falle des Bestreitens durch den Beklagten bewiesen werden kann. Der Vortrag lässt sich dabei am vorteilhaftesten unter Rückgriff auf die angegriffene Ausführungsform selbst führen. Kann der Kläger die Verletzungsform mit Mustern aus einem Testkauf[4] oder gegebenenfalls mithilfe von Zeichnungen, Untersuchungs- oder Besichtigungsberichten etc belegen, kann der Beklagte dem nur noch mit einem substantiierten Vortrag entgegentreten (§ 138 ZPO). Ein einfaches Bestreiten ist ihm verwehrt. Er muss erläutern, wie die angegriffene Ausführungsform bezüglich des streitigen Merkmals tatsächlich ausgestaltet ist. Darüber hinaus kann nach den Grundsätzen von Treu und Glauben eine Verpflichtung der nicht beweisbelasteten Partei bestehen, dem Gegner Informationen zur Erleichterung seiner Beweisführung zu bieten. Dies gilt jedoch nur in seltenen Ausnahmefällen und erspart dem Kläger nicht einen substantiierten Vortrag zu dem Verletzungstatbestand in der ersten Instanz.[5] Dies gilt insbesondere im Hinblick auf § 531 ZPO, durch den die Möglichkeiten, neuen Sachverhalt in der Berufungsinstanz vorzutragen, erheblich eingeschränkt sind. Ein vor Klageerhebung nicht umfassend aufgeklärter Sachverhalt birgt dementsprechend erhebliche Risiken für das spätere Verfahren.

11 Probleme ergeben sich bei der Vorbereitung eines Schutzrechtsverletzungsverfahrens, wenn die tatsächliche Ausgestaltung der angegriffenen Ausführungsform nicht bzw nicht vollständig bekannt ist, und am Markt trotz entsprechender Bemühungen kein Muster erlangt oder besichtigt werden kann.

---

[3] Battenstein, Informationsbeschaffung, 2006; Müller-Stoy, Nachweis und Besichtigung des Verletzungsgegenstandes, 2008; Sommer, Beweisbeschaffung, 2013; Kühnen, GRUR 2005, 185; Kühnen, Mitt 2009, 211; Eck/Dombrowski, FS 50 Jahre BPatG, 2011, S 169 ff.

[4] Zur Rechtsmissbräuchlichkeit eines Testkaufs vgl LG Düsseldorf, InstGE 10, 193 – Geogitter; OLG Düsseldorf, Urteil v 14.1.2010 – I-2 U 124/08.

[5] BGH, GRUR 2004, 268 – Blasenfreie Gummibahn II; BGH, GRUR 1995, 693 – Indizienkette.

1. Materielle Voraussetzungen

a) Art 43 TRIPS

Ein direkter Rückgriff auf Art 43 Abs 1 TRIPS, der die Vorlage eines bei der gegnerischen Partei befindlichen Gegenstandes auf Anordnung des Gerichts als Beweismittel vorsieht, ist nicht möglich. Ein entsprechendes Vorgehen würde – mangels eindeutiger Umsetzung des TRIPS-Abkommens in nationales Recht – die unmittelbare Anwendbarkeit von Teil III des TRIPS-Abkommens voraussetzen.[6] Sie wird zwar hinsichtlich einzelner Vorschriften, beispielsweise Art 50 TRIPS, diskutiert[7], vom EuGH aber grundsätzlich entsprechend seiner bisherigen Rechtsprechung auch zu den WTO-Übereinkommen abgelehnt. Die Gerichte sind jedoch verpflichtet, den Inhalt von TRIPS so weit wie möglich bei der Anwendung nationalen Rechts zu berücksichtigen.[8]

b) §§ 809, 810 BGB

Als solche innerstaatlichen Vorschriften sind die §§ 809, 810 BGB anzusehen. Sie stellen einem Anspruchsteller zum Zwecke der Sachverhaltsaufklärung einen allgemein zivilrechtlichen Besichtigungsanspruch zur Verfügung, wenn er gegen den (unmittelbaren oder mittelbaren[9]) Besitzer einer Sache einen Anspruch in Ansehung der Sache geltend macht oder sich über einen derartigen Anspruch Gewissheit verschaffen will (§ 809 BGB) bzw gewähren – unter vergleichsweise engen Voraussetzungen – einen Anspruch auf Einsicht in eine im fremden Besitz befindliche Urkunde (§ 810 BGB). Der Besichtigungsanspruch setzt nicht das Vorliegen von dinglichen Ansprüchen in Ansehung der Sache voraus, sondern kann auch bei Schutzrechtsverletzungen herangezogen werden.[10]

Waren bisher durch die BGH-Entscheidung »Druckbalken«[11] dem Besichtigungsanspruch enge Grenzen gesetzt, hat der BGH mit der Entscheidung »Faxkarte«[12] sowohl die Anforderungen als auch die Möglichkeiten, die der Besichtigungsanspruch bietet, ausgeweitet. So musste sich früher aus dem Vortrag des Gläubigers eine erhebliche Wahrscheinlichkeit einer Patentverletzung ergeben. Nun trägt die Rechtsprechung der Tatsache Rechnung, dass die Besichtigung gerade auch demjenigen offen steht, der sich erst Gewissheit über das Vorliegen eines Anspruchs verschaffen möchte, und hat die Anforderungen gelockert. Der Anspruch kann jedoch auch weiterhin nicht beliebig gegen Dritte geltend gemacht und zur Nachforschung eingesetzt werden. Vielmehr muss er sich auf eine *konkrete* Sache oder Sachgesamtheit beziehen[13] und setzt zumindest einen gewissen Grad an Wahrscheinlichkeit für das Bestehen des Anspruchs voraus. Ob und in welchem Umfang der Besichtigungsanspruch in einem konkreten Einzelfall bejaht werden kann, hängt von einer umfassenden **Interessenabwägung** ab, bei der ua folgende Gesichtspunkte wechselwirkend zu berücksichtigen sind[14]:

---

6 Zur unmittelbaren Anwendbarkeit von Vorschriften des Teils II vgl beispielsweise BGH, GRUR 1999, 707, 713 – Kopienversanddienst.
7 Vgl CA Tesauro, EuGH, Slg 1998, I-3606, Rn 22 ff.
8 EuGH, GRUR 2001, 235, 237 – TRIPS-Abkommen; EuGH, GRUR Int 1998, 697, 699 – Hermès.
9 LG Nürnberg/Fürth, InstGE 5, 153 – Betriebsspionage. Befindet sich die zu besichtigende Vorrichtung in einem gemieteten Räumlichkeit auf dem Betriebsgelände eines Dritten, so ist letzterer kein (mittelbarer) Besitzer der Vorrichtung, weswegen ihm gegenüber ein Anspruch nach § 809 BGB, das Betreten des Betriebsgeländes zum Zwecke der Besichtigung zu dulden, nicht in Betracht kommt (LG Düsseldorf, InstGE 8, 103 – Etikettiermaschine).
10 BGH, GRUR 2002, 1046 – Faxkarte; BGH, GRUR 1985, 512 – Druckbalken; OLG Düsseldorf, GRUR 1983, 745 – Geheimhaltungsinteresse und Besichtigungsanspruch II; KG, GRUR-RR 2001, 118 – Besichtigungsanspruch.
11 BGH, GRUR 1985, 512 – Druckbalken; KG, GRUR-RR 2001, 118 – Besichtigungsanspruch.
12 BGH, GRUR 2002, 1046 – Faxkarte.
13 BGH, GRUR 2004, 420 – Kontrollbesuch.
14 Vgl BGH, GRUR 2002, 1046 – Faxkarte, mwN; Melullis, FS Tilmann, 2003, S 843.

15 – der Grad der Wahrscheinlichkeit einer Schutzrechtsverletzung;

16 – der Grad, in dem der Gläubiger auf die Besichtigung angewiesen ist bzw inwieweit ihm andere zumutbare[15] Möglichkeiten zur Verfügung stehen, die Rechtsverletzung zu beweisen;

17 – berechtigte Geheimhaltungsinteressen des Schuldners;

18 – der Grad, in dem die Beeinträchtigung der berechtigten Geheimhaltungsinteressen des Schuldners etwa durch die Einschaltung eines zur Verschwiegenheit verpflichteten Dritten oder dadurch ausgeräumt werden kann, dass der Gläubiger von der Besichtigung sowie den Besichtigungsergebnissen zumindest so lange ausgeschlossen wird, bis ein Verletzungstatbestand festgestellt werden kann.

c) § 140c PatG[16]

19 Im Anschluss an die EU-Enforcement-Richtlinie 2004/48 vom 29.4.2004 hat das Besichtigungsrecht seit dem 1.9.2008 eine spezialgesetzliche Regelung in § 140c PatG gefunden. Sie betrifft Sachen genauso wie Urkunden[17], lässt die allgemeinen Vorschriften der §§ 809, 810 BGB unberührt[18] und besagt, dass derjenige, der mit hinreichender Wahrscheinlichkeit entgegen den §§ 9 bis 13 PatG eine patentierte Erfindung benutzt, vom Rechtsinhaber oder einem anderen am Patent Berechtigten auf Vorlage einer Urkunde oder auf Besichtigung einer Sache, die sich in seiner Verfügungsgewalt befindet, in Anspruch genommen werden kann, sofern dies zur Begründung von dessen Ansprüchen wegen Patentverletzung erforderlich und die Inanspruchnahme im Einzelfall nicht unverhältnismäßig ist. Der Besichtigungs- und der Vorlageanspruch werden unter denselben Voraussetzungen gewährt, was insbesondere über den bisherigen Rechtsschutz, wie er durch § 810 BGB gewährt wurde, hinausgeht.

20 Mangels besonderer **Überleitungsbestimmungen** gilt § 140c PatG nur für solche Entstehungstatbestände, die nach Inkrafttreten der Bestimmung verwirklicht worden sind.[19]

aa) Antragspatent, Antragsteller, Antragsgegner

21 Geeignete Grundlage für ein Besichtigungs- oder Vorlageverlangen ist jedes Sach-, Verfahrens- oder Verwendungspatent mit Wirkung für die Bundesrepublik Deutschland, also auch deutsche Teile von europäischen Patenten und Schutzzertifikate. An die **Rechtsbeständigkeit** des dem Besichtigungsverlangen zugrunde gelegten Patents sind auch dann keine gesteigerten Anforderungen zu stellen, wenn der Besichtigungsanspruch im Wege eines einstweiligen Verfügungsverfahrens geltend gemacht wird. Insbesondere sind nicht die strengen Maßstäbe anzulegen, die bei einem im Verfahren des vorläufigen Rechtsschutzes verfolgten Unterlassungsbegehren zu beachten sind und die dahin gehen, dass der Rechtsbestand des Verfügungspatents aus der Sicht des Verletzungsgerichts gesichert sein muss. Eine Heranziehung der zur Unterlassungsverfügung entwickelten Grundsätze verbietet sich schon deshalb, weil mit der Besichtigung ein deutlich weniger schwerwiegender Eingriff in Rede steht. Er wird einem Patentinhaber im Zweifel nur dann versagt werden können, wenn das angeführte Patent angegriffen und mit überwie-

---

15 Unzumutbar kann zB der kostspielige Erwerb eines Musters der mutmaßlichen Verletzungsform sein.
16 Vgl Müller-Stoy, Nachweis und Besichtigung des Verletzungsgegenstandes, 2008; Müller-Stoy, Mitt 2009, 361; Dörre/Maaßen, GRUR-RR 2008, 220; Kather/Fitzner, Mitt 2010, 325.
17 Samer, FS 80 Jahre Patentgerichtsbarkeit Düsseldorf, 2016, S 469.
18 Sie sind etwa von Relevanz, wenn es um die Aufklärung von Entschädigungsansprüchen wegen rechtmäßiger Patentbenutzung geht, die – weil es an der Voraussetzung »entgegen den §§ 9 bis 13« fehlt – nicht unter § 140c PatG fallen.
19 BGH, GRUR 2009, 515 – Motorradreiniger.

gender Wahrscheinlichkeit nicht schutzfähig ist. Welches Maß an Rechtsbeständigkeit im Einzelfall als genügend anzusehen ist, entscheidet sich im Rahmen der anzustellenden Interessenabwägung und hängt von den übrigen Umständen, namentlich davon ab, welche Geheimhaltungsbedürfnisse auf Seiten des Besichtigungsschuldners bestehen. Von vornherein hat eine Besichtigung (auch unter Schutzanordnungen) nur dort auszuscheiden haben, wo es sich bei dem Patent um ein klares Scheinrecht handelt, weil seine technische Lehre eindeutig neuheitsschädlich getroffen ist oder sonstige Widerrufs/Nichtigkeitsgründe eindeutig zu Tage liegen.

Für ein Besichtigungsverlangen, das ausschließlich auf ein ungeprüftes **Gebrauchsmuster** gestützt ist, bedeutet dies, dass der Antragsteller sich nicht mit einem Hinweis auf die Gebrauchsmustereintragung begnügen kann, sondern darzulegen hat, dass die geltend gemachte Merkmalskombination schutzfähig sein kann. Als Mittel zum Nachweis kommen amtliche oder patentanwaltliche Recherchenberichte in Betracht. 22

Anspruchsberechtigt ist, wer (aufklärungs- oder beweissicherungsbedürftige) Ansprüche aus dem Patent geltend machen kann. Dies sind die im Hinblick auf § 139 PatG Aktivlegitimierten, nämlich der eingetragene Rechtsinhaber, der (auch nicht eingetragene) Gesamtrechtsnachfolger des Patentinhabers, der ausschließliche Lizenznehmer, der einfache Lizenznehmer, der Nießbraucher, der Pfandgläubiger; daneben aber auch Personen, die kraft Rechtsnachfolge (zB Abtretung) Inhaber eines Anspruchs (zB auf Schadenersatz) wegen Patentverletzung geworden sind. 23

Möglicher **Anspruchsgegner** ist der mutmaßliche Patentbenutzer. Wie sich aus der im Absatz 5 enthaltenen Bezugnahme auf eine nur drohende Verletzung ergibt, muss eine Benutzungshandlung nicht bereits stattgefunden haben. Es genügt eine Erstbegehungsgefahr, sofern sie einen vorbeugenden Unterlassungsanspruch begründen kann. Der Vorlage- und Besichtigungsanspruch richtet sich gegen jeden, der als Schuldner eines Anspruchs wegen Patentverletzung in Betracht kommt. Neben den deliktisch Verantwortlichen (Alleintäter, mittelbarer Täter, Mittäter, Nebentäter[20], Anstifter, Gehilfe) gehört dazu auch der Störer. 24

bb) Wahrscheinlichkeit der Patentverletzung

Indem § 140c PatG auf eine Benutzung »**entgegen den §§ 9–13 PatG**« abstellt, ist zunächst klargestellt, dass unmittelbare Benutzungshandlungen nach § 9 PatG genauso anspruchsbegründend sind wie Fälle der mittelbaren Patentverletzung nach § 10 PatG. Andererseits bedarf es einer Rechtswidrigkeit des mutmaßlichen Gebrauchs. Die (rechtmäßige) Benutzung einer offengelegten Patentanmeldung und der sich daraus mutmaßlich ergebende Entschädigungsanspruch[21] reichen deshalb ebenso wenig aus wie Handlungen, die ansonsten gerechtfertigt sind, zB deshalb, weil sie durch eine Lizenz, ein Vorbenutzungsrecht oder dergleichen gedeckt sind. 25

Die **Wahrscheinlichkeit** einer Schutzrechtsverletzung stellt eine Eingangsvoraussetzung für den Besichtigungsanspruch nach § 140c PatG dar. Sie bedeutet, dass zwar letztlich ungewiss sein darf, ob eine **Rechtsverletzung** vorliegt, dass die Besichtigung allerdings nicht wahllos, dh ins Blaue hinein erfolgen kann. Erforderlich sind vielmehr *konkrete* Anhaltspunkte, die die Möglichkeit einer Rechtsverletzung mit einer gewissen Wahrscheinlichkeit nahelegen. Dabei ist zwischen solchen Anspruchsvoraussetzungen zu unterscheiden, die durch die begehrte Besichtigung geklärt werden sollen, und solchen, die von der Besichtigung und ihrem Ergebnis völlig unabhängig sind. Während es für die erstgenannten Anspruchsbedingungen genügt, dass sie mit einer gewissen Wahr- 26

---

20 Vgl dazu: BGH, GRUR 2009, 1142 – MP3-Player-Import.
21 Für ihn kommt nur eine Besichtigung gemäß § 809 BGBG infrage.

scheinlichkeit vorliegen, müssen die von der Besichtigung unabhängigen Voraussetzungen des Anspruchs (zB die Aktivlegitimation des Anspruchstellers[22]) bewiesen bzw glaubhaft gemacht sein.[23]

27 **Anknüpfungstatsachen,** die eine gewisse Wahrscheinlichkeit begründen, können sich zB ergeben

28 – aus der Beschaffenheit von im Ausland vertriebenen Parallelprodukten des Besichtigungsschuldners,

29 – aus dem Bestehen eines Industriestandards, von dem angenommen werden kann, dass er allgemein eingehalten wird,

30 – aus der Vermutungswirkung des § 139 Abs 3 PatG oder

31 – daraus, dass in Bezug auf den Besichtigungsgegenstand einzelne Ausstattungsmerkmale (anhand der Werbung oder dergleichen) bekannt sind und die dem Produkt zugeschriebenen Vorzüge dafür sprechen, dass auch die weiteren erfindungsgemäßen Merkmale verwirklicht werden.

32 Allein der Umstand, dass der technische **Sachverhalt komplex** ist und das angerufene Gericht keine eigene Expertise auf dem fraglichen Gebiet (zB der Chemie) besitzt, kann regelmäßig noch nicht dazu führen, dass die hinreichende Wahrscheinlichkeit für eine ohne vorherige Anhörung des Schuldners durchzuführende Besichtigung in dessen Geschäftsräumen verneint wird.[24] Wenn das Gericht aufgrund des – selbstverständlich ausreichend zu spezifizierenden – Vortrages des Antragstellers zu der Einschätzung gelangt, dass eine Patentverletzung in Betracht kommen *kann*, wird im Allgemeinen eine Besichtigungsanordnung auch ohne Gewährung rechtlichen Gehörs angebracht sein, wenn bei vorheriger Anhörung des Antragsgegners die Gefahr einer Beweisvereitelung nicht auszuschließen ist. Der gegebenen Unsicherheit in der technischen Beurteilung kann dadurch Rechnung getragen werden, dass die Besichtigung nur durch den Sachverständigen allein (dh ohne Beteiligung von Anwälten des Antragstellers) stattfindet, der im Zweifel von einem Mitglied des Gerichts (als »Notar«) zu begleiten ist.

33 Unwägbarkeiten hinsichtlich des Vorliegens einer Patentverletzung können sich aber nicht nur im Tatsächlichen (zB hinsichtlich der konstruktiven Ausgestaltung oder der Funktions- und Wirkungsweise des Besichtigungsgegenstandes) ergeben; sie können ihre Ursache genauso im Rechtlichen haben[25], wenn es zB darum geht, ob ein bestimmtes Verhalten, das der Antragsteller beim Antragsgegner vermutet – seine Richtigkeit zugunsten des Antragstellers unterstellt – überhaupt einen wortsinngemäßen oder äquivalenten Eingriff in den Schutzbereich des Antragspatents darstellt. Bedarf es zur endgültigen Klärung dieser Rechtsfrage der Einholung eines Sachverständigengutachtens, ohne das zB die Gleichwirkung, das Naheliegen oder die Gleichwertigkeit der angegriffenen Ausführungsform mit der Erfindung nicht definitiv beurteilt werden können, so ist die Wahrscheinlichkeit einer Schutzrechtsverletzung gegeben. Gleiches gilt, wenn über die Frage, ob ein angenommenes tatsächliches Verhalten Ansprüche wegen Patentverletzung begründet, eine Rechtfrage entscheidet, die nicht eindeutig negativ zu beurteilen ist. Würde hier die Wahrscheinlichkeit verneint, würde letztlich das erstinstanzliche Gericht

---

22 BGH, GRUR 2013, 509 – UniBasic-IDOS.
23 OLG Hamburg, InstGE 5, 294 – Fußbodenpaneele II; OLG Frankfurt/Main, Urteil v 10.6.2010 – 15 U 192/09.
24 AA: OLG Frankfurt/Main, InstGE 13, 254 – Komplexes Herstellungsverfahren.
25 OLG Karlsruhe, Beschluss v 16.10.2012 – 6 W 72/12 (Eine hinreichende Wahrscheinlichkeit ist zu bejahen, wenn eine Bestimmung des Schutzbereichs ernsthaft in Betracht kommt, bei der der Antragsteller auf das Besichtigungsergebnis angewiesen ist).

die endgültige Entscheidung über die Rechtsfrage treffen, indem es den Besichtigungseingriff ablehnt und dem Schutzrechtsinhaber damit die Gelegenheit nimmt, diejenigen Feststellungen tatsächlicher Natur zu treffen, die erforderlich sind, um sein Verletzungsbegehren zu begründen und so zur Entscheidung in einem Instanzenzug zu stellen. Zu erwägen ist unter Umständen wie den geschilderten allenfalls, ob über das Übliche hinaus besondere Schutzmaßnahmen (zB Besichtigung ausnahmsweise nur durch den Sachverständigen allein) geboten sind, um der in doppelter Hinsicht gegebenen Ungewissheit im Hinblick auf mögliche Betriebsgeheimnisse des Besichtigungsschuldners Rechnung zu tragen.[26] Ohne Erfolg bleibt ein Besichtigungsverlangen nur dann, aber auch schon immer dann, wenn bereits ohne weitere sachverständige Aufklärung feststeht, dass die mit dem Besichtigungsantrag verfolgten Ansprüche nicht bestehen, weil der Besichtigungsgegenstand in seiner vom Antragsteller vermuteten (und durch die beantragte Besichtigung zu klärenden) Ausgestaltung zweifelsfrei keinen Eingriff in den Schutzbereich des Antragsschutzrechts begründet.[27]

Dass dem Besichtigungsschuldner ggf ein Recht zur Benutzung des Antragspatents zusteht (zB wegen § 12 PatG, Erschöpfung), beseitigt die Verletzungswahrscheinlichkeit nicht, solange der betreffende Tatbestand nicht unumstößlich feststeht. Im Besichtigungsverfahren findet jedenfalls keine Aufklärung in Richtung auf solche **Rechtfertigungstatbestände** statt.[28] 34

cc) Verfügungsgewalt

Die zu besichtigende Sache oder vorzulegende Urkunde muss sich in der Verfügungsgewalt des Anspruchsgegners befinden, und zwar im Zeitpunkt der Entscheidung über das Besichtigungsverlangen, spätestens jedoch in sicher absehbarer Weise bis zur Durchführung der Besichtigung. Es bedarf einer tatsächlichen Sachherrschaft, die eine Vorlage bzw Überlassung zur Besichtigung ermöglicht. Unmittelbarer Allein- oder Mitbesitz genügt, ebenso mittelbarer Besitz, wenn gegen den unmittelbaren Besitzer ein Herausgabeanspruch besteht.[29] Auf die Rechtmäßigkeit der Besitzposition kommt es nicht an. 35

Ist die Benutzung eines patentierten **Verfahrens** wahrscheinlich, kann dessen Besichtigung verlangt werden. Die Regelung suspendiert von dem Erfordernis der »Verfügungsgewalt über den Besichtigungsgegenstand« und ist deshalb überall dort bedeutsam, wo die mutmaßlich patentgemäße Verfahrensführung nicht durch Besichtigung einer Sache oder Urkunde geklärt werden kann, die sich in der Verfügungsgewalt des mutmaßlich wegen Patentverletzung haftenden Anspruchsgegners befindet. 36

dd) Erforderlichkeit

Die Besichtigung/Vorlage muss erforderlich sein, um einen Anspruch wegen Patentverletzung – dem Grunde oder der Höhe nach – aufzuklären oder Beweise für seine Begehung bzw die Anspruchshöhe zu sichern. Daran fehlt es, wenn dem Anspruchsteller 37

– zur selben Zeit 38
– andere einfachere Möglichkeiten zur Sachaufklärung/Beweissicherung zur Verfügung stehen, 39
– die objektiv gleichermaßen geeignet (dh aussagekräftig und verlässlich) sind und 40

---

26 OLG Düsseldorf, InstGE 11, 298 – Weißmacher.
27 OLG Düsseldorf, InstGE 11, 298 – Weißmacher.
28 OLG Düsseldorf, Beschluss v 29.1.2016 – I-2 W 26/15.
29 LG Nürnberg/Fürth, InstGE 5, 153 – Betriebsspionage.

41 – dem Besichtigungsgläubiger nach seinen persönlichen Verhältnissen zugemutet werden können.

42 Der Antragsteller hat sich hierüber zu erklären; er hat insbesondere seine vergeblichen **Bemühungen darzulegen** (wie Nachforschungen im Internet[30], Durchsicht von Werbematerial des Besichtigungsschuldners, Erwerb eines Musters der angegriffenen Ausführungsform [bei hohem Preis kann Zumutbarkeit zu verneinen sein!], Ermittlungen bei Abnehmern des mutmaßlich patentbenutzenden Gegenstandes einschließlich einer dort möglichen freiwilligen Besichtigung). Handelt es sich um einen product-by-process-Anspruch, steht der Besichtigung des Herstellungsverfahrens nicht entgegen, dass sich ein Verletzungsnachweis auch über die durch das patentgemäße Prozedere herbeigeführten Eigenschaften der für den Besichtigungsgläubiger verfügbaren Sache führen ließe. Denn welche genauen Sacheigenschaften mit dem patentgemäßen Herstellungsverfahren verknüpft sind, kann schwierig zu beantworten sein und deshalb den Verletzten in Beweisnot bringen.[31]

43 Eine **Rechtsverfolgung gegen** den **Besichtigungsschuldner** muss nicht beabsichtigt sein; Ziel der Besichtigung kann auch die Anspruchsdurchsetzung gegen einen Dritten (zB den Hersteller) sein, solange nur in der Person des Besichtigungsschuldners ebenfalls ein Anspruch wegen Patentverletzung wahrscheinlich ist.

ee) Geheimhaltungsinteressen

44 Auf Geheimhaltungsinteressen des Besichtigungsschuldners (die durch Art 12 Abs 1 GG verfassungsrechtlich geschützt sind) ist Rücksicht zu nehmen. Das gilt jedenfalls für solche Geheimnisse, die Gegenstand des Straftatbestandes nach § 203 StGB sind.[32] Unter die genannte Vorschrift fällt alles betriebsbezogene technische oder kaufmännische Wissen im weitesten Sinne, das allenfalls einem eng begrenzten Personenkreis bekannt ist und von dem sich ein größerer Personenkreis nur unter Schwierigkeiten Kenntnis verschaffen kann, an dessen Geheimhaltung der Unternehmer ein berechtigtes (wirtschaftliches) Interesse hat und in Bezug auf das sein Geheimhaltungswille bekundet worden oder erkennbar ist.[33] Es ist unerheblich ist, ob eine Geheimhaltung auf Dauer beabsichtigt oder demnächst eine Patentanmeldung vorgesehen ist. Wesentlich ist nur, dass der Besichtigungsgegenstand im Zeitpunkt der gerichtlichen Entscheidung noch nicht offenkundig, sondern geheim ist. Daran fehlt es, wenn der Gegenstand frei erhältlich ist, selbst wenn seine patentgemäße Ausgestaltung erst durch eine nähere Untersuchung offenbar wird, solange nur die Untersuchung vom Verkehr zu erwarten ist. Letzteres ist nicht der Fall, wenn mit der Untersuchung eine erheblicher (technischer und/oder finanzieller) Aufwand (zB Reverse-Engineering) verbunden ist, der sinnvollerweise nicht auf sich genommen wird.

45 Auf Geheimhaltungsinteressen **Dritter** kann sich der Besichtigungsschuldner berufen, wenn er ihm gegenüber – ausdrücklich oder stillschweigend – zur Geheimhaltung verpflichtet ist, zB deshalb, weil sich der Besichtigungsgegenstand zum Zwecke der technischen Erprobung beim Besichtigungsschuldner befunden hat oder weil es sich um eine gemeinsame technische Entwicklung gehandelt hat, die in der gegenseitigen Erwartung ihrer Geheimhaltung gegenüber Dritten beim Besichtigungsschuldner in Betrieb genommen und dort besichtigt worden ist.[34]

---

30 Zur Frage, ob und wann Inhalte des Internet »offenkundig« iSv § 291 ZPO sind und damit keines Beweises bedürfen, vgl Dötsch, MDR 2011, 1017.
31 OLG Karlsruhe, BeckRS 2013, 19312 – Product-by-process-Merkmale im Besichtigungsverfahren.
32 BGH, GRUR 2010, 318 – Lichtbogenschnürung.
33 BGH, GRUR 2010, 318 – Lichtbogenschnürung.
34 OLG Düsseldorf, Beschluss v 20.8.2012 – I-2 W 13/12.

Eines Geheimnisschutzes bedarf es insbesondere in Bezug auf die Person des **Antragstel-** 46
lers. Er ist typischerweise Wettbewerber des Besichtigungsschuldners und würde daher von Einblicken in den gegnerischen Geschäftsbetrieb unmittelbar und unwiderruflich profitieren, was umso weniger hinnehmbar ist, als sich der Verletzungsverdacht im Nachhinein als unbegründet erweisen kann. Seine persönliche Anwesenheit bei der Besichtigung wird sich deswegen im Allgemeinen genauso verbieten wie die Einschaltung eines Privatsachverständigen; soweit die **Anwälte** des Antragstellers an der Besichtigung teilnehmen, sind sie zur Verschwiegenheit auch gegenüber dem Antragsteller zu verpflichten.[35]

Art 9 Abs 2 der **EU-Richtlinie über** den Schutz von **Geschäftsgeheimnissen**[36] steht 47
einer solchen Anordnung (Ausschluss der Partei, Schweigeverpflichtung für die Anwälte) nicht entgegen. Die Vorschrift betrifft allein Gerichtsverfahren betreffend den rechtswidrigen Erwerb oder die rechtswidrige Nutzung oder Offenlegung eines Geschäftsgeheimnisses; darum geht es in Besichtigungsverfahren wegen des Verdachts einer Patentverletzung nicht, dessen Gegenstand gerade die mutmaßlich widerrechtliche Nutzung von technischen Informationen ist, die infolge der Patentbekanntmachung öffentlich zugänglich sind. Dennoch ist die RL nicht bedeutungslos. Sobald sie umgesetzt ist, wird nämlich jeder wegen der Offenlegung eines Geschäftsgeheimnisses ua auf Schadenersatz haftbar sein, der gegen eine Vertraulichkeitsvereinbarung oder eine sonstige Verpflichtung zur Geheimhaltung verstößt (Artt 2 Nr 3, 3 Abs 3 lit b) RL). Die Haftung besteht mithin auch für den Antragsteller eines Besichtigungsverfahrens (und dessen Anwalt), die sich nicht an eine Geheimhaltungsanordnung des Gerichts halten, die zum Schutz der Vertraulichkeit eines bei der Besichtigung möglicherweise zu Tage tretenden Geschäftsgeheimnisses ergangen ist (vgl Erwägungsgrund 25). In Anbetracht dieser Haftungslage kann es zumindest in Einzelfällen, wo die besondere Sachkunde der Partei für den Besichtigungserfolg wesentlich ist, angezeigt sein, eine Teilnahme der vom Gericht zur Verschwiegenheit verpflichteten Partei zuzulassen. Ob die gerichtliche Verschwiegenheitsanordnung ihre Grundlage in Art 9 Abs 2 RL finden kann, mag zweifelhaft sein. Aus der besagten Regelung, die es dem Gericht im Anwendungsbereich der RL erlaubt, spezifische Maßnahmen zu treffen, um die Vertraulichkeit eines (angeblichen) Geschäftsgeheimnisses zu wahren, das im Laufe eines Gerichtsverfahrens genutzt oder auf das Bezug genommen wird, folgt jedenfalls, dass es keine Verbot gibt, derartige Schutzmaßnahmen zu ergreifen. Eine Geheimhaltungsanordnung, die etwaige Betriebsgeheimnisse des Besichtigungsschuldners schützt, ist deswegen mit Einwilligung des zur Besichtigung zugelassenen Antragstellers (und seines Anwaltes) möglich, und ohne eine solche Zustimmung des Besichtigungsgläubigers (und seines anwaltlichen Vertreters) wird sich eine Besichtigungsmaßnahme, die ohne vorherige Gewährung rechtlichen Gehörs für den Besichtigungsschuldner ergeht, nicht rechtfertigen lassen.

ff) Verhältnismäßigkeit

Aus Gründen der Verhältnismäßigkeit kann das Vorlage- und Besichtigungsverlangen 48
ganz oder hinsichtlich einzelner Aufklärungs- oder Beweissicherungsmaßnahmen ausgeschlossen sein.

Auf Seiten des **Besichtigungsgläubigers** sind zB zu berücksichtigen: 49

– Geringe Benutzungsintensität, insbesondere wenn keine Unterlassungsansprüche im 50
  Raum stehen;

---

35 Zu Einzelheiten vgl unten Kap B Rdn 111.
36 ABl EU Nr L 157/1. Die Umsetzungsfrist endet am 5.7.2018.

51 – erhebliche (ggf schon durch erstinstanzliche Vernichtung dokumentierte) Zweifel am Rechtsbestand des Antragsschutzrechts,

52 – geringe Wahrscheinlichkeit einer Patentverletzung,

53 – Nützlichkeit der Vorlage- oder Besichtigungsmaßnahme für die Rechtsdurchsetzung.

54 Auf Seiten des **Besichtigungsschuldners** sind zB von Bedeutung:

55 – Erheblicher Umfang des vorzulegenden Materials,

56 – Schwere des Besichtigungseingriffs (Substanzzerstörung oder länger andauernde Betriebsunterbrechung mit beträchtlichem Schaden für den Besichtigungsschuldner),

57 – wertvolle Betriebsgeheimnisse, die nicht durch geeignete Schutzanordnungen (Einschaltung eines zur Verschwiegenheit verpflichteten Sachverständigen, der ggf durch ein Mitglied des erkennenden Spruchkörpers begleitet wird; Ausschluss des Antragstellers und seiner Anwälte von der Besichtigung) gesichert werden können,

58 – Grad des Verschuldens (Vorsatz?).

59 Bei der Bejahung einer Unverhältnismäßigkeit nach Abwägung der beiderseitigen Interessen ist tendenziell zurückhaltend zu verfahren, und zwar schon deshalb, weil sich die Belange des verletzten Rechtsinhabers gegenüber den widerstreitenden Interessen eines rechtswidrig handelnden und regelmäßig deliktsrechtlich haftenden Verletzers grundsätzlich durchsetzen müssen. Nur wenn bei der Gegenüberstellung die – durch Modalitäten der Vorlage oder Besichtigung nicht abwendbaren – Nachteile des Besichtigungsschuldners das Rechtsverfolgungsinteresse des Antragstellers derart überwiegen, dass ein Beharren auf der Vorlage/Besichtigung im Einzelfall missbräuchlich erscheint, kann die Anspruchsdurchsetzung unverhältnismäßig sein.

2. Rechtsfolgen

60 Auch bezüglich des Umfangs der aufgrund von § 140c PatG zu gewährenden Besichtigungsbefugnisse ist die Rechtsstellung des Patentinhabers deutlich verbessert.

a) Besichtigen

61 Wenn das Gesetz dem Gläubiger einen Anspruch auf Besichtigung gewährt, bedeutet dies – wie sich nicht zuletzt auch aus § 140c Abs 3 Satz 1 ergibt – aus der Sicht des Schuldners, dass er die betreffende **Besichtigungsmaßnahme** des Gläubigers **zu dulden** hat. Er muss sie nur über sich ergehen lassen und ist deswegen grundsätzlich nicht verpflichtet, im Rahmen der Besichtigung irgendwie aktiv tätig zu werden. Erst recht kann nicht verlangt werden, dass der Schuldner zur Besichtigung vorgesehene Gegenstände beschafft oder in einen zur Besichtigung geeigneten Zustand bringt.

62 Waren wegen der Geheimhaltungsinteressen des Schuldners dem Besichtigenden nach der älteren Rechtsprechung zu § 809 BGB Substanzeingriffe, die schon im Ausbau von Teilen oder dem In- oder Außer-Betrieb-Setzen einer Vorrichtung gesehen wurden, untersagt, so besteht auch in diesem Punkt die Notwendigkeit einer Interessenabwägung. Bereits die neuere BGH-Rechtsprechung hatte darauf hingewiesen, dass der Schuldner eine Beschädigung der Sache nicht ohne weiteres hinnehmen müsse, dass die tatsächliche Gefahr einer Beschädigung jedoch in vielen Fällen nicht bestehe. Zudem sei zu berücksichtigen, dass der Gläubiger für Schäden Ersatz leisten muss und die Besichtigung insoweit von Anfang an von einer Sicherheitsleistung abhängig gemacht werden kann (§ 811

BGB).[37] Noch deutlicher sind die Ausführungen des BGH in seiner (zu § 142 ZPO ergangenen) Entscheidung »Restschadstoffentfernung«[38], wo es heißt:

»Allerdings sind die fraglichen Bestimmungen des deutschen Rechts in einer Weise auszulegen, dass mit ihrer Hilfe den Anforderungen des TRIPs-Übereinkommens Genüge getan wird. Die Bestimmung des § 142 ZPO ist wie ... § 809 BGB ein Mittel, einem Beweisnotstand des Klägers zu begegnen, wie er sich gerade im Bereich der besonders verletzlichen technischen Schutzrechte in besonderem Maße ergeben kann. Im Bereich des gewerblichen Rechtsschutzes kommt einer Bestimmung wie der des § 142 ZPO nunmehr auch die Funktion zu, die Maßnahmen zu verwirklichen, die nach Art 6 der ... Durchsetzungsrichtlinie zur Vorlage von Beweismitteln vorgesehen sind und die etwa das französische Recht in Form der »saisie contrefacon« oder das Recht des Vereinigten Königreichs in Form der »search order« ... kennen. Gerade die Regelungen im TRIPs-Übereinkommen und in der Durchsetzungsrichtlinie zeigen zudem, dass eine differenzierte Betrachtung und Anwendung von generell formulierten Bestimmungen wie des § 809 BGB ... in verschiedenen Rechtsgebieten, wie etwa im gewerblichen Rechtsschutz insgesamt und insbesondere bei den technischen Schutzrechten ... geboten ist.«

Ausgehend hiervon und vor dem Hintergrund von Art 6, 7 der Enforcement-Richtlinie (204/48/EG vom 29.4.2004) ist als »**Besichtigung**« im Sinne des § 140c PatG (und des § 809 BGB) nicht nur die Einnahme eines Augenscheins zu verstehen, sondern grundsätzlich jede Maßnahme, die 63

– in Abhängigkeit von der Eigenart der zu »besichtigenden« Sache und 64

– in Abhängigkeit von denjenigen aufklärungsbedürftigen Tatsachen, die für die Beurteilung des Vorliegens eines (vermuteten) Anspruchs wegen Patentverletzung notwendig sind, 65

– diejenige Gewissheit schaffen kann, die Anliegen des Anspruchs aus § 140c PatG (bzw § 809 BGB) ist. 66

Solches kann im einen Fall durch bloßes Hinschauen gewährleistet sein, im anderen Fall aber auch weitergehende Untersuchungen[39] und die Mitnahme von Mustern oder die Vorlage des Quellcodes eines Softwareprogramms[40] erfordern. Deshalb sollte im Falle einer gerichtlichen Durchsetzung des Besichtigungsanspruchs bereits bei der Antragsformulierung berücksichtigt werden, dass eine bloße Inaugenscheinnahme für die Feststellung einer Patentverletzung häufig nicht ausreichend ist, sondern hierfür eine genaue Untersuchung erforderlich ist, die Tests oder ein Auseinandernehmen des fraglichen Gegenstandes erforderlich machen kann. Bei schwerwiegenden Eingriffen kann die Anordnung einer Sicherheitsleistung durch den Besichtigungsgläubiger gerechtfertigt sein.[41] 67

---

37 Vgl zu diesem Problemkreis auch Mes, GRUR 2000, 934; Leppin, GRUR 1984, 552.
38 BGH, GRUR 2006, 962 – Restschadstoffentfernung.
39 BGH, GRUR 2013, 316 – Rohrmuffe.
40 BGHZ 150, 377, 382 – Faxkarte; BGH, GRUR 2013, 509 – UniBasic-IDOS.
41 OLG Karlsruhe, BeckRS 2013, 19312 – Product-by-process-Merkmale im Besichtigungsverfahren.

| 68 | **Praxistipp** | Formulierungsbeispiel |

> Die einzelnen Mittel zur Beweissicherung sind, um die Durchführung der Besichtigung nicht zu erschweren, in den **Antrag** aufzunehmen (zB die Anfertigung von Foto-/Filmaufnahmen, der Betrieb und die Stilllegung von Maschinen, Screenshots der Maschinensteuerung etc). Was nicht zum Gegenstand des Antrages gemacht worden ist, wird später möglicherweise den Besichtigungserfolg vereiteln! Es ist also eine dezidierte Planung nötig, in die nicht genug Sorgfalt und Phantasie investiert werden kann. Selbstverständlich ist das Besichtigungsverfahren kein »Wunschkonzert«, weshalb jede einzelne Maßnahme, die das Gericht dem Schuldner zu dulden aufgibt (sofern sich ihre Notwendigkeit oder Sinnhaftigkeit nicht von selbst ergibt) im Antrag näher zu erläutern und sachlich zu begründen ist.

69 Speziell zum Nachweis von Patentverletzungen im **Chemiebereich** können substanzzerstörende Analysen von Zwischen- oder Endprodukten erforderlich werden. Der hierdurch entstehende materielle Schaden ist zumeist vernachlässigbar, so dass ein berechtigtes Integritätsinteresse von Seiten des Besichtigungsgegners in der Regel nicht geltend gemacht werden kann. Der auf eine Besichtigung gerichtete Anspruch kann in solchen Fällen daher auch in Form einer zur Zerstörung der Sache führenden Untersuchung durchgesetzt werden. Dabei ist zu beachten, dass häufig gerade chemische Analysen nur schwer oder gar nicht am Ort der Besichtigung vorgenommen werden können. Für diesen Fall muss die Probenentnahme und deren Entfernung vom Besichtigungsort zum Zwecke der Analyse in den Antrag auf Besichtigung aufgenommen werden.

70 Allerdings ist darauf zu achten, dass sich aus § 140c PatG kein Nachforschungs- oder **Durchsuchungsanspruch** ableiten lässt, sondern Ansprüche nur in Ansehung einer konkreten Sache bzw Sachgesamtheit bestehen können[42], die dementsprechend hinreichend konkret zu bezeichnen sind[43].

71 Zu erwägen ist demgegenüber, ob der Besichtigungsanspruch – als Minus – nicht auch die Verpflichtung umfasst, einen **Standort zu benennen**, an dem der mutmaßlich patentverletzende Gegenstand besichtigt werden kann.[44]

b) Vorlegen einer Urkunde[45]

72 Die **Vorlage** von Urkunden oder Geschäftspapieren bedeutet, sie in einer Weise vorzuzeigen, dass von ihrem Inhalt Kenntnis genommen werden kann. Dass zur Wahrnehmung des Urkundeninhalts technische Hilfsmittel erforderlich sind, ist unschädlich. Häufig wird mit der bloßen Vorlage einer Urkunde der Zweck einer *beweissichernden* Sachaufklärung nicht erreichbar sein. Ihre Aushändigung zum endgültigen Verbleib beim Gläubiger wäre insofern zwar zielführend, sie scheidet jedoch regelmäßig aus, weil der Schuldner ein berechtigtes Interesse am Besitz seiner Unterlagen hat, insbesondere dann, wenn es sich um Originalurkunden handelt oder Handelsbücher in Rede stehen, zu deren Aufbewahrung er gesetzlich verpflichtet ist. Im Zweifel hat die Vorlage deshalb durch *vorübergehende* Aushändigung an den Gläubiger oder einen neutralen Dritten zu geschehen, damit dieser – was gerichtlich besonders zu gestatten ist – auf Kosten des Gläubigers Kopien anfertigen kann.

73 Als »**Urkunde**« ist jede durch Niederschrift verkörperte Gedankenerklärung aufzufassen, die geeignet ist, dank ihres Inhalts eine Patentverletzung in tatsächlicher Hinsicht

---

42 Vgl BGH, GRUR 2004, 420 – Kontrollbesuch.
43 OLG Hamm, GRUR-RR 2013, 306 – Vorbereitender Besichtigungsanspruch.
44 Vgl OLG Düsseldorf, GRUR-RR 2003, 327 – Raumkühlgerät.
45 Samer, FS 80 Jahre Patentgerichtsbarkeit Düsseldorf, 2016, S 469.

aufzuklären oder zu beweisen.⁴⁶ Die erforderliche Eignung ist nicht nur zu bejahen, wenn die Urkunde selbst Erkenntnisse in Bezug auf die konstruktive Ausgestaltung eines wahrscheinlich patentbenutzenden Gegenstandes liefern kann, sondern gleichermaßen dann, wenn – bei Kenntnis von der Konstruktion des Gegenstandes – mit Hilfe der Urkunde Aufschluss darüber möglich ist, ob eine Benutzungshandlung iSv §§ 9, 9a, 10 PatG begangen wurde oder droht. Beispiele für Urkunden sind Bedienungsanleitungen, Angebotsunterlagen, Schriftwechsel. In jedem Fall müssen hinreichend bestimmte Anhaltspunkte vorliegen, die auf einen Zusammenhang zwischen dem Inhalt der zur Einsichtnahme begehrten Urkunde und dem Benutzungstatbestand hindeuten, zu dessen Klarstellung die Einsicht verlangt wird.⁴⁷ Keine Urkunden, sondern Sachen sind Konstruktionszeichnungen; ihre Besichtigung kann aber in der Weise zugelassen werden, dass die Anfertigung einer Kopie und deren Mitnahme gestattet wird.

Im (Klage-)Antrag müssen die vorzulegenden Urkunden hinreichend bestimmt benannt werden.⁴⁸ Da der Anspruchsteller vielfach nicht über das genaue Ablagesystem des Gegners im Bilde sein wird, so dass ihm eine ganz konkrete Bezeichnung der fraglichen Unterlagen nicht möglich ist, reicht es aus, wenn die von dem Vorlageanspruch betroffenen Urkunden nach abstrakten Kriterien in einer Weise definiert werden, dass sie für den Schuldner und ggf den eingeschalteten neutralen Dritten zweifelsfrei identifizierbar sind. Die notwendige Konkretisierung fehlt, wenn komplette Akten, andere Urkundensammlungen oder sämtliche, einen bestimmten Vertrag betreffende Korrespondenz herausverlangt wird.⁴⁹ Letzteres gilt auch für den Fall, dass der Vorlageanspruch auf § 142 ZPO gestützt wird.⁵⁰ 74

c) Bank-, Finanz- und Handelsunterlagen

Besteht die Wahrscheinlichkeit für ein gewerbliches Ausmaß der Patentverletzung, erstreckt § 140c PatG den – sachverhaltsaufklärenden oder beweissichernden – Vorlageanspruch auf Bank-, Finanz- und Handelsunterlagen. 75

Der Begriff »gewerbliches Ausmaß« ist aus Art 6 Abs 2 der EU-Enforcement-Richtlinie übernommen, weshalb zum Verständnis Erwägungsgrund (14) der RL heranzuziehen ist. Kennzeichen des »gewerblichen Ausmaßes« ist hiernach, dass die Benutzungshandlung »zwecks Erlangung eines unmittelbaren oder mittelbaren wirtschaftlichen oder kommerziellen Vorteils vorgenommen (wird)«. In der Regel ist solches bereits dann zu bejahen, wenn der privilegierte Bereich des § 11 Nr 1 PatG (Handlungen im privaten Bereich zu nichtgewerblichen Zwecken) verlassen ist. 76

Da nur die Rechtsfolgen erweitert werden, haben die tatbestandlichen Voraussetzungen des gewöhnlichen Vorlageanspruchs vorzuliegen, dh (a) die herausverlangten Unterlagen müssen sich in der Verfügungsgewalt des Gegners befinden (was bedingt, dass es sich um körperliche Gegenstände handelt, an denen ein Besitz möglich ist) und (b) sie müssen zur Begründung eines Anspruchs des Gläubigers wegen Patentverletzung erforderlich sein. 77

Bank-, Finanz- und Handelsunterlagen können zB sein: Kontoauszug, Buchführungsunterlage, Buchungsbeleg, Bilanz, Jahres- und Einzelabschluss, Inventar, Handelsbrief, Kreditvertrag, Kosten- und Gewinnkalkulation. Auf ihre äußere Form kommt es nicht an, weswegen sie in Papierform oder elektronisch gespeichert vorliegen können. Im zuletzt genannten Fall geht der Vorlageanspruch dahin, die Daten auf einen Träger zu 78

---

46 Vgl BGH, MDR 2014, 947.
47 Vgl BGH, MDR 2014, 947.
48 OLG Hamm, GRUR-RR 2013, 306 – Vorbereitender Besichtigungsanspruch.
49 Vgl BGH, MDR 2014, 947.
50 Vgl BGH, MDR 2014, 947.

speichern und diesen auszuhändigen. Bank-, Finanz- und Handelsunterlagen werden in der Regel zur Benutzung der Merkmale eines Patents keinen Aufschluss liefern können und sind deshalb vorlagepflichtig, wenn und soweit sie das Ob einer Benutzungshandlung oder die Höhe eines Anspruchs wegen Patentverletzung aufklären oder beweismäßig sichern können. Solange der Verletzungstatbestand ungewiss ist, muss auf die Geheimhaltungsinteressen des Schuldners besonders Rücksicht genommen werden, weshalb die Fragen der Erforderlichkeit und der Verhältnismäßigkeit besonders sorgfältig zu prüfen sind. Soll mit den Unterlagen nur die Höhe eines etwaigen Anspruchs geklärt werden, wird eine Vorlage vielfach unverhältnismäßig sein, solange der Anspruchsgrund noch ungewiss ist (weil nur die Wahrscheinlichkeit einer Patentverletzung dargelegt ist). Darüber hinaus wird eine Vorlage an den Gläubiger regelmäßig nicht in Betracht kommen und lediglich die Anordnung gerechtfertigt sein, dass die Geschäftsunterlagen von einem neutralen Dritten (zB Gerichtsvollzieher) in Verwahrung zu nehmen sind. Seine praktische Bedeutung wird der Vorlageanspruch zur Klärung der Anspruchshöhe vornehmlich bei der Kontrolle einer vom Verletzer gelegten Rechnung haben.

d) Zwangsvollstreckung

79 Der **Vorlageanspruch** wird nach den Regeln der Herausgabevollstreckung (§ 883 ZPO) behandelt.[51] Er umfasst nicht nur diejenigen Unterlagen, die einen direkten Bezug zur Schutzrechtsverletzung haben, sondern erstreckt sich darüber hinaus auf alle Geschäftsunterlagen, die dem Gläubiger eine Überprüfung auf Richtigkeit und Verlässlichkeit ermöglichen (selbstverständlich unter Beachtung des Gebots der Notwendigkeit und Verhältnismäßigkeit).[52] Herauszugebende digitale Daten müssen auf einem geeigneten Datenträger verkörpert sein.[53]

80 Dieselbe Rechtsgrundlage (§ 883 ZPO) gilt für den Anspruch auf **Besichtigung** jedenfalls dann, wenn sich der Besichtigungsgegenstand im unmittelbaren Besitz des Schuldners befindet. Zwar stellt die Besichtigung keine Sachherausgabe im eigentlichen Sinne dar. Die Situation ist jedoch insofern mit einer Herausgabeverurteilung vergleichbar, als es auch bei der Besichtigung darum geht, eine Sache (allerdings nur vorübergehend) der Einwirkung des Schuldners zu entziehen und dem Einfluss des Gläubigers (sic: zur Aufklärung bestimmter technischer Gegenheiten, die der Sache eigen sind) zu überantworten. Die Besichtigung stellt insofern eine »kleine« Wegnahme der Sache dar. Die – damit eröffnete – Anwendbarkeit des § 883 ZPO ist insofern von praktischer Bedeutung, als der Gläubiger, wenn die zu besichtigende Sache nicht vorgefunden werden sollte, gemäß **§ 883 Abs 2 ZPO** vom Schuldner die eidesstattliche Versicherung verlangen kann, dass er die Sache nicht besitze und auch ihren Aufenthaltsort nicht kenne.[54] Voraussetzung ist freilich, dass mit der Besichtigungsanordnung tatsächlich ein materiell-rechtlicher Besichtigungsanspruch (§ 809 BGB, § 140c PatG) tenoriert worden ist. Fehlt es daran, weil die Besichtigungsmaßnahme als solche auf rein verfahrensrechtlicher Grundlage nach §§ 485 ff ZPO ergangen ist, ist § 883 ZPO nicht einschlägig.[55] Die einen Beweissicherungsbeschluss begleitende einstweilige Duldungsanordnung unterliegt der Zwangsvollstreckung nach § 890 ZPO.

---

51 AA: OLG Jena, GRUR-RR 2015, 463 – Babybilder, das § 888 ZPO anwendet.
52 OLG Jena, GRUR-RR 2015, 463 – Babybilder.
53 BGH, GRUR 2018, 222 – Projektunterlagen.
54 OLG Düsseldorf, Beschluss v 17.1.2014 – I-2 W 43/13.
55 OLG Düsseldorf, Beschluss v 17.1.2014 – I-2 W 43/13.

> **Praxistipp**   **Formulierungsbeispiel**   **81**
>
> Nachdem der BGH[56] den gebotenen Schutz von Betriebsgeheimnissen des Besichtigungsschuldners auch dadurch gewährleistet sieht, dass für den Antragsteller ein *öffentlich bestellter und vereidigter* Parteisachverständiger mitwirkt, der vom Gericht zur Verschwiegenheit auch gegenüber der eigenen Partei verpflichtet worden ist, sollte in jedem Einzelfall erwogen werden, ob es sinnvoll ist, den Besichtigungsanspruch ausnahmsweise nicht auf rein verfahrensrechtlicher Grundlage (§§ 485 ff ZPO) durchzusetzen[57], sondern – wie die Duldungsverfügung – auf materiell-rechtlicher Basis (§ 140c PatG) im Wege des vorläufigen Rechtsschutzes. Hierzu ist wegen § 883 Abs 2 ZPO zu raten, wenn ernsthaft zweifelhaft ist, ob der Besichtigungsgegenstand angetroffen wird, so dass weiterführende Angaben zu dessen anderweitigem Standort hilfreich sein können.

Ist der Gerichtsvollzieher nicht in der Lage, die vom Schuldner herauszugebenden und **82** ihm notfalls wegzunehmenden Gegenstände sicher zu identifizieren, weil hierzu spezielle (zB technische) Kenntnisse notwendig sind, über die das Vollstreckungsorgan nicht verfügt, so hat der Gerichtsvollzieher (nicht der Gläubiger!) einen geeigneten **Sachverständigen** zu seiner **Unterstützung** hinzuzuziehen, wenn sich die Parteien innerhalb angemessener Zeit nicht über den Herausgabeumfang einigen können und anderenfalls (dh ohne sachverständige Unterstützung) die Vollstreckung unmöglich oder unzumutbar erschwert wäre.[58] Die durch die Einschaltung eines Sachverständigen verursachten Kosten sind solche der Zwangsvollstreckung und demzufolge vom Schuldner zu tragen.[59] Diesem steht sowohl gegen die Beauftragung des Sachverständigen als auch gegen die mit dessen Hilfe erfolgte Bestimmung der Vollstreckungsgegenstände die Erinnerung (§ 766 ZPO) zu.[60]

3. Verfahrensrechtliche Durchsetzung[61]

a) Klage und vorläufiger Rechtsschutz

Durchgesetzt werden kann der Besichtigungsanspruch zunächst in einem **Hauptsache- 83 verfahren**. Das kann in der Weise geschehen, dass in einem ersten Schritt von dem Beklagten die Duldung der Besichtigung durch einen gerichtlichen Sachverständigen und – im Anschluss daran – die Aushändigung des Sachverständigengutachtens verlangt wird. Geschieht dies und erweist sich der Besichtigungsanspruch als begründet, so ist durch Teil- und Grundurteil anzuordnen, dass der Beklagte die Besichtigung zu dulden hat. Hat daraufhin die Besichtigung stattgefunden, ist durch Schlussurteil darüber zu befinden, ob dem Kläger – unter Berücksichtigung des Besichtigungsergebnisses sowie etwaiger Geheimhaltungsinteressen des Beklagten – das Gutachten ausgehändigt wird.[62] Parallel mit dem Besichtigungsanspruch können auch Ansprüche wegen Patentverletzung (nämlich auf Unterlassung, Schadensersatz etc) geltend gemacht werden. Möglich ist dies nur im Wege der objektiven Klagenhäufung, aber weder durch Stufenklage (§ 254

---

56 BGH, GRUR 2014, 578 – Umweltengel für Tragetasche.
57 Siehe dazu unten Kap B Rdn 111.
58 BGH, GRUR 2018, 222 – Projektunterlagen.
59 BGH, GRUR 2018, 222 – Projektunterlagen.
60 BGH, GRUR 2018, 222 – Projektunterlagen.
61 Müller-Stoy, Mitt 2010, 267; Kather/Fitzner, Mitt 2010, 325.
62 LG Düsseldorf, InstGE 8, 103 – Etikettiermaschine.

ZPO) noch dergestalt, dass in erster Linie eine Besichtigung verlangt und die Ansprüche auf Unterlassung etc bloß hilfsweise verfolgt werden.[63]

84 – Eine **Stufenklage** scheidet aus. Sie ist nicht deshalb gesetzlich zugelassen, damit mehrere Ansprüche in *einer* Klage verbunden werden können; ihre Besonderheit liegt vielmehr in der Zulassung eines unbestimmten Antrages entgegen § 253 Abs 2 Nr 2 ZPO. Die im Rahmen der Stufenklage verfolgte Auskunft ist insofern lediglich ein Hilfsmittel, um die (noch) fehlende Bestimmtheit des Leistungsanspruchs herbeizuführen. Die der Stufenklage eigentümliche Verknüpfung von unbestimmtem Leistungsanspruch und vorbereitendem Auskunftsanspruch steht deswegen nicht zur Verfügung, wenn die Auskunft überhaupt nicht dem Zweck einer Bestimmbarkeit des Leistungsanspruchs dienen, sondern dem Kläger sonstige Informationen über seine Rechtsverfolgung verschaffen soll.[64] So verhält es sich in Fällen der Besichtigung, mit deren Ergebnissen gerade nicht die bestimmte Formulierung des Klageantrages gelingen soll, sondern materielle Zweifel des Klägers im Hinblick auf den Anspruchsgrund (Ausgestaltung des Besichtigungsgegenstandes? Bestehen von Ansprüchen wegen Patentverletzung?) ausgeräumt werden sollen.[65] Dass eine Stufung der Klageanträge auf Besichtigung und Unterlassung etc im Sinne von § 254 ZPO nicht in Betracht kommt, hat allerdings nicht notwendig zur Folge, dass die Klage insgesamt oder teilweise als unzulässig abgewiesen werden müsste. Vielmehr kommt im Zweifel eine Umdeutung der unzulässigen Stufenklage in eine zulässige Klagenhäufung (§ 260 ZPO) in Betracht.[66]

85 – Die Klageanträge auf Besichtigung einerseits und Unterlassung etc andererseits können auch nicht **eventualiter** in dem Sinne geltend gemacht werden, dass die Anträge wegen Patentverletzung nur hilfsweise zur Entscheidung gestellt werden.[67] Hilfsanträge sind nur möglich, wenn sie unter einer innerprozessualen Bedingung stehen, dh wenn die Entscheidung über den Hilfsantrag vom Prozessablauf selbst abhängt. Als Bedingung kommt insofern sinnvollerweise nicht bereits der Umstand in Betracht, dass der reklamierte Besichtigungsanspruch vom Gericht zugesprochen wird. Damit wäre dem Kläger nicht gedient, weil mit der Besichtigung aufgeklärt werden soll, ob weitergehende Ansprüche aus dem Patent bestehen, weswegen über die Ansprüche wegen Patentverletzung erst dann entschieden werden soll, wenn auch das (positive) Besichtigungsergebnis feststeht. Dieses stellt jedoch keine zulässige innerprozessuale Bedingung dar.[68]

86 Der Nachteil eines Hauptsacheverfahrens ist freilich der erhebliche Zeitaufwand, der Verlust jeglichen Überraschungseffektes sowie der Umstand, dass vielfach die Besichtigung erst die ausreichende Grundlage für ein Verletzungsverfahren liefern soll, was es in aller Regel nicht ratsam erscheinen lässt, eine Klage auf Besichtigung, verbunden mit Anträgen auf Unterlassung etc zu erheben.

87 Einem **einstweiligen Verfügungsverfahren** auf Besichtigung ist daher zumeist der Vorzug zu geben, obwohl auch mit ihm gewisse Probleme verbunden sind. Sie liegen zwar nicht darin, dass – dem allgemeinen Charakter eines vorläufigen Rechtsschutzes

---

63 OLG Düsseldorf, Urteil v 8.11.2012 – I-2 U 108/10.
64 BGH, NJW 2000, 1645, 1646; BGH, NJW 2002, 2952, 2953. Es ist allerdings nicht erforderlich, dass durch die Auskünfte der ersten Stufe sämtliche Informationen erhalten werden, die zur Bezifferung des Leistungsantrages vonnöten sind. Die Stufenklage steht erst dann nicht mehr zur Verfügung, wenn die Auskünfte in keiner Weise diesem Zweck dienen (BGH, WuM 2016, 369).
65 OLG Düsseldorf, Urteil v 8.11.2012 – I-2 U 108/10.
66 BGH, NJW 2000, 1645, 1646; BGH, NJW 2002, 2952, 2953.
67 OLG Düsseldorf, Urteil v 8.11.2012 – I-2 U 108/10.
68 OLG Düsseldorf, Urteil v 8.11.2012 – I-2 U 108/10.

folgend – bloße Sicherungsmaßnahmen zulässig wären, aber keine endgültige Befriedigung des Gläubigers. Denn § 140c Abs 3 PatG lässt ausdrücklich eine Vorwegnahme der Hauptsache zu. Allerdings würde es sich bei dem vom Antragsteller veranlassten Besichtigungsgutachten um ein reines Privatgutachten handeln, dem als solchem ein nur eingeschränkter Beweiswert zukommt.

b) Selbständiges Beweisverfahren[69]

Einen weiteren, außerordentlich zweckmäßigen Weg zur Sachverhaltsermittlung und/oder Beweissicherung eröffnet das selbständige Beweisverfahren gemäß §§ 485 ff ZPO.[70] Mit ihm wird nicht der materielle Besichtigungsanspruch nach § 140c PatG, § 809 BGB durchgesetzt, sondern auf eigenständiger verfahrensrechtlicher Grundlage unter den Voraussetzungen, welche die §§ 485 ff ZPO hierfür vorsehen, eine Besichtigung angeordnet, die mit einem vollwertigen Gerichtsgutachten endet. 88

Da § 485 ZPO die im selbständigen Beweisverfahren zugelassenen Beweismittel abschließend bezeichnet (Augenschein, Zeugenvernehmung, sachverständige Begutachtung), ist es ausgeschlossen, im Rahmen des Verfahrens nach § 485 ZPO – wie dies bisweilen geschieht[71] – anzuordnen, dass der Sachverständige im Zuge seiner Begutachtung **benutzungsrelevante Unterlagen** des Besichtigungsschuldners (wie Produktspezifikationen, Benutzungsanleitungen, Prüfprotokolle und dergleichen) heranziehen soll. Der Sache nach handelt es sich bei den besagten Dokumenten um Urkunden und bei deren »Heranziehung« um die Aufforderung an den Besichtigungsschuldner, diese dem Gutachter vorzulegen. Ein Vorlageanspruch ist jedoch nicht im selbständigen Beweisverfahren durchsetzbar, sondern nur im Wege der einstweiligen Verfügung auf der Grundlage des § 140c PatG. Beide Maßnahmen können selbstverständlich, sofern ihre jeweiligen Voraussetzungen vorliegen, zeitgleich angeordnet und gegen den Schuldner vollstreckt werden. Genauso zweifelsfrei ist, dass die im Vorlagewege erhaltenen Dokumente vom Sachverständigen bei seiner Begutachtung mit berücksichtigt werden können und das Gericht deren Verwertung auch anordnen kann. 89

Praxistipp	Formulierungsbeispiel	90
Auch wenn der Benutzungssachverhalt dem Antragsteller in vollem Umfang bekannt ist, kann sich ein selbständiges Beweisverfahren anbieten, um in einem nachfolgenden Verletzungsprozess nicht auf einen Zeugenbeweis (zB seiner Mitarbeiter) angewiesen zu sein, der ggf deshalb nicht als geführt angesehen wird, weil der Verletzer seinerseits Gegenzeugen präsentiert und für das Gericht ungeklärt bleibt, welche der gegensätzlichen Darstellungen zutrifft.		

Eine Anordnung nach § 485 ff ZPO kommt unabhängig davon in Betracht, ob sich der zu besichtigende Gegenstand in der Öffentlichkeit befindet oder nicht.[72] Das selbständige Beweisverfahren ist ua deswegen so vorteilhaft, weil es unter minimalen Tatbestandsvoraussetzungen durchgeführt werden kann, nämlich dann, 91

– wenn der Verlust des zu besichtigenden Beweismittels droht (zB weil die fragliche Maschine demnächst umgebaut oder ins Ausland verbracht wird oder weil sich der Zustand der Sache durch seine Lagerung in einer Weise zu verändern droht, dass 92

---

69 Kuta, Düsseldorfer Modell, 2017.
70 Umfassend hierzu: Kühnen, GRUR 2005, 185.
71 LG Düsseldorf, Beschluss v 26.8.2015 – 4c O 47/15.
72 Kühnen, GRUR 2005, 185; Kühnen, Mitt 2009, 211.

später eine Feststellung der Patentmerkmale auf Schwierigkeiten stößt), § 485 Abs 1 ZPO (als Maßnahmen sind die Zeugenvernehmung, die Einnahme eines Augenscheins und die Begutachtung zugelassen, und zwar innerhalb wie außerhalb eines Rechtsstreits),

oder

93 – wenn enumerativ[73] aufgezählte Gegenstände begutachtet werden sollen (zB Zustand oder Wert einer Sache, Ursache eines Sachmangels, Beseitigungsaufwand; nicht: Höhe eines dem Antragsteller durch ein bestimmtes Verhalten entgangenen Gewinns[74], Inhalt und Auslegung des Patentanspruchs[75]) und der Antragsteller ein rechtliches Interesse an der Beweissicherung hat, wobei das Gesetz als Regelbeispiel den Fall nennt, dass mithilfe des Beweisverfahrens möglicherweise ein Rechtsstreit vermieden werden kann, § 485 Abs 2 ZPO (zugelassen ist ausschließlich die Einholung eines Sachverständigengutachtens[76] und dies nur außerhalb eines Rechtsstreits). Letzteres wird stets anzunehmen sein. Denn wenn die Besichtigung den Verletzungstatbestand ausräumt, wird voraussichtlich der Antragsteller davon absehen, eine Verletzungsklage zu erheben. Bestätigt – umgekehrt – das Gutachten den Verletzungsverdacht, wird sich voraussichtlich der Antragsgegner freiwillig unterwerfen und es nicht auf einen Rechtsstreit ankommen lassen. So oder so wirkt die Besichtigung potenziell streitschlichtend. Eine Anordnung nach § 485 Abs 2 ZPO hat allerdings (mangels faktischer Durchführbarkeit) zu unterbleiben, wenn das zu begutachtende Beweismittel unerreichbar ist.[77]

94 Eine **Schlüssigkeitsprüfung** dahingehend, ob, wenn sich die vermutete Ausgestaltung des Besichtigungsgegenstandes bewahrheitet, tatsächlich ein anspruchsbegründender Eingriff in den Schutzbereich des Patents vorliegt, findet nicht statt.[78] Das Interesse an einer Besichtigung kann deshalb nicht mit der Erwägung verneint werden, Ansprüche wegen Patentbenutzung kämen selbst dann nicht infrage, wenn das vermutete Besichtigungsergebnis zugunsten des Besichtigungsgläubigers unterstellt werde. Nur ganz ausnahmsweise, wenn klar und zweifelsfrei auf der Hand liegt, dass der Anspruch (wegen Patentbenutzung), dessen sich der Antragsteller berühmt, nicht bestehen kann, ist das Besichtigungsverlangen zurückzuweisen. In einem solchen Fall stünde von vornherein fest, dass das Ergebnis des Beweisverfahrens in einem nachfolgenden Prozess keinerlei Bedeutung hätte und mithin die Beweiserhebung unnütz wäre.[79]

---

73 BGH, MDR 2014, 176.
74 BGH, MDR 2014, 176.
75 OLG Karlsruhe, Beschluss v 12.8.2013 – 6 W 56/13.
76 Ausgeschlossen ist damit eine Anordnung, die auf die Vorlage einer Urkunde hinausläuft, mag sie äußerlich auch in das Gewand einer sachverständigen Begutachtung gekleidet sein (OLG Düsseldorf, Beschluss v 21.7.2011 – I-2 W 23/11).
77 Solches ist zB der Fall, wenn im Wege der isolierten einstweiligen Verfügung zunächst bloß die Herausgabe des Besichtigungsgegenstandes an einen Gerichtsvollzieher oder an das Gericht zur Verwahrung bis zur Freigabe durch den Besichtigungsschuldner oder bis zu einer künftigen streitigen gerichtlichen Freigabeentscheidung angeordnet wird und der Schuldner der Freigabe widerspricht (OLG Karlsruhe, Beschluss v 12.8.2013 – 6 W 56/13). Hier kommt eine sachverständige Begutachtung der sichergestellten Gegenstände im selbständigen Beweisverfahren nicht in Betracht, weil diese nur unter Rückgriff auf den Besichtigungsgegenstand erfolgen kann und dieser derzeit wegen der fortdauernden Verwahrung nicht verfügbar ist. Seine Freigabe an den Sachverständigen kann weder nach § 485 ZPO angeordnet werden noch nach §§ 142, 144 ZPO, die im selbständigen Beweisverfahren nicht anwendbar sind (OLG Karlsruhe, Beschluss v 12.8.2013 – 6 W 56/13, mwN zum Streitstand; aA bzgl der Anwendbarkeit von § 142 ZPO: OLG Düsseldorf, MDR 2014, 926).
78 BGH, NJW 2000, 960; BGH, MDR 2017, 357.
79 OLG Nürnberg, MDR 2011, 750.

Die Beweiserhebung ist – wegen der gebotenen Beschleunigung – auch dann fortzuset- 95
zen, wenn während ihrer Durchführung über das Vermögen einer der Parteien das **Insolvenzverfahren** eröffnet wird.⁸⁰ Das gilt freilich nur für diejenigen Maßnahmen, die vor
der Beendigung der Beweisaufnahme liegen und notwendig sind, um die Beweiserhebung
abzuschließen. Der Ausschluss der Verfahrensunterbrechung gilt deswegen zB nicht für
eine Kostenentscheidung, die nach § 494a Abs 2 ZPO getroffen wird.⁸¹ Nach erfolgter
Abtretung kann der Forderungsempfänger zu denselben Tatsachen, zu denen bereits der
Zedent vor der Zession ein selbständiges Beweisverfahren durchgeführt hat, nicht erneut
eine Beweissicherung betreiben.⁸²

Liegt bereits ein Besichtigungsgutachten vor, dessen Herausgabe dem Patentinhaber ver- 96
weigert worden ist, weil das zu Grunde liegende Patent im Zeitpunkt der Entscheidung
über die Gutachtenfreigabe rechtskräftig widerrufen oder vernichtet war, und ist der
Schutzrechtsinhaber im Besitz eines weiteren Schutzrechts, für dessen Benutzung die im
Gutachten dokumentierten Erkenntnisse des Besichtigungsverfahrens von Interesse sein
können, so stellt sich die Frage, ob und auf welche verfahrensrechtliche Weise der
Schutzrechtsinhaber an das bereits existierende Besichtigungsgutachten gelangen kann.
Gegenüber einer **einstweiligen Verfügung auf Urkundenvorlage** (§ 140c PatG)⁸³ ist
einem **erneuten selbständigen Beweisverfahren** unbedingt der Vorzug zu geben. Sofern
eine hinreichende Benutzungswahrscheinlichkeit für das bestehende Patent gegeben ist,
kommt aus Gründen der Verhältnismäßigkeit zwar keine erneute Besichtigung in
Betracht, wenn die mit dem bereits eingeholten Besichtigungsgutachten vorliegenden
Informationen eine Gewissheit auch im Hinblick auf das weitere Patent vermitteln. Dieser Umstand schließt ein selbständiges Beweisverfahren jedoch nicht aus, sondern modifiziert es lediglich insoweit, als auf dessen ersten Teil (die sachverständige Besichtigung
mit Gutachtenerstellung) verzichtet und sogleich in den zweiten Teil des Procedere (die
Entscheidung über die Freigabe des im Falle einer abermaligen Besichtigung absehbar
inhaltsgleichen Besichtigungsgutachtens) übergegangen werden kann.⁸⁴ Die Durchführung eines zweiten selbständigen Beweisverfahrens entspricht auch der *beiderseitigen*
Interessenlage. Für den Schutzrechtsinhaber liegen die Vorteile eines Vorgehens nach
§§ 485 ff ZPO auf der Hand; für den Besichtigungsschuldner folgen sie aus der Tatsache,
dass eine einstweilige Verfügung auf Vorlage des Besichtigungsgutachtens etwaigen
Geheimhaltungsinteressen in Bezug auf den Gutachteninhalt weit weniger Rechnung tragen könnte. Da sich das Gutachten bereits in einer Gerichtsakte befindet, so dass dessen
Verlust nicht zu besorgen ist, und weil eine einstweilige Vorlageverfügung gegen Sicherheitsleistung vorläufig vollstreckbar wäre, könnten vor einer abschließenden Entscheidung über den Vorlageanspruch im weiteren Rechtsmittelverfahren vollendete Tatsachen
dadurch geschaffen werden, dass die Verfahrensbevollmächtigten des Antragstellers ihm
das aus dem ersten Besichtigungsverfahren bereits in ihrem Besitz befindliche Besichtigungsgutachten zur Kenntnis geben. Der Vorteil eines zweiten Beweisverfahrens liegt
demgegenüber darin, dass eine Freigabe des Besichtigungsgutachtens durch das Landgericht stets unter die Bedingung der Rechtskraft dieser Entscheidung gestellt wird, womit
sichergestellt ist, dass geheimhaltungsbedürftige Informationen aus dem Besichtigungsgutachten erst zu einem Zeitpunkt offengelegt werden, zu dem über die Gutachtenfreigabe endgültig entschieden ist. In Anbetracht dessen kann ein Antrag auf Erlass einer
Vorlageverfügung gegen seinen formalen Wortlaut ggf sogar als Antrag auf Durchführung eines (weiteren) selbständigen Beweisverfahrens auszulegen sein.

---

80 BGH, MDR 2011, 749.
81 BGH, MDR 2011, 749.
82 BGH, MDR 2012, 48.
83 Vgl hierzu LG Düsseldorf, Urteil v 12.5.2016 – 4b O 145/15.
84 OLG Düsseldorf, Beschluss v 24.10.2016 – I-2 U 50/16.

aa) Anordnung

(1) Zuständigkeitsfragen

97 Zuständig für die Beweisanordnung ist das Gericht der Hauptsache, bei dem ein Rechtsstreit bereits anhängig ist oder anhängig zu machen wäre (§ 486 Abs 1, 2 ZPO). Eine übereinstimmende Zuständigkeitsregelung besteht für eine begleitende Duldungsverfügung (§ 937 Abs 1 ZPO). Zuständigkeitsbegründend ist nach zutreffender Ansicht[85] nicht die negative Feststellungsklage umgekehrten Rubrums, weil ansonsten der Vorrang der stets möglichen Leistungsklage umgangen würde.

98 «Hauptsache» meint jeweils nicht den Anspruch auf Besichtigung, sondern denjenigen Anspruch wegen (mutmaßlicher) Patentbenutzung, der mit der Beweismaßnahme geklärt werden soll. Ein Gerichtsstand für den Besichtigungsantrag ist mithin überall dort – aber auch nur da – gegeben, wo eine Patentverletzungsklage erhoben werden könnte. Neben dem allgemeinen Gerichtsstand des Sitzes kommt daher der praktisch wichtige Wahlgerichtsstand der unerlaubten Handlung in Betracht:

99 – Ist Gegenstand des Patentschutzes eine **Sache**, kann überall dort ein Besichtigungsantrag angebracht werden, wo irgendeine der in § 9 Nr 1 PatG genannten Handlungen (Herstellen, Anbieten etc) stattgefunden hat oder droht stattzufinden.

100 – Bezieht sich der Patentschutz auf ein **Verfahren**, kann zunächst an den Ort angeknüpft werden, an dem das Verfahren durchgeführt (»angewendet«) oder angeboten wird (§ 9 Nr 2 PatG). Handelt es sich speziell um ein Herstellungsverfahren, erstreckt § 9 Nr 3 PatG die Schutzwirkungen des Patents zusätzlich auf die durch das geschützte Verfahren unmittelbar hergestellten Erzeugnisse, die anzubieten und zu vertreiben ebenfalls dem Monopolrecht des Patentinhabers vorbehalten ist. Der (neben dem Handlungsort der Verfahrensausübung) zuständigkeitsbegründende »Erfolgsort« liegt deswegen überall dort, wo unmittelbare Verfahrenserzeugnisse angeboten, in Verkehr gebracht, gebraucht, eingeführt oder besessen werden oder wo solches zumindest bevorsteht.[86] Zielt die Besichtigung darauf ab festzustellen, ob unmittelbare Verfahrenserzeugnisse hergestellt (und anschließend in Verkehr gebracht) werden, ist eine Besichtigungszuständigkeit deshalb überall da gegeben, wo die mutmaßlich verletzenden Erzeugnisse angeboten oder vertrieben werden.[87]

101 Verändern sich nach Zustellung des Beweissicherungsbeschlusses die zuständigkeitsbegründenden Tatsachen, so hat dies – in analoger Anwendung des **§ 261 Abs 3 Nr 2 ZPO** – auf die einmal begründete Zuständigkeit des angerufenen Gerichts keinen Einfluss.[88]

102 Wurde ein unzuständiges Gericht angerufen, kann die Sache an das zuständige Gericht verwiesen werden. Derartige **Verweisungsbeschlüsse** haben – in entsprechender Anwendung des § 281 Abs 2 Satz 4 ZPO – Bindungswirkung, es sei denn, die Verweisung ist willkürlich erfolgt.[89]

103 Ein Besichtigungsverfahren scheidet – mangels internationaler Zuständigkeit – gänzlich aus, wenn die Beteiligten für die Hauptsache eine wirksame **Schiedsabrede** getroffen haben, mit der die Jurisdiktion eines ausländischen Schiedsgerichts vereinbart worden ist, weil unter solchen Bedingungen das Resultat des selbständigen Beweisverfahrens seinen

---

85 OLG Köln, WRP 2012, 984.
86 OLG Düsseldorf, Beschluss v 20.8.2012 – I-2 W 13/12.
87 OLG Düsseldorf, Beschluss v 20.8.2012 – I-2 W 13/12.
88 BGH, NJW-RR 2010, 891.
89 BGH, NJW-RR 2010, 891.

Zweck, in einem vor deutschen Gerichten stattfindenden Hauptsacheprozess verwertet zu werden (§ 493 ZPO), nicht erfüllen kann.[90]

Hat ein unzuständiges Gericht eine Beweisanordnung getroffen und ist daraufhin ein **Besichtigungsgutachten** erstattet worden, kann dieses gegen den Widerstand des Antragsgegners nicht an den von der Besichtigung ausgeschlossenen Antragsteller herausgegeben werden. Da das selbständige Beweisverfahren erst mit der Entscheidung über die Aushändigung des Gutachtens beendet ist und dem Gericht die nach § 486 Abs 2 ZPO zu bestimmende örtliche Zuständigkeit fehlt, verbietet sich eine – in eben dem selbständigen Beweisverfahren zu treffende – Anordnung über die Freigabe des Gutachtens schon aus Zuständigkeitsgründen. Ist das Gericht aber an einer Freigabeentscheidung gehindert, folgt allein daraus, dass das Gutachten unter Verschluss zu bleiben hat und der Antragstellerin nicht auszuhändigen ist. Gleiches gilt, wenn das Besichtigungsverfahren unter Verstoß gegen Bestimmungen zur internationalen Zuständigkeit durchgeführt wurde.[91]

104

(2) Besichtigungsumfang

Die gerichtliche Beweisanordnung bestimmt und begrenzt den Besichtigungsumfang in jeder Hinsicht, dh nicht nur in Bezug auf die zulässigen Aufklärungsmaßnahmen (äußerer Augenschein, Inbetriebnahme etc), sondern gleichermaßen im Hinblick auf diejenigen technischen Merkmale, die Gegenstand der sachverständigen Aufklärungsmaßnahme sein sollen (**§ 308 ZPO**)[92]. Hat das Gericht (dem Antrag des Besichtigungsgläubigers folgend) lediglich den Hauptanspruch des Antragspatents in seine Beweisanordnung aufgenommen, ist es dem Sachverständigen deswegen nicht gestattet, von sich aus Unter- oder gar Nebenansprüche in die Begutachtung einzubeziehen.[93]

105

Ist solches dennoch geschehen, kann der Antragsteller den Mangel dadurch heilen, dass er die **Antragsüberschreitung** nachträglich genehmigt, indem er sich die Feststellungen des Sachverständigen zu den Unter- oder Nebenansprüchen zumindest hilfsweise zu Eigen macht.[94] Dies geschieht zB dadurch, dass der Antragsteller die Herausgabe des vollständigen Gutachtens (welches sich auch zu den nicht beauftragten Unter- oder Nebenansprüchen verhält) begehrt. In einer derartigen Genehmigung liegt typischerweise zugleich eine Antragserweiterung im Hinblick auf die zunächst auftragslos begutachteten Ansprüche, der das Gericht in der Regel aus denselben Gründen wird entsprechen müssen, aus denen es die ursprüngliche Beweisanordnung erlassen hat. Es widerspricht jedoch jeglichen praktischen Bedürfnissen, die sachverständig bereits getroffenen Feststellungen zu den Unter- oder Nebenansprüchen des Antragspatents allein deshalb zu verwerfen, weil sie auftragslos erfolgt sind, und gleichzeitig eine der Antragserweiterung stattgebende Nachbesichtigung anzuordnen, um genau diejenige Aufklärung herbeizuführen, die der Sachverständige ohne gerichtlichen Auftrag bereits geleistet hat. Die einzig sinnvolle Lösung liegt darin, den gesamten Gutachteninhalt hinzunehmen und derjenigen Prüfung zu unterwerfen, die bei der Aushändigung der Besichtigungsergebnisse an den Besichtigungsgläubiger stattzufinden hat. Es kommt deshalb – wie weiter unten noch im Detail erörtert wird[95] – darauf an, ob in Bezug auf die Unter- oder Nebenansprüche Betriebsgeheimnisse des Besichtigungsschuldners bestehen

106

---

90 OLG Düsseldorf, InstGE 9, 41 – Schaumstoffherstellung; die hiergegen gerichtete Verfassungsbeschwerde wurde mit Beschluss v 27.11.2008 (1 BvR 1960/08) nicht zur Entscheidung angenommen.
91 OLG Düsseldorf, InstGE 9, 41 – Schaumstoffherstellung.
92 OLG Frankfurt/Main, NJW-RR 1990, 1024.
93 LG Düsseldorf, Beschluss v 3.2.2011 – 4b O 27/09.
94 Vgl BGH, MDR 1999, 314.
95 Kap B Rdn 135 ff.

und ob eine Benutzung der Unter- oder Nebenansprüche durch den Besichtigungsgegenstand festgestellt werden kann.[96]

(3) Begleitende Duldungsverfügung

107 In Konstellationen, in denen der zu besichtigende Gegenstand nicht öffentlich (wie etwa auf Messen) zugänglich ist, muss seinem Besitzer die Duldung der Besichtigung auferlegt werden. Denn das selbständige Beweisverfahren kennt keinen Zwang und würde deshalb unweigerlich an dem im Zweifel zu erwartenden Widerspruch des Besichtigungsschuldners scheitern.

108 Die **materiellrechtliche** Grundlage des Duldungsanspruchs bilden § 140c Abs 1 PatG und (in geeigneten Fällen) § 809 BGB.

109 Liegen deren Voraussetzungen vor, ergibt sich aus § 140c Abs 3 PatG, dass der Anspruch auf Duldung der Besichtigung **verfahrenstechnisch** im Wege des vorläufigen Rechtsschutzes durchgesetzt werden kann, was eine Kombination mit dem Beschluss über eine selbständige Beweisanordnung erlaubt. Dringlichkeitsprobleme stellen sich insoweit nicht, wobei dahinstehen kann, ob § 140c Abs 3 PatG eine ansonsten näher festzustellende **Dringlichkeit fingiert**.[97] Selbst wenn dies verneint wird, scheitert eine Verfolgung des Duldungsanspruchs nicht daran, dass der Besichtigungsgläubiger längere Zeit Kenntnis von der wahrscheinlichen Patentbenutzung gehabt hat und untätig geblieben ist.[98] Eine Übertragung des richterrechtlich herausgebildeten Dringlichkeitserfordernisses auf die Besichtigungssituation hätte zur Konsequenz, dass der Besichtigungsanspruch (und damit die von ihm abhängigen Ansprüche wegen Patentverletzung) endgültig nicht mehr durchgesetzt werden könnten, was einer Rechtsverweigerung gleichkäme. In dieser Beziehung liegt der Sachverhalt grundlegend anders als in Fällen der gewöhnlichen Unterlassungsverfügung; wird sie wegen eines zu langen Zögerns des Berechtigten verweigert, bleiben dem Verletzten wenigstens Schadenersatzansprüche als Kompensation.

(4) Muster

110 Nachstehend ist das Muster einer selbständigen Beweisanordnung, kombiniert mit einer auf § 140c PatG bzw § 809 BGB gestützten einstweiligen Duldungsverfügung[99], wiedergegeben:

111

Praxistipp	Formulierungsbeispiel
	I. Auf Antrag der Antragstellerin vom ... wird, da ein Rechtsstreit noch nicht anhängig ist und die Antragstellerin ein rechtliches Interesse daran hat, dass der Zustand einer Sache festge-

---

96 AA: LG Düsseldorf, Beschluss v 3.2.2011 – 4b O 27/09, das die fraglichen Passagen allein deshalb schwärzen will, weil für sie eine gerichtliche Beweisanordnung fehlt.
97 Vgl Kühnen, GRUR 2005, 185, 194; Tilmann, GRUR 2005, 737; aA: OLG Köln, OLG-Report 2009, 258; OLG Karlsruhe, BeckRS 2013, 19312 – Product-by-process-Merkmale im Besichtigungsverfahren; OLG Nürnberg, GRUR-RR 2016, 108 – Besichtigungsanspruch.
98 OLG Düsseldorf, InstGE 12, 105 – Zuwarten mit Besichtigungsantrag; OLG Düsseldorf, InstGE 13, 126 – Dringlichkeit bei Besichtigung; OLG Frankfurt/Main, Urteil v 10.6.2010 – 15 U 192/09; Stjerna, Mitt 2011, 271; aA: OLG Köln, OLG-Report 2009, 258; OLG Karlsruhe, Beschluss v 18.5.2010 – 6 W 28/10; OLG Karlsruhe, Beschluss v 10.5.2013 – 6 W 30/11 (bei der Annahme eines dringlichkeitsschädlichen Verhaltens soll allerdings größere Zurückhaltung geboten sein als in sonstigen Verfügungssachen).
99 Ihrer bedarf es, wenn sich die Merkmalsverwirklichung ganz oder teilweise nicht in der Öffentlichkeit abspielt.

stellt wird, die Durchführung des selbständigen Beweisverfahrens gemäß §§ 485 ff ZPO angeordnet.

II.

1. Es soll durch Einholung eines schriftlichen Sachverständigengutachtens Beweis darüber erhoben werden, ob die in der Betriebsstätte der Antragsgegnerin (...) befindlichen ... des Typs »...« dazu geeignet sind, das Verfahren nach Anspruch 1[100] des europäischen Patents ... auszuführen, welches durch die Kombination folgender Merkmale gekennzeichnet ist:

   ...

2. Zum Sachverständigen wird ... bestellt[101].

3. Dem Sachverständigen wird – im Interesse der Wahrung etwaiger Betriebsgeheimnisse der Antragsgegnerin, die bei der Begutachtung zutage treten könnten – aufgegeben, jeden unmittelbaren Kontakt mit der Antragstellerin zu vermeiden und notwendige Korrespondenz entweder über das Gericht oder mit den nachfolgend unter III.1. bezeichneten anwaltlichen Vertretern der Antragstellerin zu führen. Der Sachverständige hat darüber hinaus auch gegenüber Dritten Verschwiegenheit zu wahren.

4. Auf Verlangen der Antragsgegnerin hat der Sachverständige die Begutachtung für die Dauer von maximal zwei Stunden[102] zurückzustellen, um der Antragsgegnerin Gelegenheit zu geben, ihrerseits einen anwaltlichen Berater hinzuzuziehen. Der Sachverständige hat die Antragsgegnerin vor Beginn der Begutachtung auf dieses Antragsrecht hinzuweisen.[103]

5. Die Begutachtung soll – wegen der besonderen Eilbedürftigkeit – ohne vorherige Ladung und Anhörung der Antragsgegnerin erfolgen.[104]

III.[105]

Im Wege der einstweiligen Verfügung werden darüber hinaus folgende weitere Anordnungen getroffen:

---

100 Ggf sind zusätzlich Unteransprüche aufzunehmen, auf die es in der Zukunft (zB bei beschränkter Aufrechterhaltung des Patents im Rechtsbestandsverfahren) ankommen kann.

101 Oftmals kann es sich anbieten, dem Sachverständigen die Hinzuziehung eines Mitarbeiters oder Gehilfen zu gestatten, insbesondere wenn besondere technische Feststellungen zu treffen sind, hinsichtlich derer der Sachverständige (zB ein Patentanwalt) selbst nicht die nötige Sachkompetenz hat.

102 Die Frist beginnt, sobald der Sachverständige beim Antragsgegner erscheint und sein Besichtigungsbegehren offenbart. Muss der Antragsteller zunächst noch einen Durchsuchungsbeschluss beschaffen, so läuft die Uhr weiter.

103 Werden die Anwälte des Besichtigungsgläubigers zur Besichtigung zugelassen, ist es zur Gewährleistung einer Waffengleichheit regelmäßig geboten, auf Verlangen auch dem Besichtigungsschuldner Gelegenheit zu geben, seinerseits einen Rechts- und/oder Patentanwalt hinzuzuziehen.

104 Entscheidend dafür, ob rechtliches Gehör gewährt wird, ist, ob aus der objektivierten Sicht des Antragstellers im Zeitpunkt der Antragstellung die Befürchtung berechtigt ist, im Falle einer Anhörung werde der Besichtigungsgegenstand beseitigt oder verändert und dadurch der Besichtigungserfolg gefährdet werden. Sofern derartige Maßnahmen tatsächlich möglich sind, wird eine Vereitelungsgefahr vielfach zu bejahen sein; letztlich handelt es sich aber um eine Frage des Einzelfalls.

105 Duldungsanordnungen sind dem selbständigen Beweisverfahren als solchem nicht immanent. Sie müssen deshalb im Wege der einstweiligen Verfügung (zB gestützt auf § 140c PatG, § 809 BGB) erlassen werden. Das Gleiche gilt für das in Ziffer III.3. enthaltene Unterlassungsgebot. Eine ergänzende einstweilige Verfügung ist mithin überall dort notwendig, wo die Begutachtung nicht durch bloße Augenscheinseinnahme an einem der Allgemeinheit ohnehin zugänglichen Ort (zB einer Messe) stattfinden kann, sondern zB in den Betriebsräumen des Antragsgegners, zu denen der Antragsgegner dem Sachverständigen und den weiteren Beteiligten den Zutritt verweigern könnte.

1. Neben dem Sachverständigen hat die Antragsgegnerin folgenden anwaltlichen Vertretern der Antragstellerin[106] sowie ihrem *öffentlich bestellten und vereidigten* Privatsachverständigen ...[107] die Anwesenheit während der Begutachtung zu gestatten[108]:

   – Patentanwalt ...,

   – Rechtsanwalt ...,

   – ggf: Prof. Dr. ... als Privatsachverständiger der Antragstellerin.

2. Patentanwalt ..., Rechtsanwalt ... und (ggf) Prof. Dr. ... werden verpflichtet, Tatsachen, die im Zuge des selbständigen Beweisverfahrens zu ihrer Kenntnis gelangen und den Geschäftsbetrieb der Antragsgegnerin betreffen, geheim zu halten, und zwar auch gegenüber der Antragstellerin und deren Mitarbeitern.[109]

3. Der Antragsgegnerin wird – mit sofortiger Wirkung und für die Dauer der Begutachtung – untersagt, eigenmächtig Veränderungen an den zu begutachtenden ... vorzunehmen, insbesondere ...[110]

4. Für jeden Fall der Zuwiderhandlung gegen das unter 3. bezeichnete Verbot werden der Antragsgegnerin ein Ordnungsgeld bis zu 250.000 € – ersatzweise Ordnungshaft – oder eine Ordnungshaft bis zu 6 Monaten angedroht, wobei die Ordnungshaft an dem Geschäftsführer der Antragsgegnerin zu vollstrecken ist.

5. Die Antragsgegnerin hat es zu dulden, dass der Sachverständige die zu begutachtenden Vorrichtungen in Augenschein nimmt und, sofern der Sachverständige dies für geboten hält, im laufenden Betrieb untersucht. Die Antragsgegnerin hat es ferner zu dulden, dass der Sachverständige zu Dokumentationszwecken Foto- oder Filmaufnahmen anfertigt und für seine Notizen ein Diktiergerät verwendet.[111]

---

106 Deren Anwesenheit zu gestatten kann sich verbieten, wenn die Besichtigung auf einer Messe durchgeführt werden soll, wo es im berechtigten Interesse des Besichtigungsschuldners liegt, die Begutachtung möglichst unauffällig durchzuführen. Andererseits kann es nach Umsetzung der EU-Richtlinie zum Schutz von Geschäftsgeheimnissen im Einzelfall angebracht sein, auch dem gerichtlich zur Verschwiegenheit verpflichteten Antragsteller persönlich die Teilnahme an der Besichtigung zu gestatten.

107 Vgl BGH, GRUR 2014, 578 – Umweltengel für Tragetasche.

108 Der Sache nach handelt es sich um eine Duldungsverpflichtung, die deswegen der Zwangsvollstreckung nach § 890 ZPO unterliegt (Grabinski, FS Mes, 2009, S 129).

109 Vgl §§ 172 Nr 2, 174 Abs 3 Satz 1 GVG; BGH, GRUR 2010, 318 – Lichtbogenschnürung (entgegen OLG München, GRUR-RR 2009, 191 – Laser-Hybrid-Schweißverfahren), Müller-Stoy, GRUR-RR 2009, 161. Dass der Schutz von Betriebsgeheimnissen durch eine Verschwiegenheitsverpflichtung der Prozessbevollmächtigten des Verfahrensgegners gewährleistet werden kann, ist auch in der sonstigen BGH-Rechtsprechung (zB im Zusammenhang mit der Billigkeitskontrolle nach § 315 BGB) anerkannt: BGH, WM 2009, 1957; BGHZ 178, 362; BGH, WM 2007, 220.

110 Sofern der das selbständige Beweisverfahren anordnende Beschluss dem Antragsgegner von Amts wegen zugestellt wird und diese Zustellung erfolgt, bevor der Sachverständige seine Begutachtung aufnimmt, wird auf diese Weise sichergestellt, dass der Sachverständige die zu begutachtende Vorrichtung noch in ihrem ursprünglichen Zustand vorfindet. Allerdings ist eine amtswegige Zustellung der Beschlussausfertigung an die Antragsgegnerin nicht zwingend erforderlich. Mangels Ladung genügt vielmehr eine formlose Mitteilung, welche durch die von der Antragstellerin zu veranlassende Zustellung der einstweiligen Verfügung geschieht. In diesem Fall besteht die Gefahr von Veränderungen am Besichtigungsgegenstand nicht.

111 Kommt es bei der Besichtigung auf den Inhalt eines Computerprogramms (zB zur Maschinensteuerung) an, ist daran zu denken, dem Sachverständigen zu gestatten, Screenshots anzufertigen oder Daten herunterzuladen. Sind einzelne Teile des Programms durch ein Passwort geschützt, kann dem Antragsgegner außerdem aufgegeben sein, auf Anforderung des Sachverständigen das Passwort einzugeben. Nach BGH, WuM 2007, 209, beinhaltet die Duldungsverpflichtung die Obliegenheit des Schuldners zu einem positiven Tun, wenn nur bei ihrer Vornahme dem Unterlassungsgebot Genüge getan werden kann. Ein umfangreiches positives Tätigwerden des Besichtigungsschuldners (zB eine Bedienung der Maschinensteuerung) wird allerdings nicht verlangt werden können. Die Inbetriebnahme des Besichtigungsgegenstandes ist Sache des Gutachters, der ggf Hilfskräfte zur

> 6. Der Antragsgegnerin wird aufgegeben, dem Sachverständigen folgende den Besichtigungsgegenstand betreffenden Dokumente in Kopie auszuhändigen: ...
>
> Im Rahmen seiner Begutachtung soll der Sachverständige die vorbezeichneten Unterlagen berücksichtigen und zur Beantwortung der Beweisfragen auswerten.
>
> **IV.**
>
> Nach Vorlage des schriftlichen Gutachtens wird die Antragsgegnerin Gelegenheit erhalten, zu etwaigen Geheimhaltungsinteressen, die auf ihrer Seite bestehen, Stellung zu nehmen. Die Kammer wird erst danach darüber entscheiden, ob der Antragstellerin das Gutachten zur Kenntnis gebracht und die Verschwiegenheitsanordnung aufgehoben wird.[112]
>
> **V.**
>
> Die Durchführung des selbständigen Beweisverfahrens ist davon abhängig, dass die Antragstellerin vorab einen Auslagenvorschuss von 10.000 € bei der Justizkasse in Düsseldorf einzahlt.[113]
>
> **VI.**
>
> Der Wert des Streitgegenstandes für das selbständige Beweisverfahren wird auf 250.000 € festgesetzt[114], derjenige für das einstweilige Verfügungsverfahren auf 25.000 €.
>
> **VII.**
>
> Die Kosten des einstweiligen Verfügungsverfahrens trägt die Antragsgegnerin.

(5) Nebenintervention

Im selbständigen Beweisverfahren sind die Vorschriften zur Streitverkündung und Nebenintervention entsprechend heranzuziehen.[115] Soweit § 66 Abs 1 ZPO vorsieht, dass derjenige einem fremden Rechtsstreit zur Unterstützung beitreten kann, der ein **rechtliches Interesse** daran hat, dass die *eine* Prozesspartei (der beigetreten werden soll) im Rechtsstreit obsiegt, ist diese Vorschrift nur im übertragenen Sinne anwendbar, weil es in einem der bloßen Sachaufklärung und Beweissicherung dienenden Verfahren noch kein endgültiges »**Obsiegen**« gibt. Bei der Prüfung des rechtlichen Interesses ist auch nicht hypothetisch auf einen im Anschluss an das Beweisverfahren ggf möglichen Hauptsacheprozess abzustellen, von dem nicht abzusehen ist, ob und mit welchen Anträgen er

112

Bedienung hinzuziehen kann. Denkbar ist allenfalls, dass dem Besichtigungsschuldner gestattet wird, die Fremdbedienung seiner Maschine dadurch abzuwenden, dass er – freiwillig – eigenes Fachpersonal bereitstellt. Ansonsten könnte die Anordnung getroffen werden, dass der Schuldner zB die Mitnahme der gesamten Maschine zu dulden hat, wobei er diese Maßnahme dadurch abwenden kann, dass er die Maschine nach den Anweisungen des Sachverständigen in Betrieb setzt. Zu weitgehend ist ebenfalls die Auflage, dem Sachverständigen und den anwaltlichen Beratern des Antragstellers erforderliche Schutzkleidung zu überlassen; für sie hat der Besichtigungsgläubiger regelmäßig selbst zu sorgen (aA: LG Düsseldorf, Beschluss v 26.8.2015 – 4c O 47/15).

112 Vgl hierzu Kühnen, GRUR 2005, 185.
113 Die Anforderung eines Auslagenvorschusses ist nicht anfechtbar (BGH, WuM 2009, 317). Wird der angeforderte Kostenvorschuss trotz Erinnerung nicht eingezahlt und unterbleibt deswegen eine Beweissicherung, hat der Antragsteller analog § 269 Abs 3 Satz 2 ZPO die (gerichtlichen) Kosten des selbständigen Beweisverfahrens zu tragen; dieser Ausspruch ergeht entweder in einem anhängigen Hauptsacheverfahren, sonst auf Antrag im selbständigen Beweisverfahren (BGH, Mitt 2017, 143 (LS)).
114 Der Streitwert des selbständigen Beweisverfahrens ist mit dem Hauptsachewert bzw mit dem Teil des Hauptsachewertes anzusetzen, auf den sich die Beweiserhebung bezieht (BGH, NJW 2004, 3488, 3489 f).
115 BGH, MDR 2016, 230.

künftig durchgeführt werden wird.¹¹⁶ In einem selbständigen Beweisverfahren »obsiegt« die antragstellende Partei vielmehr dann, wenn die von ihr behauptete schutzrechtsverletzende Ausstattung oder Verfahrensweise festgestellt wird.¹¹⁷

113 Mit Blick auf den Nebenintervenienten und sein rechtliches Interesse an einem Obsiegen eines Beteiligten am Besichtigungsverfahren kommt es deswegen darauf an, ob der Nebenintervenient zu der unterstützten Besichtigungspartei oder zu dem Gegenstand des Beweisverfahrens *in diesem Sinne* in einem Rechtsverhältnis steht, auf das das Ergebnis der stattfindenden Besichtigung unmittelbar oder mittelbar *rechtlich* einwirkt.¹¹⁸ Solches ist der Fall, wenn der Nebenintervenient zB als gewerblicher Abnehmer des Besichtigungsgegenstandes selbst eine Inanspruchnahme wegen Schutzrechtsverletzung befürchten muss und sich hierfür beim Besichtigungsgläubiger als seinem Lieferanten schadlos zu halten können glaubt. Geht es demgegenüber bloß um eigene Gewährleistungsansprüche des Nebenintervenienten, die dieser daraus herleitet, dass er vom Besichtigungsschuldner einen zum Besichtigungsobjekt baugleichen Gegenstand erworben hat, ist ein rechtliches Interesse zu verneinen.¹¹⁹ Ein Beitritt auf Seiten des Besichtigungsschuldners scheidet aus, weil er nicht dessen Unterstützung dienen würde, sondern vielmehr darauf gerichtet wäre, zu dessen Lasten eine Schutzrechtsverletzung festzustellen; dazu sind die Interventionsvorschriften jedoch nicht vorgesehen. Ein Beitritt auf Seiten des Besichtigungsgläubigers scheitert daran, dass weder zu ihm noch zum konkreten Besichtigungsobjekt eine Rechtsbeziehung besteht. Der bloße Umstand, dass sich in einem etwaigen Rechtsstreit zwischen dem Nebenintervenienten und dem Besichtigungsschuldner wegen des baugleichen Erwerbs dieselben Fragen stellen, die Gegenstand der Beweissicherung sind, begründet ein bloß tatsächliches, aber kein rechtliches Interesse.¹²⁰ Gleiches gilt im Hinblick auf die Gefahr, dass das Besichtigungsgutachten gemäß § 411a ZPO in einer streitigen Auseinandersetzung zwischen dem Nebenintervenienten und dem Besichtigungsschuldner verwertet werden könnte.¹²¹

(6) Präklusion

114 Höchst umstritten ist, ob zwischen der selbständigen Beweiserhebung und dem nachfolgenden Hauptsacheprozess eine Zäsur eintritt, deretwegen die Parteien mit Einwendungen gegen das im Verfahren nach §§ 485 ff ZPO eingeholte Sachverständigengutachten, die sie bereits im selbständigen Beweisverfahren hätten vorbringen können, dort jedoch nicht angebracht haben, im anschließenden Hauptsacheprozess präkludiert sind.¹²² Der BGH hat diese Frage bislang konsequent offen gelassen.¹²³

bb) Durchsuchung

115 Widersetzt sich der Schuldner der angeordneten Besichtigung, indem er zB dem Sachverständigen und/oder den teilnahmeberechtigten Anwälten des Antragstellers den Zutritt zu seinen Geschäftsräumen verweigert, so bedarf es einer zusätzlichen richterlichen Durchsuchungsanordnung.¹²⁴ § 758a ZPO¹²⁵, der auch für Arbeits-, Betriebs- und Geschäftsräume gilt, ist immer dann zu beachten, wenn die Besichtigung – was regelmä-

---

116 BGH, MDR 2016, 230.
117 BGH, MDR 2016, 230.
118 BGH, MDR 2016, 230.
119 BGH, MDR 2016, 230.
120 BGH, NJW-RR 2011, 907.
121 BGH, MDR 2016, 230.
122 Zum Streitstand vgl Seibel, MDR 2017, 1397.
123 BGH, NJW 2017, 3661.
124 Grabinski, FS Mes, 2009, S 129.
125 Ringer/Wiedemann (GRUR 2014, 229) halten die Vorschrift in Besichtigungsfällen nicht für einschlägig.

ßig der Fall sein wird – auf eine »Durchsuchung« gerichtet ist, dh ein Betreten zur ziel- und zweckgerichteten Suche nach Personen oder Sachen oder zur Ermittlung eines nicht bereits offenkundigen Sachverhalts, den der Wohnungsinhaber von sich aus nicht offen legen will.[126]

Die Durchsuchungsanordnung kann nicht vorsorglich für den Fall erlassen werden, dass der Schuldner den Zutritt zu seinen Räumlichkeiten verweigern sollte. Im Allgemeinen besteht ein **Rechtsschutzbedürfnis** vielmehr nur, nachdem dem Gerichtsvollzieher der Zugang tatsächlich verweigert worden ist.[127]   116

Von einer vorherigen **Anhörung** des Besichtigungsschuldners wird regelmäßig abgesehen werden können, wenn die Gefahr der Vereitelung nicht von der Hand zu weisen ist.[128]   117

Für die Durchsuchungsanordnung besteht eine – von den Patentstreitgerichten abweichende – ausschließliche **Zuständigkeit** desjenigen Amtsgerichts, in dessen Bezirk die Durchsuchung stattfinden soll (§§ 758a Abs 1, 802 ZPO). Dies mag als misslich empfunden werden; für eine richterrechtliche Durchberechnung der gesetzlichen Zuständigkeitsregelung ist jedoch kein Raum.[129]   118

Nachstehend ist ein **Muster** für eine (durch Beschluss zu erlassende) Durchsuchungsanordnung wiedergegeben: 119

Praxistipp	Formulierungsbeispiel	120
Der ... (= Gläubigerin, Antragstellerin) wird die Durchsuchung der unter der Adresse ... gelegenen Geschäftsräume der ... (= Schuldnerin, Antragsgegnerin) durch Patentanwalt ... als gerichtlicher Sachverständiger sowie Rechtsanwalt ... und Patentanwalt ... als anwaltliche Vertreter der Antragstellerin gestattet, um gemäß dem Beschluss des Landgerichts ... vom ... (AZ ...) festzustellen, ob die Maschine ... (= Besichtigungsgegenstand) von der technischen Lehre des ... (= Antragsschutzrechts) Gebrauch macht.		

Die Durchsuchungsanordnung verliert nach Ablauf von 4 Wochen ihre Gültigkeit.   121

Praxistipp	Formulierungsbeispiel	122
Bei Beginn der Besichtigung sollte ein entsprechender Durchsuchungsantrag vorbereitet und die Erreichbarkeit des zuständigen Amtsrichters am vorgesehenen Tag der Besichtigung geklärt sein, um keine unnötige Zeit zu verlieren, die dem Antragsgegner Möglichkeiten eröffnet, die Besichtigung zu sabotieren.		

Die Durchsuchungsanordnung kann gemäß § 892 ZPO zwangsweise mit Hilfe eines vom Gläubiger zu beauftragenden Gerichtsvollziehers durchgesetzt werden, der erforderlichenfalls seinerseits die Polizei hinzuziehen kann. Bei Vereitelung der Besichtigung   123

---

126 BVerfGE 75, 318; BGH, WuM 2006, 632.
127 Zöller, § 758a ZPO Rn 19, mwN.
128 Vgl BVerfGE 57, 346.
129 OLG Hamm, MDR 2015, 485; LG Hamburg, GRUR-RR 2014, 47 – Ausschließliche Zuständigkeit; OLG Hamburg, Beschluss v 5.2.2013 – 3 W 10/13 (unter Aufgabe der gegenteiligen Ansicht in NJWE-WettbR 2000, 19, 21 – Berodual); aA: OLG Koblenz, BeckRS 2009, 11398.

kommt ferner eine Anwendung der Grundsätze zur **Beweisvereitelung**[130] (§ 371 Abs 3 ZPO) in Betracht. Sie liegt (nur dann) vor, wenn dem Beweispflichtigen von seinem Gegner das Führen des Beweises *schuldhaft* unmöglich gemacht oder erschwert wird, indem er vorhandene Beweismittel vernichtet, vorenthält oder ihren beweismäßigen Gebrauch erschwert. Es bedarf eines missbilligenswerten Verhaltens dergestalt, dass dem Gegner in doppelter Hinsicht ein Vorwurf gemacht werden kann, nämlich erstens in Bezug auf die Zerstörung oder Entziehung des Beweisobjekts und zweitens in Beztug auf die Zerstörung oder Entziehung seiner Beweisfunktion, so dass das gegnerische Verhalten darauf gerichtet sein muss, die Beweislage seines Kontrahenten in einem gegenwärtigen oder künftigen Prozess nachteilig zu beeinflussen.[131] Ein Vereitelungstatbestand ist dementsprechend nicht gegeben, wenn der beweispflichtigen Partei ungeachtet des gegnerischen Verhaltens eine Beweissicherung möglich gewesen wäre.[132] Kommen die Grundsätze der Beweisvereitelung zur Anwendung, kann der Vortrag der betroffenen Partei nicht ohne jede Beweiserhebung als bewiesen zugrunde gelegt werden. Vielmehr sind von der beweisbelasteten Partei angebotene Beweise zu erheben. Erst wenn im Anschluss daran der Beweis nicht geführt ist oder wenn der Partei keinerlei Beweise zur Verfügung stehen, ist eine Beweislastumkehr in Betracht zu ziehen mit der Folge, dass den Gegenbeweisangeboten des vereitelnden Gegners nachzugehen ist.[133]

124 Geschieht die Beweisvereitelung in einem nur gegen das Unternehmen gerichteten Besichtigungsverfahren, so treffen die Beweisnachteile aus den Vereitelungshandlungen auch nur das Unternehmen sowie denjenigen **Geschäftsführer**, der für das Unternehmen die vereitelnden Maßnahmen entweder angeordnet hat oder mit dessen Wissen solche Maßnahmen vorgenommen worden sind. Gegenüber einem selbst nicht aktiven, unwissenden Mitgeschäftsführer sind demgegenüber keine Beweisnachteile gerechtfertigt, weswegen eine ansonsten (dh im Verhältnis zum Unternehmen und ihrem vereitelnden Geschäftsführer) erfolgreiche Verletzungsklage ihm gegenüber erfolglos bleiben kann.

125 | **Praxistipp** | Formulierungsbeispiel |

Um seine Rechte in einem möglichen Besichtigungsverfahren zu wahren, kann es sich für potenzielle Antragsgegner empfehlen, den »Ernstfall« unter anwaltlicher Unterstützung zu proben und entsprechende Verhaltensregeln für das Personal auszuarbeiten.

cc) Gutachtenaushändigung und Anhörung

126 Das selbständige Beweisverfahren endet grundsätzlich mit der Übersendung des Sachverständigengutachtens an die Parteien (dazu sogleich) und einer sich auf Antrag einer der Beteiligten ggf hieran anschließenden mündlichen Anhörung des Sachverständigen.[134]

127 Zwischen den *Beteiligten* des selbständigen Beweisverfahrens wirkt die in diesem Rahmen vorgenommene sachverständige Begutachtung wie eine unmittelbar im anschließenden Hauptsacheverfahren selbst durchgeführte Beweisaufnahme. Sie wird deshalb dort verwertet, als sei sie vor dem Prozessgericht erfolgt, weswegen die Einholung eines neuen Sachverständigengutachtens im Hauptsacheprozess nur unter den engen Voraussetzungen des § 412 ZPO in Betracht kommt, die für die Anforderung eines **Obergutachtens**

---

130 Vgl dazu: Laumen, MDR 2009, 177.
131 BGH, GRUR 2016, 88 – Deltamethrin.
132 BGH, GRUR 2016, 88 – Deltamethrin.
133 BGH, GRUR 2016, 88 – Deltamethrin.
134 BGH, Mitt 2006, 90 (LS); OLG Frankfurt/Main, Urteil v 10.6.2010 – 15 U 192/09; OLG Düsseldorf, Mitt 2013, 98.

gelten.¹³⁵ Andererseits fallen aber auch die im selbständigen Beweisverfahren unerledigt gebliebenen Beweisanträge (wie ein noch nicht abgehaltener Anhörungstermin) im Verfahren vor dem Prozessgericht an und sind vom Hauptsachegericht im vorgefundenen Stand zu bearbeiten.¹³⁶ Dessen bedarf es ausnahmsweise nur dann nicht, wenn die betreffende Partei auf deren Weiterbehandlung verzichtet hat, was ein in diesem Sinne *unzweideutiges* Verhalten verlangt.¹³⁷

Im Prozess gegen eine *Partei*, die *am selbständigen Beweisverfahren nicht beteiligt* war, kommt eine Verwertung des Beweisgutachtens nur nach Maßgabe des **§ 411a Abs 1 ZPO** in Betracht.¹³⁸ Es bedarf mithin einer gerichtlichen Verwertungsanordnung, zu deren Erlass oder Ausführung den Parteien rechtliches Gehör zu gewähren ist.¹³⁹ **128**

(1) Aushändigung des Gutachtens

Ist die Besichtigung mithilfe einer einstweiligen Duldungsverfügung erzwungen worden und stehen deshalb möglicherweise Betriebsgeheimnisse des Besichtigungsschuldners im Raum, die mit einer vorbehaltlosen Aushändigung des Gutachtens offengelegt werden könnten, ist Zurückhaltung geboten. **129**

(a) Besichtigungsschuldner

Bezüglich des Besichtigungsschuldners ergeben sich im Zusammenhang mit der Überlassung des Gutachtens keine Probleme, weil es *seine* etwaigen Betriebsgeheimnisse sind, die im Besichtigungsgutachten festgehalten sind. **130**

(b) Anwälte des Besichtigungsgläubigers

Gleiches gilt hinsichtlich der Anwälte des Besichtigungsgläubigers¹⁴⁰, deren in der Duldungsverfügung angeordnete Verschwiegenheitpflicht sich selbstverständlich auch auf den Inhalt des die Ergebnisse der Besichtigung festhaltenden Besichtigungsgutachtens erstreckt. Deutlich wird dies spätestens daran, dass Ziffer IV. des Musterbeschlusses vorsieht, dass das Gericht nach Vorlage des Sachverständigengutachtens darüber entscheiden wird, ob das Gutachten der von der Besichtigung ausgeschlossenen Antragstellerin persönlich überlassen wird, was bedingt, dass eine Aushändigung an ihre Anwälte wegen deren ohnehin bestehender Verschwiegenheitsverpflichtung ohne weiteres erfolgen soll. Sieht man dies – wie der BGH¹⁴¹ – anders, ist die Schweigepflicht bei Aushändigung des Gutachtens nochmals auszusprechen: **131**

Praxistipp	Formulierungsbeispiel
1. Die Herausgabe des unter dem Datum vom … erstellten Beweissicherungsgutachtens des Sachverständigen … – ggf: abgesehen von den Ziffern … des Gutachtens – an die anwaltlichen Vertreter der Antragstellerin, nämlich Rechtsanwalt … und Patentanwalt …, wird angeordnet.	

132

---

135 BGH, MDR 2018, 358.
136 BGH, MDR 2018, 358.
137 BGH, MDR 2018, 358.
138 BGH, MDR 2018, 358.
139 BGH, MDR 2018, 358.
140 Dasselbe gilt für einen Antragsteller, der ausnahmsweise (vgl oben Kap B Rdn 47) zur Besichtigungsteilnahme zugelassen worden ist.
141 BGH, GRUR 2010, 318 – Lichtbogenschnürung.

> 2. Rechtsanwalt ... und Patentanwalt ... werden verpflichtet, über die ihnen aufgrund dieses Beschlusses bekannt gewordenen Inhalte des Beweissicherungsgutachtens auch gegenüber der eigenen Partei Verschwiegenheit zu bewahren.

133 Eindeutig ist jedenfalls, dass die Überlassung des Besichtigungsgutachtens an die mit einer Schweigepflicht versehenen Anwälte des Antragstellers keiner besonderen Abwägung mit möglichen Geheimhaltungsinteressen des Besichtigungsschuldners bedarf, sondern ohne weiteres erfolgen kann.[142]

134 Soweit der BGH[143] in Betracht zieht, dass der Antragsteller sogleich eine Aushändigung des Gutachtens an sich – ohne vorherige Überlassung an seine Anwälte – wählen kann, dürfte es sich dabei kaum um eine praktisch ernst zu nehmende Variante handeln. Wie sogleich ausgeführt wird, hängt die Bekanntgabe der Besichtigungsergebnisse an den Antragsteller maßgeblich davon ab, ob der Antragsgegner in Bezug auf den Gutachteninhalt beachtenswerte Betriebsgeheimnisse für sich reklamieren kann. Auf seinen diesbezüglichen Vortrag wird der Antragsteller überhaupt nicht sachgerecht erwidern können, wenn nicht wenigstens seine Anwälte vorher Kenntnis vom Inhalt des Besichtigungsgutachtens erhalten haben.

(c) Besichtigungsgläubiger persönlich

135 Ob das Gutachten dem Antragsteller persönlich überlassen wird, entscheidet sich deshalb in aller Regel auf einer »zweiten«, der Unterrichtung seiner Anwälte nachfolgenden Stufe und hängt entscheidend davon ab, ob es dem insoweit darlegungs- und beweisbelasteten[144] Besichtigungsschuldner gelingt, Geheimhaltungsinteressen geltend zu machen, die ein solches Gewicht haben, dass sie in einer einzelfallbezogenen, alle beiderseitigen möglicherweise beeinträchtigten Interessen berücksichtigenden Würdigung gegenüber den eine Offenlegung verlangenden Belangen des Antragstellers zurückzutreten haben.[145] Sache des Schuldners ist es mithin nicht nur, überhaupt beachtenswerte Betriebsgeheimnisse konkret darzulegen; er hat darüber hinaus auch aufzuzeigen, welcher Stellenwert diesen Belangen im Wettbewerb zukommt und welche konkreten Nachteile ihm aus einer Offenlegung erwachsen könnten (weil nur so eine *gewichtende* Abwägung mit den gegenläufigen Interessen des Antragstellers möglich ist).[146] Das gilt auch für solche Feststellungen (zB zu Unteransprüchen), die nicht Gegenstand der gerichtlichen Beweisanordnung waren, zu denen der Sachverständige aber von sich aus (»auftragslos«) Feststellungen getroffen hat, die sich der Antragsteller nachträglich mindestens hilfsweise zu Eigen gemacht hat.[147] Kein Beurteilungskriterium für die Freigabe des Gutachtens ist, ob die Besichtigungsanordnung zu Recht ergangen ist oder mangels hinreichender Verletzungswahrscheinlichkeit hätte unterbleiben müssen.[148]

---

[142] BGH, GRUR 2010, 318 – Lichtbogenschnürung.
[143] BGH, GRUR 2010, 318 – Lichtbogenschnürung.
[144] BGH, GRUR 2010, 318 – Lichtbogenschnürung.
[145] BGH, GRUR 2010, 318 – Lichtbogenschnürung.
[146] BGH, GRUR 2010, 318 – Lichtbogenschnürung; im gleichen Sinne bereits zu § 315 BGB: BGHZ 178, 362.
[147] Zu Einzelheiten vgl oben Kap B Rdn 106.
[148] OLG Düsseldorf, Beschluss v 2.7.2015 – I-2 W 13/15; kritisch: OLG Düsseldorf, GRUR-RR 2016, 224 – Besichtigungsanordnung, das bei Fehlen von Geheimhaltungsinteressen allerdings ebenfalls eine Herausgabe des Gutachtens anordnet, wenn der Besichtigungsschuldner unnötig lange mit der Widerspruchseinlegung gegen die Duldungsverfügung zuwartet.

| Praxistipp | Formulierungsbeispiel | 136 |

Zweckmäßigerweise sollte der Besichtigungsschuldner dazu angehalten werden, ein Gutachtenexemplar so zu schwärzen, dass aus ihm keine Betriebsgeheimnisse mehr hervorgehen. Solches bietet sich namentlich dann an, wenn mehrere oder komplexe Geheimhaltungsaspekte geltend gemacht werden, so dass nicht offensichtlich ist, an welchen Passagen des Gutachtens genau dem Rechnung zu tragen ist. Das vom Besichtigungsschuldner redigierte Gutachten wird – unabhängig vom Vorliegen einer Patentverletzung – in jedem Fall für den Antragsteller freizugeben sein, weil insoweit nach der eigenen Einlassung des Antragsgegners keine Geheimhaltungsinteressen existieren, die einen Verschluss erfordern.[149] Typischerweise wird das von allen (berechtigt oder unberechtigt) reklamierten Betriebsgeheimnissen befreite Gutachtenexemplar dem Antragsteller freilich nichts nützen, weil aus ihm die entscheidenden Details der technischen Konstruktion und/oder Wirkung des Besichtigungsgegenstandes nicht hervorgehen werden, auf die es im Verletzungsprozess maßgeblich ankommen wird. Es wird deshalb in aller Regel streitig darüber zu befinden sein, wie weit tatsächlich Geheimhaltungsinteressen anzuerkennen sind und ob es gerechtfertigt ist, sich über sie hinwegzusetzen, weil der Besichtigungsgegenstand eine Patentverletzung darstellt.

Ob hinreichende Geheimhaltungsinteressen bestehen, beurteilt sich nach *dem* **Zeitpunkt**, in dem über die Freigabe des Gutachtens zu entscheiden ist. Ursprünglich einmal bestehende Betriebsgeheimnisse, die später in Fortfall geraten (zB weil der besichtigte Gegenstand zwischenzeitlich frei erhältlich ist), sind unbeachtlich.[150] In diesem Zusammenhang kommt es nicht darauf an, ob sich die erfindungsrelevanten Details bereits durch eine bloße Betrachtung des verfügbaren Besichtigungsgegenstandes erschließen oder ob es hierzu einer näheren – ggf substanzzerstörenden – Untersuchung bedarf. Ebenso ist belanglos, ob der Durchschnittsfachmann irgendeinen Anlass zu dieser die Gegebenheiten zutage fördernden Untersuchung hatte (so dass die betreffenden technischen Einzelheiten sogar vorbekannter Stand der Technik geworden sind). Ein der Gutachtenaushändigung widerstreitender Geheimnisschutz ist immer schon dann nicht mehr angebracht, wenn es jedenfalls dem Antragsteller möglich wäre, sich die im Gutachten dokumentierten Kenntnisse über die Konstruktion, Beschaffenheit und/oder Wirkungsweise des Besichtigungsgegenstandes auf andere legale Weise (zB durch die Untersuchung der mutmaßlich schutzrechtsverletzenden Vorrichtung) zu verschaffen.[151] 137

– Stehen **keine Geheimhaltungsbedürfnisse** im Raum (weil der Besichtigungsschuldner mit einer Information des Besichtigungsgläubigers einverstanden ist oder weil die angeblichen Betriebsgeheimnisse nur pauschal vorgetragen werden oder bei näherer Sicht nicht stichhaltig sind oder ihnen durch eine Schwärzung von Gutachtenteilen Rechnung getragen werden kann, ohne dass der Aussagegehalt des Gutachtens bezüglich der Benutzung des Antragspatents leidet), werden das Gutachten ohne weiteres (dh ohne Rücksicht auf das Vorliegen oder Nichtvorliegen einer Schutzrechtsverletzung) freigegeben und die Anwälte des Antragstellers sowie deren Privatsachverständiger von der Verschwiegenheitspflicht entbunden.[152] Das gilt auch dann, wenn das der Besichtigung zugrunde liegende Schutzrecht **offensichtlich schutzunfähig** ist und sich deshalb demnächst im laufenden Einspruchs-, Nichtigkeits- oder Löschungsverfahren absehbar als nicht rechtsbeständig erweisen wird, so dass sich – nach Rechtskraft – der mit dem Besichtigungsantrag erhobene Verletzungsverdacht 138

---

149 OLG Düsseldorf, Beschluss v 20.8.2012 – I-2 W 13/12.
150 OLG Düsseldorf, InstGE 11, 296 – Kaffeemaschine.
151 OLG Düsseldorf, InstGE 11, 296 – Kaffeemaschine.
152 OLG München, InstGE 13, 298 – ausgelagerter Server.

mangels Schutzrechts als haltlos herausstellen wird. Selbst wenn die Gefahr besteht, dass der Besichtigungsgläubiger das Gutachten im Wettbewerb präsentieren wird, bietet dies als solches noch keinen Grund, ihm das Besichtigungsgutachten vorzuenthalten.[153] Da sich die Begutachtung ausdrücklich nicht zur Frage des Rechtsbestandes verhält, obliegt es – erkennbar – jedem Adressaten, dem das Besichtigungsgutachten vorgelegt wird, selbst, sich Gedanken darüber zu machen, ob das Besichtigungsschutzrecht, dessen Benutzung gutachterlich festgestellt ist, rechtsbeständig ist. Es ist deswegen auch keineswegs in jedem Fall die Pflicht des Besichtigungsgläubigers, bei der Vorlage des Gutachtens auf einen laufenden Rechtsbestandsangriff und dessen mutmaßlichen Erfolg hinzuweisen. Wo ein derartiger Hinweis mit Rücksicht auf die besonderen Umstände des Falles aus Gründen lauteren Wettbewerbs tatsächlich erforderlich ist, mag der Besichtigungsschuldner diesen Anspruch, gestützt auf die einschlägigen wettbewerbsrechtlichen Normen, durchsetzen. Der mangelnde Rechtsbestand ist auch nicht deshalb relevant, weil er nach Lage des Falles einer Besichtigungsanordnung entgegenstehen kann. Während vor Beginn einer Besichtigungsmaßnahme nämlich auf möglicherweise bestehende Geheimhaltungsbelange des Besichtigungsschuldners Rücksicht zu nehmen ist, steht bei der Entscheidung über eine Aushändigung des den Benutzungsvorwurf bestätigenden Besichtigungsgutachtens an den Antragsteller aufgrund erfolgter Anhörung des Schuldners bereits fest, dass es solche schutzwürdigen Belange des Antragsgegners nicht gibt.

139 – Erst wenn positiv festgestellt ist, dass zugunsten des Antragsgegners beachtliche Geheimhaltungsbelange bestehen, die durch Schwärzungsmaßnahmen nicht berücksichtigt werden können, bedarf es einer wirklich streitigen gerichtlichen Entscheidung darüber, ob und ggf in welcher Form auch dem Besichtigungsgläubiger persönlich das Gutachten zur Kenntnis gebracht wird.[154] Das Bestehen von Betriebsgeheimnissen ist mithin prinzipiell **vorrangig** gegenüber der ggf schwierig zu beurteilenden Schutzrechtslage.

140 Generell gilt: Damit keine vollendeten Tatsachen geschaffen werden, darf das Gutachten erst herausgegeben werden, wenn über das verfahrensrechtliche Gesuch des Besichtigungsschuldners **rechtskräftig** entschieden ist.

141 Ein **Muster** für einen solchen Ausspruch lautet zB:

142

Praxistipp	Formulierungsbeispiel
1. Das schriftliche Gutachten des Sachverständigen ... vom ... wird der Antragstellerin (ggf: ohne die Anlagen .../in der aus der Anlage zu diesem Beschluss ersichtlichen teilweise geschwärzten Form) zur Kenntnis gegeben.	
2. Rechtsanwalt ..., Patentanwalt ... und Prof. Dr. ... werden (ggf: in dem aus Ziffer 1. ersichtlichen Umfang) von ihrer Verschwiegenheitsverpflichtung entbunden.[155]	
3. Die vorgenannten Maßnahmen werden wirksam, sobald dieser Beschluss rechtskräftig ist.	

---

153 OLG Düsseldorf, Beschluss v 20.10.2014 – I-2 W 20/14.
154 Vgl Kühnen, GRUR 2005, 185.
155 Eines ausdrücklichen Ausspruchs über die Aufhebung der Schweigepflicht bedarf es neben der – vollständigen oder teilweisen – Freigabe des Gutachtens in jedem Fall. Das rechtliche Interesse hieran ergibt sich aus den schwerwiegenden strafrechtlichen Folgen, die eine Verletzung der Vetraulichkeit für den Anwalt hätte, und dem berechtigten Verlangen des Anwalts, restlose Klarheit über den Umfang seiner Schweigepflicht zu haben (OLG Düsseldorf, Beschluss v 7.2.2011 – I-20 W 153/10).

Für die Frage, ob und in welchem Umfang die Antragstellerin bei bestehenden Betriebs- 143
geheimnissen über die Besichtigungsergebnisse unterrichtet wird, gelten folgende
Regeln:

– Bestehen hinsichtlich des Gutachteninhalts selbst keine Geheimhaltungsinteressen, 144
sind den Teilnehmern der Besichtigung jedoch im Übrigen Betriebsinterna zur
Kenntnis gelangt, deren Geheimhaltung im berechtigten Interesse des Besichtigungsschuldners liegt, so ist das Sachverständigengutachten dem Besichtigungsgläubiger
zuzustellen und ggf in einem Anhörungstermin zu erörtern. Im Umfang des dokumentierten Besichtigungsergebnisses kann gleichfalls die Pflicht zur Verschwiegenheit
entfallen[156]; für die über das Gutachten hinausgehenden (geheimhaltungsbedürftigen)
Tatsachen hat die angeordnete Verschwiegenheitsverpflichtung demgegenüber fort-
zubestehen.

– Legt das Gutachten selbst Tatbestände offen, an deren Geheimhaltung der Besich- 145
tigungsschuldner ein beachtliches Interesse glaubhaft machen kann, so ist zu unterscheiden: Lässt sich der geheimnisgeschützte Sachverhalt ohne Sinnestellung
dadurch eliminieren, dass die betreffende Passage des Gutachtens geschwärzt wird[157],
ist dem Schutzrechtsinhaber ein entsprechend redigiertes Exemplar zu übersenden,
womit das selbständige Beweisverfahren beendet ist. Das gleiche gilt in Bezug auf
Feststellungen des Sachverständigen, die durch den Anordnungsbeschluss und die
darin zugelassenen Besichtigungsmaßnahmen nicht gedeckt sind.[158] Kommt eine teilweise Schwärzung ohne Beeinträchtigung des Aussageinhalts zur Benutzungsfrage
nicht in Betracht, zB weil der besichtigte Gegenstand eine abhängige Erfindung darstellt oder es um ein geheimes Herstellungs- oder Arbeitsverfahren geht, so hängt
die Aushändigung des Gutachtens an den Besichtigungsgläubiger davon ab, ob bei
vorläufiger Beurteilung eine Patentverletzung zu bejahen ist oder nicht: Ergibt die
Besichtigung eine (zB abhängig erfinderische) Patentverletzung, so hat der Geheimnisschutz des Verletzers hinter den Belangen des Schutzrechtsinhabers, seine gesetzlich verbrieften Ausschließlichkeitsrechte auch gegenüber einer zwar erfinderisch
abgewandelten, aber dennoch wortsinngemäß oder äquivalent patentverletzenden
Benutzungsform zur Geltung zu bringen, zurückzutreten. Umgekehrt gilt entsprechendes: Stellt der mit Hilfe des Sachverständigen ermittelte Besichtigungsgegenstand
keine Patentverletzung dar, gebieten es die nunmehr vorrangigen Geheimhaltungsbelange des Schuldners, dass dem Patentinhaber weder das Gutachten mit einem gehei-
mrelevanten Inhalt ausgehändigt noch seine Anwälte von ihrer Schweigepflicht entbunden werden.[159] Je eindeutiger die Nichtverletzung im Aushändigungsverfahren
festzustellen ist, umso weiträumiger ist der Geheimnisschutz zu ziehen, so dass bei
klarer Nichtverletzungslage auch solche Passagen unkenntlich zu machen sind, die
nur möglicherweise Rückschlüsse auf geheimhaltungsbedürftige Einzelheiten (zB der
Konstruktion oder Verfahrensweise) zulassen können.[160] Eine ähnliche Großzügigkeit ist bei der Bewertung angebracht, ob ein bestimmter Gutachteninhalt als geheim

---

156 Wegen der Anfechtungsmöglichkeit (vgl sogleich) ist darauf zu achten, dass die Verschwiegenheitspflicht erst mit Wirkung ab Rechtskraft des anordnenden Beschlusses aufgehoben wird.
157 Formulierungsänderungen dergestalt, dass Begriffe des Gutachtens seitens des Gerichts durch
andere ersetzt und dem Gutachten beigegebene Zeichnungen variiert werden, verbieten sich wegen
der alleinigen Verantwortlichkeit des Sachverständigen für sein Gutachten (LG Düsseldorf, InstGE
6, 189 – Walzen-Formgebungsmaschine I). Das schließt es selbstverständlich nicht aus, dass der
Sachverständige auf Bitten des Gerichts sein Gutachten selbst entsprechend überarbeitet.
158 OLG München, InstGE 13, 298 – ausgelagerter Server.
159 LG Düsseldorf, InstGE 6, 189 – Walzen-Formgebungsmaschine I; OLG Düsseldorf, InstGE 10,
198 – zeitversetztes Fernsehen.
160 OLG Düsseldorf, Beschluss v 17.2.2015 – I-2 W 1/15.

einzustufen ist, obwohl er mit gewissem Aufwand auch ohne Besichtigung hätte aufgedeckt werden können. Bei Nichtverletzung wird man einen Geheimnisschutz nur dort versagen können, wo schon einfache Aufklärungsmaßnahmen zum Erfolg geführt hätten. Ist von einer Patentbenutzung auszugehen, hindern etwaige Rechtfertigungsgründe (§ 12 PatG, Erschöpfung) eine Gutachtenaushändigung grundsätzlich nicht; sie sind im Aushändigungsverfahren auch nicht aufzuklären.[161] Anderes gilt allenfalls dann, wenn ihre Berechtigung unstreitig ist oder sonst klar zutage liegt.

146 Fehlen dem Verletzungsgericht ausreichende eigene Kenntnisse zum technischen Hintergrund der Erfindung, kann und wird es in aller Regel geboten sein, den gerichtlichen **Sachverständigen** schriftlich oder mündlich ergänzend **anzuhören**, bevor eine von seinem fachkundigen Votum abweichende Entscheidung darüber getroffen wird, ob die Besichtigungsfeststellungen eine Patentverletzung ergeben oder nicht.[162]

147 Zu beachten ist des Weiteren, dass ein Zurückstehen der Geheimhaltungsinteressen des Besichtigungsschuldners nicht erst dann geboten ist, wenn sich die Verletzungsargumentation des Antragstellers auf eine schon bestehende höchstrichterliche Rechtsprechung stützen kann (woran es im Einzelfall fehlen mag), sondern dass die Betriebsgeheimnisse des Schuldners im Allgemeinen schon dann zurückzutreten haben, wenn ernstzunehmende **Kommentarstimmen** eine dem Antragsteller günstige Verletzungsentscheidung hinreichend wahrscheinlich machen. Sollte es an Erörterungen zu der betreffenden Rechtsfrage vollständig fehlen, genügen gewichtige Sachargumente, die die Position des Antragstellers stützen.[163] Die im Rahmen der Gutachtenaushändigung zu treffende Entscheidung über das Vorliegen oder Nichtvorliegen einer Patentverletzung präjudiziert selbstverständlich nicht die spätere Entscheidung in einem Verletzungsprozess.

148 – Ggf kann ein Ausgleich zwischen den widerstreitenden Interessen auch auf andere, rein **pragmatische Weise** hergestellt werden. Derartiges kommt zB in Betracht, wenn ein Geheimnisschutz daraus abgeleitet wird, dass der Besichtigungsgegenstand zwar zum Patent angemeldet, die Anmeldeschrift derzeit aber noch nicht offengelegt ist. Hier kann es sinnvoll sein, die Entscheidung über die Aushändigung des Gutachtens bis zur demnächst bevorstehenden Offenlegung aufzuschieben. Ferner kann es im Einzelfall angemessen sein, die Aushändigung trotz unklarer Verletzungslage anzuordnen, wenn sich der Antragsteller strafbewehrt zur Geheimhaltung der Besichtigungsergebnisse gegenüber Dritten verpflichtet.

149 – Von der Verschwiegenheitspflicht ist in der Regel nicht eine Mitteilung umfasst, die sich auf die bloße **Bekanntgabe des** vom Sachverständigen gefundenen **Verletzungsergebnisses** beschränkt. Denn die Schweigepflicht bezieht sich ausschließlich auf betriebsinterne *Tatsachen*, während es sich bei der Bekanntgabe davon, ob der gerichtliche Sachverständige im Ergebnis eine Patentverletzung bejaht oder verneint hat, um eine bloße Wertung handelt, die die Geheimnissphäre der Antragsgegnerin noch nicht berühren kann.[164] Etwas anderes gilt ausnahmsweise dann, wenn bereits die Mitteilung des Besichtigungsergebnisses aufgrund der besonderen Umstände Rückschlüsse auf eine bestimmte konstruktive Ausgestaltung des Besichtigungsgegenstandes zulässt.[165]

---

161 OLG Düsselodrf, Beschluss v 29.1.2016 – I-2 W 26/15.
162 OLG Düsseldorf, InstGE 10, 198 – zeitversetztes Fernsehen.
163 OLG Düsseldorf, InstGE 10, 198 – zeitversetztes Fernsehen.
164 OLG Düsseldorf, InstGE 10, 198 – zeitversetztes Fernsehen.
165 OLG Düsseldorf, InstGE 10, 198 – zeitversetztes Fernsehen.

– Wird das **Antragspatent erstinstanzlich widerrufen** oder für nichtig erklärt, kommt 150
eine Herausgabe des Gutachtens, wenn mit ihr schützenswerte Betriebsgeheimnisse
des Antragsgegners aufgedeckt werden, regelmäßig solange nicht in Betracht, solange
nicht endgültig anderweitig über den Rechtsbestand entschieden ist. Dies folgt schon
daraus, dass, nachdem die Beweise gesichert und in einem Gutachten festgehalten
sind, grundsätzlich keine Eile mehr besteht und der Antragsteller ohnehin an einer
Rechtsdurchsetzung gehindert ist, weil der Antragsgegner, der eine ihm günstige Vernichtungsentscheidung erwirkt hat, zu einem außergerichtlichen Einlenken nicht
bereit sein wird und auch eine gerichtliche Anspruchsdurchsetzung ausscheidet, weil
jedes Verletzungsgericht ein etwaiges Hauptsacheverfahren wegen Patentverletzung
bis zum abschließenden Erkenntnis im Einspruchs- oder Nichtigkeitsverfahren
gemäß § 148 ZPO aussetzen wird. Gleiches gilt im Übrigen auch für die Rechtsverfolgung gegen Dritte, weil der Antragsteller die Tatsache der erstinstanzlichen Vernichtung des Klagepatents angesichts seiner Pflicht zu vollständigem und wahrheitsgemäßem Vortrag nicht verschweigen darf.

– Ist der **Rechtsbestand** des Besichtigungspatents nur **angegriffen**, steht eine Entschei- 151
dung aber noch aus, wird eine Aushändigung des Gutachtens nur ausnahmsweise zu
unterbleiben haben. Dass erhebliche Zweifel am Rechtsbestand bestehen, reicht dazu
nicht aus[166], solange die Bedenken nicht ein solches Ausmaß haben, dass ein vom
Besichtigungsgläubiger eingeleiteter Verletzungsprozess erstinstanzlich auszusetzen
wäre. Erst dann hat die Gutachtenüberlassung zurückzustehen, weil eine aussichtsreiche Rechtsverfolgung für den Gläubiger nicht möglich ist. Die Aussetzung des Verletzungsprozesses wegen hinreichender Erfolgsaussicht des Rechtsbestandsangriffs
führt daher zwangsläufig zur Zurückweisung des Aushändigungsbegehrens, wobei im
Beschwerdeverfahren um die Gutachtenfreigabe die Tatsache einer *unangefochtenen*
Aussetzung für sich allein und ohne dass sich das Beschwerdegericht noch näher mit
der Vernichtungsprognose des Landgerichts befassen müsste, zum Unterliegen des
Besichtigungsgläubigers führt. Denn solange der Verletzungsprozess tatsächlich ausgesetzt ist und mangels Beschwerdeangriffs des Gläubigers auch blockiert bleibt,
solange kommt eine Rechtsdurchsetzung nicht in Betracht, deretwegen ein überwiegendes Freigabeinteresse anzuerkennen sein könnte, demgegenüber die Geheimhaltungsbelange des Antragsgegners zurückzustehen hätten.[167] Dasselbe gilt bei angefochtener Aussetzungsentscheidung nach Zurückweisung der gegen die
Aussetzungsanordnung gerichteten sofortigen Beschwerde.[168] Erst wenn sich die
Prozesslage *im Rechtsbestandsverfahren* zugunsten des Besichtigungsgläubigers
durch ein ihm günstiges Erkenntnis, ggf auch schon durch einen hinreichend eindeutigen qualifizierten Hinweis oder Zwischenbescheid, der die Aufrechterhaltung des
Streitpatents ankündigt, verbessert, kann der Freigabeantrag von neuem gestellt werden und wird nach Maßgabe der veränderten Umstände regelmäßig Erfolg haben
müssen.[169] Die Ungewissheit über den Ausgang des Rechtsbestandsverfahrens rechtfertigt es demgegenüber nicht, das selbständige Beweisverfahren, dh genauer dessen
letzten Akt in Form der Aushändigung des Sachverständigengutachtens, vorübergehend auszusetzen.[170] Eine solche Maßnahme wäre mit dem Eilcharakter des Verfahrens nach § 485 ZPO unvereinbar.

Zurückhaltung bei der Freigabe des Besichtigungsgutachtens ist ganz besonders dann 152
angebracht, wenn der **Gläubiger** auf dessen Inhalt überhaupt **nicht (mehr) angewie-**

---

166 So aber OLG München, InstGE 13, 286 – Lesevorrichtung für Reliefmarkierungen II.
167 OLG Düsseldorf, Beschluss v 19.9.2017 – I-2 W 10/17.
168 OLG Düsseldorf, Beschluss v 19.9.2017 – I-2 W 10/17.
169 OLG Düsseldorf, Beschluss v 19.9.2017 – I-2 W 10/17.
170 OLG Düsseldorf, Beschluss v 19.9.2017 – I-2 W 10/17.

sen ist, um seine Ansprüche gerichtlich zu verfolgen, was sich zB daraus ergeben kann, dass er zwischenzeitlich über andere Erkenntnisquellen und Beweismittel für den Verletzungsvorwurf verfügt, und was darin seinen Ausdruck finden kann, dass er inzwischen Hauptsacheklage erhoben hat. Unter solchen Umständen hat sich der Gläubiger näher darüber zu erklären, woraus sich sein Interesse an einer jetzigen Freigabe des Besichtigungsgutachtens ergeben soll.

153 In den beiden zuvor erörterten Konstellationen kann **verfahrensrechtlich** in **zweierlei Weise** vorgegangen werden: Wenn die maßgebliche Rechtsbestandsentscheidung zeitnah (dh innerhalb weniger Monate) zu erwarten ist, kann die Freigabeentscheidung bis dahin schlicht aufgeschoben werden. Steht das relevante Erkenntnis erst in einer solchen zeitlichen Entfernung an, dass ein Abwarten mit dem Eilcharakter des Besichtigungsverfahrens nicht mehr vereinbar ist, so kann der Herausgabeantrag als *derzeit* unbegründet zurückgewiesen werden, was für den Besichtigungsgläubiger mit der Möglichkeit verbunden ist, erneut auf eine Freigabe anzutragen, wenn sich die Verhältnisse zu seinen Gunsten verändert haben.

154 – In seinen Besichtigungsantrag kann der Antragsteller neben dem Hauptanspruch konkretisierende **Unteransprüche** oder sonstige Details aus der Patentbeschreibung aufnehmen. Solches zu tun kann sich sogar empfehlen, wenn eine spätere Nachbesichtigung ggf keine Erkenntnisse mehr erbringen kann (weil der Besichtigungsgegenstand zwischenzeitlich verändert oder beiseite geschafft worden ist), zur gleichen Zeit aber eine Merkmalskombination notwendig werden kann, sei es aus Gründen des Rechtsbestandes, sei es wegen eines Vorbenutzungsrechts oder Formstein-Einwandes, die der Beklagte erheben könnte. Die – insofern sinnhafte – Erstreckung der Besichtigungsmaßnahme auf technische Einzelheiten außerhalb des Hauptanspruchs bedeutet aber nicht automatisch, dass auch die Freigabeentscheidung des Gerichts alle diese zusätzlichen Details zu berücksichtigen hätte. Werden gerade im Hinblick auf diejenigen technischen Anweisungen, die Gegenstand der geltend gemachten Unteransprüche sind, berechtigte Geheimhaltungsinteressen reklamiert, so kann die Entscheidung über eine Freigabe der sie betreffenden Gutachtenpassagen aufgeschoben werden, bis der Antragsteller tatsächlich in der Notwendigkeit steht, sein Patent oder sein Verletzungsbegehren entsprechend einzuschränken. Es wäre deshalb denkbar, zunächst nur den für die Benutzung des Hauptanspruchs relevanten Gutachteninhalt freizugeben und den weitergehenden Antrag als derzeit unbegründet zurückzuweisen mit der Option, um dessen Freigabe später nochmals nachzusuchen, wenn ein vernünftiger Anlass hierzu besteht.

(2) Anhörung des Sachverständigen

155 Einem **Anhörungsantrag** des Besichtigungsschuldners ist grundsätzlich nur dann zu entsprechen, wenn es um die Ausgestaltung und/oder Funktionsweise der besichtigten Sache (als dem eigentlichen Gegenstand des Beweisverfahrens) geht. Einwände gegen das Verständnis des Sachverständigen von den Merkmalen der Erfindung sind nur insofern relevant, als sie einen Aufklärungsbedarf in Bezug auf eine bestimmte Ausgestaltung und/oder Funktionsweise des besichtigten Gegenstandes erklären können. Reine Auslegungsfragen können demgemäß zurückgewiesen werden. Dies schließt es selbstverständlich nicht aus, dass das Gericht oder die Parteien im Rahmen der Entscheidung über die Aushändigung des Besichtigungsgutachtens Auslegungsfragen an den Sachverständigen richten können, weil die Freigabe des Gutachtens bei bestehenden Geheimhaltungsinteressen des Schuldners maßgeblich vom Vorliegen oder Nichtvorliegen einer Patentverletzung abhängt. Dort, wo dies nicht der Fall ist, weil der Besichtigungsschuldner für sich keine berechtigten Geheimhaltungsbelange reklamieren kann, kommt eine Stattgabe des reine Auslegungsfragen betreffenden Anhörungsantrages nur ausnahmsweise in Betracht, zB wenn der Besichtigungsschuldner, der bis dahin einem weitestgehend einseitigen Ver-

fahren ausgesetzt war, Gefahr läuft, dass der Antragsteller das ihm günstige, bisher nur durch seine Sichtweise beeinflusste Gutachten im Wettbewerb zum Nachteil des Besichtigungsschuldners verwendet und dies im Einzelfall nicht hinnehmbar ist.

dd) Anfechtbarkeit[171]

(1) Gutachtenaushändigung

Entscheidet das Gericht dahin, dass dem Patentinhaber das **Sachverständigengutachten** nicht oder nicht in der von ihm beanspruchten (zB ungeschwärzten) Form zur Verfügung gestellt wird, so ist diese Entscheidung gemäß § 567 Abs 1 Nr 2 ZPO mit der **sofortigen Beschwerde** angreifbar. Dieselben Rechtsschutzmöglichkeiten hat der Besichtigungsschuldner, dessen Antrag, das Gutachten unter Verschluss zu halten (oder nur nach Schwärzung einzelner Passagen herauszugeben), abschlägig beschieden worden ist.[172]

156

Der **Wert eines Beschwerdeverfahrens** um die Aushändigung eines Besichtigungsgutachtens an den Antragsteller selbst ist mit einem Viertel des Wertes des selbständigen Beweisverfahrens zu bemessen, wenn ohne das Gutachten eine Rechtsverfolgung für den Antragssteller voraussichtlich nicht möglich sein wird.[173] Gleiches gilt für die Beschwerde gegen einen Beschluss, mit dem der Antrag des Besichtigungsgläubigers zurückgewiesen wird, dem Besichtigungsschuldner die Vorlage bestimmter Unterlagen aufzugeben, um die im bereits freigegebenen Beweissicherungsgutachten noch offen gebliebene Verletzungsfrage abschließend beurteilen zu können. Ansonsten ist der **Beschwerdewert** entsprechend seinem geringeren Gewicht für die Rechtsdurchsetzung zu reduzieren und im Zweifel mit nicht mehr als 10 % des Hauptsachestreitwertes anzusetzen.

157

(2) Besichtigungsanordnung

Die auf §§ 485 ff ZPO gestützte Besichtigungsanordnung als solche ist unanfechtbar (§ 490 Abs 2 ZPO).[174] Ist sie ohne Anhörung des Antragsgegners erlassen worden, steht

158

---

171 Eck/Dombrowski, GRUR 2008, 387.
172 Die Zulässigkeit einer sofortigen Beschwerde hat das OLG Düsseldorf (InstGE 7, 191 – Brustbein-Öffner; OLG Düsseldorf, InstGE 7, 256 – Klinkerriemchen) ursprünglich verneint. Sein Einwand ging dahin, dass im Falle einer selbständigen Beweisanordnung des Inhalts, dass dem Antragsteller die Anwesenheit während der Besichtigung gestattet wird, die betreffende Anordnung gemäß § 490 ZPO unanfechtbar sei, weshalb gleiches zu gelten habe, wenn es darum gehe, dem Antragsteller die betreffenden, ohne seine Anwesenheit gewonnenen Besichtigungsergebnisse nachträglich zur Kenntnis zu bringen. Die Argumentation übersieht indessen, dass der Antragsteller ein etwaiges Anwesenheitsrecht bei der Besichtigung nicht einer Anordnung im Rahmen des selbständigen Beweisverfahrens verdanken würde, sondern einer Duldungsauflage im Wege der einstweiligen Verfügung, für die § 490 ZPO nicht gelten würde. Dementsprechend hat das OLG Düsseldorf seine Rechtsprechung in der Folge aufgegeben und die Zulässigkeit der sofortigen Beschwerde anerkannt (OLG Düsseldorf, InstGE 8, 186 – Klinkerriemchen II; ebenso: OLG Düsseldorf, InstGE 9, 41 [20. ZS] – Schaumstoffherstellung; OLG München, InstGE 12, 192 – Lesevorrichtung für Reliefmarkierungen).
173 OLG Düsseldorf, InstGE 10, 198 – zeitversetztes Fernsehen. Das OLG München (Beschluss v 15.4.2010 – 6 W 1566/09, insoweit in OLG München, InstGE 12, 192 – Lesevorrichtung für Reliefmarkierungen, nicht abgedruckt) hält für die Herausgabe nur an die zur Verschwiegenheit verpflichteten Anwälte des Antragstellers einen Gegenstandswert in Höhe von 50 % des Wertes des selbständigen Beweisverfahrens für angemessen.
174 Der den Antrag zurückweisende Beschluss ist demgegenüber mit der sofortigen Beschwerde angreifbar (§ 567 Abs 1 Nr 2 ZPO). Die damit unterschiedlichen Rechtsschutzmöglichkeiten sind verfassungsrechtlich unbedenklich (BGH, MDR 2011, 1313).

dem Antragsgegner auch keine Anhörungsrüge nach § 321a ZPO[175] zu.[176] Dem anordnenden Gericht verbleibt allerdings die Möglichkeit, die Besichtigungsanordnung von Amts wegen (zB auf Gegenvorstellung hin) jederzeit aufzuheben oder abzuändern.[177] Ausgeschlossen ist gleichfalls eine einseitige Erledigungserklärung in Bezug auf das Beweisverfahren, und zwar selbst dann, wenn im Zeitpunkt ihrer Abgabe das Beweissicherungsinteresse entfallen ist.[178] Eine dennoch abgegebene Erledigungserklärung ist in eine Antragsrücknahme mit der Kostenfolge aus § 269 Abs 3 Satz 2 ZPO umzudeuten.[179] Erlässt erst das Beschwerdegericht die zunächst verweigerte Beweisanordnung, ist dagegen kein Rechtsmittel gegeben; eine Rechtsbeschwerde ist, selbst wenn sie ausdrücklich zugelassen wurde, unzulässig.[180]

159 Kein Beschwerderecht besteht gleichermaßen gegen die Weigerung, eine erneute Besichtigung durch einen anderen Sachverständigen durchzuführen[181], ebenso gegen die Anforderung eines Auslagenvorschusses[182], wohl aber gegen die Zurückweisung eines Antrages auf Ladung des Sachverständigen zur mündlichen Erläuterung seines Gutachtens.[183] Greift das Gericht eine Anregung, sich gemäß § 142 Abs 1 ZPO vom Gegner oder einem Dritten Urkunden vorlegen zu lassen (die für die Besichtigung nützlich sein können) nicht auf, so ist auch dagegen kein Rechtsmittel statthaft.[184]

(3) Frist zur Hauptsacheklage

160 Der Antragsgegner hat lediglich die Möglichkeit zu beantragen, dass dem Antragsteller gemäß § 494a Abs 1 ZPO eine Frist zur Klageerhebung gesetzt wird. Ein entsprechender Beschluss ist unanfechtbar.[185] Dieselbe Möglichkeit besteht im Hinblick auf die Duldungsverfügung gemäß §§ 936, 926 ZPO. Gemeint ist jeweils die Hauptsacheklage, welche auf die Durchsetzung desjenigen Anspruchs abzielt, dessen Klärung die selbständige Beweisanordnung dient. Innerhalb der Frist des § 494a Abs 1 ZPO ist daher Klage auf Unterlassung etc wegen Schutzrechtsverletzung zu erheben. Das verlangt nicht nur die Einreichung einer Klageschrift, sondern auch die Zahlung des Kostenvorschusses, so dass eine Zustellung der Klage veranlasst werden kann.[186] Unterbleibt die Klageerhebung, sind die dem Antragsgegner im selbständigen Beweisverfahren entstandenen Kosten dem Antragsteller aufzuerlegen (§ 494a Abs 2 ZPO) bzw die einstweilige Verfügung aufzuheben (§ 926 Abs 2 ZPO). Die Vorschrift schafft damit – wegen des grundsätzlich nur in einem Hauptsacheverfahren möglichen Kostenausgleichs – auch für den Antragsgegner die Handhabe, eine ihm günstige Kostenentscheidung herbeizuführen, wenn es nicht zu

---

175 Zum Überprüfungsumfang eines Vorgehens nach § 321a ZPO in der Rechtsmittelinstanz vgl BGH, MDR 2016, 787. BGH, GRUR-RR 2017, 416 – RESCUE-Produkte. Im Verfahren nach § 321a ZPO ergeht eine Kostenentscheidung nach Maßgabe der §§ 91 ff ZPO (BGH, Beschluss v 17.5.2018 – I ZR 53/15).
176 LG Düsseldorf, InstGE 5, 236 – Anhörungsrüge. Nach der Änderung des § 321a ZPO zum 1.5.2005 ergibt sich dies allerdings nicht mehr aus der Entscheidungsform eines Beschlusses, aber daraus, dass es sich um eine Beweisanordnung handelt, die gemäß § 321a Abs 1 S 2 ZPO als Zwischenentscheidung dem Abhilfeverfahren entzogen ist.
177 BVerfG, Beschluss v 9.9.2008 – 1 BvR 2160/08.
178 BGH, WuM 2011, 46.
179 BGH, WuM 2011, 46.
180 BGH, MDR 2011, 1313.
181 BGH, MDR 2010, 767; OLG Düsseldorf, OLG-Report 2009, 515, mwN; OLG Schleswig, MDR 2009, 1304; OLG Hamm, OLG-Report 2009, 844. Möglich ist nur ein Rechtsmittel gegen das auf der durchgeführten Beweissicherung beruhende Urteil.
182 BGH, NJW-RR 2009, 1433, 1434.
183 BGHZ 164, 94, 95.
184 BGH, MDR 2017, 357.
185 BGH, MDR 2010, 1144.
186 OLG Koblenz, MDR 2015, 482.

einer Hauptsacheklage kommt. Eine Kostenentscheidung nach § 494a Abs 2 ZPO ist trotz Fristversäumnis nicht möglich, wenn die Hauptsacheklage, bevor eine Entscheidung ergeht, erhoben wird.[187] Eine Klageerhebung erst nach Erlass der erstinstanzlichen Kostenentscheidung ist demgegenüber unbeachtlich.[188]

Für die **Fristsetzung** ist zu beachten, dass dem Besichtigungsgläubiger eine Klageerhebung erst zumutbar ist, wenn die Entscheidung über die Aushändigung des Gutachtens an ihn getroffen ist. Es empfiehlt sich daher, die Frist zur Hauptsacheklage auf eine bestimmte Zeit (zB drei Wochen) nach Rechtskraft der Entscheidung über die Aushändigung des Besichtigungsgutachtens an den Antragsteller festzusetzen. Der Fristsetzungsantrag ist wegen Rechtsmissbrauchs gänzlich unbeachtlich, wenn mit ihm – über eine angemessene Überlegungsfrist hinaus – so lange zugewartet wird, bis etwaige Ansprüche des Besichtigungsschuldners inzwischen verjährt sind und die Hauptsacheklage deshalb keine Aussicht auf Erfolg mehr hat.[189]

161

(4) Duldungsverfügung

Anfechtbar ist ausschließlich die begleitende Duldungsverfügung (einschließlich Kostenentscheidung). Gegen sie ist der allgemeine Rechtsbehelf des Widerspruchs gegeben.[190] In aller Regel wird die Besichtigung dabei bereits erzwungen sein, wenn Widerspruch eingelegt wird. Ist dies der Fall und steht auch keine ergänzende Nachbesichtigung des Sachverständigen als ernsthaft in Betracht zu ziehende Möglichkeit mehr im Raum[191], ist der Verfügungsantrag vom Gläubiger für in der Hauptsache erledigt zu erklären.[192] Zwar stellen Erfüllungshandlungen des Schuldners zur Abwendung einer Zwangsvollstreckung grundsätzlich keine Erledigungsereignisse dar.[193] Vorliegend ist jedoch entscheidend, dass die mit den Mitteln des einstweiligen Rechtsschutzes erzwungene Besichtigung faktisch überholt ist und nicht wieder rückgängig gemacht werden kann. Eine Aufrechterhaltung der Verfügung des Inhalts, dem Sachverständigen den Zutritt zu gewähren und keine Veränderungen am Besichtigungsgegenstand vorzunehmen, würde nach endgültigem Abschluss der Besichtigung auch keinen Sinn machen. Das gilt ungeachtet dessen, dass mit der Duldungsanordnung zugleich die Verschwiegenheitspflicht in Bezug auf die teilnehmenden Anwälte des Antragstellers verfügt worden ist, die natürlich weiterhin Bestand haben soll, bis sie ggf förmlich aufgehoben wird. Die Schweigepflicht schränkt die Duldungsobliegenheit des Besichtigungsschuldners bloß modifizierend ein, richtet sich nicht gegen den Antragsgegner und ändert nichts an der grundlegenden Tatsache, dass die Duldungspflicht, sobald die Besichtigung durchgeführt worden ist, faktisch obsolet ist und deswegen für erledigt erklärt werden muss. Zu den Voraussetzungen einer Kostenhaftung des Antragsgegners und zur Entbehrlichkeit einer Abmahnung vgl unten Kap C Rdn 166 f.

162

---

187 BGH, NJW 2007, 3357.
188 OLG Karlsruhe, MDR 2008, 526.
189 BGH, MDR 2010, 459.
190 Nach 2 Jahren ist ein Kostenwiderspruch im Allgemeinen noch nicht verwirkt (LG Düsseldorf, InstGE 11, 35 – Abmahnung bei Besichtigungsanspruch).
191 Vgl dazu: Eck/Domrowski, FS 50 Jahre BPatG, 2011, S 169.
192 OLG Frankfurt/Main, Urteil v 10.6.2010 – 15 U 192/09; LG Kassel, Urteil v 10.9.2009 – 1 O 527/09; LG Düsseldorf, InstGE 11, 35 – Abmahnung bei Besichtigungsanspruch. Die den Anwälten des Antragstellers auferlegte Verschwiegenheitspflicht ist nicht Teil der einstweiligen Verfügung, weil sie sich nicht gegen den Antragsgegner richtet. Die Erledigungserklärung hindert deswegen auch dann keine späteren Entscheidungen über die Herausgabe des Besichtigungsgutachtens und/oder die Aufhebung der Verschwiegenheitspflicht, wenn sich die Erledigungserklärung auf »das einstweilige Verfügungsverfahren« (Anm: als Ganzes) bezieht.
193 BGHZ 94, 268, 274 – Schmiergeldzahlung.

ee) Kosten

163 Von § 494a Abs 2 ZPO abgesehen ergeht im selbständigen Beweisverfahren keine konstitutive Kostenentscheidung.[194] Das gilt auch dann, wenn die Parteien ein gerichtlich angeordnetes, aber nicht mehr zu Ende geführtes Beweisverfahren übereinstimmend für erledigt erklären und es danach nicht zu einem Hauptsacheverfahren kommt.[195] Eine unzulässige einseitige Erledigungserklärung ist in eine Antragsrücknahme mit der Kostenfolge des § 269 Abs 3 Satz 2 ZPO umzudeuten.[196] Ist zwischen denselben Parteien über denselben Gegenstand ein Hauptsacheverfahren anhängig, ist die im Falle einer Antragsrücknahme nach § 269 Abs 3 Satz 2 ZPO zu treffende Kostenentscheidung dem Hauptsacheverfahren vorbehalten.[197]

164 Bei den Kosten des selbständigen Beweisverfahrens[198] handelt es sich um gerichtliche Kosten des nachfolgenden **Hauptsacheprozesses**, weshalb sich die Kostentragungspflicht nach der *dort* getroffenen Kostengrundentscheidung richtet.[199] Voraussetzung ist freilich, dass zumindest ein Teil der Streitgegenstände von Besichtigungs- und Hauptsacheverfahren sowie die Parteien identisch sind.[200] Notfalls kann die Hauptsacheklage mit der Klage auf Feststellung geführt werden, dass dem Antragsteller bestimmte Ansprüche zustehen, deren Grundlagen durch die Besichtigung geklärt worden sind.[201] Stattdessen können die Besichtigungskosten auch auf materiell-rechtlicher Grundlage beziffert eingeklagt werden, wobei diese Möglichkeit jedenfalls so lange besteht, wie noch keine Hauptsacheklage (die zu einem vereinfachten prozessualen Kostenerstattungsanspruch führen kann) anhängig und auch kein Antrag nach § 494a ZPO auf Erzwingung der Hauptsacheklage gestellt ist.[202]

165 Der Ausgang eines **einstweiligen Verfügungsverfahrens** (in dem keine endgültige Sachentscheidung ergeht) bildet demgenüber keinen geeigneten Kostentitel, egal, ob außer dem einstweiligen Verfügungsverfahren überhaupt kein Hauptsacheverfahren anhängig gemacht worden ist oder Hauptsacheklage und Verfügungsverfahren parallel nebeneinander geführt worden sind. Im erstgenannten Fall sind die Besichtigungskosten auf materellrechtlicher Basis einzufordern, im letztgenannten Fall ist das Ergebnis des Verfahrens zur Hauptsache abzuwarten. Die Einbeziehung der Kosten des selbständigen Beweisverfahrens in den Hauptsacheprozess beruht darauf, dass gemäß § 493 Abs 1 ZPO die selbständige Beweiserhebung einer Beweisaufnahme vor dem Prozessgericht gleichsteht, wenn sich eine Partei im Prozess auf Tatsachen beruft, über die selbständig Beweis erhoben worden ist.[203] Eine Beweisaufnahme durch Sachverständigenbeweis, wie sie im Besichtigungsverfahren typischerweise stattfindet, scheidet im Verfahren des einstweiligen Rechtsschutzes wegen § 294 Abs 2 ZPO, der ausschließlich die Verwertung *präsenter* Beweismittel erlaubt, aus Rechtsgründen aus. Folgerichtig können die Parteikosten einer sachverständigen Besichtigung auch kostenrechtlich nicht einem einstweiligen Verfügungsverfahren zugeordnet werden. Speziell in Patentsachen tritt hinzu, dass für den Erfolg eines Verfügungsantrages in Bezug auf den Verletzungstatbestand (der mit den beschränkten Glaubhaftmachungsmitteln zweifelsfrei feststellbar sein muss) und den Rechtsbestand des Verfügungspatents (der gesichert zu sein hat) angeht, ganz besondere

---

194 BGH, MDR 2018, 59.
195 BGH, BauR 2007, 1446.
196 BGH, MDR 2011, 317.
197 BGH, MDR 2015, 974.
198 Zu Kostenentscheidungen im selbständigen Beweisverfahren vgl Fellner, MDR 2014, 1301.
199 BGH, BauR 2004, 1487; BGH, MDR 2018, 59.
200 BGH, NJW 2014, 3518.
201 BGH, MDR 2018, 59.
202 BGH, MDR 2018, 59.
203 BGH, MDR 2007, 554.

Hürden zu nehmen sind. Das Unterliegen des Patentinhabers im einstweiligen Rechtsschutz besagt deshalb vielfach nichts über den mutmaßlichen Ausgang eines (parallelen oder späteren) Hauptsacheverfahrens. Auch von daher ist es nicht angemessen, die Besichtigungskosten nach der im einstweiligen Verfügungsverfahren ergehenden Kostenentscheidung zu verteilen.[204] Die Maßgeblichkeit der im Hauptsacheverfahren zu treffenden Kostenentscheidung bleibt auch dann bestehen, wenn die Klage zur Hauptsache zurückgenommen wird. In einer solchen Konstellation unterfallen die Kosten des selbständigen Beweisverfahrens (einschließlich der notwendigen Auslagen des Antragsgegners) der Kostenentscheidung nach § 269 Abs 3 Satz 2 ZPO.[205] Voraussetzung dafür ist freilich, dass die Parteien und der Streitgegenstand des Hauptsacheverfahrens mit denen des selbständigen Beweisverfahrens identisch sind.[206]

Eine hinreichende **Identität der Streitgegenstände** besteht bereits dann, wenn nur Teile des Streitgegenstandes eines selbständigen Beweisverfahrens zum Gegenstand der anschließenden Klage gemacht werden.[207] Bleibt die Hauptsacheklage hinter dem Verfahrensgegenstand des selbständigen Beweisverfahrens zurück, können dem Antragsteller analog § 96 ZPO die dem Antragsgegner durch den überschießenden Teil des selbständigen Beweisverfahrens entstandenen Kosten auferlegt werden.[208]

166

▶ **Bsp:**
Von mehreren besichtigten Vorrichtungen unterschiedlicher Bauart erweisen sich nur einzelne als schutzrechtsverletzend; die Besichtigung ergibt nicht die vermutete Verletzung mehrerer, sondern nur eines einzelnen Patents.

167

An der erforderlichen **Parteiidentität** fehlt es, wenn der spätere Hautsacheprozess nicht mit dem Antragsgegner des Beweisverfahrens, sondern mit dessen Streithelfer geführt wird.[209] Das gilt auch dann, wenn das Ergebnis der Beweisaufnahme im Sicherungsverfahren in dem Prozess mit dem Streithelfer verwertet wird.[210] Schließt sich an das Beweisverfahren kein Hauptprozess an, bleibt dem Besichtigungsgläubiger nur die Möglichkeit, die Kosten aufgrund eines ggf bestehenden materiell rechtlichen Erstattungsanspruchs (§ 139 Abs 2 PatG) einzuklagen. Mit diesem Anspruch kann er auch dann die Aufrechnung erklären, wenn die Möglichkeit besteht, dass in einem späteren Hauptsacheverfahren über die Prozesskosten (einschließlich der Kosten des Beweisverfahrens) entschieden wird.[211]

168

Wird der Antrag auf Durchführung des Beweisverfahrens **zurückgenommen**, kann analog § 269 Abs 3 Satz 2 ZPO eine Kostenentscheidung ergehen. Sie ermöglicht es dem Antragsgegner, diejenigen Anwaltskosten festsetzen zu lassen, die ihm dadurch entstanden sind, dass er nach Zustellung des Besichtigungsbeschlusses einen Anwalt mit seiner Interessenwahrnehmung beauftragt hat.[212] Für eine auf § 269 ZPO gestützte Kostenentscheidung ist kein Raum, wenn im Zeitpunkt der Antragsrücknahme die Hauptsacheklage bereits anhängig war (hier ist über die Kosten des selbständigen Beweisverfahrens im Rahmen der im Hauptsacheverfahren zu treffenden Kostenentscheidung mit zu befinden[213]) oder die Parteien eine Kostenregelung getroffen haben. Die gleiche Handha-

169

---

204 OLG Düsseldorf, Beschluss v 22.9.2016 – I-2 W 23/16.
205 BGH, NJW 2007, 1279; BGH, NJW 2007, 1282.
206 BGH, BauR 2004, 1809; BGH, MDR 2013, 1495.
207 BGH, BauR 2005, 429.
208 BGH, BauR 2006, 865.
209 BGH, MDR 2013, 1433.
210 BGH, MDR 2013, 1433.
211 BGH, MDR 2010, 796.
212 OLG Düsseldorf, Beschluss v 29.8.2016 – I-15 W 30/16.
213 OLG Köln, Mitt 2010, 320 (LS).

bung gilt, wenn der Beweisverfahrensantrag als unzulässig zurückgewiesen wird[214] oder es deshalb nicht zu einer Verfahrensdurchführung kommt, weil der Antragsteller den angeforderten Auslagenvorschuss, von dessen Einzahlung das Gericht die Beweiserhebung abhängig gemacht hat, trotz Erinnerung nicht einzahlt[215].

170 Im **Verfahren der Kostenfestsetzung**[216] nach erfolgter Besichtigung ist zwischen den Kosten des einstweiligen Verfügungsverfahrens (die aufgrund der bereits im Besichtigungsverfahren insoweit ergangenen Kostengrundentscheidung festsetzungsfähig sind) und den Kosten des selbständigen Beweisverfahrens (die mangels Kostengrundentscheidung [noch] nicht festsetzungsfähig sind) zu unterscheiden. *Kosten des eV-Verfahrens* sind die Anwaltsgebühren für die Betreuung des betreffenden Verfahrensteils einschließlich etwaiger Reisekosten und dergleichen für die Wahrnehmung des Widerspruchstermins; *Kosten des Beweisverfahrens* sind neben den Anwaltsgebühren für die Betreuung des betreffenden Verfahrensteils alle Aufwendungen (Sachverständigenvergütung, Reisekosten, Termingebühr) für die Durchführung der Besichtigung.[217]

171 Wird die erstattungsberechtigte Partei im Beweissicherungs- und Hauptsacheverfahren von **unterschiedlichen Anwälten** vertreten, findet also zwischen beiden Verfahren ein Anwaltswechsel statt, so ist zwar die Anrechnungsregel der Vorbemerkung 3 Abs 5 VV RVG nicht einschlägig[218]; anwendbar ist jedoch § 91 Abs 2 Satz 2 ZPO[219]. Die Vorschrift bestimmt, dass die Kosten mehrerer Rechtsanwälte nur insoweit zu erstatten sind, als sie die Kosten der Inanspruchnahme ein- und desselben Anwaltes (unter Anwendung der Anrechnungsregel) nicht übersteigen; anderes gilt nur dann, wenn in der Person des Anwaltes ein Wechsel eintreten musste, was objektiv nachvollziehbare, unverschuldete Gründe verlangt.

c) Schadenersatzpflicht

172 Gemäß § 140c Abs 5 PatG haftet der Besichtigungsgläubiger dem Besichtigungsschuldner verschuldensunabhängig auf Schadenersatz, wenn sich herausstellt, dass eine Patentverletzung[220] nicht vorlag oder nicht drohte. Die mangelnde Berechtigung des Verletzungsvorwurfs im Zeitpunkt der Besichtigung steht zur Beweislast des Besichtigungsschuldners. Sie muss – zB aufgrund eines rechtskräftigen Verletzungsurteils[221] – feststehen. Ansonsten ist die Nichtberechtigung des Verletzungsvorwurfs im Schadenersatzprozess zu klären, und zwar unter Einbeziehung der Erkenntnisse des eingeholten Sachverständigengutachtens sowie aller anderen zur Verfügung stehenden Quellen. Bleiben Zweifel, besteht keine Haftung. Worauf die Nichtverletzung des Patents beruht, ist unerheblich. Sie kann sich daraus ergeben,

173 – dass das Patent rückwirkend widerrufen oder für nichtig erklärt wird,

174 – dass das Patent in einer Weise eingeschränkt wird, dass der Besichtigungsgegenstand nicht mehr in dessen Schutzbereich fällt,

175 – dass die Erfindungsmerkmale entgegen einer anfänglichen Vermutung tatsächlich nicht benutzt werden,

---

214 BGH, MDR 2011, 503; BGH, MDR 2017, 598.
215 BGH, MDR 2017, 598.
216 Jedes Kostenfestsetzungsverfahren setzt eine gerichtliche Kostengrundentscheidung voraus, aus der sich ergibt, wer die angemeldeten Kosten zu tragen hat (BGH, MDR 2018, 366.
217 OLG Düsseldorf, Beschluss v 24.4.2014 – I-2 W 9/14.
218 BGH, MDR 2018, 116.
219 BGH, MDR 2018, 116.
220 … dh widerrechtliche Patentbenutzung.
221 Obsiegende negative Feststellungsklage; erfolgreiche Zwischenfeststellungswiderklage bei abgewiesener Verletzungsklage.

- dass keine Handlung iSv §§ 9, 10 PatG vorgelegen hat oder drohte, **176**
- dass dem Antragsteller die Aktivlegitimation fehlte[222], **177**
- dass die Benutzungshandlungen des Besichtigungsschuldners gerechtfertigt waren (Lizenz, § 12 PatG, etc). **178**

Gründe, die die Rechtswidrigkeit der Patentbenutzung nur für die Zeit nach der Besichtigung beseitigen, bleiben haftungsrelevant.

Zu ersetzen ist derjenige Schaden, der dem Schuldner durch das unberechtigte Vorlage- bzw Besichtigungsverlangen – nicht erst durch die Besichtigung als solche – entstanden ist. Zwischen dem Besichtigungsbegehren und dem Schaden muss ein adäquater **Kausalzusammenhang** bestehen. Zu ersetzen sind beispielsweise die Rechtsverteidigungskosten im Besichtigungsverfahren[223], entgangene Gewinne durch Behinderung der Produktion während der Besichtigungsmaßnahme, Ersatz für zerstörte Besichtigungsgegenstände, besichtigungsbedingte Offenlegung von Betriebsgeheimnissen (zB dadurch, dass sich ein Geheimnisträger nicht an seine Verschwiegenheitsverpflichtung hält). *Keine* Ersatzpflicht besteht demgegenüber für Schäden, die daraus resultieren, dass der Schuldner im Anschluss und aus Anlass der Besichtigung Herstellung und Vertrieb des Besichtigungsgegenstandes eingestellt hat. **179**

d) §§ 142, 144 ZPO

Eine weitere Möglichkeit zur Berücksichtigung des Art 43 Abs 1 TRIPS ergibt sich im Zusammenhang mit den §§ 142[224], 144 ZPO, die es dem Gericht im Rahmen eines laufenden Rechtsstreits erlauben, die Einnahme des Augenscheins oder die Begutachtung durch einen Sachverständigen anzuordnen und zu diesem Zweck die Vorlage von Gegenständen bzw Urkunden zu verlangen (vgl § 144 Abs 1 Satz 2 ZPO). Auch für eine Vorlageanordnung ist zwar kein voller Beweis einer Patentverletzung erforderlich. Zumindest aber muss sich aus dem Vortrag des Klägers ein über die Schwelle des ersten Anscheins einer Verletzung hinausreichender Sachverhalt ergeben. Notwendig ist eine gewisse Wahrscheinlichkeit für eine Rechtsverletzung, wie sie im Rahmen der § 140c PatG, § 809 BGB anspruchsbegründend ist.[225] Jenseits der Anspruchsvoraussetzungen des § 140c PatG gibt es weder nach § 142 ZPO für die nicht beweisbelastete Partei eine Pflicht zur Urkundenvorlage noch nach § 144 ZPO eine Grundlage für eine Begutachtungsanordnung in Bezug auf einen Gegenstand, der sich in der Verfügungsgewalt der nicht beweisbelasteten Partei oder eines Dritten befindet.[226] Eine gerichtliche Aufklärungspflicht lässt sich außerhalb des § 140c PatG auch nicht aus der allgemeinen Vorschrift des § 286 ZPO herleiten.[227] Die Vorlageanordnung muss zur Sachaufklärung geeignet und erforderlich und dem Verpflichteten zumutbar sein.[228] Letzteres setzt eine Abwägung der rechtlich geschützten Interessen des zur Vorlage Verpflichteten mit den kollidierenden Belangen des Schutzrechtsinhabers voraus, wobei jeweils die Intensität des Eingriffs (einmal durch die mutmaßlichen Verletzungshandlungen, zum anderen durch die Pflicht zur Vorlage) zu berücksichtigen ist. Erforderlichenfalls kann dem Vorlegungsschuldner gestattet werden, geheimhaltungsbedürftige Details zu schwärzen.[229] **180**

---

222 Auf sie kommt es – trotz des insoweit nicht ganz eindeutigen Wortlauts – an, weil § 140c Abs 5 PatG dem § 945 ZPO nachgebildet ist.
223 Der Anspruch tritt neben die verfahrensrechtliche Möglichkeit aus § 494a Abs 2 ZPO.
224 Vgl Becker, MDR 2008, 1309.
225 BGH, GRUR 2013, 316 – Rohrmuffe; BGH, GRUR 2006, 962 – Restschadstoffentfernung.
226 BGH, GRUR 2013, 316 – Rohrmuffe.
227 BGH, GRUR 2013, 316 – Rohrmuffe.
228 BGH, GRUR 2006, 962 – Restschadstoffentfernung.
229 BGH, GRUR 2006, 962 – Restschadstoffentfernung.

181 **Vorlagepflichtig** ist zunächst jede am Rechtsstreit beteiligte Partei, unabhängig davon, ob ihr die Darlegungs- und Beweislast obliegt oder nicht. § 142 ZPO ist daher auch einschlägig, wenn sich der beweispflichtige Prozessgegner auf eine Urkunde bezieht, die sich im Besitz der nicht beweisbelasteten Partei befindet.[230] Eine Vorlageanordnung kann darüber hinaus auch gegen einen nicht beteiligten Dritten ergehen, soweit ihm die Präsentation der Urkunde oder Unterlage zumutbar ist und er sich nicht berechtigt auf ein Zeugnisverweigerungsrecht berufen kann (§§ 142 Abs 2, 383–385 ZPO).[231] Kommt das Gericht dem Vorlageverlangen der Partei nicht nach, ist die ablehnende Entscheidung nicht selbständig anfechtbar, sondern nur mit dem Rechtsmittel gegen die Endentscheidung überprüfbar.[232]

182 Eines förmlichen **Antrag**es bedarf es nicht; vielmehr genügt, dass sich eine Partei auf das im Besitz des Gegners oder eines Dritten befindliche Dokument »bezieht«. Bei Vorliegen der tatbestandlichen Voraussetzungen des § 142 ZPO hat das Gericht Ermessen, welches es pflichtgemäß auszuüben hat.

183 Zieht es eine Vorlageanordnung nicht in Betracht, handelt es ermessensfehlerhaft[233]; gleiches gilt, wenn die widerstreitenden Interessen in unvertretbarer Weise gewichtet werden.

e) EG-VO 1206/2001[234]

184 Darüber hinaus schafft die seit dem 1.1.2004 in allen EU-Mitgliedstaaten geltende Verordnung (EG) 1206/2001 des Rates vom 28.5.2001 über die Zusammenarbeit zwischen den Gerichten der Mitgliedstaaten auf dem Gebiet der Beweisaufnahme in Zivil- und Handelssachen[235] Vereinfachungen. So kann in Fällen, in denen keine Zwangsmaßnahmen erforderlich sind, weil der Besitzer der Sache die Besichtigung freiwillig gestattet, bei dem Mitgliedstaat, auf dessen Territorium sich die Sache befindet, darum nachgesucht werden, dass die Begutachtung durch das ersuchende, also etwa das deutsche Gericht (unter Einschaltung eines Sachverständigen) unmittelbar durchgeführt werden kann (Art 17). Sind voraussichtlich Zwangsmaßnahmen anzuwenden, besteht nur die Möglichkeit, dass das ersuchte, also das ausländische Gericht die Beweisaufnahme durchführt (Art 10 bis 13). Das Ersuchen, das auch die Einvernahme von Zeugen zum Gegenstand haben kann, muss innerhalb von 90 Tagen erledigt werden.

185 Unter dem Link *http://www.datenbanken.justiz.nrw.de/ir_htm/mustervordrucke_inlowbar;zivilsachen-3.htm* sind **Vordrucke** für die Durchführung des Rechtshilfeersuchens abrufbar.

f) Ausländische Sachaufklärung

186 Befinden sich angegriffene Ausführungsformen im Ausland, können auch die Möglichkeiten des jeweils ausländischen nationalen Rechts zur Sachverhaltsermittlung in Betracht gezogen werden, die zwar zumeist mit hohen Kosten verbunden sind, zum Teil jedoch weitreichende Besichtigungsrechte eröffnen.[236] Ein wichtiges Aufklärungsinstru-

---

230 BGH, NJW 2007, 2989.
231 Ist eine juristische Person Prozesspartei, so hat der (auch geschiedene) Ehegatte des Geschäftsführers ein Zeugnisverweigerungsrecht nach § 383 Abs 1 Nr 2 ZPO: BGH, ZIP 2015, 2296.
232 BGH, MDR 2017, 357.
233 BGH, NJW 2007, 2989.
234 Zu Einzelheiten vgl Grabinski, FS Schilling, 2007, S 191; Ubertazzi, GRUR Int 2008, 807.
235 ABl EG Nr L v 27.6.2001.
236 Beispielsweise die Saisie-Contrefaçon in Frankreich oder die search-order in Großbritannien.

ment bietet **28 USC § 1782**.[237] Die Vorschrift schafft die Möglichkeit der discovery speziell im Hinblick auf außerhalb der USA vorgesehene oder bereits laufende Schutzrechtsprozesse. Nicht unbedeutende Restriktionen ergeben sich allerdings aus einer Rechtsprechung des US Supreme Court[238], derzufolge nach Vorliegen der gesetzlichen Voraussetzungen des § 1782 vier Ermessensfaktoren darüber entscheiden, ob ein Discovery-Antrag erfolgreich sein kann:

– Können die fraglichen Dokumente auch ohne die Hilfe eines § 1782-Antrages von dem ausländischen Gericht angefordert werden (zB nach seinem nationalen Verfahrensrecht)?

– Darf das ausländische Gericht die aus den USA erlangten Dokumente als Beweismittel in seinem Verfahren zulassen und wird es dies tun?

– Sollen durch die Discovery im nationalen Recht des Verwertungsstaates geltende Beweiserhebungsbeschränkungen umgangen werden?

– Enthält der Discovery-Antrag unbillig belastende Anfragen?

Nach einer kürzlichen Entscheidung des US Court of Appeals[239] ist eine US-Discovery – im Sinne des 1. Ermessensfaktors – nicht zwingend erforderlich, wenn Antragsteller und Antragsgegner des Discovery-Verfahrens dieselben Parteien sind wie in dem ausländischen Verfahren umgekehrten Rubrums. Denn dann könne das ausländische Gericht im Rahmen seines nationalen Prozessrechts Verfügungen zur Beweiserhebung/Beweisbeibringung (§§ 142, 422 ZPO) erlassen, weswegen es der Discovery nicht bedürfe. Nur wenn ein Dritter in den USA Dokumente besitzt, die für das ausländische Verfahren relevant sind, bestehe Anlass für eine Discovery. Als sachnäheres Gericht könne das deutsche Verletzungsgericht überdies besser abwägen, ob durch die von der Discovery betroffenen Dokumente schützenswerte Betriebsgeheimnisse tangiert seien. Deshalb könne ein Discovery-Antrag, der das sachnähere (nationale) Gericht umgeht, im Einzelfall unbillig belastend sein (4. Ermessensfaktor).

Werden im Ausland Erkenntnisse oder Beweismittel gewonnen, für die das dortige Gericht eine Geheimhaltungsanordnung (**protective order**) erlassen hat, stellt sich die Frage ihrer Verwertbarkeit in einem nationalen Verletzungsverfahren. Zwei Dinge gilt es hier zu bedenken. Zum einen kann die Vorlage bei einem deutschen Gericht Sanktionen des ausländischen Richters zur Folge haben, der die Schutzanordnung erlassen hat. Zum anderen – und diese Konsequenzen sollen an dieser Stelle allein beleuchtet werden – ist zu klären, ob und ggf welche Auswirkungen die Schutzanordnung für das nationale Verletzungsverfahren hat.[240] Ist der fragliche Sachvortrag oder Beweis unbeachtlich, weil er gegen die protective order verstößt? Falls nein: Zieht die protective order wenigstens zwingend Schutzmaßnahmen des deutschen Gerichts nach sich, die sicherstellen, dass der Geheimnisschutz auch im nationalen Verfahren gewahrt bleibt? Beides ist im Ergebnis zu verneinen:

– Die Geheimhaltungsanordnung des ausländischen Gerichts ist ausschließlich an die dortigen Parteien adressiert; ein deutsches Gericht wird durch sie in keiner Weise rechtlich gebunden. Solange die Erkenntnisse oder Beweismittel nicht unter Umständen gewonnen worden sind, die nach deutschem Recht eine Verwertung insbesondere

---

237 Diese Möglichkeit besteht in den USA auch zu dem alleinigen Zweck, einen Rechtsstreit in einem auswärtigen Staat (zB Deutschland) zu ermöglichen (vgl dazu: Jäkel, FS 80 Jahre Patentgerichtsbarkeit Düsseldorf, 2016, S 205; Schönknecht, GRUR Int 2011, 1000).
238 US Supreme Court, Mitt 2004, 465 – Intel/AMD.
239 US Court of Appeals, Mitt 2017, 46 – Andover Healthcare, Inc./3M Company.
240 Vgl Schönknecht, GRUR Int 2011, 1000, 1007 f.

aus Verfassungsgründen verbieten, ist deren Einführung in den nationalen Rechtsstreit deshalb prozessual beachtlich. Der betreffende Sachvortrag ist gehalten und das betreffende Beweismittel ist Gegenstand des Verfahrens, als solches vom Gericht zur Kenntnis zu nehmen und in seinem Beweiswert zu würdigen.

189 – Eine Bindung besteht für das deutsche Gericht auch nicht dahingehend, dass es allein deshalb einen Geheimnisschutz in seinem Verfahren herzustellen hat, weil das ausländische Gericht eine Schutzanordnung erlassen hat. Ob und in welcher Weise Maßnahmen zur Geheimhaltung getroffen werden, richtet sich vielmehr ausschließlich nach nationalem Zivilprozessrecht. Dabei ist zwischen dem Prozessgegner und außenstehenden Dritten zu unterscheiden:

190 – Alles, was in den Prozess eingeführt wird, muss schon aus Gründen des rechtlichen Gehörs der gegnerischen Partei (einschließlich etwaiger Nebenintervenienten) zur Kenntnis gebracht werden.[241] Sofern der Gegner nicht ausnahmsweise damit einverstanden ist, dass ausschließlich seine durch das Gericht besonders zur Verschwiegenheit verpflichteten Anwälte unterrichtet werden und er selbst von einem entsprechenden Wissenstransfer abgeschnitten bleibt, ist der Prozessgegner über den auch gegen die ausländische Schutzanordnung eingeführten Streitstoff zu informieren.

191 – Geheimhaltungsanordnungen kann das deutsche Gericht einzig im Hinblick auf verfahrensfremde Dritte treffen, und zwar in mehrfacher Weise. Zum Schutz überwiegender, wichtiger Betriebs- oder Geschäftsgeheimnisse[242] kann die Öffentlichkeit von der mündlichen Verhandlung (§ 172 Nr 2 GVG) und von der Urteilsverkündung (§ 173 Abs 2 GVG) ausgeschlossen werden. Anwesende Parteivertreter und Anwälte können in demselben Umfang zur Verschwiegenheit verpflichtet werden (§ 174 Abs 3 GVG).[243] Für die Rechtmäßigkeit einer solchen Anordnung ist nicht entscheidend, ob geheimhaltungsbedürftige Details in der Verhandlung tatsächlich erörtert werden, sondern ob im Zeitpunkt der gerichtlichen Beschlussfassung mit derartigem zu rechnen ist.[244] Allerdings ist allen Beteiligten – mindestens konkludent – vorher rechtliches Gehör zu gewähren.[245] Der Urteilsabdruck kann zur Wahrung von Betriebsgeheimnissen teilgeschwärzt werden. Dritte erhalten Einsicht in die Gerichtsakten nur nach vorheriger Bewilligung durch den Gerichtspräsidenten, was den Nachweis eines rechtlichen Interesses an der Akteneinsicht voraussetzt (§ 299 Abs 2 ZPO).[246] In diesem Zusammenhang sind auch gegenläufige Interessen der Prozessparteien an einer Geheimhaltung des Akteninhalts abzuwägen. Welches Gewicht ihnen beikommt, entscheidet das

---

241 OLG Düsseldorf, Beschluss v 25.04.2018 – I-2 W 8/18.
242 Als Betriebs- und Geschäftsgeheimnisse werden alle auf ein Unternehmen bezogenen Tatsachen, Umstände und Vorgänge verstanden, die nicht offenkundig, sondern nur einem begrenzten Personenkreis zugänglich sind und an deren Nichtverbreitung der Rechtsträger ein berechtigtes Interesse hat. **Betriebsgeheimnisse** umfassen im Wesentlichen technisches Wissen im weitesten Sinne, **Geschäftsgeheimnisse** betreffen vornehmlich kaufmännisches Wissen wie etwa Umsätze, Ertragslagen, Geschäftsbücher, Kundenlisten, Bezugsquellen, Konditionen, Marktstrategien, Unterlagen zur Kreditwürdigkeit, Kalkulationsunterlagen, Patentanmeldungen und sonstige Entwicklungs- und Forschungsprojekte, durch welche die wirtschaftlichen Verhältnisse eines Betriebes maßgeblich bestimmt werden können (BVerfGE 115, 205, 230 f, BGHZ 183, 153 Rn 17; BGH, MDR 2016, 228).
243 Eine unrichtige Anwendung der besagten Vorschriften schafft den absoluten Revisionsgrund des § 547 Nr 5 ZPO (Verletzung der Vorschriften über die Öffentlichkeit des Verfahrens).
244 BGH, MDR 2016, 228.
245 BGH, MDR 2016, 228.
246 Dasselbe gilt für Verfahrensbeteiligte, wenn das Verfahren rechtskräftig abgeschlossen ist (BGH, MDR 2015, 973).

nationale Gericht zwar prinzipiell frei; die von einem ausländischen Gericht getroffene Schutzanordnung spricht jedoch mindestens indiziell für deren sachliche Berechtigung und führt praktisch dazu, dass von nationalen Geheimhaltungsmaßnahmen nur mit wirklich guten Gründen abgesehen werden kann. Ohne Rücksicht auf die einschränkenden Voraussetzungen für eine Akteneinsicht hat der jeweilige Gerichtspräsident grundsätzlich jedem Dritten auf dessen Verlangen hin eine anonymisierte Abschrift der gerichtlichen Entscheidung (Beschlüsse, Urteile) zu überlassen.[247]

g) Ermittlungsverfahren

Schließlich kann versucht werden, in der Bundesrepublik Deutschland ein strafrechtliches Ermittlungsverfahren in die Wege zu leiten, in dessen Rahmen die Staatsanwaltschaft quasi auf Staatskosten die Sachverhaltsermittlung übernimmt. In der Praxis stellt sich freilich das Problem, dass entsprechende Ermittlungsverfahren von den Behörden nur selten forciert, sondern vielmehr ohne Ergebnis eingestellt werden. Eine Strafanzeige bietet sich dennoch an, wenn kurzfristig eine Durchsuchung und Beschlagnahme von Gegenständen beantragt werden soll, wie beispielsweise auf Messen, um so Dokumentationen von möglichen Verletzungsprodukten zu erhalten. Diese können notfalls über eine vorbereitende Anordnung nach § 273 Abs 2 Nr 2 ZPO zum Gegenstand eines Verletzungsverfahrens gemacht werden.

III. Vorlageverpflichtung zur Durchsetzung des Schadenersatzanspruchs[248]

Im Gegensatz zu § 140c PatG, der darauf abzielt, einen mutmaßlichen Verletzungssachverhalt, dessen Umfang sowie die daraus resultierenden Ansprüche erst aufzuklären und entsprechende Beweise für Anspruchsgrund und -höhe zu sichern, verfolgt der in § 140d PatG vorgesehene materiell rechtliche Vorlageanspruch den Zweck, die zwangsweise Erfüllung eines bestehenden Schadenersatzanspruchs wegen Patentverletzung im Inland zu ermöglichen. Der Verletzte kann den Verletzer zu diesem Zweck bei einer in gewerblichem Ausmaß (dh außerhalb der Privilegierung des § 11 Nr 1 PatG) begangenen Rechtsverletzung auf Vorlage von Bank-, Finanz- oder Handelsunterlagen oder auf einen geeigneten Zugang zu den entsprechenden Unterlagen in Anspruch nehmen, wenn sich die Unterlagen in der Verfügungsgewalt des Verletzers befinden, wenn die Unterlagen für die Durchsetzung des Schadenersatzanspruchs erforderlich sind und dessen Erfüllung ohne die Vorlage fraglich wäre.

Mangels besonderer **Überleitungsbestimmungen** gilt § 140d PatG nur für solche Entstehungstatbestände, die nach Inkrafttreten der Bestimmung am 1.9.2008 verwirklicht worden sind.[249] Für Sachverhalte aus der Zeit davor stellt sich allenfalls die Frage einer unmittelbaren Geltung der Enforcement-Richtlinie bzw einer richtlinienkonformen Auslegung allgemein-zivilrechtlicher Bestimmungen. Sie hat stattzufinden, weswegen für die Zeit seit Ablauf der Umsetzungsfrist (29.4.2006) – nicht davor – ein entsprechender Anspruch aus § 1004 BGB herzuleiten ist.

---

247 BGH, WM 2017, 948.
248 Vgl Dörre/Maaßen, GRUR-RR 2008, 217, 221.
249 BGH, GRUR 2009, 515 – Motorradreiniger.

B. Sachverhaltsermittlung

1. Voraussetzungen

195 Ein Schadenersatzanspruch gemäß § 139 Abs 2 PatG muss positiv festgestellt werden. Bloße Wahrscheinlichkeiten genügen nicht; auf der anderen Seite bedarf es keines Vollstreckungstitels auf Schadenersatz. Vorlageberechtigt ist der Gläubiger des Schadenersatzanspruchs, vorlageverpflichtet der Schuldner des Schadenersatzanspruchs. Als Bank-, Finanz- und Handelsunterlagen kommen dieselben Dokumente in Betracht, die oben im Zusammenhang mit § 140c PatG erörtert worden sind.[250] Sie müssen sich in der Verfügungsgewalt des Anspruchsgegners (nicht: eines unbeteiligten Dritten) befinden. Verlangt ist eine Rechtsposition, kraft derer herausgabepflichtige Unterlagen zur Einsicht vorgelegt werden können (was Besitz im Sinne der Erläuterungen zu § 140c PatG voraussetzt) bzw dem Berechtigten – ohne Vorlage – auf andere geeignete Weise Zugang zu den betreffenden Unterlagen (dh ihrem Inhalt) gewährt werden kann.

196 Ohne Vorlage der Bank-, Finanz- und Handelsunterlagen bzw Zugang zu ihrem Inhalt muss die **Realisierung** des Schadenersatzanspruchs gegen den Schuldner – ganz oder teilweise – **fraglich** sein. Davon kann nur gesprochen werden, wenn

197 a) der Gläubiger den Schuldner ernsthaft zur Erfüllung aufgefordert hat;

(dies muss nicht notwendig beziffert oder gerichtlich, zB mit Mahnbescheid oder Höheklage, geschehen; die Anspruchshöhe muss aber wenigstens so weit feststehen, dass hinsichtlich eines Mindestschadens die weiteren, nachfolgend zu erörternden Voraussetzungen beurteilt werden können)

198 b) der Schuldner die Schadenersatzleistung mindestens teilweise zurückgewiesen hat,

(dies kann ausdrücklich oder konkludent durch Nichtzahlung, unberechtigtes Bestreiten des Verletzungsvorwurfs, hinhaltende Erklärungen oder dergleichen geschehen)

199 c) der (verbleibende) Schadenersatzanspruch nach den finanziellen Verhältnissen des Schuldners im Zeitpunkt der der Entscheidung zugrunde liegenden Verhandlung mindestens in einem gewissen Umfang realisierbar erscheint;

(daran fehlt es, wenn – zB aufgrund ratenfreier PKH-Bewilligung – feststeht, dass der Schuldner vermögenslos ist)

200 d) der Gläubiger keine ausreichenden Kenntnisse über das der *inländischen* Zwangsvollstreckung unterliegende Vermögen des Schuldners besitzt, um seine Schadenersatzforderung durchsetzen zu können;

(dies ist auch dann der Fall, wenn dem Gläubiger zwar Vollstreckungsobjekte des Schuldners bekannt sind, diese sich jedoch im Ausland befinden oder nicht werthaltig sind oder nicht ausreichen, um den Schadenersatzanspruch in voller Höhe zu befriedigen)

201 e) aufgrund dessen die Prognose gerechtfertigt ist (nicht: die Gewissheit besteht), dass der Gläubiger seine Schadenersatzforderung zumindest teilweise im Inland nicht wird realisieren können;

(hieran fehlt es, wenn dem Gläubiger hinreichende und mit vertretbarem Aufwand verwertbare Zugriffobjekte bekannt sind, die in absehbarer Zeit – zB anlässlich eines bevorstehenden Messeauftritts des Schuldners – ins Inland verbracht werden)

---

250 Ob hierzu auch Unterlagen gehören, die etwaiges Immobilienvermögen betreffen, ist fraglich und angesichts des eindeutigen Gesetzeswortlauts zu bezweifeln (so auch OLG Frankfurt/Main, GRUR-RR 2012, 197 – Vorlage von Bankunterlagen).

Darlegungs- und **beweispflichtig** für die Bedingungen zu (a), (b), (d), (e) ist der Gläubiger, für einen Sachverhalt nach (c) der Schuldner. 202

Die Unterlagen müssen **erforderlich** sein, um den bestehenden Schadenersatzanspruch durchzusetzen, insbesondere dem Gläubiger bislang unbekannte Vermögenswerte aufzudecken. Das verlangt zweierlei: Die Unterlagen müssen zunächst aufgrund ihres Inhalts objektiv geeignet sein, die Realisierung des Schadenersatzanspruchs zu fördern, was auch dann zu bejahen ist, wenn mit ihrer Hilfe Anhaltspunkte (nur) für ausländische Zugriffsobjekte gegeben werden. Die Unterlagen müssen darüber hinaus zur Erleichterung der Rechtsverfolgung notwendig sein. An letzterem fehlt es, wenn dem Gläubiger zur selben Zeit andere Erkenntnisquellen zur Verfügung stehen, die gleichermaßen ergiebig sind und deren vorrangige Ausschöpfung ihm zugemutet werden kann. Solches ist zB zu bejahen, wenn der anderweitige Erkenntnisgewinn die einfachere Maßnahme darstellt, die geringere Kosten verursacht. Die Notwendigkeit kann ferner zu verneinen sein, wenn nebeneinander mehrere Unterlagenarten mit demselben Aussagegehalt verlangt werden. Sie fehlt schließlich insoweit wie der offene Schadneersatzbetrag mithilfe anderer Unterlagen bereits abgedeckt ist (»betragsmäßige« Notwendigkeit). 203

Vertrauliche Informationen sind im Interesse des Schuldners zu schützen, aber nur, soweit dadurch das berechtigte Informationsverlangen des Gläubigers nicht vereitelt und ihm das zur Durchsetzung des Schadenersatzanspruchs notwendige Wissen nicht vorenthalten wird. Vielfach wird ein Geheimnisschutz deshalb nur in dem Sinne infrage kommen, dass einzelne Informationen der Unterlagen, welche für die Schadensliquidation nicht erforderlich sind, von der Vorlage ausgenommen, zB unkenntlich gemacht werden. 204

Die **Unverhältnismäßigkeit** der Inanspruchnahme kann den Anspruch insgesamt zu Fall bringen oder den Anspruch auf bestimmte Arten oder einen bestimmten Umfang der Vorlage beschränken. Mögliche Gründe für eine Unverhältnismäßigkeit sind: 205

– Auf Seiten des Gläubigers zB: Geringer Schadenersatzbetrag, dessen Erfüllung zu sichern ist, erhebliche (ggf schon durch erstinstanzliche Vernichtung dokumentierte) Zweifel am Rechtsbestand des Schutzrechts, Nützlichkeit und Grad des Angewiesenseins auf die Vorlagemaßnahme für die Rechtsdurchsetzung. 206

– Auf Seiten des Vorlageschuldners zB: Erheblicher Umfang des vorzulegenden Materials, Schwere des Eingriffs (wertvolle Betriebsgeheimnisse, die nicht durch geeignete Schutzanordnungen gesichert werden können), geringer Verschuldensgrad. 207

2. Rechtsfolgen

Geschuldet wird eine **Vorlage** der Unterlagen, soweit diese in herausgabefähiger (zB schriftlicher oder auf Datenträger – USB-Stick, CD, Diskette – gespeicherter) Form vorliegen. Da eine bloße Einsichtnahme wegen ihrer Flüchtigkeit die erforderliche Erleichterung bei der Anspruchsdurchsetzung nicht bietet, kann im Rahmen der Vorlage regelmäßig die vorübergehende Überlassung zur Anfertigung von im Besitz des Gläubigers verbleibenden Kopien verlangt werden. 208

Wo eine Vorlage nicht in Betracht kommt, sei es, weil die Bank-, Finanz- oder Handelsunterlagen nicht in vorzeigefähiger Form vorliegen, sei es, weil eine Vorlage wegen des damit verbundenen Aufwands im Einzelfall nicht zumutbar ist (zB umfangreicher Satz elektronischer Geschäftsdaten) ist **Zugang** zu dem Unterlageninhalt zu gewähren. »Zugang« bezeichnet dabei jede Maßnahme, die geeignet ist, dem Gläubiger den Unterlageninhalt zugänglich zu machen, zB durch Gewähren der Einsicht in eine betriebsinterne Datenbank. 209

B. Sachverhaltsermittlung

3. Verfahrensrechtliche Durchsetzung

210 Der Anspruch auf Vorlage/Zugang kann isoliert in einem Hauptsacheverfahren verfolgt werden. Vielfach wird jedoch ein Patentverletzungsrechtsstreit vorausgegangen sein, in welchem die Schadenersatzpflicht des Schuldners festgestellt worden ist. Sollten die tatbestandlichen Voraussetzungen des § 140d PatG ausnahmsweise bereits zu diesem Zeitpunkt erfüllt sein, kann der Vorlageanspruch sogleich neben den sonstigen Ansprüchen wegen Schutzrechtsverletzung geltend gemacht werden.

211 Eine Rechtsverfolgung im einstweiligen Verfügungsverfahren lässt § 140d Abs 3 Satz 1 PatG nur zu, wenn die Schadenersatzhaftung des Schuldners »**offensichtlich**« ist. Dies verlangt, dass die Anspruchsvoraussetzungen des § 139 Abs 2 PatG im Rechtlichen und im Tatsächlichen in einem solchen Maße gesichert sind, dass vernünftige Zweifel nicht verbleiben und eine andere Entscheidung in einem späteren Hauptsacheprozess praktisch nicht möglich ist.[251] Allein mit dem Vorliegen eines erstinstanzlichen, nicht rechtskräftigen Schadenersatztitels ist diese Voraussetzung noch nicht erfüllt, wenn die Beurteilung des Erstgerichts im Tatsächlichen oder im Rechtlichen angreifbar ist.[252] Ist die Sach- und Rechtslage eindeutig, fingiert § 140d Abs 3 Satz 1 PatG die erforderliche Dringlichkeit und lässt eine Vorwegnahme der Hauptsache zu. Das gilt – ungeachtet des insoweit nicht ganz klaren Wortlauts von Satz 1 – nicht nur für den Vorlageanspruch, sondern auch für den Anspruch auf Zugang zu den Unterlagen. Abgesehen von der Dringlichkeit müssen alle übrigen Voraussetzungen für den Erlass einer einstweiligen Verfügung, insbesondere das Vorliegen eines Verfügungsanspruchs nach § 140d Abs 1 PatG, vom Antragsteller dargelegt und glaubhaft gemacht werden. Von einer vorherigen Anhörung des Schuldners kann – und wird zur Vermeidung von Manipulationen – im Zweifel abzusehen sein.

212 Im **Klageantrag** sind diejenigen Unterlagen, deren Vorlage verlangt wird, konkret zu bezeichnen. Fehlen dem Kläger Kenntnisse über die notwendigen Einzelheiten zB zu den Bankverbindungen des Beklagten, kann der Vorlageanspruch – als Minus – zunächst auch in der Weise geltend gemacht werden, dass der Beklagte zunächst **Auskunft** über seine Bankverbindungen (IBAN etc) zu erteilen hat, woraufhin der Antrag entsprechend bestimmt abgefasst werden kann.

IV. Grenzbeschlagnahme[253]

213 Eine weitere Möglichkeit, gegen Verletzungsprodukte einzuschreiten, ist die sogenannte »Grenzbeschlagnahme« durch die Zollbehörden. Zu unterscheiden sind das – prioritäre – gemeinschaftsrechtliche Vorgehen auf der Grundlage der VO (EU) Nr 608/2013 vom 12.6.2013[254], die ergänzt wird durch § 142b PatG, und das nationale Beschlagnahmeverfahren (zB nach § 142a PatG). Bewilligungsbehörde für Anträge in Deutschland ist in

---

251 OLG Frankfurt/Main, GRUR-RR 2012, 197 – Vorlage von Bankunterlagen; vgl auch OLG Hamburg, InstGE 8, 11 – Transglutaminase.
252 OLG Frankfurt/Main, GRUR-RR 2012, 197 – Vorlage von Bankunterlagen.
253 Vgl Rinnert/Witte, GRUR 2009, 29; Worm/Gärtner, Mitt 2007, 497; Hoffmeister/Böhm, FS Eisenführ, 2003, 161; Cordes, GRUR 2007, 483; Hermsen, Mitt 2006, 261; Weber, WRP 2005, 961; Nägele/Nitsche, WRP 2007, 1047; Dörre/Maaßen, GRUR-RR 2008, 269; Kather, FS Mes, 2009, S 185.
254 ABl EU Nr L 181/5 v 29.6.2013. Sie hat mit Wirkung ab 1.1.2014 die VO (EG) Nr 1383/2003 iVm der Durchführungsverordnung der EG-Kommission Nr 1891/2004 vom 21.10.2004, geändert durch die Verordnung (EG) Nr 1172/2007, abgelöst.

beiden Fällen die Generalzolldirektion mit Sitz in München (vormals: Oberfinanzdirektion Nürnberg).[255]

Für eine Beschlagnahme (dh eine vorübergehende zollamtliche Sicherstellung der Ware) 214
müssen grundsätzlich **drei Voraussetzungen** zusammen kommen:

– Der Rechtsinhaber (oder ein anderweitig Berechtigter) muss einen **Grenzbeschlag-** 215
nahmeantrag gestellt haben.[256]

– Es müssen Anhaltspunkte für eine **Schutzrechtsverletzung** bestehen. Insoweit trifft 216
die Zollbehörde eine eigene Prüfungs- und Feststellungspflicht.[257] Der Sache nach
handelt es sich nicht um eine vollständige Beurteilung des Verletzungssachverhaltes
ähnlich derjenigen, wie sie in einem Verletzungsprozess stattfindet. Dafür fehlen dem
Zoll schon die personellen Voraussetzungen. Vielmehr wird das Vorliegen bestimmter Identifikationskriterien untersucht, die der Schutzrechtsinhaber als Indikator für
eine Schutzrechtsverletzung benannt hat. Darüber hinaus muss sich die Zollbehörde
im Rahmen ihrer Möglichkeiten selbstverständlich dahin gehend vergewissern, ob
die ihr benannten Kriterien wirklich für eine Schutzrechtsverletzung stichhaltig und
schlüssig sind.

– Die zu beschlagnahmende Ware muss sich in einer **Beschlagnahmesituation** befin- 217
den, womit gemeint ist, dass (und solange) sie sich unter zollamtlicher Überwachung
(Art 37 ZK) befindet, die einen behördlichen Zugriff gestattet.[258] Sie wird typischerweise durch die Ein- oder Ausfuhr begründet, kann sich jedoch in Messefällen auch
auf das Reisegepäck beziehen, nämlich dann, wenn dort mitgeführte Gegenstände auf
einer Messe ausgestellt (und damit gewerblich benutzt) werden.[259] Hier kann das
zollbehördliche Verfahren auch noch während der Messe durchgeführt werden und
zur Beschlagnahme führen.

1. Tätigwerden nach der VO (EU) Nr 608/2013[260]

a) Anwendungsgebiet

Ein Verfahren nach der VO (EU) 608/2013 ist nur in den in Art 1 Abs 1 aufgelisteten 218
Situationen möglich, die zu einer zollamtlichen Kontroll- und Überwachungslage führen,
also primär, aber nicht ausschließlich bei der Einfuhr bzw Durchfuhr[261] von Waren in
das Gemeinschaftsgebiet bzw aus dem Gemeinschaftsgebiet heraus. Dass die VO (EU)
608/2013 diesbezüglich auf die Verordnung (EWG) Nr 2913/92 des Rates vom 12. Oktober 1992 zur Festlegung des Zollkodex der Gemeinschaften (ZK)[262] und nicht auf den
modernisierten Zollkodex (VO [EWG] Nr 450/2008 zur Festlegung des Zollkodex der

---

255 Genberalzolldirektion, Direktion VI, Zentralstelle Gewerblicher Rechtsschutz (ZGR), Sophienstraße 6, 80333 München; erforderliche Antragsformulare sowie umfängliche Dokumentationen und Erläuterungen zur Grenzbeschlagnahme sind auf der Internetseite der ZGR zu finden: www.zoll-d.de.
256 Ausnahme: Art 18 VO (EU) 608/2013.
257 LG Düsseldorf, InstGE 9, 130 – Druckbogenstabilisierer II.
258 ZB ein Zollverfahren iSv Art 4 Nr 16 ZK. Jenseits der genannten Zollverfahren kommt auch das bloße Verbringen der Ware als Beschlagnahmesituation in Betracht, dh der Zeitraum zwischen dem Grenzübertritt und dem Erreichen des ersten Zollamtes, in dem erstmals ein Zollverfahren gewählt werden kann.
259 Art 1 Abs 4 VO (EU) 608/2013.
260 Rinnert, GRUR 2014, 241.
261 EuGH, GRUR Int 2000, 748, 750 – Polo/Lauren/Dwidua; EuGH, GRUR 2004, 501 – Straffreie Rolex-Plagiate.
262 ABl EU Nr L 302 v 19.10.1992.

Gemeinschaft vom 23. April 2008, ZK II)[263] Bezug nimmt, hat seinen Grund darin, dass der modernisierte Kodex mangels Durchführungsverordnung nicht angewandt, sondern mit Wirkung ab 1. Mai 2016 durch die Verordnung (EU) Nr 952/2013 des Europäischen Parlaments und des Rates vom 9. Oktober 2013 zur Festlegung des Zollkodex der Union (UZG)[264] abgelöst worden ist.

219 Praktisch bedeutsam sind folgende **Beschlagnahmesituationen**:

220 – Anmeldung von Waren zur Überführung in den zollrechtlich freien Verkehr (Art 79 ff ZK) oder zur Ausfuhr oder Wiederausfuhr,

221 – Verbringen von Waren in das Zollgebiet[265] oder aus dem Zollgebiet der EU;

222 – Überführung von Waren in ein Nichterhebungsverfahren, zu denen nach Art 84 Abs 1 lit a) ZK gehören: Versandverfahren (Art 91 ff ZK)[266], Zolllagerverfahren (Art 98 ff ZK), aktive Veredelung (Art 114 ff ZK), Umwandlung unter zollamtlicher Überwachung (Art 130 ff ZK), vorübergehende Verwendung[267] (Art 137 ff ZK);

223 – Verbringen von Ware in eine Freizone oder ein Freilager (vgl Art 166 ZK).

224 **Keine Anwendung** findet die VO auf den Warenverkehr zwischen den Mitgliedstaaten. Durch Art 1 Abs 5 VO (EU) 608/2013 sind ferner solche Waren ausgeschlossen, die mit Zustimmung des Rechtsinhabers hergestellt worden sind, auch wenn sie sich ohne Zustimmung des Rechtsinhabers in einer der in Art 1 VO (EU) 608/2013 aufgeführten Situationen befinden. Das gilt selbst dann, wenn die Herstellung unter Überschreitung einer Mengenbegrenzungsvereinbarung geschieht oder die Herstellung absprachegemäß nur für Drittländer außerhalb der Union gestattet ist (sog Paralleleinfuhren).

225 Grundlage von Maßnahmen nach der VO (EU) 608/2013 können nur die in Art 2 abschließend aufgelisteten **Schutzrechte** wie ua Patente, ergänzende Schutzzertifikate sowie Sortenschutzrechte sein (vgl Art 2 Nr 1 lit e) bis i)). Es muss sich nicht notwendig um EU-weite Gemeinschaftsrechte handeln (Unionsantrag[268]); ein Beschlagnahmebegehren nach der VO (EU) 608/2013 kann gleichermaßen auf nationale Schutzrechte gestützt werden (nationaler Antrag[269]). Im zuletzt genannten Fall rechtfertigt er zollbehördliche Maßnahmen freilich nicht im Gebiet der EU, sondern lediglich in Bezug auf dasjenige Inland, für welches das Schutzrecht seine territoriale Geltung entfaltet. Ein laufendes Rechtsbestandsverfahren und auch dessen erstinstanzlicher Erfolg stehen einer Grenzbeschlagnahme nicht entgegen. Anders als früher genügt neuerdings auch ein Gebrauchsmuster als verletztes Schutzrecht (Art 2 Nr 1 lit k)). Da es sich um ein reines Registerrecht handelt, dessen Schutzwirkungen nur eintreten, wenn kein Löschungsgrund besteht, und weil es im Beschlagnahmeverfahren um den Verdacht einer Schutzrechts*verletzung* geht, hat sich der Zoll hinsichtlich der Neuheit und Erfindungshöhe des Gebrauchsmustergegenstandes zu vergewissern, zB indem er sich eine positive Löschungs- oder Gebrauchsmusterverletzungsentscheidung oder einen amtlichen bzw patentanwaltlichen Recherchebericht vorlegen lässt.

---

263 ABl EU Nr L 145/1 v 4.6.2008.
264 ABl EU Nr L 269/1 v 10.10.2013.
265 Zum Begriff vgl Art 3 ZK.
266 Es betrifft Waren, die nicht in das Gebiet der EU eingeführt, sondern lediglich unter Zollverschluss durch das Gemeinschaftsgebiet befördert werden sollen.
267 Betroffen ist zB Ware, die zur Ausstellung auf Messen bestimmt ist. Vgl dazu Rinnert/Witte, GRUR 2009, 29, 35.
268 Art 2 Nr 11, Art 4 VO [EU] 608/2013. Sie gibt es auf dem Gebiet des Patentrechts momentan ohnehin nicht.
269 Art 2 Nr 10 VO [EU] 608/2013.

In Bezug auf den **Handel zwischen** den **Mitgliedstaaten** und für Fälle der **Paralleleinfuhren** kommt lediglich das nationale Beschlagnahmerecht in Betracht (§ 142a PatG, § 25a GebrMG). 226

b) Antragsteller

Antragsberechtigt für einen nationalen[270] wie für einen Unionsantrag[271] ist nach Art 3 Nr 1 lit a) VO 608/2013 der **Schutzrechtsinhaber** iSv Art 2 Nr 8 VO (EU) 608/2013. 227

Im Übrigen ist zu differenzieren: Einen nationalen Antrag kann sowohl der einfache als auch der ausschließliche **Lizenznehmer** stellen, beide allerdings nur, wenn sie vom Rechtsinhaber mit einer förmlichen (schriftlichen) Ermächtigung zum Führen eines Schutzrechtsverletzungsprozesses ausgestattet sind (Art 3 Nr 2 lit a) VO (EU) 608/2013). Unter derselben Bedingung kann ein Unionsantrag allein von einem ausschließlichen Lizenznehmer iSv Art 2 Nr 21 VO (EU) 608/2013[272] gestellt werden, wobei die Lizenz zumindest im *gesamten* Gebiet von zwei Mitgliedstaaten gelten und für diese Staaten auch die Prozessführungsermächtigung erteilt sein muss (Art 3 Nr 3 VO [EU] 608/2013). Ihre Wirksamkeit richtet sich nach dem nationalen Recht des betroffenen Mitgliedstaates, zu dessen Rechtslage der Zoll bei Zweifeln ergänzende Darlegungen des Antragstellers verlangen kann. 228

c) Antrag

Unter besonderen Voraussetzungen können (nicht: müssen!) die Zollbehörden nach Art 18 Abs 1, Art 23 Abs 1 VO (EU) 608/2013 vor einem Antrag oder vor der Zulassung eines Antrages tätig werden. Damit solches geschehen kann, darf es sich nicht um verderbliche Ware handeln und muss der Zoll von sich aus (zB aufgrund einer Vorbefassung mit früheren Anträgen) den Verdacht einer Schutzrechtsverletzung haben. Anders als zB bei berühmten Marken oder für geläufige Urheberrechte ist für den Bereich der technischen Schutzrechte Zurückhaltung geboten; zum einen, weil eine zwischenzeitliche Vernichtung des Patents für die Zollbehörde praktisch kaum absehbar ist, zum anderen, weil dieselbe Warenbezeichnung und -verpackung und dasselbe Design eine völlig andere, nunmehr schutzrechtsfreie Technik verbergen können. 229

Grundsätzlich ist jedoch ein schriftlich bei der zuständigen Zolldienststelle des Mitgliedstaates (ZGR) einzureichender Antrag nach Art 5, 6 VO (EU) 608/2013 erforderlich. Das Antragsverfahren ist weitgehend formalisiert. Es ist das vorgeschriebene Formblatt zu verwenden und es müssen zu allen dort benannten Einzeltatsachen Angaben gemacht werden (Art 5, 6 VO [EU] 608/2013). 230

Ua ist die **Berechtigung zur Antragstellung** durch schriftliche Unterlagen nachzuweisen, namentlich durch ggf beglaubigte Abschriften der Schutzrechte bzw Rollenauszüge sowie im Falle eines Nutzungsberechtigten durch Vorlage von Lizenzverträgen und Ermächtigungen (Art 6 Abs 3 lit c) VO (EU) 608/2003). Für das Beschlagnahmeverfahren irrelevante Details dürfen geschwärzt werden. Ausreichend sind auch schriftliche Bestätigungserklärungen der Beteiligten, nicht jedoch schriftliche Zeugenaussagen über bloß mündlich getroffene Vereinbarungen. 231

Der Antrag hat ferner darzustellen, dass der **Verdacht** (nicht die Gewissheit oder gar die Offensichtlichkeit) **einer Schutzrechtsverletzung** gegeben ist. Dieses Erfordernis hat zwei Aspekte. Zunächst muss ohne die Beschlagnahmemaßnahme eine nach dem einschlägigen materiellen Patentrecht des betreffenden Mitgliedstaates sanktionierte 232

---

270 Zum Begriff vgl Art 2 Nr 10 VO (EU) 608/2013.
271 Zum Begriff vgl Art 2 Nr 11 VO (EU) 608/2013.
272 ... eine Alleinlizenz genügt insoweit nicht.

Patentbenutzung zu erwarten sein. Dafür reicht es aus, dass die schutzrechtsverletzende Ware (zB über Internet) im Inland angeboten wurde und dieses Angebot mit der beschlagnahmten Ware ausgeführt werden soll.[273] Es bedarf des Weiteren »*hinreichender Anhaltspunkte dafür*«, dass die zu beschlagnahmende Ware »*dem Anschein nach*« unmittelbar oder mittelbar (Art 2 Nr 7 VO [EU] 608/2013) patentverletzend ist. Die Anforderungen sind dementsprechend gering. Zwar wird das formelle Bestehen eines Patents verifiziert, eine ins Einzelne gehende materielle Schutzbereichsprüfung findet jedoch nicht statt. Die Zollbehörden beurteilen den Verdacht einer Patentverletzung in der Praxis vielmehr nach den Angaben des Rechtsinhabers. Damit dies geschehen kann, muss der Antrag besondere Merkmale und technische Daten benennen, die das geschützte Erzeugnis ausmachen und (ähnlich wie im Besichtigungsverfahren) die Wahrscheinlichkeit einer Schutzrechtsverletzung ergeben; weiterhin muss der Antrag Informationen enthalten, die es der Zollbehörde erlauben, die mutmaßliche schutzrechtsverletzende Ware unter den praktischen Bedingungen einer zollbehördlichen Kontrolle leicht zu erkennen (Art 6 Abs 3 lit g) bis i) VO (EU) 608/2013). Wenn erschöpfte Ware auf dem Markt ist, haben sich die Identifizierungsangaben auch hierüber zu verhalten. Zu denken ist an:

233 – äußerliche Erkennungszeichen an der Ware, Verpackung oder dergleichen, die das Originalprodukt (oder umgekehrt das Plagiat) kennzeichnen;

234 – typische Einfuhrwege, die sich von den Einfuhrwegen der Originalware unterscheiden;

235 – typischerweise für das Plagiat bzw die Originalware verwendete Transportmittel.

236 Der Zoll darf die geltend gemachten Indizien für eine Schutzrechtsverletzung nicht ungeprüft übernehmen; vielmehr obliegt es ihm, die angeführten Verdachtsmomente wenigstens auf ihre sachliche Schlüssigkeit (Plausibilität) zu verifizieren. Die technischen Behauptungen des Antragstellers darf die ZGR grundsätzlich als zutreffend zugrunde legen. **Schutzschriften** sind zu berücksichtigen.

237 Schließlich muss der Antrag verschiedene **Verpflichtungserklärungen** enthalten, ua eine solche, nach der der Antragsteller für alle Kosten der Tätigkeit der Zollbehörden[274] (einschließlich der Vernichtung[275]) einsteht (Art 6 Abs 3 lit o), Art 29 VO (EU) 608/2013) und unter bestimmten Voraussetzungen die Haftung für Schäden des Betroffenen einer Grenzbeschlagnahme übernimmt (Art 6 Abs 3 lit n), Art 28 VO (EU) 608/2013). Eine Bonitätsprüfung findet in diesem Zusammenhang nicht statt. Der Hinterlegung einer Sicherheit bedarf es ebenfalls nicht.

238 Für jeden Mitgliedstaat kann grundsätzlich nur ein einziger nationaler und ein einziger Unionsantrag für dasselbe dort geschützte Recht gestellt werden; ein weiterer Unionsantrag ist nur zulässig, wenn er von einem ausschließlichen Lizenznehmer gestellt wird (Art 5 Abs 4 VO [EU] 608/2013).

239 Der Antrag kann entweder einzelfallbezogen (Art 11 Abs 2 VO [EU] 608/2013) oder höchstens für **ein Jahr** gestellt werden (Art 11 Abs 1 Satz 2 VO [EU] 608/2013), ist aber – wiederum gebührenfrei (Art 12 Abs 6 VO [EU] 608/2013) und wiederum für maximal ein Jahr (Art 12 Abs 4 VO [EU] 608/2013) – verlängerbar (Art 12 VO [EU] 608/2013).

---

273 Vgl EuGH, Mitt 2014, 200 – Rolex (LS).
274 Eine Bearbeitungsgebühr für den Grenzbeschlagnahmeantrag wird nicht erhoben (Art 8 VO [EU] 608/2013).
275 Handelt es sich um schadstoffbelastete Ware, die zu vernichten ist, können ganz erhebliche Entsorgungskosten anfallen.

d) Mitteilungspflichten

Damit die Zollbehörden ihre Tätigkeit einstellen können, sobald der Beschlagnahmeanlass entfallen ist (zB weil das zugrunde liegende Schutzrecht vernichtet ist, der Antragsteller seine Berechtigung verloren hat [Art 11 Abs 3, Art 12 Abs 5 VO [EU] 608/2013] oder Erkenntnisse zur Nichtverletzung der verdächtigen Ware existieren), treffen den begünstigten Antragsteller Mitteilungspflichten. Er hat der bewilligenden Zollbehörde unverzüglich den Wegfall des Schutzrechts und/oder seiner Antragsberechtigung sowie eine veränderte Erkenntnislage zum Verletzungstatbestand anzuzeigen (Art 15 VO [EU] 608/2013). Rechtserheblich (und somit deklarationspflichtig) ist allein der endgültige (= rechtskräftige) Fortfall des Antragsschutzrechts, nicht dessen nur erstinstanzliche Vernichtung. Fällt das Schutzrecht bloß für die Zukunft weg (zB wegen Verzichts oder Doppelschutzverbotes), kann der Beschlagnahmeanlass weiterhin bejaht werden, wenn in Bezug auf die zu beschlagnahmende Ware Ansprüche wegen Schutzrechtsverletzung denkbar sind, die eine behördliche Einwirkung auf die Sache im Sinne ihrer Entziehung und/oder Zerstörung rechtfertigen. Das trifft beispielsweise auf den Anspruch auf Rückruf und Vernichtung nach § 140a PatG zu.

240

e) Tätigwerden

War der an die ZGR gestellte Beschlagnahmeantrag erfolgreich, haben die mit der Zollkontrolle befassten Dienststellen in jeder eine Beschlagnahme ermöglichenden Kontrollsituation (zB an den Landesgrenzen, an Flughäfen etc) darüber zu entscheiden, ob auf eine bestimmte Ware zugegriffen wird oder nicht.

241

aa) Aussetzung der Überlassung/Zurückhaltung

Ein Tätigwerden der Zollbehörde kommt zunächst dahingehend in Betracht, dass die im Zollverfahren befindliche und als möglicherweise schutzrechtsverletzend identifizierte Ware vorübergehend zurückgehalten bzw ihre Überlassung ausgesetzt wird (Art 17 Abs 1 VO [EU] 608/2013). Der Sache nach handelt es sich um eine amtliche Beschlagnahme.

242

Ob ein Verdacht der Schutzrechtsverletzung besteht und ob das Risiko einer Fehleinschätzung so gering ist, dass eine zollbehördliche Maßnahme angebracht ist, hat die Zolldienststelle in jedem Einzelfall zu prüfen. Sie hat dabei einen **Beurteilungsspielraum**, bei dessen Ausübung auch das legitime Interesse des Anmelders/Besitzers von Amts wegen zu berücksichtigen ist, nicht mit einem objektiv unberechtigten Verletzungsvorwurf und darauf gestützten behördlichen Beschlagnahmemaßnahmen belastet zu werden. Für den Antragsteller bedeutet dies, dass es in seinem eigenen Interesse ist, die Kriterien einer Verletzung seines Schutzrechts (ggf mithilfe von Sachverständigengutachten) so aufzubereiten, dass die Zollbehörde die Gefahr einer Falschbeurteilung des Verletzungstatbestandes bei Anwendung der vom Antragsteller benannten Verletzungsindizien minimal einschätzen wird.

243

Besonderheiten sind zu beachten, wenn die Ware zu einem **Nichterhebungsverfahren** (zB Zolllagerverfahren, externer Versand) angemeldet und hierbei aufgespürt wird. Innerhalb der besagten Verfahren kann es nicht zu einer Schutzrechtsverletzung kommen, weil es wegen des bestehenden zollamtlichen Verschlusses an einem Inverkehrbringen fehlt. Ist als Empfangsland ein Drittstaat vorgesehen, kann deshalb ein Verletzungsvorwurf nur dann vorstellbar und damit ein zollbehördliches Tätigwerden möglich sein, wenn Anhaltspunkte dafür existieren, dass die Waren – entgegen ihrer deklarierten Bestimmung – in die Union umgeleitet werden. Diese Anhaltspunkte müssen in jedem Fall *konkret* sein und ergeben sich noch nicht aus dem Umstand, dass die schutzrechtsverletzende Ware aus einem Drittstaat stammt und in einem Nichterhebungsverfahren

244

in das Zollgebiet der Union verbracht wurde.²⁷⁶ Andererseits bedarf es für ein zollbehördliches Tätigwerden nicht des Nachweises einer Begehungsgefahr für ein Inverkehrbringen, wie er in einem Schutzrechtsverletzungsprozess für eine Unterlassungsverurteilung notwendig wäre. Erforderlich, aber auch ausreichend sind vielmehr Anhaltspunkte, die den *Verdacht* begründen können, dass die rechtsverletzende Ware in die Union gelangen wird. Solche Anhaltspunkte können insbesondere liegen in der Nichtangabe der Bestimmung der Waren, obwohl das beantragte Nichterhebungsverfahren eine entsprechende Erklärung verlangt, dem Fehlen genauer oder verlässlicher Informationen über die Identität oder die Anschrift des Herstellers oder des Versenders der Waren, einer mangelnden Zusammenarbeit mit den Zollbehörden oder auch dem Auffinden von Unterlagen oder Schriftverkehr, die die fraglichen Waren betreffen und vermuten lassen, dass eine Umleitung dieser Waren zu den Verbrauchern in der Union eintreten kann.²⁷⁷

245 Wird positiv über den Antrag auf Tätigwerden entschieden, werden über die Aussetzung der Überlassung/Zurückhaltung **von Amts wegen** sowohl der Anmelder bzw Besitzer²⁷⁸ der zur Diskussion stehenden Waren binnen eines Arbeitstages (Art 17 Abs 3 Satz 1 VO [EU] 608/2013) als auch – möglichst zeitgleich – der Antragsteller (Art 17 Abs 3 Satz 3 VO [EU] 608/2013) unterrichtet, wobei Informationen über Menge und Art der Waren mitgeteilt werden *müssen*, während Abbildungen der angehaltenen Ware überlassen werden *können* (Art 17 Abs 4 Satz 1 VO [EU] 608/2013).

246 Weitere Informationen zur Person des Empfängers, zum Versender, zu Herkunft und Bestimmung der Ware erhält der Antragsteller nur **auf Antrag** und nur, sofern die Zollbehörde über die fraglichen Kenntnisse liquide verfügt (Art 17 Abs 4 Satz 2 VO [EU] 608/2013). Der Antragsteller erhält die Möglichkeit, die Waren zu inspizieren (Art 19 Abs 1 VO [EU] 608/2013). Er kann aber nicht verlangen, dass die Zollbehörde repräsentative Proben oder Muster entnimmt und ihm zur Analyse überlässt, weil Art 19 Abs 2 VO (EU) 608/2013 diese Möglichkeit nur für »nachgeahmte Waren« sowie »*unerlaubt hergestellte Waren*« vorsieht, die nach der Legaldefinition in Art 2 Nr 5, 6 VO (EU) 608/2013 keine Gegenstände umfassen, für die ein technisches Schutzrecht besteht. Der Antragsteller erhält durch die Möglichkeit zur eigenen Prüfung die Chance, verlässliche Feststellungen zur Verletzungsfrage zu treffen, die ihm nicht nur das weitere Agieren im Beschlagnahmeverfahren erleichtern, sondern ihm genauso gut in einem Verletzungsprozess zugutekommen. Der Antrag ist ausdrücklich zu stellen, wobei dies sowohl bezogen auf eine einzelne Maßnahme als auch generell zusammen mit dem Antrag auf Tätigwerden nach Art 5 VO 1383/2003 geschehen kann. Verwenden darf der Antragsteller die besagten Informationen nur zu ganz bestimmten Zwecken²⁷⁹, nämlich zur (zivil- oder strafrechtlichen) Rechtsverfolgung (Art 21 lit a) bis d) VO (EU) 608/2013), zur Herbeiführung einer einverständlichen Vernichtung der angehaltenen Ware nach Art 23 VO (EU) 608/2013 (Art 21 lit e) VO (EU) 608/2013) und zur einvernehmlichen Bestimmung einer Sicherheitsleistung nach Art 24 Abs 2 lit a) VO (EU) 608/2013, gegen die die beschlagnahmte Ware freiwillig überlassen werden kann (Art 21 lit f) VO (EU) 608/2013).

bb) Vernichtung

247 Das weitere Tätigwerden der Zollbehörde besteht in einer Vernichtung der beschlagnahmten Ware. Sie kommt in zwei Konstellationen in Betracht, nämlich – Erstens – im

---

276 EuGH, GRUR 2012, 828 – Philips und Nokia.
277 EuGH, GRUR 2012, 828 – Philips und Nokia.
278 Zum Begriff vgl Art 2 Nr 14 VO (EU) 608/2013.
279 Vor der Vernichtung entnommene Proben oder Muster können demgegenüber zu Bildungszwecken verwendet werden (Art 23 Abs 2 Satz 2, 3 VO [EU] 608/2013).

sog vereinfachten Verfahren nach Art 23 Abs 1 VO (EU) 608/2013 und – Zweitens – für Waren in Kleinsendungen nach Art 26 VO (EU) 608/2013.

(1) Vereinfachtes Verfahren

Ohne dass die Zollbehörde sich – über die für die Aussetzung der Überlassung notwendigen Verdachtsmomente hinaus – selbst vom Vorliegen einer Schutzrechtsverletzung überzeugen muss und ohne dass ihr auch nur die Einleitung eines nationalen Schutzrechtsverletzungsverfahrens nachgewiesen wird, erfolgt die Vernichtung der beschlagnahmten Ware in einem vereinfachten Verfahren[280] (Art 23 Abs 1 VO [EU] 608/2013), welches durch § 142b PatG im nationalen Recht installiert worden ist. 248

(a) Beiderseitige Zustimmung zur Vernichtung

Es ist, wenn die nachfolgenden beiden Bedingungen erfüllt sind, zwingend anzuwenden.[281] 249

– Innerhalb einer Frist von 10 Arbeitstagen bzw 3 Arbeitstagen bei leicht verderblichen Waren, die mit der Mitteilung (= Zugang) über die Aussetzung der Überlassung zu laufen beginnt, bestätigt der **Antragsteller** schriftlich, dass seines Erachtens eine Schutzrechtsverletzung durch die beschlagnahmte Ware gegeben ist (was sich ggf anhand der durchgeführten Inspektion verlässlich beurteilen lässt) und er der Vernichtung der Ware zustimmt (Art 23 Abs 1 lit a), b) VO (EU) 608/2013). Ob die Frist gewahrt ist, beurteilt sich nach dem Eingang der Bestätigungserklärung bei der Zollbehörde. 250

– Der **Anmelder/Besitzer** der Ware willigt ebenfalls binnen 10 Arbeitstagen bzw 3 Arbeitstagen bei leicht verderblichen Waren, die mit der Mitteilung (= Zugang) über die Aussetzung der Überlassung an ihn zu laufen beginnt, schriftlich in die Vernichtung ein (Art 23 Abs 1 lit c) VO (EU) 608/2013). Die Bestätigung ist nicht an die ZGR, sondern an diejenige Zolldienststelle zu richten, welche die Ware angehalten hat. Die erforderliche Zustimmung zur Vernichtung seitens des Anmelders, Besitzers oder Eigentümers kann (nicht: muss!) von der Zollbehörde angenommen werden, wenn fristgerecht weder eingewilligt noch abgelehnt, sondern zB geschwiegen wird.[282] Die Zustimmung zur Vernichtung gilt allerdings als erteilt (Fiktion!), wenn der Anmelder/Besitzer mit der Unterrichtung über die erfolgte Aussetzung über die besagte Fiktionswirkung belehrt worden ist.[283] Um sicher zu gehen, dass das Schweigen des Anmelders/Besitzers nicht darauf beruht, dass ihn die Mitteilung über die Aussetzung der Überlassung unverschuldet überhaupt nicht erreicht hat (zB weil sie auf dem Postweg verloren gegangen ist), bedarf es eines Nachweises des Zugangs bei ihm. 251

– »**Vernichtung**« meint die Einziehung und anschließende substanzielle Zerstörung oder funktionelle Unbrauchbarmachung der zurückgehaltenen Ware (Art 2 Nr 16 VO [EU] 608/2013). Sie geschieht unter zollamtlicher Überwachung durch den Rechtsinhaber selbst (bzw durch von ihm Beauftragte), dem/denen die Ware zu diesem Zweck übergeben wird. Übernimmt die Zollbehörde die organisatorische Abwicklung der Vernichtung, ist der Rechtsinhaber kostenpflichtig (Art 29 Abs 1 VO [EU] 608/2013). 252

---

280 Vgl dazu Eichelberger, Mitt 2010, 281.
281 Erwägunggrund (16) der VO (EU) 608/2013.
282 Art 23 Abs 1 lit c) Satz 2 VO (EU) 608/2013.
283 § 142b Abs 4 Satz 2 PatG.

(b) Ausbleiben einer Zustimmungserklärung

253 Sofern die Bestätigungserklärungen nicht abgegeben werden, hat dies folgende Konsequenzen:

254 — Geht innerhalb der Fristen des Art 23 Abs 1 lit a), b) VO (EU) 608/2013 auch nur eine der beiden vom **Antragsteller** benötigten Bestätigungen (Behauptung einer Schutzrechtsverletzung, Zustimmung zur Vernichtung) nicht ein und ist die Zollbehörde auch nicht über die Einleitung eines Verfahrens zur Feststellung einer Schutzrechtsverletzung unterrichtet, wird die Überlassung der beschlagnahmten Waren bewilligt bzw die Zurückhaltung aufgehoben (Art 23 Abs 1 VO [EU] 608/2013). Der Antragsteller haftet für Schäden des Anmelders, Besitzers bzw Eigentümers der Waren. Wird jedoch festgestellt, dass Waren ein Schutzrecht verletzen, dürfen diese gemäß Art 25 VO (EU) 608/2013 nicht in das Zollgebiet der Gemeinschaft eingeführt, aus diesem ausgeführt etc werden.

255 — Stimmt der **Anmelder/Besitzer** einer Vernichtung der beschlagnahmten Ware nicht schriftlich zu und kann seine Einwilligung auch nicht mangels ausdrücklichen Widerspruchs unterstellt werden, teilt die Zollbehörde dem Antragsteller dies unverzüglich mit. Hat er (im Vorgriff auf ein mögliches Scheitern des vereinfachten Vernichtungsverfahrens) binnen 10 Arbeitstagen bzw 3 Arbeitstagen bei leicht verderblichen Waren seit der Mitteilung der Aussetzung an ihn ein »Verfahren zur Feststellung der Schutzrechtsverletzung« eingeleitet oder hat er dies zumindest innerhalb einer ihm um maximal weitere 10 Arbeitstage verlängerten Frist getan, verhindert er damit die ansonsten erfolgende Überlassung der Ware an den Anmelder/Besitzer (Art 23 Abs 3 bis 5 VO [EU] 608/2013). Die Überlassung wird weiter ausgesetzt, bis das Schutzrechtsverletzungsverfahren abgeschlossen ist, welches endgültig über das weitere Schicksal der Ware entscheidet.

256 Das einzuleitende Verfahren muss darauf abzielen festzustellen, ob mit Blick auf die beschlagnahmte Ware eine Schutzrechtsverletzung vorliegt. Auf die **Verfahrensart** kommt es nicht an, weswegen ein einstweiliges Verfügungsverfahren genauso tauglich ist wie eine Hauptsacheklage wegen Patentverletzung. Gleichermaßen ist die Parteirolle unerheblich, weshalb als »Verfahren« auch die negative Feststellungsklage des potentiellen Verletzers in Betracht kommt. Nicht ausreichend ist nach der – allerdings bedenklichen – Praxis der Zollbehörden[284] ein Strafverfahren. Ob auch ein Beschlagnahmeverfahren nach nationalen Regeln genügt, ist streitig.[285] Die vom Zoll angehaltene Ware muss ihrer Art nach Gegenstand des Verfahrens um die Schutzrechtsverletzung sein. Das verlangt nicht notwendig, dass sie ganz konkret Streitgegenstand ist; vielmehr genügt, wenn die ihr eigene Konstruktion und/oder Wirkungsweise sich derart in der angegriffenen Ausführungsform des Verletzungsprozesses wiederfindet, dass mit dessen Entscheidung zwangsläufig auch das Urteil über den Beschlagnahmegegenstand gefallen ist. Um die Sache für die Zollbehörden nachvollziehbar zu machen, sollte der Beschlagnahmegegenstand als solcher tunlichst in den Verletzungsprozess einbezogen werden.

257 Die Verfahrenseinleitung ist den Zollbehörden in geeigneter Weise, zB durch Übermittlung einer möglichst mit Eingangsstempel des Gerichts versehenen Klage- bzw Antragsschrift, zu belegen. Die Zulässigkeit der Klage ist keine Bedingung der Aussetzungsfortdauer und mithin durch die Zollbehörde nicht zu prüfen.

---

284 Rundschreiben der Bundesfinanzdirektion Südost v 20.8.2008.
285 Vgl zur Rechtslage unter Geltung von Art 10 VO 1383/2003: Ablehnend OLG München, ZfZ 1997, 204; ebenso Ahrens, BB 1997, 902, 904; aA: Kampf, ZfZ 2003, 110, 114; Beußel, ZfZ 1997, 207.

Ob das Verfahren auf Feststellung der Schutzrechtsverletzung **vom Antragsteller** 258
selbst betrieben werden muss, macht der Verordnungstext nicht eindeutig klar. Während die Formulierung in Art 23 Abs 3 VO (EU) 608/2013 hierauf hindeutet, stellen andere Vorschriften (Art 23 Abs 1 aE, Art 23 Abs 5, Art 24 Abs 1, Art 26 Abs 9 VO [EU] 608/2013) nur darauf ab, dass in Bezug auf die fragliche Ware überhaupt ein Schutzrechtsverletzungsverfahren anhängig ist. Die Frage hat Bedeutung, wenn der Patentinhaber den Beschlagnahmeantrag stellt und sein Lizenznehmer das Verfahren wegen Schutzrechtsverletzung führt oder wenn – umgekehrt – ein Lizenznehmer das Beschlagnahmeverfahren betreibt und der Schutzrechtsinhaber den Verletzungsprozess führt. Zwar ist ein Lizenznehmer nur dann zur Stellung eines Beschlagnahmeantrages berechtigt, wenn er im Besitz einer Prozessführungsermächtigung des Schutzrechtsinhabers ist; letzterer verliert dadurch jedoch nicht die Befugnis, die fraglichen Ansprüche im eigenen Namen zu verfolgen, weil jede Prozessführungsermächtigung einseitig widerrufen werden kann, solange der Prozessstandschafter die Ansprüche noch nicht in seinem Namen anhängig gemacht hat.[286] Da mit der Forderung nach einem Verfahren zur Feststellung der Schutzrechtsverletzung gewährleistet sein soll, dass die von den Zollbehörden nicht selbst abschließend zu beurteilende Verletzungsfrage einer Klärung zugeführt wird, sollte auch allein die Anhängigkeit eines Verfahrens mit diesem Streitstoff den Ausschlag geben und nicht, wer formell der Antragsteller oder Kläger in diesem Verfahren ist.

(2) Kleinmengen

Die zweite aus Praktikabilitätsgründen eingeführte Alternative zur Vernichtung betrifft 259
nicht verderbliche Waren, die in »Kleinsendungen« transportiert werden (Art 26 VO [EU] 608/2013), womit Post- oder Eilkuriersendungen gemeint sind, die höchstens drei Einheiten[287] umfassen oder ein Bruttogewicht von weniger als zwei kg haben (Art 2 Nr 19 VO [EU] 608/2013).

Innerhalb eines Arbeitstages nach der Aussetzung der Überlassung wird der Anmelder/ 260
Besitzer von der Zollbehörde über deren Absicht unterrichtet, die angehaltene Ware zu vernichten, und über sein Widerspruchsrecht belehrt. Die Vernichtung erfolgt, wenn der Anmelder der Vernichtung binnen 10 Arbeitstagen nach Bekanntgabe (= Zugang) der Aussetzungsentscheidung an ihn **zustimmt** (Art 26 Abs 5 VO [EU] 608/2013). Erteilt er fristgerecht keine Einwilligung und erklärt er auch keinen, können die Zollbehörden von seinem Einverständnis ausgehen (Art 26 Abs 6 VO [EU] 608/2013) und die Vernichtung unter zollamtlicher Aufsicht (Art 26 Abs 7 VO [EU] 608/2013) auf Kosten des Antragstellers (Art 29 Abs 1 VO [EU] 608/2013) vornehmen. Der Antragsteller selbst wird im Zusammenhang mit der behördlichen Aussetzung der Überlassung nicht eigens involviert. Gestützt auf den generellen Antrag auf Durchführung des Kleinmengen-Vernichtungsverfahrens, den der Antragsteller bei seinem allgemeinen Grenzbeschlagnahmeantrag gestellt hat, geschieht die Vernichtung mithin auf alleinige Initiative der Zolldienststelle hin. Dem Antragsteller ist damit – anders als gewöhnlich – die Möglichkeit genommen, sich Muster und Proben der beschlagnahmten Ware aushändigen zu lassen (Art 26 Abs 2, Art 19 Abs 2 VO [EU] 608/2013), diese (auch für eine anderweitige Rechtsverfolgung in einem Verletzungsprozess) eingehend auf das Vorliegen einer Schutzrechtsverletzung zu prüfen und, gestützt auf die hierbei gewonnenen Erkenntnisse, erforderlichenfalls eine unberechtigte und zum Schadenersatz verpflichtende Vernichtung der tatsächlich schutzrechtsfreien Ware abzuwenden. Im Falle der Vernichtung erhält der Antragsteller nachträglich Informationen zu Art und Menge der Ware (Art 26 Abs 7 VO [EU] 608/2013).

---

286 BGH, NJW-RR 1986, 158; vgl Leyendecker, ZZP 122, 465.
287 Vgl Art 2 Nr 19 Satz 2 VO (EU) 608/2013.

261 Hat der Anmelder/Besitzer der Vernichtung **nicht zugestimmt** und kann von seinem Einverständnis auch nicht nach Art 26 Abs 6 VO (EU) 608/2013 ausgegangen werden, erhält der Antragsteller Informationen über die Ware, den Empfänger, Versender, die Herkunft und Bestimmung. Leitet er binnen 10 Arbeitstagen nach dieser Mitteilung ein Verfahren auf Feststellung der Schutzrechtsverletzung ein, wird die Fortdauer der Aussetzung angeordnet, ansonsten wird die Ware an den Anmelder/Besitzer überlassen (Art 26 Abs 9 VO [EU] 608/2013).

cc) Frühzeitige Überlassung

262 Ist ein Schutzrechtsverletzungsverfahren anhängig, so dass die Aussetzung der Überlassung grundsätzlich andauert, hat der Anmelder/Besitzer seinerseits die Möglichkeit, auf eine frühzeitige Herausgabe der angehaltenen Ware an ihn vor Beendigung des laufenden Verletzungsverfahrens anzutragen (Art 24 VO [EU] 608/2013). Neben der Erfüllung aller Zollförmlichkeiten (Art 24 Abs 2 lit c) VO (EU) 608/2013) bestehen zwei wichtige Voraussetzungen.

263 – Erstens muss der Anmelder eine **Sicherheit** geleistet haben, deren Höhe ausreicht, um den Antragsteller angemessen zu schützen (Art 24 Abs 2 lit a) VO (EU) 608/2013). Maßgeblich ist derjenige Schaden, der dem Antragsteller mutmaßlich dadurch entsteht, dass sich die beschlagnahmte Ware tatsächlich als schutzrechtsverletzend erweist und deswegen durch die verfügte Überlassung an den Anmelder/Besitzer und dessen weitere Verwendung zu Unrecht in den Geschäftsverkehr gelangt. Es bedarf einer vernünftigen Folgenabschätzung. Da der Zollbehörde der notwendige Einblick aus eigenem Wissen fehlt, sind sowohl der Antragsteller als auch der Anmelder/Besitzer zu hören. Der durch den patentverletzenden Vertrieb der Ware ausgelöste Schadenersatzanspruch wegen Patentverletzung (§ 139 Abs 2 PatG) zzgl. der mit dem zollbehördlichen Verfahren verbundenen Kosten (Art 29 Abs 1 VO [EU] 608/2013) sowie der zur Rechtsverfolgung aufgewandten notwendigen Anwaltsgebühren des Antragstellers wird im Allgemeinen den Mindestbetrag der Sicherheitsleistung markieren. Aus Sicherheitsgründen können in geeigneten Fällen zur Abgeltung unvorhersehbarer weiterer Schäden moderate Zuschläge gerechtfertigt sein.

264 – Zweitens darf die zuständige Stelle, bei der das Schutzrechtsverletzungsverfahren geführt wird, **keine Sicherungsmaßnahme** zugelassen haben (Art 24 Abs 2 lit b) VO (EU) 608/2013). Damit sind die angehaltene Ware betreffende Anordnungen gemeint, die ihrer Freigabe zu Lasten des Antragstellers entgegenstehen, zB eine Verwahrungsanordnung, die zur Sicherung des Vernichtungsanspruchs gemäß § 140a PatG im einstweiligen Verfügungsverfahren ergangen ist.

265 Die frühzeitige Überlassung stellt einen wichtigen Rechtsbehelf des von der Beschlagnahme Betroffenen dar, weil die bloße Einleitung eines Schutzrechtsverletzungsverfahrens (dessen Ausgang ungewiss sein kann) die auf Verdachtsgründe gestützte Beschlagnahme ansonsten bis zum Verfahrensabschluss perpetuiert. Sie ist deswegen stets ernsthaft in Betracht zu ziehen und von ihr sollte Gebrauch gemacht werden, wenn es die beiderseitige Interessenlage gestattet, zB weil das Schutzrecht erstinstanzlich vernichtet ist oder begründete Zweifel am Verletzungstatbestand bestehen und der Anmelder/Besitzer ein schutzwürdiges Interesse daran nachweisen kann, dass die Sache kurzfristig an ihn freigegeben wird (zB um dringende Lieferverpflichtungen erfüllen zu können).

f) Rechtsmittel

266 Gegen die Aussetzung der Überlassung bzw Zurückhaltung der Waren steht dem Betroffenen der **Einspruch** nach Art 245 Zollkodex, §§ 347 ff AO zur Verfügung. Die Frist beträgt einen Monat nach Bekanntgabe der Mitteilung. Überprüft werden alle Voraussetzungen der in Rede stehenden zollbehördlichen Maßnahme.

Zur Wehr setzen kann sich der Antragsgegner schließlich auch mit den Mitteln des Zivilverfahrensrechts. 267

– Ist im Grenzbeschlagnahmeverfahren Ware zurückgehalten bzw die Überlassung der 268
Ware ausgesetzt worden und macht der Antragsgegner geltend, dass dadurch rechtswidrig in seinen **eingerichteten und ausgeübten Gewerbebetrieb** eingegriffen wird, weil die Ware nicht schutzrechtsverletzend sei und der Antragsteller das Beschlagnahmeverfahren mit seinen in dieser Hinsicht eingeschränkten Prüfungsmöglichkeiten für sich ausgenutzt habe, so steht dem Antragsgegner hierfür der Rechtsweg zu den ordentlichen Gerichten zur Verfügung.[288] Das Rechtsschutzinteresse für ein Vorgehen auf zivilrechtlichem Wege entfällt nicht wegen derjenigen Rechtsschutzmöglichkeiten, die das Grenzbeschlagnahmeverfahren für den Antragsgegner vorsieht.[289] Die Inanspruchnahme des Grenzbeschlagnahmeverfahrens als eines staatlich eingerichteten und geregelten Verfahrens begründet allerdings in der Regel keinen rechtswidrigen Eingriff in den Gewerbebetrieb des Antragsgegners. Es trifft zwar zu, dass die VO (EU) 608/2013 dem Schutzrechtsinhaber eine deutlich stärkere Rechtsposition einräumt, der die gegenläufigen Belange des mutmaßlichen Verletzers (Gewährung rechtlichen Gehörs, Möglichkeit, Grenzbeschlagnahmemaßnahmen anzufechten oder außer Kraft zu setzen), untergeordnet werden, obwohl ggf bloß ein Verletzungsverdacht gegeben ist. Solange der Schutzrechtsinhaber sich des besagten Verfahrens in redlicher Weise bedient, ist es allerdings weder möglich noch sachlich gerechtfertigt, den gesetzgeberischen Willen zur Bekämpfung von Produktpiraterie dadurch zu unterlaufen, dass in das Prozedere der VO (EU) 608/2013 – gestützt auf allgemein-deliktsrechtliche Normen (§ 823 BGB) – eingegriffen wird. Das gilt uneingeschränkt auch für Messesachverhalte, weil auch sie eine Beschlagnahmesituation auslösen können. Ein unlauteres Ausnutzen des Beschlagnahmeverfahrens wird noch nicht dadurch begründet, dass die zurückgehaltene Ware tatsächlich nicht schutzrechtsverletzend ist und der Antragsteller dies fahrlässig verkannt hat.[290]

– An einer redlichen Ausnutzung des Grenzbeschlagnahmeverfahrens fehlt es aber, 269
wenn der antragstellende Schutzrechtsinhaber bei objektiver Betrachtung zum Zeitpunkt der Entscheidung über das Verfügungsbegehren (Datum der Beschlussverfügung/mündliche Verhandlung, auf deren Grundlage eine Urteilsverfügung ergehen soll) ohne Zweifel daran gehindert ist, sein Schutzrecht durchzusetzen, weil seinen Verbietungsrechten ein rechtshindernder Einwand entgegensteht.[291] Solches ist zB der Fall, wenn sich der Beschlagnahmeantrag auf ein **SEP mit FRAND-Erklärung** stützt, das seinem Inhaber eine marktbeherrschende Stellung vermittelt (weil es zu der im Standard liegenden technischen Lehre des Klagepatents keine brauchbare Alternative gibt), sofern der Schutzrechtsinhaber demjenigen, dessen Ware beschlagnahmt werden soll, pflichtwidrig kein FRAND-Lizenzangebot unterbreitet hat, so dass seinem Unterlassungsanspruch wegen Patentverletzung ein dilatorisches Durchsetzungshindernis entgegensteht.[292] In einer solchen, rechtlich eindeutigen Situation kann der Gegner des Beschlagnahmeverfahrens nach erfolgter Beschlagnahmeanordnung durch die ZGR und anschließender Aussetzung der Überlassung durch die Zollbehörde, gestützt auf § 33 Abs 1 GWB iVm Art 102 AEUV, verlangen, dass der Antragsteller *gegenüber der ZGR* erklärt, dass der Beschlagnahmeantrag in Bezug

---

288 LG Düsseldorf, InstGE 9, 130 – Druckbogenstabilisierer II.
289 LG Düsseldorf, InstGE 9, 130 – Druckbogenstabilisierer II; LG Düsseldorf, Urteil v 9.11.2017 – 14d O 13/17.
290 LG Düsseldorf, InstGE 9, 130 – Druckbogenstabilisierer II.
291 LG Düsseldorf, Urteil v 9.11.2017 – 14d O 13/17.
292 LG Düsseldorf, Urteil v 9.11.2017 – 14d O 13/17.

auf die fragliche Ware nicht aufrechterhalten wird, und dass er *gegenüber der beschlagnahmenden Zollbehörde* die amtlich verwahrte Ware freigibt.[293]

g) Kostenerstattung

270 Kommt es zu einem Tätigwerden der Zollbehörden, haftet der Antragsteller auf Erstattung aller Kosten, die der Behörde seit (und einschließlich) der Aussetzung der Überlassung/Zurückhaltung entstanden sind (Art 29 Abs 1 VO [EU] 608/2013). Umfasst sind insbesondere die Kosten der Lagerung, Probenentnahme und Vernichtung. Liegt tatsächlich eine Schutzrechtsverletzung vor, kann der Antragsteller die ihm belasteten Kosten seinerseits an den Verletzer weiterreichen (zB § 139 Abs 2 PatG).Ob dies auch für die Lagerkosten gilt, ist streitig[294], richtigerweise aber zu bejahen.

h) Schadenersatz[295]

aa) Zollbehörde

271 Die VO (EU) 608/2013 selbst enthält keine Norm, die die Haftung des Zolls positiv (dh anspruchsbegründend) regelt. Aufgenommen ist lediglich ein Verweis auf das nationale Recht der Mitgliedstaaten sowie ein Haftungsausschluss für *eine* ganz bestimmte Sachverhaltskonstellation:

272 Bekanntlich entspricht es gefestigter, aus verschiedenen Regelungen des EGV hergeleiteter Rechtsprechung des EuGH[296], dass die Mitgliedstaaten auf Ersatz derjenigen Schäden haften, die dem Einzelnen durch Verstöße innerstaatlicher Stellen gegen Gemeinschaftsrecht entstehen. Voraussetzung für einen **gemeinschaftsrechtlichen Staatshaftungsanspruch** ist, dass die verletzte Gemeinschaftsrechtsnorm bezweckt, dem Schadenersatz Fordernden subjektive Rechte zu verleihen, der vorgefallene Verstoß gegen das Gemeinschaftsrecht hinreichend qualifiziert ist[297] und zwischen dem Verstoß und dem dem Anspruchsteller entstandenen Schaden ein unmittelbarer Kausalzusammenhang besteht.[298] Art 27 VO (EU) 608/2013 schließt diese Haftung unter dem Gesichtspunkt des Augenblicksversagens aus, wenn es die Zolldienststelle trotz bewilligtem Beschlagnahmeantrag bei der massenhaft zu leistenden Zollkontrolle unterlässt, auf objektiv schutzrechtsverletzende Ware zuzugreifen, sei es, dass sie die Verletzungsprodukte nicht als solche erkennt, sei es, dass sie die Ware zwar als schutzrechtsverletzend registriert, diese aber gleichwohl nicht beschlagnahmt. Durch die besagte Regelung wird der haftungsbegründende Schutzzweck der VO (EU) 608/2013 auf Situationen beschränkt, bei denen der Rechtsanwendungsfehler entweder in der Zurückweisung eines objektiv berechtigten Beschlagnahmeantrages liegt[299] oder sich darin äußert, dass nach erfolgter Antragsbewilligung zollbehördlich auf tatsächlich nicht schutzrechtsverletzende Ware zugegriffen wird.

---

293 LG Düsseldorf, Urteil v 9.11.2017 – 14d O 13/17.
294 Ablehnend: OLG Köln, GRUR-RR 2005, 342 – Lagerkosten nach Grenzbeschlagnahme; Hermsen, Mitt 2006, 261, 265; bejahend: Weber, WRP 2005, 961, 966.
295 Kühnen, GRUR 2014, 811–826, 921–924; Schriebl, unberechtigte Grenzbeschlagnahme, 2017.
296 EuGH, NJW 2003, 3539 – Köbler; BGH, NJW 2005, 742; BGH, NJW 2005, 747.
297 ... weil die Grenzen, die das verletzte Gemeinschaftsrecht dem Ermessen der handelnden Behörde setzt, offenkundig und erheblich überschritten sind (EuGH, NJW 1996, 3141; BGHZ 181, 199).
298 BGH, NJW 2006, 690.
299 Die unberechtigte Stattgabe eines Grenzbeschlagnahmeantrages wird in aller Regel noch keinen unmittelbaren Schaden herbeiführen können; dazu bedarf es vielmehr des nachfolgenden zollbehördlichen Zugriffs auf die Ware in einer Beschlagnahmesituation. Da er rein administrativ stattfindet, bedeutet allerdings schon die Bewilligung des Beschlagnahmeantrages einen Eingriff in die Rechtsstellung des (späteren) Verfügungsberechtigten.

Von der VO ohne jede Einschränkung zugelassen[300] ist eine Einstandspflicht der Zollbehörden nach **nationalem Amtshaftungsrecht** (Art 34 GG, § 839 BGB).[301] Sie kommt folglich bei jedwedem Rechtsfehler (egal, ob er bei der Bewilligung des Beschlagnahmeantrages oder später bei der Durchführung einer antragsgemäß bewilligten Beschlagnahme geschehen ist) in Betracht und damit sowohl zugunsten des Schutzrechtsinhabers, dessen Beschlagnahmebegehren zu Unrecht erfolglos geblieben ist, als auch zugunsten des von einer Beschlagnahme Betroffenen, dessen Ware objektiv zu Unrecht zurückgehalten und/oder vernichtet worden ist. In der Praxis wird die Haftung des Staates[302] freilich regelmäßig ins Leere gehen, weil sie – solange keine vorsätzliche Amtspflichtverletzung vorliegt – streng subsidiär ist und deswegen nicht infrage kommt, solange erfolgversprechende Schadenersatzansprüche gegen irgendeine andere Person (namentlich den Antragsteller der Beschlagnahme) in Betracht kommen und dem Geschädigten deren Inanspruchnahme zumutbar ist.[303]

273

Zu ersetzen ist das **negative Interesse**, weswegen ein Vergleich anzustellen ist zwischen derjenigen Vermögenslage des Anspruchstellers, wie sie infolge der Amtspflichtverletzung tatsächlich besteht, und derjenigen Vermögenslage, wie sie bei pflichtgemäßem Behördenhandeln hypothetisch gegeben wäre.

274

bb) Antragsteller

(1) § 142a Abs 5 PatG

Zum Kreis der Schadenersatzpflichtigen gehört vordringlich der Antragsteller, und zwar der erfolgreiche. Dies ergibt sich hinreichend aus der amtlichen Überschrift von Art 28 VO (EU) 608/2013 – »Haftung des **Inhabers der Entscheidung**« -, die unmissverständlich deutlich macht, dass die bloße Stellung eines Beschlagnahmeantrages noch keine Haftung begründet, sondern erst ein Verhalten, das (in Gestalt einer konkreten Beschlagnahmemaßnahme) der Antragsstattgabe nachfolgt. Das ist auch sachlich gerechtfertigt, weil eine – selbst unberechtigte – Bewilligung des Beschlagnahmeantrages für sich noch keinen Schaden verursachen kann.

275

Art 28 VO (EU) 608/2013 sieht die Garantiehaftung des Entscheidungsinhabers ua vor, wenn sich im Nachhinein herausstellt, dass die Beschlagnahme von Anfang an unberechtigt war, insbesondere weil die beschlagnahmte Ware tatsächlich nicht schutzrechtsverletzend war. Die Gründe dafür können mannigfaltig sein, sei es, dass das Schutzrecht rechtskräftig vernichtet oder so weit eingeschränkt wird, dass die beschlagnahmte Ware nicht mehr in den Schutzbereich des Patents fällt, sei es, dass von vornherein kein Schutzbereichseingriff vorlag, sei es, dass eine Benutzungshandlung iSv §§ 9, 10 PatG nicht feststellbar oder irgendein Rechtfertigungsgrund (zB Erschöpfung) gegeben war. Wichtig ist, dass die mangelnde Berechtigung sowohl bei Anordnung der Beschlagnahme durch die ZGR als auch im Zeitpunkt des Beschlagnahmezugriffs gegeben ist. Gründe, die den Schutzrechtseingriff lediglich ex nunc für eine Zeit nach der Beschlagnahme entfallen lassen (Wirkungsverlust, spätere Lizenzerteilung) sind unbeachtlich, sofern sie Ansprüche wegen Patentverletzung für die Vergangenheit bestehen lassen.

276

Anspruchsnorm ist – da Art 28 VO (EU) 608/2013 auf die geltenden anwendbaren Rechtsvorschriften verweist – § 142b Abs 8 iVm **§ 142a Abs 5 PatG**. Der Entscheidungsinhaber haftet deswegen dem über die beschlagnahmte Sache Verfügungsberechtigten (zB

277

---

300 Art 27 VO 608/2013: »Unbeschadet der nationalen Rechtsvorschriften ...«.
301 BGHZ 146, 153; vgl auch Erwägungsgrund (23) der VO (EU) 608/2013.
302 Die Klage ist zu richten gegen die Bundesrepublik Deutschland (Bundesfinanzverwaltung), vertreten durch die Generalzolldirektion (bei Fehlern der ZGR) bzw. durch das zuständige Hauptzollamt (bei Fehlern im Zusammenhang mit dem Beschlagnahmezugriff/Vernichtung).
303 BGH, NJW 1997, 2109.

Eigentümer) verschuldensunabhängig, allerdings nur, wenn der Entscheidungsinhaber, nachdem der Beschlagnahme widersprochen wurde, entweder seinen Beschlagnahmeantrag aufrechterhält oder sich nicht unverzüglich zur Freigabe der Ware erklärt und diese deshalb vorübergehend weiter in amtlicher Verwahrung bleibt. In beiden Fällen sieht der Gesetzgeber eine zur Vollziehung einer einstweiligen Verfügung vergleichbare Situation gegeben, die dementsprechend auch eine der Vorschrift des § 945 ZPO nachgebildete Haftung nach sich ziehen soll.[304] Nach dem Inkrafttreten der VO (EU) 608/2013, mit der das Beschlagnahmeprozedere zum Teil deutlich umgestaltet worden ist, wird man die für die Haftung maßgeblichen Verfahrenshandlungen wie folgt identifizieren können:

278 – Mitteilung an den Verfügungsberechtigten über die erfolgte Beschlagnahme: Art 23 Abs 1lit c) Satz 1, Art 26 Abs 3 VO (EU) 608/2013;

279 – Widerspruch des Verfügungsberechtigten gegen die Beschlagnahme: Art 23 Abs 1 lit c), Art 26 Abs 6, 8 Satz 1 VO (EU) 608/2013 (er kann ausdrücklich erfolgen oder durch Schweigen, *sofern* die Zollbehörde dieses nach ihrem Ermessen als Widerspruch wertet, Art 23 Abs 3, Art 26 Abs 6 VO [EU] 608/2013);

280 – Unterrichtung des Antragstellers über den – ausdrücklich erklärten oder aufgrund Schweigens angenommenen – Widerspruch des Verfügungsberechtigten gegen die Beschlagnahme: Art 23 Abs 3 Satz 1, Art 26 Abs 8 Satz 1 VO (EU) 608/2013;

281 – Aufrechterhaltung des Beschlagnahmeantrages durch Einleitung eines Verfahrens zur Feststellung der Schutzrechtsverletzung: Art 23 Abs 3, 5, Art 26 Abs 9 VO (EU) 608/2013.

282 Ist oder wird die Frage einer Schutzrechtsverletzung durch Waren der beschlagnahmten Art Gegenstand eines **Hauptsacheprozesses**, so bindet eine dort ergangene Entscheidung zur Verletzungsfrage, soweit sie der materiellen Rechtskraft fähig ist, das mit dem Schadenersatzbegehren befasste Gericht.[305] Solches ist noch nicht bei einem gewöhnlichen Verletzungsprozess der Fall, bei dem der Verletzungstatbestand ebenfalls lediglich eine Vorfrage für die Rechtsfolgen (Unterlassung etc) ist, sondern erst dann, wenn die Schutzrechtsverletzung Gegenstand einer Zwischenfeststellungsklage (§ 256 Abs 2 ZPO) ist. Dasselbe gilt wegen der ihr eigenen Tatbestandswirkung genauso für – bestätigende oder vernichtende – rechtskräftige Entscheidungen, die in einem Einspruchs- oder Nichtigkeitsverfahren über das Antragsschutzrecht ergangen sind.

283 Ersatzfähig ist jeder **Schaden**, der adäquat kausal durch die mit der Beschlagnahme verbundene vorübergehende Vorenthaltung der Sache verursacht worden ist. Relevant sind aber immer nur solche Schadenspositionen, die entstanden sind, nachdem der Beschlagnahme widersprochen war und der Antragsteller entweder an seinem Begehren festgehalten oder seine Erklärungspflicht verletzt hat.

284 ▶ Bsp:

Rechtsverteidigungskosten im Grenzbeschlagnahmeverfahren, entgangener Gewinn durch beschlagnahmebedingt nicht getätigte Geschäftsabschlüsse, infolge der Beschlagnahme nutzlos gewordene Aufwendungen (zB für eine Messe, die mit der beschlagnahmten Maschine ausgestattet werden sollte), im Rahmen des Vernünftigen getätigte Aufwendungen zur Schadensminderung oder Schadensabwendung[306] (zB Ersatzbeschaffung für beschlagnahmte Ware).

---

304 BT-Drucks. 11/4792 v 15.6.1989, S 36 = BlPMZ 1990, 173, 187.
305 Zur parallelen Rechtslage bei § 945 ZPO vgl BGH, GRUR 1992, 203, 205 – Roter mit Genever; BGH, GRUR 1993, 998, 999 – Verfügungskosten.
306 Vgl BGH, GRUR 1993, 998 – Verfügungskosten.

(2) § 823 BGB

Außerhalb der Tatbestandsvoraussetzungen des § 142a Abs 5 PatG bleibt eine Verantwortlichkeit nach den allgemeinen zivilrechtlichen Bestimmungen (§§ 823, 826 BGB) möglich. Sie hat vor allem dort ihren Platz, wo eine spezialgesetzliche Haftung entfällt, weil der Antragsteller seinen Beschlagnahmeantrag nach erfolgtem Widerspruch rechtzeitig zurückgezogen hat, vorher aber bereits Schäden eingetreten sind. Das notwendige Verschulden wird nur dann angenommen werden können, wenn sich der Antragsteller in unredlicher Weise des Beschlagnahmeverfahrens bedient hat. Von einer »redlichen« Inanspruchnahme des Grenzbeschlagnahmeverfahrens kann nicht gesprochen werden, wenn der Antragsteller mit unwahren Angaben operiert, von denen er annehmen muss, dass sie für die Willensbildung und Entschließung des Zolls von Belang sind. Soweit der Antragsteller vollständige und wahrheitsgetreue Angaben macht, wird seine Redlichkeit im Beschlagnahmeverfahren noch nicht dadurch infrage gestellt, dass sich die zurückgehaltene und/oder vernichtete Ware tatsächlich als nicht schutzrechtsverletzend erweist und der Antragsteller dies fahrlässig verkannt hat.[307] Von einer Unredlichkeit ist aber auszugehen, wenn sich der Antragsteller während des Grenzbeschlagnahmeverfahrens der Erkenntnis einer mangelnden Rechtsbeständigkeit seines Antragsschutzrechts und/ oder einer fehlenden Berechtigung seines Verletzungsvorwurfs verschließt. Weil sowohl der Schutzrechtsauslegung und Schutzbereichsbestimmung als auch der Rechtsbestandsbeurteilung ein wertendes Element eigen ist, genügt dafür noch nicht, dass die dem Zoll zum Schutzrechtsverletzungsverdacht vorgetragene Argumentation und der zum Rechtsbestand des Antragsschutzrechts eingenommene Standpunkt nicht völlig unangreifbar sind. Andererseits muss für die Bejahung einer Haftung aber auch die gegenteilige Position mangelnder Verletzung oder mangelnden Rechtsbestandes nicht außerhalb jeder Diskussion stehen. Die Redlichkeitsschwelle ist vielmehr dort überschritten, wo sich für einen mit dem Kenntnisstand des Antragstellers zur Zeit des Grenzbeschlagnahmeverfahrens ausgestatteten Kundigen bei objektiver Betrachtung aufdrängt, dass das Antragsschutzrecht nicht rechtsbeständig ist und/oder im Hinblick auf die von dem Beschlagnahmezugriff betroffene Ware des Verfügungsberechtigten keine Schutzrechtsverletzung vorliegt. Zu dieser Einsicht können bereits zum Nachteil des Schutzrechtsinhabers ergangene erstinstanzliche Rechtsbestandsentscheidungen oder Verletzungsurteile zwingen, wenn sich ihrer Argumentation nichts Stichhaltiges entgegensetzen lässt. Mitunter mag sogar die unbefangene Betrachtung der objektiven Sachlage genügen, um hinreichend deutlich zutage treten zu lassen, dass kein Recht auf eine Grenzbeschlagnahme besteht.

285

2. Tätigwerden nach nationalen Vorschriften

Außerhalb des Anwendungsgebiets der VO (EU) 608/2013, dh vor allem in Fällen von innergemeinschaftlichem Warenverkehr, Parallel- bzw Grauimporten sowie Halbleiterschutzverletzungen, ist auf nationale Vorschriften zurückzugreifen.[308]

286

a) Antrag

Zwingende Voraussetzung für das Tätigwerden der Zollbehörden nach nationalen Vorschriften ist ein Antrag durch den Rechtsinhaber. Darüber hinaus hat er eine Sicherheit,

287

---

307 LG Düsseldorf, InstGE 9, 130 – Druckbogenstabilisierer II.
308 Vgl ua § 142a PatG, § 25a GebrMG, § 40a SortG, § 9 Abs 2 HlSchG, VO (EWG) Nr 469/2009 v 6.5.2009 über die Schaffung eines ergänzenden Schutzzertifikats für Arzneimittel, Verordnung (EG) Nr 1610/96 v 23.7.1996 über die Schaffung eines ergänzenden Schutzzertifikats für Pflanzenschutzmittel, VO Nr 2100/94 v 27.7.1994 über den gemeinschaftlichen Sortenschutz.

auch in Form einer Bankbürgschaft, zu hinterlegen, deren Summe auf der einen Seite das Schadensrisiko des Einführers der Ware für bestimmte Fälle abdecken muss. Auf der anderen Seite sind die Kosten der Zollbehörden, wie Lagerkosten, Beförderungskosten etc abzusichern. Eine Bearbeitungsgebühr wird nach Maßgabe von § 178 AO erhoben.[309] Im Übrigen stimmen die Antragsvoraussetzungen im Wesentlichen mit denjenigen der VO (EU) 608/2013 überein.[310]

b) Tätigwerden

288 Nach Bewilligung des Antrages können die Zollstellen eine Beschlagnahme anordnen, anders als im Verfahren nach der VO (EU) 608/2013 jedoch nur, wenn die Schutzrechtsverletzung offensichtlich ist. Da grundsätzlich weitere Erkundigungen oder Anfragen Seitens der Zollbehörden ausgeschlossen sind, ist es im nationalen Verfahren besonders wichtig, den Zollbehörden bei der Antragstellung ausreichende Informationen und Erkennungshinweise zu möglichen Schutzrechtsverletzungen zur Verfügung zu stellen.

c) Verfahren und Rechtsmittel

289 Der Beschlagnahme kann innerhalb einer Frist von 2 Wochen nach Zustellung der Beschlagnahmemitteilung widersprochen werden. Von dem Widerspruch wird der Antragsteller unterrichtet, der unverzüglich den Zollbehörden gegenüber erklären muss, ob er den Antrag auf Beschlagnahme weiter aufrechterhält. Dabei hat er den Zollbehörden eine vollziehbare gerichtliche Entscheidung über die weitere Verwahrung der beschlagnahmten Ware bzw über Verfügungsbeschränkungen vorzulegen. Die Frist beträgt 2 Wochen bzw maximal 1 Monat.[311] Wird der Antrag vom Antragsteller nicht aufrechterhalten oder keine entsprechende Entscheidung eines Gerichtes vorgelegt, werden die Waren unverzüglich freigegeben. Wird demgegenüber der Beschlagnahme nicht innerhalb der Frist widersprochen oder endet ein Rechtsbehelfsverfahren zu Lasten des angeblichen Schutzrechtsverletzers, werden die Waren eingezogen.

290 Sowohl gegen die Beschlagnahme als auch gegen die Einziehung stehen dem Einführer der Waren neben dem Widerspruch die Rechtsmittel des Bußgeldverfahrens nach dem Gesetz über Ordnungswidrigkeiten zur Verfügung.[312] Danach ist gegen die Beschlagnahme innerhalb einer Frist von 2 Wochen ein Antrag auf gerichtliche Entscheidung beim zuständigen Amtsgericht zu stellen, §§ 42, 48 OWiG. Gegen die Einziehung ist nach §§ 87, 67 OWiG Einspruch einzulegen.

V. Industriestandard

291 Eine besondere Situation besteht, wenn das Klagepatent zu einem Industriestandard gehört, der bei der Herstellung eines Erzeugnisses oder bei der Durchführung eines Verfahrens einzuhalten ist. Zwar folgt nicht unbedingt aus der Zugehörigkeit eines Patents zu einem Standard oder aus dessen Standardessentialität eine Verwirklichung der Anspruchsmerkmale. Dies ist schon deshalb so, weil sich der Standard vor seiner endgültigen Festlegung technisch noch weiterentwickelt, während die zugehörigen Patentanmeldungen im Zweifel zeitig eingereicht werden, so dass die im Rahmen der ursprünglichen Offenbarungen erteilten Ansprüche nicht immer deckungsgleich mit demjenigen technischen Inhalt sind, die letztlich den Standard ausmachen. Darüber hinaus gibt es vielfach diverse Features, die zwar (gleichsam auf Vorrat, um im Bedarfsfall eine verein-

---

309 § 142a Abs 6 Satz 2 PatG.
310 Zu den Antragsformularen sowie weiteren Hinweisen vgl www.zoll-d.de.
311 Vgl etwa § 142a Abs 4 PatG; § 25a Abs 4 GebrMG; § 9 HlSchG iVm § 25a GebrMG.
312 Vgl etwa § 142a Abs 7 PatG; § 25a Abs 7 GebrMG.

heitlichte Lösung verfügbar zu haben) in den Standard aufgenommen worden sind, die jedoch nicht oder nicht von Anfang an tatsächlich in der Infrastruktur des Standards implementiert sind. Schließlich existieren im Standard obligatorische und fakultative Vorgaben.

Soweit der Standard ein bestimmtes, dem Klagepatent entsprechendes Vorgehen **obligatorisch** vorschreibt, kann der Benutzungstatbestand unter substantiiertem (dh jedes einzelne Anspruchsmerkmal im Regelwerk nachweisendem) Verweis auf den Standard dargetan werden, sofern sich belegen lässt, dass der Beklagte den fraglichen Standard beachtet.[313]

292

Vielfach sind die Vorgaben eines Standards jedoch nicht in dem Sinne zwingend, dass sie lediglich eine einzige Vorgehensweise – unter Ausschluss aller anderen – tolerieren. Im Gegenteil enthält der Standard oftmals **Optionen**, von denen im Einzelfall Gebrauch gemacht werden kann oder nicht bzw Handlungsalternativen, die nur unter speziellen Anwendungsbedingungen bedeutsam sind, unter anderen hingegen nicht. Trotzdem ergeben sich auch hier Darlegungserleichterungen für den Patentinhaber. Regelmäßig werden die dem Anwender im Standard zur Verfügung gestellten Verhaltensoptionen – dh einzelne von ihnen – nicht nur rein theoretischer Natur sein, sondern der gesamte Standard (einschließlich seiner Optionen) in der Praxis Anwendung finden. Wenn dem so ist, ist grundsätzlich auch der Standard mit seinem gesamten Inhalt (einschließlich der Optionen) geeignet, eine Aussage darüber zu treffen, in welcher technischen Weise bei Einhaltung des Standards verfahren wird. Steht deshalb fest, dass der Beklagte den Standard beachtet, und ist des Weiteren gesichert, dass eine mögliche dem Standard entsprechende Vorgehensweise zur (wortsinngemäßen oder äquivalenten) Benutzung des Klagepatents führt, so ist deswegen von einer Patentverletzung auszugehen, wenn der Umfang der Geschäftstätigkeit des Beklagten (oder sonstige vom Kläger darzulegende Umstände) den Schluss zulassen, dass die Vorgaben des Standards bei Ausübung der Geschäftstätigkeit in ihrer gesamten Breite ausgeschöpft werden. Dem Beklagten obliegt unter solchen Umständen der konkrete Vortrag dazu, dass und weshalb er bei der Befolgung des Standards die zur Merkmalsverwirklichung führende Option keinesfalls angewandt hat.[314]

293

VI. Testkauf[315]

1. Grundsatz: Unbedenklichkeit

Für das Wettbewerbsrecht ist anerkannt, dass Testkäufe grundsätzlich zulässig sind. Es ist rechtlich unbedenklich, wenn Testkäufe nicht von dem Wettbewerber selbst, sondern von seinem anwaltlichen Vertreter einem durchgeführt werden.[316] Nichts anderes gilt, wenn der Berechtigte oder sein Anwalt einen Dritten mit der Durchführung des Testkaufs beauftragt. Lediglich bei Vorliegen besonderer Umstände sind Testkäufe als sittenwidrig anzusehen.

294

Im Patentrecht gelten keine grundlegend anderen Maßstäbe.[317] Testkäufe sind auch hier ein weithin unentbehrliches Mittel zur Überprüfung, ob die Wettbewerber bestehende Patente beachten. Im Bereich der technischen Schutzrechte lassen sich oftmals nur

295

---

313 BGH, GRUR 2009, 1142 – MP3-Player-Import; OLG Düsseldorf, GRUR 2017, 1219 – Mobiles Kommunikationssystem.
314 LG Düsseldorf, InstGE 7, 70 – Videosignal-Codierung I; OLG Düsseldorf, GRUR 2017, 1219 – Mobiles Kommunikationssystem.
315 Umfassend: Mes, GRUR 2013, 767.
316 BGH, GRUR 1999, 1017, 1018 – Kontrollnummernbeseitigung.
317 OLG Düsseldorf, Urteil v 28.1.2010 – I-2 U 124/08.

anhand von Testkäufen gerichtsverwertbare Feststellungen zu Schutzrechtsverletzungen treffen. Dabei geht es nicht nur um die Beweisbarkeit eines bereits anderweitig ermittelten Verstoßes, sondern nicht selten gerade darum, dass überhaupt erst mit Hilfe des Testkaufes verlässliche Erkenntnisse darüber gewonnen werden können, ob der ins Auge gefasste Wettbewerber zu patentverletzenden Handlungen bereit ist und/oder solche wahrscheinlich und vom Schutzrechtsinhaber bisher unbemerkt bereits begangen hat. Zu denken ist zB an technische Erfindungen, deren Benutzung typischerweise in einem dem Schutzrechtsinhaber nicht zugänglichen Raum stattfindet. Neben Verfahrenserfindungen gehören hierzu Klagepatente, deren Gegenstand (wie patentgemäß codierte DVDs) außerordentlich flüchtig ist, weil sich der Ware (DVD) deren betriebliche Herkunft nicht mehr ansehen lässt und weil der Patentinhaber praktisch auch keinen Einblick in die Auftragsvergabe hat. Überwachungsmaßnahmen des Patentinhabers durch Testkäufe sind vor diesem Hintergrund auch und speziell im Bereich des Patentrechts absolut notwendig, deswegen grundsätzlich nicht zu beanstanden und nur bei Vorliegen besonderer Umstände als rechtsmissbräuchlich anzusehen.

2. Ausnahme: Rechtsmissbrauch

a) Hereinlegen

296 Solches kann insbesondere der Fall sein, wenn mit ihnen lediglich die Absicht verfolgt wird, den Mitbewerber »hereinzulegen«[318], weil hinreichende Anhaltspunkte für eine bereits begangene oder bevorstehende Rechtsverletzung fehlen.[319] Soweit ersichtlich, ist eine derartige Fallgestaltung bisher noch nicht als gegeben angesehen worden. Richtigerweise ist der Ausnahmetatbestand nur unter strengen Voraussetzungen zu bejahen. Für den Testkauf kann namentlich nicht verlangt werden, dass – im Sinne einer Erstbegehungsgefahr – konkrete Tatsachen vorgelegen haben, die die greifbare und unmittelbar bevorstehende Besorgnis von Verletzungshandlungen gerechtfertigt haben. Vielmehr genügt, dass die Gefahr einer Patentverletzung bestand (zB weil der Testverkäufer trotz seines Geschäftssitzes im Ausland exportorientiert ist und insofern auch Lieferungen in das patentgeschützte Gebiet möglich sind[320]). Die Gefahr patentverletzender Aktionen darf nur nicht völlig fern gelegen haben, also praktisch »aus der Luft gegriffen« sein.[321]

b) Verwerfliche Mittel

297 Ein Fall des rechtsmissbräuchlichen Testkaufs liegt weiterhin dann vor, wenn verwerfliche Mittel angewandt werden, um ein unzulässiges Geschäft herbeizuführen.[322] Hierunter fallen insbesondere die in den Bereich der Strafbarkeit reichenden oder anderweitig verwerflichen Mittel, ua die Anwendung besonderer Verführungskunst.

298 ▶ **Bsp:**

Vorkehrungen des Wettbewerbers gegen eine Schutzrechtsverletzung werden gezielt umgangen[323]; dem Testverkäufer werden bewusst Informationen vorenthalten, die ihn mut-

---

318 BGH, GRUR 1965, 612, 614 – Warnschild; BGH, GRUR 1989, 113, 114 – Mietwagen-Testfahrt; BGH, GRUR 1992, 612, 614 – Nicola; BGH, GRUR 1999, 1017, 1018 – Kontrollnummernbeseitigung.
319 BGH, GRUR 1965, 612, 614 – Warnschild; BGH, GRUR 1999, 1017, 1018 – Kontrollnummernbeseitigung.
320 OLG Düsseldorf, Urteil v 28.1.2010 – I-2 U 124/08.
321 OLG Düsseldorf, Urteil v 28.1.2010 – I-2 U 124/08.
322 BGH, GRUR 1965, 607, 609, 607 – Funkmietwagen; BGH, GRUR 1989, 113, 114 – Mietwagen-Testfahrt; BGH, GRUR 1992, 612, 614 – Nicola.
323 BGH, GRUR 2017, 1140 – Testkauf im Internet.

maßlich von der Patentverletzung abgehalten hätten; durch die Zurverfügungstellung bestimmter die Schutzrechtsverletzung erleichternder und ansonsten unüblicher Vorarbeiten wird ihm der Rechtsverstoß besonders leicht gemacht.

Verwerfliche Mittel sind auch rechtswidrige Handlungen des testenden Mitbewerbers, und zwar nicht nur Straftaten, sondern auch sonstige von der Rechtsordnung verbotene Handlungen, weil grundsätzlich Rechtsverletzungen nicht deshalb hingenommen werden können, damit konkurrierende Unternehmen ihre wettbewerblichen Interessen besser verfolgen können.[324] **299**

Aus einem unzulässigen Testkauf kann weder ein Vertragsstrafenanspruch hergeleitet noch auf eine Erstbegehungsgefahr für ein rechtswidriges Verhalten des Gegners (mit der Folge eines wiederauflebenden Unterlassungsanspruchs trotz bestehender Unterwerfungserklärung) geschlossen werden.[325] **300**

VII. Formalia des Klageschutzrechtes

Kann aufgrund der vorstehenden Überlegungen ein Verletzungstatbestand begründet und belegt werden, sollten einige Formalia im Hinblick auf die Klageschutzrechte überprüft werden, die von Interesse für den Umfang derjenigen Ansprüche sind, die gegen den potenziellen Verletzer geltend gemacht werden können, bzw Schwierigkeiten in dem gerichtlichen Verfahren bereiten können. **301**

1. Status

Neben der Frage, ob das Klageschutzrecht überhaupt in Kraft steht oder ob es zwischenzeitlich evtl auch nur vorübergehend erloschen ist, muss geklärt werden, ob und wann ein Hinweis auf die Patenterteilung (§ 58 Abs 1 PatG) erfolgt oder zumindest die Anmeldung veröffentlicht worden ist. Von dem jeweiligen **Status des Schutzrechtes** hängt nicht nur ab, ob von der gegnerischen Partei das Unterlassen der angegriffenen Handlungen bzw ob und seit wann Schadenersatz oder nur Entschädigung gefordert werden kann. Auch für die Wahl des Gerichtsstandes ist von Interesse, ob dem Gegner bereits ein rechtswidriges Verhalten vorzuwerfen ist, sodass der Gerichtsstand der unerlaubten Handlung (§ 32 ZPO) in Betracht kommt. Andernfalls ist der Beklagte an seinem Wohnort bzw Sitz zu verklagen (§§ 12, 13, 17 ZPO). **302**

2. Deutsche Übersetzung

Wichtig für die Frage, ob aus einem europäischen Patent, dessen Beschreibung in fremder **Verfahrenssprache** veröffentlicht worden ist, Ansprüche geltend gemacht werden können, ist im Hinblick auf Art II § 3 IntPatÜG[326], ob und wann eine deutsche Übersetzung beim Deutschen Patent- und Markenamt eingereicht worden ist. Die genannte Vorschrift (Abs 2) sieht nämlich vor, dass die Wirkungen des deutschen Teils des europäischen Patents als von Anfang an nicht eingetreten gelten, wenn nicht innerhalb von 3 **303**

---

324 BGH, GRUR 1989, 113, 114 – Mietwagen-Testfahrt; BGH, GRUR 1992, 612, 614 – Nicola; vgl auch BGH, GRUR 1965, 612 – Warnschild; BGH, GRUR 1965, 607, 609 – Funkmietwagen; BGH, GRUR 1985, 447, 450 – Provisionsweitergabe.
325 BGH, GRUR 2017, 1140 – Testkauf im Internet.
326 Vgl Voß, GRUR 2008, 654.

Monaten[327] nach Veröffentlichung des Hinweises auf die Patenterteilung eine deutsche Übersetzung beim DPMA eingereicht wird. Gleiches gilt, wenn das Patent in einem Einspruchsverfahren geändert wird, wobei die Frist für die Einreichung einer deutschen Übersetzung der geänderten Patentschrift mit der Veröffentlichung des Hinweises auf die Einspruchsentscheidung zu laufen beginnt.

304 **Anwendbar** ist Art II § 3 IntPatÜG auf alle Patente, deren Erteilungshinweis nach dem 1.6.1992 und vor dem 1.5.2008[328] im Europäischen Patentblatt veröffentlicht worden ist.[329] Das Übersetzungserfordernis bleibt auch in Bezug auf ein nach dem 30.4.2008 beschränktes oder teilwiderrufenes Patent bestehen, dessen Veröffentlichungshinweis vor dem 1.5.2008 erfolgt ist.[330] Für alle nach dem 30.4.2008 veröffentlichten Patente ist das Übersetzungserfordernis obsolet, weil Art II § 3 IntPatÜG durch das Gesetz zur Verbesserung der Durchsetzung von Rechten des geistigen Eigentums aufgehoben worden ist.

a) Unvollständige und fehlerhafte Übersetzung

305 In der instanzgerichtlichen Rechtsprechung wurde angenommen, dass die Patentschrift, um wirksam zu sein, grundsätzlich vollständig übersetzt werden muss, weshalb es schaden soll, wenn

306 — eine Seite der Beschreibung in der vom Anmelder eingereichten Übersetzung versehentlich fehlt[331],

307 — die in fremder Verfahrenssprache abgefasste europäische Patentschrift in ihrem Beschreibungstext Überschriften – wie »Technical Field«, »Background Art«, »Brief Description of the Invention«, »Brief Description of the Drawings« und »Best Mode for Carrying out the Invention« enthält und diese nicht mit übersetzt sind[332],

308 — in der Übersetzung eines von mehreren Ausführungsbeispielen ausgelassen ist.[333]

309 Dem ist – mit dem BGH[334] – zu widersprechen.[335] Es ist strikt zu unterscheiden zwischen dem, was eine ordnungsgemäße deutsche Übersetzung der Patentschrift an sich leisten soll, und denjenigen Rechtsfolgen, die das Gesetz an bestimmte Übersetzungsmängel knüpft:

310 Ausweislich des Gesetzentwurfs der Bundesregierung zum 2. GPatG[336] ist die Übersetzung fremdsprachiger europäischer Patente dazu vorgesehen, im Interesse der Innovations- und Wettbewerbsfähigkeit der deutschen Wirtschaft die Nutzbarmachung und Verbreitung der Patentinformation in deutscher Sprache zu fördern und zugleich Wettbewerbsnachteile der deutschen Unternehmen gegenüber ihrer ausländischen Konkurrenz zu beseitigen. Erläuternd heißt es hierzu, die vorher geltende Regelung habe die deutsche Industrie benachteiligt, die mit fremdsprachigen Schutzrechten konfrontiert werde, obwohl sie ihrerseits in den übrigen Vertragsstaaten des EPÜ zur Vorlage von

---

327 Wiedereinsetzung in den vorigen Stand nach § 123 PatG ist möglich.
328 Art XI § 4 IntPatÜG.
329 BGH, GRUR 2010, 708 – Nabenschaltung II; BGH, GRUR 2015, 361 – Kochgefäß.
330 BGH, GRUR 2011, 1053 – Ethylengerüst.
331 LG Düsseldorf, InstGE 7, 136 – Tamsulosin; vgl dazu ausführlich: Voß, GRUR 2008, 654.
332 LG Düsseldorf, InstGE 11, 1 – Aufblasventil. Der Übersetzungsmangel wird nicht dadurch geheilt, dass die unvollständige deutsche Übersetzung vom DPMA veröffentlicht wird und die deklaratorische Feststellung zum Nichteintritt der Wirkungen des europäischen Patents in der Bundesrepublik Deutschland entgegen § 5 ÜbersV unterbleibt.
333 OLG München, Urteil v 28.5.2009 – 6 U 3322/06.
334 BGH, GRUR 2010, 708 – Nabenschaltung II; BGH, GRUR 2015, 361 – Kochgefäß.
335 Kühnen, Mitt 2009, 345.
336 BlPMZ 1992, 45, 47.

Übersetzungen gezwungen sei. Fortan sollten die deutschen Marktteilnehmer ebenfalls ohne Sprachschwierigkeiten den Inhalt europäischer Schutzrechte zur Kenntnis nehmen können, insbesondere um diese beachten zu können. Zentraler Sinn und Zweck des in Art II § 3 Abs 1 IntPatÜG geregelten Übersetzungszwanges ist es demgemäß zu gewährleisten, dass die in fremder Verfahrenssprache abgefasste, in Deutschland gültige und deswegen von den inländischen Verkehrskreisen zu beachtende Patentschrift in einer solchen Weise ins Deutsche übertragen wird, dass Inländer von ihrem Inhalt und Offenbarungsgehalt verlässlich Kenntnis nehmen und aufgrund dessen den Schutzbereich für ihr eigenes wirtschaftliches Handeln zutreffend ermitteln können. Um solches leisten zu können, muss die deutsche Übersetzung den Inhalt der Patentschrift vollständig transportieren, so dass es für die Schutzbereichserwägungen an sich keinen Unterschied macht, ob auf das fremdsprachige Originaldokument oder statt dessen auf die deutsche Übersetzung zurückgegriffen wird.

Aus diesem gesetzgeberischen Anliegen einer – vollständigen und inhaltlich fehlerfreien – Übersetzung lässt sich indessen noch nicht ableiten, welche Konsequenzen damit verbunden sind, dass die Übersetzung mangelbehaftet ist. Eine Antwort auf diese Frage gibt Art II § 3 IntPatÜG, der in seinen Absätzen 2 und 5 zwischen zwei unterschiedlichen Rechtsfolgen differenziert – dem **Wirkungsverlust** einerseits (Abs 2) und dem Weiterbenutzungsrecht für den Verletzer andererseits (Abs 5), die auf jeweils verschiedenartige Sachverhaltskonstellationen Bezug nehmen: 311

Ein endgültiger Verlust der Wirkungen des europäischen Patents für Deutschland ist – in einer abschließenden und nicht erweiterungsfähigen Aufzählung – nur für drei Fälle vorgesehen, die allesamt rein formale Grundvoraussetzungen betreffen, nämlich 312

– für die nicht fristgerechte Einreichung der Übersetzung, 313

– für die Einreichung der Übersetzung in einer Form, die eine ordnungsgemäße Veröffentlichung nicht gestattet[337], 314

– für die nicht fristgerechte Zahlung der Veröffentlichungsgebühr. 315

Die Unvollständigkeit der Übersetzung gehört nach der eindeutigen Gesetzesfassung *nicht* zu denjenigen Tatbeständen, die einen Wirkungsverlust nach sich ziehen. Auf das Maß der Unvollständigkeit kommt es dabei nicht an.[338] Erforderlich ist allerdings, dass nicht ausschließlich die Patentansprüche, sondern (ggf rudimentär) auch die Beschreibung übersetzt ist. Diese Ausnahme rechtfertigt sich daraus, dass bei einer Übertragung nur der Patentansprüche schon der äußeren Form nach keine Rede davon sein kann, dass eine Übersetzung *der Patentschrift* vorliegt (und fristgerecht eingereicht wurde).[339] 316

Ein bloßes **Weiterbenutzungsrecht** für den Verletzer ist vorgesehen, wenn eine Übersetzung der Patentschrift zwar form- und fristgerecht unter Gebührenzahlung eingereicht wurde, diese jedoch in irgendeiner Weise fehlerhaft ist und der Verletzer die Benutzung der Erfindung im Inland im Vertrauen auf die Richtigkeit der Übersetzung aufgenommen hat, deren Schutzbereich die angegriffene Ausführungsform – anders als die nach Art 70 EPÜ maßgebliche Fassung in der Verfahrenssprache – nicht erfasst. 317

Unter den Begriff »Fehlerhaftigkeit der Übersetzung« lassen sich problemlos nicht nur sachliche Übersetzungsfehler subsumieren, sondern gleichermaßen Unrichtigkeiten, die Folge von Unvollständigkeiten der Übersetzung sind. Abs 5 betrifft demgemäß 318

---

337 Bsp: Handschriftlicher Text, gesungene und auf CD gepresste Patentschrift.
338 BGH, GRUR 2010, 708 – Nabenschaltung II.
339 BGH, GRUR 2010, 708 – Nabenschaltung II.

319 – inhaltliche Übersetzungsmängel

320 ▶ **Bsp:**

Verwendung einer falschen Vokabel, Übersetzung eines Begriffs statt mit seinem technischen Inhalt rein philologisch.

321 – Unvollständigkeiten im Beschreibungstext[340]

322 ▶ **Bsp:**

Fehlende Überschriften, ausgelassene Textstellen, fremdsprachig gebliebene Sätze im Beschreibungstext.

323 Ob die Fehler schutzbereichsrelevant und damit beachtlich im Sinne von Abs 5 sind, hängt von den Umständen des Einzelfalles ab: Im Allgemeinen wird es unschädlich sein, wenn in der deutschen Übersetzung die den Patentansprüchen vorangestellte Überschrift »Patentansprüche« fehlt, wenn diese auch sonst unmissverständlich als solche zu erkennen sind. Anders kann es sich hingegen verhalten, wenn die Überschrift »Allgemeine Erläuterung der Erfindung« oder »Erläuterung bevorzugter Beispiele« nicht mit übertragen ist und sich der diesbezügliche Inhalt des betreffenden Beschreibungstextes auch nicht aus einem mit der fehlenden Überschrift inhaltsgleichen Einleitungssatz oder dergleichen erschließt. Denn für die Schutzbereichsbestimmung kann es einen Unterschied machen, ob bestimmte Bemerkungen als prinzipielle Erläuterung des Erfindungsgedankens oder als bloße Hinweise auf Spezialitäten eines Ausführungsbeispiels aufzufassen und in die Patentauslegung einzustellen sind. Bedeutsam kann es ebenso sein, wenn ein Ausführungsbeispiel nicht übersetzt ist, sofern erst seine Existenz eine Argumentation eröffnet, die die angegriffene Ausführungsform in den Schutzbereich des Klagepatents einbezieht.

324 Bei der praktischen Handhabung des vielfach entscheidenden Kriteriums »**guter Glaube an die Übersetzung**« muss freilich berücksichtigt werden, dass der inländische Verkehr nach dem Willen des Gesetzgebers grundsätzlich auf die Richtigkeit der deutschen Übersetzung vertrauen soll und dass der Patentinhaber aus von ihm zu verantwortenden Unzulänglichkeiten seiner Übersetzung nicht dadurch unberechtigt Kapital schlagen darf, dass vorschnell eine den guten Glauben ausschließende Obliegenheit des Verletzers angenommen wird, sich wegen der Auslegung und Schutzbereichsbestimmung am Originaltext in der Verfahrenssprache des Patents zu orientieren. Anlass hierfür besteht regelmäßig dann nicht, wenn der Übersetzung als solcher die Auslassung überhaupt nicht anzusehen ist, zB deshalb, weil Überschriften fehlen oder vollständige Absätze ausgelassen sind. Einen guten Glauben verdient die Übersetzung demgegenüber dann nicht, wenn sie für sich allein genommen Unstimmigkeiten enthält, die für einen unbefangenen Betrachter berechtigte Zweifel an der inhaltlichen Richtigkeit hervorrufen müssen.

325 ▶ **Bsp:**

Der übersetzte Text ist erkennbar »verstümmelt«; der Patentanspruch enthält einen Begriff, der auch als (zulässige) Wortschöpfung keinen Sinn ergibt; die Übersetzung hat insgesamt einen Inhalt, der technisch unsinnig ist; der übersetzte Text ist in sich widersprüchlich, zB weil diverse im Beschreibungstext abgehandelte Ausführungsbeispiele[341] nicht mehr unter den übersetzten Hauptanspruch fallen oder dieser nicht mit der allgemeinen Patentbeschrei-

---

340 BGH, GRUR 2010, 708 – Nabenschaltung II.
341 ... oder das zentrale Ausführungsbeispiel der Erfindung.

bung und dem dort erläuterten Erfindungsgedanken in Einklang steht. In allen diesen Fällen besteht Anlass, den Originaltext zurate zu ziehen, womit der Übersetzungsfehler offenbar wird und keinen guten Glauben mehr gestattet.

Darüber hinaus kann auch schon die Übersetzung als Ganzes eine Klärung herbeiführen. Muss dem Fachmann der übersetzte Patentanspruch unklar erscheinen, hat er zu dessen Verständnis den erläuternden Beschreibungstext hinzuzunehmen. Ergibt sich hierbei, dass der übersetzte Anspruch in einem bestimmten (zum Schutzbereichseingriff führenden) Sinne zu verstehen ist, scheidet ein Weiterbenutzungsrecht aus.[342]

b) Entschädigungsanspruch

Speziell für Entschädigungsansprüche ist außerdem Art II § 1 Abs 2 IntPatÜG zu beachten, der besagt, dass Ansprüche auf Entschädigung aufgrund einer veröffentlichten fremdsprachigen Patentanmeldung erst ab Einreichung einer deutschen Übersetzung der Patentansprüche beim Deutschen Patent- und Markenamt oder ab Übermittlung einer solchen Übersetzung an den Benutzer der patentgemäßen Lehre geltend gemacht werden können. Die Vorschrift gilt auch für solche Patentanmeldungen, für die das Übersetzungserfordernis als Validitätsbedingung abgeschafft worden ist. Für Art II § 1 Abs 2 IntPatÜG kommt es nicht darauf an, ob der konkrete Entschädigungsschuldner tatsächlich von der Übersetzung profitieren kann oder nicht. Ein Entschädigungsanspruch ohne deutsche Übersetzung der offengelegten Ansprüche hat deswegen auch dann auszuscheiden, wenn der Schuldner ausschließlich die fremde Verfahrenssprache des Patents, aber nicht die deutsche Sprache oder aber weder die Sprache des Patents noch Deutsch versteht.[343]

3. Eintragung als Inhaber

Stets sollte überprüft werden, wer materieller Eigentümer des geltend zu machenden Schutzrechtes ist und ob dieser auch formell als **Inhaber** in der Patentrolle **eingetragen** ist. Diesbezügliche Fehler und Unsicherheiten lassen sich vor Einleitung eines Verletzungsverfahrens zumeist noch in Ruhe klären. Im Rahmen des gerichtlichen Verfahrens kann es anderenfalls zu einem späteren Zeitpunkt zu Problemen im Hinblick auf die Aktivlegitimation kommen, die sich gelegentlich wegen der Bearbeitungszeiten beim Deutschen Patent- und Markenamt bis zu einer ausführlichen mündlichen Verhandlung nur schwer beseitigen lassen.

VIII. Schutzfähigkeit des Klageschutzrechtes

Im Vorfeld eines Verletzungsverfahrens können berechtigte Zweifel an der Bestandskraft eines Klageschutzrechtes bestehen, sei es, dass es momentan in einem Einspruchs- oder Nichtigkeitsverfahren überprüft wird, sei es, dass im Verlauf des Verletzungsverfahrens mit der Einleitung entsprechender Verfahren zu rechnen ist oder dass bisher nicht berücksichtigter, aber einschlägiger Stand der Technik aufgefunden worden ist.

---

342 OLG Düsseldorf, Urteil v 17.12.2015 – I-2 U 34/10.
343 OLG Düsseldorf, Urteil v 5.9.2013 – I-2 U 108/11.

| 330 | **Praxistipp** | Formulierungsbeispiel |

In jedem Fall sollte, da die Gefahr der Einschränkung eines Schutzrechtes nach Erhebung der Verletzungsklage nicht ausgeschlossen werden kann, die angegriffene Ausführungsform daraufhin untersucht werden, welche Unteransprüche von ihr ebenfalls verwirklicht werden. Die einschlägigen Unteransprüche können – und sollten – alsdann in Form der sog **»insbesondere-wenn«-Anträge** in den Klageantrag aufgenommen werden. So sind sie von Anfang an in das Verfahren eingeführt und lassen sich, sollte dies erforderlich werden, jederzeit in den Hauptantrag aufnehmen, ohne dass die Gefahr einer Vertagung besteht.

Da es sich bei den »insbesondere-wenn«-Anträgen prozessrechtlich um »unechte« Hilfsanträge handelt, die keinen eigenständigen Streitgegenstand betreffen[344], sollte darauf geachtet werden, dass sie hinreichend bestimmt sind, was namentlich verlangt, dass durch die Antragsformulierung klar ist, in welcher Reihenfolge mehrere Hilfsanträge zur gerichtlichen Entscheidung gestellt werden. Die Rangfolge ist regelmäßig nicht erkennbar, wenn mehrere Unteransprüche jeweils mit der Formulierung »und/oder« an den Hauptantrag angeschlossen werden.

331 Mit »insbesondere-wenn«-Anträgen erfolgt eine weitere Konkretisierung der angegriffenen Ausführungsform.[345] Sie richten sich auf denselben Streitgegenstand wie der Hauptantrag, sodass deren Aufnahme in den allgemeinen Teil des Klageantrages in der Regel nicht als Klageänderung bzw Teilklagerücknahme zu werten ist und deswegen auch zumeist keine oder allenfalls geringe Kostenfolgen zu Lasten des Klägers haben. Anders sieht dies aus, wenn durch den eingeschränkten Antrag nicht mehr alle angegriffenen Ausführungen erfasst werden. Hier wird nach dem wirtschaftlichen Verhältnis der ursprünglich angegriffenen und der infolge der Beschränkung auf den Hilfsantrag nicht mehr erfassten Ausführungsformen zu quoteln sein.

| 332 | **Praxistipp** | Formulierungsbeispiel |

Von Interesse sind die »insbesondere-wenn«-Anträge vor allem in den Fällen, in denen der Beklagte ein privates Vorbenutzungsrecht (§ 12 PatG) geltend macht, dieses aber gerade nicht den oder nicht alle geltend gemachten Unteransprüche abdeckt. Gleiches gilt für den Fall der Erhebung eines Formstein-Einwandes, dem mit der Aufnahme eines Unteranspruchs ausgewichen werden kann.

333 Namentlich im Hinblick auf die Begrenzung der Möglichkeiten im **Berufungsverfahren**, neuen Sachverhalt vorzutragen, ist es anzuraten, im erstinstanzlichen Verfahren den Sachverhalt von vornherein so weit vorzutragen, dass die Verwirklichung sämtlicher Merkmale der geltend gemachten Unteransprüche oder des Hauptanspruchs in der wahrscheinlich eingeschränkten Form dargelegt wird und belegt werden kann. Eine dezidierte Subsumtion ist demgegenüber nicht erforderlich, denn sie stellt lediglich eine rechtliche Wertung dar, kann also noch im Berufungsverfahren vorgenommen werden. Müssen jedoch bei Unteransprüchen Äquivalenzüberlegungen angestellt werden, sollten auch die hierfür erforderlichen Grundlagen, wie entsprechender Stand der Technik, zur Akte gereicht werden.

---

344 BGH, GRUR 2012, 945 – Tribenuronmethyl.
345 Der insbesondere-Teil darf daher nicht im Widerspruch zu dem vorangestellten abstrakten Verbot stehen, anderenfalls der gesamte Antrag mangels hinreichender Bestimmtheit unzulässig ist (BGH, GRUR 2016, 705 – ConText).

In Ausnahmefällen kann der Berechtigte auch daran denken, das Patent selbst gemäß § 64 PatG zu beschränken. Ein derartiges Vorgehen bietet sich jedoch in den seltensten Fällen an.   334

Bei einem **Gebrauchsmuster**[346] stellt sich die Frage nach dessen Schutzfähigkeit in deutlich größerem Maße. Denn Gebrauchsmuster werden bei der Anmeldung möglichst weit gefasst und sind in der Regel nicht geprüft. Bevor aus ihnen gegen einen Verletzer gerichtlich vorgegangen wird, ist daher ein besonderes Augenmerk auf die Überprüfung der Schutzfähigkeit zu richten.   335

Hierbei ist zu beachten, dass das Gebrauchsmuster in einem Verletzungsverfahren – allerdings nur in diesem – in einem auf das Verfahren und auf die angegriffene Ausführungsform zugeschnittenen Umfang geltend gemacht und verteidigt werden kann.[347] Die vom Kläger im Verletzungsprozess verfolgte Anspruchsfassung kann deshalb von derjenigen Anspruchsfassung abweichen, die in einem parallelen Löschungsverfahren ggf hilfsweise verteidigt wird. Hintergrund dafür ist die Befugnis der Verletzungsgerichte, innerhalb eines ausschließlich zweiseitigen Verletzungsprozesses selbst über die Schutzfähigkeit eines Gebrauchsmusters zu befinden. Es bestehe, so der BGH, daher kein Anlass und keine Notwendigkeit, die Prüfung der Rechtsbeständigkeit des Gebrauchsmusters über das für die konkrete Sachentscheidung Erforderliche auszudehnen.[348] Bei der Anpassung des Gebrauchsmusters im Verletzungsverfahren ist freilich darauf zu achten, dass die geltend gemachte Fassung von dem Offenbarungsgehalt der Gebrauchsmusterschrift umfasst wird. Auch sollten mögliche Umgehungslösungen zur Vermeidung weiterer Auseinandersetzungen mit dem Gegner im Auge behalten werden.   336

Selbstverständlich besteht auch bei Gebrauchsmustern die Möglichkeit einer gegenüber der Allgemeinheit gültigen Einschränkung. Das Gesetz sieht ähnlich wie bei Patenten zum einen die Möglichkeit der Änderung bis zur Verfügung über die Eintragung der Anmeldung vor, soweit dadurch der Gegenstand der Anmeldung nicht erweitert wird. Zum anderen kann nach § 23 Abs 7 GebrMG der Verzicht, jedoch nur auf das Gebrauchsmuster als Ganzes oder auf vollständige Schutzansprüche, für die Zukunft erklärt werden. Nach bisher einhelliger Auffassung besteht für den Gebrauchsmusterinhaber darüber hinaus die Möglichkeit, **geänderte Schutzansprüche zur Gebrauchsmusterakte** zu reichen, soweit diese lediglich zu einer Beschränkung oder Klarstellung der Ansprüche führen. Es handelt sich hierbei um eine schuldrechtlich bindende Erklärung des Gebrauchsmusterinhabers an die Allgemeinheit des Inhalts, Schutz in der Zukunft gegenüber jedermann nur noch im Umfang der neuen Fassung der Ansprüche geltend zu machen.[349] Diese Vorgehensweise wird häufig genutzt, weil der Gebrauchsmusterinhaber keine Möglichkeit hat, von sich aus einen Löschungsantrag gegen sein Recht zu stellen oder etwa parallel zu § 64 PatG eine Beschränkung des Gebrauchsmusters zu erreichen. Von ihr ist gleichwohl im Hinblick auf die sich im Verletzungsverfahren unmittelbar ergebenden Möglichkeiten zur Anpassung abzuraten. Denn die schuldrechtliche Bindung an die einmal zu den Akten gerichteten Ansprüche bleibt erhalten, selbst wenn das Gebrauchsmuster aufgrund eines Löschungsverfahrens gar nicht oder in einer anderen Weise eingeschränkt wird. In darauf folgenden Verletzungsauseinandersetzungen müssen dann die schuldrechtlich bindende Fassung sowie die registerrechtlich bindende Fassung des Gebrauchsmusters berücksichtigt werden. Für die Frage der Kostenverteilung in einem zukünftigen Löschungsverfahren behält die Möglichkeit, neue Schutzansprüche zur Akte zu reichen, jedoch ihre Bedeutung.   337

---

346 Verfahren sind einem Gebrauchsmusterschutz generell nicht zugänglich, was mit Artt 3, 14 GG im Einklang steht (BGH, GRUR 2018, 605 – Feldmausbekämpfung).
347 BGH, GRUR 2003, 867 – Momentanpol I.
348 BGH, GRUR 2003, 867, 868 – Momentanpol I.
349 BPatGE 11, 96, 100; BPatGE 29, 8.

IX. Weitere Vorüberlegungen

338 Ob letztendlich gegen einen Verletzer vorgegangen wird, hängt auch von weiteren, zunächst nur als nebensächlich eingestuften bzw häufig nicht ausreichend überprüften Punkten ab, die jedoch vor Einleitung von gerichtlichen Schritten bedacht und abgeklärt werden sollten.

1. Prozessgegner

339 Es ist genau zu überprüfen, gegen wen vorgegangen werden soll, wer also bezüglich der geltend gemachten Ansprüche passivlegitimiert ist. Dabei ist zwischen dem Unterlassungsanspruch und weiteren Ansprüchen wie etwa auf Schadenersatz oder Rechnungslegung zu unterscheiden. Fragen der Passivlegitimation werden gerade dann unterschätzt, wenn auf der Verletzerseite ein größerer Konzern tätig ist. Häufig ist nicht klar, welche Teile eines Konzerns die Verletzungsformen herstellen bzw vertreiben und welche mit ihr nichts zu tun haben. Es sollte vor einem Vorgehen genau abgeklärt werden, welche Unternehmen oder Personen tatsächlich mit der jeweils anzugreifenden Verletzungsform in Verbindung gebracht werden können und ob es sich um Täter bzw Teilnehmer einer Schutzrechtsverletzung oder nur um Störer handelt, gegen die ausschließlich Unterlassungsansprüche (aber keine verschuldensabhängigen Entschädigungs- und Schadenersatzansprüche) geltend gemacht werden können.

2. Kostenfragen[350]

340 Die Frage nach dem Kostenrisiko drängt sich auf.

a) Streitwert[351]

341 Maßgeblich ist hier der Streitwert, der von dem Kläger bei Einreichung der Klage vorläufig geschätzt angegeben und im Regelfall später auch in der entsprechenden Höhe festgesetzt wird. Er richtet sich sowohl nach der Bedeutung des Klageschutzrechtes sowie dessen verbleibender Laufzeit als auch nach dem Umfang der Verletzungshandlungen. Seine Angabe in dem Klageschriftsatz dient nicht nur der vorläufigen Bestimmung unter anderem der Gerichtsgebühren, sondern gibt auch dem Gegner ein Signal, welche Bedeutung einer Angelegenheit beigemessen wird. Zu beachten ist bei der Angabe des Streitwertes neben dem daraus resultierenden Kostenrisiko, dass die Streitwertangabe von den Gerichten zumeist als Sicherheitsleistung übernommen wird, von der die vorläufige Vollstreckbarkeit des erstinstanzlichen Urteils abhängt.

342 Werden in einem Verfahren mehrere nicht identische Schutzrechte geltend gemacht oder divergierende Ausführungsformen angegriffen, trennen die angerufenen Landgerichte in der Regel die Verfahren (§ 145 ZPO[352]). Dies führt dazu, dass auch der Streitwert der ursprünglichen Klage aufgeteilt wird. Damit einher geht eine Erhöhung der gesamten Kosten der Verfahren. Dies hängt damit zusammen, dass die in der Gebührenordnung festgesetzten Gebühren bei steigendem Streitwert sich nicht linear erhöhen, sondern die

---

350 Eingehend: Albrecht/Hoffmann, Vergütung des Patentanwalts; Vierkötter/Schneider/Thierbach, Mitt 2012, 149; Rojahn/Rektorschek, Mitt 2014, 1 (speziell im Hinblick auf die Vereinbarkeit der nationalen Rechtsprechung mit der Enforcement-RL).
351 Zu den Einzelheiten der Streitwertbemessung vgl unten Kap J Rdn 128 ff.
352 Zur rechtlichen Zulässigkeit einer solchen [die von § 145 PatG bezweckte Klagenkonzentration rückgängig machenden] Trennung vgl Nieder, GRUR 2010, 402; Stjerna, GRUR 2010, 964.

Gebühren weniger ansteigen, je höher der Streitwert wird. Ein Verfahren mit einem hohen Streitwert verursacht daher geringere Kosten als zwei Verfahren, deren Streitwerte addiert dem höheren Betrag entsprechen.

b) Anwaltskosten

aa) Rechtsanwalt

Was zunächst die Kosten des prozessbevollmächtigten Rechtsanwaltes angeht, so ist die Partei nicht gehalten, sich eines am Gerichtssitz residierenden Anwaltes zu bedienen.[353] Vielmehr stellt die Einschaltung eines am Wohn- oder Geschäftssitz der klagenden/verklagten Partei ansässigen, in Bezug auf den Gerichtsort **auswärtigen Anwaltes** schon deshalb eine Maßnahme zweckentsprechender Rechtsverfolgung dar, weil üblicherweise ein persönliches Mandantengespräch erforderlich ist.[354]   343

Erstattungsfähig sind zunächst die gesetzlichen Gebühren nach RVG.   344

Das gilt auch dann, wenn eine (wirksame) **Honorarvereinbarung** der erstattungsberechtigten Partei mit ihrem Anwalt zur Folge hat, dass das verdiente Anwaltshonorar *oberhalb* der Regelsätze des RVG liegt. Hier beschränkt sich die Erstattungspflicht auf die gesetzlichen Gebühren; Mehrkosten aufgrund eines vereinbarten Honorars hat der Erstattungsberechtigte selbst zu tragen.[355] Nicht der Erstattungspflicht unterliegt genauso die vom Anwalt im Einzelfall gezahlte Vermögenshaftpflichtversicherungsprämie, soweit die Prämie auf Haftungsbeträge bis 30 Mio € entfällt.[356]   345

Führt die (wirksame) Honorarvereinbarung dazu, dass das vom Erstattungsberechtigten seinem Anwalt geschuldete Honorar tatsächlich *geringer* ausfällt als die RVG-Gebühren, sind selbstverständlich nur die tatsächlichen Honorarkosten erstattungsfähig, aber keine weitergehenden, bloß fiktiven Honorare.[357]   346

Muss der Erstattungsberechtigte die Existenz einer Honorarvereinbarung einräumen[358], so hat er sich zu deren genauen Inhalt *substantiiert* zu erklären, was im Allgemeinen deren ungeschwärzte Vorlage genauso wie eine Präsentation der dem Mandanten gestellten (ebenfalls ungeschwärzten) Rechnung verlangt. Eine bloß anwaltliche Versicherung reicht jedenfalls dann nicht zur **Glaubhaftmachung** aus, wenn Zweifel an deren Zuverlässigkeit bestehen, wovon bereits dann auszugehen sein kann, wenn mit dem Kostenerstattungsantrag, der die gesetzlichen Gebühren berücksichtigt, nicht auf die der Kostenrechnung tatsächlich zugrunde liegende günstigere Honorarvereinbarung hingewiesen wird. Welche Form der Glaubhaftmachung (für die sämtliche Mittel des Streng- und des Freibeweises infrage kommen) geboten ist, hängt vom Einzelfall ab, insbesondere davon, wie wenig wahrscheinlich es nach dem gesamten Geschehensablauf im Zusammenhang mit der Kostenfestsetzung einschließlich des »Prozessverhaltens« der erstattungsberechtigten Partei erscheint, dass die zur Festsetzung angemeldeten Kosten tatsächlich in dieser Höhe angefallen sind. Bleiben nach der präsentierten Honorarvereinbarung und   347

---

353 Residiert der Anwalt im Gerichtsbezirk, sind dessen Reisekosten ohne Notwendigkeitsprüfung in voller Höhe erstattungsfähig (OLG Köln, MDR 2016, 184).
354 BGH, MDR 2011, 1321.
355 BGH, MDR 2018, 557.
356 BGH, MDR 2018, 557.
357 Vgl OLG Düsseldorf, Beschluss v 30.5.2018 – I-2 W 6/18.
358 Zu ihr wird eine Erklärung im Kostenfestsetzungsantrag schon aus eigenem Antrieb vonnöten sein, weil der auf zum Teil bloß fiktive Kosten (Differenz zwischen den höheren RVG-Gebühren und dem geringeren tatsächlich angefallenen vereinbarten Honorar) gerichteter Festsetzungsantrag den Straftatbestand eines (mindestens) versuchten Betruges erfüllt.

Anwaltsrechnung Bedenken, sind auch die angeblichen Zahlungen nachzuweisen, ggf sind sogar Ausdrucke aus dem anwaltlichen Zeiterfassungssystem zu präsentieren.[359]

348 **Reisekosten** des Anwaltes zum Gerichtstermin sind daher erstattungsfähig, ohne Rücksicht darauf, ob zwischen der konkreten Partei und dem Sitz-Anwalt tatsächlich ein besonderes Vertrauensverhältnis besteht oder ob ein persönliches Gespräch tatsächlich stattgefunden hat; maßgeblich ist allein eine typisierende Betrachtungsweise.[360] Reist der Anwalt mit dem Flugzeug an, sind in keinem Fall die Kosten eines »business-class«-Fluges zu erstatten, sondern allenfalls die Aufwendungen für einen »economy-class«-Flug[361]. Werden für Economy-Flüge Varianten mit und ohne Umbuchungsmöglichkeit angeboten, darf wegen der stets möglichen kurzfristigen Verlegung eines Gerichtstermins ein auch kostspieligerer Flugtarif gewählt werden, der die Möglichkeit zu einer kurzfristigen Umbuchung gewährleistet.[362] Ob allerdings Flugkosten im Einzelfall überhaupt erstattungsfähig sind, hängt von einer Abwägung ab, die – wechselwirkend – neben den Mehrkosten einer Flugreise im Vergleich zu den Kosten eines Bahntickets (1. Klasse) und der Bedeutung des Rechtsstreits auch die mit einer Flugreise verbundene Zeitersparnis für den Bevollmächtigten in den Blick zu nehmen hat.[363] Letztere ist nicht nur anhand der reinen Fahr/Flugzeit zu bestimmen, sondern hat die jeweiligen Zeiten für Transfers (vom und zum Bahnhof/Flughafen) sowie (bei einer Flugreise) Zeiten für notwendige Sicherheitskontrollen und das Boarding mit einzubeziehen, wobei die Vortragslast beim jeweiligen Kostengläubiger liegt.[364] Je nach Lage des Falles können außerdem Übernachtungskosten in einem gehobenen Mittelklassehotel sowie anfallende Abwesenheitsgelder in Betracht zu ziehen sein, wenn dem Bevollmächtigten bei Benutzung der Bahn eine Rückkehr am Tag der Gerichtsverhandlung nicht zugemutet werden kann.[365] In Anlehnung an § 758a ZPO ist eine Anreise als unzumutbar anzusehen, wenn sie während der Nachtzeit (dh zwischen 21.00 h und 6.00 h) angetreten werden müsste.[366] Sind bei Buchung eines nicht erstattungsfähigen first-class-Fluges die fiktiven Kosten eines economy-class-Fluges niedriger als die fiktiven Kosten eines 1. Klasse-Bahntickets, sind die fiktiven Bahnkosten zu erstatten.[367]

349 Ist die Einschaltung eines am Geschäftssitz der Partei residierenden Anwaltes **ausnahmsweise nicht notwendig**, weil bereits bei der Mandatierung verlässlich absehbar ist, dass es eines Mandantengespräches nicht bedürfen wird, so verlieren die entstandenen Anwaltskosten nicht komplett ihre Erstattungsfähigkeit; Folge ist vielmehr allein, dass diejenigen Mehrkosten von einer Kostenerstattung ausgeschlossen bleiben, die gegenüber der Beauftragung von im Gerichtsbezirk ansässigen Anwälten zusätzlich entstanden sind.[368] Tatsächlich angefallene Reisekosten des auswärtigen Rechtsanwalts sind deshalb insoweit erstattungsfähig, als sie auch dann entstanden wären, wenn die obsiegende Partei einen Rechtsanwalt mit Niederlassung am weitest entfernt gelegenen Ort innerhalb des Gerichtsbezirks beauftragt hätte.[369]

---

359 OLG Düsseldorf, Beschluss v 27.8.2018 – I-2 W 20/18.
360 BGH, MDR 2011, 1321.
361 BGH, GRUR 2015, 509 – Flugkosten; OLG Düsseldorf, OLG-Report 2009, 305; OLG Stuttgart, MDR 2010, 898; OLG Brandenburg, MDR 2014, 118.
362 BGH, GRUR 2015, 509 – Flugkosten; anders für Reisekosten eines Zeugen: OLG Düsseldorf, Beschluss v 31.1.2014 – I-2 W 42/13.
363 BGH, GRUR 2015, 509 – Flugkosten.
364 BGH, GRUR 2015, 509 – Flugkosten.
365 OLG Köln, MDR 2010, 1287; OLG Brandenburg, MDR 2014, 118.
366 OLG Naumburg, MDR 2016, 1475.
367 OLG Brandenburg, MDR 2014, 118.
368 BGH, GRUR 2018, 969 – Auswärtiger Rechtsanwalt IX.
369 BGH, GRUR 2018, 969 – Auswärtiger Rechtsanwalt IX.

Nimmt der am Sitz der Partei ansässige Prozessbevollmächtigte den auswärtigen 350
Gerichtstermin nicht selbst wahr, sondern bedient er sich dazu eines **Unterbevollmächtigten** am Gerichtsort, so sind dessen Kosten nur erstattungsfähig, wenn und soweit durch die Tätigkeit des Unterbevollmächtigten ansonsten erstattungspflichtige Reisekosten des Hauptbevollmächtigten (von seinem Kanzleisitz zum Gerichtsort) erspart worden sind.[370] Bzgl der zum Vergleich heranzuziehenden Reisekosten (per Flugzeug oder Bahn) gelten die vorstehenden Ausführungen sinngemäß. Hat es der Beauftragung eines Unterbevollmächtigten nicht bedurft, weil eine Anreise des Hauptbevollmächtigten zumutbar und verhältnismäßig gewesen wäre, so sind die Kosten des Unterbevollmächtigten bis zur Höhe von 110 % der anzuerkennenden fiktiven Reisekosten des Hauptbevollmächtigten zu erstatten.[371]

Ist der mandatierte Anwalt weder im Gerichtsbezirk noch am Sitz der Partei niedergelassen (sog »**Rechtsanwalt am dritten Ort**«), sind die Reisekosten regelmäßig nur in dem 351
Maße zu erstatten, in dem sie – fiktiv – auch einem am Sitz der Partei ansässigen Anwalt entstanden wären.[372] Anderes gilt bei der Beauftragung eines spezialisierten auswärtigen Anwaltes, wenn ein vergleichbar qualifizierter ortsansässiger Rechtsanwalt nicht beauftragt werden kann.[373] Das ist nicht nur dann der Fall, wenn es einen in geeigneter Weise qualifizierten Anwalt dort überhaupt nicht gibt, sondern gleichermaßen dann, wenn es in der Person der beauftragenden Partei besondere Umstände gibt, die es bei objektiver Sicht geboten erscheinen lassen, statt des qualifizierten ortsansässigen den am dritten Ort residierenden Anwalt zu beauftragen.[374] Wird wegen der Beauftragung eines auswärtigen Prozessbevollmächtigten ein am Gerichtsort ansässiger Unterbevollmächtigter eingeschaltet, so sind dessen (zusätzliche) Kosten nur insoweit erstattungsfähig, als sie die durch die Tätigkeit des Unterbevollmächtigten ersparten (ansonsten erstattungsfähigen) Reisekosten des Hauptbevollmächtigten zum Gerichtsort nicht wesentlich übersteigen.[375] Maßgeblich ist eine Sicht ex ante, weswegen danach zu fragen ist, ob eine verständige und wirtschaftlich vernünftige Partei die Bestellung eines Unterbevollmächtigten in dem Augenblick, in dem sie darüber zu entscheiden hatten, als sachdienlich ansehen durfte.[376] Die berücksichtigungsfähigen Reisekosten berechnen sich dabei, wenn der Prozessbevollmächtigte weder am Gerichtsort noch am Unternehmenssitz noch am Ort der unternehmensinternen Bearbeitung der Angelegenheit residiert, regelmäßig nur nach den fiktiven Reisekosten, die vom Unternehmenssitz zum Gerichtsort angefallen wären.[377]

Einer Erstattung von Reisekosten des Rechts- oder Patentanwalts kann im Allgemeinen 352
nicht entgegen gehalten werden, sie seien deshalb – ganz oder teilweise – nicht notwendig, weil der Kläger (zB aufgrund der §§ 32, 35 ZPO) in der Lage gewesen sei, statt an dem von ihm gewählten fernen Standort zu klagen, das Gericht am Sitz seines Prozessbevollmächtigten anzurufen. Gemäß § 35 ZPO hat der Kläger die Wahl unter mehreren zuständigen Patentstreitgerichten, ohne dass das Gesetz das Wahlrecht an weitere Voraussetzungen knüpft. Die Wahlfreiheit besteht deshalb bis zur Grenze des Rechtsmissbrauchs im Einzelfall unabhängig davon, welcher Gerichtsstand die geringsten Kosten

---

370 BGH, NJW-RR 2014, 763.
371 BGH, GRUR 2015, 509 – Flugkosten.
372 BGH, MDR 2011, 1321; BGH, NJW-RR 2012, 695. Es sind die tatsächlichen Reisekosten anzuerkennen, die bei der höchstmöglichen Entfernung innerhalb des Gerichtsbezirks angefallen wären (OLG Köln, MDR 2016, 184; streitig, zum Meinungsstand in der Rechtsprechung vgl OLG Karlsruhe, MDR 2017, 730).
373 BGH, MDR 2012, 312.
374 OLG Düsseldorf, Beschluss v 26.7.2013 – I-2 W 26/13.
375 BGH, MDR 2012, 191 – Rechtsanwalt an einem dritten Ort; BGH, MDR 2014, 499.
376 BGH, MDR 2012, 1128; BGH, MDR 2014, 499.
377 BGH, MDR 2012, 191 – Rechtsanwalt an einem dritten Ort.

für den Gegner verursachen würde.[378] Um einen Wertungswiderspruch zu § 35 ZPO zu vermeiden, kommt eine Versagung der Kostenerstattung erst dann in Betracht, wenn sich die Gerichtsstandswahl des Klägers im Einzelfall als rechtsmissbräuchlich darstellt.[379] So kann es zu den berechtigten Interessen des Patentverletzungsklägers gehören, bei der ihm gesetzlich eingeräumten Wahl des Gerichtsstands zu berücksichtigen, ob ein Patentstreitgericht nach Einschätzung seines Prozessbevollmächtigten über besondere Erfahrungen im Umgang mit Patentstreitsachen verfügt, etwa aufgrund seiner langjährigen Befassung mit – schwierigen und komplexen – Patentverletzungsfällen aus allen technischen Bereichen.[380] Ebenso ist es grundsätzlich nicht rechtsmissbräuchlich, sondern entspricht seinem berechtigten Interesse an einer erfolgreichen Rechtsdurchsetzung, wenn der Kläger aus prozesstaktischen Erwägungen einen Gerichtsstand wählt, an dem nach Einschätzung seines Prozessbevollmächtigten für sein konkretes Begehren voraussichtlich die besten Erfolgsaussichten bestehen.[381] Darüber hinaus besteht bei der gebotenen typisierenden Betrachtungsweise eine Vermutung dafür, dass die klagende Partei ihre Gerichtswahl (§ 35 ZPO) an ihren berechtigten Interessen ausrichtet. Die ausnahmsweise Annahme eines rechtsmissbräuchlichen Vorgehens bedarf daher der Feststellung von sachfremden Erwägungen, die nach allgemeinen Grundsätzen vom Prozessgegner konkret dargelegt werden müssen.[382]

353 Neben den gesetzlichen Gebühren unterfallen der Erstattungspflicht auch Aufwendungen des Anwaltes (Reisekosten, Übernachtungskosten, Tage- und Abwesenheitsgelder), die er von seinem Mandanten ersetzt verlangen kann. Wenn und soweit der Anwalt zum **Vorsteuerabzug** berechtigt ist, dürfen allerdings nur die Nettobeträge berechnet werden, weswegen auch nur sie bei der Kostenerstattung berücksichtigungsfähig sind.[383] Über die gesetzlichen Gebühren und Auslagen hinaus besteht auch dann keine Erstattungspflicht, wenn im Innenverhältnis zwischen der erstattungsberechtigten Partei und ihrem Anwalt aufgrund einer wirksamen Honorarvereinbarung ein weitergehender Vergütungsanspruch besteht.[384]

354 Eine **Terminsgebühr** entsteht gemäß Teil 3, Vorbemerkung 3 Abs 3 Satz 3 Nr 2 VV-RVG nicht nur für die Wahrnehmung von gerichtlichen oder durch einen gerichtlichen Sachverständigen anberaumten Terminen (was grundsätzlich eine persönliche Teilnahme des Anwalts an dem Termin verlangt[385]), sondern bereits für die Mitwirkung an Besprechungen, die auf die *Vermeidung oder Erledigung* eines gerichtlichen Verfahrens gerichtet sind, soweit es sich dabei nicht lediglich um Besprechungen mit dem Auftraggeber handelt. Schon aus der Formulierung der Vorschrift geht klar hervor, dass es sich bei der Terminsgebühr um keine Erfolgsgebühr handelt. Die Besprechung muss nur auf die Vermeidung oder Erledigung eines Gerichtsverfahrens gerichtet sein, also mit dem Ziel einer vergleichsweisen Beendigung der Auseinandersetzung geführt werden. Ob dieses Ziel tatsächlich erreicht wird, ist für die Entstehung der Terminsgebühr unerheblich.[386] Aus der Erstreckung der Terminsgebühr auf den vorgerichtlichen Bereich folgt allerdings nicht, dass die Terminsgebühr bereits durch jedes allgemeine Gespräch über die grundsätzliche Bereitschaft oder die abstrakte Möglichkeit einer außergerichtlichen Erledigung

---

[378] BGH, GRUR 2014, 607 – Klageerhebung an einem dritten Ort; OLG Düsseldorf, Beschluss v 20.2.2018 – I-2 W 2/18; OLG Hamburg, MDR 1999, 638; OLG Köln, BeckRS 2009, 10721.
[379] BGH, GRUR 2014, 607 – Klageerhebung an einem dritten Ort.
[380] OLG Düsseldorf, Beschluss v 20.2.2018 – I-.2 W 2/18.
[381] BGH, GRUR 2014, 607 – Klageerhebung an einem dritten Ort.
[382] BGH, GRUR 2014, 607 – Klageerhebung an einem dritten Ort.
[383] BGH, MDR 2012, 810.
[384] BGH, MDR 2018, 557; OLG Düsseldorf, Beschluss v 30.5.2018 – I-2 W 6/18.
[385] OLG Düsseldorf, Beschluss v 16.5.2018 – I-2 W 10/18 (Fernmündliche Erörterungen mit dem Sachverständigen oder der Gegenseite reichen dementsprechend nicht aus).
[386] BGH, NJW-RR 2007, 1578, 159.

ausgelöst wird. Eine allererste Sondierung reicht mithin nicht aus.[387] Vielmehr muss es sich um eine auf die Erledigung des Verfahrens gerichtete Besprechung handeln, bei der Inhalte erörtert werden.[388] Daran fehlt es nach Auffassung des BGH – unabhängig vom konkreten Inhalt der Kommunikation des Anwaltes mit dem Gegner – aus **formalen Gründen**, wenn die Korrespondenz ausschließlich schriftlich oder per E-Mail erfolgt, denn eine Besprechung zur Vermeidung oder Erledigung des Verfahrens soll eine mündliche oder fernmündliche Äußerung von Worten in Rede und Gegenrede voraussetzen; außerdem werde der Schriftverkehr des Prozess- oder Verfahrensbevollmächtigten bereits durch die Verfahrensgebühr abgegolten.[389] Unzureichend sind des Weiteren Besprechungen, die nur auf die Regelung einzelner Verfahrensmodalitäten, aber nicht auf die Beilegung des Streits insgesamt gerichtet sind.[390] Sofern letzteres gewährleistet ist, wird die Terminsgebühr vom **Patentanwalt** auch dann verdient, wenn er nicht selbst das Wort ergriffen hat, den zwischen den Rechtsanwälten geführten Vergleichsgesprächen jedoch jederzeit eingriffsbereit gefolgt ist.[391]

Das Verfahren über den Einspruch gegen ein **Versäumnisurteil** und das vorangegangene (zum VU führende) Verfahren stellen in gebührenrechtlicher Hinsicht dieselbe Angelegenheit dar.[392] Es entsteht deswegen nur *eine* Verfahrensgebühr und die ursprünglich aufgrund des ersten, zum VU führenden Termins angefallene 0,5-Terminsgebühr (Nr 3105 VV-RVG) geht in der 1,2-Terminsgebühr für die Einspruchsverhandlung (Nr 3104 VV-RVG) auf.[393] Etwas anderes gilt in analoger Anwendung des § 15 Abs 5 Satz 2 RVG dann, wenn Einspruch gegen das VU erst mehr als zwei Jahre nach dessen Zustellung eingelegt wird und der Anwalt nach Einspruchseinlegung erneut tätig wird.[394] 355

Schließen die Parteien im Verhandlungstermin einen **Vergleich**, der bisher nicht rechtshängige Ansprüche einbezieht und der vorsieht, dass die Kosten des Rechtsstreits von *einer* Partei getragen werden, während die Vergleichskosten gegeneinander aufgehoben werden, so gehört derjenige Teil der Terminsgebühr, der auf die ursprünglich rechtshängigen Ansprüche entfällt, zu den »Kosten des Rechtsstreits«, während die Terminsgebühr, soweit sie die erst für den Zweck des Vergleichsschlusses einbezogenen Ansprüche betrifft, zu den »Kosten des Vergleichs« zählt.[395] 356

Nach Maßgabe von Nr 7000 Nr 1 b) RVG-VV fällt eine **Dokumentenpauschale** für die Anfertigung und Überlassung von Dokumenten für den Prozessgegner an. Der Notwendigkeitsvorbehalt gilt allerdings auch hier, weswegen eine Erstattungspflicht nicht besteht, wenn es sich bei den Kopien um veröffentlichte und allgemein zugängliche Gerichtsentscheidungen oder solche Anlagen handelt, die dem Gegner zB aus einem Parallelverfahren bereits bekannt sind.[396] 357

Neben den Kosten des inländischen Prozessbevollmächtigten sind Kosten für die Einschaltung eines **weiteren ausländischen Rechtsanwaltes** grundsätzlich nicht erstattungsfähig. Ihre Notwendigkeit wird noch nicht dadurch ausgelöst, dass er über Spezialkenntnisse verfügt, weil jedem deutschen Rechtsanwalt zugemutet wird, sich selbst in entlegene Rechtsgebiete einzuarbeiten. Das gilt erst recht, wenn die Prozessbevollmäch- 358

---

387 OLG Düsseldorf, Beschluss v 6.3.2018 – I-2 W 3/18.
388 BGH, NJW-RR 2007, 1578, 1579; BGH, NJW 2007, 2858, 2859.
389 BGH, r+s 2010, 252.
390 OLG Düsseldorf, Beschluss v 16.5.2018 – I-2 W 10/18.
391 OLG Düsseldorf, Beschluss v 25.5.2018 – I-2 W 12/18.
392 BGH, MDR 2018, 629.
393 BGH, MDR 2018, 629.
394 BGH, MDR 2018, 629.
395 BGH, MDR 2017, 1330.
396 OLG Hamburg, MDR 2017, 1170.

tigten ihrerseits auf das Gebiet des Patentrechts spezialisiert sind.[397] In solchen Fällen ist es belanglos, dass die ausländischen Rechtsanwälte als Hausanwälte der erstattungsberechtigten Partei europaweit in alle Patentauseinandersetzungen eingeschaltet werden, im inländischen Gerichtsverfahren auch Entscheidungen von Gerichten aus dem Heimatland der ausländischen Anwälte zu erörtern sind und die Partei von der Hinzuziehung eines Patentanwaltes abgesehen hat.[398]

359 Unter dem Gesichtspunkt der **Verkehrsanwaltskosten** besteht gleichfalls regelmäßig keine Erstattungspflicht.[399] So ist der ausländische Verkehrsanwalt jedenfalls dann nicht erforderlich, wenn der deutsche Verfahrensbevollmächtigte bereits über alle nötigen Informationen verfügt.[400] Außerdem ist die Mitwirkung eines ausländischen Verkehrsanwalts nicht erforderlich, wenn es für die ausländische Partei möglich, zumutbar und kostengünstiger ist, den inländischen Prozessbevollmächtigten unmittelbar zu informieren.[401] Das kommt vor allem in Betracht, wenn die ausländische Partei auf Grund langjähriger Geschäftstätigkeit in Deutschland, etwa mit einer eigenen Vertriebsorganisation, und Kenntnissen der deutschen Sprache zweifelsfrei in der Lage ist, direkt mit ihrem deutschen Prozessbevollmächtigten zu verkehren und für den Rechtsstreit Kenntnisse des Heimatrechts der ausländischen Partei unerheblich sind.[402] Für die besagten Sprachkenntnisse kommt es auf den für das Führen von Rechtsstreitigkeiten unternehmensintern Zuständigen an, weshalb bei einem mehrköpfigen Vertretungsorgan mit gegeneinander abgegrenzten Befugnissen derjenige Vorstand oder Geschäftsführer entscheidet, in dessen Kompetenz der Patentverletzungsprozess fällt.[403] Umgekehrt gilt dasselbe, sofern der deutsche Rechtsanwalt über hinreichende Fremdsprachenkenntnisse verfügt, die ihm eine unmittelbare Korrespondenz mit dem ausländischen Mandanten erlauben. Davon ist im Zweifel[404] auszugehen, wenn der Rechtsanwalt auf seiner Homepage für sich mit entsprechenden *Arbeits*sprachen wirbt.[405] Kosten eines nicht erforderlichen Verkehrsanwaltes werden auch nicht zwangsläufig dadurch erstattungsfähig, dass an seiner Stelle der Geschäftsführer der ausländischen Partei zum Gerichtstermin hätte reisen dürfen und dessen Kosten zu ersetzen gewesen wären. Denn insoweit handelt es sich um eine rein fiktive Kostenposition, die nur dann erstattungsfähig sein kann, wenn sie durch den Anfall der nicht erstattungsfähigen Kosten erspart worden ist.[406] Es kommt also darauf an, ob der ausländische Patentanwalt – jenseits seiner Sprachkenntnisse – über ein Wissen oder über Fertigkeiten verfügt, derentwegen ein Erscheinen des Geschäftsführers vor Gericht hinzunehmen gewesen wäre.[407] Für einen **Patentanwalt** gelten dieselben Regeln.[408]

bb) Ausländische Partei

360 Einer im Ausland ansässigen Partei, die im Inland einen Verletzungsprozess führt, steht es frei, **inländische Anwälte** hinzuzuziehen, auch wenn diese nicht am Gerichtsort ansässig sind, so dass die vollen Reisekosten der Anwälte von ihrem Kanzleisitz zum Gerichts-

---

397 OLG Düsseldorf, Beschluss v 15.3.2013 – I-2 W 10/13.
398 OLG Düsseldorf, Beschluss v 15.3.2013 – I-2 W 10/13.
399 BGH, GRUR 2012, 319 – Ausländischer Verkehrsanwalt.
400 BGH, GRUR 2012, 319 – Ausländischer Verkehrsanwalt.
401 BGH, GRUR 2012, 319 – Ausländischer Verkehrsanwalt.
402 BGH, GRUR 2012, 319 – Ausländischer Verkehrsanwalt.
403 OLG Düsseldorf, Beschluss v 22.8.2016 – I-2 W 16/16.
404 Denkbar ist hier die Notwendigkeit eines Korrespondenzanwaltes zB, wenn der technische Gegenstand derart speziell oder komplex ist, dass gewöhnliche Fremdsprachenkenntnisse nicht ausreichen.
405 OLG Düsseldorf, Beschluss v 4.9.2013 – I-2 W 23/13.
406 OLG Düsseldorf, Beschluss v 4.9.2013 – I-2 W 23/13.
407 OLG Düsseldorf, Beschluss v 4.9.2013 – I-2 W 23/13.
408 OLG Düsseldorf, Beschluss v 4.9.2013 – I-2 W 23/13.

ort[409] erstattungsfähig sind.[410] Das gilt nicht nur, aber ganz besonders dann, wenn es eine sachliche Rechtfertigung für die Mandatierung der betreffenden auswärtigen Anwälte gibt, zB weil es sich um die Hausanwälte der Partei handelt[411] oder weil diese bereits mit dem Klageschutzrecht befasst waren[412] (das von ihnen angemeldet wurde oder aus dem von ihnen abgemahnt wurde). Die prinzipiell freie Anwaltswahl besteht im Zweifel auch dann, wenn die Partei eine eigene Rechtsabteilung unterhält.[413]

cc) Patentanwalt

Bei der Berechnung des Kostenrisikos sollte von vornherein nicht nur das erstinstanzliche Verfahren kalkuliert werden, sondern zumindest auch das Berufungsverfahren sowie die Kosten für ein mögliches Einspruchs-, Nichtigkeits[414]- oder Löschungsverfahren. Dabei ist zu berücksichtigen, dass die Kosten der im Patentverletzungsverfahren mitwirkenden Patentanwälte mittlerweile gemäß § 143 Abs 3 PatG[415] vollumfänglich – und nicht nur in Höhe einer 1,0-Gebühr nach § 13 RVG[416] – erstattungsfähig sind. Die Höhe der Patentanwaltsgebühren bemisst sich – wie die des den Verletzungsprozess führenden Rechtsanwaltes, an dessen Handlungen er mitgewirkt hat – nach dem RVG und dem VV.[417]

361

Voraussetzung ist freilich, dass es sich nicht nur um **fiktive Kosten** handelt, ein Patentanwalt also tatsächlich hinzugezogen worden ist und dieser einen Vergütungsanspruch in Höhe des Erstattungsbetrages erworben hat. Wurde davon abgesehen, einen Patentanwalt zu mandatieren, sind zusätzliche Patentanwaltskosten nicht unter Hinweis darauf erstattungsfähig, dass der eingeschaltete Rechtsanwalt Fachanwalt für gewerblichen Rechtsschutz ist und dieser einem Patentanwalt gleichstehe.[418] Ähnliches gilt, wenn zwar ein Patentanwalt eingeschaltet wurde und mitgewirkt hat, mit ihm jedoch rechtswirksam eine **Honorarvereinbarung** getroffen wurde, nach der die verdiente Vergütung hinter den erstattungsfähigen gesetzlichen Gebühren zurückbleibt.[419] Hier besteht ein Erstattungsanspruch maximal in der Höhe, in der die erstattungsberechtigte Partei tatsächlich mit Patentanwaltsgebühren belastet worden ist. Zur Erklärungs- und Glaubhaftma-

362

---

409 … und nicht nur die Reisekosten bis zur Grenze der durch die Einschaltung eines am Gerichtsort ansässigen Unterbevollmächtigten entstehenden Kosten (BGH, MDR 2017, 1087).
410 BGH, NJW-RR 2014, 886; BGH, MDR 2017, 1087.
411 OLG Düsseldorf, JurBüro 2003, 427.
412 OLG Düsseldorf, InstGE 11, 177 – Reisekostenfestsetzung.
413 BGH, MDR 2017, 1087.
414 Der Streitwert eines Nichtigkeitsverfahrens bemisst sich nach dem Betrag der bis zur Klageerhebung bzw Berufungseinlegung entstandenen Schadenersatzforderungen wegen Patentverletzung sowie dem gemeinen Wert des Patents (BGH, GRUR 2009, 1100 – Druckmaschinen-Temperierungssystem III). Ist ein paralleler Verletzungsprozess anhängig, so ist der Wert des Nichtigkeitsverfahrens mindestens mit dem Streitwert des Verletzungsverfahrens (insbesondere einer dort bereits bezifferten Schadenersatzforderung) anzusetzen (BGH, GRUR 2009, 1100 – Druckmaschinen-Temperierungssystem III).
415 Problematisch ist, ob § 143 Abs 3 PatG Anwendung findet, wenn der Patentanwalt in eigener Sache tätig wird, also selbst Partei desjenigen Rechtsstreits ist, in dem er mitwirkt (zum Streitstand vgl Gruber, Mitt 2018, 264). Eine solche Konstellation kann sich insbesondere bei Honorarklagen des Patentanwaltes einstellen. Wird für sie das Vorliegen einer Patentstreitsache bejaht (vgl dazu KG, GRUR-RR 2012, 410 – Patentanwaltshonorarklage, mwN zum Streitstand), liegt eine Parteiidentität nicht vor, wenn Kläger der Honorarklage lediglich die Partnerschaftsgesellschaft ist, der der Patentanwalt als Gesellschafter angehört (OLG Dresden, Mitt 2008, 42; vgl dazu auch Hoffmann/Gruneberg, Mitt 2008, 15).
416 BGH, GRUR 2006, 702 – Erstattung von Patentanwaltskosten: OLG Frankfurt/Main, InstGE 5, 159 – Mitwirkungsgebühr für Patentanwalt.
417 OLG Frankfurt/Main, GRUR-RR 2005, 104 – Textilhandel.
418 OLG Köln, MDR 2012, 1500 = OLG Köln, GRUR-RR 2013, 39 – Fiktive Patentanwaltskosten.
419 OLG Düsseldorf, Beschluss v 30.5.2018 – I-2 W 6/18.

chungslast der erstattungsberechtigten Partei gilt das oben zum Rechtsanwaltshonorar Gesagte entsprechend.[420]

363 Eine wichtige Besonderheit gilt es dabei zu beachten. An der für die nur beim BGH zugelassenen Rechtsanwälte vorgesehenen **Gebührensatzerhöhung** für die Verfahrensgebühr von 1,6 auf 2,3 (Nr 3208, 3508 RVG-VV) nimmt der im Nichtzulassungsbeschwerdeverfahren[421] oder Revisionsverfahren[422] mitwirkende Patentanwalt nicht teil.

364 Die **Neufassung** des § 143 Abs 3 PatG ist auch auf Streitverfahren anzuwenden, die vor dem 1.1.2002 anhängig geworden und am 1.1.2002 noch nicht abgeschlossen sind, sofern die Mitwirkungshandlung des Patentanwaltes nach dem 1.1.2002 stattgefunden hat.[423]

365 § 143 Abs 3 PatG gilt auch für **Kostenerstattungsklage** nach einer **Abmahnung** wegen Patentverletzung[424] Kostenerstattungsklagen zur **Abwehr einer solchen unberechtigten Abmahnung**[425] sowie für **Ordnungsmittel- und Zwangsmittelverfahren**, wenn das vorausgegangene Erkenntnisverfahren eine Patentstreitsache war.[426] Zu letzteren gehören auch **einstweilige Verfügungsverfahren**[427]**, und zwar selbst dann, wenn der erstattungsberechtigte Antragsgegner sich lediglich mit einem Kostenwiderspruch verteidigt**[428].

366 Eine Prüfung dahingehend, ob die Mitwirkung des Patentanwaltes sachlich »**notwendig**« im Sinne von § 91 ZPO war, findet, soweit es um die eigentlichen Gebühren geht, nicht statt[429], wohl aber, soweit neben den Gebühren Auslagen (Reisekosten, Übernachtungskosten, Abwesenheitsgelder) beansprucht werden[430]. Die Erstattungspflicht hinsichtlich

---

420 Vgl oben Rdn 347.
421 OLG Düsseldorf, Beschluss v 30.9.2013 – I-2 W 29/13.
422 OLG Düsseldorf, Beschluss v 15.5.2012 – I-2 W 12/12; vgl. auch BGH, GRUR 2004, 1062 – Mitwirkender Patentanwalt (zu § 11 Abs 1 Satz 5 RVG).
423 BGH, GRUR 2006, 702 – Erstattung von Patentanwaltskosten.
424 OLG Düsseldorf, Beschluss v 4.1.2017 – I-2 W 29/16.
425 OLG Düsseldorf, Beschluss v 31.8.2017 – I-2 W 14/17. Hat der Patentanwalt bei der vorgerichtlichen Abmahnung/deren Abwehr mitgewirkt und im späteren Kostenerstattungsprozess, so können seine Kosten, was ihre Erstattungsfähigkeit angeht, ein unterschiedliches Schicksal nehmen. Während nämlich für das Gerichtsverfahren § 143 Abs 3 PatG gilt, so dass *keine* Prüfung auf die Notwendigkeit seiner Mitwirkung zur zweckentsprechenden Rechtsverfolgung/Rechtsverteidigung stattfindet, verhält es sich für den vorgerichtlichen Bereich, für den § 143 Abs 3 PatG nicht gilt und deshalb eine Notwendigkeitsprüfung durchzuführen ist, anders. Die ungleiche Behandlung bei der Erstattungsfähigkeit der Patentanwaltskosten ist zwingende Folge des auf den prozessualen Bereich beschränkten Anwendungsbereichs von § 143 Abs 3 PatG und deshalb hinzunehmen.
426 OLG München, Mitt 2006, 187 – Mitwirkung eines Patentanwalts im Ordnungsmittelverfahren; streitig für die Vollstreckung von Auskunfts- und Rechnungslegungsansprüchen: Während das OLG Stuttgart (GRUR-RR 2005, 334 – Patentanwaltskosten in der Zwangsvollstreckung) generell eine Erstattungspflicht bejaht, stellt das OLG Köln (GRUR-RR 2012, 492 – Patentanwaltskosten im Zwangsgeldverfahren) darauf ab, ob im Einzelfall tatsächlich die besondere Sachkunde eines Patentanwaltes erforderlich war, was für die Auskunftsvollstreckung regelmäßig zu verneinen sei. Eine Patentstreitsache ist jedoch zu bejahen für die Vollstreckung des Rückrufanspruchs (OLG Düsseldorf, Beschluss v 18.11.2015 – I-2 W 22/15) und für die Vollstreckung des Herausgabeanspruchs zur Sicherung eines Vernichtungsanspruchs (OLG Düsseldorf, Beschluss v 20.1.2010 – I-2 W 69/09; OLG Düsseldorf, Beschluss v 18.11.2015 – I-2 W 22/15).
427 BGH, GRUR 2012, 756 – Kosten des Patentanwalts III.
428 OLG Düsseldorf, Mitt 2014, 345 – Kosten des Patentanwalts beim Kostenwiderspruch.
429 BGH, WRP 2003, 755 – Kosten des Patentanwalts. Wird neben dem patentrechtlichen Anspruch im Wege der objektiven Klagenhäufung auch ein nichtpatentrechtlicher Anspruch geltend gemacht, so ist § 143 Abs 3 PatG nur auf die abtrennbaren patentrechtlichen Ansprüche anzuwenden, während sich die Erstattungsfähigkeit der Patentanwaltskosten wegen der übrigen Klage nach § 91 ZPO richtet und somit von einer Notwendigkeitsprüfung abhängt.
430 OLG Düsseldorf, InstGE 13, 280 – Terminskosten für Patentanwalt; OLG Düsseldorf, Beschluss v 14.8.2009 – I-2 W 30/09.

der Patentanwaltskosten besteht auch dann, wenn die obsiegende Partei von einem Bevollmächtigten vertreten worden ist, der **sowohl** als **Rechtsanwalt als auch** als **Patentanwalt** zugelassen ist und der in beiden Funktionen mandatiert war.[431] Gleiches gilt, wenn der Patentanwalt mit dem Prozessbevollmächtigten der Partei in einer Sozietät verbunden ist.[432] Erstattungsfähig sind die Kosten schließlich auch dann, wenn es sich um einen EU-ausländischen Patentanwalt handelt, sofern er nach seiner Ausbildung und Qualifikation sowie nach seinem im Heimatstaat gesetzlich zugewiesenen Aufgabengebiet einem deutschen Patentanwalt im Wesentlichen vergleichbar ist.[433] Gleiches gilt für den nach Art 134 EPÜ zugelassenen Vertreter beim Europäischen Patentamt, egal, ob er Inländer oder Ausländer ist.[434]

Auf einen **Patentassessor** ist § 143 Abs 3 PatG weder unmittelbar[435] noch analog[436] anwendbar. Gleiches gilt für einen ausländischen Rechtsanwalt, selbst wenn dieser ein naturwissenschaftliches Studium abgeschlossen hat.[437] Erstattungsfähig sind die Kosten eines Patentassessors nur, wenn ihre Mitwirkung »notwendig« war, was verlangt, dass eine verständige und wirtschaftlich vernünftige Partei die Hinzuziehung eines Patentassessors als sachdienlich ansehen durfte, wobei die Partei ihr berechtigtes Interesse verfolgen und die zur vollen Wahrnehmung ihrer Belange erforderlichen Schritte ergreifen darf und sie lediglich gehalten ist, unter mehreren *gleichartigen* Maßnahmen die kostengünstigere auszuwählen.[438] Als solche kommt, wenn der Patentassessor nicht nur technischen Sachverstand, sondern – wie meist – auch Kenntnisse und Erfahrungen im Rechtsbestandsverfahren einbringen soll, nur die Einschaltung eines Patentanwaltes in Betracht. Genau wie für diesen kann deshalb auch für den mitwirkenden Patentassessor im Kostenfestsetzungsverfahren nach RVG-Gebühren abgerechnet werden.[439] 367

Die **Erstattungsfähigkeit** der Patentanwaltskosten gemäß § 143 Abs 3 PatG setzt dem Grunde nach nur voraus, dass 368

– der Patentanwalt an Handlungen des Rechtsanwaltes mitgewirkt (dh irgendeine streitbezogene, die Rechtsverfolgung oder Rechtsverteidigung fördernde oder zumindest zu fördern geeignete Tätigkeit entfaltet[440]) hat und 369

– die Handlungen des Rechtsanwaltes im Innenverhältnis zum Mandanten einen Gebührentatbestand des RVG verwirklichen.[441] 370

Für den Patentanwalt kann deshalb eine **Terminsgebühr** erstattungsfähig sein, ungeachtet der Tatsache, dass er selbst vor dem Verletzungsgericht nicht postulationsfähig ist.[442] Auch kommt es nicht darauf an, ob im Termin selbst irgendeine sinnvolle Mitwirkung 371

---

431 BGH, WRP 2003, 755 – Kosten des Patentanwalts.
432 OLG Düsseldorf, InstGE 2, 298 – Patentanwaltsgebührenerstattung bei Sozietät mit Rechtsanwalt.
433 BGH, GRUR 2007, 999 – Consulente in marchi; OLG Frankfurt/Main, GRUR-RR 2006, 422, mwN.
434 OLG Karlsruhe, GRUR 2004, 888; OLG Karlsruhe, Beschluss v 9.2.2018 – 6 W 79/16.
435 Vgl BGH, GRUR 2007, 999 – Consulente in marchi.
436 OLG Düsseldorf, Beschluss v 23.12.2011 – I-2 W 40/11.
437 OLG Düsseldorf, Beschluss v 15.3.2013 – I-2 W 10/13.
438 BGH, GRUR 2007, 999 – Consulente in marchi; OLG Düsseldorf, Beschluss v 23.12.2001 – I-2 W 40/11.
439 OLG Düsseldorf, Beschluss v 23.12.2011 – I-2 W 40/11; OLG Frankfurt/Main, Mitt 2014, 97 – Erstattungsfähigkeit der Kosten eines Patentassessors.
440 OLG Düsseldorf, InstGE 13, 280 – Terminskosten für Patentanwalt.
441 OLG Hamm, Mitt 2009, 425.
442 OLG Düsseldorf, InstGE 3, 76 – Erstattung von Patentanwaltskosten; OLG Köln, Mitt 2006, 286 – Terminsgebühr bei Säumnis; OLG Hamm, Mitt 2009, 425.

des Patentanwaltes stattgefunden hat oder zu erwarten ist, weshalb die Terminsgebühr[443] zB auch dann verdient wird, wenn im Verhandlungstermin lediglich ein – ggf sogar vorher angekündigtes – Versäumnis- oder Verzichtsurteil ergeht, sofern der Patentanwalt nur an dem die Terminsgebühr des Rechtsanwaltes auslösenden Gebührentatbestand mitgewirkt hat (zB im Vorfeld der Verzichtserklärung oder durch Teilnahme an der Verhandlung[444]).[445] In welcher Weise der Patentanwalt mitwirkend tätig geworden ist, braucht nicht im Einzelnen substantiiert zu werden; vielmehr genügt es regelmäßig, dass seine Mitwirkung zu Beginn des Verfahrens angezeigt und eine auf das Verfahren bezogene Kostenrechnung des Patentanwaltes vorgelegt wird.[446] Die Mitwirkungsanzeige ist dabei freilich – nicht umgekehrt – ein unverzichtbares Erfordernis, weswegen die erstattungsrelevante Mitwirkung im Einzelfall auch noch nachträglich im Kostenfestsetzungsverfahren glaubhaft gemacht werden kann.[447]

372 Nach § 143 Abs 3 PatG sind nur die Kosten eines einzigen (und nicht mehrerer) im Patentverletzungsprozess mitwirkender Patentanwälte erstattungsfähig.[448] Wird neben dem deutschen ein **weiterer ausländischer Patentanwalt** hinzugezogen, so sind dessen Kosten nur nach Maßgabe der §§ 91 Abs 1 Satz 1, Abs 2 Satz 2 ZPO berücksichtigungsfähig. Wie bei der Beauftragung mehrerer Rechtsanwälte gilt der Grundsatz, dass die Kosten mehrerer Patentanwälte in der Regel nur bis zur Höhe der Kosten eines Patentanwaltes zu erstatten sind.[449] Die Notwendigkeit der Hinzuziehung eines zweiten, ausländischen (hier: französischen) Patentanwaltes ergibt sich noch nicht daraus,

373 – dass das Klagepatent ein in fremder Verfahrenssprache (hier: Französisch) abgefasstes europäisches Patent ist, das mit einem Einspruch angegriffen ist,

374 – dass der den Einspruch betreibende Verletzungsbeklagte eine ausländische (hier: in Frankreich ansässige) Partei ist

375 – und dass der ausländische Patentanwalt das in der fremden Verfahrenssprache geführte Einspruchsverfahren betreut.[450]

376 Unter den genannten Bedingungen sind die Kosten des ausländischen Patentanwaltes ebenfalls nicht als **Verkehrsanwaltskosten** erstattungsfähig. Für eine positive Notwendigkeitsprüfung (die auch insoweit stattzufinden hat) genügt nicht schon die Ausländereigenschaft als solche. Es müssen vielmehr darüber hinaus konkrete Gründe (wie prozessrelevante sprachliche Barrieren, kulturelle Unterschiede, mangelnde Vertrautheit mit dem deutschen Rechtssystem) hinzutreten, die im Einzelfall die Einschaltung eines ausländischen Verkehrsanwaltes als geboten erscheinen lassen.[451] Die Notwendigkeit ist dementsprechend zu verneinen, wenn der inländische Prozessbevollmächtigte bereits über alle für den Rechtsstreit nötigen Informationen verfügt oder die ausländische Partei aufgrund eigener inländischer Geschäftstätigkeit zweifelsfrei in der Lage ist, ihren Pro-

---

443 Anders verhält es sich mit Auslagen (wie Übernachtungs- und Reisekosten), für die eine Notwendigkeitsprüfung stattzufinden hat (OLG Düsseldorf, InstGE 13, 280 – Terminskosten für Patentanwalt = OLG Düsseldorf, GRUR-RR 2012, 308 – Fahrbare Betonpumpen).
444 Nicht ausreichend ist, wenn sich der Patentanwalt im Termin durch einen Rechtsanwalt vertreten lässt (OLG Braunschweig, GRUR-RR 2012, 133 – Doppelvertretung).
445 OLG Düsseldorf, InstGE 13, 280 – Terminskosten für Patentanwalt = OLG Düsseldorf, GRUR-RR 2012, 308 – Fahrbare Betonpumpen.
446 OLG Frankfurt/Main, GRUR-RR 2006, 422.
447 OLG Düsseldorf, InstGE 13, 280 – Terminskosten für Patentanwalt = OLG Düsseldorf, GRUR-RR 2012, 308 – Fahrbare Betonpumpen.
448 OLG Düsseldorf, InstGE 12, 63 – zusätzlicher ausländischer Patentanwalt.
449 OLG Düsseldorf, InstGE 12, 63 – zusätzlicher ausländischer Patentanwalt.
450 OLG Düsseldorf, InstGE 12, 63 – zusätzlicher ausländischer Patentanwalt.
451 BGH, GRUR 2012, 319 – Ausländischer Verkehrsanwalt.

zessbevollmächtigten selbst zu informieren und Kenntnisse des Rechts der ausländischen Partei für die Entscheidung der Sache unerheblich sind.[452] Bei einer an einem inländischen Verletzungsverfahren beteiligten ausländischen Partei besteht für die Einschaltung eines ausländischen Korrespondenzanwaltes nur ausnahmsweise ein rechtfertigender Grund, namentlich dann, wenn es der Partei aufgrund der Umstände unmöglich oder unzumutbar ist, ihren Prozessbevollmächtigten am entfernten Gerichtsort persönlich, schriftlich oder telefonisch zu informieren.[453] Ist der ausländische Patentanwalt der deutschen Sprache hinreichend mächtig (so dass er als Korrespondenzanwalt fungieren kann), so steht einer zusätzlichen Berücksichtigung seiner Kosten entgegen, dass die ausländische Partei statt ihres deutschen Patentanwaltes sogleich und allein den ausländischen Patentanwalt zur Mitwirkung im Verletzungsprozess hätte bestimmen können.[454]

Betrifft die Klage *einen* Streitgegenstand, der eine Patentstreitsache ist und einen zweiten Streitgegenstand, auf den dies nicht zutrifft und für den sich auch die Notwendigkeit einer Hinzuziehung patentanwaltlichen Sachverstandes nicht aufgrund der Umstände des Falles bejahen lässt, so sind die angefallenen **Patentanwaltskosten nur zum Teil erstattungsfähig**, nämlich insoweit, wie sie dem ersten Streitgegenstand zuzurechnen sind. Die Quotelung hat in der Weise zu geschehen, dass die nach dem Gesamtstreitwert der Klage entstandenen Patentanwaltsgebühren entsprechend dem Verhältnis der Werte beider Streitgegenstände zueinander aufzuteilen sind. 377

▶ **Bsp:** 378

Der Wert der Klage beträgt 500.000 €, wobei auf den als Patentstreitsache zu behandelnden Teil 100.000 € und auf den restlichen Streitstoff, der keine Patentstreitsache ist, 400.000 € entfallen. Das Honorar für die Mitwirkung des Patentanwalts im Klageverfahren beträgt 10.000 €. Erstattungsfähig ist ein Bruchteil von 1/5 (100.000 €: 500.000 €) des Gesamthonorars, dh 2.000 €.

dd) Rechtsmittelverfahren

Zurückhaltung ist im Rechtsmittelverfahren für den Rechtsmittelbeklagten geboten. Er kann, sobald das Rechtsmittel eingelegt ist, zwar seinerseits einen Anwalt beauftragen[455], für den deshalb auch die Verfahrensgebühr[456] erstattungsfähig ist.[457] Das gilt auch, wenn das (vorwiegend zur Fristwahrung eingelegte) Rechtsmittel später zurückgenommen wird, wobei in einem solchen Fall die ermäßigte Verfahrensgebühr nach Nr 3201 RVG-VV anfällt, sofern der Anwalt eine gebührenauslösende Tätigkeit entfaltet hat. Eine solche liegt zwar noch nicht in der Entgegennahme der gegnerischen Rechtsmittelschrift und deren Weiterleitung an den Mandanten, weil beide Tätigkeiten gebührenrechtlich noch zum ersten Rechtszug gehören.[458] Andererseits ist nicht erforderlich, dass der Anwalt des Rechtsmittelgegners nach außen in Erscheinung tritt, indem er sich bei Gericht bestellt oder einen Schriftsatz einreicht; genügend ist vielmehr, dass er für den Rechtsmittelzug Informationen entgegennimmt, das angefochtene Urteil durcharbeitet oder mit dem Mandanten erörtert, ob bereits vor einer Rechtsmittelbegründung auf das 379

---

452 BGH, GRUR 2012, 319 – Ausländischer Verkehrsanwalt.
453 OLG Düsseldorf, InstGE 12, 63 – zusätzlicher ausländischer Patentanwalt.
454 OLG Düsseldorf, InstGE 12, 63 – zusätzlicher ausländischer Patentanwalt.
455 Anderes soll ausnahmsweise dann gelten, wenn das Rechtsmittelgericht im Zeitpunkt der Anwaltsbeauftragung bereits die Verwerfung des eingelegten Rechtsmittels angekündigt hatte (OLG Karlsruhe, MDR 2018, 830).
456 Zur Anrechnung der Verfahrensgebühr nach Zurückverweisung des Rechtsstreits an das Berufungsgericht vgl BGH, BB 2016, 1922 (LS).
457 BGH, MDR 2003, 530; OLG Naumburg, MDR 2012, 553.
458 OLG Karlsruhe, MDR 2018, 830.

eingelegte Rechtsmittel reagiert werden soll.[459] Abgesehen davon trifft den Rechtsmittelgegner jedoch die grundsätzliche Pflicht zur kostenschonenden Prozessführung, was verlangt, dass mit der weitere Kosten auslösenden **Stellung eigener Sachanträge** (und erst Recht mit inhaltlichen Ausführungen) gewartet wird bis eine Rechtsmittelbegründung vorliegt und damit feststeht, dass das Rechtsmittelverfahren tatsächlich durchgeführt wird.[460] Sobald das gegnerische Rechtsmittel begründet ist, ist allerdings ein Zurückweisungsantrag zur zweckentsprechenden Rechtsverteidigung notwendig und führt zur Kostenerstattung nach § 91 ZPO, auch dann, wenn das Rechtsmittelgericht noch keine Erwiderungsfrist gesetzt hat, zB weil es sich vorbehalten hat, zunächst ein Vorgehen nach § 522 Abs 2 ZPO zu prüfen.[461] Trotz verfrühten (weil vor Rechtsmittelbegründung erfolgten) Zurückweisungsantrages besteht eine Erstattungspflicht ausnahmsweise auch dann, wenn das Rechtsmittel in der Folge tatsächlich begründet wird.[462] Ob das Rechtsmittelgericht in der Folge entscheidet, ist unerheblich. Bei der Erstattungspflicht verbleibt es auch dann, wenn das Rechtsmittel nach seiner Begründung zurückgenommen oder das Rechtsmittelverfahren auf sonstige Weise beendet wird.[463] Ist dem Berufungsbeklagten mit dem Hinweisbeschluss nach § 522 Abs 2 ZPO eine Berufungserwiderungsfrist gesetzt worden und reicht der Berufungsbeklagte nach Berufungsrücknahme eine Berufungserwiderung ein, sind die hierdurch entstandenen Kosten erstattungsfähig, wenn der Berufungsbeklagte bei Einreichung seiner Berufungserwiderung keine Kenntnis von der zwischenzeitlichen Berufungsrücknahme hatte und ihm diese Unkenntnis auch nicht vorwerfbar ist.[464]

380 Dieselben Regeln gelten für die **Hinzuziehung eines Patentanwaltes** neben dem Prozessanwalt.[465] Eine Pflicht zur Zurückhaltung über das für Rechtsanwälte geltende Maß hinaus besteht allerdings nicht. Ist die Berufung nicht fristgerecht eingelegt und hat der Rechtsmittelführer Wiedereinsetzung in den vorigen Stand beantragt, so kann deswegen ein Patentanwalt mandatiert werden, sobald die materielle Berufungsbegründung eingereicht wird, auch wenn zu diesem Zeitpunkt über das Wiedereinsetzungsgesuch und die Verwerfung der Berufung noch nicht entschieden ist. Der Berufungsbeklagte darf für das Rechtsmittelverfahren einen Rechtsanwalt beauftragen, sobald das gegnerische Rechtsmittel eingelegt oder eine solche Einlegung in ernst zu nehmender Weise angedroht ist.[466]

381 Sieht der **Streithelfer** davon ab, für die betreffende Instanz einen eigenen postulationsfähigen Prozessbevollmächtigten zu bestellen, kann er seiner bisherigen (rechts- und/oder patent-)anwaltlichen Vertretung stattdessen einen Auftrag für Einzeltätigkeiten erteilen, womit eine 0,8-Verfahrensgebühr nach Nr 3403 VV-RVG anfällt. Ein solches kann zB angezeigt sein, wenn die unterstützte Hauptpartei das Rechtsmittelverfahren führt, der Streithelfer jedoch im Hintergrund über dessen Fortgang und Inhalt unterrichtet bleiben will, um in internen Abstimmungen beteiligt zu bleiben und notfalls Einfluss auf den Prozessvortrag der von ihm unterstützten Hauptpartei nehmen zu können. Solange nicht parallel ein Prozessbevollmächtigter beauftragt wird, wird ein Einzeltätigkeitsauftrag in aller Regel »notwendig« iSv § 91 ZPO sein und bei Obsiegen

---

459 OLG Karlsruhe, MDR 2018, 830.
460 BGH, NJW 2003, 756; BGH, NJW 2003, 1324.
461 BGH, MDR 2010, 1287.
462 BGH, NJW 2009, 2220; BGH, MDR 2010, 1287.
463 BGH, MDR 2014, 57.
464 BGH, MDR 2018, 618.
465 OLG Stuttgart, GRUR-RR 2004, 279 – Patentanwaltskosten bei Rechtsmittelrücknahme; OLG Düsseldorf, Mitt 2015, 419 – Fahrradcomputer; aA: noch Beschluss v 20.8.2007 – I-2 W 11/07 (Anlass zur Mandatierung eines Patentanwaltes besteht, sobald die Mitteilung über die gegnerische Berufungseinlegung eingegangen ist).
466 OLG Düsseldorf, OLG-Report 2009, 451.

der unterstützten Partei zu einem entsprechenden Kostenerstattungsanspruch des Streithelfers führen. Voraussetzung ist freilich, dass sich das Mandat nicht auf Tätigkeiten beschränkt, die als bloßer Nachhall zur abgeschlossenen Instanz verstanden und dementsprechend durch die dort bereits verdienten Anwaltsgebühren abgegolten sind (Überwachung der Rechtsmittelfrist, allgemeine Belehrung über die zulässigen Rechtsmittel), sondern inhaltliche Tätigkeiten zum Gegenstand hat, die wegen ihres Aufwandes über die Nachbetreuung hinausgehen (Beurteilung der Erfolgsaussichten einer gegnerischen Nichtzulassungsbeschwerde, Abstimmung mit der Hauptpartei bei deren Schriftsätzen).[467]

Verkehrsanwaltskosten sind sowohl im Berufungsverfahren[468] als auch in der Revisionsinstanz[469] grundsätzlich nicht erstattungsfähig. Der Grund hierfür liegt in dem beschränkten Pflichtenkreis des Korrespondenzanwalts (vgl VV RVG Nr 3400), der sich darauf reduziert, den Verkehr der Partei mit dem Prozessbevollmächtigten der Rechtsmittelinstanz zu führen, während die Prozessführung als solche und die damit verbundene Beratung des Mandanten von dem Instanz-Prozessbevollmächtigten in eigener Verantwortung wahrzunehmen ist. 382

ee) Rechtsanwalt im Nichtigkeitsverfahren

Im Hinblick auf ein Nichtigkeitsverfahren, welches der beklagte Verletzer anstrengt, steht die Rechtsprechung[470] neuerdings ebenfalls mehrheitlich auf dem Standpunkt, dass zwar § 143 Abs 3 PatG nicht gilt[471], dass jedoch die Hinziehung eines Rechtsanwaltes zur zweckentsprechenden Rechtsverfolgung geboten sein kann (§ 91 ZPO), so dass auch hier **doppelte Anwaltskosten** zu kalkulieren sind.[472] Zwischen den Senaten des BPatG war lange Zeit umstritten, ob es stets einer Einzelfallprüfung bedarf, weswegen die zusätzliche Beauftragung eines Rechtsanwaltes neben einem Patentanwalt dann nicht zur Rechtsverteidigung notwendig sein sollte, wenn bereits die patentanwaltliche Prüfung ergibt, 383

– dass die Verteidigung aussichtslos und das Vernichtungsbegehren anzuerkennen ist oder 384

– der Fall über die rein technisch-patentrechtliche Problematik hinaus keine besonderen Rechtsfragen aufwirft, die die Hinziehung juristischen Sachverstandes erforderlich machen[473]. 385

– Mittlerweile ist durch den BGH[474] entschieden, dass – wie allgemein im Kostenfestsetzungsverfahren – eine typisierende Betrachtung angebracht ist, so dass eine Doppelvertretung wegen des erforderlichen Abstimmungsbedarfs notwendig ist, wenn zeitgleich mit dem Nichtigkeitsverfahren ein das Streitpatent betreffendes Verlet- 386

---

467 OLG Düsseldorf, Beschluss v 13.3.2017 – I-2 W 30/16.
468 BGH, NJW-RR 2006, 1563.
469 BGH, MDR 2015, 184.
470 Zum Streitstand vgl Engels/Morawek, GRUR 2011, 561, 585 ff; Schickedanz, Mitt 2012, 60.
471 BGH, GRUR 2013, 427 – Doppelvertretung im Nichtigkeitsverfahren; BPatG, GRUR-RR 2010, 401 – Doppelvertretungskosten.
472 BGH, GRUR 2013, 427 – Doppelvertretung im Nichtigkeitsverfahren; BPatG, GRUR 2008, 735 – Doppelvertretung im Patentnichtigkeitsverfahren.
473 BPatG, GRUR 2008, 735 – Doppelvertretung im Patentnichtigkeitsverfahren; Mitt 2008, 570.
474 BGH, GRUR 2013, 427 – Doppelvertretung im Nichtigkeitsverfahren.

zungsverfahren anhängig ist.[475] Eine zeitlich nur kurzfristige Überschneidung genügt nicht, selbst wenn die Parteien im Vorfeld der Nichtigkeitsklage bereits (Nicht-)Verletzungsargumente ausgetauscht haben sollten.[476]

387 Dabei kommt es nicht darauf an, ob der Nichtigkeitsbeklagte (der notwendigerweise der eingetragene Patentinhaber ist) auch Kläger im Verletzungsprozess ist. Statt einer formalen Parteiidentität ist entscheidend, ob Grundlage der Verletzungsklage dasjenige Patent ist, das mit der Nichtigkeitsklage angegriffen ist, und ob die erstattungsfordernde Partei oder ein mit ihr wirtschaftlich verbundener Dritter am Rechtsbestandsverfahren beteiligt ist.[477] Kosten der Doppelvertretung sind deswegen auch dann erstattungsfähig, wenn Verletzungskläger ein (ausschließlicher oder einfacher) Lizenznehmer des im Nichtigkeitsverfahren beklagten Patentinhabers ist.[478] Das gilt auch dann, wenn beide – Patentinhaber und Lizenznehmer – dieselbe anwaltliche Vertretung haben.[479] Notwendig ist aber, dass dasselbe Patent, das Gegenstand des Nichtigkeitsverfahrens ist, auch den Klagegrund für die parallele Verletzungsklage liefert, weswegen ein anderes Klagepatent selbst dann unbeachtlich ist, wenn es ein technisch eng verwandtes technisches Gebiet betrifft, auf dem zwischen den Parteien im In- und/oder Ausland ebenfalls Verletzungs- und Rechtsbestandsprozesse anhängig sind.[480] Unter solchen Umständen ändert an der mangelnden Erstattungsfähigkeit der Rechtsanwaltskosten weder etwas, dass der Erstattungsschuldner im Nichtigkeitsverfahren selbst doppelt anwaltlich vertreten war, noch dass er der Kostenfestsetzung zugunsten des Gegners nicht widerspricht.[481] Unabhängig von einem parallelen Verletzungsverfahren wird eine doppelte Vertretung im letztinstanzlichen Nichtigkeitsberufungsverfahren vor dem BGH akzeptiert.[482]

388 Die für den Patentprozess geltenden Regeln sind auf **Gebrauchsmusterlöschungsverfahren** in gleicher Weise anzuwenden.[483]

389 Was die Kosten des Nichtigkeitsverfahren selbst betrifft, so fallen die vollen Gerichtsgebühren für jedes einzelne von **mehreren** gegen das Klagepatent geführte **Nichtigkeitsverfahren** auch dann an, wenn die Klageanträge und die Nichtigkeitsgründe identisch sind. Daran ändert sich rückwirkend nichts, wenn die mehreren Klagen später verbunden werden; erst ab dem Verbindungsbeschluss fallen danach begründete Gerichtsgebühren nur noch einfach an.[484] Dieselbe Gebührenbehandlung ist von vornherein nur dadurch

---

475 BGH, GRUR 2013, 427 – Doppelvertretung im Nichtigkeitsverfahren; BPatG, GRUR 2009, 706 – Doppelvertretungskosten im Nichtigkeitsverfahren I; BPatG, GRUR 2009, 707 – Doppelvertretungskosten im Nichtigkeitsverfahren II; BPatG, GRUR-RR 2012, 130 – Doppelvertretungskosten im Nichtigkeitsverfahren III; BPatG, BeckRS 2009, 11250; BPatG, BeckRS 2010, 13905; BPatG, Mitt 2011, 258 – Doppelvertretungskosten im Nichtigkeitsverfahren IV; BPatG, Mitt 2011, 308 – Doppelvertretungskosten im Nichtigkeitsverfahren V; aA: BPatG, Mitt 2012, 424 – mitwirkender Rechtsanwalt III; BPatG Mitt 2009, 196, wo verlangt wird, dass Rechtsfragen auftauchen, für die der Patentanwalt nicht zuständig ist und dieser eine zuverlässige Antwort auch nicht auf einem gegenüber der Gebühr des Rechtsanwaltes günstigeren Weg erhalten kann.
476 BPatG, BeckRS 2017, 134903 – Doppelvertretung.
477 BGH, GRUR 2013, 427 – Doppelvertretung im Nichtigkeitsverfahren.
478 BGH, GRUR 2013, 427 – Doppelvertretung im Nichtigkeitsverfahren; BPatG, GRUR-RR 2012, 129 – Doppelvertretungskosten im Nichtigkeitsverfahren VI.
479 BGH, GRUR 2013, 427 – Doppelvertretung im Nichtigkeitsverfahren.
480 BPatG, Mitt 2017, 92 – Mitwirkender Vertreter II.
481 BPatG, Mitt 2017, 92 – Mitwirkender Vertreter II.
482 BPatG, GRUR-RR 2010, 401 – Doppelvertretungskosten; BPatG, Mitt 2011, 100 – Mitwirkender Rechtsanwalt II.
483 BPatG, GRUR 2017, 1169 – Doppelvertretungskosten im Gebrauchsmusterlöschungsverfahren, vgl dazu Paul, Mitt 2017, 531 und 568; aA: BPatG, GRUR 2008, 735 – Doppelvertretung im Patentnichtigkeitsverfahren; BPatG, Mitt 2009, 568 – Medizinisches Instrument;.
484 BPatGE 53, 147; BPatG, Mitt 2017, 517 (LS) – Klagegebühr bei Verbindung von Nichtigkeitsklagen.

möglich, dass mehrere Kläger eine gemeinsame Klage mit demselben Klageantrag und denselben Nichtigkeitsgründen erheben.[485] Nichts anderes gilt, wenn eine anhängige Nichtigkeitsklage – mit Zustimmung des bisherigen, alleinigen Klägers – im Wege der subjektiven Klageerweiterung nachträglich um einen weiteren Nichtigkeitskläger erweitert wird.

ff) Kosten des Einspruchsverfahrens

Während im Nichtigkeitsverfahren eine die dort angefallenen Gerichts- und Anwaltskosten verteilende Entscheidung ergeht (§ 84 PatG), kennt das Einspruchsverfahren einen derartigen Kostenausspruch nicht. Unabhängig vom Verfahrensausgang trägt hier grundsätzlich der Einsprechende die Amtsgebühren, während die außergerichtlichen Kosten von der jeweiligen Partei zu übernehmen sind, bei der sie anfallen (Art 104 Abs 1 EPÜ, § 62 Abs 1 Satz 1 PatG). Weil irgendeine Kostenerstattung selbst im Falle eines Verfahrenserfolges nicht vorgesehen ist, muss der Einsprechende Kosten auch dann tragen, wenn sein Rechtsbestandsangriff zu Recht erfolgt ist, zum Widerruf des Patents und dementsprechend zur Abweisung der Verletzungsklage, deretwegen der Einspruch erhoben wurde, geführt hat. Dieses Kostenergebnis kann nicht dadurch rückgängig gemacht werden, dass die Einspruchskosten[486] als Kosten des Verletzungsrechtsstreits begriffen und damit der dortigen, dem Einsprechenden (= Verletzungsbeklagten) günstigen Kostenentscheidung unterstellt werden.[487] § 91 ZPO erfasst nach seinem Wortlaut nur die Kosten »des Rechtsstreits«, womit der eigentliche Verletzungsprozess gemeint ist, zu dem das eigenständige Einspruchsverfahren nicht gehört. Aufgrund der für das Einspruchsverfahren gesetzlich vorgesehenen Kostenhaftung verbietet es sich auch, die Einspruchskosten auf materiell-rechtlicher Grundlage (zB wegen Eingriffs in den Gewerbebetrieb durch eine auf das angefochtene Patent gestützte Abmahnung) als erstattungsfähig zu behandeln.[488] Dass Kosten für die Recherche nach Stand der Technik erstattungsfähig sind[489], wenn mit ihnen angesichts eines laufenden Verletzungsprozesses abgeklärt werden soll, ob ein Angriff auf den Rechtsbestand des Klagepatents als taugliches Verteidigungsmittel infrage kommt, bedeutet keinen Wertungswiderspruch. Denn die besagten Aufwendungen beruhen initial auf dem Verletzungsprozess und stehen ungeachtet dessen vordringlich mit ihm im Zusammenhang, dass der nachfolgend unternommene Rechtsbestandsangriff selbstverständlich auf die gewonnenen Rechercheergebnisse zurückgreift und es seiner aus formalen Gründen bedarf, um den Angriff auf das Klagepatent in einer für das Verletzungsverfahren beachtlichen Form aufzubereiten.

390

Erst recht kommt nicht in Betracht, eine Kostenerstattung in Betracht zu ziehen, wenn die Partei des Verletzungsprozesses überhaupt nicht am Einspruchsverfahren beteiligt war, sondern dieses nur von einem Konzernunternehmen betrieben worden ist.[490] Denn es gilt der Grundsatz, dass von dritter Seite unternommene Aufwendungen nur ausnahmsweise berücksichtigungsfähig sind, nämlich dann, wenn die erstattungsberechtigte Prozesspartei sie ansonsten selbst hätte erbringen müssen und der in Vorlage getretene Dritte die Kosten von ihr zurückverlangt.[491] Beides ist substantiiert darzulegen und glaubhaft zu machen.

391

---

485 BPatG, Mitt 2016, 150.
486 Damit sind sämtliche Kosten gemeint, also Rechtsanwaltskosten, Patentanwaltskosten, Gutachterkosten etc. (OLG Düsseldorf, Beschluss v 30.5.2018 – I-2 W 6/18).
487 OLG Düsseldorf, Beschluss v 26.2.2015 – I-2 W 5/15; OLG Düsseldorf, Beschluss v 30.5.2018 – I-2 W 6/18; aA: Schrader/Kuchler, Mitt 2012, 162.
488 AA: Rojahn/Rektorschek, Mitt 2014, 1, 12.
489 Vgl unten Rdn 422.
490 OLG Düsseldorf, Beschluss v 26.2.2015 – I-2 W 5/15; OLG Düsseldorf, Beschluss v 5.8.2015 – I-2 W 14/15.
491 OLG Düsseldorf, Beschluss v 5.8.2015 – I-2 W 14/15.

gg) Kosten für den Entwurf eines Rechtsbestandsangriffs

392 Aus ganz ähnlichen Erwägungen ist es nicht angängig, die (Rechtsanwalts- und Patentanwalts-)Kosten für den Entwurf einer später tatsächlich nicht eingereichten Nichtigkeitsklage oder eines Einspruchsschriftsatzes als im Verletzungsprozess erstattungsfähige Kosten zu akzeptieren.[492] Das gleiche gilt für Privatgutachtenkosten (zB zur angeblich mangelnden Patentfähigkeit), die zur Stützung des Nichtigkeitsklagentwurfs angefallen sind.[493] Der gegenteiligen Ansicht des LG München I[494], welches für die Kostenfestsetzung genügen lässt, dass es sich bei dem beabsichtigten Rechtsbestandsangriff um ein typisches Verteidigungsmittel gegenüber dem Vorwurf einer Patentverletzung handelt, und darüber hinaus lediglich die Glaubhaftmachung der Auftragserteilung für den Klageentwurf verlangt, aber offenbar aus Gründen der Geheimhaltung keine Vorlage des auftragsgemäß erstellten Klageentwurfs für erforderlich hält, ist zu widersprechen. Sie führt zu dem unhaltbaren Ergebnis, dass die Anwaltskosten des Verletzungsbeklagten, hätte er den geplanten Nichtigkeitsangriff durchgeführt, nach der im Nichtigkeitsverfahren zu treffenden Kostengrundentscheidung nur erstattungsfähig gewesen wären, wenn die Nichtigkeitsklage Erfolg gehabt hätte, dass dieselben Kosten, sieht der Nichtigkeitskläger von einer Klageerhebung ab, hingegen ohne Rücksicht auf die Erfolgsaussichten seines Rechtsbestandsangriffs zu ersetzen wären. Richtig ist auch hier die Betrachtung, dass die Kosten der Nichtigkeitsklage keine Kosten des Verletzungsrechtsstreits sind, egal, ob die Klage erhoben wird (womit die Aussicht auf eine günstige Kostengrundentscheidung nach § 84 PatG begründet wird) oder nicht erhoben wird (womit die Kosten des Klageentwurfs mangels einer Anwendbarkeit des § 84 PatG endgültig beim verhinderten Nichtigkeitskläger verbleiben).

hh) Discovery-Verfahren

393 Dieselbe Wertung und Beurteilung ist für die Kosten eines US-Discovery-Verfahrens bzw der Rechtsverteidigung in einem solchen Verfahren angebracht. Es handelt sich um ein eigenständiges Streitverfahren mit einer ihm eigenen Kostenregelung (nach der jede Partei ihre Kosten selbst trägt), die zu beachten ist.[495]

ii) Festsetzung gegen die eigene Partei

394 Das Verfahren nach **§ 11 RVG**, welches eine Kostenfestsetzung des Anwaltes gegen seine eigene Partei ermöglicht, ist auf Patentanwälte und deren Honoraranspruch wegen Mitwirkung in einer Patentstreitsache nicht – auch nicht entsprechend – anwendbar.[496]

c) Parteienmehrheit

395 Klagen mehrere Parteien oder werden mehrere Parteien verklagt, so kann grundsätzlich **jeder Streitgenosse** einen **eigenen Anwalt** beauftragen, dessen Kosten mithin auch erstattungsfähig sind. Eine Grenze findet die Erstattungspflicht lediglich in Fällen des Rechtsmissbrauchs, von dem nur dann gesprochen werden kann, wenn feststeht, dass für die Beauftragung eines eigenen Prozessbevollmächtigten kein sachlicher Grund besteht.[497] Maßgeblich sind die Verhältnisse und Erkenntnismöglichkeiten des Beklagten

---

492 OLG Düsseldorf, Beschluss v 30.5.2018 – I-2 W 6/18.
493 OLG Düsseldorf, Beschluss v 30.5.2018 – I-2 W 6/18.
494 LG München I, Mitt 2014, 292 – Kosten der Vorbereitung einer Nichtigkeitsklage.
495 OLG Düsseldorf, Beschluss v 5.8.2015 – I-2 W 14/15.
496 BGH, GRUR 2015, 1253 – Festsetzung der Patentanwaltvergütung ((Beschluss v 25.8.2015 – X ZB 5/14, im Anschluss an OLG Düsseldorf, InstGE 10, 57 – Festsetzung gegen die eigene Partei; aA: Kurtz, Mitt 2009, 507, mwN.
497 BGH, ZMR 2009, 442, 443; BGH, MDR 2011, 1506; BGH, MDR 2018, 117.

im Zeitpunkt der Anwaltsbeauftragung.[498] Da das Kostenfestsetzungsverfahren als Massenverfahren auf eine zügige und unkomplizierte Erledigung angelegt ist, kann solches nur in besonderen, atypischen Konstellationen angenommen werden.[499] Dass die mehreren Streitgenossen demselben Konzern angehören, reicht für die Annahme eines Rechtsmissbrauchs noch nicht aus, solange zwischen ihnen widerstreitende Interessen denkbar sind.[500] Dagegen, dass solche bestehen, kann sprechen, wenn tatsächlich keine getrennte und unabhängige Bearbeitung der Angelegenheit durch die verschiedenen Prozessbevollmächtigten erfolgt und daraus zu ersehen ist, dass die mehreren Parteien offenbar selbst keinen Interessenwiderstreit bei ihrer rechtlichen Vertretung gesehen haben.[501]

Bzgl der Erstattungshöhe werfen zwei Konstellationen besondere Probleme auf, nämlich einerseits der Fall, dass mehrere Parteien (Streitgenossen) von sich aus nur *einen* **gemeinsamen Anwalt** mandatiert haben, und andererseits der Fall, dass von ihnen zwar mehrere Anwälte beauftragt wurden, dies jedoch rechtsmissbräuchlich erfolgt ist, so dass sich die Parteien kostenrechtlich so behandeln lassen müssen, als hätten sie tatsächlich nur *einen* einzigen, gemeinsamen Anwalt mandatiert. Haben sich obsiegende Streitgenossen im Prozess durch einen gemeinsamen Rechtsanwalt vertreten lassen, erhält der Rechtsanwalt die Gebühren nur einmal (§ 7 Abs 1 RVG), kann aber jeden Auftraggeber auf die Gebühren und Auslagen in Anspruch nehmen, die dieser schulden würde, wenn der Rechtsanwalt nur in seinem Auftrag tätig geworden wäre (§ 7 Abs 2 RVG). Der Erstattungsanspruch des einzelnen Streitgenossen gegenüber dem Prozessgegner beschränkt sich nach § 91 Abs 1 Satz 1 ZPO grundsätzlich auf den Betrag, der sich für seine jeweilige Prozessführung als notwendig erwiesen hat. Die Streitgenossen sind somit hinsichtlich der auf ihrer Seite insgesamt angefallenen Anwaltskosten Anteilsgläubiger gemäß § 420 BGB. Wie hoch der jeweils vom Gegner zu beanspruchende Kostenanteil ist, bestimmt sich nach dem Innenverhältnis der Streitgenossen, wobei nach § 426 Abs 1 BGB im Zweifel davon auszugehen ist, dass jeder Streitgenosse bei gleicher Beteiligung am Rechtsstreit im Zweifel den auf ihn entfallenden Bruchteil der gemeinsamen Prozesskosten aufzuwenden hat. Einen höheren Betrag als seinen Bruchteil kann der Streitgenosse nur fordern, wenn er glaubhaft macht, dass er ihn aufgewendet hat oder aufwenden muss.[502] Das kann der Fall sein, wenn er wegen der Zahlungsunfähigkeit des anderen Streitgenossen im Innenverhältnis keinen Ausgleich zu erlangen vermag, dem Rechtsanwalt im Außenverhältnis aber gemäß § 7 Abs 2 RVG auf die vollen Gebühren und Auslagen haftet. Die letztgenannte Ausnahme greift allerdings nicht, wenn mehrere Anwälte rechtsmissbräuchlich mandatiert wurden.[503]

396

Das Kostenrisiko erhöht sich mithin, wenn die Klage gegen mehrere Personen (zB das Unternehmen und seine Geschäftsführer) erhoben wird, weil die Kosten für verschiedene anwaltliche Vertreter im Falle eines Obsiegens der Beklagten im Zweifel voll erstattungsfähig sind.

397

Beauftragen die **mehreren Parteien denselben Anwalt**, stellt sich die Frage, ob von diesem wegen Vertretung mehrerer Parteien eine Erhöhungsgebühr (Nr 1008 VV-RVG) verlangt werden kann (und deshalb vom kostentragungspflichtigen Gegner zu erstatten ist). Dies ist der Fall, wenn der Gegenstand der anwaltlichen Tätigkeit, obwohl sie für mehrere Parteien erbracht wurde, »derselbe« ist. Diesbezüglich ist zwischen Aktiv- und Passivseite im Prozess zu unterscheiden.

398

---

498 OLG Düsseldorf, Beschluss v 7.1.2013 – I-2 W 27/12.
499 BGH, NJW 2017, 3788.
500 OLG Düsseldorf, Beschluss v 7.1.2013 – I-2 W 27/12.
501 BGH, NJW 2017, 3788.
502 BGH, NJW-RR 2003, 1217; BGH, NJW 2017, 3788.
503 BGH, NJW 2017, 3788.

aa) Beklagtenmehrheit

399 Werden mehrere Beklagte oder wird ein Beklagter und sein Streithelfer[504] durch einen (**gemeinsamen**) **Prozessbevollmächtigten** vertreten, hängt die Gleichheit oder Verschiedenheit der Angelegenheit von den geltend gemachten Ansprüchen ab:

400 – Werden die Beklagten (seien es mehrere juristische Personen, die zB in einer Vertriebskette stehen, oder das Unternehmen und sein Vertretungsorgan) gesamtschuldnerisch auf Schadenersatz verklagt, liegt nur *eine* gebührenrechtliche Angelegenheit vor und fällt aus dem auf den Schadenersatzanspruch entfallenden Streitwertbetrag für jeden weiteren Beklagten sowohl bei dem gegnerischen Rechtsanwalt als auch bei dem gegnerischen Patentanwalt ein erhöhter Gebührensatz von 0,3 an (Nr 1008 des VV) an.[505] Dasselbe gilt für den Anspruch auf Vernichtung patentverletzender Gegenstände.[506]

401 – Anders verhält es sich hinsichtlich des Unterlassungs- und Rechnungslegungsanspruchs. Zwar hat das OLG Düsseldorf (2. ZS)[507] die Auffassung vertreten, dass die mehreren Beklagten streng genommen nicht als Gesamtschuldner, aber gesamtschuldähnlich haften, und zwar nicht nur im Verhältnis der Gesellschaft zu ihrem gesetzlichen Vertreter, sondern auch im Verhältnis zu mehreren mittäterschaftlich agierenden Unternehmen auf verschiedenen Vertriebsstufen.[508] Diese Rechtsprechung ist jedoch durch den BGH[509] überholt, der festgestellt hat, dass in Bezug auf jeden Beklagten, egal ob es sich um nebeneinander haftende juristische Personen oder um das Unternehmen und sein Vertretungsorgan handelt, gebührenrechtlich jeweils verschiedene Angelegenheiten vorliegen, weswegen sich die Anwaltsgebühren nach dem zusammengerechneten Wert der mehreren Gegenstände richtet und eine Erhöhungsgebühr nicht anfällt. Gleich zu behandeln sind der Rückruf- und der Urteilsveröffentlichungsanspruch.[510]

402 Dieser Kostenfaktor ist gegen das **Risiko einer Insolvenz** des verklagten Unternehmens abzuwägen. Denn gesetzliche Vertreter der Unternehmen, sind sie zusammen mit ihrem Unternehmen verklagt, haften bei Unterliegen in gleichem Umfang für die Kosten, und zwar als natürliche Personen mit ihrem gesamten Privatvermögen, so dass das Risiko des Ausfalls eines solventen Gegners reduziert wird. Auch sollten Geschäftsführer und dergleichen mit verklagt werden, wenn damit zu rechnen ist, dass sie in der Zukunft etwa mit einem anderen Unternehmen die angegriffenen Handlungen fortsetzen werden.

bb) Klägermehrheit

403 Eine Parteienmehrheit auf Klägerseite kommt typischerweise in Betracht, wenn Patentinhaber und ausschließlicher Lizenznehmer gemeinsam klagen. In solchen Fällen handelt es sich in Bezug auf jeden denkbaren Anspruch wegen Patentverletzung (auch den Schadenersatzanspruch) um verschiedene Angelegenheiten, womit für den die Kläger vertretenden Anwalt keine Erhöhungsgebühr anfällt.[511]

---

504 OLG Celle, MDR 2014, 117.
505 BGH, GRUR-RR 2008, 460.
506 OLG Düsseldorf, Beschluss v 4.3.2013 – I- 2 W 7/13.
507 OLG Düsseldorf, InstGE 7, 192 – Erhöhungsgebühr bei Unterlassungsanspruch.
508 OLG Düsseldorf, InstGE 7, 192 – Erhöhungsgebühr bei Unterlassungsanspruch.
509 BGH, GRUR-RR 2008, 460.
510 OLG Düsseldorf, Beschluss v 4.3.2013 – I-2 W 7/13.
511 OLG Düsseldorf, Beschluss v 18.4.2013 – I-2 U 8/09.

d) Reisekosten der Partei

Erstattungsfähig sind die Reisekosten eines mit dem Klagepatent und der dort abgehandelten Technik vertrauten Mitarbeiters der Partei (auch wenn er kein gesetzlicher Vertreter ist[512]), sofern dessen Anwesenheit aus der ex-ante-Sicht einer vernünftigen Partei sinnvoll ist, um ggf in der mündlichen Verhandlung aufkommende technische Fragen beantworten oder zu neuem Vorbringen des Gegners Stellung nehmen zu können. Dies wird regelmäßig zu bejahen sein.[513] Wie immer im Kostenfestsetzungsverfahren kommt es dabei auf eine generalisierende Betrachtung an.[514] Dass eine Anreise vom Ausland her stattfinden muss, steht der Notwendigkeit nicht entgegen, es sei denn, der Partei wäre es möglich gewesen, auf einen gleich informierten Mitarbeiter zurückzugreifen, der von einem näher zum Gerichtsort gelegenen Standort anreisen kann.[515] Erstattungsfähig sind immer nur die Kosten für *eine* Person, nicht für mehrere, selbst wenn aufgrund der internen Organisation der berechtigten Partei mit dem Streitgegenstand mehrere Personen übergreifend befasst sind.[516] Etwas anderes gilt dann, wenn derjenige, der an sich die Parteiinteressen wahrnehmen soll, zugleich als Zeuge geladen ist; in diesem Fall ist die Anreise eines zweiten Mitarbeiters notwendig, damit die Partei ihre Rechte über die gesamte Verfahrensdauer hinweg ausüben kann.[517]

404

Erstattungsfähig sind grundsätzlich nur die **Kosten eines Fluges** in der economy-class[518], vorausgesetzt, aufgrund der Obliegenheit zur Auswahl der kostengünstigeren Maßnahme unter mehreren gleich gearteten ist nicht ohnehin bloß eine Zugfahrt erstattungsfähig. Allein der Gesichtspunkt der Zeitersparnis rechtfertigt noch keine Flugreise zu dem Ort des Prozessgerichts, was bereits aus der Verweisung des § 91 Abs. 1 S. 2 Hs. 2 ZPO auf § 5 Abs. 1 und 3 JVEG folgt, der eine Fahrtkostenerstattung über die Bahnkosten hinaus nur unter besonderen Umständen vorsieht.[519] Erforderlich ist vielmehr, dass die geltend gemachten Flugkosten in einem angemessenen Verhältnis zur Bedeutung der Sache stehen und eine Vergleichsrechnung zwischen den tatsächlich entstandenen Gesamtkosten und den Gesamtkosten, die bei Benutzung der 1. Wagenklasse der Bahn entstanden wären, ergibt, dass die Flugreise relativ wie auch im absoluten Betrag nicht viel teurer als eine Bahnreise ist.[520]

405

e) Dolmetscherkosten

Ist der teilnehmende Mitarbeiter (oder der teilnehmende gesetzliche Vertreter) einer Partei der deutschen Sprache, in der die Verhandlung geführt wird, nicht mächtig, so sind Kosten für die Hinzuziehung eines Simultandolmetschers regelmäßig dennoch nicht erstattungsfähig, wenn der Mitarbeiter und seine Anwälte sich in einer ihnen gemeinsam geläufigen Fremdsprache (zB Englisch) unterhalten können.[521] Unter derartigen Bedingungen reicht es aus, dass der Mitarbeiter/gesetzliche Vertreter von seinen Anwälten nur sinngemäß über den Verlauf und Inhalt der Verhandlung unterrichtet wird. Damit dies geschehen kann, ist das Gericht erforderlichenfalls gehalten, seine Verhandlung zu unter-

406

---

512 OLG Düsseldorf, Beschluss v 7.12.2017 – I-2 U 44/17.
513 OLG Düsseldorf, Beschluss v 10.1.2008 – I-10 W 21/07; OLG Düsseldorf, Beschluss v 7.12.2017 – I-2 U 44/17.
514 OLG Düsseldorf, Beschluss v 7.12.2017 – I-2 U 44/17.
515 OLG Düsseldorf, Beschluss v 10.1.2008 – I-10 W 21/07.
516 OLG Düsseldorf, Beschluss v 7.12.2017 – I-2 U 44/17.
517 OLG Düsseldorf, Beschluss v 7.12.2017 – I-2 U 44/17.
518 OLG Düsseldorf, Beschluss v 10.1.2008 – I-10 W 21/07.
519 BGH, NJW-RR 2008, 654.
520 OLG Düsseldorf, Beschluss v 7.12.2017 – I-2 U 44/17.
521 OLG Düsseldorf, Beschluss v 29.1.2013 – I-2 W 32/12; OLG Düsseldorf, Beschluss v 10.1.2008 – I-10 W 21/07.

brechen.⁵²² Dolmetscherkosten unterfallen demgegenüber der Erstattungspflicht, wenn auf Seiten des Mitarbeiters keine Fremdsprachenkenntnisse vorhanden sind, die eine mündliche Verständigung mit seinen Anwälten erlauben, oder wenn ausnahmsweise die ohne Simultandolmetschung eintretenden Erschwernisse bei Durchführung der mündlichen Verhandlung derart gravierend sind, dass angesichts der in Rede stehenden Kosten sinnvollerweise von der Möglichkeit zu einer Dolmetschung Gebrauch zu machen ist. Relevante Umstände sind zB die technische Komplexität der Materie und die Unverzichtbarkeit des jederzeit verfügbaren Sachverstandes desjenigen, für den simultan gedolmetscht wird. Die vorstehenden Einschränkungen gelten noch mehr für den Fall, das bereits zu einer internen Vorbesprechung der Partei für die mündliche Verhandlung ein Dolmetscher hinzugezogen wird.⁵²³

407 Für die Teilnahme eines Technikers, der nicht bei der Partei, sondern bloß bei einem konzernverbundenen Unternehmen beschäftigt ist, besteht grundsätzlich keine Erstattungspflicht. Anderes gilt ausnahmsweise nur dann, wenn die Partei für eine angemessene Rechtsverfolgung oder -verteidigung auf die Anwesenheit des ausländischen Wissensträgers angewiesen ist, was verlangt, dass die vorherige schriftliche Instruktion ihrer Rechts- und Patentanwälte entweder nicht möglich oder angesichts der Umstände des Falles nicht ausreichend ist.⁵²⁴ Solches wird im Allgemeinen nur bei technisch wirklich komplexen Sachverhalten angenommen werden können.

f) Privatgutachterkosten

408 Mit in Betracht zu ziehen sind schließlich etwaige Gutachterkosten, die für einen vorgerichtlich oder während des Rechtsstreits⁵²⁵ eingeschalteten, insbesondere technischen Privatsachverständigen anfallen können. Ihre Erstattungsfähigkeit setzt voraus, dass die Beauftragung des Gutachters zur zweckentsprechenden Rechtsverfolgung oder Rechtsverteidigung notwendig im Sinne des § 91 Abs 1 Satz 1 ZPO war. Dazu genügt noch nicht, dass einem privaten Gutachten im Rechtsstreit ein höheres Gewicht zukäme als sonstigem Parteivortrag.⁵²⁶ Deshalb sind Sachverständigenkosten nicht erstattungsfähig, wenn das Gutachten allein dazu dienen soll, dem eigenen Sachvortrag mehr Gewicht zu verleihen.⁵²⁷ Für diese Motivation kann der Umstand sprechen, dass zu dem gleichen Thema mehrere Gutachten verschiedener Sachverständiger vorgelegt werden, und zwar besonders dann, wenn die Gutachten gleichartig aufgebaut sind und sich zu weitgehend gleichen Fragestellungen äußern.⁵²⁸ Die Notwendigkeit ist aber zu bejahen, wenn eine verständige und wirtschaftlich vernünftig denkende Partei die Einholung eines Gutachtens ex ante als sachdienlich ansehen durfte⁵²⁹, wovon auszugehen ist, wenn der Partei die notwendige Sachkunde fehlt, um ihren Anspruch schlüssig zu begründen, sich gegen die geltend gemachten Ansprüche sachgemäß zu verteidigen, Beweisangriffe abwehren oder Beweisen des Gegners entgegentreten zu können.⁵³⁰ Ist die Partei kraft eigener Sachkunde imstande, die Darlegungen in einem gegnerischen Privatgutachten zu kon-

---

522 OLG Düsseldorf, Beschluss v 29.1.2013 – I-2 W 32/12.
523 OLG Düsseldorf, Beschluss v 29.1.2013 – I-2 W 32/12.
524 OLG Düsseldorf, Beschluss v 27.5.2015 – I-2 W 10/15.
525 Keine Erstattungspflicht besteht für Privatgutachterkosten zur angeblich mangelnden Patentfähigkeit des Klageschutzrechts, die im parallelen Einspruchs- oder Nichtigkeitsverfahren angefallen sind, auch wenn damit der Aussetzungsantrag gestützt werden soll. Die betreffenden Aufwendungen folgen allein der Kostenregelung, die für das Rechtsbestandsverfahren gilt (OLG Düsseldorf, Beschluss v 30.5.2018 – I-2 W 6/18).
526 BGH, MDR 2017, 487.
527 BPatG, GRUR-RS 2017, 134903 – Doppelvertretung.
528 BPatG, GRUR-RS 2017, 134903 – Doppelvertretung.
529 BGH, MDR 2012, 464.
530 BGH, NJW 2006, 2415.

tern, führt auch der Grundsatz der Waffengleichheit nicht dazu, dass für sie ebenfalls ein Privatgutachten als notwendig anzuerkennen ist.[531] Der Anlass für ein Privatgutachten kann problematisch sein, wenn es parallel zu einer bereits laufenden gerichtlichen Begutachtung eingeholt wird.[532]

In Patentverletzungssachverhalten kann ein Begutachtungsanlass zu bejahen sein, wenn es um komplexe technische Sachverhalte geht, zu denen sachgerecht vorzutragen die Partei mangels eigener Sachkunde außerstande ist[533] oder wenn ein der Partei ungünstiges Gerichts- oder gegnerisches Privatgutachten zu schwierigen technischen Fragen zu widerlegen ist.[534] Geht es um technische Fragen, ist allerdings zu berücksichtigen, dass die Partei (zB als herstellendes Unternehmen) ggf selbst über eine gewisse Sachkunde verfügt, in jedem Fall aber, dass der hinzugezogene Patentanwalt (dessen Kosten gemäß § 143 Abs 3 PatG erstattungsfähig sind) eine technische und patentrechtliche Sachkunde mitbringt, die vorrangig ausgeschöpft werden muss.[535] Wo sie ausreicht, kann die Einholung eines technischen Privatgutachtens allenfalls aus Gründen der Waffengleichheit geboten sein, dh dann, wenn zuvor der Prozessgegner zur Darlegung seines Standpunktes ein Privatgutachten eingeführt hat. 409

Speziell in **Äquivalenzfällen** kann die Partei, sofern ihre eigene Sachkunde und diejenige ihres Patentanwaltes nicht ausreichen[536], Anspruch darauf haben, sich zu *allen* Voraussetzungen (Gleichwirkung, Naheliegen, Gleichwertigkeit) zu erklären und sich erforderlichenfalls zu ihrer Unterstützung sachverständiger Hilfe zu bedienen. Auch wenn daher am Ende die Klage mangels Gleichwertigkeit scheitert und diese ohne sachverständige Hilfe zu beurteilen ist, kann die Notwendigkeit eines Privatgutachtens dennoch im Hinblick auf die Gleichwirkung oder das Naheliegen gegeben sein.[537] Etwas anderes gilt dort, wo es *eindeutig* an der Gleichwertigkeit fehlt, so dass es auch aus der vernünftigen Sicht der betreffenden Partei auf die übrigen, eine sachverständige Beratung rechtfertigenden Äquivalenzvoraussetzungen nicht ankommen wird.[538] 410

Ist es Ziel der privaten Begutachtung, eine für die Partei fremde **offenkundige Vorbenutzung** einzuwenden, sind kostenintensive Maßnahmen für die technische Aufbereitung des betreffenden Sachverhaltes – soferrn die Partei hierzu nicht ohnehin selbst in der Lage ist – nur dann akzeptabel, wenn zuvor die Offenkundigkeit und deren (rechtlich relevanter) Zeitpunkt in einem solchen Maße geklärt und für ihre Glaubhaftmachung Sorge getragen ist, dass der beabsichtigte Rechtsbestandseinwand nicht schon hieran scheitert.[539] Sind die technische und die offenbarungsrechtliche Seite der Vorbenutzung gleichermaßen mit einem Kostenaufwand verbunden, ist die eine Maßnahme nicht ohne die andere sinnvoll und kommt deshalb auch eine Kostenerstattung nur infrage, wenn beide Maßnahmen in Angriff genommen werden. Darüber hinaus sind immer nur die zur gerichtsverwertbaren Darlegung *erforderlichen* Maßnahmen erstattungspflichtig. Aufwendungen für ein Video zur Visualisierung des Vorbenutzungsgegenstandes haben deshalb außer Betracht zu bleiben, wenn der ohnehin erworbene Gegenstand dem Gericht vorgeführt werden kann, um die rechtlich bedeutsamen Umstände zu verdeutlichen.[540] 411

---

531 BGH, MDR 2017, 487.
532 OLG Naumburg, MDR 2013, 1065.
533 OLG Düsseldorf, OLG-Report 2009, 602.
534 BPatG, Mitt 2009, 77; OLG Düsseldorf, Beschluss v 19.7.2010 – I-2 W 32/10.
535 OLG Düsseldorf, Beschluss v 17.2.2011 – I-2 W 51/10.
536 OLG Düsselodorf, Beschluss v 22.8.2018 – I-2 W 17/18.
537 OLG Düsseldorf, Beschluss v 7.7.2014 – I-2 W 10/14.
538 OLG Düsseldorf, Beschluss v 7.7.2014 – I-2 W 10/14.
539 OLG Düsseldorf, Beschluss v 22.8.2016 – I-2 W 16/16.
540 OLG Düsseldorf, Beschluss v 22.8.2016 – I-2 W 16/16.

412 Das Privatgutachten muss, damit seine Kosten erstattungsfähig sind, stets **objektiv geeignet** sein, die Rechtsstellung einer Partei tatsächlich zu unterstützen.[541] Es muss überdies in unmittelbarer Beziehung zu dem konkreten Rechtsstreit stehen, der sich bei Beauftragung des Gutachters, spätestens aber bei Erstellung des Gutachtens[542], mindestens greifbar abgezeichnet haben muss (zB deshalb, weil Klage [durch eine Abmahnung] angedroht war).[543] Im Zweifel bedarf es eines engen zeitlichen Zusammenhangs zwischen der kostenauslösenden Maßnahme und dem (drohenden) Rechtsstreit.[544] Damit soll verhindert werden, dass eine Partei ihre allgemeinen oder prozessfremden Kosten auf den Gegner abzuwälzen versucht. Solches geschieht auch dann, wenn die private Begutachtung dazu dient, sich erst Klarheit darüber zu verschaffen, ob ein Rechtsstreit geführt werden soll.[545] Schließlich muss das Gutachten durch Vorlage in den Prozess eingeführt werden; dass sein Inhalt nur in den schriftsätzlichen Vortrag der Partei eingegangen ist, reicht demgegenüber nicht aus.[546] Keine Voraussetzung für die Erstattungsfähigkeit ist demgegenüber, dass das Privatgutachten im Rahmen einer ex post-Betrachtung tatsächlich die gerichtliche Entscheidung beeinflusst hat.[547] Die Erstattungsfähigkeit hängt deswegen nicht davon ab, dass das Privatgutachten im Rechtsstreit tatsächlich vorgelegt worden ist.[548] Auch im Kostenfestsetzungsverfahren bedarf es einer solchen Vorlage regelmäßig nicht, wenn der Anspruchsteller die Entstehung der Gutachterkosten auf andere Weise (Vorlage der Liquidation und anwaltliche Versicherung) nachweisen kann.[549] Ist die Notwendigkeit nur für einen Teil des Gutachteninhalts zu bejahen (zB insoweit, als die angegriffene Ausführungsform analysiert wird), im Übrigen aber zu verneinen (zB insoweit, als es sich zur Auslegung des Klagepatents verhält, welches vom mitwirkenden Patentanwalt hätte erläutert werden können), ist der erstattungsfähige Vergütungsteil durch Quotelung zu ermitteln.[550]

413 Speziell für **Rechtsgutachten** ist im Rahmen der gebotenen Notwendigkeitsprüfung zu beachten, dass die Verfahrensordnung für bürgerliche Rechtsstreitigkeiten eine qualifizierte rechtliche Bewertung und auch Erörterung des Streitstoffs dadurch sichert, dass für das Verfahren vor dem Landgericht Rechtsanwälte als Organe der Rechtspflege zwingend eingeschaltet sind (§ 78 Abs 1 Satz 1 ZPO) und deshalb davon auszugehen ist, dass grundsätzlich die rechtliche Beurteilung des Tatsachenstoffs durch den Prozessbevollmächtigten einer Partei vorgenommen werden kann und die (zusätzliche) Heranziehung eines Gutachters nicht notwendig ist. Es gehört zu den mit der Prozessgebühr abgegoltenen Aufgaben eines Rechtsanwalts, die in einem Rechtsstreit erforderlichen rechtlichen Prüfungen anzustellen.[551] Dabei kann einem Rechtsanwalt in gleicher Weise wie einem Richter zugemutet werden, auch in entlegenere und weniger geläufige Rechtsmaterien einzudringen.[552] Daher sind die Kosten für Rechtsgutachten, die eine Partei im Verfahren

---

541 OLG München, NJW-RR 2001, 1723.
542 BGH, NJW 2006, 2415, 2416; OLG Düsseldorf, Beschluss v 19.7.2010 – I-2 W 32/10.
543 OLG Düsseldorf, Beschluss v 19.7.2010 – I-2 W 32/10; OLG Koblenz, MDR 2009, 471.
544 OLG Bremen, MDR 2015, 1200.
545 OLG Düsseldorf, Beschluss v 24.3.2017 – I-2 W 1/17 (für einen Fall, in dem die Parteien eines Besichtigungsverfahrens die Begutachtung bestimmter Erzeugnisse bei hälftiger Kostentragung vereinbart haben, um Aufschluss darüber zu gewinnen, welche Probe ggf welches von mehreren in Betracht kommenden Patenten des Besichtigungsgläubigers verletzt].
546 OLG Köln, OLG-Report 2009, 527: Hält es noch nicht einmal die betreffende Partei für notwendig, das Privatgutachten in Gänze in das Verfahren einzuführen, so kann von einer Notwendigkeit iSv § 91 Abs 1 ZPO nicht ausgegangen werden.
547 BGH, MDR 2012, 464.
548 BGH, MDR 2013, 559.
549 BGH, MDR 2013, 559.
550 OLG Düsseldorf, Beschluss v 19.7.2010 – I-2 W 32/10.
551 OLG München, Mitt 2006, 284, 285.
552 OLG München, NJW-RR 2001, 1723; OLG München, Mitt 2006, 284, 285.

einholt, grundsätzlich nicht erstattungsfähig.⁵⁵³ Etwas anderes kann zwar dann gelten, wenn es um die Kosten für ein Privatgutachten zu bestimmten Fragen ausländischen Rechts geht; solche Kosten können ausnahmsweise erstattungsfähig sein.⁵⁵⁴ Das bedeutet aber nicht, dass die Kosten eines Privatgutachtens zu ausländischen Rechtsfragen stets und ohne weiteres erstattungsfähig sind. Auch solche Kosten können nur ersetzt werden, wenn sie zur zweckentsprechenden Rechtsverfolgung oder Rechtsverteidigung notwendig waren und das Privatgutachten objektiv geeignet ist, die Rechtsstellung einer Partei tatsächlich zu unterstützen.⁵⁵⁵ Daran wird es in der Regel fehlen, wenn das Gericht für seine Entscheidung auf das Rechtsgutachten nicht zurückgreift.

Die Höhe der Gutachterkosten (insbesondere der **Stundensatz**) steht mit unter Notwendigkeitsvorbehalt. Höhere als die im JVEG ausgewiesenen Stundensätze sind deshalb nur erstattungsfähig, wenn nachgewiesen werden kann, dass es in der konkreten Prozesssituation (zB unter dem zeitlichen Druck eines einstweiligen Verfügungsverfahrens) nicht möglich war, den beauftragten oder einen anderen ihm fachlich gleichwertigen Gutachter zu den JVEG-Sätzen zu einer Begutachtung zu bewegen.⁵⁵⁶ **414**

g) Kosten der Sachaufklärung

Detektivische Nachforschungen nicht nur zur Ermittlung des mutmaßlichen Verletzungssachverhaltes, sondern ebenso zur Klärung von Verantwortlichkeiten auf Beklagtenseite oder im Hinblick auf die Glaubwürdigkeit zu vernehmender Zeugen können durchaus hilfreich und sinnvoll sein. Hierdurch veranlasste Kosten sind erstattungsfähig, wenn eine vernünftige Prozesspartei anstelle des Klägers/Beklagten berechtigte Gründe hatte, eine Detektei zu beauftragen, die Kosten prozessbezogen veranlasst wurden⁵⁵⁷ und sich, gemessen an den wirtschaftlichen Verhältnissen der Parteien und der Bedeutung des Streitgegenstandes, in wirtschaftlich vernünftigen Grenzen halten, die erstrebten Feststellungen wirklich notwendig waren und die Ermittlungen nicht einfacher und/oder billiger erfolgen konnten.⁵⁵⁸ Voraussetzung ist darüber hinaus, dass die Nachforschungen ein Beweismittel zutage gebracht haben, das im Rechtsstreit verwendet werden darf, woran es fehlt, wenn ihm (wegen der Rechtswidrigkeit seiner Gewinnung) ein Beweisverwertungsverbot entgegen steht.⁵⁵⁹ **415**

Testkaufkosten sind im Falle eines Obsiegens des Klägers im Kostenfestsetzungsverfahren berücksichtigungsfähig, wenn der Mustererwerb zur Rechtsverfolgung notwendig war. Das ist zu bejahen, wenn für die betreffende Partei keine anderen gleichermaßen verlässlichen, aber kostengünstigeren Aufklärungs- und Beweismittel verfügbar waren.⁵⁶⁰ Grundsätzlich besteht, sofern die Produkte einzeln zu erhalten sind, kein Anlass, von der (jeder) angegriffenen Ausführungsform mehrere Exemplare zu erwerben, außer zu dem Zweck, im Falle einer späteren Beweisaufnahme Muster als Überstücke für eine Begutachtung durch den gerichtlichen Sachverständigen verfügbar zu haben. Solches kommt freilich nur in Betracht, wenn das von der Partei vermessene (oder sonst analy- **416**

---

553 BVerfG, NJW 1993, 2793; BayVerfGH, NJW 1993, 2794; OLG München, NJW-RR 2001, 1723; OLG München, Mitt 2006, 284, 285; OLG Karlsruhe, OLG-Report 2005, 776.
554 OLG München, NJW-RR 2001, 1723 (bzgl spanischem Urheberrecht); OLG München, Mitt 2006, 284 (bzgl schweizerischem Patentrecht); OLG Frankfurt, GRUR 1993, 161 – Französischer Rechtsanwalt; Mankowski, MDR 2001, 194, 195.
555 OLG Düsseldorf, Beschluss v 7.3.2006 – I-2 W 1/06; OLG München, NJW-RR 2001, 1723.
556 OLG Düsseldorf, Beschluss v 7.7.2014 – I-2 W 10/14.
557 Wie bei Privatgutachterkosten bedarf es eines deutlichen (insbesondere zeitlichen) Zusammenhangs zum Rechtsstreit; OLG Bremen, MDR 2015, 1200.
558 BGH, MDR 2013, 1006; OLG Düsseldorf, MDR 2009, 1015.
559 BGH, MDR 2013, 1006.
560 Im Einzelfall kann als Alternative zum Kauf auch die Anmietung des mutmaßlichen Verletzungsgegenstandes in Betracht kommen.

sierte) Produkt danach verbraucht ist und für eine weitere Begutachtung nicht mehr taugt.[561] Die grundsätzliche Beschränkung auf den Erwerb eines einzigen Musters gilt auch dann, wenn der Patentanspruch Zahlen- oder Maßangaben enthält, die von dem mutmaßlichen Verletzungsgegenstand einzuhalten sind. Zwar mag es denkbar sein, dass sich bei der Herstellung des Erzeugnisses aufgrund von Toleranzen eine gewisse Streubreite einstellt, weswegen mit der Feststellung, dass das eine, vermessene Musterstück außerhalb des beanspruchten Bereiches bleibt, noch nicht unbedingt gesagt ist, dass dasselbe auch für alle anderen Verkaufsgegenstände des betreffenden Typs der Fall ist. Die Möglichkeit einer zur Patentverletzung führenden Streuung setzt aber voraus, dass das Messresultat des vermessenen Musters dermaßen in der Nähe des vom Patent beanspruchten Zahlenbereiches liegt, dass bei verständiger Würdigung die realistische Erwartung besteht, dass andere Exemplare aufgrund technischer Toleranzen bei der Herstellung in den patentgeschützten Bereich geraten sein können. Da sich dies naturgemäß erst absehen lässt, wenn das eine Muster analysiert ist, dürfen weitere Überstücke für die Messung erst dann beschafft werden, wenn geeignete Messergebnisse des ersten, vermessenen Musters vorliegen.[562] Anderes gilt ausnahmsweise dann, wenn eine konsekutive Anschaffung mehrerer Produkte besonders hohe Kosten verursacht, die außer Verhältnis zu den Mehrkosten für einen anfänglichen Erwerb von Überstücken stehen, der sich möglicherweise im Nachhinein als nutzlos erweist.[563] Gleiches wird dann in Betracht kommen, wenn zu befürchten ist, dass zu einem späteren Zeitpunkt weitere Musterstücke nicht mehr oder nur unter außerverhältnismäßigem Aufwand zu beschaffen sind.[564] Wird das Produkt variiert, kann auch ein wiederholter Mustererwerb (sic: zunächst des ursprünglichen und später des geänderten Gegenstandes) erforderlich sein, wenn Anlass zu der Annahme besteht, dass die vorgenommene Variation Einfluss auf die Verwirklichung der Anspruchsmerkmale haben kann, so dass die Übereinstimmung der geänderten Ausführungsform mit dem Patent einer verlässlich nur am Muster durchzuführenden Überprüfung bedarf.[565] In zeitlicher Hinsicht genügt es, wenn der Erwerb im Vorfeld und zur Vorbereitung eines konkreten, nachfolgend eingeleiteten Rechtsstreits stattgefunden hat.[566] Ob die Kostenfestsetzung nur Zug um Zug gegen Aushändigung des Musters erfolgt, ist streitig.[567] Keine Erstattungspflicht besteht freilich für den Erwerb eigener Produkte der Partei durch ihren Prozessbevollmächtigten.[568] Ungeachtet der Möglichkeit, die Testkaufkosten im Festsetzungsverfahren nach § 103 ZPO geltend zu machen, handelt es sich um Schadenspositionen, die § 139 Abs 2 PatG unterfallen und die deshalb auch im Klagewege auf materiell rechtlicher Basis eingefordert werden können.[569] Ihre Erforderlichkeit ergibt sich spätestens daraus, dass mithilfe des Musters statt einer Erstbegehungsgefahr eine Wiederholungsgefahr dargetan werden kann.[570]

417 Wird zur Verdeutlichung der patentgeschützten Erfindung oder der als Patentverletzung angegriffenen Ausführungsform ein **Modell** angefertigt, so sind die hierdurch verursachten Kosten im Festsetzungsverfahren nach § 103 ZPO ebenfalls nur erstattungsfähig, wenn die Anfertigung rechtsstreitbezogen erfolgt ist und die Präsentation des Modells zur zweckentsprechenden Rechtsverfolgung oder Rechtsverteidigung im Sinne von § 91 Abs 1 Satz 1 ZPO notwendig war. Letzteres ist zu bejahen,

---

561 OLG Düsseldorf, Beschluss v 27.9.2016 – I-2 W 24/16.
562 OLG Düsseldorf, Beschluss v 27.9.2016 – I-2 W 24/16.
563 OLG Düsseldorf, Beschluss v 27.9.2016 – I-2 W 24/16.
564 OLG Düsseldorf, Beschluss v 27.9.2016 – I-2 W 24/16.
565 OLG Düsseldorf, Beschluss v 17.4.2014 – I-15 W 3/14.
566 OLG Düsseldorf, Beschluss v 17.4.2014 – I-15 W 3/14.
567 Zum Meinungsstand vgl OLG Düsseldorf, OLG-Report 2008, 815.
568 OLG Frankfurt/Main, GRUR-RR 2013, 184 – Patentanwaltskosten im Geschmacksmusterstreit.
569 BGH, GRUR 2017, 1160 – BretarisGenuair.
570 BGH, GRUR 2017, 1160 – BretarisGenuair.

– wenn das Modell im Rechtsstreit förmlich als Beweismittel verwertet wurde **418**
oder

– wenn das Modell aus der Sicht einer vernünftigen, auf Kostenersparnis bedachten **419** Partei als Anschauungsmaterial für das Gericht unverzichtbar war, um komplizierte technische Sachverhalte zu verdeutlichen, deren Visualisierung auf einfachere und kostengünstigere Weise (zB mittels farbiger Abbildungen oder dergleichen) nicht in geeigneter Weise möglich ist.[571]

Schaltet der beklagte Generalimporteur zu seiner Unterstützung im Patentverletzungs- **420** prozess den **ausländischen Lieferanten des** angeblichen **Verletzungsproduktes** ein, in dessen Person Reise- und Übersetzungskosten anfallen, sind diese nur dann im Rahmen der Kostenausgleichung erstattungsfähig, wenn die Mithilfe des Lieferanten notwendig war, um dem Verletzungsvorwurf sachgerecht begegnen zu können.[572] Dazu genügt nicht schon, dass der Lieferant dem Verletzungsbeklagten im Falle eines Unterliegens zur Freistellung verpflichtet ist. Vielmehr muss der Beklagte auf die technische Unterstützung des Lieferanten angewiesen sein, ohne den er sich ansonsten nicht angemessen verteidigen könnte. Vorrangig ist allerdings der mitwirkende Patentanwalt aufgerufen, sich mit der fraglichen Technik vertraut zu machen; ggf sind ergänzende Informationen des Lieferanten auf schriftlichem/telefonischem Wege einzuholen. Nur wo dies nicht möglich oder nicht ausreichend ist (was im Einzelnen darzulegen ist), bleibt Raum für eine im Rahmen der Kostenerstattung anzuerkennende weitergehende persönliche Unterrichtung des Beklagten. Ist der Verletzungsbeklagte selbst nicht in der Lage, sich hinreichend zu verteidigen, zB weil die angegriffene Ausführungsform bei der ausländischen Muttergesellschaft entwickelt worden ist, sind allenfalls die Reisekosten erstattungsfähig, die dadurch veranlasst sind, dass Mitarbeiter des Verletzungsbeklagten eine Informationsreise zu der ausländischen Muttergesellschaft unternommen haben, sofern der technische Sachverhalt derart komplex ist, dass er von der Beklagten und ihrem Patentanwalt nicht angemessen bewältigt werden kann.[573]

Dieselben Grundsätze gelten für die Einschaltung der **ausländischen Muttergesellschaft** **421** auf Kläger- oder Beklagtenseite.[574] Es trifft zwar zu, dass es ausländischen Konzernen freisteht, aus organisatorischen, logistischen oder rechtlichen Gründen die für sie wirtschaftlichste Aufteilung in weltweite Einzelgesellschaften, darunter auch eigenständige kleine Vertriebsgesellschaften, zu wählen. Das bedeutet indessen nicht, dass allein durch den Prozess verursachte Kosten nicht zum Nachteil der in Deutschland ansässigen Tochtergesellschaften gehen dürften, die selbst nicht den Prozessablauf bestimmen könnten. Eine solche Sichtweise verkennt, dass die Notwendigkeit von Übersetzungen, Verdolmetschung und Reisekosten noch weniger zu Lasten des Prozessgegners gehen darf, der auf die konzernmäßige Organisation der Klägerseite keinen Einfluss hat, während die inländischen Vertriebsgesellschaften in der Regel als Lizenznehmer von der entsprechenden Organisationsstruktur profitieren. Soweit im Einzelfall infolge der Konzernstruktur nicht erstattungsfähige Prozesskosten entstehen, stellt dies die zumutbare Kehrseite des vorerwähnten Vorteils dar. Kosten für die Einschaltung der Konzernmutter sind demnach nur erstattungsfähig, wenn es ihrer bedurfte, um den technischen Sachverhalt ange-

---

571 OLG Düsseldorf, InstGE 11, 121 – Maisgebiss-Modell; BPatG, GRUR 2009, 1196 – Demonstrationshilfen.
572 OLG Düsseldorf, InstGE 12, 252 – Kosten der Recherche.
573 OLG Düsseldorf, Beschluss v 27.4.2011 – I-2 W 2/11.
574 OLG Düsseldorf, Beschluss v 27.4.2011 – I-2 W 2/11; OLG Düsseldorf, Beschluss v 4.3.2013 – I-2 W 9/13; OLG Düsseldorf, Beschluss v 13.9.2013 – I-2 W 30/13.

h) Recherchekosten

422 Kosten einer Recherche nach **Stand der Technik**, der dem Klagepatent entgegen gehalten werden kann, sind erstattungsfähig, weil mit ihnen ein Aussetzungsantrag im Verletzungsprozess begründet[576] bzw in einem einstweiligen Verfügungsverfahren der grundsätzlich erforderliche Rechtsbestand des Verfügungsschutzrechts in Zweifel gezogen werden kann[577]. Dass die Rechercheergebnisse auch im Rechtsbestandsverfahren verwertet werden und dort (wie im europäischen Einspruchsverfahren) eine Kostenerstattung nicht erfolgt, steht dem nicht entgegen.[578] Unter Umständen sind sogar Zusatzkosten für eine **Express**-Recherche (zB beim Österreichischen Patentamt) erstattungsfähig, wenn eine Normalrecherche innerhalb des gerichtlichen Verfahrensablaufs unzureichend sein kann. Daran ist insbesondere im einstweiligen Verfügungsverfahren zu denken, sofern die Recherche eingeholt wird, bevor ein Verhandlungstermin bestimmt ist, oder dieser zwar bereits feststeht, jedoch so nah bevorsteht, dass die verbleibende Zeit bei in Rechnung zu stellendem ungünstigen Verlauf möglicherweise zu knapp ist, um die Rechercheergebnisse selbst verarbeiten, schriftsätzlich aufbereiten und so zeitig in das gerichtliche Verfahren einführen zu können, dass sowohl dem Gegner eine angemessene Erwiderungsmöglichkeit als auch – im Anschluss daran – dem Gericht eine ausreichende Vorbereitungszeit verbleibt.[579]

423 Die Recherche ist nicht durch die **Verfahrensgebühr** des mitwirkenden Patentanwaltes abgegolten[580], so dass der Aufwand auch dann zusätzlich zu erstatten ist, wenn es sich um eine Eigenrecherche des am Verfahren beteiligten Patentanwaltes handelt.[581] Zu berücksichtigen ist dabei ein an die Vergütungssätze des JVEG angelehnter Stundensatz[582], wobei regelmäßig die höchste Honorargruppe 13 (= 125 € netto)[583] einschlägig ist.[584] Neben dem Aufwand für die eigentliche Recherche (= Ermittlung der Druckschriften) ist kein Aufschlag für die gedankliche Auswertung und schriftsätzliche Aufarbeitung der Rechercheergebnisse angebracht, weder in Fällen der Fremdrecherche[585] noch in Fällen der Eigenrecherche. Führt die Prozesspartei persönlich die Recherche durch, handelt es sich bei dem geleisteten Aufwand an Zeit und Mühe allerdings nicht um (erstattungsfähige) Kosten, sondern um allgemeinen Prozessaufwand, der prinzipiell nicht erstattet wird.[586]

424 Anders verhält es sich mit Recherchekosten für **Sachverhalte, die zur vollen Darlegungslast des Prozessgegners stehen** und in Bezug auf die sich der Kostengläubiger deshalb auf ein Bestreiten mit Nichtwissen zurückziehen kann. Ein Beispiel sind kostenträchtige Ermittlungen des Beklagten, die dadurch veranlasst sind, dass der Kläger einen vom Inhalt des Patentregisters abweichenden Namen trägt und insoweit entweder eine

---

575 OLG Düsseldorf, Beschluss v 4.3.2013 – I-2 W 9/13; OLG Düsseldorf, Beschluss v 13.9.2013 – I-2 W 30/13.
576 OLG Frankfurt/Main, GRUR 1996, 967 – Recherche-Kosten; OLG Düsseldorf, InstGE 12, 252 – Kosten der Recherche.
577 OLG Düsseldorf, Beschluss v 6.9.2018 – I-2 W 19/18.
578 Vgl oben zu Rdn 390.
579 OLG Düsseldorf, Beschluss v 22.8.2016 – I-2 W 16/16.
580 OLG Frankfurt/Main, GRUR 1996, 967 – Recherche-Kosten.
581 OLG Düsseldorf, Beschluss v 5.12.2013 – I-2 W 39/13.
582 OLG Frankfurt/Main, GRUR 1996, 967 – Recherche-Kosten.
583 Vor Inkrafttreten des 2. KostRModG war dies die Honorargruppe 10 (= 95 € netto).
584 OLG Düsseldorf, InstGE 12, 252 – Kosten der Recherche.
585 OLG Düsseldorf, Beschluss v 16.5.2012 – I-20 W 127/11.
586 BPatG, Mitt 2015, 417 – selbst (eigenhändig) durchgeführte Recherche.

identitätswahrende Umfirmierung oder eine Patentübertragung behauptet. Da die fraglichen Vorgänge nicht im Wissens- und Erkenntnisbereich des Beklagten liegen, bedarf es keiner eigenen Recherchen zu den Unternehmensverhältnissen auf Klägerseite. Vielmehr hat der Kläger den vollständigen Nachweis seiner Aktivlegitimation zu erbringen und kann der Beklagte, solange dies nicht geschehen ist, diese – rechtlich erheblich – pauschal, nämlich mit Nichtwissen in Abrede stellen.[587]

i) Übersetzungskosten

Eine betragsmäßig ggf nicht unerhebliche Kostenposition können Übersetzungskosten ausmachen. **425**

Ein erster Anlass für eine Übersetzung kann sich bereits ergeben, wenn die Zustellung an den Beklagten im EU-Ausland stattzufinden hat. Wegen des in **Art 8 Abs 1 EuZVO** vorgesehenen Annahmeverweigerungsrechts läuft der Kläger hier Gefahr, dass die Zustellung scheitert, weil der Empfänger geltend macht, der deutschen Sprache nicht mächtig zu sein. Maßgeblich sind insoweit die Kenntnisse des Empfängers persönlich, bei juristischen Personen des Geschäftsführers, nicht irgendwelcher Mitarbeiter, mögen sie auch in den Vertrieb der mit der Klage angegriffenen Verletzungsgegenstände nach Deutschland eingebunden sein.[588] Es stellt ein legitimes Interesse des Klägers dar, eine zügige Zustellung sicherzustellen. Immer dann, wenn er nicht sicher sein kann, dass es nicht zu einer (berechtigten oder unberechtigten) Annahmeverweigerung kommt, ist deshalb eine Übersetzung der Klageschrift in die Landessprache des Empfangsstaates hinzunehmen und die hiermit verbundenen Kosten erstattungsfähig. **426**

Im Übrigen kann eine **ausländische Partei**, die der deutschen Sprache nicht mächtig ist, die Kosten einer Übersetzung der von ihrem eigenen Prozessbevollmächtigten in einem Patentverletzungsprozess angefertigten Schriftsätze nebst Anlagen als notwendige Rechtsverfolgungskosten erstattet verlangen. Gleiches gilt für die gegnerischen Schriftsätze (nebst Anlagen), zu denen zu erwidern ist, sowie für Verfügungen und Entscheidungen des Gerichts. Dabei spielt es keine Rolle, ob die Übersetzung von einem auswärtigen Dienst oder von dem eigenen Prozessbevollmächtigten angefertigt worden ist und dieser einer internationalen Kanzlei angehört, deren Mitglieder für die allgemeine Korrespondenz die betreffende Sprache beherrschen[589], oder die Arbeiten von beim Prozessbevollmächtigten angestellten Übersetzern erledigt worden sind.[590] Die Erstattungsfähigkeit gilt auch für eine ausländische Partei, die eine **inländische Zweigniederlassung** unterhält, jedenfalls dann, wenn dort keine eigene Rechts- und Patentabteilung unterhalten wird, die zu einer eigenverantwortlichen Bearbeitung des Rechtsstreits imstande ist.[591] **427**

Für einen dem Rechtsstreit wirksam beigetretenen **Streithelfer** gelten prinzipiell dieselben Grundsätze.[592] Ist er Ausländer, hat er Anspruch auf eine Übersetzung aller im Rechtsstreit gewechselter Schriftsätze, egal von welcher Partei sie stammen, auch von solchen anderer Streithelfer[593], und zwar ohne Rücksicht darauf, ob dem Beitritt eine Streitverkündung vorausgegangen ist oder der Nebenintervenient aus eigenem Antrieb beigetreten ist. Die Kosten müssen allerdings grundsätzlich nach dem Beitritt veranlasst **428**

---

587 OLG Düsseldorf, Beschluss v 5.12.2013 – I-2 W 39/13.
588 AA: OLG Düsseldorf, Beschluss v 29.3.2016 – I-20 W 45/15.
589 OLG Düsseldorf, InstGE 12, 177 – Übersetzung eigener Schriftsätze.
590 OLG Düsseldorf, Beschluss v 23.4.2010 – I-2 W 6/10.
591 OLG Düsseldorf, Beschluss v 13.9.2013 – I-2 W 30/13.
592 OLG Düsseldorf, Beschluss v 13.9.2013 – I-2 W 30/13.
593 OLG Düsseldorf, Beschluss v 13.9.2013 – I-2 W 30/13.

sein, so dass Übersetzungen, die angefertigt wurden, um darüber zu entscheiden, ob dem Rechtsstreit beigetreten werden soll, nicht erstattungsfähig sind.[594]

429 Übersetzungskosten sind grundsätzlich auch insoweit erstattungsfähig, als sie im Hinblick auf **Unterlagen** angefertigt worden sind, die **im Rechtsbestandsverfahren** gewechselt wurden, sofern darauf im Verletzungsprozess ein Aussetzungsantrag gestützt ist[595] oder in einem einstweiligen Verfügungsverfahren Einwände gegen den hinreichenden Rechtsbestand des Verfügungschutzrechts begründet werden[596]. Es kommt nicht darauf an, ob die Übersetzung (zB einer entgegen gehaltenen **Druckschrift**) vom Gericht angefordert oder zumindest in den Rechtsstreit eingeführt worden ist oder lediglich als interne Unterlage für die Anwälte der Partei gedient hat.[597] Letzteres reicht aus, weil es der sinnvollen Arbeitserleichterung dient, sich der Übertragung des technischen Textes ins Deutsche nur ein Mal mit der gebotenen Sorgfalt zu widmen und danach bei der im Zuge des Rechtsstreits erforderlichen wiederholten Befassung mit dem Offenbarungsgehalt der Schrift auf die dem Bearbeiter vorliegende deutsche Übersetzung zu stützen. Das gilt auch dann, wenn die Anwälte der Sprache, aus welcher der Text übersetzt worden ist, mächtig sind und die Übersetzung von ihnen selbst angefertigt worden ist.[598] Eine Erstattungspflicht ist allerdings zu verneinen wenn die Übersetzung zur »Unzeit« veranlasst wurde, zB zu einem Zeitpunkt, als der Rechtsstreit (wegen erstinstanzlicher Vernichtung des Klageschutzrechts) bereits ausgesetzt war.[599] Gleiches gilt für Übersetzungskosten, die unter Verstoß gegen das Gebot veranlasst worden sind, die Aufwendungen so gering zu halten, wie dies mit der Wahrung der berechtigten eigenen Belange der erstattungsberechtigten Partei zu vereinbaren ist. Da Regel 3 der AO zum Übereinkommen über die Erteilung europäischer Patente bestimmt, dass sich im schriftlichen Verfahren vor dem Europäischen Patentamt jeder Beteiligte jeder Amtssprache des EPA und damit gemäß Art 14 Abs 1 EPÜ auch der deutschen Sprache in einem ansonsten in englischer Sprache geführten Einspruchsverfahren bedienen kann, besteht keine Notwendigkeit, einen Beitrittsschriftsatz im Einspruchsverfahren in englischer Verfahrenssprache einzureichen und den Text anschließend für den Verletzungsprozess wieder ins Deutsche zurück zu übersetzen.[600]

430 Übersetzungskosten, die dadurch veranlasst sind, dass die verklagte deutsche Vertriebsgesellschaft ihre am Rechtsstreit selbst nicht beteiligte **ausländische Muttergesellschaft** informiert, sind grundsätzlich nicht erstattungsfähig.[601] Selbst wenn konzerninterne Vorgaben eine Einschaltung und Unterrichtung der Konzernmutter vorschreiben sollten, kann dies nicht zu Lasten des erstattungspflichtigen Prozessgegners gehen. Gleiches gilt für eine Einschaltung der Muttergesellschaft zu dem Zweck, auf Beklagtenseite Möglichkeiten für eine etwaige vergleichsweise Beilegung des Rechtsstreits abzuklären, zB in Form einer Kreuzlizenzierung, die nicht ohne das Einverständnis der Konzernmutter machbar ist. Eine Ausgleichspflicht ist allenfalls dann anzuerkennen, wenn die Übersetzung notwendig war, um von der Mutter rechtsstreitrelevante technische Informationen einzuholen, ohne die der Beklagten eine angemessene Rechtsverfolgung oder Rechtsverteidigung nicht möglich und diese ansonsten gezwungen gewesen wäre, externen Sachverstand (zB eines Privatgutachters) heranzuziehen. Freilich gilt auch hier der Vorbehalt, dass es in erster Linie Sache der Partei und ihres Patentanwaltes ist, den technischen

---

594 OLG Düsseldorf, Beschluss v 13.9.2013 – I-2 W 30/13.
595 OLG Düsseldorf, Beschluss v 13.9.2013 – I-2 W 30/13.
596 OLG Düsseldorf, Beschluss v 6.9.2018 – I-2 W 19/18.
597 OLG Düsseldorf, Beschluss v 31.5.2010 – I-2 W 24/10.
598 OLG Düsseldorf, Beschluss v 31.5.2010 – I-2 W 24/10.
599 OLG Düsseldorf, Beschluss v 13.9.2013 – I-2 W 30/13.
600 OLG Düsseldorf, Beschluss v 6.9.2018 – I-2 W 19/18.
601 OLG Düsseldorf, Beschluss v 6.1.2011 – I-2 W 63/10; OLG Düsseldorf, Beschluss v 27.4.2011 – I-2 W 2/11; OLG Düsseldorf, Beschluss v 13.9.2013 – I-2 W 30/13.

Sachverhalt aufzuarbeiten. Nur wo dabei – was substantiiert darzulegen ist (gibt es eine eigene technische Abteilung? Welches technische know how ergibt sich schon aus der notwendigen Pflege von Kundenkontakten?) – noch Lücken bleiben, sind Übersetzungen zu rechtfertigen.[602]

Im Rahmen der Kostenfestsetzung ist im Übrigen dreierlei zu beachten: 431

– Erstens werden **keine fiktiven Kosten** erstattet, weswegen die der Partei in Rechnung 432 gestellten Beträge im Bestreitensfall konkret nachzuweisen sind[603], zB durch Vorlage der betreffenden Rechnungen (des externen Übersetzers[604] oder des Anwalts) an den Mandanten.[605] Eine anwaltliche Versicherung dazu, dass die Übersetzungen angefertigt und der Partei (mindestens) in Höhe des zur Ausgleichung angemeldeten Betrages in Rechnung gestellt worden sind, reicht allein nicht aus, selbst wenn insoweit Geheimhaltungsbelange reklamiert werden.[606] Sie genügt allerdings dann, wenn begleitend mindestens interne bills aus dem anwaltlichen Zeit- und Kostenerfassungsprogramm präsentiert werden, die belegen, dass Übersetzungstätigkeit geleistet und der Partei mit einem bestimmten Vergütungsbetrag belastet worden ist, selbst wenn die anschließende Anwaltsrechnung pauschal nur noch den Gesamtbetrag der Vergütung für einen bestimmten Zeitabschnitt ausweist.[607]

– Die berechneten Beträge sind – zweitens – »**gedeckelt**«, nämlich nur insoweit erstat- 433 tungsfähig, als die Kosten nicht den Betrag übersteigen, der angefallen wäre, wenn das Gericht einen Übersetzer eingeschaltet hätte.[608] Daraus folgt, dass der Anspruchsteller mit seinem Festsetzungsantrag hinreichend nachzuweisen hat, dass mit dem Rechnungsbetrag die gesetzlichen Übersetzungskosten nicht überschritten werden.[609] Maßgeblich sind insoweit die Vorschriften des JVEG:

Für die Übersetzung von Texten in einem Patentverletzungsrechtsstreit ist regelmäßig 434 ein Zeilensatz[610] von 2,05 €[611] anzusetzen (§ 11 Abs 1 Satz 3 JVEG).[612] Ein geringerer Satz ist angebracht, wenn der übersetzte Text keinen speziell technischen und/oder patentrechtlichen Inhalt hat, sondern sich mit allgemeinrechtlichen Inhalten befasst, wie sie in jedem Zivilrechtsstreit auftreten können. Ein Aufschlag ist nicht deswegen gerechtfertigt, weil der Prozessbevollmächtigte den übersetzten Text auf Richtigkeit überprüft und ggf korrigiert hat.[613] Übersetzt der Anwalt den Schriftsatz nur mündlich (zB am Telefon) für den Mandanten, handelt es sich nicht um eine Übersetzung, sondern um eine Dolmetschertätigkeit, für die je Stunde ein Betrag von 70 €[614] abgerechnet werden kann (§ 9 Abs 3 Satz 1 JVEG).[615]

---

602 OLG Düsseldorf, Beschluss v 6.1.2011 – I-2 W 63/10; OLG Düsseldorf, Beschluss v 13.9.2013 – I-2 W 30/13.
603 OLG Düsseldorf, Beschluss v 23.4.2010 – I-2 W 6/10.
604 Erfolgt die Rechnungstellung an das Anwaltsbüro, bedarf es zusätzlich eines Nachweises über die Weiterbelastung an den Mandanten [OLG Düsseldorf, Beschluss v 15.1.2015 – I-2 W 32/14].
605 OLG Düsseldorf, Beschluss vom 26.7.2012 – I-2 W 10/12.
606 OLG Düsseldorf, Beschluss v 20.6.2013 – I-2 W 15/13.
607 OLG Düsseldorf, Beschluss v 25.11.2013 – I-2 W 34/13.
608 OLG Düsseldorf, Beschluss v 23.4.2010 – I-2 W 6/10.
609 OLG Düsseldorf, Beschluss vom 26.7.2012 – I-2 W 10/12.
610 … je 55 angefangene Anschläge im Text der Zielsprache (§ 11 Abs 1 JVEG).
611 Mit dem 2. KostRModG ist der bisherige Höchstsatz von 4 € herabgesetzt worden. Die neue Vorschrift gilt für alle Übersetzungsaufträge, die vor dem 1.8.2013 erteilt worden sind (§ 24 Satz 1 JVEG).
612 OLG Düsseldorf, InstGE 12, 177 – Übersetzung eigener Schriftsätze; OLG Düsseldorf, Beschluss v 31.5.2010 – I-2 W 24/10.
613 OLG Düsseldorf, Beschluss v 15.1.2015 – I-2 W 32/14.
614 Vor dem 2. KostRModG lag der Betrag bei 55 €.
615 OLG Düsseldorf, InstGE 13, 252 – Pumpeinrichtung.

435 Weist der Antragsteller die vergütungsrelevanten Anschläge des übersetzten Textes nicht nach und bestehen Bedenken, dass die angesetzten Honorare bei Beachtung des gesetzlichen Abrechnungsmodus in vollem Umfang gerechtfertigt sind, ist ein Sicherheitsabschlag vorzunehmen, der so hoch anzusetzen ist, dass in jedem Fall gewährleistet bleibt, dass dem Kostenerstattungsberechtigten nichts zugesprochen wird, was ihm nicht zusteht.[616]

436 – Drittens: Die Kosten für eine wortgetreue Übersetzung sind **ausnahmsweise nicht erstattungsfähig**, wenn – (a) – es ihrer im konkreten Einzelfall nicht bedarf, weil das fragliche Dokument[617] für das prozessuale Vorgehen der Partei ohne besondere Bedeutung ist, so dass es ausreicht, wenn es ihr vom eigenen Prozessbevollmächtigten nur dem Inhalt nach mitgeteilt und ggf erläutert wird, *und* wenn – (b) – die Kosten für eine Übersetzung außer Verhältnis zur Höhe der zu verfolgenden oder abzuwehrenden Klageforderung stehen.[618] In Bezug auf die instanzbeendende Gerichtsentscheidung ist ein Übersetzungsbedarf in aller Regel selbst dann gegeben, wenn die ausländische Partei in vollem Umfang obsiegt und der Gegner kein Rechtsmittel eingelegt hat.[619] Ein fortbestehendes Rechtsverfolgungs oder –verteidigungsinteresse ergibt sich in solchen Fällen zumindest aus §§ 319 – 321 ZPO.

437 Wegen § 145 PatG ist der Kläger häufig gezwungen, mehrere durch die angegriffene Ausführungsform verletzte Patente in einer einzigen Klage geltend zu machen, obwohl das Verletzungsgericht das Verfahren bei erster Gelegenheit zur besseren Handhabung **in der Zahl der Klageschutzrechte entsprechende Einzelverfahren auftrennt**. Da sowohl das Ausgangsverfahren als auch das abgetrennte Verfahren jeweils einen unterschiedlichen Verlauf nehmen und dementsprechend mit einer unterschiedlichen Kostengrundentscheidung enden können, hinge es bei einem vollständigen Verbleib der Auslagen für die Übersetzung der einheitlichen Klageschrift im Ausgangsverfahren vom Zufall ab, welche Partei letztlich die für beide Verfahren relevanten Auslagen zu tragen hat. Für die Kostenerstattung käme es nämlich maßgeblich auf die durch die Parteien nicht zu beeinflussende Frage an, welchen Verfahrensteil das Gericht als Ausgangsverfahren betrachtet und welcher Verfahrensteil abgetrennt wird. Dass ein solches zufälliges Ergebnis nicht sachgerecht sein kann, liegt auf der Hand. Deshalb gebietet es der Grundsatz der Billigkeit, die bereits vor der Trennung der Verfahren entstandenen Übersetzungskosten anteilig auf beide Verfahren umzulegen. Ist die Übersetzung der Klageschrift nebst Anlagen für beide Verfahren gleichermaßen nützlich und erforderlich und lassen sich die entsprechenden Übersetzungskosten auch nicht eindeutig jeweils einem der beiden Verfahren zuordnen, ist es sachgerecht, die Kosten entsprechend der wirtschaftlichen Bedeutung der beiden Verfahren zu verteilen, wobei mangels anderweitiger Anhaltspunkte der jeweilige Verfahrensstreitwert ein gewichtiges Indiz darstellt.[620]

j) Kosten für Sicherheitsleistung

438 Aufwendungen, die (vom Kläger) zur Erbringung einer Vollstreckungssicherheit oder (vom Beklagten) zur Beibringung einer Abwendungssicherheit geleistet werden, sind

---

616 OLG Düsseldorf, GRUR-RR 2012, 493 – Sicherheitsabschlag (20 %-iger Abschlag).
617 Bsp: Verhandlungsprotokoll, aus dem sich lediglich die Erschienenen und die Verlesung der angekündigten Anträge ergibt; Vorsitzendenverfügung, die sich nur über eine Schriftsatzfristverlängerung verhält (OLG Düsseldorf, Beschluss v 8.12.2004 – I-2 W 43/04; OLG Düsseldorf, GRUR-RR 2012, 493 – Sicherheitsabschlag).
618 OLG Düsseldorf, Beschluss v 25.4.2003 – 2 W 9/03; OLG Düsseldorf, GRUR-RR 2012, 493 – Sicherheitsabschlag.
619 OLG Düsseldorf, GRUR-RR 2012, 493 – Sicherheitsabschlag (unter Aufgabe der gegenteiligen Rechtsprechung gemäß Beschluss v 25.4.2003 – 2 W 9/03).
620 OLG Düsseldorf, Beschluss v 10.1.2017 – I-2 W 31/16.

prinzipiell im Kostenfestsetzungsverfahren berücksichtigungsfähig und müssen deshalb nicht in jedem Fall auf materiell-rechtlicher Grundlage (zB § 717 ZPO) in einem eigenen Erkenntnisverfahren durchgesetzt werden.[621] Denkbar sind Provisionen für eine Bankbürgschaft, Zinsverluste, die als Folge der Hinterlegung eigenen Kapitals entstanden sind[622], oder Kreditzinsen für die Aufnahme eines Darlehns zur Finanzierung der Hinterlegungssumme. Voraussetzung für einen Ansatz im Kostenfestsetzungsverfahren ist freilich, dass die angemeldeten Kosten liquide sind, so dass sie ohne Beweisermittlung zweifelsfrei beurteilt werden können.[623] Das wird bei Avalgebühren regelmäßig so sein, aber ausscheiden, wenn die Hinterlegungssumme im Rahmen eines laufenden, umfassenderen Kredits (ggf sogar innerhalb des Konzernverbundes) finanziert worden ist.[624]

k) Zinsen auf festgesetzte Kosten

In einem Kostenfestsetzungsbeschluss festgesetzte Kosten sind seit dem Eingang des Kostenfestsetzungsantrages zu verzinsen (§ 104 Abs 1 Satz 2 ZPO). Dabei bleibt es, solange eine den Festsetzungsausspruch tragende vollstreckbare Kostengrundentscheidung existiert. Daraus folgt: Wird eine Kostengrundentscheidung zunächst aufgehoben oder zum Nachteil des Gläubigers abgeändert und zu einem späteren Zeitpunkt wieder hergestellt, so tritt eine Verzinsungspflicht frühestens mit dem Wirksamwerden der restituierenden Kostengrundentscheidung ein.[625] Anders verhält es sich, wenn eine dem Beklagten (wegen Klageabweisung oder wegen § 93 ZPO) günstige Kostengrundentscheidung zwar dadurch obsolet wird, dass der Kläger seine Klage zurücknimmt, die daraufhin nach § 269 Abs 3 ZPO ergehende Kostenentscheidung aber inhaltlich der ursprünglichen Kostenentscheidung entspricht; hier bleibt es bei der Zinspflicht ab Eingang des auf die erste, streitige Kostengrundentscheidung gestützten Festsetzungsantrages.[626] Im Falle eines Vergleichsabschlusses in der Rechtsmittelinstanz, ist im Zweifel (sofern nichts anderes deutlich feststellbar ist) davon auszugehen, dass eine dortige Kostenregelung originär wirken soll, so dass Zinsen erst für die Zeit ab Eingangsdatum des auf den Vergleich gestützten Festsetzungsantrages zu zahlen sind.[627]

439

3. Sonstiges

Vor der Geltendmachung konkreter Ansprüche sollte schließlich überlegt werden, in welchem Umfang Rechte geltend gemacht werden können. Interessant ist dies unter anderem bei **zusammengesetzten Vorrichtungen**, bei denen nur ein Teil geschützt ist, oder bei Vorrichtungen, die in der Regel nur zusammen mit nicht geschützten Bestandteilen veräußert werden. Es sollte stets erwogen werden, ob wegen der Bedeutung der geschützten Lehre oder aus sonstigen Gründen die Benutzung der Gesamtvorrichtung oder auch eines Zubehörs untersagt oder zumindest für die Benutzung der Gesamtvorrichtung oder eines Zubehörs Schadenersatz verlangt werden kann. Können diese Fragen bejaht werden, sind die Anträge entsprechend zu formulieren, um Diskussionen über die Reichweite eines Tenors erst im Rahmen der Rechnungslegung oder im Höheprozess zu vermeiden. Ähnliche Überlegungen sollten bei der mittelbaren Patentverletzung dann angestellt werden, wenn eine unbedingte Verurteilung nicht in Betracht kommt.

440

---

621 BGH, NJW-RR 2006, 1001.
622 Bei verzögerter Freigabe eines hinterlegten Betrages erkennt der BGH analog § 288 Abs 1 Satz 1 BGB einen Anspruch auf gesetzliche Verzugszinsen an (BGH, MDR 2018, 51).
623 OLG Düsseldorf, Beschluss v 27.5.2013 – I-2 W 16/13.
624 OLG Düsseldorf, Beschluss v 27.5.2013 – I-2 W 16/13, mwN.
625 BGH, MDR 2016, 57 – Verzinsung des Kostenerstattungsanspruchs.
626 BGH, MDR 2016, 57 – Verzinsung des Kostenerstattungsanspruchs; OLG Düsseldorf, Beschluss v 20.11.2017 – I-2 W 43/17.
627 OLG Düsseldorf, Beschluss v 20.11.2017 – I-2 W 43/17.

441 Hinzu kommt, dass die geltend zu machenden Ansprüche häufig erst noch an den Kläger abgetreten werden müssen. Dies gilt ua für die Schadenersatz- und Entschädigungsansprüche etwa in Fällen, in denen der potenzielle Kläger das Schutzrecht erst später erworben hat oder in denen anstelle des Schutzrechtinhabers der einfache Lizenznehmer klagen soll. Auch wenn es ausreichend ist, die **Aktivlegitimation** erst in der letzten mündlichen Verhandlung nachzuweisen, sollten entsprechende Erklärungen frühzeitig vorbereitet werden. Dies gilt insbesondere bei Klagen von Ausländern, da deutsche Gerichte die Wirksamkeit und Gültigkeit von Vereinbarungen oder das Vorliegen einer Vertretungsmacht aufgrund der Anwendbarkeit ausländischen Rechts nicht bzw nur beschränkt aus eigener Anschauung beurteilen können. Unabhängig davon, ob deutsche oder ausländische Parteien beteiligt sind, ist darauf zu achten, dass diejenigen Personen, die die relevanten Erklärungen abgeben, über die hierfür erforderliche Berechtigung bzw Vertretungsmacht verfügen und diese auch nachgewiesen werden kann.

C. Vorprozessuales

Vor der Einleitung gerichtlicher Schritte gegen einen möglichen Verletzer ist stets zu erwägen, ob und in welcher Form mit diesem in Kontakt getreten werden soll. Eine Kontaktaufnahme (in Gestalt einer Berechtigungsanfrage oder einer Abmahnung) kann aus verschiedenen Motiven geboten sein.   1

Der Verletzungstatbestand konnte noch nicht abschließend belegt werden oder es bestehen zumindest Unsicherheiten. In einem solchen Fall bietet sich vorprozessualer Kontakt mit dem Gegner an, in der Hoffnung, dass dieser in seiner Antwort Informationen liefert, über die nur der Verletzer verfügt.   2

Nach einer außergerichtlichen Information über das Schutzrecht und den möglichen Verletzungsvorwurf kann sich der Verwarnte nicht mehr auf die fehlende Kenntnis des Schutzrechtes und mithin mangelndes Verschulden berufen. Spätestens ab diesem Zeitpunkt können daher aus einem erteilten Schutzrecht Schadenersatzansprüche geltend gemacht werden.   3

Über einen vorprozessualen Kontakt lassen sich verschiedene Verletzungsfälle außergerichtlich im Wege von Vergleichen beilegen.   4

Eine vorprozessuale Abmahnung dient darüber hinaus dem Zweck, das Prozesskostenrisiko, welches sich für den Verletzten im Falle eines sofortigen Anerkenntnisses des Verletzers aus § 93 ZPO ergibt, zu vermeiden.[1]   5

I. Abmahnung

Die Abmahnung ist ein durch Richterrecht geformtes Rechtsinstitut und dient primär dazu, dem Kostenrisiko aus § 93 ZPO zu entgehen. Ihre Rechtsnatur ist umstritten.[2] Für die Praxis hat dies jedoch kaum Auswirkungen.   6

1. Inhalt[3]

Bei der Abmahnung ist zwischen dem notwendigen und dem nicht notwendigen Inhalt zu unterscheiden. Ihre Wirkung kann die Abmahnung nur entfalten, wenn sie folgenden Inhalt aufweist: 7

a) Aktivlegitimation

Die Angaben zur Aktivlegitimation[4] können sich in aller Regel bei Benennung oder Übersendung des relevanten Patentes an den Verletzer auf einen Hinweis auf den dort vermerkten eingetragenen Inhaber beschränken, soweit Personenidentität besteht. Geht   8

---

1 OLG Düsseldorf, WRP 1988, 107.
2 OLG Nürnberg, GRUR 1991, 387 – Vollmachtsurkunde; OLG Celle, GRUR 1990, 481 – Vertragsstrafeversprechen.
3 Zu der Frage, ob sich eine Abmahnung ggf nur auf ein (vorzubereitendes) einstweiliges Verfügungsverfahren oder nur auf ein (vorzubereitendes) Hauptsacheverfahren bezieht, und den sich hierbei ergebenden Rechtsfragen vgl Klein, GRUR 2012, 882.
4 OLG Düsseldorf, Beschluss v 14.11.2011 – I-20 W 132/11.

beispielsweise ein Lizenznehmer gegen den Verletzer vor oder hat eine Übertragung des Patentes stattgefunden, ist dies in einer Abmahnung zu erwähnen, muss aber nicht belegt werden. Unzutreffende Angaben zur Anspruchsberechtigung nehmen der Abmahnung ihre Wirksamkeit.[5]

b) Bezeichnung des in Anspruch Genommenen

9   Die Abmahnung ist an denjenigen zu richten, der in einem späteren Prozess passivlegitimiert ist. Entsprechende Nachforschungen sollten daher möglichst vor der Absendung einer Abmahnung abgeschlossen sein. Stellt sich im Rahmen der Abmahnkorrespondenz heraus, dass nicht der eigentliche Verletzer, sondern beispielsweise nur ein konzernverbundenes Unternehmen abgemahnt worden ist, muss grundsätzlich neu abgemahnt werden[6], es sei denn, der tatsächliche Verletzer schaltet sich in die Korrespondenz ein.

10 Bei **mehreren Geschäftsführern** kann sich im Nachhinein ergeben, dass einzelne von ihnen nach der internen Geschäftsverteilung im Unternehmen keine Zuständigkeit für die Verletzungshandlungen haben, weswegen ihre Passivlegitimation zu verneinen sein kann. In solchen Fällen sollten alle Geschäftsführer durch einen Schutzrechtshinweis bösgläubig gemacht werden. Jeden von ihnen, auch den an sich nicht zuständigen, trifft aufgrund dessen die Pflicht, die Verletzungshandlungen abzustellen. Werden sie fortgesetzt, haftet daher jeder Geschäftsführer wegen seiner Untätigkeit.

c) Beschreibung des Verletzungstatbestandes

11 Die Abmahnung muss dem Verletzer die Möglichkeit geben, die Berechtigung der Abmahnung zu überprüfen und durch entsprechendes Verhalten eine Klage zu vermeiden. Er muss durch die Abmahnung also in die Lage versetzt werden, den Verletzungstatbestand zu verifizieren.[7]

12 Dies ist ihm nur möglich, wenn er zum einen das **Schutzrecht** kennt, aus dem er in Anspruch genommen wird. Die Veröffentlichungsnummer des Patentes muss daher genannt werden. Handelt es sich um ein europäisches Patent mit mehreren Schutzstaaten, ist (mindestens durch die Erwähnung des DE-Aktenzeichens) klarzustellen, dass mit der Abmahnung nur der deutsche Schutzrechtsteil geltend gemacht wird; ansonsten kommt – je nach der geschäftlichen Tätigkeit des Abgemahnten – in Betracht, dass die Verwarnung sich auf alle nationalen Teile des EP bezieht. Eine Kopie der Patentschrift kann einer Abmahnung beigefügt werden. Dies vereinfacht die Diskussion und vermeidet Verzögerungen von Seiten des Verletzers. Auch über den Status des Schutzrechts, anhängige Nichtigkeitsverfahren bzw Einsprüche oder Löschungsverfahren ist aufzuklären.

13 Zum anderen muss der Verletzer konkret darüber in Kenntnis gesetzt werden, welche Handlungen bzw **Vorrichtungen** als patentverletzend angesehen werden. Eine rein allgemeine Beschreibung des Verletzungsgegenstandes ist hierfür in der Regel nicht ausreichend. Vielmehr sollte versucht werden, diesen über Typenbezeichnungen oder andere Charakteristika genau zu bestimmen. Hilfreich kann es sein, einer Abmahnung bereits Zeichnungen oder Fotografien der angegriffenen Ausführungsform beizufügen. Eine nur »insbesondere«-Bezeichnung des Abmahnungsgegenstandes hat zur Folge, dass nur die konkret bezeichneten Erzeugnisse abgemahnt sind, weswegen im Hinblick auf andere Erzeugnisse mangels Abmahnung § 93 ZPO anwendbar bleibt.

14 Als Drittes sollte (nicht muss!) dem Verletzer der Verletzungstatbestand als solcher, also die Verwirklichung sämtlicher Merkmale des gegen ihn vorgebrachten Schutzrechtes

---

5   OLG Düsseldorf, Beschluss v 21.10.2010 – I-2 W 52/10; OLG Düsseldorf, Beschluss v 14.11.2011 – I-20 W 132/11; OLG Düsseldorf, GRUR-RS 2015, 18679 – Verbindungsstück.
6   OLG Düsseldorf, InstGE 8, 183 – Falscher Abmahnungsadressat.
7   OLG Düsseldorf, Beschluss v 14.11.2011 – I-20 W 132/11.

durch die angegriffene Ausführungsform, erläutert werden. Nimmt der Abmahnende auf ein bereits vorliegendes Verletzungsurteil Bezug und ist dieses mit einem Rechtsmittel angefochten, hat er auf die mangelnde Rechtskraft hinzuweisen. Anderes gilt ausnahmsweise dann, wenn das Urteil wie ein reines Rechtsprechungszitat aufgeführt ist.[8]

d) Unterlassungsverlangen

Die Abmahnung hat grundsätzlich die eindeutige und ernsthafte Aufforderung an den Verletzer zu enthalten, das beanstandete Verhalten für die Zukunft zu unterlassen.[9] Ob dann, wenn es bereits zu Verletzungshandlungen gekommen ist, eine strafbewehrte Unterlassungsverpflichtungserklärung gefordert werden muss, ist vom BGH noch nicht entschieden worden.[10] Dessen bedarf es jedenfalls nicht, wenn in der Person des Abgemahnten überhaupt noch nicht die Voraussetzungen eines Unterlassungsanspruchs gegeben sind, weil weder eine Wiederholungs- noch eine Erstbegehungsgefahr begründet ist.[11] Hier genügt es für die Annahme einer Verwarnung, dass das fragliche Verhalten als Schutzrechtsverletzung bewertet und dem Adressaten für den Fall seiner Vornahme die Inanspruchnahme gerichtlicher Hilfe angekündigt wird.[12]

15

Das Verlangen muss jedenfalls nicht ausdrücklich erklärt werden, sondern kann sich auch aus den **Begleitumständen** ergeben.[13] Solches ist beispielsweise der Fall, wenn noch keine Verletzungshandlungen vorgefallen, diese aber angekündigt sind, der Abmahnende die drohenden Handlungen als Schutzrechtsverletzung bezeichnet und ankündigt, im Falle ihrer Begehung gerichtlichen Rechtsschutz in Anspruch nehmen zu wollen.[14] Unzureichend ist, wenn im Anschluss an den Hinweis auf die Patentverletzung lediglich zur Stellungnahme aufgefordert und für den Fall, dass die Patentbenutzung nicht mit Argumenten gerechtfertigt werden könne, mit der Einschaltung von Patentanwälten gedroht wird.[15] Unter solchen Umständen (bei denen unklar bleibt, was die Konsequenz aus der Einschaltung der Anwälte sein wird) liegt eine bloße Berechtigungsanfrage vor, die im Hinblick auf § 93 ZPO unbeachtlich ist. Anders verhält es sich, wenn zwar eingangs bloß zum Meinungsaustausch über die Verletzungsfrage aufgefordert wird, im Anschluss daran jedoch für den Fall, dass die Schutzrechtsbenutzung rechtfertigende Gründe nicht vorliegen, die Abgabe einer beigefügten Unterlassungserklärung anheimgestellt wird, wobei für den Fall, dass eine Unterwerfung abgelehnt oder die Unterlassungserklärung nicht fristgemäß abgegeben werden sollte, eine sofortige gerichtliche Rechtsverfolgung angekündigt wird.[16] Gleiches gilt, wenn für den Fall eines fruchtlosen Ablaufs der Äußerungsfrist ein Grenzbeschlagnahmeantrag angekündigt wird.[17] Zur Vermeidung von Auslegungsschwierigkeiten sollte stets eindeutig formuliert werden. Die mit der Berechtigungsanfrage ausgesprochene Einladung zu Lizenzgesprächen ist demgegenüber in aller Regel unschädlich.

16

Bei dem **Umfang des Unterlassungsverlangens** ist darauf zu achten, dass dieses nach Inhalt und Reichweite dem zugrunde liegenden Unterlassungsanspruch entspricht und darüber hinaus mit einem späteren Antrag in einem gerichtlichen Verfahren übereinstimmt. Es kann als Unterlassungserklärung nicht mehr verlangt werden als das, was der

17

---

8 KG, GRUR-RR 2004, 258 – Rechtsprechungszitat.
9 BGH, GRUR 2011, 995 – Besonderer Mechanismus.
10 BGH, GRUR 2011, 995 – Besonderer Mechanismus.
11 BGH, GRUR 2011, 995 – Besonderer Mechanismus.
12 BGH, GRUR 2011, 995 – Besonderer Mechanismus.
13 Vgl BGH, GRUR 1979, 332 – Brombeerleuchte.
14 BGH, GRUR 2011, 995 – Besonderer Mechanismus.
15 BGH, GRUR 2011, 995 – Besonderer Mechanismus; LG Mannheim, NJOZ 2007, 2707 – Wasserinjektionsanlage.
16 OLG Düsseldorf, GRUR-RR 2014, 315 – Bestattungsbehältnis.
17 OLG Düsseldorf, Beschluss v 4.1.2017 – I-2 W 29/16.

Gläubiger durch eine Titulierung erreichen könnte.[18] Abweichungen des Unterlassungsbegehrens in einer Abmahnung von einem Antrag in einem Verletzungsverfahren, vor allem wenn die Abmahnung einen enger gefassten Verletzungstatbestand umschreibt, können Zweifel an einer ordnungsgemäßen Abmahnung begründen. Gleichermaßen sollten mitbenutzte Unteransprüche aufgenommen werden, damit im Falle einer späteren Vernichtung des Hauptanspruchs nicht geltend gemacht werden kann, aus der allein rechtsbeständigen Anspruchskombination sei nicht abgemahnt worden. Es bietet sich in diesem Zusammenhang an, namentlich, um spätere Diskussionen mit dem Verletzer über den Umfang der von ihm abzugebenden Erklärung zu vermeiden, dem Abmahnschreiben bereits eine vorformulierte Unterlassungserklärung beizufügen. Diese ist jedoch für den Verletzer nicht bindend und kann abgeändert werden. Ob die von dem Verletzer vorgenommenen Änderungen dazu führen, dass die Unterlassungserklärung nicht mehr als ernsthaft angesehen werden kann, ist eine Frage des Einzelfalls.

18 Bei **Beteiligung einer GbR** ist darauf zu achten, dass nicht nur die Gesellschaft, sondern darüber hinaus auch alle ihre Gesellschafter persönlich eine Unterlassungserklärung abgeben. Anderenfalls haften letztere nämlich aus einer von der GbR abgegebenen Verpflichtungserklärung nicht persönlich auf Unterlassung, sondern bloß auf das Interesse.[19] Es stellt auch keinen Verstoß gegen Treu und Glauben dar, wenn sich die Gesellschafter nach vorheriger Abmahnung allein der Gesellschaft darauf berufen, dass durch die von ihr abgegebene Erklärung keine persönliche Unterlassungspflicht begründet worden ist.[20] Anders als bei gesetzlichen Unterlassungspflichten bindet eine vertragliche Unterlassungserklärung auch den **Gesamtrechtsnachfolger** des Erklärenden.[21] In seiner Person erstreckt sich die übergegangene Unterlassungspflicht nicht nur auf den vormaligen Geschäftsbetrieb des Veräußerers, sondern genauso auf sein eigenes vor der Übernahme bestehendes Unternehmen.[22]

e) Vertragsstrafe

19 In einer Abmahnung sollte darüber hinaus eine angemessene Vertragsstrafe vorgeschlagen werden. Ein solcher Vorschlag ist für den Verletzer jedoch nicht bindend.

20 In der Praxis haben sich **zwei Arten des Vertragsstrafeversprechens** durchgesetzt:

21 – Es besteht die Möglichkeit der Angabe einer **festen Vertragsstrafe**. Diese braucht und sollte sich nicht an dem Zuständigkeitsstreitwert für die Landgerichte (5.000 €) orientieren, da Patent- und Gebrauchsmusterstreitigkeiten auch bei niedrigeren Streitwerten gemäß § 143 Abs 1, 2 PatG, §§ 27 Abs 1, 2 GebrMG den Landgerichten zugewiesen sind. Es sollten vielmehr der Wert des Schutzrechtes und der Verletzungstatbestand Berücksichtigung finden, wobei vor allem das Motiv der Vertragsstrafe, den Verletzer in der Zukunft von weiteren Verletzungshandlungen abzuhalten, im Auge behalten werden muss. Eine Zuwiderhandlung gegen die Unterlassungserklärung muss für den Verletzer aufgrund der von ihm zu leistenden Vertragsstrafe wirtschaftlich unrentabel werden. Dieser Gesichtspunkt hat vor allem dann Bedeutung, wenn mehrere Verhaltensweisen deshalb einen beträchtlichen Schaden verursachen können, weil sie aufgrund ihres räumlich-zeitlichen Zusammenhangs so eng miteinander verbunden sind, dass sie eine natürliche Handlungseinheit (und damit eine einzige Tat) bilden.

---

18 OLG Düsseldorf, Beschluss v 14.11.2012 – I-20 W 132/11.
19 BGH, GRUR 2013, 1268 – Markenheftchen II.
20 BGH, GRUR 2013, 1268 – Markenheftchen II.
21 OLG Karlsruhe, GRUR-RR 2014, 362 – Unternehmensübergang, mwN zum Streitstand.
22 OLG Karlsruhe, GRUR-RR 2014, 362 – Unternehmensübergang.

| Praxistipp | **Formulierungsbeispiel** | 22 |

Bei Produkten, die häufig in größeren Chargen veräußert werden, ist deswegen von vornherein eine höhere Vertragsstrafe vorzusehen bzw es sind zusätzlich Mindestvertragsstrafen für jeden einzelnen verkauften Gegenstand anzusetzen:

... es bei Meidung einer für jeden Fall der Zuwiderhandlung fälligen Vertragsstrafe von ... €, mindestens jedoch ... € je ... (sic: verkauftem Gegenstand, verteiltem Katalog etc)[23], zu unterlassen ...

Keine Bedeutung hat der Einwand des Fortsetzungszusammenhangs. Er ist nicht nur im Strafrecht belanglos[24], sondern wird vom BGH auch im Recht der Vertragsstrafe nicht mehr zugelassen.[25] 23

Anstelle einer festen Vertragsstrafe ist es möglich, nach dem modifizierten »**Hamburger Brauch**« die Festsetzung der Höhe der Vertragsstrafe dem Gläubiger zu überlassen, wobei die Überprüfung ihrer Angemessenheit im Streitfall einem Gericht vorbehalten bleibt.[26] Mit dem Leistungsbestimmungsrecht trägt der Gläubiger mit Blick auf den von ihm angenommenen Betrag auch die Darlegungs- und Beweislast für die tatsächlichen Voraussetzungen seiner Billigkeit.[27] Die gerichtliche Nachprüfung beinhaltet kein Nachbesserungsrecht dahingehend, die Ermessensentscheidung des primär bestimmungsberechtigten Gläubigers durch eine eigene, für besser und billiger gehaltene zu ersetzen; vielmehr ist es lediglich die Aufgabe des Gerichts, eine unanständig überhöhte Vertragsstrafe außer Kraft zu setzen. Davon ist im Zweifel auszugehen, wenn die festgesetzte Vertragsstrafe das Doppelte von dem Betrag ausmacht, den das Gericht im Überprüfungsverfahren für angemessen hält.[28] Das Gericht sollte schon bei Vereinbarung der Vertragsstrafe durch eine zwischen Kaufleuten zulässige Gerichtsstandsvereinbarung festgelegt werden: 24

| Praxistipp | **Formulierungsbeispiel** | 25 |

... es bei Meidung einer angemessenen, vom Gläubiger zu bestimmenden, notfalls vom LG ... zu überprüfenden Vertragsstrafe zu unterlassen ...

f) Fristsetzung

In der Abmahnung ist eine Frist zu setzen, innerhalb derer die Unterwerfungserklärung bei dem Verletzten einzugehen hat. Diese Frist muss angemessen sein, dh sie muss es dem Verwarnten ermöglichen, den Vorwurf zu überprüfen sowie unter Umständen die 26

---

23 Bei Kaufleuten empfiehlt es sich aus der Sicht des Abgemahnten, § 348 HGB abzubedingen, um den Schutz des § 343 BGB wieder herzustellen (vgl Rieble, GRUR 2009, 824, 828):
» ... es bei Meidung einer Vertragsstrafe von ... €, die der gerichtlichen Kontrolle nach § 343 BGB unterliegt, zu unterlassen, ...«.
24 BGHSt-GemS, MDR 1994, 700.
25 BGH, GRUR 2001, 758 – Trainingsvertrag; BGH, GRUR 2009, 427 – Mehrfachverstoß gegen Unterlassungstitel.
26 Vgl auch BGH, GRUR 1985, 155, 157 – Vertragsstrafe bis zu ... I; BGH, GRUR 1985, 937 – Vertragsstrafe bis zu ... II; BGH, GRUR 1990, 1051, 1052 – Vertragsstrafe ohne Obergrenze; BGH, GRUR 2010, 355 – Testfundstelle.
27 BGH, WM 2012, 622 – Stornierungsentgelt.
28 OLG Celle, MDR 2015, 326.

beanstandete Handlung einzustellen und geeignete Gegenmaßnahmen zu ergreifen. Abhängig ist die Frist auch von Art, Dauer und Gefährlichkeit der Verletzungshandlungen. Wegen der in Patentverletzungsangelegenheiten meist komplizierten Sachverhalte wird idR eine Frist von drei bis vier Wochen als angemessen angesehen. Diese Frist kann sich jedoch vor allem bei eilbedürftigen Angelegenheiten verkürzen. Ein solcher Sachverhalt liegt insbesondere vor, wenn der patentverletzende Gegenstand auf einer Messe präsentiert wird. Hier ist, obgleich der Abgemahnte ein ausländisches Unternehmen war, eine Frist von Freitagnachmittag bis zum darauf folgenden Montag 12.00 h als ausreichend angesehen worden.[29] Wird die Frist von dem Gläubiger zu kurz gesetzt, hat dies nicht die Unwirksamkeit der Abmahnung zur Folge. Vielmehr wird eine angemessene Frist in Gang gesetzt.[30]

g) Androhung gerichtlicher Schritte

27 Keine Bedingung der Abmahnung – jedenfalls soweit auf ihrer Grundlage Unterlassungs- und Schadenersatzansprüche wegen rechtswidriger Verwarnung geltend gemacht werden sollen – ist es, dass für den Fall ihrer Missachtung gerichtliche Maßnahmen angedroht werden.[31] Dessen bedarf es nur, wenn unter Hinweis auf die vorgerichtliche Verwarnung eine Anwendung des § 93 ZPO ausgeschlossen werden soll.[32] Denn eine vorgerichtliche Verwarnung gibt dem Verwarnenden selbstverständlich nur dann Veranlassung zur Klageerhebung, wenn der Abgemahnte anhand der Verwarnung erkennen konnte, dass es bei einer Missachtung der Abmahnung zu einem Gerichtsverfahren kommen wird, was wiederum voraussetzt, dass dem Verwarnten die Einleitung gerichtlicher Schritte in der Verwarnung angedroht wird.[33] Das kann allerdings konkludent erfolgen.[34]

h) Sonstige Ansprüche

28 In der Abmahnung können gleichzeitig auch die weiteren Ansprüche des Verletzten gegen den Verletzer geltend gemacht werden, wie Rechnungslegungs- und Schadenersatzansprüche, aber auch der Anspruch auf Kostenerstattung. Der Verletzer sollte zur Anerkennung dieser Ansprüche aufgefordert werden. Er kann jedoch derartige Ansprüche zurückweisen, ohne dass eine von ihm abgegebene Unterlassungsverpflichtung ihre Wirkung verliert. Die Wiederholungsgefahr, die für die Erhebung einer Verletzungsklage gegeben sein muss, wird allein durch die Unterlassungserklärung, ist diese ernsthaft und unbedingt, ausgeräumt. Die weiteren Ansprüche müssen dann unabhängig von dem Unterlassungsanspruch durchgesetzt werden. Die bloße Abgabe einer Unterlassungsverpflichtungserklärung – selbst wenn sie ohne den (rein klarstellenden) Vorbehalt »ohne Anerkennung einer Rechtspflicht« geschieht – stellt kein Anerkenntnis des zugrunde liegenden gesetzlichen Unterlassungsanspruchs dar, das selbständig die Pflicht zur Kostentragung begründen könnte.[35] Anderes gilt erst dann, wenn der Zahlungsanspruch entweder förmlich anerkannt wird oder der Abgemahnte sonst ausdrücklich zu erkennen gibt, dass der Vorwurf der Abmahnung zu Recht erfolgt ist.[36]

---

29 OLG Düsseldorf, InstGE 4, 159 – INTERPACK.
30 BGH, GRUR 1990, 381, 382 – Antwortpflicht des Abgemahnten; OLG Köln, WRP 1996, 1214, 1215.
31 OLG Düsseldorf, InstGE 9, 122 – MPEG-2.
32 OLG Frankfurt/Main, BeckRS 2015, 01669 – Hinweispflicht über den Umfang des abgemahnten Unterlassungsanspruchs.
33 OLG Düsseldorf, InstGE 9, 122 – MPEG-2.
34 OLG Frankfurt/Main, BeckRS 2015, 01669 – Hinweispflicht über den Umfang des abgemahnten Unterlassungsanspruchs.
35 BGH, GRUR 2013, 1252 – Medizinische Fußpflege.
36 BGH, GRUR 2013, 1252 – Medizinische Fußpflege.

| Praxistipp | Formulierungsbeispiel | 29 |

Um der Abmahnung genügend Gewicht zu verleihen und zudem im Rahmen eines späteren Verfahrens Diskussionen über eine ausreichende Erläuterung des Klagepatentes und des Verletzungstatbestandes aus dem Wege zu gehen, bietet es sich an, der Abmahnung sogleich einen **Klageentwurf** beizufügen.

Um der Gefahr zu entgehen, dass das Verwarnungsschutzrecht später rückwirkend eingeschränkt und die Abmahnung (weil sie nur auf den erteilten, nicht rechtsbeständigen Hauptanspruch gestützt war) aus diesem Grund ggf als unberechtigt beurteilt wird, sollten mit einem »insbesondere«-Antrag alle diejenigen **Unteransprüche** mit aufgenommen werden, die von der Verletzungsform verwirklicht werden.

| Praxistipp | Formulierungsbeispiel | 30 |

A. Muster einer Abmahnung

Vorab per Telefax

EINSCHREIBEN/RÜCKSCHEIN

Firma

...

– Betreff –

Sehr geehrte Damen und Herren,

in der vorbezeichneten Angelegenheit zeigen wir an, dass wir zusammen mit den Patentanwälten ... die Interessen der Firma ... wahrnehmen. Eine auf uns ausgestellte Vollmacht ist beigefügt. Namens und im Auftrag unserer Mandantin teilen wir Folgendes mit:

1. Unsere Mandantin ist eingetragene Inhaberin des europäischen Patents ..., dessen deutscher Teil in Kraft steht. Zu Ihrer Information fügen wir eine Kopie der Patentschrift als Anlage 1 sowie einen aktuellen Rollenauszug als Anlage 2 bei.

   Das Patent schützt ....

2. Unsere Mandantin hat festgestellt, dass Sie dem Patent entsprechende Vorrichtungen herstellen und unter der Produktbezeichnung »...« vertreiben. Wir überreichen hierzu als Anlage 3 einen Auszug aus Ihrem Katalog 2009, in dem auf Seite ... die Vorrichtung »...« abgebildet ist. Mit der Herstellung und dem Vertrieb dieser Vorrichtung verletzen Sie das Patent unserer Mandantin.

3. Unsere Mandantin ist nicht gewillt, diese Verletzungshandlungen weiter zu dulden. Wir sind deshalb von ihr mandatiert worden. Einen mit unserer Mandantin bereits abgestimmten Klageentwurf fügen wir zu Ihrer Information als Anlage 4 bei. Wegen weiterer Ausführungen zu dem Patent unserer Mandantin sowie Ihrer Verletzungshandlungen verweisen wir im Übrigen auf diesen Klageentwurf.

4. Unsere Mandantin hat uns ermächtigt, Ihnen Gelegenheit zur außergerichtlichen Beilegung des Streitverhältnisses zu geben. Dies kann dadurch geschehen, dass Sie eine der Anlage 5 entsprechende strafbewehrte Unterlassungs- und Verpflichtungserklärung sowie zusätzlich eine Erklärung zur Übernahme der Kosten in Höhe von zwei 2,0 Gebühren für unsere Inanspruchnahme sowie die Tätigkeit der mitwirkenden Patentanwälte zuzüglich erstattungsfähiger Auslagen und Mehrwertsteuer, berechnet nach einem Geschäftswert in Höhe von € ..., abgeben.

> Dem Eingang einer entsprechenden Erklärung sehen wir bis zum
>
> (vier Wochen)
>
> entgegen. Bei fruchtlosem Ablauf dieser Frist müssen wir unserer Mandantin raten, umgehend gerichtliche Hilfe in Anspruch zu nehmen.
>
> Mit freundlichen Grüßen

31 | Praxistipp | Formulierungsbeispiel

> B. Muster einer Unterlassungs- und Verpflichtungserklärung
>
> Die Firma ... (A)
>
> und ihr Geschäftsführer Herr ... (B)
>
> verpflichten sich hiermit – jeweils für sich und gemeinsam – gegenüber
>
> der Firma ... (C)
>
> 1. es bei Meidung einer für jeden Fall der Zuwiderhandlung fälligen Vertragsstrafe in Höhe von € 25 000 (EURO: fünfundzwanzigtausend), mindestens jedoch € 1.000 für jeden einzelnen angebotenen und/oder vertriebenen Gegenstand, zu unterlassen,
>
> (erfindungsgemäße Gegenstände)
>
> in der Bundesrepublik Deutschland herzustellen, anzubieten, in Verkehr zu bringen, zu gebrauchen oder zu den genannten Zwecken einzuführen oder zu besitzen,
>
> (Präzisierung nach sämtlichen benutzten Schutzrechtsansprüchen und Ausgestaltung der angegriffenen Ausführungsform);
>
> 2. darüber Auskunft zu erteilen, in welchem Umfang sie (A & B) die zu Ziffer 1 bezeichneten Handlungen seit dem ... (Veröffentlichung der Patenterteilung) begangen haben, und zwar unter Angabe
>
>   a) der Namen und Anschriften der Hersteller, Lieferanten und anderer Vorbesitzer,
>
>   b) der Namen und Anschriften der gewerblichen Abnehmer sowie der Verkaufsstellen, für die die Erzeugnisse bestimmt waren,
>
>   c) der Menge der hergestellten, ausgelieferten, erhaltenen oder bestellten Erzeugnisse sowie der Preise, die für die betreffenden Erzeugnisse bezahlt wurden;
>
> (gegebenenfalls:) wobei
>
> – sich die Verpflichtung zur Auskunftserteilung und Rechnungslegung für die vor dem 1.5.1992 begangenen Handlungen auf Handlungen in dem Gebiet der Bundesrepublik Deutschland in den bis zum 2.10.1990 bestehenden Grenzen beschränkt;
>
> – die Verkaufsstellen, Einkaufspreise und Verkaufspreise nur für die Zeit seit dem 30.4.2006[37] anzugeben sind;
>
> – zum Nachweis der Angaben die entsprechenden Kaufbelege (nämlich Rechnungen, hilfsweise Lieferscheine) in Kopie vorzulegen sind, wobei geheimhaltungsbedürftige Details außerhalb der auskunftspflichtigen Daten geschwärzt werden dürfen;

---

37 Ablauf der Umsetzungsfrist für die Enforcement-Richtlinie.

3. darüber Rechnung zu legen, in welchem Umfang sie (A & B) die zu Ziffer 1 bezeichneten Handlungen seit dem ... (1 Monat nach Offenlegung der Patentanmeldung, wenn Entschädigungsansprüche geltend gemacht werden[38], bzw 1 Monat nach Veröffentlichung des Hinweises auf die Patenterteilung, wenn Schadenersatzansprüche geltend gemacht werden) begangen haben, und zwar unter Angabe:

   a) der Herstellungsmengen und -zeiten[39],

   b) der einzelnen Lieferungen, aufgeschlüsselt nach Liefermengen, -zeiten, -preisen und Typenbezeichnungen sowie den Namen und Anschriften der gewerblichen Abnehmer,

   c) der einzelnen Angebote, aufgeschlüsselt nach Angebotsmengen, -zeiten, -preisen und Typenbezeichnungen sowie den Namen und Anschriften der gewerblichen Angebotsempfänger,

   d) der betriebenen Werbung, aufgeschlüsselt nach Werbeträgern, deren Auflagenhöhe, Verbreitungszeitraum und Verbreitungsgebiet,

   e) der nach den einzelnen Kostenfaktoren aufgeschlüsselten Gestehungskosten und des erzielten Gewinns,

   (gegebenenfalls:) wobei

   – sich die Verpflichtung zur Rechnungslegung für die vor dem 1.5.1992 begangenen Handlungen auf Handlungen in dem Gebiet der Bundesrepublik Deutschland in den bis zum 2.10.1990 bestehenden Grenzen beschränkt;

   – Herr ... (B) sämtliche Angaben und die Firma ... (A) die Angaben zu e) nur für Benutzungshandlungen in der Zeit seit dem ... (1 Monat nach Veröffentlichung der Patenterteilung) zu machen haben;

4. nur die Firma ... (A): die unter 1. bezeichneten, seit dem 30.4.2006 in Verkehr gebrachten Erzeugnisse gegenüber den gewerblichen Abnehmern unter Hinweis auf den patentverletzenden Zustand der Sache und mit der verbindlichen Zusage zurückzurufen, etwaige Entgelte zu erstatten sowie notwendige Verpackungs- und Transportkosten zu übernehmen[40];

5. nur die Firma ... (A): die (auch infolge Rückrufs) in ihrem unmittelbaren oder mittelbaren Besitz oder Eigentum befindlichen, unter 1. bezeichneten Erzeugnisse[41]

   an einen von unserer Mandantin zu benennenden Gerichtsvollzieher zum Zwecke der Vernichtung auf ihre – der Firma ... – Kosten herauszugeben

   bzw

   zu vernichten und innerhalb von zwei Wochen – für zurückgerufene Ware innerhalb von zwei Monaten – nach Unterzeichnung dieser Vereinbarung einen Vernichtungsnachweis zur Verfügung zu stellen;

6. nur die Firma ... (A): der Firma ... (C) für die zu Ziffer 1 bezeichneten, in der Zeit vom ... (1 Monat nach Offenlegung der Anmeldung) bis zum ... (1 Monat nach Veröffentlichung des Hinweises auf die Erteilung) begangenen Handlungen eine angemessene Entschädigung zu zahlen,

---

38 In diesem Fall können nur die Angaben zu a) bis d) verlangt werden.
39 ... nur, sofern die Abgemahnten selbst herstellen.
40 In der Verpflichtungserklärung kann der Text des Rückrufschreibens auch im Einzelnen spezifiziert werden.
41 Sofern eine Vernichtung der Gesamtvorrichtung unverhältnismäßig ist, ist die stattdessen zu vernichtende Teilvorrichtung zu bezeichnen.

> (gegebenfalls:) wobei
>
> – sich die Verpflichtung zur Rechnungslegung für die vor dem 1.5.1992 begangenen Handlungen auf Handlungen in dem Gebiet der Bundesrepublik Deutschland in den bis zum 2.10.1990 bestehenden Grenzen beschränkt;
>
> 7. der Firma ... (C) allen Schaden zu ersetzen, der ihr durch die zu Ziffer 1 bezeichneten, seit dem ... (1 Monat nach Veröffentlichung des Hinweises auf die Patenterteilung) begangenen Handlungen entstanden ist und noch entstehen wird
>
> (gegebenfalls:) wobei
>
> – sich die Verpflichtung zur Rechnungslegung für die vor dem 1.5.1992 begangenen Handlungen auf Handlungen in dem Gebiet der Bundesrepublik Deutschland in den bis zum 2.10.1990 bestehend Grenzen beschränkt;
>
> 8. der Firma ... (C) die durch diese Rechtsverfolgung entstandenen Kosten in Höhe von zwei 2,0 Gebühren (für Rechtsanwalt und Patentanwalt) nach einem Geschäftswert von € ... zuzüglich Auslagen zu erstatten.
>
> ..., den ...
>
> ....
>
> Firma Geschäftsführer

2. Form

32 Die Abmahnung ist grundsätzlich formlos. Sie kann daher sowohl per Brief, Telefax als auch per E-Mail erfolgen.[42] In Ausnahmefällen kann eine mündliche, gegebenenfalls auch eine telefonische Abmahnung als ausreichend angesehen werden. Mündliche Abmahnungen führen jedoch für den Verletzten zu Beweisschwierigkeiten und sollten daher vermieden werden. In jedem Fall ist es ratsam, bei einer mündlichen Abmahnung nicht nur Zeugen hinzu zu ziehen, die über die Abmahnung als solche und deren Inhalt Zeugnis ablegen können. Der mündlichen Abmahnung sollte auch eine schriftliche Abmahnung folgen.

3. Zugang

33 In der Rechtsprechung ist umstritten, ob der Zugang der Abmahnung bei dem Verwarnten von dem Verletzten darzulegen ist oder der Nachweis ausreicht, dass die Abmahnung abgesandt wurde.[43]

34 Soweit sich die Frage im Rahmen des § 93 ZPO stellt, hat der BGH[44] jüngst klargestellt, dass der Verletzer, der eine Anwendung der ihm günstigen Kostenregelung begehrt, dar-

---

42 OLG Düsseldorf, GRUR 1990, 310, 311 – Telex-Abmahnung; OLG Düsseldorf, WRP 1979, 793, 794; Ernst/Wittmann, MarkenR 2010, 273.
43 Für Absendung ua: OLG Jena, GRUR-RR 2007, 96 – Bestreiten der Abmahnung; OLG Braunschweig, Mitt 2005, 181 – Sortimentsumstellung; OLG Karlsruhe, WRP 1997, 477; OLG Stuttgart, WRP 1996, 477, 478; OLG Hamburg, GRUR 1976, 444; OLG Frankfurt/Main, WRP 1985, 87, 88. Für Zugang ua: OLG Düsseldorf, GRUR-RR 2001, 199 (in Abänderung der bisherigen Rechtsprechung); OLG Dresden, WRP 1997, 1201, 1203; OLG Nürnberg, GRUR 1991, 387; Ulrich, WRP 1998, 124.
44 BGH, GRUR 2007, 629 – Zugang des Abmahnschreibens.

zulegen und zu beweisen hat, dass er dem Verletzten keine Veranlassung zur Klageerhebung gegeben hat, was den Nachweis einschließt, dass ihn eine vorgerichtliche Abmahnung nicht erreicht hat. Da es sich hierbei um eine negative Tatsache handelt, treffen den Verletzten allerdings sekundäre Darlegungslasten dahingehend, dass er die genauen Umstände der Absendung des Abmahnschreibens (insbesondere korrekte Adressierung, Datum und Art der Versendung, kein Rücklauf des Schreibens) vorzutragen und ggf unter Beweis zu stellen hat. Ist dies geschehen, hat der Verletzer (zB durch das zuständige Büropersonal) zu beweisen, dass ihm das Abmahnschreiben nicht zugegangen ist. In diesem Zusammenhang weist der BGH ausdrücklich darauf hin, dass an diesen Nachweis keine übertriebenen Anforderungen gestellt werden dürfen.

Es ist deswegen – trotz der beim Gegner liegenden Beweislast – für den Verletzten ratsam, seinerseits für eine Nachweisbarkeit des Zugangs Sorge zu tragen. Hierfür wird häufig der Weg des Einschreibens mit Rückschein gewählt, welches dem Absender bei Annahme des Einschreibens durch den Verletzer einen eindeutigen Beleg liefert. Problematisch ist diese Vorgehensweise jedoch, wenn der Verwarnte die Annahme des Einschreibens verweigert oder sonst dessen **Zugang verhindert**.[45] Zum Teil wird von den Gerichten argumentiert, es handele sich um die Pflicht eines Gewerbetreibenden, Einschreiben anzunehmen bzw abzuholen, sodass er bei Verhinderung des Zugangs mit dem Einwand des Nichtzugangs nicht gehört werden könne, sondern sich so behandeln lassen müsse, als sei ihm die Abmahnung zugegangen.[46] Denn wer eine rechtswidrige Handlung begehe, müsse mit dem Zugang auch mehrerer Abmahnungen rechnen. Zum Teil wird aber auch dem Verletzten die Pflicht auferlegt, die Abmahnung zu wiederholen, da er durch den Rückgang des Einschreibens Kenntnis von dem Nichtzugang erhalten habe.[47] Die Post bietet übrigens auch für einfaches Einschreiben die Möglichkeit, sich die Zustellung bestätigen zu lassen (diese Dienstleistung ist kostenpflichtig und zT zeitaufwändig). 35

Praxistipp	Formulierungsbeispiel	36

Für die Praxis ist zu empfehlen, die Abmahnung an den Verletzer schriftlich vorab per Telefax zu senden, da ein Sendeprotokoll, das keine Übertragungsfehler aufweist, von einigen Gerichten als ausreichender Nachweis für den Zugang des Telefaxes angesehen wird.[48] Eine Kopie sollte per Einschreiben mit Rückschein als Bestätigung ebenfalls an den Verletzer gesandt werden. Bei Zweifeln über den Zugang einer Abmahnung ist es zudem ratsam, erneut abzumahnen. Abzuraten ist von einer Abmahnung per E-Mail[49], weil der Adressat, selbst wenn er im geschäftlichen Verkehr mit einer E-Mail-Adresse auftritt, den Zugang einer E-Mail zulässigerweise mit Nichtwissen bestreiten kann.[50] Weitere Probleme stellen sich, wenn die E-Mail im Spam-Filter des Empfängers hängen geblieben ist: Liegt unter solchen Umständen ein Zugang vor? Wer trägt die Beweislast für den betreffenden Sachverhalt?[51]

---

45 Keine (zur Anwendung des § 93 ZPO führende) Zugangsverweigerung liegt vor, wenn sowohl das Einschreiben als auch die Benachrichtigung über dessen erfolglosen Zustellungsversuch einen unrichtigen Vornamen des Adressaten ausweisen (OLG Köln, OLG-Report 2008, 572).
46 Vgl ua KG, GRUR 1989, 618 – Annahmeverweigerung; KG, MDR 2015, 855; OLG Dresden, WRP 1997, 1201, 1203.
47 Vgl OLG Frankfurt/Main, WRP 1980, 84; OLG Köln, WRP 1989, 47.
48 Vgl KG, WRP 1994, 39, 40; OLG Hamburg, MDR 1994, 468; Schmittmann, WRP 1994, 225 ff; aA: OLG Schleswig, GRUR-RR 2008, 138 – Sendeprotokoll; OLG Brandenburg, MDR 2018, 762; BGH, MDR 2016, 846 (wonach der »OK-Vermerk« des Sendeberichts nur das Zustandekommen einer Verbindung, aber nicht die erfolgreiche Übermittlung der Signale an das Empfangsgerät belegt).
49 Umfassend zu E-mails in der anwaltlichen Praxis: Reus, MDR 2012, 882.
50 OLG Düsseldorf, MDR 2009, 974.
51 Umfassend zu beidem: Ernst/Wittmann, MarkenR 2010, 273.

4. Vollmacht

37 Der durch einen Rechtsanwalt ausgesprochenen Abmahnung muss eine Vollmacht nicht beigefügt werden, wenn die Abmahnung mit einem Angebot[52] zum Abschluss eines Unterwerfungsvertrages – zB in Form einer vorbereiteten Unterlassungsverpflichtungserklärung – verbunden ist.[53] §§ 174, 121 BGB sind in einem solchen Fall nicht anwendbar, weil die Abmahnung auf den Abschluss eines zweiseitigen Vertrages gerichtet ist und damit kein einseitiges Rechtsgeschäft vorliegt, für das die genannten Vorschriften die Möglichkeit eröffnen, die Erklärung mangels Vollmachtnachweises zurückzuweisen.

38 Fehlt es an einer Verbindung zu einem Vertragsangebot, ist die Abmahnung analog §§ 174, 121 BGB als unwirksam anzusehen, wenn sie unverzüglich zurückgewiesen wird.[54] Allerdings liegt eine »unverzügliche« Zurückweisung nicht mehr vor, wenn sie erst nach zuvor erfolgter Bitte um Fristverlängerung geschieht.[55] Denn für die Rüge des Fehlens einer Originalvollmacht bedarf es keinerlei Prüfung zur Berechtigung der Abmahnung, sondern bloß der – in aller Regel ganz kurzfristig feststellbaren – Erkenntnis des rein formalen Umstandes, dass der Abmahnung das Original der Vollmacht nicht beilag.[56] Bei entsprechender Rüge kann die Vollmacht freilich nachgereicht und der Mangel dadurch behoben werden. Für eine wirksam zurückgewiesene Abmahnung kann keine Kostenerstattung verlangt werden. Ungeachtet dessen wird sich das Kostenrisiko aus § 93 ZPO in der Regel vermeiden lassen, weil eine Zurückweisung der Abmahnung nur selten allein auf die mangelnde Vollmacht gestützt wird, sondern das Antwortschreiben des Verwarnten aus anderen Gründen einen Anlass zur Klageerhebung bietet.

5. Kosten der Abmahnung

39 Abmahnkosten, vor allem die durch eine anwaltliche Verwarnung entstehenden Kosten, sind nach herrschender Rechtsprechung nicht als Kosten des anschließenden gerichtlichen Verfahrens anzusehen. Sie können deswegen nicht im Kostenfestsetzungsverfahren (§§ 103, 104 ZPO, § 11 Abs 1 Satz 1 RVG), sondern müssen gesondert auf materiellrechtlicher Grundlage – typischerweise beziffert im Patentverletzungsrechtsstreit[57] – geltend gemacht werden.[58] Gleiches gilt für die Kosten eines vorgerichtlichen **Abwehrschreibens** auf eine Abmahnung. Auch die hierfür angefallene Geschäftsgebühr ist im Kostenfestsetzungsverfahren nicht berücksichtigungsfähig.[59] Mit Blick auf die materielle Rechtslage entscheiden die Verhältnisse, namentlich die Gesetzeslage im Zeitpunkt des Abwehrschreibens.[60]

---

52 Wesentlich dafür ist ein Rechtsbindungswille und eine hinreichende Bestimmtheit des Vertragsinhalts.
53 BGH, GRUR 2010, 1120 – Vollmachtsnachweis.
54 Vgl OLG Düsseldorf, GRUR-RR 2001, 286 – T-Company L.P.; OLG Düsseldorf, BeckRS 2009, 28958; OLG Düsseldorf, GRUR-RR 2010, 87 – linkwerk; OLG Nürnberg, WRP 1991, 522, 523.
55 OLG Düsseldorf, GRUR-RR 2010, 87 – linkwerk.
56 OLG Düsseldorf, GRUR-RR 2010, 87 – linkwerk.
57 Die Geschäftsgebühr kann in voller Höhe oder gekürzt um den auf die Verfahrensgebühr anrechenbaren Teil eingeklagt werden. Zu Einzelheiten vgl unten Kap C Rdn 57 ff.
58 BGH, GRUR 2006, 439 – Nicht anrechenbare Geschäftsgebühr.
59 BGH, GRUR 2008, 639 – Kosten eines Abwehrschreibens; OLG Düsseldorf, InstGE 9, 39 – Abwehrschreiben; OLG Stuttgart, Magazindienst 2007, 399; OLG Nürnberg, MDR 2008, 294; aA: OLG Hamburg, AGS 2007, 104.
60 BGH, GRUR 2018, 72 – Bettgestell.

a) Haftungsgrund

Hat der Abgemahnte die Kostentragungspflicht förmlich anerkannt oder hat er im Zusammenhang mit der Abgabe seiner Unterwerfungserklärung sonst ausdrücklich zu erkennen gegeben, dass der Vorwurf der Abmahnung zu Recht erfolgt ist, ist die »**Anerkenntniserklärung**« für sich selbständig schuldbegründend.[61] Eine dahingehende Wirkung hat die bloße Abgabe einer Unterlassungsverpflichtungserklärung allerdings noch nicht, und zwar selbst dann nicht, wenn sie nicht unter den Vorbehalt »ohne Anerkennung einer Rechtspflicht« gestellt ist.[62]

40

Als Anspruchsgrundlage kommen alsdann bei schuldhaftem Verhalten des Verwarnten **§ 139 Abs 2 PatG**, **§ 823 Abs 1 BGB** (unter dem Gesichtspunkt des Eingriffs in den eingerichteten und ausgeübten Gewerbebetrieb) bzw **§ 826 BGB** in Betracht.[63] Zwar beruhen die Abmahnkosten auf einer freien Willensentschließung des Abmahnenden; auch im Bereich des gewerblichen Rechtsschutzes gilt jedoch der Grundsatz, dass ein Verletzter denjenigen Schaden, der ihm durch eine Handlung entstanden ist, die auf einer von ihm selbst getroffenen Willensentscheidung beruht, dann ersetzt verlangen kann, wenn die Handlung durch ein rechtswidriges Verhalten eines anderen herausgefordert worden ist und eine nicht ungewöhnliche Reaktion auf dieses Verhalten darstellt. Speziell bei Aufwendungen kommt eine Ersatzpflicht in Betracht, wenn ein wirtschaftlich denkender Mensch sie für notwendig erachten durfte, um einen konkret drohenden Schadenseintritt zu verhüten.[64] Mit Blick auf eine vorgerichtliche Abmahnung wegen Patentverletzung ist dies ohne weiteres zu bejahen, und zwar nicht zuletzt wegen § 93 ZPO. An der Erstattungspflicht ändert nichts der Umstand, dass der Abmahnende, wenn der Abgemahnte eine Unterwerfungserklärung verweigert, seinen Unterlassungsanspruch ohne nachvollziehbaren Grund nicht gerichtlich weiterverfolgt.[65] Allerdings sind Kosten, die durch die (vorgerichtliche und/oder gerichtliche) Inanspruchnahme einer falschen Person, die nicht der **Verletzer** ist[66], entstanden sind, von diesem auch dann nicht erstattungsfähig, wenn der Verletzer durch sein Verhalten die Gefahr der falschen Inanspruchnahme geschaffen hat.[67] In solchen Fällen besteht auch für den zu Unrecht Abgemahnten keine Antwortpflicht.[68] Eine Erstattungspflicht wird gleichfalls verneint, wenn die Abmahnung den vermeintlichen Verstoß für den Adressaten nicht erkennen lässt, was auch dann der Fall sein kann, wenn zwar die angegriffene Ausführungsform bezeichnet, jedoch nicht dargelegt wird, worin der Rechtsverstoß liegen soll.[69] Eine andere Frage ist, ob die Kosten für die Abmahnung eines Nichtverletzers nicht Teil desjenigen Schadens sein können, die der wirkliche Rechtsverletzer zu ersetzen hat. Dies ist zu bejahen, wenn die Erstabmahnung an einen Access-Provider gerichtet ist, dessen Auskünfte den Verletzten erst auf die Spur des den WLAN-Anschluss nutzenden Verletzers geführt haben.[70]

41

Verschuldensunabhängig kann ein entsprechender Anspruch nach herrschender Ansicht auch auf die Grundsätze einer **Geschäftsführung ohne Auftrag** (§§ 683 Satz 1, 677, 670 BGB) gestützt werden, wenn die Beauftragung eines Rechtsanwaltes erforderlich war,

42

---

61 BGH, GRUR 2013, 1252 – Medizinische Fußpflege.
62 BGH, GRUR 2013, 1252 – Medizinische Fußpflege.
63 BGH, GRUR 2011, 754 – Kosten des Patentanwalts II; OLG München, GRUR 1988, 843 – Anwaltskosten bei zeitlich früherer Abmahnung; OLG Hamburg, WRP 1982, 629.
64 BGH, GRUR 2007, 631 – Abmahnaktion.
65 AA: AG Hamburg, BeckRS 2014, 02176; LG Bielefeld, GRUR-RR 2015, 429 – Filesharing.
66 BGH, GRUR 2018, 914 – Riptide.
67 BGH, GRUR 2007, 631 – Abmahnaktion; LG Mannheim, GRUR-RR 2014, 370 – Haarspange.
68 BGH, WRP 1995, 300 – Kosten bei unbegründeter Abmahnung; OLG Hamburg, GRUR-RR 2009, 159 – Antwortpflicht.
69 LG Freiburg, GRUR-RR 2016, 360 – Schlampige Abmahnung.
70 BGH, GRUR 2018, 914 – Riptide.

woran es kaum jemals fehlen wird.[71] Diese zweite Anspruchsgrundlage ist insofern von Bedeutung, als sie das Abmahngeschäft des Verletzten zu einer **umsatzsteuerpflichtigen** »**Leistung**« und den vom Abgemahnten erhaltenen Aufwendungsersatz zu einem umsatzsteuerpflichtigen »Entgelt« macht (was für Entschädigungs- und Schadenersatzleistungen des Abgemahnten nicht zutreffen würde).[72] Auf die Abmahnkosten ist also die gesetzliche USt zu berechnen.

43 Die unter beiden rechtlichen Gesichtspunkten zu verlangende »Erforderlichkeit« der Abmahnung fehlt, wenn es sich um eine **zweite Abmahnung** handelt, welche dieselbe oder eine kerngleiche Verletzungshandlung betrifft und für die nach der Erfolglosigkeit der ersten Abmahnung nicht zu erwarten ist, dass sie zum Erfolg führt.[73] Das gilt auch dann, wenn die erste Abmahnung durch die Partei selbst und die zweite durch einen von ihr beauftragten Rechtsanwalt ausgesprochen wurde.[74] Die letztere kann allenfalls dann einen Kostenerstattungsanspruch begründen, wenn sie vertiefte tatsächliche oder rechtliche Ausführungen enthält, so dass die berechtigte Erwartung besteht, der Abgemahnte werde sich ihr beugen.[75]

44 Für den auf materiell rechtlicher Grundlage zu beurteilenden Anspruch auf Erstattung der Abmahnkosten kommt es auf die **Rechtslage zum Zeitpunkt der Abmahnung** (genauer: ihres Zugangs) an.[76] Entscheidend ist mithin, ob dem Abmahnenden im Augenblick der Abmahnung gegen den Abgemahnten der geltend gemachte Unterlassungsanspruch etc zustand[77], was auch eine hinreichende Aktivlegitimation des Abmahnenden verlangt[78]. Ist der Unterlassungsanspruch rechtskräftig zu- oder aberkannt, hat dies keine Bindungswirkung für die Frage, ob die Abmahnung begründet war und deshalb deren Kosten zu erstatten sind.[79] Gleiches gilt erst recht für die vorbehaltlose Abgabe einer Unterlassungsverpflichtungserklärung; auch sie bedeutet kein Anerkenntnis für die Berechtigung der Abmahnung und entbindet daher im Kostenerstattungsprozess nicht von einer umfassenden rechtlichen Prüfung.[80] Spezielle Probleme hinsichtlich der Anspruchsberechtigung ergeben sich namentlich dann, wenn nur mit dem Hauptanspruch abgemahnt wurde, das **Abmahnungsschutzrecht später** jedoch **teilvernichtet** wird und die abgemahnte Ausführungsform auch von der aufrechterhaltenen (eingeschränkten) Anspruchsfassung widerrechtlich Gebrauch macht (vgl dazu unter Kap C Rdn 132).

45 Demgegenüber kommt eine **analog**e Anwendung des **§ 143 Abs 3 PatG** nach zutreffender Meinung schon mangels Regelungslücke nicht in Betracht.[81] Die Vorschrift betrifft Kosten »des Rechtsstreits«, wozu die (außergerichtliche) Abmahnung nicht gehört. Werden die Abmahnkosten (auf materiell-rechtlicher Grundlage) eingeklagt, handelt es sich

---

71 BGH, GRUR 2011, 754 – Kosten des Patentanwalts II; BGH, GRUR 1994, 311, 312 – Finanzkaufpreis ohne Mehrkosten; BGH, GRUR 1992, 176 – Abmahnkostenverjährung; OLG Düsseldorf, WRP 1993, 213; OLG Frankfurt/Main, WRP 1992, 328, 330.
72 BFH, GRUR 2017, 826 – umsatzsteuerbare Leistung.
73 BGH, GRUR 2013, 307 – Unbedenkliche Mehrfachabmahnung.
74 OLG Frankfurt/Main, GRUR-RR 2018, 72 – Zweitabmahnung.
75 OLG Frankfurt/Main, GRUR-RR 2018, 72 – Zweitabmahnung.
76 BGH, GRUR 2018, 72 – Bettgestell; BGH, GRUR 2011, 532 – Millionen-Chance II; BGH, BeckRS 2011, 25516 – Erstattung von Abmahnkosten.
77 BGH, GRUR 2011, 532 – Millionen-Chance II; BGH, GRUR 2010, 1120 – Vollmachtsnachweis.
78 OLG Düsseldorf, GRUR-RS 2015, 18679 – Verbindungsstück.
79 BGH, GRUR 2012, 949 – Missbräuchliche Vertragsstrafe.
80 OLG Celle, GRUR-RR 2013, 177 – Medizinische Fußpflege.
81 BGH, GRUR 2011, 754 – Kosten des Patentanwalts II; Günther, MarkenR 2010, 293, jeweils mwN zum Streitstand.

bei dem Zahlungsprozess allerdings um eine Patentstreitsache, für den § 143 Abs 3 PatG gilt.[82]

Die Erstattungspflicht gilt sowohl für die Kosten des Rechtsanwaltes wie auch des selbständig tätig werdenden bzw **mitwirkenden Patentanwaltes**, sofern dessen Einschaltung im Einzelfall notwendig war, was regelmäßig zu bejahen ist, in jedem Fall aber der gerichtlichen Feststellung bedarf. Die Fiktion des § 143 Abs 3 PatG gilt für den materiellrechtlichen Erstattungsanspruch nach zutreffender Ansicht nicht.[83] Zur Bejahung der Erstattungsfähigkeit – aus dem Gesichtspunkt des Schadenersatzes (§ 139 Abs 2 PatG) oder dem der GoA – bedarf es der Feststellung, dass die – alleinige oder mitwirkende – Einschaltung des Patentanwaltes nach den gesamten Umständen des Falles erforderlich war. Agiert der Patentanwalt nicht allein, sondern wirkt er neben einem Rechtsanwalt mit, ist die Notwendigkeit regelmäßig nur dann zu bejahen, wenn der Patentanwalt im Rahmen der Abmahnung Aufgaben übernommen hat, die zum typischen Arbeitsgebiet eines Patentanwaltes gehören und zu denen der Rechtsanwalt nicht in der Lage ist.[84] Darlegungs- und beweispflichtig ist insoweit der Anspruchsteller.[85] Es genügen Recherchen zum Registerstand, zur Schutzfähigkeit oder zur Benutzungslage.[86] Ob die Einschaltung des Rechtsanwaltes die zusätzliche Mitwirkung eines Patentanwaltes[87] (und umgekehrt) entbehrlich macht, ist stets mit Blick auf die konkrete Person und Sachkunde des mandatierten Rechtsanwaltes/Patentanwaltes (dh dessen technische und rechtliche Sachkunde) zu beurteilen.[88] Jede typisierende Betrachtung verbietet sich, so dass nicht ohne Rücksicht auf die Umstände des Einzelfalles die Notwendigkeit generell für wirtschaftlich bedeutsame und/oder komplexe Angelegenheiten bejaht werden kann.[89] An der Notwendigkeit patentanwaltlichen Rates wird es mit Rücksicht auf die Schwierigkeit patentrechtlicher Sachverhalte in aller Regel nicht deswegen fehlen, weil die Partei eine eigene Rechtsabteilung unterhält[90], deren Aufgabe es ist[91], die erforderlichen rechtlichen und technischen Erwägungen in Bezug auf das schutzrechtsverletzende Handeln der Wettbewerber eigenverantwortlich anzustellen.[92]

Folgt wegen einer bestimmten (identischen) Verletzungshandlung einer ergebnislosen vorgerichtlichen **Abmahnung** eine einstweilige Verfügung, dieser wiederum ein **Abschlussschreiben** und darauf ggf ein Hauptsacheverfahren, so stellen das einstweilige Verfügungsverfahren einerseits und das Hauptsacheverfahren andererseits gebühren-

---

82 OLG Frankfurt/Main, GRUR-RR 2012, 307 – Markenrechtliche Abmahnung.
83 BGH, GRUR 2011, 754 – Kosten des Patentanwalts II; OLG Düsseldorf, InstGE 9, 35 – Patentanwaltskosten für Abschlussschreiben; OLG Frankfurt/Main, GRUR-RR 2010, 127 – Vorgerichtliche Patentanwaltskosten; aA: OLG Hamburg, GRUR-RR 2008, 370 – Pizza Flitzer, OLG Stuttgart, GRUR-RR 2007, 399 – PCB-Pool.
84 BGH, GRUR 2011, 754 – Kosten des Patentanwalts II.
85 BGH, GRUR 2011, 754 – Kosten des Patentanwalts II.
86 BGH, GRUR 2011, 754 – Kosten des Patentanwalts II.
87 Dass die Hinzuziehung eines Rechtsanwaltes »notwendig« war, besagt deshalb noch nicht, dass gleiches auch für den Patentanwalt zu gelten hat (BGH, GRUR 2011, 754 – Kosten des Patentanwalts II).
88 BGH, GRUR 2011, 754 – Kosten des Patentanwalts II; BGH, GRUR 2012, 759 – Kosten des Patentanwalts IV.
89 BGH, GRUR 2012, 756 – Kosten des Patentanwalts III.
90 Unerheblich ist, dass die Einrichtung einer Rechtsabteilung (die tatsächlich nicht vorhanden ist) zweckmäßig gewesen wäre oder bei der Größe des fraglichen Unternehmens der Üblichkeit entspricht, BGH, MDR 2010, 1087.
91 Ebenso belanglos ist, dass die vorhandene Rechtsabteilung objektiv in der Lage wäre, das Abschlussschreiben selbst zu verfassen, wenn nach der getroffenen Aufgabenzuweisung tatsächlich keine Zuständigkeit dafür existiert, die rechtliche Zulässigkeit des Verhaltens der Wettbewerber zu prüfen, BGH, MDR 2010, 1087.
92 Zum Wettbewerbsrecht vgl BGH, GRUR 2007, 726 – Auswärtiger Rechtsanwalt IV; BGH, GRUR 2008, 928 – Abmahnkostenersatz; BGH, MDR 2010, 1087.

rechtlich verschiedene (und nicht dieselbe) Angelegenheit(en) dar.[93] Die Abmahnung gehört dabei zum Verfahren des vorläufigen Rechtsschutzes, während das Abschlussschreiben dem Hauptsacheverfahren zuzuordnen ist.[94] Es fallen demgemäß – für die Abmahnung und das spätere Abschlussschreiben (welches der Sache nach eine der Hauptsacheklage vorgeschaltete Abmahnung ist) zwei selbständige Geschäftsgebühren (nebst Auslagenpauschale und USt) an, die zu erstatten sind.[95] Voraussetzung ist freilich, dass dem für die Abmahnung etc eingeschalteten Anwalt ein über die Vertretung im einstweiligen Verfügungsverfahren hinausgehender Mandatsauftrag zur endgültigen Rechtsdurchsetzung erteilt war,[96] was nicht verlangt, dass ein Auftrag zur Hauptsacheklage vergeben war.[97] Fehlt es daran, gehört das Abschlussschreiben ausnahmsweise zum einstweiligen Rechtsschutzverfahren und kann (weil es dieselbe Angelegenheit betrifft) keine zweite Geschäftsgebühr auslösen.

48   Solange der Abmahnende die Kostenrechnung der von ihm mit der Abmahnung beauftragten Anwälte noch nicht beglichen hat, besteht gegen den Abgemahnten nur ein Anspruch auf Befreiung (**Freistellung**) von der Honorarverbindlichkeit.[98] Er hängt nicht davon ab, dass dem Abmahnenden bereits eine die Fälligkeit des anwaltlichen Honoraranspruchs begründende Rechnung vorliegt, die den besonderen Anforderungen des § 10 RVG, § 14 UStG genügt.[99] Der Freistellungsanspruch wird mit Eingehung der Verbindlichkeit, von der freizustellen ist, sofort fällig[100], unabhängig davon, ob die freizustellende Verbindlichkeit ihrerseits ebenfalls fällig ist.[101] Die Entstehung und Fälligkeit des Freistellungsanspruchs ist – wiederum ungeachtet der Entstehung und Fälligkeit derjenigen Drittforderung, von der freizustellen ist – ebenso maßgeblich für den Beginn der Verjährungsfrist für den Freistellungsanspruch.[102] Sobald der Abgemahnte seine Einstandspflicht ernsthaft und endgültig verweigert hat, wandelt sich der Freistellungsanspruch von selbst in einen Kostenerstattungsanspruch um.[103] Erst von da an ist der (umgewandelte) Zahlungsanspruch auch wegen Verzuges zu verzinsen.[104]

49   Zweifel an der Erstattungsfähigkeit der Kosten eines Rechtsanwaltes oder Patentanwaltes ergeben sich bei **Serienabmahnung**en. In diesen Fällen kann die Notwendigkeit der Einschaltung eines Dritten durch den Verletzten infrage gestellt werden, wenn der Verletzte selbst mehrere gleich lautende Abmahnungen beispielsweise nach einem vorher erstellten Muster hätte absenden können.[105] Die Erstattungsfähigkeit ist außerdem in Fällen der sog »**Schubladenverfügung**«[106] zu verneinen, bei denen zunächst eine gerichtliche Beschlussverfügung erwirkt, diese aber zunächst nicht an den Antragsgegner zugestellt, sondern dieser vielmehr im Nachhinein abgemahnt wird.[107] Da das gerichtli-

---

93 BGH, NJW 2008, 1744.
94 BGH, NJW 2008, 1744; BGH, NJW 2011, 2509.
95 BGH, NJW 2008, 1744.
96 BGH, NJW 2008, 1744.
97 BGH, NJW 2011, 2509.
98 OLG Köln, OLG-Report 2008, 430, 431, mwN.
99 BGH, NJW 2011, 2509.
100 OLG Hamm, GRUR-RR 2014, 133 – Zahlung statt Freistellung.
101 BGH, NJW-RR 20010, 333.
102 BGH, WM 2017, 2234.
103 OLG Stuttgart, GRUR-RR 2012, 412 – Toleranzgrenze; KG, GRUR-RR 2010, 403 – Vorprozessuale Patentanwaltskosten; OLG Köln, OLG-Report 2008, 430, 431, mwN; OLG Hamm, Mitt 2013, 294 – Zahlungsanspruch statt Freistellungsanspruch.
104 BGH, GRUR 2015, 1021 – Kopfhörer-Kennzeichnung.
105 OLG Düsseldorf, Mitt 2001, 305 – Rechtsanwaltsabmahnung in Routinesache.
106 Vgl Weisert, WRP 2007, 504.
107 BGH, GRUR 2010, 257 – Schubladenverfügung; OLG München, GRUR-RR 2006, 176 – Schubladenverfügung; OLG Köln, OLG-Report 2008, 193; OLG Frankfurt/Main, Mitt 2012, 574 – nachträgliche Abmahnung.

che Verfahren vor der Abmahnung bereits beschritten war, kann die Abmahnung ihren Zweck, ein eben solches Verfahren und die mit ihm für den Antragsgegner verbundenen Kosten zu vermeiden, nicht mehr erfüllen. Demgegenüber beseitigt der Umstand, dass der Verletzer wegen der fraglichen Handlung bereits zuvor von dritter Seite abgemahnt worden ist und eine Unterwerfungserklärung abgegeben hat, die Notwendigkeit der Abmahnung nur dann, wenn der Abmahnende davon Kenntnis hatte.[108]

Der **Gegenstandswert** einer Abmahnung wegen Patentverletzung bestimmt sich prinzipiell nach denselben Regeln, nach denen der Streitwert einer Verletzungsklage zu bemessen ist (§ 23 Abs 3 Satz 2 RVG). Die Wertangabe des Abmahnenden ist vom Tatrichter nach pflichtgemäßem Ermessen zu überprüfen. Ein wichtiger Unterschied ist allerdings zu beachten. Wird die Abmahnung (dh das konkret mit ihr verbundene, einheitliche Unterlassungsverlangen) auf mehrere Schutzrechte gestützt, so setzt sich der Gegenstandswert – anders als beim Klageverfahren (§ 45 Abs 1 Satz 2 GKG)[109] – nicht aus der Summe aller Einzelstreitwerte der verfolgten Klagegründe zusammen; vielmehr entspricht der Gegenstandswert der Abmahnung dem einfachen Unterlassungsinteresse des Abmahnenden. Die für die Abmahnung angefallenen Kosten sind daher bereits dann in voller Höhe erstattungsfähig, wenn sich der abgemahnte Anspruch als nach nur einem der zu seiner Rechtfertigung angeführten Schutzrechte begründet erweist.[110] Keinen Einfluss auf den Gegenstandswert haben schlechte wirtschaftliche Verhältnisse des Abgemahnten; § 12 Abs 4 UWG ist nicht entsprechend anwendbar.[111] 50

b) Anspruchshöhe

Die **Höhe** der Anwalts- und Patentanwaltsgebühren bestimmt sich nach VV-Nr 2300[112], sofern noch kein Klageauftrag erteilt worden ist. Dem sollte, um Diskussionen bezüglich der Erstattungsfähigkeit zu vermeiden, bereits bei der Formulierung der Abmahnung Rechnung getragen werden. 51

Was den **Gegenstandswert** anbetrifft, so ist im Verhältnis zum Verletzer derjenige Betrag zugrunde zu legen, der dem berechtigten Anspruchsbegehren entspricht. Soweit die Abmahnung einen Schadenersatzanspruch umfasst, ist auf diejenige Schadenshöhe abzustellen, die letztlich gerichtlich festgestellt oder zwischen den Parteien unstreitig ist, während eine höhere Summe, die der Verletzte bei Beauftragung des Rechtsanwaltes noch für berechtigt halten durfte, keine Bedeutung hat.[113] 52

Welche Gebühr der Anwalt für seine Tätigkeit im Einzelfall verdient, ist gemäß § 14 RVG unter Berücksichtigung aller Umstände nach billigem Ermessen zu bestimmen, wobei ein **Toleranzbereich** zu berücksichtigen ist.[114] Die Festsetzung des Gebührensatzes durch den Anwalt ist hinzunehmen, solange und soweit sie einen Toleranzbereich von 20 % des an sich angemessenen Satzes nicht überschreitet.[115] Voraussetzung für die Anwendung der Toleranzrechtsprechung ist allerdings, dass die Tätigkeit des Anwaltes umfangreich oder schwierig und damit überdurchschnittlich war, weil erst unter dieser Voraussetzung ein oberhalb des 1,3-fachen Satzes liegender Gebührenrahmen eröffnet 53

---

108 OLG Oldenburg, GRUR-RR 2012, 415 – weitere Abmahnung.
109 Das Unterliegen mit einem der mehreren Klagegründe führt dementsprechend zu einer Kostenquote gemäß § 92 Abs 1 ZPO (BGH, GRUR 2016, 1301 – Kinderstube).
110 BGH, GRUR 2016, 1301 – Kinderstube.
111 BGH, GRUR 2016, 1275 – Tannöd.
112 Vor dem 1. Juli 2006: Nr 2400 VV.
113 BGH, MDR 2018, 207.
114 AG Brühl, NZV 2004, 416, mwN; LG Düsseldorf, InstGE 6, 37 – Abmahnkostenerstattung bei Patentverletzung.
115 BGH, MDR 2012, 810; LG Düsseldorf, InstGE 6, 37 – Abmahnkostenerstattung bei Patentverletzung.

ist.[116] In Patent- und Gebrauchsmusterverletzungssachen liegt die angemessene Gebühr regelmäßig oberhalb der 1,3 Gebühr nach Ziffer 2300 VV[117], da es sich bei Streitigkeiten über technische Schutzrechte typischerweise um schwierige Sachverhalte handelt. Hieran ändert auch die gleichzeitige Tätigkeit von Rechtsanwälten und Patentanwälten nichts.[118] Die Ermessensausübung verlangt allerdings vom Anwalt mehr als bloße Allgemeinplätze, nämlich auf die konkrete Angelegenheit bezogene Erwägungen[119], von denen nur dann abgesehen werden kann, wenn der besondere Umfang oder die besondere Schwierigkeit offen zutage liegen, weil sie sich bereits aus der Natur der Sache ergeben.[120] Allein das Vorliegen einer Patent- oder Gebrauchsmusterverletzungssache rechtfertigt diese Annahme jedoch nicht; sie verbietet sich vielmehr, wenn weder die Schutzfähigkeit zu beurteilen ist noch die Verletzungsprüfung komplexe Überlegungen verlangt.[121]

54 Eine **Doppelvertretung** kann auch in einfach gelagerten Fällen nicht als rechtsmissbräuchlich oder nicht notwendig eingestuft werden. Schließlich entspricht die Doppelvertretung dem Willen des Gesetzgebers und wird den sich aus technischen Schutzrechten und entsprechenden Verletzungstatbeständen ergebenden Problemen gerecht.[122] Grundsätzlich sind die Gebühren für Rechtsanwälte und Patentanwälte in gleicher Höhe erstattungsfähig. Vom Revisionsgericht ist die Angemessenheit der Abmahnkosten nur eingeschränkt daraufhin überprüfbar, ob der Tatrichter sein Ermessen rechtsfehlerfrei ausgeübt hat.[123]

55 Beauftragen mehrere **Mitinhaber** eines Patents den Anwalt mit der Abmahnung aus dem gemeinsamen Patent, liegt kostenrechtlich ein- und dieselbe Angelegenheit vor, so dass eine Erhöhungsgebühr nach Nr 1008 VV RVG verdient wird.[124]

56 Ist die Abmahnung wegen *eines* Anspruchs berechtigt, wegen eines anderen, gleichzeitig verfolgten Anspruchs (zB einer weiteren Ausführungsform) unberechtigt, ist innerhalb der BGH-Rechtsprechung streitig, wie zu verfahren ist. Nach Auffassung des VIII. Zivilsenats[125] sind diejenigen Anwaltskosten erstattungsfähig, die sich nach RVG unter Zugrundelegung des Streitwertes ergeben, der für den zu Recht abgemahnten Anspruch angemessen ist. Es findet keine streitwertanteilige **Quotelung** der Anwaltskosten in dem Sinne statt, dass zunächst der Gegenstandswert für die Gesamtabmahnung ermittelt, der sich danach ergebende Honoraranspruch berechnet und anschließend der Erstattungsanspruch um denjenigen Anteil gekürzt wird, der dem Verhältnis des unberechtigten Anspruchs zum Gesamtstreitwert entspricht. Genau für eine solche anteilige Kürzung der Abmahnkosten nach dem Verhältnis des Gegenstandswertes des berechtigten Teils der Abmahnung zum Gegenstandswert der gesamten Abmahnung spricht sich demgegenüber – zu Recht[126] – der I. Zivilsenat[127] aus, allerdings ohne die gegenteilige Praxis des VIII. Zivilsenats zu erwähnen oder sich mit ihr inhaltlich auseinander zu setzen.

---

116 BGH, MDR 2012, 1127 = BGH, GRUR-RR 2012, 491 – Toleranzbereich.
117 Selbst für eine durchschnittliche wettbewerbsrechtliche Angelegenheit hält der BGH eine 1,3 fache Gebühr für angebracht (BGH, GRUR 2010, 1120 – Vollmachtsnachweis).
118 LG Düsseldorf, InstGE 6, 37 – Abmahnkostenerstattung bei Patentverletzung.
119 OLG Stuttgart, GRUR-RR 2012, 412 – Toleranzgrenze.
120 OLG Düsseldorf, Urteil v 3.5.2018 – I-2 U 47/17.
121 BGH, GRUR 2014, 206 – Einkaufskühltasche.
122 LG Düsseldorf, InstGE 6, 37 – Abmahnkostenerstattung bei Patentverletzung.
123 BGH, GRUR 2009, 660 – Resellervertrag.
124 LG Mannheim, GRUR-RR 2014, 370 – Haarspange = Mitt 2014, 294 – falscher Abgemahnter.
125 BGH, MDR 2008, 351.
126 OLG Düsseldorf, InstGE 13, 199 – Schräg-Raffstore.
127 BGH, GRUR 2012, 949 – Missbräuchliche Vertragsstrafe; BGH, GRUR 2010, 744 – Sondernewsletter; BGH, GRUR 2010, 939 – Telefonwerbung nach Unternehmenswechsel.

c) Anrechnung der Geschäftsgebühr

Anders als früher wird die Geschäftsgebühr für die außergerichtliche Tätigkeit nicht mehr vollständig, sondern nur noch zur Hälfte, maximal mit einem Gebührensatz von 0,75, **auf die Verfahrensgebühr für das gerichtliche Verfahren angerechnet**.[128] Die Anrechnung setzt nicht voraus, dass die Geschäfts- und die Verfahrensgebühr für »dieselbe Angelegenheit« *im kostenrechtlichen Sinne* entstanden sind. Entscheidend für die Anrechnung ist vielmehr, dass wegen des nach wirtschaftlichen Gesichtspunkten zu bestimmenden Gegenstandes bereits eine Geschäftsgebühr angefallen ist.[129] Regelmäßig findet die Anrechnung der Geschäftsgebühr auf die erstinstanzliche Verfahrensgebühr statt. Zwingend ist dies freilich nicht. Soweit eine Anrechnung nicht schon in erster Instanz stattgefunden hat, ist die Geschäftsgebühr auf die zweitinstanzlich verdiente Verfahrensgebühr anzurechnen.[130]

57

Davon zu unterscheiden ist der Fall, dass ein **einheitliches Klagebegehren auf mehrere Klagegründe** (zB ein Patent und ein paralleles Gebrauchsmuster) gestützt wird. Dringt der Berechtigte nur mit einem, ggf sogar dem von ihm nachrangig geltend gemachten Klagegrund durch, sind die Abmahnkosten dennoch in voller Höhe (und nicht nur anteilig) erstattungsfähig.[131] Allerdings ist für den Gegenstandswert der Abmahnung der einfache Wert des erfolgreichen Anspruchsbegehrens maßgeblich; eine Werterhöhung nach dem Vorbild des § 45 Abs 1 Satz 2 GKG findet nicht statt.[132] Hat das im Wege objektiver Klagehäufung verfolgte Begehren insgesamt Erfolg und sind vorgerichtlich für jeden Klagegrund separat verfasste Abmahnschreiben vorausgegangen, so entsteht die Verfahrensgebühr des gerichtlichen Verfahrens nur einmal aus dem kumulierten Streitwert aller Klagegründe, während die Geschäftsgebühr des abmahnenden Rechtsanwaltes mehrfach nach den Einzelwerten der Abmahnungen entsteht. In einem solchen Fall sind alle entstandenen Geschäftsgebühren in der tatsächlichen Höhe anteilig auf die Verfahrensgebühr anzurechnen.[133]

58

Welche **Konsequenzen** mit der Anrechnung verbunden sind, ergibt sich aus § 15a RVG. Die Vorschrift ist am 5.8.2009 in Kraft getreten.[134] Sie gilt, weil sie bloß klarstellenden Charakter hat, nach herrschender (allerdings ursprünglich auch innerhalb des BGH nicht ganz unbestrittener[135]) Meinung rückwirkend[136] und unterscheidet sachlich zwischen dem Innenverhältnis des (außergerichtlich und gerichtlich) tätig gewordenen Rechtsanwaltes zu seinem Mandanten (Abs 1) und dem Außenverhältnis zu Dritten, die zB Erstattungsschuldner (auf materiell rechtlicher oder prozessualer Basis) sind (Abs 2).

59

Von seinem Mandanten kann der Rechtsanwalt die außergerichtliche Geschäftsgebühr und die gerichtliche Verfahrensgebühr in jeweils voller Höhe verlangen, insgesamt steht

60

---

128 Teil 3, Vorbemerkung 3 Abs 4 des VV. Eingehend: Fölsch, MDR 2009, 1137; Henke, AnwBl 2009, 709.
129 BGH, WRP 2009, 75; BGH, NJW-RR 2012, 313.
130 BGH, NJW-RR 2012, 313.
131 BGH, GRUR 2016, 1301 – Kinderstube.
132 BGH, GRUR 2016, 1301 – Kinderstube.
133 BGH, MDR 2017, 670.
134 BGBl 2009, 2449.
135 AA: BGH, NJW 2010, 76.
136 BGH, NJW 2010, 471; BGH, MDR 2010, 1426, jeweils mit umfangreichen Nachweisen zum Streitstand. Die Rechtskraft einer Entscheidung im Kostenfestsetzungsverfahren über einen Antrag, mit dem (entsprechend der früheren Rechtslage) eine Verfahrensgebühr unter hälftiger Anrechnung der Geschäftsgebühr geltend gemacht worden ist, steht einer Nachfestsetzung der restlichen Verfahrensgebühr (entsprechend der neuen Rechtslage) nicht entgegen (BGH, MDR 2011, 136).

ihm jedoch nicht mehr als der um den Anrechnungsbetrag verminderte Gesamtbetrag der beiden Gebühren zu. Konkret hat die Berechnung wie folgt stattzufinden[137]:

61 (1) Ermittlung des Gesamtbetrages der Einzelgebühren: Volle Geschäftsgebühr + volle Verfahrensgebühr = (1);

62 (2) Ermittlung des Anrechnungsbetrages: ½, maximal 0,75 der Geschäftsgebühr = (2);

63 (3) Summe aus (1) abzgl Anrechnungsbetrag aus (2).

64 Im Verhältnis zu Dritten, insbesondere im Kostenfestsetzungsverfahren, wirkt sich die Anrechnung prinzipiell nicht aus. Trotz der in Bezug auf die vorgerichtliche Geschäftsgebühr bestehenden Anrechnungsvorschrift ist die Verfahrensgebühr deshalb im Grundsatz in voller Höhe festzusetzen.[138]

65 **Drei Ausnahmen** von dieser Regel sind allerdings zu beachten (§ 15a Abs 2 RVG). Sie gewährleisten, dass der Erstattungspflichtige dem Erstattungsberechtigten – unter bestimmten abschließend aufgezählten[139] Umständen – nicht einen höheren Gebührenbetrag zu erstatten hat als der Berechtigte selbst seinem Rechtsanwalt zu vergüten hat:

66 – Hat der Beklagte die vorgerichtliche **Geschäftsgebühr bereits beglichen**, so kann er sich im Kostenfestsetzungsverfahren auf die Anrechnung berufen, wenn der Kläger Erstattung der vollen Verfahrensgebühr verlangt. Mit Rücksicht auf die aus allgemeinen Grundsätzen folgende nur begrenzte Prüfungsbefugnis materiell rechtlicher Einwendungen im Kostenfestsetzungsverfahren ist erforderlich, dass die Erfüllung entweder unstreitig oder ohne weiteres feststellbar sein muss.[140]

67 – Ist die **volle Geschäftsgebühr** im Urteil für den Kläger **tituliert**, kann im Festsetzungsverfahren nur noch die um die anzurechnende Geschäftsgebühr verminderte Verfahrensgebühr zuerkannt werden. Voraussetzung ist, dass die Geschäftsgebühr als betragsmäßig bezifferter Anspruch zugesprochen ist.[141] Dabei spielt es keine Rolle, dass die Geschäftsgebühr vor Abtretung in der Person des Zedenten entstanden ist und die gerichtliche Verfahrensgebühr nach erfolgter Abtretung in der Person des Zessionars angefallen ist.[142] Wurde lediglich die gekürzte Geschäftsgebühr beansprucht und ausgeurteilt, kann im Kostenfestsetzungsverfahren die komplette Verfahrensgebühr zugesprochen werden.[143] Haben die Parteien einen Vergleich geschlossen, liegt ein Fall des § 15a Abs 2 RVG nur vor, wenn sich aus dem Vergleichstext unmissverständlich ergibt, dass mit ihm auch die vorgerichtliche Geschäftsgebühr in einer bestimmten Höhe abgegolten ist.[144]

68 – Werden **beide Gebühren in »demselben Verfahren«** geltend gemacht[145], kann insgesamt nur der sich nach erfolgter Anrechnung ergebende Betrag verlangt werden. Für die Verfahrensidentität kommt es nicht darauf an, ob kostenrechtliche ein- und dieselbe Angelegenheit vorliegt; maßgeblich ist vielmehr, ob sich die anwaltliche Tätigkeit bei wertender Betrachtungsweise auf wirtschaftlich dasselbe Recht oder Rechts-

---

137 Zur Durchführung der Anrechnung in Fällen, in denen der Anwalt außergerichtlich, im Mahnverfahren und im anschließenden streitigen Verfahren tätig geworden ist, vgl OLG Köln, OLG-Report 2009, 853.
138 BGH, MDR 2009, 1311.
139 OLG Oldenburg, MDR 2011, 394.
140 BGH, NJW 2007, 1213; BGH, MDR 2011, 135; OLG Oldenburg, MDR 2015, 1385.
141 BGH, MDR 2012, 313.
142 BGH, MDR 2012, 313.
143 Dem Kläger steht es frei, ob er beziffert die volle oder die gekürzte Geschäftsgebühr einklagen will.
144 BGH, MDR 2011, 135.
145 Zu möglichen Anwendungsfällen vgl Fölsch, MDR 2009, 1137, 1139 f.

verhältnis bezieht.¹⁴⁶ Eine solche Konstellation liegt noch nicht vor, wenn die Geschäftsgebühr beziffert im Patentverletzungsrechtsstreit und die Verfahrensgebühr anschließend im zugehörigen Kostenfestsetzungsverfahren verfolgt wird.¹⁴⁷

Ein Anrechnungstatbestand ist nur gegeben, wenn für die vorgerichtliche Tätigkeit (zB Abmahnung) demselben, auch im Rechtsstreit mit der Sache befassten Anwalt eine Geschäftsgebühr geschuldet wird. Eine Anrechnung findet daher nicht statt, wenn der Erstattungsberechtigte vorprozessual von einem anderen Anwalt vertreten war als im Prozess.¹⁴⁸ In einem solchen Fall findet auch keine Kürzung der Verfahrensgebühr über § 91 Abs 2 Satz 3 ZPO statt.¹⁴⁹ Eine Anrechnung ist gleichfalls nicht veranlasst, wenn für die vorgerichtliche Tätigkeit ein vereinbartes Zeit- oder Pauschalhonorar (die keine »Geschäftsgebühr« darstellen) geschuldet wird.¹⁵⁰ **69**

Alles Vorstehende gilt selbstverständlich auch für die **Kosten des** mitwirkenden **Patentanwalts**. Auch insoweit findet eine Anrechnung im Kostenfestsetzungsverfahren nur nach Maßgabe des § 15a Abs 2 RVG statt.¹⁵¹ **70**

Wird im gerichtlichen Verfahren eine **Prozesstrennung** angeordnet, fallen in den aus der Trennung resultierenden Einzelverfahren die vor der Prozesstrennung verdienten Gebühren bei Vorliegen ihrer tatbestandlichen Voraussetzungen aus den jeweiligen Einzelstreitwerten erneut an.¹⁵² Grundlage der Gebührenanrechnung ist in einem solchen Fall die tatsächlich entstandene Gesamtgeschäftsgebühr für den ursprünglich einheitlichen Streitgegenstand und nicht eine fiktive Geschäftsgebühr nach dem Streitwert des jeweiligen Einzelverfahrens.¹⁵³ Allerdings wird der anrechenbare Teil der Gesamtgeschäftsgebühr nicht in jedem der Einzelverfahren in voller Höhe in Ansatz gebracht; vielmehr ist der anrechenbare Teil der Gesamtgeschäftsgebühr auf jede der in den gesonderten Einzelverfahren entstandenen Verfahrensgebühren quotal anzurechnen, und zwar entsprechend dem Verhältnis des jeweiligen Einzelstreitwertes zu dem Streitwert des ursprünglichen Gesamtverfahrens.¹⁵⁴ **71**

d) Zinsen

Die Haftung auf Zinsen von den erstattungsfähigen Abmahnkosten richtet sich nach den allgemeinen zivilrechtlichen Vorschriften, dh § 247 BGB (5 Prozentpunkte über dem Basiszinssatz¹⁵⁵). § 288 Abs 2 BGB, der einen erhöhten Zinssatz von 8¹⁵⁶ bzw 9¹⁵⁷ Prozentpunkten vorsieht, ist nicht anwendbar, weil es sich bei dem Abmahnkostenerstattungsanspruch nicht um eine »Entgeltforderung« handelt, die nur vorliegt, wenn die in Rede stehende Geldforderung die Gegenleistung für eine vom Gläubiger erbrachte oder zu erbringende Leistung ist.¹⁵⁸ Diese Gegenleistungsbeziehung ist für den Anspruch auf **72**

---

146 BGH, MDR 2012, 313.
147 BGH, NJW 2010, 76; OLG Oldenburg, MDR 2011, 394.
148 BGH, MDR 2010, 293; OLG Koblenz, MDR 2009, 533.
149 OLG Koblenz, MDR 2009, 533.
150 BGH, NJW 2009, 3364; OLG München, AnwBl 2009, 725.
151 Vgl OLG Düsseldorf, Beschluss v 17.8.2009 – I-2 W 48/09.
152 BGH, MDR 2014, 1414.
153 BGH, MDR 2014, 1414.
154 BGH, MDR 2014, 1414.
155 Lautet der Urteilsausspruch dahin, dass »5 % Zinsen über dem Basiszinssatz« zu zahlen sind, so ist dies regelmäßig dahingehend auszulegen, dass Zinsen in Höhe von 5 Prozentpunkten über dem Basiszinssatz tituliert sind (BGH, MDR 2013, 549).
156 § 288 Abs 2 BGB aF (gültig bis 28.7.2014).
157 § 288 Abs 2 BGB nF (gültig ab 29.7.2014).
158 BGH, GRUR 2013, 307 – Unbedenkliche Mehrfachabmahnung; BGH, MDR 2010, 914; BGH, MDR 2010, 939.

Ersatz von Abmahnkosten zu verneinen.[159] Die Rechtsprechung des BFH[160], wonach die Kosten einer Abmahnung *umsatzsteuerrechtlich* als Entgelt im Rahmen eines umsatzsteuerbaren Leistungsaustauschs zwischen Abmahnendem und Abgemahntem zu behandeln sind, hat daran nichts geändert, weil aus der steuerrechtlichen Behandlung nicht der Schluss gezogen worden, dass es sich bei dem Anspruch auf Ersatz der Abmahnkosten auch *zivilrechtlich* (sic: iSv § 288 Abs 2 BGB) um eine »Entgeltforderung« handelt.[161]

e) Verjährung

73 Der Anspruch auf Kostenerstattung beginnt nicht bereits mit der Zuwiderhandlung, deretwegen abgemahnt wurde, sondern erst mit der Entstehung der erstattet verlangten Kosten.[162] Diese wiederum ist frühestens mit der Versendung der Abmahnung zu verorten.[163]

f) Verfahrensrechtliches

74 Bei der Klage auf Erstattung von Abmahnkosten handelt es sich um eine **Patentstreitsache** iSv § 143 PatG, wenn der Gegenstand der Abmahnung eine Patentstreitsache ist.[164]

75 Der Kostenerstattungsanspruch erhöht (als Nebenforderung) den **Streitwert** der Verletzungsklage nicht[165]; anderes gilt erst dann, wenn die (sic: sämtliche) Ansprüche wegen Patentverletzung übereinstimmend für erledigt erklärt worden sind.[166]

6. Vertragsstrafe[167]

a) Haftungsgrund

76 Durch eine ausreichend strafbewehrte Unterlassungserklärung wird die Begehungsgefahr (als Voraussetzung für den Unterlassungsanspruch) zwar auch dann ausgeräumt, wenn die Verpflichtungserklärung des Schuldners einseitig bleibt.[168] Anspruch auf die versprochene Vertragsstrafe hat der Patentinhaber aber nur dann, wenn er die Unterwerfungserklärung in einer Weise angenommen hat, dass mit dem Schuldner nach den allgemeinen Regeln des BGB (**§§ 145 ff BGB**) ein Unterlassungsvertrag zustande gekommen ist.[169] Anwendbar ist ua § 151 BGB. Zu beachten sind insoweit jedoch zwei Gesichtspunkte: Die Vorschrift suspendiert nicht von einer (ausdrücklichen oder konkludenten, jedenfalls nach außen dokumentierten) Annahmeerklärung des Adressaten, sondern nur vom Zugang der (ausdrücklich oder konkludent geäußerten) Annahmeerklärung, die folglich in jedem Fall festzustellen ist.[170] Die Übermittlung der vorbereiteten Unterlassungserklärung kann nur dann als stillschweigender Verzicht auf den Zugang der Annahmeerklärung des Abgemahnten gewertet werden, wenn die abgegebene Unterwerfungserklärung nicht bzw nicht in einem wesentlichen Punkt von dem abweicht, was der Gläubiger

---

159 OLG Celle, NJW-RR 2007, 393.
160 BFH, GRUR 2017, 826 – umsatzsteuerbare Leistung.
161 OLG Frankfurt/Main, WRP 2018, 1110 – Pfefferspray; aA: LG Braunschweig, GRUR-RR 2018, 371 – Umsatzsteuer auf Abmahnkosten.
162 LG Frankfurt/Main, GRUR-RR 2015, 431 – Animationsfilm.
163 BGH, GRUR 2016, 1280 – Everytime we touch.
164 OLG Karlsruhe, GRUR-RR 2006, 302 – Erstattungsfähigkeit von Patentanwaltskosten; OLG Frankfurt/Main, MDR 2012, 727.
165 BGH, NJW 2007, 3289.
166 BGH, NJW 2008, 999.
167 Grundlegend: Rieble, GRUR 2009, 824; Böse, MDR 2014, 809.
168 BGH, GRUR 2010, 355 – Testfundstelle.
169 BGH, GRUR 2006, 878 – Vertragsstrafevereinbarung; BGH, GRUR 2010, 355 – Testfundstelle.
170 BGH, GRUR 2006, 878 – Vertragsstrafevereinbarung.

verlangt hat.¹⁷¹ Entscheidend ist nicht die Übereinstimmung der Unterlassungserklärung mit dem materiell rechtlichen Anspruch des Gläubigers, sondern ob sich die Unterwerfungserklärung mit dem Verlangen des Gläubigers deckt. Ein Zugangsverzicht kommt deswegen nicht in Betracht, wenn der Unterlassungserklärung hinter der Forderung des Gläubigers zurückbleibt, mag sie dessen sachlichen Anspruch (trotz ihres eingeschränkten Inhalts) auch vollständig erfüllen.¹⁷²

Eine verspätete oder eine modifizierte Annahme gilt als Ablehnung verbunden mit einem neuen Angebot, das der andere Teil annehmen kann (**§ 150 BGB**).¹⁷³ Hat der Gläubiger (zB mit der Abmahnung) eine objektiv zu kurze Annahmefrist bestimmt, wird eine angemessen verlängerte Frist in Gang gesetzt, während der der Abgemahnte den Unterlassungsvertrag zustande bringen kann.¹⁷⁴ Geht das Vertragsangebot von ihm aus (zB weil seine Annahmeerklärung inhaltlich von der vorbereiteten Unterwerfungserklärung des Abmahnenden abweicht und deswegen als neues Angebot gilt), so ist in der Regel davon auszugehen, dass der Schuldner sein Angebot unbefristet abgegeben hat mit der Folge, dass es vom Gläubiger – abweichend von § 147 Abs 2 BGB – jederzeit angenommen werden kann¹⁷⁵, auch dann noch, wenn er zuvor dem anbietenden Schuldner eine wegen desselben Verstoßes erwirkte einstweilige Verfügung hat zustellen lassen.¹⁷⁶ Die Zustellung der Verfügung bedeutet weder eine konkludente Ablehnung des mit der Unterwerfungserklärung des Schuldners unterbreiteten Angebotes auf Abschluss eines Unterlassungsvertrages noch rechtfertigt sie eine Kündigung der Unterlassungsvereinbarung wegen Fehlens der Geschäftsgrundlage nach § 313 Abs 2 BGB oder eine Kondizierbarkeit des Unterlassungsversprechens (§§ 812 Abs 1 Satz 2, 821 BGB).¹⁷⁷ 77

Keine (zur Angebotsablehnung führende) **modifizierte Annahme** wird durch die Aufnahme des Zusatzes »ohne Anerkennung einer Rechtspflicht, aber rechtsverbindlich« begründet, weil sie bloß deklaratorischen Charakter hat.¹⁷⁸ 78

Beschränkt der Abgemahnte seine Unterwerfungserklärung auf einzelne abgemahnte Verletzungshandlungen oder einen separierbaren Teil der Abmahnung, so liegt auch darin keine modifizierte Gesamtannahme; vielmehr kommt ein Unterlassungsvertrag in dem Umfang zustande, in dem sich die Abmahnung und die Unterwerfung decken.¹⁷⁹ 79

Wird eine durch einen **vollmachtlosen Vertreter des Gläubigers** angenommene strafbewehrte Unterlassungserklärung später durch den Gläubiger genehmigt, so führt die in § 184 Abs 1 BGB vorgesehene Rückwirkung der Genehmigung nicht dazu, dass eine Vertragsstrafe für solche Verstöße gegen den Unterlassungsvertrag verwirkt ist, die während der Zeit schwebender Unwirksamkeit des Vertrages stattgefunden haben.¹⁸⁰ 80

Eine Haftungsgrundlage bildet die Unterlassungserklärung überdies nur dann, wenn sie wirksam ist. Das ist insofern bedeutsam, als eine vom Unterlassungsgläubiger vorformulierte Verpflichtungserklärung den Regelungen des Rechts der **Allgemeinen Geschäftsbedingungen** unterfällt¹⁸¹ und deswegen insbesondere der Inhaltskontrolle nach § 307 81

---

171 BGH, GRUR 2002, 824 – Teilunterwerfung.
172 OLG Köln, GRUR-RR 2010, 339 – Matratzen im Härtetest.
173 BGH, GRUR 2010, 355 – Testfundstelle.
174 BGH, GRUR 2010, 355 – Testfundstelle.
175 BGH, GRUR 2010, 355 – Testfundstelle.
176 BGH, GRUR 2010, 355 – Testfundstelle.
177 BGH, GRUR 2010, 355 – Testfundstelle.
178 BGH, GRUR 2013, 1252 – Medizinische Fußpflege.
179 OLG Düsseldorf, Urteil v 10.9.2015 – I-15 U 129/14; offen gelassen von BGH, GRUR 2017, 823 – Luftentfeuchter.
180 BGH, GRUR 2015, 187 – Zuwiderhandlung während Schwebezeit.
181 BGH, NJW 1993, 721, 722.

BGB unterliegt.[182] Für sie entspricht es der BGH-Rechtsprechung[183], dass ein als Allgemeine Geschäftsbedingung gestelltes Vertragsstrafeversprechen nur dann unwirksam ist (§ 307 BGB), wenn die Höhe der Vertragsstrafe bereits *auf den ersten Blick* außer Verhältnis – erstens – zu dem sanktionierten Verstoß und – zweitens – zu den mit der Vertragsstrafe zu begegnenden Gefahren künftiger weiterer Verstöße steht. Ist ein bestimmter (**fester**) **Betrag** als pauschale Sanktion vorgesehen, ohne dass nach Art, Gewicht, Dauer der Vertragsverstöße differenziert wird, kann die Unangemessenheit schon daraus folgen, dass sich die Vertragsstrafe angesichts des typischerweise *geringsten* Vertragsverstoßes als unangemessen hoch erweist.[184] Das gilt auch im unternehmerischen Rechts- und Geschäftsverkehr und hängt *zum einen* von der Bedeutung der gesicherten Pflicht und der von einer Pflichtverletzung ausgehenden Schadensgefahr für den Gläubiger sowie *zum anderen* von dem Grad des Verschuldens an dem Vertragsverstoß und den wirtschaftlichen (ggf sogar existenzgefährdenden) Auswirkungen der gestellten Vertragsstrafe für den Schuldner ab.[185] Da eine geltungserhaltende Reduktion nicht stattfindet, entfällt mit einer Anwendung des § 307 BGB das Vertragsstrafeversprechen insgesamt, so dass keinerlei Haftungsgrundlage mehr für den Gläubiger besteht.[186] Ist ein bestimmter (**fester**) **Betrag** als pauschale Sanktion vorgesehen, ohne dass nach Art, Gewicht und Dauer der Vertragsverstöße differenziert wird, kann die Unangemessenheit schon daraus folgen, dass sich die Vertragsstrafe angesichts des typischerweise *geringsten* Vertragsverstoßes als unangemessen hoch erweist.[187] Das gilt auch im Unternehmerischen Rechts- und Geschäftsverkehr und hängt *zum einen* von der Bedeutung der gesicherten Pflicht und der von einer Pflichtverletzung ausgehenden Schadensgefahr für den Gläubiger sowie *zum anderen* von dem Grad des Verschuldens an dem Vertragsverstoß und den wirtschaftlichen (ggf sogar existenzgefährdenden) Auswirkungen der gestellten Vertragsstrafe für den Schuldner ab.[188] Da eine geltungserhaltende Reduktion nicht stattfindet, entfällt mit einer Anwendung des § 307 BGB das Vertragsstrafeversprechen insgesamt, so dass keinerlei Haftungsgrundlage mehr für den Gläubiger besteht.[189] Es gilt insoweit ein strengerer Maßstab als bei individuell ausgehandelten Vertragsstrafen, bei denen auch im kaufmännischen Verkehr eine Herabsetzung nach § 242 BGB möglich ist.

82 Rechtlich relevant kann weiterhin eine **Kündigung** des Unterlassungsvertrages sein, die diesen für die Zukunft (nicht rückwirkend!) entfallen lässt. Infrage kommen sowohl eine Kündigung aus wichtigem Grund gemäß § 314 BGB (welcher stets dann gegeben ist, wenn der der vertraglichen Unterlassungsvereinbarung zugrunde liegende gesetzliche Unterlassungsanspruch – zB wegen einer geänderten Gesetzeslage oder einer neuen höchstrichterlichen Rechtsprechung – nicht mehr besteht, so dass gegen einen gerichtlichen Unterlassungstitel mit der Vollstreckungsabwehrklage vorgegangen werden könnte) oder eine Kündigung wegen Wegfalls der Geschäftsgrundlage gemäß § 313 BGB (die im Vergleich zu § 314 BGB strengeren Voraussetzungen unterliegt).[190] In der Instanzrechtsprechung[191] ist als Grund für eine außerordentliche Kündigung außerdem der Fall angesehen worden, dass dem Zustandekommen des Unterlassungsvertrages ein missbräuchliches Verhalten des Unterlassungsgläubigers zugrunde liegt.

---

182 OLG Düsseldorf, Beschluss v 14.11.2011 – I-20 W 132/11.
183 BGH, GRUR 2014, 595 – Vertragsstrafenklausel.
184 BGH, NJW 2016, 1230.
185 BGH, Urteil v 31.8.2017 – VII ZR 308/16.
186 BGH, Urteil v 31.8.2017 – VII ZR 308/16.
187 BGH, NJW 2016, 1230.
188 BGH BB 2017, 2254.
189 BGH BB 2017, 2254.
190 BGH, GRUR 2014, 797 – fishtailparka.
191 KG, GRUR-RR 2017, 114 – vorgeschobene Marktbereinigung II (wobei dem Vertragsstrafeverlangen schon vor der Kündigung der Einwand aus § 242 BGB entgegen gehalten werden kann).

b) Verstoß nach zustande gekommenem Vertragsschluss

Anspruchsbegründend sind nur Verstöße, die ab dem Zeitpunkt des Vertragsschlusses – und nicht schon vorher – begangen worden sind.[192] Die Vertragsstrafe fällt dabei – wenn nichts anderes vereinbart ist – nur bei schuldhaften Verstößen an[193], wobei das Verschulden allerdings vermutet wird.[194] Der Gläubiger hat folglich nur den Verstoß darzutun, während die Last der Exculpation beim Schuldner liegt.[195] Die ausnahmsweise Annahme einer rückwirkenden Verpflichtung zur Zahlung der Vertragsstrafe für vor Abschluss des Unterlassungsvertrages vorgefallene Verstöße bedarf einer hinreichend deutlichen Vereinbarung.[196]

83

c) Auslegung der Unterlassungserklärung

Ob ein bestimmtes Verhalten eine Vertragsstrafe auslöst, kann unter Umständen erst nach **Auslegung** der Unterwerfungserklärung beantwortet werden. Unterlassungsverträge sind nach den auch sonst für die Vertragsauslegung geltenden Grundsätzen zu interpretieren. Maßgeblich ist folglich der wirkliche Wille der Vertragsparteien (**§§ 133, 157 BGB**), bei dessen Ermittlung neben dem Erklärungswortlaut die beiderseits bekannten Umstände wie insbesondere die Art und Weise des Zustandekommens der Vereinbarung, die Wettbewerbsbeziehung zwischen den Vertragsparteien sowie deren Interessenlage heranzuziehen sind.[197] Von Belang ist ferner der Zweck des Unterlassungsvertrages, der darin besteht, nach einer Verletzungshandlung die Vermutung der Wiederholungsgefahr auszuräumen und die Durchführung eines gerichtlichen Verfahrens entbehrlich zu machen, was es nahelegt, dass sich die übernommene Unterlassungspflicht auf alle Benutzungsalternativen erstreckt, die dem Schutzrechtsinhaber vorbehalten sind.[198]

84

Regelmäßig wird nur ein Verhalten anspruchsbegründend sein, das tatsächlich eine **Schutzrechtsverletzung** darstellt, dh in den Schutzbereich des Patents eingreift und nicht durch besondere Gründe gerechtfertigt ist. Diejenige Ausführungsform, derentwegen abgemahnt und der Unterlassungsvertrag abgeschlossen wurde, löst jedoch in jedem Fall die Vertragsstrafe aus, selbst wenn mit ihr objektiv keine Schutzrechtsverletzung verbunden ist.

85

Bezieht sich das Vertragsstrafeversprechen auf die Unterlassung schutzrechtsverletzender Handlungen, durch die eine **fortdauernde Störungsquelle** geschaffen worden ist, so ist die Unterlassungserklärung im Zweifel dahin auszulegen, dass sie nicht nur das Unterlassen solcher Handlungen zum Inhalt hat, die eine Störungsquelle begründen, sondern darüber hinaus dahin geht, die bereits bestehende und fortwirkende Störungsquelle, die Anlass für die Unterwerfung war, zu beseitigen.[199] Denn im Falle eines (mit dem Unterlassungsvertrag zu vermeidenden) Rechtsstreits stünde dem Verletzten neben dem Anspruch auf Unterlassung auch ein eben solcher Beseitigungsanspruch zu.[200] Als nach

86

---

192 BGH, GRUR 2006, 878 – Vertragsstrafevereinbarung; BGH, GRUR 2010, 355 – Testfundstelle; BGH, GRUR 2015, 190.
193 BGH, GRUR 1998, 963, 964 – Verlagsverschulden II.
194 BGH, GRUR 2017, 823 – Luftentfeuchter.
195 BGH, GRUR 1998, 471, 472 – Modenschau im Salvatorkeller; BGH, GRUR 2003, 899 – Olympiasiegerin; BGH, GRUR 2009, 181 – Kinderwärmekissen; BGH, GRUR 2010, 167, 168 – Unrichtige Aufsichtsbehörde.
196 BGH, GRUR 2015, 190.
197 BGH, GRUR 1997, 931, 932 – Sekundenschnell; BGH, GRUR 2006, 878 – Vertragsstrafevereinbarung; BGH, GRUR 2010, 167 – Unrichtige Aufsichtsbehörde; BGH, GRUR 2015, 190; BGH, GRUR 2015, 258 – CT-Paradies.
198 BGH, GRUR 2015, 258 – CT-Paradies.
199 BGH, GRUR 2015, 258 – CT-Paradies.
200 BGH, GRUR 2015, 258 – CT-Paradies.

Abgabe der Unterwerfungserklärung geschuldete Beseitigungsmaßnahmen kommen die Erkundigung bei Abnehmern über dort noch vorhandene rechtsverletzende Ware oder Werbung, die Aufforderung an die Abnehmer zur Einstellung weiterer Werbe- und Vertriebshandlungen sowie der Rückruf von Werbung und Ware[201] in Betracht.[202] Die im Rahmen des Möglichen und Zumutbaren gegebene Rückrufpflicht besteht unabhängig davon, ob der Verpflichtete gegen seine Abnehmer rechtlich durchsetzbare Ansprüche auf Unterlassung der Weiterveräußerung oder auf Rückgabe der rechtsverletzenden Produkte hat.[203] Da der Beseitigungsanspruch die Abwehr einer bereits eingetretenen, aber fortwirkenden Beeinträchtigung zum Gegenstand hat, führt der Wegfall des Störungszustandes (zB deshalb, weil der Verpflichtete von sich aus hinreichende Beseitigungsmaßnahmen ergreift) zum Erlöschen des Anspruchs.[204]

87 Die Vertragsstrafe ist im Zweifel auch dann verwirkt, wenn der Versprechende sich zur Schutzrechtsverletzung **Dritter** bedient und er, obwohl ihm dies möglich und zumutbar ist, nicht alles Erforderliche und Zumutbare unternommen hat, um den Verstoß zu verhindern.[205] Solches kommt namentlich in Betracht, wenn der abgemahnte Schutzrechtseingriff in einer von einem Dritten herausgegebenen Werbung und der Verstoß in dem nicht hinreichenden Bemühen des Abgemahnten um Entfernung aus der Werbung besteht.[206] Denn der Verpflichtete haftet nicht nur für eigenes Verschulden, sondern nach § 278 BGB gleichermaßen für die Versäumnisse von Erfüllungsgehilfen, nämlich solchen Personen, die mit seinem Willen bei der Erfüllung der Unterlassungsverpflichtung als Hilfsperson tätig werden. In der gerade beschriebenen Konstellation sind dies beispielsweise die Werbeagentur und die Anzeigenabteilung des Verlagshauses, denen sich der Verletzer für seine rechtsverletzende Werbung bedient.[207] Keine Rolle spielt, ob der Dritte die Unterlassungspflicht kennt, ob er sich an die Weisungen seines Geschäftsherrn hält oder ob es sich bei ihm um eine gegenüber dem Geschäftsherrn unternehmerisch vollkommen eigen- und selbständige Rechtspersönlichkeit handelt.[208] Sortimenter (zB Baumärkte), denen Ware unter verlängertem Eigentumsvorbehalt geliefert worden ist, sind keine Erfüllungsgehilfen des Lieferanten, weil der Eigentumsvorbehalt allein der Kreditsicherung dient, aber nichts dazu besagt, dass das betreffende Unternehmen tatsächlich in den Aufgaben- und Pflichtenkreis des Vorbehaltsverkäufers aus der Unterlassungsvereinbarung mit dem Verletzten einbezogen ist.[209] Die Haftung für Erfüllungsgehilfen besteht dann *nicht*, wenn sie eindeutig ausgeschlossen worden ist, wofür die Beschränkung der Vertragsstrafe auf »schuldhafte Zuwiderhandlungen« nicht ausreicht.[210]

88 Der Fall kann aber auch anders liegen: Ist lediglich versprochen, eine bestimmte Verletzungshandlung nicht »erneut« zu begehen, so bedeutet dies im Zweifel nicht, dass außer dem Unterbleiben eigener gleichgelagerter Benutzungshandlungen auch eine Einwirkung auf Dritte geschuldet wird, die aufgrund des dem Unterlassungsvertrag zugrunde liegenden Verstoßes eigenständig in der Lage sind, das Schutzrecht verletzende Handlungen zu begehen.[211]

---

201 BGH, GRUR 2017, 823 – Luftentfeuchter.
202 OLG Düsseldorf, Urteil v 10.9.2015 – I-15 U 129/14.
203 BGH, GRUR 2017, 823 – Luftentfeuchter.
204 BGH, GRUR 2018, 423 – Klauselersetzung.
205 BGH, GRUR 2015, 258 – CT-Paradies.
206 Vgl OLG Düsseldorf, GRUR-RR 2014, 155 – Buchhaltung.
207 BGH, GRUR 2017, 823 – Luftentfeuchter.
208 OLG Düsseldorf, Urteil v 10.9.2015 – I-15 U 129/14.
209 BGH, GRUR 2017, 823 – Luftentfeuchter.
210 OLG Düsseldorf, Urteil v 10.9.2015 – I-15 U 129/14.
211 BGH, GRUR 2015, 190.

Keine Vertragsstrafe auslösen kann ein unredlich ausgeführter Testkauf.[212] **89**

Haben sich Mehrere vertraglich zur Unterlassung verpflichtet, schulden sie die Vertrags- **90** strafe grundsätzlich nebeneinander und nicht als **Gesamtschuldner**. Anders verhält es sich, wenn Vereinbarungen getroffen worden sind, die auf eine Gesamtschuldnerschaft schließen lassen.

▶ **Bsp:** **91**

Einheitliche Verpflichtung mehrerer Konzernunternehmen, die im Vertrag als eine Partei bezeichnet werden.[213] Gemeinsame Unterlassungsverpflichtung von juristischer Person und ihrem Geschäftsführer in Bezug auf Zuwiderhandlungen im geschäftlichen Umfeld des Unternehmens.[214]

d) Mehrere Verstöße

Wie oft die vereinbarte Vertragsstrafe verwirkt ist, hängt von der **Zahl der** anspruchsbe- **92** gründenden **Zuwiderhandlungen** ab. Jede von ihnen stellt im Regelfall einen unterschiedlichen Streitgegenstand dar.[215]

Mehrere Verstöße (zB der Verkauf mehrerer schutzrechtsverletzender Gegenstände) **93** können eine einzige **natürliche Handlung** darstellen (zB weil der Verkauf auf *einem* Handlungsakt oder zwar auf mehreren, zeitlich nicht zu weit auseinander liegenden Einzelmaßnahmen, aber *einem* fahrlässigen Versehen des Schuldners beruht).[216] Kennzeichnend sind der enge Zusammenhang der Einzelakte sowie deren auch für Dritte äußerlich erkennbare Zugehörigkeit zu einer Einheit.[217] Welche Umstände für die Begründung einer Tateinheit herangezogen werden können, beurteilt sich jedoch entscheidend anhand einer Auslegung der Vertragsstrafevereinbarung.[218] Haben die Parteien eine Vertragsstrafe für jedes angebotene, verkaufte oder verbreitete Produkt vorgesehen, verbietet es diese ausdrückliche Abrede, mehrere oder alle Verstöße nach den Grundsätzen der natürlichen Handlungseinheit zu einer einzigen Handlung zusammenzufassen.[219]

Liegt keine natürliche Handlungseinheit vor und geht das Versprechen dahin, eine Ver- **94** tragsstrafe »**für jeden Fall der Zuwiderhandlung**« zu zahlen, ist durch Auslegung zu ermitteln, ob mehrere gleichartige, zeitlich nicht zu weit auseinanderliegende Einzelverstöße, die auf fahrlässigem Verhalten beruhen und unter Außerachtlassung derselben Pflichtenlage begangen worden sind, als eine einzige Zuwiderhandlung im Sinne des Vertragsstrafeversprechens (»rechtliche Handlungseinheit«) anzusehen sind.[220] Von Belang sind in diesem Zusammenhang vor allem der Wert des Verletzungsgegenstandes und der dementsprechend aus einem Einzelverstoß resultierende Schaden des Verletzten sowie die Höhe der vereinbarten Vertragsstrafe. Sind der Wert und die Schadensträchtigkeit äußerst gering und die Vertragsstrafe demgegenüber hoch, kann dies dafür sprechen, nur eine Zuwiderhandlung anzunehmen, weil ansonsten eine angesichts des geringen Gewichts der Verstöße übermäßige Sanktionierung stattfinden würde.[221] Gleiches gilt, wenn sich der zum Rückruf verpflichtete Schuldner aufgrund einer einheitlichen, recht-

---

212 BGH, GRUR 2017, 1140 – Testkauf im Internet.
213 BGH, GRUR 2009, 181 – Kinderwärmekissen; kritisch: Rieble, GRUR 2009, 824.
214 BGH, GRUR 2014, 797 – fishtailparka; OLG Köln, MDR 2012, 1455.
215 BGH, GRUR 2015, 258 – CT-Paradies; BGH, GRUR 2010, 167 – Unrichtige Aufsichtsbehörde.
216 BGH, GRUR 2017, 823 – Luftentfeuchter.
217 OLG Düsseldorf, Urteil v 10.9.2015 – I-15 U 129/14, mwN.
218 BGH, GRUR 2003, 545 – Hotelinfo.
219 BGH, GRUR 2009, 181 – Kinderwärmekissen.
220 OLG Düsseldorf, Urteil v 10.9.2015 – I-15 U 129/14, mwN.
221 BGH, GRUR 2015, 1021 – Kopfhörer-Kennzeichnung.

lich unzutreffenden Überlegung (aus bestimmten Rechtsgründen nicht zu einem Tätigwerden gehalten zu sein) entschließt, von dem geschuldeten Rückruf abzusehen; *eine* Handlung liegt bei wertender Betrachtung selbst dann vor, wenn der Rückruf gegenüber mehreren selbständig organisierten Abnehmern unterblieben ist.[222] Mehrere sanktionsfähige Handlungen liegen demgegenüber vor, wenn der Schuldner vor dem weiteren Einzelverstoß erneut abgemahnt worden ist.[223]

95 | **Praxistipp** | Formulierungsbeispiel

Setzt der Gläubiger dem Schuldner wegen der durch eine erste Zuwiderhandlung verwirkten Vertragsstrafe eine **Zahlungsfrist**, so soll in Betracht kommen, dass eine zweite Vertragsstrafe nicht durch eine Zuwiderhandlung verwirkt werden kann, die nach Zugang der Zahlungsaufforderung und vor Ablauf der Zahlungsfrist begangen worden ist.[224] Dem ist zu widersprechen. Es widerspricht offensichtlich der gegebenen Interessenlage, an die Zahlungsaufforderung des Gläubigers einen Freibrief für weitere Zuwiderhandlungen des Schuldners zu knüpfen. Dennoch sollte vorsichtshalber davon abgesehen werden, eine Zahlungsfrist zu setzen.

96 Die Rechtsfigur des **Fortsetzungszusammenhangs** hat demgegenüber keine Bedeutung mehr, weshalb es verfehlt ist, mehrere bei natürlicher Betrachtung selbständige Handlungen für die Vertragsstrafe zu einer fortgesetzten Tat zusammenzufassen.[225]

e) Bemessungskriterien

97 Bei der Bemessung der Vertragsstrafe kommt es in erster Linie auf ihren Sanktionscharakter und die Funktion der Vertragsstrafe an, weitere Zuwiderhandlungen zu verhüten. Maßgeblich sind daher Schwere und Ausmaß der Zuwiderhandlung, ihre Gefährlichkeit für den Gläubiger sowie das Verschulden des Verletzers. Eine ausreichend abschreckende Wirkung hat die Vertragsstrafe nur dann, wenn sie deutlich über diejenigen Vorteile hinausgeht, die der Verletzer aus seinem vertragswidrigen Tun erzielen kann.[226] Nachrangig ist die Funktion der Vertragsstrafe als pauschalierter Schadenersatz zu berücksichtigen.[227]

98 Ergibt sich aufgrund der Vertragsstrafevereinbarung (die kein Leistungsbestimmungsrecht des Gläubigers vorsieht[228], sondern einen festen Betrag ausweist) ein unangemessen hoher Betrag, kann gemäß § 343 BGB eine gerichtliche **Herabsetzung** auf eine angemessene Höhe begehrt werden. Diese Möglichkeit steht einem Kaufmann, der das Versprechen im Betrieb seines Handelsgewerbes abgegeben hat, nicht zu (§ 348 HGB). Er kann weder die Geringfügigkeit des Verstoßes noch einen geringen Verschuldensgrad noch ein Mitverschulden des Gläubigers einwenden. Auch hier lässt die Rechtsprechung jedoch eine Reduzierung der Vertragsstrafe über § 242 BGB zu, wenn deren Höhe in einem geradezu unerträglichen Missverhältnis zur Bedeutung der geahndeten Zuwider-

---

222 BGH, GRUR 2017, 823 – Luftentfeuchter.
223 BGH, GRUR 2015, 1021 – Kopfhörer-Kennzeichnung.
224 BGH, GRUR 2010, 167, 169 – Unrichtige Aufsichtsbehörde.
225 BGH, GRUR 2001, 758 – Trainingsvertrag; BGH, GRUR 2009, 427 – Mehrfachverstoß gegen Unterlassungstitel.
226 OLG Oldenburg, GRUR-RR 2010, 252 – Pkw-Laufleistung.
227 BGH, GRUR 1994, 146 – Vertragsstrafebemessung; BGH, GRUR 2009, 181 – Kinderwärmekissen.
228 In diesem Fall findet eine gerichtliche Leistungsbestimmungskontrolle der Vertragsstrafenhöhe bereits nach § 315 Abs 3 BGB statt, und zwar auch bei Vereinbarung unter Kaufleuten, BGH, GRUR 2010, 355 – Testfundstelle.

handlung steht.²²⁹ Die Herabsetzung erfolgt aber nicht auf das objektiv angemessene Maß, sondern auf einen Betrag, der nach Treu und Glauben eben noch hingenommen werden kann.²³⁰ Anhaltspunkt für die Bestimmung dieses Betrages kann das Doppelte der nach § 343 BGB angemessenen Vertragsstrafe sein.²³¹

Die eingeforderte Vertragsstrafe ist auf einen gleichzeitig gegebenen Schadenersatzanspruch des Gläubigers anzurechnen, damit es infolge der Vertragsstrafe nicht zu einer ungerechtfertigten doppelten Entschädigung des Berechtigten kommt. Die **Anrechnung** gilt freilich nur insoweit, als Interessenidentität besteht. Daran fehlt es, wenn neben der Vertragsstrafe die Anwaltskosten ersetzt verlangt werden, die durch das Geltendmachen der Vertragsstrafe angefallen sind.²³² Eine Anrechnung hat ferner zu unterbleiben auf einen Schadenersatzanspruch, der zum Zeitpunkt des Vertragsstrafeversprechens bereits entstanden war.²³³ Anzurechnen auf die Vertragsstrafe ist auch ein wegen desselben Verstoßes verhängtes Ordnungsgeld.²³⁴ 99

Nach den allgemeinen Regelungen des BGB ist der Vertragsstrafeanspruch zu **verzinsen**. § 288 Abs 2 BGB gilt allerdings nicht, weil die Vertragsstrafe keine »Entgeltforderung« ist, die die Gegenleistung für eine vom Gläubiger geschuldete Leistung darstellt.²³⁵ 100

Die Entgegennahme der Vertragsstrafe stellt keinen **umsatzsteuerpflichtig**en Vorgang dar.²³⁶ 101

f) Verfahrensrechtliches

Eine **örtliche Zuständigkeit** für die Klage auf Zahlung einer Vertragsstrafe lässt sich auch dann nicht aus § 32 ZPO herleiten, wenn Anlass für die Abgabe des Vertragsstrafeversprechens der Vorwurf einer Schutzrechtsverletzung gewesen ist. Denn die Forderung einer Vertragsstrafe stellt die Geltendmachung eines vertraglichen Anspruchs und nicht die Erhebung von Ansprüchen wegen unerlaubter Handlung dar.²³⁷ Neben dem allgemeinen Gerichtsstand kommt daher nur der besondere Gerichtsstand des Erfüllungsortes in Betracht. Wegen der Akzessorietät von Vertragsstrafe und gesicherter Hauptpflicht liegt der Erfüllungsort dort, wo die strafbewehrte Hauptverpflichtung zu erfüllen ist.²³⁸ Wenn eine strafbewehrte Unterlassungspflicht sich auf ein größeres Gebiet erstreckt, begründet § 29 ZPO nicht an jedem Ort, für den die Unterlassungspflicht besteht, die örtliche Zuständigkeit für die auf Zahlung einer Vertragsstrafe gerichtete Klage. Der Erfüllungsort der Unterlassungsverpflichtung und der Vertragsstrafe liegt grundsätzlich am Wohnsitz bzw am Ort der Niederlassung des Schuldners.²³⁹ Dasselbe Zuständigkeitsregime gilt für den Anspruch auf Erstattung von Anwaltskosten für die außergerichtliche Aufforderung zur Zahlung der Vertragsstrafe.²⁴⁰ 102

---

229 BGH, GRUR 2009, 181 – Kinderwärmekissen.
230 BGH, GRUR 2009, 181 – Kinderwärmekissen.
231 BGH, GRUR 2009, 181 – Kinderwärmekissen.
232 BGH, GRUR 2009, 929 – Vertragsstrafeneinforderung.
233 BGH, GRUR 2009, 660 – Resellervertrag.
234 BGH, GRUR 2010, 355 – Testfundstelle.
235 BGH, GRUR 2015, 187 – Zuwiderhandlung während Schwebezeit; BGH, MDR 2010, 914; OLG Hamburg, OLG-Report 2004, 432.
236 OLG Koblenz, GRUR-RR 2008, 413 – Disposition.
237 LG Mannheim, InstGE 12, 240 – Vertragsstrafenklage; OLG München, Mitt 2012, 46 (LS).
238 OLG München, Mitt 2012, 46 (LS).
239 LG Mannheim, InstGE 12, 240 – Vertragsstrafenklage.
240 LG Mannheim, InstGE 12, 240 – Vertragsstrafenklage.

103 Ungeachtet dessen handelt es sich auch bei dem Anspruch auf eine Vertragsstrafe wegen Patentverletzung um eine **Patentsache** im Sinne des § 143 Abs 3 PatG, so dass die Konzentration auf die Patentstreitkammern zu beachten ist.[241]

104 Wird eine Vertragsstrafe eingeklagt, muss die wegen der vorgefallenen Verstöße beanspruchte Summe konkret bezeichnet werden. Mangels hinreichender **Bestimmtheit** unzulässig ist deswegen ein Antrag, der darauf gerichtet ist, den Beklagten zu verurteilen, »für jeden patentverletzenden Gegenstand, der seit dem … angeboten, in Verkehr gebracht, gebraucht oder zu den genannten Zwecken eingeführt oder besessen wurde, eine Vertragsstrafe in Höhe von … EUR zu zahlen«.[242] Ein derartiger Leistungsantrag kann im Allgemeinen auch nicht in einen Feststellungsantrag umgedeutet werden. Denn es verbietet sich, die Höhe der Vertragsstrafe, die eigenen Bemessungskriterien unterliegt, pauschal und einheitlich für alle Verletzungsfälle festzulegen, ohne die Umstände des Einzelfalls zu kennen und in Betracht zu ziehen.[243] Wird für **mehrere Verstöße** nicht der gesamte nach Ansicht des Klägers verwirkte Vertragsstrafenbetrag eingeklagt, sondern nur ein Teil davon, muss klargestellt werden, wie sich der Klagebetrag auf die einzelnen Vertragsstrafenansprüche (die jeweils separate Streitgegenstände repräsentieren) verteilen soll und in welcher Reihenfolge sie zur gerichtlichen Entscheidung gestellt werden.[244] Die Annahme, aus jeder Vertragsstrafe solle ein gleichmäßiger Teilbetrag geltend gemacht werden, verbietet sich jedenfalls dann, wenn sich die Klagesumme nicht gleichmäßig (dh ohne Rest) auf die streitgegenständlichen Zahlungsansprüche verteilen lässt.[245]

105 Mit der Abmahnung ist regelmäßig eine Anspruchsberühmung verbunden. Sie hat zur Folge, dass denjenigen, der wegen angeblicher Schutzrechtsverletzung abmahnt, die **Darlegungs- und Beweislast** dafür trifft, dass ihm der Anspruch, dessen er sich mit der Abmahnung berühmt, tatsächlich zusteht.

g) Strategische Erwägungen

106 | **Praxistipp** | Formulierungsbeispiel |

Aus der Sicht des Abgemahnten sollte vor Abgabe einer strafbewehrten Unterlassungserklärung bedacht werden, dass im Falle einer Zuwiderhandlung die (meist nicht unbeträchtliche) Vertragsstrafe dem ggf konkurrierenden Patentinhaber zufällt, der auf diese Weise über finanzielle Mittel verfügt, die er mit dem Vertrieb patentgemäßer Gegenstände vermutlich niemals erzielen könnte. Noch wesentlicher ist, dass wegen § 278 BGB (sofern dessen Anwendung nicht ausdrücklich ausgeschlossen wird) keine **Exculpationsmöglichkeit** besteht, dh die Vertragsstrafe auch dann anfällt, wenn es trotz entsprechender Betriebsorganisation und Überwachung zu Verstößen durch subalterne Mitarbeiter kommt. Im Einzelfall kann es deshalb günstiger sein, ein Anerkenntnis- oder Versäumnisurteil gegen sich ergehen zu lassen. Kommt es hier zu Zuwiderhandlungen, fällt ein etwaiges Ordnungsgeld der Landeskasse zu; im Übrigen hat der Beklagte nur für das Verschulden seiner Organe einzustehen.

---

241 LG Mannheim, GRUR-RR 2015, 454 – Zuständigkeit bei Vertragsstrafe, mwN; aA: OLG Rostock, GRUR 2014, 304 – Vertragsstrafe (für UWG-Anspruch).
242 OLG Düsseldorf, Urteil v 3.1.2013 – I-2 U 22/10.
243 OLG Düsseldorf, Urteil v 3.1.2013 – I-2 U 22/10.
244 BGH, GRUR 2015, 258 – CT-Paradies.
245 BGH, GRUR 2015, 258 – CT-Paradies.

Eine weitere Alternative zur strafbewehrten Unterlassungsverpflichtungserklärung ist die nicht strafbewehrte, aber **notarielle Unterwerfungserklärung**[246], die einen Vollstreckungstitel nach § 794 Abs 1 Nr 5 ZPO darstellt[247] und für die § 172 ZPO nicht gilt[248]. Getrennt zu beleuchten sind hierbei die Frage, ob eine solche freiwillige Erklärung einer Hauptsacheklage auf Unterlassung das Rechtsschutzbedürfnis nimmt und ob durch die notarielle Erklärung die Wiederholungsgefahr als Voraussetzung des materiell-rechtlichen Unterlassungsanspruchs beseitigt wird, ggf zu welchem Zeitpunkt. 107

– Was zunächst das **Rechtsschutzbedürfnis** für die Inanspruchnahme gerichtlicher Hilfe nach Zugang einer notariellen Unterwerfungserklärung beim Gläubiger betrifft, so wird dieses noch nicht dadurch begründet, dass der Gläubiger mit der Hauptsacheklage einer Anordnung nach § 926 Abs 1 nachkommt.[249] Das Rechtsschutzbedürfnis bleibt vielmehr nur dann bestehen, wenn (und solange) der Gläubiger einen verständigen Grund für die gerichtliche Verfolgung seines Unterlassungsanspruchs reklamieren kann.[250] Ein solcher rechtfertigender Grund ergibt sich regelmäßig aus den Unsicherheiten, die mit der Durchsetzung einer notariellen Unterwerfungserklärung verbunden sind, und diese Unwägbarkeiten äußern sich bereits im Zusammenhang mit dem für die Ordnungsmittelandrohung und die nachfolgende Durchführung des Ordnungsmittelverfahrens zuständigen Gericht.[251] Während zum Teil das Amtsgericht am Ort des beurkundenden Notars für zuständig gehalten wird, sehen andere[252] die Zuständigkeit des Hauptsachegerichts für gegeben.[253] Mit Rücksicht darauf steht es dem Gläubiger völlig frei, ob er sich auf die notarielle Unterwerfungserklärung des Schuldners einlassen will oder nicht.[254] Tut er es, indem er bei Gericht um eine Ordnungsmittelandrohung gemäß § 890 Abs 2 ZPO nachsucht, kommt das Rechtsschutzinteresse für eine Unterlassungsklage in dem Moment in Fortfall, in dem dem Schuldner der Androhungsbeschluss zugestellt wird. Stellt der Gläubiger keinen Antrag nach § 890 Abs 2 ZPO und weist er damit die notarielle Unterlassungserklärung zurück, so bleibt ihm die Klagemöglichkeit ungeschmälert erhalten.[255] Dieses Wahlrecht kann der Schuldner nicht dadurch untergraben, dass er selbst einen Antrag nach § 890 Abs 2 ZPO stellt; die Antragsbefugnis steht einzig und allein dem Gläubiger zu.[256] 108

– Die **Wiederholungsgefahr** wird durch eine notarielle Unterlassungserklärung allenfalls dann beseitigt, wenn sie einen den gesetzlichen Unterlassungsanspruch in vollem Umfang erfassenden, vollstreckungsfähigen Inhalt hat, konkret und inhaltlich bestimmt abgefasst sowie von einem ernsthaften Erklärungswillen getragen ist und außerdem eine Unterwerfung unter die sofortige Zwangsvollstreckung enthält.[257] Sind diese Anforderungen erfüllt, tritt ein Fortfall der Wiederholungsgefahr ein, sobald seit der Zustellung der Unterwerfungserklärung an den Schuldner 2 Wochen 109

---

246 ... mit der sich der Schuldner der sofortigen Zwangsvollstreckung aus der Urkunde unterwirft. Zum Ganzen: Kessen, GRUR 2017, 141.
247 Zu Einzelheiten vgl Köhler, GRUR 2010, 6.
248 OLG Nürnberg, MDR 2018, 175.
249 BGH, GRUR 2016, 1316 – Notarielle Unterlassungserklärung.
250 BGH, GRUR 2016, 1316 – Notarielle Unterlassungserklärung.
251 BGH, GRUR 2016, 1316 – Notarielle Unterlassungserklärung.
252 Zum Streitstand vgl unten Kap II Rdn 131.
253 BGH, GRUR 2016, 1316 – Notarielle Unterlassungserklärung.
254 BGH, GRUR 2016, 1316 – Notarielle Unterlassungserklärung.
255 BGH, GRUR 2016, 1316 – Notarielle Unterlassungserklärung.
256 BGH, GRUR 2018, 973 – Ordnungsmittelandrohung durch Schuldner.
257 BGH, GRUR 2016, 1316 – Notarielle Unterlassungserklärung.

verstrichen sind (§ 798 ZPO) und der Beschluss über die Androhung von Ordnungsmitteln dem Schuldner zugestellt ist.[258]

7. Unberechtigte Abmahnung[259]

110   Bei Abmahnungen aus einem Patent[260] ist Vorsicht geboten, weil eine unberechtigte Abmahnung Kostenfolgen, Unterlassungsansprüche[261] und sogar Schadenersatzverpflichtungen des Verwarners gegenüber dem Abgemahnten nach sich ziehen kann.[262] Zu unterscheiden ist, ob die Abmahnung nur rechtswidrig oder auch schuldhaft unberechtigt war. Die Erhebung einer **Klage** gegen den Abgemahnten kann freilich nie durch einen Unterlassungsanspruch unterbunden werden; die Klageerhebung stellt gegenüber dem Prozessgegner auch keinen rechtswidrigen Eingriff dar.[263] Gleiches gilt – umgekehrt – für das unaufgeforderte Versenden einer **vorbeugenden Unterwerfungserklärung,** die der Absender unternimmt, weil er bereits von dritter Seite abgemahnt worden ist.[264]

111   Im Übrigen kann der **Kreis der Anspruchsberechtigten** weiter sein als der Adressat des Abmahnungsschreibens. Das gilt insbesondere bei Vorliegen einer Lieferkette: Richtet sich die Verwarnung gegen einen Vertreiber des angeblich patentverletzenden Produkts, so liegt in ihr eine (potenziell anspruchsbegründende) Verwarnung auch des Herstellers sowie all derjenigen Händler, die dem Produzenten nachfolgen und die Lieferkette bis zum abgemahnten Vertreiber fortsetzen (zB Importeur, Großhändler). Eine Abmahnung liegt allerdings nicht vor im Hinblick auf diejenigen Unternehmen, die dem Hersteller *vor*geschaltet sind (zB Zulieferer für einzelne im Zuge der mutmaßlich patentverletzenden Produktion verwendete Bauteile), und zwar selbst dann nicht, wenn der Zulieferer als mittelbarer Verletzer des Verwarnungsschutzrechts in Betracht kommen kann.[265]

112   Ist die Abnehmerverwarnung auf ein ausländisches Schutzrecht gegen ein **ausländisches Vertriebsunternehmen** wegen dessen im Ausland begangener das Verwarnungsschutzrecht verletzender Handlungen gerichtet, ist deutsches materielles Recht anwendbar, wenn durch die Verwarnung der **inländische Hersteller** der mutmaßlichen Verletzungsware in Mitleidenschaft gezogen wird. Denn der Handlungserfolg ist am inländischen Geschäftssitz des Herstellers zu verorten (Art 4 Abs 1 ROM II, Art 40 Abs 1 EGBGB aF).

113   Der Streit um die Berechtigung einer patentrechtlichen Verwarnung stellt eine **Patentstreitsache** iSv § 143 PatG dar.[266] Für sie gilt – anders als für reguläre Verletzungsansprüche wegen Schutzrechtsverletzung – die wettbewerbliche **Dringlichkeitsvermutung** nach § 12 Abs 2 UWG, und zwar auch dann, wenn die Verwarnung als unerlaubter

---

258 BGH, GRUR 2016, 1316 – Notarielle Unterlassungserklärung.
259 Umfassend: Sack, Unbegründete Schutzrechtsverwarnungen, 2006.
260 Auf eine Abmahnung, die bloß auf wettbewerbsrechtliche Positionen und nicht auf ein gewerbliches Schutzrecht gestützt ist, sind die Regeln zur Schutzrechtsverwarnung nicht übertragbar (BGH, GRUR 2011, 152 – Kinderhochstühle im Internet).
261 Das soll nur für Abnehmerverwarnungen gelten, nicht jedoch für Abmahnungen des Herstellers: KG, GRUR-RR 2017, 85 – Berseker.
262 BGH-GSZ, GRUR 2005, 882 – Unberechtigte Schutzrechtsverwarnung; aA noch Ullmann, GRUR 2001, 1027.
263 BGH-GSZ, GRUR 2005, 882 – Unberechtigte Schutzrechtsverwarnung; BGH, GRUR 2006, 433 – Unbegründete Abnehmerverwarnung.
264 BGH, GRUR 2013, 917 – Vorbeugende Unterwerfungserklärung.
265 BGH, GRUR 2007, 313 – Funkuhr II.
266 LG Frankfurt/Main, Mitt 2014, 30 – ausländische Abnehmerverwarnung.

Eingriff in den eingerichteten und ausgeübten Gewerbebetrieb (§ 823 BGB) beanstandet wird.[267]

a) Rechtswidrig

Eine nur rechtswidrige unberechtigte Abmahnung kann bereits Unterlassungsansprüche (wegen rechtswidrigen Eingriffs in den eingerichteten und ausgeübten Gewerbebetrieb analog § 1004 BGB) auslösen.[268] Sie kommen freilich nur in Betracht, wenn mit der Abmahnung – ausdrücklich oder konkludent[269] – ein Unterlassungsverlangen ausgesprochen worden ist[270], nicht hingegen, wenn zB lediglich Auskunftsansprüche für die Vergangenheit geltend gemacht werden und mit ihnen auch nicht stillschweigend eine Aufforderung zum Unterlassen verbunden ist.[271] Unter derartigen Umständen scheiden grundsätzlich auch wettbewerbsrechtliche Ansprüche aus.[272] Demgegenüber ist eine Abmahnung auch dann anspruchsbegründend, wenn über das Unterlassungsbegehren hinaus keine gerichtlichen Schritte für den Fall angedroht werden, dass der Aufforderung nicht freiwillig nachgekommen wird.[273] Relativ problemlos ist ein Eingriff in den eingerichteten und ausgeübten Gewerbebetrieb zu bejahen, wenn sich die Abmahnung gegen einen Abnehmer richtet, der typischerweise mindere Erkenntnisse in Bezug auf die Schutzrechtslage hat und jedenfalls bei vorhandenen Produktalternativen auf dem Markt, auf die er ausweichen kann, eher dazu neigt, der Verwarnung nachzukommen. Kritischer kann dies bei der Abmahnung eines Herstellers sein; hier soll regelmäßig ein Eingriff zu verneinen sein, weil sich Abmahnender und Abgemahnter als gleichwertige Partner mit grundsätzlich gleichem Erkenntnishorizont gegenüber stehen.[274]

114

Die Abmahnung kann von dem Verwarnten dazu genutzt werden, seinerseits eine Abmahnung an den Verwarner zu senden, um mit dieser das Unterlassen der Verletzungsbehauptung zu verlangen sowie eine negative Feststellungsklage anzudrohen.[275] Notwendig ist eine solche **Gegenabmahnung** jedoch in der Regel – auch zur Vermeidung der Kostenfolgen aus §§ 93, 269 Abs 3 Satz 3 ZPO[276] – vor einer negativen Feststellungsklage nicht. Sie kann veranlasst sein, wenn die unberechtigte Abmahnung in tatsächlicher und/oder rechtlicher Hinsicht auf offensichtlich unzutreffenden Annahmen beruhte, bei deren Richtigstellung mit einer Änderung der Auffassung des vermeintlich Verletzten gerechnet werden kann. Gleiches gilt, wenn seit der Abmahnung ein längerer Zeitraum verstrichen ist und der Abmahnende entgegen seiner Androhung keine gerichtlichen Schritte eingeleitet hat.[277] Allein in diesen Fällen wird die Gegenabmahnung als dem mutmaßlichen Willen und dem Interesse des Abmahnenden entsprechend angesehen, so dass sich auch nur in diesen Fällen ein Anspruch auf Kostenerstattung für die Gegenabmahnung ergibt.[278] Im Übrigen steht dem zu Unrecht Abgemahnten bei einer ausschließlich rechtswidrigen Abmahnung kein Erstattungsanspruch gegen den Abmah-

115

---

267 LG Frankfurt/Main, Mitt 2014, 30 – ausländische Abnehmerverwarnung.
268 Vgl Busse/Keukenschrijver, § 139 PatG Rn 303.
269 OLG Düsseldorf, InstGE 12, 247 – Sonnenkollektor: OLG Düsseldorf, InstGE 12, 255 – Laminatboden-Paneele.
270 BGH, GRUR 1997, 896 – Mecki-Igel III; OLG Düsseldorf, InstGE 9, 122 – MPEG-2; OLG Düsseldorf, InstGE 12, 247 – Sonnenkollektor.
271 OLG Düsseldorf, InstGE 12, 247 – Sonnenkollektor.
272 OLG Düsseldorf, InstGE 12, 247 – Sonnenkollektor.
273 OLG Düsseldorf, InstGE 9, 122 – MPEG-2.
274 OLG Frankfurt/Main, MDR 2015, 1025.
275 Vgl LG Wiesbaden, GRUR 1987, 658 – Kosten des Abgemahnten II; Benkard, vor §§ 9–14 PatG Rn 19.
276 BGH, GRUR 2006, 168 – Unberechtigte Abmahnung.
277 BGH, GRUR 2004, 790 – Gegenabmahnung.
278 BGH, GRUR 2004, 790 – Gegenabmahnung, mwN.

nenden wegen der durch die Verteidigung entstandenen Kosten zu.²⁷⁹ Um einen den vorstehenden restriktiven Regeln unterliegenden Fall der Gegenabmahnung handelt es sich nicht, wenn eine **Abnehmerverwarnung** vorliegt und der (nicht abgemahnte) Zulieferer des Abmahnungsadressaten die vorgerichtlichen Kosten einer anwaltlichen Aufforderung verlangt, die unberechtigte Abnehmerverwarnung einzustellen. Die Kosten einer solchen Verwarnungsabwehr sind uneingeschränkt erstattungsfähig.²⁸⁰

116 Rechtswidrig ist eine Verwarnung, wenn sie wegen ihrer Form *oder* wegen ihres Inhalts **Mängel** aufweist. Kommen mehrere – nachfolgend näher zu erörternde – Gründe zusammen, kann der zu Unrecht Abgemahnte jeden von ihnen kumulativ, aber auch nach Wahl des Gerichts alternativ verfolgen.²⁸¹ Im erstgenannten Fall hat er *jeden* Aspekt zum Gegenstand eines separaten Klageantrages zu machen; scheitert *einer* dieser Anträge, weil der geltend gemachte Grund für die Rechtswidrigkeit der Abmahnung nicht durchgreift, hat der Kläger einen Teil der Kosten zu tragen, selbst wenn die Abmahnung als solche aus einem anderen der vorgebrachten Gründe als widerrechtlich angesehen wird.²⁸² Im zweitgenannten Fall gilt dies nicht (dh keine Kostenquote zu Lasten des Klägers), solange die nur als solche angegriffene Abmahnung sich aus irgendeinem der angeführten Gründe als rechtswidrig erweist. Das Gericht seinerseits ist hingegen gehindert, seine Entscheidung auf einen Aspekt zu stützen, den der Kläger selbst nicht zur Klagebegründung herangezogen hat, wobei das Verbot selbst dann gilt, wenn sich der fragliche Unzulässigkeitsaspekt unmittelbar aus der zum Gegenstand der Klage gemachten Abmahnung ergibt²⁸³.

aa) Formelle Mängel

117 Bereits formell ist die Abmahnung zu beanstanden und – völlig unabhängig von der sachlichen Berechtigung des erhobenen Verletzungsvorwurfs – anspruchsbegründend für den von der Abmahnung Betroffenen, wenn

118 – das **Schutzrecht**, aus dem abgemahnt wird, **nicht unmissverständlich bezeichnet ist**²⁸⁴;

119 – die **als patentverletzend angesehene Handlung nicht zweifelsfrei identifiziert** wird (zB unter Bezugnahme auf die Artikelnummer des fraglichen Produktes oder dergleichen), so dass die Abmahnung aufgrund ihrer Pauschalität geeignet ist, den Verwarnten in Bezug auf das Objekt der Abmahnung zu verunsichern²⁸⁵ und diese ggf auch auf Ausführungsformen zu lesen, die patentfrei sind²⁸⁶; für die Reichweite der Abmahnung kardinale Umstände gehören in die Abmahnung und dürfen nicht in beigefügten (umfangreichen) Anlagen versteckt werden²⁸⁷; über sie muss überdies unmissverständlich aufgeklärt werden, weswegen es schadet, wenn es zu ihrer

---

279 Anders OLG München, GRUR-RR 2008, 461 – Gegenabmahnungskosten: Ersatz der Gegenabmahnungskosten kann nach § 678 BGB verlangt werden, dh immer dann, wenn die Abmahnung unberechtigt war und den Abmahnenden ein Übernahmeverschulden trifft, weil er die mangelnde Berechtigung seiner Abmahnung klar hätte erkennen können.
280 OLG Düsseldorf, GRUR-RR 2014, 315 – Bestattungsbehältnis.
281 BGH, GRUR 2013, 401 – Biomineralwasser.
282 BGH, GRUR 2013, 401 – Biomineralwasser.
283 OLG Frankfurt/Main, GRUR-RR 2013, 302 – Zählrate.
284 LG Düsseldorf, InstGE 3, 86 – Hochdruckreiniger. Nach Auffassung des BGH (MDR 2017, 1141) trifft den Abmahnenden im Schadenersatzprozess – konsequenterweise – eine sekundäre Darlegungslast dahingehend, dass dasjenige Schutzrecht zu benennen ist, auf das die Abmehnung gestützt gewesen sein soll.
285 LG Düsseldorf, InstGE 3, 86 – Hochdruckreiniger.
286 BGH, GRUR 2009, 878, 880 – Fräsautomat.
287 Vgl OLG Düsseldorf, InstGE 12, 255 – Laminatboden-Paneele.

Erkenntnis rechtlicher Schlussfolgerungen bedarf, die anhand beigefügter Anlagen für den Kundigen möglich sein mögen, die jedoch vom Wissensstand des Adressaten aus nicht erwartet werden können[288];

– anhängige **Angriffe gegen** das **Verwarnungsschutzrecht verschwiegen** werden[289]; frühere, durch Rücknahme des Einspruchs/der Nichtigkeitsklage/des Löschungsantrages erledigte Rechtsbestandsverfahren unterliegen auch dann keiner Aufklärungspflicht, wenn damit zu rechnen ist, dass der Antrag im Falle eines erneuten Angriffs aus dem Schutzrecht abermals anhängig gemacht wird; 120

– mit der Abmahnung Ansprüche (zB wegen einer bestimmten Ausführungsform) reklamiert werden, ohne den Adressaten darüber zu informieren, dass diesbezüglich bereits eine dem Anspruchsteller **nachteilige Gerichtsentscheidung** vorliegt[290]; dass das Abmahnschreiben diesen Anforderungen nicht gerecht wird, bleibt allerdings unschädlich, wenn die erforderliche Belehrung dem Adressaten spätestens mit dem Zugang des Verwarnungsschreibens von dritter Seite erteilt wird[291]; erfolgt die Drittbelehrung auf rein freiwilliger Basis, kann jedoch ein Unterlassungsanspruch gegen die Abnehmerverwarnung aus dem Gesichtspunkt der Begehungsgefahr begründet sein[292]; 121

– die Abmahnung – umgekehrt – auf eine bereits ergangene, dem Schutzrechtsinhaber positive Entscheidung gestützt wird, ohne ein laufendes **Rechtsmittelverfahren** oder die mangelnde Rechtskraft des Erkenntnisses zu erwähnen. 122

bb) Materielle Mängel

Eine Abmahnung ist aus sachlichen Gründen rechtswidrig, wenn die geltend gemachten Ansprüche materiell rechtlich nicht bestehen[293], weil 123

– das **Verwarnungsschutzrecht nicht besteht** (dh ein Phantom ist) oder – ggf auch erst nach der Abmahnung – rechtskräftig für nichtig erklärt wird; dem gleich zu erachten ist eine Vernichtbarkeit des in seinem Rechtsbestand angegriffenen (und ggf sogar erstinstanzlich vernichteten) Patents nur dann, wenn dessen mangelnde Patentfähigkeit klar und eindeutig zu Tage liegt, so dass die Abmahnung letztlich die Geltendmachung einer rein formalen Rechtsposition darstellt; letzteres gilt auch für die Fälle der Abnehmerverwarnung[294]; 124

– der Gegenstand der Abmahnung **nicht in den Schutzbereich** des Verwarnungsschutzrechts fällt, wobei spätere Beschränkungen des Patents ebenso zu beachten sind[295] wie ein erfolgreicher Formstein-Einwand; 125

---

288 OLG Düsseldorf, InstGE 12, 255 – Laminatboden-Paneele.
289 BGH, GRUR 1995, 424 – Abnehmerverwarnung; OLG Düsseldorf, GRUR 2003, 814 – Unberechtigte Abnehmerverwarnung; Ullmann, GRUR 2001, 1027.
290 OLG Düsseldorf, InstGE 9, 123 – Multifeed.
291 OLG Düsseldorf, InstGE 9, 123 – Multifeed.
292 OLG Düsseldorf, InstGE 9, 123 – Multifeed.
293 LG Essen, Mitt 1987, 32; LG Mannheim, GRUR 1980, 935 – Kabelendhülsen; aA: OLG Düsseldorf, GRUR 2003, 814 – Unberechtigte Abnehmerverwarnung; Ullmann, GRUR 2001, 1027.
294 AA: LG Frankfurt/Main, Mitt 2014, 30 – ausländische Abnehmerverwarnung, das eine Rechtswidrigkeit der Abmahnung bereits bejaht, wenn der Einspruch eine nicht unerhebliche Erfolgsaussicht hat.
295 BGH-GSZ, GRUR 2005, 882 – Unberechtigte Schutzrechtsverwarnung; BGH, GRUR 2006, 219 – Detektionseinrichtung II; aA: Ullmann, GRUR 2001, 1027.

126 – die Abmahnung wegen **unmittelbarer Patentverletzung** erfolgt, tatsächlich jedoch nur eine mittelbare Verletzung vorliegt[296];[297]

127 – (und soweit) zugleich wegen eines **ausländischen Schutzrechts** abgemahnt wird, für das Ansprüche (mangels Benutzungshandlung bzw Begehungsgefahr) nicht ersichtlich sind;

128 – ein patentverletzendes Verhalten des Verwarnten gar nicht vorlag, sei es, dass ihm überhaupt **keine Benutzungshandlung** im Sinne von §§ 9, 10 PatG zur Last fällt, sei es, dass der Verwarnte zu seinem Verhalten beispielsweise aufgrund eines Vorbenutzungsrechtes oder einer Lizenz berechtigt war;

129 – dem Abmahnenden die **Aktivlegitimation fehlt**.

130 Umfasst das Abmahnungsschutzrecht mehrere Ansprüche und ergibt sich weder aus dem Text der Abmahnung noch aus den Begleitumständen etwas anderes, ist **im Zweifel** davon auszugehen, dass wegen Benutzung des **Hauptanspruchs** verwarnt wird.[298] Dessen technische Lehre ist daher auf Benutzung, aber auch auf einen ausreichenden Rechtsbestand zu prüfen.

131 Zu beachten ist, dass die Rechtswidrigkeit der Abmahnung nicht bereits dadurch entfällt, dass die Verwarnung auf eine **andere Rechtsgrundlage**, also etwa Wettbewerbsrecht, *hätte* gestützt werden *können*.[299] Das gilt jedenfalls dann, wenn die andere Rechtsgrundlage abweichende tatsächliche Voraussetzungen hat, die vorgelegen haben mögen, mit denen sich die Abmahnung aber nicht auseinandersetzt.[300]

132 Fraglich ist, ob ein solcher Sachverhalt bereits dann vorliegt, wenn aus einem Schutzrecht mit dessen Hauptanspruch abgemahnt wird, der sich später (in einem Einspruchs-, Nichtigkeits- oder Löschungsverfahren) als nicht rechtsbeständig erweist, und der Verwarnende seine Abmahnung nunmehr damit rechtfertigt, dass die angegriffene Ausführungsform auch von der **eingeschränkten**, als schutzfähig erkannten **Anspruchskombination** Gebrauch macht, derentwegen seinerzeit *hätte* abgemahnt werden *können*. Bei der rechtlichen Behandlung einer solchen Konstellation könnte einerseits darauf abgestellt werden, dass sich die Abmahnung auf ein bestimmtes Schutzrecht stützt und gegen eine bestimmte Ausführungsform richtet und dass sich auch unter Berücksichtigung der ergangenen Rechtsbestandsentscheidung erweist, dass der angegriffene Gegenstand auf der Grundlage des Verwarnungsschutzrechts zu Recht (wenn auch mit modifiziertem Inhalt) beanstandet worden ist. Überdies ließe sich darauf verweisen, dass es insbesondere im Bereich des Wettbewerbsrechts gefestigter Auffassung entspricht, dass ein zu weit gefasstes Unterlassungsbegehren in einer Abmahnung nicht schadet, weil es Sache des Abgemahnten ist, sich mit demjenigen Inhalt zu unterwerfen, der sich in konkreter

---

296 BGH, GRUR 2016, 630 – Unberechtigte Schutzrechtsverwarnung II.
297 Nach OLG Frankfurt/Main (Mitt 2017, 348 – Eingriff in den Gewerbebetrieb des Herstellers durch »überschießende« Abnehmerverwarnung) soll *kein* Eingriff in den Gewerbebetrieb des Herstellers vorliegen, wenn sich eine Abnehmerverwarnung wegen mittelbarer Patentverletzung nur deshalb als rechtswidrig erweist, weil in sie – über § 10 PatG hinaus – auch die Einfuhr mittelbar patentverletzender Anlagen einbezogen und nicht zu erwarten ist, dass sich die abgemahnten Abnehmer durch die Verwarnung davon abhalten lassen, vom Hersteller aus dem Ausland Anlagen zu beziehen; dass entsprechende Einfuhren von anderen ausländischen Produzenten unterbleiben werden, soll keine Bedeutung haben. Erstreckt sich die Verwarnung wegen mittelbarer Patentverletzung – ebenfalls über § 10 PatG hinaus – auf die Handlungsform des Herstellens, bleibt es demgegenüber bei einem Eingriff in den Herstellergewerbebetrieb.
298 OLG Düsseldorf, GRUR-RR 2014, 315 – Bestattungsbehältnis.
299 LG München I, Mitt 1995, 53, 54 f – Schutzrechtsverwechslung.
300 OLG Düsseldorf, Urteil v 7.11.2006 – I-20 U 85/06.

Anpassung an die Verletzungsform als berechtigt erweist.³⁰¹ Andererseits könnte argumentiert werden, dass die mit der Abmahnung nach Maßgabe des Hauptanspruchs geforderte Unterwerfung objektiv nicht verlangt werden konnte und deshalb vom Verwarnten mit Recht zurückgewiesen worden ist, wenn sich der Hauptanspruch rückwirkend als nicht rechtsbeständig erweist. Eine eindeutige Rechtsprechung zu dem angesprochenen Problemkreis existiert – soweit ersichtlich – noch nicht.

Für ein ungeprüftes **Gebrauchmuster** wird man in jedem Fall verlangen müssen, dass der Abmahnende eine eigene Prüfung auf Schutzfähigkeit durchführt, bevor er abmahnt. Diese Verantwortlichkeit kann er nicht auf den Abgemahnten abwälzen. Bei der Verwarnung mit einem nicht rechtsbeständigen Schutzanspruch wird es deshalb bei der Rechtswidrigkeit der Abmahnung verbleiben müssen.³⁰²   133

Bei einem **Patent** liegt der Sachverhalt insofern etwas anders, als es sich bei ihm um ein sachlich geprüftes Schutzrecht handelt (dem ein bereits in einem Löschungsverfahren aufrechterhaltenes Gebrauchsmuster gleichzustellen wäre). Hier ließe sich zugunsten des Abmahnenden großzügiger verfahren, weil er grundsätzlich auf die behördlich bereits bestätigte Schutzfähigkeit der patentierten Erfindung vertrauen kann.   134

Praxistipp	Formulierungsbeispiel	135
Angesichts der ungeklärten Rechtslage ist für die Praxis unbedingt zu empfehlen, die Abmahnung mit einer »insbesondere«-Formulierung auf alle mitverwirklichten Unteransprüche zu stützen, die möglicherweise später den Rechtsbestand des Verwarnungsschutzrechts tragen. Ganz besonders ist ein derartiges Vorgehen bei einem noch ungeprüften Gebrauchsmuster anzuraten. Bei einer so abgefassten Abmahnung ist die letztlich rechtsbeständige Anspruchsfassung – in Form eines Hilfsantrages – Gegenstand der Abmahnung, so dass die ausgesprochene Verwarnung als solche, nämlich mit ihrem hilfsweise (»insbesondere«) geltend gemachten Begehren, zu Recht erfolgt und dementsprechend in jedem Fall Kostenerstattungsansprüche auslösen kann.		

Berechtigt bleibt in jedem Fall eine Abmahnung, die einen einheitlichen Unterlassungsanspruch betrifft, der auf **mehrere Schutzrechte** gestützt wird, auch wenn nur einzelne von diesen die volle Verwarnung tragen.³⁰³   136

b) Rechtswidrig und schuldhaft

Eine sachlich – und nicht nur wegen unterbliebener Informationen³⁰⁴ – unberechtigte Verwarnung löst zusätzlich Schadenersatzansprüche nach § 823 Abs 1 BGB (wegen Eingriffs in den eingerichteten und ausgeübten Gewerbebetrieb) aus, wenn sie schuldhaft versandt worden ist.³⁰⁵ Gleiches gilt für Schadenersatzansprüche gestützt auf §§ 9, 3 UWG.   137

---

301 LG Düsseldorf, Urteil v 27.10.2016 – 4b O 82/16.
302 OLG Düsseldorf, Urteil v 14.4.2011 – I-2 U 21/10.
303 BGH, GRUR 1974, 290 – Maschenfester Strumpf.
304 Ist die Verwarnung materiell zu Recht erfolgt, weil das beanstandete Verhalten sich endgültig als Verletzung eines bestandskräftigen Schutzrechts herausstellt, kann eine nur unterbliebene Information über anhängige (schlussendlich erfolglos betriebene) Rechtsbestandsverfahren oder (während des Instanzenzuges ergangene abweisende und später korrigierte) Verletzungsprozesse keinen ersatzfähigen Schaden auf Seiten des Verwarnten verursacht haben.
305 BGH-GSZ, GRUR 2005, 882 – Unberechtigte Schutzrechtsverwarnung; BGH, GRUR 1997, 741, 742 – Chinaherde; BGH, GRUR 1976, 715 – Spritzgießmaschine; BGH, GRUR 1974, 290 – Maschenfester Strumpf; aA Ullmann, GRUR 2001, 1027.

aa) Fehlbeurteilung des Rechtsbestandes

138 Ein **Verschulden** ist in der Vergangenheit verneint worden, wenn der Verwarner sich durch eine gewissenhafte Prüfung und aufgrund vernünftiger und billiger Überlegungen die Überzeugung verschafft hat, sein Schutzrecht sei rechtsbeständig.[306] Zweifel an der Rechtslage begründen danach noch kein Verschulden.[307] Es ist jedoch gegeben, wenn der Anmelder weitergehende Kenntnisse als die Erteilungsbehörden über den Stand der Technik hat, diese Kenntnisse aber entgegen seiner Wahrheitspflicht (§ 34 Nr 7 PatG) zurückhält.[308] Gleiches gilt, wenn ihm nachträglich weitere Entgegenhaltungen bekannt geworden sind und er wusste, dass sie der Schutzfähigkeit der patentierten Erfindung entgegenstehen, oder er sich dieser Erkenntnis in vorwerfbarer Weise verschlossen hat.[309]

bb) Übrige Anspruchsvoraussetzungen

139 Soweit es um den Verletzungsvorwurf, also die Benutzungsfrage als solche geht oder die übrigen Anspruchsvoraussetzungen (zB Aktivlegitimation, Passivlegitimation) in Rede stehen, ist der Haftungsmaßstab ein strengerer. Mangels eines Vertrauenssachverhaltes wie er durch den behördlichen Erteilungsakt gegeben ist, führt hier prinzipiell jede fahrlässige Fehleinschätzung der Rechtslage zu einer Haftung. Zu beachten ist dabei, dass ganz besondere – gesteigerte – Sorgfaltspflichten für den Abmahnenden dann bestehen, wenn er nicht den Hersteller des mutmaßlich verletzenden Produkts abmahnt, sondern den bloßen Vertreiber, der erfahrungsgemäß eher geneigt ist, sich der Abmahnung ohne nähere Berechtigungsprüfung zu beugen.[310] Ihn abzumahnen ist deswegen nur dann gerechtfertigt, wenn die Herstellerverwarnung erfolglos geblieben ist oder ausnahmsweise unangebracht erscheint und die sorgfältige Prüfung der Rechtslage bei objektiver Betrachtung den Abmahnenden davon überzeugen konnte, seine Ansprüche seien berechtigt.[311]

cc) Haftung des Anwalts

140 Sie trifft nach Auffassung des BGH[312] neben dem Verwarnenden auch seinen (Rechts- bzw Patent-)Anwalt, der im Rahmen der Schutzrechtsverwarnung eingeschaltet ist. Ihn soll gegenüber dem später Verwarnten eine Garantenpflicht dahin treffen, den Schutzrechtsinhaber nicht in einer die Rechtslage unzutreffend einschätzenden Weise über die Berechtigung der Schutzrechtsverwarnung zu beraten. Geht die unberechtigte Schutzrechtsverwarnung auf eine mindestens fahrlässig unzutreffende Rechtsberatung des Schutzrechtsinhabers durch einen Rechtsanwalt zurück, so hat der Rechts- oder Patentanwalt neben dem Schutzrechtsinhaber unter dem Gesichtspunkt eines rechtswidrigen und schuldhaften Eingriffs in den eingerichteten und ausgeübten Gewerbebetrieb Schadenersatz zu leisten.[313] Das gilt nur dann nicht, wenn der Anwalt den Schutzrechtsinhaber bei unklarer Rechtslage auf alle wesentlichen Gesichtspunkte hingewiesen hat, die für oder gegen eine Verletzung des Schutzrechts sprechen, und wenn sich der Schutz-

---

306 Grundsätzlich kann sich der Verwarnende auf die Erteilungsentscheidung des Patentamtes verlassen (BGH, GRUR 2006, 432 – Verwarnung aus Kennzeichenrecht II).
307 BGH, GRUR 2018, 832 – Ballerinaschuh; BGH, GRUR 1951, 452, 455 – Mülltonne; OLG Frankfurt/Main, GRUR 1967, 114 – Brotröster.
308 BGH, GRUR 2006, 219 – Detektionseinrichtung II.
309 BGH, GRUR 2006, 219 – Detektionseinrichtung II.
310 BGH, GRUR 2018, 832 – Ballerinaschuh.
311 BGH, GRUR 2018, 832 – Ballerinaschuh.
312 BGH, GRUR 2016, 630 – Unberechtigte Schutzrechtsverwarnung II.
313 In der Instanzrechtsprechung (OLG Frankfurt, GRUR-RR 2017, 461 – Unberechtigte Schutzrechtsverwarnung II) ist danach diffenrenziert worden, ob mit der Abmahnung ein Herstellungs- und Vertriebsverbot eingefordert worden ist (dann Haftung) oder lediglich ein Einfuhrverbot (dann keine Haftung).

rechtsinhaber trotz der aufgezeigten Bedenken dazu entscheidet, die Verwarnung auszusprechen.[314]

Da der Verwarnte in die Einzelheiten des der Verwarnung vorausgegangenen Beratungsgespräches naturgemäß keinen Einblick hat und nach der Lebenserfahrung davon auszugehen ist, dass sich der Mandant beratungsgerecht verhält, wird man annehmen können, dass die erfolgte Verwarnung die logische Konsequenz der durchgeführten rechtlichen Beratung durch den Anwalt gewesen ist. Was aufgrund allgemeiner Lebenserfahrung im Haftungsprozess zwischen Anwalt und Mandant als Vermutung gilt,[315] kann im Außenverhältnis zum Abgemahnten nicht anders behandelt werden. Der Verwarnte darf daher auch ohne exakte Kenntnis vom tatsächlichen Beratungshintergrund im Prozess gegen den Anwalt von dessen Haftung ausgehen und deren Anspruchsvoraussetzungen behaupten. Es ist sodann Sache des in Anspruch genommenen Anwaltes aufzuzeigen, dass er im für eine Entlastung erforderlichen Umfang auf Bedenken gegen die Berechtigung der Abmahnung hingewiesen und der Mandant sich dennoch beratungsresistent zur Abmahnung entschlossen hat. Der Geheimnisschutz im Mandatsverhältnis wird in diesem Umfang zurückzutreten haben, weil ansonsten der Haftungsanspruch leerlaufen würde.[316] Sollte sich der konkrete Ablauf und Inhalt der anwaltlichen Beratung tatrichterlich nicht mehr aufklären lassen (was nicht selten der Fall sein wird, wenn eine schriftliche Dokumentation fehlt und für das Gericht ausschließlich der anwaltlich beratene Verwarner sowie der ihn beratende Anwalt als Auskunftspersonen zur Verfügung stehen), hat den daraus resultierenden Beweisnachteil der Anwalt zu tragen, dem unter solchen Umständen der zum Hatungsausschluss erforderliche Entlastungsbeweis nicht gelingt. 141

Kritik: Der BGH begründet die Garantenpflicht des Anwaltes mit einer Parallele zur Geschäftsführerhaftung. Das überzeugt nicht, weil es die ganz unterschiedlichen Verantwortlichkeiten für das Handeln des die Abmahnung aussprechenden Unternehmens verkennt.[317] Abgesehen von den Fällen des § 826 BGB kommt eine Anwaltshaftung nicht in Betracht. 142

dd) Abnehmerverwarnung

Besondere Vorsicht ist bei der Abmahnung von Dritten, insbesondere von **Abnehmer**n, geboten.[318] In derartigen Fällen kommt nicht nur als zusätzliche Anspruchsgrundlage § 4 Nr 8 UWG in Betracht, wenn falsche Tatsachen einem Dritten gegenüber behauptet werden. An die Sorgfaltspflichten des Verwarners werden außerdem aufgrund der Schärfe eines derartigen Vorgehens besondere Anforderungen gestellt.[319] In jedem Fall ist der verwarnte Abnehmer zutreffend über sämtliche Umstände des Falles aufzuklären. Dies bezieht sich sowohl auf die Frage der Rechtskraft von Urteilen, die gegen Dritte 143

---

314 BGH, GRUR 2016, 630 – Unberechtigte Schutzrechtsverwarnung II.
315 BGH, NJW 1996, 3009.
316 Soweit Meier-Beck (GRUR 2016, 865, Fn 64) eine sekundäre Darlegungslast des schadenersatzpflichtigen Rechtsanwaltes nur dann für gegeben hält, wenn er mit einer Darlegung des Beratungsinhalts weder Berufspflichten noch seine Schweigepflicht gegenüber dem Abmahnenden verletzt, hat dies zur Folge, dass der Schadenersatzanspruch des Abgemahnten gegenüber dem abmahnenden Anwalt in der Praxis letztlich »unvortragbar« wird und damit leerläuft. Welchen Sinn hat es dann aber, einen derartigen materiell-rechtlichen Anspruch überhaupt zu geben. Nach der an der BGH-Entscheidung geäußerten heftigen Kritik zielt die Verteilung der Darlegungslast möglicherweise genau hierauf ab, um eine nachträglich als zu weitgehend erkannte Anwaltshaftung auf verfahrensrechtlichem Wege rückgängig zu machen.
317 Ablehnend auch Keller, GRUR 2016, 634 (Urteilsanmerkung).
318 BGH-GSZ, GRUR 2005, 882 – Unberechtigte Schutzrechtsverwarnung.
319 Zu Einzelheiten vgl oben Rdn 139.

ergangen sind, als auch den Status der geltend gemachten Schutzrechte.[320] Welche Anforderungen im Einzelnen an die jeweiligen Erläuterungen zu stellen sind, ist auch abhängig vom Empfänger der Verwarnung. Einem größeren, einschlägig tätigen Unternehmen ist eine eigene Überprüfung von Vorwürfen oder die Beschaffung von Unterlagen eher zuzumuten als kleineren Händlern.[321]

ee) Schaden

144 Der **Schaden** des Verwarnten liegt zumindest in den (Anwalts-)Kosten zur Abwehr der Abmahnung.[322] Darüber, ob die erfolgte Hinzuziehung eines Rechtsanwaltes sowie ggf zusätzlich eines Patentanwaltes im konkreten Einzelfall erforderlich war, entscheiden dieselben Grundsätze, die gelten, wenn es um die Erstattung der (Anwalts-)Kosten für eine Abmahnung geht.[323] Ferner ist die Anrechnung der Geschäfts- auf die Verfahrensgebühr zu beachten.[324] Kosten einer aus Anlass der unberechtigten Abmahnung hinterlegten Schutzschrift sind nur erstattungsfähig, wenn bei dem fraglichen Gericht tatsächlich ein Verfügungsantrag eingereicht wird.[325] Der Schaden kann aber auch aus Gewinneinbußen bei Einstellung von Herstellung und/oder Vertrieb[326], entgangenen Aufträgen oder Schadenersatzansprüchen Dritter wie etwa Lieferanten herrühren. Zeitlich sind nicht nur solche Schadensfolgen bedeutsam, die bis zu der vom Abmahnenden erhobenen Hauptsacheklage wegen Schutzrechtsverletzung entstanden sind; vielmehr sind auch danach aufgetretene Gewinneinbußen, die aus einer *fortdauernden* Vertriebseinstellung resultieren, prinzipiell ersatzfähig.[327]

145 Wie bei § 945 ZPO auch kommt eine Haftung für die Folgen einer Vertriebseinstellung dann nicht in Betracht, wenn der Verwarnte **aus anderen rechtlichen Gründen** (zB UWG) ohnehin gehalten war, den tatsächlich aus Anlass der unberechtigten Verwarnung eingestellten Vertrieb der abgemahnten Ware zu unterlassen.[328] Die Haftung des Verwarners kann durch ein Mitverschulden des Verwarnten gemindert oder sogar ausgeschlossen werden.[329] Vor allem ein voreiliges Verhalten des Verwarnten, wie beispielsweise eine kurzfristige Produktionsstilllegung ohne ausreichende Überprüfung des Sachverhaltes, ist nicht dem Verwarner anzulasten. Das entsprechende Ausfallrisiko trägt der Verwarnte selbst.

ff) Zuständigkeit

146 Die **Zuständigkeit** für die gerichtliche Geltendmachung des materiellen **Kostenerstattungsanspruchs** (§§ 677, 683 Satz 1, 670, 823 BGB)[330] richtet sich entweder nach dem Wohnsitz des Beklagten (§ 13 ZPO) oder nach dem Ort der unerlaubten Handlung (§ 32 ZPO), wobei als Ort der unerlaubten Handlung idR nur der Absende- und der Empfangsort der streitigen Abmahnung in Betracht kommen.

---

320 BGH, GRUR 1995, 424 – Abnehmerverwarnung.
321 OLG Düsseldorf, Urteil v 24.1.2002 – 2 U 115/01.
322 OLG Düsseldorf, Urteil v 31.1.2013 – I-2 U 54/11; aA Ahrends, Wettbewerbsprozess, Kapitel 3 Rn 19; umfassend dazu: Chudziak, GRUR 2012, 133.
323 BGH, GRUR 2012, 756 – Kosten des Patentanwalts III.
324 OLG Düsseldorf, Urteil v 31.1.2013 – I-2 U 54/11.
325 OLG Düsseldorf, Urteil v 31.1.2013 – I-2 U 54/11.
326 BGH, GRUR 2018, 832 – Ballerinaschuh.
327 BGH, GRUR 2018, 832 – Ballerinaschuh.
328 BGH, GRUR 2018, 832 – Ballerinaschuh.
329 BGH-GSZ, GRUR 2005, 882 – Unberechtigte Schutzrechtsverwarnung.
330 BGH, GRUR 2012, 756 – Kosten des Patentanwalts III.

8. Entbehrlichkeit einer Abmahnung

Die Frage, ob im Einzelfall von einer vorgerichtlichen Abmahnung des Verletzers abgesehen werden kann, stellt sich rechtlich vor allem im Hinblick auf die Kostenregelung des § 93 ZPO. Die Vorschrift sieht vor, dass der Kläger die Kosten eines Rechtsstreits (trotz eigenen Obsiegens) zu tragen hat, wenn der Beklagte – erstens – den Klageanspruch sofort anerkennt und der Beklagte – zweitens – dem Kläger durch sein Verhalten keine Veranlassung zur Klageerhebung gegeben hat.

a) »Sofort«

»Sofort« meint, dass das Anerkenntnis[331] bei der in der fraglichen Verfahrensart ersten prozessual dafür in Betracht kommenden Gelegenheit geschieht.[332] Im Falle der Anordnung eines frühen ersten Termins zur mündlichen Verhandlung ist dies der frühe erste Verhandlungstermin, und zwar vor Verlesung der Sachanträge; im Falle eines schriftlichen Vorverfahrens muss das Anerkenntnis, um die Kostenfolge des § 93 ZPO auslösen zu können, grundsätzlich innerhalb der Erklärungsfrist des § 276 Abs 1 Satz 1 ZPO (Anzeige der Verteidigungsbereitschaft) erfolgen. Hat der Beklagte innerhalb dieser Frist keinen auf Abweisung der Klage gerichteten Sachantrag angekündigt, genügt es allerdings, wenn das Anerkenntnis innerhalb der anschließenden (auch verlängerten) Frist zur Klageerwiderung (§ 276 Abs 1 Satz 2 ZPO) erfolgt.[333] Hat er einen solchen Antrag jedoch angekündigt oder das Klagevorbringen bestritten (was noch nicht durch die Anzeige der Verteidigungsbereitschaft und die Ankündigung, zur Klage Stellung nehmen zu wollen, geschieht), so ist sein späteres Anerkenntnis nicht mehr »sofort«, selbst wenn der Beklagte die Klageansprüche zu diesem Zeitpunkt noch nicht abschließend geprüft haben sollte[334] und selbst wenn dies für den Kläger zu erkennen ist[335].

Solange der Klageanspruch **nicht schlüssig** begründet ist, kann noch »sofort« anerkannt werden; allerdings muss das Anerkenntnis nach Ausräumung des anfänglichen Schlüssigkeitsdefizits innerhalb eines Zeitraumes erklärt werden, in dem unter Beachtung der Prozessförderungspflicht des Beklagten mit einer Reaktion auf die veränderte Sachlage zu rechnen ist.[336] Wie lange diese Zeitspanne zu bemessen ist, hängt vom Einzelfall ab, wobei der bisherige Verfahrensgang, Art und Umfang des Schlüssigkeitsmangels sowie Aufwand und Schwierigkeit der von dem Beklagten nach Beseitigung der Defizite vorzunehmenden Prüfung maßgeblich sind.[337] Das Zeitfenster kann – zufällig – mit der nächsten gegenüber dem Gericht vorzunehmenden Handlung (zB einem anstehenden Verhandlungstermin) zusammenfallen; umgekehrt gilt allerdings nicht, dass sich der Beklagte in jedem Fall bis zu diesem Zeitpunkt mit seinem Anerkenntnis Zeit lassen kann.[338]

Nach Erlass einer **Beschlussverfügung** stellt ein Kostenwiderspruch ein »sofortiges« Anerkenntnis dar.[339]

Das Anerkenntnis muss stets **vorbehaltlos** sein. Als unzulässige Bedingung gilt es allerdings nicht, wenn das Anerkenntnis »unter Protest gegen die Kostenlast« erfolgt.

---

331 Einer Erfüllung des anerkannten Anspruchs bedarf es nicht: OLG Koblenz, MDR 2016, 728.
332 KG, NJW-RR 2007, 647; OLG Düsseldorf, MDR 1991, 257.
333 BGH, NJW 2006, 2490; OLG Düsseldorf, Beschluss v 18.1.2018 – I-2 W 45/17.
334 BGH, NJW 2016, 572.
335 AA: OLG Frankfurt/Main, OLGR 2008, 813; vgl hierzu auch OLG Düsseldorf, Beschluss v 19.1.2018 – I-2 W 45/17.
336 OLG Saarbrücken, GRUR-RR 2018, 171 – verzögertes Anerkenntnis.
337 OLG Saarbrücken, GRUR-RR 2018, 171 – verzögertes Anerkenntnis.
338 OLG Saarbrücken, GRUR-RR 2018, 171 – verzögertes Anerkenntnis.
339 OLG Karlsruhe, GRUR-RR 2013, 182 – Spielsteuerung; LG Hamburg, NJOZ 2009, 4786.

b) Veranlassung zur Klage

152 Veranlassung zur Klageerhebung gibt der Beklagte regelmäßig nur dann, wenn er dem Begehren des Klägers auf dessen vorgerichtliche Abmahnung hin keine Folge leistet, namentlich keine ausreichende Unterwerfungserklärung abgibt. Um der Kostenfolge des § 93 ZPO zu entgehen, obliegt es mithin dem Kläger, vor Einleitung eines Rechtsstreits (oder eines einstweiligen Verfügungsverfahrens) den Beklagten – wie oben beschrieben – abzumahnen. Es bedarf dabei grundsätzlich einer insgesamt ordnungsgemäßen, fehlerfreien Abmahnung, die zB dann nicht vorliegt, wenn die Angaben zur Aktivlegitimation nicht zutreffen.[340] Zur Anwendung des § 93 ZPO führt nur die Abmahnung des späteren Beklagten, und nicht die eines mit diesem bloß konzernmäßig verbundenen Unternehmens[341] oder lediglich des Unternehmens, wenn (und soweit) später gerichtlich auch dessen Geschäftsführer in Anspruch genommen werden. Eine bloße Berechtigungsfrage ist ebenfalls unzureichend, selbst wenn der Adressat im Rahmen der nachfolgenden Korrespondenz eine gegenteilige, etwaige Ansprüche verneinende Rechtsauffassung vertritt.[342] Entbehrlich ist eine Abmahnung nur ausnahmsweise, nämlich dann, wenn eine vorherige Abmahnung aus der Sicht des Klägers (oder Antragstellers) zu der Zeit, zu der er entscheiden muss, ob er abmahnt oder nicht, bei Anlegung eines objektiven Maßstabes unzumutbar ist.[343] Hierbei sind unterschiedliche Sachverhalte auseinander zu halten:

aa) Anspruch auf Unterlassung, Rechnungslegung und Schadenersatz

153 Was zunächst den Unterlassungs-, Rechnungslegungs- und Schadenersatzanspruch betrifft, so genügt der Umstand, dass der Beklagte das Patent aus der Sicht des Klägers vorsätzlich verletzt, noch nicht, um eine Abmahnung für entbehrlich zu halten.[344] Eine **Unzumutbarkeit** wird vielmehr nur bejaht, wenn

154 – die mit einer vorherigen Abmahnung notwendig verbundene Verzögerung unter Berücksichtigung der gerade im konkreten Fall gegebenen **außergewöhnlichen Eilbedürftigkeit** schlechthin nicht mehr hinnehmbar ist, etwa um besonderen Schaden vom Kläger abzuwenden (a), oder

155 – sich dem Kläger bei objektiver Sicht der Eindruck geradezu aufdrängen musste, der **Verletzer baue auf die grundsätzliche Abmahnpflicht** und wolle sich diese zunutze machen, um mindestens eine Zeit lang die Verletzungshandlungen begehen zu können und sich ggf nach damit erzieltem wirtschaftlichen Erfolg unter Übernahme vergleichsweise niedriger Abmahnkosten zu unterwerfen (b).[345]

156 Mit Bezug auf die Fallvariante zu (a) geht die Rechtsprechung dabei in weitem Umfang von der Möglichkeit (und Verpflichtung) aus, den Anspruchsgegner zumindest mittels E-Mail, Fax oder mündlich unter Setzen einer kurzen (ggf nur nach Stunden bemessenen Frist) abzumahnen. Wo solches in Betracht kommt, ist eine Abmahnung nicht entbehrlich. Sie erübrigt sich deshalb insbesondere nicht schon deshalb, weil das rechtsverletzende Handeln auf einer (nur wenige Tage dauernden) Messe stattfindet und mit der Klage oder dem Verfügungsantrag gegen den Messeauftritt vorgegangen werden soll. Das gilt auch, wenn Aussteller ein im Ausland ansässiges Unternehmen ist und die Klage – zur Vermeidung einer ansonsten notwendigen Auslandszustellung – auf der Messe zuge-

---

340 OLG Düsseldorf, Beschluss v 21.10.2010 – I-2 W 52/10.
341 OLG Düsseldorf, InstGE 8, 183 – Falscher Abmahnungsadressat.
342 OLG Hamburg, GRUR 2006, 616.
343 OLG Düsseldorf, InstGE 2, 237 – Turbolader II, str.
344 OLG Düsseldorf, InstGE 2, 237 – Turbolader II; OLG Frankfurt/Main, GRUR-RS 2018, 9083 – Generalvorsatz.
345 OLG Düsseldorf, InstGE 2, 237 – Turbolader II.

stellt werden soll.³⁴⁶ Aus den gleichen Gründen soll eine Abmahnung nicht deswegen entbehrlich sein, weil die sichere Erwartung gerechtfertigt ist, der Verletzer werde die Abmahnung zum Anlass nehmen, die klageweise Durchsetzung der Verbietungsansprüche mittels einer im Ausland erhobenen negativen Feststellungsklage zu torpedieren.³⁴⁷ Der Gefahr eines »Torpedos« könne der Schutzrechtsinhaber dadurch entgehen, dass er den Verletzer mit einer außerordentlich kurzen Frist abmahne, innerhalb derer der Letztere keinesfalls eine negative Feststellungsklage erheben könne. Nach Fristablauf könne der Schutzrechtsinhaber sodann die von ihm bereits zuvor entworfene Klage kurzfristig beim Verletzungsgericht einreichen. Andererseits genügt ein tauglicher, wenn auch fehlgeschlagener Zustellungsversuch, der zB gegeben ist, wenn die Abmahnung unter der zutreffenden Anschrift des Adressaten niedergelegt und von diesem bloß nicht fristgerecht abgeholt worden ist; hier bedarf es keiner zweiten Zustellung.³⁴⁸

Über die erwähnten Fallgruppen zu (a) und (b) hinaus ist eine Abmahnung 157

– aus dem Gesichtspunkt der **Förmelei** ferner dann überflüssig, wenn sie aus der Sicht 158 des Klägers von vornherein zwecklos erscheint.³⁴⁹

Voraussetzung dafür ist, dass nach den gesamten Umständen des Einzelfalles nicht nur 159 mit (ggf. sogar hoher) Wahrscheinlichkeit zu erwarten steht, dass die vorgerichtliche Abmahnung den Antragsgegner nicht zum Einlenken bewegen wird, sondern dass derartiges mit definitiver Gewissheit feststeht.³⁵⁰ Solches ist denkbar, wenn es einer Unternehmensstrategie des Abgemahnten entspricht, sich in rechtlichen Auseinandersetzungen (mit dem Abmahnenden) nicht freiwillig in die Rolle des Unterlegenen zu begeben, sondern unabhängig von den Chancen einer Rechtsverteidigung aus prinzipiellen Erwägungen heraus eine gerichtliche Klärung zu erzwingen.³⁵¹ Unzureichend ist demgegenüber, dass zwischen den Parteien diverse Auseinandersetzungen geführt wurden und werden, von denen bisher keine einzige außergerichtlich beigelegt werden konnte, wenn Gegenstand der Rechtsstreitigkeiten jeweils Patent- und Gebrauchsmusterverletzungen waren und der Abmahnende in den wenigen geführten wettbewerbsrechtlichen Streitigkeiten jeweils Anspruchsteller und nicht Anspruchsgegner war.³⁵²

Entscheidender Anknüpfungspunkt für die Frage, ob Klageveranlassung bestanden hat, 160 ist stets das Verhalten des Beklagten **vor Prozessbeginn**.³⁵³ Die Veranlassung *zur* Klageerhebung können nur solche Umstände geben, die objektiv schon vor Klageerhebung gegeben und dem Anspruchsinhaber subjektiv auch bekannt waren. Dies schließt es zwar nicht aus, dass Umstände aus der Zeit nach Klageerhebung indiziell herangezogen werden können, um die Sachlage im maßgeblichen vorprozessualen Zeitpunkt zu deuten.³⁵⁴ Die Anforderungen des § 93 ZPO, der auf die Situation ex ante abstellt, werden jedoch in unzulässiger Weise umgangen, wenn die Veranlassung zur Klageerhebung ausschließlich mit solchen Vorgängen begründet werden könnte, die aus der Zeit nach der Klageerhebung stammen.³⁵⁵ Aus der Tatsache allein, dass der Beklagte die zB in dem gegen ihn

---

346 OLG Düsseldorf, InstGE 4, 159 – INTERPACK; LG Düsseldorf, InstGE 3, 221 – Rahmengestell.
347 OLG Düsseldorf, InstGE 2, 237 – Turbolader II.
348 OLG Frankfurt/Main, MDR 2014, 742.
349 OLG Düsseldorf, InstGE 2, 237 – Turbolader II; OLG Frankfurt/Main, GRUR-RS 2018, 9083 – Generalvorsatz.
350 OLG Düsseldorf, InstGE 13, 238 – Laminatboden-Paneele II.
351 OLG Düsseldorf, InstGE 13, 238 – Laminatboden-Paneele II.
352 OLG Düsseldorf, InstGE 13, 238 – Laminatboden-Paneele II.
353 BGH, NJW 1979, 2040; BGH, NJW-RR 2005, 1005; OLG München, NJW 1988, 270.
354 AA: OLG Frankfurt/Main, GRUR-RS 2018, 9083 – Generalvorsatz.
355 OLG Frankfurt/Main, MDR 2012, 986.

ergangenen Anerkenntnisurteil eingegangenen Verpflichtungen später nicht erfüllt, kann deswegen nicht auf einen Anlass für eine sofortige Klageerhebung geschlossen werden.[356]

bb) Verwahrungsanspruch

161 Wird eine Verwahrung zur Sicherung des Anspruchs auf Vernichtung rechtsverletzender Ware begründet geltend gemacht, so ist eine Abmahnung unzumutbar, *wenn* sie die Durchsetzung der berechtigten Ansprüche des Klägers (oder Antragstellers) vereiteln würde oder dies aus der Sicht des Anspruchstellers zumindest ernsthaft zu befürchten steht. Von einem derartigen Sachverhalt wird ausgegangen, wenn die in Verwahrung zu nehmende Sache aufgrund ihrer Mobilität ohne weiteres beiseite geschafft und dadurch dem Zugriff des Gläubigers entzogen werden kann.[357] Zu denken ist zum einen an Gegenstände, die als solche klein sind (wie zB Schmuckstücke); in Betracht kommen zum anderen aber auch Gegenstände, die zwar als solche nicht von derart geringer Größe sind, sofern jedoch der Anspruchsgegner nach dem Zuschnitt seines Geschäftsbetriebes nur eine begrenzte Stückzahl von ihnen vorrätig hält, so dass ihm letztendlich das Verbringen seines Lagerbestandes ebenfalls kurzfristig möglich sein wird (Bsp: Damenhandtaschen einer bestimmten Marke, wenn der in Anspruch genommene Inhaber eines Einzelhandelsgeschäftes lediglich wenige Exemplare im Besitz hat). Die »Flüchtigkeit« der Ware kann sich darüber hinaus aus den aus der Sicht des Antragstellers zu erwartenden Lager- und Transportmöglichkeiten ergeben, weswegen zB auch Palettenware als »flüchtig« anzusehen ist, wenn sie unter Bedingungen gelagert wird, die (zB aufgrund der permanenten Verfügbarkeit von Gabelstaplern und Lkw oder der Möglichkeit ihrer kurzfristigen Anmietung) einen jederzeitigen schnellen Abtransport erlauben.[358] Maßgeblich ist insoweit diejenige Zeitspanne, die dem Antragsgegner im Falle einer vorgerichtlichen Abmahnung bis zur Zustellung der einstweiligen Verfügung an ihn verbleiben würde. Die Zeitspanne setzt sich aus der hinreichend kurz gesetzten Abmahnfrist und derjenigen Zeit zusammen, die nach Fristablauf notwendig ist, um eine Beschlussverfügung zu erwirken und zuzustellen.[359] Wenn innerhalb dieses Zeitraumes bei aus der Sicht des auf Vereitelung bedachten Antragsgegners günstigem Lauf der Dinge damit zu rechnen ist, dass die Verletzungsware ganz oder mindestens teilweise beiseite geschafft wird, ist die Abmahnung entbehrlich.[360]

162 Ist die schutzrechtsverletzende Ware vom **Zoll beschlagnahmt** worden, so ist damit zwar zunächst die Gefahr eines Beiseiteschaffens durch den Verletzer ausgeräumt; dennoch wird eine Abmahnung für grundsätzlich entbehrlich gehalten.[361] Maßgeblich dafür ist die Überlegung, dass dem Verletzten nur eine kurz bemessene Zeitspanne von 10 Arbeitstagen seit der behördlichen Unterrichtung über die Aussetzung der Überlassung zur Verfügung steht, um bei einem Vernichtungswiderspruch des Verletzers ein gerichtliches Verfahren zur Feststellung der Patentverletzung einzuleiten und der Zollbehörde nachzuweisen, womit eine Freigabe der beschlagnahmten Ware zugunsten des Verletzers verhindert wird. In dieser Situation würde eine zusätzliche, vorgeschaltete Abmahnung die Rechtsdurchsetzung für den Verletzten unangemessen gefährden. Dem mag im Tatsächlichen so sein, wenn der Widerspruch gegen die Vernichtung erst spät geäußert wird, so dass sich die Gelegenheit zur gerichtlichen Rechtsverfolgung für den Verletzten auf

---

356 OLG Düsseldorf, Beschluss v 10.9.2012 – I-2 W 22/12.
357 OLG Düsseldorf, WRP 1997, 471, 472 – Ohrstecker; LG Düsseldorf, InstGE 12, 234 – Fieberthermometer; einschränkend: OLG Braunschweig, GRUR-RR 2005, 103 – Flüchtige Ware, das konkrete, objektiv erkennbare Anhaltspunkte dafür verlangt, dass die Abmahnung die Sequestrationsmöglichkeiten nachhaltig erschweren oder vereiteln würde.
358 OLG Düsseldorf, Beschluss v 19.12.2013 – I-2 W 40/13.
359 OLG Düsseldorf, Beschluss v 19.12.2013 – I-2 W 40/13.
360 OLG Düsseldorf, Beschluss v 19.12.2013 – I-2 W 40/13.
361 OLG Dresden, GRUR-RR 2016, 527 – Angehaltene Mobiltelefone.

einen oder ganz wenige Tage reduziert. Wo dies wegen eines verhältnismäßig frühzeitigen Vernichtungswiderspruchs anders ist, bleibt die Abmahnung gleichwohl verzichtbar, und zwar deshalb, weil ein Verletzer, der durch seinen Widerspruch gegen die Vernichtung eine gerichtliche Anspruchsdurchsetzung durch den Berechtigten bewusst herausfordert, keines Hinweises auf ein ihm drohendes Gerichtsverfahren bedarf, dessen direkte Ursache er mit seinem Vernichtungswiderspruch gerade selbst gesetzt hat. Umgekehrt steht die Tatsache, dass der Antragsgegner vor Einleitung des einstweiligen Verfügungsverfahrens einer Vernichtung der vom Zoll beschlagnahmten schutzrechtsverletzenden Ware zugestimmt hat, der Annahme eines Vereitelungssachverhaltes noch nicht entgegen.[362]

Handelt allerdings der Antragsteller dem behaupteten Sicherungsbedürfnis gegen ein etwaiges Beiseiteschaffen der Verletzungsgegenstände selbst zuwider, indem er zB überhaupt keine Verwahrungsverfügung beantragt, sondern mit ihrer Möglichkeit bloß im Rahmen der Kostendebatte argumentiert, oder zwar eine **Verwahrungsverfügung** erwirkt, diese jedoch zunächst **nicht zustellen lässt** und auch keine Verwahrung betreibt, sondern statt dessen den Antragsgegner abmahnt und ihm dadurch Gelegenheit gibt, die Gegenstände dem Zugriff des Antragstellers zu entziehen, so kann eine Abmahnung nicht mehr als entbehrlich betrachtet werden.[363] Gleiches gilt, wenn der Verwahrungsanspruch nur vorgeschoben ist, um sich der Abmahnpflicht zu entziehen. Das ist namentlich der Fall, wenn ein zu sichernder Vernichtungsanspruch ersichtlich nicht besteht.   163

Wird mit dem Sequestrationsanspruch **zugleich** ein **Unterlassungsanspruch** geltend gemacht, so entfällt die Notwendigkeit einer Abmahnung nicht nur teilweise (sic: für den Sequestrationsanspruch), sondern insgesamt (sic: auch für den gleichzeitig eingeklagten Unterlassungsanspruch).[364] Das gilt auch dann, wenn vor Einleitung des zivilgerichtlichen Verfahrens (ohne vorausgegangene Abmahnung) eine staatsanwaltschaftliche Durchsuchung der Räumlichkeiten des Schuldners stattgefunden hat.[365]   164

cc) Vindikationsanspruch[366]

Entbehrlich ist eine vorgerichtliche Abmahnung schließlich dann, wenn mit einem einstweiligen Verfügungsverbot ein Vindikationsanspruch (§ 8 PatG, Art II § 5 IntPatÜG[367])   165

---

362 OLG Karlsruhe, GRUR-RR 2013, 182 – Spielsteuerung.
363 LG Düsseldorf, InstGE 12, 234 – Fieberthermometer.
364 OLG Düsseldorf, NJWE-WettR 1998, 234 f; OLG Frankfurt/Main, InstGE 6, 51 – Sequestrationsanspruch; OLG Hamburg, GRUR-RR 2007, 29 – Cerebro Card; OLG Karlsruhe, GRUR-RR 2013, 182 – Spielsteuerung.
365 OLG Hamburg, GRUR-RR 2007, 29 – Cerebro Card.
366 Klageantrag: Zu klagen ist – erstens – auf die vollständige Übertragung der Anmeldung oder des erteilten Patents bzw auf Einräumung einer Mitberechtigung und – zweitens – auf Bewilligung der Umschreibung in der Patentrolle. In Fällen der Miterfinderschaft kann außerdem die gerichtliche Feststellung der beiderseitigen ideellen Anteile an der Patentanmeldung beantragt werden, nicht hingegen, dem Beklagten zum Zwecke der Aufhebung der Erfindergemeinschaft die Duldung der Zwangsvollstreckung aufgeben (OLG Düsseldorf, Urteil v 22.12.2011 – I-2 U 15/04; NZB zurückgewiesen mit Beschluss des BGH v 4.7.2017 – X ZR 3/16).
367 Bei fehlender Bösgläubigkeit ist die Ausschlussfrist nur gewahrt, wenn der Kläger vor Fristablauf selbst Erfindungsinhaber oder dessen Rechtsnachfolger geworden ist. Gehen die Erfinderrechte erst nach Fristablauf über, nützt die fristgerechte Klageerhebung nur, wenn der Kläger vom damals noch Berechtigten materiell wirksam zur Durchsetzung seines Vindikationsanspruchs ermächtigt war (OLG Düsseldorf, Urteil v 7.12.2015 – I-2 U 88/11).

wegen widerrechtlicher Entnahme gesichert werden soll[368] und der Antragsteller geltend machen kann, der Antragsgegner habe die Patentanmeldung in dem vollen Bewusstsein getätigt, dass es sich um eine fremde, ihm nicht gehörende Erfindung handelt.[369]

dd) Besichtigungsanspruch

166 In Fällen der Besichtigungsanordnung, zu deren Durchsetzung ohne vorherige Anhörung des Besichtigungsschuldners eine begleitende einstweilige Verfügung ergeht, stellt sich im Falle eines Widerspruchs ebenfalls die Frage, ob der Antragsgegner sich mit Erfolg gegen die ihm nachteilige Kostenentscheidung wenden kann. Der Besichtigungsschuldner hat hierzu **drei Möglichkeiten:**

167 – Er kann in geeigneten Fällen zunächst geltend machen, dass die Besichtigung den **Verletzungsverdacht widerlegt** habe. Dieser Einwand ist tauglich, weil die Wahrscheinlichkeit einer Rechtsverletzung nach dem maßgeblichen Sachstand im Zeitpunkt der mündlichen Verhandlung über den Widerspruch zu verneinen ist, wenn die sachverständige Begutachtung ergeben hat, dass eine Benutzung des Verfügungsschutzrechts nicht vorliegt. Das gilt auch dann, wenn der Antragsteller das Verfügungsverfahren für erledigt erklärt.[370] Bleibt die Erledigungserklärung einseitig, hat das Gericht im streitigen Verfahren festzustellen, ob das Besichtigungsverlangen im Zeitpunkt der Erledigung (welche erst mit dem Ende der Besichtigung eintritt) zulässig und begründet war. Solches ist zu verneinen, wenn die Besichtigung ergibt, dass ein Verletzungsverdacht nicht begründet war. Keine andere Beurteilung ergibt sich, wenn sich der Antragsgegner der Erledigungserklärung anschließt. Zwar ist gemäß § 91a ZPO die Kostenentscheidung unter Berücksichtigung des *bisherigen Sach- und Streitstandes* zu treffen, womit es grundsätzlich auf die Rechtslage *vor* Eintritt der Erledigung (= Besichtigung) ankommt.[371] Ausnahmen sind jedoch zulässig, insbesondere können liquide Beweismittel (wie vorliegend das im selbständigen Beweisverfahren erstattete Gutachten) berücksichtigt werden.

168 – Hat das Gutachten **keine Klarheit** gebracht, ist in gleicher Weise zu verfahren. Hier ist zwar weiterhin von der Wahrscheinlichkeit einer Patentverletzung auszugehen; der Antragsgegner ist gleichwohl nicht zur Kostentragung verpflichtet, wenn der zu besichtigende Gegenstand sich nicht positiv als schutzrechtsverletzend erwiesen hat. Grund: Die Duldungsverfügung begleitet lediglich die im Rahmen des selbständigen Beweisverfahrens getroffene Besichtigungsanordnung. Die Kosten des Beweisverfahrens indessen kann der Antragsteller nur ersetzt verlangen, wenn er in einem anschließenden Patentverletzungsprozess obsiegt (weil die Kosten der Beweissicherung Kosten des nachfolgenden Rechtsstreits sind und damit der dort getroffenen Kostenentscheidung folgen) oder wenn – ohne nachfolgenden Hauptsacheprozess – dem Antragsteller ein materiell rechtlicher Ersatzanspruch zusteht, welcher nur bei

---

368 Möglich ist dies a) durch Anordnung eines Verfügungsverbotes (»Dem Antragsgegner wird bei Meidung der [näher zu bezeichnenden] Ordnungsmittel untersagt, über das deutsche Patent ... mit der Bezeichnung ... zu verfügen, insbesondere dieses zu veräußern, mit Lizenzen zu belasten oder auf das Patent ... zu verzichten.«), b) durch Pfändung und Überweisung an einen Sequester (»Das deutsche Patent ... mit der Bezeichnung ... wird gepfändet und an Rechtsanwalt/Patentanwalt ... als Sequester zur Wahrnehmung der Rechte an dem Patent ... überwiesen.«) oder c) durch eine Kombination von beidem. Der Sequester vertritt den Patentinhaber auch ohne besondere Anordnung des Gerichts. Er ist daher befugt, zB Einspruchsbeschwerde gegen die Widerrufsentscheidung zu erheben, die in Bezug auf das sequestrierte Patent ergangen ist (BGH, Mitt 2007, 408 – Patentinhaberwechsel im Einspruchsverfahren).
369 LG Düsseldorf, InstGE 3, 224 – Abmahnung bei Vindikationsklage; bestätigt durch OLG Düsseldorf, Beschluss v 5.1.2004 – I-2 W 37/03.
370 OLG München, InstGE 12, 186 – Presseur.
371 BGH, WRP 2004, 350 – Pyrex.

Vorliegen einer rechtswidrigen und schuldhaften Patentverletzung existiert. Die besagten Kostenerstattungsgrundsätze müssen auch bei der Verteilung der Kosten im Zusammenhang mit der Duldungsverfügung beachtet werden. Sie führen dazu, dass eine Kostentragungspflicht des Antragsgegners nur unter der Voraussetzung in Betracht kommen kann, dass die Besichtigung eine Schutzrechtsverletzung ergibt.[372]

– Hat die Besichtigung eine **Patentverletzung bestätigt**, sollte der Widerspruch auf die Kosten beschränkt werden[373], weil damit eine Anwendung des § 93 ZPO möglich ist.[374] Zu dessen Rechtfertigung kann geltend gemacht werden, der Antragsgegner sei vor Einleitung des Besichtigungsverfahrens nicht abgemahnt worden und er habe auch keine Veranlassung für ein gerichtliches Vorgehen gegeben, weswegen die Kosten des einstweiligen Verfügungsverfahrens vom Antragsteller zu tragen seien.[375] In Analogie zu den »Sequestrationsfällen«[376] ist eine vorherige Abmahnung des Besichtigungsschuldners entbehrlich, wenn bei Einleitung des gerichtlichen Verfahrens (a) entweder konkrete Anhaltspunkte dafür bestehen, dass der Antragsgegner die Abmahnung dazu nutzen wird, den Besichtigungsgegenstand in einer Weise zu verändern, dass der Besichtigungserfolg vereitelt wird, oder wenn (b) – ohne greifbare Anhaltspunkte für Manipulationsabsichten des Schuldners – der zu besichtigende Gegenstand tatsächlich innerhalb der bei einer Abmahnung zur Verfügung stehenden Zeit in einen nicht mehr patentverletzenden Zustand versetzt oder insgesamt dem Besichtigungszugriff entzogen werden kann, so dass eine Abmahnung den Besichtigungsgläubiger zwangsläufig der naheliegenden Möglichkeit einer Vereitelung des Besichtigungserfolges aussetzt.[377] Unter den genannten Bedingungen ist es dem Gläubiger nicht zumutbar, seinen Gegner um den Preis abzumahnen, dadurch die Durchsetzung seines eigenen (Besichtigungs-)Anspruchs in Gefahr zu bringen. Die Möglichkeit für derartige Vereitelungsmaßnahmen ist dabei – rein zeitlich betrachtet – nicht nur mit Blick auf die Abmahnfrist selbst in Erwägung zu ziehen. Vielmehr ist zu bedenken, dass auch bei einer sofortigen Anbringung des Besichtigungsantrages bei Gericht nach Ablauf der Abmahnfrist zwangsläufig noch eine gewisse Zeit (von einigen Tagen) vergehen wird, bis der gerichtliche Sachverständige beauftragt und dieser – nach Befassung mit dem Antragsschutzrecht – in der Lage ist, die Besichtigung durchzuführen. 169

ee) Einstweilige Verfügung und parallele Hauptsacheklage

Probleme im Zusammenhang mit der Anwendung des § 93 ZPO stellen sich schließlich, wenn Klage zur Hauptsache wegen eines (zB Unterlassungs-)Anspruchs erhoben wird, der – zeitgleich oder vorab – Gegenstand eines einstweiligen Verfügungsverfahrens ist. Auch hier sind verschiedene Konstellationen denkbar: 170

---

372 OLG München, InstGE 13, 190 – Kein Verletzungsnachweis nach Besichtigung; OLG München, InstGE 13, 293 – erfolglose Besichtigung, jeweils mwN zum Streitstand.
373 Er ist im Zweifel auch dann nicht verwirkt, wenn bei seiner Einlegung seit der Zustellung der einstweiligen Verfügung 2 Jahre vergangen sind und der Antragsgegner die festgesetzten Verfahrenskosten des Antragstellers erstattet hat (LG Düsseldorf, InstGE 11, 35 – Abmahnung bei Besichtigungsanspruch).
374 Der Kostenwiderspruch präkludiert nicht hinsichtlich der Verletzungsfrage in einem späteren Hauptsacheprozess.
375 LG Düsseldorf, InstGE 11, 35 – Abmahnung bei Besichtigungsanspruch.
376 Vgl oben Kap C Rdn 161 f.
377 LG Düsseldorf, InstGE 6, 294 – Walzen-Formgebungsmaschine II; LG Düsseldorf, InstGE 11, 35 – Abmahnung bei Besichtigungsanspruch.

171 – Der Klageanlass wird verneint, wenn die Hauptsacheklage **zeitgleich** mit dem Eilantrag bei Gericht eingereicht wird.[378]

172 – Ist eine **Beschlussverfügung ergangen** und soll danach die Klage zur Hauptsache anhängig gemacht werden, genügt die dem Verfügungsantrag vorausgegangene Abmahnung nicht mehr, um im Hinblick auf die Hauptsacheklage einen Klageanlass zu begründen. Wegen der durch die gerichtliche Entscheidung veränderten Sachlage bedarf es vielmehr einer erneuten Kontaktaufnahme mit dem Antragsgegner in Form eines sog Abschlussschreibens, mit dem der Antragsgegner unter Fristsetzung und Klageandrohung aufgefordert wird, die einstweilige Verfügung als endgültige Regelung anzuerkennen.[379] Ein Abschlussschreiben ist ausnahmsweise entbehrlich, wenn der Antragsgegner durch einen Widerspruch gegen die Beschlussverfügung zu erkennen gibt, dass er sich dem Rechtsschutzbegehren des Antragstellers nicht beugen will. Gleich zu behandeln ist der Fall, dass der Antragsgegner dem Antragsteller gemäß §§ 936, 926 ZPO eine Frist zur Erhebung der Hauptsacheklage setzen lässt.

173 – Wird die **Beschlussverfügung durch Urteil bestätigt**, muss vor Erhebung der Hauptsacheklage abermals zur Abgabe einer Abschlusserklärung aufgefordert werden, um einen Klageanlass zu begründen.[380] Denn die erstmals im Widerspruchsverfahren erfolgte Zurückweisung der Einwendungen des Antragsgegners schafft wiederum eine veränderte Sachlage, die es nicht von vornherein ausgeschlossen erscheinen lässt, dass der Antragsgegner – entgegen seiner bisherigen Rechtsverteidigung – einlenkt. Entsprechendes gilt für den Fall, dass die Berufung des Antragsgegners gegen ein Verfügungsurteil (mit dem die einstweilige Verfügung aufrechterhalten oder erlassen worden ist) zurückgewiesen wird.[381] Eines Abschlussschreibens nach Erlass des Verfügungsurteils bedarf es nicht, wenn der Antragsgegner Berufung einlegt oder eine Anordnung zur Erhebung der Hauptsacheklage (§§ 936, 926 ZPO) erwirkt.

174 Grundsätzlich kann der Antragsteller sogleich nach einer Beschluss- oder Urteilsverfügung ein Abschlussschreiben an den Antragsgegner richten, dessen Nichtbeachtung Veranlassung für eine Hauptsacheklage schafft. Allerdings sind auch hier Ausnahmen zu beachten. **Verzögert** der **Antragsteller das Abschlussschreiben** bis unmittelbar vor eine Widerspruchs- oder Berufungsentscheidung im einstweiligen Verfügungsverfahren, so ist es ihm regelmäßig zumutbar, die Hauptsacheklage um wenige Tage zurückzustellen, bis im Verfügungsverfahren entschieden ist und der Antragsgegner sich in Kenntnis dieser Entscheidung darüber klar werden kann, ob er den Verfügungsanspruch nunmehr anerkennen will.[382]

175 **Sobald** der **Antragsteller über** einen **Hauptsachetitel verfügt**, besteht grundsätzlich kein Anlass mehr für eine Aufrechterhaltung einer inhaltsgleichen[383] einstweiligen Verfü-

---

378 OLG Karlsruhe, WRP 1996, 922 – CD-ROM »Erotic 5«; teilweise wird der Hauptsacheklage auch das Rechtsschutzbedürfnis abgesprochen; vgl dazu Berneke, Einstweilige Verfügung, Rn 606 ff.
379 OLG Frankfurt/Main, WRP 2007, 556 – Fehlende Klageveranlassung; bleibt die Abschlusserklärung aus, ist die Erhebung der Hauptsacheklage auch unter Kostengesichtspunkten nicht rechtsmissbräuchlich (OLG Köln, MDR 2009, 1125).
380 OLG Frankfurt/Main, WRP 2007, 556 – Fehlende Klageveranlassung.
381 OLG Frankfurt/Main, WRP 2007, 556 – Fehlende Klageveranlassung.
382 OLG Frankfurt/Main, WRP 2007, 556 – Fehlende Klageveranlassung.
383 »Inhaltsgleich« sind auch die Verwahrungsanordnung zur Sicherung des Vernichtungsanspruchs, selbst wenn sie bis zur rechtskräftigen Entscheidung über den Vernichtungsanspruch andauern soll, und der mit dem Hauptsachetitel zuerkannte Vernichtungsanspruch, denn die aufgrund des vorläufig vollstreckbaren Titels mögliche (endgültige) Vernichtung der Verletzungsgegenstände schafft faktisch und rechtlich vollendete Tatsachen, die selbst über eine bis zur Rechtskraft andauernde Verwahrungsanordnung hinausgehen. Die Erledigungserklärung hat deshalb auch im Hinblick auf die Verwahrungsanordnung zu erfolgen.

gung; letztere braucht deshalb bei laufender Frist nicht mehr vollzogen zu werden, sondern ist vielmehr für erledigt zu erklären, anderenfalls der Verfügungsantrag mangels Verfügungsgrundes zurückzuweisen ist.[384] Dies ist unstreitig, wenn das Hauptsacheerkenntnis rechtskräftig ist, trifft nach herrschender Meinung aber auch zu, wenn der Hauptsachetitel nur vorläufig vollstreckbar ist.[385] Eine Ausnahme gilt dort, wo der Antragsteller zu derjenigen Sicherheitsleistung, von der die Vollstreckbarkeit des noch nicht rechtskräftigen Hauptsachetitels abhängt, nicht imstande ist.[386] Bleibt die Erledigungserklärung des Antragstellers einseitig, kommt es nicht darauf an, ob die Erklärung sogleich nach Eintritt des erledigenden Ereignisses (dh Vorliegen des Hauptsachetitels) abgegeben wird oder verspätet. Denn die Kostenentscheidung richtet sich nach §§ 91, 92 ZPO, was jegliche Billigkeitserwägungen dahingehend, dass der Antragsteller durch die verzögerte Erledigungserklärung zusätzliche Kosten verursacht hat, ausschließt.[387] Schließt sich der Antragsgegner der Erledigungserklärung allerdings an, können Überlegungen dieses Inhalts im Rahmen der Kostenentscheidung nach § 91a ZPO angestellt werden. Sie sind in der Weise angebracht, dass die Erledigungserklärung bei notweniger mündlicher Verhandlung in derjenigen ersten Verhandlung zu erklären ist, die auf das erledigende Ereignis folgt, und sie gehen dahin, dass der Antragsteller diejenigen Mehrkosten zu übernehmen hat, die durch die verspätete Erledigungserklärung veranlasst worden sind.[388]

II. Berechtigungsanfrage

Die Berechtigungsanfrage bzw der Hinweis auf ein Schutzrecht sind von der Abmahnung zu unterscheiden. Mit der Berechtigungsanfrage kann und soll lediglich ein Meinungsaustausch sowohl über die Tatsachen als auch die Rechtslage begonnen werden. Zu diesem Zweck wird der Verletzer zum einen auf das Schutzrecht hingewiesen und zum anderen wird ihm der vermeintliche Benutzungstatbestand erläutert. Hieran schließt sich die Aufforderung an ihn an, sich zu der Angelegenheit zu äußern bzw konkret zu erläutern, worin seine Berechtigung zur Vornahme der angegriffenen Handlungen liegt.

176

Praxistipp	Formulierungsbeispiel[389]

177

Firma ...

Betr.: Deutscher Teil des Europäisches Patents ...

Titel: ...

Patentinhaber: ...

Sehr geehrte Damen und Herren,

hiermit zeigen wir die Vertretung der obigen Patentinhaberin an. Neben dem Unterzeichner wirkt auch Patentanwalt ... mit.

---

384 OLG Düsseldorf, InstGE 10, 124 – Inhalator.
385 OLG Düsseldorf, InstGE 10, 124 – Inhalator; OLG Düsseldorf, OLG-Report 2006, 480; KG, NJW-WettbR 1999, 293; OLG Karlsruhe, WRP 1996, 590; aA: OLG Hamm, NJW-RR 1990, 1536.
386 OLG Düsseldorf, OLG-Report 2006, 480; KG, NJW-WettbR 1999, 293; OLG Karlsruhe, WRP 1996, 590; aA: OLG Hamm, NJW-RR 1990, 1536.
387 OLG Düsseldorf, OLG-Report 2009, 821; OLG Düsseldorf, NJW-RR 1997, 1566; OLG Stuttgart, OLG-Report 2003, 151.
388 OLG Düsseldorf, InstGE 10, 124 – Inhalator.
389 Für die Überlassung danke ich Herrn Rechtsanwalt Axel Verhauwen, Düsseldorf.

> Gemäß beigefügtem Auszug aus dem deutschen Patentregister steht das obige Patent ... für das Gebiet der Bundesrepublik Deutschland in Kraft. Es schützt – wie der in Kopie beigefügten Patentschrift entnommen werden kann – eine Vorrichtung, die sich gemäß dem für den Schutzbereich maßgeblichen Patentanspruch 1 durch folgende Merkmale auszeichnet:
>
> (es folgt eine Merkmalsgliederung).
>
> Wegen weiterer Einzelheiten dürfen wir auf die beigefügte Patentschrift verweisen, die aus sich heraus verständlich ist.
>
> Unsere Mandantin musste nun feststellen, dass Ihr Unternehmen unter der Bezeichnung »...« Vorrichtungen anbietet, bei denen nach vorläufiger Einschätzung unserer Mandantin sämtliche Merkmale des vorstehend gegliederten Patentanspruchs 1 verwirklicht werden. Zur Konkretisierung dieser Vorrichtung verweisen auf den beigefügten Prospekt Ihres Unternehmens. Aufgrund dieses Eindrucks unserer Mandantin bitten wir daher um Ihre Stellungnahme, aus welchen Gründen Sie sich dazu berechtigt sehen, eine derartige Vorrichtung ohne Zustimmung unserer Mandantin zu benutzen. Damit sich unsere Mandantin ein vollständiges Bild von Ihrer etwaigen Benutzungsberechtigung machen kann, bitten wir Sie darum, diese Stellungnahme auf sämtliche Berechtigungsaspekte zu erstrecken, zu denen ua die Benutzung des Patentanspruchs, die Rechtsbeständigkeit des Patentes sowie ein etwaiges Vorbenutzungsrecht gehören können. Für den Eingang Ihrer erschöpfenden Stellungnahme erlauben wir uns, eine Wiedervorlage in zwei Wochen bis zum _____ zu notieren. Wenn wir bis dahin ohne Ihre Antwort verbleiben sollten, müssen wir annehmen, dass Ihnen Rechtfertigungsgründe gleich welcher Art für die Patentbenutzung nicht zur Seite stehen.
>
> Mit freundlichen Grüßen

178 Beschränkt sich die Berechtigungsanfrage auf diese Punkte, löst sie in der Regel keine weiter reichenden Rechtsfolgen aus. So wird sie grundsätzlich **nicht als Eingriff in den eingerichteten und ausgeübten Gewerbebetrieb** angesehen, sodass selbst bei einem unberechtigten Hinweis zumindest dann nicht mit Schadensersatzansprüchen des Gegners zu rechnen ist, wenn nicht die äußeren Umstände die Berechtigungsanfrage als sittenwidrig im Wettbewerb erscheinen lassen. Dies gilt auch, wenn die Berechtigungsanfrage mit einer nachdrücklichen Aufforderung zur Stellungnahme verbunden wird.[390] Wesentlich ist jedoch, dass in der Berechtigungsanfrage weder ausdrücklich noch konkludent ein ernsthaftes Unterlassungsbegehren ausgesprochen wird noch gerichtliche Schritte angedroht werden, denn in diesem Fall kann ein als Berechtigungsanfrage formuliertes und gemeintes Schreiben als Verwarnung auszulegen sein und mithin einen Eingriff in den eingerichteten und ausgeübten Gewerbebetrieb darstellen. Anders als bei der Abmahnung kann durch eine Berechtigungsanfrage aber auch das Kostenrisiko im Falle eines sofortigen Anerkenntnisses § 93 ZPO nicht auf den Verletzer abgewälzt werden.

179 Das gilt grundsätzlich auch dann, wenn **Adressat der Berechtigungsanfrage** ein **Abnehmer** ist und vor dessen Ansprache keine Kontaktaufnahme mit dem Lieferanten stattfindet, in dessen Vertriebsbeziehungen eingegriffen wird.[391] Die Belange des Herstellers/Lieferanten sind in einem solchen Fall allerdings im Rahmen einer Interessenabwägung zu berücksichtigen. Dahinter steht die Überlegung, dass mit einer Ansprache von Abnehmern in besonderem Maße die Kundenbeziehungen des betreffenden Mitbewerbers zu seinen Abnehmern gefährdet sind, weil Abnehmer typischerweise ein geringeres Interesse an einer sachlichen Auseinandersetzung mit dem Schutzrechtsinhaber haben, weswegen die Geltendmachung von Ausschließlichkeitsrechten gegenüber den Abnehmern – unabhängig davon, ob sie berechtigt ist oder nicht – zu einem möglicherweise existenzge-

---

390 Vgl BGH, GRUR 1997, 896, 897 – Mecki-Igel III.
391 OLG Düsseldorf, Urteil v 7.8.2014 – I-2 U 9/14.

fährdenden Eingriff in die Kundenbeziehungen des mit dem Inhaber des Schutzrechts konkurrierenden Herstellers oder Lieferanten führen kann.[392] Als unlauter können sich vor diesem Hintergrund namentlich solche Berechtigungsanfragen erweisen, die bezüglich des Schutzrechts und/oder der mutmaßlichen Verletzungsform völlig allgemein und vage gehalten sind.[393] Nicht zu beanstanden ist demgegenüber eine Anfrage, die sich auf nachvollziehbare Verdachtsgründe stützen kann und die beanstandete Ausführungsform genauso wie das möglicherweise verletzte Patent konkret bezeichnet. Das gilt selbst dann, wenn die Anfrage mit der Aufforderung verbunden wird, Gespräche über eine gemeinsame Vermarktung des Schutzrechts (und damit über einen Wechsel des Lieferanten) zu führen.[394]

Die Berechtigungsanfrage unterliegt grundsätzlich **keinen Formerfordernissen**. Es ist auch nicht erforderlich, dem Gegner beispielsweise das Schutzrecht zur Verfügung zu stellen oder nähere Unterlagen zu dem Verletzungsgegenstand beizufügen. Beides bietet sich jedoch an, da so von dem Gegner schneller eine Antwort erwartet und auch verlangt werden kann. Es muss ihm nicht noch Zeit zugebilligt werden, sich die Unterlagen selbst zu beschaffen. Nach OLG Karlsruhe[395] soll es allerdings eine irreführende Werbung darstellen, *wenn* in der Berechtigungsanfrage die Erteilungsdaten des Patents umfangreich referiert und darauf hingewiesen wird, das Patent stehe in Kraft, ein anhängiges Einspruchsverfahren jedoch verschwiegen wird.[396] Entgegenhaltungen, die dem Anfragenden bekannt sind und den Rechtsbestand des Schutzrechts gefährden, verbieten weder eine Berechtigungsanfrage als solche noch zwingen sie den Anfragenden dazu, sie in der Anfrage offen zu legen. Das gilt jedenfalls so lange wie das Schutzrecht nicht mit einem Rechtsbehelf angegriffen ist.[397] 180

Die Berechtigungsanfrage bietet sich an, wenn über den Verletzungstatbestand Unsicherheit besteht. Denn durch eine Berechtigungsanfrage werden nicht nur die Rechtsfolgen einer unberechtigten Abmahnung vermieden, sondern der Gegner unter Umständen auch dazu veranlasst, sich zu rechtfertigen. Zum Teil werden im Rahmen einer derartigen Rechtfertigung diejenigen Informationen preisgegeben, die dem Verletzten zur Substantiierung seines Vorbringens gefehlt haben. Anders als bei der Abmahnung kann durch eine Berechtigungsanfrage das Kostenrisiko im Falle eines sofortigen Anerkenntnisses nicht auf den Verletzer abgewälzt werden. **§ 93 ZPO** ist nicht einschlägig, weil das Schweigen auf oder die Ablehnung der Beantwortung einer Berechtigungsanfrage keinen Klageanlass schafft. 181

Zu beachten ist jedoch, dass eine Berechtigungsanfrage zwar nach deutschem Rechtsverständnis keine Anspruchsberühmung darstellt, so dass sie dem Adressaten keinen Anlass für eine negative Feststellungsklage gibt. Im Ausland (zB USA, Italien) kann dies aber anders sein. Es sollte deshalb unbedingt darauf geachtet werden, dass die Berechtigungsanfrage ausdrücklich nur für den deutschen Teil eines EP erfolgt, so dass aus ihr nicht auf ein Rechtsschutzinteresse für eine **ausländische negative Feststellungsklage** geschlossen werden kann. 182

Ein einfacher Hinweis auf die Schutzrechtslage kann von dem Schutzrechtsanmelder auch dann ausgesprochen werden, wenn nur die Voraussetzungen für den Entschädigungsanspruch nach § 33 PatG vorliegen. Der Anmelder ist berechtigt, den mutmaßli- 183

---

392 BGHZ 164, 1, 4 = BGH-GSZ, GRUR 2005, 882 – Unberechtigte Schutzrechtsverwarnung; BGH, GRUR 2009, 878, 880 – Fräsautomat.
393 BGH, GRUR 2009, 878, 880 – Fräsautomat.
394 OLG Düsseldorf, Urteil v 7.8.2014 – I-2 U 9/14.
395 OLG Karlsruhe, GRUR-RR 2008, 197.
396 Offen gelassen von OLG Düsseldorf, Urteil v 29.3.2012 – I-2 U 1/12.
397 OLG Düsseldorf, Urteil v 29.3.2012 – I-2 U 1/12.

chen Nutzer der erfinderischen Lehre in sachlicher Form von der Anmeldung zu benachrichtigen. Dies gilt auch vor dem Hintergrund, dass das Entstehen des Anspruchs nach § 33 PatG von einem Kennen bzw Kennenmüssen des Nutzers abhängt.[398] Ein solcher Hinweis wird grundsätzlich nicht als Verwarnung anzusehen sein, weil ein Unterlassungsanspruch ausgeschlossen ist. Auch ein Hinweis vor Offenlegung ist als zulässig betrachtet worden.[399]

III. Presseerklärung

184 Wird in einer firmeneigenen Presseerklärung der Vorwurf einer Patentverletzung erhoben oder über den bereits erstinstanzlichen Erfolg einer erhobenen Patentverletzungsklage berichtet, stellen die an eine Schutzrechtsverwarnung zu stellenden Anforderungen den Mindeststandard dar, dem die Erklärung genügen muss, wenn sie wettbewerbsrechtlich zulässig sein soll. Denn die zB auf der Homepage des Verletzungsklägers bereit gehaltene Erklärung stellt der Sache nach eine an beliebige Adressaten und damit auch an potenzielle Abnehmer der mutmaßlich schutzrechtsverletzenden Ware gerichtete Verwarnung dar, die folgerichtig – zumindest – denjenigen Maßstäben genügen muss, die gelten würden, wenn der Verletzungskläger anstelle einer öffentlichen Presseerklärung separate Abmahnungsschreiben an alle in Betracht kommenden Abnehmer versandt hätte. Genauso wie bei einer Schutzrechtsverwarnung ist daher die bloß pauschale (zB das Verwarnungsschutzrecht oder die angegriffene Ausführungsform nicht eindeutig identifizierende) Verunglimpfung eines Wettbewerbers in einer Presseerklärung gemäß § 4 Nr 7 UWG wettbewerbswidrig. Das gilt nicht nur dann, wenn der Adressatenkreis der Presseerklärung sehr klein ist, weil es sich um einen überschaubaren Markt mit wenigen Interessenten handelt, sondern in gleicher Weise, wenn der Adressatenkreis größer bemessen ist. Auch hier erlaubt die Presseerklärung keine undifferenzierte Herabsetzung durch einen nicht näher ausgeführten, deshalb für den Adressaten nicht nachprüfbaren und für den betroffenen Wettbewerber nicht ausräumbaren Vorwurf einer Schutzrechtsverletzung.[400] Wird die Presseerklärung unter Umständen bereit gehalten und verbreitet, die erwarten lassen, dass mit ihrem Inhalt praktisch *nur* potenzielle Abnehmer der als patentverletzend beurteilten Erzeugnisse in Berührung kommen, so hat es für die Beurteilung der rechtlichen Zulässigkeit der Presseerklärung bei denjenigen Maßstäben sein Bewenden, die für Abnehmerverwarnungen gelten.[401] Werden die dort maßgeblichen Anforderungen eingehalten, ist die Presseerklärung zulässig.

185 Darüber hinausreichende strengere Anforderungen sind an eine Presseerklärung allenfalls dann zu richten, wenn sie nach der Form ihrer Verbreitung die Gefahr begründet, dass über die potenziellen Abnehmerkreise für das angeblich patentverletzende Produkt hinaus auch solche Adressaten in praktisch relevantem Umfang angesprochen und in Kenntnis gesetzt werden, die auf dem fraglichen Markt nicht selbst tätig sind, aus dem Vorwurf der Patentverletzung jedoch möglicherweise nachteilige Schlussfolgerungen für ihre geschäftlichen Kontakte mit dem von der Presseerklärung Betroffenen auf anderem Gebiet ziehen.

---

398 BGH, GRUR 1975, 315 – Metacolor.
399 Zur früheren Rechtslage: BGH, GRUR 1951, 314 – Motorblock.
400 OLG Düsseldorf, InstGE 10, 98 – Lithographische Druckplatten.
401 OLG Düsseldorf, InstGE 11, 267 – Produkt-Scanner.

IV. »Torpedo«[402]

Ein Risiko sollte bei der Abmahnung oder der Versendung einer Berechtigungsanfrage an den Verletzer bei Verfahren mit internationalem Bezug stets im Auge behalten werden. Es besteht derzeit die Praxis, bei Sachverhalten im Anwendungsbereich der seit dem 10.1.2015 geltenden VO 1215/2012[403] (EuGVVO, vormals VO 44/2001[404]) negative Feststellungsklagen mit den identischen Parteien und dem gleichen Streitgegenstand in einem Vertragsstaat der EU anhängig zu machen, in dem mit einer sehr langen Verfahrensdauer gerechnet werden kann. Dieser sog »Torpedo« (bekannt auch als »italienischer Torpedo« oder »belgischer Torpedo«) kann ein Verletzungsverfahren in der Bundesrepublik Deutschland vor allem wegen Art 29 Abs 1 EuGVVO blockieren. Denn nach dieser Vorschrift ist in einem solchen Fall von dem später angerufenen Gericht das Verfahren von Amts wegen auszusetzen, bis die Zuständigkeit oder Unzuständigkeit des zuerst angerufenen Gerichts rechtskräftig feststeht. Dies gilt entgegen deutschem Recht auch, wenn die zuerst anhängig gemachte Klage eine negative Feststellungsklage ist, da diese international nicht als subsidiär zur Leistungsklage eingestuft wird.[405] Das später rechtshängig gewordene Verfahren ist grundsätzlich auch dann auszusetzen, wenn die negative Feststellungsklage wegen grundsätzlicher Unzuständigkeit des zuerst angerufenen Gerichts unzulässig ist. Erklärt sich das zuerst angerufene Gericht schließlich für zuständig, ist die später rechtshängig gewordene Klage als von Anfang an unzulässig abzuweisen.[406]

186

Ursprüngliche Probleme, die sich daraus ergaben, dass der Begriff der **Anhängigkeit** in Art 21 EuGVÜ entsprechend dem in internationalen Verträgen üblichen Sprachgebrauch im Sinne von Rechtshängigkeit zu verstehen war, sind durch die EuGVVO gelöst worden. Wann ein Verfahren als rechtshängig anzusehen ist, richtet sich zwar grundsätzlich nach dem jeweiligen nationalen Recht[407], und in vielen Staaten setzt die Rechtshängigkeit keine Zustellung an den Beklagten voraus. Bereits mit der VO 44/2001 war jedoch klargestellt worden, dass in allen Staaten im Anwendungsbereich der Verordnung für die Anhängigkeit das Datum der Einreichung der Klage bei Gericht (1. Variante) bzw – bei Zustellung vorab im Parteibetrieb[408] – der Zeitpunkt des Eingangs der Unterlagen bei der für die Zustellung zuständigen Stelle (2. Variante) entscheidet (Art 30 EuGVVO).[409] Mit den genannten Maßnahmen wird auch ein Hilfsantrag »anhängig«.[410] Die geltende Gesetzeslage hat zur Folge, dass beide Parteien gleiche Chancen bei dem »Wettlauf« um

187

---

402 Rojahn, FS Mes, 2009, S 301.
403 ABl L 351/1 v 20.12.2012.
404 Für Klagen ab dem 1.3.2002 an die Stelle des EuGVÜ getreten, vgl Art 66 VO 44/2001.
405 EuGH, JZ 1995, 616 – Tatry/Maciej Rataj; EuGH, NJW 1989, 665, 666 – Gubisch Maschinenfabrik/Palumbo; BGH, NJW 1995, 1758.
406 BGH, MDR 2018, 691.
407 EuGH, NJW 1989, 665, 666 – Gubisch Maschinenfabrik/Palumbo; EuGH, NJW 1984, 2759 – Zelger/Salinitri.
408 Diese Variante, bei der die Zustellung an den Beklagten vor Einreichung des Schriftstücks bei Gericht zu bewirken ist, entspricht den romanischen Rechtsordnungen.
409 Probleme aus der unterschiedlichen Definition der »Rechtshängigkeit« bestanden weiterhin im Anwendungsbereich des LugÜ: OLG Frankfurt/Main, Mitt 2006, 286 – Rechtshängigkeit in der Schweiz. Sie sind mit der Revision des LugÜ zum 1.1.2010 erledigt, weil Art 30 nunmehr ebenfalls die Rechtshängigkeit im Sinne von Anhängigkeit definiert.
410 OLG Köln, GRUR-RR 2005, 36 – Fußballwetten.

die Anhängigkeit im Sinne von Art 29 EuGVVO zum einen der negativen Feststellungsklage und zum anderen der positiven Leistungsklage haben.[411]

188 Nach Art 32 Nr 1 EuGVVO ist der Zeitrang der Klageeinreichung allerdings nur gewahrt, wenn der **Kläger** ihm obliegende **Maßnahmen für die Zustellung** der Klage an den Gegner bzw das Gericht **nicht versäumt**. Nach dem lex fori richtet sich nicht nur, ob die 1. oder die 2. Variante von Art 30 EuGVVO einschlägig ist, sondern gleichermaßen, welche Maßnahmen im Einzelnen erforderlich sind, um die erforderliche Zustellung/den Eingang bei der Zustellungsstelle zu bewirken.[412] Ist ihnen genügt, hat es keine Bedeutung mehr, ob es in der Folge wirklich zu einer Zustellung an den Beklagten bzw einem Eingang bei Gericht kommt.[413] Sind – umgekehrt – keine hinreichenden Vorkehrungen getroffen, bestimmt sich der Zeitrang der betreffenden Klage nach dem Zeitpunkt ihrer endgültigen Rechtshängigkeit.[414]

189 Die erforderlichen Vorkehrungen sind zu verneinen, wenn dem Kläger Nachlässigkeiten zur Last fallen. Sie sind bei Anwendung deutschen Rechts namentlich dann gegeben, wenn der Gerichtskostenvorschuss vorwerfbar nicht rechtzeitig eingezahlt wird oder wenn dem Gericht keine (richtige und vollständige) zustellungsfähige Anschrift des Beklagten mitgeteilt wird (der es auch bei einer Auslandszustellung bedarf).[415] Sowohl bei Inlands- als auch bei Auslandszustellungen ist regelmäßig die Angabe einer Postleitzahl notwendig, selbst wenn die Postverwaltung im Einzelfall das Schriftstück trotz unzureichender Adressierung hätte zustellen und den Mangel der Adressierung damit hätte heilen können.[416] Um der notwendigen Beklagtenadresse habhaft zu werden, muss der Kläger zwar keinen Handelsregisterauszug einholen und auch keine sonstige öffentliche Urkunde anfordern; wohl aber muss er sich aus einer *zuverlässigen* Quelle über die zustellungsfähige Anschrift des Beklagten informieren.[417]

190 Soll die Zustellung statt an den Beklagten an seinen **Empfangsvertreter** (zB dessen vorgerichtlich tätig gewordenen Anwalt) erfolgen, scheidet der Nachlässigkeitsvorwurf nur aus, wenn der Zustellungsempfänger tatsächlich eine entsprechende Empfangsvollmacht des Beklagten hat oder der Kläger wenigstens berechtigt darauf vertrauen darf, dass eine solche (die konkrete Zustellung abdeckende Vollmacht zum Empfang von Schriftstücken) besteht; vorgelegt werden muss sie nicht.[418] Das Vertrauen auf eine tatsächlich nicht gegebene Empfangsvollmacht ist nur dann schutzwürdig, wenn dem Kläger entweder von der beklagten Partei selbst oder von deren Bevollmächtigten Kenntnis vom Bestehen einer Empfangsvollmacht gegeben worden ist, bevor der Kläger den Empfangsvertreter gegenüber dem Gericht als Adressat benannt hat.[419] Ob eine Zustellung an einen rechtsgeschäftlichen Vertreter statt an die Prozesspartei zulässig ist, beurteilt sich

---

411 Vor der EuGVVO (bzw. der VO 44/2001) konnte die Chancengleichheit durch Erhebung einer Verletzungsklage vor beispielsweise den Verwaltungsgerichten hergestellt werden. Für die »Altfälle« vgl Musmann, Mitt 2001, 99; BVerwG, Mitt 2001, 136 – unzulässige Verletzungsklage. Die Problematik einer sich ausschließlich nach dem jeweiligen nationalen Prozessrecht richtenden Rechtshängigkeit besteht heute noch im Geltungsbereich des LugÜ (dh im Verhältnis zur Schweiz, zu Island und zu Norwegen): OLG Frankfurt/Main, Mitt 2006, 286, und dort, wo die EuGVVO nicht in Kraft getreten ist und deswegen das EuGVÜ fort gilt (zB bis 30.6.2007 im Verhältnis zu Dänemark), weil beide Regelungswerke (LugÜ und EuGVÜ) eine dem Art 32 EuGVVO (= Art 30 VO 44/2001) vergleichbare Vorschrift nicht kennen und eine analoge Anwendung nicht in Betracht kommt (OLG Frankfurt/Main, Mitt 2006, 286).
412 BGH, NJW 2017, 564.
413 BGH, NJW 2017, 564.
414 BGH, NJW 2017, 564.
415 BGH, NJW 2017, 564.
416 BGH, NJW 2017, 564.
417 BGH, NJW 2017, 564.
418 BGH, NJW 2017, 564.
419 BGH, NJW 2017, 564.

nach dem nationalen Recht der lex fori.[420] Für das Bestehen, den Umfang und die Auslegung einer rechtsgeschäftlichen Vollmacht kommt es demgegenüber auf das Recht desjenigen Staates an, in dem die Vollmacht ihre Wirkung entfalten bzw von ihr Gebrauch gemacht werden soll.[421]

Diese Chancengleichheit bei dem Wettlauf um die Anhängigkeit eines Verfahrens gemäß Art 29 EuGVVO hilft jedoch nicht in dem Fall, in dem der Gegner vor der Klageerhebung einer Verletzungsklage zur Vermeidung des Kostenrisikos gemäß § 93 ZPO abgemahnt werden soll, denn in der dem Gegner zur Beantwortung der Abmahnung zu setzenden Frist hat dieser in der Regel genügend Zeit, einen Torpedo zu starten und mithin einer Verletzungsklage zuvor zu kommen. Denn trotz des möglichen Risikos eines Torpedos wird die Abmahnung zumeist nicht als entbehrlich oder eine Abmahnfrist von wenigen Stunden als angemessen angesehen. Das Kostenrisiko und das Risiko eines Torpedos müssen daher zumindest noch vor Absendung einer Abmahnung oder einer Berechtigungsanfrage, die den Gegner über das relevante Schutzrecht, die möglichen Parteien und den Verletzungsvorwurf informiert, gegeneinander abgewogen werden.

191

---

420 BGH, NJW 2017, 564.
421 BGH, NJW 2017, 564.

D. Klageverfahren

I. Zuständigkeit

Hat die vorgerichtliche Abmahnung des Verletzers nicht zum Erfolg geführt und sollen die Rechte aus dem Patent nunmehr klageweise durchgesetzt werden, stellt sich als Erstes die Frage nach dem zuständigen Gericht.

1. Internationale Zuständigkeit[1]

Soll eine Patentverletzungsklage gegen eine ausländische Partei (zB ein nach ausländischem Recht organisiertes Unternehmen [Inc, Ltd, SpA] oder eine natürliche Person fremder Nationalität) erhoben werden, so muss – neben der sachlichen und der örtlichen Zuständigkeit – auch die internationale Zuständigkeit des angerufenen Gerichts gegeben sein. Ob sie besteht, hat das Gericht von Amts wegen festzustellen. Es handelt sich um eine Prozessvoraussetzung, deren Vorliegen auch noch in der Revisionsinstanz nachgeprüft werden kann.[2] Einschlägig sind insoweit – bezogen auf den europäischen Raum[3] – vor allem die seit 10.1.2015 geltende EuGVVO, die im Wesentlichen wortgleich an die Stelle der VO 44/2001 getreten ist, die wiederum dem EuGVÜ nachgefolgt ist, weswegen Rechtsprechung und weitere Diskussionen zur VO 44/2001 und zum EuGVÜ weiterhin bedeutsam sind. Zu beachten ist außerdem das parallele *Lugano-Übereinkommen* (LugÜ)[4], für dessen Auslegung im Wesentlichen dieselben Grundsätze gelten wie für die EuGVVO[5].

Exkurs: Außerhalb des Anwendungsbereichs besonderer Rechtsverordnungen (zB in Bezug auf eine US-amerikanische oder japanische Partei) gilt der Grundsatz, dass die internationale der **örtlichen Zuständigkeit** folgt. Wird sie – zB aufgrund des § 32 ZPO – bejaht, ist damit zugleich auch die internationale Zuständigkeit *deutscher* Gerichte gegeben.[6] Im Berufungs- und Revisionsverfahren, in dem nicht mehr die von der I. Instanz bejahte örtliche Zuständigkeit[7], wohl aber die internationale Zuständigkeit überprüft werden kann (und muss)[8], bedeutet dies, dass es bei dem deutschen Gericht bleibt, das seine örtliche Zuständigkeit (zB über § 32 ZPO) bejaht hat, sofern der Ort der unerlaubten Handlung nur in Deutschland belegen ist, wenn auch nicht im Gerichtsbezirk desjenigen Gerichts, das sich für zuständig gehalten hat.[9]

---

1 Vgl Adolphsen, Europäisches und internationales Zivilprozessrecht.
2 BGH, Mitt 2002, 559, 560 – Notwendige Konnexität; BGH, GRUR 2016, 1048 – An Evening with Marlene Dietrich.
3 ... seit dem 1.7.2007 einschließlich Dänemarks (vgl ABl EU Nr L 299 v 16.11.2005, S 62, ABl EU Nr L 94 v 4.4.2007, S 70), wo vorher das EuGVÜ weiterhin galt.
4 Das LugÜ ist relevant im Verhältnis zu den EFTA-Staaten (Schweiz, Island, Norwegen). Eine revidierte Fassung vom 30.10.2007 (ABl. EU 2009 Nr L 147 S 5) ist im Verhältnis der EU zu Norwegen am 1.1.2009, im Verhältnis zur Schweiz am 1.1.2011 und im Verhältnis zu Island am 1.5.2011 in Kraft getreten, vgl dazu Kubis, Mitt 2010, 151. Zur Beachtlichkeit des EuGVÜ und der hierzu ergangenen EuGH-Rechtsprechung für die Auslegung von Parallelvorschriften des LugÜ vgl BGH, NJW-RR 2002, 1149; BGH, NJW-RR 2010, 644.
5 BGH, MDR 2017, 540.
6 BGH, GRUR 2015, 467 – Audiosignalcodierung.
7 §§ 513 Abs 2, 545 Abs 2 ZPO.
8 BGH, GRUR 2018, 84 – Parfummarken.
9 BGH, NJW-RR 1987, 3081; OLG Düsseldorf, Urteil v 6.10.2016 – I-2 U 19/16.

a) Art 4 Abs 1 EuGVVO

4 Sowohl die EuGVVO als auch das LugÜ kennen in Art 4 (bzw Art 2) Abs 1 den allgemeinen Gerichtsstand des Beklagtensitzes. Er besagt, dass Personen, die ihren **Wohnsitz** (nicht gewöhnlichen Aufenthalt) im Hoheitsgebiet eines Mitgliedstaates der EuGVVO haben, ohne Rücksicht auf ihre Staatsangehörigkeit (welche dieselbe oder eine andere sein kann) vor den Gerichten *dieses* Mitgliedstaates zu verklagen sind. Gesellschaften und **juristische Personen** haben ihren Wohnsitz dort, wo sich ihr satzungsmäßiger Sitz, ihre Hauptverwaltung oder ihre Hauptniederlassung befindet (Art 63 Abs 1 EuGVVO (Art 60 Abs 1 EuGVVO aF). Fallen die besagten Anknüpfungspunkte geografisch nicht zusammen, sondern eröffnen sie unterschiedliche Gerichtsstände, so besteht zwischen ihnen ein Wahlrecht des Klägers.[10]

5 – Für den **satzungsmäßigen Sitz** kommt es allein auf die Regelung im Gesellschaftsvertrag, aber nicht darauf an, ob an dem fraglichen Ort irgendeine Verwaltungs- oder Geschäftstätigkeit entfaltet wird.[11] Auch ein Ort, an dem nicht mehr als ein Briefkasten unterhalten wird, ist deshalb zuständigkeitsbegründend, wenn *er* in der Satzung als Sitz der Gesellschaft bestimmt ist. Allerdings wird zu fordern sein, dass die getroffene Sitzbestimmung nach dem nationalen Gesellschaftsrecht zulässig ist.

6 – Der Ort der **Hauptverwaltung** befindet sich dort, wo die Willensbildung und unternehmerische Leitung des Unternehmens stattfindet.[12] Er wird durch den regelmäßigen/überwiegenden Tätigkeitsort der Geschäftsleitung bestimmt.[13]

7 – Die **Hauptniederlassung** ist der Ort, von wo aus die Gesellschaft mit dem Markt in Kontakt tritt, also der tatsächliche Sitz der Gesellschaft. Der Schwerpunkt des unternehmensexternen Geschäftsverkehrs muss bei dieser Niederlassung liegen, was eine Konzentration bedeutsamer Personal- und Sachmittel voraussetzt.[14]

8 Im allgemeinen Sitzgerichtsstand kann nicht nur die Verletzung eines deutschen Patents, sondern es können gleichermaßen Ansprüche wegen Verletzung eines ausländischen Patents (oder des ausländischen Teils eines europäischen Patents) geltend gemacht werden.

9 Ist Streitgegenstand ein ausländisches Patent, hat das Gericht die **Verletzungsfrage** und die sich daraus ergebenden **Rechtsfolgen** nach dem **ausländischen materiellen Recht** zu beurteilen, dem das Klagepatent unterliegt.[15] Während die Gesetzes- und Rechtsprechungslage für das Vereinigte Königreich[16], Frankreich[17] und die Niederlande hinreichend in Fachzeitschriften dokumentiert ist, wird es für andere fremde Rechte vielfach erforderlich sein, ein Sachverständigengutachten (Rechtsgutachten) einzuholen.

10 Ein Sonderproblem[18] bezüglich der Zuständigkeit ergibt sich bei *ausländischen* Patenten, wenn im Gerichtsstand des Art 4 EuGVVO geklagt wird und das anzuwendende auslän-

---

10 BAG, NJW 2008, 2797; BGH, NJW-RR 2018, 290.
11 BGH, NJW-RR 2018, 290.
12 BAG, NJW 2008, 2797.
13 BAG, MDR 2010, 641.
14 BAG, MDR 2010, 641.
15 BGH, GRUR 2008, 254 – THE HOME STORE; OLG Frankfurt/Main, GRUR-RR 2012, 473 – Joop!
16 Adam, Der sachliche Schutzbereich des Patents in Großbritannien und Deutschland, 2003.
17 Vgl dazu: LG Düsseldorf, InstGE 1, 261 – Schwungrad; Véron, Mitt 2002, 386; Treichel, Die Sanktionen der Patentverletzung und ihre gerichtliche Durchsetzung im deutschen und französischen Recht, 2001.
18 Vgl dazu: Schauwecker, Extraterritoriale Patentverletzungsjurisdiktion, 2009; Bukow, FS Schilling, 2007, S 59; Reichardt, GRUR Int 2008, 574.

dische Recht im Verletzungsprozess den **Einwand der Nichtigkeit** des Klagepatents zulässt. Bei einer derartigen Konstellation fragt sich, ob die nach Art 4 Abs 1 EuGVVO begründete Zuständigkeit vor dem Gericht desjenigen Vertragsstaates, in dem der Beklagte seinen Wohn- oder Geschäftssitz hat, im Nachhinein deswegen entfällt, weil Art 24 Nr 4 EuGVVO (vormals Art 16 Nr 4 EuGVÜ) für die Nichtigkeitsentscheidung eine ausschließliche Zuständigkeit der Gerichte des Erteilungsstaates vorsieht.[19] Die Frage ist zu bejahen, weil die in Art 24 Nr 4 EuGVVO geregelte ausschließliche Zuständigkeit der Gerichte des Erteilungsstaates – wie nunmehr ausdrücklich klargestellt ist und schon vorher der Rechtsprechung des EuGH[20] entsprochen hat – unabhängig davon gilt, in welcher verfahrensrechtlichen Form (ob im Wege einer Nichtigkeitsklage oder als Einrede im Verletzungsprozess) und zu welchem Zeitpunkt (ob bei Klageerhebung oder später im [Verletzungs-]Verfahren) die Gültigkeit des Patents angezweifelt wird.[21] Da es sich bei Art 24 Nr 4 EuGVVO um eine von Amts wegen und deshalb in jedem Stadium des Verfahrens zu beachtende Zuständigkeitsnorm handelt, kann dem Angriff auf den Rechtsbestand des Klagepatents nicht mit Verspätungsvorschriften begegnet werden. Weil das inländische Gericht das ausländische materielle Recht des Erteilungsstaates anzuwenden hat und dieses materielle Recht eine Verteidigung mit dem Nichtigkeitseinwand vorsieht, ist das angerufene Sitzgericht, sobald der Nichtigkeitseinwand erhoben wird, nicht mehr über den gesamten Streitstoff entscheidungsbefugt.[22] Eine Verweisung an ein Gericht des Erteilungsstaates kommt mangels entsprechender Verweisungsvorschriften selbst dann nicht in Betracht, wenn dieses (zB nach Art 7 Nr 2 EuGVVO) auch für die Verletzungsklage zuständig wäre.[23] Die Verletzungsklage muss deswegen als unzulässig abgewiesen werden, sobald der Nichtigkeitseinwand in einer Weise (dh substantiiert) erhoben wird, dass eine – den Gerichten des Erteilungsstaates vorbehaltene – sachliche Auseinandersetzung mit dem Nichtigkeitsvorbringen geboten ist.[24] Wird – ohne den Nichtigkeitseinwand zu erheben – das ausländische Klagepatent im Erteilungsstaat gesondert mit einer Nichtigkeitsklage angegriffen, kann der Rechtsstreit gemäß § 148 ZPO ausgesetzt werden, bis über die Nichtigkeitsklage rechtskräftig entschieden ist.

Der Zuständigkeitsverlust gilt nicht im **einstweiligen Verfügungsverfahren**, in dem eine abschließende Sachentscheidung über die Bestandsfrage nicht getroffen wird, sondern die Nichtigkeitseinwände lediglich im Rahmen einer umfassenden Interessenabwägung Berücksichtigung finden.[25]

11

---

19 Da Art 22 Nr 4 EuGVVO nur die »Eintragung oder Gültigkeit« betrifft, ist sein Anwendungsbereich nicht tangiert, wenn es ausschließlich darum geht, wer der rechtmäßige Inhaber des fraglichen Schutzrechts ist (EuGH, GRUR 2017, 1167 – Hanssen/Prast-Knipping).
20 EuGH, GRUR 2007, 49 – GAT (zu Art 16 Nr 4 EuGVÜ).
21 So jetzt ausdrücklich in § 22 Nr 4 LugÜ geregelt.
22 Hat der Patentinhaber den Beklagten in einem ausländischen Mitgliedstaat der EuGVVO (auch) wegen Verletzung des deutschen Teils eines europäischen Patents durch eine bestimmte angegriffene Ausführungsform in Anspruch genommen und wird in diesem Verfahren rechtskräftig festgestellt, dass der Patentinhaber (zB wegen der GAT/LUK-Rechtsprechung des EuGH) auf die Verfolgung seiner Ansprüche wegen Benutzung des deutschen Teils des EP prozessual verzichtet hat, so steht einer in Deutschland erhobenen Verletzungsklage aus dem deutschen Teil des europäischen Patents wegen derselben angegriffenen Ausführungsform gemäß Art 36 EuGVVO (= Art 33 VO 44/2001) der Einwand der Rechtskraft entgegen mit der Folge, dass die deutsche Klage als unzulässig abzuweisen ist (LG Düsseldorf, InstGE 11, 44 – Eingriffskatheter).
23 OLG Köln, NJW 1988, 2182; OLG Koblenz, NJW-RR 2001, 490.
24 So auch Kubis, Mitt 2007, 220.
25 EuGH, GRUR 2012, 1169 – Solvay; Gericht erster Instanz in Den Haag, Mitt 2007, 285 – Bettacare v H3; vgl dazu auch Bisschop, Mitt 2007, 247.

> **12** | **Praxistipp** | Formulierungsbeispiel
>
> Für die anwaltliche Praxis ist zu raten, von einer Klage aus einem ausländischen Patent am inländischen Sitzgericht des Beklagten abzusehen, wenn das ausländische materielle Patentrecht den Nichtigkeitseinwand kennt. Jeder halbwegs gut beratene Beklagte wird die Verletzungsklage durch die Erhebung des Nichtigkeitseinwandes zu Fall zu bringen wissen, und er wird dies zweckmäßigerweise in einem möglichst späten Stadium des Verletzungsprozesses tun, so dass der Patentinhaber, bevor er seine Verletzungsklage im Erteilungsstaat erheben kann, viel unnütze Zeit mit seiner – letzten Endes unzulässigen – inländischen Klage verloren hat.

13 In jedem Fall ist das Sitzgericht rein formal nach der **Parteistellung im** betreffenden **Prozess** zu bestimmen. Bei einer **negativen Feststellungsklage**, die von einem deutschen Kläger gegen einen ausländischen Patentinhaber erhoben wird, ist als Sitzgericht deshalb das (ausländische) Gericht desjenigen Mitgliedstaates anzusehen, in dem der beklagte Schutzrechtsinhaber ansässig ist.[26] Sitzgericht ist nicht das Heimatgericht des Klägers.[27] Gegenteiliges lässt sich nicht mit der Erwägung begründen, aufgrund der vom Patentinhaber ausgesprochenen Berühmung sei es der Kläger, der schutzbedürftig sei und der deshalb auch den allgemeinen Gerichtsstand vorgebe.

14 Wie im nationalen Recht auch, reicht es für die Bejahung der Zuständigkeit aus, dass diese, wenn sie nicht schon von Anfang an gegeben war, im Verlaufe des Rechtsstreits eintritt.[28] Andererseits bleibt eine einmal begründete Zuständigkeit erhalten, auch wenn die sie begründenden Umstände im Laufe des Rechtsstreits nachträglich weggefallen sind (**perpetuatio fori**, vgl § 261 Abs 3 Nr 2 ZPO).[29]

b) Art 7 Nr 2 EuGVVO[30]

15 Art 7 Nr 2 EuGVVO regelt ferner einen Gerichtsstand der unerlaubten Handlung. Er gestattet es, den Angehörigen eines Vertragsstaates[31] vor den Gerichten eines anderen Vertragsstaates in Anspruch zu nehmen, wenn dieser dort eine unerlaubte Handlung[32] begangen hat.[33] Erfasst werden alle Ansprüche aus Anlass der Schutzrechtsverletzung, dh solche auf Unterlassung, Beseitigung, Auskunft und Geldersatz.[34] Zuständigkeitsbegründend ist der »*Ort, an dem das schädigende Ereignis eingetreten ist oder einzutreten droht*«, womit sowohl der Erfolgsort (an dem sich der Schadenserfolg verwirklicht) wie auch der Handlungsort (an dem sich das für den Schaden ursächliche Geschehen ereignet hat) gemeint sind.[35] Fallen beide auseinander, hat der Kläger das Wahlrecht.[36] Agieren

---

26 OLG München, InstGE 2, 61 – Leit- und Informationssystem II; LG Düsseldorf, InstGE 3, 153 – WC-Erfrischer.
27 Schweizerisches Bundesgericht, GRUR Int 2007, 534.
28 BGH, MDR 2011, 686 = Mitt 2011, 310 (LS).
29 BGH, MDR 2011, 686 = Mitt 2011, 310 (LS).
30 Umfassend zu Patentverletzungen durch Handlungen im patentfreien Ausland vgl Keller, FS Ullmann, 2006, S 449.
31 Bei Gesellschaften entscheidet deren satzungsgemäßer Sitz (BGH, GRUR 2016, 946 – Freunde finden).
32 Vorausgesetzt ist eine rechtswidrige Patentverletzung, so dass ein Entschädigungsanspruch nicht ausreicht: Kühnen, GRUR 1997, 19; aA: LG Mannheim, InstGE 13, 65 – UMTS-fähiges Mobiltelefon II.
33 Hierzu umfassend Grabinski, GRUR Int 2001, 200.
34 BGH, GRUR 2015, 689 – Parfumflakon III.
35 EuGH, GRUR 2012, 654 – Wintersteiger/Products 4U.
36 EuGH, GRUR 2014, 806 – Coty Germany GmbH./. First Note Perfumes NV.

mehrere bei der Herbeiführung des Verletzungserfolges (als Täter oder Teilnehmer) zusammen, ist der Gerichtsstand der unerlaubten Handlung allerdings gegenüber einem einzelnen von ihnen, der allein verklagt ist, nur dort gegeben, wo er selbst (und nicht nur ein anderer Beteiligter) gehandelt hat.[37]

Nach der Rechtsprechung des EuGH zur Vorgängervorschrift des Art 5 Nr 3 VO 44/2001[38], die für Art 7 Nr 2 EuGVVO entsprechend heranzuziehen ist[39], bezieht sich die Wendung »unerlaubte Handlung oder ... Handlung, die einer unerlaubten Handlung gleichgestellt ist, oder ... Ansprüche aus einer solchen Handlung« auf jede Klage, mit der eine Schadenshaftung des Beklagten geltend gemacht werden soll und die nicht an einen »Vertrag oder Ansprüche aus einem Vertrag« im Sinne von Art 7 Nr 1a EuGVVO anknüpft. Dementsprechend ist für den Anwendungsbereich von Art 7 Nr 2 EuGVVO als erstes zu klären, ob der Klage ein Vertrag oder ein Vertragsanspruch zugrundeliegt, was voraussetzt, dass eine von einer Person gegenüber einer anderen freiwillig eingegangene rechtliche Verpflichtung bestimmt werden kann, der der Klage ihre Grundlage verleiht.[40] Als zweites bedarf es der Feststellung, dass mit der Klage eine Schadenshaftung des Beklagten geltend gemacht wird, was bedingt, dass dem Beklagten ein schädigendes Ereignis (unerlaubte Handlung) zugerechnet werden kann, die den notwendigen ursächlichen Zusammenhang zwischen Schaden und Schadensereignis vermittelt.[41]

16

In Bezug auf den **Erfolgsort** genügt es nicht, dass irgendein, sei es auch nur mittelbarer Schaden eingetreten ist. Als Erfolgsort kann vielmehr nur der Ort der Belegenheit des verletzten Rechtsgutes angesehen werden, an dem sich ein unmittelbarer Schaden ereignet hat. Der Erfolgsort ist mithin stets identisch mit dem Schutzstaat des verletzten Patents.[42] Das gilt auch in Fällen eines Internetangebotes, das einen hinreichenden Bezug zum Schutzstaat schon dann aufweist, wenn das Angebot dort zugänglich ist, selbst wenn das Angebot subjektiv nicht für dort ansässige Interessenten bestimmt ist.[43] Soweit der Schadenersatzanspruch betroffen ist, besteht eine Gerichtszuständigkeit des Schutzstaates allerdings nur für solche Schäden, die infolge der Schutzrechtsverletzung in eben diesem Schutzstaat verursacht worden sind.[44]

17

Für den **Handlungsort** gilt nicht per se eine gleichgelagerte Einschränkung. Vielmehr ist derjenige vorhersehbare und feststellbare Ort zuständigkeitsbegründend, an dem sich das den Verletzungserfolg auslösende Verhalten abgespielt hat.[45] Regelmäßig wird dieser Ort gleichfalls im Schutzstaat anzusiedeln sein, in dem die Verletzungsprodukte angeboten oder in Verkehr gebracht werden. Speziell in Fällen der Internetwerbung[46] kann aus Gründen der Rechtsklarheit aber auch auf den Sitz des Werbenden abzustellen sein, der die rechtsverletzenden Handlungen initiiert hat.[47] Damit ist es nicht mehr ausgeschlossen, im Gerichtsstand der unerlaubten Handlung Ansprüche wegen Verletzung eines **ausländischen Patent**s oder des **ausländischen Teils eines europäischen Patents**[48] gel-

18

---

37 EuGH, GRUR 2014, 806 – Coty Germany GmbH./. First Note Perfumes NV.
38 EuGH, GRUR 2016, 927 – Austro Mechana/Amazon.
39 EuGH, GRUR 2018, 108 – Bolagsupplysningen ua./. Svensk Handel.
40 EuGH, GRUR 2016, 927 – Austro Mechana/Amazon.
41 EuGH, GRUR 2016, 927 – Austro Mechana/Amazon.
42 EuGH, GRUR 2012, 654 – Wintersteiger/Products 4U; EuGH, GRUR-RR 2017, 206 – Concurrence/Samsung Elektronics France; BGH, GRUR 2018, 84 – Parfummarken.
43 EuGH, GRUR 2015, 296 – Hejduk/EnergieAgentur.
44 EuGH, GRUR 2015, 296 – Hejduk/EnergieAgentur; EuGH, GRUR-RR 2017, 206 – Concurrence/Samsung Elektronics France.
45 EuGH, GRUR 2012, 654 – Wintersteiger/Products 4U.
46 ... zB wenn unklar ist, wo sich der Server befindet, auf dem die rechtsverletzende Werbung erscheint.
47 EuGH, GRUR 2012, 654 – Wintersteiger/Products 4U.
48 Anders noch LG Düsseldorf, GRUR Int 1999, 455 – Schussfadengreifer; bestätigt durch OLG Düsseldorf, Urteil v 22.7.1999 – 2 U 127/98.

tend zu machen. Andererseits scheidet trotz behaupteter Verletzung eines in Deutschland geltenden Schutzrechts eine Zuständigkeit hiesiger Gerichte aus, wenn lediglich ein Internetangebot in Rede steht und der die Website Betreibende außerhalb Deutschlands residiert.[49]

19 Für **Teilnehmer** gilt nicht automatisch der *Handlung*sort der Haupttat; für Anstifter und Gehilfen wird eine Zuständigkeit deswegen nur dort begründet, wo sie selbst gehandelt haben.[50] Anders kann es sich in Bezug auf den – ebenfalls präsumtiv zuständigkeitsbegründenden – *Erfolg*sort verhalten. Wer durch seine Unterstützungshandlung die Verletzung eines deutschen Schutzrechts fördert, kann, auch wenn er selbst nicht in Deutschland gehandelt hat, vor deutschen Gerichten zur Verantwortung gezogen werden.[51]

20 Umgekehrt lässt sich eine deutsche Zuständigkeit für einen beklagten **Geschäftsherrn**, der selbst nicht in Deutschland schadensursächlich tätig geworden ist, nicht deswegen bejahen, weil sein Helfer (»verlängerter Arm«) im Inland gehandelt hat.[52]

21 Unter dem Gesichtspunkt der **Erstbegehungsgefahr** steht der Gerichtsstand des Art 7 Nr 2 EuGVVO auch für eine vorbeugende Unterlassungsklage zur Verfügung.[53]

22 Das Vorstehende trifft in gleicher Weise auf eine **negative Feststellungsklage** zu. Auch sie kann (wenn die Klage nicht am Sitz des Feststellungsbeklagten erhoben wird) zulässigerweise in dem betreffenden Mitgliedstaat regelmäßig nur für den jeweils nationalen Teil des europäischen Patents anhängig gemacht werden.[54] Ein Gerichtsstand des Erfolgsortes wird darüber hinaus nicht auch durch den (von der Belegenheit des Schutzrechtes verschiedenen) Sitz des Herstellungs- oder Vertriebsunternehmens als solchen begründet.[55] Die Argumentation, auch hier befinde sich ein Ort des Schadenseintritts, weil durch die Berührung patentrechtlicher Verbietungsrechte in den eingerichteten und ausgeübten Gewerbebetrieb des Herstellers bzw Vertreibers eingegriffen werde, ist abzulehnen: Die Rechtsprechung des EuGH[56] schränkt den Gerichtsstand des Art 7 Nr 2 EuGVVO zu Recht dadurch ein, dass nur der Ort eines *unmittelbaren* Schadenseintritts zuständigkeitsbegründend wirkt, wohingegen der Ort, an dem ein nur mittelbarer Schaden am sonstigen Vermögen des Verletzten eintritt, einen Gerichtsstand nicht zu begründen vermag. Dieser Rechtsprechung liefe es zuwider, wenn der eingerichtete und ausgeübte Geschäftsbetrieb und dessen Beeinträchtigung als solche Anknüpfungspunkte für eine Zuständigkeit nach Art 7 Nr 2 EuGVVO bieten könnten.[57]

23 Nach einer Entscheidung des OLG München[58] soll dem Feststellungskläger der Gerichtsstand der unerlaubten Handlung überhaupt nicht zur Verfügung stehen, weil mit der negativen Feststellungsklage gerade geltend gemacht werde, dass *keine* unerlaubte Handlung vorliege.[59] Diese weitgehend formale Argumentation begegnet Bedenken[60]

---

49 EuGH, GRUR 2015, 296 – Hejduk/EnergieAgentur.
50 EuGH, GRUR 2014, 806 – Coty Germany GmbH./. First Note Perfumes NV.
51 EuGH, GRUR 2014, 806 – Coty Germany GmbH./. First Note Perfumes NV.
52 BGH, MDR 2017, 540.
53 LG Düsseldorf, GRUR Int 1999, 775, 777 ff – Impfstoff II; so jetzt ausdrücklich in Art 7 Nr 2 EuGVVO (zuvor schon in Art 5 Nr 3 VO 44/2001).
54 OLG Düsseldorf, Urteil v 12.5.2005 – I-2 U 67/03.
55 LG Düsseldorf, InstGE 3, 153 – WC-Erfrischer.
56 EuGH, Slg 1995, I-2719 – Marinari; EuGH, NJW 2004, 2441 – Kronhofer.
57 LG Düsseldorf, InstGE 3, 153 – WC-Erfrischer.
58 OLG München, InstGE 2, 61 – Leit- und Informationssystem II; ebenso: LG München I, InstGE 10, 178 – Klebstoffadditiv, mwN zum Streitstand; OLG Stuttgart, Urteil v 16.6.2010 – 9 U 189/09.
59 Ebenso: Corte di Cassazione, Vereinigte Zivilsenate, GRUR Int 2005, 264 – Verpackungsmaschine II; Högsta Domstolen, GRUR Int 2001, 178; OLG Dresden, Urteil v 28.7.2009 – 14 U 1008/08; LG Leipzig, InstGE 9, 167 – optischer Datenträger; Franzosi, Mitt 2005, 370 (Anm); offen gelassen von OLG Düsseldorf, Urteil v 12.5.2005 – I-2 U 67/03.
60 Grabinski, GRUR Int 2001, 199, 203, mwN.

und ist seit einer gegenteiligen Entscheidung des EuGH[61] überholt. Der Grund dafür, neben dem allgemeinen Gerichtsstand des Beklagtensitzes den Wahlgerichtsstand der unerlaubten Handlung vorzusehen, liegt in der größeren Sachnähe, die dasjenige Gericht besitzt, das am Ort der zu beurteilenden unerlaubten Handlung ansässig ist. Mit Rücksicht auf diese ratio ist es ohne Belang, welches konkrete prozessuale Begehren aus der umstrittenen Patentverletzung hergeleitet wird und welche Parteirolle der mutmaßliche Verletzer bzw der vermeintlich Verletzte im Rechtsstreit einnehmen. Der Gesichtspunkt der Sachnähe hat seine genau gleiche Berechtigung bei einer positiven Leistungsklage, mit der Ansprüche wegen behaupteter Patentverletzung verfolgt werden, wie bei einer negativen Feststellungsklage umgekehrten Rubrums, mit der eben solche Ansprüche abgewehrt werden sollen. Abgesehen davon kann sich auch bei einer Leistungsklage wegen Patentverletzung herausstellen, dass ein widerrechtlicher Schutzrechtseingriff (und damit eine unerlaubte Handlung) *nicht* gegeben sind. Wenn das Deliktsgericht auch in solchen Fällen zuständig ist (worüber kein Streit besteht), ist nicht einzusehen, wieso etwas anderes allein deshalb gelten soll, weil – bei demselben Prozessstoff und demselben Prozessresultat – lediglich mit vertauschten Parteirollen gefochten wird.

24 Nicht anders als bei der örtlichen Zuständigkeit genügt es auch für die Bejahung der internationalen Zuständigkeit, dass eine zuständigkeitsbegründende Verletzungshandlung, sofern sie streitig ist, vom Kläger **behauptet** wird. Sie ist vom Gericht für die Zwecke der Zulässigkeit in tatsächlicher Hinsicht nicht aufzuklären, sondern zu unterstellen und, soweit von ihr auch die Begründetheit des Begehrens abhängt, erst in diesem Zusammenhang zu verifizieren.[62] Ebenso wenig kommt es darauf an, ob das dem Beklagten nach dem Klägervortrag vorgeworfene Tun schlüssig eine Schutzrechtsverletzung ergibt. Zu versagen ist die internationale Zuständigkeit nur dann, wenn von vornherein ausgeschlossen werden kann, dass das behauptete Verhalten des Beklagten einen Schutzrechtseingriff darstellt[63] oder wenn der vorgetragene Sachverhalt aus Rechtsgründen Ansprüche nicht begründen kann. Letzteres ist zB denkbar, wenn die Patentverletzungsklage auf die Behauptung gestützt wird, die im Ausland (zB Frankreich) ansässige Beklagte liefere ein Mittel im Sinne des § 10 PatG an einen ebenfalls im Ausland (zB Frankreich) ansässigen Abnehmer, welcher seinerseits das Mittel zu einer Patentverletzung im Inland benutze.[64] Unter solchen Umständen erfolgt das Angebot des Mittels nämlich nicht – wie von § 10 PatG vorausgesetzt – im Inland, sondern im Ausland. Zu erwägen bleibt in solchen Fällen freilich, ob die Lieferung des Mittels nicht die tatbestandlichen Voraussetzungen einer Teilnahme (Beihilfe) an der vom Endabnehmer im Inland begangenen unmittelbaren Patentverletzung erfüllt, was einen entsprechenden Gehilfenvorsatz des Liefernden verlangt. Ist er gegeben, kann die Beteiligung an der im Inland begangenen unmittelbaren Patentverletzung ggf auch für den Gehilfen den inländischen Gerichtsstand der unerlaubten Handlung begründen.[65]

25 **Exkurs:** Folgt – außerhalb des Anwendungsbereichs der Zuständigkeitsverordnungen – die internationale Zuständigkeit der örtlichen[66], gelten für **§ 32 ZPO** weitgehend dieselben Regeln. Schutzrechtverletzungen stellen unerlaubte Handlungen dar.[67] Begehungsort ist sowohl der Handlungsort (wo die Verletzungshandlung begangen worden ist) als auch der Erfolgsort (wo in das geschützte Rechtsgut eingegriffen worden ist).[68] In Fällen

---

61 EuGH, GRUR 2013, 98 – Folien Fischer ua.
62 BGH, GRUR 2012, 1230 – MPEG-2-Videosignalcodierung; BGH, MDR 2010, 943.
63 BGH, GRUR 2005, 431 – Hotel Maritime; BGH, GRUR 2006, 513, 515 – Arzneimittelwerbung im Internet; BGH, GRUR 2018, 84 – Parfummarken.
64 LG Mannheim, InstGE 5, 179 – Luftdruck-Kontrollvorrichtung.
65 LG Mannheim, InstGE 6, 9 – Kondensator für Klimaanlage.
66 Vgl oben Kap D Rdn 3.
67 BGH, GRUR 2016, 1048 – An Evening with Marlene Dietrich.
68 BGH, GRUR 2016, 1048 – An Evening with Marlene Dietrich.

der **Internetwerbung** genügt für die letztgenannte Variante (Erfolgsort), dass die geschützten Rechte im Inland belegen sind (diese also hier territorial gelten) und die Internetseite im Inland zugänglich ist; ob die Seite bestimmungsgemäß auch für den Abruf im Inland vorgesehen ist, hat keine Bedeutung.[69]

c) Art 8 Nr 1 EuGVVO

26 Als weitere wichtige Zuständigkeitsnorm regelt Art 8 Nr 1 EuGVVO[70] den Gerichtsstand der Streitgenossenschaft. Er bietet einer klagenden Partei die Möglichkeit, mehrere Personen, die ihren Sitz in verschiedenen Vertragsstaaten haben, gemeinsam vor einem Gericht zu verklagen, in dessen Bezirk nur einer der Beklagten seinen Sitz hat. Die Vorschrift gilt auch in Fällen nachträglicher Klageerweiterung[71] und sie greift auch dann ein, wenn sich die Haftung der verschiedenen Schuldner nach unterschiedlichen Rechtsordnungen richtet.[72] Voraussetzung dafür ist allerdings, dass zwischen den verschiedenen Klagen ein Zusammenhang besteht, der eine gemeinsame Entscheidung als geboten erscheinen lässt.[73] Das wird noch nicht dadurch ausgeschlossen, dass die gegen mehrere Beklagte erhobene Klagen auf unterschiedliche Rechtsgrundlagen, zB einerseits auf Delikt, andererseits auf Vertrag, gestützt wird.[74]

27 Ein solcher Konnex kann sich daraus ergeben, dass die mehreren Beklagten das Klagepatent im **mittäterschaftlichen Zusammenwirken** verletzt haben[75] oder eine Haftung als Täter und Gehilfe in Rede steht.[76] Der Gerichtsstand der Streitgenossenschaft besteht allerdings immer nur im Hinblick auf diejenigen Benutzungshandlungen, hinsichtlich derer ein Zusammenwirken stattgefunden hat oder zumindest vom Kläger behauptet werden kann. Hat der verklagte Hersteller patentverletzender Erzeugnisse seinen Sitz in Italien und dessen mit verklagte Vertriebsgesellschaft ihren Sitz in der Bundesrepublik Deutschland, so kann eine Verletzung des deutschen Teils eines europäischen Patents am Sitz der deutschen Vertriebsfirma gegen beide Beklagte verfolgt werden. Für Verletzungshandlungen in Ansehung des italienischen Teils des europäischen Patents steht der (deutsche) Gerichtsstand der Streitgenossenschaft demgegenüber nicht zur Verfügung, weil die Beklagten *insoweit* (mangels einer Mitwirkungshandlung des deutschen Vertriebsunternehmens) keine Streitgenossen sind.

28 Für den erforderlichen Zusammenhang genügt es nicht schon, dass die gegen mehrere Patentverletzer erhobenen Klagen auf **verschiedene Schutzrechtsteile desselben europäischen Patents** gestützt werden und sämtliche Klagen dieselbe angegriffene Ausführungsform zum Gegenstand haben.[77] Das gilt selbst dann, wenn die mehreren Beklagten demselben Konzern angehören und die in den verschiedenen Vertragsstaaten begangenen Verletzungshandlungen auf einer gemeinsamen, von einer Konzerngesellschaft ausgearbeiteten Geschäftspolitik beruhen.[78] Wenn jedem Streitgenossen die Verletzung eines anderen nationalen Teils desselben europäischen Patents durch jeweils eigene Handlungen vorgeworfen wird, beurteilt jedes Gericht einen unterschiedlichen Sachverhalt (nämlich die jeweils eigenständigen Verletzungshandlungen der Streitgenossen im jeweiligen

---

69 BGH, GRUR 2016, 1048 – An Evening with Marlene Dietrich.
70 Umfassend: Hölder, Grenzüberschreitende Durchsetzung europäischer Patente, 2004.
71 BGH, NJW-RR 2010, 644; OLG Köln, OLG-Report 2009, 597.
72 OLG Köln, OLG-Report 2009, 597.
73 Nun ausdrücklich in Art 8 Nr 1 EuGVVO (= Art 6 Nr 1 VO 44/2001) geregelt (vormals aus Art 22 Abs 3 EuGVÜ abgeleitet, EuGH, Slg 1988, 5565 – Kalfelis).
74 EuGH, NJW 2007, 3702 – Freeport plc; BGH, NJW-RR 2010, 644.
75 LG Düsseldorf, Entscheidungen 1996, 1 – Reinigungsmittel für Kunststoffverarbeitungsmaschinen.
76 BGH, NJW-RR 2010, 644.
77 EuGH, GRUR 2007, 47 – Geschäftspolitik; so auch schon LG Düsseldorf, InstGE 1, 146 – Proteinderivat.
78 EuGH, GRUR 2007, 47 – Geschäftspolitik.

Schutzstaat) und eine unterschiedliche Rechtslage (nämlich die Verletzung verschiedener nationaler Schutzrechte). Anders verhält es sich, wenn den Streitgenossen eine Verletzung desselben Patents durch dieselbe (zB im Schutzstaat gemeinschaftlich begangene) Handlung vorgeworfen wird.[79]

Der Gerichtsstand der Streitgenossenschaft für einen Beklagten wird nicht schon dadurch vor dem angerufenen Gericht eines Vertragsstaates begründet, dass einer der anderen Beklagten irgendwo in diesem Vertragsstaat seinen (Wohn-)Sitz hat. Art 8 Nr 1 EuGVVO setzt vielmehr voraus, dass einer der Beklagten auch im Bezirk des angerufenen Gerichts wohnt bzw dort seinen Sitz hat, weil Art 8 Nr 1 EuGVVO zu den Normen der EuGVVO gehört, die die internationale *und* zugleich die örtliche Zuständigkeit regeln. Daraus folgt zB: Ein in Hessen ansässiges Vertriebsunternehmen und ein in Italien ansässiger Hersteller können im Gerichtsstand der Streitgenossenschaft nicht gemeinsam vor dem Landgericht Düsseldorf verklagt werden, selbst dann nicht, wenn das hessische Unternehmen bundesweit tätig ist. Andererseits kann ein Gerichtsstand für die anderen Streitgenossen immer nur durch den allgemeinen Sitz-Gerichtsstand des »Ankerbeklagten« begründet werden, aber nicht durch einen für ihn geltenden besonderen Gerichtsstand.[80]

▶ **Bsp: (LG Düsseldorf, Urteil v 28.3.2002 – 4 O 137/00)**

I.

Die Klägerin ist eingetragene Inhaberin des europäischen Patents 0 509 211, das ua für die Bundesrepublik Deutschland und Italien erteilt ist und einen thermoplastischen Mehrschichtverbund, bestehend aus

- mindestens einer Schicht aus einer Formmasse auf Basis von Polyamid,
- mindestens einer Schicht aus einer Formmasse auf Basis von Polyester,
- dazwischen einem Haftvermittler aus einer Formmasse, die eine Mischung aus Polyamid und Polyester enthält, wobei zumindest ein Teil des Polyamidanteils und des Polyesteranteils als Polyamid-Polyester-Block-Copolymer vorliegt und darüber hinaus der Haftvermittler als Schicht aufgebracht wird, dergestalt, dass eine gute Anbindung der einzelnen Schichten vorliegt, betrifft.

Die Beklagte zu 4) ist ein Chemieunternehmen mit Sitz in der Schweiz. Sie liefert an die in Italien ansässige Beklagte zu 3) Kunststoffe, nämlich Polyamid PA 12, Polybutylenterephthalat und Polyamid-Polyester-Block-Copolymer, zur Fertigung von Mehrschichtverbundrohren. Die Beklagte zu 3) stellt aus den Kunststoffen in Italien Kraftstoffleitungen her, welche sie an die – ebenfalls in Italien ansässige – Beklagte zu 2) liefert. Diese baut die Kraftstoffleitungen in von ihr (in Italien) produzierte Kraftfahrzeuge ein und bringt diese (sowie separate Kraftstoffleitungen als Ersatzteile) in Italien und in der Bundesrepublik Deutschland auf den Markt. Der Beklagte zu 1) hat seinen Sitz in Nordrhein-Westfalen; er ist Vertragshändler der Beklagten zu 2). Da die Beklagten in der geschilderten Weise zusammenwirken, nimmt die Klägerin sie wegen Verletzung des deutschen und des italienischen Teils des Klagepatents auf Unterlassung, Rechnungslegung und Schadenersatz in Anspruch.

Die Beklagten zu 2) bis 4) bestreiten die internationale und örtliche Zuständigkeit des Landgerichts Düsseldorf, soweit Ansprüche wegen Verletzung des italienischen Teils des Klagepatents geltend gemacht werden.

---

79 EuGH, GRUR 2012, 1169 – Solvay (mit Anm von Schacht, GRUR 2012, 1110).
80 BGH, NJW 2015, 2429; EuGH, Slg 1998, I-06511 – Réunion Européenne.

II.

Für die Zuständigkeitsfrage ist zu differenzieren:

1.

Für den Beklagten zu 1) ergibt sich die Zuständigkeit des angerufenen Gerichts mit Rücksicht auf dessen Wohnsitz aus Art 2 EuGVÜ (VO 44/2001). Im allgemeinen Gerichtsstand des Sitzes können sowohl Ansprüche wegen Verletzung des deutschen wie des italienischen Teils des Klagepatents geltend gemacht werden.

2.

Hinsichtlich der Beklagten zu 2) bis 4) ist zu unterscheiden:

a)

Soweit eine Verletzung des *deutschen Teils* des Klagepatents geltend gemacht ist, folgt die Zuständigkeit des LG Düsseldorf aus Art 5 Nr 3 EuGVÜ (VO 44/2001). Nach dem für die Zuständigkeitsfrage allein maßgeblichen Vorbringen der Klägerin handeln die Beklagten gemeinschaftlich mit dem Ziel zusammen, Kraftstoffleitungen entweder als Ersatzteil oder eingebaut in von der Beklagten zu 2) gefertigte Kraftfahrzeuge, in der Bundesrepublik Deutschland in den Verkehr zu bringen. Der Handlungs- und Erfolgsort des beanstandeten Verhaltens der Beklagten liegt mit Rücksicht darauf in der Bundesrepublik Deutschland, in dem der als verletzt geltend gemachte Schutzrechtsteil belegen ist.

b)

Soweit die Klägerin die Beklagten zu 2) bis 4) wegen Verletzung *des italienischen Teils* des Klagepatents auf Unterlassung, Rechnungslegung und Schadensersatz in Anspruch nimmt, ist die Klage unzulässig, weil das angerufene Landgericht Düsseldorf für die geltend gemachten Ansprüche international nicht zuständig ist.

Da die Beklagten zu 2) bis 4) ihren Geschäftssitz sämtlich außerhalb des Gebietes der Bundesrepublik Deutschland (nämlich in der Schweiz bzw Italien) haben, kann sich die internationale Zuständigkeit des Landgerichts Düsseldorf allein aus Art 5 Nr 3 bzw Art 6 Nr 1 EuGVÜ (VO 44/2001) ergeben. Weder der Gerichtsstand der unerlaubten Handlung noch der Gerichtsstand der Streitgenossenschaft sind vorliegend gegeben:

aa)

Art 5 Nr 3 EuGVÜ (VO 44/2001) gestattet es, eine Person, die ihren Wohnsitz in dem Hoheitsgebiet eines Vertragsstaates des Brüsseler Übereinkommens hat, in einem anderen Vertragsstaat zu verklagen, wenn Ansprüche aus unerlaubter Handlung den Gegenstand des Verfahrens bilden. Neben dem Wohnsitzgericht (Art 2 EuGVÜ bzw VO 44/2001) ist nach Wahl des Geschädigten auch das Gericht desjenigen Ortes zuständig, an dem das schädigende Ereignis eingetreten ist. Hierunter fällt sowohl der Erfolgsort des Schadenseintritts als auch der Handlungsort des den Schaden verursachenden Geschehens, wobei allerdings allein der Eintritt eines unmittelbaren Schadens am Ort der Belegenheit des verletzten Rechtsgutes zuständigkeitsbegründend ist. Im Hinblick auf die vorliegend zur Entscheidung stehenden Klageansprüche ist insoweit von Bedeutung, dass das Klagepatent kein für alle Benennungsstaaten einheitliches Schutzrecht darstellt, sondern ein Bündel separater, jeweils territorial begrenzt geltender Patente ist, die lediglich ihre Entstehung einem einzigen Erteilungsakt in einem einheitlichen Erteilungsverfahren verdanken. Die territoriale Begrenzung der einzelnen Schutzrechtsteile hat zur Folge, dass sich sowohl der Handlungsort als auch der Erfolgsort im Falle der Patentverletzung dort befinden, wo der betreffende Schutzrechtsteil belegen ist (OLG Düsseldorf, Urteil vom 22.7.1999 – 2 U 127/98, Umdruck Seite 9 ff). Soweit die Klägerin deshalb Ansprüche aus dem italienischen Teil des Klagepatents herleitet, ist das verletzte Rechtsgut (Schutzrecht) ausschließlich in Italien belegen. Nur dort kann der italienische Teil verletzt werden; nur dort kann der Patentinhaberin ein unmittelbarer Schaden entstehen. Daran ändert nichts die Tatsache, dass die im Zusammenwirken der Beklagten zu 2) bis 4) hergestellten und in Kraftfahrzeuge eingebauten Kraftstoffleitungen von Italien aus in das Bundesgebiet eingeführt werden. Denn die Ausfuhr patentverletzender Erzeugnisse aus Italien und hierauf bezogene etwaige Angebotshandlungen berühren allein den italienischen Teil und nicht den deutschen Teil des Klagepatents.

bb)

Art 6 Nr 1 EuGVÜ (VO 44/2001) gibt einer klagenden Partei die Möglichkeit, mehrere Personen, die ihren Wohn- bzw Geschäftssitz in unterschiedlichen Vertragsstaaten des Brüsseler Übereinkommens haben, gemeinsam vor einem Gericht zu verklagen, in dessen Bezirk nur einer der Beklagten seinen Sitz hat. Voraussetzung ist insoweit, dass zwischen den verschiedenen Klagen ein Zusammenhang besteht, der eine gemeinsame Entscheidung als geboten erscheinen lässt. Daran fehlt es im Streitfall.

Die notwendige Konnexität kann nicht daraus hergeleitet werden, dass das angerufene Gericht über die geltend gemachten Ansprüche wegen Verletzung des deutschen Teils des Klagepatents zu entscheiden hat und, soweit eine Verletzung des italienischen Teils des Klagepatents in Rede steht, zwischen den Parteien über dieselbe angegriffene Ausführungsform gestritten wird. Aus Art 2 Abs 2 und Art 64 Abs 1 EPÜ folgt, dass das europäische Patent in jedem Vertragsstaat, für den es erteilt worden ist, dieselbe Wirkung hat, denselben Vorschriften unterliegt und seinem Inhaber in jedem Benennungsstaat dieselben Rechte gewährt wie ein in dem betreffenden Land erteiltes nationales Patent. Hinsichtlich jedes Teils eines europäischen Patents bleibt deshalb das jeweilige nationale Recht anwendbar, welches im Einzelfall – von Benennungsstaat zu Benennungsstaat unterschiedlich – über den Erfolg oder Misserfolg der Patentverletzungsklage entscheiden kann. Die Maßgeblichkeit nationalen Rechts gilt nicht nur im Hinblick auf ein etwaiges Vorbenutzungsrecht, sondern beispielsweise auch hinsichtlich der Rechtsfolgen, die sich aus einer Patentverletzung ergeben. Mit Rücksicht darauf ist das Interesse der Beklagten zu 2) bis 4) anzuerkennen, dass über die gegen sie gerichteten Ansprüche ein nationales Gericht entscheidet, welches mit dem anzuwendenden Heimatrecht vertraut ist. Dass dieses Interesse auch im Rahmen des Brüsseler Übereinkommens Gewicht hat, belegt die Gerichtsstandsbestimmung des Art 2 EuGVÜ (VO 44/2001), die in aller Regel auf den Sitz der beklagten Partei abstellt und nur ausnahmsweise eine davon abweichende Zuständigkeit eines fremden Vertragsstaates zulässt (Kammer, Urteil vom 22.3.2001 – 4 O 67/00, Umdruck Seite 14 ff mwN).

Der Gerichtsstand der Streitgenossenschaft kann für die Beklagten zu 2) bis 4) auch nicht aus der Tatsache hergeleitet werden, dass die Klägerin den Beklagten zu 1), für den der deutsche Gerichtsstand des Art 2 EuGVÜ (VO 44/2001) unzweifelhaft gegeben ist, gleichfalls wegen Verletzung des italienischen Teils des Klagepatents in Anspruch nimmt. Der von Art 6 Nr 1 EuGVÜ (VO 44/2001) geforderte Zusammenhang muss nämlich dergestalt sein, dass es geboten erscheint, dass über die Ansprüche gegen die übrigen, an sich nicht dem deutschen Gerichtswesen unterliegenden Beklagten gleichfalls durch ein *deutsches* Gericht entschieden wird. Ein solcher Zusammenhang ist vorliegend nicht zu erkennen. Die in Italien begangenen, als Verletzung des italienischen Teils des Klagepatents beanstandeten Handlungen sind entscheidend von den Beklagten zu 2) bis 4) initiiert. Soweit den Bestellungen des Beklagten zu 1) und den sich daran anschließenden Lieferungen überhaupt ein nennenswertes Gewicht beigemessen werden kann, ist dessen Beitrag für die in Italien begangenen Herstellungs- und Vertriebshandlungen jedenfalls von völlig untergeordneter Bedeutung. Unter solchen Umständen kann keine Rede davon sein, dass die Klägerin ein anerkennenswertes Interesse daran hat, sämtliche Beklagten wegen Verletzung des italienischen Teils des Klagepatents vor einem deutschen Gericht in Anspruch zu nehmen.

d) Art 26 EuGVVO

31 Nach Art 26 EuGVVO kann – sofern keine ausschließliche Zuständigkeit (zB nach Art 24 Nr 4 EuGVVO) besteht – auch die internationale Zuständigkeit durch rügeloses Verhandeln des Beklagten begründet werden. Der Gerichtsstand wird auch dann begründet, wenn ansonsten keine (Sitz- oder Wahl-)Zuständigkeit gegeben wäre, weil das fragliche Gericht unter Verstoß gegen die Zuständigkeitsregelungen der EuGVVO angerufen worden ist.[81] In der rügelosen Einlassung liegt eine stillschweigende Gerichtsstandsvereinbarung[82], und zwar unabhängig davon, ob der Beklagte seinen Sitz in einem Mitgliedstaat der EuGVVO hat oder nicht[83]. Zur Sache wird auch dann verhandelt, wenn der anberaumte frühe erste Verhandlungstermin lediglich dazu dient, die Anträge zu verlesen, Fristen für die Klageerwiderung und die weiteren Schriftsätze der Parteien zu bestimmen und einen Haupttermin festzulegen.[84] Andererseits genügt – anders als bei § 39 ZPO[85] – die rügelose Einlassung in einer Klageerwiderung, die vor der mündlichen Verhandlung abgegeben wird, und zwar auch dann, wenn bis zur Verhandlung in einem weiteren Schriftsatz die Zuständigkeit in Abrede gestellt wird.[86] Beanstandet der Beklagte die mangelnde örtliche Zuständigkeit des angerufenen Gerichts, liegt darin allerdings im Zweifel auch die Rüge der internationalen Zuständigkeit.[87] Eine nur hilfsweise vorgebrachte Einlassung zur Sache wirkt nicht zuständigkeitsbegründend[88], wohl aber eine Einlassung zur Sache in der Berufungsinstanz, wenn der Beklagte eine in I. Instanz erhobene Zuständigkeitsrüge im Berufungsverfahren nicht wiederholt.[89] Es genügt, wenn die Rüge mangelnder Zuständigkeit nur hilfsweise nach anderen prozessualen und/oder sachlich-rechtlichen Einwendungen erhoben wird.[90]

32 Außerhalb des Anwendungsbereichs der EuGVVO (sowie der VO 44/2001, des EuGVÜ und des LugÜ) ergibt sich dasselbe Ergebnis aus einer entsprechenden Anwendung des § 39 ZPO.[91]

33 Die **Rüge** mangelnder **örtlicher Zuständigkeit** bedeutet im Zweifel zugleich die Rüge mangelnder internationaler Zuständigkeit.[92]

2. Örtliche Zuständigkeit

34 Welches der – bundesweit eingerichteten Patentstreitgerichte – im konkreten Einzelfall örtlich zuständig ist, richtet sich nach den allgemeinen Bestimmungen der ZPO (§§ 12 ff), die verschiedene Gerichtsstände kennt, unter denen der Kläger, wenn mehrere von ihnen

---

81 EuGH, GRUR 2017, 1129 – BMW/Acacia.
82 EuGH, Slg 2010, I-4545 – CPP/Bilas; BGH, GRUR 2018, 832 – Ballerinaschuh.
83 EuGH, NJW 2000, 3121 – Group Josi; BGH, GRUR 2018, 832 – Ballerinaschuh.
84 LG Düsseldorf, InstGE 9, 18 – Belaghalter für Scheibenbremse.
85 BGHZ 134, 127.
86 BGH, NJW 2015, 2667.
87 BGH, NJW-RR 2005, 1518.
88 EuGH, GRUR 2017, 1129 – BMW/Acacia; BGH, NJW-RR 2005, 1518.
89 BGH, MDR 2008, 162; anders wird die Rechtslage beurteilt, wenn – außerhalb des Anwendungsbereichs von EuGVVO, VO 44/2001, EuGVÜ und LugÜ – für die internationale Zuständigkeit auf § 39 ZPO analog zurückgegriffen wird (BGH, NJW 1987, 3081).
90 EuGH, GRUR 2017, 1129 – BMW/Acacia.
91 BGHZ 101, 301; BGHZ 120, 337.
92 BGH, MDR 2006, 46.

nebeneinander in Betracht kommen, die Wahl hat (§ 35 ZPO).[93] Eine unrichtige Rechtsanwendung bei Bejahung der örtlichen Zuständigkeit ist weder mit der Berufung (§ 513 Abs 2 ZPO) noch mit der Revision (§ 545 Abs 2 ZPO) anfechtbar.

a) Deliktsgerichtsstand[94]

Neben dem Sitz des Beklagten (§§ 13, 17 ZPO)[95], der stets zuständigkeitsbegründend ist, hat in Patentverletzungssachen vor allem der Gerichtsstand der unerlaubten Handlung (§ 32 ZPO) praktische Bedeutung. Er kommt in Bezug auf jeden Anspruch in Betracht, der an eine rechtswidrige Patentverletzung anknüpft (dh für den Unterlassungs-, Auskunfts-, Rückruf-, Vernichtungs-, Schadensersatz-, Urteilsbekanntmachungs- sowie Eingriffskondiktionsanspruch, nicht für den Entschädigungsanspruch[96]) und ist an jedem Ort gegeben, an dem eine Patentverletzung begangen, dh das als patentverletzend angegriffene Erzeugnis hergestellt, angeboten, in Verkehr gebracht oder besessen worden ist. Gegenüber einem Lieferanten, der patentverletzende Waren an einen Abnehmer liefert, von dem er weiß, dass dieser die Waren bundesweit vertreibt, ist infolge des gemeinschaftlichen Zusammenwirkens der Beteiligten der Gerichtsstand der unerlaubten Handlung für jeden von ihnen überall dort begründet, wo die patentverletzenden Erzeugnisse von dem Abnehmer angeboten und/oder in den Verkehr gebracht werden.[97] Werden mit der Klage mehrere verschiedene Ausführungsformen angegriffen, muss für jede von ihnen im Bezirk des angerufenen Gerichts ein Tatort dargetan werden. **35**

aa) Angebot und Mittelspersonen

In den Fällen des Angebotes befindet sich der Begehungsort sowohl am Absendeort als auch am Empfangsort.[98] **36**

In Bezug auf den Empfangsort können sich Besonderheiten aus dem Tätigwerden von Mittelspersonen ergeben. **37**

(1) Bote

Bei Einschaltung eines Boten liegt der Empfangsort am bestimmungsgemäßen Aufenthaltsort desjenigen, an den der Bote das Angebot weiterleiten soll.[99] **38**

(2) Empfangsvertreter

Wird ein Empfangsvertreter tätig, ist als Ort des Angebotes auf Adressatenseite zunächst derjenige Ort anzusehen, an dem der Stellvertreter (in dessen Person sich der rechtsgeschäftliche Zugang des Angebotes vollzieht) residiert.[100] **39**

---

93 Ein der späteren Kostenerstattung entgegenstehender Rechtsmissbrauch liegt nicht darin, dass der ausländische Kläger sich bei seiner Wahl für einen Gerichtsstand entscheidet, an dem weder sein Prozessbevollmächtigter residiert noch der Beklagte seinen Sitz hat (BGH, GRUR 2014, 607).
94 Umfassend zu Patentverletzungen durch Handlungen im patentfreien Ausland vgl Keller, FS Ullmann, 2006, S 449.
95 Im allgemeinen Gerichtsstand des Sitzes kann auch die Verletzung eines ausländischen Patents oder die Verletzung eines ausländischen Teils eines europäischen Patents geltend gemacht werden; vgl LG Düsseldorf, Entscheidungen 1998, 1 – Kettenbandförderer III. In einem solchen Fall hat das deutsche Gericht die Frage der Patentverletzung nach dem materiellen Recht des ausländischen Staates zu beurteilen, dem das Klagepatent unterliegt.
96 Kühnen, GRUR 1997, 19; aA: LG Mannheim, InstGE 13, 65 – UMTS-fähiges Mobiltelefon II.
97 LG Düsseldorf, InstGE 1, 154 – Rohrverzweigung.
98 OLG Düsseldorf, Urteil v 23.2.2012 – I-2 U 134/10.
99 OLG Düsseldorf, Urteil v 23.2.2012 – I-2 U 134/10.
100 OLG Düsseldorf, Urteil v 23.2.2012 – I-2 U 134/10.

40 Darüber hinaus kann sich ein – **weiterer** – **Empfangsort** am Sitz des Geschäftsherrn befinden, auf dessen wirtschaftliche Entschließung mit dem Angebot eingewirkt werden soll. Trifft der Stellvertreter die unternehmerischen Entscheidungen nicht allein, sondern nach Rücksprache mit dem anderswo ansässigen Geschäftsherrn, existiert an dessen Sitz ein abweichender zweiter Empfangsort. Voraussetzung ist freilich, dass die Beteiligung weiterer Entscheidungsträger für den Anbietenden zumindest als in seinen Vorsatz aufzunehmende Möglichkeit erkenn- und vorhersehbar ist und auch auf ihre Ansprache abgezielt wird.[101]

41 ▶ Bsp[102]:

> Auf einer im Ausland stattfindenden, aber international besuchten Messe wird die angegriffene Ausführungsform von einem deutschen Unternehmen mit Prospektmaterial beworben. In der Aushändigung der Prospekte liegt eine (erste) Angebotshandlung am ausländischen Veranstaltungsort der Messe. Gehören zu den Messebesuchern deutsche Firmenvertreter, die das Prospektmaterial an den Sitz ihres Unternehmens mitnehmen sollen, um es dort mit Entscheidungsträgern zu erörtern, realisiert sich ein (zweites) Angebot am inländischen Sitz des den Messebesucher entsendenden Unternehmens.

42 Damit im Prozess ein weiterer (inländischer) Angebotsort angenommen werden kann, bedarf es freilich hinreichender tatsächlicher **Anhaltspunkte**, die nach allgemeinen Regeln vom Kläger vorzutragen sind.[103] Es muss wenigstens *ein* deutscher Messebesucher benannt werden, der das Prospektmaterial an sich genommen und nach seiner Rückkehr für weitere Besprechungen mit Kollegen/Vorgesetzten verwendet hat. Jenseits eines solchermaßen konkreten Sachvortrages genügt der bloße Hinweis auf die Lebenserfahrung nicht. Es ist deshalb – jedenfalls grundsätzlich – unzureichend, lediglich darauf Bezug zu nehmen, dass die Ausstellungshandlung auf einer internationalen Messe stattgefunden hat, die erfahrungsgemäß auch von deutschen Kunden besucht wird. Selbst unter derartigen Umständen kann (und wird vielfach) offen bleiben, ob tatsächlich *ein* deutscher Kunde den betreffenden Ausstellerstand besucht, bei dieser Gelegenheit das fragliche Prospektmaterial an sich genommen, es aufbewahrt und nach seiner Rückkehr weiteren Personen im heimischen Unternehmen zugänglich gemacht hat. Der Vielschichtigkeit möglicher Gestaltungen wird man nur dann entgehen können, wenn ganz besondere zusätzliche Momente aufgezeigt werden können, die einen bestimmten Geschehensablauf mit der gebotenen (tatrichterliche Feststellungen erlaubenden) Gewissheit nahelegen. Im Einzelfall lassen sich hierfür auch statistische Überlegungen bemühen. Je größer die Zahl deutscher Messebesucher ist, umso höher ist die sich irgendwann zur Gewissheit verdichtende Wahrscheinlichkeit, dass unter ihnen mindestens *eine* Person gewesen ist, auf die die vorstehenden Annahmen zutreffen.

43 **Praxistipp** | Formulierungsbeispiel

> Einem Aussteller ist anzuraten, einer Inlandswirkung seiner ausländischen Angebotshandlung dadurch entgegen zu wirken, dass er durch entsprechende Hinweise auf dem Messestand, beim Beratungsgespräch oder im Prospektmaterial deutlich macht, dass sich seine geschäftliche Aktivität nicht auf Deutschland bezieht.

---

101 OLG Düsseldorf, Urteil v 23.2.2012 – I-2 U 134/10.
102 OLG Düsseldorf, Urteil v 23.2.2012 – I-2 U 134/10.
103 OLG Düsseldorf, Urteil v 23.2.2012 – I-2 U 134/10.

bb) Internetangebot

Die Maßgeblichkeit des vorgesehenen Adressaten gilt nach der bisherigen Rechtsprechung im Grundsatz auch für Angebote, die in das Internet eingestellt werden. Es ist nicht entscheidend, von wo aus das Angebot objektiv betrachtet abgerufen werden *könnte*; maßgeblich ist, von wo es nach Lage der Dinge abgerufen werden *soll*. Dabei ist es gleichgültig, ob das Angebot mit einer Bestellmöglichkeit versehen ist oder nicht. Kann das Internetangebot von Interessenten im Inland abgerufen werden, so kommt es prinzipiell ebenso wenig darauf an, ob das Angebot in deutscher Sprache abgefasst ist[104], solange das Angebot sonst einen wirtschaftlich relevanten **Inlandsbezug** zum Gerichtsort des angerufenen Spruchkörpers hat.[105] Zumindest für englischsprachige Angebote wird in diesem Sinne vielfach die Annahme gerechtfertigt sein, dass auch sie sich an inländische Verkehrskreise wenden und von ihnen zur Kenntnis genommen werden sollen. In Fällen einer flächendeckenden Internetwerbung hat der Kläger daher – ebenso wie wenn der Vertrieb bundesweit stattfindet – die freie Auswahl zwischen sämtlichen Patentstreitkammern im Bundesgebiet.[106] Das gilt auch dann, wenn das aktuelle Absatz- und Vertriebsgebiet des mutmaßlichen Verletzers regional enger begrenzt ist.[107] **44**

Ob an der Notwendigkeit eines Inlandsbezuges weiterhin festzuhalten ist, nachdem ein solcher für die internationale Zuständigkeit nicht mehr eingefordert wird[108], ist mehr als fraglich und zu verneinen. Da bei einem von Deutschland aus abrufbaren Internetangebot der Rechtsweg zu deutschen Gerichten unabhängig davon eröffnet ist, ob das Angebot dort eine Nachfrage generieren soll, ist es ausgeschlossen, das gegenteilige Ergebnis dadurch herbeizuführen, dass auf der nächsten Stufe, nämlich bei der Frage, welches der in Deutschland ansässigen Gerichte sich mit der Streitsache zu befassen hat, die (örtliche) Zuständigkeit zu verneinen. Wenn es einen regional begrenzten Inlandsbezug gibt, wird man ihn für die örtliche Zuständigkeit den Ausschlag geben lassen müssen; gibt es ihn nicht, hat der Kläger die Wahl zwischen allen deutschen Patentstreitgerichten. **45**

Ist das schutzrechtsverletzende Angebot in einer **Zeitschrift** enthalten, kommt es darauf an, ob sie bestimmungsgemäß auch im Inland verbreitet wird und nicht nur zufällig und unabhängig von der Vertriebsorganisation des Verlegers oder Herausgebers nach Deutschland gelangt ist.[109] **46**

cc) Erstbegehungsgefahr

Aber auch dann, wenn es noch nicht zu Benutzungshandlungen gekommen ist, kann auf den Gerichtsstand der unerlaubten Handlung zurückgegriffen werden. Er ist – für die **vorbeugende Unterlassungsklage** – überall dort begründet, wo die ernsthafte Gefahr einer drohenden Verletzungshandlung besteht. Ansprüche, die mindestens eine (im Bezirk des angerufenen Gerichts) bereits begangene Benutzungshandlung voraussetzen (zB Auskunft, Schadenersatz), können – entgegen der Ansicht des OLG Hamburg[110] – nicht im Gerichtsstand der vorbeugenden Unterlassungsklage geltend gemacht werden, weder zusammen mit dem Unterlassungsanspruch noch isoliert. **47**

---

104 LG Düsseldorf, InstGE 3, 54 – Sportschuhsohle; vgl auch KG Berlin, NJW 1997, 3321; LG München, RIW 2000, 466 (beide zum Markenrecht).
105 BGH, GRUR 2005, 431 – Hotel Maritime (zum Kennzeichenrecht).
106 Zur Problematik von Disclaimern vgl KG Berlin, GRUR Int 2002, 448 – Knoblauch-Kapseln.
107 Vgl OLG München, GRUR-RR 2013, 388 – Kleine Partysonne (zum Kennzeichenrecht).
108 Vgl oben unter Rdn 25.
109 OLG Düsseldorf, OLG-Report 2009, 516.
110 OLG Hamburg, GRUR-RR 2005, 31 – Firmenporträt.

dd) Doppelrelevante Tatsachen

48 Bestreitet der Beklagte, das Patent überhaupt benutzt zu haben, so genügt es für die Bejahung der Zuständigkeit, dass der Kläger schlüssig behauptet, im Bezirk des angerufenen Gerichts sei eine patentverletzende Handlung begangen worden. Ist die Verantwortlichkeit des in Anspruch genommenen Beklagten nicht evident (weil die betreffende Handlung von ihm selbst begangen worden ist), sondern erläuterungsbedürftig (weil es einer Zurechnung unter dem Gesichtspunkt der Mitwirkung oder des pflichtwidrigen Unterlassens bedarf), so müssen die Bedingungen einer haftungsrechtlichen Zurechnung ebenfalls schlüssig vorgetragen werden. Eine Beweisaufnahme zur Klärung der örtlichen Zuständigkeit findet in einem solchen Fall in keiner der beiden Richtungen statt, weil von dem Vorliegen oder Nichtvorliegen einer dem Beklagten zurechenbaren Verletzungshandlung auch die sachliche Begründetheit der Klage abhängt.[111] Anders verhält es sich, wenn das Vorliegen einer patentverletzenden Handlung als solche unstreitig und nur deren Begehungsort im Bezirk des angerufenen Gerichts streitig ist. Hier ist zur Klärung der Zuständigkeit mit den Mitteln des Beweisrechts zu ermitteln, ob eine Patentverletzungshandlung im Gerichtsbezirk vorgekommen ist.[112]

b) Niederlassung

49 Zu erwähnen ist schließlich noch der Gerichtsstand der **Niederlassung** (§ 21 ZPO). Er ist namentlich dann in Betracht zu ziehen, wenn die Klage gegen ein ausländisches Unternehmen gerichtet werden soll, das in der Bundesrepublik Deutschland eine Niederlassung unterhält, von der aus die patentverletzenden Handlungen begangen werden. Erforderlich ist das Vorhandensein eines Verkaufslokals; ein bloßes Warenlager genügt nicht. In diesem Fall kann der Kläger sich die zeitraubende Auslandszustellung der Klage dadurch ersparen, dass er die Klageschrift der inländischen Niederlassung zustellen lässt.

c) Rügeloses Verhandeln

50 Sofern der Kläger ein örtlich unzuständiges Gericht anruft, hat dies für ihn nur dann nachteilige Konsequenzen, wenn der Beklagte die mangelnde örtliche Zuständigkeit in der ersten mündlichen Verhandlung zur Hauptsache rügt. Hierzu genügt es, wenn der Beklagte in der mündlichen Verhandlung auf einen Schriftsatz Bezug nimmt, in dem die Rüge erhoben wird. Einer gesonderten Protokollierung dahingehend, dass die Zuständigkeit des angerufenen Gerichts beanstandet wurde, bedarf es nicht.[113] Unterbleibt die Rüge, wird das an sich unzuständige Gericht allein aufgrund des rügelosen Verhandelns der Parteien zuständig (§ 39 Satz 1 ZPO).

3. Sachliche Zuständigkeit

51 Unproblematisch ist insoweit die sachliche Zuständigkeit. Sie ergibt sich aus § 143 Abs 1 PatG, der für alle Patentstreitsachen bestimmt, dass sie ohne Rücksicht auf den Streitwert in die ausschließliche sachliche Zuständigkeit der Landgerichte fallen. Funktionell sind insoweit die Zivilkammern zur Entscheidung berufen. § 143 Abs 2 PatG ermächtigt die Landesregierungen dazu, durch Rechtsverordnung die Patentstreitsachen für die Bezirke mehrerer Landgerichte einem von ihnen zuzuweisen. Hiervon ist in weitem Umfang Gebrauch gemacht worden. So sind beispielsweise für Nordrhein-Westfalen das Landge-

---

111 BGH, GRUR 2012, 1230 – MPEG-2-Videosignalcodierung; BGH, GRUR 2011, 758 – Rückzahlung der Lizenzgebühr; BGH, MDR 2010, 228; BGH, MDR 2010, 943.
112 LG Düsseldorf, InstGE 11, 41 – 2-Achsen-Drehkopf.
113 LG Düsseldorf, InstGE 11, 41 – 2-Achsen-Drehkopf.

richt Düsseldorf[114] und für Baden-Württemberg das Landgericht Mannheim als alleinige Patentverletzungsgerichte bestimmt worden.[115]

Als **Patentstreitsachen** sind solche Klagen[116] anzusehen, mit denen (bei der für die Zuständigkeitsbestimmung gebotenen generalisierenden Betrachtung) 52

– ein Anspruch *auf* eine Erfindung oder 53

– ein Anspruch *aus* einer Erfindung geltend gemacht wird oder 54

– die sonstwie mit einer Erfindung derart eng verknüpft sind, dass es für die Bewältigung des Streitstoffes bei summarischer Beurteilung voraussichtlich besonderen technischen Sachverstandes bedarf.[117] 55

Wird mit der Klage ein Anspruch geltend gemacht, der *keine* Patentstreitsache ist, ändert sich an der Zuständigkeit des angerufenen Nicht-Patentstreitgerichts nicht dadurch etwas, dass später eine **Widerklage** erhoben wird, die eine Patentstreitsache zum Gegenstand hat.[118] Ist das mit der Klage angerufene Gericht kein Patentstreitgericht, ist deshalb die Widerklage abzutrennen und (nur sie!) an das ausschließlich zuständige Patentstreitgericht zu verweisen; sofern kein Verweisungsantrag gestellt wird, ist die am Nicht-Patentgerichtsstandort erhobene Widerklage als unzulässig abzuweisen.[119] 56

Hat das Gericht seine sachliche Zuständigkeit zu Unrecht angenommen, begründet dies weder einen Berufungs- noch einen Revisionsgrund (§§ 513 Abs 2, 545 Abs 2 ZPO). 57

4. Zustellungsfragen in Fällen mit Auslandsberührung

Speziell im Zusammenhang mit ausländischen Beklagten ist zu bedenken, dass die notwendige Zustellung der Klageschrift nebst Anlagen eine erhebliche zeitliche Verzögerung mit sich bringen kann, die zum einen auf der (im Übrigen besonders zu bevorschussen- 58

---

114 Verordnung über die Zuweisung von ... Patentstreitsachen ... vom 30.8.2011.
115 Eine Übersicht sämtlicher Gerichte findet sich in BlPMZ 2007, 92 sowie unter www.grur.de.
116 Ob ein Patentanwaltshonorarklage per se eine Patentstreitsache darstellt, ist streitig: Vgl KG, GRUR-RR 2012, 410 – Patentanwaltshonorarklage. Richtigerweise ist die Frage jedenfalls dann zu verneinen, wenn der konkrete Streitstoff nicht tatsächlich diejenige besondere Sachkunde aufwirft, über den die Verletzungsgerichte verfügen (BGH, GRUR 2013, 756 – Patentstreitsache II). Auch darüber hinaus wird in der Rechtsprechung des BGH tendenziell eine Patentstreitsache verneint, zB dann, wenn es für die Angemessenheit der Vergütung auf das Verständnis der Erfindung ankommt (BGH, GRUR 2013, 757 – Urheberrechtliche Honorarklage). Gleiches hat zu gelten, wenn patentrechtlicher Sachverstand erforderlich ist, um Einwendungen des Beklagten (Schlechtberatung) zu bescheiden.
117 BGH, GRUR 2011, 662 – Patentstreitsache. **Bsp:** Anspruch aus § 146 PatG; Anspruch wegen unberechtigter Patentberühmung (OLG Düsseldorf, InstGE 13, 240 – Garagentorantrieb = GRUR-RR 2012, 305 – Unberechtigte Patentberühmung); Anspruch wegen Schutzrechtsverwarnung aus einem Patent; Anspruch auf Schadenersatz wegen unberechtigter Benutzung eines durch Verrat erhaltenen Betriebsgeheimnisses, das einen patenttauglichen Gegenstand betrifft, auch wenn der Anspruch aufgrund des tatsächlichen Geschehensablaufs formal auf §§ 17, 18 UWG gestützt ist (OLG Düsseldorf, Beschluss v 31.3.2016 – I-2 W 5/16).
118 OLG Düsseldorf, Beschluss v 20.6.2013 – I-2 W 24/13; OLG Köln, GRUR-RR 2018, 317 – POC = Mitt 2018, 363 – Verweisungsantrag in der Berufungsinstanz; aA: OLG Stuttgart, GRUR-RR 2009, 79. Die dort vertretene Ansicht, die Widerklage habe zur Folge, dass auch die Klage im Gerichtsstandort der Patentstreitsache zu behandeln sei, hat unangemessene Konsequenzen. Sie führt dazu, dass der Beklagte dem Kläger durch eine (ggf sogar offensichtlich unberechtigte und betragsmäßig minimale) Widerklage den Gerichtsstand willkürlich entziehen und dessen mit Bedacht getroffene Gerichtswahl (§ 35 ZPO) nachträglich zu Fall bringen kann.
119 OLG Düsseldorf, Beschluss v 20.6.2013 – I-2 W 24/13.

den) Übersetzung der Klageschrift und zum anderen auf der Zustellungsprozedur als solcher beruht.

59 | **Praxistipp** | Formulierungsbeispiel

Der Kläger sollte deshalb vor einer Klageerhebung stets in Erfahrung bringen, ob der Beklagte nicht in absehbarer Zeit an einer in Deutschland stattfindenden Messe teilnimmt, auf der ihm die Klageschrift zugestellt werden kann, was üblicherweise durch besonderen Wachmeister geschieht. Die Vorteile eines solchen Vorgehens liegen auf der Hand: Es bedarf keiner kostspieligen Übersetzung in die Landessprache des Beklagten; es ergeben sich keine zeitlichen Verzögerungen bei der Zustellung selbst.[120]

60 Scheidet eine »Inlandszustellung« im Einzelfall aus[121], so bestehen für die alsdann notwendigerweise im Ausland vorzunehmende Zustellung verschiedene Alternativen:

a) Förmliche Auslandszustellung

61 Stets möglich – und im Zweifel zu bevorzugen – ist eine **förmliche Auslandszustellung** durch die Behörden des fremden Staates im Wege des internationalen Rechtshilfeersuchens oder der konsularischen Zustellung (§ 183 Abs 1, 2 ZPO). Sie nimmt allerdings – schon wegen der notwendigen Übersetzung der Klageschrift nebst Anlagen – die längste Zeit in Anspruch und schwankt überdies von Zustellungsstaat zu Zustellungsstaat beträchtlich (sic: von einigen Wochen bis zu mehr als einem Jahr).

aa) Haager Zustellungsübereinkommen

62 Zustellungen an Adressaten in den **USA** sind nach den Bestimmungen des Haager Zustellungsübereinkommens vom 15.11.1965 vorzunehmen. Werden Formvorschriften des Verfahrensrechts des Zustellungsstaates (US-Bundesstaat) missachtet, führt der tatsächliche Zugang des zuzustellenden Schriftstücks beim Empfänger jedenfalls dann zu einer Heilung des Formmangels, wenn die Anforderungen des Haager Abkommens gewahrt sind.[122]

bb) EG-VO 1393/2007

63 Innerhalb der **Europäischen Union** sind die Bestimmungen der Verordnung (EG) Nr 1393/2007 des Europäischen Parlaments und Rates vom 13.11.2007 über die Zustellung gerichtlicher und außergerichtlicher Schriftstücke in Zivil- oder Handelssachen in den Mitgliedstaaten und zur Aufhebung der Verordnung 1348/2000 des Rates[123] zu beachten.[124]

64 Relevant ist vor allem Art 8 Abs 1, wonach dem Empfänger ein **Annahmeverweigerungsrecht** zusteht, wenn das zuzustellende Schriftstück nicht in einer Sprache – welche anders als früher nicht die Amtssprache des Empfangsmitgliedstaates und auch nicht die Sprache des Übermittlungsmitgliedstaates sein muss – abgefasst ist, welche der Empfän-

---

120 Eine Anordnung nach § 184 ZPO kommt allerdings nicht in Betracht.
121 Weigert sich das angerufene Gericht, die Klageschrift einem (namentlich benannten) inländischen Zustellungsbevollmächtigten (zB Admin-C) des ausländischen Prozesspartei zuzustellen, so ist hiergegen kein Rechtsmittel gegeben (BGH, GRUR 2014, 705 – Inländischer Admin-C).
122 BGH, MDR 2011, 1374.
123 ABl EU Nr L 324 vom 10.12.2007, S 79.
124 Vgl dazu: Sujecki, NJW 2008, 1628.

ger versteht.¹²⁵ Ob dies der Fall ist, steht nicht im subjektiven Belieben des Zustellungsempfängers, sondern verlangt von dem die Wirksamkeit der Zustellung prüfenden Gericht, dass anhand *objektiver* Kriterien festgestellt wird, ob der Beklagte über Sprachkenntnisse verfügt, die ihn in die Lage versetzen, den Inhalt des zuzustellenden Schriftstücks zu verstehen und so das ihm gewährte rechtliche Gehör tatsächlich auszuüben.¹²⁶ Als objektiver Anhaltspunkt kann insbesondere ein zur Akte gereichtes Schriftstück dienen, das vom Beklagten stammt und dessen Verständnis derjenigen Sprache dokumentiert, in der das zuzustellende Schriftstück abgefasst ist.¹²⁷ Macht der Empfänger von seinem Annahmeverweigerungsrecht zu Recht Gebrauch, führt dies grundsätzlich zur Unwirksamkeit der Zustellung.¹²⁸

Allerdings besteht für den Kläger die Möglichkeit, den **Mangel** durch Übersendung des Schriftstücks mitsamt der erforderlichen Übersetzung zu **heilen** (Art 8 Abs 3). Geschieht dies, ist das Datum der Zustellung des Schriftstücks dasjenige Datum, an dem die Zustellung des Dokuments zusammen mit der Übersetzung nach dem Recht des Empfangsmitgliedstaates bewirkt wird. **Ausnahme**: Ist das Schriftstück nach dem Recht eines Mitgliedstaates innerhalb einer bestimmten Frist zuzustellen, gilt für die Frage des gültigen Zustellungszeitpunktes das **System des doppelten Datums**: 65

– Der Antragsteller kann sich auf das Datum der ersten Zustellung berufen (Art 8 Abs 3 Satz 3), wobei in Anlehnung an die EuGH-Rechtsprechung zur VO 1348/2000 in Sachen Götz Leffler/Berlin Chemie AG¹²⁹ zu verlangen ist, dass er das Erforderliche für die Heilung so schnell wie möglich veranlasst hat. 66

– Demgegenüber ist zu Gunsten des Empfängers auf die Zustellung der Übersetzung abzustellen. 67

Besondere Probleme ergeben sich, wenn in der zuzustellenden Klageschrift auf **Anlagen** Bezug genommen wird. 68

– Sind die Anlagen überhaupt nicht beigefügt, ist kontrovers, ob die Zustellung deswegen unwirksam ist. Während der VII. ZS des BGH¹³⁰ dies (im Zusammenhang mit einen der EuGZVO unterliegenden Fall) angenommen und etwas anderes ausnahmsweise nur dann erwogen hat, wenn die Anlagen der beklagten Partei nahezu zeitgleich mit der Klageerhebung gesondert übermittelt worden¹³¹ oder dem Beklagten alle Anlagen bereits vor Klageerhebung bekannt gewesen sind¹³², vertritt der VIII. ZS des BGH¹³³ (im Zusammenhang mit einem dem HZÜ unterliegenden Fall) die gegenteilige Auffassung, dass das Fehlen von Anlagen keine Konsequenzen für die Wirksamkeit der Klagezustellung hat. 69

– Ist die Klageschrift als solche ordnungsgemäß übersetzt (so dass dem Zustellungsadressaten *insoweit* kein Annahmeverweigerungsrecht zusteht) und fehlt es nur hinsichtlich der Anlagen an einer Übersetzung, so kommt es darauf an, ob durch einen derartigen Sachverhalt ein Annahmeverweigerungsrecht ausgelöst wird. Die Frage ist mittlerweile auf ein Vorabentscheidungsersuchen des BGH¹³⁴ hin vom EuGH ent- 70

---

125 BGH, NJW 2007, 775.
126 LG Düsseldorf, InstGE 11, 291 – Tampon.
127 LG Düsseldorf, InstGE 11, 291 – Tampon.
128 BGH, NJW 2007, 775.
129 EuGH (Große Kammer), NJW 2006, 491.
130 BGH, NJW 2007, 775.
131 BGH, NJW 2001, 445, 447.
132 Vgl BGH, NJW 2007, 775.
133 BGH, MDR 2013, 297.
134 BGH, NJW 2007, 775.

schieden: Zu übersetzen ist das »zuzustellende Schriftstück«. Zu ihm gehören Anlagen, auf die in einem verfahrenseinleitenden Schriftstück (wie einer Klage) Bezug genommen wird, wenn und soweit es sich bei ihnen nicht nur um reine Beweisurkunden handelt, die für das Verständnis des Beklagten von Gegenstand und Grund des Antrags verzichtbar sind, weil die Klageschrift aus sich heraus in vollem Umfang verständlich ist, sondern wenn und soweit in den Anlagen Informationen enthalten sind, deren zusätzliche Kenntnis den Beklagten erst in die Lage versetzt, seine Rechte in dem vorgesehenen gerichtlichen Verfahren geltend zu machen.[135] Hat der ausländische Beklagte sich in einem Vertrag (zB Lizenzvertrag) verpflichtet, den Schriftverkehr in der für ihn fremden Sprache des Übermittlungsstaates zu führen, so begründet dieser Sachverhalt keine Vermutung für dahingehende Sprachkenntnisse, sondern liefert lediglich einen Anhaltspunkt dafür, dass er den nicht übersetzten Anlagentext im Sinne von Art 8 Abs 1 versteht.[136]

71 Hinsichtlich der **Erstattung von Übersetzungskosten**[137] gilt Folgendes: Art 5 Abs 2 EG-VO 1393/2007 regelt lediglich eine Vorschusspflicht des Antragstellers für Übersetzungskosten, die bei der Zustellung an einen im Ausland ansässigen Antragsgegner anfallen. Die Vorschrift hindert deswegen nicht einen (nach den nationalen Verfahrensvorschriften erlassenen) Kostenfestsetzungsbeschluss, mit dem die Übersetzungskosten gegen den im Verfahren unterlegenen Antragsgegner festgesetzt werden.[138] Erstattungsfähig sind die Übersetzungskosten – wie grundsätzlich alle Verfahrenskosten – allerdings nur in dem Umfang, in dem sie nach den Umständen des Einzelfalles zur Rechtsverfolgung tatsächlich notwendig waren. Die dem Antragsteller obliegende Pflicht zur Kostenminderung verlangt jedenfalls in einem Verfahren des einstweiligen Rechtsschutzes nicht, dass er zur Vermeidung – auch ggf beträchtlicher Übersetzungskosten – zunächst eine Zustellung ohne Übersetzungen durch Einschreiben mit Rückschein versucht, wenn dadurch dem Antragsgegner die Möglichkeit zu einer Annahmeverweigerung (Art 8 Abs 1 EG-VO 1393/2007) eröffnet wird, weil die nicht übersetzten Schriftstücke weder in einer Amtssprache des Empfangsmitgliedstaates oder des Zustellungsortes noch in einer Sprache des Übermittlungsmitgliedstaates verfasst sind, die der Empfänger versteht.[139] Abzustellen ist dabei auf den Kenntnishorizont des Antragstellers in dem Zeitpunkt, zu dem er entscheiden muss, in welcher Form er die Zustellung veranlasst.[140] Zu einer Kostenkürzung führt es nicht, dass die zuzustellenden Unterlagen nicht unmittelbar in die Sprache des Empfangsmitgliedstaates übersetzt werden, sondern zunächst ins Deutsche und alsdann vom Deutschen in die Sprache des Empfangsmitgliedstaates, wenn für das angerufene Gericht kein ermächtigter Übersetzer erreichbar ist, der unmittelbar in die Sprache des Empfangsmitgliedstaates übersetzt.[141] Eine Übersetzung darf allerdings nur für solche Schriftstücke veranlasst werden, die für die Herleitung der geltend gemachten Ansprüche unumgänglich sind. Übersetzungskosten, die in Bezug auf für die

---

135 EuGH, NJW 2008, 1721.
136 EuGH, NJW 2008, 1721.
137 Ob Übersetzungen angefertigt werden sollen oder stattdessen das Risiko einer Annahmeverweigerung eingegangen werden soll, liegt in der alleinigen Entscheidung des Klägers. Das Gericht darf deshalb nicht kurzerhand von sich aus eine Übersetzung anordnen, sondern hat beim Kläger, in dessen Interesse die Zustellung erfolgen soll, nachzufragen (§ 31 f Abs 2 ZRHO). Geschieht dies nicht, liegt eine unrichtige Sachbehandlung vor, die zur Niederschlagung der Übersetzungskosten führt (OLG Koblenz, MDR 2010, 101).
138 OLG Düsseldorf, InstGE 10, 294 – Übersetzungskostenerstattung.
139 OLG Düsseldorf, InstGE 10, 294 – Übersetzungskostenerstattung.
140 OLG Düsseldorf, InstGE 10, 294 – Übersetzungskostenerstattung.
141 OLG Düsseldorf, InstGE 10, 294 – Übersetzungskostenerstattung.

Anspruchsbegründung verzichtbare Unterlagen angefallen sind, unterliegen nicht der Kostenfestsetzung.[142]

Übersetzungskosten, die im Zusammenhang mit einer auf mehrere Patente gestützten Klage anfallen, sind, wenn das ursprünglich einheitliche Klageverfahren in der Folge wegen § 145 PatG **in mehrere selbständige Streitverfahren aufgeteilt** wird, demjenigen Rechtsstreit und der dort getroffenen Kostengrundentscheidung zuzuordnen, dem sie sachlich zugehören.[143] Betrifft die Übersetzung keine Unterlagen, die sich eindeutig einem der mehrerer Rechtsstreitigkeiten zuordnen lassen (weil es sich zB um die Übersetzung der gemeinsamen Klageschrift handelt), so sind die Kosten auf die mehreren Verfahren im Verhältnis ihrer Einzelstreitwerte zueinander zu verteilen.[144] 72

Eine gewisse Erleichterung schafft für den Bereich **außerhalb der EU** lediglich § 184 Abs 1 ZPO. Die Vorschrift – die verfassungsgemäß und völkerrechtskonform ist[145] – lässt es zu, dass dem Beklagten[146] aufgegeben wird, einen in Deutschland ansässigen Zustellungsbevollmächtigten zu benennen. Der entsprechende Beschluss[147] ist bereits vor Absendung des Rechtshilfeersuchens zu fassen, weil er dem Beklagten gleichzeitig mit der Klage förmlich zugestellt werden muss (»Das Gericht kann *bei der Zustellung* ... anordnen«).[148] Da § 184 Abs 1 ZPO die Anordnung zur Benennung eines Zustellungsbevollmächtigten auf die Fälle der Auslandszustellungen gemäß § 183 ZPO beschränkt, kommt sie nicht in Betracht, wenn das verfahrenseinleitende Schriftstück dem ausländischen Beklagten im Inland[149] (zB während einer hier stattfindenden Messe, § 177 ZPO) zugestellt wird.[150] Die Anordnung sollte von dem zur Entscheidung berufenen Spruchkörper getroffen werden; erfolgt sie lediglich durch dessen Vorsitzenden, bleibt die Zustellung dennoch wirksam.[151] 73

Benennt der Beklagte – trotz einer (wirksamen) Anordnung nach § 184 ZPO und trotz wirksamer Klagezustellung[152] – keinen Zustellungsbevollmächtigten und bestellt sich für ihn auch kein Prozessbevollmächtigter, so können alle weiteren Zustellungen im Verfahren (zB die eines etwaigen Versäumnisurteils oder einer notwendigen Umladung, aber auch ein Klageerweiterungsschriftsatz[153]) durch Aufgabe des Schriftstücks zur Post wirksam vorgenommen werden. Im Falle einer förmlichen Auslandszustellung sollte der Kläger deswegen tunlichst darauf antragen, dass von der Möglichkeit des § 184 ZPO Gebrauch gemacht wird (wenngleich ein entsprechender Beschluss auch von Amts wegen ergehen kann). 74

Der **Tenor** eines Beschlusses nach § 184 ZPO lautet etwa wie folgt: 75

---

142 OLG Düsseldorf, InstGE 10, 294 – Übersetzungskostenerstattung.
143 OLG Düsseldorf, Mitt 2017, 236 – Übersetzungskosten bei Prozesstrennung.
144 OLG Düsseldorf, Mitt 2017, 236 – Übersetzungskosten bei Prozesstrennung.
145 BGH, WM 2012, 1499.
146 Ein Prozessrechtsverhältnis muss bereits begründet sein, weswegen für das verfahrenseinleitende Schriftstück eine Anwendung des § 184 ZPO nicht infrage kommt. Die Vorschrift gilt auch nicht in Bezug auf Dritte. Zu ihnen gehört nicht der beigetretene Streitgehilfe, wohl aber derjenige, dem die Streitverkündungsschrift erst zugestellt werden soll.
147 Nach OLG Köln, MDR 2011, 1068 kann die Anordnung auch durch eine Verfügung des Vorsitzenden erfolgen.
148 Zöller, § 184 ZPO Rn 4.
149 Für die Zulässigkeit einer solchen Zustellung: LG Hamburg, RdTW 2013, 288.
150 BGH, GRUR 2008, 1030 – Zustellungsbevollmächtigter.
151 BGH, WM 2012, 1499 = MDR 2012, 1243.
152 BGH, MDR 2013, 297.
153 BGH, WM 2012, 1499 = MDR 2012, 1243.

D. Klageverfahren

76 | Praxistipp | **Formulierungsbeispiel**

1. Die Beklagte hat – wenn sie keinen Prozessbevollmächtigten bestellt – innerhalb einer Frist von drei Wochen einen Zustellungsbevollmächtigten zu benennen, der in der Bundesrepublik Deutschland einen Wohnsitz hat oder dort einen Geschäftsraum unterhält, der eine Zustellung von Schriftstücken erlaubt. Die Benennungsfrist beginnt mit der Zustellung dieses Beschlusses zu laufen. An den Zustellungsbevollmächtigten können mit Wirkung für und gegen die Beklagte alle Zustellungen von Schriftstücken vorgenommen werden, die im Rechtsstreit zu erfolgen haben.
2. Wird ein Zustellungsbevollmächtigter von der Beklagten nicht benannt, so können Zustellungen nach Ablauf der Benennungsfrist dadurch bewirkt werden, dass die betreffenden Schriftstücke unter der Anschrift der Beklagten zur Post gegeben werden. Das Schriftstück gilt in einem solchen Fall zwei Wochen nach Aufgabe zur Post als zugestellt.

77 | Praxistipp | **Formulierungsbeispiel**

Der Beschluss nach § 184 ZPO ermöglicht es, im Interesse einer Minimierung der Übersetzungskosten so vorzugehen, dass zunächst eine »schlanke« Klageschrift angefertigt wird, mit der der geltend gemachte Anspruch zwar schlüssig dargelegt, jedoch soweit als möglich darauf verzichtet wird, auf Anlagen (die ansonsten im Zweifel mit übersetzt werden müssten) Bezug zu nehmen. Die Anlagen können, wenn erforderlich, alsdann nachträglich – ohne Übersetzung – durch Aufgabe zur Post zugestellt werden.

78 Ist die Zustellung nach den Regeln der **EuZVO** zu bewirken, weil der Beklagte seinen (Wohn-)Sitz im EU-Ausland hat, scheidet eine Anordnung nach § 184 ZPO aus, weil sie den zwingenden Vorgaben der EuZVO widerspricht.[154] Zulässig bleibt lediglich die Äußerung einer Bitte ohne Androhung rechtlicher Konsequenzen, zB wie folgt:

79 | Praxistipp | **Formulierungsbeispiel**

Da sie ihren Wohnort/Geschäftssitz in einem anderen Mitgliedstaat der Europäischen Union als dem Gerichtsstaat Deutschland haben, sind Zustellungen von Schriftstücken an Sie grundsätzlich nach der Verordnung (EG) Nr 1393/2007 über die Zustellung gerichtlicher und außergerichtlicher Schriftstücke in Zivil- oder Handelssachen in den Mitgliedstaaten zu bewirken. Das bedeutet, dass in diesem Verfahren alle Zustellungen an Sie in dem Staat zu erfolgen haben, in dem sie Ihren Wohnort/Geschäftssitz haben, sofern sie nicht einen Prozess/Verfahrensbevollmächtigten in Deutschland benennen.

Allerdings könnte die Zustellung weiterer gerichtlicher Schriftstücke in diesem Verfahren – wenn sie keinen Prozess/Verfahrensbevollmächtigten beauftragen möchten – auch an einen von Ihnen zu benennenden Zustellungsbevollmächtigten in Deutschland erfolgen. Sollten sie hierzu bereit sein, bittet das Gericht Sie, eine solche Bevollmächtigung vorzunehmen und den Namen und die Anschrift dieser Person bis zum ... mitzuteilen. In diesem Fall wird das Gericht Zustellungen ausschließlich an die von Ihnen bevollmächtigte Person veranlassen, bis Sie angezeigt haben, dass die Bevollmächtigung aufgehoben ist.

---

154 EuGH, NJW 2013, 443 – Alder/Orlowski; vgl auch BGH, NJW 2011, 2218.

b) Vereinfachte Postzustellung

Anstelle der förmlichen Auslandszustellung kommt eine vereinfachte Zustellung durch **Einschreiben mit Rückschein** in Betracht, sofern völkerrechtliche Vereinbarungen dieses zulassen (§ 183 Abs 1 Satz 1, 2 ZPO). 80

Solches ist geschehen (§ 183 Abs 5 ZPO) mit den Bestimmungen der EG-VO Nr 1393/2007, die in ihrem Anwendungsbereich allen bisherigen bilateralen und multilateralen Übereinkünften zum Rechtshilfeverkehr in Zustellungssachen vorgeht (Art 20 Abs 1). Sie erlaubt innerhalb der EU-Mitgliedstaaten eine vereinfachte Zustellung, und zwar prinzipiell in zweierlei Form: 81

Zugelassen ist zunächst eine durch das angerufene Gericht veranlasste Zustellung durch die Post (Art 14), wobei die einzelnen Mitgliedstaaten die näheren Bedingungen festlegen können, unter denen sie eine solche Postzustellung in ihrem Territorium zulassen. In Deutschland ist davon in der Weise Gebrauch gemacht worden, dass eine Zustellung mit Einschreiben und Rückschein oder gleichwertigem Beleg ausreicht, und zwar sowohl für von Deutschland ausgehende Zustellungen als auch für in Deutschland vorzunehmende Zustellungen (§ 1068 ZPO). In der Regel ist die Beifügung einer Übersetzung der Klageschrift in die Landessprache nicht Zustellungsvoraussetzung. Ihr Fehlen führt allerdings dazu, dass dem Zustellungsadressaten das Recht eingeräumt wird, die Annahme zu verweigern, wenn er der deutschen Sprache nicht mächtig ist (Art 8 Abs 1). Um ein Scheitern der Zustellung zu vermeiden, liegt es deshalb im eigenen Interesse des Klägers, sich rechtzeitig hinsichtlich der Sprachkenntnisse des Beklagten zu vergewissern und – zur Vermeidung dahingehender Rückfragen der Zustellungsbehörde – bereits in der Klageschrift anzugeben, ob im Falle einer Zustellung durch Einschreiben mit Rückschein eine Übersetzung der Klageschrift erfolgen soll. Eine Frist, innerhalb derer die Annahmeverweigerung erklärt werden muss, sieht die EG-VO Nr 1393/2007 nicht vor. Es könnte sich deshalb die Situation ergeben, dass das Gericht in der Annahme einer wirksamen Zustellung ein Versäumnisurteil erlässt und der Beklagte erst danach die Annahme der Klage verweigert. 82

Art 15 schließt es nicht aus, dass ein Verfahrensbeteiligter – und darin liegt die zweite Form der vereinfachten Zustellung – gerichtliche Schriftstücke unmittelbar (dh ohne Einschaltung des Gerichts) durch zuständige Personen des Empfangsmitgliedstaates zustellen lässt. In Deutschland steht dieser Zustellungsweg nicht zur Verfügung, weil § 1068 Abs 2 ZPO allein eine Zustellung mit Einschreiben und Rückschein erlaubt. 83

In der Praxis bietet die vereinfachte Zustellung vielfach keine wirklichen Vorteile. Teilweise (zB von Italien) werden ebenfalls Übersetzungen der zuzustellenden Schriftstücke verlangt, in jedem Fall besteht das Risiko der Annahmeverweigerung, wenn Übersetzungen nicht beigefügt sind. Darüber hinaus werden die Rückscheine erfahrungsgemäß oft (zB aus Südeuropa, dem Vereinigten Königreich) nicht zurückgesandt, so dass es an einem Zustellungsnachweis fehlt. Sicherheitshalber sollte deshalb der förmlichen Auslandszustellung im Zweifel der Vorzug gegeben werden. 84

c) Öffentliche Zustellung[155]

Eine besondere Konstellation liegt vor, wenn gegen eine im Ausland ansässige Partei eine **einstweilige Verfügung** beantragt werden soll und eine Auslandszustellung nur mit 85

---

[155] Zur öffentlichen Zustellung an eine (auch inländische) juristische Person vgl KG, MDR 2011, 125. Nach BGH (MDR 2012, 1308; MDR 2016, 900) kann von einem unbekannten Aufenthalt des Beklagten nur ausgegangen werden, wenn der Kläger alle der Sache nach geeigneten und ihm zumutbaren Nachforschungen angestellt hat, um den Aufenthalt des Beklagten zu ermitteln, und seine ergebnislosen Bemühungen dem Gericht gegenüber darlegt. Regelmäßig genügt es nicht, wenn lediglich eine Anfrage beim Einwohnermeldeamt und Zustellungsversuche des letzten Wohnsitzes im Sande verlaufen sind. Darüber hinaus kann es erforderlich sein, persönlich beim ehemaligen Arbeitgeber, beim letzten Vermieter oder bei Hausgenossen oder Verwandten des Zustellungsempfängers nachzuforschen. Speziell im gewerblichen Rechtsschutz ist die Möglichkeit abzuklären, die

erheblicher zeitlicher Verzögerung (von zB sechs Monaten und mehr) zu erwarten ist. Unter solchen Umständen wird die Zustellung – mit Rücksicht auf die jedem einstweiligen Rechtsschutzverfahren immanente Dringlichkeit – als »nicht möglich« iSv § 185 Nr 2 ZPO angesehen mit der Folge, dass zB der Verfügungsantrag und die Terminladung (sowie der Beschluss über die Bewilligung der öffentlichen Zustellung) öffentlich zugestellt werden können.[156] Sofern eine E-Mail-Adresse oder eine Fax-Verbindung bekannt oder für den Antragsteller ermittelbar ist, sollten die Unterlagen, deren öffentliche Zustellung bewilligt ist, allerdings nachrichtlich auch auf diesem Wege zur Kenntnis des Antragsgegners gebracht werden, damit er die Möglichkeit zur Rechtverteidigung hat.

86 Handelt es sich um eine **Hauptsacheklage** in einer gewöhnlichen vermögensrechtlichen Streitigkeit, reicht eine Zustellungsdauer von 1 Jahr demgegenüber regelmäßig nicht für die Bejahung einer unzumutbaren Verzögerung aus.[157] Letztlich handelt es sich um eine Einzelfallentscheidung, die anhand der Umstände des konkreten Falles die Interessen des Klägers an einer alsbaldigen Durchsetzung seines Begehrens gegen die Belange des Beklagten an einer Gewährung rechtlichen Gehörs abzuwägen hat.[158]

5. Rechtsmittelzuständigkeit

87 Im weiteren Instanzenzug sind ebenfalls Zuständigkeiten zu beachten, weil bei einem unzuständigen Gericht eingelegte Rechtsmittel die vielfach (bei der Berufung, Nichtzulassungsbeschwerde, Revision, sofortigen Beschwerde) zu beachtenden Rechtsmittelfristen nicht wahren können. Fristversäumnisse, die auf einer falschen Adressierung der Rechtsmittelschrift beruhen, rechtfertigen regelmäßig auch keine Wiedereinsetzung in den vorigen Stand, weil sie jedenfalls im Anwaltsprozess nicht unverschuldet ist.[159] Eine gewisse Erleichterung schafft lediglich die Pflicht jedes Gerichts, eine bei ihm eingegangene Rechtsmittelschrift, wenn die Unzuständigkeit ohne weiteres erkennbar ist, im ordentlichen Geschäftsgang an das zuständige Gericht weiterzuleiten, wobei es für eine erfolgreiche Wiedereinsetzung ausreicht, dass die Schrift so rechtzeitig eingegangen ist, dass ihre **Weiterleitung** innerhalb der Rechtsmittelfrist im regulären Geschäftsgang problemlos erwartet werden konnte.[160] Dies darzulegen und glaubhaft zu machen, ist Sache des Rechtsmittelführers.[161] Eine besonders beschleunigte Behandlung (Weiterleitung oder Information des Rechtsmittelführers per Fax, Telefon, Email) ist nicht geschuldet.[162] Besteht zwischen den Gerichten (dem angerufenen unzuständigen und dem tatsächlich zuständigen) eine behördeninterne Hauspost, wird eine kurzfristige Übermittlung in aller Regel möglich und zumutbar sein.[163] Hat das Gericht seine Pflicht zur Weiterleitung versäumt, ist Wiedereinsetzung ohne Rücksicht darauf zu gewähren, auf welchen Gründen die fehlerhafte Einreichung beruht.[164] Ähnliches gilt, wenn ein Gericht, und sei es auch nur durch ständige praktische Handhabung, die Möglichkeit

---

Klage/das Urteil dem Beklagten auf einer inländischen Messe zuzustellen, an der er demnächst teilnimmt; diesbezüglich hat sich vor einer Zustellungsbewilligung auch das Gericht beim Kläger zu erkundigen (OLG Düsseldorf, Urteil v 19.1.2017 – I-2 U 59/16). Selbst bei allgemein unbekanntem Aufenthalt des Beklagten kommt eine öffentliche Zustellung nicht in Betracht, wenn sich für ihn ein Rechtsanwalt bestellt hat, an den wirksam zugestellt werden kann (BGH, MDR 2017, 226).
156 OLG Düsseldorf, InstGE 3, 238 – LCD-Monitor.
157 BGH, MDR 2009, 462, OLG Köln, MDR 2008, 1061.
158 BGH, FamRZ 2009, 684.
159 BGH, MDR 2013, 994.
160 BGH, GRUR 2015, 472 – Stabilisierung der Wasserqualität; BGH, MDR 2013, 994.
161 BGH, MDR 2013, 994.
162 BGH, MDR 2013, 994; BGH, MDR 2016, 1164; BGH, MDR 2018, 173.
163 BGH, GRUR 2015, 472 – Stabilisierung der Wasserqualität.
164 BGH, MDR 2018, 173.

der Weiterleitung von Schriftstücken an das zuständige Gericht eröffnet. Hier genügt der Anwalt seinen (zB im Wiedereinsetzungsverfahren zu fordernden) Sorgfaltspflichten bereits dann, wenn er einen fristgebundenen Schriftsatz so rechtzeitig abgibt, dass er einen fristgemäßen Eingang beim zuständigen Gericht mit Sicherheit erwarten darf.[165]

6. Mehrfachverfolgung

Verletzen die Handlungen des Beklagten gleichzeitig mehrere Patente (desselben Inhabers oder unterschiedlicher Inhaber), so liegt in der Mehrfachverfolgung der begangenen Rechtsverletzungen nichts Missbräuchliches. Das – auch untereinander abgestimmte und koordinierte – Vorgehen mehrerer Kläger gegen denselben Beklagten wegen Benutzung verschiedener Schutzrechte macht die Klagen deswegen nicht unzulässig.[166] Das gilt auch dann, wenn sich alle Kläger durch dieselben Anwälte vertreten lassen. Eine Grenze wird ausnahmsweise erst dort zu ziehen sein, wo der Beklagte mit derart vielen Einzelklagen überzogen wird, dass die Klageerhebung offensichtlich nicht mehr von dem Ziel getragen ist, die Verletzungshandlungen des Beklagten zu unterbinden, um den Markt entsprechend zu bereinigen, sondern es vielmehr darum geht, um jeden Preis derart hohe Prozesskosten entstehen zu lassen, dass der Beklagte finanziell ruiniert oder zumindest nachhaltig wirtschaftlich geschädigt wird.[167] Solches ist zB denkbar, wenn die wirtschaftliche Betätigung des Beklagten bereits mit der Klage aus einzelnen Schutzrechten verlässlich und endgültig lahmgelegt ist und weitere Klagen daneben nur noch zusätzliche, unnütze Kosten produzieren können. 88

7. Ladungsfähige Anschrift

Aus den §§ 253 Abs 2 Nr 1, Abs 4, 130 Nr 1 Halbsatz 1 ZPO folgt, dass eine ordnungsgemäße Klageerhebung grundsätzlich die Angabe der ladungsfähigen Anschrift des **Klägers** voraussetzt. Wird diese Angabe schlechthin oder ohne zureichenden Grund verweigert, ist die Klage unzulässig.[168] Das gilt auch dann, wenn der Kläger durch einen Prozessbevollmächtigten vertreten ist. Durch die Angabe seiner ladungsfähigen Anschrift dokumentiert der Kläger seine Bereitschaft, sich möglichen nachteiligen Folgen des Prozesses, insbesondere einer Kostenpflicht, zu stellen, und ermöglicht dem Gericht die Anordnung seines persönlichen Erscheinens. Führt ein Kläger einen Prozess aus dem Verborgenen, um sich dadurch einer möglichen Kostenpflicht zu entziehen, handelt er rechtsmissbräuchlich. Die Angabe der ladungsfähigen Anschrift des Klägers ist daher jedenfalls dann zwingendes Erfordernis einer ordnungsgemäßen Klageerhebung, wenn sie ohne weiteres möglich ist.[169] Verfassungsrechtlich ist es allerdings geboten, dass die Angabe der ladungsfähigen Anschrift des Klägers nicht ausnahmslos Zulässigkeitsvoraussetzung der Klage ist, sondern dass darauf im Einzelfall verzichtet werden kann.[170] Für eine solche Ausnahme bedarf es triftiger Gründe, etwa schwer zu beseitigender Schwierigkeiten oder schutzwürdiger Geheimhaltungsinteressen.[171] 89

Darüber hinaus hat der Kläger in der Klageschrift auch eine ladungsfähige Anschrift des **Beklagten** anzugeben, bei der die ernsthafte Möglichkeit besteht, dass dort eine ord- 90

---

165 BGH, ZInsO 2018, 1641.
166 BGH, GRUR 2012, 1230 – MPEG-2-Videosignalcodierung.
167 Offengelassen von BGH, GRUR 2012, 1230 – MPEG-2-Videosignalcodierung.
168 BGHZ 102, 332, 335 f.
169 BGHZ 102, 332, 336.
170 BVerfG, NJW 1996, 1272, 1273.
171 BGHZ 102, 332, 336; BGH, NJW-RR 2004, 1503.

nungsgemäße Zustellung vorgenommen werden kann. Diese Angabe muss daher darauf gerichtet sein, eine Übergabe der Klageschrift an den Zustellungsempfänger selbst zu ermöglichen. Dafür kommt nicht nur dessen Wohnanschrift, sondern in geeigneten Fällen auch die Angabe der Arbeitsstelle in Betracht.[172]

91 Für **juristische Personen** folgt daraus nicht, dass die Klage nur zulässig ist, wenn für sie als ladungsfähige Anschrift der tatsächliche Geschäftssitz im Sinne eines Geschäftslokals angegeben wird, in dem der Leiter oder gesetzliche Vertreter regelmäßig angetroffen werden kann. Dem Wohnsitz einer natürlichen Person entspricht bei juristischen Personen der Sitz, was bedeutet, dass bei juristischen Personen, jedenfalls wenn es um die **Klägeranschrift** geht, deren Sitz als ladungsfähige Anschrift angegeben werden kann. Der Zweck der Angabe einer ladungsfähigen Anschrift des Klägers ist bei juristischen Personen erfüllt, wenn die juristische Person durch die angegebene Anschrift eindeutig identifiziert wird und unter dieser Anschrift wirksam Zustellungen an die juristische Person vorgenommen werden können. Dementsprechend genügt bei juristischen Personen des Privatrechts als ladungsfähige Anschrift die Angabe der im Handelsregister eingetragenen Geschäftsanschrift, sofern dort gemäß § 170 Abs 2 ZPO Zustellungen an den Leiter, also bei juristischen Personen an deren Organ als gesetzlichen Vertreter, oder den rechtsgeschäftlich bestellten Vertreter im Sinne von § 171 ZPO bewirkt werden können.[173]

II. Aktivlegitimation

92 Ansprüche wegen Verletzung eines Patents können nur von einem begrenzten Kreis Berechtigter geltend gemacht werden.

1. Patentinhaber

93 Zu ihnen gehört an erster Stelle der materielle Inhaber des Schutzrechts, der allerdings – zusätzlich – formell durch seine Eintragung in die Rolle legitimiert sein muss (§ 30 Abs 3 Satz 2 PatG). Bei europäischen Patenten bedarf es eines Registerauszuges des DPMA, nicht nur einer Registerauskunft des EPA. Die in der Rolle enthaltene Bezeichnung ist der **Auslegung** zugänglich, und zwar (wegen Art 2 Abs 2 EPÜ) auch, soweit es sich um den deutschen Teil eines europäischen Patents handelt. Solches kommt zB in Betracht, wenn die namentlich bezeichnete Einheit eine selbst überhaupt nicht rechtsfähige Formation darstellt; hier verbirgt sich hinter der Bezeichnung der (allein rechtsfähige) Rechtsträger der aus dem Registereintrag ersichtlichen Formation.[174] Zur eindeutigen Identifizierung können erforderlichenfalls auch weitergehende Anmelder/Inhaberangaben aus der Erteilungsakte herangezogen werden, zB eine in den Registereintrag nicht übernommene Adresse.[175] Offensichtliche Fehler des Registerstandes (zB die irrtümliche Eintragung einer weiteren Person als Mitinhaber) können im Wege des Freibeweises ermittelt werden und stehen der Aktivlegitimation nicht entgegen.[176] Hat der Patentinhaber bloß seinen Namen geändert (zB aufgrund einer Umfirmierung), führt dies zu keinem Umschreibungsmangel. Gleiches gilt, wenn ein Rechtsformwechsel stattfindet, der

---

172 BGHZ 145, 358, 364.
173 BGH, Urteil v 28.6.2018 – I ZR 257/16 – Anschrift des Klägers.
174 OLG Düsseldorf, InstGE 13, 15 – Faktor VIII-Konzentrat.
175 OLG Düsseldorf, InstGE 13, 15 – Faktor VIII-Konzentrat.
176 LG Mannheim, Urteil v 4.11.2011 – 7 O 152/11.

sowohl rechtlich als auch wirtschaftlich die Identität des Rechtsträgers wahrt (zB Umwandlung einer italienischen S.p.A. (= Aktiengesellschaft) in eine S.r.l. (= GmbH).[177]

Inhaberschaft und Rolleneintragung müssen spätestens im **Verhandlungstermin** gegeben und vom Kläger nachgewiesen sein. Unter solchen Umständen ist der Einwand des Verletzers, der als Patentinhaber Eingetragene oder sein Rechtsvorgänger hätten die zugrundeliegende Erfindung nicht wirksam in Anspruch genommen (§ 6 ArbEG), unbeachtlich.[178] Die Aktivlegitimation gilt nach Auffassung des BGH[179] auch nach Vergabe einer umfassenden ausschließlichen Lizenz. 94

a) Übertragung des Klagepatents[180]

aa) Prozessführungsbefugnis und Aktivlegitimation

Wird das Klagepatent übertragen[181], so entscheidet gemäß § 30 Abs 3 Satz 2 PatG[182] der Rollenstand des Patentregisters darüber, wer prozessführungsbefugt[183] und anspruchsberechtigt ist.[184] Ohne Rolleneintragung keine formelle und keine materielle Klageberechtigung! 95

Solange die Umschreibung[185] auf den neuen Inhaber nicht erfolgt ist, können Ansprüche wegen Patentbenutzung deswegen nur von dem noch eingetragenen Altinhaber geltend gemacht werden, selbst wenn dieser (wegen der Wirksamkeit der Patentübertragung) materiell rechtlich nicht mehr Inhaber des Klageschutzrechts ist.[186] Ist andererseits die Umschreibung erfolgt, so ist der neu eingetragene Erwerber prozessführungsbefugt und aktivlegitimiert, und zwar unabhängig davon, ob er tatsächlich materiell rechtlich Inhaber des Patents geworden ist oder nicht. Grund für diese an den schlichten Rollenstand anknüpfende Legitimation ist die Überlegung, dass die Patentbehörden und -gerichte von der ggf aufwändigen Prüfung der materiellen Rechtslage hinsichtlich der Patentinhaberschaft enthoben sein und sich an der ebenso einfach wie verlässlich feststellbaren Eintragung im Patentregister orientieren sollen. Wird ein (in die Zukunft gerichteter) Unterlassungs-, Auskunfts-, Rückruf- oder Vernichtungsanspruch geltend gemacht, kann deshalb die Wirksamkeit der materiellen Übertragung auf sich beruhen, weil es für die Klageberechtigung ohnedies nur auf den formellen Rollenstand ankommt. 96

Die Maßgeblichkeit des Registerstandes gilt aber auch für den (rückwärts gerichteten) **Schadenersatz- und Bereicherungsanspruch** einschließlich des begleitenden Auskunfts- und Rechnungslegungsanspruchs.[187] Übergreift der schadenersatz- bzw ausgleichspflichtige Zeitraum – wie oftmals – sowohl die Periode, in der der Veräußerer materieller Inhaber und/oder in der Rolle eingetragen war, als auch diejenige Periode, in 97

---

177 BPatG, GRUR 2014, 104 – Verfahren zum Formen.
178 LG Mannheim, InstGE 11, 9 – UMTS-fähiges Mobiltelefon.
179 BGH, GRUR 2008, 896 – Tintenpatrone I.
180 Seiler, Patentegistereintragung, 2013; Pitz, GRUR 2010, 688; Verhauwen, GRUR 2011, 116; Pahlow, FS 50 Jahre BPatG, 2011, S 417 ff.
181 Die nachfolgenden Ausführungen zu § 30 Abs 3 PatG haben keine Bedeutung für Fälle, bei denen es überhaupt nicht zu einer Übertragung des Schutzrechts gekommen ist, sondern die Registerlage bloß den Anschein einer Übertragung vermittelt (Bsp: eine weitere Person, die von Anfang an Mitinhaber des Patents war, wird erst später im Register eingetragen).
182 Vgl hierzu umfassend: Rauch, GRUR 2001, 588; Ohly, GRUR 2016, 1120.
183 Nach BGH, GRUR 2013, 713 – Fräsverfahren regelt die Vorschrift ausschließlich die Befugnis zum Führen von Rechtsstreitigkeiten aus dem Patent.
184 AA: BGH, GRUR 2013, 713 – Fräsverfahren.
185 Zu Einzelheiten des Umschreibungsverfahrens vgl Engels/Morawek, GRUR 2011, 561, 572.
186 OLG Düsseldorf, Urteil v 28.9.2006 – I-2 U 93/04: Der ursprüngliche (eingetragene) Inhaber klagt als gesetzlicher Prozessstandschafter fremde Ansprüche des neuen Inhabers im eigenen Namen ein.
187 AA: OLG Karlsruhe, Beschluss v 11.1.2012 – 6 U 59/11; LG Mannheim, BeckRS 2013, 16099.

der der Erwerber materieller Inhaber und/oder in der Rolle eingetragen war, ist der Schadenersatz- bzw Kondiktionsantrag darauf zu richten, dass in Bezug auf Benutzungshandlungen während des erstgenannten Zeitraumes der Schaden/die Entreicherung des Veräußerers und in Bezug auf Benutzungshandlungen während des letztgenannten Zeitraumes der Schaden/die Entreicherung des Erwerbers zu ersetzen/auszugleichen ist. Damit der zu ersetzende Schaden/der durch den Patenteingriff Entreicherte im genannten Sinne »personalisiert« werden kann, muss die materielle Übertragung, dh ihre Wirksamkeit und ihr Zeitpunkt, nicht aufgeklärt werden. § 30 Abs 3 Satz 2 PatG hat zwar keinen Einfluss auf die materielle Rechtslage am Patent. Die Vorschrift regelt andererseits aber auch nicht bloß eine Legitimations*vermutung*. Sie bestimmt vielmehr abschließend und unwiderleglich, wer im Verletzungsprozess berechtigt ist, Ansprüche wegen Patentbenutzung geltend zu machen. Indem § 30 Abs 3 Satz 2 PatG als Berechtigten den in der Rolle Eingetragenen vorsieht, nimmt das Gesetz bewusst in Kauf, dass die Ansprüche von einer Person verfolgt werden, die materiell rechtlich (zB wegen – unerkannter – Unwirksamkeit des Übertragungsgeschäftes) überhaupt nicht Anspruchsinhaber ist. Für diesen Fall regelt § 30 Abs 3 Satz 2 PatG also eine **gesetzliche Prozessstandschaft** dahingehend, dass der Eingetragene objektiv fremde Ansprüche (nämlich die des materiell tatsächlich Berechtigten) im eigenen Namen (dh auf Leistung an sich) einklagen kann – und muss.[188] Dasselbe gilt, beschränkt auf die Zeit ab Registereintragung des Betreffenden, für den Rückruf- und Vernichtungsanspruch.[189] Damit der Verletzungsprozess von einer – wie ausgeführt – unerwünschten Aufklärung der materiellen Rechtslage am Klagepatent befreit bleibt, muss der Rollenstand, soweit es um Schadenersatz- und Bereicherungsansprüche geht, nicht nur darüber entscheiden, wer die Forderungen einklagen kann. Der Registerstand muss darüber hinaus auch festlegen, mit welchem Inhalt die Ansprüche geltend gemacht werden können, dh wessen Schaden zu ersetzen und wessen Entreicherung auszugleichen ist. Anderenfalls wäre allein für diesen Teilaspekt des Schadenersatz- bzw Bereicherungsanspruchs eine ggf mühselige und schwierige Rechtsaufklärung zu leisten, von der § 30 Abs 3 Satz 2 PatG gerade suspendieren will. Der in der Rolle als Patentinhaber Eingetragene ist daher aufgrund seiner Registereintragung befugt, Ersatz *seines* Schadens und Ausgleich *seiner* Entreicherung zu verlangen, die durch Benutzungshandlungen eingetreten sind, welche seit seiner Rolleneintragung vorgefallen sind.[190] Bei Unwirksamkeit der Patentübertragung agiert er dabei in gesetzlicher Prozessstandschaft für den materiell Berechtigten. Ersatz *desjenigen* Schadens und Ausgleich *derjenigen* Entreicherung, die durch Benutzungshandlungen während der Rolleneintragung des Voreingetragenen entstanden sind, kann – entsprechend dem für die betreffende Zeitspanne gegebenen Registerstand – der Voreingetragene geltend machen, wobei insoweit der *ihm* entstandene Schaden zu ersetzen/die bei *ihm* eingetretene Bereicherung auszugleichen ist.[191] Ihm bleibt es freilich überlassen, seine Schadenersatz- und Kondiktionsansprüche abzutreten, womit ein Dritter (welches der aktuell eingetragene Patentinhaber, aber auch eine andere Person sein kann) klageberechtigt wird.[192] Vom Verletzungsgericht wäre in einem solchen Fall die Wirksamkeit der Abtretung zu verifizieren.

98 Weil sich der Ausspruch zur Schadenersatz- und Bereicherungshaftung strikt nach dem Rollenstand richtet, ist nicht nur ein Bestreiten der materiellen Rechtslage durch den Verletzungsbeklagten unerheblich; auch der eingetragene oder eingetragen gewesene Kläger selbst kann sich nicht darauf berufen, dass er bereits vor der Umschreibung materiell rechtlich Inhaber des Patents geworden sei und deshalb schon im Hinblick auf vor dem

---

188 LG Düsseldorf, Urteil v 31.3.2016 – 4a O 73/14.
189 LG Düsseldorf, Urteil v 31.3.2016 – 4a O 73/14.
190 OLG Düsseldorf, InstGE 12, 261 – Fernsehmenü-Steuerung.
191 OLG Düsseldorf, InstGE 12, 261 – Fernsehmenü-Steuerung.
192 OLG Düsseldorf, InstGE 12, 261 – Fernsehmenü-Steuerung.

Umschreibungstag begangene Verletzungshandlungen die Verpflichtung zum Ersatz *seines* Schadens (und nicht des Schadens des Voreingetragenen) festzustellen sei.[193]

Die Bindung an den Rollenstand kann **Nachteile bei der Schadensberechnung** mit sich bringen. Ist die Umschreibung beispielsweise über Jahre verzögert worden, so dass der Verletzungsbeklagte – dem Rollenstand folgend – dazu verurteilt worden ist, für einen bestimmten Zeitraum den Schaden des voreingetragenen Veräußerers zu ersetzen, und hatte dieser seinen Geschäftsbetrieb bereits im Zusammenhang mit der weit vor der Umschreibung erfolgten Patentübertragung dahingehend umgestellt, dass er keine gattungsgemäßen Produkte mehr vertrieben hat, so wird er *seinen* Schaden mit Aussicht auf Erfolg nicht nach dem ihm entgangenen Gewinn konkret berechnen können, während diese Berechnungsmethode auf Seiten des Erwerbers erfolgversprechend wäre, aber daran scheitert, dass *dessen* Schaden für den fraglichen Zeitraum wegen des Registerstandes nicht ersatzfähig ist. Den hieraus resultierenden Nachteil den Kläger tragen zu lassen, ist jedoch nicht unbillig, weil es seine Sache gewesen wäre, beizeiten für eine Umschreibung zu sorgen, damit der formelle Rollenstand zügig mit der materiellen Rechtslage in Übereinstimmung kommt. 99

Der Rechtsfolge des § 30 Abs 3 Satz 2 PatG kann der noch nicht eingetragene Erwerber nicht dadurch entgehen, dass er als gewillkürter Prozessstandschafter des noch eingetragenen Altinhabers klagt. 100

Besondere Probleme treten auf, wenn **Ansprüche aus dem Patent** (nicht: das Patent selbst!) im Zuge einer ausländischen (zB gesellschaftsrechtlichen) Transaktion übertragen worden sind. Unterliegt das diesbezügliche Rechtsgeschäft den Regeln einer ausländischen Rechtsordnung (weil die beteiligten Parteien dies so vereinbart haben oder weil das IPR entsprechende Vorgaben macht[194]), so hat das deutsche Verletzungsgericht sich unter Anwendung des einschlägigen **ausländischen Rechts** (§ 293 ZPO) Gewissheit darüber zu verschaffen, dass der abgetretene Anspruch rechtswirksam übergegangen ist. Zwar kann dies im Freibeweis erfolgen und darf das Gericht auch die Parteien zur Ermittlung der ausländischen Rechtsnormen und ihrer Auslegung durch die dortige Rechtsprechung heranziehen. Es muss jedoch die sich anbietenden Erkenntnisquellen hinreichend ausschöpfen, wobei an die Ermittlungspflicht umso höhere Anforderungen zu stellen sind, je komplexer und je fremder im Vergleich zum deutschen das anzuwendende fremde Recht ist.[195] In jedem Fall muss sich das Gericht aber von Amts wegen die notwendigen Kenntnisse über das anzuwendende ausländische Recht verschaffen.[196] Dabei geht es nicht nur um die Ermittlung der Rechtsquellen, sondern auch um die konkrete Ausgestaltung des Rechts in der ausländischen Rechtspraxis, namentlich der ausländischen Rechtsprechung.[197] Es gelten weder Beweislasten noch entbindet ein Unstreitiglassen des Vortrages einer Partei durch die andere von der Pflicht zur Amtsermittlung. Ein übereinstimmender rechtlicher Vortrag der Parteien kann nur dann ohne weitergehende eigene Aufklärung hingenommen werden, wenn er auf einer erkennbar gesicherten Grundlage erfolgt und plausibel ist, was sich tendenziell umso eher feststellen lassen wird, je näher die fragliche Rechtsordnung dem deutschen Recht ist. 101

---

193 OLG Düsseldorf, InstGE 12, 261 – Fernsehmenü-Steuerung.
194 Gemäß Art 33 Abs 2 EGBGB beurteilt sich die Wirksamkeit der Abtretung im Zweifel nach demjenigen Recht, dem die abgetretene Forderung unterliegt (BGH, NJW 2010, 2270).
195 BGH, MDR 2017, 1021.
196 BGH, MDR 2013, 866.
197 BGH, MDR 2013, 866.

| 102 | **Praxistipp** | Formulierungsbeispiel |

> Um ein zeit- und kostenintensives gerichtliches Rechtsgutachten zu vermeiden (welches zB von den Max-Planck-Instituten für ausländisches Recht erstattet wird), sollte es im wohlverstandenen eigenen Interesse des Klägers liegen, das ausländische Recht von vornherein in geeigneter Weise für das Verletzungsgericht aufzubereiten. Wird zu diesem Zweck die Stellungnahme eines ausländischen Anwaltes vorgelegt, sollte darauf geachtet werden, dass dessen Ausführungen nach Inhalt, Form und Verständlichkeit einem Gerichtsgutachten vergleichbar sind, dh zunächst – fallbezogen – die Gesetzeslage wiedergegeben und im Anschluss daran zur Anwendungspraxis durch die Heimatgerichte Stellung bezogen wird. Diese Obliegenheit ist besonders deshalb ernst zu nehmen, weil zB über den Unterlassungs- und Vernichtungsanspruch, hinsichtlich derer es auf die materielle Rechtslage nicht ankommt, sondern allein der Rollenstand den Ausschlag gibt, nicht vorab durch Teilurteil entschieden werden kann, so dass eine ggf zeitintensive Aufklärung des ausländischen Rechts, welche mit Blick auf das Schadenersatzbegehren notwendig wird, die Durchsetzung des Patents insgesamt hemmt.

103 Noch ratsamer ist es, wenn die den Abtretungsvertrag schließenden Parteien für die Zession ausdrücklich die Geltung deutschen Rechts vereinbaren, weil unter diesen Bedingungen verzögernde Ermittlungen des Verletzungsgerichts von vornherein nicht zu erwarten sind.

104 Wird das Klageschutzrecht **während** eines laufenden **Verletzungsprozesses** auf einen Dritten umgeschrieben[198], bleibt der bisherige Kläger weiterhin klageberechtigt (§ 265 ZPO).[199] Lediglich die Anträge auf Rechnungslegung, Entschädigung und Schadenersatz sind dahingehend umzustellen, dass der Beklagte für die Zeit nach dem rollenmäßig vollzogenen Inhaberwechsel statt an den Kläger an den neuen Patentinhaber zu leisten hat. Alternativ dazu kann, sofern der Kläger und der Beklagte ihre Zustimmung erteilen, der Prozess in demjenigen Verfahrensstand, in dem er sich gerade befindet, im Wege des Parteiwechsels unter Ausscheiden des bisherigen Klägers von dem Patenterwerber übernommen und fortgeführt werden. Dasselbe gilt, wenn die materielle Übertragung des Patents vor Klageerhebung, die Umschreibung jedoch erst danach erfolgt. Da die formelle Registereintragung dessen materielle Berechtigung fingiert, liegt auch unter solchen Umständen ein nach Klageerhebung stattgefundener Wechsel in der Inhaberschaft des Klageschutzrechts vor, an den § 265 ZPO anknüpft.

105 Geschieht die **Umschreibung** erst **nach rechtskräftigem Abschluss des Verletzungsprozesses** und damit insbesondere nach rechtskräftiger Schadenersatzfeststellung zugunsten des Voreingetragenen für im Zeitpunkt der abschließenden mündlichen Verhandlung künftige Verletzungshandlungen, so ist in einem etwaigen nachfolgenden Höheprozess der geänderten Anspruchsberechtigung Rechnung zu tragen. Der in Anspruch genommene Verletzer kann dem voreingetragenen Patentinhaber deshalb entgegen halten, dass für Benutzungshandlungen seit der Umschreibung auf einen Dritten nicht mehr der Voreingetragene, sondern der in der Rolle neu eingetragene Patentinhaber anspruchsberechtigt ist. Die Beachtlichkeit des geänderten Rollenstandes folgt aus dem Rechtsgedanken des § 767 ZPO. Hat sich die Umschreibung hingegen bereits vor Rechtskraft der Verletzungsentscheidung vollzogen und ist sie von den Parteien nur nicht in den Prozess eingeführt worden, so steht ihrer späteren Berücksichtigung die Rechtskraft des anderslautenden Verletzungsurteils entgegen.

---

198 Die bloße Übertragung (ohne Umschreibung) ist unbeachtlich.
199 BGH, GRUR 2013, 713 – Fräsverfahren; BGH, GRUR 2011, 313 – Crimpwerkzeug IV; BGH, Mitt 2012, 26, 30 (zur Rechtsnachfolge im Nichtigkeitsverfahren).

Einer Rolleneintragung (dh formell legitimierenden Umschreibung) bedarf es ausnahmsweise nicht, wenn der neue Schutzrechtsinhaber seine materielle Berechtigung aus einer (zB erbrechtlichen oder gesellschaftsrechtlichen[200]) **Gesamtrechtsnachfolge** herleitet.[201] Hier ist der Gesamtrechtsnachfolger ohne Rolleneintragung zur Prozessführung berechtigt und aktivlegitimiert. Dasselbe gilt für denjenigen, dem vom Gesamtrechtsnachfolger Ansprüche (zB auf Schadenersatz und Rechnungslegung) wegen Patentverletzung abgetreten worden sind; auch er ist ohne Registrierung prozessführungsbefugt. Ändert der Patentinhaber lediglich seine Firma, so handelt es sich von vornherein nicht um einen materiellen Inhaberwechsel; ein Eintragungserfordernis besteht hier folgerichtig (ebenfalls) nicht. Ohne Rolleneintragung ist der materiell Berechtigte ferner dann klagebefugt, wenn er seine Verletzungsklage gerade gegen den zu Unrecht eingetragenen – formellen – Patentinhaber führt.

106

Geschieht die Gesamtrechtsnachfolge **im laufenden Prozess** und war der übertragende Rechtsträger **anwaltlich vertreten**, so tritt der übernehmende Rechtsträger kraft Gesetzes und ohne Prozessunterbrechung als Rechtsnachfolger in den Prozess ein, wobei er von dem bisher tätigen Anwalt vertreten wird (§ 246 Abs 1 ZPO).[202] Allerdings besteht die Möglichkeit, eine Aussetzung des Rechtsstreits zu beantragen. Ist der Übernehmer im Zeitpunkt der Rechtsnachfolge bereits selbst als einer von mehreren Klägern am Rechtsstreit beteiligt, kann er die Ansprüche des Rechtsvorgängers – ohne Eintritt – im bereits anhängigen Rechtsstreit mitverfolgen.[203]

107

bb) Abweichende BGH-Rechtsprechung

Abzulehnen ist die – zu der hier vertretenen Auffassung gegenteilige – **Ansicht des BGH**[204], der für die Aktivlegitimation beim Rechnungslegungs- und Schadenersatzanspruch nicht den Registereintrag, sondern allein die materielle Rechtslage entscheiden lassen will. Sie hat zur Folge, dass der Rollenstand bloß die Befugnis zum Führen des Verletzungsprozesses regelt, so dass die Ansprüche auf Auskunft, Rechnungslegung und Schadenersatz zeitlich gestaffelt in Bezug auf diejenige natürliche oder juristische Person als Gläubiger zu formulieren sind, die zum jeweiligen Zeitpunkt sachlich-rechtlich (alter bzw neuer) Inhaber des Klagepatents war/ist. Allerdings soll die Registereintragung erhebliche indizielle Bedeutung für den im Zusammenhang mit der Umschreibung behaupteten Rechtsübergang haben, der im Verletzungsprozess regelmäßig weiteren Sachvortrag und Beweisantritt des Klägers zum Übertragungsgeschäft entbehrlich machen soll, solange nicht diejenige Partei, die sich auf eine vom Registerstand abweichende Rechtslage berufen will (typischerweise ist das der Beklagte), nähere Darlegungen dazu erbringt, weshalb der Rechtsübergang nicht oder nicht zu dem behaupteten Zeitpunkt stattgefunden haben soll.[205] Für den Unterlassungsanspruch (gleiches hat für den Rückruf- und Vernichtungsanspruch zu gelten) hat die materielle Rechtslage keine Bedeutung, was dahin aufzufassen ist, dass der in der Rolle Eingetragene offenbar als gesetzlicher Prozessstandschafter desjenigen, den es als sachlichrechtlichen Schutzrechtsinhaber angeht, handeln kann.[206]

108

---

200 Bei einem Erwerb von Gesamtheiten einzelner Wirtschaftsgüter eines Unternehmens (zB Übernahme seines gesamten immateriellen Vermögens durch einen ersten Vertrag und Erwerb seines gesamten Anlage- und Vorratsvermögens durch einen nachfolgenden zweiten Vertrag) handelt es sich nicht um eine Gesamtrechtsnachfolge, BGH, GRUR 2016, 201 – Ecosoil.
201 Vgl Benkard, § 30 PatG Rn 12a; Busse/Keukenschrijver, § 30 PatG Rn 99.
202 BGH, GRUR 2016, 1280 – Everytime we touch.
203 BGH, GRUR 2016, 1280 – Everytime we touch.
204 BGH, GRUR 2013, 713 – Fräsverfahren.
205 BGH, GRUR 2013, 713 – Fräsverfahren.
206 LG Düsseldorf, Urteil v 31.3.2016 – 4a O 73/14.

(1) Kritik

109   Mehrere Bedenken sind dagegen anzumelden[207].

110   – Die grundlegende These des BGH, § 30 Abs 3 Satz 2 PatG regele bloß die Befugnis zum Führen von Verletzungsprozessen, aber nicht die materiell-rechtliche Zuweisung der Ansprüche wegen Patentverletzung, bleibt ohne wirkliche Herleitung. Der Wortlaut der Vorschrift – »*Solange die Änderung* (Anm.: in der Person des Patentinhabers) *nicht eingetragen ist, bleibt der frühere Inhaber nach Maßgabe dieses Gesetzes berechtigt und verpflichtet*« – greift mit den Vokabeln »*berechtigt*« und »*verpflichtet*« Begrifflichkeiten auf, die aus dem allgemeinen Schuldrecht geläufig sind und dort eine materiell-rechtliche Gläubiger- (Aktivlegitimation) bzw. Schuldnerschaft (Passivlegitimation) bezeichnen, und eben nicht nur eine auf dem Gebiet des Prozessrechts liegende Befugnis ansprechen.

111   – Bedenken sind des Weiteren gegen die Annahme anzumelden, dass die erfolgte Umschreibung im Patentregister einen tauglichen Anhaltspunkt für die materielle Rechtslage in Bezug auf das übertragene Klagepatent bietet. Die amtliche Registerumschreibung hat bereits zu erfolgen, wenn entweder der Umschreibungsantrag sowohl vom bisher eingetragenen Inhaber als auch vom künftig zu registrierenden Erwerber gemeinsam unterzeichnet ist oder der allein antragstellende Erwerber eine Umschreibungsbewilligung des voreingetragenen Inhabers beibringt. Das einzige, was sich den besagten Verfahrenserklärungen entnehmen lässt, ist jedoch die Tatsache, dass Veräußerer und Erwerber der übereinstimmenden *subjektiven* Ansicht gewesen sind, dass das zwischen ihnen abgeschlossene Übertragungsgeschäft rechtlich wirksam ist und dementsprechend zu einem Rechtsübergang am Klagepatent geführt hat. Ob die vereinbarte Patentübertragung – worauf es nach Ansicht des BGH für die Aktivlegitimation ankommt – *objektiv* die gewünschten Rechtsfolgen entfaltet und tatsächlich einen materiell-rechtlichen Inhaberwechsel zur Folge gehabt hat, ist eine ganz andere, damit noch in keiner Weise präjudizierte Frage, zumal die Übertragungssachverhalte vielfältig sein können.

112   – Soweit der BGH denjenigen, der eine vom Registerstand abweichende Patentinhaberschaft reklamiert, in die Pflicht nimmt, den Registerschein erschütternde konkrete Anhaltspunkte dafür aufzuzeigen, dass und weshalb die materielle Rechtslage am Klagepatent tatsächlich eine andere als jene ist, die sich aus dem Patentregister erschließt, vermag auch das nicht zu überzeugen. Typischerweise wird es der Beklagte sein, der sich mit einem Bestreiten des vom Kläger im Einklang mit der Registerlage behaupteten Rechtsübergangs verteidigt. Der Verletzungsbeklagte kann jedoch die ihm zugewiesene Darlegungslast unmöglich erfüllen, weil sich das Übertragungsgeschäft in aller Regel seinem Einblick entziehen wird. Die Verteilung der Vortragslasten widerspricht von daher den Realitäten. Sie lässt den anerkannten Grundsatz außer Acht, dass die Darlegungslasten den bei den Parteien bestehenden Erkenntnis- und Vortragsmöglichkeiten folgen.

113   – Unklar bleibt, wieso es gerechtfertigt sein soll, für den Wechsel der Aktivlegitimation denjenigen Übertragungszeitpunkt heranzuziehen, den der Kläger ohne nähere Darlegung der diesbezüglichen Einzelheiten des Erwerbsgeschäfts benennt, und dies nur deshalb, weil der behauptete Übergangstermin wenige Wochen oder Monate vor der erfolgten Registerumschreibung liegt. Das Datum der Umschreibung ist allenfalls insoweit aussagekräftig, als der Rechtsübergang normalerweise *vorher* stattgefunden haben wird, es besagt aber nichts Verlässliches dazu, wie viel früher sich der Rechtsübergang vollzogen hat, und er gibt erst recht nichts dafür her, dass der Inhaberwech-

---

207   Zu Einzelheiten vgl Kühnen, GRUR 2014, 137.

sel genau an dem vom Kläger – ohne Beleg – behaupteten Tag geschehen ist. Die Registereintragung kann sich im Einzelfall deutlich verzögern, so dass zwischen dem für die Aktivlegitimation maßgeblichen materiell-rechtlichen Erwerb des Patents und der insoweit bedeutungslosen Umschreibung im Patentregister ein erheblicher Zeitraum liegen kann. Wenn dem aber so ist, ist nicht einsichtig, weshalb es regelmäßig keiner weiteren Substantiierung und auch keines Beweises durch den Kläger bedürfen soll, dass der materielle Rechtsübergang – wie von ihm behauptet – zu einem bestimmten Datum einige Wochen oder Monate vor der Registerumschreibung stattgefunden hat. Angesichts möglicher, dem Einfluss des Klägers/Erwerbers entzogener Unwägbarkeiten bei der Vornahme der Umschreibung leuchtet es ebenso wenig ein, weshalb der Umstand, dass zwischen dem vom Kläger behaupteten Patentübergang und der Registerumschreibung – was reinen Zufälligkeiten geschuldet sein kann – »*wenige*« oder mehr als nur »*wenige*« Monate liegen, darüber entscheiden soll, ob der Kläger zu vollständigen Darlegungen hinsichtlich des materiellen Übertragungsgeschäfts gezwungen ist und das Verletzungsgericht in eine dementsprechende umfassende materielle Prüfung eintreten muss, oder nicht.

(2) Anwendung der BGH-Rechtsprechung[208]

Das Patentregister hat eine doppelte Indizwirkung. Zugunsten desjenigen, der dort eingetragen ist, spricht zunächst die Vermutung, dass er tatsächlich materieller Inhaber des registrierten Patents geworden ist. Bei mehreren hintereinander eingetragenen Inhabern greift sie abschnittsweise für jeden von ihnen ein. Sofern die Umschreibung nur »wenige« Wochen oder Monate nach der vom Kläger behaupteten sachlich-rechtlichen Patentübertragung stattgefunden hat, wird außerdem die Richtigkeit des benannten Übertragungszeitpunktes vermutet. Wann von einer nur »wenige« Wochen oder Monate nach dem Patenterwerb liegenden Umschreibung gesprochen werden kann, ist eine Frage des Einzelfalles; im Allgemeinen wird jedoch ein Zeitraum von 3 oder 4 Monaten nicht überschritten werden dürfen[209], wobei nachweisbare Versäumnisse des Patentamtes nicht zu Lasten des Klägers gehen.[210] Eine hinreichende Nähe zwischen Patentübergang und Registereintragung bleibt deshalb auch dann gewahrt, wenn der Kläger einen so rechtzeitigen bewilligungsfähigen Umschreibungsantrag nachweisen kann, dass bei normalem Verlauf der Dinge mit einer Registereintragung binnen weniger Wochen oder Monate gerechnet werden konnte.

114

Soweit die Indizwirkung des Registers eingreift, ist der Kläger davon enthoben, die Übertragungsvereinbarung vorzulegen oder ihren Inhalt im Detail zu referieren. Das gilt für jede von mehreren Umtragungsakten, die im Patentregister vermerkt sind. Wohl aber hat der Kläger mitzuteilen, zwischen welchen Rechtssubjekten wann die geltend gemachte Patentübertragung mit Wirkung zu welchem Datum stattgefunden haben soll. Der Beklagte kann den behaupteten Erwerb – auch wenn ihm jeder Einblick fehlt – weder mit Nichtwissen noch einfach bestreiten. Erst wenn er substantiiert Gründe dafür aufzeigen kann, dass der vorgebliche Patentübergang nicht zutrifft, ist der Kläger zu weiterer Substantiierung (typischerweise unter Vorlage der fraglichen Übertragungsvereinbarung) verpflichtet. Das gleiche gilt, wenn sich der Kläger außerhalb der Indizwirkung des Registers auf einen früheren Rechtserwerb stützen will. Unbeachtlich ist der Einwand, die übertragene dingliche Position sei wegen Mängeln des schuldrechtlichen Grundgeschäftes kondizierbar.

115

---

208 Kühnen, GRUR 2014, 137.
209 LG Düsseldorf, Urteil v 2.9.2014 – 4b O 211/12.
210 Kühnen, GRUR 2014, 137.

D. Klageverfahren

116 | **Praxistipp:** | Formulierungsbeispiel

> Für den **Kläger** ergeben sich daraus zwei Möglichkeiten für eine Anspruchsbegründung. Er kann im Klageantrag für sein Begehren auf Auskunft, Rechnungslegung und Schadenersatz an denjenigen Tag anknüpfen, den das Patentregister als Tag seiner Registrierung ausweist, und braucht alsdann nicht näher zur materiellen Inhaberlage am Patent Stellung zu nehmen.[211] Will der Kläger die besagten Ansprüche für einen *vor* der Registerumschreibung liegenden Zeitraum geltend machen, muss er einen Sachvortrag – ggf. nebst Beweismitteln – dazu halten, wann und wie er zu dem in seinen Klageanträgen berücksichtigten früheren Zeitpunkt materiell-rechtlicher Inhaber des Klagepatents geworden ist. Welche der beiden Optionen die richtige ist, hängt davon ab, welchen zeitlichen Abstand der materielle Rechtserwerb von der Registerumschreibung hat, wie liquide die dem Kläger zur Verfügung stehenden Beweismittel für eine wirksame Patentübertragung auf ihn sind, wie zeitaufwändig sich die (tatsächliche und ggf rechtliche) gerichtliche Klärung der Inhaberverhältnisse voraussichtlich gestaltet, wie wichtig ein schnelles nur mit der Schlussentscheidung mögliches Unterlassungsurteil für die Marktposition des Klägers ist und welchen wirtschaftlichen Wert diejenigen Rechnungslegungs- und Schadenersatzansprüche mutmaßlich haben, die eine gerichtliche Ermittlung der materiell-rechtlichen Inhaberverhältnisse notwendig machen.
>
> Für den **Beklagten** stellt sich die Frage, wie er Einblick in die möglichen Übertragungsvorgänge erhält, um substantiiert bestreiten zu können. Anbieten kann sich hier die Durchführung eines nationalen oder ausländischen Besichtigungsverfahrens, das typischerweise auch die Vorlage von Urkunden umfasst. Besonders effektiv kann eine US-discovery nach 28 USC § 1782 sein.

117 Leistet der Kläger, für den die Vermutungswirkung der zeitnahen Registerumschreibung streitet, **überflüssigerweise näheren bestrittenen Vortrag zum Übertragungsakt**, erzwingt dies noch keine Beweiserhebung, *solange* die substantiierenden Behauptungen eine Patentübertragung nicht unschlüssig machen. Solches wäre etwa der Fall, wenn zur Darlegung der Patentübertragung eine Vereinbarung vorgelegt wird, die tatsächlich bloß eine Lizenzeinräumung beinhaltet, aber nicht, wenn mit Blick auf die Übertragungserklärung lediglich die Vertretungsrechte des Unterzeichners strittig sind.

118 Problematischer gestaltet sich die Behandlung **nicht registrierter Zwischenerwerbe**[212], die der Patentinhaber vorträgt oder einräumt, also der Fall, dass die Umschreibung direkt vom Anmelder A auf den Verletzungskläger D vorgenommen worden ist, das Patent tatsächlich jedoch (ohne Umschreibung) von A auf B, anschließend von B auf C und danach von C auf D übertragen worden ist. In der Instanzrechtsprechung sind derartige Zwischenerwerbe bisweilen für unschädlich gehalten worden.[213] Dem ist nicht zu folgen; richtigerweise streitet für den Kläger in Fällen dieser Art überhaupt keine Registervermutung mehr. Für die nicht vermerkten Zwischenerwerbe (auf B und C) fehlt es – mangels einer diesbezüglichen Registereintragung – von vornherein an einer Grundlage für irgendeine Vermutung. Hinsichtlich der Rechtsübertragung auf D gilt im Ergebnis dasselbe, weil der Registerstand einen direkten Rechtserwerb vom Anmelder A suggeriert,

---

211 OLG Düsseldorf, BeckRS 2013, 17381.
212 Vgl Grunwald, GRUR 2016, 1126.
213 LG Mannheim, Urteil v 10.3.2015 – 2 O 103/14; LG Mannheim, Urteil v 24.1.2017 – 2 O 131/16; kritischer: LG Düsseldorf, Urteil v 19.1.2016 – 4b O 120/14, das eine eingeschränkte Vermutungswirkung dann annehmen will, wenn der nicht eingetragene Zwischenerwerber nur wenige Tage Inhaber des Patents war und dessen vorübergehende Rechtsinhaberschaft von vornherein beabsichtigt und abgesprochen war. Bei Vorlage geeigneter Unterlagen und Beweismittel zu den Übertragungsvorgängen kann die Vermutungswirkung vervollständigt werden.

die Patentübertragung tatsächlich jedoch über B und C stattgefunden haben soll. Die vom Kläger behaupteten Zwischenerwerbe beseitigen daher die Vermutungsgrundlage des Registerinhalts. Das gilt unabhängig davon, ob der Sachvortrag des Klägers zur Übertragungskette streitig ist oder von Seiten des Beklagten unbestritten bleibt. In jedem der genannten Fälle entscheidet allein die materielle Rechtslage über die Aktivlegitimation, wobei es dem Kläger bereits schadet, wenn die Erwerbskette nur in einem einzigen vorhergehenden Glied zu keiner wirksamen Patentübertragung geführt hat. Bei streitiger Tatsachenlage sind zusätzlich die für die Übertragungssachverhalte maßgeblichen Umstände tatrichterlich aufzuklären.

| Praxistipp: | Formulierungsbeispiel | 119 |

Um den mit einem nicht registrierten Zwischenerwerb (der unter Geltung der prozessualen Wahrheitspflicht bei Kenntnis zu offenbaren ist) verbundenen Problemen zu entgehen, kann es sich anbieten, auf eine Geltendmachung von Schadenersatz- und Rechnungslegungsansprüche zumindest vorübergehend komplett zu verzichten und diese erst nach Zuerkennung des Unterlassungsanspruchs mit einer separaten weiteren Teilklage zu verfolgen. Der Vorteil eines solchen Vorgehens liegt darin, dass die – ggf aufwändige – Aufklärung der materiellen Inhaberschaft am Klagepatent die Zuerkennung des Unterlassungsanspruchs nicht blockiert (Teilurteils-Verbot).

Keine vergleichbaren Probleme schafft die Situation, dass sich die **Übertragungsvorgänge** ausschließlich **vor Patenterteilung** abgespielt haben und der Erteilungsbeschluss zugunsten des Verletzungsklägers ergeht. § 7 Abs 1 PatG, Art 60 Abs 3 EPÜ bestimmen, dass der Anmelder als berechtigt gilt (unwiderlegliche gesetzliche Vermutung!), die Erteilung des Patents zu verlangen. Die Fiktion kommt jedem Anmelder zu, mithin auch demjenigen, der erst im Laufe des Prüfungsverfahrens in die Anmelderposition einrückt, und verpflichtet die Patentbehörde zur Patenterteilung auf die Anmeldung völlig unabhängig vom sachlichen Recht auf das Patent. Ist derjenige, der im Zeitpunkt des Erteilungsbeschlusses die Anmelderstellung innehat, materiellrechtlich nicht Inhaber der Anmeldung, erwirbt er kraft des Erteilungsbeschlusses dennoch nicht nur ein Scheinrecht, sondern wird formell und materiell berechtigter Patentinhaber.[214] Der Erteilungsbeschluss legt als rechtsgestaltender Verwaltungsakt insofern nicht nur gegenständlich den Inhalt des Patents fest, sondern ordnet das erteilte Schutzrecht auch – konstitutiv – einem bestimmten Rechtsträger (sic: dem aktuellen Anmelder) zu.[215] Geht es um die materielle Berechtigung in Bezug auf die Ansprüche aus dem Patent, können behauptete Rechtsübertragungen an der Patentanmeldung deshalb unaufgeklärt bleiben. Der rechtsbegründende Charakter des Erteilungsbeschlusses besteht ganz generell und folglich auch dann, wenn die Erteilung zu Gunsten des tatsächlich nicht berechtigten Anmelders auf vorsätzlicher Täuschung beruht.[216] Ist der durch den Erteilungsbeschluss Begünstigte tatsächlich nicht der wahre Berechtigte an der Patentanmeldung, besteht für den Anmeldungsinhaber lediglich die Möglichkeit der Vindikation.

120

Verlangt die Sachlage, dass sich der Kläger für die **Nebenansprüche** auf den Tag der Registerumschreibung beschränkt, können die zeitlich davor liegenden (an den frühzeitigeren Rechtsübergang anknüpfenden) Ansprüche in einem späteren zweiten Verletzungsprozess separat eingeklagt werden. Zu beachten ist, dass die erste an den Tag der

121

---
214 OLG Düsseldorf, BB 1970, 1110.
215 OLG Düsseldorf, Urteil v 17.12.2015 – I-2 U 34/10; OLG Düsseldorf, Urteil v 6.4.2017 – I-15 UH 1/16.
216 OLG Düsseldorf, Urteil v 6.4.2017 – I-15 UH 1/16.

D. Klageverfahren

Registerumschreibung anknüpfende Klage als **Teilklage** geführt und die Verjährungsproblematik im Auge behalten wird, die sich daraus ergibt, dass eine Teilklage die Verjährung nur in Höhe des eingeklagten Teils hemmt[217].

122 Ist der sachlich-rechtliche Patenterwerb im Verletzungsprozess aufzuklären und weist der Übertragungssachverhalt **Auslandsbezug** auf (weil Veräußerer und/oder Erwerber Ausländer sind), gilt die **lex fori protectionis** (Schutzlandprinzip).[218] Patente mit Wirkung für Deutschland können infolgedessen – deutschen Rechtsregeln folgend – formlos durch Vertrag übertragen werden, wobei eine hinreichend konkrete Bezeichnung des Übertragungsgegenstandes Wirksamkeitsvoraussetzung ist. Ob die in Rede stehende Abrede die materiell-rechtliche Übertragung des Patents zum Gegenstand hat – oder nur auf eine schuldrechtliche Verpflichtung hierzu – gerichtet ist, ist durch Auslegung nach dem Vertragsstatut festzustellen. Dieses entscheidet auch darüber, ob handelnde Bevollmächtigte mit Wirkung für und gegen ihren Geschäftsherrn agiert haben.[219] Das Vertragsstatut bestimmt sich nach Art 3, 4 ROM I-VO bzw. Art 27, 28 EGBGB aF[220]

123 Handelt es sich um ein **SEP**, führt eine Patentübertragung ohne Verpflichtung des Erwerbers zur Einhaltung der FRAND-Erklärung nicht zur Unwirksamkeit des Erwerbsgeschäftes.[221] Gleiches gilt für ein Übertragungsgeschäft, das darauf abzielt, zur Vermeidung einer Pflicht zur Prozesskostensicherheit das einzuklagende Schutzrecht vom bisherigen Nicht-EU-Patentinhaber auf ein inländisches oder zumindest in der EU ansässiges Tochterunternehmen zu verlagern. Dass der Erwerber finanziell weniger leistungsstark oder sogar »vermögenslos« ist, spielt keine Rolle.[222]

124 Häufig werden im Zusammenhang mit der Übertragung eines Patents auch die in der Vergangenheit entstandenen **Schadenersatzansprüche** wegen Patentverletzung **abgetreten**. Auch insoweit gilt das Schutzlandprinzip, auf welches das Schuldstatut verweist (Art 15 lit e), 8 Abs 1, 24 ROM II-VO; Art 33 Abs 2 EGBGB).[223]

b) Inhabermehrheit[224]

125 Sind **mehrere** Personen **Inhaber** des Patents, bilden sie regelmäßig eine **Bruchteilsgemeinschaft** (§ 741 BGB) und ist – in entsprechender Anwendung des § 1011 BGB – jeder von ihnen befugt, die Ansprüche aus dem Patent geltend zu machen[225], weswegen sie Gesamtgläubiger sind[226]. Jeder Mitinhaber kann die ganze Leistung an sich fordern und ist singulär klagebefugt.[227] Bei – freigestellter – gemeinsamer Klage haben sie die prozessrechtliche Stellung notwendiger Streitgenossen. Erwirbt der eine eingetragene Mitinhaber den Anteil des anderen eingetragenen Mitinhabers, so bedarf es deshalb grundsätzlich keiner Umschreibung in Bezug auf den übertragenen Patentteil, um dem bereits als Mit-

---

217 BGH, NJW-RR 2008, 521; BGH, NJW-RR 2009, 1950.
218 Kühnen, GRUR 2014, 137; OLG Düsseldorf, Urteil v 12.6.2014 – I-2 U 86/09; LG Mannheim, GRUR-RR 2018, 273 – Funkstation.
219 Kühnen, GRUR 2014, 137.
220 Vgl speziell auch zum Vertragsstatut beim isolierten Patentkauf, bei der Veräußerung eines gemischten Portfolios und bei gesellschaftsrechtlichen Umstrukturierungen: Kühnen, GRUR 2014, 137.
221 LG Düsseldorf, Urteil v 24.4.2012 – 4b O 273/10.
222 LG Mannheim, Urteil v 24.1.2017 – 2 O 131/16.
223 LG Mannheim, GRUR-RR 2018, 273 – Funkstation.
224 Horn/Dethof, FS 80 Jahre Patentgerichtsbarkeit Düsseldorf, 2016, S 189.
225 BGH, GRUR 2000, 1028 – Ballermann (zum Markenrecht); Benkard, § 139 PatG Rn 16.
226 OLG Düsseldorf, Urteil v 26.4.2012 – I-2 U 39/09; aA (Anwendung von § 432 Abs 1 BGB, dh Klage des Einzelnen auf Leistung an alle): BGH, GRUR 2000, 1028 – Ballermann.
227 Streitig; vgl zum Meinungsstand Busse/Keukenschrijver, § 139 Rn 20, der zwar eine isolierte Unterlassungsklage erlaubt, die Klage des Einzelnen auf Schadenersatz, Auskunft und Rechnungslegung aber nur mit einem Klageantrag auf *Leistung an alle Mitinhaber* gestattet. Anderes gilt, wenn der nicht klagende Mitinhaber seine Ansprüche an den klagenden Mitinhaber abgetreten hat.

inhaber Eingetragenen die Aktivlegitimation für den Anspruch auf Unterlassung, Rechnungslegung, Schadenersatz[228] etc zu verschaffen. Bei Bestreiten des Beklagten muss der klagende Mitinhaber zwar das »Miteigentum« aller beweisen. Dies kann jedoch unter Hinweis auf den Rollenstand geschehen, auch wenn dieser infolge der Übertragung der Mitberechtigung nicht mehr aktuell ist. Probleme können sich nur insofern ergeben, als ein (durch die Rolleneintragung ausgewiesener) Mitinhaber nur Leistung an alle eingetragenen Mitinhaber verlangen kann, wenn ein Mitinhaber mit der Leistung an ihn alleine nicht einverstanden ist. Ist derartiges trotz Erwerbs des Anteils des noch eingetragenen Mitinhabers zu erwarten (oder nicht gänzlich auszuschließen), sollte im Anschluss an den Erwerb der Mitinhaberschaft eine Umschreibung in der Rolle veranlasst werden.

Bilden die Patentinhaber eine **Gesellschaft bürgerlichen Rechts** (§ 705 BGB), so können die Rechte aus dem Patent, weil sie Teil des gesamthänderisch gebundenen Gesellschaftsvermögens sind, grundsätzlich nur von der Gesellschaft, dh im gemeinschaftlichen Zusammenwirken aller Gesellschafter, durchgesetzt werden. Mit Ermächtigung der übrigen Gesellschafter kann ein Einzelner von ihnen nach den Grundsätzen der gewillkürten Prozessstandschaft vorgehen, wenn er ein eigenes schutzwürdiges Interesse an der Rechtsverfolgung im eigenen Namen und für (fremde) Rechnung aller Gesellschafter hat. 126

Denkbar ist schließlich auch eine **gemischte Konstellation** dergestalt, dass mehrere Personen das Schutzrecht in Bruchteilsgemeinschaft halten und dass sie sich lediglich für die Schutzrechtsverwertung (zB im Wege der Lizenzvergabe) zu einer GbR zusammengefunden haben. Werden gegen einen Verletzer Ansprüche durchgesetzt, so handelt es sich um eine erzwungene Verwertung, weswegen ebenfalls die Zuständigkeit und Prozessführungsbefugnis der Gesellschaft gegeben ist.[229] 127

c) Rechtskrafterstreckung

Ist die Verletzungsklage des Patentinhabers rechtskräftig abgewiesen worden, stellt sich die Frage, ob eine Möglichkeit besteht, den Streitstoff abermals zur gerichtlichen Entscheidung zu stellen, indem zB einer Tochtergesellschaft eine ausschließliche Lizenz erteilt wird, die sodann erneut gegen den mutmaßlichen Verletzer klagt. Hier sind verschiedene Konstellationen auseinander zu halten: 128

– Wenn die **Klageabweisung vor Vergabe einer ausschließlichen Lizenz** rechtskräftig geworden ist, ist die Abweisungsentscheidung endgültig. Mit seiner Klage hat der Schutzrechtsinhaber das »Vollrecht« geltend gemacht, d.h. sämtliche Anspruchspositionen, die sich (vereinigt in seiner Person) aus der formellen *und* materiellen Berechtigung am Patent herleiten lassen. Wird seine so erhobene Klage rechtskräftig abgewiesen, sind sämtliche denkbaren Ansprüche aus dem Patent aberkannt, weswegen es dem Patentinhaber bei unveränderten tatsächlichen Umständen[230] verwehrt ist, die Verletzungsklage abermals zur gerichtlichen Entscheidung zu stellen.[231] Hierzu wären auch ein späterer Erwerber des Klagepatents oder ein Zessionar der streitbefangen gewesenen Schadensersatzansprüche nicht in der Lage. Auch sie müssten sich als Rechtsnachfolger die rechtskräftige Abweisung der Verletzungsklage entgegen halten lassen. Für einen nach Eintritt der Rechtskraft legitimierten ausschließlichen Lizenznehmer kann insoweit nichts anderes gelten, weil er gegenüber einem Patenterwerber die mindere Rechtsstellung innehat, die dementsprechend auch keine weitergehenden Rechte hervorrufen kann als der Vollrechtserwerb.[232] 129

---

228 BGHZ 121, 22.
229 OLG Düsseldorf, Beschluss v 18.12.2013 – I-2 W 37/13.
230 Veränderte Umstände lägen zB vor, wenn eine den Beklagten berechtigende Lizenz entfallen wäre.
231 Kritisch: Nieder, GRUR 2013, 1195.
232 OLG Düsseldorf, Urteil v 26.4.2012 – I-2 U 18/12.

130 – Gleich liegen die Verhältnisse, wenn **während des Verletzungsprozesses** (dh nach Rechtshängigkeit, aber vor Rechtskraft) eine **ausschließliche Lizenz vergeben** wird. Da das Vollrecht bereits Gegenstand eines Prozesses (des Patentinhabers) ist, kann der ausschließliche Lizenznehmer seine vom Patentinhaber abgeleiteten Ansprüche nicht mehr anderweitig einklagen.[233] Das gilt selbst dann, wenn sich der Patentinhaber in *seinem* Rechtsstreit – durch Teilklagerücknahme bzw Erledigungserklärung – auf diejenige (reduzierte) Rechtsposition zurückfallen lässt, die einem »betroffenen« Schutzrechtsinhaber nach erfolgter Vergabe einer ausschließlichen Lizenz zukommt. Bedingung ist freilich, dass der Beklagte der Klagerücknahme nicht zustimmt bzw der gegnerischen Erledigungerklärung widerspricht.[234]

131 – Wird die **ausschließliche Lizenz vor Beginn des Verletzungsprozesses** eingeräumt, können beide am Patent Berechtigten – der Lizenznehmer und der Schutzrechtsinhaber – ihre jeweiligen Ansprüche nebeneinander oder in getrennten Prozessen an demselben oder an verschiedenen Gerichtsstandorten verfolgen. Nach der Rechtsprechung des BGH[235] verliert der Patentinhaber mit der Vergabe einer ausschließlichen Lizenz nicht notwendigerweise seine materiellen Ansprüche aus dem lizenzierten Schutzrecht. Solange der Patentinhaber an der Ausübung der Lizenz durch den Lizenznehmer wirtschaftlich partizipiert, behält er vielmehr eine Rechtsposition, die es ihm erlaubt, *aus eigenem Recht* gegen Patentverletzer vorzugehen. Das erforderliche »Betroffensein« durch die Patentverletzung kann darin begründet sein, dass dem Patentinhaber aus der Lizenzvergabe fortdauernde Vorteile (zB aufgrund einer vereinbarten Umsatz- oder Stücklizenz, einer Warenbezugsverpflichtung des Lizenznehmers oder einer Alleingesellschafterstellung beim Lizenznehmer) erwachsen, die ein berechtigtes Interesse daran erkennen lassen, dass der Patentinhaber um seiner eigenen materiellen Vorteile willen gegen die Schutzrechtsverletzung einschreitet. In solchen Fällen stehen die in den §§ 139 ff PatG vorgesehenen Ansprüche zwei Rechtssubjekten zu, nämlich einerseits dem ausschließlichen Lizenznehmer (dem mit der Lizenzerteilung eine quasidingliche Berechtigung am Lizenzpatent eingeräumt worden ist) und anderseits dem Patentinhaber (dem weiterhin die formelle Berechtigung am Lizenzpatent zusteht). Die doppelte Anspruchsberechtigung gegenüber dem Schutzrechtsverletzer ist dabei keine sich gegenseitig ausschließende konkurrierende, sondern eine kumulative dergestalt, dass beiden Anspruchsprätendanten jeweils eigene Ansprüche zustehen, die selbständig nebeneinander treten und die dementsprechend auch unabhängig voneinander geltend gemacht und (beispielsweise an verschiedenen Gerichtsstandorten) verfolgt werden können. Es ist feste Praxis[236], dass die Klage des »betroffenen« Schutzrechtsinhabers unter dem Gesichtspunkt anderweitiger Rechtshängigkeit nicht der parallelen Klage des ausschließlichen Lizenznehmers prozesshindernd entgegensteht.

2. Ausschließlicher Lizenznehmer[237]

132   Aktivlegitimiert ist weiterhin der ausschließliche Lizenznehmer, und zwar – wie der Patentinhaber – aus originärem Recht. Er ist nicht auf eine Abtretung von Ansprüchen angewiesen und kann Ersatz seines eigenen, durch die Verletzungshandlungen entstandenen Schadens verlangen.[238] Ausschließlicher Lizenznehmer ist freilich nur ein solcher,

---

233 BGH, GRUR 2013, 1269 – Wundverband. Kritisch dazu: Nieder, GRUR 2013, 1195.
234 BGH, GRUR 2013, 1269 – Wundverband.
235 BGHZ 176, 311 – Tintenpatrone I; BGHZ 189, 112 – Cinch-Stecker.
236 Vgl BGH, GRUR 2008, 896 – Tintenpatrone I.
237 Thomas, FS 80 Jahre Patentgerichtsbarkeit Düsseldorf, 2016, S 531.
238 BGH, GRUR 2004, 758 – Flügelradzähler; BGH, GRUR 2008, 896 – Tintenpatrone I.

der das Patent »ausschließlich«, dh unter Ausschluss jeglicher Dritter benutzen darf. Eine exklusive Lizenz kann daher nicht mehreren Unternehmen *unabhängig voneinander* in einer sich räumlich, zeitlich und sachlich deckenden Weise eingeräumt werden.[239]

133 Lediglich der Patentinhaber selbst soll sich eine Eigennutzung vorbehalten dürfen (sog **Alleinlizenz**).[240] Das ist nicht ganz unbedenklich; auch die Grenzbeschlagnahmeverordnung 608/2013 sieht als ausschließliche Lizenz – wie der Begriff bereits sagt – nur eine solche Benutzungserlaubnis an, die *jeden* Dritten und folglich auch den Lizenzgeber ausschließt (Art 2 Nr 21 VO 608/2013). Andererseits steht es dem ausschließlichen Lizenznehmer – sofern nichts anderes vereinbart ist – frei, Unterlizenzen zu erteilen, auch an den lizenzierenden Patentinhaber. Ein bei der Lizenzerteilung vorbehaltenes einfaches Nutzungsrecht des Schutzrechtsinhabers stellt der Sache nach nichts anderes dar als eine solche Unter(rück)lizenz.

134 Eine weitere Ausnahme stellt die **Konzernlizenz** dar, dh die Konstellation, dass die Lizenz einem ganzen Unternehmensverbund mit allen oder mehreren seiner Einzelgesellschaften *gemeinschaftlich* zugewandt wird. Das Benutzungsrecht steht den Einzelnen nicht unabhängig voneinander, sondern nur in und aufgrund ihrer konzernmäßigen Verbundenheit zu, was die für die Exklusivlizenz charakteristische Einmaligkeit der Benutzungsgestattung sichert.[241] Eine solche Konzernlizenz ist – nach Lage des Falles – in verschiedenen Spielarten denkbar, nämlich dergestalt, dass

135 – alle Konzernunternehmen gemeinschaftlich Lizenznehmer werden, oder

136 – der Lizenzvertrag zunächst nur mit *einer* Konzerngesellschaft (zB der Konzernmutter) zustande kommt, dieser oder anderen Konzernunternehmen jedoch die Option eingeräumt wird, das Benutzungsrecht auch für sich wirksam werden zu lassen[242], oder

137 – dem Lizenznehmer innerhalb des Konzerns gestattet wird, Unterlizenzen zu erteilen, oder

138 – weitere Konzerngesellschaften durch Vertrag zugunsten Dritter (§ 328 BGB) benutzungsberechtigt werden.

139 Hinsichtlich der Rechtsverfolgung gilt für mehrere *gemeinschaftliche* Exklusivlizenznehmer dasselbe, was für mehrere Patentinhaber ausgeführt wurde[243].[244] Sie bilden regelmäßig eine Bruchteilsgemeinschaft, weswegen jeder von ihnen befugt ist, die Ansprüche aus dem Patent geltend zu machen.[245]

140 Die dem Lizenznehmer eingeräumte **Benutzungsbefugnis** kann und darf allerdings (zB auf die Herstellung oder den Vertrieb oder den Gebrauch, geografisch oder zeitlich oder in sonstiger beliebiger Weise) **beschränkt** sein und muss nicht sämtliche, dem Patentinhaber gesetzlich vorbehaltenen Benutzungsarten umfassen.[246] Das Klagerecht des ausschließlichen Lizenznehmers steht in Fällen bloß begrenzter Rechtsübertragung allerdings unter der Voraussetzung, dass sein eigenes Benutzungsrecht berührt ist.[247] Der

---

239 OLG Düsseldorf, Urteil v 25.10.2018 – I-2 U 30/16.
240 OLG Karlsruhe, GRUR-RS 2016, 21121 – Advanced System; Groß, Der Lizenzvertrag, Rn 38; Bartenbach, Patentlizenz- und Know-how-Vertrag, Rn 80.
241 OLG Düsseldorf, Urteil v 25.10.2018 – I-2 U 30/16.
242 OLG Düsseldorf, Urteil v 25.10.2018 – I-2 U 30/16.
243 Vgl oben Rdn 125.
244 OLG Düsseldorf, Urteil v 25.10.2018 – I-2 U 30/16.
245 OLG Düsseldorf, Urteil v 25.10.2018 – I-2 U 30/16.
246 OLG Düsseldorf, Urteil v 25.10.2018 – I-2 U 30/16; vgl auch Art 2 Nr 21 VO 608/2013.
247 BGH, GRUR 1995, 338, 340 – Kleiderbügel.

Klageangriff muss sich also (in sachlicher, geografischer und zeitlicher Hinsicht) gegen solche Handlungen richten, deren Vornahme dem Lizenznehmer vom Patentinhaber ausschließlich übertragen worden ist.[248] Eine andere, davon zu unterscheidende Frage ist, welche Benutzungshandlungen aufgrund eines solchen Eingriffs in das dingliche Recht des Lizenznehmers sanktioniert werden können. Nach Lage des Falles können die gerichtlichen Verbote (etwa unter dem Gesichtspunkt der Erstbegehungsgefahr) auch über die als verletzt festgestellte Benutzungsart (Bsp: Angebot) hinausreichen, zB auch solche Handlungsalternativen (Bsp: Vertrieb) umfassen, deren Verletzung (noch) nicht nachgewiesen ist. Keinesfalls kann das gerichtliche Verbot aber auf Handlungsformen ausgedehnt werden, die überhaupt nicht in das ausschließliche Benutzungsrecht des Lizenznehmers fallen (Bsp: Lizenz berechtigt nur zum Gebrauch des Patentgegenstandes; bei deren Mißachtung kein Verbot von Angebot und Vertrieb patentgemäßer Vorrichtungen[249]).[250] Der Gegenstand und die Reichweite der Lizenz limitieren also die möglichen gerichtlichen Sanktionen.

141 Sieht der Lizenzvertrag vor, dass der Schutzrechtsinhaber befugt ist, das Lizenzpatent »*nach Absprache und im Einvernehmen mit dem Lizenznehmer*« zu benutzen, steht dies der Annahme einer ausschließlichen Lizenz nicht entgegen, weil das Benutzungsrecht des Patentinhabers kein originäres, sondern vom Lizenznehmer (dessen Einverständnis erforderlich ist) abgeleitetes ist. Der Patentinhaber steht praktisch einem Unterlizenznehmer gleich.

142 Sofern der Hauptlizenzvertrag nichts anderes besagt, ist es dem ausschließlichen Lizenznehmer im Zweifel gestattet, seinerseits (auch ausschließliche) **Unterlizenzen** zu vergeben und damit sein die Aktivlegitimation begründendes dingliches Benutzungsrecht an einen Dritten weiterzuvermitteln.[251] Verbote zur Unterlizenzierung können sich – außer aus ausdrücklichen Parteiabsprachen – aus dem Zweck des Hauptlizenzvertrages ergeben. Ist dem Hauptlizenznehmer eine Benutzung des Lizenzpatents nur zu einem bestimmten geschäftlichen Zweck (zB für ein gemeinsames Kooperationsprojekt) gestattet, so kann er dem Unterlizenznehmer keine weitergehenden Befugnisse einräumen, weder im Unterlizenzvertrag noch in einem Prozessvergleich.[252] Geschieht dies dennoch, erhält der Unterlizenznehmer im überschießenden Umfang kein Benutzungsrecht und folglich auch keine Aktivlegitimation.

143 Zur Darlegung seiner Berechtigung muss der Lizenznehmer notfalls die **Wirksamkeit der** ihn begünstigenden **Lizenzeinräumung** nachweisen. Auch in diesem Zusammenhang ist – nach hier vertretener Ansicht – § 30 Abs 3 Satz 2 PatG zu beachten. Zwei Erwägungen sind dafür maßgeblich. **Erstens**: Für den Verletzungsprozess gilt nur derjenige als berechtigter Patentinhaber (und damit auch als der zur Lizenzvergabe nach § 15 PatG Befugte), der in der Rolle eingetragen ist. **Zweitens**: Da der Patentinhaber ohne Rolleneintragung keine Rechte aus dem Patent geltend machen kann, muss für den abgeleitet Berechtigten (wie den Lizenznehmer) dasselbe gelten. Eine Lizenzvergabe durch den noch nicht eingetragenen Erwerber des Patents ist deshalb bedeutungslos, selbst wenn die Patentübertragung materiell rechtlich wirksam erfolgt sein und zur Rechtsübertragung geführt haben sollte.

---

248 OLG Karlsruhe, GRUR-RS 2016, 21121 – Advanced System; OLG Düsseldorf, Urteil v 25.10.2018 – I-2 U 30/16.
249 … in Bezug auf die der Patentinhaber ggf sogar anderweitig eine ausschließliche Lizenz vergeben hat.
250 OLG Düsseldorf, Urteil v 25.10.2018 – I-2 U 30/16.
251 BGH, GRUR 2002, 801 – Abgestuftes Getriebe; OLG Karlsruhe, GRUR-RS 2016, 21121 – Advanced System.
252 OLG Karlsruhe, GRUR-RS 2016, 21121 – Advanced System.

144 Geschieht die Umschreibung nach Abschluss des Lizenzvertrages, bedarf es entweder eines erneuten Lizenzvertragsabschlusses oder zumindest irgendeines Bestätigungsaktes in Bezug auf das bereits vorliegende Vertragswerk, der zB darin liegen kann, dass der Lizenzvertrag von den Parteien im Anschluss an die Umschreibung tatsächlich (weiter) ausgeführt wird.

145 Bei Auslandsberührung gelten für die **Einräumung** und für die **Übertragung** einer ausschließlichen Lizenz wegen der ihr eigenen dinglichen Natur dieselben IPR-Regeln wie für die Patentübertragung. Es gilt das **lex loci protectionis**, was in Fällen, in denen die Lizenz an einem deutschen Patent oder dem deutschen Teil eines europäischen Patents oder an einer Patentanmeldung mit Deutschland als benanntem Vertragsstaat[253] eingeräumt oder übertragen wird, zur Anwendung deutschen Rechts führt.[254] Es bestehen keine Formerfordernisse, auch nicht die aus Art 72 EPÜ, so dass eine stillschweigende Lizenzierung möglich ist, und die nach § 30 Abs 4 PatG mögliche Eintragung der Lizenz im Patentregister ist keine Wirksamkeitsbedingung.[255]

146 Bei der **Veräußerung einer Lizenz** ist zwischen dem Übergang des dinglichen Benutzungsrechts und dem Eintritt des Erwerbers in die Rechte und Pflichten des bestehenden schuldrechtlichen Lizenzvertrages mit dem Lizenzveräußerer zu unterscheiden. Die dingliche Rechtsposition (die die Grundlage für die Aktivlegitimation gegenüber Verletzern bildet und auf die es deshalb im Verletzungsprozess allein ankommt) ist grundsätzlich ohne Zustimmung des Lizenzgebers frei veräußerlich.[256] Etwas anderes gilt ausnahmsweise nur dann, wenn die Übertragung vertraglich ausgeschlossen ist oder sich ein Übertragungsverbot stillschweigend aus den Umständen ergibt.[257] Solches kommt zB in Betracht, wenn zwischen Lizenzgeber und Lizenznehmer ein besonders enges Vertrauensverhältnis besteht (etwa weil es sich um demselben Konzern zugehörige Unternehmen handelt), das eine einseitige Übertragung des Benutzungsrechts auf einen Außenstehenden (zB einen konkurrierenden Wettbewerber) nach Treu und Glauben verbietet.[258] Ist das dingliche Recht wirksam übergegangen, besteht die Aktivlegitimation, selbst wenn das veräußerte Recht wegen Mängeln des obligatorischen Grundgeschäftes kondizierbar sein sollte.

147 Eine ausschließliche Lizenz kann nicht mehr eingeräumt werden, wenn vorher **bereits im gleichen Umfang einfache Lizenzen** an Dritte **vergeben** worden sind[259], die nicht gekündigt wurden.[260] Dem lässt sich nicht die hypothetische Erwägung entgegenhalten, dieselbe Situation eines Nebeneinanders von ausschließlicher Lizenz und einfachen Lizenzen wäre auch dann gegeben, wenn die Patentinhaberin die bereits bestehenden einfachen Lizenzen gekündigt und anschließend der ausschließliche Lizenznehmer inhaltsgleiche einfache Lizenzen erneut vergeben hätte. Die besagte Überlegung ist unzulässig, weil es einen rechtlich entscheidenden Unterschied macht, ob der ausschließliche Lizenznehmer aus eigenem Willen im Wege der Unterlizenz einfache Benutzungsrechte einräumt und damit seine eigene Benutzungsbefugnis beschränkt oder ob er deren Existenz aufgrund der bereits vom Patentinhaber vorgenommenen und nach § 15 Abs 3 PatG fortwirkenden Lizenzerteilung[261] hinnehmen muss. Im letztgenannten Fall existiert im

---

253 OLG Düsseldorf, Urteil v 25.10.2018 – I-2 U 30/16.
254 OLG Düsseldorf, Urteil v 12.6.2014 – I-2 U 86/09.
255 OLG Düsseldorf, Urteil v 25.10.2018 – I-2 U 30/16.
256 OLG Düsseldorf, Urteil v 12.6.2014 – I-2 U 86/09.
257 OLG Düsseldorf, Urteil v 12.6.2014 – I-2 U 86/09.
258 OLG Düsseldorf, Urteil v 12.6.2014 – I-2 U 86/09.
259 Gleiches gilt, wenn sich der Patentinhaber vertraglich vorbehält, seinerseits einfache Lizenzen zu erteilen.
260 OLG Düsseldorf, Urteil v 24.9.2015 – I-2 U 30/15; RG, GRUR 1934, 306.
261 OLG Düsseldorf, Urteil v 20.12.2017 – I-2 U 39/16.

Zeitpunkt der ausschließlichen Lizenzerteilung in der Person des lizenzierenden Schutzrechtsinhabers überhaupt keine umfassende dingliche Berechtigung mehr, die die Zuwendung eines exklusiven Benutzungsrechts zulassen könnte. Anders wäre die Sachlage nur dann, wenn zeitgleich mit der ausschließlichen Lizenzvergabe auch der Geber der einfachen Lizenzen ausgewechselt wird, so dass an die Stelle des Schutzrechtsinhabers nunmehr der ausschließliche Lizenznehmer tritt.[262]

148 Nach deutschem Recht verlangt diese **Vertragsübernahme** einen dreiseitigen Vertrag unter Beteiligung des einfachen Lizenznehmers. Geschieht dies nicht, kann wegen der bereits vergebenen einfachen Lizenzen mit der ausschließlichen Lizenzierung allenfalls ein einfaches Benutzungsrecht eingeräumt werden. Ob dies (als Minus) dem Parteiwillen entspricht, ist eine Frage der Auslegung im Einzelfall. Nach Erteilung einfacher Lizenzen kommt eine wirksame ausschließliche Lizenzierung freilich insoweit in Betracht, wie die ausschließliche Lizenz gegenständlich (zB Benutzungsarten, räumlicher Geltungsbereich) über die zuvor beschränkt eingeräumten einfachen Lizenzen hinausreicht.[263]

149 Mit Rücksicht auf die dingliche Natur der **Exklusivlizenz** ist es ausgeschlossen, eine ausschließliche Lizenz *rückwirkend* in eine bloß noch einfache Lizenz **umzuwandeln** (um im Nachhinein eine Aktivlegitimation des Patentinhabers für die Dauer der ausschließlichen Lizenzvergabe herbeizuführen).[264] In umgekehrter Richtung gilt dasselbe. Es verbleibt deshalb dabei, dass Verletzungshandlungen, die während des Lizenzzeitraumes vorgefallen sind, in der Person desjenigen, der zur maßgeblichen Zeit dinglich berechtigt war, Schadenersatzansprüche begründet haben. Diese können allenfalls im Zuge der Lizenzumwandlung – ggf konkludent – abgetreten werden.

150 Sind an der einfachen Lizenzvereinbarung ausländische Parteien beteiligt, so dass sich die Frage nach dem für die Vertragsübernahme einschlägigen Recht stellt, ist der Austausch der Vertragspartei **kollisionsrechtlich** nicht in eine Abtretung und eine Schuldübernahme aufzuspalten, sondern es ist einheitlich anzuknüpfen.[265] Haben die Parteien eine Rechtswahl getroffen, entscheidet sie, wobei allerdings die für den Lizenzvertrag als solchen vorgenommene Wahl einer bestimmten Rechtsordnung noch keine Rechtswahl in Bezug auf die Vertragsübernahme darstellt. Für sie gilt deswegen dasjenige Recht, das für den übernommenen Vertrag gilt, was sich wiederum aus einer Rechtswahl oder den sonstigen Regeln des IPR ergeben kann.[266] Die betreffende Rechtsordnung[267] entscheidet nicht nur darüber, ob ein Vertragseintritt überhaupt möglich ist, sondern genauso darüber, unter welchen Voraussetzungen dies geschehen kann.[268]

---

262 OLG Düsseldorf, Urteil v 24.9.2015 – I-2 U 30/15; OLG Düsseldorf, Urteil v 20.12.2017 – I-2 U 39/16.
263 RG, GRUR 1934, 306. Will man dies anders beurteilen, weil einfache Lizenzen bloß schuldrechtlichen Charakter besitzen und deshalb die Vergabe der dem Schutzrechtsinhaber zustehenden dinglichen Rechtsposition (= ausschließliche Lizenz) nicht hindern können, bleibt in jedem Fall zu prüfen, ob mit dem Begriff »ausschließliche« oder »exklusive« Lizenz tatsächlich die Einräumung eines umfassenden Benutzungsrechts gemeint ist. Zweifelhaft kann dies deshalb sein, weil mit einer solchen ausschließlichen Lizenzierung für den Schutzrechtsinhaber sogleich eine Haftung wegen Rechtsmängeln begründet werden kann, was im Zweifel nicht seinem Willen entspricht.
264 OLG Düsseldorf, Urteil v 1.2.2018 – I-2 U 33/15.
265 OLG Düsseldorf, Urteil v 20.12.2017 – I-2 U 39/16.
266 OLG Düsseldorf, Urteil v 20.12.2017– I-2 U 39/16.
267 Zur Rechtslage in den USA und im Vereinigten Königreich vgl OLG Düsseldorf, Urteil v 20.12.2017 – I-2 U 39/16.
268 OLG Düsseldorf, Urteil v 20.12.2017 – I-2 U 39/16.

3. Einfacher Lizenznehmer[269]

Anders verhält es sich bezüglich der Aktivlegitimation mit dem Inhaber einer einfachen Lizenz, wobei wegen der einzelnen Klageansprüche zu unterscheiden ist. 151

a) Unterlassungs-, Rückruf- und Vernichtungsanspruch

In Bezug auf den Unterlassungs-, Rückruf- und Vernichtungsanspruch (der – anders als Ansprüche auf Schadenersatz, Entschädigung etc – nicht isoliert abtretbar ist[270]) kann sich die Klagebefugnis des einfachen Lizenznehmers nur nach den Grundsätzen der sog gewillkürten Prozessstandschaft ergeben[271], welche sich dadurch auszeichnet, dass der Kläger keinen eigenen Anspruch geltend macht, sondern im eigenen Namen fremde Rechte (nämlich die des Patentinhabers = Lizenzgebers) durchsetzt. Die Rechtsprechung[272] lässt eine solche Art der Prozessführung unter **zwei Voraussetzungen** zu: 152

– Erstens muss der Anspruchsinhaber (Lizenzgeber) den Prozessstandschafter (Lizenznehmer) zur klageweisen Geltendmachung seiner Rechte ermächtigt haben, was üblicherweise schriftlich geschieht. Die **Prozessführungsermächtigung** sollte im Original mit der Klageschrift vorgelegt werden. Eine Ermächtigungserklärung, die der Patentinhaber mit der ausdrücklichen Maßgabe abgibt, im Falle einer rechtskräftigen Klageabweisung die streitbefangenen Ansprüche danach selbst klageweise erneut geltend machen zu können, ist unwirksam.[273] Die Prozessführung in gewillkürter Prozessstandschaft setzt voraus, dass der Rechtsinhaber, der eine gerichtliche Durchsetzung seiner Ansprüche durch einen Dritten gestattet, damit einverstanden ist, dass die Prozessführung des Dritten auch für und gegen ihn (den Rechtsinhaber) wirkt. Denn es ist das Wesen der gewillkürten Prozessstandschaft, dass die streitbefangenen Ansprüche im Prozess des Prozessstandschafters endgültig und damit rechtskräftig auch gegenüber dem materiellen Rechtsinhaber zu- oder aberkannt werden. Gegenteilige Vorbehalte des Patentinhabers (etwa dahin, dass er sich ausbedingt, die Klageansprüche nach Beendigung des Rechtsstreits seines Prozessstandschafters selbst zu verfolgen) sind deswegen schädlich. Eine einmal erteilte Prozessführungsermächtigung erlischt von selbst, wenn über das Vermögen des Ermächtigenden das Insolvenzverfahren eröffnet wird.[274] Von da ab ist die in gewillkürter Prozessstandschaft erhobene Klage unzulässig.[275] 153

– Zweitens muss der Prozessstandschafter ein **eigenes Interesse** an der Durchsetzung des für ihn fremden (Unterlassungs-)Anspruchs haben. Mit Blick auf den einfachen Lizenznehmer ist dies regelmäßig der Fall, weil die Verletzungshandlungen des Beklagten auch seinen Umsatz mit den erfindungsgemäßen Erzeugnissen schmälern und deren Unterbindung deshalb auch im geschäftlichen Interesse des Lizenznehmers liegt. Voraussetzung ist freilich, dass der Lizenznehmer in irgendeinem Umfang tatsächlich am Markt teilnimmt (oder eine alsbaldige Marktpräsenz zumindest bevorsteht), weil nur dann die Verletzungsprodukte zu einer Vermögenseinbuße bei ihm führen können. Zu einem schlüssigen Vortrag des klagenden Lizenznehmers gehört es daher auch, eine einschlägige (bereits stattfindende oder wenigstens in naher 154

---

269 Vgl Knobloch, Abwehransprüche, 2005; Pahlow, Mitt 2012, 249.
270 OLG Düsseldorf, Urteil v 18.12.2014 – I-2 U 19/14; BGH, GRUR 2016, 1048 – An Evening with Marlene Dietrich (für den Unterlassungsanspruch).
271 OLG Düsseldorf, Urteil v 18.12.2014 – I-2 U 19/14; BGH, GRUR 2016, 1048 – An Evening with Marlene Dietrich (für den Unterlassungsanspruch).
272 BGH, MDR 2012, 182; BGH, GRUR 2016, 1048 – An Evening with Marlene Dietrich.
273 LG Düsseldorf, Urteil v 16.1.2003 – 4 O 296/01.
274 BGH, Beschluss v 21.7.2016 – I ZR 190/15.
275 BGH, Beschluss v 21.7.2016 – I ZR 190/15.

Zukunft absehbare) **Marktteilnahme** zu behaupten (und notfalls zu beweisen). Fehlt sie, kann sich ein Eigeninteresse auch aus einer mit dem Lizenzvertrag eingegangenen Verpflichtung zur Rechtsverfolgung ergeben, sofern es sich nicht um ein bloßes Scheingeschäft handelt, das bloß die formale Klageberechtigung des (inländischen) Lizenznehmers vortäuschen soll.

155 Prozessführungsermächtigung und Eigeninteresse müssen spätestens im **Zeitpunkt** der letzten mündlichen Verhandlung gegeben sein, dort aber auch immer noch vorliegen[276]. Im Revisionsverfahren hat der BGH dies in eigener Verantwortung von Amts wegen und ohne Bindung an die Feststellungen des Berufungsgerichts zu prüfen.[277]

156 Eine einmal erteilte **Prozessführungsermächtigung** ist frei widerruflich, solange der Ermächtigte von ihr noch keinen Gebrauch, dh keine auf sie gestützte Klage anhängig gemacht hat.[278] Sie kann darüber hinaus auch während eines bereits laufenden Rechtsstreits **widerrufen** werden, sofern das der Erteilung zugrunde liegende materielle Rechtsgeschäft (das im Zweifel einer Verfügungsermächtigung nach § 185 Abs 1 BGB ähnlich ist) dies nicht ausnahmsweise verbietet. Das gilt solange, wie zur Durchsetzung des eingeklagten Rechts noch Prozesshandlungen des Prozessstandschafters notwendig sind.[279] Erfolgt der Widerruf erst nach dem Beginn der mündlichen Verhandlung mit dem Beklagten, beseitigt er die Prozessführungsbefugnis des Klägers allerdings nicht. Nur wenn der Beklagte einer Klageabweisung als unzulässig zustimmt, ergeht ein Prozessurteil zu Lasten des Klägers.[280]

b) Rechnungslegung, Entschädigung und Schadenersatz

157 Die Ansprüche auf Rechnungslegung, Entschädigung und Schadenersatz können demgegenüber regelmäßig nicht im Wege der gewillkürten Prozessstandschaft verfolgt werden, weil es dem Lizenznehmer – wegen der Abtretbarkeit dieser Ansprüche – hierfür an einem berechtigten Interesse mangelt. Ein solches wird bei unentgeltlicher Forderungsübertragung noch nicht durch ein bloßes Interesse an einer technischen Erleichterung der Prozessführung begründet.[281] Liegt der Zession ein Kaufgeschäft zugrunde, *kann* ein eigenes Rechtsverfolgungsinteresse des Zessionars denkbar sein.[282] Im Gegensatz zum ausschließlichen Lizenznehmer kann der einfache Lizenznehmer nicht den Ersatz seines eigenen Schadens verlangen.[283] Liquidiert werden kann vielmehr nur derjenige Schaden, der dem Patentinhaber durch die Verletzungshandlungen entstanden ist. Damit dieser vom Lizenznehmer durchgesetzt werden kann, bedarf es einer Abtretung des betreffenden Anspruchs an den Lizenznehmer (§ 398 BGB) oder einer materiell-rechtlichen Einziehungsermächtigung des Patentinhabers, die noch nicht in der Prozessführungsermächtigung liegt[284].

158 Aufgrund einer **Zessionserklärung** – die gleichfalls mit der Klageschrift zu überreichen ist – geht der Anspruch auf Rechnungslegung, Entschädigung und/oder Schadenersatz auf den Lizenznehmer über, der infolgedessen insoweit als materiell Berechtigter (aus eigenem Recht) klagen kann. Hinsichtlich des Schadenersatzanspruchs ist bei der Abfas-

---

276 BGH, MDR 2015, 1031.
277 BGH, MDR 2015, 1031; BGH, GRUR 2016, 1048 – An Evening with Marlene Dietrich.
278 BGH, NJW-RR 1986, 158.
279 BGH, MDR 2015, 1031.
280 BGH, MDR 2015, 1031.
281 BGH, MDR 2016, 1279.
282 BGH, MDR 2016, 1279.
283 BGH, GRUR 2004, 758 – Flügelradzähler; BGH, GRUR 2012, 630 – CONVERSE II (zum Markenrecht).
284 BGH, GRUR 2012, 630 – CONVERSE II.

sung des Klageantrages lediglich darauf zu achten, dass Ersatz desjenigen Schadens begehrt wird, der dem Lizenzgeber (= Patentinhaber) entstanden ist.

Im Falle einer **Einziehungsermächtigung** bleibt der Schutzrechtsinhaber der Forderungsberechtigte; der Ermächtigte kann lediglich die Forderung im eigenen Namen geltend machen, wobei er – je nach den konkreten Absprachen – entweder auf Leistung an sich oder auf Leistung an den Patentinhaber klagen kann. Entsprechend den Gegebenheiten des Einzelfalles ist der Klageantrag zu formulieren.

159

| **Praxistipp** | Formulierungsbeispiel | 160 |

Wenn der Patentinhaber im außereuropäischen Ausland ansässig und nach Maßgabe von **§ 110 ZPO** zur Leistung von Prozesskostensicherheit verpflichtet ist, kann es sich anbieten, statt seiner die deutsche oder europäische Vertriebsgesellschaft, die zugleich *Lizenznehmerin* am Klagepatent ist, den Prozess führen zu lassen. Dem sich hieraus ergebenden Vorteil, keine Sicherheit leisten zu müssen, stehen jedoch **Gefahren** gegenüber, die bedacht werden wollen:

- Der Beklagte kann (in der Regel mit Nichtwissen) bestreiten, dass die präsentierte **Prozessführungsermächtigung** bzw **Abtretungserklärung** auf Seiten des Patentinhabers von für ihn vertretungsberechtigten Personen (und damit rechtswirksam) abgegeben worden sind. Geschieht dies, muss die klagende Vertriebsgesellschaft in der Lage sein, die Vertretungsbefugnisse der Handelnden nachzuweisen, und zwar – zur Vermeidung einer den Rechtsstreit ggf empfindlich verzögernden Zeugenvernehmung im Ausland – durch Urkunden oder sonstige liquide Beweismittel. Auf Schwierigkeiten kann dies namentlich dann stoßen, wenn in dem betreffenden Heimatland des Schutzrechtsinhabers (zB den USA[285]) keine Handelsregister oder dergleichen geführt werden, denen die zu einem bestimmten Zeitpunkt Vertretungsberechtigten entnommen werden können. Um weitere Schwierigkeiten aus der Anwendung ausländischen materiellen Rechts zu vermeiden, sollte in jedem Fall mit der Abtretung/Prozessführungsermächtigung ausdrücklich festgelegt werden, dass die Erklärung/Vereinbarung deutschem Recht unterliegt.

- Gleiche Probleme – ebenfalls mit der Gefahr einer signifikanten Verzögerung des Rechtsstreits – bestehen im Hinblick auf die behauptete **Lizenzierung** des Klagepatents, die das notwendige Eigeninteresse des klagenden Lizenznehmers an der Durchsetzung fremder Rechte begründet. Auch sie kann vom Beklagten – pauschal – mit Nichtwissen bestritten werden. Konkret betrifft dies insbesondere die Frage, ob die auf beiden Seiten handelnden Personen zur Vornahme dahingehender rechtserheblicher Handlungen befugt waren und woraus sich dies ergibt. Da sich die zur Aktivlegitimation der Klägerin herangezogene Rechtseinräumung (Lizenzerteilung) gänzlich außerhalb der Einsichtssphäre des Beklagten, nämlich im Konzerngeflecht des Klägers, abgespielt haben, handelt es sich um Tatsachen, die nicht Gegenstand von eigenen Wahrnehmungen des Beklagten sind und die auch keine Vorgänge im Bereich von Personen betreffen, die unter Anleitung, Aufsicht oder Verantwortung des Beklagten tätig geworden sind[286]. Unter solchen Umständen erlaubt § 138 Abs 4 ZPO das **Bestreiten mit Nichtwissen**. Diese prozessuale Befugnis besteht nicht nur gegenüber pauschalem Sachvortrag des darlegungspflichtigen Klägers, sondern

---

285 Der Sekretär der amerikanischen Gesellschaft bescheinigt in einer separaten Erklärung, dass die handelnde Person für die Gesellschaft vertretungsberechtigt ist. Die Unterschrift des Vertreters unter das Hauptdokument und die Unterschrift des Company Secretary unter die Vertretungsbescheinigung werden vor einem amerikanischen Notar geleistet und von diesem beglaubigt. Der Notar beschafft außerdem eine Apostille gemäß dem Haager Übereinkommen vom 5.10.1961 [BGBl 1965 II 875], womit die Beglaubigung auch im internationalen Rechtsverkehr anerkennungsfähig ist.
286 Vgl dazu BGH, GRUR 2009, 1142 – MP3-Player-Import.

gleichermaßen dann, wenn der dem Bestreitenden verborgene Sachverhalt – von Beginn an oder während des Prozesses – dezidiert und gestützt von Dokumenten ausgebreitet wird. Weil dem so ist, kann es bei einem (pauschalen) Bestreiten mit Nichtwissen auch dann verbleiben, wenn der Prozessgegner (Kläger), der die der Wahrnehmung des Anderen entzogene Tatsache anfänglich bloß pauschal behauptet, im weiteren Verlauf des Rechtsstreits näher substantiiert und sogar unterlagenmäßig belegt, vorausgesetzt, aus den gesamten Umständen ergibt sich nicht, dass der Beklagte angesichts der präsentierten Dokumente sein Bestreiten aufgeben will.[287] Davon kann grundsätzlich nicht ausgegangen werden; gleichwohl sollte der Beklagte sein Bestreiten vorsorglich wiederholen. Das Gericht darf deshalb die betreffende Tatsache (Lizenzerteilung) seiner Entscheidung nicht schon wegen unzureichenden Bestreitens durch den Gegner zugrunde legen, sondern ausschließlich dann, wenn es von ihr im Rahmen der Beweiswürdigung überzeugt ist.[288] **§ 286 Abs 1 ZPO** ordnet insoweit an, dass das Gericht nach freier Überzeugung darüber zu befinden hat, ob es eine tatsächliche Behauptung für wahr oder für nicht wahr erachtet, wobei es den gesamten Inhalt der Verhandlungen und das Ergebnis einer etwaigen Beweisaufnahme zu berücksichtigen hat.[289] Aus der Formulierung »etwaigen« folgt, dass der erforderliche Beweis im Einzelfall auch ohne eine förmliche Beweisaufnahme nach Maßgabe der §§ 371 ff ZPO als geführt angesehen werden kann. Die gerichtliche Überzeugungsbildung kann sich folglich allein auf die Schlüssigkeit des Sachvortrages einer Partei und/oder auf deren Prozessverhalten und/oder das des Gegners stützen.[290] Den Behauptungen einer Partei kann unter Umständen sogar dann geglaubt werden, wenn mangels Anfangswahrscheinlichkeit nicht einmal die Voraussetzungen für eine eigene Parteivernehmung gegeben sind.[291] Ob sich das Gericht hierzu im jeweiligen Entscheidungsfall in der Lage sieht, ist für den Kläger naturgemäß schwer vorauszusehen. Sofern eine förmliche Beweisaufnahme für erforderlich gehalten wird, ist eine dahingehende gerichtliche Anordnung nicht anfechtbar; oftmals wird es sich überdies um im Ausland zu erhebende Beweise handeln, woraus sich die Gefahr einer ganz erheblichen Verfahrensverzögerung ergibt.

Damit das Gericht nicht zu der Auffassung gelangt, der Beklagte wolle sein anfängliches Bestreiten aufgeben, nachdem der Kläger – meist in Kopie – Vertragsdokumente zur Lizenzerteilung vorgelegt hat, empfiehlt es sich unbedingt, das Bestreiten jeweils ausdrücklich zu wiederholen.

– Ist die Lizenznehmerin nach den Gesamtumständen nur zu dem Zweck gegründet worden, unter Umgehung des § 110 ZPO einen Patentverletzungsprozess für das ausländische Mutterunternehmen zu führen, kann das klagende Unternehmen trotz Verwaltungssitzes in der EU aus dem Gesichtspunkt des Rechtsmissbrauchs zur Leistung einer Prozesskostensicherheit verpflichtet sein.[292]

4. Sonderfälle

161 Neben dem **einfachen Lizenznehmer** ist der Patentinhaber, wenn er seinen Lizenznehmer zur Prozessführung ermächtigt hat, nie aktivlegitimiert. Dies folgt bereits aus der Tatsache, dass nur Ansprüche des Patentinhabers existieren und diese – im Wege der

---

287 OLG Düsseldorf, Urteil v 20.12.2017 – I-2 U 39/16.
288 OLG Düsseldorf, Urteil v 20.12.2017 – I-2 U 39/16.
289 Hat das Landgericht in unzulässiger Weise mit mangelnder Substantiierung argumentiert, ist es Sache des Berufungsgerichts, sich erstmals die erforderliche tatrichterliche Überzeugung zu bilden.
290 BGH, WM 2018, 53; OLG Düsseldorf, Urteil v 20.12.2017 – I-2 U 39/16.
291 BGH, WM 2018, 53.
292 LG Düsseldorf, Urteil v 11.6.2015 – 4b O 18/15.

Prozessstandschaft bzw aus abgetretenem Recht – schon vom Lizenznehmer geltend gemacht werden.

Neben einem **ausschließlichen Lizenznehmer** (der über eigene, neben die des Patentinhabers tretende Ansprüche aus dem Patent verfügt) ist der Patentinhaber nur dann klagebefugt, wenn er selbst durch die streitgegenständlichen Verletzungshandlungen betroffen ist.[293] Dessen bedarf es nicht nur, wenn Patentinhaber und ausschließlicher Lizenznehmer gemeinsam klagen, sondern selbstverständlich auch dann, wenn der Patentinhaber allein Klagepartei ist, er jedoch klagt, nachdem er eine ausschließliche Lizenz vergeben hat. 162

– Ein »Betroffensein« ist zunächst zu bejahen in Bezug auf denjenigen Benutzungsausschnitt, der dem Patentinhaber bei einer zeitlich, örtlich oder sachlich beschränkten Lizenzvergabe verblieben ist. 163

– Aber auch bei Erteilung einer umfassenden Exklusivlizenz, die dem Schutzrechtsinhaber jedes eigene (per se anspruchsbegründende) Nutzungsrecht nimmt, ist ein »Verletztsein« denkbar, vornehmlich dann, wenn mit dem ausschließlichen Lizenznehmer eine Stück- oder Umsatzlizenz vereinbart ist[294], weil durch die Verletzungshandlungen mittelbar auch die Lizenzeinnahmen des Patentinhabers beeinträchtigt werden. Bedenken gegen die Wirksamkeit der Vereinbarung sind belanglos, solange die Lizenzzahlungspflicht tatsächlich praktiziert wird.[295] 164

– Bei einer **Freilizenz** genügt es, wenn der Patentinhaber als Gesellschafter des ausschließlichen Lizenznehmers an dessen Erträgnissen aus der Patentbenutzung beteiligt ist.[296] Auf eine alleinige Gesellschafterstellung kommt es in diesem Zusammenhang nicht entscheidend an. Eine wirtschaftliche Partizipation an den Erträgnissen des Freilizenznehmers ist gleichermaßen bei einem geringeren Gesellschaftsanteil denkbar.[297] In der Praxis wird allerdings die Erteilung einer Freilizenz nur dort in Betracht kommen, wo der Lizenzgeber über den zumindest größten Teil der Gesellschaftsanteile verfügt, weil er ansonsten keinen Anlass hat, die Gesellschaft über eine Freilizenz an seinem Patent zu bereichern. 165

Zwei **Besonderheiten** sind zu beachten: 166

Erstens: Der Schadenersatzfeststellungsantrag kann für den Patentinhaber in der üblichen Weise formuliert werden.[298] 167

Zweitens: Im Höheprozess ist der Klageantrag des Patentinhabers dahin zu richten, dass an seinen Lizenznehmer Schadenersatz nach eine der üblichen Berechnungsmethoden geleistet wird (so dass diejenige Bereicherung eintritt, die den Patentinhaber über seine [zB Gewinn-]Ansprüche als Gesellschafter partizipieren lässt). Beide Anspruchsberechtigten – Patentinhaber und Lizenznehmer – verfolgen also denselben Klageantrag, gerichtet auf Zahlung eines bestimmten, nach den allgemeinen Regeln der Schadensberechnung ermittelten Schadenersatzbetrages an den Lizenznehmer.[299] 168

---

293 Umfassend zur Anspruchskonkurrenz zwischen Patentinhaber und exklusivem Lizenznehmer: Pahlow, GRUR 2007, 1001.
294 Anders verhält es sich, wenn der ausschließliche Lizenznehmer die Patentbenutzung zB als Folge eines Insolvenzverfahrens eingestellt hat. Hier kann die Unterbindung der Verletzungshandlungen durch den Patentinhaber nicht zu Umsätzen des Lizenznehmers und folglich auch nicht zu weiteren Lizenzeinnahmen des Patentinhabers führen.
295 OLG Düsseldorf, Urteil v 12.6.2014 – I-2 U 86/09.
296 BGH, GRUR 2011, 711 – Cinch-Stecker; OLG Düsseldorf, InstGE 12, 88 – Cinch-Stecker.
297 Offen gelassen von BGH, GRUR 2011, 711 – Cinch-Stecker.
298 BGH, GRUR 2011, 711 – Cinch-Stecker.
299 BGH, GRUR 2011, 711 – Cinch-Stecker.

169 – »Verletzt« wird der Patentinhaber ferner dann, wenn dem Lizenznehmer eine vertragliche Bezugspflicht für die Lizenzgegenstände[300], für Rohstoffe oder Einzelteile auferlegt ist, weil durch die Verletzungshandlungen der Umsatz (und Gewinn) des Schutzrechtsinhabers mit seinem Lizenznehmer in Mitleidenschaft gezogen werden kann.

170 – Auch eine vertragliche Verpflichtung des Patentinhabers, gegen Verletzer vorzugehen, kann die Aktivlegitimation begründen[301], wenn er bei Missachtung der Vertragspflicht rechtliche oder wirtschaftliche Nachteile zu befürchten hat. Diese können zB in der Gefahr einer Kündigung des Lizenzvertrages liegen, aber auch darin, dass der Lizenzvertrag eine prozentuale Kürzung der Lizenzgebühren vorsieht, falls der Pateninhaber einer Aufforderung zur Unterstützung der Verletzungsklage nicht nachkommt[302].

171 – Ebenso kann die Pflicht des Lizenznehmers, sich zur Kennzeichnung der Lizenzgegenstände einer Marke des Patentinhabers zu bedienen, ein Betroffensein begründen.[303]

172 Ist der nur noch formell legitimierte Patentinhaber idS »verletzt«, stehen ihm im Falle einer Schutzrechtsverletzung eigene Unterlassungs-, Auskunfts- und Vernichtungsansprüche zu.[304] Er kann darüber hinaus Schadenersatz verlangen (und entsprechende Rechnungslegung beanspruchen), wenn er geltend machen kann, selbst *geschädigt* zu sein, was bei Vereinbarung einer umsatzabhängigen Lizenz genauso zu bejahen ist wie bei einer vertraglichen Bezugspflicht[305] oder bei einer gesellschaftsrechtlichen Beteiligung am Lizenznehmer, die nach der Lebenserfahrung erwarten lässt, dass die Verletzungshandlungen den Gewinnausschüttungsanspruch des Patentinhabers beeinträchtigen[306], während ein Schaden des Patentinhabers regelmäßig ausscheidet, wenn er von dem ausschließlichen Lizenznehmer durch eine Einmalzahlung oder dergleichen vollständig abgefunden ist.[307] Folge der eigenen Anspruchsinhaberschaft ist, dass der »betroffene« Patentinhaber und der ausschließliche Lizenznehmer ihre jeweiligen Ansprüche in separaten Klagen an verschiedenen Gerichtsständen erheben können.

173 | **Praxistipp** | Formulierungsbeispiel

Die doppelte Aktivlegitimation von Patentinhaber und ausschließlichem Lizenznehmer erlaubt deshalb eine abgestimmte Prozesstaktik. Zunächst kann einer von ihnen bei einem ersten Patentstreitgericht klagen. Sollte die Klage erfolglos bleiben, besteht für den anderen die Möglichkeit, es bei einem anderen Landgericht abermals zu versuchen.

---

300 BGH, GRUR 2008, 896 – Tintenpatrone I.
301 LG Düsseldorf, InstGE 1, 9 – Komplexbildner.
302 OLG Düsseldorf, Urteil v 7.2.2013 – I-2 U 8/09 (ob der Lizenzverlust größer ist als die eventuellen Kosten eines Verletzungsrechtsstreits, spielt keine Rolle, weil sich ein möglicher Schaden schon daraus ergibt, dass die Verletzungsklage gewonnen wird und der Patentinhaber wegen der ihm zustehenden Erstattungsansprüche mit keinerlei Kosten belastet wird).
303 Kühnen, FS Schilling, 2007, S 311.
304 Kühnen, FS Schilling, 2007, S 311.
305 BGH, GRUR 2008, 896 – Tintenpatrone I; BGH, GRUR 2012, 430 – Tintenpatrone II.
306 OLG Düsseldorf, InstGE 12, 88 – Cinch-Stecker.
307 Kühnen, FS Schilling, 2007, S 311, mwN.

Datiert der Lizenzvertrag aus einer Zeit vor dem 1. Januar 1999, so unterliegt er dem **174** Schriftformerfordernis[308] des – inzwischen aufgehobenen – **§ 34 GWB aF**[309] Ist die Schriftform nicht gewahrt und der Lizenzvertrag deshalb nichtig, lässt sich die Aktivlegitimation des Lizenznehmers dadurch wiederherstellen, dass der Lizenzvertrag – was seit dem 1. Januar 1999 formlos zulässig ist – neu abgeschlossen wird. Alternativ ist es möglich, den formnichtigen Vertrag im Sinne von § 141 BGB zu bestätigen. In der faktischen Ausübung der Lizenz nach dem 1. Januar 1999 kann eine (die Wirksamkeit – ex nunc – herbeiführende) Bestätigung des Altvertrages allerdings nur gesehen werden, wenn die Vertragsparteien bei Vornahme ihrer Vollzugshandlungen die Nichtigkeit des Lizenzvertrages positiv erkannt oder zumindest für möglich gehalten haben. Unbeachtlich bleibt der Formmangel weiterhin in solchen Konstellationen, in denen es dem Vertragspartner nach Treu und Glauben versagt ist, sich auf den Formmangel zu berufen. In einer jahrzehntelangen Tradition hat die Rechtsprechung die Heranziehung des § 242 BGB zwar für unzulässig gehalten, weil § 34 GWB aF den Interessen der Allgemeinheit diene. Diese Ansicht hat der BGH[310] nunmehr allerdings aufgegeben. Ihm folgend steht der Kartellsenat des OLG Düsseldorf[311] auf dem Standpunkt, dass die Berufung auf einen Formmangel nach § 34 GWB aF treuwidrig ist, wenn der formnichtige Vertrag über mehrere Jahre durchgeführt worden ist und aus dem Vertrag erhebliche Vorteile erzielt worden sind, die nicht auf andere Weise kompensiert werden können. Unter solchen Voraussetzungen ist der Lizenzvertrag trotz des objektiven Formmangels als wirksam zu behandeln und kann deshalb auch dem Lizenznehmer ein Rechtsschutzinteresse für seine Prozessführung vermitteln.

Kein Lizenznehmer – und daher nicht aktivlegitimiert – ist der **Vertriebshändler**. Er **175** zeichnet sich dadurch aus, dass ihm keine vertragliche Nutzungsbefugnis am Patent eingeräumt, sondern lediglich das (ggf alleinige) Vertriebsrecht für die patentgemäßen Produkte des Schutzrechtsinhabers übertragen wird. Geschieht dies in der Weise, dass die erfindungsgemäßen Gegenstände vom Patentinhaber an seinen Vertriebshändler verkauft und ausgehändigt werden, damit dieser die Erzeugnisse seinerseits weiterverkauft, so verbietet sich die Annahme eines Lizenzvertrages deshalb, weil sich die Patentrechte mit der Lieferung an den Händler erschöpfen, so dass es keiner irgendwie gearteten vertraglichen Nutzungsgestattung (= Lizenz) mehr bedarf.[312] Das gleiche gilt, wenn dem Vertriebshändler die patentgemäßen Gegenstände kommissionsweise überlassen werden.

III. Passivlegitimation[313]

1. Deliktsrechtliche Haftung

Als Anspruchsgegner kommt zunächst jeder in Betracht, der die patentierte Erfindung **176** in eigener Person benutzt (indem er die Anspruchsmerkmale selbst im Sinne der §§ 9, 10 PatG verwirklicht) oder der als Teilnehmer im Sinne von **§ 830 Abs 2 BGB** eine fremde Patentbenutzung ermöglicht oder fördert.[314] Es haften also Alleintäter, Mittä-

---

308 Bereits die Verpflichtung zur Lizenzzahlung macht den Vertrag formbedürftig (BGH, GRUR 2003, 896 – Chirurgische Instrumente; BGH, GRUR 2005, 845 – Abgasreinigungsvorrichtung).
309 BGH, NJW-RR 1999, 689 – Coverdisk; BGH, NJW-RR 1999, 1199 – Markant.
310 BGH, GRUR 2003, 1062, 1063 – Preisbindung für Franchisegeber II.
311 OLG Düsseldorf, InstGE 5, 78 – Unbeachtlicher Formmangel; OLG Düsseldorf, Urteil v 24.3.2004 – VI-U (Kart) 43/02.
312 Groß, Der Lizenzvertrag, Rn 29; Bartenbach, Patentlizenz- und Know-how-Vertrag, Rn 1320.
313 Pitz, GRUR 2009, 805; Bölling, GRUR 2013, 1092; Kurtz, FS 80 Jahre Patentgerichtsbarkeit Düsseldorf, 2016, S 345.
314 BGH, GRUR 2009, 1142, 1144 – MP3-Player-Import.

ter[315], Gehilfen und Anstifter.[316] Ob die betreffenden Handlungs- und Teilnahmeformen gegeben sind, beurteilt sich nach den im Strafrecht hierzu entwickelten Grundsätzen.[317] Täter ist mithin derjenige, der die Zuwiderhandlung selbst oder in mittelbarer Täterschaft[318] begeht (§ 25 Abs 1 StGB)[319], Mittäterschaft erfordert eine gemeinschaftliche Begehung, also ein bewusstes und gewolltes Zusammenwirken bei der Anspruchsverwirklichung[320] (§ 830 Abs 1 Satz 1 BGB), wobei die notwendige Tatherrschaft bloßen Hilfspersonen nicht zugesprochen werden kann.[321] Entscheidend für die Einordnung ist, ob dem Betreffenden die verletzende Handlung in sozialtypischer Hinsicht nicht als eigene zugerechnet werden kann, weil ihm aufgrund seiner untergeordneten Stellung keine eigene Entscheidungsbefugnis zusteht, weswegen typische Hilfspersonen Boten, Briefträger, Plakatkleber, Prospektverteiler, aber keine Onlinehändler, sind.[322] Die Teilnahmeformen setzen eine vorsätzliche Anstiftungs- oder Beihilfehandlung zu der (Haupt-)Tat eines Anderen verlangt.[323] Zu beachten ist, dass Anstiftung und Beihilfe einen doppelten Vorsatz erfordern, welcher tatrichterlich festgestellt werden muss: Die Haupttat, zu der angestiftet oder zu der eine physische bzw psychische[324] Unterstützung geleistet wurde, muss vorsätzlich begangen sein; der Anstifter bzw Gehilfe muss ebenfalls mit Vorsatz gehandelt haben.[325] Allerdings genügt jeweils ein **Eventualvorsatz**[326] in dem Sinne, dass die Schutzrechtsverletzung für möglich gehalten und für diesen Fall billigend in Kauf genommen wird. Der Vorsatz muss in Bezug auf eine konkret drohende Haupttat gegeben sein, weswegen es bei einem Internetdienst – als einer als solchen neutralen Handlung – nicht genügt, dass der Betreiber nur allgemein mit gelegentlichen Rechtsverletzungen seiner Nutzer rechnet.[327] Vielmehr muss der Gehilfe wissen, dass der Haupttäter ausschließlich auf rechtswidrige Handlungen abzielt.[328] Alle Vorgenannten haften in vollem Umfang für die sich aus der Patentverletzung ergebenden Ansprüche.[329] Das trifft auch auf den selbständigen Handelsvertreter zu, ungeachtet dessen, dass die von ihm vermittelten Geschäfte über den verletzenden Gegenstand zivilrechtlich in der Person des Geschäftsherrn zustande kommen.

177 Darüber hinaus ist »Verletzer« und damit tauglicher Schuldner sämtlicher Ansprüche wegen Patentverletzung, wer die Verwirklichung des Benutzungstatbestandes durch einen anderen objektiv ermöglicht oder fördert[330], obwohl er sich mit zumutbarem Auf-

---

315 Für die wechselseitige Zurechnung der Tatbeiträge ist es unerheblich, ob alle Mittäter schuldhaft handeln oder einige von ihnen zB kraft gesetzlicher Sonderregelung von einer Haftung freigestellt sind (vgl BGH, NJW 1978, 816, 818; BGH, NJW 1972, 40, 41).
316 BGH, Mitt 2002, 416 – Funkuhr.
317 BGH, GRUR 2014, 883 – Geschäftsführerhaftung; vgl dazu Goldmann, GRUR-Prax 2014, 404.
318 Das setzt voraus, dass der mittelbare Täter im eigenen Interesse das Handeln eines anderen steuert, über den er die Kontrolle hat, woran es fehlt, wenn das »Werkzeug« selbst Täter ist (BGH, GRUR 2012, 1279 – DAS GROSSE RÄTSELHEFT).
319 BGH, GRUR 2014, 883 – Geschäftsführerhaftung.
320 BGH, GRUR 2012, 1279 – DAS GROSSE RÄTSELHEFT.
321 BGH, GRUR 2016, 493 – Al Di Meola.
322 BGH, GRUR 2016, 493 – Al Di Meola.
323 BGH, GRUR 2011, 152 – Kinderhochstühle im Internet.
324 Insoweit kann es genügen, dass zB die Holdinggesellschaft ein Schutzrecht auf die angegriffene Ausführungsform erwirkt hat und angenommen werden kann, dass sie den Vertrieb der Verletzungsform gegenüber Dritten unter Berufung auf eben dieses Schutzrecht im Bedarfsfall absichern wird.
325 BGH, GRUR 2009, 1142 – MP3-Player-Import.
326 Zum Begriff und dessen Abgrenzung zur Fahrlässigkeit vgl BGH, MDR 2012, 280.
327 BGH, GRUR 2013, 370 – Alone in the Dark.
328 OLG München, GRUR 2016, 612 – Allegro Barbaro.
329 Für Mittäter, Anstifter und Gehilfen folgt dies aus § 830 BGB, für Nebentäter aus § 840 BGB.
330 ... ohne dass die (subjektiven) Voraussetzungen einer Mittäterschaft oder Beihilfe vorliegen (zB deshalb, weil bloß Fahrlässigkeit im Spiel ist).

wand die Kenntnis verschaffen kann, dass die von ihm unterstützte Handlung das absolute Recht des Patentinhabers verletzt.³³¹ Ein Beispiel dafür sind Nebentäter³³², wobei für die Haftung grundsätzlich an jede vorwerfbare (**Mit-)Verursachung** der Rechtsverletzung einschließlich der ungenügenden Vorsorge gegen solche Verstöße angeknüpft werden kann.³³³ Innerhalb des Konzerns genügt die Mitwirkung bei den Absatzbemühungen eines anderen, zB dergestalt, dass Marketingmaßnahmen zugunsten des dritten Konzernunternehmens ergriffen oder Serviceleistungen (zB ein Reparaturdienst an bereits verkauften Geräten) erbracht werden.³³⁴ Damit die Verantwortlichkeit nicht ins Uferlose ausgedehnt wird, muss zu dem objektiven Verursachungsbeitrag allerdings hinzukommen, dass eine Rechtspflicht verletzt wird, die – zumindest auch – dem Schutz des verletzten absoluten Rechts dient und bei deren Beachtung der Mitverursachungsbeitrag entfallen wäre.³³⁵ Ob und ggf in welchem Umfang eine rechtliche Pflicht zur Vermeidung eines schutzrechtsverletzenden Erfolges besteht, richtet sich im Einzelfall nach der Abwägung aller betroffenen Belange, insbesondere der Schutzbedürftigkeit des Verletzten³³⁶ auf der einen sowie der Zumutbarkeit von Prüfungs- und Handlungspflichten für den in Anspruch genommenen Unterstützer auf der anderen Seite. Zwischen beiden Interessen besteht eine Wechselwirkung: Je schutzwürdiger der Patentinhaber ist, umso mehr Rücksichtnahme kann dem Dritten zugemutet werden; je geringer das Schutzbedürfnis des Patentinhabers ist, desto kritischer ist zu prüfen, ob von dem Dritten wirklich erwartet werden kann und muss, dass er Schutzrechtsverletzungen Anderer aufspürt und ggf abstellt oder von vornherein verhindert.³³⁷ In der Rechtsprechung³³⁸ ist eine Rechtspflicht für im Ausland ansässige und ausschließlich im Ausland handelnde Zulieferer für die inländische Autoindustrie verneint worden, selbst wenn dem Zulieferer der letztlich inländische Bestimmungsort seiner Zulieferteile bekannt war, weil das Vertrauen des Zulieferers auf das grundsätzlich rechtmäßige Verhalten des inländischen Automobilherstellers schutzwürdig ist, solange nicht (zB aufgrund einer Verwarnung) konkrete Umstände für eine inländische Patentverletzung erkennbar sind.³³⁹

Die **Muttergesellschaft** des verletzenden Unternehmens ist nicht allein deswegen haftbar, und zwar auch dann nicht, wenn sie auf eigenen Wunsch im Anschluss an eine vorgerichtliche Abmahnung die weitere Korrespondenz mit dem Verletzten führt.³⁴⁰ Vielmehr bedarf es der tatrichterlichen Feststellung von Umständen, die eine solche Einbindung der Muttergesellschaft in die Verletzungshandlungen ihres Tochterunternehmens ergibt, dass deren Zurechnung gerechtfertigt ist. **178**

Jenseits der dargelegten allgemeinen Haftungskriterien ist dabei zu beachten, dass die rechtliche Schutzpflicht frühestens mit dem Eintritt der Wirkungen des verletzten Patents entsteht und dass sie nicht in Konflikt mit dem übergeordneten Territorialitätsprinzip geraten darf. Daraus folgt: **179**

---

331 BGH, GRUR 2009, 1142, 1144 – MP3-Player-Import.
332 Vgl dazu: BGH, GRUR 2009, 1142 – MP3-Player-Import.
333 BGH, GRUR 2009, 1142, 1145 – MP3-Player-Import.
334 LG Mannheim, Urteil v 26.2.2016 – 7 O 38/14.
335 BGH, GRUR 2009, 1142, 1145 – MP3-Player-Import.
336 Vordringlich geht es darum, ob der Patentinhaber auch ohne die dem Dritten auferlegten Pflichten hinreichende Möglichkeiten hätte, gegen Rechtsverletzungen effektiv vorzugehen.
337 BGH, GRUR 2009, 1142, 1146 – MP3-Player-Import.
338 LG Mannheim, GRUR-RR 2013, 449 – Seitenaufprall-Schutzeinrichtung.
339 Die Entscheidung verneint eine Haftung unter Täter- oder Teilnahmegesichtspunkten. Das ist problematisch, weil die Lieferung von Autoteilen an einen weltweit (und damit auch national) tätigen Automobilkonzern regelmäßig den Vorwurf der Mittäterschaft begründet.
340 BGH, GRUR 2016, 1031 – Wärmetauscher.

180 – Ein Mitverursachungsbeitrag, der *vor* Veröffentlichung der Patenterteilung geleistet wird, ist belanglos, selbst wenn er seine die fremde Patentverletzung unterstützende Wirkung erst oder auch noch nach der Bekanntmachung der Patenterteilung entfaltet;

181 – Handlungen, die im – aus der Sicht des fraglichen Patents – gemeinfreien Raum (zB im Ausland[341]) stattfinden, deswegen rechtlich in vollem Umfang erlaubt sind, und die lediglich reflexartig inländische Benutzungshandlungen Anderer unterstützen, sind unbeachtlich.

182 ▶ **Bsp:**

Angebotshandlungen im Ausland, selbst wenn sie dazu führen, dass einem inländischen Patentverletzer weitere (ausländische) Kunden zugeführt werden und infolgedessen dessen inländische (patentverletzende) Produktion gesteigert wird.[342]

183 Eine weitere Einstandspflicht für fremdes Handeln ergibt sich aus **§ 831 BGB**. Die Vorschrift ordnet die Haftung des Geschäftsherrn für das Verhalten seines Verrichtungsgehilfen an, wobei den »Verrichtungsgehilfen« seine Weisungsgebundenheit gegenüber dem Geschäftsherrn auszeichnet. Der Verrichtungsgehilfe muss allgemein oder im konkreten Fall im Einflussbereich des anderen stehen, von dem er in gewisser Weise abhängig ist und von dem ihm eine Tätigkeit übertragen worden ist.[343] Das Weisungsrecht muss nicht ins Einzelne gehen. Es genügt, dass der Geschäftsherr die Tätigkeit des Handelnden jederzeit beschränken oder entziehen oder nach Zeit und Umfang bestimmen kann.[344] Selbständige Unternehmen erfüllen diese Voraussetzungen im Allgemeinen nicht, weil es bei ihnen an der erforderlichen Abhängigkeit und Weisungsgebundenheit gegenüber dem Geschäftsherrn fehlt. Unter besonderen Umständen (die zB bei Bestehen eines Beherrschungs- und Gewinnabführungsvertrags vorliegen können[345]) kann allerdings auch ein rechtlich selbständiges Unternehmen eine Tätigkeit ausüben, bei der es den Weisungen eines anderen Unternehmens unterworfen ist. Für die Beurteilung kommt es nicht auf die rechtliche Ausgestaltung der Beziehung oder den gesellschaftsrechtlichen Status, sondern darauf an, ob nach den tatsächlichen Verhältnissen eine Eingliederung in den Organisationsbereich des Geschäftsherrn erfolgt ist und der Handelnde dessen Weisungen zu folgen hat.[346] Es genügt insofern nicht, dass eine Tochtergesellschaft den Weisungen des Holdingunternehmens[347] allgemein unterstellt ist; vielmehr bedarf es der tatrichterlichen Feststellung, dass die Tochtergesellschaft den Vorgaben der Holding »bei Ausführung der Verrichtung«, dh beim Angebot und Vertrieb der patentverletzenden Gegenstände, zu folgen hat.[348]

2. Störerhaftung[349]

184 Passivlegitimiert, allerdings nur für den Unterlassungsanspruch (nicht für den deliktsrechtlichen Schadenersatzanspruch)[350], ist darüber hinaus derjenige Störer, der ohne Teil-

---

341 Es macht insoweit keinen Unterschied, ob im Ausland ein paralleler Patentschutz besteht oder nicht.
342 OLG Düsseldorf, Urteil v 23.2.2012 – I-2 U 134/10.
343 BGH, MDR 2014, 1081.
344 BGH, GRUR 2012, 1279 – DAS GROSSE RÄTSELHEFT.
345 BGH, GRUR 2012, 1279 – DAS GROSSE RÄTSELHEFT.
346 BGH, GRUR 2012, 1279 – DAS GROSSE RÄTSELHEFT.
347 Vgl dazu ausführlich: Buxbaum, GRUR 2009, 245, 242.
348 OLG Düsseldorf, InstGE 6, 152 – Permanentmagnet.
349 Die Berechtigung dieser Fallgruppe ist neuerdings vom BGH (GRUR 2009, 1142 – MP3-Player-Import) in Zweifel gezogen worden. Manches spricht dafür, dass künftig auch »Störer« wie Deliktstäter haften sollen. Zur Störerhaftung allgemein vgl Bölling, GRUR 2013, 1092 sowie bei mittelbarer Schutzrechtsverletzung Leistner, GRUR 2010, Beilage zu Heft 1.
350 BGH, Mitt 2002, 251 – Meißner Dekor.

nahme an der eigentlichen Benutzungshandlung lediglich eine weitere Ursache für die Rechtsverletzung gesetzt hat. Handeln mehrere, kommt es grundsätzlich nicht auf Art und Umfang des Tatbeitrages (die ihn eher als »Täter« oder eher als »Gehilfen« ausweisen) oder auf das Interesse des Einzelnen an der Verwirklichung der Störung an.[351]

Entsprechend der zum Wettbewerbsrecht entwickelten Rechtsprechung kann deshalb zB derjenige haftbar sein, der seinen **Telefon-, Fax- Telex- oder Internetanschluss** einem Dritten **überlässt**, der von diesem Anschluss aus das Patent verletzende Handlungen begeht.[352] Auf die Einzelheiten dieser Fallgruppe wird weiter unten[353] noch näher eingegangen.

185

a) Betreiber einer Internet-Plattform[354]

Zunächst sollen die Betreiber[355] von Internet-Auktionsplattformen (**zB eBay**) betrachtet werden, deren Haftung sich nach unterschiedlichen rechtlichen Kategorien richtet, je nach dem, wie die Plattform betrieben wird und wie ihr Betreiber nach außen in Erscheinung tritt.[356]

186

aa) Eigenangebote

Er ist **Täter**, wenn er Dritten erlaubt, Gegenstände auf seiner Plattform zum Verkauf einzustellen, die eingestellten Erzeugnisse anschließend aber im eigenen Namen und auf eigene Rechnung anbietet.[357] Seine Täterhaftung besteht auch dann, wenn er von dem Inhalt der von dritter Seite eingestellten Inhalte keine Kenntnis nimmt[358] und wenn er sich bei der Erstellung der konkreten Produktpräsentation eines dritten Unternehmens (zB des Lieferanten für das angebotene Erzeugnis) bedient hat.[359]

187

bb) Dienstleister für Fremdangebote

Der Betreiber begeht demgegenüber keine Verletzungshandlung, wenn er selbst nicht als Anbietender in Erscheinung tritt, und er leistet auch keine Beihilfe zu der vom jeweiligen Anbieter begangenen Schutzrechtsverletzung, wenn die Angebote der Versteigerer automatisch und ohne vorherige Kenntnisnahme durch den Betreiber in das Internet eingestellt werden.[360] Mit der Bereitstellung einer Internet-Auktionsplattform schafft er jedoch eine Gefahrenquelle dafür, dass die Plattform von Dritten für Schutzrechtsverletzungen genutzt wird. Ihn trifft deshalb als **Störer** eine Garantenstellung dafür, dass er diese Gefahr im Rahmen des Möglichen und Zumutbaren begrenzt (sog. Ingerenz). Seine (täterschaftliche[361]) Störerhaftung (auf Unterlassung) ist deshalb anzunehmen, wenn

188

---

351 BGH, GRUR 2009, 1093 – Focus Online.
352 BGH, GRUR 1999, 977, 979 – Räumschild.
353 Rdn 197 ff.
354 Ensthaler/Heinemann, GRUR 2012, 433; Spindler, GRUR 2018, 16.
355 Derjenige, der die Zugangsdaten für sein eBay-Mitgliedskonto (Mitgliedsnamen, Passwort) nicht geheim hält und damit Dritten dessen unberechtigte Benutzung ermöglicht, haftet für die von dem Dritten unter Verwendung des Mitgliedskontos begangenen Schutzrechtsverletzungen als Täter (BGH, GRUR 2009, 597 – Halzband).
356 BGH, GRUR 2008, 1097 – Namensklau im Internet; BGH, GRUR 2004, 860 – Internet-Versteigerung I; BGH, GRUR 2007, 708 – Internet-Versteigerung II; OLG Köln, GRUR-RR 2006, 50 – Rolex-Internetversteigerung; OLG Brandenburg, GRUR-RR 2006, 297 – Identitätsdiebstahl.
357 BGH, GRUR 2016, 493 – Al Di Meola.
358 BGH, GRUR 2016, 493 – Al Di Meola.
359 BGH, GRUR 2016, 741 – Himalaya Salz.
360 BGH, GRUR 2015, 485 – Kinderhochstühle im Internet III; BGH, GRUR 2013, 1229 – Kinderhochstühle im Internet II; BGH, GRUR 2007, 708 – Internet-Versteigerung II; BGH, GRUR 2007, 890 – Jugendgefährdende Medien bei eBay; BGH, GRUR 2011, 152 – Kinderhochstühle im Internet.
361 BGH, GRUR 2007, 890 – Jugendgefährdende Medien bei eBay.

Prüfungspflichten verletzt werden. Solche bestehen zwar nicht von vornherein für jedes Versteigerungsangebot, weil derartiges schlechterdings nicht zu leisten wäre. Es besteht auch keine Pflicht, sämtliche Angebote, die zB mithilfe einer Software als potenziell schutzrechtsverletzend identifiziert werden können, manuell daraufhin zu prüfen, ob tatsächlich eine Schutzrechtsverletzung vorliegt.[362] Das gilt jedenfalls dann, wenn es sich um eine erhebliche Zahl von Verdachtsfällen handelt und die Trefferwahrscheinlichkeit zum Aufwand für den Betreiber der Internet-Plattform nicht mehr in einem angemessenen Verhältnis steht.[363] Gleiches gilt, wenn dem Schutzrechtsinhaber vom Plattform-Betreiber eine Möglichkeit zur Eigenrecherche nach ggf schutzrechtsverletzenden Angeboten an die Hand gegeben wird, die es dem Verletzten ermöglicht, eine eigene manuelle Verdachtskontrolle durchzuführen.[364] Nach der Rechtsprechung bestehen Prüfungspflichten jedoch, sobald der Betreiber der Internet-Auktionsplattform auf eine – im Tatsächlichen und Rechtlichen – *klare* Rechtsverletzung hingewiesen worden ist.[365] Erforderlich ist, dass nicht nur die Rechtsinhaberschaft, sondern auch der Umfang des gesetzlichen Schutzes sowie der Verletzungstatbestand nachvollziehbar dargelegt werden.[366] Voraussetzung für eine (Prüfungspflichten auslösende) Rechtsverletzung ist ferner, dass der Anbietende nicht als Privater[367], sondern im geschäftlichen Verkehr gehandelt hat[368], was der Patentinhaber als Anspruchsteller darzulegen hat.[369] Ist es ihm gelungen, einen Sachverhalt vorzutragen und zu beweisen, der ein geschäftliches Handeln nahe legt (zB mehr als 25 Feedbacks = Käuferaktionen nach früheren Auktionen des fraglichen Anbieters), ist der Betreiber der Internet-Plattform im Rahmen der ihn treffenden sekundären Darlegungslast gehalten, seinerseits substantiiert zum (dennoch privaten) Handeln des Anbieters vorzutragen.[370]

189 Auf einen hinreichenden **Verletzungshinweis** hat der Betreiber der Auktionsplattform nicht nur das konkrete schutzrechtsverletzende Angebot zu sperren, sondern darüber hinaus im Rahmen des Zumutbaren Vorsorge gegen künftige weitere gleichartige Verletzungshandlungen zu treffen.[371] Geschehen kann dies durch Einsatz einer Filtersoftware, die anhand von Suchbegriffen Verdachtsfälle aufspürt, die manuell überprüft werden können.[372] Unter Umständen kann es auch erforderlich sein, Angebote des betreffenden Verkäufers manuell und zeitlich engmaschig zu kontrollieren oder den Verkäufer vollständig von der Plattform auszuschließen. Derartiges ist zB geboten, wenn elektronische Systeme keine hinreichende Gewähr für das Aufspüren der in Rede stehenden Rechtsverletzung bieten und/oder es der Verkäufer bewusst auf Schutzrechtsverletzungen anlegt.[373] Ein gleichartiger Verstoß, den es zu verhindern gilt, kann sich dadurch ergeben, dass dasselbe schutzrechtsverletzende Produkt durch einen mit dem Versteigerer nicht

---

362 BGH, GRUR 2013, 1229 – Kinderhochstühle im Internet II; BGH, GRUR 2011, 152 – Kinderhochstühle im Internet.
363 Vgl BGH, GRUR 2011, 152 – Kinderhochstühle im Internet.
364 BGH, GRUR 2011, 152 – Kinderhochstühle im Internet.
365 BGH, GRUR 2007, 708 – Internet-Versteigerung II; BGH, GRUR 2011, 152 – Kinderhochstühle im Internet.
366 Vgl OLG München, InstGE 8, 34 – Lateinlehrbuch im Internet II (zum UrhG).
367 BGH, GRUR 2011, 152 – Kinderhochstühle im Internet.
368 Maßgeblich ist eine Gesamtschau der relevanten Umstände, wie wiederholte, gleichartige Angebote, ggf auch von neuen Gegenständen, Angebote erst kurz zuvor erworbener Waren, eine ansonsten gewerbliche Tätigkeit des Anbieters, häufige Feedbacks, Verkaufsaktivitäten für Dritte (BGH, MDR 2009, 993 – Ohrclips).
369 BGH, GRUR 2008, 702 – Internet-Versteigerung III.
370 BGH, GRUR 2008, 702 – Internet-Versteigerung III.
371 BGH, GRUR 2007, 890 – Jugendgefährdende Medien bei eBay.
372 BGH, GRUR 2007, 890 – Jugendgefährdende Medien bei eBay; BGH, GRUR 2007, 708 – Internet-Versteigerung II; BGH, GRUR 2004, 860 – Internet-Versteigerung I; OLG Brandenburg, GRUR-RR 2006, 297 – Identitätsdiebstahl.
373 KG, GRUR-RR 2016, 335 – www.aliexpress.com.

identischen Dritten angeboten wird oder der Versteigerer ein abgewandeltes, im Kern aber gleiches und deswegen ebenfalls schutzrechtsverletzendes Produkt zum Verkauf anbietet.³⁷⁴

Erhöhte Kontrollpflichten treffen den Auktionsbetreiber, wenn er Anzeigen geschaltet hat, die über einen **elektronischen Verweis** unmittelbar zu schutzrechtsverletzenden Angeboten führen. Nach Hinweis auf eine klare Rechtsverletzung hat der Betreiber der Internet-Auktionsplattform die über den elektronischen Verweis in seinen Anzeigen auffindbaren Angebote auf problemlos und zweifelsfrei erkennbare Schutzrechtsverletzungen zu überprüfen.³⁷⁵ Gesteigerte Überwachungspflichten resultieren nicht daraus, dass der Betreiber der Internetauktionsplattform dem Nutzer eine Funktion zur automatischen Unterrichtung über neue (verletzende) Angebote durch Emails zur Verfügung stellt.³⁷⁶ 190

Grundsätzlich trifft dabei den Anspruchsteller die Darlegungs- und **Beweislast** dafür, dass es dem Betreiber technisch möglich und zumutbar war, nach dem ersten Hinweis auf eine Schutzrechtsverletzung weitere Verletzungshandlungen durch Nutzer seiner Plattform zu verhindern. Weil der Gläubiger regelmäßig über entsprechende Kenntnisse nicht verfügt, obliegt dem Betreiber eine sekundäre Darlegungslast: Er hat im Einzelnen vorzutragen, welche Schutzmaßnahmen er ergreifen kann und weshalb ihm, falls die besagten Maßnahmen keinen lückenlosen Schutz gewährleisten, weitergehende Maßnahmen nicht zugemutet werden können.³⁷⁷ 191

Besonderheiten bestehen hinsichtlich der **Antragsfassung**, weil mit dem Klageantrag die Besonderheiten der Verletzungshandlung zum Ausdruck gebracht werden müssen. Das verlangt allerdings nicht, dass bereits im Antrag zum Ausdruck kommt, dass das Verbot auf einer Verletzung von Prüfpflichten beruht.³⁷⁸ 192

Praxistipp	Formulierungsbeispiel
Die Beklagte wird verurteilt, es ... zu unterlassen,	
im Rahmen ihrer Online-Auktionen Dritten die Gelegenheit zu gewähren, im Internet ... (Beschreibung des Verletzungsgegenstandes), anzubieten, in den Verkehr zu bringen oder zu bewerben, wenn aufgrund von hinweisenden Merkmalen erkennbar ist, dass der Anbieter mit seinem Angebot im geschäftlichen Verkehr handelt	
und/oder	
bei der Abwicklung eines im Rahmen einer solchen Online-Auktion erfolgten Verkaufs eines solchen Gegenstandes mitzuwirken.³⁷⁹	

193

Der **Händler**, der sich für das in seinem eigenen Namen unterbreitete Angebot einer fremden Internetplattform bedient, haftet als Täter für schutzrechtsverletzende Inhalte. Das gilt auch dann, wenn die Schutzrechtsverletzung auf einem geänderten Angebotsinhalt beruht, den nicht der Händler selbst vorgenommen hat, sondern der Plattformbetreiber, der sich entsprechende Änderungen vorbehalten hat.³⁸⁰ Gleiches gilt, wenn nach 194

---

374 BGH, GRUR 2007, 890 – Jugendgefährdende Medien bei eBay.
375 BGH, GRUR 2013, 1229 – Kinderhochstühle im Internet II.
376 BGH, GRUR 2015, 485 – Kinderhochstühle im Internet III.
377 BGH, GRUR 2008, 1097 – Namensklau im Internet.
378 BGH, GRUR 2013, 1229 – Kinderhochstühle im Internet II.
379 Vgl. BGH, GRUR 2008, 702 – Internet-Versteigerung III.
380 BGH, GRUR 2016, 961 – Herstellerpreisempfehlung bei Amazon.

den Benutzungsbedingungen des Beitreibers Änderungen eines eingestellten Angebotes anderen Händlern möglich sind (wie bei **Amazon Marketplace**). Hier treffen den Anbietenden Überwachungs- und Prüfungspflichten auf mögliche zur Schutzrechtsverletzung führende Veränderungen.[381] Andererseits begründet die Bereitstellung der Internetplattform und die in diesem Zusammenhang ergänzend angebotene Lagerhaltung und Versandabwicklung der patentverletzenden Ware für den Verkäufer regelmäßig keine Haftung des Lagerhalters/Frachtführers, sofern bei ihm keine Kenntnis vom Rechtsverstoß besteht. Denn Lagerhaltung und Versand (= Besitz) erfolgen nicht zum Zweck des Anbietens oder Inverkehrbringens.[382] Dass allein der Dritte (= Verkäufer) beabsichtigt, die Ware anzubieten oder in Verkehr zu bringen, hat keine Bedeutung, weil es nicht gerechtfertigt ist, die Grenzen der Verantwortung des Besitzers nach § 9 PatG durch eine Zurechnung der Absicht des mittelbaren Besitzers (Verkäufers) zulasten des unmittelbaren Besitzers (Lagerhalter, Frachtführer) zu unterlaufen.[383]

b) File-Hosting-Dienst

195 Ein File-Hosting-Dienst, der im Internet Speicherplatz zur Verfügung stellt, kann als Störer haften, wenn rechtsverletzende Dateien durch Nutzer seines Dienstes öffentlich zugänglich gemacht werden, obwohl ihm zuvor ein Hinweis auf die klare Rechtsverletzung gegeben worden ist. Nach einem solchen Hinweis muss der File-Hosting-Dienst im Rahmen des technisch und wirtschaftlich Zumutbaren verhindern, dass derselbe oder andere Nutzer das ihm konkret benannte, rechtlich geschützte Werk Dritten erneut über seine Server anbieten. Die Verhaltenspflicht ist also **schutzrechtsbezogen**, indem Untersuchungen darüber angestellt und Vorkehrungen dafür getroffen werden, dass sich zukünftige Verletzungen des Schutzrechts nicht abermals ereignen.[384] Die Eignung eines Wortfilters mit manueller Nachkontrolle für die Erkennung von Schutzrechtsverletzungen wird nicht dadurch beseitigt, dass er mögliche Verletzungshandlungen nicht vollständig erfassen kann. Zur Vermeidung einer Störerhaftung kann ein File-Hosting-Dienst auch verpflichtet sein, im üblichen Suchweg eine kleine Anzahl einschlägiger Linksammlungen manuell darauf zu überprüfen, ob sie Verweise auf bestimmte bei ihm gespeicherte rechtsverletzende Dateien enthalten.

196 Auf Host-Provider ist die Privilegierung des **§ 8 Abs 1 TMG** nicht anwendbar.[385]

c) Access-Provider[386]

197 Ein Internet-Access-Provider **(zB Google)** schafft selbst keine unmittelbare Gefahrenquelle für Rechtsverletzungen Dritter, wie dies bei einer Auktionsplattform der Fall ist, bei welcher der Betreiber im eigenen geschäftlichen Interesse Anderen ein Forum zur Verfügung stellt, in dem Verstöße gegen das geistige Eigentum Dritter vorgenommen werden können und erfahrungsgemäß auch häufig vorkommen; vielmehr beschränkt sich die Tätigkeit des Access-Providers darauf, seinen Kunden gegen Entgelt den Zugang zum Internet zu vermitteln, wobei dessen Kunden nicht Täter einer Rechtsverletzung sind, sondern lediglich Konsumenten. Der Access-Provider schafft damit nicht die Voraussetzungen für Rechtsverstöße, sondern ermöglicht nur den Zugang zu etwaigen Verstößen Dritter.

---

[381] BGH, GRUR 2016, 936 – Angebotsmanipulation bei Amazon.
[382] BGHZ 182, 245 – MP3-Player-Import.
[383] BGHZ 182, 245 – MP3-Player-Import. Zum Markenrecht liegt die Frage dem EuGH zur Vorabentscheidung vor (BGH, GRUR 2018, 1059 – Davidoff Hot Water III).
[384] BGHZ 191, 19 – Stiftparfüm.
[385] BGH, GRUR 2004, 860 – Internet-Versteigerung I.
[386] EuGH, GRUR 2009, 579 – LSG/Tele2, mit Anm von Nordemann/Schaefer; EuGH, GRUR 2014, 468 – UPC-Telekabel; EuGH, GRUR 2016, 1146 – McFadden/Sony Music; Leistner/Grisse, GRUR 2015, 19 und 105; Nazari-Khanachayi, GRUR 2015, 115; Spindler, GRUR 2016, 451.

Bzgl der sich aus einem solchen Verhalten ergebenden Haftung ist zwischen der Zeit 198
vor dem 13.10.2017 und der Zeit danach zu differenzieren. An dem besagten **Stichtag
(13.10.2017)** ist – auf der Grundlage der RL 2001/29/EG sowie der RL 2004/48/EG –
die Neufassung der §§ 7, 8 TMG in Kraft getreten, mit denen die Störerhaftung des
Access-Providers grundlegend neu, nämlich deutlich beschränkend, gestaltet worden ist.

– Geht es um die Erstattung von **Abmahnkosten** oder sonstigen Schäden aus einer 199
Abmahnung, kommt es auf die Rechtslage zum Zeitpunkt der Abmahnung an.[387]
Eine Abmahnung vor dem 13.10.2017 ist also an der alten Fassung des TMG, eine
solche nach dem 13.10.2017 an der Neufassung des TMG zu beurteilen.

– Geht es um einen Anspruch auf **Unterlassung** wegen Wiederholungsgefahr, muss 200
das beanstandete Verhalten sowohl an der Rechtslage bei Begehung der die Wiederholungsgefahr begründenden Tat (bei Tatbegehung vor dem 13.10.2017 also am TMG
aF) als auch an der im Zeitpunkt der gerichtlichen Entscheidung geltenden Rechtslage
gemessen werden.[388]

aa) Rechtslage vor dem 13.10.2017

In der obergerichtlichen Rechtsprechung[389] ist anfänglich der Schluss gezogen worden, 201
dass das Verhalten des Access-Providers für die Begründung irgendwelcher Verkehrspflichten nicht ausreiche, weswegen für ihn eine Störerhaftung nicht in Betracht komme.
Diese Auffassung ist überholt, nachdem der BGH[390] im Grundsatz eine Haftung für
denkbar hält, wenn er sie auch an strenge Voraussetzungen knüpft. Sie lassen sich stichwortartig dahin zusammenfassen, dass der gewerblich tätige Anschlussinhaber um die
rechtsverletzenden Inhalte des Dritten weiß, keine ausreichenden Vorkehrungen gegen
eine Drittbenutzung seines WLAN-Zuganges trifft und eine Inanspruchnahme der vorrangig Haftenden (WLAN-Nutzer, Host-Provider) wegen der vorgefallenen Schutzrechtsverletzung nicht in Betracht kommt. Die Pflicht zu Sicherungsmaßnahmen ist
nicht schutzrechtsbezogen, weswegen nicht zu überwachen ist, ob rechtsverletzende
Inhalte abermals eingestellt werden, sondern allgemeiner Natur dahingehend, dass Vorsorge dagegen getroffen werden muss, dass Dritte überhaupt »ungehinderten« Zugriff
auf den WLAN-Anschluss haben.[391] Im Einzelnen:

(1) Gewerbliche Provider

Der Diensteanbieter haftet als Störer nur bei der Verletzung von Prüfungspflichten, 202
wobei es noch nicht notwendig zu einer Rechtsverletzung gekommen sein muss; vielmehr genügt eine Erstbegehungsgefahr, sofern der potenzielle Störer eine solche begründet.[392] Es besteht allerdings keine Pflicht zur eigenverantwortlichen Prüfung der eingestellten Inhalte auf mögliche Rechtsverletzungen; vielmehr wird eine die Störerhaftung
auslösende Handlungspflicht erst durch die Kenntnis von der Rechtsverletzung begründet, was regelmäßig einen entsprechenden **Hinweis des Verletzten** voraussetzt.[393] Wie
konkret dieser Verletzungshinweis sein muss, entscheiden die Umstände des Einzelfalles.
Wird ein Zugangsvermittler in Anspruch genommen, weil er die Verbindung zu einer
Internetseite herstellt, die über elektronische Verweise das Herunterladen schutzrechts-

---

387 BGH, GRUR 2018, 1044 – Dead Island.
388 BGH, GRUR 2018, 1044 – Dead Island.
389 OLG Frankfurt/Main, GRUR-RR 2008, 93 – Access-Provider; OLG Hamburg, GRUR-RR 2014,
140 – 3dl.am; OLG Köln, GRUR 2014, 1081 – Goldesel.
390 BGH, GRUR 2016, 268 – Störerhaftung des Access-Providers.
391 BGH, GRUR 2018, 1044 – Dead Island.
392 BGH, GRUR 2007, 708 – Internet-Versteigerung II.
393 BGH, GRUR 2012, 751 – RSS-Feeds.

verletzender Inhalte mittels Filesharing ermöglicht, genügt in jedem Fall die Angabe der betreffenden Internetseite und des Schutzrechts; wird beanstandet, dass über den Internetanschluss des Zugangsvermittlers Rechtsverletzungen im Wege des Filesharing begangen werden, so reicht es aus, wenn der Betreiber nur überhaupt darüber belehrt wird, dass sein Anschluss für Rechtsverletzungen dieser Art genutzt worden ist.[394] Das Haftungsprivileg nach § 10 Satz 1 TMG (vormals: § 11 Satz 1 TDG) schließt weder den auf eine Wiederholungs- noch den (vorbeugenden) auf eine Erstbegehungsgefahr gestützten Unterlassungsanspruch aus.[395] Es greift überdies nicht, wenn im Internetportal nicht bloß fremde Inhalte präsentiert werden, sondern dem Nutzer nach den gesamten Umständen der Eindruck vermittelt wird, der Betreiber mache sich den Inhalt der fremden Inhalte zu Eigen.[396] Letzteres kann dadurch geschehen, (a) dass der Betreiber die in sein Internetportal eingestellten fremden Inhalte vor ihrer Freischaltung erkennbar auf Vollständigkeit und Richtigkeit prüft, (b) dass sich der Betreiber umfassende Nutzungsrechte an den fremden Inhalten einräumen lässt und Dritten anbietet, diese Inhalte kommerziell zu nutzen.[397]

203 Prinzipiell ist es unerheblich ist, ob der Internetzugang für den Dritten durch Bedienung des Computers oder unter Ausnutzung eines WLAN-Netzes nutzbar ist.[398] Kommt es, indem der fremde WLAN-Zugang durch Dritte genutzt wird, zu Rechtsverletzungen, die der Anschlussinhaber hätte verhindern müssen, ist seine Störerhaftung nur anzunehmen, wenn er keine ausreichenden Vorkehrungen für die Sicherheit seines WLAN-Zugangs getroffen hat. Von ihm zu verifizieren ist, ob der Router über die im Zeitpunkt seines Kaufs für den betroffenen – geschäftlichen – Bereich **marktüblichen Sicherungen** verfügt, was einerseits einen aktuellen Verschlüsselungsstandard und andererseits ein individuelles, ausreichend langes und sicheres Passwort verlangt.[399] Im Prozess besteht eine sekundäre **Darlegungslast** des Anschlussinhabers, derzufolge er sich über Routertyp und Passwort zu erklären hat, während der Nachweis dafür, dass es sich um ein für eine Gerätevielzahl voreingestelltes (und deswegen nicht individuelles) Passwort handelt, dem Verletzten obliegt.[400]

204 Eine Störerhaftung des Vermittlers von Internetzugängen kommt darüber hinaus nur in Betracht, wenn der Rechteinhaber zunächst zumutbare Anstrengungen unternommen hat, gegen diejenigen Beteiligten vorzugehen, die – wie der **Betreiber der Internetseite** – die Rechtsverletzung selbst begangen haben oder – wie der **Host-Provider** – zur Rechtsverletzung durch die Erbringung von Dienstleistungen beigetragen haben. Nur wenn die Inanspruchnahme dieser Beteiligten scheitert oder ihr jede Erfolgsaussicht fehlt und deshalb andernfalls eine Rechtsschutzlücke entstünde, ist die Inanspruchnahme des Zugangsvermittlers als Störer zumutbar. Bei der Ermittlung der vorrangig in Anspruch zu nehmenden Beteiligten hat der Rechteinhaber in zumutbarem Umfang Nachforschungen anzustellen. Sind die Bedingungen für eine subsidiäre Inanspruchnahme des Providers gegeben, hat der Verletzte Anspruch auf Maßnahmen zur Sperrung des WLAN-Zugangs. Bei der Beurteilung der Effektivität möglicher **Sperrmaßnahmen** ist auf die Auswirkungen der Sperren für den Zugriff auf die konkret beanstandete Internetseite abzustellen. Die aufgrund der technischen Struktur des Internets bestehenden Umgehungsmöglichkeiten stehen der Zumutbarkeit einer Sperranordnung nicht entgegen, sofern die Sperren den Zugriff auf rechtsverletzende Inhalte verhindern oder zumindest

---

394 BGH, GRUR 2018, 1044 – Dead Island.
395 BGH, GRUR 2007, 708 – Internet-Versteigerung II.
396 BGH, GRUR 2010, 616 – marions-kochbuch.de; BGH, GRUR 2012, 751 – RSS-Feeds.
397 BGH, GRUR 2010, 616 – marions-kochbuch.de.
398 OLG Düsseldorf, MDR 2008, 324.
399 BGH, GRUR 2017, 617 – WLAN-Schlüssel.
400 BGH, GRUR 2017, 617 – WLAN-Schlüssel.

erschweren. Eine Sperrung ist nicht nur dann zumutbar, wenn ausschließlich rechtsverletzende Inhalte auf der Internetseite bereitgehalten werden, sondern bereits dann, wenn nach dem Gesamtverhältnis rechtmäßige gegenüber rechtswidrigen Inhalten nicht ins Gewicht fallen. Dass eine Sperre nicht nur für den klagenden Rechteinhaber, sondern auch für Dritte geschützte Schutzgegenstände erfasst, zu deren Geltendmachung der Rechteinhaber nicht ermächtigt ist, steht ihrer Zumutbarkeit nicht entgegen.

(2) Private Anschlussinhaber

In der Instanzrechtsprechung war streitig, ob das Betreiben eines **privaten WLAN-Anschlusses**[401], der objektiv für unbefugte Dritte nutzbar ist[402], gleichfalls zur Störerhaftung führt oder ob darüber hinaus erforderlich ist, dass konkrete Anhaltspunkte für einen Missbrauch bestehen.[403] Der BGH[404] hat die Frage dahin beantwortet, dass auch privaten Anschlussinhabern die Pflicht obliegt zu prüfen, ob ihr WLAN-Anschluss durch angemessene Sicherungsmaßnahmen vor der Gefahr geschützt ist, von unberechtigten Dritten zur Begehung von Schutzrechtsverletzungen missbraucht zu werden. Zwar kann dem privaten Betreiber nicht zugemutet werden, ihre Netzwerksicherheit fortlaufend dem neuesten Stand der Technik anzupassen und dafür entsprechende finanzielle Mittel aufzuwenden. Ihre Prüfungspflicht bezieht sich aber auf die Einhaltung der im Zeitpunkt der Installation des Routers für den privaten Bereich marktüblichen Sicherungen. Sofern keine Anhaltspunkte für eine Sicherheitslücke existieren, genügt die Beibehaltung eines werkseitig voreingestellten *individuellen* Passwortes in Form einer zufälligen 16-stelligen Ziffernfolge.[405] Ansonsten ist das Passwort – was kostenlos möglich ist – durch ein persönliches, ausreichend langes und sicheres Passwort zu ersetzen. Geschieht dies nicht, haftet der Betreiber schon für die erste nach der Installation begangene Schutzrechtsverletzung als Störer auf Unterlassung und Erstattung der Abmahnkosten[406], regelmäßig jedoch nicht als Täter oder Gehilfe auf Schadenersatz.[407] Anders als bei gewerblichen Providern setzt die Entstehung von die Störerhaftung begründenden Prüfungspflichten also **keinen** vorhergehenden **Schutzrechtsverletzungshinweis** voraus; vielmehr bestehen die haftungmsbegründenden Verhaltenspflichten schon mit der erstmaligen Inbetriebnahme des WLAN-Anschlusses.[408]

205

Besonderheiten für die Haftung gelten, wenn volljährige **Familienangehörige** den ihnen zur Nutzung überlassenen WLAN-Anschluss für Rechtsverletzungen missbrauchen. Hier scheidet eine Haftung als Störer auf Unterlassung grundsätzlich aus. Gegenüber erwachsenen Mitgliedern seiner Wohngemeinschaft sowie volljährigen Besuchern und Gästen besteht infolge der Überlassung des Internetanschlusses (incl Passwort) keine **Belehrungs-** und auch keine **Überwachungspflicht** (es sei denn, es existieren in Bezug auf die fragliche Person konkrete Anhaltspunkte für eine von ihr bereits initiierte oder bevorstehende Schutzrechtsverletzung).[409] Anders verhält es sich bei Minderjährigen und (auch erwachsenen) außenstehenden Dritten; hier begründet bereits die Anschlussüberlassung als solche, wenn sie ohne Belehrung/Überwachung stattfindet, eine Störerhaf-

206

---

401 Mühlberger, GRUR 2009, 1022.
402 OLG Düsseldorf, MMR 2008, 256; OLG Köln, BeckRS 2008, 04916.
403 OLG Frankfurt/Main, GRUR-RR 2008, 279 – ungesichertes WLAN, mit Anm von Stang/Hühner, GRUR-RR 2008, 271.
404 BGH, GRUR 2010, 633 – Sommer unseres Lebens.
405 BGH, GRUR 2017, 617 – WLAN-Schlüssel.
406 Daran hat sich durch die Neufassung von § 8 TMG mit Wirkung zum 27.7.2016 (BGBl I 2016, 1766) nichts geändert: OLG Düsseldorf, GRUR 2017, 811 – WLAN-Hotspot.
407 BGH, GRUR 2010, 633 – Sommer unseres Lebens.
408 BGH, GRUR 2018, 1044 – Dead Island.
409 BGH, GRUR 2016, 1289 – Silver Linings Playbook.

tung des Anschlussinhabers.⁴¹⁰ Wo eine anfängliche Belehrungs-/Überwachungspflicht nicht besteht, muss der Anschlussinhaber die zur Verhinderung von Rechtsverletzungen erforderlichen Maßnahmen erst ergreifen, wenn er konkrete Anhaltspunkte für einen von dem Betreffenden bereits begangenen oder von seiner Seite bevorstehenden Missbrauch des Internetanschlusses hat.⁴¹¹

(3) Tatsächliche Vermutung

207 Wird über einen Internetanschluss eine Rechtsverletzung begangen, so besteht zunächst eine tatsächliche Vermutung für die Täterschaft des Anschlussinhabers.⁴¹² Sie greift nicht mehr ein, wenn zum Zeitpunkt der Rechtsverletzung feststellbar (auch) andere Personen den betreffenden Anschluss benutzen konnten. Dies ist insbesondere dann der Fall, wenn der Internetanschluss zum Zeitpunkt der Rechtsverletzung nicht hinreichend gesichert war oder bewusst anderen Personen zur Nutzung überlassen wurde.⁴¹³ Wird über einen Internetanschluss eine Rechtsverletzung begangen, so trägt deshalb der Anschlussinhaber eine **sekundäre Darlegungslast**. Ihr genügt er dadurch, dass er vorträgt, ob andere Personen und ggf welche anderen Personen mit Rücksicht auf deren Nutzerverhalten, Kenntnisse und Fähigkeiten sowie in zeitlicher Hinsicht selbständigen Zugang zu seinem Internetanschluss und ohne Wissen und Zutun des Anschlussinhabers Gelegenheit zur Schutzrechtsverletzung hatten und deswegen als Täter der in Rede stehenden Patentverletzung in Betracht kommen.⁴¹⁴ Maßgeblich ist insoweit nicht die Zugriffsmöglichkeit im Allgemeinen, sondern die Situation im Verletzungszeitpunkt.⁴¹⁵ Im Rahmen des Zumutbaren ist der Anschlussinhaber auch zu Nachforschungen verpflichtet, ebenso zu der Mitteilung, welche Kenntnisse er dabei über die Umstände einer eventuellen Rechtsverletzung gewonnen hat.⁴¹⁶ Der Name eines volljährigen Kindes, das die Rechtsverletzung eingeräumt hat, ist bekannt zu geben.⁴¹⁷ Die Pflicht zur »Denunzierung« geht wegen des besonderen Schutzes von Ehe und Familie allerdings nicht so weit, dass die Internetnutzung des Ehegatten zu dokumentieren oder der Untersuchung des PC auf die Existenz möglicher Filesharing-Software, die der Ehegatte mutmaßlich benutzt hat, zuzustimmen wäre.⁴¹⁸ Der lediglich pauschale Hinweis auf die theoretische Möglichkeit eines Zugriffs von im Haushalt lebenden Dritten genügt zur Erschütterung der gegen den Anschlussinhaber bestehenden tatsächlichen Vermutung nicht.⁴¹⁹

bb) Rechtslage seit dem 13.10.2017⁴²⁰

(1) Haftungsausschluss

208 Der Diensteanbieter muss – wie bisher – weder die über seinen Zugang übermittelten fremden Daten überwachen noch Nachforschungen dahingehend anstellen, ob mit ihnen eine Rechtsverletzung verbunden ist (§ 7 Abs 2 TMG). Selbst nach einem Verletzungshinweis treffen ihn keine zu einer Haftung nach allgemeinen Grundsätzen führenden Prüfungs- oder sonstigen Handlungspflichten. Sowohl herkömmliche Unterlassungs-

---

410 BGH, GRUR 2016, 1289 – Silver Linings Playbook.
411 BGH, GRUR 2014, 657 – BearShare; BGH, GRUR 2016, 1280 – Everytime we touch.
412 BGH, GRUR 2016, 1289 – Silver Linings Playbook.
413 BGH, GRUR 2014, 657 – BearShare.
414 BGH, GRUR 2016, 1280 – Everytime we touch.
415 BGH, GRUR 2016, 1280 – Everytime we touch.
416 BGH, GRUR 2014, 657 – BearShare; BGH, GRUR 2016, 1280 – Everytime we touch.
417 BGH, GRUR 2017, 1233 – Loud.
418 BGH, GRUR 2017, 386 – Afterlife.
419 BGH, GRUR 2016, 191 – Tauschbörse III.
420 Mantz, GRUR 2017, 969.

und Beseitigungsansprüche als auch jegliche Schadenersatz- und Kostenerstattungsansprüche sind gesetzlich ausgeschlossen (§ 8 Abs 1 Satz 2, Abs 3 TMG).[421]

Die Privilegierung setzt allerdings voraus, dass der **Provider** für die schutzrechtsverletzende Handlung **nicht verantwortlich** ist, was verlangt, dass 209

— es sich nicht um *eigene* (schutzrechtsverletzende) Informationen des Providers, beispielsweise ein Angebot im eigenen Namen, handelt (§ 7 Abs 1 TMG), 210

— sondern um für den Provider *fremde* Informationen, wobei er deren Übermittlung nicht veranlasst, den Adressaten der übermittelten Fremddaten nicht ausgewählt und die übermittelten Daten auch weder ausgewählt noch verändert hat (§ 8 Abs 1 Nr 1– 3 TMG) 211

— und der Provider auch nicht *absichtlich* mit dem dritten Nutzer seines Anschlusses zusammengewirkt hat, um eine schutzrechtsverletzende Handlung zu begehen (§ 8 Abs 1 Satz 3 TMG). 212

— Gemeint ist ein kollusives Zusammenwirken, bei dem sich der Tatbeitrag des Providers zwar auf die Bereitstellung des WLAN-Anschlusses beschränken kann, bei dem der Inhalt der schutzrechtsverletzenden Information aber in seinen Vorsatz aufgenommen sein muss. Dafür bedarf es – wie sonst auch – zwar nicht einer subjektiven Erkenntnis über den Schutzrechtseingriff und dessen Rechtswidrigkeit, wohl aber der Feststellung, dass – mindestens bedingtes – Wissen und Wollen in Bezug auf die übermittelte Information als solche und ihren bestimmungsgemäßen Empfänger besteht. Unzureichend sind daher Fälle der Nebentäterschaft genauso wie solche der mittelbaren Täterschaft, bei denen der Anschlussinhaber ein undoloses Werkzeug ist. 213

— Besteht nach keiner der vorgenannten Alternativen eine Verantwortlichkeit, kann der Provider, egal, ob es sich bei ihm um ein Unternehmen oder um eine Privatperson handelt, und egal, ob er seinen Anschluss für gewerbliche Zwecke oder im rein privaten Bereich mit oder ohne Gewinnerzielungsabsicht überlässt, weder auf Unterlassung und Beseitigung (Vernichtung, Rückruf) noch auf Schadensersatz und (was sich angesichts der fehlenden Passivlegitimation in der Hauptsache von selbst versteht) auch nicht auf Erstattung der Kosten einer *darauf* gerichteten Rechtsverfolgung (zB in Form einer Abmahnung) in Anspruch genommen werden. Die Haftungsprivilegierung gilt für drahtlose (WLAN) wie für drahtgebundene[422] Internetzugänge (zB, allerdings nicht für Host-Provider[423]). 214

— Die zum Haftungsausschluss führenden Privilegierungsvoraussetzungen, dh die Abwesenheit sämtlicher Tatbestände, die eine Verantwortlichkeit des Providers für den eigentlichen Verletzungssachverhalt begründen können, sind vom Provider darzutun. Das gilt nicht nur wegen der tatsächlichen Vermutung für die Täterschaft des Inhabers, wenn es über seinen WLAN-Anschluss zu einer Schutzrechtsverletzung kommt (vgl oben Rdn 207), sondern folgt vor allem daraus, dass es sich bei der Haftungsfreistellung um einen den Provider begünstigenden und deshalb auch zu *seiner* **Beweislast** stehenden Tatbestand handelt. 215

(2) Anspruch auf Websperre

Damit der Verletzte angesichts der vorerörterten Haftungsfreistellung des Access-Providers nicht rechtlos gestellt ist, installiert § 7 Abs 4 TMG – sozusagen als Kompensation 216

---

421 Nach OLG München (GRUR 2018, 1050 – Kinox.to) soll die Haftungsprivilegierung nur einem WLAN-Betreiber, aber keinem anderen Access-Provider zugute kommen.
422 BGH, GRUR 2018, 1044 – Dead Island.
423 Mantz, GRUR 2017, 969, 971.

und zugleich als Auffangtatbestand – einen Anspruch auf Sperrmaßnahmen (**Websperre**) gegen den Access-Provider. Der Anspruch knüpft an die schlichte Überlassung des Internetzugangs an den Verletzer an und setzt keine weitergehende Verletzung von Prüf- oder sonstigen Pflichten voraus, die gegenüber dem Provider einen persönlichen Vorwurf rechtfertigen könnten. Er gilt überdies unabhängig davon, ob der Internetzugang durch ein drahtloses lokales Netzwerk (§ 8 Abs 3 TMG, WLAN) oder durch ein drahtgebundenes Netz[424] (zB Tor-Exit-Node) bereitgestellt wird. Sowohl hinsichtlich seiner Anspruchsvoraussetzungen als auch hinsichtlich seiner Rechtsfolgen ist der Anspruch auf Websperre allerdings limitiert:

217 – Er greift nach § 7 Abs 4 TMG nur ein, wenn es – Erstens – bereits zu einer die Wiederholungsgefahr begründenden Verletzungshandlung gekommen ist und wenn der verletzte Rechtsinhaber – Zweitens – keine Möglichkeit hat, anders als durch die vom Provider begehrte Websperre künftige weitere Verletzungen seines Schutzrechts zu unterbinden. Zur schlüssigen Herleitung eines Sperranspruchs gehören somit Darlegungen dazu (und bedarf es notfalls vom Verletzten beizubringender Beweise dafür), dass es durch eine bestimmt zu bezeichnende Handlung zu einer widerrechtlichen (nicht notwendigerweise schuldhaften) Patentbenutzung (= Patentverletzung) gekommen ist, die mindestens Unterlassungsansprüche gegenüber dem Täter rechtfertigt, und dass der Verletzte keine zumutbare Möglichkeit hat, seine Rechte anderweitig als durch eine Inanspruchnahme des Access-Providers (nämlich durch ein gerichtliches Vorgehen gegen den Täter oder seinen Host-Provider) zu wahren.

218 – Wegen der **Subsidiarität** seiner Haftung sind die Rechtsverfolgung gegenüber dem eigentlichen Verletzer (= Nutzer des WLAN-Zugangs) sowie seinem Host-Provider unbedingt vorrangig durchzuführen, wobei den Verletzten entsprechende Nachforschungspflichten treffen, die eine Einschaltung staatlicher und/oder privater Ermittler einschließen. Nur dort, wo die betreffenden Haftungsschuldner entweder bereits *ergebnislos* in Anspruch genommen worden sind (was nach erstinstanzlicher Erfolglosigkeit grundsätzlich die Erschöpfung des Rechtsweges und eine anschließende zwangsweise Durchsetzung des erstrittenen Titels verlangt) oder ihre Inanspruchnahme von vornherein *aussichtslos* erscheinen muss (zB weil im Staat der Rechtsverfolgung kein effektiver Rechtsschutz zu erlangen ist[425]), kommt – als ultima ratio – eine Websperre gegenüber dem Access-Provider in Betracht. Mit »ergebnisloser Rechtsverfolgung« ist gemeint, dass gegen den Täter/Host-Provider entweder schon kein gerichtliches Verbot erwirkt oder ein erwirktes Verbot nicht durchgesetzt werden konnte/kann. Für den Access-Provider haftungsbegründend sind selbstverständlich nur solche Misserfolge, die nicht einer unzureichenden Prozessführung des Verletzten gegen die primär Haftenden zuzuschreiben sind. Dass sich der Täter durch ein gegen ihn erstrittenes und zwangsweise durchgesetztes Verbotsurteil tatsächlich nicht von weiteren Verletzungshandlungen abhalten lässt, erlaubt noch keine Websperre; vielmehr hat der Verletzte seine Interessen durch die weitere Vollstreckung des Titels gegen den primär Haftenden zu wahren.

219 – Da die Haftung des Providers auf absolute Ausnahmefälle beschränkt bleiben soll, sind **strenge Anforderungen** an die Bemühungen um eine Rechtsverfolgung gegenüber den vorrangig Haftenden zu stellen. Welche Anstrengungen im Einzelfall erforderlich sind, um den Weg für eine Websperre frei zu machen, hängt von den Umständen des Einzelfalles ab, wobei auch die zeitliche Dringlichkeit des Rechtsschutzbegehrens eine Rolle spielen kann, wenn dadurch bestimmte, an sich

---

424 BGH, GRUR 2018, 1044 – Dead Island.
425 Das ist für Russland angenommen worden (BGH, GRUR 2016, 268 – Störerhaftung des Access-Providers), scheidet jedoch im Geltungsbereich der EuGVVO und des LugÜ aus.

mögliche Rechtsverfolgungsmaßnahmen auszuscheiden haben. Spezielle Verhältnisse auf Seiten des Verletzten (zB die Größe und Finanzkraft seines Unternehmens, dem besonders aufwändige Ermittlungs- und Rechtsverfolgungsmaßnahmen, die für ein Großunternehmen darstellbar wären, nicht möglich sind) haben ebenfalls angemessen Berücksichtigung zu finden. Bemühungen um einen Primärrechtsschutz sind jedoch, von Fällen der Aussichtslosigkeit abgesehen, von jedermann zu erwarten und geschuldet, so dass der Umstand, dass der Verletzte finanziell derart gering ausgestattet ist, dass ihm praktisch keinerlei Rechtsdurchsetzung gegen den Täter und dessen Host-Provider möglich ist, keine Bedeutung hat.

– Das Kriterium der **Abwehr einer wiederholenden Verletzungshandlung** ist nicht so zu verstehen, dass bloß solche Maßnahmen der subsidiären Haftung entgegenstehen können, die sich bis zur nächsten im konkreten Fall drohenden Verletzungshandlung bewerkstelligen lassen. Würde man die Vorschrift in diesem engen Sinne interpretieren, so würde die gesetzliche Pflicht zur vorrangigen Inanspruchnahme des eigentlichen Verletzers und seines Host-Providers vielfach leerlaufen, nämlich immer dann nicht eingreifen, wenn innerhalb eines kurzen Zeitraumes, für den realistischerweise keine anderweitige Rechtsdurchsetzung vorstellbar ist, mit der nächsten Schutzrechtsverletzung zu rechnen ist. Eine solche Handhabung würde das Gesetzesanliegen missachten, den Access-Provider regelmäßig von einer Haftung freizustellen und seine Inanspruchnahme auf ganz besonders gelagerte Ausnahmefälle (bei denen für den Verletzten ansonsten überhaupt kein Rechtsschutz bestünde) zu beschränken. Die Pflicht zur primären Rechtsverfolgung gilt deswegen prinzipiell auch dann, wenn infolgedessen vorübergehend weitere Verletzungshandlungen in Kauf genommen werden müssen. 220

– Der **drohende Schutzrechtsablauf** bietet im Allgemeinen keinen Grund für eine sofortige Websperre, weil (nicht zuletzt wegen der Enforcement-Richtlinie) in allen EU-Staaten sowie darüber hinaus in vielen außereuropäischen Staaten die Möglichkeit zu einem vorläufigen Rechtsschutz besteht, der in Fällen der Schutzrechtsverletzung rasche Abhilfe schafft. Es genügt insoweit die abstrakte Verfügbarkeit solcher Rechtsinstitute nach dem jeweiligen nationalen Prozessrecht, weswegen die subsidiäre Haftung des Access-Providers nicht schon deswegen zum Tragen kommt, weil die Verfolgung der fraglichen Schutzrechtsverletzung gegen den Täter und/oder seinen Host-Provider im einstweiligen Rechtsschutz daran scheitert, dass zB Dringlichkeitserfordernisse bestehen, die wegen eines zögerlichen Verhaltens des Verletzten bei der Rechtsdurchsetzung gegen den Täter/Host-Provider nicht gewahrt sind oder dass mit Blick auf den gesicherten Rechtsbestand des verletzten Schutzrechts spezielle Anforderungen existieren (Aufrechterhaltung in einem kontradiktorischen Verfahren), die sich im Streitfall nicht feststellen lassen. 221

– Die **Beweislast** für die eine Wiederholungsgefahr begründende Rechtsverletzung liegt genauso beim verletzten Anspruchsteller wie die Beweislast für diejenigen Umstände, aus denen sich die Erfolglosigkeit oder Zwecklosigkeit einer Inanspruchnahme der vorrangig haftenden Akteure ergibt. 222

– Welche **konkrete Maßnahme zur Websperre** auf der Rechtsfolgenseite angebracht ist, entscheidet sich nach den Regeln des Möglichen, Zumutbaren und Verhältnismäßigen (§ 7 Abs 4 Satz 2 TMG). Generell denkbar sind DNS-Sperren, IP-Sperren, URL-Sperren, Verkehrsfilter, Datenmengenbegrenzungen, Portsperren, die zudem zeitlich befristet werden können.[426] Infrage kommen können weiterhin die Pflicht zur Registrierung der Nutzer sowie zur Verschlüsselung des WLAN-Zugangs mit 223

---

426 Vgl zu allem Mantz, GRUR 2017, 969, 973 ff.

einem Passwort.⁴²⁷ Sie müssen nach Lage des Falles effektiv sein, woran es fehlt, wenn die Sperrmaßnahme ohne besonderen technischen Aufwand umgangen werden kann. Um die im Einzelfall angemessene Maßnahme zu identifizieren, hat eine umfassende Interessenabwägung stattzufinden, die die jeweils betroffenen Grundrechtspositionen aller Beteiligten genauso vollständig würdigt wie das Telekommunikationsgeheimnis. Da mit der Websperre nur der rechtsverletzende Inhalt blockiert werden darf, ist ein **Overblocking** zu vermeiden. Unschädlich sind allenfalls minimale legale Anteile (im zB niedrigen einstelligen Prozentbereich), die durch die Sperrmaßnahme mit blockiert werden.

224 – Zu Rechtfertigung der von ihm begehrten und im Klageantrag konkret zu formulierenden Sperrmaßnahme hat sich der Anspruchsteller zu allen Umständen zu erklären, die im Rahmen der vorzunehmenden Gesamtabwägung bedeutsam sind und insbesondere ein Overblocking ausschließen. Dies bedeutet insbesondere, dass er darzustellen hat, welche einzelnen Informationen durch die reklamierte Maßnahme gesperrt werden würden, um eine Einschätzung darüber zu erlauben, ob ggf legale Inhalte mitbetroffen sind und, wenn ja, dass diese einen allenfalls vernachlässigenswert geringen Umfang haben.

225 – Für die **Kosten**, die mit der **Durchsetzung** des Anspruchs auf eine **Websperre** verbunden sind, trifft § 7 Abs 4 Satz 2 TMG eine Sonderregelung sowohl zum materiellen als auch zum prozessualen Kostenerstattungsanspruch, wobei zwischen der außergerichtlichen und der gerichtlichen Rechtsdurchsetzung zu unterscheiden ist.

226 – Ein Provider, der **vorgerichtlich** (zB im Wege einer Abmahnung) auf Einrichtung einer Websperre in Anspruch genommen worden ist, hat auch dann, wenn ihm gegenüber der geltend gemachte Anspruch besteht, keine Anwalts- oder sonstigen Rechtsverfolgungskosten des Verletzten zu tragen. Hierbei bleibt es auch dann, wenn der erfolglosen Abmahnung ein Gerichtsverfahren gegen den Access-Provider nachfolgt.

227 – Für die im **gerichtlichen Verfahren** anfallenden Kosten (Anwaltskosten, Gerichtsgebühren) ist zu differenzieren. Für die *Gerichtskosten* gelten die §§ 91 ff ZPO, so dass der unterliegende Provider die betreffenden Kosten zu tragen hat; von allen *außergerichtlichen Kosten* des Verletzten ist er dagegen nach § 7 Abs 4 Satz 2 TMG befreit.

228 – Die erörterte Kostenfreistellung des Providers bedeutet nicht, dass die vor- oder außergerichtlichen Rechtsverfolgungskosten im Zusammenhang mit der Websperre endgültig beim Verletzten verbleiben. Sie können und werden vielfach einen Teil seines durch die Schutzrechtsverletzung verursachten Schadens darstellen mit der Folge, dass der Verletzte die betreffenden Beträge (vor- und außergerichtliche Kosten) bei dem deliktisch Haftenden liquidieren kann.⁴²⁸

d) Vermieter/Verpächter einer Domain, Admin-C

229 Nur bei Verletzung von Prüfungspflichten haftet auch derjenige, der seine Domain einem Dritten miet- oder pachtweise überlässt, wenn sich auf der vom Mieter/Pächter betriebenen Website schutzrechtsverletzende Angebote finden. Die Pflicht zur Prüfung besteht nicht allgemein, sondern setzt erst dann ein, wenn der Vermieter/Verpächter konkrete Anhaltspunkte für eine Patentverletzung hat.⁴²⁹ Der Kenntnis gleich steht es, wenn sich

---

427 BGH, GRUR 2018, 1044 – Dead Island.
428 Vgl BGH, GRUR 2018, 914 – Riptide.
429 Vgl BGH, GRUR 2009, 1093 – Focus Online; OLG Stuttgart, GRUR-RR 2010, 12 – Administrativer Ansprechpartner.

der Verpächter einer auf der Hand liegenden Erkenntnismöglichkeit im Hinblick auf die Schutzrechtsverletzung bewusst verschließt.[430] Existieren in diesem Sinne Prüfungspflichten und werden sie verletzt, begründet dies die Störerhaftung des Verpächters für Verletzungshandlungen, die bei Vornahme der gebotenen Prüfung vermeidbar gewesen wären.

In Bezug auf einen **Admin-C**, der sich für ein ausländisches Unternehmen (das ansonsten keine Domain bei der DENIC registrieren lassen kann) als dessen inländischer administrativer Ansprechpartner (Admin-C) zur Verfügung gestellt hat und infolge dessen nach den Registrierungsbedingungen als Bevollmächtigter des Domaininhabers berechtigt und verpflichtet ist, sämtliche die Domain betreffenden Angelegenheiten im Innenverhältnis zur DENIC verbindlich zu entscheiden, ergeben sich Prüfungspflichten in Bezug auf eine etwaige Verletzung von Rechten Dritter noch nicht aus der Stellung als Admin-C an sich.[431] Denn nach den Bedingungen des mit ihm bestehenden Domainvertrages beschränkt sich sein Aufgaben- und Funktionsbereich auf die Erleichterung der administrativen Durchführung des Domainvertrages. Unter besonderen Umständen können den Admin-C allerdings weitergehende Prüfungspflichten treffen, namentlich dann, wenn der ausländische Domaininhaber keine eigene Prüfung auf die Verletzung von Drittrechten durchführt, so dass eine erhöhte Verletzungsgefahr begründet ist, und dies dem Admin-C bekannt ist.[432] Bloß abstrakt gefahrerhöhende Umstände begründen allerdings noch keine zur Störerhaftung führenden Prüfungspflichten.[433]

230

e) Spediteur, Frachtführer

Eine zu den obigen Erörterungen im Zusammenhang mit Kommunikationsdiensteanbietern prinzipiell vergleichbare Rechtslage gilt für die Fallgruppe der Spediteure, Frachtführer, Lagerhalter und Auslieferungsagenten.[434] Auch sie trifft grundsätzlich keine generelle Prüfungspflicht im Hinblick auf Schutzrechtsverletzungen durch die von ihnen transportierte/eingelagerte Ware.[435] Ihre Haftung (zumindest bzgl der verschuldensunabhängigen Ansprüche auf Unterlassung und Vernichtung) setzt jedoch ein, sobald sie – zB aufgrund einer zollbehördlichen Aussetzung der Überlassung wegen des Verdachts der Patentverletzung, durch eine sachlich begründete Schutzrechtsverwarnung des Patentinhabers oder aufgrund der Tatsache, dass das fragliche Patent wesentlicher Teil eines technischen Standards ist und die erkennbaren Leistungsmerkmale des Speditionsgutes dafür sprechen, dass der betreffende Standard eingehalten wird[436] – stichhaltige Anhaltspunkte dafür haben, dass die Ware schutzrechtsverletzend ist oder sein kann.[437] Der Spediteur muss alsdann die ihm zumutbaren Maßnahmen (Erkundigungen bei seinem Auftraggeber, eigene Untersuchungen, Inanspruchnahme sachkundiger Hilfe, etc) ergreifen, um den Verdacht der Schutzrechtsverletzung aufzuklären.[438] Die Anforderungen dürfen dabei nicht überspannt werden. Welche Maßnahmen im Einzelfall geboten sind, hat der Tatrichter unter Abwägung der beiderseitigen Interessenlage – dh unter Berücksichtigung einerseits der Schutzbedürftigkeit des Verletzten und andererseits der

231

---

430 OLG Köln, GRUR-RR 2010, 274 – Stadtplanausschnitte Online.
431 BGH, GRUR 2012, 304 – Basler-Haar-Kosmetik; weitergehend zuvor die Instanzrechtsprechung: OLG Düsseldorf, GRUR-RR 2009, 337 – Prüfungspflicht des Admin-C; OLG Köln, GRUR-RR 2009, 27 – Admin-C; OLG Stuttgart, GRUR-RR 2010, 12 – Administrativer Ansprechpartner; OLG München, GRUR-RR 2010, 203 – Admin-C.
432 BGH, GRUR 2012, 304 – Basler-Haar-Kosmetik.
433 BGH, GRUR 2013, 294 – dlg.de.
434 Vgl dazu Weber, WRP 2005, 961, 964.
435 BGH, GRUR 2009, 1142 – MP3-Player-Import.
436 BGH, GRUR 2009, 1142 – MP3-Player-Import.
437 BGH, GRUR 2009, 1142 – MP3-Player-Import.
438 BGH, GRUR 2009, 1142 – MP3-Player-Import.

mit den Prüfungs-und Handlungspflichten verbundenen Eingriffe in die Geschäftstätigkeit des Spediteurs – zu entscheiden.[439] Eine revisionsrechtliche Kontrolle findet nur insoweit statt, als es darum geht, ob sämtliche rechtlich erheblichen Gesichtspunkte mit vertretbarem Ergebnis in die Würdigung einbezogen worden sind.[440] Ergeben die zumutbaren Nachforschungen des Spediteurs, dass eine Patentverletzung vorliegt, hat er jede weitere Mitwirkung zu unterlassen, anderenfalls er selbst haftbar wird. Wird der Verletzungsverdacht widerlegt oder bleibt die Verletzungsfrage trotz zumutbarer Ermittlungen unaufgeklärt, darf der Spediteur seinen Auftrag zu Ende bringen.[441]

232 Besteht die Gefahr, dass der Spediteur oder Frachtführer in Kenntnis von Anhaltspunkten für eine Schutzrechtsverletzung die »Benutzungshandlungen« fortsetzt, kann die daraus resultierende Begehungsgefahr durch Abgabe einer **strafbewehrten Unterlassungsverpflichtung** ausgeräumt werden, die – wenn eine zuverlässige Verletzungsprüfung mit Aufwand verbunden ist – unter die auflösende Bedingung gestellt werden kann, dass die angegriffenen Erzeugnisse sich als nicht patentverletzend erweisen.[442] Hinreichende Anhaltspunkte dafür, dass der Frachtführer nach Wiederaushändigung der beschlagnahmten Ware diese widerrechtlich in Verkehr bringen wird, ergeben sich allerdings noch nicht daraus, dass er nach erfolgter Unterrichtung über die Aussetzung der Überlassung nicht sogleich in eine Überprüfung der Schutzrechtslage eintritt.[443] Unzureichend ist gleichfalls seine Weigerung, in die Vernichtung der beschlagnahmten Ware einzuwilligen, solange der Schutzrechtsinhaber den Frachtführer nicht von jeglichen Ansprüchen freigestellt hat, die sich daraus ergeben können, dass sich die beschlagnahmte Ware tatsächlich als nicht schutzrechtsverletzend erweist.[444]

3. Gesetzliche Vertreter[445]

233 Für die von einer Handelsgesellschaft begangene Patentverletzung hat deren **gesetzlicher Vertreter** (zB der Geschäftsführer einer GmbH) jedenfalls als **Störer** persönlich einzustehen, weil er kraft seiner Stellung im Unternehmen für die Beachtung absoluter Rechte Dritter Sorge zu tragen und das Handeln der Gesellschaft im Geschäftsverkehr zu bestimmen hat. Er haftet dem Verletzten daher bei jedweder Schutzrechtsverletzung auf Unterlassung, wofür ausreicht, dass er in irgendeiner Weise adäquat kausal zur Schutzrechtsverletzung beigetragen und dabei zumutbare Verhaltenspflichten verletzt hat.[446]

234 In der Vergangenheit war aufgrund der besagten satzungsgemäßen Funktion darüber hinaus auch seine Täter – und nicht bloß Gehilfenhaftung[447] – weitgehend anerkannt, was für solche Ansprüche Relevanz hat, die einen **deliktsrechtlichen Haftungsgrund**

---

439 BGH, GRUR 2009, 1142 – MP3-Player-Import. Die Zumutbarkeit zumindest aufwändiger Prüfungsmaßnahmen kann zu verneinen sein, wenn der unmittelbare Verletzer vom Patentinhaber bereits in Anspruch genommen worden ist oder ohne größere Schwierigkeiten in Anspruch genommen werden kann und ein solches Vorgehen geeignet und ausreichend erscheint, den Störungszustand zu beseitigen und drohende weitere Verletzungshandlungen zu verhindern (BGH, GRUR 2009, 1142 – MP3-Player-Import).
440 BGH, GRUR 2009, 1142 – MP3-Player-Import.
441 BGH, GRUR 2009, 1142 – MP3-Player-Import.
442 LG Düsseldorf, InstGE 5, 241 – Frachtführer.
443 OLG Hamburg, InstGE 10, 257 – iPod II.
444 OLG Hamburg, InstGE 10, 257 – iPod II.
445 Vgl Hass, FS Schilling, 2007, S 249; Werner, GRUR 2009, 820; Haedicke, FS Blaurock, 2013, 105; Werner, GRUR 2015, 739; Kurtz, FS 80 Jahre Patentgerichtsbarkeit Düsseldorf, 2016, S 345; Dregelies, GRUR 2018, 8.
446 BGH, GRUR 2015, 672 – Videospiel-Konsolen II.
447 BGH, GRUR 2012, 1145 – Pelikan; OLG Hamburg, GRUR-RR 2006, 182 – Miss 17; die Unterscheidung ist wesentlich, weil die Gehilfenhaftung eine vorsätzlich begangene Haupttat voraussetzt.

verlangen. In diesem Zusammenhang spielt es keine Rolle, ob der Geschäftsführer die das Unternehmen betreffenden Entscheidungen eigenverantwortlich trifft oder aber nach den konkreten Vorgaben und Weisungen seiner (ausländischen) Muttergesellschaft handelt. Der Vortrag, der Geschäftsführer sei nur pro forma eingesetzt, ist deswegen für seine Passivlegitimation unerheblich. Für die Haftung des Geschäftsführers bedarf es grundsätzlich keiner näheren Darlegungen in der Klage und im Urteil dazu, durch welche konkreten Handlungen er seine Organisationspflichten dahingehend, die Benutzung fremder Patente zu verhindern, verletzt hat.[448] Das Klagevorbringen und die Feststellungen im Urteil können sich vielmehr darauf beschränken, dass es unter der Geschäftsführung des Beklagten zu schutzrechtsverletzenden Handlungen des Unternehmens gekommen ist. Es steht alsdann in der sekundären Darlegungslast des Geschäftsführers, Umstände vorzutragen, aus denen sich – Erstens – ergibt, dass er sich die Entscheidung über den Vertrieb der patentverletzenden Produkte nicht selbst vorbehalten musste, und die – Zweitens – aufzeigen, welche konkreten organisatorischen Maßnahmen er getroffen hat, um im Wege der Delegation eine Schutzrechtsverletzung durch die ihm untergebenen Mitarbeiter verlässlich zu verhindern.[449] Als maßgebliche Kriterien für die Eigenverantwortlichkeit wird man die Größe des Geschäftsbetriebes, die Wichtigkeit des Produktes für das Unternehmen und das Vorhandensein von zu einer Schutzrechtsprüfung geeigneten Personals in Betracht zu ziehen haben. Nach erfolgter Abmahnung des Unternehmens dürfte vielfach, nach seiner persönlichen Verwarnung in jedem Fall eine Geschäftsführerzuständigkeit anzunehmen sein. Erfolgt zulässigerweise eine Delegation der Verantwortlichkeit, muss der Geschäftsbetrieb so organisiert sein, dass notfalls (dh wenn die firmeninternen Möglichkeiten nicht ausreichen) auch kundige Dritte (externe Patent- oder Rechtanwälte mit Verletzungserfahrung) hinzugezogen werden.

Exkurs: Letzterem ist der I. ZS des BGH – zunächst für das Wettbewerbsrecht[450] und anschließend auch für das Urheberrecht (als absolutem gewerblichen Schutzrecht)[451] – mit restriktiven Regeln entgegen getreten[452]: Der Geschäftsführer soll für Rechtsverstöße der von ihm vertretenen Gesellschaft täterschaftlich (= deliktisch) nur dann haften, wenn er die Rechtsverletzung selbst begangen oder in Auftrag gegeben hat (Rechtsverletzung durch eigenes positives Tun)[453], sowie ferner dann, wenn er von den Rechtsverstößen der Gesellschaft Kenntnis und es gleichwohl *pflichtwidrig* unterlassen hat, sie zu verhindern.[454] Erforderlich ist hierfür, dass den Geschäftsführer eine Garantstellung trifft, die ihn im Interesse des Verletzten verpflichtet, den deliktischen Erfolg abzuwenden.[455] Davon soll nur ausgegangen werden können, wenn der Rechtsverstoß auf einem Verhalten beruht, das nach seinem äußeren Erscheinungsbild dem Geschäftsführer persönlich anzulasten ist.[456] So liegt es etwa bei wirtschaftlich bedeutsamen Produkten oder unternehmerischen Entscheidungen, von denen die Lebenserfahrung erwarten lässt, dass mit ihnen die Leitungsebene befasst gewesen ist.[457] Erlangt der Geschäftsführer lediglich Kenntnis davon, dass bei der unter seiner Verantwortung stehenden Geschäftstätigkeit

235

---

448 BGH, GRUR 2016, 257 – Glasfasern II; vgl. dazu Müller, GRUR 2016, 570.
449 BGH, GRUR 2016, 257 – Glasfasern II.
450 BGH, GRUR 2014, 883 – Geschäftsführerhaftung.
451 BGH, GRUR 2015, 672 – Videospiel-Konsolen II.
452 BGH, GRUR 2017, 397 – World of Warcraft II.
453 Nach BGH, GRUR 2017, 397 – World of Warcraft II spricht in Fällen, in denen die Rechtsverletzung durch eine Website begangen wurde, der Impressumhinweis auf den Geschäftsführer dafür, dass er für ihre inhaltliche Gestaltung zuständig war.
454 BGH, GRUR 2015, 672 – Videospiel-Konsolen II.
455 BGH, GRUR 2015, 672 – Videospiel-Konsolen II.
456 BGH, GRUR 2015, 672 – Videospiel-Konsolen II.
457 Nach OLG Karlsruhe (Urteil v 9.12.2015 – 6 U 60/14) ist dies bei der Entscheidung eines inländischen oder ausländischen Unternehmens darüber, ob ein bestimmtes Produkt im Inland vertrieben wird, der Fall.

irgendwelche Rechtsverstöße begangen werden oder ihre Begehung bevorsteht, soll ihn persönlich regelmäßig weder aus der allgemeinen Organstellung heraus noch wegen seiner Verantwortlichkeit für die Geschäftätigkeit des Unternehmens als Ganzes eine Verkehrspflicht im Verhältnis zu außenstehenden Dritten treffen, die beinhaltet, eine (weitere) Verletzung zu verhindern. Die Pflicht zur ordnungsgemäßen Geschäftsführung umfasst nach Auffassung des BGH zwar auch die Verpflichtung, dafür zu sorgen, dass Rechtsverletzungen unterbleiben. Diese Pflicht bestehe aber grundsätzlich nur gegenüber der Gesellschaft und nicht auch im Verhältnis zu außenstehenden Dritten. Die Verletzung einer Verkehrspflicht im Zusammenhang mit der Organisation der vertretenen Gesellschaft soll allenfalls zu erwägen sein, wenn der Geschäftsführer sich bewusst der Möglichkeit entzieht, überhaupt Kenntnis von etwaigen Verstößen in seinem Unternehmen oder durch von ihm beauftragte Drittfirmen zu nehmen und dementsprechend Einfluss zu ihrer Verhinderung ausüben zu können. In der Rechtsprechung[458] ist dies angenommen worden, wenn ein Geschäftsführer sich dauerhaft im Ausland aufhält. Die schlichte Auslagerung bestimmter Geschäftstätigkeiten auf Subunternehmer reicht dafür aber nicht aus.[459] Der für Patentsachen zuständige X. ZS hat sich dem – wie ausgeführt – ausdrücklich nicht angeschlossen.[460]

236 Haftbar sind gleichermaßen **leitende Angestellte** (wie Einkaufs- bzw Verkaufsleiter), die den Erwerb bzw Vertrieb patentverletzender Waren zu verantworten haben.[461] Sie haften auf Unterlassung, Auskunftserteilung, Rechnungslegung und Schadenersatz.

237 **Keine Haftung** besteht für den Geschäftsführer (dasselbe gilt für leitende Angestellte) für die Ansprüche auf Entschädigung, Bereicherungsausgleich (weil der Geschäftsführer im Allgemeinen nicht selbst bereichert ist) und Vernichtung (weil der Geschäftsführer im Zweifel kein Eigentum und auch keinen Besitz an den verletzenden Gegenständen hat)[462].

238 Sind **mehrere Geschäftsführer** mit unterschiedlichen, sich einander ergänzenden Zuständigkeitsbereichen bestellt, so haftet grundsätzlich nur derjenige Geschäftsführer, in dessen Verantwortungsbereich das patentverletzende Handeln fällt.[463] Eine Haftung des an sich »unzuständigen« Geschäftsführers ergibt sich allerdings dann, wenn er mit abgemahnt worden ist oder wenn er in anderer Weise von der Patentverletzung erfahren hat. In einem solchen Fall ist auch er für die *danach* noch begangenen Patentverletzungen verantwortlich.[464] Gelingt es dem Kläger, solche fortgesetzten Verletzungshandlungen darzulegen, haftet der »unzuständige« Geschäftsführer ab dem Zeitpunkt seiner Kenntniserlangung persönlich, wenn er keine Anstrengungen unternommen hat, sie zu unterbinden[465], wobei für die Ansprüche auf Rechnungslegung und Schadenersatz ein zusätzlicher Prüfungszeitraum von einem Monat in Ansatz zu bringen ist. Entlastet ist er hingegen, wenn er sich ernsthaft um eine Einstellung der Verletzungshandlungen bemüht hat, bei seinem Unterfangen jedoch erfolglos geblieben ist. Dieselben Regeln gelten für einen Geschäftsführer, der zwar ordnungsgemäß bestellt ist, dessen Tätigwerden jedoch nur für den Fall und die Dauer einer (zB krankheitsbedingten) Verhinderung des »eigentlichen« Geschäftsführers vorgesehen ist.

---

458 OLG Nürnberg, GRUR 1983, 595; OLG Hamburg, GRUR-RR 2002, 240, 243; OLG Hamburg, GRUR-RR 2006, 182, 183.
459 BGH, GRUR 2014, 883 – Geschäftsführerhaftung.
460 BGH, GRUR 2016, 257 – Glasfasern II; ablehnend zuvor auch schon OLG Düsseldorf, GRUR-RS 2015, 18679 – Verbindungsstück.
461 LG Mannheim, InstGE 7, 14 – Halbleiterbaugruppe.
462 BGHZ 56, 73; BGHZ 156, 310.
463 OLG Hamburg, GRUR-RR 2013, 464 – Z.Games Abo; OLG Düsseldorf, Urteil v 11.1.2018 – I-15 U 66/17; LG Düsseldorf, Entscheidungen 1997, 84, 85 – Tortenbehälter.
464 OLG Düsseldorf, Urteil v 11.1.2018 – I-15 U 66/17.
465 OLG Düsseldorf, Urteil v 11.1.2018 – I-15 U 66/17.

Wird andererseits ein mit verklagter **Geschäftsführer** während des Rechtsstreits **abberu-** 239
fen[466] oder legt er sein Amt nieder,

- so berührt dies den gegen ihn erhobenen Unterlassungsanspruch nicht, weil die aus 240
den bereits begangenen Verletzungshandlungen resultierende Wiederholungsgefahr
hierdurch nicht entfällt.[467]

- Der gegen den betreffenden Geschäftsführer gerichtete Schadenersatz-, Auskunfts- 241
und Rechnungslegungsantrag ist demgegenüber auf die Zeit bis zu seinem Ausscheiden (= Zugang der Abberufung/Niederlegung[468]) zu beschränken.[469]

Die Haftung des Geschäftsführers beruht maßgeblich darauf, dass er als Organ des die 242
Verletzungsprodukte vertreibenden Unternehmens die satzungsgemäße Aufgabe hat,
deren geschäftliches Handeln zu bestimmen, insbesondere darüber zu entscheiden, welches Produkt in welcher Form in das Vertriebssortiment aufgenommen wird. Wegen
dieser Verantwortlichkeit ist der Geschäftsführer typischerweise Täter derjenigen
Schutzrechtsverletzung, die mit dem Vertrieb eines bestimmten Produkts durch das von
ihm vertretene Unternehmen begangen wird. Weil dem so ist, hat für die Haftungsfrage
nicht der **Registerstand** Bedeutung, sondern einzig die Frage, wie lange der Geschäftsführer die seine Täterschaft begründende Organstellung im Unternehmen innegehabt
hat.[470] Nach gefestigter Rechtsprechung des BGH kann der Geschäftsführer sein Amt –
auch ohne wichtigen Grund und sogar ohne jede Angabe von Gründen – niederlegen,
und zwar nicht nur schriftlich, sondern gleichermaßen mündlich.[471] Umgekehrt kann die
Geschäftsführerbestellung auch von Seiten des Unternehmens jederzeit widerrufen werden (§ 38 Abs 1 GmbHG).[472] Geschieht dies (wobei im Falle der Niederlegung diese
gegenüber den Gesellschaftern als dem für die Geschäftsführerbestellung zuständigen
Gremium zu erfolgen hat, wird die Amtsniederlegung bzw der Bestellungswiderruf mit
ihrem Zugang augenblicklich wirksam.[473] Von da an fehlt es regelmäßig an einer Grundlage für eine Schadenersatzhaftung. Anderes gilt allenfalls dann, wenn der Geschäftsführer trotz seiner Amtsniederlegung tatsächlich weiterhin bestimmenden Einfluss auf das
geschäftliche Handeln der GmbH behält oder wenn belastbare Anhaltspunkte dafür
bestehen, dass er die fraglichen Vertriebshandlungen nach seinem Ausscheiden aus dem
Unternehmen in anderer Rechtsform weiterverfolgt.

In Fällen eines **Geschäftsführerwechsels** während des Rechtsstreits ist der Rechnungsle- 243
gungsanspruch, der sich gegen die Gesellschaft richtet, von demjenigen (neuen)
Geschäftsführer zu erfüllen, der zu demjenigen Zeitpunkt, zu dem die Rechnung zu
legen ist, als deren Vertretungsorgan bestellt ist.

Wird die Patentverletzung von mehreren (zB konzernverbundenen) Unternehmen **mit-** 244
täterschaftlich begangen, so haftet jeder Geschäftsführer jedes beteiligten Unternehmens
aufgrund der aus der Mittäterschaft folgenden wechselseitigen Zurechnung fremder Tatbeiträge für alle Handlungen und alle Schäden, die aus dem gemeinschaftlichen Agieren
entstanden sind.[474] Solange der Geschäftsführer *eines* Unternehmens dort in verantwort-

---

466 Entscheidend ist der Zugang der Abberufung, die dem Geschäftsführer jegliche Handlungsvoll-
macht für das Unternehmen nimmt, und nicht die Eintragung im Handelsregister.
467 OLG Düsseldorf, Urteil v 20.12.2017 – I-2 U 39/16; vgl auch BGH, GRUR 1976, 579, 582 f –
Tylosin.
468 OLG Düsseldorf, InstGE 10, 129 – Druckerpatrone II.
469 OLG Düsseldorf, Urteil v 20.12.2017 – I-2 U 39/16.
470 OLG Düsseldorf, Urteil v 20.12.2017 – I-2 U 39/16.
471 BGHZ 121, 257.
472 BGH, WM 2011, 38.
473 BGHZ 121, 257.
474 OLG Düsseldorf, Urteil v 20.12.2017 – I-2 U 39/16.

licher und haftungsbegründender Stellung tätig ist, spielt es deshalb keine Rolle, dass er während des Verletzungszeitraumes überhaupt nicht oder nur zeitweise Geschäftsführer auch des anderen Unternehmens gewesen ist. Der Umstand, dass er bei letztgenanntem Unternehmen erst gegen Ende des Verletzungszeitraumes bestellt worden ist, bewirkt also keine dementsprechende zeitliche Haftungsbegrenzung im Hinblick auf dieses Unternehmen; vielmehr bleibt er allein wegen seiner Geschäftsführerstellung bei einem Mittäter[475] über den gesamten Zeitraum haftbar auch für dasjenige, was das andere Unternehmen zu *der* Zeit beigetragen hat, als dort eine andere Person Geschäftsführer war.[476] Ausgenommen von seiner Haftung sind nur solche Akte, die von dem anderweitig vertretenen Unternehmen in Alleintäterschaft begangen worden sind.[477]

4. Haftung von Unternehmen und Gesellschaftern

245 Umgekehrt hat die Gesellschaft für das patentverletzende Handeln ihrer gesetzlichen Vertreter einzustehen (§ 31 BGB). Anderes gilt freilich für privilegierte (§ 11 PatG) Handlungen, zB im privaten Bereich.[478]

246 Die Haftung erstreckt sich – über die vertretene Gesellschaft hinaus – auch auf die (selbst nicht täterschaftlich agierenden und deswegen nicht aufgrund eigener Verletzungshandlung passivlegitimierten) **Gesellschafter** einer oHG (§ 128 Satz 1 HGB), den Komplementär einer Kommanditgesellschaft (§§ 161 Abs 2, 128 Satz 1 HGB) sowie den **Kommanditisten**.

247 Bzgl des Letzteren ist allerdings zu beachten, dass seine Haftung der Höhe nach auf die Einlage beschränkt ist (§§ 171 Abs 1, 128 Satz 1 HGB), deren Höhe sich aus dem Gesellschaftsvertrag ergibt und die im Handelsregister einzutragen ist (§ 162 HGB). Ist die Kommanditeinlage geleistet – was der Kommanditist darzulegen und zu beweisen hat[479] –, entfällt seine Haftung. In der Sache erstreckt sich die persönliche Haftung der Gesellschafter nach gefestigter – allerdings heftig bestrittener[480] - Rechtsprechung des BGH[481] auch auf **unvertretbare Handlungen**, die von der Gesellschaft geschuldet werden, wie Unterlassung und Rechnungslegung. Streitig ist, ob gleiches auch für den Kommanditisten gilt[482] oder seine Haftung stets nur auf Geld gerichtet ist.[483] Folgt man der erstgenannten, wohl herrschenden Auffassung, scheidet eine Unterlassungs- und Rechnungslegungshaftung aus, es sei denn, der Kommanditist ist (zB aufgrund eigener Handlung) aus einem anderen Rechtsgrund als § 171 HGB verpflichtet.

5. Prozessrechtliches

a) Klagenhäufung[484]

aa) Kumulativ

248 Verfügt der Kläger über mehrere parallele Schutzrechte (deutsches Patent, europäisches Patent mit Wirkung für Deutschland, Gebrauchsmuster), so kann er – vorbehaltlich des

---

475 Streng genommen sind sogar die Geschäftsführer der zuammen agierenden Unternehmen die Mittäter.
476 OLG Düsseldorf, Urteil v 20.12.2017 – I-2 U 39/16.
477 OLG Düsseldorf, Urteil v 20.12.2017 – I-2 U 39/16.
478 Vgl BGH, DB 2007, 2142 – Gefälligkeit.
479 BGHZ 109, 334, 343 = BGH, NJW 1990, 1109, 1111.
480 Vgl Koller/Kindler/Roth/Morck, HGB, § 129 Rn 5; Baumbach/Hopt, HGB, § 128 Rn 15–17.
481 BGH, NJW 1957, 871; BGH, NJW 1972, 1421; BGH, BB 1974, 482; BGH, WM 1975, 777.
482 Baumbach/Hopt, HGB, § 171 Rn 2.
483 Koller/Kindler/Roth/Morck, HGB, §§ 171, 172 Rn 7.
484 Vgl Stieper, GRUR 2012, 5; Büscher, GRUR 2012, 16.

Doppelschutzverbotes nach Art II § 8 IntPatPÜG – alle Schutzrechte nebeneinander geltend machen, so dass der Beklagte im Falle einer Verletzung **kumulativ** aus sämtlichen Schutzrechten verurteilt wird.

Solches ist selbstverständlich auch dann möglich und nötig, wenn die mehreren Schutzrechte **denselben Anspruchswortlaut** haben, so dass der Urteilsausspruch für jedes der mit der Klage geltend gemachten Schutzrechte gleich lautet und die kumulative Verurteilung aus mehreren Schutzrechten sich erst aus den Entscheidungsgründen erschließt, die dementsprechend die Anspruchsvoraussetzungen und die aus ihnen resultierenden Rechtsfolgen (zB Schadenersatzzeiträume) für jedes einzelne Schutzrecht gesondert und nebeneinander abzuhandeln und festzustellen haben. Dessen bedarf es allein deswegen, weil jedes Schutzrecht bzgl seines Rechtsbestandes ein unterschiedliches Schicksal nehmen kann und es insofern von erheblichem Interesse ist, ob der(selbe) Urteilsausspruch parallel von mehreren Schutzrechten gestützt wird. Umgekehrt bedeutet dies aber auch, dass es bei Verneinung der Klageansprüche aus einem von mehreren Schutzrechten einer teilweisen Klageabweisung mit entsprechender Kostenquote[485] zu Lasten des Klägers bedarf, selbst wenn seinem Klageantrag – rein formal betrachtet – auf der Grundlage eines anderen Schutzrechts in vollem Umfang entsprochen wird. 249

Hat das Landgericht die Klageansprüche nur auf der Grundlage *eines* der kumulativ verfolgten Schutzrechte zugesprochen, ist zu unterscheiden: Beruht die Nichtbehandlung auf einem Versehen, besteht die Möglichkeit zu einem Antrag auf Urteilsergänzung gemäß § 321 ZPO. Über ihn ist – anders als über Berichtigungsanträge nach §§ 319, 320 ZPO, die im Beschlusswege erledigt werden – durch Urteil zu entscheiden, welches eine Kostenentscheidung sowie einen Ausspruch zur vorläufigen Vollstreckbarkeit zu enthalten hat.[486] Wird die Frist hierzu versäumt, entfällt für das bei der Entscheidung **übergangene Schutzrecht** die Rechtshängigkeit, so dass eine entsprechende neue, auf das übergangene Schutzrecht gestützte Klage eingereicht werden kann. Handelt es sich um eine bewusste Entscheidungslücke (weil das Landgericht ausweislich seiner Entscheidungsgründe geglaubt hat, mit der Zuerkennung der Klageansprüche unter Abhandlung nur eines der mehreren Schutzrechte über alles Nötige entschieden zu haben), scheidet eine Urteilsergänzung gemäß § 321 ZPO aus und es kommt nur die Einlegung einer Berufung[487] in Betracht. Sie ist gegeben, weil das Übergehen eines Schutzrechts eine Verletzung rechtlichen Gehörs darstellt. Im Berufungsverfahren kann das übergangene Schutzrecht im Wege der Klageerweiterung in das Rechtsmittelverfahren eingeführt werden.[488] Wird von dieser Möglichkeit kein Gebrauch gemacht, endet nach Ablauf der Rechtsmittelfrist[489] die Rechtshängigkeit, so dass das nicht beschiedene Schutzrecht zum Gegenstand einer neuen Klage gemacht werden kann. 250

bb) Eventuell

Statt kumulativ kann die Klage auch **eventuell** gehäuft werden mit der Folge, dass das oder die weitere(n) Schutzrecht(e) bloß hilfsweise in den Prozess eingeführt werden und deshalb erst dann zur gerichtlichen Entscheidung anfallen, wenn sich die geltend gemachten Ansprüche nicht aus dem vorrangig verfolgten Schutzrecht ergeben. Die Reihenfolge unter den mehreren Schutzrechten ist vom Kläger festzulegen und für das Gericht verbindlich. Dessen bedarf es auch dann, wenn der Kläger seine Ansprüche wegen Patent- 251

---

485 Im Zweifel sind die Streitwerte für die Einzelschutzrechte nach den – gleichen oder unterschiedlichen – verletzungsrelevanten Laufzeiten der Schutzrechte zu gewichten.
486 OLG Düsseldorf, Urteil v 7.6.2018 – I-2 U 32/17.
487 … oder Anschlussberufung.
488 BGH, NJW-RR 2005, 790.
489 … Berufungs- bzw Anschlussberufungsfrist.

verletzung sowohl aus eigenem Recht (zB als Lizenznehmer) als auch aus abgetretenem fremdem Recht (zB des Patentinhabers) herleitet.[490]

cc) Alternativ

252 Schließlich kann die Klage **alternativ**[491] in dem Sinne gehäuft werden, dass der Kläger sein Begehren (zB Unterlassen des Vertriebs einer bestimmten angegriffenen Ausführungsform) auf mehrere nebeneinander existierende Schutzrechte stützt. Um die gleiche Art der Klagenhäufung handelt es sich auch dann, wenn ein bestimmter Anspruch aus eigenem Recht und – alternativ – nach den Grundsätzen der gewillkürten Prozessstandschaft aus fremdem Recht hergeleitet wird.[492] Der Kläger kann dem Gericht nicht die Auswahl überlassen, auf welchen Klagegrund es seine Verurteilung stützen will. Um dem Bestimmtheitserfordernis des § 253 Abs 2 Nr 2 ZPO zu genügen, muss der Kläger vielmehr die Reihenfolge angeben, in der er die mehreren Schutzrechte im Prozess geltend machen will.[493] Die Bestimmung – an die das Gericht gebunden ist – kann auch noch in der Berufungs- oder Revisionsinstanz nachgeholt werden.[494] Das Wahlrecht kann im Revisionsrechtszug allerdings nach Treu und Glauben dahin beschränkt sein, dass der Kläger zunächst diejenigen Streitgegenstände zur Entscheidung stellen muss, zu denen das Berufungsgericht Feststellungen getroffen hat, so dass eine unnötige Zurückverweisung der Sache vermieden wird.[495]

dd) Übergang

253 Der **Übergang** von der alternativen zur kumulativen Klagehäufung – und umgekehrt – stellt eine Klageänderung dar[496], deren Zulässigkeit an den dafür vorgesehenen prozessualen Vorschriften (§§ 263, 533 ZPO) zu messen ist. In der Revisionsinstanz kann von einer alternativen Klagehäufung nicht mehr zu einer kumulativen, sondern nur noch zu einer eventuellen Klagehäufung übergegangen werden, indem die Reihenfolge angegeben wird, in der die verschiedenen Schutzrechte zur gerichtlichen Entscheidung gestellt werden.[497]

b) Teilurteil

aa) Streitgenossen

254 Werden wegen derselben angegriffenen Ausführungsform auf der Grundlage desselben Patents mehrere Personen (zB die Gesellschaft und ihre gesetzlichen Vertreter) verklagt (sog Klagehäufung), so können sich prozessuale Situationen ergeben, in denen die Sache gegenüber dem einen Beklagten zur Endentscheidung reif ist, gegenüber dem anderen Beklagten hingegen nicht.

255 ▶ **Bsp:**

Klageerweiterung gegen einen Beklagten erst kurz vor dem Verhandlungstermin gegen den anderen Beklagten, Unterbrechung des Verfahrens gegen einen der Beklagten wegen Todes[498], Verlust der Prozessfähigkeit oder Insolvenz (§§ 239, 240, 241 ZPO).

---

490 BGH, MDR 2014, 980.
491 Vgl Döring, Mitt 2012, 49.
492 BGH, GRUR 2017, 397 – World of Warcraft II.
493 BGH, GRUR 2011, 521 – TÜV I; BGH, GRUR 2011, 1043 – TÜV II.
494 BGH, GRUR 2011, 521 – TÜV I.
495 BGH, GRUR 2011, 521 – TÜV I.
496 BGH, GRUR 2011, 521, 522 – TÜV I.
497 BGH, GRUR 2011, 1043 – TÜV II; BGH, GRUR 2012, 1145 – Pelikan; BGH, GRUR 2017, 397 – World of Warcraft II.
498 Dazu gehört auch die Löschung einer – auch ausländischen – juristischen Person, deren Untergang keine Liquidation, sondern eine Gesamtrechtsnachfolge nach sich zieht (BGH, MDR 2017, 346 zur Löschung und Wiedereintragung einer englischen Private Limited Company).

Hier stellt sich die Frage, ob über die entscheidungsreife Klage durch Teilurteil (§ 301 ZPO) erkannt werden kann. Grundsätzlich sind die Möglichkeiten einer solchen »Vorab-Entscheidung« äußerst gering, weil die Rechtsprechung auch bei subjektiver oder objektiver Klagehäufung und bei Teilbarkeit des Streitgegenstandes ein Teilurteil für unzulässig hält, wenn mit ihm die *Gefahr* einander widersprechender Entscheidungen (im Teilurteil einerseits und im späteren Schlussurteil andererseits) verbunden sein *kann*. Insofern genügt als mögliche Ursache eine abweichende Beurteilung durch das Rechtsmittelgericht.[499] Eine solche Situation ist immer dann gegeben, wenn in einem Teilurteil eine Frage zu entscheiden ist, die sich dem Gericht im weiteren bei ihm verbliebenen Verfahren über andere Ansprüche, Anspruchsteile oder Parteien noch einmal stellt oder stellen kann. Es genügt die Möglichkeit einer unterschiedlichen Beurteilung von bloßen Urteilselementen, die weder in Rechtskraft erwachsen noch das Gericht nach § 318 ZPO binden.[500] Nur wo unter allen theoretisch denkbaren Bedingungen widerstreitende Erkenntnisse ausgeschlossen sind, ist prinzipiell Raum für ein Teilurteil.[501] 256

Einige wichtige **Ausnahmen** erkennt die Rechtsprechung allerdings an: 257

— Das Teilurteilsverbot gilt nicht, wenn das Verletzungsverfahren gegen einen von mehreren einfachen Streitgenossen[502] wegen Todes oder Insolvenz unterbrochen ist (§§ 239, 240 ZPO) und keine Anhaltspunkte dafür bestehen, dass die Verfahrensunterbrechung alsbald endet und das Verfahren auch insoweit zeitnah fortgesetzt werden kann.[503] Damit nicht vergleichbar ist der Fall, dass die Parteien den vom (unzulässigen) Teilurteil nicht betroffenen Teil des Rechtsstreits nicht betreiben, weil sie insoweit übereinstimmend das Ruhen des Verfahrens beantragt haben.[504] 258

— Ein Teilurteil ist trotz Insolvenzeröffnung über das Vermögen des Beklagten ferner in Bezug auf den Anspruch auf Drittauskunft gemäß § 140b PatG zulässig, der von der Unterbrechungswirkung des § 240 ZPO nicht erfasst wird.[505] 259

— Gleiches gilt schließlich, wenn nach erfolgter Unterbrechung wegen Insolvenzeröffnung nur ein Teil des Rechtsstreits wieder aufgenommen werden kann (zB deshalb, weil der Rechtsstreit im Rechtsmittelzug nur über einen Teil der Ansprüche als Aktivprozess geführt wird, der wieder aufgenommen werden kann, während der restliche, als Passivprozess betriebene Rechtsstreit mangels Aufnahmemöglichkeit unterbrochen bleiben muss).[506] 260

— Zulässig ist ein abweisendes Teilurteil schließlich dann, wenn es der Klage gegen einen von mehreren einfachen Streitgenossen an der internationalen Zuständigkeit fehlt; hier besteht ein überwiegendes Interesse desjenigen, der zu Unrecht vor dem angerufenen Gericht in Anspruch genommen wird, ihn aus dem Prozess zu entlassen.[507] 261

Außerhalb dieser Sonderfälle stellt der Erlass eines unzulässigen Teilurteils einen wesentlichen Verfahrensmangel dar, der in der Revisionsinstanz von Amts wegen zu berück- 262

---

499 BGH, NJW 2007, 156.
500 BGH, MDR 2012, 304.
501 BGH, NJW 2007, 156.
502 Werden mehrere Beklagte wegen Schutzrechtsverletzung in Anspruch genommen, sind sie wegen sämtlicher Ansprüche, auch wegen desjenigen auf Schadenersatz, einfache Streitgenossen (BGH, GRUR 2017, 520 – MICRO COTTON).
503 BGH, NJW 2007, 156.
504 BGH, MDR 2011, 935.
505 BGH, GRUR 2010, 343 – Oracle.
506 BGH, MDR 2012, 180.
507 BGH, NJW 2015, 2429.

sichtigen ist und zur Aufhebung des Urteils führt.[508] Um solches zu vermeiden, bleibt in geeigneten Konstellationen nur die Möglichkeit, den noch nicht zur Entscheidung reifen Teil in ein gesondertes Verfahren abzutrennen (**§ 145 ZPO**). In geeigneten Konstellationen kann außerdem in Betracht kommen, über die die Gefahr widersprüchlicher Entscheidungen herbeiführende Vorfrage ein Zwischenfeststellungsurteil (**§ 256 Abs 2 ZPO**) zu erlassen, womit die Bedenken gegen ein Teilurteil ausgeräumt sind.[509] Wegen § 308 ZPO bedarf es dafür freilich eines Zwischenfeststellungsantrages der betreffenden Partei.[510]

263 Zu beachten ist freilich, dass ein **Teilurteil** nur vorliegt, wenn das Gericht erkennbar lediglich über einen Teil des Verfahrensgegenstandes befinden und den Rest später erledigen will, wobei dieser Wille in der Entscheidung selbst oder wenigstens aus den Begleitumständen hinreichend zum Ausdruck kommen muss.[511] Daran fehlt es, wenn das Landgericht geglaubt hat, insgesamt über die Klage entschieden zu haben, zB deshalb, weil alle Klageansprüche auf der Grundlage des Klagepatents zugesprochen werden können und deswegen das kumulativ geltend gemachte Klagegebrauchsmuster nicht mehr zur Entscheidung steht.[512]

bb) Mehrere angegriffene Ausführungsformen/mehrere Klageansprüche

264 Vergleichbare Fragestellungen, wie sie unter aa) erörtert sind, ergeben sich, wenn auf der Grundlage eines Klageschutzrechts mehrere schutzrechtsrelevant unterschiedliche Ausführungsformen angegriffen werden und nur eine oder einzelne von ihnen einer sachverständigen Begutachtung bedarf/bedürfen oder wenn zu einem bestimmten Zeitpunkt des Prozesses bloß einzelne Klageansprüche entscheidungsreif sind, während andere noch weitere Ermittlungen erfordern (zB hinsichtlich der materiell wirksamen Übertragung des Klagepatents). In beiden Konstellationen ist ein Teilurteil grundsätzlich schon deswegen unzulässig, weil sich Divergenzen bei der für alle Ausführungsformen und sämtliche Klageansprüche vorzunehmenden Schutzbereichsbestimmung ergeben können. Eine Ausnahme gilt hier – wie oben erwähnt – nur bzgl des Auskunftsanspruchs nach § 140b PatG.

cc) Mehrere parallele Schutzrechte

265 Werden kumulativ mehrere Schutzrechte eingeklagt, auf deren Grundlage jeweils eigene Ansprüche (auf Unterlassung etc) gestützt werden, so kommt eine Teil-Entscheidung über die auf eines der Schutzrechte gegründeten Ansprüche zweifellos dann in Betracht, wenn die mehreren Schutzrechte unterschiedliche Erfindungsgegenstände zum Inhalt haben, so dass ein bestimmtes Auslegungsergebnis, welches das Gericht zu dem einen Schutzrecht gewonnen hat, noch kein Präjudiz für die Auslegung der anderen mit der Klage ebenfalls geltend gemachten Schutzrechte schafft. Umgekehrt ist eine Teilentscheidung klar unzulässig, wenn die mehreren Schutzrechte (die verfahrensrechtlich eigene Streitgegenstände repräsentieren) denselben Inhalt (insbesondere einen identischen Wortlaut) haben, wie dies zB bei einem Patent und einem daraus abgezweigten Gebrauchsmuster oder einen vorangemeldeten nationalen Patent und dem prioritätswahrend nachangemeldeten europäischen Patent der Fall sein kann. Problematisch sind dieje-

---

508 BGH, MDR 2011, 935. Hat das Landgericht ein unzulässiges Teilurteil erlassen, kann das Berufungsgericht das Urteil entweder aufheben und die Sache an das Landgericht zurückverweisen (§ 538 Abs 2 Nr 7 ZPO) oder aber den dort verbliebenen Teil an sich ziehen und mitentscheiden (BGH, WRP 2017, 451 – Flughafen Lübeck).
509 BGH, NJW-RR 2012, 849; OLG Düsseldorf, GRUR 2014, 1190 – Sektionaltorantrieb.
510 BGH, MDR 2005, 645.
511 BGH, NJW 2002, 1115.
512 OLG Düsseldorf, Urteil v 22.5.2014 – I-2 U 22/13.

nigen Fallkonstellationen, die dazwischen liegen, weil die beteiligten Schutzrechte einerseits nicht dieselbe Erfindung zum Gegenstand haben, andererseits aber auch nicht eindeutig verschiedene Erfindungen betreffen, sondern von ähnlichem technischen Inhalt sind. Hier wird den Ausschlag geben müssen, ob der Inhalt der Patent/Gebrauchsmusterschriften so nahe beieinander liegen, dass die Festlegung des Gerichts in der Auslegung des einen Klageschutzrechts und die hierzu angestellten Erwägungen in derselben Weise auch für das andere Klageschutzrecht zutreffen und deshalb in Bezug auf dieses vernünftigerweise kein anderes Auslegungsergebnis in Betracht kommt.

c) Parteiberichtigung

Ist die Bezeichnung des Verletzers als beklagter Partei in einem Rechtsstreit fehlerhaft erfolgt, stellt sich die Frage, ob das Versehen im Wege der Parteiberichtigung korrigiert werden kann.[513] Wer Partei ist, bestimmt sich nicht ausschließlich nach dem Rubrum der Klageschrift. Als prozessuale Willenserklärung sind auch die Klage und die in ihr enthaltende Parteibezeichnung der Auslegung zugänglich. Maßgeblich ist, wer aus Adressatensicht (Gericht und Prozessgegner) objektiv als Träger der jeweiligen Parteirolle gewollt erscheint. Berücksichtigungsfähig sind insoweit das in der Klageschrift einschließlich Anlagen enthaltene rechtliche und tatsächliche Vorbringen zur Begründung des Klageantrages[514], aber auch alle sonstigen für die Ermittlung des tatsächlich Gewollten relevanten Umstände, soweit sie der Gegenseite bekannt oder erkennbar sind. Schließlich kann das Verhalten im Prozess unter dem Gesichtspunkt der Selbstinterpretation von Bedeutung sein.[515] Bei der Auslegung des Klageantrages ist im Zweifel das als gewollt anzusehen, was nach den Maßstäben der Rechtsordnung vernünftig ist und der recht verstandenen Interessenlage der erklärenden Partei entspricht.[516]

266

Wird nach allem ohne vernünftigen Zweifel deutlich, welche Partei wirklich gemeint ist, so steht der entsprechenden **Auslegung des Rubrums** nicht entgegen, dass der Kläger irrtümlich die Bezeichnung einer tatsächlich existierenden, am materiellen Rechtsverhältnis nicht beteiligten Person gewählt hat.[517] Die Auslegung kann auch ergeben, dass der Beklagte als Prozessstandschafter gemeint ist.[518] Bei einer an sich korrekten Bezeichnung einer tatsächlich existierenden natürlichen oder juristischen Person kommt ein objektives Verständnis, eine andere Person sei gemeint, allerdings nur in Betracht, wenn aus dem übrigen Inhalt der Klageschrift unzweifelhaft deutlich wird, dass eine andere und welche Partei tatsächlich gemeint ist.[519] In einem solchen Fall ist wie folgt weiter zu verfahren:

267

– Dem wahren Beklagten ist die Klage zuzustellen, so dass ihm gegenüber ein Prozessrechtsverhältnis begründet wird. Dessen bedarf es nur dann nicht, wenn der in der Zustellung an den Scheinbeklagten liegende Mangel gemäß § 189 ZPO[520] geheilt wor-

268

---

513 In Fällen der Insolvenzeröffnung in Eigenverwaltung bleibt der Insolvenzschuldner weiter passivlegitimiert; das Rubrum ist nur um den Zusatz »in Eigenverwaltung« zu ergänzen (BGH, Beschluss v 29.6.2017 – I ZB 90/15).
514 BGH, MDR 2008, 524; BGH, GRUR 2009, 42, 43 – Multiplexsystem.
515 LG Düsseldorf, InstGE 2, 108, 111 – Verpackungsmaterial.
516 BGH, MDR 2016, 1350.
517 BGH, MDR 2008, 524; BGH, GRUR 2009, 42, 43 – Multiplexsystem; so auch schon LG Düsseldorf, InstGE 2, 108, 111 – Verpackungsmaterial; BAG, MDR 2014, 1273.
518 BAG, MDR 2014, 1273.
519 BGH, MDR 2013, 420.
520 Eine Heilung nach § 189 Alt 2 ZPO kommt nicht in Betracht, wenn sich für den Empfänger einer Klageschrift erst aufgrund einer Auslegung ihres Inhalts ergibt, dass er und nicht die im Rubrum fälschlicherweise genannte Person, der die Klageschrift durch das Gericht zugestellt worden ist, Beklagter im Rechtsstreit sein soll (BGH, NJW 2017, 2472).

den ist, zB deshalb, weil der gesetzliche Vertreter des wahren und des nur scheinbaren Beklagten identisch sind.[521]

269 – Auf Antrag des Scheinbeklagten ist dieser aus dem Rechtsstreit zu entlassen und sind dem Kläger, der die Zustellung der Klageschrift an den Scheinbeklagten durch sein falsches Rubrum veranlasst hat, diejenigen Kosten des Scheinbeklagten aufzuerlegen, die notwendig waren (§ 91 ZPO), um die fehlende Parteistellung des Scheinbeklagten geltend zu machen.[522] Jedenfalls dann, wenn der Kläger nach dem entsprechenden Einwand des Scheinbeklagten dessen mangelnde Identität mit dem gewollten Beklagten unverzüglich anerkannt hat, beschränken sich die erstattungsfähigen Kosten auf eine 0,8 Verfahrensgebühr für sonstige Einzeltätigkeiten gemäß Nr 3403 VV.[523]

270	Praxistipp	Formulierungsbeispiel
	1. Die W. AG ist nicht Beklagte und wird aus dem Rechtsstreit entlassen.	
	2. Ihre außergerichtlichen Kosten werden der Klägerin auferlegt.	

271 Versehen können sich auch in der Weise einschleichen, dass in der Klageschrift irrtümlich eine – falsche – Person als Prozessbevollmächtigter des Beklagten angegeben wird. Geschieht dies, hat die Zustellung der Klageschrift an den benannten Prozessbevollmächtigten des Beklagten zu erfolgen, selbst wenn dieser keine Vertretungsmacht besitzt und ohne dass das Gericht Ermittlungen in dieser Richtung anzustellen hätte.[524] Das Risiko, dass die Vollmacht fehlt und deswegen die Zustellung unwirksam ist, trägt der Kläger, der in seiner Klage die unrichtige Angabe gemacht hat.[525]

272 Bisweilen wird erst **nach Vorliegen des Urteils** geltend gemacht, dass eine Partei falsch bezeichnet sei. Auch hier ist – auf Antrag bzw von Amts wegen – eine Berichtigung (§ 319 ZPO) angebracht, selbst wenn dem Gericht kein Fehler unterlaufen sein sollte, weil ihm bis zur Anbringung des Berichtigungsbegehrens stets die unzutreffende Parteibezeichnung mitgeteilt worden ist und deshalb mit Blick auf das Gericht keine Abweichung des Erklärten vom Gewollten vorliegt. Für die Evidenz der Unrichtigkeit genügt, wenn sich die fehlerhafte Bezeichnung aus anderen, außerhalb des Urteils liegenden, ohne weiteres zugänglichen Umständen (wie einem Handelsregisterauszug) ergibt.[526]

d) Partei- und Prozessfähigkeit

273 In Fällen möglicherweise fehlender Parteifähigkeit ist zu unterscheiden, ob der Mangel der Parteifähigkeit streitig ist oder nicht:

aa) Streitige Sachverhalte

274 Wird eine **nicht existente Partei** verklagt und beruft sie sich auf ihre fehlende rechtliche Existenz, ist sie bis zur Entscheidung des Streits über ihre Parteifähigkeit – kraft Fiktion – als parteifähig zu behandeln. Gleiches gilt für eine klagende Partei, deren Existenz oder sonstige Parteifähigkeit in Zweifel gezogen wird.[527] Die betreffende Partei kann

---

521 LG Düsseldorf, InstGE 2, 108 – Verpackungsmaterial.
522 OLG München, MDR 2010, 113.
523 OLG München, MDR 2010, 113.
524 BGH, MDR 2011, 620 = Mitt 2011, 311 (LS).
525 BGH, MDR 2011, 620 = Mitt 2011, 311 (LS).
526 OLG Celle, MDR 2011, 1255.
527 BGH, WM 2010, 1719.

auch ein Rechtsmittel einlegen, um ihre Nichtexistenz geltend zu machen oder um zu rügen, dass ihre Parteifähigkeit in der Vorinstanz zu Unrecht verneint worden ist[528] oder um ein anderes, ihrem Begehren entsprechendes Sachurteil zu erreichen.[529] Damit ein solches ergehen kann, ist die Parteifähigkeit positiv festzustellen. Sobald Zweifel in dieser Hinsicht dargelegt oder ersichtlich sind, ist das Gericht in jeder Lage des Verfahrens von Amts wegen zu einer Prüfung verpflichtet, wobei die Grundsätze des Freibeweises gelten.[530] Verbleiben nach Ausschöpfung aller erschließbaren Erkenntnisse hinreichende Anhaltspunkte für eine Prozessunfähigkeit, so gehen etwa noch vorhandene Zweifel zu Lasten der betroffenen Partei.[531] Ist von ihrer Prozessunfähigkeit auszugehen, besteht allerdings die Möglichkeit der Bestellung eines Betreuers durch das Vormundschaftsgericht (§ 1896 BGB), worauf das Gericht ggf auch in einem Anwaltsprozess hinzuweisen hat.[532]

Die Fiktion der Parteifähigkeit erstreckt sich auch auf das **Kostenfestsetzungsverfahren**. 275
Wird die Klage mangels Parteifähigkeit abgewiesen, so sind deshalb im Verfahren nach § 104 ZPO die Aufwendungen desjenigen zu berücksichtigen, der für die nicht existente Partei einen Rechtsanwalt beauftragt hat, um die fehlende Parteifähigkeit geltend zu machen.[533] Darüber hinaus kann auch die obsiegende (nicht existente) Partei die Festsetzung derjenigen Kosten verlangen, die durch den Rechtsstreit um ihre Parteifähigkeit entstanden sind.[534]

In **Auslandsfällen** beurteilt sich die Parteifähigkeit nach der lex fori, dh bei einem inlän- 276
dischen Prozess nach § 50 Abs 1 ZPO. Die Parteifähigkeit folgt mithin der Rechtsfähigkeit, für die wiederum das Recht desjenigen Ortes maßgeblich ist, an dem die betreffende Partei ihren gewöhnlichen Aufenthalt bzw (bei juristischen Personen) ihren tatsächlichen Verwaltungssitz hat.[535]

bb) Unstreitige Sachverhalte

Steht die mangelnde Parteifähigkeit nicht im Streit der Parteien, gelten – exemplarisch 277
für eine **GmbH** – folgende Grundsätze:

– Sie ist nur prozessfähig (§ 52 ZPO), **solange** sie **gesetzlich vertreten** ist. Sobald der 278
einzige oder alle Geschäftsführer sein/ihr Amt niedergelegt haben, ist deshalb eine gegen die GmbH gerichtete Klage unzulässig.[536] § 35 Abs 1 Satz 2 GmbHG ändert daran nichts, weil die Vorschrift in Fällen der Führungslosigkeit einer GmbH die gesetzliche Vertretung durch die Gesellschafter nur für die Abgabe und Zustellung von Willenserklärungen gegenüber der GmbH vorsieht, aber keine Handlungsmacht zur Aktivvertretung anordnet, wie sie notwendig ist, um einen Parteiprozess (fort) zu führen. Dem Prozessgegner bleibt allerdings die Möglichkeit, für die prozessunfähige GmbH beim Gericht des Erkenntnisverfahrens oder beim zuständigen Amtsgericht

---

528 BGH, WM 2010, 2380.
529 BGH, WM 2010, 1719.
530 BGH, WM 2010, 2380.
531 BGH, MDR 2011, 63.
532 BGH, MDR 2011, 63.
533 BGH, MDR 2008, 49; aber keine Kostenfestsetzung zugunsten einer nicht existenten Partei, die sich im Rechtsstreit überhaupt nicht auf ihre fehlende Parteifähigkeit berufen hat: OLG Köln, OLG-Report 2008, 816.
534 BGH, MDR 2008, 171.
535 BGH, NJW-RR 2010, 1364; OLG Düsseldorf, Urteil v 17.12.2015 – I-2 U 34/10; zur Parteifähigkeit einer irischen general partnership vgl OLG Karlsruhe, Urteil v 24.1.2018 – 6 U 56/17.
536 BGH, MDR 2011, 56.

die Bestellung eines Prozesspflegers (§ 57 Abs 1 ZPO) oder eines Notgeschäftsführers (§ 29 BGB analog) zu beantragen.[537]

279 – Sobald die GmbH **wegen Vermögenslosigkeit** im Handelsregister **gelöscht** ist (§ 394 Abs 1 FamG), verliert sie ihre Rechtsfähigkeit und infolge dessen auch ihre Parteifähigkeit nach § 50 ZPO.[538] Etwas anderes (im Sinne einer trotz Löschung fortbestehenden Rechts- und Parteifähigkeit) gilt dann, wenn Anhaltspunkte dafür bestehen, dass die Gesellschaft noch über verwertbares Vermögen verfügt. Dafür reicht bei einem Aktivprozess schon die bloße Tatsache, dass die Gesellschaft einen Vermögensanspruch geltend macht (es sei denn, die Forderung ist wertlos[539]), während bei einem Passivprozess die Parteifähigkeit jedenfalls dann bestehen bleibt, wenn der Kläger substantiiert behauptet, bei der Gesellschaft sei noch Vermögen vorhanden.[540] Das gleiche gilt (unabhängig von einem behaupteten Vermögen der Gesellschaft), wenn die liquidierte und im Register gelöschte juristische Person im Passivprozess ein Rechtsmittel eingelegt hat, weil dessen Erfolg einen Kostenerstattungsanspruch (als Aktivposten) begründen könnte und damit der Annahme der völligen Vermögenslosigkeit entgegensteht[541] Keine Bedeutung hat in diesem Zusammenhang, ob sich die beklagte Partei mit ihrem Rechtsmittel gegen die Beurteilung ihrer Parteifähigkeit durch das Erstgericht wendet oder die Abweisung der Klage allein aus materiell-rechtlichen Gründen erstrebt.[542] Eine Besonderheit besteht für das Verfahren der Nichtzulassungsbeschwerde. Weil die Hauptsache dem Revisionsgericht erst anfällt, wenn es der Beschwerde stattgibt und die Revision zulässt, führt ein Wegfall der Parteifähigkeit des Beschwerdeführers während des Nichtzulassungsbeschwerdeverfahrens – anders als beim Wegfall der Parteifähigkeit während des Berufungsverfahrens[543] – zur Unzulässigkeit der eingelegten Nichtzulassungsbeschwerde.[544]

e) Parteierweiterung[545]

280 Im Laufe des Rechtsstreits kann sich zB infolge eines Geschäftsführerwechsels oder aufgrund einer erst im Nachhinein erfolgten Kenntnis des Patentinhabers von weiteren Beteiligten innerhalb der Hersteller- und Vertriebskette für die angegriffene Ausführungsform die Notwendigkeit ergeben, die Klage auf weitere Verletzer auszudehnen. Dies kann problemlos in der Weise geschehen, dass gegen die weiteren Beteiligten eine oder mehrere separate Klage(n) erhoben werden. Dem Kläger wird freilich in der Regel mehr daran gelegen sein, die zusätzlichen Beklagten in den bereits laufenden Prozess einzubeziehen.

aa) I. Instanz

281 Befindet sich der Rechtsstreit noch in erster Instanz, lässt die Rechtsprechung des BGH dies in weiten Grenzen zu.

282 Da die Erstreckung der Klage auf eine weitere Partei als **Klageänderung** angesehen wird[546], setzt ihre Zulässigkeit lediglich voraus, dass entweder der neue Beklagte einwilligt oder aber die Klageänderung sachdienlich ist. Letzteres beurteilt sich nach Gesichts-

---

537 BGH, MDR 2011, 56.
538 BGH, MDR 2011, 56; BGH, MDR 2015, 780.
539 BGH, MDR 2015, 780.
540 BGH, MDR 2011, 56.
541 BGH, NJW-RR 1986, 394; BGH, NJW-RR 1991, 660.
542 BGH, NJW-RR 1991, 660.
543 BGH, NJW 1982, 238.
544 BGH, Beschluss v 27.7.2016 – XII ZR 11/14.
545 Umfassend: Crummenerl, GRUR 2009, 245.
546 BGHZ 131, 76, 79.

punkten der Prozesswirtschaftlichkeit, dh danach, ob mit der Zulassung der Klageerweiterung der zwischen den Parteien bestehende Streitstoff im Rahmen des anhängigen Rechtsstreits ausgeräumt und einem anderenfalls zu gewärtigenden weiteren Rechtsstreit vorgebeugt werden kann.[547]

Solches wird vielfach allein deshalb zu bejahen sein, weil um dasselbe Schutzrecht und um dieselbe angegriffene Ausführungsform gestritten wird und deshalb der Streitstoff weitgehend identisch ist. Dass mit der Zulassung der Klageänderung eine Verzögerung des Prozesses verbunden sein kann, steht der Annahme von Sachdienlichkeit nach Auffassung des BGH grundsätzlich nicht entgegen.[548] Das gilt selbst dann, wenn sich der Prozess bereits in einem fortgeschrittenen Stadium befindet und die Gefahr besteht, dass infolge der Rechtsverteidigung des Weiteren Beklagten eine Beweisaufnahme wiederholt, ergänzt oder neu durchgeführt werden muss.[549] 283

In der Literatur[550] wird allerdings zu Recht eine Grenze dort gezogen, wo die Parteierweiterung mit einer **Prozessverzögerung** verbunden ist, die dem zuerst Beklagten bei objektiver Betrachtung nicht mehr zugemutet werden kann. Denkbar ist derartiges beispielsweise im Bereich der Zulieferindustrie, wo für potentielle Abnehmer schon die Anhängigkeit einer Verletzungsklage als solche ausreicht, das angegriffene Produkt bis zur Klärung des Verletzungsvorwurfs nicht mehr zu beziehen. Ist der Rechtsstreit zugunsten des Beklagten entscheidungsreif und ist bei Zulassung der Parteierweiterung eine nennenswerte Verschleppung des Prozesses zu erwarten, wird dem Interesse des zuerst Beklagten an einer die Rechtsunsicherheit auf dem relevanten Zuliefermarkt ausräumenden Entscheidung jedenfalls dann Vorrang einzuräumen sein, wenn der Kläger die Verzögerung durch frühzeitige Erweiterung der Klage hätte verhindern können.[551] 284

bb) II. Instanz

Deutlich restriktiver sind die Möglichkeiten einer Parteierweiterung auf Beklagtenseite in der Berufungsinstanz. 285

Denn die Annahme einer Sachdienlichkeit hat zur Folge, dass ein bislang Unbeteiligter gegen seinen Willen unter Verlust einer Tatsacheninstanz in einen Prozess hineingezogen wird, auf dessen bisherigen Verlauf er keinen Einfluss nehmen konnte. Weil dies grundsätzlich nicht hinnehmbar ist, fordert die Rechtsprechung für die Zulässigkeit der Parteierweiterung grundsätzlich die **Zustimmung** des neuen Beklagten[552], welche nur ausnahmsweise dann entbehrlich ist, wenn sich ihre Verweigerung als rechtsmissbräuchlich erweist.[553] Sie ist es, wenn unter Berücksichtigung aller Umstände des Falles ein schutzwürdiges Interesse des neuen Beklagten an der Weigerung nicht anzuerkennen ist und ihm zuzumuten ist, in den Rechtsstreit einzutreten, obwohl er bereits in der Berufungsinstanz schwebt.[554] 286

Ein **Missbrauchssachverhalt** liegt zwar noch nicht deswegen vor, weil der neue Beklagte ausreichende Kenntnis über den Streitstoff[555] oder die Möglichkeit zur Kenntniserlan- 287

---

547 BGHZ 143, 189, 197 f.
548 BGHZ 143, 189, 198; BGH, NJW 1985, 1841, 1842.
549 Vgl. BGHZ 131, 76, 79 f.
550 Crummenerl, GRUR 2009, 245.
551 Crummenerl, GRUR 2009, 245.
552 Sie liegt auch dann vor, wenn der neue Beklagte ausschließlich den Sachantrag auf Zurückweisung der Berufung stellt (BGH, NJW-RR 2008, 295, 296).
553 Vgl. BGHZ 90, 17, 19; 65, 264, 268; 21, 285, 289; BGH, NJW 1997, 2885, 2886; BGH, NJW-RR 1986, 356.
554 Vgl. BGH, NJW-RR 2008, 176, 176; BGHZ 21, 285, 290.
555 BGH, NJW-RR 2008, 176 f.

gung und zur Einflussnahme auf den Rechtsstreit hat.[556] Die Verweigerung der Zustimmung kann jedoch rechtsmissbräuchlich sein, wenn der neue Beklagte den Prozessstoff positiv kennt und auf die Prozessführung tatsächlich maßgeblichen Einfluss nimmt.[557] Ferner kann sich aus der konkreten Prozesssituation ergeben, dass der neue Beklagte eine irgendwie geartete Schlechterstellung durch den Verlust der ersten Instanz nicht zu befürchten hat.[558]

f) Insolvenz

288 Gerät der Beklagte in Insolvenz, wird der anhängige Verletzungsrechtsstreit gemäß § 240 ZPO unterbrochen.[559] Das gilt auch in Beziehung zu einem Nebenintervenienten, der dem Rechtsstreit beigetreten ist.[560] Erforderlich für den Eintritt der Unterbrechungswirkung ist – auch bei Bestellung eines vorläufigen Insolvenzverwalters – die Anordnung eines allgemeinen Verfügungsverbotes (§§ 21 Abs 2 Satz 1 Nr 2 Fall 1, 22 Abs 1 Satz 1 InsO), wohingegen ein bloßer Zustimmungsvorbehalt (§ 21 Abs 2 Satz 1 Nr 2 2. Fall InsO) nicht zur Verfahrensunterbrechung führt.[561] Anderes gilt, wenn dem Insolvenzschuldner im Eröffnungsverfahren hinsichtlich der von ihm geführten Aktiv- und Passivprozesse ein Verfügungsverbot auferlegt und der Insolvenzverwalter zur Prozessführung ermächtigt wird.[562] Ist die Unterbrechungswirkung zwischen den Parteien im Streit, ist ihr Eintritt durch Zwischenurteil auszusprechen (§ 303 ZPO), wobei mit Zustimmung der Parteien im schriftlichen Verfahren (§ 128 Abs 2 Nr 1 ZPO) entschieden werden kann.[563] Wurde trotz unterbrochenem (und nicht wieder wirksam aufgenommenem) Verfahren in der Sache entschieden, ist das Urteil nicht nichtig, sondern mit dem statthaften Rechtsmittel anfechtbar.[564] Eine Zurückverweisung der Sache hat an diejenige Instanz zu erfolgen, bei der die Unterbrechung eingetreten ist und zu beachten gewesen wäre.[565] Keine Unterbrechungswirkung hat eine Insolvenzeröffnung, die erst nach Schluss der mündlichen Verhandlung erfolgt, auf die aufgrund dieser Verhandlung zu verkündende Entscheidung (§ 249 Abs 3 ZPO).

289 Ob ein **ausländisches Insolvenzverfahren** zur Unterbrechung eines inländischen Rechtsstreits führt, hängt davon ab, ob das ausländische Verfahren im Inland anzuerkennen ist (§ 352 InsO). Insoweit bedarf es der Differenzierung:

290 – Findet das **Insolvenzverfahren außerhalb der EU** statt, ist § 343 InsO einschlägig. Erforderlich ist, dass der hiesige Rechtsstreit zur Zeit der Insolvenzeröffnung anhängig ist, dass er die Insolvenzmasse betrifft und von seiner Zielsetzung (Gesamtvollstreckung zur grundsätzlich gleichmäßigen Befriedigung aller Gläubiger) einem deutschen Insolvenzverfahren vergleichbar[566] ist. Letzteres wird bejaht für das Verfahren

---

556 BGH, NJW-RR 1986, 356.
557 Vgl. BGHZ 21, 285, 290; BGH, NJW 2000, 1950, 1951; BGH, NJW-RR 1986, 356.
558 Vgl. BGH, NJW-RR 1986, 356; BGH, NJW-RR 1984, 2408, 2409.
559 Wird eine englische Private Limited Company im dortigen Register gelöscht, so fällt ihr in Deutschland befindliches Vermögen nicht an die englische Krone. Solange die Limited in Deutschland noch Vermögen besitzt, das sonst keinem Rechtsträger zugeordnet werden könnte, besteht sie vielmehr in Deutschland als Restgesellschaft fort (OLG Braunschweig, MDR 2016, 1273).
560 BGH, MDR 2014, 794.
561 BGH, MDR 2013, 1117.
562 BGH, MDR 2013, 1117.
563 BGH, GRUR 2010, 861 – Schnellverschlusskappe.
564 BGH, MDR 2013, 1117.
565 BGH, MDR 2013, 1117.
566 BGH, GRUR 2010, 861 – Schnellverschlusskappe.

nach Chapter 11 des US-amerikanischen Bankrupty Code[567], hingegen verneint für die nach englischem Recht mögliche vergleichsplanrechtliche Regelung eines »Scheme of Arrangement«.[568] Lassen sich die vorgenannten Voraussetzungen bejahen, ist der ausländischen Insolvenzeröffnung die Anerkennung (und damit auch die Unterbrechungswirkung) nur dann zu versagen, wenn die Gerichte des Staates der Verfahrenseröffnung nach deutschem Recht nicht zuständig sind oder die Anerkennung gegen den deutschen ordre public verstößt.

– Findet das ausländische **Insolvenzverfahren in** einem Mitgliedstaat der EU statt, richtet sich dessen Anerkennung im Inland ausschließlich nach Art 16 der VO (EG) Nr 1346/2000 vom 29.5.2000 (EuInsVO).[569] Die Vorschrift bestimmt, dass die Eröffnung eines Insolvenzverfahrens[570] durch ein nach Art 3 EuInsVO zuständiges Gericht[571] eines Mitgliedstaates – automatisch – in allen übrigen Mitgliedstaaten anerkannt wird, sobald die Entscheidung im Staat der Verfahrenseröffnung wirksam ist. Sie hat gemäß Art 17 EuInsVO zur Folge, dass die Insolvenzeröffnung in allen Mitgliedstaaten dieselben Wirkungen entfaltet, die ihr im Staat der Verfahrenseröffnung zukommen. Eine Ausnahme gilt nur, wenn das Ergebnis der Anerkennung und Inlandsvollstreckung gegen eine wesentlichen Rechtsgrundsatz verstößt und deshalb in einem nicht hinnehmbaren Gegensatz zur deutschen Rechtsordnung stünde (Ordre-Public-Vorbehalt, Art 26 EuInsVO).[572]

291

Da es sich bei dem Prozess um Ansprüche wegen Verletzung eines gewerblichen Schutzrechts um einen Passivprozess im Sinne von § 86 InsO handelt, kann der Kläger den Rechtsstreit nach Maßgabe des § 86 InsO, insbesondere § 86 Abs 1 Nr 3 InsO, aufnehmen, der für den **Unterlassungsanspruch** analog gilt.[573] Die Aufnahme bedarf daher keiner weiteren Voraussetzungen. Gleiches gilt für den **Vernichtungsanspruch**.[574] Soweit der Rechtsstreit in der Person des Insolvenzschuldners entstandene **Rechnungslegungs- und Schadenersatzansprüche** betrifft (Verletzungshandlungen bis zum Verfügungsverbot), besteht keine Möglichkeit zur direkten Aufnahme des Rechtsstreits nach § 86 InsO[575]; vielmehr sind die §§ 180 Abs 2, 174 Abs 2, 45 Satz 1 InsO zu beachten.[576] Der Insolvenzgläubiger ist zur Aufnahme erst dann berechtigt, wenn er seine Forderung zur Insolvenztabelle angemeldet, eine Prüfung seiner Forderung stattgefunden und der Insolvenzverwalter oder ein anderer Insolvenzgläubiger seinen Widerspruch gegen die Forderung erklärt hat. Die Aufnahme geschieht mit dem Ziel einer Feststellung der Forderung zur Insolvenztabelle.[577] Sie obliegt in erster Linie dem Gläubiger, sofern bereits ein zusprechendes Urteil vorliegt, dem Bestreitenden, falls dieser untätig bleibt, erneut dem Gläubiger.[578]

292

---

567 BGH, GRUR 2010, 861 – Schnellverschlusskappe; BAG, ZIP 2007, 2047; vgl auch LG Mannheim, InstGE 12, 200 – Stickstoffmonoxyd-Nachweis zur Frage der Unterbrechung, wenn der Insolvenzantrag nach Schluss der Verhandlung im Verletzungsprozess und nach Einreichung eines nachgelassenen Schriftsatzes, aber vor Ablauf der nachgelassenen Schriftsatzfrist gestellt wird.
568 OLG Celle, ZIP 2009, 1968.
569 ABl L 160/1.
570 Ein solches ist auch das der Insolvenzeröffnung vorgelagerte freiwillige Vergleichsverfahren nach italienischem Recht (concordatopreventivo): BPatG, GRUR 2014, 104 – Verfahren zum Formen.
571 Der Grundsatz des gegenseitigen Vertrauens verbietet eine Überprüfung der durch das ausländische Gericht bejahten Zuständigkeit: BGH, ZIP 2015, 2331.
572 BGH, ZIP 2015, 2331.
573 BGH, GRUR 2010, 536 – Modulgerüst II; BGH, GRUR 2015, 672 – Videospiel-Konsolen II.
574 BGH, GRUR 2015, 672 – Videospiel-Konsolen II.
575 BGH, GRUR 2015, 672 – Videospiel-Konsolen II.
576 BGH, GRUR 2010, 536 – Modulgerüst II.
577 BGH, GRUR 2015, 672 – Videospiel-Konsolen II.
578 BGH, GRUR 2015, 672 – Videospiel-Konsolen II.

D. Klageverfahren

293 Wird das **Klagepatent** vom Insolvenzverwalter **übertragen** und erklärt er im Hinblick auf einen aus dem Klagepatent anhängigen und nach § 240 ZPO unterbrochenen Verletzungsrechtsstreit die Freigabe des Klagepatents, so genügt dies zur Beendigung der Unterbrechung nicht, wenn die Klage abgewiesen und das Patent mittlerweile abgelaufen ist. Da unter solchen Bedingungen allein noch Rechnungslegungs- und Schadenersatzansprüche in Betracht kommen, bedarf es keiner Freigabeerklärung in Bezug auf das Klagepatent, sondern einer solchen in Bezug auf die besagten Ansprüche wegen Patentverletzung.[579] In der Freigabe des Klagepatents liegt die erforderliche Erklärung im Zweifel noch nicht.[580]

294	Praxistipp	Formulierungsbeispiel

Praktisch ist die vorbezeichnete Aufnahmemöglichkeit freilich von geringer Relevanz, weil rechtsverletzende Handlungen, die der Insolvenzschuldner, seine Mitarbeiter oder Beauftragten vorgenommen haben, als solche noch keine Wiederholungsgefahr in der Person des Insolvenzverwalters begründen, gegen den der Prozess fortzusetzen ist. Das gilt selbst dann, wenn dieser den Betrieb des Insolvenzschuldners fortführt.[581] Es bedarf vielmehr ernsthafter und greifbarer tatsächlicher Anhaltspunkte (im Sinne einer Erstbegehungsgefahr) dafür, dass der Insolvenzverwalter in Zukunft patentverletzende Angebots- oder Vertriebshandlungen aufnehmen wird. Ansprüche auf Schadenersatz und Rechnungslegung kommen überdies ohnehin nur dann in Betracht, wenn mindestens eine Verletzungshandlung des Verwalters tatrichterlich festgestellt ist.

g) Insichprozess

295 Wird die Partei eines Rechtsstreits (zB aufgrund einer Erbschaft oder einer gesellschaftsrechtlichen Übernahme) Gesamtrechtsnachfolger ihres Gegners, endet das Verfahren wegen des Verbots des Insichprozesses in der Hauptsache.[582] Auch eine Kostenentscheidung nach § 91a ZPO kommt grundsätzlich nicht in Betracht.[583]

IV. Klageansprüche[584]

296 Als Folge einer Patentverletzung sieht das Gesetz – nach Maßgabe unterschiedlicher tatbestandlicher Voraussetzungen – eine ganze Reihe von Ansprüchen vor. Stichwortartig aufgelistet sind dies

297 – der in die Zukunft gerichtete Anspruch auf Unterlassung weiterer patentverletzender Handlungen,

298 – der Anspruch auf Zahlung einer angemessenen Entschädigung für die Benutzung des Gegenstandes einer offengelegten Anmeldung,

299 – der Anspruch auf Schadenersatz,

---

579 BGH, Beschluss v 18.12.2017 – X ZR 53/17.
580 BGH, Beschluss v 18.12.2017 – X ZR 53/17.
581 BGH, GRUR 2010, 536 – Modulgerüst II.
582 BGH, MDR 2011, 505.
583 BGH, MDR 2011, 505.
584 Wirtz, Verletzungsansprüche, 2011.

- der das Entschädigungs- und Schadenersatzbegehren vorbereitende Anspruch auf Rechnungslegung über die vorgekommenen Benutzungs- und Verletzungshandlungen, gegebenenfalls einschließlich der eidesstattlichen Versicherung ihrer Richtigkeit, 300

- der Auskunftsanspruch über Herkunft und Vertriebsweg der schutzrechtsverletzenden Ware, 301

- der Anspruch auf Vernichtung der schutzrechtsverletzenden Ware sowie auf Rückruf und Entfernung aus den Vertriebswegen, 302

- der Anspruch auf Urteilsbekanntmachung. 303

- Der Entschädigungs- und der Schadenersatzanspruch werden ergänzt durch den Anspruch auf Rest-Entschädigung, Rest-Schadenersatz und Bereicherungsausgleich. 304

1. Unterlassungsanspruch

Der Unterlassungsanspruch findet seine rechtliche Grundlage sowohl für deutsche wie auch für europäische Patente[585] in § 139 Abs 1 PatG. Er setzt kein Verschulden des Verletzers, sondern lediglich eine widerrechtliche Benutzung der Lehre des Klagepatents voraus. Wegen seiner in die Zukunft weisenden Wirkung muss – im Zeitpunkt der mündlichen Verhandlung vor Gericht[586] – außerdem die Besorgnis bestehen (dh zur Gewissheit des Gerichts nachgewiesen werden), dass es künftig zu Patentverletzungen kommen wird, denen mit dem Unterlassungsanspruch begegnet werden soll. 305

Durchsetzbar ist der Unterlassungsanspruch auch von einer als Inhaber eingetragenen **Patentverwertungsgesellschaft**[587], die patentgemäße Handlungen nicht selbst vornimmt und lediglich darauf abzielt, Verletzer zur Lizenznahme anzuhalten.[588] Das folgt schon daraus, dass die Anspruchsberechtigung an die schlichte Patentinhaberschaft und Rolleneintragung anknüpft und das Patentrecht keinen Benutzungszwang kennt. 306

a) Wiederholungsgefahr

Ist bereits eine rechtswidrige Verletzungshandlung vorgefallen, so ergibt sich aus ihr im Wege der tatsächlichen Vermutung ohne Weiteres die Gefahr, dass in Zukunft weitere Rechtsverletzungen stattfinden werden (sog **Wiederholungsgefahr**).[589] Das gilt auch dann noch, wenn dem Verletzten wegen der Benutzungshandlung Schadenersatz zuerkannt worden ist und der geschuldete Schadenersatz ggf sogar gezahlt ist. Im Falle einer Gesetzesänderung ist erforderlich, dass das fragliche Verhalten schon zum Zeitpunkt seiner Begehung rechtswidrig war.[590] 307

aa) Entstehung

Prinzipiell ist zwischen Herstellungsbetrieben und reinen Vertriebsunternehmen zu unterscheiden. Ist es zu Herstellungshandlungen gekommen, besteht im Allgemeinen eine Begehungsgefahr auch für nachfolgende Angebots- und Vertriebshandlungen, weil die Herstellung eines Produktes typischerweise ihrem anschließenden Verkauf dient. Ein **Hersteller** wird daher regelmäßig wegen sämtlicher Benutzungshandlungen des § 9 Nr 1 308

---

585 Vgl Art 64 EPÜ.
586 BGH, GRUR 2014, 363 – Peter Fechter.
587 Vgl dazu Kessler, Mitt 2011, 489.
588 LG Mannheim, InstGE 11, 9 – UMTS-fähiges Mobiltelefon.
589 BGH, GRUR 2014, 363 – Peter Fechter.
590 BGH, GRUR 2007, 890 – Jugendgefährdende Medien bei eBay.

PatG zu verurteilen sein.[591] Das gilt auch dann, wenn er zwar die angegriffene Ausführungsform nicht selbst fertigt, aber über einen Herstellungsbetrieb verfügt, der ihm bei einem dahingehenden Entschluss eine solche Produktion ermöglichen würde. Ist der Beklagte ein **reines Handelsunternehmen**, so schafft jede Angebotshandlung (zu der auch das Ausstellen auf einer Fachmesse gehört) grundsätzlich eine Begehungsgefahr für das Inverkehrbringen, Gebrauchen, Besitzen und Einführen.[592] Das gilt selbst dann, wenn der Beklagte ausdrücklich bestreitet, bisher außer dem Anbieten andere Benutzungshandlungen vorgenommen zu haben, oder dies zwischen den Parteien ggf sogar unstreitig ist. Eine Verurteilung wegen der Handlungsalternative des Herstellens kommt dagegen wegen der klaren Ausrichtung des Unternehmens auf den Vertrieb nicht in Betracht.[593] Wer einen verletzenden Gegenstand bisher nur **gebraucht** hat (zB zur Fertigung/Bearbeitung von Erzeugnissen in seinem Geschäftsbetrieb), gegen den ist ein über das Gebrauchen und den Besitz sowie ggf die Einfuhr zum Zwecke des Gebrauchs hinausgehendes Verbot nicht gerechtfertigt. Die bloß theoretische Möglichkeit, dass die Herstellungsvorrichtung künftig gebraucht veräußert werden könnte, ändert daran nichts. Vielmehr müssen Umstände vorgetragen werden, aus denen sich, bezogen auf die Restlaufzeit des Patents, die greifbare und alsbaldige Umsetzung eines solchen Entschlusses (im Sinne einer Erstbegehungsgefahr) herleiten lassen.[594]

309 Hat der Beklagte den patentverletzenden Gegenstand auf einer **Fachmesse** ausgestellt, beschränkt sich sein satzungsgemäßer Zweck jedoch darauf, das eigene Vermögen zu verwalten und Dienstleistungen für andere Konzerngesellschaften zu erbringen, und wird der Vertrieb der schutzrechtsverletzenden Produkte konzernintern von anderen Gesellschaften wahrgenommen, so besteht keine Begehungsgefahr für die Handlungsalternativen des Inverkehrbringens, Gebrauchens, Einführens und Besitzens.[595]

310 Eine Benutzung während des **Offenlegungszeitraum**es ist rechtmäßig und begründet für sich noch keine Gefahr, dass die Benutzung nach Patenterteilung – rechtswidrig – fortgesetzt werden wird.[596] Gleiches gilt für Benutzungshandlungen, die aus sonstigen Gründen (zB wegen § 12 PatG oder wegen Erschöpfung, selbst wenn der Erschöpfungstatbestand dem Benutzer [zB bei einer vom Berechtigten initiierten Testbestellung] unbekannt geblieben ist) gerechtfertigt sind.

311 Es findet auch keine **Rechtsnachfolge** in die Wiederholungsgefahr statt[597], gleichgültig, ob sie auf einer persönlichen Verletzungshandlung des Rechtsvorgängers beruht[598] oder darauf, dass Organe des Rechtsvorgängers bzw Mitarbeiter seines Unternehmens eine

---

591 OLG Düsseldorf, Urteil v 6.4.2017 – I-2 U 51/16.
592 OLG Karlsruhe, InstGE 11, 15 – SMD-Widerstand; OLG Düsseldorf, Urteil v 6.4.2017 – I-2 U 51/16. Anders die BGH-Rechtsprechung zum Markenrecht (BGH, GRUR 2010, 1103 – Pralinenform II): Das Ausstellen eines schutzrechtsverletzenden Gegenstandes (Praline mit markengeschützter Form) auf einer inländischen Messe (Süßwarenmesse) soll ohne besondere Anhaltspunkte weder eine Wiederholungsgefahr noch eine Erstbegehungsgefahr für das Anbieten und Inverkehrbringen solcher Gegenstände begründen. Dahinter steht die Überlegung, dass jede dem Schutzrechtsinhaber vorbehaltene Benutzungshandlung einen eigenen Streitgegenstand bildet. Gleicher Ansicht für das Patentrecht: LG Mannheim, InstGE 13, 11 = LG Mannheim, GRUR-RR 2011, 83 – Sauggreifer. Einen allgemeinen Erfahrungssatz, dass jede Ausstellungshandlung auf den späteren Vertrieb gerichtet ist und damit eine entsprechende Begehungsgefahr schafft, lehnt der BGH (GRUR 2015, 603 – Keksstangen) auch für das Wettbewerbsrecht ab, wenn die Messe nur dem Fachpublikum zugänglich war und es um die Gefahr eines Vertriebs bei den Verbrauchern geht.
593 OLG Düsseldorf, Urteil v 6.4.2017 – I-2 U 51/16.
594 OLG Düsseldorf, Urteil v 25.10.2018 – I-2 U 30/16.
595 LG Mannheim, InstGE 6, 9 – Kondensator für Klimaanlage.
596 LG Düsseldorf, InstGE 7, 1 – Sterilisationsverfahren; vgl auch BGH, GRUR 1996, 190 – Polyferon.
597 Kritisch: Mels/Franzen, GRUR 2008, 968; umfassend: Freund, Rechtsnachfolge in Unterlassungspflichten, 2008.
598 BGH, GRUR 2006, 879 – Flüssiggastank.

Verletzungshandlung begangen haben.[599] Solche Handlungen begründen für den Rechtsnachfolger allein auch keine Erstbegehungsgefahr.[600] Insoweit handelt es sich nämlich um ein zwar rechtserhebliches, aber dennoch rein tatsächliches Verhalten, hinsichtlich dessen keine Zurechnung stattfindet. Das gilt gleichermaßen im Hinblick auf Handlungen des Insolvenzschuldners, die in der Person des Insolvenzverwalters auch dann keine Wiederholungsgefahr begründen, wenn er den Betrieb des Insolvenzschuldners fortführt.[601]

– Zu beachten ist, dass dies nur für eine Wiederholungsgefahr gilt, die in der Person desjenigen entstanden ist, der im Zuge der gesellschaftsrechtlichen Vorgänge seine Existenz verliert (bei einer Verschmelzung ist dies der **übertragende Rechtsträger**[602]). Ist zum Zeitpunkt des Wirksamwerdens der Verschmelzung (oder sonstigen Rechtsnachfolge) bereits ein Verletzungsprozess anhängig, kann der Unterlassungsanspruch gegenüber dem in den Rechtsstreit einrückenden Rechtsnachfolger nur dann weiterverfolgt werden, wenn eigene Verletzungshandlungen oder zumindest die Erstbegehungsgefahr tragende Vorbereitungen des Rechtsnachfolgers behauptet werden können; ansonsten ist der Unterlassungsanspruch für in der Hauptsache erledigt zu erklären. Ansprüche auf Auskunftserteilung, Rechnungslegung, Entschädigung, Schadenersatz, Rückruf und Vernichtung können in dem Umfang weiter geltend gemacht werden, wie sie »zu Lebzeiten« des Rechtsvorgängers begründet worden sind, weil für sie der Rechtsnachfolger wie für eigene Verbindlichkeiten haftet. Praktisch bedeutet dies, dass die besagten Ansprüche auf solche Verletzungshandlungen zu beschränken sind, die bis zum Erlöschen des Rechtsvorgängers durch ihn unternommen wurden. 312

– Genau gegenteilig (im Sinn einer fortbestehenden Wiederholungsgefahr) verhält es sich im umgekehrten Fall, dass die Verletzungshandlung von dem **übernehmenden** (und rechtlich weiterexistierenden) **Rechtsträger** bzw dessen Personal begangen worden ist; hier beseitigt die rein aufnehmende Rechtsnachfolge eine einmal begründete Wiederholungsgefahr nicht.[603] Gleiches gilt selbstverständlich erst recht bei einem die Identität des Rechtsträgers unberührt lassenden bloßen Formwechsel (zB nach §§ 190 ff UmwG).[604] Hier können sämtliche Klageansprüche unverändert (weiter-)verfolgt werden. 313

Praxistipp:	Formulierungsbeispiel	314

In Fällen der Verschmelzung ist folglich zu unterscheiden. Eine durch das *übernehmende* Unternehmen begründete Wiederholungsgefahr besteht nach der Verschmelzung fort; eine durch das *übertragende* Unternehmen begründete Wiederholungsgefahr erlischt mit dem Vollzug der Verschmelzung.

Eine Sonderbehandlung ist für **vertragliche Unterlassungspflichten** aufgrund einer Verpflichtungserklärung angebracht; sie gehen (zB bei einer Übernahme des Erklärenden nach den Regeln des UmwG) auf den Rechtsnachfolger (sic: das den Erklärenden über- 315

---

599 BGH, GRUR 2007, 995 – Schuldnachfolge.
600 BGH, GRUR 2007, 995 – Schuldnachfolge.
601 BGH, GRUR 2010, 536.
602 Maßgeblich für das Erlöschen des übertragenden Rechtsträgers ist der Zeitpunkt, zu dem die Verschmelzung im Handelsregister eingetragen wird (§ 20 Abs 1 UmwG).
603 BGH, GRUR 2015, 813 – Fahrdienst zur Augenklinik.
604 BGH, GRUR 2015, 813 – Fahrdienst zur Augenklinik.

nehmende Unternehmen) über⁶⁰⁵ und sind daher auch ihm gegenüber prinzipiell geeignet, die Wiederholungsgefahr zu beseitigen.⁶⁰⁶ Voraussetzung ist allerdings, dass nach den gesamten Umständen zu erwarten ist, dass sich auch der Rechtsnachfolger (der ja selbst keine Unterlassungsverpflichtungserklärung abgegeben hat) an die Verpflichtungszusage seines Rechtsvorgängers gebunden fühlt und halten wird.⁶⁰⁷ Das verlangt, dass sich der Rechtsnachfolger auf die im Wege der Rechtsnachfolge auf ihn übergegangene Unterlassungspflicht beruft und dadurch zu erkennen gibt, dass die vertragliche Unterlassungserklärung den Streit auch in Bezug auf seine Person regeln soll.⁶⁰⁸ Weiterhin muss die Vertragsstrafe auch in Bezug auf den Rechtsnachfolger geeignet erscheinen, die Gewähr für ein künftig rechtstreues Verhalten zu bieten.

316 Ungeachtet dessen kann eine rechtmäßige Benutzungshandlung (zB während des Offenlegungszeitraumes) Anlass geben, die **Behauptung aufzustellen**, dass es auch nach erfolgter Patenterteilung und deren Veröffentlichung zu weiteren (jetzt rechtswidrigen) Benutzungshandlungen gekommen ist. Nach den Umständen des Falles lässt sich ein solcher Vortrag nicht als ins Blaue hinein aufgestellt abtun, weswegen der Beklagte gehalten ist, sich zu der fraglichen Behauptung (der Wahrheit gemäß, § 138 ZPO) zu erklären. Im Allgemeinen kann dies freilich durch pauschales Bestreiten geschehen, ohne dass es dezidierter Angaben dazu bedarf, auf welche Weise der ursprüngliche Benutzungsgegenstand nach der Patenterteilung ggf abgewandelt worden ist.

bb) Beendigung

317 Ausgeräumt werden kann die Wiederholungsgefahr – außer durch den Ablauf des Schutzrechts⁶⁰⁹ – grundsätzlich nur durch die Abgabe einer unwiderruflichen Unterlassungserklärung, die mit einem ausreichenden Vertragsstrafeversprechen gesichert ist.⁶¹⁰ Sie ist ausnahmsweise ungeeignet, wenn der Schuldner erkennbar zahlungsunfähig ist. Anstelle einer Vertragsstrafe darf nicht auf die Ordnungsmittel des § 890 ZPO Bezug genommen werden, weil deren Verhängung nur bei Vorliegen eines Vollstreckungstitels (zB Urteil, einstweilige Verfügung, Prozessvergleich⁶¹¹) möglich ist, so dass die Verpflichtungserklärung im Ergebnis ohne Strafbewehrung bliebe.

318 Die Erklärung muss **ernstlich gemeint** sein. Das wird noch nicht dadurch in Zweifel gezogen,

319 – dass der Unterlassungsschuldner betont, er gebe die Verpflichtungserklärung aus freien Stücken und ohne dass eine Rechtspflicht hierzu bestehe, ab. Eine vertragsstrafegesicherte Unterlassungserklärung verliert ihre Ernstlichkeit deshalb nicht durch die einleitende Bemerkung, es werde jede Patentverletzung bestritten und die Unterlassungserklärung lediglich als Zeichen des guten Willens und zur Vermeidung eines rein akademischen Streits um die geltend gemachten Unterlassungsansprüche ohne

---

605 ... und erstrecken sich dort nicht nur auf den übergegangenen Geschäftsbetrieb des Veräußerers, sondern auf das Gesamtunternehmen des Erwerbers (OLG Karlsruhe, GRUR-RR 2014, 362 – Unternehmensübergang).
606 OLG Karlsruhe, GRUR-RR 2014, 362 – Unternehmensübergang, mwN zum Streitstand.
607 OLG Karlsruhe, GRUR-RR 2014, 362 – Unternehmensübergang.
608 OLG Karlsruhe, GRUR-RR 2014, 362 – Unternehmensübergang.
609 BGH, GRUR 2014, 363 – Peter Fechter.
610 BGH, GRUR 1996, 290, 292 – Wegfall der Wiederholungsgefahr I.
611 In den Prozessvergleich selbst kann eine Ordnungsmittelandrohung freilich ebenfalls nicht wirksam aufgenommen werden, und zwar selbst dann nicht, wenn der Vergleich gemäß § 278 Abs 6 ZPO gerichtlich festgestellt worden ist (BGH, WM 2012, 1489). Geschieht dies dennoch, scheidet die Verhängung von Ordnungsmitteln aus. Gestützt auf den Vergleich hat der Gläubiger vielmehr auf einen gerichtlichen Androhungsbeschluss anzutragen. Erst danach vorgefallene Zuwiderhandlungen sind vollstreckungsrechtlich relevant.

jede Anerkennung einer Rechts- oder Kostentragungspflicht abgegeben[612], solange zweifelsfrei ist, dass die Unterlassungsverpflichtung als solche für den Erklärenden rechtsverbindlich sein soll.

– Unschädlich ist, wenn die Unterwerfungserklärung mit dem Vorbehalt abgegeben wird, dass sie vom Gläubiger **vertraulich** zu behandeln ist. 320

– Ebenso wenig schadet es, wenn die Geltung der Unterlassungsverpflichtung unter die auflösende **Bedingung** gestellt wird, dass das geltend gemachte Schutzrecht bestandskräftig vernichtet oder in einer von dem angegriffenen Gegenstand nicht mehr benutzten Weise eingeschränkt wird. 321

– Zulässig ist ferner eine Bedingung des Inhalts, dass die Rechtslage nachträglich höchstrichterlich dahingehend geklärt wird, dass das beanstandete Verhalten nicht widerrechtlich ist. Allerdings muss, damit im Nachhinein keine Zweifel über die Voraussetzungen eines Außerkrafttretens der Verpflichtungserklärung entstehen können, unmissverständlich klargestellt werden, welche konkrete Rechtsfrage in welchem Sinne entschieden werden muss, damit die Unterlassungserklärung ihre Wirkung verliert.[613] 322

– Unschädlich ist schließlich ein Vorbehalt, nur bei schuldhaften Verstößen haften zu wollen.[614] Eine solche Klausel schließt das Einstehenmüssen für Erfüllungsgehilfen, wie sie sich aus § 278 BGB ergibt, nicht aus. Wird die Vertragsstrafe ausdrücklich nur für eigenes Verschulden – unter Ausschluss einer Anwendung des **§ 278 BGB** – versprochen (indem der Schuldner zB eine Unterlassungserklärung abgibt, mit der er eine Vertragsstrafe lediglich für den Fall einer im Sinne von § 890 ZPO schuldhaften Zuwiderhandlung verspricht) entfällt die Widerholungsgefahr nach vorherrschender Auffassung nicht.[615] Allerdings kann, sofern der Gläubiger eine solche (unzureichende) Erklärung annimmt, ein Erlassvertrag zustande kommen, der einen Verzicht des Gläubigers auf den (an sich fortbestehenden) gesetzlichen Unterlassungsanspruch inter partes beinhaltet.[616] 323

Wird die Unterwerfungserklärung vorprozessual von einem Anwalt abgegeben und weist dieser trotz Aufforderung seine **Vollmacht** für eine derartige Erklärung nicht nach, so ist allerdings die erforderliche Ernstlichkeit zu verneinen.[617] Gleiches gilt, wenn sich der im Ausland ansässige Verletzer weigert, für die Geltendmachung der Vertragsstrafe bei Zuwiderhandlung gegen die Unterlassungserklärung einen deutschen Gerichtsstand zu vereinbaren.[618] 324

Nach Inhalt und Umfang muss die **Unterwerfungserklärung** dem Urteilstenor entsprechen, der in einem streitigen Gerichtsverfahren ergehen würde.[619] Eine Formulierung, die nicht am Anspruchswortlaut des Klagepatents orientiert (und insoweit verallgemeinernd) ist, sondern sich nur auf die konkret angegriffene Ausführungsform bezieht, ist deswegen unzureichend. Grundsätzlich ist es Sache des Verletzers, eine zur Ausräumung der Wiederholungsgefahr hinreichende Unterwerfungserklärung abzugeben, und zwar 325

---

612 LG Düsseldorf, InstGE 5, 1 – Unterstretch.
613 OLG Düsseldorf, InstGE 5, 68 – Bedingtes Unterlassungsversprechen.
614 BGH, GRUR 1985, 155, 156 – Vertragsstrafe bis zu … I.
615 OLG Frankfurt/Main, GRUR-RR 2003, 198, 199 f.
616 OLG Frankfurt/Main, GRUR-RR 2003, 198, 199 f.
617 OLG Karlsruhe, Mitt 2007, 188 – Unterlassungserklärung durch Anwalt.
618 KG, GRUR-RR 2014, 351 – Ausländischer Gerichtsstand.
619 BGH, GRUR 1996, 290, 291 – Wegfall der Wiederholungsgefahr I; BGH, GRUR 1997, 379 – Wegfall der Wiederholungsgefahr II.

auch dann, wenn die vom Verletzten geforderte Unterlassungserklärung zu weit gefasst sein sollte.[620]

326 Um die Wiederholungsgefahr auszuräumen, muss die Unterwerfungserklärung nicht angenommen werden.[621]

327 Hat einer von **mehreren Patentinhabern** abgemahnt und der Verletzer daraufhin eine strafbewehrte Unterlassungserklärung abgegeben, ist die Wiederholungsgefahr, weil sie unteilbar ist, auch im Hinblick auf die übrigen Mitinhaber beseitigt. Es liegt ein Fall der sog Drittunterwerfung vor, die ausreicht, wenn keine Zweifel an der Ernsthaftigkeit der Unterwerfungserklärung bestehen.[622] Letzteres ist besonders sorgfältig dann zu prüfen, wenn der durch die Drittunterwerfung Begünstigte selbst nicht abgemahnt hatte, weil unter solchen Bedingungen fraglich sein kann, welches Interesse der Empfänger der Drittunterwerfung tatsächlich hat, das weitere Verhalten des Verletzers zu überwachen und etwaige weitere rechtsverletzende Handlungen durch ihn zu unterbinden.[623] Andererseits kommt die von der Gesellschaft abgegebene Unterwerfungserklärung ihren mithaftenden Geschäftsführern nicht zugute; diese müssen vielmehr in eigener Person eine Verpflichtungserklärung abgeben, um den aus der geschehenen Patentverletzung resultierenden, gegen sie persönlich begründeten Unterlassungsanspruch zu Fall zu bringen.

328 Unzureichend ist gleichfalls die bloße Aufgabe der Verletzungshandlungen, selbst wenn sie im Zuge der Einstellung des gesamten Geschäftsbetriebes geschieht. Das gilt auch für Fälle **mittelbarer Patentverletzung**. Allein die Empfehlung an den Abnehmer, das Mittel patentfrei zu verwenden, räumt die durch vorhergehende Verletzungshandlungen begründete Wiederholungsgefahr nicht aus.[624] Gelingt es dem Beklagten, die Wiederholungsgefahr zu beseitigen, indem er während des Rechtsstreits eine entsprechende Unterlassungserklärung abgibt, so hat der Kläger den Unterlassungsanspruch für in der Hauptsache erledigt zu erklären.

329 Nach Abgabe einer hinreichenden Unterwerfungserklärung **lebt** die Wiederholungsgefahr **erneut auf** (mit der Folge, dass auf Unterlassung etc geklagt werden kann), wenn der Verletzer – nicht notwendigerweise schuldhaft – gegen seine Verpflichtungserklärung verstößt, indem er schutzrechtsverletzende Handlungen vornimmt. Ob diese Wiederholungsgefahr abermals durch eine strafbewehrte Unterlassungserklärung ausgeräumt werden kann, ist Frage des Einzelfalles; sie setzt in jedem Fall eine erheblich höhere Strafbewehrung voraus.[625] Bei einem Vetrtragsstrafeversprechen nach Hamburger Brauch kann dies durch die Aufnahme einer festen Untergrenze geschehen.[626]

b) Erstbegehungsgefahr

330 Hat sich eine Verletzungshandlung noch nicht ereignet (oder ist sie dem Kläger nicht bekannt geworden), müssen greifbare Anhaltspunkte dafür bestehen (dh vom Kläger vorgetragen und erforderlichenfalls unter Beweis gestellt werden), dass eine Patentverletzung nach den gesamten Umständen unmittelbar bevorsteht (sog Erstbegehungsgefahr). Das in Rede stehende Verhalten muss im Zeitpunkt seiner drohenden Begehung rechtswidrig sein.[627] Es muss darüber hinaus die drohende Verletzungshandlung so konkret

---

620 KG, GRUR-RR 2013, 335 – Zweifelhafte Drittunterwerfung.
621 BGH, GRUR 2006, 878 – Vertragsstrafevereinbarung; BGH, GRUR 2010, 355 – Testfundstelle.
622 Vgl dazu: KG, GRUR-RR 2013, 335 – Zweifelhafte Drittunterwerfung.
623 KG, GRUR-RR 2013, 335 – Zweifelhafte Drittunterwerfung.
624 BGH, GRUR 2006, 839 – Deckenheizung.
625 OLG Köln, WRP 2015, 387 – Joop Freigeist.
626 OLG Köln, WRP 2015, 387 – Joop Freigeist.
627 BGH, GRUR 2007, 890 – Jugendgefährdende Medien bei eBay.

abzeichnen, dass sich für alle Tatbestandsmerkmale zuverlässig beurteilen lässt, ob sie verwirklicht werden.[628]

aa) Entstehung

Hierfür kann im Einzelfall ausreichen, dass sich der Beklagte berühmt, eine bestimmte Handlung vornehmen (zB die als patentverletzend beanstandete Vorrichtung herstellen und vertreiben) zu dürfen. Erforderlich ist jedoch, dass sich aus der Berührung die in naher Zukunft ernsthaft drohende Gefahr einer Begehung ergibt.[629] Eine solche **Berühmung** kann auch im Rahmen eines anhängigen Rechtsstreits erfolgen, zB dadurch, dass der Beklagte gegenüber der Klage geltend macht, das angegriffene Verhalten stelle überhaupt keinen Eingriff in das Klagepatent dar. Um als eine die Erstbegehungsgefahr begründende Berühmung zu gelten, muss die Rechtsverteidigung allerdings in einer Weise geschehen, dass ihr die ernstliche Bereitschaft entnommen werden kann, sich im Sinne der zur Rechtsverteidigung vertretenen Auffassung zu verhalten.[630] Aus Gründen der Vorsicht sollte der Beklagte, wenn er dem Vorwurf der Patentverletzung entgegentritt, klarstellen, dass seine Ausführungen ausschließlich der Rechtsverteidigung im Prozess und nicht der Berühmung dienen. Die Durchführung einer Besichtigungs- oder Vorlagemaßnahme stellt, weil sie auf einem bloßen Verdacht fusst, grundsätzlich noch keine Berühmung dar.[631] Wer verletzende Produkte im Inland herstellt, schafft *regelmäßig* die Gefahr ihres anschließenden inländischen Angebots und Vertriebs, wer verletzende Produkte im Inland anbietet, begründet *im Allgemeinen* die Gefahr ihres nachfolgenden Vertriebs. 331

Benutzungshandlungen **während** des **Offenlegungszeitraum**es oder sonst rechtmäßige Verhaltensweisen (zB § 12 PatG) schaffen idR keine Erstbegehungsgefahr für ihre Fortsetzung nach erfolgter Patenterteilung[632]; ebenso wenig Verletzungshandlungen des Rechtsvorgängers, seiner Organe oder Mitarbeiter.[633] Irrelevant sind gleichfalls unredlich durchgeführte Testkäufe.[634] Eine – nicht verallgemeinerungsfähige – Ausnahme von dem Grundsatz, dass rechtmäßiges Tun keine Erstbegehungsgefahr begründen kann, hat der BGH[635] für den Sonderfall zugelassen, dass sich die Rechtmäßigkeit der Benutzung aus dem Gesichtspunkt der Erschöpfung ergibt *und* dem Benutzer der zur Erschöpfung führende Lebenssachverhalt (zB Aufgabe der Bestellung patentgemäßer Gegenstände durch einen vom Patentinhaber legitimierten Testkäufer) unbekannt geblieben ist, weil hier die ernstzunehmende Besorgnis besteht, dass der Handelnde bei nächster Gelegenheit, wenn die Erschöpfungsvoraussetzungen nicht vorliegen, wiederum patentbenutzende Gegenstände bereitstellen wird. 332

Gleiches gilt bei auslaufendem Patentschutz für einen Arzneimittelwirkstoff. Hier schafft allein das erhebliche wirtschaftliche Interesse eines **Generikaherstellers**, mit der Aufnahme in die Lauer-Taxe kurz vor Ablauf des Patentschutzes zu beginnen, selbst dann keine Erstbegehungsgefahr, wenn – wegen des Erscheinens der Lauer-Taxe in vorgegebenen festen Abständen – einer möglichen Patentverletzung nicht mehr durch eine erst nach erfolgter Aufnahme in die Taxe beantragte einstweilige Verfügung abgeholfen werden kann und der Generikahersteller sich auf eine vorgerichtliche Abmahnung außerdem nicht zu einer Verpflichtungserklärung bereit erklärt hat, vor Ablauf des Patentschutzes 333

---

628 BGH, WRP 2016, 1351 – Stirnlampen.
629 BGH, GRUR 2011, 1038 – Stiftparfüm.
630 BGH, NJW-RR 2001, 1483 – Berühmungsaufgabe.
631 Vgl unten Kap G Rdn 12.
632 LG Düsseldorf, InstGE 7, 1 – Sterilisationsverfahren; vgl auch BGH, GRUR 1996, 190 – Polyferon.
633 BGH, GRUR 2007, 995 – Schuldnachfolge.
634 BGH, GRUR 2017, 1140 – Testkauf im Internet.
635 BGH, GRUR 2012, 1230 – MPEG-2-Videosignalcodierung.

keinen Antrag auf Aufnahme in die Lauer-Taxe zu stellen.[636] Erst recht wird eine Erstbegehungsgefahr nicht schon dadurch begründet, dass das Generikaunternehmen vor Ablauf des Patentschutzes im Besitz einer europäischen Arzneimittelzulassung für das Generikum ist, sofern die Zulassung bei Nichtbenutzung während der restlichen Patentlaufzeit nicht verfällt (und deswegen für eine Benutzungsabsicht ausschließlich nach Ende des Patentschutzes Sinn macht), und vorgerichtliche Hinweisschreiben des Patentinhabers unbeantwortet gelassen und geforderte Zusagen, vor Ende des Patentschutzes nicht auf den Markt zu treten bzw die Absicht eines Markteintritts mindestens 8 Wochen vorher anzuzeigen, verweigert werden.[637]

334 Die Erhebung einer **negativen Feststellungsklage im Ausland**, mit der die Frage der Patentverletzung für ein deutsches Schutzrecht geklärt werden soll, schafft – jedenfalls für sich allein – noch keine Erstbegehungsgefahr für inländische Benutzungshandlungen.

335 Eine Erstbegehungsgefahr wird regelmäßig auch noch nicht durch Ausstellungshandlungen auf einer **ausländischen Messe** begründet, selbst wenn der Aussteller ein inländisches Unternehmen ist.[638]

336 Sie soll (auf einer inländischen Messe) auch nicht dadurch hervorgerufen werden, dass ein Medizinprodukt präsentiert wird, das mangels CE-Zertifizierung **nicht marktfähig** ist, und zwar selbst dann, wenn das spätere marktfähige Produkt mit dem ausgestellten identisch ist.[639]

337 **Kritik:** Dem ist zu widersprechen, weil die Messepräsentation als (sogar eine Wiederholungsgefahr begründendes) Angebot zu qualifizieren ist. Die mangelnde Zertifizierung mag einer augenblicklichen Lieferbereitschaft entgegenstehen, die allerdings ohnehin keine Voraussetzung für die Benutzungsform des Anbietens ist. Allenfalls bei einer erkennbaren Produktstudie wird ein Angebot und eine Begehungsgefahr zu verneinen sein.

bb) Beendigung

338 An die Beseitigung der Erstbegehungsgefahr sind grundsätzlich weniger strenge Anforderungen zu stellen als an den Fortfall der durch eine Verletzungshandlung begründeten Wiederholungsgefahr. Eine durch Berühmung geschaffene Erstbegehungsgefahr und mit ihr der Unterlassungsanspruch entfallen im Allgemeinen mit der Aufgabe der Berühmung. Eine solche liegt jedenfalls in der uneingeschränkten und eindeutigen Erklärung, dass die beanstandete Handlung in der Zukunft nicht vorgenommen werde.[640] Solches ist beispielsweise der Fall, wenn die Geschäftsbeziehung zum vorgesehenen Lieferanten ausgesetzt wird, um neue Produkte zu erarbeiten, dies dem Schutzrechtsinhaber mitgeteilt wird und zwischen der Mitteilung und der Klageerhebung nahezu 1,5 Jahre vergangen sind, ohne dass der Beklagte wieder in rechtsverletzender Weise auf dem Markt aufgetreten ist oder wenigstens nach außen erkennbare Vorbereitungshandlungen hierfür getroffen hat.[641]

---

636 OLG Düsseldorf, Mitt 2006, 426.
637 LG Düsseldorf, Urteil v 12.4.2012 – 4a O 16/12; bestätigt durch OLG Düsseldorf, GRUR-RR 2013, 241 – HIV-Medikament.
638 LG Hamburg, GRUR-RR 2014, 137 – Koronarstent.
639 LG Hamburg, GRUR-RR 2014, 137 – Koronarstent.
640 BGH, WRP 2001, 1076, 1079 f – Berühmungsaufgabe; strenger: Köhler, GRUR 2011, 879, der nach erfolgter Abmahnung eine strafbewehrte Unterlassungserklärung verlangt.
641 BGH, WRP 2016, 1351 – Stirnlampen.

c) Sonderkonstellationen

Zu beachten ist, dass aus einer bereits **verjährten Verletzungshandlung**, sobald Verjährung eingetreten ist und der Beklagte sich hierauf beruft (Einrede!), keine Wiederholungsgefahr und auch keine Erstbegehungsgefahr mehr hergeleitet werden kann. Da jede neue Verletzungshandlung einen erneuten Unterlassungsanspruch auslöst, der einer eigenen, neuen Verjährung unterliegt, steht es dem Anspruchsteller in solchen Fällen allerdings frei, sich für seinen Unterlassungsanspruch auf eine weitere, in unverjährter Zeit begangene Verletzungshandlung des Anspruchsgegners zu berufen. Ebenso ist es möglich, die Voraussetzungen einer Erstbegehungsgefahr darzutun, wobei freilich die dem verjährten Unterlassungsanspruch zugrunde liegende Handlung außer Betracht zu bleiben hat.

339

Besonderheiten gelten schließlich bei **Verwendungsansprüchen**, wenn der Schutzbereichseingriff in Angebot und Vertrieb einer für den geschützten Gebrauch sinnfällig hergerichteten Sache liegt und die Sache darüber hinaus patentfrei einsetzbar ist. Zu Einzelheiten vgl oben Kap A Rdn 366.

340
341

d) Mittelbare Patentverletzung

In Fällen mittelbarer Patentverletzung (§ 10 PatG)[642] ist der Unterlassungsantrag gegen das Anbieten und den Vertrieb derjenigen Mittel zu richten, die sich auf ein wesentliches Element der Erfindung beziehen und die zur Benutzung der Erfindung im Geltungsbereich des PatG geeignet und bestimmt sind. Gegen das Herstellen und den Besitz kann ebenso wenig vorgegangen werden wie gegen das Anbieten und Liefern von Mitteln zur Benutzung im Ausland.[643]

342

Sofern das gelieferte Mittel – technisch und wirtschaftlich sinnvoll[644] – sowohl patentfrei als auch patentverletzend gebraucht werden kann, kommt ein generelles und umfassendes Vertriebsverbot (»**Schlechthinverbot**«) grundsätzlich nicht infrage. Möglich ist vielmehr eine nur eingeschränkte Unterlassungsverurteilung.[645] Sie geht dahin, dass es der Beklagte unterlässt, das zur Benutzung der Erfindung geeignete Mittel zu vertreiben, ohne beim *Angebot* auf das Klagepatent hinzuweisen (**Warnhinweis**) und/oder bei der *Lieferung* eine (ggf strafbewehrte) **Unterlassungsverpflichtungsvereinbarung** mit seinem Abnehmer zu treffen, die den Patentinhaber in die Lage versetzt, für den Fall einer patentgemäßen Verwendung des gelieferten Mittels eine Vertragsstrafe zu fordern. Ob auch im Falle der Lieferung ein Warnhinweis ausreicht oder ausnahmsweise eine Vertragsstrafenvereinbarung erforderlich ist, hängt von den Umständen des Einzelfalles ab.[646] Maßgeblich ist vor allem, ob bereits die Warnung (angesichts der Vorteile der patentgemäßen Verwendung) eine hinreichende Gewähr für die Beachtung der Patentrechte bietet.[647] Im Hinblick auf das Fordern einer Vertragsstrafenvereinbarung ist daher Vorsicht geboten.

343

e) Antragsfassung[648]

Bei der Formulierung des Unterlassungsanspruchs ist der Inhalt der erstrebten Verurteilung in mehrerlei Hinsicht klarzustellen.

344

---

642 Vgl dazu BGH, GRUR 2001, 228 – Luftheizgerät.
643 BGH, GRUR 2006, 570 – extracoronales Geschiebe.
644 OLG Düsseldorf, Mitt 2003, 264, 268 – Antriebsscheibenaufzug.
645 BGH, GRUR 2004, 758 – Flügelradzähler.
646 BGH, GRUR 2006, 839 – Deckenheizung; OLG Düsseldorf, InstGE 2, 115 – Haubenstretchautomat.
647 BGH, GRUR 1961, 627 – Metallspritzverfahren; BGH, GRUR 1964, 496 – Formsand II.
648 Von Petersdorff-Campen/Timmann, FS 50 Jahre BPatG, 2011, S 449.

aa) Handlungsalternativen

345 Zunächst ist aufzunehmen, welche Handlungen dem Beklagten verboten werden sollen. Bei einem Sachpatent sind dies in der Regel das Herstellen (sofern der Beklagte selbst herstellt), ansonsten das Anbieten, Inverkehrbringen, Gebrauchen, Besitzen und Einführen des patentverletzenden Erzeugnisses (§ 9 Nr 1 PatG). Bei einem Verfahrenspatent richtet sich der Unterlassungsantrag demgegenüber auf das Anbieten und/oder das Anwenden des Verfahrens (§ 9 Nr 2 PatG). Schützt das Patent ein Herstellungsverfahren, kann außerdem Unterlassung hinsichtlich der Herstellung und des Vertriebs derjenigen Erzeugnisse verlangt werden, die *unmittelbar*[649] aus dem patentgeschützten Verfahren hervorgegangen sind (§ 9 Nr 3 PatG).

bb) Verurteilungsgegenstand

346 Zum Zweiten ist derjenige Gegenstand zu bezeichnen, dessen Benutzung der Beklagte zukünftig unterlassen soll.

347 – Kann der Kläger eine **wortsinngemäße Patentverletzung** geltend machen, ist es im Allgemeinen statthaft, den Klageantrag nach dem Wortlaut des verletzten Patentanspruchs zu formulieren.[650] Die gegenteilige Auffassung des BGH[651], wonach der Klageantrag (und die Urteilsformel), wenn und soweit die Benutzung eines Anspruchsmerkmals streitig ist, über den Anspruchswortlaut hinaus an die zur Entscheidung gestellte Verletzungsform anzupassen sind, indem konkret diejenigen konstruktiven oder räumlich-körperlichen Mittel bezeichnet werden, mit denen bei der angegriffenen Ausführungsform das bzw die streitige(n) Anspruchsmerkmal(e) verwirklicht werden, ist abzulehnen.[652] Sie hat schon dogmatisch keine Berechtigung[653] und ist in jedem Fall aus Gründen der Praktikabilität zurückzuweisen. Die Orientierung am Anspruchswortlaut bietet Gewähr dafür, dass der Urteilstenor nur diejenigen Details enthält, die für die erfindungsgemäße Lehre von Bedeutung sind, und sie verhindert zuverlässig, dass solche Gestaltungsmerkmale Eingang in den Urteilstenor finden, die außerhalb der Erfindungsmerkmale stehen und deswegen den Verbotstenor ungerechtfertigt einschränken würden. Bei einer etwaigen Zwangsvollstreckung kann der dem Anspruchswortlaut folgende Tenor anhand der Entscheidungsgründe ausgelegt werden, was sicherstellt, dass der Titel nicht auf Ausführungsformen erstreckt wird, die nicht im Kern des gerichtlichen Verbotes liegen. Seit Jahrzehnten ist von den Patentverletzungsgerichten in exakt dieser Weise verfahren worden, ohne dass es je zu irgendwelchen Unzuträglichkeiten gekommen wäre oder der BGH selbst in der Vergangenheit an der geschilderten Vorgehensweise Anstoß genommen hätte. Es besteht deshalb keinerlei Grund, die in der Praxis bewährte Form der Antragsformulierung aufzugeben, erst recht nicht zugunsten einer solchen, die den Verletzungsprozess mit weiteren Streitpunkten über die richtige – nämlich einerseits hinreichend konkrete, andererseits aber auch nicht zu enge – Umschreibung der Verletzungsform belastet. In besonderem Maße gilt dies angesichts der Tatsache, dass überhaupt nur ein verschwindend geringer Anteil der stattgebenden Verletzungsurteile in einem gerichtlichen Verfahren vollstreckt wird, in dem ein nach den Vorstellungen des BGH konkreter gefasster Urteilstenor relevant werden könnte. Dass er in einem der-

---

649 Vgl dazu Mes, § 9 PatG Rn 45 f, mwN.
650 Einen rechtsvergleichenden Überblick liefert Schuster, FS Pagenberg, 2006, S 57.
651 AA: BGH, GRUR 2005, 569 – Blasfolienherstellung.
652 Kühnen, GRUR 2006, 180.
653 Der BGH räumt ein, dass ein dem Anspruchswortlaut folgender Urteilstenor hinreichend bestimmt ist. Weitere Anforderungen als die Bestimmtheit stellt das Prozessrecht an einen Klageantrag und einen Urteilsausspruch allerdings nicht.

artigen Vollstreckungsverfahren von wirklichem Nutzen wäre, ist überdies zu bestreiten, weil schon die Heranziehung der Entscheidungsgründe, wie sie bisher im Vollstreckungsverfahren praktiziert wird, eine angemessene Durchsetzung der im Erkenntnisverfahren im Hinblick auf eine bestimmte Ausführungsform erfolgten Verurteilung gewährleistet. Schließlich ist dem BGH entgegen zu halten, dass die für bestrittene Anspruchsmerkmale angenommene Konkretisierungspflicht es dem Beklagten erlaubt, durch ein möglichst weitgehendes Bestreiten von Anspruchsmerkmalen eine zunehmend engere Tenorierung (zu Lasten des Klägers) zu erzwingen.

Wichtig ist, dass ein trotz streitigen Benutzungstatbestandes nach dem Anspruchswortlaut formulierter Urteilsausspruch auch nach Auffassung des BGH **nicht unbestimmt** ist. 348

Der uneingeschränkte Rückgriff auf den Anspruchswortlaut ist auch dann statthaft, wenn der Patentanspruch mehrere gleichwertige **Benutzungsalternativen** enthält und der Beklagte mit seinem Verhalten – wie meist – nur eine dieser Alternativen verwirklicht hat.[654] In der geschilderten Situation hat der Beklagte durch sein widerrechtliches Handeln bereits gezeigt, dass er sich über den durch das Klagepatent vermittelten Ausschließlichkeitsschutz hinwegsetzt. Es ist vor diesem Hintergrund nicht einzusehen, wieso ihm dann nicht eine Benutzung des Klagepatents auch in den anderen Handlungsalternativen des Patentanspruchs (die genauso rechtswidrig ist) untersagt werden[655], sondern für den Fall eines Wechsels des Beklagten zu einer anderen Ausführungsalternative der Erfindung stattdessen der Kläger auf ein neues zeit- und kostenaufwendiges Klageverfahren verwiesen werden soll. Eine umfassende Verurteilung ist gleichermaßen im Hinblick auf die rückwärtsgewandten Ansprüche wegen Rechnungslegung und Schadenersatz gerechtfertigt. Dass der Kläger sich in seiner Klagebegründung lediglich zu einer von mehreren Handlungsalternativen verhält, kann seinen Grund darin haben, dass ihm (was reinen Zufälligkeiten geschuldet sein kann) nur *diese* bekannt geworden ist. Warum soll der Beklagte aufgrund dessen davon entlastet sein, über seine Verletzungshandlungen insgesamt (dh unter Einschluss aller gleichermaßen rechtswidrigen Handlungsalternativen) Rechenschaft abzulegen? Die Einbeziehung aller patentverletzenden Alternativen gestattet überdies eine Verurteilung nach den Regeln der Wahlfeststellung, wenn zwar feststeht, dass eine der im Patentanspruch genannten Handlungsalternativen benutzt worden ist, und nur offen bleibt, welche von ihnen der Beklagte verwirklicht hat.[656] Das Gesagte gilt nicht, wenn die Benutzungsalternativen Gegenstand selbständiger, nebengeordneter Patentansprüche sind. 349

– Kommt lediglich eine **äquivalente Benutzung** des Klagepatents in Betracht, so kann auf den Anspruchswortlaut des Patents nur insoweit zurückgegriffen werden, wie dessen Merkmale von der angegriffenen Ausführungsform wortsinngemäß verwirklicht werden. Soweit demgegenüber abgewandelte Lösungsmittel verwendet werden, haben im Klageantrag – unter Berücksichtigung der dem Patentanspruch eigenen Abstraktionsebene – diejenigen technischen Ersatzmittel aufzuscheinen, die – trotz ihrer Abweichung vom Wortlaut des Patentanspruchs – unter Äquivalenzgesichtspunkten die Einbeziehung der angegriffenen Ausführungsform in den Schutzbereich 350

---

654 OLG Düsseldorf, Urteil v 15.5.2014 – I-2 U 74/13; OLG Düsseldorf, Urteil v 20.1.2017 – I-2 U 41/12; OLG Karlsruhe, Urteil v 13.7.2016 – 6 U 93/14; vgl auch BGH, GRUR 2013, 1235 – Restwertbörse II.
655 Selbstverständlich kann sich im Einzelfall ergeben, dass anhand der Entscheidungsgründe nicht verlässlich festgestellt werden kann, ob von der mitverurteilten Handlungsalternative Gebrauch gemacht wird, womit eine Zwangsvollstreckung ausscheidet und es eines – aber eben im Einzelfall! – neuen Erkenntnisverfahrens bedarf.
656 OLG Düsseldorf, Urteil v 15.5.2014 – I-2 U 74/13.

des Klagepatents rechtfertigen.⁶⁵⁷ Stellt die Klagebegründung – zumindest auch – auf eine äquivalente Benutzung ab, hat das Gericht notfalls auf einen entsprechend abgefassten Klageantrag hinzuwirken.⁶⁵⁸

351	**Praxistipp**	Formulierungsbeispiel

Soweit von Unteransprüchen Gebrauch gemacht wird, ist es zweckmäßig, diese im Rahmen von »**insbesondere-Anträgen**« zu berücksichtigen. Sie finden zwar in aller Regel keinen Eingang in den Urteilstenor, weil es sich um lediglich beispielhafte Konkretisierungen des durch den Hauptanspruch umrissenen Rechtsschutzbegehrens handelt.⁶⁵⁹ Der »insbesondere-Antrag« erlaubt es dem Kläger jedoch, sein Klagebegehren erforderlichenfalls zu beschränken, was zB dann von Bedeutung sein kann, wenn sich der Beklagte auf ein privates Vorbenutzungsrecht oder den »Formstein-Einwand« beruft und dieses Vorbenutzungsrecht und dieser Einwand zwar gegenüber dem Hauptanspruch des Klagepatents, aber nicht gegenüber dem Unteranspruch durchgreifen.

Argumentiert der Verletzungsbeklagte mit einer **unzulässigen Erweiterung** und verwirklicht die angegriffene Ausführungsform diejenigen Merkmale, die ggf zur Beseitigung der behaupteten Erweiterung in den Patentanspruch aufgenommen werden müssten, kann es sich empfehlen, den Klageantrag zur Anpassung an die Verletzungsform in der Weise zu formulieren, dass die zusätzlichen Merkmale mit aufgenommen werden. Hierdurch kann der Einwand unzulässiger Erweiterung gegenstandslos gemacht und mithin eine sonst unter Umständen drohende Aussetzung vermieden werden, weil der Urteilstenor sogleich diejenige Fassung erhält, die das Klagepatent im Falle eines Durchgreifens des Erweiterungseinwandes erhalten wird.

cc) Zeitraum

352 In zeitlicher Hinsicht bedarf es keiner ausdrücklichen Beschränkung des Unterlassungsgebotes bis zum Ablauf der gesetzlichen Schutzdauer. Auch ohne besondere Klarstellung ist vielmehr davon auszugehen, dass der Klageantrag und der Urteilstenor immanent auf den nach dem Gesetz höchstens in Betracht kommenden Schutzzeitraum limitiert sind.⁶⁶⁰

353 Ist aus dem Grundpatent geklagt und verurteilt worden und verfügt der Kläger über ein **ergänzendes Schutzzertifikat** zum Grundpatent, so verliert der Titel mit dem Ablauf der Schutzdauer des Grundpatents seine Wirkung und muss aus dem Schutzzertifikat gesondert neu geklagt werden. Das gilt unabhängig davon, ob der Kläger schon während des Verletzungsprozesses aus dem Grundpatent Inhaber auch des Schutzzertifikats war, dieses nur nicht zum Gegenstand seiner Verletzungsklage gemacht hat, oder ob das Zertifikat überhaupt erst nach Abschluss des aus dem Grundpatent geführten Prozesses erteilt oder der Kläger hieran berechtigt worden ist.

f) Anspruchsausschluss aus Gründen der Verhältnismäßigkeit

354 Vor allem im Bereich des common law⁶⁶¹ besteht die Bereitschaft, den Unterlassungsanspruch, obgleich seine tatbestandlichen Voraussetzungen vollständig gegeben sind, nicht

---

657 BGH, GRUR 2010, 314 – Kettenradanordnung II.
658 BGH, GRUR 2010, 314 – Kettenradanordnung II.
659 LG Mannheim, InstGE 12, 200 – Stickstoffmonoxid-Nachweis.
660 BGH, GRUR 2010, 996 – Bordako.
661 US Supreme Court, 547 US 388 (2006) – eBay/MercExchange; UK-High Court, (2013) 3778 (Pat) – HTC/Nokia.

zuzusprechen, sondern im Einzelfall aus übergeordneten Gründen der Verhältnismäßigkeit zu versagen. Für das nationale Recht hat dieser Gedanke – mit unterschiedlicher Reichweite – ebenfalls Befürworter gefunden.[662] Ihm ist mit Skepsis zu begegnen.

Zunächst ist festzuhalten, dass Patente als verfassungsrechtlich (Art 14 GG) geschützte Eigentumspositionen verstanden werden, deren Verletzung im Falle vorsätzlicher Tatbegehung einen Straftatbestand erfüllt. Zentraler Kern und zugleich sinnfälliger Ausdruck des dem Inhaber kraft Gesetzes verliehenen Monopolrechts ist der in § 139 Abs 1 PatG geregelte Unterlassungsanspruch, der es dem Inhaber erlaubt, jeden Dritten von der ihm vorbehaltenen Erfindungsbenutzung auszuschließen. So betrachtet bedeutet **jede Beschränkung der Durchsetzbarkeit des Unterlassungsanspruchs gleichzeitig** auch einen fundamentalen **Eingriff in** das eigentumsgleiche **gewerbliche Schutzrecht selbst**. Wenn es nachfolgend um eine Limitierung des Unterlassungsanspruchs geht, sind in der rechtlichen Betrachtung zwei Fallkonstellationen strikt auseinander zu halten. 355

– Die erste betrifft den Umgang mit solchen **Unterlassungsklagen, deren Erfolg** im Zeitpunkt der (zB erstinstanzlichen) gerichtlichen Entscheidung **noch nicht verlässlich abzusehen** ist, sei es, dass das Rechtsbestandsverfahren gegen das Klagepatent noch im Gang ist, sei es, dass die Frage der Patentverletzung, anderweitige Anspruchsvoraussetzungen (Aktivlegitimation, Passivlegitimation) oder erhebliche Einwendungen des Beklagten in tatsächlicher und/oder rechtlicher Hinsicht Zweifel aufwerfen, die erst im weiteren Instanzenzug eine endgültige Klärung erfahren werden. 356

Derartige Unwägbarkeiten können **keinen Anlass** geben, dem Verletzten seinen **Unterlassungsanspruch vorzuenthalten**. Denn sie haben ihre Ursache in Schwierigkeiten bei der Tatsachenfeststellung und/oder Rechtsanwendung, denen auf die ihnen angemessene Weise, nämlich durch diejenigen Korrekturmöglichkeiten Rechnung zu tragen ist, die das geltende Recht eigens hierfür zur Verfügung stellt. Neben der Tatsache, dass der Angriff auf Patente als Popularrechtsbehelf ausgestaltet ist, was eine frühzeitige Bereinigung des Patentregisters erlaubt, bevor sich eigene geschäftliche Einbußen aus einem eingeleiteten Verletzungsprozess ergeben können, besteht für das Verletzungsgericht die Möglichkeit, bei einem zweifelhaften Rechtsbestand den bei ihm geführten Prozess um die Patentverletzung vorübergehend auszusetzen, um das weitere Schicksal des Klagepatents abzuwarten. Im Rahmen der Ermessensentscheidung für oder gegen eine Aussetzung wird das Gericht auch diejenigen Schäden in den Blick nehmen, die dem Beklagten bei einer wegen späteren Patentwiderrufs letzten Endes ungerechtfertigten Unterlassungsvollstreckung drohen können. Sollte von einer Aussetzung abgesehen werden, ist der Beklagte dennoch nicht schutzlos. Vielmehr kann die Zwangsvollstreckung aus einem stattgebenden Unterlassungsurteil immer nur gegen eine den mutmaßlichen Schuldnerschaden abdeckende Sicherheitsleistung erfolgen (§ 709 ZPO), auf deren zutreffende Bestimmung der Beklagte unmittelbaren und maßgeblichen Einfluss dadurch nehmen kann, dass er diejenigen Konsequenzen konkret aufzeigt und überschlägig beziffert, die ihn bei einer erzwungenen Befolgung des Unterlassungsgebotes treffen werden. Für das Berufungsgericht besteht nicht nur die Möglichkeit, eine erstinstanzlich zu gering bemessene Sicherheitsleistung betragsmäßig heraufzusetzen (§ 718 ZPO), sondern es kann die Zwangsvollstreckung auf Antrag auch komplett vorläufig einstellen (§ 717 ZPO), was umso näher liegt, je größer die Bedenken gegen die Richtigkeit der vollstreckten Entscheidung sind und je gravierender und greifbarer sich die drohenden Vollstreckungsschäden darstellen. Zusammenfassend bleibt daher festzuhalten: Denjenigen 357

---

[662] Ohly, GRUR Int 2008, 787; Osterrieth, GRUR 2009, 540; zum Streitstand vgl Sonnenberg, Unterlassungsanspruch, 2013; Stierle, nicht-praktiziertes Patent, 2017.

Unwägbarkeiten, die dahingehend bestehen, ob der geltend gemachte Unterlassungsanspruch sachlich wirklich berechtigt ist, lässt sich mit einem ganzen Kanon von gesetzlichen Schutzmaßnahmen begegnen; sie sind deswegen auch das probate – und einzige – Mittel, das angebracht ist.

358 – Damit kapriziert sich die Versagung des Unterlassungsanspruchs auf solche Fälle, bei denen sowohl der **Rechtsbestand** des Patents **als auch** dessen **widerrechtliche Benutzung unverrückbar** (rechtskräftig) feststehen, und folglich auf die Frage, ob der Täter trotz seiner deliktischen Tat (= Patentverletzung) ohne ein in die Zukunft gerichtetes Verbot davonkommen darf, sein das Opfer (= Patentinhaber) schädigendes Verhalten weiter fortzusetzen. Kurzum: Was gilt – Opferschutz oder Täterschutz?

359 Die aufgeworfene Frage beantwortet sich im Grunde genommen von selbst.

360 Soweit in der Vergangenheit – **personenspezifisch** – Patentverwertern der Unterlassungsanspruch streitig gemacht worden ist, besteht hierfür kein Anlass. Sie sind, nachdem das PatG ausdrücklich keinen Benutzungszwang fordert, vollwertige Schutzrechtsinhaber, die mit ihrer auf die Lizenzvergabe gerichteten Geschäftstätigkeit nicht nur eine rechtlich zulässige und schon deswegen rechtsschutzwürdige Erfindungsverwertung betreiben, sondern die mit ihrem Einschreiten gegen Verletzer den notwendigen Schutz freiwilliger Lizenznehmer gewährleisten und damit ganz entscheidend dafür verantwortlich sind, dass auf dem nachgelagerten Produktmarkt gleiche Wettbewerbsverhältnisse herrschen, indem wirksam dagegen eingeschritten wird, dass einzelne Verletzer mit sich aus der Nichtzahlung von Lizenzgebühren ergebenden ungerechtfertigten Kostenvorteilen am Markt operieren können.

361 Neuerdings wird deswegen zunehmend dafür plädiert, einen Unterlassungsanspruch – **situationsbezogen** – zu versagen, beispielsweise dann, wenn der patentgeschützte Gegenstand einen bloß untergeordneten Teil eines komplexen Handelsgegenstandes darstellt[663] oder wenn der Schutzrechtsinhaber ein strategisch unlauteres Verhalten an den Tag legt. Auch dieser Ansatz erscheint nicht übetrzeugend. Der Anreiz für (teils mit immensen Mühen und Kosten) verbundenes erfinderisches Bemühen speist sich ganz maßgeblich aus dem Lohn, der dem Erfinder durch die Patenterteilung winkt und der sich vordringlich in der Möglichkeit verfestigt, jeden Wettbewerber von der Erfindungsbenutzung auszuschließen und damit eine Monopolstellung einzunehmen. Ohne Unterlassungsanspruch existiert keine Anreizfunktion. Der mit dem Unterlassungsanspruch gesicherte Ausschluss Dritter von der Patentbenutzung fördert den technischen Fortschritt aber auch noch auf eine weitere Weise, indem er dazu anhält, selbst erfinderisch tätig zu werden, um ohne die Benutzung der fremden Erfindung (nämlich mit einer eigenen Umgehungslösung) als Konkurrent am Markt bestehen zu können. Dort, wo der Gesetzgeber bei der geschilderten Ausgangssituation aus besonderen, übergeordneten Gründen ausnahmsweise eine Erfindungsbenutzung durch Dritte für erforderlich gehalten hat, stellt das Gesetz das Monopolrecht durchbrechende Handhaben ausdrücklich zur Verfügung. Prominente Beispiele sind die §§ 11, 24 PatG und Art 102 AEUV (Lizenzierungszwang des Marktbeherrschers). Außerhalb dessen sollen – so wird man den Willen des Gesetzgebers zu interpretieren haben – die Kräfte des freien Wettbewerbs den Ausschlag geben, die den Konkurrenten eben zu eigener innovativer Anstrengung anhalten. Diese grundlegende Wertentscheidung darf nicht unter Rückgriff auf ein allgemeines Prinzip wie dem der Verhältnismäßigkeit übergangen werden, das – anders als beim Rückruf- und Vernichtungsanspruch – im Zusammenhang mit der Normierung des Unterlassungsanspruchs gerade nicht in den Gesetzestext aufgenommen worden ist.

---

663 Schickedanz, GRUR Int 2009, 901.

Ungeachtet der aufgezeigten grundsätzlichen Bedenken sollte in jedem Fall keine Kontroverse darüber möglich sein, dass eine Aberkennung des Unterlassungsanspruchs überhaupt nur dann in Erwägung gezogen werden kann, wenn für den Verletzten eine wirtschaftliche **Kompensation** (zB in Form einer äquivalenten Entschädigungszahlung) auf einfachem Weg wirkungsvoll verfügbar ist. Der rasche Erhalt einer finanziellen Entschädigung ist nicht zuletzt deshalb geboten, weil mit ihr das Insolvenzrisiko auf den Verletzten verschoben wird.

362

g) Aufbrauchsfrist

Im Vergleich zum Lauterkeits- und Markenrecht kommt die Gewährung einer den Verletzer begünstigenden Aufbrauchsfrist im Patentrecht nur unter verschärften Bedingungen in Betracht. Sie erfordert, dass die sofortige Durchsetzung des Unterlassungsausspruchs auch unter Berücksichtigung der Belange des Verletzten aufgrund der besonderen Umstände des Einzelfalls eine unverhältnismäßige Härte darstellt, die durch das gesetzlich verbürgte Ausschließlichkeitsrecht und die regelmäßigen Folgen seiner Durchsetzung nicht gerechtfertigt und deswegen ausnahmsweise treuwidrig ist.[664] Dafür genügt es im Zweifel noch nicht, dass der Verletzungsgegenstand lediglich ein einzelnes Element innerhalb eines komplexen Liefergegenstandes darstellt, dessen Verkauf durch die Unterlassungsverurteilung insgesamt blockiert wird. Dies gilt jedenfalls dann, wenn angemessene Lizenzierungsmöglichkeiten bestanden haben, die der Verletzer nicht genutzt hat.[665] Selbst wo sie nicht existieren, bedarf es stets gravierender und unverhältnismäßiger Auswirkungen auf den Geschäftsbetrieb des Verletzers.[666] Ohne sie rechtfertigt – jedenfalls isoliert – auch die Tatsache keine Aufbrauchsfrist, dass die Vorinstanz(en) eine Patentverletzung zu Unrecht verneint haben.[667] Drittinteressen oder solche der Allgemeinheit sind unbeachtlich, ganz besonders dort, wo ihnen durch einen Antrag auf Einräumung einer Zwangslizenz (§ 24 PatG[668]) Geltung verschafft werden kann.[669]

363

h) Wirkungsverlust während des Verletzungsprozesses[670]

Während eines laufenden Verletzungsprozesses kann es aus unterschiedlichen Gründen dazu kommen, dass das Klagepatent in Fortfall gerät. Der Wirkungsverlust kann dabei **ex tunc** eintreten, namentlich dadurch, dass das Klagepatent in einem Einspruchs- oder Nichtigkeitsverfahren unanfechtbar widerrufen bzw für nichtig erklärt wird.[671] Die sich aus einem solchen Sachverhalt ergebenden rechtlichen Konsequenzen für den Verletzungsprozess sind eindeutig: Mit der rückwirkenden Beseitigung des Klageschutzrechts (infolge Widerrufs oder Nichtigerklärung) entfällt die Grundlage für eine Verurteilung des Beklagten wegen Patentverletzung von Anfang an. Mangels Patents stehen dem Kläger keinerlei Ansprüche auf Unterlassung, Rechnungslegung, Vernichtung oder Schadenersatz zu. Nimmt der Kläger seine Klage nicht (ggf mit Zustimmung des Beklagten) zurück, muss sie durch Endurteil abgewiesen werden.

364

Der Wirkungsverlust gegenüber dem Verletzungsbeklagten kann sich aber ebenso gut **ex nunc** einstellen. Die in der Praxis wohl häufigste Ursache für einen bloß in die Zukunft

365

---

664 BGH, GRUR 2016, 1031 – Wärmetauscher.
665 BGH, GRUR 2016, 1031 – Wärmetauscher.
666 BGH, GRUR 2016, 1031 – Wärmetauscher.
667 BGH, GRUR 2016, 1031 – Wärmetauscher.
668 Vgl dazu BGH, GRUR 1996, 190 – Polyferon; BGH, GRUR 2017, 1017 – Raltegravir.
669 LG Düsseldorf, Urteil v 9.3.2017 – 4a O 137/15.
670 Vgl Kühnen, GRUR 2009, 288.
671 §§ 21 Abs 3, 22 Abs 2 PatG; Art 68 EPÜ. Eine Vernichtung des Klagepatents ist auch in der Revisionsinstanz – und zwar von Amts wegen – zu beachten (BGH, GRUR 2004, 710 – Druckmaschinen-Temperierungssystem I).

gerichteten Fortfall des Klagepatents liegt darin, dass die gesetzliche Höchstschutzdauer des Patents abläuft, bevor das Verletzungsverfahren beendet ist. Weitere denkbare Erlöschensgründe sind zB der Verzicht auf das Patent, die Nichtzahlung der Jahresgebühren, das Eingreifen des Doppelschutzverbotes nach Art II § 8 IntPatÜG, die Lizenznahme am Klagepatent oder einem prioritätsälteren Schutzrecht, die Erteilung einer Zwangslizenz, eine Benutzungsanzeige nach § 23 Abs 3 Satz 1 PatG oder die Abgabe einer die Wiederholungsgefahr ausräumenden Unterwerfungserklärung.

366 In einem Fall des Wirkungsverlustes ec nunc ist der Unterlassungsanspruch für in der Hauptsache erledigt zu erklären.[672] Die **Erledigungserklärung** ist in derjenigen **Instanz** abzugeben, in der es zu dem erledigenden Ereignis gekommen ist. Tritt der Wirkungsverlust also während des Berufungsverfahrens ein, muss die Hauptsache in der Berufungsinstanz – und nicht erst im anschließenden Revisionsrechtszug – für erledigt erklärt werden.[673]

2. Beseitigungsanspruch[674]

367 Grundsätzlich findet der Unterlassungsanspruch mit dem Erlöschen des Klagepatents sein Ende. Das gilt für jedermann, auch für denjenigen, der während der Patentlaufzeit das Schutzrecht widerrechtlich benutzt hat. Die vorgefallenen Verletzungshandlungen sind mithilfe des im PatG vorgesehenen Anspruchskanons, dh insbesondere durch den in § 139 Abs 2 PatG niedergelegten Schadenersatzanspruch, zu kompensieren; sie haben jedoch nicht zur Folge, dass der Verletzer – gleichsam zur Strafe – nicht an der mit dem Schutzrechtsablauf eintretenden Gemeinfreiheit der patentierten Lehre partizipieren dürfte. Prinzipiell muss dem Regelungsgeflecht der §§ 139 ff PatG entnommen werden, dass mit den dort zugewiesenen Ansprüchen Patentverletzungshandlungen angemessen (und abschließend) sanktioniert sind. Ein aus allgemein-zivilrechtlichen Vorschriften (§ 1004 BGB) abgeleiteter – zusätzlicher – Beseitigungsanspruch kommt daher nur in Betracht, wenn aufgrund der Besonderheiten des Einzelfalles die durch die Patentverletzung hervorgerufenen Eingriffsfolgen durch einen regulären Schadenersatzanspruch nicht hinreichend ausgeglichen sind, so dass es ein Gebot materieller Gerechtigkeit ist, die überschießenden »Schäden« des Patentinhabers über eine spezielle Maßnahme der Folgenbeseitigung zu kompensieren. Weil dem so ist und weil immer nur eine solche Maßnahme gerechtfertigt ist, die zur Folgenbeseitigung erforderlich und hinreichend ist, muss der Patentinhaber, der einen Beseitigungsanspruch geltend macht, substantiiert dazu vortragen, dass und welcher Schadenssachverhalt trotz regulären Schadensausgleichs (§ 139 Abs 2 PatG) in Bezug auf die vorgefallenen Verletzungshandlungen bestehen bleibt und welche konkrete Beseitigungsmaßnahme angesichts dessen erforderlich ist, um *diesen* Schaden zu beseitigen.[675]

368 In der Rechtsprechung[676] ist dementsprechend anerkannt, dass einem über die Laufzeit des Patents hinaus fortwirkenden Störungszustand, der von während der Laufzeit des Patents begangenen Verletzungshandlungen ausgeht, mit einem Störungsbeseitigungsanspruch analog § 1004 BGB begegnet werden kann, sofern die Gefahr besteht, dass sich dieser Störungszustand auch noch nach dem Ablauf des Patents zum Nachteil des Schutzrechtsinhabers schädlich auf dessen Vermögenslage auswirkt. In dem vom BGH

---

672 BGH, GRUR 2010, 996 – Bordako.
673 BGH, NJW-RR 2006, 566.
674 Jüngst, FS 80 Jahre Patentgerichtsbarkeit Düsseldorf, 2016, S 221; Koch, Springboard im Patentrecht, 2016.
675 LG Düsseldorf, Urteil v 10.10.2014 – 4c O 113/13.
676 BGH, GRUR 1990, 997, 1001 – Ethofumesat.

entschiedenen Fall hatte sich der Beklagte durch *patentverletzende* Feldversuche Erkenntnisse in Form von **Versuchs- und Prüfberichten** verschafft, um diese bei der Stellung eines Antrages auf Zulassung seines Pflanzenbehandlungsmittels zu verwerten. Der sich daraus für den Patentinhaber ergebende Störungszustand bestand darin, dass der Beklagte aufgrund der patentverletzenden Versuche in der Lage war, alsbald nach Ablauf des Patents die für die Einfuhr und den Vertrieb des Pflanzenbehandlungsmittels erforderliche behördliche Zulassung zu erlangen und danach sogleich mit dem Mittel auf den Markt zu kommen. Dies wäre ihm nicht möglich gewesen, wenn der Beklagte die Rechte des Patentinhabers aus dem Schutzrecht während dessen Laufzeit respektiert hätte. In diesem Fall hätte der Patentinhaber das Pflanzenbehandlungsmittel auch nach Ablauf des Patents ohne die Konkurrenz des Beklagten jedenfalls so lange allein auf den Markt bringen können, wie der Beklagte Zeit benötigt hätte, um aufgrund von erst nach dem Ablauf des Patents durchzuführenden Feldversuchen die für die Zulassung des Mittels erforderlichen Prüfungsunterlagen in die Hand zu bekommen. Um den fortwirkenden Störungszustand zu beseitigen, hat es der BGH dem Beklagten verwehrt, die patentverletzend gewonnenen Erkenntnisse so lange zur Begründung eines Zulassungsantrages zu verwenden, wie er gebraucht hätte, um sich das betreffende Wissen durch nach dem Auslaufen des Patents begonnene Feldversuche zu verschaffen.

Allerdings sind **Grenzen** des Beseitigungsanspruchs zu beachten. 369

– Kommt es im Zuge des Zulassungsverfahrens nur beiläufig (zufällig) zu einer Patentverletzung, lässt sich ein Verwertungsverbot als Maßnahme der Folgenbeseitigung nicht rechtfertigen. 370

▶ **Bsp:** 371

Gegenstand der Zulassung ist eine bestimmte Arzneimittelbeschichtung für einen Stent. Die Untersuchungen finden mit einem patentbenutzenden Stent statt, sie hätten aber ebensogut mit jedem beliebigen anderen (patentfreien) Stent durchgeführt werden können.

– Inländische patentverletzende Zulassungsuntersuchungen begründen kein Verwertungsverbot im **Ausland**.[677] Dies ergibt sich aus der schlichten Überlegung heraus, dass deutsche Verletzungsgerichte zwar die Ausfuhr eines Verletzungsgegenstandes als inländisches Inverkehrbringen sanktionieren können, dass jedoch, *wenn* sich das Verletzungsprodukt infolge des Exports einmal im Ausland befindet, keinerlei Einwirkungsmöglichkeiten mehr auf den weiteren ausländischen Verbleib des Produktes bestehen, das folglich ungehindert veräußert und gebraucht werden kann. Wenn dies schon für das schutzrechtsverletzende Produkt selbst so ist, gilt dasselbe erst recht für Erkenntnisse, die unter widerrechtlicher Benutzung des Patents zustande gekommen sind und daher vom Verletzungstatbestand noch weiter entfernt liegen.

Ein Fall des Beseitigungsanspruchs liegt ebenfalls vor, wenn die unerlaubte Herstellung der patentgeschützten Vorrichtung besonders schwierig und zeitaufwändig ist und mit ihr bereits während der Laufzeit des Patents begonnen wird, um sie – nach Ablauf des Patents – alsbald zum Kauf anbieten zu können.[678] 372

---

677 OLG Düsseldorf, Urteil v 21.1.2016 – I-2 U 48/15; anders noch OLG Düsseldorf, Urteil v 28.4.1994 – 2 U 128/92.
678 Brodeßer, FS von Gamm, 1991, S 345, 351. Unbeachtlich sind demgegenüber reine Vorbereitungsmaßnahmen (wie die Errichtung einer Produktionsstätte, die Sichtung und Einstellung von Personal und dgl), die lediglich dazu dienen, am Stichtag des Patentablaufs sogleich mit der Herstellung und dem Vertrieb patentgemäßer Produkte beginnen zu können. Jedenfalls wenn die Maßnahmen glaubhaft allein für diesen Stichtag unternommen werden, begründen die Vorbereitungen auch keine Erstbegehungsgefahr.

373 Das Anbieten[679] eines **Generika-Produkt**es während des laufenden Patentschutzes für einen Arzneimittelwirkstoff rechtfertigt es demgegenüber nicht, dem Beklagten den Vertrieb seines Erzeugnisses für einen bestimmten Zeitraum nach Ablauf des Patents zu untersagen.[680] Als Maßnahme der Störungsbeseitigung genügt es vielmehr, die Abwicklung derjenigen Bestellungen zu verbieten, die der Beklagte durch seine verfrühten, patentverletzenden Angebote zustande gebracht hat.[681]

3. Urteilsveröffentlichung[682]

374 Mit dem Gesetz zur Verbesserung der Durchsetzung von Rechten des geistigen Eigentums vom 11.7.2008[683] neu eingefügt worden ist der in § 140e PatG geregelte Anspruch der obsiegenden Partei, das Urteil auf Kosten der unterliegenden Partei öffentlich bekannt zu machen.

375 Mangels besonderer **Überleitungsbestimmungen** gilt § 140e PatG nur für solche Entstehungstatbestände, die nach Inkrafttreten der Bestimmung am 1.9.2008 verwirklicht worden sind.[684] Für Sachverhalte aus der Zeit davor stellt sich allenfalls die Frage einer unmittelbaren Geltung der Enforcement-Richtlinie bzw einer richtlinienkonformen Auslegung allgemein-zivilrechtlicher Bestimmungen. Sie hat stattzufinden, weswegen für die Zeit seit Ablauf der Umsetzungsfrist (29.4.2006) – nicht davor – ein entsprechender Anspruch aus § 1004 BGB herzuleiten ist.

a) Voraussetzungen

376 Neben einem konstitutiven Antrag setzt der Veröffentlichungsanspruch eine Klage wegen unmittelbarer oder mittelbarer **Patentverletzung** voraus. Zwar nimmt § 140e Satz 1 PatG undifferenziert auf eine »Klage auf Grund dieses Gesetzes« Bezug, die auch bei Geltendmachung eines Entschädigungsanspruchs zu bejahen sein könnte. Aus der Tatsache, dass die Vorschrift Art 15 der Richtlinie 2004/48/EG umsetzen soll und diese ausschließlich Verfahren wegen Patentverletzung behandelt, ist jedoch zu schließen, dass eine Klage, gestützt auf rechtmäßige Benutzungshandlungen, ungeachtet der insoweit unklaren Gesetzesformulierung nicht anspruchsbegründend sein soll. Bildet ein rechtmäßiges Verhalten den Klagegrund, besteht auch kein berechtigtes Interesse an einer Bekanntmachung. Gleiches gilt in Bezug auf eine Entscheidung im einstweiligen Verfügungsverfahren, es sei denn, sie ist durch Abschlusserklärung zu einer endgültigen Entscheidung geworden und steht damit einem (rechtskräftigen) Verletzungsurteil gleich. Auf die Parteirollen kommt es nicht an, so dass auch eine negative Klage auf Feststellung der Nichtverletzung oder eine Widerklage genügen.

377 In jedem Fall muss ein **Urteil** ergehen, welches auch die Feststellung der Erledigung zum Inhalt haben kann. Ein Kostenbeschluss gemäß § 91a ZPO ist unzureichend. Das Urteil

---

679 Die Berechtigung einer Folgenbeseitigung ergibt sich hier aus dem Umstand, dass zwar ein patentverletzendes Angebot als solches zur Zuerkennung eines Schadenersatzanspruchs gemäß § 139 Abs 2 PatG führt, dass dieser Anspruch wirtschaftlich jedoch wertlos ist, weil dem Verletzten nicht der Nachweis gelingen wird, welcher konkrete Schaden ihm durch die Angebotshandlungen entstanden und daher zu ersetzen ist. Als einzige effektive Maßnahme bleibt daher nur der Beseitigungsanspruch, mit dem dem Verletzer verboten wird, die rechtswidrig aquirierten Bestellungen abzuwickeln.
680 LG Düsseldorf, Urteil v 10.10.2014 – 4c O 113/13.
681 LG Düsseldorf, InstGE 1, 19 – Antihistamine; vgl auch OLG Düsseldorf, InstGE 3, 179 – Simvastatin.
682 Vgl Dörre/Maaßen, GRUR-RR 2007, 217, 222; Steigüber, GRUR 2011, 295; Kolb, GRUR 2014, 513.
683 BGBl I 2008 S 1191; Art 2 Nr 4.
684 BGH, GRUR 2009, 515 – Motorradreiniger.

muss, um vollstreckt werden zu können, formell rechtskräftig sein, weil § 140e Satz 4 PatG eine vorläufige Vollstreckbarerklärung des Ausspruchs zur Veröffentlichungsbefugnis untersagt.

Der die Veröffentlichungsbefugnis Begehrende muss in der Hauptsache **obsiegt** haben; eine bloß günstige Kostenentscheidung (zB aufgrund von § 93 ZPO) ist unerheblich. Allerdings macht den Kläger bereits *ein* zuerkannter Anspruch wegen rechtswidriger, nicht notwendig schuldhafter Schutzrechtsbenutzung, zB auf Unterlassung, zur obsiegenden Partei. Sind nebeneinander mehrere Ansprüche (zB auch auf Rechnungslegung, Schadensersatz) geltend gemacht, kann die Verletzungsklage im Übrigen (aus anderen Gründen als denen der Nichtverletzung, zB mangels Verschuldens, wegen Verjährung) abgewiesen sein. Eine vollständige Klageabweisung macht umgekehrt den Beklagten zum Obsiegenden, weswegen ihm (bei entsprechendem Antrag) ein Bekanntmachungsanspruch zusteht. Bei teilweisem Obsiegen und teilweisem Unterliegen in der Hauptsache kann die Veröffentlichungsbefugnis beiden Parteien zuzusprechen sein. Nicht berechtigt ist der beigetretene Nebenintervenient, weil dieser in der Hauptsache keine Verurteilung erstreiten kann.[685] 378

An der Urteilsveröffentlichung – in einer bestimmten Art und in einem bestimmten Umfang – muss ein **berechtigtes Interesse** bestehen. Es geht nicht allein um eine Bestrafung durch öffentliche Bloßstellung[686], sondern genauso um die Beseitigung eines fortdauernden Störungszustandes durch Information. Nach Ansicht des OLG Frankfurt/Main sind im Rahmen der gebotenen umfassenden Interessenabwägung auch generalpräventive Gesichtspunkte relevant.[687] 379

Das berechtigte Interesse setzt deshalb voraus, dass die Bekanntmachung des Urteils hierzu 380

- nach den Verhältnissen im Zeitpunkt der letzten Tatsachenverhandlung 381
- objektiv geeignet und 382
- in Anbetracht des mit der Bekanntmachung verbundenen Eingriffs in den Rechtskreis des Anspruchsgegners und eines etwaigen Aufklärungsinteresses der Allgemeinheit erforderlich ist. 383

Gesichtspunkte bei der Interessenabwägung sind: 384

- Art, Dauer und Ausmaß der Beeinträchtigung, 385
- Schwere der Schuld, 386
- Beachtung des bekanntmachungspflichtigen Sachverhaltes in der Öffentlichkeit, 387
- bis zur Entscheidung seither verstrichene Zeit, 388
- Informationsinteresse der Öffentlichkeit, 389
- Folgen einer Bekanntmachung für den Anspruchsgegner (und dessen Geschäftsbetrieb).[688] 390

Für eine Veröffentlichungsbefugnis sprechen eine erhebliche, insbesondere nachwirkende Beeinträchtigung sowie ein Aufklärungsbedürfnis der Öffentlichkeit. 391

---

685 Zöller, § 67 ZPO Rn 1.
686 BT-Drucksache 16/5048 vom 20.4.2007, S. 33 zu (12) iVm Erwägungsgrund (27) der Richtlinie 2004/48/EG (ABl EU Nr L 157/45, berichtigt im ABl EU Nr L 195/16 und Nr L 351/44).
687 OLG Frankfurt/Main, GRUR 2014, 296 – Sportreisen.
688 OLG Düsseldorf, GRUR 2018, 814 – Schutzverkleidung für funktechnische Anlagen.

392 **Gegen** eine Veröffentlichungsbefugnis sprechen

393 – der Umstand, dass eine Verletzung lediglich droht,

394 – ein geringes Verschulden[689],

395 – dass die Beeinträchtigung abgeschlossen ist und geraume Zeit zurückliegt,

396 – dass eine Irreführung der Öffentlichkeit nicht eingetreten oder durch bereits (zB auf freiwilliger Basis) erfolgte klarstellende Veröffentlichung ausgeräumt ist.

397 Dass das Klagepatent seine **Wirkungen ex nunc verloren** hat, bringt den Bekanntmachungsanspruch nicht notwendigerweise zu Fall, weil die präventiven Zwecke prinzipiell Gültigkeit behalten. Allerdings kann die Befugnis zur Veröffentlichung – genauso wie der Anspruch auf Vernichtung – im konkreten Einzelfall zu verweigern sein, wenn nach den gesamten Umständen ein berechtigtes Interesse daran, dass das Verletzungsurteil bekannt gemacht wird, nicht besteht.[690]

398 Umstände, die das berechtigte Interesse begründen, sind vom Antragsteller darzutun und zu **beweisen**. Für gegenläufige Belange, die einer Veröffentlichung oder einer bestimmten Art/einem bestimmten Umfang der Bekanntmachung entgegenstehen, ist der Schuldner darlegungs- und beweispflichtig.

b) Rechtsfolgen

399 Liegen die vorgenannten Anspruchsvoraussetzungen vor, hat das Gericht kein Ermessen in dem Sinne, dass es frei darüber entscheiden könnte, ob es die Veröffentlichungsbefugnis im Urteil zuspricht oder versagt. Das Wort »kann« bringt lediglich zum Ausdruck, dass im Rahmen der Interessenabwägung ein Beurteilungsspielraum hinsichtlich des Ob und des Wie der Bekanntmachung besteht. Der **Klageantrag** lautet dementsprechend:

400 | Praxistipp | Formulierungsbeispiel |
|---|---|
| | Der Klägerin wird gestattet, das Urteil vom ... (AZ: ...) zu veröffentlichen. Art und Umfang der Veröffentlichung werden in das Ermessen des Gerichts gestellt. |
| | oder (konkreter): |
| | Der Klägerin wird gestattet, ... (zB Urteilskopf und Urteilstenor) auf Kosten der Beklagten durch ... (zB eine in drei aufeinanderfolgenden Ausgaben der Zeitschrift ... erscheinende halbseitige Anzeige) öffentlich bekannt zu machen. |

401 **Öffentliche Bekanntmachung** ist die Verlautbarung gegenüber einem größeren, individuell unbestimmten Personenkreis. In Betracht kommen zB eine Anzeige in Printmedien, eine Erklärung im Rundfunk, eine Darstellung im Fernsehen. Art und Umfang der Bekanntmachung, die gestattet wird, sind im Urteil zu bestimmen.

402 »**Art**« verlangt dabei Vorgaben hinsichtlich

403 – des Veröffentlichungsmediums (Zeitschrift, Rundfunk, Fernsehen),

---

689 OLG Karlsruhe, GRUR-RS 2016, 21121 – Advanced System.
690 Kühnen, GRUR 2009, 288.

– der Aufmachung der Bekanntmachung (Größe und Position der Anzeige, Dauer und Sendezeit der Rundfunkerklärung); **404**

– einer etwaigen Wiederholungsrate. **405**

»**Umfang**« bezieht sich darauf, ob das Urteil als Ganzes (Urteilskopf, Urteilsformel, Tatbestand, Entscheidungsgründe) oder nur in – ggf welchen? – Teilen (zB lediglich Urteilsausspruch, Entscheidungsgründe nur auszugsweise) bekannt gemacht werden darf. Welche »Art« und welcher »Umfang« im Einzelfall angemessen sind, entscheidet das berechtigte Interesse der obsiegenden Partei in Abwägung zu den Belangen des Verpflichteten und dem Informationsbedürfnis der Öffentlichkeit. **406**

Wird gegen eine in erster Instanz angeordnete Veröffentlichungsbefugnis **Berufung** eingelegt, soll das Berufungsgericht auch ohne Vorliegen eines Anschlussrechtsmittels befugt sein, eine **andere Art** und/oder einen anderen Umfang der Veröffentlichung auszuurteilen.[691] Dem liegt die Erwägung zugrunde, dass der Kläger diesbezüglich ohnehin nur Anregungen an das Gericht geben kann, welches über die Details der Veröffentlichungsbefugnis nach seinem eigenen Ermessen zu entscheiden hat. Regelmäßig wird es freilich möglich sein, in dem Festhalten des Klägers an dem landgerichtlichen Urteilsausspruch eine jedenfalls konkludente Anschlussberufung zu sehen, die dem Berufungsgericht die Anordnung einer auch sachlich weitreichenderen Befugnis gestattet. **407**

Die **Kosten** der Bekanntmachung hat die insoweit unterliegende Partei zu tragen, was im Urteilsausspruch festzuhalten ist. Wird – bei teilweisem Unterliegen und Obsiegen jeder Partei – beiden eine Veröffentlichungsbefugnis zugestanden, besteht eine wechselseitige Tragungspflicht für die Kosten der jeweils anderen Seite. Mangels einer gesetzlichen Vorschusspflicht hat der Gläubiger hat jeweils in Vorlage zu treten und muss die verauslagten Beträge (die Kosten der Zwangsvollstreckung sind) gemäß § 788 ZPO von der Gegenseite geltend machen. **408**

Die zuerkannte Veröffentlichungsbefugnis **erlischt**, wenn von ihr nicht innerhalb von 3 Monaten nach Eintritt der Rechtskraft des Urteils Gebrauch gemacht wird. Es handelt sich um eine von Amts wegen zu beachtende Ausschlussfrist, deren Versäumung kraft Gesetzes zum Rechtsverlust führt. Für die Fristberechnung gelten gemäß § 186 BGB die §§ 187 Abs 1, 188 Abs 2, 3, 193 BGB entsprechend. Zwar ist die Zustellung des Urteils (§ 750 ZPO) Voraussetzung für die Zwangsvollstreckung (in Form des Gebrauchmachens von der Veröffentlichungsbefugnis). Wo sie nicht Bedingung für den Eintritt der Rechtskraft ist, beginnt die 3-Monats-Frist jedoch auch ohne Zustellung zu laufen. Innerhalb der Frist muss das Urteil nicht bekannt gemacht sein; »Gebrauch machen« von der Veröffentlichungsbefugnis verlangt aber, dass der Berechtigte vor Fristablauf alle diejenigen Schritte unternommen hat, die erforderlich sind, um eine alsbaldige Bekanntmachung des Urteils herbeizuführen (zB Erteilung des Anzeigenauftrages und, soweit gefordert, Vorschusszahlung). **409**

4. Entschädigungsanspruch[692]

a) Voraussetzungen

Für die Benutzung der offen gelegten Patentanmeldung sieht das Gesetz einen Anspruch auf eine angemessene Entschädigung vor, wenn der Benutzer wusste oder wissen musste, dass die von ihm benutzte Erfindung Gegenstand einer offen gelegten Anmeldung ist. **410**

---

691 OLG Frankfurt/Main, GRUR 2014, 296 – Sportreisen.
692 Vgl Singer, FS Schilling, 2007, S 355.

Rechtsgrundlage für den Anspruch ist bei einer deutschen Patentanmeldung[693] § 33 PatG, bei einer europäischen Patentanmeldung Art II § 1 IntPatÜG.[694]

411 Obwohl die letztgenannte Vorschrift einen inhaltsgleichen Anspruch gewährt, ist die Unterscheidung bei einer englisch- oder französischsprachigen Anmeldung wichtig, weil Art II § 1 Abs 2 IntPatÜG den Entschädigungsanspruch zusätzlich davon abhängig macht, dass eine **deutsche Übersetzung** der Patentansprüche veröffentlicht oder dem Benutzer der Anmeldung übermittelt worden ist. Erst von diesem Tag an steht dem Patentinhaber ein Anspruch auf Entschädigung zu. Es gehört deswegen zum schlüssigen Sachvortrag des Klägers mitzuteilen, ob und wann die Voraussetzungen des Art II § 1 Abs 2 IntPatÜG eingetreten sind, weil nur spätere Benutzungshandlungen anspruchsbegründend sein können.

412 Der Entschädigungsanspruch wird nicht durch eine **mittelbare Benutzungs**handlung ausgelöst.[695]

413 Der Gegenstand der Anmeldung (und damit der Gegenstand der Entschädigungspflicht) wird durch die bei Geltendmachung des Entschädigungsanspruchs maßgebliche Fassung der Patentansprüche festgelegt, wie sie Bestandteil der offen gelegten Anmeldungsunterlagen sind. Ist das Patent – wie meist – bereits erteilt, wenn die Entschädigung eingefordert wird, so bestimmen die **erteilten Patentansprüche** den Gegenstand des Entschädigungsanspruchs, selbst wenn die erteilten Ansprüche von der Anspruchsfassung der offen gelegten Anmeldeschrift abweichen.[696] Diese Folge ergibt sich im Anwendungsbereich des § 33 PatG aus § 58 Abs 2 PatG und im Anwendungsbereich des Art II § 1 IntPatÜG aus Art 67 Abs 4 EPÜ. Beide Vorschriften sehen vor, dass der Entschädigungsanspruch rückwirkend erlischt, wenn die Patentanmeldung zurückgenommen wird, als zurückgenommen gilt oder rechtskräftig zurückgewiesen wird, womit auch eine teilweise Zurückweisung (= beschränkte Erteilung) gemeint ist.[697]

414 Dem Benutzer ist grundsätzlich ein **Prüfungszeitraum** von einem Monat seit der Offenlegung der Anmeldung zuzubilligen. Auf diese Weise erhält er Gelegenheit, aus der Veröffentlichung der Anmeldung Konsequenzen zu ziehen.[698] Erst nach Ablauf dieser Monatsfrist lässt sich das erforderliche Verschulden (»Kennenmüssen«) bejahen.

415 Wie beim Schadenersatzanspruch[699] auch genügt es für eine den **gesamten Offenlegungszeitraum** umfassende Verurteilung, wenn der Kläger nur *eine* anspruchsbegründende Benutzungshandlung des Beklagten behauptet und notfalls beweist. Dessen bedarf es umgekehrt aber auch in jedem Fall, dh auch dann, wenn unstreitig oder bewiesen ist, dass dem Beklagten schadenersatzbegründende Verletzungshandlungen nach Veröffentlichung der Patenterteilung zur Last fallen und der Beklagte bestreitet, das Klagepatent vorher (während des Offenlegungszeitraumes) benutzt zu haben.

---

693 Hierzu gehören auch PCT-Anmeldungen, für die das DPMA Bestimmungsamt ist. Entschädigung kann daher ab Veröffentlichung der PCT-Anmeldung verlangt werden.
694 Die Vorschrift gilt auch für eine PCT-Anmeldung, für die das EPA Bestimmungsamt ist (Art II § 1 Abs 3 IntPatÜG). Abgestellt werden kann für den Entschädigungszeitraum mithin auf die Veröffentlichung der PCT-Anmeldung.
695 BGHZ 159, 221, 229 – Drehzahlermittlung; BGH, GRUR 2006, 570 – extracoronales Geschiebe; aA: OLG Düsseldorf, InstGE 2, 1 – Folienblasanlage; OLG Düsseldorf, InstGE 2, 115 – Haubenstretchautomat; Holzapfel, Mitt 2003, 264, 269 f – Antriebsscheibenaufzug; Holzapfel, GRUR 2006, 881; Nieder, Mitt 2009, 540.
696 Benkard, § 33 PatG Rn 4c.
697 OLG Düsseldorf, Urteil v 30.10.2014 – I-2 U 3/14.
698 Im Anschluss an BGH, GRUR 1986, 803, 806 – Formstein.
699 Vgl unten Kap D Rdn 422.

b) Verpflichteter

Der Entschädigungsanspruch besteht immer nur gegenüber dem Benutzer, aber nicht gegenüber dessen Vertretungsorgan (zB **Geschäftsführer**), welches den Gegenstand der Patentanmeldung selbst nicht benutzt hat.[700] Da die Benutzungshandlungen in Bezug auf eine offen gelegte Anmeldung kein rechtswidriges, sondern ein rechtmäßiges Verhalten darstellen[701], fehlt es an einer Zurechnungsnorm, aufgrund derer der gesetzliche Vertreter für die Benutzungshandlungen des von ihm vertretenen Unternehmens einzustehen hat. 416

Haften mehrere Benutzer nebeneinander auf Entschädigung (zB Konzernunternehmen, die beim Vertrieb zusammenarbeiten), so haften sie nicht als **Gesamtschuldner**.[702] Denn mangels rechtswidrigen Verhaltens sind die §§ 830, 840 BGB nicht anwendbar. 417

c) Umfang

Die angemessene Entschädigung berechnet sich – ausschließlich – nach den Regeln der **Lizenzanalogie**. Eine Gewinnherausgabe ist nicht geschuldet.[703] 418

Ist der Entschädigungsanspruch ganz oder zum Teil verjährt (§§ 33 Abs 3, 141 Satz 1, 2 PatG), so bleibt dem Patentinhaber unter den für den Entschädigungsanspruch geltenden Voraussetzungen (Rechtsfolgenverweisung!) ein **Rest-Entschädigungsanspruch** erhalten.[704] Er ist auf die Herausgabe dessen gerichtet, was der Beklagte durch die Benutzungshandlungen ohne Rechtsgrund erlangt hat, jedoch der Höhe nach auf denjenigen Betrag begrenzt, den der Patentinhaber als angemessene Entschädigung verlangen könnte.[705] 419

d) Verfahren

Die Entschädigungsklage (egal, ob auf Feststellung oder Zahlung gerichtet) ist eine Patentstreitsache. Für sie existiert, sofern das offengelegte Patent im Zeitpunkt des Klageverfahrens noch nicht erteilt ist, eine spezielle **Aussetzungsmöglichkeit**, die in den Fällen des Art II § 1 IntPatÜG analog heranzuziehen ist. § 140 PatG sieht vor, dass der Entschädigungsprozess bis zur Patenterteilung (nicht darüber hinaus!) ausgesetzt werden kann. Voraussetzung ist allerdings, dass das Erteilungsverfahren vorgreiflich für den Entschädigungsprozess ist, woran es zB fehlt, wenn der Kläger überhaupt nicht aktivlegitimiert ist, dem Beklagten (zB als Geschäftsführer) die Passivlegitimation fehlt, eine bloß mittelbare Benutzung vorliegt (die keinen Entschädigungsanspruch auslösen kann) oder das fragliche, mutmaßlich anspruchsbegründende Verhalten überhaupt keine Benutzung des Anmeldungsgegenstandes darstellt. Ist ein Prüfungsantrag noch nicht gestellt, kann dem Kläger hierfür eine Frist gesetzt werden, deren Versäumung ein Prozesshindernis begründet. Eine Abweisung durch Prozessurteil scheidet freilich aus, wenn zwar außerhalb der Frist, aber noch vor Erlass des Urteils der Prüfungsantrag gestellt wird. 420

5. Schadenersatzanspruch

Für schuldhafte Benutzungshandlungen in der Zeit nach Veröffentlichung des Hinweises auf die Patenterteilung haftet der Verletzer auf Schadenersatz. Im Falle einer Änderung 421

---

700 Vgl BGH, GRUR 1989, 411, 413 – Offenend-Spinnmaschine.
701 BGH, GRUR 1989, 411 – Offenend-Spinnmaschine.
702 OLG Düsseldorf, Urteil v 18.8.2016 – I-2 U 21/16.
703 BGH, GRUR 2017, 890 – Sektionaltor II.
704 LG Düsseldorf, Entscheidungen 2000, 81, 86 f – Dämmstoffbahn; Nieder, Mitt 2009, 540; aA: OLG München, Mitt 2009, 559 – Rest-Entschädigungsanspruch.
705 LG Düsseldorf, Entscheidungen 2000, 81, 87 – Dämmstoffbahn.

der Gesetzeslage richtet sich die Haftung nach dem zur Zeit der Verletzungshandlung geltenden Recht.[706]

422 Es genügt, wenn der Kläger *eine* Verletzungshandlung nachweist, die nach Veröffentlichung der Patenterteilung vorgefallen ist. In einem solchen Fall wird die Schadenersatzverpflichtung nicht nur für die Zeit ab der **ersten konkret behaupteten Verletzungshandlung** festgestellt, sondern für den gesamten möglichen Schadenersatzzeitraum.[707]

423 In gleicher Weise rechtfertigt *eine* festgestellte **Benutzungsform** (zB ein Angebot) die Verurteilung wegen **aller weiteren Handlungsalternativen** (Inverkehrbringen, Gebrauchen, Einführen, Besitzen), auch wenn für sie kein konkreter Vortrag geleistet und/oder Nachweis erbracht werden kann, sofern die betreffenden Benutzungsformen nach der Ausrichtung des Unternehmens als möglich in Betracht kommen und es lediglich dem Zufall geschuldet ist, dass der Verletzte bisher lediglich eine Angebotshandlung ermittelt hat.[708] Anderes gilt, wenn der Beklagte plausibel geltend macht, bislang bloß Angebote unterbreitet zu haben, und ausdrücklich bestreitet, dass es (bezogen auf den Zeitpunkt der letzten mündlichen Tatsachenverhandlung) zu einem Vertrieb gekommen ist; hier ist in den Rechnungslegungs- und Schadenersatzfeststellungstenor nur diejenige Benutzungsform aufzunehmen, die tatrichterlich feststellbar ist.[709] Eine weitere Ausnahme besteht – wie beim Unterlassungsanspruch – für ein reines Handelsunternehmen, für welches die Benutzungsform des Herstellens mangels betrieblicher Kapazitäten auszuscheiden hat.[710] Steht fest, dass ein Herstellungsbetrieb den patentverletzenden Gegenstand fremd fertigen lässt, so rechtfertigt die prinzipielle Kompetenz des eingerichteten Geschäftsbetriebes zu einer Eigenfertigung zwar eine Unterlassungsverurteilung auch wegen der Benutzungsform des Herstellens (Erstbegehungsgefahr)[711]; solange nicht mit der Eigenherstellung begonnen wurde, kommen jedoch darauf gestützte Schadenersatzansprüche nicht in Betracht.

424 Durch eine **Beschränkung des Patents** im Einspruchs- oder Nichtigkeitsverfahren wird der Beginn des Schadenersatzzeitraumes nicht auf die Zeit nach der Einspruchs- oder Nichtigkeitsentscheidung verschoben.

a) Verschulden[712]

425 Anspruchsvoraussetzung ist, dass dem Verletzer hinsichtlich der widerrechtlichen Benutzung der patentierten Erfindung ein Verschulden zur Last fällt.[713] Insoweit reicht bereits jede, auch nur leichte Fahrlässigkeit aus. Für Verletzungshandlungen, die vor dem 1.9.2008 stattgefunden haben, bleibt allerdings die aufgrund der vorherigen Fassung von § 139 Abs 2 Satz 2 PatG gegebene Rechtslage maßgeblich, die es dem Gericht bei leichter Fahrlässigkeit erlaubt hat, statt des vollen Schadenersatzes lediglich eine Entschädigung zuzusprechen, die betragsmäßig zwischen dem auf Seiten des Verletzten eingetretenen Schadens und dem dem Verletzer erwachsenen Vorteil bleibt.[714]

---

706 BGH, GRUR 2010, 1090 – Werbung des Nachrichtensenders.
707 BGHZ 117, 264, 278 f – Nicola; BGH, GRUR 2007, 877 – Windsor Estate (unter Aufgabe der bisherigen gegenteiligen Rechtsprechung in GRUR 1998, 307 – Gaby).
708 OLG Düsseldorf, Urteil v 6.4.2017 – I-2 U 51/16.
709 OLG Düsseldorf, Urteil v 23.3.2017 – I-2 U 58/16; OLG Düsseldorf, Urteil v 25.10.2018 – I-2 U 30/16.
710 Alles Vorstehende gilt selbstverständlich auch für den vorbereitenden Rechnungslegungsanspruch.
711 Vgl oben Kap D Rdn 308.
712 Von Rospatt/Klopschinski, FS 80 Jahre Patentgerichtsbarkeit Düsseldorf, 2016, S 449 (speziell zum Verschulden im Pharma- und Mobilfunkbereich); Wosgien, Verschuldenshaftung, 2015.
713 Bei Verletzung eines Gebrauchsmusters setzt die Schadenersatzpflicht dementsprechend frühestens mit der Bekanntmachung der Eintragung zzgl eines Prüfungszeitraumes von einem Monat ein (LG Düsseldorf, InstGE 2, 31 – Darmbefüllvorrichtung).
714 OLG Düsseldorf, GRUR 2017, 1219 – Mobiles Kommunikationssystem.

Da sich jeder Gewerbetreibende vor Aufnahme einer Benutzungshandlung nach etwa **426**
entgegenstehenden Schutzrechten Dritter zu vergewissern hat und die erfolgte Patenterteilung in allgemein zugänglichen Quellen bekannt gemacht wird, kann aus dem Vorliegen einer rechtswidrigen Benutzung des Patents in aller Regel auf ein (zumindest fahrlässiges) Verschulden des Benutzers geschlossen werden.[715] Das gilt nicht nur für ein herstellendes, sondern prinzipiell gleichermaßen für ein lediglich vertreibendes Unternehmen. Sowohl in der Klage als auch im Urteil erübrigen sich deshalb im Allgemeinen weitere Erörterungen in dieser Hinsicht.

Sie sind allerdings in zeitlicher Hinsicht insofern angebracht, als dem Verletzer grundsätzlich eine **Karenzzeit** von einem Monat im Anschluss an die Veröffentlichung der Patenterteilung zuzubilligen ist, um die Sachlage (Inhalt des Patents, Benutzung durch eigene Produkte, ggf Einholung von Rechtsrat) zu prüfen. Erst danach kann von einem schuldhaften Verhalten ausgegangen werden. Der Karenzmonat ist auch einem **Geschäftsführer** zuzubilligen, der nach Veröffentlichung der Patenterteilung (und ggf nach Beginn der Verletzungshandlungen) in das verletzende Unternehmen eintritt, so dass – wenn keine frühere Kenntnis feststellbar ist – dessen Haftung für Benutzungshandlungen besteht, die einen Monat nach seiner Bestellung zum Geschäftsführer begangen worden sind. Für die Zubilligung einer Überlegungsfrist besteht **ausnahmsweise** dann kein Anlass, wenn der Beklagte im Zeitpunkt der Patenterteilung bereits hinreichend über den Inhalt des Patents im Bilde war und Gelegenheit zur Prüfung einer etwaigen Patentbenutzung hatte. Solches ist beispielsweise der Fall, wenn der Beklagte ein zum Klagepatent paralleles und bei Patenterteilung bereits seit mehr als einem Monat bekanntgemachtes Gebrauchsmuster des Klägers kannte.[716] **427**

aa) Spediteur, Handelsunternehmen, Sortimenter

Darlegungen zur Verschuldensfrage sind desweiteren erforderlich, wenn eine Sonderkonstellation vorliegt, weil die Haftung eines **Spediteurs** oder Lagerhalters in Rede steht, dem zum Vorwurf gemacht wird, patentverletzende Produkte transportiert oder gelagert zu haben. Hier kann (und wird sich vielfach) die Annahme einer Prüfungspflicht, wie sie oben beschrieben worden ist, angesichts der gesamten Umstände verbieten[717]; ein Schuldvorwurf ist aber dann berechtigt, wenn der Spediteur (zB aufgrund eines Hinweises des Patentinhabers oder durch ein Grenzbeschlagnahmeverfahren[718]) verlässliche Kenntnis davon oder zumindest konkrete Anhaltspunkte dafür erlangt, dass bestimmte Gegenstände eines bestimmten Unternehmens, für das er tätig ist, fremde Schutzrechte verletzen. Jedenfalls von diesem Zeitpunkt an trifft auch den Spediteur die Pflicht, sich zu vergewissern, und stellt der weitere Transport der als schutzrechtsverletzend erkannten Produkte eine schuldhafte Patentverletzung dar.[719] Gleiches gilt, wenn der Transport ohne Wahrnehmung der gebotenen Prüfungsmaßnahmen – folglich unter stillschweigender Billigung ihrer patentverletzenden Eigenschaft – fortgesetzt wird. **428**

Von einem **reinen Handelsunternehmen**[720] (das auf technische Gegenstände einer bestimmten Art oder Gattung »spezialisiert« und kein »Sortimenter« ist) ist (wie von einem Hersteller) grundsätzlich eine eigene Prüfung der Schutzrechtslage zu erwarten, selbst wenn diese wegen der technischen Komplexität des betroffenen Gegenstandes mit **429**

---

715 BGH, GRUR 1977, 250, 252 – Kunststoffhohlprofil I; BGH, GRUR 1993, 460, 464 – Wandabstreifer.
716 OLG München, InstGE 6, 57 – Kassieranlage.
717 LG Düsseldorf, InstGE 5, 241 – Frachtführer.
718 LG Düsseldorf, InstGE 7, 172 – iPod.
719 LG Düsseldorf, InstGE 5, 241 – Frachtführer.
720 Küppers, FS 80 Jahre Patentgerichtsbarkeit Düsseldorf, 2016, S 329.

einem beträchtlichen Aufwand verbunden ist.[721] Hat in der Zulieferkette bereits eine ernsthafte, sorgfältige und sachkundige Prüfung daraufhin stattgefunden, ob das Produkt Schutzrechte im Bestimmungsland verletzt, so reduziert sich die Pflicht des Händlers allerdings darauf, sich zu vergewissern, dass die Schutzrechtslage verlässlich verifiziert worden ist.[722] Eine allgemeine Haftungsfreistellungsklausel, mit der der Lieferant zusichert, dass der Liefergegenstand Rechte Dritter nicht verletzt, reicht insoweit nicht aus.[723] Vielmehr muss der Nachweis eingefordert werden, dass eine sachkundige und hinreichend erfahrene Person die Verletzungsfrage gewissenhaft mit dem (zumindest vertretbaren) Ergebnis einer Nichtverletzung begutachtet hat, und zwar sowohl in tatsächlicher Hinsicht (Beschaffenheit der angegriffenen Ausführungsform) als auch in rechtlicher Hinsicht (Eingriff in den Schutzbereich?). Wer selbst keine geeigneten Untersuchungen anstellt und wem auch von seinem Zulieferer kein verlässlicher Nachweis über die Nichtverletzung präsentiert wird, aber dennoch den Vertrieb aufnimmt, handelt schuldhaft, weil er die Patentverletzung billigend in Kauf nimmt.

430 Großzügiger ist die – allerdings vereinzelt gebliebene und auch abzulehnende – Auffassung des OLG Düsseldorf in der Entscheidung »Permanentmagnet«.[724] Seiner Ansicht nach soll ein Vertriebsunternehmen im Allgemeinen auch dann keine eigene Prüfungspflicht hinsichtlich der Verletzung von Schutzrechten Dritter – auch nicht eingeschränkt im Sinne eines Sich-Vergewisserns – treffen, wenn es seine Ware von namhaften Herstellern bezieht. Dieser Grundsatz soll dabei auch für High-Tech-Produkte (zB Handys) gelten, von denen bekannt ist, dass sie in praktisch jedem technischen Detail patentiert sind, wenn der Händler ein Technologieunternehmen von Weltrang ist, das eigene »qualifizierte« technische Kenntnisse auf dem betreffenden Gebiet besitzt und das verletzte Schutzrecht eine für die vorteilhaften Eigenschaften des Produktes »auffällige« Neuerung betrifft. Nach erfolgter Abmahnung besteht allerdings auch für ein reines Handelsunternehmen die rechtliche Pflicht, dem erhobenen Verletzungsvorwurf nachzugehen. Der Prüfungszeitraum, vor dessen Ablauf ein Verschulden ausscheidet, kann allerdings – je nach dem Umfang und der Schwierigkeit der anzustellenden Ermittlungen – mehrere Monate betragen.[725]

431 Allein der Umstand, dass im **Rechtsbestandsverfahren** von einem bestimmten zur Nichtverletzung führenden Verständnis des Patentanspruchs ausgegangen wird, welche das Verletzungsgericht nicht teilt, räumt den Verschuldensvorwurf nicht unbedingt aus.[726] Je klarer bei zutreffender Befassung mit dem Klagepatent der Verletzungsvorwurf zutage liegt, umso weniger darf sich der Verletzer auf eine bloß apodiktische Äußerung im Einspruchs- oder Nichtigkeitsverfahren verlassen. Sein Vetrauen ist regelmäßig erst dann schutzwürdig, wenn das ihm günstige Verständnis erkennbar das Ergebnis einer methodisch einwandfreien und hinreichend begründeten Patentauslegung ist.[727]

432 Bei Verletzung eines **SEP** mit FRAND-Erklärung folgt aus der vorgerichtlichen Pflicht des Patentinhabers zur Verletzungsanzeige nicht, dass den Verletzer geringere Sorgfaltspflichten als gewöhnlich treffen.[728]

---

721 LG Mannheim, InstGE 7, 14 – Halbleiterbaugruppe; OLG Düsseldorf, GRUR 2017, 1219 – Mobiles Kommunikationssystem.
722 Nach BGH, GRUR 2006, 575 – Melanie, trifft den Händler jedenfalls dann ein Schuldvorwurf, wenn er sich nicht danach vergewissert hat, ob in der vorangegangenen Lieferkette die Schutzrechtslage geprüft worden ist.
723 LG Mannheim, InstGE 7, 14 – Halbleiterbaugruppe.
724 OLG Düsseldorf, InstGE 6, 152 – Permanentmagnet; kritisch dazu: Buxbaum, GRUR 2009, 240, 241 f.
725 OLG Düsseldorf, InstGE 6, 152 – Permanentmagnet.
726 OLG Düsseldorf, Urteil v 20.12.2017 – I-2 U 39/16.
727 OLG Düsseldorf, Urteil v 20.12.2017 – I-2 U 39/16.
728 OLG Düsseldorf, GRUR 2017, 1219 – Mobiles Kommunikationssystem.

Für einen »**Sortimenter**«, zu dessen Vertriebsprogramm eine große Vielzahl unterschiedlichster Produkte gehört (Versandhandelsunternehmen, Baumärkte, Elektromärkte), sollten Maßstäbe gelten, die zwischen denen für Spediteure und denen für Handelsunternehmen liegen. Aufgrund der Breite ihres Vertriebsprogramms ist ihnen eine eigene verlässliche Schutzrechtsprüfung mit vertretbarem und deshalb aus Rechtgründen zumutbarem Aufwand faktisch unmöglich. Solange keine konkreten Hinweise auf eine Schutzrechtsverletzung existieren (zB aufgrund einer Verwarnung oder dergleichen), kommt es darauf an, ob sich dem Sortimenter mit Rücksicht auf den technischen Gegenstand aufdrängen muss, dass technische Schutzrechte betroffen sein können. Das mag bei LED-Lichterketten der Fall sein[729], wird bei Wegwerffeuerzeugen oder einer Fußmatte dagegen fern liegen. Muss die Warengattung die Möglichkeit eines Patentschutzes nahelegen, hat sich der Sortimenter bei seinem Lieferanten oder beim Hersteller danach zu erkundigen, ob die Schutzrechtslage für das vorgesehene Vertriebsgebiet fachkundig geprüft worden ist. Wird dies (nicht nur pauschal in AGB, sondern auf konkrete Nachfrage hin) vertrauenswürdig zugesichert, kann sich der Sortimenter grundsätzlich auf die ihm gegebene Auskunft verlassen, es sei denn, die Unzuverlässigkeit des Lieferanten ist ihm aus anderem Zusammenhang bekannt oder erkennbar. Einer näheren eigenen Kontrolle der behaupteten Schutzrechtsprüfung durch ihn (Hat sie tatsächlich stattgefunden? Von wem ist sie durchgeführt worden? Ist sie inhaltlich lege artis durchgeführt worden?) bedarf es – anders als bei »spezialisierten« Handelsunternehmen – nicht. Verweigert der Lieferant eine diesbezügliche Zusage, muss der Sortimenter allerdings selbst prüfen. Nimmt er den Vertrieb auf, ohne dies zu tun, handelt er mit dolus eventualis. Die vorbezeichneten Sorgfaltspflichten verschärfen sich nicht dadurch, dass der Sortimenter die betreffende Ware selbst **aus dem Ausland importiert**, also derjenige ist, der sie erstmals in das Schutzterritorium verbringt. Denn es ist oft bloßen Zufälligkeiten geschuldet, ob der Händler zum Import der Ware gezwungen ist oder ob sein Lieferant eine deutsche Niederlassung unterhält, von der die Ware im reinen innerdeutschen Geschäftsverkehr bezogen werden kann. Ob die eine oder die andere Konstellation vorliegt, kann vernünftigerweise nicht über das Maß der Sorgfaltsanforderungen entscheiden, die einem Sortimenter abzuverlangen sind. Der Import nimmt lediglich insoweit eine besondere Stellung ein, als für die vorgelagerte Hersteller- und Vertriebskette noch keine Veranlassung bestanden haben kann, die inländische Schutzrechtslage zu verifizieren, was eine dahingehende Nachfrage umso dringlicher macht.

433

bb) Äquivalenz

Sofern es darum geht, ob die angegriffene Ausführungsform unter Äquivalenzgesichtspunkten oder als **verschlechterte Ausführungsform** in den Schutzbereich einzubeziehen ist, entlastet den Verletzer noch nicht der Umstand, dass ein Kollegialgericht (zB das Landgericht in erster Instanz) die Voraussetzungen einer Äquivalenz verneint hat. Ob ein vom Beklagten vor Aufnahme seiner Benutzungshandlungen eingeholtes Rechtsgutachten den Verschuldensvorwurf ausräumt, hängt von den Umständen des Falles ab, wobei auch hier grundsätzlich Zurückhaltung geboten ist. Zu bejahen ist dies nur dann, wenn der Gutachter in der Beurteilung patentrechtlicher Verletzungsfragen praktisch erfahren ist, wenn der ihm unterbreitete Sachverhalt in Bezug auf das Klagepatent und in Bezug auf die angegriffene Ausführungsform vollständig und zutreffend ist, wenn die gutachtliche Stellungnahme eine umfassende Prüfung und Würdigung aller Gesichtspunkte erkennen lässt und wenn – zu guter Letzt – die erteilte Auskunft dahin lautet, dass eine Patentverletzung nicht vorliegt.[730]

434

---

729 OLG Düsseldorf, Urteil v 8.12.2016 – I-2 U 6/13.
730 Vgl BGH, GRUR 1996, 812, 814 – Unterlassungsurteil gegen Sicherheitsleistung; BGH, GRUR 2017, 397 – World of Warcraft II.

cc) Rechtsbeständigkeit

435 Strenge Maßstäbe gelten ebenfalls, wenn es darum geht, ob das Klageschutzrecht insgesamt oder zumindest in der für den Verletzungsvorwurf geltend gemachten Form rechtsbeständig ist.

(1) Patent

436 In der Regel ist die Benutzung einer patentierten und damit geprüften Erfindung auch bei einem Irrtum über deren Rechtsbeständigkeit als schuldhaft anzusehen.[731] Der Fahrlässigkeitsvorwurf bleibt in einem solchen Fall grundsätzlich bestehen; die Annahme, das Patent sei nicht rechtsbeständig, exkulpiert regelmäßig nicht. Selbst bei begründeten Bedenken gegen die Rechtsbeständigkeit ist das Patent bis zu seiner Vernichtung oder seinem Widerruf in Kraft und als allgemeinverbindliche Norm zu respektieren. Diese Risikoverteilung gilt prinzipiell auch dann, wenn der **Rechtsbestand** des verletzten Schutzrechts bereits **erstinstanzlich verneint** worden und nunmehr Gegenstand eines Einspruchsbeschwerde- oder Nichtigkeitsberufungsverfahrens ist. Einem jeden Rechtsmittelverfahren, dessen Sinn und Zweck gerade die Überprüfung des instanzgerichtlichen Urteils ist, wohnt dem Ansatz nach das Risiko einer anderen Beurteilung des Streitstands durch das übergeordnete Gericht inne. Die Erfahrung lehrt, dass sogar bei einem scheinbar sehr nahe kommenden Stand der Technik Nichtigkeitsklagen abweichend von der Beurteilung durch die erste Instanz letztlich keinen Erfolg haben. Die Möglichkeit, dass das verletzte Patent im Einspruchsbeschwerde- oder Nichtigkeitsberufungsverfahren nicht vernichtet wird, ist daher stets ernstlich in Rechnung zu stellen.[732] Ein Fachunternehmen, das sich trotz noch nicht endgültig geklärter Rechtslage entschließt, von einem Patent Gebrauch zu machen, handelt deshalb grundsätzlich auf eigene Gefahr.[733] Eine dem Verletzer günstige erstinstanzliche (nicht rechtskräftige) Nichtigkeitsentscheidung des Bundespatentgerichts lässt vor diesem Hintergrund für sich genommen das Verschulden des Verletzers nicht entfallen. Zur Exkulpation des rechtsirrig vom mangelnden Rechtsbestand eines Patents ausgehenden Verletzers reichen (nicht rechtskräftige) Entscheidungen von Kollegialgerichten, die ein für den Irrenden günstigen Inhalt haben, nicht ohne weiteres aus, und zwar auch dann nicht, wenn das Instanzgericht über eine besondere Fachkunde verfügt.[734]

437 Am Verschulden des Verletzers fehlt es nur unter besonderen Umständen, so zB dann, wenn bei Anwendung der im Verkehr erforderlichen Sorgfalt mit einer anderen, dem irrig Handelnden ungünstigen Beurteilung durch die Gerichte nicht gerechnet werden brauchte.[735] Das kann der Fall sein, wenn das später als rechtsirrig zu qualifizierende Handeln der bis dahin geltenden **höchstrichterlichen gefestigten Rechtsprechung** entsprochen hat.[736] Befolgt der Verletzer die bisherige höchstrichterliche Rechtsprechung,

---

731 Vgl BGH, GRUR 1961, 26 – Grubenschaleisen; BGH, GRUR 1977, 250, 253 – Kunststoffhohlprofil I; OLG Düsseldorf, GRUR 1982, 35, 36 – Kunststoffschläuche; OLG Düsseldorf, Urteil v 30.11.2010 – I-2 U 82/09; OLG München, GRUR-RR 2006, 385, 391 – Kassieranlage.
732 OLG Düsseldorf, GRUR 1982, 35, 36 – Kunststoffschläuche; OLG Düsseldorf, Urteil v 30.11.2010 – I-2 U 82/09.
733 BGH, GRUR 1987, 564 – Taxi-Genossenschaft; OLG Nürnberg, GRUR 1967, 538 – Laternenflaschen.
734 BGH, BB 1962, 428 – Furniergitter; BGH, GRUR 1964, 606, 610 f – Förderband; BGH, GRUR 1973, 518, 521 – Spielautomat II; BGH, GRUR 1993, 556, 559 – TRIANGLE.
735 BGH, GRUR 1987, 564, 565 – Taxi-Genossenschaft; BGH, GRUR 1990, 474, 476 – Neugeborenentransporte; BGH, GRUR 1998, 568, 569 – Beatles-Doppel-CD; BGH, GRUR 1999, 49, 51 – Bruce Springsteen and his Band; BGH, GRUR 2002, 622, 626 – shell.de; BGH, GRUR 2002, 706, 708 – Vossius.
736 OLG Düsseldorf, Urteil v 30.11.2010 – I-2 U 82/09; OLG Düsseldorf, GRUR-RR 2002, 23, 25 – Überkleben von Kontrollnummern, unter Hinweis auf BGH, NJW 1972, 1045, 1046; BGH, NJW 1974, 1903, 1904.

so darf er nämlich grundsätzlich auf deren Fortbestand vertrauen; mit einer Änderung braucht er regelmäßig nicht zu rechnen. Bei einer zweifelhaften Rechtsfrage, in der sich noch keine einheitliche Rechtsprechung gebildet hat und die insbesondere nicht durch höchstrichterliche Entscheidungen geklärt ist, geht das Sorgfaltserfordernis demgegenüber zwar nicht so weit, dass aus der Sicht des rechtsirrig Handelnden die Möglichkeit einer für ihn ungünstigen gerichtlichen Klärung undenkbar gewesen sein müsste. Durch strenge Anforderungen an seine Sorgfalt muss indessen verhindert werden, dass er das Risiko der zweifelhaften Rechtslage dem Verletzten zuschiebt.[737] Fahrlässig handelt daher auch, wer sich erkennbar in einem Grenzbereich des rechtlich Zulässigen bewegt, in dem er eine von der eigenen Einschätzung abweichende Beurteilung der rechtlichen Zulässigkeit des fraglichen Verhaltens in Betracht ziehen muss.[738]

(2) Gebrauchsmuster

Andere Regeln gelten in Bezug auf ein **Gebrauchsmuster**. Es entspricht der Rechtsprechung des Bundesgerichtshofs[739], dass bei der Beurteilung des Verschuldens in Fällen der Verletzung eines im Löschungsverfahren geänderten und nur teilweise aufrechterhaltenen Gebrauchsmusters sorgfältig zu prüfen ist, ob der Benutzer im Zeitpunkt der Verletzungshandlung bei Anwendung der gebotenen Sorgfalt erkennen konnte und musste, dass er ein rechtsbeständiges Gebrauchsmuster verletzt, wobei die Sorgfaltspflichten nicht überspannt werden dürfen. Bei der Verletzung des ohne materielle Prüfung seiner Schutzfähigkeit eingetragenen Gebrauchsmusters kann ein Verschulden nur angenommen werden, wenn der Benutzer mit dessen Schutzfähigkeit gerechnet hat oder rechnen musste.[740] Ein Verschuldensvorwurf hat demgegenüber zu unterbleiben, wenn der Benutzer begründete Bedenken gegen die Schutzfähigkeit des Gebrauchsmusters in seiner eingetragenen Fassung erheben konnte, wobei sich die Schutzfähigkeitsbedenken auch aus dem Stand der Technik ergeben können. Unter solchen Umständen hat der Benutzer in Erfüllung seiner Sorgfaltspflichten sachkundigen Rat von erfahrenen Patentanwälten oder von auf dem Gebiet des gewerblichen Rechtsschutzes sachkundigen Rechtsanwälten einzuholen.[741] Außerdem ist er gehalten, seine Zweifel an der Rechtsbeständigkeit des Klagegebrauchsmusters in einer verfahrensrechtlich geeigneten Form, zB durch die Einleitung eines Löschungsverfahrens, geltend zu machen.[742] Tut er dies und wird das Gebrauchsmuster – wider Erwarten – substanziell teilgelöscht, versagt bis zur Teillöschungsentscheidung (bzw bis zu einem die Teillöschung ankündigenden begründeten Zwischenbescheid) der Schuldvorwurf in Bezug auf die anfänglich eingetragene Anspruchsfassung, weswegen nur eine – von Amts wegen zu erörternde – Bereicherungshaftung[743] infrage kommt. Der Schuldvorwurf bleibt hingegen bestehen, soweit sich das Gebrauchsmuster als beständig erweist, sofern aus der verständigen Sicht des Benutzers mit einer Beschränkung des Schutzrechtsinhabers auf die besagte Merkmalskombination zu rechnen und eine Benutzung der beschränkten (teilgelöschten) Anspruchsfassung

438

---

737 BGH, GRUR 1987, 564, 565 – Taxi-Genossenschaft; BGH, GRUR 1990, 474, 476 – Neugeborenentransporte; BGH, GRUR 1999, 49, 51 – Bruce Springsteen and his Band.
738 BGHZ 130, 205, 220 = BGH, GRUR 1995, 750 – Feuer, Eis & Dynamit; BGHZ 131, 308, 318 = BGH, GRUR 1996, 271 – Gefärbte Jeans; BGH, GRUR 1990, 1035, 1038 – Urselters II; BGH, GRUR 1998, 568, 569 – Beatles-Doppel-CD; BGH, GRUR 1999, 49, 51 – Bruce Springsteen and his Band.
739 BGH, GRUR 1977, 250, 252 – Kunststoffhohlprofil I; OLG Düsseldorf, Urteil v 12.11.2009 – I-2 U 121/08.
740 OLG Düsseldorf, Urteil v 3.5.2018 – I-2 U 47/17.
741 OLG Düsseldorf, Urteil v 3.5.2018 – I-2 U 47/17.
742 OLG Düsseldorf, Urteil v 3.5.2018 – I-2 U 47/17.
743 BGH, GRUR 1977, 250 – Kunststoffhohlprofil I; OLG Düsseldorf, Urteil v 12.11.2009 – I-2 U 121/08.

durch die angegriffene Ausführungsform zu erkennen war.[744] Namentlich dass sich ein eingeschränkter Schutzanspruch als rechtsbeständig erweisen werde, ist tendenziell umso eher voraussehbar, je einfacher der technische Sachverhalt gelegen ist, und kann umso ehe angenommen werden, wenn zur Beschränkung in naheliegender Weise Unteransprüche – und nicht bloß aus der Beschreibung entnommene Merkmale – kombiniert werden.[745]

dd) Leichte Fahrlässigkeit

439 Fällt dem Verletzer nur leichte Fahrlässigkeit zur Last, konnte das Gericht unter der Geltung der früheren Rechtslage statt des Schadenersatzes lediglich eine Entschädigung zusprechen (§ 139 Abs 2 Satz 2 PatG aF). Diese Privilegierung ist mit der Neufassung des § 139 PatG durch das DurchsetzungsG vom 11.7.2008[746] (auch für Altfälle) beseitigt worden.

ee) Mangelndes Verschulden

440 Lässt sich ein Verschulden nicht tatrichterlich feststellen, darf die Schadenersatz- und Rechnungslegungsklage nicht abgewiesen werden. Von Amts wegen ist vielmehr ein **Bereicherungsanspruch** (nebst begleitendem Rechnungslegungsanspruch) zu prüfen und (wenn eine Patentbenutzung vorliegt) zuzusprechen. Der Klarheit halber sollte das Gericht die Parteien hierauf hinweisen.

b) Angebot als schadensauslösendes Ereignis

441 Das Anbieten schutzrechtsverletzender Gegenstände als solches begründet zwar bereits eine Schadenersatzhaftung[747], so dass auch ohne besondere Feststellungen allein wegen eines etwaigen Marktverwirrungsschadens ein Feststellungsausspruch möglich ist[748]; typischerweise wird dem Schutzrechtsinhaber ein Schaden jedoch erst durch den dem Angebot nachfolgenden Geschäftsabschluss (Lieferung) entstehen. Für ihn haftet der Anbietende, und zwar auch dann, wenn nicht er selbst, sondern – adäquat kausal und zurechenbar – ein Dritter das Liefergeschäft gemacht hat.[749]

c) Schadenersatz bei mittelbarer Patentverletzung[750]

442 Gemäß § 139 Abs 2 PatG haftet der mittelbare Verletzer dem Patentinhaber auf Schadenersatz.

443 Kommt es unter Verwendung des gelieferten Mittels zu einer **unmittelbaren Patentbenutzung** – die auch im privaten Bereich zu nichtgewerblichen Zwecken[751] oder sonst privilegiert vorgenommen werden kann –, so hat der mittelbare Verletzer – neben sonstigen Schadenspositionen wie Rechtsverfolgungskosten[752] – denjenigen Schaden zu ersetzen, der dem Patentinhaber durch die unmittelbare Patentverletzung des Abnehmers

---

744 OLG Düsseldorf, Urteil v 3.5.2018 – I-2 U 47/17.
745 OLG Düsseldorf, Urteil v 3.5.2018 – I-2 U 47/17.
746 BGBl I 2008, S 1191 = BlPMZ 2008, 274.
747 BGH, GRUR 2006, 927 – Kunststoffbügel.
748 BGH, GRUR 2007, 221 – Simvastatin.
749 BGH, GRUR 2006, 927 – Kunststoffbügel.
750 Haedicke, GRUR 2009, 273; Nieder, FS Reimann, 2009, S 351; von der Osten/Pross, FS Reimann, 2009, S 527.
751 OLG Düsseldorf, Urteil v 17.12.2015 – I-2 U 34/10; OLG Karlsruhe, Urteil v 25.2.2010 – 6 U 182/06.
752 BGH, GRUR 2007, 679 – Haubenstretchautomat; BGH, GRUR 2007, 773 – Rohrschweißverfahren.

entsteht.⁷⁵³ Mittelbarer und unmittelbarer Verletzer haften gemäß § 840 Abs 1 BGB als Gesamtschuldner. Da sich regelmäßig keine unabhängigen, jeweils nur dem mittelbaren bzw. nur dem unmittelbaren Verletzer zuordenbaren Schadensteile feststellen lassen werden, haften beide auf den Gesamtschaden.⁷⁵⁴ Zur Schadensberechnung stehen dem Patentinhaber auch gegenüber dem mittelbaren Verletzer die zur unmittelbaren Patentverletzung entwickelten Berechnungsmethoden zur Verfügung.⁷⁵⁵ Es kann deswegen auch der beim mittelbaren Verletzer erzielte Gewinn abgeschöpft werden.⁷⁵⁶

Folgt der mittelbaren **keine unmittelbare Patentverletzung** nach, so kommt eine Schadenersatzverpflichtung des mittelbaren Verletzers nach Auffassung des BGH⁷⁵⁷ nur in Bezug auf die vorgenannten sonstigen Schadenspositionen in Betracht.⁷⁵⁸ Zur schlüssigen Darlegung eines mit einem Feststellungsantrag verfolgten Schadenersatzanspruchs in Fällen mittelbarer Patentverletzung hat der Kläger deswegen entweder Rechtsverfolgungskosten bzw vergleichbare Schäden darzulegen oder aber mindestens *eine* unmittelbare Patentverletzung vorzutragen, die unter Verwendung des Mittels iSv § 10 PatG vorgefallen ist.⁷⁵⁹ Hierbei reicht freilich – wie allgemein bei einem Feststellungsantrag – aus, dass nach der Lebenserfahrung die hinreichende Wahrscheinlichkeit einer unter Verwendung des Mittels begangenen unmittelbaren Verletzungshandlung besteht.⁷⁶⁰ Das gilt auch dann, wenn als schadenersatzverpflichtende Handlung iSv § 10 PatG lediglich ein Angebot gegeben ist.⁷⁶¹ Mindestens eine schuldhaft begangene *mittelbare* Benutzungshandlung (Anbieten oder Liefern) muss also tatrichterlich festgestellt werden; ist dies geschehen, genügt die Wahrscheinlichkeit davon, dass das Angebot zu einer nachfolgenden Lieferung des Mittels geführt hat und dieses Mittel alsdann für eine *unmittelbare* Patentbenutzung gebraucht worden ist. Diese Kausalkette wird in aller Regel anzunehmen sein⁷⁶², sofern sich nicht konkret und abschließend feststellen lässt, dass dem Angebot tatsächlich keine Lieferung nachgefolgt ist oder das gelieferte Mittel tatsächlich für keine unmittelbare Patentbenutzung verwendet worden ist. Die Schadenswahrscheinlichkeit ist dementsprechend zu verneinen, wenn lediglich ein Testkauf stattgefunden hat, bei dem erfahrungsgemäß nicht die Besorgnis besteht, dass die gelieferten Mittel patentverletzend benutzt werden könnten, und keine Anhaltspunkte für sonstige mittelbare Verletzungshandlungen bestehen, die unmittelbare Schutzrechtsverletzungen nach sich gezogen haben könnten. Andererseits genügt ein mittelbar patentverletzendes Angebot, weil es mit hinreichender Wahrscheinlichkeit erwarten lässt, dass es im Anschluss daran auch zu einer Lieferung gekommen ist (die erst eine unmittelbar schutzrechtsverletzende und damit schadenersatzrelevante Benutzungshandlung darstellt).⁷⁶³

444

Ein Anspruch auf **Rechnungslegung** (§§ 242, 259 BGB) steht dem Schutzrechtsinhaber gegen den mittelbaren Verletzer nur zu, wenn er – im Sinne der zweitgenannten Alternative – eine unmittelbare Verletzung unter Verwendung des Mittels wahrscheinlich machen kann.⁷⁶⁴ Unter dieser Prämisse sind *alle* Lieferungen an diesen Abnehmer voll-

445

---

753 BGH, GRUR 2005, 848 – Antriebsscheibenaufzug; BGH, GRUR 2007, 679 – Haubenstretchautomat; BGH, GRUR 2007, 773 – Rohrschweißverfahren.
754 Vgl BGH, NZV 2002, 113.
755 BGH, GRUR 2007, 679 – Haubenstretchautomat; BGH, GRUR 2007, 773 – Rohrschweißverfahren.
756 BGH, GRUR 2007, 679 – Haubenstretchautomat; BGH, GRUR 2007, 773 – Rohrschweißverfahren.
757 BGH, GRUR 2005, 848 – Antriebsscheibenaufzug; aA zu Recht: OLG Düsseldorf, Mitt 2003, 264, 268 f – Antriebsscheibenaufzug; vgl auch Holzapfel, GRUR 2002, 193, 196 f.
758 BGH, GRUR 2007, 679 – Haubenstretchautomat.
759 BGH, GRUR 2005, 848 – Antriebsscheibenaufzug.
760 BGH, GRUR 2006, 839 – Deckenheizung.
761 OLG Karlsruhe, GRUR 2014, 59 – MP2-Geräte.
762 OLG Karlsruhe, GRUR 2014, 59 – MP2-Geräte.
763 BGH, GRUR 2013, 713 – Fräsverfahren.
764 BGH, GRUR 2007, 679 – Haubenstretchautomat; BGH, GRUR 2007, 773 – Rohrschweißverfahren.

ständig auskunftspflichtig, auch diejenigen, die nicht zu einer unmittelbaren Schutzrechtsverletzung und damit auch nicht zu einer Schadenersatzpflicht geführt haben.[765] Sofern – was der Kläger darzulegen hat – davon ausgegangen werden kann, dass der mittelbare Verletzer um die Verwendung des gelieferten Mittels beim jeweiligen Abnehmer weiß (zB weil es sich bei dem Mittel um einen Gegenstand handelt, der typischerweise für eine bestimmte Verwendung beim Abnehmer eingerichtet wird), umfasst die Pflicht zur Auskunftserteilung nach Treu und Glauben auch Angaben dazu, ob das Mittel vom Abnehmer unmittelbar patentverletzend gebraucht worden ist.[766] Denn der darlegungspflichtige Kläger (vgl sogleich) ist hierauf angewiesen und der Beklagte kann die Auskünfte unschwer erteilen.

446 Die restriktive Rechtsprechung des BGH – die genau aus diesem Grund abzulehnen ist – bereitet erhebliche Probleme in einem **Höheprozess**, wenn das mittelbar patentverletzende Mittel sowohl patentgemäß als auch patentfrei verwendet werden kann. Unter solchen – in der Praxis durchaus häufigen – Umständen hat der Gläubiger, um einen Schadenersatzanspruch zu beziffern, darzulegen, welche konkrete Lieferung zu einer allein schadenersatzbegründenden unmittelbaren Benutzung beim Abnehmer des Schuldners geführt hat.[767] Dieses Wissen wird in aller Regel beim Gläubiger nicht vorhanden sein. Über entsprechende Kenntnisse wird vielfach auch der Schuldner nicht verfügen, weil ihm die genauen Verwendungsabsichten seiner Abnehmer nicht geläufig sein werden und er sich unter solchen Umständen mit Nichtwissen erklären kann.[768]

447 Notfalls kann der Patentinhaber ein Besichtigungsverfahren nach § 140c PatG bei den Abnehmern durchführen lassen oder deren Mitarbeiter als Zeugen benennen.[769] Zur Vereinfachung kann es ratsam sein, von der in **§ 377 Abs 3 ZPO** vorgesehenen Möglichkeit Gebrauch zu machen, an den Zeugen, statt ihn persönlich zu vernehmen, schriftliche Beweisfragen zur schriftlichen Beantwortung zu richten. Voraussetzung ist freilich, dass sich das Beweisthema für diese Art der Sachaufklärung eignet (zB weil es auf die persönliche Glaubwürdigkeit nicht ankommt und auch Rückfragen nicht notwendig sind) und der Zeuge nach seinem speziellen Hintergrund zu einer schriftlichen Beantwortung in der Lage ist. Besichtigung und Zeugenvernehmung kommen nur in Betracht, wenn es sich um eine überschaubare Zahl von Abnehmern handelt. Ansonsten (dh bei Massenartikeln) werden der Gläubiger und das Verletzungsgericht auf eine Schätzung der unmittelbar patentverletzenden Verwendung im Verhältnis zu einem (nicht schadenersatzrelevanten) patentfreien Gebrauch gemäß § 287 ZPO zu verweisen sein.

d) Verwendungspatent

448 Keine Besonderheiten ergeben sich, wenn der Schutzbereichseingriff entweder in der patentgemäßen Verwendung der Sache selbst oder in ihrer sinnfälligen Herrichtung für den besagten Zweck liegt und die Sache – technisch und/oder wirtschaftlich sinnvoll – allein in der patentgeschützten Weise und **nicht anders gebraucht werden kann**. In der zuletzt genannten Verletzungsvariante (sinnfällige Herrichtung) ist jede Lieferung, eben weil sie letztendlich zu der patentgerechten Verwendung führt, schadenersatzpflichtig.

449 Anders verhält sich die Sachlage, wenn die sinnfällig hergerichtete Sache realistisch **auch patentfrei** außerhalb des patentgemäßen Einsatzzwecks **verwendet werden kann**. Ungeachtet dessen, dass nach der Rechtsprechung[770] der unmittelbare Schutzbereichseingriff

---

765 BGH, GRUR 2017, 785 – Abdichtsystem.
766 AA: LG Düsseldorf, InstGE 13, 97 – Oberflächenvorbehandlung.
767 LG Düsseldorf, InstGE 13, 97 – Oberflächenvorbehandlung.
768 LG Düsseldorf, InstGE 13, 97 – Oberflächenvorbehandlung.
769 LG Düsseldorf, InstGE 13, 97 – Oberflächenvorbehandlung.
770 BGH, GRUR 2016, 257 – Glasfasern II.

bereits auf die sinnfällige Herrichtung der Sache für den unter Patentschutz stehenden Gebrauchszweck vorverlagert ist, bleibt, dass für den »Vorfeldschutz« der Gedanke wesentlich, dass durch die sinnfällige Herrichtung der nachfolgende eigentlich patentverletzende Gebrauch konditioniert ist und dies die sachliche Rechtfertigung dafür bildet, den Schutz des Verwendungspatents auf die die patentierte Verwendung in Gang setzende Herrichtungsmaßnahme zu erstrecken. Wegen des aufgezeigten Zusammenhangs zwischen der Herrichtung der Sache und ihrem verletzenden Gebrauch kann eine Haftung nur dann angenommen werden, wenn sich die mit der Herrichtung verbundene Verwendungsgefahr auch tatsächlich realisiert, weil es mit der hergerichteten Sache zu dem patentgeschützten Gebrauch kommt. Angebots- und Lueferfälle, bei denen sich die anderweitige, patentfreie Verwendungsmöglichkeit verwirklicht, müssen demgegenüber schadenersatzfrei bleiben. Zu den daraus resultierenden Folgen für die Schadenersatzfeststellung, die Geltendmachung bezifferten Schadenersatzes und die Möglichkeit einer erweiterten Rechnungslegung vgl oben Kap A Rdn 368 f.

e) Gesamtvorrichtung, »Peripheriegeräte«, Verbrauchsmaterialien

Außer Zweifel steht zunächst, dass derjenige Umsatz (und Gewinn) schadenersatzrelevant ist, den der Verletzer im Rahmen seines Geschäftsbetriebes mit der patentgeschützten Vorrichtung oder dem patentgeschützten Verfahren als solchem erzielt. Damit ist der mögliche Umfang der Schadenersatzpflicht jedoch noch nicht abgesteckt: 450

Ist die patentgeschützte Vorrichtung für sich nicht Gegenstand des Handelsverkehrs, weil sie den Teil einer Gesamtvorrichtung bildet, die allein am Markt gehandelt wird, so ist auf den Umsatz abzustellen, der mit eben dieser Gesamtvorrichtung erwirtschaftet wird.[771] Einzubeziehen sind deshalb – über die im Patentanspruch genannten Teile hinaus – alle sonstigen für die Funktionstauglichkeit unerlässlichen Bauteile sowie alle weiteren Elemente, die zu der in Verkehr gebrachten Vorrichtung gehören. Auf die Zufälligkeit, ob der Verletzer seinem Abnehmer die gelieferte Einheit zu einem Gesamtpreis oder nach ihren einzelnen Elementen aufgeschlüsselt berechnet, kommt es nicht an.[772] 451

Unter Umständen schuldet der Verletzer Schadenersatz auch wegen des Verkaufs von Vorrichtungen (zB »Peripheriegeräten«), die selbst nicht patentgeschützt sind, die jedoch üblicherweise zusammen mit dem patentierten (bzw patentverletzenden) Gegenstand veräußert werden. Eine Haftung kommt in Betracht, wenn und soweit festgestellt werden kann, dass der Verletzer den Umsatz mit dem betreffenden »Peripheriegerät« allein dem Umstand verdankt, dass er den patentgeschützten Gegenstand in einer patentgemäßen – und nicht in einer schutzrechtsfreien – Ausgestaltung angeboten hat, und der Geschäftsabschluss feststellbar auch auf keine andere Ursache (wie einer gewachsenen Kundenbeziehung, dem günstigen Preis für die Einheit aus patentverletzendem Gegenstand und »Peripheriegerät«) zurückzuführen ist.[773] 452

| **Praxistipp** | Formulierungsbeispiel | 453 |

Lässt sich dies nicht im Vorhinein für alle Verkaufsfälle beurteilen, sondern kann der besagte Kausalzusammenhang von Fall zu Fall gegeben oder nicht gegeben sein, so scheidet ein **Feststellungsantrag** des Schutzrechtsinhabers aus, weil er nur zum Erfolg führen kann, wenn bereits im Verletzungsrechtsstreit tatrichterlich festgestellt werden kann, dass jeder Verkauf eines »Peripheriegerätes« zusammen mit dem patentverletzenden Gegenstand auf dessen

---

771 OLG Düsseldorf, InstGE 7, 194 – Schwerlastregal II.
772 OLG Düsseldorf, InstGE 7, 194 – Schwerlastregal II.
773 LG Düsseldorf, InstGE 6, 136 – Magnetspule; OLG Düsseldorf, InstGE 7, 194 – Schwerlastregal II.

D. Klageverfahren

> patentgemäßer Ausgestaltung beruht.[774] Ist ein Kausalzusammenhang zwischen der Patentverletzung und dem Vertrieb von »Peripheriegeräten« zwar nicht zwingend, aber denkbar, so ist der Patentverletzer auch insoweit zur **Rechnungslegung** verpflichtet, als er mitzuteilen hat, in welchen Fällen und wem gegenüber er den patentverletzenden Gegenstand zusammen mit einem »Peripheriegerät« angeboten oder verkauft hat.[775] Erst durch diese Informationen wird der Schutzrechtsinhaber nämlich in den Stand versetzt, in Bezug auf jeden einzelnen Angebots- oder Verkaufsfall konkrete Ermittlungen dahingehend anzustellen (und gegebenenfalls Beweise dafür zu sichern), ob (dass) die patentverletzende Ausgestaltung für den jeweiligen Angebotsempfänger bzw Abnehmer dafür ausschlaggebend war, beim Patentverletzer auch die weiteren »Peripheriegeräte« zu beziehen. Im Klageantrag sind die fraglichen Peripheriegeräte selbstverständlich konkret zu bezeichnen.

454 Relevant sind ebenso Umsätze, die der Verletzer mit Verbrauchsmaterialien erzielt, die er infolge des Verkaufs einer patentverletzenden Vorrichtung an dessen Abnehmer veräußern konnte. Wird der patentverletzende Gegenstand lediglich mietweise überlassen, verbunden mit einer vertraglichen Bezugsverpflichtung für die von der vermieteten Vorrichtung zu verarbeitenden Materialien, sind nicht nur die Mieteinnahmen schadensersatzrelevant, sondern gleichermaßen die aus dem Vertrieb der Verbrauchsmaterialien erzielten Umsätze.[776] Berücksichtigungsfähig sind nach denselben Regeln schließlich die Gewinne aus einem Wartungsvertrag für den patentverletzenden Gegenstand (zB eine Aufzugsanlage).

6. Bereicherungsanspruch[777]

455 Trifft den Beklagten an den Verletzungshandlungen kein Verschulden, so kommt anstelle des (verschuldensabhängigen) Schadenersatzanspruchs ein (verschuldensunabhängiger) Bereicherungsanspruch gemäß §§ 812 Abs 1, 818 Abs 2 BGB in Betracht. Er rechtfertigt sich daraus, dass die widerrechtliche, wenn auch schuldlose Benutzung des Klagepatents einen Eingriff in die Rechtsposition des Patentinhabers darstellt, die dazu verpflichtet, das durch den Eingriff ohne Rechtsgrund Erlangte herauszugeben bzw Wertersatz für die rechtsgrundlos erlangten (und nicht mehr herausgebbaren) Gebrauchsvorteile zu leisten.[778] Voraussetzung ist eine **unmittelbare** – und nicht nur mittelbare – **Patentbenutzung**.[779]

456 **Anspruchsgegner** ist der zu Unrecht Bereicherte, dh derjenige, bei dem infolge der widerrechtlichen Patentbenutzung die unmittelbare Vermögensmehrung eingetreten ist. Typischerweise wird dies der Patentverletzer selbst sein. Eine Holdinggesellschaft ist deswegen für einen Bereicherungsanspruch wegen Patentverletzung durch ihre Tochtergesellschaft nicht passivlegitimiert, und zwar auch dann nicht, wenn sie sämtliche Gesellschaftsanteile des die patentverletzenden Produkte vertreibenden Tochterunternehmens hält und dieses seinen Gewinn an die Holding abführen muss.[780] Gleichfalls scheidet regelmäßig eine Bereicherungshaftung des gesetzlichen Vertreters aus, selbst wenn dieser durch eine Gewinnabschöpfung – mittelbar – an der Vermögensmehrung teilhat oder teilhaben kann, die bei dem bereicherten Unternehmen eingetreten ist.[781]

---

774 LG Düsseldorf, InstGE 6, 136 – Magnetspule.
775 LG Düsseldorf, InstGE 6, 136 – Magnetspule.
776 LG Düsseldorf, InstGE 2, 108 – Verpackungsmaterial.
777 Nieder, Mitt 2009, 540.
778 BGH, GRUR 1982, 301, 302 – Kunststoffhohlprofil II.
779 Meier-Beck, GRUR 1993, 1, 4; Nieder, Mitt 2009, 540, 543; aA: Holzapfel, GRUR 2002, 193, 197.
780 OLG Düsseldorf, InstGE 6, 152 – Permanentmagnet.
781 BGH, GRUR 2009, 515 – Motorradreiniger.

Der Bereicherungsanspruch muss nicht ausdrücklich als solcher geltend gemacht werden; er ist im Prozess **von Amts wegen** zu prüfen und bei Vorliegen seiner Voraussetzungen zuzusprechen, sofern der zur Patentverletzung vorgetragene Sachverhalt seine materielle Berechtigung ergibt.[782] 457

Der **Höhe** nach bestimmt sich der Bereicherungsausgleich nach den Grundsätzen der Lizenzanalogie.[783] 458

Eine **Karenzzeit** (von einem Monat) ist insoweit nicht zu berücksichtigen. Der Bereicherungsanspruch steht dem Verletzten vielmehr von dem Moment an zu, in welchem der Beklagte in das Patent eingreift. 459

7. Gemeinsame Verfahrensfragen

Verfahrenstechnisch bestehen zwei Möglichkeiten, den Entschädigungs-, Schadenersatz- und Bereicherungsanspruch gerichtlich geltend zu machen. 460

a) Stufenklage

Sie können zunächst im Wege der Stufenklage (§ 254 ZPO) verfolgt werden. Dies bedeutet, dass der Kläger – neben seinem »unbedingten« Antrag auf Unterlassung und Rechnungslegung – »bedingt« auf Zahlung desjenigen Betrages (nebst Zinsen) klagt, der sich nach der vom Beklagten vorzunehmenden Rechnungslegung ergibt. Es liegt in der Natur der Stufenklage, dass zunächst lediglich in einem Teilurteil über den Unterlassungs- und Rechnungslegungsanspruch entschieden werden kann. Erst wenn der Beklagte danach – gegebenenfalls angehalten durch Zwangsmittel – Auskunft erteilt und der Kläger daraufhin seinen Zahlungsanspruch im Einzelnen beziffert hat, kann der Rechtsstreit wieder aufgenommen und in der Höhestufe fortgesetzt werden. Der Übergang in den Zahlungsantrag setzt dabei stets einen Parteiantrag voraus; er erfolgt nie von Amts wegen.[784] 461

Die **Nachteile** einer solchen Prozessführung liegen auf der Hand: 462

– Erst nach Abschluss der Höhestufe ergeht mit dem Schlussurteil zugunsten des Klägers eine vollstreckbare Kostenentscheidung. 463

– Die Feststellungen auf den vorhergehenden Stufen entfalten für die nachfolgenden Stufen keine Bindungswirkung.[785] Der Beklagte kann folglich auch in der Höhestufe erneut oder erstmals den Verletzungsvorwurf bestreiten. 464

b) Feststellungsantrag

Die Praxis verfährt deshalb zu Recht anders. Sie beantragt lediglich die Feststellung des Gerichts, dass der Beklagte zur Entschädigung, zum Schadenersatz und/oder zum Bereicherungsausgleich verpflichtet ist. Eine solche Art der Antragsfassung ist zulässig, weil die Höhe der jeweiligen Ansprüche mangels näherer Kenntnis des Klägers über den Umfang der Benutzungs- und Verletzungshandlungen ungewiss ist und deshalb ein rechtliches Interesse des Klägers daran besteht, die Haftung des Beklagten zunächst dem Grunde nach feststellen zu lassen (§ 256 Abs 1 ZPO).[786] Das notwendige Feststellungsinteresse liegt bereits dann vor, wenn künftige Schadensfolgen, sei es auch nur entfernt, 465

---

782 BGH, GRUR 1978, 492, 495 – Fahrradgepäckträger II.
783 BGH, GRUR 1992, 599, 600 – Teleskopzylinder; BGH, GRUR 2009, 515 – Motorradreiniger.
784 BGH, MDR 2015, 232.
785 BGH, WM 1999, 746.
786 BGH, GRUR 2001, 1177 – Feststellungsinteresse II.

möglich, ihre Art, ihr Umfang oder sogar ihr Eintritt aber noch ungewiss sind.[787] Kann der Kläger seinen Anspruch bereits beziffern (so dass er an sich eine vorrangige Leistungsklage erheben könnte), so ist eine Feststellungsklage – umfassend – zulässig, wenn die Schadensentwicklung im Zeitpunkt der Klageerhebung noch nicht abgeschlossen ist, es also wahrscheinlich ist, dass (auch) noch künftig weitere Schäden eintreten.[788] An der einmal gegebenen Zulässigkeit des Feststellungsbegehrens ändert sich nicht dadurch etwas, dass die Entschädigung/der Schaden im Laufe des Rechtsstreits (aufgrund zwischenzeitlich erteilter Auskünfte) für den Kläger bezifferbar wird.[789] Darüber hinaus ist es dem Kläger sogar verwehrt, im Berufungsverfahren (nachdem er sich aufgrund des erstinstanzlich erstrittenen Titels die notwendigen Auskünfte vom Beklagten beschafft hat) seine Feststellungsklage auf einen bezifferten Leistungsantrag umzustellen. Eine solche Klageänderung wäre nicht sachdienlich, weil für das Berufungsgericht keinerlei Erkenntnisse aus der ersten Instanz verwertbar wären, sondern der Höheprozess vollständig in die zweite Instanz verlagert würde.

466 Zur Vorbereitung des Höheprozesses soll der **Feststellungsantrag** nach der Auffassung von v. d. Groeben[790] bereits auf den im Falle einer Lizenzanalogie zu berücksichtigenden **Lizenzsatz** sowie den im Falle einer Liquidation des Verletzergewinns anzusetzenden **Kausalanteil** erstreckt werden können. Diese Auffassung ist abzulehnen. Als Zwischenfeststellungsklage (§ 256 Abs 2 ZPO) ist der besagte Antrag von vornherein unzulässig, weil von der Bestimmung des Lizenzsatzes oder des auf die Patentverletzung entfallenden Kausalanteils nicht die Entscheidung über die übrigen Klageanträge (auf Unterlassung etc) abhängt. Es bedarf deswegen eines zwischen den Prozessparteien bestehenden Rechtsverhältnisses sowie eines besonderen Feststellungsinteresses, das die alsbaldige gerichtliche Klärung des Bestehens oder Nichtbestehens dieses Rechtsverhältnisses verlangt (§ 256 Abs 1 ZPO). Daran fehlt es in beiderlei Hinsicht. Bereits ein Rechtsverhältnis liegt nicht vor. Nach ständiger Rechtsprechung des Bundesgerichtshofs[791] können Inhalt eines Feststellungsurteils zwar auch einzelne Beziehungen oder Folgen eines Rechtsverhältnisses, auch Umfang und Inhalt einer Leistungspflicht sein, nicht aber einzelne rechtserhebliche Vorfragen oder Elemente eines Rechtsverhältnisses oder bloße Grundlagen für die Berechnung eines Anspruchs. Um letzteres handelt es sich vorliegend. Mit seinem »erweiterten« Feststellungsantrag begehrt der Kläger die isolierte Feststellung eines bestimmten bei der Schadensermittlung anzuwendenden Lizenzsatzes bzw eines der Patentverletzung zuzuschreibenden und bei der Gewinnermittlung zum Tragen kommenden Ursachenbeitrages. Beides betrifft in unzulässiger Weise eine bloße Vorfrage des streitigen Schadenersatzanspruchs. Durch die gerichtliche Feststellung soll lediglich ein Streit um eine Berechnungsgrundlage, aber nicht um das Rechtsverhältnis selbst ausgeräumt werden. Von der strikten Anwendung des in § 256 Abs 1 ZPO normierten Grundsatzes kann auch nicht etwa deshalb abgesehen werden, weil die berechtigte Erwartung bestünde, dass ein Feststellungsurteil über den Berechnungsmodus den Streit der Parteien endgültig erledigen würde. In Fällen der Lizenzanalogie kommt neben dem Lizenzsatz typischerweise der Bezugsgröße eine wirtschaftlich nicht mindere Bedeutung zu; gleiches gilt mit Blick auf den Verletzergewinn für die berücksichtigungsfähigen Umsätze und die hiervon in Abzug zu bringenden Kosten. Mit einer isolierten Feststellung des Lizenzsatzes bzw des Kausalanteils sind mithin die zwischen den Parteien im Zuge der Schadensberechnung klärungsbedürftigen Streitpunkte allenfalls zu einem Teil ausgeräumt. Weil dem so ist und weil sich der Kläger mit seinem »erweiterten« Feststel-

---

787 BGH, GRUR 2018, 832 – Ballerinaschuh.
788 BGH, GRUR 2018, 832 – Ballerinaschuh.
789 BGH, GRUR 2018, 832 – Ballerinaschuh; OLG Düsseldorf, GRUR-RS 2015, 06710 – Andockvorrichtung.
790 Groeben, GRUR 2012, 864.
791 BGH, MDR 1995, 306.

lungsantrag ersichtlich nicht auf eine bestimmte Schadensberechnungsmethode festlegen lassen will, ist auch kein schutzwürdiges Interesse daran zu erkennen, dass bereits der Grundprozess um die Patentverletzung mit unter Umständen schwierigen und aufwändig zu klärenden Höhefragen belastet wird, die sich später, zB weil sich der Kläger für eine andere Berechnungsmethode entscheidet, als ganz oder teilweise nutzlos erweisen.

Unter Verzugsgesichtspunkten kann der Feststellungsausspruch auch darauf erstreckt werden, dass der Verletzer verpflichtet ist, auf den vom Kläger für die Verletzungsklage verauslagten **Gerichtskostenvorschuss Zinsen** (in Höhe von 5 Prozentpunkten über dem Basiszinssatz) für die Zeit von der Einzahlung des Vorschusses bis zum Tag des Eingangs des Kostenfestsetzungsantrages bei Gericht zu zahlen.[792] 467

Gegenüber einer Stufenklage bietet die Feststellungsklage vielfältige **Vorteile:** 468

– Die Entscheidung des Rechtsstreits wird nicht durch gegebenenfalls schwierige und aufwändige Ermittlungen zur Schadenshöhe verzögert. Da sogleich ein Endurteil ergeht, erhält der Kläger alsbald einen Kostentitel, den er gegen den Beklagten vollstrecken kann. 469

– Mit der Unanfechtbarkeit des Urteils erwächst der Feststellungsausspruch zum Grund der Haftung in Rechtskraft. Folge hiervon ist eine Bindungswirkung für den anschließenden Höheprozess, in dem der Beklagte nicht mehr einwenden kann, das Patent nicht verletzt oder ohne Verschulden gehandelt zu haben. Zu beachten ist, dass die konkrete Reichweite der Bindung in erster Linie der Urteilsformel des Feststellungsausspruchs zu entnehmen ist und dass nur dann, wenn der Tenor (mangels Eindeutigkeit) nicht ausreicht, um den Rechtskraftgehalt der Entscheidung zu erfassen, Tatbestand und Entscheidungsgründe, ggf sogar das Parteivorbringen, ergänzend heranzuziehen sind.[793] 470

– Mit dem rechtskräftigen Feststellungsausspruch kommt dem Patentinhaber ferner die 30-jährige Verjährungsfrist des § 197 Nr 3 BGB zugute.[794] 471

8. Auskunfts- und Rechnungslegungsanspruch

Ein Anspruch auf Auskunft und Rechnungslegung ist nur teilweise im PatG kodifiziert. 472

a) § 140b PatG[795]

§ 140b PatG gewährt dem Verletzten bestimmte Informationen über (a) die Herkunft und (b) den Vertriebsweg der patentverletzenden Ware. Der Anspruch ist mit dem Produktpirateriegesetz eingeführt worden und verfolgt den Zweck, einerseits die Bezugsquelle und andererseits die Abnehmer der schutzrechtsverletzenden Ware aufzudecken, um dem Patentinhaber ein effektives Vorgehen auch gegen etwaige weitere Verletzer zu ermöglichen. Die Vorschrift gilt für Benutzungshandlungen seit dem 1.7.1990 und ist mit dem Gesetz zur Umsetzung der EU-Enforcement-Richtlinie 2004/48 deutlich erweitert worden. Das gilt in erster Linie für den Kreis der Verpflichteten und die Auskunftstatbestände, aber auch im Hinblick auf die Einzeldaten. Für die Zeit seit dem 1.9.2008 (dem 473

---

[792] OLG Düsseldorf, Urteil v 29.1.2015 – I-15 U 22/14. Freilich ist in der obergerichtlichen Judikatur umstritten, ob für die Zeit vor Eingang des Kostenfestsetzungsantrages ein Zinsanspruch in Bezug auf den geleisteten Gerichtskostenvorschuss anzuerkennen ist; vgl zum Streitstand OLG München, MDR 2017, 427.
[793] BGH, GRUR 2008, 933 – Schmiermittel.
[794] OLG Köln, GRUR-RR 2013, 398 – Bigfoot II.
[795] Dörre/Maaßen, GRUR-RR 2008, 217, 219.

Inkrafttreten des DurchsetzungsG vom 7.7.2008[796]) sind – über die schon bisher geschuldeten Angaben hinaus – auch die Einkaufs- und Verkaufspreise sowie die Verkaufsstellen bekannt zu geben.

474 Mangels besonderer **Überleitungsbestimmungen** gilt die Neufassung des § 140b PatG nur für solche Entstehungstatbestände, die nach Inkrafttreten der Bestimmung verwirklicht worden sind.[797] Für Sachverhalte aus der Zeit davor stellt sich allenfalls die Frage einer unmittelbaren Geltung der Enforcement-Richtlinie bzw einer richtlinienkonformen Auslegung allgemein-zivilrechtlicher Bestimmungen. Sie hat stattzufinden, weswegen für die Zeit seit Ablauf der Umsetzungsfrist (29.4.2006) – nicht davor – ein entsprechender Anspruch aus § 1004 BGB herzuleiten ist. Eine andere Frage ist, ob dieselben Daten für die Zeit vor der Reform des § 140b PatG nicht auf anderer gesetzlicher Grundlage verlangt werden können, nämlich aus §§ 242, 259 BGB zum Zwecke der Rechnungslegung. Das ist für die Verkaufsstellen zu bejahen, weil es sich bei ihnen um eine Kategorie von Abnehmern handelt, die im Rahmen der Rechnungslegung zu offenbaren sind, und ebenso für die Einkaufspreise, sofern im Rahmen der Rechnungslegung Gestehungskosten bekannt zu geben sind.

aa) Materielles Recht

(1) Anspruchsberechtigung

475 Aktivlegitimiert für den Auskunftsanspruch ist der Verletzte, dh jeder, dem kraft eigenen Rechts oder aufgrund Rechtsnachfolge ein Anspruch wegen Patentverletzung zusteht. Jede Patentkategorie ist anspruchsbegründend, auch Verwendungspatente und diese auch dann, wenn ihre Benutzung in der sinnfälligen Herrichtung liegt.[798] Die Benutzung muss rechtswidrig sein, so dass eine bestehende Lizenz, Erschöpfung, ein Vorbenutzungsrecht, die Privilegierung nach § 11 PatG oder ein sonstiger Rechtfertigungsgrund schaden. Der Anspruch scheidet ferner bei allen sonstigen rechtmäßigen Benutzungshandlungen aus, zB solchen, die während der Offenlegungszeit oder vom Mitinhaber des Patents begangen werden. Ein Verschulden ist demgegenüber entbehrlich.[799]

476 Die Benutzung »entgegen den §§ 9–13« muss sich auf ein Erzeugnis (dh einen körperlichen Gegenstand) beziehen, weil der Anspruch ein **benutztes Erzeugnis** zum Inhalt hat. Es bedarf mindestens einer vollendeten Benutzungshandlung.[800] In Betracht kommen diejenigen des § 9 Satz 2 Nr 1[801] und Nr 3[802] PatG und des § 10 PatG[803], wobei es in Fällen mittelbarer Verletzung[804] nicht darauf ankommt, ob der mittelbaren eine unmittelbare Verletzung nachfolgt.[805] Erzeugnis iSd § 140b PatG sind auch Mittel iSd § 10, die der Herstellung eines dem patentierten Gegenstand entsprechenden Erzeugnisses dienen.[806] Daraus folgt, dass ein Entschädigungsanspruch wegen rechtmäßiger Patentbenutzung während des Offenlegungszeitraumes ebenso wenig genügt wie ein vorbeugender

---

[796] BGBl I 2008 S 1191 = BlPMZ 2008, 274.
[797] BGH, GRUR 2009, 515 – Motorradreiniger. Das LG Mannheim (InstGE 13, 65 – UMTS-fähiges Mobiltelefon II) differenziert: Verkaufsstellen sind auch für die Zeit vor dem 1.9.2008 bekannt zu geben, Einkaufspreise nicht.
[798] Vgl oben Kap A Rdn 367.
[799] BGH, GRUR 2006, 504 – Parfümtestkäufe (zu § 19 MarkenG); vgl auch OLG Frankfurt/Main, NJW-RR 1998, 1007, 1008.
[800] BGH, GRUR 2012, 1230 – MPEG-2-Videosignalcodierung.
[801] Taugliche Grundlage sind insoweit Sach- und Verwendungspatente.
[802] Relevant für Verfahrenspatente.
[803] BGH, GRUR 2005, 848 – Antriebsscheibenaufzug.
[804] Denkbar bei Verfahrens-, Verwendungs-und Kombinations(sach-)patenten.
[805] BGH, GRUR 2005, 848 – Antriebsscheibenaufzug.
[806] BGH, GRUR 1995, 338 – Kleiderbügel.

Unterlassungsanspruch aufgrund einer Erstbegehungsgefahr (weil es ohne eine stattgefundene Verletzung an einem *benutzten* Erzeugnis im Sinne des § 140b PatG fehlt).

Andererseits kommt es nicht darauf an, durch welche Benutzungsalternative das Patent verletzt wird. Sämtliche Daten sind auch dann (notfalls im Wege der Nullauskunft) zu offenbaren, wenn das Patent in irgendeiner Weise widerrechtlich benutzt wurde, weswegen auch derjenige, der das Verletzungserzeugnis nur **besessen oder gebraucht** hat, in vollem Umfang, mithin auch hinsichtlich etwaiger Vertriebswege, auskunftspflichtig ist.[807] 477

(2) Anspruchsgegner

Als mögliche Anspruchsgegner kommen verschiedene Personen in Betracht: 478

(a) Störer

Passivlegitimiert ist gemäß dem – vorrangig zu prüfenden – Absatz 1 zunächst der unberechtigte Benutzer, der in eigener Person – nach deliktsrechtlichen Regeln oder als Störer – wegen Patentverletzung haftet. 479

(b) Dritte

Absatz 2 erweitert den Kreis der Verpflichteten auf unbeteiligte (dh selbst nicht wegen Patentverletzung haftende) Dritte. Zu beachten ist, dass insoweit *sachliche* und *persönliche* Voraussetzungen zusammenkommen müssen: 480

(aa) Sachliche Reichweite

In sachlicher Hinsicht knüpft das Gesetz an zwei – alternative – Sachverhaltskonstellationen an: 481

(aaa) Offensichtliche Rechtsverletzung

Die offensichtliche Rechtsverletzung bildet die erste Fallgruppe. Sie liegt vor, wenn in Bezug auf das auskunftspflichtige Erzeugnis sowohl die tatsächlichen Umstände als auch die rechtliche Beurteilung so eindeutig sind, dass eine Patentverletzung bereits jetzt in einem solchen Maße feststeht, dass eine Fehlentscheidung (oder eine andere Beurteilung im Rahmen des richterlichen Ermessens) und damit eine ungerechtfertigte Belastung des Anspruchsgegners ausgeschlossen erscheint.[808] Mit an Sicherheit grenzender Wahrscheinlichkeit muss deshalb (a) die patentverletzende Ausgestaltung des Erzeugnisses feststellbar sein; (b) das angegriffene Erzeugnis einer (namentlich ggf noch unbekannten) Person zugeordnet werden können, in deren Hand seine Benutzung rechtswidrig ist; (c) der Sachverhalt zu (a) und (b) die rechtliche Schlussfolgerung tragen, dass mit dem Erzeugnis eine Patentverletzung begangen wurde. Gesetzliche oder tatsächliche Vermutungen reichen dazu nicht aus.[809] Der Rechtsbestand des Klagepatents darf nicht zweifelhaft sein.[810] Die bloße (nie auszuschließende) Möglichkeit, dass das Patent später vernichtet werden könnte, steht aber nicht entgegen. Schwierige Rechtsfragen mit offenem Ausgang schließen die Offensichtlichkeit aus. 482

Umstände, aus denen die offensichtliche Rechtsverletzung hergeleitet werden soll, hat der Verletzte zu **beweisen** bzw glaubhaft zu machen bzw in seiner vorgerichtlichen Abmahnung darzutun. 483

---

807 OLG Düsseldorf, Urteil v 25.10.2018 – I-2 U 30/16.
808 OLG Hamburg, InstGE 8, 11 – Transglutaminase.
809 OLG Köln, GRUR 1993, 669.
810 OLG Düsseldorf, GRUR 1993, 818.

D. Klageverfahren

(bbb) Klageerhebung

484   Die Fälle der Klageerhebung gegen den Patentverletzer begründen die zweite Fallgruppe.

485   Die Klage muss das auskunftspflichtige Erzeugnis sowie wenigstens *einen* Anspruch wegen Patentverletzung zum Gegenstand haben. Sie muss zugestellt sein. Die bloße Einreichung bei Gericht genügt nicht, jedenfalls dann, wenn der Kostenvorschuss ausbleibt oder sonstige Zustellungsmängel (Mitteilung einer ladungsfähigen Anschrift, begründeter Antrag auf öffentliche Zustellung[811]) nicht behoben werden. Keine »Klage« sind der Antrag auf Erlass einer einstweiligen Verfügung (Ausnahme: Abschlusserklärung des Verletzers liegt vor), der Prozesskostenhilfeantrag, der Beweissicherungsantrag.

486   Auf die **Zulässigkeit** der Klage kommt es nicht an, es sei denn, es handelt sich um einen offensichtlichen Mangel, der die Klageerhebung missbräuchlich macht, insbesondere wenn der Mangel unheilbar ist (zB fehlende internationale Zuständigkeit).

487   Die Verletzungsklage muss **noch anhängig** sein. Kein Auskunftsanspruch besteht, wenn (a) die Klage rechtskräftig abgewiesen ist, solange keine neue Klage (zB gegen einen anderen Verletzer) erhoben wurde, (b) die Klage – egal aus welchen Gründen – zurückgenommen wurde; es sei denn, es liegen jeweils die Voraussetzungen einer offensichtlichen Rechtsverletzung vor. Nach Sinn und Zweck reicht es hingegen aus, dass der Klage rechtskräftig zumindest hinsichtlich *eines* Patentverletzungsanspruchs stattgegeben oder der Rechtsstreit durch entsprechenden Vergleich beigelegt wurde.

488   Der Auskunftsanspruch gegen den Dritten kann in einem separaten Verfahren oder – unbeschadet der Formulierung »Klage erhoben *hat*« – im Wege der Klagenhäufung sogleich mit der Verletzungsklage geltend gemacht werden.

(bb) Persönliche Reichweite

489   In persönlicher Hinsicht rekrutiert sich der Kreis der Verpflichteten aus den nachstehend aufgelisteten Personen, sofern sie »in gewerblichem Ausmaß« agiert, dh außerhalb von § 11 Nr 1 PatG (also im nichtprivaten Bereich zu gewerblichen Zwecken), gehandelt haben:

(aaa) Früherer Besitzer

490   Angesprochen ist zunächst der frühere Besitzer des rechtsverletzenden Erzeugnisses (Abs 2 Nr 1). Jede Art von Besitz – unmittelbarer oder mittelbarer, Allein- oder Mitbesitz – genügt. Nicht erfasst ist demgegenüber der Besitzdiener. Die Besitzposition muss zu einer Zeit bestanden haben, als die Patenterteilung bereits veröffentlicht war, weil sich der Besitz sonst nicht auf ein *rechtsverletzendes* Erzeugnis beziehen würde.

(bbb) Inanspruchnahme von Dienstleistungen

491   Der Kreis der Verpflichteten umfasst ferner denjenigen, der rechtsverletzende Dienstleistungen in Anspruch genommen hat (Abs 2 Nr 2).

492   »**Dienstleistungen**« zeichnen sich – im Gegensatz zum Erzeugnis – zunächst durch ihre unkörperliche Natur aus. Im Übrigen ist für das Begriffsverständnis nicht auf Definitionen in anderen Gesetzeswerken (zB Art 50 EG-Vertrag, Art 4 EU-Dienstleistungsrichtlinie) abzustellen, sondern eine betriebswirtschaftliche Betrachtungsweise angebracht. Gemeint ist jede wirtschaftliche Tätigkeit, die nicht der Produktion eines materiellen Gutes dient und bei der auch nicht der materielle Wert eines Endproduktes im Vorder-

---

811 Über den Antrag (und eine etwaige Beschwerde) ist im Verfahren der Freiwilligen Gerichtsbarkeit zu entscheiden (OLG Düsseldorf, MDR 2015, 1384).

grund steht, die aber dennoch über Marktpreise bewertet werden kann, nicht lagerbar ist, einen externen Faktor (Kunden) benötigt und bei der die Erzeugung und der Verbrauch meist zeitlich zusammenfallen. Die Entgeltlichkeit der Leistungserbringung ist kein Kriterium.

▶ **Bsp:** 493

Know-how-Transfer, Überlassung von Arbeitskräften, Konzeption und Ausführung von Werbemaßnahmen, Tätigkeit von selbständigen Handelsvertretern oder Spediteuren.

»**Rechtsverletzend**« ist die Dienstleistung durch ihren adaequat kausalen Beitrag bei der 494 Verwirklichung eines Verletzungstatbestandes im Sinne von § 9 Satz 2 Nr 1 und 3, § 10 PatG. Das Gewicht des Ursachenbeitrages ist unerheblich, es muss nicht besonders hoch, sondern nur vorhanden, dh feststellbar sein.

»**Inanspruchnahme**« verlangt keine rechtsgeschäftliche Grundlage; maßgeblich ist die 495 rein tatsächliche Verwertung der Dienstleistung für die Patentverletzung.

(ccc) Erbringer von Dienstleistungen

Haftbar ist, wer Dienstleistungen erbracht hat, die für rechtsverletzende Tätigkeiten 496 genutzt wurden (Abs 2 Nr 3). Während Nr 2 den Nutznießer der Dienstleistung im Blick hat, verpflichtet Nr 3 – umgekehrt – den Leistungserbringer.

▶ **Bsp:** 497

Provider für Patentverletzungen im Internet[812]; Geldinstitut, über dessen Konto der Zahlungsverkehr bzgl der schutzrechtsverletzenden Ware abgewickelt wurde[813]. Anderes würde gelten, wenn die Tätigkeit der Bank der bereits abgeschlossenen Schutzrechtsverletzung nachgeschaltet wäre, so dass es an jedwedem ursächlichen Beitrag zum Verletzungserfolg fehlt.[814] Es bedarf daher der Feststellung wenigstens *einer* haftungsbegründenden Verletzungshandlung iSv § 9 S 2 Nr 1 und Nr 3, § 10 PatG, welche durch die Dienstleistung in irgendeiner Hinsicht gefördert worden ist.

(ddd) Denunzierter

Verpflichtet ist schließlich derjenige, der von einem Auskunftspflichtigen nach Nr 1–3 498 als Beteiligter benannt worden ist, und zwar (a) an der Herstellung, Erzeugung oder am Vertrieb eines die Auskunftspflicht nach Nr 1 begründenden Erzeugnisses oder (b) an der Erbringung einer die Auskunftspflicht nach Nr 3 begründenden Dienstleistung (Abs 2 Nr 4).

---

812 BGH, GRUR 2012, 1026 – Alles kann besser werden.
813 OLG Naumburg, GRUR-RR 2012, 388 – Bankauskunft (ebenso: OLG Stuttgart, GRUR-RR 2012, 73; BGH, GRUR 2013, 1237 – Davidoff Hot Water). Der Auffassung, dass der Anspruch auf Auskunft über die Identität des Kontoinhabers am Auskunftsverweigerungsrecht nach § 383 Abs 1 Satz 1 Nr 6 ZPO scheitert, das der Bank gegenüber dem Kontoinhaber (= Verletzer) zusteht, hat der EuGH auf Vorlage des BGH (GRUR 2013, 1237 – Davidoff Hot Water) eine Absage erteilt und entschieden, dass jedenfalls ein genereller Ausschluss der Auskunftspflicht aus Gründen des Bankgeheimnisses nicht mit Art 8 Abs 3 lit e) der Enforcement-RL vereinbar ist (EuGH, GRUR 2015, 894 – Coty Germany/Stadtsparkasse). Der BGH (GRUR 2016, 497 – Davidoff Hot Water II) hat deshalb entschieden, dass jedenfalls dann ein Vorrang des Auskunftsanspruchs besteht und das Zeugnisverweigerungsrecht der Bank zurückzutreten hat, wenn das Konto, in Bezug auf das Auskünfte zu erteilen sind, im Zusammenhang mit einer *offensichtlichen* Rechtsverletzung genutzt wurde.
814 BGH, GRUR 2013, 1237 – Davidoff Hot Water.

499 Die Tatbestandsvoraussetzungen der Nr 1 bzw 3 sind inzident zu prüfen, weil nur die Angaben eines selbst Auskunftspflichtigen (aufgrund seiner Nähe zum unterstützten Verhalten) anspruchsbegründend wirken. Dessen Bekundungen müssen nicht in besonders hohem Maße verlässlich sein, ihre Ernsthaftigkeit ist aber festzustellen. Fehlt sie, greift Nr 4 nicht ein, zB wenn durchgreifende Zweifel am erforderlichen Kenntnisstand des Anzeigenden bestehen, dessen Angaben ins Blaue hinein aufgestellt erscheinen oder unplausibel sind. Erklärungen von nicht auskunftspflichtigen Dritter reichen ausnahmsweise, wenn mit ihnen nicht nur eine Bezichtigung der Mitwirkung verbunden ist, sondern der vollständige Beweis einer Mitwirkung erbracht wird. Gleiches gilt, wenn – ohne die Angabe eines Pflichtigen nach Nr 1, 3 – aufgrund sonstiger Beweismittel feststeht, dass ein Beteiligungssachverhalt gegeben ist.

500 »**Herstellen**« ist im Sinne des § 9 S 2 Nr 1 PatG zu verstehen; »**Erzeugen**« meint dasselbe in Bezug auf ein unmittelbares Verfahrenserzeugnis im Sinne von § 9 S 2 Nr 3 PatG; »**Vertrieb**« umfasst nicht nur das Inverkehrbringen bzw Liefern, sondern auch das vorgelagerte Anbieten, jeweils verstanden im Sinne von § 9 S 2 Nr 1 PatG. Die übrigen Benutzungshandlungen (Gebrauchen, Einführen, Besitzen) haben keine Bedeutung.

501 Der Begriff »**Beteiligung**« ist nicht deliktsrechtlich zu verstehen, was in Fällen der Anstiftung oder Beihilfe einen doppelten Vorsatz voraussetzen würde. Maßgeblich ist stattdessen, ob zu den anspruchsrelevanten Benutzungshandlungen ein physischer oder psychischer Beitrag geleistet wird, der die Herstellung, Erzeugung, den Vertrieb oder die Leistungserbringung tatsächlich unterstützt hat.

502 Das nachfolgende Schaubild verdeutlicht die Zusammenhänge bei Prüfung der Haftungsvoraussetzungen:

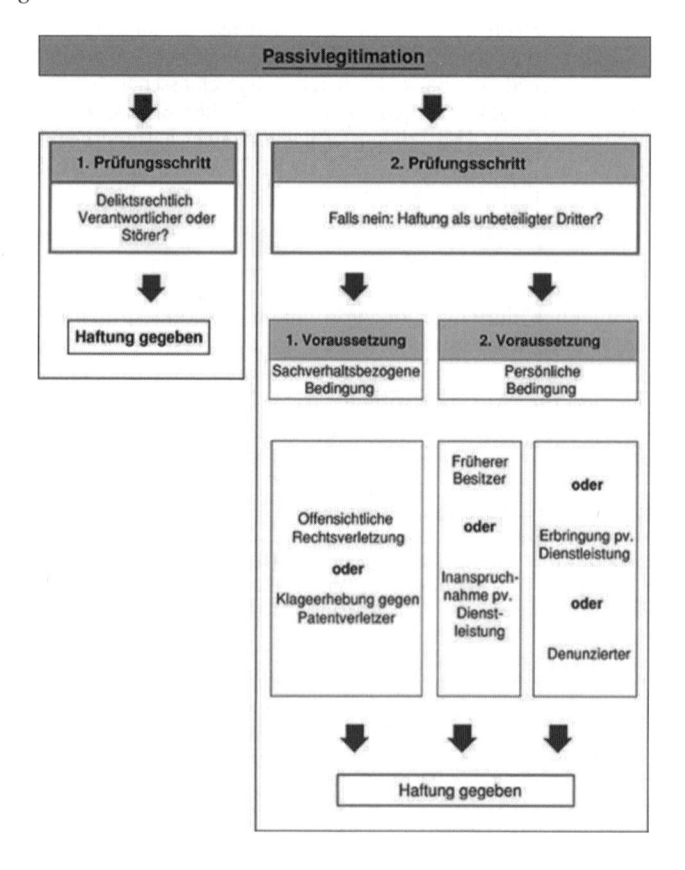

(3) Unverhältnismäßigkeit

Aus Gründen der Unverhältnismäßigkeit kann der Auskunftsanspruch – gleichgültig, ob aus Absatz 1 oder Absatz 2 begründet, ganz oder in Teilen, dh hinsichtlich einzelner Daten oder durch Einräumung eines Wirtschaftsprüfervorbehaltes – ausgeschlossen sein (§ 140b Abs 4 PatG).

503

Indem § 140b Abs 4 PatG vorsieht, dass die Auskunftsansprüche ausgeschlossen sind, wenn die Inanspruchnahme des Verletzers »**im Einzelfall**« unverhältnismäßig ist, macht das Gesetz klar, dass die Verpflichtung zur Auskunftserteilung die Regelmaßnahme darstellt und dass von ihr nur unter besonderen Umständen abgesehen werden soll, die den Entscheidungsfall von der typischen Sachverhaltsgestaltung unterscheiden, für die § 140b PatG die Pflicht zur Auskunftserteilung anordnet.[815] Es ist von daher schon im Ansatz unzutreffend zu reklamieren, es müsse in jedem einzelnen Fall der Schutzrechtsverletzung eine gleichsam ergebnisoffene Abwägung des Interesses des verletzten Patentinhabers an der Durchsetzung der ihm mit dem Auskunftsanspruch kraft Gesetzes zugewiesenen Rechtsposition einerseits und der Geheimhaltungsbedürfnisse des Verletzers an den der Auskunftspflicht unterfallenden Geschäftsdaten andererseits stattfinden. Die rechtliche Ausgangslage ist eine gänzlich andere. Der Patentverletzer ist Täter einer unerlaubten (deliktischen) Handlung, die rechtswidrig in nicht nur einfachgesetzlich geschützte, sondern wegen Art 14 GG sogar grundrechtlich garantierte Eigentumspositionen des Schutzrechtsinhabers eingreift. Das Gesetz hält aus diesem Grund für den Verletzten in den §§ 139 ff PatG bestimmte, den Störungszustand beendende und das begangene Unrecht kompensierende Sanktionen bereit. Typischerweise ist die zugrunde liegende Verletzungssituation dadurch gekennzeichnet, dass der Patentinhaber geschützte Erzeugnisse selbst herstellt und/oder vertreibt. Es repräsentiert daher den Regel- und keinen Sonderfall, dass sich in einem Patentverletzungsprozess am Markt tätige Wettbewerber gegenüberstehen, weswegen es gerade nichts Außergewöhnliches, sondern – ganz im Gegenteil – die übliche Konstellation ist, dass der Verletzer im Rahmen seiner Auskunftspflicht demjenigen geheime Geschäftsdaten (wie Preise) offenbaren muss, mit dem er auf dem betreffenden Markt um Aufträge und Kunden konkurriert. Wenn § 140b PatG angesichts dieser forensischen Sachlage eine Pflicht zur Auskunft über die Preise der schutzrechtsverletzenden Ware anordnet, kann dieser Anspruch nicht dadurch unter Verhältnismäßigkeitsgesichtspunkten zu Fall gebracht oder inhaltlich eingeschränkt werden, dass diejenigen nachteiligen Folgen für die Wettbewerbsposition des Verletzers beklagt und eingewandt werden, die normale und gewöhnliche Folge der Pflicht zur Auskunftserteilung sind. Von der Auskunftspflicht kann vielmehr nur dann – ganz oder teilweise (zB hinsichtlich einzelner Daten und/oder durch Einräumung eines Wirtschaftsprüfervorbehaltes) – abgesehen werden, wenn sich der Streitfall durch besondere Umstände auszeichnet, die ihn aus der Reihe der üblichen Verletzungssachverhalte herausheben und die dokumentieren, dass der Verletzte bei Anlegung eines objektiven Maßstabes, gemessen am Regelfall, ein außergewöhnlich geringes Informationsinteresse hat, das trotz des geschehenen widerrechtlichen Eingriffs in seine Schutzrechtsposition ausnahmsweise hinter den Geheimhaltungsbelangen des Verletzers zurückstehen muss, oder dass – umgekehrt – auf Seiten des Verletzers, gemessen am Regelfall, derart außergewöhnliche Nachteile aus der Auskunftserteilung drohen, dass demgegenüber das Informationsinteresse des Verletzten zurückzutreten hat.[816]

504

Keine Relevanz kommt dem Einwand zu, eine Vollstreckung der tenorierten Auskunftspflicht habe deshalb zu unterbleiben, weil sie dazu führen würde, dass der Beklagte mit der Kundgabe seiner Geschäftsdaten gegenüber dem obsiegenden Kläger einen **Kartellverstoß**

505

---

815 OLG Düsseldorf, InstGE 12, 210 – Gleitsattelscheibenbremse.
816 OLG Düsseldorf, InstGE 12, 210 – Gleitsattelscheibenbremse.

(Art 101 AEUV, § 1 GWB) begehen würde.[817] Wenn der Beklagte den gegen ihn ergangenen und zwangsweise durchgesetzten Urteilstenor befolgt, fehlt es von vornherein an einem unternehmerischen Handeln, das den Anwendungsbereich der genannten Vorschriften erst eröffnen könnte. Ein solches liegt nämlich nur vor, wenn für den Agierenden überhaupt eine Handlungsoption besteht, woran es unter den gegebenen Umständen angesichts des gerichtlich angeordneten und mit den Mitteln des staatlichen Vollstreckungsrechts erzwungenen Verhaltens bei der Auskunftserteilung erkennbar fehlt. Eine Anknüpfung an kartellrechtliche Vorschriften lässt sich auch nicht in der Person des Klägers gewinnen. Insofern käme nur in Betracht, die Anbringung und Verfolgung seiner ua auf eine Auskunftserteilung gerichteten Klage als wettbewerbsbeschränkendes Verhalten zu werten. Dem steht indessen entgegen, dass die vom Verletzungskläger einseitig unternommene Rechtsverfolgung keine Unternehmensvereinbarung darstellt und auch nicht als eine aufeinander abgestimmte Verhaltensweise von Unternehmen begriffen werden kann. Abgesehen davon geht es nicht an, dass derjenige Patentverletzer, der durch sein deliktisches Tun rechtswidrig in den freien Wettbewerb (zu dem auch der gesetzliche Schutz gewerblichen Eigentums gehört) eingreift, für sich reklamiert, aus Gründen des von ihm selbst missachteten freien Wettbewerbs vor denjenigen Rechtsfolgen geschützt zu werden, die das Gesetz an die widerrechtliche Benutzung fremder Patente knüpft.

506 Nach dem Gesagten kann dem Interesse des Verletzers an einer Geheimhaltung seiner auskunftspflichtigen internen Daten regelmäßig jedenfalls dann keine Rechnung getragen werden, wenn der Verletzte vor weiteren Verletzungen nicht sicher sein kann (Gesichtspunkt der Spezial- und Generalprävention) oder nennenswerte Ersatz- bzw Bereicherungsansprüche in Rede stehen, die der Verletzte mithilfe der Drittauskunft liquidieren kann.

507 Das **Interesse des Verletzers** kann ausnahmsweise überwiegen,

508 – wenn der Verletzte kein oder nur ein äußerst geringes Interesse haben kann, die Lieferanten oder gewerblichen Abnehmer zu erfahren, zB weil es sich um einen Einzelfall einer Schutzrechtsverletzung handelt, keine weiteren Schutzrechtsverletzungen zu befürchten und die eingetretenen Schäden ausgeglichen sind[818];

509 – wenn die Verletzung eindeutig nicht den Charakter einer Produktpiraterie aufweist, zB wenn es sich um eine schwierig zu beurteilende äquivalente Benutzung handelt;

510 – wenn sich der Verletzer durch die Auskunft in unzumutbarer Weise selbst oder einen Dritten einer strafbaren Handlung bezichtigen würde.[819] Wegen des strafrechtlichen Verwertungsverbots gemäß § 140b Abs 8 PatG kann sich der Verletzer darauf aber praktisch nicht berufen.

511 Der Verletzer ist **beweispflichtig** für den Tatbestand, aus dem sich eine Unverhältnismäßigkeit ergeben soll, insbesondere ein höher zu bewertendes Interesse an der Geheimhaltung. Der Verletzte hat demgegenüber die Beweislast für sein Interesse, das dem entgegengesetzten Interesse des Verletzten vorgeht.

(4) Inhalt des Anspruchs

512 Der Auskunftsanspruch umfasst die (sic: alle) aus Absatz 3 ersichtlichen, abschließend aufgeführten Einzeldaten[820], welche zum Teil auch Gegenstand des allgemeinen Rech-

---

817 OLG Düsseldorf, InstGE 12, 210 – Gleitsattelscheibenbremse.
818 OLG Düsseldorf, GRUR 1993, 818.
819 Vgl zu §§ 242, 249 BGB: BGH, GRUR 1976, 367, 369 – Ausschreibungsunterlagen.
820 Das gilt auch dann, wenn die Verletzungshandlung nur im Besitz und/oder Gebrauch eines Verletzungsgegenstandes besteht.

nungslegungsanspruchs aus §§ 242, 259 BGB sind. Mit Rücksicht auf den Charakter der Auskunft als **Wissenserklärung** braucht der Verpflichtete nur dasjenige mitzuteilen, was ihm unter Heranziehung seiner Geschäftspapiere etc bekannt ist. Zweifel hat er durch Nachfrage (zB bei seinen Lieferanten) aufzuklären.[821] Eine Nachforschungspflicht in Bezug auf ihm unbekannte Vorlieferanten oder Hersteller trifft den Schuldner nicht.[822]

Da der Anspruch verschuldensunabhängig ist, gibt es **keinen Prüfungszeitraum**; die Auskunftspflicht setzt mit dem Tag der Bekanntmachung des Hinweises auf die Patenterteilung ein.[823]   513

Ein **Wirtschaftsprüfervorbehalt** kommt regelmäßig nur für den Auskunftsanspruch als Hilfsanspruch zum Schadenersatzanspruch, nicht für den Anspruch nach § 140b PatG in Betracht.[824]   514

(a) Herkunft

Bezüglich der »Herkunft« sind anzugeben: 515

(aa) Erzeugnisse

Bei Erzeugnissen: Namen und Anschriften der Hersteller (welcher auch der Auskunftspflichtige selbst sein kann), der Lieferanten und anderer Vorbesitzer. Der Begriff der »Anschrift« umfasst auch die Email-Adresse[825], nicht jedoch die Telefonnummer[826] und auch nicht die IP-Adresse[827].   516

Der Anspruch ist nicht auf den unmittelbaren Vorbesitzer beschränkt, sondern umfasst die gesamte **Lieferkette** vom Hersteller bis zum Verletzer. Die Bezugsquelle ist auch dann anzugeben, wenn sie selbst nicht rechtswidrig handelt, zB im patentfreien Ausland herstellt[828] (Grund: Bei Kenntnis von der patentverletzenden Verwendung kann mittäterschaftliche Haftung auch für die nachfolgenden Angebots- und Vertriebshandlungen des Lieferempfängers in Betracht kommen).   517

Es sind auch diejenigen Dritten zu benennen, die **wesentliche Bestandteile** des geschützten Enderzeugnisses zur Verfügung gestellt haben.   518

Die Erklärung, Name und Anschrift des Lieferanten nicht zu kennen (**Negativauskunft**), erfüllt den Auskunftsanspruch nur dann, wenn die Gründe für die Unkenntnis nachvollziehbar dargetan werden.[829]   519

Auch wenn der Verletzer selbst herstellt, ist es denkbar, dass ein weiterer Teil von dritter Seite bezogen wird. Neben den Daten zur Eigenproduktion schuldet er deshalb auch Auskunft darüber, ob, von wem und in welchem Umfang er zusätzlich aus fremder Quelle bezieht. Findet die Eigenproduktion nur im patentfreien Ausland statt, besteht kein Auskunftsanspruch zu den Einzelheiten der Eigenproduktion.[830] Gleichermaßen schuldet der Verletzer keine Angaben zu den (ihm naturgemäß unbekannten) Herstellungsmengen- und -zeiten seines aus dem Ausland zuliefernden Produzenten.   520

---

821 BGH, GRUR 2003, 433, 434 – Cartier-Ring (zu § 19 MarkenG).
822 BGH, GRUR 2003, 433, 434 – Cartier-Ring (zu § 19 MarkenG).
823 OLG Düsseldorf, Urteil v 7.7.2016 – I-2 U 5/14.
824 BGH, GRUR 1995, 338 – Kleiderbügel.
825 OLG Frankfurt/Main, GRUR 2017, 1116 – Anspruch auf Drittauskunft, mwN.
826 OLG Frankfurt/Main, GRUR 2017, 1116 – Anspruch auf Drittauskunft, mwN.
827 OLG Frankfurt/Main, GRUR 2017, 1116 – Anspruch auf Drittauskunft.
828 BGH, GRUR 2017, 1160 – BretarisGenuair; OLG Karlsruhe, BeckRS 2015, 06021 – Fahrradfelge.
829 BGH, GRUR 2001, 841, 844 – Entfernung der Herstellungsnummer II.
830 OLG Düsseldorf, Urteil v 29.3.2012 – I-2 U 137/10.

(bb) Dienstleistungen

521 In Bezug auf Dienstleistungen sind die Nutzer, ebenfalls nach Namen und Anschriften, zu benennen. Sind zur Rechtsverletzung Sharehosting-Dienste verwendet worden, bezieht sich die Auskunftspflicht einer Bank auf den Inhaber desjenigen Kontos, von dem der Speicherplatz bezahlt worden ist.[831]

(b) Vertriebsweg

522 Bezüglich des Vertriebsweges sind mitzuteilen:

(aa) Abnehmer

523 Als erstes die Namen und Anschriften der gewerblichen (nicht der privaten) Abnehmer und der gewerblichen Verkaufsstellen, und zwar vom Auskunftspflichtigen bis zum gewerblichen Endabnehmer, so dass der Verletzte Kenntnis von der lückenlosen Lieferkette erhält. Letzteres wird klargestellt durch die Formulierung, dass die Abnehmer mitzuteilen sind, für die die Erzeugnisse/Dienstleistungen (sei es als Zwischenhändler oder als Endkunde) *bestimmt sind.* Wer nur ein erfolgloses Angebot erhalten hat, ist – mangels irgendeiner Warenbewegung – kein Abnehmer und (mangels Liefermöglichkeit) auch keine Verkaufsstelle. Kein Abnehmer ist gleichfalls das inländische oder ausländische Lager, zu dem die Verletzungsprodukte verschoben worden sind[832], und zwar auch dann, wenn das Lager von einer selbständig organisierten Konzerngesellschaft geführt wird. Denn bei der Verbringung in das Lager handelt es sich um eine rein interne Warenbewegung ohne jede Beziehung zum regulären Handelsverkehr, die folglich auch keinen Akt des Inverkehrbringens darstellt. Handelt es sich bei der Tochtergesellschaft, zu der die Verletzungsware verbracht worden ist, allerdings um eine Vertriebsgesellschaft, deren Aufgabe es ist, die Verletzungsprodukte zu veräußern, handelt es sich bei ihr um eine Zwischenhändlerin, weswegen sie ein »Abnehmer« und demzufolge dem Verletzten zu benennen ist. Dabei spielt es keine Rolle, ob die Vertriebsgesellschaft im Inland oder im Ausland residiert, genauso belanglos ist, ob der Vertrieb im Inland oder im (ggf sogar schutzrechtsfreien) Ausland geschehen soll. Auch wenn die Tochtergesellschaft im Ausland ansässig ist und die Produkte ins patentfreie Ausland liefern soll, muss sie dem Verletzten benannt werden, weil dieser nur so in der Lage ist zu verifizieren, ob ein Vetrieb nicht möglicherweise doch schutzrechtsverletzend im Inland unter kollusiver Beteiligung desjenigen Verletzers geschieht, der die Ware zu der ausländischen Tochter verbracht hat.[833]

524 Ob unter dem Begriff »**Anschrift**« neben der postalischen auch die Email-Adresse zu verstehen ist, ist umstritten.[834] Außerhalb der Auskunftspflicht bleiben jedenfalls die Telefonnummer und etwaige IP-Adressen des Verpflichteten.[835]

(bb) Menge

525 Mitzuteilen sind ferner die Menge der hergestellten, ausgelieferten, erhaltenen oder bestellten Erzeugnisse, und zwar die jeweilige Stückzahl, die auf den jeweiligen Hersteller, Lieferanten oder Abnehmer entfällt.

---

831 LG Hamburg, GRUR-RS 2017, 121509 – Max Mutzke. Die Entscheidung verhält sich umfangreich auch zur Reichweite des Bankgeheimnisses nach Luxemburgischem Recht.
832 ... zB weil ein inländischer Unterlassungstitel existiert, der einen Eigenvertrieb unmöglich macht.
833 Vgl oben zu Rdn 517.
834 Vgl die Nachweise bei LG Frankfurt/Main, GRUR-RR 2017, 3 – Videoplattform.
835 LG Frankfurt/Main, GRUR-RR 2017, 3 – Videoplattform.

(cc) Verkaufspreise

Bekannt zu geben sind schließlich die Verkausfpreise, und zwar **526**

- die Einkaufspreise, die für den Erwerb der Erzeugnisse/Dienstleistungen aufgewendet wurden; **527**
- die Verkaufspreise, die bei der Veräußerung erzielt wurden. Rabatte, Skonti und dgl Abzüge sind zu berücksichtigen, weil es auf die *bezahlten* Preise ankommt. **528**
- Weitere Angaben über Gestehungskosten oder Gewinne sind nicht geschuldet, die Gestehungskosten auch nicht als Einkaufspreise in Fällen der Eigenproduktion. **529**

(c) Unverzüglich

Die Auskunft ist unverzüglich zu leisten, dh ohne schuldhaftes Zögern. Welcher zeitliche Aufschub unverschuldet ist, hängt vom Einzelfall ab, insbesondere vom Umfang der Recherchetätigkeit, die zur verlässlichen Ermittlung der auskunftspflichtigen Daten notwendig ist. Die Forderung nach *unverzüglicher* Auskunft hat vor allem programmatische Bedeutung. Ein zögerliches Verhalten des Pflichtigen hat allenfalls in dem Sinne rechtliche Konsequenzen, als zB für die Frage der Angemessenheit einer Abmahnfrist oder bei der Verhängung von Zwangsmitteln berücksichtigt werden kann, dass das Gesetz den Schuldner in besonderem Maße zur zügigen Erteilung der Auskünfte nach § 140b PatG anhält. Eine Schadenersatzpflicht sieht § 140c Abs 5 PatG nur für die unvollständige oder unrichtige, aber nicht für die verspätete Auskunft vor. **530**

(d) Belegvorlage

Eine Belegvorlage in Form von Kopien der Bestellungen, Rechnungen, Lieferscheine, Zollpapiere und dergleichen zum Nachweis der gemachten Angaben wird geschuldet.[836] Darin enthaltene Daten, die nicht auskunftspflichtig und geheimhaltungsbedürftig sind, können geschwärzt werden. Das gilt auch dann, wenn ein entsprechender Vorbehalt nicht ausdrücklich in den Urteilstenor aufgenommen worden ist.[837] Befassen sich die Belege mit patentfreien Gegenständen, so können insoweit nicht nur die gelieferten Stückzahlen und berechneten Preise geschwärzt werden, sondern genauso die Artikelbezeichnungen und Artikelnummern.[838] Für denselben Sachverhalt wird der Gläubiger in der Regel nicht nebeneinander mehrere Belege (zB Angebote und Bestellungen und Rechnungen und Lieferscheine zu demselben Einkaufs- oder Verkaufsvorgang) verlangen können, weil eine derartige Forderung unverhältnismäßig ist. Anderes kann ausnahmsweise gelten, **531**

- wenn es sich um eine insgesamt überschaubare Zahl von Dokumenten handelt; **532**
- wenn Zweifel an der Verlässlichkeit der Auskunftserteilung bestehen, die nur durch Abgleich mehrerer Unterlagen zu demselben Vorgang ausgeräumt werden können. Regelmäßig wird sich der Kläger deshalb für eine Art von Belegen (zB Lieferscheine) entscheiden müssen, die ihm als aussagekräftigsten erscheinen, wobei er für den Fall, dass der Beklagte später einwendet, über solche Belege nicht zu verfügen, vorsorglich ersatzweise eine weitere Belegart in seinen Klageantrag aufnehmen kann (zB Rechnungen). **533**

---

836 BGH, GRUR 2002, 709 – Entfernung der Herstellungsnummer III; BGH, GRUR 2003, 433 – Cartier-Ring; BGH, GRUR 2006, 504 – Parfümtestkäufe (jeweils zu § 19 MarkenG); OLG Düsseldorf, InstGE 5, 249 – Faltenbalg; OLG Karlsruhe, InstGE 11, 15 – SMD-Widerstand.
837 OLG Düsseldorf, Beschluss v 20.4.2017 – I-2 W 2/17.
838 OLG Düsseldorf, Beschluss v 20.4.2017 – I-2 W 2/17.

(e) Eidesstattliche Versicherung[839]

534 In analoger Anwendung des § 259 Abs 2 BGB kann eine Eidesstattliche Versicherung über die Vollständigkeit der Auskunft gemäß § 140b PatG verlangt werden, wenn Grund zu der Annahme besteht, dass die vorgelegten Angaben nicht mit der erforderlichen Sorgfalt zusammengestellt wurden.[840] Gerade mit Rücksicht darauf hat der Gesetzgeber davon abgesehen, eine Verpflichtung des Schuldners in § 140b PatG aufzunehmen, die Vollständigkeit seiner Auskunft von vorneherein auf Verlangen an Eides statt zu versichern, ohne dass der Verletzte substantiiert Gründe für seinen Verdacht darzulegen hat.[841]

bb) Verfahrensrechtliches

(1) Einstweilige Verfügung

535 Die Durchsetzung des Auskunftsanspruchs im Wege der einstweiligen Verfügung setzt nach § 140b Abs 7 PatG eine offensichtliche Rechtsverletzung voraus. Die erforderliche Dringlichkeit wird gesetzlich fingiert; eine Vorwegnahme der Hauptsache ist zugelassen. Alle übrigen Voraussetzungen für den Erlass einer einstweiligen Verfügung müssen dargelegt und glaubhaft gemacht werden. Die Vollstreckung der einstweiligen Verfügung kann von der Leistung einer Sicherheit durch den Antragsteller abhängig gemacht werden. Da die Rechtsverletzung offensichtlich sein muss, wird hierzu in der Praxis selten Anlass bestehen.

(2) Aussetzung

536 Eine Aussetzung ist vorgesehen, wenn gegen den Verletzer und den nach Absatz 2 auskunftspflichtigen unbeteiligten Dritten getrennte Prozesse anhängig sind (Abs 2 Satz 2). Die Regelung bezweckt, dass der Rechtsstreit um die Drittauskunft vorrangig durchgeführt werden kann, so dass die hierbei zu Tage tretenden Erkenntnisse im parallelen Verletzungsprozess noch verwertet werden können. Der Verletzungsprozess kann daher ausgesetzt werden, und zwar längstens bis zur vollständigen Erteilung der Drittauskunft, zu der der Verpflichtete notfalls durch Zwangsmittel (§ 888 ZPO) anzuhalten ist. Soweit Satz 2 »*auf die Erledigung des wegen des Auskunftsanspruchs geführten Rechtsstreits*« abstellt, ist damit nicht der formell rechtskräftige Abschluss des Erkenntnisverfahrens gemeint; nach Sinn und Zweck der Vorschrift, die geschuldete Drittauskunft im Verletzungsprozess verwerten zu können, gehört auch das anschließende Zwangsvollstreckungsverfahren zum Rechtsstreit um die Drittauskunft. Eine zunächst kürzere Aussetzung, zB bis zur rechtskräftigen Erledigung des Prozesses um die Drittauskunft oder bis zur erstinstanzlichen Entscheidung, ist möglich; danach ist ggf eine weitere Aussetzung möglich.

537 Besondere Voraussetzungen (wie Vorgreiflichkeit) nennt Satz 2 nicht. Eine Parteiidentität auf Klägerseite ist nicht erforderlich; auch kann die Verletzungsklage eine bezifferte Höheklage sein. Gewährleistet sein muss aber,

538 – dass beide Rechtsstreitigkeiten denselben Verletzungssachverhalt, dh dasselbe Patent und dieselbe angegriffene Ausführungsform, betreffen,

539 – dass der Rechtsstreit über die Drittauskunft zur Zeit der Aussetzung noch anhängig ist und

---

839 Kaess, FS Schulze, 2017, S 369.
840 So die Auffassung des Rechtsausschusses, BlPMZ 1990, 195, 197; aA: Eichmann, GRUR 1990, 575, 582 und Busse/Keukenschrijver, § 140b Rn 36.
841 Vgl amtl Begründung, BlPMZ 1990, 173, 184 unter e) und BlPMZ 1990, 195, 197.

– dass einer der Parteien des Verletzungsprozesses einen Aussetzungsantrag gestellt hat 540
(keine Aussetzung von Amts wegen).

Die **Entscheidung** über die Aussetzung steht im Ermessen des Gerichts. Zu berücksich- 541
tigen sind ua:

– das Maß, in dem der Kläger des Verletzungsprozesses auf die Drittauskunft angewie- 542
sen ist, um seine Ansprüche gegen den Verletzer erfolgreich durchsetzen (dh darlegen
und beweisen) zu können;

– die Erfolgsaussichten der Klage auf Drittauskunft; 543

– die voraussichtliche Dauer bis zur Erledigung des Rechtsstreits um die Drittauskunft; 544

– die Entscheidungsreife der Verletzungsklage unabhängig von der Drittauskunft. 545

Im Zweifel gilt: Solange der Verletzungskläger plausibel ein Interesse an der Drittaus- 546
kunft für seine Prozessführung gegen den Verletzer geltend machen kann, ist (insbesondere auf seinen Antrag hin) auszusetzen. Umgekehrt muss ein Aussetzungsantrag des
Verletzungsbeklagten erfolglos bleiben, wenn er der Prozessverschleppung dient, wenn
der Kläger kein Informationsinteresse reklamiert und die Klage auf Drittauskunft auch
nicht ersichtlich unbegründet ist. Anders verhält es sich, wenn die Verletzungsklage
unabhängig von den geschuldeten Drittauskünften aus einem anderen Rechtsgrund (zB
mangelnde Zuständigkeit des angerufenen Gerichts, Erschöpfung der Patentrechte) entscheidungsreif ist, ohne dass die Erkenntnisse aus der Drittauskunft daran etwas ändern
könnten; hier ist der Verletzungsrechtsstreit ohne Aussetzung zu erledigen.

§ 148 ZPO bleibt neben § 140b Abs 2 Satz 2 PatG uneingeschränkt anwendbar. 547

cc) Sonderfall »Verkehrsdaten«[842]

Besondere Vorkehrungen des Verletzten sind erforderlich, wenn die verlangte Auskunft 548
von dem Pflichtigen (zB einem Provider) nur unter Verwendung von Verkehrsdaten im
Sinne des § 3 Nr 30 TKG erteilt werden kann.

(1) Verkehrsdaten

Verkehrsdaten sind »Daten, die bei der Erbringung eines Telekommunikationsdienstes 549
erhoben, verarbeitet oder genutzt werden«, wobei »Telekommunikationsdienst« nach
der Legaldefinition in § 3 Nr 24 TKG »idR gegen Entgelt erbrachte Dienste (meint), die
ganz oder überwiegend in der Übertragung von Signalen über Telekommunikationsnetze
bestehen ...«. *Beispiele sind:* Telefonie (einschließlich SMS), Internetauktionen, E-Mail-
Verkehr. Im Unterschied zu den Inhaltsdaten eines Telefongesprächs oder einer Internet-
aktion sind Verkehrsdaten die technischen Informationen, die bei der Nutzung eines
Telekommunikationsdienstes beim jeweiligen Telekommunikationsunternehmen (Provider) anfallen und für Abrechnungszwecke gespeichert werden, zB Kennung der beteiligten Anschlüsse, personenbezogene Berechtigungskennungen, Beginn und Ende der Verbindung.[843] Eine Definition gibt § 3 Nr 30 TKG (»Daten, die bei der Erbringung eines
Telekommunikationsdienstes erhoben, verarbeitet oder genutzt werden«); eine abschließende Aufzählung enthält § 96 Abs 1 TKG. Verkehrsdaten erlauben Rückschlüsse auf

---

842 Amschewitz, Die Durchsetzungsrichtlinie und ihre Umsetzung in deutsches Recht, 2008; Hoffmann, MMR 2009, 655; Otten, GRUR-RR 2009, 369.
843 Nach OLG Zweibrücken (Beschluss v 26.9.2008 – 4 W 62/08) ist die bloße Preisgabe der Identität
des Nutzers einer dynamischen IP-Adresse zu einem bestimmten Zeitpunkt kein »Verkehrsdatum«,
sondern ein Bestandsdatum.

die individuelle Nutzung des Internets, den Gesprächspartner am Telefon sowie bei E-Mails und SMS-Kurznachrichten (bei denen technische Daten und Inhalte nicht trennbar sind) Aufschluss auch über die Kommunikationsinhalte. Mit Hilfe der Verkehrsdaten ist es möglich, anonyme Äußerungen im Internet oder anonyme Teilnehmer einer Tauschbörse einem konkreten Telefonanschluss – und damit einem möglichen Verletzer – zuzuordnen. Diese Möglichkeit besteht nicht nur dann, wenn die fragliche IP-Adresse einem bestimmten Nutzer dauerhaft zugewiesen ist, sondern auch im Falle einer dynamischen IP-Adresse, bei der die Zuweisung der Adresse nur für eine Sitzung erfolgt, über die Zeit also wechselt.

(2) Gestattungsanordnung

550 Hier bedarf es einer besonderen richterlichen Gestattungsanordnung zur Verwendung der Verkehrsdaten für Auskunftszwecke. Da Verkehrsdaten als personenbezogene Daten gelten und dem Fernmeldegeheimnis unterliegen (§ 140b Abs 10 PatG), der Anspruch auf Auskunft dem Pflichtigen andererseits nichts Unmögliches abverlangen darf, ordnet Absatz 9 an, dass der Verletzte – als weitere (formelle) Voraussetzung für den materiellen Auskunftsanspruch – eine richterliche Anordnung darüber zu erwirken hat, dass die Verwendung der notwendigen Verkehrsdaten zum Zwecke der Auskunftserteilung zulässig ist.[844]

551 **Voraussetzung** für die vom Anspruchsteller beizubringende Gestattungsanordnung sind:

552 – Es besteht ein Auskunftsanspruch nach § 140b Abs 1 oder 2 PatG,[845]

553 – und zwar gegen den am Verfahren beteiligten Auskunftspflichtigen (Provider);

554 – die im konkreten Einzelfall geschuldeten Daten (vgl § 140b Abs 3, 4 PatG) können vom auskunftspflichtigen Provider – ganz oder teilweise – nur unter Verwendung von Verkehrsdaten ermittelt werden (weil andere Erkenntnisquellen für die auskunftspflichtigen Daten nicht zur Verfügung stehen oder ihre Inanspruchnahme nicht zumutbar ist).

555 Kein Anspruch besteht dahingehend, dass der Access-Provider auf Zuruf Daten im Hinblick auf eine nicht bereits festgestellte, sondern bloß **befürchtete Rechtsverletzung** speichert, selbst wenn sich die Erwartung einer drohenden Rechtsverletzung auf in der Vergangenheit bereits vorgekommene Verstöße stützt.[846]

556 Soweit das BVerfG[847] die Weitergabe von Daten aus der **Vorratsdatenspeicherung** untersagt hat, betrifft dies nur solche Daten, die allein aufgrund des Gesetzes zur Neuregelung der Telekommunikationsüberwachung vom 21.12.2007 vorgehalten werden.[848] Derartige maximal für die Dauer von sechs Monaten gespeicherte Daten können mit einer Gestattungsanordnung schon deshalb nicht freigegeben werden[849], weil sie gemäß § 113b Satz 1 TKG ausschließlich für die Übermittlung an Behörden zu Zwecken der

---

844 Zur Verfassungsmäßigkeit der Vorschrift (§ 101 Abs 9 UrhG): OLG Köln, GRUR-RR 2011, 86 – Gestattungsanordnung I.
845 BGH, GRUR 2012, 1026 – Alles kann besser werden. Für den Nachweis der Aktivlegitimation kraft vertraglichen Nutzungsrechts soll es nicht der Vorlage des betreffenden Lizenzvertrages bedürfen, sondern eine eidesstattliche Versicherung über die Lizenzgewährung ausreichen: OLG Köln, GRUR-RS 2015, 19422 – Nightcrawler.
846 OLG Hamm, NJOZ 2011, 218 – IP-Daten-Speicherung auf Zuruf; OLG München, NJOZ 2012, 1463 – Datenspeicherung auf Zuruf.
847 BVerfG, WM 2008, 706.
848 OLG Frankfurt/Main, Beschluss v 12.5.2009 – 11 W 21/09.
849 OLG Frankfurt/Main, Beschluss v 12.5.2009 – 11 W 21/09.

Strafverfolgung, zur Abwehr erheblicher Gefahren für die öffentliche Sicherheit und zur Erfüllung von Aufgaben des Verfassungsschutzes, des Bundesnachrichtendienstes und des Militärischen Abschirmdienstes verwendet werden dürfen.[850] Anders verhält es sich bei Verkehrsdaten, die das Telekommunikationsunternehmen aus eigenem Entschluss (zB zur Entgeltabrechnung) bereithält; sie unterliegen uneingeschränkt einer Gestattungsanordnung.[851] Wenn auch nicht die strengen Anforderungen beachtet werden müssen, die das BVerfG für die Speicherung von Vorratsdaten aufgestellt hat, so ist das in § 140b Abs 9 PatG geregelte Verfahren dennoch verfassungsrelevant, weil die mit den fraglichen Auskünften verbundenen Eingriffe in die Privatsphäre erhebliches Gewicht haben. Sie dürfen deswegen nicht uneingeschränkt zugelassen werden, sondern bedürfen einer fachlichrechtlichen Eingriffsermächtigung. Diese liegt mit § 140b PatG vor. Ein Gestattungsantrag ist deshalb unter den dort bestimmten tatbestandlichen Voraussetzungen in aller Regel ohne weiteres verhältnismäßig und begründet.[852]

Zugelassen ist ein einseitiges Verfahren, in dem der Auskunftspflichtige nicht kontradiktorische Partei, sondern lediglich Beteiligter ist. Sind **Netzbetreiber** und **Endkundenanbieter** bei einem Internetanschluss nicht identisch, unterfällt dem Gestattungsverfahren allein das Rechtsverhältnis zum Netzanbieter, gegen den der Antrag folglich zu richten ist.[853] Soweit der Endkundenanbieter Name und Anschrift *seines* Kunden preisgibt, dem die fragliche IP-Adresse zugeordnet war, handelt es sich demgegenüber um Bestandsdaten ohne Grundrechtsrelevanz, die folglich kein Gestattungsverfahren verlangen.[854] Folgerichtig ist der Access-Provider am Verfahren gegen den Netzbetreiber nicht zu beteiligen und unterliegen die vom Endkundenanbieter bereitgestellten Daten keinem Verwertungsverbot.[855]

557

(3) Zwischenanordnung

In der Praxis erfolgt die Datenspeicherung regelmäßig nur für einen kurzen Zeitraum[856], was die Gefahr begründet, dass die erforderlichen Verkehrsdaten zum Zeitpunkt der gerichtlichen Gestattungsanordnung tatsächlich nicht mehr vorliegen und aus diesem Grund das Verfahren nach § 140b Abs 9 ergebnislos bleibt. Die Gerichte haben, um hier Hilfe zu schaffen, teilweise[857] eine einstweilige (Zwischen-)Anordnung zugelassen, mit der dem Provider bis zum Abschluss des Verfahrens untersagt wird, die fraglichen Verkehrsdaten zu löschen[858], jedenfalls sofern der Berechtigte gegenüber dem Provider konkret ankündigt, in einem angemessen kurzen Zeitraum ein Verfahren nach Abs 9 einzuleiten.[859] Diese Rechtsprechung hat der BGH nunmehr ausdrücklich bestätigt.[860] Ihre rechtliche Grundlage findet die Anordnung in § 140b Abs 1, 9 PatG, § 96 Abs 1 Satz 1 TKG mit der Maßgabe, dass die Voraussetzungen für eine Anordnung nach Abs 9 glaub-

558

---

850 OLG Karlsruhe, InstGE 11, 183 – Datensicherung.
851 OLG Zweibrücken, Beschluss v 26.9.2008 – 4 W 62/08.
852 BGH, GRUR 2012, 1026 – Alles kann besser werden.
853 BGH, GRUR 2018, 189 – Benutzerkennung.
854 BGH, GRUR 2018, 189 – Benutzerkennung.
855 BGH, GRUR 2018, 189 – Benutzerkennung.
856 Ein Anspruch auf sofortige Löschung der für die Internetnutzung vergebenen IP-Adressen besteht nicht (OLG Frankfurt/Main, Urteil v 16.6.2010 – 13 U 105/07).
857 Anders: OLG Düsseldorf, BeckRS 2011, 06223 – IP-Daten-Speicherung auf Zuruf; OLG Düsseldorf, GRUR-RR 2013, 208 – IP-Daten-Speicherung; OLG Frankfurt/Main, GRUR-RR 2010, 91 – Speicherung auf Zuruf; OLG Hamm, GRUR-Prax 2011, 61.
858 OLG Karlsruhe, InstGE 11, 183 – Datensicherung; OLG Köln, Mitt 2009, 415 – Ganz anders.
859 OLG Hamburg, BeckRS 2010, 08656.
860 BGH, GRUR 2017, 1236 – Sicherung der Drittauskunft.

haft gemacht sind.[861] Zu verfolgen ist der Anspruch im Zivilrechtsweg nach den Vorschriften der ZPO (und nicht nach den Regeln des FamFG).[862]

559 Ansonsten dürfen dynamische IP-Adressen, weil sie personenbezogene Daten im Sinne von § 12 TMG repräsentieren[863], von einem Online-Mediendienst nur unter den Voraussetzungen des § 15 Abs 1 TMG gespeichert werden. Ohne Einwilligung des Dienstenutzers ist eine Speicherung über das Nutzungsende hinaus nur zulässig, um die generelle Funktionsfähigkeit des Dienstes zu gewährleisten, wobei eine Abwägung mit dem Interesse und den Grundrechten der Nutzer stattzufinden hat.[864]

560 | Praxistipp | Formulierungsbeispiel |
| --- | --- |
| Der ... (= Provider) wird aufgegeben, bis zum rechtskräftigen Abschluss des Verfahrens nach § 140b Abs 9 PatG diejenigen Daten zum Zwecke der Auskunftserteilung an die Antragstellerin zu sichern, aus denen sich ergibt, welchem/welchen Kunden unter welcher Anschrift die folgenden IP-Adressen – »...« – zu folgenden Zeitpunkten – »...« – zugeordnet waren. | |

561 Bei der Zwischenanordnung handelt es sich um ein gegenüber dem eigentlichen Gestattungsverfahren **selbständiges Verfahren** (§ 51 Abs 3 Satz 1 FamFG), das dementsprechend aktenmäßig getrennt zu führen ist und für das in einem gesonderten Kostenansatz nach den für die Hauptsache geltenden Vorschriften (Nr 15 213 KV zum GNotKG[865]) Gerichtsgebühren zu erheben sind.[866] Im Falle anwaltlicher Vertretung fallen ebenfalls separate, streitwertabhängige Gebühren an, und zwar eine 1,3-Verfahrensgebühr nach Nr 3100 VV-RVG zzgl Telekommunikationspauschale nach Nr 7002 VV-RVG.[867]

(4) Auskunftsanspruch

562 Da der Auskunftsanspruch von dem Vorliegen der notwendigen Gestattung abhängt (ohne sie ist die Auskunft rechtlich unmöglich[868]), kann er erst zuerkannt werden, wenn die Gestattungsanordnung erteilt ist. Auf eine Rechtskraft der Gestattung kommt es allerdings nicht an, weswegen der Auskunftsanspruch gleichzeitig mit dem Antrag nach Abs 9 anhängig gemacht und zugesprochen werden kann. Ohne vorherige Anhörung des Providers scheidet allerdings eine Verpflichtung zur Auskunftserteilung im Wege der einstweiligen Anordnung aus, weil mit ihr eine Vorwegnahme der Hauptsache verbunden wäre, die der einstweiligen Anordnung fremd ist.[869]

(5) Einzelheiten zum Prozedere

563 Erforderlich nach Absatz 9 sind:

564 **Antrag** des Verletzten als notwendige Verfahrensvoraussetzung. Vor dem LG und dem OLG besteht kein Anwaltszwang (Abs 9 Satz 4, §§ 10, 25 Abs 1 FamFG), wohl aber vor dem BGH (§ 10 Abs 4 FamFG).

---

861 OLG Karlsruhe, InstGE 11, 183 – Datensicherung.
862 BGH, GRUR 2017, 1236 – Sicherung der Drittauskunft.
863 EuGH, NJW 2016, 3579.
864 BGH, GRUR 2015, 192.
865 Vormals: § 128e Abs 1 Nr 4 KostO [aufgehoben durch das 2. KostRModG].
866 OLG Köln, FGPrax 2011, 37; OLG Köln, BeckRS 2013, 02972; OLG Karlsruhe, GRUR-RR 2012, 230 – Kosten der IP-Abfrage.
867 BGH, GRUR 2017, 854 – Anwaltskosten im Gestattungsverfahren.
868 OLG Düsseldorf, MMR 2009, 186.
869 OLG Köln, MDR 2009, 158.

| Praxistipp | Formulierungsbeispiel | 565 |

Dem ... (namentlich zu bezeichnenden Auskunftspflichtigen) wird gestattet, zum Zwecke der Auskunftserteilung gegenüber der Antragstellerin darüber, ... (genaue Bezeichnung der auskunftspflichtigen Vorgänge) die nachfolgend bezeichneten, den Telefonanschluss ... betreffenden Verkehrsdaten zu verwenden, nämlich ... (Bezeichnung der einschlägigen Daten gemäß § 96 [1] TKG).

Zuständiges Gericht ist – örtlich und sachlich ausschließlich – das LG am Wohnsitz (bei natürlichen Personen) bzw am Sitz (bei juristischen Personen) bzw an einer Niederlassung (sofern kein inländischer Wohnsitz/Sitz existiert) des Auskunftspflichtigen (Abs 9 Satz 2). In Anlehnung an § 21 Abs 1 ZPO ist nur eine solche Niederlassung zuständigkeitsbegründend, deren Geschäftsbetrieb einen Bezug zum Gegenstand des Verfahrens hat, indem ein wesentlicher Beitrag zu der die Auskunftspflicht begründenden Dienstleistung geleistet wurde.[870] 566

Bei den möglichen Anknüpfungen für eine Zuständigkeit handelt es sich nicht um Wahlgerichtsstände.[871] Am Ort der Niederlassung kann ein Antrag deshalb nur angebracht werden, wenn der Auskunftspflichtige keinen inländischen Wohnsitz oder Sitz hat. Der besondere Gerichtsstand der unerlaubten Handlung (§ 32 ZPO) ist nicht zugelassen. Für ausländische Parteien besteht kein inländischer Gerichtsstand; insbesondere Art 7 Nr 2 EuGVVO ist nicht anwendbar.[872] 567

Es gilt die **Konzentrationsvorschrift** des § 143 Abs 2 PatG in Verbindung mit den landesgesetzlichen Rechtsverordnungen, ungeachtet dessen, dass kein Klageverfahren im eigentlichen Sinne, sondern ein Antragsverfahren der freiwilligen Gerichtsbarkeit vorliegt. 568

Ist ein unzuständiges Gericht angerufen worden, kommt eine Abgabe an das örtlich zuständige Gericht nicht von Amts wegen, sondern nur mit Zustimmung des Antragstellers in Betracht.[873] 569

Funktionell zuständig sind die Zivilkammern (Abs 9 Satz 3). 570

Das **Verfahren** richtet sich nach den Vorschriften des FamFG.[874] Daraus folgt im Einzelnen: 571

– Es herrscht – außer beim BGH – kein Anwaltszwang. 572

– Eine Anhörung des auskunftspflichtigen Providers vor der Entscheidung ist erforderlich. Der mutmaßliche Rechtsverletzer selbst ist am Verfahren nicht beteiligt.[875] 573

– Es besteht gemäß § 26 FamFG der **Amtsermittlungsgrundsatz**. Dh: Geständnisse und unstreitiges Vorbringen sind auf ihre Richtigkeit zu überprüfen; Anerkenntnis, Verzicht und Säumnis scheiden als Grundlage einer gerichtlichen Entscheidung aus; sie können allerdings frei gewürdigt werden. Die Beteiligten haben durch eingehende Tatsachendarstellung an der Sachaufklärung mitzuwirken und sich zu den gegneri- 574

---

870 OLG Düsseldorf, InstGE 10, 241 – Verkehrsdaten I.
871 OLG Düsseldorf, InstGE 10, 241 – Verkehrsdaten I.
872 OLG München, InstGE 13, 303 – Gestattungsantrag gegen ausländischen Provider.
873 OLG Düsseldorf, InstGE 10, 241 – Verkehrsdaten I.
874 Für alle Verfahren, die vor dem Inkrafttreten des FamFG am 1.9.2009 eingeleitet worden sind, bleiben – auch für den Rechtsmittelzug und das Verfahren vor dem Rechtsmittelgericht – die bisherigen Vorschriften des FGG maßgeblich (OLG Köln, OLG-Report 2009, 845).
875 BGH, GRUR 2013, 536 – Die Heiligtümer des Todes.

schen Behauptungen umfassend und wahrheitsgemäß zu erklären (§ 27 FamFG). Das gilt besonders für einen Sachverhalt, dessen eigenständige Ermittlung dem Gericht kaum möglich ist (zB Ausgestaltung der patentverletzenden Ausführungsform, Inhalt der Merkmale des Antragsschutzrechts und deren Benutzung durch die angegriffene Ausführungsform, Benutzungshandlung nach Abs 1, Haftungstatbestand nach Abs 2). Bei einer Verletzung der Mitwirkungspflicht können zu Lasten des Pflichtigen Schlüsse gezogen werden.

575 – Die Entscheidung ergeht durch Beschluss ohne mündliche Verhandlung.

576 – Ein Ausspruch über die **Gerichtskosten** im erstinstanzlichen Verfahren ist wegen Absatz 9 Satz 5 entbehrlich, aber unschädlich. Die Gerichtsgebühr für die Entscheidung über den Antrag beträgt 200 €[876]; sie ermäßigt sich bei einer Antragsrücknahme auf 50 €.[877] Ob *ein* Antrag vorliegt oder mehrere Anträge gegeben sind, ist nicht rein formal nach der Zahl der bei Gericht eingereichten Antragsschriften zu beurteilen, sondern unter Berücksichtigung dessen, ob ein einheitlicher oder mehrere verschiedene Lebenssachverhalte zur gerichtlichen Entscheidung unterbreitet werden. *Ein* Antrag kann daher mehrere IP-Adressen umfassen und dennoch nur *eine* Gerichtsgebühr auslösen.[878] Voraussetzung ist allerdings, dass dem Auskunftsersuchen derselbe – und keine unterschiedlichen – Lebenssachverhalt(e) zugrunde liegen.[879] Solches ist der Fall, wenn alle IP-Adressen dasselbe Schutzrecht, dieselbe angegriffene Ausführungsform und denselben oder gemeinschaftlich handelnde Täter[880] betreffen. Ist dies nicht der Fall, liegen so viele Anträge vor wie unterschiedliche Patente, unterschiedliche Verletzungsformen und unterschiedliche, unabhängig voneinander agierende Täter gegeben sind.[881] Die Gerichtsgebühr fällt sowohl für den Antrag auf eine einstweilige Anordnung zur Datensicherung als auch für die eigentliche Gestattungsanordnung an, so dass, wenn beide Anträge parallel gestellt werden, ein doppelter Kostenansatz gerechtfertigt ist.[882]

577 – Die **Anwaltskosten** für das Gestattungsverfahren sind streitwertabhängig.[883] Maßgeblich für die Wertfestsetzung ist das Interesse des Gläubigers an der begehrten Auskunft, welches wiederum – wie sonst auch – vom Wert des verletzten Patents und vom Angriffsfaktor abhängt. Im Zweifel ist vom Regelstreitwert nach § 30 Abs 2 KostO[884] (3.000 €) bzw § 36 Abs 3 GNotKG (5.000 €) auszugehen, der nicht notwendig deshalb zu erhöhen ist, weil mehrere IP-Adressen betroffen sind.[885] Im Ver-

---

[876] § 128e Abs 1 Nr 1 KostO (aufgehoben durch das 2. KostRModG) bzw Tabelle A Nr 15213 KV zum GNotKG; BGH, GRUR 2017, 854 – Anwaltskosten im Gestattungsverfahren.
[877] § 128e Abs 2 KostO (aufgehoben durch das 2. KostRModG) bzw Tabelle A Nr 15214 KV zum GNotKG.
[878] OLG Düsseldorf, MIR 2009 Dok. 083.
[879] OLG Karlsruhe, GRUR-RR 2012, 230 – Kosten der IP-Abfrage; OLG Karlsruhe, Beschluss v 15.1.2009 – 6 W 4/09; OLG Düsseldorf, MIR 2009 Dok. 083; OLG Düsseldorf, GRUR-RS 2018, 15336 – Gestattungsanordnung.
[880] OLG Karlsruhe, Beschluss v 15.1.2009 – 6 W 4/09.
[881] OLG Düsseldorf, GRUR-RS 2018, 15336 – Gestattungsanordnung; OLG Köln, GRUR-RR 2013, 353 – Auskunftsgebühr; OLG Düsseldorf, MIR 2009 Dok. 083; OLG Frankfurt/Main, GRUR-RR 2009, 407 – 199 IP-Adressen; OLG Karlsruhe, MMR 2009, 263 – GUID-Mehrheit; OLG Karlsruhe, Beschluss v 12.12.2011 – 6 W 69/11; aA: OLG München (GRUR-RR 2011, 116 – Abweichende Hashwerte; OLG München, GRUR-RR 2011, 230 – IP-Daten-Gebühr), das den formalen Gesichtspunkt des Vorliegens einer einzigen Antragsschrift und einer einzigen gerichtlichen Entscheidung genügen lässt.
[882] OLG Köln, BeckRS 2013, 02972.
[883] § 18 KostO (aufgehoben durch das 2. KostRModG) bzw. §§ 3 Abs 1, 36 Abs 1 GNotKG.
[884] Die KostO ist durch das 2. KostRModG aufgehoben worden.
[885] OLG Köln, GRUR-RR 2009, 38 – Gegenstandswert im Anordnungsverfahren; OLG Zweibrücken, GRUR-RR 2009, 399 – Meistbegünstigung.

fahren der einstweiligen Anordnung ist ein reduzierter Geschäftswert zugrunde zu legen, wobei die Ermäßigung gegenüber dem Hauptsachewert regelmäßig 50 % beträgt.[886] Der Höhe nach ist eine 1,3-Verfahrensgebühr nach Nr 3100 VV-RVG zzgl Telekommunikationspauschale nach Nr 7002 VV-RVG anzusetzen.[887] Beteiligt sich der auskunftspflichtige Provider am Verfahren, ist über die Erstattung seiner notwendigen Kosten gemäß § 81 Abs 1, 2 FamFG zu entscheiden: Die Kosten können nach billigem Ermessen ganz oder teilweise einem Beteiligten auferlegt werden, und zwar insbesondere in den im Abs 2 Nr 1–5 aufgezählten Sachverhalten. Von der Erhebung von Kosten kann stattdessen auch abgesehen werden. Da es sich um ein reines Antragsverfahren handelt, besteht im Zweifel kein Anlass für eine Erstattungsanordnung.

– Die **Kosten des Gestattungsverfahrens** gegen den Internet-Provider (Gerichtskosten, Anwaltskosten, Auskunftskosten des Providers[888]) dienen der Vorbereitung eines Verletzungsprozesses gegen den Inhaber der IP-Adresse, unter der schutzrechtsverletzende Handlungen begangen worden sind; sie sind daher – nicht anders als vorbereitende Testkauf- oder Detektivkosten – Kosten der Rechtsverfolgung im anschließenden Verletzungsprozess und deswegen im dortigen **Kostenfestsetzungsverfahren** gegen den unterlegenen Verletzer festsetzungsfähig.[889] Das gilt auch dann, wenn die Erkenntnisse des Gestattungsverfahrens nicht für eine direkte gerichtliche Rechtsverfolgung, sondern zunächst für eine (vorgeschaltete) vorgerichtliche Abmahnung benutzt worden sind.[890] Bezieht sich das einheitliche Gestattungsverfahren auf mehrere IP-Adressen (zB 32), von denen nur einzelne (zB 2) dem Verletzungsbeklagten zugeordnet werden können, so sind anteilig nur diejenigen Verfahrenskosten erstattungsfähig, die dem prozentualen Anteil der IP-Adressen des Verletzungsbeklagten am Gesamtgegenstand des Gestattungsverfahrens entsprechen (hier: 2/32).[891] Daneben kommt – wie stets – eine Erstattung der Kosten auf materiell-rechtlicher Grundlage (zB unter dem Gesichtspunkt des Schadenersatzes wegen Schutzrechtsverletzung) in Frage, was eine bezifferte Klage voraussetzt. Geht es speziell um die **Kosten der anwaltlichen Vertretung** im Gestattungsverfahren, so muss die Hinzuziehung eines Anwaltes aus der verständigen und wirtschaftlich vernünftigen ex ante-Sicht des Antragstellers sachdienlich (»zur zweckentsprechenden Rechtsverfolgung notwendig«) gewesen sein. Das ist für einen Schutzrechtsinhaber grundsätzlich auch dann anzunehmen, wenn er über eine eigene Rechtsabteilung verfügt und dem Auskunftsverfahren gegen den Provider vorgelagerte Ermittlungen selbst durchgeführt hat.[892]

578

– **Anfechtbar** ist die landgerichtliche Entscheidung (einschließlich einer etwaigen Zwischenanordnung) für den Antragsteller bzw den Provider im »Unterliegensfall« mit der Beschwerde an das OLG (§§ 63 ff FamFG).[893] Ein Beschwerderecht steht gleichfalls dem am erstinstanzlichen Verfahren nach § 140b Abs 9 PatG nicht beteiligten Anschlussinhaber zu, der vom Provider nach richterlicher Gestattung benannt worden ist.[894] Sein Begehren richtet sich auf die gerichtliche Feststellung, dass der Gestat-

579

---

886 § 62 GNotKG.
887 BGH, GRUR 2017, 854 – Anwaltskosten im Gestattungsverfahren.
888 BGH, GRUR 2017, 854 – Anwaltskosten im Gestattungsverfahren.
889 BGH, GRUR 2014, 1239 – Deus Ex.
890 BGH, GRUR 2014, 1239 – Deus Ex; unter Aufhebung von OLG Hamburg, K&R 2013, 810.
891 BGH, GRUR 2014, 1239 – Deus Ex.
892 BGH, GRUR 2017, 854 – Anwaltskosten im Gestattungsverfahren.
893 OLG Karlsruhe, InstGE 11, 183 – Datensicherung; OLG Köln, GRUR-RR 2009, 9 – Ganz anders; OLG Düsseldorf, InstGE 10, 246 – Verkehrsdaten II.
894 BGH, GRUR 2013, 536 – Die Heiligtümer des Todes; OLG Köln, GRUR-RR 2011, 88 – Gestattungsanordnung II, unter Aufgabe seiner anderslautenden Rechtsprechung zur Rechtslage vor Inkrafttreten des FamFG in OLG Köln, GRUR-RR 2009, 321 – John Bello Story 2.

tungsbeschluss rechtswidrig gewesen ist[895] bzw ihn in seinen Rechten (auf Wahrung des Fernmeldegeheimnisses) verletzt[896]. Die Beschwerde ist auch nach erteilter Auskunft noch statthaft, also dann, wenn sich die angegriffene Maßnahme vor Einlegung der Beschwerde bereits erledigt hat.[897]

580 – Die Beschwerde ist innerhalb einer **Notfrist** von zwei Wochen seit Zustellung einzureichen (§ 140b Abs 9 Satz 7 PatG). Sie kann nur beim Landgericht – und nicht mehr wie früher auch beim Beschwerdegericht – eingelegt werden (§ 64 Abs 1 FamFG). Die Frist gilt nicht für Beschwerden des Anschlussinhabers, der am erstinstanzlichen Verfahren überhaupt nicht beteiligt war. Noch nicht entschieden ist, ob, wenn dem Anschlussinhaber der Gestattungsbeschluss tatsächlich schriftlich zur Kenntnis gelangt ist, für ihn eine Zweiwochenfrist ab Kenntnisnahme läuft.[898]

581 – In Anlehnung an die ZPO-Vorschriften findet ein **Abhilfeverfahren** statt, dh das Landgericht hat zunächst selbst die Zulässigkeit und Begründetheit der Beschwerde zu prüfen und der Beschwerde abzuhelfen, wenn es sie für begründet erachtet (§ 68 Abs 1, 2 FamFG).

582 – Eine **weitere Beschwerde** an den BGH ist im Wege der zulassungsabhängigen Rechtsbeschwerde binnen 1 Monats nach Bekanntgabe der Beschwerdeentscheidung möglich (§§ 70f FamFG).

583 – Es findet im Beschwerdeverfahren eine **Überprüfung** sowohl in **tatsächlicher** als auch in **rechtlicher Hinsicht** statt (§ 65 Abs 3 FamFG). Gerügt werden kann zB die Verletzung verfahrensrechtlicher und materiell rechtlicher Vorschriften wie ein Verstoß gegen den Amtsermittlungsgrundsatz, eine unrichtige Anwendung des § 140b Abs 9 PatG. Neuer Tatsachenvortrag ist zugelassen. Demgegenüber findet im Rechtsbeschwerdeverfahren eine reine Rechtskontrolle statt (§ 72 Abs 1 FamFG). Hinsichtlich der **Kosten** gilt: Bei Verwerfung oder Zurückweisung der Beschwerde fallen nochmals dieselben Gerichtsgebühren wie im Anordnungsverfahren an.[899] Bei teilweiser Verwerfung/Zurückweisung kann die Festgebühr des Gerichts nach Ermessen ermäßigt oder ganz von ihrer Erhebung abgesehen werden.[900] Wird der Antrag oder die Beschwerde zurückgenommen, bevor die Rechtsmittelbegründungsschrift eingegangen war, ermäßigt sich die Gerichtsgebühr von 200 € auf 100 €; findet die Rücknahme später, aber vor Übermittlung der gerichtlichen Entscheidung an die Geschäftsstelle statt, beträgt die Gebühr 150 €. Bei erfolgreicher Beschwerde entstehen keine weiteren gerichtlichen Kosten (§ 131a Abs 2 Satz 3, 4 KostO[901]). Die Kostentragung folgt folgenden Regeln: Bei erfolgreicher Beschwerde ist eine Billigkeitsentscheidung nach § 81 Abs 1, 2 FamFG zu treffen. Bei unzulässigem oder unbegründetem Rechtsmittel trägt der Rechtsmittelführer die Kosten des Beschwerdeverfahrens (§ 84 FamFG).

---

895 OLG Köln, GRUR-RR 2011, 88 – Gestattungsanordnung II.
896 BGH, GRUR 2013, 536 – Die Heiligtümer des Todes.
897 BGH, GRUR 2013, 536 – Die Heiligtümer des Todes.
898 Vgl BGH, GRUR 2013, 536 – Die Heiligtümer des Todes.
899 § 131a Abs 2 Satz 1, 2 KostO (aufgehoben durch das 2. KostRModG) bzw Tabelle A Nr 15 225 KV zum GNotKG.
900 Tabelle A Nr 15 225 KV zum GNotKG.
901 Die KostO ist durch das 2. KostRModG aufgehoben worden. Obwohl das GNotKG keine vergleichbare Regelung enthält, gilt für die neue Rechtslage dasselbe, weil das GNotKG keine Erhebungsvorschrift für die erfolgreiche Beschwerde enthält.

dd) Folgen der Auskunftserteilung

(1) Auskunftskosten

In Fällen der Störerhaftung gemäß § 140b Abs 1 PatG hat der Verpflichtete die Kosten seiner Auskunftserteilung zu tragen. **584**

Ergibt sich die Auskunftspflicht allein aus Absatz 2, dh besteht sie für einen unbeteiligten Dritten, sieht Absatz 2 Satz 3 einen materiell rechtlichen **Kostenerstattungsanspruch** gegen den Auskunftsgläubiger vor. Er besteht auch bei unergiebiger Auskunft und betrifft Aufwendungen des Schuldners für die Auskunftserteilung als solche. Darunter fallen **585**

– Vergütungen für in Anspruch genommene Fremdleistungen (externer Buch- oder Wirtschaftsprüfer) genauso wie **586**

– Kosten, die im Unternehmen des Schuldners durch den Einsatz eigener Mitarbeiter bei der Zusammenstellung der Auskunft angefallen sind. Nicht erfasst werden Kosten für die Rechtsverteidigung gegen die Drittauskunftsklage oder einen Vollstreckungsantrag; ebenso wenig Kosten, die für die aus anderen Gründen erfolgte allgemeine Vorhaltung der Auskunfts- oder Verkehrsdaten entstanden sind. **587**

Erstattungsfähig sind die Aufwendungen nur, wenn und soweit sie erforderlich waren, dh a) dem Schuldner nicht nur tatsächlich entstanden sind (wobei die Eingehung einer Verbindlichkeit ausreicht), sondern b) in der geltend gemachten Höhe zur Erstellung einer ordnungsgemäßen Auskunft auch objektiv notwendig waren. Kein Ersatzanspruch besteht für unnötig veranlasste Kosten. **588**

Die zu erstattenden Aufwendungen hat der Auskunftsgläubiger vom Zeitpunkt der Aufwendung an zu verzinsen (§ 256 BGB). Mangels gesetzlicher Grundlage besteht keine Vorschusspflicht des Verletzten und demzufolge kein Zurückbehaltungsrecht an der Auskunft. **589**

Erstattungsfähige Auskunftskosten stellen einen Schaden des Verletzten dar, den dieser gemäß § 139 Abs 2 PatG seinerseits beim Verletzer liquidieren kann. Das gilt auch für eine inhaltlich unergiebige Auskunft. **590**

(2) Falsche oder unvollständige Auskunft

Gemäß **§ 140b Abs 5 PatG** verpflichtet eine falsche oder unvollständige Auskunft zum Schadenersatz gegenüber dem Auskunftsgläubiger, wenn **591**

– der Auskunftsschuldner als Störer (Abs 1) oder als unbeteiligter Dritter (Abs 2) zur Auskunft verpflichtet ist, **592**

– die von ihm erteilte Auskunft unvollständig ist (dh gänzlich verweigert wird oder Lücken aufweist, weil nicht zu sämtlichen offenbarungspflichtigen Daten und/oder nicht für den gesamten auskunftspflichtigen Zeitraum Angaben gemacht sind) oder unrichtig ist (dh inhaltlich nicht den Tatsachen entspricht), **593**

– dem Auskunftsschuldner hinsichtlich der Unvollständigkeit/Unrichtigkeit der erteilten Auskunft ein qualifiziertes Verschulden in Form von Vorsatz oder grober Fahrlässigkeit zur Last fällt. **594**

Der Schadenersatzanspruch ist – neben den Maßnahmen der Zwangsvollstreckung (§ 888 ZPO) und der Klage auf Abgabe einer eidesstattlichen Versicherung (§ 259 Abs 2 BGB) – eine weitere Sanktion, um den Schuldner zu einer ordnungsgemäßen Auskunft anzuhalten. Die bloß verspätete Auskunft bleibt nach § 140b Abs 5 PatG sanktionslos. **595**

596 Ersatzfähig ist jeder **Schaden** des Auskunftsgläubigers, der adaequat kausal auf der unvollständigen oder unrichtigen Auskunftserteilung beruht, wobei § 254 BGB analog anzuwenden ist.

597 ▶ **Bsp für mögliche Schadenspositionen sind:**

(a) Nutzlose Aufwendungen (zB zur Rechtsverfolgung) im Vertrauen auf die Richtigkeit der Auskunft; (b) Gewinn- oder Lizenzeinbußen des Gläubigers, weil wegen der Unvollständigkeit der Auskunft nicht zeitiger gegen (andere) Verletzer eingeschritten werden konnte; (c) Kosten für Eigenrecherchen zur Ermittlung der auskunftspflichtigen Daten.

598 Die **Beweislast** für sämtliche Anspruchsvoraussetzungen und den Schaden hat der Auskunftsgläubiger.

599 Beruht die Auskunftspflicht nicht auf gesetzlicher, sondern auf vertraglicher Grundlage (zB Vergleich) und erteilt der Pflichtige die geschuldete Auskunft vorwerfbar falsch, begründet dies seine grundsätzliche Schadenersatzhaftung (§ 280 BGB), und zwar für alle Schäden, die adäquat durch die unrichtige Auskunft nicht nur verursacht, sondern nach Lage der Dinge auch bei angemessen besonnenem Vorgehen geradezu herausgefordert sind.[902]

600 ▶ **Bsp:**

Kosten einer Klage gegen den falsch benannten Hersteller patentverletzender Ware.

b) §§ 242, 259 BGB

601 In der Praxis ist die mit § 140b PatG verbundene zeitliche Beschränkung (1.7.1990, 1.9.2008) weitgehend ohne Bedeutung. Die meisten der in § 140b PatG erwähnten Einzeldaten hat der Beklagte auch im Rahmen des allgemeinen Rechnungslegungsanspruchs zu offenbaren, den die Rechtsprechung dem Verletzten nach den Grundsätzen von Treu und Glauben (§§ 242, 259 BGB[903]) seit jeher mit der Erwägung zubilligt, dass der Kläger erst durch die dem Beklagten unschwer möglichen Angaben zum Umfang seiner Benutzungs- und Verletzungshandlungen, über die der Anspruchsteller in entschuldbarer Weise im Ungewissen ist und die er sich auch nicht in zumutbarer Weise selbst beschaffen kann[904], in den Stand versetzt wird, seinen Anspruch auf Schadenersatz, Entschädigung und/oder Bereicherungsausgleich zu beziffern.[905] Im Rahmen dieses – inzwischen gewohnheitsrechtlich anerkannten – Rechnungslegungsanspruchs hat der Beklagte alle diejenigen Einzelheiten mitzuteilen, die der Kläger für die Ermittlung der betreffenden Leistungsansprüche und für eine (zumindest stichprobenweise) Überprüfung der gemachten Angaben auf ihre Richtigkeit benötigt.[906] In vollem Umfang anspruchsberechtigt ist ein Patentinhaber auch dann, wenn er sein Schutzrecht – einfach oder ausschließlich – lizenziert hat.[907]

---

902 BGH, GRUR 2016, 526 – Irreführende Lieferantenangabe; vgl dazu auch LG Mannheim, GRUR-RR 2014, 370 – Haarspange.
903 Zum allgemeinen Rechnungslegungsanspruch aus § 242 BGB, insbesondere zu der Frage, wann die Auskünfte »unschwer« erteilt werden können, vgl BGH, WRP 2007, 550 – Meistbegünstigungsvereinbarung.
904 Dementsprechend besteht ein auf § 242 BGB gestützter Anspruch nicht (und zwar auf Dauer nicht mehr), wenn eine vorrangig (zB auf vertraglicher oder gesetzlicher Grundlage) bestehende Möglichkeit zur Wissenserlangung von anderer Seite schuldhaft nicht genutzt wird (BGH, MDR 2018, 536).
905 BGH, GRUR 2010, 623 – Restwertbörse; BGH, GRUR 2010, 1090 – Werbung des Nachrichtensenders.
906 BGH, GRUR 2008, 896 – Tintenpatrone I.
907 OLG Karlsruhe, GRUR-RS 2016, 21121 – Advanced System.

Der Anspruch auf Rechnungslegung erlischt wegen seines Hilfscharakters, sobald der 602
Zahlungsanspruch, den die Rechnungslegung vorbereiten soll, nicht mehr durchgesetzt
werden kann.

Denkbarer Erlöschensgrund ist zB ein **Schadenersatzvergleich**, den der Beklagte selbst 603
oder einer seiner Lieferanten bzw Abnehmer mit Wirkung für die gesamte Verletzerkette
abgeschlossen hat.[908] Der Auskunftsanspruch nach § 140b PatG, der kein Hilfsanspruch
ist, wird dadurch regelmäßig nicht betroffen, sondern unverändert durchsetzbar sein. In
Bezug auf ihn ist allenfalls zu erwägen, ob in dem Vergleich nicht zugleich eine nachträgliche
Genehmigung des Inverkehrbringens der vom Vergleich erfassten Gegenstände
liegt, die zur Erschöpfung und dementsprechend zum Entfallen jeglicher Ansprüche
wegen Patentverletzung führt. Letztlich entscheiden die Details der Vergleichsregelung.
Grundsätzlich liegt in ihr keine Genehmigung des unbefugten Inverkehrbringens; anders
verhält es sich, wenn mit der Vergleichssumme ausdrücklich auch die Benutzungshandlungen
der gesamten Verletzerkette sanktioniert werden sollen.[909]

In Fällen der **Verjährung** muss zu dem Eintritt eines die Verjährung begründenden 604
Sachverhaltes hinzukommen, dass der Schuldner die Einrede der Verjährung erhebt.[910]
Das gilt jedenfalls für alle Handlungen, die keine abweichende materiell-rechtliche Beurteilung
verdienen (zB deshalb, weil in Bezug auf die weiteren Benutzungshandlungen
des in Person verurteilten Geschäftsführers (zB Rechtfertigungsgründe wie eine
Erschöpfung oder ein Vorbenutzungsrecht geltend gemacht werden können).

aa) Persönlicher Umfang

Ist eine **juristische Person** zur Rechnungslegung verurteilt, ist die betreffende Pflicht 605
von demjenigen zu erfüllen, der zu dem Zeitpunkt, zu dem Rechnung zu legen ist, deren
Vertretungsorgan ist. Sieht der Gesellschaftsvertrag eine Gesamtvertretung durch mehrere
vor, ist die Rechnungslegung (auch wenn es sich selbstverständlich nicht um eine
Willens-, sondern bloß um eine Wissenserklärung handelt), damit sie der Gesellschaft
zugerechnet werden kann, von den zur Gesamtvertretung berufenen Personen zu unterzeichnen.
An deren Stelle genügt selbstverständlich auch ein mit entsprechender Vollmacht
ausgestatteter Rechtsanwalt.

Ist neben der Gesellschaft auch deren **Geschäftsführer** verurteilt, erstreckt sich dessen 606
Auskunftspflicht nicht nur auf diejenigen Geschäfte, die er für die verklagte Gesellschaft
abgewickelt hat. Folge seiner persönlichen Verurteilung ist vielmehr, dass er über jedwede
Verletzungshandlung Rechnung zu legen hat, auch solche, die er in anderer Funktion
(zB als Einzelkaufmann oder als Vertretungsorgan eines weiteren Unternehmens)
zu verantworten hat und für die seine Haftung unstreitig oder aus den Entscheidungsgründen
des zu vollstreckenden Urteils offensichtlich ist.[911]

bb) Sachlicher Umfang

Die Rechnungslegungspflicht hat einen unterschiedlichen Umfang, je nachdem, welcher 607
Anspruch mit ihm vorbereitet werden soll.[912] Am weitesten geht der auf den Schadenersatzanspruch
bezogene Rechnungslegungsanspruch. Er umfasst alle Angaben, die es dem
Kläger erlauben, seinen Schaden – wahlweise – nach einer der drei Berechnungsmethoden
– der Lizenzanalogie, dem eigenen entgangenen Gewinn oder dem Verletzergewinn
– zu bestimmen. Hierzu gehören prinzipiell:

---

908 OLG Düsseldorf, Beschluss v 17.12.2012 – I-2 W 28/12.
909 BGHZ 181, 98 – Tripp-Trapp-Stuhl; OLG Düsseldorf, Beschluss v 17.12.2012 – I-2 W 28/12.
910 OLG Düsseldorf, InstGE 7, 210 – Türbeschläge.
911 OLG Düsseldorf, Beschluss v 8.9.2011 – I-2 W 26/11.
912 Vgl BGH, GRUR 2006, 419 – Noblesse.

608 – die Herstellungsmengen und -zeiten (a)[913],

609 – die einzelnen Lieferungen, aufgeschlüsselt nach Liefermengen, -zeiten und -preisen[914] (und gegebenenfalls Typenbezeichnungen) sowie den Namen und Anschriften der Abnehmer (b),

610 – die einzelnen Angebote, aufgeschlüsselt nach Angebotsmengen, -zeiten und -preisen (und gegebenenfalls Typenbezeichnungen) sowie den Namen und Anschriften der Angebotsempfänger (c),

611 – die betriebene Werbung, aufgeschlüsselt nach Werbeträgern, deren Auflagenhöhe, Verbreitungszeitraum und Verbreitungsgebiet[915] (d),

612 – die nach den einzelnen Kostenfaktoren aufgeschlüsselten Gestehungskosten und der erzielte Gewinn (e).

613 Ob sie alle zum Tragen kommen, hängt freilich davon ab, ob der Geschäftsbetrieb des Verletzers einen Zuschnitt hat, der sämtliche Benutzungsalternativen (sic: das Herstellen und den Vertrieb) abdeckt. Wer mit den Verletzungsgegenständen bloß handelt, der unterliegt keiner Rechnungslegung hinsichtlich etwaiger Herstellungsangaben (weil sie dem Gläubiger nichts nützen); wer das verletzende Erzeugnis lediglich besitzt und/oder gebraucht (zB zur Durchführung von Bearbeitungsmaßnahmen im Rahmen seiner Fertigung), der schuldet auch keine Angaben zu Angeboten und Vertriebshandlungen.[916] Besteht bei einem **Verwendungsanspruch** der Schutzbereichseingriff im Angebot/der Lieferung einer sinnfällig hergerichteten Sache, die realistisch auch patentfrei gebraucht werden kann, so kann der Verletzer im Rahmen seines Wissens zusätzlich Angaben zu den Einsatzzwecken seiner einzelnen Abnehmer schulden.[917]

614 In Fällen der **Internetwerbung** umfasst die Rechnungslegung Angaben über die verwendete Domain, die Zugriffszahlen und die Schaltungszeiträume.[918] Bei **Direktwerbung** (Rundschreiben) soll dagegen keine Auskunft über die Adressaten (Namen und Anschriften) verlangt werden können, solange in der Direktwerbung nicht zugleich ein (als solches rechnungslegungspflichtiges) Angebot liegt.[919]

615 Der Entschädigungs- und Bereicherungsanspruch sowie der **Rest-Entschädigungs-** und **Rest-Schadenersatzanspruch** bemessen sich nach den Grundsätzen der Lizenzanalogie.[920] Einer Kenntnis der Kosten- und Gewinnsituation beim Verletzer bedarf es bei dieser Berechnungsart nicht.[921] Der auf den Entschädigungs- und Bereicherungsanspruch

---

913 Nur falls der Beklagte selbst herstellt.
914 Gibt es für den patentverletzenden Gegenstand keinen isolierten Verkaufspreis, weil es sich zB um ein Teil eines Kfz (wie einen Rückspiegel) handelt, kann Auskunft über den kalkulatorischen Anteil verlangt werden, den der schutzrechtsverletzende Rückspiegel am Werksabgabepreis für das Kfz hat (BGH, GRUR 2006, 131 – Seitenspiegel).
915 Gemeint sind damit nicht die einzelnen Werbungsadressaten (nach Name und Anschrift) und, sofern die Werbung bundesweit erfolgt ist, auch keine weitere regionale Spezifizierung nach Bundesländern, Kreisgebieten oder einer sogar noch kleineren geografischen Unterteilung. Nur wenn lediglich ein Teilgebiet des auskunftspflichtigen Bundesgebietes mit Werbung bedient worden ist, hat der Schuldner dies klarzustellen (OLG Düsseldorf, Beschluss v 27.6.2012 – I-2 W 14/12).
916 Anders verhält es sich beim Auskunftsanspruch nach § 140b PatG, vgl oben Rdn 516 f.
917 Vgl oben Kap A Rdn 367.
918 OLG Karlsruhe, Urteil v 24.2.2016 – 6 U 51/14.
919 OLG Karlsruhe, Urteil v 24.2.2016 – 6 U 51/14, weil ein Angewiesensein des Gläubigers auf diese Daten nicht dargelegt war.
920 BGH, GRUR 2016, 1280 – Everytime we touch; BGHZ 107, 161, 169 – Offenend-Spinnmaschine = BGH, GRUR 1989, 411, 413 f – Offenend-Spinnmaschine (zum Entschädigungsanspruch); BGH, GRUR 2009, 515 – Motorradreiniger (zum Bereicherungsanspruch).
921 BGH, GRUR 2008, 896 – Tintenpatrone I.

sowie den Rest-Entschädigungs- und Rest-Schadenersatzanspruch bezogene Rechnungslegungsanspruch besteht folgerichtig nur im Umfang der vorstehenden Angaben zu (a) bis (d).[922] Gleiches gilt – entgegen der Ansicht des BGH[923] – für den Patentinhaber nach Vergabe einer umfassenden ausschließlichen Lizenz, weil ihm unter solchen Bedingungen die Berechnungsmethode des Verletzergewinns (und die der Lizenzanalogie) nicht zur Verfügung steht.[924] Nach Auffassung des I. Zivilsenats sollen, wenn lediglich die Berechnungsmethode der Lizenzanalogie zur Verfügung steht, auch keine Angaben zu den Werbemitteln verlangt werden können.[925]

cc) Gegenständlicher Umfang

616 Im Rechnungslegungsantrag muss – abgesehen von den verlangten Einzeldaten[926] – angegeben werden, auf welchen Umsatzgegenstand sich die Rechnungslegung beziehen soll. Regelmäßig geschieht dies durch eine Rückbeziehung auf den im Unterlassungsantrag bezeichneten Gegenstand. Erfasst vom Rechnungslegungsantrag werden dadurch alle Angebote und Verkäufe patentverletzender Gegenstände, unabhängig davon, ob sie als isolierte Einzelteile, als Bestandteile einer größerer Verbundeinheit oder gar als unselbständiges Element eines anderen Gegenstandes in Verkehr gelangt sind.[927]

Praxistipp	Formulierungsbeispiel

617 Eine auf den Patentanspruch zurückbezogene Antragsfassung ist jedoch unzureichend, wenn die Umsatzgeschäfte des Beklagten – auch – mit einer größeren Einheit gemacht werden, von der der Gegenstand der Erfindung lediglich einen (selbständigen oder unselbständigen) Teil bildet. Soweit auch die Umsätze mit dieser größeren Einheit oder mit »Peripheriegeräten« entschädigungs- und schadenersatzpflichtig sein können, ist es ein berechtigtes Anliegen des Klägers, auch über sie Auskunft zu erhalten. Das diesbezügliche Verlangen muss allerdings bereits im Rechnungslegungsantrag zum Ausdruck gebracht werden und kann nicht erst im Zwangsmittelverfahren geltend gemacht werden.

618 Aufgrund der Verletzung eines bestimmten Schutzrechts kann im Regelfall nicht zur Vorbereitung eines Schadensersatzanspruchs Auskunft darüber verlangt werden, ob auch bestimmte **andere Schutzrechte** verletzt worden sind.[928] Etwas anderes gilt nach der BGH-Rechtsprechung[929] nur dann, wenn über die bereits begangene Verletzung des einen Schutzrechts hinaus eine rechtliche Beziehung zwischen den Beteiligten besteht und die Gewährung eines auf die Verletzung anderer Schutzrechte gerichteten Rechnungslegungsanspruchs nicht darauf hinausläuft, einen rechtlich nicht bestehenden allgemeinen Auskunftsanspruch anzuerkennen und der Ausforschung unter Vernachlässigung allgemein gültiger Beweislastregeln Tür und Tor zu öffnen. Soweit hiernach Auskunftspflichten in Bezug auf andere Schutzrechte in Betracht kommen, ist freilich zu beachten,

---

922 BGH, GRUR 2010, 223 – Türinnenverstärkung; BGHZ 107, 161, 169 – Offenend-Spinnmaschine; Nieder, Mitt 2009, 540.
923 BGH, GRUR 2008, 896 – Tintenpatrone I.
924 Vgl unten Kap I Rdn 4 ff.
925 BGH, GRUR 2008, 254, 258 – THE HOME STORE.
926 Sie entnimmt die Rechtsprechung – was überaus bedenklich ist – zum Teil (OLG Frankfurt/Main, GRUR-RS 2017, 133683 – Geordnete Rechnungslegung) auch aus einem gänzlich abstrakten Tenor, der den Beklagten nur »zur Rechnungslegung über seine Geschäfte mit dem schutzrechtsverletzenden Gegenstand« anhält.
927 OLG Düsseldorf, Urteil v 22.11.2012 – I-2 U 103/11.
928 BGHZ 166, 253 – Markenparfümverkäufe; BGH, GRUR 2010, 623 – Restwertbörse.
929 BGH, GRUR 2010, 623 – Restwertbörse.

dass auch insoweit – wenn mit dem Rechnungslegungsanspruch ein Schadenersatzanspruch vorbereitet werden soll – ein Verschulden festgestellt werden muss.[930]

619 Ob im Umfang der nach §§ 242, 259 BGB geschuldeten Angaben die **Vorlage von Belegen** gefordert werden kann, ist umstritten[931], zutreffender Weise jedoch zu verneinen, sofern die Belegvorlage nicht ausnahmsweise der Üblichkeit entspricht (§ 259 Abs 1 BGB). Maßgeblich ist insoweit nicht, dass der Auskunftspflichtige bei Ausübung seiner Benutzungshandlungen Belege (Rechnungen/Lieferscheine) verwendet, sondern allein, ob eine Belegvorlage im Verhältnis zum Rechnungslegungsgläubiger und der insoweit entfalteten Geschäftstätigkeit (Gestattung einer Patentbenutzung) den Usancen entspricht.[932] Soweit dies nicht der Fall ist, erschöpft sich die Pflicht zur Rechnungslegung in einer geordneten Zusammenstellung der auskunftspflichtigen Daten, deren Richtigkeit der Schuldner, wenn Grund zu der Annahme besteht, dass die Angaben nicht mit der gebotenen Sorgfalt gemacht worden sind, an Eides statt zu versichern hat (§ 259 Abs 2 BGB). Aus Gründen der Verhältnismäßigkeit können jedenfalls zu demselben Geschäftsvorfall regelmäßig nicht nebeneinander mehrere Belege beansprucht werden.[933]

620 Angesichts der weitgehenden Digitalisierung der Geschäftswelt wird man demgegenüber einen Anspruch des Gläubigers darauf anzuerkennen haben, dass ihm die Rechnungslegungsdaten außer in schriftlicher Form zusätzlich in **elektronischer Form** (sic: so, wie sie beim Schuldner aufgrund von dessen Buchhaltung verfügbar sind) überlassen werden.[934] Gemeint ist eine solche elektronische Aufbereitung der Daten, dass diese für einen Computer unmittelbar auswertbar macht. Digitalisierte Fotos und Scans schriftlicher Dokumente genügen dem nicht.[935]

dd) Zeitlicher Umfang

621 In zeitlicher Hinsicht ist hinsichtlich des **Beginns des Rechnungslegungszeitraums** zu differenzieren. Soll das Rechnungslegungsbegehren einen verschuldensabhängigen Zahlungsanspruch vorbereiten (wie den Schadenersatz-, Entschädigungs-, Restschadenersatz- oder Restentschädigungsanspruch), setzt die Auskunftspflicht erst nach Ablauf eines dem Beklagten einzuräumenden Prüfungszeitraums von einem Monat nach Offenlegung der Patentanmeldung bzw Veröffentlichung der Patenterteilung ein. Dient der Rechnungslegungsanspruch dazu, einen verschuldensunabhängigen Zahlungsanspruch vorzubereiten (wie den originären Bereicherungsanspruch), besteht für einen Prüfungszeitraum keine Rechtfertigung; die Auskunftspflicht setzt mit der Entstehung des Patentschutzes (dh der Veröffentlichung des Hinweises auf die Patenterteilung) ein. Um den entsprechenden Rechnungslegungsanspruch zu rechtfertigen, muss lediglich eine, den vorzubereitenden Anspruch tragende Benutzungshandlung bewiesen werden.[936] Seine gegenteilige Rechtsprechung, die den Anspruch auf Rechnungslegung und Schadenersatz

---

930 BGH, GRUR 2010, 623 – Restwertbörse.
931 Zum Streitstand vgl Stjerna, GRUR 2011, 789; bejahend: OLG Frankfurt/Main, GRUR-RS 2017, 133683 – Geordnete Rechnungslegung; OLG Hamburg, GRUR-RR 2005, 265 – Belegvorlage; OLG Karlsruhe, InstGE 11, 15 – SMD-Widerstand; OLG Karlsruhe, GRUR-RS 2016, 21121 – Advanced System; Rojahn, GRUR 2005, 623, 624; offenbar auch: OLG Düsseldorf, InstGE 5, 249 – Faltenbalg; LG Mannheim, Urteil v 13.5.2005 – 7 O 434/03; verneinend: OLG Köln, GRUR-RR 2006, 159 – Buchstabe als Reißverschlussanhänger.
932 BGH, GRUR 2017, 890 – Sektionaltor II; OLG Düsseldorf, GRUR 2014, 1190 – Sektionaltorantrieb.
933 AA: OLG Frankfurt/Main (GRUR-RS 2017, 133683 – Geordnete Rechnungslegung), das nebeneinander Rechnungen und Lieferscheine zuspricht.
934 LG Düsseldorf, Mitt 2018, 73 – Heizkessel mit Brenner I mit Anm von Meckel/Druschel, Mitt 2018, 74; aA: OLG Karlsruhe, Urteil v 24.2.2016 – 6 U 51/14.
935 LG Düsseldorf, Mitt 2018, 73 – Heizkessel mit Brenner I.
936 BGHZ 117, 264, 278 f – Nicola.

stets erst auf die Zeit ab der ersten konkret feststellbaren Benutzungshandlung beschränkt hatte⁹³⁷, hat der I. Zivilsenat des BGH inzwischen aufgegeben.⁹³⁸

Die Rechnungslegungsverpflichtung besteht – in Bezug auf ihr Ende – nicht nur bis zum Zeitpunkt der letzten mündlichen Verhandlung im Verletzungsprozess, sondern erstreckt sich auch auf solche patentverletzenden Aktionen, die der Beklagte in Fortführung der bereits begangenen **Patentverletzung nach Verhandlungsschluss** vorgenommen hat.⁹³⁹ Fehlen gegenteilige Anhaltspunkte, sind ein Klageantrag und eine entsprechende Verurteilung als in diesem Sinne in die Zukunft gerichtet zu verstehen.⁹⁴⁰ Der ausdrücklichen Aufnahme eines Endzeitpunktes bedarf es grundsätzlich nicht; lediglich wenn während des Rechtsstreits die Schutzdauer des Klagepatents endet, ist es angebracht, die Rechnungslegungspflicht entsprechend zu befristen. Eine Notwendigkeit hierzu besteht ferner im Hinblick auf ausgeschiedene Geschäftsführer, deren Haftung auf die Zeit ihrer Geschäftsführerbestellung begrenzt ist. Ansonsten ist über alle Handlungen Auskunft zu geben, die bis zum Erlöschen des Patentschutzes vorgefallen sind.⁹⁴¹ Ist lediglich das Angebot schutzrechtsverletzend während der Geltungsdauer des Patents vorgenommen worden, die spätere Lieferung hingegen *nach* Ablauf der Schutzdauer erfolgt, ist zwar über das Angebot, nicht aber über das (gemeinfreie) Inverkehrbringen Rechnung zu legen.⁹⁴² 622

c) Wirtschaftsprüfervorbehalt und Einsichtsrecht

Hinsichtlich der Namen und Anschriften seiner **gewerblichen Abnehmer** wird dem Beklagten kein Wirtschaftsprüfervorbehalt mehr eingeräumt.⁹⁴³ Durch ihn würde nämlich der mit dem Produktpiraterigesetz verfolgte Zweck vereitelt, zugunsten des Schutzrechtsinhabers den Vertriebsweg der patentverletzenden Ware aufzudecken, um dem Verletzten die Prüfung zu ermöglichen, ob Verbietungsrechte auch gegen die am weiteren Vertrieb beteiligten Dritten in Betracht kommen. Abweichendes gilt nur dann, wenn die namentliche Nennung der gewerblichen Abnehmer ausnahmsweise unverhältnismäßig ist (§ 140b Abs 1 letzter Halbsatz PatG), wofür der Beklagte die Darlegungs- und Beweislast trägt. 623

Eine andere Beurteilung ergibt sich für die **nicht gewerblichen Abnehmer** und die (gewerblichen oder nicht gewerblichen) **Angebotsempfänger**, die in § 140b Abs 2 PatG nicht erwähnt sind. Für beide gilt im Übrigen, dass deren Verhalten keine Patentverletzung begründet. Handlungen im privaten Bereich zu nicht gewerblichen Zwecken⁹⁴⁴ sind gemäß § 11 Nr 1 PatG von der Wirkung des Patents ausgenommen; die bloße Entgegennahme eines Angebotes stellt in der Person des Angebotsempfängers ebenfalls kein patentverletzendes Verhalten dar. Weil der Schutzzweck des § 140b PatG (weitere Verletzer aufzudecken und dem Patentinhaber namhaft zu machen) mit Blick auf nicht gewerbliche Abnehmer und Angebotsempfänger nicht berührt ist, geht die Rechtsprechung dahin, dem Verletzer bezüglich seiner nicht gewerblichen Abnehmer und Angebotsempfänger einen Wirtschaftsprüfervorbehalt einzuräumen.⁹⁴⁵ 624

---

937 BGH, GRUR 1988, 307 – Gaby.
938 BGH, GRUR 2007, 877 – Windsor Estate; BGH, GRUR 2010, 623 – Restwertbörse.
939 BGH, GRUR 2004, 755 – Taxameter.
940 BGH, GRUR 2004, 755 – Taxameter.
941 OLG Düsseldorf, Beschluss v 20.4.2017 – I-2 W 2/17.
942 OLG Düsseldorf, Beschluss v 20.4.2017 – I-2 W 2/17.
943 BGH, GRUR 1995, 338, 341 – Kleiderbügel.
944 Zur Abgrenzung bei privaten Internetverkäufen eines Unternehmensberaters vgl LG Düsseldorf, Urteil v 6.3.2012 – 4b O 69/11.
945 OLG Düsseldorf, InstGE 3, 176 – Glasscheiben-Befestiger (bzgl Angebotsempfänger); abweichend allerdings in OLG Düsseldorf, InstGE 5, 249 – Faltenbalg, wo ein besonderer Vortrag des Beklagten dazu verlangt wird, dass die Mitteilung der Angebotsempfänger an die Klägerin unzumutbar ist.

625 Über die Gewährung eines Wirtschaftsprüfervorbehaltes hat das Verletzungsgericht, auch ohne dass sich der Beklagte hierauf ausdrücklich beruft, **von Amts wegen** zu befinden, sofern die vorgetragenen Umstände seine Berechtigung erkennen lassen.[946]

626 Auf der anderen Seite steht dem Kläger im Rahmen des Rechnungslegungs- und Auskunftsanspruchs kein Recht zu, die **Bücher** des Beklagten selbst **einzusehen**[947] oder durch einen Wirtschaftsprüfer einsehen zu lassen.[948]

d) Erledigung

627 Erteilt der Schuldner Auskünfte zur Abwendung der Zwangsvollstreckung aus einem bloß vorläufig vollstreckbaren Urteil, so tritt damit, sofern der Schuldner nicht ausdrücklich etwas anderes erklärt, weder Erfüllung (§ 362 BGB) noch Erledigung ein. Die besagten Wirkungen stellen sich vielmehr erst mit Rechtskraft des Auskunftstitels ein, so dass auch erst in diesem Augenblick Anlass für eine Erledigungserklärung des Gläubigers besteht.[949]

9. Vernichtungsanspruch

628 Mit dem Produktpirateriegesetz ist des Weiteren ein Vernichtungsanspruch gegen den zumindest als Störer Haftenden installiert worden, der sich richtet:

629 – Bei einem **Sachpatent** gegen das unmittelbar[950] patentverletzende Erzeugnis (§ 140a Abs 1 Satz 1 PatG), wozu Werbeunterlagen ebenso wenig gehören wie Modelle, die selbst nicht alle Erfindungsmerkmale verwirklichen, auch wenn in ihnen ein patentverletzendes Angebot gesehen werden kann (a), und

630 – bei einem **Herstellungsverfahrenspatent** gegen das unmittelbare Verfahrenserzeugnis im Sinne von § 9 Nr 3 PatG (§ 140a Abs 1 Satz 2 PatG) (b) sowie außerdem

631 – gegen diejenigen – selbst nicht patentverletzenden – Geräte und Materialien, die vorwiegend[951] dazu gedient haben, das patentverletzende Erzeugnis gemäß (a) oder (b) herzustellen (§ 140a Abs 2 PatG)[952].

632 Erfasst werden zB Produktionseinrichtungen sowie im Herstellungsprozess nicht verloren gehende Bauteile, Materialzusätze und dergleichen, nicht dagegen Rohstoffe oder sonstige Verbrauchsmaterialien, die den Produktionsprozess nicht überdauern. Die Materialien und Geräte müssen das geschützte Endprodukt nicht unbedingt selbst hervorbringen; erfasst werden auch Vorrichtungen, mit denen wesentliche Einzelteile desselben hergestellt werden.[953] Der tatsächliche Einsatz für die patentverletzende Produktion

---

946 Busse/Keukenschrijver, § 140b PatG Rn 91, mwN.
947 Ein als Hauptverpflichtung tituliertes Einsichtsrecht ist nicht nach § 888 ZPO, sondern nach § 883 ZPO zu vollstrecken (OLG Frankfurt/Main, MDR 2018, 765).
948 BGH, GRUR 1984, 728, 729 – Dampffrisierstab II.
949 BGH, NJW 1985, 2405; BGH, NJW 2014, 2199; OLG Düsseldorf, Urteil v 23.11.2017 – I-2 U 81/16; OLG Karlsruhe, Urteil v 9.12.2014 – 8 U 187/13; aA: OLG Köln, Urteil v 10.2.2010 – 2 U 64/09.
950 Der Tatbestand einer mittelbaren Patentverletzung genügt nach Auffassung des BGH, GRUR 2006, 570 – extracoronales Geschiebe nicht. Das erscheint in den Fällen unangebracht, in denen ein Schlechthinverbot gerechtfertigt ist, weil das Mittel überhaupt nur patentverletzend verwendet werden kann.
951 Vgl Dörre/Maaßen, GRUR-RR 2008, 217, 219.
952 Vgl dazu Hoppe-Jänisch, GRUR 2014, 1163.
953 BGH, GRUR 1995, 338 – Kleiderbügel.

muss eine daneben ggf noch vorhandene gemeinfreie Verwendung überwiegen (≥ 51 %). Die Bemessung ist in Abhängigkeit vom jeweiligen Gegenstand nach betriebswirtschaftlichen Maßstäben vorzunehmen. Bei einer Produktionsmaschine entscheiden zB die Betriebsstunden, bei einem nicht verlorenen Bauteil dessen Einsatzhäufigkeit für die eine oder andere Verwendung.

a) Haftungstatbestand

Voraussetzung für den Vernichtungsanspruch ist zunächst das Vorliegen einer rechtswidrigen, nicht notwendig schuldhaften unmittelbaren Patentverletzung. **Mittelbare Verletzungshandlungen** genügen grundsätzlich jedenfalls dann nicht, wenn das rechtsverletzende Mittel auch patentfrei gebraucht werden kann und deswegen gegen den Beklagten ein bloß eingeschränktes Unterlassungsgebot ergeht.[954] Denn der Beklagte kann und darf den mittelbar verletzenden Gegenstand gemeinfrei verwenden, was es unangemessen macht, ihn zur Absicherung der tenorierten Unterlassungspflicht vernichten zu lassen. Entscheidend anders liegen die Verhältnisse, wenn gegen den Beklagten ein Schlechthinverbot ergeht. Zwar kann das Mittel rein theoretisch auch hier patentfrei verwendet werden, indem es vom Beklagten zu einer Verwendung im schutzrechtsfreien Ausland angeboten oder geliefert wird. Nicht in jedem Fall stellt dieses Szenario jedoch eine wirkliche und dementsprechend rechtserhebliche Handlungsalternative dar, sei es, dass es im Ausland überhaupt keinen Markt für die fraglichen Erzeugnisse gibt, sei es, dass zumindest der Beklagte mangels geeigneter Vertriebskontakte keine Möglichkeit zur Nutzung dieser Alternative hat. Wo der Sachverhalt in dieser Weise liegt, sollte die Vernichtung angeordnet werden, weil sie die bestehende Gefahr weiterer Verletzungshandlungen, zu deren uneingeschränkter Unterlassung der Beklagte verurteilt ist, beseitigt. Von einem Vernichtungsausspruch sollte hingegen – mindestens aus Gründen der Verhältnismäßigkeit – abgesehen werden, wenn der Beklagte eine reale Möglichkeit für eine auswärtige Verwendung seines Bestandes an Verletzungsgegenständen dartut.

Neben einer Patentverletzung bedarf es des Weiteren der Feststellung, dass

– das zu vernichtende *Erzeugnis Gegenstand des Patentschutzes* ist (woran es bei einem Verwendungspatent regelmäßig fehlt, so dass die Vernichtung einer für die patentgeschützte Verwendung sinnfällig hergerichteten Sache nicht in Betracht kommt),

– sich das verletzende *Erzeugnis* im (unmittelbaren oder mittelbaren) Besitz oder im Eigentum

– und die *Geräte oder Materialien* im Eigentum (Besitz genügt nicht!) des Verletzers befinden, und zwar

– im Inland.

aa) Besitz/Eigentum

Die Zuerkennung des Vernichtungsanspruchs nach § 140a PatG setzt voraus, dass der Beklagte patentverletzende Gegenstände im Zeitpunkt der **letzten mündlichen Verhandlung vor Gericht** (noch) in seinem (inländischen) Besitz oder Eigentum hat.[955] Im Allgemeinen genügt die Behauptung, dass der Beklagte zu irgendeinem Zeitpunkt nach Erteilung des Patents im Besitz oder Eigentum schutzrechtsverletzender Gegenstände war, weil bereits damit der Vernichtungsanspruch entstanden ist.

Macht der Beklagte jedoch nachvollziehbar geltend oder liegt es sonst auf der Hand, dass der ursprünglich gegebene **Besitz nachträglich entfallen** und ein Besitz oder Eigen-

---

954 BGH, GRUR 2006, 570 – extracoronales Geschiebe.
955 LG Düsseldorf, InstGE 13, 1 – Escitalopram-Besitz.

tum des Beklagten im Zeitpunkt der letzten mündlichen Verhandlung nicht mehr gegeben ist[956], so scheidet eine Verurteilung zur Vernichtung aus.[957] Denkbar ist derartiges zB bei patentgeschützten Aufzuganlagen, die mit ihrem Einbau in den Besitz und (als wesentliche Bestandteile) in das Eigentum des Gebäudeeigentümers übergehen. Macht der Beklagte einen nachträglichen Verlust von Besitz und/oder Eigentum substantiiert plausibel, ist es am Kläger, diese Möglichkeit auszuräumen und einen fortbestehenden Besitz bzw fortbestehendes Eigentum nachzuweisen.[958] Da es regelmäßig außerhalb des Kenntnisbereichs eines Schutzrechtsinhabers liegt, ob, wann und inwieweit sich ein Verletzer der einmal bei ihm vorhandenen angegriffenen Ausführungsform entledigt hat, ist es im Rahmen einer sekundären Darlegungslast Sache des Verletzers, in erheblicher Art und Weise darzutun und gegebenenfalls zu beweisen, dass trotz des vorher bestehenden Besitzes und/oder Eigentums nunmehr weder Besitz noch Eigentum bei ihm vorhanden sind. Ein pauschales Bestreiten des Besitzes und/oder Eigentums oder das schlichte Behaupten, jetzt keinen Besitz und/oder Eigentum mehr zu haben, reicht hierfür nicht aus. Vielmehr müssen substantiiert konkrete Tatsachen vorgetragen werden, aus denen sich ergibt, dass und durch welches Geschehen der Besitz und/oder das Eigentum vollständig aufgegeben wurden.[959] Erfolgt ein erheblicher Vortrag seitens des in Anspruch Genommenen, ist es wiederum Aufgabe des Schutzrechtsinhabers, konkrete Tatsachen darzutun, die den Vortrag des Verletzers erschüttern.[960] Unzureichend ist in jedem Fall der Hinweis darauf, dass der Beklagte zum Rückruf verurteilt und deshalb damit zu rechnen sei, dass Verletzungsgegenstände künftig in seinen Besitz gelangen werden. Die bloße Chance auf einen anspruchsbegründenden Besitz ist tatbestandlich solange irrelevant wie er nicht unstreitig oder tatrichterlich festgestellt ist.[961]

641 Bei juristischen Personen ist Besitzer grundsätzlich nicht der gesetzliche Vertreter (zB **Geschäftsführer**), sondern – kraft Zurechnung – nur die Gesellschaft.[962]

642 **Frachtführer** sind hinsichtlich der von ihnen transportierten Ware in aller Regel nicht nur Besitzdiener (was ihnen gegenüber keinen Vernichtungsanspruch begründen könnte), sondern unmittelbare Besitzer.[963] Wird patentverletzendes Transportgut von der Zollbehörde beschlagnahmt (zB indem die Aussetzung der Überlassung bzw Zurückhaltung angeordnet wird), so verlieren sie zwar ihren unmittelbaren Besitz, erwerben zugleich jedoch durch die beschlagnahmende Behörde vermittelten mittelbaren Besitz, der im Rahmen des § 140a PatG weiterhin ausreicht.[964] Ist die transportierte Ware vom Zoll beschlagnahmt und objektiv patentverletzend, so ist der Frachtführer verpflichtet, in die Vernichtung der Ware einzuwilligen, auch wenn er vom patentverletzenden Zustand der Ware keine Kenntnis und auch keinen Anlass für eine Überprüfung

---

956 Zum Meinungsstand vgl Nieder, GRUR 2013, 264.
957 AA: LG Mannheim, Urteil v 25.2.2005 – 7 O 405/04; ein Fall des § 265 Abs 2 ZPO liegt insoweit nicht vor: Rinken, GRUR 2015, 745.
958 LG Düsseldorf, InstGE 13, 1 – Escitalopram-Besitz.
959 LG Düsseldorf, InstGE 13, 1 – Escitalopram-Besitz.
960 LG Düsseldorf, InstGE 13, 1 – Escitalopram-Besitz.
961 Zum Verwahrungsanspruch im Rahmen einer einstweiligen Verfügung, wenn ein aktueller Besitz nicht dargetan werden kann, vgl OLG Hamburg, NJWE-WettbR 2000, 19 – Berodual.
962 OLG Düsseldorf, InstGE 10, 129 – Druckerpatrone II; BGH, NJW 1971, 1358; BGH, NJW 2004, 217.
963 LG Düsseldorf, InstGE 6, 132 – Frachtführer II; bestätigt durch OLG Düsseldorf, Urteil v 29.11.2007 – I-2 U 51/06.
964 BGH, GRUR 2009, 1142 – MP3-Player-Import; LG Düsseldorf, InstGE 6, 132 – Frachtführer II; bestätigt durch OLG Düsseldorf, Urteil v 29.11.2007 – I-2 U 51/06; LG Düsseldorf, InstGE 7, 172 – iPod; OLG Karlsruhe, InstGE 12, 220 – MP 3-Standard; aA: OLG Köln, Urteil v 18.8.2005 – 6 U 48/05.

der Schutzrechtslage hatte[965]; für die Kosten der Vernichtung hat er allerdings nicht aufzukommen.[966] Gibt der Frachtführer eine Einwilligungserklärung nicht ab, so wird er zum Störer und muss, wenn er in die Vernichtung erst einwilligt, nachdem seine Störerhaftung begründet worden ist, auch die Kosten der Vernichtung tragen.[967]

643 Bei im Ausland ansässigen Beklagten ist der Antrag/Tenor dahin zu fassen, dass diejenigen Gegenstände zu vernichten sind, die sich *in der Bundesrepublik Deutschland* in deren Besitz oder Eigentum befinden. Ein dahingehender Anspruch ist nur dann schlüssig dargelegt, wenn der klägerische Sachvortrag ergibt, dass der **ausländische Beklagte** verletzende Gegenstände – im Zeitpunkt der letzten mündlichen Verhandlung – im Inland noch im Besitz/Eigentum hat.[968] Eine stillschweigende Behauptung dieses Inhalts wird sich regelmäßig verbieten, wenn der Beklagte keinen inländischen Geschäfts- oder Niederlassungssitz oder zumindest ein Warenlager unterhält und die Sache zB nur für eine Messe vorübergehend ins Inland verbracht hat. Dass die Verletzungsprodukte ins Inland geliefert werden, ist bedeutungslos.[969] Der Ort des unmittelbaren Besitzes wird stets durch die Belegenheit der schutzrechtsverletzenden Sache bestimmt[970]; beim mittelbaren Besitz und beim Eigentum kann für den Ort des Besitzes bzw Eigentums darüber hinaus an den Aufenthaltsort des Besitzers/Eigentümers angeknüpft werden.[971] Das ist nicht so zu verstehen, dass allein wegen der inländischen Residenz des Eigentümers/mittelbaren Besitzers im (patentfreien) Ausland befindliche Ware der Vernichtung unterfällt. Nach dem übergeordneten Grundsatz der territorial beschränkten Wirkung jedes Patents müssen ausländische Erzeugnisse vielmehr patentfrei bleiben, weswegen in Fällen des mittelbaren Besitzes und des bloßen Eigentums nur solche Gegenstände vom Vernichtungsanspruch erfasst werden, die im Inland belegen sind. Die Alternativen des mittelbaren Besitzes und des Eigentums erweitern den Anwendungsbereich des Vernichtungsanspruchs daher nicht in räumlicher, sondern nur in personeller Hinsicht, nämlich dergestalt, dass sich der Anspruch für im Inland belegene Gegenstände auch gegen denjenigen richtet, der die Sache nicht unmittelbar, sondern nur mittelbar besitzt oder der ohne jeden Besitz ist und nur eine Eigentumsposition innehat. Werden die Verletzungsgegenstände von einem ausländischen Konzernunternehmen an die in Deutschland ansässige Vertriebstochter geliefert, so versteht es sich nicht von selbst, dass der Besitz damit nicht auf das Vertriebsunternehmen übergegangen ist.[972]

644 Dem Inlandserfordernis ist nicht schon dadurch genügt, dass der im Ausland residierende Verletzer zu einem **Rückruf** des Inhalts verurteilt wird, dass er die von ihm im Inland vertriebenen **Verletzungsgegenstände beim jeweiligen (inländischen) Abnehmer abzuholen** hat, womit im Moment der Wiederansichnahme eigener inländischer Besitz begründet würde. Zweierlei ist dem entgegen zu halten: Erstens scheidet eine Verurteilung zur Vernichtung aus, wenn angesichts des noch durchzuführenden Rückrufs bloß die Aussicht auf einen künftigen inländischen Besitz besteht, dieser aber für

---

965 Nach OLG Hamburg, InstGE 10, 257 – iPod II kann der Frachtführer zuvor vom Schutzrechtsinhaber eine Freistellungserklärung hinsichtlich aller Ansprüche verlangen, die sich ergeben können, wenn sich die beschlagnahmte Ware tatsächlich als nicht schutzrechtsverletzend herausstellt.
966 LG Düsseldorf, InstGE 6, 132 – Frachtführer II; bestätigt durch OLG Düsseldorf, Urteil v 29.11.2007 – I-2 U 51/06.
967 LG Düsseldorf, InstGE 6, 132 – Frachtführer II; bestätigt durch OLG Düsseldorf, Urteil v 29.11.2007 – I-2 U 51/06.
968 OLG Düsseldorf, InstGE 7, 139 – Thermocycler; OLG München, Urteil v 30.3.2017 – 6 U 1302/16.
969 OLG München, Urteil v 30.3.2017 – 6 U 1302/16.
970 LG Düsseldorf, InstGE 13, 1 – Escitalopram-Besitz.
971 Befindet sich die Sache im Ausland und unterliegt sie der Vernichtung, weil sich der mittelbare Besitzer/Eigentümer im Inland aufhält, so wird der Vernichtungsanspruch nicht – wie sonst – nach § 887 ZPO, sondern ausnahmsweise nach § 888 ZPO vollstreckt.
972 OLG Düsseldorf, InstGE 12, 261 – Fernsehmenü-Steuerung.

den Zeitpunkt der letzten mündlichen Verhandlung nicht tatrichterlich feststellbar ist. Zweitens geht ein Rückrufanspruch stets nur dahin, die verletzende Ware von den belieferten Abnehmern zurückzufordern und sie im Falle einer Rücklieferung an sich zu nehmen. Die Inbesitznahme geschieht daher am Geschäftssitz des Verletzers, der zurückgerufen hat, und nirgendwo sonst.

bb) Verhältnismäßigkeit

645 Eine Vernichtung kann dann nicht verlangt werden, wenn sie im Einzelfall unverhältnismäßig ist (Abs 4). Solches ist – wozu tatrichterliche Feststellungen zu treffen sind[973] – der Fall, wenn – erstens – der rechtswidrige Zustand des Erzeugnisses oder der Geräte und Materialien auf andere Weise als durch die vollständige Vernichtung beseitigt werden kann oder wenn trotz Fehlens einer Beseitigungsalternative – zweitens – die Verhältnismäßigkeit sonst nicht gewahrt ist, wobei nicht nur die Belange des Verletzers, sondern auch die Interessen des (davon verschiedenen) Eigentümers in Betracht zu ziehen sind:

646 – Ersteres kann der Fall sein, wenn sich der patentverletzende Gegenstand unschwer zu einem patentfreien Erzeugnis umgestalten lässt oder wenn der patentverletzende Zustand durch die Vernichtung lediglich eines Teils der patentgeschützten Gesamtvorrichtung eliminiert werden kann.[974] Allerdings ist – umgekehrt – die Gefahr zu bedenken, dass die schutzrechtsverletzende Ware bei einer bloßen Teilvernichtung von dritter Seite durch nachträgliche Ergänzung um das vernichtete Teil wieder in einen patentverletzenden Zustand versetzt und danach in Verkehr gebracht wird. Ist hiermit zu rechnen, scheidet eine eingeschränkte Vernichtung regelmäßig aus.[975] Die Verurteilung zur »eingeschränkten« Vernichtung oder Umgestaltung hängt nicht davon ab, dass der Beklagte mit ihr einverstanden ist.

647 ▶ Bsp:
An einem PC mit Standard-Software sind die Patentrechte erschöpft, nicht aber an einem PC, auf den eine weitere nicht lizenzierte Software aufgespielt ist, mit der sich der patentgemäße Erfolg alternativ erreichen lässt. In einem solchen Fall beschränkt sich der Vernichtungsanspruch aus Gründen der Verhältnismäßigkeit darauf, dass die fraglichen PC an einen Gerichtsvollzieher zum Zwecke der Deinstallation der Zusatzsoftware herausgegeben und alle die Zusatzsoftware tragenden Datenträger vernichtet werden.[976]

648 – Unverhältnismäßig kann die Vernichtung sein, wenn den Beklagten bezüglich der Schutzrechtsverletzung kein oder ein lediglich geringes Verschulden trifft.[977] Von Belang sind ferner die Anzahl der von einer Vernichtung betroffenen Gegenstände und deren wirtschaftlicher Wert.[978] Je geringer der Vernichtungseingriff ist, desto eher ist eine vollständige Vernichtung zumutbar. Speziell im Hinblick auf Spediteure, Frachtführer und Lagerhalter kann die Verhältnismäßigkeit zu verneinen sein, wenn der Patentinhaber den unmittelbarer Verletzer bereits in Anspruch genommen hat oder dies ohne größere Schwierigkeiten möglich ist und ein solches Vorgehen auch

---

973 BGH, GRUR 2006, 504 – Parfümtestkäufe.
974 OLG Düsseldorf, Urteil v 3.5.2018 – I-2 U 47/17.
975 OLG Düsseldorf, InstGE 7, 139 – Thermocycler; OLG Düsseldorf, Urteil v 3.5.2018 – I-2 U 47/17.
976 LG Mannheim, InstGE 12, 136 – zusätzliche Anwendungssoftware.
977 BGH, GRUR 2006, 504 – Parfümtestkäufe.
978 OLG Düsseldorf, InstGE 7, 139 – Thermocycler.

geeignet und ausreichend erscheint, den Störungszustand zu beseitigen und weitere Verletzungshandlungen mit den zu vernichtenden Gegenständen zu verhindern.[979]

Darüber hinaus sollen auch **Allgemeininteressen** berücksichtigungsfähig sein, weswegen der Vernichtungsanspruch bei Medizinprodukten unverhältnismäßig sein kann, wenn der Einsatz anderer Erzeugnisse zu einer gesundheitsgefährlichen Verschiebung von OP-Terminen führt, weil kein kurzfristiger Ersatz verfügbar ist und/oder dessen Einsatz besonders geschultes Personal verlangt.[980]

649

Die Darlegungs- und **Beweislast** für beide oben genannten Voraussetzungen hat der Verletzer.[981]

650

Keine Bedeutung im Rahmen der Verhältnismäßigkeitserwägungen hat der Umstand, dass der Kläger nicht selbst am Produktmarkt tätig, sondern bloß **Patentverwerter** ist.[982]

651

cc) Schutzrechtsablauf

Der Ablauf des Schutzrechts oder ein sonstiger nicht rückwirkender Wirkungsverlust[983] lässt den Vernichtungsanspruch hinsichtlich derjenigen Gegenstände, für die er einmal entstanden ist, nicht ohne weiteres entfallen.[984] Es gilt nämlich zu verhindern, dass der Verletzer aus seinen rechtswidrigen Benutzungshandlungen ungerechtfertigte Vorteile behält, was den Patentschutz zum Ende seiner Laufzeit hin faktisch entwerten würde. Grundsätzlich hat deshalb der Verletzer diejenigen schutzrechtsverletzenden Gegenstände, die er während des bestehenden Patentschutzes in seinem Besitz oder Eigentum gehabt hat, zu vernichten, unabhängig davon, dass ihr Besitz nach dem Erlöschen des Patentschutzes nicht mehr zu beanstanden ist. Anderes gilt nur unter besonderen Umständen:

652

Mit dem Anspruch auf Vernichtung rechtsverletzender Ware verfolgt der Gesetzgeber eine dreifache Zielsetzung. Erstens soll die Vernichtung auf zivilrechtlichem Wege eine Folgenbeseitigung erreichen.[985] Dahinter steht die Erwägung, dass Ware, die als Folge einer Vernichtung unwiederbringlich beseitigt ist, für eine erneute Schutzrechtsverletzung mit Sicherheit nicht mehr zur Verfügung steht. Zum Zweiten soll der Vernichtungsanspruch das wirtschaftliche Risiko für den Schutzrechtsverletzer erhöhen und dadurch im Vorfeld eine general- und spezialpräventive Abschreckungswirkung entfalten.[986] Drittens ist dem Vernichtungsanspruch eine Art Sanktionscharakter zugedacht.[987] Er soll dem Täter eine strafähnliche Kompensation für das mit der Schutzrechtsverletzung begangene Unrecht auferlegen. Durch den nachträglichen Wirkungsverlust des Klagepatents werden die genannten drei Vernichtungszwecke ganz unterschiedlich betroffen. Der Gesichtspunkt der Folgenbeseitigung hat in Fällen des Wirkungsverlustes keinerlei Bedeutung mehr, weil durch Angebot und Vertrieb des Vernichtungsgegenstandes ohnehin keine Schutzrechtsverletzung mehr begangen werden kann, weswegen ihr mit dem

653

---

979 BGH, GRUR 2009, 1142 – MP3-Player-Import.
980 LG Düsseldorf, Urteil v 9.3.2017 – 4a O 137/15.
981 OLG Düsseldorf, InstGE 7, 139 – Thermocycler.
982 LG Düsseldorf, Urteil v 31.3.2016 – 4a O 73/14.
983 Bsp: Verzicht auf das Klagepatent, Eingreifen des Doppelschutzverbotes, Lizenznahme, positives Benutzungsrecht, § 23 PatG.
984 Umfassend: Kühnen, GRUR 2009, 288; Benkard, § 140a PatG Rn 9; Busse/Keukenschrijver, § 140a PatG Rn 13; LG Hamburg, InstGE 11, 65 – Datenträger; OLG Karlsruhe, Beschluss v 2.6.2010 – 6 U 83/10; OLG Karlsruhe, Beschluss v 7.6.2010 – 6 U 83/10; OLG Düsseldorf, Urteil v 13.1.2011 – I-2 U 56/09.
985 BlPMZ 1990, 173, 181 f; BGH, GRUR 2006, 504, 508 – Parfümtestkäufe.
986 BlPMZ 1990, 173, 181 f.
987 BlPMZ 1990, 173, 182; BGH, GRUR 2006, 504, 508 – Parfümtestkäufe.

Mittel der Vernichtung auch nicht vorgebeugt werden muss. Entweder entfaltet das Patent gegenüber jedermann keine Ausschließlichkeitswirkungen oder jedenfalls der Beklagte ist in Bezug auf die an sich der Vernichtung unterliegenden Gegenstände infolge des zum Wirkungsverlust führenden Tatbestandes zur Benutzung des Klagepatents »berechtigt«. Ihre volle Gültigkeit behalten demgegenüber die übrigen Aspekte des Vernichtungsanspruchs. Der von einer Vernichtungsanordnung ausgehende Abschreckungszweck bleibt zumindest im Sinne einer generalpräventiven Einwirkung auf potenzielle andere Schutzrechtsverletzer erhalten. In gleicher Weise trägt auch der Gedanke der Bestrafung als Sanktion für die vorgefallene Patentverletzung unverändert.

654 Weil dem so ist, besteht kein Anlass, *generell* von einer Vernichtung deshalb abzusehen, weil das Klagepatent im Zeitpunkt des betreffenden Urteilsausspruchs seine Wirkungen für die Zukunft eingebüßt hat. Ebenso wenig ist jedoch der umgekehrte Schluss dahingehend zulässig, dass die Vernichtung trotz Wirkungsverlustes *immer* anzuordnen ist. Aus zwingenden verfassungsrechtlichen Gründen[988] hat der Gesetzestext selbst (§ 140a Abs 4 PatG) Ausnahmen zugelassen, indem der Vernichtungsanspruch unter den Vorbehalt der Verhältnismäßigkeit gestellt worden ist. Dies impliziert, dass im Einzelfall von einer Vernichtungsanordnung abgesehen werden kann (und muss), wenn die mit einer Vernichtung der schutzrechtsverletzenden Ware einhergehenden Folgen unangemessen sind. Nach dem Gesetzeswortlaut ist freilich klar, dass die Zuerkennung des Vernichtungsanspruchs die vom Gesetzgeber gewollte Regel darstellt und die Unverhältnismäßigkeit die demgegenüber besonders zu begründende Ausnahme davon ist. Es bedarf deswegen ganz besonderer tatsächlicher Gegebenheiten, um aus Anlass eines für die Zukunft eingetretenen Wirkungsverlustes von einer an sich gebotenen Vernichtungsanordnung – ausnahmsweise – absehen zu können.

655 Derartige Umstände werden noch nicht dadurch geschaffen, dass der Verletzter zu dem Zeitpunkt, zu dem die Vernichtung vorzunehmen ist, zeitlich in der Lage gewesen wäre, sich nach Ablauf des Patentschutzes (mithin ohne Verstoß gegen Patentrechte) in den Besitz von Gegenständen der betreffenden Gattung zu setzen. Mit Rücksicht auf die oben erläuterten Zwecke der Generalprävention und Bestrafung, die der Vernichtungsmaßnahme auch nach einem Wirkungsverlust des Klagepatents weiterhin ihre grundsätzliche Legitimation verschaffen, können vielmehr nur solche Tatsachen als beachtlich anerkannt werden, die im Einzelfall eine generalpräventive Einwirkung auf die Allgemeinheit und eine Bestrafung des Patentverletzers entbehrlich erscheinen lassen. Als mögliche Anwendungsfälle kommen Konstellationen in Betracht, bei denen die Schuld des Verletzers außerordentlich gering ist oder bei denen der eingetretene Schaden (zB wegen eines marginalen Benutzungsumfangs) vernachlässigbar klein ist (ggf sogar außer Verhältnis zum erheblichen Schaden des Verletzers steht, der durch eine Vernichtung angerichtet würde). Die genannten Umstände können kumulativ vorhanden sein, sie müssen es aber nicht unbedingt. In der Instanzrechtsprechung ist außerdem angenommen worden, dass ein Vernichtungsanspruch als unverhältnismäßig ausscheidet, wenn es sich bei dem Vernichtungsgegenstand um eine aus mehreren Teilen bestehende Vorrichtung handelt und die Teile auch während der Schutzdauer des Patents nach Zerlegung der Vorrichtung zu anderen, nicht verletzenden Zwecken hätten weiterverwendet werden können.[989]

---

988 Siehe dazu die Entwurfsbegründung, BlPMZ 1990, 173, 182.
989 OLG Frankfurt/Main, Mitt 2017, 222 – Drahtlegekopf. Dem wird man nur zustimmen können, wenn Gewähr dafür geboten ist, dass die besagte patentfreie Verwendung tatsächlich stattfindet.

dd) Allgemeiner Beseitigungsanspruch

Das LG Hamburg⁹⁹⁰ hält außerhalb der Anspruchsvoraussetzungen (zB in Fällen einer nicht unter § 140a PatG fallenden Durchfuhr patentverletzender Gegenstände) einen aus allgemeinem Zivilrecht (**analog §§ 1004, 823 BGB**) hergeleiteten Anspruch auf Vernichtung für gegeben. Dem ist zu widersprechen, weil ausländische Patente keine unter §§ 823, 1004 BGBG fallenden Schutzgüter darstellen.⁹⁹¹ Der Anspruch kann – anders als ein vorbeugender Unterlassungsanspruch⁹⁹² – auch nicht auf eine mit der Durch- und Weiterfuhr drohende und nach der dortigen Gesetzeslage rechtswidrige Verletzung begründet werden. 656

b) Rechtsfolge

Seiner Rechtsfolge nach richtet sich der Anspruch darauf, dass der Verletzer die betreffenden Gegenstände vernichtet⁹⁹³, dh in einer zur Gebrauchsuntauglichkeit führenden Weise zerstört. 657

Hat der Beklagte wenigstens *eine* patentverletzende Handlung begangen, so unterliegt der gesamte, in seinem Besitz oder Eigentum befindliche Vorrat an verletzenden Gegenständen der Vernichtung. Es kann nicht ein bestimmter Bestand mit dem Argument zurückgehalten werden, dieser sei notwendig, um nach § 11 Nr 2 PatG zulässige **Versuche** durchzuführen. 658

Vom Vernichtungsanspruch ausgenommen sind solche Gegenstände, die der Beklagte aufgrund anderer gesetzlicher Bestimmungen aufbewahren muss (zB **Referenzmuster** nach Arzneimittelrecht).⁹⁹⁴ 659

Begehrt der Kläger die Vernichtung des gesamten patentverletzenden Gegenstandes und kommt aus Gründen der Verhältnismäßigkeit nur eine **Teilvernichtung** in Betracht, so ist sie auch dann auszusprechen, wenn der Kläger keinen formell darauf gerichteten **Klageantrag** formuliert hat, die Teilvernichtung aber als Minus in der beantragten Vollvernichtung enthalten ist. 660

Kommt der Schuldner dieser Pflicht nicht nach, findet die **Vollstreckung**⁹⁹⁵ nach Maßgabe des § 887 ZPO statt. Dh auf Antrag hin wird der Gläubiger vom Prozessgericht des ersten Rechtszuges ermächtigt, die Vernichtung selbst oder durch einen Dritten (im Wege der Ersatzvornahme) durchführen zu lassen.⁹⁹⁶ Damit solches geschehen kann, ist begleitend auszusprechen, dass der Schuldner die Vernichtungsgegenstände an den Gläubiger, an den Dritten oder an einen zwischengeschalteten Gerichtsvollzieher herauszugeben hat.⁹⁹⁷ Gleichzeitig kann der Gläubiger verlangen, dass der Schuldner einen Vorschuss auf die voraussichtlichen Kosten der Ersatzvornahme leistet (§ 887 Abs 2 ZPO). 661

Ein **Beschlusstenor** dieses Inhalts könnte wie folgt lauten: 662

---

990 LG Hamburg, InstGE 11, 65 – Datenträger.
991 BGH, GRUR 2012, 1263 – Clinique happy; anders noch LG Hamburg, InstGE 11, 65 – Datenträger.
992 BGH, GRUR 2012, 1263 – Clinique happy.
993 Bodewig, GRUR 2005, 632, 637.
994 LG Düsseldorf, InstGE 13, 1 – Escitalopram-Besitz.
995 Umfassend: von der Osten/Pross, FS v. Meibom, 2010, S 471.
996 OLG Frankfurt/Main, GRUR-RR 2007, 30 – Fotomaterial.
997 OLG Düsseldorf, NJW-RR 1998, 1768.

> **Praxistipp** | **Formulierungsbeispiel**
>
> 1. Der Gläubiger wird ermächtigt, die dem Schuldner in dem Urteil der ... Zivilkammer des Landgerichts ... vom ... auferlegte Handlung, nämlich die Vernichtung der in Ziffer I.1. des Urteilstenors bezeichneten Gegenstände, auf Kosten des Schuldners[998] (ggf: selbst oder) durch einen von ihm (den Gläubiger) zu benennenden Dritten vornehmen zu lassen.
> 2. Der Schuldner hat die in seinem Besitz oder Eigentum befindlichen Vernichtungsgegenstände an (ggf: den Gläubiger bzw) einen vom Gläubiger zu bestimmenden Gerichtsvollzieher zum Zwecke der vorübergehenden Verwahrung bis zur Ersatzvornahme herauszugeben.
> 3. Dem Schuldner wird aufgegeben, einen Vorschuss von ... € auf die durch die Ersatzvornahme durch den Gläubiger entstehenden Kosten zu zahlen.[999]
> 4. Die Kosten des Verfahrens trägt der Schuldner.[1000]
> 5. Der Streitwert für das Zwangsvollstreckungsverfahren wird auf ... € festgesetzt.

664 Nach BGH[1001] soll der Vernichtungsanspruch – nicht nur nach Wahl des Verletzers, sondern von vornherein – auch in der Form geltend gemacht werden können, dass die schutzrechtsverletzenden Gegenstände **an** einen zur Vernichtung bereiten **Gerichtsvollzieher herauszugeben** sind, zumindest dann, wenn ernstzunehmende Bedenken gegen die Zuverlässigkeit des Beklagten und seine tatsächliche Bereitschaft zur Vernichtung bestehen. Ist das Wahlrecht zugunsten einer Drittvernichtung im Urteil dem Schuldner überlassen worden, so können nicht im Vollstreckungsverfahren materiell rechtliche Zumutbarkeitserwägungen dahingehend angestellt werden, dass der Schuldner – entgegen seinem Willen – zur Drittvernichtung verpflichtet ist, wenn die betreffenden Umstände, die Zweifel an der Vernichtungsbereitschaft des Schuldners wecken, bereits im Erkenntnisverfahren hätten vorgebracht werden können.[1002] Hat der Kläger die Vernichtungsgegenstände sequestrieren lassen und will der Beklagte die Vernichtung selbst durchführen, ist ihm dies solange unmöglich, wie sich die Gegenstände in der Verwahrung des Gerichtsvollziehers befinden und vom Schutzrechtsinhaber nicht zu seinen Gunsten freigegeben sind.[1003] Auf eine Freigabe zur Ermöglichung der Vernichtung braucht sich der Gläubiger dann nicht einzulassen, wenn nach Schluss des Erkenntnisverfahrens »neue« Tatsachen auftreten, die den Schluss rechtfertigen, dass der Schuldner im Falle einer Besitzeinräumung keine Vernichtung vornehmen, sondern die Gegenstände dem Vollstreckungszugriff des Gläubigers entziehen wird.

665 Soll die Vernichtung durch Herausgabe an den Gerichtsvollzieher geschehen, erfolgt die Vollstreckung nach **§ 883 ZPO** (Wegnahme der Sachen durch den Gerichtsvollzieher).

666 Das Zwangsvollstreckungsverfahren nach §§ 883, 887 ZPO stellt – ebenso wie das vorausgegangene Erkenntnisverfahren – regelmäßig eine **Patentstreitsache** dar, so dass die Kosten eines mitwirkenden Patentanwaltes ohne Notwendigkeitsprüfung im Einzelfall gemäß § 143 Abs 3 PatG erstattungsfähig sind.[1004]

---

998 Die Kosten der Ersatzvornahme sind Kosten der Zwangsvollstreckung nach § 788 ZPO.
999 Die Vorschussanordnung stellt einen Vollstreckungstitel im Sinne von § 794 Nr 3 ZPO dar, der die allgemeinen Vollstreckungsmaßnahmen wegen einer Geldforderung zulässt.
1000 Die Verfahrenskosten sind Vollstreckungskosten nach § 788 ZPO.
1001 BGH, GRUR 2003, 228, 229 f – P-Vermerk (zu § 98 UrhG).
1002 OLG Düsseldorf, InstGE 10, 301 – Metazachlor.
1003 OLG Düsseldorf, InstGE 10, 301 – Metazachlor.
1004 OLG Düsseldorf, InstGE 11, 299 – Mitwirkung bei Herausgabevollstreckung.

Sequestrationskosten, die im Zusammenhang mit der Vernichtung anfallen, können aufgrund der im betreffenden (zB einstweiligen Verfügungs-) Verfahren ergangenen Kostengrundentscheidung im Kostenfestsetzungsverfahren nach §§ 103 f ZPO geltend gemacht werden.[1005] Zu ihnen gehören nicht nur die Lagerkosten, sondern ebenfalls die dem Sequester zugesprochene Vergütung. Für deren Festsetzung ist das Prozessgericht (nicht: der Rechtspfleger) zuständig, wobei der Zeitaufwand entscheidend ist und die für einen Zwangsverwalter vorgesehenen Stundensätze (§ 19 ZwVwV) heranzuziehen sind.[1006]

667

10. Rückrufanspruch[1007]

Der in § 140a Abs 3 PatG aufgenommene Anspruch auf Rückruf und Entfernung der rechtsverletzenden Ware aus den Vertriebswegen zielt auf Gegenstände ab, die das Unternehmen des Verletzers bereits in *patentverletzender* Weise verlassen haben und sich in der nachgeordneten Vertriebskette – nicht bereits beim privaten Endverbraucher – befinden. Eine derartige Situation kann sich auch beim Vertrieb einer sinnfällig für eine patentgeschützte Verwendung hergerichteten Sache ergeben.[1008] Mindestens *ein* Lieferfall muss vorgetragen werden; ist es bloß zu einer inländischen Angebotshandlung gekommen (zB einer Ausstellungshandlung auf einer Fachmesse), scheidet ein Rückrufanspruch tatbestandlich genauso aus[1009] wie dann, wenn bloß patentfreie Auslandslieferungen geschehen sind.[1010] »In den Vertriebswegen« ist der verletzende Gegenstand auch bei einem Gewerbetreibenden, der kein Händler ist, sondern der den Gegenstand (zB eine Maschine) zu Zwecken der Produktion nutzt.[1011] Denn auch hier ist es denkbar, dass die Sache später gebraucht veräußert wird, zB weil sich der Besitzer mit einer Vorrichtung der neuen technischen Generation ausstatten will und deshalb die verletzende Maschine nicht mehr benötigt.

668

Der Rückruf- und der Entfernungsanspruch bestehen **nebeneinander** und können vom Verletzten kumulativ geltend gemacht werden.[1012] Gleiches gilt im Hinblick auf Fälle, in denen bereits das Unterlassungsgebot die Pflicht zum Rückruf enthält.[1013]

669

a) Zeitlicher Geltungsrahmen

Mangels besonderer Überleitungsbestimmungen gilt § 140a Abs 3 PatG nur für solche Entstehungstatbestände, die nach Inkrafttreten der Bestimmung am 1.9.2008 verwirklicht worden sind.[1014] Für Sachverhalte aus der Zeit davor stellt sich allenfalls die Frage einer unmittelbaren Geltung der Enforcement-Richtlinie bzw einer richtlinienkonformen Auslegung allgemein-zivilrechtlicher Bestimmungen (**§§ 823, 1004 BGB**). Sie hat stattzufin-

670

1005 BGH, NJW 2006, 3010 – Sequestrationskosten.
1006 BGH, NJW-RR 2005, 1283.
1007 Vgl Miosga, Rückruf und Entfernen, 2010; Dörre/Maaßen, GRUR-RR 2008, 217, 219; Jestaedt, GRUR 2009, 102; Künzel, FS Mes, 2009, S 241; Jung/Rohlfing, Mitt 2010, 50; Wreesmann, Mitt 2010, 276; speziell zum Rückruf in Fällen mit Auslandsbezug: Al-Baghdadi, FS 80 Jahre Patentgerichtsbarkeit Düsseldorf, 2016, S 1.
1008 Vgl oben Kap A Rdn 367.
1009 OLG Düsseldorf, Urteil v 23.3.2017 – I-2 U 58/16; OLG München, Urteil v 30.3.2017 – 6 U 1302/16.
1010 OLG Düsseldorf, Urteil v 6.4.2017 – I-2 U 51/16.
1011 OLG Karlsruhe, Urteil v 8.4.2015 – 6 U 92/13; aA: LG Mannheim, InstGE 12, 200 – Stickstoffmonoxyd-Nachweis, das den gewerblichen Endabnehmer aus dem Anwendungsbereich des § 140a Abs 3 PatG ausnehmen will.
1012 BGH, GRUR 2017, 785 – Abdichtsystem.
1013 BGH, GRUR 2018, 292 – Produkte zur Wundversorgung.
1014 BGH, GRUR 2009, 515 – Motorradreiniger.

den, weswegen für die Zeit seit Ablauf der Umsetzungsfrist (29.4.2006) – nicht davor – ein entsprechender Anspruch aus § 1004 BGB herzuleiten ist.[1015]

b) Anspruchsvoraussetzungen

aa) Allgemeines

671 Der Anspruch auf Rückruf/Entfernung aus den Vertriebswegen besteht

672 – für den Verletzten

673 – einer rechtswidrigen (nicht notwendig schuldhaften) Patentverletzung

674 – gegen den Verletzer oder Störer

675 – in Bezug auf Erzeugnisse, die Gegenstand eines Patents oder unmittelbares Verfahrenserzeugnis sind, unabhängig davon, ob sie sich noch im Drittbesitz befinden. Mittel im Sinne von § 10 PatG genügen insofern nicht, weil stets die Möglichkeit des Weitervertriebs zur patentfreien Verwendung im Ausland besteht.[1016] Bedingung ist freilich, dass die zurückzurufenden Gegenstände in patentverletzender Weise *in die Vertriebswege gelangt* sind, woran es fehlt, wenn der Beklagte sie bereits **vor Veröffentlichung der Patenterteilung** (und damit rechtmäßig) in Verkehr gebracht hat. Unzureichend ist es ebenso, wenn ins Ausland gelieferte Gegenstände nicht vom Inland (somit schutzrechtsverletzend), sondern vom patentfreien Ausland aus (somit nicht schutzrechtsverletzend) geliefert worden sind. An *in Verkehr gebrachten* Gegenständen fehlt es auch dann, wenn der Kläger lediglich eine Angebotshandlung behaupten kann.

676 – Im Unterschied zum Vernichtungsanspruch ist nicht erforderlich, dass der Anspruchsgegner **Verfügungsgewalt** über die Sache hat; typischerweise wird es daran sogar fehlen.[1017] Andererseits erstreckt sich der Anspruch – anders als nach § 140a Abs 2 PatG – nicht auf die zur Herstellung des verletzenden Erzeugnisses benutzten Materialien und Vorrichtungen.

677 – Keine Voraussetzung des Rückrufanspruchs ist, dass mit dem in Verkehr gebrachten Verletzungsprodukt **weitere Vertriebshandlungen** konkret drohen.[1018]

678 Weil der Rückrufanspruch dazu dient, Verletzungsgegenstände, die den Betrieb des Verletzers bereits verlassen haben und deswegen – mangels aktuellen Eigentums/Besitzes – dem Vernichtungsanspruch nicht mehr unterliegen, wieder zum Verletzer zurückzuholen, insbesondere um die Vernichtungsvoraussetzungen wieder zu installieren, richtet sich der Anspruch auf Rückruf regelmäßig nicht gegen den **Geschäftsführer** oder ein sonstiges Vertretungsorgan.[1019] Er unterliegt im Allgemeinen keinem Vernichtungsanspruch[1020], so dass sich ihm gegenüber auch kein Rückrufanspruch als Vorstufe zu einem nachfolgenden Vernichtungsanspruch rechtfertigt. Der Geschäftsführer steht – soweit es um die Marktbereinigung geht – auch nicht in einem Vertragsverhältnis zu dem Rückrufadressaten, der ihn als Berechtigten zur Rückabwicklung des Liefergeschäftes ausweist

---

1015 OLG Düsseldorf, InstGE 13, 15 – Faktor VIII-Konzentrat; OLG Düsseldorf, Urteil v 29.1.2015 – I-15 U 22/14. Differenzierend: LG Mannheim, InstGE 12, 200 – Stickstoffmonoxyd-Nachweis, dass die richtlinienkonforme Auslegung für den Rückrufanspruch bejaht und für den Entfernungsanspruch verneint.
1016 LG Düsseldorf, InstGE 11, 257 – Bajonett-Anschlussvorrichtung; OLG Karlsruhe, Urteil v 25.2.2010 – 6 U 182/06; aA: Wressmann, Mitt 2010, 276.
1017 BGH, GRUR 2017, 785 – Abdichtsystem.
1018 BGH, GRUR 2018, 292 – Produkte zur Wundversorgung.
1019 AA: Wressmann, Mitt 2010, 276.
1020 Vgl Kap D Rdn 641.

und der deshalb in der Lage wäre, den patentverletzenden Weitervertrieb umzukehren. Würde seinem Rückruf Folge geleistet, käme es vielmehr zu einem abermaligen schutzrechtverletzenden Geschäft (Lieferung des Abnehmers an den Geschäftsführer), was den Eingriff in das Patent vertiefen würde. Derartiges kann nicht Sinn eines Rückrufs sein.

Einem Rückrufanspruch unterliegt auch ein im **Ausland** ansässiger Verletzer.[1021] Gegen ihn besteht – mangels inländischen Besitzes/Eigentums im Verurteilungszeitpunkt – zwar kein Vernichtungsanspruch und sein Rückruf führt auch nur dazu, dass ein für § 140a PatG unzureichender ausländischer Besitz/Eigentum begründet wird.[1022] Der Zweck des Rückrufs geht – über die Erstreckung des Vernichtungsbegehrens auf Verletzungsgegenstände, die den Verletzer bereits verlassen haben, hinaus – aber auch dahin, den Markt von verletzenden Produkten zu bereinigen und damit zugunsten des Schutzrechtsinhabers eine neue Nachfrage nach rechtmäßigen Erfindungsprodukten zu schaffen. Als Anknüpfungspunkt für einen Rückruf genügt bereits ein inländisches Angebot, sofern es in der Folge dessen zu einem *inländischen* Veräußerungsgeschäft kommt. Ein Verkauf vom Inland ins Ausland genügt, weil sie ein inländisches Inverkehrbringen darstellt, womit die Ware, selbst wenn sie sich im Ausland beim dortigen Abnehmer befindet, mit dem Makel der Patentverletzung behaftet ist. Dass nach § 140a PatG ein Rückruf »aus den Vertriebswegen« geschuldet ist, steht dem nicht entgegen, weil damit nicht nur die inländischen, sondern jedwede Vertriebskanäle gemeint sind. Nur diese Sicht gewährleistet, dass mit dem Rückrufanspruch seinem Sinn und Zweck entsprechend die Folgen der vorgefallenen inländischen Patentverletzung beseitigt werden und zugunsten des Schutzrechtsinhabers eine Nachfrage nach seinen Produkten eröffnet wird.[1023] In Auslandsfällen kann freilich – nach Lage des Sachverhaltes – die Verhältnismäßigkeit des Rückrufs zu verneinen sein. Ein Rückrufanspruch scheidet für solche Ware aus, die keinerlei Inlandsbezug hat, die deswegen nie patentverletzend war und für die folglich auch der Gedanke der Folgenbeseitigung nicht eingreift. Zu denken ist beispielsweise an Gegenstände, die im Ausland hergestellt und von dort im/ins Ausland vertrieben wurden. **679**

Kein Anspruch besteht darauf, dass der ausländische Verletzer die zurückgerufene **Ware** bei seinen inländischen Abnehmern **abholt** (und dadurch im Inland in Besitz nimmt). Inhalt des Rückrufanspruchs ist nämlich lediglich, die verletzende Ware gegen Erstattungs- und Kostenzusage von dem Belieferten zurückzufordern und die Ware im Falle ihrer Rücklieferung wieder an sich zu nehmen. Dieser Anspruch wird durch den Verletzer an seinem ausländischen Geschäftssitz erfüllt. **680**

In Fällen des nicht rückwirkenden **Wegfalls des Klagepatents** gelten die zum Vernichtungsanspruch dargelegten Regeln entsprechend.[1024] **681**

bb) Verhältnismäßigkeit

Die Inanspruchnahme als solche und die geforderte Maßnahme im Speziellen (Rückruf, Entfernung aus den Vertriebswegen) dürfen im Einzelfall nicht **unverhältnismäßig** sein (Abs 4). **682**

– Eine Unverhätnismäßigkeit ist zB denkbar, wenn die zurückzurufende Sache **verderblich** ist und das Haltbarkeitsdatum im Zeitpunkt des Rückrufs bereits so weit **683**

1021 BGH, GRUR 2017, 785 – Abdichtsystem; OLG Karlsruhe, Urteil v 8.4.2015 – 6 U 92/13.
1022 LG Düsseldorf, Urteil v 19.9.2013 – 4c O 14/13; LG Mannheim, Mitt 2014, 235 – Abdichtsystem; OLG Karlsruhe, Urteil v 8.4.2015 – 6 U 92/13.
1023 OLG Karlsruhe, GRUR 2016, 482 – Abdichtsystem.
1024 Kühnen, GRUR 2009, 288; OLG Düsseldorf, InstGE 13, 15 – Faktor VIII-Konzentrat.

684 – Ähnliches ist mit Rücksicht darauf vorstellbar, dass der Anspruch auf Rückruf für alle Gegenstände besteht, die seit dem 30.4.2006 in Verkehr gebracht worden sind. Hinsichtlich solcher **Zeiträume**, die im Zeitpunkt der Verurteilung **weit zurück liegen**, kann die Situation bestehen, dass keine realistische Aussicht mehr besteht, dass sich der verletzende Gegenstand noch beim Abnehmer, von dem zurückzurufen ist, befindet. Hier kommt ein (zweckloser) Rückruf regelmäßig nicht in Betracht. Denn er kann weitere Verletzungsgegenstände nicht mehr unter die Vernichtungsvoraussetzungen (Besitz/Eigentum des Beklagten) bringen und auch keine Nachfrage zugunsten des Patentinhabers generieren, sondern liefe allein darauf hinaus, dass sich der Beklagte gegenüber seinen Abnehmern selbst bezichtigen müsste.

685 – An der Zumutbarkeit kann es fehlen, wenn sich die Gegenstände im (zB weit entfernten) Ausland (**Übersee**) befinden, weswegen einerseits der Rückführungsaufwand außerordentlich groß[1025] und andererseits die Wahrscheinlichkeit äußerst gering ist, dass die Gegenstände künftig für inländische Verletzungshandlungen herangezogen werden (was durch deren Rückruf und anschließende Vernichtung zu verhindern wäre). Von Belang ist desweiteren, welche Bedeutung das patentgemäße Ausstattungsdetail bei objektiver Betrachtung für den Verkaufserfolg des Verletzers gehabt hat, weil davon abhängt, ob und ggf mit welcher Wahrscheinlichkeit der Patentinhaber von einer durch den Rückruf initiierten Rückabwicklung des Verletzergeschäftes und einem dadurch veranlassten Neugeschäft des Abnehmers profitieren kann. Letztlich ist also eine Kosten-Nutzen-Analyse durchzuführen.

686 – Von einer Unverhältnismäßigkeit kann nach Lage des Falles schließlich ausgegangen werden, wenn das fragliche **Bauteil** bereits in eine größere Einheit (zB ein Kfz) **verbaut** ist und dessen Demontage erhebliche wirtschaftliche Folgen mit sich bringen würde (zB dahingehend, dass das Kfz infolgedessen nicht mehr als Neuwagen verkauft werden kann).

687 – Gleiches ist nach **Schutzrechtsablauf** für aus mehreren Teilen bestehende Vorrichtungen angenommen worden, die nach Demontage des Verletzungsgegenstandes zu anderen, nicht schutzrechtsverletzenden Zwecken weiterverwendet werden können.[1026]

688 – Gleiches gilt, wenn der Verletzer bereits über eine **patentfreie Ausweichtechnik** verfügt, die er seinem Abnehmer im Austausch gegen den Verletzungsgegenstand anbieten kann. Hier muss nicht auf einer Rücknahme des Verletzungsgegenstandes bei Erstattung des Kaufpreises bestanden werden, sondern kann der Rückruf in der für den Verletzer milderen Form einer Rücknahme des Verletzungsproduktes gegen patentfreie Ersatzlieferung zuerkannt werden, womit der Rückrufanspruch dem im Gewährleistungsverhältnis zum Abnehmer bestehenden Nachlieferungsanspruch Rechnung trägt.[1027] Aus derselben Überlegung heraus ist dem Abnehmer in geeigneten Fällen – im Sinne eines Wahlrechts – anstelle der Rückgabe anzubieten, den Verletzungsgegenstand bei sich in eine patentfreie Vorrichtung umzuwandeln.[1028] Bedingung ist freilich, dass der Umbau eine sowohl technisch als auch wirtschaftlich

---

[1025] ... weil die Rücksendung nicht per Paket geschehen kann, sondern wegen der Größe der Maschine per Luft- oder Seefracht mit entsprechend hohem finanziellen Aufwand geschehen müsste.
[1026] OLG Frankfurt/Main, Mitt 2017, 222 – Drahtlegekopf; bedenklich, weil falsche Anreize dafür geschaffen werden, Patente gegen Ende ihrer Patentlaufzeit nicht mehr zu beachten.
[1027] OLG Düsseldorf, Urteil v 19.7.2018 – I-15 U 43/15 (sofern ausgeschlossen ist, dass kein Umbau in einen patentverletzenden Zustand erfolgt).
[1028] LG Düsseldorf, Urteil v 13.10.2016 – 4a O 174/15.

realistische Option darstellt, so dass mit seiner tatsächlichen Durchführung ernsthaft gerechnet werden kann. Zu fordern ist darüber hinaus, dass der Verletzer den durch die Lieferung der Ausweichtechnik gesicherten Kundenstamm nicht maßgeblich aufgrund der Patentverletzung gewonnen hat, weil er ihm dann nicht erhalten bleiben darf.[1029]

- Keine Unverhältnismäßigkeit ist angenommen worden, wenn der Verletzungszeitraum vergleichsweise kurz war und mittlerweile mehrere Jahre zurückliegt, der Schuldner inzwischen auf eine andere Ausweichtechnik gewechselt hat, so dass die Wiederholungsgefahr gering ist, sofern es sich bei den Verletzungsgegenständen um nicht unbedeutende Wirtschaftsgüter gehandelt hat und die Patentverletzung auf einem erheblichen Verschulden des Beklagten beruhte.[1030] **689**

- Bedeutungslos ist gleichermaßen, dass der Kläger bloß **Patentverwerter** ist.[1031] **690**

c) Anspruchsinhalt

aa) Rückruf

»Rückruf« aus den Vertriebswegen bedeutet die ernsthafte Aufforderung an den gewerblichen Besitzer des patentverletzenden Erzeugnisses, **691**

- entweder dieses zur Verfügung zu halten und nicht weiter zu vertreiben oder **692**
- sofern der Störungszustand dadurch nicht hinreichend beseitigt würde, das Erzeugnis freiwillig zurückzugeben.[1032] **693**

Der Rückruf muss dem Verletzer **möglich** sein, dh er muss den gegenwärtigen Verbleib des Erzeugnisses kennen, zumindest muss er den Aufenthalt mit den ihm zur Verfügung stehenden Erkenntnisquellen (Geschäftsunterlagen, Rückfrage beim Abnehmer, der seinerseits weitergeliefert hat) feststellen können. Es besteht keine Pflicht zur Ermittlung unbekannter Besitzer. Zurückzurufen sind auch solche Gegenstände, die sich aktuell im Ausland befinden, sofern sie den Makel der Schutzrechtsverletzung tragen (zB unter Verletzung des Klagepatents vom Inland aus in Verkehr gelangt sind). **694**

Der Rückruf darf nicht als bloße (nicht weiter begründete) Bitte formuliert werden, sondern er muss nachdrücklich und ernsthaft sein und den Grund der Rückrufaktion erläutern[1033] und – nach Lage des Falles – die rechtlichen Folgen erläutern, die ein etwaiger Weitervertrieb der zurückgerufenen Ware nach sich zieht.[1034] **695**

- Was den erstgenannten Teilaspekt betrifft, hält die Urteilsformel den Schuldner regelmäßig dazu an, auf die *gerichtlich* **erfolgte Feststellung** einer Patentverletzung hinzuweisen. Dessen bedarf es auch in Fällen eines Anerkenntnisurteils, obwohl hier keine sachliche Verletzungsprüfung seitens des Gerichts stattgefunden hat.[1035] Es bedarf nicht unbedingt der Angabe von Aktenzeichen und Entscheidungsdatum, wenn für den Adressaten auf andere Weise hinreichend deutlich wird, dass das zurückgerufene Erzeugnis Gegenstand eines gerichtlichen Verletzungsverfahrens war und dieses Verfahren mit einer Beurteilung als patentverletzend abgeschlossen worden ist.[1036] **696**

1029 So zutreffend Hoppe/Donle, GRUR-RR 2018, 393, 397.
1030 OLG Düsseldorf, GRUR-RS 2015, 06710 – Andockvorrichtung.
1031 LG Düsseldorf, Urteil v 31.3.2016 – 4a O 73/14.
1032 BGH, GRUR 2017, 785 – Abdichtsystem.
1033 BGH, GRUR 2018, 292 – Produkte zur Wundversorgung.
1034 OLG Zweibrücken, Magazindienst 2006, 236.
1035 OLG Düsseldorf, Beschluss v 2.6.2016 – I-2 W 11/16.
1036 OLG Düsseldorf, Beschluss v 2.6.2016 – I-2 W 11/16.

D. Klageverfahren

697 – Was den zweiten Teilaspekt anbelangt, bedarf es eines **Rechtsfolgenhinweises** im Bereich des Patentrechts im Allgemeinen nicht, weil (und wenn) für den Abnehmer ohne weiteres ersichtlich ist, dass der dem Rückruf zugrunde liegende und ihm vom Absender mitgeteilte Patentverletzungsvorwurf gleichermaßen auf ihn zutrifft (weil auch er Gewerbetreibender ist).[1037]

698 Zu unterlassen sind erläuternde Bemerkungen (zB des Inhalts, die gegen das Verletzungsurteil eingelegte Berufung werde sicher Erfolg haben oder das Patent vernichtet werden), die der Rückrufaufforderung ihre **Ernsthaftigkeit** nehmen.[1038] Da ein Rückruf beim Abnehmer typischerweise mit sicherheitsrelevanten Sachmängeln der Ware assoziiert wird, besteht in der Regel ein anerkennenswertes Interesse des Rückrufenden daran, zum Schutz seines guten Rufs und seiner künftigen Geschäftsbeziehungen klarzustellen, dass der vorgenommene Rückruf nicht in dieser Weise motiviert ist.[1039]

699 Eine Erstattung des Kaufpreises[1040] (bei gebrauchter Ware eines angemessenen Teils des **Kaufpreises**, der zB in Abhängigkeit von der Benutzungsdauer typisierend gestaffelt sein kann) oder ein sonstiges Äquivalent für die zurückgerufene Ware (zB patentfreie Ersatzlieferung) und eine Übernahme der **Transport- bzw Versendungskosten** (einschließlich etwaiger mit dem Rücktransport verbundener Lager- und Zollkosten) müssen angeboten werden, dagegen keine weitergehenden (zB Schadenersatz-)Zahlungen (wie dem Rückrufadressaten ohne einen Weitervertrieb entgangenen Gewinn). Mit dem Rückruf bringt der Verletzer, ohne dass dies einer besonderen Erwähnung bedürfte, seine Bereitschaft zum Ausdruck, die zurückgegebenen Gegenstände wieder an sich zu nehmen, weswegen in einer solchen Entgegennahme keine Maßnahme eines endgültigen Entfernens aus den Vertriebswegen gesehen werden kann.[1041]

700 Die besagten Modalitäten des Rückrufes müssen im **Klageantrag** (und Urteilstenor) konkretisiert werden, weil der Antrag (Ausspruch) ansonsten unbestimmt ist.[1042] Er würde es in unzulässiger Weise dem Vollstreckungsverfahren überlassen, welchen Inhalt das Rückrufverlangen haben muss.

701 Kommt aus Gründen der Verhältnismäßigkeit nur eine **Teilvernichtung** der verletzenden Vorrichtung in Betracht, kann dem Beklagten – anstelle eines Rückrufs der gesamten verletzenden Vorrichtung – vorbehalten werden, seinen Abnehmern anzubieten, an den

---

1037 OLG Düsseldorf, Beschluss v 26.5.2015 – I-2 W 9/15.
1038 OLG Düsseldorf, Beschluss v 26.5.2015 – I-2 W 9/15. Es schadet noch nicht der Hinweis, dass nach der inzwischen verstrichenen Zeit vermutlich keine Erzeugnisse mehr vorhanden sind, wenn im Anschluss daran für solche Gegenstände, die noch existieren sollten, die Rücknahmebereitschaft in der gebotenen Weise zum Ausdruck gebracht wird (OLG Düsseldorf, Beschluss v 2.6.2016 – I-2 W 11/16).
1039 OLG Düsseldorf, Beschluss v 26.5.2015 – I-2 W 9/15.
1040 Die Anweisung, im Zuge des Rückrufs den Kaufpreis zu erstatten, kann nicht mit dem Argument bekämpft werden, im Rahmen des zum Abnehmer (= Rückrufadressaten) bestehenden Gewährleistungsverhältnisses sei der Verletzer zur Nachlieferung berechtigt, was ihm durch den Rückruftenor nicht genommen werden könne. In erster Linie ist der Verletzer ein rechtswidriger Deliktstäter; die ihn insoweit treffenden Pflichten überlagern deshalb seine Rechtsstellung aus dem Vertrags- und Gewährleistungsverhältnis zum Abnehmer. Nur wenn der Verletzer ausnahmsweise über eine patentfreie Ausweichtechnik verfügt, was von ihm im Erkenntnisverfahren substantiiert geltend zu machen ist, kann ihm unter Verhältnismäßigkeitsgesichtspunkten statt einer Kaufpreiserstattung eine Ersatzlieferung gestattet werden.
1041 OLG Düsseldorf, InstGE 12, 88 – Cinch-Stecker.
1042 OLG München, Urteil v 28.6.2012 – 6 U 1560/12; aA: LG Mannheim, InstGE 12, 200 – Stickstoffmonoxyd-Nachweis, das dem Verletzer keine konkreten Vorgaben hinsichtlich der zum Rückruf zu ergreifenden Maßnahmen machen will und lediglich die Verpflichtung austenoriert, die patentverletzenden Gegenstände »aus den Vertriebswegen zurückzurufen«; zustimmend: OLG Karlsruhe, Urteil v 8.4.2015 – 6 U 92/13.

betreffenden Gegenständen die zur Teilvernichtung führende Maßnahme durchzuführen. Verfügt der Verletzer über eine patentfreie Ausweichtechnik, die er seinem Abnehmer im Austausch gegen den Verletzungsgegenstand anbieten kann, so kann statt einer Erstattung des Kaufpreises das Angebot einer Rücknahme des Verletzungsproduktes gegen patentfreie Ersatzlieferung angeordnet werden.

bb) Entfernung aus den Vertriebswegen

Der Anspruch auf endgültiges Entfernen aus den Vertriebswegen verpflichtet den Schuldner dazu, alle ihm zur Verfügung stehenden und zumutbaren tatsächlichen und rechtlichen Möglichkeiten auszuschöpfen, um die weitere oder erneute Zirkulation des patentverletzenden Gegenstandes in den Vertriebswegen auszuschließen.[1043] Ein »endgültiges Entfernen aus den Vertriebswegen« kann, *wenn* für den Beklagten im Einzelfall die rechtliche und tatsächliche Möglichkeit hierzu besteht, dadurch erfolgen, dass der Verletzer (a) die Erzeugnisse wieder an sich nimmt (zB aufgrund fortbestehenden Eigentums und nicht nur als Folge eines Rückrufs oder infolge der konzernmäßigen Beherrschung eines zum Unternehmensverbund gehörenden Vertriebsunternehmens) oder (b) deren Vernichtung beim jeweiligen Besitzer veranlasst.[1044] Im Vergleich zum Rückruf genügt nicht der Appell an eine freiwillige Rückgabe; wegen der *Endgültigkeit* sind vielmehr gesteigerte Bemühungen erforderlich, die verlangen, dass bestehende Rückforderungsansprüche, notfalls mit gerichtlicher Hilfe, durchgesetzt werden.[1045] Allerdings gilt der Vorbehalt des – rechtlich und tatsächlich – Möglichen auch hier, so dass der Verbleib verletzender Erzeugnisse zB nur unter Auswertung bekannter und verfügbarer Erkenntnismittel aufgeklärt werden muss. Die Ware muss sich noch in »den Vertriebswegen« befinden, was Maßnahmen gegenüber dem privaten Endverbraucher ausschließt. Als solcher ist nicht ein Arzt anzusehen, der verletzende Gegenstände (zB Herzklappen) Patienten implantiert, weil die ärztliche Tätigkeit patentrechtlich nichts anderes als ein weiterer entgeltlicher Vertrieb ist.

702

Die **Verbringung** der schutzrechtsverletzenden Ware **in** das **schutzrechtsfreie Ausland** kommt als Entfernungsmaßnahme nur in Betracht, wenn mit ihr – Erstens – nicht ein abermaliger Eingriff in das Klageschutzrecht verbunden ist (was bei einer vom Inland ausgehenden Lieferung der Fall ist) und wenn – Zweitens – ähnlich wie mit einer Vernichtung sichergestellt ist, dass es mit der ins Ausland verbrachten Ware nicht anschließend zu einem neuerlichen Schutzrechtseingriff von Seiten des Abnehmers (zB durch Import in das Schutzterritorium des Patents oder eines parallelen Auslandspatents des Verletzten) kommt.[1046] Taugliche Sachverhalte sind also solche, bei denen die Lieferung der verletzenden Ware vom Ausland aus (und damit ohne erneute Patentverletzung) vorgenommen wird, sofern aufgrund der besonderen Umstände ein endgültiger Verbleib im schutzrechtsfreien Territorium gewährleistet ist. Zu denken ist beispielhaft an einen ausländischen Abnehmer, von dem aufgrund des Zuschnitts seines Geschäftsbetriebes zu erwarten ist, dass er die Ware nicht handelt, sondern in seinem Unternehmen zB zu Fabrikationszwecken einsetzen wird.

703

Welche Entfernungsmaßnahme verlangt werden soll, ist im **Klageantrag** konkret anzugeben.[1047] Einem Ausspruch, der bloß allgemein darauf gerichtet ist, dass der Beklagte das patentverletzende Erzeugnis endgültig aus den Vertriebswegen entfernt, fehlt die erforderliche Bestimmtheit, weil es dem Vollstreckungsverfahren überlassen bliebe zu bestimmen, welche Maßnahmen der Beklagte schuldet und welche nicht. Das gleiche gilt

704

1043 BGH, GRUR 2017, 785 – Abdichtsystem.
1044 BGH, GRUR 2017, 785 – Abdichtsystem.
1045 BGH, GRUR 2017, 785 – Abdichtsystem.
1046 Offen gelassen von BGH, GRUR 2017, 785 – Abdichtsystem.
1047 AA: OLG Karlsruhe, Urteil v 8.4.2015 – 6 U 92/13.

für einen Antrag dahingehend, dass der Beklagte die Vernichtung der rechtsverletzenden Ware beim gewerblichen Abnehmer veranlasst. Ohne nähere Konkretisierung dazu, welche Maßnahme genau verlangt wird, ist das Begehren nichtssagend und deswegen prozessual unzulässig.

705 Der Rückruf ist nach **§ 888 ZPO** zu vollstrecken.[1048] Es handelt sich schon deswegen um eine nicht vertretbare, höchstpersönliche Handlung, weil nur dem Rückrufschuldner die Empfänger der schutzrechtsverletzenden Ware (und damit die richtigen Adressaten des durchzuführenden Rückrufs) bekannt sind. Sollte der Vollstreckungsgläubiger ausnahmsweise entsprechende Kenntnis haben (zB weil bereits umfänglich Auskunft erteilt ist), folgt die Unvertretbarkeit jedenfalls daraus, dass mit dem Rückruf eine Erstattung des Kaufpreises sowie bestimmter Aufwendungen zugesagt werden muss, zu der nur der Vollstreckungsschuldner, aber kein Dritter zu seinen Lasten imstande ist. Dasselbe gilt für höchstpersönliche Entfernungsmaßnahmen.

cc) Eingreifen des Vernichtungsanspruchs

706 In Bezug auf Verletzungsgegenstände, die infolge des Rückrufs oder der Entfernung in die inländische Verfügungsgewalt des Verletzers zurück gelangen, kann ein Vernichtungsanspruch nach Abs 1 geltend gemacht werden. Ist der Beklagte zum Rückruf *und* zur Vernichtung verurteilt, so erstreckt sich der Vernichtungsausspruch ohne weiteres auch auf solche Gegenstände, die erst im Nachhinein (nämlich als Folge des Rückrufs) in die Verfügungsgewalt des Beklagten gelangen. Unschädlich ist, wenn zu diesem Zeitpunkt das Klagepatent seine Wirkungen ex nunc verloren hat, sofern Besitz oder Eigentum zu einer Zeit, als das Klagepatent seine gesetzlichen Wirkungen noch entfaltet hat, einmal bestanden haben. Etwaige Drittinteressen des Zurücklieferenden sind im Rahmen der Verhältnismäßigkeit (Abs 4) zu berücksichtigen, sofern sie vom Verletzer eingewandt werden.

707 Die **Kosten** des Rückrufs und der Entfernung trägt grundsätzlich der Verletzer.

dd) Verfahrensrechtliches

708 Verfahrensrechtlich kann der Rückrufanspruch nicht im Wege der **einstweiligen Verfügung** durchgesetzt werden.[1049] Da – anders als beim Vernichtungsanspruch – keine Sicherungsmaßnahme vorstellbar ist, würde es zu einer Vorwegnahme der Hauptsache kommen, die grundsätzlich unzulässig ist. Dies ist zwar auch beim Auskunftsanspruch nach § 140b PatG der Fall, wo der Gesetzgeber (Abs 3) jedoch ausdrücklich vorgesehen hat, dass der Anspruch unter besonderen Voraussetzungen, nämlich bei Offensichtlichkeit der Patentverletzung, im Wege des vorläufigen Rechtsschutzes zuerkannt werden kann. In § 140a PatG fehlt eine entsprechende Anordnung, woraus nur gefolgert werden kann, dass im Zusammenhang mit dem Rückrufanspruch eine derartige Möglichkeit der Rechtsverfolgung nicht eingeräumt werden sollte. Ihrer bedarf es auch nicht. Zwar mögen sich die patentverletzenden Gegenstände nach erstinstanzlichem Abschluss eines Hauptsacheverfahrens nicht mehr in den Vertriebswegen befinden, so dass regelmäßig nur ein schneller Zugriff Erfolg verspricht. Zu ihm ist der Verletzte jedoch schon aufgrund des mit einem Verfügungsantrag durchsetzbaren Auskunftsanspruchs nach § 140b PatG imstande. Er verschafft ihm die Namen und Anschriften aller Abnehmer der patentverletzenden Gegenstände, womit er die potenziellen Rückrufadressaten unmittelbar (notfalls mit einem Verfügungsantrag) auf Unterlassung und Herausgabe zur Vernichtung belangen kann.

1048 AA: Jestaedt, GRUR 2009, 102, 104, der für § 887 ZPO plädiert.
1049 OLG Düsseldorf, GRUR 2018, 855 – Rasierklingeneinheiten; aA: OLG München, Urteil v 28.6.2012 – 6 U 1560/12.

Eine Rückrufverpflichtung trifft den Antragsgegner im Allgemeinen auch nicht aus einen 709
gegen ihn verhängten **Unterlassungsgebot**. Zwar legt die BGH-Rechtsprechung einen
Unterlassungstitel im Zweifel dahin aus, dass der Schuldner eine fortdauernde Störungsquelle aktiv zu beseitigen hat, was in Fällen des erfolgten Vertriebs rechtsverletzender
Ware deren Rückruf aus den Vertriebswegen einschließt, wenn und soweit der Rückruf
zur Unterbindung weiterer Verletzungshandlungen erforderlich und zumutbar ist.[1050]
Wegen des im einstweiligen Verfügungsverfahren geltenden Verbots einer Vorwegnahme
der Hauptsache beschränkt sich die Pflicht zur Störungsbeseitigung, wenn ihr eine einstweilige Unterlassungsverfügung zugrunde liegt, allerdings regelmäßig darauf, das der
Schuldner seine Abnehmer auffordert, im Hinblick auf die gegen ihn ergangene einstweilige Verfügung von einem Weitervertrieb abzusehen.[1051] Weiterreichende Rückrufoblie-
genheiten (im Sinne einer Hauptsachevorwegnahme) kommen nur in Ausnahmsfällen in
Betracht, zB wenn es sich um Sachverhalte der Produktpiraterie handelt oder der Schuldner sich durch die schnelle Weiterveräußerung seiner Unterlassungspflicht entziehen
will.[1052]

V. Klageanträge

Nachstehend sind *Musteranträge* wiedergegeben. Sie gehen davon aus, dass eine GmbH 710
(Beklagte zu 1.) und ihr Geschäftsführer (Beklagter zu 2.) wegen unmittelbarer bzw
mittelbarer Patentverletzung verklagt werden und der Kläger Unterlassung, Auskunft,
Rechnungslegung, Rückruf, Vernichtung, Urteilsbekanntmachung, Entschädigung und
Schadenersatz beansprucht.

Praxistipp	Formulierungsbeispiel	711
	A. Unmittelbare Patentverletzung	
	Es wird beantragt,	
	I. die Beklagten zu verurteilen,	
	1. es bei Meidung eines für jeden Fall der Zuwiderhandlung vom Gericht festzusetzenden Ordnungsgeldes bis zu 250 000 € – ersatzweise Ordnungshaft – oder einer Ordnungshaft bis zu sechs Monaten, im Falle wiederholter Zuwiderhandlung bis zu insgesamt zwei Jahren, wobei die Ordnungshaft hinsichtlich der Beklagten zu 1. an ihrem Geschäftsführer zu vollziehen ist, zu unterlassen,	
	... (Oberbegriff des Hauptanspruchs des Patents)	
	in der Bundesrepublik Deutschland herzustellen[1053], anzubieten, in Verkehr zu bringen oder zu gebrauchen oder zu den genannten Zwecken einzuführen oder zu besitzen[1054],	
	... (Merkmale des Kennzeichens des Hauptanspruchs)	

1050 BGH, GRUR 2016, 720 – Hot Sox.
1051 BGH, GRUR 2018, 292 – Produkte zur Wundversorgung.
1052 BGH, GRUR 2018, 292 – Produkte zur Wundversorgung.
1053 Nur falls die Beklagten selbst herstellen.
1054 Handelt es sich um ein Verfahrenspatent, kommen als zu untersagende Handlungsalternativen das Anbieten und/oder Anwenden des Verfahrens in Betracht. Der Rechnungslegungsanspruch ist in einer solchen Konstellation gleichfalls – und zwar auch hinsichtlich der zu offenbarenden Einzeldaten (zB Ort und Zeit der Verfahrensanwendung etc) – anzupassen.

(gegebenenfalls:) insbesondere wenn

... (etwa verwirklichte Unteransprüche);

2. dem Kläger darüber Auskunft zu erteilen, in welchem Umfang sie (die Beklagten) die zu Ziffer 1 bezeichneten Handlungen seit dem ... (Veröffentlichung der Patenterteilung) begangen haben, und zwar unter Angabe

   a) der Namen und Anschriften der Hersteller, Lieferanten und anderer Vorbesitzer,

   b) der Namen und Anschriften der gewerblichen Abnehmer sowie der Verkaufsstellen, für die die Erzeugnisse bestimmt waren,

   c) der Menge der hergestellten, ausgelieferten, erhaltenen oder bestellten Erzeugnisse sowie der Preise, die für die betreffenden Erzeugnisse bezahlt wurden;

   wobei

   – sich die Verpflichtung zur Auskunftserteilung für die vor dem 1.5.1992 begangene Handlungen auf Handlungen in dem Gebiet der Bundesrepublik Deutschland in den bis zum 2.10.1990 bestehenden Grenzen beschränkt;

   – die Verkaufsstellen, Einkaufspreise und Verkaufspreise nur für die Zeit seit dem 30.4.2006 anzugeben sind;

   – zum Nachweis der Angaben die entsprechenden Kaufbelege (nämlich Rechnungen, hilfsweise Lieferscheine) in Kopie vorzulegen sind, wobei geheimhaltungsbedürftige Details außerhalb der auskunftspflichtigen Daten geschwärzt werden dürfen;

3. dem Kläger darüber Rechnung zu legen, in welchem Umfang sie (die Beklagten) die zu Ziffer 1 bezeichneten Handlungen seit dem ...[1055] begangen haben, und zwar unter Angabe:

   a) der Herstellungsmengen und -zeiten[1056],

   b) der einzelnen Lieferungen, aufgeschlüsselt nach Liefermengen, -zeiten, -preisen und Typenbezeichnungen sowie den Namen und Anschriften der Abnehmer,

   c) der einzelnen Angebote, aufgeschlüsselt nach Angebotsmengen, -zeiten, -preisen und Typenbezeichnungen sowie den Namen und Anschriften der gewerblichen Angebotsempfänger,

   d) der betriebenen Werbung, aufgeschlüsselt nach Werbeträgern, deren Auflagenhöhe, Verbreitungszeitraum und Verbreitungsgebiet,

   e) der nach den einzelnen Kostenfaktoren aufgeschlüsselten Gestehungskosten und des erzielten Gewinns[1057],

---

[1055] Datum der Veröffentlichung des Patents oder der zugrunde liegenden Anmeldung, evtl der ins Deutsche übersetzten Patentansprüche, jeweils zzgl einem Monat.

[1056] Nur falls die Beklagten selbst herstellen.

[1057] Den teilweise gebräuchlichen Zusatz »...der nicht durch den Abzug von Fixkosten und variablen Gemeinkosten gemindert ist, es sei denn, diese könnten den unter 1. bezeichneten Gegenständen unmittelbar zugeordnet werden, ...«. lehnt der BGH (GRUR 2007, 773 – Rohrschweißverfahren) wegen Bestimmtheitsbedenken und als sachlich unbeachtlich ab.

(gegebenenfalls:) wobei

- sich die Verpflichtung zur Rechnungslegung für die Zeit vor dem 1.5.1992 auf Handlungen in dem Gebiet der Bundesrepublik Deutschland in den bis zum 2.10.1990 bestehenden Grenzen beschränkt[1058];
- von dem Beklagten zu 2) sämtliche Angaben und von beiden Beklagten die Angaben zu e) nur für die Zeit seit dem ... zu machen sind[1059];
- den Beklagten vorbehalten bleibt, die Namen und Anschriften der nichtgewerblichen Abnehmer[1060] und der Angebotsempfänger statt der Klägerin einem von der Klägerin zu bezeichnenden, ihr gegenüber zur Verschwiegenheit verpflichteten, in der Bundesrepublik Deutschland ansässigen, vereidigten Wirtschaftsprüfer mitzuteilen, sofern die Beklagten dessen Kosten tragen und ihn ermächtigen und verpflichten, der Klägerin auf konkrete Anfrage mitzuteilen, ob ein bestimmter Abnehmer oder Angebotsempfänger in der Aufstellung enthalten ist;

4. nur die Beklagte zu 1): die in ihrem unmittelbaren oder mittelbaren Besitz oder in ihrem Eigentum befindlichen, unter 1. bezeichneten Erzeugnisse[1061] an einen von der Klägerin zu benennenden Gerichtsvollzieher zum Zwecke der Vernichtung auf ihre – der Beklagten zu 1) – Kosten herauszugeben[1062];

5. nur die Beklagte zu 1): die unter 1. bezeichneten, seit dem 30.4.2006[1063] in Verkehr gebrachten Erzeugnisse gegenüber den gewerblichen Abnehmern unter Hinweis auf den gerichtlich (Urteil des ... vom ...) festgestellten patentverletzenden Zustand der Sache und mit der verbindlichen Zusage zurückzurufen, etwaige Entgelte zu erstatten sowie notwendige Verpackungs- und Transportkosten sowie mit der Rückgabe verbundene Zoll- und Lagerkosten zu übernehmen und die Erzeugnisse wieder an sich zu nehmen[1064];

6. dem Kläger zu gestatten, ... (zB Urteilskopf und Urteilstenor) auf Kosten der Beklagten durch ... (zB eine in drei aufeinanderfolgenden Ausgaben der Zeitschrift ... erscheinende halbseitige Anzeige) öffentlich bekannt zu machen;

II. festzustellen,

1. dass die Beklagte zu 1) verpflichtet ist, dem Kläger für die zu I.1 bezeichneten, in der Zeit vom ... bis zum ...[1065] begangenen Handlungen eine angemessene Entschädigung zu zahlen[1066];

1058 Falls Ansprüche für die Zeit vor dem 1.5.1992 (In-Kraft-Treten des Erstreckungsgesetzes) geltend gemacht werden.
1059 Falls Entschädigungsansprüche geltend gemacht werden.
1060 Falls die Mitteilung der Abnehmer unverhältnismäßig ist oder der Kläger mit der Gewährung eines Wirtschaftsprüfervorbehaltes einverstanden ist.
1061 Sofern eine Vernichtung der Gesamtvorrichtung unverhältnismäßig ist, ist die stattdessen zu vernichtende Teilvorrichtung zu bezeichnen.
1062 Nach Ablauf des Schutzrechts:
»... die unter 1. bezeichneten Erzeugnisse, die sich seit dem ... (Tag des Schutzrechtsablaufs) in ihrem unmittelbaren oder mittelbaren Besitz oder in ihrem Eigentum befinden, ...«.
1063 Ablauf der Umsetzungsfrist für Art 10 der Enforcement-Richtlinie.
1064 Im Klageantrag kann der Text des Rückrufschreibens auch im Einzelnen spezifiziert werden.
1065 Datum der Offenlegung zzgl 1 Monat bis Datum der Veröffentlichung der Patenterteilung zzgl 1 Monat.
1066 Bei Geltendmachung eines Rest-Entschädigungsanspruchs geht der Klageantrag dahin, »festzustellen, dass die Beklagte zu 1. verpflichtet ist, an den Kläger für die zu I.1 bezeichneten, in der Zeit vom ... bis ... begangenen Handlungen eine angemessene Entschädigung zu zahlen, wobei sich die Entschädigungspflicht auf die Herausgabe dessen beschränkt, was die Beklagte zu 1. durch die Benutzung des Gegenstandes der ... (Bezeichnung des Schutzrechts) auf Kosten des Klägers erlangt hat«.

2. dass die Beklagten als Gesamtschuldner verpflichtet sind, dem Kläger allen Schaden zu ersetzen, der ihm (gegebenenfalls auch dem Patentinhaber oder dem früheren Patentinhaber) durch die zu I.1. bezeichneten, seit dem ...[1067] begangenen[1068] Handlungen entstanden ist und noch entstehen wird[1069],

(gegebenenfalls:) wobei

– sich die Verpflichtung zum Schadenersatz für die Zeit vor dem 1. Mai 1992 auf Handlungen in dem Gebiet der Bundesrepublik Deutschland in den bis zum 2. Oktober 1990 bestehenden Grenzen beschränkt;

III. für jeden zuerkannten Anspruch (außer dem Urteilsveröffentlichungsanspruch[1070]) und die Kostengrundentscheidung Teilsicherheiten festzusetzen, wobei folgende Einzelbeträge vorgeschlagen werden: ...

712 | Praxistipp | Formulierungsbeispiel

B. Mittelbare Patentverletzung

Es wird beantragt,

I. die Beklagten zu verurteilen,

1. es bei Meidung eines für jeden Fall der Zuwiderhandlung vom Gericht festzusetzenden Ordnungsgeldes bis zu 250 000 € – ersatzweise Ordnungshaft – oder einer Ordnungshaft bis zu sechs Monaten, im Falle wiederholter Zuwiderhandlung bis zu insgesamt zwei Jahren, wobei die Ordnungshaft hinsichtlich der Beklagten zu 1. an ihrem Geschäftsführer zu vollziehen ist, zu unterlassen,

... (Bezeichnung des angebotenen oder gelieferten Mittels mit seinen erfindungsgemäßen Merkmalen – zB Schneidplatten),

welches dazu geeignet ist, ... (Bezeichnung der erfindungsgemäßen Gesamtvorrichtung, für die das Mittel geeignet ist [zB Klemmhalter], oder Bezeichnung des patentgemäßen Verfahrens, das mit dem Mittel durchgeführt werden kann –)[1071],

Abnehmern im Gebiet der Bundesrepublik Deutschland anzubieten und/oder an solche zu liefern,

ohne

– im Falle des Anbietens im Angebot ausdrücklich und unübersehbar darauf hinzuweisen, dass die ... (Bezeichnung der Mittel – zB Schneidplatten) nicht ohne Zustimmung des Klägers als Inhabers des deutschen Patents ... mit ... (Bezeichnung der erfin-

---

1067 Datum der Veröffentlichung der Patenterteilung zzgl ein Monat.
1068 Für die zeitliche Einordnung kommt es auf die Begehung der Verletzungshandlung an; wann in seiner Folge der Schaden beim Verletzten eingetreten ist, spielt keine Rolle und hat daher auch im Klageantrag keinen Platz (BGH, GRUR 2016, 257 – Glasfasern II).
1069 Bei Geltendmachung – auch – eines Rest-Schadenersatzanspruchs geht der Klageantrag dahin, »festzustellen, dass die Beklagten als Gesamtschuldner verpflichtet sind, dem Kläger allen Schaden zu ersetzen, der ihm durch die zu I.1 bezeichneten, in der Zeit seit dem ... begangenen Handlungen entstanden ist und noch entstehen wird, wobei sich die Schadenersatzpflicht für die vor dem ... begangenen Handlungen auf die Herausgabe dessen beschränkt, was die Beklagten durch die Benutzung des ... (Bezeichnung des Schutzrechts) auf Kosten des Klägers erlangt haben«.
1070 ... weil § 140e Satz 4 PatG dessen vorläufige Vollstreckbarkeit ausschließt.
1071 Mangels hinreichender Bestimmtheit unzulässig ist eine Formulierung, die darauf abstellt, dass das angegriffene Mittel (geeignet und) »bestimmt« ist für die patentgeschützte Verfahrensführung oder Verwendung (BGH, GRUR 2006, 839, 841 – Deckenheizung).

> dungsgemäßen Gesamtvorrichtung, für die die Mittel sich eignen – zB Klemmhalter, oder Bezeichnung des patentgemäßen Verfahrens) verwendet werden dürfen;
>
> – im Falle der Lieferung den Abnehmern unter Auferlegung einer an den Patentinhaber zu zahlenden Vertragsstrafe von ... € für jeden Fall der Zuwiderhandlung, mindestens jedoch ... € pro Stück (zB Schneidplatte), die schriftliche Verpflichtung aufzuerlegen, die (zB Schneidplatten) nicht ohne Zustimmung des Patentinhabers für ... (zB Klemmhalter) zu verwenden, die mit den vorstehend unter a) bezeichneten Merkmalen ausgestattet sind;
>
> 2. dem Kläger darüber Auskunft zu erteilen, in welchem Umfang sie seit dem (Veröffentlichung der Patenterteilung) die zu 1. Bezeichneten Handlungen begangen haben,
>
> und zwar unter Angabe ... (wie zu A.I.2);
>
> 3. dem Kläger darüber Rechnung zu legen, in welchem Umfang sie seit dem ... (Schadensersatzzeitraum) die zu 1. bezeichneten Handlungen begangen haben,
>
> und zwar unter Angabe ... (wie zu A.I.3);
>
> (sofern das Mittel auch patentfrei gebraucht sein kann:) ... wobei diejenigen Lieferungen und Abnehmer besonders kenntlich zu machen sind, die das Mittel (zB die Schneidplatten) patentgemäß (zB mit dem erfindungsgemäßen Klemmhalter) verwendet haben;
>
> II. festzustellen, dass die Beklagten als Gesamtschuldner verpflichtet sind, dem Kläger allen Schaden zu ersetzen, der ihm durch die zu I.1 bezeichneten, in der Zeit seit dem ... begangenen Handlungen entstanden ist und noch entstehen wird,
>
> III. für jeden zuerkannten Anspruch und die Kostengrundentscheidung eine Teilsicherheit festzusetzen, wobei folgende Einzelbeträge vorgeschlagen werden: ...

713 Enthält der Klageantrag – das gleiche gilt für einen Widerklageantrag – **Unklarheiten**, bestimmt sich sein Inhalt und seine Reichweite nicht allein nach dem Wortlaut; vielmehr ist der Antrag unter Berücksichtigung der Klagebegründung auszulegen. Wegen des verfassungsrechtlichen Anspruchs auf effektiven Rechtsschutz und rechtliches Gehör ist im Zweifel das als gewollt anzusehen, was nach den Maßstäben der Rechtsordnung vernünftig ist und der recht verstandenen Interessenlage der erklärenden Partei entspricht.[1072]

VI. Klagebegründung

714 Die Klagebegründung verfolgt den Zweck, das Gericht (als bisher Unbeteiligten) mit dem Streitstoff vertraut zu machen. Adressat sind insoweit technisch nicht vorgebildete Laien. Weil dem so ist, haben die gesamten Ausführungen – dies gilt in gleicher Weise für die Klageerwiderung und die Replik – unter dem Gebot der *Verständlichkeit* zu stehen. Nicht selten entscheidet die Qualität der Klage (und der sonstigen Schriftsätze) darüber, ob sich das Gericht in der Lage sieht, den Rechtsstreit aufgrund eigener Sachkunde zu entscheiden oder ob es die Einholung eines Sachverständigengutachtens für geboten hält, was die Durchsetzung der Klageansprüche für geraume Zeit verzögert. Zur Verständlichkeit des Sachvortrages gehört es auch, dass alle überflüssigen Erörterungen, die zur Begründung der geltend gemachten Ansprüche nicht zwingend erforderlich sind, unterbleiben. Es sollte deshalb auf die Schilderung der vorprozessualen Geschichte ebenso verzichtet werden wie auf jegliche Ausführungen zu früheren oder parallelen

---

1072 BGH, WM 2016, 1599.

Auseinandersetzungen der Parteien, die zur Entscheidung der vorliegenden Klage nichts beitragen.

1. Darstellung der Erfindung

715 Im Mittelpunkt der Klageschrift hat die Darstellung der durch das Klagepatent geschützten Erfindung zu stehen. Insoweit ist es zwar bequem, aber unbehelflich, die Klagepatentschrift (die nicht selten einen bestimmten Wissenshorizont voraussetzt und die sich deswegen einem technischen Laien nicht ohne weiteres erschließt) abzuschreiben.

716 Stattdessen sollte – im Interesse der gebotenen Verständlichkeit – eingangs kurz auf den Hintergrund der Erfindung (zB das Einsatz- und Verwendungsgebiet gattungsgemäßer Vorrichtungen etc) eingegangen werden, was zweckmäßigerweise durch geeignetes Prospektmaterial oder dergleichen veranschaulicht werden kann. Im Anschluss an diese in das technische Gebiet einführenden Bemerkungen sollte die Erfindung *mit eigenen Worten* umrissen werden. Dazu gehört zunächst eine Darstellung desjenigen Standes der Technik, von dem die Erfindung ausgeht. Erörterungsbedürftig ist insofern nicht jede Druckschrift, die in der Beschreibung der Klagepatentschrift erwähnt ist. Angesprochen werden sollte vielmehr nur derjenige Stand der Technik, der für das Verständnis der Lehre des Klagepatents oder für dessen Auslegung relevant ist. Die betreffenden Druckschriften (fremdsprachige Druckschriften mit deutscher Übersetzung[1073]) sind gleichzeitig als Anlage zur Klageschrift vorzulegen. Eine wertvolle Hilfe bei der Erläuterung und beim Verständnis bieten die Patentzeichnungen des Standes der Technik, von denen zB eine besonders aussagekräftige (gegebenenfalls zusätzlich kolorierte) Abbildung in die Klageschrift übernommen und unter Rückgriff auf die in der Zeichnung verwendeten Bezugsziffern erklärt werden kann. In diesem Zusammenhang sind auch die in der Klagepatentschrift angesprochenen (oder dem Durchschnittsfachmann sonst ersichtlichen) Nachteile des Standes der Technik herauszuarbeiten und erforderlichenfalls durch ergänzende Bemerkungen zu erläutern.

717 Auf der Grundlage der vorstehenden Ausführungen ergibt sich sodann die Aufgabe der Erfindung, nämlich diejenige technische Problemstellung, die angesichts der kritisierten Nachteile am Stand der Technik und den demgegenüber herausgestellten Vorteilen der Erfindung *objektiv* gelöst werden soll. Nicht immer ist die Aufgabenstellung in der Patentschrift korrekt formuliert. Enthält sie zB Lösungsansätze, so ist dies in der Klageschrift aufzuzeigen und zu bereinigen.

718 Nachdem die Aufgabe der Erfindung zutreffend ermittelt ist, muss die technische Lehre des Klagepatents dargestellt werden. Dies geschieht typischerweise anhand einer Merkmalsanalyse des geltend gemachten Patentanspruchs. Leider wird ihr in der Praxis ein viel zu geringes Gewicht beigemessen und dementsprechend zu wenig Sorgfalt gewidmet. Sie *muss* geradezu ihren Zweck (den verschachtelten Patentanspruch in eine verständliche Form umzusetzen) verfehlen, wenn der Patentanspruch – wie dies meist geschieht – unbesehen unter Beibehaltung der durch Oberbegriff und Kennzeichen vorgegebenen Reihenfolge lediglich in einzelne Merkmale aufgespalten und mit einer Nummerierung versehen wird. Damit die Merkmalsgliederung die technische Lehre der Erfindung möglichst klar zum Ausdruck bringen kann, ist es unbedingt erforderlich, dass die Einzelmerkmale des Patentanspruchs – *ohne* Rücksicht auf ihre Zugehörigkeit zum Oberbegriff oder zum Kennzeichen – so einander zugeordnet werden, wie sie *technisch* zusammengehören.

[1073] Vgl § 184 GVG: »Die Gerichtssprache ist Deutsch«.

▶ **Bsp:**

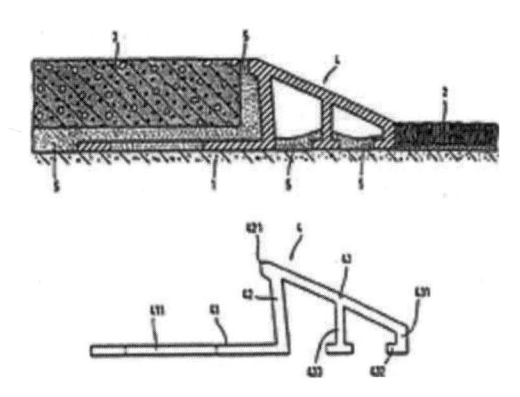

Unter I. ist ein Ausführungsbeispiel, unter II. der Patentanspruch im Wortlaut und unter III. die dazugehörige – sinnvoll gegliederte – Merkmalsanalyse wiedergegeben:

I.

II.

»Vorrichtung zur Ausbildung des Überganges zwischen zwei aneinander grenzenden Bodenbelägen (2, 3) unterschiedlicher Höhe, bei der an einem unter einem Bodenbelag (3) unterzubringenden Befestigungsschenkel (41) etwa rechtwinklig ein Abschlussschenkel (42) angeformt ist, der mit einem unter einem Winkel von 20–45° nach unten geneigten, sich abstützenden Übergangsschenkel (43) verbunden ist,

gekennzeichnet durch

ein einstückiges Profil (4) mit einem unter 1,5 mm starken, mit Durchbrechungen (411) versehen Befestigungsschenkel (41) und mit einem endseitig am Abschlussschenkel (42) angeformten Übergangsschenkel (43), der an seinem äußeren Ende einen Anlageabschnitt (431) für den angrenzenden Bodenbelag (2) aufweist.«

III.

(1) Vorrichtung zur Ausbildung des Überganges zwischen zwei aneinander grenzenden Bodenbelägen (2, 3) unterschiedlicher Höhe.

(2) Die Vorrichtung besteht aus einem einstückigen Profil (4) und besitzt

  (a) einen unter einem Bodenbelag (3) unterzubringenden Befestigungsschenkel (41),

  (b) einen etwa rechtwinklig an dem Befestigungsschenkel (41) angeformten Abschlussschenkel (42) und

  (c) einen mit dem Abschlussschenkel (42) verbundenen Übergangsschenkel (43).

(3) Der Befestigungsschenkel (41)

  (a) weist eine Stärke von weniger als 1,5 mm auf und

  (b) ist mit Durchbrechungen (411) versehen.

(4) Der Übergangsschenkel (43)

  (a) stützt sich ab,

  (b) ist endseitig am Abschlussschenkel (42) angeformt,

  (c) unter einem Winkel von 20–45° nach unten geneigt und

(d) weist an seinem äußeren Ende einen Anlageabschnitt (431) für den angrenzenden Bodenbelag (2) auf.

720 Im Einzelfall kann es ratsam sein, ein Ausführungsbeispiel der Erfindung unter Bezugnahme auf die betreffende (gegebenenfalls zusätzlich kolorierte) Patentzeichnung und die dortigen Bezugsziffern *mit eigenen Worten* zu erläutern.

721 Zur Vorbereitung der späteren Erörterungen zum Verletzungstatbestand können bereits an dieser Stelle »problematische« Merkmale, deren Inhalt oder Reichweite sich nicht ohne weiteres erschließt und die mit Blick auf die angegriffene Ausführungsform bedeutsam sind, anhand der Patentbeschreibung und der Zeichnungen (§ 14 PatG, Art 69 EPÜ) ausgelegt werden.[1074]

2. Die angegriffene Ausführungsform

722 In einem zweiten Kapitel ist die angegriffene Ausführungsform zu beschreiben. Insofern genügt nicht die Behauptung, die angebliche Verletzungsform verwirkliche sämtliche Merkmale des Patentanspruchs wortlautgemäß. Streng genommen handelt es sich hierbei bereits um eine das Ergebnis der Verletzungsprüfung vorwegnehmende Wertung, die das Gericht vorzunehmen hat und die es nur dann anstellen kann, wenn die angegriffene Ausführungsform in irgendeiner Form »visualisiert« wird. Geeignet dazu sind Originalmuster der Verletzungsform[1075], Prospektabbildungen oder Prinzipskizzen, die – gegebenenfalls zur besseren Veranschaulichung *zusätzlich* zu beiden – angefertigt werden sollten. Auch hier erleichtert es das Verständnis, wenn solche Abbildungen koloriert und/oder mit den Bezugsziffern der Klagepatentschrift versehen sind. Neben der äußerlichen Beschreibung der angegriffenen Ausführungsform kann es geboten sein, deren Funktionsweise zu erläutern. In jedem Fall muss dargelegt werden, auf welche genaue technische Weise (zB welche konkrete Materialzusammensetzung oder welche konstruktive Maßnahme) von jedem einzelnen Merkmal des Patentanspruchs Gebrauch gemacht werden soll.

3. Der Verletzungstatbestand

723 In einem dritten Abschnitt der Klageschrift ist sodann die angegriffene Ausführungsform unter den Anspruch des Klagepatents zu subsumieren. Hierbei ist auf die Merkmalsgliederung zurückzugreifen und – Merkmal für Merkmal – darzutun, durch welches Vorrichtungsteil oder welchen Verfahrensschritt welches Merkmal der Erfindung verwirklicht sein soll. Wird eine äquivalente Benutzung des Klagepatents geltend gemacht, ist aufzuzeigen, dass und weshalb das verwendete Ersatzmittel dieselben Wirkungen wie das im Wortlaut des Patentanspruchs liegende Lösungsmittel besitzt und dass und weshalb es für einen Durchschnittsfachmann im Prioritätszeitpunkt ausgehend von der Klagepatentschrift nahe liegend war, das Austauschmittel zu wählen. Sofern nicht schon die Klagepatentschrift in ihrer Beschreibung eine Anregung gibt, sind geeignete Belege aus dem Stand der Technik zu zitieren.

1074 Alternativ können die betreffenden Überlegungen auch im Rahmen der Subsumtion der Verletzungsform unter den Patentanspruch angestellt werden.
1075 Sie sollten nicht erst im Verhandlungstermin, sondern bereits mit der Klageschrift überreicht werden!

4. Rechtsausführungen

Die Klageschrift schließt im Allgemeinen mit rechtlichen Ausführungen zu den geltend gemachten Klageansprüchen (auf Unterlassung, Rechnungslegung, Vernichtung, Entschädigung und Schadenersatz) sowie zur örtlichen und gegebenenfalls internationalen Zuständigkeit des angerufenen Gerichts. 724

5. Erforderlichkeit einer sachverständigen Begutachtung

Besonderer strategischer Erwägungen des Klägers bedürfen solche Verletzungsklagen, die entweder eine schwierige technische Materie betreffen, die dem Verletzungsgericht voraussichtlich nicht aus eigener Kenntnis und Einarbeitung zugänglich sein wird, und/oder bei denen sich bereits aus der vorgerichtlichen Korrespondenz, spätestens aber aus der Klageerwiderung ergibt, dass die Ausgestaltung und/oder Wirkungsweise der angegriffenen Ausführungsform im Tatsächlichen streitig ist, ohne dass das Verletzungsgericht die notwendigen Feststellungen selbst wird treffen können. Unter solchen Umständen ist von vornherein absehbar, dass es zur Einholung eines Sachverständigengutachtens kommen wird. 725

Praxistipp	Formulierungsbeispiel	726
Hier macht es für den Kläger schlechterdings keinen Sinn, im Anschluss an die Klageerwiderung bis zum anberaumten Verhandlungstermin – dem üblichen Prozedere folgend – weitere Schriftsätze auszutauschen. Das einzige, was der Kläger mit einem solchen Verhalten erreicht, ist ein unnötiger Zeitverlust bei der Durchsetzung seiner Ansprüche aus dem Patent. Richtig ist es stattdessen, als Kläger direkt nach der Klageerwiderung auf die Notwendigkeit einer sachverständigen Begutachtung hinzuweisen und beim Verletzungsgericht die Aufhebung des Verhandlungstermins und den kurzfristigen Erlass einer Beweisanordnung im schriftlichen Verfahren anzuregen. Neben einem schriftsätzlichen Antrag ist unbedingt ein begleitender telefonischer Kontakt zum Gericht anzuraten, bei dem die Anregung in geeigneter Weise näher erläutert werden kann.		

VII. Checkliste für Kläger[1076]

Praxistipp	Formulierungsbeispiel	727

– Abmahnung gegenüber dem Beklagten notwendig und erfolgt?
  ❏ Abmahnung ausnahmsweise entbehrlich?
  ❏ Abmahnung unzweckmäßig (Gefahr eines Torpedo)?		

1076 Die Liste erhebt keinen Anspruch auf Vollständigkeit, sie berücksichtigt jedoch die wichtigsten bei einer Klageerhebung zu beachtenden Punkte. Die Liste ist im Internet abrufbar (siehe Hinweis im Anschluss an das Inhaltsverzeichnis).

D. Klageverfahren

- Negative Feststellungsklage umgekehrten Rubrums im europäischen Ausland bereits anhängig?
  - ❏ Gefahr der Aussetzung des Verletzungsprozesses
    (Art 29 EuGVVO, Art 27 VO 44/2001, Art 21 EuGVÜ, Art 21 LugÜ)
- Zuständigkeit des angerufenen Gerichts?
  - Örtliche Zuständigkeit
    - ❏ Sitz des Beklagten
    - ❏ Ort der Niederlassung des Beklagten
    - ❏ Ort der Patentverletzung
    - ❏ Rügeloses Verhandeln des Beklagten
  - Bei ausländischem Beklagten: Internationale Zuständigkeit
    - ❏ EuGVVO, VO 44/2001, EuGVÜ, LugÜ
    - ❏ (Art 4/2, Art 7 Nr 2/5 Nr 3, Art 8 Nr 1/6 Nr 1)
- § 145 PatG?
  - ❏ Werden durch die aA mehrere Patente verletzt?
  - ❏ Müssen – zumindest vorsorglich – alle/mehrere Patente in derselben Klage geltend gemacht werden?
- Klagepatent(e) in Kraft?
  - ❏ aktueller Auszug aus dem Patentregister (bei EP: des DPMA!)
  - ❏ deutsches Patent: Art II § 8 IntPatÜG (Doppelschutzverbot)?
  - ❏ EP in fremder Verfahrenssprache:
  - ❏ Erteilungshinweis vor dem 1.5.2008 veröffentlicht:
    Dt. Übersetzung formell ordnungsgemäß erfolgt (Art II § 3 Abs 1, 2 IntPatÜG)?
  - ❏ Sofern Entschädigung geltend gemacht werden soll:
    Dt. Übersetzung der Ansprüche erfolgt (Art II § 1 Abs 2 IntPatÜG)?
- Aktivlegitimation des Klägers?
  - als eingetragener Patentinhaber
    - ❏ aktueller Rollenauszug,
    - ❏ Umschreibung erfolgt?
    - ❏ Gesamtrechtsnachfolge
    - ❏ Firmenänderung
    - ❏ Bei Vergabe einer ausschließlichen Lizenz:
  - Eigenes Betroffensein durch die Verletzungshandlungen darlegen
  - bzgl Schadenersatz: Gemeinsame Klage mit ausschließlichem Lizenznehmer o d e r dessen Schadensersatzansprüche abtreten lassen (hierbei ggf deutsches Recht vereinbaren)

- als ausschließlicher Lizenznehmer
  - ❑ Vorlage des Lizenzvertrages (ggf teilgeschwärzt) in Kopie
  - ❑ Vorsorglich: Benennung von Zeugen für Abschluss und Bestand
  - ❑ bzgl Schadenersatz: Gemeinsame Klage mit Patentinhaber o d e r dessen Schadenersatzansprüche abtreten lassen
- als einfacher Lizenznehmer
  - ❑ Vorlage des Lizenzvertrages (ggf teilgeschwärzt) in Kopie
  - ❑ Vorsorglich: Benennung von Zeugen für Abschluss und Bestand
  - ❑ Vorlage der Prozessführungsermächtigung des Patentinhabers im Original (für Unterlassungs- und Vernichtungsanspruch)
  - ❑ Vorlage der Abtretungsvereinbarung mit dem Patentinhaber im Original

  (für Rechnungslegungs-, Entschädigungs- und Schadenersatzanspruch)
- Passivlegitimation des Beklagten?
  - Welches Unternehmen stellt her, bietet an, vertreibt?
    - ❑ Zur korrekten Bezeichnung: Handelsregisterauskunft einholen
  - Gibt es – ggf im Ausland – Zulieferer, die als Mittäter verklagt werden können?
    - ❑ Zustellung möglich, ggf während einer inländischen Messe? Öffentliche Zustellung?
  - Wer war/ist im maßgeblichen Zeitraum als gesetzliches Vertretungsorgan neben dem Unternehmen verantwortlich und deshalb haftbar (GF)?
    - ❑ Handelsregisterauskunft einholen
    - ❑ Geschäftsführerwechsel beachten
- Klageantrag:
  - Häufige Fehler:
    - ❑ Bei EP: Beschränkung auf Handlungen »in der Bundesrepublik Deutschland« klarstellen
    - ❑ Verbot des »Herstellens« nur, wenn inländische Herstellungshandlungen des Beklagten behauptet werden können
    - ❑ Entschädigung und korrespondierende Rechnungslegung nicht gegenüber GF und nicht bei mittelbarer PV
    - ❑ Vernichtungsanspruch und Rückruf nicht gegenüber dem GF, nicht bei mittelbarer PV
    - ❑ Soweit abgetretene Schadenersatzansprüche eingeklagt werden (einfacher Lizenznehmer): Zu ersetzen ist der dem Patentinhaber entstandene Schaden
    - ❑ Bei Inhaberwechsel und Umschreibung: Schadenersatzantrag berücksichtigt den Rollenstand (Umschreibungsdatum)
    - ❑ Bei zwischenzeitlich ausgeschiedenem GF: Zeitliche Beschränkung des Rechnungslegungs,- Entschädigungs- und Schadenersatzanspruchs auf Benutzungshandlungen in der Zeit bis zum Ausscheiden

D. Klageverfahren

- Unteransprüche »insbesondere« aufnehmen
- Vorgerichtliche Abmahnkosten?
- Antrag auf Festsetzung von Teilsicherheiten für einzelne zu titulierende Ansprüche, deren isolierte Vollstreckung vorbehalten bleiben soll?
- Streitwertangabe?

E. Verteidigungsmöglichkeiten des Beklagten

Dem Beklagten stehen verschiedene Strategien zur Verfügung, mit denen er der Klage entgegentreten kann. Vorab stellt sich selbstverständlich die Frage, ob dem Verletzungsvorwurf mit Aussicht auf Erfolg Argumente entgegengehalten werden können oder das Klageschutzrecht angreifbar ist.

I. Fehlende Verteidigungsaussichten

Bestehen keine Aussichten auf eine erfolgreiche Verteidigung, kann nur noch versucht werden, die Kosten des Verfahrens zu reduzieren.

1. Anerkenntnis

Hierzu besteht vor allem dann eine Möglichkeit, wenn der Beklagte vor Zustellung der Klageschrift von dem Kläger nicht abgemahnt worden ist bzw die Abmahnung nicht den oben erläuterten Anforderungen entsprochen hat, zB nur als Berechtigungsanfrage gewertet werden kann oder nicht an den Beklagten, sondern eine Konzerngesellschaft adressiert war. In diesem Fall hat der Beklagte die Möglichkeit, die Klageanträge sofort anzuerkennen mit der Folge, dass dem Kläger gemäß § 93 ZPO die gesamten Kosten des Verfahrens auferlegt werden. Voraussetzung für diese dem Beklagten günstige Kostenfolge ist:

Die mit der Klage geltend gemachten Ansprüche müssen **sofort**, dh noch vor Verlesung der Anträge in einem frühen ersten Termin bzw innerhalb der Klageerwiderungsfrist im schriftlichen Vorverfahren (§ 276 ZPO), anerkannt werden. Das Anerkenntnis muss vorbehaltlos erfolgen. Unschädlich ist die Anzeige der Verteidigungsbereitschaft[1], schädlich ist demgegenüber die (gleichzeitige) Ankündigung eines Klageabweisungsantrages.[2] Solange die Revision noch nicht begründet ist, kann der zweitinstanzliche Prozessbevollmächtigte das Anerkenntnis wirksam beim BGH erklären.[3]

Der Beklagte darf darüber hinaus **keine Veranlassung zu der Klage** gegeben haben. Veranlassung ist gegeben, wenn der Kläger aufgrund des vorprozessualen Verhaltens des Beklagten annehmen musste, seine Rechte ohne Klage nicht durchsetzen zu können. Unter gewissen Voraussetzungen kann auch das prozessuale Verhalten des Beklagten quasi nachträglich die Klageveranlassung begründen.[4] An der Veranlassung zur Klage fehlt es in der Regel, wenn der Beklagte nicht ordnungsgemäß abgemahnt worden ist. War der Verletzungsgegenstand in der Abmahnung nur »insbesondere« bezeichnet, liegt nur in Bezug auf das konkret bezeichnete Erzeugnis eine Abmahnung vor, wohingegen in Bezug auf andere, nicht »insbesondere« aufgezählte Gegenstände § 93 ZPO anwendbar bleibt.

---

1 BGH, MDR 2007, 233.
2 AA: OLG Celle, Mitt 2011, 388, das auch die Ankündigung eines Klageabweisungsantrages für unschädlich hält.
3 BGH, MDR 2014, 982.
4 Vgl Zöller, § 93 ZPO Rn 3.

6 Auch im Falle eines normalen, also nicht sofortigen Anerkenntnisses reduzieren sich für den Beklagten zumindest die von ihm zu erstattenden **Kosten**, denn gemäß KV 1211 Nr 2, 1222 Nr 2 ermäßigen sich die Gerichtsgebühren im Falle eines Anerkenntnisurteils in der 1. Instanz auf eine Gebühr. Anwaltskosten fallen jedoch auf beiden Seiten in vollem Umfang an, wobei dies nicht nur für die Geschäftsgebühr gilt. Ferner entsteht auch je eine 1,2 Terminsgebühr nach Nr 3104 VV, und zwar unabhängig davon, ob es zu einer mündlichen Verhandlung[5] kommt oder nicht.[6]

7 Für das Anerkenntnis besteht nach Maßgabe des § 78 ZPO **Anwaltszwang**, wobei grundsätzlich ein für die betreffende Instanz bestellter Rechtsanwalt handeln muss.[7] Für das Revisionsverfahren lässt der BGH hiervon eine Ausnahme zu. Solange die Revision noch nicht begründet ist, kann auch der zweitinstanzliche Prozessbevollmächtigte anerkennen.[8] Erkennt der in erster Instanz unterlegene Beklagte die Klageforderung innerhalb der noch laufenden Berufungsbegründungsfrist an, ohne die **Berufung** noch zu begründen, ist sein Rechtsmittel durch Anerkenntnisurteil zurückzuweisen.[9] Ist die Begründungsfrist bei Abgabe des Anerkenntnisses bereits verstrichen, darf demgegenüber kein Anerkenntnisurteil mehr ergehen; vielmehr ist das Rechtsmittel als unzulässig zu verwerfen.[10]

2. Säumnis

8 Für den Beklagten besteht neben dem Anerkenntnis auch die Möglichkeit, auf den Klagevorwurf nicht zu reagieren und ein **Versäumnisurteil** in Kauf zu nehmen. Ist allerdings im frühen ersten Termin bereits einmal streitig verhandelt worden, so besteht bei einer anschließenden Säumnis des Beklagten im Haupttermin für den Kläger die Möglichkeit, statt des Erlasses eines Versäumnisurteils eine **Entscheidung nach Lage der Akten** zu beantragen (§§ 331a, 251a Abs 2 ZPO).[11] Hiervon sollte – aus der Sicht des Klägers – unbedingt Gebrauch gemacht werden. Während dem Beklagten gegen ein Versäumnisurteil der Einspruch zusteht (§ 338 ZPO), dessen rechtzeitige Einlegung bewirkt, dass der Rechtsstreit in die Lage vor der Säumnis zurückversetzt wird und danach unverändert fortzusetzen ist (§ 342 ZPO), sind die Verteidigungsmöglichkeiten des säumigen Beklagten im Verfahren nach § 331a ZPO erheblich eingeschränkt. Das Gericht wird nämlich nach der im Zeitpunkt der Säumnis gegebenen Aktenlage entscheiden und einen neuen Verhandlungstermin (der eine weitere Rechtsverteidigung ermöglicht) nur dann bestimmen, wenn der Beklagte dies spätestens am siebten Tag vor dem angesetzten Verkündungstermin beantragt und ferner glaubhaft macht, dass er schuldlos säumig und außerstande gewesen ist, rechtzeitig eine Terminverlegung zu beantragen (§ 251a Abs 2 ZPO). Fehlt es daran, ergeht eine die Instanz abschließende Entscheidung.

9 Für ein echtes Versäumnisurteil entsteht keine Urteilsgebühr des Gerichts. Dies ist jedoch nur für das Berufungsverfahren von Interesse. Im erstinstanzlichen Verfahren führt ein Versäumnisurteil, jedenfalls wenn es gegen den Beklagten erlassen wird, nicht

---

5 Sie ist gemäß § 307 Satz 2 ZPO nicht zwingend, so dass ein lediglich schriftsätzliches Anerkenntnis ausreicht und das entsprechende Urteil im schriftlichen Verfahren ergehen kann.
6 OLG Düsseldorf, InstGE 6, 41 – Terminsgebühr.
7 BGH, WM 2014, 1553.
8 BGH, WM 2014, 1553.
9 BGH, MDR 2013, 1423.
10 BGH, MDR 2010, 164.
11 Das verlangt einen entsprechenden verfahrensrechtlichen Antrag und kann nicht von Amts wegen erfolgen. Denn der durch die gegnerische Säumnis Begünstigte hat die Wahl zwischen einem Versäumnisurteil und einer streitigen, präsumptiv instanzbeendenden Aktenlageentscheidung, und dieses Wahlrecht muss ausgeübt werden.

zu einer Ermäßigung.¹² Dennoch kann unter bestimmten Umständen eine Säumnis für den Beklagten **kostengünstiger** sein als ein Anerkenntnis. Dies ist der Fall, wenn nicht etwa durch Gespräche zwischen den Rechtsvertretern beider Parteien oder durch Anwesenheit bzw ordnungsgemäße Vertretung im Termin für den Beklagten eine 1,2 Termingebühr angefallen ist. Denn in diesem Fall löst die mündliche Verhandlung und die Stellung des Antrags auf Versäumnisurteil auf Seiten des Klägervertreters lediglich eine 0,5 Gebühr (VV 3104, 3105) aus. Auf Seiten des Beklagtenvertreters fallen keine Kosten an.

Es besteht schließlich noch die Möglichkeit, in Vergleichsgespräche mit der Gegenseite einzutreten und diese zu einer Rücknahme ihrer Klage zu bewegen. Auch bei der Klagerücknahme reduzieren sich die Gerichtsgebühren, jedoch, anders als dies früher der Fall war, nicht zwingend. Eine Ermäßigung kommt nur in Betracht, wenn der richterliche Arbeitsaufwand bei der Verfahrensentscheidung und -beendigung entbehrlich wird. Andernfalls bleibt es bei einer dreifachen Gebühr.¹³ 10

II. Formelle Verteidigung

In Betracht kommen zunächst formelle Einwände. 11

1. Mangelnde Zuständigkeit

So kann die örtliche, gegebenenfalls auch die internationale Zuständigkeit des angerufenen Gerichts zweifelhaft sein. Zu beachten ist allerdings, dass die Rüge vor der ersten mündlichen Verhandlung zur Hauptsache erhoben werden muss, weil das Gericht ansonsten infolge des rügelosen Verhandelns der Parteien zuständig wird (§ 39 Satz 1 ZPO, Art 26 EuGVVO, Art 24 VO 44/2001, Art 18 LugÜ). Zur Sache wird auch dann verhandelt, wenn der anberaumte **frühe erste Verhandlungstermin** lediglich dazu vorgesehen ist, die Anträge zu verlesen, Fristen für die Klageerwiderung und die weiteren Schriftsätze der Parteien zu bestimmen und einen Haupttermin festzulegen.¹⁴ 12

2. Prozesskostensicherheit

a) Berechtigter Personenkreis

Gegenüber einem im Ausland ansässigen Kläger kann der **Beklagte** verlangen, dass ihm wegen *seiner* voraussichtlichen Prozesskosten Sicherheit geleistet wird (§ 110 ZPO).¹⁵ Maßgeblich ist die Parteirolle in der 1. Instanz, weswegen § 110 ZPO anwendbar bleibt, wenn der Kläger im weiteren Rechtszug Rechtsmittelbeklagter wird. Hinter der in § 110 ZPO getroffenen Regelung steht der Gedanke, dass der mit einem Prozess überzogene Beklagte, falls der Prozess einen ihm günstigen Ausgang nimmt, seinen Kostenerstattungsanspruch gegen den Kläger nicht im Ausland soll durchsetzen müssen, sondern in Gestalt der vorgesehenen Sicherheit eine Haftungsmasse bereitsteht, auf die er erforderlichenfalls zu seiner Befriedigung zugreifen kann. 13

---

12 Zöller, § 330 ZPO Rn 10.
13 Vgl zu den einzelnen Tatbeständen und den für die Klagerücknahme relevanten Zeitpunkten auch Zöller, § 269 ZPO Rn 24.
14 LG Düsseldorf, InstGE 9, 18 – Belaghalter für Scheibenbremse.
15 Stattdessen kann – wohlgemerkt für die *Beklagten*kosten – auch dessen Nebenintervenient die Einrede erheben.

14 Unterschiedlich beurteilt wird die Frage, ob neben dem Beklagten auch dessen (beigetretene) einfache oder streitgenössische **Streithelfer** zum Fordern einer Sicherheit für *ihre* Prozesskosten berechtigt sind.[16] Von der wohl überwiegenden Meinung wird dies differenzierend beurteilt, nämlich für den streitgenössischen Nebenintervenienten bejaht, für den einfachen Streithelfer hingegen verneint.[17] Diese Differenzierung leuchtet insofern schwerlich ein, als der einfache genauso wie der streitgenössische Streithelfer im Falle eines Obsiegens der von ihm unterstützten Hauptpartei (= Beklagte) einen eigenen Kostenerstattungsanspruch gegen den Kläger erwerben. Für einfache Nebenintervenienten ergibt er sich aus § 101 Abs 1 ZPO (Grundsatz der Kostenparallelität), für streitgenössische Streifhelfer aus § 91 ZPO. Das von § 110 ZPO adressierte Schutzbedürfnis ist mithin in beiden Fällen dasselbe, weswegen beide Arten von Nebenintervenienten folgerichtig auch gleich zu behandeln sein könnten, vorausgesetzt, ihr Beitritt zum Rechtsstreit ist zuzulassen. Andererseits bleibt es eine Tatsache, dass in § 110 ZPO ausschließlich von dem »Beklagten«, aber nicht (auch) von dessen Streihelfer die Rede ist, was insofern verwundert, als die Vorschriften zur Streithilfe und die Kostenhaftung des Nebenintervenienten im 2. Abschnitt des 1. Buchs der ZPO vorausgehend (§§ 66 ff, 100 f) umfangreich abgehandelt sind, so dass dem Gesetzgeber die Streithilfe im Zusammenhang mit der Prozesskostensicherheit an sich kaum entgangen sein kann. Die daraus ersichtliche Wertentscheidung eines Schutzes nur der eigentlichen Prozesspartei ist hinzunehmen. Sie rechtfertigt eine Erstreckung allenfalls auf den streitgenössischen Nebenintervenienten, der verfahrensrechtlich (§ 69 ZPO) wie eine Partei behandelt wird und deswegen hinsichtlich seines Kostenerstattungsanspruchs auch denselben Schutz wie diese verdient. Mit der Beschränkung des § 110 ZPO auf die vergleichsweise seltenen Fälle einer streitgenössischen Nebenintervention bleibt das Sicherheitsleistungsrisiko für den Kläger überschaubar.

b) Befreiungstatbestände

15 Die Verpflichtung zur Prozesskostensicherheit gilt im **einstweiligen Verfügungsverfahren** wegen der dem Verfahren immanenten Eilbedürftigkeit nicht.[18] Sie kennt überdies vielfältige Ausnahmen, deren Vorliegen für den Zeitpunkt der gerichtlichen Entscheidung über die Prozesskostensicherheitseinrede festgestellt werden muss. Nachfolgend sind die wichtigsten von ihnen erwähnt:

16 – Befreit sind zunächst alle Kläger, die ihren gewöhnlichen Aufenthalt in einem Mitgliedstaat der **Europäischen Union**[19] oder in einem Vertragsstaat des Abkommens über den **Europäischen Wirtschaftsraum**[20] haben (§ 110 Abs 1 ZPO). Bei juristischen Personen entscheidet deren Sitz[21], wobei es nicht auf den bloß satzungsgemäßen, sondern – entsprechend dem »gewöhnlichen Aufenthalt« von natürlichen Perso-

---

16 Zum Streitstand vgl Rützel, NJW 1998, 2086.
17 Zöller, § 110 Rn 4; OLG Hamburg, NJW 1990, 650; LG Düsseldorf, Urteil v 10.2.2015 – 4a O 133/13; LG Mannheim, Urteil v 27.1.2017 – 7 O 57/16; LG Mannheim, Urteil v 21.8.2017 – 7 O 104/16 (für den Streithelfer des Beklagten).
18 OLG Köln, Magazindienst 2004, 1255; LG Düsseldorf, InstGE 5, 234 – Prozesskostensicherheit V, streitig; aA: LG Düsseldorf, InstGE 4, 287 – Prozesskostensicherheit IV.
19 Derzeit 28 Staaten: Belgien, Bulgarien, Dänemark, Deutschland, Estland, Finnland, Frankreich, Griechenland, Irland, Italien, Kroatien, Lettland, Litauen, Luxemburg, Malta, Niederlande, Österreich, Polen, Portugal, Rumänien, Schweden, Slowakei, Slowenien, Spanien, Tschechien, Ungarn, Vereinigtes Königreich, Zypern.
20 Diverse EU-Länder sowie Liechtenstein, Island, Norwegen.
21 BGH, NJW-RR 2005, 148.

nen – auf den tatsächlichen Verwaltungssitz ankommt.[22] Maßgeblich sind die Verhältnisse im **Zeitpunkt** der letzten mündlichen Verhandlung über die Prozesseinrede, weswegen eine zwischenzeitlich eingetretene Veränderung der Umstände, insbesondere eine solche nach Gründung der Gesellschaft, zu berücksichtigen ist.[23] Das bedeutet selbstverständlich auch, dass nach zurückgewiesener Einrede erneut auf Stellung einer Prozesskostensicherheit angetragen werden kann, wenn die ursprünglich gegeben gewesenen Befreiungsvoraussetzungen nachträglich in Fortfall geraten sind (zB weil der Sitz in ein außereuropäisches Land verlegt wurde).

Der Ort, wo die Verwaltung geführt wird, ist der **Tätigkeitsort der Geschäftsführung** und der dazu berufenen Vertretungsorgane, also der Ort, wo die grundlegenden Entscheidungen der Unternehmensleitung effektiv in laufende Geschäftsführerakte umgesetzt werden.[24] Das setzt eine gewisse organisatorische Verfestigung einschließlich des Vorhandenseins von Räumlichkeiten voraus, in denen – Erstens – das Geschäftsführungsorgan seine Tätigkeit für das Unternehmen tatsächlich ausübt[25] und sich – Zweitens – an die Gesellschaft gerichtete Postsendungen wirksam zustellen lassen.[26] Beides muss, damit die Rede davon sein kann, dass ein hinreichender (Haupt-)Verwaltungssitz des Unternehmens existiert, nicht an *einem* Ort zusammenkommen. Besteht in dem Mitgliedstaat A (zB Irland) die Möglichkeit für Zustellungen an den Kläger, entfaltet dessen operativ verantwortlicher Geschäftsführer seine alleinige oder hauptsächliche Tätigkeit aber im Mitgliedstaat B, so führt dies zu einer Freistellung von der Pflicht zur Prozesskostensicherheit.[27] Gleiches gilt, wenn Zustellungs- und Geschäftsführerwirkungsort innerhalb eines Landes auseinanderfallen.[28] Ist der Geschäftsbetrieb nicht mit Publikumsverkehr verbunden, bedarf es keiner für Dritte zugänglicher Räumlichkeiten.[29] 17

Hat die Gesellschaft nur einen *einzigen* gesetzlichen Vertreter und anderswo keine Geschäftsräume, in denen er tätig ist, richtet sich der Verwaltungssitz nach dem Aufenthaltsort des organschaftlichen Vertreters.[30] Verfügt der Kläger über **mehrere** (gemeinschaftlich oder arbeitsteilig agierende) **Geschäftsführer**, so genügt der Tätigkeitsort *eines* von ihnen innerhalb der EU/des EWR.[31] Welches Gewicht seine Beiträge im Vergleich zu denen der anderen Mitgeschäftsführer haben, ist nicht von Belang, solange er zum Geschäftsführer bestellt ist und tatsächlich Tätigkeiten im Rahmen des operativen Geschäfts des Klägers ausübt.[32] 18

---

22 BGH, MDR 2017, 1382 (für den Fall, dass ein Verwaltungssitz in der EU/dem EWR besteht); OLG Karlsruhe, NJW-RR 2008, 944; LG München I, ZIP 2009, 1979; OLG Düsseldorf, Urteil v 22.11.2012 – I-2 U 30/10; OLG Düsseldorf, Urteil v 25.2.2015 – I-2 U 54/14; offengelassen von BGH, GRUR 2016, 1204 – Prozesskostensicherheit.
23 OLG Düsseldorf, Urteil v 25.2.2015 – I-2 U 54/14; aA: OLG Schleswig, IPRax 2014, 289, das wegen der Missbrauchsgefahr nur den Gründungssitz für beachtlich hält.
24 BGH, NJW 2009, 1610.
25 Es kommt insofern auf die Hauptverwaltung an, so dass der Sitz von Zweigniederlassungen ebenso wenig genügt wie bloße Betriebsstätten (OLG München, ZIP 2010, 2069).
26 OLG Düsseldorf, Urteil v 20.12.2012 – I-2 U 30/10; offen gelassen von BGH, GRUR 2016, 1204 – Prozesskostensicherheit.
27 BGH, GRUR 2016, 1204 – Prozesskostensicherheit.
28 BGH, GRUR 2016, 1204 – Prozesskostensicherheit. Ein Unternehmen kann freilich mehrere Zustelladressen haben. Für den tatsächlichen Verwaltungssitz reicht *eine* Zustellungsmöglichkeit und *ein* Tätigkeitsort des Geschäftsführers aus.
29 LG Mannheim, Urteil v 14.3.2017 – 2 O 132/16; LG Düsseldorf, Urteil v 4.5.2016 – 4c O 41/16.
30 BGH, MDR 2017, 1382.
31 OLG Düsseldorf, Urteil v 25.2.2015 – I-2 U 54/14.
32 OLG Düsseldorf, Urteil v 25.2.2015 – I-2 U 54/14; aA; OLG München, Urteil v 22.2.2018 – 6 U 2594/17, das bei mehreren Geschäftsführern auf denjenigen abstellen will, der die Geschicke der Gesellschaft maßgeblich bestimmt.

19 Residiert der Geschäftsführer aufenthaltsbegründend innerhalb der EU/des EWR, kommt es nicht darauf an, ob und in welchem Maße er seine geschäftlichen Entscheidungen und Handlungen für den Kläger eigenverantwortlich trifft oder aber in Absprache, ggf sogar nach den konkreten **Weisungen** einer auswärtigen Muttergesellschaft vorzunehmen hat. Selbst wenn der Geschäftsführer auf gegebene Konzernstrukturen und Weisungsabhängigkeiten Rücksicht zu nehmen hat, ändert dies nämlich nichts an der vorliegend allein interessierenden Tatsache, dass die Unternehmensverwaltung des Klägers durch den Aufenthaltsort *seiner* Entscheidungsträger bestimmt wird, mögen ihre Entscheidungen auch nicht frei, sondern gebunden motiviert sein.[33]

20 Auf welche Art und Weise **Zustellungen** zu geschehen haben (und ob folglich auf Seiten des Klägers eine hinreichende Gelegenheit hierzu besteht), richtet sich nach dem nationalen Verfahrensrecht am Ort der fraglichen Zustellung.[34] Vielfach[35] wird es der Möglichkeit zur Übergabe von Schriftstücken an das Vertretungsorgan bzw. eine zustellungsberechtigte Person bedürfen, die sich mithin am Ort der Zustellungsadresse aufhalten muss.[36] In solchen Fällen ist ein bloßer Briefkasten, in den das Schriftstück eingeworfen werden kann, oder das Vorhandensein eines Postfachs unzureichend, selbst wenn Gewähr dafür gegeben ist, dass die Postsendung von dort an den auswärtigen Zustellungsadressaten weitergeleitet wird.[37]

21 Die Existenz einer zustellungsfähigen Anschrift in der EU/im EWR stellt eine *notwendige* Bedingung des Verwaltungssitzes dar, weswegen ein solcher Sitz nicht angenommen werden kann, wenn es schon an einer europäischen Zustellmöglichkeit fehlt.[38] Ihr Vorhandensein bildet umgekehrt jedoch – entgegen anderslautender Rechtsprechung[39] – **keine** *hinreichende* **Bedingung** für den Verwaltungssitz.[40] Zwar will es § 110 ZPO dem obsiegenden Beklagten ersparen, seinen gegen den Kläger bestehenden Kostenerstattungstitel außerhalb der EU/des EWR (die insoweit wie Inland behandelt werden) vollstrecken zu müssen. Immer dann, wenn der Beklagte keine Handhabe hat, deutsches oder europäisches[41] Vollstreckungsrecht für sich in Anspruch zu nehmen, soll er auf eine Prozesskostensicherheit zugreifen können, die der Kläger gemäß § 110 ZPO zu hinterlegen hat. Mit dieser Sicherheitsleistung soll nicht das Risiko eines tatsächlichen Fehlschlagens der Vollstreckung ausgeschlossen werden, das sich verwirklicht, wenn der Kläger über keine oder keine ausreichenden Vollstreckungsobjekte verfügt, die dem (inländischen oder europäischen) Vollstreckungszugriff zu einem Erfolg verhelfen könnten. Denn *dieses* rein faktische Vollstreckungsrisiko wegen Vermögenslosigkeit des Klägers hätte der Beklagte auch im Verhältnis zu einem Unternehmen mit Sitz in der Bundesrepublik Deutschland zu tragen. Aus dieser Erkenntnis kann jedoch nicht gefolgert werden, dass bereits eine Zustellanschrift des Klägers in der EU/im EWR für das Absehen von einer Sicherheitsanordnung ausreicht, weil aufgrund der europäischen Zustellmöglichkeit – rein

---

33 OLG Düsseldorf, Urteil v 25.2.2015 – I-2 U 54/14.
34 OLG Düsseldorf, Urteil v 20.12.2012 – I-2 U 30/10.
35 Wesentlich großzügiger ist zB das irische Recht, welches es erlaubt, Zustellungen am satzungsgemäßen Sitz einer Gesellschaft vorzunehmen, wobei als solcher auch die Adresse einer mit der Entgegennahme von Schriftstücken beauftragen Anwaltskanzlei angegeben werden kann (LG Düsseldorf, Urteil v 29.7.2014 – 4b O 57/14).
36 OLG Düsseldorf, Urteil v 20.12.2012 – I-2 U 30/10.
37 OLG Düsseldorf, Urteil v 20.12.2012 – I-2 U 30/10.
38 OLG Karlsruhe, NJW-RR 2008, 944; LG München I, ZIP 2009, 1979.
39 OLG Karlsruhe, NJW-RR 2008, 944; LG München I, ZIP 2009, 1979; OLG Düsseldorf, Urteil v 20.12.2012 – I-2 U 30/10.
40 OLG Düsseldorf, Urteil v 25.2.2015 – I-2 U 59/14.
41 Gemeint sind die Anerkennungs- und Vollstreckungsvorschriften der EuGVVO und des LugÜ.

formal betrachtet – für den Beklagten eine Anwendung europäischen Anerkennungs- und Vollstreckungsrechts nach der EuGVVO/dem LugÜ eröffnet ist. Auch wenn die Prozesskostensicherheit – wie ausgeführt – nicht davor schützt, dass der Vollstreckungszugriff mangels werthaltiger Vollstreckungsobjekte des Klägers scheitert, steht hinter der Anknüpfung an seinen gewöhnlichen Aufenthalt in der EU/dem EWR doch die Überlegung, dass mit dem Aufenthaltsort des der Zwangsvollstreckung unterliegenden Klägers typischerweise Vermögenswerte verbunden sind, die als Objekte einer Vollstreckung in Betracht kommen können. Ob sich diese Erwartung im Einzelfall tatsächlich realisiert, liegt – wie immer – in der Risikosphäre des Vollstreckungsgläubigers. Ließe man für den Verwaltungssitz des Klägers bereits eine Zustellungsmöglichkeit ausreichen (was nach Lage des Falles bloß die Benennung eines in der EU ansässigen Zustellungsbevollmächtigten erfordern kann), wäre jedoch – je nach dem einschlägigen nationalen Zustellungsrecht – nicht einmal die theoretische Aussicht auf irgendein Zugriffsobjekt für eine Zwangsvollstreckung in der EU/dem EWR gegeben. Der Beklagte wäre deshalb – entgegen dem Sinn und Zweck des § 110 ZPO – gezwungen, sein Glück in der Zwangsvollstreckung außerhalb Europas dort zu suchen, wo sich die Vermögenswerte des in der EU/dem EWR nur mit Zustellungen erreichbaren Klägers befinden.

Verlegt der Kläger erst im **Rechtsmittelverfahren** seinen Sitz in einer Weise, dass die Berechtigung des Beklagten, eine Prozesskostensicherheit zu verlangen, wegfällt, so führt dies zu keiner Kostenbelastung des Klägers nach § 97 Abs 2 ZPO.[42]   22

Ist der Kläger selbst **Rechtsinhaber**[43], kann seiner Berufung auf den ihn von der Sicherheitsleistung befreienden europäischen Verwaltungssitz nicht der Einwand aus **§ 242 BGB** entgegen gehalten werden, selbst wenn der einzige Zweck des Unternehmens das Führen des Verletzungsprozesses ist.[44] Anders verhält es sich bei einem einfachen Lizenznehmer, der nach den gesamten Umständen nur für eine Prozessführung zugunsten des Schutzrechtsinhabers unter Umgehung der diesen an sich treffenden Prozesskostensicherheitspflicht errichtet worden ist. Dessen Pflicht zur Sicherheitsleistung ist dementsprechend angenommen worden, wenn der Lizenznehmer erst kurz vor Klageerhebung mit minimaler Finanzausstattung gegründet wurde und dessen einzig erkennbare Geschäftstätigkeit in dem Führen des Verletzungsprozesses besteht.[45]   23

– Befreit sind des Weiteren ausländische Kläger, die im Inland über ein zur Deckung der Prozesskosten hinreichendes **Grundvermögen** oder dinglich gesicherte Forderungen verfügen (§ 110 Abs 2 Nr 3 ZPO).   24

– Befreit sind ferner solche ausländischen Kläger, die sich auf einen im Verhältnis zur Bundesrepublik Deutschland wirksamen **völkerrechtlichen Vertrag** berufen können, der das Fordern einer Prozesskostensicherheit verbietet (§ 110 Abs 2 Nr 1 ZPO). Ein Verbot ergibt sich allerdings noch nicht daraus, dass der Vertrag »freien Zutritt zu den Gerichten gewährt« oder »Ausländer und Inländer bei der gerichtlichen Verfolgung ihrer Rechte gleichstellt«. Im Zweifelsfall erteilen die Landesjustizverwaltungen Auskunft über die Rechtslage.   25

---

42 BGH, GRUR 2016, 1204 – Prozesskostensicherheit.
43 Dh Patentinhaber oder ausschließlicher Lizenznehmer.
44 OLG Düsseldorf, Urteil v 25.2.2015 – I-2 U 54/14.
45 LG Düsseldorf, Urteil v 11.6.2015 – 4b O 18/15.

26 ▶ **Bsp für befreiende Verträge**[46]:

Haager Übereinkommen vom 1.3.1954 über den Zivilprozess (Art 17); deutsch-britisches Abkommen vom 20.3.1928 über den Rechtsverkehr (Art 14).

27 – Befreit sind schließlich Kläger, denen **Prozesskostenhilfe** bewilligt ist (§ 122 Abs 1 Nr 2 ZPO).

28 – **Widerklagen** sind generell von der Prozesskostensicherheit ausgenommen (§ 110 Abs 2 Nr 4 ZPO). Dem liegt die Erwägung zugrunde, dass die Erhebung der Widerklage durch einen vorangegangenen Angriff des Klägers und Widerbeklagten veranlasst ist. Ein Kläger, der durch seine Klage gegen einen nicht-europäischen Schuldner bereits gezeigt hat, dass er eine erschwerte Vollstreckung in Kauf nimmt, ist hinsichtlich seines möglichen Kostenerstattungsanspruchs wegen der Widerklage nicht in gleicher Weise schutzwürdig wie ein inländischer Beklagter, der ohne sein Zutun von einem Nicht-Europäer verklagt wird. Die Privilegierung nach § 110 Abs 2 Nr 4 ZPO besteht nach rechtskräftiger Abweisung der Klage fort.[47] Ob dasselbe auch gilt, wenn die Widerklage gemäß § 145 Abs 2 ZPO mangels rechtlichen Zusammenhangs abgetrennt wird, ist streitig.[48]

Einzelfälle:

29 **USA:** Kläger mit Sitz in den Vereinigten Staaten haben Prozesskostensicherheit zu leisten. Das gilt ungeachtet des in Art 3 TRIPS enthaltenen Gebots der Inländerbehandlung[49] sowie des in Art 4 TRIPS enthaltenen Gebotes der Meistbegünstigung.[50] Eine Befreiung ergibt sich auch nicht aus dem Deutsch-Amerikanischen Freundschafts-, Handels- und Schifffahrtsvertrag vom 29.10.1954[51], weil er das Verbot einer Sicherheitsleistung in Art VI Abs 1 ausdrücklich davon abhängig macht, dass der Kläger seinen ständigen Aufenthalt im Bezirk des angerufenen Gerichts (dh in der Bundesrepublik Deutschland) hat. Unter dieser Voraussetzung entfällt die Pflicht zur Prozesskostensicherheit schon nach § 110 Abs 1 ZPO. Sicherheitspflichtig sind ebenso Kläger aus der Volksrepublik **China**[52], **Kanada**[53] und **Taiwan**.

30 Befreit aufgrund von Art 17 des Haager Übereinkommens über den Zivilprozess vom 1.3.1954 sind: **Japan, Schweiz, Israel, Kroatien, Rumänien, Russland, Türkei, Ukraine**.

31 Befreit nach Art 14 des deutsch-britischen Abkommens sind: **Australien, Neuseeland, Singapur**. Allerdings ist zu beachten, dass die Befreiung nur für solche (australischen etc) Kläger gilt, die ihren Sitz[54] in Deutschland haben.[55]

32 Die **Beweislast** ist dahingehend verteilt, dass

---

46 Vgl auch Schütze, FS Ahrens, 2016, S 545.
47 OLG München, MDR 2010, 1079 = GRUR-RR 2011, 34 – Budget.
48 Vgl OLG München, GRUR-RR 2011, 34 – Budget.
49 LG München I, GRUR-RR 2005, 335 – US-Firmensitz; aA etwa OLG Frankfurt/Main, IPRax 2002, 222.
50 LG Düsseldorf, InstGE 1, 157 – Prozesskostensicherheit I; LG Düsseldorf, InstGE 3, 215 – Prozesskostensicherheit III; LG Düsseldorf, InstGE 4, 287 – Prozesskostensicherheit IV; v. Falck/Rinnert, GRUR 2005, 225; zum Ganzen vgl Rinnert/v. Falck in GRUR 2005, 225 und GRUR-RR 2005, 335; ebenso: LG Mannheim, Urteil v 21.9.2012 – 7 O 321/11.
51 OLG Hamburg, MDR 2010, 345.
52 BPatG, GRUR 2005, 973 – Ausländersicherheit für WTO-Ausländer.
53 OLG Karlsruhe, NJW-RR 2008, 944.
54 Gemeint ist bei natürlichen Personen deren Wohnsitz und bei juristischen Personen deren tatsächlicher – und nicht nur satzungsgemäßer – Verwaltungssitz (OLG Karlsruhe, NJW-RR 2008, 944).
55 OLG Karlsruhe, NJW-RR 2008, 944; LG Düsseldorf, Urteil v 14.7.2009 – 4b O 56/09; LG Mannheim, Urteil v 4.5.2012 – 7 O 523/11.

- der Beklagte, der die Prozesskostensicherheit verlangt, den Nachweis dafür zu erbringen hat, dass der Kläger seinen gewöhnlichen Aufenthalt nicht in der EU oder dem EWR hat[56], 33
- wobei allerdings (wegen der beschränkten Einsichtsmöglichkeiten des Beklagten in die gegnerischen Verhältnisse) zunächst nur plausible Anhaltspunkte dafür aufgezeigt werden müssen, dass der Kläger seinen gewöhnlichen Aufenthalt *nicht* im Gebiet der EU und des EWR hat[57], 34
- wobei – sofern dies gelingt – der Kläger im Rahmen einer sekundären Darlegungslast substantiiert zu seinem Aufenthalt vorzutragen hat[58]; 35
- der Kläger für einen Befreiungstatbestand nach § 110 Abs 2 ZPO beweispflichtig ist, auf den er sich beruft[59], 36
- wobei der erforderliche Nachweis jeweils im Freibeweis geführt werden kann, dh nicht notwendigerweise mit den abschließenden Beweismitteln der ZPO (= Strengbeweis), sondern auf jede Weise stattfinden kann, die dem Gericht geeignet erscheint, um sich die Überzeugung von der fraglichen Tatsache (§ 286 ZPO) zu verschaffen[60]. 37

c) Einrede

Die Festsetzung einer Prozesskostensicherheit geschieht nicht von Amts wegen, sondern nur auf ein entsprechendes Begehren des Beklagten hin. Das Verlangen muss, weil es sich um eine sog prozesshindernde Einrede handelt, vor der ersten mündlichen Verhandlung zur Hauptsache erhoben werden (§ 282 Abs 3 Satz 1 ZPO), und zwar für alle Rechtszüge (wovon auszugehen ist, wenn das Verlangen nicht auf einzelne Instanzen beschränkt ist). Als erste Verhandlung gilt auch ein Termin, der lediglich zur Verlesung der Anträge, zur Bestimmung der Schriftsatzfristen (zur Klageerwiderung, Replik, Duplik) und zur Anberaumung eines Haupttermins vorgesehen ist.[61] Ist vom Gericht das schriftliche Vorverfahren angeordnet und dem Beklagten eine Frist zur Klageerwiderung gesetzt worden (was bei einem im Ausland ansässigen Beklagten die Regel ist), muss die Einrede der mangelnden Prozesskostensicherheit sogar innerhalb dieser Klageerwiderungsfrist geltend gemacht werden (§ 282 Abs 3 Satz 2 ZPO). Nach den vorbezeichneten Zeitpunkten ist sie nur dann noch zulässig und beachtlich, wenn ihre verspätete Erhebung vom Beklagten genügend entschuldigt wird (**§ 296 Abs 3 ZPO**), zB durch den Umstand, dass der Grund für eine Prozesskostensicherheit erst nachträglich entstanden ist, zB weil das Unternehmen seinen Sitz verlegt hat oder ursprünglich vorhandenes inländischen Grundvermögen weggefallen ist. Dass der für § 110 ZPO relevante Sachverhalt (zB das bloße Vorhandensein eines Briefkastens in der EU) vom Beklagten bei entsprechenden Recherchen schon zu einem früheren Zeitpunkt hätte aufgedeckt werden *können*, ist unbeachtlich, solange er keine wirklich stichhaltigen Anhaltspunkte hat, die ihm eine Nachforschung aufdrängen mussten.[62] Speziell für das Revisions- und Nichtzulassungsverfahren gilt, dass die Rüge mangelnder Sicherheitsleistung nur zulässig ist, 38

---

56 BGH, RPfl 2006, 205; BGH, WM 2017, 1944; OLG Düsseldorf, Urteil v 16.3.2017 – I-15 U 67/16.
57 OLG Düsseldorf, Urteil v 16.3.2017 – I-15 U 67/16; OLG München, Urteil v 22.2.2018 – 6 U 2594/17.
58 OLG Düsseldorf, Urteil v 16.3.2017 – I-15 U 67/16; OLG München, Urteil v 22.2.2018 – 6 U 2594/17.
59 OLG Düsseldorf, Urteil v 20.12.2012 – I-2 U 30/10.
60 OLG Düsseldorf, Urteil v 16.3.2017 – I-15 U 67/16.
61 LG Düsseldorf, InstGE 9, 18 – Belaghalter für Scheibenbremse; OLG Düsseldorf, Beschluss v 14.6.2010– I-2 U 63/10; OLG Düsseldorf, Beschluss v 19.7.2010 – I-2 U 63/10.
62 OLG Düsseldorf, Urteil v 20.12.2012 – I-2 U 30/10.

wenn die Voraussetzungen des § 110 ZPO erst in dieser Instanz eingetreten sind oder wenn die Einrede in den Vorinstanzen schuldlos nicht erhoben werden konnte.[63]

d) Höhe

39 Eine bestimmte Höhe der Sicherheitsleistung braucht der Beklagte nicht anzugeben, er kann – und sollte – dies jedoch tun. Berücksichtigungsfähig sind die gerichtlichen Kosten sowie die dem Beklagten entstehenden außergerichtlichen Kosten, die bei einer durchgeführten Beweisaufnahme bis zur Entscheidung über eine etwaige Nichtzulassungsbeschwerde entstehen können. Außer Ansatz bleiben demgegenüber die Kosten eines Rechtsbestandsverfahrens[64] sowie die außergerichtlichen Kosten des Klägers.[65] Im Einzelnen sind hiernach – bezogen auf die jeweiligen Rechtszüge – folgende Beträge anzusetzen[66],[67]:

40 – Erste Instanz:
41 – 2,5-fache Rechtsanwaltsgebühr (Nr 3100, 3104 VV)
42 – 2,5-fache Patentanwaltsgebühr (§ 143 Abs 3 PatG)
43 – Auslagenpauschale von 5.000 €
44 – Berufungsinstanz:
45 – 2,8-fache Rechtsanwaltsgebühr (Nr 3200, 3202 VV)
46 – 2,8-fache Patentanwaltsgebühr (§ 143 Abs 3 PatG)
47 – Auslagenpauschale von 5.000 €
48 – 4-fache Gerichts-Verfahrensgebühr (Nr 1420 KV)
49 – Nichtzulassungsbeschwerde:
50 – 2,3-fache Rechtsanwaltsgebühr (Nr 3506, 3508 VV)[68]
51 – 2,3-fache Patentanwaltsgebühr (§ 143 Abs 3 PatG)

---

63 BGH, NJW 2001, 3630.
64 LG Düsseldorf, Urteil v 10.3.2016 – 4a O 74/15.
65 LG Düsseldorf, InstGE 3, 147 – Prozesskostensicherheit II.
66 LG Düsseldorf, InstGE 3, 147 – Prozesskostensicherheit II.
67 Im Gegensatz dazu berücksichtigt das LG Mannheim (Urteil v 21.9.2012 – 7 O 321/11) folgende Beträge: 1. Instanz: Rechts- und Patentanwaltsgebühren des Beklagten; 2. Instanz: Gerichtsgebühren + Verfahrensgebühren für Rechts- und Patentanwalt des Beklagten. Als einmalige Auslagenpauschale für den gesamten Rechtsstreit wird ein Betrag von 5.000,- € anerkannt. Gänzlich unberücksichtigt bleiben eine anwaltliche Terminsgebühr für das Berufungsverfahren sowie Kosten eines etwaigen Nichtzulassungsbeschwerdeverfahrens.
68 Die Gebühr wird auf die Verfahrensgebühr für ein nachfolgendes Revisionsverfahren angerechnet (vgl Nr 3506 VV).

Streitwertabhängig ergeben sich damit folgende Sicherheitsbeträge: **52**

Streitwert	Sicherheitsleistung	
	ohne	mit
		1 Erhöhungsgebühr gemäß Nr 1008 VV zum RVG[69]
50.000 €	30.500 €	32.500 €
125.000 €	40.000 €	42.500 €
150.000 €	43.000 €	46.500 €
200.000 €	48.000 €	52.000 €
250.000 €	53.500 €	58.000 €
375.000 €	64.500 €	69.500 €
500.000 €	75.000 €	81.500 €
750.000 €	91.500 €	99.500 €
1.000.000 €	107.500 €	117.000 €
1.250.000 €	124.000 €	135.000 €
1.500.000 €	140.000 €	152.500 €
2.000.000 €	172.500 €	188.000 €
2.500.000 €	205.000 €	224.000 €
5.000.000 €	367.000 €	401.500 €
10.000.000 €	692.000 €	758.000 €
20.000.000 €	1.342.000 €	1.469.000 €

Für die **Art** der Sicherheitsleistung gilt § 108 ZPO. Möglich – und in der Praxis üblich – **53** ist deshalb die Stellung einer Bankbürgschaft. Der Kläger kann um die Erlaubnis nachsuchen, eine einmal gegebene Prozessbürgschaft (zB aus Kostengründen) nachträglich gegen die Bürgschaft einer anderen, gleichwertigen Bank austauschen zu dürfen.[70]

e) Verfahrensrechtliches

Ist die Verpflichtung des Klägers zur Leistung einer Prozesskostensicherheit nach Grund **54** *und* Höhe zwischen den Parteien unstreitig, entscheidet das Gericht durch **Beschluss**, der nicht anfechtbar ist. Anderenfalls – wenn die Verpflichtung zur Sicherheitsleistung als solche oder deren Höhe oder beides kontrovers ist – ordnet das Gericht die abgesonderte Verhandlung über die Einrede der mangelnden Prozesskostensicherheit an (§ 280 Abs 1 ZPO), um sodann durch **Zwischenurteil** zu entscheiden. Das Zwischenurteil ist vom Beklagten selbständig mit der **Berufung oder Revision** anfechtbar, wenn die Einrede zurückgewiesen, dh die Anordnung einer Sicherheitsleistung abgelehnt wird.[71] In einem solchen Fall kann das Hauptsacheverfahren auf Antrag einer Partei (typischerweise wird dies der Kläger sein) fortgesetzt werden (§ 280 Abs 2 Satz 2 ZPO). Eine dahingehende Anordnung ändert an der Statthaftigkeit des Rechtsmittels gegen das Zwischenurteil nichts. Ob sie gerechtfertigt ist, hängt davon ab, wie wahrscheinlich es ist, dass die Verneinung der Pflicht zur Prozesskostensicherheit im weiteren Rechtsmittelzug Bestand haben wird[72] und ob besondere Umstände eine beschleunigte Entscheidung in der Sache verlangen, die es rechtfertigen, den Rechtsstreit selbst auf die Gefahr einer Abänderung des Zwischenurteils hin und ggf sogar unter Vornahme kostenauslösender Maßnahmen (Beweiserhebung) voranzutreiben. Der Streitwert des Berufungsverfahrens

---

69 Die Mehrvertretungsgebühr fällt auch in Fällen des Parteiwechsels an, unabhängig davon, ob der Rechtsanwalt die mehreren Parteien (mindestens zeitweise) gleichzeitig oder – wegen des Parteiwechsels – nur nacheinander vertreten hat, OLG Stuttgart, MDR 2010, 356.
70 BGH, MDR 1994, 1037.
71 OLG München, Urteil v 22.2.2018 – 6 U 2594/17.
72 ... zB weil die entscheidenden Rechtsfragen bereits höchstrichterlich geklärt sind.

entspricht dabei dem Streitwert der Hauptsache.[73] Streitig ist, ob ein Rechtsmittel auch dann gegeben ist, wenn eine Sicherheitsanordnung ergeht. Nach der Rechtsprechung des BGH soll weder dem Kläger gegen die Anordnung als solche[74] noch dem Beklagten gegen eine (gemessen an seinem Verlangen) zu niedrige Sicherheitsleistung[75] ein Rechtsmittel zustehen. Im Rechtsmittelverfahren ergeht eine Kostenentscheidung nur dann, wenn das Rechtsmittel erfolglos bleibt (§ 97 ZPO); ansonsten ist die Kostenentscheidung dem Schlussurteil zur Sache vorzubehalten. Ist der Anlass für die Prozesskostensicherheit, die dem Kläger (durch Beschluss oder Urteil) aufgegeben worden ist, im Laufe des Rechtsstreits entfallen, zB deshalb, weil der Kläger seinen Wohnsitz in das Gebiet der EU verlegt hat oder weil im Rechtsstreit zugunsten des zur Sicherheitsleistung Verpflichteten ein Instanz beendendes Urteil ergangen und dieses rechtskräftig ist, so kann das in § 109 ZPO vorgesehene Verfahren zur Rückgabe der Sicherheit betrieben werden.[76]

55 | **Praxistipp** | Formulierungsbeispiel

Derjenige Kläger, der an einem zügigen Prozesserfolg interessiert ist, sollte genau abwägen, ob es in Zweifelsfällen wirklich Sinn macht, sich dem Begehren nach einer Prozesskostensicherheit entgegen zu stellen. Er riskiert damit nämlich, dass der Beklagte die betreffende Frage durch die Instanzen trägt und das eigentliche Verletzungsverfahren während dessen nicht weiter betrieben wird.

56 In dem Beschluss bzw dem Zwischenurteil ist dem Kläger eine **Frist zur Beibringung** der Sicherheit zu setzen. Auf Antrag kann die Frist verlängert werden.

57 Der **Tenor** lautet im Allgemeinen wie folgt:

58 | Praxistipp | **Formulierungsbeispiel**

1. Dem Kläger wird aufgegeben, dem Beklagten wegen der Prozesskosten Sicherheit in Höhe von … € zu leisten.
2. Die Sicherheit kann auch durch die unbedingte, insbesondere selbstschuldnerische, und unbefristete Bürgschaft eines in der Bundesrepublik Deutschland zum Geschäftsbetrieb befugten Kreditinstituts erbracht werden.[77]
3. Zur Beibringung der Sicherheit wird dem Kläger eine Frist bis zum … gesetzt.

---

[73] BGH, Beschluss v 6.10.2005 – IX ZR 18/03; BGH, VersR 1991, 122; keinen eigenen Streitwert misst das OLG Frankfurt/Main (GRUR-RS 2016, 15323 – Ohne Funktionseinschränkung kostenlos) der Einrede aus § 110 ZPO zu, wenn sie erstmals im Berufungsrechtszug erhoben wird; denn dann gehe es für den Beklagten nicht mehr darum, eine Einlassung zur Sache zu verweigern, die Stanmdpunkte seien nämlich schon in erster Instanz ausgetauscht worden.
[74] BGH, RPfl 2006, 205; BGH, MDR 1988, 298; OLG Düsseldorf, OLG-Report 97, 278; aA: OLG Bremen, NJW 1982, 2737; OLG Karlsruhe, MDR 1986, 593; OLG Düsseldorf, IPRax 1991, 189.
[75] BGH, MDR 1974, 293.
[76] BGH, RPfl 2006, 205.
[77] Die Formulierung ist angelehnt an § 108 Abs 1 Satz 2 ZPO.

Leistet der **Kläger** die angeordnete Sicherheit **nicht fristgerecht**, kann der Beklagte 59 beantragen[78], dass die Klage für zurückgenommen erklärt wird (§ 113 Satz 2 ZPO). Ein entsprechendes Endurteil ist allerdings nicht schon deshalb möglich, weil der Kläger die ihm gesetzte Frist versäumt hat. Bis zur Entscheidung über den Antrag nach § 113 Satz 2 ZPO hat der Kläger vielmehr Gelegenheit, die Sicherheitsleistung nachzuholen. Nur wenn dieses nicht geschieht und die Sicherheit auch im Zeitpunkt der Entscheidung noch aussteht, kann die Klage wegen Nichtleistung der Prozesskostensicherheit durch Urteil für zurückgenommen erklärt werden. Die Kosten des Rechtsstreits sind gemäß § 269 Abs 3 Satz 2 ZPO dem Kläger aufzuerlegen. Wird die Klage später erneut anhängig gemacht, kann der Beklagte die Einlassung verweigern, bis ihm die Kosten des vorangegangenen Rechtsstreits erstattet sind (§ 269 Abs 6 ZPO). Beantragt der Sicherungsberechtigte eine Entscheidung nach § 113 ZPO, obwohl die angeordnete Sicherheitsleistung erbracht ist, kann durch Beschluss – und muss nicht abgesondert durch Zwischenurteil – entschieden werden.[79]

Ändern sich nach Rechtskraft des Zwischenurteils **die** für die Sicherheitsanordnung 60 maßgeblichen rechtlichen oder tatsächlichen **Verhältnisse** (indem zB der Kläger seinen Sitz in die EU verlegt), so dass nunmehr ein Befreiungstatbestand gegeben ist, so kann – ungeachtet der Bindungswirkung des Zwischenurteils – der Wegfall des Sicherungsbedürfnisses im Verfahren nach § 109 ZPO geltend gemacht werden.[80] Ist der Antrag erfolgreich, hat ihn das Gericht bei seiner Entscheidung nach § 113 ZPO zu berücksichtigen. Für das Rechtsmittelverfahren existieren noch weitergehende Möglichkeiten. Da im Bewilligungsfall das Zwischenurteil zur Sicherheitsleistung als solches für den Beklagten nicht anfechtbar ist, wohl aber das die Rücknahmefiktion aussprechende Schlussurteil nach § 113 ZPO, steht mit dem Rechtsmittel gegen das Schlussurteil zugleich auch das Zwischenurteil zur Prüfung durch das Berufungsgericht an (§ 512 ZPO)[81], womit seit dem Erlass des angefochtenen Zwischenurteils veränderte Umstände Berücksichtigung finden. Dass später lediglich anders als im Anordnungsverfahren zu den Voraussetzungen des § 110 ZPO vorgetragen wird (indem zB erstmals auf eine schon damals bestehende inländische Niederlassung Bezug genommen wird), ist bedeutungslos; es eröffnet insbesondere kein Vorgehen nach § 109 ZPO.

Zeigt sich, dass die Prozesskostensicherheit zu gering veranschlagt wurde, und ist die 61 Sicherheit während des Rechtsstreits erschöpft, so kann der Beklagte gemäß § 112 Abs 3 ZPO eine **weitere Sicherheit** verlangen.[82] Hat der Beklagte die Prozesskostensicherheit in erster Instanz für alle Rechtszüge erhoben und setzt das Gericht die Sicherheit in einer Höhe fest, dass sie nicht die Kosten aller möglicher Rechtszüge abdeckt, so kann der Beklagte mit der Nachforderung warten, bis die angeordnete Sicherheit durch die angefallenen Prozesskosten verbraucht ist.[83] Erweist sich umgekehrt eine angeordnete Sicherheit nachträglich als zu hoch, kann analog § 112 Abs 3 ZPO deren Herabsetzung begehrt oder die getroffene Anordnung insgesamt aufgehoben werden.[84]

---

78 Es besteht deshalb zunächst keine Notwendigkeit, dem Gericht gegenüber die Erbringung der Sicherheit nachzuweisen. Dessen bedarf es erst, wenn der Beklagte den Antrag gemäß § 113 Satz 2 ZPO gestellt hat.
79 LG Düsseldorf, InstGE 13, 116 – Prozesskostensicherheitsbürgschaft.
80 BGH, MDR 2006, 828.
81 OLG Düsseldorf, Urteil v 16.3.2017 – I-15 U 67/16.
82 Vgl BGH, Mitt 2003, 90 – Erhöhung der Prozesskostensicherheit.
83 BGH, Mitt 2005, 45 – Anguilla (LS).
84 BGH, Beschluss v 1.6.2016 – I ZR 101/15.

3. § 145 PatG[85]

62 Als prozesshindernde Einrede[86], die innerhalb einer dem Beklagten gesetzten Klageerwiderungsfrist, ansonsten vor der ersten mündlichen Verhandlung zur Hauptsache anzubringen ist (§ 282 Abs 3 ZPO), steht dem Beklagten der Hinweis auf § 145 PatG offen. Die Vorschrift bestimmt, dass ein Beklagter wegen derselben oder einer gleichartigen patentverletzenden Handlung nur dann ein weiteres Mal gerichtlich mit einer Klage in Anspruch genommen werden kann, wenn die mangelnde Geltendmachung in einem früheren Verfahren nicht auf einem Verschulden des Klägers beruht. Über den strengen Wortlaut hinaus findet § 145 PatG nicht nur dann Anwendung, wenn die mehreren Klagen zeitlich gestaffelt nacheinander erhoben werden; die Vorschrift ist darüber hinaus auch dann anwendbar, wenn die Klageerhebung[87] gleichzeitig erfolgt.[88] Im letztgenannten Fall hat der Beklagte ein Wahlrecht, gegenüber welcher der mehreren Klagen er die Einrede aus § 145 PatG erheben will.[89] Da in § 145 PatG ausdrücklich von »Klage« die Rede ist, kann die Vorschrift auf Verfahren des einstweiligen Rechtsschutzes nicht angewandt werden.

63 Die Regelung begegnet nach Auffassung des BGH[90] keinen **verfassungsrechtlichen Bedenken**.

64 **Kritik:** Die hierfür gegebene Begründung ist außerordentlich knapp und wenig überzeugend. Selbst bei engster, den Anwendungsbereich des § 145 PatG auf ein Minimum reduzierender Auslegung wird – und muss[91] – es Fälle geben, bei denen die vorgesehene Rechtsfolge einer Unzulässigkeit der späteren, getrennt erhobenen Verletzungsklage zum Tragen kommt. Sie aber ist unverhältnismäßig, weil zum angestrebten Schutz des Verletzungsbeklagten vor einer Belastung mit vermeidbaren Prozesskosten ein milderes Mittel zur Verfügung gestanden hätte, nämlich eine gesetzliche Verpflichtung des Klägers, die mit einer seriellen Klageerhebung verbundenen Mehrkosten zu übernehmen, ggf kombiniert mit einer entsprechenden Sicherheitsleistung zugunsten des Beklagten. Der Hinweis des BGH, § 145 PatG hindere den Patentinhaber nicht generell an der Wahrnehmung seiner Rechte aus dem Patent, sondern halte ihn nur dazu an, seine Angriffe gegen eine bestimmte Verletzungshandlung in *einer* Klage zu bündeln, womit eine verhältnismäßige Schrankenbestimmung des Eigentumsrechts aus dem Patent vorliege, geht am Kern der Sache vorbei. Die Verhältnismäßigkeitsfrage stellt sich gerade – und praktisch nur – in Fällen einer Missachtung der gesetzlichen Handlungsnorm, nämlich dahingehend, ob es dem verfassungsrechtlich garantierten Schutz des geistigen Eigentums (Art 14 GG) gerecht wird, dem Schutzrechtsinhaber dann, wenn er sich an die Vorgabe zur Klagenkonzentration *nicht* hält, seine Rechte aus dem Patent vollständig zu nehmen oder ob es zur Herbeiführung des angestrebten Interessenausgleichs mit dem Verletzungsbeklagten nicht ausgereicht hätte, lediglich seine Kostenhaftung anzuordnen.

---

85 Stjerna, Konzentrationsmaxime, 2008.
86 § 145 PatG darf nicht von Amts wegen aufgegriffen werden: OLG Düsseldorf, Urteil v 17.12.2015 – I-2 U 25/10.
87 Maßgeblich ist der Zeitpunkt der Rechtshängigkeit (= Klagezustellung), §§ 261 Abs 1, 253 Abs 1 ZPO.
88 OLG Düsseldorf, Urteil v 17.12.2015 – I-2 U 29/10.
89 OLG Düsseldorf, Urteil v 17.12.2015 – I-2 U 29/10.
90 BGH, GRUR 2011, 411 – Raffvorhang.
91 … weil eine den Anwendungsbereich einer Vorschrift auf Null zurückführende Gesetzesauslegung kaum verfassungsgemäß sein kann.

a) Allgemeine Anwendungsvoraussetzungen

Der Kläger ist nach § 145 PatG gezwungen, sämtliche Patente[92] und/oder Schutzzertifikate[93], über die er verfügt und die von der angegriffenen Ausführungsform benutzt werden, in demselben Prozess geltend zu machen. § 145 PatG gilt auch im Verhältnis zwischen Grundpatent und dazu erteiltem ergänzenden Schutzzertifikat. Neben einer kumulativen genügt auch eine eventuelle Klagenhäufung. Die Berufung auf ein weiteres **Gebrauchsmuster** zu einem späteren Zeitpunkt in einem neuen Prozess ist durch § 145 PatG nicht ausgeschlossen.[94] Nicht erfasst von § 145 PatG ist desweiteren die Erstreckung desselben Patents auf weitere Ausführungsformen des Beklagten.[95]

Da es sich bei § 145 PatG um eine Ausnahmevorschrift handelt, durch die es dem Beklagten erspart werden soll, in eine Vielzahl von Verfahren verwickelt zu werden, ist die Bestimmung eng auszulegen. Unter »**derselben oder einer gleichartigen Handlung**« werden daher nur solche Handlungen verstanden, die identisch sind zu denjenigen aus dem Vorprozess oder die nur solche zusätzlichen bzw abgewandelten Merkmale aufweisen, bei denen es sich aufgrund des engen technischen Zusammenhanges aufdrängt, sie trotz verschiedener Patente in einer gemeinsamen Klage geltend zu machen.[96] Bei einer aus mehreren Teilen bestehenden Gesamtvorrichtung steht § 145 PatG daher schon dann nicht mehr im Wege, wenn mit dem Klageantrag ein konkret beschriebener, durch seine Ausgestaltung charakterisierter Teil den konkreten Verletzungstatbestand bildet und in dem Vorprozess ein anderer Bestandteil der Gesamtvorrichtung angegriffen wurde.[97] Für die Bejahung eines (zur Anwendung von § 145 PatG führenden) engen technischen Zusammenhangs genügt es ebenso wenig, dass einzelne Teile einer Gesamtvorrichtung, deren konkrete Ausgestaltung in einem ersten Rechtsstreit angegriffen wurde, auch für die Verwirklichung des im späteren Rechtsstreit geltend gemachten Verletzungstatbestandes von Bedeutung sind.[98] Nicht ausreichend ist für § 145 PatG auch eine Übereinstimmung des Oberbegriffs verschiedener Schutzrechte.

Schließlich setzt § 145 PatG ein **Verschulden** des Klägers voraus, wobei jedoch leichte Fahrlässigkeit ausreichend ist. Es fehlt zB, wenn der Kläger während des Erstprozesses noch nicht Inhaber des später geltend gemachten Patents oder Schutzzertifikats war, dieses damals noch nicht erteilt oder Gegenstand eines Einspruchs- oder Nichtigkeitsverfahrens war, dessen Ausgang der Kläger zunächst abwarten durfte.[99] Gleiches gilt, wenn die Patenterteilung erst während des Berufungsverfahrens nach Ablauf der Berufungserwiderungsfrist für den Patentinhaber erfolgt[100] oder die Benutzung des weiteren Patents für den Kläger während des laufenden Prozesses um die Verletzung des einen Patents nicht zu erkennen war. Keine Rechtfertigung erwächst demgegenüber daraus, dass die

---

92 Auch solche, die dem Doppelschutzverbot nach Art II § 8 IntPatÜG unterfallen.
93 § 16a Abs 2 PatG.
94 Vgl OLG Düsseldorf, GRUR 1959, 538 – Rechenrad; Busse/Keukenschrijver, § 145 Rn 10.
95 OLG Düsseldorf, GRUR-RR 2017, 249 – Lichtmittierende Vorrichtung.
96 BGH, GRUR 2011, 411 – Raffvorhang.
97 Vgl BGH, GRUR 1989, 187 – Kreiselegge II; OLG Düsseldorf, Mitt 2010, 476 – Bremsbacken (für Bremsbacken einer Fahrzeug-Trommelbremse, die an ihrem einen Ende auf einem Lagerbolzen und an ihrem anderen Ende auf einem Lagerbolzen mit einer Lagerhülse gelagert sind, wenn Gegenstand des einen Patents die Ausgestaltung des Lagerbolzens am einen Ende und Gegenstand des zweiten Patents die Ausgestaltung des Lagerbolzens mit Lagerhülse am anderen Ende ist).
98 BGH, GRUR 2011, 411 – Raffvorhang; dies beachtet OLG Düsseldorf, Urteil v 17.12.2015 – I-2 U 29/10, nicht hinreichend.
99 ZB weil ernstzunehmende Bedenken bestehen, ob das angegriffene Schutzrecht in einem die angegriffene Ausführungsform erfassenden Umfang bestehen bleiben wird. Niemand muss sehenden Auges einen (zumal kostspieligen) Prozess führen, von dem zu befürchten ist, dass er sich nicht gewinnen lässt. Gleiches gilt erst Recht für ein Schutzrecht, das bei Klageerhebung erstinstanzlich vernichtet ist.
100 OLG Düsseldorf, GRUR-RR 2017, 249 – Lichtmittierende Vorrichtung.

ursprünglich mehrere Schutzrechte umfassende Verletzungsklage erst nach erfolgter Prozesstrennung in jedem der Einzelverfahren auf weitere Beklagte erstreckt wird.[101] Vielmehr hat auch der nachträglich in Anspruch genommene Beklagte einen Anspruch darauf, dass ihm gegenüber § 145 PatG eingehalten wird, selbst wenn in Anbetracht der bereits durchgeführten Prozesstrennung damit zu rechnen ist, dass es auch ihm gegenüber nicht bei der Behandlung der mehreren Patente in einem einheitlichen Verfahren bleibt.[102] Die Beweislast für mangelndes Verschulden trifft den Kläger.[103]

68 Nach überwiegender Meinung[104] hat der Ausnahmecharakter des § 145 PatG weiterhin zur Folge, dass die Vorschrift nicht auf Konstellationen anwendbar ist, bei denen aus *demselben* Patent vorgegangen wird, zB aus **nebengeordneten Ansprüchen**. Allein aus der Tatsache, dass mit einer Verfolgung von Nebenansprüchen eines Patents in unterschiedlichen Verletzungsprozessen für den Beklagten Mehrkosten verbunden sind, wird sich deshalb auch eine missbräuchliche Klageerhebung (§ 242 BGB) nicht herleiten lassen. Hinzu kommen müssen vielmehr weitere Unlauterkeitsgesichtspunkte.

69 Voraussetzung für eine Anwendung des § 145 PatG ist in **zeitlich**er Hinsicht zweierlei:

70 – **Erstens**: Der Prozess, in den das weitere Patent eingeführt werden soll, muss noch – und zwar in einer Tatsacheninstanz – anhängig sein.

71 – **Zweitens**: Während der Anhängigkeit des Prozesses muss dem Kläger das weitere Schutzrecht erteilt werden. Liegt bei Abschluss der Tatsacheninstanzen lediglich die Mitteilung vor, dass das nachgesuchte Patent erteilt werden wird, so führt dies nicht zu einem gemäß § 145 PatG zu beurteilenden Sachverhalt.

b) Klageerweiterung in erster Instanz

72 Die Einführung des weiteren Schutzrechts geschieht, sofern möglich, zweckmäßigerweise bereits in der Klageschrift, tunlichst aber während der ersten Instanz, wobei es sich verfahrensrechtlich um eine Klageerweiterung handelt.[105] Dies bedingt, dass die Voraussetzungen des § 263 ZPO erfüllt sein müssen, dh entweder der Beklagte der Klageerweiterung zustimmt oder das Verletzungsgericht sie für sachdienlich erachtet. Letzteres ist immer dann zu bejahen, wenn tatbestandlich ein Fall des § 145 PatG vorliegt. Die Rechtsprechung ist darüber hinaus aber relativ großzügig. Die **Sachdienlichkeit** einer Klageerweiterung in erster Instanz wird bereits angenommen, wenn es zum Zeitpunkt der Einführung des Weiteren Klagepatents aus der subjektiven Sicht des Klägers nicht fernliegend war, dass ein Anwendungsfall der Klagenkonzentration nach § 145 PatG vorliegt, mag diese Einschätzung objektiv betrachtet auch unzutreffend sein.[106] Diese Handhabung ist unschädlich, weil dem Beklagten keine Instanz genommen wird und das neu eingeführte Schutzrecht ohnehin in ein eigenes Verfahren abgetrennt wird, so dass letztlich kein Unterschied zu derjenigen Lage besteht, die vorhanden wäre, wenn der Kläger das neue Patent von vornherein mit einer selbständigen Klage anhängig gemacht hätte.

---

101 OLG Düsseldorf, Urteil v 17.12.2015 – I-2 U 29/10.
102 OLG Düsseldorf, Urteil v 17.12.2015 – I-2 U 29/10.
103 OLG Düsseldorf, Urteil v 17.12.2015 – I-2 U 29/10.
104 Benkard, § 145 PatG Rn 6; aA: Schramm, S 338.
105 OLG Düsseldorf, InstGE 6, 47 – Melkautomat; OLG München, InstGE 6, 57 – Kassieranlage.
106 LG Düsseldorf, InstGE 9, 108 – Klageerweiterung im Verletzungsprozess.

> **Bsp:** 73
> Der auf das neu eingeführte Klageschutzrecht gestützte Angriff richtet sich ausschließlich gegen Ausführungsformen, die nicht Gegenstand auch des Angriffs auf Grund des ursprünglich geltend gemachten Klageschutzrechts waren.[107]

Der Klageerweiterung steht nicht entgegen, dass der Ausgangsrechtsstreit **ausgesetzt** 74 ist.[108] Denn § 249 Abs 2 ZPO ordnet die rechtliche Unwirksamkeit nur von solchen Handlungen an, die in Ansehung der Hauptsache vorgenommen werden; die Erweiterung um ein zusätzliches Schutzrecht führt jedoch einen neuen, selbständigen Streitgegenstand ein.

Werden gestützt auf dasselbe Schutzrecht nur **weitere Ausführungsformen** angegriffen, 75 so liegt eine Klageerweiterung nur dann vor, wenn sich die hinzugekommenen Varianten in Bezug auf die Anspruchsmerkmale des Klagepatents irgendwie von den bisher angegriffenen Ausführungsformen unterscheiden, indem sie sich zB einer anderen Konstruktion oder einer abweichenden Wirkungsweise bedienen, die bisher noch nicht Gegenstand des Verletzungsprozesses war. Sind die neuen Verletzungsgegenstände in patentgemäßer Hinsicht hingegen identisch mit den von Beginn an diskutierten Ausführungsformen, betreffen sie denselben Streitgegenstand, so dass sich die Klage (und ein etwaiger Urteilsausspruch) von vornherein auch auf sie bezogen hat und sachlich nicht erweitert werden muss.[109]

Keine Klageänderung stellt es dar, wenn statt des zunächst eingeklagten Hauptanspruchs 76 – zB wegen des Verlaufs eines parallelen Rechtsbestandsverfahrens – nur noch eine **Anspruchskombination des Klagepatents** verfolgt wird; vielmehr handelt es sich um eine Beschränkung des Klageantrages im Sinne von § 264 Nr 2 ZPO.[110] Wollte man dies anders sehen, müsste der Übergang zu einer beschränkten Antragsfassung, selbst wenn mit ihm die Notwendigkeit zusätzlicher tatsächlicher Feststellungen an der angegriffenen Ausführungsform verbunden ist, jedenfalls als sachdienlich angesehen werden.[111] Geschieht der Rückgriff auf die Anspruchskombination erst in zweiter Instanz, ist der durch ihre Berücksichtigung bedingte Verlust einer Tatsacheninstanz hinzunehmen.[112]

c) Klageerweiterung im Berufungsrechtszug[113]

Spätestens muss das weitere Schutzrecht im **Berufungsverfahren geltend gemacht wer-** 77 **den**, solange dort eine Klageerweiterung prozessrechtlich (§ 533 ZPO[114]) noch zulässig ist.[115] Der Zulässigkeits-Prüfung bedarf es auch dann, wenn das neu eingeführte Schutzrecht zu dem bisherigen Klageschutzrecht inhaltsgleich ist.[116] Mehrere Voraussetzungen müssen kumulativ gegeben sein:

---

107 LG Düsseldorf, InstGE 9, 108 – Klageerweiterung im Verletzungsprozess.
108 OLG Düsseldorf, Urteil v 4.10.2012 – I-2 U 39/11.
109 OLG Düsseldorf, Urteil v 4.10.2012 – I-2 U 39/11.
110 OLG Düsseldorf, Urteil v 25.10.2018 – I-2 U 30/16.
111 OLG Düsseldorf, Urteil v 25.10.2018 – I-2 U 30/16.
112 BGH, NJW 1992, 2996.
113 Haedicke/Kamlah, FS Mes, 2009, S 153.
114 Die Vorschrift gilt nicht für die Fälle des § 264 ZPO (BGHZ 158, 295, 305 ff; BGH, MDR 2010, 1011.
115 OLG Düsseldorf, InstGE 6, 47 – Melkautomat; vgl dazu Jüngst/Stjerna, Mitt 2006, 393.
116 OLG Düsseldorf, InstGE 6, 47 – Melkautomat.

aa) Zustimmung/Sachdienlichkeit

78 Der Beklagte muss der Klageerweiterung zugestimmt haben[117] oder sie muss vom Berufungsgericht als sachdienlich zugelassen sein (**§ 533 Nr 1 ZPO**).

79 Die Sachdienlichkeit setzt voraus, dass

80 – ein ansonsten drohender neuer Rechtsstreit vermieden wird und

81 – der bisherige Streitstoff erster Instanz verwendet werden kann.

82 Solches ist in der Regel zu bejahen, wenn das neue Schutzrecht dieselbe Erfindung betrifft[118], wenn mit ihm dieselbe Ausführungsform wie mit dem ursprünglichen Klageschutzrecht angegriffen wird und wenn der Kläger im Falle einer gesonderten erstinstanzlichen Klage ernsthaft damit rechnen muss, dass ihm mit gewichtigen Argumenten § 145 PatG erfolgreich entgegen gehalten wird.[119] Ist § 145 PatG ersichtlich nicht einschlägig, fehlt demgegenüber regelmäßig die Sachdienlichkeit, selbst dann, wenn das neue Schutzrecht dasselbe technische Sachgebiet betrifft wie das ursprüngliche Klageschutzrecht.[120] Ganz besonders gilt dies bei Einführung eines Gebrauchsmusters, weil dieses neben einem Patent oder einem anderen Gebrauchsmuster die vom Verletzungsgericht zu prüfende Frage der Schutzfähigkeit erstmals aufwirft und für Gebrauchsmuster der Zwang zur Klagenkonzentration nicht besteht.

83 Die Sachdienlichkeit ist demgegenüber im Allgemeinen zu bejahen, wenn aus demselben Schutzrecht eine **abgewandelte Ausführungsform** angegriffen wird und es bei der Beurteilung der Unterschiede zwischen beiden Ausführungsformen im Wesentlichen darum geht, aus der Ermittlung des Sinngehalts der Anspruchsmerkmale im Hinblick auf die angewandelte Ausführungsform die gebotenen Schlussfolgerungen zu ziehen.[121]

bb) Präklusionsrecht

84 Zum Zweiten muss die erweiterte Klage auf Tatsachen gestützt werden können, die das Berufungsgericht nach § 529 ZPO ohnehin zu berücksichtigen hat (**§ 533 Nr 2 ZPO**).

85 Diese Bedingung ist erfüllt, wenn das zusätzliche Schutzrecht erst während des Berufungsrechtszuges erteilt wird[122] oder wenn der die Klageerweiterung betreffende Sach-

---

117 Eine einmal erklärte Zustimmung (Einwilligung oder Genehmigung) ist als Prozesshandlung unwiderruflich.
118 Bsp: Grundpatent und ergänzendes Schutzzertifikat.
119 OLG Düsseldorf, InstGE 6, 47 – Melkautomat; OLG Düsseldorf, InstGE 10, 248 – Occluder; OLG Düsseldorf, InstGE 11, 167 – Apotheken-Kommissioniersystem.
120 OLG Düsseldorf, InstGE 10, 248 – Occluder.
121 OLG Düsseldorf, InstGE 10, 248 – Occluder.
122 OLG Düsseldorf, InstGE 6, 47 – Melkautomat. Prozessrechtlich unbeachtlich ist in diesem Zusammenhang der Vorwurf, der Kläger habe das Erteilungsverfahren für das von der Klageerweiterung betroffene Patent rechtsmissbräuchlich verzögert und dadurch absichtlich dafür gesorgt, dass das Schutzrecht nicht schon während des landgerichtlichen Verfahrens zur Erteilung gekommen ist und in das dortige Klageverfahren eingeführt werden konnte. Die Präklusionsvorschriften sind rein verfahrensrechtlicher Natur. Sie sollen die Parteien anhalten, zu einem bereits vorliegenden Tatsachenstoff rechtzeitig vorzutragen; sie verfolgen demgegenüber nicht den Zweck, auf eine beschleunigte Schaffung der materiell rechtlichen Anspruchsvoraussetzungen hinzuwirken (BGH, MDR 2006, 201). Das gilt nicht nur, wenn es darum geht, in Bezug auf einen bestimmten streitgegenständlichen Klagegrund eine sachliche Anspruchsvoraussetzung herbeizuführen (zB die Fälligkeit der Klageforderung durch eine ordnungsgemäße Schlussrechnung herbeizuführen), sondern erst recht, wenn ein gänzlich neuer Klagegrund in Rede steht, der bislang überhaupt noch nicht Gegenstand des Rechtsstreits war. Wann der Kläger eine weitere Anspruchsgrundlage (sic: ein weiteres Patent) entstehen lässt, liegt in seinem freien Belieben; erst nachdem der Klagegrund (sic: das weitere Patent als erteiltes Schutzrecht) vorliegt, kann ihn die mit Verspätungsfolgen sanktionierte Pflicht treffen, hierzu im Prozess rechtzeitig vorzutragen (OLG Düsseldorf, Urteil v 3.9.2009 – I-2 U 48/07).

vortrag des Klägers zur Ausgestaltung der angegriffenen Ausführungsform sowie zur Erteilung und zum Inhalt des neu eingeführten Schutzrechts unstreitig ist.[123] Die Klageerweiterung ist ferner dann zulässig, wenn das Landgericht Ausgestaltung und Funktion der angegriffenen Ausführungsform soweit festgestellt hat, dass anhand dessen die Verwirklichung der Merkmale des neu eingeführten Schutzrechts – ohne ergänzende Tatsachenermittlung durch das Berufungsgericht – beurteilt werden kann.[124] Nimmt der Kläger seine in erster Instanz ausschließlich auf das Klageschutzrecht gestützte Klage während des Berufungsrechtszuges zurück, so ändert dies an der Zulässigkeit der Klageerweiterung nichts. Zwar wird durch die Klagerücknahme das landgerichtliche Urteil kraft Gesetzes wirkungslos, was es verbietet, die darin getroffenen Feststellungen in der Berufungsinstanz zu verwerten. Der aktenkundige Prozessstoff erster Instanz kann jedoch vom Berufungsgericht herangezogen und seiner Entscheidung zugrunde gelegt werden.[125] Das gilt erst recht, wenn in erster Instanz auch zu dem weiteren Schutzrecht vorgetragen war, selbst wenn der Kläger sein Klagebegehren dort ausschließlich auf das erste Schutzrecht gestützt hatte. Tatsächlich gehaltener Sachvortrag kann niemals versäumt sein; auf seine Entscheidungserheblichkeit aus der Sicht des Richters erster Instanz kommt es dabei ebenso wenig an wie auf die Einbindung des Vortrages in die Begründung des Klageanspruchs.[126]

Ist hingegen neuer streitiger Tatsachenvortrag vonnöten und hätte das weitere Schutzrecht bereits in erster Instanz eingeführt werden können (weil es schon damals erteilt war und dem Kläger auch zustand), kommt eine Zulassung im Berufungsrechtszug regelmäßig nicht in Betracht, weil es nicht angeht, dass der Beklagte einen Rechtsverlust (in Gestalt der Einbuße einer Instanz) wegen Versäumnissen hinzunehmen hat, die der Kläger zu verantworten hat. 86

Ist der Kläger nicht selbst Rechtsmittelführer, sondern ausschließlich Berufungsbeklagter, kann ein weiteres Schutzrecht nur im Wege des **Anschlussrechtsmittels** eingeführt werden. Wegen § 524 Abs 2 Satz 2 ZPO ist ein solches nur bis zum Ablauf der Berufungserwiderungsfrist zulässig. Das gilt unabhängig davon, ob das neu eingeführte Schutzrecht zu diesem Zeitpunkt bereits erteilt war oder nicht. 87

Ist die Zulässigkeit der Klageerweiterung streitig, kann darüber abgesondert (vorab) verhandelt werden (§§ 280 Abs 1, 525 ZPO). 88

d) Verfahrensrechtliches

Um die Übersichtlichkeit des Prozessstoffes zu gewährleisten[127], wird das Verletzungsgericht die gemäß § 145 PatG in einer einzigen Klage zusammengefassten Ansprüche auf mehrere **Verfahren auftrennen** (§ 145 ZPO).[128] 89

In der Praxis ergeht im frühen ersten Verhandlungstermin – vor der Verlesung der Anträge – folgender Beschluss: 90

---

123 Vgl BGH, NJW 2005, 291; BGH, NJW-RR 2005, 437.
124 OLG München, InstGE 6, 57 – Kassieranlage.
125 OLG München, InstGE 6, 57 – Kassieranlage.
126 BGH, MDR 2010, 1011.
127 Zur rechtlichen Zulässigkeit der Verfahrenstrennung vgl Nieder, GRUR 2010, 402.
128 Kostenrechtlich bedeutet dies: Die vor der Verfahrenstrennung entstandenen Gebühren bleiben bestehen. Soweit ihr Entstehungstatbestand später erneut verwirklicht wird, entstehen die Gebühren nach der Trennung, und zwar aus den Werten der getrennten Verfahren, abermals. Der Rechtsanwalt darf wählen, ob er die Gebühren aus dem Verfahren vor der Trennung oder aus den mehreren Verfahren danach verlangt (OLG Düsseldorf, OLG-Report 2009, 778).

| 91 | Praxistipp | Formulierungsbeispiel |

1. Über die auf das EP ... (zweites Schutzrecht), das EP ... (drittes Schutzrecht) usw. gestützten Klageansprüche soll in jeweils gesonderten Verfahren verhandelt und entschieden werden.
2. Zu den Akten der abgetrennten Verfahren werden die Anlagen wie folgt genommen:
   – zu dem das EP ... (zweites Schutzrecht) betreffenden Verfahren die Anlagen ...,
   – zu dem das EP ... (drittes Schutzrecht) betreffenden Verfahren die Anlagen ...
   usw
3. Der Streitwert wird wie folgt festgesetzt:
   – für das Ausgangsverfahren (erstes Schutzrecht): ...
   – für das das EP ... (zweites Schutzrecht) betreffende Verfahren: ...
   – für das das EP ... (drittes Schutzrecht) betreffende Verfahren: ...

| 92 | Praxistipp | Formulierungsbeispiel |

Damit die Verfahrenstrennung problemlos vorgenommen werden kann, sollte ihr bereits bei der Abfassung der Klageschrift Rechnung getragen werden. Das bedeutet: Für jedes der geltend gemachten Schutzrechte sind separat und hintereinander vollständige Klageanträge zu formulieren.

93 ▶ **Bsp:**

A.: Unterlassungs-, Rechnungslegungs-, Vernichtungs- und Schadenersatzantrag für das erste Schutzrecht; B.: Unterlassungs-, Rechnungslegungs-, Vernichtungs- und Schadenersatzantrag für das zweite Schutzrecht, usw.

94 Ferner sollten die einzelnen Schutzrechte auch in der Klagebegründung in jeweils gesonderten Abschnitten (A., B., usw) nacheinander abgehandelt werden, wobei die zugehörigen Anlagen entsprechend zu kennzeichnen sind (AK1 bis AKX für das erste Schutzrecht; BK1 bis BKX für das zweite Schutzrecht, usw).

95 Anordnungen zur Prozesstrennung sind **unanfechtbar**.[129]

4. Torpedo[130]

a) Art 29 Abs 1 EuGVVO[131]

96 Vor Rechtshängigkeit einer Verletzungsklage in der Bundesrepublik Deutschland bietet sich dem Beklagten bei internationalen Streitigkeiten in der Europäischen Union die Möglichkeit, wenn auch die Klageansprüche nicht abzuwehren, so doch das Verfahren

---

129 OLG München, MDR 2015, 1320.
130 Vgl Grabinski, FS Tilmann, 2003, S 461; v. Falck, FS Mes, 2009, S 111; Rojahn, FS Mes, 2009, S 301; Goltz/Janert, MDR 2014, 125.
131 Vgl auch Art 21 LuGÜ.

in Deutschland erheblich zu verzögern und damit Zeit zu gewinnen, gegebenenfalls sogar den gegen ihn gerichteten Unterlassungsanspruch wegen Zeitablaufs des Klageschutzrechtes zu entwerten. Hierzu muss ein oben schon angesprochener Torpedo (also eine negative Feststellungsklage) in einem der Vertragsstaaten der EU gestartet werden, in dem die Verfahrensdauer auch dann erfahrungsgemäß sehr lang ist, wenn nur über die Zuständigkeit des ausländischen Gerichts entschieden werden muss. Der Sinn eines Torpedos liegt geradezu darin, selbst bei offensichtlicher und auch dem Kläger bekannter Unzuständigkeit ein bekanntermaßen langsam arbeitendes ausländisches Gericht mit der negativen Feststellungsklage anzugehen, um für die Dauer dieses Feststellungsverfahrens eine Rechtsverfolgung gegen sich zu blockieren. Unter Berufung auf Art 29 Abs 1 EuGVVO ist das später rechtshängig werdende Verletzungsverfahren nämlich von Amts wegen auszusetzen[132], bis das zuerst angerufene (ausländische) Gericht über seine Zuständigkeit – rechtskräftig[133] – befunden hat. Hat das ausländische Gericht seine Zuständigkeit rechtskräftig bejaht, ist die nationale Klage auf Kosten des Klägers als von Anfang an unzulässig abzuweisen (Art 29 Abs 2 EuGVVO).[134] Das Fehlen eines Tatbestandes nach Art 29 EuGVVO stellt eine Prozessvoraussetzung dar[135], weswegen dessen Anwendungsbedingungen der amtswegigen Feststellung im Freibeweis unterliegen.[136]

aa) Anwendungsvoraussetzungen

(1) Nationalität

Auf die **Nationalität** der streitenden Parteien kommt es für Art 29 EuGVVO ebenso wenig an wie auf ihren Sitz in der EU[137] und die Frage, ob sich die Zuständigkeit jeweils nach der EuGVVO (oder nach anderem, zB nationalem) Recht ergibt[138]; maßgeblich für die Anwendung des Art 29 EuGVVO ist allein, dass in zwei Mitgliedstaaten der Verordnung parallele Rechtsstreitigkeiten (typischerweise eine negative Feststellungsklage und eine positive Leistungsklage jeweils umgekehrten Rubrums) in einer Zivilsache gemäß Art 1 Abs 1 Satz 1 EuGVVO[139] geführt werden.[140]   97

(2) »dieselben Parteien«

Die negative Feststellungsklage muss zwischen denselben Parteien anhängig sein wie die in Deutschland erhobene Leistungsklage. Auf die Parteirolle, also die Position als Kläger   98

---

132 Auf Antrag haben sich die Gerichte wechselseitig die jeweiligen Daten ihrer Anrufung mitzuteilen (Art 29 Abs 2 EuGVVO).
133 LG Düsseldorf, InstGE 9, 246 – Vorlaminiertes mehrschichtiges Band; vgl dazu: v. Falck, FS Mes, 2009, S 111.
134 BGH, MDR 2018, 691.
135 BGH, MDR 2013, 869.
136 BGH, MDR 2018, 691.
137 BGH, NJW 2017, 564.
138 LG Düsseldorf, InstGE 9, 246 – Vorlaminiertes mehrschichtiges Band; vgl dazu: v. Falck, FS Mes, 2009, S 111.
139 Dazu zählt auch ein Adhäsionsverfahren (BGH, MDR 2013, 869).
140 EuGH, Slg 1991, I-03, 317; BGH, NJW 2017, 564. Nicht die Nationalität der Parteien, sondern diejenigen Gerichte, bei denen die positive Verletzungsklage und die negative Feststellungsklage geführt werden, bestimmen auch darüber, ob die EuGVVO, die VO 44/2001, das EuGVÜ oder das LugÜ anwendbar sind. Bsp: Der Beklagte des deutschen Verletzungsprozesses aus 2006 ist Däne; er erhebt in Italien eine negative Feststellungsklage. Anwendbar ist die EuGVVO, die im Verhältnis zwischen Deutschland und Italien in Kraft gesetzt ist. Dass im Verhältnis zu Dänemark bis 30.6.2007 noch das EuGVÜ galt, ist unbeachtlich. Lediglich wenn es darum ginge, im deutschen Verletzungsprozess die internationale Zuständigkeit des dänischen Beklagten zu ermitteln, käme es auf dessen Nationalität an, weswegen auf das EuGVÜ – und nicht die EuGVVO oder die VO 44/2001 – zurück zu greifen wäre.

oder Beklagter des Verfahrens, kommt es dabei nicht an.¹⁴¹ Auch sonst wird der Parteibegriff im Rahmen des Art 29 Abs 1 EuGVVO (bzw Art 21 EuGVÜ) zumindest vom EuGH nicht rein formal ausgelegt. So hat der EuGH in seiner Entscheidung Drouot./. CMI¹⁴² beispielsweise eine Interessenabwägung zur Klärung der Frage herangezogen, ob dieselbe Partei vorliegt. Von derselben Partei ist hiernach – trotz formaler Verschiedenheit – auszugehen, wenn identische und voneinander untrennbare Interessen verfolgt werden. Dies kann angenommen werden, wenn eine Entscheidung gegen eine Rechtsperson im Wege der **Rechtskrafterstreckung** auch für eine andere Person Geltung erhält.¹⁴³ Spielt sich der die Rechtskrafterstreckung herbeiführende Sachverhalt (zB eine Rechtsnachfolge hinsichtlich des streitbefangenen Gegenstandes) erst nachträglich ab, ist für den Rechtsnachfolger nicht der frühe Zeitrang der Klageerhebung durch den Rechtsvorgänger maßgeblich, sondern der spätere Zeitrang der zur Rechtskrafterstreckung führenden Rechtsnachfolge.¹⁴⁴

99 Ob dies der Fall ist, beurteilt sich nach dem nationalen Recht desjenigen Staates, dessen Gerichte zuerst angerufen wurden und dem deshalb die Sachentscheidung vorbehalten ist.¹⁴⁵ Dass die **Rechtslage im Urteilsstaat** maßgeblich ist, folgt aus der schlichten Tatsache, dass nach Art 36 EuGVVO Entscheidungen eines Mitgliedstaates automatisch in jedem anderen Mitgliedstaat anerkannt werden, was nach dem Grundsatz der Wirkungserstreckung bedeutet, dass sich mit dem Eintreten der Wirkungen des erststaatlichen Urteils im Heimatland *diese* Wirkungen gleichzeitig auch auf den Zweitstaat erstrecken.¹⁴⁶ Zu den erstreckten Urteilswirkungen gehört vor allem die materielle Rechtskraft, deren objektive und subjektive Grenzen folglich dem Prozessrecht des Urteilsstaates folgen.¹⁴⁷

100 ▶ **Bsp nach deutschem Recht sind:**

- Die Fälle der Gesamt- oder Einzelrechtsnachfolge in Bezug auf das Patent als dem im Verletzungsprozess streitbefangenen Gegenstand (§§ 265, 325 ZPO);

- im Verhältnis zwischen Patentinhaber und ausschließlichem Lizenznehmer findet eine Rechtskrafterstreckung jedenfalls dann nicht statt, wenn der Patentinhaber nicht seine gesamte Rechtsstellung preisgegeben hat, sondern ihm – neben dem Lizenznehmer – noch Ansprüche aus dem lizenzierten Patent verblieben sind¹⁴⁸;

- einfache Lizenznehmer, die in gewillkürter Prozessstandschaft und aufgrund erfolgter Abtretung die Rechte des Schutzrechtsinhabers im eigenen Namen geltend machen.¹⁴⁹

---

141 EuGH, NJW 1995, 1983 – Tatry/Maciej Rataj.
142 EuGH, Slg 1998, I-3091 = Mitt 1998, 387.
143 OLG Karlsruhe, BeckRS 2008, 12712; LG Düsseldorf, GRUR-RR 2009, 402 – Italienischer Torpedo.
144 OLG Düsseldorf, Beschluss v 4.3.2013 – I-2 W 6/13.
145 OLG Düsseldorf, Urteil v 26.4.2012 – I-2 U 18/12; OLG Karlsruhe, BeckRS 2008, 12712; aA: LG Düsseldorf, GRUR-RR 2009, 402 – Italienischer Torpedo.
146 EuGH, NJW 1989, 663, 664 – Hoffmann.
147 BGH, FamRZ 2008, 400.
148 Vgl OLG Karlsruhe, BeckRS 2008, 12712; LG Düsseldorf, GRUR-RR 2009, 402 – Italienischer Torpedo.
149 OLG Düsseldorf, Mitt 2000, 419 – Aussetzung; LG Düsseldorf, GRUR Int 1998, 804 f – Impfstoff I; Grabinski, GRUR Int 2001, 199; Meier-Beck, GRUR 1999, 379, 382; vgl hierzu auch OLG Düsseldorf, Beschluss v 30.9.1999 (Vorlagebeschluss an den EuGH), mitgeteilt bei v. Meibom/Pitz, EIPR 2000, N-3 (da die Parteien sich anschließend geeinigt haben, hat sich die Vorlage vor einer Entscheidung des EuGH erledigt); bzgl Versicherer und Versicherungsnehmer: EuGH, Mitt 1998, 387 – Drouot/CMI.

Ob trotz formaler Verschiedenheit von »derselben Partei« nur dann auszugehen ist, **101**
wenn die Beteiligten durch ein zur Rechtskrafterstreckung führendes Verhältnis miteinander verbunden sind[150], ist vom EuGH noch nicht entschieden. In jedem Fall bedarf es einer der Rechtskrafterstreckung vergleichbare besondere Verknüpfung der Interessen, die noch nicht dadurch gegeben ist, dass einmal das **Unternehmen** und das andere Mal dessen **gesetzliche Vertreter** betroffen ist. Dass die die Haftung auslösende Handlung bei allen Genannten (dem Unternehmen und seinen Geschäftsführern) dieselbe ist, mag zu einer Gleichheit der Interessen führen, begründet als solches aber noch nicht ihre Untrennbarkeit.[151] Unschädlich ist, dass in einem der beiden konkurrierenden Verfahren zusätzlich Dritte beteiligt sind; in einem solchen Verfahren beschränken sich die Rechtsfolgen des Art 29 EuGVVO lediglich auf diejenigen Personen, zwischen denen mehrere Verfahren anhängig sind, so dass der Rechtsstreit gegen den Dritten ohne Aussetzungsdiskussion fortgeführt wird.[152]

(3) »derselbe Anspruch«

Zweite Voraussetzung ist, dass sich die beiden konkurrierenden Klagen auf denselben **102**
Anspruch beziehen. Maßgeblich sind die Klageansprüche des jeweiligen Klägers und nicht vom Beklagten erhobene Einwendungen.[153] Auch die Voraussetzung »desselben Anspruchs« wird vom EuGH unter Hinweis auf Sinn und Zweck des Art 29 EuGVVO (bzw Art 21 EuGVÜ) weit ausgelegt. Im Interesse einer geordneten Rechtspflege in der Gemeinschaft sollen parallele Verfahren vor Gerichten verschiedener Vertragsstaaten vermieden werden. Hieran anschließend werden daher die in einem Verletzungsverfahren geltend gemachten Unterlassungs- und Schadenersatzansprüche sowie die mit der negativen Feststellungsklage begehrte Feststellung der Nichtverletzung als derselbe Anspruch angesehen, wenn sich beide auf dasselbe Schutzrecht und die gleiche angegriffene Ausführungsform beziehen.[154] Unter dieser Prämisse sichert eine zunächst nur mit einem zB Schadenersatzantrag erhobene Klage den Zeitrang der Klage auch für einen zeitlich später klageerweiternd eingeführten Unterlassungsanspruch. Zu beachten ist, dass bei einem europäischen Patent die verschiedenen nationalen Anteile des europäischen Patentes nicht als *ein* Schutzrecht, sondern als verschiedene Ansprüche angesehen werden.[155] In negativen Feststellungsklagen muss daher ausdrücklich auch die Feststellung der Nichtverletzung bezüglich des deutschen Anteils des europäischen Patentes begehrt werden.[156] Erst recht liegen verschiedene Ansprüche vor, wenn in dem einen Verfahren um das Stammpatent und dessen Verletzung, in dem anderen Verfahren hingegen um die daraus hervorgegangenen Teilpatente und deren Benutzung gestritten wird.[157] Ungleiche Ansprüche (und ungleiche Parteien) liegen auch dann vor, wenn mit der Patentverletzungsklage Ansprüche ausschließlich aus eigenem materiellen Recht wegen solcher Benutzungshandlungen verfolgt werden, die nach der Übertragung des Klagepatents auf den Kläger begangen worden sind, wenn sich die negative Feststellungsklage gegen den vormaligen Rechtsträger und die unter dessen Inhaberschaft begangenen Benutzungshandlungen richtet.[158]

---

150 So: OLG Karlsruhe, BeckRS 2008, 12712.
151 OLG Düsseldorf, Urteil v 26.4.2012 – I-2 U 18/12.
152 EuGH, NJW 1995, 1983 – Tatry/Maciej Rataj; BGH, MDR 2013, 1480.
153 EuGH, NJW 2003, 2596.
154 Ua LG Düsseldorf, Beschluss v 17.3.2009 – 4b O 218/08, LG Düsseldorf, GRUR Int 1998, 803 f – Kondensatorspicherzellen; LG Düsseldorf, GRUR Int 1998, 804 f – Impfstoff I; Grabinski, GRUR Int 2001, 199; Franzosi, EIPR 1997, 382; dagegen: Sack, GRUR 2018, 893.
155 BGH, MDR 2011, 1437 – Schreibgeräte.
156 OLG Düsseldorf, Mitt 2000, 419, 421.
157 LG Düsseldorf, InstGE 11, 99 – Computernetzwerk.
158 LG Düsseldorf, InstGE 9, 246 – Vorlaminiertes mehrschichtiges Band; vgl dazu: v. Falck, FS Mes, 2009, S 111.

103 Der spätere Verletzungsbeklagte kann sich einen **zeitlichen Vorsprung** nicht dadurch sichern, dass er seinen Antrag auf Feststellung der Nichtverletzung hinsichtlich des Schutzrechts und/oder des Anspruchstellers und/oder der angegriffenen Ausführungsform von vornherein pauschal auf zB alle aus einem bestimmten Patent in Zukunft noch resultierende Teilanmeldungen, auf alle künftig etwa noch auf den Markt kommende Ausführungsformen und/oder auf etwaige künftige Lizenznehmer des Patentinhabers oder sonstige Berechtigte ausdehnt. In der Erwähnung künftiger weiterer Patente etc liegt bei sinngemäßem Verständnis bloß die Ankündigung, die Klage ggf später erweitern zu wollen.[159] Dies ist schon deshalb zwingend, weil im Parteiprozess eine gerichtliche Sachprüfung erst dann stattfinden kann, wenn das fragliche Schutzrecht, die als dessen (Nicht-)Verletzung in Rede stehende Ausführungsform und die gegnerische Partei so konkret bezeichnet und in das Verfahren eingeführt sind, dass die Voraussetzungen des geltend gemachten Begehrens beurteilt werden können. Unter den gegebenen Umständen wird das weitere Schutzrecht, die weitere Ausführungsform und/oder der weitere Berechtigte erst in dem Moment Gegenstand der negativen Feststellungsklage, in dem das Schutzrecht, die Ausführungsform oder der Anspruchsberechtigte konkret bezeichnet und in das Verfahren eingeführt werden. Für den Zeitrang des Weiteren Patents etc ist dementsprechend der Tag maßgeblich, an dem die Feststellungsklage tatsächlich auf das zusätzliche Patent, die neue Ausführungsform oder den Lizenznehmer erweitert wird.[160] Umgekehrt geht der Zeitrang in dem Umfang verloren, in dem die Klage nachträglich (ganz oder teilweise) mit der Folge zurückgenommen wird, dass die Rechtshängigkeit von Anfang an beseitigt wird. Eine frühe Erhebung der negativen Feststellungsklage nutzt deshalb nur dann etwas, wenn das mit der positiven Verletzungsklage übereinstimmende Klagebegehren im weiteren Verfahrensverlauf beibehalten wird.

104 Der ungünstige Zeitrang der ausländischen Feststellungsklage lässt sich aus den gleichen Erwägungen heraus auch nicht dadurch verbessern, dass die Beklagten des inländischen Verletzungsprozesses nachträglich im ausländischen Rechtsstreit eine **Erklärung** abgeben, der zufolge sie mit einer **Rechtskrafterstreckung** der für oder gegen den dort klagenden Dritten ergehenden Gerichtsentscheidung auf sich einverstanden sind.[161] Die mangelnde Parteiidentität wird damit zwar beseitigt, allerdings erst im Zeitpunkt des wirksamen Zustandekommens der Erstreckungsvereinbarung, weswegen dem ausländischen Prozess im Rahmen des Art 29 EuGVVO eben nur *dieser* Zeitrang (und kein früherer) beigemessen werden kann. Das gilt zur Vermeidung von Manipulationen selbst dann, wenn die Parteien ihrer Rechtskrafterstreckungsabsprache Rückwirkung beilegen. Dass dem so sein muss, ergibt sich nicht zuletzt daraus, dass der Beklagte des inländischen Verletzungsprozesses zur Herstellung der Parteiidentität auch die Möglichkeit gehabt hätte, dem dritten Kläger des ausländischen Feststellungsprozesses im Wege der subjektiven Parteierweiterung beizutreten. Wäre dies geschehen, könnte der durch die Verletzungsbeklagten geführten Feststellungsklage offensichtlich nur der Zeitrang ihres späten Klagebeitritts zuerkannt werden. An diesem Ergebnis kann sich nicht dadurch etwas ändern, dass statt einer Klageerweiterung ein formell anderer Weg der Prozessbeteiligung (nämlich der der vereinbarten Rechtskrafterstreckung) gewählt wird.[162]

---

159 LG Düsseldorf, InstGE 11, 99 – Computernetzwerk; bestätigt durch OLG Düsseldorf, Beschluss v 20.7.2009 – I-2 W 35/09.
160 LG Düsseldorf, InstGE 11, 99 – Computernetzwerk; bestätigt durch OLG Düsseldorf, Beschluss v 20.7.2009 – I-2 W 35/09.
161 OLG Düsseldorf, Beschluss v 4.3.2013 – I-2 W 6/13.
162 OLG Düsseldorf, Beschluss v 4.3.2013 – I-2 W 6/13.

Im umgekehrten Fall einer Erweiterung des inländischen Verletzungsprozesses um ein 105
neues Schutzrecht steht einer Wirksamkeit der Klageerweiterung nicht entgegen, dass der
Verletzungsprozess, in dem die Klage erweitert wird, nach § 148 ZPO ausgesetzt ist.[163]

Praxistipp	Formulierungsbeispiel	106

Wird ein Torpedo gestartet, ist unbedingt darauf zu achten, im Vorhinein alle möglichen Beteiligten eines Verletzungsverfahrens (einschließlich Lizenznehmer und Geschäftsführer der beteiligten Unternehmen), sämtliche Schutzrechte, aus denen ein Klageangriff erfolgen könnte, und alle Ausführungsformen, die mit Aussicht auf Erfolg angegriffen werden könnten) in die negative Feststellungsklage einzubeziehen.

(4) Ausschließliche Zuständigkeit des Zweitgerichts

Einen Sonderfall bildet die Konstellation, dass nur das später angerufene Gericht eine 107
ausschließliche Zuständigkeit besitzt. Hier war streitig, ob trotzdem eine Aussetzungspflicht im Hinblick auf einen Rechtsstreit besteht, der bei einem nicht ausschließlich zuständigen Gericht zeitlich früher anhängig geworden ist. Die Frage ist inzwischen vom EuGH dahingehend entschieden worden, dass in solchen Fällen kein Aussetzungszwang besteht.[164]

bb) Rechtsfolge

Ein Ermessensspielraum ist dem Gericht nicht eröffnet. *Soweit* die Voraussetzungen des 108
Art 29 EuGVVO vorliegen, muss der inländische Rechtsstreit ausgesetzt werden. Das
Gericht hat sich jedweder Entscheidung über die Klage zu enthalten, was bedeutet, dass
es der Klage nicht stattgeben, die Klage aber auch nicht – und zwar weder als unbegründet noch als nach nationalem Prozessrecht unzulässig[165] – abweisen darf.

Letzteres geschieht erst dann, wenn das andere Gericht seine Zuständigkeit endgültig 109
bejaht hat. In einem solchen Fall ist die Klage von Anfang an als unzulässig abzuweisen,
und nicht erst von demjenigen Zeitpunkt an, zu dem die vorübergehende Aussetzung
wegen der rechtskräftigen Bejahung der Zuständigkeit durch das parallel angerufene
Gericht endet.[166] Es ist deswegen auch kein Raum für eine Erledigungserklärung, mit
der sich die Kosten des unzulässigen Klageverfahrens auf den Gegner abwälzen ließen.[167]
Ob es bei der kostenrechtlichen Belastung des Klägers im Zweitverfahren auch dann
verbleibt, wenn der die Zuständigkeit des Erstgerichts begründende Sachverhalt erst nach
Einleitung des Zweitverfahrens eintritt, ist fraglich.[168]

Trifft Art 29 EuGVVO nur auf einzelne **Streitgenossen** und/oder auf einzelne Klage- 110
schutzrechte zu, wird der Rechtsstreit nicht blockiert, soweit er zwischen anderen Parteien oder über andere Ansprüche geführt wird als sie in dem auswärtigen Mitgliedstaat
anhängig sind. Um in dieser Situation ein ggf unzulässiges Teilurteil zu vermeiden, empfiehlt es sich, diejenigen Ansprüche, über die das nationale Gericht befinden darf, vorsichtshalber in ein neues Verfahren abzutrennen. Fällt später der Aussetzungsgrund weg,
kann wieder eine Verbindung beider Verfahren – des abgetrennten und des ausgesetz-

---

163 LG Mannheim, InstGE 13, 65 – UMTS-fähiges Mobiltelefon II.
164 EuGH, NJW 2014, 1871 – Weber; BGH, MDR 2014, 1287.
165 ZB wegen anderweitiger Rechtshängigkeit.
166 BGH, MDR 2018, 691.
167 BGH, MDR 2018, 691.
168 Ebenso: Hau, MDR 2018, 723, 724.

ten – in Betracht kommen, wenn der beiderseitige Verfahrensstand dies als sinnvoll erscheinen lässt.

111 Auch der **Einwand des Rechtsmissbrauches** seitens des Beklagten der negativen Feststellungsklage bei Erhebung einer offensichtlich unzulässigen Feststellungsklage ist bisher von den Gerichten in Deutschland nicht berücksichtigt worden, da grundsätzlich die Gleichwertigkeit aller örtlichen Gerichtsstände im Geltungsbereich der EU vermutet wird.[169] In jüngerer Vergangenheit zeichnet sich hier jedoch eine tendenziell großzügigere Auffassung ab. So hat das LG Düsseldorf[170] entschieden, dass dem Beklagten eines Patentverletzungsprozesses die Berufung auf Art 21 EuGVÜ unter dem Gesichtspunkt des Verbotes unzulässiger Rechtsausübung versagt ist, wenn er die negative Feststellungsklage vor einem aufgrund gesicherter Rechtsprechung[171] offensichtlich unzuständigen Gericht eines anderen Mitgliedstaates erhoben hat und das Verfahren vor diesem Gericht nicht oder ohne Grund derart langsam führt, dass das Recht des Klägers auf eine ordnungsgemäße Durchführung seines Patentverletzungsverfahrens praktisch vereitelt würde, wenn es zu einer Aussetzung gemäß Art 29 Abs 1 EuGVVO käme.[172] Dieser Auffassung steht die Rechtsprechung des EuGH nicht entgegen. In der Entscheidung Gasser[173] ist zwar ausgesprochen, der Umstand, dass die Verfahren vor den Gerichten des erstangerufenen Mitgliedstaates *allgemein* unvertretbar lange dauern, rechtfertige es nicht, von einer Aussetzung nach Art 21 EuGVÜ (heute Art 29 EuGVVO) (von vornherein) abzusehen. Zu berücksichtigen ist jedoch zum einen, dass der Fall kein zeitlich befristetes Ausschließlichkeitsrecht, sondern vermögensrechtliche Ansprüche aus einer längerfristigen Handelsbeziehung betraf. Zum anderen schließt es die EuGH-Entscheidung nicht aus, bei konkreten Feststellungen dazu, dass inzwischen unvertretbar lange Zeit verstrichen ist, ohne dass das erstangerufene Gericht über seine Zuständigkeit befunden hat, *diesen* Sachverhalt zum Anlass zu nehmen, Art 29 Abs 1 EuGVVO nicht anzuwenden, sondern das Verfahren vor dem später angerufenen Gericht fortzusetzen. Schließlich steht dem Kläger des Zweitverfahrens auch ein Justizgewährungsanspruch aus Art 6 Abs 1 EMRK zu.

112 Um dem mit dem Torpedo verbundenen Rechtsmissbrauch und der Blockade von Verletzungsverfahren entgegenzuwirken, greifen auch **internationale Gerichte** auf unterschiedliche Begründungen zurück.

113 Am weitesten ist hier wohl das Tribunal d'Instance in Paris in einer nicht veröffentlichten Entscheidung vom 28.4.2000[174] gegangen, wonach Klagen auf Verletzung eines Schutzrechtes und Klagen, mit denen die Feststellung der Nichtverletzung begehrt werden, nicht denselben Streitgegenstand beträfen. Eine Aussetzung nach Art 29 Abs 1 EuGVVO (bzw Art 21 EuGVÜ) wurde vor diesem Hintergrund abgelehnt.[175]

114 Andere Gerichte lehnen ihre Zuständigkeit für negative Feststellungsklagen dann ab, wenn die internationale Zuständigkeit für diese ausschließlich auf Art 7 Nr 2 EuGVVO gestützt wird.[176] Begründet wird dies damit, dass nach der ständigen Rechtsprechung

---

169 EuGH, NJW 2014, 1871 – Weber; BGH, MDR 2014, 1287; vgl auch Kropholler/von Hein, Art 27 Rn 19–21; Pitz, GRUR Int 2001, 32, 35.
170 LG Düsseldorf, InstGE 3, 8 – Cholesterin-Test.
171 Grabinski, FS Tilmann, 2003, S 461, 468.
172 Vgl auch BGH, BGH-Report 2002, 345 (noch zu Art 21 EuGVÜ).
173 EuGH, IPRax 2004, 243 – Gasser/MISAT.
174 Mitgeteilt von Pitz, GRUR Int 2001, 32, 35 f.
175 Sogar eine Aussetzung nach Art 22 EuGVÜ wurde unter Hinweis auf die erkennbare Blockadeabsicht der Beklagten abgelehnt.
176 Vgl ua Oberster Gerichtshof Italien, GRUR Int 2005, 264 – Verpackungsmaschine II; Oberster Gerichtshof Schweden, GRUR Int 2001, 178 – Flootek; hierzu auch Lundstedt, GRUR Int 2001, 103 ff; OLG München, InstGE 2, 61 – Leit- und Informationssystem II; diese Praxis setzt sich auch in Belgien und Italien durch.

des EuGH Art 7 Nr 2 EuGVVO (bzw Art 5 Nr 3 EuGVÜ) als Ausnahmevorschrift restriktiv auszulegen sei und daher nur für Klagen gelte, die sich unmittelbar auf die unerlaubten Handlungen bezögen. Bei negativen Feststellungsklagen werde das Vorliegen einer unerlaubten Handlung aber gerade bestritten.

Zu berücksichtigen ist jedoch auch bei diesen Gerichten, dass bis zum Erlass einer Entscheidung über die mangelnde Zuständigkeit, unabhängig davon, mit welcher Begründung diese abgelehnt wird, eine längere Zeit vergehen kann, die der Beklagte für seine Zwecke nutzen kann. 115

b) Art 30 EuGVVO

Ist eine Identität der Parteien oder aber der geltend gemachten Ansprüche nach Art 29 Abs 1 EuGVVO nicht gegeben, besteht noch die Möglichkeit, eine Aussetzung nach Art 30 Abs 1 EuGVVO zu beantragen. Danach *kann* ein später angerufenes Gericht das Verfahren aussetzen, wenn vor Gerichten verschiedener Vertragsstaaten Klagen in erster Instanz anhängig sind, die im **Zusammenhang** stehen. Auch diese Vorschrift dient dazu, gegensätzliche Entscheidungen in der Gemeinschaft zu vermeiden, weshalb die Vorschrift weit auszulegen ist. Dies gilt vor allem für Absatz 3, der eine Legaldefinition des Begriffs »Zusammenhang« enthält.[177] Das Landgericht Düsseldorf hat daher das Vorliegen eines Zusammenhangs verschiedener Klagen auch dann bejaht, wenn wegen der Verletzung unterschiedlicher nationaler Anteile eines europäischen Patentes vor unterschiedlichen Gerichten Klage erhoben wird[178] oder wenn wegen desselben Patents und derselben Ausführungsform im ausländischen Verfahren das Unternehmen negativer Feststellungskläger ist und im inländischen Prozess die (im Ausland nicht beteiligten) Geschäftsführer des Unternehmens wegen Patentverletzung verklagt sind[179]. 116

Die Entscheidung über die Aussetzung gemäß Art 30 Abs 1 EuGVVO ist jedoch im Gegensatz zu derjenigen nach Art 29 Abs 1 EuGVVO in das **Ermessen** des Gerichts gestellt.[180] Ein deutsches Gericht wird sich dabei im Wesentlichen an die auch im Rahmen von § 148 ZPO angewandten Grundsätze halten und die Interessen der betroffenen Parteien gegeneinander abwägen. Wesentliche Gesichtspunkte sind, 117

– welches Gericht die größere Sachnähe zu dem zu entscheidenden Sachverhalt hat (typischerweise sind dies die Gerichte des Schutzstaates, die mit dem einschlägigen nationalen Recht vertraut sind, nach dem die Patentverletzung und ihre Rechtsfolge zu beurteilen sind), 118

– wann mit einer Entscheidung in dem einen bzw anderen Verfahren zu rechnen ist (es ist unangebracht, einen angelaufenen Verletzungsprozess im Hinblick auf ein negatives Feststellungsverfahren auszusetzen, dessen Entscheidung seinerseits noch geraume Zeit auf sich warten lassen wird) und 119

– inwieweit den berechtigten Belangen des Schutzrechtsinhabers bei einer Aussetzungsanordnung Rechnung getragen ist (was zu verneinen sein kann, weil er selbst bei abgewiesener Feststellungsklage noch lange nicht über einen Titel zur Durchsetzung seiner Verbietungsrechte verfügt).[181] 120

Dem Interesse des Schutzrechtsinhabers wird zumindest dann Vorrang zuzubilligen sein, wenn der geltend gemachte Unterlassungsanspruch unter Berücksichtigung der Verfah- 121

---

177 EuGH, NJW 1995, 1983 – Tatry/Maciej Rataj; Kropholler/von Hein, Art 28 Rn 3.
178 LG Düsseldorf, GRUR Int 1998, 803, 804 – Kondensatorspeicherzellen.
179 LG Düsseldorf, Beschluss v 19.4.2011 – 4a O 153/10; ebenso: LG Mannheim, Beschluss v 26.10.2010 – 2 O 234/09; LG Mannheim, Beschluss v 10.1.2011 – 2 O 234/09.
180 Kropholler/von Hein, Art 28 Rn 10.
181 OLG Düsseldorf, Beschluss v 4.3.2013 – I-2 W 6/13.

rensdauer des zuerst anhängig gemachten Verfahrens nicht mehr oder nur erheblich beschränkt durchgesetzt werden kann. Dies dürfte zumindest in den Fällen zu bejahen sein, in denen der Beklagte eine negative Feststellungsklage als Torpedo eingereicht hat und mit einer Entscheidung über diese nicht kurzfristig gerechnet werden kann. Dies bedeutet aber auch, dass über Art 30 Abs 1 EuGVVO nur in den seltensten Fällen eine Aussetzung zu erreichen sein wird. Denkbar ist derartiges nach der Instanzrechtsprechung aber, wenn der Verletzungsprozess gegen das Unternehmen wegen Art 29 EuGVVO blockiert ist und im inländischen Prozess deren Geschäftsführer in Anspruch genommen werden, für die Art 29 EuGVVO mangels Beteiligung am ausländischen Feststellungsverfahren nicht einschlägig ist. Eine Aussetzung soll hier jedenfalls dann angezeigt sein, wenn für den Kläger mit einem Urteil gegen die Geschäftsführer nicht wirklich etwas gewonnen ist, weil die Geschäftsführer außerhalb des Unternehmens nicht selbst am Markt tätig sind.[182] Über diesen Gesichtspunkt hinaus wird man unbedingt im Blick behalten müssen, welcher Erkenntnisgewinn aus dem ausländischen Feststellungsprozess und dort eingeholten Beweisen für das (aufgeschobene) inländische Erkenntnis tatsächlich zu erwarten sind. Steht zu befürchten, dass eigene Beweisermittlungen nicht entbehrlich gemacht werden (zB weil das ausländische Gericht in Patentsachen unerfahren ist), sollte von einer Aussetzung abgesehen werden.

122 **Art 30 Abs 2 EuGVVO**, der die Möglichkeit für das Gericht vorsieht, sich auf Antrag der Parteien für unzuständig zu erklären, dürfte in Deutschland ausgeschlossen sein, da nach § 147 ZPO eine Verbindung von Verfahren, die vor unterschiedlichen Gerichten laufen, nicht vorgesehen ist.[183]

c) Art 33, 34 EuGVVO

123 Durch die EuGVVO neu eingeführt worden ist die Möglichkeit, einen in einem Mitgliedstaat später anhängig gemachten Prozess wegen eines Verfahrens auszusetzen, das in einem **Drittstaat** (außerhalb der Mitgliedstaaten) frühzeitiger (auch insoweit gilt die Definition in Art 32 EuGVVO) anhängig geworden ist.

124 Es handelt sich jeweils um Aussetzungen nach Ermessen, deren **Voraussetzungen**

125 – das eine Mal (Art 33 EuGVVO) an diejenigen des Art 29 EuGVVO und

126 – das andere Mal (Art 34 EuGVVO) an diejenigen des Art 30 EuGVVO angelehnt sind.

127 Wie bei Art 29 EuGVVO muss in den Fällen des Art 33 EuGVVO in beiden Verfahren (dh in dem im Mitgliedstaat und in dem im Drittstaat geführten Prozess) über »denselben Anspruch« zwischen »denselben Parteien« gestritten werden. Art 34 EuGVVO knüpft demgegenüber daran an, dass die im Mitgliedstaat und im Drittstaat anhängigen Verfahren »in Zusammenhang stehen«, was der Fall ist, wenn eine gemeinsame Verhandlung und Entscheidung der Verfahren geboten ist, um zu verhindern, dass in den getrennten Verfahren einander widersprechende Entscheidungen ergehen könnten (Art 34 Abs 1 Buchst a) EuGVVO).

128 Die Vorschriften benennen jeweils Kriterien für die gerichtliche **Ermessensausübung** dahingehend, ob zu erwarten ist, dass das Gericht des Drittstaates eine im Mitgliedstaat anzuerkennende und vollstreckbare Entscheidung treffen wird (Art 33 Abs 1 Buchst a), Art 34 Abs 1 Buchst b) EuGVVO) und ob das aussetzende Gericht davon überzeugt ist, dass die Aussetzung seines Verfahrens im Interesse einer geordneten Rechtspflege liegt (Art 33 Abs 1 Buchst b), Art 34 Abs 1 Buchst c) EuGVVO). Was mit letzterem gemeint

---

[182] LG Düsseldorf, Beschluss v 19.4.2011 – 4a O 153/10; LG Mannheim, Beschluss v 26.10.2010 – 2 O 234/09; LG Mannheim, Beschluss v 10.1.2011 – 2 O 234/09.
[183] OLG Stuttgart, RIW 2000, 954; Kropholler/von Hein, Art 28 Rn 8.

ist, erschließt sich aus Erwägungsgrund (24) der EuGVVO. Beachtenswerte Gesichtspunkte sind danach ua (a) Verbindungen des Streitgegenstandes und der Parteien zu dem Drittstaat, (b) der Fortschritt des im Drittstaat geführten Verfahrens bei Anhängigmachen des Verfahrens im Mitgliedstaat sowie (c) die Aussicht, dass im Drittstaat innerhalb einer angemessenen Zeit eine Sachentscheidung fällt.

Ist es zu einer Aussetzungsanordnung gekommen, kann das aussetzende Gericht sein **Verfahren** jederzeit wieder **fortsetzen** (Art 33 Abs 2, 34 Abs 2 EuGVVO), wenn es dies für geboten hält (zB weil das Verfahren im Drittstaat zum Stillstand kommt oder sich die Prognose eines dortigen Verfahrensfortschritts als unrichtig erweist). 129

d) Art 35 EuGVVO

Eine negative Feststellungsklage im Ausland blockiert jedoch nur ein Hauptsacheverfahren in Deutschland. Art 35 EuGVVO eröffnet weiterhin den Weg zum **einstweiligen Rechtsschutz**. Denn nach Art 35 EuGVVO hängt die Zuständigkeit für eine einstweilige Maßnahme nicht von der Zuständigkeit im Hauptsacheverfahren ab.[184] 130

Unabhängig von der so eröffneten Zuständigkeit eines deutschen Gerichts sind jedoch weiterhin die Voraussetzungen für den Erlass einer einstweiligen Verfügung gesondert zu überprüfen. Hierzu gehört neben einem Verfügungsanspruch auch die Glaubhaftmachung eines Verfügungsgrundes (§§ 920 Abs 2, 936 ZPO). Eine Maßnahme des einstweiligen Rechtsschutzes kommt nach § 940 ZPO nur zur Abwendung wesentlicher Nachteile in Betracht. Bei der für diese Voraussetzung erfolgenden Interessenabwägung spielt auch die Frage der Dringlichkeit einer Regelung eine wichtige Rolle. Allein der Umstand, dass ein potenzieller Verletzer eine negative Feststellungsklage in einem anderen Mitgliedstaat anhängig gemacht hat, vermag nach derzeitiger Rechtsprechung einen Verfügungsgrund nicht zu begründen.[185] Dieser ist unabhängig von dem »Torpedo« darzulegen. 131

e) Rechtsmittel

Die Entscheidung über eine Aussetzung ist, egal ob sie angeordnet oder abgelehnt wird, von der jeweils beschwerten Partei mit der sofortigen Beschwerde (§§ 252, 567 Abs 1 Nr 1 ZPO) anfechtbar.[186] Soweit das Erstgericht Aussetzungsermessen hatte, ist dessen Ausübung im Beschwerdeverfahren lediglich auf Rechtsfehler zu überprüfen[187], dh dahingehend, ob überhaupt eine Ermessensausübung stattgefunden hat (was zu verneinen ist, wenn sich das Landgericht zu der Aussetzungsanordnung verpflichtet gesehen hat) und ob diese ermessensfehlerhaft vorgenommen wurde (was der Fall ist, wenn wesentliche Abwägungsgesichtspunkte unberücksichtigt geblieben oder falsch gewichtet worden sind oder das Ausübungsergebnis als solches unvertretbar ist).[188] 132

5. Rechtskraft

Wird in mehreren gerichtlichen Verfahren gegen denselben Beklagten wegen Verletzung desselben Patents durch **verschiedene angegriffene Ausführungsformen** vorgegangen, so stellt sich, sobald ein (abweisendes oder stattgebendes) Urteil vorliegt und rechtskräftig geworden ist, die – in jeder Verfahrenslage von Amts wegen zu behandelnde – Frage, 133

---

184 Vgl auch Kropholler/von Hein, Art 27 Rn 14; Grabinski, FS Tilmann, 2003, S 461, 470.
185 LG Düsseldorf, GRUR Int 2002, 157, 160 – HIV-Immunoassay.
186 OLG Düsseldorf, Beschluss v 4.3.2013 – I-2 W 6/13.
187 OLG Düsseldorf, Beschluss v 4.3.2013 – I-2 W 6/13.
188 OLG Düsseldorf, Beschluss v 4.3.2013 – I-2 W 6/13.

ob die spätere Klage wegen entgegenstehender Rechtskraft unzulässig ist.[189] Maßgeblich hierfür ist, ob den betreffenden Gerichtsverfahren *derselbe* Streitgegenstand zugrunde gelegen hat, wofür noch nicht ausreicht, dass der Klageantrag (und dementsprechend der Urteilstenor) jeweils nach dem Anspruchswortlaut des Klagepatents – und damit identisch – formuliert ist. Denn der Streitgegenstand wird außer durch den Klageantrag auch durch den zu seiner Begründung vorgetragenen Lebenssachverhalt definiert und dieser wiederum wird durch die üblicherweise als angegriffene Ausführungsform bezeichnete tatsächliche Ausgestaltung eines bestimmten Produktes im Hinblick auf die Merkmale des geltend gemachten Patentanspruchs bestimmt.[190] Die Identität des Streitgegenstandes wird erst aufgehoben, wenn der Kern des in Bezug auf die angegriffene Ausführungsform angeführten Lebenssachverhaltes durch neue Tatsachen verändert wird.[191] Das ist nicht der Fall, wenn die später angegriffene Ausführungsform sich nur außerhalb der Anspruchsmerkmale des Klagepatents von der verurteilten Ausführungsform unterscheidet.[192] Ein anderer Streitgegenstand liegt hingegen vor, wenn eine anspruchsrelevante Variation in der Konstruktion, Ausgestaltung oder Funktionsweise stattgefunden hat, so dass sich die Frage stellt, ob die Merkmale des Patentanspruchs trotz der veränderten Konstruktion, Ausgestaltung oder Funktionalität verwirklicht werden.

134 ▶ **Bsp:**

Der Kläger greift Chipkarten an und verweist in diesem Zusammenhang auf Karten des Typs »A« sowie auf solche des Typs »B«. Ob *ein* oder *zwei* Streitgegenstände vorliegen, hängt von der gegebenen Klagebegründung ab:

Führt der Kläger aus, dass die Karten des Typs »B« in ihrer patentrelevanten Ausgestaltung mit denen des Typs »A« übereinstimmen, liegt lediglich *ein* Streitgegenstand (Karten mit der für den Typ »A« vorgetragenen konstruktiven Ausgestaltung) vor. Wendet der Beklagte eine andere, vom Typ »A« abweichende Konstruktion der »B«-Karten ein, bleibt es bei dem einzigen Streitgegenstand, wenn der Kläger auf den Hinweis klarstellt, dass sich sein Angriff (jedenfalls derzeit) nicht gegen eine andere Technik richtet als die, die für den Typ »A« dargelegt ist.[193]

Greift der Kläger beide Kartentypen ohne nähere Erläuterung ihrer Gleichheit an und ergibt sich auch aus den Umständen nicht klar, dass der Kläger den Typ »B« bloß in der Meinung erwähnt, dieser sei, soweit für die Merkmalsverwirklichung von Interesse, identisch mit dem Typ »A«, so muss davon ausgegangen werden, dass beide Karten nebeneinander angegriffen werden sollen, weswegen zwei Streitgegenstände vorliegen.

135 Ob eine bestimmte angegriffene Ausführungsform das Klagepatent **wortsinngemäß oder äquivalent** benutzt, ist demgegenüber unter dem Gesichtspunkt des Streitgegenstandes unbeachtlich, welcher stets derselbe bleibt. Dementsprechend ist der Kläger in einem laufenden Rechtsstreit nicht gehindert, sich noch nachträglich (im Berufungsrechtszug) auf Äquivalenz oder – umgekehrt – erstmals auf eine wortsinngemäße Benutzung zu berufen.[194] Ist die Entscheidung unter *einem* Gesichtspunkt gefallen, kommt ein späterer erneuter Rechtsstreit unter dem *anderen* Gesichtspunkt nicht mehr in Betracht. Das gilt unabhängig davon, ob die Parteien die im Vorprozess nicht vorgetrage-

---

189 BGH, GRUR 2012, 485 – Rohrreinigungsdüse II; BGH, MDR 2014, 218.
190 BGH, GRUR 2012, 485 – Rohrreinigungsdüse II.
191 BGH, GRUR 2012, 485 – Rohrreinigungsdüse II.
192 OLG Düsseldorf, Urteil v 8.11.2012 – I-2 U 108/10.
193 OLG Düsseldorf, Urteil v 21.03.2013 – I-2 U 73/09.
194 OLG Düsseldorf, Urteil v 21.03.2013 – I-2 U 73/09; BGH, GRUR 2016, 1031 – Wärmetauscher.

nen Tatsachen des dem Gericht unterbreiteten Lebenssachverhaltes damals bereits kannten und hätten vortragen können.[195]

In Fällen der **Klageabweisung** ist für die Rechtskraft maßgeblich, ob die Klage als unzulässig oder unbegründet gehalten wurde. Während das Prozessurteil nur im Hinblick auf den behandelten verfahrensrechtlichen Punkt in Rechtskraft erwächst und deshalb den Kläger nicht hindert, nach Behebung des betreffenden Zulässigkeitsmangels erneut zu klagen, ist bei einem die Klage sachlich abweisenden Urteil eine erneute Entscheidung über den Anspruch ausgeschlossen.[196] Zu den letztgenannten Fällen gehört auch die Abweisung mangels hinreichender Substantiierung oder Schlüssigkeit oder fehlenden Beweisantritts. Gleiches gilt für die Klageabweisung mangels Eingriffs in den Schutzbereich, weshalb eine erneute Klage gegen dieselbe Ausführungsform unter dem Gesichtspunkt der Äquivalenz nicht möglich ist, selbst wenn im rechtskräftig abgeschlossenen Prozess nur über eine wortsinngemäße Benutzung gestritten worden ist. 136

III. Materielle Verteidigung

Neben den erörterten formellen Verteidigungsargumenten kann der Beklagte den Klageansprüchen auch mit materiellen Einwänden begegnen. 137

1. Doppelschutzverbot

Stützt sich die Klage auf ein deutsches Patent, so kann dem Beklagten der Einwand zustehen, das Klagepatent habe gemäß Art II § 8 IntPatÜG seine Wirkung verloren, weil dessen Inhaber oder seinem Rechtsnachfolger für dieselbe Erfindung ein prioritätsgleiches europäisches Patent mit Wirkung für die Bundesrepublik Deutschland erteilt worden ist. Da es darauf ankommt, ob »ein europäisches Patent *mit derselben* Priorität *erteilt* worden ist«, entscheidet allein die formelle Lage. Das Doppelschutzverbot greift deswegen auch ein, wenn dieselbe Priorität vom Patentamt zu Unrecht gewährt worden ist, zB ungeachtet dessen, dass die Jahresfrist für die wirksame Inanspruchnahme der Priorität versäumt wurde. Dass im Verletzungsprozess keine eigene materielle **Prioritätsprüfung** stattfindet, hindert selbstverständlich nicht, das Ergebnis eines Rechtsbestandsverfahrens, das zu einer veränderten Prioritätslage führen kann, abzuwarten und sein Ergebnis zu berücksichtigen. 138

Der **Wirkungsverlust** tritt – **ex nunc**[197] – ein, sobald die Einspruchsfrist gegen das europäische Patent ungenutzt verstrichen oder das Einspruchsverfahren unter Aufrechterhaltung des Patents rechtskräftig abgeschlossen, das europäische Patent also bestandkräftig erteilt ist.[198] Er hat zur Konsequenz, dass die aus dem deutschen Patent resultierenden Verbietungsrechte in demselben Umfang entfallen wie der Schutzbereich des europäischen Patents – unter Einschluss von Äquivalenten und verschlechterten Ausführungsformen – reicht.[199] Dies darf jedoch nicht dahin verstanden werden, dass das deutsche Patent schon dann als Klagegrundlage ausscheidet, wenn sich die angegriffene Ausführungsform mit dem Hauptanspruch des europäischen Patents überhaupt erfassen lässt. 139

---

195 BGH, MDR 2014, 218.
196 BGH, GRUR 2012, 1145 – Pelikan.
197 Das hat zur Folge, dass einem Klagebegehren, dass den Zeitraum vor und nach Eintritt des Wirkungsverlustes abdeckt, selbst dann teilweise zu entsprechen ist, wenn die Voraussetzungen des Art II § 8 IntPatÜG festgestellt werden.
198 Art II § 8 Abs 1 IntPatÜG ist Ausdruck dessen, dass das Einspruchsverfahren ein nachgeschalteter Teil des Erteilungsverfahrens ist.
199 LG Düsseldorf, GRUR 1993, 812, 815 – Signalübertragungsvorrichtung.

Es ist zB denkbar, dass das europäische Patent wesentlich enger formuliert ist, weil sein Hauptanspruch Merkmale enthält, die bei dem deutschen Patent Gegenstand erst eines Unteranspruchs sind. In einem solchen Fall bleibt dem Kläger ein Vorgehen aus dem deutschen Patent – dessen Anspruch weniger Merkmale umfasst und das deshalb auch schwieriger zu umgehen ist als das parallele europäische Patent – möglich.[200] Dasselbe gilt, wenn die angegriffene Ausführungsform im Wortsinn des deutschen Patents, aber nur im Äquivalenzbereich des europäischen Patents liegt. Auch hier vermittelt das europäische Patent seinem Inhaber keinen *gleichwertigen* Schutz, weil dem Beklagten – anders als beim deutschen Patent – der Formstein-Einwand offen steht und eine Verletzung im Äquivalenzbereich tendenziell eher eine zeitaufwändige sachverständige Begutachtung erfordert als eine wortsinngemäße Benutzung, die das Verletzungsgericht im Allgemeinen aus eigener Sachkenntnis zu beurteilen vermag.[201]

140 Nicht vom Wirkungsverlust betroffen sind die aus dem deutschen Patent folgenden **positiven Benutzungsrechte**. Gelangen das deutsche und das europäische Patent daher in unterschiedliche Hände, kann der Inhaber des europäischen Patents dem Inhaber des deutschen Teils (dessen Benutzungsrecht trotz Wirkungsverlustes erhalten bleibt) nicht den Gebrauch der Erfindung verbieten.

141 Der Wirkungsverlust hängt nicht davon ab, dass sich das deutsche und das europäische Patent bei demselben Inhaber befinden; er tritt vielmehr auch bei **Personenverschiedenheit** ein, sofern nur beide Schutzrechte auf denselben – und nicht auf verschiedene – Erfinder zurückgehen.

142 Ist der Wirkungsverlust (wegen Verstreichens der Einspruchsfrist bzw erfolgloser Durchführung eines Einspruchsverfahrens = bestandskräftiger Patenterteilung) einmal eingetreten, bleibt es dabei auch dann, wenn das europäische Patent später wegfällt (**Art II § 8 Abs 2 IntPatÜG**). Denkbar ist dies durch eine nationale Nichtigkeitsklage, ein Beschränkungsverfahren, einen Verzicht oder einen Patentwiderruf auf eigenen Antrag des Patentinhabers, die im Anschluss an den Ablauf der Einspruchsfrist/den Abschluss eines Einspruchsverfahrens erfolgen. Weil Abs 2 lediglich den nach Abs 1 »eingetretenen« Wirkungsverlust perpetuiert, ist für ihn kein Raum, wenn die Beschränkung/der Verzicht/der Widerruf auf eigenen Antrag *vor* Ablauf der Einspruchsfrist geschehen. In einem solchen Fall fehlt es an einem Tatbestand nach Abs 1, der einen Wirkungsverlust herbeiführen könnte, weshalb sich ein solcher Verlust infolge der zeitlich früher durchgeführten Beschränkung/Beseitigung des europäischen Patents auch nicht fortsetzen kann.

143 **Darlegungs- und beweisbelastet** für die sachlichen Voraussetzungen des Doppelschutzes ist der Beklagte, der sich hierauf beruft.[202]

2. Bestreiten der Passivlegitimation

144 Ist der Beklagte an den behaupteten Benutzungshandlungen nicht beteiligt und auch sonst rechtlich nicht als Störer verantwortlich, kann er seine Passivlegitimation für die mit der Klage geltend gemachten Ansprüche bestreiten.

---

200 LG Düsseldorf, InstGE 3, 8 – Cholesterin-Test.
201 Vgl zu Einzelheiten: Kühnen, FS König, 2003, S 309.
202 LG Mannheim, Urteil v 26.2.2016 – 7 O 38/14.

3. Bestreiten des Verletzungsvorwurfs

Unter Beachtung seiner prozessualen Wahrheitspflicht (§ 138 Abs 1 ZPO) steht es dem Beklagten des Weiteren frei, den Vorwurf der Patentverletzung in Abrede zu stellen. Dieses Bestreiten kann prinzipiell in mehrerlei Hinsicht erfolgen. 145

a) Ausgestaltung der angegriffenen Ausführungsform

Zunächst kann die angegriffene Ausführungsform in ihren konstruktiven Einzelheiten unzutreffend beschrieben sein. 146

aa) Substantiierungslast

Soll Derartiges geltend gemacht werden, darf sich der Beklagte nicht darauf beschränken, den Sachvortrag des Klägers zur Ausgestaltung des vermeintlichen Verletzungsgegenstandes lediglich pauschal zu bestreiten. Er ist vielmehr gehalten, zu den einzelnen relevanten Behauptungen in der Klageschrift[203] Stellung zu nehmen und sich über die diesbezüglichen tatsächlichen Umstände vollständig und der Wahrheit gemäß zu erklären (§ 138 Abs 1 ZPO). Dies bedeutet zwar nicht, dass der Beklagte von sich aus das Gericht und den Kläger über den wirklichen Verletzungstatbestand zu unterrichten hätte. Der Beklagte kann sich im Gegenteil auf das Bestreiten bestimmter vom Kläger behaupteter technischer Merkmale beschränken. Allerdings darf dieses Bestreiten nicht pauschal bleiben, sondern muss im Rahmen seiner Erkenntnismöglichkeiten in der gleichen Weise substantiiert sein wie es das Vorbringen des Klägers ist. Prinzipiell gilt der Grundsatz, dass je substantiierter der Sachvortrag des Klägers ist, desto strenger auch die Anforderungen an ein substantiiertes Bestreiten des Beklagten sind.[204] 147

Bei der Abwägung der Substantiierungspflichten der Parteien kann den Beklagten eine höhere (**gesteigerte**) **Darlegungslast** als den Kläger treffen, wenn und soweit er sich zu Umständen erklärt, die nur ihm, nicht aber dem Kläger bekannt sind. So hat der BGH in der Entscheidung »Blasenfreie Gummibahn II«[205] anerkannt, dass der Beklagte nach den Grundsätzen von Treu und Glauben gehalten sein kann, dem Kläger Informationen zur Erleichterung seiner Beweisführung hinsichtlich des Verletzungstatbestandes zu liefern, wenn und soweit diese Informationen a) dem beweisbelasteten Kläger nicht oder nur unter unverhältnismäßigen Bemühungen zugänglich sind und b) ihre Offenlegung für den Beklagten ohne weiteres möglich und auch zumutbar ist. Andererseits kann sich eine Zumutbarkeitsgrenze aus schützenswerten Betriebsgeheimnissen des Beklagten ergeben, deren Preisgabe ihm billigerweise nicht an gesonnen werden kann. Die vorgenannten Grundsätze liegen auch den Vorschriften des TRIPS-Abkommens zugrunde, die zwar kein in Deutschland unmittelbar anwendbares Recht darstellen, die jedoch im Sinne einer TRIPS-konformen Auslegung der deutschen Prozessvorschriften Bedeutung haben.[206] 148

Kein erhebliches **Bestreiten** stellt es dar, wenn sich der Beklagte darauf beschränkt, am Sachvortrag des Klägers lediglich zu bemängeln, dessen Ausführungen zum Verletzungstatbestand seien unsubstantiiert. Ein derartiges »Bestreiten« geschieht in der Praxis vor allem im Hinblick auf solche Merkmale, die im Wege des bloßen Augenscheins nicht 149

---

203 Sie dürfen sich nicht in der pauschalen Behauptung erschöpfen, der angegriffene Gegenstand mache wortsinngemäß von der Lehre des Klageschutzrechts Gebrauch, sondern müssen sich ganz konkret dazu verhalten, auf welche technische Weise (zB welche Materialzusammensetzung oder welche konstruktive Maßnahme) jedes einzelne Anspruchsmerkmal verwirklicht sein soll; vgl Kap D Rdn 722.
204 Vgl BGH, GRUR 1982, 681, 683 – Skistiefel.
205 BGH, GRUR 2004, 268.
206 Vgl EuGH, GRUR 2001, 235, 237 f – TRIPS-Abkommen; Krieger, GRUR Int 1997, 421, 424–426.

feststellbar sind, sondern sich erst aufgrund von Analysen oder Messungen erschließen, wenn der Kläger in seiner Klage nur behauptet, entsprechende Untersuchungen angestellt zu haben, die zugehörigen Unterlagen jedoch nicht vorlegt. Seiner Darlegungslast kommt der Kläger indessen zunächst dadurch nach, dass er die konkrete Behauptung aufstellt, die angegriffene Ausführungsform mache von jedem Merkmal des Patentanspruchs Gebrauch. Kommt es auf die Einhaltung eines bestimmten Wertes an (zB eine innere Oberfläche von mehr als 25 qm/g), so ist vorzutragen, welcher Wert (zB 50 qm/g) bei der angegriffenen Ausführungsform gegeben ist. Irgendeines Nachweises hierzu bedarf es zu diesem Zeitpunkt noch nicht. Die Notwendigkeit ergänzenden, weiter substantiierten Vortrages ergibt sich für den Kläger erst dann, wenn der Beklagte die Verwirklichung eines oder mehrerer Merkmale bestritten hat. Dem Beklagten obliegt es deshalb, sich – und zwar der Wahrheit gemäß (§ 138 Abs 1 ZPO) – darüber zu erklären, ob und ggf welches Anspruchsmerkmal von der angegriffenen Ausführungsform nicht verwirklicht werden soll. Dies kann zunächst ebenfalls pauschal erfolgen und braucht nicht weiter substantiiert zu werden als die gegenteilige (pauschale) Behauptung des Klägers. Geht es um die Einhaltung eines bestimmten Wertes, muss allerdings ebenfalls ein – abweichender, außerhalb des Patentanspruchs liegender – Wert konkret behauptet werden.Nur wenn der Beklagte sich im genannten Sinne konkret geäußert hat, ist der betreffende Sachvortrag streitig, so dass der Kläger jetzt seine Verletzungsbehauptung weiter ausführen, dh mitteilen muss, aufgrund welcher Untersuchungen er zu welchen die Patentverletzung bestätigenden Ergebnissen gelangt ist.

150 Das Gesagte gilt in genau dergleichen Weise, wenn der Kläger von vornherein – sozusagen überobligationsmäßig – diejenigen Untersuchungen preisgibt, die ihn zu dem behaupteten Wert geführt haben. Seine prozessuale Lage verschlechtert sich hierdurch nicht, weswegen sich der Beklagte auch in einer solchen Situation nicht darauf zurückziehen kann, bloß zu bemängeln, dass die vom Kläger angewandte Analytik untauglich sei. Vielmehr ist der Beklagte zu einem prozessual beachtlichen Bestreiten angehalten, selbst einen (außerhalb des Patentanspruchs bleibenden) Wert vorzutragen. Solange dies nicht geschieht, ist die Verwirklichung des Anspruchsmerkmals unstreitig und sind deshalb sachaufklärenden Maßnahmen entbehrlich. Sie sind erst veranlasst, wenn sich zwei entscheidungserhebliche Behauptungen zu dem vom Patentanspruch geforderten Wert gegenüberstehen.

151

Praxistipp	Formulierungsbeispiel

Wer aus einem Verfahrenspatent angegriffen wird, sollte, wenn der Kläger in seiner Klage nur Vermutungen über die tatsächliche Verfahrensführung beim Beklagten anstellen kann, genauestens abwägen, wie er bestreitet. Beruht die Verletzungsbehauptung letztlich auf Spekulationen, die sich zB auf generelle Effizienzüberlegungen oder dergleichen Erwägungen praktischer Vernunft stützen, kann es sich als strategischer Fehler erweisen, wenn ohne Not alle Details der eigenen Verfahrensführung offengelegt werden. Grundsätzlich besteht hierzu keine Notwendigkeit, weil der Beklagte solange pauschal bestreiten kann wie die Verletzungsbehauptung ebenfalls nur spekulativ-pauschal aufgestellt werden kann. Eine unnötig detailreiche Erwiderung kann dem Kläger Argumente liefern, indem er beispielsweise darlegt, dass durch das behauptete Prozedere Produkte der bei seinem Testkauf erworbenen Erzeugnisse (was ihre Beschaffenheit und/oder Funktionsweise betrifft) technisch nicht herstellbar sind, was im Rechtsstreit sachverständig aufzuklären wäre, wenn ein dritter Herstellungsweg nicht ersichtlich ist.[207] Sollte das Bestreiten der Patentbenutzung wahrheitswidrig erfolgt sein, wird sich dies im Rahmen der Begutachtung herausstellen und der Beklagte veranlasst durch sei-

---

207 Vgl. das Verfahren OLG Düsseldorf – I-2 U 43/14.

> nen unnötig spezifizierten Sachvortrag seine eigene Verurteilung; sollte das geschützte Verfahren vom Beklagten tatsächlich nicht benutzt werden, zögert sein grundlos detaillierter Vortrag wegen der stattfindenden Begutachtung zumindest die gebotene Abweisung der Verletzungsklage beträchtlich hinaus.

bb) Bestreiten mit Nichtwissen[208]

Eine **Erklärung mit Nichtwissen** sieht § 138 Abs 4 ZPO nur für solche Tatsachen vor, die nicht eigene Handlungen der Partei betreffen oder Gegenstand ihrer eigenen Wahrnehmung sind. Bei juristischen Personen kommt es auf deren Vertretungsorgan an.[209] An »eigenen« Handlungen und Wahrnehmungen fehlt es prinzipiell, wenn der Beklagte zB ein patentgeschütztes Verfahren nicht selbst anwendet oder als Spediteur naturgemäß keine Kenntnis von der konstruktiven Beschaffenheit der beförderten Ware hat und sich diese auch nicht verschaffen kann, weil ihm der dafür erforderliche Zugriff auf das Transportgut rechtlich versagt ist. Eine (an § 138 Abs 4 ZPO zu messende) Erklärung mit Nichtwissen liegt auch dann vor, wenn das Bestreiten einer Patentbenutzung auf Unterlagen (zB Auskünften des Vorlieferanten oder Herstellers) gestützt wird, die objektiv nichtssagend sind.[210] 152

Auch wenn die Einzelheiten der Verfahrensführung/des Transportgutes keine »eigenen Handlungen oder Wahrnehmungen« des Beklagten sind, scheidet eine Anwendung des § 138 Abs 4 ZPO allerdings aus, wenn seine Unkenntnis darauf beruht, dass er bestehende Erkundigungspflichten verletzt hat. Solche **Erkundigungspflichten** werden in ständiger Rechtsprechung des BGH[211] angenommen, wenn es sich bei dem entgegnungsbedürftigen Sachverhalt um Vorgänge im Bereich von Personen – nicht nur der eigenen, sondern auch einer fremden Firma[212] – handelt, die unter Anleitung, Aufsicht oder Verantwortung derjenigen Partei tätig geworden sind, die sich im Prozess zu den Behauptungen des Gegners zu erklären hat.[213] Dahinter steht die Überlegung, dass eine Partei sich nicht durch arbeitsteilige Organisation ihres Betätigungsbereiches ihren prozessualen Erklärungspflichten entziehen können soll, weil sie ansonsten gegenüber einer selbst handelnden Partei ohne sachlichen Grund privilegiert würde. Dass sich der betreffende Wissensträger in der Insolvenz befindet, macht eine Erkundigung nicht von vornherein aussichtslos.[214] In Bezug auf solche Tatsachen ist ein Bestreiten mit Nichtwissen erst zulässig, wenn die Partei ihrer bestehenden Pflicht zur Informationsbeschaffung ergebnislos nachgekommen ist.[215] Denkbar ist insofern, dass die Erkundigungen zu überhaupt keiner Erkenntnis geführt haben oder die Partei nicht beurteilen kann, welche von mehreren unterschiedlichen Darstellungen über den Geschehensablauf der Wahrheit entspricht und sie das Ergebnis ihrer Erkundigungen in den Prozess einführt.[216] 153

Eine Erkundigungs-Konstellation liegt vor, wenn der Beklagte auf die **Vorarbeit eines Dritten** (der zB das patentierte Verfahren anwendet) zurückgreift, sofern der Beklagte Mehrheitsgesellschafter dieses Dritten ist, so dass zwischen beiden gemäß §§ 17 Abs 2, 16 Abs 1 AktG ein Beherrschungsverhältnis vermutet wird.[217] Erkundigungspflichten 154

---

208 Dötsch, MDR 2014, 1363.
209 BGH, MDR 2016, 1012.
210 Bsp: Die Unterlage hat keinen konkreten Bezug zur angegriffenen Ausführungsform.
211 BGH, BB 2001, 2187; BGH, NJW 1999, 1965; BGH, GRUR 2010, 1107 – JOOP!; vgl auch OLG Köln, NZG 2002, 870.
212 Bsp: Untervermittler (BGH, MDR 2016, 1012).
213 BGH, GRUR 2009, 1142 – MP3-Player-Import.
214 BGH, GRUR 2010, 1107 – JOOP!
215 BGHZ 109, 205, 210; BGH, GRUR 2010, 1107 – JOOP!
216 BGHZ 109, 210; BGH, MDR 2016, 1012.
217 LG Düsseldorf, InstGE 7, 70 – Videosignal-Codierung I.

bestehen demgegenüber nicht für einen Spediteur[218] oder Lagerhalter, wohl aber für einen Computerhändler, wenn es um die Verletzung eines (Standard-)Patents durch von ihm vertriebene PC mit aufgespielter oder auf Datenträger beigefügter Software geht.[219]

155 Ganz generell kann sich ein **Händler** – gleiches gilt erst recht für den Hersteller[220] – nicht damit entlasten, dass er selbst keine aktuelle Kenntnis zB von der Zusammensetzung seines Produktes während des Verletzungszeitraumes hat. Sie ist Gegenstand eigener Wahrnehmung, wenn ihre technischen Einzelheiten zwar ggf nicht vom Händler, wohl aber von einem durch ihn eingeschalteten Sachverständigen, dem die vertriebenen Produkte zur Analyse überlassen werden, aufgeklärt werden können.[221] Schließlich wird auch dem Kläger abverlangt, dass er sich zur Durchsetzung seiner Rechte das mutmaßliche Verletzungsprodukt beschafft und anschließend dessen patentrelevante Beschaffenheit notfalls mittels sachverständiger Hilfe aufklärt. Für den Beklagten, in dessen Händen sich das fragliche Erzeugnis bereits befindet, weil er mit ihm handelt, kann insoweit nichts anderes gelten. Abweichendes gilt erst dann, wenn der Beklagte finanziell zu der Begutachtung außerstande ist.

156 Teil der Erkundigungspflicht kann es auch sein, sich den angegriffenen Gegenstand, von dem der Beklagte aktuell kein **Muster** mehr in seinem Besitz hat, von seinem Lieferanten zu **besorgen**, um alsdann die notwendigen Untersuchungen anstellen zu können. Die Beschaffungspflicht wird regelmäßig bereits durch ein (einziges) »papierenes« Angebot begründet, jedenfalls wenn der angebotene Gegenstand auf dem Markt frei erhältlich ist. Dass der Verletzungsvorwurf auf Testkäufe aus der Vergangenheit gestützt ist, der Beklagte aus diesem Zeitraum selbst keine Erzeugnisse mehr vorrätig hat, sondern nur später geordnete Ware gleichen Typs, steht der Informationspflicht nicht entgegen. Selbst wenn ältere Ware für ihn von dritter Seite nicht mehr zu beschaffen ist und auch eine (nachdrückliche) Erkundigung beim Hersteller ergebnislos bleibt, kann er in jedem Fall die bei ihm vorrätigen Produkte untersuchen lassen; das Ergebnis einer solchen Untersuchung ist auch durchaus relevant. Zeigt sich nämlich, dass dort die Merkmale des Patentanspruchs nicht verwirklicht sind, ist ein Bestreiten der Patentverletzung vor dem Hintergrund, dass dem Beklagten keine Gegenstände aus früheren Lieferungen mehr vorliegen, zulässig und rechtlich erheblich.[222] Denn andere Untersuchungen kann der Beklagte nicht anstellen. Bestätigen die Untersuchungsergebnisse hingegen die Patentbenutzung, verbietet sich im Hinblick auf die den Beklagten treffende Wahrheitspflicht ein solches Bestreiten. Denn selbstverständlich richtet sich der Klageangriff auch gegen solche schutzrechtsverletzende Ware, die der Beklagte aktuell zum Nachteil des Klägers vertreibt.[223] Die Relevanz älterer Muster gilt selbstverständlich nicht, wenn die Rezeptur zwischenzeitlich – ggf sogar auf Veranlassung des Beklagten – verändert worden ist.[224]

157 Der Beschaffung bedarf es nicht, wenn die technische **Konstruktion inzwischen** in patentrelevanter Weise **verändert** worden ist, so dass der nachgelieferte Gegenstand ohne Aussagewert ist, und dem Beklagten dies verlässlich mitgeteilt wird. Hat der Beklagte vertrauenswürdige Informationen von seinem Vorlieferanten oder Hersteller erhalten, darf er bereits auf ihrer Grundlage bestreiten. Eine Pflicht zu eigenen Untersuchungen besteht für ihn erst dann, wenn die Drittauskünfte vernünftigerweise keine Gewähr für ihre Richtigkeit bieten, zB weil der Informant als unredlich bekannt ist.

---

218 BGH, GRUR 2009, 1142 – MP3-Player-Import.
219 LG Mannheim, InstGE 12, 136 – zusätzliche Anwendungssoftware.
220 OLG Düsseldorf, Urteil v 20.1.2017 – I-2 U 41/12.
221 OLG Düsseldorf, Urteil v 17.12.2015 – I-2 U 34/10.
222 OLG Düsseldorf, Urteil v 20.1.2017 – I-2 U 41/12.
223 OLG Düsseldorf, Urteil v 20.1.2017 – I-2 U 41/12.
224 LG Düsseldorf, Urteil v 4.7.2017 – 4b O 132/16.

Sind Muster für den Verletzungsbeklagten nicht mehr zu beschaffen, hatte er solche aber im **Zeitpunkt seiner Abmahnung** noch im Besitz und hat er die Muster danach vernichtet, so dass er im Rechtsstreit nicht mehr zu einem substantiierten Sachvortrag in der Lage ist, kommt ein Bestreiten mit Nichtwissen dennoch in Betracht. Für die Beurteilung des »Nichtwissens« kommt es nämlich auf denjenigen Zeitpunkt an, zu dem sich die Partei im Prozess zu erklären hat.[225] Ist für *diesen* Moment nach der Lebenserfahrung glaubhaft, dass der Beklagte keinen Sachvortrag mehr leisten kann, darf er sich bestreitend mit Nichtwissen erklären. Das bedeutet allerdings nicht, dass er keinerlei nachteilige Prozessfolgen zu gewärtigen hat. So, wie den Beklagten in Bezug auf die von ihm vertriebenen Verletzungsprodukte eine Erkundigungspflicht bei Dritten trifft, genauso obliegt ihm auch eine **Erkundigungspflicht gegen sich selbst.** Sie bedeutet, dass sich der Beklagte nicht ohne rechtfertigenden Grund[226] in eigener Person die Möglichkeiten zum Vortrag nehmen darf, wenn und sobald für ihn (zB infolge einer Abmahnung) absehbar ist, dass er in einen Rechtsstreit verwickelt werden könnte, und sie hat zur Folge, dass die mangelnde Fähigkeit zum Prozessvortrag nach den Regeln der Beweisvereitelung zu behandeln ist, wenn der Beklagte sein Unvermögen in vorwerfbarer Weise herbeigeführt hat.[227] Konkret kann das Verletzungsgericht nach Lage des Falles von einer förmlichen Beweisaufnahme (zB durch Sachverständigengutachten) absehen oder die Begutachtung auf bestimmte Punkte beschränken, wenn es den Vortrag des Klägers (namentlich, sofern dieser durch Privatgutachten abgesichert ist) für in sich schlüssig und überzeugend hält.

158

Ist streitig, ob die erklärungsbedürftige Tatsache zum eigenen Wahrnehmungskreis des Beklagten gehört und ob sie deswegen ein Bestreiten mit Nichtwissen erlaubt, gilt für die Verteilung der **Darlegungs- und Beweislast** Folgendes: Zunächst ist es Sache des Klägers, einen Sachverhalt vorzutragen (und notfalls zu beweisen), der in der Person des Beklagten die Möglichkeit zu einer eigenen Wahrnehmung des Benutzungstatbestandes eröffnet. Er hat zB darzutun, dass der Beklagte in der Vergangenheit Verletzungsgegenstände angeboten oder vertrieben hat, anhand derer er (ggf mit sachverständiger Hilfe) die Benutzung des Klagepatents hätte verifizieren können. Gelingt dem Kläger dieser Nachweis, ist es an dem Beklagten, der sich trotz dieses Sachverhaltes auf eine mangelnde Tatsachenkenntnis berufen will, darzulegen, dass und weshalb er – ausnahmsweise – außerstande ist, sich aufgrund eigener Anschauung zum Klagevorbringen zu erklären. Er kann zB den Beweis erbringen, dass er über keine Exemplare der angegriffenen Ausführungsform mehr verfügt, solche für ihn auch nicht mehr erhältlich sind und Erkundigungen beim Lieferanten ergebnislos waren. Geschieht dies und will der Kläger mit den Grundsätzen der Beweisvereitelung argumentieren, weil der Beklagte seine Unkenntnis schuldhaft selbst herbeigeführt hat (indem er zB eine erfolgte Abmahnung nicht zum Anlass für geeignete Sachaufklärungsmaßnahmen oder Musterrückstellungen genommen hat), liegt die Darlegungslast für den Vereitelungssachverhalt beim Kläger. Er hat also den rechtzeitigen Zugang der Abmahnung und die dennoch erfolgte Vernichtung von Produktmustern durch den Beklagten zu beweisen. Allerdings trifft den Beklagten wegen seiner besonderen Einblicke in den maßgeblichen Sachverhalt eine sekundäre Darlegungslast, die ihn verpflichtet, konkret vorzubringen, wann er welche Produktmuster auf welche Weise vernichtet hat. Der so spezifizierte Sachverhalt ist alsdann vom Kläger zu widerlegen.

159

---

225 BGH, GRUR 2002, 190 – DIE PROFIS; BAG, NJW 2008, 1179.
226 … ein solcher kann beispielsweise darin liegen, dass das Vorrätighalten des Musters im Einzelfall mit einem unverhältnismäßigen Aufwand verbunden ist und auch keine praktikablen Möglichkeiten für eine Beweissicherung zumindest derjenigen Umstände bestehen, die erfindungsrelevant sind.
227 Lange, NJW 1990, 3239.

cc) Verspätungsregeln

160 War der Verletzungstatbestand in der ersten Instanz unstreitig, so dass das Landgericht zur Verwirklichung der einzelnen Anspruchsmerkmale keine näheren Feststellungen getroffen hat, kann ein erstmaliges Bestreiten des Verletzungssachverhaltes in der **Berufungsinstanz** nur berücksichtigt werden, wenn der Beklagte geltend machen kann, dass das in der ersten Instanz unterbliebene Bestreiten nicht auf Nachlässigkeit beruht (§§ 529 Abs 1 Nr 2, 531 Abs 2 Nr 3 ZPO).[228] Das gleiche gilt, wenn die zunächst unstreitige Verletzung erstmals nach Schluss der mündlichen Verhandlung vor dem Landgericht bestritten worden und das diesbezügliche Vorbringen gemäß § 296a Satz 1 ZPO unberücksichtigt geblieben ist.[229] Anders liegen die Verhältnisse, wenn das Vorbringen durch einen Schriftsatznachlass (§ 283 Satz 1 ZPO) gedeckt ist, weil es damit zu dem nach § 296a Satz 2 ZPO zu beachtenden erstinstanzlichen (und folglich nicht neuen) Prozessstoff gehört.[230] Gerechtfertigt durch ein Schriftsatzrecht ist nur solches Vorbringen, das sich als Erwiderung auf den verspäteten Vortrag des Gegners darstellt, wozu auch neue tatsächliche Behauptungen zählen, die sich als Reaktion auf das der Partei nicht rechtzeitig mitgeteilte gegnerische Vorbringen erfolgen.[231] Hat bereits das Landgericht das Bestreiten gemäß § 296 Abs 1 bis 3 ZPO, und zwar *berechtigterweise*, als verspätet zurückgewiesen, so ist der Beklagte mit der Behauptung, das Schutzrecht nicht zu verletzen, in der Berufungsinstanz ausgeschlossen (§ 531 Abs 1 ZPO). Ein Fall erstmaligen Bestreitens in der Berufungsinstanz liegt auch dann vor, wenn die Parteien den Sachverhalt lediglich »für die erste Instanz« unstreitig gestellt haben und eine Partei im nachfolgenden Rechtsmittelverfahren den betreffenden Sachverhalt bestreitet.[232] Mangelnde Nachlässigkeit kann bei einem reinen Vertriebsunternehmen angenommen werden, wenn der in erster Instanz gehaltene Vortrag zur angegriffenen Ausführungsform auf vertrauenswürdigen Informationen des Herstellers beruht, der seinerseits den Sachvortrag erst im Berufungsverfahren bzw. in der Schlussverhandlung vor dem Landgericht ändert.[233]

b) Subsumtion unter Schutzbereich

161 Ist die angegriffene Ausführungsform in der Klageschrift zutreffend beschrieben, so kommt ein Bestreiten des Verletzungsvorwurfs unter dem Gesichtspunkt einer **unrichtigen Subsumtion** unter den Schutzbereich des Klagepatents in Betracht. In der Klagebeantwortung ist in einem solchen Fall der geltend gemachte Patentanspruch unter Berücksichtigung der Patentbeschreibung einschließlich des in der Klagepatentschrift berücksichtigten Standes der Technik und des Fachwissens des Durchschnittsfachmanns im Prioritätszeitpunkt auszulegen und auf diese Weise der Sinngehalt derjenigen Merkmale zu ermitteln, deren Verwirklichung zu bestreiten ist. Es ist in diesem Zusammenhang im Einzelnen zu begründen, dass und weshalb die betreffenden Merkmale ihrem Sinngehalt nach bei der angegriffenen Ausführungsform nicht – gegebenenfalls auch nicht äquivalent – verwirklicht sein sollen.

c) § 139 Abs 3 PatG

162 Ist Gegenstand des Klagepatents ein Verfahren zur Herstellung eines *neuen* Erzeugnisses[234], so kommt dem Patentinhaber die **Beweislastregel** des § 139 Abs 3 PatG zugute, die zugleich seine Darlegungslast erleichtert. Sie besagt, dass bis zum Beweis des Gegen-

---

228 OLG München, InstGE 4, 161 – Fahrzeugaufnahme für Hebebühnen.
229 BGH, MDR 2018, 617.
230 BGH, MDR 2018, 617.
231 BGH, MDR 2018, 617.
232 BGH, MDR 2010, 280.
233 OLG Düsseldorf, Urteil v 17.12.2015 – I-2 U 34/10.
234 Product-by-process-Ansprüche gehören nicht dazu (Cepl, Mitt 2013, 62, 68).

teils zugunsten des Patentinhabers vermutet wird, dass ein in seinen relevanten Eigenschaften mit dem erfindungsgemäßen neuen Erzeugnis übereinstimmendes Produkt nach dem patentierten Verfahren hergestellt worden ist. »Neu« im Sinne der Vermutungsregelung ist ein Verfahrenserzeugnis, wenn es sich durch wenigstens eine Eigenschaft auszeichnet, die es von den am Prioritätstag vorbekannten Produkten erkennbar unterscheidet.[235] Für eine Anwendung der Vermutung ist deswegen grundsätzlich kein Raum, wenn es ein Erzeugnis mit der betreffenden Eigenschaft in dem für das Klagepatent maßgeblichen Prioritätszeitpunkt bereits gegeben hat. Unerheblich ist, ob das Produkt – über seine tatsächliche Existenz hinaus – nacharbeitbar offenbart war und damit potenziell jedermann zugänglich gewesen ist.[236] Denn das bloße Vorhandensein belegt, dass es möglich war, auch auf anderem Wege und unabhängig von der patentierten Erfindung zu einem Produkt mit der fraglichen Eigenschaft zu gelangen, was der Vermutung ihre Grundlage entzieht. Dies gilt auch dann, wenn die vorbekannte Herangehensweise nicht ausschließlich Produkte mit der neuen Eigenschaft hervorgebracht hat, sondern daneben auch solche, die die Eigenschaft nicht aufgewiesen haben. Die Existenz eines Erzeugnisses mit der neuen Eigenschaft steht dem Rückgriff auf die Vermutungsregel allerdings dann nicht entgegen, wenn auch das vorbekannte Erzeugnis nach dem patentierten Verfahren hergestellt worden ist. Dies darzulegen und notfalls zu beweisen, ist Sache des Patentinhabers, der sich auf § 139 Abs 3 PatG beruft.[237]

Der Beklagte kann dieser Beweislastregel auf unterschiedliche Weise entgegentreten. Er kann den Vermutungstatbestand dadurch **ausräumen**, dass er – substantiiert – behauptet, dass sein Erzeugnis *nicht* von derselben Beschaffenheit wie das neue Erzeugnis des patentierten Verfahrens ist. Er kann außerdem darlegen, dass die vom Kläger geltend gemachten Eigenschaften des neuen Erzeugnisses dieses nicht von vorbekannten Erzeugnissen unterscheiden und daher auch kein Beweisanzeichen für die Benutzung des patentierten Verfahrens begründen können. Schließlich kann der Beklagte den Nachweis führen, dass sein Produkt, obgleich es mit dem des patentierten Verfahrens identisch ist, tatsächlich nach einem anderen – im Einzelnen zu beschreibenden – Verfahren hergestellt worden ist. Entschließt sich der Beklagte zu einer Darlegung seiner vom patentgeschützten Herstellungsverfahren abweichenden Produktionsweise, so kann er unter Berufung auf ein insoweit bestehendes Betriebsgeheimnis nicht verlangen, dass dem Prozessgegner der betreffende Sachvortrag vorenthalten wird.[238] Die Zivilprozessordnung kennt kein Geheimverfahren, sondern wird beherrscht von dem Grundsatz der Parteiöffentlichkeit und dem Anspruch auf rechtliches Gehör. Dementsprechend lässt auch § 139 Abs 3 Satz 2 PatG Schutzanordnungen aus Anlass eines Betriebsgeheimnisses erst »bei der Beweiserhebung« zu.

163

4. Benutzungsbefugnis

a) Mitinhaberschaft[239]

Jeder Mitinhaber eines Patents[240] ist – egal wie groß oder klein sein Erfindungsbeitrag ist, sofern er nur überhaupt schöpferische Qualität hat – aufgrund seiner dinglichen

164

---

235 LG Düsseldorf, InstGE 3, 91 – Steroidbeladene Körner; OLG München, Urteil v 23.12.2010 – 6 U 4719/08.
236 LG Düsseldorf, InstGE 3, 91 – Steroidbeladene Körner.
237 LG Düsseldorf, InstGE 3, 91 – Steroidbeladene Körner.
238 OLG Düsseldorf, InstGE 10, 122 – Geheimverfahren.
239 Bartenbach/Kunzmann, FS 80 Jahre Patentgerichtsbarkeit Düsseldorf, 2016, S 37.
240 Die bloße Erfinder- oder Miterfinderschaft (und damit die materielle Berechtigung an der Erfindung) ist bedeutungslos, solange die – davon zu unterscheidende (BGH, GRUR 2011, 733 – Initialidee) – Schutzrechtsposition nicht vindiziert ist.

Berechtigung²⁴¹ an der Erfindung zur eigenen Benutzung des gemeinschaftlichen Patentgegenstandes befugt, solange sein Gebrauch nicht den tatsächlichen Mitgebrauch der anderen Teilhaber stört und sich deswegen in den Grenzen des § 743 Abs 2 BGB hält.²⁴² Er kann dabei auch Hilfspersonen (zB Subunternehmer) einschalten, etwa um den Patentgegenstand für ihn herzustellen oder zu vertreiben.²⁴³ Solange am Ende ein Eigengebrauch des Mitinhabers steht, kann der Subunternehmer sogar seinerseits weitere Hilfspersonen hinzuziehen.²⁴⁴ Eine Entschädigungspflicht gegenüber den übrigen (nicht benutzenden oder ebenfalls benutzenden) Mitinhabern entsteht durch den Gebrauch als solchen selbst dann nicht, wenn die von einem Teilhaber ausgeübte Benutzung in ihrem Umfang oder in ihrer Intensität über das hinausgeht, was ihm nach seinem internen Anteil am Patent zusteht.²⁴⁵ Etwas anderes gilt erst dann,

165 – wenn und sobald die Teilhaber einen Mehrheitsbeschluss gefasst (§ 745 Abs 1 BGB²⁴⁶) oder eine Vereinbarung getroffen haben, der/die den benutzenden Teilhaber für von ihm gezogene Gebrauchsvorteile zur Ausgleichszahlung an die Übrigen verpflichtet, oder

166 – wenn und sobald wenigstens das Verlangen nach einer derartigen Beschlussfassung oder einvernehmlichen Regelung gestellt ist²⁴⁷ und die geforderte Ausgleichspflicht des benutzenden Teilhabers billigerweise dem Interesse aller Teilhaber entspricht (§ 745 Abs 2 BGB).²⁴⁸

167 Es handelt sich um einen Entschädigungsanspruch²⁴⁹ für rechtmäßiges Verhalten, der **ex nunc** mit dem Zeitpunkt des Verlangens²⁵⁰ entsteht und für alle *danach* vorgenommenen Benutzungshandlungen gilt.²⁵¹

168 Sowohl über die Haftung dem Grunde nach als auch über deren Höhe entscheiden Gesichtspunkte der **Billigkeit**, wobei für den Haftungsgrund danach zu unterscheiden ist, ob der Anspruchsteller **strukturell** zu einer Eigennutzung in der Lage ist oder nicht.

---

241 Keine Rolle spielt, ob die Berechtigung eine originäre (aufgrund eigener Erfindungstätigkeit) oder eine abgeleitete (aufgrund Übertragung der Erfindungsanteile von dritter Seite) ist.
242 BGH, GRUR 2005, 663 – gummielastische Masse II.
243 OLG Düsseldorf, Urteil v 4.4.2013 – I-2 U 72/11.
244 OLG Düsseldorf, Urteil v 4.4.2013 – I-2 U 72/11.
245 BGH, GRUR 2005, 663 – gummielastische Masse II.
246 Eine Benutzungsregelung, die einen Mitberechtigten vollständig von der Erfindungsbenutzung ausschließt, ist allenfalls unter ganz besonderen Umständen akzeptabel, beispielsweise dann, wenn sich der allein Nutzungsberechtigte gegenüber den anderen, von der Benutzung Ausgeschlossenen zu besonders hohen Auszgleichsleistungen verpflichtet (BGH, GRUR 2005, 504 – Lichtschutzfolie).
247 Dazu bedarf es keiner ausdrücklichen Zahlungsaufforderung und auch keiner Erklärung, das Patent selbst nicht nutzen zu wollen (OLG Düsseldorf, GRUR 2014, 1190 – Sektionaltorantrieb; BGH, GRUR 2017, 890 – Sektionaltor II). Eine Wiedergabe des Wortlauts von § 745 Abs 2 BGB genügt jedenfalls dann, wenn sich aus den Umständen hinreichend ergibt, dass eine Benutzungsregelung sinnvollerweise nur in einem finanziellen Ausgleich bestehen kann (BGH, GRUR 2017, 890 – Sektionaltor II; OLG Düsseldorf, GRUR 2014, 1190 – Sektionaltorantrieb).
248 BGH, GRUR 2005, 663 – gummielastische Masse II.
249 Zu der Frage, ob der Schadenersatzanspruch wegen Patentverletzung (durch den die Erfindung nicht wirksam in Anspruch nehmenden Dienstherrn) und der Entschädigungsanspruch nach § 745 BGB, die an dieselben Benutzungshandlungen anknüpfen, denselben oder zwei unterschiedliche Streitgegenstände darstellen, vgl OLG Düsseldorf, GRUR 2018, 1037 – Flammpunktprüfvorrichtung.
250 Da es sich um eine empfangsbedürftige Erklärung handelt, entscheidet der Zugang beim Empfänger.
251 Der inhaltsgleiche Anspruch auf Schadenersatz wegen unberechtigt alleiniger Schutzrechtsanmeldung hängt demgegenüber nicht von einem Ausgleichsverlangen ab, vgl BGH, GRUR 2017, 890 – Sektionaltor II.

- Besteht aufgrund prinzipieller Hindernisse **keine eigene Nutzungsmöglichkeit** (zB weil der Mitberechtigte als Arbeitnehmererfinder überhaupt keinen Geschäftsbetrieb führt oder weil er sich im Rahmen seiner gewerblichen Betätigung allein mit der Lizenzierung seiner Erfindungen befasst, wegen seines auf gänzlich anderem Gebiet liegenden geschäftlichen Betätigungsfeldes, mangels in der Größenordnung hinreichender Ressourcen, wegen der geringen Größe seines Geschäftsbetriebes, dem seine finanziellen Möglichkeiten übersteigenden notwendigen Investitionsvolumen für eigene Benutzungshandlungen oder der gegebenen Marktverhältnisse), so hängt die Frage, ob eine Entschädigung für die Gebrauchsvorteile des Anderen ein Gebot der Gerechtigkeit ist, maßgeblich von zwei Umständen ab, nämlich einerseits vom Umfang der beiderseitigen Benutzung (dh durch den Entschädigungsgläubiger und den Entschädigungsschuldner) und andererseits von der Größe der beiderseitigen Erfindungsanteile, namentlich von dem Erfindungsanteil des nicht benutzenden Entschädigungsgläubigers[252]. Beide Faktoren stehen in einer gewissen Wechselbeziehung zueinander. Selbst wenn der Anteil des nicht Benutzenden gering ist, verlangt es die Billigkeit, dem Entschädigungsgläubiger einen finanziellen Ausgleich zuzuweisen, wenn die alleinige oder überschießende Benutzung durch den Entschädigungsschuldner wirtschaftlich erheblich ist. Umgekehrt wird die Notwendigkeit eines finanziellen Ausgleichs selbst für einen gleichrangig Beteiligten zu verneinen sein, wenn der Entschädigungsschuldner nur Benutzungshandlungen mit überschaubarem Ertrag vorgenommen hat.[253]   169

- Ist der Mitberechtigte als **Wettbewerber auf dem fraglichen Markt** tätig und hinreichend leistungsfähig, so dass für ihn strukturell die Möglichkeit zu einer eigenen Benutzung der gemeinschaftlichen Erfindung besteht, so tritt zu den beiden zuvor erörterten Gesichtspunkten ein weiterer, ganz wesentlicher Aspekt hinzu, der in die Gesamtabwägung einzustellen ist, nämlich die Frage, ob es stichhaltige Gründe dafür gibt, dass der Mitberechtigte von einer eigenen Erfindungsbenutzung abgesehen hat.[254] Dahinter steht der übergeordnete Gedanke, dass es in der besagten Konstellation grundsätzlich Sache jedes Mitberechtigten ist, durch eine eigene Benutzung der gemeinschaftlichen Erfindung die wirtschaftlichen Früchte aus seinem Erfindungsbeitrag zu ziehen, weswegen ein Ausgleichsanspruch für denjenigen, der selbst keine Benutzungshandlungen unternimmt, nur dann infrage kommen kann, wenn ihm eine eigene Verwertung der Erfindung entweder objektiv unmöglich oder zwar möglich, aber nach seinen Verhältnissen subjektiv nicht zumutbar ist.[255] Jeder Mitberechtigte soll also – im Rahmen des Möglichen und Zumutbaren – selbst das unternehmerische Risiko einer Erfindungsbenutzung übernehmen und sich nicht darauf zurückziehen können, das Entwicklungs- und Vermarktungsrisiko ohne eigene Anstrengungen und Investitionen dadurch den anderen abzuwälzen, dass im Falle *seines* geschäftlichen Erfolges – risikolos – ein finanzieller Anteil an den fremden Erträgen aus der Erfindungsbenutzung eingefordert wird. Das gilt in ganz besonderem Maße dann, wenn sich betragsmäßig nicht annähernd gleiche oder ähnliche Erfindungsanteile gegenüberstehen, sondern der die Ausgleichszahlung Fordernde nur Unwesentliches zu demjenigen beigetragen hat, was Gegenstand der gewerblichen Verwertungshandlungen des Anderen gewesen ist.   170

---

252 Der BGH (GRUR 2017, 890 – Sektionaltor II) will die prominente Bedeutung der Erfinderqoute zu Unrecht nicht gelten lassen. Was anderes als das Maß der Erfindungsbeteiligung soll es als gerecht oder ungerecht erscheinen lassen, die Benutzung des Anderen nur mit oder ohne finanzielle Entschädigung geschehen zu lassen?
253 OLG Düsseldorf, GRUR 2014, 1190 – Sektionaltorantrieb.
254 BGH, GRUR 2017, 890 – Sektionaltor II.
255 OLG Düsseldorf, Urteil v 15.3.2018 – I-2 U 91/13.

171 – Im Rahmen der **Zumutbarkeit** kann eine Rolle spielen, ob der Mitberechtigte bei eigenen Benutzungshandlungen Gefahr läuft, vom Anderen wegen Schutzrechtsbenutzung in Anspruch genommen zu werden. Neben dem Stand des Erteilungsverfahrens und eines etwa anhängigen Vindikationsprozesses sind die konkreten Erfolgsaussichten dafür bedeutsam, einen zur Mitbenutzung berechtigenden Erfindungsbeitrag (der prinzipiell klein sein kann) nachweisen zu können.[256] Je günstiger diese Expektanz ist, umso eher sind dem Mitberechtigten auch umfassendere Investitionen für eine Benutzungsaufnahme zuzumuten.[257]

172 – Weiterhin ist von Interesse, welche Haftungsrisiken der mutmaßlich Ausgleichspflichtige bei der Erzielung derjenigen wirtschaftlichen Erträge auf sich genommen hat, an denen unter Billigkeitsgesichtspunkten eine Teilhabe begehrt wird. Ein Mitberechtigter, der selbst Prozess- und Haftungsrisiken scheut und deswegen von einer für ihn potentiell haftungsbegründenden Erfindungsbenutzung absieht, soll sich nicht an Erträgen bereichern, die der andere Mitberechtigte gerade unter Inkaufnahme solcher Risiken erwirtschaftet hat.[258]

173 – Produktstrategische Entscheidungen sind nur bedingt relevant. Die unternehmerische Entscheidung, die Erfindung (zB wegen einer mittlerweile verfügbaren verbesserten Technik) nicht selbst zu nutzen, ist im Rahmen des Billigkeitsanspruchs nicht ohne weiteres hinzunehmen mit der Folge, dass derjenige Mitberechtigte, der freiwillig die Benutzung der gemeinsamen Erfindung aufgibt, dennoch an denjenigen Erträgen partizipieren muss, die der andere Mitberechtigte unter Weiterbenutzung der Erfindung erzielt. Ob eine solche Teilhabe aus Gründen materieller Gerechtigkeit geboten ist, entscheidet sich vielmehr anhand der konkreten Umstände des Einzelfalles. Gebührt dem die anfängliche Benutzung einstellenden oder gar nicht erst aufnehmenden Mitberechtigten ein erheblicher (ggf sogar gleichrangiger) Anteil an der Erfindung, so wird im Zweifel ein Billigkeitsausgleich jedenfalls dann angezeigt sein, wenn nennenswerte Geschäftsvorfälle und Erträge in Rede stehen. Anders verhält es sich hingegen, wenn der Erfindungsbeitrag des selbst nicht Nutzenden minimal ist.[259]

174 – Von Belang kann ferner sein, ob ein Markt für erfindungsgemäße Produkte unter hohem Einsatz und Aufwand erst erschlossen werden musste oder bereits verfügbar war. Trifft ersteres zu, kann dies dafür sprechen, die besonderen Anstrengungen des allein Benutzenden nicht, jedenfalls nicht ohne weiteres und nicht in vollem Umfang, dem anderen, selbst nicht Benutzenden zugute kommen zu lassen.

175 Bei Beantwortung der Frage, ob eine überschießende oder alleinige Benutzung des mehreren Mitinhabern zustehenden Patentes durch einen einzelnen Teilhaber diesen billigerweise verpflichtet, zu Gunsten des anderen Teilhabers eine Entschädigungszahlung zu leisten, kommt es nicht entscheidend auf die **ideelle Beteiligung am Gesamtschutzrecht** an, sondern darauf, ob bei Ausübung der (überschießenden oder alleinigen) Patentbenutzung von demjenigen Erfindungsbeitrag Gebrauch gemacht wird, den der nicht oder weniger benutzende andere Teilhaber beigesteuert hat.[260] Denn genau von dieser Verwertung einer fremden Erfindungsleistung hängt es ab, ob eine Patentbenutzung gerechterweise zu einer Teilhabe des Dritten an den wirtschaftlichen Erträgen der Benutzungshandlungen verpflichtet. Sofern mit der Erfindungsbenutzung nur von derjenigen technischen Lehre Gebrauch gemacht wird, die auf den benutzenden Teilhaber selbst

---

256 OLG Düsseldorf, Urteil v 15.3.2018 – I-2 U 91/13.
257 OLG Düsseldorf, Urteil v 15.3.2018 – I-2 U 91/13.
258 OLG Düsseldorf, Urteil v 15.3.2018 – I-2 U 91/13.
259 OLG Düsseldorf, Urteil v 15.3.2018 – I-2 U 91/13.
260 BGH, GRUR 2009, 657 – Blendschutzbehang; OLG Düsseldorf, GRUR 2014, 1190 – Sektionaltorantrieb.

zurückgeht, gebietet es die Billigkeit offensichtlich nicht, den anderen Teilhaber an den Erlösen einer solchen Patentbenutzung zu beteiligen, die durch den von ihm beigesteuerten Erfindungsbeitrag in keiner Weise gefördert worden sein können.

▶ **Bsp:** 176

Das in Bruchteilsgemeinschaft gehaltene Patent umfasst mehrere Ansprüche, der ideelle Anteil des nicht nutzenden Mitinhabers ist ausschließlich Beiträgen zu einzelnen Unteransprüchen geschuldet, die Benutzungshandlungen des anderen Teilhabers betreffen allein die Merkmale des Hauptanspruchs, der auf ihn allein zurückgeht.

Da der auf einen Billigkeitsausgleich klagende Mitberechtigte naturgemäß allein über das erforderliche Wissen verfügt, trägt er nach allgemeinen Regeln die **Darlegungs- und Beweislast** für etwaige Gründe, die sein Untätigsein in Bezug auf eine Benutzung der gemeinschaftlichen Erfindung rechtfertigen können.[261] Seine Behauptungen müssen dabei – was ebenfalls prozessrechtlichen Grundregeln entspricht und deshalb keines gesonderten gerichtlichen Hinweises bedarf – in einem solchen Maße substantiiert sein, dass einerseits der Beklagte zu einer sachgerechten Einlassung und Erwiderung im Stande ist und andererseits das Gericht in die Lage versetzt wird, eine Gewichtung des betreffenden Umstandes im Rahmen der von ihm zu leistenden Gesamtabwägung vorzunehmen.[262] 177

Das gesetzliche Kriterium der Billigkeit verlangt eine **objektive Bewertung** der beiderseitigen Interessenlage, was Zugeständnisse und Gegenleistungen einschließt, auf die sich der benutzende Teilhaber in Anbetracht der gegenläufigen Interessenlage des anderen Teilhabers auch zu seinem Nachteil redlicherweise einlassen muss. 178

Zur Berechnung einer billigen Entschädigung ist – wie auch sonst bei rechtmäßigen Benutzungshandlungen[263] – im Allgemeinen auf die Regeln der **Lizenzanalogie** zurückzugreifen.[264] Eine direkte Orientierung und Beteiligung am Gewinn hält der BGH für besonders gelagerte (nicht näher skizzierte) Ausnahmesituationen denkbar, zu denen aber die bloße Tatsache einer außergewöhnlich hohen Gewinnmarge des Benutzers nicht ausreicht.[265] Die regelmäßige Beschränkung auf Lizenzgebühren rechtfertigt sich auch daraus, dass mit jeder anderen Berechnungsmethode weitgehende Auskunftsansprüche (auch über die Kosten und Gewinne) gegen den Verpflichteten verbunden wären, die diesem jedenfalls als Wettbewerber des Gläubigers nicht zuzumuten sind. Ansprüche nach § 140b PatG scheiden mangels Rechtswidrigkeit der Benutzung aus, deshalb auch Ansprüche auf Belegvorlage, es sei denn, auf dem betreffenden Geschäftsfeld (Lizenzvergabe an Gegenständen der von der Erfindung betroffenen Art) ist eine Rechnungslegung unter Beifügung der Belege üblich (§ 242 BGB).[266] 179

In prozessualer Hinsicht kann sogleich auf Zahlung der Entschädigung geklagt werden.[267] 180

Eine für den **Verjährungsbeginn** notwendige **Kenntnis** bzgl des Ausgleichsanspruchs soll bei Streit über die Erfinderschaft schon dann bestehen, wenn und sobald der Anspruchsteller Kenntnis über die Umstände hat, aus denen sich seine Mitberechtigung 181

---

261 OLG Düsseldorf, Urteil v 15.3.2018 – I-2 U 91/13.
262 OLG Düsseldorf, Urteil v 15.3.2018 – I-2 U 91/13.
263 Entschädigungsanspruch wegen Gebrauchs einer offengelegten Patentanmeldung; Vergütungsanspruch wegen Benutzung einer übergeleiteten Diensterfindung.
264 OLG Düsseldorf, GRUR 2014, 1190 – Sektionaltorantrieb.
265 BGH, GRUR 2017, 890 – Sektionaltor II.
266 BGH, GRUR 2017, 890 – Sektionaltor II.
267 BGH, NJW 1994, 1721.

am Patent ergibt, um die Benutzung der Erfindung durch den anderen Teil weiß und
über diejenigen Umstände im Bilde ist, die im Rahmen der Billigkeitsentscheidung von
Belang sind; einer rechtskräftigen Erledigung desjenigen Vindikationsurteils, das die Mitberechtigungsquoten der Bruchteilinhaber festlegt, soll es nicht bedürfen, weil schon
das Wissen um die besagten Anspruchsvoraussetzungen es dem Anspruchsteller erlaubt,
eine verjährungsunterbrechende Feststellungsklage zu erheben.[268]

182 **Kritik**[269]: Das erscheint jedenfalls im Ergebnis unbefriedigend. Wie aufgezeigt, gehören
die Mitberechtigungsquoten zu den zentralen Faktoren, die darüber entscheiden, ob eine
bestimmte Erfindungsnutzung aus Gründen der Billigkeit entschädigungslos bleiben darf
oder nicht. Bevor feststeht, dass der Anspruchsteller nicht alleiniger Inhaber des vindizierten Schutzrechts ist, und bevor die Höhe seines ideellen Anteils an dem verwerteten
Schutzrechtsgegenstand nicht geklärt ist, lässt sich vernünftigerweise keine Billigkeitsentscheidung darüber treffen, ob Nutzungshandlungen gerechterweise entschädigt werden
müssen. Erst die gerichtliche Feststellung der wechselseitigen Erfindungsbeiträge und die
Bewertung ihres Gewichts im Verhältnis zum vorbekannten Stand der Technik sowie
zueinander erlaubt im Benutzungsfall eine Einschätzung dazu, ob der mit benutzte
fremde Erfindungsbeitrag von hinreichender Schwere ist, um angesichts des Umfangs
der Benutzungshandlungen einen Ausgleichsanspruch zu begründen. Jede andere Sicht
der Dinge hätte auch die nicht hinnehmbare Konsequenz, dass der Entschädigungsgläubiger den Prozess um den Ausgleichsanspruch beginnen müsste, bevor der eigentliche
und hinsichtlich seines Ausgangs vorgreifliche Vindikationsprozess, in dem die beiderseitigen Erfindungsanteile verbindlich geklärt werden, beendet ist. Der Gläubiger wäre mithin zu einer parallelen Prozessführung gezwungen, was weder für ihn zumutbar noch
objektiv prozessökonomisch ist.

183 Meldet ein **Mitinhaber**[270] die gemeinschaftliche **Erfindung** in Kenntnis der Berechtigung
weiterer Miterfinder **auf seinen alleinigen Namen** an, so verstößt er gegen § 744 BGB
und greift rechtswidrig in das durch § 823 Abs 1 BGB geschützte absolute Immaterialgüterrecht an der Erfindung ein. Der Anmelder haftet dem übergangenen Miterfinder daher
nach §§ 280 Abs 1 Satz 1, 823 Abs 1 BGB wegen Verletzung der Pflichten aus dem
Gemeinschaftverhältnis auf Schadenersatz.[271] Der Anspruch umfasst die Verpflichtung
zum Ausgleich sämtlicher Vermögensnachteile, die der übergangene Miterfinder infolge
der Schutzrechtsanmeldung allein im Namen des Anderen und dessen hieraus resultierender formeller Alleinberechtigung an der Patentanmeldung erlitten hat.[272] Auszugleichen sind auch diejenigen Vorteile, die der unberechtigte Alleinanmelder aus der Nutzung des Gegenstandes der Schutzrechtsanmeldung gezogen hat und die dem bei der
Anmeldung übergangenen Miterfinder entgangen sind.[273] Das können von dritter Seite
vereinnahmte Lizenzgebühren, aber auch Gebrauchsvorteile (= Erlöse) aus einer eigenen
Benutzung des Erfindungsgegenstandes sein, letztere allerdings – vom Zeitpunkt der
unberechtigten Schutzrechtsanmeldung an und deshalb unabhängig von einem Entschädigungsverlangen – nur unter denjenigen Bedingungen, unter denen eine Teilhabe auch
unter Billigkeitsgesichtspunkten (§ 745 Abs 2 BGB) geboten wäre.[274] Weil die Haftung
nicht weiter gehen soll als diejenige eines Dritten, der die angemeldete Erfindung benutzt
hat (§ 33 PatG, Art II § 1 Abs 1 IntPÜatÜG), beschränkt der BGH den Schadenersatzan-

---

268 BGH, GRUR 2017, 890 – Sektionaltor II.
269 OLG Düsseldorf, GRUR 2014, 1190 – Sektionaltorantrieb.
270 Eine solche Situation kann sich auch daraus ergeben, dass es sich um eine Diensterfindung handelt,
die der Arbeitgeber nur gegenüber einem von mehreren Arbeitnehmererfindern wirksam in
Anspruch nimmt (OLG Düsseldorf, GRUR 2018, 1037 – Flammpunktprüfungsvorrichtung).
271 BGH, GRUR 2016, 1257 – Beschichtungsverfahren.
272 BGH, GRUR 2016, 1257 – Beschichtungsverfahren.
273 BGH, GRUR 2016, 1257 – Beschichtungsverfahren.
274 BGH, GRUR 2017, 890 – Sektionaltor II; OLG Düsseldorf, Urteil v 15.3.2018 – I-2 U 91/13.

spruch zum einen auf die Zeit seit Offenlegung der widerrechtlichen Patentanmeldung und zum anderen der Höhe nach auf die Zahlung einer angemessenen Entschädigung (= Lizenz[275]).[276]

b) Lizenzvertrag

Zur Rechtfertigung seiner Benutzungshandlungen kann sich der Beklagte des Weiteren auf eine rechtsgeschäftliche Vereinbarung, vornehmlich einen das betreffende Schutzrecht umfassenden Lizenzvertrag, berufen.[277] Erfolg hat dies nur dann, wenn der Lizenzvertrag 184

– *rechtswirksam*[278] zustande gekommen ist, was verlangt, dass er mit dem am Patent Berechtigten oder (in Fällen der erlaubten Unterlizenzierung) mit einem berechtigten Lizenznehmer abgeschlossen wurde, einen rechtlich zulässigen Inhalt hat[279] und auch sonst keine Unwirksamkeitsgründe (zB aus Kartellrecht[280]) bestehen, 185

– im Zeitpunkt der fraglichen Benutzungshandlungen (schon bzw noch) bestanden hat[281] und 186

– sich der Beklagte bei der Benutzung im Rahmen der ihm erteilten Lizenz gehalten hat. 187

Ein Vertragsabschluss ist auch **konkludent** möglich.[282] An seinen Nachweis sind allerdings wegen der mit einer Lizenzerteilung verbundenen rechtlichen Konsequenzen keine geringen Anforderungen zu stellen. Im kaufmännischen Geschäftsverkehr entspricht es der Übung, dass über die Lizenzeinräumung eine **schriftliche Dokumentation** erstellt wird. Dementsprechend kann der Vertragsabschluss in solchen Fällen in der Regel nur durch Vorlage einer Dokumentation des Vertragsabschlusses geführt werden.[283] Es muss sich nicht unbedingt um einen schriftlich niedergelegten Lizenzvertrag handeln; auch sonstige Unterlagen (zB Besprechungsprotokolle) kommen infrage, wenn sich ihnen der rechtsverbindliche Wille zur Einräumung einer vertraglichen Benutzungsgestattung entnehmen lässt.[284] 188

---

275 ... womit die Rechnungslegungsangaben keine Gestehungskosten und keine Gewinne umfassen.
276 BGH, GRUR 2016, 1257 – Beschichtungsverfahren.
277 Zur Anwendung des AGB-Rechts auf Lizenzverträge vgl Gennen, VPP-Rundbrief 3/2008, S 61.
278 Bei Zugrundelegung der Rechtsprechung des BGH (GRUR 2013, 713 – Fräsverfahren) entscheidet die materielle Rechtslage; § 30 Abs 3 Satz 2 PatG hat keine Bedeutung.
279 Dass das lizenzierte Patent tatsächlich nicht schutzfähig ist, macht den Lizenzvertrag nicht unwirksam (BGH, GRUR 2012, 910 – Delcantos Hits).
280 Sofern die Bezugsgröße patentneutrale Teile umfasst, sollte klargestellt werden, dass die Erstreckung auf außerhalb des Patentschutzes liegende Teile nur zu Zwecken der Vergütungsberechnung geschieht oder dass es aufgrund technischer Gegebenheiten ausgeschlossen ist, zwischen patentgeschützten und patentfreien Teilen zu trennen.
281 Der Lizenzvertrag gerät zB durch Anfechtung rückwirkend in Fortfall. Eine dazu berechtigende arglistige Täuschung (durch Unterlassen) liegt vor, wenn Gegenstand des Vertrages eine Patentanmeldung ist, die im Zeitpunkt des Vertragsabschlusses bereits zurückgenommen war, ohne dass der Lizenzgeber hierüber informiert hat (OLG Karlsruhe, Urteil v 11.7.2012 – 6 U 114/11). Die Ausübung des Anfechtungsrechts ist in einem solchen Fall nicht schon deshalb rechtsmissbräuchlich, weil zur Zeit der Anfechtungserklärung eine andere Patentanmeldung existiert, die anstelle der ursprünglichen Anmeldung zum Gegenstand des Vertrages gemacht werden kann. Das gilt jedenfalls dann, wenn die andere Anmeldung eine spätere Priorität oder einen geringeren Schutzumfang hat (OLG Karlsruhe, Urteil v 11.7.2012 – 6 U 114/11).
282 BGH, GRUR 2016, 201 – Ecosoil.
283 BGH, GRUR 2016, 201 – Ecosoil.
284 BGH, GRUR 2016, 201 – Ecosoil.

aa) Vereinbarungen von/zwischen Mitinhabern

189 Unwirksam ist eine einseitige **Benutzungsgestattung durch** den **Mitinhaber** eines Patents, denn die Lizenzerteilung stellt eine das Patent als Ganzes betreffende Verwaltungsmaßnahme (§ 744 BGB) dar, die grundsätzlich eines Mehrheitsbeschlusses aller Inhaber (§ 745 Abs 1 BGB)[285] bedarf oder – nicht nur abstrakt, sondern mit ihrem konkreten Regelungsgehalt[286] – im Interesse aller Teilhaber liegen muss (§ 745 Abs 2 BGB).[287] Das gilt bereits für die einfache Lizenz und daher erst Recht für die dinglich wirkende Exklusivlizenz.

190 Eine einvernehmliche **Verständigung der Mitinhaber** darauf, dass jeder von ihnen das Klagepatent getrennt für sich verwerten kann, besagt zunächst nur, was ohnehin der Gesetzeslage nach § 743 Abs 2 BGB entspricht, nämlich dass jeder Mitinhaber für sich befugt sein soll, das gemeinschaftliche Patent zu benutzen, dh erfindungsgemäße Gegenstände für eigene geschäftliche Zwecke herzustellen und zu vertreiben. Das eigene Benutzungsrecht schließt selbstverständlich die Einschaltung von Hilfspersonen ein, denen sich der Benutzungsberechtigte bedient, um – mangels bei ihm vorhandener Herstellungs- oder Vertriebskapazitäten – von *seinem* Benutzungsrecht Gebrauch machen zu können. Solche Hilfspersonen sind in ihrem Recht zur Benutzung der Erfindung strikt an den Inhaber gebunden, der die Hilfsperson hinzugezogen hat, so dass zB ein Zulieferer ausschließlich den auftraggebenden Mitinhaber des Klagepatents mit erfindungsgemäßen Gegenständen versorgen darf, nicht aber beliebige dritte Abnehmer, und zB ein Vertriebshelfer nur diejenigen Gegenstände in Verkehr bringen darf, die ihm von dem auftraggebenden Mitinhaber des Klagepatents zum Weitervertrieb überlassen worden sind, nicht aber patentgemäße Gegenstände, die er aus anderer Quelle bezogen hat. Ohne handfeste Anhaltspunkte ist nicht anzunehmen, dass mit der besagten Benutzungsabsprache jedem Mitinhaber darüber hinaus auch das Recht eingeräumt sein soll, Drittunternehmen mit selbständigen, dh nicht an die Ausübung des *eigenen* Benutzungsrechts des Mitinhabers gekoppelten Lizenzen auszustatten.[288]

191 Eine **einseitige Lizenzvergabe** an Dritte liegt im Zweifel auch nicht im wohlverstandenen Interesse der übrigen Teilhaber. Regelmäßig ist das Gegenteil der Fall, weil mit der Lizenzerteilung die Gefahr verbunden ist, dass neben den Mitinhabern des Klagepatents ein weiterer Mitbewerber in die Lage versetzt wird, patentgemäße Gegenstände herzustellen und zu vertreiben, was die bestehende Marktposition der Mitinhaber potenziell gefährdet. Das Verbot einseitiger Lizenzierung gilt prinzipiell auch dann, wenn lediglich ein Mitinhaber des Patents in dem fraglichen Markt (ggf sogar beherrschend) tätig ist, der andere (branchenfremde) Mitinhaber hingegen nicht. Hier wird der Letztere zwar ein vitales Interesse daran haben, das Patent durch Lizenzvergabe wirtschaftlich zu verwerten, während dem Ersteren gerade daran nicht gelegen sein wird, weil auf diese Weise (ggf neue) Konkurrenten auf dem Markt erscheinen und seine eigenen Absatzchancen mindern. Auch bei einer derart gegenläufigen Interessenlage stellt die Lizenzvergabe keine Verwaltungsregelung am gemeinschaftlichen Patent dar, die nach billigem Ermessen dem Interesse aller Teilhaber entspricht. Der branchenfremde Mitinhaber wird hier-

---

[285] Im Zweifel entscheiden die Anteile an der Bruchteilsgemeinschaft und somit die Erfindungsanteile, so dass der überwiegend Berechtigte ggf auch ohne den anderen einen Mehrheitsbeschluss – formlos – fassen kann. Damit er wirksam ist, muss dem minder Berechtigten jedoch vor der Beschlussfassung rechtliches Gehör gewährt werden (OLG Düsseldorf, GRUR 2018, 1037 – Flammpunktprüfungsvorrichtung).
[286] OLG Düsseldorf, GRUR 2018, 1037 – Flammpunktprüfungsvorrichtung.
[287] Benkard, § 6 PatG Rn 67; Krasser, S 357 f; Chakraborty/Tillmann, FS für König, 2003, S 74; OLG Düsseldorf, GRUR-RR 2012, 319 – Einstieghilfe für Kanalöffnungen; OLG Düsseldorf, GRUR 2018, 1037 – Flammpunktprüfungsvorrichtung.
[288] OLG Düsseldorf, GRUR-RR 2012, 319 – Einstieghilfe für Kanalöffnungen.

durch nicht rechtlos gestellt, steht es ihm doch frei, entweder seinen Geschäftsbetrieb so auszuweiten, dass auch er am fraglichen Markt teilnehmen kann, oder aber sonstige Verwaltungsmaßnahmen einzufordern, die den Vorgaben des § 745 Abs 2 BGB genügen.[289]

Eine Vervielfältigung des Benutzungsrechtes ist schon deshalb möglich, weil derjenige **Anteil** am Klagepatent, der dem die Lizenz erteilenden Mitinhaber gehört, an jeden beliebigen Dritten (der nicht die mit dem vertraglichen Benutzungsrecht ausgestattete Person sein muss) **veräußert** werden kann mit der Folge, dass dem Erwerber als Mitglied der Bruchteilsgemeinschaft wiederum ein eigenes Benutzungsrecht am Klagepatent zusteht.[290]

Eine entgegen den §§ 744, 745 BGB eigenmächtig vorgenommene Lizenzerteilung hat zur Konsequenz, dass die Benutzungsgestattung gegenüber den übergangenen Mitinhabern des Klagepatents unwirksam ist.[291] An erzielten Lizenzeinnahmen (als Rechtsfrüchten) partizipieren die übrigen Mitinhaber gemäß § 743 Abs 1 BGB. **192**

bb) Sonstiges

Ist die Lizenz zB in sachlicher (Herstellung/Vertrieb) oder räumlicher Hinsicht beschränkt, so wird bei einer **Überschreitung** der Befugnisse in aller Regel eine rechtswidrige Verletzung vorliegen. Generell gilt, dass eine vertragliche Lizenzgebühr, sofern keine gegenteiligen Anhaltspunkte bestehen, alle diejenigen, aber auch nur diejenigen Handlungen abdeckt, die sich als Patentverletzung darstellen würden, wenn sie nicht durch die Lizenz gestattet wären.[292] **193**

Ist dem Lizenznehmer vertraglich ein **Abverkaufsrecht** eingeräumt, wonach er bis zum Vertragsende hergestellte Lizenzgegenstände noch nach Vertragsende vertreiben und zur Bedienung von vor Vertragsende akquirierten Bestellungen noch nach Vertragsende weitere Lizenzgegenstände herstellen und in Verkehr bringen darf, so schuldet der Lizenznehmer dem Lizenzgeber auch ohne besondere Regelung nach Treu und Glauben diejenigen Auskünfte, die für den Lizenzgeber nachvollziehbar machen, ob sich der Lizenznehmer mit bestimmten nach Vertragsende vorgenommenen Benutzungshandlungen im Rahmen des vertraglichen Abverkaufsrechts gehalten hat oder nicht.[293] Dieser Anspruch besteht auch dann, wenn dem Lizenzgeber im Lizenzvertrag ein Bucheinsichtsrecht zur Überprüfung der Lizenzgebührenabrechnung eingeräumt worden ist.[294] Der Auskunftsanspruch kann, obwohl mit ihm eine Vorwegnahme der Hauptsache verbunden ist, im Wege des vorläufigen Rechtsschutzes durchgesetzt werden, wenn der begründete Verdacht einer Überschreitung des Abverkaufsrechts (und infolge dessen einer rechtswidrigen Patentbenutzung) durch den Lizenznehmer nachgewiesen werden kann.[295] **194**

Erfordert die Benutzung der lizenzierten Erfindung die **Mitbenutzung** einer **weiteren Erfindung** des Lizenzgebers, so ist diese jedoch im Zweifel mit lizenziert.[296] **195**

Das Zustandekommen eines wirksamen Lizenzvertrages mit bestimmtem Inhalt hat der Beklagte zu beweisen.[297] Ist dies gelungen, so dass das bewiesene Lizenzverhältnis zur **196**

---

289 OLG München, Urteil v 15.9.2016 – 6 U 472/15.
290 OLG Düsseldorf, GRUR-RR 2012, 319 – Einstieghilfe für Kanalöffnungen.
291 OLG Düsseldorf, GRUR-RR 2012, 319 – Einstieghilfe für Kanalöffnungen.
292 BGH, GRUR 2005, 845 – Abgasreinigungsvorrichtung.
293 OLG Düsseldorf, Beschluss v 30.11.2012 – I-2 W 24/12.
294 OLG Düsseldorf, Beschluss v 30.11.2012 – I-2 W 24/12.
295 OLG Düsseldorf, Beschluss v 30.11.2012 – I-2 W 24/12.
296 BGH, GRUR 2005, 406 – Leichtflüssigkeitsabscheider.
297 BGH, GRUR 2016, 201 – Ecosoil.

Patentbenutzung berechtigt, und beruft sich der Kläger auf eine vorzeitige Beendigung des Lizenzverhältnisses, trägt er für deren Voraussetzungen die **Beweislast**.

197 Das durch einfachen Lizenzvertrag begründete **Benutzungsrecht** kann nicht ohne die Zustimmung des Lizenzgebers an einen Dritten **übertragen** werden (vgl §§ 399, 413 BGB). Aus der Tatsache, dass die Lizenzausübung auf einen bestimmten Betriebsteil des Lizenznehmers beschränkt ist, ergibt sich noch nicht die konkludente Einwilligung des Lizenzgebers, dass die Lizenz gemeinsam mit dem betreffenden Betriebsteil übertragen werden kann.[298]

198 Das durch Erteilung einer Lizenz begründete Benutzungsrecht wird nicht dadurch beeinträchtigt, dass der Patentinhaber das lizenzierte Schutzrecht später auf einen Dritten überträgt. § 15 Abs 3 PatG[299] ordnet an, dass ein **Rechtsübergang am Schutzrecht** nicht Lizenzen berührt, die vorher erteilt worden sind. Gesagt ist damit allerdings nur, dass durch die Übertragung eines Patents zuvor erteilte Lizenzen in demselben Umfang und mit demselben Inhalt auch gegenüber dem Erwerber wirken. Dieser kann dem Lizenznehmer eine Benutzung der Erfindung nicht untersagen; auch ihm gegenüber bleibt der Lizenznehmer nutzungsberechtigt. Ein Eintritt des Patenterwerbers in den bestehenden Lizenzvertrag ist mit § 15 Abs 3 PatG nicht verbunden. Er kommt – wie sonst auch – nur durch ein dreiseitiges Geschäft (dh mit Zustimmung des Veräußerers, des Erwerbers und des Lizenznehmers) zustande.[300] Fehlt es daran, stehen die vertraglichen Ansprüche (zB auf Rechnungslegung und Vergütung) und Rechte (zB zur Kündigung) weiterhin dem Veräußerer zu. Freilich kann dieser seine vertraglichen Ansprüche, soweit sie zedierbar sind, an den Erwerber abtreten. Im Zweifel wird eine solche Abtretung konkludent in der Patentübertragung enthalten sein.

199 **Kollisionsrechtlich** ist eine rechtsgeschäftliche Vertragsübernahme, bei der ein Dritter vollständig in die Stellung einer Vertragspartei einrückt, nicht in Abtretung und Schuldübernahme aufzuspalten, sondern einheitlich anzuknüpfen. Wie stets ist dabei eine Rechtswahl der Parteien möglich und zu beachten. Sie ergibt sich allerdings noch nicht aus der in den zu übernehmenden Vertrag aufgenommenen allgemeinen Klausel, dass der Vertrag einem bestimmten (näher bezeichneten) Recht unterliegt. Sofern eine Rechtswahl für die Vertragsübernahme zu verneinen ist, entscheidet dasjenige Recht, welches für den übernommenen Vertrag gilt, und dieses ist wiederum aufgrund zulässiger Rechtswahl oder anhand sonstiger Anknüpfungspunkte des IPR zu bestimmen. Die einschlägige Rechtsordnung legt dabei nicht nur fest, ob eine Vertragsübernahme überhaupt möglich ist, sondern regelt genauso, unter welchen Voraussetzungen sie wirksam ist.

200 Der Sukzessionsschutz hat seine praktische Bedeutung ferner für **Unterlizenznehmer**, die ihr Benutzungsrecht in der Regel auch dann behalten, wenn der Hauptlizenzvertrag (zB aufgrund Kündigung wegen Zahlungsverzuges) erlischt. Nach der Rechtsprechung des BGH[301] wird der Unterlizenzvertrag durch das Schicksal des Hauptlizenzvertrages nicht berührt, unabhängig davon, ob dem Unterlizenznehmer die Benutzungsbefugnis gegen eine einmalige oder gegen eine fortlaufende Vergütung eingeräumt worden ist, und ungeachtet dessen, ob sie einfacher oder ausschließlicher Natur ist. Allerdings hat der Hauptlizenzgeber gegen den Hauptlizenznehmer in Fällen der Beendigung des Haupt-

---

298 LG Düsseldorf, InstGE 5, 168 – Flaschenkasten.
299 Zu Einzelheiten des Sukzessionsschutzes vgl Marotzke, ZGE 2010, 233.
300 BGH, GRUR 2016, 201 – Ecosoil; Benkard, § 15 PatG Rn 114; Marotzke, ZGE 2010, 233. Wie hier zu § 30 Abs 5 MarkenG: Fezer, § 30 Rn 41; Ingerl/Rohnke, § 30 Rn 113; Ströbele/Hacker, § 30 Rn 83; zu § 22 Abs 2 GebrMG: Loth, § 22 Rn 66.
301 BGH, GRUR 2012, 916 – M2Trade; BGH, GRUR 2012, 914 – Take Five (jeweils zum UrhG; gegen eine Übertragbarkeit dieser Rechtsprechung auf das PatG: Dammler/Melullis, GRUR 2013, 781; Karl/Melullis, GRUR 2016, 755); vgl dazu McGuire/Kunzmann, GRUR 2014, 28.

vertrages gemäß § 812 Abs 1 Satz 1 BGB einen Anspruch auf Abtretung des gegen den Unterlizenznehmer bestehenden Anspruchs auf ausstehende Lizenzzzahlungen.[302]

Zur Patentlizenz in der **Insolvenz** des Lizenzgebers vgl BGH, GRUR 2016, 201 – Ecosoil (für Lizenzkauf); Witz, FS Schilling, 2007, S 393; McGuire, GRUR 2009, 13; LG München I, GRUR-RR 2012, 142 – Insolvenzfestigkeit; OLG München, GRUR 2013, 1125; Haedicke, ZGE 3, 377, Berger, GRUR 2013, 321; Jelinek, Lizenzen in der Insolvenz, 2013. 201

Wird das **Lizenzpatent widerrufen** oder für nichtig erklärt, hat dies zwar zur Folge, dass das Schutzrecht rückwirkend wegfällt. Der Lizenzvertrag hingegen bleibt bis zum Zeitpunkt der rechtskräftigen Vernichtungsentscheidung in Kraft, weswegen zB Rückforderungsansprüche des Lizenznehmers wegen in der Vergangenheit gezahlter Lizenzgebühren im Zweifel nicht in Betracht kommen.[303] Das gilt nicht nur bei einer Vernichtung mangels Neuheit/Erfindungshöhe, sondern gleichermaßen dann, wenn das Lizenzpatent wegen fehlender Ausführbarkeit vernichtet worden ist.[304] Ein Lizenzvertrag, der Rückforderungsverbote für den Fall nachträglicher Vernichtung oder gerichtlich festgestellter Nichtbenutzung des Lizenzpatents enthält, verstößt nicht gegen Art 101 AEUV, sofern der Lizenznehmer den Vertrag mit angemessener Frist kündigen kann.[305] 202

Bei Beendigung eines Lizenzvertrages kann dem Lizenznehmer demgegenüber ein **Ausgleichsanspruch** in entsprechender Anwendung des § 89b HGB gegen den Lizenzgeber zustehen, wenn der Lizenznehmer in die Absatzorganisation des Lizenzgebers eingebunden und er verpflichtet ist, diesem seinen Kundenstamm zu übertragen.[306] 203

In Fällen mit Auslandsberührung entscheidet das **Recht des Schutzlandes**, ob bei der Übertragung des Patents eine Lizenz Sukzessionsschutz genießt.[307] 204

c) Schlichte Benutzungserlaubnis

Ein rechtswidriger Eingriff in das Patent ist schließlich ausgeschlossen, wenn der Berechtigte zwar kein dingliches oder schuldrechtliches Benutzungs*recht* eingeräumt, sondern lediglich einseitig in die rechtsverletzende Handlung eingewilligt hat. Es bedarf dabei keiner auf den Eintritt der besagten Rechtfertigungsfolge gerichteten rechtsgeschäftlichen Willenserklärung; erforderlich ist nur, dass dem gesamten Verhalten des Berechtigten oder den sonstigen Umständen bei objektiver Würdigung entnommen werden kann, dass die Benutzung des Patents erlaubt wird.[308] Solches kann auch durch eine Nichtangriffsabrede geschehen, die der Schutzrechtsinhaber zugunsten der Lizenznehmer eines anderen, konkurrierenden Patentinhabers abgibt.[309] Allein der Umstand, dass der Berechtigte seine Ansprüche über längere Zeit nicht verfolgt hat, reicht im Allgemeinen nicht aus, weil dieses Verhalten auch aus reiner Nachlässigkeit erklärbar sein kann.[310] Eine einmal erteilte Erlaubnis ist nachträglich, allerdings nur mit Wirkung für die Zukunft, frei widerruflich.[311] 205

---

302 BGH, GRUR 2012, 916 – M2Trade; BGH, GRUR 2012, 914 – Take Five.
303 OLG Karlsruhe, Mitt 2009, 419 – Bodypass; LG Düsseldorf, InstGE 10, 6 – Münzpfandschloss; BGH, GRUR 2012, 910 – Delcantos Hits (zum UrhG); vgl speziell zu SEP: Altmeyer/Weber, GRUR 2017, 1182.
304 OLG Karlsruhe, Mitt 2009, 419 – Bodypass.
305 EuGH, GRUR 2016, 917 – Genentech Inc./Hoechst GmbH.
306 BGH, GRUR 2010, 1107 – JOOP!
307 LG Mannheim, Urteil v 2.3.2015 – 2 O 147/14.
308 BGH, GRUR 2010, 628 – Vorschaubilder.
309 OLG Düsseldorf, Urteil v 20.1.2017 – I-2 U 41/12 (auch zur Auslegung bei bestehendem Auslandsbezug).
310 OLG Düsseldorf, GRUR-RR 2012, 319 – Einstieghilfe für Kanalöffnungen.
311 BGH, GRUR 2010, 628, 632 – Vorschaubilder.

206 Hat der erklärte Verzicht auf die Geltendmachung von Verbietungsrechten wegen Patentverletzung ohne gleichzeitige Einräumung eines positiven Benutzungsrechts Auslandsbezug, so richtet sich das wirksame Zustandekommen des Verzichts nach der lex causae, während für die Frage seiner Zulässigkeit und Wirkung das Recht des Gerichtortes (**lex fori**) maßgeblich ist.[312] Stillhalteabkommen sind im deutschen Recht anerkannt und führen wegen Unklagbarkeit des Anspruchs zur Unzulässigkeit der Klage.[313] § 15 Abs 3 PatG ist auf derartige Zusagen nicht anwendbar.[314]

5. Kartellrechtlicher Zwangslizenzeinwand

207 Spezielle Probleme stellen sich, wenn der Beklagte einredeweise geltend macht, der Patentinhaber sei aufgrund kartellrechtlicher Vorschriften (zB Art 102 AEUV (vormals: Art 82 EG), §§ 19, 20 GWB oder Art 101 AEUV (vormals Art 81 EG[315]), § 1 GWB oder aufgrund einer gegenüber einer Standardisierungsbehörde abgegebenen und den Lizenzsucher begünstigenden Lizenzbereitschaftserklärung[316] verpflichtet, ihm am Gegenstand des Klagepatents eine (Zwangs-)Lizenz zu erteilen.[317] Dabei sind **drei Fallkonstellationen** auseinander zu halten, auf die im Folgenden gesondert eingegangen wird:

208 – Denkbar ist zunächst, dass sich der Patentinhaber unter Berufung auf sein Ausschließlichkeitsrecht generell weigert, Dritten eine Lizenz, egal zu welchen Bedingungen, zu erteilen. Kennzeichen dieser ersten Sachverhaltskonstellation ist, dass tatsächlich noch kein Lizenzierungsmarkt eröffnet worden ist und dass der Patentinhaber sich auch nicht durch eine FRAND-Erklärung gebunden hat, jedem Interessenten zu angemessenen Bedingungen diskriminierungsfrei ein Benutzungsrecht zu erteilen (**nicht lizenziertes Patent**).

209 – Vorstellbar ist zum Zweiten, dass der Patentinhaber zur Lizenzvergabe bereit ist und Lizenzen auch bereits vergeben hat, ihm aber vorgeworfen werden kann, dass er die Lizenzinteressenten ohne sachlichen Grund unterschiedlich behandelt und/oder unangemessene Lizenzbedingungen stellt. Das lizenzierte Schutzrecht kann zu einem (vereinbarten oder faktischen) Standard gehören oder nicht (**auslizenziertes Patent**).

210 – Die dritte in der rechtlichen Handhabung zu unterscheidende Kategorie zeichnet sich dadurch aus, dass das Patent für einen technischen Standard essentiell ist, wobei der Inhaber sich im Rahmen einer FRAND-Erklärung zur Lizenzierung verpflichtet hat (**SEP mit FRAND-Erklärung**).

---

312 LG Mannheim, Urteil v 6.2.2015 – 7 O 289/10.
313 BGH, NJW-RR 1989, 1048.
314 LG Mannheim, Urteil v 6.2.2015 – 7 O 289/10, mwN zum Streitstand.
315 Dazu: Barthelmeß/Gauß, WuW 2010, 626.
316 Sie hat typischerweise den Inhalt, dass sich der Patentinhaber verpflichtet, jedermann zu angemessenen (fair reasonable) und nicht diskriminierenden (and non-discriminatory) = FRAND-Bedingungen eine Lizenz zu erteilen.
317 Vgl Körber, Standardessentielle Patente, 2013; Hötte, Zwangslizenz im Patentrecht, 2011; Maume, Der kartellrechtliche Zwangslizenzeinwand, 2010; Burghartz, Technische Standards, 2011, Kübel, Zwangslizenzen; Maaßen, Normung, 2006; Koikkara; Patentschutz und Zwangslizenz, 2010; Wirtz, WRP 2011, 1392; Fröhlich, GRUR 2008, 205; Kühnen, FS Tilmann, 2003, S 513; v Merveldt, WuW 2004, 19; Wirtz/Holzhäuser, WRP 2004, 683; Jaecks/Dörmer, FS Säcker, 2011, S 97; Rombach, FS Hirsch, 2008, S 311; Kellenter, FS Mes, 2009, S 199; Gärtner/Vormann, Mitt 2009, 440; Jestaedt, GRUR 2009, 801; Ann, VPP-Rundbrief 2010, 46; Grabinski, FS 50 Jahre BPatG, 2011, S 243 ff; Müller, GRUR 2012, 686; Körber, NZKart 2013, 87; Meier-Beck, FS Tolksdorf, 2014, S 115; Heusch, GRUR 2014, 745.

a) Fallgruppenübergreifende Vorfragen

Bevor die erwähnten Konstellationen abgehandelt werden, sollen zunächst – gleichsam vor die Klammer gezogen – einige für sämtliche Fallvarianten gleichermaßen relevante Vorfragen erörtert werden.

aa) Zulässigkeit

Die erste Frage, die sich im vorliegenden Zusammenhang stellt, ist die, ob der **Kartellrechtseinwand** im Prozess über die Verletzung eines Patents überhaupt **zu berücksichtigen** ist. In seiner Entscheidung *Spundfass*[318] hat der Kartellsenat des OLG Düsseldorf hierzu die Auffassung vertreten, dass derjenige, der das Patent eines anderen benutzt, auch dann, wenn er vom Patentinhaber nach kartellrechtlichen Vorschriften die Einräumung eines entgeltlichen Benutzungsrechtes (dh den Abschluss eines Lizenzvertrages) verlangen kann, den Ausschließlichkeitsrechten und insbesondere den Unterlassungsansprüchen[319] aus dem Patent ausgesetzt bleibt, wenn er die Benutzung aufnimmt, ohne den Schutzrechtsinhaber um die Erteilung einer Lizenz ersucht oder – im Falle einer Ablehnung – ein Verfahren vor einer Kartellbehörde oder einem Kartellgericht betrieben zu haben, in welchem die Einräumung einer Lizenz hätte angeordnet werden können. Zur Begründung verweist der Senat darauf, dass sich der Beklagte durch ein derartiges Verhalten zur Durchsetzung einer vermeintlichen oder wirklichen Rechtsposition (sic: seines Anspruchs auf Lizenzierung) eine Selbsthilfe anmaßt, die (sofern nicht die besonderen Voraussetzungen des § 229 BGB vorliegen) von der Rechtsordnung missbilligt wird.[320]

Diese Erwägungen hat der BGH zunächst für den Schadenersatzanspruch des Patentinhabers zurückgewiesen[321] und den Kartellrechtseinwand anschließend auch als Verteidigungsmittel gegenüber dem Unterlassungsanspruch wegen Patentverletzung zugelassen.[322] Dieselbe Auffassung vertritt für standardessentielle Patente (SEP) mit FRAND-Erklärung der EuGH.[323] Dem ist vollkommen zuzustimmen.

§ 229 BGB regelt (lediglich) einen Rechtfertigungsgrund, der besagt, dass derjenige, der zur Durchsetzung eines ihm zustehenden Anspruchs eine Sache wegnimmt etc rechtmäßig handelt, wenn bestimmte Voraussetzungen vorliegen, die eine eigenmächtige Rechtsdurchsetzung ausnahmsweise als geboten erscheinen lassen, insbesondere staatliche Hilfe zur Rechtsverfolgung nicht erreichbar ist. Mit Blick auf die Benutzung eines Patents im Vorgriff auf einen dem Benutzer in Ansehung des Patents zustehenden Lizenzierungsanspruch aufgrund kartellrechtlicher Vorschriften bedeutet dies, dass der Benutzer, der die Benutzung des Patents unter den tatbestandlichen Voraussetzungen des § 229 BGB aufnimmt, rechtmäßig agiert und folglich keine Patentverletzung begeht. Etwaige Verbietungsrechte des Patentinhabers scheitern in einem solchen Fall bereits daran, dass es – wegen des platzgreifenden Rechtfertigungsgrundes nach § 229 BGB – an einer rechtswid-

---

318 OLG Düsseldorf, InstGE 2, 168 – Spundfass; ähnlich die Rechtsprechung in den Niederlanden: Vgl Rechtsbank's Gravenhage, InstGE 13, 167 – Orange Book II.
319 Offen gelassen von BGH, GRUR 2004, 966 – Standard-Spundfass; verneint bei einem vertraglichen Gestattungsanspruch im UrhG: BGH, GRUR 2002, 248, 252 – Spiegel-CD-ROM, wobei die Begründungserwägungen im Hinblick auf § 11 WahrnG urheberrechtsspezifisch und insoweit nicht verallgemeinerungsfähig sind.
320 Ablehnend (im Sinne einer Zulassung des Einwandes): OLG Karlsruhe, InstGE 8, 14 – Servospur = OLG Karlsruhe, GRUR-RR 2007, 177 – Orange-Book-Standard; LG Düsseldorf, InstGE 7, 70 – Videosignal-Codierung I; LG Düsseldorf, InstGE 10, 66 – Videosignal-Codierung III.
321 BGH, GRUR 2004, 966 – Standard-Spundfass.
322 BGH, GRUR 2009, 694 – Orange-Book-Standard.
323 EuGH, GRUR 2015, 764 – Huawei Technologies/ZTE (für den Unterlassungs- und Rückrufanspruch).

rigen Patentbenutzung fehlt. Liegen die Selbsthilfevoraussetzungen des § 229 BGB nicht vor, so folgt daraus zwar umgekehrt, dass die Benutzungshandlungen des Lizenzsuchers rechtswidrig sind.

215 Mehr als ein Urteil über die Rechtmäßigkeit oder Rechtswidrigkeit der Patentbenutzung ist mit der Antwort auf das Vorliegen oder Nichtvorliegen der Selbsthilfevoraussetzungen allerdings nicht gefällt. Es ist insbesondere nichts darüber entschieden, ob der bestehende Anspruch auf Einräumung einer Lizenz an dem benutzten Patent den Verbietungsansprüchen des Schutzrechtsinhabers nicht auf einer anderen rechtlichen Ebene (als der der Rechtswidrigkeit) entgegengehalten werden kann. Im Gegenteil: Die Rechtsordnung kennt Derartiges in anderem Zusammenhang sehr wohl, wie beispielsweise § 1007 BGB für den Fall verdeutlicht, dass der hinsichtlich einer Sache materiell Berechtigte die Sache, die sich im Besitz eines anderen befindet, eigenmächtig an sich nimmt. Können die Selbsthilfevoraussetzungen des § 229 BGB nicht dargetan werden, ist die Besitzverschaffung rechtswidrig. Dem auf § 1007 BGB gestützten Herausgabeverlangen des früheren Besitzers kann der Beklagte dennoch – obgleich die von ihm begangene Selbsthilfe unberechtigt war – sein materielles Recht zum Besitz einrede weise entgegensetzen (§ 1007 Abs 3 BGB), was zur Folge hat, dass die gegen ihn gerichtete Herausgabeklage abgewiesen wird. Es entspricht darüber hinaus einem allgemein gültigen Rechtssatz, dass niemand von einem anderen etwas soll verlangen können, was dieser sogleich wieder – wegen eines in der Person des in Anspruch Genommenen begründeten Gegenanspruchs – zurückverlangen könnte. Ein solches Begehren ist – unabhängig von der Art des im Einzelfall in Rede stehenden Anspruchs – rechtsmissbräuchlich, weshalb sich der Beklagte stets mit dem Einwand verteidigen kann, dass der Kläger ihm das, was er klageweise verlangt, augenblicklich wieder zu belassen habe. Dieser allgemeine, aus den Geboten von Treu und Glauben (§ 242 BGB) abgeleitete Grundsatz findet auch im Patentverletzungsprozess Anwendung. Voraussetzung für die **dolo-petit-Einrede** ist freilich, dass der Beklagte beim Patentinhaber um die Erteilung einer Lizenz zu angemessenen Bedingungen nachgesucht hat.

216 Der BGH[324] und der EuGH[325] sehen die Rechtfertigung für die Zulassung des Kartellrechtseinwandes gegenüber dem Unterlassungsbegehren wegen Schutzrechtsverletzung in der (sachlich gleichgelagerten) Überlegung begründet, dass genauso wie die Weigerung einer Lizenzerteilung bei Vorliegen eines Missbrauchstatbestandes kartellrechtlich verboten ist, auch die Durchsetzung eines Unterlassungsanspruchs wegen Patentverletzung einen kartellrechtlichen Missbrauchstatbestand erfüllt, der bei kartellrechtsgemäßem Verhalten (sic: Erteilung einer Lizenz am Klagepatent) erloschen wäre.

217 Unabhängig von der genauen Begründungslinie, der gefolgt wird, ist für die rechtliche Handhabung wesentlich, dass der Klage – so oder so – ein sachlich-rechtliches Durchsetzungshindernis entgegensteht, womit die missbräuchlich erhobene **Klage** als unbegründet (und nicht als unzulässig) abzuweisen ist.[326] Die Situation ist insoweit vergleichbar mit einer mangels erteilter Schlussrechnung noch nicht fälligen Forderung, die als solche bereits besteht, auf die der Gläubiger mangels Fälligkeit aber derzeit (noch) keinen Anspruch hat, dh in Bezug auf die er (noch) keine Leistung verlangen kann[327]. Tritt die Fälligkeit später ein, kann – selbst nach rechtskräftiger Klageabweisung in einem ersten Prozess – erneut, und zwar mit Erfolg, geklagt werden.[328] Für den Unterlassungsanspruch wegen Patentverletzung folgt hieraus:

---

324 BGH, GRUR 2009, 694 – Orange-Book-Standard.
325 EuGH, GRUR 2015, 764 – Huawei Technologies/ZTE.
326 Ebenso: LG Mannheim, Urteil v 4.3.2016 – 7 O 96/14.
327 BGH, NJW 2014, 847.
328 BGHZ 140, 368.

– Solange von Seiten des Patentinhabers keine ordnungsgemäßen Lizenzierungsverhandlungen geführt worden sind, besteht ein kartellrechtliches Durchsetzungshindernis für den Unterlassungsanspruch, weswegen es zur Klageabweisung als **derzeit unbegründet** kommt.[329] Eine abermalige Klage wegen desselben Verletzungssachverhaltes wird dadurch freilich nicht ausgeschlossen, sofern sie nur verfolgt wird, nachdem das Durchsetzungshindernis durch Lizenzverhandlungen beseitigt ist. Gefahren lauern bei der betrachteten Konstellation allerdings auf den Beklagten. Greift er die Abweisung der Verletzungsklage als (lediglich) *derzeit* unbegründet nicht mit einem Rechtsmittel an[330], so erwächst die (vorgreiflich) festgestellte Patentverletzung in **Rechtskraft**, weswegen das später – nach veränderter Lizenzlage – erneut angerufene (gleiche oder andere) Verletzungsgericht die Frage der Schutzrechtsverletzung nicht abermals prüfen darf, sondern aus Gründen der Rechtskraft von ihrem Vorliegen auszugehen hat. 218

– Umgekehrt gilt: Hat der Verletzer durch Verweigerung eines ihm unterbreiteten FRAND-Angebotes seine Unterlassungsverurteilung herbeigeführt, hindert ihn dies selbstverständlich nicht, später das Lizenzangebot des Patentinhabers[331] doch noch anzunehmen. Kommt aufgrund dessen ein Lizenzvertrag über das SEP zustande, ist dieser (unstreitige) Umstand im laufenden Erkenntnisverfahren ohne Rücksicht auf Präklusionsvorschriften zu beachten und begründet ein Durchsetzungshindernis, welches den Kläger zur **Erledigungserklärung** in Bezug auf seinen Unterlassungsanspruch zwingt. Ist das Unterlassungsurteil beim Zustandekommen des Lizenzvertrages bereits rechtskräftig, steht dem Verletzer die Vollstreckungsabwehrklage (§ 767 ZPO) zu. 219

bb) § 24 PatG

Der kartellrechtliche Anspruch auf Einräumung einer Zwangslizenz wird durch § 24 PatG weder ausgeschlossen noch eingeschränkt.[332] 220

cc) Patentverwerter

Für die sich aus dem Kartellrecht ergebende Pflichtenlage hat es grundsätzlich keine Bedeutung, ob der Patentinhaber am Produktmarkt tätig ist oder sich bloß mit der geschäftlichen Verwertung von Patenten im Wege der Lizenznahme beschäftigt.[333] 221

dd) Marktbeherrschung[334]

Eine **Pflicht zur Lizenzerteilung** ergibt sich vordringlich aus europäischem Kartellrecht und hier aus **Art 102 AEUV**.[335] 222

Art 101 AEUV[336] bildet demgegenüber (ebenso wie die nationale Parallelvorschrift des § 1 GWB) keine Grundlage für einen Lizenzierungsanspruch des Verletzers, der sich dem 223

---

329 Ein dahingehender Ausspruch setzt selbstverständlich voraus, dass keine endgültige Klageabweisung möglich ist, was zB in Fällen mangelnder Aktiv- oder Passivlegitimation oder bei Nichtverletzung des Klagepatents der Fall ist (BGH, MDR 2017, 1359). Alle weitergehenden Abweisungstatbestände müssen daher vom Gericht vorrangig geprüft und ausgeschlossen werden.
330 Vgl dazu BGH, MDR 2017, 1359.
331 … vorausgesetzt, das Angebot ist zu diesem Zeitpunkt noch annahmefähig.
332 OLG Düsseldorf, InstGE 2, 168 – Spundfass; BGH, GRUR 2004, 966 – Standard-Spundfass.
333 LG Düsseldorf, Urteil v 31.3.2016 – 4a O 73/14.
334 Meyer, FS 80 Jahre Patentgerichtsbarkeit Düsseldorf, 2016, S 377.
335 EuGH, Slg 1988, 6232, 6235 – Volvo/Veng; EuGH, Slg 1995, I-808, 823 – RTE/Magill; EuGH, Slg 1998, I-7817, 7830 – Bronner/Media; EuGH, GRUR 2004, 524, 525 ff – IMS/Health; BGH, GRUR 2004, 966 – Standard-Spundfass.
336 Ausführlich dazu: Block, Mitt 2017, 97.

Unterlassungsanspruch wegen Patentbenutzung entgegenhalten ließe.[337] Selbst wenn die Verabredung des in Rede stehenden technischen Standards im Einzelfall als wettbewerbsbeschränkende Vereinbarung der teilnehmenden Konkurrenten verstanden werden kann, weil sie nicht in den Standard aufgenommene alternative Technologien vom Produktmarkt verbannt, besteht die gesetzlich vorgesehene Rechtsfolge in einer Nichtigkeit der wettbewerbsbeschränkenden Absprache, hier also des technischen Standards, wobei von der Nichtigkeitsfolge auch die davon untrennbare FRAND-Erklärung erfasst wird. Ohne formale Standardisierungsabsprache verbleibt, wenn die technische Normierung tatsächlich gelebt wird, ein faktischer Standard, der den rechtlichen Regeln der Orange-Book-Standard-Rechtsprechung[338] folgt. Werden zu einem nach Art 101 AEUV kartellnichtigen Standard nachträglich FRAND-Erklärungen abgegeben, wird man eine Heilung des Kartellverstoßes ex nunc nach den Regeln des § 141 BGB (Bestätigung eines nichtigen Rechtsgeschäfts) annehmen können.[339] Das bisher den Verletzer treffende Pflichtenprogramm bzgl der Lizenzierung des Klagepatents geht infolgedessen nach den Regeln für SEP mit FRAND-Erklärung (welches das Patent fortan ist) auf den Patentinhaber über. Sie setzt zweierlei voraus, erstens, dass der Patentinhaber eine marktbeherrschende Stellung innehat und zweitens, dass außergewöhnliche Umstände gegeben sind. Für die als erstes zu prüfende marktbeherrschende Stellung ist der zeitlich, räumlich und sachlich relevante Markt maßgeblich. Mit Blick auf die Anwendung europäischen Kartellrechts ist anerkannt, dass das Gebiet der Bundesrepublik Deutschland einen wesentlichen Teil des Gemeinsamen Marktes darstellt.

224 Allgemein sind bei der Feststellung einer Marktbeherrschung folgende **Grundregeln** zu beachten:

(1) Bedarfsmarktkonzept

225 Die Abgrenzung des Marktes erfolgt nach dem sog Bedarfsmarktkonzept, indem danach gefragt wird, welche Erzeugnisse/Dienstleistungen aus der Sicht der Nachfrager untereinander funktionell austauschbar sind. Zu demselben sachlichen Markt gehören alle Waren/Dienstleistungen, die sich aufgrund ihrer Eigenschaften, Preise und Verwendungszwecke aus der Sicht der Marktgegenseite (= Nachfrager) nicht durch andere Waren/Dienstleistungen substituieren lassen. Das Ziel der erläuterten Marktabgrenzung ist ausweislich der Bekanntmachung der EU-Kommission über die Definition des relevanten Marktes ein Mehrfaches. Zunächst geht es darum, eine genaue Abgrenzung des (sachlichen und räumlichen) Gebietes vorzunehmen, auf dem Unternehmen untereinander im Wettbewerb stehen; weiterhin werden diejenigen Wettbewerbskräfte ermittelt, denen sich die beteiligten Unternehmen zu stellen haben; schließlich erfolgt die Ermittlung, welche konkurrierenden Unternehmen tatsächlich in der Lage sind, dem Verhalten der beteiligten Unternehmen Schranken zu setzen und sie daran zu hindern, sich wirksamem Wettbewerbsdruck zu entziehen.

226 In Fällen der vorliegenden Art ist der **Lizenzvergabemarkt** betroffen, weswegen als *Anbieter* der (allein zur Lizenzvergabe berechtigte) Patentinhaber und als *Nachfrager* die für ihre Geschäftstätigkeit an der patentierten Technik interessierten Anwender der Erfindung (zB Hersteller patentgemäßer Produkte) anzusehen sind. Sofern mehrere Schutzrechte nicht ausnahmsweise eine gleichwertige[340] Alternativtechnologie für das-

---

337 Fuchs, FS Ahrens, 2016, S 79, 83.
338 BGH, GRUR 2009, 694 – Orange-Book-Standard.
339 EuGH, Slg 2008, I-6681–6746.
340 ... maßgeblich ist das tatsächliche Nachfrageverhalten, sei es sachlich berechtigt oder nicht. Bestehen keine anderweitigen Anhaltspunkte, kann freilich anhand objektiver, vernünftiger Erwägungen auf die Einschätzung des Verkehrs geschlossen werden.

selbe technische Problem bereitstellen, begründet prinzipiell jedes einzelne Schutzrecht einen eigenen sachlich relevanten Markt für die Vergabe von Lizenzen.

(2) Beherrschende Stellung

Auf *ihm* (dem Lizenzvergabemarkt) muss der Patentinhaber eine beherrschende Stellung innehaben, worunter eine wirtschaftliche Machtposition zu verstehen ist, die das Unternehmen in die Lage versetzt, die Aufrechterhaltung eines wirksamen Wettbewerbs auf dem relevanten Markt zu verhindern, indem sie ihm die Möglichkeit verschafft, sich seinen Konkurrenten, seinen Kunden und letztlich den Verbrauchern gegenüber in nennenswertem Umfang unabhängig zu verhalten. Das Vorliegen einer beherrschenden Stellung ergibt sich im Allgemeinen aus dem Zusammentreffen mehrerer Faktoren, die jeweils für sich genommen nicht ausschlaggebend sein müssen.[341] Obwohl selbstverständlich nur der Patentinhaber zu einer Lizenzvergabe befugt ist, begründet die bloße **Inhaberschaft von Rechten des geistigen Eigentums** allein noch keine beherrschende Stellung auf dem maßgeblichen Markt für die Vergabe von Lizenzen am fraglichen Patent.[342] Sie kann aber geeignet sein, unter bestimmten Umständen eine solche Stellung zu verschaffen, nämlich dann, wenn der Inhaber eines Immaterialgüterrechts aufgrund seines Monopolrechts die Möglichkeit erhält, wirksamen Wettbewerb auf einem nachgelagerten Markt zu verhindern.[343] Gemeint ist hiermit der dem Lizenzvergabemarkt **nachgeordnete Produktmarkt** für solche Erzeugnisse, die das zur Lizenzierung anstehende Patent benutzen. Die Wettbewerbsposition auf dem Markt für erfindungsgemäße Produkte verschafft mithin eine beherrschende Position auf dem (vorgelagerten) Markt der Lizenzvergabe.

227

▶ Bsp:

228

1. Das Unternehmen Magill benötigte von den in Irland tätigen Fernsehsendern Programminformationen, um einen wöchentlichen Fernsehprogrammführer herauszugeben. Der EuGH hat eine marktbeherrschende Stellung dieser Fernsehsender damit begründet, dass jeder Sender die Möglichkeit hatte, durch Verweigerung der begehrten Programminformationen einen wirksamen Wettbewerb auf dem (nachgelagerten) Markt für Fernsehwochenzeitschriften zu verhindern.[344]

2. Ein Kreditkartenunternehmen kann nur dann Unternehmenskreditkarten zur bargeldlosen Bezahlung von Flug- oder Bahnreisen (sog Reisestellenkarten) mit Umsatzsteuernachweis für die Reiseleistungen anbieten, wenn der Erbringer der Reiseleistung ihm die nach dem UStG erforderlich Erlaubnis erteilt. Der BGH hat eine marktbeherrschende Stellung von Lufthansa auf dem Gestattungsmarkt bejaht, weil sie aufgrund ihrer Stellung auf dem Gestattungsmarkt einen wirksamen Wettbewerb auf dem nachgelagerten Markt für Reisestellenkarten mit Vorsteuerabzugsmöglichkeit verhindern kann.[345]

3. Die Klägerin ist Inhaberin eines essentiellen Patents für den LTE-Standard. Allein daraus ergibt sich noch nicht notwendigerweise eine marktbeherrschende Stellung.[346]

---

341 Grundlegend: EuGH, Slg 1978, 207, Rz 65, 66 – United Brands; EuGH, Slg 1979, 461, Rz 38, 39 – Hoffmann-La Roche.
342 EuGH, GRUR Int 1995, 490 Rz 46 – Magill TVG Guide; EuGH, Urteil v 6.12.2012 – C-457/10 P, Rz 186 – Astra Zeneca.
343 Vgl EuGH, GRUR Int 1995, 490 Rz 47 – Magill TVG Guide; EuGH, Urteil v 6.12.2012 – C-457/10 P, Rz 186 – Astra Zeneca; BGH, WuW/E DE-R 2708 Rz 27 – Reisestellenkarten.
344 EuGH, GRUR Int 1995, 490 Rz 47 – Magill TVG Guide.
345 BGH, WuW/E DE-R 2708 Rz 27 – Reisestellenkarten.
346 Vgl Schlussanträge des Generalanwalts Wathelet v 20.11.2014 in der Sache C-170/13 – Tz 57 (BeckRS 2014, 82403); Leitlinien der EU-Kommission zur Anwendbarkeit von Art 101 AEUV, ABl C 11/1 v 14.1.2011 – Tz 269.

229 Es besteht – auch für **SEP** – keine (widerlegbare) **Vermutung** dafür, dass sein Inhaber wirksamen Wettbewerb auf dem nachgelagerten Produktmarkt allein deshalb verhindern kann, weil es sich um ein *standardessentielles* Schutzrecht handelt, das benutzt werden muss, um technisch (sic: im Standard) kompatible und somit funktionsfähige Erzeugnisse zu erhalten.[347] Ein Standard erfasst typischerweise eine große Vielzahl als essentiell deklarierter Patente, aber nicht jedes von ihnen entscheidet am Ende über die Wettbewerbsfähigkeit der Ware auf dem Produktmarkt. Dies leuchtet schon deshalb ein, weil durch die einzelnen Erfindungen ganz unterschiedliche technische features bereitgestellt werden. Die möglichen Sachverhaltsgestaltungen sind vielfältig. Manche Erfindungsgegenstände sind schon nach der Formulierung des Standards optional, andere werden für den Nachfrager überhaupt nicht ersichtlich sein[348], andere eine aus seiner Sicht zentrale technische Wirkung verantworten, wieder andere eine lediglich untergeordnete Funktionalität der nachgefragten Ware zur Verfügung stellen. Für jedes einzelne Schutzrecht ist deshalb anhand der Gesamtumstände tatrichterlich *seine* konkrete Bedeutung für die Wettbewerbsposition auf dem Produktmarkt zu klären, was zu ganz **unterschiedlichen Resultaten** führen kann:

230 – Im Einzelfall kann sich ergeben, dass der Zugang zur Nutzung des fraglichen SEP eine regelrechte **Marktzutrittsvoraussetzung** darstellt, weil auf dem relevanten Markt überhaupt nur Produkte angeboten und nachgefragt werden, die den Standard durch Benutzung des SEP ausführen. Unter derartigen Verhältnissen ist ohne weiteres von einer beherrschenden Stellung des SEP-Inhabers auszugehen. Das gilt auch dann, wenn die durch das fragliche SEP bereitgestellte technische Wirkung zwar als solche nicht über die Marktteilnahme entscheidet, ohne sie jedoch aus technischen Gründen eine Teilhabe an zutrittsrelevanten Funktionen nicht stattfinden kann oder sogar die generelle Interoperabilität und Kompatibilität nicht mehr gegeben ist.

231 – Das Gleiche gilt, wenn der Zugang zur Nutzung des streitigen SEP zwar keine Marktzutrittsvoraussetzung ist (weil auf dem relevanten Markt auch Produkte angeboten werden, die die Produktkonfiguration des SEP nicht aufweisen), ein *wettbewerbsfähiges* **Angebot** ohne Zugang zur Nutzung des streitigen SEP jedoch nicht möglich ist. Solches ist anzunehmen, wenn ohne die durch das SEP bereitgestellte Eigenschaft ein Produkt vorläge, das im Markt gegenüber den Anbietern von Produkten mit der patentierten Funktion nicht konkurrenzfähig wäre. Indiziell spricht hierfür ein weit überwiegender Anteil von Produkten im Markt, die die SEP-Funktion nutzen, wobei als Anhaltspunkt ein Prozentsatz ab ca 70 % zu fordern ist. Denn ist die Nachfrage nach Produkten ohne die patentierte Funktion derart gering (sic: weniger als 30 %), kann ohne Nutzung des SEP bloß ein sog Nischenprodukt angeboten und damit nur ein geringer Marktanteil erreicht werden. Dies wiederum hat zur Folge, dass die wettbewerblichen Verhaltensspielräume (zB bei der Preissetzung) der Anbieter, die das SEP nutzen, nicht begrenzt werden können, wirksamer Wettbewerb also *nicht* möglich ist.

232 – Keine beherrschende Stellung besteht demgegenüber, wenn das SEP eine **technische Funktion** betrifft, die für den Produktmarkt entweder überhaupt keine oder eine **bloß untergeordnete Rolle** spielt, so dass diese Funktion für den Wettbewerb zwischen den Anbietern nicht wesentlich ist. Solches ist der Fall, wenn die technische

---

347 OLG Düsseldorf, GRUR 2017, 1219 – Mobiles Kommunikationssystem; aA: Generalanwalt Wathelet, Schlussanträge v 20.11.2014 in der Sache C-170/13 – Tz 58 (BeckRS 2014, 82403).
348 Für den Hersteller von Handys ist die Erwartungshaltung seiner Kunden wichtig. SEP, die beispielsweise die Netzwerkinfrastruktur betreffen, mögen für Provider von eminentem Belang sein; den Kunden interessieren sie nicht, solange mit der Infrastruktur nicht ihn betreffende Leistungsmerkmale des Handys verbunden sind (zB die Schnelligkeit des Datenaustausches).

Funktion für den Nachfrager von SEP-Produkten von nachrangigem Interesse und für seine Auswahlentscheidung zwischen den verschiedenen SEP-Produkten belanglos ist. Geboten ist insoweit eine generalisierende Betrachtung, wobei die Mehrzahl der Nachfrager entscheidet.

- **Außerhalb technischer Standards** kommt eine beherrschende Stellung selbst in Bezug auf eine vom Markt zwingend geforderte technische Funktion nur in Betracht, wenn für den konkreten Lizenzsucher keine brauchbare technische Alternative (Umgehungslösung) zu erhalten ist, sei es im Wege einer anderweitigen Lizenznahme, sei es im Wege einer Eigenentwicklung. Die Grenzen des Zumutbaren beurteilen sich anhand der Umstände des Einzelfalles (Ist dem betreffenden Lizenzsucher angesichts des Zuschnitts seines Unternehmens eine Eigenentwicklung abzuverlangen? Ist er bei Inhabern alternativer Technologien bereits erfolglos wegen einer Lizenznahme vorstellig geworden?). 233

(3) Beweislast und Nachweis

Nach allgemeinen Regeln trägt der Verletzungsbeklagte (= Lizenzsucher) die **Darlegungs- und Beweislast** dafür, dass der Kläger aufgrund des von ihm gehaltenen Patents eine marktbeherrschende Stellung auf dem Produktmarkt innehat, so dass ihn bei der Durchsetzung seines Patents die besonderen Pflichten aus Art 102 AEUV treffen. Denn mit der Berufung auf den Zwangslizenzeinwand reklamiert der Verletzer eine Beschränkung der üblichen (sic: umfassenden) Verbietungsrechte aus einem Patent für sich, die, eben weil es sich um eine Ausnahme von der Regel handelt, tatbestandsmäßig von ihm als Begünstigtem darzutun sind.[349] Das verlangt mehr als eine bloß pauschale Behauptung[350], nämlich den Vortrag ganz konkreter Tatsachen, die eine gerichtliche Überprüfung daraufhin gestatten, ob – ihre Richtigkeit unterstellt – eine beherrschende Stellung auf dem räumlich und sachlich relevanten Markt gegeben ist oder nicht.[351] Für das Bestreiten des Patentinhabers gilt im Anschluss daran dasselbe Maß an Substantiierung. 234

Ist im Streitfall (weil beide Seiten ausreichend substantiiert gegensätzlich vorgetragen haben) der **Nachweis** einer Marktbeherrschung zu führen, wird sich in aller Regel die Bedeutung des eingeklagten Patents für das Verkaufsprodukt anhand objektiver technischer Umstände nach dem sachlich Vernünftigen klären lassen, wozu das mit der Verletzungsklage befasste Gericht regelmäßig aus eigener Kenntnis und aufgrund seiner Befassung mit dem Erfindungsgegenstand imstande sein wird.[352] Geht es darum, dass sich im Nachfragermarkt tatsächlich eine andere (»unvernünftige«) Auffassung durchgesetzt haben soll, ist diese zwar rechtlich entscheidend; sofern die Mitglieder des Spruchkörpers zu dem die Verkehrsauffassung prägenden relevanten Abnehmerkreis gehören, ist jedoch auch insoweit eine Beurteilung aus eigener Anschauung zulässig. Nur äußerst selten wird es daher des Rückgriffs auf Marktuntersuchungsunterlagen bedürfen. In Betracht kommen nicht nur eigens für den Prozess eingeholte sachkundige Auskünfte (Privatgutachten), sondern alle (zB im Internet aus anderem Anlass veröffentlichte) Dokumente, deren Quelle Gewähr für eine inhaltliche Verlässlichkeit in Bezug auf Methodik und Resultat bietet. 235

---

349 OLG Düsseldorf, GRUR 2017, 1219 – Mobiles Kommunikationssystem.
350 … denn die Behauptung einer marktbeherrschenden Stellung stellt streng genommen eine rechtliche Wertung dar, die zu treffen dem Gericht auf der ihm zu liefernden Tatsachengrundlage vorbehalten ist.
351 OLG Düsseldorf, GRUR 2017, 1219 – Mobiles Kommunikationssystem.
352 OLG Düsseldorf, GRUR 2017, 1219 – Mobiles Kommunikationssystem.

ee) Gefahr eines gegnerischen Kartell-Torpedos?

236 Unberechtigt ist die Sorge, der Verletzungsbeklagte könne die gegen ihn erhobene Verletzungsklage unter Hinweis auf Art 29 EuGVVO dadurch auf unabsehbare Zeit blockieren, dass er in einem anderen EU-Mitgliedstaat seinerseits (Gegen-)Klage mit dem Ziel erhebt, gerichtlich feststellen zu lassen, dass der Kläger mit der Durchsetzung des Klagepatents kartellrechtswidrig seine Marktmacht missbraucht (Art 102 AEUV). Auf erste Sicht mag es den Anschein haben, dass der Anwendungsbereich der genannten Vorschrift eröffnet ist, weil im Verletzungsprozess, wenn Rechtsbestand und Verletzungstatbestand gegeben sind, der Frage des Machtmissbrauchs nachzugehen ist, womit – insoweit – derselbe Streitstoff vor den Gerichten zweier Mitgliedstaaten zur Entscheidung anfällt. Bei näherer Betrachtung besteht ein Aussetzungszwang für das später angerufene Verletzungsgericht jedoch nicht, weil es für die Frage, ob zwei Klagen denselben Gegenstand haben, ausschließlich auf die Klageansprüche des jeweiligen Rechtsstreits und nicht auf vom Beklagten im Prozess erhobene Einwendungen ankommt.[353] Abgesehen vom klaren Wortlaut des Art 29 EuGVVO, der nur die jeweiligen *Klageansprüche* in den Rechtsstreitigkeiten erwähnt (welche übereinstimmen müssen), stellt die Vorschrift mit ihrem an die Rechtshängigkeit anknüpfenden Automatismus ein klares System zur Verfügung, um *zu Beginn* eines Rechtsstreits zu ermitteln, welches der mehreren angerufenen Gerichte letztlich über den Rechtsstreit zu befinden hat. Da die Rechtshängigkeit bereits mit der Einreichung der Klage bei Gericht eintritt, kann eine Aussetzungsanordnung nicht auf Sachverhalte Bezug nehmen, die erst später im Rechtsstreit infolge eines dahingehenden Verteidigungsvorbringens des Beklagten zutage treten.[354]

237 Das Gesagte gilt auch dann, wenn es sich bei dem Klagepatent um ein **SEP mit FRAND-Erklärung** handelt, bei dem die Lizenzierungsbemühungen initiativ vom Kläger ausgehen müssen und bei deren Missachtung der eingeklagte Anspruch auf Unterlassung, Rückruf und Vernichtung nicht durchsetzbar ist.[355] Obwohl dem so ist, muss sich die Klageschrift nicht im Sinne eines Schlüssigkeitserfordernisses zum Kartellrecht verhalten, weil eine Lizenzierungspflicht – nach richtiger Auffassung – nur für denjenigen SEP-Inhaber besteht, der auf dem nachgelagerten Produktmarkt über eine marktbeherrschende Stellung verfügt. Hierzu hat zunächst einmal der Verletzungsbeklagte vorzutragen.[356]

238 Die Nichtanwendung von Art 29 EuGVVO in den erörterten Konstellationen[357] ist nicht zuletzt auch deshalb geboten, weil ansonsten über die Verletzungsklage überhaupt kein Gericht entscheiden würde – das erstangerufene Auslandsgericht nicht, weil bei ihm lediglich die Missbrauchsfrage anhängig gemacht ist, das zweitangerufene Verletzungsgericht nicht, weil es sich für unzuständig erklären müsste. Das kann nicht sein.

b) Die einzelnen Fallgruppen

239 Unter welchen Voraussetzungen der – nach Maßgabe der vorstehenden Ausführungen – marktbeherrschende Patentinhaber aus Kartellrecht zur Lizenzerteilung verpflichtet ist, hängt maßgeblich davon ab, ob er einen Lizenzmarkt bereits eröffnet hat oder hierzu aufgrund einer Selbstverpflichtung (FRAND-Erklärung) gehalten ist oder weder das eine noch das andere zutrifft. Die *außergewöhnlichen Umstände*, die zur Marktbeherrschung hinzutreten haben, müssen nämlich von ganz unterschiedlicher Qualität sein, um in den unterschiedlichen Sachverhaltsgestaltungen eine Lizenzpflicht auszulösen.

---

353 EuGH, NJW 2003, 2596.
354 EuGH, NJW 2003, 2596.
355 Vgl unten Kap E Rdn 323.
356 Vgl oben Kap E Rdn 229, 234; ebenso: OLG Düsseldorf, Beschluss v 17.11.2016 – I-15 U 65/15.
357 Vgl dazu auch EuGH, GRUR 2017, 1129 – BMW/Acacia.

aa) Nichtlizenziertes Patent[358]

Handelt es sich bei dem Schutzrecht nicht um ein SEP (mit FRAND-Erklärung) und hat der Schutzrechtsinhaber auch noch keine Lizenz erteilt, liegt es im Rahmen seines gesetzlich verbrieften Monopolrechts und der mit ihm verbundenen Wirkung, jeden Dritten nach seinem Belieben von der Erfindungsbenutzung ausschließen zu können, an einer generellen Lizenzverweigerung festzuhalten. Eine kartellrechtliche Pflicht zur Lizenzierung ist deswegen auf ganz besondere Ausnahmefälle beschränkt. »Außergewöhnliche Umstände« liegen hier nur vor, wenn **kumulativ** 240

— die begehrte Patentbenutzung für die Ausübung der Tätigkeit des Benutzers dergestalt unentbehrlich[359] ist, dass für sie auch bei gehöriger eigener Anstrengung des Patentbenutzers kein tatsächlicher oder realistischer potenzieller Ersatz vorhanden ist, 241

— das lizenzsuchende Unternehmen beabsichtigt, auf dem Markt *neue* Erzeugnisse oder Dienstleistungen[360] anzubieten, die der Schutzrechtsinhaber nicht offeriert und für die eine potenzielle Nachfrage der Verbraucher besteht[361], 242

— die Lizenzverweigerung nicht aus sachlichen Gründen[362] gerechtfertigt ist und 243

— durch die Weigerung jeglicher Wettbewerb auf einem abgeleiteten (benachbarten[363]) Markt ausgeschlossen wird.[364] 244

Die **Neuheit**[365] ist nicht patent-, sondern kartellrechtlich zu begreifen. Es genügt infolge dessen nicht, dass sich das Produkt des Lizenzsuchers von den auf dem Markt befindlichen patentgemäßen Gegenständen – wie dies bei § 139 Abs 3 PatG der Fall ist – durch irgendeine neue Eigenschaft unterscheidet[366] oder dass – worauf es im Rahmen des § 3 Abs 1 PatG ankommt – irgendein neues technisches Merkmal vorliegt. Bei der gebotenen kartellrechtlichen Betrachtung ist vielmehr maßgeblich, ob das Produkt des Lizenzsuchers als solches von einer derartigen Beschaffenheit ist, dass zwischen den fraglichen Produkten – dem Erzeugnis des Lizenzsuchers einerseits und den patentgemäßen Gegen- 245

---

358 Vgl hierzu: Höppner, EuZW 2004, 748; Wilhelmi, WRP 2009, 1431.
359 Vgl dazu EuG, Slg 2007, II-3601 Rn 337 ff.
360 Dem Aufkommen eines neuen Produktes, das durch die Lizenzweigerung zu Lasten des Verbrauchers verhindert wird, stellt der EuG (Slg 2007, II-3601 Rn 647) gleich, dass zum Nachteil der Verbraucher die technische Entwicklung eingeschränkt wird.
361 Vgl dazu: Ensthaler/Bock, GRUR 2009, 1, 3 f.
362 Vgl dazu EuG, Slg 2007, II-3601 Rn 688 ff.
363 Zu unterscheiden sind zwei Märkte: Zum einen der Markt für die fraglichen Erzeugnisse oder Dienstleistungen, auf dem das die Lizenz verweigernde Unternehmen marktbeherrschend ist, und zum anderen der benachbarte Markt, auf dem die fraglichen Erzeugnisse oder Dienstleistungen für die Herstellung eines anderen Erzeugnisses oder die Erbringung einer anderen Dienstleistung verwendet werden [EuG, Slg 2007, II-3601 Rn 335].
364 EuGH, GRUR 2004, 524 – IMS/Health; dazu: Höppner, GRUR Int 2005, 457; EuG, Slg 2007, II-3601 Rn 332.
365 Das Meinungsbild in der Literatur ist vielfältig: Übereinstimmung besteht zunächst noch dahingehend, dass die Neuheit nicht voraussetzt, dass die verhinderten Produkte des Lizenzsuchers und die Produkte des Rechtsinhabers auf verschiedenen Märkten angeboten werden (Wilhelmi, WRP 2009, 1431, 1444; Bartosch, RIW 2007, 908, 915; Spindler/Apel, JZ 2005, 133, 137). Streitig ist allerdings, welcher Innovationsgrad die Neuheit eines Produkts voraussetzt. Teilweise wird die Auffassung vertreten, dass es genüge, wenn das neue Produkt die Produkte des Inhabers des Güterrechts nicht plagiiere (Ensthaler/Bock, GRUR 2009, 1, 3; vgl auch Deselaers, WuW 2008, 179, 182). Nach anderer Ansicht sind hingegen höhere Anforderungen an die Neuheit des Produkts zu stellen, ohne dass diese freilich näher konkretisiert werden (vgl Montag, EuzW 1997, 91, 94; Wilhelmi, WRP 2009, 1431, 1444).
366 LG Düsseldorf, InstGE 3, 91 – Steroidbeladene Körner.

ständen andererseits – aus der Sicht der Nachfrager keine Substituierbarkeit gegeben ist, dass also die Nachfrage nach dem Produkt des Lizenzsuchers bei Zugrundelegung der Auffassungen des nachfragenden Marktes durch die vom Schutzrechtsinhaber angebotenen Gegenstände nicht befriedigt werden kann.[367]

246 Streitig ist, ob auch das **deutsche Kartellrecht** eine Handhabe für eine Zwangslizenz in Fällen der Lizenzverweigerung bietet. Nach ganz hM[368] kommt § 19 Abs 2 Nr 4 GWB als Anspruchsgrundlage nicht in Betracht, weil Immaterialgüterrechte nach dem ausdrücklich erklärten Willen des Gesetzgebers nicht als »Infrastruktureinrichtung« angesehen werden können. Ob dieser Sachverhalt es verbietet, einen Kontrahierungszwang aus den Generalklauseln in § 19 Abs 1 GWB und § 19 Abs 2 Nr 1 GWB herzuleiten, wird kontrovers beurteilt.[369]

bb) Auslizenziertes Patent

247 Ist der Schutzrechtsinhaber prinzipiell zur Lizenzierung bereit und hat er bereits mindestens eine Lizenz vergeben, so dass ein Markt für die Lizenzvergabe eröffnet ist, kann der Kartellrechtseinwand zunächst auf einen unter aa) ausgebreiteten Sachverhalt gestützt werden, der den Schutzrechtsinhaber sogar gegen seinen grundsätzlichen Willen zu einer erstmaligen Lizenzierung zwingen würde. Darüber hinaus und vordringlich ist die Behauptung erheblich, die vom Patentinhaber geübte Lizenzierungspraxis sei bei gegebener Marktbeherrschung diskriminierend (weil Lizenzsucher ohne sachlichen Grund ungleich behandelt werden), oder es würden unangemessene Lizenzgebühren verlangt («Ausbeutungsmissbrauch»).[370] Einschlägig sind insoweit Art 102 AEUV[371] und § 19 Abs 2 Nr 1, 2 GWB, § 20 GWB.[372] Für sie ist erforderlich, dass im Zeitpunkt des Missbrauchsverhaltens eine Marktbeherrschung feststellbar ist, nicht hingegen, dass der Missbrauch ursächlich auf der Marktbeherrschung beruht.

(1) Diskriminierung

248 Soweit es um den Einwand der Diskriminierung geht, sind zwei Fallkonstellationen auseinander zu halten, die sich darin unterscheiden, ob das Schutzrecht, um dessen zwangsweise Lizenzierung nachgesucht wird, Inhalt eines standardsetzenden Regelwerks ist oder nicht.

(a) Standardfreie Technik

249 Ist die patentgemäße Gestaltung nicht Teil einer Norm oder eines sonstigen zumindest faktisch standardsetzenden Regelwerks und ergibt sich die Marktbeherrschung des Schutzrechtsinhabers allein aus der technischen oder wirtschaftlichen Überlegenheit der mit der patentierten Erfindung zur Verfügung gestellten Lehre, so hat der Schutzrechtsinhaber einen grundsätzlich weiten Spielraum für die Vergabe von Lizenzen und deren Bedingungen. Denn eine unterschiedliche Behandlung von Lizenzinteressenten ist ein wesentliches Element der Ausschließlichkeit des Patents, deren Wirkung gerade darin besteht, Dritte von der Benutzung der Erfindung auszuschließen. Diese Befugnis schließt das Recht ein, nicht jedem Lizenzsucher, sondern nur einzelnen Bewerbern eine Nutzungserlaubnis zu erteilen. Für die sachliche Rechtfertigung einer Ungleichbehandlung

---

367 OLG Düsseldorf, Urteil v 20.1.2011 – I-2 U 92/10.
368 Kübel, Zwangslizenzen, S 256 f; Immenga/Mestmäcker, § 19 Rn 318; Loewenheim/Meessen/Riesenkampff/Kersting/Meyer-Lindemann, § 19 Rn 87; aA: v Bechtolsheim/Bruder, WRP 2002, 55, 59, 63.
369 Verneinend zB Kübel, Zwangslizenzen, S 257 f; bejahend: Immenga/Mestmäcker, § 19 Rn 318; Loewenheim/Meessen/Riesenkampff/Kersting/Meyer-Lindemann, § 19 Rn 87.
370 LG Düsseldorf, InstGE 7, 70 – Videosignal-Codierung I.
371 EuGH, Slg 1988, 6039, 6073 – Renault; EuGH, Slg 1988, 6211, 6235 – Volvo/Veng.
372 Vgl Kübel, Zwangslizenzen, S 259 f.

von Lizenzsuchern besteht daher ein großzügiges Ermessen.³⁷³ Es wird nur dort überschritten sein, wo sich für die Zurückweisung eines Lizenzangebotes kein sachlicher Grund finden lässt. Genügend wären zB unternehmensstrategische Erwägungen.

(b) Standardgebundene Technik

Im Vergleich zu standardfreien Schutzrechten sind an die sachliche Berechtigung einer Ungleichbehandlung von Lizenzsuchern prinzipiell strengere Anforderungen zu richten, wenn der Zugang zu einem der Lizenzvergabe nachgelagerten Markt aufgrund einer Industrienorm oder normähnlichen Rahmenbedingung von der Einhaltung der patentgemäßen Lehre abhängig ist und der Patentinhaber diesen Umstand dazu ausnutzt, den Marktzutritt für das Angebot und den Vertrieb erfindungsgemäßer Produkte nach Kriterien zu beschränken, die der Zielsetzung des GWB (die Freiheit des Wettbewerbs zu gewährleisten) widersprechen.³⁷⁴ Ob ein Schutzrecht standardessentiell ist, beurteilt sich nach objektiven Kriterien, wobei der Umstand, dass der Patentinhaber das betreffende Schutzrecht im Zuge der Standardsetzung als essentiell reklamiert hat, allerdings eine **tatsächliche Vermutung**³⁷⁵ dafür schafft, dass der Standard die Benutzung des Klagepatents erzwingt. Es ist deswegen Sache des Patentinhabers, diesen Anschein zu widerlegen und substantiiert darzutun, dass tatsächlich keine Standardessentialität besteht. 250

Will der Patentinhaber Lizenzinteressenten unterschiedlich behandeln, indem er einzelne von ihnen entweder vollständig von einer Lizenzerteilung ausschließt oder Lizenzen zu schlechteren Konditionen anbietet als anderen Lizenznehmern, muss er hierfür sachliche Gründe anführen können. An sie dürfen keine zu geringen Anforderungen gestellt werden, wenn die technische Lehre des Lizenzpatents zu einer Industrienorm erhoben worden ist, so dass der Schutzrechtsinhaber seine marktbeherrschende Stellung nicht allein dem in der patentierten Erfindung liegenden technischen Fortschritt verdankt, sondern im Wesentlichen auch der Tatsache, dass sich aufgrund des bestehenden Industriestandards von vornherein keine Nachfrage nach anderen konkurrierenden technischen Lösungen entwickeln kann.³⁷⁶ Dabei spielt es keine Rolle, ob der Patentinhaber an der Normsetzung mitgewirkt hat oder durch sie lediglich begünstigt ist.³⁷⁷ Ob die Ungleichbehandlung sachlich gerechtfertigt ist, richtet sich danach, ob die relative Schlechterbehandlung der betroffenen Unternehmen als wettbewerbskonformer, durch das jeweilige Angebot im Einzelfall bestimmter Interessenausgleich erscheint oder aber auf Willkür bzw wirtschaftlich/unternehmerisch unvernünftigem Handeln beruht.³⁷⁸ Das Diskriminierungsverbot bedeutet demgegenüber keine allgemeine Verpflichtung zur Meistbegünstigung.³⁷⁹ Auch ein marktbeherrschendes Unternehmen ist nicht gezwungen, allen die gleichen, günstigsten Bedingungen, insbesondere Preise, einzuräumen. Ihm kann nicht verwehrt werden, auf unterschiedliche Marktbedingungen nach sachlichen Kriterien differenziert zu reagieren.³⁸⁰ Eine weitergehende Bindung des Patentinhabers an seine eigene Lizenzierungspraxis kann aber dann bestehen, wenn er in einer größeren Zahl mit anderen Lizenzsuchern jeweils zu identischen oder nach feststehenden Regeln differenzierten Bedingungen einen Lizenzvertrag geschlossen hat. Je ausgeprägter sich eine solche Praxis entwickelt hat, umso höhere Anforderungen sind an den Rechtfertigungsaufwand des marktbeherrschenden Lizenzgebers zu stellen, wenn er im Einzelfall 251

---

373 BGH, GRUR 2004, 966, 968 – Standard-Spundfass.
374 BGH, GRUR 2004, 966 – Standard-Spundfass.
375 Zur tatsächlichen Vermutung allgemein: Laumen, MDR 2015, 1.
376 BGH, GRUR 2004, 966, 968 – Standard-Spundfass.
377 BGH, GRUR 2004, 966, 969 – Standard-Spundfass.
378 BGH, GRUR 2004, 966, 969 – Standard-Spundfass.
379 OLG Karlsruhe, InstGE 13, 138 – Klage auf FRAND-Vertrag.
380 OLG Karlsruhe, InstGE 13, 138 – Klage auf FRAND-Vertrag.

zuungunsten eines weiteren Interessenten hiervon abweichen will.[381] Die Ausübung der Macht des Marktbeherrschers darf die betroffenen Unternehmen (dh Lizenznehmer und Lizenzsucher) nicht in ihrer Wettbewerbsfähigkeit untereinander beeinträchtigen.[382]

252 Eine Ungleichbehandlung liegt tatbestandlich nicht nur vor, wenn der marktbeherrschende Patentinhaber einzelnen Lizenzsuchern vertragliche Vorzugskonditionen einräumt, die er anderen verweigert, sondern gleichermaßen dann, wenn er seine Verbietungsrechte aus dem Patent selektiv durchsetzt, indem er gegen einzelne Wettbewerber Verletzungsklage erhebt, um sie in den Lizenzvertrag zu zwingen, andere Wettbewerber hingegen bei der Benutzung seines Schutzrechts gewähren lässt. In ihren faktischen Auswirkungen bedeutet eine solche Prozessstrategie nichts anderes, als dass einem Teil der Wettbewerber unentgeltliche, einem anderen Teil der Wettbewerber hingegen nur entgeltliche Lizenzen eingeräumt werden. Nicht jede über einen gewissen Zeitraum objektiv unterlassene Verletzungsklage rechtfertigt allerdings den Vorwurf der Diskriminierung. Ein »Missbrauch« setzt vielmehr voraus, dass es sich bei dem verschonten Konkurrenten um einen dem Schutzrechtsinhaber bekannten oder lediglich infolge Verletzung der Marktbeobachtungspflicht unbekannten Verletzer handelt, gegen den vorzugehen dem Patentinhaber nach den gesamten Umständen – zu denen beispielsweise der Umfang der Benutzungshandlungen und die Rechtsschutzmöglichkeiten im Verfolgungsland zählen – zuzumuten ist. Im Interesse der kartellrechtlich gebotenen Gleichbehandlung ist die Zumutbarkeitsschwelle freilich nicht allzu hoch anzusetzen.[383] Zu berücksichtigen ist allerdings, dass der Patentinhaber gerade in der Anfangsphase einer Etablierung des Standards in seinen finanziellen und personellen Mitteln beschränkt und deswegen auch bei gutem Willen außerstande sein kann, gleichzeitig gegen eine Vielzahl von auf dem Markt auftretenden Verletzern vorzugehen. Speziell (aber nicht nur) hier kann es durchaus sinnvoll und gerechtfertigt sein, seine Kräfte zu konzentrieren und Verbietungsrechte zunächst gegen marktstarke Verletzer durchzusetzen, nicht zuletzt auch in der Erwartung, dass nach erfolgter gerichtlicher Klärung kleinere Verletzer außergerichtlich einlenken werden. Weil die Klageverfahren den Weg für eine außergerichtliche Einigung mit den anderen Verletzern ebnen sollen, kommt es nicht darauf an, dass letztere während des noch laufenden präjudiziellen Verletzungsprozesses bereits außergerichtlich zur Lizenznahme aufgefordert werden; dessen bedarf es erst dann, wenn das (nicht notwendigerweise rechtskräftige) Verletzungsurteil erstritten ist.[384]

(c) Beweislast

253 Die Darlegungs- und **Beweislast** für die Ungleichbehandlung hat der Beklagte, der sich auf den Verstoß gegen das Diskriminierungsverbot beruft[385]; solches wird nur möglich sein, wenn die Lizenzierungspraxis bekannt ist, zB weil sich der Lizenzgeber eines allgemein abrufbaren Standard-Lizenzvertrages bedient. Sachliche Gründe für die Ungleichbehandlung sind vom (marktbeherrschenden) Patentinhaber nachzuweisen.

(2) Ausbeutungsmissbrauch

254 Das Fordern einer **unangemessen hohen Lizenzgebühr** kann für sich den Vorwurf des Missbrauches einer marktbeherrschenden Stellung rechtfertigen. Voraussetzung ist freilich, dass der Patentinhaber eine Lizenzerteilung nicht ohnehin verweigern darf. Als

---

381 OLG Karlsruhe, InstGE 13, 138 – Klage auf FRAND-Vertrag.
382 BGH, GRUR 2004, 966, 969 – Standard-Spundfass.
383 LG Düsseldorf, InstGE 7, 70 – Videosignal-Codierung I.
384 AA: LG Düsseldorf, Urteil v 11.7.2018 – 4c O 72/17.
385 BGH, GRUR 2009, 694 – Orange-Book-Standard; OLG Karlsruhe, InstGE 8, 14 – Servospur = OLG Karlsruhe, GRUR-RR 2007, 177 – Orange-Book-Standard; LG Leipzig, InstGE 9, 167 – optischer Datenträger.

»unangemessen« ist eine Lizenzforderung grundsätzlich zu betrachten, wenn sie den hypothetischen Preis, der sich bei wirksamem Wettbewerb auf dem beherrschten Markt gebildet hätte, erheblich überschreitet, es sei denn, es gibt eine wirtschaftliche Rechtfertigung für diese Preisgestaltung.[386] Zur Ermittlung des sich ohne Marktbeherrschung mutmaßlich ergebenden »als ob-Wettbewerbspreises« ist das sog Vergleichsmarktkonzept gebräuchlich, das aus einem entweder räumlich oder sachlich oder zeitlich vergleichbaren Markt mit Wettbewerb Rückschlüsse auf die hypothetische Lizenzgebührenbildung im beherrschten Markt zieht.[387] In geeigneten Fällen kann statt einer Vergleichsmarktbetrachtung auch das Konzept der Gewinnbegrenzung herangezogen werden, das die Entwicklungskosten des lizenzbereiten Patentinhabers und eine ihm zugebilligte (übliche) Gewinnspanne mit den tatsächlich geforderten Lizenzgebühren in Beziehung setzt.[388] Hat sich bereits eine feste Lizenzierungspraxis etabliert, weil es eine Vielzahl von Lizenznehmern gibt, die bestimmte Lizenzbedingungen akzeptieren, spricht dies mindestens indiziell dafür, dass die Bedingungen, namentlich die Lizenzhöhe nicht unangemessen sind.

Handelt es sich um ein **standardgebundenes Schutzrecht**, kann sich die Unangemessenheit ferner daraus ergeben, dass sich im Falle einer Lizenzforderung auch für die übrigen Standard-Schutzrechte eine kumulative Gesamtlizenzbelastung ergeben würde, die wirtschaftlich nicht tragbar ist. Solange solche weiteren Lizenzforderungen nicht tatsächlich gestellt sind, kann die für das einzelne streitbefangene Schutzrecht verlangte Lizenzgebühr zwar nicht unter Hinweis auf eine nur *mögliche* Kumulierung als unangemessen angesehen werden.[389] Allerdings muss der Patentinhaber bereit sein, eine vertragliche Regelung aufzunehmen, die gewährleistet, dass der Lizenzsucher im Falle weiterer berechtigter Lizenzforderungen anderer Inhaber standardgebundener Schutzrechte nicht übermäßig belastet wird. Eine solche Regelung kann beispielsweise darin liegen, dass die Lizenzgebühr von vornherein nur in einem anteiligen Verhältnis des von der Klägerin gehaltenen Standardschutzrechts im Vergleich zur Gesamtzahl der standardgebundenen Patente festgesetzt wird. Als Alternative kommt eine Bestimmung in Betracht, nach der für den Fall, dass andere Inhaber von standardgebundenen Patenten Lizenzen verlangen und die gesamte Lizenzgebührenlast infolge der Nutzung standardgebundener Patente eine maximale Gesamthöhe überschreitet, vorgesehen ist, dass die zu zahlende Lizenzgebühr entsprechend dem Anteil des Lizenzpatents an der Gesamtzahl der standardgebundenen Patente, für welche der Lizenzsucher auf die Zahlung von Lizenzgebühren in Anspruch genommen wird, reduziert wird.[390]

255

Die **Beweislast** für die Voraussetzungen eines Ausbeutungsmissbrauchs liegt beim Beklagten, der sich zu seiner Rechtsverteidigung darauf beruft.[391] Im Rahmen des Gewinnbegrenzungskonzepts treffen den Patentinhaber allerdings sekundäre Darlegungslasten zu *seinen* Entwicklungskosten, die dem Beklagten naturgemäß unbekannt sind und zu denen der Patentinhaber unschwer vortragen kann. Gleiches gilt, sofern die Lizenzierungspraxis des Patentinhabers unbekannt ist, weil er sich keines allgemein oder wenigstens dem Lizenzsucher zugänglichen Standardvertrages bedient. Hier hat der Patentinhaber den vom Lizenzsucher ins Feld geführten Vertragsbedingungen substantiiert dadurch entgegen zu treten, dass er die mit anderen Lizenznehmern bereits abgeschlossenen Verträge vorlegt. Sollte der Patentinhaber hieran durch eine vertraglich ver-

256

---

386 Vgl nur Immenga/Mestmäcker, § 19 Rn 259 ff.
387 Zu Einzelheiten vgl Immenga/Mestmäcker, § 19 Rn 267 ff; Kübel, Zwangslizenzen, S 250 f.
388 Loewenheim/Meessen/Riesenkampff/Kersting/Meyer-Lindemann, Art 102 AEUV Rn 179 ff; Kübel, Zwangslizenzen, S 251 f.
389 LG Düsseldorf, Urteil v 13.2.2007 – 4a O 124/05.
390 LG Düsseldorf, Urteil v 13.2.2007 – 4a O 124/05.
391 BGH, GRUR 2009, 694 – Orange-Book-Standard; LG Leipzig, InstGE 9, 167 – optischer Datenträger.

einbarte Geheimhaltungsverpflichtung gehindert sein, entlastet ihn dies nicht, weil er seinen prozessualen (sekundären) Darlegungslasten nicht durch vertragliche Vereinbarungen (die er nicht hätte eingehen dürfen) entgehen kann. Existiert eine Lizenzierungspraxis, kann dies – in Abhängigkeit von der Zahl der Lizenznehmer – jedenfalls indiziell für die Angemessenheit der betreffenden Lizenzbedingungen sprechen.

(3) Sonderfall: Patentpool[392]

257 Einen speziell im Zusammenhang mit neuen Technologien wichtigen Sonderfall möglicherweise unangemessener Lizenzierung stellen Patentpools dar, dh Zusammenschlüsse mehrerer Schutzrechtsinhaber zur gemeinsamen Lizenzierung der von ihnen gehaltenen Patente. Typischerweise handelt es sich dabei um Schutzrechte, die einen Industriestandard bilden und deren Lizenzierung Dritten nur im Paket zu festen Lizenzgebühren angeboten wird. In dem gebündelten Lizenzangebot als solchem liegt nichts kartellrechtswidriges; im Gegenteil dient es dem Interesse etwaiger Lizenzsucher, dass ihnen eine Benutzungserlaubnis für den gesamten Standard aus einer Hand zu einheitlichen Konditionen offeriert wird, weil sie damit der Notwendigkeit (und Last) enthoben werden, bei jedem einzelnen Schutzrechtsinhaber um eine Lizenz für dessen Patent(e) nachsuchen zu müssen.[393]

258 Es ist in diesem Zusammenhang unter kartellrechtlichen Gesichtspunkten nicht zu beanstanden, dass die Inhaber von standardgebundenen Schutzrechten lediglich dazu bereit sind, Interessenten *entweder* eine von ihnen selbst zu vergebende Einzellizenz am jeweiligen Schutzrecht einzuräumen *oder* aber eine weltweite Pool-Paketlizenz an allen in den Standard aufgenommenen Schutzrechten.[394] Daneben besteht kein Anspruch des Verletzers auf eine dritte Lizenzoption, beispielsweise in Form einer Lizenzierung sämtlicher Standardschutzrechte, beschränkt auf ein ganz bestimmtes, vom Verletzer mit Rücksicht auf sein individuelles Vertriebsgebiet bestimmtes Territorium[395], oder auf eine Unterpool-Lizenz an einer Teilmenge des Pools.

259 Die Forderung einer **Pool-Stücklizenz** erfüllt nicht per se, sondern erst dann den Tatbestand des Ausbeutungsmissbrauchs, wenn die Lizenz infolge marktbedingten Preisverfalls einen derart hohen Anteil an den Gestehungskosten des Lizenzerzeugnisses ausmacht, dass dem Lizenzsucher eine Fortsetzung der Produktion bei wirtschaftlich vernünftigem Handeln nicht mehr zugemutet werden kann. Maßgeblich ist insoweit nicht die Kosten- und Gewinnsituation des konkreten Lizenzinteressenten, sondern eine die allgemeine Lage im betreffenden Geschäftszweig berücksichtigende, generalisierende Betrachtung.[396]

260 Der Vorwurf eines Ausbeutungsmissbrauchs bei Festlegung der Lizenzgebühren kommt allerdings unter zwei Gesichtspunkten in Betracht:

261 – Zunächst ist der Einwand denkbar, bei der **Festlegung des Standards** durch die Normungsorganisation (zB DIN, CEN/CENELEC, ETSI, ISO/IEC, MPEG, UMTS) seien unnötigerweise patentierte Techniken berücksichtigt worden (mit der Folge, dass die betreffenden Schutzrechte Eingang auch in den Lizenzvertrag gefunden und die Lizenzgebühren beeinflusst haben).

---

392 Zum Technologietransfer nach dem Patentpoolkonzept vgl Königs, GRUR 2014, 1155.
393 LG Düsseldorf, InstGE 7, 70 – Videosignal-Codierung I; LG Mannheim, NJOZ 2008, 960.
394 Damit wird – ganz im Gegenteil – den Leitlinien (Rn 210–235) zur Anwendung von Art 81 EG (jetzt: Art 101) auf Technologietransfer-Vereinbarungen nachgekommen.
395 LG Düsseldorf, InstGE 10, 66 – Videosignal-Codierung III.
396 LG Düsseldorf, InstGE 10, 66 – Videosignal-Codierung III.

Diese Verteidigung wird nur selten Aussicht auf Erfolg haben. Ungeachtet der Tatsache, dass in den Normungsgremien auch Vertreter der beteiligten Industrie mitwirken, handelt es sich um rechtlich und organisatorisch selbständige und unabhängige Institutionen. Selbst wenn der klagende Patentinhaber an den Beratungen zur Standardsetzung beteiligt worden ist, wird sich deshalb kaum der Nachweis führen lassen, dass gerade er (ggf im kollusiven Zusammenwirken mit Anderen) die Arbeit des Normungsgremiums gelenkt und entscheidend veranlasst hat, dass statt einer zur Verfügung stehenden gleichwertigen patentfreien Lösung die zu seinen Gunsten patentierte Technik in den Standard aufgenommen worden ist. **262**

Sollte ein derartiger Einfluss tatsächlich einmal bestanden haben, wäre vom Verletzer substantiiert darzutun, welche gleichwertige patentfreie anstelle der patentierten Technik in den Standard hätte aufgenommen werden können, wobei selbstverständlich ein Einzelfall noch keinen Missbrauch begründet. Erforderlich wäre vielmehr der Nachweis eines systematischen, im Zweifel mehrere Schutzrechte betreffenden Vorgehens.[397] Ähnliches gilt für den Einwand, der Standard umfasse schutzunfähige Erfindungen. Von einem »Missbrauch« könnte auch hier – wenn überhaupt – allenfalls dann gesprochen werden, wenn feststünde, dass nicht nur in einem einzelnen Fall versehentlich, sondern wiederholt systematisch ungültige Patente in den Standard aufgenommen worden sind, und zwar in Kenntnis und Billigung ihrer mangelnden Rechtsbeständigkeit. Allein der Erfolg einer Nichtigkeitsklage besagt deshalb noch nichts für einen Missbrauch, solange nicht festgestellt ist, dass die Vernichtungsentscheidung nicht auf einem erst nachträglich aufgefundenen Stand der Technik, sondern einer Entgegenhaltung beruht, die bereits bei der Standardsetzung positiv bekannt, zumindest aber ohne weiteres ermittelbar war, und angesichts derer die Schutzunfähigkeit klar zutage lag.[398] **263**

– Für die Zwecke einer Rechtsverteidigung tauglicher ist der Einwand, der den Wettbewerbern angebotene **Lizenzvertrag** berücksichtige in missbräuchlicher Weise Schutzrechte, deren Benutzung durch den Standard nicht vorgegeben sei. **264**

Handelt es sich wiederum nicht bloß um einen einzelnen, ggf selbst bei gewissenhafter Prüfung nicht zu vermeidenden Fall, sondern um eine systematische Erscheinung, die den Zweck erkennen lässt, die Lizenzgebühren durch die Aufnahme möglichst vieler Patente ungerechtfertigt zu steigern, ist ein Ausbeutungstatbestand idR zu bejahen.[399] Allerdings kann dem Verletzer ein etwaiger Kartellverstoß nur zugutekommen, wenn er von denjenigen Lizenzschutzrechten, die durch den Standard nicht gestützt werden, keinen Gebrauch macht. Benutzt er die betreffenden Schutzrechte nämlich gleichfalls, muss er hierfür auch eine Benutzungsgebühr zahlen, so dass das Fordern einer auch die für den Standard entbehrlichen Schutzrechte umfassenden Lizenzgebühr jedenfalls in Bezug auf ihn keinen Rechtsverstoß begründen kann. Zu einem rechtserheblichen Verteidigungsvorbringen gehört demgemäß nicht nur die Behauptung, bestimmte (konkret zu bezeichnende) Lizenzvertragsschutzrechte lägen außerhalb des Standards; vorgetragen werden muss darüber hinaus außerdem, dass von ihnen kein Gebrauch gemacht werde.[400] **265**

(4) Erforderlichkeit eines Lizenzangebotes[401]

Da die Benutzung regelmäßig nicht unentgeltlich verlangt werden kann und der Gestattungseinwand des Benutzers infolgedessen lediglich dahin geht, dass ihm die Benutzung **266**

---

397 LG Düsseldorf, InstGE 7, 70 – Videosignal-Codierung I.
398 LG Düsseldorf, InstGE 7, 70 – Videosignal-Codierung I.
399 LG Düsseldorf, InstGE 7, 70 – Videosignal-Codierung I; LG Mannheim, NJOZ 2008, 960.
400 LG Düsseldorf, InstGE 7, 70 – Videosignal-Codierung I.
401 Zu Einzelheiten vgl Reimann/Hahn, FS v. Meibom, 2010, 373; Körber, NZKart 2013, 87; Meier-Beck, FS Tolksdorf, 2014, S 115.

der Erfindung gegen Zahlung einer angemessenen Lizenzgebühr erlaubt wird, hat der Beklagte, um die vorgenannten Rechtsfolgen auszulösen, ein **konkretes, aufgrund seiner Regelungsdichte** nach dem für das Klagepatent geltenden nationalen Recht (zB §§ 145 ff BGB) **annahme- und verhandlungsfähiges, sachlich billiges Lizenzangebot** zu unterbreiten.[402] Dies folgt aus der schlichten Tatsache, dass der Beklagte im Hinblick auf das Lizenzbegehren der Anspruchsteller ist und es grundsätzlich Sache des Anspruchstellers ist, sein Begehren – hier auf Abschluss eines Lizenzvertrages bestimmten Inhalts – zu formulieren.

267 **Exkurs:** Die Rechtslage ist – wie weiter unten[403] dargestellt wird – eine andere, wenn für den Lizenzanspruch nicht nur die kartellrechtlichen Vorschriften zur Verfügung stehen, sondern der Patentinhaber eine Lizenzbereitschaftserklärung abgegeben hat.[404] Aufgrund der für Dritte vertrauensbildenden **FRAND-Zusage**, Dritten zu angemessenen, diskriminierungsfreien Bedingungen eine Lizenz einzuräumen, ist es Sache des verpflichteten Patentinhabers, ein konkretes, seine Zusage ausfüllendes Lizenzangebot zu formulieren.[405]

268 Die Formulierungsobliegenheit des Verletzers gilt nicht nur dann, wenn der Patentinhaber zwar grundsätzlich zur Lizenzierung bereit ist, die Parteien jedoch über die nähere Ausgestaltung der Lizenzvereinbarung streiten, sondern gleichermaßen dann, wenn der Patentinhaber die Einräumung eines Benutzungsrechtes kategorisch und gegenüber jedermann ablehnt.[406] Denn auch in diesem Fall kann dem Lizenzsucher ein Benutzungsrecht regelmäßig nur gegen Entgelt zustehen, das demgemäß offeriert werden muss. Die Weigerung des Patentinhabers, über eine Lizenzierung zu verhandeln, hat allerdings zur Folge, dass mangels konkreter anderslautender Formulierungsvorschläge des Patentinhabers[407] prima facie von der Angemessenheit des vom Lizenzsucher unterbreiteten Angebotes auszugehen ist.

(a) Ernsthaft, leistungsfähig, konkret

269 Die erforderliche Offerte hat ernsthaft zu sein. Sie muss von einem leistungsfähigen und leistungswilligen Lizenzsucher abgegeben werden und sie muss hinreichend konkret sein.

270 Das Angebot, eine Lizenz »zu angemessenen Bedingungen« zu nehmen, ist deshalb unzureichend.[408] Erforderlich ist vielmehr eine vorformulierte Vertragserklärung, die nicht nur die Lizenzgebühr (Bezugsgröße, Lizenzsatz, Stücklizenz, Abstaffelung) auszuweisen, sondern sich darüber hinaus zu allen denjenigen Vertragsbedingungen zu verhalten hat, die üblicherweise in einem Lizenzvertrag der betreffenden Branche geregelt werden und zu denen deshalb der Gegner berechtigterweise eine Vereinbarung erwarten kann.[409] Das bedeutet nicht, dass das Lizenzangebot unbedingt dieselben Regelungen wie ein frei ausgehandelter Lizenzvertrag haben muss; vielmehr ist bei der Inhaltsgestaltung den Besonderheiten Rechnung zu tragen, die sich dadurch ergeben, dass für den Patentinhaber ein Kontrahierungszwang besteht. Es ist also ein Angebot zu unterbreiten,

---

402 OLG Düsseldorf, InstGE 10, 129 – Druckerpatrone II.
403 Rdn 323 ff.
404 EuGH, GRUR 2015, 764 – Huawei Technologies/ZTE; anders noch: OLG Karlsruhe, InstGE 12, 220 – MP 3-Standard; LG Düsseldorf, Urteil v 24.4.2012 – 4b O 273/10.
405 EuGH, GRUR 2015, 764 – Huawei Technologies/ZTE; anders noch LG Düsseldorf, Urteil v 24.4.2012 – 4b O 273/10.
406 BGH, GRUR 2009, 694 – Orange-Book-Standard.
407 Vgl unten Kap E Rdn 272.
408 OLG Karlsruhe, InstGE 8, 14 – Servospur = OLG Karlsruhe, GRUR-RR 2007, 177 – Orange-Book-Standard.
409 Für SEP mit FRAND-Erklärung: OLG Karlsruhe, GRUR-RR 2015, 326 – Mobiltelefone.

das unter Berücksichtigung der bestehenden Sondersituation einen angemessenen Inhalt hat.

Das bedeutet namentlich, dass die angebotene Lizenzgebühr der Höhe nach angemessen sein muss.[410] Davon ist auszugehen, wenn die angebotene Gebühr derjenigen entspricht, die der Patentinhaber selbst (zB im Rahmen vorgerichtlicher Vertrags- oder Vergleichsverhandlungen) angeboten hatte. Ansonsten bewegt sich der Lizenzsucher im Bereich des Angemessenen, wenn er mit seinem Angebot einer auf dem betreffenden Technikgebiet bestehenden Lizenzierungsübung folgt. Einzelheiten zur Bestimmung der FRAND-Lizenz werden weiter unten[411] im Detail abgehandelt.

271

Zwar gehören derart detaillierte Regelungsvorschläge nicht zu den Obliegenheiten eines Klägers, der um die Erteilung einer Zwangslizenz nach § 24 PatG nachsucht. Andererseits ist jedoch zu berücksichtigen, dass, wenn schon frei ausgehandelte Lizenzverträge zur Vermeidung späteren Streits über die ordnungsgemäße Vertragsdurchführung eine gewisse Regelungsdichte aufweisen, eine Notwendigkeit hierzu erst recht in Fällen einer Zwangslizenz besteht, bei denen die Partner nicht aus freien Stücken zueinander finden, sondern einem kartellrechtlichen Kontrahierungszwang unterliegen, unter dessen Geltung die Bereitschaft zu einem dem Gegner genehmen Verhalten tendenziell geringer ausgeprägt sein wird. Ähnlich wie bei einer Klage auf Vertragsabschluss aufgrund eines Vorvertrages[412] ist es, wenn das Vertragsangebot des Beklagten ein grundsätzlich interessengerechtes und den Geboten von Treu und Glauben Rechnung tragendes Regelwerk darstellt, das der Patentinhaber nicht ablehnen darf, ohne gegen das Diskriminierungs- oder das Behinderungsverbot zu verstoßen, Sache des Patentinhabers, einen etwaigen Gestaltungsspielraum einredeweise durch *konkrete* Alternativvorschläge zu der (oder den) betreffenden Vertragsklausel(n) geltend zu machen.[413]

272

Einer bezifferten Angabe der Lizenzgebühr bedarf es **ausnahmsweise** dann nicht, wenn der Beklagte die Lizenzforderung des Patentinhabers für missbräuchlich überhöht hält oder wenn sich der Patentinhaber weigert, eine Lizenzgebühr überhaupt zu beziffern. In beiden Konstellationen genügt es für ein hinreichendes Lizenzangebot des Beklagten, wenn die Höhe der Lizenzgebühr in das billige Ermessen des Patentinhabers gestellt wird (§ 315 BGB).[414] Zwei Folgerungen sind damit verbunden: Zum einen wird der Verletzungsprozess in gewissem Umfang[415] von der ggf schwierig und zeitaufwändig festzustellenden angemessenen Lizenz entlastet. Zum anderen geht in einem späteren Vergütungshöheprozess die Darlegungs- und Beweislast für die Angemessenheit der getroffenen Lizenzbestimmung auf den Patentinhaber über.

273

(b) Vertragsbedingungen

Das Lizenzangebot muss **unbedingt** erfolgen.[416] Es schadet deswegen, wenn es nur für den Fall unterbreitet wird, dass das streitgegenständliche Produkt von der technischen Lehre des Klagepatents Gebrauch macht[417] oder das Verletzungsgericht zu dieser Auffassung gelangen sollte. Das Lizenzangebot darf ebenso wenig unter die Bedingung gestellt werden, dass sich das Klagepatent im Einspruchs- oder Nichtigkeitsverfahren als rechtsbeständig erweist. Auch ein gewöhnlicher vertraglicher Lizenznehmer könnte den

274

---

410 Vgl dazu Friedl/Ann, GRUR 2014, 948, die für eine kostenbasierte Berechnung der FRAND-Lizenz eintreten.
411 Vgl unten Kap E Rdn 421 ff.
412 Vgl dazu BGH, Mitt 2006, 378, 380 f.
413 BGH, GRUR 2009, 694 – Orange-Book-Standard.
414 BGH, GRUR 2009, 694 – Orange-Book-Standard.
415 Vgl unten Kap E Rdn 291.
416 BGH, GRUR 2009, 694 – Orange-Book-Standard.
417 BGH, GRUR 2009, 694 – Orange-Book-Standard.

Ansprüchen aus einem Lizenzvertrag nicht den mangelnden Rechtsbestand des Lizenzschutzrechts entgegen halten, solange das Schutzrecht nicht rechtskräftig vernichtet ist, weil er bis dahin in den Genuss des lizenzierten Schutzrechts kommt. Möglich ist daher auch nicht die Vereinbarung einer Rückzahlungsklausel für den Fall der rückwirkenden Vernichtung des (zwangs-)lizenzierten Klagepatents[418], sondern allenfalls eine – letztlich bloß deklaratorische – Bedingung, die besagt, dass die Lizenz mit Wirkung ex nunc außer Kraft tritt, wenn das Lizenzschutzrecht wegfällt. Gleiches gilt für alle sonstigen Vorbehalte (zB in Bezug auf ein Vorbenutzungsrecht oder eine Erschöpfung des Patentrechts), die dem Beklagten im Falle einer Annahme des Lizenzangebotes erlauben, seine Pflicht zur Unterlassung oder zum Schadenersatz, dh die Haftung dem Grunde nach, zu bestreiten.[419] Unschädlich sind demgegenüber Vorbehalte im Hinblick auf die Höhe der angemessenen Lizenzgebühr.[420] Das bedeutet freilich nicht, dass der Verletzungsbeklagte die Benutzung des Patents und dessen Rechtsbestand anzuerkennen hätte und nicht mehr bestreiten dürfte; er darf beides nur nicht im vertragsrechtlichen Sinne zur Bedingung für sein Lizenzangebot machen.[421]

275 Benutzt er das Klagepatent tatsächlich nicht oder erweist sich das Patent als nicht rechtsbeständig, fallen keine Lizenzgebühren (und dementsprechend auch keine Rechnungslegungspflichten) an, selbst wenn aufgrund des unbedingten Vertragsangebotes ein Lizenzvertrag mit dem Patentinhaber zustande gekommen sein sollte. Der kartellrechtliche Zwangslizenzeinwand stellt so gesehen ein weiteres Verteidigungsmittel des Verletzungsbeklagten neben dem Bestreiten des Benutzungssachverhaltes und dem Angriff auf das Klagepatent dar. Entschließt er sich zu dieser Verteidigung, indem er ein unbedingtes und sachlich angemessenes Lizenzangebot unterbreitet, kann das Gericht die Benutzungsfrage offen lassen und den Unterlassungsantrag aus dem Gesichtspunkt der Zwangslizenz abweisen.[422]

(c) Sonderfragen

276 Das Lizenzangebot muss schließlich **den berechtigten Belangen des Patentinhabers angemessen Rechnung tragen.**[423]

277 Das Lizenzangebot soll deswegen, wenn der Schutzrechtsinhaber dies fordert, ein **Kündigungsrecht** für den Fall vorsehen müssen, dass der Lizenzsucher das Lizenzpatent in seinem Rechtsbestand angreifen sollte.[424]

278 **Kritik:** Das erscheint problematisch. Zwar steht es einem normalen Lizenzgeber frei, den Lizenzvertrag zu beenden, sobald der Lizenznehmer das ihm lizenzierte Schutzrecht anficht. Der Gedanke, dass dem Lizenzgeber angesichts eines solchen (»undankbaren«) Verhaltens des Lizenznehmers nicht weiter zugemutet werden kann, am Vertrag festund die Benutzungsgestattung aufrecht zu erhalten, verfängt in Konstellationen der kartellrechtlichen Zwangslizenz jedoch nicht. Anders als in gewöhnlichen Lizenzfällen stellt die Einräumung einer Lizenz dort gerade keine Wohltat des Schutzrechtsinhabers dar, von der er auch ebenso gut hätte Abstand nehmen können, sondern ein Handeln, das einer gesetzlichen Pflicht des Lizenzgebers entspricht. Eine völlige Gleichbehandlung mit freien Lizenznehmern hätte zudem zur Konsequenz, dass der Lizenzsucher, der einen kartellrechtlichen Anspruch auf die Lizenz hat, de facto daran gehindert wäre,

---

418 AA: Reimann/Hahn, FS v. Meibom, 2010, S 373; Herrlinger, GRUR 2012, 740, 741; Meier-Beck, FS Tolksdorf, 2014, S 115.
419 OLG Karlsruhe, GRUR-RR 2012, 124 – GPRS-Zwangslizenz.
420 OLG Karlsruhe, GRUR-RR 2012, 124 – GPRS-Zwangslizenz.
421 Meier-Beck, FS Tolksdorf, 2014, S 115.
422 Meier-Beck, FS Tolksdorf, 2014, S 115.
423 Vgl OLG Karlsruhe, GRUR-RR 2012, 124 – GPRS-Zwangslizenz.
424 Vgl OLG Karlsruhe, GRUR-RR 2012, 124 – GPRS-Zwangslizenz.

den mangelnden Rechtsbestand des Patents einzuwenden, weil er einerseits für seine Geschäftstätigkeit dringend auf dessen Benutzung angewiesen ist, ein Angriff auf das (ggf tatsächlich nicht rechtsbeständige und deshalb im Gemeininteresse zu beseitigende) Patent jedoch sogleich mit dem Entzug der Benutzungserlaubnis bestraft werden könnte.[425]

Hat der Lizenzsucher in der **Vergangenheit** bereits schadenersatzpflichtige Benutzungshandlungen vorgenommen, muss er mit seinem Lizenzangebot zugleich auch seine Schadenersatzhaftung jedenfalls dem Grunde nach anerkennen, anderenfalls der Kartellrechtseinwand gegenüber dem Unterlassungsanspruch versagt.[426] Es genügt deswegen nicht, wenn sich der Beklagte mit seinem Lizenzangebot für die Vergangenheit lediglich zu einer Einmalzahlung verpflichtet, dem Kläger vorbehalten bleibt, darüber hinaus gehenden Schadenersatz zu verlangen, sich der Beklagte für diesen Fall aber ein Bestreiten des Verletzungstatbestandes und/oder einen Angriff auf das Klageschutzrecht vorbehält.[427] Außerdem muss eine Verpflichtung zur Rechnungslegung übernommen werden, wie sie im Rahmen der Schadenersatzhaftung nach Patentverletzung üblich ist.

279

Ein Verletzer, der selbst nicht lizenzwillig ist, kann sich zu seiner Rechtsverteidigung darauf berufen, dass seine **Zulieferer**, von denen er die Verletzungsgegenstände bezieht, einen kartellrechtlichen Lizenzierungsanspruch haben und diesen auch einfordern.[428] Zwar führen das diesbezügliche Lizenzgesuch und die Verhandlungspflicht des klagenden Patentinhabers noch nicht zu einer den selbst nicht verhandlungsbereiten Verletzer entlastenden Erschöpfung der Patentrechte.[429] Der Lizenzierungseinwand des Zulieferers muss – ähnlich wie beim Vorbenutzungsrecht – dennoch auch dem Abnehmer zugutekommen, weil ansonsten dessen Lizenzanspruch wertlos wäre, wenn der Patentinhaber seine Verbietungsrechte gegenüber der nachfolgenden Händlerkette uneingeschränkt zur Geltung bringen könnte. Dementsprechend ist es vom Patentinhaber geradezu zu erwarten, dass er sich mit seinem Lizenzangebot vordringlich an den Gerätehersteller (sofern dieser lizenzwillig ist) wendet, dessen Lizenz den gesamten nachgeordneten Vertriebsweg klärt. Nur so ist gewährleistet, dass die Lizenzverhandlungen mit dem Hersteller unbeeinflusst von einem unangemessenen Druck auf die ihm nachgeordneten Abnehmer bleiben.[430] Jedenfalls dann, wenn der Patentinhaber üblicherweise Lizenzverträge mit den Herstellern abschließt, stellt es einen Missbrauch bestehender Marktmacht dar, ohne Ansprache des Produzenten den Vertreiber wegen Patentverletzung in Anspruch zu nehmen.[431] Neben dem Hersteller hat selbstverständlich auch der Vertreiber die Möglichkeit, für sich (dh im eigenen Namen und isoliert für sein Handelsunternehmen) um eine Lizenz nachzusuchen.

280

Aus dem Vorrang des Herstellers bei den Lizenzverhandlungen, folgt kein Grundsatz, dass in Fällen der Schutzrechtsverletzung immer erst der **Hersteller** der patentverletzenden Komponenten und nur nachrangig der **Vertreiber** des diese Komponenten enthaltenden Gerätes in Anspruch genommen werden darf.[432] Der Verletzte hat vielmehr das freie Wahlrecht, welchen der mehreren Verletzer er in Anspruch nehmen will; im Prozess gegen den Vertreiber steht diesem nur der Verteidigungseinwand zu, der Kläger habe

281

---

425 Bedenken äußert auch Meier-Beck, FS Tolksdorf, 2014, S 115.
426 LG Mannheim, Mitt 2012, 120 – Kartellrechtlicher Zwangslizenzeinwand.
427 LG Mannheim, Mitt 2012, 120 – Kartellrechtlicher Zwangslizenzeinwand.
428 OLG Karlsruhe, GRUR-RR 2015, 326 – Mobiltelefone (für SEP mit FRAND-Erklärung); aA noch LG Mannheim, Urteil v 10.3.2015 – 2 O 103/14.
429 LG Mannheim, Urteil v 10.3.2015 – 2 O 103/14.
430 OLG Karlsruhe, GRUR-RR 2015, 326 – Mobiltelefone (für SEP mit FRAND-Erklärung).
431 OLG Karlsruhe, GRUR-RR 2015, 326 – Mobiltelefone (für SEP mit FRAND-Erklärung).
432 LG Mannheim, Urteil v 4.3.2016 – 7 O 97/14.

seine vorrangigen kartellrechtlichen Lizenzierungspflichten gegenüber dem Hersteller noch nicht erfüllt.[433]

282 Haben die Mutter- und eine 100 %ige **Tochtergesellschaft** eines Konzerns mittäterschaftlich Verletzungshandlungen begangen, ist allerdings unzureichend, wenn nur das Tochterunternehmen isoliert um den Abschluss des Standard-Pool-Lizenzvertrages nachsucht, das Mutterunternehmen des Konzerns dagegen nicht bereit ist, eine Lizenz zu nehmen.

283 | Praxistipp | Formulierungsbeispiel

Im Verletzungsverfahren ergibt sich damit die Möglichkeit, dass die Verletzungsfrage offen gelassen und die Klage allein wegen eines ausreichenden Lizenzangebotes abgewiesen wird. Denn ein Gericht ist nicht verpflichtet, eine bestimmte von mehreren möglichen Begründungsmöglichkeiten zu wählen oder bestimmte Fragen offen zu lassen und dafür andere zu entscheiden.[434] Der Beklagte läuft bei der geschilderten Vorgehensweise des Verletzungsgerichts Gefahr, keine Klarheit darüber zu erhalten, ob er das Klagepatent – entsprechend seiner ggf hauptsächlichen Verteidigung – verletzt und deshalb eine kostspielige Lizenznahme überhaupt erforderlich ist. Ihm ist deswegen anzuraten, im Verletzungsprozess eine negative **Zwischenfeststellungswiderklage** gemäß § 256 Abs 2 ZPO dahingehend zu erheben, dass gerichtlich festgestellt wird, dass die angegriffene Ausführungsform das Klagepatent nicht verletzt. Eine solche Klage verlangt kein besonderes Feststellungsinteresse. Sie ist zwar nur zugelassen, wenn von dem Bestehen oder Nichtbestehen des streitigen Rechtsverhältnisses (vorliegend also der Verletzungsfrage) die Entscheidung des Rechtsstreits ganz oder teilweise abhängt, woran es auf erste Sicht fehlen könnte, wenn über die Verletzungsklage ohne Rücksicht auf eine Klärung des eigentlichen Verletzungstatbestandes erkannt wird. Da die Parteien im Vorhinein nicht wissen können, welchen Begründungsweg das Gericht wählen wird, entspricht es jedoch der Rechtsprechung des BGH[435], dass die notwendige Vorgreiflichkeit für jede Einwendung gegeben ist, auf die sich das Gericht stützen kann, und nicht nur für diejenige Einwendung, die die Entscheidung über die Klage letztlich trägt.

(5) Angebotsgerechte Erfüllungshandlungen

284 Allein das in die Zukunft gerichtete Lizenzangebot genügt für den Kartellrechtseinwand freilich noch nicht in jedem Fall. Hat der Beklagte im Vorgriff auf den zwangsweise herbeizuführenden Lizenzvertrag – wie meist – bereits Benutzungshandlungen aufgenommen, so muss er auch seinen Pflichten aus diesem Vertrag vorgreifen. Er hat aus diesem Grund nicht nur eine angemessene (eine übliche Verzinsungspflicht berücksichtigende) Vergütungsregelung für die in der Vergangenheit vorgefallenen Verletzungshandlungen aufzunehmen[436], sondern darüber hinaus – solange die Benutzungshandlungen andauern – *rückwirkend und fortlaufend* diejenigen vertraglichen Verpflichtungen zu erfüllen, die sich aus dem abzuschließenden Zwangslizenzvertrag für den wahrgenommenen Benutzungsumfang ergeben.[437] Das gilt nicht nur für den Zeitraum zwischen der Abgabe eines Lizenzangebotes und dessen Annahme durch den Patentinhaber[438], son-

---

433 LG Düsseldorf, Urteil v 31.3.2016 – 4a O 73/14.
434 BGH, MDR 2008, 158.
435 BGH, MDR 2008, 158.
436 LG Düsseldorf, InstGE 10, 66 – Videosignal-Codierung III; vgl dazu Reimann/Hahn, FS v. Meibom, 2010, S 373.
437 BGH, GRUR 2009, 694 – Orange-Book-Standard.
438 BGH, GRUR 2009, 694 – Orange-Book-Standard.

dern ganz generell für alle Benutzungshandlungen, die – auch vor Abgabe eines geeigneten Lizenzangebotes – vorgefallen sind.[439] Die Erfüllungshandlungen müssen darüber hinaus mit dem zeitlichen Fortgang Schritt halten, indem zu den während des Rechtsstreits einsetzenden weiteren Fälligkeitszeitpunkten (grundsätzlich quartalsweise[440]) die vertraglichen Pflichten erfüllt werden. Da die Patentbenutzung und der Rechtsbestand des Klagepatents trotz des Lizenzeinwandes weiterhin bestritten werden dürfen, kann sich der Verletzungsbeklagte auf den Standpunkt stellen, dass von dem Klagepatent tatsächlich kein Gebrauch gemacht werde, und insofern eine Nullauskunft erteilen und dementsprechend auch Lizenzzahlungen verweigern. Er erleidet dadurch keinen Schaden, wenn seine Ansicht zutrifft; er läuft allerdings auch Gefahr, dass das Verletzungsgericht seine Meinung nicht teilt und deshalb seinen Lizenzeinwand mit dem Argument verwirft, dass gebotene Erfüllungshandlungen nicht vorgenommen worden sind.

Damit der Zwangslizenzeinwand beachtlich ist, hat der Lizenzsucher angebotsgerechte Erfüllungshandlungen auch dann vorzunehmen, wenn er seinen Lizenzierungsanspruch im Verletzungsprozess im Wege einer **Widerklage** auf Annahme seines Lizenzangebotes verfolgt. 285

(a) Territoriale Reichweite

Demgegenüber braucht das Lizenzangebot (und die vertragsgerechte Erfüllung) grundsätzlich nicht auf **Territorien** einzugehen, die **außerhalb des** Geltungsbereichs des **Klagepatents** liegen, auch wenn es dort ebenfalls zu prinzipiell vergütungspflichtigen Handlungen des Beklagten gekommen ist.[441] Gleiches gilt für (auch inländische) Schutzrechte, die nicht Gegenstand der Verletzungsklage sind.[442] Denn die notwendige Verteidigung gegen die Verletzungsklage (durch Schaffen der Voraussetzungen eines Lizenzierungsanspruchs) wird durch den Klageangriff (dh den räumlichen Geltungsbereich des Klagepatents) bestimmt. Mit einer weitergehenden Lizenzpflicht würden außerdem die Regeln zur internationalen Zuständigkeit umgangen, wenn und weil der Verletzungsbeklagte gezwungen wird, Benutzungshandlungen zu legitimieren, die vor dem angerufenen Gericht mangels Zuständigkeit überhaupt nicht verfolgt werden könnten. Etwas anderes gilt ausnahmsweise zB dann, wenn das Lizenzangebot des Beklagten aus eigenem Antrieb auf den Abschluss einer mehrere Länder umfassenden Pool-Lizenz gerichtet ist. Hier wird der Beklagte de facto Vertragspflichten auch für Drittstaaten übernehmen und erfüllen müssen, weil er ansonsten Gefahr läuft, dass sein Vertragsangebot mangels Erfüllungsbereitschaft insgesamt zurückgewiesen wird und er infolgedessen auch hinsichtlich des Klagepatents ohne Lizenzanspruch dasteht. 286

(b) Rechnungslegung

Bei der vorweggenommenen Vertragserfüllung geht es vornehmlich um eine ordnungsgemäße (dh hinreichend substantiierte und wahrheitsgemäße, alle angebotspflichtigen Handlungen berücksichtigende) **Rechnungslegung** sowie die **Zahlung** der sich aus der Abrechnung ergebenden Lizenzgebühren.[443] 287

---

439 Für schadenersatzpflichtige Benutzungshandlungen vor Zugang eines ausreichenden Lizenzangebotes und Ablauf einer Überlegungsfrist für den Patentinhaber stellt die vertragliche Lizenzgebühr praktisch einen Mindestschaden dar, der den Kläger selbstverständlich nicht hindert, weitergehende Ansprüche nach den ihm zur Verfügung stehenden Methoden der Schadensberechnung zu beziffern und geltend zu machen (aA: Jestaedt, GRUR 2009, 801, 803, der für den Fall, dass der Patentinhaber für zurückliegende Zeiträume Schadenersatz fordern will, eine Pflicht zur Einbeziehung in das Lizenzangebot verneint).
440 LG Düsseldorf, Urteil v 24.4.2012 – 4b O 273/10.
441 AA: Jestaedt, GRUR 2009, 801, 804; differenzierend: Reimann/Hahn, FS v. Meibom, 2010, S 373.
442 Vgl Reimann/Hahn, FS v. Meibom, 2010, S 373.
443 BGH, GRUR 2009, 694 – Orange-Book-Standard.

288 Beide Pflichten bestehen auch dann, wenn der Beklagte im Einzelfall keinen Schadenersatz schuldet (zB deshalb, weil ihm nur eine **mittelbare Verletzung** zur Last fällt und nach den besonderen Umständen des Falles keine unmittelbare Benutzungshandlung unter Verwendung des angebotenen oder gelieferten Mittels wahrscheinlich ist). Der Zwang zur Vorwegerfüllung der Lizenzvertragspflichten knüpft daran an, dass der Beklagte für seine Benutzungshandlungen eine Lizenz am Klagepatent benötigt hätte; er besteht deshalb immer dann, wenn es zu Benutzungshandlungen (und seien es auch bloß mittelbare) kommt, die nur bei Bestehen einer Benutzungsgestattung (= Lizenz) rechtmäßig gewesen wären.

289 Bezüglich der auskunftspflichtigen **Einzeldaten** ist danach zu differenzieren, ob es um Zeiträume geht, für die (weil sie vor dem Zugang eines annahmefähigen Angebotes liegen) ein Schadenersatzanspruch bestehen bleibt (hier muss in der für den Verletzungsprozess üblichen Weise umfassend Rechnung gelegt werden) oder ob es sich um Zeiträume handelt, für die die vertragliche Lizenz geschuldet wird (hier sind diejenigen Angaben zu machen, die dem angemessenen, zur Annahme verpflichtenden Lizenzangebot entsprechen). Kommt es nach Erlass eines erstinstanzlichen Urteils zu einem Vergleichsabschluss des Inhalts, dass die Parteien eine Lizenz vereinbaren, wobei der Beklagte für die Zeit vor der Lizenzeinräumung ihre gesetzliche Schadenersatz- und Rechnungslegungspflicht anerkannt hat, so lässt die Übernahme dieser vertraglichen, inhaltsgleichen Pflicht den gerichtlich zuerkannten, vollstreckungsfähigen Auskunftsanspruch im Zweifel nicht entfallen, sondern tritt neben ihn.[444] Der Vergleichsabschluss rechtfertigt deswegen keine Vollstreckungseinstellung in Bezug auf den gerichtlichen Rechnungslegungsausspruch, sondern hat lediglich zur Folge, dass die Zwangsvollstreckung solange nicht betrieben werden darf, wie die dem Schuldner vertragliche eingeräumte Auskunftsfrist noch nicht verstrichen ist.[445]

(c) Hinterlegung

290 Die Lizenzzahlung braucht nicht an den Patentinhaber erfolgen, sondern kann auch in Form einer **Hinterlegung**[446] von gesetzlichen Zahlungsmitteln[447] für ihn unter Verzicht auf das Recht zur Rücknahme (§§ 372 Satz 1, 376 Abs 2 Nr 1, 378 BGB) geschehen.[448] Durch die Hinterlegung (deren Verfahrenseinzelheiten sich für Nordrhein-Westfalen aus dem seit 1.12.2010 geltenden Hinterlegungsgesetz vom 16.3.2010 (HintG NRW)[449] sowie der Ausführungsvorschriften zum Hinterlegungsgesetz vom 11.11.2010 (AVHintG)[450] entsteht ein öffentlich-rechtlicher Herausgabeanspruch des wahren Gläubigers gegen die Hinterlegungsstelle (Amtsgericht[451]), der die materielle Berechtigung des Forderungsprätendenten insbesondere durch Vorlage eines rechtskräftigen Urteils[452] nachzuweisen ist. Willigt der Beklagte nicht in die Aushändigung des hinterlegten Betrages an den Patentinhaber ein – was typischerweise der Fall sein wird, wenn der Beklagte die Patentverletzung bestreitet –, so ist der Patentinhaber, der Anspruch auf die hinterlegten Lizenzge-

---

444 OLG Karlsruhe, Beschluss v 13.6.2012 – 6 U 136/11.
445 OLG Karlsruhe, Beschluss v 13.6.2012 – 6 U 136/11.
446 Zum Ablauf des Hinterlegungsverfahrens (allerdings noch unter Berücksichtigung der zum 1.12.2010 durch das HintG NRW ersetzten Hinterlegungsordnung) vgl Reimann/Hahn, FS v. Meibom, 2010, S 373. Zur Schuldbefreiung durch Hinterlegung vgl Klein, MDR 2016, 1181.
447 Zu Einzelheiten vgl Ann, VPP-Rundbrief 2010, 46, 50 f.
448 BGH, GRUR 2009, 694 – Orange-Book-Standard. Die rechtliche Zulässigkeit des Hinterlegungsmodells bezweifelt Ann (VPP-Rundbrief 2010, 46, 51) für Fälle, in denen der Lizenzierungsanspruch nicht aus deutschem, sondern aus europäischem Kartellrecht hergeleitet wird.
449 GVBl S 184.
450 JMBl NRW 2010 S 319.
451 § 1 Abs 2 HintG NRW.
452 § 22 Abs 3 Nr 2 HintG NRW.

bühren erhebt, gehalten, den Verletzer außerhalb des Verletzungsprozesses auf Freigabe der hinterlegten Summe in Anspruch zu nehmen.[453] Die Beweislast dafür, dass der heraus verlangte Betrag geschuldet wird, weil der Verletzer das lizenzierte Patent benutzt hat und die hinterlegte Summe als Lizenzvergütung der Billigkeit entspricht, liegt dabei beim Patentinhaber. Umgekehrt kann, wenn der Patentinhaber untätig bleibt, auch der Verletzer auf Freigabe der Hinterlegungssumme an sich klagen mit dem Argument, tatsächlich liege keine Patentbenutzung vor, weshalb auch keine Lizenzzahlungspflicht bestehe und der Patentinhaber ohne rechtlichen Grund um die Beteiligtenstellung im Hinterlegungsverfahren bereichert sei. Ist die Verletzungsfrage zwischen den Parteien streitig, steht einem Rückforderungsanspruch des hinterlegenden Verletzers nicht § 814 BGB entgegen.[454] Da die Hinterlegung grundsätzlich kein Anerkenntnis darstellt, bleibt es auch in dieser Konstellation bei der allgemeinen Beweislast für die Forderungsberechtigung. Ist bereits im Verletzungsprozess eine Patentbenutzung bejaht worden, kann die Verletzungsfrage im Hinterlegungsprozess nicht erneut aufgeworfen werden. In einem solchen Fall oder wenn die Benutzung des Lizenzpatents unstreitig ist, hat der Lizenzsucher ohne weiteres denjenigen Lizenzbetrag freizugeben, der nach seiner eigenen Einlassung angemessen ist.[455]

In denjenigen Fällen, in denen ein Lizenzangebot nach Maßgabe von **§ 315 BGB** ausreicht und abgegeben wird, ist vom Benutzer ein Lizenzbetrag zu zahlen/hinterlegen, der in jedem Fall angemessen ist; anderenfalls scheitert der Zwangslizenzeinwand.[456] Will der Verletzer sicher gehen, kann er deswegen gehalten sein, vorsichtshalber diejenigen Lizenzbeträge zu hinterlegen, die der Patentinhaber – spätestens in Erwiderung auf den Sachvortrag des Beklagten dazu, dass die von ihm bereitgestellte Summe ausreichend ist – gefordert hat. Da das mit einem Leistungsbestimmungsrecht des Patentinhabers versehene Lizenzangebot erklärtermaßen den Verletzungsprozess von der Pflicht entlasten soll, ggf umfangreiche und langwierige Feststellungen zur angemessenen Lizenzhöhe zu treffen, was die Durchsetzung der Patentrechte unangemessen lange hinauszögern würde, wird es im Zusammenhang mit der Frage, ob der hinterlegte Betrag ausreicht, genügen müssen, wenn das Verletzungsgericht eine in dieser Hinsicht bloß summarische Prüfung vornimmt, die allerdings sicher das Ausreichen der geleisteten Zahlung für die geschuldete Lizenzgebühr ergeben muss (Darlegungslast: Beklagter). Eine **Evidenzprüfung** im geschilderten Sinne kann andererseits nicht unterbleiben, weil der Beklagte davor geschützt werden muss, dass der Patentinhaber gänzlich unangemessene Lizenzforderungen stellt, ggf in der unredlichen Absicht, den Verletzer allein durch den sich daraus ergebenden, seine finanziellen Möglichkeiten überschreitenden Zahlungsbetrag wirtschaftlich in die Knie zu zwingen. Dem Tatrichter steht in jedem Fall ein weiter Schätzungsspielraum zu.[457]

291

(6) Rechtsfolgen eines Kartellverstoßes

Greift der Kartellrechtseinwand des Verletzers in der vorstehend erörterten Fallkonstellation durch, so fragt sich, welche Konsequenzen dies für die einzelnen aus dem Verletzungstatbestand resultierenden Ansprüche hat. Insoweit ist zu unterscheiden:

292

---

453 Bei verzögerter Freigabe können analog § 288 Abs 1 Satz 1 BGB gesetzliche Verzugszinsen verlangt werden (BGH, MDR 2018, 51).
454 OLG Düsseldorf, NJW-RR 2001, 1028.
455 OLG Karlsruhe, GRUR 2012, 736 – GPRS-Zwangslizenz II.
456 BGH, GRUR 2009, 694 – Orange-Book-Standard.
457 Meier-Beck, FS Tolksdorf, 2014, S 115.

(a) Unterlassungsanspruch

293 Was zunächst den in die Zukunft gerichteten Unterlassungsanspruch betrifft, ist der Patentinhaber gehindert, gegenüber dem Benutzer das Unterbleiben derjenigen Handlungen zu verlangen, die er ihm bei eigenem kartellrechtsgemäßem Verhalten im Wege einer Lizenzierung des Klagepatents zu gestatten hätte (§ 242 BGB).[458] Der Unterlassungsantrag ist deshalb abzuweisen, wenn der Patentinhaber auf das begründete Lizenzangebot des Beklagten eingeht oder dieses kartellrechtswidrig zurückweist.

294 Ein Lizenzangebot des Verletzers ist nicht deshalb entbehrlich, weil der Beklagte seine Patentverletzungshandlungen zwischenzeitlich eingestellt hat.[459] Die geschehene Patentverletzung begründet nämlich unter dem Gesichtspunkt der Wiederholungsgefahr einen Unterlassungsanspruch, der selbst durch eine vollständige Einstellung des Geschäftsbetriebes im Zweifel nicht beseitigt würde. Erforderlich ist vielmehr eine Unterwerfungserklärung oder aber ein für die Zukunft zur Benutzung berechtigender Tatbestand, der wiederum ein Lizenzangebot des Verletzers voraussetzt.

295 Erfolgt eine ausreichende Lizenzofferte erst während des Rechtsstreits, ist der Unterlassungsanspruch für in der **Hauptsache erledigt** zu erklären.[460]

(b) Schadenersatzanspruch

296 Die kartellrechtswidrige Weigerung, dem berechtigten Verlangen nach Abschluss eines angemessenen Lizenzvertrags nachzukommen, stellt zugleich ein eigenes schadenersatzbegründendes Verhalten des Patentinhabers dar. Für die Zeit nach seiner rechtswidrigen Weigerung haftet er dem Benutzer deshalb gemäß § 33 GWB iVm Art 102 AEUV (bzw §§ 19, 20 GWB) auf Schadenersatz mit der Konsequenz, dass er den Benutzer so zu stellen hat, wie dieser ohne den Kartellrechtsverstoß stünde. In diesem Fall würde der Benutzer nicht auf **Schadenersatz** wegen Patentverletzung in Anspruch genommen werden können, sondern lediglich eine **angemessene Lizenzgebühr** schulden.[461] Für die Vergangenheit hat der Patentinhaber den Benutzer, dessen Lizenzierungsverlangen er zu Unrecht zurückgewiesen hat, deshalb im Wege des Schadenersatzes von jeglichen Ersatzansprüchen freizustellen, die über eine Lizenzgebühr hinausgehen. Für etwaige Benutzungshandlungen in der Zeit vor einer ausreichenden Lizenzofferte zzgl einer angemessenen Überlegungsfrist für den Angebotsempfänger bleiben dem Patentinhaber die gewöhnlichen Schadenersatzansprüche in voller Höhe erhalten.

(c) Rechnungslegungsanspruch

297 Den jeweiligen Anspruch begleitet ein Rechnungslegungsanspruch, der diejenigen Einzeldaten umfasst, die für die Bezifferung des vorzubereitenden Anspruchs, dh der Lizenzgebühr[462] bzw des Schadenersatzanspruchs[463], notwendig sind. Soweit Angaben in vorweggenommener Erfüllung des Lizenzangebotes bereits während des Rechtsstreits gemacht werden, liegt ein Erledigungstatbestand im Sinne von § 91a ZPO vor.

---

458 BGH, GRUR 2009, 694 – Orange-Book-Standard; LG Düsseldorf, InstGE 7, 70 – Videosignal-Codierung I.
459 LG Düsseldorf, InstGE 10, 66 – Videosignal-Codierung III.
460 LG Mannheim, Mitt 2012, 120 – Kartellrechtlicher Zwangslizenzeinwand; aA: Ann, VPP-Rundbrief 2010, 46, 49 f, der es – zu Unrecht – für erforderlich hält, dass das Lizenzangebot vor dem Beginn der Patentbenutzung abgegeben wird.
461 BGH, GRUR 2004, 966 – Standard-Spundfass.
462 Dh keine Kosten- und Gewinnangaben.
463 Einschließlich Kosten- und Gewinnangaben.

(d) Vernichtungs- und Rückrufanspruch

Was den Vernichtungs- und Rückrufanspruch betrifft, so bleibt dieser für diejenigen Erzeugnisse erhalten, die sich bereits im Besitz oder Eigentum des Lizenzsuchers befunden haben, bevor dieser erstmals ein annahmefähiges Lizenzangebot unterbreitet hat, wobei in zeitlicher Hinsicht dessen Zugang beim Patentinhaber zzgl einer angemessenen Überlegungsfrist entscheidend ist.[464]

298

cc) SEP mit FRAND-Erklärung[465]

Die dritte – und letzte – Fallgruppe bilden SEP, für die eine FRAND-Erklärung[466] abgegeben ist. Ihre Besonderheit – namentlich im Vergleich zur vorher erörterten Konstellation eines auslizenzierten Patents – liegt, soweit das lizenzierte Schutzrecht nicht-standardgebunden ist, in zwei Dingen: Zum einen darin, dass bei einem SEP die Aufnahme des Patents in die technische Norm für eine sich infolge der bloßen Standardsetzung – gleichsam von selbst – einstellende Etablierung auf dem Produktmarkt sorgen kann, womit es dem Schutzrechtsinhaber erspart bleibt, sich im Wettbewerb mit seiner im Standard berücksichtigten Lösung gegen alternative andere technische Ansätze durchzusetzen und damit dem Risiko eines Unterliegens und der Fehlinvestition erheblicher Entwicklungskosten ausgesetzt zu sein. Zum anderen schafft die FRAND-Erklärung bei den Nachfragern ein schutzwürdiges Vertrauen in die freiwillige Lizenzbereitschaft des Schutzrechtsinhabers.[467] Ist das auslizenzierte Schutzrecht standardgebunden, verbleibt zugunsten des SEP jedenfalls das letztgenannte, vertrauensbasierte Unterscheidungsmerkmal.

299

Typischerweise ist die **FRAND-Erklärung** bereits im Zuge der Standardisierung abgegeben worden. Die rechtlichen Konsequenzen sind indessen dieselben, wenn eine solche Erklärung (zB weil die ursprüngliche FRAND-Zusage nicht mehr auffindbar ist) später mit Wirkung für die Vergangenheit **erneuert** wird.[468]

300

(1) Bedeutung der Lizenzbereitschaftserklärung[469]

Vor dem geschilderten Hintergrund ist als erstes zu klären, welche rechtliche Bedeutung der FRAND-Erklärung beizumessen ist.

301

(a) Verzicht auf Unterlassungsanspruch

Verfehlt ist die Annahme, mit der Bereitschaftserklärung habe der Patentinhaber auf seinen Unterlassungsanspruch gegenüber jedem Lizenzinteressenten verzichtet.[470] Schon der Wortlaut der Erklärung gibt dafür nichts her, weil der Patentinhaber sich nur erbie-

302

---

464 AA: Jestaedt, GRUR 2009, 801, 805.
465 Kellenter/Verhauwen, GRUR 2018, 761; Schaefer/Czychowski, GRUR 2018, 582; Block, GRUR 2017, 121; Kellenter, FS 80 Jahre Patentgerichtsbarkeit Düsseldorf, 2016, S 255; Kühnen, FS 80 Jahre Patentgerichtsbarkeit Düsseldorf, 2016, S 311; Fuchs, FS Ahrens, 2016, S 79; Körber, Standardessentielle Patente, 2013; Körber, NZKart 2013, 87; Körber, NZKart 2013, 239; Körber, WRP 2013, 734; Winkel, »FRAND«-standardessentielle Patente, 2014; Jakobs, Standardsetzung, 2012.
466 Zur rechtlichen Bedeutung einer Selbstverpflichtungserklärung im Rahmen von Art 15 Abs 2 der Ecodesign-RL 2009/125/EG vgl BGH, GRUR 2018, 170 – Trommeleinheit; OLG Düsseldorf, Urteil v 29.4.2016 – I-15 U 47/15; OLG Düsseldorf, Urteil v 28.4.2017 – I-15 U 68/15.
467 EuGH, GRUR 2015, 764 – Huawei Technologies/ZTE. Die Auslegung des Unionsrechts durch den Gerichtshof ist von den mitgliedstaatlichen Gerichten auch auf Rechtsverhältnisse anzuwenden, die vor Erlass der Vorabentscheidung begründet wurden (BVerfG, NJW 2010, 3422).
468 LG Mannheim, Urteil v 4.3.2016 – 7 O 96/14.
469 McGuire, GRUR 2018, 128.
470 Zutreffend: LG Mannheim, InstGE 11, 9 – UMTS-fähiges Mobiltelefon; Schlussanträge des Generalanwalts Wathelet v 20.11.2014 in der Sache C-170/13 – Tz 60 (BeckRS 2014, 82403); EuGH, GRUR 2015, 764 – Huawei Technologies/ZTE.

tet, die Ausschließlichkeitsrechte aus dem Patent durch Abschluss eines Lizenzvertrages – und folglich eben nicht bedingungslos – zu Fall bringen zu lassen.[471] Des Weiteren ist ein Verzicht auf den Unterlassungsanspruch mit Rücksicht auf dessen dingliche, untrennbar mit dem Schutzrecht als solchem verbundene Natur rechtlich überhaupt nicht möglich.[472] Zulässig ist allenfalls ein Verzicht darauf, den Unterlassungsanspruch auszuüben. Auch dafür besteht indessen kein Anlass. Weder die kartellrechtliche Gesetzeslage zwingt zu einem solchen Schritt, weil der marktbeherrschende Patentinhaber eben nur gehalten ist, Lizenzen (zu gleichen und angemessenen Bedingungen) einzuräumen, noch gibt die Interessenlage für einen Ausübungsverzicht irgendetwas her. Ganz im Gegenteil verbieten es die Schutzbedürfnisse des Patentinhabers geradezu, einen Verzicht auf die Geltendmachung des Unterlassungsanspruchs anzunehmen, weil er unter solchen Umständen jedem unredlichen Lizenznehmer ausgeliefert wäre. Er könnte bei Vertragsverletzungen zwar den Vertrag kündigen, weitere Benutzungshandlungen jedoch – anders als jeder gewöhnliche Lizenzgeber – nicht mehr unterbinden.

(b) Deklaratorisch/konstitutiv

303   Eine andere (für die Rechtspraxis weitaus wichtigere) Frage ist, ob die Lizenzbereitschaftserklärung bei interessegerechtem Verständnis lediglich eine deklaratorische Konkretisierung des kraft Kartellrechts (Art 102 AEUV, §§ 19, 20 GWB) ohnehin bestehenden gesetzlichen Abschlusszwanges beinhaltet[473] oder ob mit ihr eine selbständig schuldbegründende (konstitutive) Erklärung zugunsten jedes Lizenzinteressenten beabsichtigt und verbunden ist[474].

304   **Relevanz** kann diese Problematik in zweierlei Hinsicht haben, einmal für die Rechtsfolgenseite und einmal auf der Tatbestandsebene. Während in Bezug auf die rechtlichen Folgen einer FRAND-Erklärung kaum bestreitbar ist, dass anhand der zu Art 102 AEUV ergangenen Rechtsprechung zu klären ist, was »diskriminierungsfrei« im Sinne der FRAND-Erklärung bedeutet, stellt sich die Rechtslage, soweit es um einen etwaigen Verstoß gegen die Pflicht zur »fairen und angemessenen« Lizenzierung geht, weit weniger eindeutig dar.[475] Es lässt sich die Ansicht vertreten, dass nicht diejenigen Maßstäbe beachtlich sind, die im Rahmen des gesetzlichen Kartellverbotes nach Art 102 AEUV über das Vorliegen eines »Ausbeutungsmissbrauchs« entscheiden, sondern vielmehr die eigene Verpflichtungserklärung des Patentinhabers den Ausschlag gibt, die – jedenfalls nach ihrem reinen Wortlaut – eben nicht bloß keine Ausbeutung verspricht, sondern eine gerechte (sic: fair, reasonable) Lizenzierung zusagt.[476] Egal, welcher Standpunkt hierzu eingenommen wird, hat die (deklaratorische oder konstitutive) Rechtsnatur der Bereitschaftserklärung in jedem Fall entscheidende Bedeutung auf der Tatbestandsebene, nämlich im Hinblick darauf, ob aufgrund der Inhaberschaft am SEP eine marktbeherrschende Stellung gegeben sein muss. Während dies bei einem bloß die Gesetzeslage deklaratorisch wiederholenden Inhalt der FRAND-Erklärung zu bejahen ist, würde eine vom Erklärenden vertraglich-konstitutiv übernommene Pflicht zur diskriminierungsfreien und ange-

---

471   LG Düsseldorf, Urteil v 24.4.2012 – 4b O 273/10.
472   Das gilt jedenfalls für Patente, die nach dem geltenden Schutzlandprinzip deutschem Patentrecht unterstehen.
473   LG Düsseldorf, Urteil v 24.4.2012 – 4b O 273/10; LG Düsseldorf, Urteil v 19.1.2016 – 4b O 120/14; vgl auch BGH, GRUR 2009, 1052 – Seeing is Believing.
474   So die überwiegende Auffassung im Ausland, vgl die lesenswerte Zusammenstellung von Fröhlich für den AIPPI zu Q 222, zu finden unter https://www.aippi.org/download/commitees/222/Report222AIPPI+report+on+the+availability+of+injunctive+relief+for+FRAND-committed+standard+essential+patentsEnglish.pdf.
475   Zu Einzelheiten vgl unten Kap E Rdn 322.
476   Schlussanträge des Generalanwalts Wathelet v 20.11.2014 in der Sache C-170/13 – Tz 48, 71–74 (BeckRS 2014, 82403).

messenen Lizenzierung von der im Rahmen der gesetzlichen Vorschriften notwendigen Prüfung suspendieren, ob der betreffende SEP-Inhaber Normadressat von Art 102 AEUV, §§ 19, 20 GWB ist, dh über eine marktbeherrschende Stellung verfügt, die ihm besondere Verhaltenspflichten auferlegt.[477] Auch wer nicht Marktbeherrscher ist, müsste zu FRAND-Bedingungen lizenzieren und sich dies in einem Verletzungsprozess um das SEP verteidigungsweise entgegenhalten lassen.

Sofern die Standardisierungsvereinbarungen – was die Regel sein dürfte – selbst keine klare Auskunft über die bloß bestätigende oder aber schuldschaffende Natur der Lizenzbereitschaftserklärung geben, lässt sich die aufgeworfene Frage letztlich nur mit Rücksicht auf diejenigen Gründe beantworten, die die an der Standardsetzung mitwirkenden Unternehmen bei der Normierung bewogen haben, zum Ausgleich dafür, dass eine bestimmte zum Schutzrecht angemeldete Technologie in den Standard aufgenommen wird, ihrem Inhaber die Abgabe einer an die Allgemeinheit gerichteten FRAND-Verpflichtungserklärung abzuverlangen. *Eine grundsätzliche Feststellung lässt sich in diesem Zusammenhang vorweg mit ziemlicher Gewissheit treffen. Die ausschließliche Nutzung der patentierten Erfindung durch den Schutzrechtsinhaber macht das eigentliche Wesen jeden Patents aus. Seinen unübersehbaren Niederschlag hat dies auch im rechtlichen Rahmen gefunden. So wird das geistige Eigentum ausdrücklich in der Charta der EU-Grundrechte geschützt (Art 17 Abs 2) und sind die Verbietungsrechte durch die Enforcement-Richtlinie auf ein absichtlich hohes Schutzniveau gehoben worden.*[478] Die gesetzlichen Ansprüche wegen widerrechtlicher Patentbenutzung stellen wesentliche Mittel dar, um das Grundrecht des geistigen Eigentums zur Geltung zu bringen.[479] Der hierzu notwendige Rechtsschutz (Zugang zu den Gerichten) genießt seinerseits Grundrechtsschutz (Art 47 EU-Charta).[480] Auf der anderen Seite hat auch die unternehmerische Freiheit den Rang eines Grundrechts (Art 16 EU-Charta), woraus folgt, dass der Schutz des geistigen Eigentums nicht schrankenlos ist. Er steht vielmehr unter dem Vorbehalt der Allgemeinverträglichkeit, was insbesondere eine Ausübung der Patentrechte im Einklang mit den Wettbewerbsregeln des Kartellrechts verlangt.[481] Angesichts der geschilderten Rechtssituation kann die Lizenzzusage des Patentinhabers vernünftigerweise nur so weit verstanden werden, wie die gegebene kartellrechtliche Gesetzeslage eine Preisgabe des Monopolrechts zugunsten des Wettbewerbs erfordert hat (Gedanke der **Zweckübertragungstheorie**[482]). Denn niemand gibt freiwillig mehr von seinen Rechten auf als er unbedingt muss.

Eine Notwendigkeit zur Selbstbeschränkung in der Ausübung ihrer Verbietungsrechte aus dem SEP hat sich für die Mitglieder der Standardisierung unbestreitbar aus **Art 102 AEUV** (bzw seiner Vorläuferbestimmung) ergeben, der dem Marktbeherrscher im Interesse des freien Wettbewerbs gesetzliche Handlungsbeschränkungen auferlegt, die unabdingbar sind und inhaltlich der FRAND-Zusage entsprechen[483], jedenfalls aber nicht dahinter zurückbleiben[484]. Angesichts dessen steht außer Zweifel, dass die FRAND-Erklärung dem Kartellverbot aus Art 102 AEUV Rechnung trägt, was verlangt, aber auch ausreichen lässt, dass sich der *Marktbeherrscher* zu einer diskriminierungs- und

---

477 LG Düsseldorf, Urteil v 24.4.2012 – 4b O 273/10.
478 EuGH, GRUR 2015, 764 – Huawei Technologies/ZTE.
479 EuGH, GRUR 2015, 764 – Huawei Technologies/ZTE; Schlussanträge des Generalanwalts Wathelet v 20.11.2014 in der Sache C-170/13 – Tz 61 (BeckRS 2014, 82403).
480 EuGH, GRUR 2015, 764 – Huawei Technologies/ZTE; Schlussanträge des Generalanwalts Wathelet v 20.11.2014 in der Sache C-170/13 – Tz 66 f (BeckRS 2014, 82403).
481 Schlussanträge des Generalanwalts Wathelet v 20.11.2014 in der Sache C-170/13 – Tz 59, 63 (BeckRS 2014, 82403).
482 BGH, GRUR 2000, 788 – Gleichstromsteuerschaltung; BGH, GRUR 2006, 401 – Zylinderrohr.
483 Non-diskriminatory = diskriminierungsfrei.
484 Fair, reasonable = nicht ausbeuterisch.

ausbeutungsfreien Lizenzierung an jedermann bereit erklärt. Vor diesem Hintergrund trägt – soweit es um Art 102 AEUV geht – jede FRAND-Erklärung den unausgesprochenen Vorbehalt in sich, dass der die Lizenzerteilung versprechende Patentinhaber tatsächlich Marktbeherrscher ist.[485] Einen dahingehenden stillschweigenden Vorbehalt anzunehmen, rechtfertigt sich deshalb, weil zum Zeitpunkt der Standardsetzung im Zweifel nicht abschließend absehbar war, welches konkrete SEP im späteren Produktmarkt eine beherrschende Position vermitteln wird, weswegen vorsorglich jeder SEP-Inhaber eine (verständlicherweise durch seine spätere marktbeherrschende Stellung bedingte) Lizenzierungszusage abgegeben hat.

307 Als zusätzlicher Anlass für die FRAND-Verpflichtungserklärung aller SEP-Inhaber (der zu einem inhaltlich weitreichenderen Verständnis von der erklärten Lizenzbereitschaft führen kann) kommt **Art 101 AEUV** in Betracht. Die Vorschrift verbietet Vereinbarungen zwischen Unternehmen, die objektiv geeignet sind, den Handel zwischen Mitgliedstaaten zu beeinträchtigen, wenn die Vereinbarung eine Verhinderung, Einschränkung oder Verfälschung des Wettbewerbs innerhalb des Binnenmarktes subjektiv bezweckt oder (wenigstens) objektiv bewirkt (Abs 1). Für Vereinbarungen solchen Inhalts ordnet Art 101 Abs 2 AEUV ihre Kartellnichtigkeit an. In der patentgerichtlichen Instanzrechtsprechung[486] ist die Auffassung vertreten worden, dass die technische Standardisierung eine Vereinbarung zwischen im Wettbewerb stehenden Unternehmen beinhaltet, die mit Blick auf die mit der Standardsetzung verbundene Aufgabe alternativer technologischer Entwicklungen geeignet ist, den Wettbewerb einzuschränken, wobei die Abgabe einer FRAND-Erklärung eine anerkannte Möglichkeit zur Freistellung nach Art 101 Abs 3 AEUV darstelle. Diesen Überlegungen ist nur eingeschränkt beizupflichten.

308 Die **Leitlinien der EU-Kommission** zur Anwendbarkeit von Art 101 AEUV[487] dokumentieren Grundsätze zur Handhabung des besagten Kartellverbots. Sie haben für die Gerichte zwar keine Bindungswirkung, bieten für die Wirtschaftsteilnehmer aber gleichwohl eine wichtige Orientierungshilfe, weil sie die Praxis der zuständigen Kartellbehörde zusammenfassen und insofern Bedeutung auch für die Zeit vor ihrer formellen schriftlichen Niederlegung im Jahr 2011 haben. Die Leitlinien (Tz 262) halten fest, dass sich die wettbewerblichen Auswirkungen bei Standardbedingungen in der Regel auf den nachgelagerten Märkten zeigen, auf denen Unternehmen über den Verkauf ihres Produktes an die Kunden miteinander konkurrieren. Vereinbarungen über technische Normen befördern in hohem Maße positiv die Wirtschaft, indem sie zur Entwicklung neuer, qualitativ besserer Produkte beitragen, eine Informationsquelle bereitstellen und Interoperabilität sowie Kompatibilität gewährleisten und sich somit insgesamt wertsteigernd für die Verbraucher auszahlen (Tz 263). Normung kann *unter Umständen* aber auch wettbewerbsbeschränkenden Charakter haben, weil sie Innovation und technische Entwicklung einschränken kann, indem der Markt gegenüber abweichenden innovativen Technologien verschlossen wird (Tz 264).

309 In Anbetracht des aufgezeigten Nutzens technischer Standards für die Allgemeinheit verbietet sich die Annahme, mit der Verständigung auf eine technische Norm sei eine Verhinderung, Einschränkung oder Verfälschung des Wettbewerbs auf dem Binnenmarkt *bezweckt*. Kartellrechtlichen Bedenken kann die Standardsetzung daher nur unterliegen, wenn von ihr – ohne dass dahingehende Absichten verfolgt werden – jedenfalls faktisch wettbewerbsbeschränkende *Auswirkungen* ausgehen. Das ist – wie die Leitlinien in den Tz 277 ff festhalten – nur der Fall, wenn und soweit die Normierung Marktmacht entstehen lässt. AaO heißt es auszugsweise:

---

485 OLG Düsseldorf, Beschluss v 17.11.2016 – I-15 U 65/15.
486 LG Mannheim, Beschluss v 21.11.2014 – 7 O 23/14.
487 ABl C 11/1 v 14.1.2011.

277 *... Wenn keine Marktmacht besteht, können Normenvereinbarungen keine wettbewerbsbeschränkenden Auswirkungen haben. ...* 310

278 *Für Normenvereinbarungen, bei denen die Gefahr besteht, dass sie Marktmacht entstehen lassen, zeigen die Randnummern 280 bis 286 auf, unter welchen Voraussetzungen sie normalerweise in den Anwendungsbereich von Art 101 Abs 1 fallen.* 311

...

280 *Ist die Möglichkeit der uneingeschränkten Mitwirkung am Normungsprozess gegeben und das Verfahren für die Annahme der betreffenden Norm transparent, liegt bei Normenvereinbarungen, die keine Verpflichtung zur Einhaltung der Norm enthalten und Dritten den Zugang zu der Norm zur fairen, zumutbaren und diskriminierungsfreien Bedingungen gewähren, keine Beschränkung des Wettbewerbs im Sinne von Art 101 Abs 1 vor.* 312

Für das richtige Verständnis der zitierten Passagen sind zwei Erkenntnisse wichtig: Erstens: Mit dem Begriff »Marktmacht« ist keine marktbeherrschende Stellung im Sinne von Art 102 AEUV gemeint. Zweitens: Eine Absprache über die Etablierung eines technischen Standards ist in jedem Fall (dh auch für den im Vorhinein ggf nicht sicher absehbaren Fall, dass mit ihr eine Wettbewerbsbeschränkung verbunden sein sollte) kartellrechtlich unbedenklich, wenn auf Seiten der Teilnehmer die Bereitschaft besteht, jedem Interessenten zu FRAND-Bedingungen eine Lizenz an den Standardschutzrechten zu erteilen und ihm dadurch eine gleichberechtigte Teilnahme am standardisierten Markt zu ermöglichen. Um etwaige kartellrechtliche Bedenken gegen die vereinbarte Standardsetzung sicher auszuräumen, bedarf es dabei lediglich einer ernsthaften Lizenzbereitschaftserklärung derjenigen, die an der Standardsetzung teilnehmen und von ihr profitieren, aber nicht notwendigerweise der Zuweisung eines eigenen Lizenzierungsanspruchs an jeden Lizenzsucher. Mit Blick auf Art 101 AEUV existiert infolgedessen kein Bedarf für die Begründung einer konstitutiven (dh selbständig schuldschaffenden und anspruchsbegründenden) FRAND-Zusage, womit ein dahingehender Erklärungswille den Mitgliedern des Standards auch nicht unterstellt werden kann. 313

Zusammenfassend bleibt nach allem festzuhalten: Unter dem Blickwinkel von Art 102 AEUV mag die FRAND-Erklärung konstitutiv zu verstehen sein; selbst wenn dem so sein sollte, geht sie inhaltlich – wie dargelegt – jedenfalls nicht über den gesetzlichen Lizenzierungsanspruch hinaus. Soweit Art 101 AEUV im Raum steht, kann der Lizenzzusage schon kein schuldbegründender Charakter zuerkannt werden. Am Ende bleibt es deshalb dabei, dass im Patentverletzungsprozess allein die Verhaltenspflichten des Marktbeherrschers relevant sind und Art 101 AEUV keine Bedeutung hat.[488] 314

(c) Anwendbares Recht[489] und Forderungsrecht des Lizenzsuchers

Da sich somit die FRAND-Verpflichtungserklärung inhaltlich mit der kartellgesetzlichen Rechtslage deckt, bedarf es an sich keines Rückgriffs auf die Lizenzbereitschaftserklärung, weil sie dem Lizenzinteressenten keine über-schießenden (Verteidigungs-)Rechte vermitteln kann. Es ist deswegen von bloß akademischem Belang, dass die FRAND-Erklärung, soweit es die aus ihr folgenden Rechtswirkungen betrifft, dem Recht des **Schutzlandstaates** unterliegt[490] und ob sie – ungeachtet der Tatsache ihrer Abgabe 315

---

[488] LG Düsseldorf, Urteil v 19.1.2016 – 4b O 120/14.
[489] McGuire, GRUR 2018, 128.
[490] LG Düsseldorf, Urteil v 24.4.2012 – 4b O 273/10; LG Mannheim, InstGE 13, 65 – UMTS-fähiges Mobiltelefon II; zustimmend Fuchs, FS Ahrens, 2016, S 79; anders noch LG Mannheim, InstGE 11, 215 – UMTS-fähige Mobilstation: Nach dem Vertragsstatut entscheidet das Recht des Staates, in dem der Lizenzgeber (der die vertragscharakteristische Leistung erbringt) seinen Sitz hat.

gegenüber der Standardisierungsorganisation – dem begünstigten Lizenzinteressenten nach den Regeln des § 328 BGB einen direkten Anspruch auf Lizenzierung verschafft[491].

(d) Art 101 AEUV[492]

316 Verhaltenspflichten des Patentinhabers, die im Prozess um die Patentverletzung eine Einwendung zugunsten des Verletzers begründen könnten, ergeben sich nicht aus Art 101 AEUV.[493] Das gilt für sämtliche Ansprüche, auch für denjenigen auf Schadenersatz.[494] Zwar stellt die Standardisierung als solche eine potenziell wettbewerbsbeschränkende Vereinbarung zwischen Unternehmen dar, die dem Anwendungsbereich der Kartellvorschrift unterfällt. Einseitige (nicht abgestimmte) Verhaltensweisen wie die Erhebung einer Verletzungsklage ohne Rücksicht auf die Pflichten aus einer abgegebenen FRAND-Erklärung fallen jedoch nicht unter Art 101 AEUV. Dabei bleibt es auch dann, wenn bei der Standardsetzung die notwendigen Bedingungen (Möglichkeit der uneingeschränkten Mitwirkung aller potenziellen Anwender, Transparenz des Normierungsverfahrens, Zugang Dritter zur standardisierten Technik zu FRAND-Bedingungen) nicht eingehalten sind. Dem Verletzer kommt ein derartiger Sachverhalt deshalb nicht zugute, weil er lediglich zur Nichtigkeit der Normsetzung führt, die typischerweise auch eine etwaige FRAND-Zusage ergreift. Die Verhaltenspflichten des Patentinhabers bestimmen sich deswegen in jedem Fall ausschließlich nach Art 102 AEUV, aber nicht nach Art 101 AEUV.[495]

(2) Diskriminierung und Ausbeutung

317 Die mit der FRAND-Erklärung verbundene Zusage, Lizenzen am SEP **diskriminierungsfrei** (*non-diskriminatory*) zu vergeben, deckt sich inhaltlich mit dem aus Art 102 AEUV folgenden Kartellverbot der Ungleichbehandlung.[496] Die oben[497] im Zusammenhang mit lizenzierten Schutzrechten bereits dargestellte Praxis ist deswegen unmittelbar übertragbar und entscheidet auch im Rahmen der FRAND-Zusage über die Regeln, nach denen eine unterschiedliche Behandlung zulässig bzw untersagt ist. Generell gilt, dass für den lizenzierungspflichtigen Schutzrechtsinhaber ein Beurteilungsspielraum besteht, der nicht schon bei jedem Unterschied in den Lizenzbedingungen den Missbrauchstatbestand erfüllt, sondern erst dann, wenn der Unterschied in den Lizenzbedingungen mehr als nur unerheblich ist.[498] Andererseits genügt für den Missbrauchsvorwurf die ungerechtfertigte Schlechterbehandlung gegenüber einem einzigen von mehreren Lizenznehmern.[499] Die Abweichung im Regelungsgehalt der angebotenen FRAND-Lizenz muss, um missbrauchsfrei zu sein, nach Art und Umfang der Divergenz im Lizenzierungssachverhalt entsprechen.

318 Prinzipiell können sich folgende Lizenzierungsumstände als zulässiges **Differenzierungskriterium** erweisen: Ein qualitativ anderer Lizenzierungssachverhalt kann sich daraus ergeben, dass bestehende Lizenzvergütungen Kreuzlizenzen berücksichtigen, zu denen der neuerliche Lizenzinteressent mangels eigenen geeigneten Schutzrechtsbestandes außerstande ist. Zur Differenzierung können bei einer Portfoliolizenz ferner

---

491 Dagegen: LG Düsseldorf, Urteil v 7.6.2011 – 4b O 31/10.
492 Haft, FS 80 Jahre Patentgerichtsbarkeit Düsseldorf, 2016, S 157.
493 LG Düsseldorf, Urteil v 19.1.2016 – 4b O 120/14; LG Mannheim, Urteil v 4.3.2016 – 7 O 96/14, anders noch Beschluss v 21.11.2014 – 7 O 23/14; aA: LG Mannheim, Urteil v 27.11.2015 – 2 O 108/14.
494 LG Mannheim, Urteil v 4.3.2016 – 7 O 96/14.
495 LG Düsseldorf, Urteil v 19.1.2016 – 4b O 120/14.
496 OLG Düsseldorf, GRUR 2017, 1219 – Mobiles Kommunikationssystem.
497 Oben Kap E Rdn 250 ff.
498 OLG Düsseldorf, GRUR 2017, 1219 – Mobiles Kommunikationssystem.
499 OLG Düsseldorf, GRUR 2017, 1219 – Mobiles Kommunikationssystem.

Erschöpfungssachverhalte berechtigen, die den Lizenzaspiranten begünstigen, den bisherigen Lizenznehmern jedoch nicht zugute kommen, oder umgekehrt.[500] Plausibel ist schließlich, dass die einem marktstarken Unternehmen, das eine rasche Durchsetzung der standardgebundenen Technik im nachgelagerten Markt verspricht und frühzeitig eine Lizenz nimmt, günstigere Konditionen eingeräumt werden als einem Verletzer, der erst nach Durchsetzung des Standards in den Markt eintritt.[501] Dasselbe gilt für einen Referenzkunden, der als erster in einem bisher noch nicht erschlossenen Lizenzmarkt den Weg zu weiteren Lizenznahmen öffnen soll.[502] Bevorzugt behandelt werden darf ebenso der risikobereite Nehmer[503] einer Pauschallizenz im Vergleich zu dem Interessenten für eine Stücklizenz.[504] Unterschiedliche Erfolgsaussichten für die Durchsetzung des SEP in verschiedenen Ländern (und damit gegenüber verschiedenen Lizenzsuchern) können gleichfalls Grund für eine divergierende Lizenzbehandlung sein.[505]

Stets muss das Maß der Bevorzugung des einen und das damit verbundene Maß der Benachteiligung des anderen in einem vernünftigen Verhältnis zur Ungleichheit des der Lizenzerteilung zugrunde liegenden Sachverhaltes stehen. Das gilt ganz besonders bei betragsmäßig nennenswerten **Lizenzgebührenrabatten**, die dem einen gewährt, dem anderen aber verweigert werden. Abgesehen davon, dass bei SEP wegen des sich aus dem Standard ergebenden Benutzungszwanges von vornherein kein übermäßiger finanzieller Anreiz für eine Lizenznahme gesetzt werden muss, weil das fragliche Patent ohnedies benutzt werden muss, ist wesentlich, dass Lizenzrabatte, sofern sie von beträchtlicher Größenordnung sind, einen ganz gewichtigen Kostenfaktor für den nachgelagerten Produktmarkt darstellen und deshalb geeignet sind, die Wettbewerbsverhältnisse nachhaltig zu verfälschen.[506] Per se keinen tauglichen Rechtfertigungsgrund für ungleiche Lizenzgebühren soll der Umstand liefern, dass Dritte zugunsten eines Lizenznehmers günstigere Lizenzkonditionen erzwungen haben.[507]

319

Der Patentinhaber hat sich zu bestehenden Lizenzvereinbarungen mit Dritten zu erklären und, falls es sie gibt, konkrete Angaben zu ihrem Inhalt zu machen, was im Zweifel deren Vorlage in Kopie erfordert. Er hat die Lizenznehmer einschließlich ihrer jeweiligen Bedeutung auf dem relevanten Produktmarkt namhaft zu machen sowie die vollständigen – tatsächlich gelebten – Lizenzbedingungen mitzuteilen.[508] Zwar liegt die **Beweislast** zur Ungleichbehandlung beim Lizenzsucher, jedoch trifft den Patentinhaber wegen seines überlegenen Wissens über die eigene Lizenzierungspraxis eine sekundäre Darlegungslast.[509] Der Vortrag zu einigen namhaften Unternehmen der Branche reicht nicht aus[510]; vielmehr hat die Erklärung umfassend und vollständig zu erfolgen, weil nur so eine verlässliche Aussage über die Diskriminierungsfreiheit des unterbreiteten Lizenzangebotes (die bereits durch die unsachliche Benachteiligung gegenüber nur einem von mehreren Lizenznehmern begründet wird) getroffen werden kann. Der notwendige Sachvortrag kann nicht zur Gewährleistung eines Geheimnisschutzes zugunsten der dritten

320

---

500 OLG Düsseldorf, Beschluss v 17.11.2016 – I-15 U 65/15.
501 LG Mannheim, Urteil v 24.1.2017 – 2 O 131/16.
502 OLG Düsseldorf, GRUR 2017, 1219 – Mobiles Kommunikationssystem.
503 Wegen des hoch spekulativen Charakters einer Pauschallizenz kann sie einem Lizenzsucher nicht aufgezwungen werden; gegen seinen Willen ist sie daher im Allgemeinen nicht FRAND.
504 LG Mannheim, Urteil v 24.1.2017 – 2 O 131/16; OLG Düsseldorf, GRUR 2017, 1219 – Mobiles Kommunikationssystem.
505 OLG Düsseldorf, GRUR 2017, 1219 – Mobiles Kommunikationssystem.
506 OLG Düsseldorf, GRUR 2017, 1219 – Mobiles Kommunikationssystem.
507 OLG Düsseldorf, GRUR 2017, 1219 – Mobiles Kommunikationssystem. Das erscheint bedenklich, weil es sich um eine Rahmenbedingung für die Lizenzerteilung handelt, die dem Patentinhaber völlig entzogen ist und die er schlicht hinzunehmen hat.
508 OLG Düsseldorf, Beschluss v 17.11.2016 – I-15 U 65/15.
509 OLG Düsseldorf, GRUR 2017, 1219 – Mobiles Kommunikationssystem.
510 AA: OLG Düsseldorf, Beschluss v 17.11.2016 – I-15 U 65/15.

Lizenznehmer verweigert werden[511]; notfalls sind gerichtliche Schutzanordnungen nach GVG zu treffen und hat sich der Verletzer strafbewehrt zu verpflichten, die erhaltenen vertraulichen Informationen nicht anders als für Prozesszwecke zu verwenden.[512] Nach festgestellter Ungleichbehandlung steht es zur – primären – Darlegungs- und Beweislast des Schutzrechtsinhabers, aus welchem Grund die praktizierte unterschiedliche Behandlung der Lizenznehmer sachlich gerechtfertigt ist.[513]

321 Das Verbot der Diskriminierung hat naturgemäß keine Bedeutung, wenn keine Lizenzverträge existieren, die das Klagepatent – isoliert oder als Teil eines Portfolios – betreffen. Dasselbe gilt, wenn der bestehende Lizenzvertrag unter Missbrauch von Marktmacht (Art 102 AEUV) zustande gekommen ist; ein solches (von Gesetzes wegen missbilligtes) Vertragswerk kann keine Grundlage für eine Gleichbehandlung anderer bilden. Dass der Referenzvertrag (mit dem der Patentinhaber eine Gleichbehandlung reklamiert) unter Ausbeutungsmissbrauch zustande gekommen ist, steht zur Beweislast des Verletzers, der sich gegen die Gleichbehandlung wehrt.

322 Die für die Gleichbehandlungszusage erörterte Anlehnung an den gesetzlichen Missbrauchstatbestand gilt – entgegen anderslautender Ansicht[514] – auch für die Pflicht, **fair & reasonable** zu lizenzieren. Auf erste Sicht könnte der Wortlaut der FRAND-Erklärung zwar zu der Annahme verleiten, dass es der SEP-Inhaber übernommen hat, eine nach allen Seiten hin gerechte (»faire« und »angemessene«) Lizenzerteilung zu praktizieren, womit mehr gemeint sein könnte als das Versprechen, den Lizenzsucher bei der Lizenzerteilung lediglich nicht auszubeuten. Oben[515] wurde allerdings bereits hergeleitet, dass die erklärte Bereitschaft zur Lizenzierung interessegerecht dahin zu begreifen ist, dass mit ihr den im Zuge des Standardisierungsprozesses auftretenden kartellrechtlichen Anforderungen Rechnung getragen werden soll – nicht weniger, aber auch nicht mehr. Damit verbietet sich – wie dargelegt[516] – die Annahme, der SEP-Inhaber habe aus freien Stücken (sic: ohne kartellrechtlich hierzu gezwungen gewesen zu sein) eine Lizenzerteilung unabhängig von einer durch sein Schutzrecht vermittelten marktbeherrschenden Stellung zugesagt. Aus derselben Erwägung heraus kann kein freiwilliger Verzicht auf die durch das SEP verbrieften Monopolrechte dahingehend angenommen werden, dass auf der Rechtsfolgenseite mehr an Zugeständnissen eingeräumt worden ist als die Gesetzeslage unbedingt verlangt, nämlich das Versprechen, bei der Lizenzerteilung nicht auszubeuten. Jedes weitere Entgegenkommen im Sinne einer in jede Richtung gerechten Lizenzierung ist anlässlich einer Standardsetzung aus Gründen des Kartellrechts nicht vonnöten und kann den die FRAND-Erklärung abgebenden SEP-Inhabern deswegen auch nicht als gewollt unterstellt werden.[517] Dem lässt sich nicht engegenhalten, dass den am Standard beteiligten Schutzrechtsinhabern als Folge der Standardisierung ein erheblicher wirtschaftlicher Wert zufließt (indem sich ein Lizenzierungsgeschäft ganz beträchtlichen Umfangs praktisch von allein einstellt), der eine weitergehende »Gegenleistung« verlangt als die bloße Zusage einer Befolgung derjenigen Verhaltenspflichten, die den Schutzrechtsinhaber ohnehin kraft Gesetzes (Art 102 AEUV) treffen. Zum einen ist die deklaratorische Bekräftigung dessen, was von Gesetzes wegen gilt, keineswegs sinnlos; zum anderen hat die FRAND-Zusage mitnichten bloß wiederholenden Charakter, weil

---

511 OLG Düsseldorf, Beschluss v 17.11.2016 – I-15 U 65/15.
512 OLG Düsseldorf, Beschluss v 14.12.2016 – I-2 U 31/16.
513 OLG Düsseldorf, GRUR 2017, 1219 – Mobiles Kommunikationssystem.
514 Schlussanträge des Generalanwalts Wathelet v 20.11.2014 in der Sache C-170/13 – Tz 48, 71–74 (BeckRS 2014, 82403).
515 Oben Kap E Rdn 305 ff.
516 Oben Kap E Rdn 314.
517 Ähnlicher Auffassung ist auch der EuGH (GRUR 2015, 764 – Huawei Technologies/ZTE), wenn er die FRAND-Zusage als Verpflichtung zur Einräumung einer Benutzungsgestattung zu »zumutbaren« Bedingungen bezeichnet.

sie den Wettbewerber über das Missbrauchsverbot und dessen Rechtsfolgen hinaus konstitutiv begünstigt, was sich schon daran zeigt, dass es am Schutzrechtsinhaber ist, die Bemühungen um das Zustandekommen eines FRAND-Lizenzvertrages zu eröffnen.

(3) Lizenzangebot

Wenngleich die FRAND-Erklärung damit lediglich die Gesetzeslage (Art 101, 102 AEUV) abbildet, begründet sie für den Patentinhaber dennoch andere Handlungspflichten als sie oben[518] für ein auslizenziertes Schutzrecht erörtert worden sind. Der Grund liegt in der eingangs[519] herausgestellten wettbewerblichen Sondersituation, die durch eine Standardisierung und vor allem durch die Abgabe einer selbstverpflichtenden Lizenzbereitschaftserklärung hervorgerufen wird. 323

Um die – nachfolgend näher zu behandelnden – **Ansprüche** wegen Patentverletzung **einklagbar** zu **machen**, hat der Patentinhaber »Vorarbeit« dergestalt zu leisten, dass er durch ein FRAND-Bedingungen entsprechendes Lizenzangebot den Abschluss eines Lizenzvertrages über das Klagepatent anstößt. Die Situation ist vergleichbar mit einer Werklohnforderung, für die der Auftragnehmer, um die Vergütung fällig und damit einklagbar zu stellen, eine Schlussrechnung zu erteilen hat. Eine ohne Erledigung dieser Obliegenheit erhobene Klage ist als **derzeit unbegründet** abzuweisen[520]; gleiches gilt deshalb auch für eine ohne hinreichendes Lizenzangebot erhobene Verletzungsklage. 324

(a) Betroffene Ansprüche

Abweichungen ergeben sich zunächst bei der Reichweite des Kartelleinwandes, dh der Frage, gegenüber welchem Anspruchsbegehren der Zwangslizenzeinwand in seiner Bedeutung als prozessuales Durchsetzungshindernis überhaupt bedeutsam ist. Anders als bei auslizenzierten Patenten[521] bestehen kartellrechtliche Beschränkungen in der gerichtlichen Verfolgung der Verbietungsrechte aus einem SEP ausschließlich im Hinblick auf den Unterlassungsanspruch[522] sowie die im Ergebnis auf eine Unterlassung weiterer (oder künftig erstmals drohender Benutzungshandlungen[523]) hinauslaufenden Ansprüche auf Rückruf[524] und Vernichtung[525]. Keine Relevanz im Hinblick auf die Einklagbarkeit hat der Missbrauchseinwand demgegenüber in Bezug auf den Schadenersatz[526]-, Bereicherungs-, Entschädigungs-, Rechnungslegungs[527]-, Auskunfts- und Urteilsveröffentlichungsanspruch, weil sämtliche vorgenannten Ansprüche ohne *unmittelbare* Auswirkungen darauf sind, ob standardgemäße Konkurrenzprodukte auf den Markt gelangen bzw dort verbleiben. Aus der wettbewerblichen Neutralität der besagten Ansprüche folgt, dass sie im Bereich des Prozessrechts einer Anwendung der der Wettbewerbsfreiheit dienenden Regeln des Kartellrechts nicht bedürfen. Das bedeutet freilich nicht, dass die FRAND-Zusage keinerlei Auswirkungen auf die genannten Ansprüche 325

---

518 Oben Kap E Rdn 247 ff.
519 Oben Kap E Rdn 299.
520 OLG Düsseldorf, GRUR 2017, 1219 – Mobiles Kommunikationssystem.
521 Rdn 296.
522 EuGH, GRUR 2015, 764 – Huawei Technologies/ZTE. Läuft das Klagepatent während des Rechtsstreits ab, so dass der Unterlassungsanspruch für erledigt zu erklären ist, so wird der FRAND-Einwand ohne weiteres gegenstandlos.
523 Für diese Konstellation ist allein der Vernichtungsanspruch bedeutsam.
524 EuGH, GRUR 2015, 764 – Huawei Technologies/ZTE.
525 LG Düsseldorf, Urteil v 19.1.2016 – 4b O 120/14; OLG Düsseldorf, GRUR 2017, 1219 – Mobiles Kommunikationssystem.
526 EuGH, GRUR 2015, 764 – Huawei Technologies/ZTE.
527 EuGH, GRUR 2015, 764 – Huawei Technologies/ZTE.

hätte; solche Konsequenzen gibt es, sie liegen aber nicht in einer Beschränkung ihrer Durchsetzbarkeit, sondern in einem ggf reduzierten Anspruchsinhalt.[528]

326 **Nach Schutzrechtsablauf** besteht der Rückruf- und Vernichtungsanspruch in Bezug auf solche Erzeugnisse weiter, die während der Geltungsdauer des Patents in Verkehr gebracht worden (Rückruf) bzw in den Besitz/das Eigentum des Verletzers gelangt sind und insofern »den Makel der Schutzrechtsverletzung in sich tragen«. Da es dem Verletzer unbenommen bleibt, nach Ablauf des Schutzrechts andere, gleiche Erzeugnisse auf den Markt zu bringen (die er zB erst nach Ende der Patentlaufzeit hergestellt oder von dritter Seite bezogen hat), unterbindet der fortbestehende Rückruf- und Vernichtungsanspruch den Marktauftritt des Verletzers nicht. Dies bedingt, dass, sobald das Klagepatent abgelaufen ist, die klageweise Verfolgung des Rückruf- und Vernichtungsanspruchs keinen kartellrechtlichen Restriktionen mehr unterliegt, sondern beide Ansprüche hinsichtlich ihrer Klagbarkeit fortan wie ein Rechnungslegungs- oder Schadenersatzanspruch zu behandeln sind.[529] Das heißt wiederum nicht, dass die FRAND-Zusage des Patentinhabers für die *materielle* Beurteilung des Rückruf- und Vernichtungsanspruchs belanglos wäre. Das Gegenteil ist der Fall, weil für eine Zuerkennung der besagten Ansprüche selbstverständlich dort kein Raum ist, wo der klagende Schutzrechtsinhaber den Besitz und Vertrieb der patentgemäßen Produkte (deren Rückruf/Vernichtung er mit der Klage verlangt) bei Einhaltung seiner gegebenen Lizenzierungszusage hätte gestatten müssen. Auf dieser sachlich-rechtlichen Ebene gilt – wegen des vertrauensbildenden FRAND-Versprechens, das der Patentinhaber gegenüber der Allgemeinheit abgegeben hat – das vom EuGH[530] entwickelte (und nachfolgend näher zu beleuchtende) Prozedere in exakt derselben Form. Solange der Schutzrechtsinhaber seinen Obliegenheiten nachkommt und der Verletzer sich einer FRAND-Lizenz verweigert, ist der Rückruf- und Vernichtungsanspruch deswegen zuzuerkennen, im umgekehrten Fall nicht.

327 | **Praxistipp:** | Formulierungsbeispiel |

Die aufgezeigte Differenzierung könnte den Kläger zu dem Entschluss führen, der Einfachheit halber lediglich Ansprüche auf Schadenersatz und Rechnungslegung einzuklagen, um der leidigen FRAND-Diskussion zu entgehen. In jedem Einzelfall ist jedoch abzuwägen, ob ein dermaßen erstrittenes Urteil einen ausreichenden Druck auf den Verletzer ermöglicht, der ihn in ernsthafte Lizenzverhandlungen zwingt. Oft ist dies zu verneinen.

(b) Verpflichteter

328 Mit Rücksicht auf die FRAND-Selbstverpflichtung ist es Sache des **Patentinhabers** – und nicht Aufgabe des Lizenzsuchers –, ein FRAND-Lizenzangebot zu unterbreiten.[531]

(c) Adressat

329 Es ist an den mutmaßlichen Verletzer zu richten, der verklagt werden soll. Wird der Verletzungsbeklagte von einer angebotenen Konzernlizenz erfasst, ist die die diesbezüglichen Verhandlungen führende Konzerngesellschaft der richtige Ansprechpartner.[532]

330 Ungeachtet dessen, dass es dem Verletzten prinzipiell freisteht, welchen von mehreren Verletzern in der Absatzkette er wegen Patentverletzung in Anspruch nimmt und er

---

528 Zu Einzelheiten vgl unten Kap E Rdn 400.
529 AA: OLG Düsseldorf, GRUR 2017, 1219 – Mobiles Kommunikationssystem.
530 EuGH, GRUR 2015, 764 – Huawei Technologies/ZTE.
531 EuGH, GRUR 2015, 764 – Huawei Technologies/ZTE.
532 LG Düsseldorf, WuW 2016, 93.

insofern auch den **Vertreiber** vor dem **Hersteller** verklagen kann, hat er seine Lizenzierungspflichten im Zweifel vordringlich gegenüber dem Hersteller des Verletzungsproduktes zu erfüllen, dessen Lizenznahme den gesamten nachgeordneten Vertriebsweg reguliert. Solange von Seiten des Patentinhabers im Verhältnis zum Hersteller noch keine hinreichenden Lizenzierungsbemühungen unternommen worden sind, begründet dies deshalb im Prozess gegen den Vertreiber einen beachtlichen Verteidigungseinwand.[533] Dasselbe gilt nicht für den Hersteller bloßer Komponenten, aus denen der Vertreiber die Verletzungsprodukte fertigt, um sie anschließend unter seiner Marke in Verkehr zu bringen.[534]

Der Lizenzvorrang des Herstellers gilt nicht in dem Sinne, dass der nachgelagerte Vertrieb an dessen Lizenzierungsverhalten (und –versagen) gebunden wäre. Vielmehr hat aufgrund der FRAND-Zusage auch der Vertreiber als solcher für sein Unternehmen einen Lizenzierungsanspruch, was bedeutsam wird, wenn der Zulieferer (Hersteller) seiner Verpflichtung zu zielstrebigen FRAND-Verhandlungen nicht nachkommt, so dass eine Unterlassungsverurteilung des Händlers durch dessen Lizenzverlangen nicht gehindert wird. Unter solchen Umständen kann der Vertreiber für sich um eine Lizenzierung bitten und durch eigene Lizenzierungsbemühungen eine Unterlassungsklage abwenden. 331

(d) Inhalt

Das Vertragsangebot muss, um beachtlich zu sein, schriftlich[535] erfolgen, konkret sein (insbesondere die Lizenzgebühr sowie die Art und Weise ihrer Berechnung angeben) und sachlich sowohl diskriminierungs- als auch ausbeutungsfrei sein.[536] Letzteres verlangt, dass mit der Lizenz die gesamte (legale) Geschäftätigkeit des Lizenzsuchers abgedeckt wird, so dass es nicht angängig ist, einzelne aktuelle oder künftige Geschäftsfelder, für die um eine Lizenz nachgesucht wird, von der Lizenzofferte auszunehmen.[537] Jeder das SEP benutzende Gewerbetreibende hat Anspruch darauf, in seiner Geschäftätigkeit nicht von dem vertraglichen Wohlverhalten seiner Abnehmer oder Zulieferen abhängig, sondern durch eine Lizenzierung in eigener Person rechtlich abgesichert zu sein.[538] 332

Was die geforderte **Konkretheit** des Angebotes betrifft, verdienen zwei Gesichtspunkte besonderer Erwähnung. 333

– Das Lizenzangebot bedarf einer ausreichenden **Regelungsdichte**. Sie verlangt, dass zu jedem Punkt eine aussagekräftige[539] Bestimmung enthalten ist, dessen Behandlung der Lizenzsucher nach den Gepflogenheiten der betroffenen Branche redlicherweise erwarten darf.[540] Umgekehrt darf sich das Angebot zu allem verhalten, zu dem der Patentinhaber als Lizenzgeber einen berechtigten Regelungsbedarf hat.[541] Selbstverständlich müssen die Klauseln rechtlich zulässig sein, wofür die Artt 4, 5 der TT- 334

---

533 LG Düsseldorf, Urteil v 31.3.2016 – 4a O 73/14.
534 LG Mannheim, Urteil v 4.3.2016 – 7 O 97/14.
535 Die Art der schriftlichen Verlautbarung ist dem Äußernden überlassen, so dass ein Brief genauso infrage kommt wie ein Telefax oder eine Email. Die Schriftzeichen müssen für den Adressaten allerdings verständlich sein (was eine Verlautbarung in einer anderen Sprache als der Muttersprache des Adressaten oder in englischer Sprache im Allgemeinen verbietet).
536 EuGH, GRUR 2015, 764 – Huawei Technologies/ZTE.
537 LG Düsseldorf, Urteil v 11.7.2018 – 4c O 72/17.
538 Eine andere Frage ist, ob dem Lizenzsucher Schutzrechte aufgedrängt werden können, die er nicht in die FRAND-Lizenz einbezogen sehen will; vgl dazu unten Rdn 426 ff.
539 Maßstab ist das in Lizenzverträgen Übliche.
540 OLG Düsseldorf, GRUR 2017, 1219 – Mobiles Kommunikationssystem.
541 Eine Geheimhaltungsvereinbarung zu Lasten des Lizenznehmers ist regelmäßig allenfalls insoweit FRAND, als sie dem Lizenznehmer eine Offenlegung zu Zwecken der Rechtsverfolgung/Rechtsverteidigung zugesteht.

GVO (EU) 316/2014[542] nebst den zugehörigen Kommissionsleitlinien 2014/C 89/03[543] einen Anhalt bieten.

335 – Hinsichtlich der – im Mittelpunkt jeden Vertragsangebotes stehenden – **Lizenzvergütung** genügt es nicht, bloß die maßgebliche Bezugsgröße und den hierauf anzuwendenden Lizenzsatz (ggf einschließlich einer Abstaffelung) mitzuteilen; vielmehr schuldet der Patentinhaber zusätzliche Ausführungen zu der »**Art und Weise ihrer Berechnung**«. In einer schlichten Benennung der angewandten Berechnungsfaktoren (Bezugsgröße & Lizenzsatz) ließen sich solche Angaben nur erblicken, wenn die Lizenzgebühr vertraglich sinnvoll in einem bestimmten, festen Euro-Betrag ausgewiesen werden könnte, der sodann anhand der für ihn zur Anwendung gebrachten Faktoren (Bezugsgröße, Lizenzsatz) erläutert würde. Derartiges scheidet jedoch offensichtlich aus, weil das Lizenzangebot – jedenfalls ganz vordringlich – künftige Benutzungshandlungen zu regeln hat, deren Umfang und Intensität nicht absehbar ist und für die deswegen im Vorhinein vernünftigerweise auch keine feste Vergütungssumme eingesetzt werden kann. Mit den Angaben zur »Art und Weise der Lizenzgebührenberechnung« muss daher etwas anderes gemeint sein, nämlich eine Erläuterung derjenigen Umstände, die die vertraglich nach Bezugsgröße und Lizenzsatz zu bezeichnenden Vergütungsfaktoren als diskriminierungs- und ausbeutungsfrei (= FRAND) ausweisen.[544] Der Patentinhaber hat also – außer ihnen – konkret darzutun, weshalb er glaubt, dass die in sein Angebot aufgenommenen Vergütungsparameter (Bezugsgröße, Lizenzsatz) zu einer den Lizenzsucher nicht diskriminierenden und auch nicht ausbeutenden Benutzungsvergütung führen.[545] Dahingehender Angaben bedarf es nicht zuletzt auch deshalb, weil für den Lizenzsucher nur in Kenntnis dieser Umstände eine sinnvolle Diskussion des ihm unterbreiteten Lizenzangebotes möglich ist.

336 Im Einzelnen folgt daraus: Soweit der Patentinhaber bereits Lizenzen vergeben hat, muss er für den Gegner nachvollziehbar darlegen, dass er ihn entweder gleich oder weshalb er ihn in welcher Hinsicht ungleich behandelt. Darüber hinaus schuldet er eine aus sich heraus verständliche und inhaltlich ausreichend fundierte Begründung dafür, wieso die von ihm in Ansatz gebrachte Lizenzvergütung ihrer Höhe nach FRAND, nämlich zumutbar (»fair, reasonable«) ist. Das Maß der zu beiden Punkten erforderlichen **Substantiierung** hängt von den Gegebenheiten des Einzelfalles ab, wobei ua die eigenen Einsichtsmöglichkeiten des Angebotsadressaten in die Verhältnisse auf dem Lizenzmarkt von Belang sein können.[546] In jedem Fall gilt eine Wahrheitspflicht. Die Vorlage geheim gehaltener und geheimhaltungsbedürftiger Unterlagen wird jedenfalls im Allgemeinen nicht ohne weiteres geschuldet.

(e) Prozedere

337 Anlass für die Abgabe eines Lizenzangebotes besteht erst, nachdem der Verletzungsbeklagte vom Patentinhaber auf die Verletzung des Klagepatents hingewiesen worden ist

---

542 ABl EU L 93/17 vom 28.3.2014.
543 ABl EU C 89/3 vom 28.3.2014.
544 Ebenso: OLG Düsseldorf, Beschluss v 17.11.2016 – I-15 U 65/15; OLG Düsseldorf, GRUR 2017, 1219 – Mobiles Kommunikationssystem. Freigestellt ist, ob diese Erläuterungen in den eigentlichen Angebotstext aufgenommen werden oder – was vorzugswürdig sein dürfte – in ein separates Begleitdokument, solange nur deren gleichzeitige Verfügbarkeit für den Lizenzsucher gewährleistet ist.
545 LG Mannheim, GRUR-RR 2018, 273 – Funkstation; anders: LG Mannheim, Urteil v 24.1.2017 – 2 O 131/16.
546 LG Mannheim, GRUR-RR 2018, 273 – Funkstation.

und der Verletzungsbeklagte daraufhin signalisiert hat, eine FRAND-Lizenz nehmen zu wollen.547

(aa) Verletzungsanzeige

Die gebotene Verletzungsanzeige hat den Sinn, dem hinsichtlich des Schutzbereichseingriffs ggf noch gutgläubigen Benutzer die Gelegenheit zu geben, um die Erteilung einer aufgrund der FRAND-Erklärung jedem Interessenten zugesagten Benutzungserlaubnis nachzufragen. Sie verlangt eine Benennung des mit der Klage geltend gemachten Schutzrechts zumindest nach seiner Veröffentlichungsnummer sowie Ausführungen dazu, durch welche konkrete Handlung das Patent verletzt werden soll, also die genaue Bezeichnung der angegriffenen Ausführungsform und der dem Gegner insoweit vorgeworfenen Benutzungsalternativen (Herstellung, Angebot, Vertrieb, etc).548 Darüber hinaus verlangt das LG Mannheim549 einen Hinweis auf die Standardessentialität des Patents sowie auf diejenige technische Funktionalität, die verletzungsrelevant sein soll, außerdem mindestens claim charts, die jedes Anspruchsmerkmal mit einer Textstelle im Standard in Verbindung bringt. Das erscheint bedenklich; in jedem Fall kommen noch weitergehende Erläuterungspflichten nicht in Betracht, weil es einer inhaltlichen Begründung dazu, aus welchen Gründen die einzelnen Merkmale des Patentanspruchs verwirklicht sein sollen (Patentauslegung), ebenso wenig bedarf wie einer rechtlichen Herleitung der Haftung des Beklagten (zB in Fällen des § 10 PatG). Dies alles zu verifizieren, ist alleinige Verantwortlichkeit des Lizenzsuchers, der mit der Anzeige bloß über den tatsächlichen Sachverhalt unterrichtet werden soll, in dem der Schutzrechtsinhaber den Verletzungsvorwurf begründet sieht. Es ist keine Klageandrohung notwendig und auch keine Stellungnahmefrist550; vielmehr muss bis zur Klageerhebung nur eine solche Zeitspanne abgewartet werden, die erforderlich ist, um auf Seiten des Verletzers Klarheit über eine Lizenzierungsbitte gewinnen und dementsprechend auf die Anzeige reagieren zu können. Dazu bedarf es technischer Überlegungen (wird von dem angezeigten Patent tatsächlich Gebrauch gemacht? Wie sind die Chancen für einen kurzfristigen erfolgreichen Rechtsbestandsangriff, der die Lizenznahme erübrigen kann?), die nach Lage des Falles nur wenige (zwingendes SEP, dessen Benutzung unbestreitbar ist), ggf aber auch mehrere Wochen (Options-SEP, dessen Benutzung unklar ist) in Anspruch nehmen können. Die Verletzungsanzeige kann auch in einer Klage wegen Patentverletzung liegen und sie kann auch mit dem FRAND-Angebot zusammenfallen551, wohingegen ein Lizenzangebot ohne vorherige oder gleichzeitige Verletzungsanzeige bedeutungslos ist552.

338

Sofern sichergestellt ist, dass eine der **Muttergesellschaft** übersandte Verletzungsanzeige konzernintern an diejenigen Tochtergesellschaften weitergeleitet wird, die es in den einzelnen Schutzländern angeht, erübrigt sich eine formale Benachrichtigung sämtlicher Konzerngesellschaften.553 Im Zweifel empfiehlt es sich, den erwarteten Wissenstransfer innerhalb des angesprochenen Konzerns in der Verletzungsanzeige klarzustellen.

339

Hintergrund für die Verletzungsanzeige des Patentinhabers ist die Erwägung, dass technische Standards typischerweise eine große Anzahl von SEP umfassen, weswegen nicht sicher ist, dass der Verletzer darum weiß, dass er die Lehre des Klagepatents benutzt

340

---

547 EuGH, GRUR 2015, 764 – Huawei Technologies/ZTE.
548 OLG Düsseldorf, Beschluss v 17.11.2016 – I-15 U 65/15; OLG Düsseldorf, GRUR 2017, 1219 – Mobiles Kommunikationssystem.
549 Urteil v 29.1.2016 – 7 O 66/15.
550 AA: Cordes/Gelhausen, Mitt 2015, 426, 432.
551 LG Mannheim, Urteil v 24.1.2017 – 2 O 131/16.
552 LG Mannheim, Urteil v 24.1.2017 – 2 O 131/16.
553 OLG Düsseldorf, Beschluss v 17.11.2016 – I-15 U 65/15; OLG Düsseldorf, GRUR 2017, 1219 – Mobiles Kommunikationssystem.

und deshalb die Notwendigkeit zu einer Lizenznahme bestehen kann. Die Pflicht zur Anzeige ist dennoch kein Selbstzweck, weswegen sie als nutzlose **Förmelei** unterbleiben kann, wenn angesichts der Gesamtumstände *mit Sicherheit* davon auszugehen ist, dass der Verletzungsbeklagte Kenntnis von der Benutzung des Klagepatents durch die angegriffene Ausführungsform hat und sein Berufen darauf, der Kläger habe ihm dies nicht angezeigt, als Rechtsmissbrauch erscheint. An die Bejahung eines derartigen Tatbestandes sind strenge Maßstäbe anzulegen, wobei die Rechtsprechung zur Entbehrlichkeit einer Abmahnung[554] eine Orientierung bieten kann.

341 ▶ **Bsp:**

Eigene Fach- oder Werbeveröffentlichungen des Beklagten belegen sein Wissen um die Patentbenutzung; das Klagepatent betrifft eine Schlüsselfunktion des Standards, die schlechterdings niemandem verborgen geblieben sein kann.

Der bloße Hinweis auf ein **paralleles Auslandsschutzrecht** genügt als Anzeige der Verletzung eines inländischen Klagepatents schon wegen des unzureichenden territorialen Bezuges nicht. Ganz besonders gilt dies dann, wenn für die Schutzbereichsbestimmung jeweils andere rechtliche Regeln gelten, egal, ob sie auf einer bloß abweichenden Handhabung durch die nationale Rechtsprechung beruhen und im Einzelfall tatsächlich zu einer divergierenden Verletzungsbeurteilung führen. Wird der als verletzt angezeigte (erteilte) **Patentanspruch** später – freiwillig oder auf einen Widerspruch/eine Nichtigkeitsklage hin – **eingeschränkt**, bedarf es keiner neuen Verletzungsanzeige. Gleiches gilt, wenn aus einer anderen Anspruchskombination (zB von Anspruch 1 & 3) geklagt wird, als angezeigt war (zB Anspruch 1 & 2).[555] Beides ist unschädlich, weil es im Rahmen der Verletzungsanzeige – über die Nennung des mutmaßlich verletzten Schutzrechts nach seiner Veröffentlichungsnummer hinaus – keiner ins Einzelne gehenden Begründung des Verletzungsvorwurfs bedarf. Von einer bestimmte angegriffene Ausführungsformen betreffenden Verletzungsanzeige werden ohne weiteres auch spätere **Modellaktualisierungen** erfasst (wie sie insbesondere im Mobilfunkbereich üblich sind), jedenfalls dann, wenn die technischen Gegebenheiten nicht in einer Weise variiert werden, dass sich die Frage der Patentverletzung grundlegend neu und anders stellt.[556]

(bb) Lizenzierungsbitte

342 Im Anschluss an eine hinreichende Verletzungsanzeige (oder bei deren ausnahmsweiser Entbehrlichkeit) hat der Verletzer (oder dessen Muttergesellschaft mit Wirkung – auch – für den Verletzer[557]) sein Interesse an einer Lizenzierung des Klagepatents zum Ausdruck zu bringen. Davon darf in der Folge nicht abgerückt werden, so dass die ernsthafte Bereitschaft zur Lizenznahme auch in dem Augenblick noch Bestand haben muss, zu dem der Patentinhaber sein FRAND-Angebot abzugeben hat.[558]

343 Selbst wenn am Ende eine **Portfoliolizenz** in Betracht kommen sollte, geht es im (frühen) Stadium der Lizenzierungsbitte einzig um das zur Grundlage des Verletzungsangriffs gemachte Klagepatent, weswegen weder die Bereitschaft zur Lizenznahme an weiteren Schutzrechten in Aussicht gestellt werden muss noch der Umstand schadet, dass der Verletzungsbeklagte seine Ansicht äußert, zu weiterer Lizenznahme nicht oder nur mit Blick auf ganz bestimmte Patente verpflichtet zu sein. Portfoliopatente werden für den

---

554 Vgl Kap C Rdn 157 f.
555 Denn derart dezidierter Darlegungen bedarf es für die Verletzungsanzeige nicht (vgl oben Kap E Rdn 338).
556 OLG Düsseldorf, GRUR 2017, 1219 – Mobiles Kommunikationssystem.
557 OLG Düsseldorf, GRUR 2017, 1219 – Mobiles Kommunikationssystem.
558 OLG Düsseldorf, GRUR 2017, 1219 – Mobiles Kommunikationssystem.

Beklagten erst dann virulent, wenn der Kläger die Notwendigkeit ihrer Lizenznahme im Rahmen eines FRAND-Vertrages dargetan und eingefordert hat. Die Bitte um Lizenzierung kann pauschal sowie formlos und folglich auch konkludent geschehen, wobei das fragliche Verhalten für den Gegner eindeutig den Willen zur Lizenznahme erkennen lassen muss.[559] Irgendwelche Ausführungen zum Inhalt der Lizenz sind nicht erforderlich.[560] Sie können sogar schädlich sein und sind es, wenn sie dem Patentinhaber bei verständiger Würdigung den Eindruck vermitteln müssen, dass eine Bereitschaft zur Lizenznahme abschließend nur zu ganz bestimmten, nicht verhandelbaren Konditionen besteht, die nicht FRAND sind und auf die sich der Schutzrechtsinhaber deshalb nicht einlassen muss. Unter derartigen Umständen enthält die Bitte um Erteilung einer Lizenz in Wirklichkeit die ernsthafte und endgültige Weigerung, eine Benutzungsvereinbarung zu FRAND-Bedingungen zu treffen, womit sich jedes FRAND-Lizenzangebot des Patentinhabers von vornherein (weil es zwecklos wäre) erübrigt.

Selbstverständlich ist dem Verletzer eine hinreichende Überlegungszeit einzuräumen. Wie lang sie ist, hängt von dessen eigenen Einsichtsmöglichkeiten in die betreffende Technik ab. Je ausführlicher die Verletzungsanzeige ist, umso kürzer wird tendenziell die **Erwägungsfrist** für den Verletzer ausfallen können.[561] Dieser ist in jedem Fall aber gehalten, sich zügig um die notwendigen Erkenntnisse zu bemühen, die für eine Entscheidung darüber bedeutsam sind, ob er eine Lizenz nehmen will oder nicht. Dazu gehört eine Abschätzung der Verletzungs-, aber auch der Rechtsbestandsseite. Die hierzu bei redlichem Bemühen notwendige Zeitspanne ist zu gewähren; sie wird, eben weil es zu diesem Zeitpunkt nur um das (einzelne) Klagepatent geht[562], relativ knapp zu bemessen sein und 2 Monate allenfalls im Einzelfall unter besonderen Bedingungen überschreiten.[563] 344

(cc) Zeitliche Reihenfolge

Da eine Verletzungsklage nur dann vor dem Vorwurf eines Machtmissbrauchs immun ist, wenn das geschilderte Prozedere eingehalten wird, muss ein hinreichendes Lizenzangebot unterbreitet *sein* (womit dasselbe auch für die ihr vorgelagerte Verletzungsanzeige und die Bitte um Lizenzerteilung gilt), bevor die Klage erhoben wird.[564] Tritt der Lizenzsucher ernsthaft in eine Erörterung der Lizenzofferte ein, müssen darüber hinaus die Vertragsverhandlungen erfolglos durchgeführt *sein*, bevor der Rechtsweg wegen Patentverletzung beschritten werden darf.[565] 345

Bei der Bestimmung dessen, was mit dem zeitlichen Kriterium »**vor Klageerhebung**« genau gemeint ist, kann nicht kurzerhand auf die Gesetzesdefinition im deutschen Zivilprozessrecht (Rechtshängigkeit = Klagezustellung) zurückgegriffen werden. Denn die 346

---

559 OLG Düsseldorf, GRUR 2017, 1219 – Mobiles Kommunikationssystem.
560 OLG Düsseldorf, Beschluss v 17.11.2016 – I-15 U 65/15; OLG Düsseldorf, GRUR 2017, 1219 – Mobiles Kommunikationssystem.
561 LG Düsseldorf, Urteil v 31.3.2016 – 4a O 73/14; OLG Düsseldorf, GRUR 2017, 1219 – Mobiles Kommunikationssystem.
562 Anders verhält es sich – wegen des weitreichenderen Prüfungsstoffes – bei der Reaktion auf das Lizenzangebot des Patentinhabers, namentlich dann, wenn es sich um ein grenzüberschreitendes Schutzrechtsportfolio handelt.
563 OLG Düsseldorf, GRUR 2017, 1219 – Mobiles Kommunikationssystem (mehr als drei Monate sind in aller Regel unangemessen lang).
564 EuGH, GRUR 2015, 764 – Huawei Technologies/ZTE.
565 Dass auch das Lizenzangebot zeitlich vor der Klageeinreichung liegen muss, ergibt sich eindeutig aus den Rn 61–63 der Entscheidungsgründe. Sie ordnen an, dass es dem Patentinhaber »vor der gerichtlichen Geltendmachung« des Unterlassungsanspruchs »zum einen« obliegt, den Benutzer auf die gegebene Patentverletzung hinzuweisen, und »zum anderen« obliegt, ein konkretes Lizenzangebot zu unterbreiten.

Bedingung ist europaweit einzuhalten und in den betroffenen Mitgliedstaaten existiert keine einheitliche Begriffsbildung. Richtigerweise ist deshalb derjenige Zeitpunkt angesprochen, zu dem der Kläger alle Vorkehrungen für eine Durchführung des Klageverfahrens gegen den Verletzer getroffen hat, so dass es nicht mehr in seinen Händen liegt, ob und wann das gerichtliche Streitverfahren seinen Fortgang nimmt. In Deutschland ist dieser Moment gegeben, sobald die Klage eingereicht ist und der Kläger den erforderlichen Gerichtskostenvorschuss eingezahlt hat.[566]

347 | **Praxistipp** | Formulierungsbeispiel

Mit der vorgerichtlichen Verletzungsanzeige schafft der Patentinhaber die Gefahr eines gegnerischen **Torpedos**. Dem kann auf zweierlei Weise begegnet werden. Zum einen kann die Klage bereits vor Einreichung der Verletzungsklage eingereicht, die Einzahlung des Kostenvorschusses danach aber im Rahmen des nach Art 32 EuGVVO Zulässigen verzögert werden, so dass das bereits vorbereitete Lizenzangebot bis zur mündlichen Verhandlung vor dem Verletzungsgericht unterbreitet und ggf verhandelt sein kann. Zum anderen – und dieser Weg ist noch sicherer – kann die Klage von vornherein auf den Schadenersatz- und Rechnungslegungsanspruch beschränkt und später (nach Abwicklung der notwendigen kartellrechtlichen Formalitäten) um den Unterlassungs-, Rückruf- und Vernichtungsanspruch erweitert werden.

(dd) Gegenangebot

348 Auf das ihm unterbreitete, *FRAND-Bedingungen genügende*[567] Lizenzangebot hat der Verletzer »mit Sorgfalt, gemäß den in dem Bereich anerkannten geschäftlichen Gepflogenheiten und nach Treu und Glauben zu reagieren«.[568] Will der Verletzer das Lizenzangebot des Patentinhabers, obwohl es FRAND-Bedingungen entspricht, nicht annehmen, muss er innerhalb einer **kurz bemessenen Frist** ein konkretes schriftliches Gegenangebot unterbreiten, das FRAND-Bedingungen entspricht.[569] Hinsichtlich seines Inhalts gelten prinzipiell keine anderen Anforderungen als für das Lizenzangebot des Patentinhabers, so dass eine in beiden Richtungen hinreichende Regelungsdichte genauso unabdingbar ist wie eine Erläuterung dazu, wieso die abweichend vorgeschlagenen Inhalte (namentlich eine anderslautende Lizenzvergütung) diskriminierungs- und ausbeutungsfrei sind und welche Umstände angesichts des FRAND-Angebots des Patentinhabers für *ihre* Vereinbarung sprechen. Da die Lizenzvergütung konkret anzugeben ist, scheidet es aus, anstelle einer eigenen Festlegung lediglich das Bestimmungsrecht eines Dritten (zB ein Schiedsgericht) vorzusehen.[570] Unbedenklich ist demgegenüber, die im Gegenangebot genannte Lizenzgebühr durch einen Dritten auf ihre Angemessenheit überprüfen zu lassen.[571]

---

566 LG Düsseldorf, Urteil v 31.3.2016 – 4a O 73/14.
567 OLG Düsseldorf, Mitt 2016, 85 – Kommunikationsvorrichtungen eines Mobilfunksystems; OLG Düsseldorf, GRUR 2017, 1219 – Mobiles Kommunikationssystem; OLG Karlsruhe, Mitt 2016, 321 – Informationsaufzeichnungsmedium; aA: LG Mannheim, Urteil v 27.11.2015 – 2 O 108/14 sowie LG Düsseldorf, WuW 2015, 93, die eine Pflicht zum Gegenangebot auch dann annehmen, wenn das Lizenzangebot des Patentinhabers nicht FRAND ist, und die bei Fehlen eines solchen Gegenangebotes der Unterlassungsklage stattgeben. Nach LG Mannheim (Urteil v 29.1.2016 – 7 O 66/15) begründet auch ein Angebot, was nicht FRAND ist, eine Reaktionspflicht, es sei denn, es erweist sich schon bei summarischer Prüfung als evident UN-FRAND.
568 EuGH, GRUR 2015, 764 – Huawei Technologies/ZTE.
569 EuGH, GRUR 2015, 764 – Huawei Technologies/ZTE.
570 LG Düsseldorf, Urteil v 31.3.2016 – 4a O 73/14.
571 LG Düsseldorf, Urteil v 31.3.2016 – 4a O 73/14. Nach Auffassung des LG Düsseldorf soll dies zur Folge haben, dass der Verletzungsprozess von einer abschließenden Bestimmung der Lizenzhöhe entlastet wird, weil ein mit Überprüfungsmöglichkeit versehenes Lizenzangebot nur dann als UN-FRAND angesehen werden kann, wenn die offerierten Lizenzgebühren evident überhöht sind.

Was die **Reaktionsfrist** betrifft, hängt es vom Inhalt des Lizenzangebotes ab, welche **349**
Zeitspanne dem Verletzer einzuräumen ist. Sie wird umso größer sein, je umfangreicher
das offerierte Schutzrechtsportfolio ist, und kann – orientiert an den üblichen Abläufen
bei freien Lizenzverhandlungen – auch mehrere Monate betragen.

Mit der erörterten Annahme-Option für den Verletzer erkennt der EuGH an, dass es **350**
mehr als nur *einen* FRAND-Lizenzvertragsinhalt gibt und dass es ein legitimes Anliegen
des Verletzers darstellt, den vorhandenen FRAND-Spielraum für sich auszunutzen.

Dem Verletzer ist es nicht untersagt, parallel zu den Lizenzverhandlungen das Klagepa- **351**
tent in seinem **Rechtsbestand** anzugreifen und/oder dessen Standardessentialität bzw.
Benutzung durch die angegriffene Ausführungsform zu bestreiten.[572] Weil dem so ist,
darf er sich entsprechende Maßnahmen in einem FRAND-Lizenzvertrag auch ausdrücklich vorbehalten,[573] was nicht bedeutet, dass die Vertragserklärung als solche unter die
Bedingung tatsächlicher Patentbenutzung und sich endgültig herausstellenden Rechtsbestandes des/der Lizenzschutzrechte gestellt werden darf.[574] Auf **Rückforderungsvorbehalte** in Bezug auf gezahlte Lizenzen für den Fall einer späteren Vernichtung des Klagepatents besteht demgegenüber kein Anspruch, weil sie in der Lizenzpraxis nicht üblich
sind.[575] Wenn der Verletzer der Auffassung ist, mit seinen Produkten keinen Gebrauch
von der technischen Lehre des Lizenzschutzrechts zu machen, steht es ihm frei, eine
Nullauskunft zu erteilen und jede Lizenzzahlung zu verweigern.[576] Der die Lizenz ertei-
lende Patentinhaber, der dies anders sieht, hat in einem solchen Fall – wie sonst auch –
Auskunfts- und Zahlungsklage zu erheben. Was den Rechtsbestand des Patents anbetrifft, ist es gängige Praxis, dass die Zahlungspflicht solange andauert, bis eine Vernichtungsentscheidung Rechtskraft erlangt hat. Auch insoweit besteht deshalb kein Anlass
für eine Regelung zur Rückzahlung verauslagter Lizenzgebühren. Sie würde den
FRAND-Lizenzsucher gegenüber freiwilligen vertraglichen Lizenznehmern des Patentinhabers bevorzugen, was mit einer fairen und gleichmäßigen Lizenzvereinbarung, auf
die allein ein Anrecht besteht, nicht zu vereinbaren wäre.

Zusammenfassend bleibt also zu resümieren:

(ee) Umfang und Modalität der Verhandlungen

Da die Lizenzverhandlungen die Durchsetzung der ohnehin zeitlich begrenzten Verbie- **352**
tungsrechte aus einem Patent blockieren, müssen die Abschlussbemühungen zu einem
zügigen Ergebnis gebracht werden, wozu beide Seiten ihren Beitrag zu leisten haben.
Dies verbietet es, einen wiederholten Austausch von Vertragsentwürfen zuzulassen, und
bedingt, dass sowohl dem Patentinhaber als auch dem Lizenzsucher im Prinzip jeweils
nur **ein einziger Versuch** zugebilligt wird, mit ihrem Angebot FRAND-Bedingungen
zu formulieren. Um dem Vorwurf missbräuchlicher Klageerhebung zu entgehen, muss
das Lizenzangebot des Patentinhabers FRAND sein; umgekehrt versagt der EuGH dem
Verletzer die Berufung auf den missbräuchlichen Charakter der gegen ihn erhobenen
Verletzungsklage, wenn er das FRAND-Angebot des Schutzrechtsinhabers ablehnt und
ihm nicht innerhalb kurzer Frist ein konkretes schriftliches Gegenangebot unterbreitet,
das seinerseits FRAND-Bedingungen genügt[577]. Um solches zu ermöglichen, ist beiden

---

572 EuGH, GRUR 2015, 764 – Huawei Technologies/ZTE.
573 EuGH, GRUR 2015, 764 – Huawei Technologies/ZTE.
574 LG Düsseldorf, Urteil v 31.3.2016 – 4a O 73/14; OLG Düsseldorf, GRUR 2017, 1219 – Mobiles Kommunikationssystem.
575 LG Düsseldorf, Urteil v 31.3.2016 – 4a O 73/14.
576 Sollte die Auffassung des Benutzers nicht zutreffen, besteht freilich das Risiko, dass durch die unberechtigte Nichtzahlung ein die Vertragskündigung rechtfertigender Schuldnerverzug begründet wird (vgl dazu unten Kap E Rdn 361).
577 EuGH, GRUR 2015, 764 (Rn 66) – Huawei Technologies/ZTE.

E. Verteidigungsmöglichkeiten des Beklagten

Seiten – bei allem Bemühen um Beschleunigung – im Vorfeld ihrer jeweiligen Vertragserklärungen eine hinreichende Zeitspanne zur Sachverhaltsermittlung, Überlegung und internen Abstimmung sowie Abfassung ihrer Offerte zuzubilligen, die der Komplexität des Verhandlungsgegenstandes gerecht wird. Mehr als diejenige Zeit, die jede Partei bis zur tatsächlichen Abgabe ihres Lizenzangebotes für sich in Anspruch genommen hat, wird grundsätzlich nicht zu akzeptieren sein, so dass der nachträgliche Einwand abgeschnitten ist, die von der erklärenden Partei sich selbst gegebene Reaktionszeit sei objektiv zu kurz bemessen gewesen.

353 Dass Patentinhaber und Patentbenutzer grundsätzlich nur einen Versuch für die Formulierung eines FRAND-Angebotes haben und insbesondere der Verletzer ohne ein *zügiges* **Gegenangebot** den Einwand missbräuchlicher Klageerhebung einbüßt, bedeutet – entgegen dem ersten Anschein – aus sinngemäß denselben Erwägungen heraus, wie sie später[578] im Zusammenhang mit dem FRAND-Angebot des Patentinhabers dargelegt werden, keinen endgültigen Rechtsverlust, der auch dann zu beachten wäre, wenn ein ausreichendes FRAND-Gegenangebot zwar verzögert, aber noch rechtzeitig vor der Schlussverhandlung im Verletzungsprozess erfolgt. Maßgeblich für die Zuerkennung oder Aberkennung eines gerichtlich verfolgten Anspruchs sind stets die tatsächlichen und rechtlichen Verhältnisse im Zeitpunkt der gerichtlichen Entscheidungsfindung. Abgesehen von den Sonderfällen prozessualer Präklusion sind vom erkennenden Gericht deswegen alle Umstände zu berücksichtigen, die bis zu seiner letzten mündlichen Verhandlung in das Verfahren eingeführt worden sind. Folgerichtig entscheidet auch der Stand der FRAND-Lizenzverhandlungen, wie er sich in *diesem* Moment darstellt, darüber, ob die Verletzungsklage missbräuchlich verfolgt wird oder nicht.

354 Die besagte Erkenntnis hat weitere Konsequenzen. Wenn FRAND-Angebote – erstmals oder abermals – im laufenden Klageverfahren ausgetauscht werden, ist das Gericht gemäß § 139 ZPO gehalten, mittels geeigneter **Hinweise** bei den Parteien Klarheit darüber herbeizuführen, was die Kriterien für eine FRAND-Lizenz sind, damit die (erstmaligen oder unzureichenden) Vertragsofferten daran ausgerichtet werden können. Dasselbe gilt selbstverständlich, wenn die Lizenzverhandlungen vorgerichtlich ohne Einigung unternommen wurden und es nach Erhebung der Unterlassungsklage darum geht, ob die vorgelegten Angebote FRAND waren oder nicht. Solange auf Seiten der Prozessparteien im Rechtsstreit wirkliche Verhandlungsbereitschaft besteht (was durch ein entsprechendes, den Prozess in Bezug auf den FRAND-Komplex förderndes Verhalten unter Beweis zu stellen ist), wird beiden Parteien die Möglichkeit gegeben werden müssen, der Auffassung des Gerichts vom Inhalt zumutbarer FRAND-Bedingungen nachzukommen und ihre bisherigen Vertragsofferten entsprechend nachzubessern. Wegweisender gerichtlicher Hinweise wird es gerade in der (Anfangs-)Zeit besonders bedürfen, solange sich noch keine festen Handhabungsregeln herausgebildet haben, die den Parteien eine verlässliche Orientierung bieten können. Andererseits werden die Gerichte vielfach nicht aus eigener Kenntnis und Anschauung in der Lage sein, sich ein abschließendes Urteil über die »Fairness« und »Zumutbarkeit« eines in Rede stehenden Lizenzangebotes zu bilden, weswegen es im Zweifel geboten ist, zu jedem Lizenzangebot den gegnerischen Sachvortrag einzuholen und in Erwägung zu ziehen. Solange der Anbietende im Rahmen dieses dreiseitigen »Findungsprozesses« ernsthafte und redliche Verhandlungsbereitschaft erkennen lässt[579], wird ihm im Anschluss daran Gelegenheit gegeben werden müssen, den gegen seine Offerte vorgebrachten Einwänden durch geänderte Vertragskonditionen Rechnung zu tragen.

---

578 Kap E Rdn 103, 364.
579 Davon kann zB keine Rede sein, wenn sich ein Lizenzangebot schon auf erste Sicht als völlig inakzeptabel erweist und daher schlechterdings keine Verhandlungsbasis bilden kann.

Insgesamt müssen die Verhandlungen aber **jederzeit zielstrebig** verfolgt und zu Ende 355
gebracht werden, weswegen es nicht angeht, einen zermürbenden »Stellungskrieg« um
jede einzelne Vertragsklausel zu führen. Er ist umso weniger angebracht und hinnehmbar, als es letztlich auf die Zumutbarkeit des *Gesamt*vertragswerkes ankommt. Wer sich
gegenüber berechtigten Einwänden gegen sein Lizenzangebot uneinsichtig zeigt oder solchen Einwänden dilatorisch begegnet, muss sein letztes unzureichendes FRAND-Angebot als abschließend behandeln lassen und die daraus resultierenden Rechtsfolgen (einer
Verurteilung bzw Klageabweisung) hinnehmen.

Erweist sich das Angebot des Schutzrechtsinhabers als nicht diskriminierungs- und aus- 356
beutungsfrei, ist seine Verletzungsklage missbräuchlich und als solche abzuweisen.
Genügt das Inhaber-Angebot FRAND-Bedingungen, hat der Verletzer im Anschluss
daran *eine* Möglichkeit, abweichende FRAND-Bedingungen ins Spiel zu bringen.[580]
Vertut er diese Chance, weil sein Gegenangebot nicht FRAND ist, steht der Verletzungsklage ein Missbrauchseinwand nicht mehr entgegen und der Beklagte ist zu verurteilen.

Für den denkbaren anderen Fall, dass Angebot *und* Gegenangebot trotz ihrer Abwei- 357
chungen voneinander gleichermaßen FRAND sind, können die Parteien einvernehmlich
einen **Dritten** (Mediator, Schiedsrichter) anrufen, der an ihrer Stelle die letztlich verbindlichen Lizenzbedingungen festlegt.[581] Zieht man die maßgebliche Begründungspassage
der EuGH-Entscheidung[582] (Rz 68) heran, so könnte der Eindruck entstehen, dass nur
die Lizenzvergütung als solche der Drittbestimmung unterliegt; andererseits liegt der
Ausgangspunkt für die vom EuGH eingeräumte Möglichkeit zur Drittbestimmung
darin, dass »*nach dem Gegenangebot des angeblichen Verletzers keine Einigung über die
Einzelheiten der FRAND-Bedingungen erzielt wurde*«. Insgesamt wird deshalb zu folgern sein, dass der FRAND-Vertrag als Ganzes (dh mit allen seinen Klauseln) der unabhängigen Drittbestimmung unterliegt. Nur diese Sicht wird auch dem Umstand gerecht,
dass die Einhaltung der FRAND-Bedingungen nur in Anbetracht des vollständigen
Regelungswerkes beantwortet werden kann, mag die Vergütungsfrage auch einen zentralen Stellenwert besitzen.

Da die Drittbestimmung innerhalb einer **kurzen Frist** zu geschehen hat[583], kommt hier- 358
für nur eine solche Stelle in Betracht, die Gewähr für eine zügige Erledigung bietet,
was insbesondere voraussetzt, dass die Parteien ihr die abschließende und unanfechtbare
Entscheidungsgewalt über den zu beurteilenden Sachverhalt einräumen. Staatlicher
Rechtsschutz scheidet hierfür schon wegen des gesetzlichen Instanzenzuges aus, es sei
denn, beide Seiten haben zuvor auf Rechtsmittel verzichtet.[584] Unter dieser Prämisse
kann als Unabhängiger auch das mit der FRAND-Tauglichkeit der Vertragsentwürfe
ohnehin befasste Verletzungsgericht bestimmt werden. Verzögerungen, die sich bei der
Durchführung der Drittbestimmung einstellen, sind unbeachtlich, wenn sie nicht von
den Parteien zu verantworten sind.

Der Begriff »**Einvernehmen**« vermittelt auf erste Sicht zwar den Eindruck einer Freiwil- 359
ligkeit. Tatsächlich besteht jedoch ein Zwang zur Drittbestimmung[585], weil der EuGH
einerseits dem Verletzer die Möglichkeit zu einem eigenen FRAND-Gegenangebot ein-

---

580 Dass der EuGH die Gelegenheit zu einem abweichenden FRAND-Gegenangebot einräumt, hat
    ersichtlich den Grund, dass das Prädikat »diskriminierungs- und ausbeutungsfrei« nicht nur ein
    einziges, sondern eine ganze Reihe unterschiedlicher Vertragswerke dulden, womit der Verletzer
    ein berechtigtes Interesse daran haben kann, den vorhandenen Spielraum für sich auszunutzen.
581 EuGH, GRUR 2015, 764 – Huawei Technologies/ZTE.
582 EuGH, GRUR 2015, 764 – Huawei Technologies/ZTE.
583 EuGH, GRUR 2015, 764 – Huawei Technologies/ZTE.
584 Jedes abredewidrig eingelegte Rechtsmittel ist auf Einrede des Gegners unzulässig (BGH, MDR
    2002, 900).
585 AA: Cordes/Gelhausen, Mitt 2015, 426, 432.

räumt (was nur bedeutsam ist, wenn schon das Lizenzangebot des Patentinhabers FRAND war) und andererseits – jenseits der einträchtigen Drittbestimmung – keine Regeln dazu vorgibt, welches der beiden jeweils FRAND-Bedingungen entsprechenden Angebote den Ausschlag geben sollte. Die Lösung des Konflikts kann nur darin gefunden werden, dass derjenige, der sich ohne stichhaltigen[586] Grund der einvernehmlichen Lösung verweigert, als lizenzunwillig gilt. Geht der »Boykott« vom Patentinhaber aus, weil er sich weder auf das FRAND-Gegenangebot einlassen noch in eine Drittbestimmung einwilligen will, so ist seine Klage (trotz eigenen FRAND-Angebotes) als missbräuchlich abzuweisen; geht die unberechtigte Verweigerung der Drittbestimmung vom Verletzer aus, entfällt (trotz eigenen FRAND-Gegenangebotes) der Missbrauchsvorwurf und der Klage ist zu entsprechen.

360 Die **Fremdbestimmung** muss nicht zwangsläufig zu einem dritten Vertragsinhalt führen, sondern kann selbstverständlich auch darin bestehen, dass der Unabhängige das FRAND-Angebot des Patentinhabers oder das Gegenangebot des Verletzers für angemessen erklärt und insoweit eine Verständigung beider Seiten auf einen von ihnen selbst ausgearbeiteten Inhalt erzwingt, auf den eine freiwillige Einigung zwischen ihnen nicht stattgefunden hat. Im Rahmen seiner Entscheidungsgewalt ist es legitim, dem FRAND-Angebot des Patentinhabers im Zweifel den Ausschlag geben zu lassen, weil er sich mit seiner Offerte kartellrechtlich korrekt verhält, und auf das Gegen-Angebot nur dann zurückzugreifen, wenn hierfür wirklich nachvollziehbare Sachgründe erkennbar sind, denen sich der Patentinhaber billigerweise beugen muss.

(ff) Vertragsbeendigung

361 Ist ein FRAND-Lizenzvertrag zunächst zustande gekommen, wird der Vertrag jedoch später wirksam gekündigt, weil der Verletzer wesentlichen Vertragspflichten (Auskunft, Zahlung) schuldhaft nicht nachkommt, kann (ggf erneut) Unterlassungsklage erhoben werden. Derjenige, der seine Vertragspflichten nicht einhält und dadurch die Vertragsbeendigung herbeiführt, kann nicht anders behandelt werden als ein Verletzer, der sich bei der Vertragsanbahnung nicht hinreichend um einen Abschluss bemüht. In diesem Zusammenhang ist der Einwand abgeschnitten, der geschlossene Lizenzvertrag sei tatsächlich nicht FRAND gewesen und habe deshalb zur Beendigung gebracht werden dürfen. Wer sich im Abschlussprozedere freiwillig auf einen bestimmten Vertragsinhalt als FRAND eingelassen hat, muss sich daran festhalten lassen. Abweichendes kann allenfalls für den Fall gelten, dass der Patentinhaber seinen Gegner vor dem Zustandekommen des FRAND-Vertrages getäuscht hat (zB über die mit anderen Lizenzinteressenten vereinbarten und ihn insoweit »bindenden« Konditionen), sofern diese Täuschung ursächlich für den Vertragsschluss war.

(f) Beweislast

362 Zur Darlegungs- und Beweislast des **Patentinhabers** steht Folgendes: Zugang der Verletzungsanzeige beim Verletzer bzw Vorliegen von Umständen, die die Anzeige entbehrlich machen; Abgabe eines schriftlichen, konkreten FRAND-Lizenzangebotes und dessen Zugang beim Verletzer; sachwidrige Verweigerung des Verletzers gegenüber einer FRAND-Drittbestimmung. Da der Patentinhaber nicht nur ein Lizenzangebot abzugeben hat, sondern ein solches, das inhaltlich FRAND ist, gehört es zur Darlegungslast des Schutzrechtsinhabers, dass und warum die offerierten Bedingungen diskriminierungs- und ausbeutungsfrei sind.[587] Was die Attribute fair & reasonable angeht, hat er deswegen

---

586 ... was streng zu prüfen ist. Nur bei objektiver Betrachtung wirklich zwingende Sachgründe sind akzeptabel.
587 AA: LG Mannheim, Urteil v 24.1.2017 – 2 O 131/16, das die Beweislast für beides beim Verletzer sieht.

entweder darzutun, dass die herangezogenen Vergleichslizenzen missbrauchsfrei sind (und deshalb direkt übertragen werden können) oder aber zwar unter Machtsmissbrauch zustandegekommen sind, im Lizenzangebot allerdings hinreichende Abschläge zugunsten des Verletzers berücksichtigt sind, die die angebotene Lizenz ausbeutungsfrei machen.

In die Beweislast des **Verletzers** fallen: Äußerung und Zugang einer Lizenzierungsbitte; FRAND-Gegenangebot[588] an den Patentinhaber; sachwidrige Verweigerung des Patentinhabers gegenüber dem Gegenangebot und einer FRAND-Drittbestimmung; Gründe zur Entlastung eines verzögerten Gegenangebotes (das Verschulden des Erklärungspflichtigen wird vermutet, weil er allein typischerweise Kenntnis über diejenigen internen Sachverhalte hat, die für die eingetretene Verzögerung verantwortlich sind). 363

(g) Verspätungsproblematik[589]

Wie gezeigt, existieren auf Schutzrechtsinhaber- und auf Verletzerseite eine ganze Reihe von wechselseitig aufeinander Bezug nehmenden Pflichten, von deren vorgerichtlicher Erfüllung es abhängt, ob eine Unterlassungs- und Rückrufklage wegen Patentverletzung erhoben und ihr stattgegeben werden kann. Diese Erkenntnis wirft unweigerlich die Frage auf, wie mit Verspätungsfällen umzugehen ist, dh mit Konstellationen, bei denen der Patentinhaber oder der Verletzer ihren Pflichten entweder schon außergerichtlich nur mit Verzögerung nachkommen oder diese sogar erst in einem bereits laufenden Klageverfahren wahrnehmen. Zu denken ist beispielsweise an einen Patentinhaber, der es vorgerichtlich versäumt hat, eine Verletzungsanzeige zu fertigen oder ein FRAND-Lizenzangebot zu unterbreiten und dies mit der Klage nachholt, oder an einen Verletzer, der auf eine vorgerichtliche Verletzungsanzeige des Patentinhabers erstmals im Rechtsstreit mit einer Lizenzierungsbitte reagiert. Weitere (verschärfte) Verspätungskonstellationen können sich daraus ergeben, dass die erforderlichen Reaktionen nicht nur bloß vorgerichtlich unterbleiben, sondern sogar innerhalb eines Rechtsstreits verzögert erfolgen (zB im Rechtsmittelzug oder nach rechtskräftig abgeschlossenem Verletzungsprozess). 364

In der Instanzrechtsprechung besteht zu Recht weitgehend Einigkeit darüber, dass in **Übergangsfällen**, bei denen die Verletzungsklage bereits erhoben war, bevor das EuGH-Urteil »Huawei/ZTE« verfügbar geworden ist, die Verspätung der Verletzungsanzeige[590] unbeachtlich ist und den Verletzungsbeklagten zu einer Reaktion (im Sinne einer Lizenzierungsbitte) verpflichtet.[591] 365

Von weitaus größerer praktischer Bedeutung ist, wie mit **Neufällen** umzugehen ist, dh mit solchen Verletzungsklagen, die *nach* Veröffentlichung des EuGH-Urteils (und damit unter Missachtung der dort formulierten Anforderungen) ohne ausreichende vorgerichtliche Lizenzierungsanstrengungen erhoben worden sind. 366

Eine mögliche Lösung besteht zweifellos nicht darin, dass dem Patentinhaber die Durchführung einer Verletzungsklage endgültig verwehrt wäre, weil er die gebotene Reihenfolge von Lizenzangebot und Klageerhebung nicht eingehalten, sondern dem Beklagten erstmals mit der Klageschrift den Verletzungssachverhalt angezeigt hat. Ein derartiger 367

---

588 Genau wie der Patentinhaber für sein Lizenzangebot die Beweislast für die FRAND-Gemäßheit trägt, genauso obliegt sie für das Gegenangebot dem Verletzer. Wer sich auf Vergleichslizenzen stützt, hat daher deren missbrauchsfreies Zustandekommen oder aber hinreichende Abschläge darzutun.
589 Kühnen, FS 80 Jahre Patentgerichtsbarkeit Düsseldorf, 2016, S 311.
590 … die typischerweise in der zugestellten Klageschrift liegen wird.
591 LG Düsseldorf, Urteil v 31.3.2016 – 4a O 73/14; LG Mannheim, Urteil v 4.3.2016 – 7 O 96/14; OLG Düsseldorf, GRUR 2017, 1219 – Mobiles Kommunikationssystem.

endgültiger materieller **Rechtsverlust** ist offensichtlich nicht geboten, wie sich schon daran zeigt, dass der Kläger eine erste (zu früh) erhobene Klage – ggf sogar einseitig – zurücknehmen und später (nach Durchführung des erforderlichen Prozedere) inhaltsgleich erneut erheben könnte, wobei der zweiten Verletzungsklage, in Bezug auf die die notwendigen Abläufe eingehalten sind, zu entsprechen wäre.[592]

368 Sind die Lizenzverhandlungen im Zeitpunkt der **abschließenden** mündlichen **Verhandlung** vor dem Verletzungsgericht zu einem **endgültigen Verhandlungsstand** gelangt, ist dieser bei der gerichtlichen Entscheidung zu berücksichtigen[593], weil für Prozessvoraussetzungen genauso wie für materielle Fragestellungen stets die Verhältnisse bei der Schlussverhandlung (und nicht die bei Verfahrenseinleitung) entscheiden. Dieser Grundsatz gilt nicht nur in Deutschland, sondern in ganz Europa.

369 Die Frage kann also nur lauten, ob das Gericht darüber hinaus auch seine eigene **Terminplanung** so einzurichten hat, dass die vorgerichtlich nicht oder nicht vollständig betriebenen Lizenzbemühungen gerichtlich zu einem Abschluss gebracht werden können. Dem ist – aus den nachfolgenden Gründen – so.

370 Für eine **rigorose Handhabung** besteht schon deshalb kein Anlass, weil die Frage, ob ein Lizenzangebot im Einzelfall FRAND ist, schwierige und weitgehend ungelöste Wertungsfragen aufwirft, deren Behandlung durch das Gericht für die Parteien praktisch nicht vorauszusehen ist. Ohne dass dem Kläger ein Vorwurf zu machen ist, wird sich möglicherweise erst im Rechtsstreit herausstellen, dass und weshalb seine bisherige Offerte unzureichend ist. Soweit er zur Nachbesserung bereit ist, hat die betreffende Diskussion sinnvollerweise im laufenden Prozess zu erfolgen. Noch eindeutiger liegt der Fall, dass der Patentinhaber seiner vorgerichtlichen Pflicht zur Verletzungsanzeige nachgekommen ist und nach ergebnislosem Abwarten einer angemessenen Erklärungsfrist für den Verletzer Klage erhoben hat. Soll der Verletzer, der im Prozess augenblicklich seine Lizenzbereitschaft erklärt, ohne Rücksicht darauf zur Unterlassung und zum Rückruf verurteilt werden und anschließend – belastet mit der Hypothek einer solchen Verurteilung – Verhandlungen mit dem Patentinhaber über den Abschluss eines FRAND-Lizenzvertrags aufnehmen müssen? Wem dies Unbehagen bereitet, der ist gezwungen, auch das nachfolgende Lizenzangebot des Patentinhabers zu berücksichtigen, womit die FRAND-Diskussion unweigerlich innerhalb des Verletzungsprozesses geführt wird. Wo aber ist dann der eine abweichende rechtliche Behandlung erlaubende qualitative Unterschied zu denjenigen Fällen, bei denen die Ursache für die sich erst im Rechtsstreit entfaltende FRAND-Diskussion in Versäumnissen des Patentinhabers liegt, der zB erst mit der Klageschrift eine Patentverletzung angezeigt hat? Und wer die erstmals im Rechtsstreit geäußerte Lizenzierungsbitte des Verletzers für die Entscheidung über die Unterlassungs- und Rückrufklage außer Betracht lassen will und deshalb zu einer Verurteilung schreiten muss, unabhängig davon, ob der Patentinhaber im Anschluss an die Lizenzbitte seinerseits überhaupt noch ein FRAND-Lizenzangebot unterbreitet, der hat die Frage zu beantworten, warum ein solches Prozessresultat angemessen und gerecht ist und warum es dem Geist der EuGH-Entscheidung entsprechen soll, dass das

---

592 Im Ergebnis ebenso LG Mannheim, Urteil v 4.3.2016 – 7 O 96/14.
593 AA: LG Mannheim, Urteil v 1.7.2016 – 7 O 209/15, das ein erst im gerichtlichen Verfahren vorgenommenes oder ausreichend substantiiertes Lizenzangebot für unerheblich hält und dementsprechend die Unterlassungsklage abweist, obwohl sachliche Gründe zur Rechtfertigung der angebotenen Lizenz mit der Replik nachgeliefert wurden. Eine abweichende Praxis kündigt das LG Mannheim, Urteil v 10.11.2017 – 7 O 28/17, an (es lässt eine Nachholung des Lizenzangebotes im Prozess zu, allerdings nur dann, wenn der Kläger zugleich das Ruhen des Verfahrens beantragt, um die Lizenzverhandlungen »drucklos« absolvieren zu können; der Lizenzsucher seinerseits muss dem Antrag nach § 251 ZPO zustimmen, womit der Rechtsstreit vorübergehend zum Erliegen kommt).

Verletzungsgericht die FRAND-Bemühungen der Parteien erschwert, anstatt sie zu unterstützen.

– In diesem Sinne steht das Verletzungsgericht einer Verständigung der Parteien auf einen FRAND-Lizenzvertrag selbstverständlich nicht hinderlich im Wege, sondern kann – ganz im Gegenteil – durch seine **Moderation**, mittels gerichtlicher Hinweise und mit Hilfe von Schriftsatzfristen einen wichtigen Beitrag dazu leisten, dass die FRAND-Diskussion der Parteien in verfahrensmäßig geordneter Weise zügig und inhaltlich konstruktiv abgewickelt wird und somit letztlich zu einem Erfolg führen kann. Was es im Interesse einer gleichberechtigten Verhandlungsposition von Patentinhaber und Verletzer zu vermeiden gilt, ist im Grunde genommen auch nicht so sehr die Erhebung einer Unterlassungsklage, sondern das Ergehen eines vollstreckbaren Unterlassungstitels, bevor der Patentinhaber hinreichende Bemühungen um den Abschluss eines von ihm jedermann zugesagten FRAND-Lizenzvertrages über den Gegenstand des Klagepatents unternommen hat. 371

– Nun bleibt selbstverständlich eine Tatsache, dass der EuGH seinen Missbrauchsvorwurf formal an den Akt der Klageerhebung knüpft; seinen Grund hat dies bei verständiger Würdigung jedoch lediglich darin, dass der Vorwurf eines Missbrauchs von Marktmacht eine **Tathandlung** des Patentinhabers voraussetzt und diese vordringlich in der auf eine Unterlassungsverurteilung gerichteten Klageerhebung gesehen werden kann, weil sich der gesamte weitere Verfahrensfortgang unter dem maßgeblichen Einfluss des angerufenen Gerichts nach den Regeln des Zivilprozessrechts vollzieht. Weil es sich bei Art 102 AEUV um ein konkretes Gefährdungsdelikt handelt[594], erkennt der EuGH zwar an, dass sich bereits in der durch die Klageerhebung begründeten Prozesssituation hinreichend wahrscheinlich der Eintritt potenziell wettbewerbsbeschränkender Auswirkungen auf dem Lizenzvergabemarkt manifestiert. Ungeachtet dessen sind für diejenigen Konsequenzen, die im Verletzungsprozess zu ziehen sind, jedoch ausschließlich die Verhältnisse zum Zeitpunkt der Schlussverhandlung entscheidend und deswegen ist für eine prozessuale Sanktion kein Raum mehr, wenn sich die ursprünglich gegebene konkrete Gefährdung – bezogen auf eben diesen Augenblick – aufgelöst hat, weil der Patentinhaber jetzt seinen Obliegenheiten genügt hat. Insofern ist es konsequent, den Parteien eine geordnete Abwicklung ihrer Lizenzverhandlungen, wenn diese im Einzelfall in den laufenden Verletzungsprozess geraten sind, durch eine geeignete Verfahrensgestaltung zu ermöglichen. 372

– Kein taugliches Argument bietet die Überlegung, die Forderung nach *vor*gerichtlichen Lizenzierungsbemühungen der Parteien werde faktisch ausgehöhlt, wenn die Lizenzaktivitäten sanktionslos in den Prozess um die Patentverletzung verlagert werden dürften, weil durch eine Öffnung des Verletzungsrechtsstreits für die FRAND-Verhandlungen jeglicher **Anreiz** genommen werde, sich *vor* Klageerhebung um einen Lizenzvertrag zu bemühen. Bei Lichte betrachtet gibt es die suggerierte strikte Trennung zwischen dem vorgerichtlichen und dem gerichtlichen Raum im Zusammenhang mit den FRAND-Verhandlungen zwischen Patentinhaber und Verletzer, soweit es um deren Behandlung im Verletzungsprozess und die Folgerungen für dessen Ausgang geht, nicht. Beide bilden vielmehr eine Einheit, innerhalb der von beiden Seiten ihr jeweils guter Wille zur Lizenzierung unter Beweis zu stellen ist, und erst am Ende sind die prozessualen Konsequenzen aus zu diesem Zeitpunkt eben genügenden oder ungenügenden Anstrengungen zu ziehen. Soweit es darüber hinaus wünschenswert ist, die Beteiligten zu der Gesetzeslage (Art 102 AEUV) entsprechenden *vor*gerichtlichen Lizenzanstrengungen anzuhalten, müssen die hierfür notwendigen Anreize nicht unbedingt im Rechtsstreit um die Patentverletzung gesetzt werden. Bei Bedarf 373

---

594 EuG, Slg 2007, II-107 – France Télécom/Kommission.

E. Verteidigungsmöglichkeiten des Beklagten

können sie effektiv dadurch herbeigeführt werden, dass die Kartellbehörden den in einer Klageerhebung ohne vorgerichtliche FRAND-Bemühungen liegenden Kartellverstoß (der durch späteres Wohlverhalten des Marktbeherrschers als sanktionsfähiger Sachverhalt nicht ungeschehen gemacht wird) zum Anlass für ein generalpräventiv wirksames Bußgeldverfahren nehmen.

374 Dies vorausgeschickt, können sich **Verspätungskonstellationen** (gemessen an der Pflicht zu *vor*gerichtlichem Tätigwerden) in vielfältiger Hinsicht stellen. Sie können sowohl den Patentinhaber betreffen, der es vorgerichtlich oder innerhalb eines bereits laufenden Rechtsstreits versäumt hat, beizeiten ein FRAND-Lizenzangebot zu unterbreiten; sie können ihre Ursache aber ebenso gut in der Person des Verletzers haben, der auf eine vorgerichtliche Verletzungsanzeige des Patentinhabers erst im Rechtsstreit und/oder innerhalb des Prozesses verspätet reagiert. Schließlich ist denkbar, dass der Patentinhaber oder der Verletzer hinreichende Lizenzierungsbemühungen erstmals entfalten, nachdem ein vorausgehender Patentverletzungsprozess zwischen ihnen bereits rechtskräftig abgeschlossen ist. Im Folgenden soll den besagten Sachverhaltskonstellationen nachgegangen werden.

(aa) Versäumnisse des Patentinhabers

375 Die ersten zu besprechenden Fälle sind dadurch gekennzeichnet, dass der Kläger bereits **vorgerichtlich** notwendig gewesene **Lizenzierungsbemühungen unterlassen** und diese erst **im Prozess**, hier allerdings **ohne Verspätung, nachgeholt** hat.

376 – Hat der Patentinhaber **Verletzungsklage** erhoben, **ohne** den Beklagten **vorgerichtlich auf** eine seiner Meinung nach gegebene **Patentverletzung hinzuweisen**, und war eine Verletzungsanzeige nach den Umständen des Falles auch nicht ausnahmsweise entbehrlich, so führen die vorgerichtlichen Versäumnisse des Patentinhabers nicht zu einer materiellen Präklusion. Den mit der Klageerhebung initiierten Lizenzierungsbemühungen ist vielmehr uneingeschränkt nachzugehen[595], genauso wie eine erstmals mit der Klage erteilte Schlussrechnung über die eingeklagte Werklohnforderung vom Gericht zu beachten wäre. Konkret bedeutet dies, dass das Gericht den Prozess so zu führen hat, dass von den Parteien das notwendige Lizenzierungsprozedere (Lizenzbitte des Verletzers, Lizenzangebot des Klägers, Gegenangebot des Verletzers, Drittbestimmung der FRAND-Lizenz) innerhalb des Rechtsstreits ordnungsgemäß abgewickelt werden kann. Dass der Unterlassungsprozess hierdurch eine nicht unerhebliche Verzögerung erfährt, hat der Patentinhaber hinzunehmen, weil es seine Pflicht gewesen wäre, die Lizenzierungsverhandlungen über das Klagepatent bereits *vorgerichtlich* anzustoßen, um den eingeklagten Unterlassungsanspruch durchsetzbar zu machen. Andererseits muss auch der Verletzer die eintretende Verfahrensverzögerung hinnehmen, damit das letztendliche Ziel – der Abschluss eines FRAND-Lizenzvertrages über das Klagepatent – erreicht werden kann. Sollte sich der Verletzer im Rahmen der Lizenzverhandlungen pflichtgemäß verhalten (indem er eine Lizenzierungsbitte äußert, ein FRAND-Lizenzangebot des Patentinhabers annimmt oder auf ein solches mit einem FRAND-Gegenangebot reagiert), so sind seine Interessen hinreichend dadurch gewahrt, dass der ohne außergerichtliche Lizenzbemühungen angestrengte Prozess mit einer für ihn günstigen Kostenentscheidung abgeschlossen wird. Führen die Lizenzverhandlungen zu einem Vertragsabschluss (notfalls im Wege der Drittbestimmung), so begründet dies einen Erledigungssachverhalt, der den Kläger

---

595 Das gilt grundsätzlich und nicht nur in Übergangsfällen, dh dann, wenn die Klage bereits eingereicht oder erhoben war, bevor die EuGH-Entscheidung »Huawei/ZTE« verfügbar gewesen ist. Zustimmend für die Übergangsfälle: LG Mannheim, Urteil v 4.3.2016 – 7 O 96/14.

zur Kostentragung verpflichtet, weil sein Unterlassungsanspruch erst durch die im Laufe des Rechtsstreits unternommenen Lizenzierungsbemühungen durchsetzbar geworden ist. Dasselbe Resultat stellt sich ein, wenn der Kläger keine ausreichenden Bemühungen um den Abschluss eines Lizenzvertrages entfaltet, indem sein Lizenzangebot zB nicht FRAND ist. Unter solchen Umständen kommt es zu einer Klageabweisung mit der Kostenfolge aus § 91 ZPO.

– Dieselben Erwägungen greifen Platz, wenn der Patentinhaber zwar eine vorgerichtliche Verletzungsanzeige erstattet hat oder diese entbehrlich war, der Verletzer hierauf um Lizenzierung gebeten hat, der Kläger jedoch ein **FRAND-Lizenzangebot** erst **mit der Klageschrift** unterbreitet. 377

Eine grundsätzlich andere Rechtslage besteht, wenn die im Rechtsstreit **nachgeholten Lizenzbemühungen** vom Patentinhaber **innerhalb des Prozesses** nicht beizeiten, sondern **verzögert** erfolgen, indem zB ein Lizenzangebot nicht bereits mit der Klageschrift, sondern erst mit der Replik oder sogar erst unmittelbar vor dem mündlichen Verhandlungstermin gemacht und/oder sachlich gerechtfertigt wird. Zwar besteht auch hier kein Anlass für eine materielle Präklusion[596]; allerdings kommt prozessuales Verspätungsrecht ins Spiel, welches – nach den sogleich zu erörternden Regeln – dazu führen kann, dass zwar nicht das Lizenzangebot als solches (welches typischerweise unstreitig sein wird), wohl aber der vom Kläger zur Rechtfertigung seines Lizenzangebotes gehaltene Sachvortrag nicht mehr zuzulassen ist. Geschieht dies, ist eine Abweisung der Verletzungsklage mangels (weiterhin) nicht durchsetzbaren Unterlassungsanspruchs die Folge. 378

– Werden die Lizenzierungsanstrengungen des Patentinhabers im **landgerichtlichen Verfahren** verspätet unternommen, ist danach zu unterscheiden, ob mit dem späten Vortrag eine richterliche Äußerungsfrist missachtet oder lediglich gegen die allgemeine Prozessförderungspflicht aus § 282 Abs 1 ZPO verstoßen wird. Im erstgenannten Fall besteht ein Zurückweisungs*zwang*, der nur dann nicht gilt, wenn die Zulassung des späten Vorbringens die Erledigung des Rechtsstreits nicht verzögert *oder* wenn (bei gegebener Verzögerung) der Kläger diese genügend entschuldigt (§ 296 Abs 1 ZPO). Im letztgenannten Fall besteht ein Zurückweisungs*ermessen*, wenn die Zulassung des späten Vorbringens den Rechtsstreit verzögern würde *und* die Verspätung auf grober Nachlässigkeit des Klägers beruht (§ 296 Abs 2 ZPO). 379

– Wird ein FRAND-Lizenzangebot vom Patentinhaber erstmals im **Berufungsrechtszug** unterbreitet oder gerechtfertigt, so ist der betreffende Vortrag nur zuzulassen, wenn seine Anbringung im landgerichtlichen Verfahren infolge eines gerichtlich zu verantwortenden Verfahrensmangels (zB aufgrund einer Verletzung der Hinweispflicht) (§ 531 Abs 2 Nr 2 ZPO) oder ohne Nachlässigkeit des Klägers (§ 531 Abs 2 Nr 3 ZPO) unterblieben ist. Missachtet der Kläger mit seinem Sachvortrag im Berufungsverfahren geltende Äußerungsfristen, so gilt § 296 Abs 1 ZPO entsprechend (§ 530 ZPO). 380

– Bei Anwendung der vorgenannten Verspätungsvorschriften ist nach der Rechtsprechung des BGH[597] von einem absoluten **Verzögerungsbegriff** auszugehen. Er fragt – Erstens – danach, wie lange der Prozess dauern würde, wenn das fragliche Vorbringen zugelassen wird, er fragt – Zweitens – danach, wie lange der Prozess dauern würde, wenn das späte Vorbringen nicht zugelassen wird, und er fragt (wegen des 381

---

596 AA: LG Düsseldorf, Urteil v 13.7.2017 – 4a O 154/15, das ein nachgeholtes Lizenzangebot – unabhängig von seinem Inhalt und unabhängig von prozessualer Präklusion – als UN-FRAND behandelt, wenn es so spät vor der abschließenden mündlichen Verhandlung abgegeben wird, dass dem Gegner keine angemessene Reaktionszeit ohne unangemessenen zeitlichen Druck verbleibt.
597 BGH, NJW 2012, 2808.

verfassungsrechtlichen Übermaßverbotes) – Drittens – danach, ob die sich in der Differenz ergebende Verfahrensverzögerung nicht nur unerheblich ist.

382 – Einige **Grundregeln des Verspätungsrechts** sind außerdem zu beachten: Unstreitiges Vorbringen ist nie verspätet, auch wenn durch seine Zulassung die Erhebung von Folgebeweisen erforderlich wird.[598] Das gilt auch für eine Einrede, die selbst dann, wenn sie früher hätte erhoben werden können, zu berücksichtigen ist, wenn sowohl die der Einrede zugrundeliegenden Tatsachen als auch die Erhebung der Einrede außer Streit stehen.[599] Erfolgt der unstreitige Vortrag erst nach ordnungsgemäßem Schluss der mündlichen Verhandlung, rechtfertigt dies im Allgemeinen keine Wiedereröffnung (§ 156 ZPO), so dass das Vorbringen, obwohl es unstrittig ist, außer Betracht bleibt, und zwar auch in den sich anschließenden Rechtsmittelinstanzen. Wird ein bereits schlüssig bzw erheblich gehaltener (dh hinreichend substantieller) streitiger Sachvortrag lediglich weiter ausgeführt, handelt es sich um kein »neues« Vorbringen, das zur Zurückweisung berechtigt.[600] Vortrag, der infolge einer Verletzung der gerichtlichen Hinweispflicht (§ 139 ZPO) unterbleibt, darf nicht als verspätet behandelt, sondern muss berücksichtigt werden, wenn die Partei dartut, was sie bei ordnungsgemäßem Hinweis vorgebracht hätte.

383 – Die **richterliche Hinweispflicht** ist nicht uferlos, sondern hat Grenzen. Das Gericht muss den Verfahrensbeteiligten nicht mitteilen, wie es den die Grundlage seiner Entscheidung bildenden Sachverhalt voraussichtlich würdigen wird. Das gilt auch für die Bewertung eines Beweisergebnisses nach durchgeführter Beweisaufnahme. Es reicht in der Regel aus, wenn die Sach- und Rechtslage erörtert und den Beteiligten dadurch aufgezeigt wird, welche Gesichtspunkte für die Entscheidung voraussichtlich von Bedeutung sein werden.[601] Solches genügt auch dann, wenn ein Beteiligter auf einen Hinweis des Gerichts mit ergänzendem Vorbringen oder zusätzlichen Anträgen reagiert.[602] Ein Hinweis kann lediglich dann geboten sein, wenn für die Beteiligten auch bei sorgfältiger Prozessführung nicht vorhersehbar ist, auf welche Erwägungen das Gericht seine Entscheidung stützen wird.[603] Nach erfolgtem (mündlichem oder schriftlichem) Hinweis kann ein **erneuter Hinweis** geboten sein, wenn das Gericht hinsichtlich einer entscheidungserheblichen Frage von einer zuvor geäußerten Beurteilung abweichen will[604], wenn erkennbar ist, dass ein Beteiligter einen erteilten Hinweis falsch aufgenommen hat[605] oder wenn der Beteiligte aufgrund des erteilten Hinweises davon ausgehen durfte, dass die darin geäußerten Bedenken durch sein ergänzendes Vorbringen ausgeräumt sind[606].

384 – Die aufgezeigten Grenzen der Hinweispflicht kann ein Verfahrensbeteiligter nicht dadurch zu seinen Gunsten verschieben, dass er zu einem bestimmten von ihm als entscheidungserheblich erkannten tatsächlichen oder rechtlichen Gesichtspunkt kurzerhand einen ihm günstigen Standpunkt einnimmt und das Gericht für den Fall einer abweichenden Beurteilung/Würdigung um einen Hinweis bittet. Gleichermaßen – und erst recht – lässt sich ein Hinweis nicht dadurch erzwingen, dass sich die Partei

---

598 BGHZ 161, 138, 144.
599 BGH, NJW 2008, 3434.
600 BGH, GRUR 2012, 1236 – Fahrzeugwechselstromgenerator.
601 BGH, GRUR 2013, 318 – Sorbitol; BGH, GRUR 2014, 1235 – Kommunikationsrouter; BGH, GRUR 2010, 950 – Walzenformgebungsmaschine.
602 BGH, Beschluss v 27.3.2018 – X ZB 11/17.
603 BGH, GRUR 2013, 318 – Sorbitol; BGH, GRUR 2014, 1235 – Kommunikationsrouter; BGH, GRUR 2010, 950 – Walzenformgebungsmaschine.
604 BGH, GRUR 2011, 851 – Werkstück.
605 BGH, NJW 2002, 3317, 3320.
606 BGH, NJW-RR 2004, 281, 282.

»dumm stellt«. Solches geschieht etwa, wenn zu einer gerichtlichen Auflage, der – erkennbar oder ausdrücklich formuliert – eine bestimmte Rechtsauffassung oder Tatsachenwürdigung zugrunde liegt, Vortrag unter sturem Festhalten an der anderweitigen eigenen Sicht der Dinge verweigert und für den Fall, dass das Gericht dem – »überraschenderweise« – nicht folgen sollte, um einen Hinweis nachgesucht wird. In der zuletzt diskutierten Konstellation wird der gerichtliche Hinweis eindeutig verstanden, aber bloß ignoriert. Die Folgen einer solchen Prozessstrategie muss selbstverständlich die betreffende Partei tragen.

Aus der Sicht des Patentinhabers ist schließlich die Konstellation zu betrachten, dass seine **Patentverletzungsklage rechtskräftig abgewiesen** wurde, weil er kein hinreichendes FRAND-Lizenzangebot unterbreitet oder eine Drittbestimmung des Lizenzvertrages boykottiert hat. Da die Klageabweisung – wie ausgeführt – bloß wegen eines ausräumbaren Durchsetzungshindernisses als *derzeit* unbegründet erfolgt, ist der Patentinhaber nicht gehindert, im Anschluss an von ihm entfaltete pflichtgemäße Lizenzierungsbemühungen abermals mit Erfolg zu klagen.[607] Zur Begründung seiner Klageansprüche kann er an dieselben Verletzungshandlungen anknüpfen, die bereits Gegenstand des ersten, verloren gegangenen Erkenntnisverfahrens waren. 385

(bb) Versäumnisse des Verletzers

Mögliche Lizenzierungsversäumnisse sind auch auf Seiten des Verletzers vorstellbar. Sie sollen aus Gründen der rechtlichen Argumentation in umgekehrter Reihenfolge abgehandelt werden. 386

– Zu betrachten ist zunächst der Fall, dass der **Verletzer rechtskräftig** zur Unterlassung **verurteilt** ist, weil er seinen Lizenzierungspflichten nicht angemessen nachgekommen ist (zB weil er nicht um eine Lizenz nachgesucht oder kein FRAND-Gegenangebot unterbreitet oder eine Drittbestimmung der Lizenz verweigert hat) und dass er **anschließend hinreichende Lizenzierungsbemühungen** entfaltet. Eine Vollstreckungsabwehrklage (§ 767 ZPO) gegen das rechtskräftige Unterlassungsurteil steht dem Verletzer unter solchen Umständen nur zu, wenn seine jetzt unternommenen Lizenzierungsanstrengungen eine *nachträglich* entstandene Einwendung gegen den titulierten Unterlassungsanspruch begründen. 387

Vergleichsweise eindeutig ist dies zu bejahen, sobald zwischen den Parteien ein das Klagepatent betreffender **FRAND-Lizenzvertrag zustande gekommen** ist, der zu Gunsten des Vollstreckungsschuldners ein den Patentverletzungstatbestand ausräumendes Benutzungsrecht am Gegenstand der Erfindung hervorbringt. 388

Um einiges schwieriger stellt sich die Rechtslage für die **Zeit davor** dar, zu welcher die Lizenzierungsverhandlungen lediglich im Gange sind, nachdem der verurteilte Verletzer um eine Lizenz gebeten oder ein FRAND-Gegenangebot unterbreitet hat. Im Ergebnis ist auch hier eine Vollstreckungsabwehrklage zuzulassen. In der Rechtsprechung[608] ist die fehlende (= im Nachhinein entfallene) Fälligkeit des titulierten Anspruchs als Anwendungsfall des § 767 ZPO anerkannt. Damit vergleichbar ist die vorliegend gegebene Konstellation, dass der zuerkannte Anspruch nachträglich mit einem Durchsetzungshindernis versehen wird. Derartiges stellt sich beispielsweise ein, wenn der Gläubiger auf die jetzige Lizenzierungsbitte des Schuldners hin kein FRAND-Angebot abgibt oder auf das FRAND-Gegenangebot des Schuldners eine Drittbestimmung der Lizenz verweigert. Unter solchen Umständen könnte der Gläu- 389

---

607 Vgl zur Rechtslage bei nachgeholter Schlussrechnung: BGHZ 140, 368.
608 OLG. Hamm, NJW-RR 1988, 266.

biger keinen Unterlassungstitel mehr erstreiten, was es rechtfertigt, ihm die Möglichkeit zu versagen, aus einem bereits bestehenden Titel weiter zu vollstrecken. Zwar hätten die durchsetzungshindernden Erklärungen vom Patentverletzer bereits zeitiger, nämlich vorgerichtlich oder spätestens im Erkenntnisverfahren, abgegeben werden können und entspricht es für Gestaltungsrechte (Anfechtung, Rücktritt, Aufrechnung) gefestigter Auffassung des BGH[609], dass eine darauf gestützte Einwendung nicht erst mit der Abgabe der Gestaltungserklärung entsteht, sondern bereits zu dem Zeitpunkt existiert (»entstanden ist«), zu dem die die Einwendung tragende objektive Sachlage (Anfechtungs- oder Aufrechnungslage) gegeben ist. Zum Nachteil des Vollstreckungsschuldners wirkt sich die geschilderte Sachlage dennoch nicht aus, weil das Durchsetzungshindernis nicht schon mit der die Lizenzierungsbemühungen vorantreibenden Erklärung des Patentverletzers (seiner Bitte um Lizenzierung, seinem FRAND-Gegenangebot) hervorgebracht wird, sondern erst dadurch, dass der Patentinhaber hierauf unzureichend reagiert (indem er die Lizenzierungsbitte nicht mit einem FRAND-Angebot beantwortet bzw im Anschluss an ein FRAND-Gegenangebot die Drittbestimmung der Lizenz boykottiert). Weil es für die Durchsetzungsblockade des titulierten Unterlassungsanspruchs auf das gegnerische Verhalten des Patentinhabers ankommt und dieses nach Abschluss des Erkenntnisverfahrens erfolgt, ist dem verurteilten Verletzer der Weg zur Vollstreckungsabwehrklage eröffnet.

390 – Praktische Bedeutung kommt vor allem einer Sachverhaltskonstellation zu, die sich durch folgende Umstände auszeichnet: Der **Patentinhaber** hat **vorgerichtlich** eine Verletzungsanzeige erstattet und ggf sogar ein **FRAND-Angebot** unterbreitet. Der **Verletzer** hat hierauf **vorgerichtlich nicht angemessen reagiert**, indem er entweder nicht einmal eine Lizenzierungsbitte geäußert oder aber das FRAND-Angebot des Patentinhabers unbeantwortet gelassen bzw ohne geeignetes Gegenangebot zurückgewiesen hat. Erstmals nach Erhebung der Verletzungsklage äußert der Beklagte **ohne prozessuale Verspätung** eine Lizenzierungsbitte bzw lehnt das FRAND-Angebot des Patentinhabers mit einem eigenen Gegenangebot zu FRAND-Bedingungen ab[610].

391 Zweifellos gibt es gute Gründe, den Verletzer mit seinen späten Bemühungen um eine FRAND-Lizenz nicht mehr zu hören. Obwohl der Patentinhaber mit seiner vorgerichtlichen Verletzungsanzeige/seinem vorgerichtlichen FRAND-Angebot alles richtig gemacht hat, würde er bei Berücksichtigung der Lizenzierungsbemühungen wegen einseitig beim Verletzer liegenden Versäumnissen die Nachteile zu tragen haben. In die Zukunft projiziert, könnte dies Verletzer dazu ermuntern, vorgerichtliche Lizenzierungsverhandlungen (risikolos) zu boykottieren, um sich bis zum Prozess einen ungerechtfertigten Kostenvorteil gegenüber denjenigen Wettbewerbern zu verschaffen, die als Lizenznehmer des Patentinhabers bereits eine Erfindungsvergütung zu entrichten haben. Andererseits ist zu bedenken, dass das Herbeiführen einer FRAND-Verhandlungssituation als Durchsetzungshindernis für den geltend gemachten Klageanspruch ein reguläres Verteidigungsmittel des beklagten Verletzers darstellt, dem im Gerichtsverfahren – unabhängig von seiner vorgerichtlichen Behandlung – nachzugehen ist. Der Sachverhalt liegt insoweit nicht prinzipiell anders als bei der Berufung auf einen schon vorgerichtlich bestehenden Verjährungstatbestand, der im Prozess selbstverständlich auch dann vollständig aufzuklären ist, wenn die der

---

609 BGHZ 100, 222, 224.
610 Ein verspätetes Gegenangebot wird in der Instanzrechtsprechung für unbeachtlich gehalten (LG Düsseldorf, Urteil v 31.3.2016 – 4a O 73/14; LG Mannheim, Urteil v 24.1.2017 – 2 O 131/16, jedenfalls, wenn die Verletzungsklage erhoben worden ist, bevor ein FRAND-Gegenangebot unterbreitet war).

Einrede zugrunde liegenden Tatsachen streitig sind und die Einrede erstmals im Rechtsstreit erhoben wird. Hinzu kommt, dass – wie dargelegt – nicht erst das Zustandekommen eines FRAND-Lizenzvertrages eine erfolgreiche Vollstreckungsabwehrklage ermöglicht, sondern bereits eine den Patentinhaber verpflichtende Verhandlungssituation, in der der Kläger seinen jetzt begründeten Lizenzierungspflichten nicht nachkommt. In Anbetracht dessen muss den Lizenzierungsbemühungen des Verletzers bereits im Erkenntnisverfahren Beachtung geschenkt werden. Nur so ist im Übrigen gewährleistet, dass dem Patentinhaber, der im weiteren Verlauf *seinen* Lizenzierungspflichten nicht nachkommt (indem er zB auf eine Lizenzierungsbitte des Verletzers kein FRAND-Angebot unterbreitet), ein Unterlassungstitel verwehrt bleibt. Kommt es andererseits im Prozess zu einem Lizenzvertragsabschluss und infolgedessen zu einer Erledigung des Rechtsstreits, so verbleibt die Kostenlast beim Beklagten, was dem Veranlasserprinzip entspricht.

Finden die notwendigen **Lizenzierungsbemühungen** des Verletzers **innerhalb des Prozesses verspätet** statt, ist wiederum Verspätungsrecht (§§ 296, 530, 531 ZPO) anzuwenden. Wenn die Lizenzbemühungen des Verletzers unbeachtet bleiben, kann die Einwendung gegen den Klageanspruch iSv § 767 Abs 2 ZPO im Erkenntnisverfahren »nicht geltend gemacht werden«. Dort, wo im Patentverletzungsprozess zu Lasten des Verletzers Präklusionsrecht greift, kann deshalb eine spätere Vollstreckungsabwehrklage des Verletzers gleichwohl Erfolg haben. Das ist nicht inkonsequent, weil § 767 ZPO den Entscheidungsausspruch nicht ändert, sondern dem Urteil bloß die Vollstreckbarkeit nimmt. 392

(4) Sicherheitsleistung des Lizenzsuchers

Für Benutzungshandlungen, die bereits vor Abschluss eines Lizenzvertrages vorgenommen worden sind, hat der Verletzer dem Patentinhaber eine angemessene Sicherheit für die FRAND-Gebühren zu leisten, zB in Form einer Bankbürgschaft oder durch Hinterlegung.[611] Das gilt ganz generell und ist unabhängig von Bedenken gegen die finanzielle Leistungsfähigkeit des konkreten Verletzers. Die Einstellung der Benutzungshandlungen beseitigt eine einmal begründete Pflicht zur Sicherheitsleistung nicht.[612] Prinzipiell ist jede Form der Sicherheitsleistung zugelassen, die dem berechtigten Sicherungsbedürfnis des Gläubigers Rechnung trägt. In Fällen der Hinterlegung wird deshalb ein Verzicht auf die Rücknahme erforderlich sein. 393

Offenbar in der Erwägung, dass zunächst der forderungsberechtigte Patentinhaber Pflichten im Hinblick auf das Zustandekommen eines FRAND-Lizenzvertrages zu erfüllen hat, setzt die Pflicht zur Sicherheitsleistung erst ein, **nachdem** das **Gegenangebot** des Verletzers vom Patentinhaber **abgelehnt** worden ist.[613] Hierbei ist vorausgesetzt, dass sowohl das Ausgangs-Lizenzangebot des Patentinhabers FRAND ist[614] als auch das Gegenangebot des Verletzers[615]. Dem späten Beginn der Sicherheitsleistung liegt mutmaßlich die Erwägung zugrunde, dass es eine rechtliche Pflicht des Patentinhabers ist, sich um eine Lizenzierung seines Patents zu bemühen, weswegen, solange die darauf gerichteten Bemühungen andauern, kein Anlass für eine besondere Absicherung des 394

---

611 EuGH, GRUR 2015, 764 – Huawei Technologies/ZTE.
612 LG Mannheim, Urteil v 4.3.2016 – 7 O 96/14.
613 EuGH, GRUR 2015, 764 – Huawei Technologies/ZTE.
614 ... fehlt es daran, ist die Verfolgung des Unterlassungsanspruchs missbräuchlich und insofern kein Anlass für eine Sicherheitsleistung gegeben. AA: LG Düsseldorf, WuW 2016, 93 und LG Mannheim, Urteil v 27.11.2015 – 2 O 108/14, die eine Pflicht zur Sicherheitsleistung auch dann annehmen, wenn das Lizenzangebot des Patentinhabers nicht FRAND war.
615 ... anderenfalls kann der Unterlassungsanspruch uneingeschränkt durchgesetzt werden, womit ebenfalls kein Grund für eine Sicherheitsleistung besteht.

Schutzrechtsinhabers durch den Benutzer besteht. Ungeachtet dessen sind sicherheitsleistungspflichtig aber alle Benutzungshandlungen, auch solche, die vor der Ablehnung des Gegenangebotes vorgefallen sind. Da für die »vergangenen« Benutzungshandlungen Sicherheit zu leisten ist[616], könnte der Gedanke naheliegen, dass nur diejenigen Benutzungen relevant sind, die im Zeitpunkt der Sicherheitsleistung bereits vorgefallen sind, nicht hingegen – bezogen auf diesen Zeitpunkt – künftige weitere Benutzungshandlungen, die sich während der nachfolgenden FRAND-Verhandlungen und ggf Drittbestimmung noch ereignen. Über sie kann naturgemäß im Vorhinein auch keine der Sicherheitsberechnung zugrunde zu legende Abrechnung erteilt werden. Dennoch wird man annehmen müssen, dass die Sicherheitsleistung auch in die Zukunft gerichtet denjenigen Zeitraum abzudecken hat, den die Bestimmung des FRAND-Lizenzvertrages voraussichtlich in Anspruch nehmen wird[617], wobei der Sicherheitsbetrag zeitnah angemessen aufzustocken ist, wenn sich die gestellte Prognose im weiteren Verlauf als zu optimistisch erweist. Dass die Abrechnung und Sicherheitsleistung bei fortdauernder Patentbenutzung nur ein einziges Mal zu leisten ist, besagt die EuGH-Entscheidung nicht; fällt sie aber bei nach Ablehnung des Gegenangebotes fortgesetzter Benutzung des Klagepatents in sinnvollen Zeitabschnitten für die dann jeweils vergangenen und noch nicht berücksichtigten Benutzungen wiederholt an, so ist es sachgerecht, Patentinhaber und Verletzer zumindest nach ihrer Wahl zu gestatten, die Sicherheit von vornherein unter Einschluss der absehbaren künftigen Benutzungen zu fordern bzw zu erbringen.

395 Eines **Auskunfts- und Hinterlegungsverlangens** von Seiten des Patentinhabers bedarf es nicht. Die Sicherheit muss, sobald sie geschuldet wird, ohne zeitlichen Verzug erbracht werden. Eine Verzögerung ist allerdings nur vorwerfbar, wenn die Bedingungen des Leistungseintritts für den Verpflichteten ersichtlich sind. Dass Angebot und Gegenangebot FRAND sind, muss also hinreichend feststehen, was nach Lage des Falles einen dahingehenden gerichtlichen Hinweis erfordern kann. Vorkehrungen zur Erfüllung der Auskunfts- und Sicherheitsleistungspflicht brauchen zudem (dann allerdings zielstrebig) erst ergriffen zu werden, sobald das Gegenangebot tatsächlich abgelehnt ist oder seine Zurückweisung sicher absehbar ist, nicht hingegen schon im Vorgriff auf eine solche bloß mögliche Reaktion des Patentinhabers.[618]

396 Um die Sicherheitsleistung ermitteln zu können, schuldet der Verletzer vorbereitende **Auskünfte** über den Umfang seiner Benutzungshandlungen, weil deren Zahl die Höhe der Bürgschafts- oder Hinterlegungssumme maßgeblich beeinflusst.[619] Umsatzangaben sind gleichfalls erforderlich, weil ansonsten die Abrechnung nicht verständlich und nachvollziehbar wäre. Auf ihrer Grundlage kann die **Höhe der Sicherheitsleistung** anhand der ausgetauschten Vertragsangebote ermittelt werden, die – wie dargelegt – jeweils FRAND sein müssen und die daher in der zentralen Vergütungsfrage beide einen tauglichen Anhaltspunkt für die künftigen Lizenzgebühren geben werden. Aus Gründen der Vorsicht kann sich im Zweifel eine Orientierung am höheren Betrag empfehlen.

397 Wenn die FRAND-Lizenzgebühr in einer über das deutsche Schutzterritorium hinausgehenden (zB **weltweiten**) **Portfoliolizenz** besteht, die über das Klagepatent hinaus weitere Schutzrechte einschließt, ist für die Sicherheitsleistung der Portfolio-Lizenzsatz/die Portfolio-Stücklizenz auf diejenigen Verkäufe anzuwenden, die während des maßgeblichen Zeitraumes im Geltungsbereich des Klagepatents vorgefallen sind. Die Beschränkung auf das Klagepatent (als Teil des lizenzpflichtigen Portfolios) trägt der Tatsache Rechnung, dass mit der erhobenen Klage auch nur inländische Benutzungshandlungen

---

616 EuGH, GRUR 2015, 764, Rn 67 – Huawei Technologies/ZTE.
617 Zweifelnd: OLG Düsselodrf, Beschluss v 17.11.2016 – I-15 U 65/15.
618 AA: LG Düsseldorf, Urteil v 31.3.2016 – 4a O 73/14, das Vorbereitungsmaßnahmen schon zeitgleich mit der Erstellung des Gegenangebotes verlangt.
619 EuGH, GRUR 2015, 764 – Huawei Technologies/ZTE.

unterbunden werden sollen, für die demgemäß vom Beklagten auch allein eine Lizenz-Sicherheit zu leisten ist.

Ohne die erforderliche, **kurzfristig** zu erbringende Auskunftserteilung und Sicherheitsleistung fehlt es an einer »sorgfältigen Reaktion« des Verletzers auf das (beachtliche) Lizenzangebot des Patentinhabers, so dass der Missbrauchsvorwurf entfällt und der Klage stattzugeben ist. Die Notwendigkeit einer *zügigen* Auskunft und Sicherheitsleistung bedeutet jedoch nicht, dass eine verspätete (sic: nicht kurzfristige) Erbringung an dieser Rechtsfolge nichts mehr ändern kann.[620] Materiellrechtlich besteht auch insoweit kein Grund für eine Präklusion; vielmehr hindert die Tatsache der Sicherheitsleistung als solche die klageweise Durchsetzung des Anspruchs auf Unterlassung, Rückruf und Vernichtung, weswegen auch eine dilatorische Reaktion des Verletzers der Klage prinzipiell entgegen gesetzt werden kann. Voraussetzung ist freilich, dass das allgemeine Prozessrecht ihre Berücksichtigung noch erlaubt. Das ist nicht der Fall, wenn die Sicherheitsleistung erst geschieht, nachdem die mündliche Verhandlung bereits ordnungsgemäß geschlossen worden ist. Selbst ein unstreitiger Sachverhalt rechtfertigt hier im Allgemeinen keine Wiedereröffnung der Verhandlung mehr. Ansonsten ist die Berücksichtigung einer verzögerten Sicherheitsleistung eine Frage der zivilprozessualen Verspätungsvorschriften, wie sie oben[621] dargestellt worden sind. 398

Die **Beweislast** dafür, dass und wann die Auskünfte erteilt und die Sicherheitsleistung ordnungsgemäß erbracht worden sind, trägt der Verletzer, dem dieser Umstand günstig ist. 399

(5) Auswirkungen der FRAND-Zusage auf den Schadenersatzanspruch[622]

Dass der *Erhebung einer Klage* auf Rechnungslegung und Schadenersatz der Einwand des Machtmissbrauchs nicht entgegengehalten werden kann[623], bedeutet nicht, dass die FRAND-Erklärung des Schutzrechtsinhabers für die betreffenden Ansprüche ohne rechtliche Bedeutung wäre.[624] Das Gegenteil ist der Fall, weil die gegebene Lizenzierungszusage zugunsten des Verletzers einen materiellen Anspruch schafft[625], der selbstverständlich bei der Bestimmung dessen zu berücksichtigen ist, wie vorgefallene Benutzungshandlungen zu liquidieren sind und über welche Daten infolgedessen vorbereitend Rechnung zu legen ist. Die vom Schutzrechtsinhaber übernommene Pflicht, die Benutzung seines marktbeherrschenden Patents jedermann gegen eine ausbeutungsfreie *Lizenz* zu gestatten, reduziert den Schadenersatzanspruch auf eben diese FRAND-Lizenz[626] und die begleitende Rechnungslegung auf solche Angaben, die für eine Lizenzberechnung erforderlich sind. Das gilt solange, wie der Patentinhaber seinen Verpflichtungen 400

---

620 So aber LG Düsseldorf, WuW 2016, 93.
621 Vgl Kap E Rdn 378 ff.
622 Voß/Fehre, FS 80 Jahre Patentgerichtsbarkeit Düsseldorf, 2016, S 559.
623 Kap E Rdn 325.
624 So aber LG Mannheim, Urteil v 26.2.2016 – 7 O 38/14.
625 Vgl oben Kap E Rdn 317 ff.
626 Vgl auch OLG Karlsruhe, Beschluss v 29.8.2016 – 6 U 57/16.

zum Abschluss eines FRAND-Lizenzvertrages nicht nachkommt (indem er zB keine Verletzungsanzeige erteilt oder kein hinreichendes Lizenzangebot unterbreitet).[627]

401 Die Frage kann nur sein, ob die Deckelung des Schadenersatzes auf die FRAND-Gebühr für sämtliche Benutzungshandlungen gilt, dh auch für solche, die von einer **nicht** oder nicht mehr **lizenzbereiten Partei** vorgenommen werden. Solches ist in unterschiedlichen Konstellationen denkbar. Es kann sein, dass auf eine Verletzungsanzeige des Patentinhabers schon keine Lizenzierungsbitte geäußert, sondern lediglich die Benutzung des SEP aufgenommen oder fortgesetzt wird. Vorstellbar ist ebenso, dass der Benutzer auf ein beachtliches FRAND-Angebot des Schutzrechtsinhabers nicht eingeht und auch kein hinreichendes Gegenangebot unterbreitet. In Betracht kommt schließlich, dass ein zunächst abgeschlossener FRAND-Lizenzvertrag später wirksam gekündigt wird, weil der Benutzer seinen Vertragspflichten schuldhaft nicht nachgekommen ist. Für alle diese Benutzungen, die zu einer Zeit vorgefallen sind, zu der der Verletzer seinen Verpflichtungen im Hinblick auf das Zustandekommen und Bestehenbleiben eines FRAND-Lizenzvertrages zuwider gehandelt hat, ist das Privileg einer FRAND-Benutzungsgebühr zu versagen und statt dessen voller Schadenersatz (mit entsprechend korrespondierender Rechnungslegung auch über die Kosten und Gewinne der Benutzung) zuzuerkennen. Das erschließt sich aus der schlichten Überlegung, dass die Benutzung eines SEP selbstverständlich nicht kostenlos erfolgen kann, sondern dem Patentinhaber vergütet werden muss. Das Benutzungsentgelt liegt normalerweise in einer FRAND-Lizenzgebühr. Sie setzt eine Mitwirkung des Verletzers beim Zustandekommen der entsprechenden Vertragsregelung voraus. Wer sich dem verweigert, muss hinnehmen, wie ein gewöhnlicher (auf Schadenersatz haftender) Patentverletzer behandelt zu werden.

402 Im **Schadenersatzfeststellungsprozess** bedarf es noch keiner Festlegung dahin, ob der geschuldete Schadensausgleich auf eine FRAND-Lizenzgebühr beschränkt ist; dem ist abschließend erst im Höheprozess nachzugehen.[628] Anders verhält es sich hinsichtlich des begleitenden Rechnungslegungsanspruchs, der in solchen Fällen keine Angaben zu den **Kosten und Gewinnen** umfasst.[629]

---

627 OLG Düsseldorf, GRUR 2017, 1219 – Mobiles Kommunikationssystem; LG Düsseldorf, Urteil v 13.7.2017 – 4a O 154/15. Einen gegenteiligen Ansatz verfolgt das LG Düsseldorf (Urteil v 19.1.2016 – 4b O 120/14). Wegen der von ihm angenommenen rein deklaratorischen Natur der FRAND-Zusage zieht es eine Reduzierung des regulären Schadensersatzanspruchs auf die Höhe einer FRAND-Lizenzgebühr nur in Erwägung, wenn der Patentinhaber seinem (des Verletzers) berechtigten Lizenzierungsbegehren widerrechtlich nicht nachgekommen ist, so dass dem Verletzer ein eigener Schadensersatzanspruch nach Art 102 AEUV, § 249 BGB zusteht, der ihn berechtigt, so gestellt zu werden, wie er stünde, wenn der Patentinhaber seiner Lizenzierungspflicht nachgekommen wäre. Das überzeugt nicht. Völlig unabhängig von ihrer deklaratorischen oder konstitutiven Rechtsnatur schafft die FRAND-Verpflichtungserklärung in jedem Fall einen Vertrauenstatbestand, infolge dessen es Sache des Patentinhabers ist, sich um das Zustandekommen eines Lizenzvertrages zu bemühen. Im Zusammenhang mit dem Unterlassungsanspruch und seiner gerichtlichen Durchsetzung hat der EuGH aus der vertrauensbildenden Kraft der FRAND-Zusage eine Initiativpflicht des Patentinhabers für den Abschluss eines FRAND-Lizenzvertrages hergeleitet, dem es nicht nur obliegt, die vermeintliche Verletzung anzuzeigen, sondern der nach daraufhin erklärtem Lizenzierungswunsch des Verletzers auch dafür verantwortlich ist, diesem ein konkretes, annahmefähiges Lizenzangebot zu FRAND-Bedingungen zu unterbreiten. Auf der materiellrechtlichen Ebene, die mit Blick auf den Schadenersatz- und Rechnungslegungsanspruch angesprochen ist, kann angesichts gleicher Vertrauenslage insoweit nichts anderes gelten.
628 LG Düsseldorf, Urteil v 19.1.2016 – 4b O 120/14.
629 LG Düsseldorf, Urteil v 19.1.2016 – 4b O 120/14; LG Düsseldorf, Urteil v 13.7.2017 – 4a O 154/15; aA: LG Mannheim, GRUR-RR 2018, 273 – Funkstation (das wegen der besonderen FRAND-Situation Kosten- und Gewinnangaben auch dann geben will, wenn letztlich bloß eine FRAND-Lizenzgebühr zu entrichten ist).

(6) Einstweilige Unterlassungsverfügung

Einstweilige Unterlassungsverfügungen aus SEP mit FRAND-Erklärung, für die selbstverständlich keine anderen, erst Recht keine leichteren Voraussetzungen als allgemein im Patentrecht gelten[630], werden nur selten in Betracht kommen. Vielfach wird sich dies schon daraus ergeben, dass der Benutzungstatbestand mit den beschränkten Mitteln des vorläufigen Rechtsschutzes (§ 294 ZPO) nicht hinreichend eindeutig feststellbar ist und/oder – was noch häufiger der Fall sein wird – der Rechtsbestand des SEP (noch) nicht in einem zweiseitigen Verfahren bestätigt wurde und auch nicht per se über jeden vernünftigen Zweifel erhaben ist. Wo nicht bereits die besagten Zurückweisungsgründe zum Tragen kommen, wird der Verfügungsantrag oftmals an der mangelnden **Dringlichkeit** des Rechtsschutzbegehrens scheitern. Sobald der Verletzte um die widerrechtliche Benutzung seines SEP weiß, gehört es nämlich nicht nur zu den Obliegenheiten einer zügigen Rechtsverfolgung, dass er den anspruchsbegründenden Sachverhalt im Tatsächlichen aufklärt und mit geeigneten Glaubhaftmachungsmitteln beweismäßig sichert, um alsdann zeitnah gerichtliche Hilfe in Anspruch zu nehmen; mit derselben Zielstrebigkeit sind darüber hinaus auch diejenigen Anstrengungen zu unternehmen, die mit Rücksicht auf die für das SEP abgegebene FRAND-Zusage erforderlich sind, um den aus der Rechtsverletzung folgenden Unterlassungsanspruch durchsetzbar zu machen.[631]

403

Konkret bedeutet dies, dass im unmittelbaren zeitlichen Zusammenhang mit der festgestellten Patentbenutzung eine Verletzungsanzeige zu erfolgen hat und dem Verletzer bei dessen erklärter Lizenzbereitschaft ein ausformuliertes Lizenzangebot zu FRAND-Bedingungen zu unterbreiten ist. Verspätete Aktivitäten bleiben allenfalls für denjenigen Zeitraum unschädlich, für den (zB wegen eines zunächst noch unzureichend gesicherten Rechtsbestandes) ohnehin kein Verfügungsverfahren mit Aussicht auf Erfolg betrieben werden kann.[632] Letzteres heißt freilich nicht, dass bis zu einer streitigen Rechtsbestandsentscheidung die Bemühungen um einen FRAND-Lizenzvertrag zurückgestellt werden dürften; vielmehr sind sie – ggf auch im Vorfeld der noch ausstehenden Einspruchs- oder Nichtigkeitsentscheidung – so zeitig in Angriff zu nehmen, dass die kartellrechtliche Sachlage in dem Moment, zu dem die dem Verletzer günstige Einspruchs- oder Nichtigkeitsentscheidung vorliegt, im Sinne einer Durchsetzbarkeit des Unterlassungsanspruchs zum Abschluss gebracht und geklärt ist.[633] Anderweitige Verzögerungen, die darüber hinausgehen, wirken dringlichkeitsschädlich, und zwar nicht nur, wenn ein Lizenzangebot gänzlich fehlt, sondern in gleicher Weise, wenn das vorhandene Angebot rechtlich deshalb unbeachtlich ist, weil es – entgegen den FRAND-Anforderungen – sachlich unangemessen und/oder diskriminierend ist.[634] In einem solchen Fall entlastet den Verletzten eine *subjektive* Fehleinschätzung in Bezug auf die (äußere und/oder inhaltliche) Zulänglichkeit seiner Offerte grundsätzlich nicht.[635]

404

Ihm ist es deshalb auch verwehrt, nach einer **Klageabweisung im Hauptsacheprozess**, die sich auf die mangelnde FRAND-Gemäßheit seines Angebotes stützt, den Unterlassungsanspruch im Wege der einstweiligen Verfügung abermals mit dem Hinweis geltend zu machen, durch das Hauptsacheurteil Klarheit über den erforderlichen Inhalt seines Lizenzangebotes erhalten und dem Verletzer im Nachgang zu dem Urteil ein dementsprechend hinreichendes Angebot zur Lizenznahme unterbreitet zu haben. An der mangelnden Dringlichkeit ändert sich nichts dadurch, dass zwischenzeitlich eine bis dahin noch ausstehende positive erstinstanzliche Rechtsbestandsentscheidung ergangen ist, die

405

---

630 OLG Düsseldorf, Beschluss v 18.7.2017 – I-2 U 23/17.
631 OLG Düsseldorf, Beschluss v 18.7.2017 – I-2 U 23/17.
632 OLG Düsseldorf, Beschluss v 18.7.2017 – I-2 U 23/17.
633 OLG Düsseldorf, Beschluss v 18.7.2017 – I-2 U 23/17.
634 OLG Düsseldorf, Beschluss v 18.7.2017 – I-2 U 23/17.
635 OLG Düsseldorf, Beschluss v 18.7.2017 – I-2 U 23/17.

grundsätzlich Voraussetzung für ein erfolgversprechendes Verfügungsverfahren ist.[636] Denn dieser Umstand ändert nichts daran, dass der Verletzte die für ihn greifbare Rechtsdurchsetzung im bereits laufenden Hauptsacheverfahren durch unzulängliche FRAND-Bemühungen vertan hat und dies nicht die Rechtfertigung für eine anschließende Gewährung vorläufigen Rechtsschutzes liefern kann. Anderenfalls hätte es der Verletzte in der Hand, durch eigenen Rechtsbruch (Verstoß gegen seine Pflicht zur FRAND-Lizenzierung des SEP) die Dringlichkeit für sich beliebig neu zu begründen. Das kann nicht sein! Derjenige, der seine Chancen im Hauptsacheverfahren nachlässig verspielt, darf nicht besser gestellt sein als derjenige, der bei der vorgerichtlichen Rechtsdurchsetzung dilatorisch zu Werke geht. Zur Verdeutlichung kann auch eine Parallele zum Sport gezogen werden: Wer einen Elfmeter verstolpert, indem er neben den Ball tritt, der bekommt vom Schiedsrichter auch keinen Fünfmeter ohne Torwart!

406 Wer als (mittlerweile) eingetragener Patentinhaber mit seiner **Hauptsacheklage** nur **Rechnungslegung** und **Schadenersatzfeststellung** begehrt, dies aber in einer Weise, dass er wegen des insoweit verfolgten Benutzungszeitraumes und einer auf Inhaberseite stattgefundenendige Schutzrechtsübertragung eine zeitaufwändige tatrichterliche Aufklärung der materiellen Erwerbsvorgänge hinnehmen muss, der erwirbt dadurch keine Dringlichkeit für eine Durchsetzung des Unterlassungsanspruchs, der sich mit Rücksicht auf das Teilurteilsverbot nicht (mehr) im Hauptsacheprozess durchsetzen lässt.[637] Denn ihm wäre zuzumuten gewesen, den Unterlassungsanspruch sogleich im Wege der Hauptsacheklage geltend zu machen und zur Vermeidung einer Beweiserhebung über seine Aktivlegitimation in dem betreffenden Prozess[638] Rechnungslegung sowie Schadenersatz nur im Rahmen seiner Registerberechtigung einzufordern.

407 Dort, wo die aufgezeigten Hindernisse ausnahmsweise überwunden werden können, wird der Erfolg eines Verfügungsantrages maßgeblich davon abhängen, ob innerhalb des auf Beschleunigung angelegten Verfügungsverfahrens die **komplexe FRAND-Problematik** mit ihren wechselseitig aufeinander Bezug nehmenden Handlungspflichten in einer Weise abgearbeitet werden kann, dass Resultate von Bestand erzielt werden können, so dass unter Berücksichtigung aller beteiligten Interessen (einschließlich der Verletzungsfrage und des Rechtsbestandes) eine die Hauptsache vorwegnehmende Verurteilung des Verletzers verantwortet werden kann. Wichtig ist dabei, dass der Verletzer – eben wegen der Natur des vorläufigen Rechtsschutzverfahrens als Eilverfahren – keinen Anspruch darauf hat, dass das Gericht durch eine einem Hauptsacheverfahren angeglichene Verfahrensführung[639] die Möglichkeit schafft, ein erforderliches langwieriges Lizenzierungsprozedere abzuwickeln. Unter dem Gesichtspunkt verfahrensfeindlicher Komplexität scheidet die Rechtsverfolgung aus einem SEP mit FRAND-Erklärung auch dann aus, wenn der Verletzer eine vorgerichtliche Verletzungsanzeige des Antragstellers ignoriert und erstmals im daraufhin – bei ausreichendem Rechtsbestand des SEP erfolgversprechend – eingeleiteten Verfügungsverfahren eine Bitte um Lizenzerteilung geäußert hat, die nunmehr aufwändige FRAND-Diskussionen erforderlich macht. Das zunächst noch berechtigt eingeleitete Verfügungsverfahren findet in einem solchen Fall seine Erledigung, was dem Antragsteller eine für ihn kostenneutrale Verfahrensbeendigung ermöglicht.

408 In der **Praxis** wird ein Verfügungsantrag nach allem wohl nur dann in Betracht kommen, wenn die FRAND-Lizenzbedingungen für das Gericht hinreichend festliegen (zB aufgrund eines öffentlich zugänglichen Standardvertrages, der bereits hinlänglich praktiziert wird, oder aufgrund eigener Vorbefassung mit dem Lizenzgegenstand in einem Hauptsa-

---

636 OLG Düsseldorf, Beschluss v 29.6.2017 – I-15 U 41/17.
637 OLG Düsseldorf, Beschluss v 18.7.2017 – I-2 U 23/17.
638 Die überschießenden Ansprüche können notfalls separat eingeklagt werden.
639 ... mit mehrfachem Schriftsatzaustausch und weiträumiger Terminierung.

cheverfahren gegen andere Verletzer) und der mangelnde Vertragsabschluss seine Ursache darin findet, dass sich der Verletzer evident pflichtwidrig weigert, den zureichenden – vorgerichtlichen oder (bei verspäteter Lizenzierungsbitte) im Verfahren unternommenen – Lizenzierungsbemühungen des Patentinhabers nachzukommen.

c) Zuständigkeitsfragen

Der Lizenzeinwand wirft Probleme im Hinblick auf die gerichtliche Zuständigkeit auf, weil das GWB für den Bereich des Kartellrechts ausschließliche Zuständigkeiten vorsieht, die zu beachten sind: 409

aa) Landgerichte

§ 87 Satz 1, 2 GWB regelt eine ausschließliche sachliche Zuständigkeit der Landgerichte für bürgerliche Streitigkeiten, die die Anwendung des GWB betreffen. Diese besteht auch dann, wenn die Entscheidung eines (auf anderem Gebiet liegenden) Rechtsstreits ganz oder teilweise von einer nach dem GWB zu treffenden Entscheidung **abhängt**, weswegen Einwände des Beklagten – ausnahmsweise und abweichend von der Regel – zuständigkeitsrelevant sind. Voraussetzung ist freilich, dass es streitentscheidend auf die kartellrechtliche Frage ankommt, der Rechtsstreit also nicht ohne das Kartellrecht entschieden werden kann. Vor einer Verweisung an das Kartellgericht hat das abgebende Gericht also alle Aufklärungsmaßnahmen außerhalb des Kartellrechts zu treffen und darzulegen, dass seine Entscheidung von der Beantwortung der kartellrechtlichen Fragestellung abhängt.[640] Wird dies nicht geleistet (indem Erwägungen zur Entscheidungserheblichkeit der Kartellfrage überhaupt nicht angestellt werden), ist die Verweisung an das Kartellgericht willkürlich und deshalb nicht bindend, und zwar auch dann, wenn die Parteien mit der Verweisung einverstanden waren.[641] 410

§ 89 Abs 1, 2 GWB enthält eine Konzentrationsermächtigung, von der in fast allen Ländern Gebrauch gemacht worden ist, allerdings idR nicht im Gleichklang mit der Konzentration im Bereich der Patentgerichtsbarkeit. 411

– Es gibt deshalb Landgerichte, die **Patentstreitgericht und** auch **Kartellgericht** sind. Beispiele sind das LG Düsseldorf, LG Mannheim, LG München I, LG Nürnberg-Fürth, LG Frankfurt/Main, LG Leipzig, LG Magdeburg. Bei ihnen ist die Entscheidungszuständigkeit auch für den Zwangslizenzeinwand gegeben, weil sich die Zuständigkeitszuweisung des § 87 GWB (anders als beim OLG) auf alle Spruchkörper des Landgerichts bezieht. Sind aufgrund des gerichtsinternen Geschäftsverteilungsplans verschiedene Kammern für Patentstreitsachen einerseits und Kartellsachen andererseits zuständig, so ist bei einem Zuständigkeitsstreit ein Präsidiumsbeschluss einzuholen. 412

– Gleichermaßen existieren Landgerichte, die **Patentstreitgericht**, aber **nicht Kartellgericht** sind, zB das LG Braunschweig. Wird dieses angerufen, hat es die Vorgreiflichkeit der Kartellrechtsfrage positiv festzustellen und die Sache sodann gemäß § 281 ZPO an das Kartellgericht zu verweisen, weil die kartellrechtliche Sonderzuständigkeit anderen Zuständigkeiten, auch soweit sie ihrerseits ausschließlich sind, vorgeht.[642] Wird die anderweitige Zuständigkeit missachtet, kann dies weder mit der Berufung (§ 513 Abs 2 ZPO) noch mit der Revision (§ 545 Abs 2 ZPO) gerügt werden. Ob zur Klärung der Vorgreiflichkeit Beweis erhoben (zB ein Sachverständigen- 413

---

640 OLG Düsseldorf, GRUR-RR 2018, 312 – Kfz-Ersatzteile; OLG Düsseldorf, Urteil v 9.5.2018 – VI-U (Kart) 1/18.
641 OLG Düsseldorf, GRUR-RR 2018, 312 – Kfz-Ersatzteile.
642 BGHZ 114, 218, 220 – Krankentransportunternehmen II.

gutachten zur Verletzungsfrage eingeholt) werden muss, ist ebenso streitig[643] wie die Frage, ob von der Verweisung abgesehen werden kann und muss, wenn sich die kartellrechtliche Vorfrage vom Nicht-Kartellgericht zweifelsfrei lösen lässt.[644] Ist der Rechtsbestand des Klagepatents angegriffen, besteht eine Vorgreiflichkeit im Hinblick auf die kartellrechtliche Frage nicht erst dann, wenn das Bestandsverfahren rechtskräftig abgeschlossen ist, sondern schon dann, wenn das Patentstreitgericht angesichts der geführten Angriffe keinen Anlass sieht, seinen Verletzungsprozess auszusetzen.

414 Im Ergebnis ist für die Zuständigkeit zu unterscheiden. Geht es darum, ob den Anforderungen genügt ist, die sich aus Kartellrecht an das Lizenzgesuch des Verletzers ergeben[645], und ist die Rechtsfrage nicht bereits geklärt oder ihre Beantwortung evident, sind die Kartellgerichte anzurufen. Ist hingegen der Lizenzvertrag infolge des unbedingten Vertragsangebotes bereits zustande gekommen und geht es im Rechtsstreit nach § 315 **BGB** nur noch darum, die Angemessenheit der vom Patentinhaber einseitig festgesetzten Lizenzgebühr zu überprüfen, kommt eine kartellrechtliche Zuständigkeit grundsätzlich nicht mehr in Betracht. Da bloß das zutreffende Entgelt für die Benutzung der patentierten Erfindung zu bestimmen ist, liegt eine Patentstreitsache (§ 143 Abs 1 PatG) vor, so dass die ausschließliche Zuständigkeit der Patentstreitgerichte gegeben ist. Anderes (im Sinne einer vorrangig kartellrechtlichen Zuständigkeit) gilt, wenn im Rahmen der Vergütungsfestsetzung zu klären ist, ob eine bestimmte Lizenzhöhe zu einer kartellrechtlich unzulässigen Ausbeutung oder Diskriminierung führt.

bb) Oberlandesgerichte

415 Nach § 91 GWB wird bei den Oberlandesgerichten ein Kartellsenat (als der allein zuständige Spruchkörper) gebildet, der über die Berufung gegen Endurteile in bürgerlichen Rechtsstreitigkeiten nach § 87 Abs 1 GWB entscheidet. Ob das angefochtene Urteil unter § 87 GWB fällt, prüft der Kartellsenat eigenständig. Hat das Landgericht zum Zwangslizenzeinwand (positiv oder negativ) sachlich entschieden, ergibt sich daraus die Vorgreiflichkeit, die der Kartellsenat idR nicht in Zweifel ziehen wird. Hat das Landgericht die Klage mangels Verletzung abgewiesen, hat der Patentsenat die Vorgreiflichkeit der Kartellfrage vor einer Abgabe an den Kartellsenat festzustellen, wobei die unter aa) für das Landgericht dargelegten Regeln gelten.

416 Maßgeblichkeit für die **Entscheidungserheblichkeit** der Kartellfrage sind die Verhältnisse im Zeitpunkt der Berufungseinlegung; neues Vorbringen, auch wenn es prozessual beachtlich ist (§ 531 ZPO), macht eine Nichtkartellsache deshalb nicht nachträglich zu einer Kartellsache.[646] Auch in einer Kartellsache kann Berufung fristwahrend stets beim allgemein zuständigen Berufungsgericht eingelegt werden[647], welches den Rechtsstreit auf Antrag analog § 281 ZPO an das Kartellgericht verweist.[648] Umgekehrt gilt nicht dasselbe: In einer Nichtkartellsache kann Berufung wirksam nicht beim Kartellgericht eingelegt werden[649]; ein solches Rechtsmittel ist vielmehr unzulässig, womit eine Verweisung an das zuständige Nichtkartellgericht ausscheidet.[650] Anderes gilt nach dem Grund-

---

643 Vgl die Nachweise bei Loewenheim/Meessen/Riesenkampff/Kersting/Meyer-Lindemann, § 87 Rn 19.
644 Vgl die Nachweise bei Loewenheim/Meessen/Riesenkampff/Kersting/Meyer-Lindemann, § 87 Rn 21.
645 **Bsp**: Territoriale Reichweite des Angebotes, Schadenersatzpflicht für die Vergangenheit.
646 OLG Düsseldorf, Beschluss v 24.1.2018 – VI-U (Kart) 10/17.
647 BGH, NZKart 2018, 439.
648 OLG Düsseldorf, Beschluss v 24.1.2018 – VI-U (Kart) 10/17.
649 OLG Düsseldorf, Beschluss v 24.1.2018 – VI-U (Kart) 10/17.
650 OLG Düsseldorf, Urteil v 9.5.2018 – VI-U (Kart) 1/18.

satz der Meistbegünstigung ausnahmsweise dann, wenn das angefochtene Urteil den Anschein für eine Kartellsache gesetzt hat, zB dadurch, dass es die Streitigkeit im Rubrum zu Unrecht als Kartellsache bezeichnet hat.[651]

Erfolgt eine Verweisung an den Kartellsenat (§ 281 Abs 1 ZPO, §§ 87, 91, 92 Abs 1 GWB), geht die Prüfungs- und **Entscheidungskompetenz** nicht nur für die kartellrechtliche Frage/Anspruchsgrundlage über, sondern für den gesamten Streitgegenstand.[652] 417

Streiten sich ein Zivilsenat und der Kartellsenat des Oberlandesgerichts im Rahmen eines negativen Kompetenzkonfliktes über ihre Zuständigkeit, findet keine **Gerichtsstandsbestimmung** durch den BGH statt.[653] 418

cc) Lizenzbereitschaftserklärung

Relevant ist die aufgezeigte Zuständigkeitsproblematik nicht nur dann, wenn kartellrechtliche Vorschriften unmittelbar die Grundlage für das Lizenzierungsverlangen bilden, sondern gleichermaßen dann, wenn Anknüpfungspunkt für den Zwangslizenzeinwand die Lizenzbereitschaftserklärung des Patentinhabers gegenüber der Standardisierungsorganisation ist. Erstens deklariert die Bereitschaftserklärung idR lediglich eine Lizenzierungspflicht, die auf kartellgesetzlicher Grundlage ohnehin besteht. Zweitens stellen sich im Zusammenhang mit der Angemessenheit und Diskriminierungsfreiheit keine anderen Fragen als bei einer Lizenzpflicht aus Gesetz. 419

dd) Isolierte Klage auf Lizenzabschluss

Wird der Anspruch auf Abschluss eines (ggf von dem Standard-Lizenzvertrag des Patentinhabers abweichenden) Lizenzvertrages klageweise – und nicht einwendungsweise – geltend gemacht, so steht hierfür der Gerichtsstand der unerlaubten Handlung (Art 7 Nr 2 EuGVVO, Art 5 Nr 3 VO 44/2001[654], § 32 ZPO) zur Verfügung. Denn der zur Klagebegründung gehaltene Sachvortrag, die Weigerung des Patentinhabers, einen (ggf vom Standardvertrag abweichenden) Lizenzvertrag abzuschließen, verstoße gegen Kartellrecht (Art 102 AEUV [vormals: Art 82 EG], §§ 19, 20 GWB), stellt die Behauptung eines deliktischen Verhaltens dar. 420

ee) Bestimmung der FRAND-Bedingungen[655]

Weil die Verhandlungen über die FRAND-Lizenz den patentrechtlichen Unterlassungsanspruch blockieren, müssen die FRAND-Bedingungen nicht nur sachlich angemessen (= diskriminierungs- und ausbeutungsfrei) sein[656]; für die mit ihnen befasste Entscheidungsinstanz muss sich außerdem innerhalb kurzer Zeit zuverlässig ermitteln lassen, ob bestimmte Vertragsinhalte (insbesondere eine bestimmte Höhe der Vergütung) FRAND sind oder nicht. Es sind also zwei Zielvorgaben miteinander in Einklang zu bringen, nämlich das Gebot **materieller Gerechtigkeit** und das Gebot **rascher Justitiabilität**. 421

Beides gilt es für einen **Regelungsgegenstand** zu erreichen, der außerordentlich **komplex** ist. Schon die Zahl der Patente, die zu einem Standard gehören, ist erheblich und umfasst meist mehrere hundert Schutzrechte, deren technische Bedeutung für das Erzeugnis überdies sehr unterschiedlich sein kann. Auf dem Verletzungsprodukt können die SEP mehrerer Standards lasten, außerdem weitere Schutzrechte, die entweder nicht 422

---

651 OLG Düsseldorf, Beschluss v 24.1.2018 – VI-U (Kart) 10/17.
652 BGH, GRUR 2013, 1069 – Basis3.
653 BGH, MDR 2014, 489.
654 LG Leipzig, InstGE 9, 167 – optischer Datenträger.
655 Kleindienst, Bestimmung angemessener FRAND-Lizenzen, 2016; Kurtz/Straub, GRUR 2018, 136; Baumann, GRUR 2018, 145; Nieder, GRUR 2018, 666.
656 Ebenso: OLG Düsseldorf, Beschluss v 17.11.2016 – I-15 U 65/15.

standardessentiell sind oder sogar völlig außerhalb der durch den Standard abgebildeten Technik liegen. Jedes Verkaufsprodukt hat eine maximale Lizenzbelastung[657], die nicht überschritten werden darf und von der die FRAND-Lizenzgebühr einen angemessenen Bruchteil ausmachen muss. Hält der Inhaber des Klagepatents weitere (ebenfalls benutzte oder auch nur möglicherweise benutzte) Schutzrechte, können auch sie entweder eine Marktbeherrschung begründen oder auch nicht. Wie dem auch sei, kann der Patentinhaber ein Interesse daran haben, nicht bloß eine Einzellizenz am marktbeherrschenden Klagepatent zu vergeben, sondern eine Portfolio-Lizenz an seinem gesamten (unter Umständen völlig uneinheitlichen) Schutzrechtsbestand zu erteilen. Im Einzelfall hat möglicherweise auch der Benutzer ein Interesse an einer derartigen Gesamtlösung, um die Schutzrechtslage für sein Produkt ein für allemal zu regeln.

423 All dies gilt es bei der Entscheidung darüber zu bedenken, nach welchen Regeln die FRAND-Lizenz zu bestimmen ist. Im Folgenden sollen drei zentrale Regelungsbereiche näher untersucht werden, nämlich die Frage, welche Schutzrechte in die Lizenz einzubeziehen sind, wie das Lizenzierungsterritorium abzustecken ist, und, daran anschließend, wie die Vergütung für die so umrissene Benutzungsgestattung festzulegen ist. Es versteht sich von selbst, dass die gebotene rasche Justitiabilität (die eine deutliche Begrenzung des Streitstoffes verlangt) nur um den Preis einer Einbuße an Einzelfallgerechtigkeit zu haben ist.

(1) Lizenzpflichtige Schutzrechte

424 Dass der Patentinhaber für das einzelne, spätere Klagepatent vorgerichtliche Lizenzierungsbemühungen unternommen haben muss, bedeutet nicht, dass sich auch umgekehrt die Lizenzverhandlungen auf dieses *eine* Patent zu beschränken hätten. Das eingeklagte Schutzrecht muss bloß in die Verhandlungen einbezogen gewesen sein, um gegenüber einer *darauf* gestützten Klage den Missbrauchsvorwurf auszuräumen. Dieser Zusammenhang hindert selbstverständlich nicht, die Benutzungsgestattung von vornherein umfassender anzulegen, was nicht zuletzt deshalb sinnvoll und geboten ist, weil niemand ein Interesse daran haben kann, dass jedes einzelne SEP zum Gegenstand eines Verletzungsprozesses gemacht wird, um seine Lizenzpflicht herbeizuführen. Nirgendwo in Europa stünden auch nur annähernd ausreichende Ressourcen bei Gericht hierfür zur Verfügung. Dies vorausgeschickt, kann der Patentbenutzer allerdings nicht aus Gründen der einfachen Handhabung kurzerhand auf jedes beliebige Schutzrechtspaket verwiesen werden, das der Patentinhaber für ihn »schnürt«. Angesichts der erforderlichen Begrenzung des Streitstoffes kann die Berücksichtigung von Schutzrechten nicht uferlos sein. Vielmehr hat, wenn der Schutzrechtsinhaber über eine Mehrzahl von Patenten verfügt, die Bestückung des zu lizenzierenden Portfolios in einer Weise zu erfolgen, dass zum einen den individuellen Interessen beider Seiten angemessen Rechnung getragen ist und zum anderen eine zügige Justitiabilität gewährleistet ist. Folgende Regeln lassen sich dafür aufstellen:

(a) Lizenzierungswunsch des Beklagten

425 Schutzrechte und Lizenzgebiete, die der Beklagte in seine Lizenz einbezogen sehen will, sind grundsätzlich in die FRAND-Lizenz aufzunehmen. Das gilt selbst dann, wenn der Schutzrechtsinhaber die fraglichen Patente auf anderer Vertriebsstufe lizenzieren will. Denn niemandem ist zuzumuten, sein geschäftliches Wohl und Wehe in die Vertragstreue eines Dritten zu überantworten.

---

657 Sie liegt typischerweise bei 1/3 des Umsatzes, kann jedoch in Abhängigkeit von der Technologielastigkeit des Produktes schwanken.

(b) Lizenzierungswiderstand des Beklagten

Geht es demgegenüber um eine Bestückung des Vertrages mit Schutzrechten und Lizenzterritorien gegen den Willen des Lizenzsuchers, gilt Folgendes: 426

- Hat der Patentinhaber nachweislich[658] bereits eine **namhafte Anzahl von Lizenzen** 427
für ein vergleichbares Produkt **erteilt**[659], spricht der Anschein dafür, dass die Zusammenstellung der Lizenzschutzrechte sachlich gerechtfertigt und deshalb auch vom Benutzer hinzunehmen ist. Ggf kann ihre Übernahme aus Gründen der Gleichbehandlung sogar erforderlich sein. Voraussetzung hierfür ist, dass die indiziell berücksichtigten Verträge – tatrichterlich feststellbar[660] – nicht durch Missbrauch von Marktmacht (zB Koppelungsgeschäft) zustande gekommen sind, weil vom Gesetz missbilligte Vertragsinhalte keine Grundlage für eine Gleichbehandlung anderer bilden können. Eine andere Frage ist, ob ein missbräuchlicher Lizenzvertrag im Rahmen der Ausbeutungskontrolle von Belang sein kann, indem er einen *Anhaltspunkt* für die Bemessung der FRAND-Lizenz liefern kann. Dies ist in dem Sinne zu bejahen, dass dem Missbrauchstatbestand durch geeignete Zu-/Abschläge Rechnung zu tragen ist. Insgesamt erweist erst der Einzelfall, welcher von mehreren Vertragstexten heranzuziehen ist. Maßgeblich ist einerseits die Missbrauchsfreiheit seines Zustandekommens, andererseits die sachliche und/oder räumliche Nähe zum FRAND-Lizenzgegenstand. So mag es richtig sein, unter gewissen Umständen einen sachnäheren Missbrauchsvertrag als Orientierung zugrunde zu legen, weil missbrauchsfreie Referenzverträge inhaltlich weit ab liegen, unter anderen Verhältnissen mag es sich umgekehrt verhalten.

- Bei der vergleichsweisen Heranziehung einer **Pool-Lizenz**, die einen größeren 428
Schutzsrechtsbestand von mehreren Unternehmen zum Gegenstand hat, ist zu berücksichtigen, dass pro Patent geringere Lizenzgebühren gezahlt werden als bei der Lizenzierung des Portfolios nur eines einzigen Unternehmens und einer geringeren Gesamtzahl von Lizenzschutzrechten. Daher ist es kein zwingendes Indiz für die Unangemessenheit einer geforderten FRAND-Lizenz, wenn für dasselbe Patent in einem größeren Lizenzpool geringere Lizenzgebühren gezahlt werden.[661]

- Nachrangig zu beachten sind feste **Usancen**, die sich auf dem betreffenden Technikgebiet für eine Lizenzierung herausgebildet haben. Lassen sie sich tatrichterlich feststellen (zB anhand von missbrauchsfreien Lizenzverträgen zu vergleichbaren Standards), gibt die bestehende Übung die Art und Weise der Bestückung des zu lizenzierenden Schutzrechtsportfolios vor. Im Elektronik- und Mobilfunkbereich etwa sind konzern- und weltweite Lizenzverträge weithin gebräuchlich und die Regel; sie sind deshalb grundsätzlich FRAND, sofern gewährleistet ist, dass in den wesentlichen Ländern Parallelschutzrechte bestehen und Lizenzgebühren nur für sol- 429

---

658 Die Beweislast liegt beim Patentinhaber.
659 Solche Lizenzverträge lassen sich vom Gegner ggf über ein nationales Besichtigungsverfahren oder eine discovery nach 28 USC § 1782 aufklären.
660 Demgegenüber will das LG Düsseldorf (Urteil v 31.3.2016 – 4a O 73/14) dann, wenn Lizenzen am Klagepatent oder am angebotenen Patentportfolio vergeben worden sind und sich nicht positiv feststellen lässt, dass die Lizenzverträge nur unter dem Druck eines Unterlassungsanspruchs zustande gekommen sind, eine durchschlagende Indizwirkung der bestehenden Lizenzen dafür annehmen, welche Lizenz nach Umfang und Inhalt FRAND ist. Mit der Zahl inhaltsgleicher Lizenzverträge soll sich unter solchen Umständen nicht nur die Vermutungswirkung steigern, sondern sich auch der Verdacht ihres Zustandekommens unter Machtmissbrauch verflüchtigen. Dem ist zu widersprechen. Vergleichslizenzen scheiden schon dann als Orientierung für FRAND-Lizenzen aus, wenn sie nur *möglicherweise* missbräuchlich zustande gekommen sind.
661 LG Düsseldorf, Urteil v 31.3.2016 – 4a O 73/14.

che Produkte anfallen, deren Herstellung und/oder Vertrieb in einem der Schutzstaaten erfolgt ist.[662]

430 Gegenüber beiden »Indiz«-Sachverhalten kann der Verletzer einwenden, dadurch **unbillig behindert** zu werden, dass er (in Fällen der Konzernlizenz: der Konzern) eine namhafte Anzahl von Schutzrechten des Portfolios für seine Produkte überhaupt nicht benutzt und trotzdem die vollen Lizenzgebühren des Gesamt-Portfolios zu entrichten hat.[663] Wenn ein dementsprechendes »Benutzungsdefizit« feststellbar ist, wäre eine dadurch herbeigeführte Wettbewerbsbehinderung allerdings nicht »unbillig«, wenn **sachliche Gründe** für die vorgenommene Bestückung des Portfolios bestehen (zB dergestalt, dass typischerweise das geschnürte Portfolio in seiner Gesamtheit benutzt wird, um auf dem nachgelagerten Markt Produkte anbieten zu können).

431 Wenn indiziell bedeutsame Anhaltspunkte fehlen, gilt – gleichsam als allerletzte Auffangposition – Folgendes:

432 – Benutzt der Beklagte über das Klagepatent hinaus weitere SEP des Patentinhabers, gehört es zu den FRAND-Bedingungen, die auch der Benutzer redlicherweise akzeptieren muss, dass er sich auf eine Portfoliolizenz für den gesamten **benutzten SEP-Bestand** des Klägers einlässt, der eine **Marktbeherrschung** begründet.

433 – Für benutzte weitere **nicht zur Marktbeherrschung führende SEP** oder **Nicht-SEP** des Patentinhabers gilt aus allgemeinen Billigkeitserwägungen heraus dasselbe. Zwar hängt der Marktauftritt des Benutzers von einem solchen Schutzrecht nicht ab; mit zu verhandeln sind die genannten Schutzrechte aber dann (und deshalb), wenn (und weil) für ihre Einbeziehung sachliche Gründe dargetan werden können. Eine Grenze bildet das kartellrechtliche Koppelungsverbot.

434 – Kein Anspruch besteht darauf, dass der Beklagte seine Lizenz auf von ihm **nicht benutzte** Patente erstreckt.

435 – Gleiches gilt – aus Gründen der Begrenzung des Streitstoffes – für **SEP eines anderen Standards**, seien die Schutzrechte auch benutzt und mit ihnen eine Marktbeherrschung verbunden.

436 Der zu einem FRAND-Angebot verpflichtete Schutzrechtsinhaber hat dementsprechend darzulegen, weshalb das von ihm im Lizenzangebot berücksichtigte Portfolio nach Zahl und Inhalt sowohl fair als auch für den Verletzer zumutbar (= ausbeutungsfrei) ist.

(c) Rechtsbestand

437 Der Rechtsbestand der Portfoliopatente ist **kein Prüfungsgegenstand**, auch nicht in Offensichtlichkeitsfällen. Er wird aufgrund des behördlichen Erteilungsaktes solange vermutet, wie im Entscheidungszeitpunkt über die Lizenznahme keine Vernichtungsentscheidung existiert.[664] Da eine streitige Einspruchs- oder Nichtigkeitsentscheidung keinen geringeren Rang als der einseitige behördliche Erteilungsakt hat, kommt es nicht darauf an, ob ein widerrufendes oder nichtigerklärendes Erkenntnis rechtskräftig sind. Auch erstinstanzlich vernichtete Patente scheiden aus der Lizenznahmepflicht des Patentbenutzers aus, ohne dass insoweit eine Kontrolle auf die inhaltliche Richtigkeit der getroffenen Entscheidung statthaft wäre. Für den Fall, dass ein bei der Lizenzierung berücksichtigtes Patent später rechtskräftig vernichtet oder ein erstinstanzlich vernichtet gewesenes und deshalb unberücksichtigt gebliebenes Patent später wieder« hergestellt

---

662 LG Düsseldorf, Urteil v 31.3.2016 – 4a O 73/14; LG Mannheim, Urteil v 4.3.2016 – 7 O 97/14.
663 LG Düsseldorf, Urteil v 31.3.2016 – 4a O 73/14.
664 Ebenso: OLG Düsseldorf, Beschluss v 17.11.2016 – I-15 U 65/15.

wird, ist eine **Anpassungsklausel** zu vereinbaren. Sie hat eine Preiskorrektur zu ermöglichen, wenn sich die vereinbarte Lizenz angesichts des nachträglich veränderten Schutzrechtsbestandes als unangemessen (Spürbarkeitskriterium!) erweist.[665] Gleiches gilt für den Fall, dass Portfolioschutzrechte wegen Zeitablaufs erlöschen und damit ab einem bestimmten Zeitpunkt aus dem Lizenzierungsbestand ausscheiden.[666]

(d) Benutzung

Es muss zwar nicht definitiv feststehen, aber es muss **glaubhaft (dh überwiegend wahrscheinlich)** sein, dass es sich bei den in das Lizenzangebot einbezogenen Portfolioschutzrechten um vom Gegner tatsächlich benutzte Patente handelt.[667] Der Entscheidungsinstanz obliegt insoweit keine abschließende tatrichterliche Feststellung, die jeglichem Zweifel Schweigen gebietet (§ 286 Abs 1 Satz 1 ZPO[668]), sondern eine Plausibilitätsprüfung, die weder die Einholung eines Sachverständigengutachtens noch sonst eine Beweisaufnahme zulässt, sondern die Prüfungstiefe auf eine bloß überschlägige Beurteilung der fraglichen Schutzrechte und ihrer Benutzung herabsetzt. Zweckmäßigerweise findet die Argumentation anhand von claim charts statt, wie sie aus freien Lizenzverhandlungen zwischen Unternehmen über umfangreiche Schutzrechtsportfolios geläufig sind.[669] Bei erheblicher Größe des Portfolios kann die Diskussion auf eine begrenzte Anzahl von Schutzrechten beschränkt werden, nämlich auf 10 bis 15 ausgewählte Portfolioschutzrechte, die im Falle freier Lizenzverhandlungen Gegenstand einer »proud list« wären.[670] Die vom Patentinhaber/Verletzer getroffene Auswahl ist nachvollziehbar zu erläutern.[671] Maßgeblich hat zu sein, dass die proud list einen repräsentativen Querschnitt durch die wirtschaftlich wichtigen Lizenzschutzrechte des Portfolios darstellt, nämlich diejenigen Patente, die den Vermarktungserfolg für das Produkt bestimmen. Ein solches Prozedere reicht aus, weil sie den Patentbenutzer in die Lage versetzt, bei Zweifeln eine entsprechende Benutzungsdiskussion mit dem Schutzrechtsinhaber anzustoßen, die diesen zu konkretisierenden Darlegungen verpflichtet.[672] Andererseits überfordert weder die Erstellung der »proud list« noch die Anfertigung von claim charts den Schutzrechtsinhaber, weil er über letztere schon im Zusammenhang mit der Meldung seiner Schutzrechte als standardessenzielle Patente gegenüber der Standardisierungsorganisation verfügen wird. Bei der Diskussion wird grundsätzlich davon auszugehen sein, dass der zu einem nationalen Schutzrecht geführte Benutzungsnachweis zugleich auch eine Benutzung der **parallelen Schutzrechte in anderen Ländern** plausibel macht, mögen die dortigen Patente sprachlich auch abweichend gefasst sein.[673] Allerdings kann der Verletzer in

438

---

665 Ebenso: OLG Düsseldorf, Beschluss v 17.11.2016 – I-15 U 65/15; aA: LG Mannheim, Urteil v 24.1.2017 – 2 O 131/16. Die Anpassung kann darin bestehen, dass die FRAND-Lizenz reduziert oder der Lizenzvertrag – mit oder ohne Preiskorrektur nach oben – auf weitere Schutzrechte erstreckt wird.
666 OLG Düsseldorf, Beschluss v 17.11.2016 – I-15 U 65/15; aA: LG Mannheim, Urteil v 24.1.2017 – 2 O 131/16.
667 Ebenso: OLG Düsseldorf, Beschluss v 17.11.2016 – I-15 U 65/15.
668 BGH, GRUR 2016, 1280 – Everytime we touch.
669 Nach LG Mannheim (Urteil v 4.3.2016 – 7 O 97/14) soll es, wenn der Beklagte eine technische Diskussion verweigert, zur Rechtfertigung eines weltweiten Lizenzangebotes an sämtlichen für das DVD-CD-Programm relevanten Patenten der Klägerin (mehrere 100!) genügen, wenn zu 2 weiteren Standardpatenten (außer dem Klagepatent) in Form von claim-charts deren Benutzung dargelegt und zu weiteren 5 Patenten wenigstens stichwortartig zu deren Benutzung argumentiert wird. Dagegen: OLG Düsseldorf, Beschluss v 17.11.2016 – I-15 U 65/15, das zu Anfang den Benutzungsnachweis für diejenigen 10–15 Lizenzschutzrechte verlangt, die Teil einer »proud-list« wären, wobei die getroffene Auswahl nachvollziehbar zu erläutern ist.
670 OLG Düsseldorf, Beschluss v 17.11.2016 – I-15 U 65/15.
671 OLG Düsseldorf, Beschluss v 17.11.2016 – I-15 U 65/15.
672 LG Mannheim, Urteil v 4.3.2016 – 7 O 97/14.
673 LG Mannheim, Urteil v 4.3.2016 – 7 O 97/14.

einem solchen Fall konkret darlegen, dass und warum sich aus den sprachlichen Divergenzen abweichende Schutzbereiche ergeben, die in Bezug auf das Ausland in einem – gemessen an den gesamten lizenzpflichtigen Benutzungshandlungen – spürbaren Umfang zur Nichtbenutzung führen.[674]

439 Dementsprechend reduziert ist die **Vortragslast** der Parteien. Der Patentinhaber kann, um ihr zu genügen, darlegen, dass es sich bei den Schutzrechten des Portfolios um zwingend zu verwendende SEP – und nicht bloß um Optionen im Standard – handelt, ohne deren Benutzung der Gegenstand nicht im Standard arbeiten kann oder eine marktwichtige Funktionalität nicht besitzt. Soweit ein Options-SEP in Rede steht (das auf Wunsch des Verletzers mit einzubeziehen ist), kann dargetan werden, dass aufgrund der beworbenen und/oder tatsächlich festgestellten Gerätefunktionen von seiner Benutzung auszugehen ist. Der Patentbenutzer kann die behaupteten Indiztatsachen erschüttern, indem er darlegt, dass das Patent kein zwingendes SEP ist, die fragliche Gerätefunktion nicht existiert oder dass und wie die gegebene Funktionalität auf andere, patentfreie Weise bereit gestellt wird. Auch wenn er innerhalb des Konzerns lediglich den Vertrieb verantwortet, hat er sich auf die besagte technische Diskussion einzulassen und kann angesichts des im Konzernverbund vorhandenen Wissens eine Erwiderung nicht unter Hinweis darauf verweigern, dass er selbst über die technischen Details seiner Produkte nicht informiert ist.[675]

440 Signifikant **unterschiedliche Schutzrechtsbestände und/oder Erschöpfungssachverhalte in** den einzelnen **Benutzungsländern** verbieten eine Anwendung desselben Portfoliolizenzsatzes. Mindestens bedarf es einer Anpassungsklausel, die gewährleistet, dass der Verletzer in solchen Ländern, in denen deutlich weniger Patente bestehen oder in erheblichem Umfang Erschöpfung eintritt, andere, ihm günstigere Lizenzkonditionen zur Anwendung kommen.[676]

(2) Lizenzgebiet

441 Ist es bereits zu entsprechenden (insoweit missbrauchsfrei zustande gekommen) Lizenzierungen gekommen oder existieren dahingehende geschäftliche Gepflogenheiten, kann es angezeigt sein, die Lizenz über das Schutzterritorium des eingeklagten Patents (zB Deutschland) hinaus auf weitere Staaten zu erstrecken. Solches wird namentlich dann in Betracht kommen, wenn es sich um einen weltweit geltenden Standard handelt und der Beklagte bzw. dessen Konzern in einer Vielzahl von Ländern mit Patentschutz in schutzrechtsbenutzender Weise tätig ist. Hier entspricht es regelmäßig der Üblichkeit und ist deshalb auch vom Patentbenutzer unter FRAND-Gesichtspunkten hinzunehmen, dass das Lizenzangebot weltweit ausgerichtet und der übergeordneten Konzernmutter (bzw dem sonst für den gesamten Unternehmensverbund für IP-Rechte verantwortlichen Konzernunternehmen) unterbreitet wird.[677] Wo das Vergleichsmarktkonzept durchführbar ist, weil es zum fraglichen Schutzrechtsportfolio oder einem vergleichbaren Standard abgeschlossene Lizenzverträge gibt, ist dies schon deshalb geboten, weil deren Inhalt den Inhalt der FRAND-Lizenz bestimmt. Die Vorlage schlägt insofern nicht nur bzgl der Vergütungshöhe durch, sondern auch im Hinblick auf das verabredete Lizenzgebiet. Letzteres gilt schon deshalb, weil beide Regelungsgegenstände inhaltlich zusammenhängen, da die Lizenzgebühr im Zweifel auch mit Rücksicht auf das festgelegte Vertragsgebiet bemessen worden ist.

---

674 OLG Düsseldorf, Beschluss v 17.11.2016 – I-15 U 65/15.
675 LG Mannheim, Urteil v 4.3.2016 – 7 O 97/14.
676 OLG Düsseldorf, Beschluss v 17.11.2016 – I-15 U 65/15.
677 LG Mannheim, Urteil v 4.3.2016 – 7 O 96/14.

442 Dass die den Lizenzierungszwang auslösende Norm (Art 102 AEUV) ausschließlich im territorialen Bereich der EU Geltung hat und dementsprechend auch nur hier kartellrechtliche Pflichten begründet und kartellrechtliches Wohlverhalten verlangt, steht einem darüber hinausgehenden *weltweiten* Lizenzvertrag nicht entgegen. Abgesehen davon, dass das Verbot missbräuchlicher Ausübung von Marktmacht nicht bloß nationale oder europaweite Bedeutung hat, sondern zum Kernbestand allgemein anerkannter wettbewerbsrechtlicher Verhaltensregeln gehört, hat der räumlich begrenzte Geltungsbereich des Art 102 AEUV lediglich zur Folge, dass nur ein innerhalb der EU entfaltetes Wettbewerbsverhalten an den Maßstäben des europäischen Kartellrechts gemessen werden kann und dass – bezogen auf die Rechtsfolgenseite – vom Marktbeherrscher auch nur hier ein kartellrechtsgemäßes Verhalten gefordert werden kann. Von dieser »tatbestandlichen« Wirkung ist die auf ganz anderem Gebiet liegende Frage zu unterscheiden, ob dann, wenn der Anwendungsbereich europäischen Kartellrechts eröffnet ist, ein den Missbrauchsvorwurf ausräumendes Verhalten nicht darin liegen kann, dass der Marktbeherrscher bei seiner Geschäftstätigkeit in Europa Dritten eine Benutzungserlaubnis anbietet, die sich auf Europa erstreckt, die jedoch mit Rücksicht auf seine eigenen berechtigten Belange und in Anbetracht der im Markt herrschenden Gepflogenheiten auch über das Gebiet der EU hinausreicht. Derartiges zu verweigern, besteht kein Anlass.

(3) Höhe der Lizenzgebühr

443 Die wesentliche beim Finden der FRAND-Bedingungen zu leistende Arbeit wartet bei der Höhe der Lizenzgebühr. Egal, nach welcher – sogleich zu erörternden – Methode sie erfolgt, handelt es sich **nicht** um einen mit **mathematischer Genauigkeit** durchzuführenden Vorgang, sondern um eine nur näherungsweise mögliche Entscheidung, die im Interesse der gebotenen zügigen Erledigung notwendigerweise auf Wertungen und Schätzungen beruht.

444 Das Gebot einer schnellen Lizenzbestimmung verbietet – ähnlich wie in einem einstweiligen Verfügungsverfahren – die Einholung eines **Sachverständigengutachtens** jedenfalls dann, wenn von vornherein absehbar ist, dass sich hierdurch die Verfahrensdauer auf ein unzulässiges Maß verlängern wird.

445 Wie oben[678] ausgeführt, geht es bei der FRAND-Lizenzgebühr nicht um eine nach allen Seiten gerechte Vergütung für die Patentbenutzung, sondern um das Verbot einer Ausbeutung. Sie verlangt nicht nur irgendeine Überschreitung der objektiv interessengerechten Vergütung, sondern einen *deutlichen* Abstand, der es dem Lizenzsucher verwehrt, im nachgelagerten Produktmarkt wettbewerbsfähig zu bleiben.

(a) Kosten/Nutzen-Ansatz

446 Keine gangbare Alternative stellt ein Kosten/Nutzen-Ansatz dar. Das gilt nicht nur für Patenterwerber und Verwertungsgesellschaften, sondern generell. Würden die Entwicklungskosten in die Betrachtung einfließen[679], müsste zu den Aufwendungen für alle Produktpatente vorgetragen werden. Denn das lizenzpflichtige Portfolio kann nicht ohne Rücksicht auf die anderen Schutzrechte und deren Kosten bestimmt werden, die innerhalb der zur Verfügung stehenden Gesamtlast ebenfalls ihren Platz finden müssen. Zu diesen Kosten besitzt weder der Patentinhaber noch der Patentbenutzer (noch irgendein Sachverständiger) ein fundiertes Wissen; der Streitstoff wäre zudem unübersehbar und jedenfalls im Sinne einer zügigen Entscheidungsfindung nicht zu bewältigen. Würde der Erfindungsnutzen relevant sein, wäre zwar ein Anknüpfungspunkt gegeben, der im Bereich des Lizenzrechts als Bemessungsfaktor etabliert und anerkannt ist. Zu seiner

---

678 Kap E Rdn 254.
679 Friedl/Ann, GRUR 2014, 948.

Anwendung müsste allerdings die Funktionalität aller Produktpatente ermittelt und deren Anteil am Umsatzerfolg gewichtet werden; auch das ist mit vertretbarem Aufwand nicht zu leisten, zumal sich die Gewichte über die Dauer der Patentbenutzung verschieben können, was ggf zusätzlich zu verifizieren wäre.

(b) Vergleichsmarktkonzept

447 Als praktikable, weil im Kartellrecht in anderem Zusammenhang vielfach erprobte Lösung kommt das Vergleichsmarktkonzept infrage.[680] Es kann dem Patentinhaber – bei Vorliegen entsprechender Vereinbarungen, die unter den Verhältnissen des freien Wettbewerbs zustande gekommen sind – insbesondere die Möglichkeit eröffnen, mit festen Stücklizenzen zu argumentieren, so dass der Lizenzbetrag nicht – wie bei einer Umsatzlizenz – von der konkreten, ggf unterbietenden Preisgestaltung des Verletzers abhängt. **Zwei Spielarten** sind denkbar:

448 – Vorrangig[681] ist zu prüfen, ob für den fraglichen zur Lizenzierung anstehenden Schutzrechtsbestand oder wenigstens für einzelne namhafte Mitglieder im Inland, hilfsweise im Ausland, bereits ein oder mehrere Lizenzverträge – *beherrschungsfrei*[682] – abgeschlossen worden sind. Ist dies der Fall, besteht eine tatsächliche Vermutung für die Angemessenheit dieser Lizenzbedingungen. Bereits der erste Vertragsabschluss ist bedeutsam; mit jedem weiteren Vertragsschluss wächst die Vermutungswirkung. Inhaltliche Abweichungen von bereits vereinbarten Lizenzbedingungen sind nur angezeigt, wenn eine Ungleichheit des Lizenzierungssachverhaltes (die sich zB aufgrund objektiver nationaler Marktbesonderheiten von Relevanz ergeben kann[683]) dies gebietet. Darüber hinaus ist Besonderheiten in der Position des Verletzers angemessen Rechnung zu tragen. Kommt dem Verletzer in spürbarem Umfang der Erschöpfungseinwand zugute und ist der davon betroffene räumliche Markt (= Vertriebsgebiet) für die Bemessung des Referenzlizenzsatzes herangezogen worden, so ist die Tatsache der Erschöpfung bei der Festlegung des FRAND-Lizenzsatzes (mindernd) zu berücksichtigen, zumindest aber im Sinne einer Anpassungsklausel zu berücksichtigen.[684] Im Lizenzsatz hat ebenfalls Ausdruck zu finden, wenn in den verschiedenen vom Portfolio abgedeckten Ländern deutlich unterschiedliche Schutzrechtsbestände existieren oder die Benutzungslage stark variiert. Unter solchen Umständen kann eine Klausel nötig sein, die die Höhe des Lizenzsatzes an die Zahl der in dem jeweiligen Schutzstaat bestehenden und vom Verletzer benutzten Patente koppelt.[685] Zur Vermeidung einer unzumutbaren Gesamtlizenzbelastung kann schließlich eine Kappungsregelung erforderlich sein. Voraussetzung ist freilich der Nachweis des Verletzers, dass und in welchem Umfang er wegen des Verletzungsproduktes tatsächlich Lizenzen an Dritte abführen muss bzw. dies von ihm eingefordert ist.[686]

449 – Existiert noch kein Lizenzvertrag über das fragliche Portfolio oder dessen wesentliche Einzelschutzrechte in demselben oder einem anderen räumlichen Markt, ist – hilfsweise – das sachliche Vergleichsmarktkonzept anzuwenden. Es fragt danach, ob und ggf welche – bevorzugt *beherrschungsfrei* – zustande gekommenen Lizenzierungen für andere *vergleichbare* Standardschutzrechte und Schutzrechtsbestände (dessel-

---

[680] Ebenso: OLG Düsseldorf, Beschluss v 17.11.2016 – I-15 U 65/15.
[681] LG Düsseldorf, Urteil v 13.7.2017 – 4a O 35/16.
[682] Dh nicht unter den Bedingungen einer Marktbeherrschung iSv Art 102 AEUV.
[683] EuGH, Slg 1989, 2571, 2581 – Tournier.
[684] OLG Düsseldorf, Beschluss v 17.11.2016 – I-15 U 65/15.
[685] OLG Düsseldorf, Beschluss v 17.11.2016 – I-15 U 65/15.
[686] OLG Düsseldorf, Beschluss v 17.11.2016 – I-15 U 65/15.

ben oder eines anderen Standards) existieren. Die »Vergleichbarkeit« verlangt einen hinsichtlich der technischen Funktion und Wichtigkeit für das Produkt äquivalenten Standard/Schutzrechtsbestand.

Speziell bei zur Marktbeherrschung führenden SEP wird das Vergleichsmarktkonzept vielfach nur eingeschränkt anwendbar sein, weil die Lizenzbedingungen typischerweise nicht im **freien Spiel der Kräfte des Wettbewerbs** zustande gekommen sind. Es liegt vielmehr in der Natur der Sache, dass der SEP-Inhaber die Konditionen seiner Benutzungserlaubnis weitgehend vorgeben kann, weil er im Besitz eines Monopolrechts ist, auf dessen Lizenzierung die Wettbewerber für ihre Geschäftstätigkeit angewiesen sind. Die Vergütungshöhe liegt weitgehend in seinem Ermessen, was eine solche zum Vergleich herangezogene Lizenz als direkten Orientierungsfaktor disqualifiziert. Sie würde einen unter Marktbeherrschung zustande gekommenen Preis perpetuieren. Mangels anderweitiger, besserer Erkenntnisquellen, sind allerdings auch solche Verträge nicht wertlos, sondern können als mit Augenmaß zu handhabende Richtschnur brauchbar sein. 450

(c) Schutz von Betriebsgeheimnissen[687]

(aa) Erklärungspflicht

Über die (dh alle[688]!) erfolgten Lizenzierungen (Einzel- oder Portfoliolizenz, im Inland und/oder im Ausland) und deren (vollständigen!) Inhalt hat sich der Patentinhaber zur Rechtfertigung seines FRAND-Lizenzangebotes zu erklären. Das gilt uneingeschränkt für eigene Lizenzierungen sowie ansonsten in dem Umfang, in dem er verlässliche Kenntnisse besitzt oder sich zumutbar verschaffen kann. Darüber hinaus ist für eine Vorlagepflicht hinsichtlich solcher dem Schutzrechtsinhaber bekannter Gerichtsentscheidungen plädiert worden, die sich mit den abgeschlossenen Lizenzverträgen befassen und insoweit objektive sachverständige Stellungnahmen darstellen.[689] Für den Fall, dass überhaupt kein Vergleichslizenzvertrag existiert oder nur eine zur Lizenzbestimmung nicht genügende Anzahl vorliegt, soll gleiches im Hinblick auf solche Gerichtsentscheidungen gelten, die sich zur Benutzung und zum Rechtsbestand des oder der Lizenzschutzrechte verhalten.[690] Rechtsgrundlage für diese Pflicht ist die gegebene Zusage, jedermann zu angemessenen und diskriminierungsfreien Bedingungen zu lizenzieren (FRAND-Erklärung). Die Pflicht zur Vorlage von Lizenzvereinbarungen ist im Allgemeinen noch nicht dadurch erfüllt, dass dem Gegner angeboten wird, die betreffenden Unterlagen ohne das Recht zur Anfertigung von **Vervielfältigungen** einzusehen, sondern verlangt, dass ihm – selbstverständlich lesbare – Kopien oder Fotografien überlassen werden. Dessen bedarf es regelmäßig schon deshalb, weil es sich bei Lizenzverträgen typischerweise um umfangreiche und komplexe Dokumente handelt und es für die rechtliche Auseinandersetzung auf ihren genauen Inhalt ankommen kann, der dem Gegner deshalb für die Dauer des Rechtsstreits präsent sein muss. Anderes (im Sinne eines Ausreichens bloßer Einsichtnahme mit der Möglichkeit zu handschriftlichen Notizen) mag gelten, wenn es ausnahmsweise nicht auf den gesamten Vertragstext ankommt, sondern nur auf einzelne, überschaubare Passagen, zB in ganz wenigen Klauseln unterschiedliche Inhalte eines ansonsten identischen, dem Gegner bereits geläufigen Standardtext. Letztlich entscheiden die Umstände des Einzelfalles und eine Abwägung der Interessen beider Seiten. 451

---

687 Haedicke, Mitt 2018, 249.
688 LG Düsseldorf, Urteil v 13.7.2017 – 4a O 154/15.
689 LG Düsseldorf, Urteil v 13.7.2017 – 4a O 154/15. In Betracht ziehen wird man dies nur für solche Entscheidungen können, die einseitig bloß dem Schutzrechtsinhaber bekannt und für den Verletzer nicht ohne weiteres recherchierbar sind.
690 LG Düsseldorf, Urteil v 13.7.2017 – 4a O 154/15.

452 Die besagte Regel, dass alle abgeschlossenen Lizenzverträge vorzulegen sind, ist freilich mit **Umsicht** anzuwenden. Sie hat ihre uneingeschränkte Berechtigung dort, wo die Einzelverträge »unter Ausschluss der Öffentlichkeit« im Rahmen von Einzelverhandlungen zustande gekommen sind. Hier hat der Gegner, namentlich dann, wenn ihm die konkreten Lizenznehmer vorenthalten werden, ohne eine Präsentation keine Möglichkeit zur sachgerechten Ermittlung und Erwiderung. Ganz anders verhält es sich, wenn das FRAND-Angebot sich auf einen vielfach identisch abgeschlossenen Standard-Lizenzvertrag stützt, dessen Text und Lizenznehmer öffentlich zugänglich (zB für jedermann über das Internet abrufbar) sind.[691] Hier bedarf es selbstverständlich keiner Vorlage aller inhaltsgleichen Verträge (die auch mit keinem weiteren Erkenntnisgewinn verbunden wäre), weil der Lizenzsucher bei jedem einzelnen Lizenznehmer Erkundigungen dazu einholen kann, ob er den betreffenden Standardlizenzvertrag tatsächlich mit dem behaupteten, standardisierten Inhalt abgeschlossen hat. Auf der Grundlage dieser Informationen ist er in der Lage, im Prozess zu erwidern. Sollte er bei seinen Recherchen in einem oder in mehreren Fällen die Antwort erhalten, dass der Lizenzvertrag mit einem vom Standard abweichenden Inhalt zustande gekommen ist, besteht – aber erst dann – eine Vorlagepflicht, die nach Lage des Falles auch über die betreffenden, ermittelten Einzelfälle hinausgehen kann.

453 Gemäß § 131 ZPO sind die Vertragsurkunden (für Gericht und Gegner) sogleich dem betreffenden Schriftsatz beizufügen, in dem auf die Unterlage Bezug genommen wird.[692] Das gilt unabhängig davon, ob der Gegner den Urkundeninhalt bestreitet.[693] Das Angebot zur **Urkundenvorlage** nach § 134 ZPO suspendiert nicht von der Pflicht nach § 131 ZPO.[694] Einer Präsentation der Vertragswerke bedarf es – abgesehen vom Prozessrecht – auch deshalb, weil der Nachweis eines Lizenzvertragsabschlusses im kaufmännischen Verkehr grundsätzlich nur durch Vorlage des Vertrages oder durch eine schriftliche Dokumentation des Vertragsabschlusses geführt werden kann.[695] Um die Verlässlichkeit der gemachten Angaben einschätzen zu können und dem Gegner etwaige eigene Erkundigungen zu ermöglichen, kann es im Einzelfall bei mündlicher Lizenzierung erforderlich sein, diejenige Auskunftsperson namentlich zu benennen, die die Auskünfte verantwortet. Seiner Erklärungs- und Vorlagepflicht kann sich der Patentinhaber nicht unter Berufung auf den Schutz von Betriebsgeheimnissen entziehen.[696] Weder eine in den eigenen offenbarungspflichtigen Lizenzabmachungen oder sonstwie getroffene Geheimhaltungsvereinbarung[697] noch eine Verschwiegenheitsanordnung nach ausländischem Recht (protective order) sind geeignet, den Schutzrechtsinhaber seiner Vortragspflicht im inländischen Verletzungsverfahren zu entheben. Vertraulichkeitsvereinbarungen sind erst recht dann unbeachtlich, wenn sie zu Lasten eines Dritten (zB des Nebenintervenienten einer der Vertragsparteien) gehen.

(bb) Betriebs/Geschäftsgeheimnis

454 Allenfalls sind, wenn und soweit **schützenswerte** Betriebs- oder Geschäftsgeheimnisse nachgewiesen sind, Maßnahmen zu ihrem Schutz möglich.[698] In diesem Zusammenhang ist zu allererst die Erkenntnis wichtig, dass derjenige, der Schutzmaßnahmen für sich

---

691 Bsp: Lizenzverträge des MPEG-Pools.
692 OLG Düsseldorf, Beschluss v 22.12.2016 – I-15 U 65/15.
693 OLG Düsseldorf, Beschluss v 22.12.2016 – I-15 U 65/15.
694 OLG Düsseldorf, Beschluss v 22.12.2016 – I-15 U 65/15.
695 BGH, GRUR 2016, 201 – Ecosoil; OLG Düsseldorf, Beschluss v 22.12.2016 – I-15 U 65/15.
696 Ebenso: OLG Düsseldorf, Beschluss v 17.11.2016 – I-15 U 65/15.
697 ... auf die sich der Patentinhaber gerade wegen seiner FRAND-Erklärungspflicht nicht hätte einlassen dürfen. Zustimmend: LG Mannheim, Urteil v 2.3.2018 – 7 O 18/17.
698 Generell zu möglichen Geheimhaltungsvereinbarungen (incl. Mustertext) vgl Mayer, MDR 2018, 245.

reklamiert, nicht nur die vertrauliche Information zu identifizieren, sondern außerdem *konkret* darzutun hat, dass und warum die betreffende Information ein *auf die begehrte Weise zu schützendes* Betriebs- oder Geschäftsgeheimnis darstellt.[699] Dies verlangt **substanziellen Vortrag** zu denjenigen Maßnahmen, die bisher ihre Vertraulichkeit gewährleistet haben, und erfordert des Weiteren ebenso *substanzielle* verifizierbare Angaben dazu, welche Nachteile genau aus einem Bekanntwerden der fraglichen Information mit welchem Grad von Wahrscheinlichkeit drohen.[700] Relevant sind selbstverständlich nur solche Umstände, die rechtlich billigenswert sind. Bezüglich der Substantiierungslasten gelten im Prinzip die gleichen Anforderungen wie im gerichtlichen Besichtigungsverfahren.[701] Die besagten Anforderungen bestehen nicht nur, aber vor allem im Interesse des Prozessgegners, der beizeiten zuverlässig beurteilen können muss, ob für ihn eine Pflicht zur vertraglichen, im Zweifel vertragstrafegesicherten Geheimhaltung gegenüber dem Kläger besteht. Denn sowohl der grundsätzliche Anlass für die Abgabe einer Verschwiegenheitszusage als auch die angesichts des konkreten Schutzbedürfnisses erforderliche Höhe einer im Falle ihrer Missachtung fälligen Vertragsstrafe sind sinnvoll überhaupt nur einzuschätzen, wenn die eingangs benannten Einzelheiten aus dem Geschäftskreis des Klägers bekannt sind. Es versteht sich angesichts dessen von selbst, dass die notwendigen Einlassungen zum Betriebsgeheimnis nicht ihrerseits unter Hinweis auf Geschäftsgeheimnisse verweigert werden dürfen.

Geht es im Klägervortrag um Lizenzverträge, die auf der Grundlage der abgegebenen FRAND-Erklärung bereits abgeschlossen worden sind und die deshalb auch den Maßstab für die Lizenzerteilung an den Beklagten bilden sollen, so wird für einen Geheimnisschutz im Allgemeinen kein Raum sein; jedenfalls bedarf er ganz besonderer Begründung und Rechtfertigung.[702] Die *Zusage*, fair und diskriminierungsfrei zu lizenzieren, erfordert schon vom Grundsatz her eine **Transparenz der** kraft Lizenzerteilung geltenden **Lizenzierungsbedingungen** für den Interessentenkreis. Denn wie soll der interessierte Dritte sonst in Erfahrung bringen, wie die bereits praktizierten Lizenzbedingungen aussehen, um wirkungsvoll seine Rechte im Verletzungsprozess wahrzunehmen? Angesichts seiner Pflicht zur Gleichbehandlung Aller ist jedenfalls nicht ersichtlich, welches rechtlich billigenswerte Interesse der Lizenzgeber daran haben könnte, seine praktizierten Lizenzkonditionen, mit denen er eine gleiche Behandlung schuldet, vor der Öffentlichkeit geheim zu halten. Die Tatsache, dass diverse Lizenzierungspools (zB MPEG) ihre Lizenzverträge ins Internet stellen, belegt nachdrücklich, dass keine redlichen Geheimhaltungsinteressen existieren. Ein Vertraulichkeitsschutz hat in Anbetracht dessen vor allem dort seine Bedeutung, wo die angebotene Lizenz mit (zB sachlich vergleichbaren) Verträgen außerhalb einer FRAND-Zusage begründet werden soll, für die im Einzelfall ein unternehmerisches Geheimhaltungsbedürfnis zu akzeptieren sein mag (nicht: muss). **455**

Gemäß § 299 Abs 1 ZPO hat jede Partei, auch der beigetretene Streithelfer, ein – an keine weiteren Bedingungen geknüpftes – Recht auf **Einsicht in die Akten** ihres Verfahrens.[703] Der Anspruch dient der Gewährleistung des rechtlichen Gehörs, weil die Partei nur bei voller Kenntnis des dem Gericht unterbreiteten Akteninhalts zu einer umfassenden und angemessenen Rechtsverteidigung in der Lage ist. Weil dem so ist, hat die betreffende Partei *vor* einem ihre Betriebs- oder Geschäftsgeheimnisse offenlegenden Sachvortrag Vorsorge dafür zu treffen, dass mit dem einsichtsberechtigten Prozessgegner eine ihrem **456**

---

699 Nicht selten beruhen vertraglich vereinbarte Geheimhaltungspflichten darauf, dass der Lizenznehmer nach außen als Innovativer dastehen will, der auf keine technische Hilfe von dritter Seite angewiesen ist. Dieses Anliegen rechtfertigt selbstverständlich keine Verweigerung von Sachvortrag im Verletzungsprozess.
700 OLG Düsseldorf, Beschluss v 25.4.2018 – I-2 W 8/18.
701 Vgl oben Kap B Rdn 135.
702 OLG Düsseldorf, Beschluss v 25.4.2018 – I-2 W 8/18.
703 OLG Düsseldorf, Beschluss v 25.4.2018 – I-2 W 8/18.

Vertraulichkeitsinteresse genügende Geheimhaltungsvereinbarung zustande gekommen ist.[704] Wer als Kläger oder Beklagter ohne entsprechende Sicherungsvorkehrungen frühzeitig vorträgt, nimmt deshalb in Kauf, dass seine Geheimnisse dem Gegner ungeschützt im Wege der Akteneinsicht bekannt werden. Der Geheimnisträger ist durch dieses Prozedere nicht benachteiligt, weil er von einem seine Geheimnisse aussparenden Sachvortrag keinen Nachteil erleidet. Seine insoweit pauschalen Angaben sind nämlich als prozessual ausreichend und das hierauf bezogene Bestreiten des Gegners als unbeachtlich zu behandeln, wenn letzterer sich weigert, eine zum Geheimnisschutz notwendige und zumutbare Sicherungsvereinbarung mit dem Prozessgegner zu treffen.[705] Auf die beschriebene Weise bleibt das Akteneinsichtsverfahren von (ggf difizilen) Erwägungen über Betriebs- und Geschäftsgeheimnisse befreit, in welches sie – wegen § 299 Abs 1 ZPO – thematisch auch nicht gehören. Gleiches gilt für den Nebenintervenienten, dessen einsichtsbegründender Beitritt bei Offenlegung der Geheimnisse bereits erfolgt oder zuverlässig absehbar ist. Auch ihm gegenüber hat der Patentinhaber Vorkehrungen zum Geheimnisschutz zu treffen, bevor er seine Geheimnisse zum Akteninhalt macht.[706] Zu dem Fall einer unberechtigten Weigerung (nur) des Streithelfers, eine notwendige Verschwiegenheitsvereinbarung zu treffen, vgl unten zu Rdn 467.

457 Eine Ausnahme ist für *den* **Streithelfer** zu machen, der zu einem Zeitpunkt beitritt, zu dem die Partei ihre geheimhaltungsbedürftigen Informationen, geschützt durch eine mit dem Prozessgegner zustande gekommene Geheimhaltungsvereinbarung, bereits zum Prozess- und Akteninhalt gemacht hat. Hier ist der Streithelfer nicht allein deswegen, weil die Hauptpartei sich zur Vertraulichkeit verpflichtet hat[707], ebenfalls und unabhängig von der Existenz schützenswerter Betriebs- oder Geschäftsgeheimnisse zu einer gleichlautenden Verschwiegenheitsverpflichtung gehalten, so dass ihr eine Akteneinsicht solange zu verweigern ist, wie die fragliche Verpflichtung von ihr nicht eingegangen ist. Zwar darf sich der Streithelfer nicht in Widerspruch zum Prozessverhalten der unterstützten Hauptpartei setzen; andererseits ist aber auch die Hauptpartei nicht befugt, den berechtigten Anspruch des Streithelfers auf Gewährung rechtlichen Gehörs zu verkürzen. Im Akteneinsichtsverfahren des Streithelfers ist deshalb der Frage, ob der Gegner schützenswerte Geheimnisse hinreichend substantiiert dargetan hat, die die eingeforderte Sicherungsmaßnahme erfordern und rechtfertigen, unabhängig davon nachzugehen, ob sich die Hauptpartei dem betreffenden Ansinnen gebeugt hat.[708] Sind beachtliche Geheimhaltungsbelange zu verneinen, ist deshalb dem Streithelfer Akteneinsicht zu gewähren, auch wenn er selbst zu keiner Geheimhaltungszusage bereit ist.[709]

458 Zu betrachten ist schließlich noch der Fall, dass der Patentinhaber geheimhaltungsbedürftige Daten unter dem Schutz von Verschwiegenheitsabsprachen schriftsätzlich preisgegeben hat und der Geheimhaltungspflichtige danach **gegen** seine **Pflicht zur Verschwiegenheit verstößt oder sich von seiner Schweigepflicht lossagt**. Da der Patentinhaber nach Abschluss einer Vertraulichkeitsvereinbarung keinen Anspruch darauf hat, dass der Gegner ein regelmäßiges, wiederholendes Bekenntnis zu seiner Ver-

---

704 OLG Düsseldorf, Beschluss v 25.4.2018 – I-2 W 8/18.
705 OLG Düsseldorf, Beschluss v 25.4.2018 – I-2 W 8/18.
706 OLG Düsseldorf, Beschluss v 25.4.2018 – I-2 W 8/18.
707 Aus der Tatsache einer Vertraulichkeitsvereinbarung kann nicht ohne weiteres auf ihre sachliche Notwendigkeit und Berechtigung geschlossen werden. Denn der Beklagte, der sich dem diesbezüglichen Verlangen des Klägers widerspruchslos beugt, kann dazu aus ganz besonderen Umständen motiviert sein, zB dadurch, dass er selbst Inhaber von SEP ist, so dass er bei nächster Gelegenheit in umgekehrter Parteirolle in Gerichtsverfahren involviert ist, in dem er von seinem Gegner eine gleich gelagerte Verschwiegenheitszusage einfordern will, weswegen er jetzt kein Interesse an einer gerichtlichen Klärung hat, die ihm demnächst in anderer Rolle als Kläger schadet.
708 OLG Düsseldorf, Beschluss v 25.4.2018 – I-2 W 8/18.
709 OLG Düsseldorf, Beschluss v 25.4.2018 – I-2 W 8/18.

pflichtung ablegt, kann von einem »Lossagen« nur dann die Rede sein, wenn – verbal oder durch tatsächliches Handeln – eine mit einem bereits vorgenommenen Verstoß ungefähr vergleichbare Gefährdungslage für das Betriebs- oder Geschäftsgeheimnis geschaffen wird, das Verhalten des Geheimhaltungsverpflichteten also praktisch die Erstbegehungsgefahr für einen Geheimnisbruch schafft.[710] Insoweit handelt es sich um eine reine **Tatfrage**, für die in einer Gesamtabwägung alle Umstände des Einzelfalles abzuwägen sind. Selbst wenn daher von Seiten des Geheimhaltungspflichtigen rechtliche Argumente (anfängliche Nichtigkeitsgründe für die Vertraulichkeitsabsprache oder deren spätere Kündigung) eingewandt werden, kann das Betriebsgeheimnis auch dann – faktisch – in Gefahr sein, wenn die Gründe nur vorgeschoben oder unschlüssig sind; denn maßgeblich ist die *tatsächliche* Gefährdungslage, die bei stichhaltigen Unwirksamkeitsgründen zwar eher gegeben sein, aber auch ansonsten (bei rechtlich unzutreffender oder haltloser Argumentation) bestehen kann.[711]

Unabhängig von einer möglichen Sanktionierung eines vorgefallenen Verstoßes reduziert sich unter den besagten Umständen fortan (dh für **weitere**, bisher noch nicht offengelegte **Geheimnisse**) die Vortragslast des Patentinhabers wieder auf das, was er ohne Beeinträchtigung seiner berechtigten Geheimhaltungsinteressen preisgeben kann.[712] Der Vortrag des Klägers zur Gerichtsakte hat also ab jetzt so zu erfolgen, dass keine schutzbedürftigen Geheimnisse mitgeteilt werden. Wer die gebotene Zurückhaltung im Sachvortrag außer Acht lässt, läuft deshalb Gefahr, seinen Geheimnisschutz durch Akteneinsicht zu verlieren. 459

Entscheidungen des Landgerichts zur Akteneinsicht – auch soweit sie durch den Vorsitzenden allein ergehen – sind mit der **sofortigen Beschwerde** (§ 567 Abs 1 Nr 2 ZPO) anfechtbar.[713] 460

Besondere Zurückhaltung ist ferner angebracht, wenn unter Hinweis auf Geschäftsgeheimnisse eine **Schwärzung des Verletzungsurteils** begehrt wird, also die Kenntnisnahme durch außenstehende Dritte ins Spiel kommt. Hier setzen die §§ 173 Abs 2, 172 Nr 2 GVG besonders enge Grenzen, weil nicht genügt, dass die fragliche Urteilspassage überhaupt ein (vertraulich gehaltenes) Geschäftsgeheimnis zum Gegenstand hat, sondern zwei weitere Qualifikationsmerkmale hinzutreten müssen. Erstens muss ein »wichtiges« Geschäftsgeheimnis zur Sprache kommen, was verlangt, dass die aus seiner Veröffentlichung drohenden Nachteile erheblich sind. Zweitens müssen die schutzwürdigen Belange des Geheimnisträgers »überwiegen«, so dass es sich um Interessen handeln muss, die wichtiger sind als der Gesichtspunkt der justiziellen Transparenz und Rechtsfortbildung, die mit der öffentlichen Zugänglichkeit von gerichtlichen Entscheidungen verbunden sind. Entscheidungspassagen, die nicht nur Namen und Zahlen der Beteiligten, sondern Beurteilungskriterien für die praktizierte Lizenzvergabe betreffen und bei deren Schwärzung die juristische Argumentation des Urteils unkenntlich gemacht wird, sind deswegen im Allgemeinen von einer Ausschlussanordnung ausgenommen.[714] Darüber hinaus lebt gerade die Rechtsfindung in Bezug auf das, was FRAND ist, davon, dass die in Gerichtsverfahren erörterten, gebilligten oder missbilligten Lizenzbedingungen für die Öffentlichkeit einsehbar sind, so dass sich – nach und nach – eine Übereinkunft dazu herausbilden kann, was eine zumutbare Lizenz auszeichnet. Folgt man dem, ist auch die Möglichkeit zur Schwärzung derartiger Details marginal. In jedem Fall hat derjenige, der sich auf in seiner Person bestehende Geschäfts- oder Betriebsgeheimnisse beruft, hierzu *konkret* vorzutragen, was beinhaltet, dass die angeblich geheimhaltungsbedürftigen Tat- 461

---

710 OLG Düsseldorf, Beschluss v 25.4.2018 – I-2 W 8/18.
711 OLG Düsseldorf, Beschluss v 25.4.2018 – I-2 W 8/18.
712 OLG Düsseldorf, Beschluss v 25.4.2018 – I-2 W 8/18.
713 OLG Düsseldorf, Beschluss v 25.4.2018 – I-2 W 8/18.
714 BVerwG, Beschluss v 28.11.2013 – 20 F 11.12.

sache eindeutig identifiziert werden, dass mit derselben Präzision dargelegt wird, dass und auf welche Weise die besagten Tatsachen vor der Öffentlichkeit geheimgehalten worden sind, weshalb es sich bei ihnen um ein schützenswertes Geschäftsgeheimnis handelt, welche konkreten Nachteile aus ihrem Bekanntwerden drohen und weshalb angesichts dessen in der Abwägung ein überwiegendes Geheimhaltungsinteresse anzuerkennen ist.[715]

(cc) Modalitäten eines Geheimnisschutzes

462 Ein Geheimnisschutz durch Informationserteilung nur an die zur **Verschwiegenheit auch gegenüber dem eigenen Mandanten** verpflichteten Anwälte des Verletzers (wie dies in umgekehrter Konstellation aus dem Düsseldorfer Besichtigungsverfahren geläufig ist[716]) kommt grundsätzlich nicht in Betracht. Das gilt aus Rechtsgründen schon wegen des Anspruchs der Partei auf Gewährung rechtlichen Gehörs und ergibt sich rein tatsächlich überdies daraus, dass der Anwalt, auf sich alleine gestellt, zu einer sachgerechten Erörterung der Lizenzbedingungen kaum in der Lage sein wird. Ein Ausschluss der Partei von den Prozessinformationen kommt ausnahmsweise infrage, wenn die vom gegnerischen Vortrag abgeschnittene Partei *ausdrücklich und unzweideutig* auf ihren verfassungsrechtlichen Anspruch auf (eigenes) rechtliches Gehör verzichtet.[717] Dies zu tun, steht in ihrem freien Belieben, weswegen aus der Verweigerung einer solchen Verzichtserklärung keine nachteiligen Schlüsse auf die Lizenz- oder Verhandlungsbereitschaft der Partei gezogen werden dürfen.[718] Die Verzichtserklärung des einfachen **Streithelfers** genügt nicht, weil nur die den Prozess führende Partei darüber zu bestimmen hat, welcher Sachvortrag der gerichtlichen Entscheidungsfindung zugrundeliegt.[719] Umgekehrt gilt dasselbe: Bei einem Verzicht der Hauptpartei hindert ein Widerspruch des Streithelfers die Berücksichtigung der vertraulichen Informationen trotz Schweigepflicht der Anwälte nicht, und zwar auch dann nicht, wenn die Geheimhaltungsinteressen ausschließlich oder vordringlich beim Nebenintervenienten und nicht bei der Hauptpartei liegen. Eine andere Frage ist, wie in einem solchen Fall die Vertraulichkeit gegenüber dem Streithelfer, der selbst zu keiner Verzichtserklärung bereit ist, gewährleistet wird. Dem wird weiter unten[720] noch gesondert nachgegangen. Ein weiterer Ausnahmefall mag dort anzunehmen sein, wo andere Schutzmaßnahmen, insbesondere die sogleich zu erörternde Vertragsstrafeerklärung, keinen angemessenen Vertraulichkeitsschutz gewährleisten, zB weil eine verwirkte Vertragsstrafe im Schuldnerstaat wegen des dortigen Justizsystems faktisch nicht durchsetzbar ist. Hier wäre denkbar, den vollständigen Vertragstext nur den zur Verschwiegenheit zu verpflichtenden Anwälten zugänglich zu machen und diesen zu gestatten, ihrer Partei nur bestimmte, abschließende Informationen zum Vertragsinhalt mitzuteilen. Auch hier entscheiden die Verhältnisse des Einzelfalles.

463 Ohne Gehörsverzicht ist ein Geheimnisschutz dadurch möglich, dass die *Öffentlichkeit* für die mündliche Gerichtsverhandlung (§ 172 Nr 2 GVG) und die Urteilsverkündung (§ 173 Abs 2 GVG) ausgeschlossen wird und der *Informationsempfänger* eine mit einem

---

715 BVerwG, Beschluss v 24.11.2015 – 20 F 4.14; BVerwG, Beschluss v 28.11.2013 – 20 F 11.12; OVG Magdeburg, Urteil v 31.5.2016 – 3 L 314/13; OLG München, Beschluss v 28.4.2016 – Verg 3/16; OLG Düsseldorf, Beschluss v 14.3. 2007 – 3 Kart 289/06.
716 Vgl oben Kap B Rdn 110.
717 OLG Düsseldorf, Beschluss v 14.12.2016 – I-2 U 31/16.
718 … anders als dies bei einer strafbewehrten Unterlassungsverpflichtung der Fall ist; vgl unten zu Rdn 463 f.
719 OLG Düsseldorf, Beschluss v 14.12.2016 – I-2 U 31/16.
720 Vgl Rdn 467.

ausreichenden[721] **Vertragsstrafeversprechen** gesicherte Geheimhaltungszusage abgibt, die ihn verpflichtet, die gegnerischen vertraulichen Informationen ausschließlich zu Prozesszwecken – und nicht außerhalb dessen – zu verwenden.[722] Sie ist ihm für erwiesenermaßen schützenswerte Geheimnisse regelmäßig abzuverlangen, weil auch der Verletzer gehalten ist, die FRAND-Vertragsverhandlungen nach Kräften zu fördern, was einschließt, dass auf berechtigte Geheimhaltungsbelange des Schutzrechtsinhabers eingegangen wird.[723] Umgekehrt wird sich aber auch der Geheimnisträger im Allgemeinen mit dem besagten Kanon geheimnissichernder Maßnahmen zufrieden geben müssen. Er hat allerdings Anspruch auf eine eindeutige Verschwiegenheitsvereinbarung, die im Falle der späteren Sanktionierung eines Verstoßes keine Auslegungszweifel über Inhalt und Reichweite der übernommenen Zusage aufkommen lässt. Verstößt der Lizenzsucher vorwerfbar gegen eine von ihm übernommene Schweigeverpflichtung oder sagt er sich ernsthaft von ihr los, so muss der Schutzrechtsinhaber ihm keine *weiteren* Betriebs- oder Geschäftsgeheimnisse offenbaren, sondern kann sich fortan (wieder) auf einen pauschalen Sachvortrag zurückziehen, wie er ihm ohne eine Geheimhaltungsvereinbarung gestattet wäre. In Anbetracht der durch Verhalten dokumentierten Unzuverlässigkeit des Anderen ist der Patentinhaber also nicht darauf verwiesen, sehenden Auges Geheimnisse preiszugeben und den absehbaren Verrat des Gegners lediglich im Nachhinein zu sanktionieren.

Praxistipp	Formulierungsbeispiel[724]:	464

1.

Die Beklagte verpflichtet sich gegenüber der Klägerin, die als STRENG VERTRAULICH gekennzeichneten Unterlagen gemäß den Anlagen … sowie diejenigen Teile der Klagebegründung vom …, die sich mit dem Inhalt der vorbezeichneten Unterlagen beschäftigen und in der Kopfzeile als STRENG VERTRAULICH ausgewiesen sind (nachfolgend: »vertrauliche Informationen«), ausschließlich zu Prozesszwecken im vorliegenden Rechtsstreit zu verwenden und ansonsten gegenüber jedermann Stillschweigen über den Inhalt zu bewahren. Innerhalb ihres Unternehmens wird die Beklagte die vertraulichen Informationen nur an maximal 4 – von ihr namentlich zu benennende und bezüglich ihrer Funktion im Geschäftsbetrieb zu identifizierende – Mitarbeiter weitergeben. Darüber hinaus darf die Beklagte die vertraulichen Informationen solchen mit Namen und Anschrift zu benennenden externen Sachverständigen zugänglich machen, die sie im Rechtsstreit unterstützen sollen.

Nach Abschluss des Rechtsstreits wird die Beklagte die die vertraulichen Informationen enthaltenden Schriftstücke einschließlich etwa davon gefertigter elektronischer Dateien unverzüglich vernichten und dies der Klägerin durch entsprechende eidesstattliche Erklärung nachweisen.

2.

Die Beklagte stellt in geeigneter Weise sicher, dass diejenigen Mitarbeiter und diejenigen Sachverständigen, denen sie vertrauliche Informationen weitergegeben hat, ihrerseits Stillschweigen bewahren. Das gilt in Bezug auf Mitarbeiter der Beklagten auch für die Zeit nach deren Ausscheiden aus ihren Diensten.

3.

---

721 Wegen der Beweisschwierigkeiten im Hinblick auf einen Verstoß wird die Vertragsstrafe empfindlich sein müssen.
722 OLG Düsseldorf, Beschluss v 14.12.2016 – I-2 U 31/16.
723 Vgl. BGH, GRUR 2014, 578 – Umweltengel für Tragetasche.
724 Vgl OLG Düsseldorf, Beschluss v 17.1.2017 – I-2 U 31/16.

> Für jeden Verstoß eines von ihr eingeweihten Mitarbeiters oder Sachverständigen gegen die vorbezeichnete Vertraulichkeitspflicht haftet die Beklagte gemäß der nachfolgenden Ziffer 4. wie für eigene Zuwiderhandlungen.
>
> 4.
>
> Die Beklagte verpflichtet sich, für jeden Verstoß gegen die unter Ziffern 1. bis 3. niedergelegte Geheimhaltungspflicht an die Klägerin eine Vertragsstrafe von 1 Million € zu zahlen.
>
> 5.
>
> Von der Vertraulichkeitspflicht ausgenommen sind solche Informationen, die
>
> a)
>
> der Beklagten bereits vor der Mitteilung durch die Klägerin im Rechtsstreit (...) bekannt gewesen sind,
>
> b)
>
> der Beklagten nachträglich ohne eigenen Rechtsverstoß von dritter Seite zugänglich gemacht worden sind,
>
> c)
>
> für die Beklagte nachträglich aus öffentlich zugänglichen Quellen verfügbar geworden sind.
>
> In den Fällen zu b) und c) entfällt die Pflicht zur Vertraulichkeit in dem Moment, in dem die betreffende Information der Beklagten von dritter Seite zugetragen bzw. für die Beklagte zugänglich geworden ist.
>
> Für die Kenntnis kommt es auf die gesetzlichen Vertreter der Beklagten sowie deren Wissensvertreter in der den Prozessstoff bildenden Angelegenheit an.
>
> 6.
>
> Der Einwand anderweitiger Kenntnis steht zur Beweislast der Beklagten.
>
> Mit ihm kann die Beklagte nur gehört werden, wenn sie
>
> a)
>
> in den Fällen zu 5.a) binnen einer Frist von 3 Wochen, die mit der Zustellung der ... beginnt, gegenüber dem Gericht unter Angabe ihrer Informationsquelle diejenigen Informationen konkret benennt, für die eine Vorkenntnis geltend gemacht werden soll, und
>
> b)
>
> in den Fällen zu 5.b) und 5.c) innerhalb einer Frist von 3 Wochen, die mit der nachträglichen Kenntniserlangung durch die Beklagte beginnt, gegenüber dem Gericht unter Angabe ihrer Informationsquelle und des Zeitpunktes der Kenntniserlangung diejenigen vertraulichen Informationen konkret benennt, die ihr nachträglich bekannt geworden sind.
>
> Die Anzeige hat auch dann zur Gerichtsakte zu erfolgen, wenn der Rechtsstreit zum fraglichen Zeitpunkt bereits abgeschlossen ist.

465 Glaubt der Patentinhaber, im Rahmen seines FRAND-Angebotes einen Anspruch auf Geheimnisschutz reklamieren zu können, so hat er sich vorbereitend zu seinem Lizenzangebot um das Zustandekommen einer Vertraulichkeitsvereinbarung mit dem Patentbenutzer zu kümmern.[725] Das Verlangen hat in der unter Rdn 454 geschilderten Art und

---

725 LG Düsseldorf, Urteil v 13.7.2017 – 4a O 154/15.

Weise die angeblichen Betriebs- und **Geschäftsgeheimnisse** ebenso *substantiiert* **zu rechtfertigen** wie die Höhe einer eingeforderten Vertragsstrafe. **Geschieht dies nicht** und verweigert der Lizenzsucher daraufhin – völlig zu Recht – eine Geheimhaltungsvereinbarung, so handelt der Patentinhaber, der daraufhin kein Lizenzangebot abgibt oder dieses jedenfalls inhaltlich nicht nachvollziehbar begründet, kartellrechtswidrig.

Verweigert der Verletzungsbeklagte eine von ihm *geschuldete* **Vertraulichkeitszusage,** 466
so ist der Patentinhaber deshalb nicht von seiner Angebotspflicht entlastet; bei dessen Erläuterung ist es ihm lediglich gestattet, diejenigen Umstände in einer Detailliertheit auszulassen, dass sein Geschäftsgeheimnis in Gefahr ist. Man wird also sein Lizenzangebot trotz dessen (infolge zum Geheimnisschutz zurecht vorgenommener Schwärzungen) ggf bloß rudimentärer Erläuterungen als FRAND anzusehen und den Verletzungsbeklagten, der das besagte Angebot nicht aufgreift, als lizenzunwillig zu behandeln haben, so dass der Verletzungsklage stattzugeben ist[726] – es sei denn, die lückenhaften Darlegungen des Patentinhabers sind für die eingeforderten Lizenzkonditionen unschlüssig oder es gelingt dem Beklagten auch ohne genaue Kenntnis von der Argumentation des Patentinhabers, dessen Lizenzangebot aufgrund ihm anderweitig zugänglicher Informationen als UN-FRAND zu enttarnen.[727] Allerdings ist der Schluss auf die FRAND-Gemäßheit eines in seiner Begründung teils lückenhaften Lizenzangebotes nur dann gerechtfertigt, wenn der Patentinhaber seine Auslassungen auf das zum Geheimnisschutz absolut Notwendige beschränkt, er also zur »Art und Weise der Lizenzberechnung« alles dasjenige vorträgt, was er ohne Gefährdung seiner berechtigten Geheimhaltungsbelange zu offenbaren imstande ist.[728] Soweit möglich sind geheimhaltungsbedürftige Gesichtspunkte wenigstens pauschal anzudeuten.[729] Ist von der FRAND-Gemäßheit des Lizenzangebotes auszugehen, nützt es dem Beklagten nichts, seinerseits ein Gegenangebot zu unterbreiten. Das gilt jedenfalls dann, wenn dessen Bedingungen inhaltlich deutlich von denen der Lizenzofferte des Schutzrechtsinhabers abweichen. Denn ohne eine Einbeziehung des das Lizenzangebot rechfertigenden, geheimen Vorbringens wird sich im Zweifel nicht sagen lassen, dass das Gegenangebot des Verletzers – was allein seiner Verurteilung entgegenstehen könnte – ebenfalls FRAND ist.

Besondere Geheimhaltungsprobleme stellen sich, wenn dem Rechtsstreit **auf Verletzer-** 467
seite ein **Streithelfer** beigetreten ist, der – anders als die unterstützte Hauptpartei – weder auf *sein* rechtliches Gehör verzichten will[730] (was ihm grundsätzlich frei steht) noch bereit ist, eine – gemessen an seinen Verhältnissen – ausreichend strafbewehrte Geheimhaltungsverpflichtungserklärung abzugeben. Das Dilemma folgt daraus, dass der Streithelfer einerseits am Prozessgeschehen zu beteiligen ist (§ 71 Abs 3 ZPO), andererseits jedoch im Interesse des sich offenbarenden Prozessgegners ein Geheimnisschutz auch im Verhältnis zu ihm sichergestellt werden muss. Da der Verletzungsbeklagte nicht für das Verhalten seines Streithelfers verantwortlich ist, auf das er im Zweifel keinerlei Einfluss hat, ist es ausgeschlossen, ihm (dem Verletzungsbeklagten) die Weigerung seines Streithelfers anzulasten, etwa indem deswegen auf eine mangelnde Lizenz- oder Verhandlungsbereitschaft des beklagten Verletzers geschlossen wird. Die Folgen einer vom Streithelfer ohne triftigen Grund verweigerten Geheimhaltungszusage müssen nach dem Verursacherprinzip vielmehr den Streithelfer treffen. Einen rechtlichen Ansatzpunkt hierfür bietet der Grundsatz, dass sich der Streithelfer nicht in Widerspruch zu dem

---

726 LG Düsseldorf, Urteil v 13.7.2017 – 4a O 154/15.
727 OLG Düsseldorf, Beschluss v 18.7.2017 – I-2 U 23/17.
728 LG Düsseldorf, Urteil v 13.7.2017 – 4a O 154/15; OLG Düsseldorf, Beschluss v 18.7.2017 – I-2 U 23/17.
729 OLG Düsseldorf, Beschluss v 18.7.2017 – I-2 U 23/17.
730 Zum eigenen Gehörsanspruch des Nebenintervenienten vgl BGH, NJW 2009, 2679; BAG, MDR 1988, 346.

Prozessverhalten der unterstützten Partei setzen darf (§ 67 ZPO).[731] Das schließt ein, dass sich der Streithelfer einem berechtigten Geheimhaltungsverlangen nicht widersetzt, dem die unterstützte Hauptpartei im Interesse ihrer Prozessführung im Verletzungsrechtsstreit Rechnung zu tragen gewillt ist. Daraus und aus dem gleichzeitigen Erfordernis eines Geheimnisschutzes auch gegenüber dem Streithelfer wird man folgern müssen, dass der Streithelfer im Prozess von den geheimhaltungsbedürftigen Informationen, deren Vertraulichkeit er grundlos nicht zusichern will, ausgeschlossen bleiben muss, indem ihm bloß eine geschwärzte Fassung der die Betriebsgeheimnisse enthaltenden Schriftsätze (sowie des Urteils) überlassen wird und er für die Dauer von deren Erörterung der mündlichen Verhandlung fernzubleiben hat.[732] Der Anspruch des Streithelfers auf rechtliches Gehör erleidet mithin in dem Umfang eine Einschränkung, in dem er sich den berechtigten Geheimhaltungsbelangen der Prozessparteien widersetzt. In einem späteren Folgeprozess zwischen dem Verletzungsbeklagten und seinem Streithelfer hat letzterer die Ergebnisse des Vorprozesses dennoch uneingeschränkt gegen sich gelten zu lassen. Angesichts des vom Streithelfer an den Tag gelegten pflichtwidrigen Verhaltens im Verletzungsrechtsstreit besteht kein Anlass, die Bindungswirkung aus der Nebenintervention (§ 68 ZPO) zu limitieren.

(d) Vorlagenfreie Ermittlung der FRAND-Gebühr

468 Scheidet eine Beurteilung nach dem Vergleichsmarktkonzept aus, weil nicht einmal *ein* sachlich oder räumlich ähnlicher Lizenzvorgang existiert, der aussagekräftig ist und der sich als Maßstab für eine Lizenzbestimmung heranziehen lässt, ist die angemessene Lizenzgebühr »freihändig« zu finden. Es handelt sich um eine hilfsweise eingreifende Methodik, weswegen der das Lizenz- bzw Gegenangebot Unterbreitende auf sie erst zurückgreifen darf, wenn er Rechenschaft darüber abgelegt hat, wieso die Vergleichsmarktmethode im Streitfall auszuscheiden hat.

(aa) Darlegungslast des Anbietenden

469 Es ist Sache des Patentinhabers, nicht nur pauschal, sondern ganz **konkret** zu begründen, warum das von ihm unterbreitete Lizenzangebot FRAND (= ausbeutungsfrei) sein soll. Um dies darzutun, hat er sich substantiiert darüber zu verhalten, welche einzelnen Erwägungen ihn veranlasst haben, für eine Benutzungsgestattung an dem Klagepatent oder einem darüber hinausgehenden Schutzrechtsportfolio vom Lizenzsucher den angebotenen (und keinen anderen) Lizenzbetrag zu fordern und warum die von ihm herangezogenen Beurteilungskriterien sachgerecht sind. Im vorliegenden Zusammenhang sind verschiedene Ansätze und Argumentationen denkbar (Erfindungsnutzen, Kosten, Gewinnerwartung, Marktverhältnisse). Behauptete Zahlen sind so weit zu spezifizieren, dass der Vortrag für den Gegner nachvollziehbar und einlassungsfähig wird. Wie im Lizenzvertragsrecht üblich, hat der mit den Patenten verbundene Erfindungsnutzen im Vordergrund zu stehen.

470 Damit hat es jedoch noch nicht sein Bewenden. Zwar ließe sich ein einzelnes Klagepatent und möglicherweise auch das Portfolio des Patentinhabers entsprechend untersuchen; irgendein Lizenzsatz könnte dem/den zu lizenzierenden Schutzrecht(en) indessen nicht zugeordnet werden, solange nicht klar ist, welche anderen Patente, die auf dem Produkt lasten, gleichfalls mit einer angemessenen Lizenzgebühr zu bedenken sind. Es müssen also alle berücksichtigungsfähigen Patente in den Blick genommen werden. Dies bedingt, dass sich auch der Patentinhaber bei seinen rechtfertigenden Begründungserwägungen mit dem **restlichen vergütungspflichtigen Schutzrechtsbestand** auseinandersetzt,

---

731 BGH, MDR 2007, 1442.
732 OLG Düsseldorf, Beschluss v 25.4.2018 – I-2 W 8/18.

indem er seine Lizenzforderung am Gesamtlizenzbedarf für das **Produkt** gegenprüft. Wegen der großen Vielzahl der in Betracht kommenden Patente ist es schlechterdings unmöglich, eine isolierte Bewertung im Hinblick auf den Erfindungsnutzen jedes einzelnen Produktpatents vorzunehmen; vielmehr muss eine schematisierte Betrachtung Platz greifen, für die sich das folgende Vorgehen empfiehlt:

Zunächst sind die auf dem Lizenzprodukt lastenden Schutzrechte nach ihrer Wichtigkeit in drei Gruppen einzuteilen. Zur **Gruppe I** zählen Patente des fraglichen oder eines anderen Standards oder Nicht-SEP, die technisch zwingend oder zwar technisch optional sind, aber eine vom Markt unbedingt gewünschte und deshalb für den Verkaufserfolg *wesentliche* Funktionalität bereitstellen. Das sind zB Patente, die das Grundgerüst eines Standards bilden, oder Patente für verkaufswichtige Funktionen. Der **Gruppe II** gehören Patente des fraglichen oder eines anderen Standards oder Nicht-SEP an, die ein technisches feature betreffen, das für den Absatz des Produktes eine bloß *untergeordnete* Rolle spielt. Zu denken ist zB an Patente, die für eine Funktion verantwortlich sind, die nur für spezielle Bedarfsfälle oder nur für eine kleine Interessentenschicht bedeutsam ist. Die **Gruppe III** bilden schließlich nicht benutzte Schutzrechte (SEP & Nicht-SEP), die von ihrem Inhaber ausschließlich defensiv gebraucht werden und die deshalb keiner anteiligen Lizenzvergütung bedürfen. 471

Bei vorlagenfreier Lizenzermittlung findet prinzipiell eine umsatzlizenzbezogene Betrachtung statt. Inhalt des Lizenzangebotes hat also eine prozentual bezifferte und keine betragsmäßig feste Lizenz pro Erzeugnis zu sein. Sie ist geboten, weil die Zuweisung eines festen Lizenzbetrages (= Stücklizenz) für das von dem Lizenzangebot erfasste Patent/Schutzrechtsportfolio daran scheitert, dass die Verkaufspreise für das zu lizenzierende Produkt nicht festgeschrieben sind, sondern im freien (Preis-)Wettbewerb variabel bleiben müssen. Die Art der Lizenzberechnung (Umsatzlizenz statt Stücklizenz) bleibt ohne wirtschaftliche Konsequenzen, wenn der lizenzpflichtige Verletzer mit in der Größenordnung denselben Verkaufspreisen am Markt operiert wie der Patentinhaber und die übrigen Wettbewerber. Zu Problemen führt die **Umsatzlizenz** hingegen bei **Dumpingpreisen** des Verletzers, weil der Lizenzvergütungsbetrag an die *tatsächlichen* (niedrigen) Verkaufspreise des Verletzers gekoppelt ist. Derartiges ist nicht hinnehmbar, wenn die Preisunterbietung nicht auf besonderen Leistungen des Verletzers (zB einer kostenschonenden Produktion, günstigen Bezugsquellen, einer leistungsstarken Vertriebsorganisation oder dergleichen) beruht und die Niedrigstpreise auch nicht nur gegenüber den üblichen (= vorherrschenden) Marktpreisen irgendwie herabgesetzt sind, sondern Entgelte repräsentieren, die angesichts der anfallenden Gestehungs-, Vertriebs- und Schutzrechtskosten zzgl eines wenigstens minimalen Gewinnaufschlages schlechterdings nicht marktkonform sind. Derartige Preise, die zB nur aufgrund einer bewussten Subventionierung darstellbar sind, dürfen bei der Lizenzermittlung nicht hingenommen werden, wenn sie dazu führen, dass der Patentinhaber keine objektiv angemessene Erfinderbelohnung mehr erhält; vielmehr rechtfertigen sie einen angemessenen Lizenzaufschlag, der sich an demjenigen Verkaufspreis orientiert, der kostendeckend ist und wenigstens minimale Gewinnerwartungen trägt. 472

Bisweilen sind die Preise des Lizenzsuchers auch im Fluss, weil er anfänglich mit Kampfpreisen operiert und diese, nachdem er Marktanteile gewonnen hat, sukzessive erhöht. Hier kann mit **variablen Lizenzsätzen** gearbeitet werden, die bei Niedrigpreisen hoch und bei steigenden Preisen entsprechend niedriger, also abgestaffelt sind. Eine weitere Variante kann darin liegen, ergänzend zu dem prozentualen Lizenzsatz **flankierende Mindest- und Höchststücklizenzen** zu vereinbaren, die gewährleisten, dass der Lizenzgeber bei unangemessen niedrigen Verkaufspreisen für das Lizenzprodukt nicht zu gering entlohnt und bei außerordentlich hohen Verkaufspreisen für das Lizenzprodukt nicht über die Maßen belohnt wird, indem er an einer (zB auf einem besonders lukrativen Vertriebskonzept beruhenden) Wertschöpfung partizipiert, die mit der von ihm zur Ver- 473 fügung gestellten Technik nichts zu tun hat. Die besagte Deckelung nach unten und oben hätte sich sinnvollerweise an denjenigen Lizenzbeträgen zu orientieren, die sich bei einem durchschnittlichen bzw üblichen Verkaufspreis für das lizenzierte Erzeugnis ergeben.

474 Sofern sich der Lizenzsucher nicht freiwillig auf ein derart risikobehaftetes Geschäft einlässt, kommt eine **Pauschallizenz** – eben wegen ihres spekulativen Charakters – von vornherein nicht als FRAND-Lizenz in Betracht.

475 ▶ **Bsp:**

I. Sachverhalt:

Der Standard umfasst insgesamt 1.000 SEP; außerdem existieren weitere 100 Nicht-SEP.

Nur ein Teil davon (200/50) sind – Erstens – nicht bloß defensiv und – Zweitens – für die Wettbewerbsfähigkeit des Produktes relevant.

Das Klagepatent ist ein SEP. Es betrifft eine im Standard mögliche Option, die von einem marktgängigen Produkt zwingend erwartet wird.

Das Produkt erlaubt eine Gesamtlizenzbelastung von 1/3 des Nettoverkaufspreises.

II. Berechnung

Anzahl der nicht defensiven + marktrelevanten Schutzrechte, aufgegliedert nach **Gruppe I** sowie **Gruppe II**

Gesamtzahl:	250 Patente
Gruppe I:	50 Patente
Gruppe II:	200 Patente

Wertverhältnis zwischen der Gruppe I und der Gruppe II

Gruppe I: Gruppe II = 3: 1

Ermittlung des **Lizenzanteils für das Klagepatent** der Gruppe I

100 % der Lizenz decken ab 50 Patente der Gruppe I x 3 (= Wertigkeit) = 150 zzgl 200 Patente der Gruppe II (= einfache Wertigkeit) = 200; Summe 350.

Auf jedes Patent der Gruppe II entfällt somit ein Lizenzanteil von 0,2857142 % (100 %: 350), auf jedes Patent der Gruppe I entfällt ein Lizenzanteil von 0,8571426 % (0,2857142 % x 3);

da die Gesamtlizenz 1/3 des Verkaufspreises für das Produkt ausmacht, ergibt sich – heruntergebrochen – folgender auf die Bezugsgröße anzuwendender Lizenzsatz: Patent der Gruppe I: 0,2857142 %; Patent der Gruppe II: 0,095238 %

Variante: **Portfoliolizenz**

Kläger verfügt über 3 Patente der Gruppe I sowie 5 Patente der Gruppe II: 0,2857142 % x 3 = 0,8571426 % (Vergütung für die Portfoliopatente der Gruppe I)
zzgl.
0,095238 % x 5 = 0,47619 % (Vergütung für die Portfoliopatente der Gruppe II)

Gesamtlizenzsatz: 1,3333326 %

Aus dem dargestellten Berechnungsprozedere und der Notwendigkeit zu einer zielstrebigen Ermittlung der FRAND-Lizenz ergibt sich die **Vortragslast** des Lizenzanbieters hinsichtlich der **Gesamtlizenz** wie folgt: 476

Der **Patentinhaber** hat *prägnant* zu den einzelnen Bemessungsfaktoren vorzutragen: 477

– Zahl der *marktrelevanten, nicht ausschließlich defensiven* Schutzrechte, und zwar aufgeteilt nach Patenten der Gruppe I und der Gruppe II; 478

– Wertverhältnis der Schutzrechte (Gruppe I: Gruppe II) zueinander; 479

– Wie viele (und welche) Schutzrechte jeder Gruppe gehören in die Portfoliolizenz des Klägers. 480

Der geforderte *prägnante* Sachvortrag zeichnet sich durch Folgendes aus: 481

– er fasst sich kurz und ist tendenziell stichpunktartig; 482

– nach Art eines claim charts werden die marktrelevanten Schutzrechte, die auf dem zu lizenzierenden Produkt lasten, klassifiziert (technische Gerätefunktion – Fundstelle im Standard – Bedeutung für den Produktverkauf – zugehöriges Patent nach Veröffentlichungsnummer). 483

– Ein ins Detail gehender Vortrag zu den Einzelmerkmalen eines Patentanspruchs ist erst veranlasst, wenn der Gegner schlüssig gegen deren standardgestützte Benutzung vorgetragen hat. 484

Fehlt dem Sachvortrag des Patentinhabers die notwendige Substanz zu einem der beiden relevanten Themenkreise (Rechtfertigung der eigenen Lizenzforderung; Verifizierung der Lizenzforderung an der Gesamtlizenz), so dass sich das Gericht auf der Grundlage seines Vorbringens nicht davon überzeugen kann, dass die angebotene Lizenz FRAND-Bedingungen genügt, ist die Unterlassungsklage (mangels Durchsetzbarkeit) abzuweisen. 485

(bb) Erwiderungslast des Angebotsempfängers

Der **Patentbenutzer** hat auf das Vorbringen des Patentinhabers ebenso *prägnant* zu erwidern. Soweit es um unternehmensinterne Bemessungsfaktoren (Kosten) geht, kann ein Bestreiten mit Nichtwissen zulässig sein; im Übrigen hat sich der Beklagte in derselben Ausführlichkeit wie der Kläger mit den für die Lizenzbestimmung herangezogenen Faktoren auseinanderzusetzen. Bloß pauschale Entgegnungen und Angriffe sind unbeachtlich; sie haben zur Folge, dass für die gerichtliche Entscheidung das vom Gegner Behauptete und unzureichend Bestrittene gilt. 486

(cc) Entscheidungsfindung des Gerichts

Weil der Patentinhaber ein Lizenzangebot unterbreiten *muss*, ist ihm hinsichtlich des Vertragsinhalts ein Leistungsbestimmungsrecht zugewiesen, das er nach billigem Ermessen auszuüben hat. Dasselbe gilt für den Verletzer und sein Gegenangebot. Die gerichtliche Prüfung beschränkt sich dementsprechend für beide Offerten auf eine bloße Billigkeitskontrolle (Rechtsgedanke aus **§ 315 BGB**), nämlich darauf, ob das jeweils favorisierte Vertragswerk objektiv »unbillig« ist. Eine Überprüfung im Instanzenzug findet nur auf die Vollständigkeit der in Betracht gezogenen Abwägungsgesichtspunkte sowie die Vertretbarkeit des gewonnenen Abwägungsergebnisses statt. 487

d) Aussetzung wegen EU-Kartellverfahren

Wie dargelegt, kann die Verweigerung eines Lizenzangebotes durch den Patentinhaber oder die Zurückweisung eines ihm vom Verletzer unterbreiteten Lizenzangebotes einen 488 gegen EU-Kartellrecht verstoßenden Machtmissbrauch darstellen, wenn der Patentinhaber zur Angebotsannahme verpflichtet gewesen wäre. Wird das kartellrechtswidrige Verhalten des marktbeherrschenden Patentinhabers in einer solchen Situation nicht nur im Verletzungsprozess eingewandt, sondern darüber hinaus zum Gegenstand eines Prüfungsverfahrens bei der EU-Kommission gemacht, stellt sich die Frage, ob dieser Umstand zu einer vorübergehenden Aussetzung des Patentverletzungsprozesses Anlass gibt, um divergierende Entscheidungen zu vermeiden. Als Grundlage für eine derartige Anordnung kommt Art 16 Abs 1 Satz 2, 3 VO 1/2003 in Betracht. Die Vorschrift bestimmt im Interesse einer einheitlichen Anwendung des gemeinschaftlichen Wettbewerbsrechts, dass es die Gerichte der Mitgliedstaaten, wenn sie Verhaltensweisen nach Art 101, 102 AEUV zu beurteilen haben, vermeiden müssen, eine Entscheidung zu erlassen, die einer von der Kommission in einem dort anhängigen Verfahren beabsichtigten Entscheidung zuwiderlaufen würde, und zu diesem Zweck erforderlichenfalls ihren Rechtsstreit im Hinblick auf das laufende Kommissionsverfahren auszusetzen haben.

489 Bei der Handhabung der Aussetzungsnorm ist mehrerlei zu beachten:

490 – Erstens: Nach dem eindeutigen Wortlaut des Art 16 VO 1/2003 (der auf eine »*Entscheidung*« abstellt, »die die Kommission in einem von ihr eingeleiteten Verfahren zu erlassen *beabsichtigt*«) genügt die bloße **Eröffnung eines Prüfungsverfahrens** für sich noch nicht. Sie ist notwendige, aber keine hinreichende Bedingung; vielmehr muss hinzutreten, dass eine *konkrete* Entscheidung der Kommission bereits vorliegt, zumindest aber beabsichtigt ist. Für letzteres reicht es aus, dass die Kommission den beteiligten Parteien ihre Beschwerdepunkte gemäß Art 27 Abs 1 VO 1/2003 förmlich mitgeteilt hat, um ihnen vor einer endgültigen Entscheidung (zB über die Verhängung eines Bußgeldes) rechtliches Gehör zu gewähren.

491 – Nur eine konkret in Aussicht genommene Entscheidung kann – Zweitens – überhaupt auf ihre Evidenz für das nationalstaatliche Gerichtsverfahren überprüft werden. Denn mit Art 16 VO 1/2003 soll vermieden werden, dass **gleiche Sachverhalte** eine unterschiedliche kartellrechtliche Behandlung (durch die Kommission einerseits und das Gericht andererseits) erfahren. Dort, wo der wettbewerbsrechtlichen Beurteilung unterschiedliche Sachverhalte zugrunde liegen, gibt es deswegen keine Notwendigkeit, der Kommissionsentscheidung durch Aussetzung den Vorrang einzuräumen. Ob die Willensbildung und Entschlussfassung zum maßgeblichen Zeitpunkt der letzten mündlichen Gerichtsverhandlung schon hinreichend weit gediehen ist, so dass von einer hinsichtlich ihres Inhalt (nach Sachverhalt und Rechtsfolge) sicher absehbaren Entscheidung gesprochen werden kann, hat das Gericht in Zweifelsfällen (zB dann, wenn die Beschwerdepunkte noch nicht mitgeteilt sind) durch eine entsprechende Anfrage bei der Kommission abzuklären.

492 – Aus dem Erfordernis einer gleichen Sachlage folgt – Drittens – umgekehrt, dass eine Aussetzung nicht veranlasst ist, wenn der Kartellrechtseinwand im Verletzungsprozess **aus anderen Gründen** als dem des Kartellrechtsverstoßes durch Zurückweisung des vom Beklagten unterbreiteten Lizenzangebotes abgehandelt und **beschieden werden kann**. Zu denken ist beispielsweise an prozessuale Zurückweisungsgründe (zB wegen Verspätung).

493 Wirft der Verletzungsprozess nur dieselben kartellrechtlichen Fragen auf, die Gegenstand des gegen ein anderes Unternehmen laufenden Kommissionsverfahrens sind, ist Art 16 VO 1/2003 nicht anwendbar. Auch eine Aussetzung nach § 148 ZPO dürfte nicht in Betracht kommen. Hält das Gericht die (beabsichtigte oder getroffene) Kommissionsentscheidung für fehlerhaft, kann es allerdings den EuGH zu der betreffenden Rechtsfrage um eine **Vorabentscheidung** ersuchen (Art 16 Abs 1 Satz 4 VO 1/2003, Art 267 AEUV), was eine Aussetzung des eigenen Verfahrens erlaubt und bedingt.

e) Exkurs: patent ambush⁷³³

Eine Einwendung (Art 102 AEUV, § 242 BGB) gegen die Inanspruchnahme aus einem **494**
standardessentiellen Patent kann sich auch daraus ergeben, dass der Patentinhaber im
Rahmen des Standardisierungsprozesses die Existenz seiner Patentanmeldung verschwiegen und das Schutzrecht erst nach Verabschiedung des seine Technik umfassenden Standards als essentiell gemeldet hat (Patenthinterhalt). Grundsätzlich ist allerdings erforderlich, dass der klagende Patentinhaber selbst den Hinterhalt gelegt hat oder an dem Tätigwerden eines anderen als Täter oder Teilnehmer beteiligt war. Eine mittelbare Täterschaft scheidet für denjenigen aus, der selbst nicht als Mitglied der Standardisierungsorganisation an dessen Regelwerk gebunden war.⁷³⁴ Aus einem dem Kläger zurechenbaren Patenthinterhalt folgt nicht die Pflicht zur Erteilung einer Freilizenz (und infolge dessen die Abweisung der Verletzungsklage); Folge ist vielmehr eine Naturalrestitution, die zur Erteilung einer Benutzungsberechtigung gegen ein übliches Entgelt, nämlich einer FRAND-Lizenzgebühr⁷³⁵, führt.⁷³⁶ Anderes gilt nur dann, wenn ohne die Täuschung eine alternative, patentfreie Technik in den Standard aufgenommen oder von einer Standardisierung völlig Abstand genommen worden wäre. Dass dem so ist, hat derjenige darzutun und nachzuweisen, der sich auf § 242 BGB beruft.⁷³⁷

6. Privates Vorbenutzungsrecht

Dem Beklagten kann ferner ein Vorbenutzungsrecht⁷³⁸ zustehen. § 12 PatG bestimmt – **495**
im Sinne eines die Rechtswidrigkeit beseitigenden Rechtfertigungsgrundes⁷³⁹ -, dass die Wirkungen des Patents (dh dessen Verbietungsrechte) gegen denjenigen nicht eintreten, der im Prioritätszeitpunkt des Klagepatents die Erfindung im **Inland**⁷⁴⁰ bereits in Benutzung genommen oder zumindest Veranstaltungen zur alsbaldigen Aufnahme der Benutzung getroffen hatte. Unter den genannten Bedingungen ist der Vorbenutzer berechtigt, die Erfindung – ungeachtet des bestehenden Patents – für die Bedürfnisse seines eigenen Betriebes weiterhin zu benutzen.

---

733 Brakhahn, Patenthinterhalt, 2014; Korp, Patenthinterhalt, 2014.
734 LG Mannheim, Urteil v 10.3.2015 – 2 O 103/14.
735 LG Düsseldorf, Urteil v 31.3.2016 – 4a O 73/14; LG Düsseldorf, Urteil v 13.7.2017 – 4a O 154/15.
736 LG Düsseldorf, Urteil v 7.6.2011 – 4b O 31/10; LG Düsseldorf, Urteil v 13.7.2017 – 4a O 154/15; offen gelassen vom LG Mannheim, Urteil v 10.3.2015 – 2 O 103/14.
737 LG Düsseldorf, Urteil v 31.3.2016 – 4a O 73/14; LG Düsseldorf, Urteil v 13.7.2017 – 4a O 154/15.
738 Das Adjektiv »privates« bedeutet nicht, dass der Einwand nur Privaten (die gemäß § 11 Nr 1 PatG ohnehin privilegiert sind) zusteht. Es nimmt vielmehr darauf Bezug, dass im Rahmen des § 12 PatG schon eine Benutzungshandlung ausreicht, die außerhalb der Öffentlichkeit, gleichsam in der privaten Sphäre des eigenen Geschäftsbetriebes, vorgenommen wird. Selbstverständlich begründet auch eine offenkundige Vorbenutzung die Rechte aus § 12 PatG; eine Offenkundigkeit ist nur keine Tatbestandsvoraussetzung.
739 BGH, GRUR 2018, 72 – Bettgestell.
740 Es gilt auch insoweit der Territorialitätsgrundsatz. Das Prinzip des freien Warenverkehrs (Art 28 ff AEUV) gebietet es nicht, einer Vorbenutzungshandlung, die in einem anderen Mitgliedstaat der EU vorgekommen ist, dieselben rechtlichen Wirkungen zuzumessen, wie sie einer im Inland vorgenommenen Benutzungshandlung gemäß § 12 PatG zukommen (LG Düsseldorf, InstGE 1, 259 – Laborthermostat; BGH, GRUR 2018, 72 – Bettgestell). Blumenröder/Bertram (Mitt 2014, 119) halten eine ausländische Veranstaltungshandlung für ausreichend, wenn sie die spätere inländische Benutzung erwarten lässt. Das ist abzulehnen. Wenn die Herstellung lediglich im Ausland geschieht, muss im Inland wenigstens eine Vertriebsveranstaltung vorliegen. Diese kann freilich auch durch einen Dritten (wie den Importeur) vorgenommen werden, wenn sie dem ausländischen Produzenten zuzurechnen ist.

a) Voraussetzungen

496 Tatbestandlich setzt das Vorbenutzungsrecht des § 12 PatG dreierlei voraus:

aa) Erfindungsbesitz

497 Zunächst muss der Beklagte am Prioritätstag im Erfindungsbesitz gewesen sein. Dies bedeutet, dass er den Erfindungsgedanken soweit erkannt haben muss, dass er den patentgemäßen Erfolg planmäßig im Sinne einer wiederholbaren technischen Lehre herbeiführen konnte.[741] Dass der erfindungsgemäße Erfolg sich rein zufällig oder unerkannt eingestellt hat, reicht für den Erwerb eines Vorbenutzungsrechtes nicht aus.[742] Andererseits müssen – bei wiederholbarer Kenntnis von der technischen Lehre – weder die physikalischen oder chemischen Abläufe erkannt haben, die für den erfindungsgemäßen Vorteil verantwortlich sind, noch ist es notwendig, dass der Vorbenutzer um diejenigen Vorzüge und Eigenschaften weiß, die nach dem Inhalt des Beschreibungstextes mit der von ihm vorbenutzten technischen Lehre objektiv verbunden sind.[743] Derartige Wirkungen muss der Vorbenutzer nur dann in sein Wissen aufgenommen haben, wenn sie als Teil der erfindungsgemäßen Lehre Eingang in den Patentanspruch gefunden haben.[744] Dem Erfindungsbesitz in Bezug auf einen eingeklagten Vorrichtungsanspruch steht es dementsprechend nicht entgegen, dass das Erzeugnis aus einem Herstellungsverfahren hervorgegangen ist, das selbständig patentiert ist und von dem der Verletzer ohne eigenen Erfindungsbesitz ebenfalls Gebrauch macht. Die mangelnde Kenntnis von der Verfahrenserfindung wirkt sich erst dann zugunsten des Patentinhabers aus, wenn er das Verfahrenspatent geltend macht, das ihm einen derivativen Sachschutz (§ 9 Nr 3 PatG) vermittelt.

498 ▶ **Bsp:**

Lehrt das Schutzrecht eine pharmazeutische Zusammensetzung mit einem geringen Oxidationsmittelgehalt von ≤ 15 ppm und liegt dem die Erkenntnis zugrunde, dass Oxidationsmittel den Wirkstoff abbauen, weswegen ein kausaler Zusammenhang zwischen Oxidationsmittelgehalt und Lagerstabilität besteht, so ist ein Erfindungsbesitz auch ohne das subjektive Wissen um den besagten Zusammenhang zu bejahen, wenn sich der Vorbenutzer vor dem Prioritätstag mit Blick auf eine gewerbliche Nutzung für eine bestimmte Rezeptur seiner Tablettenformulierung entschieden hatte, die zwangsläufig und verlässlich zu einem erfindungsgemäßen Oxidationsmittelgehalt von ≤ 15 ppm führt.[745]

499 Soll sich der Erfindungsbesitz aus **Versuchen** ergeben, ist zu unterscheiden:

500 – Dienten die Tests nach den gesamten Umständen dazu, die technische Brauchbarkeit und Ausführbarkeit zu erforschen, war der Erfindungsgedanke noch nicht im Sinne einer fertigen technischen Lehre erfasst, sodass ein Erfindungsbesitz zu verneinen ist.

501 – Anders verhält es sich hingegen, wenn mit den Versuchen im Hinblick auf eine ins Auge gefasste gewerbliche Verwertung lediglich deren optimale technische Umsetzung (zB im Rahmen einer industriellen Fertigung) geklärt werden sollte. Der zuletzt genannte Gesichtspunkt hat Bedeutung insbesondere im Bereich der Automobil-Zulieferindustrie, weil sich hier an die Entwicklung der Grundkons-

---

[741] BGH, GRUR 2010, 47 – Füllstoff; OLG Düsseldorf, Urteil v 26.10.2006 – I-2 U 109/03.
[742] BGH, GRUR 2012, 895 – Desmopressin.
[743] BGH, GRUR 2012, 895 – Desmopressin; OLG Düsseldorf, InstGE 11, 193 – Desmopressin-Tablette.
[744] BGH, GRUR 2012, 895 – Desmopressin.
[745] BGH, GRUR 2012, 895 – Desmopressin; OLG Düsseldorf, InstGE 11, 193 – Desmopressin-Tablette.

truktion regelmäßig eine aufwändige Anpassungsentwicklung anschließt, die dazu dient, den Erfindungsgegenstand an die konkrete Konstruktion des fraglichen Fahrzeugtyps (zB dessen Motor-Kenndaten) anzupassen. Die notwendige typenspezifische »Feinjustierung« stellt den Erfindungsbesitz nicht in Zweifel.

Der Erfindungsbesitz muss **redlich** erworben sein, dh in einer solchen Weise, dass sich der Benutzer für befugt halten durfte, die Erfindung *auf Dauer* für *eigene* Zwecke anzuwenden.[746] Dazu ist es nicht erforderlich, dass der Vorbenutzungsbegünstigte selbst (dh in eigener Person oder durch seine fest bei ihm angestellten Mitarbeiter) den Erfindungsgedanken entwickelt hat. Es genügt, wenn Urheber des Erfindungsbesitzes beispielsweise ein (ggf freier) Mitarbeiter ist[747] (weil das Wissen eines Gehilfen dem Geschäftsherrn zugerechnet wird); darüber hinaus kann das Wissen um die Erfindung dem Begünstigten auch zugetragen sein, weswegen die Ausführung einer von einem beliebigen Dritten entwickelten Erfindung genügt, sofern der (ursprünglich fremde) Erfindungsbesitz von dem Benutzenden redlich in dem Sinne erworben wurde, dass er nach den gesamten dem Wissenstransfer zugrundeliegenden Umständen annehmen durfte, die Erfindung fortan selbständig ausführen zu dürfen. An der Redlichkeit des Erfindungsbesitzes fehlt es in Fällen widerrechtlicher Entnahme sowie dann, wenn dem Vorbenutzer das geheime Erfindungswissen des Schutzrechtsinhabers erkennbar hinter dessen Rücken zugespielt wurde oder wenn der Benutzende bloß als Vertriebsorganisation des Erfinders eingeschaltet worden ist (weil die Wissensvermittlung in einem solchen Fall redlicherweise nicht dahin gedeutet werden darf, dass der Benutzende fortan berechtigt sein solle, erfindungsgemäße Gegenstände auch selbst herzustellen oder aus beliebiger dritter Quelle zu beziehen)[748]. Eine Redlichkeit fehlt hingegen nicht notwendigerweise deshalb, weil der Erfindungsbesitz (zB als Ergebnis einer gemeinsamen vertraglichen Zusammenarbeit) vom Patentinhaber oder dessen Rechtsvorgänger abgeleitet ist.[749] In der zuletzt erörterten Konstellation ist für die Entstehung eines Vorbenutzungsrechts in Bezug auf Erfindungen des Vertragspartners vielmehr entscheidend, ob dem Beteiligten im Vertrag oder kraft Gesetzes am Arbeitsergebnis eigene Rechte zugewiesen sind. Derjenige, der seine Rechte im Zusammenarbeits- oder Dienstvertrag abtritt oder sich zur Abtretung verpflichtet, und derjenige, der einem gesetzlichen oder vertraglich eingeräumten Inanspruchnahmeanspruch seines Arbeitgebers ausgesetzt ist, erwirbt kein Vorbenutzungsrecht, wenn die Abtretung eingefordert bzw die Inanspruchnahme wirksam erklärt wird.[750] Umgekehrt bleibt derjenige, der die ihm vertraglich oder gesetzlich eröffneten Möglichkeiten zur Verschaffung der Erfindungsrechte nicht ausnutzt, ohne Vorbenutzungsrecht.[751] In beiden Fällen richten sich die Befugnisse allein nach den vertraglichen Absprachen der Parteien und nicht nach § 12 PatG. 502

bb) Betätigung des Erfindungsbesitzes

Zum zweiten muss der Erfindungsbesitz im Prioritätszeitpunkt bereits betätigt worden sein. Dies kann dadurch geschehen, dass der Beklagte im Inland **Benutzungshandlungen** nach Maßgabe der §§ 9, 10 PatG vorgenommen hat.[752] Es genügt insoweit jedes auch nur einmalige Herstellen, Anbieten[753], In-Verkehr-Bringen, Gebrauchen, Einfüh- 503

---

746 BGH, GRUR 2010, 47 – Füllstoff.
747 OLG Düsseldorf, GRUR-RR 2012, 319 – Einstieghilfe für Kanalöffnungen.
748 OLG Düsseldorf, GRUR-RR 2012, 319 – Einstieghilfe für Kanalöffnungen.
749 BGH, GRUR 2010, 47 – Füllstoff.
750 BGH, GRUR 2010, 47 – Füllstoff.
751 BGH, GRUR 2010, 47 – Füllstoff.
752 OLG Düsseldorf, Urteil v 11.1.2007 – I-2 U 65/05.
753 Zum Anbieten des »Rohproduktes« eines Zulieferers, das in einer umfangreichen Entwicklungsarbeit an die Kenndaten des betreffenden Fahrzeuges angepasst werden muss, vgl LG Düsseldorf, InstGE 1, 296 – Mehrlagendichtung.

ren, Besitzen sowie jede mittelbare Benutzung gemäß § 10 PatG.[754] Allerdings muss die Benutzungshandlung »die Ernsthaftigkeit einer *gewerblichen* Nutzungsabsicht in die Tat umsetzen«.[755] Daran fehlt es bei der einmaligen Herstellung eines unverkäuflichen Modells oder eines noch zu testenden Prototypen.[756] Gleiches gilt für die Anfertigung einer Null-Serie, in Bezug auf die eine Entscheidung über ihre gewerbliche Umsetzung am Prioritätstag noch nicht getroffen ist.

504 Ist es am Prioritätstag zu derartigen Benutzungshandlungen noch nicht gekommen, reicht es (subsidiär) aus, wenn der Beklagte wenigstens **Veranstaltungen zur alsbaldigen** Aufnahme der **Benutzung** getroffen hat. Davon kann nur gesprochen werden, wenn der Beklagte – erstens – den festen und endgültigen Entschluss gefasst hat, die Erfindung *gewerblich* zu benutzen, und wenn er – zweitens – solche Vorkehrungen (technischer oder kaufmännischer Art) initiiert hat, die die *alsbaldige* Umsetzung dieses Entschlusses in die Tat vorbereiten.[757] Die Benutzung der Erfindung im Sinne der §§ 9, 10 PatG muss also aufgrund der getroffenen Veranstaltungen im Anschluss an den Prioritätstag greifbar zu erwarten gewesen sein. Maßgeblich ist nicht die rein subjektive Willenslage, sondern ob die gesamten Umstände für einen unbefangenen Betrachter erkennen lassen, dass die Benutzungsaufnahme bevorsteht. Der tatsächliche Geschehensablauf nach dem Prioritätszeitpunkt ist insoweit zwar nicht entscheidend, er kann jedoch wertvolle indizielle Hinweise liefern. In der Anfertigung einer Zusammenstellungszeichnung kann für sich allein noch keine Veranstaltung zur Benutzungsaufnahme gesehen werden. Denn die Zeichnung kann lediglich dem Zweck gedient haben, die betreffende Technik in einer solchen Weise zu dokumentieren, dass sie in den Ideenvorrat des Unternehmens aufgenommen werden kann.[758] Gleiches gilt für die Herstellung eines Funktionsmodells, welches ebenfalls lediglich dazu vorgesehen sein kann, die bisher nur theoretischen Überlegungen zur Wirkungsweise, Tauglichkeit und Ausführbarkeit der Erfindungsidee praktisch zu überprüfen. Demgegenüber stellt der Antrag auf Erteilung einer arzneimittelrechtlichen Zulassung in der Regel eine hinreichende Veranstaltung zur alsbaldigen Aufnahme der Benutzung dar.[759] Sämtliche Indizien sind in einer **Gesamtschau** aller betrieblichen Umstände zu würdigen.[760]

505 Die Betätigung des Erfindungsbesitzes muss **im eigenen Interesse** erfolgen. Daraus folgt: Handlungen, die ausschließlich im Interesse eines anderen vorgenommen werden, begründen kein eigenes Vorbenutzungsrecht des Handelnden.[761] Derartiges ist bei Arbeitern, Angestellten[762], leitenden Mitarbeitern und Gesellschaftsorganen der Fall, die, soweit sie in dem ihnen zugewiesenen Verantwortungsbereich tätig geworden sind, grundsätzlich für ihren Arbeitgeber bzw das vertretene Unternehmen agieren.[763] Geschieht die Benutzung/Veranstaltung im eigenen und zugleich im Drittinteresse, erwerben beide ein Vorbenutzungsrecht.[764]

506 Zu beachten ist, dass ein einmal erworbenes Vorbenutzungsrecht wieder **verloren gehen kann**. Dies ist der Fall, wenn die erfolgte *Benutzung* vor dem Prioritätstag (oder

---

754 OLG Düsseldorf, Urteil v 11.1.2007 – I-2 U 65/05; OLG Düsseldorf, GRUR 2018, 814 – Schutzverkleidung für funktechnische Anlagen.
755 OLG Düsseldorf, Urteil v 26.10.2006 – I-2 U 109/03.
756 OLG Düsseldorf, Urteil v 11.1.2007 – I-2 U 65/05.
757 OLG Düsseldorf, GRUR 2018, 814 – Schutzverkleidung für funktechnische Anlagen.
758 LG Düsseldorf, InstGE 2, 253 – Wirbelkammer.
759 LG Düsseldorf, InstGE 10, 12 – Desmopressin I.
760 BGH, GRUR 2018, 72 – Bettgestell.
761 BGHZ 121, 194 – Wandabstreifer; BGH, GRUR 2010, 47 – Füllstoff.
762 Ggf auch freien Mitarbeitern: OLG Düsseldorf, GRUR-RR 2012, 319 – Einstieghilfe für Kanalöffnungen.
763 BGHZ 121, 194 – Wandabstreifer; BGH, GRUR 2010, 47 – Füllstoff.
764 BGHZ 121, 194 – Wandabstreifer; BGH, GRUR 2010, 47 – Füllstoff.

danach[765]) nicht nur vorübergehend, sondern endgültig, für unbestimmte Zeit und freiwillig[766] aufgegeben wird.[767]

507 Fehlt es an einer Benutzungshandlung und dauern die vor dem Prioritätstag allein getroffenen *Veranstaltungen* nicht ununterbrochen bis zum Prioritätstag an, so lässt ihre vorzeitige Einstellung darauf schließen, dass der Benutzungswille fallen gelassen worden ist. Ein Vorbenutzungsrecht kommt in solchen Fällen von vornherein nicht zur Entstehung, weil sich bei der geschilderten Sachlage die Erwartung verbietet, angesichts der getroffenen Vorkehrungen werde es im Anschluss an den Prioritätstag zu einer *alsbaldigen* Aufnahme der Benutzung kommen.

508 Darlegungs- und **beweispflichtig** für das Vorbenutzungsrecht ist der Beklagte, dem § 12 PatG bei seiner Rechtsverteidigung zugute kommt.[768] Er hat folglich substantiiert zu den tatbestandlichen Voraussetzungen vorzutragen und durch geeignete Unterlagen und/ oder Zeugen den Nachweis dafür zu erbringen, dass er am Prioritätstag den Erfindungsgedanken erkannt und bekräftigt hatte. Regelmäßig wird sich der Beklagte, insbesondere wenn er anwaltlich kundig vertreten ist, selbst auf das private Vorbenutzungsrecht berufen. Allerdings kann (und wird vielfach) auch der zu einer (als solche bloß für den Rechtsbestand relevanten) offenkundigen Vorbenutzung gehaltene Sachvortrag und Beweisantritt für § 12 PatG schlüssig sein. In einem solchen Fall hat das Gericht das Vorbringen – von sich aus und nach entsprechendem Hinweis an den Kläger – auch unter dem rechtlichen Gesichtspunkt des § 12 PatG zu würdigen und insbesondere die angebotenen Zeugen eigenverantwortlich zu vernehmen. Es stellt daher einen Rechtsfehler dar, wenn ohne Sachaufklärung mit dem Hinweis verurteilt wird, der Vorbenutzungssachverhalt sei (was lediglich im Hinblick auf die offenkundige Vorbenutzung richtig ist, die nicht zur eigenen Entscheidung durch das Verletzungsgericht steht) nicht liquide belegt.

509 An den **Nachweis** einer behaupteten Vorbenutzung sind **strenge Anforderungen** zu stellen, nicht zuletzt deshalb, weil sich der maßgebliche Sachverhalt typischerweise außerhalb der Einsichtssphäre des Patentinhabers abspielt, so dass diesem die Möglichkeit zu einem Gegenbeweis weitgehend versagt ist. Um in dieser Situation zu verhindern, dass angesichts des laufenden Verletzungsrechtsstreits und der dem Beklagten infolgedessen drohenden Konsequenzen allzu vorschnell die Schutzbehauptung erhoben wird, die patentierte Erfindung selbst schon frühzeitig erkannt zu haben und auch zu ihrer gewerblichen Nutzung bereits vor dem Prioritätstag entschlossen gewesen zu sein, ist die Rechtsprechung bei der Beurteilung von Vorbenutzungssachverhalten zu Recht rigoros. Das gilt nicht nur für die Beweisführung an sich, bei der keinerlei vernünftige Zweifel verbleiben dürfen und jede Unwägbarkeit tendenziell zu Lasten des Verletzungsbeklagten geht, sondern trifft gleichermaßen auf den vorgelagerten Sachvortrag zu, der vom Beklagten zu leisten ist, um eine Beweiserhebung über die von ihm eingewandten Vorbenutzungstatsachen zu veranlassen. Um Ausforschungsbeweisen zu begegnen, hat sich der Beklagte dezidiert darüber zu erklären, wer genau bei welcher konkreten Gele-

---

765 Unter solchen Bedingungen wird eine Verletzungsklage in der Regel erfolglos bleiben, weil die begangenen Benutzungshandlungen wegen § 12 PatG gerechtfertigt waren und insofern weder einen Schadenersatzanspruch auslösen noch eine Wiederholungs- oder Erstbegehungsgefahr begründen können. Ansprüche des Patentinhabers kommen erst dann in Betracht, wenn es nach einer endgültigen und freiwilligen Benutzungseinstellung [die zum Verlust des Vorbenutzungsrechts führt] erneut zu Verletzungshandlungen kommt.
766 Daran fehlt es etwa, wenn vorübergehend unterbliebene Vertriebsaktivitäten darauf beruhen, dass es sich um Spezialprodukte handelt, nach denen nicht fortdauernd eine Nachfrage besteht (OLG Düsseldorf, GRUR 2018, 814 – Schutzverkleidung für funktechnische Anlagen).
767 OLG Düsseldorf, GRUR 2018, 814 – Schutzverkleidung für funktechnische Anlagen.
768 OLG Düsseldorf, GRUR 2018, 814 – Schutzverkleidung für funktechnische Anlagen.

genheit welche technischen Erwägungen angestellt haben soll, die den Erfindungsbesitz ergeben sollen. Dasselbe gilt für etwaige begleitende oder nachfolgende Benutzungshandlungen oder Veranstaltungen zur alsbaldigen Benutzung. Substanzieller Vortrag ist in besonderem Maße dann geboten, wenn die vom Beklagten präsentierten Unterlagen den Erfindungsgedanken *nicht* zeigen und behauptet wird, über das Dokumentierte hinaus schon damals die Erkenntnis gewonnen zu haben, dass die fragliche Konstruktion vorteilhaft auch in abgewandelter, nämlich in der erfindungsgemäßen Weise ausgeführt werden kann. Gerade weil die vorhandenen Dokumente das Gegenteil bezeugen, bedarf es hier besonders sorgfältiger Darlegungen dazu, welche Person sich seinerzeit aus welchem Anlass mit der Frage einer konstruktiven Abwandlung des Dokumentierten befasst haben und aufgrund welcher Überlegungen die betreffende Abwandlung als alternative oder ggf sogar bevorzugte Ausführungsform aufgefunden und anschließend in Benutzung genommen worden sein soll. In diesem Kontext wird es regelmäßig auch einer Erklärung dazu bedürfen, warum die dem Patent entsprechende Abwandlung nicht – ebenfalls – schriftlich oder zeichnerisch niedergelegt worden ist.

510 Was den Patentinhaber und seinen »Gegenbeweis« angeht, so wird er oftmals lediglich **Indiztatsachen** dafür benennen können, dass auf der Gegenseite ein Erfindungsbesitz und/oder eine Vorbenutzung/Veranstaltung tatsächlich nicht vorgelegen hat. Solchen Hilfstatsachen braucht im Prozess nur nachgegangen werden, wenn sie schlüssig sind, dh den Tatrichter bei unterstellter Richtigkeit entweder jede für sich betrachtet, zumindest aber in ihrer Gesamtschau (auch mit dem übrigen Streitstoff) davon überzeugen können, auf die rechtserhebliche Haupttatsache (= Fehlen eines Erfindungsbesitzes/Fehlen einer Vorbenutzung/Veranstaltung) zu schließen.[769]

511 **§ 12 Abs 1 Satz 4 PatG** versagt demjenigen das Vorbenutzungsrecht, der sein Wissen um die Erfindung von einer – unmittelbaren oder mittelbaren – Mitteilung des Anmelders ableitet, wenn die Mitteilung vor der Schutzrechtsanmeldung und unter dem – ausdrücklichen oder konkludenten – Vorbehalt der Rechte für den Fall einer Patenterteilung erfolgt ist und die Erfindung binnen 6 Monaten nach der Anmeldermitteilung benutzt wird. Da es sich um eine Ausnahme vom regelmäßig anzuerkennenden Vorbenutzungsrecht handelt, stehen die Voraussetzungen des § 12 Abs 1 Satz 4 PatG zur Beweislast des Schutzrechtsinhabers.

cc) Prioritätszeitpunkt

512 Die Betätigungshandlung (Benutzung/Veranstaltung) *in Kenntnis* des Erfindungsgedankens muss zu einem ganz bestimmten Zeitpunkt erfolgt (dh vollendet) sein, nämlich am Anmeldetag des Klagepatents (§ 12 Abs 1 Satz 1 PatG), bei *wirksamer* Inanspruchnahme einer Priorität, am Prioritätstag (§ 12 Abs 2 PatG).

b) Rechtsfolgen

513 Das Vorbenutzungsrecht deckt grundsätzlich nur diejenige Ausführungsform ab, die der Beklagte am Prioritätstag tatsächlich benutzt oder deren alsbaldige Benutzung er vorbereitet hat.[770] **Weiterentwicklungen**[771], die über den Umfang der bisherigen Benutzung hinausgehen, sind dem Beklagten verwehrt, wenn sie in den Gegenstand der im Patent unter Schutz gestellten Erfindung eingreifen.[772] Solches ist der Fall, wenn der Schutzbereichseingriff durch den Übergang auf den fortentwickelten Vorbenutzungsgegenstand weiter vertieft wird. Ob dem so ist, hängt vom Inhalt (Offenbarungsgehalt) des Klagepa-

---

769 BGH, Beschluss v 20.4.2016 – X ZR 112/14.
770 OLG Düsseldorf, GRUR 2018, 814 – Schutzverkleidung für funktechnische Anlagen.
771 Bergermann, FS 80 Jahre Patentgerichtsbarkeit Düsseldorf, 2016, S 51.
772 BGH, GRUR 2002, 231 – Biegevorrichtung.

tents ab. Wird erst durch die selbst nicht vorbenutzte Fortentwicklung ein konkretes Merkmal des Klagepatents verwirklicht, kommt ein Vorbenutzungsrecht nicht in Betracht, unabhängig davon, wo im Klagepatent das betreffende Merkmal dem Fachmann offenbart ist und unabhängig davon, ob es naheliegend oder sogar selbstverständlich war.[773] Vorteilhafte Abwandlungen, die Gegenstand eines (Unter-)Anspruchs sind, unterliegen deswegen uneingeschränkt den Verbietungsrechten aus dem Patent, wenn sich hinsichtlich ihrer ein Erfindungsbesitz und dessen Betätigung nicht feststellen lassen.[774] Gleiches gilt für Details, die zwar nicht in einen erteilten Unteranspruch aufgenommen worden sind, die sich für den Fachmann aber aus dem Beschreibungstext erschließen und deswegen (in einem nachgelagerten Beschränkungsverfahren) zum Inhalt eines Patentanspruchs gemacht werden könnten. Bedingung ist freilich in jedem Fall, dass der Kläger das selbst nicht vorbenutzte Ausstattungsmerkmal (des Unteranspruchs oder der Beschreibung) zur Kennzeichnung der angegriffenen Ausführungsform in seinen (insoweit mindestens hilfsweise eingeschränkten) Klageantrag aufnimmt, weil nur bei einer solchen **Antragsfassung** die Situation geschaffen wird, dass dasjenige, was dem Beklagten verboten werden soll, nicht vollständig vorbenutzt ist, womit sich (erst) die Frage stellt, ob das Vorbenutzungsrecht, obgleich die Benutzungshandlung im Hinblick auf die technischen Merkmale nicht vollständig und umfassend ist, dennoch hierauf erstreckt werden kann. Derjenige Patentinhaber, der versäumt, das vom Verletzer nicht vorbenutzte Detail in seinen Klageantrag aufzunehmen, kann der Klageabweisung nicht entgehen. Im Zweifel wird man in einem weitgefassten Klageantrag, der das nicht vorbenutzte Merkmal ausspart (weil jedwede Vorbenutzung bestritten wird) einen entsprechend beschränkten Klageantrag jedenfalls dann enthalten sehen müssen, wenn der Kläger sich hilfsweise damit verteidigt, dass jedenfalls eine Vorbenutzung mit der beschränkenden Maßgabe nicht stattgefunden hat/bewiesen ist.

Andererseits darf von einer Ausführungsvariante, die im Wortlaut eines Patentanspruchs oder des Beschreibungstextes liegt, zu einer anderen, ebenfalls im Wortsinn des Anspruchs oder im Beschreibungstext erwähnten alternativen Variante übergegangen werden, wenn beide aus der Sicht des Klagepatents vollkommen gleichwertig sind, dh dieselben Vorteile nur auf technisch andere gleichrangige Weise erzielen.[775] Erlaubt sind weiterhin Abwandlungen, die gänzlich außerhalb des Klagepatents stattfinden, indem sie ein auf anderem Gebiet liegendes technisches Problem mit Mitteln lösen, die jenseits der Merkmale des Klagepatents liegen. Dasselbe gilt, wenn mit der Abwandlung der Vorbenutzungsform nicht aus einem Informationsgehalt des Klagepatents geschöpft wird, indem etwa ein im Klagepatent bloß allgemein gefasstes Patentmerkmal im Sinne einer ganz speziellen Konstruktion fortentwickelt wird, für die das Klagepatent keine Offenbarung enthält. Derartige Weiterentwicklungen jenseits dessen, was das Klagepatent an Wissen bereithält, sind zulässig, egal, ob die Abwandlung gegenüber dem Klagepatent erfinderisch oder nicht erfinderisch ist. Die Begrenzung des Vorbenutzungsrechts durch den eigenen Besitzstand hat in Fällen, in denen der Vorbenutzer lediglich ein Ausführungsbeispiel des Patents benutzt hat, weil ihm die hinter der technischen Lehre

514

---

773 BGH, GRUR 2002, 231 – Biegevorrichtung; OLG Düsseldorf, GRUR 2018, 814 – Schutzverkleidung für funktechnische Anlagen.
774 OLG Düsseldorf, GRUR 2018, 814 – Schutzverkleidung für funktechnische Anlagen.
775 Das LG München I (Urteil v 30.7.2015 – 7 O 26546/13) unternimmt – im Anschluss an Keukenschrijver (GRUR 2001, 944, 947) – eine zweistufige Prüfung: Weiterentwicklungen, die selbst nicht vorbenutzt sind, unterfallen dennoch dem Vorbenutzungsrecht, wenn die Abwandlung in Kenntnis der vorbenutzten Ausführungsform und ohne Kenntnis des Klagepatents für den Fachmann naheliegend war. Für Weiterentwicklungen, die in diesem Sinne *nicht* naheliegende Abwandlungen des Vorbenutzungsgegenstandes darstellen, gilt dasselbe dann, wenn sie durch das Klagepatent weder offenbart noch nahegelegt sind (ebenso OLG Düsseldorf, GRUR 2018, 814 – Schutzverkleidung für funktechnische Anlagen).

des Patents stehenden chemischen oder physikalischen Zusammenhänge ebenso wie die mit ihr erzielbaren Vorteile subjektiv verborgen geblieben sind[776], zur Folge, dass er im Rahmen des § 12 PatG nicht berechtigt ist, andere Ausführungsvarianten der Erfindung zu gebrauchen als diejenige, die er tatsächlich vorbenutzt hat.

515 Bei einem **Kombinationspatent** ist es vom Vorbenutzungsrecht umfasst, wenn derjenige, der vor dem Prioritätstag sämtliche Bestandteile des patentgeschützten Gegenstandes an einen Dritten geliefert hat, dazu übergeht, die Vorrichtung selbst herzustellen und zu vertreiben, wenn das vormalige Zusammenfügen der Einzelteile beim Abnehmer zu der geschützten Gesamtvorrichtung sicher vorhersehbar und einfach zu bewerkstelligen war.[777] In einer solchen Situation wird der Schutzbereichseingriff durch die Eigenfertigung statt der Fremdfertigung nicht vertieft. Aus derselben Überlegung heraus ist derjenige, der eine zur Durchführung des patentgemäßen **Verfahrens** geeignete Vorrichtung vorbenutzend bereitgestellt hat, zur eigenen Verfahrensdurchführung berechtigt, wenn der vormals gelieferte Gegenstand technisch nund wirtschaftlich sinnvoll überhaupt nur patentgemäß verwendet werden konnte.[778]

---

516 **Praxistipp** Formulierungsbeispiel

Bei der Diskussion um ein Vorbenutzungsrecht in Bezug auf Abwandlungen kommt es auf den Klageantrag an, der über den Wortlaut des eingeklagten Patentanspruchs hinaus beliebige Merkmale aufnehmen kann, solange sie die Verletzungsform kennzeichnen. Ob es mit ihnen gelingt, das gegenerische Vorbenutzungsrecht zu Fall zu bringen, hängt davon ab, ob diese einschränkenden Merkmale zum Offenbarungsgehalt des Klagepatents gehören oder nicht. Wenn ja, vertieft die Weiterentwicklung den Schutzbereichseingriff, womit ein Vorbenutzungsrecht ausscheidet; wenn nein, bleibt die Verletzungsklage wegen § 12 PatG erfolglos. Solche konkretisierenden Merkmale sind gänzlich problemlos, wenn der Rechtsbestand des Klageschutzrechts anderweitig, zB bereits durch den Hauptanspruch in seiner erteilten Form, getragen wird.

Für den Patentinhaber eröffnet dies im Verletzungsprozess die strategische Möglichkeit, seinen Klageantrag durch Aufnahme eines oder mehrerer Unteransprüche so zu fassen, dass das vom Beklagten eingewandte Vorbenutzungsrecht, welches die spezielle Variante des Unteranspruchs nicht umfasst, ins Leere geht. Der Kläger kann hierdurch eine sonst unausweichliche (gegebenenfalls zeitaufwändige) Beweisaufnahme umgehen und die Entscheidungsreife im Verletzungsprozess herbeiführen. Damit der Klageantrag freilich in der genannten Weise eingeschränkt werden kann, ohne einen Vertagungsantrag des Beklagten herauszufordern, sollten vorsorglich in jedem Fall sämtliche von der angegriffenen Ausführungsform verwirklichten Unteransprüche im Rahmen eines »insbesondere-Antrages« bereits in die ursprüngliche Klage aufgenommen und hierzu in der Klagebegründung vorgetragen werden. Wird später eine Beschränkung des Klageantrages notwendig, bleibt dies in der Regel ohne Kostenfolgen für den Kläger, da er wirtschaftlich gesehen mit seinem Klageziel, die Herstellung und/oder den Vertrieb der angegriffenen Ausführungsform zu unterbinden, durchdringt.

---

517 Das Vorbenutzungsrecht ist streng **betriebsbezogen**, dh es haftet – akzessorisch – an dem Betrieb, in dem es durch Benutzung oder Veranstaltungen zur alsbaldigen Benutzung entstanden ist. Es kann nicht isoliert (dh ohne Betrieb) veräußert werden (§ 12 Abs 1 Satz 3 PatG), unterliegt deshalb auch nicht der separaten Pfändung (§ 857 Abs 3

---

776 Vgl BGH, GRUR 2012, 895 – Desmopressin.
777 OLG Düsseldorf, GRUR 2018, 814 – Schutzverkleidung für funktechnische Anlagen.
778 OLG Düsseldorf, GRUR 2018, 814 – Schutzverkleidung für funktechnische Anlagen.

ZPO) und fällt jedenfalls dann in die Insolvenzmasse, wenn auch der Betrieb zur Masse gelangt.⁷⁷⁹ Allerdings reicht eine Übertragung eines abgrenzbaren Betriebsteils aus, wobei es unschädlich ist, dass der übernommene Betriebsteil allein nicht die komplette Herstellung des vorbenutzten Gegenstandes erlaubt, sondern einzelne Fertigungsschritte in fremden Werkstätten, zB auch der des ursprünglichen Vorbenutzungsberechtigten vorgenommen werden müssen.⁷⁸⁰ Ändert sich die rechtliche Zugehörigkeit des Betriebes, kann das Vorbenutzungsrecht hierdurch nicht vervielfältigt (sic: verdoppelt oder gespalten) werden. Das Vorbenutzungsrecht ist unteilbar, weswegen bei einer Teilung des zugehörigen Betriebes geklärt werden muss, bei welchem Betriebsteil nach den getroffenen vertraglichen Absprachen das Vorbenutzungsrecht verblieben ist.⁷⁸¹ Wechselt der Betriebsinhaber (indem die Geschäftsanteile von dritter Seite erworben werden) oder gewinnt ein Drittunternehmen einen beherrschenden Einfluss auf den Betrieb, so berechtigt dies den Dritten nicht dazu, das Vorbenutzungsrecht *außerhalb* des Entstehungsbetriebes in seinem eigenen Unternehmen auszuüben.⁷⁸²

Neben dem Vorbenutzungsberechtigten selbst kommt das Vorbenutzungsrecht auch seinen Abnehmern auf den **nachfolgenden Handelsstufen** zugute.⁷⁸³ Auch sie können sich deshalb in einem gegen sie gerichteten Verletzungsprozess auf das ihrem Lieferanten zustehende Vorbenutzungsrecht berufen. Genauso kommt ein dem Hersteller zustehendes Vorbenutzungsrecht – als abgeleitetes Recht – dessen Vertriebsunternehmen zugute. § 12 PatG schützt dabei auch den Aufbau eines Vertriebssystems und dessen Ausgestaltung mit mehreren Vertriebspartnern.⁷⁸⁴ Gleiches gilt für ein Unternehmen, das erst später anstelle eines anderen, ursprünglichen Vertriebsunternehmens vom Hersteller mit der Vermarktung beauftragt wird.⁷⁸⁵ Ein Händler oder Importeur erwirbt neben dem vom Hersteller abgeleiteten auch ein eigenes Vorbenutzungsrecht, wenn er selbst vor dem Prioritätstag die von ihm wiederholbar erkannte Erfindung im Inland benutzt oder Veranstaltungen zur alsbaldigen Aufnahme der inländischen Benutzung getroffen hat.⁷⁸⁶ Umgekehrt gilt nicht dasselbe. Das Vorbenutzungsrecht wirkt nicht in Richtung auf die dem Berechtigten **vorgelagerte Handelskette**. Der Vorlieferant kann seine Verletzungshandlungen deswegen nicht damit rechtfertigen, dass seinem Abnehmer ein Vorbenutzungsrecht zur Seite steht. Entgegen anderslautender Ansicht⁷⁸⁷ ist auch der **Importeur** einer vom ausländischen Hersteller bezogenen Ware nicht vom eigenen Erfindungsbesitz suspendiert. Allenfalls stellt sich die Frage, ob dieser schon vor dem Prioritätstag inländische Angebots- oder Vertriebshandlungen unternommen oder Veranstaltung zu deren alsbaldiger Aufnahme getroffen hat, die dem ausländischen Produzenten zugerechnet werden können, so dass dieser am Prioritätstag nicht nur Erfindungsbesitz hatte, sondern ihn – vermittelt duch den Inlandsimporteur – auch betätigt hat. Erforderlich hierzu ist, dass der Importeur bei Vornahme seiner inländischen Benutzungen/Veranstaltungen mit zumindest stillschweigender Billigung des Herstellers gehandelt hat. Trifft dies zu, steht dem Ausländer ein Vorbenutzungsrecht zu, von dem – abgeleitet – auch sein Importeur profitieren kann.

518

---

779 BGH, GRUR 2010, 47 – Füllstoff.
780 BGH, GRUR 2012, 1010 – Nabenschaltung III.
781 BGH, GRUR 2012, 1010 – Nabenschaltung III.
782 BGH, GRUR 2005, 567 – Schweißbrennerreinigung.
783 BGH, GRUR 2012, 895 – Desmopressin; OLG Düsseldorf, InstGE 11, 193 – Desmopressin-Tablette.
784 BGH, GRUR 2012, 895 – Desmopressin.
785 LG Düsseldorf, InstGE 10, 12 – Desmopressin I; OLG Düsseldorf, InstGE 11, 193 – Desmopressin-Tablette; BGH, GRUR 2012, 895 – Desmopressin.
786 LG Düsseldorf, InstGE 10, 17 – Desmopressin II.
787 Blumenröder/Bertram, Mitt 2014, 119.

519 Besonderheiten gelten dann, wenn als Vorbenutzungshandlung eine solche im Sinne von § 10 PatG vorliegt, wenn also derjenige, der im Erfindungsbesitz war, bloß Mittel angeboten oder geliefert hat, die den Erfindungsgedanken nicht vollständig verwirklichen, sondern sich nur auf ein wesentliches Element der Erfindung beziehen.[788] Hier sind verschiedene Fallgruppen auseinander zu halten:

520 — Unproblematisch ist zunächst die Situation, dass sich die Tatbestandsvoraussetzungen des § 12 PatG (Erfindungsbesitz und dessen Betätigung im Inland vor dem Prioritätstag) sowohl für den mittelbaren Benutzer als auch in der Person des Abnehmers feststellen lassen. Unter derartigen Umständen erwerben beide Akteure, dh der mittelbare Benutzer und dessen Abnehmer, ein eigenes Vorbenutzungsrecht, welches es ihnen erlaubt, ihre jeweiligen Benutzungshandlungen nach der Patenterteilung rechtmäßig fortzuführen.

521 — Gesichert ist die Rechtslage in gleicher Weise dann, wenn nur der Abnehmer die patentierte Erfindung vor dem Prioritätstag im Inland in Benutzung genommen hat. § 12 PatG verschafft ihm bei dieser Ausgangslage das Recht zur weiteren (unmittelbaren) Benutzung der Erfindung, weswegen das Angebot/die Lieferung von Mitteln, die sich auf ein wesentliches Element der Erfindung beziehen, an einen zur Benutzung des Patents Berechtigten erfolgt. Eine mittelbare Patentverletzung scheidet damit von vornherein aus, weil sie nach § 10 Abs 1 PatG gerade voraussetzt, dass der Angebotsempfänger/Abnehmer zur Benutzung der patentierten Erfindung *nicht* berechtigt ist.[789]

522 — Streitig[790] ist demgegenüber die dritte denkbare Konstellation, dass ausschließlich in der Person des mittelbaren Benutzers die Voraussetzungen des § 12 PatG vorliegen, dass dessen Abnehmer hingegen entweder ohne Erfindungsbesitz gewesen sind oder aber einen etwa vorhandenen Erfindungsbesitz vor dem Prioritätszeitpunkt nicht ihrerseits hinreichend im Inland betätigt haben und ihnen auch sonst kein (zB auf einer Lizenzerteilung durch den Patentinhaber beruhendes) Benutzungsrecht an der Erfindung zusteht. Zwei Fragen treten an dieser Stelle auf:

523 — **Erstens**: Ist der mittelbare Vorbenutzer für seine Geschäftstätigkeit nach erfolgter Patenterteilung auf diejenigen Kunden beschränkt, denen er das erfindungswesentliche Mittel bereits vor dem Prioritätstag angeboten/geliefert hat?

524 Da Handlungen nach § 10 PatG einen vollwertigen Vorbenutzungstatbestand schaffen, kann – entgegen anderslautenden Ansichten[791] – nicht ernstlich zweifelhaft sein, dass es dem mittelbaren Vorbenutzer als Folge seines durch die mittelbare Vorbenutzung erworbenen Besitzstandes freisteht, über den ursprünglichen Adressatenkreis hinaus jeden beliebigen Dritten wegen des Angebots/der Lieferung erfindungswesentlicher Mittel anzusprechen.[792]

525 — **Zweitens**: Welche Benutzungsbefugnisse ergeben sich für den Abnehmer aus dem Vorbenutzungsrecht des mittelbaren Benutzers?

526 Das Meinungsbild dazu, ob und unter welchen Voraussetzungen der selbst nicht vorbenutzungsberechtigte (und auch ansonsten hinsichtlich des Patents nicht legitimierte) Abnehmer erfindungswesentlicher Mittel von einem Vorbenutzungs-

---

[788] Vgl Kühnen, FS Mes, 2009, S 233; Hufnagel, FS Reimann, 2009, S 215.
[789] Benkard, § 12 PatG Rn 11; Kraßer/Ann, § 34 Rn 60; Hufnagel, FS Reimann, 2009, S 215.
[790] Vgl Kühnen, FS Mes, 2009, S 233; Hufnagel, FS Reimann, 2009, S 215.
[791] LG Düsseldorf, Urteil v. 8.7.2004 – 4a O 304/3; Umdruck S 22/23; Benkard, § 12 PatG Rn 25; Schramm, S 140.
[792] OLG Düsseldorf, GRUR 2018, 814 – Schutzverkleidung für funktechnische Anlagen.

recht des mittelbaren Benutzers profitieren kann, ist uneinheitlich. Als entscheidendes Kriterium wird in der Literatur überwiegend angesehen, ob der mittelbare Vorbenutzer seinen Abnehmern die Befugnis zur unmittelbaren Erfindungsbenutzung vermitteln kann, wobei eine Lizenzierungsbefugnis an unterschiedliche Bedingungen geknüpft wird. Einige Autoren[793] befürworten sie nur dann, wenn das gelieferte Mittel ausschließlich patentgemäß und nicht auch patentfrei verwendet werden kann, während andere[794] darauf abheben, ob das Mittel für die Verwirklichung der patentgemäßen Lehre von zentraler oder von lediglich untergeordneter Bedeutung ist, wobei im erstgenannten Fall eine Benutzungserlaubnis bejaht und in der zuletzt genannten Konstellation verneint wird. Dem ist entgegen zu treten:

Bereits das Abstellen auf eine Lizenzierungsbefugnis des mittelbaren Vorbenutzers ist abzulehnen. Das Vorbenutzungsrecht schafft keine Rechtsmacht, Dritten eine Benutzungserlaubnis (Lizenz) an demjenigen Patent zu erteilen, dessen Gegenstand vorbenutzt wurde. Befugt hierzu sind ausschließlich der Patentinhaber und – neben ihm, ggf auch an seiner Stelle – solche Personen (zB exklusive Lizenznehmer), denen der Schutzrechtsinhaber das Recht eingeräumt hat, anderen die Benutzung der Erfindung zu überlassen. Anzusetzen ist deshalb an anderer Stelle, nämlich bei der rechtlichen Wirkung, die mit einem Vorbenutzungsrecht verbunden ist. Sie liegt nach allgemeiner Auffassung nicht etwa darin, dass dem Vorbenutzungsberechtigten eine vom Patent abgeleitete Benutzungsbefugnis zufällt. Vielmehr verhält es sich genau umgekehrt, so dass der Patentschutz von vornherein (originär) insoweit nicht zur Entstehung gelangt, wie der rechtlich geschützte Besitzstand des Vorbenutzers reicht.[795] Überall dort, wo der durch Vorbenutzung redlich erworbene Besitzstand ausgeübt wird, existieren infolgedessen per se keine Verbietungsrechte des Patentinhabers.

527

Eine »Besitzstandswahrung« findet dabei noch nicht allein dadurch statt, dass dem Vorbenutzer als solchem gestattet bleibt, seine bis zum Prioritätszeitpunkt durch Veranstaltungen angelegten oder darüber hinaus bereits ausgeübten Benutzungshandlungen im Rahmen seines Geschäftsbetriebes fortzusetzen. Ein derart verstandenes Vorbenutzungsrecht wäre weitgehend sinnlos, weil es dem Patentinhaber die Möglichkeit geben würde, gewerblichen Abnehmern des Vorbenutzungsberechtigten den Gebrauch und Weitervertrieb der vorbenutzten Gegenstände unter Berufung auf seine (ihnen gegenüber bestehen bleibenden) Ausschließlichkeitsrechte zu untersagen. Jeder vernünftige Abnehmer würde unter solchen Umständen davon absehen, Gegenstände, auf die sich das Vorbenutzungsrecht bezieht, zu erwerben, weil sie für ihn und seinen Geschäftsbetrieb unverwertbar wären. Die Befugnis des Berechtigten zum Weitergebrauch der vorbenutzten Erfindung stünde bloß auf dem Papier und wäre wirtschaftlich ohne Nutzen. Für den Bereich der unmittelbaren Vorbenutzung ist dementsprechend anerkannt, dass ein dem Hersteller oder Lieferanten zustehendes Vorbenutzungsrecht selbstverständlich auch den nachfolgenden Handelsstufen zugutekommt, indem die vom Vorbenutzungsberechtigten bezogenen Gegenstände gewerblich frei weiter angeboten, vertrieben und gebraucht werden dürfen.[796] In Fällen mit-

528

---

793 Kraßer/Ann, § 34 Rn 60.
794 Teschemacher, mittelbare Patentverletzung, 1974, S 125 f; ihm folgend: Hufnagel, FS Reimann, 2009, S 215.
795 Vgl. nur BGH, GRUR 1965, 411 – Lacktränkeeinrichtung; BGH, GRUR 2002, 231, 233 – Biegevorrichtung.
796 RG, GRUR 1940, 434, 435 – Massekerne; BGH, Urteil v 17.11.1970 – X ZR 13/69; Benkard, § 12 PatG Rn 4.

telbarer Vorbenutzung rechtfertigt sich keine grundsätzlich andere Betrachtung. Eine wirtschaftliche Ausbeutung des durch die Vorbenutzung geschaffenen Besitzstandes ist auch hier nur denkbar, wenn die vom Berechtigten angebotenen/gelieferten erfindungswesentlichen Mittel auf den nachgeordneten Wirtschaftsstufen patentfrei bleiben. Evident ist dies zunächst für die Konstellation, dass das Mittel technisch und wirtschaftlich sinnvoll[797] überhaupt nur nach Maßgabe des Patents eingesetzt werden kann. Denn jedes dem Patentinhaber gegenüber den Abnehmern zugewiesene Verbietungsrecht würde unweigerlich dazu führen, dass das erfindungswesentliche Mittel keinem gewerblichen Verwendungszweck mehr zugeführt werden kann, womit es sich als für den mittelbaren Vorbenutzer unverkäuflich erweisen würde. Erlaubt das erfindungswesentliche Mittel statt dessen einen Gebrauch auch außerhalb der technischen Lehre des vorbenutzten Patents, sind die wirtschaftlichen Konsequenzen zwar nicht in gleichem Maße drastisch, weil auch bei einem Fortbestehen von Verbietungsrechten gegenüber denjenigen Abnehmern, die mit dem gelieferten Mittel eine unmittelbare Patentbenutzung beabsichtigen, für den mittelbaren Vorbenutzer Absatzmöglichkeiten verbleiben, nämlich in Gestalt all derjenigen Abnehmer, die das erfindungswesentliche Mittel außerhalb des Patents einsetzen wollen. Auf dieses Marktpotenzial kann der mittelbare Vorbenutzer jedoch nicht verwiesen werden. Denn die Ansprache derartiger Kunden hat ihm ohnehin schon deshalb offen gestanden, weil insoweit (mangels Patents) ein schutzrechtsfreier Raum gegeben ist. Mit Blick auf den besagten Abnehmerkreis bestehende Liefermöglichkeiten haben deswegen auch mit der Wahrung irgendeines Besitzstandes nichts zu tun, der durch die mittelbare Vorbenutzung begründet worden ist.

529 Die vorerörterte Reichweite kann zum Gegenstand einer **Feststellungsklage** gemacht werden, mit der geklärt wird, wie weit die Befugnisse des Vorbenutzungsberechtigten selbst gehen (ob er etwa nur seine ursprünglichen Abnehmer oder beliebige weitere beliefern darf) und ob die Abnehmer ihrerseits als Folge des mittelbaren Vorbenutzungsrechts zur unmittelbaren Patentbenutzung berechtigt sind. Diese Klärung kann in Gestalt einer Widerklage auch im Patentverletzungsprozess erfolgen, der vom Schutzrechtsinhaber gegen den mittelbaren Vorbenutzer angestrengt ist.[798]

7. Positives Benutzungsrecht[799]

530 Ein die Verbietungsrechte suspendierendes Benutzungsrecht kann sich gleichermaßen aus einem gegenüber dem Klageschutzrecht *prioritätsälteren*[800] Patent oder Gebrauchsmuster[801] ergeben, an dem der Beklagte entweder als Inhaber oder als Lizenznehmer benutzungsberechtigt ist.[802] Es beruht auf der Tatsache, dass jedes Schutzrecht nicht nur Verbietungsrechte gegen Dritte vermittelt, sondern seinem Inhaber darüber hinaus auch selbst das positive Recht verschafft, die eigene Erfindung benutzen zu dürfen. Dieses –

---

797 Vgl. dazu: OLG Düsseldorf, Mitt 2003, 264, 268 – Antriebsscheibenaufzug; LG Düsseldorf, InstGE 5, 173 – Wandverkleidung.
798 OLG Düsseldorf, GRUR 2018, 814 – Schutzverkleidung für funktechnische Anlagen.
799 Stjerna, GRUR 2010, 202; Stjerna, GRUR 2010, 795.
800 Ein prioritätsjüngeres Schutzrecht verschafft seinem Inhaber demgegenüber kein Benutzungsrecht gegenüber dem Inhaber des prioritätsälteren Rechts. Vielmehr kann der letztere dem ersteren die Benutzung seines (prioritätsjüngeren) Patents verbieten, wenn und soweit mit der Benutzung des prioritätsjüngeren (eigenen) Patents zugleich eine Benutzung der technischen Lehre des prioritätsälteren Schutzrechts verbunden ist.
801 BGH, GRUR 1992, 692 – Magazinbildwerfer.
802 BGH, GRUR 2009, 655 – Trägerplatte; OLG Düsseldorf, InstGE 8, 141 – Trägerplatte.

dem Patent immanente – Benutzungsrecht kann nicht dadurch im Nachhinein beeinträchtigt oder verkümmert werden, dass später ein im Zeitrang schlechteres, weil prioritätsjüngeres Schutzrecht hinzutritt. Eine solche Situation kann sich ergeben, wenn das prioritätsjüngere Schutzrecht zur Anmeldung gelangt, bevor das prioritätsältere Patent offen gelegt worden ist. Die Benutzungsbefugnis aus dem älteren Recht ist freilich auf diejenige technische Lehre beschränkt, die Gegenstand eben jenes älteren Patents oder Gebrauchsmusters, dh seiner Patent- bzw Schutzansprüche, ist. Dessen Inhaber (oder Lizenznehmer) ist also nicht berechtigt, von zusätzlichen Merkmalen Gebrauch zu machen, mit denen sich das ältere Schutzrecht nicht befasst und die der Öffentlichkeit erst durch das jüngere Patent offenbart worden sind.[803] Andererseits umfasst das Recht zur eigenen Benutzung alle Handlungen nach § 9 PatG. Sie können weder als unmittelbare noch als mittelbare Verletzung des prioritätsjüngeren Patents verfolgt werden.

Ist das Patent nach § 64 PatG beschränkt worden, kommt es wegen der mit der **Beschränkung** verbundenen Rückwirkung auf die beschränkte Fassung der Ansprüche an. Gleiches gilt in Fällen teilweisen Widerrufs oder teilweiser Nichtigerklärung. Das positive Benutzungsrecht geht nur so weit wie der Wortsinn der Ansprüche des prioritätsälteren Schutzrechts reicht. Der Einwand versagt deshalb, wenn mit der angegriffenen Ausführungsform von der Lehre des prioritätsälteren Schutzrechts in lediglich äquivalenter Form Gebrauch gemacht wird oder wenn sich der Beklagte nicht einmal auf die Patentansprüche, sondern lediglich darauf berufen kann, dass die von ihm verwirklichte technische Lehre, ohne Stütze in den Ansprüchen, im Beschreibungstext erwähnt ist.[804] 531

Das positive Benutzungsrecht beginnt nicht schon mit der Anmeldung des prioritätsälteren Patents, sondern erst mit dessen **Erteilung**. Dementsprechend genügt bei einem **Gebrauchsmuster** nicht bereits dessen Eintragung; vielmehr muss auch die (beim Patent durch den Erteilungsakt dokumentierte) Schutzfähigkeit gegeben sein. 532

Ist das **prioritätsältere Schutzrecht angegriffen**, kann das Verletzungsgericht dem Beklagten das geltend gemachte Benutzungsrecht nicht mit dem Argument aberkennen, das Patent bzw Gebrauchsmuster werde sich im anhängigen Einspruchs-/Nichtigkeits- bzw Löschungsverfahren voraussichtlich als nicht rechtsbeständig erweisen und ex tunc vernichtet werden. Diese Entscheidung zu treffen, obliegt allein den Erteilungsinstanzen (EPA, BPatG, DPMA), aber nicht dem Verletzungsgericht, welches in der geschilderten Situation lediglich den Rechtsstreit bis zur Entscheidung über den Einspruch, die Nichtigkeitsklage oder den Löschungsantrag aussetzen kann (§ 148 ZPO). Nur bei der umgekehrten Sachlage, wenn das Verletzungsgerichts also die Angriffe gegen das prioritätsältere Schutzrecht für nicht durchgreifend erachtet, kann das Benutzungsrecht zugesprochen, dh die Klage abgewiesen werden. 533

8. Einwand der widerrechtlichen Entnahme

Zulässig ist die Verteidigung des Beklagten, der Patentinhaber habe ihm die patentierte Erfindung widerrechtlich entnommen.[805] In einem solchen Fall steht der Geltendmachung der Rechte aus dem Patent der allgemeine Arglisteinwand des § 242 BGB entgegen. Denn es ist unredlich und treuwidrig, denjenigen wegen Patentverletzung in 534

---

803 BGH, GRUR 2009, 655 – Trägerplatte; OLG Düsseldorf, InstGE 8, 141 – Trägerplatte; LG Düsseldorf, Entscheidungen 1996, 24, 26 – Erythropoietin III.
804 OLG Düsseldorf, InstGE 8, 141 – Trägerplatte; aA: Stjerna, Mitt 2009, 450; Stjerna, GRUR 2010, 795 mit einer Darstellung des Meinungsstandes.
805 Im Tatsächlichen kann sich ein Entnahmesachverhalt zB aus einer »Unterschlagung« der Erfindung durch einen Mitarbeiter, aus Forschungskooperationen oder daraus ergeben, dass ein Dritter zufällige Kenntnis von der Erfindung erhält und diese auf seinen Namen anmeldet.

E. Verteidigungsmöglichkeiten des Beklagten

Anspruch zu nehmen, dem die durch das Patent geschützte Erfindung entwendet worden ist. Das gilt auch dann, wenn dem Beklagten nur Teile des patentierten Erfindungsgegenstandes entnommen worden sind[806], so dass ihm lediglich eine Mitberechtigung neben dem eingetragenen Patentinhaber zusteht, auf den die restliche Erfindung zurückgeht. Ist eine Vindikationsklage erhoben, auf die sich der Verletzungsbeklagte im Rahmen seiner Rechtsverteidigung bezieht, so genügt dies, um den Entnahmeeinwand als Verteidigungsmittel im Prozess zu etablieren.

a) Entnahmesachverhalt

535 Wann eine widerrechtliche Entnahme tatbestandlich vorliegt, ist **legaliter** in § 21 Abs 1 Nr 3 PatG **definiert**.[807] Charakteristisch ist, dass a) die materielle Berechtigung an der Erfindung und b) die formelle Registerposition auseinanderfallen, indem der Patentanmelder oder Patentinhaber nicht der (allein) an der Erfindung sachlich Berechtigte ist.

536 Das materielle Recht auf die Erfindung entsteht originär beim Erfinder (§ 6 PatG), auf den der Gegenstand der Anmeldung zurückgeht. Bei Beteiligung mehrerer genügt ein eigenständiger schöpferischer, nicht notwendigerweise selbst erfinderischer Beitrag, dh ein solcher, der den Gesamterfolg der angemeldeten Erfindung irgendwie beeinflusst hat und in Bezug auf die Lösung nicht unwesentlich war und der auch nicht nach den Weisungen eines Erfinders oder eines Dritten geschaffen worden ist.[808] Die Summe der Beiträge muss in jedem Fall wesensgleich mit dem Inhalt der Patentanmeldung sein.[809] Erforderlich ist ein prüfender Vergleich der patentierten Lehre mit derjenigen technischen Anweisung, deren widerrechtliche Entnahme geltend gemacht wird. Dazu ist in einer Gesamtschau zu untersuchen, inwieweit beide Lehren übereinstimmen.[810] Relevant können prinzipiell alle Kenntnisse sein, die bis zum Anmeldetag des herausverlangten Patents transferiert worden sind.[811]

537 Die Sachberechtigung kann nachträglich durch Vertrag, Gesamtrechtsnachfolge oder unbeschränkte Inanspruchnahme nach dem ArbEG auf einen Dritten übergehen, dem alsdann die sich aus dem Entnahmesachverhalt ergebenden Rechte und Einwendungen zustehen.

b) Reichweite des Einwandes

538 Der Einwand widerrechtlicher Entnahme kann nicht nur gegenüber dem klagenden Patentinhaber, sondern gleichermaßen gegenüber dem klagenden (einfachen oder ausschließlichen) Lizenznehmer erhoben werden, die ihre Aktivlegitimation vom Schutzrechtsinhaber ableiten. Da es sich um eine Einwendung aus der »persönlichen« Beziehung zwischen dem Patentinhaber und dem Geschädigten handelt, kann sich ein **Dritter**, der selbst durch die Entnahme nicht verletzt ist (und der auch nicht in die Rechtsstellung des Verletzten eingerückt ist[812]), allerdings nicht darauf berufen, der Patentinhaber habe sein Schutzrecht unter widerrechtlicher Entnahme der Erfindung erworben. Allerdings kommt der Arglisteinwand denjenigen Abnehmern auf nachgeordneten Handelsstufen

---

806 ... so dass ihm aufgrund seiner Mitberechtigung ein eigenes Benutzungsrecht am gemeinsamen Patentgegenstand zusteht, weswegen Ansprüche wegen Patentverletzung ausscheiden.
807 BGH, GRUR 2005, 567 – Schweißbrennerreinigung.
808 Vgl dazu BGH, GRUR 2011, 903 – Atemgasdrucksteuerung; BGH, GRUR 2001, 226 – Rollenantriebseinheit I.
809 BGH, GRUR 1971, 210, 212 – Wildverbissverhinderung; BGH, GRUR 1977, 594 – geneigte Nadeln; BGH, GRUR 1981, 186, 189 – Spinnturbine II.
810 BGH, GRUR 2016, 265 – Kfz-Stahlbauteil.
811 BGH, GRUR 2016, 265 – Kfz-Stahlbauteil.
812 ... indem er zB dessen Erfindungsanteil rechtsgeschäftlich übernommen hat.

zugute, die die patentverletzenden Erzeugnisse von dem durch widerrechtliche Entnahme Verletzten bezogen haben.

c) Frist

Der Arglist-Einwand ist nur beachtlich, wenn er erhoben wird, solange die **Vindikationsfrist** des § 8 Satz 3, 4 PatG (2 Jahre nach Veröffentlichung der Patenterteilung bzw 1 Jahr nach rechtskräftigem Abschluss des Einspruchsverfahrens wegen widerrechtlicher Entnahme) noch nicht abgelaufen ist. Anderes gilt nur dann, wenn parallel oder vorlaufend eine Vindikationsklage tatsächlich fristgerecht erhoben ist; hier reicht ein nach Fristablauf erhobener Entnahmeeinwand aus. 539

Einer Einhaltung der Vindikationsfrist bedarf es auch in Fällen der **Arbeitnehmererfindung**, obwohl die Erfindung durch wirksame Inanspruchnahme kraft Gesetzes auf den Arbeitgeber übergeht und in Fällen nicht wirksamer Inanspruchnahme originär beim Diensterfinder verbleibt. Nach der BGH-Rechtsprechung[813] geht eine für die Erfindung getätigte Schutzrechtsanmeldung nicht entsprechend dem Rechtsgedanken aus den §§ 401, 412, 413 BGB mit den Rechten an der Erfindung über, sondern muss gesondert übertragen werden. Hat der Diensterfinder zu Unrecht eine in Anspruch genommene Diensterfindung für sich angemeldet[814] oder hat – umgekehrt – der Arbeitgeber zu Unrecht eine tatsächlich für den Erfinder freigewordene Diensterfindung auf seinen Namen angemeldet[815], genügt nicht schon eine bloß formale Umschreibung des Schutzrechts auf den wahren Berechtigten, sondern es bedarf darüber hinaus einer materiellrechtlichen Vindikation der Anmeldung/des Patents nach § 8 PatG, für welche die oben genannten Fristen zu beachten sind. Deren Versäumung bringt folglich den Entnahmeeinwand zu Fall. 540

Kritik: Konsequenz einer – schon unter dogmatischen Gesichtspunkten keinesfalls zwingenden – Nichtanwendung der §§ 401, 412, 413 BGB ist, dass der Arbeitnehmer während des laufenden Arbeitsverhältnisses gezwungen ist, seinen Dienstherrn auf Übertragung einer freigewordenen Erfindung zu verklagen, um nicht Gefahr zu laufen, ansonsten seinen Anspruch zu verlieren und vom Arbeitgeber auf Unterlassung einer Benutzung seiner eigenen Erfindung in Anspruch genommen zu werden. Ein gerichtliches Vorgehen ist dem Arbeitnehmer jedoch – anders als einem gewöhnlichen freien Erfinder oder einem Unternehmen, das durch widerrechtliche Entnahme einer ihm (zB aufgrund Inanspruchnahme) zustehenden Erfindung geschädigt ist – vielfach überhaupt nicht zumutbar, weil der Diensterfinder damit ggf gravierende berufliche Nachteile für sich riskiert. 541

Ausnahme: Das Unterlassen einer rechtzeitigen Übertragungsklage schadet nicht, wenn der Patentinhaber beim Erwerb des Patents **bösgläubig** war. Insoweit gilt der Maßstab des § 932 Abs 2 BGB.[816] Es kommt darauf an, ob der Patentinhaber weiß[817] oder grob fahrlässig nicht weiß, dass ein anderer die patentierte Erfindung gemacht oder zumindest einen schöpferischen Beitrag zur Erfindung geleistet hat.[818] Streitig ist, ob dabei auf den Zeitpunkt des Erwerbs der Patentanmeldung durch den Vindikationsschuldner abzustellen ist[819] oder ob der Zeitpunkt der Patenterteilung entscheidet.[820] Weiß der alleinige Anmelder, dass ein Dritter einen Erfindungsbeitrag beigesteuert hat, ist Bösgläubigkeit 542

---

813 BGH, GRUR 2011, 733 – Initialidee.
814 BGH, GRUR 2011, 733 – Initialidee.
815 OLG Düsseldorf, Urteil v 24.10.2013 – I-2 U 24/12.
816 OLG Düsseldorf, Urteil v 24.10.2013 – I-2 U 24/12.
817 Im Anwendungsbereich des IntPatÜG kommt nur diese Alternative in Betracht, weil Art II § 5 Abs 2 IntPatÜG für die Bösgläubigkeit positive Kenntnis voraussetzt.
818 BGH, GRUR 1979, 540 – Biedermeiermanschetten.
819 Busse/Keukenschrijver, § 8 PatG Rn 22; Kraßer/Ann, § 20 Rn 44.
820 Benkard, § 8 PatG Rn 35.

zu bejahen, wenn die Schutzrechtsanmeldung hinter dem Rücken des Miterfinders erfolgt; sie ist hingegen regelmäßig zu verneinen, wenn der Miterfinder einvernehmlich an der Patentanmeldung mitwirkt.[821] In Fällen der Arbeitnehmererfindung wird die Fehleinschätzung der Parteien, eine im Betrieb gemachte Erfindung stehe per se dem Dienstherrn zu, weswegen die Schutzrechtsanmeldung trotz fehlender Inanspruchnahme auf den Namen des Arbeitgebers erfolgt ist, im Allgemeinen keinen hinreichenden Verschuldensvorwurf begründen können.[822]

d) Weiterbenutzungsrecht

543 Nach Ablauf der Vindikationsfrist[823] kann der Einwand der widerrechtlichen Entnahme dem gutgläubigen Erwerber nicht mehr entgegen gehalten werden. Dem an der patentierten Erfindung wahren Berechtigten steht gegenüber dem gutgläubigen Erwerber des Patents auch kein **Weiterbenutzungsrecht** zu, selbst dann nicht, wenn er den Gegenstand der Erfindung vor Fristablauf in seinem eigenen Betrieb in Benutzung genommen, dh einen Besitzstand zu einem Zeitpunkt begründet hat, zu dem der Patentinhaber einem Vindikationsanspruch noch ausgesetzt gewesen wäre.[824]

e) Vindikationsklage

544 Bereits **erloschene** (und deshalb nicht mehr existente) **Schutzrechte** unterliegen keiner Vindikation mehr.

545 Resultiert der Vindikationsanspruch aus einer **Arbeitnehmererfindung** (weil der Arbeitnehmer die an sich seinem Arbeitgeber zustehende Erfindung unberechtigt auf *seinen* Namen oder der Arbeitgeber die zugunsten des Arbeitnehmererfinders freigewordene Erfindung auf *seinen* Namen angemeldet hat), so ist zwischen dem Recht an der Diensterfindung (das entweder dem Dienstherrn oder dem Diensterfinder zustehen kann) und den Schutzrechten aus der Diensterfindung zu unterscheiden.[825] Für Fragen der Zuordnung der Diensterfindung zum Arbeitgeber oder zum Diensterfinder gilt das **Arbeitsstatut** (Art 8 Abs 1 ROM I-VO). Maßgeblich ist das Recht am gewöhnlichen Arbeitsort des Arbeitnehmers.[826] Für die Vindikation derjenigen Schutzrechte, die aus einer Diensterfindung hervorgegangen sind, gilt demgegenüber das **Schutzlandprinzip**.[827] Für deutsche Patente ist daher § 8 PatG und für deutsche Teile von EP Art. II § 5 IntPatÜG einschlägig. Für die ausländischen Teile eines EP gilt nichts anderes, weil sich das Recht auf das Patent nach Art 60 Abs 1 Satz 2 EPÜ, wenn der Erfinder ein Arbeitnehmer ist, nach dem Recht desjenigen Staates richtet, in dem der Arbeitnehmererfinder überwiegend beschäftigt ist.[828] Überträgt der Arbeitnehmererfinder seine Erfinderrechte in Bezug auf das **kanadische und US-amerikanische Territorium** auf den Arbeitgeber, um den dortigen Anmelderfordernissen gerecht zu werden (wonach nur der Erfinder selbst

---

821 OLG Düsseldorf, Urteil v 24.10.2013 – I-2 U 24/12.
822 OLG Düsseldorf, Urteil v 24.10.2013 – I-2 U 24/12.
823 Gleiches gilt, wenn der Vindikationsberechtigte (zB vergleichsweise) auf den Vindikationsanspruch verzichtet hat. In einem solchen Fall kann freilich zu prüfen sein, ob sich nicht aus dem Vergleichstext (ggf im dessen ergänzender Auslegung) eine Pflicht des Patentinhabers herleiten lässt, auf einen Verletzungsangriff gegen den Vindikationsberechtigten zu verzichten.
824 BGH, GRUR 2005, 567 – Schweißbrennerreinigung; entgegen OLG Karlsruhe, GRUR 1983, 67, 70 – Flipchart-Ständer.
825 Nach OLG München (Urteil v 7.12.2017 – 6 U 4503/16) kann dann, wenn an dem Vindikationssachverhalt ausschließlich Personen mit gewöhnlichem Aufenthalt in Deutschland beteiligt sind, auch für ausländische Schutzrechte ein quasivertraglicher Übertragungsanspruch bestehen, der sich nach deutschem Sachrecht richtet.
826 OLG Karlsruhe, GRUR 2018, 1030 – Rohrleitungsprüfung.
827 OLG Karlsruhe, GRUR 2018, 1030 – Rohrleitungsprüfung.
828 OLG Karlsruhe, GRUR 2018, 1030 – Rohrleitungsprüfung.

eine Patentanmeldung einreichen kann), so geschieht dies im Allgemeinen mit Rechtsbindungswillen, so dass wegen dieser freiwilligen Übertragung der Erfindung spätere Vindikationsansprüche des Arbeitnehmererfinders gegen seinen Arbeitgeber ausscheiden.[829]

aa) Mitberechtigung

Gegenüber dem Anspruch auf Übertragung des Vollrechts stellt die Einräumung einer bloßen **Mitberechtigung** am Vindikationsschutzrecht ein wesensgleiches Minus dar.[830] Das Gericht ist deshalb nicht nur berechtigt, sondern sogar verpflichtet, wenn sich die vom Kläger begehrte Vollrechtsübertragung als nicht gerechtfertigt erweist, von Amts wegen einen Anspruch auf Mitberechtigung zu prüfen und ggf zuzusprechen.[831] Das gilt (trotz § 308 ZPO[832]) selbst dann, wenn der Vindikationskläger ausdrücklich erklärt, ausschließlich eine Vollrechtsübertragung und keine Mitberechtigung zu begehren.[833] Ein dahingehender Widerspruch ist jedenfalls dann unbeachtlich, wenn es kein sachlich anerkennenswertes Interesse an einer Ausklammerung der Mitberechtigung aus dem Vindikationsbegehren gibt, was regelmäßig so sein wird.[834] Hat der Kläger zunächst ausschließlich auf Vollrechtsübertragung geklagt und erhebt er nach Klageabweisung eine weitere Klage auf Einräumung einer Mitberechtigung, so steht der zweiten Klage deshalb der Einwand anderweitiger Rechtshängigkeit[835] bzw Rechtskraft entgegen.

546

Im Erfolgsfall führt die Vindikationsklage zur Verurteilung des Beklagten, das Vindikationsschutzrecht auf den Kläger zu übertragen bzw ihm eine Mitberechtigung an dem Patent einzuräumen und in dessen Eintragung in die Patentrolle als Patentinhaber/Mitinhaber einzuwilligen. Sind – wie meist – vom Beklagten bereits **Anmeldekosten** (Amtsgebühren, Patentanwaltshonorare) aufgewandt worden, für die der Vindikationskläger als nach dem Ergebnis des Vindikationsprozesses Berechtigter/Mitberechtigter (ebenfalls) unter dem Gesichtspunkt der Geschäftsführung ohne Auftrag einzustehen hat, so geschieht der Übertragungs- und Bewilligungsausspruch mit Rücksicht auf § 273 BGB im Allgemeinen **Zug um Zug** gegen Erstattung der – oder eines Teils der – vom Beklagten aufgewandten Anmeldekosten.[836]

547

bb) Ausschlussfrist

Scheitert der Vindikationsanspruch aus § 8 PatG, Art II § 5 IntPatÜG an der **versäumten Ausschlussfrist** zu seiner Geltendmachung, so ergibt sich aus allgemeinen zivilrechtlichen Haftungsnormen (§ 823 BGB) keine andere Rechtslage. Weder kann das Schutzrecht herausverlangt werden noch hat der Vindikationskläger Ansprüche (auf Unterlassung, Auskunft, Schadensersatz) wegen Benutzung des herausverlangten Patents durch den Vindikationsbeklagten, und zwar weder aus dem PatG noch aus allgemeinem Deliktsrecht (§ 823 BGB). Zwar kommen solche Ansprüche im Verhältnis zwischen Vindikationsgläubiger und Vindikationsschuldner prinzipiell auch ohne Patentinhaberschaft

548

---

829 OLG Karlsruhe, GRUR 2018, 1030 – Rohrleitungsprüfung.
830 BGH, GRUR 2006, 747 – Schneidbrennerstromdüse.
831 BGH, GRUR 2017, 504 – Lichtschutzfolie.
832 Ein Verstoß gegen § 308 ZPO dadurch, dass dem Kläger mehr zugesprochen wird als er begehrt hat, hat die Aufhebung des Urteils von Amts wegen zur Folge (BGH, GRUR 2016, 213 – Zuweisung von Verschreibungen). Er liegt nicht nur vor, wenn anderes oder mehr zugesprochen wird als beantragt war, sondern genauso dann, wenn das Begehrte aus einem anderen Klagegrund ausgeurteilt wird als ihn der Kläger angeführt hat (BGH, GRUR 2018, 203 – Betriebspsychologe; BGH, GRUR 2018, 431 – Tiegelgröße).
833 OLG Düsseldorf, GRUR 2015, 299 – Kupplungsvorrichtung.
834 OLG Düsseldorf, GRUR 2015, 299 – Kupplungsvorrichtung.
835 OLG Düsseldorf, GRUR 2015, 299 – Kupplungsvorrichtung.
836 OLG Frankfurt/Main, GRUR-RS 2018, 9085 – Patentvindikation; LG München I, Urteil v 1.3.2018 – 7 O 13823/16.

und Registereintragung in Betracht, allerdings nur im Vorgriff auf den als Folge der Vindikation demnächst erfolgenden Schutzrechtsübergang auf den Anspruchsteller. Wo dieser endgültig nicht mehr stattfinden kann, weil die Vindikationsfrist versäumt ist und ein Fall der Bösgläubigkeit nicht vorliegt, ist das benutzte Schutzrecht unwiderruflich dem nichtberechtigten Anmelder zugewiesen, dessen Benutzung deshalb auch nicht mehr unberechtigt erfolgt und die erst Recht keinen deliktischen Eingriff mehr darstellt. Das gilt nicht nur für Handlungen, die nach Ablauf der Ausschlussfrist vorgefallen sind, sondern gleichermaßen für die Zeit davor. Da eine erfolgreiche Vindikation den *rückwirkenden* Übergang des vindizierten Schutzrechts mitsamt aller daraus resultierender Ansprüche zur Folge hat, ergibt sich im Umkehrschluss, wenn eine Vindikation wegen Fristablaufs endgültig scheitert, dass eben solche Ansprüche – gleichfalls rückwirkend – auszuscheiden haben.

cc) Aussetzung wegen Vindikationsprozess

549 Erhebt der Verletzungsbeklagte an gleichem oder anderem Gerichtsort, jedenfalls außerhalb des Verletzungsprozesses, Vindikationsklage, die er zum Gegenstand seiner Rechtsverteidigung auch im Verletzungsverfahren macht (Einwand widerrechtlicher Entnahme), so stellt sich die Frage nach einer Aussetzung des Verletzungsrechtsstreits (§ 148 ZPO) bis zur (erst- oder letztinstanzlichen) Erledigung des anderweitig anhängigen Vindikationsprozesses. Wenn die behauptete Mitberechtigung über den Klageerfolg oder -misserfolg entscheidet, weil alle anderen Anspruchsbedingungen (Passivlegitimation, Erfindungsbenutzung, Verjährung etc) zugunsten des Klägers zu beurteilen sind, so wird man insoweit an der **Vorgreiflichkeit** des Vindikationsstreits nicht zweifeln können. Problematischer ist der Umstand, dass der sachlich übereinstimmende Vindikations- und Entnahmesachverhalt unmittelbarer Streitgegenstand auch des Verletzungsrechtsstreits und deshalb (wie ein privates Vorbenutzungsrecht, das inhaltsgleich zu einer offenkundigen Vorbenutzung behauptet wird) originär vom Verletzungsgericht aufzuarbeiten ist. Auf erste Sicht könnte dies der Vorgreiflichkeit des Vindikationsprozesses entgegenstehen; andererseits ist jedoch aus Gründen der Prozessökonomie anerkannt, dass es an der Vorgreiflichkeit dann nicht fehlt, wenn die vom Verletzungsgericht an sich vorrangig zu klärende Tatsache mit besonderen Schwierigkeiten und/oder einem außergewöhnlichen Aufwand verbunden ist, die es objektiv erscheinen lassen, stattdessen den anderweitigen Verfahrensausgang abzuwarten. In diesem Sinne ist vorliegend von Relevanz, dass einerseits im Vindikationsrechtsstreit und andererseits zur Abklärung des Einwandes der widerrechtlichen Entnahme dieselben (typischerweise umfangreichen) Aufklärungsmaßnahmen und weitgehend dieselben rechtlichen Erwägungen anzustellen sind, wobei ein rechtskräftiger Erfolg der Vindikationsklage endgültige Fakten insofern schafft, als eine Verurteilung wegen Patentverletzung fortan (egal, ob das Verletzungsgericht die diesbezügliche Entscheidung inhaltlich teilt oder nicht) zwingend auszuscheiden hat. Bei einer erfolgreichen Vollvindikation fehlt dem Kläger die Aktivlegitimation, bei einer Teilvindikation steht dem Verletzungsbeklagten ein die Klageansprüche zu Fall bringendes kostenloses Mitbenutzungsrecht am Erfindungsgegenstand zu. Unter diesen Umständen ist es, jedenfalls bei einer notwendigen komplexen Beweisaufnahme zum Entnahmesachverhalt, regelmäßig angebracht, anstelle einer eigenen Tatsachenaufklärung den Ausgang des parallelen Vindikationsverfahrens abzuwarten. Bleibt die Vindikationsklage am Ende erfolglos, hindert dies zwar nicht den Entnahmeeinwand, der weiterhin beachtlich ist und dem das Verletzungsgericht deshalb im Nachgang zum Vindikationsprozess in eigener Verantwortlichkeit nachzugehen hat. Abgesehen davon, dass das Verletzungsgericht in der Beurteilung des Entnahmesachverhaltes im Zweifel zu keinem anderen Ergebnis als das Vindikationsgericht gelangen wird, rechtfertigt sich die anfängliche Aussetzung des Verletzungsrechtsstreits jedenfalls im Hinblick auf den möglichen anderweitigen, den Einwand endgültig erledigenden Ausgang des Vindikationsprozesses. Im Falle einer nachträglichen eigenen Sachaufklärung durch das Verletzungsgericht kommt zudem –

selbstverständlich nur mit Zustimmung beider Parteien – infrage, statt einer wiederholenden eigenen Zeugenvernehmung die aus dem Vindikationsprozess bereits vorliegenden Vernehmungsprotokolle im Wege des Urkundenbeweises zu verwerten, was die Erledigung des Entnahmeeinwandes entscheidend beschleunigen kann.

Wegen der Einzelheiten des Prozedere gilt Folgendes: 550

– Selbstredend ist eine Abweisung der Verletzungsklage aus dem besagten Grund erst nach *rechtskräftig* erfolgreicher Vindikationsklage möglich. 551

– Solange sie nicht vorliegt, kann deshalb allein zur Debatte stehen, nach welchen Regeln das Verletzungsgericht im Rahmen der ihm obliegenden Gesamtabwägung sein **Aussetzungsermessen** auszuüben hat. Generell sind dabei vier Umstände von besonderem Interesse: Erstens nimmt jede Verfahrensaussetzung dem Berechtigten für die Dauer ihrer Anordnung – möglicherweise völlig zu Unrecht – sein ohnehin zeitlich limitiertes Monopolrecht und führt insofern zu einer vorübergehenden (und was den Unterlassungsanspruch betrifft, auch endgültigen und unwiederbringlichen) Rechtsverweigerung. Zum zweiten ist der Verletzungsbeklagte, dessen Vindikationsbegehren möglicherweise mit vollem Recht erhoben ist, vor einer ungerechtfertigten, seine geschäftliche Tätigkeit ggf weitreichend und nachhaltig beeinträchtigenden Verurteilung in Schutz zu nehmen. Drittens gehört der Vindikationssachverhalt (wegen des im Verletzungsprozess beachtlichen Entnahmeeinwandes) zum eigenen Prüfungskanon des Verletzungsgerichts, was tendenziell einer Beschränkung auf bloß eine bloß summarische Prüfung der Aussichten im Vindikationsrechtsstreit zuwiderläuft. Im Interesse der Prozessökonomie sind schließlich – viertens – doppelte Aufklärungsmaßnahmen, erst recht solche, die besonderen Aufwand erfordern, so weit als möglich zu vermeiden, was die Beurteilungs- und Abschätzungsmöglichkeiten für das Verletzungsgerichts begrenzt und wiederum zu einer in gewisser Weise überschlägigen Beurteilung der Geschehnisse im Vindikationsprozess anhält. 552

– Ausgehend von diesen Prinzipien, liegen die Dinge relativ einfach, wenn der **Ausgang** des Vindikationsprozesses im Zeitpunkt der Aussetzungsentscheidung für das Verletzungsgericht **klar abzusehen** ist, sei es, dass bereits ein umfassend begründetes und inhaltlich überzeugendes, der Sache nach unangreifbares Urteil über die Vindikationsklage vorliegt, sei es, dass es zwar an einem solchen Erkenntnis fehlt, die Beweislage jedoch sonst eindeutig in die eine oder andere Richtung zu bewerten ist.[837] 553

– Unter solchen Umständen, die freilich nur in seltenen Ausnahmefällen anzunehmen sein werden, kommt eine Aussetzung nicht in Betracht, wenn die Vindikationsklage[838] aller Voraussicht nach keinen Erfolg haben wird, während sie in der umgekehrten Konstellation (eines voraussichtlichen Durchdringens des Vindikationsbegehrens) gerade angezeigt sein wird. Letzteres gilt nicht nur für die erste Instanz des Verletzungsrechtsstreits, sondern erst recht im Berufungsverfahren nach erfolgter Verurteilung des Vindikationsgläubigers wegen Patentverletzung. Die Anordnung wird sich dabei in aller Regel auf die nächste Gerichtsentscheidung zu beziehen haben, die im Vindikationsprozess ansteht. 554

– Typischerweise wird es sich allerdings so verhalten, dass der letztendliche **Ausgang** des Vindikationsprozesses für das mit der Patentverletzung befasste Gericht 555

---

[837] Zu denken ist an parallele ausländische Verfahren, in denen die Zeugen bereits mit eindeutigem Ergebnis angehört worden sind, aber auch an Sachverhalte, bei denen die Schlüssigkeit des Sachvortrages bzw unzweifelhafte urkundliche Belege den eindeutigen Nachweis in die eine oder andere Richtung erbringen.

[838] ... auch im Sinne einer – ggf nur hilfsweise geltend gemachten – Mitberechtigung.

nicht überschaubar sein wird. Dem ist regelmäßig schon deshalb so, weil die Erfindungsbeiträge üblicherweise streitig und daher in einer meist umfangreichen Beweisaufnahme aufzuklären sein werden; gelegentlich wird die Sachlage zusätzlich dadurch erschwert, dass der technische Gegenstand komplex und jedenfalls für einen technischen Laien schwer überschaubar ist und/oder auf das Rechtsverhältnis ausländische Rechtsvorschriften anzuwenden sind, was ggf die Einholung von Sachverständigengutachten erforderlich machen kann. Weil trotz – und gerade wegen dieser Rahmenbedingungen – dieselbe Arbeit nicht unnütz doppelt (sic: nebeneinander im Verletzungs- und im Vindikationsprozess) erledigt werden soll und dem Vindikationsverfahren aus den oben genannten Gründen der Vorrang gebührt, kann es nicht Sache des Verletzungsgerichts sein, im Rahmen seiner Aussetzungsentscheidung – vorwegnehmend oder nacharbeitend – eigene Sachaufklärungsmaßnahmen für die im Vindikationsverfahren anstehenden Fragen zu betreiben oder die dortigen Inhalte abschließend würdigend zu bescheiden. Derartiges wäre auch schlechterdings nicht möglich, weil es erfahrungsgemäß entscheidend auf die Glaubhaftigkeit der Zeugenaussagen und die Glaubwürdigkeit der vernommenen Zeugen ankommt, die »aus der Entfernung« und ohne persönlichen Eindruck nicht ernsthaft zu beurteilen sind. Weil dem so ist, wird der Verfahrensausgang im Vindikationsprozess in aller Regel – jedenfalls solange noch kein Vindikationsurteil vorliegt – für das Verletzungsgericht als offen zu bezeichnen sein (nicht anders als für das Vindikationsgericht selbst, bevor es die von den Parteien benannten Zeugen vernommen hat).

556 – Solange die Sache so gelagert ist, wird eine Aussetzung des Verletzungsrechtsstreits bis zur erstinstanzlichen Erledigung des Vindikationsprozesses angebracht sein. Das gilt für die erste Instanz des Verletzungsprozesses und erst recht für den Berufungsrechtszug[839] nach erfolgter Verurteilung wegen Patentverletzung.[840] Der hauptsächliche Grund liegt darin, dass der Verletzungsbeklagte durch den zu seiner Rechtsverteidigung gegen die Verletzungsklage zugelassenen Einwand der widerrechtlichen Entnahme vor einer Verurteilung geschützt ist, solange nicht hinreichend sicher abzusehen ist, dass der Einwand zu Unrecht erhoben wird.

557 – Sobald ein **Vindikationsurteil gesprochen** ist, stellt sich die Aussetzungsfrage – eben wegen der jetzt vorliegenden unabhängigen Beurteilung durch ein Gericht – prinzipiell neu. Je überzeugender das Vindikationsurteil begründet ist und je weniger die dagegen geführten Rechtsmittelangriffe Erfolg versprechen, umso deutlicher wird der aktuelle Verfahrensausgang im Vindikationsrechtsstreit die Aussetzungsentscheidung des Verletzungsprozesses bestimmen, und umgekehrt. Das bedeutet:

558 – Bei einem instanzgerichtlichen (und deshalb zunächst nur vorläufigen) **Erfolg des Vindikationsbegehrens** erfolgt eine den nachfolgenden Rechtszug einbeziehende weitere Aussetzungsanordnung. Sie ist zweifellos angezeigt, wenn das Vindikationsurteil keinen ergebnisrelevanten Bedenken begegnet. Aber auch dort, wo solche Bedenken bestehen, kann sich eine (verlängernde) Aussetzungsanordnung als notwendig erweisen. Zwar wird es zum Schutz des Patentinhabers und seines Monopolrechts geboten sein, die Verurteilung des Beklagten nicht unnötig aufzuschieben, was eine eigene Aufklärung des Entnahmesachverhaltes mit anschließender Nichtaussetzung im Hinblick auf den nicht erfolgversprechenden Vindikationsprozess erforderlich machen kann. Zu bedenken ist jedoch, ob die Beweiserhe-

---

839 ... in dem der Vindikationseinwand erstmals vorgebracht wird.
840 OLG Düsseldorf, Beschluss v 9.5.2018 – I-15 U 30/17.

bungen des Verletzungsgerichts zeitiger erledigt sein werden als die das Fehlurteil korrigierende Rechtsmittelentscheidung im Vindikationsprozess ergehen wird. Wo dies nicht der Fall ist, hat es keinen Sinn, im Verletzungsverfahren absehbar unnütze Aufklärungsarbeit zu leisten. Das gilt auch mit Blick auf den weiteren Zeitablauf nach Vorliegen des abändernden Berufungsurteils bis zu dessen Rechtskraft. Zwar scheidet bis dahin eine Hauptsacheverurteilung weiterhin aus; möglich ist jedoch ein **einstweiliges Verfügungsverfahren** auf Unterlassung, Auskunft und Verwahrung, dessen Dringlichkeit durch das die Vindikationsklage im Berufungsrechtszug abweisende Urteil begründet wird und das zugunsten des Schutzrechtsinhabers für die Übergangszeit einen Rechtsschutz schafft. Nach Lage des Falles kann es hierbei angebracht sein, die üblichen strengen Rechtsbestandskriterien für Unterlassungsverfügungen im Rahmen der Gesamtinteressenabwägung zugunsten des Verletzten zu lockern, um dem Umstand Rechnung zu tragen, dass der Patentinhaber im Rahmen seiner Hauptsacheklage bislang einseitig die Nachteile aus der prozessökonomischen Handhabung des Nebeneinanders von Vindikationsprozess und inhaltsgleichem Entnahmeeinwand tragen musste.

– Ganz vergleichbare zeitliche Abwägungen sind in dem umgekehrten Fall anzustellen, dass bereits das mit Rechtsmitteln angegriffene erstinstanzliche **Vindikationsurteil zum Nachteil des Vindikationsklägers** ausgegangen ist. Verspricht das Berufungsverfahren einen anderweitigen, nämlich zumindest die Mitberechtigung des Verletzungsbeklagten feststellenden Ausgang, ist – ggf weiter – auszusetzen; ansonsten (dh bei voraussichtlicher Erfolglosigkeit des Rechtsmittels) stellt sich wiederum die Frage nach einer kurzfristigen eigenen Erledigung des Entnahmeeinwandes mit anschließender Hauptsacheverurteilung oder dem Abwarten der Rechtskraft des aussichtslosen Vindikationsprozesses mit der Möglichkeit für den Patentinhaber, sein Schutzrecht bis dahin im Verfahren des einstweiligen Rechtsschutzes durchzusetzen.

559

Zu unterscheiden von den vorhergehenden Sachverhalten ist die Frage, ob ein anhängiger Vindikationsprozess einer **Fortsetzung des Erteilungsverfahrens** entgegensteht. Für das europäische Verfahren trifft Regel 14 der AO zum EPÜ die maßgeblichen Regelungen.

560

– Vor einer Veröffentlichung (Offenlegung) der Patentanmeldung findet keine Aussetzung statt.

561

– Für die Zeit danach kommt es darauf an, dass die Vindikationsklage eingeleitet ist, *bevor* die Patenterteilung beschlossen ist. Trifft dies zu, wird – unverzüglich und automatisch – ausgesetzt, es sei denn, der Vindikationsgläubiger erklärt sich gegenüber dem EPA mit einer Fortsetzung des Erteilungsverfahrens einverstanden.

562

Praxistipp	Formulierungsbeispiel	563

Für den Vindikationskläger, der eine Erteilung des Vindikationsschutzrechts im Zweifel vermeiden will und deshalb nicht zustimmen wird, weil er sich ansonsten ggf einem Patentverletzungsprozess aus dem zu vindizierenden Patent gegenüber sieht, empfiehlt es sich vorsorglich, seine Vindikationsklage dann, wenn mit der Patenterteilung in Kürze zu rechnen ist, nicht beim zuständigen Patentstreitgericht, sondern bei einem Gericht der allgemeinen oder besonderen Verwaltungsgerichtsbarkeit einzureichen, bei dem die Rechtshängigkeit bereits mit der Klageeinreichung – und nicht erst mit der Klagezustellung an den Beklagten – eintritt.[841] So ist unabhängig von der Frage, was mit dem Begriff

---

841 Zu einer ähnlichen Problematik vgl oben Kap C Rdn 187 mwN.

> der »Verfahrens*einleitung*« konkret gemeint ist, gewährleistet, dass der erforderliche zeitliche Vorrang der Vindikationsklage in jedem Fall sichergestellt ist. Zweckmäßigerweise ist die beim unzuständigen Gericht eingereichte Klage sogleich mit einem Verweisungsantrag an das Patentstreitgericht zu versehen.

564 – Nach erfolgter Aussetzung findet eine Fortsetzung des Erteilungsverfahrens erst wieder statt, wenn eine rechtskräftige Vindikationsentscheidung vorliegt.

f) Sonstige Rechtsgründe

565 Ähnlich wie in den Fällen der widerrechtlichen Entnahme setzt sich der Arglisteinwand gegenüber den Verbietungsansprüchen aus einem Patent auch dann durch, wenn der Verletzungsbeklagte aus anderen Rechtsgründen (zB auf vertraglicher Basis) vom Patentinhaber die Übertragung desjenigen Schutzrechts beanspruchen kann, das mit der Verletzungsklage gegen ihn geltend gemacht wird.

9. Einwand der unzulässigen Erweiterung

566 Nicht zugelassen ist der Einwand, das Klagepatent sei gegenüber dem Inhalt der Ursprungsanmeldung oder in seinem Schutzbereich unzulässig erweitert. Auf die genannten Behauptungen kann der Beklagte – ungeachtet der Regelung in § 38 Satz 2 PatG, wonach aus Änderungen, die den Gegenstand der Anmeldung erweitern, keine Rechte hergeleitet werden können – nur einen Einspruch (§ 21 Abs 1 Nr 4 PatG) bzw eine Nichtigkeitsklage (§§ 22 Abs 1, 21 Abs 1 Nr 4 PatG) gegen das Klagepatent stützen und im Verletzungsprozess dessen Aussetzung (§ 148 ZPO) beantragen.

10. Weiterbenutzungsrechte

567 Für erstreckte DDR-Patente und solche Schutzrechte, die infolge einer Wiedereinsetzung in den vorigen Stand erneut in Kraft getreten sind, enthalten **§ 28 ErstrG** und **§ 123 Abs 5 PatG** spezielle Regelungen zum Weiterbenutzungsrecht desjenigen, der den Gegenstand des Patents vor der Erstreckung bzw vor der Wiedereinsetzung in den vorigen Stand rechtmäßig bzw gutgläubig in Benutzung genommen hat.

568 Ein Weiterbenutzungsrecht sieht für Patente, bei denen der Hinweis auf die Erteilung vor dem 1.5.2008 im Europäischen Patentblatt veröffentlicht worden ist[842], außerdem **Art II § 3 Abs 5 IntPatÜG aF** für den Fall vor, dass die deutsche Übersetzung des in fremder Verfahrenssprache abgefassten europäischen Patents einen Fehler (inhaltlicher Übersetzungsfehler, Auslassung) enthält. Stellt die angegriffene Ausführungsform bei Zugrundelegung der fehlerhaften Übersetzung keine Patentverletzung dar, so darf derjenige, der in gutem Glauben an die Richtigkeit der Übersetzung die Benutzung der Erfindung aufgenommen oder ernsthafte Veranstaltungen zur Benutzungsaufnahme getroffen und damit redlich einen Besitzstand geschaffen hat, die Erfindung auch nach Berichtigung der Übersetzung für die Bedürfnisse des eigenen Betriebes weiterbenutzen. Ist der Übersetzungsfehler nicht schutzbereichsrelevant, weil die angegriffene Ausführungsform auch bei Zugrundelegung der fehlerhaften Übersetzung in den Schutzbereich des Klagepatents eingreifen würde, kommt ein Weiterbenutzungsrecht nicht infrage.[843] Voraussetzung ist desweiteren, dass der gute Glaube bereits bei Aufnahme der Benut-

---

842 Art XI § 4 IntPatÜG.
843 OLG Düsseldorf, Urteil v 20.1.2017 – I-2 U 41/12.

zung bestanden hat, wogegen indiziell spricht, wenn das Weiterbenutzungsrecht erst im Rechtsmittelzug (nach entsprechender anwaltlicher Beratung) geltend gemacht wird. Von einer Gutgläubigkeit in Bezug auf die deutsche Übersetzung wird im Zweifel dann nicht ausgegangen werden können, wenn es sich bei dem Benutzer um einen Ausländer handelt, dem die englisch- oder französischsprachige Erteilungsfassung des Klagepatents näher steht als die deutsche Übersetzung. Ein guter Glaube ist ferner im Allgemeinen zu verneinen, wenn nur den Patentansprüchen ein Übersetzungsfehler anhaftet und der Benutzer bei Heranziehung der zutreffend übersetzten Beschreibung den Fehler unschwer erkennen konnte[844] oder der Beschreibungstext wegen seiner Widersprüche zu den fehlerhaft übersetzten Ansprüchen zumindest einen Rückgriff auf die Fassung der Verfahrenssprache nahegelegt hat.[845] Eine positive Kenntnis von der deutschen Übersetzung ist allerdings nicht erforderlich. Auf Abs 5 kann sich deswegen auch derjenige berufen, der das Patent ohne jedes Wissen um den bestehenden Patentschutz benutzt hat, sofern nur die deutsche Übersetzung der Patentschrift einen solchen Inhalt hat, dass der Beklagte unter Berücksichtigung der für ihn gegebenen sonstigen Umstände, hätte er die Übersetzung zurate gezogen, gutgläubig zu der Einsicht hätte gelangen können, dass seine angegriffene Ausführungsform sich außerhalb des Klagepatents bewegt.[846]

Eines guten Glaubens bedarf es selbstverständlich unabhängig davon, ob und wann eine berichtigte Übersetzung der Patentansprüche veröffentlicht wird. Soweit Art II § 3 Abs 5 IntPatÜG aF auf die **berichtigte Veröffentlichung** abstellt, kommt damit nur zum Ausdruck, dass die im guten Glauben aufgenommene Benutzung auch nach Bekanntmachung einer fehlerfreien Übersetzung fortgesetzt werden darf.[847]

Da es sich beim Weiterbenutzungsrecht um einen die Verbietungsrechte aus dem Patent ausschließenden Rechtfertigungsgrund handelt, ist für dessen Voraussetzungen der Beklagte, der sich auf Art II § 3 Abs 5 IntPatÜG aF beruft, darlegungs- und **beweispflichtig**.[848] Er hat deshalb neben dem Inhalt der Übersetzung (die unstreitig sein wird) die sonstigen Umstände seiner Gutgläubigkeit (zB Inländer) darzutun. Will sich der Patentinhaber bei einer an sich die Gutgläubigkeit begründenden Sachlage auf *besondere Umstände* berufen, die zur Bösgläubigkeit führen (zB dergestalt, dass sich der Verletzer, obwohl er Inländer ist, tatsächlich an der Patentschrift in der Verfahrenssprache orientiert hat), so liegt die Darlegungslast hierfür bei ihm.[849]

569

11. Lizenzbereitschaftserklärung

Ein Benutzungsrecht kann sich schließlich daraus ergeben, dass der Schutzrechtsinhaber gegenüber dem Patentamt eine Lizenzbereitschaftserklärung (§ 23 Abs 1 PatG) abgegeben hat. Ist dies geschehen, kann jedermann allein durch eine an den Patentinhaber (nicht: das Patentamt) gerichtete Benutzungsanzeige eine Benutzungsberechtigung nach Art eines **Lizenzverhältnisses** für sich zur Entstehung bringen.

570

Nach der klaren Gesetzesfassung kommt es für die Berechtigung zur Abgabe der Bereitschaftserklärung auf den **Registerstand** und nicht auf die davon ggf abweichende materi-

571

---

844 OLG Düsseldorf, Urteil v 20.1.2017 – I-2 U 41/12.
845 BGH, GRUR 2015, 361 – Kochgefäß.
846 BGH, GRUR 2015, 361 – Kochgefäß.
847 OLG Düsseldorf, Urteil v 20.1.2017 – I-2 U 41/12.
848 AA: Rogge, GRUR 1993, 284/285, der eine gesetzliche Vermutung für den guten Glauben annimmt und deshalb die Beweislast für eine Bösgläubigkeit des Verletzers beim Patentinhaber sieht. Sein Hinweis auf § 932 BGB überzeugt freilich nicht, weil die Gesetzesformulierung dort (»... es sei denn, ...«) grundlegend anders ist.
849 BGH, GRUR 2015, 361 – Kochgefäß.

elle Rechtslage am Patent an. Dies betrifft allerdings nur die formelle Legitimation gegenüber dem Patentamt und besagt nichts über das Zustandekommen eines Benutzungsrechts des Dritten, der sich auf die Bereitschaftserklärung beruft. Das Patentamt wird daher nur auf eine Erklärung des Eingetragenen reagieren, nicht auf eine solche des Nichteingetragenen, selbst wenn er materiell berechtigt ist. Letzterer muss deshalb zunächst eine Umschreibung des Registers auf sich veranlassen. Von der verfahrensrechtlichen Legitimation strikt zu trennen ist die Frage der sachlich-rechtlichen Folgen einer vom Patentamt akzeptierten Bereitschaftserklärung. Sie richtet sich strikt nach materiellem Recht, weswegen nur die Erklärung des wahren Patentinhabers für Dritte die Möglichkeit eröffnet, ein Benutzungsrecht zu begründen. Eine Ausnahme (im Sinne eines Erklärungsrechts ohne Registereintragung) gilt allein für die Fälle der Gesamtrechtsnachfolge.[850]

572 § 23 Abs 3 Satz 1 und 4 PatG ist insoweit zu entnehmen, dass eine Benutzungsanzeige stets nur in die Zukunft wirkt und nicht geeignet ist, in der **Vergangenheit** liegende widerrechtliche Benutzungshandlungen zu sanktionieren. Für sie bleibt es deshalb bei den allgemein mit einer Patentverletzung verbundenen Rechtsfolgen. § 23 Abs 3 PatG bietet andererseits keinen Anhalt dafür, dass das Benutzungsrecht ausschließlich von demjenigen erworben werden kann, der seine Benutzungsabsicht vor dem Beginn der ersten Benutzungshandlung angezeigt hat und deswegen dem nicht (auch nicht für die Zukunft) zusteht, der seine Absicht, das Patent zu benutzen, erst nach zuvor bereits vorgefallenen Verletzungshandlungen erklärt hat.[851]

573 Der Anzeigende ist dem Patentinhaber gegenüber kalendervierteljährlich zur **Auskunft** über seine Benutzungshandlungen (§ 23 Abs 3 Satz 5 PatG) und zur Zahlung einer angemessenen Vergütung (§ 23 Abs 1 Satz 1 PatG) verpflichtet. Kommt der Anzeigende seiner Auskunftspflicht nicht nach, kann der Patentinhaber ihm eine Nachfrist setzen und nach deren fruchtlosem Ablauf die Weiterbenutzung des Klagepatents untersagen (§ 23 Abs 3 Satz 6 PatG). Die Fristsetzung ist entbehrlich, wenn der Benutzungsberechtigte seine Auskunftspflicht ernsthaft und endgültig verweigert. Dafür reicht es im Allgemeinen nicht schon aus, dass der Benutzungsberechtigte die geforderten Auskünfte trotz Aufforderung nicht erteilt und in einem Verletzungsrechtsstreit den Standpunkt vertritt, keinen Gebrauch von der technischen Lehre des Lizenzpatents zu machen.[852]

12. Erschöpfung[853]

574 Dem Beklagten steht auch der Einwand der Erschöpfung offen, also der Vortrag, das patentierte Erzeugnis[854] oder das unmittelbare Erzeugnis eines patentierten Verfahrens sei in einem der Vertragsstaaten der EU bzw des EWR mit Billigung des Berechtigten willentlich in den Verkehr gebracht worden.[855] Der Erwerber eines derart in den Verkehr gelangten Produktes kann unabhängig von seinem rechtlichen Status als Eigentümer oder Besitzer aus patentrechtlicher Sicht ungehindert über diesen Gegenstand im Rahmen des bestimmungsgemäßen Gebrauchs bestimmen. Der Schutzrechtsinhaber hat nämlich nur ein Mal die Möglichkeit, über den patentgemäßen Gegenstand zu verfügen. Hat er sein Bestimmungsrecht mit dem erstmaligen Inverkehrbringen ausgeübt und dadurch die

---

850 Zur Rücknahme der eingetragenen Lizenzbereitschaftserklärung nach erfolgter Benutzungsanzeige vgl BPatG, Mitt 2017, 268 – Rücknahme der Lizenzbereitschaftserklärung II.
851 LG Düsseldorf, InstGE 1, 33 – Mehrfachkontaktanordnung.
852 LG Düsseldorf, InstGE 1, 33 – Mehrfachkontaktanordnung.
853 Reisner, Erschöpfung im Patentrecht, 2017.
854 Zur Erschöpfung, wenn lediglich ein Teil der geschützten Vorrichtung geliefert wird, vgl v. Meibom/Meyer, FS Mes, 2009, S 255.
855 BGH, GRUR 2011, 820 – Kuchenbesteck-Set.

Vorteile aus seiner Erfindung ziehen können, stehen ihm wegen des Weiteren Schicksals der Sache keinerlei Einwirkungs- und Verbietungsrechte mehr zu. Für den Eintritt der Erschöpfung ist nicht erforderlich, dass der Schutzrechtsinhaber selber das Erzeugnis in Verkehr gebracht hat. Ausreichend ist vielmehr, wenn dies ein **Dritter** mit – ausdrücklicher oder konkludenter[856] – Billigung des Schutzrechtsinhabers getan hat. Das ist der Fall, wenn beide – Schutzrechtsinhaber und Dritter – wirtschaftlich miteinander verbunden sind, wie dies bei einem Lizenznehmer, der im Umfang seiner Lizenz handelt, einem Alleinvertriebshändler sowie bei einer Mutter- und Tochtergesellschaft desselben Konzerns der Fall ist.[857] Fehlt dem Dritten die wirtschaftliche Verbundenheit mit dem Schutzrechtsinhaber, kommt es darauf an, dass letzterer mit dessen Handeln einverstanden ist, wobei Umstände erforderlich sind, die *mit Bestimmtheit* den Willen des Schutzrechtsinhabers erkennen lassen, in Bezug auf die fraglichen, von dem Dritten in Verkehr gebrachten Waren auf sein Ausschließlichkeitsrecht zu verzichten.[858]

a) Objektbezogenheit

Die Wirkung der mit dem Verkauf einer patentgeschützten Vorrichtung verbundenen Erschöpfung ist streng objektbezogen. Sie tritt immer nur für denjenigen konkreten Gegenstand ein, der tatsächlich mit Billigung des Schutzrechtsinhabers in Verkehr gebracht worden ist.[859]

575

▶ **Bsp**[860]:

Stammen patentgeschützte DVD-Abspielgeräte aus lizenzierter Quelle, können die Rechte des Klagepatents auch nur hinsichtlich der Abspielgeräte, aber keinesfalls mit Blick auf DVDs erschöpft sein, wenn diese nicht auch ihrerseits durch eine Lizenz gedeckt sind. Dass die DVD-Player bestimmungsgemäß dazu vorgesehen sind, DVDs abzuspielen (und dabei patentgemäß codierte Daten zu decodieren), ist belanglos, weil bei der Verwendung einer DVD eben nicht mehr nur das durch den lizenzierten Verkauf gemeinfrei gewordene Abspielgerät als solches gebraucht wird, sondern gleichermaßen die – nicht lizenzierte und deshalb weiterhin den Verbietungsrechten des Patentinhabers unterliegende – DVD, in der sich gleichermaßen der Erfindungsgedanke verkörpert.

576

Grundsätzlich muss der Patentinhaber den **gesamten patentgeschützten Gegenstand** in Verkehr gebracht haben, und nicht nur Teile davon. Soweit verschiedentlich ein »erweiterter« Erschöpfungsbegriff vertreten wird[861], ist dem mit Skepsis zu begegnen. Bei standardessentiellen bzw. Hightech-Patenten soll eine Erschöpfung schon dann angenommen werden, wenn der wesentliche Vorrichtungsbestandteil (zB ein Chip) des patentgeschützten Gegenstandes (zB Handy mit Chip) mit Zustimmung des Patentinhabers in Verkehr gelangt ist, weil in der Erstvermarktung des Vorrichtungsteils (Chip) durch den Patentinhaber auch dessen (zumindest implizite) Benutzungserlaubnis zu dem bestimmungsgemäßem Gebrauch/Betrieb im Rahmen des patentgeschützten Gegenstandes (Handy) liege.[862] Andere[863] befürworten eine Erschöpfung, wenn mit Zustimmung

577

---

856 EuGH, GRUR 2010, 723 – Coty Prestige/Simex Trading.
857 EuGH, GRUR 2009, 593 – Copad; EuGH, GRUR 2009, 1159 – Makro; EuGH, GRUR Int 1994, 614 – IHT Internationale Heiztechnik und Danzinger; BGH, GRUR 2011, 820 – Kuchenbesteck-Set. Entsprechendes gilt nicht für den Inhaber einer Zwangslizenz, vgl EuGH, GRUR Int 1985, 822 – Pharmon; BGH, GRUR 2003, 507, 511 – Enalapril.
858 EuGH, GRUR 2009, 1159 – Makro; BGH, GRUR 2011, 820 – Kuchenbesteck-Set.
859 EuGH, GRUR 2010, 723 – Coty Prestige/Simex Trading.
860 OLG Düsseldorf, Urteil v 14.1.2010 – I-2 U 128/08.
861 Haft/v. Samson-Himmeltjerna, FS Reimann, 2009, S 175; v. Meibom/Meyer, FS Mes, 2009, S 255.
862 Haft/v. Samson-Himmeltjerna, FS Reimann, 2009, S 175.
863 V. Meibom/Meyer, FS Mes, 2009, S 255.

des Patentinhabers eine Vorrichtung in Verkehr gebracht wird, die ein wesentliches Element der Erfindung verkörpert, sofern der einzig sinnvolle und bezweckte Gebrauch des lizenzierten Zwischenproduktes bzw der lizenzierten Teillieferung darin besteht, in der patentgemäßen Weise verwendet zu werden, die Zwischenprodukte/Teillieferungen einen wesentlichen Teil der technischen Lehre des Patents verkörpern und sie nur noch standardmäßig bearbeitet werden müssen, um die patentgemäße technische Lehre insgesamt zu verwirklichen. Da die Erschöpfung maßgeblich auf der Überlegung beruht, dass der Patentinhaber seine Verbietungsrechte in dem Maße verliert, wie er sich der erfindungsgemäßen Sache im Geschäftsverkehr freiwillig begeben und (infolgedessen) seine wirtschaftlichen Vorteile aus der Erfindung gezogen hat, kann dem Gedanken der »erweiterten« Erschöpfung allenfalls für solche Fälle näher getreten werden, bei denen die Erfindung mit dem vom Patentinhaber in Verkehr gebrachten Teil praktisch vollständig verwirklicht ist. Davon kann ausgegangen werden, wenn nur noch eine für den Erfindungsgedanken nebensächliche »Allerwelts-Zutat« fehlt, die der Belieferte entweder bereits in seinem Besitz hat (so dass deren abermalige Zurverfügungstellung sinnlos ist) oder die er sich unschwer besorgen kann und mit Gewissheit vorhersehbar beschafft wird, um sie mit dem gelieferten Gegenstand zu der patentgeschützten Einheit zu kombinieren und dadurch den gelieferten Gegenstand seiner bestimmungsgemäßen Verwendung zuzuführen. Unter derartigen Umständen wird, obwohl es an einer Lieferung des vollständigen patentgeschützten Gegenstandes fehlt, eine unmittelbare – und nicht bloß eine mittelbare – Patentverletzung angenommen[864], was es im Umkehrschluss rechtfertigt, unter denselben Bedingungen auch den Einwand der Erschöpfung durchgreifen zu lassen. Unbeachtlich ist dabei, ob die Lieferung durch einen einzigen oder durch mehrere Lizenznehmer nebeneinander erfolgt.

578 Werden bei einem **Kombinations- oder Systempatent** nur einzelne Teile der Kombination/des Systems aus lizenzierter Quelle bereitgestellt und die restlichen Teile rechtswidrig ergänzt, kommt der Erschöpfungseinwand daher grundsätzlich nicht zum Tragen. Das gilt selbst dann, wenn der Liefernde im Besitz einer Lizenz ist, die ihm die Bereitstellung des gesamten Erfindungsgegenstandes gestatten würde. Solange nicht praktisch alle Teile vom Patentinhaber oder seinen Lizenznehmern stammen, verbietet sich in der Regel ebenso die Annahme einer konkludenten Lizenzerteilung dahingehend, dass dem Abnehmer gestattet wird, aus den gelieferten Komponenten die geschützte Kombination bzw das patentierte System zu errichten und zu betreiben. Umfasst die lizenzierte Lieferung andererseits bis auf nebensächliche »Allerwelts«-Zutaten alle Komponenten und können diese technisch oder wirtschaftlich sinnvoll überhaupt nur nach Maßgabe des Kombinations- oder Systemanspruchs gebraucht werden, ist von einer konkludenten Lizenzerteilung für die Errichtung und den Betrieb der Kombination/des Systems auszugehen. Ausreichend dafür ist auch, dass der Patentinhaber bzw dessen Lizenznehmer weiß, dass der Abnehmer die an sich auch anderweitig verwendbaren Komponenten tatsächlich im Sinne des Kombinations- oder Systemanspruchs einsetzen will.

579 Die vorbezeichneten Grundsätze sind demgegenüber nicht auf eine Konstellation übertragbar, bei der das selbst patentgeschützte **Herstellungsprodukt** das Ergebnis eines Fertigungsprozesses ist, der mit einer vom Patentinhaber in Verkehr gebrachten Maschine ausgeführt werden kann.[865]

b) Willenslage

580 Geschieht das Inverkehrbringen willentlich, schadet ein **innerer Vorbehalt** des Inhalts, dass eine Erschöpfung nicht eintreten soll, nicht.[866] Relevant im Sinne einer nicht eintre-

---

864 OLG Düsseldorf, InstGE 13, 78 – Lungenfunktionsmessgerät.
865 OLG Düsseldorf, InstGE 9, 66 – Trägerbahnöse.
866 Vgl BGH, GRUR 2006, 863 – ex works.

tenden Erschöpfung ist demgegenüber, wenn der Schutzrechtsinhaber seine Zustimmung zum Inverkehrbringen von einer Bedingung abhängig macht und diese nicht eintritt.[867] Versieht der herstellende Patentinhaber den Patentgegenstand mit einer **CE-Kennzeichnung**[868], folgt daraus grundsätzlich sein Einverständnis, das Erzeugnis innerhalb der EU auf den Markt zu bringen.[869] Allerdings bezieht sich die Einwilligung nur auf ein Absatzgeschäft, mit dem der Wert der Erfindung realisiert wird, weswegen das Einverständnis nicht die Einfuhr eines verbrauchten Erfindungsgegenstandes in die EU zum Zwecke seiner Wiederaufbereitung umfasst.[870]

c) EU & EWR

aa) Allgemeines

Der Grundsatz der Erschöpfung gilt im Gebiet der EU bzw des EWR[871], wenn das Erzeugnis in einem der Mitgliedstaaten der EU oder des EWR[872] in Verkehr gebracht worden ist, unabhängig davon, ob dort ein Parallelpatent besteht oder der Gegenstand patentfähig ist.[873] Der freie Warenverkehr in der Gemeinschaft genießt insoweit Vorrang.[874] Anders kann die Rechtslage zu beurteilen sein, wenn in demjenigen Staat, in dem das Erzeugnis in Verkehr gebracht worden ist, ein Schutz auf das Erzeugnis aus rechtlichen Gründen nicht zu erlangen ist.[875]

581

bb) Besonderer Mechanismus[876]

Für den Bereich der **Arzneimittelpatente** ist der sog Besondere Mechanismus[877] zu beachten, der im Zuge der **EU-Osterweiterung** mit den meisten neuen Mitgliedstaaten im Rahmen ihrer Beitrittsverträge vereinbart worden ist. Er schränkt die Warenverkehrsfreiheit für den Pharmabereich primärrechtlich ein, indem er den Erschöpfungseinwand unter bestimmten Voraussetzungen nicht eingreifen lässt.

582

(1) Sinn und Zweck

Hintergrund der betreffenden Regelungen (die sogleich näher skizziert werden) ist der Umstand, dass die neu zur EU beigetretenen Mitgliedstaaten überwiegend kein dem westeuropäischen Standard entsprechendes Patentrecht kannten, insbesondere keine Arzneimittel-Erzeugnispatente. Durch den Beitritt der osteuropäischen Staaten ist aus dem bisherigen erschöpfungsrechtlich irrelevanten EU-*Ausland* erschöpfungsrechtlich relevantes EU-*Inland* geworden. Das hat zur Folge, dass ein in den Ost-Beitrittsgebieten erfolgtes Inverkehrbringen patentgemäßer Gegenstände, anders als früher, plötzlich zur Erschöpfung führt und einem von dort unternommenen Parallelimport in die alten Mitgliedstaaten deshalb fortan nicht mehr mit einem hier geltenden Patentschutz entgegengewirkt werden kann. Da der EU-Beitritt für den Patentinhaber nicht absehbar war,

583

---

867 BGH, GRUR 2011, 820 – Kuchenbesteck-Set.
868 … gemäß der Verordnung (EG) Nr 765/2008.
869 OLG Düsseldorf, Urteil v 28.4.2017 – I-15 U 68/15.
870 OLG Düsseldorf, Urteil v 28.4.2017 – I-15 U 68/15.
871 Auch Island, Liechtenstein und Norwegen.
872 EuGH, GRUR 2010, 723 – Coty Prestige/Simex Trading.
873 EuGH, GRUR Int 1997, 911 – Merck/Primecrown; BGH, GRUR 2000, 299 – Karate; BGH, GRUR 2003, 507, 510 f – Enalapril.
874 EuGH, GRUR Int 1982, 47, 48 – Moduretik.
875 BGH, GRUR 1976, 579, 582 – Tylosin; offen gelassen von EuGH, GRUR Int 1982, 47, 48 – Moduretik.
876 Lemaire, EIPÜR 2005, 43; Sadlonova, FS Kolle/Stauder, S 265; Kramer, PharmR 2012, 49; Berg, PharmR 2005, 352; Berg/Sauter, PharmR 2004, 233; Kühnen, FS 200 Jahre Heymanns Verlag, S 373.
877 Für Bulgarien und Rumänien ergibt sich eine inhaltsgleiche Regelung aus dem sog Speziellen Mechanismus.

soll er in gewissem Umfang vor der dargestellten Erschöpfungsproblematik in Schutz genommen werden. Im Interesse gleichmäßiger Lebensverhältnisse innerhalb der Gemeinschaft soll ferner verhindert werden, dass der Patentinhaber aus Sorge vor einem Drittimport seiner eigenen Medikamente in die alten Mitgliedstaaten davon absieht, in den Beitrittsgebieten überhaupt patentgemäße Produkte auf den Markt zu bringen oder aber dies nur zu den hohen Preisen zu tun, die er in den herkömmlichen Mitgliedstaaten erzielt, was beides der Arzneimittelversorgung in den Beitrittsgebieten abträglich wäre.

(2) Allgemeiner Inhalt

584 Mit Ausnahme von Malta und Zypern sehen die Beitrittsverträge aller anderen EU-Ost-Mitgliedstaaten einen *Besonderen Mechanismus* (Estland, Lettland, Litauen, Polen, Slowakei, Slowenien, Tschechien, Ungarn, Kroatien) bzw. einen *Speziellen Mechanismus* (Bulgarien, Rumänien) vor, die inhaltlich gleichlautend sind. Sie sehen in einem **ersten Teil** vor,

585 – dass sich der Inhaber eines Patents oder eines Ergänzenden Schutzzertifikats für ein Arzneimittel (sowie der von einem solchen Schutzrechtsinhaber Begünstigte)

586 – auf die Verbietungsrechte aus seinem in einem traditionellen EU-Mitgliedstaat bestehenden Patent oder Schutzzertifikat berufen kann, um zu verhindern, dass das patentgeschützte Erzeugnis in das Schutzterritorium seines Patents/Zertifikats eingeführt oder dort in Verkehr gebracht wird, und zwar auch dann, wenn das Erzeugnis erstmalig von ihm (dem Patentinhaber) oder mit seiner Einwilligung (folglich tatbestandlich erschöpfungsrelevant) im Ausfuhrmitgliedstaat in Verkehr gebracht wurde,

587 – *wenn* das die Verbietungsrechte vermittelnde Patent oder Schutzzertifikat zu einem Zeitpunkt beantragt wurde, als ein entsprechender Schutz für das patentgeschützte Erzeugnis in dem neuen EU-Mitgliedstaat (Ausfuhrstaat) nicht erlangt werden konnte.

588 Dahinter steht die Erwägung, dass demjenigen Schutzrechtsinhaber, dem im Ausfuhrmitgliedstaat keine gesetzliche Möglichkeit zu Gebote gestanden hat, einen Monopolschutz zu erwerben, seine Verbietungsrechte gegen im Ausfuhrstaat auf den Markt gebrachte Patenterzeugnisse ungeschmälert erhalten bleiben sollen, während umgekehrt demjenigen, der sich im Ausfuhrmitgliedstaat eines Patentschutzes hätte versichern können, keine Ausschließlichkeitsrechte gegen Produkte aus dem Ausfuhrstaat zustehen sollen (und zwar auch dann nicht, wenn es sich um vom Schutzrechtsinhaber selbst in Verkehr gebrachte Produkte handelt, gegen die ein im Ausfuhrstaat erworbenes Schutzrecht naturgemäß nichts ausgerichtet hätte). Die aufgrund der Gesetzeslage im Ausfuhrstaat fehlende oder gegebene Chance, Vorkehrungen gegen Verletzungshandlungen *Dritter* treffen zu können, entscheidet mithin über die Reichweite der Erschöpfung bei Einfuhren aus dem Ausfuhrstaat, obgleich ein dort existierendes Schutzrecht gegenüber *eigenen* Vertriebshandlungen des Patentinhabers und seiner Lizenznehmer bedeutungslos gewesen wäre. Das Differenzierungskriterium für und gegen den Eintritt einer Erschöpfung liegt somit nicht in einem Versäumnis, das einen direkten Bezug zur Erschöpfungswirkung hat (indem Maßnahmen unterblieben sind, mit denen ein Eintritt der Erschöpfung hätte verhindert werden können), sondern vielmehr in Versäumnissen, die ein freiwilliges Schutzdefizit ausschließlich im Verhältnis zu außenstehenden Dritten zur Folge haben können. Verfügt der Patentinhaber im Ausfuhrstaat über ein Patent für den Gegenstand seines inländischen Arzneimittelpatents bzw -zertifikats, so ist dieser Umstand nicht unmittelbar bedeutsam, sondern allenfalls insofern von Belang, als die faktische Existenz des Schutzrechts die (rechtlich allein entscheidende) Möglichkeit belegt, im Ausfuhrstaat einen bestimmten Patentschutz zu erwerben.

Der **zweite Teil** des Besonderen/Speziellen Mechanismus befasst sich mit Anzeigepflichten über die in Aussicht genommene Einfuhr eines patent- oder zertifikatgeschützten Arzneimittels. Zunächst muss dem Schutzrechtsinhaber (oder dem von ihm Begünstigten) die beabsichtigte Einfuhr angezeigt werden, damit diese ihre etwaigen Verbietungsrechte aus dem Besonderen/Speziellen Mechanismus wahrnehmen können. Die Anzeige löst eine einmonatige Wartefrist für die zuständige Arzneimittelgenehmigungsbehörde des Einfuhrstaates aus. Im Einfuhrantrag ist der Zulassungsbehörde nachzuweisen, dass der Schutzrechtsinhaber/sein Begünstigter einen Monat zuvor über die Einfuhrabsicht unterrichtet worden ist. Ohne diesen Nachweis wird die Einfuhr- und Vertriebsgenehmigung verweigert. 589

(3) Einzelfragen

(a) Arzneimittel

Der Begriff des »Arzneimittels« ist im Besonderen Mechanismus nicht eigens erläutert, weswegen auf bestehende allgemeine Definitionen zurückzugreifen ist. Unklar ist lediglich, ob als maßgebliches Regelwerk der Gemeinschaftskodex für Humanarzneimittel/Tierarzneimittel (und demzufolge die dortige Begriffserläuterung in Art 1 Nr 2) anzusehen ist[878] oder aber die Zertifikatsverordnung Nr 469/2009 (dort Art 1 lit a) die maßgebliche Verständnisgrundlage bildet. Die aufgeworfene Frage kann praktische Bedeutung haben, weil beide Definitionen sprachlich zum Teil voneinander abweichen. Wegen der spezifisch schutzrechtsbezogenen Wirkungen des Besonderen Mechanismus erscheint es richtiger, auf die VO Nr 469/2009 abzustellen. 590

(b) Entsprechender Erzeugnisschutz

Der Besondere/Spezielle Mechanismus gilt für jedes im *Einfuhrmitgliedstaat* gültige »Patent oder Schutzzertifikat für ein Arzneimittel«, worunter nicht nur absolute Stoffansprüche, sondern genauso Verfahrens- und Verwendungspatente[879] fallen. Auch letztere gewähren einen patentrechtlichen Schutz für das Arzneimittelerzeugnis, bloß keinen absoluten, sondern einen lediglich eingeschränkten (sic: zweckgebundenen). Sofern die Laufzeit des SPC nach den Vorschriften der Kinderarzneimittel-VO 1901/2006 verlängert worden ist, gelten die Regelungen des Besonderen Mechanismus (= Ausschuss der regelmäßigen Erschöpfungsfolge) nicht nur für die eigentliche Laufzeit des SPC, sondern darüber hinaus auch für die pädiatrisch verlängerte Laufzeit.[880] 591

Allerdings begnügen sich die einschlägigen Regelungen nicht damit, dass im *Ausfuhrmitgliedstaat* für das unter Patentschutz stehende Arzneimittel *irgendein* Patent- oder Zertifikatschutz erhalten werden konnte, und er lässt auch nicht ausreichen, dass für den Gegenstand des inländischen Arzneimittelpatents oder -zertifikats *irgendein* Schutz möglich war. Kriterium für das Durchgreifen des Erschöpfungseinwandes ist vielmehr, dass im Beitrittsmitgliedstaat die Chance zu einem »*entsprechenden* Patent- oder Zertifikatschutz« gegeben war, wobei der konkrete für das fragliche Arzneimittel bestehende inländische Patent- oder Zertifikatschutz den Vergleichsmaßstab bildet. Der Inhaber muss also, damit ihn die Erschöpfungsfolgen treffen, für sein Arzneimittel im Beitrittsgebiet ein Schutzrecht mit prinzipiell gleichem Schutzniveau erhalten haben können. Das verlangt ein Patent gleicher Patentkategorie, woran es fehlt, wenn im Inland ein Stoffschutzpatent und/oder -zertifikat existiert, im Ausfuhrmitgliedstaat hingegen lediglich ein **Verfahrenspatent** und ein darauf gestütztes Schutzzertifikat oder ein Verwendungspatent erteilbar gewesen ist. Letzteres gilt selbst dann, wenn das nationale Patentrecht 592

---

878 Berg/Sauter, PharmR 2004, 233, 238.
879 ... auf die zweite (oder weitere) medizinische Indikation(en).
880 EuGH, GRUR 2018, 904 – Pfizer/Orifarm.

des Ausfuhrmitgliedstaates einen (zu § 9 Nr 3 PatG vergleichbaren) derivativen Erzeugnisschutz vorsieht.[881] Denn letzterer bleibt hinter dem prinzipiell absoluten Schutz eines Sachpatents insofern zurück, als er sich nur auf das unmittelbare Erzeugnis des patentgeschützten Herstellungsverfahrens erstreckt. Ausreichend ist hingegen der umgekehrte Fall, dass im Inland lediglich ein Verfahrenspatent existiert, im Ausfuhrstaat hingegen ein (das Erzeugnis unabhängig von seinem Herstellungsprozedere und seiner Verwendung schützendes) Sachpatent besteht.

593   Ob eine entsprechende Erteilungsmöglichkeit besteht bzw bestanden hat, hängt allein davon ab, ob das **nationale Recht des Ausfuhrstaates** einschließlich der zugehörigen – selbstverständlich gesetzeskonformen[882] – Erteilungs- und Rechtsprechungspraxis[883] die gesetzliche Möglichkeit für die Gewährung eines dem inländischen Patentschutz äquivalenten Arzneimittelschutzes (Patent/Zertifikat) vorsieht bzw vorgesehen hat:

594   – Wenn der Besondere/Spezielle Mechanismus darauf abstellt, dass am Stichtag im Ausfuhrmitgliedstaat ein entsprechender Patentschutz »*nicht erlangt werden konnte*«, so ist hiermit nicht darauf abgestellt, ob eine im Beitrittsgebiet unternommene Schutzrechtsanmeldung beim dortigen Patentamt im ersten Anlauf und ohne weiteres zum Erfolg geführt hätte. Abgesehen davon, dass eine derartige, auf die Handhabung der Erteilungsbehörde abstellende Sicht der Dinge willkürlich danach differenzieren würde, welche – möglicherweise unzutreffende – Rechtsauffassung der zur Erstentscheidung berufene Prüfer vertritt, was ganz offensichtlich nicht zu sachgerechten Ergebnissen führt, knüpft der Besondere/Spezielle Mechanismus – wie oben[884] dargelegt – an dem schutzrechtlichen Gefälle an, welches sich daraus ergibt, dass im Zeitpunkt des EU-Beitritts in den osteuropäischen Staaten kein dem westeuropäischen Standard entsprechender Patentschutz auf Arzneimittel vorgesehen war. Dementsprechend muss für den exakt aus diesem Grunde durch den Besonderen/Speziellen Mechanismus verordneten Ausschluss der Erschöpfungswirkung auch das Vorhandensein eines eben solchen Schutzdefizits im Beitrittsgebiet maßgeblich sein, womit es auf die Frage ankommt, ob die patentrechtlichen Normen des Ausfuhrmitgliedstaates – richtig interpretiert – einen zum Inlandspatent ebenbürtigen Patent- oder Zertifikatschutz erlaubt haben oder nicht. Maßgeblich ist also die objektive Rechtslage im Ausfuhrmitgliedstaat am Stichtag der Inlandsanmeldung.

595   – Vergleichsweise einfach liegt der diesbezügliche Sachverhalt, wenn die zum Stichtag geltende *Gesetzeslage* eine eindeutige positive Regelung über die Gewährbarkeit der erforderlichen Patentkategorie enthält, indem es diese entweder ausdrücklich zulässt oder ausdrücklich ausschließt oder an klare Bedingungen knüpft.

---

881 LG Düsseldorf, BeckRS 2014, 17689.
882 Keine Bedeutung hat eine Behördenpraxis oder eine untergerichtliche Rechtsprechung am Stichtag, die rechtsfehlerhaft ist (und dementsprechend nach dem Stichtag von der übergeordneten Instanz revidiert worden ist); denn anderenfalls käme dem Patentinhaber eine fehlerhafte Auslegung zugute, die am Stichtag vorgeherrscht hat, was reinen Zufälligkeiten (nämlich dem anfänglichen Fehlgehen der Entscheidungsinstanzen) geschuldet wäre. Allein durch Nichtausschöpfung des Instanzenzuges wäre er gegenüber demjenigen privilegiert, die sich gegen die ablehnende Prüferentscheidung erfolgreich zur Wehr gesetzt und somit ein Patent erhalten haben (womit es bei der Erschöpfung bleibt, weil die tatsächliche Patenterteilung belegt, dass ein gleichwertiges Schutz im Ausfuhrmitgliedstaat zu erhalten war). Das kann nicht richtig sein, wie nicht zuletzt auch an einem weiteren Beispielsfall deutlich wird. Käme es allein auf die fehlerhafte des Erstprüfers an, würde es bei der Erschöpfungsfolge bleiben, wenn der Patentinhaber eine Patenterteilung im Ausfuhrstaat durch Rechtsmittel erstritten hätte, während er vor der Erschöpfungsfolge geschützt wäre, wenn er von einem Rechtsmittel abgesehen und die fehlerhafte Handhabun gdes Erstprüfers hingenommen hätte. Derartige Differenzierungen entbehren jeder rechtlichen Logik und Gerechtigkeit.
883 LG Düsseldorf, Urteil v 7.3.2017 – 4b O 7/17.
884 Vgl Rdn 583.

- Fehlt es hieran und hängt die Zulässigkeit eines bestimmten Patentschutzes – mangels 596
expliziter Normierung – von einer Gesetzesauslegung ab, so entscheidet eine zum
Stichtag bestehende *höchstrichterliche Rechtsprechung*. Sie ist (und bleibt) auch dann
maßgeblich, wenn sie später infolge besserer Rechtserkenntnis revidiert werden sollte.

- Gibt es eine solche letztinstanzliche Rechtsprechung (noch) nicht, weil sich die 597
zuständigen Erteilungsbehörden und/oder Gerichte mit der betreffenden Fragestellung entweder überhaupt noch nicht befasst haben oder weil hierzu lediglich behördliche/untergerichtliche Erkenntnisse und/oder wissenschaftliche Publikationen vorliegen, so kommt es auf diejenige Auslegung des Gesetzes an, die sich bei zutreffender
Anwendung der für das ausländische Patentrecht heranzuziehenden Interpretationsregeln ergibt.

- Bisherige behördliche oder instanzgerichtliche Entscheidungen und/oder Fachveröf- 598
fentlichungen liefern insoweit ein – ggf gewichtiges – Indiz, wobei die Indizwirkung
tendenziell umso größer ist, je ausführlicher und inhaltlich überzeugender die Entscheidungsgründe ausfallen, und umgekehrt. Dergleichen Judikate und Fachvoten
ersetzen – weil sie rechtlich fehl gehen und letztinstanzlich keinen Bestand haben
können – jedoch nicht die (notfalls mit sachverständiger Hilfe durchzuführende)
eigene Auslegung des nationalen Patentrechts durch das mit der Erschöpfungsfrage
befasste Verletzungsgericht. Dass die auslegungsbedürftige Rechtsfrage nach dem
Stichtag eine explizite gesetzliche Regelung in einem bestimmten Sinne erfahren hat,
bedeutet nicht notwendigerweise, dass die Situation unter der alten Gesetzeslage
abweichend zu beurteilen ist, denn die Neuregelung kann aus rein klarstellenden
Gründen erfolgt sein. Ebensowenig können den Patentinhaber per se vereinzelte
behördliche oder untergerichtliche Entscheidungen im Ausfuhrmitgliedstaat entlasten, wenn der weitere Rechtszug bei richtiger Gesetzesauslegung mutmaßlich zu
einem anderen Ergebnis geführt hätte. Dafür wiederum können Rechtsmittelentscheidungen einen wichtigen Anhalt bieten, die nach dem Stichtag tatsächlich in dem fraglichen Sinne ergangen sind.

- Liefert die Gesetzesauslegung kein eindeutiges und somit vorhersehbares Ergebnis, 599
sondern repräsentiert sie eine bloße »*Wollensentscheidung*«, die sich mit genau derselben Überzeugungskraft gleichermaßen in dem einen wie in dem gegenteiligen Sinne
begründen lässt, so entfällt die Erschöpfungswirkung erst dann, wenn Klarheit im
Sinne mangelnder Patentschutzmöglichkeit geschaffen ist, sei es, dass eine vom
Schutzrechtsinhaber parallel eingereichte Patentanmeldung im Ausfuhrmitgliedstaat
nach Ausschöpfung des Instanzenzuges aus eben diesem Grunde[885] rechtskräftig
zurückgewiesen ist, sei es, dass in anderer Sache eine den Schutz für die fragliche
Patentkategorie verneinende Entscheidung höchstrichterlich ergangen ist.

Zweifel an der Verfügbarkeit eines gleichwertigen Patentschutzes im Ausfuhrmitglied- 600
staat, die nach Ausnutzung aller für das Gericht verfügbaren Beweismittel (zB im einstweiligen Verfügungsverfahren) **verbleiben**, gehen zu Lasten desjenigen, der sich auf die
Regelungen des Besonderen Mechanismus beruft.[886] Zwei Gründe sind hierfür maßgeblich. Zum Einen greift der Besondere Mechanismus nur ein, wenn *feststeht*, dass ein
gleichwertiger Patentschutz im Ausfuhrmitgliedstaat am Stichtag nicht erlangt werden
konnte, zum Anderen trifft den Patentinhaber – als Ausnahme von der grundsätzlichen
Erschöpfung als Folge eines Inverkehrbringens des patentgeschützten Gegenstandes in
der EU – verfahrensrechtlich die Beweislast dafür, dass diejenigen Bedingungen vorliegen, unter denen sich die Erschöpfungsfolge ausnahmsweise nicht einstellt.

---

885 ... und nicht wegen eines Sachverhaltes gemäß Rdn 601.
886 LG Düsseldorf, Urteil v 7.3.2017 – 4b O 7/17.

E. Verteidigungsmöglichkeiten des Beklagten

601 Keine Relevanz haben – bei Bestehen eines grundsätzlich parallelen Schutzrechtsniveaus – **Erteilungshindernisse im konkreten Einzelfall** (zB mangelnde Neuheit infolge Vorveröffentlichung oder älterer Priorität der Schutzrechtsanmeldung im Einfuhrmitgliedstaat). Ebenso wenig kommt es darauf an, ob der Anspruchswortlaut im Einfuhr- und im Ausfuhrstaat identisch ist oder sein könnte. Divergierende Anspruchsfassungen, die den vor unterschiedlichen nationalen Patentämtern durchgeführten Prüfungsverfahren und der dortigen Erteilungspraxis geschuldet sind, stehen daher der Möglichkeit eines gleichwertigen Schutzes nicht entgegen.

(c) Maßgeblicher Zeitpunkt

602 Die Frage nach dem Bestehen oder Fehlen einer gleichen Schutzmöglichkeit im Ausfuhrmitgliedstaat stellt sich – abschließend – nur für **zwei Zeitpunkte**, und zwar für den Anmeldetag (nicht: Prioritätstag) des inländischen Grundpatents (sofern aus ihm gegen den Parallelimport vorgegangen werden soll) und für den Anmeldetag des Ergänzenden Schutzzertifikats (wenn das Zertifikat die Anspruchs- bzw Klagegrundlage bildet, wobei es letztlich auch in diesem Fall auf die Rechtslage bei Anmeldung des Grundpatents ankommt, weil es ohne ein Grundpatent im Ausfuhrstaat dort kein späteres Schutzzertifikat geben kann).[887] Die Anmeldezeitpunkte sind hierbei grundsätzlich als gegeben hinzunehmen, weswegen kein Raum für hypothetische Erwägungen ist. Es kann insbesondere nicht argumentiert werden, der Schutzrechtsinhaber habe sein Grundpatent oder Zertifikat bei »redlichem« Handeln zu einem anderen Zeitpunkt beantragen können und zu diesem (fiktiven) Zeitpunkt wäre aufgrund anderer Rechtslage im Ausfuhrstaat ein Erzeugnisschutz gewährbar gewesen.

603 Auf die Möglichkeit eines parallelen Patentschutzes im Ausfuhrmitgliedstaat im **Intervall zwischen den Anmeldetagen** des inländischen Grundpatents und des inländischen Schutzzertifikats kommt es nach der eindeutigen Gesetzesformulierung nicht an. Das gilt jedenfalls solange, wie es nicht tatsächlich zu einer bestandskräftigen auswärtigen Schutzrechtserteilung im Ausfuhrstaat kommt. Daraus folgt im Einzelnen:

604 – War ein Grundpatentschutz im Ausfuhrstaat zwar nicht am Anmeldetag, aber in der Folgezeit danach möglich und konnte am Anmeldetag des inländischen Schutzzertifikats ein ebenbürtiges Zertifikat erhalten werden, so tritt weder in Bezug auf das Grundpatent noch in Bezug auf das Schutzzertifikat Erschöpfung ein. Letzteres ergibt sich daraus, dass mangels Grundpatents ein von der Gesetzeslage her vorgesehener Zertifikatschutz nicht erteilungsfähig war. Insofern spielt es keine Rolle, dass der Patentinhaber durch eine rechtzeitige Grundpatentanmeldung *nach* dem Stichtag (= Anmeldetag des inländischen Grundpatents) die Möglichkeit gehabt hätte[888], Vorsorge für eine spätere erfolgreiche Zertifikatanmeldung zu treffen. Denn eine Rechtspflicht, außerhalb der Stichtage in dieser Weise tätig zu werden, begründet der Besondere/Spezielle Mechanismus nicht.[889]

605 – War im Ausfuhrmitgliedstaat ein Grundpatentschutz am Anmeldetag des inländischen Grundpatents möglich, aber kein Zertifikatschutz am Anmeldetag des inländischen Schutzzertifikats, tritt keine Erschöpfung ein. Das gilt selbst dann, wenn von der am Stichtag möglichen Anmeldung eines Grundpatents im Ausfuhrstaat abgese-

---

[887] EuGH, GRUR 2018, 904 – Pfizer/Orifarm.
[888] ... sofern die zwischenzeitliche Offenlegung der inländischen Grundpatentanmeldung kein Neuheitshindernis für die auswärtige Parallelanmeldung im Ausfuhrmitgliedstaat begründet.
[889] EuGH, GRUR 2018, 904 – Pfizer/Orifarm.

hen wurde und damit eine spätere Zertifikatanmeldung, *wenn* eine gesetzliche Möglichkeit hierzu bestehen *würde*, am mangelnden Grundpatent gescheitert *wäre*.[890]

– Bestand bei Anmeldung des inländischen Grundpatents keine Möglichkeit zu einem gleichwertigen Patentschutz im Ausfuhrmitgliedstaat, hat der Patentinhaber eine später sich ergebende Möglichkeit hierzu jedoch erfolgreich genutzt, so dass er am Anmeldetag des Zertifikats tatsächlich über ein Grundpatent verfügt hat, und meldet er am Anmeldetag des inländischen Zertifikats kein Schutzzertifikat im Ausfuhrmitgliedstaat an, obwohl dies möglich gewesen wäre, ist der Besondere Mechanismus nicht anwendbar. Hat er das Erteilungshindernis eines fehlenden Grundpatents – wenn auch freiwillig und überobligationsmäßig – ausgeräumt, so darf an dieser nun einmal bestehenden Tatsache nicht vorbeigegangen werden. Der Patentinhaber hat redlicherweise keinen Anspruch auf eine rein hypothetische Beurteilung der Sachlage; genau sie würde jedoch stattfinden, wenn er im Nachhinein für sich reklamieren dürfte, trotz bestehenden Grundpatentschutzes im Ausfuhrstaat so behandelt zu werden, als gäbe es das für die anschließende Zertifikaterteilung notwendige Grundpatent nicht. 606

(d) Zertifikatverlängerung

Wird die Laufzeit des inländischen SPC nach den Vorschriften der Verordnung (EG) Nr 1901/2006 verlängert, so unterliegt die sich daraus ergebende Gesamtlaufzeit des SPC den Regelungen des Besonderen/Speziellen Mechanismus, so dass ein sich daraus ergebender Erschöpfungsausschluss auch den pädiatrisch verlängerten Zeitraum erfasst.[891] 607

(e) Anzeigepflicht

Die Anzeige der Einfuhrabsicht muss dem (zu diesem Zeitpunkt amtierenden) **Patentinhaber**[892] oder einem von ihm Begünstigten gegenüber erklärt werden. Eine besondere Form ist dafür nicht vorgeschrieben, wenngleich aus Gründen des Beweises einer schriftlichen Erklärung mit Zugangsnachweis der Vorzug zu geben ist. Die Anzeige setzt mit ihrem Zugang die einmonatige Wartefrist für die Arzneimittelbehörde in Gang. Als **Begünstigter** ist jeder anzusehen, der rechtmäßig (zB infolge vertraglicher Einräumung) über die dem Inhaber des Patents oder Zertifikats zustehenden Verbietungsrechte verfügt.[893] Dazu gehören namentlich Lizenznehmer, wobei es entscheidend darauf ankommt, dass dem Betreffenden diejenigen Ausschließlichkeitsrechte überlassen sind, die durch die beabsichtigte Einfuhr beeinträchtigt werden. Eine ausschließliche Herstellungslizenz genügt daher nicht, wohl aber eine ausschließliche Vertriebslizenz. 608

Die Möglichkeit zur Ansprache des Schutzrechtsinhabers besteht in *jedem* Fall, dh auch dann, wenn ausschließliche Lizenzen vergeben worden sind. Auf diese Weise ist gewährleistet, dass der Anzeigende keine risikobehafteten Ermittlungen zu patentrechtlichen Befugnissen anstellen muss, sondern sich mit seiner Anzeige kurzerhand an denjenigen halten kann, der aus dem öffentlichen Patentregister als Schutzrechtsinhaber ersichtlich ist.[894] Adressiert er seine Anzeige stattdessen an eine andere begünstigte Person, hat diese Maßnahme nur dann Rechtswirkungen, wenn der Empfänger tatsächlich »Begünstigter« am Grundpatent/Schutzzertifikat ist. 609

---

890 OLG Düsseldorf, Urteil v 6.8.2015 – I-2 U 21/15; aA: LG Düsseldorf, Urteil v 5.3.2015 – 4b O 139/14.
891 Die Frage liegt dem EuGH zur Vorabentscheidung vor: LG Düsseldorf, GRUR-RR 2017, 181 – TFN-bindende Proteine.
892 ... bei einer Inhabergemeinschaft an alle.
893 EuGH, GRUR Int 2015, 359 – Merck & Dohme.
894 EuGH, GRUR Int 2015, 359 – Merck & Dohme.

610 Die Anzeige muss **nicht höchstpersönlich** von demjenigen abgegeben werden, der die Einfuhr beabsichtigt. Statt seiner kann auch ein Dritter (zB Bote, Stellvertreter) handeln, solange für den Schutzrechtsinhaber/Begünstigten unmissverständlich klar zu erkennen ist, wer der Einführer ist.[895] Der jeweilige Wissens- und Erkenntnishorizont des angesprochenen Adressaten ist entscheidend. Prinzipiell wird es (insbesondere bei einem größeren Unternehmensverbund) einer vollständigen Firmen- und Adressbezeichnung des Einführenden bedürfen. Auf eine rechtsgeschäftliche Vollmacht des handelnden Dritten kommt es nicht an.

(f) Widerspruch des Schutzrechtsinhabers

611 Als Reaktion auf die ordnungsgemäße Anzeige kann (und sollte) der Schutzrechtsinhaber/Begünstigte der **Einfuhr** innerhalb des Wartemonats **widersprechen**. Das verlangt keine besondere Begründung und nicht einmal eine konkrete Benennung desjenigen Patents/Schutzzertifikats, das er gegen die angekündigte Einfuhr in Stellung zu bringen gedenkt.[896] Andererseits schaden solche Details aber auch nicht, so dass zB in einer das Schutzterritorium betreffenden Abmahnung oder in der Erhebung einer Verletzungsklage ein hinreichender Widerspruch zu sehen ist. Wesentlich ist ein Erklärungswert, der dem Empfänger hinreichend verdeutlicht, dass der Schutzrechtsinhaber/Begünstigte die in Aussicht gestellte Einfuhr nicht hinnehmen, sondern sich dagegen zur Wehr setzen wird.

612 **Widerspricht der Patentinhaber**/Begünstigte der angezeigten Einfuhrabsicht **nicht fristgerecht**, hat dies nicht den generellen Verlust des Rechts zur Folge, sich auf den Besonderen/Speziellen Mechanismus und die dort zu Gunsten des Schutzrechtsinhabers außer Kraft gesetzte Erschöpfungsfolge zu berufen.[897] Ein dahingehender Rechtsverlust ist lediglich partiell gegeben, nämlich für diejenigen Einfuhren und diejenigen inländischen Vertriebshandlungen, die erfolgt sind, bevor der Schutzrechtsinhaber/Begünstigte seine Absicht bekundet hat, sich der Einfuhr zu widersetzen.[898] In zeitlicher Hinsicht entscheidet der Zugang des Widerspruchs. Richtiger Adressat ist der Einführer, auch wenn statt seiner ein Dritter angezeigt hat. Wird der Widerspruch an den dritten Anzeigenden gerichtet, trägt der Schutzrechtsinhaber/Begünstigte das Risiko von dessen mangelnder Empfangsvollmacht.

(g) Beweis

613 Jeder hat diejenigen Umstände darzulegen und **nachzuweisen**, die im Gesamtsystem des Besonderen/Speziellen Mechanismus für ihn günstig sind:

614 – Dass, auf welche Weise, wem gegenüber und wann die **Einfuhrabsicht** angezeigt worden ist und dass und warum der Adressat zum Zeitpunkt der Anzeige (dh ihres Zugangs) Schutzrechtsinhaber oder Begünstigter war, ist vom Einführer dazutun.

615 – Dass, auf welche Weise, wem gegenüber und wann der **Widerspruch gegen die Einfuhr** erklärt worden ist und dass und warum der Adressat empfangsberechtigt für eine solche Erklärung war, steht zur Vortragslast des Schutzrechtsinhabers/Begünstigten.

616 – Ist der Parallelimport unstreitig oder vom Beklagten nachgewiesen, so steht es zur Darlegungs- und Beweislast des klagenden Patentinhabers, dass am Anmeldetag des Klageschutzrechts im Beitrittsgebiet nach der dortigen Gesetzes- und Rechtspre-

---

895 EuGH, GRUR Int 2015, 359 – Merck & Dohme.
896 BGH, GRUR 2011, 995 – Besonderer Mechanismus.
897 EuGH, GRUR Int 2015, 359 – Merck & Dohme.
898 EuGH, GRUR Int 2015, 359 – Merck & Dohme.

chungslage sowie der geltenden Erteilungspraxis keine Möglichkeit zur Erlangung eines dem inländischen entsprechenden (gleichwertigen) Patentschutzes bestanden hat.[899]

d) Vortrags- und Beweislast

Die den Einwand der Erschöpfung begründenden Tatsachen sind von dem Beklagten darzulegen und zu beweisen, der sich auf die Erschöpfungswirkung beruft.[900] Er hat insbesondere die Beweislast dafür, dass es sich bei der angegriffenen Ware um Originalprodukte aus berechtigter Quelle handelt.[901] Die Darlegungslast besteht unabhängig davon, ob der Patentinhaber geltend macht, es handele sich um Produktfälschungen, oder ob er lediglich behauptet, es liege Originalware vor, die allerdings nicht von ihm oder seinen Lizenznehmern stamme.[902] Allerdings trifft den Schutzrechtsinhaber eine sekundäre Darlegungslast für auf eine Produktfälschung hindeutende Umstände, die in seiner Rechtssphäre liegen. Gleiches gilt bei Vorliegen eines ausschließlichen oder selektiven Vertriebssystems, das nachweislich zu einer tatsächlichen Marktabschottung führen kann.[903] Betriebsgeheimnisse (zB eine firmeneigene, geheimgehaltene Codierung der Originalware) müssen allerdings nicht offen gelegt werden.[904] Stützt sich der Einwand auf eine Lizenzvereinbarung mit dem Schutzrechtsinhaber, so ist nicht nur die Benutzungsgestattung als solche, sondern auch der zugrundeliegende, für den Umfang und die Bedingungen der Benutzungsgestattung relevante Inhalt der Lizenzvereinbarung darzutun und notfalls zu beweisen.[905]

617

Ist deshalb die Einräumung eines vertraglichen Benutzungsrechtes für sich genommen unstreitig und setzen sich die Parteien lediglich darüber auseinander, ob eine **Freilizenz** oder eine entgeltliche (und deswegen bei Zahlungsverzug kündbare) Lizenz vereinbart wurde, gehört die Unentgeltlichkeit der Benutzungseinräumung zur Beweislast des Beklagten.[906] Sobald dem genügt, d.h. ein Lizenzsachverhalt bewiesen ist, der nach Lage der Dinge nur durch eine Kündigung beendet worden sein kann, hat derjenige, der sich auf die vorzeitige Auflösung des Lizenzverhältnisses beruft, die Kündigungsvoraussetzungen darzutun (zB einen zur Kündigung berechtigenden Zahlungsverzug des Lizenznehmers sowie den Zugang einer Kündigungserklärung nachzuweisen).[907]

618

e) Inverkehrbringen

Ein »**Inverkehrbringen**« liegt vor, wenn der die Erfindung verkörpernde Gegenstand unter Begebung der eigenen Verfügungsgewalt tatsächlich in die Verfügungsgewalt einer anderen Person übergeht und der Schutzrechtsinhaber dadurch den wirtschaftlichen Wert der Erfindung realisiert hat.[908] Es setzt nicht notwendigerweise ein Absatzgeschäft im Rahmen des regulären Handelsverkehrs voraus, sondern ist auch dann anzunehmen, wenn der Gegenstand zB vom Hersteller als Anschauungs- und Testgerät zur Absatzförderung an einen Vertreiber geliefert wird ohne die Pflicht, den Gegenstand »nach

619

---

899 LG Düsseldorf, Urteil v 7.3.2017 – 4b O 7/17 (für den Fall widerstreitender Rechtsgutachten im einstweiligen Verfügungsverfahren dazu, ob in Polen zu einem bestimmten Zeitpunkt, nämlich am 15.7.1998, ein Herstellungsverwendungspatent zu erhalten war).
900 BGH, GRUR 2012, 626 – CONVERSE I.
901 BGH, GRUR 2012, 626 – CONVERSE I.
902 OLG Frankfurt/Main, GRUR-RR 2013, 325 – Converse Inc.
903 OLG Düsseldorf, Urteil v 28.4.2017 – I-15 U 68/15 (betreffend Tonerkartuschen).
904 BGH, GRUR 2012, 626 – CONVERSE I.
905 OLG Düsseldorf, GRUR 2017, 1219 – Mobiles Kommunikationssystem.
906 OLG Düsseldorf, Urteil v 22.3.2012 – I-2 U 112/10.
907 OLG Düsseldorf, Urteil v 22.3.2012 – I-2 U 112/10.
908 BGH, GRUR 2007, 882 – Parfümtester, mwN.

Gebrauch« an den Hersteller zurückzugeben.[909] Schon die wirtschaftliche Verbindung mit dem Inhaber eines Parallelpatentes in einem anderen Staat kann die Erschöpfung auch bezüglich dieser Produkte begründen.[910] Die Durchfuhr von Ware im durchgehenden Zollverschluss ist kein Inverkehrbringen, auch dann nicht, wenn im Bestimmungsland Patentschutz besteht, der von der durchgeführten Ware verletzt wird.[911] Demgegenüber stellt die vom Inland aus unternommene Lieferung an einen ausländischen Abnehmer (außerhalb der EU) ein zur Erschöpfung führendes inländisches Inverkehrbringen des Schutzrechtsinhabers dar (genauso wie in einem solchen von dritter Seite unternommenen Verhalten eine inländische Patentverletzung liegen würde).

620 Wird zu Zwecken eines **Testkaufs** die Verfügungsgewalt übertragen (zB an einem Tape, das erfindungsgemäß codierte Videodaten enthält und als Pressvorlage für anzufertigende **DVD's** dient), so soll damit nach Auffassung des BGH[912] eine Erschöpfung der Rechte auch an den vom Adressaten des Testkaufs hergestellten DVD's verbunden sein. Der Testkauf ist demgemäß allein in der Lage, eine Erstbegehungsgefahr (und damit einen Unterlassungsanspruch) zu begründen, wenn der erfolgreich durchgeführte Testkauf die Befürchtung aufkommen lässt, dass der Adressat künftig auch »Bestellungen« Dritter auszuführen.[913]

621 **Kritik:** Richtigerweise scheidet ein Erschöpfungssachverhalt aus, weil die Überlassung des Tapes im Zuge des Testkaufs nicht unter Umständen erfolgt, bei denen der Patentinhaber seinen wirtschaftlichen Nutzen aus der patentierten Erfindung zieht.[914]

622 Erschöpfung innerhalb der EU bzw des EWR tritt gleichfalls ein, wenn der Gegenstand von dem Schutzrechtsinhaber zwar außerhalb dieses Gebietes in Verkehr gebracht wurde, er aber zumindest konkludent zugestimmt hat, dass ein Dritter die Sache anschließend in der EU oder dem EWR auf den Markt bringt.[915] Maßgeblich ist insoweit, dass der Schutzrechtsinhaber das erste Inverkehrbringen in dem genannten Raum kontrollieren kann.[916] Erschöpfung wird sogar bejaht, wenn der Schutzrechtsinhaber den geschützten Gegenstand innerhalb der EU bzw des EWR unter Verlust seiner Verfügungsgewalt einem Dritten, etwa einem Spediteur des Käufers, übergeben hat, auch wenn sich der Käufer vertraglich zu einem Vertrieb außerhalb der EU verpflichtet hat.[917] Die Einzelheiten des **Transportvertrag**es entscheiden – mit anderen Worten – über den Erschöpfungseinwand: Sehen sie vor, dass sich der Schutzrechtsinhaber noch innerhalb der EU der Verfügungsgewalt über die Sache begibt, tritt Erschöpfung ein, weil sich der Patentinhaber der Möglichkeit begeben hat, die Sache so zu dirigieren, dass die Ware in der EU nicht in Verkehr gelangt. Behält der Schutzrechtsinhaber nach den Abreden des Transportvertrages hingegen bis zur EU-Grenze die Herrschaft darüber, was mit der Ware geschieht, fehlt es an einem Erschöpfungstatbestand. Das bloße körperliche Verbringen von Nichtgemeinschaftsware in eine Zollstelle oder ein Zolllager innerhalb des EG- oder EWR-Gebietes als solche reicht als Inverkehrbringen innerhalb der EG oder

---

909 BGH, GRUR 2007, 882 – Parfümtester; OLG Hamburg, GRUR-RR 2004, 355 – Parfümtester; aA: OLG Düsseldorf, Urteil v 31.10.2006 – I-20 U 10/06; OLG Nürnberg, GRUR 2009, 786 – Coty Prestige Lancaster/Simex Trading.
910 EuGH, GRUR Int 1976, 402, 410 – Terrapin/Terranova.
911 EuGH, GRUR 2007, 146 – Montex Holdings/Diesel; BGH, GRUR 2007, 875 – Durchfuhr von Originalware.
912 BGH, GRUR 2012, 1230 – MPEG-2-Videosignalcodierung.
913 BGH, GRUR 2012, 1230 – MPEG-2-Videosignalcodierung.
914 OLG Düsseldorf, Urteil v 14.1.2010 – I-2 U 124/08.
915 EuGH, GRUR 2002, 156 – Davidoff.
916 EuGH, GRUR 2010, 723 – Coty Prestige/Simex Trading.
917 EuGH, GRUR Int 2005, 314, 317 – Peak Holding/Axolin-Elinor; OLG Hamburg, GRUR-RR 2003, 335 – Markenhemden; OLG München, Mitt 2004, 34 – Erschöpfung bei Übersee-Export, bestätigt durch BGH, GRUR 2006, 863 – ex works.

des EWR noch nicht aus. Entscheidend ist, dass die Ware in den zollrechtlich freien Verkehr verbracht wird.[918]

Wird bei einem Verkauf von Waren unter Vereinbarung der internationalen Handelsklausel **CIP** der Leistungsort für die vom Verkäufer zu erbringende Leistung bestimmt, so soll hierin zugleich eine Bestimmung darüber liegen, wo der Eigentumsübergang – und folglich das erschöpfungsrechtliche Inverkehrbringen – stattfinden soll.[919] Das soll auch dann gelten, wenn der Frachtführer dem Konzern des Verkäufers angehört.[920] Zur Erschöpfung führt ebenso die Klausel »Lieferung ab Werk«.[921] 623

Für eine Erschöpfung **unzureichend** sind Warenbewegungen innerhalb eines Konzerns, denn die Erzeugnisse gelten dann als nicht in den Verkehr gelangt.[922] Nicht zur Erschöpfung führen außerdem die Einfuhr in den EU- bzw EWR-Raum, selbst wenn sie zum Zwecke des dortigen Verkaufs erfolgt, solange keine Überführung in den zollrechtlich freien Verkehr erfolgt ist. Unter Erschöpfungsgesichtspunkten unerheblich ist deswegen das Verbringen der Ware in das externe Versandverfahren oder in das Zolllagerverfahren.[923] Unschädlich ist gleichfalls das Anbieten im EU- bzw EWR-Raum, solange das Angebot nicht tatsächlich zu einem Verkauf (= Inverkehrbringen) geführt hat.[924] 624

Ist die tatsächliche Verfügungsgewalt vom Schutzrechtsinhaber willentlich aufgegeben worden, indem er einen patentgemäßen Gegenstand an einen Wiederverkäufer veräußert hat, ändern gewillkürte Auflagen, mit denen der **Wiederverkäufer** gebunden wird, am Eintritt der Erschöpfung grundsätzlich nichts. Das gilt nicht nur – wie ausgeführt – für dem Abnehmer auferlegte Beschränkungen seiner Weitervertriebsbefugnis (zB nicht in die EU oder nur an bestimmte Abnehmer), sondern gleichermaßen für Bedingungen, welche die Erschöpfung an eine ordnungsgemäße Lizenzabrechnung und/oder -zahlung knüpfen. Letzteres folgt aus dem Umstand, dass erst der Verkauf der Lizenzprodukte (jedenfalls bei einer Vertriebslizenz) den Lizenzgebührenanspruch entstehen lässt und deshalb der Lizenzgeber mit dem Inverkehrbringen patentgemäßer Gegenstände durch seinen Lizenznehmer einverstanden sein muss. 625

Wird der **Lizenznehmer** hinsichtlich der Benutzungshandlungen (zB nur Herstellung), der Mengen oder bestimmter Qualitätsstandards vertraglich gebunden, kommt es bei Missachtung derartiger dinglicher Klauseln nicht zu einer Erschöpfung. 626

f) Neuherstellung[925]

Zu beachten ist bei der Erschöpfung, dass die Benutzungsart des Herstellens weiterhin dem Schutzrechtsinhaber vorbehalten bleibt. Dem Erwerber sind lediglich der Gebrauch des (individuellen) *in Verkehr gebrachten* Erzeugnisses gestattet sowie übliche Maßnahmen zur Inbetriebnahme, Pflege und Ausbesserung. Da der vom Schutzrechtsinhaber in Verkehr gebrachte Gegenstand seine rechtliche Existenz und Identität verliert, wenn und sobald er in seine Einzelteile zerlegt wird, ist der Zusammenbau eines neuen, so noch nicht dagewesenen Gegenstandes aus den Ersatzteilen der Originalware ein Akt der Neuherstellung und deshalb nicht unter Erschöpfungsgesichtspunkten gedeckt.[926] Das gilt 627

---

918 EuGH, GRUR Int 2006, 40, 42 – Class International/Colgate-Palmolive (zum Markenrecht).
919 OLG Düsseldorf, GRUR-RR 2018, 240 – CIP Klausel.
920 OLG Düsseldorf, GRUR-RR 2018, 240 – CIP Klausel.
921 BGH, GRUR 2006, 863 – ex works.
922 BGH, GRUR 1982, 100 – Schallplattenimport.
923 EuGH, GRUR Int 2006, 40, 43 – Class International/Colgate-Palmolive (zum Markenrecht); BGH, MarkenR 2007, 337 – Durchfuhr von Originalware.
924 EuGH, GRUR Int 2005, 314, 316 – Peak Holding/Axolin-Elinor.
925 Kobler, Instandhaltung und Umbau, 2015; Schmid-Dreyer/Waitzhofer, Mitt 2015, 101.
926 LG Düsseldorf, GRUR 1988, 116 – Ausflußschiebeverschluß.

nicht nur, wenn zusätzlich von dritter Seite stammende Teile mit verbaut werden oder aus den Originalteilen ein anderer technischer Gegenstand gefertigt wird, der andere Schutzrechte des Inhabers benutzt als die ursprüngliche Originalware, sondern selbst dann, wenn exakt derselbe technische Gegenstand nach Demontage der Originalware erneut hervorgebracht wird.

aa) Allgemeine Vorbemerkungen

628 Praktische Bedeutung hat die Erschöpfungsproblematik namentlich bei Kombinationsschutzrechten. Werden nicht mehr funktionsfähige Vorrichtungen (zB durch Austausch eines Teils der geschützten Kombination) wieder zu funktionsfähigen Vorrichtungen aufgearbeitet, stellt sich mithin die Frage, ob darin eine unzulässige Neuherstellung eines patentgeschützten Gegenstandes oder ein zulässiger Gebrauch des vom Patentinhaber stammenden, erschöpften Gegenstandes zu sehen ist.[927] Wesentlich für die Unterscheidung ist, ob die getroffenen Maßnahmen – unter Berücksichtigung der spezifischen Eigenschaften, Wirkungen und Vorteile der Erfindung – die Identität des bereits in den Verkehr gebrachten Erzeugnisses wahren oder der Schaffung eines anderen, neuen erfindungsgemäßen Erzeugnisses gleichkommen.[928] Dabei ist – ausgehend von der konkreten Eigenheit des unter Patentschutz stehenden Erzeugnisses – eine Abwägung der schutzwürdigen Interessen des Patentinhabers an der wirtschaftlichen Verwertung seiner Erfindung einerseits und des Abnehmers an einem ungehinderten Gebrauch des Erzeugnisses andererseits vorzunehmen.

629 Wichtig für die praktische Handhabung dieser Grundsätze ist zunächst die Erkenntnis, dass stets von demjenigen **Gegenstand** auszugehen ist, **auf den sich der Patentschutz bezieht**, mag die betreffende patentgeschützte Einheit als solche ggf auch nicht im Geschäftsverkehr gehandelt werden.[929] An diesem Grundsatz ändert weder die Freiheit des Warenverkehrs innerhalb der EU etwas noch spielt es eine Rolle, ob auf die tatsächlich im Markt gehandelte (größere) Baueinheit ebenfalls ein (zB nebengeordneter) Patentanspruch gerichtet ist.[930] In der zuletzt genannten Konstellation sind für jeden Patentanspruch gesondert anhand desjenigen, was tatsächlich in Verkehr gebracht wird, die Erschöpfungsvoraussetzungen auf ihr Vorliegen zu prüfen.[931] Dabei kann es sein, dass mit dem Verkauf der umfassenderen Baueinheit gleichzeitig auch die Patentrechte an der kleineren Einheit erschöpft werden, die Sache kann aber auch andersherum liegen.

630 ▶ **Bsp:**

Das Klagepatent schützt die gesamte Tonerkassette für einen Drucker, aber auch – nebengeordnet – eine untergeordnete Funktionseinheit dieser Kassette. Wird die Untereinheit in aufgekauften Originalkassetten von dritter Seite ersetzt, stellt sich in Bezug auf den die vollständige Tonerkassette betreffenden Sachanspruch die Frage der Abgrenzung zwischen Gebrauch und Neuherstellung. Anders verhält es sich mit Blick auf den nebengeordneten Patentanspruch, der auf die Untereinheit gerichtet ist. Insoweit liegt eindeutig ein Akt der Neuherstellung vor, weil in Bezug auf den Nebenanspruch der gesamte ersetzte Gegenstand von anderer, neuer Identität ist.

---

927 Vgl auch Rübel, GRUR 2002, 561; Ann, FS König, 2003, S 17.
928 BGH, GRUR 2004, 758 – Flügelradzähler; BGH, GRUR 2007, 769 – Pipettensystem; Ann, FS König, 2003, S 17.
929 BGH, GRUR 2018, 170 – Trommeleinheit; OLG Düsseldorf, Beschluss v 9.4.2015 – I-2 U 40/14; OLG Düsseldorf, Urteil v 29.4.2016 – I-15 U 47/15.
930 BGH, GRUR 2018, 170 – Trommeleinheit; OLG Düsseldorf, Urteil v 29.4.2016 – I-15 U 47/15. Mit dem Inverkehrbringen der größeren Baueinheit können freilich gleichzeitig mehrere Patentansprüche erschöpft werden, was zB der Fall ist, wenn die vertriebene Einheit den maschinentechnisch untergeordneten Gegenstand eines weiteren Patentanspruchs umfasst.
931 BGH, GRUR 2018, 170 – Trommeleinheit

Wesentlich ist des Weiteren, dass die **patentgeschützte Einheit** (als solche oder als – 631
ggf unselbständiger – Teil einer größeren Baueinheit) vom Patentinhaber oder dessen
Lizenznehmer in Verkehr gebracht worden ist. Es kommt nicht darauf an, ob die
Gesamtkombination in einer einzigen Lieferung bereitgestellt wird oder ob jedes Teil
der Kombination gesondert angeboten und vertrieben wird. Im letztgenannten Fall muss
allerdings feststehen, dass derjenige, der den einen Teil der Kombination erworben hat,
diese Komponente durch einen gleichzeitigen, späteren oder vorhergehenden Kauf des
zweiten Teils der Kombination ebenfalls beim Patentinhaber oder dessen Lizenznehmer
zu der geschützten Gesamtkombination ergänzt hat. Ob hiervon ausgegangen werden
kann, steht zur Darlegungs- und Beweislast des Verletzungsbeklagten, ist in jedem Einzelfall nach den konkreten Umständen, insbesondere den herrschenden Marktverhältnissen, zu prüfen und letztlich anhand der Lebenserfahrung zu beantworten.[932] Die hier
erörterte Erschöpfungsproblematik stellt sich deshalb nicht, wenn vom Schutzrechtsinhaber oder mit dessen Zustimmung lediglich *ein* Teil der geschützten Gesamtkombination, diese aber nicht in ihrer vollständigen Gesamtheit auf den Markt gebracht worden
ist.

Von Belang ist schließlich, dass typische **Ersatzteile** (bei denen der Dritterwerb dazu 632
dient, die verbrauchte Komponente durch eine neue, funktionsfähige zu ersetzen)
erschöpfungsrechtlich ggf anders zu beurteilen sein können als **Zubehörteile** (die den
einen Teil der Gesamtkombination bestimmungsgemäß mit einer unterschiedlichen
Funktionalität versehen).

▶ Bsp: 633

Das Klagepatent schützt die Kombination aus einem Oszillationsantrieb und einem mit dem
Antrieb auswechselbar verbindbaren Bearbeitungswerkzeug (zB einem Meißel, einer Säge
oder dergleichen).

Liegt die Erfindung nicht in der – bereits durch den Stand der Technik bereitgestellten –
Kombinierbarkeit an sich, sondern bloß in einer besonderen (zB verschleißarmen oder handhabungsfreundlichen) Ausgestaltung des Befestigungsbereichs zwischen Antrieb und Multifunktionswerkzeugen, ist der Sachverhalt genauso zu behandeln wie bei Ersatzteilen.[933]

Sonderregeln gelten hingegen, wenn es das Verdienst des Klagepatents ist, erstmals eine
Mehrfachausstattung des Antriebs vorgeschlagen und ermöglicht zu haben. Hier gilt: Vertreibt der Schutzrechtsinhaber bloß den Antrieb ohne jedes Werkzeug oder den Antrieb mit
einem anderen Werkzeug (zB einem Meißel) als demjenigen, das später (zB in Gestalt einer
Säge) von dritter Seite zugekauft wird, liegt schon im Ansatz kein Erschöpfungssachverhalt
vor. Eine Erschöpfungssituation kann hingegen vorliegen, wenn dasselbe Werkzeug als Ersatz
für das vom Patentinhaber gelieferte (beschädigte oder verschlissene) Teil erworben wird.[934]

Lässt sich nicht ausschließen, dass Erwerber existieren, die lediglich *eine* Komponente 634
vom Schutzrechtsinhaber bezogen haben, aber nicht wenigstens einmal auch den restlichen Teil der Kombination, liegt es beim Drittanbieter, vor einem Verkauf seiner Produkte eine Erschöpfungssituation dadurch herbeizuführen, dass er sich vergewissert, dass

---

932 OLG Düsseldorf, Beschluss v 9.4.2015 – I-2 U 40/14.
933 Anders OLG Düsseldorf, Beschluss v 9.4.2015 – I-2 U 40/14.
934 OLG Düsseldorf, Beschluss v 9.4.2015 – I-2 U 40/14.

sein Kunde zumindest einmal (geschlossen oder durch getrennte Rechtsgeschäfte) die Gesamtkombination beim Schutzrechtsinhaber erworben hat.[935]

635 Kann der Verletzungsbeklagte einen Erwerb der Gesamtkombination aus der Quelle des Schutzrechtsinhabers darlegen, gilt im Einzelnen Folgendes: Für die Abgrenzung zwischen zulässiger Reparatur und unzulässiger Neuherstellung hat sich eine feste BGH-Rechtsprechung etabliert, die sowohl für Fälle der mittelbaren wie für solche der unmittelbaren Patentbenutzung und unabhängig davon heranzuziehen ist, ob der Austausch an einem Gegenstand vorgenommen wird, den der Handelnde persönlich vom Patentinhaber oder seinen Lizenznehmern erworben hat und den er danach auch selbst weiter in Benutzung halten will, oder ob die Austauschmaßnahmen von einem Dritten vorgenommen werden, der das Erzeugnis in reparaturbedürftigem Zustand erworben hat und nach erfolgter Instandsetzung weiterveräußern will.[936] Maßgeblich ist stets die nachfolgende, mehrstufige Prüfung.

```
1. Frage:                Trotz Verbrauchs der           Im Zweifel:
Einschätzung            einen Komponente             gemeinfreier
durch die               bleibt mit dem Rest            Gebrauch
Abnehmerkreise          ein wertvolles
                        Wirtschaftsgut              Ausnahme:
                        erhalten. Dann:             1. Austauschteil ist
                        2. Frage:                   für die Erfindungs-
                                                    vorteile verant-
                                                    wortlich;
                        Verbrauch des               2. Erfindung
                        auszutauschenden            verbessert Funktion
                        Mittels macht auch          oder Lebensdauer
                        den verbleibenden           des Austauschteils
                        Rest der
                        Kombination                 Austausch ist
                        wirtschaftlich              Neuherstellung;
                        wertlos                     daher keine
                                                    Erschöpfung
```

bb) Erste Variante

636 Als erstes ist danach zu fragen, ob mit dem Austausch des fraglichen Teils während der Lebensdauer des patentgeschützten Erzeugnisses üblicherweise zu rechnen ist und wie der Austausch nach der Verkehrsauffassung eingeschätzt wird. Gegenstand der Betrachtung ist – wie sonst auch – der Schutzgegenstand des Patentanspruchs, unabhängig davon, ob die betreffende Einheit im Verkehr tatsächlich gehandelt wird. Das ist schon deshalb zwingend, weil die Frage des Gebrauchs bzw der Neuherstellung eine Frage der Erschöpfung ist, die notwendigerweise nur in Bezug auf diejenige Sache oder Sachgesamtheit beantwortet werden kann, auf die sich der Patentanspruch und der durch ihn vermittelte Schutz bezieht. Stellt der Austausch eines Teils dieser patentgeschützten Einheit nach den berechtigten Erwartungen der Abnehmerkreise[937] eine übliche Erhaltungs-

---

[935] Aus Sicht des klagenden Patentinhabers genügt für den Erfolg seiner Klage, dass es mindestens einen einzigen Fall gegeben hat, für den die Erschöpfungsbedingungen (Kauf der Gesamtkombination aus berechtigter Quelle) vom Beklagten nicht dargetan werden können. Alles Weitere ist Sache der späteren Schadensberechnung (OLG Düsseldorf, Beschluss v 9.4.2015 – I-2 U 40/14).
[936] BGH, GRUR 2012, 1118 – Palettenbehälter II.
[937] ... die, wenn die fragliche Baueinheit überhaupt nicht Gegenstand des Handelsverkehrs ist, nur hypothetisch zu beurteilen sind.

maßnahme dar, die die Identität der Vorrichtung als **weiterhin verkehrsfähiges (dh werthaltiges) Wirtschaftsgut** nicht in Frage stellt, ist grundsätzlich von einem bloßen Gebrauchen des erschöpften Gegenstandes auszugehen. Maßgeblich ist hierbei die Sicht der Gesamtheit aller Abnehmer, wobei die Anschauung der überwiegenden Mehrheit dieses Personenkreises entscheidet.[938] Wer »**Abnehmer**« ist, hängt von dem patentgeschützten Gegenstand ab und kann – je nach der unter Schutz stehenden Baueinheit – selbst innerhalb ein- und derselben Erfindung differieren.

▶ **Bsp:** 637

Schützt das Patent nebengeordnet einen Laserdrucker mit Tonerkartusche (Anspruch 1) und die Tonerkartusche als solche (Anspruch 2) und geht es um die Frage, wie ein Verbrauch der Tonerkartusche beurteilt wird, so rekrutieren sich die »Abnehmer« – soweit Anspruch 1 in Rede steht – aus allen Interessenten für Laserdrucker, während zu den »Abnehmern«, wenn aus Anspruch 2 vorgegangen wird, zum Einen die Besitzer patentgemäßer Laserdrucker gehören, die einen Nachrüstbedarf haben, und zum Anderen gewerbliche Aufbereiter verbrauchter Tonerkassetten.

Abnehmer ist auch derjenige, der den Patentgegenstand nicht isoliert erwirbt, sondern 638
als (integraler) Teil einer größeren Einheit. Wird überhaupt nur die übergeordnete Baueinheit veräußert, ist in Bezug auf die besagten Abnehmer die Frage zu beantworten, ob nach ihrer Einschätzung der Verbrauch des einen Teils der patentgeschützten Kombination zur Folge hat, dass auch der restliche Teil des Patentgegenstandes für wertlos (oder unverändert werthaltig) gehalten wird. Da es den Patentgegenstand nicht isoliert zu kaufen gibt, lässt sich darauf nur eine normativ-hypothetische[939] Antwort geben, die mit dem argumentiert, was angesichts der Gesamtumstände aus der Sicht eines vernünftigen Erwerbers sinnvoll wäre.[940]

Beurteilungskriterien für die **Werthaltigkeitsvorstellungen** der Abnehmerkreise sind 639
zB, ob der patentgeschützte Gegenstand, wenn das Verbrauchsteil funktionsunfähig geworden ist, als Ganzes unentgeltlich abgegeben wird, ohne dass dem ein wirtschaftliches Äquivalent (reduzierter Einkaufspreis bei der Beschaffung eines Neuproduktes, ersparte Entsorgungskosten) gegenübersteht, oder ob für das Verschleißteil eine gesonderte Bauartzulassung erforderlich ist.[941] Bedarf es zur Herbeiführung einer fortdauernden Brauchbarkeit des Beitrages Dritter, sind diese nur dann rechtlich relevant, wenn es sich um ein rechtmäßiges, nicht seinerseits schutzrechtsverletzendes Verhalten handelt. Sofern die patentgeschützte Einheit als solche für den Abnehmer (weil es sich bei ihr um das Innenleben eines größeren Gegenstandes handelt) überhaupt nicht in Erscheinung tritt, ist die Werthaltigkeitsüberlegung vom Gericht hypothetisch durchzuführen. Bei der »Werthaltigkeit« geht es um eine fortdauernde Brauchbarkeit im Sinne der patentgeschützten Erfindung, so dass die Erzielung eines bloßen Entgelts für den Schrottwert des Patentgegenstandes nicht ausreicht.

▶ **Bsp:** 640

Austausch von Bauteilen, die während der gewöhnlichen Lebensdauer der Vorrichtung aus Verschleiß- oder sonstigen Gründen (zB weil es sich bestimmungsgemäß um einen Weg-

---

938 BGH, GRUR 2012, 1118 – Palettenbehälter II.
939 Nicht hypothetisch, sondern anhand der Realitäten zu bestimmen ist der Abnehmerkreis. Zu ihm gehören alle, die die patentgeschützte Einheit (sei es isoliert oder als Bestandteil eines größeren, den Patentgegenstand umfassenden Erzeugnisses) erwerben.
940 Ablehnend: BGH, GRUR 2018, 170 – Trommeleinheit; vgl dazu unten Rdn 652.
941 BGH, GRUR 2012, 1118 – Palettenbehälter II; OLG München, Urteil v 13.6.2013 – 6 U 3412/10 (2).

werfartikel handelt[942]) regelmäßig erneuert zu werden pflegen; Austausch von Teilen, die lediglich Objekt der erfindungsgemäß verbesserten Funktionsweise einer patentgeschützten Gesamtvorrichtung sind.[943]

641 Eine Neuherstellung ist ausnahmsweise dann anzunehmen, wenn gerade in dem ausgetauschten Verschleißteil die technischen Wirkungen der Erfindung in Erscheinung treten, entweder – (a) – weil speziell dieses Teil für die patentgemäßen Vorteile verantwortlich ist[944] (indem es einen entscheidenden Lösungsbeitrag für den Erfindungserfolg liefert) oder – (b) – weil die Erfindung dessen Funktionsweise oder Lebensdauer beeinflusst (so dass sich die Vorteile der Erfindung speziell in dem ausgetauschten Teil niederschlagen).[945] Ob der mit dem Austauschteil zur Verfügung gestellte Erfindungsbeitrag *zentrale* Bedeutung hat und ob sich in dem Austauschteil die Vorteile der Erfindung realisieren, ist anhand des Inhalts der Patentschrift zu beurteilen, wobei es – wie stets – auf die Sicht des Durchschnittsfachmanns mit dem Wissen des Prioritätstages ankommt. Allein die Patentschrift gibt den Stellenwert (wesentlich oder untergeordnet) der Einzelmerkmale und diejenigen Wirkungen vor, die Ziel der Erfindung sind. Für letzteres kommt es darauf an, welche Aufgabe die Merkmale des Patentanspruchs aus fachmännischer Sicht tatsächlich lösen.[946] Eine sachverständige Begutachtung dazu, welche Vorteile der Erfindungsgegenstand – abweichend vom verständigen Inhalt der Patentschrift – tatsächlich hat, kommt deswegen grundsätzlich nicht in Betracht.[947] Dass das (Ersatz/Verbrauchs-)Teil als solches aus dem Stand der Technik bekannt ist, steht nicht der Annahme entgegen, dass in ihm die technischen Wirkungen der Erfindung in Erscheinung treten.[948]

642 Für den besagten Ausnahmetatbestand ist nicht ausreichend, dass zwischen den in Rede stehenden Teilen (dem ausgetauschten Teil und der restlichen Vorrichtung) ein funktionaler Zusammenhang besteht. Bei jeder Erfindung werden regelmäßig mehrere Bauteile miteinander zusammenwirken, was selbstverständlich verlangt, dass ihre Dimensionen aufeinander abgestimmt und sie darüber hinaus so ausgestaltet sind, dass sich der den erfindungsgemäßen Gesamterfolg herbeiführende technische Effekt einstellen kann. In diesem Sinne leistet letztlich jedes einzelne im Patentanspruch angegebene Bauteil *seinen* Beitrag zur Gesamtlösung, womit sich keinerlei Abgrenzungskriterium mehr für eine Unterscheidung zwischen bloßem Gebrauch und verbotener Neuherstellung finden ließe. Über das gewöhnliche Zusammenwirken mit anderen Elementen des Erfindungsgegenstandes hinaus ist deshalb zusätzlich erforderlich, dass gerade in dem ausgetauschten Teil die technischen Wirkungen der Erfindung in Erscheinung treten, so dass davon gesprochen werden kann, dass durch den Austausch dieses Teils der technische oder wirtschaftliche Vorteil der Erfindung erneut verwirklicht wird.

---

942 BGH, GRUR 2007, 769 – Pipettensystem.
943 BGH, GRUR 2007, 769 – Pipettensystem.
944 BGH, GRUR 2004, 758 – Flügelradzähler; BGH, GRUR 2006, 837 – Laufkranz.
945 BGH, GRUR 2007, 769 – Pipettensystem; OLG Düsseldorf, GRUR-RR 2013, 185 – Nespressokapseln (der wesentliche Unterschied zum Kaffee-Pad-Fall [oben Kap A Rdn 471] besteht darin, dass es sich dort um eine Dimensionierungserfindung handelt, bei der nicht nur das in bestimmter Weise dimensionierte Trägerelement einen zentralen Lösungsbeitrag liefert, sondern genauso der ebenfalls in ganz bestimmter Weise dimensionierte Pad, weswegen eine Neuherstellung durch Anbringen anderer Pads auch nach der geltenden Rechtsprechung weiterhin zu bejahen wäre; ebenso OLG Karlsruhe, Urteil v 11.11.2015 – 6 U 151/14 für einen ähnlich gelagerten Fall, in dem die Erfindung in einer gegenseitig in besonderer Weise aufeinander abgestimmten Ausgestaltung des Bremsträgers und des davon aufzunehmenden Bremspads liegt; weiterer Vergleichsfall: OLG Karlsruhe, Urteil v 23.7.2014 – 6 U 89/13).
946 OLG Düsseldorf, Beschluss v 9.4.2015 – I-2 U 40/14.
947 OLG Düsseldorf, Beschluss v 9.4.2015 – I-2 U 40/14.
948 OLG Karlsruhe, Urteil v 11.11.2015 – 6 U 151/14.

Der **BGH** hat in Anwendung dieser Grundsätze eine Neuherstellung bereits wiederholt verneint: 643

- In einem Fall ging es um den Austausch eines Laufkranzes an einem Schienenfahrzeugrad, wobei der Laufkranz zwar funktionell mit einem erfindungsgemäß ausgestalteten Gummiring zusammenwirkte und an dessen Form angepasst war, dadurch aber weder in seiner Funktion noch in seiner Lebensdauer maßgeblich beeinflusst wurde.[949] 644

- Der zweite Fall betraf den Austausch einer geläufigen Einmalspritze an einem Pipettensystem. Die Einmalspritze (als Wegwerfartikel) wirkte zwar mit erfindungsgemäßen Greifvorrichtungen im Pipettengehäuse zusammen, sie war insoweit aber nur bloßes Objekt des verbesserten An- und Abkupplungsprozesses, der seine gegenständliche Verkörperung allein in den hierfür geschaffenen Greifeinrichtungen fand.[950] 645

- Der dritte Fall hatte einen Palettenbehälter zum Gegenstand, der im Wesentlichen aus einer Flachpalette, einem darauf angebrachten austauschbaren Innenbehälter aus Kunststoff sowie einem den Innenbehälter umgebenden, stabilisierenden Außenbehälter aus Metallstäben bestand. Auch hier wurde argumentiert, dass zwar ein funktioneller Zusammenhang existiere, weil der austauschbare Innenbehälter von dem patentgemäß ausgestalteten Außenmantel abgestützt werde. Die mit dem Patent erzielte Verbesserung der Stabilität finde ihre gegenständliche Verkörperung jedoch nur in den Merkmalen des Außenmantels. Soweit die verbesserte Stabilität des Außenmantels einen besseren Schutz des Innenbehälters bewirke, sei der Innenbehälter ein bloßes Objekt der vom Außenmantel ausgehenden Abstützwirkung. Dass die patentgemäße Ausgestaltung des Außenmantels es ermögliche, die Wandstärke und damit das Gewicht des Innenbehälters zu reduzieren, hat der BGH für unbeachtlich gehalten, weil die Möglichkeit einer verringerten Wandstärke bei einer patentgemäßen Ausgestaltung des Außenmantels in den Patentansprüchen weder vorgesehen noch stillschweigend vorausgesetzt sei.[951] 646

cc) Zweite Variante

Beurteilt die Verkehrsauffassung den Austausch nicht als reguläre Erhaltungsmaßnahme an einem weiterhin verkehrsfähigen Wirtschaftsgut, sondern geht die Sicht des Verkehrs dahin, dass sich mit dem »Verbrauch« des Austauschteils der patentgeschützte **Gegenstand als Ganzes erledigt** hat, liegt regelmäßig eine Neuherstellung vor. Das gilt unabhängig davon, ob sich in dem Austauschteil die eigentlichen Erfindungsvorteile verwirklichen oder nicht.[952] 647

▶ **Bsp:** 648

Die Vorrichtung mit abgenutztem Bauteil wird im Verkehr als wertlos betrachtet.

Ein (der Erschöpfung entgegen stehender) Akt der Neuherstellung liegt im **Software-Bereich** zB vor, wenn auf einen PC mit Erst-Software, an dem die Patentrechte an sich erschöpft wären, eine weitere nicht lizenzierte Software aufgespielt wird, mit der sich 649

---

949 BGH, GRUR 2006, 837 – Laufkranz.
950 BGH, GRUR 2007, 769 – Pipettensystem; gleich behandelt worden ist der Austausch von Nespresso-Kapseln in einer Nespressomaschine: OLG Düsseldorf, GRUR-RR 2013, 185 – Nespressokapseln. Das Klagepatent (EP 2 103 236) ist mit Entscheidung vom 10.10.2013 – T 1674/12 – 3.2.04 von der TB des EPA widerrufen worden.
951 BGH, GRUR 2012, 1118 – Palettenbehälter II.
952 BGH, GRUR 2012, 1118 – Palettenbehälter II.

der patentgemäße Erfolg alternativ erreichen lässt.⁹⁵³ Das gilt auch dann, wenn die zusätzliche Anwendungssoftware auf Module der lizenzierten Erst-Software zurückgreift, weil erst die Zusatzsoftware für den Nutzer den »Schlüssel« zu den Modulen und damit zur Erzielung des erfindungsgemäßen Erfolges ist. Unter solchen Umständen besteht nach dem Zweckübertragungsgrundsatz regelmäßig auch kein Anlass zu der Annahme, der Schutzrechtsinhaber habe mit dem Lizenzvertrag für die zulässig installierte Erstsoftware einem Vertrieb von PC und Software auch für den Fall einer zusätzlichen Installation alternativer nicht lizenzierter Software zugestimmt.⁹⁵⁴ Gegenteiliges ist vom Verletzer darzulegen und zu beweisen, ohne dass sekundäre Darlegungslasten des Verletzten bestehen.⁹⁵⁵

dd) Feststellung der Verkehrsauffassung

650 Ob der »Verbrauch« des einen Teils der geschützten Kombination gleichzeitig die Gesamtvorrichtung erledigt, wird sich in aller Regel anhand der technischen Gegebenheiten und der Marktverhältnisse ermitteln lassen.⁹⁵⁶ Gerade dann, wenn der patentgeschützte Gegenstand nur untergeordneter Bestandteil des gehandelten Produktes ist, der für den Abnehmer als solcher nicht besonders in Erscheinung tritt, wird sich im Allgemeinen zu ersterem allerdings keine tatsächliche Verkehrsauffassung herausbilden können, erst recht dann nicht, wenn dem Abnehmer das genaue Innenleben der Gesamtvorrichtung überhaupt nicht bekannt ist. Hier muss die Verkehrsauffassung normativ bestimmt und anhand objektiv vernünftiger Überlegungen entwickelt werden.⁹⁵⁷

651 Aussagekräftig für die Verkehrsauffassung kann zB ein deutliches Wertgefälle zwischen den Einzelbestandteilen des Patentgegenstandes sein. Macht die »verbrauchte« Komponente zB 90 % oder mehr des Wertes der Gesamtvorrichtung aus, spricht vieles dafür, dass der Verkehr dem verbleibenden Rest keine eigenständige, erhaltungswürdige Qualität mehr zumessen wird. Feste Werte, die über alle Erfindungsgebiete gelten, lassen sich freilich nicht nennen. Bei geringeren Anteilen kann etwa den Ausschlag geben, ob für den verbleibenden (über 10 % hinausgehenden) Rest ein Markt vorhanden ist, der es dem Abnehmer ermöglicht, finanzielle Erlöse mit dem funktionsfähig gebliebenen Rest des Patentgegenstandes zu erzielen. Wo die objektiven Kriterien – ganz ausnahmsweise – einmal keine eindeutige Aussage zulassen sollte und das Gericht auch nicht zum Abnehmerkreis gehört, kann es im Einzelfall ggf Sinn machen, eine repräsentative Befragung (= Zeugenvernehmung) bei Käufern betreffender Vorrichtungen durchzuführen.

652 Soweit der BGH⁹⁵⁸ das Abstellen auf eine **normative Verkehrsauffassung** ablehnt und für die Abgrenzung zwischen Gebrauch und Neuherstellung dann, wenn sich zu dem patentgeschützten Gegenstand eine tatsächliche Verkehrsauffassung nicht gebildet hat (zB deshalb, weil bloß die größere Einheit im Verkehr gehandelt wird), allein darauf abstellen will, ob sich in den ausgetauschten Teilen des Patentgegenstandes die technischen Wirkungen der Erfindung widerspiegeln, überzeugt dies nicht. Die Feststellung einer tatsächlichen Verkehrsauffassung beruht genauso wie die Ermittlung einer normativen Verkehrsauffassung auf exakt derselben Methodik, nämlich auf vernünftigen Erwägungen einer überwiegenden Mehrzahl der Abnehmer über die Brauchbarkeit des verbleibenden Restes des Patentgegenstandes. Auch dann, wenn eine tatsächliche

---

953 LG Mannheim, InstGE 12, 136 – zusätzliche Anwendungssoftware.
954 LG Mannheim, InstGE 12, 136 – zusätzliche Anwendungssoftware.
955 LG Mannheim, InstGE 12, 136 – zusätzliche Anwendungssoftware.
956 OLG Düsseldorf, Urteil v 29.4.2016 – I-15 U 47/15.
957 Zutreffend: OLG Düsseldorf, Urteil v 29.4.2016 – I-15 U 47/15. Die tatsächliche Vorstellung des Verkehrs zur gehandelten Gesamtvorrichtung kann keinesfalls unbesehen auf die patentgeschützte Untereinheit übertragen werden. AA: BGH, GRUR 2018, 170 – Trommeleinheit.
958 BGH, GRUR 2018, 170 – Trommeleinheit.

Verkehrsauffassung zu ermitteln ist, fragt sie das Gericht nicht real »durch Interviews« im betroffenen Kundenkreis ab; vielmehr entwickelt es die Verkehrsauffassung aus seiner eigenen Anschauung anhand dessen, was objektiv sinnvoll erscheint. Insofern lassen sich beide Arten der Verkehrsauffassung – die *tatsächliche* und die *normative* – in prinzipiell der gleichen Weise und mit prinzipiell demselben Grad an Verlässlichkeit und Vorhersehbarkeit verifizieren, womit es keinen sachlichen Grund dafür gibt, die Auffassung der Abnehmer darüber, ob der verbleibende Rest des Patentgegenstandes werthaltig oder wertlos ist, in dem einen Fall (sic: bei Bestehen einer tatsächlichen Verkehrsauffassung) über die Erschöpfungsfrage entscheiden zu lassen, in dem anderen Fall (sic: bei Fehlen einer tatsächlichen Verkehrsauffassung) jedoch als Beurteilungskriterium vollständig auszublenden. Eine dahingehende Differenzierung ist umso weniger angebracht, als sie weitreichende Folgen für die Verletzungsfrage hat, indem sie dazu führt, dass der Patentinhaber – wie der Fall »Trommeleinheit«[959] zeigt – letztlich entschädigungslos um seinen auf die kleine Baueinheit gerichteten Patentanspruch enteignet wird. Denn wenn die patentierte Baueinheit so gewählt wird, dass sie sich mit dem Verbrauch der einen Komponente insgesamt erledigt, weil der unter Patentschutz stehende Gegenstand darüber hinaus praktisch keine weiteren Bauteile umfasst, so ergibt sich bereits auf dieser – ersten – Stufe, dass der Austausch der Hauptkomponente zur Neuherstellung und mithin zum Patenteingriff führt, ungeachtet dessen, dass sich auf der nächstfolgenden- zweiten – Stufe das genau entgegengesetzte Ergebnis einer Erschöpfung einstellen würde, weil sich die Wirkungen der Erfindung nicht speziell in dem Austauschteil ausdrücken. Da – wie gezeigt – die normative Verkehrsauffassung genauso feststellbar ist wie die tatsächliche, hängt das Erkenntnis zur Erschöpfungsfrage demnach – folgt man dem BGH – maßgeblich davon ab, welche patentierte Baueinheit – die größere und/oder die kleinere – dem Verkehr als Handelsobjekt begegnet. Das aber kann reinen Zufälligkeiten geschuldet sein, die nicht über das rechtliche Schicksal einer Austauschmaßnahme entscheiden sollten.

g) Verfahrenspatent[960]

Eine Erschöpfung eines Verfahrenspatentes tritt dann nicht ein, wenn lediglich die Vorrichtung veräußert worden ist, mit deren Hilfe das Verfahren ausgeübt werden kann.[961] In welchem Umfang der Erwerber der Vorrichtung – im Wege einer beim Verkauf der Vorrichtung stillschweigend erteilten Lizenz – dazu berechtigt ist, die Vorrichtung bestimmungsgemäß zu verwenden, mithin das Verfahren durchzuführen, ist nach dem Einzelfall zu beurteilen und hängt von den schuldrechtlichen Vereinbarungen der Parteien ab.[962] Fehlen anderslautende Abreden, ist im Zweifel davon auszugehen, dass derjenige, der vom Inhaber eines Verfahrenspatents eine zur Ausübung des geschützten Verfahrens erforderliche Vorrichtung erwirbt, diese bestimmungsgemäß benutzen darf.[963] Das gilt unabhängig davon, ob die Vorrichtung ihrerseits ungeschützt oder ob neben dem Verfahren auch die Vorrichtung durch ein Sachpatent geschützt ist.[964] Voraussetzung ist freilich, dass die gebrauchsfertige Vorrichtung in ihrer Gesamtheit aus lizenzierter Quelle stammt; eine stillschweigende Benutzungserlaubnis kommt daher nicht in Betracht, wenn bloß einzelne Komponenten geliefert wurden, die unter Hinzufügung nicht lizenzierter

653

---

959 BGH, GRUR 2018, 170 – Trommeleinheit.
960 V. Meibom/Meyer, FS Mes, 2009, S 255. Speziell zur Erschöpfung bei Hightech-Patenten und standardessentiellen Patenten vgl Haft/von Samson-Himmelstjerna, FS Reimann, 2009, S 175.
961 BGH, GRUR 1980, 38 – Fullplastverfahren; vgl auch Busse/Keukenschrijver, § 9 PatG Rn 155, mwN.
962 BGH, GRUR 1998, 130, 132 – Handhabungsgerät.
963 BGH, GRUR 2007, 773 – Rohrschweißverfahren.
964 OLG Düsseldorf, Urteil v 28.1.2010 – I-2 U 124/08; aA: LG Düsseldorf, Entscheidungen 1998, 115 – Levitationsmaschine.

weiterer Teile zur Errichtung der zur Verfahrensführung geeigneten Sache verwendet worden sind.[965]

654 Die Annahme einer stillschweigenden Lizenzerteilung verbietet sich, wenn das patentgeschützte Verfahren vom **Endverbraucher** im privaten Bereich angewendet wird, weil die Patentbenutzung in einem solchen bereits kraft Gesetzes (§ 11 Nr 1 PatG) privilegiert ist und es deswegen keiner vertraglichen Nutzungsgestattung durch den Schutzrechtsinhaber bedarf.

655 ▶ **Bsp:**

Das Klagepatent betrifft ein Verfahren zum Herunterladen elektronischer Spiele auf ein Handy. Der Privatkunde ist wegen § 11 Nr 1 PatG kein Verletzer. Derjenige, der die Handyspiele zum Downloaden bereithält, ist dagegen mittelbarer Verletzer, weil die gesetzliche Privilegierung im Rahmen des § 10 PatG unbeachtlich ist (§ 10 Abs 3 PatG) und weil der private Abnehmer – mangels Lizenzerteilung – auch aus dem Gesichtspunkt vertraglicher Nutzungsgestaltung kein zur Benutzung der Erfindung Berechtigter iSv § 10 PatG ist.

h) Selbstverpflichtungsvereinbarung

656 Hat sich der Patentinhaber gemeinsam mit anderen Unternehmen gegenüber der Europäischen Kommission zur Einhaltung bestimmter Standards zum Zwecke des Umweltschutzes verpflichtet (wie dies im Hinblick auf die Richtlinie 2009/125/EG geschehen ist), so ergeben sich daraus grundsätzlich keine Rechte Dritter (zB zur Wiederaufbereitung verbrauchter Tonerkartuschen).[966]

13. Verjährung[967]

657 Als Verteidigungsmittel steht dem Beklagten die **Einrede** der Verjährung zur Verfügung, die von diesem ausdrücklich erhoben werden muss und nicht von Amts wegen berücksichtigt wird. In einem auf Verwirkung gerichteten Sachvortrag liegt – jedenfalls im Anwaltsprozess – in der Regel noch keine Erhebung der Verjährungseinrede.[968]

658 Darlegungs- und **beweispflichtig** für die Voraussetzungen der als rechtsvernichtend in Anspruch genommenen Verjährungsvorschrift ist der Schuldner, der sich hierauf beruft.[969] Er hat deswegen, wenn das Gesetz für einen bestimmten Anspruch je nach Fallgestaltung unterschiedlich lange Verjährungsfristen vorsieht, auch den Nachweis zu führen, dass kein Verjährungstatbestand vorliegt, der eine längere Verjährungsfrist begründet.[970]

659 Der Schuldner kann – vor oder nach Ablauf der Verjährungsfrist[971] – befristet auf die **Erhebung der Verjährungseinrede verzichten,** wobei einem schlüssigen Verhalten ein dahingehender Erklärungswert nur beigemessen werden kann, wenn der Schuldner um den Eintritt der Verjährung weiß oder zumindest mit ihr rechnet[972]. Die Verzichtserklä-

---

965 OLG Karlsruhe, GRUR 2014, 59 – MP2-Geräte.
966 BGH, GRUR 2018, 170 – Trommeleinheit.
967 Verjährung nach den ab dem 1.1.2002 gültigen Vorschriften; bei älteren Ansprüchen sind die Übergangsregelungen zu beachten. Die höchstrichterliche Rechtsprechung zum Verjährungsrecht ist zusammengestellt bei Fellner, MDR 2009, 670.
968 BGH, MDR 2009, 945.
969 BGH, MDR 2016, 534.
970 BGH, MDR 2016, 534.
971 BGH, ZIP 2007, 2206.
972 OLG Düsseldorf, NJW-RR 2000, 836.

rung ist im Zweifel dahin auszulegen, dass dem Gläubiger bis zum Ablauf der eingeräumten Frist die gerichtliche Geltendmachung des fraglichen Anspruchs ermöglicht werden soll. Die Verjährungseinrede bleibt deshalb belanglos, wenn der Gläubiger vor Fristablauf das Klageverfahren anhängig macht, sofern die anschließende Zustellung an den verzichtenden Schuldner demnächst erfolgt.[973] Sofern eindeutige Erklärungen dieses Inhalts fehlen, kann der Verjährungsverzicht demgegenüber nicht so ausgelegt werden, dass der Schuldner den Gläubiger mit ihm so stellen wolle, als würde die Verjährung erst mit Ablauf der Verzichtsfrist eintreten.[974] Hemmungs- und Neubeginn-Tatbestände (vgl nachfolgend Kap E Rdn 673 ff), die sich während des Laufs der Verzichtsfrist ereignen, haben deswegen nicht zur Folge, dass sich die eingeräumte Verzichtsfrist nach Maßgabe der Hemmungs- und Neubeginnvorschriften hinausschiebt.[975] Eine Verjährungsverzichtserklärung, die der Schuldner nur im Verhältnis zum Rechtsvorgänger abgegeben hat, wirkt grundsätzlich nicht zugunsten des Rechtsnachfolgers.[976]

Ansprüche wegen der Verletzung eines Patents verjähren gemäß § 141 PatG, der entsprechend auch auf europäische Patente Anwendung findet[977], nach den allgemeinen Regeln des BGB, dh innerhalb von drei Jahren.[978] Auskunftsansprüche verjähren auch dann selbständig, wenn sie der Bezifferung eines Zahlungsanspruchs dienen und insofern Hilfsfunktion haben.[979] 660

a) Relative Verjährung

Die Verjährungsfrist beginnt mit Schluss des Jahres, in dem – erstens – der Anspruch entstanden ist und – zweitens – der Gläubiger von den anspruchsbegründenden Tatsachen sowie der Person des Schuldners **Kenntnis** erlangt hat. 661

Was die **Anspruchsentstehung** betrifft, ist eine rechtverletzende Dauerhandlung (wie ein Internetangebot) gedanklich in Einzelhandlungen (dh in Tage) aufzuspalten, für die jeweils eine gesonderte Verjährungsfrist läuft.[980] Ein auf Wiederholungsgefahr gestützter Unterlassungsanspruch entsteht mit der Begehung der die Wiederholungsgefahr begründenden Verletzungshandlung[981], ein auf Erstbegehungsgefahr gestützter Anspruch dementsprechend mit Vorliegen hinreichender Anhaltspunkte für das Bevorstehen einer Verletzungshandlung. 662

Bzgl der **Kenntnis** genügt aus Gründen der Rechtssicherheit und Billigkeit das Wissen um die den Anspruch begründenden tatsächlichen Umstände und kommt es nicht auf eine zutreffende rechtliche Würdigung der Tatumstände an.[982] Sie ist nur ausnahmsweise dann zu fordern, wenn die Rechtslage derart unübersichtlich und zweifelhaft ist, dass sie selbst ein Rechtskundiger nicht zuverlässig einzuschätzen vermag.[983] Die haftungsbegründenden Tatsachen zu »Tat und Täter« müssen so vollständig und sicher bekannt sein, dass sie einen zwar nicht risikolosen, aber doch einigermaßen aussichtsreichen Erfolg einer Klage versprechen und dem Verletzten daher bei verständiger Würdigung der Sachlage eine Klage zuzumuten ist.[984] Ausreichend ist die Möglichkeit, eine Feststel- 663

---

973 BGH, MDR 2014, 920.
974 BGH, MDR 2014, 920.
975 BGH, MDR 2014, 920.
976 BGH, MDR 2014, 1201.
977 Benkard, § 141 PatG Rn 2.
978 BGH, GRUR 2015, 780 – Motorradteile.
979 BGH, GRUR 2012, 1248 – Fluch der Karibik.
980 BGH, GRUR 2015, 780 – Motorradteile.
981 BGH, GRUR 2016, 946 – Freunde finden.
982 BGH, MDR 2008, 615; BGH, GRUR 2012, 1248 – Fluch der Karibik.
983 BGH, MDR 2008, 615.
984 BGH, GRUR 2012, 1279 – DAS GROSSE RÄTSELHEFT.

lungs- oder Stufenklage zu erheben, was dann bedeutsam ist, wenn dem Gläubiger Kenntnisse zur Anspruchshöhe fehlen, die eine abschließende Bezifferung des fraglichen Anspruchs ermöglichen.[985] Im Falle des **Gläubigerwechsels** kommt es auf den Kenntnisstand des ursprünglichen Anspruchsinhabers an. Hatte dieser die für den Verjährungsbeginn erforderliche Kenntnis, geht der Anspruch so, dh mit in Gang gesetzter Verjährung, auf den Rechtsnachfolger über, selbst wenn dieser die Kenntnis nicht mit oder erst nach dem Übergang des Anspruchs auf ihn erhält.[986] Nur wenn der Kenntnisstand des Rechtsvorgängers nicht geeignet war, die Verjährung in Gang zu setzen, ist auf den Rechtsnachfolger abzustellen.[987]

664 **Grob fahrlässige Unkenntnis** steht der positiven Kenntnis gleich (§§ 195, 199 Abs 1 BGB). Sie liegt vor, wenn dem Gläubiger deshalb die Kenntnis fehlt, weil er die im Verkehr erforderliche Sorgfalt in ungewöhnlich grobem Maße verletzt und auch ganz naheliegende Überlegungen nicht angestellt oder naheliegende Erkenntnis- oder Informationsquellen nicht genutzt und unbeachtet gelassen hat, was jedem hätte einleuchten müssen, so dass ihm persönlich eine schwerer Obliegenheitsverstoß bei der Verfolgung seiner Ansprüche vorzuwerfen ist.[988] Dazu genügt noch nicht eine bloß fehlende Marktbeobachtung[989], vielmehr müssen Umstände festgestellt werden, aus denen sich ergibt, dass sich der Gläubiger der Kenntnisnahme regelrecht verschlossen hat.[990]

665 Ist das **Patent** im Nachhinein **beschränkt** (aufrechterhalten) **worden** und sind die Zusatzmerkmale nicht evident, kommt es darauf an, ob der Anspruchsteller schon vorher Anlass hatte und die Gelegenheit auch wahrgenommen hat, den Verletzungsgegenstand auf das Vorhandensein derjenigen Anspruchsmerkmale zu untersuchen, die nachträglich in den Patentanspruch aufgenommen worden sind.[991]

666 In **Überleitungsfällen** nach Art 229 § 6 Abs 4 S 1 EGBGB müssen für den Fristbeginn die subjektiven Voraussetzungen – Kenntnis oder grob fahrlässige Unkenntnis – am 1.1.2002 vorgelegen haben.[992] Die Verjährung setzt alsdann am 1.1.2002 – und nicht erst am 31.12.2002[993] – ein.[994]

667 Nach der – auch im Rahmen von § 141 PatG zu beachtenden[995] – Rechtsprechung des BGH zu § 852 BGB ist allerdings die **Kenntnis** eines **rechtsgeschäftlichen Vertreters** grundsätzlich unbeachtlich und nur die Kenntnis des verletzten Rechtsinhabers sowie seines *gesetzlichen* Vertreters[996] (zB Geschäftsführers) selbst geeignet, den Lauf der Verjährungsfrist in Gang zu setzen.[997] Nur wenn und soweit der Verletzte einen Dritten mit der Erledigung bestimmter Angelegenheiten in eigener Verantwortung betraut hat, darf dem Rechtsinhaber ausnahmsweise dasjenige Wissen zugerechnet werden, welches der andere in dem ihm zugewiesenen Aufgabenbereich erlangt hat.[998] Bei Patentverletzungen kommt eine Wissenszurechnung nach diesen Regeln nur in Betracht, wenn der Patentinhaber den Dritten mit der Geltendmachung von Rechten aus dem Patent beauf-

---

985 BGH, GRUR 2012, 1248 – Fluch der Karibik.
986 BGH, MDR 2014, 726; BGH, GRUR-RR 2017, 185 – Derrick.
987 BGH, GRUR-RR 2017, 185 – Derrick.
988 BGH, GRUR 2012, 1279 – DAS GROSSE RÄTSELHEFT.
989 OLG Karlsruhe, GRUR-RS 2016, 21121 – Advanced System.
990 BGH, GRUR 2012, 1248 – Fluch der Karibik.
991 OLG Düsseldorf, Urteil v 12.7.2012 – I-2 U 95/11.
992 BGHZ 171, 1, 7 ff; BGH, NJW 2008, 506.
993 So: Kandelhard, NJW 2005, 630.
994 BGH, MDR 2008, 615.
995 Vgl BGH, MDR 2008, 615.
996 BGH, GRUR 2016, 946 – Freunde finden.
997 BGH, GRUR 1998, 133, 137 – Kunststoffaufbereitung; BGH, GRUR 2016, 946 – Freunde finden.
998 BGH, NJW 1989, 2323, mwN; BGH, NJW 1968, 988; BGH, GRUR 2016, 946 – Freunde finden.

tragt hat.⁹⁹⁹ Daran fehlt es bei einer ausschließlich mit der Lizenzvergabe an Schutzrechten eines Patent-Pools befassten Agentur, der von den Schutzrechtsinhabern nicht die Befugnis eingeräumt worden ist, Verbietungsrechte aus den Lizenzpatenten durchzusetzen.¹⁰⁰⁰ Darüber hinaus werden nur diejenigen Kenntnisse zugerechnet, die der Dritte im Rahmen seiner Tätigkeit für den Geschäftsherrn – und nicht bloß privat – erlangt hat.¹⁰⁰¹ Etwas anderes gilt nur dann, wenn der Geschäftsherr aus Gründen des Verkehrsschutzes zur Organisation eines Informationsaustausches verpflichtet ist, der auch privat erlangtes Wissen umfasst.¹⁰⁰²

b) Absolute Verjährung

668 Unabhängig von der Kenntnis des Gläubigers ist die absolute Verjährungsfrist, die jedoch bei den verschiedenen Ansprüchen unterschiedlich lang ist. So verjähren die Ansprüche auf Unterlassung, Vernichtung oder Auskunft nach § 140b PatG nach zehn Jahren seit ihrer Entstehung (§ 199 Abs 4 BGB). Für Schadenersatzansprüche und den vorbereitenden Rechnungslegungs- bzw Auskunftsanspruch gilt § 199 Abs 3 BGB und damit eine Verjährungsfrist von zehn Jahren von der Entstehung des Anspruchs an bzw, unabhängig von der Entstehung, von 30 Jahren von der Verletzungshandlung an. Ist die Schadenersatz- oder Entschädigungspflicht rechtskräftig festgestellt, gilt für die betreffenden Ansprüche § 197 Nr 3 BGB (Verjährungsfrist von 30 Jahren).¹⁰⁰³

c) Rechtsfolgen

669 Die Einrede der Verjährung führt für den Beklagten jedoch selten zu einer Klageabweisung, da vor allem der **Unterlassungsanspruch** gegen eine bestimmte Person mit jeder neu in Erscheinung tretenden Verletzungshandlung durch Wiederaufleben der Wiederholungsgefahr neu entsteht. Bei kontinuierlich vorgenommenen Verletzungshandlungen kann der ausschließlich in die Zukunft gerichtete Unterlassungsanspruch daher auf jede beliebige, also auch die zuletzt vorgenommene, noch nicht verjährte Handlung gestützt werden. Verjährte Verletzungshandlungen können einen Unterlassungsanspruch demgegenüber nicht, auch nicht unter dem Gesichtspunkt einer Begehungsgefahr stützen.

670 § 141 PatG gilt in gleichem Maße für Entschädigungs-¹⁰⁰⁴ und Schadenersatzansprüche des Schutzrechtsinhabers. Doch auch insoweit führt die Verjährungseinrede im Ergebnis höchstens zu einer Beschränkung der Höhe der Ansprüche auf eine Geldleistung, da dem Verletzten gegen den Verletzer auch nach Verjährung der auf Patentrecht gestützten Ansprüche ein Anspruch auf Herausgabe des durch die Verletzungshandlungen Erlangten nach den Vorschriften der ungerechtfertigten Bereicherung (§ 852 BGB iVm §§ 812, 818 BGB) zugebilligt wird.¹⁰⁰⁵ Dahinter steht der Gedanke, dass der Verletzer durch seine Handlungen die Nutzung der dem Schutzrecht zugrunde liegenden Lehre erlangt hat, die herausgegeben werden muss. Die Wertberechnung dieses – für Fälle der unmittelbaren wie der mittelbaren¹⁰⁰⁶ Patentverletzung gegebenen – **Restschadenersatzanspruch**s erfolgt in Anlehnung an die Grundsätze der Lizenzanalogie.¹⁰⁰⁷ Weil das

---

999   BGH, GRUR 1998, 133, 137 – Kunststoffaufbereitung; BGH, GRUR 2016, 946 – Freunde finden.
1000 LG Düsseldorf, InstGE 7, 70 – Videosignal-Codierung I.
1001 BGH, GRUR 2016, 946 – Freunde finden.
1002 BGH, GRUR 2016, 946 – Freunde finden.
1003 BGH, NJW-RR 1989, 215.
1004 § 33 Abs 3 PatG, der auf § 141 PatG verweist, ist auch auf den Entschädigungsanspruch anzuwenden, der sich (für europäische Patentanmeldungen) aus Art II § 1 IntPatÜG ergibt (OLG Düsseldorf, InstGE 2, 115 – Haubenstretchautomat).
1005 Vgl BGH, GRUR 1977, 250 ff – Kunststoffhohlprofil I; BGH, GRUR 1982, 301 – Kunststoffhohlprofil II.
1006 Nieder, Mitt 2009, 540.
1007 BGH, GRUR 2015, 780 – Motorradteile.

Erlangte im Gebrauch des Schutzgegenstandes besteht, kommt eine Berufung auf § 818 Abs 3 BGB ebensowenig in Betracht[1008], wie es eine Anspruchsvoraussetzung darstellt, dass der Bereicherungsschuldner durch die Verletzungshandlungen einen Gewinn erzielt hat.[1009] Auf eine angemessene Lizenzgebühr ist der Anspruch allerdings auch begrenzt. Die Herausgabe des Verletzergewinns oder der Ersatz des eigenen entgangenen Gewinns können nicht verlangt werden.[1010] Dies ist logische Konsequenz der Tatsache, dass sich die Rechtsfolgen des verjährten Schadenersatzanspruchs nach Bereicherungsrecht bestimmen und der originäre Kondiktionsanspruch ausschließlich auf Zahlung einer angemessenen Lizenz gerichtet ist. Der Rechtsschadenersatzanspruch kann insofern nicht weiter gehen als der Bereicherungsanspruch, auf den wegen der Rechtsfolgen[1011] Bezug genommen ist. Die Verjährung des Rest-Schadenersatzanspruchs richtet sich nach § 852 BGB und tritt in zehn Jahren von seinem Entstehen, also seiner Fälligkeit, und unabhängig davon in 30 Jahren von der Begehung der Verletzungshandlung ein.[1012]

671 Von Interesse kann der Verjährungseinwand unter Umständen für den **Rechnungslegungsanspruch** sein, der dem Verletzten als Hilfsanspruch zu seinem Schadenersatz-, Entschädigungs- oder Restschadenersatzanspruch zusteht, da die Berechnung des Entschädigungs- sowie des Restschadenersatzanspruchs auf die Methode der Lizenzanalogie beschränkt ist.[1013] Angaben über die Gewinnkalkulation können insoweit nicht verlangt werden, da diese für die Berechnung einer Lizenz unbeachtlich sind.[1014] Der Rechnungslegungsanspruch unterliegt einer eigenständigen Verjährung, die ggf von der des vorzubereitenden Zahlungsanspruchs abweichen kann. Zwar kann, wenn der Zahlungsanspruch verjährt ist, (mangels Rechtsschutzbedürfnisses) auch der (selbst noch nicht verjährte) Rechnungslegungsanspruch grundsätzlich[1015] nicht mehr geltend gemacht werden.[1016] Umgekehrt gilt nicht dasselbe. Der selbst schon verjährte Rechnungslegungsanspruch kann mithin nicht deshalb weiter durchgesetzt werden, weil der mit ihm vorzubereitende Zahlungsanspruch noch nicht verjährt ist.[1017] Allerdings verjährt der Auskunftsanspruch – trotz seiner rechtlichen Selbständigkeit – prinzipiell nicht vor dem Hauptanspruch, dem er dient.[1018]

672 Die Umstellung von einem Schadenersatz- oder Entschädigungsanspruch auf den Restschadenersatzanspruch im Prozess wird als Beschränkung des Klageantrages, nicht als **Klageänderung** behandelt. In der Regel hat diese Beschränkung jedoch im Hinblick auf die analoge Berechnung von Schadenersatz und Restschadenersatz im Wege der Lizenzanalogie keinen oder nur einen geringfügigen Einfluss auf die Kostenverteilung.

1008 BGH, GRUR 2016, 1280 – Everytime we touch.
1009 BGH, GRUR 2015, 780 – Motorradteile.
1010 Streitig, wie hier: Kraßer/Ann, § 35 Rn 152; aA: LG Düsseldorf, Mitt 2000, 458; LG Mannheim, InstGE 4, 107 – Mitnehmerorgan; Pross, FS Schilling, 2007, S 333, ebenso für Fälle der unmittelbaren Patentverletzung: Nieder, Mitt 2009, 540; Hülsewig, GRUR 2011, 673; OLG Karlsruhe, GRUR-RS 2016, 21121 – Advanced System; jeweils mit einer Darstellung des Streitstandes; offen gelassen von BGH, GRUR 2015, 780 – Motorradteile.
1011 BGH, GRUR 2015, 780 – Motorradteile.
1012 BGH, GRUR 2015, 780 – Motorradteile.
1013 Streitig, vgl zum Meinungsstand: Hülsewig, GRUR 2011, 673.
1014 AA: LG Düsseldorf, Urteil v 3.11.2011 – 4b O 67/10. Hierzu, aber zum Arbeitnehmererfinderrecht: BGH, GRUR 1998, 689 – Copolyester II; BGH, GRUR 1998, 684 – Spulkopf.
1015 BGH, MDR 2017, 1045.
1016 BGH, NJW 1985, 384.
1017 AA: LG Düsseldorf, Urteil v 26.3.2009 – 4a O 89/08.
1018 BGH, MDR 2017, 1045.

Die erstmalige (begründete) Erhebung der Verjährungseinrede im Laufe des Rechtsstreits stellt ein **erledigendes Ereignis** dar.[1019] Das gilt auch dann, wenn die Verjährung bereits vor Eintritt der Rechtshängigkeit eingetreten war.[1020]

673

d) Hemmung

Die Verjährungsfrist verlängert sich gemäß § 209 BGB im Falle einer Hemmung (§§ 203– 211 BGB) um den gehemmten Zeitraum. Vorausgesetzt ist dabei, dass der Hemmungstatbestand zu einem Zeitpunkt eintritt, zu dem einerseits der Lauf der Verjährungsfrist bereits begonnen hat[1021] und andererseits der Anspruch noch nicht verjährt ist[1022].

674

Von besonderer Bedeutung in Patentauseinandersetzungen ist der Hemmungstatbestand schwebender **(Vergleichs-)Verhandlungen** nach § 203 BGB. Für ein »Verhandeln« genügt jeder Meinungsaustausch zwischen Berechtigtem und Verpflichtetem, sofern nicht sofort und eindeutig jeder Ersatz abgelehnt wird, wobei die Rechtsprechung zu § 639 Abs 2 BGB aF herangezogen werden kann.[1023] Eine Bereitschaft zum Entgegenkommen muss von Seiten des Verpflichteten nicht signalisiert werden.[1024] Es genügt, wenn der Berechtigte Anforderungen an den Verpflichteten stellt und dieser nicht sofort ablehnt, sondern sich auf Erörterungen einlässt.[1025] Die durch Verhandlungen eingetretene Hemmung endet durch den unmissverständlichen Abbruch der Verhandlungen. Dass der Verpflichtete seine Einstandspflicht verneint, reicht hierzu allein nicht. Genügend ist hingegen das »Einschlafen lassen« der Verhandlungen, wobei die Hemmung in dem Zeitpunkt endet, zu dem der Berechtigte nach Treu und Glauben spätestens den nächsten Schritt zur Fortsetzung der Verhandlungen hätte erwarten dürfen.[1026] Auch insoweit gelten die von der Rechtsprechung zum alten Recht (§ 852 Abs 2 BGB) herausgearbeiteten Grundsätze.[1027] Da die Hemmung grundsätzlich auf den Zeitpunkt zurückwirkt, in dem der Gläubiger seinen Anspruch gegenüber dem Schuldner geltend gemacht hat[1028], verlängert sich die Verjährungsfrist infolge der Hemmung um denjenigen Zeitraum, der von da an bis zum Abbruch der Verhandlungen vergeht. Zugunsten des Rechtsnachfolgers wirkt nur die bei seinem Rechtsvorgänger durch Verhandlungen bis zum Rechtsübergang bewirkte Verjährungshemmung; ob eine Hemmung der Verjährung beim Rechtsnachfolger eintritt, hängt davon ab, ob Hemmungsgründe in seiner Person vorliegen.[1029] Die Wiederaufnahme abgebrochener Verhandlungen führt jedoch nicht zu einer auf den Beginn der Verhandlungen zurückwirkenden Hemmung.[1030]

675

Bedeutsam als Hemmungstatbestand sind weiterhin bestimmte Akte der Rechtsverfolgung nach § 204 BGB. Dazu gehört an erster Stelle die **Erhebung einer Klage** (§ 204 Nr 1 BGB). Voraussetzung ist dabei, dass die Klage formell ordnungsgemäß ist (dh insbesondere den Anforderungen des § 253 ZPO genügt[1031], in Fällen eines gesetzlichen Anwaltszwanges von einem postulationsfähigen Anwalt unterschrieben ist und das Kla-

676

1019 Zur Kostenentscheidung nach § 91a ZPO im einstweiligen Verfügungsverfahren, welches von den Parteien wegen während des laufenden Verfahrens eingetretener Verjährung übereinstimmend für erledigt erklärt wird, vgl Kap G Rdn 187.
1020 BGH, MDR 2010, 650.
1021 BGH, MDR 2017, 761.
1022 BGH, MDR 2017, 199.
1023 BGH, NJW 2007, 587.
1024 OLG Düsseldorf, InstGE 8, 117 – Fahrbare Betonpumpe.
1025 BGH, MDR 2014, 202.
1026 BGH, WM 2009, 282; OLG Düsseldorf, InstGE 8, 117 – Fahrbare Betonpumpe.
1027 BGH, WM 2009, 282.
1028 BGH, MDR 2014, 202.
1029 BGH, MDR 2014, 1201.
1030 BGH, MDR 2017, 199.
1031 Vgl OLG Frankfurt/Main, GRUR-RS 2016, 15323 – Ohne Funktionseinschränkung kostenlos.

gebegehren individualisiert), wirksam zugestellt[1032] und außerdem vom materiell Berechtigten erhoben ist. Hierzu gehören der Rechtsinhaber, sein Rechtsnachfolger, aber auch Dritte, wenn sie materiell-rechtlich wirksam zur Durchsetzung der eingeklagten Forderung ermächtigt sind. Letzteres ist bei gesetzlichen oder gewillkürten Prozessstandschaftern (zB Lizenznehmern) der Fall.[1033] Hier kommt es nicht darauf an, ob der klagende Lizenznehmer ein eigenes Interesse an der gerichtlichen Verfolgung des für ihn fremden Anspruchs hat, die seine (im eigenen Namen erhobene) Klage zulässig macht. Wichtig für die Hemmungswirkung ist nur das Vorliegen einer wirksamen Ermächtigungserklärung des Rechtsinhabers sowie die Offenkundigkeit oder Offenlegung der Tatsache, dass im Prozess ein fremder Anspruch verfolgt wird, vor Eintritt der Verjährung.[1034] Soll die Verjährung durch Zustellung der Klage gehemmt werden, muss die materielle Berechtigung im Zeitpunkt der Einreichung der Klage gegeben sein.[1035] Eine negative Feststellungsklage des Schuldners hemmt den Lauf der Verjährungsfrist ebenso wenig wie die materielle Verteidigung des Gläubigers hiergegen.[1036] Denn für alle Hemmungstatbestände ist ein aktives Verfolgen des Anspruchs durch den Gläubiger erforderlich. Im nationalen Recht führt dies zu keinen Unzuträglichkeiten, weil eine negative Feststellungsklage des Schuldners den Gläubiger nicht daran hindert, (zur Verjährungshemmung) seinerseits (am gleichen oder an einem anderen Gerichtsstand) positive Leistungsklage zu erheben. Problematischer verhält es sich im Anwendungsbereich der **EuGVVO**, weil nach der Rechtsprechung des EuGH eine negative Feststellungsklage und die positive Leistungsklage umgekehrten Rubrums denselben Streitgegenstand bilden. Erhebt der Verletzer negative Feststellungsklage in einem Mitgliedstaat, bleibt dem Verletzten nur die Möglichkeit, gestützt auf die Gerichtsstände der EuGVVO, in einem anderen Mitgliedstaat seine positive Leistungsklage zu erheben. Kommt seiner Klage der schlechtere Zeitrang zu und wird für die zuerst erhobene negative Feststellungsklage die Zuständigkeit rechtskräftig bejaht, wird sein Prozess zunächst ausgesetzt und die Leistungsklage schließlich abgewiesen, womit fortan keine Hemmung mehr eintreten kann. Noch unbefriedigender ist die Rechtslage, wenn dem Verletzten jenseits des Mitgliedstaates der negativen Feststellungsklage überhaupt kein weiterer Gerichtsstand zur Verfügung steht. In beiden Konstellationen, in denen aus übergeordnetem Prozessrecht keine aktive Rechtsverfolgung des Gläubigers möglich ist, wird man für den Hemmungseintritt ausreichen lassen müssen, dass der Verletzte im negativen Feststellungsverfahren seine positiven Rechte verfolgt. Anders als bei einem Mahnbescheid (vgl. dazu sogleich) hemmt die Erhebung einer Teilklage, mit der mehrere Ansprüche geltend gemacht werden, die Verjährung sämtlicher (auch die Klageforderung übersteigender) Ansprüche, wobei die Bestimmung, bis zu welcher Höhe und in welcher Reihenfolge die einzelnen Teilansprüche verfolgt werden, im Prozess mit Rückwirkung nachgeholt werden kann.[1037]

677 Speziell für Zahlungsansprüche (zB auf Zahlung beziffertem Schadenersatzes) ist die Verjährungshemmung durch **Zustellung eines Mahnbescheides** (§ 204 Abs 1 Nr 3 BGB)

[1032] BGH, MDR 2016, 900. Mängel, die zur Unwirksamkeit des Zustellungsaktes führen, hindern grundsätzlich eine Hemmung; das gilt in Fällen unzulässiger öffentlicher Zustellung jedenfalls dann, wenn das Fehlen der Zustellungsvoraussetzungen nach § 185 ZPO für das Gericht erkennbar ist (BGH, MDR 2017, 226). Beruht die Unwirksamkeit der öffentlichen Zustellung auf einer unrichtigen Sachbehandlung durch das Gericht, kann eine Hemmung der Verjährung wegen höherer Gewalt in Betracht kommen, nämlich dann, wenn die (unzulässige) öffentliche Zustellung für den Gläubiger unabwendbar war, weil sich das Gericht von seiner fehlerhaften Beurteilung des Vorliegens der Bewilligungsvoraussetzungen nach § 185 ZPO nicht abbringen lässt, zB indem es eine anwaltliche Zustellungsmöglichkeit beharrlich nicht gelten lässt (BGH, MDR 2017, 226).
[1033] BGH, NJW 2010, 2270.
[1034] BGH, NJW 2011, 2193; BGH, NJW 1999, 3707.
[1035] BGH, NJW 2010, 2270.
[1036] BGH, MDR 2012, 1365.
[1037] BGH, NJW 2014, 3298.

bedeutsam.[1038] Sie tritt nur ein, wenn der Anspruch vom materiell Berechtigten geltend gemacht wird[1039] und sie endet 6 Monate nach rechtskräftiger Entscheidung oder anderweitiger Beendigung des Verfahrens (§ 204 Abs 2 Satz 1 BGB). Gerät das Verfahren dadurch in Stillstand, dass die Parteien es nicht betreiben, so ist die letzte Verfahrenshandlung der Parteien oder des Gerichts maßgeblich (§ 204 Abs 2 Satz 2 BGB). Wird gegen den Mahnbescheid Widerspruch eingelegt und unterlässt es der Antragsteller anschließend, um Abgabe an das Streitgericht zu bitten, so läuft die 6-Monatsfrist mit Zugang der Mitteilung über den Widerspruch beim Antragsteller.[1040]

Wird ein einheitlicher Anspruch geltend gemacht, der sich aus **mehreren Rechnungsposten** zusammensetzt, hemmt die Zustellung eines Mahnbescheides die Verjährung auch dann, wenn die Rechnungsposten im Mahnbescheid nicht näher aufgeschlüsselt sind. Die notwendige Substantiierung kann im Laufe des Rechtsstreits beim Übergang in das streitige Verfahren nachgeholt werden.[1041] Anders verhält es sich, wenn der im Mahnbescheid geltend gemachte Betrag mehrere, *nicht* auf einem *einheitlichen* Anspruch beruhende und deshalb selbständige Einzelforderungen betrifft; hier bedarf es einer Aufschlüsselung schon im Mahnbescheid. Hierzu ist erforderlich, dass der Anspruch durch seine Kennzeichnung von anderen Ansprüchen so unterschieden und abgegrenzt wird, dass er Grundlage eines der materiellen Rechtskraft fähigen Vollstreckungstitels sein kann und dem Schuldner die Beurteilung ermöglicht, ob er sich gegen den Anspruch zur Wehr setzen will.[1042] Die Identität der geltend gemachten Ansprüche muss nicht für einen außenstehenden Dritten ersichtlich sein; es genügt die Erkennbarkeit für den Anspruchsgegner, weswegen auf Unterlagen Bezug genommen werden darf, die dem Mahnbescheid nicht in Abschrift beigefügt sind, sofern sie dem Schuldner bekannt sind.[1043] Eine Individualisierung erst im streitigen Verfahren macht zwar die Zahlungsklage zulässig, sie wirkt aber verjährungsrechtlich nicht auf den Mahnbescheid zurück.[1044] Unerheblich ist demgegenüber, dass der Kläger bei einer Schadenersatzklage die Berechnungsmethode wechselt, zB von der Herausgabe des entgangenen Gewinns auf die Liquidierung des Verletzergewinns übergeht.[1045]

678

Weitere Hemmungstatbestände sind die Zustellung eines Antrags auf Erlass einer einstweiligen Verfügung bzw die Zustellung der einstweiligen Verfügung selber (§ 204 Nr 9 BGB)[1046] sowie die Zustellung des Antrags auf Durchführung eines **selbständigen Beweisverfahrens** (§ 204 Nr 7 BGB). Erfolgt die Beweiserhebung durch ein schriftliches Sachverständigengutachten, ist das Beweisverfahren mit dessen Übersendung an die Parteien beendet. Anderes gilt nur dann, wenn entweder das Gericht eine Stellungnahmefrist gesetzt hat oder die Parteien innerhalb eines angemessenen Zeitraumes Einwendungen gegen das Gutachten erhoben oder Anträge bzw Ergänzungsfragen formuliert haben.[1047] Hat im Anschluss an die schriftliche Begutachtung eine Anhörung des Sachverständigen stattgefunden, endet das selbständige Beweisverfahren ebenfalls grundsätzlich mit der Verlesung und Genehmigung des Sitzungsprotokolls im Anhörungstermin, weswegen die Verjährungshemmung sechs Monate nach diesem Datum endet.[1048] Das gilt unabhän-

679

1038 Vgl Pioch, MDR 2016, 863.
1039 BGH, GRUR 2016, 1280 – Everytime we touch.
1040 BGH, GRUR 2016, 1280 – Everytime we touch.
1041 BGH, MDR 2013, 1421.
1042 BGH, GRUR 2015, 780 – Motorradteile.
1043 BGH, GRUR 2015, 780 – Motorradteile.
1044 BGH, WM 2009, 420.
1045 BGH, MDR 2014, 1224.
1046 Keine Hemmung aber etwa bei Verteidigung gegen eine negative Feststellungsklage: BGHZ 72, 28; BGH, NJW 1972, 159.
1047 BGH, MDR 2011, 185.
1048 OLG Düsseldorf, OLG-Report 2009, 486.

gig davon, ob die sachverständigen Feststellungen richtig oder falsch sind oder der Sachverständige im Anhörungstermin seine Erkenntnisse im schriftlichen Gutachten selbst in Zweifel gezogen hat.[1049] Eine Verfahrensbeendigung tritt nur dann nicht ein, wenn eine Partei innerhalb angemessener, nach den Umständen des Einzelfalles zu bestimmender Frist nach der Anhörung Einwendungen gegen das Gutachten erhebt. Maßgeblich für die Fristbestimmung ist, innerhalb welcher Zeitspanne damit gerechnet werden kann, dass die Partei die Ausführungen des Sachverständigen mit der gebotenen Sorgfalt verifizieren konnte. In diesem Zusammenhang kommt es ua darauf an, um welches technisches Gebiet es sich handelt, wie komplex und schwierig der Begutachtungsgegenstand ist, über welche eigenen Sachkenntnisse und Untersuchungsmöglichkeiten die Partei verfügt, ob ggf aufwändige Messungen von dritter Seite erforderlich sind, etc. Beim Verjährungseintritt verbleibt es hingegen, wenn die Partei von Einwendungen absieht, zB um ggf das Hauptsacheverfahren betreiben und dort ergänzende Fragen anbringen zu können.[1050]

680 Eine **Streitverkündung** hat hemmende Wirkung nur dann, wenn sie nach Maßgabe der §§ 72 f ZPO zulässig ist[1051], was insbesondere verlangt, dass aus der Streitverkündungsschrift dasjenige Rechtsverhältnis erkennbar ist, aus dem sich der Rückgriffsanspruch gegen den Empfänger der Streitverkündung ergeben soll.[1052] Die Angaben tatsächlicher und rechtlicher Art müssen so genau sein, dass der Adressat – ggf nach Einsicht in die Prozessakten (§ 299 ZPO) – prüfen kann, ob es für ihn angebracht ist, dem Rechtsstreit beizutreten.[1053] Auf Ansprüche, die von den Angaben in der Streitverkündungsschrift nicht umfasst sind, erstreckt sich die Hemmungswirkung nicht.[1054] Möglich ist eine Streitverkündung auch noch während des Verfahrens über die Beschwerde gegen die Nichtzulassung der Revision durch das Berufungsgericht.[1055] Die Hemmungswirkung tritt bereits mit dem Eingang der Streitverkündungsschrift bei Gericht ein, wenn dessen Zustellung demnächst erfolgt; unerheblich ist dabei, ob zum Zeitpunkt der Zustellung der Anspruch bereits verjährt wäre oder nicht.[1056]

681 Bei allen vorgenannten Hemmungstatbeständen, die auf einer gerichtlichen Rechtsverfolgung beruhen, kommt es nicht entscheidend darauf an, dass die Klageschrift etc vor Ablauf der Verjährungsfrist zugestellt ist; vielmehr genügt der fristgerechte Eingang bei Gericht, sofern die Zustellung anschließend »**demnächst**« geschieht (§ 167 ZPO). Daran fehlt es, wenn sich Zustellungsverzögerungen (zB wegen eines nicht eingezahlten Gerichtskostenvorschusses) eingestellt haben, die der Kläger zu vertreten hat und die ein hinnehmbares Maß überschreiten. Regelmäßig wird von der Rechtsprechung eine Zustellungsverzögerung von 14 Tagen toleriert.[1057] Bei der Berechnung des besagten 14-Tage-Zeitfensters kommt es nicht auf die Zeitspanne zwischen der Aufforderung zur Einzahlung der Gerichtskosten und deren Eingang bei der Justizkasse an, sondern darauf, um wie viele Tage – mehr oder weniger als 14? – sich der ohnehin erforderliche Zeitraum infolge der Nachlässigkeit des Klägers verzögert hat.[1058] Welche Zeitspanne für die Zahlung »ohnehin erforderlich« und insofern nicht vorwerfbar ist, wird in der BGH-Rechtsprechung unterschiedlich beurteilt. Wird die Kostenanforderung zulässigerweise an den Prozessbevollmächtigten versandt, sind ihm regelmäßig 3 Werktage für

---

1049 OLG Düsseldorf, OLG-Report 2009, 486.
1050 OLG Düsseldorf, OLG-Report 2009, 486.
1051 BGH, NJW 2008, 519; BGH, MDR 2010, 323.
1052 BGH, MDR 2010, 323.
1053 BGH, MDR 2010, 323.
1054 BGH, MDR 2010, 323.
1055 BGH, MDR 2010, 323.
1056 BGH, NJW 2010, 323.
1057 BGH, MDR 2018, 177.
1058 BGH, MDR 2018, 177.

deren Prüfung und Weiterleitung an die Partei zuzubilligen.[1059] Kontrovers ist demgegenüber, welche Zahlungsfrist dem Kläger anschließend persönlich zusteht. Während der II. ZS[1060] maximal 3 Werktage zubilligt, spricht sich der V. ZS[1061] für 1 Woche aus.

▶ **Bsp:** 682

Zustellung der Gerichtskostenaufforderung an den RA:	06.08.2018
Prüfung und Weiterleitung an den Kläger:	09.08.2018
Zahlungsfrist für den Kläger persönlich:	
II. ZS (3 Werktage):	13.08.2018
V. ZS (1 Woche):	16.08.2018
Zustellung »demnächst«:	
II. ZS (13.08.2018 + 14 Tage):	bis 27.08.2018
V. ZS (16.08.2018 + 14 Tage):	bis 30.08.2018

Gemäß § 204 Abs 2 Satz 1 BGB endet die nach § 204 Abs 1 BGB eingetretene Verjährungshemmung sechs Monate nach der rechtskräftigen Entscheidung oder anderweitigen Beendigung des eingeleiteten Verfahrens. Gerät das Verfahren dadurch in **Stillstand**, dass die Parteien es nicht betreiben, so tritt gemäß § 204 Abs 2 Satz 2 BGB an die Stelle der Beendigung des Verfahrens die letzte Verfahrenshandlung der Parteien, des Gerichts oder der sonst mit dem Verfahren befassten Stelle. Eine Untätigkeit der Parteien führt dabei dann nicht zum Stillstand des Verfahrens, wenn die Verfahrensleitung beim Gericht liegt.[1062] Der diesbezüglichen Pflicht, für den Fortgang des Prozesses Sorge zu tragen, kommt das Gericht insbesondere durch die Bestimmung eines Termins zur mündlichen Verhandlung nach. Insofern enthält die Zivilprozessordnung die allgemeine Regel, dass Termine unverzüglich von Amts wegen zu bestimmen sind (§ 216 Abs 2 ZPO). Von einer Terminsbestimmung kann das Gericht allerdings absehen, wenn sich die Parteien als Herren des Verfahrens damit einverstanden erklären. Soweit es um die Voraussetzungen von § 204 Abs 2 Satz 2 BGB geht, ist nach der Rechtsprechung des Bundesgerichtshofs anerkannt, dass die Verantwortung für das Betreiben des Prozesses vom Gericht auf den Kläger übergeht, wenn das Gericht mit dessen ausdrücklich oder konkludent erklärtem Einverständnis von einer Terminsbestimmung auf unbestimmte Zeit absieht. Dann ist es Sache des Klägers, dafür Sorge zu tragen, dass seine Ansprüche nicht verjähren, indem er sich um einen Fortgang des Prozesses bemüht, z.B. durch einen Antrag auf Terminsbestimmung.[1063] 683

e) Neubeginn

Der Neubeginn der Verjährung ist in § 212 BGB geregelt und kommt etwa im Falle eines Anerkenntnisses des geltend gemachten Anspruchs durch den Schuldner[1064] in Betracht. Hierzu genügt jedes – auch rein tatsächliche – Verhalten des Schuldners, gegenüber dem Gläubiger, aus dem sich das Bewusstsein vom Bestehen des Anspruchs wenigstens dem Grunde nach unzweideutig ergibt und das deswegen das Vertrauen des Gläubigers begründet, dass sich der Schuldner nicht nach Ablauf der Verjährungsfrist alsbald auf Verjährung berufen wird.[1065] Hierzu ist im Zweifel auch die Abgabe einer Unterlassungserklärung ausreichend, selbst dann, wenn sie mangels einer Vertragsstrafe bzw einer 684

1059 BGH, MDR 2018, 177.
1060 BGH, WM 2017, 294.
1061 BGH, MDR 2018, 177.
1062 BGH, MDR 2013, 615.
1063 BGH, MDR 2013, 615.
1064 Die Beweislast für das Anerkenntnis liegt beim Gläubiger (BGH, MDR 2012, 1282).
1065 BGH, MDR 2015, 707.

ausreichenden Vertragsstrafe nicht als »ernsthaft« angesehen werden kann. Allerdings darf die Verjährungsfrist im Zeitpunkt des Anerkenntnisses noch nicht abgelaufen sein, weil nur eine noch offene Verjährungsfrist unterbrochen werden kann.[1066]

f) Präklusionsrecht

685 Ist Verjährung vor dem Schluss der mündlichen Verhandlung erster Instanz eingetreten, muss die Verjährungseinrede in *dieser* Instanz erhoben werden. Eine **erst im Berufungsrechtszug erhobene Einrede** ist deswegen nur unter den besonderen Voraussetzungen des § 531 ZPO zu berücksichtigen.[1067] Anderes – im Sinne einer uneingeschränkten Berücksichtigung – gilt, wenn die den Verjährungseintritt begründenden tatsächlichen Umstände und die Erhebung der Einrede zwischen den Parteien unstreitig sind.[1068]

14. Verwirkung

686 Da die Einrede der Verjährung aus den oben geschilderten Gründen häufig ins Leere greift, kann der – bei entsprechendem Sachvortrag von Amts wegen zu beachtende – Verwirkungseinwand für den Beklagten von Interesse sein. An eine Verwirkung werden von der Rechtsprechung allerdings außerordentlich hohe Anforderungen gestellt, sodass es kaum Fallbeispiele gibt.[1069]

687 Der Verwirkungseinwand leitet sich aus dem allgemeinen Gedanken von Treu und Glauben (§ 242 BGB) ab und setzt zum einen ein gewisses **Zeitmoment** und zum anderen ein **Umstandsmoment** voraus. Der Schutzrechtsinhaber muss trotz Kenntnis der Verletzungshandlungen bzw fahrlässiger Unkenntnis über einen längeren Zeitraum das Handeln des Verletzers geduldet haben. Aus den Umständen einhergehend mit dem Zeitmoment muss sich darüber hinaus zum einen bei objektiver Beurteilung ergeben, dass sich der Verletzer darauf einrichten durfte, dass die Rechte nicht mehr gegen ihn geltend gemacht werden, und zum anderen muss der Verletzer sich auch tatsächlich darauf eingerichtet haben. Es bedarf einer Bewertung aller Umstände des Einzelfalles, wobei das Zeit- und das Umstandsmoment in einer Wechselbeziehung stehen.[1070] Ein kürzerer Zeitraum kann deswegen ausreichen, wenn die Parteien sich bekanntermaßen ständig mit wechselseitigen Prozessen überziehen, so dass aus objektiver Sicht die Erwartung gerechtfertigt ist, dass bekannt gewordene Rechtsverstöße zeitnah verfolgt und eben nicht dilatorisch behandelt werden, vor allem, wenn sie vorgerichtlich mit abgemahnt waren.[1071] Hatte der Berechtigte aus der verständigen Sicht des Beklagten positive Kenntnis von den Verletzungshandlungen, genügt tendenziell ein kürzerer Zeitraum für die Bejahung einer Verwirkung als wenn bloß eine Situation bestanden hat, in der der Berechtigte Anlass gehabt hätte, sich wegen einer möglichen Patentverletzung zu vergewissern.[1072] Vor Ablauf der **Verjährungsfrist** wird sich die Annahme einer Verwirkung allerdings regelmäßig verbieten, weil dem Gläubiger die durch die Regelverjährung vorgegebene Zeitspanne verbleiben soll, um die Anspruchslage zu prüfen und seine Entscheidung für oder gegen eine Anspruchsverfolgung zu treffen.[1073]

[1066] BGH, MDR 2015, 707.
[1067] BGH, GRUR 2006, 401 – Zylinderrohr.
[1068] BGH-GSZ, NJW 2008, 3434; BGHZ 166, 29, 31; BGH, BauR 2008, 666; aA: BGH, GRUR 2006, 401 – Zylinderrohr.
[1069] BGH, GRUR 2001, 323 – Temperaturwächter; OLG Düsseldorf, GRUR-RR 2013, 1 – Haubenstretchautomat.
[1070] OLG Düsseldorf, GRUR-RR 2013, 1 – Haubenstretchautomat.
[1071] OLG Düsseldorf, GRUR-RR 2013, 1 – Haubenstretchautomat.
[1072] OLG Karlsruhe, GRUR-RS 2016, 21121 – Advanced System (in einem Fall bloß fahrlässiger Unkenntnis hat das OLG eine Untätigkeit über 6 Jahre und 9 Monate nicht ausreichen lassen).
[1073] BGH, GRUR 2014, 363 – Peter Fechter.

Die Anforderungen an die Verwirkung können überdies bei den **einzelnen Ansprüchen** 688
aus dem Schutzrecht unterschiedlich zu beurteilen sein.[1074] Geht es um den Unterlassungsanspruch, bedarf es auf Seiten des Verletzers unbedingt eines wertvollen Besitzstandes, der einem in die Zukunft gerichteten Verbot entgegensteht[1075]; im Falle eines Schadenersatzanspruchs[1076] ist ein Besitzstand kein notwendiges Beurteilungskriterium, vielmehr genügt, dass sich der Verletzer bei seinen wirtschaftlichen Dispositionen darauf eingerichtet hat und auch einrichten durfte, keine Zahlung an den Gläubiger mehr leisten zu müssen[1077] (zB indem er keine Rücklagen gebildet hat), so dass ihm eine Inanspruchnahme und Zahlung jetzt nicht mehr zugemutet werden kann.[1078]

Besonders streng sind die Anforderungen, wenn es sich um einen **titulierten Anspruch** 689
handelt. Dass der Titelgläubiger über einen Zeitraum von 13 Jahren keinen Vollstreckungsversuch unternommen hat, reicht regelmäßig nicht aus.[1079]

Finden **wiederholt gleichartige Verletzungshandlungen** statt, ist nach Auffassung des 690
BGH zu differenzieren, wobei es ganz entscheidend auf die Art des verfolgten
Anspruchs (Unterlassung oder Schadenersatz/Bereicherungsausgleich?) ankommt:

– Für den *Unterlassungsanspruch* kommt es darauf an, ob die anspruchsbegründenden 691
 Verletzungshandlungen mit zeitlicher Unterbrechung oder von einem einheitlichen
 Handlungswillen getragen fortgesetzt auftreten. Setzt der Beklagte immer wieder neu
 mit seinen Verletzungshandlungen an, so begründet jede Handlung einen eigenen
 Unterlassungsanspruch, so dass die für die Beurteilung des Zeitmoments maßgebliche
 Frist mit jeder nach Unterbrechung abermaligen Verletzung neu zu laufen
 beginnt.[1080] Bilden die wiederholten Verletzungshandlungen demgegenüber eine fortgesetzte Handlungseinheit (Dauerdelikt), so entscheidet der Beginn der ununterbrochenen Handlungskette über die Frist. Um keinen Wertungswiderspruch zu einem
 Lizenznehmer aufkommen zu lassen, dessen Benutzungsrecht für die Zukunft durch
 Kündigung beendet werden kann, soll eine durchgreifende Verwirkung auf der
 Rechtsfolgenseite lediglich zur Konsequenz haben, dass der Schutzrechtsinhaber
 seine Verbietungsrechte gegenüber einer »*noch andauernden*« Benutzungshandlung
 nicht mehr durchsetzen kann.[1081] Damit dürfte eine Verletzungshandlung gemeint
 sein, in Bezug auf die die Verwirkungsvoraussetzungen bereits festgestellt werden
 können und die im Entscheidungszeitpunkt noch anhält (und insofern in die Zukunft
 wirkt). Der erfolgreiche Verwirkungseinwand steht demgegenüber nicht solchen
 künftigen Benutzungshandlungen entgegen, zu denen der Verletzer nach einer Unterbrechung neu ansetzt.[1082] Außerdem beschränkt sich der Durchsetzungsverlust auf
 diejenige konkrete Verletzungsform, die Gegenstand einer bereits begangenen oder
 noch andauernden Verletzungshandlung ist.[1083] Abwandlungen dessen werden daher
 nicht vom Verwirkungseinwand erfasst.

Kritik: Die BGH-Rechtsprechung führt zu der merkwürdigen Konsequenz, dass 692
unter Verwirkungsgesichtspunkten derjenige im Vorteil ist, der das Patent nur einmal
verletzt, obwohl derjenige, der danach mit Unterbrechung weitere Verletzungshand-

---

1074 Vgl BGH, GRUR 2001, 323, 325 – Temperaturwächter.
1075 BGH, GRUR 2014, 363 – Peter Fechter.
1076 … gleiches gilt für den Entschädigungs- und Bereicherungsanspruch.
1077 BGH, GRUR 2014, 363 – Peter Fechter.
1078 OLG Düsseldorf, GRUR-RR 2013, 1 – Haubenstretchautomat.
1079 BGH, MDR 2014, 51.
1080 BGH, NJW-RR 2006, 235; BGH, GRUR 2012, 928 – Honda-Grauimport.
1081 BGH, GRUR 2012, 928 – Honda-Grauimport; BGH, GRUR 2014, 363 – Peter Fechter.
1082 BGH, GRUR 2014, 363 – Peter Fechter.
1083 BGH, GRUR 2012, 928 – Honda-Grauimport; BGH, GRUR 2014, 363 – Peter Fechter.

lungen begeht, den deutlich schwerwiegenderen Duldungstatbestand schafft. Eine Differenzierung danach, ob die Verletzungshandlung zufällig eine einzige fortdauernde ist oder ob der Verletzer nach einer ggf nur kurzen Unterbrechung neu zu ihr ansetzt, ist vor dem Hintergrund des bestehenden wertvollen Besitzstandes keine taugliches Abgrenzungskriterium. Abgesehen davon überzeugt auch die grundsätzliche Parallele zum vertraglichen Lizenznehmer nicht. Er hat es nämlich in der Hand, durch eine geeignete Vertragsgestaltung (zB die Vereinbarung einer Mindestvertragslaufzeit) Vorkehrungen für eine hinreichende Amortisation seiner Investitionen zu treffen und verdient, wenn er dies unterlässt, angesichts der von ihm hingenommenen Beendigungsmöglichkeiten für den Lizenzgeber keinen Vertrauensschutz. Genau darin unterscheidet er sich vom vertragslosen Benutzer, für den ein wertvoller Besitzstand streitet.

693 – Was den Anspruch auf *Schadenersatz oder Bereicherungsausgleich* betrifft, gelten andere Maßstäbe. Die für das Zeitmoment maßgebliche Frist wird hier durch die allererste der wiederholten gleichartigen Verletzungshandlungen in Gang gesetzt;[1084] sie endet mit der Abmahnung des Berechtigten, die jedem weiteren Vertrauen darauf, wegen nunmehr vorgenommener Verletzungshandlungen nicht in Anspruch genommen zu werden, die Grundlage entzieht.[1085] Alle Ansprüche, die durch nach der Abmahnung vorgefallene Handlungen begründet werden, sind also wieder uneingeschränkt durchsetzbar.

15. Aussetzung[1086]

694 Die mangelnde Schutzfähigkeit eines Klagepatentes kann in einem Verletzungsverfahren vom Verletzungsgericht nur über den Aussetzungsantrag des Beklagten (§ 148 ZPO) berücksichtigt werden. Denn das Verletzungsgericht ist an den Erteilungsakt des Patentes gebunden und hat keine Kompetenz, in eigener Verantwortlichkeit über dessen Schutzfähigkeit zu entscheiden.[1087] Das gilt selbst im Falle einer vernichtenden Entscheidung der Technischen Beschwerdekammer, die zwar mit ihrem Erlass unmittelbar in Rechtskraft erwächst, deren Rechtskraft jedoch im Überprüfungsverfahren nach **Art 112a EPÜ** durchbrochen werden kann, weswegen sich eine streitige Abweisung der Verletzungsklage mangels Klageschutzrechts solange verbietet, wie ein Antrag nach Art 112a EPÜ noch gestellt werden kann und das vom Schutzrechtsinhaber initiierte Überprüfungsverfahren nicht abgeschlossen ist.[1088] Eine – bis dahin allein mögliche – Aussetzung nach § 148 ZPO (mit den sich aus § 249 ZPO ergebenden Rechtsfolgen) ist auch im Verfahren der Nichtzulassungsbeschwerde beim BGH möglich[1089] und dort regelmäßig angezeigt, wenn beim BGH auch das Rechtsbestandsverfahren schwebt. Eine Aussetzung verbietet sich demgegenüber im Verfahren des **vorläufigen Rechtsschutzes** wegen des diesem immanenten Eilcharakters, der einen vorübergehenden Stillstand des Verfahrens ausschließt.

695 Für die Aussetzung ist es unerheblich, ob das vorgreifliche Rechtsbestandsverfahren unter Beteiligung des Verletzungsbeklagten oder ausschließlich von einem externen Drit-

---

1084 BGH, GRUR 2014, 363 – Peter Fechter.
1085 BGH, GRUR 2014, 363 – Peter Fechter.
1086 Reimann/Kreye, FS Tilmann, 2003, S 587; Scharen, FS 50 Jahre VPP, 2005, S 396; Kaess, GRUR 2009, 276; Fock/Bartenbach, Mitt 2010, 155. Einen Überblick über die Aussetzungspraxis in Europa gibt Dagg, Mitt 2003, 1.
1087 BGH, GRUR 2003, 550 – Richterausschluss; BGH, GRUR 2004, 710, 711 – Druckmaschinen-Temperierungssystem I.
1088 OLG Düsseldorf, Beschluss vom 18.5.2015 – I-2 W 11/15.
1089 BGH, GRUR 2004, 710 – Druckmaschinen-Temperierungssystem I.

ten geführt wird. Im Zweifel dürfte es aber im Interesse des Verletzungsbeklagten liegen, selbst Einfluss auf den Gang des Rechtsbestandsverfahrens nehmen zu können. Dazu kommen grundsätzlich **mehrere Wege** in Betracht: Erstens eine **eigene Nichtigkeitsklage** des Verletzungsbeklagten, zweitens der **Beitritt** des Verletzungsbeklagten zur anhängigen Nichtigkeitsklage eines Dritten. Letzterer ist immer dann möglich, wenn der Beitretende durch das angegriffene Patent in seiner geschäftlichen Tätigkeit als Wettbewerber beeinträchtigt werden kann[1090], was ohne weiteres zutrifft, wenn der Beitretende bereits wegen Patentverletzung abgemahnt oder sogar verklagt ist. Ein zulässiger Beitritt verschafft dem Beitretenden die prozessuale Stellung eines streitgenössischen (dh selbständigen) Nebenintervenienten (§ 69 ZPO).[1091] Damit sind zwei wichtige Konsequenzen verbunden. Entscheidungen im Nichtigkeitsverfahren haben Rechtskraftwirkung für den Beitretenden[1092], weswegen nach rechtskräftiger Abweisung der Nichtigkeitsklage in demjenigen Rechtsstreit, dem er beigetreten war, von ihm keine eigene, neue Nichtigkeitsklage erhoben werden kann. Das Nichtigkeitsverfahren, dem er beitritt, muss der Beitretende zwar in demjenigen Verfahrensstand akzeptieren, in dem es sich befindet, so dass laufende Fristen auch für ihn gelten und er keinen Anspruch auf eine Vertagung der Verhandlung hat; andererseits ist seine Stellung aber insofern eine selbständige, als er – auch gegen den Willen der unterstützten Hauptpartei – eigene Verteidigungsmittel in den Prozess einführen kann. Nimmt die Hauptpartei (zB aufgrund eines mit dem Patentinhaber geschlossenen Vergleichs) die Nichtigkeitsklage zurück, hat dies keine Auswirkungen auf den Beitretenden, der das Nichtigkeitsverfahren alleine fortführen kann. Gleiches gilt im Rechtsmittelverfahren für den Fall der Berufungsrücknahme, wenn der Beitritt erst im Laufe des Rechtsmittelverfahrens erfolgt ist. War der Beitritt schon in erster Instanz erklärt, muss der Beitretende im Falle einer Klageabweisung allerdings selbständig Berufung einlegen, wenn er das Rechtsmittelverfahren im Falle einer (zB vergleichsweisen) Klage- oder Berufungsrücknahme durch die Hauptpartei fortführen können will.[1093] Für den Beitretenden gilt eine eigenständige Rechtsmittelfrist, für deren Lauf es darauf ankommt, wann in der Person des Beitretenden der für den Fristbeginn maßgebliche Umstand (idR: Zustellung des angefochtenen Urteils) eingetreten ist.

Praxistipp	Formulierungsbeispiel	696

Ist gegen das Klagepatent bereits ein Nichtigkeitsverfahren anhängig, kann der Verletzungsbeklagte, anstatt eine eigene Nichtigkeitsklage einzureichen, dem laufenden Prozess – und darin liegt eine weitere dritte Möglichkeit – im Wege der subjektiven Parteierweiterung beitreten. Erforderlich dafür ist die Zustimmung des bisherigen Nichtigkeitsklägers. Um seine Interessen im Hinblick auf den gegen ihn anhängigen oder drohenden Verletzungsprozess zu wahren, sollte jedoch darauf geachtet werden, dass, wenn der Beitritt in erster Instanz erfolgt und die Nichtigkeitsklage (ganz oder teilweise) abgewiesen worden ist, unbedingt ein eigenes Rechtsmittel gegen das Nichtigkeitsurteil eingelegt wird.

Jeder der aufgezeigten drei Wege hat seine **Vor-**, aber auch seine **Nachteile**: 697

– Im Falle eines Beitritts als Streithelfer kann der Beitretende in eine schutzlose Position geraten, wenn sich die Streitparteien einigen und das Nichtigkeitsverfahren ohne Berücksichtigung des Streithelfers erledigen; 698

1090 BGH, GRUR 2006, 438 – Carvedilol I.
1091 BGH, GRUR 2008, 60, 65 – Sammelhefter II.
1092 BGH, GRUR 2008, 60, 65 – Sammelhefter II.
1093 BGH, GRUR 2011, 359 – Magnetowiderstandssensor.

699 – eine eigene Nichtigkeitsklage verschafft demgegenüber komplette Handlungshoheit, sie begründet in Bezug auf die Gerichtsgebühren aber auch eine volle Kostenlast. Sie wird selbst dann nicht beseitigt, wenn die mehreren selbständigen Nichtigkeitsklagen später vom Gericht zur gemeinsamen Verhandlung und Entscheidung verbunden werden; erst ab dem Verbindungsbeschluss fallen (weitere) Gerichtsgebühren nur noch einfach an;[1094]

700 – die subjektive Klageerweiterung (Parteibeitritt) ist an limitierende Bedingungen (Zustimmung des Klägers) gebunden, sie vermittelt jedoch eine vollständige Parteirolle und bietet im Bereich der Gerichtsgebühren entscheidende Kostenvorteile, weil für die gemeinsame Nichtigkeitsklage mehrerer nur eine einzige Gerichtsgebühr anfällt, so dass der später beitretende, weitere Kläger keinerlei Kostenvorschuss schuldet[1095].

701 | **Praxistipp** | Formulierungsbeispiel

Da es keine Rechtspflicht zum Klägerbeitritt oder zur gemeinschaftlichen Nichtigkeitsklage gibt, ist die Erhebung einer Verletzungsklage potenziell mit ggf exorbitanten **Kostenrisiken** verbunden, die vorher bedacht sein wollen. Neben dem/den Verletzungsbeklagten kann nämlich auch jeder Streithelfer eine eigene Nichtigkeitsklage erheben und damit den Verletzungskläger in eine Vielzahl kostenaufwändiger Rechtsbestandsverfahren verstricken.

702 Ist ohne Beteiligung des Verletzungsbeklagten ein Nichtigkeitsverfahren anhängig, das sich kurz vor dem Verhandlungstermin im Verletzungsprozess durch **Vergleich** zu erledigen droht, kann eine inhaltsgleiche eigene Nichtigkeitsklage vom Verletzungsbeklagten eingereicht werden. Das Auswechseln des Nichtigkeitsklägers hat nicht zur Folge, dass das Verletzungsgericht eine Befassung mit dem Nichtigkeitsvorbringen unter dem formalen Aspekt verweigern dürfte, dass die Nichtigkeitsklage als solche kurzfristig anhängig gemacht und in den Prozess eingeführt worden ist. Rechtlich entscheidend ist die Identität des Nichtigkeitsvorbringens, die zur Folge hat, dass der Kläger beizeiten Stellung nehmen konnte, so dass das Verletzungsgericht bei der Terminsvorbereitung einen ausdiskutierten Rechtsbestandsangriff vorfindet.

703 Sind mehrere **Streitgenossen** verklagt, so verbietet es sich, den Prozess gegen einen von ihnen auszusetzen und über die Klage gegen den anderen durch **Teilurteil** (verurteilend oder klageabweisend) zu erkennen. Das gilt – wegen des Teilurteilsverbots – immer dann, wenn über ein Begründungselement des Teilurteils, und sei es auch nur aufgrund einer anderslautenden rechtlichen Wertung durch die Rechtsmittelinstanzen, bei der Schlussentscheidung gegen den anderen Streitgenossen, dessen Rechtsstreit vorübergehend ausgesetzt ist, erneut zu befinden ist.[1096]

704 Wird das Klagepatent, obwohl hierzu bereits in erster Instanz Gelegenheit und Veranlassung bestanden hätte, erst während des **Berufungsverfahrens** angefochten, so handelt es sich bei dem hierauf gestützten Aussetzungsverlangen um ein neues Verteidigungsmittel, das gemäß § 531 Abs 2 ZPO nur zuzulassen ist, wenn der späte Einspruch oder die späte Nichtigkeitsklage nicht auf Nachlässigkeit beruht. Dass die Tatsache des Einspruchs oder der Nichtigkeitsklage als solche im zweiten Rechtszug unstreitig sind, ändert hieran nichts.[1097] Eine freie Berücksichtigung des Aussetzungsvorbringens ist nur dann und nur

---

1094 BPatG, Beschluss v 21.10.2015 – 5 ZA (pat) 31/15.
1095 BPatG, Beschluss v 1.12.2015 – 5 ZA (pat) 103/14; Deichfuß, GRUR 2015, 1170, 1178.
1096 BGH, GRUR 2015, 1201 – Sparkassen-Rot/Santander-Rot.
1097 Vgl BGH, GRUR 2006, 401 – Zylinderrohr.

insoweit gerechtfertigt, als nicht nur der Angriff gegen das Klagepatent als solcher, sondern auch die zugrunde gelegten tatsächlichen Angriffe gegen den Rechtsbestand des Klagepatents unstreitig sind.[1098] Dafür reicht es noch nicht aus, dass die vorgebrachten Entgegenhaltungen – was bei druckschriftlichem Stand der Technik regelmäßig der Fall sein wird – als solche unstreitig sind. Nach der Rechtsprechung des BGH ist das im Rahmen des Verspätungsrechts maßgebliche Angriffsmittel (dessen Unstreitig sein einer Zurückweisung entgegenstehen würde) nämlich nicht in der einzelnen Druckschrift an sich zu sehen, sondern in der konkreten Darlegung des Angreifers auf das Klagepatent, welche bestimmte technische Information, die der Fachmann einer Entgegenhaltung entnehmen kann, seinen Rechtsbestandsangriff rechtfertigen soll.[1099] Dem Vorwurf nachlässiger Prozessführung kann der Verletzungsbeklagte noch nicht dadurch entgehen, dass eine Recherche nach vorbekanntem Stand der Technik oder eine anderweitige Überprüfung auf Widerrufsgründe erst im Berufungsrechtszug stattgefunden hat. Entscheidend ist vielmehr die Darlegung, dass und warum sie bei ordnungsgemäßer Prozessführung nicht schon während des erstinstanzlichen Verletzungsverfahrens stattgefunden hat. Soweit es um das Auffinden bestimmter (erfolgversprechender) Entgegenhaltungen geht, ist konkret darzutun, wie das Suchprofil der Recherche angelegt war, wieso er ein solches (und kein weitergehendes) Profil gewählt hat und aus welchem Grund die fragliche Entgegenhaltung bei der durchgeführten Recherche nicht aufgefunden wurde.[1100] Sollte ein Rechtsbestandsangriff nicht bereits an Gründen der Verspätung scheitern, kann jedenfalls bei der Ermessensausübung die Wertung gerechtfertigt sein, dass eine Aussetzung nicht veranlasst ist, weil der Beklagte es infolge seines zögerlichen Angriffs gegen das Klageschutzrecht vereitelt hat, dass zum Zeitpunkt der Berufungsverhandlung eine – sonst bereits vorliegende fachkundige – Einspruchs- oder Nichtigkeitsentscheidung Klarheit schafft. Eine Ausnahme gilt selbstverständlich, wenn sich bereits bei überschlägiger Prüfung der Rechtsbestandsangriffe erweist, dass das Klagepatent vernichtet werden wird.

Praxistipp	Formulierungsbeispiel	705
Mit Rücksicht auf die bekannt lange Verfahrensdauer inländischer Nichtigkeitsklagen, die oft erst entschieden werden, wenn sich der Verletzungsrechtsstreit bereits im fortgeschrittenen Berufungsrechtszug befindet, kann es sich anbieten, parallel einen **Rechtsbestandsangriff auf parallele ausländische Schutzrechtsteile** in solchen Ländern (Vereinigtes Königreich, Niederlande) zu unternehmen, in denen eine Nichtigkeitsentscheidung zeitiger zu erwarten ist. Ein sich hier einstellender Prozesserfolg wird dem deutschen Verletzungsgericht im Zweifel Veranlassung geben, seinen Verletzungsrechtsstreit bis zur inländischen Nichtigkeitsentscheidung asuzusetzen.		

Eine spezielle Aussetzungsregelung enthalten § 140 **PatG** für den Fall, dass mit der Klage Ansprüche aus einer offengelegten Patentanmeldung geltend gemacht werden, und § **19 GebrMG** für den Fall, dass Klagegrundlage ein Gebrauchsmuster ist, dessen Löschung beantragt ist.

706

a) Vorgreiflichkeit

Tatbestandlich setzt die Aussetzung gemäß § 148 ZPO voraus, dass die Entscheidung des (auszusetzenden) Verletzungsrechtsstreits von dem Ausgang des anderweitig anhängigen Einspruchs- oder Nichtigkeitsverfahrens abhängt. Diese »Abhängigkeit« (Vorgreiflich-

707

1098 Vgl BGHZ 166, 29, 31; BGH, BauR 2008, 666.
1099 BGH, GRUR 2013, 1272 – Tretkurbeleinheit.
1100 BGH, GRUR 2013, 1272 – Tretkurbeleinheit.

keit) kann grundsätzlich nur bejaht werden, wenn sich zugunsten des Klägers eine rechtswidrige Patentverletzung feststellen lässt. Ist nämlich der Verletzungstatbestand zu verneinen oder stehen dem Beklagten Rechtfertigungsgründe zur Seite, so ist das Einspruchs- oder Nichtigkeitsverfahren *nicht* **vorgreiflich** und die Klage – ohne Rücksicht auf den Ausgang des Einspruchs- oder Nichtigkeitsverfahrens – abzuweisen.[1101]

708 Lediglich in Ausnahmefällen kann eine Aussetzung trotz **unklarer Verletzungslage** in Betracht kommen. Sie ist aus Gründen der Prozessökonomie denkbar, wenn eine Beweiserhebung zum Verletzungssachverhalt oder zu Einwendungen des Beklagten erforderlich ist.[1102] Sie zurückzustellen und statt dessen den Rechtsstreit auszusetzen, kann gerechtfertigt sein, wenn die Beweisermittlungen besonders aufwändig, umfangreich oder kostspielig sind und mit hinreichender Sicherheit abzusehen ist, dass das Klagepatent voraussichtlich keinen Bestand haben wird.[1103] Auch **Auslegungszweifel**, die durch die anstehende Entscheidung im Rechtsbestandsverfahren voraussichtlich geklärt werden, können einen Aussetzungsanlass liefern.[1104] Allerdings: Steht die Einholung eines Sachverständigengutachtens in Frage, wird dem Wunsch des Klägers, die Begutachtung parallel zum Einspruchs- oder Nichtigkeitsverfahren durchzuführen, im Zweifel zu entsprechen sein.[1105] Zum einen belastet die schriftliche Begutachtung weder das Verletzungsgericht noch den Beklagten, den letzteren auch nicht finanziell, weil die Gutachterkosten im Falle einer Patentvernichtung dem – alsdann unterliegenden – Kläger zur Last fallen und dieser auch den Auslagenvorschuss zu leisten hat. Zum anderen ist es ein berechtigtes Anliegen des Klägers, dass die Begutachtung die Durchsetzung seiner Patentrechte nicht unnötig verzögert, was der Fall wäre, wenn der Rechtsstreit zunächst ausgesetzt und das Sachverständigengutachten erst im Anschluss an das – prognosewidrig verlaufene – Einspruchs- oder Nichtigkeitsverfahren eingeholt würde. Anders ist die Interessenlage, wenn es darum geht, ob eine mündliche Anhörung des Sachverständigen durchgeführt wird, der sein schriftliches Gutachten bereits erstattet hat. Solches wird regelmäßig nicht sinnvoll sein, erst recht dann nicht, wenn das Klagepatent erstinstanzlich widerrufen oder für nichtig erklärt worden und nicht absehbar ist, ob, wann und ggf mit welchem Inhalt das Patent letztlich Bestand haben wird.

709 Richten die Parteien einen **übereinstimmenden Aussetzungsantrag** an das Verletzungsgericht (was geschieht, wenn das Klagepatent erstinstanzlich vernichtet worden ist), wird ohne weiteres, insbesondere ohne eine detaillierte Vorgreiflichkeitsprüfung eine Aussetzung geboten sein. Rechtfertigen lässt sich dies mit der Überlegung, dass der Verletzungsrechtsstreit ein Parteiprozess ist und deshalb den Parteien nicht gegen ihren erklärten Willen eine Entscheidung aufgezwungen werden sollte, die nicht gewollt ist und die absehbar dazu führt, dass trotz des momentan noch nicht gesicherten Schicksals des Klagepatents ein weiteres Rechtsmittelverfahren auf der Verletzungsschiene geführt werden muss.

710 An der Vorgreiflichkeit fehlt es, wenn überhaupt kein anderes Verwaltungs- oder Gerichtsverfahren anhängig ist, sondern es darum geht, dass im nämlichen (mutmaßlich

---

1101 Seine ursprünglich abweichende Auffassung, dass eine nur theoretisch mögliche Vorgreiflichkeit der Rechtsbestandsfrage für die Aussetzung ausreichend sei (OLG München, InstGE 11, 192 – abstrakte Vorgreiflichkeit), hat das OLG München inzwischen aufgegeben (Urteil v 16.7.2015 – 6 U 187/13).
1102 LG Mannheim, Beschluss v 30.3.2012 – 7 O 41/08.
1103 Nach Auffassung des LG München I (Mitt 2015, 392 – Google Maps) soll die Vorgreiflichkeit selbst bei einem nur hilfsweisen Aussetzungsantrag des Beklagten unterstellt werden können, wenn der Beklagte selbst anregt, das Gericht möge im Rahmen seiner Aussetzungsentscheidung von der Vorgreiflichkeit (dh dem Verletzungstatbestand) ausgehen.
1104 BGH, Beschluss v 5.6.2018 – X ZR 58/16.
1105 LG Düsseldorf, InstGE 8, 112 – Aussetzung bei aufklärungsbedürftiger Verletzungsklage.

auszusetzenden Rechtsstreit) **Streitverkündungsschriften** (zB im Ausland) noch **nicht zugestellt** werden konnten. Letzteres rechtfertigt keine Aussetzung.[1106]

b) Ermessen

Die Entscheidung über die Aussetzung steht im Ermessen des Verletzungsgerichtes, wobei dieses summarisch anhand des ihm vorgelegten Sachverhaltes die Erfolgsaussichten des Einspruchs- bzw der Nichtigkeitsklage überprüft. Der Beklagte muss dem Verletzungsgericht hierfür seinen vollständigen Vortrag aus dem Einspruch oder der Nichtigkeitsklage einschließlich der dort eingeführten Entgegenhaltungen zur Verfügung stellen. Um dem Gericht die hierfür erforderlichen Unterlagen zukommen zu lassen, werden in der Regel die in den Verfahren gegen die Schutzrechte vorgelegten Schriftsätze einschließlich der Anlagen überreicht. Je nach dem technischen Gebiet des Klageschutzrechtes und der Art der Argumente, die gegen die Schutzfähigkeit vorgetragen werden, kann es angebracht sein, ergänzend zumindest einen Teil der Diskussion vor dem Patentamt, Bundespatentgericht bzw Bundesgerichtshof dem Verletzungsgericht näher zu erläutern. Zusätzlich zu den Erfolgsaussichten des Rechtsbestandsangriffs sind solche wirtschaftlichen Belange der Parteien in die Interessenabwägung einzustellen, deren Gewicht so groß ist, dass sie bei der Aussetzungsentscheidung gerechterweise nicht übergangen werden dürfen.[1107]

711

Die Prognose, ob sich das Klageschutzrecht im anhängigen Einspruchs- oder Nichtigkeitsverfahren als rechtsbeständig erweisen wird, kann notwendigerweise nur vor dem Hintergrund des **Sach- und Streitstand**es **in** eben diesem Verfahren angestellt werden. Eine Entgegenhaltung, die der Beklagte in der Aussetzungsdiskussion erörtert, ist deswegen solange nicht geeignet, die Aussetzung zu rechtfertigen, wie die Schrift nicht auch in das **Einspruchs- oder Nichtigkeitsverfahren** eingeführt worden ist. Spätestens am Schluss der letzten mündlichen Verhandlung im Verletzungsverfahren muss die Entgegenhaltung also in das Einspruchs- oder Nichtigkeitsverfahren eingebracht sein. Umgekehrt gilt dasselbe. Ein Patentinhaber, der den Rechtsbestandsangriffen nur im Verletzungsprozess entgegentritt, eine entsprechende Eingabe aber nicht an das BPatG richtet (zB um sich dort eine zur Verletzungsargumentation unterschiedliche Interpretation zu ermöglichen), wird einer Aussetzung regelmäßig nicht entgehen können, es sei denn, die Angriffe gegen das Klagepatent sind derart abseits, dass sie – auch und erst recht vor dem technisch fachkundigen BPatG – keiner Erwiderung bedürfen.

712

Dass es für die Erfolgsaussichten des Angriffs auf das Klagepatent auf den Stand des laufenden Rechtsbestandsverfahrens ankommt, erfährt in einer speziellen Fallkonstellation eine **Ausnahme**. Auf ein älteres nationales Recht im Sinne von **Art 139 Abs 2 EPÜ** kann kein Einspruch gegen ein europäisches Patent, wohl aber eine (nationale) Nichtigkeitsklage gegen den deutschen Teil des EP gestützt werden. Gleichzeitig ist ein Nichtigkeitsangriff solange nicht statthaft wie das europäische Einspruchsverfahren noch nicht beendet ist.[1108] Ist während des Verletzungsprozesses das Einspruchsverfahren noch anhängig, wäre deshalb eine Aussetzung an sich zu versagen, weil das ältere nationale Recht dem Einspruch gegen das Klagepatent aus Rechtsgründen nicht zum Erfolg verhelfen kann und eine – insoweit allein erfolgversprechende – Nichtigkeitsklage – als vorgreifliches Verfahren – noch nicht anhängig ist und auch nicht in zulässiger Weise erhoben werden kann. Der BGH[1109] erkennt gleichwohl die Möglichkeit an, den Verletzungsprozess bereits während des noch laufenden Einspruchsverfahrens im Hinblick auf die Erfolgsaussichten der demnächst möglichen Nichtigkeitsklage auszuset-

713

1106 BGH, GRUR 2018, 853.
1107 OLG Düsseldorf, Beschluss v 8.5.2017 – I-2 W 3/17.
1108 BGH, GRUR 2011, 848 – Mautberechnung.
1109 BGH, GRUR 2011, 848 – Mautberechnung.

zen.[1110] Der Anlass zur Aussetzung fällt freilich weg, wenn im Anschluss an die Beendigung des Einspruchsverfahrens nicht alsbald tatsächlich Nichtigkeitsklage erhoben wird. In Fortentwicklung der BGH-Rechtsprechung können gleichermaßen solche Entgegenhaltungen Anlass zu einer Aussetzungsentscheidung geben, die die Einspruchsabteilung oder Beschwerdekammer des EPA in einem während des Verletzungsprozesses laufenden Einspruchsverfahren wegen zu später Vorlage nicht zulässt bzw voraussichtlich nicht zulassen wird, auf die aber nach Abschluss des Einspruchsverfahrens eine nachfolgende Nichtigkeitsklage (in der Verspätungsgesichtspunkte keine Rolle mehr spielen) mit Erfolg gestützt werden kann.[1111]

714 | **Praxistipp** | Formulierungsbeispiel

Weil Aussetzungsermessen besteht und dieses – wie sogleich näher dargelegt wird – in der Praxis nur zurückhaltend zugunsten des Verletzers ausgeübt wird, sollte jeder Beklagte darauf bedacht sein, den Angriff gegen das Klagepatent möglichst frühzeitig zu starten, entweder schon im Zusammenhang mit der unternehmerischen Entscheidung, Herstellung und/oder Vertrieb der (möglicherweise) patentverletzenden Gegenstände aufzunehmen, spätestens aber im unmittelbaren Anschluss an eine vorgerichtliche Abmahnung. Außerdem sollte er die Möglichkeit nutzen, beim Patentamt einen **Beschleunigungsantrag** zu stellen, der gewährleistet, dass die Einspruchsentscheidung, wenn nicht schon vor, so doch jedenfalls innerhalb eines solchen Zeitraumes nach der Verhandlung im Verletzungsprozess stattfindet, dass das Verletzungsgericht mit seinem Verkündungstermin (der bis maximal 5 Monate nach der die Instanz beendenden Verhandlung hinausgeschoben werden kann[1112]) den Ausgang des Rechtsbestandsverfahrens abwarten kann. Das europäische Verfahrensrecht sieht einen solchen Beschleunigungsantrag – für die Parteien *und* das Verletzungsgericht – nunmehr ausdrücklich vor.[1113] Für das Verletzungsgericht bietet ein solcher Antrag zugleich die Möglichkeit, Ausführungen der technischen Fachleute zu bestimmten, im Verletzungsverfahren streitigen Anspruchsmerkmalen anzuregen, die ggf eine aufwändige sachverständige Begutachtung erübrigen.

715 | **Praxistipp** | Formulierungsbeispiel:

Sehr geehrte Damen, sehr geehrte Herren,

zu dem europäischen Patent ... ist bei Ihnen ein Einspruchsbeschwerdeverfahren (AZ: ...) anhängig, von dessen Ausgang die Entscheidung eines beim Senat geführten Verletzungsrechtsstreits abhängen kann. Verhandlungstermin steht hier am ... an.

1110 Das überzeugt zumindest hinsichtlich der gegebenen Begründung insofern nicht, als eine Aussetzung im Hinblick auf ein offensichtlich erfolgloses Einspruchsverfahren sowie ein im Zeitpunkt der Aussetzungsanordnung überhaupt noch nicht anhängiges Nichtigkeitsverfahren zugelassen wird. Wieso darin trotzdem eine angemessene Ermessensausübung liegen soll und wie sich die Aussetzung mit § 148 ZPO verträgt, der die Aussetzung ausdrücklich nur vorsieht, wenn das vorgreifliche Rechtsverhältnis den Gegenstand eines anderen »anhängigen« Rechtsstreits bildet, legt der BGH nicht dar. Überzeugender wäre es gewesen, in den Fällen des Art 139 Abs 2 EPÜ neben dem Einspruchsverfahren ein nationales Nichtigkeitsverfahren mit beschränktem Gegenstand zuzulassen.
1111 OLG Düsseldorf, Urteil v 6.12.2012 – I-2 U 46/12.
1112 BGH, MDR 2009, 1238: Vor Fristablauf muss das vollständig begründete und von allen mitwirkenden Richtern unterschriebene Urteil auf der Geschäftsstelle sein.
1113 ABl EPA 2008, 220.

> Für den Senat wäre es eine große Hilfe, wenn zu diesem Zeitpunkt die Beschwerdeentscheidung bereits vorliegen würde. Unter Bezugnahme auf die Mitteilung im ABl EPA 2008, 220 wäre ich Ihnen deshalb für eine bevorzugte Behandlung des o.a. Beschwerdeverfahrens sehr dankbar. Sollten Sie vor dem hiesigen Verhandlungstermin einen Bescheid zur Sache erlassen, bitte ich Sie, diesen unmittelbar nach hier zu übermitteln. Gleiches gilt für eine Terminsladung. Die Erfahrung lehrt, dass es die Parteien vielfach versäumen, den Senat über den weiteren Fortgang des Rechtsbestandsverfahrens zu unterrichten.
>
> Zentraler Streitpunkt im Verletzungsprozess ist, ob der Begriff »Lösung« auch Suspensionen umfasst. Der Senat wäre deshalb dankbar, wenn die Beschwerdekammer hierzu in ihrer Entscheidung Stellung nehmen könnte.

aa) I. Instanz

Aufgrund der Tatsache, dass die Aussetzung für den Kläger wegen der langen Verfahrensdauer von Einsprüchen und Nichtigkeitsklagen einen erheblichen Einschnitt in seine Rechte, vor allem den zeitlich begrenzten Unterlassungsanspruch bedeutet und außerdem ein Missbrauch des Beklagten vermieden werden soll, kommt eine Aussetzung in der Regel nach der derzeit gültigen Rechtsprechung in der I. Instanz nur dann in Betracht, wenn es in hohem Maße wahrscheinlich erscheint, dass das Klagepatent aufgrund des Einspruchs oder der Nichtigkeitsklage widerrufen oder vernichtet wird.[1114] Diese strenge Handhabung sollte angesichts des statistischen Erfolges von Rechtsbestandsangriffen, die in nennenswertem Umfang zu einer vollständigen oder zumindest zu einer teilweisen Vernichtung des Klagepatents führen, etwas gelockert werden. In seiner Entscheidung »Kurznachrichten«[1115] hat der BGH dementsprechend eine Aussetzung des Verletzungsprozesses bis zur erstinstanzlichen Erledigung des Rechtsbestandsangriffs regelmäßig dann angemahnt, wenn der Einspruch/die Nichtigkeitsklage aus der Sicht des Verletzungsgerichts überwiegende Erfolgsaussicht verspricht. Die dem Verletzungsbeklagten nachteilige Handhabung ist umso mehr angebracht, als es seine Sache gewesen wäre, das Klagepatent vor Aufnahme seiner Verletzungshandlungen widerrufen/für nichtig erklären zu lassen und damit **beizeiten klare Verhältnisse** zu **schaffen**. Spätestens die vorgerichtliche Abmahnkorrespondenz sollte an sich hierzu Veranlassung geben. Derjenige, der einen Angriff auf das Klagepatent erst gegen Ende der Klageerwiderungsfrist (oder noch später) startet, vernachlässigt seine eigenen Interessen in grober Weise. Es ist deswegen richtig, dem durch eine restriktive Aussetzungspraxis Rechnung zu tragen. Umgekehrt bedeutet dies aber auch, dass dem Verletzungsbeklagten ein frühzeitiger Rechtsbestandsangriff im Rahmen der Aussetzungsentscheidung zugutegehalten werden muss. Dies heißt zwar nicht, dass der Beklagte ohne jede Rücksicht auf die voraussichtlichen Erfolgsaussichten seines Angriffs mit einer Aussetzung rechnen darf; allerdings verschiebt sich der ansonsten rigide Aussetzungsmaßstab dann zu seinen Gunsten, wenn der Angriff auf das Klagepatent überwiegende Erfolgsaussichten bietet, so dass unter solchen Umständen der frühzeitige Angriff den Ausschlag für eine Aussetzungsanordnung geben kann.

Ob eine **Teilnichtigkeitsklage** gegen den mit dem Hauptantrag des Verletzungsprozesses geltend gemachten Patentanspruch (und keinen weiteren) sinnvoll ist, sollte in jedem Einzelfall genauestens überdacht werden. Zwar nimmt ein solcher Teil-Angriff dem Schutzrechtsinhaber die Möglichkeit, den angegriffenen Patentanspruch mit Merkmalen aufzufüllen, die Gegenstand eines nicht angegriffenen (Unter-)Anspruchs sind.[1116] Weil

---

1114 BGH, GRUR 1987, 284 – Transportfahrzeug; LG Düsseldorf, BlPMZ 1995, 121, 126; von Maltzahn, GRUR 1985, 163, mwN.
1115 BGH, GRUR 2014, 1237 – Kurznachrichten.
1116 BGH, GRUR 2017, 604 – Ankopplungssystem.

dem so ist, sichert der Teilangriff dem Verletzungsbeklagten zwar ggf den Nichtigkeitssieg im Streit um den Hauptanspruch. Auf der Verletzungsseite ergibt sich, wenn die angegriffene Ausführungsform von Merkmalen eines Unteranspruchs Gebrauch macht, jedoch die unerfreuliche Konsequenz, dass im Falle einer Anspruchskombination kein Rechtsbestandsangriff mehr anhängig ist, der Anlass zu einer Aussetzung des Verletzungsrechtsstreits geben könnte. Allemal dann, wenn der mitverwirklichte Unteranspruch von Beginn an Gegenstand eines »insbesondere wenn«-Antrages der Verletzungsklage gewesen ist, hat der Verletzungsbeklagte keinen Anspruch darauf, dass das Verletzungsgericht ihm die Durchführung einer erneuten Nichtigkeitsklage, diesmal gegen den Unteranspruch, ermöglicht. Prozesstaktisch ist deswegen im Zweifel von einer bloßen Teilnichtigkeitsklage abzuraten, es sei denn, sie richtet sich gegen sämtliche Unteransprüche, die die angegriffene Ausführungsform benutzt.

718 Das vorgeschilderte Aussetzungsregime gilt grundsätzlich auch dann, wenn das **Klagepatent** bereits **abgelaufen** ist oder seine Schutzdauer während des Rechtsstreits endet.[1117] Dass ein in die Zukunft wirkender Unterlassungsanspruch nicht mehr im Raum steht, könnte zwar die Dringlichkeit der Rechtsverfolgung relativieren, er nimmt dem Klageangriff aber genauso seine Intensität mit Blick auf den Beklagten, was es rechtfertigt, bei den allgemeinen Aussetzungsregeln zu verbleiben.[1118]

Praxistipp	Formulierungsbeispiel
Im Einzelfall kann es sich anbieten, ein zum Klagepatent paralleles Auslandsschutzrecht anzugreifen, wenn in der betreffenden Jurisdiktion (zB NL, GB) mit einem zügigen Nichtigkeitsurteil zu rechnen ist, das die Chancen für eine Aussetzung des deutschen Verletzungsprozesses trotz hier noch andauernden Nichtigkeitsverfahrens erhöht.	

(1) Nicht-Aussetzungs-Fälle

719 Eine Aussetzung kann regelmäßig nicht in Betracht kommen, wenn der dem Klageschutzrecht entgegengehaltene Stand der Technik demjenigen entspricht, der bereits **im Erteilungsverfahren** oder in einem erfolglos durchgeführten Einspruchs- oder Nichtigkeitsverfahren **berücksichtigt** worden ist, oder vom Erfindungsgegenstand noch weiter abliegt als der schon geprüfte.

720 Gleiches gilt erst recht, wenn das **Patent erstinstanzlich aufrechterhalten** worden ist. Diese – unter Beteiligung technischer Fachleute zustande gekommene – Entscheidung hat das Verletzungsgericht aufgrund der gesetzlichen Kompetenzverteilung grundsätzlich hinzunehmen. Im Rahmen der Aussetzungsentscheidung ist es nicht Sache des Verletzungsgerichts, das Einspruchsbeschwerde- oder Nichtigkeitsberufungsverfahren in allen Einzelheiten vorweg zu nehmen. Immer dann, wenn die Argumentation im Rechtsbestandsverfahren möglich und mit nachvollziehbaren Gründen vertretbar erscheint, hat es vielmehr bei der getroffenen Einspruchs- oder Nichtigkeitsentscheidung zu verbleiben, so dass, wenn nicht im Einzelfall ganz besondere Umstände vorliegen, für eine Aussetzung des Verletzungsrechtsstreits keine Veranlassung besteht. Sie ist erst dann geboten, wenn die Rechtsbestandsentscheidung auf für das Verletzungsgericht nachweisbar unrichtigen Annahmen oder einer nicht mehr vertretbaren Argumentation (zB zur Neuheit, Erfindungshöhe, unzulässigen Erweiterung) beruht oder wenn mit dem Rechts-

---

1117 Vgl Klepsch/Büttner, FS 80 Jahre Patentgerichtsbarkeit Düsseldorf, 2016, S 281.
1118 Nach LG Mannheim (Urteil v 2.3.2018 – 7 O 18/17) gilt ein großzügigerer Aussetzungsmaßstab, wonach bereits eine gewisse Vernichtungswahrscheinlichkeit zur Aussetzung führt.

mittel gegen die Rechtsbestandsentscheidung, ohne dass insoweit ein Nachlässigkeitsvorwurf angebracht ist, weiterer Stand der Technik präsentiert wird, der, weil er der Erfindung näher kommt als der bisher gewürdigte Stand der Technik, mit der gebotenen Wahrscheinlichkeit eine Vernichtung des Klagepatents erwarten lässt.[1119]

Die Bejahung einer sicheren Vernichtungswahrscheinlichkeit (und demzufolge eine Aussetzungsanordnung) verbietet sich, wenn der im Rechtsbestandsverfahren zur Diskussion stehende **technische Sachverhalt** derart kompliziert und/oder **komplex** ist, dass sich das Verletzungsgericht keinen wirklichen Einblick in die Gegebenheiten verschaffen kann. 721

Der Aussetzungsantrag, der auf eine angeblich **offenkundige**[1120] **Vorbenutzung** gestützt ist, welche nicht lückenlos durch liquide Beweismittel (insbesondere Urkunden) belegt ist, sondern (zumindest in Teilen) auch auf einen noch nicht erhobenen Zeugenbeweis angewiesen ist, muss gleichfalls ohne Erfolg bleiben.[1121] Da eine Vernehmung der angebotenen Zeugen nur im Einspruchs- oder Nichtigkeitsverfahren, jedoch nicht im Verletzungsprozess erfolgt, ist bereits unvorhersehbar, in welcher Weise die benannten Zeugen überhaupt aussagen werden und ob ihre Aussagen, wenn sie für den Einsprechenden/Nichtigkeitskläger günstig sind, für glaubhaft gehalten werden. Schon wegen dieser gänzlich unsicheren Prognose verbietet sich die Annahme, es sei mit überwiegender Wahrscheinlichkeit eine Vernichtung des Patents zu erwarten. Daran ändert auch nichts, dass schriftliche Erklärungen der Zeugen vorgelegt werden. 722

Etwas anderes gilt ausnahmsweise dann, wenn neben einem mit dem Einspruch oder der Nichtigkeitsklage angegriffenen **Patent – kumulativ –** auch ein **paralleles Gebrauchsmuster** eingeklagt ist, dessen Schutzfähigkeit der Beklagte bestreitet, ohne einen Löschungsantrag zu stellen (und ohne dass ein solcher auch von dritter Seite anhängig gemacht ist). Hier hat das Verletzungsgericht selbst die materiellen Voraussetzungen des Gebrauchsmusterschutzes (Neuheit, erfinderischer Schritt) festzustellen und in diesem Rahmen eine behauptete offenkundige Vorbenutzung aufzuklären. Ergibt sich hierbei, dass der Nachweis einer offenkundigen Vorbenutzung geführt ist, so ist nicht nur die Gebrauchsmusterklage abzuweisen, sondern – aufgrund der nun einmal vorliegenden Beweisergebnisse – die Behandlung der auf das Patent gestützten Klage gemäß § 148 ZPO auszusetzen.[1122] Gleiches gilt für den Fall, dass das Verletzungsgericht die zur offenkundigen Vorbenutzung benannten Zeugen im Rahmen der ihm obliegenden Aufklärung eines wegen desselben Sachverhaltes geltend gemachten **Vorbenutzungsrechts** (§ 12 PatG) vernommen hat und hierbei die Überzeugung von dem fraglichen Sachverhalt, der die offenkundige Vorbenutzung trägt, gewonnen hat. Hier ist – ungeachtet der Tatsache, dass die Rechtsbestandsinstanz mangels Bindung an die Erkenntnisse des Verletzungsgerichts im Einzelfall natürlich auch zu einer anderen Beweiswürdigung gelangen kann – eine Aussetzung angebracht, weil die streitentscheidende Tatsachenlage hinreichend »dicht« ist.[1123] Nicht anders verhält es sich, wenn der Benutzungstatbestand im **Ausland** Gegenstand einer Beweisaufnahme war, die den Nachweis erbracht hat, oder der für die offenkundige Vorbenutzung schlüssige Sachverhalt dort sogar unstreitig war.[1124] 723

1119 OLG Düsseldorf, Urteil v 7.7.2011 – I-2 U 66/10.
1120 An der Offenkundigkeit fehlt es, wenn die Verlautbarung unter Umständen geschehen ist, die eine wenigstens stillschweigende Geheimhaltungsvereinbarung annehmen lassen. Dafür reicht der einer Druckschrift beigefügte »Copyright«-Vermerk im Allgemeinen nicht aus (BGH, GRUR 2014, 251 – Bildanzeigegerät).
1121 OLG Düsseldorf, GRUR 1979, 636, 637 – Ventilanbohrvorrichtung; OLG Düsseldorf, Urteil v 18.6.1998 – 2 U 29/97, stRspr.
1122 OLG Düsseldorf, Beschluss v 29.5.2017- I-2 U 76/16.
1123 OLG Düsseldorf, Beschluss v 29.5.2017- I-2 U 76/16.
1124 OLG Düsseldorf, Beschluss v 29.5.2017- I-2 U 76/16.

724 Eine Aussetzung wird regelmäßig auch dann nicht veranlasst sein, wenn der Beklagte den **Einspruch** oder die Nichtigkeitsklage erst so **kurzfristig vor** dem **Haupttermin** im Verletzungsprozess erhebt, dass dem Patentinhaber eine angemessene Erwiderung auf das Einspruchs- oder Nichtigkeitsvorbringen nicht mehr möglich ist.[1125] Gleiches gilt, wenn sich der Verletzungsbeklagte auf eine im genannten Sinne späte Nichtigkeitsklage eines Dritten beruft.[1126] Einer spät eingereichten Nichtigkeitsklage steht eine solche gleich, die zwar beizeiten anhängig gemacht wird, deren Zustellung jedoch anschließend schuldhaft bis zum oder bis kurz vor den Verhandlungstermin verzögert wird, zB dadurch, dass der angeforderte Gerichtskostenvorschuss nicht eingezahlt wird.[1127] Tendenziell gegen eine Aussetzung spricht ebenfalls, wenn eine zeitnah zu erwartende Einspruchsentscheidung dadurch vereitelt wird, dass der Einspruch kurzfristig zurückgenommen und statt dessen eine Nichtigkeitsklage neu anhängig gemacht wird.[1128] Im Sinne einer Aussetzung ist trotz Säumnis zu verfahren, wenn sich bereits bei summarischer Prüfung sicher ergibt, dass der – späte – Rechtsbestandsangriff das Patent zu Fall bringen wird.[1129]

725 Eine Aussetzung verbietet sich schließlich, wenn der Einspruchsschriftsatz und/oder die in Bezug genommenen Entgegenhaltungen nur in fremder Sprache, **ohne deutsche Übersetzung** und ohne nachvollziehbare Erläuterung im Klageerwiderungsschriftsatz präsentiert werden.[1130]

726 Richtet sich die Verletzungsklage gegen **mehrere angegriffene Ausführungsformen**, von denen einzelne patentverletzend und andere nicht patentverletzend sind, kommt wegen des Teilurteilsverbotes eine Klageabweisung wegen der nichtverletzenden Ausführungsformen und eine gleichzeitige Aussetzung des Rechtsstreits wegen der patentverletzenden Ausführungsformen nicht in Betracht. Hat der Beklagte ein Interesse daran, möglichst frühzeitig ein gerichtliches Erkenntnis zu den nichtverletzenden Gegenständen zu erhalten (zB weil es sich bei ihnen um die aktuelle und wirtschaftlich im Vordergrund stehende Geräteversion handelt), so sollte nach Lage des Falles von einem Aussetzungsantrag (der den diesbezüglichen günstigen Urteilsausspruch verhindern würde) abgesehen werden.[1131]

Besondere Zurückhaltung ist geboten, wenn der Rechtsstreit bereits einmal ausgesetzt war, ohne dass sich das die Aussetzung veranlassende Rechtsverhältnis bewahrheitet hat. Eine **wiederholte Aussetzung** ist unter dem Gesichtspunkt einer effektiven Rechtsverfolgung nur ausnahmsweise zulässig.[1132]

(2) Aussetzungs-Fälle

727 Umgekehrt liegt der Sachverhalt, wenn das **Klagepatent erstinstanzlich widerrufen** oder für nichtig erklärt worden ist; hier ist regelmäßig eine Aussetzung des Verletzungsprozesses anzuordnen.[1133] Von ihr wird – ausnahmsweise – nur dann abgesehen werden können, wenn das Verletzungsgericht aufgrund eigener technischer Sachkunde verlässlich beurteilen kann, dass das vernichtende Erkenntnis auf einer erkennbar fehlerhaften Beurteilung beruht und im nächsten Rechtszug zweifelsfrei vorhersehbar keinen Bestand

---

1125 LG Düsseldorf, InstGE 3, 54 – Sportschuhsohle; vgl auch BGH, GRUR 2012, 93 – Klimaschrank.
1126 LG Düsseldorf, InstGE 3, 54 – Sportschuhsohle.
1127 OLG Düsseldorf, Urteil v 11.2.2016 – I-2 U 19/15.
1128 OLG Düsseldorf, Beschluss v 7.9.2017 – I-2 W 39/17.
1129 Vgl OLG Düsseldorf, Beschluss v 4.1.2012 – I-2 U 105/11.
1130 LG Düsseldorf, InstGE 3, 231 – wasserloses Urinal.
1131 Vgl OLG Düsseldorf, Urteil v 26.4.2012 – I-2 U 39/09.
1132 BGH, GRUR 2018, 853.
1133 BGH, Beschluss v 17.7.2018 – KZR 35/17; OLG München, InstGE 3, 62 – Aussetzung bei Nichtigkeitsurteil II.

haben wird.¹¹³⁴ In Betracht kommen wird solches nur bei technisch einfach gelagerten Sachverhalten, die dem nicht mit Fachleuten besetzten Verletzungsgericht hinreichend einsichtig sind, im Zweifel nicht dagegen bei komplexen Erfindungen zB aus dem Elektronik- oder Chemiebereich.

Anlass zur Aussetzung wird regelmäßig auch dann gegeben sein, wenn die Einspruchsabteilung/das BPatG in einem **qualifizierten Hinweis** eine Vernichtung des Klageschutzrechts angekündigt hat, was voraussetzt, dass zu den Einspruchs/Klageangriffen nicht nur mögliche Erwägungen in den Raum gestellt, sondern eindeutig Position in dem besagten Sinne bezogen wird, so dass der Hinweis praktisch die demnächst anstehende Vernichtungsentscheidung vorwegnimmt.¹¹³⁵ Daran fehlt es, wenn das Vorliegen eines Nichtigkeitsgrundes nur mit der Vokabel »dürfte« angesprochen wird, und zwar selbst dann, wenn die zur Rechtfertigung gegebene ausführliche Begründung erkennen lässt, dass der Verfasser eine klare Präferenz für den besagten Argumentationsstandpunkt hat.¹¹³⁶ Erscheint dem Verletzungsgericht der im Rechtsbestandsverfahren *begründet* eingenommene Standpunkt betreffend das Vorliegen eines Widerruf- oder Nichtigkeitsgrundes bei überschlägiger Prüfung vertretbar, wird ein vorübergehendes Anhalten des Verletzungsprozesses – allerdings zunächst nur bis zur Einspruchs/Nichtigkeitsentscheidung – angebracht sein.¹¹³⁷ Gleiches gilt, wenn dem Verletzungsgericht eine eigene sachliche Verifizierung der gegebenen Hinweise wegen der Komplexität des technischen Gegenstandes verwehrt ist.¹¹³⁸ **728**

Eine Aussetzung ist im Zweifel ferner dann angezeigt, wenn die **Erteilungsakte** eine **Beschränkungserklärung des Patentinhabers** erkennen lässt, die keinen Eingang in die Patentschrift gefunden hat. Ist für das Verletzungsgericht erkennbar, dass die vorgenommene Einschränkung des Schutzbegehrens objektiv geboten war, steht hinreichend sicher zu erwarten, dass die der Beschränkungserklärung zugrunde liegenden Umstände (neuer Stand der Technik, unzulässige Erweiterung) zur Folge haben werden, dass das Klagepatent im parallelen Rechtsbestandsverfahren eine der Beschränkungserklärung entsprechende Fassung erhalten wird. Eine Aussetzungsanordnung ist hier Pflicht. Sie wird in der Praxis aber auch bei weniger eindeutiger Sachlage, nämlich dann angebracht sein, wenn der Ausgang des Rechtsbestandsverfahrens nach Auswertung der dortigen Angriffe aus der vorläufigen Sicht des Verletzungsgerichts offen ist, sich aus der Erteilungsgeschichte jedoch ergibt, dass der Anmelder seinerzeit selbst berechtigten Anlass für eine Einschränkung seines Schutzbegehrens gesehen hat. In einer solchen Situation ist es im Zweifel angemessen, den Patentinhaber im Rahmen der Aussetzungsentscheidung an seine eigene Einschätzung während des Prüfungsverfahrens festzuhalten und die Verurteilung im Verletzungsprozess jedenfalls bis zur erstinstanzlichen Entscheidung über den Rechtsbestandsangriff aufzuschieben. Anders ist die Sachlage etwa, wenn der Akteninhalt deutlich macht, dass sich der Anmelder mit seiner Beschränkungserklärung vorschnell vom Prüfer hat »einschüchtern« lassen oder bloß aus rein pragmatischen Erwägungen (zB um möglichst kurzfristig in den Genuss eines Patents zu gelangen) dem amtsseitig vorgeschlagenen beschränkten Patentbegehren zugestimmt hat. **729**

Anlass zur Aussetzung besteht weiterhin, wenn für den erteilten Hauptanspruch – ohne dass zum Zeitpunkt der letzten mündlichen Verhandlung im Verletzungsverfahren eine **730**

1134 BGH, Beschluss v 17.7.2018 – KZR 35/17; OLG Düsseldorf, InstGE 9, 140 – Olanzapin; LG München I, GRUR-RR 2015, 512 – Google Maps.
1135 OLG Düsseldorf, Beschluss v 21.7.2017 – I-2 U 19/17.
1136 OLG Düsseldorf, Beschluss v 21.7.2017 – I-2 U 19/17.
1137 OLG Düsseldorf, Beschluss v 27.10.2015 – I-2 U 24/15; vgl. ausführlich: Burrichter, FS 80 Jahre Patentgerichtsbarkeit Düsseldorf, 2016, S 79; Chakraborty, FS 80 Jahre Patentgerichtsbarkeit Düsseldorf, 2016, S 101.
1138 OLG Düsseldorf, Beschluss v 27.10.2015 – I-2 U 24/15.

diesbezügliche abschließende Einspruchs/Nichtigkeitsentscheidung bereits vorliegt – absehbar ist, dass er widerrufen oder für nichtig erklärt werden wird, und der Kläger seine Klage daraufhin auf eine auch im Rechtsbestandsverfahren verfolgte eingeschränkte Merkmalskombination stützt. Eine derartige Situation kann sich einstellen, wenn der Kläger den eingeschränkten Anspruch erst während der **Einspruchs- oder Nichtigkeitsverhandlung** vorlegt und die Sache daraufhin **vertagt** wird, weil die Einspruchsabteilung bzw der Nichtigkeitssenat den erteilten Anspruch für schutzunfähig hält und dem Einsprechenden/Nichtigkeitskläger Gelegenheit gegeben werden soll, etwaige Entgegenhaltungen im Hinblick auf den beschränkten Anspruch nach zu recherchieren.[1139] Unter solchen Umständen ist im Zweifel eine Aussetzung geboten, weil momentan keine die Schutzfähigkeit stützende Stellungnahme mehr existiert, die Grundlage für eine Verurteilung des Beklagten sein könnte. Der ursprüngliche Erteilungsakt ist durch das die Schutzfähigkeit verneinende Votum der Einspruchsabteilung bzw des Nichtigkeitssenats hinfällig; für den eingeschränkten Anspruch fehlt es gleichfalls an einer den Rechtsbestand befürwortenden Entscheidung. Zwar lässt die Tatsache, dass die Einspruchsabteilung bzw der Nichtigkeitssenat den eingeschränkten Anspruch nicht sogleich aufgrund der bereits im Verfahren befindlichen Entgegenhaltungen vernichtet, sondern dem Einsprechenden/Nichtigkeitskläger durch Vertagung Gelegenheit zur Ermittlung weiteren Standes der Technik gegeben hat, darauf schließen, dass Neuheit und Erfindungshöhe gegenüber den vorliegenden Entgegenhaltungen nach sachkundiger Prüfung bejaht worden sind. Die dem Beklagten im Einspruchs/Nichtigkeitsverfahren gewährte Möglichkeit zur ergänzenden Recherche verbietet es jedoch, ihn im Verletzungsprozess bereits vor Ablauf der hierzu gesetzten Frist nach dem eingeschränkten Anspruch zu verurteilen. Eine Zurückweisung des Aussetzungsantrages kommt erst dann in Betracht, wenn es dem Beklagten nicht gelingt, weiteren Stand der Technik zu ermitteln oder wenn lediglich solche Entgegenhaltungen präsentiert werden, die über die bereits im Verfahren befindlichen ersichtlich nicht hinausgehen.

731 Eine vergleichbare Situation liegt nicht schon dann und deshalb vor, weil der Patentinhaber im Einspruchs- oder Nichtigkeitsverfahren eine nicht nur hilfsweise **Selbstbeschränkung** vornimmt.[1140]

732 – Werden durch sie sämtliche oder praktisch sämtliche Merkmale des Kennzeichens in den Oberbegriff aufgenommen, wird die Erfindungshöhe also auf eine insgesamt neue Grundlage gestellt, so ist der **ursprüngliche Erteilungsakt obsolet**. Da es kein die neue Merkmalskombination stützendes Votum gibt, handelt es sich bei dem beschränkten Patent der Sache nach um ein ungeprüftes Schutzrecht, was es rechtfertigt, diejenigen Aussetzungsregeln heranzuziehen, die für Gebrauchsmuster gelten: Gewinnt das Verletzungsgericht die positive Überzeugung von der Schutzfähigkeit des beschränkten Patentanspruchs, ist ohne Aussetzung zu verurteilen; erscheint der Rechtsbestand zweifelhaft, ist idR auszusetzen.

733 – Wird das **Kennzeichen** nicht vollständig ersetzt, sondern **lediglich durch weitere Merkmale angereichert**, so dass der Erteilungsakt jedenfalls tendenziell seine Aussagekraft behält, bleibt es im Grundsatz zwar bei den allgemeinen Aussetzungsgrundsätzen, die allerdings angemessen in dem Maße zu lockern sind, in dem sich der behördliche Erteilungsakt als nicht verlässlich erwiesen hat. Solange sich die Erfindungshöhe des beschränkten Anspruchs vertretbar begründen lässt und insgesamt mehr für als gegen den Rechtsbestand der beschränkten Anspruchsfassung spricht,

---

1139 Zur Notwendigkeit der Vertagung vgl BGH, GRUR 2004, 354 – Crimpwerkzeug I.
1140 Vgl. dazu Augenstein/Roderburg, GRUR 2008, 457, mwN.

ist von einer Aussetzung abzusehen; anderenfalls ist eine Aussetzungsanordnung geboten.[1141]

Zu beachten ist, dass hinsichtlich der beschränkten Anspruchsfassung nicht nur eine Prüfung auf das Vorliegen eines Widerrufs- oder Nichtigkeitsgrundes stattfindet, sondern **sämtliche Erteilungsvoraussetzungen** in ihrer Gesamtheit (einschließlich unzulässiger Erweiterung, Klarheit der Ansprüche[1142]) festzustellen sind. In der Praxis werden sich daraus jedenfalls dann kaum Schwierigkeiten ergeben, wenn der erteilte Hauptanspruch durch Merkmale aus Unteransprüchen (für welche die Klarheit im Erteilungsverfahren bereits positiv beantwortet worden ist) ergänzt wird. 734

Ob der Erteilungsakt mit der vorgenommenen Beschränkung angesichts des neuen Standes der Technik (im Sinne der erstgenannten Alternative) hinfällig geworden ist oder (im Sinne der zweitgenannten Alternative) in beachtlichen Teilen noch Bedeutung hat, kann im Einzelfall schwierig zu beurteilen sein. Lassen sich für das Verletzungsgericht keine abschließenden Erkenntnisse gewinnen, sollten im Zweifel zu Lasten des Schutzrechtsinhabers die am Gebrauchsmusterrecht orientierten Aussetzungsregeln angewandt werden. 735

Eine Aussetzung ist in jedem Fall geboten, wenn das **Verletzungsgericht** im Zusammenhang mit der Beurteilung des Benutzungssachverhaltes **in der Auslegung** von Merkmalen des Patentanspruchs vom Verständnis der Einspruchs- oder Nichtigkeitsinstanz **abweicht**, bei der ein Rechtsbestandsverfahren gegen das Klagepatent anhängig ist, sofern die Sicht des Verletzungsgerichts, auf das Einspruchs- oder Nichtigkeitsverfahren übertragen, dazu führen müsste, dass das Klagepatent – entgegen der tatsächlich getroffenen zurückweisenden Einspruchs- oder Nichtigkeitsentscheidung – zu widerrufen/für nichtig zu erklären wäre. 736

Ist das Klagepatent **erstinstanzlich** in einer Weise **eingeschränkt** worden, dass die angegriffene Ausführungsform das **Klagepatent nicht mehr benutzt**, und verteidigt der Kläger im **Rechtsmittelverfahren** die (von der angegriffenen Ausführungsform benutzte) **erteilte Fassung** des Klagepatents weiter, ist es nicht Sache des Verletzungsgerichts, die Erfolgsaussichten des gegen den Teilwiderruf eingelegten Rechtsmittels zu prüfen. Vielmehr ist der Verletzungsprozess bis zum Abschluss des Rechtsmittelverfahrens auszusetzen. Selbst wenn nämlich nach Auffassung des Verletzungsgerichts das Rechtsmittel gegen die Teilvernichtung ohne Erfolgsaussicht sein sollte und die angegriffene Ausführungsform von der aufrechterhaltenen Fassung des Klagepatents ersichtlich keinen Gebrauch macht, könnte die Verletzungsklage keinesfalls abgewiesen werden. Ob das Klagepatent in seiner erteilten Fassung Bestand hat, ist einzig und allein von den Erteilungsinstanzen zu entscheiden. An deren Erkenntnis, wie immer es ausfällt, ist das Verletzungsgericht ohne eigene Prüfungskompetenz gebunden. Solange das Klagepatent deshalb nicht rechtskräftig (teilweise) widerrufen ist, bleibt das Schicksal des Klagepatents – gänzlich unabhängig von der Vernichtungsprognose, die das Verletzungsgericht anstellen würde – in der Schwebe. Bis zum endgültigen Abschluss des Rechtsbestandsverfahrens kann sich der Verletzungsangriff daher immer noch als erfolgreich erweisen, was eine Klageabweisung vor Beendigung des Rechtsbestandsverfahrens verbietet.[1143] Das gilt – ungeachtet der Bindungswirkung nach Art 111 Abs 2 Satz 1 EPÜ – auch dann, wenn die Technische Beschwerdekammer bereits eine Gewährbarkeit des erteilten Hauptan- 737

1141 Das OLG München (GRUR 1990, 352 – Regal-Ordnungssysteme) plädiert demgegenüber regelmäßig für eine Aussetzung, solange keine abschließende, die Patentfähigkeit der eingeschränkten Anspruchsfassung bestätigende Entscheidung vorliegt, und zwar auch dann, wenn die mit der Sache befasste Rechtsbestandsinstanz ihre vorläufige Meinung von der Schutzfähigkeit bereits kundgetan hat.
1142 BGH, GRUR 2010, 709 – Proxyserversystem.
1143 OLG Düsseldorf, Beschluss v 22.2.2012 – I-2 U 36/05.

spruchs verneint und die Sache zur Prüfung von nicht benutzten Hilfsanträgen an die Einspruchsabteilung zurückverwiesen hat.[1144]

738 Eine Aussetzung ist bei beschränkter Aufrechterhaltung des Klagepatents und Verfolgung einer weitergehenden Anspruchsfassung durch den Kläger im Rechtsmittelzug auch dann geboten, wenn die **beschränkte Fassung nicht benutzt** und die **weitergehend verteidigte Fassung möglicherweise benutzt** wird (was durch Sachaufklärung und/oder Beweiserhebung noch abschließend zu klären ist).[1145]

739 Greift der Patentinhaber ein- und dieselbe Ausführungsform aus **mehreren Schutzrechten** mit vergleichbarer (Rest-)Laufzeit und mit im Wesentlichen ähnlichem Schutzbereich an, so kann der Umstand, dass aus einem dieser Schutzrechte eine Verurteilung des Beklagten stattfinden kann und der Rechtsbestand dieses Schutzrechts entweder nicht oder ohne Aussicht auf Erfolg angegriffen ist, dafür sprechen, bei den übrigen Schutzrechten eine Aussetzung großzügiger in Betracht zu ziehen.

bb) II. Instanz

(1) Verurteilung durch LG

740 Eine großzügigere Aussetzungspraxis besteht im Berufungsrechtszug, *wenn* der Beklagte in erster Instanz verurteilt worden ist.[1146] Sie beruht auf der Erwägung, dass es der Kläger durch Erbringung der Sicherheit, von der die vorläufige Vollstreckbarkeit des erstinstanzlichen Urteils abhängt (§ 709 ZPO), in der Hand hat, seine aus dem Patent folgenden Verbietungsrechte durchzusetzen. Das Interesse des obsiegenden Klägers an einer sofortigen Berufungsentscheidung beschränkt sich deshalb darauf, die titulierten Ansprüche ohne Sicherheitsleistung vollstrecken bzw eine bereits geleistete Vollstreckungssicherheit gemäß § 109 ZPO zurückfordern zu können sowie für den Fall einer späteren Urteilsaufhebung nicht auf Schadenersatz (§ 717 Abs 2 ZPO), sondern bloß auf Bereicherungsausgleich (§ 717 Abs 3 ZPO) haften zu müssen. Bei dieser Interessenlage kann der Verletzungsprozess eher ausgesetzt werden.[1147] Allerdings genügt auch hier nicht, dass die Vernichtung des Klagepatents nur möglich ist, sie muss vielmehr wahrscheinlich sein.[1148]

741 Davon ist regelmäßig auszugehen, wenn das **Klagepatent erstinstanzlich vernichtet** ist.[1149] Wird die offensichtliche Unrichtigkeit der Vernichtungsentscheidung eingewandt, besteht zu einer Fortsetzung des Verletzungsrechtsstreits nur dann Anlass, wenn vom Verletzungsgericht zuverlässig beurteilt werden kann, dass das Patent zu Unrecht vernichtet wurde und dass es mangels sonstiger Widerrufs- oder Nichtigkeitsgründe im laufenden Rechtsmittelverfahren in seinem Rechtsbestand bestätigt werden wird. Hinzukommen zur Evidenz der Fehlentscheidung muss ferner, dass das Rechtsverfolgungsinteresse des Klägers von Verfassungs wegen eine Fortsetzung des Verletzungsprozesses verlangt. Davon wird nicht auszugehen sein, wenn der Kläger über ein erstinstanzliches Verletzungsurteil verfügt, das er gegen den Beklagten vollstrecken kann.[1150] Zu beachten ist freilich, dass unter den gegebenen Evidenz-Umständen *keine* Einstellung der Zwangs-

---

1144 LG Mannheim, Beschluss v 30.3.2012 – 7 O 41/08.
1145 OLG Düsseldorf, Beschluss v 9.3.2016 – I-15 U 11/14.
1146 OLG Düsseldorf, Mitt 1997, 257 – Steinknacker; ebenso: OLG Karlsruhe, Urteil v 11.2.2015 – 6 U 160/13.
1147 Die besagten Gründe fallen zugunsten des Klägers freilich nur ins Gewicht, wenn das erstinstanzliche Urteil nicht schon vollständig vollstreckt ist, sondern der Kläger während des Berufungsverfahrens zumindest noch einzelne weitere Vollstreckungsmaßnahmen beabsichtigt.
1148 OLG Düsseldorf, InstGE 7, 139 – Thermocycler; ebenso: OLG Karlsruhe, Urteil v 11.2.2015 – 6 U 160/13.
1149 OLG Düsseldorf, Beschluss v 5.3.2014 – I-2 U 5/13.
1150 OLG Düsseldorf, Beschluss v 5.3.2014 – I-2 U 5/13.

vollstreckung erfolgt, wie sie sonst bei erstinstanzlicher Vernichtung des Klagepatents üblich ist.

Ist der Unterlassungsanspruch wegen **Ablaufs des Klagepatents** gegenstandslos und geht es nur noch um die Vollstreckung des Rechnungslegungs- und Vernichtungsanspruchs, soll nach der Rechtsprechung des OLG Karlsruhe[1151] sogar genügen, dass bei summarischer Abschätzung der Rechtsbestandsangriffe von einer nicht ganz fern liegenden Möglichkeit einer Vernichtung des Klagepatents ausgegangen werden muss.[1152] 742

(2) Klageabweisung durch LG

Ist die **Klage** vom Landgericht **zu Unrecht abgewiesen** worden und kommt das Berufungsgericht zu der Überzeugung, dass der Beklagte zu verurteilen ist, so gelten in der II. Instanz dieselben Aussetzungsregeln, wie sie im ersten Rechtszug angewandt werden. Gleiches gilt, wenn im Berufungsrechtszug ein neues Schutzrecht eingeführt wird, dessen Behandlung der Gegner zustimmt oder dessen Berücksichtigung das Gericht als sachdienlich zulässt, wenn insoweit ein Verletzungssachverhalt und daraus resultierende Ansprüche des Klägers festgestellt werden. 743

cc) III. Instanz

Für das **Nichtzulassungsbeschwerdeverfahren** hat der BGH[1153] anerkannt, dass eine Aussetzung nicht allein deshalb geboten ist, weil eine Nichtigkeitsklage anhängig ist, deren Entscheidung Einfluss auf die Beurteilung des Verletzungssachverhaltes haben kann. Zu beachten ist vielmehr auch das (gegenläufige) Interesse des Verletzungsklägers an einem raschen Abschluss des Verletzungsprozesses, dem tendenziell umso mehr Gewicht beikommt, je später die Nichtigkeitsklage eingereicht worden ist. Daraus ist gefolgert worden, dass eine Aussetzung dann, wenn der Rechtsbestandsangriff erst nach Abschluss der Tatsacheninstanzen des Verletzungsprozesses gestartet worden ist, nur veranlasst ist, wenn die Erfolgsaussichten der Nichtigkeitsklage offenkundig sind.[1154] Bei derart nachlässiger Rechtsverteidigung genügt es, den Verletzungsbeklagten für den Fall einer Vernichtung des Klagepatents auf die Möglichkeit der Restitutionsklage (§ 580 Nr 6 ZPO analog) zu verweisen. Das Gleiche gilt, wenn nach rechtskräftigem Abschluss eines ersten Nichtigkeitsverfahrens eine zweite Nichtigkeitsklage erhoben wird. Selbst wenn sie auf neue Angriffsmittel gestützt wird, gibt sie nur dann Anlass zu einer Aussetzung, wenn ihr voraussichtlicher Erfolg offensichtlich ist.[1155] 744

Auf Seiten des verurteilten Verletzungsbeklagten ist zu beachten, dass er im noch offenen Nichtzulassungsbeschwerdeverfahren den **Zulassungsgrund** der verletzungsrelevanten Vernichtung des Klagepatents **geltend machen** muss. Das gilt nicht nur bei einer teilweisen Nichtigerklärung (bei der der Fortfall des Schutzbereichseingriffs nicht ohne weiteres zu erkennen ist), sondern stets, dh auch im Falle einer Vollvernichtung, wo sich die Frage nach dem Schicksal des Verletzungsurteils an sich von selbst beantwortet. Auch wenn die Nichtzulassungsbeschwerde vordringlich auf Nichtverletzungsargumente gestützt wird, muss deshalb der mangelnde Rechtsbestand als Zulassungs- und Abweisungsgrund angesprochen werden; ansonsten droht ihre Zurückweisung. 745

Von solchen Ausnahmefällen abgesehen tendiert der BGH jedoch in aller Regel dazu, seine abschließende Entscheidung im Verletzungsverfahren zurück zu stellen, bis die 746

1151 OLG Karlsruhe, InstGE 12, 220 – MP 3-Standard.
1152 Diese Wertung mag im Einzelfall gerechtfertigt sein; maßgeblich sind aber immer die Umstände des Einzelfalles, die ebenso ergeben können, dass das Rechtsverfolgungsinteresse des Klägers eine sofortige Durchsetzung auch des Rechnungslegungs- und Vernichtungsanspruchs erfordert.
1153 BGH, GRUR 2012, 93 – Klimaschrank.
1154 BGH, GRUR 2012, 93 – Klimaschrank.
1155 BGH, GRUR 2012, 1072 – Verdichtungsvorrichtung.

Entscheidung zum Rechtsbestand des Klagepatents im Nichtigkeitsberufungsverfahren getroffen ist. Diese Handhabung ist schon deshalb sinnvoll, weil es in beiden Verfahren einer Auslegung des Patents bedarf, die naturgemäß nur einheitlich erfolgen kann.

c) (Hilfsweise) Anspruchskombination[1156]

747 Bestehen Bedenken gegen den Rechtsbestand des Klagepatents, so nützt es dem Kläger im Verletzungsprozess nichts, seine Klageansprüche hilfsweise auf eine Anspruchskombination (zB des Hauptanspruchs mit einem Unteranspruch) zu stützen. Einer Aussetzung des Rechtsstreits kann er durch eine solche Antragsfassung nicht entgehen, weil dem Hilfsantrag erst entsprochen werden darf, wenn feststeht, dass der Hauptantrag unbegründet ist. Diese Feststellung aber lässt sich, solange das Nichtigkeits- oder Einspruchsverfahren andauert, nicht treffen.

748 Zur Vermeidung einer Aussetzung ist es daher erforderlich, dass sich der Kläger entschließt, sein Klagebegehren *unbedingt* auf die voraussichtlich rechtsbeständige Anspruchskombination zu beschränken. Eine teilweise Klageabweisung und eine anteilige **Kostenbelastung** ist damit nur dann verbunden, wenn infolge der Beschränkung ursprünglich angegriffene Ausführungsformen nicht mehr vom Klageangriff umfasst werden. Bleiben alle angegriffenen Ausführungsformen auch von der eingeschränkten Anspruchsfassung umfasst, hat der Kläger wirtschaftlich betrachtet mit seinem Klageangriff vollen Erfolg gehabt; zur Beschreibung der Verletzungsformen ist lediglich eine konkretere Formulierung (nämlich die der Anspruchsbeschränkung) gewählt worden, was dem Kläger freisteht und nicht zu einem Teilunterliegen führt.

749 | **Praxistipp** | Formulierungsbeispiel |

Sogar das Gericht kann von sich aus eine gegenüber der Antragsfassung konkretisierende Formulierung wählen, um die Verletzungsformen zu umschreiben, was sich zB dann anbietet, wenn die Parteien im Rechtsbestandsverfahren darüber streiten, ob die vom Kläger verfolgte (zB erteilte) Anspruchsfassung unzulässig erweitert ist. Die betreffende Frage kann dahinstehen, wenn das Gericht zur Beschreibung des Verletzungsgegenstandes zu einer Formulierung greift, die die angeblichen unzulässigen Erweiterungen vorsorglich beseitigt. Solches ist möglich und zweckmäßig, wenn sich sämtliche angegriffenen Ausführungsformen auch mit der konkretisierten Antragsformulierung erfassen lassen und die Erweiterungsfrage für das Verletzungsgericht nicht eindeutig zu beantworten ist.

Selbstverständlich kann die **erteilte Anspruchsfassung** weiter **hilfsweise** verfolgt werden. Solches kann sich von Fall zu Fall anbieten, wenn die erteilte Anspruchsfassung nicht verloren gegeben werden muss, sondern eine gewisse Aussicht dafür besteht, dass sie am Ende des Rechtsbestandsverfahrens ggf doch aufrechterhalten bleibt. Mit der »umgekehrten« Antragstellung lässt sich verhindern, dass die Klage, sollten die beschränkenden Merkmale nach Auffassung des Verletzungsgerichts nicht benutzt werden, endgültig abgewiesen wird. Wegen des Hilfsantrages hat bei Verneinung der Benutzung der eingeschränkten Fassung vielmehr eine Aussetzung des Rechtsstreits stattzufinden, die dem Kläger weitere Zeit verschafft.

750 Im Gebrauchsmusterverletzungsprozess kann die Einschränkung ohne Rücksicht auf die im Löschungsverfahren verteidigte Fassung vorgenommen werden.[1157] Dies ist möglich, weil das Verletzungsgericht vor einer Verurteilung in eigener Verantwortlichkeit die Schutzfähigkeit der geltend gemachten Merkmalskombination prüfen und positiv fest-

---

1156 Zu Einzelheiten vgl Grunwald, Mitt 2010, 549; Melullis, FS Bornkamm, 2014, S 713.
1157 BGH, GRUR 2003, 867 – Momentanpol I.

stellen muss. Für den Patentverletzungsprozess, in dem eine solche Prüfungszuständigkeit nicht besteht, wird man nicht die gleiche Großzügigkeit gelten lassen können. Vielmehr muss die dort verfolgte eingeschränkte Anspruchsfassung derjenigen Fassung entsprechen, mit der der geltend gemachte Patentanspruch im Rechtsbestandsverfahren verteidigt wird.[1158] Ein eingeschränkter Klageantrag ist vor rechtskräftigem Abschluss des Rechtsbestandsverfahrens im Verletzungsrechtsstreit jedenfalls dann ohne weiteres zulässig, wenn das Klagepatent nur mit der eingeschränkten Fassung verteidigt wird.[1159] Einen der eingeschränkten Fassung entsprechenden Hilfsantrag wird man gleichfalls als ausreichend ansehen müssen, weil bei Aufrechterhaltung der erteilten Fassung eine Verurteilung nach einem (sic: jedem) demgegenüber eingeschränkten Antrag bedenkenlos ist. Gleiches gilt, wenn bei mehreren Hilfsanträgen ein vorrangiger Hilfsantrag zum Erfolg führt, der die Anspruchskombination des Verletzungsprozesses vollständig abdeckt, was der Fall ist, wenn die Hilfsanträge derart aufeinander aufbauen, dass jeder nachfolgende Antrag den Merkmalen des vorhergehenden ein weiteres Merkmal hinzufügt. Findet bei der Formulierung der Hilfsanträge ein Merkmalsaustausch statt, ist demgegenüber nicht sichergestellt, dass mit dem Erfolg eines vorrangigen Hilfsantrages die Rechtsbeständigkeit der Kombination des Verletzungsprozesses bestätigt wird. Hier wird es geboten sein, dass die Fassung des Verletzungsprozesses zum Gegenstand eines ersten Hilfsantrages gemacht wird, der garantiert, dass der Verurteilung im Verletzungsprozess in jedem Fall eine entsprechende Rechtsbestandsentscheidung nachfolgt. Aus dem gleichen Grund ist der Kläger, sobald er ein der beschränkten Anspruchsfassung Rechnung tragendes Verletzungsurteil erstritten hat bzw die der Verurteilung zugrunde liegende letzte mündliche Verhandlung geschlossen ist, verpflichtet, die betreffende Fassung auch im Rechtsbestandsverfahren zur Entscheidung zu stellen, so dass er den entsprechenden Hilfsantrag – entgegen den grundsätzlichen Gepflogenheiten des Nichtigkeitsverfahrens – von diesem Zeitpunkt an nicht mehr fallen lassen darf.[1160] Da das Verletzungsgericht an den Erteilungsakt gebunden ist, muss, wenn es mit der Verurteilung nach einer eingeschränkten Fassung dem Ausgang des Rechtsbestandsverfahrens »vorgreift«, gewährleistet sein, dass das Klagepatent auch tatsächlich mit der der Verurteilung zugrunde liegenden Anspruchsfassung zur Entscheidung im Nichtigkeitsverfahren kommt.[1161] Diese Bindung greift unabhängig davon, ob das Rechtsbestandsverfahren vom Verletzungsbeklagten oder von dritter Seite geführt wird.

1158 BGH, GRUR 2010, 904 – Maschinensatz.
1159 BGH, GRUR 2010, 904 – Maschinensatz.
1160 Grunwald, Mitt 2010, 549. AA: BPatG, Mitt 2017, 174 – Intrakardiale Pumpvorrichtung; Meier-Beck, GRUR 2011, 857, 865.
1161 Lehnt man eine Bindungswirkung ab, bliebe in Fällen, in denen das aufrechterhaltene Patent die im Verletzungsprozess erfolgte Verurteilung nicht mehr abdeckt, nur die Möglichkeit einer Restitutionsklage analog § 580 Nr 6 ZPO. Eine dahingehende Lösung erscheint jedoch nicht interessengerecht, weil der Patentinhaber von der Verurteilung mit einer eingeschränkten Merkmalskombination profitiert und es deswegen auch seine Verantwortlichkeit sein sollte, dafür Sorge zu tragen, dass das zugrunde liegende Patent mit einem die Verurteilung tragenden Inhalt aufrechterhalten bleibt. Der Weg über eine nachträgliche Restitutionsklage würde die Verantwortlichkeiten verschieben, weil er der Verletzungsbeklagte wäre, der bei einer unzureichenden Weite des Klagepatents nach Abschluss des Rechtsbestandsverfahrens nicht nur Kosten für die Einleitung eines Wiederaufnahmeverfahrens aufzuwenden hätte, sondern auch das Risiko einer zulässigen (insbesondere fristgerechten) Klageerhebung tragen würde.
Den Verletzungskläger zu verpflichten, die Anspruchsbeschränkung in das Rechtsbestandsverfahren einzuführen, ihn aber nicht daran zu binden, macht keinen rechten Sinn. Da der Hilfsantrag sofort nach der Verhandlung im Verletzungsprozess wieder fallen gelassen werden könnte, wäre – außer einer rein formalen Übung – nichts gewonnen. Eines Hilfsantrages ohne Bindungswirkung bedarf es auch nicht unter dem Gesichtspunkt, dass dem Patentinhaber keine Anspruchsfassung aufgedrängt werden darf. Derartiges geschieht schon deshalb nicht, weil seine Formulierung der Klageanträge im Verletzungsprozess hinreichend zeigt, dass er die fragliche Anspruchskombination geltend machen will.

d) Tenor und Begründung

751 Die Aussetzung bedarf keiner mündlichen Verhandlung, sondern kann gemäß § 128 Abs 4 ZPO auch im schriftlichen Verfahren erfolgen.[1162]

752 Sie geschieht in aller Regel nicht sogleich bis zur rechtskräftigen Erledigung des anhängigen Rechtsbestandsverfahrens, sondern zunächst bis zur erstinstanzlichen Entscheidung. Fällt sie zugunsten des Patentinhabers aus (indem das Klagepatent im erteilten oder in einem zwar eingeschränkten, die angegriffene Ausführungsform aber nach wie vor erfassenden Umfang aufrechterhalten wird), besteht für eine weitere Aussetzung bis zur Beendigung des vom Verletzungsbeklagten angestrengten Rechtsmittelverfahrens im Allgemeinen kein Anlass. Umgekehrt führt ein erstinstanzlicher Widerruf/eine erstinstanzliche Nichtigerklärung des Klagepatents regelmäßig zu einer – ggf weiteren – Aussetzung des Verletzungsprozesses bis zum Abschluss des Einspruchsbeschwerde- bzw Nichtigkeitsberufungsverfahrens. In diesem Zusammenhang ist die Bezugnahme auf den »rechtskräftigen« Verfahrensabschluss unbedenklich, falls die Beschwerde – bzw Berufungsinstanz in der Sache durch entscheidet. Insbesondere im europäischen Einspruchsbeschwerdeverfahren ist dies jedoch nicht immer gewährleistet, weil vielfach an die Einspruchsabteilung zurückverwiesen wird, und sei es auch nur zur Beschreibungsanpassung. Es empfiehlt sich deshalb die Aussetzung nur bis zum Vorliegen der Beschwerde- bzw Berufungsentscheidung. Danach kann in Abhängigkeit von dem getroffenen Erkenntnis über eine Fortführung oder aber ergänzende Aussetzung entschieden werden.

753 Üblich für eine Aussetzungsanordnung ist folgender **Ausspruch**:

754 | Praxistipp | **Formulierungsbeispiel** |

Gemäß § 148 ZPO wird der Rechtsstreit bis zur erstinstanzlichen (bzw rechtskräftigen[1163]) Entscheidung in dem das deutsche Patent ... (den deutschen Teil des europäischen Patents ...) betreffenden Einspruchsverfahren (bzw Nichtigkeitsverfahren) – AZ: ... – ausgesetzt.

755 Sie ist zu begründen.[1164] Dies muss allerdings nicht bereits in dem die Aussetzung anordnenden Beschluss geschehen. Vielmehr kann die Begründung im Falle einer Beschwerde in der ohnehin zu treffenden Nichtabhilfeentscheidung nachgeholt werden. So vorzugehen kann sich für das Gericht aus Gründen der Vereinfachung anbieten, wenn nicht mit einem Rechtsmittel gegen den Aussetzungsbeschluss zu rechnen ist.

756 | **Praxistipp** | Formulierungsbeispiel |

Umgekehrt bedeutet dies, dass der Kläger, um eine Begründung der Aussetzungsentscheidung zu erzwingen, gehalten ist, gegen den Aussetzungsbeschluss sofortige Beschwerde einzulegen. Freilich verschafft er seinem Gegner damit eine Argumentationshilfe im anhängigen Einspruchs-, Nichtigkeits- oder Löschungsverfahren, weil der Beklagte den die voraussichtlich mangelnde Rechtsbeständigkeit begründenden Aussetzungsbeschluss im Verfahren um den Rechtsbestand des Klageschutzrechts präsentieren wird.

1162 BGH, MDR 2011, 1441 – Sportwettenerlaubnis.
1163 Genauer:
»... bis zum Vorliegen der Einspruchsbeschwerde-/Nichtigkeitsberufungsentscheidung ...«.
1164 OLG Brandenburg, OLG-Report 1996, 183.

Ist der Aussetzungsbeschluss mit ordentlichen Rechtsmitteln nicht mehr anfechtbar (wie dies bei entsprechenden Anordnungen eines OLG der Fall ist, wenn die Rechtsbeschwerde an den BGH von ihm nicht zugelassen ist[1165]), bedarf es – auch von Verfassung wegen – regelmäßig keiner Begründung.[1166] Enthält ein Aussetzungsbeschluss ausnahmsweise dennoch eine Begründung, die auf einen Teil der vorgetragenen Argumente eingeht, rechtfertigt dies nicht den Schluss, das Gericht habe die anderen Argumente nicht aufgenommen.[1167]

757

e) Anfechtbarkeit

Die Entscheidung des Landgerichts über die Anordnung der Aussetzung kann mit der **sofortigen Beschwerde** angegriffen werden.[1168] Sie ist innerhalb einer Notfrist von zwei Wochen nach Zustellung des Aussetzungsbeschlusses beim Landgericht, dessen Entscheidung angefochten wird, einzulegen.[1169] Die Beschwerde kann auf neue Angriffs- und Verteidigungsmittel gestützt werden.[1170] Das Landgericht hat zunächst selbst ihre Begründetheit zu prüfen; nur wenn es die Beschwerde für unbegründet hält, hilft es ihr nicht ab und legt die Sache dem Oberlandesgericht zur Entscheidung vor.[1171]

758

Es ergeht keine gesonderte **Kostenentscheidung**, vielmehr sind die im Aussetzungsbeschwerdeverfahren angefallenen Kosten solche des Rechtsstreits, die demgemäß der in der Hauptsache getroffenen Kostenentscheidung folgen.[1172]

759

Der **Gegenstandswert** für das Beschwerdeverfahren ist daran zu orientieren, um welche Zeitspanne die erstrebte Verurteilung wegen Patentverletzung sich infolge der Aussetzungsanordnung voraussichtlich verzögern wird. Liegen keine anderweitigen Anhaltspunkte vor, entspricht der Streitwert deshalb *dem* Anteil am Gesamtstreitwert, den die Zeitspanne des Aufschubs im Verhältnis zu der für die Festsetzung des Gesamtwertes maßgeblichen Zeitspanne ausmacht.[1173] Lässt sich dies nicht einmal annähernd absehen, ist ein Streitwertanteil von 20 % anzusetzen.[1174]

760

Beschwert – und damit anfechtungsberechtigt – sind regelmäßig beide Parteien,

761

– der Kläger, weil er geltend machen kann, dass ein Aussetzungsanlass tatsächlich nicht bestanden hat und der Beklagte deshalb, statt den Ausgang des nicht hinreichend aussichtsreichen Rechtsbestandsverfahrens abzuwarten, hätte verurteilt werden müssen;

762

– der Beklagte, weil er (bei bestrittener Verletzung, Aktiv- oder Passivlegitimation) geltend machen kann, dass die Verletzungsklage, statt den Rechtsstreit im Hinblick auf den Rechtsbestandsangriff auszusetzen, endgültig hätte abgewiesen werden müssen.

763

1165 § 574 Abs 1 ZPO.
1166 BGH, Beschluss v 9.8.2016 – X ZR 112/14.
1167 BGH, Beschluss v 9.8.2016 – X ZR 112/14.
1168 § 252 1. Halbsatz ZPO. Keine Beschwerdemöglichkeit besteht gegen eine Aussetzungsentscheidung, die mit einer Vorlage an ein höheres Gericht (BVerfG, EuGH) verbunden ist (OLG Celle, MDR 2009, 218, mwN).
1169 § 569 Abs 1 ZPO.
1170 § 571 Abs 2 ZPO.
1171 § 572 Abs 1 ZPO.
1172 BGH, MDR 2012, 1432.
1173 OLG Düsseldorf, Beschluss v 31.1.2013 – I-2 W 1/13.
1174 OLG Düsseldorf, Beschluss v 4.3.2013 – I-2 W 6/13.

764 In beiden Konstellationen ist die Beschwerde faktisch aussichtslos, weil die **Prüfungskompetenz des Beschwerdegerichts**[1175] in doppelter Hinsicht eingeschränkt ist[1176]:

765 – Da die Anordnung einer Aussetzung bei festgestellter Vorgreiflichkeit (auf der Rechtsfolgenseite) im Ermessen des Gerichts steht, kann im Beschwerdeverfahren nur überprüft werden, ob das Landgericht sein **Ermessen** fehlerfrei ausgeübt hat.[1177] Daran fehlt es, wenn das Landgericht von einem unrichtigen Prüfungsmaßstab ausgegangen ist (zB weil es bereits Zweifel am Rechtsbestand für rechtlich relevant gehalten hat, obwohl zutreffenderweise auf eine überwiegende Vernichtungswahrscheinlichkeit hätte abgestellt werden müssen[1178]) oder wenn ausschlaggebende wesentliche Gesichtspunkte (zB einzelne Entgegenhaltungen oder Einspruchsgründe) überhaupt nicht oder erkennbar falsch gewürdigt worden sind. Soweit die Aussetzungsentscheidung indessen vertretbar ist, kann das Beschwerdegericht seine eigene Ermessensentscheidung nicht an die Stelle derjenigen des Landgerichts setzen.

766 – Geht es demgegenüber – auf der Tatbestandsebene – darum, ob eine **Vorgreiflichkeit** als Voraussetzung jeder Aussetzungsentscheidung besteht, ist dem Gericht ein Ermessensspielraum nicht eingeräumt und deshalb vom Beschwerdegericht prinzipiell umfassend und uneingeschränkt nachzuprüfen, ob ein Aussetzungsgrund gegeben war.[1179] In Patentstreitsachen folgt daraus gleichwohl nicht, dass die Erwägungen dazu, ob das anderweitige Verfahren für die Entscheidung des ausgesetzten Rechtsstreits vorgreiflich ist oder nicht, vom Beschwerdegericht uneingeschränkt überprüft werden könnten. In Patentverletzungssachen hängt die Entscheidung, ob eine Vorgreiflichkeit gegeben ist oder fehlt, regelmäßig eng mit der Beantwortung der Verletzungsfrage zusammen und ist praktisch identisch mit dieser. Nur wenn die Patent- oder Gebrauchsmusterverletzung bejaht wird, kann die Entscheidung über die Verletzungsklage vom Ausgang des Einspruchs- oder Nichtigkeitsverfahrens über das Klagepatent abhängen. Würde das Beschwerdegericht im Rahmen seiner Entscheidung über den Aussetzungsbeschluss überprüfen können, ob das Landgericht zu Recht eine Patentverletzung bejaht (und damit die Vorgreiflichkeit angenommen) hat, so würde dem erstinstanzlichen Gericht seine durch Endurteil erst noch zu treffende abschließende Sachentscheidung praktisch vorgegeben. Ein solcher Eingriff in das erstinstanzliche Verfahren widerspricht der Selbständigkeit der einzelnen Rechtszüge und unterläuft den verfahrensrechtlichen Anspruch der Parteien eines Rechtsstreits darauf, dass grundsätzlich jede Instanz ausschließlich aufgrund dessen beendet wird, was das im betreffenden Rechtszug zur Entscheidung berufene Gericht bei eigener Würdigung der Sach- und Rechtslage für richtig hält. Bezüglich der Verletzungsfrage kann das Beschwerdegericht daher ebenfalls nur überprüfen, ob die Erwägungen des LG unvertretbar sind.

767 – Gleiches gilt, wenn und soweit der Aussetzungsbeschluss in seinem die Vorgreiflichkeit betreffenden Teil darauf gestützt ist, dass mit den angegriffenen Gegenständen ausschließlich von einem den Beklagten zur **Weiterbenutzung** berechtigenden prioritätsälteren Schutzrecht Gebrauch gemacht wird.[1180] Auch diesbezüglich hat das Beschwerdegericht die Ansicht des erstinstanzlichen Gerichts grundsätzlich hinzunehmen. Geht es um die Verletzung eines ausländischen Patents und hat das Landge-

---

1175 Vgl dazu Augenstein/Roderburg, GRUR 2008, 457.
1176 OLG Düsseldorf, GRUR 1994, 507, 508; OLG Düsseldorf, InstGE 3, 233 – Ausländische Nichtigkeitsklage.
1177 BGH, BB 2006, 465 (LS).
1178 OLG Karlsruhe, GRUR 2014, 352 – Stanzwerkzeug.
1179 BGH, BB 2006, 465 (LS).
1180 OLG Düsseldorf, InstGE 3, 233 – Ausländische Nichtigkeitsklage.

richt die Ermittlung des für die Klageansprüche maßgeblichen ausländischen Rechts durch Einholung eines Sachverständigengutachtens für notwendig erachtet, so ist auch dieses weitgehend der Überprüfung durch das Beschwerdegericht entzogen.[1181]

Die dargelegten Grundsätze gelten unabhängig davon, ob Gegenstand der Aussetzungsentscheidung eine Verletzungsklage des Schutzrechtsinhabers oder eine **negative Feststellungsklage** des vermeintlichen Verletzers ist.[1182]

768

Einen – oftmals nur vorläufigen – Erfolg hat die Beschwerde allenfalls dann, wenn bei der angefochtenen Entscheidung der **Anspruch** des Beschwerdeführers **auf rechtliches Gehör** verletzt wurde. Solches ist namentlich der Fall, wenn die Aussetzungsentscheidung getroffen wurde, ohne eine den Parteien gesetzte Stellungnahmefrist abzuwarten. Sie muss auch dann vollständig gewährt werden, wenn eine Partei bereits vor Fristablauf Ausführungen zur Sache gemacht hat, die als abschließende Stellungnahme verstanden werden können. Handelt es sich bei dem angefochtenen Erkenntnis um eine nicht verkündete Entscheidung, so ist diese erlassen, sobald der von allen mitwirkenden Mitgliedern unterzeichnete Beschluss an die Geschäftsstelle übergeben ist. Vor diesem Zeitpunkt bei Gericht eingegangenes Parteivorbringen muss daher berücksichtigt werden. Geschieht dies nicht, wird der Anspruch auf rechtliches Gehör verletzt, selbst dann, wenn dem Rechtsmittelgericht der betreffende Schriftsatz tatsächlich nicht mehr rechtzeitig vorgelegt wurde.[1183]

769

Auch wenn die Parteien gegen die Aussetzungsanordnung kein Rechtsmittel eingelegt haben und die Aussetzungsanordnung damit rechtskräftig geworden ist, können sie jederzeit die Fortsetzung des ausgesetzten Rechtsstreits verlangen (§§ 150, 250 ZPO).[1184] Über ein solches Begehren hat das Gericht nach seinem Ermessen zu entscheiden. Anlass zu **Beendigung der Aussetzung** (zum Zwecke einer erneuten Prüfung der Aussetzungsfrage) besteht regelmäßig dann, wenn der Kläger nach erfolgter Aussetzung (sei es im Beschwerdeverfahren gegen den Aussetzungsbeschluss[1185] oder nach Eintritt der Rechtskraft des Aussetzungsbeschlusses) seine Klage auf neue, eingeschränkte Ansprüche stützt, deren Benutzung und Rechtsbestand noch nicht geprüft worden sind.

770

Ist der Beklagte (ohne Aussetzung) verurteilt worden, kann Berufung eingelegt werden, selbst wenn lediglich die Nicht-Aussetzung beanstandet werden soll.[1186] Ob auch in einer solchen Konstellation von einer nur eingeschränkten Prüfungskompetenz des Berufungsgerichts auszugehen ist, ist umstritten, für die Praxis jedoch belanglos, weil der Beklagte typischerweise auch im Berufungsrechtszug einen Aussetzungsantrag formuliert, weswegen das OLG nach den bei ihm gültigen, erleichterten Voraussetzungen sein Aussetzungsermessen auszuüben hat.

771

Wichtig ist in einem Verletzungsrechtsstreit mit parallelem Einspruchs- oder Nichtigkeitsverfahren die Zusammenarbeit zwischen Rechtsanwalt und Patentanwalt. Vor allem die Abstimmung der jeweiligen Schriftsätze kann von entscheidender Bedeutung sein, denn vielfach können Argumente, die die Schutzfähigkeit des Patentes sichern sollen, den Schutzbereich im Hinblick auf die angegriffene Ausführungsform einengen bzw im Rahmen der Verletzungsdiskussion Argumente vorgetragen werden, die – umgekehrt – den Schutzbereich des Patentes ausdehnen und damit seine Schutzfähigkeit gefährden.

772

1181 OLG Düsseldorf, InstGE 3, 233 – Ausländische Nichtigkeitsklage.
1182 OLG Düsseldorf, InstGE 3, 233 – Ausländische Nichtigkeitsklage.
1183 BGH, FamRZ 2015, 1698.
1184 BGH, MDR 2012, 1432.
1185 OLG Düsseldorf, Beschluss v 11.4.2013 – I-2 W 12/13.
1186 OLG Düsseldorf, Urteil v 8.11.2012 – I-2 U 112/09.

f) Wirkungen der Aussetzung

773 Während der Aussetzung laufen keinerlei **prozessuale Fristen**, namentlich keine Rechtsmitteleinlegungs- und begründungsfristen (§ 249 Abs 1 ZPO). Sobald der Sachverhalt eingetreten ist, der im Aussetzungsbeschluss als vorgreifliches Ereignis genannt ist (zB Vorliegen der erstinstanzlichen Einspruchsentscheidung, bis zu der der Verletzungsrechtsstreit ausgesetzt worden ist), endet allerdings die Aussetzung, ohne dass es auf eine Kenntnis der Parteien, deren Aufnahmeerklärung oder einen Aufnahmebeschluss des Gerichts ankommt.[1187] Notfristen (wie die Berufungsbegründungsfrist) laufen also zu dem besagten Zeitpunkt neu und müssen vom Rechtsmittelführer in eigener Verantwortung eingehalten werden.

774 Prozesshandlungen, die in Ansehung der Hauptsache gegenüber der anderen Partei vorzunehmen sind, haben im Verhältnis zur gegnerischen Partei keine Wirkung. Sie sind nicht nichtig, sondern anfechtbar und können daher durch deren Genehmigung (§ 295 ZPO) wirksam werden. Keine Handlung in Bezug auf die Hauptsache sind Klageerweiterungen um einen neuen Streitgegenstand, zB die Einführung eines zusätzlichen Schutzrechts oder weiterer angegriffener Ausführungsformen, die sich von den bislang streitigen Verletzungsformen in ihrer für die Merkmalsverwirklichung relevanten Ausgestaltung/Funktionsweise unterscheiden.[1188]

g) Vergleich

775 Bisweilen verständigen sich die Parteien im Zuge eines laufenden Einspruchs- oder Nichtigkeitsverfahrens auf einen Vergleich, der typischerweise vorsieht, dass der Verletzungsbeklagte eine Lizenz erhält und gleichzeitig die anhängige Verletzungs- sowie Nichtigkeitsklage zurückgenommen werden. Erfolgt die Einigung zunächst nur mündlich und soll der Vergleichstext von den Anwälten nachfolgend schriftlich fixiert werden, so ist im Zweifel zu vermuten, dass der Vergleichsvertrag nach dem Willen der Parteien solange nicht geschlossen sein soll, bis sein Inhalt in **schriftlicher Form** festgehalten ist.[1189] Werden daraufhin schriftliche Entwürfe unterschiedlichen Inhalts ausgetauscht, ohne dass eine Einigung auf eine bestimmte Textfassung erzielt werden kann, so ist ein (zur Klagerücknahme etc verpflichtender) Vergleich nicht zustande gekommen. Macht andererseits das Gericht den Parteien einen schriftlichen Vergleichsvorschlag und erklären beide Parteien schriftsätzlich die Annahme dieses Vorschlages, so ist der Vergleich mit dem Zugang der betreffenden Erklärungen bindend zustande gekommen. Der spätere Widerruf einer Partei ändert daran auch dann nichts, wenn er dem Gericht zugeht, bevor dieses das Zustandekommen des Vergleichs durch Beschluss (§ 278 Abs 6 ZPO[1190]) festgestellt hat.[1191] Die Schriftform ist **nicht** gewahrt, wenn der Vergleichsvorschlag des Gerichts und die Zustimmung der einen Prozesspartei lediglich in das – später ins Schriftliche übertragene – Sitzungsprotokoll diktiert wird und bloß die andere Prozesspartei ihre Zustimmung nach Erhalt der Verhandlungsniederschrift durch Schriftsatz erklärt.[1192] Besonderes Augenmerk ist auf die hinreichende Bestimmtheit des Vergleichsinhalts zu legen, wenn dieser als Vollstreckungstitel gedacht ist.[1193] Eine wirksam gegenüber dem

---

[1187] BGH, Beschluss v 30.6.2011 – III ZB 6/11.
[1188] OLG Düsseldorf, Urteil v 4.10.2012 – I-2 U 39/11.
[1189] BGH, GRUR 2010, 322 – Sektionaltor.
[1190] Auf den gerichtlich festgestellten Vergleich ist § 127a BGB analog anwendbar, weswegen auch er (genauso wie der in der Verhandlung protokollierte Vergleich) die Form der notariellen Beurkundung ersetzt (BGH, MDR 2017, 416).
[1191] OLG Hamm, MDR 2011, 507.
[1192] BGH, MDR 2015, 1198. Unter Umständen kann dem ordnungsgemäß Zustimmenden die Berufung auf den Formmangel nach Treu und Glauben untersagt sein.
[1193] Zu Einzelheiten vgl Christopoulos, MDR 2014, 438.

Gericht abgegebene Zustimmungserklärung zu einem Vergleichsvorschlag ist unwiderruflich.[1194]

Enthält der Prozessvergleich eine **Widerrufsfrist**, so können die Parteien die Frist *vor* deren Ablauf (nicht mehr danach) ohne Mitwirkung des Gerichts einvernehmlich verlängern.[1195] Das gilt auch dann, wenn das Gericht für den Fall eines Widerrufs einen bestimmten Verkündungstermin bestimmt hat, der infolge der Fristverlängerung verlegt werden muss. Demgegenüber ist es ausgeschlossen, dass die Parteien ein im Prozessvergleich nicht vereinbartes Widerrufsrecht ohne Rücksicht auf die für den Prozessvergleich geltenden Förmlichkeiten (§§ 278 Abs 6, 160 Abs 3 Nr 1, Abs 5 ZPO) oder nach Eintritt der prozessbeendigenden Wirkung des Vergleichs installieren.[1196]

776

Hat der Vergleichsvertrag einen **internationalen Bezug**, weil er eine Verbindung zum Recht verschiedener Staaten aufweist (zB weil in die Vergleichsregelung Verletzungssachverhalte oder Rechtsbestandsangriffe auch in anderen europäischen Ländern außerhalb der Bundesrepublik Deutschland mit geregelt werden), so stellt sich die Frage, welches Recht für die Frage des Zustandekommens, die Geltung und den Inhalt des Vergleichs sowie die Folgen etwaiger Pflichtverletzungen heranzuziehen ist. Über das anwendbare Recht entscheiden die Regeln des internationalen Privatrechts, wobei für Verträge, die vor dem 17.12.2009 geschlossen wurden, die Art 27 ff EGBGB einschlägig bleiben, während für spätere Abschlusssachverhalte die seit dem 17.12.2009 geltenden Vorschriften der ROM I-VO 593/2008[1197] maßgeblich sind. Nach beiden Regelwerken können die Parteien – was sich schon aus Gründen der Klarheit und Vorhersehbarkeit unbedingt empfiehlt – eine Rechtswahl treffen, dh eine beliebige Rechtsordnung bestimmen, welcher der Vergleich unterliegen soll. Geschieht dies – bewusst oder versehentlich – nicht, folgt der Vertrag dem Recht desjenigen Staates, in dem derjenige im Zeitpunkt des Vertragsabschlusses seine Hauptverwaltung bzw seinen gewöhnlichen Aufenthalt hatte, der die charakteristische Leistung erbringt. In Fällen anhängiger Verletzungs- und Rechtsbestandsklagen ist dies der Patentinhaber, weil er mit dem Verzicht auf seine Verletzungsansprüche die prägende Leistung erbringt, der gegenüber die Gegenleistungen des anderen (Lizenzzahlung, Rücknahme der Einsprüche, Nichtigkeitsklagen) zurücktritt.[1198] Der Vorrang des »Lizenzgeber«-Sitzes gilt auch dann, wenn im Vergleich die Benutzung in mehreren europäischen Staaten geregelt werden soll.[1199]

777

Wegen der Doppelnatur des Prozessvergleiches als einerseits materiell-rechtliches Rechtsgeschäft und andererseits Prozesshandlung entfällt die Rechtshängigkeit einer Streitsache durch einen Prozessvergleich nur dann, wenn die prozessualen Formvorschriften (§§ 160 Abs 3 Nr 1, 162 Abs 1 Satz 1, 3, 163 ZPO) eingehalten sind.[1200] Eine amtswegige Prüfung findet insofern allerdings nicht statt. Der Rechtsstreit, in dem ein **unwirksamer Prozessvergleich** geschlossen wurde, ist deshalb nur dann fortzusetzen, wenn eine Partei die Wirksamkeit des Prozessvergleichs angreift und damit dessen prozessbeendigende Wirkung in Frage stellt. Dementsprechend scheitert eine neue Klage, die den Streitgegenstand des ursprünglichen Rechtsstreits umfasst, nicht an § 261 Abs 3 Nr 1 ZPO, wenn die Parteien übereinstimmend von einer Beendigung des Ursprungsrechtsstreits durch den Vergleich ausgehen.[1201] Der Einwand, aufgrund der Unwirksamkeit eines Prozessvergleichs müsse das Ursprungsverfahren fortgesetzt werden, ist eine

778

1194 OLG Köln, MDR 2016, 547.
1195 BGH, MDR 2018, 817.
1196 BGH, MDR 2018, 817.
1197 ABl EU 2008 Nr L 177, S 6.
1198 BGH, GRUR 2010, 322 – Sektionaltor.
1199 BGH, GRUR 2010, 322 – Sektionaltor.
1200 BGH, MDR 2014, 241; BGH, MDR 2018, 817.
1201 BGH, MDR 2014, 241.

verzichtbare prozessuale Rüge (§ 296 Abs 3 ZPO), die grundsätzlich vor Beginn der Verhandlung zur Hauptsache bzw im Rahmen einer vom Gericht gesetzten Klageerwiderungsfrist vorzubringen ist.[1202] Sofern beide Parteien zu Unrecht von einem – tatsächlich nicht wirksam erfolgten – Vergleichswiderruf ausgehen und deshalb übereinstimmend das Gerichtsverfahren mit einer Sachentscheidung fortgesetzt sehen wollen, ist das Gericht (auch durch § 308 Abs 1 Satz 1 ZPO) nicht gehindert, die Verfahrensbeendigung durch Vergleich festzustellen.[1203]

779 Wir ein vorläufig vollstreckbares Urteil durch einen Prozessvergleich ersetzt, nach dessen Inhalt der Schuldner zur Zahlung eines geringeren Betrages verpflichtet ist, kann der Gläubiger die Erstattung der **Kosten** aus **der** zuvor auf der Grundlage des Urteils betriebenen **Zwangsvollstreckung** in der Höhe verlangen, in der sie angefallen wären, wenn er von vornherein die Vollstreckung auf den Vergleichsbetrag beschränkt hätte.[1204]

16. Schutzfähigkeit eines Gebrauchsmusters

780 Ein Gebrauchsmuster ist mit geringen Kosten zu erhalten und es verschafft seinem Inhaber auf der Rechtsfolgenseite prinzipiell dieselben Ansprüche, die mit einer Patentverletzung verbunden sind, eben nur für eine geringere Schutzdauer. Ob und wann eine Gebrauchsmusteranmeldung (insbesondere parallel zu einer Patentanmeldung im Wege der Abzweigung) sinnvollerweise unternommen wird, hängt von den Umständen des Einzelfalles ab. In **zwei Konstellationen** ist sie aber unbedingt in Betracht zu ziehen.

781 – Zum einen dann, wenn sich das Patenterteilungsverfahren hinzieht, der Konkurrenz aber schon jetzt eine Erfindungsbenutzung untersagt werden soll;

782 – zum anderen dann, wenn sich im europäischen Patenterteilungsverfahren aus Gründen mangelnder Offenbarung die Notwendigkeit ergibt, das Patent auf ein Ausführungsbeispiel beschränken zu müssen; hier eröffnet die Gebrauchsmusterabzweigung die Chance, unter Anwendung der in der deutschen Rechtspraxis zugelassenen Zwischenverallgemeinerung ein Schutzrecht mit deutlich weitreichenderem Inhalt zu erhalten.

783 Die mangelnde Schutzfähigkeit von Gebrauchsmustern kann auf **zweifache Weise** in einem Gebrauchsmusterverletzungsrechtsstreit geltend gemacht werden.

784 – Zum einen besteht wie beim Patent die Möglichkeit, einen Aussetzungsantrag zu stellen, wenn das Klagegebrauchsmuster in einem Löschungsverfahren angegriffen wird. § 19 GebrMG regelt die **Aussetzung** – spezialgesetzlich und abweichend von § 148 ZPO – dahingehend, dass ein Aussetzungszwang besteht, wenn das Verletzungsgericht das Klagegebrauchsmuster (so, wie es vom Kläger geltend gemacht ist) für schutzunfähig hält (§ 19 Satz 2 GebrMG). Eine Vorgreiflichkeitsprüfung findet insofern – anders als bei § 19 Satz 1 GebrMG – nicht statt.[1205] Ansonsten besteht Aussetzungsermessen (§ 19 Satz 1 GebrMG), welches in der Praxis[1206] – wenn keine besonderen Umstände vorliegen – richtigerweise dergestalt ausgeübt wird, dass bei (nicht notwendigerweise überwiegenden, aber berechtigten) Zweifeln am Rechtsbe-

---

[1202] BGH, MDR 2014, 241.
[1203] BGH, MDR 2018, 817. Die Sachlage ist vergleichbar mit derjenigen bei einer Verfahrensunterbrechung, die das Gericht ebenfalls ohne Bindung an die Parteianträge feststellt, wenn die gesetzlichen Voraussetzungen für eine Unterbrechung gegeben sind.
[1204] BGH, MDR 2014, 1047.
[1205] LG Mannheim, Mitt 2014, 563 – mechanisches Arretiersystem, mwN zum Streitstand.
[1206] Zu Einzelheiten vgl Ochs, Mitt 2014, 534.

stand die erstinstanzliche Löschungsentscheidung abgewartet wird.[1207] Ist sie gefallen, wird für den Regelfall von einer Aussetzung abzusehen sein, wenn kein neuer, näherliegender Stand der Technik präsentiert werden kann, der bei der dem Gebrauchsmusterinhaber günstigen Löschungsentscheidung noch nicht vorgelegen hat. Nach erstinstanzlicher Aufrechterhaltung ist die Situation vergleichbar derjenigen bei einer Klage aus einem erteilten Patent, weshalb in solchen Fällen auch die gleichen (strengen) Aussetzungskriterien heranzuziehen sind, die für den Patentverletzungsprozess gelten.[1208] Es reichen also für eine Aussetzung nicht mehr Zweifel, sondern es bedarf *überwiegender* Zweifel. Das gleiche gilt, wenn eine parallele Patentanmeldung – unter Berücksichtigung derselben dem Gebrauchsmuster entgegen gehaltenen Einwendungen – zur Erteilung eines inhaltsgleichen Patents geführt hat oder wenn der Kläger das Klagegebrauchsmuster nach erfolgter Patenterteilung mit abweichendem Anspruchsinhalt nur noch im Umfang des erteilten Patents geltend macht.[1209]

– Soweit eine Aussetzung nicht veranlasst ist, wird sich das Gericht die subjektive Überzeugung von der Schutzfähigkeit des Klagegebrauchsmusters bilden müssen und zur Verurteilung schreiten müssen. Denn ohne Aussetzung kann das Verletzungsverfahren auf keine andere Weise seinen Fortgang nehmen. **785**

– Eine Aussetzung verbietet sich vollends, wenn das Löschungsverfahren zwischen den am Verletzungsprozess beteiligten Parteien **rechtskräftig** mit einer vollständigen oder teilweisen Aufrechterhaltung des Gebrauchsmusters abgeschlossen ist (§ 19 Satz 3 GebrMG[1210]). Von der Rechtskraft werden allerdings nur diejenigen Einwendungen erfasst, auf die der Löschungsantrag gestützt war. Keine Bindungswirkung besteht daher im Hinblick auf Ausführungen zur unzulässigen Erweiterung, die im Zusammenhang mit einem Hilfsantrag lediglich von Amts wegen in einem andere Löschungsgründe betreffenden Rechtsbestandsverfahren gemacht werden.[1211] Andererseits erstreckt sich die Bindungswirkung eines von einer GmbH angestrengten Löschungsverfahrens auch auf ihren geschäftsführenden Gesellschafter[1212] und bei einem abgewiesenen Löschungsantrag gegen den Gebrauchsmusterinhaber auch auf dessen ausschließlichen Lizenznehmer[1213]. **786**

– Zum anderen kann die **mangelnde Schutzfähigkeit** eines Gebrauchsmusters **unmittelbar zur Begründung des Klageabweisungsantrages** geltend gemacht werden. Denn bei Gebrauchsmustern haben, weil es sich um ungeprüfte Rechte handelt, auch die Verletzungsgerichte die Kompetenz, die Schutzfähigkeit des Gebrauchsmusters in dem vom Kläger geltend gemachten Umfang zu überprüfen. Nur wenn das Verletzungsgericht positiv von der Schutzfähigkeit der Merkmalskombination überzeugt **787**

1207 Demgegenüber will das LG München I (Mitt 2012, 184 – gekühlte Backware; Urteil v 4.7.2013 – 7 O 9975/12) eine Aussetzung nach den für das Patentrecht geltenden Regeln erst dann in Betracht ziehen, wenn das Klagegebrauchsmuster mit hoher Wahrscheinlichkeit nicht rechtsbeständig ist. Das verkennt die unterschiedliche Ausgangssituation in Bezug auf die – einmal gegebene und einmal fehlende – behördliche Prüfung auf Schutzfähigkeit und die Notwendigkeit einer positiven Überzeugung des Verletzungsgerichts von der Schutzfähigkeit des Klagegebrauchsmusters, wenn es verurteilen will.
1208 OLG Karlsruhe, GRUR 2014, 352 – Stanzwerkzeug.
1209 OLG Düsseldorf, Beschluss v 11.6.2018 – I-15 W 30/18.
1210 Zum Umfang der Bindungswirkung ausführlich: Cepl, FS 80 Jahre Patentgerichtsbarkeit Düsseldorf, 2016, S 91.
1211 OLG Düsseldorf, Urteil v 8.5.2014 – I-15 U 7/14.
1212 OLG Düsseldorf, Urteil v 8.5.2014 – I-15 U 7/14.
1213 OLG Düsseldorf, Urteil v 29.10.2015 – I-15 U 25/14.

ist[1214], die der Kläger zum Gegenstand seiner Klage gemacht hat, darf verurteilt werden. Dieser Überzeugungsbildung bedarf es nur dann nicht, wenn aufgrund eines rechtskräftig abgeschlossenen Löschungsverfahrens zwischen den Parteien des Verletzungsverfahrens bindend feststeht, dass das Klagegebrauchsmuster im fraglichen Umfang die Schutzvoraussetzungen erfüllt.

788 Wie im Einzelfall vom Verletzungsbeklagten vorgegangen wird, ist eine Frage der **Taktik**. Der Weg eines parallelen Löschungsangriffs ist ratsam, wenn neben dem Gebrauchsmuster ein Patent in gleichem Umfang geltend gemacht wird, das ebenfalls angegriffen ist. Wenn ausschließlich aus einem Gebrauchsmuster vorgegangen wird, sollte demgegenüber in Erwägung gezogen werden, nur im Verletzungsverfahren die Schutzfähigkeit anzugreifen, da dies zur kurzfristigen Klageabweisung statt nur zu einer Aussetzungsanordnung führen kann. Wird dieser Weg gewählt, ist dem Verletzungsgericht die gesamte Argumentation, die sonst in einem Löschungsverfahren vorzutragen wäre, einschließlich aller Entgegenhaltungen darzulegen.

789 Wie der Verletzungsbeklagte agiert, sollte im Übrigen von den Umständen und vor allem dem technischen Hintergrund des streitigen Gebrauchsmusters abhängig gemacht werden. Bei einigen technischen Sachverhalten kann wegen der komplexen technischen Grundlagen eine Geltendmachung der Schutzunfähigkeit nur im Verletzungsverfahren riskant sein. Auch ist zu berücksichtigen, dass der Kläger bei einem Angriff gegen sein Gebrauchsmuster nur im Verletzungsverfahren weitreichendere Möglichkeiten der Verteidigung hat. Denn er kann beschränkt auf das Verletzungsverfahren das Gebrauchsmuster in einem auf die angegriffene Ausführungsform angepassten, damit aber auch sehr engen Schutzbereich geltend machen.[1215] In einem Löschungsverfahren, das schließlich das Schicksal des Gebrauchsmusters auch für die Zukunft und gegen jedermann bestimmt, tendiert er demgegenüber zumeist dazu, ein möglichst umfassendes Schutzrecht zu erhalten.

790 Taktische Erwägungen sind aber auch auf Klägerseite angebracht, wenn aus einem (mit einem Einspruch oder einer Nichtigkeitsklage angegriffenen) **Patent und** – wegen eines zeitlich früheren Schadenersatzanspruchs – daneben aus einem **parallelen Gebrauchsmuster** geklagt werden soll. Ergeben sich für das Verletzungsgericht Zweifel an der Schutzfähigkeit des Gebrauchsmusters, so ist es nach Maßgabe des § 19 GebrMG gehalten, den Rechtsstreit, soweit er das Gebrauchsmuster betrifft, bis zum Abschluss des anhängigen Löschungsverfahrens auszusetzen. Eine Verurteilung des Beklagten kommt nur dann infrage, wenn das Verletzungsgericht von der Schutzfähigkeit des Gebrauchsmusters überzeugt ist, was im Urteil positiv festzustellen ist. Auch wenn im Hinblick auf die Aussetzung eines Patentverletzungsprozesses an sich zurückhaltend verfahren wird, hat dies – wegen des gleich lautenden Inhalts von Gebrauchsmuster und Patent und der insoweit gleich gelagerten Diskussion zum Rechtsbestand – im Zweifel zur Folge, dass der Verletzungsprozess insgesamt ausgesetzt wird. Der Kläger sollte deswegen in jedem Fall erwägen, ob es wirklich sinnvoll ist, das parallele Gebrauchsmuster in den Prozess einzuführen. Vielfach kann darauf verzichtet werden, weil aus dem Patent für den vom Gebrauchsmuster abgedeckten Zeitraum ebenfalls Ansprüche (auf Entschädigung bzw Bereicherungsausgleich) hergeleitet werden können, die dem Kläger im Ergebnis eine ähnliche Kompensation verschaffen wie der auf das Gebrauchsmuster gestützte Schadenersatzanspruch.

1214 OLG Düsseldorf, Beschluss v 11.6.2018 – I-15 W 30/18. Die Überzeugung ist eine andere als iSv § 286 ZPO. Es geht nicht um eine Gewissheit, die jede andere Schlussfolgerung als rein theoretisch disqualifizieren würde, sondern darum, dass eine mangelnde Schutzfähigkeit nicht feststellbar ist.
1215 BGH, GRUR 2003, 867 – Momentanpol I.

Strategischer Erwägungen bedarf es auch in anderer Hinsicht: Hat der Kläger selbst **791**
Bedenken an der hinreichenden Schutzfähigkeit des eingetragenen Schutzanspruchs, kann er – wie bei einem Patent – eine **eingeschränkte Anspruchsfassung** (deren Rechtsbeständigkeit er für hinreichend gesichert hält) zur Entscheidung stellen, die alsdann der gerichtlichen Prüfung im Verletzungsprozess zugrunde zu legen ist. Ist ein Löschungsverfahren anhängig, verhindert dies, wenn das Verletzungsgericht die eingetragene Fassung für nicht bestandskräftig hält, eine Aussetzung allerdings nur, wenn die beschränkte Fassung unbedingt und nicht lediglich hilfsweise geltend gemacht wird. Anders ist dies, wenn kein Löschungsverfahren schwebt. Hier kann die eingeschränkte Anspruchsfassung auch hilfsweise eingeführt werden.

17. Versuchsprivileg[1216]

Vom Patentschutz ausgenommen sind gemäß § 11 Nr 2 PatG »Handlungen zu Versuchszwecken, die sich auf den Gegenstand der patentierten Erfindung beziehen«. Da der **»Versuch«** ein planmäßiges Vorgehen zur Gewinnung von Erkenntnissen voraussetzt[1217] und die patentierte Erfindung Gegenstand des Versuches zu sein hat, muss mit der Benutzung des Patents der Zweck verfolgt werden, Einsichten über die Erfindung zu erhalten. Diese Erkenntnisse müssen nicht rein wissenschaftlicher Natur sein, sondern sie können letztlich auch durch gewerbliche Interessen mit motiviert sein.[1218] So kann es beispielsweise darum gehen, technische Angaben in der Patentschrift zu verifizieren, Anhaltspunkte für Weiterentwicklungsmöglichkeiten zu finden oder neue therapeutische Verwendungen aufzudecken. Dass diese Einsichten später auch im Rahmen eines arzneimittelrechtlichen Zulassungsverfahrens nützlich sind, schließt den Versuchszweck nicht aus. Ausschließlich gewerbliche Absichten, wie sie zB vorliegen, wenn mit der Benutzung des Patents lediglich eine Nachfrage auf dem betreffenden Markt geklärt werden soll, genügen jedoch nicht. Unzureichend sind gleichfalls Versuche, die keinem Erkenntnisgewinn in Bezug auf den Erfindungsgegenstand dienen. Dazu gehören reine Bioäquivalenzprüfungen[1219] im Rahmen eines abgekürzten Zweitzulassungsverfahrens[1220] sowie oftmals auch die bloße Verwendung eines patentierten Forschungswerkzeuges.[1221] **792**

Obwohl der Versuchs*zweck* an sich eine subjektive Willensrichtung voraussetzt, sind die objektiven Umstände der Erfindungsbenutzung mit in Betracht zu ziehen. Sie geben **793**

1216 Niioka, Klinische Versuche, 2003; Langfinger, VPP-Rundbrief 2011, 53; Worms/Guski, Mitt 2011, 265 (zu patentierten Medizinprodukten).
1217 BGH, GRUR 1996, 109 – Klinische Versuche I.
1218 BGH, GRUR 1996, 109 – Klinische Versuche I; BGH, Mitt 1997, 253 – Klinische Versuche II.
1219 Ziel solcher Studien ist der Nachweis, dass zwei wirkstoffgleiche Arzneimittel, die sich im Herstellungsprozess und/oder bei den enthaltenen Hilfsstoffen unterscheiden (scil.: das bereits zugelassene Originalpräparat einerseits und das noch zuzulassende Generikum andererseits), ohne Gefahr für den Patienten gegeneinander ausgetauscht werden können. Zwei Arzneimittel werden als bioäquivalent bezeichnet, wenn innerhalb eines 90 %-Konfidenzintervalls die Bioverfügbarkeit einen Wert von 80 bis 125 % erreicht. Um dies festzustellen, werden das Ausmaß und die Geschwindigkeit der Arzneistoffresorption verglichen, indem zwei Gruppen freiwilliger Probanden unter streng standardisierten Bedingungen eine gleiche Dosis des Testarzneimittels (Generikum) oder des Referenzproduktes (Originalpräparat) erhalten. In bestimmten Zeitabständen werden Blutproben entnommen und auf die Arzneistoffkonzentration hin analysiert. Der Nachweis einer Bioäquivalenz mit dem Originalprodukt ist geführt, wenn der 90 %-Vertrauensbereich (Konfidenzintervall) des Quotienten der für die zu vergleichenden Kenngrößen ermittelten durchschnittlichen Werte für Testprodukt und Referenzprodukt innerhalb fest definierter Grenzen (80–125 %) liegt. Die Auswahl der Kenngrößen und das Studiendesign hängen unter anderem von der Indikation und der Darreichungsform des Arzneimittels ab.
1220 Vgl OLG Düsseldorf, GRUR-RR 2014, 100 – Marktzulassungsprivileg; Epping/Gerstberger, PharmR 2003, 257, 259.
1221 Hufnagel, PharmR 2006, 209, 214; Holzapfel, GRUR 2006, 10, 13.

Aufschluss darüber, ob die geltend gemachte Zielsetzung glaubhaft ist, was zB zu verneinen ist, wenn die angeblichen Versuche einen Umfang haben, der mit der bloßen Gewinnung von Erkenntnissen nicht mehr vereinbar ist, sondern auf eine bloß gewerbliche Benutzung hindeutet.

794 Privilegiert ist zwar vordringlich derjenige, der in eigener Person mit der erforderlichen Willensrichtung agiert. § 11 Nr 2 PatG regelt jedoch keinen persönlichen, sondern einen **sachlichen Privilegierungsgrund**, weswegen die Vorschrift prinzipiell auch zugunsten eines Lieferanten eingreifen kann, der den patentverletzenden Gegenstand oder ein Mittel iSv § 10 PatG aus rein kommerziellen Gründen für den Versuch bereitstellt.[1222] Ansonsten wäre derjenige benachteiligt, der nach dem Zuschnitt seines Unternehmens das für den Versuch benötigte patentgemäße Mittel nicht selbst herstellen kann, sondern von Dritter Seite beziehen muss. Dass es in solchen Fällen lediglich dem Empfänger darum geht, mit dem gelieferten Gegenstand auf einen wissenschaftlichen Erkenntnisgewinn gerichtete Versuche durchzuführen, ist unbeachtlich, wenn und solange der zuliefernde Dritte im Zeitpunkt seiner Bereitstellungshandlung – erstens – nach den gesamten Umständen davon ausgehen darf, dass der von ihm zur Verfügung gestellte Gegenstand ausschließlich für privilegierte Versuche eingesetzt wird und wenn der Dritte darüber hinaus – zweitens – geeignete Vorkehrungen dafür getroffen hat, dass dieser Verwendungszweck von dem Belieferten auch tatsächlich eingehalten wird. Solche Vorkehrungen können zB in einer ggf strafbewehrten Verwendungsvereinbarung bestehen, die zugunsten des Patentinhabers mit dem Belieferten abgeschlossen wird. Das zweitgenannte Erfordernis ergibt sich in Fällen, in denen die Bereitstellungshandlung eine mittelbare Patentbenutzung darstellt, bereits aus § 10 Abs 3 PatG. Soweit das gelieferte Mittel (zB Arzneimittelwirkstoff) nur patentgemäß gebraucht werden kann, so dass an sich ein Schlechthinverbot ergehen könnte, ist hiervon im Interesse der Privilegierungsregelung abzusehen und stattdessen eine lediglich eingeschränkte Verurteilung auszusprechen. Wird ein Gegenstand zugeliefert, der als solcher unmittelbar patentbenutzend ist, ergibt sich die Notwendigkeit für die besagten Vorkehrungen aus dem Privilegierungstatbestand selbst, bei dessen Anwendung die Interessen des Patentinhabers nur dann hinreichend gewahrt sind, wenn gewährleistet ist, dass die Bereitstellungshandlung nicht für rechtsverletzende Handlungen »missbraucht« wird.

18. Roche-Bolar-Regel[1223]

795 Das Versuchsprivileg wird ergänzt durch die sogenannte Roche-Bolar-Regelung in § 11 Nr 2b PatG, die mit Wirkung zum 6.9.2005 in Kraft getreten ist und die Privilegierung von Generikaherstellern bezweckt, denen während der Patentlaufzeit Benutzungshandlungen gestattet werden, die für eine arzneimittelrechtliche Zulassung ihres Präparates notwendig sind. Mit Auslaufen des Patentschutzes soll der Generikahersteller im Besitz einer Arzneimittelzulassung sein können. Die Bolar-Regel, die auch für forschende Pharmaunternehmen gilt[1224], geht über das Versuchsprivileg hinaus, weil die auf neue Erkenntnisse gerichteten Versuche nicht die patentierte Erfindung selbst zum Gegen-

---

[1222] AA: LG Düsseldorf, Urteil v 26.7.2012 – 4a O 282/10; Langfinger, VPP-Rundbrief 2011, 53, 56. Erforderlich soll sein, dass der Lieferant als Mitveranstalter der Versuche betrachtet werden kann, weil auch er selbst einen Erkenntnisgewinn anstrebt. Dies soll noch nicht deswegen anzunehmen sein, weil der Lieferant um die privilegierten Verwendungsabsichten seines Abnehmers weiß oder von diesem spezifisch und mit der Zusicherung beauftragt ist, mit dem Liefergegenstand nur Versuche iSv § 11 Nr 2 PatG durchzuführen.
[1223] Chrocziel/Hufnagel, FS Mes, 2009, S 59; Langfinger, VPP-Rundbrief 2011, 53; Worms/Guski, Mitt 2011, 265 (zu patentierten Medizinprodukten).
[1224] Langfinger, VPP-Rundbrief 2011, 53, 55.

stand haben müssen. Ob sie mit ihm auch insofern übereinstimmt, dass es sich um einen **persönlichen Privilegierungstatbestand** handelt, so dass nur derjenige von den Wirkungen des Patentschutzes freigestellt ist, der in eigener Person die notwendigen Absichten und Zwecke verfolgt, ist streitig. Ein hierzu gestelltes Vorabentscheidungsersuchen an den EuGH[1225] hat sich – bedauerlicherweise – erledigt. Die Frage wird für denjenigen relevant, der selbst aus rein kommerziellen Zwecken handelt (indem er zB dem eine privilegierte Marktzulassung betreibenden Generikaunternehmen patentgeschützte Wirkstoffe liefert). Für ihn gilt das zum Versuchsprivileg Ausgeführte[1226] entsprechend.

Freigestellt sind »**Studien**«, insbesondere klinische Studien, »**Versuche**« iSv Nr 2, dh planmäßige Vorgehensweisen zur Erzielung von Erkenntnissen, sowie die sich aus Studien oder Versuchen ergebenden »**praktischen Anforderungen**«. Mit Letzterem ist jede Benutzung der patentierten Lehre gemeint, mit der die Voraussetzungen für die Durchführung einer privilegierten Studie oder eines privilegierten Versuchs geschaffen wird. Es handelt sich mithin um Bereitstellungshandlungen wie die Herstellung oder der Import des für den Versuch vorgesehenen patentgeschützten Wirkstoffs, die Produktion von Versuchsmustern und dergleichen. Die kommerzielle (mittelbar patentbenutzende) Lieferung von Materialien, aus denen ein Dritter (unmittelbar patentbenutzende) Versuchsmuster anfertigt, ist wegen § 10 Abs 3 nicht patentfrei.[1227] Nach den zu § 11 Nr 2 PatG dargelegten Regeln ist der Liefernde deswegen verpflichtet, geeignete Vorkehrungen gegen eine nicht privilegierte Verwendung durch seinen Abnehmer zu treffen, wobei entsprechende Anordnungen auch dann geboten sind, wenn an sich ein Schlechthinverbot gerechtfertigt wäre. Gleiches gilt, wenn in der Bereitstellungshandlung bereits eine unmittelbare Patentbenutzung liegt.[1228] Auch hier profitiert der kommerziell handelnde Zulieferer nur dann von der Privilegierung seines Abnehmers, wenn er Gewähr dafür bietet, dass sich die Verwendung seiner Vorarbeit im privilegierten Rahmen hält. 796

Die Studien oder Versuche müssen für das arzneimittelrechtliche Zulassungsverfahren **erforderlich** sein – sei es, dass ihre Durchführung als solche vorgeschrieben ist oder dass mit ihrer Hilfe Erkenntnisse über das zuzulassende Medikament (zB seine Bioäquivalenz zum Originalprodukt) gewonnen werden, die gegenüber der Genehmigungsbehörde nachzuweisen sind. Es bedarf insofern eines unmittelbaren Zusammenhangs zwischen dem Versuch/der Studie und der angestrebten Arzneimittelzulassung.[1229] Eine Vorfeldforschung, die keine direkten Zulassungsvoraussetzungen schafft (wie dies regelmäßig bei Verwendung eines Forschungswerkzeuges gegeben ist[1230]), ist unzureichend.[1231] Ob die Arzneimittelzulassung in Deutschland, einem Mitgliedstaat der EU oder einem Drittland beantragt werden soll, ist gleichgültig. In jedem Fall bestimmt das nationale Recht des Zulassungsstaates, was zur Erlangung einer arzneimittelrechtlichen Genehmigung »erforderlich« ist und dementsprechend vom Patentschutz suspendiert sein kann. Der Antragsteller für das Zulassungsverfahren muss nicht selbst die Studien/Versuche durchführen. Nr 2b greift auch in Fällen sogenannter Auftragsforschung ein, die in ein Fremdlabor ausgelagert ist.[1232] 797

1225 OLG Düsseldorf, GRUR-RR 2014, 100 – Marktzulassungsprivileg.
1226 Vgl oben Kap E Rdn 793.
1227 Hufnagel, PharmR 2006, 209, 212; Fähndrich/Tilmann, GRUR 2001, 901, 902.
1228 OLG Düsseldorf, GRUR-RR 2014, 100 – Marktzulassungsprivileg; das Vorlageverfahren hat sich durch einen Klageverzicht erledigt, bevor der EuGH entscheiden konnte.
1229 Gassner, GRUR Int 2004, 988, 991; Holzapfel, GRUR 2006, 10, 16.
1230 Holzapfel, GRUR 2006, 10, 16; aA: v. Meibom/vom Feld, FS Bartenbach, 2005, S 398 f; Langfinger, VPP-Rundbrief 2011, 53, 58 f.
1231 Zur Rechtslage in den USA vgl die Berichterstattung in GRUR Int 2007, 877.
1232 Hufnagel, PharmR 2006, 209, 213 f.

798 Vereinbarungen (zB in Lizenzverträgen), mit denen versprochen wird, privilegierte Handlungen (trotz ihrer gesetzlichen Freistellung vom Patentschutz) nicht vorzunehmen, haben keinesfalls dingliche Wirkung in dem Sinne, dass sie – contra legem – gesetzliche Verbietungsrechte aus dem Patent begründen.[1233] Ob sie wenigstens schuldrechtlich verbindlich sind, dh dem Vertragspartner einen aus der Vereinbarung folgenden obligatorischen Anspruch auf das Unterlassen von Versuchshandlungen gewähren, ist weitgehend ungeklärt. Einige Autoren[1234] verneinen dies unter Hinweis darauf, dass Vereinbarungen solchen Inhalts gemäß § 134 BGB nichtig sind. § 11 PatG als Verbotsnorm aufzufassen, erscheint allerdings problematisch. Mit der Begrenzung der patentrechtlichen Ausschließlichkeitsrechte schafft die Vorschrift zunächst nur einen Handlungsspielraum für die Allgemeinheit, von dem im Interesse des technischen Fortschritts Gebrauch gemacht werden *kann*, aber nicht Gebrauch gemacht werden muss. Niemand kann dazu gezwungen werden, den technischen Fortschritt durch eigene Versuchshandlungen zu forcieren. Weil sie unterbleiben können, steht auch nichts entgegen, durch eine schuldrechtliche Vereinbarung auf ihre Vornahme zu verzichten. Je nach Lage des Falles stellt sich allenfalls die Frage nach den Bedingungen, unter denen sich der Verpflichtete von der Vereinbarung (zB durch Kündigung) lossagen kann.

IV. Checkliste für Beklagte[1235]

799

Praxistipp	Formulierungsbeispiel
– Ausländischer Kläger? ❏ Prozesskostensicherheit fordern (§ 110 ZPO) Einrede vor der ersten mündlichen Verhandlung erheben! – Negative Feststellungsklage umgekehrten Rubrums im europäischen Ausland anhängig? ❏ Zwang zur Aussetzung des Verletzungsprozesses (Art 29 EuGVVO, Art 27 VO 44/2001, Art 21 EuGVÜ, Art 21 LugÜ) – Zuständigkeit des angerufenen Gerichts gegeben? – Örtliche Zuständigkeit? ❏ Sitz des Beklagten ❏ Ort der Niederlassung des Beklagten ❏ Ort der Patentverletzung – Bei ausländischem Beklagten: ❏ Internationale Zuständigkeit? (Art 4/2, Art 7 Nr 2/5 Nr 3, Art 8 Nr 1/6 Nr 1 EuGVVO, VO 44/2001, EuGVÜ, LugÜ) ❏ Fortfall der Zuständigkeit wegen Art 24 Nr 4 EuGVVO, Art 22 Nr 4 VO 44/2001, Art 16 Nr 4 EuGVÜ, Art 16 Nr 4 LugÜ?	

1233 Zech in Leible/Ohly/Zech, Wissen, 2010, S 187, 199 f.
1234 Zech in Leible/Ohly/Zech, Wissen, 2010, S 187, 200 f; im Ergebnis gleichlautend: Wündisch/Hering, GRUR Int 2009, 106, 112.
1235 Die Liste erhebt keinen Anspruch auf Vollständigkeit, sie berücksichtigt jedoch die wichtigsten im Rahmen einer Rechtsverteidigung zu beachtenden Punkte. Die Liste ist im Internet abrufbar (siehe Hinweise im Anschluss an das Inhaltsverzeichnis).

- Bei fehlender Zuständigkeit: Rüge vor der ersten mündlichen Verhandlung zur Sache!
    - ❏ Ansonsten: § 39 ZPO, Art 26 EuGVVO, Art 24 VO 44/2001, Art 18 EuGVÜ, Art 18 LugÜ
- § 145 PatG?
    - ❏ Ist die aA bereits Gegenstand eines anderen, früheren Verletzungsprozesses mit dem Kläger (gewesen)?
    - ❏ Hätte das Klagepatent in der früheren Klage geltend gemacht werden müssen?
    - ❏ Rüge vor der ersten mündlichen Verhandlung zur Sache!
- Klagepatent(e) in Kraft?
    - ❏ aktueller Auszug aus dem Patentregister
    - ❏ deutsches Patent: Art II § 8 IntPatÜG (Doppelschutzverbot)?
    - ❏ EP in fremder Verfahrenssprache:
    - ❏ Erteilungshinweis vor dem 1.5.2008 veröffentlicht: Dt. Übersetzung *formell ordnungsgemäß* erfolgt (Art II § 3 Abs 1, 2 IntPatÜG)?
    - ❏ Sofern Entschädigung geltend gemacht wird: Dt. Übersetzung der Ansprüche erfolgt (Art II § 1 Abs 2 IntPatÜG)?
    - ❏ *Inhaltlicher* Übersetzungsfehler oder Auslassung vorhanden? Weiterbenutzungsrecht (Art II § 3 Abs 5 IntPatÜG aF)
- Aktivlegitimation des Klägers?
    - als eingetragener Patentinhaber
        - ❏ aktueller Rollenauszug
        - ❏ Umschreibung erfolgt?
        - ❏ Gesamtrechtsnachfolge
        - ❏ Firmenänderung
    - als ausschließlicher Lizenznehmer
        - ❏ Liegt aussagekräftiger Lizenzvertrag vor?
        - ❏ Bestehen Bedenken gegen dessen Wirksamkeit (zB aus Kartellrecht)?
    - als einfacher Lizenznehmer
        - ❏ Liegt aussagekräftiger Lizenzvertrag vor? Bestehen Wirksamkeitsbedenken?
        - ❏ Liegt die Prozessführungsermächtigung des Patentinhabers vor? (für Unterlassungs- und Vernichtungsanspruch)
        - ❏ Liegt die Abtretungsvereinbarung mit dem Patentinhaber vor? (für Rechnungslegungs-, Entschädigungs- und Schadenersatzanspruch)
- Passivlegitimation des Beklagten?
    - ❏ Firma richtig bezeichnet?
    - ❏ Bei GF: Innerbetriebliche Zuständigkeit? Geschäftsführerwechsel berücksichtigt?
- Klageantrag:
  Fehler in der Antragsformulierung?
    - ❏ Bei EP: Beschränkung auf Handlungen »in der Bundesrepublik Deutschland«

E. Verteidigungsmöglichkeiten des Beklagten

- ❏ Verbot des »Herstellens« nur, wenn Herstellungshandlungen des Beklagten behauptet werden können
- ❏ Entschädigung und korrespondierende Rechnungslegung nicht gegenüber GF und nicht bei mittelbarer PV
- ❏ Vernichtungsanspruch und Rückruf nicht gegenüber dem GF, nicht bei mittelbarer PV
- ❏ Bei Inhaberwechsel und Umschreibung: Schadenersatzzeiträume berücksichtigen
- ❏ Soweit abgetretene Schadenersatzansprüche eingeklagt werden (einfacher Lizenznehmer, Voreingetragener): Zu ersetzen ist der dem Patentinhaber bzw dem vormaligen Inhaber entstandene Schaden
- ❏ Bei zwischenzeitlich ausgeschiedenem GF: Zeitliche Beschränkung des Rechnungslegungs,- Entschädigungs- und Schadenersatzanspruchs auf Benutzungshandlungen in der Zeit bis zum Ausscheiden
- ❏ Bei äquivalenter Benutzung: Abweichung vom Anspruchswortlaut erfasst?

- Verjährungseinrede?
- Privates Vorbenutzungsrecht?
- Rechtsbestand des Klagepatents angegriffen oder angreifbar?
  - ❏ Aussetzungsantrag stellen (§ 148 ZPO)
- Streitwert korrekt angegeben?
  - ❏ Da die Vollstreckungssicherheit idR entsprechend dem Streitwert festgesetzt wird, kann eine zu geringe Streitwertangabe des Klägers, die unbeanstandet bleibt, dazu führen, dass der Kläger aus einem zu seinen Gunsten ergehenden Urteil gegen eine zu niedrige Sicherheitsleistung vorgehen kann!
- Antrag auf Streitwertherabsetzung (§ 144 PatG)?
  - ❏ Vor der ersten mündlichen Verhandlung zur Sache anbringen!

F. Rechtsmittelverfahren

I. Tatbestandsberichtigung

Kommt die Einlegung eines Rechtsmittels in Betracht, ist der Tatbestand (einschließlich etwaiger tatbestandlicher Feststellungen in den Entscheidungsgründen) genauestens daraufhin durchzusehen, ob der Parteivortrag – im Sinne der eigenen Prozesspartei – zutreffend wiedergegeben ist. Gelegentlich schleichen sich Ungenauigkeiten ein oder wird tatsächlich Streitiges versehentlich als unstreitig wiedergegeben, oder umgekehrt. Hier ist – zur Vorbereitung des Rechtsmittels – ein Tatbestandsberichtigungsantrag unerlässlich. Denn der Beweis für das mündliche Vorbringen einer Partei im erstinstanzlichen Verfahren – auch dafür, ob eine bestimmte Behauptung bestritten ist oder nicht[1] – liefert nach § 314 ZPO nicht der gesamte Akteninhalt, sondern der Tatbestand des Ersturteils. Anderes gilt nur dann und nur insoweit, wie der Tatbestand in sich widersprüchlich ist.[2] Der Beweis durch den Urteilstatbestand kann nur durch das Sitzungsprotokoll, nicht aber durch den Inhalt der Schriftsätze entkräftet werden; vorher eingereichte Schriftsätze sind durch den Tatbestand, der für das Vorbringen am Schluss der mündlichen Verhandlung Beweis erbringt, überholt. Bei einem Widerspruch zwischen dem Inhalt der vorbereitenden Schriftsätze und der Wiedergabe des Parteivorbringens im Urteilstatbestand sind deswegen die Ausführungen im Tatbestand maßgeblich.[3]

1

II. Berufungsverfahren

1. Fristwahrung und Begründung

Die Einlegungsfrist für die Berufung beträgt – nicht verlängerbar – 1 Monat nach Zustellung[4] des angefochtenen Urteils; die Begründungsfrist beginnt mit Ablauf der Einlegungsfrist[5] und beträgt ebenfalls 1 Monat, wobei die Frist mit Zustimmung des Prozessgegners um maximal 1 Monat verlängert werden kann.[6] Ein über den 1 Monat hinausgehender Antrag beinhaltet als Minus ohne weiteres den Antrag auf die ohne gegnerische Zustimmung allein mögliche Fristerstreckung um 1 Monat. Sofern der Antragsteller erhebliche Gründe gemäß § 520 ZPO dargelegt hat (wofür die nicht näher auszu-

2

---

1 BGH, WM 2000, 1871; BGH, Urteil v 28.6.2005 – XI ZR 3/04.
2 BGH, GRUR 2018, 84 – Parfummarken.
3 BGHZ 140, 335, 339; BGH, Urteil v 28.6.2005 – XI ZR 3/04.
4 Es gelten die allgemeinen Vorschriften der ZPO (§§ 170 ff ZPO). Findet eine **Ersatzzustellung** (§ 178 ZPO) statt, weil der Zustellungsempfänger am Geschäftssitz persönlich nicht angetroffen wird, bedarf es von Seiten des Zustellers keiner eigenen Nachforschungen; vielmehr genügt es, wenn der Adressat am Geschäftssitz von einer dort beschäftigten Person als abwesend oder verhindert bezeichnet wird (BGH, NJW 2017, 2472). Die Zustellungsurkunde (§ 182 ZPO) schafft keinen Urkundenbeweis dafür, dass der Zustellungsadressat unter der fraglichen Anschrift tatsächlich wohnt oder arbeitet und sie schafft auch keinen Urkundenbeweis dafür, dass diejenige Person, der das Schriftstück ersatzweise ausgehändigt worden ist, dort tatsächlich beschäftigt ist (BGH, NJW 2018, 2802 – XII ZB 138/18). Die Zustellungsurkunde begründet jedoch ein erhebliches Beweisanzeichen für das Bestehen einer Empfangsvollmacht des die Sendung entgegen nehmenden Beschäftigten, die demgemäß vom Zustellungsadressaten durch eine plausible und schlüssige Darstellung abweichender Tatsachen erschüttert werden muss (BGH, NJW 2004, 2386).
5 BGH, MDR 2018, 421.
6 BGH, MDR 2018, 421.

führende anderweitige Arbeitsüberlastung oder die notwendige Rücksprache mit dem Mandanten vollständig ausreicht), kann er ohne Rückfrage mit einer Bewilligung rechnen; wird sie dennoch abgelehnt, begründet dies die Wiedereinsetzung in den vorigen Stand gegen die Versäumung der Berufungsbegründungsfrist.[7] Eine verspätet eingereichte Berufung/Berufungsbegründung macht das Rechtsmittel unzulässig, weshalb sich das Gericht positiv vom rechtzeitigen Eingang überzeugen muss.

3   Die Berufungsbegründung muss geeignet sein, die angefochtene Entscheidung insgesamt in Frage zu stellen. Bei mehreren Streitgegenständen oder einem teilbaren Streitgegenstand muss sie sich grundsätzlich auf alle Teile der Entscheidung erstrecken, hinsichtlich derer eine Abänderung beantragt ist. Anderenfalls ist das Rechtsmittel (mangels Begründung) für den nicht begründeten Teil unzulässig.[8] Stützt das angefochtene Urteil seine Entscheidung auf zwei selbständig tragende Erwägungen, so hat sich die **Berufungsbegründung** mit beiden auseinanderzusetzen; ansonsten fehlt es an einer hinreichenden Begründung für die beantragte Änderung des Urteils. Gemäß § 520 Abs 3 Satz 2 Nr 2 ZPO hat die Berufungsbegründung die Bezeichnung der Umstände zu enthalten, aus denen sich nach Ansicht des Rechtsmittelführers die Rechtsverletzung und deren Erheblichkeit für die angefochtene Entscheidung ergibt. Da die Berufungsbegründung erkennen lassen soll, aus welchen tatsächlichen und rechtlichen Gründen der Berufungskläger das angefochtene Urteil für unrichtig hält, hat dieser diejenigen Punkte rechtlicher Art darzulegen, die er als unzutreffend ansieht, und dazu die Gründe anzugeben, aus denen er die Fehlerhaftigkeit dieser Punkte und deren Erheblichkeit für die angefochtene Entscheidung herleitet.[9] Jedoch bestehen grundsätzlich keine besonderen formalen Anforderungen für die Bezeichnung der Umstände, aus denen sich nach Ansicht des Rechtsmittelführers die Rechtsverletzung und deren Erheblichkeit ergeben. Insbesondere ist es ohne Bedeutung, ob die Ausführungen des Berufungsklägers schlüssig, hinreichend substantiiert und rechtlich haltbar sind.[10] Die Berufungsbegründung muss aber auf den konkreten Streitfall zugeschnitten sein, weswegen es nicht ausreicht, lediglich auf das Vorbringen in der ersten Instanz zu verweisen. Erforderlich ist eine aus sich heraus verständliche Angabe, welche bestimmten Punkte des angefochtenen Urteils der Berufungskläger weshalb bekämpft. Dem ist auch dann genügt, wenn in der Berufungsbegründung lediglich bereits in erster Instanz vorgetragene rechtliche Argumente wiederholt werden.[11]

4   Die Fristwahrung schafft in der Praxis vor allem dann Probleme, wenn die Berufungs- oder Begründungsschrift am letzten Tag der Frist in den **Nachbriefkasten** des Gerichts eingeworfen wird und Unklarheiten darüber auftreten, ob der Eingang fristgerecht vor oder verspätet nach 0.00 h erfolgt ist. Bzgl des Beweismaßes gilt Folgendes:

5   Der auf einem Schriftsatz aufgebrachte Eingangsstempel des Gerichts erbringt als öffentliche Urkunde im Sinne des § 418 Abs 1 ZPO **Beweis** dafür, dass ein in den Nachtbriefkasten des Gerichts eingeworfener Schriftsatz erst an dem im Stempel angegebenen Tag beim Gericht eingegangen ist. Hiergegen ist jedoch gemäß § 418 Abs 2 ZPO der im Wege des Freibeweises zu führende **Gegenbeweis** zulässig, der die volle Überzeugung des Gerichts von dem rechtzeitigen Eingang des Schriftsatzes erfordert. Zwar reicht die in aller Regel nicht völlig auszuschließende Möglichkeit, dass ein Nachtbriefkasten aus technischen Gründen nicht richtig funktioniert oder bei der Abstempelung Fehler unterlaufen, zur Führung des Beweises der Unrichtigkeit des Eingangsstempels nach § 418 Abs 2 ZPO nicht aus. Wegen der Beweisnot der betroffenen Partei dürfen die Anforde-

---

[7] BGH, MDR 2018, 421.
[8] BGH, MDR 2018, 170.
[9] BGH, GRUR 2018, 971 – Matratzenwerbung.
[10] BGH, GRUR 2018, 971 – Matratzenwerbung
[11] BGH, GRUR 2018, 971 – Matratzenwerbung

rungen an die Erbringung dieses Gegenbeweises andererseits nicht überspannt werden. Da der Außenstehende in der Regel keinen Einblick in die Funktionsweise des gerichtlichen Nachtbriefkastens sowie in das Verfahren bei dessen Leerung und damit keinen Anhaltspunkt für etwaige Fehlerquellen hat, ist es Sache des Gerichts, die insoweit zur Aufklärung nötigen Maßnahmen von sich aus zu ergreifen. Bei einer detaillierten Schilderung der Partei über die genauen Umstände des Einwurfs des Schriftstücks darf sich das Gericht hierbei nicht mit einer pauschal gehaltenen dienstlichen Stellungnahme des zuständigen Mitarbeiters der Poststelle begnügen, die sich in der Aussage erschöpft, es seien weder Störungen festgestellt noch Fehler gemacht worden. Es bedarf vielmehr konkreter Angaben zur allgemeinen Organisation der Abläufe bei der Leerung des Nachtbriefkastens, der Sortierung der Post und der Aufbringung eines Eingangsstempels. Zu klären ist in diesem Zusammenhang, auf welche Weise und zu welchen Zeitpunkten die Funktionsweise des Nachtbriefkastens bei der Leerung geprüft und mit welchen Maßnahmen sichergestellt wird, dass die darin in unterschiedlichen Fächern befindliche Post vom Zeitpunkt der Entnahme bis zur Abstempelung getrennt aufbewahrt wird. Das erfordert Angaben dazu, wo genau eine aus dem Nachtbriefkasten entnommene Post und die sonstige Eingangspost abgelegt und anschließend abgestempelt werden und welcher Stempel für welche Eingangspost vorgesehen ist, welche Vorkehrungen dagegen getroffen sind, dass die Post aus dem Nachtbriefkasten mit anderweitiger Eingangspost (etwa durch ein Verrutschen von Stapeln) vermengt wird oder dass ein eingehendes Schriftstück zunächst unbemerkt bleibt und infolgedessen zu einem späteren Zeitpunkt einen unzutreffenden Stempel erhält. Über eine Schilderung der allgemeinen Organisationabläufe hinaus ist in geeigneter Weise (vorzugsweise durch eine eingehende persönliche Anhörung des zuständigen Mitarbeiters) ferner der Frage nachzugehen, ob die mit der Leerung des Nachtbriefkastens und der Erfassung der Post betraute Person noch über eine konkrete Erinnerung an die Geschehnisse des maßgeblichen Tages verfügt.[12]

Falls nach Durchführung der erforderlichen Ermittlungen nicht die volle richterliche Überzeugung zu gewinnen ist, dass das Schriftstück entgegen dem Eingangsstempel rechtzeitig eingegangen ist, ist zu prüfen, ob nicht wenigstens eine überwiegende Wahrscheinlichkeit für die Rechtzeitigkeit des Eingangs spricht, und damit ein **fehlendes Verschulden** an der Fristversäumnis glaubhaft gemacht worden wäre.[13]

2. Beschwer

Die Berufung ist, sofern sie vom Landgericht nicht ausdrücklich zugelassen worden ist (§ 511 Abs 2 Nr 2, Abs 4 ZPO), nur statthaft, wenn der Wert des Beschwerdegegenstandes den Betrag von 600 € übersteigt. Maßgeblich ist, in welchem Umfang der Rechtsmittelführer das ihn belastende Urteil erster Instanz mit seinen Berufungsanträgen beseitigen will. Ist der Kläger ganz oder teilweise unterlegen, so ist sein wirtschaftliches Interesse daran zu bewerten,dass ihm die bisher nicht zugesprochenen und mit seiner Berufung weiterverfolgten Ansprüche zuerkannt werden; ist der Beklagte ganz oder teilweise unterlegen, so kommt es auf sein Interesse daran an, die erfolgte Verurteilung zu beseitigen. Die Beschwer kann, wenn die Hauptsache Gegenstand des Rechtsstreits ist, nicht allein in der Kostenlast liegen.[14] Das Berufungsreicht darf eine Berufung nicht allein deshalb als unzulässig verwerfen, weil der Wert vdes Beschwerdegegenstandes – entgegen § 511 Abs 3 ZPO – nicht glaubhaft gemacht worden ist. Vielmehr hat es den Wert bei der Entscheidung über die Zulässigkeit der Berufung auf Grund eigener Lebenserfahrung

---

12 BGH, MDR 2017, 1019.
13 BGH, MDR 2017, 1019.
14 BGH, MDR 2018, 360.

und Sachkenntnis nach freiem Ermessen zu schätzen, wobei es den Akteninhalt von Amts wegen auszuwerten hat.[15]

8   Als allgemeine Zulässigkeitsvoraussetzung muss die Beschwer des Rechtsmittelführers auch im Zeitpunkt der Entscheidung über das Rechtsmittel noch gegeben sein. Fällt sie weg, wird das Rechtsmittel unzulässig und ist zu verwerfen.[16]

3. Verspätungsrecht[17]

9   Im Zusammenhang mit dem Berufungsverfahren stellt sich desweiteren vor allem die Frage nach einer Verspätung neuen Vorbringens.

10 Unproblematisch ist zunächst der Fall, dass das **Klagepatent** während des Berufungsverfahrens **nur eingeschränkt aufrechterhalten** wird und der Verletzungskläger deswegen seine Klageanträge auf die geltende Fassung des Klagepatents umstellt. Ist er der Berufungsbeklagte, bedarf es hierzu keines Anschlussrechtsmittels, welches fristgebunden wäre, weil der geänderte Angriff jedenfalls ein Weniger – und kein Mehr – gegenüber dem in erster Instanz bereits Zugesprochenen darstellt. Ob die Umstellung auf eine eingeschränkte Anspruchsfassung als bloße Klagebeschränkung im Sinne von § 264 Nr 2 ZPO (die ohne weiteres zulässig wäre) oder als Klageänderung im Sinne von § 263 ZPO aufzufassen ist[18] (die besonderen Zulässigkeitsvoraussetzungen unterliegt), kann dahinstehen. Die Bedingungen nach § 263 ZPO werden stets gegeben sein, weil die Beschränkung des Klagepatents zwischen den Parteien unstreitig sein wird und die Umstellung der Anträge des Verletzungsprozesses auf die geltende Anspruchsfassung sachdienlich ist.

11 Im Übrigen sind bezüglich des Präklusionsrechts zwei Konstellationen zu unterscheiden:

12 Zunächst gibt es eine **Verspätung**, die daraus resultiert, dass Angriffs- und Verteidigungsmittel **im Berufungsverfahren** selbst verspätet, nämlich außerhalb der Berufungsbegründungsfrist, vorgebracht werden. Hier lässt § 530 ZPO eine Zurückweisung unter den allgemeinen Verspätungsregeln des § 296 Abs 1, 4 ZPO zu.

13 Für die Praxis bedeutsamer ist das **Verspätung**sregime, welches für Tatsachenvortrag gilt, der **von der ersten zur zweiten Instanz** neu gebracht wird. Die gesetzlichen Grundlagen hierzu enthalten die §§ 529 Abs 1, 531 ZPO. Sie besagen,

14 – dass Angriffs- und Verteidigungsmittel, die bereits im ersten Rechtszug gemäß § 296 ZPO – nicht: § 296a ZPO![19] – *zu Recht* als verspätet zurückgewiesen worden sind, im Berufungsrechtszug ausgeschlossen bleiben (§ 531 Abs 1 ZPO)[20],

---

15 BGH, MDR 2018, 983.
16 BGH, MDR 2018, 360.
17 Steinacker, FS Reimann, 2009, S 457; speziell zum Verspätungsrecht im Berufungsverfahren einer einstweiligen Verfügung vgl Dötsch, MDR 2010, 1429.
18 So: OLG Karlsruhe, Urteil v 15.12.2010 – 6 U 21/09.
19 BGH, MDR 2018, 617. Indem das LG das Vorbringen nach § 296a ZPO behandelt, weist es dieses nicht mehr seinem eigenen, sondern (wegen der Zäsur der Schlussverhandlung) dem folgenden Berufungsverfahren zu, womit es sich um »neues« Vorbringen im Berufungsrechtszug handelt, das an § 531 Abs 2 ZPO zu messen ist.
20 Was in erster Instanz bloß hätte zurückgewiesen werden *können*, aber nicht zurückgewiesen worden ist, unterliegt keinem Verspätungsrecht mehr (BGH, GRUR 2015, 976 – Einspritzventil). Der Einwand, das LG hätte gegnerisches Vorbringen als verspätet außer Betracht lassen müssen, ist deshalb unbeachtlich, wenn eine Zurückweisung tatsächlich, und sei es auch rechtsfehlerhaft, unterblieben ist.

- dass das Berufungsgericht bei seiner Entscheidung die vom LG festgestellten Tatsachen zugrunde zu legen hat, es sei denn, es bestehen aufgrund konkreter Anhaltspunkte Zweifel an der Richtigkeit und Vollständigkeit der erstinstanzlichen Tatsachenfeststellung (§ 529 Abs 1 Nr 1 ZPO),[21] 15

- dass **neue** (im landgerichtlichen Verfahren noch nicht festgestellte) **Tatsachen** nur berücksichtigt werden dürfen, wenn und soweit dies gesetzlich zugelassen ist (§ 529 Abs 1 Nr 2 ZPO). Solche Zulassungsgründe enthält § 531 Abs 2 ZPO dergestalt, dass neuer Tatsachenvortrag berücksichtigungsfähig ist, wenn sein Vortrag erst im Berufungsverfahren darauf beruht, dass (a) das LG den betreffenden Gesichtspunkt erkennbar übersehen oder unzutreffender Weise für unerheblich gehalten hat (Nr 1)[22]; (b) der neue Vortrag infolge eines Verfahrensmangels in erster Instanz nicht geltend gemacht wurde (Nr 2)[23]; (c) der verspätete Vortrag nicht auf Nachlässigkeit beruht (Nr 3). Es kann deshalb nicht mehr vorgetragen werden, was der Partei vor Schluss der mündlichen Verhandlung in erster Instanz (bis zur fristgerechten Einreichung eines nachgelassenen Schriftsatzes) hätte bekannt sein müssen und infolge (ggf nur leichter) Fahrlässigkeit nicht vorgetragen wurde.[24] Zu den Voraussetzungen eines Grundes nach § 531 Abs 2 ZPO hat derjenige vorzutragen, der neue Angriffs- oder Verteidigungsmittel berücksichtigt wissen will. Bleibt der diesbezügliche Sachverhalt unaufgeklärt, geht dies zu seinen Lasten.[25] Wird eine Berufung ausschließlich auf neues Vorbringen gestützt, kann sie ohne weiteres durch Beschluss verworfen werden, wenn die Berufungsbegründung keine Angaben zu den Tatsachen enthält, die eine Zulassung des Vorbringens nach § 531 Abs 2 ZPO rechtfertigen. Dass das Vor- 16

---

[21] Solches ist nicht nur dann der Fall, wenn die landgerichtlichen Feststellungen verfahrensfehlerhaft zustande gekommen sind, sondern auch dann, wenn – bei Abwesenheit eines Verfahrensfehlers im Zusammenhang mit der Tatsachenfeststellung – sonst Gründe für eine abweichende Tatsachengrundlage bestehen, zB deshalb, weil schlicht Möglichkeiten für unterschiedliche Wertungen bestehen (BGH, ZIP 2016, 1775).

[22] Ungeschriebene Tatbestandsvoraussetzung ist, dass die Rechtsansicht des Gerichts den erstinstanzlichen Sachvortrag der Partei beeinflusst hat und daher (mit)ursächlich dafür war, dass sich Parteivorbringen in das Berufungsverfahren verlagert hat (BGH, VersR 2015, 1313). Hiervon ist allerdings schon dann auszugehen, wenn das Gericht des ersten Rechtszuges, hätte es die später vom Berufungsgericht für zutreffend erachtete Rechtsauffassung geteilt, zu einem Hinweis nach § 139 Abs 2 ZPO verpflichtet gewesen wäre (BGH, VersR 2018, 1001).

[23] ZB wegen Verletzung der richterlichen Hinweispflicht gemäß § 139 ZPO. Die Rüge ist allerdings nur ordnungsgemäß ausgeführt, wenn dargelegt wird, was auf einen entsprechenden Hinweis des Gerichts vorgetragen und wie weiter vorgegangen worden wäre (BGH, GRUR 2010, 239 – BTK; BGH, GRUR 2018, – Gewohnt gute Qualität). Die Partei ist dabei grundsätzlich nicht gehindert, ihr bisheriges Vorbringen zu ändern, insbesondere zu präzisieren, zu ergänzen oder zu berichtigen; eine durch solche Änderungen entstehende Widersprüchlichkeit des Sachvortrages macht diesen nicht per se unbeachtlich, vielmehr ist die Widersprüchlichkeit des Vortrages allein im Rahmen der Beweiswürdigung zu berücksichtigen (BGH, GRUR 2018, 740 – Gewohnt gute Qualität). Zu beachten ist weiterhin, dass es nach der Rechtsprechung des BGH (NJW 2007, 759; NJW-RR 2008, 581) eines richterlichen Hinweises nicht mehr bedarf, wenn im Anwaltsprozess vom Gegner auf den betreffenden Gesichtspunkt hingewiesen wurde. Umfassend dazu: Rensen, MDR 2008, 1075. Dass der gegnerische Hinweis den Hinweis des Gerichts ersetzt, gilt für Fragen der Antragsfassung jedenfalls im Berufungsrechtszug nur eingeschränkt. Wird zB der Urteilstenor vom Rechtsmittelgegner zu Recht als unbestimmt gerügt, so wiegt dieser Hinweis nicht schwerer als das ergangene Urteil, weswegen es in einem solchen Fall Sache des Berufungsgerichts, das die Bestimmtheitsbedenken teilt, ist, den Rechtsmittelführer entsprechend zu belehren (BGH, MDR 2009, 998). Ein richterlicher Hinweis muss in jedem Fall so rechtzeitig erteilt werden und er hat gezielt den fehlenden Vortrag anzusprechen, den das Gericht als entscheidungserheblich ansieht, weil er nur so seinen gesetzlichen Zweck erfüllen kann (BGH, MDR 2013, 1424).

[24] Zöller, § 531 ZPO Rn 21, 29 ff.

[25] KG, MDR 2003, 471; Zöller, § 531 ZPO Rn 34.

17 Ob ein Vorbringen *neu* ist, kann problematisch sein, wenn in der Berufungsinstanz ergänzender Sachvortrag zu einem als solchem bereits in erster Instanz eingeführten Angriffs- oder Verteidigungsmittel erfolgt. Nach der Rechtsprechung des BGH[27] ist der sachliche Gehalt des erstinstanzlichen Vorbringens zu dem betreffenden Angriffs- oder Verteidigungsmittel entscheidend. Wenn das in 2. Instanz konkretisierende Vorbringen einen sehr allgemein gehaltenen Vortrag der ersten Instanz konkretisiert oder erstmals substantiiert, ist es neu; wird demgegenüber ein bereits schlüssiges Vorbringen aus der 1. Instanz durch weitere Tatsachenbehauptungen nur zusätzlich konkretisiert, verdeutlicht oder erläutert, liegt kein neues Verteidigungsmittel vor. Die Vorlage eines Privatgutachtens in zweiter Instanz ist deshalb unbedenklich, wenn durch die Ausführungen des Gutachters Vorbringen aus der ersten Instanz zusätzlich konkretisiert, verdeutlicht oder erläutert wird.[28] Andererseits kann ein Vorbringen (zB zur Äquivalenz) neu sein, obwohl die im Berufungsrechtszug diskutierte Druckschrift, aus der dem Fachmann die Abwandlung nahegelegt gewesen sein soll, bereits in erster Instanz zur Akte gereicht wurde. Maßgeblich ist wiederum, welcher Sachvortrag insoweit vor dem LG geleistet wurde. Verspätungsrecht ist anwendbar, wenn zu bestimmten Erkenntnissen und Anregungen, die der Fachmann aus der Schrift erhalten soll, erstmals in zweiter Instanz konkret vorgetragen wird.[29] Was sich eine Partei als ihr günstiges Ergebnis einer in erster Instanz durchgeführten Beweisaufnahme – ausdrücklich oder stillschweigend – zu Eigen gemacht hat, ist gleichfalls nicht neu und unterliegt deswegen nicht dem Zurückweisungsrecht nach § 531 ZPO.[30]

18 Ein Angriffs- oder Verteidigungsmittel ist ferner nicht neu, wenn es sich auf einen während der ersten Instanz abgeschlossenen Lebenssachverhalt stützt und zusätzlich von der Ausübung eines **Gestaltungsrechts** (Anfechtung, Kündigung, Aufrechnungserklärung) abhängt, das der Berechtigte schon vorher hätte ausüben können, tatsächlich aber erst im Berufungsrechtszug ausgeübt hat.[31] Anders verhält es sich nach der Rechtsprechung, wenn das Angriffs- oder Verteidigungsmittel auf einer Abtretung (als zweiseitigem Rechtsgeschäft, das die Mitwirkung eines Dritten verlangt) beruht, wenn diese erst in zweiter Instanz erfolgt.[32]

19 Das Verspätungsrecht kann sich zunächst zu Lasten des **Verletzungsbeklagten** auswirken: War der Verletzungstatbestand *in tatsächlicher Hinsicht* (Aufbau/Wirkungsweise der angegriffenen Ausführungsform) in der ersten Instanz unstreitig, so dass das Landgericht zur Verwirklichung der einzelnen Anspruchsmerkmale keine näheren Feststellungen getroffen hat, kann ein erstmaliges Bestreiten des Verletzungssachverhaltes in der II. Instanz nur berücksichtigt werden, wenn der Beklagte geltend machen kann, dass das in der ersten Instanz unterbliebene Bestreiten nicht auf Nachlässigkeit beruht (§§ 529 Abs 1 Nr 2, 531 Abs 2 Nr 3 ZPO).[33] Das gleiche gilt, wenn die zunächst unstreitige Verletzung erstmals nach Schluss der mündlichen Verhandlung vor dem Landgericht bestritten worden und das diesbezügliche Vorbringen gemäß § 296a ZPO unberücksichtigt geblieben

---

26 BGH, MDR 2015, 355.
27 BGH, NJW 2004, 2825, 2827, mwN.
28 BGH, GRUR 2012, 1236 – Fahrzeugwechselstromgenerator.
29 BGH, GRUR 2012, 1236 – Fahrzeugwechselstromgenerator.
30 BGH, MDR 2018, 1057.
31 Offen gelassen in BGH, GRUR 2011, 853 – Treppenlift.
32 BGH, GRUR 2011, 853 – Treppenlift.
33 OLG München, InstGE 4, 161 – Fahrzeugaufnahme für Hebebühnen.

ist.³⁴ Zu beachten ist, dass ein Bestreiten der Verletzung, die nicht mit einem Tatsachenvortrag, sondern lediglich mit einer bestimmten Auslegung der Anspruchsmerkmale gerechtfertigt wird, nicht verspätungsrelevant ist, weil bloß eine Rechtsanwendung in Frage steht, die dem Verspätungsregime prinzipiell nicht unterfällt. Hat bereits das Landgericht das Bestreiten gemäß § 296 Abs 1 bis 3 ZPO, und zwar *berechtigterweise*, als verspätet zurückgewiesen, so ist der Beklagte mit der Behauptung, das Schutzrecht nicht zu verletzen, in der Berufungsinstanz ausgeschlossen (§ 531 Abs 1 ZPO). Demselben Verspätungsregime unterliegen auch die sonstigen Einwände des Beklagten wie zB das Vorbenutzungsrecht, der Formstein-Einwand und dgl.

Für die *Einrede* der **Verjährung** gilt: Ist Verjährung vor dem Schluss der mündlichen Verhandlung erster Instanz eingetreten, muss die Verjährungseinrede in *dieser* Instanz erhoben werden. Eine **erst im Berufungsrechtszug erhobene Einrede** ist nur unter den besonderen Voraussetzungen des § 531 ZPO zu berücksichtigen.³⁵ Anders verhält es sich nur dann, wenn die den Verjährungseintritt begründenden Tatsachen und die in zweiter Instanz erfolgte Erhebung der Verjährungseinrede zwischen den Parteien unstreitig sind.³⁶

20

Die Verspätungsvorschriften können sich – umgekehrt – auch gegen den **Verletzungskläger** wenden: Hat er vor dem Landgericht ausschließlich eine wortsinngemäße Verletzung geltend gemacht und im Tatsächlichen auch lediglich hierzu vorgetragen, so verbietet sich eine Verurteilung des Beklagten unter dem Gesichtspunkt der Äquivalenz schon deswegen, weil dem Beklagten der Formstein-Einwand (zu dem vorzutragen er keine Veranlassung hatte) abgeschnitten würde. Die erstmalige Darlegung der Äquivalenzvoraussetzungen in der Berufungsinstanz stellt dementsprechend einen neuen Sachvortrag dar, der nur nach Maßgabe der §§ 529, 531 ZPO berücksichtigungsfähig ist. Anders verhält es sich, wenn Äquivalenz bereits in erster Instanz *schlüssig* geltend gemacht war und im Berufungsverfahren der diesbezügliche Sachvortrag lediglich (zB anhand weiteren Standes der Technik oder unter Vorlage eines Privatgutachtens) weiter konkretisiert wird.³⁷

21

Wichtig bei der Verspätungsdiskussion sind folgende Punkte:

22

– **Erstens**: Ein Tatsachenvortrag, der im Berufungsverfahren **unstreitig** bleibt, ist nicht verspätet und daher ungeachtet der Regelungen in §§ 529, 531 ZPO zu berücksichtigen, dh auch dann, wenn seine Geltendmachung erst in zweiter Instanz auf Nachlässigkeit beruht, und selbst wenn dadurch eine neue Beweisaufnahme notwendig wird.³⁸ Dazu reicht noch nicht aus, dass eine bestimmte Druckschrift als solche (auf die der Beklagte zB seinen Rechtsbestandsangriff oder der Kläger seine Äquivalenzüberlegungen stützt) unstreitig ist, denn das maßgebliche Angriffs- oder Verteidigungsmittel liegt in den konkreten Darlegungen der Partei dazu, welche rechtserheblichen technischen Informationen und Erkenntnisse der Fachmann der betreffenden Druckschrift entnehmen kann.³⁹

23

– **Zweitens**: Berücksichtigt das Berufungsgericht unter **Missachtung der Verspätungsvorschriften** neue Angriff- und Verteidigungsmittel, liegt hierin kein Rechtsverstoß, der die Revision eröffnet.⁴⁰

24

---

34 BGH, MDR 2018, 617; Zöller, § 531 ZPO Rn 8.
35 BGH, WRP 2006, 483 – Zylinderrohr.
36 BGH-GSZ, NJW 2008, 3434; BGHZ 166, 29, 31; BGH, BauR 2008, 666; aA: BGH, GRUR 2006, 401 – Zylinderrohr.
37 BGH, NZBau 2007, 245.
38 BGH, MDR 2005, 527; BGH, MDR 2009, 996.
39 BGH, GRUR 2013, 1272 – Tretkurbeleinheit.
40 BGH, NJW 2004, 1458; BGH, NJW 2005, 1583.

25 – **Drittens**: Verspätetem Vorbringen, welches das Landgericht **hätte zurückweisen können**, welches es jedoch berücksichtigt hat, kann vom Berufungsgericht nicht nachträglich mit Verspätungsvorschriften begegnet werden.[41]

26 – **Viertens**: Teilt das Berufungsgericht die dem Berufungsbeklagten günstige Rechts- oder Tatsachenauffassung der Vorinstanz nicht, so dass ein Erfolg des Rechtsmittels droht, hat es den Berufungsbeklagten rechtzeitig darauf hinzuweisen, dass und aufgrund welcher Erwägungen das Berufungsgericht der Beurteilung des Landgerichts nicht folgen will.[42] Außerdem hat es dem Berufungsbeklagten Gelegenheit zu geben, seinen Tatsachenvortrag sachdienlich zu ergänzen und/oder weiteren Beweis anzutreten.[43] Vortrag und Beweisantritte, die daraufhin erfolgen und die unter Geltung der **abweichenden Auffassung des Berufungsgerichts** den Prozessverlust vermeiden sollen, sind unabhängig davon zuzulassen, ob sie schon in der ersten Instanz hätten vorgebracht werden können.[44]

27 – **Fünftens**: Die Änderung oder **Erweiterung einer Klage** stellt einen selbständigen prozessualen Angriff dar, dessen Zulassung sich nicht nach den §§ 296, 530, 531 ZPO richtet, sondern ausschließlich nach den §§ 263, 264, 533 ZPO bestimmt. Dementsprechend können die gleichzeitig zur Begründung der erweiterten Anträge vorgetragenen Angriffs- oder Verteidigungsmittel nicht als verspätet zurückgewiesen werden, weil dies andernfalls in unzulässiger Weise die nach dem Gesetz grundsätzlich ausgeschlossene Präklusion des Angriffs selbst zur Folge hätte.[45] Das gilt auch in Fällen, in denen eine an sich zulässige Klageänderung oder -erweiterung in erster Linie darauf abzielt, mit den dazu vorgebrachten Angriffs- und Verteidigungsmitteln den bisherigen unzureichenden Vortrag zur ursprünglichen Klage, wenn auch insoweit verspätet, zu rechtfertigen.[46]

28 Der gewillkürte **Parteiwechsel auf Klägerseite** stellt eine Klageänderung dar, weswegen sich seine Zulässigkeit nach § 263 ZPO richtet, egal, ob der Klägerwechsel in erster oder zweiter Instanz stattfindet.[47] Die Zustimmung des Beklagten ist deshalb entbehrlich, wenn das Gericht den Parteiwechsel für sachdienlich erachtet. Hat das Landgericht die Sachdienlichkeit für einen bei ihm vorgenommenen Parteiwechsel bejaht, ist diese Entscheidung im weiteren Rechtszug nicht mehr anfechtbar (§ 268 ZPO).[48]

4. Zurückverweisung

29 Grundsätzlich hat das Berufungsgericht selbst die etwa notwendigen Beweise zu erheben und in der Sache abschließend zu entscheiden. Nur ausnahmsweise kommt stattdessen eine Aufhebung des angefochtenen Urteils und des ihm zugrundeliegenden Verfahrens sowie eine Zurückverweisung des Rechtsstreits an das Landgericht zur erneuten Verhandlung und Entscheidung in Betracht (§ 538 Abs 2 ZPO). Abgesehen von einem entsprechenden Verfahrensantrag, den sowohl der Rechtsmittelführer als auch sein Gegner stellen können, bedarf es ganz besonderer Sachverhaltskonstellationen, von denen § 538 Abs 2 Nr 1 ZPO die wohl praktisch bedeutsamste enthält. Die Vorschrift lässt eine Auf-

---

41 BGH, NJW 2006, 1741, 1742.
42 BVerfG, NJW 2003, 2524; BGH, VersR 2018, 1001.
43 BVerfG, NJW 2003, 2524; BGH, VersR 2018, 1001.
44 BVerfG, NJW 2003, 2524; BGH, VersR 2018, 1001.
45 BGH, MDR 2016, 1348.
46 BGH, MDR 2016, 1348.
47 OLG Düsseldorf, Urteil v 28.9.2017 – I-2 U 54/16; OLG Düsseldorf, Urteil v 12.04.2018 – I-2 U 32/17, jeweils mwN.
48 BGH, NJW-RR 1987, 1084; OLG Düsseldorf, Urteil v 12.4.2018 – I-2 U 32/17.

hebung und Zurückverweisung zu, wenn das landgerichtliche Verfahren an einem wesentlichen Mangel leidet und aufgrund dieses Mangels eine umfangreiche oder aufwändige Beweisaufnahme notwendig ist. Ob ein wesentlicher Verfahrensmangel vorliegt, ist dabei allein aufgrund des materiell-rechtlichen Standpunkts des Landgerichts zu beurteilen, auch wenn das Berufungsgericht ihn nicht teilt.[49] Ausgehend von dieser rechtlichen Beurteilung muss durch oder infolge der Korrektur des wesentlichen Verfahrensfehlers eine umfangreiche oder notwendige Beweisaufnahme sicher zu erwarten sein. Es reicht deswegen nicht aus, wenn sie zwar unter bestimmten Voraussetzungen erforderlich wird, der Eintritt dieser Voraussetzungen aber nicht sicher ist.[50] Bei Vorliegen eines Tatbestandes nach § 538 Abs 2 ZPO steht die Zurückverweisung anstelle einer eigenen Sachaufklärung im Ermessen des Berufungsgerichts. Ist die Sache schon einmal zurückverwiesen gewesen, beschränkt dies die ohnehin auf Ausnahmefälle begrenzte Zurückverweisungsmöglichkeit weiter.[51] Im Mittelpunkt der Ermessenserwägungen hat die im interesse der Prozessparteien möglichst zügige Erledigung des Rechtsstreits stehen.

5. Anschlussberufung

Will der in erster Instanz obsiegende Kläger[52] im Berufungsverfahren einen weiteren Anspruch (zB auf Unterlassung, Erstattung vorgerichtlicher Abmahnkosten etc) oder dieselben Ansprüche wegen einer zweiten (nicht kerngleichen) angegriffenen Ausführungsform[53] oder wegen Verletzung eines weiteren Schutzrechts[54] oder wegen mittelbarer statt unmittelbarer Verletzung des Klagepatents[55] geltend machen, der noch nicht Streitgegenstand des landgerichtlichen Verfahrens war, setzt dies die Einlegung zumindest[56] einer Anschlussberufung voraus, die nur innerhalb der (ggf verlängerten) **Frist** zur Berufungserwiderung zulässig ist (§ 524 Abs 2 Satz 2 ZPO).[57] Letzteres gilt auch dann, wenn der Anlass für die Anschlussberufung erst nach Ablauf der Berufungserwiderungsfrist entstanden ist, so dass die Frist de facto überhaupt nicht eingehalten werden konnte.[58] 30

Eine *echte* Klageerweiterung im Wege (verdeckter) Anschlussberufung ist auch als *gewollt* anzusehen, wenn in der Berufungsinstanz eine Patentverletzungsklage in einem als »Klageerweiterung« überschriebenen Schriftsatz des erstinstanzlich obsiegenden 31

---

49 BGH, MDR 2016, 1044.
50 BGH, MDR 2016, 1044. BGH, MDR 2018, 759.
51 BGH, MDR 2018, 759.
52 Ein selbständiges Rechtsmittel scheidet mangels Beschwer aus. Anders als die Anschlussrevision setzt die Anschlussberufung keine eigene Beschwer des Anschlussberufungsführers voraus. Sie kann deswegen auch bei vollständigem Obsiegen in erster Instanz zu dem Zweck eingelegt werden, über das bereits vorliegende Erkenntnis hinaus weitere Ansprüche anhängig zu machen (BGH, GRUR 2011, 1043, 1044 – TÜV II).
53 Vgl dazu OLG Düsseldorf, InstGE 10, 248 – Occluder. Dass in einem solchen Fall die Erweiterung um einen Streitgegenstand keine Änderung der Klageanträge erforderlich macht, beseitigt die Notwendigkeit einer Anschlussberufung nicht (BGH, GRUR 2007, 605 – Umsatzzuwachs). Ihrer bedarf es nur dann nicht, wenn sich die weitere Ausführungsform lediglich außerhalb der Erfindungsmerkmale von der bisher streitgegenständlichen unterscheidet, so dass sie auch ohne eine ausdrückliche Erstreckung des Klageangriffs auf sie vom Urteilsausspruch erfasst würde.
54 Vgl dazu OLG Düsseldorf, InstGE 6, 47 – Melkautomat; OLG Düsseldorf, InstGE 10, 248 – Occluder.
55 OLG Düsseldorf, Beschluss v 14.2.2013 – I-2 U 101/11.
56 In geeigneten Fällen kommt auch eine selbständige Berufung in Betracht, wenn der Erweiterungssachverhalt so frühzeitig bekannt geworden ist, dass die Frist für ein eigenes Rechtsmittel gewahrt werden konnte.
57 BGH, GRUR 2012, 180 – Werbegeschenke.
58 OLG Düsseldorf, GRUR 2018, 1037 – Flammpunktprüfungsvorrichtung.

Berufungsbeklagten auf **weitere Ausführungsformen** erstreckt wird. Hier ist regelmäßig kein Raum für eine berichtigende Auslegung, dass es sich um einen bloß deklaratorischen Hinweis auf kerngleiche Verletzungsformen handele.[59] Eine Ausnahme kommt allenfalls dann in Betracht, wenn es sich bei den neuen Ausführungsformen offensichtlich um kerngleiche Verletzungsformen handelt.[60] Derartiges scheidet jedenfalls dann aus, wenn das erstinstanzliche Urteil oder (hilfsweise) die Klagebegründung erster Instanz keine Ausführungen zur Auslegung der (vermeintlich) in abgewandelter Form verwirklichten Merkmale enthalten (etwa weil die Verletzung des Klagepatents durch die erstinstanzlich allein streitgegenständlichen Ausführungsformen von vornherein unstreitig war und nur der Rechtsbestand des Klagepatents in Frage stand).[61]

32 Werden **weitere Patente** erst nach Ablauf der Berufungserwiderungsfrist erteilt, ist eine Erstreckung der Klage auf diese Patente mittels einer Anschlussberufung wegen Fristversäumung (§ 524 Abs 2 Satz 2 ZPO) unzulässig. Abweichendes folgt nicht aus dem Zwang zur Klagenkonzentration (§ 145 PatG), weil der Berufungsbeklagte in einem solchen Fall ohne Verschulden gehindert ist, die weiteren Patente noch in dem ursprünglichen Rechtsstreit geltend zu machen.[62] Erklärt sich der Berufungsbeklagte erst am letzten Tag der Berufungserwiderungsfrist mit einer Aussetzung des Verletzungsrechtsstreits einverstanden, obliegt es seinem Prozessbevollmächtigten, dafür Sorge zu tragen, dass die Aussetzung noch innerhalb der Berufungserwiderungsfrist beschlossen und im Sinne von § 329 Abs 2 ZPO mitgeteilt werden kann; vorsorglich muss er einen expliziten Antrag auf (erneute) Verlängerung der Berufungserwiderungsfrist stellen, um sicherzustellen, dass ein Neubeginn des Laufes der Berufungserwiderungsfrist nach § 249 Abs 1 ZPO eintritt.[63]

33 Ist die Berufungserwiderungsfrist unter Hinweis auf die **Säumnisfolgen** nach §§ 530, 296 Abs 1, 4 ZPO, nicht aber unter Hinweis auf die Säumnisfolgen der §§ 524 Abs 3 Satz 2, 521 Abs 2 Satz 2, 277 Abs 2 ZPO gesetzt worden (was eine Zustellung der richterlichen Verfügung an die Partei voraussetzt), ist die Fristsetzung unwirksam, so dass eine Anschlussberufung auch außerhalb des Frist zu beachten ist.[64] Keiner gesonderten Belehrung bedarf demgegenüber, dass nur innerhalb der Erwiderungsfrist eine Anschlussberufung möglich ist.[65] Belehrungspflichten bestehen erst wieder im Zusammenhang mit der Zustellung der Anschlussberufungsbegründung, nämlich im Hinblick auf die Anschlussberufungserwiderung (und ggf. Anschlussberufungsreplik).[66]

34 Die Anschließung an das gegnerische Rechtsmittel kann auch **konkludent** zum Ausdruck gebracht werden[67]; zum Schutz des Prozessgegners setzt dies jedoch ein eindeutiges und zweifelsfreies Verhalten voraus.[68] Aus dem Vorbringen muss sich klar ergeben, dass mit dem Erwiderungsvorbringen ein weiterer selbständiger Streitgegenstand in den Rechtsstreit eingeführt und nicht nur der bereits anhängige Streitgegenstand durch weiteren Sachvortrag zusätzlich abgestützt werden soll.[69] Ist ein eingelegtes Rechtsmittel als

---

59 OLG Düsseldorf, GRUR-RR 2017, 249 – Lichtemittierende Vorrichtung.
60 OLG Düsseldorf, GRUR-RR 2017, 249 – Lichtemittierende Vorrichtung.
61 OLG Düsseldorf, GRUR-RR 2017, 249 – Lichtemittierende Vorrichtung.
62 OLG Düsseldorf, GRUR-RR 2017, 249 – Lichtemittierende Vorrichtung.
63 OLG Düsseldorf, GRUR-RR 2017, 249 – Lichtemittierende Vorrichtung.
64 BGH, GRUR 2012, 180 – Werbegeschenke.
65 BGH, GRUR 2017, 785 – Abdichtsystem; OLG Düsseldorf, GRUR-RR 2017, 249 – Lichtemittierende Vorrichtung.
66 OLG Düsseldorf, GRUR-RR 2017, 249 – Lichtemittierende Vorrichtung.
67 Eine unzulässige selbständige Berufung ist regelmäßig in eine Anschlussberufung umzudeuten.
68 BGH, GRUR 2012, 180 – Werbegeschenke.
69 BGH, GRUR 2012, 180 – Werbegeschenke.

selbständige Berufung unzulässig (zB weil die Berufungsfrist[70] versäumt wurde), so ist es regelmäßig geboten, das **unzulässige Hauptrechtsmittel** in eine zulässige Anschlussberufung umzudeuten.[71] Etwas anderes gilt nur dann, wenn die Auslegung des Prozessverhaltens ergibt, dass die betreffende Partei ausschließlich ein selbständiges Rechtsmittel, aber keinesfalls (auch nicht hilfsweise) ein vom Rechtsmittel des Prozessgegners abhängiges Rechtsmittel gewollt hat.[72]

Die vom Anschlussberufungsführer einzuhaltende **Frist** wird noch nicht mit der bloßen Mitteilung der Geschäftsstelle über die vom Vorsitzenden gesetzte Berufungserwiderungsfrist in Gang gesetzt, sondern erst dadurch, dass die betreffende richterliche Verfügung in beglaubigter Abschrift und mit der gebotenen Belehrung nach §§ 524 Abs 3 Satz 2, 521 Abs 2 Satz 2, 277 Abs 2 ZPO zugestellt wird.[73] Ist die Frist gewahrt, können im Rahmen der damit zulässigen Anschlussberufung außerhalb der Frist auch weitere Ansprüche geltend gemacht werden, wenn diese weiteren Ansprüche durch die ursprüngliche Begründung der Anschlussberufung abgedeckt sind.[74] 35

Hat der **Streithelfer** des Berufungsführers selbst Berufung eingelegt und ist dem Berufungsbeklagten bloß zur Berufungsbegründung des Berufungsführers, nicht jedoch zu der eigenständigen Berufungsbegründung des Streithelfers eine Erwiderungsfrist gesetzt worden, so kann ein Anschlussrechtsmittel noch bis zur mündlichen Verhandlung über die Berufung eingelegt werden.[75] 36

Wird durch die Anschlussberufung erstmals ein neuer prozessualer Anspruch in den Rechtsstreit eingeführt, ist mit ihr zugleich eine Klageerhebung verbunden, was bedeutet, dass für die Rücknahme des Anschlussrechtsmittels das sich aus **§ 269 Abs 1 ZPO** ergebende Zustimmungserfordernis zu beachten ist.[76] Es wird freilich noch nicht dadurch ausgelöst, dass der Beklagte die Zulässigkeit der Klageerweiterung bestreitet und gestützt hierauf einen Abweisungsantrag verliest.[77] Denn in der Erörterung von Zulässigkeitsfragen liegt kein »Verhandeln zur Hauptsache«. Gleichzeitig liegt in der Bezugnahme auf einen neuen Streitgegenstand (zB mittelbare statt unmittelbare Verletzung) eine Klageänderung, die nur unter den Voraussetzungen des **§ 263 ZPO** (in erster Instanz) bzw **§ 533 ZPO** (in zweiter Instanz) zulässig ist.[78] 37

Mit der Rücknahme des Hauptrechtsmittels[79] fällt automatisch auch die Anschlussberufung weg.[80] Die **Kosten** des Anschlussrechtsmittels hat in einem solchen Fall der zurücknehmende Berufungskläger zu tragen, sofern die Anschlussberufung zulässig war.[81] War 38

---

70 Nach dem Inkrafttreten der Neufassung des § 317 ZPO zum 1.7.2014 bedarf es nicht mehr der Zustellung einer Urteilsabschrift; vielmehr genügt die Zustellung einer beglaubigten Abschrift des in vollständiger Form abgefassten Urteils (BGH, MDR 2016, 667).
71 BGH, MDR 2016, 666.
72 BGH, MDR 2016, 666.
73 BGH, NJW 2009, 515; BGH, GRUR 2012, 180 – Werbegeschenke.
74 BGH, NJW 2005, 3067; OLG Düsseldorf, InstGE 10, 248 – Occluder (für den Fall, dass Gegenstand der rechtzeitigen Anschlussberufung Ansprüche auf Rechnungslegung und Schadenersatz waren, die sich aus nicht nur drohenden, sondern bereits vorgefallenen Benutzungshandlungen ergaben, die dem Kläger erst während des Berufungsverfahrens bekannt geworden sind, und die Klage außerhalb der Anschlussberufungsfrist auf eine abgeänderte Ausführungsform erstreckt wird, die letztlich dieselben Auslegungsfragen aufwirft wie die bereits in erster Instanz behandelte Ausführungsform).
75 OLG Karlsruhe, Beschluss v 18.10.2010 – 6 U 38/09.
76 OLG Düsseldorf, Urteil v 7.7.2011 – I-2 U 48/10.
77 OLG Düsseldorf, Urteil v 7.7.2011 – I-2 U 48/10.
78 OLG Düsseldorf, Beschluss v 14.2.2013 – I-2 U 101/11.
79 Nach OLG Frankfurt/Main (MDR 2011, 1318) gilt dasselbe, wenn die Berufung nach § 522 Abs 2 ZPO zurückgewiesen wird; streitig (vgl zum Meinungsstand OLG Stuttgart, NJW-RR 2009, 863).
80 § 524 Abs 4 ZPO.
81 BGH, MDR 2005, 704.

sie unzulässig, fallen die Kosten des Anschlussrechtsmittels dem Anschlussberufungskläger zur Last. Wird das Hauptrechtsmittel durch Beschluss (§ 522 ZPO) zurückgewiesen, ist die Kostentragungspflicht streitig.[82]

39 Ein Anschlussrechtsmittel kann auch dann in Betracht kommen, wenn die betreffende Partei im ersten Rechtszug teilweise unterlegen war, ein – an sich mögliches – selbständiges Rechtsmittel aber nicht eingelegt werden soll. Bei **mehreren Klägern/Beklagten**, von denen nur einer (ganz oder teilweise) unterlegen ist, kann freilich nur derjenige eine Anschlussberufung einlegen, gegen den sich das gegnerische selbständige Rechtsmittel richtet. Denn zur Anschließung berechtigt ist gemäß § 524 Abs 1 Satz 1 ZPO immer nur der »Berufungsbeklagte«.

40 ▶ **Bsp:**

Der Klage von zwei Klägern wird teilweise stattgegeben. Die Beklagte beschränkt ihre Berufung auf die Verurteilung gegenüber dem Kläger zu 1). Zur Anschlussberufung berechtigt ist nur der Kläger zu 1), nicht der Kläger zu 2). Das gilt auch dann, wenn die Berufung zunächst umfassend eingelegt war (weil beide Kläger als Berufungsbeklagte bezeichnet werden), sich das Rechtsmittel nach dem Inhalt der Berufungsbegründung jedoch lediglich auf den Kläger zu 1) beziehen soll. Unter solchen Umständen liegt in der Berufungsbegründung eine Rücknahme des Rechtsmittels gegen den Kläger zu 2) mit der Folge, dass eine Anschlussberufung des Klägers zu 2) nicht mehr möglich ist bzw (sollte sie bereits eingelegt sein) mit dem Hauptrechtsmittel wegfällt.

41 Aus denselben Erwägungen ist auch die Erweiterung der Klage gegen einen **zusätzlichen Beklagten** – mangels eines insoweit gegebenen Hauptrechtsmittels – mit einer Anschlussberufung nicht zulässig.[83] Die (unselbständige) Anschlussberufung ist kein Rechtsmittel, sondern ermöglicht dem Berufungsbeklagten nur, Anträge innerhalb einer fremden Berufung zu stellen. Da vom Gericht einheitlich über ein *einziges* Rechtsmittel zu entscheiden ist, setzt die Anschlussberufung voraus, dass sie sich mit ihren Anträgen ausschließlich gegen den Berufungskläger wendet und Ziele verfolgt, die allein dessen Zielen entgegengesetzt sind.[84] Eine Anspruchsdurchsetzung gegen am Rechtsmittelverfahren nicht beteiligte Parteien widerspricht diesem Wesen der Anschlussberufung. Mit ihr kann deshalb kein Anspruch gegen eine Person geltend gemacht werden, die bisher überhaupt noch nicht am Rechtsstreit beteiligt war oder gegen die die Klage in erster Instanz abgewiesen worden ist, ohne dass der Kläger insoweit ein selbständiges Rechtsmittel eingelegt hat.

42 Über die Anschlussberufung darf auch dann nicht vorab durch **Teilurteil** entschieden werden, wenn die mit ihr verfolgte Widerklage unzulässig oder unbegründet ist.[85]

43 Keiner Anschlussberufung bedarf es im Hinblick auf einen in erster Instanz gestellten **Hilfsantrag**, wenn der Kläger mit seinem Hauptantrag erfolgreich war und der verurteilte Beklagte Rechtsmittel eingelegt hat. Kommt das Berufungsgericht – abweichend vom Landgericht – zu der Auffassung, dass der Hauptantrag unzulässig oder unbegründet ist, muss es über den Hilfsantrag entscheiden, selbst wenn der Kläger insoweit im Berufungsverfahren keinen besondere Antrag gestellt und auch kein Anschlussrechtsmittel eingelegt hat. In Fällen wie dem geschilderten fällt der erstinstanzlich nicht beschie-

---

82 Zum Meinungsstand vgl OLG Nürnberg, MDR 2012, 1309; OLG Naumburg, MDR 2012, 1494; OLG München, MDR 2014, 985.
83 BGH, NJW-RR 2000, 1114.
84 BGH, NJW-RR 1989, 441.
85 BGH, NJW 1994, 2236.

dene Hilfsantrag allein durch die Rechtsmitteleinlegung des Beklagten in der Berufungsinstanz an.[86]

▶ **Bsp:** 44

Erste Instanz: Hauptantrag gestützt auf unmittelbare Patentverletzung; Hilfsantrag gestützt auf mittelbare Patentverletzung; Verurteilung wegen unmittelbarer Patentverletzung; Berufung des Beklagten; sollte das Berufungsgericht eine unmittelbare Patentverletzung verneinen, hat es das Vorliegen einer mittelbaren Verletzung zu prüfen.

III. Revisionsverfahren

1. Hinausgehen über Klageantrag

Eine Verurteilung ist ohne weiteres aufzuheben, wenn mit dem Tenor mehr zugesprochen wurde als vom Kläger beantragt war (§ 308 Abs 1 ZPO). Wie weit die Aufhebung reicht, hängt vom Überschuss des Tenors ab. Werden nur zusätzliche Benutzungshandlungen (zB Herstellen) aufgenommen, wird die betreffende Passage gestrichen. Geht das Urteil bei der Beschreibung des Verletzungsgegenstandes über den Klageantrag hinaus, bedarf es grundsätzlich einer Komplettaufhebung. Sie ist auch dann erforderlich, wenn eine das Verbot sachlich beschränkende Wendung des Klageantrages nicht in den Urteilsausspruch übernommen wird.[87] 45

▶ **Bsp:** 46

Das Urteil wiederholt den Anspruchswortlaut, der Klageantrag sieht zur konkreteren Umschreibung des Verletzungsgegenstandes weitere Konstruktionsmerkmale oder eine in Bezug genommene Zeichnung/Abbildung (»..., und zwar nach Maßgabe der folgenden Darstellung: ...«) vor.

2. Angriffe gegen die Patentauslegung

Im Verfahren der Nichtzulassungsbeschwerde und der Revision ist ein neuer Tatsachenvortrag ausgeschlossen. Dennoch ist die vom Berufungsgericht vorgenommene Patentauslegung und Schutzbereichsbestimmung in durchaus nennenswertem Umfang überprüfbar: 47

Mit der Verfahrensrüge kann zunächst geltend gemacht werden, das Berufungsgericht habe ein **Sachverständigengutachten** einholen müssen. Solches ist erforderlich, wenn der technische Sachverhalt nicht einfach überschaubar ist, zB die Auslegung des Klagepatents oder die anzustellenden Äquivalenzüberlegungen unter Berücksichtigung der Erfahrungen des Verletzungsgerichts Schwierigkeiten bereiten. Nach der Rechtsprechung des BGH[88] gilt nämlich der Grundsatz, dass ein in Patentverletzungssachen erfahrenes Gericht technische Fragen eigenständig beantworten kann, wenn es die hierzu erforderliche Sachkunde besitzt. Sie kann sich bereits aus der Sache selbst ergeben (zB weil es sich um einen technisch einfach gelagerten Sachverhalt handelt und das Berufungsgericht ständig mit Patentverletzungsklagen befasst ist). Anderenfalls hat das 48

---

86 BGH, MDR 1999, 1459; BGH, FamRZ 2004, 1962; BGH, MDR 2013, 1115.
87 BGH, MDR 2016, 291 – Zuweisung von Verschreibungen.
88 BGH, GRUR 2005, 569 – Blasfolienherstellung.

49 Einen zweiten Ansatzpunkt bietet die neue Rechtsprechung des BGH, nach der das Gericht die Auslegung des Patentanspruchs nicht einem Sachverständigen überlassen darf. Das Gutachten dient vielmehr nur dazu, dem Tatrichter diejenigen objektiven technischen Gegebenheiten zu vermitteln, mit denen ein technischer Fachmann durchschnittlichen Könnens im Prioritätszeitpunkt versehen war und mit denen er sich dem Verständnis des Patentanspruchs genähert hat.[89] Auf der Grundlage dieser dem Durchschnittsfachmann eigenen Kenntnisse, Fertigkeiten, Erfahrungen und methodischen Herangehensweisen, die sämtlich Tatfragen darstellen, hat das Gericht eigenverantwortlich zu klären, welcher technische Inhalt den Merkmalen des Patentanspruchs beizumessen ist.[90] Die Bestimmung des technischen Sinngehalts eines Patents stellt nach Auffassung des BGH eine reine **Rechtsfrage** dar[91]; gleiches gilt für die im Rahmen der Äquivalenz zu klärende Frage, ob die in Rede stehende Abwandlung vom Anspruchswortlaut bei Orientierung am Patentanspruch für den Fachmann naheliegend als gleichwertige Lösung aufzufinden war.[92] Beides – die vom Berufungsgericht vorgenommene Auslegung des Patents und die (bejahten oder verneinten) Äquivalenzvoraussetzungen – können also in der Revisionsinstanz vom BGH – ausgehend von den verfahrensfehlerfrei getroffenen, zugrundeliegenden Tatsachen (Tatfragen) – uneingeschränkt überprüft werden.[93]

50 Legt der BGH das Klagepatent im Nichtigkeitsverfahren anders aus als es das Berufungsgericht im Verletzungsrechtsstreit getan hat und ergibt sich aus der abweichenden Patentinterpretation, dass über die Verletzungsklage anders als geschehen hätte entschieden werden müssen, so begründet die **Auslegungsdivergenz** einen eigenständigen **Grund für** die **Zulassung der Revision** (Sicherung einer einheitlichen Rechtsprechung, § 543 Abs 2 Nr 2 ZPO).[94] Ob Gleiches gilt, wenn sich die gegensätzliche Patentauslegung aus einer unterinstanzlichen Rechtsbestandsentscheidung (zB des BPatG) ergibt, die rechtskräftig geworden ist, ist noch nicht entschieden, aber zu bejahen. Sofern – aus anderen Gründen – Nichtzulassungsbeschwerde eingelegt war und das divergierende Nichtigkeitsurteil erst nach Ablauf der Begründungsfrist für die Nichtzulassungsbeschwerde ergangen ist, kann die Auslegungsdivergenz nachträglich in das Beschwerdeverfahren um die Revisionszulassung eingeführt werden. Das geschieht nicht von Amts wegen, sondern bedarf in jedem Fall eines Tätigwerdens des Beschwerdeführers. Er hat innerhalb eines Monats nach Zustellung des bzw Kenntnis vom Nichtigkeitsurteil (§ 234 Abs 1 Satz 2 ZPO) einen Antrag auf Wiedereinsetzung in den vorigen Stand zu stellen und gleichzeitig die Auslegungsdivergenz als weiteren Zulassungsgrund in das Beschwerdeverfahren einzuführen.[95] Keine Bedeutung hat in diesem Zusammenhang die Jahresfrist des § 234 Abs 3 ZPO. Sie ist zwar an sich absoluter Natur und schließt eine Wiedereinsetzung nach Ablauf eines Jahres seit dem Ende der versäumten Frist (hier: zur Begründung der Nichtzulassungsbeschwerde) generell aus. Nach Auffassung des BGH findet die Ausschlussfrist in Fällen der vorliegenden Art jedoch keine Anwendung, weil die Überschreitung der Jahresfrist allein in der Sphäre des Gerichts begründet ist, wenn die divergierende Nichtigkeitsentscheidung erst zu einem Zeitpunkt ergeht, zu dem seit dem Ablauf der Begründungsfrist für die Nichtzulassungsbeschwerde bereits ein Jahr

---

89 BGH, GRUR 2006, 131 – Seitenspiegel.
90 BGH, GRUR 2006, 131 – Seitenspiegel.
91 BGH, GRUR 2006, 314 – Stapeltrockner; BGH, GRUR 2011, 313 – Crimpwerkzeug IV.
92 BGH, GRUR 2006, 314 – Stapeltrockner.
93 BGH, Mitt 2011, 24 – Crimpwerkzeug IV.
94 BGH, Mitt 2011, 24 – Crimpwerkzeug IV.
95 BGH, Mitt 2011, 24 – Crimpwerkzeug IV.

verstrichen ist.⁹⁶ Wird die Auslegungsdivergenz, obwohl dies möglich gewesen wäre, nicht in das Nichtzulassungsbeschwerde- oder Revisionsverfahren eingeführt, kann hierauf später keine Restitutionsklage gestützt werden. Abgesehen von § 582 ZPO gilt dies schon deshalb, weil eine anderweitige Patentauslegung – anders als der vollständige oder teilweise Wegfall des Klageschutzrechts – keinen Restitutionsgrund darstellt.

Hat das **Berufungsgericht** eine **Patentverletzung mit äquivalenten Mitteln nicht geprüft**, weil sie vom Kläger nicht geltend gemacht worden ist und nach seiner vom Berufungsgericht geteilten Rechtsauffassung zu ihrer Geltendmachung auch kein Anlass bestand, so ist die Sache zur Prüfung einer äquivalenten Verletzung gleichwohl nur dann an das Berufungsgericht zurückzuverweisen, wenn der Kläger in der Revisionsinstanz aufzeigt, inwiefern im wiedereröffneten Berufungsrechtszug tatsächliche Feststellungen zu erwarten sind, aus denen sich ergibt, dass die angegriffene Ausführungsform nach ihrer gegebenenfalls durch ergänzenden Tatsachenvortrag zu erläuternden tatsächlichen Ausgestaltung die Voraussetzungen der Äquivalenz erfüllt.⁹⁷   51

An das vom Revisionsgericht gewonnene Auslegungsergebnis ist das Berufungsgericht im Falle einer Zurückverweisung zur erneuten Verhandlung und Entscheidung gebunden. Die **Bindungswirkung** greift aber nur insoweit ein, wie sich in der Tatsacheninstanz kein neuer Sachverhalt ergibt. Sofern das OLG deshalb im wieder eröffneten Berufungsverfahren zusätzliche auslegungsrelevante Tatsachen feststellt, die zu einer anderen Auslegung des Patentanspruchs führen, kann und muss es diese bei der Schutzbereichsbestimmung berücksichtigen.⁹⁸ Anlass für weitergehende Tatsachenfeststellungen wird im Allgemeinen neuer Vortrag der Parteien nach Abschluss des Revisionsverfahrens sein. Ob dieser prozessual beachtlich oder aber präkludiert ist, beurteilt sich auch nach erfolgter Zurückverweisung an das Berufungsgericht nach den §§ 529, 531 ZPO.⁹⁹   52

3. Nachträgliche Einschränkung des Patentanspruchs

Selbst wenn dem Berufungsgericht insoweit keine Fehler unterlaufen sind, kann die Situation eintreten, dass das Klagepatent nach Erlass des Berufungsurteils im Einspruchs- oder Nichtigkeitsverfahren rechtskräftig eine Einschränkung erfährt mit der Folge, dass die zusätzlich hinzugekommenen Merkmale im tatrichterlichen Verletzungsverfahren – jedenfalls ausdrücklich – noch nicht auf ihre Verwirklichung durch die angegriffene Ausführungsform geprüft worden sind. Befindet sich der Verletzungsprozess im **Nichtzulassungsbeschwerdeverfahren**, so wird die beschränkte Anspruchsfassung nicht von Amts wegen und damit automatisch der rechtlichen Beurteilung zugrunde gelegt. Vielmehr hat sich der Beklagte in seiner Nichtzulassungsbeschwerde darauf zu berufen, dass die angegriffene Ausführungsform (jedenfalls) von der eingeschränkten Fassung des Klagepatents keinen Gebrauch macht.¹⁰⁰ Geschieht dies nicht und kommt der BGH zu der Auffassung, dass in Bezug auf die Annahme des Berufungsgerichts, der erteilte Patentanspruch werde benutzt, keine Zulassungsgründe vorliegen, wird er die Nichtzulassungsbeschwerde trotz der zwischenzeitlichen Teilvernichtung des Klagepatents zurückweisen.¹⁰¹ Das ist auch angemessen, weil es sich im Zweifel der Kenntnis des BGH entzieht, ob die erfolgte Beschränkung des Patents die angegriffene Ausführungsform aus dem Schutzbereich des Klagepatents herausführt. Erfolgt die Beschränkung des Klagepatents   53

---

96 BGH, Mitt 2011, 24 – Crimpwerkzeug IV.
97 BGH, GRUR 2011, 313 – Crimpwerkzeug IV.
98 BGH, Beschluss v 28.10.2010 – Xa ZR 70/08.
99 BGH, Beschluss v 28.10.2010 – Xa ZR 70/08.
100 BGH, GRUR 2017, 428 – Vakuumtransportsystem.
101 BGH, Beschluss v 17.4.2012 – X ZR 139/08.

nach Ablauf der Begründungsfrist für die Nichtzulassungsbeschwerde, ist nach den unter Kap F Rdn 50 dargelegten Regeln auf Antrag Wiedereinsetzung in den vorigen Stand zu bewilligen, wobei die Jahresausschlussfrist bedeutungslos ist. Versäumt es der Beklagte schuldhaft, die Anspruchsbeschränkung zum Gegenstand des Nichtzulassungsbeschwerdeverfahrens zu machen, scheitert eine spätere Restitutionsklage an § 582 ZPO.[102] Ein **Verschulden** ergibt sich allerdings weder allein daraus, dass der Beklagte das Verletzungsurteil, bevor die teilvernichtende Rechtsbestandsentscheidung ergangen ist, überhaupt hat rechtskräftig werden lassen, indem er von einem Rechtsmittel gegen das Verletzungserkenntnis abgesehen hat, noch daraus, dass er im laufenden Nichtzulassungsbeschwerdeverfahren keinen Aussetzungsantrag im Hinblick auf den parallelen Rechtsbestandsangriff gestellt hat, zB weil er letzterem selbst keine ausreichende Erfolgsaussicht beigemessen hat[103].

54 Für das weitere Prozedere ist zu unterscheiden:

55 – Ergeben die in anderem Zusammenhang verfahrensfehlerfrei getroffenen **Feststellungen des Tatrichters**, dass auch **von der Lehre des geänderten Patentanspruchs Gebrauch gemacht wird**, und hat das Berufungsgericht die Revision nicht zugelassen, soll die Nichtzulassungsbeschwerde jedenfalls dann keinen Erfolg haben, wenn es an Anhaltspunkten dafür fehlt, dass dem Schuldner aufgrund des der uneingeschränkten Anspruchsfassung folgenden Urteilstenors eine Zwangsvollstreckung wegen einer Abwandlung droht, die bei Orientierung an der geänderten Fassung des Patentanspruchs nicht möglich wäre.[104] Findet anschließend gegen eine nur von der erteilten, nicht mehr geltenden Anspruchsfassung Gebrauch machende Abwandlung dennoch eine Vollstreckungsmaßnahme statt, kann der Vollstreckungsschuldner sich auf § 826 BGB berufen mit dem Begehren, die materiell unberechtigte Zwangsvollstreckung zu unterlassen.

56 – Ist die Revision vom Berufungsgericht oder – aus anderen Gründen – vom BGH zugelassen worden, ist der Urteilsausspruch, da es beim Verletzungstatbestand verbleibt, an die eingeschränkte Anspruchsfassung anzupassen.

57 – Lässt sich anhand der fehlerfreien **Feststellungen des Berufungsgerichts** eine **Benutzung** auch **der Zusatzmerkmale nicht** abschließend **beurteilen**, muss die Nichtzulassungsbeschwerde Erfolg haben[105], so dass die Revision vom BGH zuzulassen und die Sache zu weiterer Sachaufklärung an das Berufungsgericht zurückzuverweisen ist.

---

102 OLG Düsseldorf, BeckRS 2013, 11702 – Vakuumtransportsystem.
103 BGH, GRUR 2017, 428 – Vakuumtransportsystem.
104 BGH, GRUR 2010, 272 – Produktionsrückstandsentsorgung. Bedenklich, weil jedes weitere Merkmal des Patentanspruchs die Möglichkeiten zur Erreichung der erfindungsgemäßen Vorteile ohne Benutzung des Klagepatents erhöht. Für die Zukunft macht es deswegen sehr wohl einen Unterschied, ob die Verurteilung nach der erteilten Anspruchsfassung als Vollstreckungsgrundlage bestehen bleibt oder der Tenor an die eingeschränkte Anspruchsfassung des Einspruchs- oder Nichtigkeitsverfahrens angepasst wird. Benutzt der Schuldner den erteilten Anspruch, ist – rein formal – eine Vollstreckung möglich, obwohl das Patent in diesem Umfang rückwirkend vernichtet ist. Um dies zu verhindern und Klarheit zu schaffen, sollte die Revision zugelassen und die Möglichkeit eröffnet werden, den Urteilsausspruch an die geltende (eingeschränkte) Fassung des Patentanspruchs anzupassen. Hierzu ist der BGH selbst in der Lage, sofern die Benutzung der einschränkenden Merkmale durch das Berufungsgericht rechtsfehlerfrei festgestellt ist. Exakt so ist die Rechtsprechung des BGH auch früher verfahren, wobei der Zulassungsgrund in der einer Gesetzesänderung gleich zu erachtenden Änderung der Patentrechtslage zu sehen ist (BGH, GRUR 2010, 858 – Crimpwerkzeug III).
105 Zulassungsgrund ist wiederum die Änderung der Patentrechtslage, die einer Gesetzesänderung gleichgestellt wird, welche seit jeher als für das Revisionsverfahren beachtlich angesehen wird (BGH, GRUR 2010, 858 – Crimpwerkzeug III).

– Nicht mehr möglich ist der **Wechsel zu** einem anderen, **nebengeordneten Patentanspruch**, was bereits aus dem Umstand folgt, dass im Nichtzulassungsbeschwerde- und Revisionsverfahren kein neuer Tatsachenvortrag und deswegen auch keine Klageänderung (Einführung eines neuen Streitgegenstandes) möglich ist.[106] Woraus sich die Notwendigkeit eines Anspruchswechsels für den Kläger ergibt, hat keine Bedeutung, so dass das Änderungs/Erweiterungsverbot auch dann greift, wenn der in den Tatsacheninstanzen auf Benutzung geprüfte Hauptanspruch nachfolgend widerrufen/für nichtig erklärt worden ist, der von der angegriffenen Ausführungsform ebenfalls benutzte Nebenanspruch jedoch (zB weil er überhaupt nicht mit angegriffen war) bestehen geblieben ist. In einem solchen Fall ist ein etwaiges Verletzungsurteil aus dem Hauptanspruch unter entsprechender Klageabweisung aufzuheben und vom Kläger eine neue, auf den Nebenanspruch gestützte Klage zu erheben (was dem Verletzungsbeklagten gerechterweise die Möglichkeit verschafft, diesen Nebenanspruch gleichfalls in seinem Rechtsbestand anzugreifen, wozu, solange mit der Klage nur der Hauptanspruch geltend gemacht war, kein wirklicher Anlass bestanden haben kann). Ob die Benutzung des Nebenanspruchs zwischen den Parteien streitig oder unstreitig ist, spielt keine Rolle. 58

– Eine abweichende Handhabung ist geboten, wenn die Verletzungsklage im Nichtzulassungsbeschwerde- oder Revisionsverfahren, weil der eingeklagte Hauptanspruch nachträglich vernichtet worden ist, statt auf einen Nebenanspruch auf einen bestehen gebliebenen (ggf überhaupt nicht angegriffenen) **Unteranspruch** des Klagepatents gestützt werden muss. Wegen seines vollständigen Rückbezuges auf den streitbefangenen Hauptanspruch schafft er keinen anderen Streitgegenstand; er stimmt vielmehr mit den in den Tatsacheninstanzen erörterten Anspruchsmerkmalen überein, denen er – einschränkend (§ 264 ZPO) – bloß weitere, bevorzugte Ausstattungsdetails hinzufügt. Da es sich weitgehend um Zufälligkeiten handelt, die im Erfolgsfall keinen anderen Urteilsausspruch (als den, der den Wortlaut des Hauptanspruchs repetiert) zur Folge gehabt hätten, ist es gleichgültig, ob der Kläger den betreffenden Unteranspruch anfänglich zum Gegenstand eines »insbesondere«-Antrages gemacht hat oder nicht. In dem einen wie in dem anderen Fall ist die Nichtzulassungsbeschwerde des verurteilten Verletzers zurückzuweisen, wenn die Feststellungen des Tatrichters eine Benutzung auch des Unteranspruchs ergeben; ansonsten hat eine Zurückverweisung an das Berufungsgericht zu erfolgen, damit die infolge der Umstellung des Klagebegehrens auf den Unteranspruch notwendig gewordenen Feststellungen vom Tatrichter nachgeholt werden können. 59

Zur Zulassung der Revision zwingt auch eine **nachträgliche Vollvernichtung** desjenigen Patentanspruchs, auf dem die Verletzungsklage beruht. Ein vom Kläger im Verfahren der Nichtzulassungsbeschwerde erklärter Verzicht auf die mit der Klage geltend gemachten Ansprüche (§ 306 ZPO) ändert daran nichts, weil ein Verzicht wirksam nur »bei der mündlichen Verhandlung« durch einen bei dem Prozessgericht zugelassenen Rechtsanwalt vorgenommen werden kann. Beide Bedingungen erfordern ein Revisionsverfahren, welches demgemäß zuzulassen ist.[107] Im Stadium der Nichtzulassungsbeschwerde kann lediglich eine Klagerücknahme erfolgen, was jedoch eine Zustimmung des Prozessgegners voraussetzt.[108] 60

---

106 BGH, NJW 2008, 3570.
107 BGH, Beschluss v 28.9.2010 – X ZR 112/07.
108 BGH, Beschluss v 28.9.2010 – X ZR 112/07.

4. Eingeschränkter Klageantrag

61 Denkbar ist auch die umgekehrte Konstellation, dass sich der Kläger aus Sorge, das Verletzungsgericht werde den Prozess um die Patentverletzung wegen Bedenken hinsichtlich der Schutzfähigkeit der erteilten (und vom Beklagten eindeutig benutzten) Anspruchsfassung aussetzen, im Verletzungsprozess auf eine eingeschränkte Anspruchsfassung zurückzieht. Bleibt danach die erteilte Fassung des Klagepatents aufrechterhalten, stellt sich die Frage, ob der Kläger im Rechtsmittelzug auf die erteilte Fassung zurückgreifen kann. Hier sind verschiedene Szenarien möglich:

a) Nicht-Benutzung der beschränkten Fassung

62 Wird die beschränkte Fassung von der angegriffenen Ausführungsform nicht benutzt, wird das **Landgericht** die **Klage abweisen**. Im Berufungsverfahren (das auf Rechtsmittel des Klägers stattfindet) besteht ohne weiteres die Möglichkeit, im Wege der Klageerweiterung die (benutzte) erteilte Fassung ins Spiel zu bringen.[109] Ihre Sachdienlichkeit ergibt sich daraus, dass weniger Anspruchsmerkmale zu diskutieren sind und somit kein weitergehender, sondern ein reduzierter Streitstoff in Rede steht.

63 Problematischer ist die Sachlage, wenn das **Landgericht (zu Unrecht)** nach der beschränkten Fassung **verurteilt**, allein der Beklagte Berufung eingelegt hat und sich im Berufungsverfahren herausstellt, dass zwar die erteilte, nicht aber die geltend gemachte beschränkte Anspruchsfassung des Klagepatents benutzt wird. Hier stellt sich die Frage, ob der Kläger, wenn er weder selbständig noch unselbständig Berufung eingelegt hat, dennoch auf die (benutzte) erteilte Fassung des Patents überwechseln kann, um seinem Klageangriff zum Erfolg zu verhelfen. Auf den ersten Blick scheint dem entgegen zu stehen, dass er mit dem Übergang zur erteilten (oder weniger eingeschränkten aufrechterhaltenen) Anspruchsfassung ein inhaltlich weitergehendes Begehren verfolgt als ihm das Landgericht zuerkannt hat, was prinzipiell nur möglich ist, wenn der Kläger seinerseits zumindest Anschlussberufung eingelegt hat. Eine solche Sichtweise hätte jedoch zur Konsequenz, dass die Klage gemäß der (nicht benutzten) beschränkten Fassung abzuweisen und die Beklagte anschließend in einem neuen Prozess nach der (benutzten) weitergehenden erteilten Fassung zu verurteilen wäre. Ein derartiges Ergebnis erscheint jedenfalls innerhalb der Tatsacheninstanzen unangemessen. Für die rechtliche Beurteilung sollte deshalb darauf abgestellt werden, dass Gegenstand des Klageangriffs von vornherein die angegriffene Ausführungsform als solche war, welche dieselbe bleibt, unabhängig davon, ob der Klageantrag zu ihrer gegenständlichen Umschreibung die erteilte oder eine demgegenüber beschränkte Anspruchsfassung des Klagepatents wiedergibt. So gesehen erfährt das Klagebegehren in der Sache keine wirkliche Erweiterung, wenn der Kläger im Laufe des Rechtsstreits von der zunächst geltend gemachten beschränkten auf die inzwischen aufrechterhaltene erteilte Fassung des Klagepatents übergeht. Eine andere Frage ist freilich, ob es – solange eine höchstrichterliche Klärung in dieser Hinsicht aussteht – nicht aus Gründen der Vorsicht angezeigt ist, Anschlussberufung einzulegen, was innerhalb der Frist zur Berufungserwiderung ohne eigene Beschwer möglich ist.

64 Hat das Berufungsgericht die einer beschränkten Anspruchsfassung folgende Verletzungsklage abgewiesen, weil ein beschränkendes Merkmal nicht benutzt ist, besteht ein **Grund für** eine **Revisionszulassung** nicht deshalb, weil sich anschließend die Schutzfähigkeit der (vom Beklagten benutzten) erteilten Anspruchsfassung erweist. Angesichts des Klageantrages bestand für das Berufungsgericht keine Möglichkeit zur Aussetzung, weil es an einer Vorgreiflichkeit der Rechtsbestandsentscheidung für die – mangels Benutzung – ohne weiteres zu Lasten des Klägers entscheidungsreife Klage fehlt. Viel-

---

[109] OLG Düsseldorf, Urteil v 11.6.2015 – I-15 U 106/14.

mehr musste die Klage als unbegründet abgewiesen werden. Erweist sich diese Beurteilung aus der Sicht des Revisionsgerichts als zutreffend, ist dem Berufungsgericht kein Fehler unterlaufen, der im Rechtsmittelverfahren durch Revisionszulassung korrigiert werden müsste oder könnte. Es liegt auch gerade keine für das Revisionsverfahren beachtliche Änderung der Patentrechtslage vor, weil das Klagepatent in seiner *erteilten* Fassung Bestand gehabt hat. Der Kläger kann diesem Resultat auf einfache Weise dadurch entgehen, dass er hilfsweise die erteilte Fassung des Patents geltend macht.

Ist die Revision aus anderen Gründen[110] zuzulassen oder ist die Revision vom Berufungsgericht selbst zugelassen worden, so stellt sich die Frage, ob der Kläger das **aus anderen Gründen eröffnete Revisionsverfahren** zum Anlass nehmen kann, nunmehr die erteilte und endgültig rechtsbeständige Fassung des Klagepatents (welche vom Beklagten benutzt wird) zur Grundlage seiner Antragstellung zu machen und damit seiner bisher erfolglosen Klage zum Erfolg zu verhelfen. Wegen der Bindung des Revisionsgerichts an die tatsächlichen Feststellungen des Berufungsgerichts (§ 559 ZPO) ist solches im Revisionsverfahren nur zulässig, wenn die »geänderte« Klage nicht auf neuem Vorbringen beruht, sondern auf einen Parteivortrag gestützt wird, der vom Berufungsgericht festgestellt wurde.[111] Ob dies der Fall ist, hängt von dem konkreten Begründungsaufwand ab, den das Berufungsgericht geleistet hat. Hat es zunächst eine Benutzung der Merkmale des erteilten Patentanspruchs positiv festgestellt und seine Klageabweisung anschließend mit der Nichtbenutzung des einschränkenden Merkmals begründet, braucht es im Revisionsverfahren keiner zusätzlichen Feststellungen, so dass der Kläger seine Klage auf die erteilte Fassung des Patentanspruchs zurückführen kann. Anders verhält es sich, wenn das Berufungsgericht eine Benutzung der Merkmale des erteilten Patentanspruchs offen gelassen und Ausführungen nur zur mangelnden Benutzung des einschränkenden Merkmals gemacht hat. Hier kommt eine Klageumstellung in der Revisionsinstanz nicht in Betracht. 65

b) Benutzung der beschränkten Fassung

Wird andererseits die beschränkte Fassung benutzt und verfügt der Kläger infolgedessen über ein seiner Klage zusprechendes Urteil, kann er nach der Aufrechterhaltung seines Patents daran interessiert sein, einen der erteilten Fassung des Patentanspruchs entsprechenden Verletzungstenor in die Hand zu bekommen, der ihm ggf weitergehende Vollstreckungs- und Schadenersatzmöglichkeiten eröffnet. Innerhalb der Tatsacheninstanzen wird dies aus den vorstehend dargelegten Gründen ohne weiteres zuzulassen sein, wobei sich wiederum eine vorsorgliche Anschlussberufung empfehlen kann. Im Übrigen ist zu differenzieren: 66

– Hat der Kläger im Berufungsverfahren vollständig obsiegt, bedarf es für eine **eigene Nichtzulassungsbeschwerde, Revision oder Anschlussrevision**[112] einer Beschwer,[113] an der es unter den hier gegebenen Umständen fehlt. 67

– Ist der Kläger selbst teilweise unterlegen, so dass eine eigene Nichtzulassungsbeschwerde infrage kommt, begründet die Aufrechterhaltung des erteilten Patentanspruchs im Rechtsbestandsverfahren für sich keinen **Zulassungsgrund**.[114] 68

– Wird ein **Revisionsverfahren eröffnet**, weil für den Kläger ansonsten ein Zulassungsgrund besteht oder weil das Berufungsgericht die Revision zugelassen hat oder weil 69

---

110 Bsp: Es sind anderweitige Rechtsfragen von grundsätzlicher Bedeutung streitentscheidend.
111 BGH, NJW 1993, 2045, 2046 f; BGH, NJW 1998, 2969, 2970.
112 BGH, GRUR 2011, 1043, 1044 – TÜV II.
113 BGH, NJW-RR 1988, 185; BGH, NJW 1995, 2563, 2565.
114 Vgl oben Kap F Rdn 64.

ein Rechtsmittel des Beklagten das Revisionsverfahren eröffnet, so kann der Kläger seine Klage auf die erteilte Anspruchsfassung erweitern. Mit der Bejahung einer Benutzung der beschränkten Fassung des Patentanspruchs hat das Berufungsgericht zwangsläufiger Weise eine Benutzung der Merkmale des erteilten Patentanspruchs festgestellt. Die Klageumstellung kann sich deshalb auf Feststellungen stützen, die im Berufungsverfahren getroffen worden sind.[115]

70 | **Praxistipp** | Formulierungsbeispiel

Bevor bei laufendem Rechtsbestandsverfahren im Verletzungsprozess mit einer eingeschränkten Anspruchsfassung operiert wird, sollten Nutzen und Gefahren sorgfältig gegeneinander abgewogen werden. Im Zweifel ist abzuraten und jedenfalls zu erwägen, ob nicht wenigstens die erteilte Fassung hilfsweise weiterverfolgt wird. Befindet sich der Prozess in der zweiten Instanz, sollte eine geringfügige (kostenmäßig neutrale) Klageabweisung provoziert werden, um zumindest die notwendige Beschwer für eine Anschlussrevision zu schaffen.

5. Zulassungsgründe

71 Das Gesetz (§ 543 Abs 2 ZPO) sieht die Zulassung der Revision in einer abschließenden Aufzählung nur vor,

72 – wenn die Sache entweder Fragen von grundsätzlicher Bedeutung aufwirft oder

73 – wenn die Fortbildung des Rechts oder

74 – die Sicherung einer einheitlichen Rechtsprechung eine Entscheidung des Bundesgerichtshofs erfordert.

75 Ob diese Voraussetzungen vorliegen, beurteilt sich grundsätzlich nach den Verhältnissen in demjenigen **Zeitpunkt**, zu dem über die Revisionszulassung zu entscheiden ist.

76 – Geht es um die **Zulassung durch das Berufungsgericht** und wird die zulassungsrelevante Frage im Intervall zwischen der letzten mündlichen Verhandlung und der Berufungsentscheidung durch den BGH in anderer Sache geklärt, so bedarf es keiner Revisionszulassung mehr; vielmehr ist die rechtliche Auffassung des BGH der Beurteilung des anhängigen Streitfalles zugrunde zu legen. Allenfalls stellt sich unter dem Gesichtspunkt der Gewährung rechtlichen Gehörs die Frage, ob die ggf unter abweichenden rechtlichen Rahmenbedingungen geschlossene mündliche Verhandlung wiederzueröffnen ist, um den Parteien zuvor Hinweise zu erteilen, die durch die zwischenzeitliche BGH-Entscheidung notwendig geworden sind, oder eine jetzt erforderliche Sachaufklärung in Angriff zu nehmen.

77 – Hat das Berufungsgericht – zu Recht oder zu Unrecht – von einer Revisionszulassung abgesehen und wird mit der **Nichtzulassungsbeschwerde** die Revisionszulassung durch den BGH begehrt, so entscheidet die Sachlage im Zeitpunkt der Entscheidung des Revisionsgerichts über die Nichtzulassungsbeschwerde.[116] Werden die in der Beschwerde benannten Gesichtspunkte der Grundsatzbedeutung, der Rechtsfortbildung oder der Sicherung einer einheitlichen Rechtsprechung während des Nichtzu-

---

115 Vgl oben Kap F Rdn 65.
116 BGH, Beschluss v 30.11.2017 – III ZR 621/16; BGH, NJW-RR 2005, 438.

lassungsbeschwerdeverfahrens durch eine BGH-Entscheidung in anderer Sache geklärt, so ist die Revision nur dann noch zuzulassen, wenn das Rechtsmittel Erfolgsaussicht hat, dh die zwischenzeitliche Revisionsentscheidung zu einer vom Ergebnis des Berufungsverfahrens abweichenden Sachentscheidung Anlass gibt.[117] Wäre das Berufungsurteil zu bestätigen, ist die Nichtzulassungsbeschwerde deshalb zurückzuweisen[118]; war die Revision vom Berufungsgericht oder vom BGH selbst zugelassen und erfolgt danach die das Berufungsergebnis bestätigende rechtliche Klärung in anderer Sache, kann die zugelassene Revision durch Beschluss gemäß § 552a ZPO zurückgewiesen werden.[119]

Wann die oben erwähnten Zulassungsvoraussetzungen – allgemein betrachtet – erfüllt sind, kann mittlerweile als weitestgehend geklärt angesehen werden.[120] **78**

Nach ständiger Rechtsprechung des BGH hat eine Rechtssache **grundsätzliche Bedeutung**, wenn sie eine entscheidungserhebliche, klärungsbedürftige und klärungsfähige Rechtsfrage aufwirft, die sich in einer unbestimmten Vielzahl von Fällen stellen kann und deswegen das abstrakte Interesse der Allgemeinheit an der einheitlichen Entwicklung und Handhabung des Rechts berührt, d.h. allgemein von Bedeutung ist. Klärungsbedürftig ist eine Rechtsfrage dann, wenn sie zweifelhaft ist, also über Umfang und Bedeutung einer Rechtsvorschrift Unklarheiten bestehen. Derartige Unklarheiten können sich daraus ergeben, dass die Rechtsfrage vom Bundesgerichtshof bisher nicht entschieden ist und von einigen Oberlandesgerichten unterschiedlich beantwortet wird oder dass in der Literatur unterschiedliche Meinungen vertreten werden.[121] Einer **Rechtsfortbildung** durch den BGH bedarf es, wenn es für die rechtliche Beurteilung typischer oder verallgemeinerungsfähiger Lebenssachverhalte an einer richtungsweisenden Orientierungshilfe ganz oder teilweise fehlt, die mit höchstrichterlichen Leitsätzen gegeben werden kann.[122] Zur **Sicherung einer einheitlichen Rechtsprechung** ist eine Zulassung schließlich geboten, wenn das Berufungsgericht von einer BGH-Rechtsprechung abweicht.[123] **79**

Speziell für den Bereich der **Patentauslegung** folgt daraus: **80**

Eine unrichtige Auslegung des Patentanspruchs und eine daraus resultierende unzutreffende Schutzbereichsbestimmung als solche rechtfertigen noch keinen Erfolg der Nichtzulassungsbeschwerde. Bloße Rechtsanwendungsfehler verleihen der Streitsache noch keine grundsätzliche Bedeutung und sie erfordern auch keine Entscheidung des Revisionsgerichts zur Fortbildung des Rechts oder zur Sicherung einer einheitlichen Rechtsprechung.[124] **81**

Ein Zulassungsgrund liegt jedoch vor, wenn **82**

– der Auslegungsfehler systematisch ist, dh zum wiederholten Mal vorkommt oder aber derart grundlegend ist, dass die Gefahr einer künftig abermaligen falschen Patentauslegung besteht[125]; **83**

---

117 BGH, Beschluss v 30.11.2017 – III ZR 621/16; BGH, NJW 2010, 2812.
118 BGH, Beschluss v 30.11.2017 – III ZR 621/16.
119 BGH, Beschluss v 25.10.2017 – IV ZR 472/15.
120 Zu den Anforderungen an die Darlegung eines Zulassungsgrundes im Verfahren der Nichtzulassungsbeschwerde vgl Baumert, MDR 2014, 1181.
121 BGH, ZIP 2010, 985; BGH, Beschluss v 8.11.2011 – KVZ 14/11.
122 BGH, WuM 2011, 184.
123 BGH, Beschluss v 8.11.2011 – KVZ 14/11.
124 BGH, GRUR 2010, 858 – Crimpwerkzeug III.
125 BGH, GRUR 2010, 858 – Crimpwerkzeug III.

84 – der im Verletzungsprozess relevante Patentanspruch im (abgeschlossenen) Nichtigkeitsverfahren eine abweichende Auslegung erfahren hat und das dortige Verständnis zu einer anderen als der getroffenen Entscheidung über die Verletzungsklage zwingt.[126] Zulassungsgrund ist hier die Divergenz in der Patentauslegung und die damit gebotene Sicherung einer einheitlichen Rechtsprechung durch den BGH. Wird das Nichtigkeitsverfahren erst nach Ablauf der Frist zur Begründung der Nichtzulassungsbeschwerde beendet, ist Wiedereinsetzung in den vorigen Stand zu gewähren, damit die betroffene Partei den entsprechenden Sachverhalt (nachträglich) in das Zulassungsverfahren einführen kann.[127]

85 Für einen bei Abschluss des Nichtigkeitsberufungsverfahrens noch in einer Tatsacheninstanz laufenden oder erst später anhängig gemachten Verletzungsprozess bedeutet die BGH-Rechtsprechung eine **de facto-Bindung** dahingehend, dass das Verletzungsgericht, um keinen Zulassungsgrund zu schaffen, gehalten ist, seiner Beurteilung diejenige Auslegung der Anspruchsmerkmale zugrunde zu legen, die das Nichtigkeitsberufungsurteil vorgibt. Zwar betont der BGH, dass es auch in der geschilderten Situation Sache des Tatrichters sei, die Patentauslegung (als Akt der Rechtsanwendung) eigenverantwortlich vorzunehmen.[128] Wenn jedoch die Revisionszulassung erklärtermaßen darauf abzielt, im Verletzungsprozess demselben Verständnis der Anspruchsmerkmale Geltung zu verschaffen, wie sie der Nichtigkeitsentscheidung entspricht, mag es zwar theoretisch möglich sein, erweist es sich in jedem Fall aber als im Ergebnis sinnlos, eine abweichende Patentauslegung vorzunehmen, von der absehbar ist, dass sie der BGH im anschließenden Revisionsverfahren im Sinne *seiner* Auslegung verwerfen wird.[129] Im Grunde genommen schafft die These von der freien Patentauslegung durch den Tatrichter eine für den BGH sehr komfortable Situation. Sie erlaubt es ihm nämlich, in jedem Fall Recht zu behalten, auch wenn er später im Verletzungsverfahren von seiner in der Nichtigkeitsberufungsentscheidung noch verfochtenen Patentauslegung abrückt. Im Gegensatz dazu befindet sich der Verletzungsrichter in der misslichen Situation, kaum je das Richtige tun zu können. Folgt er dem BGH, muss er sich später ggf vorhalten lassen, er sei seiner Aufgabe zur eigenständigen Auslegung des Klagepatents nicht gerecht geworden; weicht er hingegen von der Auslegung im Nichtigkeitsberufungsurteil ab, muss er sich ggf darauf hinweisen lassen, dass die Unrichtigkeit dieses Patentverständnisses sich bereits aus dem Nichtigkeitsurteil des BGH ergebe.

86 Frei bleibt das Verletzungsgericht dann, wenn eine rechtskräftige Rechtsbestandsentscheidung ohne Beteiligung des BGH fällt, zB im Einspruchsverfahren oder im erstinstanzlichen Nichtigkeitsverfahren. Hier stellen die Entscheidungen zum Rechtsbestand lediglich fachkundige Äußerungen zum Verständnis der Erfindung dar.

6. Erledigungssachverhalte

87 Tritt ein erledigendes Ereignis während es **Revisionsverfahrens** ein, ist jedenfalls dann, wenn das Erledigungsereignis als solches unstreitig ist, eine einseitige Erledigungserklärung des Klägers möglich.[130] Erweist sich das Klagebegehren für die Zeit bis zum erledigenden Ereignis als zulässig und begründet und hat erst das erledigende Ereignis zur Unzulässigkeit oder Unbegründetheit des Klagebegehrens geführt, so ist die Hauptsa-

---

126 BGH, GRUR 2010, 858 – Crimpwerkzeug III.
127 BGH, GRUR 2010, 858 – Crimpwerkzeug III.
128 BGH, GRUR 2015, 972 – Kreuzgestänge.
129 OLG Düsseldorf, BeckRS 2013, 16787 – Schiebewagen; OLG Düsseldorf, Urteil v 27.1.2011 – I-2 U 18/09.
130 BGH, GRUR 2014, 385 – H 15.

che – ggf unter Abänderung gegenteiliger Instanzentscheidungen – für in der Hauptsache erledigt zu erklären. Anderenfalls ist die Klage ab- oder (nach Abweisung bereits in den Vorinstanzen) das Rechtsmittel des Klägers zurückzuweisen.[131]

88 Erklärt der Kläger in einem durch den Beklagten eingeleiteten Verfahren der **Nichtzulassungsbeschwerde** den Rechtsstreit in der Hauptsache **einseitig für erledigt**, weil der Beklagte der Erledigungserklärung nicht zustimmt oder sich nicht erklärt[132], ist zunächst zu prüfen, ob die Nichtzulassungsbeschwerde zulässig und begründet gewesen wäre. Erst wenn diese Frage vom Revisionsgericht bejaht wird, ist in einem zweiten Schritt zu untersuchen, ob die Klageforderung bis zum erledigenden Ereignis bestanden hat, die Revision also zurückzuweisen gewesen wäre. Ergibt die Prüfung auf der ersten Stufe, dass kein Zulassungsgrund vorliegt, ist die Nichtzulassungsbeschwerde zurückzuweisen. Auf die Frage der Erledigung der Hauptsache kommt es in diesem Fall nicht mehr an.[133]

89 Die **übereinstimmende Erledigung** der Hauptsache kann noch in der Rechtsmittelinstanz, auch noch während des Verfahrens über eine Nichtzulassungsbeschwerde, erklärt werden. Bei der gemäß § 91a ZPO vorzunehmenden Ermessensentscheidung ist der mutmaßliche Ausgang des Beschwerde- und gegebenenfalls des Revisionsverfahrens zu berücksichtigen. Eine für den Kläger günstige Entscheidung über die Kosten des Rechtsstreits einschließlich derjenigen der Tatsacheninstanzen kommt nur in Betracht, wenn nach dem Sach- und Streitstand bei Eintritt des erledigenden Ereignisses seine Beschwerde gegen die Nichtzulassung der Revision Erfolg gehabt und die Durchführung der Revision zu einer Verurteilung der Beklagten geführt hätte. Hätte dagegen die Nichtzulassungsbeschwerde keinen Erfolg gehabt, weil kein Zulassungsgrund vorliegt, sind dem Beschwerdeführer gemäß § 91a ZPO die Kosten des Rechtsstreits aufzuerlegen; auf die Erfolgsaussichten der Revision kommt es dann nicht mehr an.[134]

---

131 BGH, GRUR 2014, 385 – H 15.
132 BGH, GRUR 2018, 335 – Aquaflam.
133 BGH, GRUR 2018, 335 – Aquaflam.
134 BGH, GRUR 2018, 335 – Aquaflam.

G. Sonstige Verfahren

I. Negative Feststellungsklage

Die negative Feststellungsklage dient im Rahmen des Patentverletzungsverfahrens primär als Verteidigungsmittel eines Verwarnten und ist auf die Feststellung gerichtet, dass der Kläger das Schutzrecht des Beklagten gerade nicht verletzt, sei es, weil von der Lehre des Klageschutzrechtes kein Gebrauch gemacht wird oder aber dem Kläger ein Nutzungsrecht (Vorbenutzungsrecht etc) zusteht. In Fällen äquivalenter Benutzung kann mit der negativen Feststellungsklage ferner geltend gemacht werden, dass die streitbefangene Ausführungsform mit Rücksicht auf den für das Klageschutzrecht maßgeblichen Stand der Technik keine schutzfähige Erfindung darstelle (»Formstein-Einwand«). 1

Die Klage dient dem Verwarnten in den Fällen zur Klärung der Rechtslage, in denen er selbst den Verletzungsvorwurf aus der Abmahnung für unberechtigt hält und daher gegenüber dem Verwarner zurückweist, dieser aber daraufhin nicht einlenkt. Die potenzielle Bedrohung durch weitere Verwarnungen sogar von Abnehmern steht dann weiterhin im Raum und kann für die Zukunft nicht ausgeschlossen werden. Diese Unsicherheit kann für einen Gewerbetreibenden nachteilig sein, weshalb er Interesse an einer Klärung der Rechtslage hat. 2

1. Voraussetzungen

Die Zulässigkeit der negativen Feststellungsklage richtet sich nach § 256 ZPO. Im Übrigen wird sie im Wesentlichen als Spiegelbild einer Leistungsklage umgekehrten Rubrums angesehen, weswegen für sie Folgendes gilt: 3

a) Zuständigkeit

Örtlich zuständig für negative Feststellungsklagen sind neben dem Sitzgericht des Feststellungsbeklagten alle diejenigen Gerichte, die für eine positive Leistungsklage, gerichtet auf ein Unterlassen im Hinblick auf die angegriffene Ausführungsform aus dem streitigen Schutzrecht umgekehrten Rubrums, zuständig wären.[1] 4

b) Aktivlegitimation

Aktivlegitimiert ist jeder, der wegen einer angeblichen Schutzrechtsverletzung in Anspruch genommen wurde, also sowohl juristische Personen, als auch natürliche Personen, wobei in der Regel die verantwortlichen Organe der juristischen Personen, wie beispielsweise die Geschäftsführer oder der Vorstand, in Betracht kommen. 5

---

[1] OLG Köln, GRUR 1978, 658 – Immer jünger. Richtet sich die negative Feststellungsklage gegen eine im Ausland ansässige Person, so lässt sich dieser Gedanke nicht ohne weiteres auf die internationale Zuständigkeit übertragen. Nach einer – abzulehnenden – Entscheidung des OLG München (InstGE 2, 61 – Leit- und Informationssystem II) ist im Anwendungsbereich der EuGVVO (bzw der VO 44/2001/des EuGVÜ) die negative Feststellungsklage am Sitz des (ausländischen) Beklagten zu erheben, wobei dem Kläger auch der Gerichtsstand der unerlaubten Handlung (Art 7 Nr 2 EuGVVO) nicht zur Verfügung steht.

c) Passivlegitimation

6 Passivlegitimiert ist derjenige, der die Verwarnung ausgesprochen hat und dessen Ansprüche mit der negativen Feststellungsklage rechtskräftig aberkannt werden sollen. Dies sind der eingetragene Schutzrechtsinhaber oder dessen ausschließlicher Lizenznehmer. Nicht passivlegitimiert ist hingegen der einfache Lizenznehmer. Er ist nicht Inhaber eigener Rechte aus dem Patent oder Gebrauchsmuster, die mit der negativen Feststellungsklage aberkannt werden könnten, sondern er macht im eigenen Namen lediglich fremde Ansprüche (des Patentinhabers) geltend. Anspruchsgegner einer negativen Feststellungsklage kann ebenso wenig der gesetzliche Vertreter (zB Geschäftsführer) des Patentinhabers oder ausschließlichen Lizenznehmers sein, weil auch ihm keine eigenen Ansprüche aus dem Patent zustehen, die mit einem Feststellungsausspruch aberkannt werden könnten.[2]

d) Feststellungsinteresse

7 Zulässigkeitsvoraussetzung einer negativen Feststellungsklage ist darüber hinaus gemäß § 256 ZPO ein rechtliches Interesse an der Feststellung des Bestehens oder Nichtbestehens eines Rechtsverhältnisses, das sog Feststellungsinteresse. Es muss spätestens im Zeitpunkt der mündlichen Handlung vor Gericht gegeben sein[3] und wird typischerweise dadurch begründet, dass sich der Beklagte eines *bestimmten* Anspruchs berühmt, dessen Nichtbestehen mit der negativen Feststellungsklage geklärt werden soll.[4] Erforderlich ist insoweit nur, dass ein Anspruch als bestehend behauptet wird; nicht entscheidend ist, dass dessen gerichtliche Durchsetzung angedroht wird.[5] Die **Berühmung** scheitert nicht daran, dass der behauptete Anspruch tatsächlich nicht besteht und dies ggf auch offensichtlich ist; umgekehrt führt eine eindeutige Rechtslage noch nicht dazu, dass von einer Berühmung auszugehen ist, wenn der Gläubiger ausdrücklich erklärt, keine Rechte für sich in Anspruch zu nehmen. Als Rechtsverhältnis wird namentlich das durch eine Verwarnung oder dergleichen begründete Verhältnis angesehen.

8 – Das schutzwürdige Interesse an der Feststellung des Nichtbestehens eines Verletzungstatbestandes ergibt sich bei einer **Abmahnung** aus dem darin ausgesprochenen Verletzungsvorwurf und der hiermit verbundenen Anspruchsberühmung.[6] Sie muss in Bezug auf denjenigen Gegenstand vorliegen, der Inhalt der negativen Feststellungsklage ist, wobei es nicht auf eine Identität in jeder Hinsicht, sondern auf eine Gleichheit in Konstruktion und Wirkungsweise insoweit ankommt, als sie für die Verwirklichung der Anspruchsmerkmale des Abmahnungsschutzrechts von Belang ist.[7] Vor Erhebung einer negativen Feststellungsklage bedarf es zur Vermeidung der Kostenfolge aus § 93 ZPO regelmäßig keiner Gegenabmahnung, mit der der Abmahnende unter Klageandrohung aufgefordert wird, seiner Berühmung »abzuschwören«. Etwas anderes gilt, wenn die Abmahnung auf einem offensichtlichen Tatsachenirrtum (zB über die technische Ausgestaltung des mutmaßlichen Verletzungsgegenstandes) beruht, wenn die Abmahnung bei Erhebung der negativen Feststellungsklage bereits längere Zeit zurückliegt.[8]

9 – Die **Erhebung einer Verletzungsklage** begründet gleichfalls eine Anspruchsberühmung. Hat der Patentinhaber seine Verletzungsklage allerdings zurückgenommen,

---

2 LG Düsseldorf, Urteil v 28.3.2002 – 4 O 139/01.
3 OLG Düsseldorf, Mitt 2000, 369 – Human-Interferon-alpha.
4 BGH, GRUR 2011, 995 – Besonderer Mechanismus.
5 BGH, GRUR 2011, 995 – Besonderer Mechanismus.
6 LG Düsseldorf, Entscheidungen 1997, 20 – Neues Herstellungsverfahren.
7 OLG Düsseldorf, Urteil v 5.9.2013 – I-2 U 64/12.
8 BGH, GRUR 2004, 790 – Gegenabmahnung.

nachdem der Beklagte eine Patentbenutzung bestritten hatte, so wird dadurch die Anspruchsberühmung beendet. Das gilt selbst dann, wenn der Kläger für seine Klagerücknahme keine weitere Begründung gibt.[9] Fordert der Verletzungsbeklagte den Patentinhaber daraufhin auf, rechtsverbindlich zu erklären, dass er künftig keine Ansprüche aus dem Klagepatent gegen die angegriffene Ausführungsform erheben werde, so trifft den Patentinhaber keine Antwortpflicht. Aus seinem Schweigen kann daher weder auf eine mangelnde Ernsthaftigkeit seiner (mit der Klagerücknahme verbundenen) Berühmungsaufgabe noch auf eine erneute stillschweigende Anspruchsberühmung geschlossen werden.[10]

– Eine Berühmung liegt des Weiteren vor, wenn der Feststellungsbeklagte eine **einstweilige Verfügung** wegen Patentverletzung beantragt, gleichgültig, ob dem Begehren entsprochen oder ob es zurückgewiesen wird. Ist der Verfügungsantrag erfolglos geblieben, soll es im Hinblick auf § 93 ZPO vor Einreichung der negativen Feststellungsklage allerdings erforderlich sein, eine Gegenabmahnung auszusprechen.[11] 10

– Hinsichtlich eines **Vollstreckungsantrag**es ist zu unterscheiden: Betrifft die negative Feststellungsklage lediglich diejenige Handlung, die bereits Gegenstand des Vollstreckungsverfahrens ist, besteht kein Feststellungsinteresse; richtet sich die Klage demgegenüber auf beabsichtigte zukünftige Handlungen, ist ein Feststellungsinteresse zu bejahen.[12] 11

Ob in dem Betreiben eines **Besichtigungsverfahrens** die Räumung von Ansprüchen wegen Patentverletzung liegt, hängt von den Umständen des Einzelfalles ab. Dient die Besichtigung erklärtermaßen ausschließlich dem Zweck der Beweissicherung, weil der Antragsteller bereits im festen Wissen um die Patentverletzung ist, wird eine Berührung zu bejahen sein. Gegenteilig verhält es sich, wenn das Besichtigungsverfahren vordringlich der Sachaufklärung dient, weil mit ihm erst Aufschluss (Gewissheit) darüber gewonnen werden soll, ob eine Patentbenutzung vorliegt oder nicht.[13] Wird in einem solchen Fall das Besichtigungsgutachten erstellt und bestätigt es den anfänglich bloß bestehenden Verdacht einer Schutzrechtsverletzung, kann es für die Frage der Herausgabe des Gutachtens darauf ankommen, ob von einer Patentverletzung auszugehen ist oder nicht.[14] Nimmt der Antragsteller einen entsprechenden Standpunkt ein, begründet dies regelmäßig eine Berühmung. Umgekehrt wächst eine während des laufenden Besichtigungsverfahrens (ohne Berühmung) erhobene negative Feststellungsklage nicht dadurch in die Zulässigkeit hinein, dass der Feststellungsbeklagte (= Antragsteller des Besichtigungsverfahrens) zum Zwecke der Rechtsverteidigung die Unbegründetheit der Feststellungsklage geltend macht.[15] 12

Theoretisch kann auch die Annahme einer **konkludenten Berühmung** in Betracht kommen.[16] Zu beachten sind allerdings einige Grundregeln: 13

---

9 LG Düsseldorf, InstGE 13, 120 – SMS-Nachricht.
10 LG Düsseldorf, InstGE 13, 120 – SMS-Nachricht.
11 OLG Oldenburg, WRP 2004, 652.
12 BGH, GRUR 2008, 360 – EURO und Schwarzgeld.
13 OLG Dresden, GRUR-RR 2016, 313 – Schneckenköder.
14 Vgl oben Kap B Rdn 145.
15 OLG Dresden, GRUR-RR 2016, 313 – Schneckenköder.
16 Vgl einerseits OLG Düsseldorf, Mitt 2000, 369 – Human-Interferon-alpha, und andererseits LG Düsseldorf, InstGE 3, 153 – WC-Erfrischer, bestätigt durch OLG Düsseldorf, Urteil v 12.5.2005 – I-2 U 67/03; LG Düsseldorf, Urteil v 1.7.2003 – 4a O 251/02; OLG Köln, Mitt 2004, 188 (LS) – Korkenzieher.

14 Eine **Berechtigungsanfrage** oder ein bloßer Hinweis auf ein Schutzrecht begründet in der Regel noch kein Feststellungsinteresse.[17] Es fehlt deshalb auch bei einer bloßen Ankündigung, unter bestimmten Voraussetzungen in eine Prüfung einzutreten, ob ein Anspruch gegen den Feststellungskläger besteht.[18]

15 Gleiches gilt, wenn der Patentinhaber auf die **Anfrage des Feststellungsklägers**, ob eine bestimmte Ausführungsform als unter dessen Patent fallend angesehen wird, nicht antwortet. Das gilt zunächst ohne jeden Zweifel, wenn zwischen den Beteiligten vor der Anfrage noch keine Rechtsbeziehungen bestanden haben, was typischerweise der Fall ist, wenn es darum geht, ob ein Wettbewerber den Vertrieb bestimmter Produkte aufnimmt, über deren patentverletzende Beschaffenheit er im Zweifel ist. Rein wirtschaftlich betrachtet mag eine frühzeitige gerichtliche Klärung der Verletzungsfrage für den Wettbewerber zwar von Belang sein. Von ihr hängt zB ab, ob er gewinnschmälernde Rückstellungen für etwaige spätere Verletzungsansprüche bilden muss. Dennoch ist es alleinige Sache jedes Konkurrenten, vor Aufnahme von Benutzungshandlungen die Schutzrechtslage in *eigener* Verantwortung, auf *eigene* Kosten und auf sein *alleiniges* Risiko hin zu klären; der Schutzrechtsinhaber kann dafür nicht herangezogen werden. Genau das würde aber in einer ggf unübersehbaren Vielzahl geschehen, wenn der Schutzrechtsinhaber gehalten wäre, sich auf jede Anfrage eines am Vertrieb möglicherweise patentgemäßer Gegenstände Interessierten fundiert (dh technisch und rechtlich beraten) zur Verletzungsfrage zu äußern.

16 Eine Erklärungspflicht besteht auch dann nicht, wenn der Patentinhaber den Feststellungskläger vor der Anfrage bereits wegen Patentverletzung in Anspruch genommen hatte und die Anfrage eine **Abwandlung** betrifft, mit der der Verletzer glaubt, den Schutzbereich des Patents verlassen zu haben.[19] Das Schweigen des Patentinhabers begründet keine konkludente Berühmung und sie rechtfertigt auch sonst kein Feststellungsinteresse.

17 Kritisch sind diejenigen Fallkonstellationen, bei denen der Feststellungskläger vom Patentinhaber, gestützt auf *eines* **von mehreren nationalen Teilen eines europäischen Patents** wegen einer bestimmten Ausführungsform abgemahnt oder verklagt wird, die der Feststellungskläger auch in weiteren Geltungsbereichen des EP vertreibt. Hier stellt sich die Frage, ob in der für den einen Schutzrechtsteil erfolgten Anspruchsberührung (durch Abmahnung oder Klage) aus der maßgeblichen Sicht des Adressaten nicht zugleich stillschweigend auch die Behauptung liegt, dass für die anderen Schutzrechtsteile hinsichtlich der Anspruchslage nichts anderes gilt.

18 – Abzulehnen ist eine solche Überlegung ohne weiteres dann, wenn die fraglichen Teile des EP (zB aufgrund durchgeführter nationaler Beschränkungs- oder Nichtigkeitsverfahren) einen **unterschiedlichen Anspruchswortlaut** haben.

19 – Gleiches gilt, wenn es lediglich um den Vorwurf einer **äquivalenten Patentverletzung** geht, weil die diesbezügliche Schutzbereichsbestimmung typischerweise von Besonderheiten der nationalen Rechtsprechung geprägt ist, so dass der in Bezug auf *einen* Schutzrechtsteil erhobene Vorwurf äquivalenter Verletzung im Allgemeinen nichts Verlässliches über einen Schutzrechtseingriff auch in einen anderen nationalen Schutzrechtsteil desselben EP besagen kann.[20]

---

17 Beachte: Im Ausland kann dies anders beurteilt werden. In Italien beispielsweise ist schon eine Berechtigungsanfrage für die Begründung eines Feststellungsinteresses ausreichend.
18 BGH, GRUR 2011, 995 – Besonderer Mechanismus.
19 Vgl dazu BGH, GRUR 2001, 1036 – Kauf auf Probe.
20 OLG Düsseldorf, Urteil v 12.5.2005 – I-2 U 76/13.

– Geht es hingegen bei wortgleichen Schutzrechtsteilen und identischen angegriffenen 20
Ausführungsformen um die Kategorie **wortsinngemäßer Benutzung**, hat die Patentauslegung und Schutzbereichsbestimmung in sämtlichen Benennungsstaaten nach denselben rechtlichen Regeln (Art 69 EPÜ) stattzufinden. Die Bejahung einer Verletzung in Bezug auf den *einen*, ausdrücklich abgemahnten oder eingeklagten Schutzrechtsteil bedeutet deswegen regelmäßig, dass mit denselben technischen und rechtlichen Erwägungen Ansprüche wegen Patentverletzung auch hinsichtlich der anderen parallelen Schutzrechtsteile anzunehmen sind.[21] Daraus wurde in der Vergangenheit gefolgert, dass, wer in *einem* Benennungsstaat Verletzungsklage erhebt, sich damit im Zweifel stillschweigend entsprechender Ansprüche wegen Patentverletzung auch in den anderen Schutzstaaten, in denen es zu gleichgelagerten Vertriebshandlungen des Beklagten gekommen ist, berühmt.[22] Vorausgesetzt ist dabei freilich, dass der Berühmende im Zeitpunkt seines die Berühmung ergebenden Verhaltens aus der Sicht des Adressaten um die anderenorts vorgefallenen Benutzungshandlungen weiß, in Bezug auf die eine stillschweigende Anspruchsberühmung angenommen werden soll. Der Schluss auf eine stillschweigende Berühmung verbietet sich demgegenüber, wenn die Schutzrechtslage in den einzelnen Benennungsstaaten unterschiedlich ist, zB deshalb, weil der eine nationale Teil, für den eine konkludente Berühmung in Frage steht, erstinstanzlich vernichtet ist, während die anderen Schutzrechtsteile noch unangetastet bestehen. Wegen der voneinander abweichenden Ausgangslage ist die Annahme einer für alle Schutzrechtsteile gleichermaßen geltenden Anspruchslage als unangebracht angesehen worden.[23] Von der aufgezeigten (feststellungsfreundlichen) Rechtsprechungslinie ist das OLG Düsseldorf jüngst abgerückt.[24] Tatsächlich kommt es für die Berühmung nicht auf die objektive Rechtslage, sondern darauf an, ob der Patentinhaber bestimmte Ansprüche (zu Recht oder zu Unrecht) subjektiv für sich in Anspruch nimmt. Mahnt er bloß wegen der Verletzung eines von mehreren ihm zustehenden inhaltsgleichen Schutzrechtsteilen ab oder erhebt er eine entsprechende Klage, so lässt Art 69 EPÜ zwar darauf schließen, dass die objektive Anspruchslage in weiteren Schutzstaaten des Patents dieselbe ist. Das ändert aber nichts daran, dass der Kläger wegen der lediglich territorial beschränkt erfolgten Abmahnung/Klageerhebung dort keine Ansprüche für sich reklamiert.

Da Ansprüche immer nur gegenüber einer bestimmten Person als Schuldner bestehen, 21
ist die Berühmung grundsätzlich **personengebunden**, dh sie betrifft stets nur denjenigen, der als Anspruchsgegner angesprochen ist. Die Erhebung einer Verletzungsklage gegen den Hersteller von Verletzungsprodukten begründet deshalb keine (konkludente) Anspruchsberühmung in Beziehung zu demjenigen Drittunternehmen, das die klagebefangenen Erzeugnisse vertreibt.[25] Das gilt selbst dann, wenn der Berühmende um die – ggf sogar arbeitsteilige – Vertriebstätigkeit weiß.

Das Feststellungsinteresse ist nur gegeben, wenn Zweifel an dem Verletzungstatbestand 22
bestehen, die sich auch aus Rechtfertigungsgründen (zB einem dem Feststellungskläger zustehenden Vorbenutzungsrechts oder dem Gesichtspunkt der Erschöpfung[26]) ergeben können. Nicht ausreichend ist es, wenn im Rahmen der negativen Feststellungsklage

---

21 OLG Düsseldorf, Urteil v 12.5.2005 – I-2 U 76/13.
22 OLG Düsseldorf, Mitt 2000, 369 – Human-Interferon-alpha; LG Düsseldorf, InstGE 3, 153 – WC-Erfrischer, bestätigt durch OLG Düsseldorf, Urteil v 12.5.2005 – I-2 U 67/03.
23 OLG Düsseldorf, Urteil v 12.5.2005 – I-2 U 76/13.
24 OLG Düsseldorf, Beschluss v 20.3.2014 – I-2 W 8/14.
25 OLG Düsseldorf, Beschluss v 20.3.2014 – I-2 W 8/14.
26 LG Mannheim, NJOZ 2007, 5795 – Mobilfunk-Chipsets.

als Verteidigung lediglich die **mangelnde Schutzfähigkeit des Klagepatentes** geltend gemacht wird.[27]

e) Subsidiarität

23 Das Feststellungsinteresse entfällt bei Klagen in der Bundesrepublik Deutschland grundsätzlich dann, wenn der Schutzrechtsinhaber seinerseits **positive Leistungsklage umgekehrten Rubrums** auf Unterlassen erhebt *und* diese nicht mehr einseitig ohne Zustimmung des Beklagten zurückgenommen werden kann[28], wenn im Zeitpunkt der Erhebung der Leistungsklage die Feststellungsklage noch nicht entscheidungsreif ist.[29] Die einseitige Rücknahme ist gemäß § 269 Abs 1 ZPO nach Beginn der mündlichen Verhandlung über die positive Leistungsklage nicht mehr möglich, also in der Regel mit der Antragstellung.[30] Für den Fall, dass eine mündliche Verhandlung im positiven Verletzungsrechtsstreit nicht vor derjenigen der Feststellungsklage stattfindet, wird die Möglichkeit eines Verzichts des Leistungsklägers auf das Recht der einseitigen Rücknahme diskutiert.[31] Trotz anhängiger Leistungsklage bleibt das Feststellungsinteresse ausnahmsweise bestehen, wenn der Feststellungsrechtsstreit entscheidungsreif oder im Wesentlichen zur Entscheidungsreife fortgeschritten ist und die Leistungsklage noch nicht entscheidungsreif ist.[32] Auch in diesem Fall kommt jedoch das Feststellungsinteresse zum Erliegen, sobald eine die Instanz beendende Entscheidung über die Leistungsklage ergangen ist, wenn zu dieser Zeit eine Entscheidung über die negative Feststellungsklage noch nicht vorliegt.[33] Mit Blick auf die Leistungsklage reicht insoweit ein Grundurteil.[34] Demgegenüber genügt ein Versäumnisurteil, welches mit einem zulässigen Einspruch angegriffen ist, als Instanz beendende Entscheidung nicht.[35] Dass das die Leistungsklage betreffende (Grund-)Urteil im Rechtsmittelzug aufgehoben wird, ändert an dem einmal eingetretenen Wegfall des Feststellungsinteresses nichts.[36]

24 | **Praxistipp** | Formulierungsbeispiel

Die Einleitung einer positiven Leistungsklage des Schutzrechtsinhabers wird durch die Einlegung einer negativen Feststellungsklage häufig provoziert. Das damit verbundene Risiko einer eigenen Verurteilung muss daher bei der Überlegung, ob tatsächlich gegen den Verwarner vorgegangen werden soll, stets mit einkalkuliert werden. Zu beachten ist dabei, dass die im Wege der Widerklage zu erhebende Leistungsklage nicht am Gerichtsstand der negativen Feststellungsklage erhoben werden muss. Vielmehr kann der Gerichtsstand für diese nach den allgemeinen Grundsätzen der örtlichen Zuständigkeit frei gewählt werden. Werden unterschiedliche Gerichte mit der negativen Feststellungsklage und der positiven Leistungsklage befasst, erhöhen sich die Prozesskosten.

---

27 Benkard, § 139 PatG Rn 95.
28 BGH, GRUR 2006, 217 – Detektionseinrichtung I.
29 BGH, BeckRS 2010, 20763.
30 ZT wird zusätzlich eine materiell-rechtliche Diskussion der Hauptsache verlangt, vgl etwa Stein/Jonas, § 269 ZPO Rn 18.
31 Keller, WRP 2000, 908, 911; zweifelhaft jedoch, ob auf ein derartiges prozessuales Recht verzichtet werden kann.
32 BGH, GRUR 2006, 217 – Detektionseinrichtung I.
33 BGH, GRUR 2006, 217 – Detektionseinrichtung I.
34 BGH, GRUR 2006, 217 – Detektionseinrichtung I.
35 BGH, GRUR 2006, 217 – Detektionseinrichtung I.
36 BGH, GRUR 2006, 217 – Detektionseinrichtung I.

Wegen der in der Bundesrepublik Deutschland geltenden Subsidiarität[37] der negativen Feststellungsklage gegenüber einer positiven Leistungsklage ist die negative Feststellungsklage in jedem Fall für erledigt zu erklären, sobald die Leistungsklage bei einem Gericht in der Bundesrepublik Deutschland anhängig ist. Andernfalls müsste die negative Feststellungsklage als unzulässig abgewiesen werden.

2. *Antrag*

Grundsätzlich ist es ausreichend, den Antrag darauf zu richten, dass eine bestimmte Vorrichtung oder ein bestimmtes Verfahren das Klageschutzrecht nicht verletzt bzw dass dem Verwarner aus dem Schutzrecht gegen den Kläger keine Rechte zustehen, wenn dieser im Bereich der Bundesrepublik Deutschland die streitigen Vorrichtungen bzw das streitige Verfahren benutzt. Es sollten jeweils die Verletzungshandlung (beispielsweise durch die Angabe von Typenbezeichnungen oder bestimmten Merkmalen, durch Abbildungen oder Zeichnungen) sowie das bzw die Klageschutzrechte (durch die Angabe der Veröffentlichungs-Nr) näher bezeichnet werden.

Praxistipp	Formulierungsbeispiel
	Es wird beantragt, festzustellen, dass der Beklagten gegen die Klägerin aus dem deutschen Anteil des europäischen Patents .... keine Ansprüche zustehen, wenn die Klägerin im Bereich der Bundesrepublik Deutschland Vorrichtungen ... herstellt, anbietet, vertreibt oder zu den genannten Zwecken einführt oder besitzt, bei denen ...

3. *Begründung*

Die Begründung einer negativen Feststellungsklage sollte entsprechend der Begründung einer Leistungsklage aufgebaut sein, dh es sind in gleichem Umfang die erfindungsgemäße Lehre und der Stand der Technik zu erläutern. Hieran schließen sich Ausführungen zu der angegriffenen Vorrichtung oder Handlung an einschließlich der Erklärung, warum gerade keine Schutzrechtsverletzung vorliegt. Dies sollte möglichst mit Anschauungsmaterial für das Gericht belegt werden, also mit Prospekten, Fotografien und Zeichnungen, wobei vorteilhafter Weise die Abbildungen die Bezugsziffern des Klageschutzrechtes aufweisen. Bei Zeichnungen bietet sich zudem eine Kolorierung an, um einen Vergleich zwischen der erfindungsgemäßen Lehre und der angegriffenen Ausführungsform zu vereinfachen.

Praxistipp	Formulierungsbeispiel
	Die vorgenannten, dezidierten Darlegungen empfehlen sich ungeachtet dessen, dass die Beweislast für die Berechtigung des erhobenen Verletzungsvorwurfs in vollem Umfang beim Beklagten liegt (vgl nachfolgend unter 4.). Wegen der gegebenen Beweislastverteilung könnte sich die negative Feststellungsklage streng genommen zwar darauf beschränken darzutun, *dass* sich der Beklagte eines Anspruchs wegen Patentverletzung berühmt hat, verbunden mit der – pauschalen – Bemerkung, dass der Verletzungsvorwurf zu Unrecht erhoben sei. Spätes-

---

37 Vgl die andere Handhabung bei internationalen Beziehungen – Torpedo.

tens in der Replik wird jedoch auf die Verletzungsargumente des Beklagten im Einzelnen einzugehen sein. Weil dem so ist, sollte bereits mit der Klageschrift die Initiative ergriffen und die Chance genutzt werden, das Gericht von vornherein für eine bestimmte Sichtweise (insbesondere in Bezug auf die Patentauslegung) einzunehmen.

4. Beweislast

30 Die Darlegungs- und Beweislast für das Vorliegen einer Berühmung (zB in Form einer Abmahnung) trägt der Kläger. Demgegenüber steht die Berechtigung der Anspruchsberühmung (Abmahnung) zur Beweislast des Beklagten.[38] Wer sich eines Anspruchs berühmt, muss beweisen, dass ihm ein Anspruch im behaupteten Umfang tatsächlich zusteht. Allerdings ist zu beachten, dass die Beweislast immer nur mit Blick auf den berühmten Anspruch besteht und nicht darüber hinaus.

31 ▶ **Bsp:**

Hat der Beklagte zB behauptet, dass ihm gegen den Kläger ein Anspruch auf Herausgabe von Verletzergewinn in Höhe von 1.000.000 € zusteht, und geht die Klage dahin festzustellen, dass dem Beklagten kein Verletzergewinn in der behaupteten Höhe, sondern in Höhe von maximal 100.000 € zusteht, so hat der Beklagte einen Verletzergewinn in der von ihm behaupteten Höhe von 1.000.000 € zu beweisen. Gelingt ihm dieser Nachweis nicht, ist der Klage lediglich dahingehend stattzugeben, dass dem Beklagten kein Anspruch auf Herausgabe von Verletzergewinn in Höhe von 1.000.000 € zusteht. Damit auch dem weiteren Klagebegehren (Feststellung eines Schadenersatzanspruchs von maximal 100.000 €) entsprochen werden kann, hat der Kläger zu beweisen, dass sich der an den Beklagten herauszugebende Verletzergewinn auf höchstens 100.000 € beläuft.[39]

5. Streitwert

32 Der Streitwert entspricht dem Wert der positiven Leistungsklage umgekehrten Rubrums, dh dem Wert derjenigen Ansprüche, deren sich der Beklagte berühmt.[40]

II. Einstweilige Verfügung

1. Allgemeines

a) Taugliche Ansprüche wegen Schutzrechtsverletzung

33 Prinzipiell kommt auch in Patentsachen der Erlass einer einstweiligen Verfügung in Betracht.[41] Mit ihr können sowohl der **Unterlassungs**anspruch nach § 139 Abs 1 PatG als auch – wie sich aus § 140b Abs 7 PatG ergibt, unter den dort genannten Voraussetzungen – der in § 140b Abs 1 bis 4 PatG geregelte **Auskunfts**anspruch über die Herkunft und den Vertriebsweg der schutzrechtsverletzenden Ware geltend gemacht werden. Ein

---

38 BGH, NJW 1993, 1716.
39 OLG Düsseldorf, Urteil v 28.4.2011 – I-2 U 12/10.
40 BGH, WuM 2004, 352; KG, GRUR-RR 2009, 160.
41 Umfassend zu den Problemen, die sich im Zusammenhang mit einstweiligen Verfügungen in Patentsachen und ihrer Durchsetzung ergeben: v. Falck, Mitt 2002, 429 ff; Pansch, Einstweilige Verfügung, 2003.

Anspruch auf **Schadenersatz** und der ihn vorbereitende **Rechnungslegung**sanspruch können demgegenüber *nicht* im Wege der einstweiligen Verfügung durchgesetzt (gesichert) werden[42]; ebenso wenig der Rückrufanspruch.[43] Dafür ist es zur Sicherung des **Vernichtungsanspruch**s im Einzelfall möglich, eine Verwahrung[44] verletzender Gegenstände durch den Gerichtsvollzieher zu beantragen. Hat der zu sichernde Vernichtungsanspruch einmal bestanden, weil inländischer Besitz/Eigentum vorhanden war, scheidet ein Verwahrungsanspruch nach OLG Hamburg[45] nicht schon deshalb aus, weil ungewiss ist, ob die Vernichtungsvoraussetzungen im Zeitpunkt der einstweiligen Verfügung bzw ihrer Aufrechterhaltung fortbestehen. Das Sicherungsinteresse soll solange gegeben sein, bis endgültig feststeht, dass – Erstens – die Voraussetzungen eines Vernichtungsanspruchs aktuell nicht bestehen (weil sich momentan keine Verletzungsgegenstände im inländischen Besitz des Antragsgegners befinden), und sich – Zweitens – die Vernichtungsvoraussetzungen auch in der Zukunft nicht mehr einstellen können, weil der Antragsgegner entweder rechtskräftig zur Unterlassung verurteilt ist oder eine strafbewehrte Unterlassungserklärung abgegeben hat.

Praxistipp	Formulierungsbeispiel	34
Dem Antragsgegner wird aufgegeben, die unter I. bezeichneten (Anm: patentverletzenden) Gegenstände an einen Gerichtsvollzieher zum Zwecke der Verwahrung herauszugeben, die andauert, bis über das Bestehen eines Vernichtungsanspruchs zwischen den Parteien rechtskräftig entschieden oder eine einvernehmliche Regelung herbeigeführt worden ist.		

Darüber hinaus sollte, soweit sich die einstweilige Verfügung gegen Ausländer richtet, mit deren Land keine Gegenseitigkeit verbürgt ist, ein Arrest im Umfang der **Verfahrenskosten** in Betracht gezogen werden (§ 917 Abs 2 ZPO). Dies bietet sich insbesondere bei Verfügungen im Zusammenhang mit Messen an und ermöglicht es, ggf den Messestand als Ganzes zu pfänden und somit den Messeauftritt des Konkurrenten insgesamt zu beenden. Allerdings ist zu beachten, dass der Schuldner die Vollziehung des Arrestes gemäß § 923 ZPO durch Hinterlegung eines im Arrestbeschluss festzusetzenden Geldbetrages abwenden kann.

35

Praxistipp	Formulierungsbeispiel	36
1. Wegen eines Betrages von ... € wird der dingliche Arrest in das bewegliche und unbewegliche Vermögen der Antragsgegnerin angeordnet. 2. Durch Hinterlegung von ... € wird die Vollziehung des Arrestes gehemmt und die Antragsgegnerin zum Antrag auf Aufhebung des vollzogenen Arrestes berechtigt.		

---

42 OLG Hamburg, GRUR-RR 2007, 29 – Cerebro Card; OLG Düsseldorf, Beschluss v 4.1.2017 – I-2 W 29/16.
43 Vgl oben unter Kap D Rdn 708; ebenso: Jestaedt, GRUR 2009, 102, 106.
44 Vermieden werden sollte die Formulierung, dass die Gegenstände an einen Gerichtsvollzieher »als Sequester« oder »als Treuhänder« herauszugeben sind. Beides beinhaltet nämlich streng genommen eine verwaltende Tätigkeit, die nicht zum eigentlichen Aufgabenkreis des Gerichtsvollziehers gehört, sondern eine genehmigungspflichtige Nebentätigkeit darstellt, die der Gerichtsvollzieher ablehnen kann.
45 OLG Hamburg, NJWE-WettbR 2000, 19 – Berodual.

37 Damit der Auskunftsanspruch nach § 140b PatG im vorläufigen Rechtsschutz durchgesetzt werden kann, bedarf es einer »**offensichtlichen Rechtsverletzung**«. Davon kann nur gesprochen werden, wenn die Berechtigung des erhobenen Verletzungsvorwurfs nicht nur wahrscheinlich, sondern in einem solchen Maße gesichert ist, dass vernünftige Zweifel nicht verbleiben und eine andere Entscheidung in einem späteren Hauptsacheverfahren praktisch nicht möglich ist.[46] Es muss sich sowohl in tatsächlicher als auch in rechtlicher Hinsicht um einen unzweideutigen Fall handeln.[47] Greift der Antragsteller zur Begründung des Verletzungsvorwurfs auf die Analyse einer von ihm untersuchten Probe des angegriffenen Erzeugnisses zurück, so bedarf es deshalb einer lückenlosen Dokumentation von der Bestellung der Lieferung bis hin zur Untersuchung der Probe, und zwar in dem Sinne, dass jeder einzelne Schritt von den handelnden Personen glaubhaft gemacht wird.[48] An der Offensichtlichkeit kann es fehlen, wenn eine ergangene erstinstanzliche Rechtsbestandsentscheidung nachvollziehbar und einleuchtend ist (und deswegen eine Unterlassungsanordnung rechtfertigt), jedoch nicht in jeder Hinsicht unangreifbar ist.[49]

b) Glaubhaftmachung

38 Anders als in Konstellationen, in denen eine Partei den (vollen) Beweis für eine Behauptung zu erbringen hat, ist eine Glaubhaftmachung[50] selbst bei Vorliegen vernünftiger Zweifel nicht ausgeschlossen. Nach den zu **§ 294 ZPO** entwickelten Grundsätzen genügt zur Glaubhaftmachung ein geringerer Grad der richterlichen Überzeugungsbildung. An die Stelle des Vollbeweises tritt eine Wahrscheinlichkeitsfeststellung. Die Behauptung ist schon dann glaubhaft gemacht, wenn eine überwiegende Wahrscheinlichkeit dafür besteht, dass sie zutrifft.[51] Diese Voraussetzung ist erfüllt, wenn bei der erforderlichen umfassenden Würdigung der Umstände des jeweiligen Falles mehr für das Vorliegen der in Rede stehenden Behauptung spricht als dagegen.[52] Diese Würdigung vorzunehmen, ist – ebenso wie die Beweiswürdigung nach § 286 ZPO – grundsätzlich Sache des Tatrichters.[53]

39 Ohne Beweiswert ist – schon aus Gründen des rechtlichen Gehörs (Art 103 Abs 1 GG) – ein **GfK-Bericht**, der in anonymisierter Form den Inhalt von Gesprächen zwischen (namentlich nicht näher bezeichneten) Außendienstmitarbeitern von Generika-Pharmaunternehmen und von ihnen besuchten (namentlich ebenfalls nicht näher bezeichneten) Ärzten wiedergibt.[54] Letztlich stellt der Bericht nichts anderes dar als eine anonyme Denunziation, die auch in Anbetracht dessen, dass der Denunzierte ein Generika-Unternehmen ist, zu einer reinen Verdachts-Verurteilung führen würde.

40 Einer Glaubhaftmachung bedarf es nur im Rahmen der jeweiligen Darlegungs- und Beweislast und – nach zutreffender Ansicht – auch nur dann, wenn die betreffende Tatsache streitig ist.[55] Ist ein **Verfügungsanspruch schlüssig dargelegt, aber nicht glaubhaft gemacht**, so kann der Verfügungsantrag deshalb aus tatsächlichen Gründen nur zurückgewiesen werden, wenn der **Antragsgegner** zuvor (mündlich oder schriftlich) **gehört**

---

46 OLG Hamburg, InstGE 8, 11 – Transglutaminase.
47 OLG Düsseldorf, Urteil v 19.2.2016 – I-2 U 54/15.
48 OLG Hamburg, InstGE 8, 11 – Transglutaminase.
49 OLG Düsseldorf, Urteil v 19.2.2016 – I-2 U 54/15.
50 Zur eidesstattlichen Versicherung als Mittel der Glaubhaftmachung vgl Wehlau/Kalbfus, Mitt 2011, 165.
51 BGH, NJW-RR 2007, 776, 777; BGH, MDR 2011, 68.
52 BGHZ 156, 139, 143; BGH, MDR 2011, 68.
53 BGH, MDR 2011, 68.
54 OLG Düsseldorf, InstGE 13, 244 – GfK-Bericht.
55 Anders: OLG Stuttgart, ZIP 2010, 1089 (es verlangt eine Glaubhaftmachung unabhängig von der Beweisbedürftigkeit).

worden ist, damit Gewissheit darüber herrscht, ob der fragliche Umstand von ihm streitig gestellt und damit glaubhaftmachungsbedürftig wird.[56] Umgekehrt kann eine einstweilige Verfügung vor Anhörung des Gegners (dessen Einlassung bestimmte Tatsachen möglicherweise unstreitig stellt) nur erlassen werden, wenn sämtliche anspruchsbegründenden Umstände glaubhaft gemacht sind.

c) Sondersituation im Patentrecht

Im Vergleich zu sonstigen zivilrechtlichen Streitfällen ergeben sich Besonderheiten daraus, dass in Patentverletzungssachen ein technischer Sachverhalt zur Beurteilung steht, der in der Regel eine eingehende schriftsätzliche und mündliche Erörterung durch die Parteien voraussetzt, um das – selbst nicht fachkundige – Verletzungsgericht in die Lage zu versetzen, eine hinreichende Grundlage für seine Entscheidung zu gewinnen. Im Rahmen eines summarischen Verfahrens lässt sich Derartiges nur bedingt und nicht in jedem Fall leisten. Vor allem sind für den Antragsgegner die Möglichkeiten begrenzt, innerhalb der knappen zur Verfügung stehenden Zeit den Stand der Technik umfassend zu recherchieren, um den rechtlichen Bestand des Verfügungsschutzrechtes angreifen zu können. Gleichzeitig hat eine Unterlassungsverfügung meist einschneidende Konsequenzen für die gewerbliche Tätigkeit des Antragsgegners und führt für die Bestandsdauer der Verfügung zu einer endgültigen Erfüllung des geltend gemachten Anspruchs. Anders als bei einer Hauptsacheklage, deren Durchführung in erster Instanz viele Monate in Anspruch nimmt, wird der Antragsgegner aufgrund eines einstweiligen Verfügungsverfahrens innerhalb weniger Wochen oder Monate vor die Situation gestellt, den Vertrieb des angegriffenen Erzeugnisses einstellen zu müssen. Seine Möglichkeiten, das Verletzungsprodukt zu variieren, um aus dem Schutzbereich des Verfügungspatents zu gelangen, sind dadurch rein zeitlich deutlich eingeschränkt. Auch in Bezug auf etwaige Umgehungslösungen ist die Sachlage bei einem Verfügungsverfahren daher nicht mit den Verhältnissen zu vergleichen, die bei einer regulären Verletzungsklage bestehen.[57]

41

Um das Risiko einer folgenschweren Fehlentscheidung zu vermindern, trägt die Rechtsprechung der gegebenen Sachlage dadurch Rechnung, dass der Erlass einer einstweiligen Unterlassungsverfügung *im Grundsatz* nur in Betracht kommt, wenn sowohl der **Bestand** des Verfügungspatents als auch die Frage der **Patentverletzung**[58] im Ergebnis so **eindeutig** zugunsten des Antragstellers zu beantworten sind, dass eine fehlerhafte, in einem etwaigen nachfolgenden Hauptsacheverfahren zu revidierende Entscheidung nicht ernstlich zu erwarten ist.[59] Je klarer beides zugunsten des Patentinhabers zu beurteilen ist, umso weniger ist es gerechtfertigt, mit Rücksicht auf irgendwelche Wettbewerbsinteressen des Antragsgegners gleichwohl von einem einstweiligen Rechtsschutz abzusehen. Bei eindeutiger Rechtsbestands- und Verletzungslage erübrigen sich deswegen in aller Regel weitere Erwägungen zur Interessenabwägung.[60] Die Notwendigkeit einstweiligen Rechtsschutzes kann sich deshalb im Einzelfall auch aus der eindeutigen Rechtslage als solcher ergeben.[61] Je weniger eindeutig die Sach- und Rechtslage ist, umso weniger ange-

42

---

56 KG, BeckRS 2011, 05970 – Hotel ohne Pool.
57 OLG Düsseldorf, BeckRS 2014, 04902 – Desogestrel.
58 Neben der Merkmalsverwirklichung sind damit auch Rechtsfragen gemeint, die über den Verletzungstatbestand entscheiden, zB die Frage, ob eine Messeausstellung ein Angebot darstellt (LG Mannheim, InstGE 13, 11 = LG Mannheim, GRUR-RR 2011, 83 – Sauggreifer). Nur wirklich zweifelhafte Rechtsfragen oder eine wirklich unübersichtliche Rechtslage sind jedoch von Belang und können einem Verfügungsantrag entgegen gehalten werden.
59 OLG Düsseldorf, InstGE 12, 114 – Harnkatheterset; OLG Karlsruhe, InstGE 11, 143 – VA-LCD-Fernseher; LG Hamburg, GRUR-RR 2015, 137 – Hydraulikschlauchgriffteil.
60 OLG Düsseldorf, Urteil v 27.10.2011 – I-2 U 3/11; OLG Düsseldorf, Urteil v 10.11.2011 – I-2 U 41/11.
61 OLG Düsseldorf, Urteil v 10.11.2011 – I-2 U 41/11.

bracht ist es – umgekehrt –, im einstweiligen Rechtsschutz Maßnahmen anzuordnen, die den Antragsgegner in seiner geschäftlichen Tätigkeit schwerwiegend oder gar existenziell treffen, und umso mehr kommt derartiges nur dann in Betracht, wenn ganz besondere Interessen die Gewährung einstweiligen Rechtsschutzes ausnahmsweise gebieten.

43 Es gibt keinen *Rechts*grundsatz, dass bestimmte Technikgebiete von vornherein für ein vorläufiges Rechtsschutzverfahren nicht in Betracht kommen. Sehr wohl existieren jedoch Konstellationen, in denen aus rein praktischen Gründen von einem einstweiligen Verfügungsverfahren abgesehen werden sollte, weil die betroffene technische Materie Spezialkenntnisse verlangt, die dem Verletzungsgericht nicht eigen sind, sondern einer im Verfahren des vorläufigen Rechtsschutzes unzulässigen sachverständigen Beratung bedürfen.

44 ▶ **Bsp:**

Arzneimittelpatent, wenn die Verletzung nicht liquide (zB anhand der eigenen Produktinformation des Antragsgegners belegbar) ist, sondern Untersuchungen und Messungen an dem angegriffenen Produkt erfordern, gegen die ggf methodische und/oder ergebnisbezogene Einwände erhoben werden können, ohne dass das Verletzungsgericht deren Stichhaltigkeit selbst verifizieren kann.

45 **Praxistipp** | Formulierungsbeispiel

Ein anwaltlich gut beratener Antragsgegner wird solche Einwände erst im oder kurz vor dem Verhandlungstermin anbringen und damit eine Glaubhaftmachung des Verletzungstatbestandes wirksam vereiteln.

46 Zu weitgehend ist allerdings die Auffassung des OLG Karlsruhe[62], dass die Beurteilung der Verletzungsfrage auch dann mit – gegen den Erlass einer einstweiligen Verfügung sprechenden – Schwierigkeiten verbunden sein kann, wenn im Hauptsacheverfahren kein Sachverständigengutachten eingeholt werden müsste. Wenn das Gericht weitere Erkenntnisquellen für verzichtbar hält, die es sich aus Rechtsgründen erst im Hauptsacheprozess erschließen könnte, so geht es letztlich allein darum, dass auf bestimmter Tatsachen- und Erkenntnisgrundlage eine Entscheidung für oder gegen die Patentverletzung zu treffen ist. Es leuchtet nicht ein, den Verfügungsantrag mit der Begründung zurückzuweisen, der Verletzungssachverhalt sei (subjektiv) schwierig zu beurteilen, wenn er – ohne neue Erkenntnisse gewonnen zu haben – einige Zeit später in einem Hauptsacheverfahren vom Verletzungsgericht zu entscheiden ist – und auch ohne sachverständige Beratung entschieden wird.

47 Zu eng ist demgegenüber die Ansicht des LG Hamburg[63], das nur eine wortsinngemäße Benutzung gelten lassen, einen einstweiligen Rechtsschutz bei äquivalenter Benutzung hingegen regelmäßig versagen will. Bisweilen lassen sich die Voraussetzungen einer Äquivalenz leichter und im Ergebnis eindeutiger feststellen als über den Wortsinn eines Anspruchsmerkmals Klarheit zu gewinnen ist. Die Benutzungskategorie für sich betrachtet sollte deswegen nicht über den Zugang zum vorläufigen Rechtsschutz entscheiden, sondern vielmehr die Frage, ob unter Zuhilfenahme der zulässigen Erkenntnismittel eine hinreichende Gewissheit über das Vorliegen einer Schutzrechtsverletzung (in welcher rechtlichen Kategorie auch immer) erhalten werden kann.

---

62 OLG Karlsruhe, InstGE 11, 143 – VA-LCD-Fernseher.
63 LG Hamburg, GRUR-RR 2015, 137 – Hydraulikschlauchgriffteil.

Eine einstweilige Verfügung wegen Patentverletzung generell nicht oder nur in ganz **48** besonders seltenen Ausnahmefällen in Betracht zu ziehen, widerspräche auch **Art 50 Abs 1 TRIPS**, welcher die gerichtliche Anordnung einstweiliger Maßnahmen zur Verhinderung der Verletzung eines Rechts des geistigen Eigentums oder zur Sicherung einschlägiger Beweise ausdrücklich vorsieht. Eine einstweilige Unterlassungsverfügung wegen Patentverletzung verlangt aber in der Regel, dass die Rechtsbeständigkeit des Antragsschutzrechtes hinlänglich gesichert ist.[64] Zweifel an der grundsätzlich zu respektierenden Schutzfähigkeit des Verfügungspatentes können das Vorliegen eines Verfügungsgrundes ausschließen. Die Einschätzung der Rechtsbeständigkeit muss das Verletzungsgericht in eigener Verantwortung vornehmen.[65] Es kann sich also nicht kurzerhand auf den Erteilungsakt verlassen, sondern hat selbständig zu klären, ob angesichts des Sachvortrages des Antragsgegners ernstzunehmende Anhaltspunkte dafür bestehen, dass das Verfügungspatent ggf keinen Bestand haben wird. Seine Vernichtung muss als Folge der Einwendungen des Antragsgegners aus Sicht des Verletzungsgerichts nicht zwingend und sie muss auch nicht überwiegend wahrscheinlich, sondern bloß möglich sein, um einem Verfügungsantrag den Erfolg versagen zu können.[66]

d) Rechtsbestand des Verfügungspatents

Damit Zweifel am Rechtsbestand des Verfügungspatents sich in einer Zurückweisung des **49** Verfügungsantrages niederschlagen können, muss das **Verfügungsschutzrecht** allerdings **mit einem Einspruch oder** einer **Nichtigkeitsklage angegriffen** werden, weil nur sie das Patent tatsächlich zu Fall bringen können.[67] Es nützt dem Antragsgegner deshalb nichts, im einstweiligen Verfügungsverfahren lediglich Einspruchs- oder Nichtigkeitsgründe aufzuzeigen, die zu einer Vernichtung des Verfügungspatents führen *könnten*, solange er oder ein Dritter[68] nicht (spätestens bis zum Schluss der letzten mündlichen Verhandlung im Verfügungsverfahren) tatsächlich beim DPMA, EPA oder BPatG ein Verfahren eröffnet hat, in dem aufgrund dieses Vorbringens ein Widerruf bzw die Nichtigerklärung des Patents verfügt werden kann. Liegt zwischen der Kenntnis des Antragsgegners vom Verfügungsantrag und dem Verhandlungstermin ein nur kurzer Zeitraum, innerhalb dessen dem Antragsgegner nicht zugemutet werden kann, das Verfügungspatent mit einem förmlichen Rechtsbehelf anzugreifen, so muss zumindest zweifelsfrei absehbar sein, dass der Rechtsbestand des Verfügungsschutzrechts zu gegebener Zeit angegriffen werden wird.[69] Innerhalb welcher Frist ein förmlicher Rechtsbehelf erwartet werden kann, hängt von den Umständen des Einzelfalles ab, insbesondere von der Schwierigkeit und Komplexität der technischen Materie sowie von den Recherchemöglichkeiten des Antragsgegners ab, die durch etwaige offenkundige Vorbenutzungen oder in öffentlich zugänglichen Datenbanken schwer ermittelbare Druckschriften (Firmenprospekte, Tagungsunterlagen, Fachbücher, japanisch-sprachige Veröffentlichungen) erschwert sein können. Ist die Zeit zwischen Veröffentlichung der Patenterteilung und dem Verhandlungstermin im Verfügungsverfahren besonders kurz, so dass dem Antragsgegner nicht einmal eine vernünftige Recherche nach möglichen Stand der Technik zuzumuten war, so kann der Verfügungsantrag auch ohne konkrete Benennung von Entgegenhaltungen zurückzuweisen sein, weil die Schutzrechtslage unklar und die Erwartung nicht von der Hand zu weisen ist, dass bei angemessener Recherche relevanter Stand der

---

64 OLG Düsseldorf, InstGE 9, 140, 146 – Olanzapin.
65 OLG Düsseldorf, InstGE 9, 140, 146 – Olanzapin.
66 OLG Düsseldorf, InstGE 12, 114 – Harnkatheterset.
67 OLG Düsseldorf, InstGE 7, 147 – Kleinleistungsschalter; OLG Düsseldorf, InstGE 12, 114 – Harnkatheterset; aA: v. Falck, Mitt 2002, 429, 433.
68 OLG Düsseldorf, Urteil v 10.12.2015 – I-2 U 36/15.
69 OLG Düsseldorf, InstGE 12, 114 – Harnkatheterset.

Technik aufgefunden werden *kann*.⁷⁰ In jedem Fall ist dem Antragsteller zu raten, den Gegner mit einer zeitigen Verletzungsanzeige nach Patenterteilung »bösgläubig« zu machen, womit gemeint ist, dass er in einer solchen Weise mit dem Verletzungsvorwurf konfrontiert wird, dass von ihm eine zügige Recherche nach entgegenstehendem Stand der Technik erwartet werden kann.

50 Sobald das Verfügungspatent in seinem Rechtsbestand angegriffen ist, steht es allerdings zur **Darlegungslast des Antragstellers**, der für sich den vorläufigen Rechtsschutz in Anspruch nimmt, das Verletzungsgericht davon zu überzeugen, dass die vorgebrachten Einwendungen unberechtigt sind und das Verfügungspatent mit Sicherheit das laufende Rechtsbestandsverfahren überstehen wird.⁷¹ Eine dahingehende Prognose kann – abweichend von der Handhabung bei der Aussetzung eines Hauptsacheprozesses – nicht schon darauf gestützt werden, dass der fremdsprachige Einspruchsschriftsatz oder fremdsprachige Entgegenhaltungen auflagenwidrig nicht übersetzt sind. Vielmehr ist es notfalls Sache des Antragstellers, diejenigen Übersetzungsarbeiten zu leisten, die erforderlich sind, um dem Verletzungsgericht die Gewissheit zu verschaffen, dass der unternommene Angriff gegen den Rechtsbestand des Verfügungspatents aussichtslos ist.⁷² Aus derselben Überlegung heraus geht es – anders als bei § 148 ZPO – zu Lasten des Antragstellers, wenn sich die Erfolgsaussichten deshalb nicht abschließend klären lassen, weil die Technik des Verfügungspatents komplex und einer verlässlichen Beurteilung durch das Verletzungsgericht nicht zugänglich ist.⁷³

51 Grundsätzlich kann nur dann von einem hinreichenden Rechtsbestand ausgegangen werden, wenn das Verfügungspatent bereits ein **kontradiktorisches erstinstanzliches Einspruchs- oder Nichtigkeitsverfahren überstanden** hat.⁷⁴ Das Erfordernis eines *streitig* durchgeführten Verfahrens ist kein Selbstzweck. Mit Rücksicht darauf, dass Rechtsbestandsangriffe typischerweise von Wettbewerbern des Schutzrechtsinhabers auf dem betreffenden Markt unternommen werden, die den einschlägigen Stand der Technik aufgrund ihrer eigenen Geschäfts- und Anmeldetätigkeit überblicken und darüber hinaus hinreichende Recherchemöglichkeiten besitzen und nutzen, stellt das Erfordernis einer kontradiktorischen Entscheidung sicher, dass das dem Patentinhaber günstige Einspruchs- oder Nichtigkeitserkenntnis allen in Betracht kommenden Einspruchs- bzw Nichtigkeitsgründen Rechnung trägt und vor dem Hintergrund des gesamten einschlägigen Standes der Technik ergangen ist. Es soll also das bei einem bloß einseitigen (zB Prüfungs-)Verfahren bestehende Recherchedefizit ausgeglichen werden, welches sich einerseits darin äußern kann, dass bestimmte Entgegenhaltungen im Verfahren versehentlich keine Berücksichtigung finden oder bestimmte Einwendungen (zB mangelnde Offenbarung oder unzulässige Erweiterung) nicht unter sämtlichen in Betracht kommenden Blickwinkeln beurteilt werden. Die Beteiligung Dritter an der Aufbereitung und Würdigung des Entscheidungssachverhaltes erhöht insofern die Verlässlichkeit der getroffenen Entscheidung.⁷⁵ Unerheblich ist, ob der kontradiktorische Rechtsbestands-

---

70 LG Mannheim, InstGE 11, 159 – VA-LCD-Fernseher II; OLG Düsseldorf, InstGE 12, 114 – Harnkatheterset.
71 Geringere Anforderungen stellen das OLG Braunschweig (GRUR-RR 2012, 97 – Scharniere auf Hannovermesse) und das LG München I (vgl Wuttke/Guntz, VPP-Rundbrief 2012, 7, 14), welches eine einstweilige Verfügung schon dann für möglich hält, wenn keine überwiegenden Zweifel am Rechtsbestand des Verfügungspatents bestehen.
72 OLG Düsseldorf, InstGE 12, 114 – Harnkatheterset; OLG Düsseldorf, Urteil v 14.7.2009 – I-2 U 87/08. Voraussetzung ist freilich, dass der Angriff auf das Verfügungspatent so rechtzeitig initiiert und substantiiert wird, dass der Antragsteller bei gehöriger Anstrengung Übersetzungen noch beibringen kann.
73 OLG Düsseldorf, InstGE 12, 114 – Harnkatheterset.
74 OLG Düsseldorf, InstGE 9, 140, 146 – Olanzapin; OLG Düsseldorf, InstGE 12, 114 – Harnkatheterset; OLG Karlsruhe, GRUR-RR 2015, 509 – Ausrüstungssatz.
75 OLG Düsseldorf, Urteil v 19.2.2016 – I-2 U 54/15.

streit zwischen den am Verfügungsverfahren beteiligten Personen geführt wurde oder zwischen Dritten (zB dem vormaligen Inhaber des Verfügungspatents und/oder einem anderen Wettbewerber). Ebenso ist belanglos, ob das kontradiktorisch begonnene Verfahren kurz vor der Einspruchsentscheidung infolge **Einspruchsrücknahme** von Amts wegen (einseitig) zu Ende geführt worden ist, solange der angesprochene Zweck der Verfahrenszweiseitigkeit gewahrt ist.[76]

Der Erlass einer einstweiligen Verfügung kommt deswegen im Allgemeinen nicht in Betracht, wenn das Patent sich noch im Einspruchsverfahren befindet oder ein solches (weil das Patent gerade erst erteilt ist) nicht einmal begonnen ist. Dem kann der Antragsteller nicht dadurch ausweichen, dass er statt einer Beschlussverfügung selbst die Anberaumung eines zeitfernen Verhandlungstermins beantragt, bis zu dem der Antragsgegner etwaigen rechtshindernden Stand der Technik recherchiert und vorgetragen haben kann.[77] Denn es ist nicht Aufgabe der Verletzungsgerichte, im Rahmen eines vorläufigen Rechtsschutzes inzident ein Einspruchs- oder Nichtigkeitsverfahren durchzuführen. Um ein Verfügungspatent für ein einstweiliges Verfügungsverfahren tauglich zu machen, bedarf es vielmehr einer positiven Entscheidung der dafür zuständigen, mit technischer Sachkunde ausgestatteten Einspruchs- oder Nichtigkeitsinstanzen. 52

Von dem Erfordernis einer dem Antragsteller günstigen streitigen Rechtsbestandsentscheidung – nicht von der Notwendigkeit, das mit dem Verfügungsbegehren befasste Verletzungsgericht von dem Rechtsbestand des Verfügungsschutzrechts zu überzeugen![78] – kann nur in **Sonderfällen** abgesehen werden, zB[79] wenn 53

– der Antragsgegner oder ein sonstiger aufgrund seiner fachlichen Kompetenz ernstzunehmender Wettbewerber sich bereits mit eigenen Einwendungen am Erteilungsverfahren beteiligt hat, so dass die Patenterteilung sachlich der Entscheidung in einem zweiseitigen Einspruchsverfahren gleichsteht; 54

– ein Rechtsbestandsverfahren deshalb nicht durchgeführt worden ist, weil das Verfügungspatent allgemein als schutzfähig anerkannt wird (was sich in dem Vorhandensein namhafter Lizenznehmer oder darin ausdrücken kann, dass gegen wehrhafte Wettbewerber Verletzungsurteile erstritten worden sind, ohne dass die verurteilten Beklagten einen Rechtsbestandsangriff gegen das Verfügungspatent unternommen haben); 55

– die gegen den Rechtsbestand vorgebrachten Einwendungen (die selbstverständlich vom Antragsgegner in das Verfügungsverfahren einzuführen sind[80]) sich schon bei der im vorläufigen Rechtsschutzverfahren gebotenen summarischen Prüfung als haltlos erweisen; das wird eher zu bejahen sein, wenn es im Rechtsbestandsverfahren nicht um technische Bewertungen (Neuheit, Erfindungshöhe) geht, sondern um die Beantwortung einer (ggf auch schwierigen) Rechtsfrage[81]; 56

– »außergewöhnliche Umstände« gegeben sind, die es für den Antragsteller wegen der ihm aus einer Fortsetzung der Verletzungshandlungen drohenden Nachteile unzu- 57

---

76 OLG Düsseldorf, Urteil v 19.2.2016 – I-2 U 54/15.
77 OLG Düsseldorf, InstGE 12, 114 – Harnkatheterset.
78 OLG Düsseldorf, Urteil v 10.12.2015 – I-2 U 35/15.
79 Die nachfolgende Aufzählung ist nur beispielhaft, aber nicht abschließend zu verstehen!
80 OLG Düsseldorf, Urteil v 22.12.2011 – I-2 U 78/11.
81 LG Düsseldorf, GRUR-RR 2012, 420 – Irbesartan.

mutbar machen, den Ausgang eines Einspruchs- oder Nichtigkeitsverfahrens abzuwarten.[82]

58 – Ein solcher Sachverhalt liegt regelmäßig bei Verletzungshandlungen von **Generikaunternehmen** vor.[83] Während der von ihnen angerichtete Schaden im Falle einer späteren Aufrechterhaltung des Patents vielfach enorm und (mit Rücksicht auf den durch eine entsprechende Festsetzung von Festbeträgen verursachten Preisverfall) nicht wiedergutzumachen ist, hat eine (wegen späterer Vernichtung des Patents) unberechtigte Verfügung lediglich zur Folge, dass das Generikaunternehmen vorübergehend zu Unrecht vom Markt ferngehalten wird, was durch entsprechende Schadenersatzansprüche gegen den Patentinhaber vollständig ausgeglichen werden kann. Zu berücksichtigen ist außerdem, dass das Generikaunternehmen für seine Marktpräsenz im Allgemeinen keine eigenen wirtschaftlichen Risiken eingeht (weil das Präparat dank des Patentinhabers medizinisch hinreichend erprobt und am Markt etabliert ist).

59 Es hat deswegen eine Verbotsverfügung zu ergehen, auch wenn für das Verletzungsgericht mangels einer fachkundigen Rechtsbestandsentscheidung keine endgültige und eindeutige Sicherheit über den Rechtsbestand gewonnen werden kann, sofern das **Verletzungsgericht** (aufgrund der ihm angesichts der betroffenen technischen Materie möglichen eigenen Einschätzung) für sich die **Überzeugung** (im Sinne hinreichender Glaubhaftmachung) davon gewinnt, dass das Verfügungsschutzrecht rechtsbeständig ist, weil sich die mangelnde Patentfähigkeit seines Erfindungsgegenstandes nicht feststellen lassen wird.[84] Hierfür müssen aus der Sicht des Verletzungsgerichts entweder die besseren Argumente *für* die Patentfähigkeit sprechen, so dass sich diese positiv bejahen lässt, oder es muss (mit Rücksicht auf die im Rechtsbestandsverfahren geltende Beweislastverteilung[85]) die Frage der Patentfähigkeit mindestens ungeklärt bleiben[86], so dass das Verletzungsgericht, wenn es anstelle des Patentamtes oder des BPatG in der Sache selbst zu befinden hätte, dessen Rechtsbestand zu bejahen hätte.[87] Für letzteres mag im Einzelfall – indiziell – sprechen, wenn das Verfügungspatent, obwohl schon zeitig eine Arzneimittelzulassung erworben wurde, erst kurz vor Patentablauf angegriffen wird. Hierbei kann es sich aus der Überlegung heraus um ein strategisches Manöver handeln, dass die Entgegenhaltungen voraussichtlich die technisch fachkundige Rechtsbestandsinstanz nicht überzeugen werden, der Antragsgegner jedoch hofft, beim Verletzungsgericht insoweit Zweifel streuen zu können, die für die Restlaufzeit des Patents eine einstweilige Verfügung verhindern. Solches Taktieren sollte nicht belohnt werden, weswegen eine besonders gewissenhafte Prüfung der Entgegenhaltungen auf ihre sachliche Berechtigung angebracht ist.

60 Wenn sich das Verletzungsgericht vom Rechtsbestand des Verfügungsschutzrechts überzeugt hat, ist dem Verfügungsantrag – erst recht – stattzugeben, wenn eine bestätigende Einspruchs- oder Nichtigkeitsentscheidung nicht erst noch aussteht, sondern zugunsten des Antragstellers bereits ergangen ist, mag ihr auch

---

82 OLG Düsseldorf, InstGE 12, 114 – Harnkatheterset.
83 OLG Düsseldorf, Mitt 2013, 232 = OLG Düsseldorf, GRUR-RR 2013, 236 – Flupirtin-Maleat.
84 OLG Düsseldorf, Urteil v 10.12.2015 – I-2 U 35/15; OLG Düsseldorf, Urteil v 11.1.2018 – I-15 U 66/17.
85 Sie besagt, dass das Vorliegen eines Widerrufs- oder Nichtigkeitsgrundes nachgewiesen werden muss, wenn das Patent vernichtet werden soll, weswegen bei unklarer Sachlage [50:50] das angegriffene Schutzrecht bestehen bleibt; vgl dazu nur BGH, Mitt 1999, 362 – Herzklappenprothese.
86 OLG Düsseldorf, Mitt 2013, 232 = OLG Düsseldorf, GRUR-RR 2013, 236 – Flupirtin-Maleat.
87 OLG Düsseldorf, BeckRS 2014, 04902 – Desogestrel.

ein gleichrangiges gegenläufiges Erkenntnis einer anderen technisch kompetenten Instanz (zB des schweizerischen BPatG) entgegenstehen.[88]

Die vorskizzierte Rechtslage gilt auch für Vertreiber von **Biosimilar**, wenn und soweit eine zu den Generikafällen vergleichbare Sachlage gegeben ist, was regelmäßig so sein wird.[89] **61**

– »Außergewöhnliche Umstände« können sich auch daraus ergeben, dass der **Ablauf des Verfügungspatents** bevorsteht, so dass eine Hauptsacheklage aus Zeitgründen nicht mehr zum Erfolg führen kann.[90] Wenn der Verweis des Antragstellers auf eine erstinstanzliche Entscheidung im laufenden Rechtsbestandsverfahren dazu führen würde, dass vor Ende der Schutzdauer überhaupt kein Rechtsschutz gegen die behaupteten Verletzungshandlungen mehr gewährt würde, hat sich das Verletzungsgericht selbst mit dem Rechtsbestandsangriff zu befassen und die beantragte Verfügung zu erlassen, wenn es die Schutzfähigkeit des Patents (weil ein Widerrufs- oder Nichtigkeitsgrund nicht feststellbar ist) bejaht.[91] Diese Pflicht besteht nicht nur dann, wenn das Verfügungspatent schon längere Zeit bestanden hat und bloß die Verletzungshandlungen kurzfristig vor dem Patentende aufgenommen worden sind, sondern in gleicher Weise, wenn die Situation deshalb dringlich ist, weil sich das Erteilungsverfahren außerordentlich lange hingezogen hat, so dass es erst kurz vor Ablauf der 20-Jahresfrist zur Erteilung des Verfügungspatents gekommen ist. **62**

In beiden Konstellationen ist wegen eines **vorwerfbar späten Rechtsbestandsangriffs** allenfalls dann ein zugunsten des Antragstellers großzügigerer Maßstab gerechtfertigt, wenn die (nicht offensichtlich durchschlagende) Nichtigkeitsklage so kurzfristig erhoben oder in das Verfügungsverfahren eingeführt wird, dass dem Antragsteller schlechterdings keine inhaltliche Stellungnahme und dementsprechend dem Gericht keine fairen Verfahrensgrundsätzen genügende Befassung mit den Rechtsbestandsangriffen mehr möglich oder zumutbar ist.[92] **63**

Aus der regelmäßigen Notwendigkeit einer positiven streitigen Rechtsbestandsentscheidung folgt **umgekehrt** aber auch, dass, *sobald* sie vorliegt, grundsätzlich von einem hinreichend gesicherten Bestand des Verfügungspatents auszugehen ist.[93] Das gilt ungeachtet der Pflicht des Verletzungsgerichts, auch nach erstinstanzlichem Abschluss des Rechtsbestandsverfahrens selbst ernsthaft die Erfolgsaussichten der dagegen gerichteten Angriffe zu prüfen, um sich in eigener Verantwortung ein Bild von der Schutzfähigkeit der Erfindung zu machen.[94] Denn es ist das Verletzungsgericht, das die Unterlassungsanordnung erlässt und deshalb auch inhaltlich zu verantworten hat. Mit dem Gebot eines effektiven vorläufigen Rechtsschutzes in Patentsachen (Art 50 Abs 1 TRIPS, Art 9 Abs 1 Buchstabe a) Enforcement-RL) wäre es allerdings nicht zu vereinbaren, wenn das Verletzungsgericht, bevor es einstweilige Maßnahmen anordnet, *stets* den rechtskräftigen Abschluss des Einspruchs- oder Nichtigkeitsverfahrens abwarten würde. Vielmehr hat es die von der zuständigen Fachinstanz (DPMA, EPA, BPatG) nach technisch sachkundiger **64**

---

88 OLG Düsseldorf, Urteil v 14.12.2017 – I-2 U 17/17.
89 LG Düsseldorf, Urteil v 24.10.2013 – 4c O 84/13; zu Biosimilars umfassend: Milbradt, FS 80 Jahre Patentgerichtsbarkeit Düsseldorf, 2016, S 393.
90 OLG Düsseldorf, Urteil v 11.1.2018 – I-15 U 66/17.
91 OLG Düsseldorf, BeckRS 2014, 04902 – Desogestrel; OLG Düsseldorf, Urteil v 11.1.2018 – I-15 U 66/17.
92 OLG Düsseldorf, BeckRS 2014, 04902 – Desogestrel.
93 OLG Düsseldorf, Urteil v 10.11.2011 – I-2 U 41/11; OLG Karlsruhe, GRUR-RR 2015, 509 – Ausrüstungssatz; OLG München, BeckRS 2017, 118983.
94 OLG Düsseldorf, InstGE 8, 122 – Medizinisches Instrument; OLG München, BeckRS 2017, 118983.

Prüfung getroffene Entscheidung über die Aufrechterhaltung des Verfügungspatents hinzunehmen und, sofern im Einzelfall keine besonderen Umstände vorliegen, die gebotenen Schlussfolgerungen zu ziehen, indem es zum Schutz des Patentinhabers die erforderlichen Unterlassungsanordnungen trifft.[95] Das gilt in ganz besonderem Maße, wenn es sich bei der getroffenen Rechtsbestandsentscheidung um das Erkenntnis einer Technischen Beschwerdekammer des EPA handelt, die das europäische Einspruchsverfahren in zweiter Instanz abschließt.[96] Wegen des hohen Vertrauens, das eine solche Entscheidung genießt, ist hier ein Abweichen des Verletzungsgerichts nur ganz ausnahmsweise denkbar.[97] Ein wichtiges Indiz für den hinreichenden Rechtsbestand kann sich im Einzelfall auch aus einem eindeutig für die Schutzfähigkeit Position beziehenden qualifizierten Hinweis des BPatG ergeben.

65 Grund, die Rechtsbestandsentscheidung in **Zweifel** zu ziehen und von einem Unterlassungsgebot abzusehen, besteht nur dann, wenn das Verletzungsgericht die Argumentation der Einspruchs- oder Nichtigkeitsinstanz für nicht vertretbar hält oder wenn der mit dem Rechtsbehelf gegen die Einspruchs- oder Nichtigkeitsentscheidung unternommene Angriff auf das Verfügungspatent auf (zB neue) erfolgversprechende Gesichtspunkte gestützt wird, die die bisher mit der Sache befassten Stellen noch nicht berücksichtigt und beschieden haben.[98] Allein der Umstand, dass Entgegenhaltungen präsentiert werden, die als solche noch nicht im Rechtsbestandsverfahren gewürdigt worden sind, ist allerdings belanglos; maßgeblich ist, ob sie einen Stand der Technik repräsentieren, der näher an der Erfindung liegt als der bereits fachkundig geprüfte.[99] Das Gesagte gilt auch dann, wenn der betreffende Sachverhalt in dem während des Verfügungsprozesses laufenden Rechtsbestandsverfahren (zB im europäischen Beschwerdeverfahren etwa aus Verspätungsgründen) voraussichtlich nicht berücksichtigt werden wird, im Anschluss daran jedoch ein nationales Nichtigkeitsverfahren angestrengt werden wird, in dem die neuen Entgegenhaltungen in jedem Fall zu beachten sein werden.[100]

66 Demgegenüber ist es für den Regelfall nicht angängig, den Verfügungsantrag trotz erstinstanzlich aufrechterhaltenen Schutzrechts allein deshalb zurückzuweisen, weil das Verletzungsgericht seine **eigene** (notwendig **laienhafte**) **Bewertung des technischen Sachverhaltes** an die Stelle der ebenso gut vertretbaren Beurteilung durch die zuständige Einspruchs- oder Nichtigkeitsinstanz setzt.[101] Solches verbietet sich vor allem dann, wenn es sich um eine technisch komplexe Materie (Chemie- oder Elektronikpatente) handelt, in Bezug auf die die Einsichten und Beurteilungsmöglichkeiten des technisch nicht vorgebildeten Verletzungsgerichts von vornherein limitiert sind. Geht es nicht darum, dass zB Passagen einer Entgegenhaltung von der Einspruchsabteilung übersehen und deshalb bei seiner Entscheidungsfindung überhaupt nicht in Erwägung gezogen wurden, sondern dreht sich der Streit der Parteien darum, welche technische Information dem im Bestandsverfahren gewürdigten Text aus fachmännischer Sicht beizumessen ist, sind die Rechtsbestandsinstanzen aufgrund der technischen Vorbildung und der auf dem speziellen Fachgebiet gegebenen beruflichen Erfahrung ihrer Mitglieder eindeutig in der besseren Position, um hierüber ein Urteil abzugeben. Es ist daher prinzipiell ausgeschlossen, dass sich das Verletzungsgericht mit (laienhaften) eigenen Erwägungen über das Votum der technischen Fachleute hinwegsetzt und eine Unterlassungsverfügung verweigert.[102]

---

95 OLG Düsseldorf, Urteil v 10.11.2011 – I-2 U 41/11.
96 OLG Düsseldorf, Urteil v 21.1.2016 – I-2 U 48/15.
97 OLG Düsseldorf, Urteil v 21.1.2016 – I-2 U 48/15.
98 OLG Düsseldorf, Urteil v 6.12.2012 – I-2 U 46/12; OLG München, BeckRS 2017, 118983.
99 OLG Düsseldorf, Urteil v 21.1.2016 – I-2 U 48/15.
100 OLG Düsseldorf, Urteil v 6.12.2012 – I-2 U 46/12.
101 OLG Düsseldorf, Urteil v 10.11.2011 – I-2 U 41/11.
102 OLG Düsseldorf, Urteil v 19.2.2016 – I-2 U 54/15.

Eine Sondersituation besteht dann, wenn zur Aufrechterhaltungsentscheidung ein **67** gegensätzliches Erkenntnis einer technisch ebenfalls sachkundigen, gleich- oder höherrangigen Stelle vorliegt (zB zu parallelen Schutzrechten, Stammanmeldungen oder dergleichen, wobei es sich auch um ausländische Erkenntnisse handeln kann[103]), ohne dass deren Erwägungen als unvertretbar zu qualifizieren sind, so dass sich die technischen Fachleute mit jeweils beachtlichen Gründen uneins darüber sind, ob eine bestimmte technische Lehre schutzfähig ist oder nicht. Da der bestehende Streit von dem mit technischen Laien besetzten Verletzungsgericht naturgemäß nicht entschieden werden kann, wird – trotz einstweilen positiver Rechtsbestandsentscheidung zum *Verfügungspatent* – in der Regel von einem nicht hinreichend gesicherten Rechtsbestand auszugehen sein.[104] Voraussetzung ist freilich, dass die sich einander widersprechenden Rechtsbestandsentscheidungen einen identischen technischen Sachverhalt zum Gegenstand haben, dh sich mit derselben technischen Lehre und denselben Entgegenhaltungen aus dem Stand der Technik befassen, so dass die Argumentation der einen Stelle in unauflöslichem Widerspruch zu der gegenläufigen Argumentation der anderen Stelle steht.[105]

Zurückhaltung mit dem Erlass einer Unterlassungsverfügung kann im Einzelfall desweiteren deshalb geboten sein, weil die einstweilige Verfügung – über den Regelfall hinaus – **68** ganz **besonders einschneidende Konsequenzen** für den Antragsgegner und/oder die Öffentlichkeit (zB auf den Verletzungsgegenstand angewiesene Patienten) hat, die es im Rahmen der Interessenabwägung ausnahmsweise verbieten, bereits jetzt eine Unterlassungsanordnung zu verfügen, die im weiteren Rechtsbestandsverfahren mit einiger Aussicht auf Erfolg ihre Grundlage verlieren kann.[106]

Ist das Patent im Zeitpunkt des Verfügungsverfahrens bereits **erstinstanzlich widerrufen** **69** oder für nichtig erklärt, wird sich daraus in aller Regel ergeben, dass der Rechtsbestand in einem Maße ungesichert ist, dass eine Unterlassungsverfügung nicht mehr in Betracht kommt.[107] Gleiches wird im Zweifel gelten, wenn ein negativer qualifizierter Hinweis des Bundespatentgerichts vorliegt, der sich klar gegen die Schutzfähigkeit des Verfügungspatents ausspricht.[108] Abweichendes gilt ausnahmsweise dann, wenn die Entscheidung über die Vernichtung des Verfügungspatents (oder der qualifizierte Hinweis[109]) erkennbar fehlerhaft ist und deswegen sicher abgesehen werden kann, dass sie im nächsten Rechtszug aufgehoben werden wird.[110] Dies verlangt nicht nur die Feststellung, dass die für die Vernichtung gegebene Begründung offenkundig fehlerhaft ist, sondern erfordert darüber hinaus die verlässliche Erkenntnis des Verletzungsgerichts, dass auch kein anderer Grund für eine Vernichtung des Verfügungspatents durchgreift. Wegen des Verbots der Einholung sachverständigen Rates wird sich die erforderliche Gewissheit nur gewinnen lassen, wenn die Erfindung einen technischen Gegenstand betrifft, den das Verletzungsgericht anhand des Sachvortrages der Parteien mit seiner eigenen Sachkunde sicher beurteilen kann und wenn der Diskussionsstand der Parteien die eigene Sachkunde des Verletzungsgerichts anspricht.[111] Solches wird im Allgemeinen nur der Fall sein, wenn die evidente Unrichtigkeit der Vernichtungsentscheidung in einer falschen Rechtsanwendung begründet ist (indem zB für die technische Beurteilung von unzutreffenden rechtlichen Maßstäben ausgegangen wurde), nicht hingegen, wenn die Parteien um tech-

---

103 OLG München, Beschluss v 4.4.2018 – 6 W 164/18.
104 OLG Düsseldorf, Urteil v 31.8.2017 – I-2 U 11/17.
105 OLG Düsseldorf, Urteil v 31.8.2017 – I-2 U 11/17.
106 OLG Düsseldorf, Urteil v 19.2.2016 – I-2 U 54/15.
107 OLG Düsseldorf, InstGE 12, 114 – Harnkatheterset.
108 OLG München, Urteil v 14.4.2016 – 6 U 4339/15.
109 LG München I, BeckRS 2017, 126085.
110 OLG Düsseldorf, InstGE 9, 140 – Olanzapin.
111 OLG Düsseldorf, InstGE 9, 140 – Olanzapin.

nische Details streiten, in die das Verletzungsgericht mangels technischer Vorbildung naturgemäß keine eigenen Einblicke hat (indem zB kontrovers ist, welche technischen Informationen der Durchschnittsfachmann des Prioritätstages einem bestimmten Dokument des Standes der Technik entnehmen konnte und welche naheliegenden zur Lehre des Verfügungspatents führenden Überlegungen er aufgrund dessen anzustellen imstande war). Hinzukommen zur evidenten Unrichtigkeit der Vernichtungsentscheidung muss ferner, dass dem Patentinhaber ein außergewöhnlicher Nachteil droht, wenn er bis zur Rechtsmittelentscheidung im Rechtsbestandsverfahren daran gehindert wird, seine Verbietungsrechte durchzusetzen. Bei einem Arzneimittelpatent und dem Auftreten von Generikaherstellern versteht sich dies von selbst; im Übrigen bedarf es hierzu substantiierten Sachvortrages des Antragstellers.[112]

70 Erfolgt die Vernichtung des Verfügungspatents während des laufenden Verfahrens, muss dem Antragsteller durch eine entsprechende Verfahrensgestaltung Gelegenheit gegeben werden, die Begründung der Vernichtungsentscheidung abzuwarten, um alsdann darüber zu entscheiden, ob unter Berufung auf die vorerwähnte »Evidenz-Rechtsprechung« das einstweilige Rechtsschutzbegehren weiterverfolgt werden soll. Die sich dadurch einstellende Verfahrensverzögerung schafft keine **Dringlichkeitsprobleme**, weil sie nicht auf einer nachlässigen Verfahrensführung des Antragstellers beruht, sondern dem Trennungsprinzip und den Besonderheiten seiner »Durchbrechung« geschuldet ist. Der Antragsteller kann stattdessen nicht darauf verwiesen werden, seinen bereits anhängigen Verfügungsantrag zurückzunehmen und ihn später – nach Vorliegen der vermeintlich evident unrichtigen Rechtsbestandsentscheidung – erneut einzureichen. Für den Antragsgegner wäre damit nichts gewonnen und es wären bloß unnütze Kosten produziert worden. Sobald die auf offensichtliche Unrichtigkeit zu prüfende Rechtsbestandsentscheidung vorliegt, hat der Verletzte das laufende Verfügungsverfahren allerdings mit der gebotenen Eile weiterzubetreiben, was bedeutet, dass er – im Zweifel unter Rückgriff auf bereits vor Bekanntwerden der schriftlichen Entscheidungsgründe geleistete Vorarbeit (Suche nach geeigneten Sachverständigen und deren Einweisung in den Streitstoff) – zügig seine Angriffe gegen die Entscheidung vorzubringen hat. Da es einerseits um einen Sachverhalt geht, mit dem der Antragsteller infoge des geführten Rechtsbestandsverfahrens eingehend vertraut ist, ihm zudem die zur Vernichtung des Verfügungspatents gegebene Begründung aus dem Inhalt und Verlauf der Einspruchs- oder Nichtigkeitsverhandlung jedenfalls der Sache nach schon vor Mitteilung der schriftlichen Entscheidungsgründe geläufig sein wird und es andererseits um *evidente* Fehlbeurteilungen geht, wird im Zweifel kein Anlass bestehen, dem Antragsteller im Anschluss an die Zustellung der Entscheidungsgründe einen Zeitraum von mehreren Wochen einzuräumen. Unnötige Versäumnisse, die sich hier einstellen, beseitigen zum Nachteil des Verfügungsklägers die Dringlichkeit seines Rechtsschutzbegehrens. Zwar ist der in erster Instanz erfolgreiche Antragsteller grundsätzlich nicht mehr zu besonderer Eile angehalten, weil er im Besitz einer seinem Begehren Rechnung tragenden Gerichtsentscheidung ist. Anders verhält es sich aber, wenn nach Erlass des Verfügungsurteils wegen zwischenzeitlicher Vernichtung des Verfügungspatents die Zwangsvollstreckung aus dem Verfügungsurteil eingestellt wird; denn damit besitzt der Antragsteller keinen durchsetzbaren Unterlassungstitel mehr, weswegen er sich um ihn – erneut – zügig zu bemühen hat. Gleiches gilt, wenn ein Verfügungsurteil wegen veränderter Umstände (= Vernichtung des Verfügungspatents) aufgehoben worden ist und die Evidenzargumentation des Antragstellers darauf abzielt, den Aufhebungsantrag abzuwehren. Denn nach der Aufhebungsentscheidung

---

[112] OLG Düsseldorf, InstGE 12, 114 – Harnkatheterset; OLG Düsseldorf, Urteil v 19.3.2009 – I-2 U 55/08.

befindet sich der Antragsteller in keiner anderen Lage als vor Erlass der aufgehobenen Unterlassungsverfügung.

Das vorstehend Gesagte bedeutet selbstverständlich nicht, dass dem Antragsgegner auch darüber hinaus ein Zuwarten, etwa bis zum Abschluss des Nichtigkeitsberufungsverfahrens oder Einspruchsbeschwerdeverfahrens (bei erstinstanzlicher Vernichtung durch die Einspruchsabteilung) zugemutet werden kann. Vielmehr hat der Antragsteller die Zurückweisung seines Verfügungsantrages hinzunehmen, selbstverständlich mit der Option, den Weg des einstweiligen Rechtsschutzes erneut zu beschreiten, wenn das Rechtsmittelverfahren zu seinen Gunsten ausgehen sollte.

Kann die Schutzfähigkeit des Verfügungspatents beachtlich erschüttert werden, soll das Verletzungsgericht nach Auffassung des LG Mannheim[113] nicht dazu berufen sein, sich mit der Frage zu befassen, ob ggf eine **Anspruchskombination** rechtsbeständig ist. Vielmehr sei ein Verfügungspatent, dessen Hauptanspruch möglicherweise nicht rechtsbeständig sei, insgesamt für ein einstweiliges Verfügungsverfahren ungeeignet. Dies erscheint zu weitgehend. Zweifellos ist es nicht Aufgabe des Verletzungsgerichts, sich darüber Gedanken zu machen, mit welcher Merkmalskombination die Bedenken gegen die Schutzfähigkeit des Verfügungspatents ausgeräumt werden können. Stellt der Antragsteller jedoch eine bestimmte Anspruchskombination (zB hilfsweise) zur Entscheidung und rechtfertigt der entgegen gehaltene Stand der Technik keine berechtigten Zweifel daran, dass die hierdurch beschriebene technische Lehre neu und erfinderisch ist, spricht nichts dagegen, eine einstweilige Verfügung nach Maßgabe des Hilfsantrages zu erlassen.

Gewisse Modifikationen bezüglich des Rechtsbestandes bestehen in besonderen Konstellationen:

– Anlass für die besagte Zurückhaltung hinsichtlich des Rechtsbestandes besteht dann nicht in vollem Umfang, wenn das *Verfügungsverfahren* praktisch **wie ein Hauptsacheverfahren geführt** wird, weil der Antragsgegner erst Monate nach Zustellung der Beschlussverfügung Widerspruch eingelegt hat, so dass bis zum Verhandlungstermin über den Widerspruch geraume Zeit vergangen ist, innerhalb derer ausreichend Gelegenheit für Recherchen bestanden hat. In einem solchen Fall macht der von der Eilmaßnahme betroffene Antragsgegner durch sein eigenes dilatorisches Prozessverhalten zur Rechtsverteidigung unmissverständlich deutlich, dass er in seiner geschäftlichen Betätigung offenbar nicht sonderlich beeinträchtigt ist, weswegen sein zunächst vermutetes Schutzbedürfnis, das Anlass für die erläuterte Zurückhaltung beim Erlass vorläufiger Unterlassungsanordnungen ist, abweichend von der Regel als tatsächlich gering zu veranschlagen ist. Unter derartigen Umständen ist die Beschlussverfügung schon dann zu bestätigen, wenn der entgegengehaltene Stand der Technik keinen Anlass zur Aussetzung eines erstinstanzlichen Hauptsacheprozesses gegeben hätte.[114] Weil die Verteidigungsmöglichkeiten des Antragsgegners nicht beschränkt waren, bedarf es zur Rechtfertigung des Unterlassungsgebotes auch keiner besonderen Interessenabwägung.

Eine derartige Konstellation liegt allerdings noch nicht deshalb vor, weil nach zu Recht zurückgewiesenem Verfügungsantrag in erster Instanz bis zum Abschluss des **Berufungsverfahrens** eine weitere Zeitspanne vergangen ist, so dass sich zusammen genommen eine Verfahrensdauer ergibt, die einem erstinstanzlichen Hauptsachever-

---

113 LG Mannheim, InstGE 6, 194 – Etikettieraggregat.
114 LG Düsseldorf, InstGE 5, 231 – Druckbogenstabilisierer, bestätigt vom OLG Düsseldorf, Urteil v 23.3.2006 – 2 U 55/05; LG Düsseldorf, InstGE 9, 110 – Dosierinhalator; LG Düsseldorf, Mitt 2014, 559 – Anforderungen an den Rechtsbestand des Verfügungspatents.

fahren entspricht.¹¹⁵ Bereits aus dem Umstand, dass das Berufungsverfahren der Überprüfung der landgerichtlichen Entscheidung dient, ergibt sich, dass beide Verfahrensabschnitte denselben und nicht unterschiedlichen Regeln unterliegen müssen.

76 Mit der diskutierten Konstellation eines mit signifikanter Verzögerung erhobenen Widerspruchs gegen eine Unterlassungsbeschlussverfügung ist ebensowenig die Situation vergleichbar, dass in einem parallelen, ausschließlich auf **Rechnungslegung und Schadenersatzfeststellung** gerichteten und schon seit geraumer Zeit laufenden **Hauptsacheverfahren** Rechtsbestandsargumente ausgetauscht werden und *danach* eine einstweilige Unterlassungsverfügung beantragt wird. Solange keine dem Verletzten günstige Einspruchs- oder Nichtigkeitsentscheidung (einschließlich eines dahingehenden qualifizierten Hinweises) vorliegt, ist die Sachlage schon deshalb nicht ähnlich, weil der Beklagte des Hauptsacheverfahrens – anders als der Adressat einer vollstreckbaren Beschlussverfügung – gerade keinem ihn unmittelbar belastenden Unterlassungsgebot ausgesetzt ist, Die Sachlage ist schon deshalb nicht ähnlich, weil der Beklagte des Hauptsacheverfahrens – anders als der Adressat einer vollstreckbaren Beschlussverfügung – gerade keinem ihn unmittelbar belastenden Unterlassungsgebot ausgesetzt ist, so dass es an jeglichem Verhalten des Antragsgegners fehlt, das Rückschlüsse auf ein mangelndes Schutzbedürfnis zulassen könnte.¹¹⁶

77 – Wird der Rechtsbestand des Verfügungspatents mit einer angeblich **offenkundigen Vorbenutzung** angegriffen, so kommt die Aussetzung eines Hauptsacheverfahrens nur in Betracht, wenn der Verletzer die behauptete Vorbenutzungshandlung im Verletzungsrechtsstreit durch *liquide* Beweismittel (wie Urkunden oder dergleichen) nachweisen kann.¹¹⁷ Bedarf es hingegen zur tatrichterlichen Feststellung des Vorbenutzungssachverhaltes – auch – einer Zeugenvernehmung, bleibt der Aussetzungsantrag erfolglos, und zwar selbst dann, wenn der Verletzer eidesstattliche Versicherungen der benannten Zeugen präsentieren kann, die seinen Sachvortrag bestätigen.¹¹⁸ Unter den zuletzt geschilderten Umständen würde der Verletzer folglich einer Verurteilung im Hauptsacheprozess nicht entgehen können. Dies muss – auch wenn es im Verfahren des vorläufigen Rechtsschutzes grundsätzlich nur auf eine Glaubhaftmachung des Parteivortrages ankommt und die eidesstattliche Versicherung als Mittel zur Glaubhaftmachung zugelassen ist (§ 294 Abs 1 ZPO) – Auswirkungen auch auf die Handhabung im einstweiligen Verfügungsverfahren haben, wenn dort, gestützt auf Zeugenbeweis, eine offenkundige Vorbenutzung der Erfindung eingewendet wird. Die Tatsache, dass das Verletzungsgericht im Hinblick auf eine bestrittene offenkundige Vorbenutzung eine nur beschränkte Prüfungskompetenz besitzt, die eigene Beweisermittlungen ausschließt, darf auch im Verfügungsverfahren nicht übergangen werden. Sie gebietet – im Gegenteil – in dem Sinne Beachtung, dass der Rechtsbestand nur dadurch relevant erschüttert werden kann, dass ein die Erfindung vorwegnehmender oder nahelegender Vorbenutzungstatbestand in einer Art und Weise nachgewiesen wird, der in einem parallelen Hauptsacheverfahren dessen Aussetzung rechtfertigen würde.¹¹⁹ Das gilt für jede im Rahmen der offenkundigen Vorbenutzung relevante Tatsache, unabhängig davon, ob sie technischer Natur oder auf die öffentliche Zugänglichkeit bezogen ist.¹²⁰ Ein anderer (sic.: dem Verletzer günsti-

---

115 OLG Düsseldorf, Urteil v 14.7.2009 – I-2 U 87/08.
116 OLG Düsseldorf, Beschluss v 18.7.2017 – I-2 U 23/17.
117 OLG Düsseldorf, Urteil v 11.1.2018 – I-15 U 66/17.
118 OLG Düsseldorf, Urteil v 11.1.2018 – I-15 U 66/17.
119 OLG Düsseldorf, Urteil v 19.3.2009 – I-2 U 55/08; aA: LG Mannheim, InstGE 6, 194 – Etikettieraggregat, das eine einstweilige Verfügung bereits ablehnt, wenn durch einen Prospekt und eine hierauf bezogene eidesstattliche Versicherung glaubhaft gemacht ist, dass der Gegenstand des Verfügungspatents offenkundig vorbenutzt ist.
120 OLG Düsseldorf, Urteil v 11.1.2018 – I-15 U 66/17.

gerer) Maßstab wird nur dann anzulegen sein, wenn der Verletzer plausibel geltend machen kann, dass er deshalb auf Zeugen und deren eidesstattliche Versicherungen angewiesen ist, weil es ihm in der Kürze der im einstweiligen Verfügungsverfahren verbleibenden Zeit nicht möglich war, den Vorbenutzungssachverhalt liquide zu belegen.[121]

e) Sicherheitsleistung

Die Vollziehung der einstweiligen Verfügung (und zwar der Beschlussverfügung wie der Urteilsverfügung) kann im Rahmen des dem Gericht nach § 938 ZPO eingeräumten Ermessens von der Leistung einer angemessenen Sicherheit durch den Antragsteller abhängig gemacht werden. Eine derartige Anordnung ist in der Regel schon deshalb sinnvoll und geboten, weil damit gewährleistet wird, dass der Unterlassungsausspruch nicht unter geringeren Bedingungen (nämlich ohne Sicherheitsleistung) vollstreckbar ist, als er es bei einem entsprechenden erstinstanzlichen Hauptsacheurteil (welches gemäß § 709 ZPO stets nur gegen Sicherheitsleistung vorläufig vollstreckbar ist) wäre. Von einer Sicherheitsleistung kann im Allgemeinen nur abgesehen werden, wenn der Antragsteller entweder zu ihr nicht in der Lage ist oder weil eine Sicherheitsleistung in der Kürze der Zeit (zB bis zum Ablauf einer Messe, auf der die verletzenden Gegenstände präsentiert werden) nicht beizubringen ist.[122] Bei der Sicherheitsleistung hat es – ungeachtet des § 708 Nr 10 ZPO – auch dann zu verbleiben, wenn die einstweilige Verfügung im Berufungsrechtszug bestätigt wird. Die Entscheidung, die Vollziehung der einstweiligen Verfügung nicht von einer Sicherheitsleistung abhängig zu machen, ist nicht isoliert anfechtbar, sondern nur zusammen mit der Sachentscheidung (Widerspruch gegen eine Beschlussverfügung, Berufung gegen ein Verfügungsurteil).[123]

78

f) Messeauftritt

Soll mit der Unterlassungsverfügung ein patentverletzender Messeauftritt des Antragsgegners unterbunden werden, so ergeht – über das (Angebot und Vertrieb des schutzrechtsverletzenden Gegenstands betreffende) Unterlassungsangebot hinaus – im Allgemeinen keine konkretisierende Anordnung zur Umsetzung der Unterlassungspflicht, etwa dahingehend, dass dem Antragsgegner aufgegeben wird, die ausgestellte Vorrichtung mit einer Plane oder dergleichen abzudecken. Eine derartige Anordnung verbietet sich deshalb, weil es grundsätzlich im Ermessen des Verletzers liegt, auf welche Weise er dem Unterlassungsgebot Folge leistet. Ihm muss deswegen die Freiheit verbleiben, die Vorrichtung, statt sie in ggf imageschädigender Weise abzudecken, gänzlich von der Messe zu entfernen oder patentfrei umzubauen. Anders liegt der Sachverhalt, wenn der Antragsgegner das gegen ihn bereits ergangene Unterlassungsgebot unbeachtet lässt. Da die Durchführung eines Ordnungsmittelverfahrens nach § 890 ZPO in der Kürze der restlichen Messezeit in der Regel nicht mehr durchführbar sein wird, kann es hier gerechtfertigt sein, der bestehenden Unterlassungsverfügung eine weitere die Unterlassungspflicht konkretisierende Verfügung des Inhalts folgen zu lassen, dass dem Antrags-

79

---

121 OLG Düsseldorf, Urteil v 19.3.2009 – I-2 U 55/08.
122 AA: OLG München, Urteil v 28.6.2012 – 6 U 1560/12, das eine Sicherheitsleistung nur anordnet, wenn Anhaltspunkte dafür bestehen, dass ein etwaiger Schadensersatzanspruch des unterlegenen Antragsgegners nicht realisiert werden könnte. Zurückhaltend auch OLG Karlsruhe (GRUR-RR 2015, 509 – Ausrüstungssatz), das wegen der hohen Anforderungen an den Erlass einer einstweiligen Verfügung und der damit verbundenen Richtigkeitsgewähr eine Sicherheitsleistung nur ausnahmsweise, zB bei exorbitanten Vollstreckungsschäden, in Betracht zieht.
123 OLG Düsseldorf, Beschluss v 27.7.2011 – I-2 W 30/11. Das OLG Karlsruhe (GRUR-RR 2015, 509 – Ausrüstungssatz) würdigt die Umstände des Einzelfalles und berücksichtigt insbesondere den Grad, in dem Verletzungsfrage und Rechtsbestand geklärt sind, sowie absehbare Vollziehungsfolgen.

gegner nunmehr aufgegeben wird, die patentverletzende Vorrichtung auf seine Kosten und für die Dauer der Messe an einen Gerichtsvollzieher zur Verwahrung herauszugeben (»**Abräumer**«).[124]

2. Voraussetzungen

80 Für den Antragsteller ergeben sich hieraus Konsequenzen für seine **Darlegungs- und Glaubhaftmachungslast** sowohl hinsichtlich des Verfügungsanspruchs (zB Unterlassungsanspruchs) als auch hinsichtlich der im Einzelfall gegebenen Notwendigkeit, diesem Anspruch im Wege der einstweiligen Verfügung Geltung zu verschaffen (sog Verfügungsgrund).

81 Vom Antragsteller ist darzutun und ggf[125] in geeigneter Weise glaubhaft zu machen,

82 – dass das angerufene Gericht örtlich zuständig ist,

83 – dass das Verfügungspatent in Kraft steht,

84 – dass er berechtigt ist, Ansprüche aus dem Verfügungspatent geltend zu machen (Aktivlegitimation),

85   – sei es als eingetragener Inhaber des Patents (in diesem Fall ist die Rolleneintragung nachzuweisen),

86   – sei es als Inhaber einer ausschließlichen Lizenz (in diesem Fall ist der Lizenzvertrag vorzulegen und dessen Geltung durch eidesstattliche Versicherung glaubhaft zu machen; ein einfaches Bestätigungsschreiben dahingehend, dass der Antragsteller Lizenznehmer sei, genügt keinesfalls),

87   – sei es als Inhaber einer einfachen Lizenz (in diesem Fall ist der Lizenzvertrag vorzulegen, dessen Geltung glaubhaft zu machen und eine Prozessführungsermächtigung des Patentinhabers zu präsentieren),

88 – wie die angegriffene Ausführungsform beschaffen ist (hierzu sind *aussagekräftige Muster*, Werbeprospekte, Lichtbilder oder sonstige Unterlagen beizubringen, die sich dem Antragsgegner zuordnen lassen und aus denen sich die für die patentrechtliche Beurteilung maßgeblichen technischen Einzelheiten ergeben),

89 – dass und wieso der Antragsgegner für die Herstellung und/oder den Vertrieb der angegriffenen Ausführungsform in zurechenbarer Weise verantwortlich ist (Passivlegitimation),

90 – dass und weshalb die streitbefangene Ausführungsform von der technischen Lehre des Verfügungspatents Gebrauch macht (gegebenenfalls ist in diesem Zusammenhang das Verständnis des Durchschnittsfachmanns von bestimmten Begriffen der Verfügungspatentschrift anhand von auslegungsrelevanter Sekundärliteratur – zB Druckschriften aus dem Stand der Technik, Auszügen aus Fachbüchern oder dergleichen – nachzuweisen),

---

124 LG Düsseldorf, Beschluss v 25.2.1982 – 4 O 34/82; LG Düsseldorf, Beschluss v 11.5.2004 – 4a O 195/04; LG Düsseldorf, Beschluss v 18.2.2005 – 4a O 73/05.
125 ... dessen bedarf es nicht für unstreitige Tatsachen.

- dass und weshalb der Rechtsbestand des Verfügungspatents hinreichend gesichert ist   91
  (zB wegen eines bereits erfolgreich abgeschlossenen Einspruchs- oder Nichtigkeitsverfahrens)[126],
- dass und weshalb aus sonstigen Gründen (zB erhebliche Preisunterbietung) der Erlass   92
  einer einstweiligen Verfügung notwendig ist.

Für eine einstweilige Verfügung sprechen dabei folgende Gesichtspunkte: 93

- der technische Sachverhalt ist überschaubar,   94
- der Verletzungstatbestand ist eindeutig,   95
- die Rechtsbeständigkeit des Verfügungspatents erscheint ausreichend gesichert durch: 96
  - ein (erstinstanzlich) erfolgreich abgeschlossenes Einspruchs- oder Nichtigkeits-   97
    verfahren,
  - die Anerkennung der Schutzfähigkeit des Patents durch namhafte Konkurrenten,   98
    die ggf sogar Lizenzen genommen haben,
  - einen vom Antragsgegner entgegengehaltenen Stand der Technik, der weit ent-   99
    fernt liegt, obwohl für ihn konkreter Anlass bestand, sich frühzeitig mit der
    Rechtsbeständigkeit des Patents auseinander zu setzen,
- bereits gewonnene frühere Verletzungsprozesse aufgrund desselben Patents wegen   100
  derselben oder einer unmittelbar vergleichbaren Ausführungsform,
- »Umgehung« eines bereits erstrittenen Urteils durch den Antragsgegner,   101
- kurz bevorstehender Ablauf des Verfügungspatents, der dazu führt, dass der Patent-   102
  inhaber ohne eine einstweilige Verfügung für die Restlaufzeit rechtlos stehen würde,
- es drohen erhebliche Nachteile für die Marktposition des Patentinhabers (Preisunter-   103
  bietung, Verdrängungswettbewerb)
- das beanstandete Produkt wird nur im Rahmen einer kurzfristigen Verkaufsaktion   104
  angeboten.

Gegen eine einstweilige Verfügung sprechen: 105

- der technische Sachverhalt ist schwierig und komplex (zB Gentechnik, Elektrotech-   106
  nik), so dass sie ohne sachverständige Beratung nicht zu beherrschen ist,
- der Verletzungstatbestand ist zweifelhaft (insbesondere, weil keine wortsinngemäße,   107
  sondern eine lediglich äquivalente Benutzung des Verfügungspatents geltend gemacht
  wird, die für das Gericht nicht eindeutig abzuschätzen ist, namentlich, wenn die Verletzungsfrage einer gerichtlichen[127] Begutachtung bedarf, die wegen §§ 294 Abs 2,
  920 Abs 2, 936 ZPO ausscheidet),
- eine zweifelhafte Rechtsbeständigkeit des Verfügungspatents wegen   108
  - einer noch laufenden Einspruchsfrist und die damit verbundene Ungewissheit,   109
    welche Einwendungen Wettbewerber vorbringen werden, insbesondere aufgrund

---

126 Streng genommen gehört der Rechtsbestand des Verfügungspatents zwar nicht zur originären Darle-
    gungslast des Antragstellers. Zumindest eine Beschlussverfügung (ohne mündliche Verhandlung)
    wird er jedoch nur dann erhalten können, wenn sich bereits aus seinem Vorbringen ergibt, dass
    gegen den Rechtsbestand des Patents keine ernstlichen Zweifel bestehen.
127 »Präsente« und damit zulässige Beweismittel sind die Schlüssigkeit des Sachvortrages sowie von den
    Parteien präsentierte Privatgutachten.

besonderer Kenntnisse über den tatsächlich vorbekannten Stand der Technik (zB offenkundige Vorbenutzungen),

110 – eines noch anhängigen Einspruchsverfahrens (es sei denn, das entgegengehaltene Material ist offensichtlich schwach und weit entfernt vom Gegenstand der Erfindung),

111 – widersprüchlicher Entscheidungen verschiedener Instanzen des Erteilungs- oder Einspruchsverfahrens, die die Bewertung der Erfindung zweifelhaft erscheinen lassen[128],

112 – Auffindens von Stand der Technik, der bei sorgfältiger Prüfung im Erteilungsverfahren hätte berücksichtigt werden müssen,

113 – eines gering erscheinenden Abstandes vom Stand der Technik, der die Bewertung der Erfindungshöhe zweifelhaft erscheinen lässt,

114 – erhebliche Nachteile für die Marktposition des Antragsgegners (Eigenherstellung, angegriffenes Produkt bildet die Basis der Geschäftstätigkeit),

115 – zögerliches Verhalten des Antragstellers bei der außergerichtlichen und/oder gerichtlichen Verfolgung seiner Ansprüche (keine Dringlichkeit in zeitlicher Hinsicht). Das Dringlichkeitserfordernis ist durch die Enforcement-Richtlinie 2004/48/EG nicht obsolet geworden[129];

116 – der Patentinhaber verwertet die Erfindung ausschließlich im Wege der Lizenzvergabe; allerdings kommt es stets auf die Verhältnisse des Einzelfalles an. So kann sich ein beachtenswertes Interesse an der einstweiligen Durchsetzung der Patentrechte ohne weiteres daraus ergeben, dass sich Wettbewerbsnachteile der Lizenznehmer daraus ergeben, dass es dem Verletzer bis zu einer Hauptsacheentscheidung gestattet wäre, die Erfindung ohne Zahlung von Lizenzgebühren zu benutzen und dadurch die Preise der Lizenznehmer zu unterbieten;

117 – die Parteien führen Verhandlungen über den Abschluss eines Lizenzvertrages[130];

118 – im parallel geführten Hauptsacheverfahren steht demnächst ein Termin zur mündlichen Verhandlung an[131];

119 – der Antragsgegner kann das Bestehen eines privaten Vorbenutzungsrechts glaubhaft machen, selbst dann, wenn für die patentrechtliche Beurteilung des glaubhaft gemachten Sachverhaltes ein Sachverständigengutachten eingeholt werden müsste, weil dem Verletzungsgericht die fachliche Kompetenz fehlt, um aus eigener Kompetenz zu entscheiden, ob der vorbenutzte Gegenstand den Merkmalen des Verfügungspatents entspricht.

3. Dringlichkeit

120 Wann die – oben angesprochene – Dringlichkeit zu verneinen ist, lässt sich nicht allgemein, dh anhand fester Fristen, sondern nur unter Berücksichtigung der konkreten Verhältnisse des Einzelfalles bestimmen.[132] Maßgeblich ist stets, ob der Antragsteller das Seinige getan hat, um seine Verbietungsrechte zügig durchzusetzen.[133] Dass jede einzelne

---

128 OLG Düsseldorf, InstGE 8, 122 – Medizinisches Instrument.
129 OLG Düsseldorf, InstGE 10, 60 – Olanzapin II; Heinze, Einstweiliger Rechtsschutz, 2007, S 346.
130 OLG Karlsruhe, InstGE 11, 143 – VA-LCD-Fernseher.
131 OLG Karlsruhe, InstGE 11, 143 – VA-LCD-Fernseher; fraglich.
132 OLG Hamburg, GRUR-RR 2008, 366 – Simplify your Production.
133 OLG Frankfurt/Main, BeckRS 2013, 10983 – Comedyvideos.

Aufklärungs- und Verfolgungsmaßnahme für sich betrachtet ggf auch zügiger hätte absolviert werden können (was praktisch immer denkbar sein wird), ist belanglos. Es geht nicht um eine größtmögliche Schnelligkeit, sondern darum, dass der Antragsteller seine Rechtsverfolgung in einer Weise vorantreibt, die die Ernsthaftigkeit seines Bemühens erkennen lässt und die es deswegen objektiv rechtfertigt, ihm Zugang zum einstweiligen Rechtsschutzverfahren zu gewähren.[134] Es versteht sich von selbst, dass die notwendige Klarheit in einem einfach gelagerten Sachverhalt schneller herbeigeführt sein kann, als wenn es sich um einen technisch schwierigen Komplex handelt.

a) Allgemeine Regeln

Grundsätzlich beginnt die »Uhr« für den Antragsteller mit dem Augenblick »zu ticken«, in dem er Kenntnis von der schutzrechtsverletzenden bzw einer kerngleichen[135] Ausführungsform erhält. Ohne konkrete tatsächliche Anhaltspunkte, die vom Antragsteller darzulegen sind, und ohne das Vorliegen besonderer Umstände[136] kann nicht davon ausgegangen werden, dass dem Patentinhaber im Rahmen einer **Due-Diligence-Prüfung** zur Vorbereitung eines Asset-Deals vorausgehende Streitigkeiten zwischen dem vormaligen Schutzrechtsinhaber (= Veräußerer) und einem Konkurrenten wegen kerngleicher Verletzungshandlungen zur Kenntnis gelangt sind.[137] Wissen, das der Anwalt im Zusammenhang mit einem anderen, fremden Mandat erlangt hat, wirkt für den Antragsteller nicht dringlichkeitsschädlich.[138]

121

Wird die **Markteinführung** des Verletzungsproduktes einige Zeit vorher angekündigt und erfährt der Schutzrechtsinhaber davon, ist von ihm zu erwarten, dass er die verbleibende Zeit bis zur Markteinführung nutzt, um sich intern darüber klar zu werden, ob er einer möglichen Patentverletzung durch das angekündigte Produkt auf den Grund gehen will, und sodann alle Vorbereitungen trifft, so dass das mutmaßlich schutzrechtsverletzende Produkt sogleich bei seiner Marktpräsenz erworben werden kann. Ob und wann der Berechtigte schon davor unter dem Gesichtspunkt einer Erstbegehungsgefahr (dh eines bloß drohenden Verletzungseingriffs) tätig werden muss, ist eine Frage des Einzelfalles. Ein ernstzunehmendes Risiko zu unterliegen, muss der Angreifer nicht eingehen, weswegen er solche Vorbereitungshandlungen abwarten darf, die bei objektiver Betrachtung sicher erwarten lassen, dass das angerufene Gericht eine wirklich zeitnah bevorstehende Verletzungshandlung (= Erstbegehungsgefahr) bejahen wird.[139]

122

▶ **Bsp:**

123

Im Arzneimittelbereich kann in Fällen des beabsichtigten Parallelimports aus neuen EU-Mitgliedstaaten auf einen entsprechenden Änderungseintrag in der AMIS/DIMDI-Datenbank gewartet werden, auch wenn schon zuvor die Absicht zum Parallelimport angekündigt wurde.[140]

---

134 OLG Düsseldorf, Mitt 2013, 232 = OLG Düsseldorf, GRUR-RR 2013, 236 – Flupirtin-Maleat.
135 OLG Hamburg, MDR 2011, 557 (LS).
136 Sie können etwa darin liegen, dass das Verletzerprodukt einen derartigen Stellenwert für das in Rede stehende Kaufgeschäft hat oder der Erwerber selbst derart im fraglichen Markt tätig ist, dass sich seine Kenntnis geradezu aufdrängt.
137 OLG Hamburg, GRUR-RR 2018, 27 – HSA FREI.
138 OLG Hamburg, GRUR-RR 2018, 27 – HSA FREI.
139 OLG Düsseldorf, Urteil v 6.8.2015 – I-2 U 21/15. Nach LG München I (Urteil v 24.6.2016 – 21 O 5583/16) begründet eine Wiederholungsgefahr auch bei vorausgehender Erstbegehungsgefahr regelmäßig eine neue Dringlichkeit.
140 OLG Düsseldorf, Urteil v 6.8.2015 – I-2 U 21/15.

124 Nach überwiegender Meinung[141] ist es unerheblich, ob der Patentinhaber von dem Verletzungsprodukt bei Beachtung seiner **Marktbeobachtungspflicht** zeitiger hätte Kenntnis haben *können*. Fahrlässiges Unwissen schadet mithin grundsätzlich nicht.

125 Hat der Patentinhaber allerdings **greifbare Hinweise** auf rechtsverletzende Handlungen des Antragsgegners, darf er sich ihnen nicht verschließen, sondern hat ihnen nachzugehen.[142] Eine sogar jahrelange Schutzrechtsverletzung genügt dafür allein nicht unbedingt, weil es darauf ankommt, ob der Verstoß offensichtlich war, so dass er dem Berechtigten nach der allgemeinen Lebenserfahrung nicht entgangen sein kann.[143] Versäumt der Patentinhaber ein Einschreiten in einer Weise, dass seine Untätigkeit – objektiv betrachtet – auf eine Gleichgültigkeit bei der Verfolgung der eigenen rechtlichen Interessen schließen lässt, geht die Dringlichkeit verloren.[144] Anders verhält es sich nur und erst dann wieder, wenn die Umstände (zB der Umfang und/oder die Intensität der Verletzungshandlungen) in der Folgezeit eine derartige **Veränderung** erfahren, dass in Bezug auf die Veranlassung zum Einschreiten ein qualitativ anderer Sachverhalt anzunehmen ist.[145] Derartiges ist zB denkbar, wenn nach einem zunächst nur singulären oder an unscheinbarer Stelle platzierten Angebot in einen flächendeckenden und/oder prominenten Vertrieb eingetreten wird oder wenn das Verletzungsprodukt (Steuerungssoftware) zunächst nur im Zusammenhang mit dem Verkauf kostspieliger und zeitaufwändig zu genehmigender und deswegen nur vereinzelt zu realisierender Großprojekte (zB Windräder) offeriert wird und später dazu übergegangen wird, die Software als Nachrüstpaket für bereits in großer Zahl existierende Anlagen anzubieten. Anders liegen die Verhältnisse, wenn das mit dem Verfügungsantrag beanstandete Verhalten ernsthaft angedroht war, der Anspruchsteller den aus der Berühmung folgenden vorbeugenden Unterlassungsanspruch jedoch längere Zeit nicht geltend macht und der Antragsgegner später (und sei es auch nach mehreren Monaten) dazu übergeht, das angedrohte schutzrechtsverletzende Verhalten in die Tat umzusetzen; hier ist und bleibt die Dringlichkeit verloren.[146]

126 Umstände, die eine Beobachtung erzwingen, sind nach Lage des Falles **beispielhaft** in folgenden Konstellationen vorstellbar:

127 – War der Antragsgegner **Lizenznehmer** am Verfügungspatent, ist der Lizenzvertrag durch den Lizenzgeber gekündigt worden und existieren stichhaltige Anhaltspunkte dafür, dass sich der Lizenznehmer über die Vertragskündigung hinwegsetzen wird[147], muss der Patentinhaber sich vergewissern, ob der Lizenznehmer seine Benutzungshandlungen angesichts der veränderten Vertragslage tatsächlich einstellt.[148]

128 – Hat der Antragsteller Kenntnis davon, dass ein ausländisches Unternehmen Verletzungsgegenstände (auch) im Inland anbietet und bleibt er daraufhin trotz Erreichbarkeit des Ausländers für ein inländisches Gerichtsverfahren untätig, kann er sich anschließend nicht darauf berufen, erst geraume Zeit später erfahren zu haben, dass die Antragsgegnerin als **deutsche Vertriebstochter** an den inländischen Verletzungshandlungen beteiligt ist. Die Kenntnis vom inländischen Verletzungssachverhalt

---

141 OLG Köln, GRUR-RR 2014, 127 – Haarverstärker, mwN; OLG Frankfurt/Main, GRUR-RR 2018, 251 – Pharma-Vertriebsbereiche; Berneke, Einstweilige Verfügung, Rn 177 f, mwN.
142 KG, GRUR-RS 2015, 11082 – Mobilfunkgerät.
143 OLG Köln, GRUR-RR 2014, 127 – Haarverstärker.
144 OLG Düsseldorf, Urteil v 5.7.2012 – I-2 U 12/12.
145 OLG Frankfurt/Main, GRUR-RR 2014, 82 – Qualitätssprung; OLG Düsseldorf, Urteil v 5.7.2012 – I-2 U 12/12.
146 OLG Frankfurt/Main, GRUR-RR 2014, 82 – Qualitätssprung.
147 OLG Düsseldorf, Beschluss v 14.12.2012 – I-2 W 30/12.
148 OLG Düsseldorf, Beschluss v 15.5.2012 – I-2 W 11/12.

ermöglicht und erfordert eine zeitnahe Rechtsverfolgung gegenüber dem ausländischen Unternehmen, zumindest aber eine Abklärung dahingehend, ob in deren nach Deutschland gerichtete Vertriebshandlungen (was einer üblichen Praxis entspricht und deshalb als naheliegende Möglichkeit unbedingt in Erwägung zu ziehen ist) ggf ein deutsches Tochterunternehmen eingeschaltet ist.[149]

– Differenziert zu behandeln ist der Fall, dass dem Patentinhaber das **Verletzungsprodukt** als solches **bekannt** ist, diesem seine **schutzrechtsverletzende Ausstattung** oder Eigenschaft aber **nicht** auf den ersten Blick (»von außen«) anzusehen und dem Patentinhaber auch verborgen geblieben ist. Nach den Umständen des Einzelfalles kann sich eine Benutzung des Klagepatents als ernstzunehmende Möglichkeit aufdrängen; hier sind im Anschluss an die Kenntnis vom Verletzungsprodukt zeitnahe Nachforschungen zu erwarten, so dass deren Unterbleiben auf ein solches Maß an Gleichgültigkeit gegenüber den eigenen Belangen bei der Rechtsverfolgung schließen lässt, dass eine Dringlichkeit verneint werden muss. Liegt die Möglichkeit einer Schutzrechtsverletzung durch den bekannten Gegenstand fern, ist das Unterlassen klärender Maßnahmen umso eher hinzunehmen, je aufwändiger und für den betreffenden Antragsteller unzumutbarer die Sachaufklärung ist. 129

Besteht nach dem zuvor Gesagten eine Nachforschungspflicht, gilt wegen der **Einzelheiten** Folgendes: Sobald das mutmaßlich patentverletzende (oder ein kerngleiches) Erzeugnis in den Händen des Patentinhabers ist, trifft ihn die Obliegenheit, den betreffenden Gegenstand zügig und umfassend auf das Vorliegen einer Schutzrechtsverletzung zu untersuchen. Hierzu gehört, dass er, sofern sich der Benutzungstatbestand nicht aus einer bloßen Betrachtung des Verletzungsgegenstandes erschließt, alsbald die zur Aufklärung notwendigen Untersuchungen in die Wege leitet, diese zielstrebig zum Abschluss bringt und, sofern sich ein positiver Befund ergibt, anschließend ohne übermäßiges Zögern die sich daraus für ihn ergebenden Verbietungsansprüche verfolgt. Gründe für eine rechtlich unschädliche Verzögerung können sich in diesem Zusammenhang daraus ergeben, dass die Feststellung des Verletzungstatbestandes aufwändige Untersuchungen oder Analysen verlangt, dass der Patentinhaber im Ausland ansässig und der deutschen Sprache nicht mächtig ist oder dass die Beschaffung von Glaubhaftmachungsmitteln, ohne die ein aussichtsreicher Verfügungsantrag nicht anhängig gemacht werden kann, Probleme bereitet.[150] Generell darf der Antragsteller einen sicheren Weg gehen und alle Glaubhaftmachungsmittel beschaffen, die bei einem denkbaren Verteidigungsverhalten des Gegners erforderlich werden können.[151] Das kann einschließen, dass die in eigenen Laboren gewonnenen Erkenntnisse anschließend durch eine externe Untersuchung verifiziert werden, um dem möglichen Einwand vorzubeugen, die behaupteten Resultate seien parteiisch.[152] Grundsätzlich kann der Antragsteller nicht darauf verwiesen werden, Nachermittlungen und Glaubhaftmachungsmittel erforderlichenfalls erst während des laufenden Verfahrens zu beschaffen. Jede Maßnahme, die der Antragsteller zur Aufklärung und/ oder zur Glaubhaftmachung des entscheidungsrelevanten Sachverhaltes unternimmt, hat dabei zunächst die tatsächliche Vermutung ihrer Sinnhaftigkeit für sich, weswegen sie eine mangelnde Dringlichkeit grundsätzlich nicht begründen kann, selbst wenn sich im 130

---

149 OLG Düsseldorf, Urteil v 5.7.2012 – I-2 U 12/12; zustimmend: KG, GRUR-RS 2015, 11082 – Mobilfunkgerät.
150 Abweichend und zu streng LG München I, InstGE 3, 297 – Fälschungsverdacht I: Nach Kenntnis von der Verletzung steht dem Berechtigten ein Monat für die Beschaffung der Glaubhaftmachungsmittel und die Anbringung des Verfügungsantrages zur Verfügung. Überschreitet er diese (grundsätzlich feste) Frist, so muss er detailliert darlegen, wieso er ihn trotz größtmöglicher Anstrengungen nicht möglich war, die Glaubhaftmachungsmittel beizuschaffen.
151 OLG Düsseldorf, Mitt 2013, 232 = OLG Düsseldorf, GRUR-RR 2013, 236 – Flupirtin-Maleat.
152 OLG Düsseldorf, Mitt 2013, 232 = OLG Düsseldorf, GRUR-RR 2013, 236 – Flupirtin-Maleat.

Nachhinein herausstellen sollte, dass es ihrer angesichts der (zu diesem Zeitpunkt für den Antragsteller noch nicht vorhersehbaren) Einlassung des Antragsgegners im einstweiligen Verfügungsverfahren nicht bedurft hätte. Anders zu behandeln sind allenfalls solche Maßnahmen, die ex ante selbst aus Gründen prozessualer Vorsicht schlechterdings keinen Sinn ergeben, sondern ausschließlich unnütze Zeit bei der Rechtsverfolgung kosten.[153] Nach diesen Grundsätzen muss der Verletzte nicht bereits allein aufgrund einer ihm von einem entdeckten Benutzer im Rahmen des § 140b PatG offenbarten Bezugsquelle gerichtlich vorgehen, sondern kann vorher weitere Maßnahmen treffen, die den Verletzungssachverhalt auch gegenüber der benannten Bezugsquelle unzweideutig belegen; denn die erteilte Auskunft kann unzuverlässig sein oder schlimmstenfalls sogar korrigiert bzw widerrufen werden.

131 Handelt es sich um ein **SEP**, für das eine **FRAND-Erklärung** abgegeben ist, so gehört es zu den Obliegenheiten des Verletzten, nach Kenntnis vom Verletzungssachverhalt auch diejenigen Maßnahmen (Verletzungsanzeige, Lizenzangebot) zu unternehmen, die den Unterlassungsanspruch durchsetzbar machen (zu Einzelheiten vgl oben Kap E Rdn 403 ff).

132 Sobald der Antragsteller über alle Kenntnisse und Glaubhaftmachungsmittel verfügt, die *verlässlich* eine aussichtsreiche Rechtsverfolgung ermöglichen, muss er den Verfügungsantrag innerhalb eines Monats anbringen. Hat der Antragsteller durch sein Verhalten gezeigt, dass ihm bestimmte (**theoretisch erhebliche**) **Umstände** für seinen Entschluss zur Rechtsverfolgung nicht wichtig sind, kann aus ihnen nicht im Nachhinein eine Dringlichkeit mit der Erwägung hergeleitet werden, vernünftigerweise hätte in der betreffenden Hinsicht Klarheit bestehen müssen, bevor der Rechtsweg beschritten wird.[154] Aus demselben Grund kann es einen zögerlichen Antragsteller nicht entlasten, dass er mangels vorgerichtlicher Abmahnung seines Gegners dessen Verteidigungsargumente noch nicht kennt und sich aus einer von ihm abgewarteten Entscheidung möglicherweise Hinweise zur Patentauslegung ergeben, die ggf streitrelevant sein könnten. Zwar braucht der Verletzte bei seiner Rechtsverfolgung kein Prozessrisiko eingehen; ein Zuwarten lässt sich unter diesem Gesichtspunkt jedoch nicht mit rein theoretischen Erwägungen rechtfertigen, die ohne Rückhalt im Einzelfall sind. Vielmehr ist darzutun und im Bestreitensfall glaubhaft zu machen, dass und weshalb von der fraglichen Entscheidung, die abgewartet worden ist, Erkenntnisse zu erwarten waren, die für die Beurteilung des streitbefangenen Sachverhaltes (dh angesichts des vorliegenden Verletzungsgegenstandes, nämlich seiner Beschaffenheit und Wirkungsweise) nicht nur irgendwie nützlich, sondern in dem Sinne erforderlich sein können, dass ohne ihre Existenz eine sicher erfolgreiche Rechtsdurchsetzung nicht gewährleistet ist.[155]

133 ▶ **Beispiel**

Ist der Antragsteller lediglich im Besitz eines im Ausland erworbenen Verletzungsgegenstandes und macht er seinen Verfügungsantrag – Monate später – dennoch anhängig, ohne bis dahin in den Besitz einer im Inland vertriebenen Verletzungsform oder sonstiger sie betreffender Unterlagen gelangt zu sein, so lässt sich die Dringlichkeit der zögerlichen Rechtsverfolgung nicht damit begründen, dass die Bezugnahme auf ausländische Vertriebsprodukte das Risiko birgt, dass deren Identität mit den angegriffenen inländischen Produkten bestritten wird und infolgedessen ein Unterliegen im Verfahren wegen mangelnder Glaubhaftmachung des Verletzungssachverhaltes droht.

---

153 OLG Düsseldorf, Mitt 2013, 232 = OLG Düsseldorf, GRUR-RR 2013, 236 – Flupirtin-Maleat.
154 OLG Düsseldorf, GRUR-RR 2017, 477 – Vakuumgestütztes Behandlungssystem.
155 OLG Düsseldorf, GRUR-RR 2017, 477 – Vakuumgestütztes Behandlungssystem.

Ist der Verfügungsantrag auf die konkrete Verletzungsform zugeschnitten und variiert **134**
der Antragsgegner die angegriffene Ausführungsform in einer Weise, dass sie nicht mehr
in den Kern der Verbotsverfügung fällt, kann einem weiteren gegen die **Abwandlung**
gerichteten vorläufigen Rechtsschutzbegehren nicht die Dringlichkeit unter Hinweis
darauf abgesprochen werden, dass schon der erste Verfügungsantrag so abstrakt hätte
formuliert werden können, dass die Abwandlung erfasst wird.[156]

Anhaltspunkte dafür, dass **Dritte** das Patent verletzen, nehmen dem Rechtsverfolgungs- **135**
begehren gegenüber dem Antragsgegner grundsätzlich nicht die Dringlichkeit.[157] Etwas
anderes soll gelten, wenn eine in Bezug auf den Dritten veranlasste Marktbeobachtung
unweigerlich auch den Antragsgegner als (weiteren) Verletzer zum Vorschein gebracht
hätte[158] sowie mit Blick auf den Verfügungsantrag gegen einen Vertreiber, wenn es der
Antragsteller über längere Zeit versäumt hat, gegen den Hersteller[159] bzw den Alleinimporteur[160] der schutzrechtsverletzenden Ware vorzugehen. Gleiches gilt, wenn Angebotshandlungen der für ein inländisches Gerichtsverfahren greifbaren ausländischen
Muttergesellschaft hingenommen werden und wegen derselben Handlungen erst gegen
die deutsche Vertriebstochter eingeschritten wird, nachdem deren Beteiligung offenbar
geworden ist.[161]

Es ist nicht unbedingt erforderlich, dass das Vertretungsorgan (zB der Geschäftsführer) **136**
selbst die erforderliche Kenntnis besessen hat; ebenso wenig muss das Wissen bei der
betriebsintern für die Verfolgung von Rechtsverstößen verantwortlichen Rechtsabteilung
vorhanden sein.[162] Vielmehr genügt die Kenntnis eines (insbesondere leitenden) **Angestellten** der Vertriebsabteilung, wenn von diesem erwartet werden kann, dass er sein
Wissen um einen etwaigen Rechtsverstoß unternehmensintern weitergibt, so dass er von
zuständiger Stelle verfolgt werden kann.[163] Hat allerdings der **Geschäftsführer** das maßgebliche Wissen, kann er sich nicht darauf berufen, dass nach der internen Zuständigkeitsregelung im Unternehmen für die Verfolgung von Schutzrechtsverletzungen ein
anderer, unwissender Mitarbeiter verantwortlich gewesen ist; denn den Geschäftsführer
trifft unter solchen Umständen die Pflicht, sein Wissen unverzüglich dem unternehmensintern Zuständigen weiterzugeben.[164]

Eine **Patentholdinggesellschaft** muss sich gemäß § 166 BGB das Wissen der Mitarbeiter **137**
ihrer operativ tätigen Muttergesellschaft zurechnen lassen, die die fraglichen Schutzrechte
geschäftlich verwertet und deren 100 %ige Tochter sie ist.[165]

Verzögerungen bei der Durchführung des **Patenterteilungsverfahren**s sind regelmäßig **138**
unbeachtlich. Das gilt per se, wenn es sich um Fristverlängerungen oder späte Verfahrenserklärungen (wie den Prüfungsantrag) zu einer Zeit handelt, zu der die angegriffene
Ausführungsform noch nicht absehbar war und deshalb auch kein Handlungsbedarf in
Bezug auf eine Rechtsverfolgung bestand. Ansonsten kommt es darauf an, ob es für

---

156 OLG Frankfurt/Main, WRP 2014, 101 = OLG Frankfurt/Main, BeckRS 2013, 09966 – Fehlendes Rechtsschutzbedürfnis für weiteren Eilantrag.
157 OLG Düsseldorf, Urteil v 11.1.2018 – I-15 U 66/17.
158 OLG Düsseldorf, GRUR-RR 2012, 146 – E-Sky (für einen im Tatsächlichen besonders gelagerten Fall).
159 OLG München, InstGE 12, 184 – Verfügungsgrund bei Abnehmerverwarnung II.
160 OLG München, GRUR 1994, 852.
161 OLG Düsseldorf, Urteil v 5.7.2012 – I-2 U 12/12; KG, GRUR-RS 2015, 11082 – Mobilfunkgerät.
162 So aber: OLG Braunschweig, Mitt 2012, 423 – Widerlegung der Dringlichkeitsvermutung.
163 OLG Frankfurt/Main, NJW 2000, 1961 – Pfändung einer Domain; OLG Köln, GRUR-RR 2010, 493 – Ausgelagerte Rechtsabteilung; OLG Köln, GRUR-RR 2014, 127 – Haarverstärker; OLG Frankfurt/Main, GRUR-RR 2018, 251 – Pharma-Vertriebsbereiche.
164 KG, GRUR-RS 2015, 11082 – Mobilfunkgerät.
165 LG Hamburg, GRUR-RR 2014, 137 – Koronarstent.

das taktische Verhalten des Anmelders vernünftige, auch unter dem Gesichtspunkt der Rechtsdurchsetzung zu billigende Gründe gibt. Gelegentlich kann gerade das Hinauszögern der Patenterteilung ein Indiz für den Rechtsverfolgungswillen des Anmelders sein, wenn die gewonnene Zeit dazu genutzt werden soll, eine Anspruchsfassung zu finden, die die mutmaßliche Verletzungsform möglichst wortsinngemäß erfasst. Gleiches gilt für die Abzweigung eines Gebrauchsmusters mit dem Ziel, daraus (statt aus dem zugrunde liegenden Patent) im Verfügungsverfahren vorgehen zu können. Hier kann nicht einfach darauf abgestellt werden, dass das Verfügungsschutzrecht erst mit der Gebrauchsmustereintragung existent geworden ist und *deshalb* die Dringlichkeitsfrist keinesfalls vorher zu laufen begonnen haben kann. War schon das Patent, aus dem abgezweigt worden ist, eine prinzipiell gleichermaßen taugliche Verfügungsgrundlage, kann sich der Antragsteller die insoweit verloren gegangene Dringlichkeit nicht dadurch »erschleichen«, dass er nachträglich ein Gebrauchsmuster abzweigt.

b) Rechtsprechungsänderung

139 Trotz längerer Kenntnis von dem Verletzungsprodukt schadet eine Untätigkeit des Anspruchsberechtigten nicht, wenn die Rechtsverfolgung erst durch eine geänderte ober- oder höchstrichterliche Rechtsprechung erfolgversprechend geworden ist. Allerdings muss der Berechtigte die Rechtsprechungsänderung zügig nutzen, um den Gegner abzumahnen und, sofern dieser nicht einlenkt, seine Ansprüche gerichtlich durchzusetzen.[166] Aus einer geänderten Rechtsprechung müssen überdies eigenverantwortlich die notwendigen Folgerungen für die erweiterten Rechtsverfolgungsmöglichkeiten gezogen werden, weswegen derjenige, der diesbezügliche Überlegungen unterlässt oder die mit ihr verbundenen Chancen nicht erkennt, für sein Zögern nicht auf spätere Veröffentlichungen verweisen kann, mit denen die entsprechenden Konsequenzen ausdrücklich gezogen worden sind.[167]

140 ▶ **Beispiel:**[168]

Mit der Entscheidung »Pemetrexed«[169] hat der BGH festgestellt, dass als Herstellungsverwendungsansprüche formulierte swiss-type-claims im Verletzungsprozess wie (nach dem EPÜ 2000 abgefasste) zweckgebundene Stoffansprüche zu behandeln sind. Daraus folgt, dass die zu den bisherigen Verwendungspatenten etablierte Rechtsprechung zur sinnfälligen Herrichtung die Möglichkeiten einer Schutzrechtsverletzung nicht mehr kategorisch abschließt, sondern ein Patentschutz darüber hinaus immer dann in Betracht kommen kann, wenn sich der fragliche Zweck, an den der Sachschutz (§ 9 Nr 1 PatG) gebunden ist, auch ohne dass die Sache vom Verletzer eigens hierfür hergerichtet wurde, absehbar verwirklicht, wie dies zB bei einem am Markt gebräuchlichen cross-label-use der Fall sein kann.[170] Wer aus Anlass der »Pemetrexed«-Entscheidung gegen einen ihm bekannten cross-label-use nicht zeitnah einschreitet, sondern zuwartet, bis die aufgezeigten Schutzbereichskonsequenzen in der Rechtsprechung oder Literatur formal gezogen sind, verliert die Dringlichkeit.

c) Laufender Hauptsacheprozess

141 Demgegenüber sind Zweifel an der Begründetheit des Verfügungsanspruchs (Aktivlegitimation, Schutzbereichseingriff) grundsätzlich keine geeignete Entschuldigung dafür, von

---

166 LG Hamburg, NJOZ 2009, 1456 – Laccio-Möbel.
167 OLG Düsseldorf, GRUR 2017, 1107 – Östrogenblocker.
168 OLG Düsseldorf, GRUR 2017, 1107 – Östrogenblocker.
169 BGH, GRUR 2016, 921 – Pemetrexed.
170 Vgl oben Kap A Rdn 371 ff.

einer Rechtsverfolgung zunächst abzusehen oder sie zögerlich in Angriff zu nehmen.[171] Anders kann der Fall liegen, wenn bereits für den Antragsteller negative Gerichtsentscheidungen (zB gegen andere Verletzer) vorliegen, die nicht ersichtlich unzutreffend sind und die deshalb schwerwiegende Zweifel an den Erfolgsaussichten einer Rechtsverfolgung aufkommen lassen. Handelt es sich etwa um Grenzfragen, die mit guten Gründen sowohl in die eine wie in die andere Richtung beantwortet werden können, kann die Dringlichkeit zu bejahen sein, wenn der Antragsteller alsbald, nachdem das ihm **ungünstige Erkenntnis im Rechtsmittelzug abgeändert** worden ist, gegen weitere Verletzer vorgeht, die er vorher trotz Kenntnis von ihrem Tun nicht in Anspruch genommen hat. Noch großzügiger argumentiert das OLG Karlsruhe[172], das sogar das Abwarten einer in einem parallelen Berufungsverfahren (in das das Verfügungspatent klageerweiternd gegen einen anderen Verletzer eingeführt worden war) anstehenden Entscheidung hinnimmt.

Praxistipp	Formulierungsbeispiel	142

In verfahrensrechtlicher Hinsicht ist zu beachten, dass der Verfügungsantrag gemäß § 82 ZPO an den Prozessbevollmächtigten des Hauptsacheverfahrens zugestellt werden kann, was vor allem dann eine Erleichterung ist, wenn die gegnerische Partei im Ausland residiert.

d) Abwarten der Rechtsbestandsentscheidung[173]

Der Dringlichkeit einer einstweiligen Unterlassungsverfügung in Patentsachen steht es nicht zwingend entgegen, dass der Patentinhaber vor Anbringung seines Verfügungsantrages zunächst die erstinstanzliche Einspruchs- oder Nichtigkeitsentscheidung abwartet, wenn der Rechtsbestand des Verfügungspatents streitig ist und ein vor der aufrechterhaltenden Einspruchs- oder Nichtigkeitsentscheidung eingereichtes Verfügungsbegehren mutmaßlich keine Erfolgsaussicht hat.[174] Es ist deswegen unschädlich, wenn der Patentinhaber zunächst (sic: vor der Einspruchsentscheidung) bereits eine Hauptsacheklage erhebt und erst während des laufenden Prozesses (sic: nach Vorliegen der ihm günstigen Einspruchsentscheidung) einen Verfügungsantrag anbringt und über beide Anliegen in demselben Termin verhandelt wird.[175] Unter Umständen kann es gerechtfertigt sein, die schriftlichen Entscheidungsgründe abzuwarten[176], ggf ist sogar das Abwarten der Einspruchsbeschwerde- oder Nichtigkeitsberufungsentscheidung hinzunehmen, nachdem das laufende Rechtsbestandsverfahren erstinstanzlich zugunsten des Schutzrechtsinhabers ausgegangen ist. Das Vorliegen einer erstinstanzlichen Rechtsbestandsentscheidung stellt nämlich nur eine prinzipielle **Minimalbedingung** für den Erlass einer einstweiligen Verfügung dar, aber nicht zugleich auch eine Maximalbedingung für die Verfolgung einstweiligen Rechtsschutzes.[177] Allerdings muss für das Abwarten der betreffenden Entscheidung/ihrer Begründung ein aus der ex-ante-Sicht des Antragstellers bei objektiver Betrachtung triftiger Grund vorliegen, der noch nicht darin liegt, dass eine Rechtsbestandsentscheidung immer Ausführungen zur Patentauslegung enthalten *kann*.[178]

143

---

171 Das schließt selbstverständlich eine sachkundige rechtliche Prüfung, die immer geboten ist und für die deshalb auch immer Zeit sein muss, nicht aus.
172 OLG Karlsruhe, GRUR-RR 2015, 509 – Ausrüstungssatz.
173 Harmsen, FS 80 Jahre Patentgerichtsbarkeit Düsseldorf, 2016, S 175.
174 LG Düsseldorf, InstGE 9, 110 – Dosierinhalator; OLG Düsseldorf, InstGE 10, 124 – Inhalator.
175 OLG Düsseldorf, InstGE 10, 124 – Inhalator.
176 OLG Düsseldorf, InstGE 10, 124 – Inhalator.
177 OLG Düsseldorf, Urteil v 21.1.2016 – I-2 U 48/15.
178 OLG Düsseldorf, GRUR-RR 2017, 477 – Vakuumgestütztes Behandlungssystem.

144 Grund für das **Abwarten des weiteren Gangs des Rechtsbestandsverfahrens** besteht zB dann, wenn berechtigte Zweifel an der Richtigkeit der zugunsten des Patentinhabers getroffenen und vom Gegner angefochtenen Einspruchs- bzw. Nichtigkeitsentscheidung bestehen, so dass mit deren Kassation gerechnet werden muss. Die Ungewissheit kann auf neuen Rechtsbestandseinwendungen (zB weiteren, der Erfindung näher liegenden Druckschriften des Standes der Technik) beruhen, sie kann sich bei unverändertem Sach- und Streitstand aber auch daraus ergeben, dass die Beurteilung der Rechtsbestandsangriffe objektiv uneindeutig ist oder die erstinstanzliche Rechtsbestandsentscheidung das richtige Ergebnis schlicht verfehlt.[179] Die Befugnis zum Abwarten besteht unter solchen Umständen selbst dann, wenn der Verfügungskläger auf der Grundlage der erstinstanzlichen Rechtsbestandsentscheidung einen Wettbewerber im vorläufigen Rechtsschutz in Anspruch genommen hat, von einer entsprechenden Rechtsverfolgung aber gegenüber anderen Patentbenutzern absieht, deren Existenz ihm erst bekannt geworden ist, nachdem die möglicherweise erfolgversprechenden Angriffe gegen die erstinstanzliche Rechtsbestandsentscheidung aufgekommen sind.[180] Der Vorwurf nachlässiger Rechtsverfolgung wegen des Abwartens der im Rechtsbestandsverfahren ausstehenden Rechtsmittelentscheidung ist bei einer solchen Sachlage schon deshalb nicht gerechtfertigt, weil der Weg zu den Gerichten erst beschritten werden muss, nachdem der Verfügungskläger alle Vorkehrungen getroffen hat, die einen sicheren Prozesserfolg versprechen. Es ist ihm deshalb gerade nicht zuzumuten, gestützt auf eine ihm zwar günstige, sachlich aber mit guten Gründen angreifbare erstinstanzliche Rechtsbestandsentscheidung ein Verfügungsverfahren anzustrengen. Selbst wenn die im Voraus nicht kalkulierbare *Chance* besteht, dass sein Verfügungsbegehren Erfolg hat, besteht mit gleicher Wahrscheinlichkeit aber auch die Möglichkeit, dass das Verletzungsgericht seine eigene Prüfungspflicht im Hinblick auf die ergangene Rechtsbestandsentscheidung in den Vordergrund stellt und wegen durchgreifender Bedenken an der Richtigkeit der erstinstanzlichen Einspruchs- oder Nichtigkeitsentscheidung den Erlass einer einstweiligen Verfügung versagt. Die aufgezeigte Ungewissheit des Verfahrensausgangs macht es mindestens aus Kostengründen, ggf auch aus strategischen Erwägungen heraus sachgerecht und vernünftig, den Verletzungsangriff zurückzustellen, bis der Rechtsbestand des Schutzrechts so weit geklärt ist, dass ein Erfolg des Verfügungsbegehrens sicher absehbar ist. Dringlichkeitsbedenken sind in solchen Fällen umso weniger angebracht, wenn es im Einspruchsbeschwerde- oder Nichtigkeitsberufungsverfahren tatsächlich zu einer weiteren Einschränkung des Verfügungspatents kommt, so dass sich die Befürchtungen des Antragstellers auch objektiv als berechtigt erweisen.[181]

145 Ein Zuwarten ist desweiteren gerechtfertigt, wenn konkrete Anhaltspunkte (zB aus dem Verlauf der mündlichen Verhandlung im Rechtsbestandsverfahren) Ausführungen zur **Patentauslegung** zu erwarten sind, die für das einstweilige Verfügungsverfahren benötigt werden, um dieses mit sicherer Aussicht auf Erfolg in Angriff nehmen zu können.[182]

146 Das Abwarten der Entscheidungsgründe scheidet als Dringlichkeitsgrund nach dem Gedanken der **Selbst-Widerlegung** aus, wenn der Antragsteller durch sein Verhalten dokumentiert, dass deren Kenntnis kein Entscheidungskriterium für die Anrufung des Gerichts gewesen ist.[183] Solches kommt beispielsweise in Betracht, wenn zwischen der Verfügbarkeit der Rechtsbestandsentscheidung und ihrer Begründung für den Antragsteller und der Einreichung seines Verfügungsantrages ein derart kurzer Zeitraum liegt, dass nach der allgemeinen Lebenserfahrung ein Kausalzusammenhang ausscheidet.

---

179 OLG Düsseldorf, Urteil v 21.1.2016 – I-2 U 48/15.
180 OLG Düsseldorf, Urteil v 21.1.2016 – I-2 U 48/15.
181 OLG Düsseldorf, Urteil v 21.1.2016 – I-2 U 48/15.
182 OLG Düsseldorf, GRUR-RR 2017, 477 – Vakuumgestütztes Behandlungssystem.
183 OLG Düsseldorf, GRUR-RR 2017, 477 – Vakuumgestütztes Behandlungssystem.

Aus dem Unterbleiben eines **Beschleunigungsantrages** lässt sich allenfalls in Ausnahmefällen und überhaupt nur dann auf eine mangelnde Dringlichkeit schließen, wenn im Falle der Antragstellung eine signifikant zeitigere Behandlung des Einspruchsverfahrens stattgefunden hätte, was tatrichterlich festzustellen ist. 147

Umgekehrt fehlt die Dringlichkeit nicht per se deshalb, weil der Antragsteller ausschließlich im Wege des vorläufigen Rechtsschutzes vorgeht und **nicht beizeiten** eine parallele **Hauptsacheklage** anhängig macht. Selbst in einer Situation, in der er bei Beantragung der einstweiligen Verfügung bereits im Besitz eines Hauptsachetitels sein *könnte*, sofern er alsbald nach Entdeckung der Verletzungshandlungen (während des noch laufenden Rechtsbestandsverfahrens) Klage zur Hauptsache erhoben *hätte*, kann ihm nicht entgegen gehalten werden, ihm sei die Rechtsverfolgung nicht dringlich. Die gegenteilige Argumentation des Verletzers läuft auf das inakzeptable Ergebnis hinaus, dass ihm allein deshalb, weil er nicht schon (längst) einen Hauptsachetitel gegen sich hat, auch weiterhin gestattet bleiben muss, seine eindeutig patentverletzenden Handlungen weiterhin fortsetzen zu können. Abgesehen davon kann es gute Gründe geben, auch vor Erhebung einer Hauptsacheklage den Ausgang des Einspruchs- oder Nichtigkeitsverfahrens abzuwarten. Ist der Bestand des Klagepatents ernstlich zweifelhaft, wird jeder vernünftige Kläger schon wegen der ansonsten bestehenden Schadenersatzpflicht davon absehen, einen erstrittenen Hauptsachetitel zu vollstrecken. Dann aber ist es ebenfalls vernünftig, davon abzusehen, sich einen solchen (in der Folge ohnehin nicht zu vollstreckenden) Titel durch Hauptsacheklage zu beschaffen. In jedem Fall kann ein derartiges kostenbewusstes Taktieren nicht als nachlässige Rechtsverfolgung ausgelegt werden, die nach außen dokumentiert, dass es dem Anspruchsteller mit seinen Ansprüchen nicht eilig ist. 148

Aus der Tatsache, dass eine einstweilige Verfügung regelmäßig auch dann nicht in Betracht kommt, wenn die Einspruchsfrist noch nicht einmal so weit abgelaufen ist, dass vom Antragsgegner eine fundierte Recherche nach entgegenstehendem Stand der Technik erwartet werden konnte, weswegen ein hinreichender Rechtsbestand des Verfügungspatents auch dann zu verneinen ist, wenn keine konkreten Entgegenhaltung angeführt werden können[184], folgt, dass ein dringlichkeitsschädliches Zuwarten nicht schon deshalb angenommen werden kann, weil der Antragsteller trotz Kenntnis vom Verletzungssachverhalt die **Einspruchsfrist** wenigstens **teilweise**, nämlich so weit **verstreichen lässt**, dass vom Antragsgegner die Benennung konkreter Angriffe gegen das Verfügungspatent erwartet werden kann. In einem solchen Fall empfiehlt es sich allerdings, dem Antragsgegner die ins Auge gefasste Beantragung einer einstweiligen Verfügung außergerichtlich anzukündigen – einmal, um deutlich zu machen, dass das Zuwarten mit der Antragstellung keine nachlässige Rechtsverfolgung dokumentiert, und zum anderen, um dem Antragsgegner im Verfahren den Einwand abzuschneiden, er habe noch keine Veranlassung zu ernsthaften Recherchen gesehen, weshalb der im Verfügungsverfahren zutage getretene Stand der Technik nur ein erstes vorläufiges, nicht abschließendes Rechercheergebnis repräsentiere, dessen mangelnde Relevanz nicht zur Annahme eines hinreichend sicheren Rechtsbestandes führen dürfe. Welcher dem Antragsgegner eingeräumte Recherchezeitraum nach Erteilung des Verfügungspatents keinen vernünftigen Zweifel an der Ernsthaftigkeit der Rechtsverfolgung aufkommen lässt, ist eine Frage des Einzelfalles. Grundsätzlich ist ein übermäßig strenger Maßstab nicht angebracht. Maßgeblich ist, ob es für das vorübergehende Zurückstellen eines Verfügungsantrages im Hinblick auf die Erfolgsaussichten eines gerichtlichen Vorgehens sinnvolle Erwägungen gibt. 149

---

184 OLG Düsseldorf, InstGE 12, 114 – Harnkatheterset.

e) Vergleichsverhandlungen, Vollstreckungsverzicht, VU

150 Nimmt der Verletzte, nachdem er die Patentverletzung entdeckt hat, ernsthafte **Vergleichsverhandlungen** mit dem Gegner auf, so wird hierdurch für sich allein die Dringlichkeit nicht infrage gestellt.[185] Das gilt auch, wenn die Gespräche nach Erlass der einstweiligen Verfügung geführt und während dessen Maßnahmen der Zwangsvollstreckung zurückgestellt werden.[186] Allerdings hat der Berechtigte die Gespräche zügig zu betreiben und nach ihrem Scheitern alsbald den Verfügungsantrag anzubringen bzw die Durchsetzung der Verfügung zu betreiben.[187] Anders verhält es sich demgegenüber, wenn die Vergleichsgespräche erst während des laufenden Verfügungsverfahrens aufgenommen und mit Rücksicht darauf zB eine nennenswerte Verlängerung der Berufungsbegründungsfrist beantragt und die verlängerte Frist auch ausgeschöpft wird. Zwar mag es im Einzelfall angebracht sein, die Vergleichsverhandlungen nicht durch Rechtsmittelschriftsätze zu »stören«; dies allein rechtfertigt es jedoch nicht, die nun einmal begonnene gerichtliche Verfolgung des Begehrens zu verzögern.

151 Dringlichkeitsschädlich ist es ebenfalls, wenn der erstinstanzlich obsiegende Antragsteller ohne besonderen Grund einen **vorübergehenden Vollstreckungsverzicht** erklärt.[188] Gleiches gilt, wenn er zusagt, die erstrittene einstweilige Verfügung bis zum Verfahrensabschluss nicht vollziehen zu wollen.[189] Dringlichkeitsschädlich ist es genauso, wenn der obsiegende Antragsteller die einstweilige Beschlussverfügung zwar rechtzeitig durch Parteizustellung vollzieht (wozu ihm der gesamte Vollziehungsmonat zur Verfügung steht)[190], im Anschluss daran eine ihm zur Kenntnis gelangte Zuwiderhandlung des Antragsgegners allerdings über einen längeren Zeitraum hinweg nicht zum Anlass für die Einleitung eines Ordnungsmittelverfahrens nimmt, sondern statt dessen den Ausgang der gerichtlichen Widerspruchsverhandlung abwartet.[191] Letzteres gilt jedenfalls dann, wenn die Zuwiderhandlung (zB in Anwendung der Kerntheorie) - objektiv betrachtet - nicht ernstlich zweifelhaft und für den Gläubiger auch beweisbar ist oder wenn der Gläubiger durch einen späteren Ordnungsmittelantrag zu erkennen gibt, dass jedenfalls er – subjektiv – keine Zweifel gehabt hat, die ihn von einer rechtzeitigen Vollstreckungsmaßnahme abgehalten haben.

152 An der Dringlichkeit fehlt es regelmäßig auch dann, wenn der Antragsteller zunächst ein **Versäumnisurteil** gegen sich ergehen lässt, wobei es unbeachtlich ist, ob die Versäumung des Termins auf einem Versehen beruht oder prozesstaktisch motiviert ist.[192]

153 Das gleiche gilt erst Recht, wenn eine erwirkte **Verfügung nicht wirksam vollzogen** und deswegen nachträglich aufgehoben wird und der Antragsteller sein Begehren anschließend mit einem erneuten Verfügungsantrag verfolgt.

f) Schutzrechtsbestand

154 Genauso wie es die Pflicht des Antragstellers ist, anhand des ihm vorliegenden Produktes den Verletzungstatbestand aufzuklären, genauso ist es seine Obliegenheit zu klären, welche Schutzrechte bei der gegebenen Ausgestaltung verletzt sein können. Daraus folgt: Greift der Antragsteller den Verletzungsgegenstand im Wege der einstweiligen Verfügung zunächst nur wegen *eines* Patents an und macht er geraume Zeit später in einem

---

185 AA: OLG München, InstGE 3, 301 – Fälschungsverdacht II.
186 OLG Köln, GRUR-RR 2010, 448 – Vollstreckungsverzicht im Eilverfahren.
187 OLG Köln, GRUR-RR 2010, 448 – Vollstreckungsverzicht im Eilverfahren.
188 KG, BeckRS 2010, 13662.
189 KG, GRUR-RR 2015, 181 – Faxversendung ohne Beglaubigungsvermerk.
190 OLG Köln, MDR 2017, 1265.
191 OLG Köln, MDR 2017, 1265.
192 OLG Hamm, GRUR 2007, 173 – interoptik.de.

weiteren einstweiligen Verfügungsverfahren die Verletzung eines zweiten Patents durch dieselbe angegriffene Ausführungsform geltend, so kann dem späteren Verfügungsantrag die Dringlichkeit fehlen. Solches ist der Fall, wenn dem Antragsteller das zweite, ebenfalls für ein einstweiliges Rechtsschutzverfahren taugliche[193] Patent schon bei Einleitung des vorausgegangenen Verfügungsverfahrens zur Verfügung gestanden hat, der Antragsteller bei einer Recherche seines Schutzrechtsbestandes in der Lage gewesen wäre, das zweite Patent aufzufinden, und dessen Verletzung von Anfang an zu erkennen war.[194]

– Der Dringlichkeitsmangel greift dabei auch auf eine Verletzungsform durch, die zwar im Hinblick auf dasjenige Patent, welches Gegenstand des ersten Verfügungsverfahrens war, abgewandelt worden, im Hinblick auf das später geltend gemachte Patent jedoch unverändert geblieben ist.[195]   155

– Die Obliegenheit zur Geltendmachung eines weiteren Verfügungspatents besteht ferner auch dann, wenn es gegenüber dem anhängig gemachten Patent einen nur eingeschränkten Schutz bietet (zB weil es bloß zweckgebundenen und keinen absoluten Stoffschutz gewährt oder lediglich zu einer mittelbaren statt einer unmittelbaren Schutzrechtsverletzung führt) und gilt ganz speziell dann, wenn das weitere Patent sicherere Rechtsverfolgungchancen eröffnet als das bereits anhängige, zB deshalb, weil sein Rechtsbestand (etwa durch eine Einspruchsbeschwerde- oder Nichtigkeitsberufungsentscheidung) in besonderer Weise gesichert ist.[196]   156

Das gebündelte statt konsekutive Vorgehen ist nicht zuletzt deshalb geboten, damit der Antragsgegner von vornherein absehen kann, welchen Angriffen von Seiten des Antragstellers er ausgesetzt ist, so dass vermieden wird, dass der Antragsgegner nach Beseitigung einer ersten Unterlassungsverfügung in gutem Glauben einen Wiedereintritt in den Markt unternimmt, der ihm anschließend unter Berufung auf ein weiteres, schon damals vorliegendes und hinreichend rechtsbeständiges Patent abermals untersagt wird.[197] Dem erläuterten Dringlichkeitserfordernis steht nicht entgegen, dass § 145 PatG im einstweiligen Verfügungsverfahren nicht gilt.   157

g) Zweites eV-Gesuch

Ein zweites – inhaltsgleiches – Gesuch auf Erlass einer einstweiligen Verfügung, das (bei einem anderen oder demselben Gericht) angebracht wird, nachdem der erste Antrag zurückgewiesen wurde, ist mangels Rechtsschutzbedürfnisses unzulässig, sofern seit der Entscheidung über den ersten Verfügungsantrag keine Veränderung eingetreten ist.[198] Anders verhält es sich, wenn eine bereits erlassene Verfügung auslegungsfähig ist und ernsthafte Zweifel vorliegen, ob die nunmehr beanstandete Verletzungshandlung gegen den vorhandenen Unterlassungstitel verstößt.[199]   158

Nimmt der Antragsteller seinen ersten Verfügungsantrag zurück (was er ohne Einwilligung des Gegners in jeder Lage des Verfahrens kann[200]) und stellt er ihn anschließend   159

---

193 ... weil ausreichend rechtsbeständige und hinsichtlich seiner Verletzung liquide ....
194 LG Düsseldorf, InstGE 5, 64 – Kleberoller, bestätigt durch OLG Düsseldorf, Beschluss v 7.7.2004 – I-2 W 26/04.
195 LG Düsseldorf, InstGE 5, 64 – Kleberoller, bestätigt durch OLG Düsseldorf, Beschluss v 7.7.2004 – I-2 W 26/04.
196 OLG Düsseldorf, GRUR 2017, 1107 – Östrogenblocker.
197 OLG Düsseldorf, GRUR 2017, 1107 – Östrogenblocker.
198 OLG Frankfurt/Main, GRUR 2005, 972 – Forum-Shopping, mwN; im Ergebnis ebenso, aber wegen entgegenstehender Rechtskraft: OLG Köln, GRUR-RR 2005, 363 – verdeckte Tatsachenbehauptung, mwN.
199 OLG Köln, BeckRS 2012, 19761 – Potticelli.
200 Fellner, MDR 2010, 128, mwN.

bei einem anderen Gericht erneut, soll diesem zweiten Antrag, wenn die Verhältnisse seither unverändert sind, nach Auffassung des OLG Frankfurt/Main[201] die Dringlichkeit fehlen.[202] Dem ist zu widersprechen.[203] Der unter Dringlichkeitsgesichtspunkten relevante Vorwurf, bei der eigenen Rechtsverfolgung nachlässig und zögerlich gewesen zu sein, ist nur dann angebracht, wenn der Gerichtswechsel entweder ohne zureichenden sachlichen Grund in Verzögerungsabsicht gestellt wird oder wenn seit dem Anlass zum Gerichtswechsel unangemessen lange bis zur Einreichung des neuen Verfügungsantrages gewartet wird.[204] Insoweit gelten strenge Maßstäbe jedenfalls dann, wenn das ursprüngliche Verfügungsverfahren schon weit fortgeschritten ist und der Gerichtswechsel die Rechtsverfolgung deshalb notwendigerweise weit zurückwirft.[205] Einen abweichenden Ansatz verfolgt das OLG Hamburg[206], wenn dieselbe einstweilige Verfügung erneut zu einem Zeitpunkt beantragt wird, zu dem das Verfügungsbegehren noch bei dem Erstgericht anhängig ist. Hier soll dem zweiten Verfügungsantrag ein unheilbarer Verfahrensmangel anhaften, der aus dem allgemeinen Grundsatz der Chancengleichheit und des fairen Verfahrens hergeleitet wird. Zumindest im Ergebnis begegnet dies Bedenken, weil über die Zulässigkeit des Weiteren Verfügungsantrages die Zufälligkeit entscheidet, ob der erste Verfügungsantrag bei Einleitung des Weiteren Verfahrens bereits zurückgenommen ist oder nicht.

h) Berufungsverfahren

160 Unterliegt der Antragsteller in erster Instanz, hat er sein Anspruchsbegehren in der Berufungsinstanz zügig weiter zu betreiben. Er verliert die Dringlichkeit, wenn sein Verfahrensbevollmächtigter sich die Berufungsbegründungsfrist wesentlich (zB um einen Monat[207]) verlängern lässt und die verlängerte Frist auch ausschöpft.[208] Berufliche Überlastung oder Urlaub des sachbearbeitenden Anwaltes entlasten dabei nicht.[209] Dasselbe gilt nach Zurückweisung des Verfügungsantrages durch Beschluss, wenn die sofortige Beschwerde des Antragstellers, obwohl dies möglich gewesen wäre (zB weil es sich nur um Rechtsausführungen handelt), erst geraume[210] Zeit nach Ablauf der Einlegungsfrist begründet wird.[211] Dringlichkeitsschädlich ist es schließlich, wenn der Antragsteller,

---

201 OLG Frankfurt/Main, GRUR 2005, 972 – Forum-Shopping; OLG Hamburg, GRUR 2007, 614 – forum-shopping, aber bedenklich. Anders: OLG Düsseldorf, GRUR-RR 2005, 102.
202 Ebenso: Teplitzky, GRUR 2008, 34, 38 f, wenn der Antragsteller keine triftigen Gründe für den Gerichtswechsel geltend machen kann (zB berechtigte Zweifel an der Zuständigkeit des zuerst angerufenen Gerichts, mangelnde Sachkunde des Erstgerichts aufgrund eines plötzlichen Richterwechsels). AA: OLG Düsseldorf, GRUR 2006, 785 – Lottofonds; ihm zustimmend für den Fall, dass die Rücknahme vor einer gerichtlichen Zurückweisung des Verfügungsantrages erfolgt: KG, GRUR-RR 2017, 128 – gezielte Gehörsvereitelung, mwN zum Streitstand; allerdings wird bei bejahter Dringlichkeit der Verfügungsgrund versagt, wenn das Prozessverhalten des Antragstellers darauf angelegt ist, dass dem Antragsgegner rechtliches Gehör vorenthalten wird, namentlich dadurch, dass er gegenüber dem zweitangerufenen Gericht den erfolglosen ersten Versuch an einem anderen Gerichtsstand verschweigt.
203 OLG Düsseldorf, InstGE 4, 298 – Elektrischer Haartrockner.
204 OLG Düsseldorf, InstGE 10, 60 – Olanzapin II.
205 OLG Düsseldorf, InstGE 10, 60 – Olanzapin II.
206 OLG Hamburg, GRUR-RR 2010, 266 – forum-shopping.
207 Nach OLG Hamburg (MDR 2017, 1444) schadet bereits eine in Anspruch genommene Verlängerung der Berufungsbegründungsfrist um 1 Woche.
208 Zu Einzelheiten vgl Berneke, Einstweilige Verfügung, Rn 206 ff; KG, MDR 2009, 888, mwN.
209 OLG Hamburg, MDR 2017, 1444.
210 ZB 15 Tage, wenn es gleichzeitig zu einer Terminsverlegung um 6 Wochen gekommen ist (OLG Frankfurt/Main, BeckRS 2013, 10983 – Comedyvideos); KG, GRUR-RS 2016, 20973 – Selbstwiderlegung im Beschwerdeverfahren (wenn nach Beschlusszurückweisung ohne hinreichenden Anlass um eine 15-tägige Verlängerung der Beschwerdebegründungsfrist gebeten und die gewährte Verlängerung auch voll ausgeschöpft wird).
211 OLG Frankfurt/Main, BeckRS 2013, 10983 – Comedyvideos.

gleichgültig ob er in erster Instanz obsiegt hat oder nicht, eine mehr als nur kurzfristige Vertagung[212] beantragt oder ihr zustimmt.[213]

Hat der Antragsteller in erster Instanz obsiegt, treffen ihn grundsätzlich keine Obliegenheiten zur beschleunigten Rechtsverfolgung mehr, denn er besitzt einen seinem Anspruchsbegehren Rechnung tragenden Titel. Anderes gilt jedoch, wenn die **Zwangsvollstreckung vorläufig eingestellt** ist oder die zunächst erlassene **einstweilige Verfügung aufgehoben** worden ist und es darum geht, den Unterlassungsanspruch durch entsprechenden Vortrag, Glaubhaftmachung oder sonstige Prozessmaßnahmen wieder durchsetzbar zu machen. 161

i) Strategische Erwägungen

Angesichts der dargestellten – strengen – Voraussetzungen für eine einstweilige Verfügung in Patentsachen bedarf es jeweils sorgfältiger Abwägung, ob der betreffende Sachverhalt sich wirklich für das Verfahren des vorläufigen Rechtsschutzes eignet. 162

Praxistipp	Formulierungsbeispiel	163

Vor allem bei einem aus der technisch laienhaften Sicht des Verletzungsgerichts möglicherweise problematischen Rechtsbestand hat es wenig Sinn, das Verfügungsverfahren durch zwei Instanzen zu betreiben mit der Gefahr, am Ende ohne eine Unterlassungsverfügung dazu stehen, weil sich das Gericht letztlich keine hinreichend feste Überzeugung von der Schutzfähigkeit des Verfügungspatents hat bilden können. Verbleibende Zweifel, die im vorläufigen Rechtsschutzverfahren zu Lasten des Antragstellers gehen, würden im Falle einer Hauptsacheklage einer Verurteilung nicht entgegenstehen. Deshalb sollte in jedem Fall nicht nur einseitig auf das einstweilige Verfügungsverfahren gesetzt, sondern spätestens nach erstinstanzlicher Zurückweisung des Verfügungsantrages ein Hauptsacheverfahren eingeleitet werden.

Ist der Verfügungsantrag in erster Instanz wegen Bedenken an der Rechtsbeständigkeit des Verfügungspatents erfolglos geblieben und steht in absehbarer Zeit die Einspruchs- oder Nichtigkeitsverhandlung an, sollte überlegt werden, ob es wirklich zweckmäßig ist, Berufung einzulegen. Sollte das Verfügungspatent bestätigt werden und der Verletzungstatbestand klar sein, bestünde unmittelbar im Anschluss an die Einspruchs- oder Nichtigkeitsentscheidung die Möglichkeit, beim Landgericht mit guter Aussicht auf Erfolg um den Erlass einer Beschlussverfügung anzutragen. Schwebt indessen ein Berufungsverfahren, scheidet dies wegen bestehender Rechtshängigkeit aus. Wird die Berufung nicht (kostenpflichtig) zurückgenommen, müssen die Verletzungshandlungen vielmehr hingenommen werden, bis das Berufungsgericht aufgrund der bei ihm anberaumten Verhandlung entscheidet.

Im Einzelfall mag aus Sicht des Antragstellers im Einzelfall auch eine Rolle spielen, dass er mit einer Hauptsacheklage blockiert ist, weil im Ausland eine **negative Feststellungsklage** anhängig ist, die gemäß Art 29 EuGVVO[214] zur Aussetzung des Verletzungsrechtsstreits führen würde (»italienisches Torpedo«). Formal gilt die Aussetzungsregelung des Art 29 EuGVVO[215] im einstweiligen Verfügungsverfahren zwar nicht, sodass 164

---

212 Als dringlichkeitsschädlich wurde zB eine Vertagung um 6 Wochen angesehen, die auf den Verlegungswunsch des Antragstellers hin vorgenommen wurde (OLG Frankfurt/Main, BeckRS 2013, 10983 – Comedyvideos).
213 OLG Frankfurt/Main, BeckRS 2013, 10983 – Comedyvideos; zu Einzelheiten vgl Berneke, Einstweilige Verfügung, Rn 204.
214 Vormals Art 27 VO 44/2001 und Art 21 EuGVÜ.
215 Vormals Art 27 VO 44/2001 und Art 21 EuGVÜ.

der Verfügungsantrag ein prinzipiell geeignetes Mittel zur Rechtsverfolgung darstellt. *Allein* die Tatsache, dass der Antragsteller momentan gehindert ist, seine Ansprüche im Hauptsacheverfahren durchsetzen, rechtfertigt es für sich jedoch nicht, eine einstweilige Untersagungsverfügung zu erlassen.[216] Andererseits stellt die »Torpedo«-Problematik jedoch einen gewichtigen Umstand dar, der bei der im Einzelfall vorzunehmenden Interessenabwägung den Ausschlag für einen vorläufigen Rechtsschutz geben kann. In diesem Zusammenhang ist auch daran zu denken, das Verfügungsverfahren durch eine geräumige Terminierung (ca 6 Monate) in der Art eines Hauptsacheverfahrens zu führen.

---

165 | **Praxistipp** | Formulierungsbeispiel

Zu bedenken ist des Weiteren, dass der Antragsteller durch ein einstweiliges Verfügungsverfahren uU Gefahr läuft, eine **Aussetzung im** nachfolgenden **Hauptsacheverfahren** zu provozieren, die ansonsten zu vermeiden wäre. Ist der Rechtsbestand des Verfügungspatents umstritten und wird der Verfügungsantrag zurückgewiesen, weil das Gericht die im Einspruchs- oder Nichtigkeitsverfahren vorgebrachten Argumente für durchaus beachtlich hält, so ist es – ungeachtet der im Allgemeinen zurückhaltenden Aussetzungspraxis im Verfahren erster Instanz – konsequent, auch für die (kurze Zeit später verhandelte) Hauptsacheklage den Ausgang des Einspruchs- oder Nichtigkeitsverfahrens abzuwarten.

---

4. Verfahren

a) Zuständigkeit

166 Örtlich zuständig für den Erlass einstweiliger Verfügungen ist das **Gericht der Hauptsache (§ 937 Abs 1 ZPO)**.[217] Solange keine Hauptsacheklage erhoben ist, hat der Antragsteller insofern die Wahl zwischen mehreren (zB nach § 32 ZPO begründeten) Gerichtsstandorten. Eine einmal getroffene Wahl wird wegen § 261 Abs 3 Nr 2 ZPO nicht dadurch hinfällig, dass nach Anhängigkeit des Verfügungsantrages die Hauptsache anderswo eingereicht wird.[218] Ist allerdings Hauptsacheklage bei einem bestimmten Gericht erhoben, kann danach nur noch dort ein Verfügungsantrag zulässig angebracht werden (§ 943 Abs 2 ZPO). Als zuständigkeitsbindende Hauptsacheklage gilt allerdings nur die vom Gläubiger erhobene Leistungsklage, nicht dagegen eine vom Schuldner erhobene negative Feststellungsklage.[219] Befindet sich das Hauptsacheverfahren beim Berufungsgericht, ist dieses so lange für das einstweilige Verfügungsverfahren zuständig, bis Nichtzulassungsbeschwerde oder Revision beim BGH eingelegt ist; danach fällt die Zuständigkeit, weil der BGH mit Verfahren des vorläufigen Rechtsschutzes nicht befasst werden kann, an das Landgericht zurück.[220]

b) Rechtliches Gehör

167 Über den Verfügungsantrag entscheidet das Gericht in aller Regel nach Anhörung des Antragsgegners, weil sich erst in Kenntnis des Verteidigungsvorbringens zuverlässig beurteilen lässt, ob der Verletzungstatbestand und der Rechtsbestand des Verfügungspa-

---

216 LG Düsseldorf, GRUR 2000, 692 – NMR-Kontrastmittel.
217 Zu der Frage des falschen Rechtsweges in Fällen der Beschlussverfügung vgl Conrad, GRUR 2014, 1172.
218 OLG Karlsruhe, InstGE 12, 125 – Lasershow.
219 OLG Köln, MDR 2012, 1054.
220 OLG Düsseldorf, Beschluss v 29.6.2017 – I-15 U 41/17.

tents in einem solchen Maße gesichert sind, dass der Erlass einer Unterlassungsverfügung im summarischen Verfahren der einstweiligen Verfügung verantwortet werden kann.[221] In besonderem Maße gilt dies für Anträge auf Erlass einer einstweiligen Verfügung, die auf ein materiell noch ungeprüftes[222] Gebrauchsmuster gestützt sind.[223] Im Zweifel ergeht daher auf den Verfügungsantrag hin zunächst der Beschluss, dass über das Begehren nicht ohne mündliche Verhandlung bzw nicht ohne schriftliche Anhörung des Gegners entschieden werden soll, es sei denn, der Antragsgegner ist mit dem Verfügungsbegehren bereits vorgerichtlich (zB durch eine Abmahnung) konfrontiert worden. Wer als Antragsteller die Reaktion des Antragsgegners auf eine vorgerichtliche Abmehnung verschweigt oder sich sonst unter Verstoß gegen seine prozessuale Wahrheitspflicht eine Beschlussverfügung erschleicht, hat selbst bei Bestehen eines Verfügungsanspruchs mit ihrer Aufhebung zu rechnen.[224]

Bringt der Antragsteller sodann einen Terminsantrag an, wird eine mündliche Verhandlung anberaumt[225], in der die Sache in tatsächlicher und rechtlicher Hinsicht mit den Parteien erörtert wird. Grundsätzlich muss sich jede Partei eines einstweiligen Verfügungsverfahrens darauf einrichten, auf neuen Sachvortrag des Gegners ad hoc erwidern zu können. Dennoch kann es Situationen geben, in denen bei aller Vorbereitung eine sofortige (wahrheitsgemäße) Einlassung vernünftigerweise nicht gefordert werden kann. Hier kann es der Grundsatz des rechtlichen Gehörs erfordern, die Verhandlung zu vertagen oder dem Gegner eine Schriftsatzfrist einzuräumen.[226]

168

Aufgrund der Verhandlung ergeht ein (End-)Urteil, mit dem der Verfügungsantrag entweder zurückgewiesen oder die einstweilige Verfügung erlassen wird. Gegen das Urteil kann die jeweils beschwerte Partei Berufung zum Oberlandesgericht einlegen. Dessen Entscheidung ist unanfechtbar. Ist dem Antragsgegner – was im Zweifel zu bevorzugen ist – schriftlich rechtliches Gehör gewährt worden, so kann entweder eine Beschlussverfügung ergehen, wenn das Gericht das Verteidigungsvorbringen für nicht durchgreifend erachtet, oder eine mündliche Verhandlung anberaumt werden, wenn angesichts der Erwiderung des Antragsgegners Bedenken gegen den Erlass der begehrten einstweiligen Verfügung bestehen.

169

Eine mündliche Verhandlung – statt einer Beschlussverfügung – bzw zumindest die schriftliche Anhörung des Gegners liegt auch im Interesse des Antragstellers, wenn der Antragsgegner seinen **Sitz im Ausland** hat und der inländische Gerichtsstand zB aus Art 7 Nr 2 EuGVVO begründet ist. In einem solchen Fall wäre eine ohne Anhörung des Antragsgegners ergangene einstweilige Verfügung im Ausland nicht vollstreckbar, weil gemäß Art 2 Buchst a), 45 Abs 1 Buchst a) EuGVVO (= Art 32, 34 Nr 2, 38 Abs 1, 45 VO 44/2001) »Entscheidungen«, zu denen auch einstweilige gerichtliche Maßnahmen

170

---

221 Vgl BVerfG, MDR 2017, 1138.
222 Hat das Gebrauchsmuster bereits ein Löschungsverfahren überstanden, handelt es sich zwar um ein geprüftes Schutzrecht; dennoch wird eine Verfügungsmaßnahme – wie beim Patent – in aller Regel nicht ohne die Gewährung rechtlichen Gehörs in Betracht kommen.
223 LG Hamburg, GRUR-RR 2015, 137 – Hydraulikschlauchgriffteil.
224 LG München I, MDR 2017, 602.
225 Die Terminierung steht im Ermessen des Vorsitzenden (§ 216 Abs 1 ZPO). Sie ist grundsätzlich nicht anfechtbar. In Anlehnung an die für die Untätigkeitsbeschwerde geltenden Grundsätze ist eine außerordentliche Beschwerde analog § 252 ZPO bzw aus § 567 ZPO jedoch in den Fällen zulässig, in denen durch eine unangemessen weit hinausgeschobene Terminierung faktisch ein Verfahrensstillstand herbeigeführt wird, der einer Rechtsschutzverweigerung gleichkommt (OLG Düsseldorf, OLG-Report 2009, 401). Erforderlich ist, dass durch die Terminierungspraxis der Rechtsschutz durch Zeitablauf in einer Weise verkürzt wird, für deren Rechtfertigung jede vernünftige Grundlage fehlt (OLG Düsseldorf, OLG-Report 2009, 401).
226 LG Hamburg, GRUR-RR 2014, 137 – Koronarstent.

gehören²²⁷, nicht anerkannt werden, wenn »dem Beklagten, der sich auf das Verfahren nicht eingelassen hat, das verfahrenseinleitende Schriftstück ... nicht so rechtzeitig und in einer Weise zugestellt worden ist, dass er sich verteidigen konnte, es sei denn, der Beklagte hat gegen die Entscheidung keinen Rechtsbehelf eingelegt, obwohl er die Möglichkeit dazu hatte«.

171 Nur ganz ausnahmsweise ergeht eine **Beschlussverfügung**²²⁸, ohne dass dem Antragsgegner zuvor Gelegenheit zur Erwiderung gegeben worden ist. Solches kommt zB in Betracht, wenn der Ablauf des Patentschutzes unmittelbar bevorsteht oder wenn der angegriffene Gegenstand nur in einer kurz befristeten Verkaufsaktion angeboten wird, so dass für einen Verhandlungstermin bzw eine Anhörung keine Zeit mehr ist. Gleiches gilt, wenn der Gegner in einer vorgerichtlichen Abmahnkorrespondenz oder in einer hinterlegten Schutzschrift bereits umfassend sachlich Stellung bezogen hat und seine Einwände die Berechtigung des Verfügungsantrages nicht in Zweifel ziehen können. Ob und in welchem Umfang eine Beschlussverfügung begründet wird, hängt von den unterschiedlichen Gebräuchen der Instanzgerichte ab. Teils wird eine kurze Begründung gegeben, teils wird dem Antragsteller aufgegeben, bei der Zustellung der Beschlussverfügung seine Antragsschrift beizufügen, teilweise geschieht nicht einmal Letzteres.²²⁹

c) Widerspruch

172 Unter derartigen Umständen kann der Antragsgegner eine (nachträgliche) mündliche Verhandlung über den Verfügungsantrag dadurch erzwingen, dass er Widerspruch gegen die einstweilige Verfügung einlegt.²³⁰

173 **Zuständige Stelle** ist grundsätzlich dasjenige Gericht, welches die Beschlussverfügung erlassen hat. Eine wichtige Ausnahme ist freilich zu beachten: Ist die einstweilige Verfügung erst im Beschwerdeverfahren durch das OLG ergangen, ist der Widerspruch gleichwohl nicht dort, sondern bei dem erstinstanzlichen LG anzubringen, an dessen Stelle das Beschwerdegericht gehandelt hat und welches – örtlich und sachlich ausschließlich (§ 802 ZPO) – für die Durchführung des Widerspruchsverfahrens zuständig ist.²³¹

174 Wird der Widerspruch beim funktionell unzuständigen OLG eingelegt, ist er als unzulässig zu verwerfen; eine **Verweisung** an das Landgericht (analog § 281 ZPO) kommt nicht

---

227 BGH, GRUR 2007, 813 – Ausländischer Arrestbeschluss; Micklitz/Rott, EuZW 2002, 15, 16. Zum EuGVÜ hat der EuGH (IPRax 1981, 95; IPRax 2000, 411) die Auffassung vertreten, dass Maßnahmen des vorläufigen Rechtsschutzes, die ohne vorherige Anhörung des Antragsgegners ergangen sind und damit nicht auf einem kontradiktorischen Verfahren beruhen, von vornherein keine »Entscheidungen« iSd Art 25 EuGVÜ darstellen und deshalb von einer Vollstreckung in einem anderen Mitgliedstaat ausgeschlossen sind.

228 Da eine Kostengrundentscheidung nur diejenigen Verfahrensabschnitte und damit im Zusammenhang stehende Anwaltstätigkeiten erfasst, die bis zu ihrem Erlass erreicht wurden, unterfallen der Kostenentscheidung in einer Beschlussverfügung schon formal keine Tätigkeiten, die zur Vermeidung eines Widerspruchs gegen die einstweilige Verfügung entfaltet wurden (BGH, MDR 2017, 607). Für sie ist eine Kostenfestsetzung erst möglich, wenn tatsächlich Widerspruch eingelegt wird, und zwar aufgrund der alsdann ergehenden, die bisherige Kostengrundentscheidung der Beschlussverfügung ergänzenden (bei Erfolglosigkeit des Widerspruchs) oder ersetzenden (bei Erfolg des Widerspruchs) Kostenentscheidung (BGH, MDR 2017, 607). Gleiches gilt, wenn der Antragsteller den Verfügungsantrag zurücknimmt (§ 269 Abs 3 Satz 2 ZPO), nachdem die gegnerischen Kosten angefallen sind (OLG Düsseldorf, Beschluss v 29.8.2016 – I-15 W 30/16).

229 Zu den Einzelheiten und zu den mit der jeweiligen Praxis verbundenen rechtlichen Problemen vgl Klein, GRUR 2016, 899.

230 Wird der Widerspruch später zurückgenommen, hat der Antragsgegner analog § 516 Abs 3 ZPO die weiteren Verfahrenskosten zu tragen.

231 KG, WRP 2008, 253; OLG Dresden, JurBüro 2000, 138; OLG Düsseldorf, MDR 1984, 324; aA: KG, MDR 2005, 165.

in Betracht²³², weil die besagte Vorschrift auf die örtliche und sachliche Zuständigkeit zugeschnitten ist und für die funktionelle Zuständigkeit nicht gilt. Eine entsprechende Anwendung der Bestimmung ist von der Rechtsprechung des Bundesgerichtshofs²³³ zwar anerkannt worden, wenn sich Zweifel daran ergeben, welcher Spruchkörper – die allgemeine Prozessabteilung oder das Familiengericht – nach seiner formellen Zuordnung entschieden hat, so dass die Grundsätze der formellen Anknüpfung keine zweifelsfreie Bestimmung des für das Rechtsmittel zuständigen Gerichts ermöglichen. In derartigen Fällen darf die Partei zur Vermeidung von Nachteilen alle in Betracht kommenden Rechtsbehelfe einlegen (sogenannter Meistbegünstigungsgrundsatz). Dann besteht auch ein Bedürfnis für eine entsprechende Anwendung des § 281 ZPO; denn einer Partei, die ein *zulässiges* Rechtsmittel eingelegt hat, ist daran gelegen, ohne vermeidbare Umwege und Kosten eine Entscheidung in der Sache selbst von Seiten des nach der gesetzlichen Zuständigkeitsordnung wirklich zuständigen Rechtsmittelgerichts zu erhalten. Ein derartiger Ausnahmefall liegt unter den vorliegend diskutierten Umständen indessen nicht vor. Trotz Erlasses der Beschlussverfügung durch das Oberlandesgericht als Beschwerdegericht konnte Widerspruch nach gefestigter Rechtsprechung zulässigerweise nur beim Landgericht eingelegt werden. Der beim unzuständigen Oberlandesgericht eingelegte Widerspruch ist dementsprechend *unzulässig*, weswegen das zu Unrecht angerufene Oberlandesgericht dem Verweisungsantrag nicht stattgeben darf.

Für den Widerspruch ist im Gesetz **keine Frist** vorgesehen, so dass er noch nach Jahr und Tag eingelegt werden kann. Eine Grenze setzt lediglich der Gesichtspunkt der Verwirkung. Solange über den **Widerspruch** nicht rechtskräftig entschieden ist, kann er vom Antragsgegner einseitig **zurückgenommen** werden. Ein anschließend erneuter Widerspruch gegen die einstweilige Verfügung ist jedenfalls dann nicht rechtsmissbräuchlich, wenn neue Glaubhaftmachungsmittel präsentiert werden.²³⁴ Eine Rücknahme des Widerspruchs gegen die Beschlussverfügung kommt demgegenüber nicht mehr in Betracht, wenn der Verfügungsbeschluss als definitiv aufgehoben anzusehen ist, was der Fall ist, sobald er nach Widerspruchsverhandlung aufgehoben ist.²³⁵ Mit einer Berufung gegen das aufhebende Urteil wird daher ein Neuerlass der Verfügung angestrebt, weswegen diesem Begehren nicht dadurch der Boden entzogen werden kann, dass der Antragsgegner in der Rechtsmittelinstanz seinen Widerspruch gegen die anfängliche (inhaltsgleiche) Beschlussverfügung zurücknimmt. Eine solche Erklärung ist vielmehr in ein Anerkenntnis des Verfügungsbegehrens umzudeuten.²³⁶ 175

Das weitere Verfahren nach Widerspruchseinlegung entspricht dem oben geschilderten Ablauf, mit dem einzigen Unterschied, dass durch Urteil nicht über den Erlass oder die Zurückweisung des Verfügungsantrages, sondern über die Aufhebung oder Aufrechterhaltung der Beschlussverfügung entschieden wird. Daraus folgt, dass es für die Beurteilung der Sach- und Rechtslage nicht auf die Verhältnisse zum Zeitpunkt der Beschlussverfügung ankommt, sondern darauf, ob die **Sach- und Rechtslage, die im Zeitpunkt der mündlichen Verhandlung über den Widerspruch** (bzw im Zeitpunkt der Berufungsverhandlung) gegeben ist, die mit der Verfügung angeordnete Maßnahme noch rechtfertigt. Da die Aufhebung der einstweiligen Verfügung nach Widerspruch der Beschlussverfügung augenblicklich die Wirkung nimmt, bedarf es, wenn die Aufhebung 176

---

232 OLG Düsseldorf, Beschluss v 11.11.2010 – I-2 W 39/10; vgl auch BGH, NJW-RR 1997, 55; OLG Dresden, MDR 2007, 420.
233 BGH, NJW-RR 1997, 55.
234 OLG Frankfurt/Main, MDR 2013, 114.
235 OLG Düsseldorf, Urteil v 12.8.2014 – I-20 U 52/14.
236 OLG Düsseldorf, Urteil v 12.8.2014 – I-20 U 52/14.

zu Unrecht erfolgt ist, im Rechtsmittelzug gegen das aufhebende Urteil eines Neuerlasses der einstweiligen Verfügung.[237]

177 Streitig ist, ob bei Vorliegen eines Sachzusammenhangs im Sinne von § 33 ZPO ein **Gegenverfügungsantrag** des Antragsgegners gegen den Antragsteller statthaft ist.[238]

d) Speziell: Kostenwiderspruch

178 Ist der Antragsgegner vorgerichtlich nicht abgemahnt worden und war eine Abmahnung nach den Umständen des Falles auch nicht entbehrlich, so hat der Antragsgegner, wenn die Beschlussverfügung sachlich nicht angreifbar ist, die Möglichkeit, seinen Widerspruch auf die Kostenentscheidung zu beschränken. Mit einem solchen sog **Kostenwiderspruch** kann sich der Antragsgegner wenigstens der ihn sonst gemäß § 91 ZPO treffenden Kostenlast entledigen (§ 93 ZPO): Durch seinen Kostenwiderspruch hat er den Verfügungsanspruch unstreitig gestellt und damit »anerkannt«. Ist dies geschehen, ohne dass der Antragsgegner zuvor angekündigt hat, der Beschlussverfügung entgegentreten zu wollen, so ist das Anerkenntnis auch »sofort« erfolgt. Mangels vorgerichtlicher Abmahnung des Antragstellers hat der Antragsgegner schließlich keine Veranlassung zur Anbringung des Verfügungsantrages gegeben.

179 Das **Rechtsschutzbedürfnis** für einen Kostenwiderspruch entfällt nicht dadurch, dass der Antragsteller nach Erlass der einstweiligen Verfügung mitteilt, dass er aus dem ihm günstigen Kostenausspruch der Beschlussverfügung keine Rechte herleiten werde.[239] Mit dieser Erklärung erhält der Antragsgegner nämlich keine Handhabe, die Kosten einer anwaltlichen Beratung, die ihm nach Zustellung der Beschlussverfügung entstanden sind, gegen den Antragsteller durchzusetzen.

180 Über den Kostenwiderspruch kann gemäß § **128 Abs 3 ZPO** im schriftlichen Verfahren ohne mündliche Verhandlung entschieden werden.[240] In diesem Fall entsteht keine Termingebühr.[241]

181 Die **Verfahrensgebühr** für den mit dem Kostenwiderspruch gegen die ohne Anhörung erlassene Beschlussverfügung betrauten Rechtsanwalt des Antragsgegners ist nach dem Kosteninteresse[242] (und nicht nach dem vollen Wert des Verfügungsverfahrens) zu berechnen.[243] Das gilt selbst dann, wenn der Rechtsanwalt auch damit beauftragt war, vorab die Erfolgsaussichten eines Vollwiderspruchs zu klären.[244] Nach Auffassung des LG München[245] sind für das gerichtliche Verfahren überdies nur die Rechtsanwalts-, nicht hingegen die **Patentanwaltskosten** erstattungsfähig, weil für die rein rechtliche Beurteilung der Kostenfrage die zusätzliche Hinzuziehung eines Patentanwaltes nicht erforderlich ist.

182 Die **Entscheidungsform** ist in jedem Fall – also nach mündlicher Verhandlung genauso wie im Verfahren nach § 128 Abs 3 ZPO – die des Urteils. Analog § 99 Abs 2 ZPO ist

---

237 OLG Karlsruhe, GRUR-RR 2014, 362 – Unternehmensübergang; KG, GRUR-RR 2010, 22 – JACKPOT!; OLG Celle, MDR 2014, 986.
238 Verneinend: OLG Frankfurt/Main, GRUR-RR 2012, 88 – Gegenverfügungsantrag; vgl zum Streitstand: Dötsch, MDR 2012, 623.
239 OLG Düsseldorf, InstGE 5, 157 – Kostenwiderspruch.
240 Streitig: OLG Frankfurt/Main, GRUR-RR 2007, 62 – Termingebühr, mwN.
241 OLG Frankfurt/Main, GRUR-RR 2007, 62 – Termingebühr.
242 Das ist die Summe der bis zur Einlegung des Kostenwiderspruchs angefallenen gerichtlichen und außergerichtlichen Kosten.
243 BGH, GRUR 2013, 1286 – Gegenstandswert des Verfügungsverfahrens.
244 OLG Düsseldorf, Beschluss v 3.3.2011 – I-2 W 1/11.
245 LG München, Mitt 2012, 95 – Vorfußentlastungsschuhe.

gegen die dem Antragsteller günstige Entscheidung nicht die Berufung, sondern die sofortige Beschwerde gegeben[246], über die durch Beschluss zu erkennen ist[247].

183 Hat der Antragsgegner zunächst Vollwiderspruch erhoben, danach jedoch eine streiterledigende Abschlusserklärung abgegeben, muss der Antragsteller das einstweilige Verfügungsverfahren für die Zeit ab Zugang der Abschlusserklärung für in der Hauptsache erledigt erklären. Versäumt er dies und beschränkt der Antragsgegner sich auf einen Kostenwiderspruch, so hat der Antragsteller die Kosten der Widerspruchsverhandlung zu tragen (§ 95 ZPO).[248]

e) Sonstiges

184 Hat das LG den Verfügungsantrag durch Beschluss (zB als unschlüssig) zurückgewiesen, so entscheidet das OLG über die **sofortige Beschwerde** des Antragstellers – sofern nicht ausnahmsweise von einer mündlichen Verhandlung abgesehen wird (§ 937 Abs 2 ZPO)[249] – gemäß § 922 ZPO durch Urteil und nicht gemäß § 572 Abs 4 ZPO durch Beschluss.[250] Erlässt das Beschwerdegericht die Beschlussverfügung im schriftlichen Verfahren, so ist streitig, ob für die anschließende Entscheidung über den Widerspruch des Antragsgegners[251] das Beschwerdegericht oder das Landgericht zuständig ist.[252]

185 Der Verfügungsantrag kann – bis zur Rechtskraft der Verfügungsentscheidung[253] – jederzeit zurückgenommen werden. Einer Zustimmung des Gegners bedarf es – anders als bei **Rücknahme** einer Klage – auch dann nicht, wenn vorher bereits mündlich verhandelt worden ist.[254] Bezüglich der Kosten gilt § 269 Abs 3 Satz 3 ZPO entsprechend, der bestimmt, dass dann, wenn die Klage zurückgenommen wird, weil sich der Klageanlass zwischen Anhängigkeit und Rechtshängigkeit erledigt hat[255], die Kostenentscheidung unter Berücksichtigung des bisherigen Sach- und Streitstandes nach billigem Ermessen zu treffen ist. Ob die Vorschrift einschlägig ist, wenn sich der Klageanlass vor Anhängigkeit erledigt hat, ist streitig, nach zutreffender Ansicht aber zu bejahen.[256]

186 **Anwaltszwang** besteht nur für den Verfügungsantrag als solchen[257] und dessen Rücknahme (vor Verhandlung oder Erlass) nicht[258], wohl aber im gesamten weiteren Verfahren nach Terminsbestimmung (wenn nicht ohne mündliche Verhandlung über den Verfügungsantrag entschieden werden soll) bzw nach Einlegung eines Widerspruchs (wenn eine Beschlussverfügung ergangen ist). Eine Vertretung durch Rechtsanwälte ist – nach zutreffender Ansicht – außerdem im Beschwerdeverfahren gegen die Zurückweisung des Verfügungsantrages im Beschlusswege geboten.[259]

---

246 OLG Frankfurt/Main, BeckRS 2015, 01669 – Hinweispflicht über den Umfang des abgemahnten Unterlassungsanspruchs; OLG München, GRUR 1990, 482 – Anfechtung der Kostenentscheidung.
247 OLG Koblenz, JurBüro 1997, 38; OLG Frankfurt/Main, GRUR-RS 2018, 9083 – Generalvorsatz.
248 OLG Hamburg, Mitt 2015, 347 – Abschlusserklärung.
249 In diesen Fällen ergeht die Beschwerdeentscheidung zweifellos in Beschlussform.
250 OLG Düsseldorf, InstGE 3, 238 – LCD-Monitor.
251 Dazu, dass der Widerspruch der einzige zulässige Rechtsbehelf ist, vgl BGH, GRUR 2003, 548.
252 Zum Streitstand vgl KG, NJW-RR 2008, 520.
253 OLG München, GRUR-RR 2011, 462; OLG Saarbrücken, MDR 2018, 1151.
254 KG, Mitt 2013, 43 – de.de; OLG Saarbrücken, MDR 2018, 1151.
255 Bsp: Freiwillige Abgabe einer strafbewehrten Unterlassungsverpflichtungserklärung.
256 OLG Karlsruhe, NJW 2012, 1373, mwN.
257 §§ 78 Abs 5, 920 Abs 3, 936 ZPO.
258 Fellner, MDR 2010, 128, mwN.
259 OLG Frankfurt/Main, GRUR-RR 2011, 31 – Anwaltszwang im Verfügungsverfahren; OLG Düsseldorf, OLG-Report 2008, 257, mwN zum Streitstand.

187 Erklären die Parteien das Verfügungsverfahren wegen *zwischenzeitlicher*[260] **Verjährung des Unterlassungsanspruchs** übereinstimmend für in der Hauptsache erledigt, so sind die Verfahrenskosten gemäß § 91a ZPO an sich dem Antragsgegner aufzuerlegen, wenn das Verfügungsbegehren vor Eintritt der Verjährung (= »erledigendes« Ereignis) zulässig und begründet gewesen ist. Ob eine andere Kostenverteilung (zu Lasten des Antragstellers) deshalb geboten ist, weil der Antragsteller es durch eine rechtzeitige Erhebung der Hauptsacheklage in der Hand gehabt hätte, für eine Verjährungsunterbrechung zu sorgen, ist streitig, richtigerweise aber zu verneinen. Denn eine dahingehende Rechtspflicht besteht für den Verfügungskläger grundsätzlich[261] nicht.[262]

188 Mit dem Eilcharakter eines einstweiligen Verfügungsverfahrens sind weder eine **Aussetzung** noch ein **Vorabentscheidungsersuchen**[263] vereinbar. Das gilt auch im Berufungsverfahren. Zwar sind Entscheidungen der Oberlandesgerichte nicht anfechtbar, womit an sich eine Vorlagepflicht nach Art 267 Abs 3 AEUV besteht. Dennoch besteht im Verfügungsverfahren keine Vorlagepflicht. Nach der Rechtsprechung des EuGH wird den Zielsetzungen des Art 267 Abs 1 AEUV, eine einheitliche Auslegung und Anwendung des Gemeinschaftsrechts sicherzustellen und insbesondere zu verhindern, dass sich eine nationale nicht mit den Normen des Gemeinschaftsrechts in Einklang stehende Rechtsprechung herausbildet, in summarischen und eilbedürftigen Verfahren Genüge getan, wenn in einem ordentlichen Verfahren zur Hauptsache eine erneute Prüfung der im summarischen Verfahren nur vorläufig entschiedenen (vorlagepflichtigen) Rechtsfrage möglich ist.[264]

5. Vollziehung[265]

189 Hat der Antragsteller eine einstweilige Verfügung erwirkt, muss er Vorsorge dafür treffen, dass die Entscheidung innerhalb eines Monats vollzogen wird, weil die Verfügung ansonsten kraft Gesetzes ihre Wirkung verliert (§ 929 Abs 2 ZPO) und auf Antrag des Gegners ohne weiteres aufzuheben ist (§ 927 Abs 1 ZPO). Die **Vollziehungsfrist** beginnt in den Fällen einer Beschlussverfügung mit deren Zustellung an den *Antragsteller*, in den Fällen einer (nach mündlicher Verhandlung) durch Urteil erlassenen oder bestätigten einstweiligen Verfügung mit dessen Verkündung[266]. Letzteres gilt auch dann, wenn dem Gläubiger vor Fristablauf trotz seines rechtzeitigen Antrages keine vollstreckbare Urteilsausfertigung zugestellt wird.[267] Notfalls hat er darauf zu drängen, dass ihm

---

260 ... dh während des laufenden Verfahrens eingetretener Verjährung. War der Verfügungsanspruch schon vor Verfahrensbeginn verjährt und beruft sich der Antragsgegner im Verfahren auf Verjährung, so treffen den Antragsteller die Kosten schon deshalb, weil sein Antrag von Beginn an unbegründet war.
261 Anders verhält es sich, wenn der Antragsgegner ihm rechtzeitig eine Frist zur Hauptsacheklage hat setzen lassen.
262 OLG Köln, GRUR-RR 2014, 319 – Porzellanfiguren, mwN zum Streitstand.
263 OLG Düsseldorf, Urteil v 20.1.2011 – I-2 U 92/10; OLG München, InstGE 13, 303 – Gestattungsantrag gegen ausländischen Provider. Das Ersuchen ist – per Wertpaket – unter Übersendung aller Gerichtsakten und Anlagen sowie einer Ausfertigung und 20 Abdrucken des Vorlagebeschlusses zu richten an den Kanzler des Gerichtshofes der Europäischen Union, L-2925 Luxemburg. Zu den inhaltlichen und formalen Anforderungen an ein Vorabentscheidungsersuchen vgl ABl 2016/C 439/1 v 25.11.2016.
264 EuGH, Slg 1977, 957 = NJW 1977, 1585; EuGH, Slg 1982, 3723 = NJW 1983, 2751, jeweils zu Art 177 EWG-Vertrag.
265 Vgl Oetker, GRUR 2003, 119; Vohwinkel, GRUR 2010, 977; Petri/Tuchscherer/Stadler, Mitt 2014, 65.
266 OLG Düsseldorf, GRUR-RR 2015, 493 – Diamant-Trennscheiben; OLG Karlsruhe, MDR 2016, 672; OLG Köln, GRUR-RR 2018, 268 – Poststreik.
267 OLG Köln, GRUR-RR 2018, 268 – Poststreik.

wenigstens eine abgekürzte Urteilsabschrift ausgehändigt wird.[268] Die Frist soll nicht in Lauf gesetzt werden, wenn die dem Gläubiger von Amts wegen zugestellte Beschlussausfertigung unvollständig ist, zB weil Anlagen, auf die in der Verfügung Bezug genommen ist, nicht beigefügt waren oder dies jedenfalls nicht (im Freibeweis) feststellbar ist.[269] Somit könnte die anschließende Parteizustellung einer eben solchen unzulänglichen Ausfertigung an den Schuldner nicht zur Versäumung der Vollziehungsfrist und damit auch nicht zur Aufhebung der einstweiligen Verfügung wegen Nichtvollziehung führen.[270] »Vollziehung« bedeutet Zwangsvollstreckung.

Umfasst die einstweilige Verfügung **mehrere Aussprüche** (zB auf Unterlassung, Auskunft, Sequestration), muss eine geeignete Vollstreckungsmaßnahme nach den für jeden einzelnen Anspruch geltenden Regeln eingeleitet werden, anderenfalls eine Aufhebung im Umfang des nicht vollzogenen Teils droht.[271] 190

Ist die Vollziehung der einstweiligen Verfügung von einer **Sicherheitsleistung** des Verfügungsklägers abhängig gemacht, muss innerhalb der Monatsfrist auch die Sicherheit erbracht und dem Verfügungsbeklagten nachgewiesen werden. § 751 Abs 2 ZPO verlangt hierzu eine öffentliche oder öffentlich beglaubigte Urkunde über die Sicherheitsleistung sowie die Zustellung einer Urkundenabschrift an den Verfügungsbeklagten. Wird zur Sicherheitsleistung die Hinterlegung gewählt, genügt es, die Zweitschrift des Annahmeantrages mit Annahmeverfügung der Hinterlegungsstelle sowie die Quittung der Hinterlegungskasse über die Zahlung des Hinterlegungsbetrages zuzustellen. 191

a) Unterlassungsgebot

Die Vollziehung einer Unterlassungsverfügung geschieht im Allgemeinen und zweckmäßigerweise dadurch, dass die einstweilige Verfügung dem *Antragsgegner im Parteibetrieb*[272] (dh durch einen vom Antragsteller zu beauftragenden Gerichtsvollzieher[273] oder von Anwalt zu Anwalt[274])[275] zugestellt wird. Die **Parteizustellung**[276] reicht aus, wenn die Verfügung bereits die Ordnungsmittelandrohung enthält.[277] Allerdings muss die Parteizustellung als solche rechtswirksam sein, woran es fehlt, wenn der Anwalt des Antragsgegners eine Rücksendung des Empfangsbekenntnisses verweigert (worin keine Verletzung standesrechtlicher Pflichten liegt[278]).[279] Enthält die einstweilige Verfügung keine Begründung, sondern nimmt sie stattdessen auf Anlagen (zB die Antragsschrift und deren Anlagen) Bezug, die Aufschluss über Inhalt und Reichweite des Verbotes geben, müssen die Anlagen in lesbarer Form zugestellt werden. Ist dies nicht der Fall, 192

---

268 OLG Köln, GRUR-RR 2018, 268 – Poststreik.
269 OLG Koblenz, BeckRS 2013, 08776 – Virtueller Verkaufsraum.
270 OLG Koblenz, BeckRS 2013, 08776 – Virtueller Verkaufsraum; aA: OLG Jena, NJW-RR 2013, 831, wenn die fehlenden Anlagen keine Auswirkungen auf die Verständlichkeit des Tenors haben. Seiner Auffassung nach läuft in einem solchen Fall die Vollziehungsfrist, sie wird aber auch durch die Parteizustellung einer Unterlage gewahrt, die der an den Gläubiger zugestellten unvollständigen Beschlussausfertigung entspricht.
271 OLG Hamm, GRUR 1992, 888.
272 Die amtswegige Zustellung zB eines Verfügungsurteils stellt keinen Vollziehungsakt dar: BGH, GRUR 1993, 415 – Straßenverengung; OLG Stuttgart, GRUR-RR 2009, 194 – Zustellungserfordernis; KG, GRUR-RR 2015, 181 – Faxversendung ohne Beglaubigungsvermerk.
273 §§ 191, 192 ZPO.
274 § 195 ZPO.
275 OLG Düsseldorf, Urteil v 20.1.2011 – I-2 U 92/10.
276 Zu den Rechtsgrundlagen einer Zustellung an einen Empfänger in den USA vgl LG Hamburg, GRUR-RR 2013, 230 – Process Forwarding International.
277 OLG Köln, GRUR-RR 2005, 143 – Couchtisch.
278 BGH, NJW 2015, 3672.
279 OLG Karlsruhe, MDR 2016, 672 = OLG Karlsruhe, GRUR-RS 2016, 07206 – Verweigertes Empfangsbekenntnis.

hindert dies eine Vollziehung nur dann nicht, wenn der Schuldner ohne unzumutbaren Aufwand erkennen kann, wie der nicht lesbare Text lautet (zB weil es sich ersichtlich um die Zutatenliste seines eigenen Erzeugnisses handelt).[280]

193 Residiert der Titelschuldner im **Ausland**, genügt, wenn der Gläubiger innerhalb der Vollziehungsfrist einen Antrag auf Auslandszustellung bei Gericht stellt, sofern die tatsächliche Zustellung »demnächst« erfolgt.[281] Dabei kann im Anwendungsbereich der EuZVO ein Zustellungsversuch zunächst ohne Anfertigung von Übersetzungen unternommen werden, wenn davon ausgegangen werden kann, dass der Empfänger der deutschen Sprache mächtig ist. Verweigert er mit Recht die Annahme des Schriftstücks und wird der Gläubiger hierauf hingewiesen, muss er unverzüglich auf die Zustellung einer Übersetzung der zuzustellenden Schriftstücke hinwirken und alles seinerseits dazu Notwendige veranlassen.[282] Bei unbekanntem Aufenthalt des Antragsgegners genügt der begründete Antrag auf Bewilligung der öffentlichen Zustellung.[283]

194 Darüber, was Gegenstand der Zustellung sein und wie die Zustellung im Parteibetrieb vorgenommen werden muss, entscheiden nicht die Vorschriften des Vollstreckungsrechts, sondern die **ZPO-Vorschriften über die Formalitäten der Zustellung**.[284] Es ist deswegen verfehlt, die Übermittlung einer *Ausfertigung* des Unterlassungstitels nur deshalb zu verlangen, weil die Zwangsvollstreckung allein auf der Grundlage einer Urteils*ausfertigung* stattfinden kann. Zwar besteht die »Vollziehung« regelmäßig in einer Vollstreckungsmaßnahme; bei Unterlassungstiteln ist genau sie aber nicht möglich (sofern es nicht zufällig zu einer Zuwiderhandlung kommt). Dennoch muss der Gläubiger die Vollziehungsfrist einhalten können. Das ist der Grund dafür, als »Vollziehungsakt« die Parteizustellung zuzulassen, was freilich nichts an dem Tatbestand ändert, dass es sich bei ihr *nicht* um eine Zwangsvollstreckungsmaßnahme handelt und Anlaß deshalb auch nicht die Bestimmungen des Vollstreckungsrechts, sondern ausschließlich die Regeln des Zustellungsrechts darüber entscheiden können, wie die Parteizustellung wirksam vorzunehmen ist. Das zwingt in zeitlicher Hinsicht zu einer Unterscheidung zwischen Fällen, bei denen die Vollziehungsfrist vor dem 1. Juli 2014 (dem Inkrafttreten des Gesetzes zur Förderung des elektronischen Rechtsverkehr mit den Gerichten vom 10.10.2013[285]) abgelaufen ist[286], und solchen, bei denen das Fristende nach dem besagten Stichtag liegt. Denn durch das besagte Gesetz ist das – wie dargelegt maßgebliche – Zustellungsrecht der ZPO dahin geändert worden, dass es seither (dh für Fälle, in denen die Zustellung nach dem 1.7.2014 geschieht) nur noch der Zustellung einer beglaubigten Abschrift des in vollständiger Form abgefassten Urteils bedarf, aber nicht mehr – wie vorher – der Übermittlung einer Urteilsabschrift.[287]

aa) Altfälle

195 Für Fallgestaltungen vor dem 1.7.2014 gilt, dass jedenfalls bei einer Beschlussverfügung entweder eine **Ausfertigung** oder eine **beglaubigte Abschrift der Ausfertigung**[288] der

---

280 OLG Frankfurt/Main, GRUR-RS 2018, 132374 – Fruchtsaftbären.
281 OLG Frankfurt/Main, GRUR-RR 2015, 183 – Deutschsprachiger Verkaufsleiter.
282 OLG Frankfurt/Main, GRUR-RR 2015, 183 – Deutschsprachiger Verkaufsleiter.
283 OLG Bamberg, MDR 2013, 672.
284 OLG Düsseldorf, Beschluss v 18.5.2015 – I-2 U 2/15.
285 BGBl I, S 3785, 3788.
286 OLG Düsseldorf, GRUR-RR 2015, 493 – Diamant-Trennscheiben.
287 BGH, MDR 2016, 667.
288 Die Beglaubigung der Abschrift kann vom Anwalt vorgenommen sein; beglaubigt sein muss jedoch derjenige Titel, der den gerichtlichen Beglaubigungsvermerk enthält, so dass sich für den Adressaten eine durchgehende Beglaubigungskette ergibt (OLG Düsseldorf, Beschluss v 17.11.2003 – I-20 W 40/03; OLG Düsseldorf, Urteil v 21.4.2015 – I-20 U 181/14). Es ist deshalb unzureichend, wenn sich die anwaltliche Beglaubigung auf eine Urteilsabschrift ohne gerichtlichen Beglaubigungsvermerk bezieht (OLG Düsseldorf, GRUR-RR 2015, 493 – Diamant-Trennscheiben).

einstweiligen Verfügung zugestellt werden muss. Ob das gleiche auch bei einer Urteilsverfügung gilt, ist streitig, wird jedoch von der herrschenden Meinung zu Recht bejaht[289], wobei die Beglaubigung nicht nur durch den Verfahrensbevollmächtigten, sondern auch durch einen Unterbevollmächtigten, zB einen angestellten Anwalt derselben Kanzlei[290], vorgenommen werden kann. Die Parteizustellung einer anwaltlich beglaubigten Abschrift einer einfachen (dh gerichtlich nicht beglaubigten) Urteilsabschrift bewirkt keine Vollziehung.[291] Ist ein unzureichendes (zB unbeglaubigtes) Dokument zugestellt worden, ist eine Heilung nach § 189 ZPO möglich, wenn das Dokument als solches dem Zustellungsempfänger tatsächlich zugeht.[292]

Die **Ausfertigung/beglaubigte Abschrift** muss **vollständig und mängelfrei** sein, wobei Maßstab diejenige Abschrift ist, die dem Verfügungskläger zuvor selbst vom Gericht zugestellt worden ist. Hat der Antragsteller selbst nur eine einfache Urteilsabschrift erhalten, muss diese vor einer Faxübermittlung an den Gegner anwaltlich beglaubigt werden. Eine besondere Form der Beglaubigung ist nicht vorgesehen. Erforderlich ist bei mehrblättrigen Unterlagen allerdings, dass sie sich unzweideutig auf das gesamte Schriftstück beziehen und dessen Blätter als Einheit derart verbunden sind (zB mittels Heftklammer), dass die körperliche Verbindung als dauernd gewollt erkennbar und nur durch Gewaltanwendung zu lösen ist.[293] Ein Beglaubigungsvermerk auf der letzten Seite deckt das vollständige Schriftstück ab, auch wenn er sich nicht unterhalb des Inhalts der letzten Seite, sondern in der oberen Ecke der letzten Seite der mehrseitigen Unterlage befindet.

196

An der **Vollständigkeit** fehlt es, wenn bei der Anfertigung der Abschriften ein doppelseitiger Druck des Entscheidungsoriginals nicht beachtet wird, sodass die zugestellte Abschrift nur jede zweite Seite des Umdrucks aufweist oder wenn eine ganze Seite fehlt, wobei es grundsätzlich nicht darauf ankommt, wie bedeutsam die auf dieser Seite befindlichen Ausführungen für die getroffene Entscheidung sind.[294] Andererseits bleibt die Zustellung wirksam, wenn durch das Weglassen einzelner Buchstaben oder Wörter das Verständnis des Entscheidungstextes zwar erschwert, aber nicht vereitelt wird.[295] Gehen bei Herstellung der Abschriften (zB am oberen gehefteten Rand des Umdrucks) nur einzelne Passagen des Originals verloren, kommt es darauf an, ob die Auslassungen aus dem Gesamtzusammenhang des übrigen Textes eindeutig zu ergänzen sind (zB weil in der Kopie nur einzelne Buchstaben eines Wortes fehlen, die sich zweifelsfrei erschließen lassen) oder ob Unklarheiten bleiben, weil verschiedene Deutungen möglich sind oder weil der Sinn einzelner Textteile überhaupt nicht mehr auszumachen ist.[296] Im zuletzt genannten Fall fehlt es an einer wirksamen Vollziehung, unter den erstgenannten Umständen nicht. Die Ergänzung und Deutung hat in jedem Fall anhand des Inhalts der Abschrift selbst stattzufinden; ein Rückgriff auf die unversehrte amtswegig zugestellte Entscheidung hat zu unterbleiben. Anlagen, auf die im Verfügungsantrag Bezug genommen ist, müssen mit zugestellt werden.[297] Ist mit der Verfügung eine farbige Anlage verbunden, muss eine ebensolche (und nicht nur eine schwarz-weiße Anlage) zugestellt

197

---

289 OLG Düsseldorf, GRUR-RR 2015, 493 – Diamant-Trennscheiben; zum Streitstand vgl OLG München, MDR 2013, 422, das selbst die Zustellung einer formlosen Abschrift ausreichen lässt; ebenso: OLG Saarbrücken, Urteil v 25.9.2013 – 1 U 42/13.
290 OLG Düsseldorf, Urteil v 20.1.2011 – I-2 U 92/10.
291 OLG Düsseldorf, GRUR-RR 2015, 493 – Diamant-Trennscheiben.
292 BGH, MDR 2016, 545. Zu Besonderheiten bei Zustellung an den Anwalt vgl unten Kap G Rdn 200.
293 BGH, NJW 2004, 506, 508.
294 BGH, GRUR 1998, 746 – Unvollständige Zustellung.
295 BGH, NJW-RR 2005, 1658; OLG Köln, NJW-RR 2010, 864; OLG Naumburg, MDR 2000, 601.
296 OLG Düsseldorf, Urteil v 20.1.2011 – I-2 U 92/10.
297 LG Düsseldorf, InstGE 11, 97 – Sickerschacht.

werden.²⁹⁸ Davon ist allenfalls dann eine Ausnahme zu rechtfertigen, wenn trotz der nichtfarbigen Wiedergabe der Inhalt des Verbotes und die Reichweite der Unterlassungsverpflichtung unmissverständlich erkennbar sind.²⁹⁹ Damit an der Authentizität des zuzustellenden Schriftstücks kein Zweifel entstehen kann, muss der Beglaubigungsvermerk auf der Ausfertigung in geeigneter Weise ausgestaltet sein.³⁰⁰ Daran fehlt es, wenn sich bei einer per Fax übermittelten und mit verschiedenen Anlagen versehenen Beschlussverfügung der Beglaubigungsvermerk auf der Schlussseite der Sendung befindet.³⁰¹

198 In den Fällen der **Beschlussverfügung** sollte der Ausfertigung oder Abschrift außerdem ein Exemplar der Antragsschrift nebst Anlagen beigefügt werden. Letzteres ist zwingend, wenn im Beschluss auf die Antragsschrift verwiesen wird³⁰² und sich erst aus der Antragsbegründung erschließt, gegen welche angegriffene Ausführungsform sich die einstweilige Verfügung richtet und ohne diese Kenntnis der genaue Inhalt des Unterlassungsgebotes nicht zu ermitteln wäre. Nach OLG Frankfurt/Main³⁰³ steht das Fehlen *einzelner* Anlagen der wirksamen Vollziehung dann nicht entgegen, wenn dem Schuldner zumindest diejenigen Anlagen zugestellt worden sind, die Aufschluss über den Inhalt und die Reichweite des Verbotes geben können. Das verlangt in jedem Fall eine Beifügung der Antragsschrift sowie der Unterlagen, auf die im Verbotstenor oder in den Beschlussgründen verweisen ist.³⁰⁴

bb) Neufälle

199 Unter Geltung der geänderten Zustellungsvorschriften, die mit der Förderung des elektronischen Rechtsverkehrs verbunden sind, genügt die Übermittlung einer den gerichtlichen Beglaubigungsvermerk enthaltenden Urteilsablichtung per Telekopie.³⁰⁵ Einer anwaltlichen Beglaubigung dahingehend, dass die übermittelte Kopie der gerichtlichen Vorlage vollständig entspricht, bedarf es nicht.³⁰⁶

200 **Zustellungsadressat** für die erforderlichen Unterlagen ist der Verfahrensbevollmächtigte des Antragsgegners, sofern sich ein solcher bestellt und der Antragsteller hiervon Kenntnis hat (§ 176 ZPO), ansonsten der Antragsgegner persönlich. Ob ein Rechtsanwalt, der den Antragsgegner im vorangegangenen Abmahnverfahren vertreten hat, allein deswegen gemäß § 171 Satz 1 ZPO als zur Entgegennahme einer einstweiligen Verfügung anzusehen ist, wird kontrovers diskutiert, ist aber zu verneinen.³⁰⁷ Wird die Unterlassungs-Beschlussverfügung im Parteibetrieb an den Antragsgegner persönlich und nicht gemäß § 172 ZPO an den bestellten Verfahrensbevollmächtigten zugestellt, so ist die einstweilige Verfügung nicht wirksam vollzogen.³⁰⁸ Allerdings kann der Zustellungsmangel

---

298 OLG Hamburg, GRUR-RR 2007, 406 – farbige Verbindungsanlage; OLG Frankfurt/Main, GRUR 2009, 995 – farbige Skulpturen.
299 OLG Frankfurt/Main, GRUR-RR 2015, 495 – Farbbild.
300 BGH, GRUR 2004, 264, 266 – Euro-Einführungsrabatt.
301 OLG Frankfurt/Main, GRUR-RR 2010, 400 – versteckter Beglaubigungsvermerk.
302 OLG Düsseldorf, MDR 2010, 652.
303 OLG Frankfurt/Main, GRUR-RR 2011, 340 – Ankle Tube; aA: OLG Koblenz, BeckRS 2013, 08776 – Virtueller Verkaufsraum, das diese Einschränkung nicht für gerechtfertigt hält.
304 OLG Koblenz, BeckRS 2013, 08776 – Virtueller Verkaufsraum.
305 OLG München, GRUR 2018, 444 – Vollziehung im Verhandlungstermin; OLG Frankfurt/Main, GRUR-RR 2018, 387 – Bettwaren »Made in Germany«.
306 OLG Düsseldorf, Beschluss v 18.5.2015 – I-2 U 2/15. Nach OLG Koblenz (MDR 2017, 1146) genügt die Zustellung der beglaubigten Abschrift einer einfachen Abschrift der Beschlussverfügung nicht.
307 OLG Hamburg, Mitt 2006, 471; OLG Düsseldorf, GRUR-RR 2005, 102 – Haartrockner; OLG Köln, GRUR-RR 2005, 143 – Couchtisch, mwN zum Streitstand.
308 OLG Hamburg, Mitt 2002, 562; BGH MDR 2016, 1040.

geheilt werden (§ 189 ZPO), wenn das Dokument den Verfahrensbevollmächtigten innerhalb der Vollziehungsfrist tatsächlich erreicht.[309] Streitig ist, ob das fälschlicherweise der Partei zugestellte Dokument im **Original** an den Verfahrensbevollmächtigten gelangen muss[310] oder ob die Übermittlung eines nur inhaltsgleichen Schriftstücks (zB einer Kopie, einer Telefaxkopie oder einer E-Mail mit dem Scan des zugestellten Dokuments) genügt[311]. In jedem Fall ist neben dem tatsächlichen Zugang beim Anwalt aber dessen Empfangsbereitschaft zwingende Voraussetzung, womit der mindestens konkludent zum Ausdruck gebrachte Wille gemeint ist, das Schriftstück als zugestellt entgegen zu nehmen.[312] An ihm fehlt es noch nicht deshalb, weil der Anwalt das beigelegte Empfangsbekenntnis nicht zurücksendet, sofern die Gesamtumstände hinreichend zuverlässig auf seine Empfangsbereitschaft schließen lassen. Dies ist etwa der Fall, wenn der Verfahrensbevollmächtigte die erfolgte Zustellung zur Grundlage seines weiteren Vorgehens macht, indem er dem Mandanten beispielsweise die Einlegung eines Rechtsmittels empfiehlt.[313] Gleiches gilt, wenn dem Verfahrensbevollmächtigten des Antragsgegners im Verhandlungstermin über den Widerspruch vom gegnerischen Anwalt eine beglaubigte Ausfertigung der Beschlussverfügung ausgehändigt wird, die dieser als zugestellt entgegennimmt, selbst wenn das betreffende Exemplar anschließend zur Gerichtsakte genommen wird.[314] Erfolgt außer an den Rechtsanwalt eine Zustellung zusätzlich an die anwaltlich vertretene Partei, so handelt es sich der Sache nach bloß um eine (zwar rechtlich nicht notwendige, aber auch nicht unzulässige) zusätzliche Unterrichtung des Verfahrensbeteiligten, zu der der Rechtsanwalt aufgrund des Mandatsvertrages nach §§ 675, 666 BGB im Innenverhältnis ohnehin verpflichtet ist. Eine derartige Unterrichtung hat keinerlei Einfluss auf die Rechtsfolgen, die einer ordnungsgemäß an den Bevollmächtigten erfolgten Zustellung zukommen. Wird mit ihr eine einzuhaltende Frist gewahrt, ändert die zu einem abweichenden Zeitpunkt erfolgte Zustellung an die Partei deshalb daran nichts.[315] Zur Wahrung der Monatsfrist genügt es in entsprechender Anwendung der §§ 207 Abs 1, 270 Abs 3 ZPO, dass der Antrag auf Zustellung im Parteibetrieb vor Fristablauf bei der Gerichtsvollzieherverteilerstelle eingeht und die Zustellung anschließend »demnächst« erfolgt.[316]

Eines besonderen Vollziehungsaktes (durch Zustellung im Parteibetrieb) bedarf es auch dann, wenn sich der Antragsgegner freiwillig an das gerichtliche Verbot hält. Sie wird ebenso wenig dadurch entbehrlich, dass die einstweilige Verfügung – was bei Urteilsverfügungen der Fall ist – dem Antragsgegner bereits durch das Gericht von Amts wegen zugestellt worden ist.[317]

201

Praxistipp	Formulierungsbeispiel

202

Da die Vollziehungsfrist mit der Verkündung des Verfügungsurteils zu laufen beginnt, und zwar unabhängig davon, wann dem Antragsteller eine zur Zustellung im Parteibetrieb geeignete Urteilsausfertigung ausgehändigt wird, liegt es im eigenen Interesse des Antragstellers,

---

309 KG, BeckRS 2011, 05647 – Zustellung per E-Mail.
310 OLG München, GRUR 2018, 444 – Vollziehung im Verhandlungstermin; OLG Hamburg, GRUR-RR 2018, 173 – Sportzubehör; beide mit umfassenden Nachweisen zum Streitstand.
311 OLG Braunschweig, NJW-RR 1996, 380; KG, BeckRS 2011, 05647 – Zustellung per E-Mail; OLG Frankfurt/Main, BeckRS 2017, 102284.
312 BGH, NJW-RR 2015, 953; umfassend zum Problemkreis: Kurtz, WRP 2016, 305.
313 BGH, NJW-RR 2015, 953.
314 OLG München, GRUR 2018, 444 – Vollziehung im Verhandlungstermin.
315 BGH, MDR 2016, 1040.
316 OLG Düsseldorf, InstGE 1, 255 – Vollziehungsfrist.
317 OLG Düsseldorf, InstGE 1, 255 – Vollziehungsfrist.

> bei Gericht rechtzeitig auf eine Aushändigung des Urteils zu drängen, so dass innerhalb der Monatsfrist zumindest noch der Zustellungsauftrag bei der Gerichtsvollzieherverteilerstelle angebracht werden kann. Die Frist wird durch die Zustellung einer abgekürzten Urteilsausfertigung (dh einer solchen ohne Tatbestand und Entscheidungsgründe) gewahrt (§§ 750 Abs 1 Satz 2, 317 Abs 2 ZPO).

203 Wird die zunächst durch Beschluss **erlassene einstweilige Verfügung** nach ihrer Vollziehung durch Urteil **bestätigt**, bedarf es keiner erneuten Vollziehung durch Zustellung des Urteils im Parteibetrieb.[318]

204 Wird die **Beschlussverfügung** hingegen auf Widerspruch des Antragsgegners hin durch Urteil **aufgehoben, in** der anschließenden **Berufungsinstanz** jedoch **bestätigt** und damit neu erlassen, so reicht die erfolgte Zustellung der Beschlussverfügung an den Antragsgegner als Vollziehungsmaßnahme nicht aus. Vielmehr bedarf es zur wirksamen Vollziehung einer eigenen, erneuten Zustellung der Berufungsentscheidung im Parteibetrieb.[319]

205 Gleiches gilt, wenn die einstweilige Verfügung im Widerspruchs- oder Rechtsmittelverfahren **inhaltlich** mehr als nur unwesentlich **geändert** worden ist.[320] Solches ist der Fall, wenn das Verbot auf ein aliud gerichtet oder sachlich erweitert wird[321] oder nachträglich eine Vollziehungssicherheit angeordnet wird.[322] Eine wesentliche Änderung ist demgegenüber zu verneinen bei einer Berichtigung des Rubrums[323] oder einer bloßen Klarstellung des Verbotes.[324] Wie Einschränkungen des Verbotes zu behandeln sind, ist streitig.[325] Nach zutreffender Ansicht[326] erfordern sie keine erneute Vollziehung, wenn die Einschränkung ausgrenzbar ist, zB deshalb, weil

206 – ein zuvor allgemein gefasstes Verbot konkretisiert wird,

207 – die Beschlussverfügung nur in einer von mehreren Ziffern aufrechterhalten wird,

208 – bei mehreren Begehungsformen nur einzelne in den bestätigenden Ausspruch übernommen werden.

209 Zwar repräsentiert die Parteizustellung eine Maßnahme der Zwangsvollstreckung. Für den bereits mit dem Anordnungsverfahren befasst gewesen Anwalt gehört sie dennoch zu diesem und löst deshalb keine gesonderte (zusätzliche) **Vollstreckungsgebühr** nach Nr 3309 VV-RVG aus.[327] Sie wird nur von demjenigen Anwalt verdient, der mit dem Anordnungsverfahren nicht betraut war.[328]

210 Taugliche weitere Vollziehungsmaßnahmen sind zB der Antrag auf nachträgliche Androhung von Ordnungsmitteln gemäß § 890 Abs 2 ZPO[329] oder das bei Gericht angebrachte Begehren auf Verhängung von Ordnungsgeld bzw -haft.[330] Bei ihnen muss es sich immer

---

318 OLG Stuttgart, GRUR-RR 2009, 194 – Zustellungserfordernis, mwN.
319 OLG Düsseldorf, NJW-RR 2000, 68.
320 OLG Düsseldorf, WRP 1983, 410; OLG Stuttgart, GRUR-RR 2009, 194 – Zustellungserfordernis.
321 OLG Hamburg, GRUR-RR 2007, 152, mwN.
322 OLG Düsseldorf, Urteil v 20.1.2011 – I-2 U 92/10.
323 OLG Hamburg, MDR 2015, 1265.
324 OLG Hamburg, GRUR-RR 2007, 152, mwN.
325 Vgl zum Meinungsstand: OLG Hamburg, GRUR-RR 2007, 152; OLG Stuttgart, GRUR-RR 2009, 194 – Zustellungserfordernis.
326 OLG Stuttgart, GRUR-RR 2009, 194 – Zustellungserfordernis, mwN.
327 OLG Düsseldorf, Beschluss v 18.8.2017 – I-2 W 11/17; OLG Braunschweig, JurBüro 2006, 26.
328 OLG Düsseldorf, Beschluss v 18.8.2017 – I-2 W 11/17; OLG Braunschweig, JurBüro 2006, 26.
329 Streitig; wie hier Berneke, Einstweilige Verfügung, Rn 583, mwN.
330 OLG Dresden, GRUR-RS 2017, 102218 – verantwortlich für Dresden und Region. Mit der Antragsrücknahme entfällt die Vollziehung ex tunc (Vohwinkel, GRUR 2010, 977, 979).

um Maßnahmen handeln, die ähnlich formalisiert und urkundlich belegbar, jedenfalls leicht feststellbar sind wie eine Parteizustellung.[331] Die Erbringung der im Beschluss/Urteil festgesetzten Sicherheit (zB Bankbürgschaft) genügt als Vollziehungsmaßnahme nicht, weil mit ihr keine Vollstreckung verbunden ist, sondern bloß die Voraussetzungen hierfür geschaffen werden. Gleiches gilt für Zusendung eines Abschlussschreibens mit Vollstreckungsandrohung oder die Übersendung eines den Urteilstenor enthaltenden Teils des Verhandlungsprotokolls per Fax.[332]

Darüber hinaus ist zu beachten, dass eine fristgerechte Vollziehungsmaßnahme (zB Ordnungsmittelantrag), die nicht in der Parteizustellung liegt, gemäß § 929 **Abs 3 Satz 2 ZPO** nachträglich unwirksam wird, wenn die vollzogene Entscheidung dem Schuldner nicht innerhalb einer Woche nach der Vollziehung und innerhalb der Vollziehungsmonatsfrist »zugestellt« wird. 211

– Dass damit im Falle einer *Beschlussverfügung* die Parteizustellung gemeint ist, ergibt sich zwingend schon daraus, dass bei ihr keine andere, insbesondere keine amtswegige Zustellung stattfindet, an die statt dessen angeknüpft werden könnte. 212

– Bei vollzogenen *Verfügungsurteilen*, die gemäß § 317 ZPO von Amts wegen zugestellt werden, verhält sich die Sachlage anders, weswegen hier Streit darüber besteht, ob die Amtszustellung für § 929 Abs 3 Satz 2 ZPO ausreicht oder ob es einer rechtzeitigen Parteizustellung durch den Gläubiger bedarf[333]; richtigerweise wird man jede Form der Zustellung ausreichen lassen müssen.[334] 213

Ist eine einstweilige Verfügung wegen Versäumung der Vollziehungsfrist wirkungslos geworden (sei es, dass eine fristgerechte Vollziehungsmaßnahme überhaupt nicht ergriffen worden ist, sei es, dass eine ergriffene Vollziehungsmaßnahme nachträglich unwirksam geworden ist), hindert dies einen **zweiten** inhaltsgleichen **Verfügungsantrag** nicht.[335] Voraussetzung ist freilich, dass auch für ihn noch ein Verfügungsgrund (einschließlich der zeitlichen Dringlichkeit) bejaht werden kann. 214

b) Auskunfts- und Sequestrationsanspruch

Spricht die einstweilige Verfügung dem Antragsteller – auch neben dem Unterlassungsgebot – einen Anspruch auf Auskunft (§ 140b PatG) zu, genügt die Parteizustellung zur Vollziehung *insoweit* nach zutreffender Ansicht nicht.[336] Gleiches gilt für die Zustellung einer erforderlichen Bürgschaftsurkunde.[337] Vielmehr bedarf es eines Vollstreckungsantrages nach § 888 ZPO auf Verhängung von Zwangsmitteln, wobei der rechtzeitige Eingang bei Gericht reicht.[338] Gleiches gilt im Hinblick auf eine Sequestrationsanordnung zur Sicherung des Vernichtungsanspruchs (§ 140a PatG). Hier verlangt die Vollziehung, wenn die Herausgabe nicht freiwillig erfolgt, eine Maßnahme nach § 883 ZPO (Wegnahme durch den Gerichtsvollzieher). Für die Fristwahrung ist dabei auf den Eingang bei Gericht abzustellen. Darauf, ob innerhalb der Monatsfrist auch die Zustellung an den Gegner erfolgt oder gar mit der Zwangsvollstreckung begonnen wird (zB das Zwangs- 215

---

331 BGH, GRUR 1993, 415 – Straßenverengung.
332 OLG Köln, GRUR-RR 2018, 268 – Poststreik.
333 Vgl Dötsch, MDR 2010, 1093, 1095.
334 AA: OLG Dresden, MDR 2017, 421.
335 OLG Hamburg, MDR 2012, 1249.
336 Wie hier: Teplitzky, Wettbewerbsrechtliche Ansprüche, Kapitel 55 Rn 40a-d, mwN; OLG Düsseldorf, Beschluss v 6.4.2017 – I-15 U 4/17; aA: OLG Frankfurt/Main, WRP 1998, 223, 224; OLG München, AfP 2002, 528.
337 OLG Düsseldorf, Beschluss v 6.4.2017 – I-15 U 4/17.
338 OLG Düsseldorf, Beschluss v 6.4.2017 – I-15 U 4/17.

geld festgesetzt oder gar vom Gläubiger beigetrieben wird), kommt es nicht an.[339] Einer Vollziehung bedarf es freilich dann nicht mehr, wenn der Schuldner vor Fristablauf die ihm aufgegebene Handlung freiwillig erfüllt.[340]

216 Eine **Ausnahme** von der Erforderlichkeit eines Zwangsmittelantrages ist allenfalls dann zuzulassen, wenn es im Einzelfall angesichts der zu bewältigenden Datenmenge für den Schuldner schlechterdings unmöglich ist, eine vollständige Auskunft innerhalb eines Zeitraumes zu erteilen, der dem Gläubiger vor Ablauf der Monatsfrist eine Überprüfung auf Vollständigkeit (und damit der Notwendigkeit und Möglichkeit eines Antrages nach § 888 ZPO) erlaubt. Da es vorliegend nur um die nach § 140b PatG geschuldeten Daten geht, wird derartiges nur unter ganz besonderen Umständen in Betracht kommen, weil sowohl vom Schuldner (für die Zusammenstellung der Auskunft) als auch vom Gläubiger (für deren Prüfung auf Vollständigkeit) erhebliche Anstrengungen zu erwarten sind, die dem zugrunde liegenden Eilverfahren gerecht werden. Ist die Monatsfrist bei aller gebotenen Beschleunigung objektiv unzureichend, ist – anstelle eines Zwangsmittelantrages – die Parteizustellung der einstweiligen Verfügung für die Vollziehung genügend.

6. Schadenersatzpflicht

217 Vollzieht der Antragsteller die einstweilige Verfügung und wird diese später mit der Begründung aufgehoben, dass ein Verfügungsanspruch und/oder ein Verfügungsgrund von Anfang an nicht bestanden hat, so haftet der Antragsteller dem Antragsgegner verschuldensunabhängig auf Ersatz des durch die Vollziehung entstandenen Schadens (§ 945 ZPO). Wird in einem Hauptsacheverfahren der Verfügungsanspruch rechtskräftig verneint, ist das Schadenersatzgericht hieran **gebunden**[341]; ob dasselbe auch für eine Entscheidung im bloß summarischen Verfahren gilt (mit der zB die zunächst erlassene einstweilige Verfügung später aufgehoben und der Verfügungsantrag zurückgewiesen wird), ist höchstrichterlich noch nicht abschließend geklärt[342], von älteren BGH-Entscheidungen[343] jedoch bejaht worden. Die Haftung besteht auch dann, wenn die Aufhebung der einstweiligen Verfügung darauf beruht, dass das Verfügungspatent widerrufen oder für nichtig erklärt wird.[344] Dasselbe gilt, wenn es der Antragsteller versäumt, innerhalb der ihm gesetzten Frist (§ 926 Abs 1 ZPO) Hauptsacheklage zu erheben.

218 Keine Haftung besteht, wenn die einstweilige Verfügung zwar zu Unrecht ergangen ist, der Antragsgegner jedoch aus anderen (zB materiell-rechtlichen) Gründen verpflichtet ist, das mit der Verfügung verbotene Verhalten zu unterlassen.[345]

219 In **zeitlicher Hinsicht** setzt die Schadenersatzpflicht ein, sobald mit der Vollziehung begonnen wird, bei Unterlassungsverfügungen also mit der Parteizustellung der mit einer Ordnungsmittelandrohung versehenen einstweiligen Verfügung.[346] Handelt es sich um ein mit Ordnungsmittelandrohung versehenes Verbotsurteil (welches bereits mit seiner Verkündung zu beachten ist), setzt die Haftung nach § 945 ZPO bereits mit der Verkündung ein.[347]

---

339 BGH, NJW 2006, 1290 – Drei-Jahres-Frist.
340 OLG Köln, MDR 2016, 1229.
341 BGH, NJW 1988, 3268.
342 BGH, GRUR 2016, 720 – Hot Sox.
343 BGHZ 62, 7, 10; BGHZ 75, 1, 5; BGH, NJW 1992, 2297.
344 BGH, GRUR 2006, 219 – Detektionseinrichtung II, mwN zum Streitstand.
345 BGH, NJW 2006, 2767.
346 BGH, NJW 2006, 2767.
347 BGH, GRUR 2009, 890 – Ordnungsmittelandrohung.

Ersatzfähig sind alle durch die Vollziehung adäquat-kausal verursachten, unmittelbaren 220
oder mittelbaren Schäden einschließlich des infolge des Vollzugs einer Verbotsverfügung
entgangenen Gewinns.[348]

▶ **Bsp:** 221
Einbußen als Folge einer Produktionseinstellung oder entgangener Aufträge.

Ist der Antragsgegner aufgrund der vollzogenen Unterlassungsverfügung gezwungen, die 222
vermeintlich patentverletzende Vorrichtung von einem Messestand zu entfernen oder
sie abzudecken, so stellen dessen »frustrierte« Aufwendungen für die Errichtung und
Unterhaltung des Messestandes in der Regel keinen ersatzfähigen Schaden dar.[349] Gibt
der Antragsgegner nach Vollziehung der Verbotsverfügung eine Unterlassungserklärung
ab, verstößt er mit der späteren Geltendmachung von Schadenersatzansprüchen nach
§ 945 ZPO nicht gegen Treu und Glauben.[350]

7. Aufhebung wegen veränderter Umstände[351]

§ 927 ZPO, der für einstweilige Verfügungen entsprechend gilt (§ 936 ZPO), stellt dem 223
Schuldner einer einstweiligen Verfügung einen speziellen Rechtsbehelf zur Verfügung,
mit dem er die gegen ihn getroffenen Verfügungsmaßnahmen *für die Zukunft* beseitigen
lassen kann. Die Vorschrift gestattet – neben anderem – die Aufhebung der einstweiligen
Verfügung, sofern sich gegenüber der Sachlage bei ihrem Erlass die »Umstände verändert« haben. Wenngleich das Aufhebungsverfahren prinzipiell[352] auch dann zulässig ist,
wenn die einstweilige Verfügung noch umfassend mit einem Widerspruch oder einer
Berufung angefochten werden kann, gewinnt die Vorschrift ihre praktische Bedeutung
vor allem in Konstellationen, bei denen ein regulärer Rechtsbehelf nicht mehr möglich
ist, weil bei Eintritt der veränderten Umstände der Rechtsmittelzug bereits ausgeschöpft
ist oder die Rechtsmittelfristen abgelaufen sind. § 927 ZPO ist an keine Frist gebunden
und erlaubt auch eine Durchbrechung der materiellen Rechtskraft einstweiliger Verfügungen. Im Hauptsacheverfahren ist allerdings eine Widerklage auf Aufhebung der einstweiligen Verfügung unzulässig.[353]

Um beachtlich zu sein, muss es sich um **nachträgliche** Veränderungen handeln, dh 224
Umstände, die entweder erst im Nachhinein eingetreten sind oder die zumindest dem
Verfügungsbeklagten erst nachträglich bekannt geworden sind oder zu deren (nach dem
Verfahrensgang erforderlicher) Glaubhaftmachung der Verfügungsbeklagte erst im
Nachhinein in die Lage versetzt worden ist. Maßgeblicher Zeitpunkt für die Beurteilung
der Nachträglichkeit ist – je nach dem Gegenstand des Aufhebungsverfahrens – der
Moment der Beschlussanordnung bzw. (wenn die einstweilige Verfügung durch Urteil
erlassen oder aufrechterhalten worden ist) der Augenblick der letzten mündlichen Verhandlung, auf die die aufzuhebende Entscheidung ergangen ist. Umstände, die der

---

348 BGH, NJW 2006, 2767.
349 LG Düsseldorf, InstGE 2, 157 – Dünnbramme II, bestätigt durch OLG Düsseldorf, Urteil v 4.9.2003 – 2 U 24/02.
350 BGH, NJW 2006, 2767.
351 Vgl. Loth/Kopf, Mitt 2012, 307.
352 … und zwar alternativ, nicht kumulativ; vgl OLG München, GRUR 2018, 444 – Vollziehung im Verhandlungstermin (während des laufenden Widerspruchsverfahrens fehlt das Rechtsschutzbedürfnis für einen Aufhebungsantrag wegen Vollziehungsmangels, weswegen ein dahingehender förmlicher Antrag dahin zu interpretieren ist, dass die Nichtvollziehung im Widerspruchsverfahren mit zu behandeln ist).
353 OLG Karlsruhe, GRUR-RR 2014, 362 – Unternehmensübergang, str.

Beklagte bei ordnungsgemäßer Prozessführung schon im Anordnungsverfahren hätte geltend und glaubhaft machen können, sind nicht geeignet, einen Aufhebungsantrag zu stützen, denn § 927 ZPO ist nicht dazu vorgesehen, Nachlässigkeiten und Versäumnisse des Beklagten bei seiner Rechtsverteidigung auszugleichen.

225 Abgesehen von rein verfahrensrechtlichen Anwendungsfällen mangelnder Vollziehung der einstweiligen Verfügung (§ 929 Abs 2 ZPO)[354] und nicht rechtzeitiger Erhebung der Hauptsacheklage (§ 926 ZPO) sind die Umstände dann »**veränderte**«, wenn sie entweder die Zulässigkeit des Verfügungsantrages beseitigen, den Verfügungsanspruch vernichten oder den Verfügungsgrund zu Fall bringen und damit eine Situation kennzeichnen, bei der, wäre die Sachlage schon im Anordnungsverfahren vorhanden und bekannt gewesen, ein Erlass der einstweiligen Verfügung nicht zu rechtfertigen gewesen wäre.

226 Das ist ua der Fall, wenn

227 – das Verfügungspatent (zB infolge Verzichts, Nichtzahlung der Gebühren oder rechtskräftigen Widerrufs/Nichtigerklärung) vorzeitig erlischt,

228 – das Verfügungspatent rechtskräftig so weit eingeschränkt oder beschränkt wird, dass die angegriffene Ausführungsform nicht mehr von seinem Schutzbereich erfasst wird[355],

229 – der titulierte Anspruch erfüllt wird (zB durch Auskunftserteilung, Abgabe einer vertragsstrafegesicherten Unterlassungserklärung),

230 – erstmals eine rechtsvernichtende Einrede (zB Verjährung) begründet erhoben wird,

231 – die Aktivlegitimation des Verfügungsklägers (zB wegen Übertragung des Patents) wegfällt,

232 – dem Verfügungsbeklagten oder seinem Lieferanten eine Lizenz am Gegenstand des Verfügungspatents wirksam eingeräumt wird,

233 – die Hauptsacheklage auf Patentverletzung rechtskräftig abgewiesen oder einer Nichtverletzungs-Feststellungsklage rechtskräftig entsprochen wird.

234 Problematisch sind diejenigen Fälle, bei denen die dem Verletzungstatbestand oder dem Rechtsbestand des Verfügungspatents entgegen stehenden **Entscheidungen noch nicht rechtskräftig**, sondern wegen anhängiger Rechtsbehelfe des Verfügungsklägers bloß vorläufig[356] oder im Zeitpunkt der Verhandlung über das Aufhebungsverlangen noch nicht einmal getroffen sind. Letzteres ist auf der Rechtsbestandsebene zB denkbar, wenn nachträglich neuer Stand der Technik aufgefunden wird, der den Bestand des Verfügungspatents erschüttert, zu dem eine Einspruchs- oder Nichtigkeitsentscheidung wegen des nicht hinreichenden Fortschritts des Rechtsbestandsverfahrens jedoch noch aussteht. Mit Blick auf die Verletzungsebene ist zB an eine neue höchstrichterliche Rechtsprechung (etwa zur Schutzbereichsbestimmung) oder an eine (für das Verletzungsgericht faktisch bindende) Patentauslegung des BGH im Nichtigkeitsberufungsverfahren gegen das Verfügungspatent zu denken, die fraglich erscheinen lässt, ob eine Patentverletzung bejaht werden kann. Die Annahme einer Patentverletzung kann schließlich auch in Konflikt mit einer abweichenden Patentauslegung geraten, die in einer dem Anordnungsverfahren

---

354 Dem Aufhebungsantrag fehlt nicht deshalb das Rechtsschutzbedürfnis, weil der Schuldner dem Unterlassungsgebot zur Vermeidung sonst drohender Ordnungsmittel nachgekommen ist (OLG Köln, GRUR-RR 2018, 268 – Poststreik).
355 Hier ist die einstweilige Verfügung *insgesamt*, dh hinsichtlich des Unterlassungs-, Auskunfts- und Verwahrungsausspruchs, aufzuheben.
356 LG Düsseldorf, Urteil v 15.9.2011 – 4b O 99/11 will hier keinen Aufhebungsgrund anerkennen.

nachfolgenden erstinstanzlichen Einspruchs- oder Nichtigkeitsentscheidung vorgenommen wird. In allen diesen Fällen ist – teils in doppelter Hinsicht – **zu differenzieren**:

– Wird es aller Voraussicht nach bei der dem Verfügungskläger ungünstigen erstinstanzlichen Entscheidung zum mangelnden Rechtsbestand[357] oder zur Nichtverletzung des Verfügungspatents bleiben oder liegt eine solche Entscheidung zwar noch nicht vor, ist aber (angesichts des neu präsentierten Standes der Technik oder der geänderten Rechtsprechung) mit ihr zu rechnen und verspricht ein Rechtsbehelf dagegen keinen Erfolg, so ist die einstweilige Verfügung aufzuheben.[358] Denn ohne einen Hauptsacheanspruch gibt es kein Sicherungsbedürfnis, dem mit einer einstweiligen Verfügung Rechnung getragen werden müsste. 235

– Verhält es sich umgekehrt so, dass die Vernichtungs- oder Nichtverletzungsentscheidung unzutreffend begründet ist und im Rechtsmittelverfahren voraussichtlich abgeändert werden wird, so hat eine Aufhebung der einstweiligen Verfügung zu unterbleiben. Mit dem Hauptsacheanspruch bleibt notwendigerweise auch das Sicherungsbedürfnis des Verfügungsklägers erhalten. 236

– Sind die Erfolgsaussichten eines Vorgehens gegen die erstinstanzliche Vernichtungs- oder Nichtverletzungsentscheidung offen, lässt sich ein fortbestehendes Sicherungsbedürfnis an sich nicht verneinen, eben weil noch realistische Chancen für den Verfügungskläger bestehen, seinen Anspruch im Hauptsacheprozess durchzusetzen. 237

Soweit mit der einstweiligen Verfügung bloß sichernde Maßnahmen angeordnet worden sind (wie die Verwahrung der angegriffenen Ausführungsform zur Gewährleistung des Vernichtungsanspruchs), ist es deswegen in der Regel[359] geboten, sie bis zur rechtskräftigen Klärung des Rechtsbestandes/der Verletzungsfrage aufrecht zu erhalten.[360] 238

Eine andere Beurteilung ist angebracht, wenn und soweit mit der einstweiligen Verfügung die Hauptsache vorweggenommen wurde, indem der Beklagte zB zur Unterlassung verurteilt worden ist.[361] Hier treffen den Beklagten deutlich weitreichendere Konsequenzen für sein wirtschaftliches Handeln, die bei der Anwendung des § 927 ZPO nicht außer Acht gelassen werden dürfen. Stellt sich die Situation nachträglich (zB wegen einer erstinstanzlichen Widerrufsentscheidung) so dar, dass der Erlass einer einstweiligen Verfügung nicht in Betracht kommen könnte, ist die Verfügung, soweit sie den Kläger endgültig befriedigt, aufzuheben. Jede andere Handhabung würde den Beklagten gegenüber anderen Verletzern, die unter den veränderten Umständen nicht mehr mit einem Verfügungsverbot belegt werden könnten, nur deshalb ungleich behandeln, weil gegen ihn (auf objektiv unvollständiger Tatsachenbasis) frühzeitig eine einstweilige Verfügung ergangen ist. Das würde zu rein zufälligen, sachlich nicht akzeptablen Ergebnissen führen.[362] 239

---

357 OLG Karlsruhe, Urteil v 27.9.2017 – 6 U 42/17 (für den Fall eines erstinstanzlichen Patentwiderrufs).
358 BGH, WM 1976, 134.
359 Anders kann die Sache zu beurteilen sein, wenn mit der Sicherungsmaßnahme für den Schuldner ausnahmsweise unverhältnismäßige Nachteile verbunden sind (zB weil er zu einer kurzfristigen Ersatzbeschaffung nicht in der Lage ist, so dass die fortbestehende Verwahrung faktisch zu einem fortwirkenden Unterlassungsgebot führen würde).
360 Die bereits in Verwahrung befindlichen Gegenstände bleiben in Verwahrung; für »neue« Gegenstände wird dagegen von einer entsprechenden Anordnung abgesehen, weil sonst der aufzuhebende Unterlassungsanspruch nicht außer Vollzug geraten würde.
361 Gleich liegt der Sachverhalt bei Verurteilung zur Auskunftserteilung nach § 140b PatG, solange die Auskünfte dem Gläubiger nicht tatsächlich gegeben worden sind.
362 AA: LG Düsseldorf (GRUR-RR 2012, 66 – Tintenpatronen-Verfügung), das bei unklarem Rechtsbestand den Aufhebungsantrag (insgesamt) zurückgewiesen hat.

240 – Dieselbe Unterscheidung zwischen den angeordneten Einzelmaßnahmen ist angebracht, wenn – ohne dass bereits eine erstinstanzliche Rechtsbestands- oder Nichtverletzungsentscheidung vorliegt – offen bleibt, ob der neue Stand der Technik die Vernichtung des Verfügungspatents rechtfertigen oder die geänderte Rechtsprechung eine verneinende Antwort auf die Verletzungsfrage erzwingen wird.

241 Das vorbeschriebene Prozedere kann zur Folge haben, dass eine einstweilige Verfügung zwischenzeitlich aufgehoben wird und das Verfügungspatent – entgegen der erstinstanzlichen Vernichtungsentscheidung – schließlich doch aufrechterhalten bleibt. Hier besteht für den Verfügungskläger, sobald die ihm günstige Rechtsmittelentscheidung im Bestandsverfahren über das Verfügungspatent vorliegt, die Möglichkeit, erneut auf den Erlass einer einstweiligen Verfügung anzutragen. Dringlichkeitsprobleme ergeben sich insoweit nicht, weil mit der positiven Aufrechterhaltungsentscheidung eine neue Sachlage eingetreten ist, die den Verfügungskläger nach erfolgter Aufhebung der ursprünglichen Verfügung erstmals wieder in den Stand versetzt, mit Aussicht auf Erfolg um einen vorläufigen Rechtsschutz nachzusuchen.

242 Hat das Erstgericht die einstweilige Verfügung im Verfahren nach § 927 ZPO **zu Unrecht aufgehoben**, so bedarf es – anders als bei einer Aufhebung nach Widerspruch[363] – jedenfalls dann keines erneuten Erlasses der einstweiligen Verfügung durch das Rechtsmittelgericht, wenn die Aufhebung nicht wegen eines Grundes erfolgt ist, der die ursprüngliche Fehlerhaftigkeit der Verfügungsanordnung ergibt.[364]

243 Schließt sich an das einstweilige Verfügungsverfahren ein Hauptsacheverfahren an, so kann der Aufhebungsantrag dort im Wege der **Widerklage** verfolgt werden.[365] Anderes gilt selbstverständlich im Revisionsverfahren.[366]

244 Grundsätzlich ergeht eine **Kostenentscheidung** nur in Bezug auf das Aufhebungsverfahren und nicht auch in Bezug auf das Anordnungsverfahren, denn im Rahmen des § 927 ist allein die Frage streitig, ob die einstweilige Verfügung für die Zukunft noch Bestand haben kann.[367] Eine Überprüfung ihrer ursprünglichen Rechtmäßigkeit findet demgegenüber nicht statt. Anders verhält es sich, wenn die Aufhebungsgründe rückblickend betrachtet von Anfang an bestanden haben, so dass bereits die einstweilige Verfügung nicht hätte ergehen dürfen[368]; hier hat der Antragsteller sowohl die Kosten des Anordnungs- als auch diejenigen des Aufhebungsverfahrens zu tragen.[369] Solches ist etwa der Fall, wenn sich der Verletzungsvorwurf angesichts einer späteren bindenden Patentauslegung durch den BGH als unberechtigt erweist oder wenn sich im Nachhinein auf der Rechtsbestandsebene eine Sachlage ergibt, bei der ein vorläufiger Rechtsschutz nicht in Betracht gekommen wäre[370]. Der Antrag, die bestehende einstweilige Verfügung aufzuheben und dem Antragsteller »die Kosten des Verfahrens aufzuerlegen«, ist jedenfalls dann als Kostenantrag auch im Hinblick auf die Kosten des Anordnungsverfahrens auszulegen, wenn die objektive Sach- und Rechtslage einen dahingehenden Ausspruch rechtfertigt. Bei der Belastung des Antragstellers mit den gesamten Verfahrenskosten verbleibt es auch dann, wenn die ihm ungünstige, zur Aufhebung der einstweiligen Verfügung

---

363 OLG Karlsruhe, GRUR-RR 2014, 362 – Unternehmensübergang; KG, GRUR-RR 2010, 22 – JACKPOT!
364 OLG Karlsruhe, GRUR-RR 2014, 362 – Unternehmensübergang.
365 BGH, GRUR 2017, 938 – Teststreifen zur Blutzuckerkontrolle II.
366 BGH, GRUR 2017, 938 – Teststreifen zur Blutzuckerkontrolle II.
367 LG Berlin, NJOZ 2012, 2121 – Beratungsauktion.
368 Ob ein solcher Fall auch bei mangelnder Vollziehung der einstweiligen Verfügung vorliegt, ist streitig. Zum Meinungsstand vgl OLG Düsseldorf, GRUR-RR 2015, 493 – Diamant-Trennscheiben.
369 LG Berlin, NJOZ 2012, 2121 – Beratungsauktion; OLG Karlsruhe, Urteil v 27.9.2017 – 6 U 42/17 (für den Fall eines erstinstanzlichen Patentwiderrufs).
370 OLG Karlsruhe, Urteil v 27.9.2017 – 6 U 42/17.

führende Rechtsbestandsentscheidung im weiteren Instanzenzug korrigiert wird und er aufgrunddessen abermals erfolgreich einstweiligen Rechtsschutz in Anspruch nehmen kann.[371] Insofern bedarf es eines Gleichlaufs mit denjenigen Fällen, in denen die Vernichtungsentscheidung nach während des Berufungsrechtszuges im Anordnungsverfahren erfolgt, wo die erstinstanzlich erlassene einstweilige Verfügung aufgehoben und der Verfügungsantrag kostenpflichtig zurückgewiesen würde. Das Ergebnis kann kein anderes sein, wenn die Rechtsbestandsentscheidung – zufällig – (und ggf nur knapp) nach Abschluss des Anordnungsverfahrens geschieht. Das ungewisse Schicksal des Verfügungspatents im weiteren Instanzenzug rechtfertigt keinesfalls eine (mit dem vorläufigen Rechtsschutzverfahren per se unvereinbare) Aussetzung der Entscheidung über die Kosten.[372] Sollte das Verfügungspatent nach zwischenzeitlicher Aufhebung der einstweiligen Maßnahmen am Ende doch aufrechterhalten werden, kann der dem Antragsteller nachteilige Verfahrensausgang allenfalls über eine Restitutionsklage (§ 580 Nr 6 ZPO) korrigiert werden.[373]

Vor Stellung eines Aufhebungsantrages nach § 927 ZPO ist der Antragsgegner zur Vermeidung der Kostenfolge aus **§ 93 ZPO** grundsätzlich gehalten, dem Antragsteller Gelegenheit zur Anerkennung des Aufhebungsverlangens zu geben. Unterbleibt dies, sind dem Antragsgegner die **Kosten des Aufhebungsverfahrens** aufzuerlegen, wenn der Antragsteller nach Zustellung des Aufhebungsantrages den Eilantrag bei der ersten sich bietenden prozessualen Gelegenheit zurücknimmt.[374] **245**

8. Einstellung der Zwangsvollstreckung

Die Zwangsvollstreckung aus einer einstweiligen Verfügung kann gemäß §§ 936, 924 Abs 3 Satz 2, 707 ZPO auf Antrag durch das Gericht ohne oder gegen Sicherheitsleistung des Antragsgegners eingestellt werden. Die in § 707 Abs 1 Satz 2 ZPO vorgesehene Beschränkung, wonach eine Vollstreckungseinstellung ohne Sicherheitsleistung des Schuldners nur dann erfolgen darf, wenn er glaubhaft macht, dass er zur Sicherheitsleistung außerstande ist und die Vollstreckung ihm überdies einen nicht zu ersetzenden Nachteil bringen würde, gilt ausdrücklich nicht. Das ermöglicht es, eine Einstellungsanordnung ohne Sicherheitsleistung insbesondere dann zu treffen, wenn das Verfügungspatent nachträglich erstinstanzlich vernichtet wird. Vor allem in Generika-Fällen ist hiervon Gebrauch zu machen, um den verurteilten Verfügungsbeklagten nicht gegenüber anderen Generikaunternehmen zu benachteiligen, gegen die keine Verbotsverfügung ergangen ist und die nach erfolgter erstinstanzlicher Vernichtung des Verfügungspatents auch nicht mehr mit einer Verbotsverfügung rechnen müssen.[375] **246**

Soweit die Verfügung ein **Unterlassungsgebot** zum Inhalt hat, kommt – abgesehen von dem vorerwähnten Sonderfall – eine einstweilige Einstellungsanordnung, weil sie grundsätzlich dem Zweck der vorläufigen, auf Unterlassung gerichteten Regelung des streitigen Rechtsverhältnisses widerspricht, nur ausnahmsweise in Betracht, namentlich dann, wenn bei Erlass der Verfügung nicht berücksichtigtes oder in Erwägung gezogenes tatsächliches Vorbringen die Aufhebung der Verfügung mindestens mit einiger Wahr- **247**

---

371 OLG Karlsruhe, Urteil v 27.9.2017 – 6 U 42/17.
372 OLG Karlsruhe, Urteil v 27.9.2017 – 6 U 42/17.
373 Zu der gegenläufigen Konstellation einer rechtskräftigen Patentvernichtung nach erfolgreichem Verfügungsverfahren und der Frage, ob unter solchen Umständen ein Aufhebungsantrag nach § 927 ZPO oder eine Restituionsklage statthaft ist, vgl Loth, Mitt 2012, 307.
374 OLG Frankfurt/Main, MDR 2018, 1150.
375 OLG Düsseldorf, Beschluss v 13.11.2012 – I-2 U 79/12.

scheinlichkeit erwarten lässt.³⁷⁶ Nach einem Teil der Rechtsprechung³⁷⁷ soll sogar erforderlich sein, dass das Unterlassungsgebot mit Gewissheit keinen Bestand hat. Das erscheint zu weitgehend. Maßgeblich sollte sein, ob das Gericht die einstweilige Verfügung auch dann gewährt hätte, wenn es das – mangels vorheriger Anhörung erst nachträglich mögliche – Verteidigungsvorbringen des Antragsgegners gekannt hätte. Wird dies bejaht, besteht kein Anlass für eine Einstellungsanordnung, wird die Frage verneint, sollte die Vollstreckung eingestellt werden, um die Sache auf denjenigen Stand zurückzusetzen, in dem sie sich befinden würde, wenn vor der gerichtlichen Entscheidung rechtliches Gehör gewährt und daraufhin, weil eine Beschlussverfügung nicht angebracht gewesen wäre, ein Termin zur mündlichen Verhandlung über den Verfügungsantrag bestimmt worden wäre.

248 Das Rechtsschutzinteresse für einen Aufhebungsantrag wegen mangelnder Vollziehung entfällt nicht von vornherein deshalb, weil der besagte Grund auch im Wege eines anderen, förmlichen Rechtsbehelfs (zB der Berufung gegen das nicht vollzogene Verfügungsurteil) geltend gemacht werden könnte. Vielmehr hat der Antragsgegner ein Wahlrecht zwischen den gesetzlich vorgesehenen Optionen. Sobald jedoch ein Widerspruchsverfahren (im Falle der Beschlussverfügung) oder ein Berufungsverfahren (im Falle des Verfügungsurteils) anhängig gemacht ist, in dem der Aufhebungsgrund der Nichtvollziehung geltend gemacht werden kann, besteht kein Rechtschutzbedürfnis mehr für eine Verfolgung desselben Aufhebungsgrundes im Verfahren nach §§ 927, 936 ZPO.³⁷⁸ Das gilt nicht erst von dem Zeitpunkt an, zu dem der Widerspruch/die Berufung tatsächlich auf die Nichtvollziehung gestützt wird, sondern von Anfang an mit Rücksicht auf die bloße Möglichkeit, dass solches geschehen kann.³⁷⁹

9. Schutzschrift³⁸⁰

249 Muss der Antragsgegner zB aufgrund einer Abmahnung davon ausgehen, dass der Schutzrechtsinhaber sein Begehren im Wege der einstweiligen Verfügung durchsetzen wird, kann es angebracht sein, bei den in Betracht kommenden Patentstreitgerichten eine Schutzschrift zu hinterlegen. Ihr Ziel ist es, dem Gericht Argumente zu unterbreiten, die den Verfügungsanspruch und/oder den Verfügungsgrund widerlegen bzw in Zweifel ziehen, um zu verhindern, dass eine Beschlussverfügung ergeht, und zu erreichen, dass der Verfügungsantrag zurückgewiesen bzw über ihn zumindest mündlich verhandelt wird.

250

Praxistipp	Formulierungsbeispiel

Damit die Schutzschrift den ihr zugedachten Zweck erfüllen kann, muss der Einreicher dafür sorgen, dass seine **Schutzschrift** im Falle eines Verfügungsantrages bei Gericht auch **aufgefunden wird**. Das bedarf – von Gericht zu Gericht – ggf unterschiedlicher Vorkehrungen. Zum Teil wird, wenn mehrere mögliche Antragsteller vorhanden sind, nur der erstgenannte namentlich erfasst, zum Teil wird auch das betreffende Schutzrecht nach seiner Veröffentlichungsnummer registriert.

---

376 OLG Düsseldorf, Beschluss v 12.11.2008 – I-2 U 62/08; vgl auch Berneke, Einstweilige Verfügung, Rn 196 f.
377 Zum Streitstand: Berneke, Einstweilige Verfügung, Rn 411 ff.
378 OLG Düsseldorf, Beschluss v 26.9.2017 – I-15 U 68/17.
379 OLG Düsseldorf, Beschluss v 26.9.2017 – I-15 U 68/17.
380 Spernath, Schutzschrift, 2009; Wehlau, Handbuch der Schutzschrift, 2011.

> Überwiegend[381] wird angenommen, dass der die Schutzschrift für den späteren Antragsgegner einreichende Rechtsanwalt für das nachfolgende Verfügungsverfahren verfahrens- und damit auch **zustellungsbevollmächtigt** ist, was dem Antragsteller (wenn die gegnerische Partei selbst im Ausland ansässig ist) die Zustellung einer Beschlussverfügung deutlich erleichtert. Weil dem so ist und weil für die Schutzschrift selbst kein Anwaltszwang herrscht, sollte dem dadurch vorgebeugt werden, dass nicht der Rechtsanwalt, sondern der mitwirkende Patentanwalt (oder die Partei selbst) die Hinterlegung der Schutzschrift übernimmt.

Für die Schutzschrift besteht – ebenso wenig wie für den Verfügungsantrag – Anwaltszwang. Seit dem 1.1.2016 existiert ein länderübergreifendes elektronisches Schutzschriftenregister[382], auf das die Gerichte über ein automatisches Abrufverfahren Zugriff erhalten. Mit der Einstellung in das Register gilt die Schutzschrift als bei allen ordentlichen Gerichten eingereicht; nach 6 Monaten wird die Schutzschrift gelöscht (§ 945a ZPO[383]). Seit dem 1.1.2017 ist nur noch eine Einreichung in elektronischer Form möglich.[384] 251

Praxistipp	Formulierungsbeispiel	252

> Der **Inhalt** einer Schutzschrift kann auch **gegen den Antragsgegner** verwertet werden.[385] Es ist deshalb darauf zu achten, dass mit der Schutzschrift nicht etwa der Verfügungsantrag »schlüssig« gemacht wird. Ein solcher Fall kann beispielsweise eintreten, wenn das Verfügungspatent erst vor kurzem erteilt wurde und noch kein zweiseitiges Verfahren überstanden hat. Unter derartigen Umständen wird selbst bei eindeutigem Verletzungstatbestand in der Regel keine Beschlussverfügung in Betracht kommen, weil sich der Rechtsbestand bei Gewährung rechtlichen Gehörs zugunsten des Antragsgegners als problematisch erweisen kann. Anders liegen die Verhältnisse jedoch, wenn der Antragsgegner in seiner Schutzschrift die Patentfähigkeit der Erfindung nicht angreift, sondern lediglich Argumente gegen den Verletzungstatbestand vorbringt, die nach Auffassung des mit dem Verfügungsantrag befassten Gerichts nicht durchgreifen. In einem solchen Fall wird das Gericht annehmen, dass der Antragsgegner in der Schutzschrift seine Rechtsverteidigung umfassend dargetan hat und eine Beschlussverfügung erlassen, weil dasjenige, was der Antragsgegner zu seiner Verteidigung vorbringt, dem Verfügungsbegehren nicht entgegensteht.

Die **Kosten** einer Schutzschrift sind – bei Vorliegen eines dem Antragsgegner günstigen Kostentitels – im Festsetzungsverfahren nach §§ 104 ff ZPO **erstattungsfähig**, wenn ein entsprechender Verfügungsantrag bei Gericht tatsächlich anhängig wird.[386] Voraussetzung ist grundsätzlich, dass das Gericht, bei dem die Schutzschrift eingereicht wird, für den Erlass einer einstweiligen Verfügung, deren Abwehr die Schutzschrift dient, zuständig ist.[387] Die mangelnde Zuständigkeit soll ausnahmsweise unschädlich sein, wenn auch der Verfügungsantrag bei demselben unzuständigen Gericht eingeht und beides – Verfügungsantrag und Schutzschrift – von dort an das zuständige Gericht abgegeben wird.[388] Werden bei mehreren Gerichten Schutzschriften hinterlegt, sind nur die Kosten derjenigen Schutzschrift erstattungsfähig, die bei dem mit dem Verfügungsantrag befassten 253

---

381 OLG Karlsruhe, NJW-RR 1992, 700; OLG Hamburg, NJW-RR 1995, 444.
382 Zu Einzelheiten vgl Bacher, MDR 2015, 1329; Dötsch, MDR 2016, 489.
383 Hartmann, GRUR-RR 2015, 89.
384 § 49c BRAO.
385 Berneke, Einstweilige Verfügung, Rn 294, mwN zum Streitstand.
386 BGH, GRUR 2003, 456; BGH, GRUR 2007, 727 – Kosten der Schutzschrift II.
387 OLG Düsseldorf, JurBüro 2000, 423.
388 OLG Rostock, GRUR-RR 2011, 230 – Schutzschriftkosten.

Gericht eingereicht wurde, nicht dagegen die Kosten der weiteren Schutzschriften, die durch die bei den anderen, potenziell ebenfalls in Betracht kommenden Verfügungsgerichten eingereichten Schutzschriften angefallen sind.[389] Da eine beim zentralen Schutzschriftenregister eingereichte Schutzschrift als bei allen ordentlichen Gerichten der Länder eingereicht gilt, ist die Erstattungsbedingung des Vorliegens bei dem mit dem Verfügungsantrag befassten Gericht problemlos erfüllt.[390] Keine Bedingung für die Erstattung ist es, dass das entscheidende Gericht von der Schutzschrift tatsächlich Kenntnis nimmt, solange dies nur möglich gewesen wäre, weil die Schutzschrift eingereicht war, bevor über den Verfügungsantrag entschieden oder dieser zurückgenommen worden ist.[391]

254 Gleichgültig für die Erstattungspflicht ist,

255 – ob die Schutzschrift vor oder nach dem Verfügungsantrag eingeht[392];

256 – ob der Verfügungsantrag – ohne oder nach mündliche(r) Verhandlung – rechtskräftig zurückgewiesen oder vom Antragsteller zurückgenommen wird[393] oder

257 – ob das Gericht die Schutzschrift verwertet hat[394],

258 sofern nur der abgerechnete Gebührentatbestand zeitlich vor der rechtskräftigen Zurückweisung oder der Rücknahme des Verfügungsantrags verwirklicht worden ist.[395] Dies kann auch dann zu bejahen sein, wenn die Schutzschrift erst eingeht, nachdem der Verfügungsantrag nicht mehr anhängig ist. Beispielsweise die Verfahrensgebühr entsteht nach Teil 3 Vorbemerkung 3 Abs 2 des VV zum RVG bereits mit der Entgegennahme des Auftrages (Mandats) oder der ersten Information.[396] Fehlt es zum maßgeblichen Zeitpunkt der Anhängigkeit des Verfügungsantrages an einem Gebührentatbestand in Bezug auf die Schutzschrift, nutzt es dem Antragsgegner nichts, dass er – ggf sogar unverschuldet – keine Kenntnis von der vorherigen Zurückweisung/Rücknahme des Verfügungsantrages hat.[397] Unter solchen Umständen kann allerdings ein materiell-rechtlicher Kostenerstattungsanspruch, zB aufgrund einer unberechtigten Abmahnung, in Betracht kommen.[398]

259 In der Instanzrechtsprechung[399] streitig war die **Höhe** der erstattungsfähigen Verfahrensgebühr. Während zum Teil[400] die volle (1,3-)Gebühr nach Nr 3100 VV angesetzt wurde, wendeten Andere[401] den Ermäßigungstatbestand nach Nr 3101 VV an und billigten lediglich eine 0,8-Verfahrensgebühr zu. Der BGH[402] hat die Streitfrage nunmehr im Sinne der erstgenannten Auffassung entschieden und einen Gebührensatz von 1,3 dann für gerechtfertigt erklärt, wenn die Schutzschrift – was ihrem Sinn und Zweck entsprechend regelmäßig der Fall sein wird – Sachvortrag enthält, dh Tatsachen- und Rechtsaus-

---

389 OLG Hamburg, GRUR-RR 2014, 96 – Schutzschrift.
390 OLG Hamburg, GRUR-RR 2016, 431 – Übersehene Schutzschrift.
391 OLG Hamburg, GRUR-RR 2016, 431 – Übersehene Schutzschrift.
392 OLG Düsseldorf, MDR 1995, 859.
393 BGH, GRUR 2003, 456 – Kosten der Schutzschrift I; BGH, GRUR 2007, 727 – Kosten der Schutzschrift II.
394 OLG Düsseldorf, OLG-Report 2008, 785.
395 BGH, GRUR 2007, 727 – Kosten der Schutzschrift II.
396 BGH, GRUR 2007, 727 – Kosten der Schutzschrift II.
397 BGH, GRUR 2007, 727 – Kosten der Schutzschrift II.
398 BGH, GRUR 2007, 727 – Kosten der Schutzschrift II.
399 Offen gelassen von BGH, GRUR 2007, 727 – Kosten der Schutzschrift II.
400 OLG Nürnberg, NJW-RR 2005, 941; OLG Düsseldorf, InstGE 8, 115 – Verfahrensgebühr bei Schutzschrift.
401 OLG Hamburg, MDR 2005, 1196; OLG Frankfurt/Main, OLG-Report 2006, 793.
402 BGH, GRUR 2008, 640 – Kosten der Schutzschrift III.

führungen, und nicht nur Verfahrensanträge. Rechnet der die Schutzschrift anfertigende seine Leistungen über eine Verfahrensgebühr – statt über eine nach dem gegebenen Sachverhalt mögliche Geschäftsgebühr (Nr 2300 VV) – ab, so ist bei der Kostenerstattung ein die übliche Verfahrensgebühr auf 0,8 herabsetzender Ermäßigungstatbestand zu berücksichtigen, der zB eintritt, wenn der Auftrag endigt, bevor der Anwalt einen Sachanträge oder Sachvortrag enthaltenden Schriftsatz eingereicht hat (Nr 3101 VV).[403]

Wegen der möglichen Kostenerstattungsanspruchs, der dem Schutzschrifthinterleger zustehen kann, hat er gegenüber dem Gericht einen **Anspruch auf Auskunft** darüber, ob dort ein zur Erstattung führendes Verfügungsverfahren anhängig war. Dieser Anspruch ist dann von Interesse, wenn der Antragsteller auf erste Bedenken des Gerichts, eine Beschlussverfügung zu erlassen, eine Antragsrücknahme erklärt, so dass der Antragsgegner, der die Schutzschrift hinterlegt hatte, über den Antrag nicht in Kenntnis gesetzt wird. 260

10. Abschlussschreiben

Hat der Patentinhaber eine einstweilige Verfügung erwirkt, so stellt sich die Frage, ob und ggf wann der Verletzer aufgefordert werden kann, die einstweilige Verfügung durch eine sog Abschlusserklärung als endgültige Regelung anzuerkennen. Dessen bedarf es grundsätzlich, weil sich durch die ergangene gerichtliche Entscheidung im Verfügungsverfahren beim Antragsgegner ein Sinneswandel eingestellt haben kann, weshalb der Antragsteller im Falle einer nachfolgenden Hauptsacheklage einer Anwendung des **§ 93 ZPO** bei sofortigem Anerkenntnis des Beklagten nur dann entgeht, wenn er seinen Gegner zuvor mit einem Abschlussschreiben »abgemahnt« hat.[404] Für den obsiegenden Patentinhaber ist vor allem das »Wann« von Interesse, weil er bei einem zu frühzeitigen Abschlussschreiben Gefahr läuft, dass die betreffenden (Anwalts-)Kosten als nicht erstattungsfähig angesehen werden. Grundsätzlich muss der Antragsteller dem Antragsgegner angemessen Gelegenheit geben, die einstweilige Verfügung von sich aus durch eine Abschlusserklärung bestandskräftig zu machen (**Wartefrist**). Im Allgemeinen reicht hierzu eine Frist von zwei Wochen aus, die mit der Zustellung der mit Gründen versehenen einstweiligen Verfügung an den Antragsgegner zu laufen beginnt.[405] Ist gegen ein Verfügungsurteil Berufung eingelegt, die später vom Antragsgegner zurückgenommen wird, entscheidet der Zeitpunkt der Rechtsmittelrücknahme.[406] Handelt es sich lediglich um eine (nicht mit Gründen versehene) Beschlussverfügung, ist die Wartefrist zugunsten des Antragsgegners dennoch nicht großzügiger zu bemessen, wobei für den Fristbeginn nicht der Erlass der Beschlussverfügung maßgeblich ist, sondern deren Zustellung.[407] Der Erstattungsfähigkeit steht nicht entgegen, dass das Abschlussschreiben einen inhaltlich zu weitgehenden Unterlassungsanspruch reklamiert.[408] Nach ordnungsgemäßem Abschlussschreiben muss der Verfügungskläger mindestens zwei Wochen auf die Abgabe einer Abschlusserklärung warten, bevor er Hauptsacheklage erhebt (**Erklärungsfrist**). Bittet der Verletzer unter Angabe konkreter Verhinderungsgründe, ohne dass Anhalts- 261

---

403 LG Düsseldorf, GRUR-RR 2017, 167 – Recycling Aktiv.
404 BGH, GRUR 2015, 822 – Kosten für Abschlussschreiben II.
405 BGH, GRUR 2015, 822 – Kosten für Abschlussschreiben II; LG Düsseldorf, InstGE 1, 272 – Kosten für Abschlussschreiben; LG Düsseldorf, InstGE 9, 114 – Taschenlampe; OLG Frankfurt/Main, GRUR-RR 2006, 111, 112 – Aufforderung zur Abschlusserklärung; LG Heilbronn, GRUR-RR 2009, 39 – Wartefrist; OLG Hamm, GRUR-RR 2010, 267 – Zweiwöchige Wartefrist; OLG Hamburg, GRUR-RR 2014, 229 – Standardabschlussschreiben.
406 LG Heilbronn, GRUR-RR 2009, 39 – Wartefrist.
407 BGH, GRUR 2017, 1160 – BretarisGenuair.
408 BGH, GRUR 2017, 1160 – BretarisGenuair.

punkte für ein bloßes Vorschieben bestehen, um eine Fristverlängerung für die Abgabe der Abschlusserklärung, so ist der Patentinhaber gehalten, eine angemessene Fristverlängerung zu gewähren.[409] Sowohl bzgl der Warte- als auch der Erklärungsfrist ist § 193 BGB zu beachten.[410]

a) Fristgerechte Klage

262 Eine nach Ablauf der gebotenen Wartefrist erfolgte Aufforderung löst zugunsten des Verfügungsklägers einen **Kostenerstattungsanspruch** aus. Das gilt auch dann, wenn das unter Einhaltung der gebotenen Wartefrist versandte **Abschlussschreiben** eine zu kurz bemessene Erklärungsfrist setzt.[411] Im Einzelnen gelten folgende Grundätze:

263 § 143 Abs 3 PatG enthält keine materiell-rechtliche Anspruchsgrundlage, sondern regelt einen prozessualen Kostenerstattungsanspruch. Die Vorschrift ist deshalb – mangels Prozessrechtsverhältnisses – auf ein außergerichtliches Abschlussschreiben und die hierdurch verursachten Kosten nicht anwendbar.[412] Eine Erstattung von Anwaltskosten für die Mitwirkung bei einem Abschlussschreiben kommt daher nur im Rahmen eines Schadenersatzanspruchs wegen Schutzrechtsverletzung (**§ 139 Abs 2 PatG**) sowie unter den Voraussetzungen der **§§ 677, 683 BGB** in Betracht, was erfordert, dass die Hinzuziehung eines Rechts- und/oder Patentanwaltes *erforderlich* war.[413] Daran wird es wegen der typischen Schwierigkeit patentrechtlicher Angelegenheiten nur ganz ausnahmsweise deshalb fehlen, weil die Partei selbst eine Rechtsabteilung unterhält[414], die damit betraut ist[415], die erforderlichen rechtlichen und technischen Erwägungen in Bezug auf das schutzrechtsverletzende Handeln möglicher Wettbewerber eigenverantwortlich anzustellen.[416] Ist die Notwendigkeit anwaltlicher Unterstützung zu bejahen, steht dem Erstattungsanspruch nicht entgegen, dass bereits eine vorgerichtliche Abmahnung erfolgt ist, deren Kosten beansprucht werden. Denn während das Abmahnschreiben zum einstweiligen Verfügungsverfahren gehört, ist das Abschlussschreiben dem Hauptsacheverfahren zuzuordnen, weswegen gebührenrechtlich *verschiedene* Angelegenheiten vorliegen.[417] Voraussetzung ist freilich, dass dem tätig werdenden Rechtsanwalt ein entsprechender, über die Tätigkeit im einstweiligen Verfügungsverfahren hinausgehender Auftrag zur endgültigen Anspruchsdurchsetzung erteilt worden ist[418], was nicht unbedingt verlangt, dass ihm bereits ein Auftrag zur Erhebung der Hauptsacheklage erteilt ist.[419]

264 Wird bei dem Abschlussschreiben neben dem Rechtsanwalt außerdem ein (mitwirkender) **Patentanwalt** tätig, so bedarf die Erforderlichkeit von dessen Hinzuziehung näherer Begründung.[420]

---

409 OLG Jena, NJOZ 2010, 1215.
410 BGH, GRUR 2015, 822 – Kosten für Abschlussschreiben II.
411 BGH, GRUR 2015, 822 – Kosten für Abschlussschreiben II.
412 OLG Düsseldorf, InstGE 9, 35 – Patentanwaltskosten für Abschlussschreiben.
413 BGH, NJW 2008, 1744.
414 Auf keinen Fall braucht sich die Partei entgegenhalten zu lassen, dass die Einrichtung einer Rechtsabteilung (die tatsächlich nicht vorhanden ist) zweckmäßig gewesen wäre oder bei der Größe des fraglichen Unternehmens der Üblichkeit entspricht (BGH, MDR 2010, 1087).
415 Ebenso kann nicht eingewandt werden, dass die vorhandene Rechtsabteilung objektiv in der Lage wäre, das Abschlussschreiben selbst zu verfassen, wenn sie nach der getroffenen Aufgabenzuweisung tatsächlich nicht damit betraut ist, die Zulässigkeit des Verhaltens der Wettbewerber zu prüfen, BGH, MDR 2010, 1087.
416 Zum Wettbewerbsrecht vgl BGH, GRUR 2007, 726 – Auswärtiger Rechtsanwalt IV; BGH, GRUR 2008, 928 – Abmahnkostenersatz; BGH, MDR 2010, 1087.
417 BGH, NJW 2008, 1744.
418 BGH, NJW 2008, 1744.
419 BGH, MDR 2010, 1087.
420 OLG Düsseldorf, InstGE 9, 35 – Patentanwaltskosten für Abschlussschreiben.

Für die Höhe des erstattungsfähigen **Gebührensatz**es ist zu berücksichtigen, dass das Abschlussschreiben wegen des bereits vorangegangenen einstweiligen Verfügungsverfahrens im Allgemeinen geringere Anforderungen stellt als eine erstmalige Abmahnung.[421] Dennoch handelt es sich regelmäßig nicht um ein einfaches Schreiben iSv Nr 2301[422] VV zum RVG (Gebührensatz: 0,3), sondern um eine Tätigkeit, welche die normale Geschäftsgebühr (Gebührensatz: 0,5 bis 2,5) auslösen kann[423], wobei eine Orientierung am unteren Rahmen geboten und grundsätzlich von einer 1,3-Gebühr auszugehen ist.[424] Das gilt jedenfalls dann, wenn das Abschlussschreiben keine erneute rechtliche Prüfung verlangt, sondern schlicht die Konsequenzen aus dem vorangegangenen einstweiligen Verfügungsverfahren zieht, und wenn auch die Klärung, ob die abgegebene (Abschluss-)Erklärung zur Erreichung des mit dem Abschlussschreiben verfolgten Sicherungsziels inhaltlich ausreicht, keinen besonderen Aufwand verursacht.[425]

265

b) Verfrühte Klage

Erfolgt die Klageerhebung verfrüht vor Ablauf der Frist zur Abgabe einer Abschlusserklärung (Erklärungsfrist), treffen die Kosten des Rechtsstreits aus dem Rechtsgedanken des § 93 **ZPO** den Patentinhaber.[426] Anders verhält es sich, wenn der Antragsgegner innerhalb der (durch das mit zu kurzer Erklärungsfrist versehene Abschlussschreiben in Gang gesetzten objektiv angemessenen Frist) keine Abschlusserklärung abgibt.[427]

266

11. Abschlusserklärung

Inhaltlich muss die – zweckmäßigerweise als solche bezeichnete – Abschlusserklärung zum Ausdruck bringen, dass die einstweilige Verfügung wie ein rechtskräftiger Hauptsachetitel akzeptiert wird. Bedingungen sind grundsätzlich unzulässig.[428] Erlaubt sind sie, soweit es um Sachverhalte geht, aufgrund derer gegen einen Hauptsachetitel erfolgreich mit der Vollstreckungsabwehrklage vorgegangen werden könnte.[429] Dazu gehören nachträgliche Gesetzesänderungen und, soweit ein Unterlassungsanspruch betroffen ist, ebenso Änderungen in der höchstrichterlichen Rechtsprechung, die den titulierten Unterlassungsanspruch zu Fall bringen.[430]

267

Zu empfehlen ist zB folgende **Formulierung**:

268

---

421 OLG Düsseldorf, InstGE 9, 35 – Patentanwaltskosten für Abschlussschreiben.
422 Vor Inkrafttreten des 2. KostRModG: Nr 2302.
423 BGH, NJW 2011, 2509; BGH, GRUR 2010, 1038 – Kosten für Abschlussschreiben I; OLG Hamburg, NJOZ 2009, 3610. Ausnahmsweise ist nur eine 0,3-Geschäftsgebühr erstattungsfähig, wenn der Antragsgegner seinen Widerspruch in der mündlichen Verfügungsverhandlung zurückgenommen und bereits die Abgabe einer Abschlusserklärung in AQussicht gestellt hat (BGH, GRUR 2010, 1038 – Kosten für Abschlussschreiben I).
424 BGH, GRUR 2015, 822 – Kosten für Abschlussschreiben II.
425 Vgl BGH, MDR 2010, 1087.
426 OLG Jena, NJOZ 2010, 1215.
427 BGH, GRUR 2015, 822 – Kosten für Abschlussschreiben II.
428 BGH, GRUR 2009, 1096 – Mescher weis.
429 BGH, GRUR 2009, 1096 – Mescher weis.
430 BGH, GRUR 2009, 1096 – Mescher weis.

| 269 | Praxistipp | Formulierungsbeispiel |

> Die einstweilige Verfügung der ... Zivilkammer des Landgerichts ... vom ... (AZ: ...) wird als endgültige, nach Bestandskraft und Wirkung einem gleichlautenden Hauptsachetitel gleichstehende Regelung anerkannt. Demgemäß wird auf alle Möglichkeiten eines Vorgehens gegen die einstweilige Verfügung und/oder gegen den durch sie gesicherten Anspruch verzichtet, die auch im Falle eines rechtskräftigen Hauptsachetitels ausgeschlossen wären. Der Verzicht betrifft insbesondere das Recht zum Widerspruch[431], das Recht zur Berufung[432] sowie umfassend die Rechte aus den §§ 926, 936 ZPO, Art 50 Abs 6 TRIPS-Abkommen. Der Verzicht umfasst gleichfalls die Rechte aus § 927 ZPO, allerdings mit Ausnahme[433] der Geltendmachung veränderter Umstände, die auf einer Gesetzesänderung und, soweit der Unterlassungsanspruch betroffen ist, auf Änderungen in der höchstrichterlichen Rechtsprechung beruhen.

270 Zu ihrer Wirksamkeit bedarf es keiner Annahme der Abschlusserklärung durch den Anspruchsgläubiger, wohl aber eines – im Streitfall vom Schuldner zu beweisenden – Zugangs. Ferner muss die Abschlusserklärung, weil sie einen rechtskräftigen Hauptsachetitel ersetzen soll, in einer solchen Form vorliegen, dass dem Berechtigten im Streitfall ein sicherer Beweis ihrer Existenz unschwer möglich ist. Auf Verlangen des Gläubigers erfordert dies eine Einhaltung der Schriftform, die durch ein Fax oder ein Fernschreiben nicht gewahrt wird.

271 Eine Abschlusserklärung nimmt der späteren Hauptsacheklage das **Rechtsschutzbedürfnis**.[434] Voraussetzung ist allerdings, dass die Erklärung dem Inhalt der einstweiligen Verfügung entspricht. Sie darf gegenüber der Beschluss- oder Urteilsverfügung keine Beschränkung enthalten. Allenfalls ist es zulässig, die Abschlusserklärung auf einzelne in der einstweiligen Verfügung selbständig tenorierte Streitgegenstände zu beziehen.[435] In einem solchen Fall entfällt das Rechtsschutzbedürfnis hinsichtlich der mit der Abschlusserklärung erledigten Streitgegenstände, für die übrigen bleibt das Rechtsschutzinteresse bestehen. Andererseits reicht die Wirkung der Abschlusserklärung so weit wie der Verbotsumfang der Unterlassungsverfügung, die der Schuldner als endgültige Regelung anerkannt hat. Über die konkrete Verletzungsform des Verfügungsverfahrens hinaus bezieht sie sich deshalb auch auf im Kern gleichartige Abwandlungen, die Gegenstand eines Vollstreckungsverfahrens wegen Zuwiderhandlung gegen einen etwaigen Hauptsachetitel anstelle der Abschlusserklärung sein könnten.[436]

272 Betrifft die Abschlusserklärung nur den Unterlassungsanspruch, so **präjudiziert** sie nicht die Frage, ob eine Schadenersatzhaftung besteht, umgekehrt gilt dasselbe.[437]

---

431 ... sofern eine Beschlussverfügung vorliegt, die anerkannt werden soll.
432 ... sofern eine Urteilsverfügung vorliegt, die anerkannt werden soll.
433 Ist der Verzicht auf die Rechte aus § 927 ZPO dem Wortlaut nach uneingeschränkt erklärt, so kann ihm gleichwohl kein umfassender, über das zur Gleichstellung der Abschlusserklärung mit einem rechtskräftigen Hauptsachetitel Erforderliche hinausgehender Inhalt beigemessen werden. Vielmehr ist die Verzichtserklärung regelmäßig nach Treu und Glauben dahin auszulegen, dass sie solche Einwendungen nicht erfasst, die im Wege einer Vollstreckungsabwehrklage eingewandt werden können (BGH, GRUR 2009, 1096 – Mescher weis).
434 BGH, GRUR 2009, 1096 – Mescher weis; BGH, GRUR 2005, 692 – »statt«-Preis.
435 BGH, GRUR 2005, 692 – »statt«-Preis.
436 BGH, GRUR 2010, 855 – Folienrollos.
437 BGH, GRUR 2004, 966, 969 f – Standard-Spundfass.

III. Vollstreckungsabwehrklage, Restitutionsklage[438]

Die Trennung zwischen Verletzungsprozess und Rechtsbestandsverfahren bringt es mit sich, dass der Verletzungsbeklagte rechtskräftig zur Unterlassung, zur Rechnungslegung, zur Vernichtung und/oder zum Schadenersatz verurteilt sein kann (zB weil das Verletzungsgericht dem Angriff auf das Klagepatent keine für eine Aussetzungsanordnung hinreichende Erfolgsaussicht beigemessen und deswegen trotz des anhängigen Einspruchs- oder Nichtigkeitsverfahrens abschließend entschieden hat oder weil der Rechtsbestand des Klagepatents überhaupt erst nach dem Verletzungsverfahren angefochten wird), das Klagepatent nach Eintritt der Rechtskraft des Verletzungsurteils jedoch – entgegen der Prognose – vernichtet wird.[439] Letzteres hat, sobald die Einspruchs- bzw Nichtigkeitsentscheidung unanfechtbar geworden ist, zur Folge, dass das Klagepatent *rückwirkend* wegfällt, womit es jedermann – für Vergangenheit und Zukunft – gestattet ist, seine technische Lehre entschädigungslos zu benutzen. Einzig der Beklagte ist daran aufgrund des rechtskräftigen Verletzungsurteils gehindert, welches durch die Vernichtungsentscheidung nicht unmittelbar berührt wird.[440]

273

Diese Ungleichbehandlung wirft die Frage auf, ob dem rechtskräftig verurteilten Verletzungsbeklagten aus Anlass der nachträglichen Vernichtung des Klagepatents nicht Rechtsschutz dahingehend zu gewähren ist, dass das gegen ihn ergangene Verletzungsurteil wieder beseitigt wird, zumindest aber seine Wirkungen außer Kraft gesetzt werden. Um das Ergebnis gleich voranzustellen: Die Antwort lautet nach herrschender Meinung: Ja. Zur Begründung ist – wegen des Fehlens spezialgesetzlicher Regelungen im Patentgesetz – auf Vorschriften des allgemeinen Zivilverfahrensrechts zurückzugreifen, was mit Rücksicht auf den Charakter eines Patentverletzungsprozesses als normaler Zivilprozess zutreffend ist.

274

Allerdings sind **verschiedene Sachverhaltskonstellationen** auseinander zu halten, die eine ihrer Eigenart entsprechende unterschiedliche rechtliche Behandlung erfahren:

275

1. Vollstreckungsabwehrklage

Denkbar ist zunächst, dass der Patentinhaber ungeachtet der zwischenzeitlichen Vernichtung des Klagepatents weiterhin Maßnahmen der Zwangsvollstreckung aus dem Verletzungsurteil ergreift, indem er den Beklagten zB mit Ordnungs- oder Zwangsmitteln zur Unterlassung der Patentbenutzung bzw zur Rechnungslegung über in der Vergangenheit vorgefallene Benutzungshandlungen anhält oder indem er den ihm bereits beziffert zuerkannten Schadenersatzbetrag im Wege der Pfändung oder dergleichen zwangsweise beizutreiben versucht. In einem solchen Fall geht das Rechtsschutzziel des Beklagten dahin, die ihm drohenden Zwangsvollstreckungsmaßnahmen abzuwehren.

276

Die Zivilprozessordnung stellt hierfür in § 767 die sogenannte Vollstreckungsabwehrklage zur Verfügung, die nicht dasjenige Verfahren fortsetzt, welches zu dem Vollstreckungstitel geführt hat, sondern einen eigenständigen neuen Rechtsstreit eröffnet.[441] Die Vollstreckungsabwehrklage beseitigt in ihrer Rechtsfolge zwar nicht den rechtskräftigen Titel als solchen, aber dessen Vollstreckbarkeit, indem gerichtlich ausgesprochen wird, dass die Zwangsvollstreckung aus dem betreffenden Urteil unzulässig ist. Richtet sich

277

---

[438] Bacher, GRUR 2009, 216; Kühnen, FS Reimann, 2008, S 287; Schneider, Mitt 2013, 162.
[439] Gleich zu behandeln im Sinne der nachfolgenden Ausführungen ist jeweils der Fall, dass das Klageschutzrecht nicht vollständig, aber insoweit vernichtet wird, als die dem Verletzungsprozess zugrunde liegende Ausführungsform nicht mehr in dessen Schutzbereich fällt.
[440] BGH, GRUR 1980, 220, 222 – Magnetbohrständer II.
[441] BGH, MDR 2009, 707.

der Vollstreckungstitel gegen eine BGB-Gesellschaft, steht die Abwehrklage ausschließlich der Gesellschaft zu, aber nicht ihren Gesellschaftern.[442]

278 § 767 Abs 1, 2 ZPO lautet:

279 *1. Einwendungen, die den durch das Urteil festgestellten Anspruch selbst betreffen, sind von dem Schuldner im Wege der Klage bei dem Prozessgericht des ersten Rechtszuges geltend zu machen.*

280 *2. Sie sind nur insoweit zulässig, als die Gründe, auf denen sie beruhen, erst nach dem Schluss der mündlichen Verhandlung, in der Einwendungen nach den Vorschriften dieses Gesetzes spätestens hätten geltend gemacht werden müssen, entstanden sind und durch Einspruch nicht mehr geltend gemacht werden können.*

281 Der in den Absätzen 1 und 2 umrissene Anwendungsbereich der Vollstreckungsabwehrklage bezieht sich – kurz zusammengefasst – auf

282 – Einwendungen gegen den titulierten Anspruch,

283 – die nachträglich (dh nach Abschluss des Erkenntnisverfahrens) entstanden sind und aus diesem Grund mit einem regulären Rechtsmittel nicht zur Geltung gebracht werden konnten.

284 Als »Einwendung« ist dabei jeder erdenkliche Sachverhalt geeignet, der den rechtskräftig zuerkannten materiellen Anspruch zu Fall bringt. Nachträgliche Gesetzesänderungen[443] gehören genauso dazu wie behördliche Entscheidungen[444] oder sonstige Gründe.[445] Nicht ausreichend ist eine bloße Änderung der höchstrichterlichen Rechtsprechung, es sei denn, es handelt sich um einen Unterlassungsanspruch.[446]

285 Übertragen auf die Situation eines Patentverletzungsurteils bedeutet dies: Mit der rückwirkenden Beseitigung des Klageschutzrechts infolge Widerrufs oder Nichtigerklärung[447] ist die Grundlage für die Verurteilung wegen Patentverletzung von Anfang an entfallen. Mangels Patents stehen dem Kläger keinerlei Ansprüche auf Unterlassung, Rechnungslegung, Vernichtung oder Schadenersatz zu. Da das – anspruchsbegründende – Klagepatent erst nach Abschluss des Verletzungsverfahrens – wenn auch mit Rückwirkung – vernichtet worden ist, dessen Wegfall also im Erkenntnisverfahren nicht mehr zur Abweisung der Verletzungsklage führen konnte[448], ist auf die Vollstreckungsabwehrklage des Beklagten hin auszusprechen, dass die weitere Zwangsvollstreckung aus dem – infolge Fortfalls des Klageschutzrechts materiell unrichtig gewordenen – Verletzungsurteil unzulässig ist.[449] Das gilt sowohl für Fälle der Vollvernichtung als auch dann,

---

442 BGH, MDR 2016, 401.
443 BGHZ 133, 316, 323 f = NJW 1997, 1702; bestätigt in BGH, NJW 2008, 1446, 1447.
444 BGHZ 122, 1, 8 = NJW 1993, 1580; bestätigt in BGH, NJW 2008, 1446, 1447.
445 BGH, NJW 1999, 2195; bestätigt in BGH, NJW 2008, 1446, 1447.
446 BGH, GRUR 2009, 1096 – Mescher weis.
447 BGH, GRUR 2016, 361 – Fugenband.
448 Befindet sich das Verletzungsverfahren im Nichtzulassungs- oder Revisionsverfahren, als das Klagepatent rechtskräftig vernichtet wurde, so muss der Wegfall des Klageschutzrechts in diesem Verfahren reklamiert werden, in dem es noch – auch von Amts wegen – berücksichtigt werden kann (BGH, GRUR 2004, 710 – Druckmaschinen-Temperierungssystem I). Gleiches gilt für den Fall einer Teilvernichtung, die die angegriffene Ausführungsform aus dem Schutzbereich des Klagepatents führen soll (BGH, GRUR 2017, 428 – Vakuumtransportsystem). Geschieht dies nicht und ist dem BGH die Vernichtung des Klagepatents auch sonst nicht bekannt, ist der Verletzungsbeklagte mit einer späteren Vollstreckungsabwehrklage wegen § 767 Abs 2 ZPO ausgeschlossen (so auch: Bacher, GRUR 2009, 216, 217).
449 BGH, GRUR 2018, 335 – Aquaflam; Kraßer/Ann, § 36 Rn 84; Bacher, GRUR 2009, 216, 217.

wenn das Klagepatent durch Aufnahme zusätzlicher Merkmale in den Patentanspruch oder durch einen Disclaimer in einem Maße eingeschränkt wird, dass die verurteilte Verletzungsform von dessen Schutzbereich nicht mehr erfasst wird. Ergibt sich im Nachhinein bloß eine **abweichende Patentauslegung** im Rechtsbestandsverfahren, der zufolge die Verletzungsklage hätte abgewiesen werden müssen, so ist dieser Umstand grundsätzlich belanglos. Nur wenn die fragliche Rechtsbestandsentscheidung vom BGH getroffen worden ist, handelt es sich um einen Sachverhalt, der einer geänderten höchstrichterlichen Rechtsprechung gleich zu achten ist, weswegen die Abwehrklage im Hinblick auf einen titulierten Unterlassungsanspruch gerechtfertigt ist.

Im Vorgriff auf die Entscheidung über die Abwehrklage kann auf Antrag des Vollstreckungsschuldners vorab die Zwangsvollstreckung aus dem Verletzungsurteil gemäß § 769 ZPO einstweilen (gegen oder ohne Sicherheitsleistung) durch Beschluss eingestellt werden.[450] 286

Praxistipp	Formulierungsbeispiel

287

Urteilstenor:

1. Die Zwangsvollstreckung aus dem Urteil der ... Zivilkammer des Landgerichts ... vom ... (AZ: ...) wird für unzulässig erklärt.
2. Die Kosten des Rechtsstreits trägt die Beklagte.
3. Das Urteil ist gegen Sicherheitsleistung in Höhe von 110 % des zu vollstreckenden Betrages vorläufig vollstreckbar.[451]

Praxistipp	Formulierungsbeispiel

288

Beschlusstenor:

Die Zwangsvollstreckung aus dem Urteil der ... Zivilkammer des Landgerichts ... vom ... (AZ: ...) wird einstweilen bis zur Verkündung der Entscheidung über die Vollstreckungsabwehrklage der Antragstellerin vom ... (ggf: gegen Sicherheitsleistung von ...) eingestellt.

In den erörterten Fallkonstellationen wird die weitere Zwangsvollstreckung zugleich eine vorsätzliche sittenwidrige Schädigung darstellen, so dass ihr auf materiell-rechtlicher Grundlage unter dem Gesichtspunkt des Urteilsmissbrauchs mit **§ 826 BGB** begegnet werden kann. 289

Beide Maßnahmen (§ 767 ZPO, § 826 BGB) sind an **keine Frist** gebunden, sondern können allenfalls unter dem Gesichtspunkt der Verwirkung zurückgewiesen werden. 290

Sobald das Urteil über die Unzulässigkeit der Zwangsvollstreckung rechtskräftig geworden ist, kann in analoger Anwendung des § 371 BGB **Herausgabe des Titels** verlangt werden.[452] Vor Eintritt der Rechtskraft gilt gleiches nur dann, wenn unstreitig oder vom Herausgabegläubiger nachgewiesen ist, dass die dem Vollstreckungstitel zugrunde lie- 291

---

450 Die Entscheidung des LG ist – analog § 707 Abs 2 Satz 2 ZPO – nicht anfechtbar (BGH, NJW 2004, 2224), und zwar auch dann nicht, wenn der Einstellungsantrag zurückgewiesen worden ist (OLG Bremen, MDR 2006, 229).
451 ... sofern § 709 ZPO einschlägig ist.
452 BGH, MDR 2008, 1236; BGH, MDR 2014, 51.

gende Schuld erloschen ist.⁴⁵³ Die Herausgabe ist auch dann zu verfügen, wenn der Titel noch gegen einen anderen Schuldner ergangen ist, der als Gesamtschuldner neben dem Herausgabegläubiger haftet. Denn sobald einer der Gesamtschuldner die Schuld getilgt hat, gibt es für den Gläubiger nichts mehr zu vollstrecken.⁴⁵⁴

292 Für den **Streitwert** der Vollstreckungsabwehrklage kommt es darauf an, in welcher *nominellen* Höhe die Vollstreckbarkeit des Titels beseitigt werden soll. Unerheblich ist, ob der titulierte Anspruch ganz oder teilweise getilgt oder teilweise im Verlauf des Prozesses unstreitig geworden ist oder in welcher Höhe der Gläubiger noch vollstrecken will.⁴⁵⁵ Neben dem Nennbetrag des Titels hat der Antrag auf Herausgabe des Titels regelmäßig keinen eigenständigen zusätzlichen Wert.⁴⁵⁶ Titulierte Zinsen und Kosten wirken nicht streitwerterhöhend, selbst wenn sich die Abwehrklage außer gegen das Urteil auch gegen den auf dessen Grundlage erlassenen Kostenfestsetzungsbeschluss richtet.⁴⁵⁷ Gleiches gilt für einen begleitenden Antrag auf einstweilige Einstellung der Zwangsvollstreckung.⁴⁵⁸

2. Restitutionsklage

293 Der mit einer Vollstreckungsabwehrklage verbundene Rechtsschutz ist freilich überall dort unzureichend, wo die mit dem Verletzungsurteil zuerkannten Ansprüche durchgesetzt waren, bevor das Klagepatent bestandskräftig widerrufen oder für nichtig erklärt worden ist. Unter derartigen Umständen geht es dem Verletzungsbeklagten naturgemäß nicht darum, aktuell bevorstehende Vollstreckungseingriffe des Patentinhabers von sich abzuwenden. Sein Anliegen ist es vielmehr, finanzielle Belastungen rückgängig zu machen, die bereits in der Vergangenheit dadurch endgültig eingetreten sind, dass das rechtskräftige Verletzungsurteil – sei es zwangsweise mit den Mitteln des Vollstreckungsrechts, sei es durch freiwillige Befolgung des rechtskräftig gewordenen Urteilsausspruchs – vollzogen worden ist, und die sich nach der Vernichtung des Klageschutzrechts als materiell ungerechtfertigt erweisen.

a) Fallgruppen

294 Bei den angesprochenen Belastungen kann es sich vordringlich um **Schadenersatzzahlungen** des Beklagten an den Schutzrechtsinhaber handeln oder um **Zwangsvollstreckungskosten**, nämlich Ordnungsgelder, die gegen den Verletzungsbeklagten festgesetzt und beigetrieben worden sind, weil er seiner titulierten Unterlassungspflicht schuldhaft zuwidergehandelt hat, oder Zwangsgelder, die der Beklagte hat aufwenden müssen, weil er seiner Rechnungslegungspflicht nicht ordnungsgemäß nachgekommen ist. Für sämtliche Zahlungen, für die mit der Vernichtung des Klagepatents die sachliche Berechtigung entfallen ist, kann das Verletzungsurteil einen Rechtsgrund für das Behalten dürfen darstellen, was einen Rückforderungsanspruch des Verletzungsbeklagten solange ausschließt, wie das Urteil nicht förmlich beseitigt ist.

295 Eine weitere Fallgruppe bilden die **Gerichts- und Anwaltskosten** des Verletzungsprozesses. Als im Rechtsstreit unterlegener Partei sind dem Beklagten die Kosten des Verfahrens um die Patentverletzung auferlegt worden.⁴⁵⁹ Mit Rücksicht auf die nachträgliche

---

453 BGH, MDR 2008, 1236; BGH, MDR 2014, 51.
454 BGH, MDR 2014, 51.
455 BGH, MDR 2011, 505.
456 BGH, MDR 2011, 505.
457 BGH, MDR 2016, 57.
458 OLG Karlsruhe, MDR 2018, 363.
459 § 91 Abs 1 Satz 1 ZPO.

Vernichtung des Klagepatents, die dem Anspruchsbegehren die Grundlage entzieht, wäre eine genau entgegengesetzte, dem Verletzungsbeklagten günstige Kostenentscheidung geboten. Sie hätte nicht nur zur Konsequenz, dass der Beklagte die dem Patentinhaber entstandenen und aufgrund des Urteils erstatteten Kosten zurückverlangen könnte, sondern sie würde es dem Verletzungsbeklagten darüber hinaus erlauben, seinerseits vom Verletzungskläger die Übernahme seiner zur Rechtsverteidigung aufgewandten Kosten zu beanspruchen. Voraussetzung für ein dahingehendes Anspruchsbegehren ist freilich wiederum eine nachträgliche Änderung des rechtskräftigen Verletzungsurteils im Kostenausspruch, welcher ansonsten den materiellen Rechtsgrund für die Kostenbelastung des Beklagten bildet.

b) § 580 Nr 6 ZPO

Vor dem Hintergrund der geschilderten Interessenlage entspricht es ganz überwiegender Meinung[460], dass die nachträgliche Vernichtung des Klagepatents eine Wiederaufnahme des rechtskräftig abgeschlossenen Verletzungsverfahrens rechtfertigt, wobei in dem wiederaufgenommenen Verfahren das verurteilende Erkenntnis aufgehoben und die Verletzungsklage (wegen Fehlens eines anspruchsbegründenden Klagepatents) abgewiesen wird. Die beschriebene Möglichkeit besteht nicht nur bei Urteilen wegen Patentverletzung, sondern gleichermaßen bei urteilsvertretenden Zurückweisungsbeschlüssen nach § 522 ZPO.[461] Sie greift überdies nicht nur ein, wenn das Klagepatent von Anfang an (ganz oder teilweise) wegfällt, sondern genauso dann, wenn es (zB infolge eines erklärten Schutzrechtsverzichts) nur ex nunc in Fortfall kommt.[462] Im zuletzt genannten Fall ist die Wiederaufnahme auf den Zeitraum seit dem Erlöschen des Patentschutzes beschränkt, so dass nur diejenigen Ansprüche wegen Patentverletzung neu zu verhandeln sind, die für eine Zeit *nach* dem Schutzrechtswegfall zuerkannt wurden; die Ansprüche für die Zeit davor bleiben dem Verletzungskläger demgegenüber – ohne erneute Prüfung – erhalten.[463]

296

Dogmatisch wird in den vorgenannten Fällen auf die Figur der Restitutionsklage zurückgegriffen, und zwar auf § 580 Nr 6 ZPO[464]:

297

Die Restitutionsklage findet statt:

298

...

6. *wenn das Urteil eines ordentlichen Gerichts ... oder eines Verwaltungsgerichts, auf welches das Urteil gegründet ist, durch ein anderes rechtskräftiges Urteil aufgehoben ist;* ...

Der genannte Tatbestand ist zwar nicht dem strengen Wortlaut der Vorschrift nach erfüllt, weil (und wenn) weder der ursprüngliche Erteilungsbeschluss des Patentamtes noch der abändernden Beschluss über den Widerruf des Klagepatents ein Gerichtsurteil im eigentlichen Sinne sind. Die Sachlage ist jedoch insofern unmittelbar vergleichbar, als das Verletzungsgericht bei seiner Entscheidung an den Erteilungsakt gebunden ist und deshalb mit dessen nachträglicher Vernichtung die Entscheidungsgrundlage genauso wegfällt wie dies bei der Aufhebung eines zB verwaltungsgerichtlichen Urteils der Fall

299

---

460 BGH, GRUR 2012, 753 – Tintenpatrone III; BGH, GRUR 2010, 996 – Bordako; OLG Düsseldorf, Urteil vom 11.5.2006 – I-2 U 86/05; LG Düsseldorf, GRUR 1987, 628, 629 – Restitutionsklage; BPatG, GRUR 1980, 852 – Rotationssymmetrische Behälter; Benkard, § 139 PatG Rn 149; Kraßer/Ann, § 36 Rn 87.
461 BGH, GRUR 2010, 996 – Bordako.
462 BGH, GRUR 2010, 996 – Bordako.
463 BGH, GRUR 2010, 996 – Bordako.
464 BGH, GRUR 2012, 753 – Tintenpatrone III; BGH, GRUR 2010, 996 – Bordako.

ist, das die Basis für die Entscheidung in dem wiederaufgenommenen Verfahren gebildet hat. Selbst wenn der Verletzungsbeklagte mit einer eigenen Nichtigkeitsklage rechtskräftig gescheitert ist und es danach erst auf die Klage eines Dritten zur Vernichtung des Klagepatents kommt, profitiert er wegen der ihr eigenen **erga omnes-Wirkung** von jeder rechtskräftigen Beseitigung des Patents, die deshalb auch ihm (trotz verlorenem ersten Nichtigkeitsprozess) einen Restitutionsgrund verschafft.[465]

300 Ein Restitutionssachverhalt liegt dabei nicht nur bei einer vollständigen Vernichtung des Klagepatents vor, sondern gleichermaßen dann, wenn das der Verletzungsklage zugrunde gelegte Patent nachträglich eine solche **Einschränkung** erfahren hat, dass die angegriffene Ausführungsform von dessen Schutzbereich nicht mehr erfasst wird.[466] In Fällen der Anspruchsbeschränkung ist eine Restitutionsklage selbst dann möglich, wenn zwar nicht die Verurteilung als solche (zugunsten einer Abweisung der Verletzungsklage) beseitigt werden kann (weil die verurteilte Ausführungsform auch von der eingeschränkten Fassung des Klagepatents Gebrauch macht), aber der konkrete, dem erteilten Patentanspruch folgende Urteilsausspruch mit der Teilvernichtung des Klagepatents seine Berechtigung verloren hat. Sie ist deswegen auch mit dem Ziel statthaft, eine Beschränkung des Urteilstenors nach Maßgabe der geltenden Fassung des Klagepatents zu erreichen, um etwaige Abwandlungen, die nur von der erteilten Anspruchsfassung Gebrauch machen und deswegen gemeinfrei sind, aus dem Vollstreckungstitel zu bringen.

301 Ergibt sich nach rechtskräftigem Abschluss des Verletzungsverfahrens eine **abweichende Patentauslegung** im Rechtsbestandsverfahren, bei deren Anwendung der Verletzungsrechtsstreit anders hätte entschieden werden müssen, so liegt darin kein Restitutionsgrund. Denn der Erteilungsakt bleibt in seinem Inhalt unverändert derselbe; hinzugekommen ist nur die gerichtliche Erkenntnis, wie der Patentanspruch zutreffenderweise von Anfang an hätte interpretiert werden müssen.

302 Die (Teil-)Vernichtungsentscheidung muss in jedem Fall aber rechtskräftig, dh unanfechtbar sein, um ein Restitutionsverfahren rechtfertigen zu können. Eine Klage, die auf eine Vernichtungsentscheidung gestützt wird, die spätestens im Zeitpunkt der letzten mündlichen Verhandlung noch keine Rechtskraft erlangt hat, ist deswegen unzulässig und abzuweisen.[467] Eine **Aussetzung** des Wiederaufnahmeverfahrens gemäß § 148 ZPO bis zur abschließenden Erledigung des Einspruchs- oder Nichtigkeitsverfahrens kommt wegen der gegebenen Entscheidungsreife (aufgrund mangelnder Statthaftigkeit) nicht infrage.[468]

c) Subsidiarität

303 Wegen der Hilfsnatur der Restitutionsklage steht sie nicht zur Verfügung, wenn der Restitutionsgrund im Erkenntnisverfahren hätte geltend gemacht werden können (§ 582 ZPO), zB im Verfahren der Nichtzulassungsbeschwerde oder Revision, ggf kombiniert mit einem Wiedereinsetzungsantrag[469], und dies schuldhaft unterblieben ist. Wesentlich hierbei ist, dass den Verletzungsbeklagten die Obliegenheit trifft, einen vollständigen oder zur Nichtverletzung führenden Teilwegfall des Klageschutzrechts in einem noch offenen Erkenntnisverfahren geltend zu machen, sofern er entsprechende Kenntnis vom

---

[465] OLG Düsseldorf, Urteil v 26.6.2014 – I-2 UH 1/14; die Nichtzulassungsbeschwerde hat der BGH mit Beschluss v 24.3.2015 (X ZR 61/14) zurückgewiesen.
[466] BGH, GRUR 2012, 753 – Tintenpatrone III; BGH, GRUR 2017, 428 – Vakuumtransportsystem.
[467] OLG Düsseldorf, GRUR-RR 2011, 122 – Tintenpatronen.
[468] OLG Düsseldorf, GRUR-RR 2011, 122 – Tintenpatronen.
[469] Vgl BGH, Mitt 2011, 24 – Crimpwerkzeug IV; für die Teilvernichtung und deren mangelndem Vortrag im laufenden Nichtzulassungsbeschwerdeverfahren vgl OLG Düsseldorf, BeckRS 2013, 11702 – Vakuumtransportsystem; BGH, GRUR 2017, 428 – Vakuumtransportsystem.

Rechtsbestand und der Konstruktion und Wirkungsweise der angegriffenen Ausführungsform hat.⁴⁷⁰

Der Restitutionsgrund muss spätestens während der noch laufenden Rechtsmittelfrist 304 entstanden sein, weil er dann noch durch Rechtsmitteleinlegung (die nach § 582 ZPO geschuldet ist) zum Gegenstand des Erkenntnisverfahrens gemacht werden kann.⁴⁷¹ Keinen Fall des § 582 ZPO stellt es dar, wenn der Beklagte das gegen ihn ergangene erstinstanzliche Verletzungsurteil rechtskräftig werden lässt und es erst danach (aufgrund einer während des Verletzungsprozesses bereits laufenden oder nach dessen Abschluss erhobenen Nichtigkeitsklage) zur Vernichtung des Klagepatents kommt.⁴⁷² Denn »Restitutionsgrund« ist nicht die **Vernicht*barkeit*** des Klagepatents, sondern dessen rechtskräftige Vernichtung, und dieser Grund entstand erst zu einem Zeitpunkt, zu dem er nicht mehr in das bereits abgeschlossene Erkenntnisverfahren des Verletzungsprozesses eingeführt werden konnte.

Zum **Verschuldensvorwurf** bedarf es der Feststellung, dass der Kläger positive Kenntnis 305 vom Restitutionsgrund (zB der rechtskräftigen Teilvernichtung des Klagepatents und der dadurch bedingten Nichtbenutzung) hatte und dessen Vorbringen in dem früheren Verfahren (zB der Nichtzulassungsbeschwerde) Aussicht auf Erfolg gehabt hätte.⁴⁷³ Bereits leichte Fahrlässigkeit schadet, wobei der Restitutionskläger für sein mangelndes Verschulden beweispflichtig ist.⁴⁷⁴ Fahrlässigkeiten des Anwaltes werden der Partei zugerechnet.⁴⁷⁵

d) Klagefristen

Im Interesse des Rechtsfriedens ist die mit der Wiederaufnahme verbundene Durchbrechung der Rechtskraft eines Urteils allerdings an die strikte Einhaltung von **Fristen** 306 gebunden. Die Restitutionsklage muss binnen einen Monats nach Kenntnis vom Restitutionsgrund (sic: der bestandskräftigen Vernichtung des Klagepatents) erhoben werden und sie ist ausgeschlossen, wenn seit der Rechtskraft des Verletzungsurteils fünf Jahre verstrichen sind.⁴⁷⁶ Außerhalb der besagten Fristen bleibt ein Vorgehen nach § 767 ZPO, § 826 BGB möglich.

aa) Monatsfrist

Ist die das Klagepatent vernichtende Entscheidung mit einem regulären Rechtsmittel 307 anfechtbar, ohne dass ein solches eingelegt wird, tritt die formelle (und als Folge dessen auch die materielle) Rechtskraft mit Ablauf der im Gesetz vorgesehenen Rechtsmittelfrist ein. Ergeht die Vernichtungsentscheidung letztinstanzlich und ist sie deshalb nicht mehr angreifbar, tritt Rechtskraft bereits mit dem Wirksamwerden des betreffenden Erkenntnisses ein. Soweit die Entscheidung verkündet wird, bestimmt sich die Rechtskraft des-

---

470 BGH, GRUR 2017, 428 – Vakuumtransportsystem.
471 OLG Düsseldorf, Urteil v 16.1.2014 – I-2 U 19/13.
472 OLG Düsseldorf, Urteil v 16.1.2014 – I-2 U 19/13.
473 OLG Düsseldorf, BeckRS 2013, 11702 – Vakuumtransportsystem; BGH, GRUR 2017, 428 – Vakuumtransportsystem. Soweit der BGH im Entscheidungsfall das Verschulden verneint, kann das freilich nicht überzeugen. Wenn es nur darauf ankommt, ob es aus der Sicht des Beklagten *Aussicht auf Erfolg* hatte, die Nichtbenutzung des eingeschränkten Patents im laufenden Nichtzulassungsbeschwerdeverfahren geltend zu machen, und eine Möglichkeit hierzu – wie der BGH einräumt – tatsächlich bestand, hätte der Beklagte diesen Weg beschreiten müssen, selbst wenn die betreffende Konstellation vom BGH noch nicht ausdrücklich entschieden war, sich deren Handhabung aber auf der Grundlage der bisherigen Rechtsprechung zur Revisionszulassung, diese »geradeaus« zu Ende gedacht, ergab.
474 BGH, NJW-RR 2013, 833.
475 OLG Düsseldorf, BeckRS 2013, 11702 – Vakuumtransportsystem; BGH, NJW-RR 2013, 833.
476 § 586 Abs 1, 2 ZPO.

halb nach dem Verkündungsdatum (und nicht nach dem Tag der späteren Zustellung der schriftlich abgesetzten Gründe); hat eine Verkündung nicht stattgefunden (weil im schriftlichen Verfahren entschieden worden ist), hängt der Eintritt der Rechtskraft von der zeitlich letzten Zustellung an einen Verfahrensbeteiligten ab. Bedeutsam sind die zuletzt dargelegten Regeln für die Rechtsbeschwerde- und Nichtigkeitsberufungsentscheidungen des BGH sowie die Einspruchsbeschwerdeentscheidungen der Technischen Beschwerdekammern des EPA, sofern mit ihnen nicht nur das angefochtene Erkenntnis aufgehoben und die Sache zur erneuten Prüfung und Entscheidung an die Vorinstanz zurückverwiesen, sondern die Angelegenheit abschließend (im Sinne eines kompletten Widerrufs oder einer beschränkten Aufrechterhaltung) beschieden worden ist. In Fällen der **Zurückverweisung** ist zu differenzieren:

308 – Von einer eigenen Sachentscheidung im zuletzt erörterten Sinne ist nicht schon dann auszugehen, wenn die Technische Beschwerdekammer die Sache an die Einspruchsabteilung mit der Anordnung zurückgegeben hat, das Patent in geändertem Umfang mit **bestimmten Ansprüchen**, einer bestimmten **Beschreibung** und bestimmten **Zeichnungen** aufrecht zu erhalten. Zwar ist die endgültige Entscheidung darüber, mit welchem – genau festgelegten – Inhalt sich das Schutzrecht als bestandskräftig erweist und seine gesetzlichen Ausschließlichkeitswirkungen entfaltet, bereits von der Beschwerdekammer getroffen worden, welche der Einspruchsabteilung mit der Zurückverweisung keinerlei eigenen Prüfungs- und Entscheidungsspielraum mehr überlassen, sondern sie ausschließlich für rein administrative Maßnahmen herangezogen hat, die bei der Aufrechterhaltung eines Patents mit geändertem Inhalt zu beachten sind. Dennoch entscheidet nach Auffassung des BGH[477] über den Lauf der Monatsfrist der Zeitpunkt, zu dem formell in den Bestand des Patents eingegriffen wird, und dieser Eingriff vollzieht sich erst mit der Entscheidung, die die Einspruchsabteilung im Anschluss an die Zurückverweisung trifft.

309 – Daraus folgt, dass die Restitutionsklage in jedem Fall erst nach Rechtskraft der Einspruchsentscheidung sinnvoll erhoben werden kann[478], die im Anschluss an die Zurückverweisung ergeht. Zwar hat der Restitutionsberechtigte bisweilen ein erhebliches Interesse daran, das durch einen Teilwiderruf bzw die Teilvernichtung des Klagepatents unrichtig gewordene Verletzungsurteil möglichst bald aus der Welt zu schaffen und deshalb mit einem Wiederaufnahmeverfahren nicht unter allen Umständen warten zu müssen, bis die Einspruchsabteilung die ihr aufgetragene Anspruchs- und/oder Beschreibungsanpassung rechtskräftig vorgenommen hat. Die beschriebene Interessenlage wird immer dann bestehen, wenn die von der Beschwerdekammer vorgenommene Beschränkung der Patentansprüche – ggf ohne dass es noch irgendeiner Erläuterung durch die Patentbeschreibung bedürfte – die verurteilten Verletzungsformen eindeutig patentfrei stellt (zB weil Bauteile in den Patentanspruch aufgenommen worden sind, über die die angegriffene Ausführungsform unstreitig nicht verfügt). Nach der Rechtsprechung des BGH besteht gleichwohl keine Möglichkeit, die **Restitutionsklage** bereits **vor** dem **Beginn der Monatsfrist** in zulässiger Weise zu erheben (und über sie zu entscheiden), weil ein Restitutionsgrund, der die Aufhebung des Verletzungsurteils rechtfertigen könnte, eben frühestens vorliegt, wenn die Anpassungsentscheidung rechtskräftig geworden ist.

---

477 BGH, GRUR 2012, 753 – Tintenpatrone III.
478 AA: BGH, GRUR 2012, 753 – Tintenpatrone III, der eine Klageerhebung schon vor Eintritt der Rechtskraft der Entscheidung über den Rechtsbestand für zulässig hält. Nicht gesagt wird, wie in einem solchen Fall weiter zu verfahren ist, weil jedenfalls eine gerichtliche Entscheidung über die Restitutionsklage solange nicht möglich sein kann, wie die Rechtsbestandsentscheidung keine Rechtskraft erlangt hat.

– Gleiches gilt erst recht, wenn die Technische Beschwerdekammer der Einspruchsabteilung die Aufrechterhaltung des Patents mit näher bezeichneten Ansprüchen sowie einer **von ihr** (der **Einspruchsabteilung**) daran **anzupassenden Beschreibung** aufgegeben hat. Unter derartigen Umständen ist mit der Beschwerdekammerentscheidung lediglich über die Fassung der Patentansprüche rechtskräftig entschieden, nicht dagegen über den von der Einspruchsabteilung erst noch im Detail auszuarbeitenden Beschreibungstext, welcher Gegenstand eines weiteren Einspruchsbeschwerdeverfahrens sein kann. 310

An dem Eintritt der Rechtskraft mit Verkündung der Beschwerdekammerentscheidung ändert nichts, dass **Art 112a EPÜ** in Bezug auf Erkenntnisse, die nach dem Inkrafttreten des EPÜ 2000 (dh dem 13.12.2007) ergangen sind und denen ein besonders schwerwiegender, in der Vorschrift enumerativ aufgezählter Mangel anhaftet, einen Antrag auf Überprüfung durch die Große Beschwerdekammer vorsieht. Es handelt sich hierbei nicht um ein reguläres Rechtsmittel, sondern um einen außerordentlichen Rechtsbehelf, der die Rechtskraft der angegriffenen Entscheidung nicht hinausschiebt, sondern durchbricht.[479] Hat der Überprüfungsantrag Erfolg, so dass das (rechtskräftig abgeschlossen gewesene) Beschwerdeverfahren wieder aufgenommen wird, so ergeht eine abermalige Entscheidung der Technischen Beschwerdekammer, die einen *neuen* Restitutionssachverhalt mit der ihm *eigenen* Restitutionsfrist in Gang setzt.[480] 311

bb) Kenntnis

Zu der – gerade erörterten – rechtskräftigen Vernichtungsentscheidung muss für den Beginn der Klagefrist in subjektiver Hinsicht die Kenntnis von den die Wiederaufnahme rechtfertigenden Umständen (sic: der bestandskräftigen Komplett- oder Teilvernichtung des Klagepatents) hinzutreten. Sie hat bei der von dem Verletzungsurteil betroffenen Partei selbst bzw ihrem gesetzlichen Vertreter vorhanden zu sein[481], wobei dem positiven Wissen jeweils das bewusste Verschließen vor der Kenntnisnahme gleichsteht.[482] 312

Keine Probleme bereitet die besagte Voraussetzung, wenn der **Verletzungsbeklagte** bzw dessen Vertretungsorgan bei der fristauslösenden Verkündung der Einspruchsbeschwerde-, Rechtsbeschwerde-[483] oder Nichtigkeitsberufungsentscheidung persönlich **zugegen** war **und das Schutzrecht komplett vernichtet** wurde. 313

Problematisch ist demgegenüber die (auch eine Vollvernichtung umfassende) Konstellation, dass der **Verletzungsbeklagte** bei der Verkündung **nicht** selbst **zugegen** war oder die Klagefrist durch den Ablauf der mit Zustellung der schriftlich abgesetzten Vernichtungsentscheidung in Lauf gesetzten Rechtsmittelfrist bestimmt wird und sich der Verletzungsbeklagte im Rechtsbestandsverfahren anwaltlich hat vertreten lassen. Hier kann es für die Einhaltung der Frist im Einzelfall darauf ankommen, ob bereits die Zustellung der Einspruchs- oder Nichtigkeitsentscheidung an den Anwalt bzw dessen Kenntnis von der in seiner Gegenwart erfolgten Entscheidungsverkündung für die Klagefrist relevant ist oder ob es für die Fristberechnung statt dessen auf den späteren Zeitpunkt ankommt, 314

---

479 Singer/Stauder, EPÜ, Art 112a Rn 5; Schulte, Anh zu § 73, Art 112a EPÜ Rn 4.
480 Das anhängige Verfahren nach Art 112a EPÜ rechtfertigt deswegen keine Aussetzung des in Bezug auf die ursprüngliche Einspruchsbeschwerdeentscheidung angestrengten Restitutionsverfahrens, dessen Frist versäumt ist.
481 BGH, MDR 1978, 1015.
482 BGH, NJW 1993, 1596 f; BGH, NJW 1995, 332 f; BAG, NZA 2003, 453.
483 Im Allgemeinen entscheidet der BGH über Rechtsbeschwerden im schriftlichen Verfahren, so dass es in der Praxis regelmäßig nicht zu einer Verkündung der Entscheidung kommt.

zu dem die Partei infolge Informationserteilung[484] durch ihren Rechtsanwalt von der Vernichtungsentscheidung erfährt.

315 In der Rechtsprechung des BGH wird eine **Wissenszurechnung** nur unter engen Voraussetzungen zugelassen. Ein Rückgriff auf die materiell rechtliche Vorschrift des § 166 BGB wird aus grundsätzlichen Erwägungen abgelehnt.[485] Für die Zurechnung genügt auch noch nicht der Umstand, dass sich die dem Anwalt erteilte Prozessvollmacht gemäß § 81 Halbsatz 1 ZPO im Außenverhältnis auf ein nachfolgendes Wiederaufnahmeverfahren und die dafür erforderlichen Prozesshandlungen erstreckt.[486] Gefordert wird vielmehr, dass der Rechtsanwalt zu der Zeit, zu der er Kenntnis von dem Bestehen des Restitutionsgrundes erhält, von der Partei beauftragt war, sie in dieser Beziehung zu vertreten. Mit Blick auf das Wiederaufnahmeverfahren muss eine Vollmacht also auch für das Innenverhältnis festgestellt werden.[487] Von ihr ist ohne weiteres auszugehen, wenn dem im Einspruchs- oder Nichtigkeitsverfahren beteiligten Anwalt bereits während des laufenden Rechtsbestandsverfahrens für den Fall einer späteren rechtskräftigen Vernichtung des Klagepatents das Mandat erteilt worden ist, zu gegebener Zeit die Wiederaufnahme des Verletzungsprozesses zu betreiben. Häufig wird ein solcher Auftrag indessen nicht gegeben sein, so dass es bei dem Grundsatz verbleibt, dass das Mandat zur Führung eines Rechtsstreits mit der Übersendung der Instanz beendenden Entscheidung durch den Anwalt und ggf der Belehrung über die Voraussetzungen zur Einlegung eines Rechtsmittels endet.[488] Findet im Einspruchs- oder Nichtigkeitsverfahren eine Vertretung ausschließlich durch einen Patentanwalt statt, kommt die erforderliche Mandatserteilung für ein anschließendes Wiederaufnahmeverfahren schon aus Rechtsgründen nicht in Betracht, weil es sich beim Restitutionsverfahren um einen Anwaltsprozess handelt[489], für den Patentanwälte nicht vertretungsberechtigt sind.

316 In den vorstehend diskutierten Sachverhaltskonstellationen wird eine Wissenszurechnung dennoch vielfach geboten sein. Trotz fehlender Mandatierung im oben erläuterten Sinne ist sie vom Bundesgerichtshof[490] bereits für den Fall zugelassen worden, dass die Partei einen zur Erhebung der Restitutionsklage postulationsfähigen Rechtsanwalt beauftragt hat, Strafanzeige zu erstatten, und dieser Auftrag der Vorbereitung des angestrebten Restitutionsverfahrens nach § 580 Nr 3 ZPO (»*Die Restitutionsklage findet statt: ... 3. wenn bei einem Zeugnis oder Gutachten, auf welches das Urteil gegründet wird, der Zeuge oder Sachverständige sich einer strafbaren Verletzung der Wahrheitspflicht schuldig gemacht hat.*«) diente.[491] Zur Begründung hebt der BGH darauf ab, dass der Restitutionsgrund des § 580 Nr 3 ZPO – wie sich aus § 581 ZPO ergibt – nur dann eine Wiederaufnahme gestattet, wenn wegen der Straftat eine rechtskräftige Verurteilung des Zeugen oder Sachverständigen ergangen ist oder wenn die Einleitung und Durchführung eines Strafverfahrens aus anderen Gründen als wegen Mangels an Beweis nicht erfolgen kann. In Anbetracht der engen Verknüpfung zwischen dem »Vorschaltverfahren« des § 581 ZPO einerseits und der Klagefrist des § 586 ZPO andererseits sei es geradezu eine der wichtigsten Pflichten des mit der Erstattung der Strafanzeige beauftragten Rechtsanwal-

---

484 ZB: Zugang eines anwaltlichen Terminberichts, Weiterleitung der schriftlichen Entscheidung an den Mandanten. Beides ist nach Aufforderung durch das Gericht glaubhaft zu machen (§§ 589 Abs 2, 294 ZPO). Eine Aufforderung hierzu ist auch dann möglich, wenn der Restitutionsbeklagte keine Rüge erhebt, jedoch aus Sicht des Gerichts Bedenken gegen die Fristwahrung bestehen (BGH, GRUR 2010, 996 – Bordako).
485 BGH, MDR 1978, 1015.
486 BGHZ 31, 351, 354; BGH, MDR 1978, 1015.
487 BGH, MDR 1978, 1015.
488 BGH, MDR 1978, 1015.
489 §§ 78 Abs 1, 584 Abs 1 ZPO, § 143 Abs 1 PatG.
490 BGH, MDR 1978, 1015.
491 BGH, MDR 1978, 1015.

tes, sich mit der Klagefrist zu befassen, seinen Mandanten rechtzeitig vom Ergebnis des Ermittlungs- bzw Strafverfahrens zu unterrichten und notfalls die in dessen Interesse erforderlichen Schritte zu unternehmen.[492]

Eine hiermit unmittelbar vergleichbare Sachlage ist bei rechtskräftiger Verurteilung des Verletzungsbeklagten gegeben, wenn das Einspruchs- oder Nichtigkeitsverfahren noch andauert und der im Rechtsbestandsverfahren tätige Anwalt um die Verurteilung im Verletzungsprozess weiß. Mit Rücksicht auf die bestehende Bindung des Verletzungsgerichts an den Erteilungsakt hängt die Möglichkeit, das Verletzungsurteil gemäß § 580 Nr 6 ZPO zu beseitigen, nämlich genauso von der bestandskräftigen Vernichtung des Klagepatents im parallelen Rechtsbestandsverfahren ab wie die auf § 580 Nr 3 ZPO gestützte Restitutionsklage davon abhängt, dass die Verantwortlichkeit des Zeugen oder Sachverständigen in einem strafrechtlichen Verfahren rechtskräftig festgestellt wird. Nicht anders als dort ist es deshalb auch hier die selbstverständliche Pflicht des im Einspruchs- oder Nichtigkeitsverfahren mitwirkenden Rechts- oder Patentanwaltes, den Verletzungsbeklagten unverzüglich über einen Ausgang des Rechtsbestandsverfahrens zu unterrichten, der die Restitutionsklage eröffnet, was es wiederum erlaubt, dem Verletzungsbeklagten die Kenntnis seines Anwaltes von der Vernichtungsentscheidung zuzurechnen. Keine entscheidende Rolle spielt in diesem Zusammenhang, ob der Verletzungsbeklagte seinen Willen zur Restitutionsklage gegenüber seinem anwaltlichen Vertreter besonders artikuliert hat. Auch wenn es daran fehlen sollte, versteht es sich in aller Regel von selbst, dass das kostspielige Einspruchs- oder Nichtigkeitsverfahren vom Verletzungsbeklagten nicht uneigennützig im Allgemeininteresse geführt, sondern im eigenen geschäftlichen Interesse zu dem Zweck betrieben wird, den Vorwurf der Patentverletzung auszuräumen und die damit zusammenhängenden Ansprüche zu Fall zu bringen. Sobald der Verletzungsprozess rechtskräftig zu Lasten des Beklagten entschieden ist, kommt solches nur noch im Wege einer Wiederaufnahme in Betracht. Eine Fortsetzung des Rechtsbestandsverfahrens über die Rechtskraft des Verletzungsurteils hinaus macht insofern hinreichend die Absicht des Verletzungsbeklagten klar, das ihm ungünstige Urteil im Falle einer Vernichtung des Klagepatents mit einer – aufgrund der prozessualen Lage allein möglichen – Restitutionsklage zu beseitigen.

317

Beruht der nachträgliche Wegfall des Klagepatents auf einem **Verzicht** des Schutzrechtsinhabers, kann dem Restitutionskläger nicht vorgehalten werden, bei Überwachung des Patentregisters habe er zu einem Zeitpunkt außerhalb der Monatsfrist Kenntnis vom Erlöschen des Patents haben können. Regelmäßig trifft den verurteilten Verletzer nämlich keine Pflicht, sich ständig hinsichtlich des Fortbestandes des gegen ihn geltend gemachten Schutzrechts zu vergewissern.[493]

318

cc) Fünfjahresfrist

Unabhängig von jeder Kenntnis und Erkenntnismöglichkeit ist die Restitutionsklage ausgeschlossen, wenn seit dem Eintritt der Rechtskraft des im Wiederaufnahmeverfahren zu beseitigenden (Verletzungs-)Urteils fünf Jahre verstrichen sind. Hinter der Regelung steht der Gedanke, dass, genauso wie der Instanzenzug begrenzt und durch Rechtsmittelfristen limitiert ist, auch die Möglichkeit zur Durchbrechung der Rechtskraft gerichtlicher Entscheidungen befristet sein muss, damit zu irgendeinem Zeitpunkt – selbst um den Preis materieller Einzelfallgerechtigkeit – Rechtsfrieden einkehren kann.

319

Der Ausschluss gilt selbst dann, wenn innerhalb der absoluten Fünfjahresfrist ein endgültiges Erkenntnis im Rechtsbestandsverfahren, ohne dass dem Restitutionsberechtigten

320

---

492 BGH, MDR 1978, 1015.
493 BGH, GRUR 2010, 996 – Bordako.

insoweit ein Vorwurf zu machen ist, nicht zu erwarten steht.[494] Zu denken ist beispielsweise an die Situation, dass der Verletzungstatbestand unbestreitbar war, weswegen gegen das der Klage stattgebende erstinstanzliche Verletzungsurteil kein Rechtsmittel eingelegt wurde, das bereits im Zuge des Verletzungsverfahrens angegriffene Klagepatent erstinstanzlich vernichtet wurde, sich das Berufungsverfahren beim BGH jedoch (aufgrund der dort bekannt langen Verfahrensdauer) über das Fristende hinaus verzögert. Auch im vorliegenden Zusammenhang ist das oben bereits erwähnte »Vorschaltverfahren« des § 581 ZPO von Bedeutung. Mit ihm hat der Gesetzgeber die Beendigung eines weiteren Verfahrens mit bestimmtem Ausgang zur Voraussetzung für die Restitutionsklage gemacht, ohne insoweit von der absoluten Fünfjahresfrist abzurücken. Dieser Sachverhalt ist deshalb bemerkenswert, weil es offensichtlich außerhalb der Einflusssphäre des Restitutionsberechtigten liegt, wann es im Einzelfall zu einer rechtskräftigen strafrechtlichen Verurteilung kommt. Letztere kann sich zB dadurch verzögern, dass die Straftat als solche erst spät entdeckt wird oder dass das rechtzeitig in Gang gesetzte Strafverfahren aus anderweitigen, vom Restitutionsberechtigten nicht zu beeinflussenden Gründen nicht beizeiten zum Abschluss gebracht wird. In seiner Rechtsprechung hat der BGH[495] – folgerichtig – einen durch Fristablauf bewirkten Verlust des Klagerechts bejaht, wenn das erforderliche Strafverfahren, sei es auch ohne jedes Verschulden des Restitutionsberechtigten, innerhalb von fünf Jahren seit Eintritt der Rechtskraft des zu beseitigenden Urteils nicht beendet worden ist. Dieses Resultat kann nicht dadurch umgangen werden, dass eine vor Rechtskraft der (Teil-)Vernichtungsentscheidung – unzulässig – erhobene Restitutionsklage gemäß § 148 ZPO ausgesetzt wird, bis das Rechtsbestandsverfahren abgeschlossen ist.[496]

321 | **Praxistipp** | Formulierungsbeispiel

Für die Praxis empfiehlt es sich nach allem unbedingt, den Verletzungsprozess so lange offen zu halten, bis über den Rechtsbestand des Klagepatents endgültig entschieden ist.

dd) Gerichtskostenvorschuss

322 Von der – in Rechtsprechung und Literatur streitigen[497] – Einordnung der Restitutionsklage als »Klage« oder »Rechtsbehelf« hängt es ab, ob bei ihrer Erhebung ein Gerichtskostenvorschuss nach § 12 GKG zu zahlen ist.[498] Geschieht dies nicht innerhalb oder

---

494 OLG Düsseldorf, GRUR-RR 2011, 122 – Tintenpatronen.
495 BGHZ 50, 115, 120 f.
496 OLG Düsseldorf, GRUR-RR 2011, 122 – Tintenpatronen. AA: Bacher, GRUR 2009, 216, 219.
497 Zum Meinungsstand vgl OLG Düsseldorf, Urteil v 7.4.2011 – I-2 U 102/10.
498 Mit dem 2. KostRModG ist der in § 12 Abs 2 GKG enthaltene Katalog derjenigen Verfahren, in denen die Zahlung von Gerichtsgebühren keine Voraussetzung für die Zustellung des verfahrenseinleitenden Schriftstücks ist, um den Tatbestand der Restitutionsklage nach § 580 Nr 8 ZPO erweitert worden. Daraus wird zu schließen sein, dass es für alle anderen Fälle der Restitutionsklage bei der Regel des § 12 Abs 1 GKG verbleiben soll.

»demnächst« (§ 167 ZPO)⁴⁹⁹ nach Ablauf der Monatsfrist, führt dies zur Unzulässigkeit des Wiederaufnahmebegehrens.

ee) Streitwert

Der Gegenstandswert des Restitutionsverfahrens entspricht dem Wert der Urteilsbeschwer, soweit diese nach dem Aufhebungsantrag beseitigt werden soll.⁵⁰⁰ Maßgeblich ist also der Streitwert des Vorprozesses, soweit er auf die zuerkannten und im Wiederaufnahmeverfahren aus der Welt zu schaffenden Ansprüche entfällt. Ist die Verletzungsform gleichzeitig aus einem anderen Schutzrecht (desselben oder eines anderen Inhabers) verurteilt, so dass die fragliche Vorrichtung mit dem Erfolg der beantragten Restitution noch nicht »frei« wird, führt dies nicht zu einer Herabsetzung des Streitwertes für die Restitutionsklage.⁵⁰¹ 323

ff) Anerkenntnis

§ 93 ZPO ist in Restitutionssachen nicht anwendbar. Die Vorschrift kommt nur dort zum Zuge, wo ein Anerkenntnis nach § 307 ZPO möglich ist. Dies wird für Gestaltungsklagen verneint, zu denen das Wiederaufnahmeverfahren, bei dessen Erfolg ein gestaltendes Urteil ergeht, gehört.⁵⁰² Die Restitutionsklage ist insofern gleich zu behandeln mit der Drittwiderspruchs- und Vollstreckungsabwehrklage. Für den Restitutionskläger bedeutet dies, dass er, um der Kostenhaftung zu entgehen, keine vorgerichtliche Anfrage an den Restitutionsgegner richten muss. 324

e) Materieller Prüfungsumfang

Ist die Restitutionsklage zulässig (insbesondere fristgerecht erhoben) und begründet (weil der geltend gemachte Restitutionsgrund vorliegt), wird der Verletzungsprozess gemäß § 590 **Abs 1 ZPO** von neuem verhandelt, allerdings nur insoweit, wie die getroffene Entscheidung von dem Restitutionsgrund betroffen ist. Das bedeutet, dass sich die neue Verhandlung zur Hauptsache allein auf den vom Anfechtungsgrund befangenen Teil des Verfahrens – und nicht darüber hinaus – erstreckt, so dass auch nur in diesen Grenzen eine neue, selbständige Verhandlung stattfindet. Im Falle einer Teilvernichtung des Klagepatents ist deswegen die Verletzungsdiskussion hinsichtlich der zusätzlich in den Patentanspruch aufgenommenen Merkmale zu führen; die erfolgte Verurteilung kann demgegenüber nicht in Bezug auf solche Merkmale in Zweifel gezogen werden, die im Einspruchs- oder Nichtigkeitsverfahren keine Änderung erfahren haben und deren Sinngehalt auch sonst nicht durch die Beschränkung betroffen ist.⁵⁰³ 325

---

499 Dies verlangt nach BGH (MDR 2015, 1028; MDR 2015, 1284), dass sich die der Partei zuzurechnenden Verzögerungen in einem hinnehmbaren Rahmen halten, was grundsätzlich eine Dauer von 14 Tagen nicht überschreitet. Maßgeblich ist insoweit nicht die Zeitspanne zwischen der Aufforderung zur Einzahlung der Gerichtskosten und deren Eingang bei der Justizkasse; vielmehr kommt es darauf an, um wie viele Tage sich der für die Zustellung der Klage ohnehin erforderliche Zeitraum infolge der Nachlässigkeit des Klägers verzögert hat. Wurde der Kostenvorschuss verfahrenswidrig nicht von der klagenden Partei selbst, sondern über deren Anwalt angefordert, ist die damit einhergehende, der Partei nicht zuzurechnende Verzögerung im Allgemeinen mit 3 Werktagen zu veranschlagen. Dem Kläger kann nicht abverlangt werden, an Wochenenden, Feiertagen, Heiligabend und Silvester für die Einzahlung des Kostenvorschusses Sorge zu tragen.
500 BGH, AnwBl 1978, 260.
501 OLG Düsseldorf, Beschluss v 4.1.2012 – I-2 W 43/11.
502 LG Düsseldorf, Urteil v 28.7.2011 – 4a O 288/10.
503 OLG Düsseldorf, Urteil v 15.1.2009 – I-2 U 109/07; offen gelassen von BGH, Beschluss v 22.5.2012 – X ZR 128/10.

326 Die **Beweislast** dafür, dass die angegriffene Ausführungsform auch von der durch die Teilvernichtungsentscheidung beschränkten Fassung des Klagepatents Gebrauch macht, liegt beim Verletzungskläger.

f) Tenor

327 Ist die Restitutionsklage zulässig und begründet und erweist sich das zuerkannte Begehren nach den veränderten Umständen als nicht mehr gerechtfertigt, ist die Verletzungsklage unter Aufhebung der rechtskräftigen (anderslautenden) Erkenntnisse abzuweisen:

328 | Praxistipp | Formulierungsbeispiel |
| --- | --- |
| | 1. Das Urteil der ... Zivilkammer des Landgerichts ... vom ... (AZ: ...) – ggf: und das Urteil/der Verlustigkeitsbeschluss des ... Zivilsenats des Oberlandesgerichts ... vom ... (AZ: ...)[504] – wird – ggf: werden – aufgehoben. |
| | 2. Die Klage der Restitutionsbeklagten vom ... (Landgericht ..., AZ: ...) wird abgewiesen. |
| | 3. Die Kosten des Rechtsstreits und die Kosten des vorausgegangenen Verletzungsprozesses (LG ..., AZ: ...; OLG ..., AZ: ...) hat die Restitutionsbeklagte zu tragen. |
| | 4. Das Urteil ist gegen Sicherheitsleistung in Höhe von 110 % des zu vollstreckenden Betrages vorläufig vollstreckbar.[505] |

329 Erweist sich die Restitutionsklage als nicht gerechtfertigt, weil die angegriffene Ausführungsform auch von dem nachträglich beschränkten Patentanspruch Gebrauch macht, ist der Urteilsausspruch des angefochtenen Urteils mit der Zurückweisung der Restitutionsklage gleichwohl an die geltende (teilvernichtete) Fassung des Klagepatents anzupassen, um der durch die Rechtsbestandsentscheidung geschaffenen neuen Patentlage Rechnung zu tragen.[506]

g) Vollstreckungseinstellung

330 Im Vorfeld der Entscheidung über die Restitutionsklage kann, sofern die Wiederaufnahme aussichtsreich ist, die Zwangsvollstreckung aus dem zu beseitigenden Verletzungsurteil einstweilen eingestellt werden (§§ 707, 578 ZPO), wobei die Einstellungsanordnung regelmäßig ohne Sicherheitsleistung des verurteilten Verletzungsbeklagten zu geschehen hat.[507] Ist das im Restitutionsverfahren befindliche Verletzungsurteil vom Gläubiger nach §§ 888, 890 ZPO vollstreckt worden, ist in Bezug auf die ergangenen Ordnungs- bzw Zwangsmittelbeschlüsse, selbst wenn sie rechtskräftig sind, kein Wiederaufnahmeverfahren (und folglich auch keine Einstellungsmaßnahme nach §§ 707, 578 ZPO) zulässig.[508] Der zutreffende Rechtsbehelf ist, nachdem das Verletzungsurteil kassiert wurde, vielmehr der Antrag nach § 776 ZPO, der dazu führt, dass der Ordnungs- oder Zwangsmittelbeschluss mangels Vollstreckungstitels aufgehoben und der – somit unbeschiedene – Vollstreckungsantrag des Gläubigers mit der Kostenfolge des § 91 ZPO zurückgewiesen wird, womit bereits beigetriebene Ordnungs- oder vollstreckte Zwangs-

---

504 Wird dessen Erwähnung vergessen, kann eine spätere Festsetzung der Kosten des Berufungsverfahrens scheitern (OLG Düsseldorf, InstGE 12, 113 – Lagersystem).
505 ... sofern § 709 ZPO einschlägig ist.
506 OLG Düsseldorf, Urteil v 15.1.2009 – I-2 U 109/07.
507 OLG Düsseldorf, Beschluss v 20.5.2014 – I-2 UH 1/14.
508 OLG Düsseldorf, Beschluss v 20.5.2014 – I-2 UH 1/14.

gelder nach § 812 BGB von der Staatskasse an den Schuldner zu erstatten sind.[509] Im Vorfeld kann die Vollstreckung aus dem Ordnungs- bzw Zwangsmittelbeschluss, gestützt auf die das Verletzungsurteil betreffende Einstellungsanordnung nach §§ 707, 578 ZPO, gemäß § 775 Nr 1 aE ZPO eingestellt werden.[510]

h) Rückforderungsansprüche trotz versäumter Wiederaufnahme

Werden die Klagefristen des § 586 ZPO versäumt[511], fragt sich, ob Rückforderungsansprüche des Verletzungsbeklagten damit endgültig ausscheiden oder ob sie allein mit Rücksicht auf die jeglichem Anspruch wegen Patentverletzung entgegenstehende materielle Rechtslage gleichwohl zu bejahen sind.

331

aa) Ordnungs- und Zwangsgelder

Was zunächst die zugunsten der Landeskasse vollstreckten Ordnungs- und Zwangsgelder betrifft, so bleibt der rechtliche Grund für ihre Beitreibung solange bestehen, wie der betreffende Ordnungs- oder Zwangsmittelbeschluss existiert. Und dessen Aufhebung setzt voraus, dass das rechtskräftige Verletzungsurteil als Grundlage der Zwangsvollstreckung beseitigt ist. Ohne ein erfolgreiches Wiederaufnahmeverfahren kann es mithin keinen Anspruch auf Rückerstattung von Ordnungs- oder Zwangsgeldern geben. Dasselbe gilt für die Kosten des Verletzungsprozesses. Sie sind mit dem nicht mehr aus der Welt zu schaffenden Verletzungsurteil endgültig dem Restitutionsberechtigten auferlegt worden, was jeden anderweitigen Zahlungsanspruch ausschließt. Dass in dieser Hinsicht gegenteilige Auffassungen vertreten werden, ist nicht ersichtlich.

332

bb) Schadenersatzzahlungen

Kontrovers ist das Meinungsbild hingegen für Schadenersatzzahlungen des Verletzungsbeklagten. Für sie wird zum Teil geltend gemacht, dass sich das materielle Recht durchsetzen muss und dass deswegen Bereicherungsansprüche[512] trotz versäumter Restitutionsklage bestehen, wenn die bestandskräftige Vernichtung des Klagepatents den dem Schadenersatzbegehren zugrunde liegenden Verletzungsvorwurf beseitigt.[513] Andere[514] stehen demgegenüber auf dem Standpunkt, dass das rechtskräftige Verletzungsurteil, mag es infolge der Vernichtung des Klagepatents auch materiell rechtlich unrichtig geworden sein, den Rechtsgrund dafür bildet, dass der Patentinhaber die ihm zuerkannten Schadenersatzbeträge beanspruchen kann und auf Dauer behalten darf.

333

Der letztgenannten Argumentation ist zuzustimmen. Sie vermeidet eine sachlich nicht angemessene Ungleichbehandlung übereinstimmend gelagerter Sachverhalte, nämlich von Ordnungs- und Zwangsgeldern sowie Verfahrenskosten (die nicht erstattungsfähig sein sollen) und von Schadenersatzleistungen (die erstattungsfähig sein sollen). Des Weiteren – und vor allem – aber trägt sie denjenigen Wirkungen Rechnung, die der materiellen Rechtskraft gemeinhin zugeschrieben werden. Sie liegen nach der herrschenden prozessualen Rechtskrafttheorie zwar nicht darin, dass ein unmittelbarer Einfluss auf die sachliche Rechtslage in dem Sinne genommen wird, dass die materielle Rechtskraft einen Entstehungs- oder Erlöschenstatbestand für das in dem Urteil festgestellte oder verneinte

334

---

509 OLG Düsseldorf, Beschluss v 20.5.2014 – I-2 UH 1/14.
510 OLG Düsseldorf, Beschluss v 20.5.2014 – I-2 UH 1/14.
511 Bei schuldlosem Versäumen der relativen Klagefrist ist eine Wiedereinsetzung in den vorigen Stand gemäß § 233 ZPO möglich (BGH, VersR 1962, 175, 176; BVerfG, NJW 1993, 3257). Dieselbe Möglichkeit besteht bei einem Versäumen der absoluten Klagefrist nicht (allgemeine Meinung, vgl nur VGH München, NVwZ 1993, 92).
512 §§ 812, 818 Abs 3 BGB.
513 Benkard, § 22 PatG Rn 88; Kraßer/Ann, § 36 Rn 90; Bacher, GRUR 2009, 216, 217 f.
514 V. Falck, GRUR 1977, 308, 311; Schramm, S 479 f.

materielle subjektive Recht darstellt. Konsequenz der materiellen Rechtskraft ist vielmehr, dass eine erneute Klage mit identischem Streitgegenstand unzulässig ist, wobei eine Identität der Streitgegenstände auch dann vorliegt, wenn im zweiten Prozess das mit dem Rechtsausspruch im ersten Prozess kontradiktorische Gegenteil begehrt wird.[515] Ist die im ersten Prozess rechtskräftig entschiedene Rechtsfolge im zweiten Prozess nicht die Hauptfrage, sondern eine Vorfrage, besteht die Wirkung der Rechtskraft in der Bindung des nunmehr zuständigen Gerichts an die Vorentscheidung.[516] In Anwendung dieser Grundsätze ist vom BGH[517] bereits ausgesprochen worden, dass die Rechtskraft eines Leistungsurteils (hier auf Zahlung bezifferten Schadenersatzes wegen Verletzung des Klagepatents) einem späteren Bereicherungsanspruch in Bezug auf die zuerkannte Summe entgegensteht, weil das rechtskräftige Urteil das Bestehen des Anspruchs und damit den rechtlichen Grund gerade festgestellt hat und sich das Urteil des nachfolgenden Kondiktionsprozesses hierzu nicht in Widerspruch setzen darf.

335 Etwas anderes gilt nur dann, wenn dem Verletzungskläger ausnahmsweise vorgeworfen werden kann, dass er mit der Berufung auf den ihm vorteilhaften rechtskräftigen Schadenersatztitel ein Urteil in sittenwidriger Weise ausnutzt (**§ 826 BGB**). Derartiges verlangt jedoch ganz besondere Umstände, die sich noch nicht daraus herleiten lassen, dass der Kläger aufgrund des materiell falschen Titels mehr erhalten hat, als ihm bei zutreffender Beurteilung der Rechtslage zustünde. Denn die objektiv nicht berechtigte Bereicherung des Gläubigers ist eine schlichte Folge des sich aus dem Rechtsstaatsgebot ergebenden Grundsatzes der Beständigkeit unanfechtbarer gerichtlicher Entscheidungen und kann deswegen für sich nicht als mit dem Gerechtigkeitsgedanken unvereinbar angesehen werden.[518]

336 Auch eine sonstige Anspruchsgrundlage kommt nicht in Betracht. In § 717 versieht die **ZPO** die Vollstreckung eines Urteils, das später aufgehoben wird, mit einer verschuldensunabhängigen Schadenersatzpflicht des Gläubigers, wenn es sich um ein nur vorläufig vollstreckbares Urteil handelt (Abs 1), und es reduziert diese Haftung für die Vollstreckung von Berufungsurteilen auf die Grundsätze der Bereicherungshaftung (Abs 2), wobei der Kondiktionsanspruch entfällt, sobald das vollstreckte Urteil rechtskräftig wird.[519] Eine irgendwie geartete Haftung für die Vollstreckung rechtskräftiger Urteile kennt das Gesetz nicht. In Anbetracht dieser Sachlage besteht keine ungewollte Regelungslücke, die im Hinblick auf rechtskräftige Erkenntnisse eine analoge Anwendung des § 717 ZPO rechtfertigen könnte.

cc) Haftungsfeststellung nur dem Grunde nach

337 Eine wichtige Ausnahme von der mangelnden Rückforderbarkeit zuerkannter Schadenersatzbeträge ist allerdings zu beachten. Ist dem Verletzungskläger Schadenersatz wegen Patentverletzung rechtskräftig lediglich dem Grunde nach zuerkannt worden und ist eine bezifferte Schadenersatzhöheklage noch anhängig oder nicht einmal erhoben, scheiden Schadenersatzansprüche des Schutzrechtsinhabers aus. Die bloße Feststellung der Schadenersatzpflicht schafft keine Rechtskraft für die Höhe des Schadens.[520] Sie erfolgt nämlich schon dann, wenn der Eintritt eines Schadens als Folge der Verletzungshandlungen lediglich hinreichend wahrscheinlich – und folglich nicht unbedingt gewiss – ist.[521] Auf-

---

515 BGH, NJW 2003, 3058, 3059.
516 BGH, NJW 2003, 3058, 3059.
517 BGH, NJW 1996, 57, 58.
518 BGH, NJW 1991, 30, 31.
519 BGH, NJW 1997, 2601, 2604.
520 Benkard, § 139 PatG Rn 148.
521 BGH, GRUR 1996, 109, 116 – Klinische Versuche I; BGH, GRUR 2001, 1177, 1178 – Feststellungsinteresse II; BGH, GRUR 2006, 839, 842 – Deckenheizung.

grund dessen ist das Gericht frei darin, den zu ersetzenden Schaden mit Rücksicht auf die zwischenzeitliche Vernichtung des Klagepatents auf Null festzusetzen.

IV. Verzichtsurteil

Wird das Klagepatent endgültig in einem Umfang vernichtet, dass die angegriffene Ausführungsform nicht mehr erfasst wird, bleibt dem Kläger, insbesondere wenn die Klage nicht mehr einseitig zurückgenommen werden kann und der Beklagte seine Zustimmung verweigert, nur der Verzicht auf die geltend gemachten Ansprüche. Dieser Verzicht muss – anders als ein Anerkenntnis – in der mündlichen Verhandlung abgegeben werden (§ 306 ZPO), weswegen sich der Erlass eines Verzichtsurteils im schriftlichen Verfahren verbietet. Es setzt überdies voraus, dass die Zulässigkeits- bzw Rechtsmittelvoraussetzungen gegeben sind, so dass ein Verzichtsurteil überall dort ausscheidet, wo das Rechtsmittel mangels Zulässigkeit zu verwerfen ist. Als Prozesshandlung bezieht sich der Verzicht nur auf diejenigen prozessualen Ansprüche, die im Zeitpunkt des Zugangs der Verzichtserklärung bei Gericht noch rechtshängig sind.[522] Obwohl § 306 ZPO einen Verfahrensantrag des Gegners auf Erlass eines Verzichtsurteils verlangt, kann er ein streitiges klageabweisendes Urteil nicht erzwingen. Da einem dahingehenden Begehren das Rechtsschutzinteresse fehlt, hat auch gegen seinen Widerstand ein Verzichtsurteil zu ergehen.[523] Wer dennoch auf einem streitigen klageabweisenden Urteil beharrt, unterliegt zu einem Teil und hat dementsprechend eine Kostenquote zu tragen.[524]

338

Praxistipp	Formulierungsbeispiel

339

I. **Nach Verurteilung** durch das Landgericht:

1. Der Kläger wird mit seinen Ansprüchen auf Unterlassung, Auskunftserteilung, Rechnungslegung, Schadenersatz und Vernichtung wegen Verletzung des deutschen Patents/des deutschen Teils des europäischen Patents ... durch Herstellung und Vertrieb von ... (Bezeichnung der angegriffenen Erzeugnisse) abgewiesen.

   Ggf: Das am ... verkündete Urteil der ... Zivilkammer des Landgerichts Düsseldorf (4b O .../12) ist gegenstandslos.

2. Die Kosten des Rechtsstreits trägt der Kläger.

3. Das Urteil ist vorläufig vollstreckbar.

II. **Nach Klageabweisung** durch das Landgericht:

1. Die Berufung (des Klägers) gegen das am ... verkündete Urteil der ... Zivilkammer des Landgerichts Düsseldorf (4b O .../12) wird zurückgewiesen.

2. Die Kosten des Rechtsstreits trägt der Kläger.

3. Das Urteil ist vorläufig vollstreckbar.

---

522 BGH, MDR 2011, 1064.
523 BGH, GRUR 1980, 220 – Magnetbohrständer II.
524 BGH, GRUR 1980, 220 – Magnetbohrständer II.

V. Nebenintervention[525]

340 Der Beitritt eines (partei- und prozessfähigen[526]) Dritten zu einem Patentverletzungsprozess richtet sich nach den allgemeinen Vorschriften der §§ 66 ff ZPO. Er erfolgt durch Einreichung eines Schriftsatzes, für den Anwaltszwang (§ 78 ZPO) herrscht und der die Parteien und den Rechtsstreit, das Interesse des Nebenintervenienten sowie die Erklärung des Beitritts enthalten muss (§ 71 ZPO). Nach erfolgtem Beitritt ist der Nebenintervenient unter Gewährung vollen rechtlichen Gehörs am Rechtsstreit zu beteiligen, dh ihm sind sämtliche Schriftsätze, Ladungen und Bekanntmachungen mitzuteilen, damit er an der Verhandlung und ihrer schriftsätzlichen Vorbereitung uneingeschränkt teilhaben kann.[527] Unabhängig davon, ob eine einfache oder eine streitgenössische Nebenintervention vorliegt, handelt es sich immer um die Unterstützung einer Hauptpartei in einem für den Beitretenden fremden Prozess.

341 Ein von ihm eingelegtes **Rechtsmittel** ist daher in beiden Konstellationen stets ein solches für die von ihm unterstützte Hauptpartei, ohne dass der Nebenintervenient selbst Partei des Rechtsstreits wird. Das gilt auch dann, wenn die Parteirolle in der Rechtsmittelschrift irrtümlich falsch deklariert ist und den Anschein erweckt, als wolle der Nebenintervenient ein Rechtsmittelverfahren im eigenen Namen führen.[528] Legen der Streithelfer und die von ihm unterstützte Hauptpartei beide – unabhängig voneinander oder gemeinsam – ein Rechtsmittel ein, so handelt es sich um ein einziges, einheitliches Rechtsmittel[529], weswegen die Kostenentscheidung gegenüber der Hauptpartei nach den §§ 91–97 ZPO und diejenige gegenüber dem Streithelfer nach § 101 ZPO fällt[530]. Da der Streithelfer sich mit seinem Verhalten nicht in Widerspruch zu den Erklärungen und Handlungen der Hauptpartei, die er unterstützt, setzen darf, ist ein von ihm eingelegtes Rechtsmittel nur solange zulässig, wie die Hauptpartei einem Rechtsmittel nicht widersprochen hat, was auch konkludent geschehen kann. Dazu genügt der Abschluss eines Vergleichs im Anschluss an das anfechtbare Urteil, aber nicht der Umstand, dass die Partei diejenige Auskunft erteilt, zu der sie verurteilt worden ist.[531]

342 Der Beitritt oder die Aufforderung hierzu (= **Streitverkündung**[532]) sind zunächst für denjenigen zulässig, der im Falle eines Prozessverlustes einen Gewährleistungs- oder Regressanspruch gegen denjenigen erheben zu können glaubt, dem der Streit verkündet wird (§ 72 Abs 1 1. Alt ZPO = nachfolgender Aktivprozess des Prozessbeklagten). Eine Streitverkündung kann dementsprechend im Verhältnis zwischen dem Verletzungsbeklagten und seinem Lieferanten angezeigt sein, gegen den im Falle eines Erfolges der Verletzungsklage Regressansprüche aus dem Gesichtspunkt der Gewährleistungshaftung oder Freistellungsansprüche aus dem Gesichtspunkt des Schadenersatzes in Betracht kommen. Da der Streitverkündete das im Verletzungsprozess ergehende Urteil als richtig gegen sich gelten lassen muss (§ 68 ZPO), bereitet die Streitverkündung den Boden für einen anschließenden Gewährleistungsprozess des Verletzungsbeklagten gegen den Lie-

---

525 Umfassend: Ghassemi-Tabar/Eckner, MDR 2012, 1136.
526 BGH, MDR 2017, 541.
527 BGH, NJW 2009, 2679.
528 BGH, MDR 2016, 1280.
529 BGH, NJOZ 2017, 568.
530 OLG Düsseldorf, Urteil v 25.10.2018 – I-2 U 30/16.
531 BGH, WRP 2017, 451 – Flughafen Lübeck.
532 Ob die Streitverkündung nach § 72 ZPO zulässig ist, ist grundsätzlich nicht im Erstprozess, in dem der Streit verkündet wird, sondern erst im Folgeverfahren zwischen dem Streitverkünder und dem Streitverkündungsempfänger zu prüfen. Sofern kein Ausnahmefall des § 72 Abs 2 ZPO (Streitverkündung gegenüber dem erkennenden Gericht oder einem bestellten Sachverständigen) vorliegt, ist deshalb die Streiverkündungsschrift ohne weiteres dem Streitverkündungsempfänger zuzustellen (BGH, BB 2011, 577 [LS]).

feranten der patentverletzenden Ware. Das gleiche gilt für den umgekehrten Fall, dass der verklagte Zulieferer für den Fall eines Unterliegens im Patentverletzungsprozess Schadenersatzansprüche seines Abnehmers befürchtet, dessen Produktion beispielsweise vorübergehend zum Stillstand kommt, weil kein kurzfristiger Ersatz für die schutzrechtsverletzenden Zulieferteile zu erhalten ist. Unter solchen Umständen ist § 72 Abs 1 2. Alt ZPO gegeben, der die Streitverkündung für denjenigen zulässt, der im Falle eines für ihn ungünstigen Prozessausgangs die Inanspruchnahme durch einen Dritten befürchtet (= nachfolgender weiterer Passivprozess des Beklagten). Vor einer Streitverkündung nach dieser Variante sollte sorgfältig abgewogen werden, ob wirklich stichhaltige Nichtverletzungsargumente bestehen, weil ansonsten mit den Feststellungen im Verletzungsprozess auch der nachfolgende Haftungsprozess verloren ist.

Für die Zulässigkeit der Nebenintervention muss nicht festgestellt werden, dass der Regressanspruch tatsächlich besteht; das rechtliche Interesse am Beitritt ist nur dann zu verneinen, wenn ein Regressanspruch der unterliegenden Partei gegen den Beitrittwilligen von vornherein unter keinem rechtlichen Gesichtspunkt in Betracht kommt.[533] Der Nebenintervenient hat dementsprechend konkret darzutun und glaubhaft zu machen, dass und warum in tatsächlicher und rechtlicher Hinsicht ein Regressanspruch nicht aussichtslos ist.[534] Das ist der Fall, wenn den Beklagten als Betreiber eines Mobilfunknetzes eine unmittelbare Patentverletzung vorgeworfen wird und die Nebenintervenienten Netzwerkkomponenten (zB Basisstationen) zugeliefert haben, die mittelbar patentverletzend sein können, so dass die Nebenintervenienten mit den Beklagten als Gesamtschuldner auf Schadenersatz haften.[535] Haben die Nebenintervenienten die Bereitstellung von Netzwerkkomponenten dargetan, die prinzipiell für das patentgemäße Mobilfunknetz geeignet sind, ist es Sache der gegnerischen Hauptpartei darzulegen, wieso mit ihrer Hilfe dennoch eine mittelbare Patentverletzung (und infolge dessen eine gesamtschuldnerische Haftung) ausscheiden soll.[536]

343

Gemäß § 72 Abs 3 ZPO ist der Dritte, dem der Streit von einer Prozesspartei verkündet worden ist, seinerseits zu einer **weiteren Streitverkündung** berechtigt, und zwar unabhängig davon, ob er dem Rechtsstreit beigetreten ist oder nicht.[537] Relevant werden kann dies bei einem mehrstufigen Warenabsatz mit Käuferregress.

344

Praxistipp	Formulierungsbeispiel

345

Für den Verletzungskläger bedeutet dies ein ganz enormes Kostenrisiko. Denn es besteht nicht nur die Gefahr, dass der Verletzungsbeklagte seinem unmittelbaren Vorlieferanten (der zB den Verletzungsgegenstand als Ganzes bereitgestellt hat) den Streit verkündet, so dass diesem bei einem Obsiegen des Verletzungsbeklagten eigene Kostenerstattungsansprüche gegen den Kläger erwachsen; darüber hinaus kann auch der Vorlieferant seinen Zulieferanten (ggf auch den Komponentenherstellern) den Streit verkünden mit der Folge, dass der Kreis der Kostenerstattungsberechtigten weiter steigt.

---

533 OLG Karlsruhe, Beschluss v 10.5.2013 – 6 W 30/11.
534 OLG Karlsruhe, Beschluss v 10.5.2013 – 6 W 30/11.
535 OLG Karlsruhe, Beschluss v 10.5.2013 – 6 W 30/11.
536 OLG Karlsruhe, Beschluss v 10.5.2013 – 6 W 30/11.
537 BGH, WM 1997, 1757.

1. Zulassungsgründe

346 Der Beitritt ist zuzulassen, wenn

347 – keine Partei ihm widerspricht oder

348 – dem Nebenintervenienten gemäß § 72 ZPO der Streit verkündet worden ist und die *anderen* Parteien (außer dem Streitverkündenden, dessen Widerspruch unbeachtlich ist) keinen Zurückweisungsantrag stellen[538] oder

349 – der Nebenintervenient zwar aus eigenem Entschluss oder veranlasst durch eine Streitverkündung den Beitritt erklärt hat und mindestens einer der Parteien einen Zurückweisungsantrag stellt, der Nebenintervenientin jedoch das gemäß § 66 ZPO notwendige rechtliche Interesse an einem Obsiegen derjenigen Partei, der er beigetreten ist, glaubhaft machen kann.[539]

350 Das »rechtliche Interesse« verlangt, dass die Entscheidung des Hauptprozesses durch Inhalt oder Vollstreckung mittelbar oder unmittelbar auf die privat- oder öffentlich *rechtlichen* Verhältnisse des Beitretenden *rechtlich* einwirkt.[540] Auch wenn der Begriff des »rechtlichen Interesses« grundsätzlich weit auszulegen ist, genügt ein bloß tatsächliches, ideelles oder wirtschaftliches Interesse nicht.[541] Erforderlich ist vielmehr, dass der Nebenintervenient zu der unterstützten Partei in einem Rechtsverhältnis steht, auf das die Entscheidung des Rechtsstreits durch ihren Inhalt oder durch ihre Vollstreckung unmittelbar oder mittelbar rechtlich einwirkt.[542] In der Rechtsprechung sind verschiedene Fallgruppen entwickelt worden, in denen ein rechtliches Interesse angenommen worden ist.

351 – Dazu gehören – (a) – zunächst diejenigen Sachverhalte, in denen das Urteil im Hauptprozess Rechtskraft gegenüber dem beitretenden Dritten entfaltet;

352 – außerdem – (b) – Fälle der Prozessstandschaft

353 – sowie – (c) – Konstellationen der Präjudizialität, bei denen das im Hauptprozess streitige Rechtsverhältnis für die rechtlichen Beziehungen des Nebenintervenienten zu seiner Partei vorgreiflich ist. Anwendungsbeispiele sind die Regressfälle sowie die Fälle akzessorischer Schuld und Haftung. Allerdings muss sich auch hier das rechtliche Interesse auf die Entscheidung *über den Streitgegenstand* beziehen. Nach Auffassung des OLG Karlsruhe ist es deshalb unzureichend, wenn der Beklagte wegen des Betreibens eines UMTS-Netzes (genauer: wegen der Zurverfügungstellung bestimmter Informationssignale im UMTS-Netz) nach § 10 PatG angegriffen wird und der Nebenintervenient sich darauf beruft, aufgrund Vertrages die entsprechend ausgestatteten Mobilfunktelefone geliefert zu haben, in denen die im Rahmen von § 10 PatG relevante unmittelbare Patentverletzung gesehen wird.[543] Ein Beitritt von Netzwerkkomponenten-Herstellern setzt nach der gleichen Entscheidung voraus, dass konkret vorgetragen wird, inwieweit die dem Netzwerkbetreiber überlassenen Bauteile für die Verwirklichung der patentgemäßen Merkmale im erfindungsfunktionalen Sinne wesentlich sind.[544]

---

538 OLG Düsseldorf, OLG-Report 2008, 156.
539 BGH, GRUR 2011, 557 – »Parallelverwendung« inhaltsgleicher AGBs.
540 BGH, WM 2006, 1252.
541 BGH, GRUR 2011, 557 – »Parallelverwendung« inhaltsgleicher AGBs; OLG Düsseldorf, OLG-Report 2008, 156.
542 BGH, GRUR 2011, 557 – »Parallelverwendung« inhaltsgleicher AGBs.
543 OLG Karlsruhe, Beschluss v 31.8.2011 – 6 W 171/10.
544 OLG Karlsruhe, Beschluss v 31.8.2011 – 6 W 171/10.

Unzureichend ist demgegenüber der Umstand, 354

- dass das Urteil für nachfolgende Prozesse eine faktische Präzedenzwirkung entfaltet 355
  und zu erwarten ist, dass sich die Gerichte in den nachfolgenden Verfahren an der
  im ersten Prozess ergangenen Entscheidung orientieren werden[545];
- dass in dem Rechtsstreit, zu dem der Beitritt erklärt wird, und in Folgeprozessen 356
  dieselben Ermittlungen angestellt werden müssen oder vergleichbare Rechtsfragen
  zur Beantwortung stehen[546];
- dass dem Beitretenden der Streit verkündet worden ist[547]. 357

Von den dargestellten Regeln ist der Bundesgerichtshof in seiner neueren Rechtsprechung auch für das Nichtigkeitsberufungsverfahren ausgegangen. In der Entscheidung »Carvedilol«[548] ist unter Verweis auf BGHZ 68, 81, 85 ausgeführt, dass ein rechtliches Interesse bejaht werde, wenn der Nebenintervenient von der Gestaltungswirkung eines Urteils, das im Hauptprozess ergeht, betroffen wird, und dass derartige Verhältnisse in Bezug auf das Nichtigkeitsberufungsverfahren vorliegen, weil eine dort ergehende rechtskräftige Entscheidung dahin, dass das Streitpatent nichtig sei, das Schutzrecht und die mit ihm verbundenen Ausschließlichkeitsrechte rückwirkend und mit Wirkung für und gegen jedermann – folglich auch mit Wirkung für den Beitretenden – beseitige. 358

2. Verfahrensrecht

Nur in den obigen Fällen (b) und (c) bedarf es einer gerichtlichen Entscheidung über die Nebenintervention, die durch **Zwischenurteil** zu erfolgen hat (§ 71 ZPO). Es kann und sollte vorab ergehen, wenn der Beitritt frühzeitig vor dem Endurteil erfolgt ist; das Zwischenurteil kann, wenn der Beitritt erst kurz vor der abschließenden mündlichen Verhandlung des Rechtsstreits geschieht, aber auch mit dem Endurteil verbunden werden. Fehlt dem Nebenintervenieten eine allgemeine Prozesshandlungsvoraussetzung (zB Parteifähigkeit, Prozessfähigkeit), so erfolgt die Zurückweisung allerdings – auch nach alsdann fakultativer mündlicher Verhandlung – durch anfechtbaren **Beschluss**.[549] 359

Anfechtbar ist das Zwischenurteil des Landgerichts mit der sofortigen Beschwerde (Frist: 2 Wochen). Bei Zulassung der Nebenintervention ist die gegnerische Hauptpartei beschwerdebefugt.[550] Ein vom OLG erlassenes Zwischenurteil ist demgegenüber unanfechtbar.[551] Nur wenn das OLG als Beschwerdegericht entschieden hat, kann es mit Bindungswirkung die Rechtsbeschwerde zulassen, so dass der BGH zu entscheiden hat.[552] 360

Auch bei einer Zurückweisung der Nebenintervention ist der Beitretende solange am Rechtsstreit zu beteiligen wie die Entscheidung keine Rechtskraft erlangt hat (§ 71 Abs 3 ZPO). 361

Ein **Ausspruch** lautet beispielhaft: 362

---

545 BGH, GRUR 2011, 557 – »Parallelverwendung« inhaltsgleicher AGBs.
546 BGH, GRUR 2011, 557 – »Parallelverwendung« inhaltsgleicher AGBs.
547 BGH, GRUR 2011, 557 – »Parallelverwendung« inhaltsgleicher AGBs.
548 BGH, GRUR 2006, 438.
549 BGH, MDR 2017, 541.
550 OLG Karlsruhe, Beschluss v 10.5.2013 – 6 W 30/11.
551 BGH, GRUR 2013, 535 – Nebenintervention.
552 BGH, GRUR 2013, 535 – Nebenintervention.

| 363 | **Praxistipp** | **Formulierungsbeispiel** |

1. Der Beitritt des Nebenintervenienten wird zugelassen.[553]

   oder:

   Der Beitritt des Nebenintervenienten wird zurückgewiesen.

2. Die Kosten der Nebenintervention trägt der Nebenintervenient.

3. Der Streitwert der Nebenintervention wird auf ... € festgesetzt.

364 Die mangelnde Zustellung der Streitverkündungsschrift (trotz ordnungsgemäßen gerichtlichen Bemühens um eine solche) rechtfertigt **keine Aussetzung** des Verletzungsrechtsstreits.[554] Vielmehr kann der Prozess fortgesetzt und in der Sache entschieden werden, ohne dass der Anspruch der streitverkündenden Partei auf ein faires Verfahren, auf wirkungsvollen Rechtsschutz und auf rechtliches Gehör verletzt wird.[555] Das gilt selbst dann, wenn die streitverkündende Partei zu ihrer Rechtsverfolgung oder -verteidigung auf die Darlegung von Umständen aus der Sphäre desjenigen angewiesen ist, dem der Streit verkündet ist.[556]

3. Kosten der Nebenintervention

a) Gerichtliche Entscheidung

365 Beteiligt sich der Streithelfer am Rechtsstreit, ist im Urteil über die **Kosten der Nebenintervention** gesondert zu befinden (§ 101 Abs 1 ZPO). Dazu genügt ein Beitritt im selbständigen Beweisverfahren, auch wenn sich der Streithelfer am nachfolgenden Hauptsacheverfahren, in dem eine Kostenentscheidung zu ergehen hat, nicht mehr beteiligt.[557] Ein Ausspruch bloß über die Verpflichtung, die Kosten des Rechtsstreits oder des Berufungsverfahrens zu tragen, stellt keine hinreichende Entscheidung dar, so dass es für den Streithelfer an einem Kostengrundtitel fehlt. Das gilt jedenfalls für Fälle einer einfachen, dh nicht streitgenössischen Nebenintervention.[558] Nimmt der Kläger die Klage zurück, unterfallen die Kosten des gegnerischen Streithelfers der Kostenvorschrift des **§ 269 Abs 3 ZPO**, und zwar unabhängig davon, ob eine einfache oder eine streitgenössische Nebenintervention vorliegt.[559] Befindet sich die Streitsache im Verfahren der Nichtzulassungsbeschwerde, bedarf es zur wirksamen Stellung eines Kostenantrages keiner Beauftragung eines BGH-Anwaltes.[560] Die Maßgeblichkeit des § 269 Abs 3 ZPO bedeutet: Hat der Kläger aufgrund seiner Klagerücknahme die Kosten zu tragen (weil ein Grund für eine anderweitige Kostentragung des Prozessgegners nicht besteht), so erstreckt sich die Kostenlast des zurücknehmenden Klägers auch auf die Kosten des Streithelfers. Gegenteiliges gilt, wenn der Gegner des Klägers die Kosten des Rechtsstreits »aus einem

---

553 Eine Kostenentscheidung ist nicht veranlasst. Sie ergeht in der Endentscheidung, und zwar nach Maßgabe des § 101 ZPO: (a) Ist die unterstützte Partei zur Kostentragung verpflichtet, hat der Nebenintervenient die Kosten des Streitbeitritts selbst zu tragen. (b) Trifft die Kostenlast den Gegner der unterstützten Partei, so hat dieser auch die Kosten der Nebenintervention zu übernehmen.
554 BGH, GRUR 2018, 853.
555 BGH, GRUR 2018, 853.
556 BGH, GRUR 2018, 853.
557 BGH, MDR 2014, 293.
558 BGH, MDR 2015, 183.
559 BGH, MDR 2015, 183.
560 BGH, MDR 2015, 183.

anderen Grund« (§ 269 Abs 3 Satz 2 ZPO) zu tragen hat; hier verbleiben die Kosten des Streithelfers bei ihm selbst. War die Zulässigkeit des Beitritts gerügt und ist ein Zwischenurteil über den Beitritt nicht mehr ergangen, weil die Klage frühzeitig zurückgenommen wurde, so hat der kostenpflichtige Kläger die Kosten des Streithelfers nur dann zu tragen, wenn der Beitritt zulässig war, was im Rahmen der Kostenentscheidung zu klären ist.[561]

Hat das Gericht über die Kosten der Nebenintervention – bewusst oder versehentlich – nicht entschieden, kommt eine Berichtigung des Kostenausspruchs nach **§ 319 ZPO** regelmäßig nicht infrage.[562] Anderes gilt nur dann, wenn die Urteilsgründe ergeben, dass das Gericht über die Kosten der Streithilfe hat entscheiden wollen und lediglich der entsprechende Ausspruch unterblieben ist. Ausreichend ist ebenfalls, wenn sich aus den Vorgängen beim Urteilserlass oder bei seiner Verkündung *nach außen deutlich und für Dritte ohne weiteres erkennbar* ergibt, dass das Unterbleiben eines Kostenausspruchs zur Nebenintervention auf einem Versehen beruht.[563] Solches ist der Fall, wenn in den Gründen der Kostenentscheidung § 101 ZPO erwähnt wird, aber nicht schon dann, wenn bloß der Streitgehilfe im Rubrum genannt ist.[564]

366

Soweit § 319 ZPO nicht eingreift, kommt nur eine **Urteilsergänzung** nach § 321 ZPO in Betracht.[565] Dies ist deshalb bedeutsam, weil sie nur auf Antrag geschehen kann und dieser fristgebunden ist (2 Wochen ab Zustellung des Urteils).[566] Werden die Kosten des Rechtsstreits gemäß **§ 91a ZPO** gegeneinander aufgehoben, so bedeutet dies auch ohne ausdrückliche Erwähnung im Tenor für den Nebenintervenienten, dass er seine eigenen Kosten in vollem Umfang selbst zu tragen hat.[567]

367

b) Grundsatz der Kostenparallelität

Handelt es sich um eine unselbständige (dh nicht streitgenössische) Nebenintervention, gilt der **Grundsatz der Kostenparallelität**: Der Kostenerstattungsanspruch des Nebenintervenienten[568] entspricht dem Kostenerstattungsanspruch, der der unterstützten Partei gegen den Prozessgegner zusteht. Das gilt zunächst für den Fall einer richterlichen Kostenentscheidung.

368

Praxistipp	Formulierungsbeispiel
Für denjenigen, der einen Streithelfer vertritt, ist es demgemäß eine unabdingbare Pflicht darauf zu achten, ob das Urteil eine Kostenentscheidung nach § 101 Abs 1 ZPO enthält und ggf eine Urteilsergänzung zu beantragen.	

369

Der Kostengleichlauf ist aber auch dann zu beachten, wenn sich die Prozessparteien (auch ohne Beteiligung des Nebenintervenienten) über die Tragung der (übrigen) Kosten des Rechtsstreits in einem **Vergleich** geeinigt haben.[569] Von der betreffenden Kosten-

370

---

561 OLG Düsseldorf, Beschluss v 22.11.2016 – I-2 W 20/16.
562 BGH, MDR 2013, 807.
563 BGH, MDR 2016, 607.
564 BGH, MDR 2013, 807; BGH, MDR 2016, 607.
565 BGH, MDR 2013, 807; BGH, NJW-RR 2005, 295; OLG Dresden, NJOZ 2006, 210.
566 Vgl umfassend: Jungemeyer/Teichmann, MDR 2011, 1019.
567 OLG Köln, MDR 2014, 1107.
568 Soweit ein Erstattungsanspruch nicht besteht, hat der Nebenintervenient seine Kosten selbst zu tragen.
569 BGH, MDR 2011, 1442.

quote kann nicht nach billigem Ermessen (§ 91a ZPO) abgewichen werden.[570] Wohl aber kann der Nebenintervenient mit den Parteien im Vergleich etwas zu seinen Gunsten Abweichendes vereinbaren, was voraussetzt, dass er am Vergleich beteiligt ist, zB indem er ihm zustimmt.[571] Ob ein Vergleich eine dem Nebenintervenienten vorteilhafte Kostenregelung enthält, ist durch Auslegung anhand der Umstände des Einzelfalles zu ermitteln, wobei folgende Varianten zu unterscheiden sind:

371 Regelt der Vergleich ausdrücklich, wer die Nebeninterventionskosten zu tragen hat, hat der Nebenintervenient einen entsprechenden Erstattungsanspruch.[572]

372 Enthält der mit Zustimmung des Nebenintervenienten zustande gekommene Vergleichstext keine ausdrückliche Regelung über die Interventionskosten, bedeutet dies im Zweifel, dass kein Erstattungsanspruch des Nebenintervenienten begründet werden soll.[573] In diesem Zusammenhang ist unbeachtlich, ob der Vergleich (nur) die Kosten des Rechtsstreits regelt oder selbst hierzu keine Kostenregelung trifft (so dass die Kosten – ohne wechselseitige Erstattungsansprüche – als gegeneinander aufgehoben gelten, § 98 ZPO). Ebenso spielt es keine Rolle, ob eine Kostenregelung (bzgl des Rechtsstreits und/oder bzgl der Interventionskosten) absichtlich oder bloß versehentlich unterblieben ist.[574]

373 Nur ausnahmsweise ist es angebracht anzunehmen, dass die Parteien mit einer zu den Kosten des Rechtsstreits getroffenen Erstattungsregelung auch die Kosten der Nebenintervention gemeint haben. Es bedarf entsprechender konkreter Anhaltspunkte für einen dahingehenden Parteiwillen.[575]

4. Rechtsmittel

374 Legt der einfache Streithelfer **Berufung** ein, handelt es sich nie um ein eigenes, sondern stets um ein Rechtsmittel der Hauptpartei. Führen beide ein Rechtsmittel, liegt in Wahrheit nur eine einzige Berufung, nämlich eine solche der Hauptpartei vor. Weil der Streithelfer lediglich fremde Rechte wahrnimmt, gilt für ihn die Rechtsmittelfrist der Hauptpartei; es kommt also nicht darauf an, wann dem Streithelfer das angefochtene Urteil zugestellt worden ist; maßgeblich ist allein die Zustellung an die Hauptpartei und das sich hieraus ergebende Fristende.[576] In gleicher Weise sind auch die notwendige Beschwer, das Erreichen der Berufungssumme und die Verspätung etwaigen Vorbringens ausschließlich aus der Person der Hauptpartei heraus zu beurteilen.[577] Gegen den Widerspruch der Hauptpartei kann vom Streithelfer keinesfalls ein Rechtsmittel eingelegt werden. Als solcher ist es allerdings noch nicht anzusehen, wenn die Hauptpartei diejenigen Auskünfte freiwillig erteilt, zu denen sie erstinstanzlich verurteilt worden ist.[578]

5. Beitrittersetzende Vereinbarungen

375 Dort, wo eine förmliche Streitverkündung aus besonderen Gründen nicht gewollt ist, lässt sich dasselbe Resultat durch eine interne **Vereinbarung** zwischen dem Verletzungsbeklagten und Lieferanten herbeiführen, die beispielsweise wie folgt lautet:

---

570 BGH, MDR 2005, 957; BGH, MDR 2011, 1442.
571 BGH, MDR 2016, 421.
572 BGH, MDR 2016, 421.
573 BGH, MDR 2016, 421.
574 BGH, MDR 2016, 421.
575 BGH, MDR 2016, 421.
576 BGH, MDR 2012, 1056.
577 BGH, MDR 2012, 1056.
578 BGH, MDR 2017, 844.

| Praxistipp | Formulierungsbeispiel | 376 |

Zwischen A (= Verletzungskläger) und B (= Verletzungsbeklagter) ist vor dem LG Düsseldorf unter dem Aktenzeichen ... ein Patentverletzungsrechtsstreit anhängig, in dem A geltend macht, dass die von B vertriebenen ... (= angegriffene Ausführungsform) den deutschen Teil des europäischen Patents ... verletzen. B bezieht die angegriffenen Erzeugnisse von C.

Dies vorausgeschickt, vereinbaren B und C zur Vermeidung einer Streitverkündung, aber zur Sicherung etwaiger Gewährleistungsansprüche des B Folgendes:

C erklärt hiermit, dass er das zwischen A und B ergehende Urteil in dem beim LG Düsseldorf anhängigen Patentverletzungsprozess (AZ: ...) mit den gleichen Wirkungen gegen sich gelten lassen wird, wie wenn ihm der Streit verkündet worden wäre. B verpflichtet sich, C über den Prozessverlauf zu informieren und ihn bei der Verteidigung gegen die Verletzungsklage mitwirken zu lassen.

Bisweilen gibt der Zulieferer statt einer die Nebeninterventionswirkungen auslösenden 377
Erklärung ein **Freistellungsversprechen**[579] ab, das zB wie folgt lautet:

| Praxistipp | Formulierungsbeispiel | 378 |

... Hiermit bestätigen wir Ihnen, dass wir Sie im Hinblick auf einen möglichen Rechtsstreit und Schadenersatzforderungen der Firma ... wegen der von uns gelieferten ... von jeglichen Ansprüchen der Firma ... freistellen, wobei natürlich Voraussetzung ist, dass Anerkenntnisse oder Zahlungen nur mit unserer Zustimmung erfolgen und ein mögliches Gerichtsverfahren unter unserer Regie läuft. Hierbei gehen wir davon aus, dass Sie nur unter Abstimmung mit uns eigene Anwälte bestellen, grundsätzlich dies aber über unsere Anwälte abgewickelt wird.[580]

Es entspricht gefestigter Rechtsprechung des BGH, dass zum Wesen einer solchen (auf 379
gesetzlicher oder vertraglicher Grundlage) bestehenden Freistellungspflicht nicht nur die Befriedigung begründeter Ansprüche gehört, die Dritte gegen den Freizustellenden erheben. Vielmehr gehört zu einer Freistellungspflicht nach der hierbei bestehenden Interessenlage grundsätzlich auch die Pflicht zur Abwehr unbegründeter Ansprüche Dritter.[581] Denn mit der Übernahme einer Freistellungspflicht soll der Freizustellende typischerweise jeglichen Risikos einer Inanspruchnahme durch Dritte enthoben werden und insbesondere nicht der Gefahr ausgesetzt sein, wegen einer begründeten Forderung Dritter mit einer Klage überzogen zu werden oder in Fehleinschätzung der Sach- und Rechtslage eine unbegründete Forderung zu erfüllen und sich dies als eigenes Fehlverhalten entgegenhalten lassen zu müssen. Diese allgemeinen Grundsätze gelten in gleicher Weise für Freistellungserklärungen in Bezug auf Schutzrechte Dritter, die zB im Rahmen bestehender Lieferbeziehungen von Lieferanten für zugelieferte Teile einschränkungslos abgegeben werden und dadurch in der Regel zugleich dessen gemäß § 435 BGB bestehende Rechtsmängelhaftung zu einer verschuldensunabhängigen Einstandspflicht erweitern.[582] Die Freistellungserklärung verpflichtet deshalb im Allgemeinen auch dazu, einem gegen

---
579 Zur Wirksamkeit und zum Umfang von Freistellungsverpflichtungen vgl Rohlfing, MDR 2012, 257.
580 BGH, DB 2011, 236.
581 BGH, NJW 1970, 1594; BGH, WM 1983, 387; BGH, WM 2002, 1358; BGHZ 152, 246, 255.
582 BGH, DB 2011, 236.

den Abnehmer laufenden Verletzungsprozess auf Aufforderung hin unterstützend beizutreten.[583]

---

[583] BGH, MDR 2011, 213.

H. Zwangsvollstreckungsverfahren

I. Allgemeines

1. Allgemeine Vollstreckungsvoraussetzungen

Die Zwangsvollstreckung setzt grundsätzlich 1

– einen vollstreckbaren **Titel** (der den vollstreckenden Gläubiger und den Vollstreckungsschuldner[1] ausweist), 2

– versehen mit einer **Klausel**[2], sowie 3

– die **Zustellung**[3] des Titels an den Beklagten voraus. 4

Keiner Vollstreckungsklausel bedürfen Entscheidungen im Arrest- und einstweiligen 5
Verfügungsverfahren, gleichgültig, ob sie als Beschluss oder Urteil ergehen.[4] Zu beachten ist allerdings, dass von Amts wegen keine Ausfertigung des Verfügungsurteils mehr zugestellt wird (§ 169 Abs 3 ZPO), die Vollstreckungsvoraussetzung ist. Vor einer Vollstreckungsmaßnahme (oder vorsorglich sogleich mit dem Verfügungsantrag) hat der Gläubiger deshalb auf die Zustellung einer Ausfertigung anzutragen.

Vollstreckbar sind vor allem rechtskräftige Titel. Ist ein Titel noch nicht rechtskräftig, 6
kann er vorläufig vollstreckbar sein:

– Urteile der Landgerichte in Patentverletzungsverfahren sind aufgrund eines entsprechenden Ausspruchs im Tenor grundsätzlich gegen Sicherheitsleistung vorläufig vollstreckbar[5], ohne Sicherheitsleistung zulässig ist allerdings die **Sicherungsvollstreckung** nach § 720a ZPO, wobei der Schuldner die Möglichkeit zur Abwendung der Vollstreckung dadurch hat, dass er seinerseits Sicherheit leistet[6]; 7

– Entscheidungen der Oberlandesgerichte sind ohne Sicherheitsleistung vorläufig vollstreckbar[7], ebenso alle Versäumnisurteile[8] und Anerkenntnisurteile, unabhängig davon, in welcher Instanz sie ergehen.[9] 8

---

1 Die bloße Änderung des Namens oder der Firma einer Partei steht der Vollstreckung eines Titels auch ohne Umschreibung nicht entgegen, wenn der Gläubiger die Personenidentität dem Vollstreckungsorgan durch entsprechende Urkunden zweifelsfrei nachweisen kann (BGH, MDR 2011, 1137).
2 §§ 724, 725 ZPO.
3 Sie muss wirksam sein. Eine bestimmte Frist, insbesondere die 5-Monatsfrist nach §§ 317, 517 ZPO, muss allerdings nicht eingehalten werden. Eine wirksame Zustellung muss nur spätestens bei Beginn der Zwangsvollstreckung vorliegen (OLG Düsseldorf, Beschlüsse v 28.4.2016 und 13.6.2016 – I-2 W 3/16).
4 §§ 929 Abs 1, 936 ZPO.
5 § 709 ZPO.
6 Zur Verjährung der Ansprüche aus einer Bürgschaft zur Abwendung der Sicherungsvollstreckung vgl BGH, MDR 2015, 353; zur Rückgabe einer derartigen Sicherheit gemäß § 109 ZPO vgl OLG Düsseldorf, InstGE 9, 175 – Sicherungsvollstreckung.
7 § 708 Nr 10 ZPO.
8 § 708 Nr 2 ZPO.
9 § 708 Nr 1 ZPO.

a) Sicherheitsleistung

9 Die Sicherheitsleistung dient dem Interesse des Vollstreckungsschuldners. Sie soll ihm ein Zugriffsobjekt für den Ersatz derjenigen Nachteile bereitstellen, die er bei einer etwaigen Zwangsvollstreckung des Urteils erleidet, welche sich im Nachhinein als unberechtigt erweist.

10 Zu berücksichtigen sind neben den Anwaltskosten des Klägers und den Gerichtskosten auch ein möglicher Schadenersatzanspruch des Schuldners gemäß § 717 Abs 2 ZPO.[10] Ohne Belang ist in diesem Zusammenhang, wann sich der Schaden entwickelt und wann der Schuldner die Vermögenseinbuße erlitten hat. Entscheidend ist vielmehr, wann die Ursache für den Schaden gesetzt wurde, der durch die erzwungene Leistung des vorläufig vollstreckbar verurteilten Schuldners entstanden ist.[11] Zum ersatzfähigen Schaden können deswegen auch Aufwendungen gehören, die der Schuldner zwar zeitlich nach dem Berufungsurteil, aber zu dem Zweck gemacht hat, die entsprechend dem ergangenen Verbot vorübergehend unterlassenen Vertriebshandlungen wieder aufnehmen zu können, also die vom Markt genommenen Gegenstände erneut in Verkehr bringen und einen etwa verlorenen Kundenkreis zurück gewinnen zu können.[12] Dass der Vollstreckungsschuldner bei seinem Lieferanten oder einem sonstigen Dritten Regress nehmen kann, schmälert die Vollstreckungssicherheit grundsätzlich schon deshalb nicht, weil die Durchsetzbarkeit des Regressanspruchs im Allgemeinen zweifelhaft ist und dem Schuldner das diesbezügliche Insolvenzrisiko nicht aufgebürdet werden darf.

11 Wie hoch die zu leistende Sicherheit ist, kann Probleme bereiten, wenn die im Urteil getroffene Anordnung zur Sicherheitsleistung den **§§ 709 Satz 2, 711 Satz 2 ZPO** folgt, indem die Sicherheit einem bestimmten Prozentsatz (zB 110 %) des auf Grund des Urteils zu vollstreckenden Betrages entspricht. Hier wird die 100 %-Bemessungsgrundlage (sic: der »aufgrund des Urteils vollstreckbare Betrag«) durch die titulierte Hauptforderung *zzgl* Nebenforderungen (insbesondere bis zur Vollstreckung aufgelaufene Zinsen) *zzgl* der durch einen Kostenfestsetzungsbeschluss bereits bezifferten Kosten des Vollstreckungsgläubigers gebildet, während der Aufschlag von 10 % mögliche weitere Vollstreckungs- bzw Verzögerungsschäden abdeckt.[13]

---

12 | **Praxistipp** | Formulierungsbeispiel

In der Regel entsprechen die Vollstreckungsschäden – und damit die Sicherheitsleistung – dem festgesetzten **Streitwert**, sie sind typischerweise jedenfalls nicht höher als jene.[14] Denn die Bestimmung des Streitwertes richtet sich nach dem Interesse der klagenden Partei an der begehrten gerichtlichen Entscheidung, für dessen Berechnung bei einem Unterlassungsanspruch nicht nur der Wert und die Bedeutung der verletzten Rechtsposition des Klägers, sondern ebenso der Umfang der angegriffenen Handlungen der beklagten Partei maßgeblich sind.[15] Hat der Beklagte Anhaltspunkte dafür, dass eine in Höhe des Streitwertes festgesetzte Sicherheit den drohenden Vollstreckungsschaden nicht vollständig abdecken wird, hat er die betreffenden Umstände bereits dem Landgericht zu präsentieren[16], weil die Möglichkeit, einen bereits in erster Instanz bekannten Sachverhalt im Verfahren nach § 718 ZPO geltend zu

---

10 OLG Düsseldorf, NJOZ 2007, 451.
11 OLG Düsseldorf, NJOZ 2007, 451, 454.
12 OLG Düsseldorf, NJOZ 2007, 451, 454; LG Düsseldorf, Urteil v 9.3.2017 – 4a O 137/15.
13 BGH, MDR 2015, 179.
14 OLG Karlsruhe, Urteil v 10.5.2017 – 6 U 169/16.
15 OLG Düsseldorf, NJOZ 2007, 451, 455.
16 Es genügt eine generalisierende Darstellung, die die behaupteten Umsatz- und Gewinnzahlen plausibel macht (LG Düsseldorf, Urteil v 15.12.2016 – 4b O 103/15).

> machen, begrenzt sind. Für die im Berufungsurteil anzuordnenden Sicherheiten ist zudem zu bedenken, dass diejenigen Zeiträume unbeachtlich sind, während derer die Zwangsvollstreckung eingestellt war.[17]

b) Teilsicherheit

Soll aus einem erstinstanzlichen, vorläufig gegen Sicherheitsleistung vollstreckbaren Urteil vollstreckt werden, muss der Kläger die im Urteil hierfür vorgesehene Sicherheitsleistung **in voller Höhe** erbringen. Das gilt auch dann, wenn nur wegen eines von mehreren titulierten Ansprüchen die Zwangsvollstreckung betrieben werden soll, zB allein wegen der Rechnungslegungs- und nicht wegen der Unterlassungspflicht oder nur wegen des Kostenausspruchs. § 752 ZPO ist auf andere als Geldforderungen nicht anwendbar. Nach Auffassung des OLG München[18] kann die Sicherheitsleistung für den gegen mehrere Schuldner titulierten Auskunfts- und Rechnungslegungsanspruch jedenfalls dann einheitlich festgesetzt und zur Herbeiführung der Vollstreckungsvoraussetzungen gegen alle Schuldner einheitlich geleistet werden, wenn keine unterschiedlichen Auskünfte (zB wegen einer nur zeitlich vorübergehenden Verantwortlichkeit eines mit verklagten Geschäftsführers) gegeben werden können.

13

Allerdings kann die Festsetzung einer Teilsicherheit für die einzelnen titulierten Ansprüche[19] oder für die Ansprüche gegen jeden von mehreren Beklagten beantragt werden.[20] Der Darlegung eines besonderen Interesses bedarf es insoweit nicht.[21] Die Teilsicherheitsleistung kann im Ausgangspunkt am Streitwertanteil orientiert werden, den der jeweilige Anspruch am Gesamtstreitwert hat. Zu beachten ist jedoch, dass mit einer Vollstreckung des Vernichtungs- oder Rückrufanspruchs de facto vielfach auch der Unterlassungsanspruch in wesentlichem Umfang mit durchgesetzt wird. Die Pflicht, alle Verletzungsgegenstände im Besitz oder Eigentum des Beklagten zu vernichten, nimmt ihm regelmäßig die Möglichkeit, die betreffenden Erzeugnisse in Verkehr zu bringen[22]; die Pflicht zum Rückruf macht es sinnlos, nach Vollstreckbarkeit des Rückrufanspruchs weitere Vertriebshandlungen (die sogleich die Notwendigkeit des Rückrufs auslösen würden) vorzunehmen. Deswegen muss die Teilsicherheit in solchen Fällen auch den mit vollzogenen weiteren Anspruch berücksichtigen.[23] Ob insoweit der gesamte auf den Drittanspruch entfallende Sicherheitsbetrag in Ansatz gebracht wird oder nur ein (ggf welcher?) Teil davon, hängt von den Umständen des Einzelfalles, nämlich davon ab, wie wahrscheinlich es ist, dass der Beklagte, ohne eigenen Besitz/eigenes Eigentum zu erwerben, Lieferungen zB direkt vom Ausland aus initiiert. Ratsam ist eine Teilsicherheit in jedem Fall für den Auskunfts- und Rechnungslegungsanspruch, den Anspruch auf Erstattung bezifferter Abmahnkosten sowie den Kostenausspruch des Urteils.

14

---

17 OLG Düsseldorf, Urteil v 20.12.2017 – I-2 U 39/16.
18 OLG München, InstGE 10, 254 – Schuldner des Auskunftsanspruchs.
19 … außer dem Urteilsveröffentlichungsanspruch, der wegen § 140e Satz 4 PatG nicht vorläufig vollstreckbar ist.
20 OLG Frankfurt/Main, NJW-RR 1997, 620.
21 AA: LG Düsseldorf, Urteil v 12.1.2010 – 4a O 125/09.
22 Möglich bleiben selbstverständlich Angebotshandlungen und Liefergeschäfte über Dritte.
23 LG Mannheim, Urteil v 20.1.2012 – 7 O 233/11.

| 15 | **Praxistipp** | Formulierungsbeispiel |

Für die Praxis ist unbedingt zu einem Antrag auf Festsetzung von Teilsicherheiten zu raten, jedenfalls dann, wenn nicht von vornherein abzusehen ist, dass später das gesamte Urteil einschließlich Unterlassungsausspruch vollstreckt werden soll. Erstens werden Kosten bei der notwendigen Sicherheitsleistung (Avalgebühren) gespart; zweitens – und das ist von im Zweifel wesentlich größerem Interesse – besteht nicht die Gefahr einer Schadenersatzhaftung nach Maßgabe der BGH-Entscheidung »Steroidbeladene Körner« (GRUR 2011, 364), wenn das Urteil später aufgehoben wird und sich die Vollstreckung im Nachhinein als unberechtigt erweist.[24]

16   Wurde der Antrag auf Festsetzung von Teilsicherheiten im Erkenntnisverfahren versäumt, steht hierfür das Verfahren nach **§ 718 ZPO** zur Verfügung.[25] Zu beachten ist allerdings, dass die Festsetzung von Teilsicherheiten nur möglich ist, wenn sich nach Schluss der erstinstanzlichen mündlichen Verhandlung herausstellt, dass nur eine teilweise Vollstreckung erforderlich ist oder sinnvoll erscheint.[26] Die klagende Partei hat sich also zumindest im Zeitpunkt der letzten mündlichen Verhandlung darüber klar zu werden, ob sie im Falle eines obsiegenden auf Unterlassung, Rechnungslegung und/oder Vernichtung der Verletzungsgegenstände gerichteten Urteils sofort alle titulierten Ansprüche oder nur zunächst einzelne von ihnen vollstrecken will und, sofern letzteres nicht von vornherein ausscheidet, bereits vom Landgericht entsprechende Teilsicherheiten festsetzen zu lassen. Nur wenn die Umstände, die eine nur teilweise Vollstreckung erfordern oder zumindest sinnvoll erscheinen lassen, erst nach Schluss der erstinstanzlichen mündlichen Verhandlung eintreten oder dem Vollstreckungsgläubiger bekannt werden, ist die Festsetzung von Teilsicherheiten vor dem Berufungsgericht noch möglich.

17   – Dies ist zum einen der Fall, wenn sich unmittelbar vor der Vollstreckung herausstellt, dass auch die Vollstreckung den zuerkannten Zahlungsbetrag nur zu einem geringen Teil abdecken wird und die für die ursprünglich festgesetzte nach dem zuerkannten Gesamtanspruch bemessene Sicherheitsleistung zu erbringenden Kosten den im Wege der Zwangsvollstreckung erlangbaren Betrag im Wesentlichen wieder aufzehren.[27]

18   – In Patentverletzungsstreitigkeiten kommt ferner der Fall in Betracht, dass der **Unterlassungsanspruch** zunächst nicht zwangsweise durchgesetzt zu werden braucht, weil der Beklagte vor Schluss der erstinstanzlichen mündlichen Verhandlung die gewerbliche Nutzung des angegriffenen Gegenstandes eingestellt hat und nichts dafür spricht, dass er die untersagten Handlungen wieder aufnehmen will. Ein weiterer Grund, von der Durchsetzung des Unterlassungsanspruchs abzusehen, kann darin liegen, dass nach der landgerichtlichen Schlussverhandlung vorher nicht in Aussicht genommene Lizenzverhandlungen mit dem Beklagten oder dessen Lieferanten aufgenommen worden sind, die nicht gefährdet werden sollen.[28]

19   – Ebenso kann zunächst eine Zwangsvollstreckung des **Auskunfts- und Rechnungslegungsanspruches** entbehrlich sein, wenn der Schuldner sich für den Fall seiner Verurteilung zur Erfüllung des Auskunftsanspruches verpflichtet hat. Hier kommt eine Festsetzung von Teilsicherheiten durch das Berufungsgericht etwa dann in Betracht, wenn sich erst nach Schluss der erstinstanzlichen mündlichen Verhandlung heraus-

---

24 Vgl. dazu unten Kap I Rdn 16 ff.
25 OLG Frankfurt/Main, NJW-RR 1997, 620.
26 OLG Düsseldorf, InstGE 11, 116 – Strahlregler.
27 OLG Frankfurt/Main, NJW-RR 1997, 620.
28 OLG Düsseldorf, Urteil v 8.3.2012 – I-2 U 65/11.

stellt, dass der Schuldner die Nutzung des angegriffenen Gegenstandes wieder aufgenommen hat oder seine Zusage zur freiwilligen Erteilung der zuerkannten Auskünfte nicht einhält, die Vollstreckung des jeweils anderen titulierten Anspruches aber noch nicht betrieben werden soll. Solange jedoch zum Schluss der mündlichen Verhandlung in erster Instanz auch die Möglichkeit in Betracht zu ziehen ist, nur gegen einen von mehreren Beklagten und/oder nur wegen eines von mehreren zuerkannten Ansprüchen die Zwangsvollstreckung betreiben zu müssen, ist die klagende Partei gehalten, bereits vor dem Landgericht die Aufteilung der gesamten Sicherheitsleistung in einzelne betragsmäßig zu beziffernde Teilleistungen anzuregen.[29]

– Ein Anlass, isoliert den **Kostenausspruch** zu vollstrecken, kann sich schließlich aus der erst nach dem landgerichtlichen Urteil zutage getretenen Gefahr einer Insolvenz des Kostenpflichtigen ergeben. Sie ergibt sich regelmäßig schon daraus, dass der Kostenschuldner in Liquidation geraten ist, wobei es nicht darauf ankommt, ob dafür tatsächlich wirtschaftliche Schwierigkeiten die Ursache waren und wie groß – objektiv betrachtet – die dadurch begründete Gefahr ist, dass die zuerkannten Zahlungsansprüche in Zukunft nicht mehr realisiert werden können.[30] Da dem Kostengläubiger exakte und verlässliche Einblicke naturgemäß nicht möglich sind, reicht es für einen hinreichenden Anlass zur sofortigen Zwangsvollstreckung der Kostenerstattungsansprüche aus, dass die durch die Liquidation des Prozessgegners eingetretene Veränderung die ernstzunehmende Befürchtung aufkommen lässt, bei einem Zuwarten mit der Vollstreckung bis zum Abschluss der Berufungsinstanz möglicherweise mit ihren Zahlungsansprüchen auszufallen.[31]

20

c) Bankbürgschaft

Die Sicherheitsleistung kann, auch wenn dies im Tenor nicht ausdrücklich angeordnet ist, in Form einer Bankbürgschaft erfolgen (§ 108 ZPO). Sieht das Urteil vor, dass die Sicherheit »durch die Bürgschaft einer in der Bundesrepublik Deutschland ansässigen Großbank oder öffentlich-rechtlichen Sparkasse erbracht werden kann«, so ist jedes (auch ausländische) Kreditinstitut geeigneter Bürge, das einen zuständigkeitsbegründenden Sitz im Bundesgebiet unterhält und dessen finanzielle Ausstattung zweifelsfrei Gewähr dafür bietet, dass die Bürgschaftssumme aufgebracht wird.[32] Ist als Vollstreckungssicherheit eine »schriftliche« Bankbürgschaft zugelassen, so muss dem Schuldner die vom Bürgen unterzeichnete Originalurkunde übermittelt werden. Die Übersendung einer vom Anwalt des Gläubigers beglaubigten Abschrift des Originals genügt nicht.[33]

21

Die Bürgschaftserklärung muss **bestimmt** sein und die Berechtigten sowie die Verpflichteten genau erkennen lassen. Auch der Bürgschaftsfall muss der Urkunde klar entnommen werden können. Gleichzeitig ist die Bürgschaftserklärung unbedingt und unbefristet sowie unter Verzicht auf die Einrede der Vorausklage (»selbstschuldnerisch«) abzugeben.[34] Unzureichend ist eine Bürgschaftserklärung, mit der die Bürgschaft gegenüber den Schuldnern »als Gesamtgläubigern« übernommen wird.[35] Ist allerdings mehreren durch denselben Prozessbevollmächtigten vertretenen Beklagten Sicherheit zu leisten, so ist eine Urkunde, ausweislich derer die Bürgschaft »im Auftrag der Klägerin den Beklagten gegenüber« übernommen wird, mit Rücksicht auf ihren Sicherungszweck im Zweifel

22

---

29 OLG Düsseldorf, InstGE 11, 116 – Strahlregler.
30 OLG Düsseldorf, Urteil v 13.9.2012 – I-2 U 21/12.
31 OLG Düsseldorf, Urteil v 13.9.2012 – I-2 U 21/12.
32 LG Düsseldorf, InstGE 3, 150 – Tintenpatrone.
33 LG Düsseldorf, InstGE 11, 154 – Original der Bürgschaftsurkunde, mwN zum Streitstand.
34 Vgl zu einzelnen Klauseln auch Zöller, § 108 ZPO Rn 9.
35 LG Düsseldorf, InstGE 3, 227 – Prozessbürgschaft; OLG Düsseldorf, Beschluss v 26.9.2017 – I-15 U 68/17.

dahingehend auszulegen, dass die Sicherungsberechtigten Mitgläubiger – und nicht bloß Gesamtgläubiger – sein sollen. Eines ausdrücklichen Hinweises auf die Mitgläubigerschaft bedarf es nicht.[36] Unzulässig ist allerdings die **einschränkende Klausel**, dass eine formgerechte Inanspruchnahme der Bürgschaft nur durch eine schriftliche Zahlungsaufforderung durch *alle* Bürgschaftsgläubiger möglich ist (womit im Sicherungsfall eine Anforderung durch einen von ihnen für alle von ihnen ausscheidet, wie dies dem Charakter der Mitgläubigerschaft entspricht).[37]

23 Die Bürgschaftserklärung ist dem Gegner zuzustellen. Streitig ist, ob die **Zustellung** von Anwalt zu Anwalt als ausreichend angesehen werden kann oder vielmehr eine Zustellung durch Gerichtsvollzieher erforderlich ist.[38] Es ist daher ratsam, sich vor der Zustellung über die Gepflogenheiten und die Rechtsprechung in dem betreffenden Gerichtsbezirk zu informieren bzw im Zweifelsfall die Zustellung über den Gerichtsvollzieher zu bewirken. In jedem Fall reicht es, wenn die Bürgschaftsurkunde dem **Schuldner** selbst zugestellt wird; ein Nachweis der Bürgschaftsbestellung auch gegenüber dem Prozessbevollmächtigten des Schuldners ist nicht erforderlich.[39] Lässt man die Zustellung an den Prozessbevollmächtigten ausreichen, genügt es, falls mehrere Beklagte einen gemeinsamen Anwalt haben, wenn das Bürgschaftsoriginal an ihn zugestellt wird. Jedem Beklagten muss darüber hinaus nicht eine (eigene) Urschrift der Bürgschaftsurkunde überlassen werden.[40]

24 Mit der Zustellung einer wirksamen Bürgschaftsurkunde ist ein erstinstanzliches Urteil vollstreckbar und der Beklagte muss sich auch ohne weitere Aufforderung des Klägers an den Unterlassungstenor halten sowie Rechnung legen. In der Regel wird dem Beklagten von dem Kläger für die Rechnungslegung eine Frist gesetzt.

25 **Kosten einer Avalbürgschaft** zur Herbeiführung der vorläufigen Vollstreckbarkeit eines erstinstanzlichen Urteils sind Kosten der Zwangsvollstreckung im Sinne von § 788 ZPO und deshalb vom – ausschließlich zuständigen (§§ 788 Abs 2, 802 ZPO) – Vollstreckungsgericht gegen den Vollstreckungsschuldner festzusetzen.[41] Das gilt allerdings nur, wenn es im Anschluss an die Sicherheitsleistung tatsächlich zu einer Vollstreckungsmaßnahme kommt, deren Ermöglichung die Sicherheitsleistung diente.[42] Daran fehlt es, wenn mit der Bankbürgschaft die Voraussetzungen für die Vollstreckung eines nur vorläufig vollstreckbaren landgerichtlichen Urteils (§ 709 ZPO) geschaffen werden sollten, eine Zwangsvollstreckungsmaßnahme jedoch erst aufgrund des ohne Sicherheitsleistung vorläufig vollstreckbaren Berufungsurteils des Oberlandesgerichts (§ 708 Nr 10 ZPO) vorgenommen wurde.[43] Unter solchen Bedingungen oder wenn der Schuldner den Urteilsausspruch freiwillig befolgt, indem er zB die ausgeurteilte Zahlung erbringt, besteht eine Zuständigkeit des Prozessgerichts, das die Kosten der Avalbürgschaft im Kostenfestsetzungsverfahren nach §§ 103 ff ZPO zu behandeln hat.[44] Ihre Erstattungsfähigkeit beruht auf dem dem Titel zugrunde liegenden Prozessrechtsverhältnis und bedarf keiner Rechtfertigung durch materiell rechtliche Normen.[45] Zu prüfen ist – wie allgemein bei § 91 Abs 1 ZPO – nur, ob die aufgewendeten Avalkosten zur Vollstreckung des erst-

---

36 LG Düsseldorf, InstGE 13, 116 – Prozesskostensicherheitsbürgschaft; OLG Düsseldorf, Beschluss v 26.9.2017 – I-15 U 68/17.
37 OLG Düsseldorf, Beschluss v 26.9.2017 – I-15 U 68/17.
38 Vgl zum Streitstand Zöller, § 108 ZPO Rn 11.
39 BGH, GRUR 2008, 1029 – Nachweis der Sicherheitsleistung.
40 LG Düsseldorf, InstGE 13, 116 – Prozesskostensicherheitsbürgschaft.
41 BGH, MDR 2016, 485.
42 OLG Düsseldorf, OLG-Report 2009, 262.
43 OLG Düsseldorf, OLG-Report 2009, 262.
44 BGH, MDR 2008, 286; OLG Düsseldorf, OLG-Report 2009, 262.
45 BGH, MDR 2008, 286.

instanzlichen Urteils notwendig waren. Solches ist zB zu verneinen, wenn der zuerkannte Betrag zu der Zeit, als die Avalgebühren veranlasst wurden, bereits beglichen war.[46] Es ist demgegenüber keine Obliegenheit des Gläubigers, sich vor einer Beibringung der Vollstreckungssicherheit beim Schuldner danach zu erkundigen, ob er den Urteilsausspruch vielleicht freiwillig befolgen will und deshalb auf die Beschaffung einer Bürgschaft verzichtet werden kann.[47] Vielmehr kann der Gläubiger, sofern der Schuldner nicht im Vorfeld anderes mit der gebotenen Eindeutigkeit hat verlauten lassen, ohne weiteres von der Notwendigkeit einer zwangsweisen Durchsetzung des Titels (und damit der Beibringung einer Vollstreckungssicherheit) ausgehen. Das gilt allerdings nur dann, wenn seit dem Vorliegen des Urteils eine gewisse Zeit (die regelmäßig zwei Wochen nicht übersteigen wird) vergangen ist, innerhalb der der Schuldner Gelegenheit für vollstreckungsabwendende Erklärungen gehabt hat.[48] Darüber hinaus ist nicht erforderlich, dass dem Schuldner bereits eine vollstreckbare Ausfertigung des Urteils zugestellt ist; es genügt, dass der Gläubiger in dem Moment, in dem er die Avalbürgschaft beschafft, im Besitz einer vollstreckbaren Ausfertigung des zu vollstreckenden Schuldtitels und die Frist zur freiwilligen Erfüllung verstrichen ist.[49] Da die Beibringung einer Bürgschaft von der Partei selbst veranlasst werden kann, sind Anwaltskosten für die Beschaffung der Bürgschaft mangels Notwendigkeit nicht erstattungsfähig.[50]

Eine Erstattungsfähigkeit der Avalkosten ist gleichfalls dann zu verneinen, wenn der **vollstreckte Anspruch nachträglich entfällt**, zB deshalb, weil das durchgesetzte Urteil im Rechtsmittelzug kassiert wird oder die Parteien einen Prozessvergleich mit gegenteiligem Inhalt schließen (§ 788 Abs 3 ZPO).[51]

26

d) Rechtsbehelf

Besteht zwischen den Parteien Streit darüber, ob die angebotene Sicherheitsleistung dem Urteilsausspruch genügt, kann der Schuldner, der die Sicherheit für nicht ordnungsgemäß hält, dies im Wege der **Erinnerung** (§ 766 ZPO) gerichtlich klären lassen.[52] Zuständig hierfür ist nicht das Amtsgericht, welches normalerweise Vollstreckungsgericht ist, sondern das Prozessgericht (LG), welches für ein etwaiges Ordnungsmittel- oder Zwangsmittelverfahren nach §§ 888, 890 ZPO zuständig wäre.[53]

27

e) Schadenersatzpflicht

Bei den Überlegungen, ob aus einem vorläufig vollstreckbaren Urteil vollstreckt werden soll, ist zu berücksichtigen, dass für den Fall, dass das Urteil anschließend aufgehoben oder abgeändert wird, von dem Kläger gemäß § 717 Abs 2 ZPO Schadenersatz an den Beklagten zu leisten ist. Dessen Berechnung ist zum Teil jedoch schwierig, vor allem wenn von dem Kläger zunächst ausdrücklich nur der Rechnungslegungsanspruch vollstreckt wird und der Beklagte daraufhin die angegriffene Handlung weiter ausführt. Es lässt sich dann zwar der Schaden berechnen, der durch die Anfertigung der Rechnungslegung, also beispielsweise die hierfür erforderliche Arbeitsleistung entstanden ist. Nicht kalkulierbar ist jedoch in der Regel der Schaden, der dadurch entsteht, dass der Gegner durch die Rechnungslegung wertvolle Betriebsinterna wie etwa die Kundenliste oder die Gewinnkalkulation in Erfahrung bringen konnte. Aber auch der Nachweis und die

28

---

46 OLG Düsseldorf, OLG-Report 2009, 262.
47 OLG Düsseldorf, Beschluss v 20.12.2011 – I-2 W 51/11.
48 BGH, MDR 2012, 1369; OLG Düsseldorf, Beschluss v 20.12.2011 – I-2 W 51/11.
49 BGH, MDR 2012, 1369; OLG Düsseldorf, Beschluss v 4.4.2017 – I-15 W 12/17.
50 OLG Düsseldorf, Beschluss v 25.11.2011 – I-2 W 47/11.
51 BGH, MDR 2016, 485.
52 LG Düsseldorf, InstGE 3, 150 – Tintenpatrone.
53 LG Düsseldorf, Beschluss v 21.1.2004 – 4b O 107/02 (ZV III).

Berechnung des entgangenen Gewinns bei Vollstreckung des Unterlassungstitels führen zu Schwierigkeiten. In der Praxis setzt sich daher die Vollstreckung auch erstinstanzlicher Urteile immer mehr durch.

2. *Vorläufige Einstellung der Zwangsvollstreckung*

29 Zur Abwehr der Schäden, die dem Beklagten durch eine vorläufige Vollstreckung entstehen können, besteht die Möglichkeit, über §§ 719, 707 ZPO die vorläufige Einstellung der Zwangsvollstreckung – aus dem Urteil sowie ggf auch aus dem darauf beruhenden Kostenfestsetzungsbeschluss – zu beantragen.

a) Allgemeines

30 Für die Zulässigkeit eines solchen Begehrens ist nicht erforderlich, dass die betreffende Partei in erster Instanz einen **Vollstreckungsschutzantrag** nach § 712 ZPO gestellt hat.[54] Ebenso wenig kommt es darauf an, ob der Gläubiger bereits mit der Vollstreckung begonnen hat oder wenigstens die Vollstreckungsvoraussetzungen herbeigeführt, zB die notwendige Sicherheit geleistet hat.

31 Der Einstellungsantrag kann den gesamten Urteilsausspruch, nur einen von mehreren titulierten Ansprüchen oder auch nur einen Teil eines einzelnen titulierten Anspruchs zum Gegenstand haben. Von Bedeutung wird dies dann, wenn das Einstellungsbegehren auf ein Verhalten des Schuldners (zB ein erstmals ausreichendes **Lizenzangebot**, das der Gläubiger nach kartellrechtlichen Vorschriften nicht ablehnen darf) gestützt ist, das lediglich in die Zukunft wirkt. Hier kommt eine Zwangsvollstreckungseinstellung für die Vergangenheit (Rechnungslegung, Schadenersatz, Vernichtung, Rückruf) nicht in Betracht, weil das Lizenzangebot die betreffenden titulierten Ansprüche nicht zu Fall bringen kann.

32 Über eine Einstellungsanordnung kann dem Urteilsausspruch überdies immer nur seine Vollstreckbarkeit genommen werden. Es ist demgegenüber nicht möglich, den Urteilstenor sachlich zu ändern, zB dadurch, dass dem Beklagten nachträglich ein in erster Instanz nicht beantragter und/oder nicht zuerkannter **Wirtschaftsprüfervorbehalt** eingeräumt wird.[55] Wegen des Vorrangs des § 718 ZPO, dessen Voraussetzungen ansonsten umgangen würden, ist ebensowenig eine **Heraufsetzung der Sicherheitsleistung** möglich.[56]

33 Ein Einstellungsantrag hat vor allem in denjenigen Fällen, in denen vor Vollstreckung eine Sicherheitsleistung zu erbringen ist (**§ 709 ZPO**), grundsätzlich wenig Aussicht auf Erfolg. Denn es wird davon ausgegangen, dass die Sicherheitsleistung die Interessen des Beklagten in ausreichendem Maße schützt und die Interessen des Schutzrechtsinhabers insoweit Vorrang genießen. Im Bereich des Patentrechts ist besondere Zurückhaltung überdies dann geboten, wenn der Unterlassungsanspruch in Rede steht und das Klagepatent zeitnah abläuft.[57] Grundsätzlich kommt eine Einstellung der Zwangsvollstreckung nur in Betracht[58], wenn entweder

---

54 OLG Karlsruhe, Beschluss v 11.5.2009 – 6 U 38/09; OLG Karlsruhe, Beschluss v 19.8.2009 – 6 U 71/08; OLG Hamburg, BeckRS 2013, 06273 – Ann Christine (LS in GRUR-RR 2013, 408).
55 OLG Düsseldorf, Beschluss v 3.2.2010 – I-2 U 97/09; OLG Düsseldorf, Beschluss v 18.12.2014 – I-2 U 62/14.
56 OLG Düsseldorf, Beschluss v 18.12.2014 – I-2 U 62/14.
57 BGH, GRUR 2000, 862 – Spannvorrichtung.
58 Das gilt auch für den Rückrufanspruch: OLG Düsseldorf, Beschluss v 2.11.2009 – I-2 U 115/09, und für den Vernichtungsanspruch: OLG Düsseldorf, Beschluss v 18.12.2014 – I-2 U 62/14.

– zum Zeitpunkt der Entscheidung über den Einstellungsantrag aufgrund einer summarischen Prüfung davon auszugehen ist, dass das vollstreckte Urteil keinen Bestand haben wird (a) oder wenn   34

– der Schuldner die Möglichkeit des Eintritts eines außergewöhnlichen, praktisch nicht wieder gut zu machenden Schadens glaubhaft machen kann, der deutlich über die allgemeinen Auswirkungen einer Vollstreckung hinausgeht[59] (b)[60] oder wenn   35

– bei der Verurteilung durch das Landgericht ein streitentscheidender Gesichtspunkt ungeprüft geblieben ist, der schwierige, nicht eindeutig zu beantwortende Rechtsfragen aufwirft, so dass zum maßgeblichen Sachverhalt eine Entscheidung, auf die bei summarischer Prüfung verwiesen werden kann, überhaupt noch nicht vorliegt (c).[61] Gleich zu behandeln ist der Fall, dass das Landgericht verurteilt hat, obwohl es bei zutreffender Ausübung seines Ermessens eine Vorabentscheidung des EuGH (Art 267 AEUV) hätte einholen müssen, oder wenn eine notwendige Sachaufklärung grob verfahrensfehlerhaft unterblieben ist (zB wenn die Verletzungsfrage ohne sachverständige Hilfe schlechterdings nicht zu beurteilen war oder eine Beweiserhebung zum Vorbenutzungsrecht nicht durchgeführt wurde).   36

Hintergrund für die besagten drei Ausnahmen ist, dass es aufgrund des Instanzenzuges systemimmanent ist, dass sich ein angefochtenes Urteil als unrichtig herausstellen kann, und dass es ebenso in der Natur der Sache liegt, dass Vollstreckungsmaßnahmen den Schuldner belasten. Beides kann deshalb keine Einstellungsanordnung tragen, weil der Gesetzgeber die Lösung des aufgezeigten Interessenkonfliktes in einer vom Gläubiger vor der Zwangsvollstreckung zu erbringenden Sicherheitsleistung gesehen hat. Nur solche Sachverhalte, die vom »Regelfall« signifikant abweichen, indem sich das Urteil schon bei bloß überschlägiger Prüfung als offensichtlich falsch erweist, oder der Schuldner mit exorbitanten Vollstreckungsnachteilen zu rechnen hat, können dementsprechend Anlass für eine Einstellung der Zwangsvollstreckung geben.   37

b) Offenkundige Unrichtigkeit

Eine Konstellation nach (a) liegt vor, wenn der Verletzungstatbestand, die Aktiv- oder Passivlegitimation ersichtlich unzutreffend bejaht worden sind oder wenn Rechtfertigungsgründe zu Lasten des Beklagten übersehen wurden. Solange die Begründungslinie des Landgerichts (einschließlich der vorgenommenen Patentauslegung) vertretbar ist,   38

---

59 OLG Düsseldorf, InstGE 9, 117 – Sicherheitsschaltgerät. Eine großzügigere Auffassung vertritt das OLG Karlsruhe (InstGE 11, 124 – UMTS-Standard): Die Zwangsvollstreckung aus einem Unterlassungsurteil wegen Verletzung eines mutmaßlich standardessentiellen Patents ist hiernach einstweilen einzustellen, wenn die Berufung des verurteilten Beklagten bei summarischer Prüfung nicht ohne Erfolgsaussicht ist und eine Abwägung der Interessen beider Parteien den Beklagten schutzwürdiger erscheinen lässt. Im Rahmen der vorzunehmenden Interessenabwägung soll dabei von Bedeutung sein, wenn die Klägerin eine bloße Patentverwertungsgesellschaft ohne eigene Vertriebsaktivitäten ist und die Vollstreckung des Unterlassungsgebotes auf Seiten des Beklagten (wegen dessen beträchtlicher inländischer Marktpräsenz) erhebliche Schäden verursachen würde, deren Kompensation im Falle einer Urteilsaufhebung nicht sichergestellt erscheint. Anderes gilt auch nach Auffassung des OLG Karlsruhe dann, wenn der verurteilte Beklagte selbst behauptet, über eine patentfreie Ausweichlösung zu verfügen, und zwar auch dann, wenn die Parteien darüber streiten, ob die Abwandlung tatsächlich außerhalb des Klagepatents liegt (OLG Karlsruhe, InstGE 13, 256 – UMTS-Standard II). Vgl dazu auch Osterrieth, GRUR 2009, 540, 543.
60 Teilweise wird, sofern kein bei bloß summarischer Prüfung offensichtlicher Rechtsfehler vorliegt, eine umfassende Interessenabwägung befürwortet mit der Folge, dass auch bei einem einfachen Rechtsanwendungsfehler, der das Urteil nur voraussichtlich falsch macht, bei überwiegenden Schutzinteressen des Beklagten eine Einstellungsanordnung für möglich gehalten wird (OLG Düsseldorf, Beschluss v 2.2.2015 – I-15 U 135/14). Das ist abzulehnen.
61 OLG Düsseldorf, InstGE 11, 164 – Prepaid-Verfahren.

liegt deshalb kein Einstellungssachverhalt vor, selbst wenn eine gegenteilige Beurteilung ebenso vertretbar und überzeugend wäre und vom Berufungsgericht später tatsächlich auch verfolgt werden sollte.[62] Eine Einstellungsanordnung ist demgegenüber angebracht, wenn sich die tragenden Erwägungen des Landgerichts als rechtsfehlerhaft erweisen, die Verurteilung jedoch auf eine alternative Begründung gestützt werden könnte, zu denen das Landgericht keine Feststellungen getroffen hat.[63] Denn für die Frage, ob das landgerichtliche Urteil offensichtlich unzutreffend ist, kann nur der Sach- und Streitstand eben dieses erstinstanzlichen Verfahrens von Belang sein.[64] Anderes gilt nur dann, wenn eine zur Fehlerhaftigkeit des angefochtenen Urteils führende Alternativbegründung klar zutage liegt[65], was insbesondere verlangt, dass die zugrundeliegenden Tatsachen unstreitig oder bereits verfahrensfehlerfrei festgestellt sind.[66]

39 Daraus folgt für den Bereich der **SEP mit FRAND-Erklärung**: Wenn der verurteilte Verletzer erstmals nach Erlass des landgerichtlichen Urteils eine Lizenzbitte äußert oder erstmals das Lizenzangebot substantiiert als ausbeuterisch angreift oder erstmals ein eigenes FRAND-Gegenangebot unterbreitet, kann dies eine Einstellungsanordnung nicht rechtfertigen. Umgekehrt wird eine Einstellungsanordnung nicht dadurch verhindert, dass der Kläger erstmals nach dem landgerichtlichen Verfahren ein zureichendes FRAND-Angebot abgibt.[67]

40 Eine **Beweisanordnung des Berufungsgerichts**, zur Verletzungsfrage ein Sachverständigengutachten einzuholen, genügt für sich genommen nicht. Anlass für eine Vollstreckungseinstellung besteht nur dann, wenn bereits das Landgericht nicht ohne sachverständige Beratung hätte entscheiden dürfen, weil angesichts der betroffenen technischen Materie und/oder angesichts des Vorbringens der Parteien irgendeine belastbare Gewissheit über die Frage der Patentbenutzung ohne sachkundige technische Beratung schlechterdings nicht gewonnen werden konnte.[68]

41 Eine vorläufige Vollstreckungseinstellung gegen Sicherheitsleistung ist des Weiteren regelmäßig geboten, wenn das **Klagepatent** nach Erlass des landgerichtlichen Urteils erstinstanzlich in vollem Umfang **vernichtet** wird.[69] Das gilt auch dann, wenn sich das Verletzungsurteil zum Zeitpunkt der erstinstanzlichen Vernichtung des Klagepatents bereits im Verfahren der Nichtzulassungsbeschwerde oder Revision befindet.[70] Anderes gilt freilich dann, wenn es im Rechtsbestandsverfahren bloß zu einer Anspruchsbeschränkung durch Aufnahme zusätzlicher Merkmale kommt und das Verletzungsurteil unangefochtene oder verfahrensfehlerfrei getroffene tatsächliche Feststellungen enthält, die eine Benutzung auch dieser weiteren Anspruchsmerkmale ergeben.[71] Eine Einstellungsanordnung ist bereits dann angezeigt, wenn die Einspruchs- oder Nichtigkeitsverhandlung vertagt wird, weil der Patentinhaber im Termin eingeschränkte Hilfsanträge vorgelegt hat und der Einsprechende bzw Nichtigkeitskläger auf diese Weise Gelegenheit erhalten

---

62 OLG Karlsruhe, Beschluss v 9.4.2015 – 6 U 168/14.
63 OLG Karlsruhe, GRUR-RR 2015, 50 – Leiterbahnstrukturen (für einen Fall, in dem die weite Patentauslegung des Landgerichts zur voraussichtlich mangelnden Rechtsbeständigkeit des Klagepatents führt).
64 Für jeden anderen Sachverhalt würden sich auch Fragen der verfahrensrechtlichen Verspätung und Präklusion stellen, die im Einstellungsverfahren nicht zu behandeln sind.
65 Offen gelassen von OLG Karlsruhe, GRUR-RR 2015, 50 – Leiterbahnstrukturen.
66 OLG Düsseldorf, Mitt 2016, 85 – Kommunikationsvorrichtungen eines Mobilfunksystems.
67 OLG Düsseldorf, Mitt 2016, 85 – Kommunikationsvorrichtungen eines Mobilfunksystems.
68 OLG Düsseldorf, Beschluss v 8.8.2016 – I-2 U 16/15.
69 BGH, GRUR 2014, 1237 – Kurznachrichten; OLG Düsseldorf, InstGE 9, 173 – Herzklappenringprothese.
70 BGH, GRUR 2014, 1237 – Kurznachrichten.
71 BGH, GRUR 2016, 1206 – Mähroboter.

soll, mit Blick auf den Hilfsantrag weiteren Stand der Technik zu recherchieren[72], sofern die im Erkenntnisverfahren angegriffene Ausführungsform von der hilfsweise eingeschränkten Anspruchsfassung unstreitig keinen Gebrauch macht.[73] Der Vertagungsbeschluss macht nämlich deutlich, dass allenfalls der Hilfsantrag als rechtsbeständig angesehen wird und mit einer Vernichtung des Klagepatents in seinem erteilten Umfang zu rechnen ist. Das gleiche gilt bei Vorliegen eines deutlichen Hinweises gemäß § 83 PatG, der eine Vernichtung des Klagepatents mit guten Gründen in Aussicht stellt.[74] Allerdings muss sich die Rechtsbestandsinstanz in seiner Beurteilung (Auslegung des Klagepatents, Würdigung des Standes der Technik etc) festgelegt haben, weswegen eine Einstellungsanordnung noch nicht dann und allein deshalb in Betracht kommt, weil das BPatG das Vorliegen eines Nichtigkeitsgrundes bloß für möglich hält, indem es zB argumentiert, der technischen Lehre des Anspruchs 1 »dürfte« es an der Neuheit oder Erfindungshöhe fehlen. Eine Rückausnahme (im Sinne des Unterbleibens einer Einstellungsanordnung trotz für den Patentinhaber negativen qualifizierten Hinweises) gilt dann, wenn die angekündigte Vernichtungsentscheidung evident unrichtig ist und deshalb der Berufungsrechtsstreit bis zum Abschluss des Rechtsbestandsverfahrens ausgesetzt wird.

Ergeht eine Einstellungsanordnung und ist **parallel** ein **Zwangsvollstreckungsverfahren** (§§ 888, 890 ZPO) anhängig, so ist die Vollziehung eines bereits ergangenen Zwangs- oder Ordnungsmittelbeschlusses mit einzustellen. 42

Allein dass der Nichtigkeitskläger später **weiteren Stand der Technik** auffindet und der angesetzte Verhandlungstermin verlegt wird, um dem Gericht und dem Nichtigkeitsbeklagten eine geordnete Vorbereitung zu ermöglichen, reicht demgegenüber noch nicht für eine Einstellungsanordnung. Vielmehr wird das Berufungsgericht die neuen Entgegenhaltungen daraufhin untersuchen, ob es nach den vom Landgericht zugrunde zu legenden Maßstäben eine Aussetzung des Verletzungsrechtsstreits veranlasst hätte. Nur wenn dies zu bejahen ist, kommt eine Einstellungsanordnung in Betracht.[75] Dieselben Grundsätze gelten, wenn sich der Beklagte auf einen erst kurz vor oder sogar nach Schluss der landgerichtlichen Schlussverhandlung gestarteten neuen Rechtsbestandsangriff stützt. Gibt es dafür, dass die Einwände nicht bereits im ersten Verfahren platziert und zur technisch sachkundigen Entscheidung gestellt worden sind, keine plausible Entschuldigung (zB weil der Beklagte den betreffenden weiteren Stand der Technik absichtlich zurückgehalten hat), ist eine Einstellung der Zwangsvollstreckung nur noch angebracht, wenn sich für das Berufungsgericht schon bei summarischer Prüfung sicher ergibt, dass das Klagepatent auf die – unentschuldigt späte – Nichtigkeitsklage fallen wird.[76] Jeder Zweifel geht hier zu Lasten des Beklagten. 43

Kommt es nach Erlass des erstinstanzlichen Verletzungsurteils zu einer **Teilvernichtung** des Klagepatents, ist zu differenzieren: Erweist sich bei summarischer Prüfung, dass die angegriffene Ausführungsform von den beschränkenden Merkmalen ebenfalls Gebrauch macht, kommt eine vollständige Vollstreckungseinstellung nicht in Betracht; sie hat lediglich in der Weise zu erfolgen, dass der vollstreckbare Urteilsausspruch an die 44

---

72 Zur Notwendigkeit der Vertagung vgl BGH, GRUR 2004, 354 – Crimpwerkzeug I.
73 OLG Düsseldorf, InstGE 9, 173 – Herzklappenringprothese.
74 OLG Karlsruhe, Beschluss v 22.2.2010 – 6 U 71/08. Eine Einstellungsanordnung in Bezug auf den Rechnungslegungsanspruch soll bereits dann möglich sein, wenn kurzfristig mit einem Hinweis nach § 83 PatG und einer mündlichen Nichtigkeitsverhandlung zu rechnen ist (OLG Karlsruhe, Beschluss v 19.8.2009 – 6 U 71/08; aA: OLG München, Beschluss v 15.3.2013 – 6 U 1165/13).
75 OLG Düsseldorf, Beschluss v 5.8.2010 – I-2 U 19/10.
76 OLG Düsseldorf, Beschluss v 4.1.2012 – I-2 U 105/11.

beschränkte Anspruchsfassung angepasst wird.[77] Erweist sich hingegen, dass eine Benutzung des teilvernichteten Anspruchs nicht gegeben ist oder bleibt die Verletzungsfrage bei summarischer Prüfung unklar, ist die Zwangsvollstreckung aus dem Verletzungsurteil insgesamt vorläufig einzustellen.[78]

c) Außergewöhnliche Nachteile

45 Die Voraussetzungen nach (b) können bejaht werden, wenn durch die Vollstreckung die Existenz des Beklagten vernichtet würde. Nicht ausreichend ist demgegenüber die Behauptung von Nachteilen, die nicht unersetzlich sind, weil sie der Beklagte selbst abwenden kann, zB deshalb, weil ihm im Urteil die Befugnis eingeräumt worden ist, die Zwangsvollstreckung gegen Sicherheitsleistung abzuwenden, und keine Anhaltspunkte dafür vorliegen, dass der Kläger die Abwendungsbefugnis durch eine eigene Sicherheitsleistung gegenstandslos machen wird.[79] Unzureichend ist gleichfalls der Vortrag einer erheblichen Umsatzeinbuße und der Notwendigkeit der Streichung von Arbeitsplätzen. In jedem Fall sind von dem Beklagten sämtliche seinen Vortrag begründenden Tatsachen darzulegen, sodass er gezwungen wird, uU auch solche Interna, wie beispielsweise seine Buchführung offen zu legen, an deren Geheimhaltung er ein großes Interesse hat.

46 Speziell für die Vollstreckung des **Rechnungslegungsanspruch**s gilt im Hinblick auf die Annahme eines unwiederbringlichen Nachteils:

47 – Eine Einstellung der Zwangsvollstreckung kommt regelmäßig schon deshalb nicht in Betracht, weil mit ihr – anders als mit einer nicht bestimmungsgemäßen und/oder wettbewerbswidrigen *Verwendung* der durch die Rechnungslegung erlangten Daten – im Allgemeinen die Entstehung eines unersetzlichen Nachteils nicht verbunden ist.[80] Sie ist auch nicht deshalb geboten, weil deren Folgen selbst dann nicht zu beseitigen sind, wenn die Berufung Erfolg haben sollte. Allein der Umstand, dass die Vollstreckung das Prozessergebnis vorwegnehmen würde, ist kein unersetzlicher Nachteil.[81] Er liegt auch noch nicht allein darin, dass es sich bei den zu erteilenden Informationen um Geschäftsinterna handelt, die mit Rücksicht auf die Wettbewerbslage zwischen den Parteien an sich vor dem Kläger geheim zu halten sind.[82] Unzureichend ist gleichfalls, dass der Gläubiger die zu vollstreckenden Auskünfte im Rahmen weiterer gegen den Schuldner geführter Rechtsstreitigkeiten (zB zur Schadensberechnung) verwenden kann.[83]

48 – Jedenfalls wenn dem Schuldner ein **Wirtschaftsprüfervorbehalt** eingeräumt worden ist, scheidet, soweit dieser Vorbehalt reicht (dh in Bezug auf Namen und Anschriften der Angebotsempfänger und der nichtgewerblichen Abnehmer), ein unersetzlicher Nachteil regelmäßig aus, weil ein Bekanntwerden von besonderen Geschäftsgeheimnissen gerade nicht droht. Relevant und wirksam ist der durch den Wirtschaftsprüfervorbehalt vermittelte Schutz im Besonderen mit Blick auf bloße Angebote, weil der Verletzer ein elementares Interesse daran hat, dass die Empfänger seiner Angebote –

---

77 »Die Zwangsvollstreckung aus dem am ... verkündeten Urteil der ... Zivilkammer des Landgerichts ...wird gegen Sicherheitsleistung von ... € insoweit vorläufig eingestellt, als der Urteilsausspruch über folgenden Gegenstand hinausgeht: ... (es folgt eine Wiedergabe des beschränkten Patentanspruchs).«
78 OLG Düsseldorf, Beschluss v 13.9.2018 – I-2 U 39/17.
79 BGH, GRUR 2012, 959.
80 OLG Düsseldorf, InstGE 9, 117 – Sicherheitsschaltgerät.
81 Vgl BGH, GRUR 1979, 807 – Schlumpfserie; BGH, GRUR 1991, 159 – Zwangsvollstreckungseinstellung; BGH, NJWE-WettbR 1999, 138; BGH, Beschluss v 4.9.2014 – I ZR 30/14.
82 Vgl BGH, NJWE-WettbR 1999, 138.
83 OLG Hamburg, BeckRS 2013, 06273 – Ann Christine (LS in GRUR-RR 2013, 408).

als erst potentiell zu gewinnende Kunden – dem in einem unmittelbaren Wettbewerbsverhältnis mit ihm stehenden Gläubiger nicht namhaft gemacht werden.[84]

– Eine Einstellungsanordnung rechtfertigt sich auch nicht hinsichtlich der **Preise, Kosten** und **Gewinne**, selbst wenn der Schuldner geltend machen kann, dass es sich bei den betreffenden Angaben mit Rücksicht auf das Wettbewerbsverhältnis der Parteien sowie Besonderheiten des betroffenen Marktes um höchst sensible Daten handelt. Dass Abnehmern unterschiedliche Rabatte eingeräumt und mit Vorlieferanten besondere Einkaufskonditionen ausgehandelt werden, die dem Wettbewerber nicht bekannt sind, ist in Patentverletzungsstreitigkeiten nichts Außergewöhnliches. Ihre zwangsweise Offenlegung durch eine Vollstreckung des Urteilsausspruchs zur Rechnungslegung stellt deswegen eine übliche Folge dar, in der dementsprechend kein *außergewöhnlicher* Nachteil für die Schuldnerin gesehen werden kann. Gleiches gilt für die Kosten- und Gewinnsituation eines Unternehmens, die gemeinhin ein Betriebsgeheimnis darstellt und dem Wettbewerber vorenthalten wird. Jede Vollstreckung eines darauf gerichteten Rechnungslegungsanspruchs bewirkt – notwendiger- und eben nicht nur ausnahmsweise – einen ungewollten Transfer betriebsinterner Geschäftsdaten. Der betreffende Schuldner befindet sich infolgedessen in keiner außergewöhnlichen Situation, sondern wendet mit seinem Einstellungsantrag Beeinträchtigungen ein, die (in Bezug auf die Kosten und Gewinne) praktisch jedem Patentverletzer drohen, der im Wettbewerb zum Gläubiger steht, zumindest aber (in Bezug auf Rabatte und Einkaufskonditionen) eine Vielzahl von Verletzern treffen.[85] 49

Soweit der Schuldner reklamiert, die Daten zur Gewinnermittlung könnten allenfalls für die Vorbereitung und Durchsetzung eines etwaigen Schadensersatzanspruchs auf Herausgabe des Verletzergewinns nützlich sein, und es für unzweckmäßig hält, einen derartigen Schadensersatzhöheprozess anzustrengen, solange das Verletzungsverfahren über die Feststellung der Schadensersatzverpflichtung noch anhängig sei, liegt auch hierin kein Umstand, der die Anordnung einer einstweiligen Einstellung der Zwangsvollstreckung aus dem erstinstanzlichen Urteil rechtfertigen könnte.[86] Es mag aus prozessökonomischen Gründen im Einzelfall nicht angezeigt sein, einen Höheprozess einzuleiten, bevor die Schadensersatzverpflichtung des Schuldners rechtskräftig festgestellt ist. Der Kläger ist hieran jedoch keinesfalls gehindert. Die Rechtskraft des Patentverletzungsurteils ist keine prozessuale Voraussetzung für die nachfolgende Schadensersatzhöheklage. Es besteht ebenso wenig ein Grundsatz des Inhalts, dass der nachfolgende Schadensersatzhöheprozess bis zur Rechtskraft des klagestattgebenden Patentverletzungsurteils ausgesetzt werden muss. Die Anordnung der Aussetzung nach § 148 ZPO steht im Ermessen des Gerichts (»kann«). Maßgebend sind insoweit stets die Umstände des Einzelfalles. Es ist daher nicht ausgeschlossen, namentlich in Fällen, in denen die Sach- und Rechtslage eindeutig ist, dass bereits vor der Rechtskraft des stattgebenden Patentverletzungsurteils über die nachfolgende Schadensersatzklage entschieden wird. Im Übrigen kann es dem in erster Instanz obsiegenden Kläger nicht verwehrt werden, einen Schadensersatzanspruch bereits zeitnah nach Erlass des ihm günstigen Verletzungsurteils durch Vollstreckung des titulierten Rechnungslegungsanspruchs vorzubereiten, wenn der Schuldner die geschuldeten Angaben noch unschwer erteilen kann. Ein weiterer Grund zu schnellem Handeln kann sich daraus ergeben, dass in Bezug auf den Schuldner Liquiditätsbedenken bestehen, denen der Gläubiger mit einer zügigen gerichtlichen Verfolgung seines bezifferten Schadensersatzanspruchs begegnen können muss. Wollte man insoweit anders entscheiden, könnte der erstinstanzlich wegen Patentverletzung ua zur Rechnungslegung 50

---

84 OLG Düsseldorf, InstGE 9, 117 – Sicherheitsschaltgerät.
85 OLG Düsseldorf, InstGE 9, 117 – Sicherheitsschaltgerät.
86 OLG Düsseldorf, InstGE 9, 117 – Sicherheitsschaltgerät.

verurteilte Schuldner mit der vom Schuldner angeführten Begründung letztlich immer eine einstweilige Einstellung der Zwangsvollstreckung auf Rechnungslegung gemäß §§ 719 Abs 1, 707 ZPO erreichen, was ersichtlich unzutreffend ist. Folge wäre nämlich eine zwangsläufige Suspendierung der gesetzlichen Vollstreckbarkeit eines Teils des erstinstanzlichen Urteilsausspruchs.

51 – Die vorstehenden Regeln gelten auch in Fällen **mittelbarer Patentverletzung**, selbst wenn das rechnungslegungspflichtige Mittel schutzrechtsfrei verwendet werden kann.[87]

52 Geht es um die Vollstreckung des **Rückruf- und Vernichtungsanspruchs**, so handelt es sich bei den dadurch hervorgerufenen Beeinträchtigungen (Vertrauensverlust bei Kunden, materielle Schäden durch Vernichtungsmaßnahme) gleichfalls regelmäßig um die üblichen – und eben keine außergewöhnlichen – Folgen einer Zwangsvollstreckung.[88]

d) Verfahrensrecht

53 Bevor sich das Berufungsgericht über die Frage der Vollstreckungseinstellung ein Urteil bildet und den Antrag des Beklagten bescheidet, steht dem Vollstreckungsgläubiger schon von Verfassungs wegen ein Anspruch auf Gewährung rechtlichen Gehörs zu. Dennoch kann es unter ganz besonderen Umständen geboten sein, die Vollstreckung bis zur eigentlichen Einstellungsentscheidung einzustellen. Eine sofortige Vollstreckungseinstellung ist allerdings nicht angebracht, wenn der Beklagte bereits seit längerem von der Vollstreckungsabsichten des Gläubigers weiß, aber dennoch keinen rechtzeitigen Einstellungsantrag bei Gericht stellt, der die notwendige Gewährung rechtlichen Gehörs für den Gläubiger erlaubt hätte. Der Beklagte kann nicht durch sein Zuwarten kurzerhand eine allein auf der Grundlage seines Sachvortrages getroffene Einstellungsanordnung erzwingen.[89]

54 Die Entscheidung über den Einstellungsantrag – egal, ob ihm stattgegeben oder ob er zurückgewiesen wird – ist nicht mit der **Beschwerde** angreifbar (§ 707 Abs 2 S 2 ZPO), auch nicht mit einer außerordentlichen Beschwerde wegen greifbarer Gesetzwidrigkeit.[90] Möglich ist nur ein Abhilfeantrag nach § 321a ZPO[91] an das Ausgangsgericht. Der Streitwert für eine (unzulässige) Beschwerde entspricht regelmäßig 1/5 des Hauptsachestreitwertes der Verurteilung.[92]

55 Im Verfahren über die **Revision** oder deren **Nichtzulassung**[93] kommt eine Einstellung der Zwangsvollstreckung prinzipiell nur nach den strengen Voraussetzungen des § 719

---

87 OLG Düsseldorf, InstGE 9, 117 – Sicherheitsschaltgerät.
88 OLG Düsseldorf, Beschluss v 18.12.2014 – I-2 U 62/14.
89 OLG Düsseldorf, Beschluss v 9.7.2015 – I-2 U 25/15.
90 BGH, NJW 2002, 1577; BGH, NJW-RR 2005, 1009; KG, MDR 2008, 1356; OLG München, MDR 2011, 1321; OLG Düsseldorf, Beschluss v 11.6.2013 – I-2 W 21/13.
91 Stützt sich die Anhörungsrüge auf den Vorwurf einer Verletzung des Anspruchs auf rechtliches Gehör (§ 321a Abs 1 Nr 2 ZPO), so reicht es für eine Substantiierung der Gehörsverletzung (§ 321a Abs 2 Satz 5 ZPO) nicht aus, wenn die Rüge sich auf eine wiederholende Darstellung oder Rechtfertigung des vermeintlich übergangenen Vorbringens beschränkt. In der Anhörungsrüge muss vielmehr herausgearbeitet werden, dass in der angegriffenen Entscheidung ein Rechtsstandpunkt eingenommen wird, bei dem das als übergangen gerügte Vorbringen schlechthin nicht unberücksichtigt bleiben konnte und seine Nichtberücksichtigung sich deshalb nur damit erklären lässt, dass es vom Gericht nicht zur Kenntnis genommen worden ist (BGH, Beschluss v 23.8.2016 – VIII ZR 79/15). Ist eine Anhörungsrüge zurückgewiesen worden, so ist gegen diese Entscheidung keine weitere Anhörungsrüge und auch keine Gegenvorstellung statthaft (KG, MDR 2017, 1262).
92 OLG Düsseldorf, Beschluss v 6.6.2011 – I-2 W 19/11; OLG Düsseldorf, Beschluss v 11.6.2013 – I-2 W 21/13.
93 Vgl § 544 Abs 5 Satz 2 ZPO; dazu BGH, GRUR 2018, 655 – Postversandkosten.

Abs 2 ZPO in Betracht, dh dann, wenn dem Schuldner ein nicht zu ersetzender Nachteil droht und keine überwiegenden Vollstreckungsinteressen des Gläubigers entgegenstehen. Dass die Vollstreckung das noch nicht rechtskräftige Prozessergebnis vorwegnehmen würde, reicht dafür nicht aus; vielmehr bedarf es der Glaubhaftmachung von Einbußen, die über das übliche Maß hinausgehen.[94] Eine Einstellungsanordnung hat überdies nach der ständigen Spruchpraxis des BGH zu unterbleiben, wenn der Antragsteller es versäumt hat, im Berufungsrechtszug einen begründeten Vollstreckungsschutzantrag nach § 712 ZPO zu stellen, obwohl ihm ein solcher Antrag möglich und zumutbar gewesen wäre.[95] Ein Antrag auf einstweilige Einstellung der Zwangsvollstreckung aus dem landgerichtlichen Urteil (§§ 719 Abs 1, 707 ZPO) genügt nicht.[96] Die Erforderlichkeit eines in der Vorinstanz gestellten Vollstreckungsschutzantrages soll auch dann gelten, wenn der Einstellungsgrund darin liegt, dass erst nach Erlass des Berufungsurteils im Verletzungsprozess das Klagepatent erstinstanzlich vernichtet wird.[97] Der BGH[98] lässt jedoch in entsprechender Anwendung von §§ 719 **Abs 1**, 707 ZPO eine Vollstreckungseinstellung gegen Sicherheitsleistung des verurteilten Verletzungsbeklagten auch im Nichtzulassungsbeschwerde- und Revisionsverfahren zu und fordert sie für den Regelfall, wenn und sobald das Klagepatent erstinstanzlich – nicht evident zu Unrecht – für nichtig erklärt oder widerrufen worden ist.

Eine Vollstreckungseinstellung scheidet – jenseits der Vernichtungssachverhalte – aus, wenn die Revision oder die Nichtzulassungsbeschwerde keine **Aussicht auf Erfolg** hat.[99] Die Erfolglosigkeit kann sich auch daraus ergeben, dass die Beschwer nach § 26 Nr 8 EGZPO nicht erreicht wird. 56

Ob die Einstellung ohne oder gegen **Sicherheitsleistung** erfolgt, beurteilt sich auch im Revisionsverfahren nach § 707 ZPO[100], weswegen von der Anordnung einer Sicherheitsleistung nur abgesehen werden kann, wenn der Schuldner zu ihr nicht in der Lage ist. 57

3. Vollstreckungsschutz[101]

Für den Fall einer Verurteilung kann der Beklagte das Gericht darum ersuchen, ihm zu gestatten, eine etwaige Zwangsvollstreckung aus dem (erst- oder zweitinstanzlichen) Urteil durch Sicherheitsleistung abwenden zu dürfen. Der betreffende Antrag muss in der jeweiligen Instanz vor Schluss der mündlichen Verhandlung gestellt werden (§ 714 Abs 1 ZPO); seine tatsächlichen Voraussetzungen sind im Sinne von § 294 ZPO glaubhaft zu machen (§ 714 Abs 2 ZPO). 58

Welche dies sind, bestimmt § 712 Abs 1 ZPO: Die Vollstreckung des Urteils muss dem Schuldner einen nicht zu ersetzenden Nachteil bringen. 59

---

94 BGH, GRUR 2018, 655 – Postversandkosten.
95 BGH, NJW-RR 2006, 1088; BGH, NJW-RR 2008, 1038; BGH, MDR 2012, 671. An der Zumutbarkeit fehlt es, wenn das Berufungsgericht zu Unrecht davon ausgegangen ist, dass sein Urteil keinem Rechtsmittel mehr unterliegt und der Unterlegene sich darauf verlassen durfte (Bsp: Anordnung nach § 713 ZPO), BGH, MDR 2017, 50.
96 BGH, MDR 2012, 671.
97 BGH, GRUR 2014, 1028 – Nicht zu ersetzender Nachteil.
98 BGH, GRUR 2014, 1237 – Kurznachrichten.
99 BGH, WuM 2005, 735, 736; BGH, NJW-RR 2008, 1038; BGH, GRUR 2018, 655 – Postversandkosten.
100 BGH, NJW 2010, 1081.
101 Voß, FS 80 Jahre Patentgerichtsbarkeit Düsseldorf, 2016, S 573.

60 – Denkbar ist solches von vornherein nicht in Bezug auf den **Feststellungsausspruch** (Entschädigung, Schadenersatz, Bereicherungsausgleich), weil dieser keinen vollstreckungsfähigen Inhalt hat.

61 – Hinsichtlich des **Rechnungslegungsanspruchs** könnte ein unersetzlicher Nachteil zwar aus dem Bekanntwerden von Geschäftsgeheimnissen resultieren, bei Einräumung eines Wirtschaftsprüfervorbehaltes wird diese Gefahr jedoch verneint.[102]

62 – Für den Fall einer Vollstreckung aus der **Kostengrundentscheidung** ist der Beklagte durch § 717 Abs 3 Satz 2 ZPO ausreichend geschützt.[103]

63 – Im Hinblick auf den **Unterlassungsanspruch** reicht die Einstellung von Produktion und Vertrieb der angegriffenen Ausführungsform nicht, weil es sich insoweit um die normale Folge einer Unterlassungsvollstreckung handelt.[104] Der damit verbundene Verlust von Arbeitsplätzen ist als Drittinteresse gleichfalls unbeachtlich.[105] Das gilt erst recht, wenn der Schuldner eine zeitnah realisierbare Umgehungslösung zur Verfügung hat, mit der er seinen Marktauftritt wenigstens in einem nennenswerten Umfang fortsetzen kann. Relevant kann demgegenüber die aus der Unterlassungsvollstreckung folgende Insolvenz der Schuldnerin sein; allerdings muss der betreffende Gefahrentatbestand, der nicht nur möglich, sondern unmittelbar greifbar sein muss, substantiiert dargelegt werden.[106]

64 Kein Grund für eine Zurückweisung des Einstellungsantrages ist die Möglichkeit, im Nichtzulassungs- oder Revisionsverfahren beim BGH um eine Einstellung der Zwangsvollstreckung nach §§ 707, 719 ZPO nachzusuchen.[107]

65 Demgegenüber ist in der Instanzrechtsprechung umstritten, ob ein in erster Instanz unterlassener Vollstreckungsschutzantrag nach § 712 ZPO im Berufungsrechtszug nachgeholt werden kann.[108]

4. Abänderung der Sicherheitsleistung

66 Ist die Sicherheitsleistung im landgerichtlichen Verfahren zu gering festgesetzt worden, kann der Beklagte im Berufungsrechtszug – auch wenn er selbst nicht Rechtsmittelführer ist – eine Erhöhung der Vollstreckungssicherheit beantragen. § 718 ZPO sieht hierfür eine abgesonderte Verhandlung[109] und eine Entscheidung durch nicht anfechtbares (§ 718 Abs 2 ZPO) Teilurteil (ohne Kostenentscheidung) vor. Dessen Ausspruch zur Sicherheitsleistung ist auch ohne besonderen Ausspruch auflösend durch das spätere Hauptsacheerkenntnis des Berufungsgerichts bedingt.

67 Dem Antrag nach § 718 ZPO – egal, ob er vom Rechtsmittelführer oder vom Rechtsmittelgegner gestellt wird – fehlt das **Rechtsschutzbedürfnis**, sobald und solange die Zwangsvollstreckung aus dem landgerichtlichen Urteil gemäß §§ 719, 707 ZPO eingestellt ist.[110] Es kann allerdings wieder aufleben, wenn die Einstellungsanordnung nur gegen Sicherheitsleistung des Beklagten erfolgt ist und dieser die Sicherheit nicht leistet.

---

102 OLG Düsseldorf, InstGE 8, 117 – Fahrbare Betonpumpe.
103 OLG Düsseldorf, InstGE 8, 117 – Fahrbare Betonpumpe.
104 OLG Düsseldorf, InstGE 8, 117 – Fahrbare Betonpumpe.
105 OLG Düsseldorf, InstGE 8, 117 – Fahrbare Betonpumpe.
106 OLG Düsseldorf, InstGE 8, 117 – Fahrbare Betonpumpe.
107 BGH, NJW-RR 2008, 1038.
108 Zum Streitstand vgl OLG Frankfurt/Main, MDR 2009, 229.
109 Mit Zustimmung beider Parteien kann nach Ermessen des Gerichts das schriftliche Verfahren angeordnet werden (§ 128 Abs 2 ZPO).
110 AA: OLG Karlsruhe, Urteil v 10.5.2017 – 6 U 169/16.

In einem solchen Fall kann der Kläger die Zwangsvollstreckung gegen die vom Landgericht festgesetzte Sicherheit fortsetzen, womit von Interesse wird, ob der im erstinstanzlichen Urteil ausgewiesene Sicherheitsbetrag angemessen ist.[111]

Kein Bedürfnis für ein Verfahren nach § 718 ZPO besteht ferner dann, wenn die Zwangsvollstreckung in dem Zeitpunkt, zu dem über den Antrag zu entscheiden ist, bereits vollständig beendet ist[112] oder aufgrund einer verbindlichen Zusage des Gläubigers überhaupt nicht droht. Demgegenüber ist nicht erforderlich, dass mit Vollstreckungsmaßnahmen bereits begonnen wurde; sie müssen dem Gläubiger nur möglich sein. 68

Im Verfahren nach § 718 ZPO sind einige **Restriktionen** zu beachten: 69

– § 718 ZPO verfolgt den Zweck, eine vorinstanzlich fehlerhafte Entscheidung zur vorläufigen Vollstreckbarkeit vor einer zweitinstanzlichen Sachentscheidung zu korrigieren. Einer von Anfang an bestehenden Unrichtigkeit steht dabei der Fall gleich, dass die landgerichtliche Vollstreckbarkeitsentscheidung aufgrund nachträglicher, erst im Anschluss an den Schluss der erstinstanzlichen Verhandlung eingetretener Umstände unzutreffend geworden ist.[113] Ein darüber hinausgehender Anwendungsbereich kommt der Vorschrift des § 718 ZPO demgegenüber grundsätzlich nicht zu. Sie gestattet es einer Partei insbesondere nicht, erstmals im Berufungsrechtszug einen *streitigen* Sachverhalt vorzutragen, der bereits dem Landgericht hätte unterbreitet werden können, und gestützt hierauf eine Erhöhung oder Ermäßigung der festgesetzten Sicherheitsleistung zu verlangen.[114] Unstreitiges ist hingegen – wie immer im Berufungsverfahren – zu berücksichtigen, wobei es für die Differenzierung zwischen »streitig« und »unstreitig« nicht auf das exakte Zahlenmaterial ankommt, wenn unbestreitbar oder gerichtsbekannt ist, dass jedenfalls Vollstreckungsschäden in einer bestimmten Größenordnung drohen, die ersichtlich außer Verhältnis zur angeordneten Sicherheitsleistung stehen. 70

– Im Vorabentscheidungsverfahren nach § 718 verbietet sich jede Prognose über die Erfolgsaussichten der Berufung.[115] 71

Für die Berechnung des durch die Sicherheitsleistung abzudeckenden Vollstreckungsschadens[116] ist deshalb zu unterstellen, dass der vollstreckbare erstinstanzliche Urteilsausspruch zutrifft.[117] Solange nicht tatsächlich eine Beweiserhebung angeordnet oder eine Aussetzung des Verletzungsrechtsstreits beschlossen ist, kann ein Vollstreckungsschaden nicht mit der Erwägung begründet werden, das Berufungsgericht werde – anders als das LG – ein Sachverständigengutachten einzuholen und/oder das Verfahren auszusetzen haben.[118] Berechnungsrelevant ist vielmehr nur der **Zeitraum bis zur Berufungsverhandlung** zuzüglich einer üblichen Spruchfrist (von 3 bis 4 Wochen), weil zunächst davon auszugehen ist, dass es im Anschluss an die Berufungsverhandlung zu einer Endentscheidung kommt, so dass von da an etwaige Voll- 72

---

111 OLG Düsseldorf, Urteil v 5.7.2012 – I-2 U 127/10.
112 OLG Karlsruhe, Urteil v 10.5.2017 – 6 U 169/16.
113 OLG Düsseldorf, InstGE 9, 47 – Zahnimplantat; OLG Hamm, OLG-Report 1995, 264; OLG Koblenz, RPfl 2004, 509.
114 OLG Düsseldorf, InstGE 9, 47 – Zahnimplantat; OLG Karlsruhe, Mitt 2018, 294 – Präklusion neuen Sachvortrags bei Antrag auf Erhöhung der Sicherheitsleistung; aA: OLG Köln, GRUR 2000, 253 – Anhebung der Sicherheitsleistung.
115 KG, MDR 2009, 165.
116 Maßgeblich ist nicht der infolge der Vertriebseinstellung entgehende Umsatz, sondern der infolgedessen entgehende Gewinn (OLG Düsseldorf, GRUR-RR 2012, 304 – Höhe des Vollstreckungsschadens).
117 OLG Düsseldorf, InstGE 9, 47 – Zahnimplantat.
118 OLG Düsseldorf, InstGE 9, 47 – Zahnimplantat.

streckungsmaßnahmen nicht mehr auf der Vollstreckbarkeitserklärung im landgerichtlichen Urteil beruhen. Verzögert sich das Berufungsverfahren später erwartungswidrig in einer solchen Weise, dass die vom Landgericht festgesetzte oder die nach § 718 ZPO anderweitig bestimmte Sicherheit nicht mehr ausreicht, kann mit einem ersten/abermaligen Antrag eine (ggf weitere) Erhöhung der Vollstreckungssicherheit entsprechend der jetzt gültigen Prognose zur Dauer des Berufungsverfahrens begehrt werden.

73 Außer Betracht zu bleiben hat ferner derjenige Zeitraum, während dessen der Kläger tatsächlich keine Vollstreckungsmaßnahmen betrieben hat und der Beklagte infolge dessen – trotz des vorläufig vollstreckbaren Urteils – ungehindert am Markt tätig war.[119]

74 – Zur **Berechnung des** aus einer befolgten Unterlassungsanordnung drohenden **Vollstreckungsschadens** ist nicht der bereits entgangene und künftig mutmaßlich noch entgehende *Umsatz* maßgeblich, weil der Schuldner im Falle einer dem Unterlassungsgebot genügenden Marktabstinenz zugleich auch die Kosten für Herstellung und Vertrieb der Verletzungsprodukte einspart. Es kommt deswegen auf den infolge der Unterlassung entgehenden **Gewinn** an, wobei gleichgültig ist, ob dieser innerhalb eines Konzerns auch steuerrechtlich beim Vollstreckungsschuldner verbleibt. Berücksichtigungsfähig ist ein dem Schuldner drohender Vermögensnachteil vielmehr auch dann, wenn seine Gewinne (zB aufgrund eines Gewinnabführungsvertrages oder dergleichen) zu einem anderen Tochter- oder Schwesterunternehmen verschoben werden.

75 Soweit eine **Umgehungslösung** nach dem unstreitigen oder zu Tage liegenden Sachverhalt objektiv möglich und dem konkreten Schuldner nach den bei ihm gegebenen Möglichkeiten unter dem Gesichtspunkt der Pflicht zur Schadensminderung auch abzuverlangen ist, hat für die Gewinnberechnung nur derjenige Zeitraum Bedeutung, der – allerdings *großzügig* kalkuliert – erforderlich ist, um die Umgehung bis zur Marktreife zu entwickeln und ggf bei den Kunden einzuführen.[120] Denn der durch die Sicherheitsleistung abzudeckende Vollstreckungsschaden ist derjenige, der nach Maßgabe der einschlägigen Haftungsnormen (namentlich § 717 ZPO) ersatzfähig wäre, wenn das vollstreckbare Urteil im weiteren Instanzenzug keinen Bestand hat, und das sind nur solche Schäden, die ohne Verstoß gegen die Obliegenheit des Schuldners zur Abwendung/Minimierung des Schadens (§ 254 Abs 2 BGB) eingetreten sind. In prozessualer Hinsicht ist allerdings zu beachten, dass das Verfahren zur Bestimmung der Vollstreckungssicherheit nicht dazu da ist, die Haftungsfrage einschließlich eines etwaigen Mitverschuldens des Vollstreckungsschuldners im Detail und abschließend zu beleuchten. Da es nur um die Ermittlung einer mutmaßlich ausreichenden Zugriffsmasse für den Fall eines ersatzfähigen Vollstreckungsschadens geht, sind nur solche Minderungs- und Abwendungssachverhalte beachtlich, die im Verfahren nach § 718 ZPO hinreichend liquide sind, wobei die Darlegungslast auf Seiten des Vollstreckungsgläubigers liegt, dem der Mitverschuldenseinwand wegen der mit ihm verbundenen Herabsetzung der an sich geschuldeten vollen Schadenersatzsumme zugute kommt.

76 Demgegenüber kann ein Vollstreckungsschaden nicht mit dem Hinweis darauf verneint werden, der Schuldner sei für sein Produkt **auf eine Benutzung des** dem Titel zugrunde liegenden **Klagepatents** überhaupt **nicht angewiesen**, weshalb er auf eine solche Benutzung schlicht verzichten könne, womit wiederum aus einer Vollstreckungsmaßnahme keinerlei Gewinneinbußen drohten. Eine solche Argumentation

---

119 OLG Düsseldorf, InstGE 9, 47 – Zahnimplantat.
120 Hinzu kommen ggf Kosten für die Entwicklung und Markteinführung der Umgehungslösung.

liefe auf das Ansinnen an den Schuldner hinaus, jeden Vollstreckungsanlass zu unterlassen. Das widerspricht jedoch schon im Ansatz dem Gedanken der Vollstreckungssicherheit, der gerade auf der Überlegung beruht, dass es zu einer Vollstreckung des erstrittenen Urteils kommt und dass der vollstreckende Gläubiger für den Fall, dass der Titel später zu seinem Nachteil abgeändert wird, für die durch die unternommene Vollstreckung verursachten Schäden eine Haftungssumme als Zugriffsobjekt für den geschädigten Schuldner bereitzustellen hat.

Praxistipp	Formulierungsbeispiel	77
Da die Sicherheitsleistung im Allgemeinen dem Streitwert entspricht, hat eine Erhöhung der ersteren im Zweifel auch eine Heraufsetzung des Streitwertes – und zwar für die I. und die II. Instanz – zur Folge, was bei einem Antrag nach § 718 ZPO bedacht werden sollte. Dass der Streitwert angehoben wird, ist selbst dann höchstwahrscheinlich, wenn der Antrag nach § 718 ZPO erfolglos bleibt. Denn während es für die Vollstreckungssicherheit nur auf den mutmaßlichen Vollstreckungsschaden im kurzen Zeitraum bis zur Berufungsverhandlung und der sich daran anschließenden Verkündung der Berufungsentscheidung ankommt, weil mit ihr eine eigene, neue Vollstreckungsgrundlage geschaffen wird, und darüber hinaus nicht vollstreckbare Teile des Urteilsausspruchs (wie der Feststellungstenor) außer Betracht zu bleiben haben, fallen für die Streitwertbemessung sämtliche Klageansprüche und der gesamte Zeitraum bis zum regulären Ende der Patentlaufzeit ins Gewicht.[121]		

Der **Tenor** eines dem Antrag nach § 718 ZPO **stattgebenden Teilurteils** lautet beispielsweise: 78

1. Wenn der Rechtsmittelführer den Antrag nach § 718 ZPO gestellt hat: 79

Praxistipp	Formulierungsbeispiel	80
Auf die Berufung des Beklagten wird das am ... verkündete Urteil der ... Zivilkammer des Landgerichts Düsseldorf (AZ: ...) im Ausspruch über die vorläufige Vollstreckbarkeit dahingehend abgeändert, dass die von der Klägerin zu erbringende Sicherheit ... € beträgt.		

2. Wenn der Antragsteller nicht der Rechtsmittelführer ist: 81

Praxistipp	Formulierungsbeispiel	82
Auf den Antrag der Klägerin/Beklagten wird das am ... verkündete Urteil der ... Zivilkammer des Landgerichts Düsseldorf (AZ: ...) im Ausspruch über die vorläufige Vollstreckbarkeit dahingehend abgeändert, dass die von der Klägerin zu erbringende Sicherheit ... € beträgt.		

---

121 OLG Düsseldorf, GRUR-RR 2012, 304 – Höhe des Vollstreckungsschadens; OLG Düsseldorf, Urteil v 8.3.2012 – I-2 U 65/11.

83 Bleibt der **Antrag** nach § 718 ZPO **erfolglos**, lautet der **Tenor** wie folgt:

84 1. Wenn der Antragsteller der Rechtsmittelführer ist:

85 | Praxistipp | Formulierungsbeispiel |

> Die Berufung gegen das am ... verkündete Urteil der ... Zivilkammer des Landgerichts Düsseldorf (AZ: ...) wird, soweit sie den Ausspruch zur vorläufigen Vollstreckbarkeit betrifft, zurückgewiesen.[122]

86 2. Wenn der Antragsteller nicht der Rechtsmittelführer ist:

87 | Praxistipp | Formulierungsbeispiel |

> Der Antrag der ... vom ..., die im Urteil der ... Zivilkammer des Landgerichts Düsseldorf vom ... angeordnete Vollstreckungssicherheit auf ... € festzusetzen, wird zurückgewiesen.

88 Wurde die Entscheidung über die vorläufige Vollstreckbarkeit im landgerichtlichen Urteil übergangen, stehen zwei Rechtsbehelfe zur Verfügung: Zunächst kann gemäß § 716 ZPO innerhalb einer Notfrist von 2 Wochen seit Zustellung des unvollständigen Urteils um eine Urteilsergänzung nachgesucht werden; weil die Unvollständigkeit zu einer sachlichen Unrichtigkeit des landgerichtlichen Urteils in Bezug auf den Ausspruch zur vorläufigen Vollstreckbarkeit führt, kann außerhalb der Zwei-Wochen-Frist nach § 718 ZPO vorgegangen werden.[123] Die Vorschrift ist selbstverständlich auch einschlägig, wenn geltend gemacht werden soll, dass die gemäß § 716 ZPO nachgeholte Vollstreckbarkeitsentscheidung des Landgerichts unrichtig sei.

5. Rückgabe der Sicherheit

89 Im Nachhinein kann der Anlass für die geleistete Sicherheit wegfallen (zB dadurch, dass das ihrer Anordnung zugrundeliegende Urteil aufgehoben wird). Für diesen Fall sieht § 109 ZPO ein vereinfachtes, antragsgebundenes[124] Verfahren zur Rückgabe der – jetzt nicht mehr benötigten – Sicherheit vor. Das Prozedere vor dem die Sicherheitsleistung anordnenden und deshalb auch für dessen Rückgabe zuständigen Gericht ist **zweistufig**:

90 – Als erstes wird dem aus der Sicherheitsleistung Berechtigten auf Antrag eine Frist gesetzt, innerhalb derer er zugunsten des Sicherungsgebers entweder in die Rückgabe der Sicherheit an ihn einwilligen oder aber Klage wegen der abgesicherten Ansprüche erheben muss.

91 – Nach fruchtlosem Ablauf dieser Frist »hat« das Gericht – wiederum auf Antrag des Sicherungsgebers – die Rückgabe der Sicherheit anzuordnen, sofern die Klageerhebung nicht spätestens bis zum Rückgabeausspruch nachgewiesen wird. Trotz des Wortlauts – »*hat ... anzuordnen*« – geht die herrschende Meinung dahin, dass das

---

122 OLG Düsseldorf, GRUR-RR 2012, 304 – Höhe des Vollstreckungsschadens.
123 OLG München, Urteil v 16.2.2012 – 6 U 4418/11.
124 Antragsberechtigt ist ausschließlich diejenige Partei, die die Sicherheit geleistet hat, aber nicht derjenige, zu dessen Gunsten die Sicherheit geleistet wurde (OLG Brandenburg, MDR 2016, 114).

Gericht vor einer Rückgabeanordnung den Wegfall des Anlasses für die Sicherheitsleistung erneut eigenständig zu prüfen hat. Es kann deshalb den Rückgabeantrag selbst nach bestandskräftiger Fristsetzung mit dem Argument zurückweisen, dass eine Frist überhaupt nicht hätte gesetzt werden dürfen, weil ein Anlasswegfall nicht gegeben ist.[125]

Wenn der Kläger gemäß § 709 ZPO Sicherheit geleistet hat, um die Vollstreckungsvoraussetzungen aus dem landgerichtlichen Urteil herbeizuführen, und anschließend der Beklagte Sicherheit leistet, um die Bedingung eines zu seinen Gunsten ergangenen **Einstellungsbeschlusses**[126] zu erfüllen, stellt sich die Frage, ob die klägerseits erbrachte Vollstreckungssicherheit gemäß **§ 109 ZPO** zurückgefordert werden kann, weil der Anlass für ihre Erbringung weggefallen ist. Würde dies angenommen und die Klägersicherheit zurückgegeben, könnte infolgedessen auch der Anlass für die Abwehrsicherheit des Beklagten entfallen, womit auch diese Sicherheit zurückzugeben wäre. Nach richtiger Ansicht greift § 109 ZPO in der vorgenannten Konstellation indessen nicht ein, weil die Abwendungssicherheitsleistung des Schuldners den Anlass für die Vollstreckungssicherheit des Gläubigers nicht beseitigt.[127] Letztere sichert nämlich auch den möglichen Schaden ab, der dem Schuldner dadurch entsteht, dass er die Abwehrsicherheit (wegen des endgültigen Ausgangs des Rechtsstreits letztlich zu Unrecht) erbracht hat. Solange die Vollstreckungssicherheit nicht zurückgefordert werden kann, muss aber auch die Abwendungssicherheit geleistet bleiben, um die Urteilsvollstreckung weiterhin zu unterbinden. Im Ergebnis können damit die Sicherheiten beider Parteien nicht zurückgefordert werden und kann das landgerichtliche Urteil vom Kläger dennoch nicht vollstreckt werden. 92

In Betracht kommt lediglich eine **analoge Anwendung** des § 109 ZPO, die darauf beruht, dass die Erbringung der Abwendungssicherheit dazu führt, dass die vom Gläubiger geleistete Vollstreckungssicherheit zu einer unzumutbaren[128] Übersicherung des Vollstreckungsschuldners führt, weswegen die Vollstreckungssicherheit auf einen angemessenen Betrag zu reduzieren ist, der neben den Kosten für die Sicherheitsleistung (Avalzinsen, Kreditzinsen für die Beschaffung der Abwendungssicherheit einschließlich Rechtsverfolgungskosten[129]) bis zum mutmaßlichen Abschluss des Berufungsverfahrens üblicherweise nur noch bereits angefallene Kosten für vor der Einstellungsanordnung durchgeführte Vollstreckungsmaßnahmen zu berücksichtigen hat.[130] Sollte die Einstellungsanordnung später aufgehoben werden, hat der Gläubiger, wenn er die Zwangsvollstreckung betreiben will, seine Sicherheitsleistung wieder auf den vollen Betrag aufzustocken.[131] 93

Ob ein **Erstattungsanspruch** für die Kosten zur Beschaffung der Abwendungssicherheit **materiell-rechtlich besteht** (zB nach § 717 Abs 2 ZPO), ist im Rückgabeverfahren nach § 109 ZPO nicht zu prüfen.[132] Eine Rückgabe der Vollstreckungssicherheit kommt des- 94

---

125 Vgl OLG Düsseldorf, Beschluss v 10.3.2014 – I-2 W 7/14.
126 Grund kann typischerweise die erstinstanzliche Vernichtung des Klagepatents sein.
127 Zöller, § 109 ZPO Rn 3; aA: OLG Hamm, MDR 2013, 935 (analoge Anwendung des § 109 ZPO wegen Übersicherung, die dadurch eintritt, dass die Klägersicherheit nur noch die Kosten der Sicherheitsleistung zur Vollstreckungsabwendung – zB durch Bankbürgschaft = Avalzinsen – abdecken muss, der Sicherheitsbetrag des Klägers darüber aber weit hinausgehen wird).
128 Davon kann regelmäßig keine Rede sein, wenn der Sicherheitsbetrag die vom Vollstreckungsschuldner geltend gemachten Ansprüche, für welche die Sicherheitsleistung haftet, um weniger als 20 % überschreitet (OLG Düsseldorf, Beschluss v 10.2.2014 – I-2 W 2/14).
129 OLG Düsseldorf, Beschluss v 10.2.2014 – I-2 W 2/14.
130 OLG Hamm, MDR 2013, 935.
131 OLG Hamm, MDR 2013, 935.
132 OLG Düsseldorf, Beschluss v 10.2.2014 – I-2 W 2/14.

halb in Höhe der anderweitig eingeklagten Beibringungskosten für die Abwehrsicherheit auch dann nicht in Betracht, wenn die Verletzungsklage nach Vernichtung des Klagepatents mit Zustimmung des Beklagten zurückgenommen wurde und deswegen ein Ersatzanspruch des Beklagten gemäß § 717 Abs 2 ZPO aus Rechtsgründen ausscheidet.[133]

95 Der »Erhebung einer Klage« wegen der abgesicherten Ansprüche steht ein **Mahnbescheidsantrag** gleich, weil auch mit ihm ein gerichtliches Verfahren in Gang gesetzt wird, das geeignet ist, das Bestehen von Ansprüchen zu klären, derentwegen die zurückgeforderte Sicherheit geleistet worden ist. Ein Mahnbescheidverfahren genügt selbst dann, wenn der Antragsteller nach erfolgtem Widerspruch durch den Sicherungsgeber den angeforderten Gerichtskostenvorschuss nicht zahlt und deshalb kein Übergang in das streitige gerichtliche Verfahren stattfindet. Denn auch der Sicherungsgeber hat – und zwar ohne Kostenvorschusspflicht – die Möglichkeit, von sich aus den Übergang in das streitige Verfahren zu beantragen.[134]

96 Ist das Verletzungsurteil gegen **mehrere Streitgenossen** ergangen, so dass die zurückgeforderte Vollstreckungssicherheit sich auf die zuerkannten Ansprüche gegen mehrere Parteien bezieht, kommt eine Anordnung nach § 109 ZPO gegen eine dieser Parteien auch dann nicht in Betracht, wenn die betreffende Partei selbst keine zu sichernden Erstattungsansprüche für sich reklamieren kann, solange solche Ansprüche (zB zur Beibringung der Abwendungssicherheit) nur von einem der anderen sicherungsberechtigten Streitgenossen geltend gemacht und verfolgt werden.[135]

97 Der **Gegenstandswert** für ein Verfahren nach § 109 ZPO entspricht dem Betrag der Sicherheit, deren Freigabe verlangt wird.[136]

II. Ordnungsmittelverfahren

1. Voraussetzungen und Verfahrensfragen

98 Handelt der Schuldner der im Urteil ausgesprochenen Unterlassungspflicht[137] *schuldhaft* zuwider[138], kann gegen ihn auf Antrag des Gläubigers ein Ordnungsgeld oder Ordnungshaft festgesetzt werden, sofern dessen Verhängung zuvor angedroht worden ist (§ 890 Abs 2 ZPO). Das Antragsrecht für die Androhung steht allein dem Kläger/Gläubiger, aber nicht dem Beklagten/Schuldner zu.[139]

99 Üblicherweise geschieht dies bereits in der Urteilsformel, ansonsten nachträglich durch besonderen Beschluss. Die Androhung kann jedenfalls nur durch einen Richter erfolgen und deswegen nicht wirksam in einen **Vergleich** aufgenommen werden, und zwar auch dann nicht, wenn dessen Zustandekommen und Inhalt gemäß § 278 Abs 6 ZPO gerichtlich festgestellt worden ist.[140] Allerdings bildet der eine Unterlassungspflicht beinhaltende Prozessvergleich einen vollwertigen Vollstreckungstitel (§ 794 Abs 1 Nr 1 ZPO),

---

133 OLG Düsseldorf, Beschluss v 10.2.2014 – I-2 W 2/14.
134 OLG Düsseldorf, Beschluss v 10.3.2014 – I-2 W 7/14.
135 OLG Düsseldorf, Beschluss v 10.2.2014 – I-2 W 2/14.
136 OLG Düsseldorf, Beschluss v 10.2.2014 – I-2 W 2/14.
137 Zur Abgrenzung von Dauerverpflichtungen zur Vornahme einer Handlung vgl OLG Schleswig, MDR 2011, 1204.
138 Die bloße Entgegennahme einer Bestellung für ein patentverletzendes Erzeugnis stellt noch keine Zuwiderhandlung gegen das Unterlassungsgebot dar (LG Düsseldorf, InstGE 1, 250 – Massenspektrometer).
139 BGH, GRUR 2018, 973 – Ordnungsmittelandrohung durch Schuldner.
140 BGH, GRUR 2012, 957 – Vergleichsschluss im schriftlichen Verfahren; OLG Hamburg, MDR 2014, 1049.

so dass Ordnungsmittel im Anschluss an dessen Zustandekommen durch Beschluss angedroht werden können, womit jede sich an die Androhung *anschließende* Zuwiderhandlung gegen die im Vergleich titulierte Unterlassungspflicht die Verhängung von Ordnungsmitteln rechtfertigt.[141] Das gleiche gilt für einen Anwaltsvergleich, in dem sich der Schuldner »*bei Meidung der (näher bezeichneten) gesetzlichen Ordnungsmittel verpflichtet hat, ein bestimmtes Verhalten zu unterlassen*«, sofern der Anwaltsvergleich den Anforderungen des § 796a ZPO (Unterwerfung des Schuldners unter die sofortige Zwangsvollstreckung, Hinterlegung des Vergleichs beim Amtsgericht) genügt.[142] Liegt die Unterlassungsverpflichtung nicht in der Form eines vollstreckbaren Titels (Prozessvergleich, Anwaltsvergleich), sondern bloß als einfache Erklärung vor, kann aus ihr keine Zwangsvollstreckung betrieben werden; die Erklärung vermittelt dem annehmenden Gläubiger lediglich einen schuldrechtlichen Anspruch, der gerichtlich eingeklagt werden muss.[143]

Für die Übergangszeit (Zuwiderhandlungen zwischen dem Vergleichsabschluss und der nachträglichen Ordnungsmittelandrohung) ist es Sache der Vergleichsparteien, eine Rechtsschutzlücke durch die Vereinbarung einer Vertragsstrafe zu vermeiden.[144] Eine nachträgliche Ordnungsmittelandrohung kommt ausnahmsweise nicht in Betracht, wenn die Auslegung des Vergleichs (§§ 133, 157 BGB) den übereinstimmenden Willen der Parteien ergibt, dass der Weg einer unmittelbaren Vollstreckbarkeit des abgeschlossenen Vergleichs gerade nicht eingeschlagen werden sollte.[145] Davon kann auszugehen sein, wenn der Vergleich in einem Unterlassungsrechtsstreit abgeschlossen wurde, die vereinbarte Unterlassungspflicht nicht vertragsstrafenbewehrt ist und der Kläger im Wesentlichen die gesamten Kosten des Rechtsstreits übernommen hat. Die besagten Umstände können dafür sprechend, dass die Parteien bei Abschluss des Vergleichs nicht vom Bestehen eines gesetzlichen (mit dem Vergleich lediglich titulierten) Unterlassungsanspruchs ausgegangen sind, sondern mit dem Vergleich einen solchen Anspruch zugunsten des Klägers erstmals – vertraglich – begründen wollten.[146]

100

Das einzelne Ordnungsgeld beträgt höchstens 250.000 €[147], die einzelne Ordnungshaft maximal sechs Monate.[148] Eine wiederholte Verhängung als Antwort auf aufeinander folgende selbständige Zuwiderhandlungen ist möglich, bzgl der Ordnungshaft allerdings nur bis zu einer Gesamtdauer von 2 Jahren.

101

a) Geschäftsführer

Sind – wie meist – sowohl das Unternehmen als auch der für sie agierende **Geschäftsführer** zur Unterlassung verurteilt, so soll eine vom Geschäftsführer im Rahmen seiner Tätigkeit für die Gesellschaft initiierte Zuwiderhandlung die Festsetzung eines Ordnungsgeldes nur gegen das Unternehmen und nicht auch gegen den handelnden Geschäftsführer rechtfertigen.[149] Lediglich eine Ersatzordnungshaft ist gegen das schuldhaft handelnde Organ des Unternehmens anzuordnen.[150] Etwas anderes (im Sinne einer – dann allerdings alleinigen – Haftung des Geschäftsführers auf Ordnungsgeld) gilt erst dann, wenn sein Handeln dem Unternehmen nicht nach § 31 BGB zurechenbar ist, weil

102

---

141 AA: OLG Frankfurt/Main, GRUR-RR 2013, 494 – Prozessvergleich mit Vertragsstrafregelung.
142 OLG Hamburg, GRUR-RR 2014, 471 – einfache Unterlassungsverpflichtungserklärung.
143 OLG Hamburg, GRUR-RR 2014, 471 – einfache Unterlassungsverpflichtungserklärung.
144 BGH, GRUR 2012, 957 – Vergleichsschluss im schriftlichen Verfahren.
145 OLG Hamburg, GRUR-RR 2013, 495 – Prozessvergleich ohne Vertragsstraferegelung.
146 OLG Hamburg, GRUR-RR 2013, 495 – Prozessvergleich ohne Vertragsstraferegelung.
147 § 890 Abs 1 Satz 2 ZPO.
148 § 890 Abs 1 Satz 1 ZPO.
149 BGH, GRUR 2012, 541 – Titelschuldner im Zwangsvollstreckungsverfahren; OLG Hamburg, OLG-Report 2008, 627 – Tickethändler.
150 BGH, GRUR 2012, 541 – Titelschuldner im Zwangsvollstreckungsverfahren.

es sich aus der Sicht eines Außenstehenden so weit vom organschaftlichen Aufgabenbereich entfernt, dass der allgemeine Rahmen der dem Geschäftsführer übertragenen Obliegenheit überschritten erscheint.[151]

103 **Kritik:** Die Auffassung des BGH führt zu dem merkwürdigen Ergebnis, dass der nur im Rahmen seiner Tätigkeit für die GmbH patentverletzend agierende Geschäftsführer zwar täterschaftlich haftet und deswegen auch im Erkenntnisverfahren – neben der GmbH – persönlich verurteilt wird, für spätere Zuwiderhandlungen, die unter exakt denselben (täterschaftlichen) Bedingungen stattfinden, aber nicht mehr mit einem Ordnungsgeld belangt werden kann. Im Vollstreckungsverfahren bleibt damit derjenige verschont, der als Täter handelt. Das ist sachlich unangemessen.

b) Bestehende Vertragsstrafevereinbarung

104 Das Ordnungsmittelverfahren wird durch eine **Vertragsstrafevereinbarung** nicht ausgeschlossen.[152] Haben die Parteien eine vertragsstrafegesicherte Unterlassungsvereinbarung getroffen, so ist vielmehr – unabhängig von einer Zuwiderhandlung – eine Androhung von Ordnungsmitteln und – nach erfolgter Zuwiderhandlung – die Festsetzung von Ordnungsmitteln neben einer verwirkten Vertragsstrafe möglich. Das ist unstreitig, wenn es sich um eine außergerichtliche Unterlassungsvereinbarung handelt[153], hingegen umstritten, wenn die strafbewehrte Unterlassungspflicht auf einem gerichtlichen Vergleich beruht, so dass der mit einer Ordnungsmittelandrohung versehene Vollstreckungstitel bereits selbst die Sanktionierung etwaiger Verstöße regelt.[154] Lässt man – was richtiger erscheint – auch in diesem Fall das Nebeneinander von Vertragsstrafe und Ordnungsmittel zu, ist allerdings – wegen der mindestens teilweise gleichen Zielrichtung von Ordnungsgeld und Vertragsstrafe (sic: weitere Zuwiderhandlungen zu unterbinden) – bei der Festsetzung der Vertragsstrafe eine verhängtes Ordnungsgeld zu berücksichtigen, genauso wie umgekehrt bei der Bestimmung des Ordnungsgeldes eine zuvor bereits wegen derselben Zuwiderhandlung festgesetzte Vertragsstrafe mindernd zu berücksichtigen ist.[155] Das Vorliegen eines Unterlassungsurteils, das wegen Zuwiderhandlung gegen einen vorgerichtlichen Unterlassungsverpflichtungsvertrag mit Vertragsstrafe erwirkt worden ist, gibt dem Schuldner keinen Grund, den Unterlassungsvertrag (wegen der anderweitigen Absicherung des Gläubigers) zu **kündigen**. Anderenfalls würde der abermalige Rechtsverstoß mit dem Recht belohnt, sich von einer eingegangenen vertraglichen Bindung loszusagen.

c) Allgemeine Vollstreckungsvoraussetzungen

105 Es müssen die Voraussetzungen jeder Zwangsvollstreckung gegeben sein, dh es bedarf eines vollstreckbaren Titels, der mit einer Vollstreckungsklausel versehen und dem Schuldner in Form einer Ausfertigung zugestellt ist.[156]

---

151 BGH, GRUR 2012, 541 – Titelschuldner im Zwangsvollstreckungsverfahren.
152 BGH, GRUR 2010, 355 – Testfundstelle.
153 BGH, GRUR 2010, 355 – Testfundstelle.
154 Bejahend: BGH, GRUR 2014, 909 – Ordnungsmittelandrohung nach Prozessvergleich; LG Düsseldorf, InstGE 7, 185 – Beleuchtungssystem; verneinend: OLG Frankfurt/Main, GRUR-RR 2013, 494 – Prozessvergleich mit Vertragsstraferegelung, mwN zum Streitstand. Ohne besondere Anhaltspunkte wird man in der Vereinbarung einer Vertragsstrafe als Sanktion keinen Verzicht auf die Möglichkeit staatlicher Vollstreckungsmaßnahmen sehen können.
155 BGH, GRUR 2010, 355 – Testfundstelle.
156 §§ 724, 725 ZPO.

II. 1. Voraussetzungen und Verfahrensfragen

| Praxistipp | Formulierungsbeispiel | 106 |

Letzteres ist deshalb wichtig, weil seit dem 1.7.2014, soweit von Amts wegen zuzustellen ist, keine Ausfertigungen mehr Gegenstand der Zustellung sind, sondern nur noch (mindestens maschinell) beglaubigte Abschriften (§ 169 Abs 3 ZPO). Ist so verfahren worden, muss der Gläubiger vor einer Zwangsvollstreckung die Zustellung einer zur Vollstreckung benötigten Ausfertigung veranlassen. Praktische Bedeutung hat dies für Arrest- und Verfügungsurteile.

Der Vollstreckungsklausel bedarf es bei einer einstweiligen Beschluss- oder Urteilsverfügung nicht[157], es sei denn, die Vollstreckung soll gegen eine andere Person als den in der Entscheidung bezeichneten Schuldner stattfinden.[158] Bei der einstweiligen Verfügung ist ferner – von Amts wegen – zu beachten, dass eine Vollstreckung unzulässig ist, wenn die Vollziehungsfrist des § 929 Abs 2 ZPO versäumt wurde. Vor Fristablauf muss die Vollstreckung mindestens begonnen worden sein. 107

d) Zuwiderhandlung

Die für den Vollstreckungsantrag maßgebliche Zuwiderhandlung ist vom Gläubiger zu benennen. Sie kann in der abermaligen (aktiven) Vornahme derjenigen (oder einer kerngleichen) Handlung liegen, die dem Schuldner verboten worden ist[159]; sie kann sich aber auch daraus ergeben, dass sich der Schuldner im Hinblick auf eine **fortwirkende Störungsquelle** (Bsp: Werbeauftritt im Internet, Eintragung in der Lauer-Taxe) passiv verhält, indem er dieselbe nicht auf ihm mögliche und zumutbare Weise beseitigt. Denn der gerichtliche Unterlassungsausspruch beinhaltet – auch ohne ausdrückliche Erwähnung im Tenor[160] – eine Verpflichtung zur Störungsbeseitigung.[161] Sie hängt nicht von einem dahingehenden materiellrechtlichen Anspruch des Schuldners gegen den Dritten, sondern nur von dessen mindestens tatsächlicher Einwirkungsmöglichkeit auf den Dritten ab[162] und sie manifestiert sich in einem Rückruf, wenn die Störungsquelle durch den Vertrieb rechtsverletzender Produkte begründet und ihre fortdauernde Existenz durch das aktuelle Vorhandensein der Verletzungsprodukte in den Vertriebswegen herbeigeführt wurde. Nach Auffassung des BGH[163] soll dies auch dann gelten, wenn es sich um rechtsverletzende Ware handelt, die sich nach einem regulären Verkauf bei einem **firmenfremden Dritten** befindet, die eigene Verantwortungssphäre des Schuldners also verlassen hat. Vorausgesetzt ist dabei, dass der Schuldner überhaupt Kenntnis von dem von ihm veranlassten Störungszustand hat und mit einem titelverletzenden Verhalten des Dritten ernstlich zu rechnen ist.[164] Die aus einem Unterlassungstitel folgende Rückrufpflicht ist in jedem Fall dadurch limitiert, dass sie – anders als der spezialgesetzliche Rückrufanspruch nach § 140a PatG – nicht generell für jedes in Verkehr gebrachte Verletzungsprodukt besteht, sondern immer nur im Rahmen des zur Unterbindung weiterer Verletzungshandlungen objektiv Erforderlichen und subjektiv Zumutbaren. Eine Pflicht zum Rückruf auf Basis eines Unterlassungstitels kommt daher nicht in Betracht, wenn 108

---

157 §§ 936, 929 Abs 1 ZPO.
158 OLG Köln, OLG-Report 2009, 408 – Bestrafungsverfahren gegen Rechtsnachfolger.
159 Was verboten ist, hat das Vollstreckungsgericht durch Auslegung des Titels zu ermitteln, wobei in Fällen einer Beschlussverfügung ohne Begründung auch die Antragsschrift heranzuziehen ist (zu Einzelheiten der Titelauslegung vgl OLG Frankfurt/Main, GRUR-RR 2018, 387 – Bettwaren »Made in Germany«, mwN).
160 BGH, GRUR 2018, 292 – Produkte zur Wundversorgung.
161 BGH, GRUR 2015, 258 – CT-Paradies. Vgl dazu Ahrens, GRUR 2018, 374.
162 BGH, GRUR 2018, 292 – Produkte zur Wundversorgung.
163 Dagegen zu Recht OLG Düsseldorf, GRUR 2018, 855 – Rasierklingeneinheiten.
164 OLG Frankfurt/Main, GRUR-RR 2018, 223 – Anruf-Linientaxi.

ein Weitervertrieb der Verletzungsprodukte durch den dritten Abnehmer, dem mit dem Rückruf entgegengewirkt werden müsste, überhaupt nicht konkret zu befürchten steht.[165] So liegt der Fall auch dann, wenn der Schuldner an den Endabnehmer geliefert hat, der somit Adressat des Rückrufs wäre.[166] Gleiches gilt aus Gründen mangelnder Zumutbarkeit, wenn sich ein Rückruf mit Rücksicht auf eine laufende Geschäftsbeziehung des Schulners mit dem Abnehmer aufgrund besonderer Umstände verbietet.[167] Was »erforderlich« und »zumutbar« ist, darf im Zwangsvollstreckungsverfahren geklärt werden, wenn sich die Parteien hierzu nicht bereits im Erkenntnisverfahren ausgetauscht haben.[168] Der Rückruf muss – wie bei § 140a PatG – nachdrücklich und ernsthaft sowie unter Hinweis auf den rechtsverletzenden Charakter der zurückverlangten Ware erfolgen.[169]

109 Profitiert der verurteilte Verletzer wirtschaftlich nicht von dem fortwirkenden Störungszustand – wie dies in der Vertriebskette der Fall ist, vgl. oben – so besteht keine Pflicht, auf einen **Dritten**, der den Störungszustand seinerseits perpetuiert, einzuwirken. Der Verurteilte hat demgemäß im Rahmen des § 890 ZPO nicht dafür einzustehen, dass ein Dritter den rechtsverletzenden Internetinhalt **selbständig** für einen Zugriff anderer unter Umständen **bereitstellt**, die den Verurteilten wirtschaftlich nicht partizipieren lassen.[170]

110 Unternimmt der Verpflichtete von sich aus hinreichende Maßnahmen zur Beseitigung der Störungsquelle, so erlischt der Beseitigungsanspruch.[171] Geschieht dies während der Tatsacheninstanzen, wird der diesbezügliche Klageantrag unbegründet und ist abzuweisen, auch wenn der Kläger eine die freiwillige Störungsbeseitigung ermöglichende lange Verfahrensdauer nicht zu vertreten hat.[172]

111 Ergibt sich die Unterlassungspflicht nicht aus einem Hauptsachetitel, sondern aus einer **einstweiligen Verfügung**, so gelten Besonderheiten wegen des grundsätzlichen Verbots einer Vorwegnahme der Hauptsache. Statt eines Rückrufs wird im Allgemeinen nur eine – selbstverständlich nachdrückliche und ernsthafte – Aufforderung an die Abnehmer geschuldet, mit Rücksicht auf das ergangene Unterlassungsgebot von einem Weitervertrieb der Verletzungsware abzusehen.[173] Anderes (im Sinne eines die Hauptsache vorwegnehmenden Rückrufs) gilt zB in Produktpirateriefällen sowie dann, wenn sich der Schuldner mit der Weiterveräußerung seiner Unterlassungspflicht entziehen will.[174] Der Pflicht, auf ein Unterbleiben des Weitervertriebs hinzuwirken, kommt der Schuldner nicht schon durch den Hinweis nach, das Produkt werde derzeit nicht vertrieben.[175]

112 Mit Blick auf **Internetwerbung** verlangt die Pflicht zur Störungsbeseitigung nicht nur, die eigene Website zu ändern oder zu löschen, sondern bedeutet darüber hinaus, Sorge dafür zu tragen, dass die verletzenden Inhalte auch über Suchmaschinenbetreiber (wie Google) nicht mehr abrufbar sind, die betreffenden Caches also gelöscht werden.[176] Dies ist zu überwachen, damit notfalls nachgefasst werden kann.[177] Besteht nach den Gesamt-

---

165 BGH, GRUR 2018, 292 – Produkte zur Wundversorgung.
166 LG Hamburg, GRUR-RR 2018, 319 – Dialysekonzentrat.
167 BGH, GRUR 2018, 292 – Produkte zur Wundversorgung.
168 BGH, GRUR 2018, 292 – Produkte zur Wundversorgung.
169 BGH, GRUR 2018, 292 – Produkte zur Wundversorgung.
170 BGH, Beschluss v 12.7.2018 – I ZB 86/17.
171 BGH, GRUR 2018, 423 – Klauselersetzung.
172 BGH, GRUR 2018, 423 – Klauselersetzung.
173 BGH, GRUR 2018, 292 – Produkte zur Wundversorgung.
174 BGH, GRUR 2018, 292 – Produkte zur Wundversorgung.
175 OLG Frankfurt/Main, GRUR 2018, 976 – Quarantäne-Buchung II.
176 BGH, Beschluss v 12.7.2018 – I ZB 86/17; OLG Celle, Urteil v 29.1.2015 – 13 U 58/14; OLG Stuttgart, GRUR-RS 2016, 07953; OLG Celle, GRUR-RR 2018, 46 – Wirbel um Bauschutt.
177 OLG Celle, GRUR-RR 2018, 46 – Wirbel um Bauschutt.

umständen die Gefahr, dass eine rechtverletzende **Werbung** auch nach ihrer Entfernung aus dem Werbeauftritt des Verletzers im Gedächtnis Dritter **geistig fortlebt** (zB weil sie längere Zeit als Hauptverkaufsargument benutzt wurde), so müssen als Folge einer Unterlassungsverurteilung – über die Entfernung der Werbung hinaus – die Werbungsadressaten über das ergangene Verbot informiert werden.[178]

Ist der Schuldner zur Ausschaltung der Störungsquelle auf die **Mithilfe eines Dritten** (zB des Herausgebers der Lauer-Taxe) angewiesen und verweigert dieser – berechtigt oder unberechtigt – seine Unterstützung, obwohl der Schuldner ihm seine Zwangsvollstreckungssituation nachdrücklich geschildert und die Bereitschaft zur eigenen Unterstützung, insbesondere Kostentragung für die durchzuführenden Beseitigungsmaßnahmen ernsthaft erklärt hat, fehlt es *insoweit* an einer sanktionsfähigen Zuwiderhandlung.[179] Anderes gilt nur dann, wenn der Schuldner ausnahmsweise eine rechtliche oder tatsächliche Handhabe besitzt, um den Dritten rechtzeitig zu der erforderlichen Mithilfe zu zwingen.[180] Wo dies nicht der Fall ist, weil dem Schuldner die fragliche Störungsbeseitigung subjektiv unmöglich ist, kommt die Verhängung von Ordnungsmitteln auch dann nicht in Betracht, wenn die – ohnehin zwecklosen – Bemühungen vom Schuldner unzureichend (zB ohne hinreichenden Verweis auf die drohenden Vollstreckungskonsequenzen, ohne Kostenübernahmeerklärung), verspätet oder überhaupt nicht unternommen worden sind.[181] Dass der Dritte (aus tatsächlichen oder rechtlichen Gründen) *unverrückbar* entschlossen ist, seine Mithilfe bei der Störungsbeseitigung zu verweigern, steht zur Beweislast des Schuldners. Ein Zuwiderhandlungssachverhalt kann sich unter solchen Umständen allerdings daraus ergeben, dass es der Schuldner im Anschluss an die für ihn nicht abänderliche Verweigerung des Dritten – oder, falls diese von vornherein erkennbar ist, von Anfang an – versäumt hat, die von der Quelle ausgehenden Störungen auf eine ihm mögliche Weise wenigstens zu begrenzen.[182]

113

Wegen der auch im Zwangsvollstreckungsverfahren geltenden **Dispositionsmaxime** ist das Gericht daran gehindert, ein Ordnungsmittel – gleichsam von Amts wegen – aufgrund eines Sachverhaltes zu verhängen, der sich zwar aus den mit dem Vollstreckungsantrag überreichten (Werbe-)Unterlagen ergibt, auf den der Gläubiger für sein Ordnungsmittelbegehren jedoch selbst keinen Bezug genommen hat.[183]

114

Die verfahrensrelevante Zuwiderhandlung steht zur vollen Darlegungs- und **Beweislast**[184] des Gläubigers.[185] Eine bloße Glaubhaftmachung (§ 294 ZPO) genügt auch dann nicht, wenn der Vollstreckungstitel eine einstweilige Verfügung ist, zu deren Erwirkung es genügt hat, die anspruchsbegründenden Tatsachen glaubhaft zu machen.[186] Erforderlich ist daher bei einem Sachpatent die bewiesene Behauptung, dass *nach* Vorliegen der Vollstreckbarkeit des Titels ein Gegenstand mit *allen* Merkmalen des Urteilsausspruchs in der dem Schuldner verbotenen Weise benutzt (zB angeboten, in Verkehr gebracht etc) worden ist, und bei einem Verfahrenspatent die bewiesene Behauptung, dass *nach* Vorliegen der Vollstreckbarkeit des Titels *sämtliche* Schritte des dem Schuldner verbotenen Verfahrens durchgeführt worden sind.[187] Notfalls ist nach den allgemeinen Regeln des

115

---

178 OLG Frankfurt/Main, GRUR 2018, 1085 – kennzeichnungsfrei.
179 OLG Düsseldorf, Beschluss v 21.9.2017 – I-2 W 4/17.
180 OLG Düsseldorf, Beschluss v 21.9.2017 – I-2 W 4/17.
181 OLG Düsseldorf, Beschluss v 21.9.2017 – I-2 W 4/17.
182 OLG Düsseldorf, Beschluss v 21.9.2017 – I-2 W 4/17.
183 OLG Düsseldorf, Beschluss v 2.4.2012 – I-2 W 3/12.
184 Glaubhaftmachung (§ 294 ZPO) genügt nicht: OLG Düsseldorf, Beschluss v 22.9.2011 – I-2 W 37/11; OLG Frankfurt/Main, BeckRS 2013, 15310.
185 OLG Düsseldorf, Beschluss v 22.9.2011 – I-2 W 37/11.
186 OLG Frankfurt/Main, BeckRS 2013, 15310; OLG Schleswig, MDR 2014, 561; OLG München, GRUR-RS 2015, 05083.
187 OLG Düsseldorf, Beschluss v 22.9.2011 – I-2 W 37/11.

Zivilprozesses Beweis über streitige Behauptungen zu erheben. Allerdings können dem Gläubiger Darlegungs- und **Beweiserleichterungen** zugute kommen, namentlich dann, wenn sich der Schuldner auf einen Ausnahmetatbestand beruft, der das an sich als Verstoß zu bewertende Verhalten ausnahmsweise rechtfertigt (zB Erschöpfung), oder wenn sich das Vorliegen einer Zuwiderhandlung aufgrund von Indizien aufdrängt und es allein dem Schuldner möglich und/oder zumutbar ist, das Gegenteil darzutun. Hier hat der Schuldner den entsprechenden Sachvortrag zu leisten, den alsdann der Gläubiger beweismäßig auszuräumen hat oder der – im äußersten Fall – in die aufgrund der Interessenlage umgekehrte Beweislast des Schuldners fällt.[188]

116 Die besagten Anforderungen bereiten gewisse Schwierigkeiten, wenn dem Schuldner Angebot und Vertrieb der Verletzungsgegenstände untersagt sind und es nach Eintritt der Vollstreckungsvoraussetzungen (jedenfalls zunächst) in Erfüllung eines vorher unterbreiteten Angebotes nur zur **Lieferung einzelner Teile der** unter Patentschutz stehenden **Gesamtvorrichtung** kommt. Damit derartiges nicht sanktionslos geschehen kann, wird man in der Teillieferung (die als solche noch keine verbotene Vertriebshandlung darstellt) ein erneutes Angebot sehen müssen. Dogmatisch lässt sich dies ohne weiteres damit rechtfertigen, dass der initiierte Beginn des Liefergeschäftes abermals den Willen des Liefernden bekräftigt, die Verfügungsgewalt an der Gesamtvorrichtung zu verschaffen.

117 Die Zuwiderhandlung kann auch unter **Einschaltung Dritter** vorgenommen werden, zB dadurch, dass der Unterlassungsschuldner verbotene Ware an einen im Ausland ansässigen Abnehmer liefert, von dem er weiß, dass dieser die Ware schutzrechtsverletzend nach Deutschland weiterliefern will.[189] Voraussetzung ist freilich, dass die Unterstützungshandlung zu einem Zeitpunkt vorgenommen wird, zu dem das Unterlassungsurteil bereits vollstreckbar war. Wird der Bestand patentverletzender Ware vor diesem Zeitpunkt an ein (ggf sogar konzernverbundenes) Drittunternehmen veräußert, welches die Verletzungshandlungen für den Fall einer Unterlassungsverurteilung des Veräußerers fortsetzen können soll, liegt deswegen in der Überlassung der Ware keine ahndungsfähige Zuwiderhandlung, solange der Veräußerer nicht auch noch nach Eintritt der Vollstreckungsreife fördernd Einfluss auf die Verletzungshandlungen des Erwerbers nimmt. Zur Aufklärung des Sachverhaltes ist ggf durch Zeugenvernehmung oder Sachverständigengutachten Beweis zu erheben. Insoweit gelten jedenfalls für die erste Instanz die allgemeinen Vorschriften des Beweisrechts. Bisher nur rudimentär behandelt ist die Frage einer Wiederholung der Beweisaufnahme durch das Beschwerdegericht.[190]

118 Die Zuwiderhandlung muss zu einem Zeitpunkt erfolgt sein, zu dem der Schuldner das Unterlassungsgebot beachten musste. Bei Beschlussverfügungen ist dies der Fall, sobald ihm die einstweilige Verfügung nebst Ordnungsmittelandrohung im Parteibetrieb zugestellt worden sind.[191] Streitig ist, ob eine die Verhängung von Ordnungsmitteln rechtfertigende Zuwiderhandlung **bei einem verkündeten und mit einer Ordnungsmittelandrohung versehenen Titel** bereits vom Zeitpunkt der Verkündung an oder erst im Anschluss an die Urteilszustellung in Betracht kommt. Herrschend wird ersteres bejaht[192] (wobei auch die Haftung nach § 945 ZPO im gleichen Moment einsetzt)[193]; die Gegenansicht ist allerdings beachtlich.[194]

---

188 OLG Frankfurt/Main, GRUR-RR 2018, 387 – Bettwaren »Made in Germany«.
189 OLG Frankfurt/Main, NJOZ 2009, 2565 – Titelumgehung.
190 Vgl Dötsch, MDR 2008, 893.
191 BGH, GRUR 2015, 196 – Nero.
192 OLG Düsseldorf, Beschluss v 7.6.2018 – I-2 W 13/18.
193 BGH, GRUR 2009, 890 – Ordnungsmittelandrohung.
194 Zum Meinungsstand vgl OLG Hamm, GRUR-RR 2007, 407 – Synthetisch hergestelltes Vitamin C.

Ist das Unterlassungsurteil nur **gegen Sicherheitsleistung vorläufig vollstreckbar** (§ 709 ZPO), stellen nur solche Handlungen einen Verstoß gegen das tenorierte Verbot dar, die begangen worden sind, nachdem der Gläubiger 119

– die Sicherheit geleistet und 120

– den Schuldner hierüber unter Beachtung von § 751 Abs 2 ZPO[195] in Kenntnis gesetzt hat[196], 121

– sofern der Gläubiger nicht ausnahmsweise erklärt, trotz herbeigeführter »Vollstreckungsreife« derzeit nicht vollstrecken zu wollen. 122

Der Schuldner kann also zunächst abwarten, bis ihm die Vollstreckungssicherheit nachgewiesen wird. Anderes gilt für zweitinstanzliche Urteile, die ohne Sicherheitsleistung vorläufig vollstreckbar sind (§ 708 Nr 10 ZPO). Sie sind bereits mit dem Augenblick ihrer Verkündung zu beachten, weswegen Verstöße von diesem Zeitpunkt an eine nach § 890 ZPO zu ahnende Zuwiderhandlung darstellen. An der Vollstreckbarkeit fehlt es allerdings in dem Zeitraum zwischen Erbringung der Abwendungssicherheit durch den Schuldner und Leisten der Vollstreckungssicherheit durch den Gläubiger.[197] 123

Wird ein zunächst nur vorläufig vollstreckbares Urteil durch **Ablauf der Rechtsmittelfrist** rechtskräftig, so begründet ab Eintritt der Rechtskraft (zzgl derjenigen Zeit, die für die notwendigen Vorkehrungen gegen einen Verstoß notwendig ist[198]) jeder Verstoß eine Zuwiderhandlung, ohne dass die Vollstreckungssicherheit geleistet werden oder der Gläubiger den Eintritt der Rechtskraft dem Schuldner zuvor anzeigen müsste.[199] 124

– Den **Schuldner** trifft in aller Regel auch ein Verschulden, wenn er **allein** durch das Verbotsurteil **beschwert** ist und daher allein Rechtsmittel einlegen kann. Bei einer solchen Konstellation kann der Schuldner den Eintritt der formellen Rechtskraft und dementsprechend den Zeitpunkt, ab dem er sich auch ohne einen ihm gegenüber erfolgten Nachweis der Sicherheitsleistung an das Unterlassungsgebot halten muss, ohne Weiteres selbst bestimmen. 125

– Etwas anderes gilt dann, wenn auch dem Gläubiger wegen einer **Teilabweisung** seiner Klage die Möglichkeit zusteht, Rechtsmittel einzulegen. Da die formelle Rechtskraft erst dann eintritt, wenn das Urteil *insgesamt* mit einem ordentlichen Rechtsmittel nicht mehr angefochten werden kann (vgl. § 705 ZPO), hängt der Zeitpunkt des Eintritts der Rechtskraft in einem solchen Fall maßgeblich auch davon ab, zu welchem Zeitpunkt die Rechtsmittelfrist des Gläubigers abläuft und ob der Gläubiger bis zu diesem Zeitpunkt ein entsprechendes Rechtsmittel eingelegt hat. Weil dem so ist, kann im Einzelfall das Verschulden fehlen, wenn der Schuldner im Zeitpunkt der Zuwiderhandlung trotz aller Bemühungen nicht in der Lage war zu erkennen, dass das die Grundlage der Vollstreckung bildende Urteil zwischenzeitlich in Rechtskraft erwachsen ist.[200] Hierfür bedarf es jedoch eines entsprechenden Vortrags des Schuldners, der sich abweichend von dem allgemeinen Grundsatz, dass eine in einem rechtskräftigen Urteil enthaltene Unterlassungsanordnung stets zu befolgen ist, auf ein fehlendes Verschulden beruft. Der Schuldner hat mithin im Einzelnen darzutun, welche 126

---

195 BGH, GRUR 2008, 1029 – Nachweis der Sicherheitsleistung. Genügend: Zustellung der Bürgschaftsurkunde durch Gerichtsvollzieher an den Schuldner persönlich, auch wenn dieser anwaltlich vertreten ist.
196 BGH, GRUR 2008, 1029 – Nachweis der Sicherheitsleistung.
197 BGH, GRUR 2017, 208 – Rückruf von RESCUE-Produkten.
198 Vgl unten Rdn 126.
199 OLG Düsseldorf, Beschluss v 7.6.2018 – I-2 W 13/18.
200 OLG Düsseldorf, Beschluss v 7.6.2018 – I-2 W 13/18.

Maßnahmen er ergriffen hat, um an die für die Feststellung der Rechtskraft erforderlichen Informationen zu gelangen. So bietet beispielsweise § 169 ZPO dem Schuldner die Möglichkeit, eine Zustellbescheinigung zu beantragen und über eine solche den für den Beginn der Berufungsfrist (§ 517 ZPO) des Gläubigers maßgeblichen Zeitpunkt der Zustellung des Urteils an den Gegner zu erfahren. Damit ist es ihm auch möglich, unmittelbar nach Ablauf der mit dieser Information leicht zu berechnenden Rechtsmittelfrist beim Rechtsmittelgericht nachzufragen, ob ein entsprechendes Rechtsmittel des Gegners fristgerecht eingelegt worden ist. Kommt der Schuldner dem nicht nach und wartet er im blinden Vertrauen auf ein Rechtsmittel des Gegners den in einem solchen Fall erforderlichen Nachweis der Sicherheitsleistung ab, handelt er auf eigenes Risiko und dementsprechend schuldhaft.

127 Es genügt nicht, dass der Unterlassungstitel lediglich im Zeitpunkt der Zuwiderhandlung existiert hat und in Kraft stand, dh insbesondere die Zwangsvollstreckung nicht einstweilen eingestellt war[201]; vielmehr muss der **Titel** auch **im Zeitpunkt der gerichtlichen Entscheidung** (des Landgerichts und des Beschwerdegerichts) **noch vorhanden** sein. Ist daher die vollstreckte Unterlassungsverfügung nachträglich wegen veränderter Umstände (zB aufgrund einer Beschränkung des Patents im Nichtigkeitsverfahren) aufgehoben worden (§ 927 ZPO), so ist ein vorher ergangener Ordnungsmittelbeschluss auf die Beschwerde des Schuldners hin aufzuheben.[202] Anders ist die Rechtslage, wenn der Titel (zB wegen Ablaufs der gesetzlichen Schutzdauer des zugrunde liegenden Patents) ab einem bestimmten Zeitpunkt seine Wirkung verliert.[203] Hier rechtfertigt eine vor dem Wirkungsverlust vorgenommene Zuwiderhandlung die Verhängung von Ordnungsmitteln, unabhängig davon, ob der Titel bei Einreichung des Ordnungsmittelantrages oder bei der Entscheidung über ihn noch in Kraft ist.[204] Dies folgt aus dem Umstand, dass § 890 ZPO nicht nur Beuge-, sondern ebenso Strafcharakter hat[205] und dass ansonsten die Missachtung des Titels sanktionslos wäre, weil der Verletzer im Voraus darauf spekulieren könnte, dass er den Titel während der letzten Wochen bzw Monate seiner Wirksamkeit nicht mehr zu beachten braucht, weil ein etwaiges Ordnungsgeld spätestens im Beschwerdeverfahren, während dessen der Wirkungsverlust sich eingestellt hat, aufzuheben wäre. Sobald und solange die Zwangsvollstreckung eingestellt (und eine etwaige Schuldnersicherheit geleistet) ist, können keine sanktionsfähigen Zuwiderhandlungen mehr begangen werden, wohl aber in der Zeit davor und danach. Läuft in Bezug auf während der Vollstreckbarkeit des Titels vorgefallene Zuwiderhandlungen ein Ordnungsmittelverfahren, in dem bereits ein Ordnungsmittelbeschluss ergangen ist, so ist dessen Vollziehung mit aufzuheben und das laufende Vollstreckungsverfahren kommt faktisch zum Stillstand bis die Einstellungsanordnung aufgehoben wird.[206]

128 Ist der Unterlassungsausspruch **mangels hinreichender Bestimmtheit** nicht vollstreckungsfähig, scheidet die Verhängung von Ordnungsmitteln nicht kategorisch aus. Vielmehr ist es zulässig, den Verbotsinhalt – unter Orientierung an der dem Titel zugrunde liegenden konkreten Verletzungshandlung – im Wege der Auslegung auf einen vollstreckungsfähigen Inhalt zu beschränken und hiergegen gegebene Verstöße zu ahnden.[207]

---

201 OLG Karlsruhe, JurBüro 2007, 272.
202 OLG München, InstGE 6, 55 – Rohrleitungsverdichter.
203 OLG Düsseldorf, InstGE 9, 53 – Montagehilfe für Dachflächenfenster.
204 BGH, MDR 2017, 788.
205 BVerfG, GRUR 2007, 618 – Organisationsverschulden.
206 OLG Karlsruhe, BeckRS 2014, 20367.
207 OLG Frankfurt/Main, BeckRS 2013, 15310.

e) Mehrheit von Verstößen

Mehrere Einzelverstöße gegen ein[208] Unterlassungsgebot können dann als Teilakte einer (einzigen) einheitlichen Tat angesehen werden, wenn sie eine **natürliche Handlungseinheit** bilden. Solches ist der Fall, wenn Verhaltensweisen in Rede stehen, die aufgrund ihres räumlich-zeitlichen Zusammenhangs so eng miteinander verbunden sind, dass sie bei natürlicher Betrachtung als ein einheitliches, zusammengehörendes Tun erscheinen.[209] Selbständige und damit gesondert zu ahndende Zuwiderhandlungen liegen deswegen vor, wenn der Schuldner einen Gegenstand, dessen Vertrieb ihm untersagt worden ist, im zeitlichen Abstand mehreren Abnehmern zum Kauf anbietet. Das gilt auch dann, wenn die wiederholten Angebote auf einem zuvor einheitlich gefassten Entschluss des Schuldners beruhen, den betreffenden Gegenstand im Rahmen seines Geschäftsbetriebes bei sich bietender Gelegenheit vertreiben zu wollen.[210] Werden mehrere selbständige Verstöße festgestellt, können diese auch nicht unter dem Gesichtspunkt des Fortsetzungszusammenhangs zu einer rechtlich einheitlichen Tat zusammengefasst werden. Nach der Rechtsprechung des BGH[211] hat die Figur der **fortgesetzten Tat** auch im Zwangsvollstreckungsrecht keine Bedeutung mehr. Vielmehr sind die durch mehrere Zuwiderhandlungen verwirkten Ordnungsgelder zu addieren; eine Gesamtstrafenbildung nach Maßgabe der §§ 53 ff StGB findet nicht statt.[212]

129

Handelt der Schuldner mit *einer* **Handlung mehreren Unterlassungstiteln** zuwider, weil seine Benutzungshandlung gleichzeitig von mehreren ausgeurteilten Patenten Gebrauch macht, ist grundsätzlich wegen jedes Verstoßes gegen jedes einzelne Patent ein Ordnungsmittel festzusetzen. Das gilt nicht nur dann, wenn sich die Patente und die auf ihrer Grundlage erwirkten Vollstreckungstitel in der Hand unterschiedlicher Gläubiger befinden, sondern auch dann, wenn ein- und dieselbe Person alle Schutzrechte und Titel hält.[213] Da die Sanktion für die Zuwiderhandlung insgesamt angemessen und verhältnismäßig sein muss, ist es allerdings gerechtfertigt und geboten, bei der Festsetzung jedes einzelnen Ordnungsgeldes die parallele Sanktion für die gleichzeitige Zuwiderhandlung gegen weitere Unterlassungstitel in Rechnung zu stellen. Wie weit dies im Einzelfall zu einer Herabsetzung des isoliert festzusetzenden Ordnungsgeldes führt, hängt maßgeblich davon ab, ob die ausgeurteilten Schutzrechte technisch eng beieinander liegen, so dass im Grunde genommen trotz formal mehrerer Schutzrechte ein einziger technischer Gegenstand anzunehmen ist, oder aber jedes Schutzrecht einen eigenständigen technischen Aspekt, zB ein jeweils anderes Teil eines größeren Gerätes, betrifft.[214]

130

f) Verfahrensfragen

Zuständig für das Ordnungsmittelverfahren ist das Landgericht als Prozessgericht des ersten Rechtszuges. Handelt es sich bei dem Vollstreckungstitel (für den ein Ordnungsmittel angedroht oder wegen dessen Verletzung ein Ordnungsmittel verhängt werden soll) um eine vor einem deutschen Notar errichtete vollstreckbare Urkunde (§ 794 Abs 1

131

---

208 ... gemeint ist ein- und dasselbe.
209 BGH, GRUR 2009, 427, 428 – Mehrfachverstoß gegen Unterlassungstitel.
210 LG Düsseldorf, InstGE 6, 34 – Mehrfachverstoß bei Lieferung, bestätigt durch OLG Düsseldorf, Beschluss v 24.4.2006 – I-2 W 44/05.
211 BGH, GRUR 2009, 427, 428 – Mehrfachverstoß gegen Unterlassungstitel.
212 OLG Köln, GRUR-RR 2007, 31 – Gesamtordnungsgeld.
213 OLG Düsseldorf, Beschluss v 25.9.2014 – I-15 W 22/14.
214 OLG Düsseldorf, Beschluss v 25.9.2014 – I-15 W 22/14.

Nr 5 ZPO), so ist streitig, ob das für den Sitz des Notars zuständige Amtsgericht oder das für die Hauptsache zuständige Patent/Gebrauchsmusterstreitgericht zuständig ist.[215]

132 Das notwendige **Rechtsschutzbedürfnis** fehlt auch dann nicht, wenn der Schuldner unbekannten Aufenthalts ist und ihm deshalb bereits die im Erkenntnisverfahren zu übermittelnden Schriftstücke öffentlich zugestellt worden sind.[216] Umgekehrt nimmt die Möglichkeit der Vollstreckung nach § 890 ZPO auch einem erneuten Erkenntnisverfahren in Bezug auf den Gegenstand der Zuwiderhandlung nicht zwangsläufig das Rechtsschutzinteresse. Es besteht – mit der Folge eines Nebeneinanders von Ordnungsmittelverfahren und abermaligem Verletzungsprozess –, wenn sich bei objektiver Betrachtung darüber streiten lässt, ob das Ordnungsmittelverfahren zum Erfolg führen wird bzw eine Verjährung der Ansprüche wegen der neuerlichen Verletzung droht.[217] Anderenfalls, dh wenn das Ordnungsmittelverfahren eindeutig einschlägig ist, wird das Rechtsschutzbedürfnis für eine neue Klage erst begründet, wenn der Gläubiger zuvor erfolglos eine Vollstreckung nach § 890 ZPO versucht hat.[218] Für das einstweilige Verfügungsverfahren soll der Maßstab ein noch großzügiger sein; hier genügt bereits, dass der Schuldner in Verkennung der Reichweite des Verbotstitels eine Zuwiderhandlung bestreitet oder der Gläubiger dies zumindest ernsthaft befürchten muss.[219]

133 Im Allgemeinen lautet der **Beschlusstenor** wie folgt:

134 | Praxistipp | Formulierungsbeispiel |

1. Gegen die Schuldnerin wird wegen schuldhafter Zuwiderhandlung gegen das Unterlassungsgebot im Urteil der Kammer vom ... ein Ordnungsgeld von 50.000 €, ersatzweise 1 Tag Ordnungshaft für je 2.500 €, wobei die Ordnungshaft an dem Geschäftsführer ...[220] zu vollziehen ist, festgesetzt.

2. Die Kosten des Zwangsvollstreckungsverfahrens hat die Schuldnerin zu tragen.

3. Der Gegenstandswert für das Verfahren wird auf 125.000 €[221] festgesetzt.

135 Ein Ordnungs- oder Zwangsmittel**antrag** kann nur solange wirksam **zurückgenommen** werden wie der Ordnungs- oder Zwangsmittelbeschluss noch nicht in Rechtskraft erwachsen ist.[222] Bei wirksamer Antragsrücknahme gilt § 269 Abs 3, 4 ZPO entspre-

---

215 Zum Streitstand vgl BGH, GRUR 2016, 1316 – Notarielle Unterlassungserklärung. Für AG-Zuständigkeit: OLG Köln, GRUR-RR 2014, 277 – notarielle Urkunde; OLG Düsseldorf, WRP 2015, 71; OLG München, WRP 2015, 646; für Hauptsachezuständigkeit: OLG Schleswig, BeckRS 2016, 16512; LG Paderborn, WRP 2014, 117.
216 BGH, NJW 2013, 2906 – Zwangsmittelfestsetzung.
217 BGH, GRUR 2011, 742 – Leistungspakete im Preisvergleich.
218 OLG Frankfurt/Main, WRP 2014, 101 = OLG Frankfurt/Main, BeckRS 2013, 09966 – Fehlendes Rechtsschutzbedürfnis für weiteren Eilantrag.
219 OLG Frankfurt/Main, WRP 2014, 101 = OLG Frankfurt/Main, BeckRS 2013, 09966 – Fehlendes Rechtsschutzbedürfnis für weiteren Eilantrag.
220 Der betreffende Geschäftsführer ist namentlich zu bezeichnen; bei mehreren Vertretungsorganen steht dem Gläubiger das Wahlrecht zu, was bedingt, dass er sich dazu erklärt, gegen welchen der gesetzlichen Vertreter eine Ordnungshaft vollstreckt werden soll.
221 Da mit dem Ordnungsmittelantrag der Anspruch auf Unterlassung durchgesetzt werden soll, orientiert sich der Gegenstandswert an demjenigen Teil des Streitwertes im Erkenntnisverfahren, der auf den Unterlassungsanspruch entfällt. Im Allgemeinen ist dies 3/4 des im Erkenntnisverfahren festgesetzten Gesamtstreitwertes. Dem Umstand, dass Gegenstand des Ordnungsmittelverfahrens nur einzelne Zuwiderhandlungen sind, ist dadurch Rechnung zu tragen, dass der Wert des Unterlassungsanspruchs mit einem Bruchteil von 1/3 in Ansatz gebracht wird.
222 OLG Düsseldorf, InstGE 9, 56 – Rücknahme des Ordnungsmittelantrages.

chend.²²³ Scheidet eine Antragsrücknahme aus Gründen der Rechtskraft aus, kommt, sofern der zugrunde liegende Titel rückwirkend weggefallen ist, nur eine Aufhebung des Ordnungs- oder Zwangsmittelbeschlusses und eine Zurückweisung des Gläubigerantrages in entsprechender Anwendung der §§ 775 Nr 1, 776 ZPO in Betracht.²²⁴ Möglich ist ebenfalls eine – einseitige oder übereinstimmende – **Erledigungserklärung**, die zu einem Feststellungsausspruch über die Zulässigkeit und Begründetheit des ursprünglichen Vollstreckungsbegehrens bzw zu einer Kostenentscheidung nach § 91a ZPO führt.²²⁵

Die **Vollstreckung** des Ordnungsgeldes und der Ordnungshaft geschieht, nachdem sie festgesetzt worden sind, ohne Zutun des Gläubigers von Amts wegen durch den Rechtspfleger des Prozessgerichts. Die Rechtsgrundlage bilden die Bestimmungen der Justizbeitreibungsordnung, die für die Vollstreckungsmaßnahmen in weitem Umfang auf die ZPO verweist.²²⁶ **136**

Praxistipp	Formulierungsbeispiel	**137**
Hat der **Schuldner** seinen Geschäftssitz **im Ausland** und verfügt er im Inland über kein der Zwangsvollstreckung unterworfenes Vermögen, scheitert eine Beitreibung des festgesetzten Ordnungsgeldes oft aus tatsächlichen Gründen. Sie wird jedoch dann möglich, wenn sich der Schuldner (zB als Aussteller einer Fachmesse) im Inland aufhält. Unter solchen Umständen wird beispielsweise sein Messestand taugliches Vollstreckungsobjekt, oder eine Taschenpfändung möglich. Da das Gericht in aller Regel keine Kenntnisse über den inländischen Aufenthalt des Schuldners haben wird, liegt es im Interesse des – hierüber vielfach besser informierten – Gläubigers, das Gericht beizeiten entsprechend zu informieren.		

Das Ordnungsgeld fließt – wie das Zwangsgeld – der Landeskasse zu. **138**

Wird der **Vollstreckungstitel** später (zB im Rechtsmittelzug oder in einem Restitutionsverfahren) **aufgehoben**, so ist ein gezahltes Ordnungsgeld zurück zu zahlen (§ 812 BGB). Das gleiche gilt, wenn die Rechtshängigkeit nach Erlass des Urteils durch Klagerücknahme beseitigt wird. Voraussetzung für die Erstattung ist allerdings, dass zunächst auch der betreffende Ordnungsmittelbeschluss aufgehoben wird, was auf Antrag des Schuldners gemäß §§ 775 f ZPO geschieht.²²⁷ **139**

Genauso wie der Zwangsmittelbeschluss ist auch der Beschluss über die Festsetzung eines Ordnungsmittels binnen zwei Wochen nach Zustellung mit der sofortigen Beschwerde anfechtbar (§§ 793, 567 ff ZPO). Sie kann allerdings nicht isoliert gegen die Kostenentscheidung gerichtet werden (§ 99 Abs 1 ZPO), etwa mit dem Argument, das LG habe keine Kostenquote zum Nachteil des Gläubigers auswerfen dürfen, weil es letztlich zur Verhängung eines – wie beantragt – empfindlichen Ordnungsgeldes gekommen sei, auch wenn einzelne der behaupteten Zuwiderhandlungen nicht feststellbar gewesen sind.²²⁸ Die Beschwerde hat gemäß § 570 Abs 1 ZPO **aufschiebende Wirkung**, **140**

---

223 OLG Düsseldorf, InstGE 9, 56 – Rücknahme des Ordnungsmittelantrages.
224 OLG Düsseldorf, InstGE 9, 56 – Rücknahme des Ordnungsmittelantrages.
225 OLG Stuttgart, MDR 2010, 1078.
226 § 6 Abs 1 Nr 1 JBeitrO.
227 Mit dem Aufhebungsbeschluss ist – sofern der Gläubiger den Ordnungsmittelantrag nicht zurücknimmt – zugleich der Antrag auf Verhängung von Ordnungsmitteln zurückzuweisen; außerdem sind die Kosten des Vollstreckungsverfahrens dem Gläubiger aufzuerlegen (OLG Düsseldorf, Beschluss v 20.5.2014 – I-2 UH 1/14).
228 OLG Düsseldorf, Beschluss v 10.6.2013 – I-2 W 22/13.

dh sie blockiert die Vollstreckung des festgesetzten Ordnungsmittels.[229] Zunächst hat das Landgericht darüber zu entscheiden, ob es der Beschwerde abhilft (§ 572 ZPO[230]); geschieht dies nicht, hat es die Sache dem OLG zur Entscheidung über die Beschwerde vorzulegen. Behält sich der Beschwerdeführer in der Beschwerdeschrift ausdrücklich eine Begründung seines Rechtsmittels in einem gesonderten Schriftsatz vor, so darf das LG seine Nichtabhilfeentscheidung nicht allein auf die fehlende Beschwerdebegründung stützen. Vielmehr hat es dem Beschwerdeführer entweder eine abschließende Begründungsfrist zu setzen oder ihm anzukündigen, dass demnächst eine Nichtabhilfeentscheidung ergehen werde.[231] Im Beschwerdeverfahren (zu dem das Nichtabhilfeverfahren gehört) ist eine Verböserung (**reformatio in peius**) zu Lasten des Rechtsmittelführers unzulässig.[232] Sie liegt nicht nur bei einer Erhöhung des Ordnungsgeldes vor, sondern auch dann, wenn das ursprünglich verhängte Ordnungsgeld gleich bleibt, dieses jedoch angesichts der Schuldnerbeschwerde nur noch auf einen Teil der herangezogenen Zuwiderhandlungen gestützt wird mit der Erwägung, dass das zunächst verhängte Ordnungsgeld zu gering bemessen gewesen sei. Gleiches gilt, wenn das Verhältnis zwischen Ordnungsgeldbetrag und Ersatzordnungshaft zu Lasten des Schuldners verschoben wird.[233]

141 Sofern die sofortige Beschwerde nur teilweise zurückgewiesen wird, zu einem Teil also Erfolg hat, besteht für das Beschwerdegericht die Möglichkeit, von einer **Erhebung der Gerichtsgebühr** entweder ganz **abzusehen oder** die Gebühr bis maximal zur Hälfte **zu ermäßigen** (KV Nr 2121 zum GKG). Es handelt sich um eine Ermessensentscheidung, von der Gebrauch gemacht werden sollte, wenn sich das Rechtsmittel aufgrund des bereits dem Landgericht unterbreiteten Sach- und Streitstandes weitestgehend als berechtigt erweist, so dass bei zutreffender Sachbehandlung schon das Landgericht die Beschwerdeentscheidung hätte treffen müssen.

142 | **Praxistipp** | Formulierungsbeispiel |
|---|---|

Nach Verhängung eines Ordnungsgeldes kann in Betracht kommen, dass sich der Gläubiger die Rücknahme seines Ordnungsmittelantrages vom Schuldner gegen ein im Vergleich zum Ordnungsgeld geringeres Entgelt »abkaufen« lässt, wovon beide finanziell profitieren würden: Der Schuldner hätte weniger zu zahlen, der Gläubiger käme selbst in den Genuss einer Zahlung. Anders als im Lauterkeitsrecht[234] bestehen gegen eine solche Abmachung keine prinzipiellen rechtlichen Bedenken.

2. Verschulden

143 Wegen des Strafcharakters des Ordnungsmittels setzt dessen Verhängung – im Gegensatz zum Zwangsmittel – ein wenigstens fahrlässiges Verschulden des Schuldners oder seines gesetzlichen Vertreters voraus.[235] Ein solches kann namentlich darin liegen, dass versäumt worden ist, innerhalb des Geschäftsbetriebes diejenigen Vorkehrungen zu treffen

---

229 BGH, GRUR 2012, 427 – Aufschiebende Wirkung; OLG Frankfurt/Main, InstGE 9, 301 – aufschiebende Wirkung; LG München I, Beschluss v 15.7.2008 – 20 T 11 594/08; OLG Düsseldorf, Beschluss v 12.11.2008 – I-2 W 63/08; aA: OLG Köln, NJW-RR 2003, 716.
230 Zu Einzelheiten des Abhilfeverfahrens vgl Schmidt, MDR 2010, 725.
231 OLG Düsseldorf, MDR 2014, 1410.
232 OLG Düsseldorf, Beschluss v 31.5.2012 – I-2 W 14/12.
233 BGH, GRUR 2017, 318 – »Dügida«.
234 Vgl dazu OLG München, Mitt 2012, 245 – Abkauf eines titulierten Unterlassungsanspruchs.
235 BVerfG, GRUR 2007, 618 – Organisationsverschulden; BGH, GRUR 2017, 318 – »Dügida«.

und diejenigen Überwachungsmaßnahmen durchzuführen, die sicherstellen, dass das Unterlassungsgebot künftig befolgt wird (sog **Organisations- und Überwachungsverschulden**). Die Sorgfaltsanforderungen sind insoweit außerordentlich streng und sie gelten unabhängig von der Unternehmensgröße des Vollstreckungsschuldners.[236] Die erforderlichen Maßnahmen sind nach Eintritt der Vollstreckbarkeit ohne Aufschub so schnell als möglich durchzuführen, so dass jede Zuwiderhandlung, die geschieht, nachdem die Vorkehrungen des Schuldners hätten installiert sein müssen, grundsätzlich *schuldhaft* begangen ist, während Verstöße, die sich vorher ereignet haben, ohne Verschulden begangen sind.[237]

- Bloß mündliche oder schriftliche Anweisungen an das Personal sind in aller Regel unzureichend. Die Aufforderung muss zumindest unter *nachdrücklichem* Hinweis auf diejenigen Konsequenzen ergehen, die dem Schuldner bei Nichtbeachtung des Unterlassungsgebotes drohen.[238] Rückmeldungen sind anzuordnen und zu kontrollieren sowie Sanktionen für die Nichteinhaltung der Anordnung anzudrohen.[239] 144

- Darüber hinaus ist es im Allgemeinen erforderlich, etwaige Restbestände an patentverletzenden Werbemitteln und patentverletzenden Gegenständen aus dem Vertriebsnetz (einschließlich Außenstellen und Handelsvertreter) zu entfernen und so in Verwahrung zu nehmen, dass es nicht – auch nicht zufällig, aus Nachlässigkeit oder Unachtsamkeit – zu einer Auslieferung kommen kann. 145

- Gegebene Anweisungen sind überdies in jedem Fall auf ihre Einhaltung zu kontrollieren.[240] Angedrohte Sanktionen sind zu verhängen.[241] 146

Die besagten Pflichten bestehen auch gegenüber einem **Vertriebspartner**, dessen sich der Schuldner (nach Art eines Handelsvertreters oder einer ausgelagerten Verkaufsabteilung) bedient.[242] Noch weitergehend hat das OLG Köln[243] sogar eine Pflicht des Unterlassungsschuldners angenommen, dafür Sorge zu tragen, dass von ihm bereits veräußerte, aber von seinen Abnehmern noch nicht abgesetzte Ware aus dem Sortiment genommen wird. Dem ist der BGH[244] gefolgt und hat damit seine Rechtsprechung zur Verwirkung einer Vertragsstrafe auf das Vollstreckungsverfahren übertragen: Sofern keine abweichenden Anhaltspunkte bestehen, ist eine Pflicht zur Unterlassung einer Handlung, durch die ein *fortdauernder* Störungszustand geschaffen wurde, regelmäßig dahin auszulegen, dass sie nicht nur die Unterlassung derartiger Handlungen umfasst, sondern darüber hinaus auch die Vornahme verhältnismäßiger, nämlich dem Schuldner möglicher und zumutbarer Handlungen verlangt, die den geschaffenen Störungszustand beseitigen. Denkbar ist in diesem Zusammenhang auch die Einwirkung auf einflussreiche Dritte. Ist dem Schuldner der Vertrieb rechtsverletzender Produkte untersagt worden, hat er grundsätzlich durch einen **Rückruf** dafür zu sorgen, dass vor vollstreckbarer Unterlassungsverurteilung bereits ausgelieferte Ware von seinen Abnehmern nicht weiter vertrieben wird.[245] Auf einen Rückabwicklungsanspruch kommt es dabei nicht an, sondern nur darauf, ob der Rückruf rein tatsächlich die Chance bietet, dass mit ihm ein Weitervertrieb 147

---

236 LG Karlsruhe, GRUR-RS 2016, 117687 – Impressumverstoß durch Generalvertreter.
237 OLG Frankfurt/Main, GRUR-RR 2018, 387 – Bettwaren »Made in Germany«.
238 BGH, GRUR 2013, 1067 – Beschwer des Unterlassungsschuldners; aA: LG München I, InstGE 8, 297 – Tragkörbe (der Grund des Verbotes muss nicht mitgeteilt werden).
239 BGH, GRUR 2013, 1067 – Beschwer des Unterlassungsschuldners.
240 BGH, GRUR 2013, 1067 – Beschwer des Unterlassungsschuldners.
241 BGH, GRUR 2013, 1067 – Beschwer des Unterlassungsschuldners.
242 LG Düsseldorf, GRUR-RR 2008, 110 – patentierte UV-Lichthärtungsgeräte.
243 OLG Köln, OLG-Report 2008, 434 = MDR 2008, 1066.
244 BGH, GRUR 2017, 208 – Rückruf von RESCUE-Produkten.
245 BGH, GRUR 2017, 208 – Rückruf von RESCUE-Produkten.

der Verletzungsware unterbunden werden kann.²⁴⁶ Macht der Schuldner bereits im Erkenntnisverfahren geltend, zu im Rahmen der Unterlassung geschuldeten Beseitigungsmaßnahmen nach seinen persönlichen Verhältnissen nicht in der Lage zu sein, ist deren Möglichkeit und Zumutbarkeit bereits dort zu klären; anderenfalls kann die Frage der Verhältnismäßigkeit dem Vollstreckungsverfahren überlassen bleiben.²⁴⁷

148 Hat der Schuldner bzw im Falle einer juristischen Person oder Handelsgesellschaft deren **gesetzlicher Vertreter** die notwendigen Vorkehrungen und Überwachungen getroffen, sodass insoweit ein Verschuldensvorwurf ausscheidet, ist die Verhängung eines Ordnungsmittels nicht deswegen zulässig, weil ein (untergeordneter) Mitarbeiter dem Unterlassungsgebot dennoch (schuldhaft) zuwidergehandelt hat.²⁴⁸ Denn maßgeblich ist stets und allein ein Verschulden des Schuldners selbst oder seines für ihn handelnden verantwortlichen gesetzlichen Vertreters.

149 Im Rahmen des § 890 ZPO besteht keine Haftung des Rechtsnachfolgers für Verstöße seines Rechtsvorgängers. Ist der Titelschuldner im Anschluss an von ihm begangene Zuwiderhandlungen auf eine andere Gesellschaft verschmolzen worden, so können gegen den durch Verschmelzung entstandenen **Rechtsnachfolger**, sofern ihm nicht selbst eine verbotswidrige Handlung zur Last fällt, deshalb keine Ordnungsmittel verhängt werden.²⁴⁹

3. Abgewandelte Ausführungsform

150 Hat der Schuldner die angegriffene Ausführungsform nach der Verurteilung abgewandelt, erhebt sich die Frage, ob der Gläubiger ihretwegen ein neues Erkenntnisverfahren anstrengen muss (und kann) oder ob für ihn die Möglichkeit eines Ordnungsmittelverfahrens nach § 890 ZPO besteht. Das Letztere ist als das einfachere Verfahren grundsätzlich vorrangig, weshalb einer Patentverletzungsklage das Rechtsschutzinteresse fehlt²⁵⁰, wo vom Gläubiger im Wege des Ordnungsmittelverfahrens vorgegangen werden kann. Voraussetzung ist allerdings, dass der Erfolg des Zwangsvollstreckungsverfahrens gewiss ist, weil die Abwandlung *offensichtlich* und ohne dass hierüber ernsthafter Streit bestehen kann, in den Kernbereich des bestehenden Titels fällt.²⁵¹

151 Zulässig ist das Ordnungsmittelverfahren allerdings nicht schon dann und nicht schon deshalb, weil auch die abgewandelte Ausführungsform unter den Wortsinn des Patentanspruchs (und damit unter den entsprechend abgefassten Tenor des Verbotsurteils) subsumiert werden kann. Wenngleich das Ordnungsmittelverfahren vor dem Prozessgericht stattfindet, ist es – wie jedes Zwangsvollstreckungsverfahren – lediglich dazu vorgesehen, das ergangene Urteil zu vollziehen. Materiell rechtliche Erwägungen zur Auslegung des Patents und zur Bestimmung von dessen Schutzbereich, die über die im Erkenntnisverfahren bereits getroffenen Feststellungen hinausgehen, verbieten sich deshalb. Sind sie erforderlich, um die abgewandelte Ausführungsform zu erfassen, ist für ein Ordnungsmittelverfahren kein Raum. Es kommt von daher nur dort in Betracht, wo die Abwand-

---

246 BGH, GRUR 2017, 208 – Rückruf von RESCUE-Produkten.
247 BGH, GRUR 2017, 208 – Rückruf von RESCUE-Produkten.
248 BVerfG, GRUR 2007, 618 – Organisationsverschulden.
249 OLG Köln, GRUR-RR 2009, 192 – Bestrafungsverfahren gegen Rechtsnachfolger.
250 Der Einwand entgegenstehender Rechtskraft ist nie gerechtfertigt, weil aufgrund der Abwandlung vom für die Merkmalsverwirklichung relevanten Gegenstand des Erkenntnisverfahrens stets ein anderer Sachverhalt vorliegt. Rechtskrafterwägungen sind allenfalls dann angebracht, wenn die Abwandlung in ihrem für die Lehre des Klagepatents bedeutsamen Teil unverändert und nur außerhalb der Erfindungsmerkmale variiert ist.
251 OLG Frankfurt/Main, GRUR-RR 2012, 404 – Rechtsschutzbedürfnis für weiteren Unterlassungstitel.

lung entweder völlig außerhalb der Merkmale des Patentanspruchs vorgenommen worden ist, oder wo im Rahmen des Erkenntnisverfahrens in der Sache bereits über die abgewandelte Ausführungsform mitentschieden worden ist, weil diejenigen Erwägungen zur Patentverletzung, die in Bezug auf die angegriffene Ausführungsform angestellt worden sind, in gleicher Weise auch auf die abgewandelte Ausführungsform zutreffen.[252] Letzteres ist zB der Fall, wenn das Gericht zu einem bestimmten Merkmal des Patentanspruchs festgestellt hat, dass es rein funktional zu verstehen ist und die Abwandlung sich lediglich einer anderen konstruktiven Variante für die Bereitstellung der patentgemäßen Funktion bedient als die angegriffene Ausführungsform des Erkenntnisverfahrens.

- Ist im Erkenntnisverfahren durch **streitiges Urteil** entschieden worden, stehen zur Beantwortung dieser Frage die Entscheidungsgründe zur Verfügung. Es kommt nicht darauf an, in welchem Zusammenhang diejenigen Erwägungen angestellt worden sind, die auf die Abwandlung angewandt deren patentverletzenden Charakter ergeben. Eine Vollstreckung kommt deswegen auch in Betracht, wenn die Patentverletzung unstreitig war, die Parteien nur um eine Aussetzung gestritten haben und das Gericht eine bestimmte Merkmalsinterpretation lediglich im Rahmen seiner Ausführungen zur Zurückweisung des Aussetzungsantrages niedergelegt hat. Erforderlich ist freilich, dass die Patentauslegung definitiv vorgenommen worden und nicht nur im Sinne einer bloßen Wahrscheinlichkeitsaussage erfolgt ist.

152

- Solche fehlen allerdings regelmäßig[253], wenn gegen den Beklagten durch **Versäumnis-** oder **Anerkenntnisurteil** erkannt worden ist, weil die besagten Urteile gemäß § 313b Abs 1 ZPO ohne Tatbestand und Entscheidungsgründe ergehen. Obwohl sich Versäumnis- und Anerkenntnisurteile in dieser Hinsicht gleichen, ist dennoch zwischen ihnen zu differenzieren.

153

  - Die **Säumnis** des Beklagten hat zur Folge, dass das tatsächliche Vorbringen des Klägers als unstreitig zu behandeln ist (§ 331 Abs 1 Satz 1 ZPO) und das Gericht dessen Schlüssigkeit für den geltend gemachten Anspruch zu prüfen hat. Ein Versäumnisurteil darf nur ergehen, wenn die Schlüssigkeit bejaht wird (§ 331 Abs 2 ZPO). Weil dem so ist, gibt es gerichtliche Erwägungen des Erkenntnisverfahrens, die daraufhin untersucht werden können, ob sie – in gleicher Weise auf die abgewandelte Ausführungsform angewandt – zur Bejahung einer Patentverletzung führen. Diese Erwägungen ergeben sich aus dem – als zugestanden anzusehenden – Klägervortrag zum Inhalt des Klagepatents und seiner Merkmale aus der Sicht eines Durchschnittsfachmanns, wie er durch die im Erkenntnisverfahren eingereichten Schriftsätze des Klägers dokumentiert wird.

154

  - Völlig anders liegen die Verhältnisse beim **Anerkenntnisurteil.** Im Unterschied zum Säumnisverfahren findet hier keine Schlüssigkeits- und Begründetheitsprüfung des Gerichts statt. Voraussetzung für den Erlass eines Anerkenntnisurteils ist allein, dass die unverzichtbaren Prozessbedingungen vorliegen, dass ein Anerkenntnis im vorliegenden Verfahren überhaupt möglich ist (woran es zB in familienrechtlichen Statussachen fehlen kann) und dass das als solches wirksam (namentlich durch einen bei dem fraglichen Gericht postulationsfähigen Rechtsanwalt) abgegeben worden ist.[254] Sobald diese Bedingungen erfüllt sind, hat das Gericht den Beklagten gemäß seinem Anerkenntnis zu verurteilen (§ 307 ZPO), ohne jede Rücksicht darauf, ob es den anerkannten Anspruch für gegeben hält oder sich hierzu auch nur Gedanken gemacht hätte. Da es solche Erwägungen

155

---

252 Vgl auch OLG München, GRUR-RR 2011, 32 – Jackpot-Werbung II.
253 Ausnahme: Notwendigkeit einer Auslandsvollstreckung (§ 313b Abs 3 ZPO).
254 Vgl nur Zöller, § 307 ZPO Rn 5.

nicht gibt, fehlt notwendigerweise auch jede Grundlage dafür, den Unterlassungsausspruch des Anerkenntnisurteils auf eine andere Ausführungsform zu erstrecken als diejenige, hinsichtlich derer der Beklagte das Bestehen eines Unterlassungsanspruchs anerkannt hat. Gegen eine Abwandlung kann deswegen aus einem Anerkenntnisurteil nur vorgegangen werden, wenn die Verletzungsform ausschließlich außerhalb der Erfindungsmerkmale eine Änderung erfahren hat, hinsichtlich sämtlicher für die Verwirklichung der Erfindungsmerkmale relevanter Teile also unverändert geblieben ist.[255] Der Gläubiger wird durch diese sich aus den prozessualen Besonderheiten eines Anerkenntnisurteils ergebende Behandlung nicht schutzlos gestellt. Handelt es sich bei der Abwandlung um eine eindeutige Patentverletzung, kann er gegen sie mit einem Antrag auf Erlass einer einstweiligen Verfügung vorgehen.

156 War dem Gläubiger die **Abwandlung**, derentwegen die Verhängung von Ordnungsmitteln begehrt wird, bereits **während des Erkenntnisverfahrens bekannt** und hat er die Abwandlung dennoch bewusst nicht zum Gegenstand seiner Verletzungsklage gemacht, so schließt dieser Umstand allein einen *schuldhaften* Verstoß gegen das Unterlassungsgebot nicht aus. Auch wenn der Gläubiger bei seiner der Verletzungsklage zugrunde liegenden Interpretation des Klagepatents die Abwandlung erkennbar für nicht patentverletzend gehalten hat, greift zugunsten des Schuldners kein Vertrauensschutz Platz. Ihn trifft vielmehr ein jedenfalls fahrlässiges Verschulden, wenn er den Vertrieb der Abwandlung nach Erlass des Verbotsurteils nicht eingestellt hat, sofern die Abwandlung, ausgehend von den auf einer anderen Patentauslegung beruhenden Urteilsgründen, mit denselben Erwägungen, die für die Verletzungsform angestellt worden sind, als Patentverletzung zu beurteilen ist.[256]

157 Das Verbot jedweder materiell-rechtlicher Erwägungen außerhalb der Entscheidungsgründe des zu vollstreckenden Urteils hat zur Folge, dass die Verhängung von Ordnungsmitteln auch dann zu unterbleiben hat, wenn der Schuldner in Bezug auf die Abwandlung materiell-rechtliche **Einwendungen** (zB §§ 11, 12 PatG, Erschöpfung, Verjährung) erhebt, die sich anhand der Begründungserwägungen des Vollstreckungstitels nicht abschließend beurteilen lassen, sondern entweder vollkommen neue oder zumindest ergänzende sachlich-rechtliche Überlegungen erfordern.[257]

158 Ist gegen den Schuldner wegen **mittelbarer Patentverletzung** ein Schlechthinverbot ergangen, so liegt eine Zuwiderhandlung gegen das Unterlassungsgebot nur vor, wenn der als Verstoß reklamierte Gegenstand unter Umständen angeboten und vertrieben wird, die mit den im Erkenntnisverfahren angestellten Überlegungen wiederum die Feststellung erlauben, dass der Gegenstand vom Abnehmer zur erfindungsgemäßen Verwendung bestimmt wird und dem Lieferanten dies auch bekannt oder es nach den gesamten Umständen offensichtlich ist.[258] Derartiges kann sich schon aus der Tatsache ergeben, dass das fragliche Mittel (auch im Zeitpunkt der Zuwiderhandlung) technisch und wirtschaftlich sinnvoll überhaupt nur patentgemäß – und nicht anders – gebraucht werden konnte.[259] Wurde der erfindungswesentliche Gegenstand (zB Kaffeepads für Kaffee-Brühautomaten) in einer Verpackungsaufmachung angeboten und vertrieben, die dem Abnehmer eine patentgemäße Verwendung nahegelegt hat (hier: aufgrund des Hinweises

---

255 LG Düsseldorf, InstGE 6, 30 – Rotordüse; OLG Düsseldorf, Beschluss v 7.8.2014 – I-2 W 15/14.
256 OLG Düsseldorf, InstGE 6, 43 – Münzschloss II; vgl auch BGH, GRUR 2017, 208 – Rückruf von RESCUE-Produkten.
257 OLG Düsseldorf, Beschluss v 27.6.2012 – I-2 W 14/12; OLG Düsseldorf, Beschluss v 29.8.2013 – I-2 W 28/13.
258 OLG Düsseldorf, Beschluss v 2.4.2012 – I-2 W 3/12.
259 OLG Düsseldorf, Beschluss v 3.2.2015 – I-2 W 29/14.

»Ideal für alle Kaffeepadmaschinen«), so handelt er deshalb dem Unterlassungsgebot mit einer geänderten Verpackungsaufmachung nur dann zuwider, wenn der Abnehmer durch sie in vergleichbarer Weise zur patentgemäßen Verwendung angehalten wird. Dies ist der Fall, wenn der ursprünglich vorhandene Hinweis »Ideal für alle Kaffeepadmaschinen« durch die optisch hervorgehobene Bemerkung »Aus patentrechtlichen Gründen werden unsere Kaffeepads zurzeit nicht für die Verwendung in Kaffeepadmaschinen der Marke ... (= Patentinhaberin) angeboten«, ersetzt wird.[260] Hinzu kommen muss selbstverständlich, dass das Mittel im Inland angeboten/geliefert wird und dass die mit ihm mögliche unmittelbare Patentbenutzung ebenfalls im Inland vorgesehen ist. Ordnungsmittel können deswegen nicht auf Handlungen gestützt werden, die absehbar zu einer bloß ausländischen Benutzung des Mittels führen.[261]

Praxistipp	Formulierungsbeispiel	159

In **Zweifelsfällen** bietet es sich zumeist an, zunächst ein Ordnungsmittelverfahren einzuleiten, da dies zum einen mit einem geringeren Kostenrisiko verbunden ist und zum anderen in der Regel relativ kurzfristig beschieden wird. Sollte das Ordnungsmittelverfahren mit der Begründung abgewiesen werden, die abgewandelte Ausführungsform falle nicht mehr unter den Tenor des Verbotsurteils, kann vom Schuldner anschließend mit nur geringem Zeitverlust eine neue Verletzungsklage eingeleitet werden. Ein neues Erkenntnisverfahren kann allerdings schon dann zulässig sein, wenn die Auslegung und Reichweite des bereits vorliegenden Titels zweifelhaft ist, so dass mit Schwierigkeiten bei der Vollstreckung gerechnet werden muss.[262] Auch in einem solchen Fall ist ein paralleles Ordnungsmittelverfahren zulässig und führt, sofern das Gericht eine schuldhafte Zuwiderhandlung feststellt, zur Verhängung eines Ordnungsmittels.[263]

Statt eines neuerlichen Hauptsacheverfahrens kann im Einzelfall auch der Erlass einer **einstweiligen Verfügung** in Betracht kommen. Zu denken ist beispielsweise an den Fall, dass der Schuldner die angegriffene Ausführungsform bewusst in einem solchen Merkmal abändert, das im Erkenntnisverfahren unstreitig war und zu dessen Inhalt und Auslegung das Urteil deshalb keinerlei Ausführungen enthält, welche die Annahme rechtfertigen würden, dass über die Abwandlung sachlich bereits mitentschieden sei. Fällt andererseits auch die Abwandlung eindeutig in den Schutzbereich des Klagepatents, zielt die vorgenommene Änderung letztlich allein darauf ab, den vom Gläubiger bereits erstrittenen Titel zu umgehen, was eine einstweilige Unterlassungsverfügung in Bezug auf die abgewandelte Ausführungsform gebieten kann. 160

Eine Ungewissheit darüber, ob eine abgewandelte Ausführungsform unter den Unterlassungstitel fällt, kann auch der Schuldner zum Anlass für eine gerichtliche Klärung im Wege der **negativen Feststellungsklage** nehmen.[264] Das erforderliche Feststellunginteresse setzt freilich regelmäßig voraus, dass die abgewandelte Ausführungsform vom Schuldner künftig noch hergestellt, angeboten oder vertrieben werden soll und es nicht nur darum geht, für einen in der Vergangenheit liegenden, abgeschlossenen Lebenssach- 161

---

260 LG Düsseldorf, InstGE 6, 289 – Kaffeepads; bestätigt durch OLG Düsseldorf, Beschluss v 4.5.2006 – I-2 W 16/06.
261 OLG Düsseldorf, Beschluss v 3.2.2015 – I-2 W 29/14.
262 OLG Düsseldorf, GRUR 1994, 81 – Kundenzeitschriften; BGH, GRUR 2011, 742 – Leistungspakete im Preisvergleich (wenn der Ausgang des Vollstreckungsverfahrens ungewiss ist und eine Verjährung der aufgrund des erneuten Verstoßes geltend zu machenden Ansprüche droht).
263 AA: OLG Köln, NJOZ 2002, 826 (Paralleler Ordnungsmittelantrag ist aus dem Gesichtspunkt der Doppelverfolgung unzulässig).
264 BGH, GRUR 2008, 360 – EURO und Schwarzgeld.

verhalt (zB eine geschehene Vertriebshandlung, deren Wiederholung nicht vorgesehen ist) zu klären, ob mit ihr ein Ordnungsmittel verwirkt worden ist. Unter den zuletzt genannten Umständen kann ein Feststellungsinteresse nur ausnahmsweise bejaht werden, zB dann, wenn sich der Gläubiger wegen der vorgefallenen Vertriebshandlung eines Schadenersatzanspruchs berühmt. Bei dem gebotenen Zukunftsbezug entfällt das Feststellungsinteresse nicht dadurch, dass der Gläubiger wegen der streitbefangenen Abwandlung seinerseits einen Ordnungsmittelantrag stellt.[265] Einen Anspruch auf Mitteilung darüber, ob der Gläubiger wegen einer bestimmten Abwandlung einen solchen Antrag zu stellen beabsichtigt, hat der Schuldner indessen nicht.[266]

4. Verbot der Doppelahndung

162 Wegen des strafähnlichen Sanktionscharakters, das dem Ordnungsmittelverfahren zukommt, gilt im Vollstreckungsverfahren nach § 890 ZPO das in Art 103 GG verankerte Verbot der Doppelbestrafung.[267] Eine Zuwiderhandlung, die durch einen erlassenen Ordnungsmittelbeschluss sanktioniert worden ist, darf daher nicht erneut zum Gegenstand einer weiteren Ahndung gemacht werden. Liegt unter dem Gesichtspunkt der natürlichen oder rechtlichen **Handlungseinheit** *eine* Zuwiderhandlung vor, erfasst der Sanktionsverbrauch der bereits erfolgten Ahndung sämtliche Teile dieser einheitlichen Zuwiderhandlung, unabhängig davon, ob sie dem Unterlassungsgläubiger oder dem Gericht bei Erlass des ersten Ordnungsgeldbeschlusses bekannt waren oder bekannt sein konnten. Ein derartiger Verbrauchssachverhalt liegt beispielsweise vor, wenn der Unterlassungsschuldner aufgrund des Verbotstitels seine Internetwerbung in bestimmter Weise zu ändern hatte, er dies aber für einzelne Angebote versehentlich versäumt hat. Sind gegen ihn Ordnungsmittel verhängt worden, scheidet ein weiteres Ordnungsgeld aus, wenn sich anschließend ergibt, dass in weiteren abrufbaren Angeboten die erforderlichen Änderungen ebenfalls nicht vorgenommen worden waren.[268] Gleiches gilt, wenn es der Schuldner in der irrigen Annahme, aufgrund der erfolgten Unterlassungsverurteilung nicht zu einem störungsbeseitigenden Rückruf verpflichtet zu sein, gegenüber mehreren Abnehmern unterlässt, entsprechende Beseitigungsmaßnahmen zu veranlassen.[269] Mit Erlass des ersten Ordnungsgeldbeschlusses tritt in jedem Fall eine Zäsur ein, die die bis dahin einheitliche Handlung beendet. Spätere Akte fallen deswegen aus Rechtsgründen nicht mehr in die besagte Handlungseinheit und können separat sanktioniert werden.[270]

5. Verjährung

a) Verfolgungsverjährung

163 Mit der Beendigung der Zuwiderhandlung gegen das gerichtliche Unterlassungsgebot beginnt eine zweijährige Verjährungsfrist zu laufen, nach deren Ende die **Verhängung eines Ordnungsmittels** nicht mehr zulässig ist (Art 9 Abs 1 EGStGB). Beinhaltet die Unterlassungspflicht zugleich die Obliegenheit zur aktiven Vornahme einer Handlung[271], so kann die Verjährungsfrist nicht beginnen, solange der Schuldner pflichtwidrig untätig bleibt.[272]

---

265 BGH, GRUR 2008, 360 – EURO und Schwarzgeld.
266 BGH, GRUR 2008, 360 – EURO und Schwarzgeld.
267 OLG Frankfurt/Main, GRUR-RR 2017, 166 – Doppelahndung.
268 OLG Frankfurt/Main, GRUR-RR 2017, 166 – Doppelahndung.
269 Vgl BGH, GRUR 2017, 823 – Luftentfeuchter.
270 OLG Frankfurt/Main, GRUR-RR 2017, 166 – Doppelahndung.
271 Dazu: BGH, WuM 2007, 209.
272 BGH, WuM 2007, 209.

Die besagte Frist läuft unabhängig davon, ob und wann der Gläubiger Kenntnis von der Zuwiderhandlung erlangt. Sie wird zudem – anders als dies bei sonstigen Verjährungsfristen der Fall ist – durch das laufende Ordnungsmittelverfahren nicht gehemmt und nicht unterbrochen (neu begonnen). Der Ordnungsmittelantrag muss deswegen vom Gläubiger so zeitig gestellt werden, dass das Verfahren – einschließlich der notwendigen Anhörung des Schuldners – innerhalb der Zweijahresfrist zum Abschluss gebracht werden kann. Sobald ein Ordnungsmittel, wenn auch nicht rechtskräftig, festgesetzt ist, kann die Verfolgungsverjährung nicht mehr eintreten.[273] Es schadet deswegen nicht, wenn mit dem anschließenden Beschwerdeverfahren gegen den Ordnungsmittelbeschluss die Zweijahresfrist überschritten wird.[274]

164

Die Verfolgungsverjährung begründet ein Verfahrenshindernis, weshalb sie – ähnlich wie bei § 78b StGB und § 31 OWiG – in jeder Lage des Verfahrens **von Amts wegen** zu beachten ist.[275]

165

b) Vollstreckungsverjährung

Ist ein **Ordnungsmittel verhängt**, so kann dessen **zwangsweise Durchsetzung** unter Verjährungsgesichtspunkten unzulässig sein, nämlich dann, wenn mittlerweile Vollstreckungsverjährung eingetreten ist. Sie führt nicht zum Erlöschen des Anspruchs auf Ordnungsgeld, sondern schafft zugunsten des Schuldners bloß ein dauerndes Leistungsverweigerungsrecht gemäß § 214 Abs 1 BGB.[276] Die maßgebliche Frist beträgt ebenfalls zwei Jahre (Art 9 Abs 2 EGStGB), gerechnet von dem Zeitpunkt an, zu dem das festgesetzte Ordnungsmittel gegen den Schuldner vollstreckbar ist. Letzteres ist mit der Zustellung an den Schuldner der Fall.[277] Die aufschiebende Wirkung einer Beschwerde gegen den Ordnungsmittelbeschluss ändert am Fristbeginn nichts.[278] Allerdings ruht die Vollstreckungsverjährung, wenn die Vollstreckung nach dem Gesetz nicht begonnen oder fortgesetzt werden kann, wenn die Vollstreckung ausgesetzt oder dem Schuldner eine Zahlungserleichterung bewilligt ist (Art 9 Abs 2 Satz 4 EGStGB).

166

Ist das Ordnungsgeld im **Ausland** zu vollstrecken, weil der Schuldner dort seinen Sitz hat und über keine inländischen Vollstreckungsobjekte verfügt, musste der Ordnungsmittelbeschluss unter Geltung der EuGVVO, bevor die Beitreibung des Ordnungsgeldes vorgenommen werden kann, zunächst im ausländischen Sitzstaat als Vollstreckungstitel anerkannt werden (Art 38 EuGVVO). Die dabei verstrichene Zeit ist, was die Vollstreckung und ihre Verjährung *im Inland* betrifft, schädlich, weil durch das Anerkennungsverfahren die inländische Vollstreckbarkeit des Ordnungsgeldes rechtlich nicht behindert wird, sondern (hätte es taugliche Vollstreckungsobjekte gegeben) hätte fortgesetzt werden können.[279] Ob das Anerkennungsverfahren den Eintritt der Vollstreckungsverjährung *für das betreffende Ausland* hemmt, ist eine Frage, die nicht der deutschen Gerichtsbarkeit unterliegt, sondern nach dem nationalen Verfahrensrecht des Anerkennungsstaates durch die dortigen Gerichte zu entscheiden ist.[280] Das Erfordernis eines gesonderten Anerkennungsverfahrens ist mit der EuGVVO weggefallen (Art 39 EuGVVO).[281]

167

Der Eintritt der Vollstreckungsverjährung ist **von Amts wegen** zu beachten.

168

---

273 BGH, MDR 2013, 675.
274 BGH, GRUR 2005, 269.
275 LG Düsseldorf, InstGE 6, 293 – Polyurethanhartschaum.
276 BGH, MDR 2013, 675.
277 OLG Düsseldorf, Urteil v 19.4.2012 – I-2 U 17/11.
278 BGH, MDR 2013, 675.
279 BGH, MDR 2013, 675.
280 BGH, MDR 2013, 675.
281 Zu Details der neuen Rechtslage vgl Hau, MDR 2015, 1417.

169 Er kann nicht mit einer **Vollstreckungsabwehrklage** nach § 767 ZPO, sondern nur mit der Erinnerung (§ 766 ZPO) eingewandt werden.[282]

6. Nachträgliche Unterlassungsverpflichtungserklärung

170 Spezielle Probleme ergeben sich, wenn der Gläubiger zB eine einstweilige Unterlassungsverfügung erwirkt hat und nach deren Zustellung eine Zuwiderhandlung des Schuldners feststellt. Leitet der Gläubiger daraufhin ein Ordnungsmittelverfahren ein, so erhält der Schuldner hierdurch Kenntnis von der Entdeckung seiner Zuwiderhandlung. Er kann dies zum Anlass nehmen, nunmehr Widerspruch gegen die einstweilige Verfügung zu erheben und zugleich eine mit der Beschlussverfügung inhaltsgleiche strafbewehrte Unterlassungsverpflichtungserklärung gegenüber dem Gläubiger abzugeben. Da die Unterlassungserklärung die Wiederholungsgefahr als materiell rechtliche Voraussetzung des titulierten Unterlassungsanspruchs ausräumt[283], ist der Gläubiger gezwungen, das Verfügungsverfahren für in der Hauptsache erledigt zu erklären.

171 Nach einem Teil der Rechtsprechung[284] und Literatur[285] scheidet damit jedoch die Verhängung eines Ordnungsmittels aus. Zur Begründung wird darauf verwiesen, dass der Sinn und Zweck der in § 890 Abs 1 ZPO vorgesehenen Ordnungsmittel nicht darin bestehe, den Schuldner für sein Verhalten in der Vergangenheit zu »bestrafen«, sondern ausschließlich darin liege, seinen entgegenstehenden Willen zu beugen, um zukünftig die Einhaltung der titulierten Unterlassungsverpflichtung sicherzustellen. Für Vollstreckungsmaßregeln nach § 890 Abs 1 ZPO sei deshalb (dieser Zielrichtung entsprechend) dann kein Raum, wenn der Unterlassungstitel zu dem Zeitpunkt, in welchem über den Ordnungsmittelantrag des Gläubigers zu entscheiden sei (als Folge einer übereinstimmenden Erledigungserklärung), keinen in die Zukunft wirkenden Bestand mehr habe. Mit dem Wegfall des Titels fehle es an einer fortgeltenden Unterlassungspflicht des Schuldners, der zuwidergehandelt werden könne, und folglich bestehe auch kein Anlass, den Willen des Schuldners durch Vollstreckungsmaßnahmen mit Wirkung für die Zukunft zu beeinflussen.

172 Dieser Auffassung ist zu widersprechen. Sie führt zu der unbefriedigenden Konsequenz, dass der Unterlassungsschuldner dem (noch nicht rechtskräftigen) gerichtlichen Verbot vorsätzlich zuwiderhandeln kann, ohne Sanktionen befürchten zu müssen. Sobald der Gläubiger Kenntnis von der Fortsetzung der Verletzungshandlungen erlangt hat, braucht der Schuldner dazu lediglich eine dem gerichtlichen Verbot entsprechende strafbewehrte Unterlassungserklärung abzugeben, durch die die Wiederholungsgefahr beseitigt wird. Der Gläubiger ist dadurch, um einer ansonsten drohenden Klageabweisung zu entgehen, gezwungen, den Rechtsstreit, in dem der Unterlassungstitel ergangen ist, für in der Hauptsache erledigt zu erklären, was dem Schuldner seinerseits die Möglichkeit eröffnet, sich der Erledigungserklärung anzuschließen. Wäre in einem solchen Fall die Festsetzung von Ordnungsmitteln ausgeschlossen, würde § 890 ZPO seiner Funktion, die Durchsetzung eines gerichtlich zuerkannten Unterlassungsanspruchs sicherzustellen, faktisch beraubt, und der Gläubiger gegenüber einem böswilligen Verletzer weitgehend rechtlos gestellt. Vollstreckungsmaßnahmen gegen den Schuldner würden daran scheitern, dass mit der übereinstimmenden Erledigungserklärung kein in die Zukunft gerichteter Titel mehr vorhanden ist; Ansprüche aus der strafbewehrten Unterlassungserklärung müssten außer Betracht bleiben, weil die Zuwiderhandlung des Schuldners zeitlich vor der Ver-

---

282 OLG Düsseldorf, Urteil v 19.4.2012 – I-2 U 17/11.
283 BGH, GRUR 1997, 379 – Wegfall der Wiederholungsgefahr II.
284 OLG Düsseldorf, GRUR 1987, 575 – Titelfortfall; OLG Düsseldorf, WRP 1988, 677.
285 Schuschke/Walker, § 890 Rn 13, mwN.

pflichtungserklärung stattgefunden hat und mithin außerhalb des sachlichen Anwendungs- und Geltungsbereiches der Erklärung liegt. Die herrschende Meinung[286] steht daher inzwischen zu Recht auf dem Standpunkt, dass die Ordnungsmittel des § 890 ZPO nicht nur den Willen des Schuldners beugen sollen, sondern gleichermaßen Strafcharakter für die erfolgte Missachtung der gerichtlichen Entscheidung besitzen. Bereits der präventive Zweck des Ordnungsmittelverfahrens ist hinreichend nur dann gewahrt, wenn Zuwiderhandlungen vor Eintritt der Hauptsacheerledigung nicht völlig sanktionslos bleiben, sondern die gemäß § 890 Abs 2 ZPO angedrohten Ordnungsmittel auch tatsächlich zur Folge haben. Erst recht verlangt der Gesichtspunkt der Bestrafung, dass Verstöße gegen einen gerichtlichen Unterlassungstitel für den Schuldner auch dann mit Konsequenzen verbunden sind, wenn der Titel im Anschluss an die Zuwiderhandlung aufgrund einer späteren (inhaltsgleichen) Unterwerfungserklärung seine Erledigung findet.[287]

173 Teilweise wird allerdings erwogen, dass die Möglichkeit zur Verhängung eines Ordnungsmittels nur dann besteht, wenn der Gläubiger seine Erledigungserklärung auf die Zeit nach Eintritt des erledigenden Ereignisses (dh Abgabe der strafbewehrten Unterlassungserklärung) begrenzt[288], weil bei einer zeitlich beschränkten Erledigungserklärung der Unterlassungstitel für die Vergangenheit – und damit für den Zeitpunkt der Zuwiderhandlung – als Vollstreckungsgrundlage erhalten bleibt. Dem hat sich auch der BGH[289] angeschlossen. Bleibt die Erledigungserklärung des Gläubigers **einseitig**, kommt eine Aufhebung des Ordnungsmittelbeschlusses für vor Erledigung begangene Zuwiderhandlungen grundsätzlich nicht in Betracht, so dass es auf eine zeitliche Befristung der Erklärung nicht ankommt.[290]

174 Die **Befristung** muss sich nicht notwendig aus dem Wortlaut der Erledigungserklärung selbst ergeben.[291] Rechtlich entscheidend ist – wie allgemein bei Verfahrens- und Willenserklärungen – der geäußerte Wille, bei dessen Erforschung die Begleitumstände genauso wie die Interessenlage mit in den Blick zu nehmen sind.[292] Im Zweifel gilt dasjenige als erklärt, was nach den Maßstäben der Rechtsordnung vernünftig ist und bei objektiver Betrachtung den recht verstandenen Interessen aller Beteiligten gerecht wird.[293]

175 – In Anwendung dieser Grundsätze hat der BGH[294] bereits zutreffend entschieden, dass eine vom Wortlaut her uneingeschränkte Erledigungserklärung nach den gesamten Umständen, unter denen sie abgegeben worden ist, als auf die Zeit nach Eintritt des erledigenden Ereignisses beschränkt anzusehen ist, wenn bei Zugang der Erklärung bereits ein Ordnungsmittelverfahren wegen Verstoßes gegen den für erledigt erklärten Unterlassungstitel anhängig war, welches – auch aus der Sicht des Schuldners – weiterverfolgt werden sollte. Gleiches gilt erst recht, wenn im Zeitpunkt der Erledigungserklärung bereits ein (ggf sogar rechtskräftiger) Ordnungsmittelbeschluss vorliegt und keine besonderen Anhaltspunkte dafür ersichtlich sind, dass der Gläubiger an seiner Durchsetzung kein Interesse mehr hat.[295]

---

286 Vgl die Nachweise bei OLG Hamm, NJW-RR 1990, 1086.
287 OLG Düsseldorf (20. ZS), Mitt 2001, 322, 323.
288 ZB Melullis, GRUR 1993, 241.
289 BGH, GRUR 2004, 264 – Euro-Einführungsrabatt.
290 BGH, WRP 2012, 829.
291 BGH, GRUR 2004, 264, 267 – Euro-Einführungsrabatt.
292 BGH, GRUR 2004, 264, 267 – Euro-Einführungsrabatt.
293 BGH, GRUR 2004, 264, 267 – Euro-Einführungsrabatt.
294 BGH, GRUR 2004, 264, 267 – Euro-Einführungsrabatt.
295 OLG München, GRUR-RR 2015, 87 – Treuebonus III; bestätigt durch BGH, GRUR 2016, 421 – Erledigungserklärung nach Gesetzesänderung.

176 — Häufig werden derart klare Begleitumstände freilich nicht vorhanden sein. Fehlt es an ihnen, sollte im Zweifel immer davon ausgegangen werden, dass die Erledigungserklärung lediglich zeitlich befristet erfolgt.²⁹⁶ Denn der Gläubiger hat im Allgemeinen keinen Anlass, auf wohlerworbene Rechtspositionen zu verzichten. Selbst wenn ihm Zuwiderhandlungen des Schuldners gegen den Unterlassungstitel noch nicht zur Kenntnis gelangt sind, besteht prinzipiell immer die Möglichkeit, dass solche demnächst noch zu Tage treten. Es liegt auf der Hand, dass der Gläubiger für diesen Fall imstande bleiben will, Zwangsvollstreckungsmaßnahmen gegen den Schuldner einzuleiten, was wiederum voraussetzt, dass der Unterlassungsanspruch nicht insgesamt für erledigt erklärt worden ist.²⁹⁷ Dem Gläubiger kann zB an einer schlichten Bestrafung des Schuldners gelegen sein, was mit Rücksicht darauf legitim ist, dass die Ordnungsmittel des § 890 ZPO anerkanntermaßen nicht nur eine zivilrechtliche Beugemaßnahme zur Vermeidung künftiger weiterer Verstöße darstellen (was im vorliegenden Zusammenhang wegen des eingetretenen Wirkungsverlustes bedeutungslos ist), sondern gleichermaßen einen repressiven, strafähnlichen Sanktionscharakter besitzen.²⁹⁸ Den Gläubiger können aber ebenso gut finanzielle Absichten umtreiben. Zwar wird ein gegen den Schuldner verhängtes Ordnungsgeld von Amts wegen zugunsten der Landeskasse beigetrieben. Der Gläubiger kann den Ordnungsmittelbeschluss gleichwohl in einen eigenen wirtschaftlichen Vorteil ummünzen, wenn es ihm gelingt, den Schuldner davon zu überzeugen, dass es für ihn günstiger ist, sich eine Rücknahme des Ordnungsmittelantrages dadurch zu »erkaufen«, dass er statt an die Landeskasse das festgesetzte Ordnungsgeld an den Gläubiger einen unterhalb des Ordnungsgeldes liegenden Betrag zahlt. Jedenfalls in Fällen eindeutiger Zuwiderhandlung ist eine dahingehende Einigung durchaus realistisch, weil mit der Rücknahme des Vollstreckungsantrages der Ordnungsmittelbeschluss (sofern er noch nicht rechtskräftig ist) analog § 269 Abs 3 Satz 1 ZPO wirkungslos wird.²⁹⁹

177 Wird die Hauptsache lediglich mit Wirkung für die Zukunft für erledigt erklärt und schließt sich der Schuldner dem an, liegt bloß eine teilweise übereinstimmende Erledigungserklärung vor. Sofern die Parteien keine weitergehenden Anträge stellen, ergeht allein eine Kostenentscheidung nach **§ 91a ZPO**.³⁰⁰ Für die Vergangenheit, für die der Unterlassungstitel als Vollstreckungsgrundlage bestehen bleibt, ist nur dann zusätzlich über dessen sachliche Berechtigung und Aufrechterhaltung (einschließlich der Kostentragung, § 91 ZPO) zu entscheiden, wenn die Parteien dies verlangen, indem der Kläger einen entsprechenden Feststellungsantrag stellt oder der Beklagte Feststellungswiderklage erhebt oder sich der Erledigungserklärung des Klägers nicht anschließt.³⁰¹

---

296 AA: OLG Frankfurt/Main, Mitt 2010, 321 (LS) – beschränkte Teilerledigungserklärung, welches verlangt, dass der Gläubiger (selbst bei bereits anhängigem Vollstreckungsantrag) in irgendeiner Form deutlich macht, dass er mit seiner Erledigungserklärung das Erkenntnisverfahren noch nicht als erledigt ansieht, sondern eine streitige Entscheidung über den verbliebenen Teil des Rechtsstreits dahingehend anstrebt, ob der Titel bis zum erledigenden Ereignis mit Recht bestanden hat.
297 BGH, GRUR 2004, 264, 266 – Euro-Einführungsrabatt.
298 BVerfG, GRUR 2007, 618 – Organisationsverschulden; BGH, GRUR 2004, 264, 267 – Euro-Einführungsrabatt.
299 OLG Düsseldorf, InstGE 9, 56 – Rücknahme des Ordnungsmittelantrages.
300 BGH, GRUR 2016, 421 – Erledigungserklärung nach Gesetzesänderung.
301 BGH, GRUR 2016, 421 – Erledigungserklärung nach Gesetzesänderung; OLG Frankfurt/Main, GRUR-RR 2018, 47 – Lagerkorn; anders: OLG Köln, GRUR 2014, 1032 – NACT-Studie.

7. Wahl und Höhe des Ordnungsmittels

Ob der vorgekommene Verstoß mit einem Ordnungsgeld oder mit Ordnungshaft sanktioniert wird und wie hoch diese festgesetzt werden, steht im Ermessen des Gerichts.[302] Der Antrag muss weder ein bestimmtes Ordnungsmittel (Geld oder Haft) benennen noch dessen Höhe bezeichnen.[303] Da die Ordnungsmittel sowohl Bestrafungscharakter haben als auch weiteren Zuwiderhandlungen wirksam vorbeugen sollen, sind bei der Bestimmung des richtigen Ordnungsmittels und dessen zu verhängende Höhe zu berücksichtigen[304]:

– Art, Umfang und Dauer des Verstoßes,

– der Grad des Verschuldens,

– der Vorteil des Verletzers aus der Zuwiderhandlung (»ein Titelverstoß soll sich nicht lohnen«),

– die Gefährlichkeit der begangenen und die Gefahr künftiger weiterer Verletzungshandlungen.

Im Allgemeinen wird bei einem erstmaligen Verstoß die Verhängung von Ordnungshaft nicht geboten sein, sondern Ordnungsgeld ausreichen. Aus der Doppelnatur der Ordnungsmittel folgt des Weiteren, dass Ordnungsgeld bzw Ordnungshaft (als reine Bestrafungsmaßnahmen) auch dann berechtigt sind, wenn die Gefahr weiterer Zuwiderhandlungen nach den Umständen des Falles ausnahmsweise ausgeschlossen werden kann. Allerdings werden sich solche Umstände mindernd auf die Höhe des Ordnungsmittels auszuwirken haben.[305] In diesem Sinne ist anerkannt, dass bei der Bemessung des Ordnungsgeldes eine zuvor wegen desselben Verstoßes bereits festgesetzte Vertragsstrafe strafmildernd zu berücksichtigen ist.[306] Soweit es um den strafähnlichen Charakter der Ordnungsmittel geht, sind die wirtschaftlichen Verhältnisse des Schuldners zu berücksichtigen, weil nur dann der im Strafrecht anerkannte Grundsatz der Opfergleichheit gewahrt ist. Bei der Ordnungsgeldfestsetzung (soweit sie der strafähnlichen Natur Rechnung zu tragen hat) *kann* hierzu wie bei der Verhängung einer Geldstrafe vorgegangen werden, indem zunächst anhand von Art, Umfang und Dauer des Verstoßes sowie dem Grad des Verschuldens die Zahl der Tagessätze festgelegt und danach der jedem einzelnen Tagessatz entsprechende Geldbetrag anhand der persönlichen und wirtschaftlichen Verhältnisse des Schuldners bestimmt wird.[307] Beide Werte miteinander multipliziert ergeben sodann das unter Strafgesichtspunkten zu verhängende Ordnungsgeld.

Die Dauer der **Ersatzordnungshaft** muss in einem angemessenen Verhältnis zum uneinbringlichen Ordnungsgeld stehen.[308] Ist nach dem Tagesgeldprinzip vorgegangen worden, kann für jeden Tagessatz ein Tag Ordnungshaft angesetzt werden.[309]

---

302 BGH, GRUR 2017, 318 – »Dügida«.
303 BGH, GRUR 2015, 511 – Kostenquote bei beziffertem Ordnungsmittelantrag.
304 BGH, GRUR 2004, 264 – Euro-Einführungsrabatt.
305 Nach OLG München (InstGE 5, 15 – Messeangebot ins Ausland II) kann nicht mildernd berücksichtigt werden, dass das Schutzrecht kurz vor seinem Erlöschen steht.
306 BGH, GRUR 2010, 355 – Testfundstelle.
307 BGH, GRUR 2017, 318 – »Dügida«.
308 BGH, GRUR 2017, 318 – »Dügida«.
309 BGH, GRUR 2017, 318 – »Dügida«.

185 Bleibt das verhängte Ordnungsmittel deutlich[310] unterhalb einer vom Gläubiger genannten Mindestsumme, führt dies zu einer **teilweisen Zurückweisung** des Zwangsvollstreckungsantrages und zu einer dementsprechenden Kostenquote[311] zu Lasten des Gläubigers (§§ 891 Satz 3, 92 Abs 1 Satz 1 ZPO). Das gilt auch dann, wenn der Ordnungsmittelantrag als solcher zwar unbeziffert gestellt, in der Begründung jedoch ein Mindestbetrag für das Ordnungsgeld genannt wird.[312] Gleich zu behandeln ist der Fall, dass für den unbezifferten Antrag mehrere Zuwiderhandlungen zur Begründung angeführt werden, das Gericht jedoch nicht sämtliche angeblichen Verstöße feststellen kann und/oder für relevant hält.[313] Bleiben infolgedessen nicht nur untergeordnete Zuwiderhandlungen außer Betracht, wird der Ordnungsmittelantrag – mit entsprechender Kostenquote – ebenfalls zum Teil zurückzuweisen sein. In solchen Fällen muss der **Gläubiger** seinerseits sofortige **Beschwerde**[314] mit dem Ziel der Verhängung eines höheren Ordnungsgeldes einlegen, egal, ob sich seine »Beschwer« aus der Erstentscheidung oder aus dem Nichtabhilfebeschluss des Landgerichts ergibt. Dessen bedarf es auch dann, wenn es auf die Beschwerde des Schuldners hin zwar bei dem anfänglich verhängten Ordnungsgeld verbleibt, eine wesentliche von mehreren streitgegenständlichen Verstößen (zB eine abgewandelte Ausführungsform) jedoch im Nichtabhilfebeschluss nicht mehr als Zuwiderhandlung beurteilt wird.

8. Insolvenz des Schuldners

186 Gerät der Schuldner in Insolvenz[315], so ist streitig, ob ein zu diesem Zeitpunkt laufendes Verfahren auf *Verhängung* eines Ordnungsmittels[316] nach Maßgabe des § 240 ZPO unterbrochen wird. Teilweise wird solches mit der Erwägung verneint, dass ein Vollstreckungsverfahren von Natur aus keine Unterbrechung dulde und das Gesetz in den Vorschriften zum Zwangsvollstreckungsrecht selbst abschließend diejenigen Voraussetzungen festlege, unter denen eine Zwangsvollstreckung (ausnahmsweise) nicht stattfinde. Diese Regelungen würden unterlaufen, wenn auch die Eröffnung des Insolvenzverfahrens über das Vermögen des Schuldners – unter Berufung auf die allgemeine Vorschrift des § 240 ZPO – zur Aussetzung der Vollstreckung führen würde.[317]

187 Ein vor Eröffnung des Insolvenzverfahrens bereits *festgesetztes* Ordnungsgeld kann in jedem Fall nicht mehr beigetrieben werden. Es handelt sich um eine nachrangige Insolvenzforderung im Sinne von § 39 Abs 1 Nr 3 InsO, die allerdings nur dann zur Tabelle angemeldet werden muss, wenn das Insolvenzgericht (nicht der Insolvenzverwalter!) hierzu besonders auffordert (§ 174 Abs 3 InsO).

---

310 Bei einer nur geringfügigen Unterschreitung der Mindestsumme ist es zwar nicht zwingend, aber regelmäßig angemessen, die Kosten nach §§ 891, 92 Abs 2 Nr 2 ZPO vollständig dem Schuldner aufzuerlegen.
311 Wegen § 99 Abs 1 ZPO ist die Kostenentscheidung nicht isoliert anfechtbar: OLG Düsseldorf, Beschluss v 10.6.2013 – I-2 W 22/13; BGH, GRUR 2015, 511 – Kostenquote bei beziffertem Ordnungsmittelantrag.
312 BGH, GRUR 2015, 511 – Kostenquote bei beziffertem Ordnungsmittelantrag; OLG Köln, BeckRS 2013, 11184; KG, WRP 2005, 1033 (LS); aA: OLG Hamm, GRUR 1984, 83. Um dem auszuweichen, empfiehlt es sich freilich nicht, auf die Nennung eines Mindestbetrages zu verzichten, weil der Gläubiger in einem solchen Fall, egal wie gering das verhängte Ordnungsgeld ausfällt, nicht mehr beschwert ist und deswegen auch kein eigenes Beschwerderecht hat, um im Rechtsmittelzug ein höheres Ordnungsgeld durchsetzen zu können.
313 OLG Frankfurt/Main, GRUR-RR 2018, 223 – Anruf-Linientaxi.
314 … zumindest Anschlussbeschwerde.
315 Ein vorläufiges Insolvenzverfahren mit der Anordnung eines bloßen Zustimmungsvorbehaltes ist kein Unterbrechungsgrund (BGH, NJW 1999, 2822).
316 Gleiches gilt für ein Zwangsmittelverfahren nach § 888 ZPO.
317 Vgl LG Düsseldorf, InstGE 3, 229 – Verhütungsmittel, mwN zum Streitstand.

Befindet sich nur die Gesellschaft in Insolvenz, nicht dagegen deren mit verurteilter **188**
Geschäftsführer oder Vorstand, so kann die Zwangsvollstreckung, soweit das gegen den
Geschäftsführer oder Vorstand persönlich ausgebrachte Ordnungsmittel betroffen ist,
ungehindert fortgesetzt werden.

9. Ausländischer Schuldner

Ist der Beklagte eine ausländische Partei[318], verbieten sich aus Gründen der staatlichen **189**
Souveränität jedwede Maßnahmen der Zwangsvollstreckung eines deutschen Gerichts *im
Ausland*.[319] Als Vollstreckungsakt werden dabei nicht erst die Verhängung eines Ordnungsgeldes und dessen Beitreibung angesehen, sondern bereits die nach § 890 Abs 2
ZPO erforderliche Ordnungsmittelandrohung. Sämtliche vorgenannten Maßnahmen
haben deswegen grundsätzlich zu unterbleiben, wenn Beklagter/Schuldner eine ausländische Partei ist. Abweichendes gilt nur dann, wenn völkerrechtliche Übereinkommen
anderes bestimmen. Dies ist im Geltungsbereich der EuGVVO wegen dessen Art 55 (=
Art 49 VO 44/2001) der Fall. Die Vorschrift bestimmt, dass ausländische Entscheidungen, die auf Zahlung eines Zwangsgeldes lauten, im Vollstreckungsmitgliedstaat vollstreckbar sind, wenn die Höhe des Zwangsgeldes durch die Gerichte des Ursprungsmitgliedstaates endgültig festgesetzt ist. Wird die Verhängung eines Ordnungsgeldes – wofür
vieles spricht – als Anordnung zur Zahlung von Zwangsgeld iSd **Art 55 EuGVVO** verstanden, so sind deshalb Ordnungsgeldbeschlüsse zulässig. Daraus folgt, dass erst recht
ihre – wenn auch der Höhe noch unbestimmte – Androhung möglich ist.[320] Die Verhängung von Ordnungshaft (und ihre Androhung) ist demgegenüber nicht gestattet.

Seit dem 21.10.2005 stellt die EuVTVO eine weitere, vereinfachte Vollstreckungsmöglichkeit bereit, indem für unbestrittene Forderungen in einer Zivil- oder Handelssache **190**
die Bestätigung des nationalen Titels als **europäischer Vollstreckungstitel** beantragt
werden kann, der sogleich und ohne Exequaturverfahren in allen anderen Mitgliedstaaten
der EU direkt vollstreckbar ist. Ein Vorgehen nach der EuVTVO kommt auch für den
Gläubiger in Betracht, der einen – national von Amts wegen zu vollstreckenden – Ordnungsgeldbeschluss gegen einen Ausländer erwirkt hat.[321]

Wo Sonderbestimmungen wie Art 55 EuGVVO oder die Vorschriften der EuVTVO **191**
fehlen, bleiben Zwangsvollstreckungsmaßnahmen gegen einen ausländischen Schuldner
lediglich dann zulässig, wenn die Vollstreckungswirkungen ausschließlich im Inland
stattfinden, zB indem Zwang auf den Schuldner im Inland ausgeübt wird, um eine Duldung im Ausland zu erreichen.[322] Für die praktische Handhabung sind unterschiedliche
Konstellationen denkbar:

War der **Beklagte** im Verletzungsprozess **anwaltlich vertreten**, so sind die die Ordnungsmittelandrohung enthaltende Entscheidung ebenso wie alle weiteren Schriftsätze **192**
und Beschlüsse im anschließenden Zwangsvollstreckungsverfahren an den im Erkenntnisverfahren bestellten Anwalt des Beklagten zuzustellen (§ 172 Abs 1 ZPO). An ihn
können Zustellungen auch dann noch bewirkt werden, wenn das Mandat zum Beklagten
beendet ist.[323] Dies folgt aus § 87 Abs 1 ZPO, der bestimmt, dass die Prozessvollmacht

---

318 Der Gläubiger eines Ordnungsmittelbeschlusses hat kein rechtlich schützenswertes Interesse an der
Anerkennung eines derartigen Beschlusses als europäischer Vollstreckungstitel nach EG-VO 805/
2004 (OLG München, GRUR-RR 2009, 324 [LS]).
319 BGH, MDR 2010, 51.
320 BGH, MDR 2010, 51.
321 BGH, GRUR 2010, 662 – Ordnungsmittelbeschluss.
322 BGH, MDR 2010, 51.
323 Vgl nur Zöller, § 172 ZPO Rn 9, mwN.

im Anwaltsprozess nicht bereits durch Kündigung des Mandatsverhältnisses erlischt, sondern erst dadurch zum Erliegen kommt, dass sich für die Partei ein neuer Anwalt bestellt. Bis dahin ist der ursprünglich mandatierte Anwalt standesrechtlich verpflichtet, ihm gemäß § 172 ZPO zugestellte Schriftstücke an seine Partei weiterzuleiten. Mit Rücksicht auf die geschilderte Rechtslage finden sämtliche Zustellungen, die als Maßnahmen der Zwangsvollstreckung aufgefasst werden könnten, im Inland statt. Bis zum Beschluss über die Festsetzung von Ordnungsmitteln können deswegen alle Anordnungen in gleicher Weise ergehen wie gegenüber einem deutschen Schuldner. Die anschließende Vollziehung (Beitreibung) eines festgesetzten Ordnungsmittels verbietet sich allerdings, soweit sie im Ausland vorzunehmen wäre. Hierzu bedarf es einer Anerkennung des erstrittenen Titels im Heimatland des Schuldners, weil erst sie die Möglichkeit schafft, das Ordnungsmittel aufgrund der dortigen Vorschriften der Zwangsvollstreckung durchsetzen zu lassen.[324] Kennt das nationale Recht des Schuldners die zum Zwecke der Vollstreckung anzuerkennende Maßnahme selbst nicht, hat das für die Anerkennung angerufene Gericht auf der Grundlage seines innerstaatlichen Rechts eine vergleichbare Zwangsmaßnahme anzuordnen oder, wenn eine solche nicht vorgesehen ist, eine Maßnahme anzuordnen, die die Befolgung des Titels in gleichwertiger Weise gewährleistet.[325] Zulässig bleiben Beitreibungsmaßnahmen, die sich auf das Inland beschränken, zB Pfändungsmaßnahmen gegen den Schuldner, wenn und sobald sich dieser (anlässlich einer Messe oder dergleichen) wieder im Inland aufhält.

193 Eigentlich problematisch sind diejenigen Fälle, bei denen der **Schuldner** in dem Vollstreckungstitel zugrunde liegenden Erkenntnisverfahren **anwaltlich nicht vertreten** war. Zu denken ist namentlich an Versäumnisurteile oder Beschlussverfügungen gegen eine ausländische Partei. Hier hat die Zustellung der Ordnungsmittelandrohung und des Ordnungsmittelbeschlusses im Ausland zu erfolgen. Werden darin Maßnahmen der Zwangsvollstreckung gesehen, haben bereits sie wegen des mit ihnen verbundenen Eingriffs in fremde Hoheitsrechte zu unterbleiben. Der Gläubiger ist aufgrund dessen gehalten, die Voraussetzungen für eine Zwangsvollstreckung des titulierten Anspruchs (zB auf Unterlassung) im Heimatland des Schuldners zu schaffen.[326] Für den europäischen Raum existiert allerdings eine wichtige Ausnahme: Für die Zustellung eines Strafbefehls erklärt § 37 Abs 1 StPO die Vorschriften der ZPO für entsprechend anwendbar. Einschlägig ist mithin auch § 183 Abs 5 ZPO, der die Zustellung durch Einschreiben mit Rückschein nach Maßgabe der EG-Zustellungsverordnung Nr 1393/2007 vom 13.11.2007 zulässt. Kann sogar ein Strafbefehl im EG-Ausland zugestellt werden, so gilt gleiches erst recht für die Androhung und Festsetzung von Ordnungsmitteln, die nicht (wie ein Strafbefehl) ausschließlich, sondern lediglich unter anderem Sanktionscharakter haben.

III. Zwangsmittelverfahren

1. Allgemeines und Verfahrensfragen

194 Kommt der Beklagte seiner Verpflichtung zur Auskunftserteilung und/oder Rechnungslegung nicht oder nicht vollständig nach[327], hat der Kläger die Möglichkeit, zur Durch-

---

324 Vgl BGHZ 131, 141 = NJW 1996, 198 = Mitt 1996, 253.
325 Vgl EuGH, GRUR 2011, 518 – DHL Express France/Chronopost (zu einem EU-weiten Verbot aus einer Gemeinschaftsmarke).
326 Vgl BGHZ 131, 141.
327 Im Rahmen des Vollstreckungsverfahrens ist der Erfüllungseinwand des Schuldners zu prüfen, vgl BGH, VersR 2007, 1081. Genauso beachtlich ist der Einwand der Unmöglichkeit, und zwar auch dann, wenn die Unmöglichkeit der Rechnungslegung selbst verschuldet ist (BGH, GRUR 2009, 794 – Auskunft über Tintenpatronen).

setzung seines Anspruchs beim Landgericht – als dem Prozessgericht erster Instanz – die Festsetzung eines Zwangsmittels nach § 888 ZPO[328] zu beantragen.[329] § 887 ZPO ist nicht einschlägig.[330] Der Antrag ist auch dann zulässig, wenn der Aufenthalt des Schuldners nicht bekannt ist und an ihn deswegen schon im Erkenntnisverfahren öffentlich zugestellt worden ist.[331]

Als Zwangsmittel kommen Zwangsgeld (bis zu 25.000 €[332]) oder Zwangshaft (bis zu sechs Monaten[333]) in Betracht. Ihre Höhe muss vom Gläubiger bei der Antragstellung nicht angegeben werden. Allerdings sollte die Begründung – wie beim Schmerzensgeld – im eigenen Interesse des Gläubigers einen Orientierungswert liefern, damit sich für den Fall einer etwaigen späteren Rechtsmittels die Beschwer rechtfertigen lässt. **Bemessungsfaktoren** für das im Einzelfall zu verhängende Zwangsgeld sind das objektive wirtschaftliche Interesse des Gläubigers an der Auskunft, die Hartnäckigkeit, mit der der Schuldner die Erfüllung seiner Pflicht verweigert[334] sowie die finanzielle Leistungsfähigkeit des Schuldners.[335] Die Zwangsgeldhöhe ist nicht durch den wirtschaftlichen Wert der unzureichend mitgeteilten Rechnungslegungsposition gedeckt.[336] 195

Durch die Zahlung des festgesetzten Zwangsgeldes kann sich der Schuldner seiner Verpflichtung zur Rechnungslegung nicht entledigen. Das Zwangsmittel kann vielmehr wiederholt verhängt werden, und zwar so lange, bis der titulierte Rechnungslegungsanspruch restlos erfüllt ist. Eine Zwangsvollstreckung gegen eine ausländische Partei im **Ausland** kommt aus den unter Kap H Rdn 189 ff dargelegten Gründen nicht in Betracht. 196

Zur Erfüllung des Rechnungslegungsanspruchs, der sich gegen eine **juristische Person** richtet, ist derjenige gesetzliche Vertreter berufen, der zum Zeitpunkt der zu erfüllenden Pflicht Organ der Gesellschaft ist. Sofern neben der Gesellschaft auch deren **Geschäftsführer persönlich** mitverurteilt ist, umfasst dessen Pflicht zur Auskunftserteilung grundsätzlich auch solche Verletzungshandlungen, die er in anderer Funktion (zB als Einzelkaufmann oder als Geschäftsführer einer weiteren GmbH) vorgenommen hat.[337] Anders als im Ordnungsmittelverfahren[338] unterliegt die Verhängung von Zwangsmitteln gegen den mitverurteilten Geschäftsführer mit Rücksicht auf seine ausschließliche Tätigkeit als Vertretungsorgan der Gesellschaft keinen Restriktionen.[339] Er ist schon deshalb stets selbst zu belangen, weil er (notfalls eine Null-)Auskunft dazu schuldet, ob er ggf in eigener Person oder für ein anderes Unternehmen rechnungslegungspflichtige Handlungen vorgenommen hat. 197

Der dem Zwangsmittelantrag stattgebende Beschlusstenor lautet beispielsweise wie folgt: 198

---

328 BGH, GRUR 2009, 794 – Auskunft über Tintenpatronen.
329 BGH, GRUR 2015, 1248 – Tonerkartuschen. Bleibt das LG unangemessen lange untätig, ist als außerordentlicher Rechtsbehelf eine Untätigkeitsbeschwerde an das OLG zulässig (vgl OLG Schleswig, MDR 2009, 1065).
330 LG Düsseldorf, InstGE 7, 188 – Vollstreckung der Rechnungslegung; BGH, MDR 2008, 391; BGH, NJW 2006, 2706 (zur Erteilung einer Betriebskostenabrechnung), anders bei Verurteilung zur Erteilung eines Buchauszuges (§ 887 ZPO): BGH, VersR 2007, 1081; OLG Karlsruhe, MDR 2015, 169.
331 BGH, NJW 2013, 2906 – Zwangsmittelfestsetzung.
332 § 888 Abs 1 Satz 2 ZPO.
333 §§ 888 Abs 1 Satz 3, 913 ZPO.
334 OLG Karlsruhe, MDR 2000, 229; Thüringer OLG, FamRZ 2013, 656.
335 OLG Düsseldorf, Beschluss v 29.8.2013 – I-2 W 28/13.
336 OLG Düsseldorf, Beschluss v 29.8.2013 – I-2 W 28/13.
337 OLG Düsseldorf, GRUR-RR 2012, 406 – Nullauskunft; zustimmend: OLG Frankfurt/Main, GRUR-RR 2015, 408 – Zwangsgeld gegen Geschäftsführer.
338 Vgl BGH, GRUR 2012, 541 – Titelschuldner im Zwangsvollstreckungsverfahren.
339 OLG Frankfurt/Main, GRUR-RR 2015, 408 – Zwangsgeld gegen Geschäftsführer.

| 199 | Praxistipp | Formulierungsbeispiel |

1. Die Schuldner[340] werden durch ein Zwangsgeld von jeweils 15.000 €, ersatzweise 1 Tag Zwangshaft für je 1.500 €, wobei die Zwangshaft hinsichtlich der Schuldnerin zu 1. (= GmbH) an ihrem Geschäftsführer ...[341] zu vollziehen ist, dazu angehalten, dem Gläubiger entsprechend dem Urteil der Kammer vom ... Rechnung zu legen.
2. Das Zwangsmittel darf nicht vor Ablauf von drei Wochen nach Zustellung dieses Beschlusses an die Schuldner vollstreckt werden.[342]
3. Die Kosten der Zwangsvollstreckungsverfahren haben die Schuldner zu tragen.
4. Der Gegenstandswert für das Verfahren gegen jeden der Schuldner wird auf 25.000 € festgesetzt.[343]

200 Anders als beim Ordnungsgeld wird das festgesetzte Zwangsmittel nicht von Amts wegen beigetrieben. Verantwortlich hierfür ist – obwohl auch das Zwangsgeld der Landeskasse zufällt – der Gläubiger. Ihm stehen sämtliche Möglichkeiten der Zwangsvollstreckung wegen einer Geldforderung zu Gebote, zB die Pfändung von Sachen, Forderungen oder gewerblichen Schutzrechten(!)[344] des Schuldners. Zum Verfahren bei nachträglicher Aufhebung des Vollstreckungstitels vgl die obigen Ausführungen zum Ordnungsmittelverfahren.

201 Der Zwangsmittelbeschluss ist innerhalb einer Notfrist von zwei Wochen (die mit der Zustellung zu laufen beginnt) mittels der **sofortigen Beschwerde** anfechtbar (§§ 793, 567 ff ZPO). Ihr kann sich der Beschwerdegegner (unselbständig) anschließen. Geschieht dies, können von ihm weitergehende Ansprüche allerdings nur gegen den Beschwerdeführer, aber nicht gegen eine entweder am gesamten Zwangsmittelverfahren oder am Beschwerdeverfahren nicht beteiligte Person verfolgt werden.[345]

---

340 ZB eine GmbH und ihr Geschäftsführer, wenn sich das zugrunde liegende Urteil gegen beide richtet.
341 Der betreffende Geschäftsführer ist namentlich zu bezeichnen; bei mehreren Vertretungsorganen steht dem Gläubiger das Wahlrecht zu, was bedingt, dass er sich dazu erklärt, gegen welchen der gesetzlichen Vertreter eine Zwangshaft vollstreckt werden soll.
342 Durch diesen – möglichen und zumindest im Rahmen des ersten Zwangsmittelverfahrens auch gebräuchlichen – Vorbehalt wird den Schuldnern eine letzte Frist zur Anfertigung oder Vervollständigung ihrer Rechnungslegung eingeräumt. Er führt nicht zu einer gemäß § 888 Abs 2 ZPO unzulässigen Androhung von Zwangsmitteln (BGH, GRUR 2009, 794 – Auskunft über Tintenpatronen). Die Frist muss nicht so lang bemessen sein, dass der Schuldner Gelegenheit hat, die komplette Rechnungslegung zu erstellen; vielmehr geht es darum, letzte Angaben zu vervollständigen. Allenfalls bei einem völlig offenen Verfahrensausgang kann es angemessen sein, die Nachholfrist so weit zu erstrecken, dass der Schuldner die gesamten Rechnungslegungsangaben erst im Anschluss an den Zwangsgeldbeschluss zu ermitteln und zusammenzustellen hat. Im Beschwerdeverfahren besteht dazu jedenfalls dann kein Anlass, wenn das Landgericht ein Zwangsmittel verhängt hat. Ein Schuldner, der gleichwohl keine Anstrengungen zur Rechnungslegung unternimmt, sondern die Beschwerdeentscheidung abwartet, handelt auf eigenes Risiko (OLG Düsseldorf, GRUR-RR 2013, 273 – Scheibenbremse).
343 Da mit dem Zwangsmittelantrag der Anspruch auf Rechnungslegung durchgesetzt werden soll, entspricht der Gegenstandswert demjenigen Teil des Streitwertes im Erkenntnisverfahren, der auf den Rechnungslegungsanspruch entfällt. Im Allgemeinen ist dies 1/5 des im Erkenntnisverfahren festgesetzten Gesamtstreitwertes.
344 BGH, GRUR 1994, 602, 603 – Rotationsbürstenwerkzeug; zu Einzelheiten vgl Eigen, Zwangsvollstreckung in gewerbliche Schutzrechte, 2012.
345 OLG Düsseldorf, Beschluss v 14.3.2013 – I-2 W 4/13.

Die Einlegung der Beschwerde hat **Suspensivwirkung** (§ 570 Abs 1 ZPO), bis das Beschwerdeverfahren (ggf einschließlich eines etwaigen Verfahrens nach § 321a ZPO) beendet ist.[346]   202

Hat die Beschwerde überwiegend Erfolg, kann die **Gerichtsgebühr** für das Beschwerdeverfahren erlassen oder ermäßigt werden (KV Nr 2121 zum GKG).   203

Im Beschwerdeverfahren scheidet eine **reformatio in peius** zum Nachteil des Rechtsmittelführers aus. Verboten ist insofern nicht nur eine betragsmäßige Erhöhung des Zwangsgeldes, sondern ebenso, auf eine Schuldnerbeschwerde einen Teil der ursprünglich herangezogenen Rechnungslegungsmängel fallen zu lassen und das festgesetzte Zwangsgeld mit dem Hinweis aufrecht zu erhalten, die übrig gebliebenen Unzulänglichkeiten rechtfertigten das Zwangsgeld, weil die ursprünglich vorgenommene Bemessung zu milde gewesen sei. Hat das Landgericht einen Zwangsmittelantrag zu Unrecht als unzulässig zurückgewiesen, steht das Verschlechterungsverbot keiner Beschwerdeentscheidung entgegen, die den Antrag stattdessen (und richtigerweise) als unbegründet zurückweist.[347]   204

Andererseits ist eine Herabsetzung des vom Landgericht verhängten Zwangsmittels geboten, wenn der Schuldner **während des Beschwerdeverfahrens ergänzende Angaben** macht, die die Beanstandungen in einem Maße ausräumen, dass zur Einwirkung auf den Schuldner nur noch ein reduziertes Zwangsgeld gerechtfertigt ist.   205

| **Praxistipp** | Formulierungsbeispiel | 206 |

Bisweilen sind die Gerichte bei der Verhängung eines spürbaren (dh den Schuldner in geeigneter Weise motivierenden) Zwangsmittels unangemessen zurückhaltend, indem zB nur ein geringes Zwangsgeld festgesetzt oder mehrfach hintereinander Zwangsgelder anstelle der längst fälligen Zwangshaft angeordnet werden. In solchen Fällen empfiehlt es sich für den Gläubiger, ebenfalls Beschwerde gegen den Zwangsmittelbeschluss einzulegen mit dem Antrag, ein empfindlicheres Zwangsgeld (dessen Mindesthöhe angegeben werden sollte) oder Zwangshaft anstelle von Zwangsgeld zu verhängen.

Relevant für eine eigene Gläubigerbeschwerde sind darüber hinaus alle diejenigen Fälle, in denen das Landgericht eine Unvollständigkeit der Rechnungslegung zu verschiedenen Positionen oder in Bezug auf eine abgewandelte Ausführungsform verneint und somit auf der Grundlage weniger umfassender Versäumnisse des Schuldners zu dem festgesetzten niedrigen Zwangsgeld gelangt ist. Hier eröffnet die Beschwerde dem Gläubiger die Möglichkeit, seinen Standpunkt vom Umfang der Rechnungslegungsmängel in der Beschwerdeinstanz zur Überprüfung zu stellen. Besonders zu beachten ist, dass zuweilen erst im Nichtabhilfeverfahren der eine oder andere Vorwurf unzureichender Rechnungslegung vom Landgericht fallen gelassen wird. Selbst wenn das verhängte Zwangsgeld gleich bleibt, kann es sich der Sache nach trotzdem um eine teilweise Abhilfe der Beschwerde des Schuldners verbunden mit einer teilweisen Zurückweisung des Zwangsmittelantrages handeln.[348] Nur wenn der Gläubiger in die-

---

346 BGH, MDR 2011, 1503; BGH, BeckRS 2012, 12382. Für das Rechtsbeschwerdeverfahren erklärt § 575 Abs 5 ZPO die Vorschrift des § 570 Abs 1 ZPO für entsprechend anwendbar.
347 BGH, GRUR 2018, 219 – Rechtskraft des Zwangsmittelbeschlusses.
348 OLG Düsseldorf, Beschluss v 27.6.2012 – I-2 W 14/12.

> ser Situation selbst Beschwerde (oder Anschlussbeschwerde[349]) einlegt, hat er die Möglichkeit, vor dem Beschwerdegericht mit denjenigen Mängeln der Rechnungslegung zu argumentieren, derentwegen sich das Landgericht geweigert hat, ein Zwangsmittel festzusetzen.
>
> Derjenige Gläubiger, der im Zwangsmittelverfahren kein Stehvermögen zeigt und vorschnell aufgibt, wird im anschließenden Höheverfahren die schmerzlichen Konsequenzen zu tragen haben, weil dort *er* die volle Darlegungs- und Beweislast für alle Zahlen trägt, die den von ihm herausverlangten Verletzergewinn ergeben.

207 Soll nach Rechtskraft des Zwangsmittelbeschlusses geltend gemacht werden, dass nunmehr umfassend Rechnung gelegt sei, hat der Schuldner eine **Vollstreckungsgegenklage** zu erheben (§ 767 ZPO), die zweckmäßigerweise mit einem Antrag auf einstweilige Einstellung der Zwangsvollstreckung aus dem rechtskräftigen Zwangsmittelbeschluss (§ 769 ZPO) kombiniert wird.[350] Ihr steht die Rechtskraft der Entscheidungen im Zwangsmittelverfahren nicht entgegen, weil die entschiedene Frage einer Nichtvornahme der geschuldeten unvertretbaren Handlung eine bloße Vorfrage darstellt, die an der Rechtskraftwirkung nicht teilnimmt.[351] Die Frage, ob ordnungsgemäß Rechnung gelegt wurde, ist deshalb im Rahmen der Abwehrklage eigenständig und ohne Bindung an die Erkenntnisse des vorausgegangenen Zwangsmittelverfahrens zu beruteilen, und zwar nicht nur dann, wenn es um eine im Nachgang zum Zwangsmittelverfahren gegeben Auskunft geht, sondern genauso dann, wenn es um dieselbe Rechnungslegung geht, die bereits Gegenstand des Zwangsmittelverfahrens war. Letzteres hat insofern Bedeutung, als mit der Vollstreckungsabwehrklage der Rechtsweg zum BGH eröffnet sein kann, was im Zwangsmittelverfahren nicht der Fall ist, wenn das Beschwerdegericht die Rechtsbeschwerde nicht ausnahmsweise zugelassen hat.

208 Auch wenn im vorausgegangenen Zwangsmittelverfahren bereits darüber gestritten wurde, ob eine bestimmte Rechnungslegung als Erfüllung der titulierten Pflicht anzuerkennen ist, kann, wenn die Parteien sich insoweit uneins sind, ein rechtliches Interesse der Parteien dafür anerkannt werden, dies im Wege einer **Feststellungsklage** (§ 256 Abs 1 ZPO) über die Reichweite des Titels im ordentlichen Rechtsweg klären zu lassen.[352]

209 Eine – einseitige oder übereinstimmende – **Erledigungserklärung** ist im Zwangsmittelverfahren möglich. Sie ist angebracht, wenn der Rechnungslegungsanspruch (ganz oder teilweise) erst während des Vollstreckungsverfahrens erfüllt wird[353] und führt zu einem Feststellungsausspruch über die Zulässigkeit und Begründetheit des ursprünglichen Vollstreckungsbegehrens bzw zu einer Kostenentscheidung nach § 91a ZPO.[354]

---

349 Sie ist nicht fristgebunden und deshalb bis zum Abschluss des Beschwerdeverfahrens möglich und sie kann, auch wenn das Beschwerdeverfahren bereits an das Beschwerdegericht abgegeben worden ist, bis zuletzt beim Ausgangsgericht eingelegt werden (BGH, GRUR 2013, 1071 – Umsatzangaben). Die Anschlussbeschwerde setzt – wie die Anschlussberufung – auch keine eigene Beschwer voraus und kommt deshalb auch dann in Betracht, wenn der Gläubiger im erstinstanzlichen Verfahren vollständig obsiegt hat. Erstmals im Beschwerdeverfahren können daher neue Zuwiderhandlungen/Rechnungslegungsmängel reklamiert oder – auf gleicher oder ergänzter Tatsachengrundlage – ein höheres Ordnungs- oder Zwangsmittel angestrebt werden.
350 Entscheidungen nach § 769 ZPO sind unanfechtbar (OLG München, MDR 2011, 1321, mwN).
351 BGH, GRUR 2018, 219 – Rechtskraft des Zwangsmittelbeschlusses.
352 BGH, GRUR 2018, 219 – Rechtskraft des Zwangsmittelbeschlusses.
353 … was noch nicht der Fall ist, wenn die Rechnung im Rahmen der Durchsetzung eines nur vorläufig vollstreckbaren Urteils gelegt wird.
354 OLG Stuttgart, MDR 2010, 1078.

2. Wiederholter Zwangsmittelantrag

Ein weiterer (zweiter, dritter, etc) Zwangsmittelantrag wegen Nichtvornahme derselben Auskunft ist nur zulässig, wenn das bereits festgesetzte Zwangsmittel gegen den Schuldner ergebnislos vollstreckt worden ist, ohne dass dieser – vollständig – Rechnung gelegt hat.[355] Solange dies nicht geschehen ist, fehlt einem neuerlichen Zwangsmittelantrag des Gläubigers das Rechtsschutzbedürfnis. Die Vollstreckung des verhängten Zwangsgeldes muss nicht nur begonnen, sondern vollständig durchgeführt sein. Die bloße Pfändung eines Gesellschaftsanteils gemäß §§ 857, 829 ZPO ist deshalb unzureichend, wenn der gepfändete Gegenstand nicht anschließend (insbesondere durch Überweisung zur Einziehung) auch verwertet worden ist.[356] Es ist also nicht möglich, Zwangsmittelbeschlüsse gegen den Schuldner zu »sammeln«.

210

3. Zwangshaft gegen juristische Personen

Handelt es sich bei dem oder bei einem der Schuldner um eine juristische Person (zB GmbH) oder eine Handelsgesellschaft (zB oHG), ist eine gegen sie festgesetzte Zwangshaft an deren gesetzlichem Vertreter (zB Geschäftsführer) zu vollstrecken. Das gilt auch für eine etwaige Ersatzzwangshaft wegen Uneinbringlichkeit des Zwangsgeldes.

211

Bei **mehreren Geschäftsführern** erfolgt die Haftanordnung nicht kumulativ gegen sämtliche oder gegen mehrere von ihnen, sondern immer nur – stellvertretend für die Schuldnerin – gegen *einen* von ihnen, wobei dem Gläubiger das freie[357] Wahlrecht zusteht. Dementsprechend hat sich der Gläubiger bereits in seinem Zwangsgeldantrag, spätestens jedoch bis zur gerichtlichen Beschlussfassung, verbindlich darüber zu erklären, welches der zur Auswahl stehenden – namentlich zu benennende – Vertretungsorgan für die Zwangshaft einstehen soll.[358] Dies gilt sowohl für die Ersatz- als auch für eine originär verhängte Zwangshaft. Geschieht die Benennung nicht, ist von der Anordnung einer Zwangs- oder Ersatzzwangshaft allein deswegen abzusehen, selbst wenn dessen Verhängung im Übrigen gerechtfertigt sein sollte. Die (im Zusammenhang mit der Auskunfts- und Rechnungslegungsverurteilung an sich überflüssige[359] und in der Praxis auch nicht gebräuchliche) Androhung von Zwangs- oder Ersatzzwangshaft bedarf keiner namentlichen Auswahl; die Androhung kann vielmehr dahin gehend formuliert werden, dass eine gegen die Gesellschaft verhängte Haft an ihren gesetzlichen Vertretern zu vollstrecken ist.[360]

212

Unberührt von der vorgenannten Einschränkung bleiben die gegen den Geschäftsführer **persönlich** ausgebrachte Verurteilung und das hierauf gegen ihn persönlich verhängte Zwangsmittel.

213

---

355 OLG München, InstGE 9, 57 – Kumulierte Zwangsgeldanträge.
356 LG Düsseldorf, InstGE 7, 184 – wiederholter Zwangsmittelantrag.
357 Irgendeiner Begründung für die getroffene Wahl bedarf es nicht; folgerichtig findet auch keine gerichtliche Überprüfung statt. Zweckmäßigerweise wird sich der Gläubiger für dasjenige Vertretungsorgan entscheiden, das greifbar ist. Sind mehrere Geschäftsführer greifbar, macht es Sinn, sich für denjenigen zu entscheiden, der im Unternehmen die einflussreichste (prominenteste) Stellung hat.
358 BGH, BB 1991, 1446 – Fachliche Empfehlung II.
359 ... weil eine Parallelvorschrift zu § 890 Abs 2 ZPO fehlt.
360 BGH, BB 1991, 1446 – Fachliche Empfehlung II.

4. Erfüllung des Rechnungslegungsanspruchs

214 Die Verhängung von Zwangsmitteln kommt nicht mehr in Betracht, wenn der Schuldner der fraglichen Pflicht ordnungsgemäß nachgekommen ist, was vom Vollstreckungsgericht im Verfahren nach § 888 ZPO auf entsprechenden Einwand hin zu prüfen ist.[361] Nach formeller Rechtskraft der Zwangsgeldanordnung sind die Auskunftspflicht erfüllende Handlungen im Wege der Vollstreckungsabwehrklage (§ 767 ZPO) geltend zu machen.[362] Gleiches gilt, wenn der titulierte Rechnungslegungsanspruch aus anderen Gründen nicht mehr besteht, zB weil die Parteien oder deren Lieferanten einen die gesamte Verletzerkette begünstigenden **Schadenersatzvergleich** geschlossen haben, der alle Ansprüche abgilt und deshalb auch den Hilfsanspruch auf Rechnungslegung zu Fall bringt.[363]

215 Erfüllt ist der titulierte Rechnungslegungsanspruch erst dann, wenn der Schuldner über seine Benutzungshandlungen unter Darlegung sämtlicher im Urteilstenor aufgelisteten Einzeldaten Auskunft gegeben hat. Dies hat in deutscher Sprache zu geschehen. In der Instanzrechtsprechung ist vereinzelt die Auffassung vertreten worden, dass, wenn es sich bei dem Auskunftsgläubiger um ein international tätiges Unternehmen handelt, eine Auskunft auch in englischer (nicht aber in chinesischer) Sprache möglich ist.[364]

216 Für die Rechnungslegung ist dem Schuldner nach Vorliegen der Vollstreckungsvoraussetzungen eine nach den jeweiligen Umständen des Einzelfalles angemessene[365] **Frist** einzuräumen, nach deren Ablauf ein Antrag nach § 888 ZPO mit Aussicht auf Erfolg gestellt werden kann. Die Länge der Frist hängt vom Einzelfall, insbesondere von dem Umfang der für die Rechnungslegung aufzuarbeitenden Daten ab. In jedem Fall ist die Rechnungslegung aber eine Pflicht, welcher sich der Schuldner in seinem Unternehmen vordringlich und mit der gebotenen Eile zu widmen hat. Eine bloß vorläufige Rechnungslegung kennt das Gesetz nicht. Wird nur sie innerhalb der angemessenen Frist präsentiert, sind Zwangsmittel zu verhängen.

217 Zur Übermittlung der Rechnungslegung kann sich der Verpflichtete eines **Boten** bedienen, zB dadurch, dass er die Rechnung durch seinen Anwalt übermitteln lässt. Erforderlich ist in jedem Fall, dass die betreffenden Informationen von dem Auskunftspflichtigen stammen, wobei die Urheberschaft ggf zu beweisen ist.[366]

a) Maßgeblichkeit von Urteilstenor und -gründen

218 Ob die Rechnungslegung des Schuldners vollständig ist, beurteilt sich nicht nach der materiellen Rechtslage, sondern ausschließlich nach den Vorgaben des Vollstreckungstitels zu Inhalt und Umfang der Rechnungslegungspflicht.[367] Es kommt mithin darauf an, ob – rein formal betrachtet und unabhängig von ihrer inhaltlichen Richtigkeit – zu sämtlichen Einzeldaten, zu denen der Urteilsausspruch den Schuldner verpflichtet, Angaben vorhanden sind.[368] Zur Auslegung des Vollstreckungstitels sind freilich die Entscheidungsgründe heranzuziehen.[369] Außerhalb des Titels liegende Umstände aus dem Erkenntnisverfahren kann das Vollstreckungsgericht heranziehen, wenn es den Titel

---

361 KG, MDR 2008, 349.
362 OLG Düsseldorf, MDR 2009, 1193.
363 OLG Düsseldorf, Beschluss v 17.12.2012 – I-2 W 28/12.
364 OLG Frankfurt/Main, Mitt 2018, 99 – Auskunftserteilung in fremder Sprache.
365 Wesentlich sind die Länge des auskunftspflichtigen Verletzungszeitraumes, die Menge des aufzuarbeitenden Datenmaterials und die hierfür beim Schuldner verfügbaren Ressourcen.
366 BGH, MDR 2008, 391.
367 BGH, GRUR 2014, 605 – Flexitanks II; vgl auch BGH, VersR 2007, 1081.
368 BGH, GRUR 2014, 605 – Flexitanks II; vgl auch BGH, VersR 2007, 1081.
369 BGH, GRUR 2014, 605 – Flexitanks II.

III. 4. Erfüllung des Rechnungslegungsanspruchs

selbst erlassen hat.[370] Angebracht kann dies insbesondere bei solchen vollstreckbaren Entscheidungen (wie Beschlussverfügungen) sein, die keine schriftliche Begründung enthalten.[371] Daraus folgt:

– Unbeachtlich ist eine **Nullauskunft**, die damit gerechtfertigt wird, dass patentverletzende Gegenstände nicht vertrieben worden sind, weil die streitbefangenen Vorrichtungen – entgegen den Annahmen im Erkenntnisverfahren – tatsächlich keinen Gebrauch von einem bestimmten Merkmal des Klagepatents machten. Unerheblich ist, ob in diesem Zusammenhang geltend gemacht wird, dass bei der gegebenen tatsächlichen Ausgestaltung richtigerweise kein Schutzbereichseingriff vorliege, oder ob für die als solche unstreitige Lieferung eine andere als die im Erkenntnisverfahren angenommene oder festgestellte Ausgestaltung behauptet wird.[372] Keine Rolle spielt, ob der Vollstreckungstitel durch ein kontradiktorisches oder ein Anerkenntnisurteil gebildet wird.[373]   219

– Sieht der Urteilstenor keine **Belegvorlage** vor, so kann eine solche nicht erst im Zwangsvollstreckungsverfahren verlangt werden, auch nicht mit dem Argument, erst durch sie werde die Verlässlichkeit der Rechnungslegungsdaten überprüfbar.   220

– Ist der Beklagte wegen **mittelbarer Patentverletzung** zur Rechnungslegung über Angebots- und Vertriebshandlungen in Bezug auf solche Gegenstände verurteilt worden, die nicht nur *geeignet* sind, das patentgemäße Verfahren auszuführen, sondern die beim Abnehmer tatsächlich in patentgemäßer Weise verwendet werden, und entzieht sich die konkrete Verwendung des Gegenstandes bei den Abnehmern der Kenntnis des Beklagten, so kommt er seiner Rechnungslegungsverpflichtung bereits durch eine Negativauskunft nach.[374] Den Schuldner trifft insoweit keine Pflicht, bei jedem einzelnen Abnehmer nachzuforschen, in welcher Weise der Gegenstand von ihm verwendet worden ist.[375]   221

– Auch ansonsten ist es im Zwangsmittelverfahren nicht zulässig, **materiell rechtliche Erwägungen** anzustellen, die über dasjenige hinausgehen, was im Erkenntnisverfahren Gegenstand der Verhandlung und Entscheidung gewesen ist. Dementsprechend ist es dem Gläubiger verwehrt, im Verfahren der Zwangsvollstreckung allein deshalb Auskünfte zu erzwingen, weil der Schuldner materiell-rechtlich zu deren Erteilung verpflichtet ist; genauso ist es – umgekehrt – aber auch dem Schuldner versagt, die Erfüllung der titulierten Auskunftspflicht mit der Begründung zu verweigern, er sei sachlich-rechtlich zur Auskunftserteilung nicht verpflichtet.[376] Bedeutung kann dies beispielhaft in folgenden Konstellationen gewinnen: 222

 – Zum einen dann, wenn sich der Rechnungslegungstenor auf die patentierte Vorrichtung bezieht, diese Vorrichtung jedoch nicht nur isoliert, sondern gleichermaßen als Teil einer größeren Gesamtvorrichtung veräußert wird. In einem solchen Fall kann der Schuldner nicht im Wege des Zwangsmittelantrages dazu angehalten werden, auch über seine Umsätze etc mit der Gesamtvorrichtung Rechnung zu legen. Vielmehr bedarf es insoweit eines neuen Erkenntnisverfahrens.   223

 Anders verhält es sich, wenn die auskunftspflichtige Vorrichtung lediglich zusammen mit anderen Gegenständen zu einem nicht weiter aufgeschlüsselten Gesamt-   224

---

370 BGH, GRUR 2015, 1248 – Tonerkartuschen.
371 BGH, GRUR 2015, 1248 – Tonerkartuschen.
372 OLG Düsseldorf, Beschluss v 20.9.2011 – I-2 W 38/11; OLG Düsseldorf, Beschluss v 30.10.2012 – I-2 W 25/12.
373 OLG Düsseldorf, Beschluss v 30.10.2012 – I-2 W 25/12.
374 OLG Karlsruhe, InstGE 11, 61 – Multifeed II.
375 OLG Karlsruhe, InstGE 11, 61 – Multifeed II.
376 BGH, GRUR 2014, 605 – Flexitanks II; BGH, GRUR 2015, 1248 – Tonerkartuschen.

preis veräußert worden ist. Auch solche Verkaufsfälle unterliegen der ausgeurteilten Auskunftspflicht, wobei im Wege der Rechnungslegung der Gesamtpreis mitzuteilen und anzugeben ist, auf welche einzelnen Gegenstände sich dieser Preis bezieht.[377]

225 – Das Gleiche gilt, wenn das zu vollstreckende Urteil auf der Annahme beruht, dass der Schuldner die patentverletzenden Gegenstände selbst anbietet und vertreibt, sich im Nachhinein jedoch herausstellt, dass er lediglich Werbemaßnahmen initiiert oder sonstige, den Vertrieb eines anderen (konzerngebundenen) Unternehmens unterstützende Handlungen vorgenommen hat. Die Beurteilung, ob hierin ein die deliktsrechtliche Haftung des Schuldners als Mittäter oder Teilnehmer begründendes Verhalten liegt, erfordert materiell rechtliche Erwägungen, die nicht im Zwangsmittelverfahren möglich sind, sondern nur in einem (neuen) Erkenntnisverfahren getroffen werden können.[378]

226 Ohne dass dies im Urteilstenor besonders klargestellt wird, erstreckt sich die Verurteilung – auch die zur Rechnungslegung – nicht auf solche Gegenstände, für die ein gesetzlicher Privilegierungstatbestand eingreift. Der Urteilsausspruch ist in diesem Sinne immanent beschränkt. Verletzungsprodukte, die zB aus lizenzierter Quelle bezogen wurden und an denen deshalb die **Rechte** des Patentinhabers **erschöpft** sind, stehen deshalb außerhalb der Verurteilung. Über sie hat der Beklagte deswegen auch dann keine Auskünfte zu erteilen, wenn erschöpfte Ware im Urteilstenor nicht ausdrücklich von der Pflicht zur Rechnungslegung ausgenommen ist. Hat der Schuldner erschöpfte Ware (zB neben nicht erschöpfter Ware) vertrieben, ist es nach zutreffender Auffassung des OLG Karlsruhe[379] dennoch seine Pflicht, gegenüber dem Gläubiger den Erschöpfungssachverhalt zu offenbaren und in Bezug auf die angeblich erschöpfte (und deswegen von einer detaillierten Rechnungslegung ausgenommenen) Ware konkret darzulegen und ggf zu beweisen, welcher konkrete Lizenznehmer welche konkreten Gegenstände zu welchem genauen Zeitpunkt in Verkehr gebracht haben soll.[380] Für den Umfang der Rechnungslegungspflicht aus § 242 BGB entspricht es gefestigter Auffassung, dass die geschuldeten Angaben so weit zu spezifizieren sind, dass die Auskünfte für den Gläubiger gedanklich nachvollziehbar und sachlich verifizierbar sind. Exakt in diesem Sinne erhält der Gläubiger auch durch die den Erschöpfungstatbestand spezifizierenden Daten die ansonsten nicht gegebene Möglichkeit, den geltend gemachten Erschöpfungssachverhalt nachzuvollziehen und auf seine inhaltliche Richtigkeit zu überprüfen. Nimmt der Urteilstenor andererseits einschränkend solche Verletzungsgegenstände von der Auskunftspflicht aus, die zuvor mit Billigung des Schutzrechtsinhabers in Verkehr gelangt sind, so kann der Gesichtspunkt der Verhältnismäßigkeit eine Auslegung des Titels dahin gebieten, dass ihm schon dann genügt ist, wenn der Schuldner zumutbare Nachforschungen nach der betrieblichen Herkunft seiner Ware angestellt hat, so dass die Auskunftspflicht schon dann erfüllt ist, wenn sich hierbei keine Anhaltspunkte für eine nicht lizenzierte Quelle ergeben haben.[381]

b) Auskunftszeitraum

227 Auskunft zu erteilen ist für einen Zeitraum, der mit dem im Urteil festgesetzten Datum beginnt und nicht mit Schluss der mündlichen Verhandlung endet, sondern den gesamten Zeitraum (**nach Verhandlungsschluss**) bis zur Erteilung der Auskunft abdeckt.

---

377 BGH, GRUR 2014, 605 – Flexitanks II.
378 LG Düsseldorf, Beschluss v 14.7.2003 – 4 O 181/99 (ZV).
379 OLG Karlsruhe, Beschluss v 12.8.2008 – 6 W 43/08; OLG Karlsruhe, Beschluss v 5.12.2007 – 6 U 161/07; ebenso bereits LG Mannheim, Beschluss v 11.4.2008 – 7 O 222/06 (ZV I).
380 AA.: Haag, Mitt 2011, 159.
381 BGH, GRUR 2015, 1248 – Tonerkartuschen.

Wird während des Beschwerdeverfahrens gegen einen Zwangsmittelbeschluss die Rechnungslegung für den nächsten Zeitabschnitt fällig, ohne dass der Schuldner Rechnung legt, kann deshalb dessen Beschwerde zurückzuweisen sein, selbst wenn die vom LG für die Festsetzung des Zwangsgeldes herangezogenen Unzulänglichkeiten nach Auffassung des Beschwerdegerichts nicht bestehen.[382] Unerheblich ist, dass die mangelnde Auskunft für den nächsten Zeitabschnitt während des landgerichtlichen Verfahrens noch nicht Streitgegenstand war und – aus Zeitgründen – auch nicht sein konnte. § 571 Abs 2 ZPO sieht ausdrücklich vor, dass die Beschwerde auf neue Angriffs- und Verteidigungsmittel gestützt werden kann. Die Beschwerdeinstanz ist als vollwertige zweite Tatsacheninstanz ausgestaltet, was dem Beschwerdegericht die Möglichkeit, aber auch die Verpflichtung verschafft, neue Tatsachen und Beweise uneingeschränkt zu berücksichtigen. Dies gilt unabhängig davon, ob sie vor oder nach der erstinstanzlichen Entscheidung entstanden sind[383] und ob sie vom Beschwerdeführer oder vom Beschwerdegegner vorgebracht werden. Aufgabe des Zwangsmittelverfahrens ist es, den Schuldner zur Erfüllung der tenorierten Verpflichtung im fälligen Umfang anzuhalten. Gegenstand der Beschwerdeentscheidung ist daher, ob der Schuldner *zum Zeitpunkt der Beschwerdeentscheidung* der tenorierten Verpflichtung im fälligen Umfang nachgekommen ist oder dies nicht der Fall und daher die Verhängung eines Zwangsgeldes gerechtfertigt ist (und bleibt). Voraussetzung ist freilich, dass sich der Gläubiger für sein Zwangsmittelbegehren (mindestens hilfsweise) auf die unterbliebene Rechnungslegung für den nächsten Zeitabschnitt beruft. Geschieht dies, stellt sich lediglich die Frage, ob das betreffende Versäumnis das vom LG verhängte Zwangsmittel (oder nur ein geringeres, bei gleichzeitiger Beschwerde des Gläubigers, ggf auch ein höheres) rechtfertigt und ob es im Einzelfall angezeigt, eine Vollstreckungsfrist anzuordnen, vor deren Ablauf das festgesetzte Zwangsgeld im Anschluss an die Beschwerdeentscheidung nicht beigetrieben werden kann, um dem Schuldner Gelegenheit zur Vervollständigung seiner Rechnungslegung zu geben. 228

c) Erfüllung

Die **Beweislast** für die Erfüllung der Rechnungslegungspflicht trägt der Schuldner. Dieser kann sich allerdings zunächst auf die pauschale Behauptung beschränken, dass es über die mitgeteilten Vorfälle hinaus keine auskunftspflichtigen Sachverhalte gegeben hat; es ist alsdann Sache des Gläubigers, im Wege qualifizierten Bestreitens Umstände vorzutragen, die einen Ergänzungsbedarf begründen. Ist solches geschehen, muss der Schuldner diese Umstände ausräumen.[384] 229

d) Unmöglichkeit

Vom Schuldner zu beweisen ist gleichfalls der Einwand objektiver oder subjektiver **Unmöglichkeit**.[385] Er ist unabhängig davon beachtlich, ob die Unmöglichkeit ggf sogar zu dem Zweck herbeigeführt worden ist, den Rechnungslegungsanspruch des Gläubigers zu vereiteln.[386] Denn das Zwangsmittel dient nicht der Bestrafung, sondern ausschließlich dazu, den Willen des Schuldners zu beugen. Dort, wo – aus welchen Gründen auch immer – Unmöglichkeit vorliegt, kann der beugende Zweck des Zwangsmittels nicht mehr erreicht werden. Denkbar ist allenfalls, das vereitelnde Verhalten des Schuldners im anschließenden Schadenersatz-Höheprozess nach den Regeln der Beweisvereitelung zu seinen Lasten zu berücksichtigen.[387] 230

---

382 OLG Düsseldorf, Beschluss v 31.5.2010 – I-2 W 21/09.
383 BGH, NZI 2008, 391.
384 Vgl BGH, VersR 2007, 1081.
385 BGH, MDR 2009, 468.
386 BGH, GRUR 2009, 794 – Auskunft über Tintenpatronen.
387 OLG Düsseldorf, InstGE 9, 179 – Druckerpatrone; BGH, GRUR 2009, 794 – Auskunft über Tintenpatronen.

231 Der Unmöglichkeits-Einwand ist freilich noch nicht dann und noch nicht deshalb gerechtfertigt, wenn und weil ein **Dritter** an der geschuldeten Handlung mitwirken muss. Die Verhängung von Zwangsmitteln verbietet sich erst dann, wenn eindeutig feststeht, dass der Vollstreckungsschuldner erfolglos alle zumutbaren Maßnahmen einschließlich eines gerichtlichen Vorgehens unternommen hat, um den Dritten zur Mitwirkung zu bewegen.[388]

232 Im Anschluss an eine Entscheidung des **BVerfG**[389] wird in der Rechtsprechung der Instanzgerichte neuerdings eine dem Schuldner deutlich günstigere Haltung eingenommen. Ist der Schuldner zur Auskunftserteilung verurteilt worden, so kommt hiernach die Verhängung eines Zwangsmittels regelmäßig nicht in Betracht, wenn der Schuldner Unmöglichkeit einwendet. Ob er tatsächlich zur Auskunftserteilung außerstande ist, bedarf dabei in der Regel keiner tatrichterlichen Aufklärung. Denn dem Gläubiger steht in Fällen behaupteter Unmöglichkeit als milderes und deswegen allein verhältnismäßiges Mittel eine Klage gegen den Schuldner auf eidesstattliche Versicherung der Richtigkeit seiner Behauptung zu, die mit dem Zwangsmittelantrag geforderte Auskunft sei ihm nicht möglich. Das soll auch dann gelten, wenn der Schuldner sich bereits im Erkenntnisverfahren auf Unmöglichkeit berufen hatte, das Gericht (ggf nach Beweisaufnahme) jedoch zum gegenteiligen Ergebnis gekommen ist.[390] Ist das **mildere Mittel** ausgeschöpft oder steht es dem Gläubiger nicht mehr zur Verfügung, weil der Schuldner bereits freiwillig eine **eidesstattliche Versicherung** abgegeben hat, kommt die Verhängung eines Zwangsmittels allerdings wieder in Betracht, wenn anzunehmen ist, dass die Versicherung falsch ist und tatsächlich auskunftspflichtige Geschäfte vorgefallen sind.[391] Zwangsmittel kommen ferner in Betracht, wenn der Schuldner sein anfängliches Bestreiten einer Verletzungshandlung aus ganz konkretem Anlass, nämlich nach einer ihm ungünstigen, den Verletzungsvorwurf bestätigenden Beweisaufnahme aufgibt, indem er den Klageanspruch anerkennt. Hier stellt die spätere Berufung auf Unmöglichkeit mit dem Argument, tatsächlich sei es (entgegen dem Ergebnis der Beweisaufnahme und dem daraufhin erklärten Anerkenntnis) zu keiner Verletzungshandlung gekommen, weswegen auch keine andere als eine Nullauskunft erteilt werden könne, ein treuwidriges Verhalten des Schuldners dar, mit dem er sich in unzulässiger Weise in Widerspruch zu seinem anderslautenden Prozessverhalten im Erkenntnisverfahren setzt.[392] Gleiches hat zu gelten, wenn der ungünstigen Prozesssituation statt durch ein Anerkenntnis durch eine Säumnis des Schuldners und einem daraufhin ergehenden Versäumnisurteil Rechnung getragen wird. Erfolgt das Anerkenntnis/die Säumnis jedoch ohne »faktische« Anerkennung einer Rechtspflicht (zB aus rein wirtschaftlichen Erwägungen), verbleibt es bei der grundsätzlichen Beachtlichkeit des Unmöglichkeitseinwandes.

e) Gestehungskosten und Gewinn

233 Insbesondere die Angaben zu den Gestehungskosten und zum erzielten Gewinn müssen in einer solchen Weise spezifiziert und mitgeteilt werden, dass sie für den Gläubiger aus sich heraus verständlich sind, auf ihre Schlüssigkeit überprüft und zumindest stichprobenweise verifiziert werden können.

234 Grundsätzlich hat der Gläubiger Anspruch auf eine möglichst **realitätsnahe** Wiedergabe der während des Verletzungszeitraumes gegebenen **Kosten- und Gewinnsituation**. Das gilt ganz besonders für betragsmäßig bedeutsame Kostenpositionen, die für die Gewinnberechnung erhebliches Gewicht haben, weil bei ihrer unrichtigen Erfassung nennens-

---

388 BGH, MDR 2009, 468.
389 BVerfG, Beschluss v 28.10.2010 – 2 BvR 535/10.
390 OLG Düsseldorf, InstGE 13, 113 – Zugangsdaten für Internetseite.
391 OLG Düsseldorf, Beschluss v 30.10.2012 – I-2 W 25/12.
392 OLG Düsseldorf, Beschluss v 30.10.2012 – I-2 W 25/12.

werte Gewinnbeträge auf dem Spiel stehen. Eine schätzende oder pauschalierende Kostenberechnung ist dem Schuldner hier erst dann und nur insoweit gestattet, als die für eine konkrete Kostenermittlung erforderlichen Anstrengungen außer Verhältnis zu dem durch sie herbeigeführten Erkenntnisgewinn für die Gläubigerin bei der Schadensberechnung stehen.[393] Je unbedeutender eine Kostenposition im Kontext der Gewinnberechnung ist, umso eher ist es – umgekehrt – vertretbar, den Schuldner aus einer aufwändigen detailgetreuen Rechnungslegung zu entlassen und ihm statt dessen eine schätzende Darlegung zu erlauben.[394]

Diese Regeln sind grundsätzlich nicht deshalb (und dann) anders zu handhaben, weil (und wenn) der vom Schuldner erzielte Verletzergewinn nur zu einem Teil auf die Schutzrechtsverletzung zurückzuführen ist, so dass unter Kausalitätsgesichtspunkten nicht der gesamte, sondern lediglich ein nach **§ 287 ZPO** zu schätzender (dem Ursachenbeitrag entsprechender) Teil des Verletzergewinns vom Gläubiger beansprucht werden kann. Zwar soll der genannte Umstand nach einer zum Kennzeichenrecht ergangenen Rechtsprechung des BGH[395] Auswirkungen auch auf den Auskunfts- und Rechnungslegungsanspruch haben, nämlich dahingehend, welche Detailangaben zur Gewinnermittlung vom Schuldner verlangt werden können. Der Umfang der Rechenschaftspflicht bestimme sich nicht nur nach dem Informationsbedürfnis des Gläubigers, sondern gleichermaßen danach, ob die geforderte Auskunft (und der mit ihr für den Schuldner verbundene Aufwand einschließlich der Notwendigkeit, mit ihnen Betriebsinterna zu offenbaren) in einem sinnvollen Verhältnis zu dem Wert steht, den die Auskunft für den Gläubiger und die von ihm vorzunehmende Schätzung des geltend gemachten Schadens hat. Die Pflicht zur Rechnungslegung erschöpfe sich daher in der Bekanntgabe der Umsätze (nebst Lieferdaten) und von überschlägig ermittelten Gewinnwerten, wenn eine Schätzung des Ursachenbeitrages stattzufinden habe und bereits aus diesem Grunde eine nur grobe Bestimmung des herauszugebenden Verletzergewinns in Betracht komme. Ob die Großzügigkeit des BGH im Kennzeichenrecht angebracht ist, wo typischerweise Kausalanteile im unteren einstelligen Prozentbereich in Rede stehen, mag auf sich beruhen. Sie ist jedenfalls im Patentbereich unangemessen, weil die Verursachungsbeiträge hier weit höher liegen, womit jede Ungenauigkeit auf der Kostenseite potenziell viel weitreichendere Konsequenzen für die richtige Ermittlung des Verletzergewinns hat. Insofern ist nicht einzusehen, weshalb der deliktisch Geschädigte mit seinem Interesse an einer realitätsgetreuen Gewinnermittlung zurücktreten soll, um dem Delikttäter einen ihm lästigen oder unangenehmen Aufwand an Rechnungslegung zu ersparen. Hinzu kommt, dass schon die Festlegung des Kausalanteils eine unvermeidbare Ungenauigkeit in die Schadensberechnung hineinträgt. Es leuchtet nicht ein, wieso es gerechtfertigt sein soll, dies zum Anlass dafür zu nehmen, dass die ganze Situation zu Lasten des Verletzten weiter dadurch verschärft wird, dass auch die Kosten- und Gewinnberechnung mit *vermeidbaren* Unwägbarkeiten belastet wird.

235

Zurückhaltung gegenüber bloß schätzenden Angaben ist vor allem dann angebracht, wenn das Zahlenwerk des Schuldners für einen längeren Verletzungszeitraum einen **jährlichen Verlust** ausweist. Es widerspricht der allgemeinen Lebenserfahrung, dass ein Unternehmen patentverletzende Handlungen über Jahre hinweg fortsetzt, obwohl mit ihnen Jahr für Jahr aufs Neue beträchtliche Verluste erwirtschaftet werden. Viel näher liegt die Befürchtung, dass die ausgewiesenen Verluste das Resultat einer »kreativen«, die wirklich erzielten Gewinne verschleiernden Rechnungslegung sind. Für sie darf dem

236

---

393 OLG Düsseldorf, Beschluss v 27.6.2012 – I-2 W 14/12.
394 OLG Düsseldorf, Beschluss v 7.8.2014 – I-2 W 15/14.
395 BGH, GRUR 2006, 419 – Noblesse (zum Kennzeichenrecht).

Verletzer nicht dadurch ein Spielraum eröffnet werden, dass ihm statt konkreter bloß schätzende Angaben gestattet werden.[396]

237 Mit Beschluss vom 20.4.1998 (2 W 12/98) hat das OLG Düsseldorf die Anforderungen an eine Darlegung der Gestehungskosten wie folgt zusammengefasst und in der Folge hieran festgehalten:

238 *»Ihrem gesetzlichen Zweck entsprechend muss die Rechnungslegung alle Angaben enthalten, die der Verletzte benötigt, um sich für eine der ihm offen stehenden Schadensberechnungen (nach der Methode der Lizenzanalogie, des entgangenen Gewinns oder des Verletzergewinns) entscheiden, die Schadenshöhe, insbesondere den Umfang des mit den patentverletzenden Erzeugnissen erzielten und im Wege des Schadenersatzes herauszugebenden Verletzergewinns konkret berechnen und die Richtigkeit der Rechnungslegung nachprüfen zu können. Der Berechtigte braucht sich insoweit nicht auf lediglich pauschale Angaben verweisen zu lassen. Erfüllt ist der Anspruch auf Rechnungslegung über den bei einer Schutzrechtsverletzung erzielten Gewinn vielmehr erst dann, wenn der Schuldner in der gelegten Rechnung seine Gestehungs- und Vertriebskosten sowie den mit den patentverletzenden Gegenständen erwirtschafteten Umsatz so vollständig offen gelegt hat, wie er dazu in der Lage ist (BGH GRUR 1982, 723, 725 – Dampffrisierstab I). Fehlen zu einzelnen Kosten exakte Unterlagen, kann der Berechtigte eine Schätzung unter Angabe derjenigen feststellbaren Tatsachen verlangen, die der Schätzung zugrunde gelegt sind (BGHZ 92, 62, 68 ff – Dampffrisierstab II). ...*

Welche Angaben hierzu im Einzelnen erforderlich sind, hängt wesentlich davon ab, ob es sich beim Schuldner des Rechnungslegungsanspruchs ... um einen Herstellerbetrieb oder ... um ein reines Vertriebsunternehmen handelt. Im erstgenannten Fall sind zumindest nähere (aufgeschlüsselte) Angaben über die Art, die Menge und den Einstandspreis des bei der Herstellung (einschließlich Verpackung) der patentverletzenden Gegenstände verwendeten Materials, über die Kosten der bei der Herstellung, der Montage und dem Vertrieb eingesetzten Maschinen, Werkzeuge und Vorrichtungen sowie über die dabei angefallenen Lohnkosten zu machen (BGH – Dampffrisierstab I, aaO Seite 725). Der Gläubiger kann in diesem Zusammenhang Aufschluss über die Betriebsstunden der im Einsatz befindlichen Maschinen sowie die Zahl und Zeitdauer der bei den verschiedenen Arbeitsvorgängen eingesetzten Arbeitnehmer verlangen. Sofern dies notwendig ist, um die Angaben zu den Kosten des Materials, der Maschinen und der aufgewendeten Löhne abschätzen und überprüfen zu können, ist darüber hinaus der Fertigungsvorgang detailliert zu beschreiben (BGH – Dampffrisierstab I, aaO S. 726). Beschränkt sich der Geschäftsbetrieb des Schuldners auf den Vertrieb der patentverletzenden Gegenstände, sind in ähnlicher Weise die Vertriebskosten offen zu legen. Neben den jeweiligen Einstandspreisen sind die auf den patentverletzenden Vertrieb entfallenden Maschinen- und Lohnkosten sowie die anteiligen Gemeinkosten in einer für den Gläubiger nachvollziehbaren Art und Weise aufzuschlüsseln.«[397]

239 Sind zwei Beklagte als **Mittäter** einer Patentverletzung verurteilt worden, so hat jeder seinen aus der Schutzrechtsverletzung resultierenden Gewinn (einschließlich der Gestehungskosten) offenzulegen. Das gilt auch, wenn sich der Tatbeitrag des einen darauf beschränkt, ein selbst noch nicht verletzendes Vorprodukt beizusteuern, welches der andere zu dem patentverletzenden Gegenstand veredelt, der allein von ihm in Verkehr gebracht wird. Hier ist nicht nur vom Veredler der Veräußerungsgewinn bekannt zu geben, sondern vom Zulieferer des Vorproduktes auch derjenige Gewinn rechnungsle-

---

396 OLG Düsseldorf, Beschluss v 27.6.2012 – I-2 W 14/12.
397 Informativ auch LG Düsseldorf, Entscheidungen 1997, 122 – Kostenfaktoren.

gungspflichtig, den er durch den Verkauf des Vorproduktes an den Mittäter erzielt hat.[398] Letztlich ist daher der Gesamtgewinn von Zulieferer *und* Verkäufer auskunfts- und herausgabepflichtig, wobei jeder Mittäter aufgrund der gegebenen Gesamtschuldnerschaft für den vollständigen Schaden (= Gesamtgewinn) haftet. Zur Klarstellung: Das alles gilt nur für Fälle der Mittäterschaft und nicht in sonstigen Zulieferfällen, bei denen der Zulieferer – wie meist – nicht Mittäter der Patentverletzung ist.

Ähnliche Überlegungen gelten für Kosten, die nach der »*Gemeinkostenanteil*«[399]-und »*Steckverbindergehäuse*«[400]-Rechtsprechung des BGH abzugsfähig sind, wenn sie den Verletzungsprodukten unmittelbar zugeordnet werden können und auch im fingierten Betrieb des Verletzten angefallen wären, hingegen außer Ansatz bleiben müssen, wenn eine **unmittelbare Zuordnung** nicht möglich ist, weil es sich um »sowieso-Kosten« handelt oder um Kosten, mit denen der fingierte Betrieb des Verletzten nicht belastet gewesen wäre. Ob das eine oder das andere zutrifft, hängt von der innerbetrieblichen Organisation des Verletzers, zB davon ab, ob er für die Herstellung der Verletzungsprodukte eigene Arbeitskräfte beschäftigt, die keine anderen Aufgaben im Betrieb wahrnehmen (weswegen deren Lohnkosten abzugsfähig sind), oder ob die Verletzungsprodukte durch Beschäftigte produziert werden, die im Rahmen ihrer Tätigkeit auch mit anderen Aufgaben befasst sind (weswegen deren Lohnkosten außer Ansatz zu bleiben haben). Um dem Gläubiger eine Einschätzung über die Abzugsfähigkeit zu ermöglichen, reicht es nicht aus, wenn im Rahmen der Rechnungslegung nur die Kostenposition als solche benannt wird; vielmehr müssen diejenigen Kostenstellen, die von ihrer Natur her abzugsfähig oder nicht abzugsfähig sein *können*, in einer solchen Weise erläutert werden, dass der Verletzte absehen kann, ob für die eingewandten Kosten die Anforderungen an eine unmittelbare Zuordenbarkeit zu den Verletzungsprodukten gegeben sind oder nicht.[401] Auskunft ist über *sämtliche* Kostenpositionen zu erteilen, die als abzugsfähig in Betracht kommen.[402] Denn nur eine in diesem Sinne *umfassende* Kostenaufstellung bietet dem Gläubiger eine hinreichend sichere Grundlage für die von ihm zu treffende Entscheidung, nach welcher Methode er seinen Schadenersatzanspruch beziffern und notfalls gerichtlich einklagen will. Seiner Pflicht zu einer alle Kostenpositionen berücksichtigenden Auskunft kann sich der Schuldner nicht nach seinem Belieben, sondern nur dadurch entledigen, dass er gegenüber dem Gläubiger endgültig darauf verzichtet, bestimmte Kostenpositionen im Rahmen der Schadensberechnung gewinnmindernd in Ansatz zu bringen. Wird eine solche Erklärung abgegeben, scheidet *insoweit* jede weitere Verpflichtung zur Rechnungslegung (auf die der Gläubiger wegen der mangelnden Bedeutung der fraglichen Kostenposition für die Schadensberechnung nicht mehr angewiesen ist) und damit jede weitere Zwangsvollstreckung aus.[403]

240

Da **jede einzelne Verletzungshandlung** einen eigenständigen Schadenersatzanspruch hervorbringt (der es dem Gläubiger erlaubt, für jede einzelne Verletzungshandlung eine andere Berechnungsmethode zu wählen), ist es nicht zulässig, Verluste, die durch bestimmte (zB anfängliche) Benutzungshandlungen erwirtschaftet worden sind, dadurch zu »sozialisieren«, dass sie gegen Gewinne aus späteren Verletzungshandlungen aufgerechnet werden, um sodann geltend zu machen, über den gesamten Verletzungszeitraum betrachtet seien schon mit Rücksicht auf bestimmte, mitgeteilte Kosten lediglich Verluste

241

---

398 OLG Düsseldorf, Beschluss v 11.7.2018 – I-2 W 14/18.
399 BGH, GRUR 2001, 329.
400 BGH, GRUR 2007, 431.
401 OLG Düsseldorf, InstGE 13, 226 – Rechnungslegung über Gestehungskosten. Werden für das Verletzungsprodukt Lizenzgebühren als Abzugsposten reklamiert, so genügt nicht die bloße Mitteilung der gezahlten Lizenzbeträge; vielmehr sind zusätzlich die zugrunde liegenden Berechnungsfaktoren (Umsatz, Lizenzsatz) anzugeben (OLG Düsseldorf, Beschluss v 20.4.2017 – I-2 W 2/17).
402 OLG Düsseldorf, Beschluss v 2.5.2012 – I-2 W 33/11.
403 OLG Düsseldorf, InstGE 13, 226 – Rechnungslegung über Gestehungskosten.

(und keine Gewinne) erzielt worden, weswegen sich eine weitere Kostenspezifikation erübrige.[404] Ein Verletzergewinn, der mit bestimmten Benutzungshandlungen erzielt worden ist, wird nicht dadurch geringer, dass der Verletzer mit *anderen* Benutzungshandlungen nicht gleichermaßen erfolgreich war. Sie kann der Verletzte beispielsweise nach Lizenzgrundsätzen liquidieren, was deutlich macht, dass er in Bezug auf diejenigen Handlungen, die zu einem Gewinn beim Verletzer geführt haben, Anspruch auf eine vollständige Kostenabrechnung hat. Letzteres gilt auch dann, wenn Verletzungsgegenstände zu Beginn der Markteinführung (um beim Publikum eine Nachfrage zu schaffen) verschenkt oder zu Dumpingpreisen veräußert worden sind, weswegen sich entsprechend große Verluste aufgehäuft haben. Sie sind nicht mit allgemeinen Werbekosten vergleichbar, die auch den späteren, gewinnbringenden Verkaufsgeschäften zugeordnet werden könnten.[405] Mit Blick auf die Rechnungslegung ist demnach zu differenzieren: Hinsichtlich solcher Benutzungshandlungen, in Bezug auf die schon wegen einzelner auf sie entfallender Kostenpositionen ein Verlust feststeht, kann keine Auskunft über weitere (den Verlust bloß steigernde) Kostenfaktoren verlangt werden; für alle anderen Benutzungshandlungen besteht dagegen die Pflicht zu umfassender Rechnungslegung.[406] Zu beachten ist, dass die einzelne rechnungslegungspflichtige Benutzungshandlung typischerweise durch eine Lieferung (die mehrere gleiche Vorrichtungen umfassen kann), und nicht durch jedes einzelne Gerät innerhalb ein- und derselben Lieferung repräsentiert wird.[407]

242 Auch im eigenen Interesse sollte der Schuldner die Rechnungslegung richtig und vollständig vorlegen, da in einem späteren **Höheprozess** die Richtigkeit der Rechnungslegung, *soweit* der Gläubiger sie sich zur Berechnung seines Schadenersatzes zu Eigen macht, vermutet wird. Zwar bleibt es dem Verletzten unbenommen, sich für die Bezifferung seines Schadenersatzanspruchs nur auf Teile der Rechnungslegung des Verletzers zu stützen, wobei er in einem solchen Fall die Darlegungs- und Beweislast für diejenigen von der Rechnungslegung abweichenden Zahlen trägt, die er nicht übernommen hat.[408] Der Schuldner hingegen ist an seine Rechnungslegungsangaben in einem Prozess auf Schadenersatz zwar nicht unabänderlich gebunden, selbst wenn er deren Vollständigkeit und Richtigkeit an Eides statt versichert hat. Will sich der Schuldner jedoch nachträglich auf sachliche Fehler der von ihm vorgelegten Rechnungslegung berufen, indem er zusätzliche Kostenpositionen oder zu bereits mitgeteilten Positionen abweichende Zahlen behauptet, ist er für die Tatsachen und Gründe der zunächst fehlerhaften Rechnungslegung in vollem Umfang darlegungs- und beweispflichtig.[409] Nimmt der Kläger die Berichtigung zum Anlass, seine Höheklage entsprechend zurückzunehmen, so fallen die betreffenden Kosten des Rechtsstreits gemäß § 269 Abs 3 S 2 ZPO (»... *oder sie dem Beklagten aus einem anderen Grund aufzuerlegen sind* ...«) dem Beklagten zur Last. Die Kostentragungspflicht ergibt sich auf materiell rechtlicher Grundlage daraus, dass aufgrund der vorgefallenen Patentverletzungshandlungen zwischen dem Beklagten und dem klagenden Schutzrechtsinhaber ein gesetzliches Schuldverhältnis begründet worden ist, und dass die zunächst unrichtige Rechnungslegung eine schuldhafte Verletzung der dem Beklagten in eben diesem gesetzlichen Schuldverhältnis obliegenden Pflichten darstellt, die gemäß § 280 BGB zum Schadenersatz verpflichtet. Der zu ersetzende Schaden

---

404 OLG Düsseldorf, Beschluss v 2.5.2012 – I-2 W 33/11.
405 OLG Düsseldorf, Beschluss v 2.5.2012 – I-2 W 33/11; ebenso: OLG Düsseldorf, Beschluss v 21.1.2016 – I-15 W 12/15.
406 OLG Düsseldorf, Beschluss v 2.5.2012 – I-2 W 33/11; ebenso: OLG Düsseldorf, Beschluss v 21.1.2016 – I-15 W 12/15.
407 OLG Düsseldorf, Beschluss v 21.1.2016 – I-15 W 12/15.
408 OLG Düsseldorf, InstGE 7, 194, 200 f – Schwerlastregal II; OLG Köln, GRUR-RR 2013, 398 – Bigfoot II.
409 BGH, GRUR 1993, 897 – Mogul-Anlage; OLG Düsseldorf, InstGE 5, 251 – Lifter.

besteht in denjenigen Kosten des Rechtsstreits, die der Kläger als Folge seiner durch die **berichtigte Rechnungslegung** veranlassten Teilklagerücknahme zu tragen hat. Das gilt auch dann, wenn der Beklagte der Reduzierung des Klageantrages nicht zustimmt.[410] Zieht der Kläger aus der Berichtigung nicht die Konsequenz einer teilweisen Klagerücknahme, verbleiben die Kosten insoweit – als Folge der Teilabweisung (§ 92 Abs 1 ZPO) – bei ihm.

Beruht die Rechnungslegung des Schuldners auf einem angeblich fehlerhaften Verständnis seines Prozessbevollmächtigten von der Reichweite des Auskunftstenors, so rechtfertigt dieser Sachverhalt keinen pauschalen Widerruf des Rechenwerks. Vielmehr muss der Schuldner substantiiert vortragen, in welchem genauen Umfang die Auskunft aufgrund der Fehlinterpretation korrekturbedürftig sein soll und in welchem Umfang sie Bestand hat.[411]

243

f) Abwandlung

Die Auskunftspflicht besteht nicht nur für den im Erkenntnisverfahren konkret angegriffenen Gegenstand, sondern darüber hinaus für alle **abgewandelten Ausführungsform**en, die mit den aus dem Verletzungsurteil ersichtlichen Erwägungen ebenfalls als widerrechtliche Benutzung des Klageschutzrechts anzusehen sind. Mit den Erwägungen der Urteilsgründe muss deshalb feststehen, dass auch die Abwandlung eine widerrechtliche Patentverletzung darstellt.[412] Das Verbot neuer materiell-rechtlicher Erwägungen im Vollstreckungsverfahren gilt nicht nur für Überlegungen, die die Haftung des Schuldners positiv begründen, sondern in gleicher Weise für Einwendungen (zB Verjährung, Vorbenutzungsrecht, Erschöpfung etc), die der Schuldner seiner Haftung in Bezug auf die Abwandlung entgegen hält.[413] Nur wenn sie unter Rückgriff auf die Entscheidungsgründe abschlägig beschieden werden können, kommt eine Zwangsvollstreckung in Betracht. Wie bei § 890 ZPO gilt alles Vorstehende auch für solche Abwandlungen, die bereits während des Erkenntnisverfahrens existiert haben und dem Gläubiger ggf sogar bekannt waren.[414] Prinzipiell ist von denselben Regeln auszugehen, die oben für ein Ordnungsmittelverfahren zusammengestellt sind.[415]

244

g) Teilleistung

Auf **Teilleistungen** braucht sich der Gläubiger grundsätzlich nicht einzulassen. Er kann im Gegenteil verlangen (und hierzu den Schuldner erforderlichenfalls durch Zwangsmittel anhalten), dass die geschuldeten Angaben in einem *einheitlichen* Datenwerk zusammengestellt werden (§ 259 Abs 1 BGB). Fragmentarische Rechnungslegungen darf der Gläubiger insgesamt zurückweisen. Allenfalls hinsichtlich solcher Komplexe, die in sich abgeschlossen sind, kann im Einzelfall eine Teilerfüllung angenommen werden. Denkbar ist dies zB bei einer Rechnungslegung, die für einzelne Jahre komplett erfolgt ist und nur für andere Jahre noch aussteht oder die ganze Handlungsalternativen vollständig erledigt.

245

Die Zusammenstellung der geschuldeten Daten in einem einheitlichen Dokument hat **übersichtlich und in sich verständlich** zu erfolgen, so dass der Berechtigte ohne fremde

246

---

410 Insoweit liegt zwar ein Fall des § 264 Nr 2 ZPO vor; dennoch handelt es sich um eine teilweise Klagerücknahme, für die nach erfolgter mündlicher Verhandlung über die Hauptsache das Zustimmungserfordernis nach § 269 Abs 1 ZPO gilt (so richtig: OLG Düsseldorf, Urteil v 20.7.2011 – VI-U [Kart] 11/11, mwN zum Streitstand).
411 OLG Frankfurt/Main, InstGE 7, 162 – PET-Spritzwerkzeug II.
412 OLG Düsseldorf, Beschluss v 20.6.2012 – I-2 U 14/12.
413 OLG Düsseldorf, Beschluss v 27.6.2012 – I-2 W 14/12; OLG Düsseldorf, Beschluss v 29.8.2013 – I-2 W 28/13.
414 OLG Düsseldorf, Beschluss v 27.6.2012 – I-2 W 14/12.
415 OLG Düsseldorf, InstGE 6, 123 – Elektronische Anzeigevorrichtung.

Hilfe in der Lage ist, seine Ansprüche nach Grund und Höhe zu überprüfen.[416] Sofern der Urteilstenor nicht ausdrücklich etwas anderes besagt, besteht kein Anspruch auf eine EDV-Konformität der Rechnungslegung.[417] Welche Anforderungen sich konkret mit dem Gebot der Übersichtlichkeit und Verständlichkeit verbinden, hängt maßgeblich vom Umfang der rechnungslegungspflichtigen Vorfälle ab:

247 – Sofern sich die Auskunft auf verhältnismäßig **wenige Handlungen** beschränkt, mag der Schuldner seiner Verpflichtung bereits dadurch genügen, dass er ein einheitliches Tabellenwerk vorlegt, aus dem für den Gläubiger ohne weiteres zu erkennen ist, ob zu sämtlichen im Urteilsausspruch angegebenen Punkten Einzelauskünfte vorhanden sind. Bei solchen von Natur aus übersichtlichen Vorgängen mag es auch hinnehmbar sein, dass einzelne vom Gläubiger beanstandete Auskünfte in einem gesonderten Schreiben mit gesonderten Angaben berichtigt werden, ohne dass die komplette Rechnungslegung um ihrer Einheitlichkeit und Übersichtlichkeit Willen neu erstellt werden muss.[418]

248 – Je **größer** der **Umfang** der rechnungspflichtigen Handlungen ist, umso weniger ist es dem Gläubiger jedoch zuzumuten, dasjenige, was der Schuldner als Rechnungslegung gegen sich gelten lassen will, aus diversen Fragmenten und zusätzlichen Erklärungen selbst zusammenzusuchen. In einem solchen Fall reicht es nicht, dass sich die nach dem Urteilsausspruch geschuldeten Angaben irgendwo in dem Gesamtwerk finden und der Gläubiger sich ggf mit Hilfe zusätzlicher Erläuterungen ein der Gliederung des Urteilsausspruches entsprechendes Tabellenwerk selbst erstellen könnte, um Aufschluss darüber zu erhalten, ob die gelegte Rechnung Auskünfte zu allen geschuldeten Punkten enthält. Jedenfalls bei beträchtlichem Umfang rechenschaftspflichtiger Handlungen ist der ausgeurteilten Verpflichtung erst genügt, wenn die Gliederung der Rechnungslegung der Gliederung des gerichtlichen Rechnungslegungsausspruches entspricht.[419] Erfolgen nicht nur wenige unbedeutende Ergänzungen/Korrekturen, ist ein neues, der Gliederung des Urteilsausspruchs folgendes Verzeichnis zu erstellen.[420]

249 Werden **Angaben** zur Rechnungslegung **in einem** laufenden **Klageverfahren** gemacht, ist klarzustellen, dass die betreffende Mitteilung zum Zwecke der Auskunftserteilung geschieht. Die Anforderungen der Rechtsprechung an die Vollständigkeit einer Rechnungslegung sind sehr hoch und von einem Schuldner, vor allem wenn es sich um einen Herstellungsbetrieb handelt, kaum oder nur mit einem erheblichen Arbeitsaufwand zu erfüllen.

h) Teilweise unberechtigte Beanstandungen

250 Solange nur in *einem* rechnungslegungspflichtigen Punkt Angaben fehlen, ist ein Zwangsmittel zu verhängen. Macht der Gläubiger mit seinem Vollstreckungsantrag geltend, dass die Rechnungslegung hinsichtlich mehrerer Einzeldaten unzureichend sei, und erweisen sich lediglich einige, aber nicht alle Beanstandungen als durchgreifend, so führt dies nicht zwangsläufig zu einer teilweisen Zurückweisung des Zwangsmittelantrages mit einer entsprechenden Kostenbelastung des Gläubigers.[421] Allerdings wirkt sich der Umfang der Unzulänglichkeit auf die Höhe des Zwangsmittels aus. Je größer die Mängel

---

416 OLG Düsseldorf, Beschluss v 21.1.2016 – I-15 W 12/15.
417 OLG Düsseldorf, Beschluss v 21.1.2016 – I-15 W 12/15, str. – vgl oben Kap D Rdn 620.
418 OLG Düsseldorf, Beschluss v 21.1.2016 – I-15 W 12/15.
419 OLG Düsseldorf, Beschluss v 21.1.2016 – I-15 W 12/15.
420 OLG Düsseldorf, Beschluss v 21.1.2016 – I-15 W 12/15.
421 OLG Düsseldorf, InstGE 5, 292 – Balkonbelag.

der Rechnungslegung sind, desto höher wird das Zwangsgeld ausfallen müssen, das erforderlich ist, um den Schuldner zu einer ordnungsgemäßen Auskunftserteilung zu veranlassen. Zur Teilabweisung mit entsprechender Kostenquote führt es deshalb, wenn der Gläubiger entweder ein bestimmtes Zwangsgeld in seinen Antrag aufnimmt und das Gericht betragsmäßig nicht nur unwesentlich darunter bleibt, oder wenn der Antrag in Bezug auf die Höhe zwar unbestimmt formuliert ist, das Landgericht aber deshalb hinter dem Begehren des Gläubigers zurückbleibt, weil es verschiedene Beanstandungen des Gläubigers von Gewicht nicht teilt und deswegen zu dem festgesetzten geringen Zwangsgeld kommt, oder weil es die Schwere der geltend gemachten Unzulänglichkeiten anders als der Gläubiger bemisst.[422]

i) Erkundigungspflichten

Wenngleich Auskunft und Rechnungslegung prinzipiell Wissenserklärung sind und der Schuldner deshalb grundsätzlich nur dasjenige mitzuteilen hat, was er unter Heranziehung seiner Geschäftspapiere etc weiß, so bestehen – darüber hinaus – in gewissem Umfang Erkundigungspflichten. Kann der Schuldner seinen Lieferanten anhand seiner Unterlagen nicht mit ausreichender Sicherheit feststellen, ist er gehalten, diese Zweifel durch Nachfrage bei den in Betracht kommenden Lieferanten aufzuklären. Der Auskunftsschuldner ist demgegenüber nicht verpflichtet, Nachforschungen anzustellen, um unbekannte Vorlieferanten oder den Hersteller erst zu ermitteln[423] oder um sich Gewissheit über die tatsächliche Verwendung eines mittelbar patentverletzenden Gegenstandes beim Abnehmer zu verschaffen.[424] Können Auskünfte nur nach Einblick in die Geschäftsunterlagen gegeben werden und stehen dem Schuldner diese nicht (mehr) zur Verfügung (zB weil er zwischenzeitlich als Geschäftsführer ausgeschieden ist), so ist der Schuldner verpflichtet, die ihm zumutbaren Maßnahmen zu ergreifen, um sich die benötigten Kenntnisse zu verschaffen.[425] Dies kann im Einzelfall auch die gerichtliche Verfolgung eines Einsichtsrechts in die Geschäftsunterlagen einschließen.[426]

251

Ähnliche Fragen stellen sich, wenn die für eine Rechnungslegung über *eigene* Benutzungshandlungen erforderlichen Geschäftsdaten nicht beim Schuldner, sondern bei einem Drittunternehmen (zB aus demselben Konzern) vorliegen. Hier können zwar die Grundsätze der **Wissenszurechnung** in arbeitsteiligen Organisationen im Vollstreckungsverfahren nach § 888 ZPO nicht mit der Folge angewandt werden, dass dem Schuldner ein Wissen um den Umfang auskunftspflichtiger Schutzrechtsverletzungen fiktiv zugerechnet wird, das tatsächlich nicht bei ihm, sondern lediglich bei einem (organisatorisch verbundenen) Drittunternehmen aufgrund der dort archivierten Geschäftsdaten gegeben ist.[427] Allerdings kann der Vollstreckungsschuldner gehalten sein, das betreffende Drittunternehmen notfalls gerichtlich auf Erteilung derjenigen Auskünfte in Anspruch zu nehmen, die es dem Schuldner erlauben, seiner Rechnungslegungspflicht gegenüber dem Gläubiger ordnungsgemäß nachzukommen.[428] Eine gesteigerte Informationsbeschaffungspflicht des Vollstreckungsschuldners ist anzunehmen, wenn er es unter Verzicht auf eine eigene verfügbare Dokumentation hingenommen hat, dass die Einzelheiten seiner Geschäftstätigkeit ausschließlich bei dem in Anspruch zu nehmenden Dritt-

252

---

422 OLG Düsseldorf, Beschluss v 27.6.2012 – I-2 W 14/12.
423 BGH, GRUR 2003, 433, 434 – Cartier-Ring; BGH, GRUR 2006, 504 – Parfümtestkäufe (jeweils zu § 19 MarkenG).
424 OLG Karlsruhe, InstGE 11, 61 – Multifeed II.
425 OLG Köln, GRUR-RR 2006, 31 – Mitwirkung eines Dritten.
426 BGH, MDR 2009, 468.
427 OLG Düsseldorf, InstGE 9, 179 – Druckerpatrone, bestätigt durch BGH, GRUR 2009, 794 – Auskunft über Tintenpatronen.
428 OLG Düsseldorf, InstGE 9, 179 – Druckerpatrone, bestätigt durch BGH, GRUR 2009, 794 – Auskunft über Tintenpatronen; OLG Düsseldorf, Beschluss v 20.9.2011 – I-2 W 38/11.

unternehmen dauerhaft archiviert werden, ohne dass der Schuldner Zugriff auf diese Daten hat.[429] Die Pflicht zur Klageerhebung kann sich gleichfalls aus einer Gesamtschuldnerschaft ergeben, die zwischen dem Schuldner und dem Dritten besteht (zB aus § 840 BGB).[430] Sie setzt keine abschließende Prüfung der Erfolgsaussichten durch das Vollstreckungsgericht voraus. Es genügt vielmehr, wenn die Drittauskunftsklage mit einiger Wahrscheinlichkeit begründet ist.[431] Davon ist im Zweifel auszugehen, wenn der Schuldner als Handelsvertreter oder Lagerhalter für den Dritten tätig war. Sind der Handelsvertreter bzw Lagerhalter juristische Personen, erstreckt sich die Fürsorgepflicht des Geschäftsherrn nicht nur auf das Unternehmen, mit dem die Vertragsbeziehung besteht, sondern gleichermaßen auf dessen gesetzlichen Vertreter. Letzteres gilt jedenfalls dann, wenn der gesetzliche Vertreter ebenfalls zur Rechnungslegung verurteilt und insofern Vollstreckungsschuldner ist.[432] Die Pflicht zur Drittauskunftsklage entfällt nicht schon deswegen, weil der Gläubiger auch gegen das Drittunternehmen einen eigenen Auskunftstitel wegen Patentverletzung erwirkt hat.[433] Etwas anderes gilt allenfalls dann, wenn die direkte Inanspruchnahme des Dritten durch den Gläubiger in einem solchen Maße einfacher ist, dass ein Beharren des Gläubigers darauf, der Schuldner möge den Dritten zur Ermöglichung seiner Auskunftspflicht verklagen, als Schikane erscheint.[434]

253 Grundsätzlich anders liegen die Verhältnisse, wenn sich nicht nur die Geschäftsdaten zur eigenen Benutzung bei einem Dritten befinden, sondern wenn es um eine Auskunft des Schuldners über **Benutzungshandlungen** geht, die nicht von ihm, sondern **von einem Dritten** vorgenommen worden sind und deshalb für ihn *fremde* sind. Diesbezüglich besteht prinzipiell keine Erkundigungspflicht, und zwar selbst dann nicht, wenn der Dritte und der Schuldner Mittäter oder Teilnehmer der Verletzungshandlungen sind. Anderes (im Sinne einer Erkundigungspflicht beim Drittunternehmen) gilt allerdings dann, wenn der Schuldner den Dritten bei der Patentverletzung als Verrichtungsgehilfe[435] gelenkt hat, so dass die von diesem ausgeführten Vertriebshandlungen als solche des Schuldners anzusehen sind. Denkbar ist dies beispielsweise bei einer Konzernmutter, deren Tochtergesellschaft die Verletzungshandlungen nach den konkreten Direktiven der Muttergesellschaft begangen hat.[436] Gleiches gilt, wenn sich aus den Gründen des Urteils im Wege der Auslegung ergibt, dass neben den durch den Beklagten eigenhändig vorgenommenen Verkäufen auch solche Vertriebshandlungen vom Urteilsausspruch erfasst sein sollen, die ein Tochterunternehmen begangen hat.[437]

j) Unrichtige Rechnungslegung

254 Von der unvollständigen Rechnungslegung ist die unrichtige Rechnungslegung zu unterscheiden. Sie liegt vor, wenn die nach dem Urteilstenor geschuldeten Daten zwar offenbart sind, jedoch Anhaltspunkte dafür bestehen, dass die gegebene Auskunft nicht den Tatsachen entspricht. In einem derartigen Fall steht dem Gläubiger nicht das Zwangsmittelverfahren zur Verfügung[438]; vielmehr hat er die Möglichkeit, auf Abgabe einer eidesstattlichen Versicherung zu klagen, mit der der Schuldner die Richtigkeit der erteilten Auskunft bekräftigt (§ 259 Abs 2 BGB). Einen Grenzfall bildet diejenige Rechnungsle-

---

429 OLG Düsseldorf, InstGE 9, 179 – Druckerpatrone.
430 BGH, GRUR 2009, 794 – Auskunft über Tintenpatronen.
431 OLG Düsseldorf, InstGE 9, 179 – Druckerpatrone.
432 OLG Düsseldorf, InstGE 9, 179 – Druckerpatrone.
433 OLG Düsseldorf, Beschluss v 20.9.2011 – I-2 W 38/11.
434 OLG Düsseldorf, Beschluss v 20.9.2011 – I-2 W 38/11.
435 Zum Begriff und zu den Anforderungen vgl BGH, MDR 2014, 1081.
436 OLG Düsseldorf, GRUR-RR 2013, 273 – Scheibenbremse.
437 BGH, GRUR 2014, 605 – Flexitanks II.
438 Vgl BGH, VersR 2007, 1081.

gung, die aufgrund ihrer Unvollständigkeit falsch ist.⁴³⁹ Hier ist zu differenzieren: Beruht die Unvollständigkeit darauf, dass der Schuldner über den Umfang und die Reichweite seiner Rechnungslegungspflicht im Irrtum ist⁴⁴⁰, so ist der Antrag auf Verhängung eines Zwangsmittels zulässig. Bestreitet der Schuldner hingegen, dass eine bestimmte Benutzungshandlung, von der er genau weiß, dass sie prinzipiell zu offenbaren ist, stattgefunden hat, und bestehen Anhaltspunkte für die Unrichtigkeit dieses Bestreitens, so ist die Klage auf Abgabe einer eidesstattlichen Versicherung geboten.

Ist die Rechnungslegung **gleichzeitig unvollständig** (zB weil zu den mitteilungsbedürftigen Gestehungskosten nur pauschale, für den Gläubiger nicht nachvollziehbare Angaben gemacht werden) **und unglaubhaft** (zB weil die genannten Pauschalbeträge nicht plausibel sind), so ist zweckmäßigerweise zunächst eine Spezifizierung der Rechnungslegungsangaben nach § 888 ZPO zu verlangen, um überhaupt eine als solche vollständige Auskunft zu erhalten. Erst danach macht es in der Regel Sinn, bezüglich der dann vorliegenden Angaben, wenn gegen ihre Richtigkeit (auch nach erfolgter Spezifizierung) weiterhin Bedenken bestehen, auf eine eidesstattliche Versicherung zu klagen. Das gilt auch dann, wenn die Unvollständigkeit und die mangelnde Glaubhaftigkeit unterschiedliche Punkte betreffen, die Rechnungslegung also in einer Hinsicht unvollständig und in anderer Hinsicht unglaubhaft ist. Im zuletzt genannten Fall wäre freilich ein Zwangsvollstreckungsantrag nach § 888 ZPO und eine Klage auf Abgabe der eidesstattlichen Versicherung nebeneinander zulässig.⁴⁴¹

255

k) Eidesstattliche Versicherung

Tatbestandlich setzt die Klage aus **§ 259 Abs 2 BGB** zweierlei voraus:

256

Es muss – zum Ersten – der **Verdacht** (nicht die Gewissheit!) bestehen, dass die vorgelegte Rechnung unvollständig ist. Relevant sind in diesem Zusammenhang nicht nur die Angaben nach § 259 Abs 1 BGB. Da § 259 Abs 2 BGB auch auf Drittauskünfte gemäß § 140b PatG anwendbar ist⁴⁴², kann für den Verdacht der Unvollständigkeit auch auf solche Daten abgestellt werden, zu deren Offenbarung der Auskunftspflichtige nur nach § 140b PatG gehalten ist.

257

Die Unvollständigkeit muss – zum Zweiten – auf **mangelnder Sorgfalt** des Verpflichteten bei der Rechnungslegung beruhen. Die insoweit zu treffende Einzelfallentscheidung anhand der konkreten Umstände des Einzelfalles hat insbesondere zu berücksichtigen, wie umfangreich die zu leistende Rechnungslegung ist (Zeitraum, Geschäftsvorfälle, auskunftspflichtige Einzeldaten), weil mit der Menge an zu bewältigenden Daten auch bei ernsthaftem Bemühen unweigerlich die Gefahr steigt, Fehler zu machen. Allein die zu verarbeitenden Daten und ein ggf weit zurückliegender Auskunftszeitraum, der den Datenzugriff erschwert, können die Rechnungslegung zu einer »gefahrengeneigten« Angelegenheit machen, was bei der Beurteilung des Sorgfaltsvorwurfs wechselwirkend zu berücksichtigen ist.⁴⁴³ Werden Korrekturen vorgenommen, so liegt darin zunächst das Geständnis des Schuldners, dass es bei der Rechnungslegung zu Fehlern gekommen ist. Um seinem neuen Rechenwerk eine Zuverlässigkeit zu verleihen, die eine eidesstattli-

258

---

439 ZB: Der Gläubiger macht geltend, dass eine bestimmte patentverletzende Lieferung, die tatsächlich erfolgt sei, in der Rechnungslegung nicht enthalten ist.
440 ZB weil der Schuldner meint, aus irgendwelchen Gründen zur Offenbarung der betreffenden Lieferung nicht verpflichtet zu sein.
441 Zum Verhältnis von § 888 ZPO und § 259 Abs 2 BGB vgl OLG Hamburg, NJW-RR 2002, 1292 – Löschpistolen; BGH, GRUR 1984, 728, 730 – Dampffrisierstab II; Eichmann, GRUR 1990, 575, 583.
442 OLG Düsseldorf, Urteil v 7.10.2004 – I-2 U 41/04; OLG Zweibrücken, GRUR 1997, 131 – Schmuckanhänger.
443 OLG Düsseldorf, Beschluss v 8.8.2013 – I-2 U 8/13.

che Versicherung ihrer Richtigkeit entbehrlich macht, hat der Schuldner im Rahmen seiner korrigierten Auskünfte nicht nur den jeweiligen Korrekturanlass zu benennen, sondern darüber hinaus die korrigierten Zahlen so weit zu erläutern, dass sie vom Schuldner nachvollzogen werden können und ihnen eine innere Schlüssigkeit zugesprochen werden kann.[444]

259 Anders als im Zwangsmittelverfahren nach § 888 ZPO[445] bleiben **Angaben**, die für die Rechtsverfolgung des Gläubigers **nicht mehr von Interesse** sind, als Anknüpfungspunkte für eine mangelnde Sorgfalt bei der Rechnungslegung relevant. Denkbar ist solches namentlich im Hinblick auf Auskünfte über die Gestehungskosten und den Gewinn, wenn der Schuldner im Hinblick auf bestimmte, zunächst noch offengelegte und später ohne nachvollziehbare Begründung revidierte Kostenpositionen rechtsverbindlich erklärt, diese bei der Berechnung des Verletzergewinns nicht mehr in Abzug zu bringen.[446]

260 Ein Grund für die Annahme einer Sorgfaltspflichtverletzung ist nach Lage des Falles regelmäßig gegeben, wenn

261 – Angaben mehrfach – auch mit Begründung – ergänzt oder berichtigt worden sind[447], es sei denn, die erste, später ergänzte Auskunft ist ausdrücklich als bloß »vorläufig« gekennzeichnet worden und es handelt sich um Ergänzungen, die aus der Vorläufigkeit der ersten Rechnungslegung erklärbar sind, wobei es für den Umfang der Vorläufigkeit (welche Daten sind betroffen?) auf den Empfängerhorizont des Gläubigers ankommt[448];

262 – unplausible Erklärungen dafür gegeben werden, wieso weitergehende Auskünfte nicht erteilt werden können[449],

263 – die Auskunft fortlaufend unberechtigt verweigert wird und der Auskunftspflichtige darum bemüht ist, den wahren Sachverhalt nicht offenzulegen[450],

264 – im Rahmen der Auskunftserteilung widersprüchliche Angaben gemacht werden[451],

265 – wiederholt Auskünfte erteilt werden, die allesamt mehr oder weniger unrichtig, unvollständig oder ungenau sind.[452]

266 Tatsächliche Verdachtsgründe sind vom Kläger darzutun und zu beweisen, der die Abgabe der eidesstattlichen Versicherung begehrt.[453]

267 Ist hiernach ein entsprechender Verdacht begründet, kann der Auskunftspflichtige der damit entstandenen Verpflichtung zur Abgabe einer eidesstattlichen Versicherung nicht dadurch entgehen, dass er im Rechtsstreit versichert (oder anwaltlich versichern lässt), dass die zuletzt erteilte Auskunft nunmehr richtig und vollständig sei.[454] Zu beachten

---

444 OLG Düsseldorf, Beschluss v 8.8.2013 – I-2 U 8/13.
445 OLG Düsseldorf, InstGE 13, 226 – Rechnungslegung über Gestehungskosten.
446 OLG Düsseldorf, Beschluss v 8.8.2013 – I-2 U 8/13.
447 OLG Hamburg, InstGE 5, 294 – Fußbodenpaneele II, mwN.
448 OLG Düsseldorf, Beschluss v 8.8.2013 – I-2 U 8/13.
449 OLG Köln, NJW-RR 1998, 126, 127.
450 BGH, WM 1956, 31, 32; OLG Frankfurt/Main, NJW-RR 1993, 1483; LG Mannheim, Urteil v 16.5.2014 – 7 O 90/13 (Notwendigkeit mehrerer Zwangsmittelverfahren zur Auskunftserzwingung).
451 BGHZ 125, 322, 323 – Cartier-Armreif.
452 LG Düsseldorf, GRUR-RR 2009, 195 – Sorgfältige Auskunft.
453 OLG Düsseldorf, Beschluss v 8.8.2013 – I-2 U 8/13.
454 BGH, MDR 1960, 200, 201; OLG Zweibrücken, GRUR 1997, 131 – Schmuckanhänger; OLG Düsseldorf, Urteil v 28.4.2005 – I-2 U 44/04.

ist, dass § 259 Abs 3 BGB von der Pflicht zur eidesstattlichen Versicherung Angelegenheiten von geringer Bedeutung ausnimmt. Darunter fällt nicht nur der Fall, dass der gesamte Gegenstand der Rechenschaftspflicht geringfügig ist, sondern gleichermaßen die Konstellation, dass dieser Gegenstand an sich zwar bedeutsam ist, aber nur der Verdacht auf eine geringfügige Unvollständigkeit oder Unrichtigkeit besteht.[455]

In Bezug auf Auskünfte, die durch spätere **Angaben** des Schuldners **überholt** sind, besteht kein Anspruch auf Abgabe einer eidesstattlichen Versicherung. Voraussetzung ist allerdings, dass der Beklagte die früheren Auskünfte auch selbst nicht mehr gelten lassen will und dies dem Gläubiger gegenüber eindeutig zum Ausdruck bringt.[456] Erteilt der Schuldner im Laufe der Zeit wiederholte Auskünfte, ohne unmissverständlich klarzustellen, welche Erklärungen als Auskunft gelten sollen und welche nicht (mehr), so kann die Klage gemäß § 259 Abs 2 BGB auf sämtliche Auskünfte gerichtet werden, die vom Schuldner erteilt worden sind. In einem solchen Fall ist es Sache des Schuldners, bei Abgabe der eidesstattlichen Versicherung die notwendige Klarheit zu schaffen, indem nur die Richtigkeit und Vollständigkeit derjenigen Auskünfte versichert wird, die Geltung haben sollen. 268

Im **Klageantrag** (und im Urteilstenor) sind diejenigen Auskünfte genau zu bezeichnen, auf die sich die eidesstattliche Versicherung der Richtigkeit und Vollständigkeit beziehen soll. Für sie hat der Offenbarungspflichtige »an Eides Statt zu versichern, dass er die verlangten Angaben nach bestem Wissen und Gewissen so richtig und vollständig gemacht hat, wie er dazu imstande ist« (§ 259 Abs 2 BGB). Der genannte, vom Gesetz vorgeschriebene Wortlaut ist zwingend; solange ihm nicht genügt wird, ist die Pflicht zur Abgabe der eidesstattlichen Versicherung nicht erfüllt.[457] Einer namentlichen Benennung des Eidespflichtigen bedarf es nicht.[458] Sie ist – wie bei § 888 ZPO – erst im Verfahren der Zwangsvollstreckung nach erfolgter Verurteilung zur eidesstattlichen Versicherung (§ 889 ZPO) erforderlich.[459] 269

Praxistipp	Formulierungsbeispiel	270

Die Beklagte wird verurteilt, durch ihren gesetzlichen Vertreter[460] vor dem zuständigen Amtsgericht an Eides statt zu versichern, dass sie die Auskünfte gemäß ihren Schreiben vom ... (Anlagen ...) so vollständig und richtig erteilt hat, wie sie dazu imstande ist.

Stellt der Schuldner fest, dass seine bisherigen (in den Klageantrag/Urteilstenor) aufgenommenen Auskünfte tatsächlich nicht den Tatsachen entsprechen oder unvollständig sind, so ist er natürlich nicht verpflichtet, zu dieser von ihm als falsch erkannten Auskunft dennoch eine eidesstattliche Versicherung abzugeben. Da er nicht gehalten ist, eine falsche Versicherung abzugeben, steht es ihm vielmehr frei, unrichtige Angaben zu korrigieren und fehlende Angaben zu ergänzen. Die Vollstreckung eines Urteils auf Abgabe der eidesstattlichen Versicherung kann mithin auch darin liegen, dass der Schuldner eine völlig neue Auskunft erteilt und deren Richtigkeit versichert. 271

---

455 OLG Düsseldorf, Beschluss v 8.8.2013 – I-2 U 8/13.
456 OLG Düsseldorf, Beschluss v 8.8.2013 – I-2 U 8/13.
457 BGH, NJW-RR 2007, 185.
458 OLG Düsseldorf, Beschluss v 8.8.2013 – I-2 U 8/13.
459 OLG Düsseldorf, Beschluss v 8.8.2013 – I-2 U 8/13.
460 Sieht der Gesellschaftsvertrag eine (echte oder unechte) Gesamtvertretung vor, so sollte eingefügt werden: »... in der satzungsgemäß vorgeschriebenen Form ...« (OLG Düsseldorf, Beschluss v 8.8.2013 – I-2 U 8/13).

272 Liegt dem Rechnungslegungsanspruch eine Patentverletzung zugrunde, stellt die Klage auf Abgabe der eidesstattlichen Versicherung eine Patentstreitsache dar. Für sie gelten dieselbe **Gerichtsstände** wie für eine Patentverletzungsklage, insbesondere also auch der Gerichtsstand der unerlaubten Handlung. Letzteres folgt zum einen aus der Tatsache, dass es sich bei dem Anspruch aus § 259 Abs 2 BGB um einen Annex zum Rechnungslegungsanspruch handelt, für den, wenn er auf eine Patentverletzung gestützt wird, unzweifelhaft § 32 ZPO eingreift, und zum anderen daraus, dass der Anspruch auf eidesstattliche Versicherung zusammen mit dem Unterlassungsanspruch im Wege der Stufenklage und damit im Gerichtsstand der Patentverletzung verfolgt werden könnte, so dass für seine isolierte Geltendmachung nicht anderes gelten kann.

273 Bei Unternehmen hat der im Zeitpunkt ihrer Abgabe amtierende **gesetzliche Vertreter** die eidesstattliche Versicherung zu leisten.[461] Wer dies ist, muss von Amts wegen geklärt werden.[462] Sieht der Gesellschaftsvertrag eine Gesamtvertretung (durch mehrere Geschäftsführer oder einen Geschäftsführer zusammen mit einem Prokuristen) vor, muss die eidesstattliche Versicherung in der satzungsgemäßen Form, dh durch eine zur Vertretung berufene Personenmehrheit, erfolgen.[463] Sofern der einzige gesetzliche Vertreter sein Amt erst nach der Ladung zum Termin zur Abgabe der eidesstattlichen Versicherung niederlegt, ohne dass ein neuer Vertreter bestellt wird, bleibt er offenbarungspflichtig.[464] Das gilt auch dann, wenn dieser die Auskünfte nicht selbst erteilt hat, wie dies bei größeren Unternehmen regelmäßig der Fall sein wird. Handlungsschuldner ist auch unter solchen Umständen nicht der zuständige Mitarbeiter der mit der Rechnungslegung befassten Unternehmensabteilung.[465]

274 Bei **Ausländer**n genügt eine nur vorübergehende kurzfristige Anwesenheit des Schuldners im Inland (zB anlässlich eines Messebesuches); sie begründet die Zuständigkeit desjenigen Amtsgerichts, in dessen Bezirk der Aufenthalt bei Auftragserteilung stattfindet (§ 899 ZPO).[466]

275 Für die Abnahme der eidesstattlichen Versicherung und alle hierbei zu treffenden Zwangsmaßnahmen (§§ 888, 901 ZPO) ist nicht das Prozessgericht, sondern ausschließlich[467] (§§ 889, 802 ZPO) das Amtsgericht am Sitz des Schuldners als Vollstreckungsgericht zuständig. Es hat auf Antrag des Gläubigers einen Termin zur Abgabe der eidesstattlichen Versicherung anzuberaumen. Erscheint der ordnungsgemäß geladene Schuldner nicht oder nimmt der Schuldner den Termin zwar wahr, verweigert er aber die eidesstattliche Versicherung, kann er durch die Zwangsmittel des § 888 ZPO (Zwangsgeld bzw Zwangshaft) dazu angehalten werden, seiner Verpflichtung nachzukommen.[468] Dazu gehört, dass er sich die notwendigen Kenntnisse und Unterlagen – soweit erforderlich – auch von dritter Seite beschafft.[469] Der Verpflichtete kann die Abgabe einer eidesstattlichen Versicherung deswegen nicht unter Hinweis darauf verweigern, dass er die von einem Dritten für ihn gefertigte Auskunft nicht auf ihre inhaltliche Richtigkeit überprüfen könne.[470] Wird die eidesstattliche Erklärung abgegeben, besteht jedoch (zB wegen eines in die Erklärung aufgenommenen Vorbehaltes) Anlass zu der

---

461 BGH, NJW-RR 2007, 185; OLG Düsseldorf, Urteil v 28.4.2005 – I-2 U 44/04; OLG Düsseldorf, Urteil v 7.10.2004 – I-2 U 41/04.
462 BGH, NJW-RR 2007, 185.
463 OLG Düsseldorf, Beschluss v 8.8.2013 – I-2 U 8/13.
464 BGH, NJW-RR 2007, 185.
465 OLG Düsseldorf, Beschluss v 8.8.2013 – I-2 U 8/13.
466 BGH, NJW 2008, 3288.
467 OLG München, MDR 1991, 796.
468 Zu Einzelheiten und Formulierungsvorschlägen vgl Kap H Rdn 194 ff.
469 BGH, MDR 2014, 1342.
470 BGH, MDR 2014, 1342.

Annahme, dass die Auskünfte nicht mit der gebotenen Sorgfalt gemacht worden sind (zB weil ein Zugriff auf bestimmte Unterlagen nicht möglich gewesen sein soll), so kommen – mangels »Verweigerung« der eidesstattlichen Versicherung – keine Zwangsmittel infrage; vielmehr ist im Verfahren nach § 889 ZPO gemäß § 261 Abs 1 ZPO anzuordnen, dass der Verpflichtete seine bisherige Auskunft nachbessert und an Eides statt versichert.[471] Zur Durchsetzung einer angeordneten Zwangshaft kann in entsprechender Anwendung von § 901 ZPO ein Haftbefehl ergehen. Vor seinem Erlass hat das Vollstreckungsgericht eigenständig sämtliche Voraussetzungen für die Anordnung einer Erzwingungshaft (dh das Bestehen einer Pflicht zur eidesstattlichen Versicherung und das Vorliegen eines Haftgrundes[472]) zu prüfen.[473]

Nachstehend ist das **Muster eines Haftbefehls** wiedergegeben: 276

Praxistipp	Formulierungsbeispiel
1. Auf Antrag des ... (Gläubigers) wird gegen ... (Schuldner) die Haft angeordnet. 2. Dieser Haftbefehl ist dem Schuldner bei der Verhaftung in beglaubigter Ausfertigung zu übergeben.	

277

Hat der Schuldner ein äußerlich erkennbar unvollständiges, ungenaues oder widersprüchliches Verzeichnis vorgelegt, so kann der Gläubiger die **Nachbesserung** der eidesstattlichen Versicherung verlangen.[474] 278

Ein Anspruch auf **Überprüfung** der Rechnungslegung etwa durch einen vereidigten Wirtschaftsprüfer oder den Gläubiger selber unter Rückgriff auf die Geschäftsunterlagen des Schuldners steht dem Gläubiger nicht zu.[475] 279

---

471 BGH, MDR 2014, 1342.
472 Nichterscheinen im Abgabetermin bzw Verweigerung der eidesstattlichen Versicherung.
473 BGH, MDR 2009, 227.
474 BGH, WM 2009, 1431.
475 BGH, GRUR 1982, 723 – Dampffrisierstab.

I. Schadenersatz

Ist das Rechnungslegungsverfahren abgeschlossen bzw die Rechnungslegung vom Gläubiger akzeptiert, kann die Höhe des Schadens beziffert werden, wobei mehrere Punkte berücksichtigt werden müssen. Es stellt sich zunächst die Frage, wessen Schaden überhaupt geltend gemacht werden kann, daran schließt sich die Frage nach den einzelnen Schadenspositionen und damit einhergehend die ihrer Berechnung an. Manche dieser Fragen sind bisher nicht höchstrichterlich entschieden. 1

I. Anspruchsberechtigter

1. Schadenersatz wegen Patentverletzung

Von einem Schutzrechtsverletzer ist der dem Verletzten entstandene Schaden zu ersetzen (§ 139 Abs 2 Satz 1 PatG). Wurden mehrere Personen verletzt[1], treten diese als Mitgläubiger im Sinne des § 432 BGB auf[2], was zur Folge hat, dass bestimmte Schadensposten nur einmal geltend gemacht werden können (zB Herausgabe des Verletzergewinns oder Zahlung einer angemessenen Lizenzgebühr). 2

Ein Schaden entsteht primär in der Person des **Schutzrechtsinhaber**s oder, wenn eine ausschließliche Lizenz vergeben ist, in der Person des **ausschließlichen Lizenznehmers**.[3] Ist die Exklusivlizenz zeitlich, örtlich oder sachlich beschränkt, so kommen **nebeneinander** Schadenersatzansprüche sowohl des Patentinhabers als auch des Lizenznehmers in Betracht, die sich inhaltlich weder decken noch überschneiden. Der Schutzrechtsinhaber bleibt für alle diejenigen Verletzungshandlungen zum Schadenersatz aktivlegitimiert, die in das bei ihm verbliebene Nutzungsrecht eingreifen, während der ausschließliche Lizenznehmer Schadenersatz für solche Patentverletzungen verlangen kann, die das (zeitlich, örtlich oder sachlich notwendigerweise andersartige) Verwertungsrecht tangieren, welches ihm mit der Lizenzvergabe überantwortet ist.[4] Jeder Berechtigte kann seinen Schaden dabei in herkömmlicher Weise nach einer der drei Berechnungsmethoden (entgangener Gewinn, Verletzergewinn, Lizenzanalogie) liquidieren. 3

Sind **beim Schutzrechtsinhaber keine Nutzungsrechte** mehr **verblieben**, ist er aber dennoch geschädigt (zB wegen einer umsatzabhängig vereinbarten Lizenz oder einer vertraglichen Bezugspflicht für den Lizenznehmer[5]), kann der Patentinhaber seinen Schaden ausschließlich konkret in Form des entgangenen Gewinns beziffern; die Methoden der abstrakten Schadensberechnung (Verletzergewinn und Lizenzanalogie) stehen ihm – entgegen der anderslautenden, allerdings nicht näher begründeten Auffassung des BGH[6] (dazu weiter unten) – nicht zur Verfügung.[7] Um eine Überbelastung des Verletzers zu vermeiden, die besteht, wenn er den Schadenersatzansprüchen des ausschließlichen Lizenznehmers und daneben zusätzlich den an dieselbe Verletzungshandlung 4

---

1 Zu Einzelheiten vgl Asendorf, Aufteilung des Schadenersatzes, 2011.
2 AA: BGH, GRUR 2008, 896 – Tintenpatrone I.
3 Umfassend zur Anspruchskonkurrenz zwischen Patentinhaber und exklusivem Lizenznehmer: Pahlow, GRUR 2007, 1001.
4 Kühnen, FS Schilling, 2007, S 311.
5 BGH, GRUR 2008, 896 – Tintenpatrone I.
6 BGH, GRUR 2008, 896 – Tintenpatrone I.
7 Kühnen, FS Schilling, 2007, S 311.

anknüpfenden Schadenersatzansprüchen des Patentinhabers ausgesetzt wird, hat sich der Lizenznehmer von seiner Schadenersatzforderung denjenigen Betrag abziehen zu lassen, den der Patentinhaber zum Ausgleich des bei ihm konkret eingetretenen Schadens (verminderte Lizenz- oder Veräußerungsgewinne) reklamieren kann.[8] Um den gegenüber dem Lizenznehmer anspruchsmindernd wirkenden Schadenersatzanspruch des Schutzrechtsinhabers im Höheverfahren mit dem ausschließlichen Lizenznehmer zur Geltung bringen zu können, hat der beklagte Verletzer dem Patentinhaber notfalls den Streit zu verkünden.[9]

5 Nach der – abweichenden – Auffassung des **BGH**[10] sollen der Schutzrechtsinhaber und sein ausschließlicher Lizenznehmer gesondert den Ersatz des jedem einzelnen von ihnen entstandenen Schadens beanspruchen können, zusammen aber nicht mehr als den vom Verletzer geschuldeten vollen Schadensausgleich, ermittelt nach einer der drei möglichen Berechnungsmethoden (entgangener Gewinn, Lizenzanalogie, Verletzergewinn). Eine Mitgläubigerschaft lehnt der BGH ab und lässt stattdessen folgende **drei prozessuale Vorgehensweisen** zu:

6 – Patentinhaber und Lizenznehmer können **gemeinschaftlich** (dh in *einer* **Klage**) gegen den Verletzer vorgehen, vollen Schadensausgleich – berechnet nach einer der Methoden – an sich gemeinsam verlangen und haben den erstrittenen Betrag anschließend intern unter sich aufzuteilen (a).[11]

7 Geschieht dies, sind die Kläger *notwendige Streitgenossen*[12] mit der Folge, dass im Verhältnis zu keinem von ihnen eine Säumnis infrage kommt, solange ein Streitgenosse erscheint[13], alle Streitgenossen am Rechtsmittelverfahren beteiligt bleiben, solange einer von ihnen Rechtsmittel einlegt (also keine Rechtskraft gegenüber einzelnen Streitgenossen eintreten kann, auch wenn sie in eigener Person kein Rechtsmittel eingelegt oder ihr Rechtsmittel zurückgenommen haben), gegenüber allen Streitgenossen nur einheitlich entschieden werden kann (weswegen sich jedes Teilurteil gegen einzelne Streitgenossen verbietet und jede Aussetzung und jeder Verfahrensstillstand, der im Verhältnis zu einem Streitgenossen auftritt, dazu führt, dass auch das Verfahren gegenüber der anderen Streitgenossen zum Erliegen kommt).

8 – **Einer** von beiden kann zugleich **aus abgetretenem Recht** des anderen den **Gesamtschaden** liquidieren, wobei der Ersatzbetrag danach wiederum (außerhalb des Rechtsstreits) intern aufzuteilen ist (b).

9 – Schließlich können der Patentinhaber *und* der ausschließliche Lizenznehmer **jeweils allein** den *ihm* entstandenen Schaden einklagen (c).

10 Ein solcher Fall liegt auch vor, wenn beide ihre Ansprüche an unterschiedlichen Gerichtsstandorten verfolgen. Da der Verletzer maximal den vollen Schadensaus-

---

8 Kühnen, FS Schilling, 2007, S 311.
9 Kühnen, FS Schilling, 2007, S 311.
10 BGH, GRUR 2008, 896 – Tintenpatrone I.
11 Das ist nicht ganz konsequent, wenn – wie es der BGH tut – eine Mitgläubigerschaft verneint und angenommen wird, der Patentinhaber und sein ausschließlicher Lizenznehmer hätten jeweils einen eigenen (abtretbaren) Schadenersatzanspruch, der mit dem Anspruch des jeweils anderen nur insoweit in Beziehung stehe, als (zur Vermeidung einer über 100 % hinausgehenden Haftung des Verletzers) bei der Bemessung des einen Anspruchs die Höhe des anderen Anspruchs zu berücksichtigen sei.
12 BGH, GRUR 2012, 430 – Tintenpatrone II.
13 Hat ein anwesender Streitgenosse für den im Termin säumigen Streitgenossen eine Prozesshandlung vorgenommen (zB die Klageforderung anerkannt), so kann der letztere diese in den nachfolgenden Tatsachenverhandlungen widerrufen, solange noch keine unanfechtbare gerichtliche Entscheidung ergangen ist (BGH, MDR 2016, 176).

gleich zu leisten hat, ist es – auch wenn er für sich die Berechnungsmethode der Lizenzanalogie oder der Herausgabe des Verletzergewinns wählt – Pflicht des Klägers, zunächst darzulegen, welcher Anteil des konkreten Gesamtschadens auf ihn entfällt. In Höhe dieses Anteils soll er sodann auf die anderen Ausgleichsmethoden zurückgreifen und eine entsprechende Quote des Lizenzbetrages bzw des Verletzergewinns zur Zahlung an sich verlangen können. Maßgeblich für die Anteilsbestimmung wird sein, ob der Patentinhaber oder der Lizenznehmer aus dem (infolge der Verletzungshandlungen gescheiterten) Verkauf von patentgemäßen Gegenständen den größeren wirtschaftlichen Vorteil erzielt hat – der Patentinhaber aus dem Verkauf an den Lizenznehmer zB nach Maßgabe einer im Lizenzvertrag vereinbarten Bezugspflicht oder der Lizenznehmer aus dem anschließenden (Weiter-)Verkauf im deutschen Markt. Die damit für beide anzustellende Bezifferung des eigenen entgangenen Gewinns ist außerordentlich aufwändig, und zwar selbst dann, wenn eine konkrete Berechnung mangels verfügbarer Unterlagen im Einzelfall nicht mehr möglich sein und deshalb die Darlegung von Schätzungsgrundlagen genügen sollte. Sie zwingt – was noch schwerer wiegen dürfte – in der Regel auch dazu, dem Gegner Geschäftsgeheimnisse offen zu legen.

Praxistipp	Formulierungsbeispiel	11
Für die Praxis ist von der Alternative (c) unbedingt abzuraten. Klagt der Patentinhaber oder der ausschließliche Lizenznehmer alleine auf Schadenersatz, sollte vor Klageerhebung die Abtretung der Ansprüche des anderen wirksam (dh bei Beteiligung ausländischer Personen möglichst unter Vereinbarung der Geltung deutschen Rechts) vereinbart sein.		

Diskutiert wird des Weiteren, ob neben dem Schutzrechtsinhaber und dem ausschließlichen Lizenznehmer auch dem **einfachen Lizenznehmer** ein Schaden entstanden sein kann[14], und, sollte dies zu bejahen sein, ob dieser vom Schutzrechtsinhaber über das Rechtsinstitut der Drittschadensliquidation geltend gemacht werden kann.[15] Für den Bereich des Markenrechts hat der BGH dies jüngst bejaht.[16] Dem ist entgegenzutreten.[17] Denn in der Person des einfachen Lizenznehmers manifestiert sich kein kausal durch eine Schutzrechtsverletzung hervorgerufener Schaden. Zwar muss der Lizenznehmer unter Umständen Mindereinnahmen hinnehmen, doch diese entstünden ihm auch bei Auftritt eines weiteren einfachen Lizenznehmers auf dem Markt. Das Risiko weiterer Konkurrenten und mithin die dadurch verursachten Umsatzeinbußen sind eine Gefahr, die der einfachen Lizenz von Natur aus innewohnt und kann nicht als Schaden qualifiziert werden. Darüber hinaus setzt die Drittschadenliquidation eine für den Geschädigten zufällige Schadensverlagerung voraus. Im Falle einer Schutzrechtsverletzung tritt aber zwischen dem Schutzrechtsinhaber und dem einfachen Lizenznehmer keine Schadensverlagerung auf. Vielmehr entsteht in der Person des Schutzrechtsinhabers ein eigener Schaden, der von diesem auch geltend gemacht werden kann. 12

Ein weiteres Problem bei der Durchsetzung des Schadenersatzanspruchs kann sich ergeben, wenn, wie heutzutage in Konzernen üblich, **Patentverwaltungsgesellschaften** gegründet werden, die lediglich Treunehmer sämtlicher im Konzern erlangter Schutz- 13

---

14 Eine Klage auf Ersatz des eigenen Schadens sieht beispielsweise das Designrecht in Art 32 VO (EG) 6/2002 vor (vgl dazu EuGH, GRUR 2016, 1163 – Thomas Philipps/Grüne Welle.
15 Für diese Möglichkeit etwa Fischer, GRUR 1980, 374 ff; unter Hinweis auf Fischer: Kraßer/Ann, § 35 Rn 136.
16 BGH, GRUR 2012, 630 – CONVERSE II.
17 Vgl auch Benkard, § 139 PatG Rn 17.

I. Schadenersatz

rechte sind. Werden von diesen Klagen erhoben, kann diskutiert werden, ob reinen Verwaltungsgesellschaften überhaupt ein Schaden entstehen kann, da sie grundsätzlich an der wirtschaftlichen Verwertung der Schutzrechte nicht beteiligt werden, zumeist durch die Treuhandverträge sogar gehindert sind. Sie erhalten in der Regel entweder eine finanzielle Ausstattung vom Konzern oder aber eine vorher festgelegte Zahlung für die Verwaltung der Schutzrechte. Diese Einnahmen werden durch die unberechtigte Nutzung von Schutzrechten durch Dritte nicht geschmälert.

14 Ist der Anspruchsberechtigte eine Gesellschaft, so haben ihre **Gesellschafter** regelmäßig kein rechtliches Interesse für einen Beitritt als **Nebenintervenient**.[18]

2. Schadenersatz bei unberechtigter Verletzungsklage

15 Ist die **Verletzungsklage abgewiesen** worden, so können – umgekehrt – Schadenersatzansprüche gegenüber dem klagenden Patentinhaber gegeben sein. Als Anspruchsberechtigter kommt zwar nicht der beklagte Prozessgegner in Betracht, weil ihm gegenüber der Grundsatz eingreift, dass derjenige nicht rechtswidrig in ein geschütztes Rechtsgut seines Verfahrensgegners eingreift, der ein staatliches, gesetzlich eingerichtetes und geregeltes Verfahren einleitet oder betreibt.[19] Schadenersatzberechtigt (wegen widerrechtlichen und schuldhaften Eingriffs in den eingerichteten und ausgeübten Gewerbsbetrieb, § 823 Abs 1 BGB) kann jedoch der am Rechtsstreit selbst nicht beteiligte Lieferant sein, dessen Abnehmer zu Unrecht in einen Verletzungsprozess verwickelt worden ist.[20]

3. Schadenersatz wegen unberechtigter Vollstreckung

16 Schadenersatzpflichten können sich schließlich dadurch ergeben, dass der Kläger ein von ihm erstrittenes, noch nicht rechtskräftiges Urteil[21] vollstreckt und das Urteil im weiteren Instanzenzug aufgehoben oder abgeändert wird. Dabei ist es prinzipiell gleichgültig, ob die abweichende Entscheidung auf einer anderen Beurteilung des Verletzungstatbestandes beruht (zB weil die zunächst bejahten Voraussetzungen einer wortsinngemäßen oder äquivalenten Benutzung verneint, der erhobene Formstein-Einwand für durchgreifend erachtet, ein Vorbenutzungsrecht festgestellt oder dem Beklagten ein sonstiger Einwand zugebilligt worden ist), ob sie ihre Ursache in mangelnder Aktiv- bzw Passivlegitimation hat oder darin begründet liegt, dass das Klagepatent durch Widerruf oder Nichtigerklärung nachträglich ganz oder insoweit weggefallen ist, dass die angegriffene Ausführungsform nicht mehr vom Schutzbereich erfasst wird.

a) Garantiehaftung

17 In allen diesen Fällen stellt § 717 ZPO eine verschuldensunabhängige Anspruchsgrundlage bereit.

---

[18] BGH, Beschluss v 3.7.2018 – II ZB 28/16.
[19] BGH, GRUR 2006, 219 – Detektionseinrichtung II; BGH, GRUR 2018, 832 – Ballerinaschuh. Eine Haftung kommt allenfalls auf Grundlage des § 826 BGB in Betracht, wenn der Kläger um die mangelnde Berechtigung seines Klagebegehrens – zumindest im Sinne bedingten Vorsatzes – weiß und besondere sittenwidrige Umstände hinzukommen, die sich auch aus einer Verletzung der prozessualen Wahrheitspflicht ergeben können (BGH, GRUR 2018, 832 – Ballerinaschuh).
[20] BGH, GRUR 2006, 219 – Detektionseinrichtung II.
[21] Die Vollstreckung eines rechtskräftigen Urteils begründet eine Schadenersatzhaftung allenfalls nach § 826 BGB. Das gilt auch dann, wenn ein solches Urteil später wegen Vernichtung des dem Verletzungsprozess zugrunde liegenden Klagepatents im Restitutionsverfahren aufgehoben wird.

aa) Haftungsvoraussetzungen

Derjenige, der ein *erstinstanzliches* Urteil vollstreckt[22], haftet auf Schadenersatz (§ 717 Abs 2 ZPO); derjenige, der ein *Berufungsurteil* vollstreckt[23], haftet nach Bereicherungsgrundsätzen (§ 717 Abs 3 ZPO[24]). Für beide Ansprüche – auch denjenigen aus § 717 Abs 3 ZPO – steht der (internationale und nationale) Gerichtsstand der unerlaubten Handlung (§ 32 ZPO) zur Verfügung.[25] Der bereicherungsrechtliche Erstattungsanspruch nach § 717 Abs 3 ZPO setzt – anders als der Schadenersatzanspruch nach § 717 Abs 2 ZPO – nicht voraus, dass vor der Zahlung oder Leistung des Titelschuldners die Zwangsvollstreckung angedroht war.[26]

§ 717 ZPO greift nur ein, wenn das vollstreckte Urteil (zB anlässlich des Wegfalls des Klagepatents) durch eine gerichtliche Entscheidung abgeändert oder aufgehoben wird. Die Vorschrift ist demgegenüber nicht einschlägig in Fällen der **Klagerücknahme**[27] oder der übereinstimmenden Erledigungserklärung.[28]

Praxistipp	Formulierungsbeispiel
Der Beklagte sollte deshalb, um seine Möglichkeiten zu wahren, bei nachträglicher Vernichtung des Klagepatents auf einer streitigen Klageabweisung oder einem Verzichtsurteil bestehen und nicht einer Klagerücknahme zustimmen.	

Schäden, die der Beklagte anlässlich seiner Verurteilung erlitten hat, sind nur dann gemäß § 717 ZPO ersatzfähig,

– wenn sie entweder durch eine vom Gläubiger *durchgeführte* Zwangsvollstreckung verursacht sind (**§ 717 Abs 2 1. Alt ZPO**), oder

– (sofern es zu Vollstreckungsmaßnahmen des Gläubigers nicht gekommen ist), wenn es sich um freiwillige Aufwendungen handelt, die vom Schuldner veranlasst wurden, um eine ihm *drohende* Zwangsvollstreckung abzuwenden (**§ 717 Abs 2 2. Alt ZPO**).

Letzteres verlangt, dass auf den Beklagten ein **Vollstreckungsdruck** ausgeübt wurde[29], was bei einem nur gegen Sicherheitsleistung vorläufig vollstreckbaren Urteil regelmäßig bedingt, dass der obsiegende Kläger die Vollstreckungssicherheit geleistet und – soweit es den Unterlassungsanspruch betrifft – dem Beklagten unter Beachtung von § 751 Abs 2 ZPO[30] nachgewiesen hat.[31] Ist dieses geschehen, ist ein »Drohen der Zwangsvollstreckung« allerdings auch grundsätzlich zu bejahen und nur dann zu verneinen, wenn der Gläubiger mit der zum Schutz des Schuldners gebotenen Klarheit verbindlich (dh nicht nur im Sinne einer bloßen Absichtserklärung) zum Ausdruck bringt, den Unterlassungs-

---

22 ... die schadensstiftende Maßnahme ist vor Eintritt der Vollstreckbarkeit des Berufungsurteils vorgefallen.
23 ... die schadensstiftende Maßnahme ist nach Eintritt der Vollstreckbarkeit des Berufungsurteils vorgefallen.
24 Vgl Reimann, GRUR 2009, 326; Nieder, GRUR 2013, 32.
25 BGH, GRUR 2011, 758 – Rückzahlung der Lizenzgebühr.
26 BGH, NJW 2011, 2518.
27 BGH, MDR 1988, 575.
28 OLG Düsseldorf, OLG-Report 1995, 177.
29 BGH, GRUR 1996, 812 – Unterlassungsurteil gegen Sicherheitsleistung.
30 BGH, GRUR 2008, 1029 – Nachweis der Sicherheitsleistung.
31 BGH, GRUR 2011, 364 – Steroidbeladene Körner; BGH, GRUR 1996, 812 – Unterlassungsurteil gegen Sicherheitsleistung; LG Düsseldorf, InstGE 10, 108 – steroidbeladene Körner II.

I. Schadenersatz

titel – trotz der von ihm an sich umfassend herbeigeführten Vollstreckungsvoraussetzungen – nicht durchsetzen zu wollen.[32] Wann das Verhalten des Gläubigers den besagten Erklärungswert hat, ist nach den konkreten Umständen des Einzelfalles in ihrer Gesamtschau zu beurteilen. Es genügt nicht, wenn der Kläger

25 – bei einer Verurteilung zur Unterlassung und zur Rechnungslegung davon absieht, Teilsicherheiten festsetzen zu lassen, sondern die Gesamtsicherheit leistet und dem Beklagten nachweist (a),

26 – außergerichtlich – unter Androhung eines Zwangsmittelverfahrens – als Basis für Vergleichsverhandlungen jedoch zur Rechnungslegung auffordert und sich eine Vollstreckung des Unterlassungsausspruchs ab einem bestimmten Tag für den Fall vorbehält, dass die Rechnungslegungsangaben nicht fristgerecht vorgelegt werden, wobei vor der Unterlassungsvollstreckung eine nochmalige Ankündigung erfolgen soll (b).[33]

27 **Kritik:** Das vom BGH gefundene Ergebnis überzeugt nicht. Mit dem unter (b) genannten Vorbehalt steht der Schuldner prinzipiell nicht anders dar als wenn der Gläubiger – was möglich gewesen wäre und der Annahme eines Vollstreckungsdrucks entgegen gestanden hätte – sich eine Vollstreckungssicherheit bloß besorgt, von der Unterrichtung des Schuldners jedoch zunächst abgesehen und dies erst zu einem späteren Zeitpunkt unternommen hätte. Hier wie da kann der Schuldner die Benutzungshandlungen zunächst sanktionslos fortsetzen und kommt kurzfristig (durch Mitteilung der erfolgten Sicherheitsleistung oder durch die avisierte Vollstreckungsankündigung) in die Pflicht, den Unterlassungstitel »von heute auf morgen« beachten zu müssen.[34]

28 Mit Bezug auf die zu § 717 ZPO parallele Vorschrift des **§ 945 ZPO** wird ein Vollstreckungsdruck noch nicht durch die formlose Übermittlung einer im Beschlusswege erlassenen Unterlassungsverfügung ausgelöst.[35] Vielmehr bedarf es in Fällen der Beschlussverfügung einer Ordnungsmittelandrohung und Parteizustellung.[36] Handelt es sich um ein Verfügungsurteil, ist ein Vollstreckungsdruck demgegenüber, sofern keine Vollziehungssicherheit angeordnet wird, bereits mit der Urteilsverkündung zu bejahen.[37]

29 Zwischen dem ersetzt verlangten Schaden und der Vollstreckung bzw dem Vollstreckungsdruck muss eine **Kausalität** bestehen, die tatrichterlich festgestellt werden muss und für die grundsätzlich der Anspruchsteller die Darlegungs- und Beweislast trägt.[38] Damit der Schaden nicht im Nachhinein willkürlich dem Vollstreckungsgläubiger aufgebürdet wird, sind die Beweisanforderungen streng.[39] Nach Auffassung des BGH[40] soll eine tatsächliche Vermutung für eine *vollstreckungsbedingte* Vertriebseinstellung auch dann bestehen, wenn der Vertrieb zunächst freiwillig, dh vor dem Entstehen eines beachtlichen Vollstreckungsdrucks eingestellt worden ist und auch zwischenzeitlich für die Dauer eines vorübergehenden Entfallens eines Vollstreckungsdrucks eingestellt geblieben ist.

---

32 BGH, GRUR 2011, 364 – Steroidbeladene Körner.
33 BGH, GRUR 2011, 364 – Steroidbeladene Körner; anders die Vorinstanzen: LG Düsseldorf, InstGE 10, 108 – steroidbeladene Körner II; OLG Düsseldorf, Urteil v 25.3.2010 – I-2 U 142/08.
34 OLG Düsseldorf, Urteil v 25.3.2010 – I-2 U 142/08.
35 BGH, GRUR 2015, 196 – Nero.
36 BGH, GRUR 2015, 196 – Nero.
37 BGH, GRUR 2015, 196 – Nero.
38 BGH, GRUR 2015, 196 – Nero; OLG Düsseldorf, Urteil v 8.1.2015 – I-2 U 142/08 (Nichtzulassungsbeschwerde wurde zurückgewiesen mit Beschluss des BGH vom 22.3.2016 – X ZR 9/15).
39 OLG Düsseldorf, Urteil v 8.1.2015 – I-2 U 142/08 (Nichtzulassungsbeschwerde wurde zurückgewiesen mit Beschluss des BGH vom 22.3.2016 – X ZR 9/15).
40 BGH, GRUR 2015, 196 – Nero.

Kritik: Für die Annahme einer tatsächlichen Vermutung fehlt es hier schon an einem typischen Geschehensablauf, der verlässlich auf einen bestimmten, rechtlich erheblichen Sachverhalt schließen lässt. 30

Erweist sich die vollstreckte Entscheidung als fehlerhaft, wäre der Schuldner jedoch aus **anderen rechtlichen Gründen** (zB wegen eines anderen Schutzrechts) verpflichtet gewesen, das ihm untersagte Verhalten zu unterlassen, entfällt zwar nicht die Kausalität zwischen Vollstreckung/Vollziehung und Schadenseintritt, weil es für sie nur auf die reale Ursache des haftungsbegründenden Ereignisses ohne Berücksichtigung von Ersatzursachen ankommt.[41] Ein Ersatz des Vollstreckungsschadens scheidet unter solchen Umständen allerdings aus normativen Gründen aus.[42] 31

bb) Schadenspositionen

Der Schadenersatzanspruch umfasst den gesamten, durch die Vollstreckung/Vollziehung adäquat verursachten unmittelbaren und mittelbaren Schaden.[43] 32

(1) Urteilsbetrag

Als Mindestschaden kann die **Urteilssumme** zurückverlangt werden, die der Kläger beigetrieben oder die der Beklagte zur Vermeidung einer Zwangsvollstreckung freiwillig entrichtet hat. Zwei Besonderheiten sind in diesem Zusammenhang erwähnenswert: 33

– Die erste Spezialität ist verfahrensrechtlicher Natur: Der Rückerstattungsanspruch kann in dem der Verurteilung zugrunde liegenden Prozess jederzeit bis zum Schluss der mündlichen Verhandlung geltend gemacht werden (§ 717 Abs 2 Satz 2 ZPO). Alle Restriktionen, die sich sonst im Hinblick auf eine Klageerweiterung oder die Notwendigkeit eines Anschlussrechtsmittels ergeben, gelten daher nicht. 34

– Der Rückzahlungsanspruch gilt kraft gesetzlicher Fiktion als mit der Leistung des Urteilsbetrages rechtshängig geworden (§ 717 Abs 2 Satz 2 ZPO). Vom Zeitpunkt der Zahlung an können daher Prozesszinsen nach §§ 291, 288 BGB verlangt werden. 35

(2) Gewinneinbuße

Infolge der Zwangsvollstreckung wird der Verletzungsbeklagte das angegriffene Produkt typischerweise mindestens vorübergehend vom Markt nehmen und dadurch eine **Gewinneinbuße** hinnehmen müssen. Der betreffende Schaden ist gleichfalls ersatzfähig (§ 252 BGB), ebenso die Kosten eines **Rückrufs**, selbst wenn dem Schuldner lediglich der weitere Vertrieb der Verletzungsgegenstände untersagt worden ist[44]. Voraussetzung ist freilich, dass dem Schuldner bei objektiver Auslegung des Verbotstenors der Vertrieb desjenigen Gegenstandes, den er vom Markt genommen/zurückgerufen hat, tatsächlich untersagt war; eine Fehlinterpretation des Urteilsausspruchs geht zu seinen Lasten.[45] Eine Ersatzpflicht kommt – wie ausgeführt[46] – aus normativen Erwägungen desweiteren dann nicht in Betracht, wenn der Gläubiger aus anderen rechtlichen Gründen ohnehin zum Rückruf der Ware verpflichtet war, zB um einen auf anderem Gebiet liegenden rechtswidrigen Störungszustand zu beseitigen.[47] Die **Beweislast** für einen Schadenseintritt auch bei rechtmäßigem Verhalten des Geschädigten trägt der Schädiger.[48] 36

---

41 BGHZ 168, 352.
42 BGH, GRUR 2016, 406 – Piadina-Rückruf.
43 BGH, GRUR 2016, 406 – Piadina-Rückruf.
44 BGH, GRUR 2016, 406 – Piadina-Rückruf; BGH, GRUR 2016, 720 – Hot Sox.
45 BGH, GRUR 2016, 406 – Piadina-Rückruf.
46 Vgl oben Kap I Rdn 31.
47 BGH, GRUR 2016, 720 – Hot Sox.
48 BGH, GRUR 2016, 720 – Hot Sox.

37 Das Vorstehende gilt auch für solche Gewinneinbußen, die dadurch entstehen, dass der Unterlassungsschuldner zwar nach einer gewissen Zeit mit einem veränderten (schutzrechtsfreien) Erzeugnis auf den Markt zurückkehrt, diese Technik jedoch von den Abnehmern nicht in gleichem Maße angenommen wird wie die patentverletzenden Produkte.

38 Spezielle Kausalitätsprobleme stellen sich, wenn der Schuldner bereits unter dem Eindruck der Verurteilung (freiwillig) den Vertrieb einstellt und erst danach ein Vollstreckungsdruck begründet wird, während dessen der Vertrieb eingestellt bleibt. Ggf verbleibt es bei der Vertriebseinstellung auch nach der noch später erfolgten Aufhebung des Vollstreckungstitels. Hier gilt nach der BGH-Rechtsprechung Folgendes:

39 – Gewinneinbußen, die dadurch entstanden sind, dass bis zum erstmaligen Auftreten eines Vollstreckungsdrucks keine Geschäfte getätigt wurden, sind ebenso wenig ersatzfähig wie diejenigen Einbußen, die aus der Marktabstinenz nach Aufhebung des Titels resultieren, denn für beide Zeitabschnitte beruht der Gewinnverlust auf der nicht erzwungenen, sondern freiwilligen Aufgabe von Vertriebshandlungen.[49]

40 – In Bezug auf die dazwischen liegende Zeit – vom Beginn des Vollstreckungsdrucks bis zur Titelaufhebung – ist (in Anwendung der Beweiserleichterung des § 287 ZPO) grundsätzlich davon auszugehen, dass die Beibehaltung des Vertriebsstopps zur Abwendung der (jetzt möglichen) Vollstreckungsmaßnahmen geschehen ist.[50] Für die Behauptung, der Vollstreckungsschuldner sei unabhängig von der möglichen Vollstreckung zur Vertriebseinstellung entschlossen gewesen, trägt, weil es sich um eine Reserveursache handelt, der Schädiger die Beweislast.[51]

(3) Ausweichtechnik

41 Denkbar ist schließlich, dass sich der Verletzungsbeklagte um eine **Ausweichtechnik**[52] bemüht, um seinen Marktauftritt nicht dauerhaft beenden zu müssen. Entweder kann er die alternative Technik unter Einsatz von Kosten und Mühen selbst entwickeln oder aber bei Dritten (zB im Wege der Lizenznahme) entgeltlich erwerben. Beide Kostenpositionen (einschließlich einer ggf notwendigen besonderen Bewerbung der neuen Produkte im Rahmen ihrer Markteinführung) sind grundsätzlich ersatzfähig[53], wobei jeweils auch der auf dasjenige Know-how entfallende Kosten- und Lizenzanteil zu berücksichtigen ist, das für die praktische Umsetzung im Sinne einer laufenden Fertigung handelbarer Produkte erforderlich ist.

42 Nach Lage des Falles *kann* den Verletzungsbeklagten aus dem Gesichtspunkt der **Schadensminderungspflicht** – umgekehrt – sogar die Obliegenheit treffen, aufgrund des gegen ihn ergangenen Urteils nicht kurzerhand seinen Marktauftritt endgültig zu beenden, sondern sich um eine Ausweichtechnik zu bemühen, die ihm nach einer gewissen Übergangszeit die Rückkehr in den fraglichen Markt erlaubt. Wo eine solche Pflicht besteht und nicht wahrgenommen wird, ist ein Gewinnverlust des Verletzungsbeklagten nur in dem Maße ersatzfähig, wie er nicht denjenigen Schadensbetrag übersteigt, der sich aus der unvermeidbar zeitweisen Vertriebseinstellung und den Aufwendungen für die Bereitstellung und Einführung einer alternativen Technik ergeben hätte.

43 Im Zusammenhang mit einer Ausweichtechnik sind folgende allgemeine **Regeln** zu beachten:

---

49 BGH, GRUR 2015, 196 – Nero.
50 BGH, GRUR 2015, 196 – Nero.
51 BGH, GRUR 2015, 196 – Nero.
52 Vgl Grunwald, Mitt 2013, 530.
53 OLG Düsseldorf, Urteil v 8.1.2015 – I-2 U 142/08; aA Mes, GRUR 2011, 368.

- Ein Anspruch auf Kostenerstattung besteht nur, wenn die (selbst entwickelte oder zugekaufte) Ausweichtechnik außerhalb des Schutzbereichs des Klagepatents bleibt. Dies darzulegen, ist nach allgemeinen Grundsätzen Sache des Vollstreckungsschuldners, der die Kosten der Ausweichtechnik als Schadenersatz verlangt. Beinhaltet die Ausweichtechnik *geheimes* betriebliches Know how, ist es deshalb offenzulegen, wenn und soweit ohne die betreffenden Details nicht abschließend und verbindlich beurteilt werden kann, ob die Ersatztechnik in den Schutzbereich des Klagepatents fällt oder nicht. 44

- Stehen mehrere schutzrechtsfreie Ausweichtechniken zur Verfügung, darf der Unterlassungsschuldner sich für diejenige entscheiden, die seinen Qualitätsanforderungen und seiner betrieblichen Ausstattung (zB einem schon vorhandenen Maschinenpark oder dem gegebenen Kenntnisstand seines Personals) am ehesten entspricht. Für die preisgünstigste Lösung hat er sich zu entscheiden, wenn mehrere gleichwertige Alternativtechniken verfügbar sind. 45

- Geht es um den Einwand, eine patentfreie Ausweichlösung nicht selbst entwickelt zu haben, bedarf es des vom Gläubiger zu erbringenden Nachweises, dass der Unterlassungsschuldner bei hinreichendem Bemühen zu der besagten Ausweichtechnik hätte finden können. Stellt die Ersatzlösung eine patentfähige Erfindung dar, wird davon regelmäßig nicht auszugehen sein. 46

- Eine verfügbare alternative Technik nicht genutzt zu haben, kann zu Lasten des Unterlassungsschuldners nur dann eine Mitverschuldensquote rechtfertigen, wenn für ihn klar erkennbar ist, dass die Ausweichtechnik keinen Schutzbereichseingriff begründet. Solange ernstzunehmende Argumente für eine mindestens äquivalente Patentverletzung bestehen, darf der Unterlassungsschuldner deshalb davon absehen, auf die Alternativtechnik auszuweichen. 47

- Jenseits der Verletzungsfrage besteht die schadensmindernde Pflicht, zu einer Ausweichtechnik zu greifen, überdies nur dann, wenn es aus der Sicht eines objektiven Betrachters bei Berücksichtigung derjenigen Umstände, die in dem Moment bestanden haben, als die Entscheidung für oder gegen eine Ausweichtechnik zu treffen war, ein Gebot wirtschaftlicher Vernunft war, sich der Alternativtechnik zuzuwenden, um die Marktabstinenz zu beenden. Relevante Beurteilungsfaktoren sind dabei einerseits der ohne die Alternativtechnik drohende Gewinnverlust sowie andererseits die für die Ausweichtechnik entstehenden Kosten. Bedeutsam ist ferner, in welchem Maße das landgerichtliche Urteil fehlerhaft und deshalb mit seiner (kurzfristigen) Aufhebung durch das Oberlandesgericht zu rechnen ist. So macht es erkennbar keinen Sinn, erhebliche Kosten für eine Alternativtechnik zu investieren, wenn absehbar ist, dass die Verletzungsfrage falsch entschieden ist, das Berufungsgericht deshalb ohne sachverständige Beratung die Verletzungsklage abweisen und dadurch demnächst wieder die ursprüngliche Technik verfügbar sein wird. Das Umgekehrte mag gelten, wenn die Angriffe gegen die landgerichtliche Verurteilung weniger Überzeugungskraft besitzen. 48

(4) Mitverschulden

Der Schadenersatzanspruch des Gläubigers ist in **zwei Konstellationen** gemindert oder vollständig ausgeschlossen. 49

- Zunächst dann, wenn ein schuldhaftes Verhalten des Schuldners dem Gläubiger Anlass für die **Beantragung und Vollstreckung** des Titels gegeben hat.[54] 50

---

54 BGH, GRUR 2016, 406 – Piadina-Rückruf.

51
▶ **Bsp:**

Hinreichend deutliche Angaben in der Werbung, die auf eine Verantwortlichkeit des Schuldners für die Verletzungshandlungen hindeuten. Unklare Angaben und Umstände sind demgegenüber belanglos, weil es grundsätzlich Sache des Gläubigers ist, vor einer Rechtsverfolgung die rechtlich erheblichen Verhältnisse abzuklären. Es begründet deshalb für ein Handelsunternehmen kein Mitverschulden, wenn es nach einer vorgerichtlichen Abmahnung versäumt, den relevanten Sachverhalt bei seinem Hersteller/Lieferanten aufzuklären und dem Gläubiger mitzuteilen; gleiches gilt für das unterbliebene Vorbringen erfolgversprechender Einwendungen gegen den geltend gemachten Anspruch.[55] Eine Grenze besteht dort, wo es der Schuldner unterlässt, sich *aufdrängende* Verteidigungsmöglichkeiten vorzubringen oder *liquide* Beweismittel gegen den Klageanspruch einzuführen.[56]

52
– Eine Anspruchsminderung tritt des Weiteren ein, wenn der Schuldner **nach Zustellung des Titels** gegen seine Obliegenheit zur Abwendung oder Reduzierung des Schadens verstoßen hat.[57]

53
▶ **Bsp:**

Bei einem Handelsunternehmen folgt ein Mitverschulden noch nicht daraus, dass es unmittelbar nach Vorliegen des Vollstreckungsdrucks einen Rückruf der schutzrechtsverletzenden Ware veranlasst, bevor der entscheidungserhebliche Sachverhalt mit dem Hersteller/Lieferanten endgültig (dh schriftlich und verlässlich) abgeklärt ist.[58]

(5) Drittschäden

54
Nach Lage des Falles ist denkbar, dass der eigentliche Vollstreckungsschaden nicht beim Schuldner, sondern bei dessen Geschäftspartner eintritt. Liefert der Vollstreckungsschuldner die mutmaßlichen Verletzungsgegenstände beispielsweise der Autoindustrie zu, so kann die zwangsweise Durchsetzung des Unterlassungsanspruchs dazu führen, dass allein wegen des ausbleibenden Zulieferteils die gesamte Fahrzeugproduktion ins Stocken gerät. Solche Drittschäden sind jedenfalls dann vom Gläubiger mit auszugleichen, wenn sie sich in einem eigenen Schaden niederschlagen, was zB der Fall ist, wenn die Nichterfüllung oder verzögerte Erfüllung der übernommenen Lieferpflicht nach den getroffenen Vertragsabsprachen zu einer Schadenersatzhaftung des Vollstreckungsschuldners gegenüber seinem Abnehmer (Autobauer) führt. Ohne besondere zu einer Garantiehaftung führende Vertragsregelungen[59] wird dies oftmals zu verneinen sein, weil eine Schadenersatzpflicht nach §§ 280, 281 BGB nur durch ein *objektiv pflichtwidriges* und zugleich *subjektiv vorwerfbares* (nämlich mindestens fahrlässiges) Verhalten begründet wird. Diesbezüglich sind zwei grundsätzliche Fallkonstellationen auseinander zu halten:

55
– Ist die Sache tatsächlich nicht patentbenutzend, weswegen die ursprünglich fehlerhaft erfolgte Verurteilung wegen Patentverletzung im Rechtsmittelzug auch aufgehoben worden ist, so wird sich ein *pflichtwidriges* Verhalten des Verletzungsbeklagten, der

---

55 BGH, GRUR 2016, 406 – Piadina-Rückruf.
56 BGH, GRUR 2016, 406 – Piadina-Rückruf.
57 BGH, GRUR 2016, 406 – Piadina-Rückruf.
58 BGH, GRUR 2016, 406 – Piadina-Rückruf.
59 Auf sie wird der Vollstreckungsgläubiger zur Vermeidung eines Mitverschuldens jedenfalls dann hinzuweisen sein, wenn eine derartige Absprache nicht der Üblichkeit entspricht und mit ihr die Gefahr besonders hoher Schäden verbunden ist.

die Schutzrechtsverletzung von Anfang an begründet bestritten hatte, nicht annehmen lassen. Eine Schadensliquidation (des Vollstreckungsschuldners) im Drittinteresse (des geschädigten Abnehmers) lässt die bisherige Rechtsprechung nicht zu.[60] Ebensowenig kommt ein direkter Anspruch des geschädigten Dritten gegen den Vollstreckungsgläubiger in Betracht.[61]

– Greift der Liefergegenstand in den Schutzbereich des erteilten Patents ein und beruht die Abänderung des vollstreckten Urteils auf einer späteren (rückwirkenden) Vernichtung des Klageschutzrechts, so ist ein fahrlässiger Vertragsverstoß – und damit ein eigener ersatzfähiger Schaden des Vollstreckungsschuldners – gegeben. Das vertragliche Schuldverhältnis hätte es nämlich verlangt, dass der Lieferant entweder vor Beginn der durch die Unterlassungsvollstreckung gestörten Lieferbeziehung für eine rechtskräftige Vernichtung des Klagepatents gesorgt oder aber den Abnehmer über den (mindestens möglichen) Schutzbereichseingriff und eine infolgedessen in Rechnung zu stellende Verurteilung wegen Patentverletzung aufgeklärt hätte. In Anbetracht der bekannt engherzigen Aussetzungspraxis der Instanzgerichte ist unter den betrachteten Umständen realistischerweise damit zu rechnen, dass dem Lieferanten die Erfüllung seiner vertraglichen Hauptpflicht durch eine Unterlassungsklage mit nachfolgender Vollstreckung des zuerkannten Unterlassungsausspruchs unmöglich werden kann, und gleichzeitig drohen dem Abnehmer bei einem solchen Szenario vorhersehbar erhebliche Schäden. Redlicherweise macht dies eine umfassende Aufklärung des Vertragspartners über das patentrechtliche Gefährdungspotenzial erforderlich. Den zu ersetzenden Schaden des Geschäftspartners wird der Vollstreckungsschuldner allerdings nur zu einem Teil im Rückgriff beim Vollstreckungsgläubiger liquidieren können, weil ihn wegen der eigenen Hinweispflichtverletzung ein Mitverschulden trifft, das der Gläubiger ihm anspruchsmindernd entgegen halten kann. 56

cc) Bereicherungsausgleich

Alle Vermögensnachteile, die auf (durch eine Vollstreckungsmaßnahme erzwungenen oder zur Abwendung einer drohenden Zwangsvollstreckung unternommenen[62]) Handlungen beruhen, welche begangen wurden, *nachdem* das Berufungsurteil vollstreckbar geworden ist, führen zu einer bloßen Bereicherungshaftung des Gläubigers. Der Ersatzanspruch beschränkt sich demgemäß auf die Herausgabe dessen, was der Gläubiger durch Zahlung oder Leistung des Schuldners erhalten hat. Da es nur um die Rückgabe der beim Gläubiger eingetretenen Bereicherung geht, ist dasjenige von der Herausgabepflicht ausgenommen, was der Schuldner zwar geopfert, was den Gläubiger aber nicht bereichert hat. Ist das Erlangte (wegen Zerstörung/Beschädigung) nicht mehr vorhanden, sind die Surrogate herauszugeben (§ 818 Abs 1 BGB); ist eine Herausgabe des Erlangten wegen seiner Beschaffenheit unmöglich, ist Wertersatz zu leisten (§ 818 Abs 2 BGB). Der Einand nachträglicher Entreicherung (§ 818 Abs 3 BGB) ist dem Gläubiger abgeschnitten (§ 717 Abs 3 Satz 4 ZPO iVm § 818 Abs 4 BGB).[63] 57

Mit Blick auf die **einzelnen** vollstreckten **Ansprüche** wegen Patentverletzung folgt daraus: 58

– Festgesetzte Prozesskosten sind zu erstatten; 59

– die durch eine erzwungene Unterlassung eingetretene Bereicherung ist nicht herausgebbar; der statt dessen zu leistende Wertersatz ergibt sich aus denjenigen gewinn- 60

---

60 BGH, MDR 1985, 218; OLG Hamm, ZIP 1983, 119.
61 BGH, MDR 1985, 218.
62 BGH, GRUR 2011, 758 – Rückzahlung der Lizenzgebühr.
63 BAG, ZTR 2003, 567.

bringenden Geschäftsabschlüssen, die der Gläubiger infolge der Marktabstinenz des Schuldners getätigt hat (Lizenzanalogie, Herausgabe des erzielten Gewinns);

61 – ähnliches gilt für das durch eine erteilte Auskunft/Rechnungslegung transferierte Wissen, das ebenfalls nicht mehr zurückgegeben werden kann; als Wertersatz ist derjenige Gewinn herauszugeben, der auf Geschäftsabschlüssen beruht, die dem Gläubiger erst aufgrund des mitgeteilten Wissens möglich waren;

62 – die Ansprüche auf Vernichtung, Rückruf und Urteilsveröffentlichung sind prinzipiell bereicherungsneutral, weil sie zwar den Schuldner belasten, aber keine unmittelbare Vermögensmehrung auf Seiten des Gläubigers bewirken.

63 Die Regelung des § 717 Abs 3 ZPO ist – abgesehen von **§ 826 BGB** – abschließend. Ein Rückgriff auf allgemeine zivilrechtliche Vorschriften (§ 823 BGB) verbietet sich also.

64 Die Vortrags- und **Beweislast** für eine eingetretene Bereicherung des Gläubigers liegt beim anspruchstellenden Schuldner. Wegen und im Umfang seines überlegenen Wissens bestehen allerdings sekundäre Darlegungslasten des Gläubigers.

b) Eingriff in den Gewerbebetrieb

65 Scheidet eine Haftung für bestimmte Schäden oder Aufwendungen nach § 717 Abs 2, 3 ZPO aus, weil es an einem drohenden Vollstreckungseingriff oder an der notwendigen Kausalität fehlt, stellt sich die Frage, ob auf **§ 823 Abs 1 BGB** (Eingriff in den eingerichteten und ausgeübten Gewerbebetrieb) als verschuldensabhängiger Anspruchsgrundlage zurückgegriffen werden kann. Die BGH-Rechtsprechung hat dies zunächst bejaht.[64] Die betreffende Auffassung ist jedoch seit der Entscheidung des Großen Senats für Zivilsachen zur unberechtigten Schutzrechtsverwarnung[65] überholt und eine Anwendbarkeit von § 823 BGB zu verneinen, solange der Gläubiger bei seiner Rechtsverfolgung redlich agiert hat und seine rechtliche Fehleinschätzung auf Fahrlässigkeit beruht.[66] Sie kommt nur noch bei vorsätzlichem Handeln (§§ 823, 826 BGB) sowie dann infrage, wenn für die Haftung an eine der Verurteilung vorausgegangene (als solche anspruchsbegründende) Verwarnung angeknüpft werden kann. Im zuletzt genannten Fall ist jedoch vorausgesetzt, dass der geltend gemachte Schaden tatsächlich auf die Abmahnung und nicht – wenigstens auch – auf die spätere (privilegierte) gerichtliche Verfolgung der Ansprüche zurückzuführen ist.[67] Des Weiteren muss ein Verschulden[68] des Gläubigers festgestellt werden, zu dem angesichts des ihm zunächst günstigen Prozessverlaufs entsprechend vorzutragen ist. Es kann auch dann gegeben sein, wenn der Gläubiger durch eine zu seinem Vorteil ergangene erste Entscheidung zum Rechtsbestand des Klagepatents gedeckt ist, zB wenn er weitergehende Kenntnisse vom Stand der Technik hat als die Einspruchs- oder Nichtigkeitsinstanzen, denen eine schutzhindernde Entgegenhaltung unbekannt geblieben ist.[69] Beruht die Vernichtung des Klagepatents hingegen darauf, dass derselbe Stand der Technik im weiteren Instanzenzug lediglich anders gewertet worden ist, wird ein Verschulden des Gläubigers vielfach zu verneinen sein, wenn die erste, das Klagepatent aufrechterhaltende Rechtsbestandsentscheidung vertretbar war.

---

64 BGH, GRUR 1996, 812, 813 – Unterlassungsurteil gegen Sicherheitsleistung.
65 BGH-GSZ, GRUR 2005, 882 – Unberechtigte Schutzrechtsverwarnung.
66 BGH, GRUR 2011, 364 – Steroidbeladene Körner; BGH, GRUR 2006, 219, 222 – Detektionseinrichtung II, LG Düsseldorf, InstGE 10, 108 – steroidbeladene Körner II, bestätigt durch OLG Düsseldorf, Urteil v 25.3.2010 – I-2 U 142/08.
67 BGH, GRUR 2006, 219, 222 – Detektionseinrichtung II.
68 BGH, GRUR 1996, 812, 813 – Unterlassungsurteil gegen Sicherheitsleistung.
69 BGH, GRUR 2006, 219, 222 – Detektionseinrichtung II.

II. Anspruchsgegner

Anspruchsgegner für den Schadenersatzanspruch ist der Verletzer bzw sind die Verletzer als Gesamtschuldner. Gerade bei einer Mehrheit von Verletzern innerhalb einer **Verletzerkette** stellt sich jedoch die Frage, ob und in welchem Umfang jeder auf den vollen Schadenersatz wegen Patentverletzung in Anspruch genommen werden kann.[70]

66

1. Entgangener Gewinn

Einigkeit[71] besteht im Wesentlichen, soweit die Berechnungsmethode des entgangenen Gewinns gewählt wird, nämlich dahingehend, dass der Schadenersatz von dem Gläubiger nur einmal verlangt werden kann. Die einzelnen Verletzer in einer Verletzerkette haften für den Betrag als Gesamtschuldner. Eine Zuordnung der Haftungsbeträge ist nur erforderlich, soweit auf einer Ebene der Verletzerkette mehrere Verletzer tätig geworden sind (also beispielsweise ein Hersteller an mehrere Händler liefert).

67

2. Verletzergewinn

Haben mehrere das Schutzrecht verletzt, haftet jeder von ihnen dem Verletzten auf Herausgabe des Verletzergewinns. Zwei grundsätzliche Sachverhaltsgestaltungen sind hierbei zu unterscheiden:

68

– Greifen die Mehreren durch *dieselbe* (dh eine denselben Schaden verursachende) Handlung in das Schutzrecht ein, sind sie Gesamtschuldner (§§ 830 Abs 1 Satz 1, 840 Abs 1 BGB).[72]

69

> ▶ Bsp:
>
> Geschäftsführer und das von ihm vertretene Unternehmen, Kommanditgesellschaft und deren Komplementärin, Hersteller und Vertriebsunternehmen in Bezug auf die von letzterem in Mittäterschaft begangenen Vertriebshandlungen.

70

Das OLG Düsseldorf[73] vertritt für Fälle der genannten Art die Auffassung, dass jeder der mehreren Verletzer, die wegen derselben Patentverletzung haften, Schadenersatz in Höhe desjenigen Verletzergewinns zu leisten hat, den auch nur einer der Verletzer (Geschäftsführer oder Unternehmen) erzielt hat. Es folgt dies zutreffend aus dem Umstand, dass zwar für die *Berechnung* des Schadenersatzanspruchs auf die Vorschriften über die unechte Geschäftsführung ohne Auftrag zurück gegriffen werde, dass es sich dessen ungeachtet jedoch der Sache nach um einen Schadenersatzanspruch handele, der darauf gerichtet sei, den dem Verletzten entstandenen Schaden zu liquidieren, und nicht die bei dem in Anspruch genommenen Verletzer eingetretene Bereicherung abzuschöpfen.[74] Es komme deswegen nicht darauf an, ob alle als Gesamtschuldner haftenden Verletzer den beanspruchten Verletzergewinn erzielt haben; vielmehr reiche es aus, dass dies

71

---

70 Einen Überblick über den Meinungsstand geben Götz, GRUR 2001, 295; Allekotte, Mitt 2004, 1; Gärtner/Bosse, Mitt 2008, 492; Bergmann, GRUR 2010, 874; Holzapfel, GRUR 2012, 242.
71 Vgl die Nachweise bei Gärtner/Bosse, Mitt 2008, 492, 493 f.
72 BGH, GRUR 2009, 856 – Tripp-Trapp-Stuhl.
73 OLG Düsseldorf, InstGE 5, 17 – Ananasschneider; ebenso: OLG Köln, GRUR-RR 2005, 247 – Loseblattwerk (zu § 97 UrhG); LG Düsseldorf, InstGE 8, 257 – Tintentankpatrone; vgl auch Runkel, WRP 2005, 968, 974.
74 Ebenso bereits BGH, GRUR 1959, 379 – Gasparone.

bei mindestens einem von ihnen der Fall sei. Aus dem Wesen der Gesamtschuld (§ 421 BGB) folge, dass unter solchen Umständen alle Gesamtschuldner in gleicher Höhe – und damit auf den nur bei einem von ihnen entstandenen Verletzergewinn – haften. Die Gegenposition vertritt Tilmann.[75] Seiner Ansicht nach soll jeder Verletzer nur zur Herausgabe desjenigen Gewinns verpflichtet sein, den er selbst erzielt hat.

72 – Stehen die mehreren Verletzter auf verschiedenen Vertriebsstufen, so verursachen sie dem Patentinhaber durch ihre aufeinanderfolgenden Benutzungshandlungen einen jeweils neuen – und nicht einen zur Gesamtschuld führenden identischen – Schaden.[76]

73 ▶ **Bsp:**

Hersteller – Großhändler – Einzelhändler für die nacheinander begangenen Verletzungshandlungen, dh Lieferung Hersteller → Großhändler, Lieferung Großhändler → Einzelhändler, Lieferung des Einzelhändlers. *Aber*: Soweit der Hersteller mittäterschaftlich für Vertriebshandlungen seiner Abnehmer haftet, liegt – allerdings nur insoweit – Gesamtschuld vor.

74 Auch sie können von dem Verletzten allesamt auf Herausgabe des von jedem einzelnen von ihnen erzielten Verletzergewinns in Anspruch genommen werden.[77] Schadensersatzzahlungen, die ein Beteiligter einer höheren Vertriebsstufe an einen Verletzer auf einer nachgeordneten Stufe leistet (zB aus Rechtsmängelhaftung), können dem Patentinhaber nur unter besonderen Voraussetzungen anspruchsmindernd entgegen gehalten werden:

75 Ersatzzahlungen, die der Hersteller oder ein übergeordneter Händler deshalb an seinen Abnehmer leistet, weil dieser am Weitervertrieb der rechtsverletzenden Gegenstände gehindert ist und diesen unterlässt, sind nicht abzugsfähig.[78]

76 Ersatzzahlungen, die deshalb geleistet werden, weil der Rechtsinhaber den Abnehmer wegen des von ihm vorgenommenen patentverletzenden Weitervertriebs der Ware auf Schadenersatz in Anspruch genommen hat, mindern den herauszugebenden Verletzergewinn des Herstellers/Großhändlers.[79] Für die praktische Schadensabwicklung bedeutet dies: Hat der Hersteller seinem Abnehmer Schadenersatz geleistet, bevor er seinerseits auf Herausgabe des Verletzergewinns in Anspruch genommen wird, ist der vom Hersteller als Schadenersatz herauszugebende Verletzergewinn um den an den Abnehmer gezahlten Ersatzbetrag zu vermindern. Hat umgekehrt der Hersteller seinen (vollen) Verletzergewinn an den Rechtsinhaber herausgegeben, bevor er seinem Abnehmer Schadenersatz wegen dessen Inanspruchnahme durch den Rechtsinhaber leistet, kann er vom Patentinhaber die Rückzahlung des dem Abnehmer erstatteten und insofern überzahlten Schadenersatzbetrages (wegen späteren Wegfalls des rechtlichen Grundes für die Leistung) verlangen.[80] Der Bereicherungsanspruch entsteht mit Erfüllung der Regressforderung des Abnehmers und ist gegen den Patentinhaber mit einer selbständigen Zahlungsklage bzw einer Vollstreckungsabwehrklage geltend zu machen.[81]

---

75 Tilmann, GRUR 2003, 647, 653.
76 BGH, GRUR 2009, 856 – Tripp-Trapp-Stuhl.
77 BGH, GRUR 2009, 856 – Tripp-Trapp-Stuhl; entgegen OLG Hamburg, Mitt 2007, 174 – Verletzerkette (LS).
78 BGH, GRUR 2009, 856 – Tripp-Trapp-Stuhl.
79 BGH, GRUR 2009, 856 – Tripp-Trapp-Stuhl.
80 BGH, GRUR 2009, 856 – Tripp-Trapp-Stuhl.
81 BGH, GRUR 2009, 856 – Tripp-Trapp-Stuhl.

3. Lizenzanalogie

Strittig ist die Handhabung innerhalb der Verletzerkette bei der Berechnungsmethode der Lizenzanalogie. Zwar wird mehrheitlich davon ausgegangen, dass innerhalb der Verletzerkette nur einmal eine Lizenz verlangt werden kann. Begründet wird dies entweder unter Heranziehung der Erschöpfungslehre oder im Wege einer Verrechnung auf den verschiedenen Stufen.[82] Gerade die Meinungen, die sich auf die Erschöpfungslehre stützen, berücksichtigen nicht, dass die Höhe des Schadenersatzes innerhalb der Verletzerkette durchaus unterschiedlich sein kann, werden doch Lizenzverträge mit Herstellern oder größeren Vertreibern unter anderen Bedingungen abgeschlossen als mit Einzelhändlern. Zudem trägt die Erschöpfungslehre nicht der Tatsache Rechnung, dass der Schutzrechtsinhaber ein erhebliches Interesse daran hat, sämtliche Verletzungshandlungen, unabhängig von der Stufe innerhalb der Vertriebskette, zu verhindern. Denn jedwede Nutzungshandlung in einer weiteren Stufe der Verletzerkette erfolgt tatsächlich gegen seinen Willen und beeinträchtigt seine Ausschließlichkeitsrechte aufs Neue. Auch ist die Abschreckungswirkung einer einmal zu zahlenden, rechtmäßigen Lizenzvereinbarungen entsprechenden Lizenzgebühr über eine Verletzerkette verteilt nur sehr gering.

77

III. Schadensberechnung[83]

1. Grundlage der Schadensberechnung

Grundlage der Schadensberechnung ist regelmäßig die von dem Schuldner zuvor geleistete Rechnungslegung. Dabei ist auf Seiten des Gläubigers zu beachten, dass die Rechnungslegung in einem Prozess auf Schadenersatz zwar grundsätzlich als richtig unterstellt wird, *soweit* der Gläubiger sich auf sie beruft. Der Schuldner ist jedoch nicht an seine Angaben gebunden und kann im Schadenersatzprozess Fehler seiner ursprünglichen Rechnungslegung geltend machen oder neue Tatsachen, wie neue Kostenpositionen, vortragen, die Berücksichtigung finden, wenn sie ausreichend substantiiert und bewiesen werden.[84] Dies ist ein Grund mehr für den Gläubiger, Wert auf eine ordnungsgemäße und vollständige Rechnungslegung vor allem im Hinblick auf vom Schuldner geltend gemachte Kostenpositionen zu legen.

78

Der Gläubiger ist freilich nicht gezwungen, sich die Rechnungslegung des Beklagten zu Eigen zu machen. Er kann davon vollständig, aber auch nur in Teilen[85] absehen – allerdings mit der Folge, dass ihm als Anspruchsteller die Darlegungs- und Beweislast dafür obliegt, dass die von ihm behaupteten (von der – nicht bzw in Teilen nicht – übernommenen Rechnungslegung des Beklagten abweichenden) Zahlen den Tatsachen entsprechen.

79

Sollte der Schuldner erst im Schadensersatzprozess **neue Kostenfaktoren** oder sonstige Tatsachen substantiiert vortragen, die zu einer erheblichen Reduktion des zu leistenden Schadenersatzes und damit zu einer **Teilabweisung der Höheklage** führen, kann dies dennoch nicht zu einer materiellen Kostentragungspflicht des Gläubigers im Umfang der Klageabweisung führen. Denn der Grund der Klageabweisung ist der Sphäre des Schuldners zuzuschreiben, der seinen Verpflichtungen, eine ordnungsgemäße und vollständige Rechnungslegung vorzulegen, nicht mit der erforderlichen Sorgfalt nachgekommen ist. Diese Sorgfaltspflichten obliegen dem Schuldner zugunsten des Gläubigers, da die Rech-

80

---

82 Siehe zum Meinungsstand: Götz, GRUR 2001, 295; Gärtner/Bosse, Mitt 2008, 492, 493 f; von der Groeben, FS Mes, 2009, S 141.
83 Maute, Dreifache Schadens(ersatz)berechnung, 2016.
84 BGH, GRUR 1993, 897 – Mogul-Anlage; OLG Düsseldorf, InstGE 5, 251 – Lifter.
85 OLG Düsseldorf, InstGE 7, 194, 200 f – Schwerlastregal II.

nungslegung ihrer Funktion nach vor allem darauf gerichtet ist, dem Kläger das Wissen zu vermitteln, das dieser zur Berechnung und Durchsetzung seines Ersatzanspruchs benötigt.[86] Eine Verletzung der Sorgfaltspflichten zum Nachteil des Gläubigers muss zu einer Verpflichtung zur Leistung von Schadenersatz im Umfang der zur Diskussion stehenden Kosten führen (§ 280 BGB), was prozessual über § 269 Abs 3 Satz 2 ZPO (»... soweit ... sie nicht dem Beklagten aus einem anderen Grund aufzuerlegen sind«) im Rahmen der Kostenentscheidung berücksichtigt werden kann.

2. Berechnungsarten und Wahlrecht

81 Bei der Berechnung des Schadenersatzes kann der Berechtigte grundsätzlich frei zwischen drei Berechnungsarten wählen.[87] Die Höhe des Schadens kann entweder anhand der sog Lizenzanalogie ermittelt werden oder der Berechtigte kann die Herausgabe des ihm entgangenen Gewinns bzw des vom Verletzer erzielten Gewinns verlangen. Daran hat sich durch die Enforcement-Richtlinie 2004/48/EG nichts geändert.[88] In jedem Fall ist der komplette Schaden zu kompensieren, was bedingt, dass, selbst wenn im Hinblick auf den materiellen Schaden die Lizenzanalogie gewählt wird, ein daneben eingetretener immaterieller Schaden (zB wegen Rufschädigung) zusätzlich zu regulieren ist.[89]

82 Das zwischen den drei Berechnungsmethoden bestehende **Wahlrecht** gerät erst in Fortfall, wenn der nach einer bestimmten Methode ermittelte Schadenersatzanspruch vom Schuldner erfüllt oder wenn über den nach einer bestimmten Methode bezifferten Schadenersatzanspruch rechtskräftig entschieden worden ist.[90] Die besagte Beschränkung erklärt sich daraus, dass dem Gläubiger ein einziger, einheitlicher Schadenersatzanspruch zusteht, der lediglich auf verschiedene Art und Weise berechnet werden kann. Mit seiner Erfüllung erlischt dieser – eine – (zB nach Lizenzgrundsätzen ermittelte) Schadenersatzanspruch (§ 362 BGB). In Bezug auf einen nicht mehr bestehenden (sic: untergegangenen) Anspruch kann es kein Wahlrecht geben. Ähnliche Überlegungen gelten für einen Schadenersatzanspruch, über den eine rechtskräftige Entscheidung getroffen ist. Mit Eintritt der Rechtskraft steht der Anspruch nicht mehr zur Disposition des Gläubigers und kann von ihm insbesondere nicht erneut oder mit anderem Inhalt geltend gemacht werden. Aus dem Erläuterten wird deutlich, dass das Wahlrecht grundsätzlich in dem Moment zum Erliegen kommt, in dem die Erfüllung bzw die Rechtskraft eintritt.

83 Allerdings ist eine bedeutsame **Einschränkung** dahingehend zu beachten, dass der Verletzte sein Wahlrecht bereits dann verliert, wenn über seinen Schadenersatzanspruch *für ihn selbst* unanfechtbar nach einer Berechnungsart entschieden worden ist, egal, ob in diesem Zeitpunkt auch für den Rechtsstreit als solchen Rechtskraft eingetreten ist.[91] Hat deshalb der Gläubiger gegen das seiner nach Lizenzgrundsätzen berechneten Höheklage teilweise stattgebende erstinstanzliche Urteil kein oder nur ein unselbständiges Rechtsmittel eingelegt, so kann er sein Wahlrecht wirksam nicht mehr dadurch ausüben, dass er seine bisherige Klage als Teilklage deklariert und weitergehende Ansprüche nach der von ihm neu gewählten anderen Berechnungsmethode ankündigt, auch wenn diese Erklä-

---

86 BGH, GRUR 1993, 897 – Mogul-Anlage.
87 BGH, GRUR 1980, 841 – Tolbutamid; BGH, GRUR 2000, 715, 717 – Der blaue Engel; s. zur Einführung auch Meier-Beck, IIC 2004, 113; Kather (VPP-Rundbrief 2014, 28) hält die deutsche Praxis der Schadensberechnung – mit beachtlichen Gründen – für unvereinbar mit der Enforcement-RL.
88 BGH, GRUR 2010, 1090 – Werbung des Nachrichtensenders; vgl kritisch: Richter, FS Ahrens, 2016, S 405.
89 EuGH, GRUR 2016, 485 – Liffers/Mandarina.
90 BGH, GRUR 1993, 55, 57 – Tchibo/Rolex; BGH, GRUR 2000, 226, 227 – Planungsmappe; BGH, GRUR 2008, 93 – Zerkleinerungsvorrichtung.
91 BGH, GRUR 2008, 93 – Zerkleinerungsvorrichtung.

rungen abgegeben werden, bevor der Schuldner sein Rechtsmittel gegen das erstinstanzliche Urteil – mit Wirkung ex nunc[92] – zurückgenommen hat.[93]

Wichtig ist, dass die Berechnungsarten für einen abgrenzbaren Schadensfall nicht miteinander vermengt werden dürfen.[94] Hieraus ergibt sich jedoch noch nicht zwingend, dass sich der Gläubiger durch die Wahl einer Berechnungsmethode für *einen* Schadensfall für jede weitere von einem Verletzer begangene Verletzungshandlung auf eine Berechnungsmethode festlegt. Schließlich stellt jeder Eingriff in ein Schutzrecht einen für sich abgeschlossenen Tatkomplex dar, der den Verletzten abhängig von den Umständen des Einzelfalls beeinträchtigt.[95]

Praxistipp	Formulierungsbeispiel

Es ist deshalb zulässig und von Fall zu Fall sinnvoll, für unterschiedliche Benutzungszeiträume verschiedene Berechnungsmethoden (und im Extremfall für jede einzelne Benutzungshandlung eine andere Art der Schadensermittlung) zu wählen, weil beispielsweise der Verletzer erst nach gewisser Zeit einen Gewinn erzielt hat[96] oder aber der Berechtigte zumindest zu Beginn der Verletzungshandlungen noch eine Monopolstellung inne hatte.[97] Sollte derart differenziert vorgegangen werden, ist jedoch zu raten, zumindest hilfsweise den Schadenersatz auch einheitlich nur nach einer Methode zu berechnen.

3. Lizenzanalogie

Bisher am verbreitetsten ist die Schadensberechnung mithilfe der gewohnheitsrechtlich anerkannten und mittlerweile in § 139 Abs 2 Satz 3 PatG ausdrücklich erwähnten Lizenzanalogie.[98] Bei ihr erfolgt die Bemessung des Schadenersatzanspruchs »auf der Grundlage des Betrages, den der Verletzer als angemessene Vergütung hätte entrichten müssen, wenn er die Erlaubnis zur Benutzung der Erfindung eingeholt hätte«. Der *fiktiven* Lizenzermittlung liegt die Erwägung zugrunde, dass ein zum Schadenersatz verpflichteter Patentverletzer nicht anders (sic: nicht besser) stehen soll als ein vertraglicher Lizenznehmer, der beim Patentinhaber um eine Benutzungserlaubnis nachgesucht hat.[99] Maßgeblich sind die Bedingungen für die Einräumung einer **einfachen** Lizenz.[100]

Ob es bei korrektem Verhalten des Verletzers tatsächlich zu einer Lizenzerteilung gekommen wäre, ist unerheblich. Entscheidend ist nur, dass der Verletzte die Nutzung seines gewerblichen Schutzrechts nicht ohne Gegenleistung gestattet hätte.[101] Von letzterem ist überall dort auszugehen, wo die Überlassung von Ausschließlichkeitsrechten zur Benutzung durch Dritte gegen Entgelt

---

92 BGH, GRUR 2008, 93 – Zerkleinerungsvorrichtung.
93 BGH, GRUR 2008, 93 – Zerkleinerungsvorrichtung; entgegen LG Düsseldorf, InstGE 5, 83 – Zerkleinerungsvorrichtung, bestätigt durch OLG Düsseldorf, Urteil v 4.5.2006 – I-2 U 60/05.
94 BGH, GRUR 1980, 841 – Tolbutamid.
95 BGH, GRUR 1980, 841, 844 – Tolbutamid; BGH, GRUR 1977, 539, 542 f – Prozessrechner.
96 Benutzungszeiträume, während derer Verluste erzielt wurden, können zB nach der Lizenzanalogie abgerechnet werden.
97 OLG Düsseldorf, Beschluss v 2.5.2012 – I-2 W 33/11; OLG Köln, GRUR-RR 2013, 398 – Bigfoot II.
98 Vgl Goddar, FS 50 Jahre VPP, 2005, S 309.
99 BGH, GRUR 2006, 143 – Catwalk.
100 OLG Karlsruhe, GRUR-RR 2014, 55 – Schadensberechnung.
101 BGH, GRUR 2006, 143 – Catwalk.

I. Schadenersatz

88 – rechtlich möglich und

89 – verkehrsüblich ist.

90 Für die Verkehrsüblichkeit kommt es nicht auf eine Usance gerade in der Branche an, der die konkret Beteiligten angehören.[102] Geboten ist vielmehr eine abstrakte Betrachtungsweise: Es genügt, dass ein Recht der in Rede stehenden Art (zB ein Patent) als solches durch die Einräumung entgeltlicher Nutzungsrechte verwertet werden kann und in der Praxis verwertet wird.[103]

91 Bei der Lizenzberechnung ist zu fragen, was vernünftige Vertragspartner vereinbart haben würden, wenn sie beim Abschluss eines (fiktiven) Lizenzvertrages die künftige Entwicklung und namentlich die Zeitdauer sowie das Ausmaß der Patentbenutzung vorausgesehen hätten.[104] Dies bedingt, dass der Lizenzbetrag so festzusetzen ist, wie er sich auf Grund des tatsächlichen Sachverhaltes am Schluss des im Einzelfall abrechnungspflichtigen Verletzungszeitraumes als angemessen darstellt. Es ist also nicht auf den nur theoretisch möglichen Beginn einer Schadenersatzhaftung (1 Monat nach Veröffentlichung der Patenterteilung) abzustellen, sondern auf die Verhältnisse, wie sie zu dem Zeitpunkt bestanden haben, als der Verletzer seine haftungsbegründenden Benutzungshandlungen aufgenommen hat. Rechnung zu tragen ist ferner einer während des Verletzungszeitraumes eintretenden geänderten wirtschaftlichen Lage, wenn sie dazu führt, dass fortan höhere oder geringere Lizenzbeträge üblich geworden sind.

92 Vom Berechtigten – nachweislich[105] – **tatsächlich abgeschlossene Lizenzverträge** bieten einen verlässlichen Anhaltspunkt für die Lizenzanalogie. Repräsentieren sie ein vom Schutzrechtsinhaber am Markt etabliertes Vergütungssystem (was eine hinreichende Anzahl inhaltsgleicher Lizenzverträge verlangt), hat sich die Lizenzberechnung an ihr zu orientieren, unabhängig davon, ob die in den Lizenzverträgen aufgeführten Lizenzsätze und sonstigen Lizenzbedingungen allgemein üblich und objektiv geeignet sind.[106] Denn allein die Tatsache, dass der Berechtigte die fraglichen Lizenzgebühren verlangt und erhält, rechtfertigt es anzunehmen, dass vernünftige Vertragsparteien bei vertraglicher Lizenzeinräumung eine entsprechende Vergütung vereinbart hätten. Der Verletzer kann insoweit nicht einwenden, er wäre nicht dazu bereit gewesen, die vom Patentinhaber geforderte und von dessen Lizenznehmern gezahlte Lizenzvergütung zu entrichten.[107] Betrifft die Vereinbarung nicht das Klagepatent, sondern ein anderes Schutzrecht, lassen sich je nach Einzelfall nur mehr oder weniger stichhaltige Anhaltspunkte für eine mutmaßliche Lizenzierung des Klagepatents gewinnen. Die Relevanz kann vollständig fehlen, wenn Gegenstand der Vereinbarung ein ausländisches Schutzrecht ist und der Vertrag deswegen die ggf abweichenden ausländischen Marktverhältnisse zu berücksichtigen hat.[108]

93 Obwohl sich die Schadenersatzlizenz an der Benutzungsgebühr für die Einräumung eines einfachen (dh nicht ausschließlichen) Benutzungsrechts zu orientieren hat, ist es in der Instanzrechtsprechung[109] gebilligt worden, für die Lizenzermittlung auf einen **aus-**

---

102 BGH, GRUR 2010, 239 – BTK.
103 BGH, GRUR 2006, 143 – Catwalk; das schweizerische Bundesgericht steht demgegenüber auf dem Standpunkt, dass für die Lizenzanalogie nur dann Raum ist, wenn feststeht, dass dem Verletzten durch die rechtswidrigen Benutzungshandlungen ein Gewinn entgangen ist (BGE, GRUR Int 2006, 956 – Milchschäumer).
104 BGH, GRUR 1995, 578, 581 – Steuereinrichtung II.
105 BGH, GRUR 2009, 660 – Resellervertrag.
106 BGH, GRUR 2009, 660 – Resellervertrag.
107 BGH, GRUR 2009, 660 – Resellervertrag.
108 OLG Düsseldorf, Urteil v 17.12.2010 – I-2 U 20/08.
109 OLG Karlsruhe, GRUR-RR 2014, 55 – Schadensberechnung.

schließlichen Lizenzvertrag und die dort vorgesehene Vergütung zurückzugreifen. Im Entscheidungsfall war der Verletzer vom ausschließlichen Lizenznehmer am Klagepatent auf Schadenersatz in Anspruch genommen worden.[110] Dessen Lizenzvertrag mit dem Schutzrechtsinhaber sah eine Stücklizenz von 50.000,- € vor, wobei der Lizenznehmer zur Erteilung von Unterlizenzen berechtigt war. Für diesen Fall war der ausschließliche Lizenznehmer dazu angehalten, sicherzustellen, dass der Lizenzgeber die vereinbarte Stücklizenz auch für Benutzungshandlungen des Unterlizenznehmers erhält. Das OLG Karlsruhe hat es aufgrund dessen zugelassen, dass die Schadenersatzlizenz anhand der für den ausschließlichen Lizenznehmer vertraglich geregelten Stücklizenz bemessen wird. Im Verhältnis zu ihm habe der Verletzer die Stellung eines Unterlizenznehmers. Bei der Vergabe einer freiwilligen Unterlizenz habe der verletzte ausschließliche Lizenznehmer jedoch dem Umstand Rechnung zu tragen, dass er selbst für jede Patentbenutzung durch den Unterlizenznehmer mindestens die für ihn selbst geltende Stücklizenz von 50.000,- € an den Lizenzgeber abzuführen habe. Dieser Betrag markiere deshalb notwendigerweise die absolute Untergrenze für eine vertragliche Unterlizenzgebühr. Hinzu komme ein Gewinnaufschlag, den der ausschließliche Lizenznehmer vernünftigerweise berechnen würde (im Streitfall: 40.000,- €).

Kritik: Diese Überlegungen klingen zunächst plausibel. Sie führen jedoch dazu, dass der Schadenersatzanspruch für dieselben Verletzungshandlungen nach ganz verschiedenen Regeln zu ermitteln ist, je nachdem, ob der Patentinhaber oder sein ausschließlicher Lizenznehmer der verletzte Anspruchsteller ist. Dem Patentinhaber wäre es nämlich verwehrt, für die ihm zustehende Schadenersatzlizenz auf die Vergütungsvereinbarung mit seinem ausschließlichen Lizenznehmer zu verweisen, weil er sich entgegenhalten lassen müsste, dass nicht die vertragliche Einräumung eines alleinigen Benutzungsrechts den Maßstab bildet, sondern der fiktive Abschluss eines einfachen Lizenzvertrages. Dem ausschließlichen Lizenznehmer wäre es hingegen gestattet, der Schadensberechnung nicht nur das Entgelt für eine ausschließliche Lizenz zugrunde zu legen, sondern diesen Betrag auch noch deutlich um einen Gewinnaufschlag zu erhöhen. Ob sich dies allein mit der dogmatischen Überlegung rechtfertigen lässt, dass der Patentinhaber und sein ausschließlicher Lizenznehmer jeweils ihren eignen Schaden ersetzt verlangen können, der unterschiedlich sein kann, ist zweifelhaft. 94

Relevant ist die oben dargestellte Rechtsprechung für Schadenberechnungen nach Lizenzgrundsätzen bei der Verletzung von **standardessenziellen Patent**en: Verwertet der Schutzrechtsinhaber ein standardessenzielles Patent im Wege der Lizenzvergabe und bedient er sich dabei für vergleichbare Lizenznehmer eines immer gleichen (standardisierten) Vertragswerks, so kann für die Bemessung der Schadensersatzlizenz wegen Patentverletzung im Rahmen der Schätzung nach § 287 ZPO von den Bedingungen dieses Vertragswerks ausgegangen werden, ohne dass es darauf ankommt, ob die Lizenzsätze und sonstigen Vertragskonditionen allgemein üblich und angemessen sind.[111] Voraussetzung für die Heranziehung ist allerdings die tatrichterliche Feststellung, dass der Patentinhaber eine hinreichende Anzahl entsprechender Lizenzverträge abgeschlossen hat und die vereinbarten Lizenzgebühren auch tatsächlich einfordert und erhält. Um dies darzulegen, genügt es zunächst, dass der Patentinhaber eine Liste mit Unternehmen, die Vertragspartner des Standardvertrages sind, präsentiert und die Kontaktdaten der Lizenznehmer mitteilt.[112] Dem wird jedenfalls für den Fall zuzustimmen sein, dass die Lizenznehmerliste nicht bloß für den Höheprozess angefertigt ist, sondern zB auf der Homepage des Patentinhabers ständig fortgeschrieben wird, so dass sie nach den gesam- 95

---

110 Kläger war zwar der Patentinhaber, dieser klagte jedoch aus abgetretenem Recht seines ausschließlichen Lizenznehmers.
111 LG Mannheim, InstGE 12, 160 – Orange-Book-Lizenz.
112 LG Mannheim, InstGE 12, 160 – Orange-Book-Lizenz.

ten äußeren Umständen den nach der Lebenserfahrung verlässlichen Schluss trägt, dass die ausgewiesenen Lizenznehmer tatsächlich existieren und mit dem Schutzrechtsinhaber vertraglich verbunden sind. Fehlt es an solchen stichhaltigen Anzeichen, wird der Patentinhaber die Lizenznehmerstellung anderweitig nachzuweisen haben, zB durch – ggf auszugsweise – Vorlage der Lizenzvereinbarungen oder durch geeigneten anderen Beweisantritt. Bei den Anforderungen, die an ein erhebliches Bestreiten des Verletzers im Hinblick auf die tatsächliche Praktizierung des behaupteten Standardlizenzvertrages zu stellen sind, ist zu berücksichtigen, dass der Verletzer grundsätzlich keinen Einblick in die Lizenzverwaltung des Schutzrechtsinhabers hat und es ihm darüber hinaus schwer fallen wird, von vertraglichen Lizenznehmern belastbare Anhaltspunkte dafür zu erhalten, dass der Lizenzvertrag abweichend vom Vereinbarten praktiziert werden. Dennoch dürfen die Einwände dagegen, dass die Standardlizenz faktisch vollzogen worden ist (und wird), nicht ins Blaue hinein vorgetragen sein.[113]

96 Bereits aus Rechtsgründen unerheblich ist der Hinweis des Verletzers auf

97 – abweichende Lizenzbedingungen für Benutzungshandlungen, die außerhalb des territorialen Geltungsbereichs des Klagepatents stattfinden;

98 – Verletzungshandlungen Dritter, wenn nicht ersichtlich ist, dass sie vom Patentinhaber gebilligt oder geduldet werden (zB weil er sein Lizenzierungssystem nicht mit hinreichendem Nachdruck gerichtlich durchsetzt).[114]

99 Stellen die vertraglich vereinbarten Lizenzgebühren eine taugliche Grundlage für die Schadensschätzung dar, kann – und wird es regelmäßig – gerechtfertigt sein, die Vertragslizenz angemessen zu erhöhen, um diejenigen **Vorteile** auszugleichen, **die der Patentverletzer im Vergleich zu einem vertraglichen Nehmer** der Standardlizenz während des Verletzungszeitraumes genossen hat.[115] Zu denken ist beispielsweise an Bucheinsichtsrechte des Lizenzgebers, denen der Verletzer im Rahmen seiner Schadenersatzhaftung nicht ausgesetzt ist, den Umstand, dass der Verletzer kein Risiko des mangelnden Rechtsbestandes des Lizenzpatents trägt[116], ein sich aus der Verletzungssituation ergebendes erhöhtes Ausfallrisiko für den Patentinhaber sowie ein ggf geringeres oder fehlendes Vertrauen in die Rechnungslegung des Verletzers.[117] Welche dieser besonderen Umstände bedeutsam sind und welches Gewicht ihnen zukommt, ist eine Frage des Einzelfalles. Im Allgemeinen gebieten sie jedoch eine **deutliche Anhebung** der bei freien Lizenzverhandlungen zustande gekommenen Lizenzgebühr.[118] Das LG München I[119] hat eine Anhebung um 66 % gebilligt.

100 **Schadenersatzzahlungen**, die der Verletzer deshalb an seine **Abnehmer** hat entrichten müssen, weil die von ihm vertriebenen Gegenstände schutzrechtsverletzend gewesen

---

113 LG Mannheim, InstGE 12, 160 – Orange-Book-Lizenz.
114 LG Mannheim, InstGE 12, 160 – Orange-Book-Lizenz.
115 LG Mannheim, InstGE 12, 160 – Orange-Book-Lizenz; LG München I, NJOZ 2011, 1318 – Gülleausbringungsvorrichtung = LG München I, Mitt 2013, 275 – Gülleausbringung; Meier-Beck, WRP 2012, 503, 507.
116 Dh er kann geleistete Zahlungen zurückverlangen, wenn das Patent nachträglich vernichtet wird, während der vertragliche Lizenznehmer in derselben Situation für die Vergangenheit zur Zahlung verpflichtet bleibt.
117 LG München I, NJOZ 2011, 1318 – Gülleausbringungsvorrichtung = Mitt 2013, 275 – Gülleausbringung.
118 Meier-Beck, WRP 2012, 503.
119 LG München I, NJOZ 2011, 1318 – Gülleausbringungsvorrichtung = Mitt 2013, 275 – Gülleausbringung.

sind, können im Rahmen der Lizenzanalogie nicht mindernd in Ansatz gebracht werden.[120]

Hat der Verletzer rechtsverletzende Produkte von seinen Abnehmern **zurückgerufen** 101 und infolge dessen die jeweiligen Kaufpreise erstatten müssen, so entfällt das lizenzpflichtige Geschäft im Nachhinein, weswegen es auch bei der Schadensberechnung außer Ansatz zu bleiben hat. Beweispflichtig für den besagten Rückruftatbestand ist der Verletzer.

Entsprechend der üblichen Lizenzierungspraxis ist in einem ersten Schritt die Bezugs- 102 größe festzulegen, die der Berechnung zugrunde gelegt werden soll. In einem zweiten Schritt ist sodann ein angemessener Lizenzsatz zu bestimmen. Beides hat gemäß § 287 ZPO unter Würdigung aller Umstände des Falles nach freier Überzeugung des Tatrichters zu geschehen.[121] Hierbei kann und sollte auf frühere Lizenzvereinbarungen zurückgegriffen werden, wenn die damals vereinbarte Lizenzgebühr dem objektiven Wert der Nutzungsberechtigung entsprochen hat.[122]

Die revisionsgerichtliche **Überprüfung** der Schätzung ist beschränkt. Sie geht lediglich 103 dahin, ob grundsätzlich falsche oder offenbar unsachliche Erwägungen angestellt wurden oder wesentliche, die Entscheidung bedingende Tatsachen (insbesondere von den Parteien vorgebrachte oder sich aus der Natur der Sache ergebende schätzungsrelevante Tatsachen) außer Acht gelassen worden sind[123]

a) Bezugsgröße

Regelmäßig ist es angemessen, auf die im **Patent geschützte Einheit** (zB das im Patent- 104 anspruch beschriebene Erzeugnis) abzustellen. Das gilt besonders dann, wenn es *dieses* Erzeugnis ist, was – ausschließlich oder überwiegend – Gegenstand des Handelsverkehrs ist. Zwar wird es sich vielfach so verhalten, dass das patentgeschützte Erzeugnis durch die Erfindung nicht insgesamt und in jeder Hinsicht eine neue Ausgestaltung erhält, sondern dass die Erfindung lediglich einen Teil der geschützten Vorrichtung verändert. Im Allgemeinen erfährt aber die Funktionalität der patentierten Vorrichtung als Ganzes eine Verbesserung, was es rechtfertigt, für die Lizenzberechnung an eben diese Vorrichtung anzuknüpfen. Dies zu tun, ist allemal dann geboten, wenn eine dahingehende Verkehrsübung feststellbar ist, wenn also auch Lizenzvertragsparteien in dem betreffenden technischen Gebiet für die Lizenzberechnung üblicherweise an die patentgeschützte Einheit anknüpfen. Die Frage, in welchem Maße die Vorrichtung durch die Erfindung optimiert wird, kann bei der Bestimmung des Lizenzsatzes berücksichtigt werden, indem zB für eine bloße Detailverbesserung ein entsprechend niedriger Lizenzsatz in Ansatz gebracht wird.

Unter Umständen kommt infrage, als Bezugsgröße eine über den patentgeschützten 105 Gegenstand hinausgehende Einheit zu wählen. Vor allem bei zusammengesetzten Vorrichtungen oder solchen, die zumeist nur gemeinschaftlich mit anderen Gegenständen verkehrsfähig sind, ist zu ermitteln, nach welchem Wert die Lizenz zu berechnen ist, nach dem des geschützten Teils oder aber der **Gesamtvorrichtung** bzw Sachgemeinschaft. Maßgeblich ist die Verkehrsüblichkeit und Verkehrsanschauung. Von Bedeutung ist dabei, ob die Gesamtvorrichtung üblicherweise als Ganzes geliefert wird bzw ob sie durch den geschützten Teil insgesamt eine Wertsteigerung erfährt oder ihr kennzeichnendes Gepräge erhält.[124] Entscheidend kann auch sein, ob das geschützte Teil für sich

---

120 BGH, GRUR 2009, 660 – Resellervertrag.
121 BGH, GRUR 2009, 407 – Whistling for a train.
122 BGH, GRUR 2009, 407 – Whistling for a train.
123 BGH, GRUR 2009, 407 – Whistling for a train; BGH, GRUR 2006, 136 – Pressefotos.
124 Vgl Benkard, § 139 PatG Rn 69, mwN.

selbst überhaupt verkehrsfähig ist, sich ein Wert für dieses Bauteil also ohne weiteres ermitteln lässt. Ist dies nicht der Fall, spricht dies für einen Rückgriff auf die Gesamtvorrichtung. Fakultative Sonderausstattungen, die zu der geschützten Erfindung keinen Bezug haben, sind außer Ansatz zu lassen. Das gilt namentlich dann, wenn ihr Mehrpreis nicht völlig unbeträchtlich ist. In der Praxis ist bei der Festlegung des Wertes zu berücksichtigen, dass dieser und die Höhe der Lizenzgebühr in einer Wechselwirkung zueinander stehen. Wird der Wert nur des geschützten Teiles für die Lizenzberechnung zugrunde gelegt, kann für diesen die Lizenzgebühr höher angesetzt werden als bei Zugrundelegung der Gesamtvorrichtung.

106 **Praxistipp**   Formulierungsbeispiel

Um kartellrechtliche Bedenken von vornherein auszuschließen, die drohen, wenn patentneutrale Teile in die Lizenz einbezogen werden[125], empfiehlt es sich klarzustellen, dass es sich bei der Einbeziehung von Bauteilen außerhalb des lizenzierten Schutzrechts um eine bloße Zahlungsmodalität handelt oder dass es technisch ausgeschlossen ist, zwischen patentgeschützten und patentfreien Teilen zu unterscheiden.

107 Denkbar ist schließlich, auf einen **prozentualen Anteil des Umsatzes mit der Gesamtvorrichtung** abzustellen. Solches kommt in Betracht, wenn der eigentlich erfindungsgemäße Gegenstand zwar zu einer Wertsteigerung der Gesamtvorrichtung beiträgt, diese allerdings nicht in ihrer gesamten Funktionalität verändert wird, sondern nur in einer bestimmten Hinsicht. Hier kann es angemessen sein, auf denjenigen Umsatzteil (sofern er ermittelbar ist) abzustellen, der auf die betroffenen Vorrichtungsteile entfällt.[126]

108 Betrifft die Erfindung ein Maschinenteil, welcher **sowohl separat wie auch als Bestandteil einer** größeren **Gesamtanlage** veräußert wird, so entspricht es im Zweifel einer angemessenen und üblichen Lizenzvereinbarung, als Bezugsgröße für die Lizenzermittlung in den Fällen des Einzelverkaufs auf den Nettoabgabepreis für das fragliche Maschinenteil und in den Fällen des Anlagenverkaufs auf denjenigen Festbetrag abzustellen, der sich als Durchschnittspreis aus den Verkaufserlösen für die isoliert vertriebenen Maschinenteile ergibt.[127] Bestehen neben der Vorrichtungserfindung außerdem **Verfahrenserfindung**en, die sich in einem verbesserten Aufbau des vergütungspflichtigen Maschinenteils und – daraus resultierend – in günstigeren Benutzungsbedingungen desselben niederschlagen, so tragen dem gedachte Lizenzvertragsparteien im Zweifel dadurch Rechnung, dass für die Verfahrenserfindungen als Bezugsgröße ebenfalls der Nettoverkaufspreis bzw ein dem Durchschnittspreis entsprechender Festbetrag vereinbart und der für die Vorrichtungserfindung vorgesehene Lizenzsatz maßvoll erhöht wird.[128]

109 Bemessungsgrundlage für die Lizenzberechnung ist im Allgemeinen der vom Verletzer mit der betreffenden Vorrichtung oder Sachgesamtheit erzielte **Umsatz**, wobei die Umsatzsteuer außer Betracht zu bleiben hat.[129] Er gewährleistet auf einfache Weise eine angemessene Beteiligung des Patentinhabers an denjenigen Vorteilen, die der Verletzer aus der Patentbenutzung tatsächlich gezogen hat. Unerheblich ist, ob das konkrete Umsatzgeschäft tatsächlich deshalb zustande gekommen ist, weil von der Erfindung des Klagepatents Gebrauch gemacht worden ist, oder ob der fragliche Gegenstand zu dem-

---

125 EuGH, GRUR Int 1986, 635 – Windsurfing International; BGH, GRUR 2005, 845 – Abgasreinigungsvorrichtung.
126 OLG Düsseldorf, Urteil v 17.12.2010 – I-2 U 20/08.
127 OLG Düsseldorf, InstGE 4, 165 – Spulkopf II.
128 OLG Düsseldorf, InstGE 4, 165 – Spulkopf II.
129 BGH, GRUR 2009, 660 – Resellervertrag.

selben Preis auch ohne die patentgemäßen Ausstattungsmerkmale verkauft worden wäre. Kausalitätserwägungen dieser Art verbieten sich von vornherein deshalb, weil es sich bei der Lizenzanalogie um keine konkrete, sondern um eine abstrakte Schadensberechnungsmethode handelt und ein gedachter Lizenznehmer für die Benutzung der Erfindung allein deshalb eine Lizenzvergütung hätte entrichten müssen, weil der vertriebene Gegenstand die Erfindung benutzt hat.[130]

Der **Umsatz** als Bezugsgröße versagt indessen dann, wenn die vom Verletzer berechneten Preise nicht marktgerecht waren, zB deshalb, weil es sich bei seinen Abnehmern um konzernverbundene Unternehmen handelt, denen er mit Rücksicht auf die bestehenden gesellschaftsrechtlichen Verflechtungen besonders günstige Preise gewährt hat. In einem solchen Fall ist davon auszugehen, dass fiktive Lizenzvertragsparteien statt einer (üblichen) Umsatzlizenz eine **Stücklizenz** vereinbart haben würden, bei der dem Lizenznehmer (Verletzten) – unabhängig vom erzielten Erlös – für jedes verkaufte Teil ein fester Lizenzbetrag zusteht. 110

Liegt die Erfindung im **Wegfall** eines bisher notwendig gewesenen **manuellen Schrittes**, kann als Bezugsgröße der ersparte Personalkostenanteil im Produktionsprozess angesetzt werden.[131] 111

b) Lizenzsatz[132]

Die Höhe der Lizenzgebühr orientiert sich daran, was vernünftige Vertragspartner vereinbart haben würden, wenn sie beim Abschluss eines *einfachen*[133] Lizenzvertrages die Entwicklung des Nutzungsverhältnisses, also vor allem sein Ausmaß und seine Dauer, gekannt hätten.[134] Der mit der Erfindungsbenutzung verbundene technische Nutzen für das vertriebene Produkt oder Verfahren wird vielfach den Ausschlag bei der Bestimmung des Lizenzsatzes geben. Je besser die Marktchancen dank der durch das Lizenzschutzrecht vermittelten technischen Ausstattung sind, umso mehr werden vernünftige Parteien bereit sein, dafür zu zahlen. Umgekehrt wird der Lizenzsatz gering sein, wenn das Produkt oder Verfahren zwar schutzrechtsbenutzend ist, es aber nur unter ganz besonderen, vereinzelten Bedingungen zur Merkmalsverwirklichung kommt, so dass sich die Benutzung der Erfindung als ungewollter »Betriebsunfall« darstellt. 112

Einen gewichtigen – und ggf tatrichterlich aufzuklärenden – Gesichtspunkt bildet die im fraglichen Bereich üblicherweise zu erzielende Umsatzrendite.[135] Denn ein vernünftiger Lizenznehmer wird regelmäßig kein Lizenzentgelt vereinbaren, das seine eigenen Gewinnaussichten zunichte macht. Typischerweise steht ein Anteil von nicht mehr als 1/3 des mit dem Lizenzgegenstand erzielten Gewinns für eine Lizenzzahlung zur Verfügung. Vorteilhaft ist es, von marktüblichen Lizenzsätzen auszugehen, die dem Gericht dargelegt werden müssen.[136] Darauf aufbauend können verschiedene lizenzerhöhende 113

---

[130] BGH, GRUR 2010, 239 – BTK.
[131] DPMA – Schiedsstelle, Mitt 2017, 366 – Beutelmaterial.
[132] Hellebrand/Himmelmann, Lizenzsätze; Groß/Strunk, Lizenzgebühren.
[133] OLG Karlsruhe, GRUR-RR 2014, 55 – Schadensberechnung.
[134] Vgl Benkard, § 139 PatG Rn 64, mwN.
[135] BGH, GRUR 2010, 239 – BTK.
[136] Eine nach Branchen gegliederte Übersicht über die Lizenzsätze für Erfindungen in Deutschland seit 1995 gibt Trimborn, Mitt 2009, 257.

oder lizenzmindernde Faktoren Berücksichtigung finden, wobei die Einrechnung eines Verletzerzuschlags[137] nicht anerkannt ist.[138]

114 **Lizenzerhöhend** zu berücksichtigen sind unter anderem folgende Gesichtspunkte:

115 – im Gegensatz zum Lizenznehmer hat der Verletzer kein Risiko der Zahlung für nicht rechtsbeständige Schutzrechte[139], wobei die Höhe des Zuschlages davon abhängt, in welchem Maße das Klagepatent tatsächlich in der Gefahr einer Vernichtung steht,

116 – Zinsvorteil des Verletzers durch verspätete Zahlung[140],

117 – die wirtschaftliche Bedeutung des geschützten Rechtes[141],

118 – mangelnde Ausweichmöglichkeiten für den Verletzer auf eine andere, nicht verletzende technische Ausführung[142],

119 – keine Verpflichtungen aus dem Lizenzvertrag etwa zu gesonderter Buchführung[143] oder Einhaltung vorgegebener Preisstrukturen[144],

120 – Wertsteigerung, die die Technik durch die geschützte Lehre erhalten hat,

121 – Gewinnaussichten, zB im Hinblick auf ein besonders lukratives Ersatzteilgeschäft,

122 – sachlicher Umfang der Lizenz; (interessant in Fällen, in denen über die technische Lehre hinaus Kenntnis, Wissen oder etwa der gute Ruf des Klägers ausgenutzt werden),

123 – Monopolstellung des Schutzrechtsinhabers,

124 – Naheliegen des Eintritts eines Marktverwirrungsschadens.[145]

125 **Lizenzmindernd** zu berücksichtigen sind unter anderem folgende Gesichtspunkte:

126 – aufgrund der widerrechtlichen Benutzungssituation besteht keine gesicherte Rechtsposition, die verlässliche Planungen erlaubt[146];

127 – kurzer Benutzungszeitraum, mithin keine Möglichkeit zur Amortisation von Investitionen[147];

128 – Mitbenutzung eigener Schutzrechte in einer Gesamtvorrichtung[148];

---

137 Er wäre freilich nicht per se wegen Verstoßes gegen unverzichtbare Grundsätze eines freiheitlichen Rechtsstaates unzulässig (BVerfG, Mitt 2013, 473 – Strafschadensersatz). Ein Verletzerzuschlag würde auch nicht gegen Art 13 der Enforcement-RL verstoßen (EuGH, Urteil v 25.1.2017 – C-367/15).
138 BGH, GRUR 1982, 286, 287 – Fersenabstützvorrichtung; BGH, GRUR 2006, 143 – Catwalk; Kochendörfer, ZUM 2009, 389; EuGH, Urteil v 9.6.2016 – C-481/14 – Hansson/Jungpflanzen Grünewald (zum Sortenschutz); aA Tetzner, GRUR 2009, 6.
139 LG Düsseldorf, Entscheidungen 1999, 83 – Reaktanzschleife; OLG Karlsruhe, GRUR-RR 2014, 55 – Schadensberechnung.
140 LG Düsseldorf, Entscheidungen 1999, 60 – Teigportioniervorrichtung.
141 BGH, GRUR 1967, 655, 659 – Altix; BGH, GRUR 1993, 897, 898 – Mogul-Anlage; OLG Düsseldorf, GRUR 1981, 45, 50 – Absatzhaltehebel.
142 RGZ 144, 187, 193 – Beregnungsanlage; Benkard, § 139 PatG Rn 66, 67.
143 OLG Karlsruhe, GRUR-RR 2014, 55 – Schadensberechnung.
144 BGH, GRUR 1980, 841, 844 – Tolbutamid.
145 BGH, GRUR 2010, 239 – BTK.
146 OLG Karlsruhe, GRUR-RR 2014, 55 – Schadensberechnung.
147 OLG Düsseldorf, Urteil v 17.12.2010 – I-2 U 20/08.
148 Benkard, § 139 PatG Rn 67.

– Erzielung besonders hoher Umsätze, wenn entweder in der betreffenden Branche eine Abstaffelung üblich ist[149] oder die hohen Umsätze darauf beruhen, dass es sich bei dem Verletzer um ein Unternehmen von Ruf (mit entsprechender Finanzkraft, Werbung, Fertigungskapazität und Vertriebsorganisation sowie entsprechendem Kundendienst und entsprechenden Geschäftsverbindungen) handelt.[150]   129

Nach der Rechtsprechung des EuGH[151] verstößt eine **pauschalierte Schadensregulierung** dergestalt, dass – ohne konkreten Nachweis eines entsprechenden Schadens – das Doppelte der vertraglichen Lizenz zuerkannt wird, nicht gegen Art 13 der Enforcement-RL.   130

c) Zinsen

Da gedachte Lizenzvertragsparteien im Zweifel eine Abrechnung über die Lizenzgebühren innerhalb eines Monats nach Schluss eines jeden Kalenderjahres vereinbart hätten, verbunden mit einer Fälligkeit der Lizenzgebührenansprüche zum 1. Februar (§ 284 Abs 2 BGB), erkennt die Rechtsprechung dem Verletzten als Teil der Schadenersatzlizenz seit jeher einen Zinsanspruch zu, der ab dem 1. Februar des Folgejahres für die im vergangenen Kalenderjahr entstandenen Lizenzgebühren zu zahlen ist.[152] An der Berechtigung, fiktive Zinsen zuzusprechen, hat sich durch die Enforcement-Richtlinie nichts geändert.[153] Sofern in der betreffenden Branche abweichende Abrechnungszeiträume üblich sein sollten, gelten die sich hieraus ergebenden Fälligkeits- und Verzinsungszeitpunkte.[154] Maßgeblich für die Zuordnung eines lizenzpflichtigen Geschäfts zu einem bestimmten Kalenderjahr ist nicht das Angebot oder der Vertragsschluss (auch wenn darin bereits ein grundsätzlich lizenzpflichtiger Vorgang liegt), sondern der tatsächliche Vermögenszuwachs beim Verletzer, der in aller Regel erst mit der Rechnungsstellung eintritt.[155]   131

Können für die relevante Branche keine anderweitigen Zinssätze bewiesen werden, kann zunächst von einem **Zinssatz** von 3,5 Prozentpunkten über dem Bundesbankdiskontsatz (der bis 31.12.1998 gegolten hat) bzw Basiszinssatz (der seit 1.1.1999 gilt) ausgegangen worden.[156]   132

Nachfolgend sind die Diskont- bzw Basiszinssätze seit 1985 tabellarisch zusammengefasst: 133

Gültig ab: Jahr	Tag & Monat	Diskont- bzw Basiszinssatz
1985	1.1.	4,5
	16.8.	4
1986	7.3.	3,5
1987	23.1.	3
	4.12.	2,5
1988	1.7.	3
	26.8.	3,5

---

149 Bsp: Hochpreisige Erzeugnisse; vgl Schiedsstelle DPMA, Mitt 2018, 289 – hochpreisige Produkte.
150 OLG Düsseldorf, InstGE 4, 165 – Spulkopf II.
151 EuGH, GRUR 2017, 264 – OTK/SFP.
152 BGH, GRUR 2010, 239 – BTK: BGH, GRUR 1982, 286, 288 f – Fersenabstützvorrichtung; OLG Düsseldorf, GRUR 1981, 42, 52 f – Absatzhaltehebel; OLG Düsseldorf, InstGE 4, 165 – Spulkopf II; EuGH, Urteil v 9.6.2016 – C-481/14 – Hansson/Jungpflanzen Grünewald (zum Sortenschutz).
153 OLG Karlsruhe, GRUR-RR 2014, 55 – Schadensberechnung.
154 OLG Düsseldorf, Urteil v 17.12.2010 – I-2 U 20/08.
155 OLG Düsseldorf, Urteil v 17.12.2010 – I-2 U 20/08.
156 OLG Düsseldorf, GRUR 1981, 45, 52 f – Absatzhaltehebel; OLG Düsseldorf, Mitt 1998, 358, 362 – Durastep; OLG Düsseldorf, InstGE 4, 165 – Spulkopf II.

I. Schadenersatz

Gültig ab: Jahr	Tag & Monat	Diskont- bzw Basiszinssatz
1989	20.1.	4
	21.4.	4,5
	30.6.	5
	6.10.	6
1991	1.2.	6,5
	16.8.	7,5
	20.12.	8
1992	17.7.	8,75
	15.9.	8,25
1993	5.2.	8
	19.3.	7,5
	23.4.	7,25
	2.7.	6,75
	10.9.	6,25
	22.10.	5,75
1994	18.2.	5,25
	15.4.	5
	13.5.	4,5
1995	31.3.	4
	25.8.	3,5
	15.12.	3
1996	19.4.	2,5
1999	1.5.	1,95
2000	1.1.	2,68
	1.5.	3,42
	1.9.	4,26
2001	1.9.	3,62
2002	1.1.	2,57
	1.7.	2,47
2003	1.1.	1,97
	1.7.	1,22
2004	1.1.	1,14
	1.7.	1,13
2005	1.1.	1,21
	1.7.	1,17
2006	1.1.	1,37
	1.7.	1,95
2007	1.1.	2,7
	1.7.	3,19
2008	1.1.	3,32
	1.7.	3,19
2009	1.1.	1,62
	1.7.	0,12
2010	1.1.	0,12
	1.7.	0,12
2011	1.1.	0,12
	1.7.	0,37
2012	1.1.	0,12
	1.7.	0,12
2013	1.1.	- 0,13
	1.7.	- 0,38

Gültig ab: Jahr	Tag & Monat	Diskont- bzw Basiszinssatz
2014	1.1.	- 0,63
	1.7.	- 0,73
2015	1.1.	- 0,83
	1.7.	- 0,83
2016	1.1.	- 0,83
	1.7.	- 0,88
2017	1.1.	- 0,88
2018	1.7	- 0,88
	1.7.	- 0,88

Nachdem der gesetzliche Verzugszinssatz für ab dem 1.5.2000 fällig gewordene Zahlungen auf 5 Prozentpunkte über dem Basiszinssatz (Art 229 § 1 Abs 1 Satz 3 EGBGB, § 288 Abs 2 BGB) und für seit dem 1.1.2002 fällig gewordene Entgeltforderungen sogar auf 8 bzw neuerdings 9 Prozentpunkte über dem Basiszinssatz erhöht worden ist (Art 229 § 5 EGBGB, § 288 Abs 2 BGB), sind die Lizenzzinsen dementsprechend heraufzusetzen.[157] Dem steht nicht entgegen, dass Schadenersatzforderungen als solche nicht unter § 288 Abs 2 BGB fallen.[158] Vorliegend geht es darum, zum Zwecke der Schadensberechnung die *vertraglich vereinbarte* Lizenzgebühr nachzustellen. Eine solche ist in jedem Fall eine »Entgeltforderung« im Sinne von § 288 Abs 2 BGB. **134**

Im Rahmen der Schadensbezifferung nach den Regeln der Lizenzanalogie können also verlangt werden: **135**

– Für vor dem 1.5.2000 fällig gewordene Lizenzgebühren Zinsen in Höhe von 3,5 Prozentpunkten über dem Bundesbankdiskontsatz, **136**

– für zwischen dem 1.5.2000 und dem 31.12.2001 fällig gewordene Lizenzgebühren Zinsen in Höhe von 5 Prozentpunkten über dem Basiszinssatz und **137**

– für seit dem 1.1.2002 fällig gewordene Lizenzgebühren Zinsen in Höhe von 8[159] bzw 9[160] Prozentpunkten über dem Basiszinssatz.[161] **138**

Der Anspruch auf Zahlung fiktiver Zinsen entfällt nicht für einen Zeitraum, während dessen es der Gläubiger ohne triftigen Grund versäumt hat, den Schadenersatzanspruch zu verfolgen. Der Rechtsgedanke aus **§ 254 Abs 2 BGB** ist vorliegend schon deshalb nicht einschlägig, weil es keine Obliegenheit zur alsbaldigen Klageerhebung im Interesse des Schuldners gibt. Die zügige Rechtsverfolgung liegt allein im Interesse des Gläubigers, der ansonsten Gefahr läuft, dass sein Anspruch verjährt oder verwirkt ist. Abgesehen davon ändert die Tatsache, dass die Verfolgung des Schadenersatzanspruchs für eine gewisse Zeit unterblieben ist, nichts an der tatsächlichen Besserstellung des Verletzers, der bis zu seiner Verurteilung über die Schadenssumme verfügen konnte. Dieser Vorteil ist auszugleichen, egal auf welcher Ursache (unverschuldet späte Kenntnis von den Verletzungshandlungen, zögerliche Rechtsdurchsetzung) er beruht. **139**

Gesetzliche Verzugszinsen kann der Verletzte von den auf die Lizenzgebühren entfallenden Zinsen wegen des **Zinseszinsverbot**es (§ 289 Satz 1 BGB) nicht verlangen, es sei **140**

---

157 LG Düsseldorf, InstGE 5, 172 – Verzugszinssatz.
158 LG Düsseldorf, InstGE 5, 172 – Verzugszinssatz.
159 § 288 Abs 2 BGB aF (gültig bis 28.7.2014).
160 § 288 Abs 2 BGB nF (gültig ab 29.7.2014).
161 LG München I, InstGE 6, 274 – Zeitungs-Dummy; LG Düsseldorf, InstGE 9, 1 – Kappaggregat, bestätigt durch OLG Düsseldorf, Urteil v 17.7.2009 – I-2 U 38/08; vgl auch LG Mannheim, InstGE 12, 160 – Orange-Book-Lizenz.

denn, auch für den Zinsanspruch liegen die Verzugsvoraussetzungen vor und ein konkreter Zinsschaden kann nachgewiesen werden (§ 289 Satz 2 BGB).[162]

d) Umsatzsteuer

141 USt kann auf die Lizenzgebühren nicht verlangt werden, auch dann nicht, wenn für die Lizenzberechnung auf eine konkrete Lizenzvereinbarung zurückgegriffen wird, die den Lizenznehmer verpflichtet, auf die Lizenzgebühren gesetzliche Umsatzsteuer zu zahlen. Der Grund liegt darin, dass es sich bei der Schadenersatzlizenz (anders als bei der vertraglich geschuldeten Lizenz) nicht um ein Entgelt handelt, welches der USt unterliegt.[163]

4. Verletzergewinn[164]

142 Der Berechtigte kann auch die Herausgabe des Verletzergewinns verlangen. Es handelt sich hierbei um eine gewohnheitsrechtlich anerkannte Berechnungsmethode, die ursprünglich damit begründet wurde, dass der Verletzer das Schutzrecht lediglich in Geschäftsführung für den Inhaber benutzt und daher unter rechtsähnlicher Anwendung der §§ 687 Abs 2, 667 BGB das durch die Verletzung Erlangte herauszugeben habe. Inzwischen ist der Verletzergewinn in § 139 Abs 2 Satz 2 PatG ausdrücklich erwähnt, so dass sich ein Rückgriff auf den GoA-Gedanken – ungeachtet dessen, ob er jemals angemessen war[165] – mittlerweile erübrigt. Bei der Berechnungsart »Verletzergewinn« kommt es nicht darauf an, ob der Verletzte den heraus verlangten Gewinn selbst hätte erzielen können; entsprechendes wird vielmehr fingiert. Es handelt sich mithin um einen Anspruch auf »Entschädigung« für eine schuldhafte Patentverletzung.[166]

143 Gleichermaßen kommt es nicht darauf an, ob der erzielte Gewinn im Zeitpunkt des Herausgabeverlangens noch vorhanden (oder bereits wieder reinvestiert) ist. Dementsprechend ist auch eine **Gewinnabführung** (zB im Konzerngeflecht) unbeachtlich, weil sie nichts daran ändert, dass der Verletzergewinn beim Beklagten angefallen ist (weil er auch nur dann von dort abgeführt werden kann).

144 Haften mehrere als **Mittäter** für den Verletzungserfolg, ist der Gewinn beider herausgabepflichtig, wobei jeder als Gesamtschuldner auf den vollen Schaden haftet. Denkbar ist derartiges beispielsweise, wenn der eine Beklagte in dem Wissen um dessen schutzrechtsverletzende Verwendung ein Vorprodukt zuliefert, das der andere Beklagte zu dem patentverletzenden Gegenstand veredelt, welches er anschließend in Verkehr bringt.[167]

145 Prinzipiell ist der Verletzergewinn nach der Formel zu berechnen

Gewinn = Umsatz ./. Kosten.

a) Berücksichtigungsfähiger Umsatz

146 Relevant ist zunächst derjenige Umsatz, den der Verletzer im Rahmen seines Geschäftsbetriebes mit der patentgeschützten Vorrichtung oder dem patentgeschützten Verfahren erzielt hat. Ist die patentgeschützte Vorrichtung als solche nicht Gegenstand des Han-

---

162 LG Düsseldorf, Mitt 1990, 101 – Dehnungsfugenabdeckprofil; LG Düsseldorf, InstGE 9, 1 – Kappaggregat.
163 BGH, GRUR 2009, 660, 662 – Resellervertrag.
164 Zahn, Herausgabe des Verletzergewinns, 2005; Grabinski, GRUR 2009, 260.
165 Dagegen: Meier-Beck, WRP 2012, 503, 505.
166 Vgl BGH, GRUR 1962, 509 – Dia-Rähmchen II; BGH, GRUR 2001, 329 – Gemeinkostenanteil, mwN; LG Düsseldorf, InstGE 1, 276 – Klemmzug; Meier-Beck, GRUR 2005, 617.
167 OLG Düsseldorf, Beschluss v 11.7.2018 – I-2 W 14/18.

delsverkehrs, weil sie den Teil einer Gesamtvorrichtung bildet, die allein am Markt gehandelt wird, so ist auf den Umsatz abzustellen, der mit eben dieser Gesamtvorrichtung (unter Einschluss von im Patentanspruch nicht genannten Funktionsteilen) erwirtschaftet wird.[168] Darauf, ob der Verletzer seinem Abnehmer die Verkehrseinheit zu einem Gesamtpreis oder nach ihren einzelnen Elementen aufgeschlüsselt in Rechnung stellt, kommt es nicht an.[169] Darüber hinaus können Umsätze mit »Peripheriegeräten« einzubeziehen sein, die selbst nicht patentgeschützt sind, die jedoch üblicherweise zusammen mit dem patentierten (bzw patentverletzenden) Gegenstand veräußert werden. Bedeutsam können ferner Umsätze sein, die der Verletzer mit Verbrauchsmaterialien erzielt, die er infolge des Verkaufs einer patentverletzenden Vorrichtung an dessen Abnehmer veräußert. Wird der zunächst vereinnahmte Kaufpreis infolge eines späteren **Rückrufs** wieder erstattet (was der Verletzer zu beweisen hat), so fällt der entsprechende Umsatzbetrag im Nachhinein wieder weg, so dass er auch für die Ermittlung des Verletzergewinns außer Betracht zu bleiben hat.

Für seine Schadensberechnung kann der Gläubiger auf die Rechnungslegung des Verletzers zurückgreifen, welche die Vermutung der Vollständigkeit und Richtigkeit für sich hat. Abweichungen von der vorgerichtlichen Rechnungslegung stehen zur vollen Darlegungs- und **Beweislast** des Verletzers[170], und zwar unabhängig davon, ob völlig neue Kostenpositionen behauptet oder zu bereits mitgeteilten Positionen abweichende Zahlen behauptet werden. Macht sich der Gläubiger die Auskünfte des Schuldners für seine Schadensberechnung – ganz oder teilweise – nicht zu Eigen, sondern legt er hiervon abweichende Tatsachen zugrunde, hat er (der Gläubiger) diese darzulegen und notfalls zu beweisen.[171]

147

b) Abzugsfähige Kosten

Durch das »Gemeinkostenanteil«-Urteil[172] hat der BGH grundlegend neue Erwägungen zur Ermittlung des Verletzergewinns – und hier genauer zur Kostenseite – angestellt, die als auch für das Patentrecht maßgeblich zu betrachten sind[173].

148

aa) Allgemeines

Die Entscheidung besagt – kurz gesagt –, dass von dem auf der Schutzrechtsverletzung beruhenden Umsatz **Gemeinkosten** lediglich insoweit abgezogen werden dürfen, als sie den schutzrechtsverletzenden Gegenständen unmittelbar zugerechnet werden können.[174] Im Einzelnen führt der BGH (aaO) aus:

149

»*Nach Sinn und Zweck des Anspruchs auf Herausgabe des Verletzergewinns ist es grundsätzlich gerechtfertigt, bei der Ermittlung des Verletzergewinns von den erzielten Erlösen nur die variablen (dh vom Beschäftigungsgrad abhängigen) Kosten für die Herstellung und den Vertrieb der schutzrechtsverletzenden Gegenstände abzuziehen, nicht auch Fixkosten, dh solche Kosten, die von der jeweiligen Beschäftigung unabhängig sind (zB Mieten, AfA).*

150

---

168 OLG Düsseldorf, InstGE 7, 194 – Schwerlastregal II.
169 OLG Düsseldorf, InstGE 7, 194 – Schwerlastregal II.
170 BGH, GRUR 1993, 897, 899 – Mogul-Anlage.
171 OLG Düsseldorf, InstGE 7, 194 – Schwerlastregal II.
172 Vgl zu Einzelheiten: Haft/Reimann, Mitt 2003, 437; Meier-Beck, IIC 2004, 113; GRUR 2005, 617; Pross, FS Tilmann, 2003, S 881; Rinnert/Küppers/Tilmann, FS Helm, S 337; Tilmann, GRUR 2003, 647; Haedicke, GRUR 2005, 529; Rojahn, GRUR 2005, 623; Runkel, WRP 2005, 968; Dreiss, FS 50 Jahre VPP, 2005, 303.
173 OLG Düsseldorf, Urteil v 4.10.2012 – I-2 U 76/11; OLG Düsseldorf, Urteil v 3.6.2015 – I-15 U 34/14.
174 BGHZ 145, 366 – Gemeinkostenanteil.

Danach kann der Ansicht des Berufungsgerichts nicht zugestimmt werden, dass zur Ermittlung des Verletzergewinns von den erzielten Erlösen ein Gemeinkostenanteil abzuziehen ist ohne Rücksicht darauf, ob diese Gemeinkosten auch ohne die Herstellung und den Vertrieb der schutzrechtsverletzenden Gegenstände entstanden wären.

Der pauschale Abzug anteiliger Gemeinkosten kann ... nicht damit begründet werden, dass ... die Herstellung und der Vertrieb der schutzrechtsverletzenden Gegenstände auch diese anteilig verursacht hätten. Ein solcher Zusammenhang ist regelmäßig nicht gegeben. Gemeinkosten sind zwar Voraussetzung für die Leistungserstellung ...Sie können jedoch einer solchen Produktion nicht unmittelbar zugerechnet werden. Bei Fixkosten besteht dementsprechend die Vermutung, dass sie ohnehin angefallen wären.«

151 Für die Qualifikation als Gemeinkosten (sowieso-Kosten) kommt es ausschließlich auf die verletzungsabhängige oder verletzungsunabhängige Kostenbelastung beim Verletzer und nicht auf die interne **Preiskalkulation von** dessen **Zulieferer oder Dienstleister** an. Nimmt der Verletzer im Rahmen seines Geschäftsbetriebes die Dienste eines Dritten zu Stückpreisen in Anspruch und kalkuliert der Dritte den Stückpreis unter Einschluss *seiner* Fixkosten, so sind die vom Verletzer aufgewendeten Preise dennoch abzugsfähig, wenn und soweit sie in direktem Zusammenhang mit der Herstellung und/oder dem Vertrieb der Verletzungsgegenstände stehen in dem Sinne, dass sie nicht angefallen wären, wenn es die Verletzungshandlungen nicht gegeben hätte.[175]

152 Für die Abzugsfähigkeit spielt es keine Rolle, ob die zugekaufte Drittleistung von einem fremden oder einem **konzernverbundenen Unternehmen** erbracht worden ist, solange der Verletzer nur tatsächlich mit den Kosten der Leistungserbringung belastet worden ist.[176]

153 Die Darlegungs- und **Beweislast** dafür, dass typische Gemeinkosten im Einzelfall den Verletzungsprodukten unmittelbar zuordnenbar sind, dh ohne die verletzende Produktion nicht ebenfalls (»sowieso«) angefallen wären, trägt der Verletzer.[177]

154 Ein die unmittelbare Zuordnung ergebender Sachverhalt kann sich dabei im Einzelfall auch dadurch ergeben, dass der Verletzer ohne das schutzrechtsverletzende Produkt aus Gründen wirtschaftlicher Vernunft zB Teile seines Personals freigesetzt oder seinen Geschäftsbetrieb in bestimmter Weise umorganisiert (zB überflüssige Produktions- Vertriebs- oder Lagerkapazitäten abgebaut) hätte (**kapazitätsreduzierende Maßnahmen**).[178] Plausibel wird derartiges regelmäßig nur sein, wenn das Verletzungsprodukt einen hinreichenden Anteil am Gesamtumsatz bzw – ungeachtet der Umsatzbeteiligung – an der Gesamtleistungskapazität des Betriebes ausmacht, der strukturelle Maßnahmen der besagten Art sinnvoll erscheinen lässt.[179] Von Bedeutung für die Sinnhaftigkeit kapazitätsreduzierender Umstrukturierungsmaßnahmen ist nicht nur der mit ihnen verbundene Aufwand, sondern gleichermaßen die Tatsache, dass übliche Nachfrageschwankungen im nicht von der Schutzrechtsverletzung betroffenen Sektor, krankheitsbedingte Personalausfälle und dergleichen es erforderlich oder zumindest zweckmäßig machen können, im Unternehmen eine bestimmte Reserve vorzuhalten, die es verbietet, den Wegfall eines für den Betrieb als Ganzes untergeordneten Produktes zum Anlass für gemeinkostenmindernde Aktivitäten zu nehmen. Mit Rücksicht darauf gilt: Je geringer der Umsatz- oder Kapazitätsanteil des Verletzungsgegenstandes und um so geringer bei allgemeinbetriebswirtschaftlicher Betrachtung die Wahrscheinlichkeit struktureller Einsparungs-

---

175 OLG Düsseldorf, Urteil v 3.6.2015 – I-15 U 34/14.
176 OLG Düsseldorf, Urteil v 3.6.2015 – I-15 U 34/14.
177 BGH, GRUR 2001, 329 – Gemeinkostenanteil; LG Düsseldorf, InstGE 8, 257 – Tintentankpatrone.
178 OLG Düsseldorf, InstGE 13, 199 – Schräg-Raffstore.
179 OLG Düsseldorf, InstGE 13, 199 – Schräg-Raffstore.

maßnahmen ist, um so dezidierter wird der Verletzer zu den Details der von ihm bei der gegebenen Lage hypothetisch vorgenommenen kapazitätsverringernden Maßnahmen, zB dazu vorzutragen haben, welchen konkreten Mitarbeiter er – rechtlich zulässig – zu welchem Zeitpunkt entlassen oder durch eine Teilzeitkraft ersetzt hätte, auf welche Weise der übrige Geschäftsanfall dennoch zu bewältigen gewesen wäre und welche Kosteneinsparungen sich infolge der Entlassung eingestellt hätten.

Die mit der Gemeinkostenanteil-Entscheidung vom I. Zivilsenat des BGH für das Geschmacksmusterrecht aufgestellten und später auf den ergänzenden wettbewerbsrechtlichen Leistungsschutz erstreckten[180] Grundsätze sind von den Instanzgerichten auch für die Schadensberechnung nach einer Patentverletzung herangezogen worden.[181] **155**

Der BGH[182] hat – neben der Variabilität der Kosten in Abhängigkeit vom Vorhandensein der Verletzungsform – in seiner späteren Rechtsprechung einen weiteren Gesichtspunkt eingeführt, der ebenfalls über die Abzugsfähigkeit einer Kostenposition entscheiden soll. Es ist – so meint der BGH – zu **fingieren**, dass der Verletzte **einen laufenden Betrieb** unterhält, der dieselben Produktions- und Vertriebsleistungen wie der Betrieb des auf Schadenersatz haftenden Verletzers hätte erbringen können.[183] Nur Kosten, die ihrer Art nach auch im fingierten Betrieb des Schutzrechtsinhabers angefallen wären, sind berücksichtigungsfähig, und zwar mit demjenigen Betrag, mit dem sie im Betrieb des Verletzers tatsächlich angefallen sind. Da der BGH mit einer Fiktion arbeitet, spielt es keine Rolle, ob der konkrete Schutzrechtsinhaber überhaupt einen auf Herstellung und/oder Vertrieb patentgemäßer Erzeugnisse gerichteten Geschäftsbetrieb unterhält oder aber das Patent ausschließlich im Wege der Lizenzvergabe verwertet. **156**

Kritik: Eine stichhaltige Begründung für seine Fiktion liefert der BGH nicht. Sie ist auch nicht ersichtlich. Der GoA-Gedanke ist insoweit fehl am Platz. Er gibt eine Rechtfertigung dafür, dass der Schaden des Patentinhabers nach dem beim Verletzten erzielten Gewinn liquidiert werden kann, welcher mit der Patentverletzung ein kraft Gesetzes dem Verletzten vorbehaltenes Geschäft geführt hat. Welcher Gewinn durch die (in Fremdgeschäftsführung unternommene) Patentverletzung erzielt wurde, kann sich aber nur nach der Kostenstruktur des die Geschäftsführung unternehmenden Verletzers richten und nicht nach den Verhältnissen beim Verletzten. Anderenfalls werden in die Berechnung des Verletzergewinns Elemente der Schadensberechnung nach dem entgangenen Gewinn eingeführt, was systemwidrig ist.[184] **157**

In der praktischen Handhabung ist nach der BGH-Rechtsprechung[185] für die **Unterscheidung zwischen anzurechnenden und nicht anzurechnenden Kosten** demnach in zweierlei Hinsicht zu differenzieren: **158**

– Handelt es sich um Kosten, die, wenn es die Verletzungsform nicht gegeben hätte, entfallen würden oder handelt es sich um vom Verletzungsprodukt unabhängige »sowieso-Kosten«, dh solche, die auch dann vorhanden gewesen wären, wenn die Verletzungshandlung hinweg gedacht wird? **159**

– Wären die Kosten – egal ob im Sinne der vorstehenden Ausführungen variabel oder nicht – auch im fingierten Herstellungsbetrieb des Verletzten entstanden? **160**

---

180 BGH, GRUR 2007, 431 – Steckverbindergehäuse.
181 Vgl nur OLG Düsseldorf, InstGE 5, 251 – Lifter.
182 BGH, GRUR 2007, 431 – Steckverbindergehäuse.
183 BGH, GRUR 2007, 431 – Steckverbindergehäuse.
184 Ebenso kritisch: Kather, VPP-Rundbrief 2014, 28, der für eine rein kaufmännische Gewinnberechnung anhand der beim Verletzer gegebenen Kostenstruktur und ohne Rückgriff auf irgendwelche Fiktionen plädiert.
185 Meier-Beck (WRP 2012, 503) hält die Kriterien mit Rücksicht auf die Neufassung des § 139 Abs 2 PatG durch die Enforcement-Richtlinie und das Durchsetzungsgesetz für nicht mehr maßgeblich.

161 *Abzugsfähig* sind hiernach diejenigen Kosten für die Fertigung, die Montage und den Absatz der schutzrechtsverletzenden Ware, die auch im fingierten Betrieb des Verletzten aus Anlass der Patentverletzung zusätzlich entstanden wären (und nicht »sowieso« vorhanden gewesen wären).

162 *Nicht abziehbar* sind demgegenüber

163 – solche Kosten, die unabhängig vom Umfang der Produktion und des Vertriebs durch die allgemeine Unterhaltung des Betriebes – dh »sowieso« – angefallen sind, sowie

164 – Kosten, mit denen der unterstellte Betrieb des Verletzten – obwohl es sich nicht um »sowieso«-Kosten handelt – nicht ebenfalls belastet worden wäre.

bb) Einzelfälle

165 **Abzugsfähig** sind im Einzelnen folgende Positionen:

166 – Die tatsächlichen Material- und Fertigungskosten für die Herstellung und Montage des verletzenden Produkts[186]; werden aus dem Rohmaterial (zB zugekauftem Blutplasma) neben der Verletzungsform (Faktor-VIII-Präparat) noch andere Produkte gewonnen (für das andere Proteine des Blutplasmas herangezogen werden), so ist nur derjenige Teil der Einstandskosten (für das Blutplasma) abzugsfähig, der dem Verhältnis der Verletzungsprodukte (Faktor-VIII-Präparat) an der Gesamtmenge der aus dem Rohmaterial (Blutplasma) gefertigten Produkte entspricht[187];

167 – Kosten eines etwaigen Ausschusses und Materialschwundes[188], es sei denn, es handelt sich um Anlaufkosten, die dem Verletzten im unterstellten laufenden Betrieb nicht ebenfalls entstanden wären[189],

168 – Kosten für die Anschaffung und Inbetriebnahme einer Maschine, die ausschließlich für die Herstellung der schutzrechtsverletzenden Ware verwendet worden ist, und zwar anteilig im Verhältnis des Verletzungszeitraumes zur mutmaßlichen Lebensdauer.[190] Steht im Zeitpunkt der gerichtlichen Entscheidung über die Schadenersatzhöhe fest, dass die fragliche Maschine über ihre mutmaßliche Lebensdauer hinaus tatsächlich im betrieblichen Einsatz war/ist, ermittelt sich die Quote nach dem Verhältnis von Verletzungszeitraum und tatsächlicher Nutzungsdauer.[191] Eine patentfreie Verwendung wird ausnahmsweise dann außer Betracht zu bleiben haben, wenn sie derart geringfügig ist, dass schlechterdings nicht angenommen werden kann, die Maschine sei auch ohne die verletzende Produktion angeschafft worden. Andererseits besteht eine nicht nur anteilige, sondern vollständige Abzugsmöglichkeit für die Anschaffungskosten, wenn die Maschine nach Ende des Verletzungszeitraumes zwar noch nicht »abgeschrieben« ist, im Unternehmen des Verletzers aber deshalb wertlos ist, weil sie für keine anderen Zwecke eingesetzt werden kann und auch keinen Restwert mehr hat, der mithilfe eines Verkaufs realisiert werden könnte. Keine Abzugsfähigkeit besteht, wenn der Verletzer den Geschäftsbetrieb, zu dem die Maschine gehört, erst nach deren Anschaffung im Wege des »Asset Deal« erworben hat, es sei denn, aufgrund des Sachvortrages des Verletzers ließe sich konkret feststellen, wel-

---

186 BGH, GRUR 2007, 431 – Steckverbindergehäuse; OLG Düsseldorf, InstGE 7, 194 – Schwerlastregal II.
187 OLG Düsseldorf, Beschluss v 27.6.2012 – I-2 W 14/12.
188 LG Frankfurt/Main, InstGE 6, 141 – Borstenverrundung.
189 BGH, GRUR 2007, 431 – Steckverbindergehäuse.
190 BGH, GRUR 2007, 431 – Steckverbindergehäuse.
191 OLG Düsseldorf, InstGE 13, 199 – Schräg-Raffstore.

cher Teil des Kaufpreises für den Geschäftsbetrieb auf die betreffende Maschine und deren Inbetriebnahme entfällt)[192],

— Aufwendungen für Personal, welches eigens für die Produktion oder den Vertrieb der verletzenden Gegenstände eingestellt und beschäftigt worden ist[193], 169

— Kosten für im Rahmen der Fertigung verbrauchte Energie[194], einerlei, ob der Verbrauch konkret erfasst oder durch Schätzung ermittelt worden ist (nicht dagegen Kosten für die Instandhaltung der Energieanlagen und hierauf bezogene Abschreibungsbeträge[195]), 170

— Mieten für Fertigungs- bzw Lagerhallen, die ausschließlich für die Verletzungsform genutzt werden[196], 171

— *gewährte* Skonti[197], 172

— Verpackungs- und Frachtkosten[198], soweit sie ohne den verletzenden Gegenstand nicht angefallen wären[199], 173

— Umsatzabhängige Versicherungskosten, 174

— Umsatzabhängige Vertreterprovisionen[200], 175

— Kosten für freiwillige, kostenlose Retouren mangelfreier Ware (wie sie im Versandhandel üblich sind)[201]. 176

Nicht abzugsfähig sind im Einzelnen folgende Positionen: 177

— Aufwendungen für Gehälter von Mitarbeitern, die sich auch mit anderen Produkten befassen[202], genauso wie Gehälter von Verwaltungsangestellten oder Geschäftsführern[203], 178

— Maschinenkosten oder Lagerhallenmieten, soweit diese Kosten nicht ausschließlich auf die Verletzungsform zurückzuführen sind[204], 179

---

192 LG Mannheim, InstGE 6, 260 – Abschirmdichtung.
193 BGH, GRUR 2007, 431 – Steckverbindergehäuse.
194 BGH, GRUR 2007, 431 – Steckverbindergehäuse.
195 LG Frankfurt/Main, InstGE 6, 141 – Borstenverrundung.
196 BGH, GRUR 2007, 431 – Steckverbindergehäuse.
197 OLG Köln, GRUR-RR 2013, 398 – Bigfoot II.
198 BGH, GRUR 2007, 431 – Steckverbindergehäuse; OLG Düsseldorf, InstGE 7, 194 – Schwerlastregal II.
199 Wird der Verletzungsgegenstand zusammen mit anderen schutzrechtsfreien Produkten versandt, so sind nur die wegen der gleichzeitigen Anwesenheit der Verletzungserzeugnisse angefallenen Mehrkosten (Differenz zwischen den Portokosten für das Gesamtpaket und den Kosten für ein Paket, das ausschließlich die Nichtverletzungsprodukte umfasst hätte) abzugsfähig (OLG Düsseldorf, Urteil v 3.6.2015 – I-15 U 34/14). Zu ihnen hat der Verletzer daher konkret vorzutragen (OLG Düsseldorf, Urteil v 3.6.2015 – I-15 U 34/14).
200 OLG Düsseldorf, InstGE 7, 194 – Schwerlastregal II; OLG Köln, GRUR-RR 2013, 398 – Bigfoot II.
201 OLG Düsseldorf, Urteil v 3.6.2015 – I-15 U 34/14.
202 AA: OLG Köln, GRUR-RR 2013, 398 – Bigfoot II, das die für die Fertigung des Verletzungsgegenstandes objektiv notwendigen Lohnkosten unabhängig von der unternehmensinternen Arbeitsorganisation als abzugsfähig erkennt, dh ohne Rücksicht darauf, ob sie ohne das Verletzungsprodukt (zB durch Kündigung) hätten eingespart werden können. Die Darlegungslast für die tatsächlich aufgewendeten Lohnkosten (welche Mitarbeiter haben in welchem Umfang Arbeitsleistungen für den Verletzungsgegenstand erbracht und welches Gehalt ist ihnen im maßgeblichen Zeitraum gezahlt worden?) sieht das OLG beim Verletzer.
203 BGH, GRUR 2007, 431 – Steckverbindergehäuse.
204 BGH, GRUR 2007, 431 – Steckverbindergehäuse.

180 – Transportkosten, wenn sie auch ohne das Verletzungsprodukt angefallen wären (zB weil die Verletzungsprodukte durch eigene Lkw ausgeliefert worden sind und es in Bezug auf den Verletzungsgegenstand keine »Sonderfahrten« gegeben hat)[205],

181 – Allgemeine Marketingkosten[206],

182 – Schutzrechtskosten für patentverletzende Produktion[207],

183 – Anlauf- und Entwicklungskosten für den patentverletzenden Gegenstand, weil sie dem Verletzten, für den eine bereits laufende Produktion fingiert wird, nicht entstanden wären[208],

184 – Schulungskosten für die Unterweisung des Personals in die Herstellung bzw den Vertrieb der Verletzungsgegenstände[209],

185 – Rechtverfolgungskosten, die dem Verletzer im Rahmen seiner Verteidigung gegen die Verletzungsklage entstanden sind[210],

186 – Kosten für (zB infolge der Unterlassungsverpflichtung) nicht mehr veräußerbare (und zB verschrottete) Produkte[211],

187 – Schadenersatzleistungen an Abnehmer[212], es sei denn, sie sind deshalb geleistet worden, weil der Abnehmer seinerseits wegen Weitervertriebs der patentverletzenden Ware vom Patentinhaber auf Schadenersatz in Anspruch genommen wurde[213];

188 – Garantiekosten, die darauf beruhen, dass die Verletzungsgegenstände technisch noch nicht ausgereift sind[214];

189 – Kosten für die Durchführung des Rückrufs und die Vernichtung schutzrechtsverletzender Ware. Wird im Zuge des Rückrufs der vereinnahmte Kaufpreis erstattet, entfällt der ursprünglich angefallene Verletzergewinn nachträglich wieder, so dass auf der Umsatzseite der betreffende Betrag bei der Gewinnberechnung außer Betracht zu bleiben hat.

c) Kausalität

190 Bereits in dem »Gemeinkostenanteil«-Urteil hebt der BGH das Erfordernis der Kausalität zwischen Verletzungshandlung und Verletzergewinn hervor. Im Einklang mit der bisherigen Rechtsprechung wird bemerkt, dass nur derjenige Gewinn herauszugeben sei, der – nicht bloß im Sinne adäquater Kausalität, sondern bei wertender Betrachtung (ähnlich der Bemessung einer Mitverschuldensquote)[215] – auf der Rechtsverletzung beruht.[216] Ausdrücklich klargestellt ist dieser Ansatz nunmehr in der Folgeentscheidung »Noblesse«[217], die die erforderlichen Kausalitätserwägungen dem Bereich der Schätzung (§ 287 ZPO) zuweist. Jeder ursächliche Zusammenhang zwischen Schutzrechtsverletzung und dem erlangten Gewinn reicht grundsätzlich aus.[218] Dem hat sich der für Patentsachen

---

205 OLG Köln, GRUR-RR 2013, 398 – Bigfoot II.
206 BGH, GRUR 2007, 431 – Steckverbindergehäuse.
207 Vgl LG Frankfurt/Main, InstGE 6, 141 – Borstenverrundung.
208 BGH, GRUR 2007, 431 – Steckverbindergehäuse.
209 OLG Düsseldorf, InstGE 13, 199 – Schräg-Raffstore.
210 OLG Düsseldorf, InstGE 5, 251 – Lifter; OLG Düsseldorf, InstGE 7, 194 – Schwerlastregal II.
211 BGH, GRUR 2007, 431 – Steckverbindergehäuse.
212 BGHZ 150, 32, 44 – Unikatrahmen; BGH, GRUR 2007, 431 – Steckverbindergehäuse.
213 BGH, GRUR 2009, 856 – Tripp-Trapp-Stuhl.
214 OLG Düsseldorf, InstGE 13, 199 – Schräg-Raffstore.
215 BGH, GRUR 2007, 431 – Steckverbindergehäuse.
216 BGH, GRUR 2001, 329 – Gemeinkostenanteil.
217 BGH, GRUR 2006, 419; ebenso: BGH, GRUR 2009, 856 – Tripp-Trapp-Stuhl.
218 BGH, GRUR 2010, 1090 – Werbung des Nachrichtensenders.

zuständige X. Zivilsenat des BGH angeschlossen.[219] Der Verschuldensgrad, mit dem die Patentverletzung begangen worden ist (Vorsatz oder Fahrlässigkeit) hat insoweit allerdings keine Bedeutung.[220]

Die obige Formel ist also im Sinne eines zweiten Berechnungsschrittes[221] wie folgt zu ergänzen: **191**

$$\text{Verletzergewinn} = \frac{\text{Umsatz ./. Kosten}}{\text{Kausalanteil}}$$

aa) Methodisches Herangehen

Die Bestimmung des Kausalanteils verlangt **zweierlei**: **192**

- **Erstens** die tatrichterliche Feststellung, welche einzelnen Faktoren den Kaufentschluss des Abnehmers beeinflusst haben. **193**

  Geschehen kann dies in (seltenen) *geeigneten* Fällen zB durch eine ggf stichprobenartige Befragung der zur relevanten Zeit für den Einkauf zuständigen Mitarbeiter derjenigen Firmen, die die Verletzungsprodukte bezogen haben. Zu denken ist an hochpreisige Anlagegüter, die in vergleichsweise geringen, insgesamt überschaubaren Stückzahlen vertrieben worden sind. Handelt es sich hingegen um Massenartikel im weitesten Sinne, wird sich eine Befragung regelmäßig schon aus tatsächlichen Gründen als ungeeignet erweisen. Unter solchen Umständen genügt eine typisierende Betrachtungsweise, die danach fragt, welche Erwägungen ein vernünftiger Erwerber des Verletzungsproduktes angestellt haben würde. Dies aus eigener Anschauung zu beurteilen ist generell und nicht nur dann zulässig, wenn die Mitglieder des Verletzungsgerichts zu den angesprochenen Verkehrskreisen gehören. **194**

  Nur vermutete Ursachenbeiträge oder die bloße Möglichkeit einer Verursachung haben außer Betracht zu bleiben[222]. **195**

- Anschließend sind – **Zweitens** – die ermittelten Faktoren *wertend*[223] im Verhältnis zueinander zu gewichten.[224] **196**

  Im Regelfall bedarf es hierzu einer **Schätzung** gemäß § 287 ZPO, welcher Teil des aus dem Verkauf oder dergleichen erzielten Gewinns der Benutzung des Klageschutzrechts zuzurechnen ist.[225] Die Schätzung hat sich unter Berücksichtigung aller Umstände des Falles daran zu orientieren, inwieweit bei wertender Betrachtung die Benutzung des Klageschutzrechts ursächlich für den Kaufentschluss des Abnehmers (und damit für den Gewinn) gewesen ist.[226] Eine wesentliche Rolle wird dabei im Allgemeinen spielen, welche Vorteile das verletzte Patent im Vergleich zum vorbekannten Stand der Technik geboten hat und wie bedeutsam diese Vorzüge für die Kaufinteressenten gewesen sind.[227] **197**

---

219 BGH, GRUR 2012, 1226 – Flaschenträger.
220 OLG Düsseldorf, Urteil v 3.6.2015 – I-15 U 34/14.
221 BGH, GRUR 2009, 856 – Tripp-Trapp-Stuhl: Vor einer Anwendung des Kausalitätsabschlages sind sämtliche berücksichtigungsfähigen Kosten abzuziehen.
222 Vgl zu § 254 BGB: BGH, MDR 2015, 828.
223 Das Vorgehen entspricht dem bei der Bestimmung einer Mitverschuldensquote nach § 254 BGB.
224 BGH, GRUR 2012, 1226 – Flaschenträger; OLG Frankfurt/Main, GRUR-RR 2011, 201 – Getränketräger.
225 BGH, GRUR 2012, 1226 – Flaschenträger.
226 BGH, GRUR 2012, 1226 – Flaschenträger; OLG Düsseldorf, InstGE 5, 251 – Lifter.
227 BGH, GRUR 2012, 1226 – Flaschenträger.

198 Prinzipiell versagt ist dem Verletzer der Einwand, er habe anstelle der patentverletzenden Ware auch einen schutzrechtsfreien Gegenstand produzieren und hierdurch denselben Verletzergewinn erzielen können.[228] Ein rein **hypothetischer Kausalverlauf** ist unbeachtlich, weil sich der Schuldner tatsächlich für eine Verletzung des Klageschutzrechts entschieden hat und der auf dessen Benutzung entfallende Kausalanteil nicht dadurch ungeschehen oder in seinem Gewicht verändert wird, dass der Schuldner von einer Schutzrechtsverletzung auch hätte absehen können.[229]

199 Bei der Verletzung technischer Schutzrechte durch den Verkauf von Maschinen, Geräten und dergleichen besteht in der Regel kein Anhalt und erst Recht keine Vermutung dafür, dass der Verletzergewinn in vollem Umfang darauf beruht, dass fremde Patente oder Gebrauchsmuster benutzt worden sind.[230] Im Wesentlichen ist der Kläger für die die Kausalität begründenden Tatsachen darlegungs- und beweispflichtig[231], und zwar auch dann, wenn es um die negative Tatsache geht, dass es im Verletzungszeitraum keine gleichwertige technische Alternative zum Verletzungsgegenstand gegeben hat[232]. Die **Beweislast** besteht insbesondere, wenn der Verletzte vorträgt, dass der Verletzergewinn ausnahmsweise in vollem Umfang auf der Patentverletzung beruht. Solches kann beispielsweise dann in Betracht kommen, wenn durch die genutzte Erfindung ein völlig neuer Gebrauchsgegenstand entsteht, der neue Einsatzgebiete eröffnet und für den es keine äquivalenten, nicht schutzrechtsverletzenden Ausweichmöglichkeiten gibt.[233] Ähnliches gilt, wenn der angebotene Gegenstand erst durch die Benutzung des Klagepatents die erforderliche Kompatibilität zu anderen Vorrichtungen erhält.[234] Betrifft die Erfindung umgekehrt nur eine Detailverbesserung, so dass nicht erfindungsgemäße Produkte weiterhin verkehrsfähig sind, ist eher anzunehmen, dass der Kaufentschluss nicht allein auf die patentgemäße technische Ausgestaltung zurückzuführen ist.[235]

200 In dem auf eine reine Rechtskontrolle gerichteten **Revisionsverfahren** ist eine bloß beschränkte Überprüfung der vom Tatrichter vorgenommenen Schätzung möglich. Zu klären ist nur, ob die Schätzung auf grundsätzlich falschen oder offenbar unsachlichen Erwägungen beruht oder ob wesentliche Tatsachen außer Acht gelassen wurden, insbesondere ob schätzungsbegründende Tatsachen, die von den Parteien vorgebracht worden sind oder sich aus der Natur der Sache ergeben, nicht gewürdigt sind und die Denkgesetze sowie Erfahrungssätze eingehalten sind.[236]

bb) Ursachenkonglomerat

201 Die Frage der Kausalität stellt sich in Abhängigkeit vom jeweiligen Einzelfall insbesondere dann, wenn sich die patentgemäße Lehre nur auf einen Teil einer Gesamtvorrich-

---

228 LG Mannheim, InstGE 6, 260 – Abschirmdichtung.
229 BGH, GRUR 2012, 1226 – Flaschenträger; BGH, GRUR 2010, 1090 – Werbung des Nachrichtensenders.
230 BGH, GRUR 2012, 1226 – Flaschenträger; OLG Düsseldorf, InstGE 5, 251 – Lifter; OLG Düsseldorf, InstGE 7, 194 – Schwerlastregal II; vgl auch BGH, GRUR 2009, 856 – Tripp-Trapp-Stuhl.
231 BGH, GRUR 2009, 856 – Tripp-Trapp-Stuhl.
232 OLG Düsseldorf, Urteil v 3.6.2015 – I-15 U 34/14.
233 BGH, GRUR 2012, 1226 – Flaschenträger; OLG Düsseldorf, InstGE 5, 251 – Lifter.
234 Zur Bestimmung des bei der Gewinnerzielung auf die Benutzung des Klageschutzrechts entfallenden Kausalanteils in Fällen von Verbrauchsmaterialien (Tintentankpatronen), die ausschließlich für Geräte (Tintenstrahldrucker) des Patentinhabers verwendbar sind, wenn die Benutzung des Klageschutzrechts nicht unverzichtbar ist, um kompatible Produkte überhaupt anbieten zu können, vgl LG Düsseldorf, InstGE 8, 257 – Tintentankpatrone.
235 BGH, GRUR 2012, 1226 – Flaschenträger.
236 BGH, GRUR 2012, 1226 – Flaschenträger; BGH, GRUR 2007, 431 – Steckverbindergehäuse; BGH, GRUR 2009, 856 – Tripp-Trapp-Stuhl.

tung bezieht²³⁷, das der Gewinnerzielung zugrunde liegende Erzeugnis gleichzeitig von mehreren Schutzrechten Gebrauch macht oder das schutzrechtsverletzende Erzeugnis aus sonstigen Gründen über »besondere Eigenschaften« verfügt. Zu denken ist beispielsweise an Fälle, in denen das Erzeugnis unter einer starken Marke angeboten wird oder andere Faktoren unabhängig von dem Verletzungsgegenstand den Gewinn beeinflussen (zB allgemeine Wertschätzung des anbietenden Unternehmens im Markt, besondere technische Qualitäten des Verletzungsgegenstandes außerhalb des Klagepatents, Design). Solche Umstände dürfen bei der Ermittlung desjenigen Verletzergewinns, der dem Schutzrechtsinhaber gebührt, nicht unberücksichtigt bleiben. Herauszugeben ist nur derjenige Gewinn, den der Verletzer gerade der rechtswidrigen Benutzung des Klageschutzrechts – und keiner anderen Ursache – verdankt.²³⁸

Nachfolgend sollen einige besondere Aspekte näher beleuchtet werden: 202

(1) Patentkategorie

Für die Bemessung des Kausalanteils kann bereits die Kategorie des ersatzpflichtigen 203
Patents von Bedeutung sein. Während sich bei Sach- und Verwendungspatenten – jedenfalls gedanklich – einigermaßen plausibel ein Anteil begründen lassen wird, der dem Umstand geschuldet ist, dass der Verletzungsgegenstand die patentierte Ausgestaltung und/oder Eigenschaft (und keine andere) besessen hat bzw den speziellen Bedarf für die patentgeschützte Verwendung hat befriedigen können, stellt sich die Sachlage bei einem Verfahrenspatent häufig um Einiges schwieriger dar. Während sich bei reinen Arbeitsverfahren im Einzelfall noch ein ihm zuordnenbarer Gewinnanteil herleiten lassen mag, kann dies bei Herstellungsverfahren auf umso größere Probleme stoßen. Ist das Produkt auch patentfrei in vergleichbarer Qualität und zu ähnlichen Konditionen erhältlich und finden Umsatz und Gewinnerzielung beim Verkauf der produzierten Erzeugnisse statt, wird sich ein Kausalanteil im Grunde genommen nicht ausmachen lassen, weswegen er mit einem (nicht weiter begründungsfähigen) geringen einstelligen Prozentsatz zu veranschlagen sein wird. Anders verhält es sich, wenn sich das Herstellungsverfahren in am vermarkteten Produkt in Erscheinung tretenden Umständen niederschlägt, die eine Orientierung bieten. Beispiele bilden etwa besondere Produkteigenschaften als Folge der patentgemäßen Verfahrensführung sowie Kostenersparnisse, die sich dank des Verfahrenspatents einstellen und die günstige Verkaufspreise für das Erzeugnis erlauben.

(2) Verfehlte Erfindungsvorteile

Zu betrachten ist weiter der Fall, dass zwar die technische Lehre des Klagepatents 204
benutzt, dessen **Vorteile** aber dennoch **nicht erzielt werden** (und deshalb auch für den Kaufentschluss des Interessenten nicht maßgeblich sein können). Zu denken ist beispielsweise an eine Anzeigevorrichtung, mit der es möglich sein soll, Ziffern oder Buchstaben wahlweise in unterschiedlichen geometrischen Größen anzuzeigen. Ist die Gerätesteuerung als solche nicht Teil des Patentanspruchs und verfügt das angegriffene Erzeugnis zwar über die grundsätzliche (optische) Fähigkeit zur Darstellung von Ziffern/Buchstaben in verschiedenen Größen, erlaubt die mitgelieferte Steuerung es jedoch nicht, diese Option auszunutzen, so liegen mit dem Angebot und Vertrieb des beschriebenen Gerätes zweifellos schadenersatzpflichtige Benutzungshandlungen vor. Solange die patentverletzende Anzeigevorrichtung aufgrund der mitgelieferten Steuerung zu einer Herbeiführung des patentgemäßen Erfolges nicht in der Lage ist und solange für den Kunden auch kein Anlass besteht, eine den Patenterfolg ermöglichende Umprogrammierung der

---

237 BGH, GRUR 2012, 1226 – Flaschenträger.
238 BGH, GRUR 1962, 509 – Dia-Rähmchen II; OLG Düsseldorf, InstGE 5, 251 – Lifter.

Steuerung nachzufragen, kann das Klagepatent und seine Benutzung für das Kaufverhalten ein allenfalls vernachlässigenswert geringes Gewicht gehabt haben.[239]

205 Im Streitfall ist das Verfehlen der erfindungsgemäßen Vorteile trotz wortsinngemäßer Patentbenutzung vom Verletzer substantiiert darzulegen und erforderlichenfalls zu **beweisen**. Dasselbe gilt, wenn es nur unter speziellen, vereinzelten Handhabungsbedingungen zu einer Erfindungsbenutzung kommt, so dass sich diese als ungewollter »Betriebsunfall« darstellt.

(3) Werbliche Herausstellung

206 Davon abzugrenzen ist der Fall, dass die patentgemäßen Vorteile zwar erreicht, diese dem Abnehmer – zB mangels besonderer **werblicher Herausstellung** – jedoch nicht offenbar werden. Hier ist der Patentbenutzung in jedem Fall ein Kausalanteil zuzumessen; wie groß er ist, kann von der Wahrnehmbarkeit der erfindungsgemäßen Vorteile für den Abnehmer abhängen. Werden sie ihm deutlich gemacht oder sind sie ihm sonst ersichtlich, wird dies im Zweifel einen höheren Kausalanteil rechtfertigen als wenn die technischen Vorteile der Erfindung nur objektiv vorhanden sind.[240]

207 Die Kausalität des Klageschutzrechts für den erzielten Verletzergewinn ist andererseits nicht deshalb ausgeschlossen, weil die **technische Ausgestaltung** der Verletzungsform entsprechend dem Klageschutzrecht **nicht** eigens **werblich herausgestellt** worden ist.[241] Der Erwerber, der sich namentlich bei Verbrauchsmaterialien (zB Tintenpatronen) statt für ein Original-Produkt des Patentinhabers für die Ausführungsform des Verletzers entscheidet, mag seine Auswahl mangels entsprechender werblicher Hervorhebung zwar in aller Regel in Unkenntnis der genauen technischen Ausgestaltung des erworbenen Produkts treffen. Regelmäßig kommt es dem Kunden jedoch darauf an, dass er in Gestalt des Nachahmerprodukts einen Gegenstand erwirbt, der mit den gleichen technischen Vorteilen ausgestattet ist wie das Originalprodukt, und er trifft seine Kaufentscheidung in der stillschweigenden Erwartung, dass diese möglichst optimal funktioniert und gegenüber dem Originalprodukt keine technischen Defizite aufweist. Der Kunde unterstellt – ohne dass ihm dies im Detail bewusst sein muss – eine technische Vergleichbarkeit mit dem Originalprodukt, so dass sein Kaufentschluss zumindest mittelbar auch schon beim erstmaligen Erwerb der Verletzungsform auf der Benutzung des Klageschutzrechts beruht. Bei Folgekäufen wird der Kunde konkret in dem Bewusstsein handeln, dass sich das Nachahmerprodukt im Erstgebrauch praktisch bewährt hat. Positive Erfahrungen der Abnehmer im Anschluss an einen Ersterwerb können demnach jedenfalls im Wege von auf der Schutzrechtsverletzung beruhenden Folgekäufen den Umsatz des Verletzers steigern.

(4) Realisierter Stand der Technik

208 Der dem verletzten Klageschutzrecht zukommende Kausalanteil wird maßgeblich durch denjenigen Abstand bestimmt, den seine Benutzung gegenüber dem im Verletzungszeitraum *marktrelevanten* Stand der Technik vermittelt, indem bestimmte Nachteile vermieden oder bestimmte Vorteile erzielt werden.[242] Ein geringer technischer Abstand zu einem bloß papierenen Stand der Technik, der am Markt tatsächlich nicht umgesetzt worden ist, rechtfertigt deshalb keine Herabsetzung des Kausalanteils.[243] Die Bedeutung des Klagepatents kann sich überdies verringern, wenn vor oder während des ersatz-

---

239 OLG Düsseldorf, Urteil v 25.3.2010 – I-2 U 61/08.
240 BGH, GRUR 2013, 1212 – Kabelschloss.
241 OLG Düsseldorf, Urteil v 3.6.2015 – I-15 U 34/14.
242 OLG Düsseldorf, Urteil v 3.6.2015 – I-15 U 34/14.
243 OLG Düsseldorf, Urteil v 3.6.2015 – I-15 U 34/14.

pflichtigen Verletzungszeitraumes patentfreie Alternativtechniken auf den Markt treten, die gleiche oder ähnliche Vorzüge bieten. Ein am Prioritätstag revolutionäres Schutzrecht, das alternativlos neue Einsatzgebiete erschlossen hat, kann deshalb aufgrund späterer technischer Entwicklung erheblich an Relevanz verlieren.[244]

(5) Vertriebsbemühungen des Verletzers

Besonderheiten gelten für **Vertriebsbemühungen**, denen der Verletzer seine Umsatzerfolge zuschreibt und die er deshalb als gewinnmindernden Faktor berücksichtigt wissen will. In der »Gemeinkostenanteil«-Entscheidung hat der BGH dem eine Absage erteilt und ausgeführt, dass es dem Verletzer verwehrt sei, geltend zu machen, der erzielte Verletzergewinn beruhe zum Teil auf seinen besonderen eigenen Vertriebsleistungen (wie der Ausnutzung seiner Geschäftsbeziehungen, dem Einsatz seiner Vertriebskenntnisse, der Unterbietung der Verkaufspreise des Verletzten und dgl.). Zur Begründung wird darauf verwiesen, dass nach der gesetzlichen Regelung der gesamte vom Verletzer erzielte Gewinn herauszugeben ist, ohne Rücksicht darauf, ob der Verletzte diesen Gewinn in gleicher Höhe hätte erreichen können, und dass mit der Einschränkung, welche sich daraus ergibt, dass der Gewinn nur insoweit heraus verlangt werden kann, wie er auf der Rechtsverletzung beruht, nicht die Vertriebsleistungen des Verletzers honoriert werden sollen, sondern lediglich dem Umstand Rechnung getragen werden soll, dass das verletzende Erzeugnis keine identische Nachbildung des geschützten Gegenstandes darstellt, sondern besondere Eigenschaften aufweist, die für den erzielten Erlös bedeutsam sind. Bei der rechtlichen Würdigung dieser Argumentation ist zu berücksichtigen, dass Gegenstand der »Gemeinkostenanteil«-Entscheidung ein geschmacksmustergeschützter Ring war und dass sich Schmuckstücke in der Regel gerade und vor allem wegen ihres Designs verkaufen. Mit Blick auf das Gebiet der technischen Schutzrechte liegt ein hiermit vergleichbarer Sachverhalt nur vor, wenn erst die Benutzung des Klageschutzrechtes für den Verletzer die Möglichkeit zu einem erfolgreichen Vertrieb eröffnet hat, weil Gegenstände der fraglichen Art ohne die patentgemäßen Eigenschaften nicht absetzbar gewesen wären. In einem solchen Fall kann der Verletzer nicht einwenden, dass es ihm nur deshalb gelungen ist, eine große Anzahl patentverletzender Gegenstände zu vermarkten, weil er über eine außerordentlich leistungsfähige Vertriebsstruktur verfügt. Ohne die Benutzung des Klagepatents hätte er keinerlei Umsätze und Gewinne erzielt. Da der Gewinn vollständig herauszugeben ist, dh auch ein Gewinn, der nur deshalb so groß ausgefallen ist, weil der Verletzer ein marktstarkes Unternehmen ist, sind besondere Vertriebsbemühungen des Verletzers rechtlich unbeachtlich.[245]

Denkbar sind freilich auch Fallkonstellationen, bei denen das Klagepatent lediglich eine Detailverbesserung zum Gegenstand hat, von deren Vorhandensein der Vermarktungserfolg nicht entscheidend abhängt, weil auch nicht erfindungsgemäß ausgestattete Vorrichtungen praktisch brauchbar sind und ihre Abnehmer finden. Hier kann die Vertriebsstruktur des Verletzers sehr wohl ein Kausalfaktor sein, der für den Umsatz verantwortlich ist und dem deshalb auch eine Beteiligung am Zustandekommen des Gewinns nicht abgesprochen werden kann.[246]

(6) Kompatibilität

Erfüllt der Verletzungsgegenstand bestimmte ausschließlich *tatsächliche* **Kompatibilitätsvoraussetzungen**, die nicht Gegenstand eines gewerblichen Schutzrechts sind (indem zB eine Tintenpatrone hinsichtlich ihrer äußeren Abmessungen, der Größe und

---

244 OLG Düsseldorf, Urteil v 3.6.2015 – I-15 U 34/14.
245 OLG Düsseldorf, Urteil v 3.6.2015 – I-15 U 34/14.
246 OLG Düsseldorf, Urteil v 3.6.2015 – I-15 U 34/14.

I. Schadenersatz

Lage des mit der Zufuhrnadel des Druckers zusammenwirkenden Tintenzufuhrkanals etc den tatsächlichen Vorgaben des mit der Patrone zu bestückenden Druckers entspricht), so begründet diese Anpassung für sich noch keinen relevanten, den »Verursachungsbeitrag« des Klageschutzrechts schmälernden Kausalanteil. Bei der Zumessung des auf die Schutzrechtsverletzung entfallenden Anteils geht es darum, den Kaufentschluss des Abnehmers daraufhin zu untersuchen, welche einzelnen Faktoren ihn in welchem Maße beeinflusst haben. Im Hinblick auf ein von vornherein marktuntaugliches Produkt – wie eine schon in ihren äußeren Abmessungen nicht brauchbare Tintenpatrone – kann sich ein Kaufentschluss des angesprochenen Marktteilnehmers per se nicht bilden.

(7) Preisunterbietung

212 Wird das verletzende Produkt zu (insbesondere deutlich) **niedrigeren Preisen** als das Originalprodukt angeboten, wird hierin häufig ein wichtiger Grund für den Verkaufserfolg des Nachahmerproduktes liegen. Die Frage ist jedoch, ob es gerechtfertigt ist, dem Verletzer diesen Umstand zugute zu halten – mit der zwangsläufigen Folge, dass derjenige Teil des Verletzergewinns, der dem Gewicht der Preisunterbietung für die Kaufentscheidung entspricht, bei ihm verbleibt und nicht an den verletzten Schutzrechtsinhaber herausgegeben werden muss.[247] Eine derartige Konsequenz ist untragbar, wenn die Möglichkeit der Preisunterbietung für den Verletzer (zB ein Generikaunternehmen) gerade darauf beruht, dass er bewusst Forschungs-, Entwicklungs- und Zulassungskosten erspart, die der Patentinhaber hat aufwenden müssen, weswegen die Chance der Preisunterbietung ein dem Schutzrechtsinhaber – und nicht dem Verletzer – zurechenbarer Umstand ist. Ähnlich liegen die Verhältnisse, wenn sich die Preisunterbietung aus einer besonderen Preispolitik des Patentinhabers ergibt, wie dies zB aus dem Bereich des Druckerzubehörs bekannt ist, welches zu übermäßig hohen Preisen veräußert wird, um die Abgabe der Drucker zu Dumpingpreisen quer zu finanzieren. Auch hier ist es kein Verdienst des Verletzers, dass er für seine Produkte besonders günstige Preise etablieren kann, weswegen die von ihm vorgenommene Preisunterbietung auch kein Grund darstellt, ihn einen Teil des durch die Patentverletzung rechtswidrig erzielten Gewinns behalten zu lassen. Eine andere Beurteilung ist erst dort zu rechtfertigen, wo die günstigen Preise den eigenen Anstrengungen des Verletzers zuzuschreiben sind, beispielsweise deshalb, weil er besonders effiziente Fertigungsmethoden angewandt oder seinen Geschäftsbetrieb sonst kostenoptimiert organisiert hat.[248]

(8) Mitbenutzte weitere Schutzrechte

213 Benutzt der Verletzungsgegenstand gleichzeitig **weitere** (während des Schadenersatzzeitraumes schon und noch in Kraft stehende und deshalb anspruchsbegründende[249]) **Schutzrechte** desselben oder eines anderen Patentinhabers, so schmälert dies zwingend den herauszugebenden Verletzergewinn entsprechend der Bedeutung der weiteren Schutzrechte im Verhältnis zum Klagepatent. Ohne Belang ist dabei, ob die fraglichen Drittansprüche bereits geltend gemacht sind, solange eine Haftung des Verletzers gegenüber den Inhabern der anderen Schutzrechte noch möglich ist.[250] Daran fehlt es, wenn entsprechende Ansprüche[251] abgefunden, verjährt oder verwirkt sind. Unbeachtlich ist

---

247 Vgl OLG Hamburg, Mitt 2010, 389 – BH-Modell; generell gegen einen Kausalitätsabschlag wegen niedrigen Preises: Kleinheyer/Hartwig, GRUR 2013, 683.
248 OLG Düsseldorf, Urteil v 3.6.2015 – I-15 U 34/14.
249 OLG Düsseldorf, InstGE 13, 199 – Schräg-Raffstore.
250 OLG Düsseldorf, Urteil v 3.6.2015 – I-15 U 34/14.
251 … einschließlich etwaiger Restschadenersatz-, Restentschädigungs- und originärer Bereicherungsansprüche.

gleichfalls, ob der Abnehmer die Benutzung der weiteren Schutzrechte oder die mit ihnen verbundenen vorteilhaften Eigenschaften des Produktes erkennen und in seinen Kaufentschluss aufnehmen konnte.[252] Selbst wenn dies nicht der Fall sein sollte, steht den Inhabern der anderen Schutzrechte allein deshalb ein Anteil am Verletzergewinn zu, weil mit den Verletzungsgegenständen auch ihr Patent schuldhaft verletzt worden ist und daraus kraft Gesetzes ein Anspruch auf Schadenersatz resultiert, der die Herausgabe des der Schutzrechtsverletzung zukommenden Verletzergewinns umfasst. Im Falle einer werblichen Herausstellung der anderen anspruchsbegründenden Schutzrechte kann allenfalls der Kausalanteil größer ausfallen. Eigene Schutzrechte des Verletzers sind nicht schon allein aufgrund ihrer Geltung während des Verletzungszeitraumes relevant, sondern erst dann, wenn sie den Kaufentschluss des Abnehmers tatsächlich beeinflusst haben können.[253] Gleiches gilt für die aufgrund einer Lizenznahme oder dergleichen berechtigte Mitbenutzung fremder Schutzrechte.[254]

Sollen demgegenüber besondere **tatsächliche** (nicht durch ein Schutzrecht abgesicherte) **Qualitäten** des verletzenden Produkts als Kausalfaktoren für die Erzielung des Verletzergewinns eingewandt werden, bedarf es substanzieller Darlegungen dazu, dass die betreffenden Umstände (vorteilhafte Eigenschaften, Verwendungsmöglichkeiten etc) für den Kaufinteressenten überhaupt ersichtlich waren, zB dadurch, dass sie in der Werbung eigens herausgestellt wurden oder dem Produkt als solchem anzusehen waren. Das gleiche gilt auch, wenn einem im Verletzungszeitraum bereits abgelaufenen Patent ein anspruchsmindernder Kausalanteil zugeschrieben werden soll.[255]

214

d) Vorprozessuale Zinsen

Vorprozessuale fiktive Zinsen, wie sie im Rahmen der Lizenzanalogie zuerkannt werden, können bei einer Schadensliquidation nach den Grundsätzen des Verletzergewinns ebenfalls begehrt werden, und zwar nicht nur unter den Voraussetzungen des Schuldnerverzuges. Die Berechnungsmethode des Verletzergewinns findet ihre gewohnheitsrechtliche Anerkennung in der Übertragung der in den Vorschriften zur angemaßten Geschäftsführung konkretisierten Ausgleichs- und Sanktionsgedanken. Da der Verletzer als Fremdgeschäftsführer behandelt wird, hat er – genau wie dieser – einen herauszugebenden Geldbetrag (= den Verletzergewinn), der dem Patentinhaber (= Geschäftsherrn) vorenthalten wird und den dieser deshalb nicht zinsbringend anlegen kann, gemäß § 668 BGB zu verzinsen.[256] § 353 Satz 1 HGB gilt demgegenüber nicht.[257]

215

Für den **Zinsbeginn** erkennt die Rechtsprechung[258] den Zeitpunkt der Schadensentstehung an, dh denjenigen Tag, an dem Verletzer der jeweilige Gewinn aus einem Verletzergeschäft zufließt. Jedenfalls wenn es sich um eine größere Anzahl von Verletzergeschäften handelt, ist eine tagesgenaue Zinsabrechnung jedoch schon aus Gründen mangelnder Praktikabilität untunlich, weswegen Zinsen – wie bei der Lizenzanalogie – nach Kalenderjahren,- Halb- oder Vierteljahren geltend gemacht werden sollten.

216

---

252 OLG Düsseldorf, Urteil v 3.6.2015 – I-15 U 34/14.
253 OLG Düsseldorf, InstGE 13, 199 – Schräg-Raffstore; OLG Düsseldorf, Urteil v 3.6.2015 – I-15 U 34/14.
254 OLG Düsseldorf, Urteil v 3.6.2015 – I-15 U 34/14. Diesbezügliche Kostenpositionen (Lizenzzahlungen) sind im Zweifel als Kosten abzugsfähig.
255 OLG Düsseldorf, InstGE 13, 199 – Schräg-Raffstore.
256 BGH, GRUR 2007, 431 – Steckverbindergehäuse; OLG Düsseldorf, InstGE 5, 251 – Lifter; OLG Düsseldorf, InstGE 7, 194 – Schwerlastregal II; aA noch: LG Düsseldorf, InstGE 5, 161 – Schwerlastregal; LG Frankfurt/Main, InstGE 6, 141 – Borstenverrundung.
257 BGH, MDR 2018, 749.
258 BGH, MDR 2007, 732 – Steckverbindergehäuse.

I. Schadenersatz

217 Der **Zinssatz** beträgt 4 % (§ 246 BGB), bei Handelsgeschäften unter Kaufleuten 5 % (§ 352 HGB). § 288 BGB ist, sofern nicht ausnahmsweise die Verzugsvoraussetzungen vorliegen, nicht anwendbar.

218 Der Anspruch auf Verwendungszinsen **verjährt** nicht selbständig, sondern akzessorisch zum Anspruch auf Herausgabe des Verletzergewinns.

e) Rückstellungen

219 Finanzielle Vorteile, die der Verletzer dadurch erzielt, dass er im Hinblick auf drohende Schadenersatzforderungen des Patentinhabers Rückstellungen (§§ 266 Abs 3, 249 Abs 1 HGB) gebildet hat, sind gleichfalls nicht herauszugeben. Der Anspruch auf Herausgabe des Verletzergewinns umfasst den Gewinn, den der Verletzer durch die Patentverletzung erzielt hat. Das bedeutet, dass der in Rede stehende Gewinn ursächlich gerade auf denjenigen Handlungen beruhen muss, durch die das Patent verletzt worden ist. Ein wirtschaftlicher Vorteil, der möglicherweise nach Auflösung etwaiger Rückstellungen entstehen kann, geht zwar mittelbar auch auf die Verletzungshandlung zurück. Es handelt sich jedoch nicht um einen Vorteil, der dem Verletzer – wie der erzielte Umsatz und Gewinn – aus der Patentverletzung als solcher zugeflossen ist. Mit der Entscheidung des Verletzten, gegenüber dem Verletzer Schadenersatzforderungen anzumelden, verbunden mit der Verpflichtung, deshalb Rückstellungen zu bilden, und der steuerrechtlichen Anerkennung der gebildeten Rückstellungen, ist vielmehr eine neue Kausalitätskette in Gang gesetzt worden. Ohnehin handelt es sich bei gebildeten Rückstellungen nicht um *Vorteile*, sondern vielmehr um das Gegenteil. Die Rückstellungen bedeuten nämlich, dass dem Verletzer derjenige Betrag, der für die Rückstellungen aufzuwenden ist, bis zur Auflösung der Rückstellungen wirtschaftlich nicht (mehr) zur Verfügung steht, so dass er in seiner wirtschaftlichen Handlungsfreiheit beschränkt wird. Zinsen auf die Rückstellungen gleichen diesen Nachteil allenfalls (teilweise) aus. Schließlich zielt der Anspruch auf Herausgabe des Verletzergewinns auf einen billigen Ausgleich des Vermögensnachteils, den der Rechtsinhaber erlitten hat.[259] Um diesem Ausgleichsgedanken Rechnung zu tragen, wird fingiert, dass der Rechtsinhaber ohne die Rechtsverletzung durch die Verwertung seines Schutzrechts den gleichen Gewinn erzielt hätte.[260] Auch wenn es sich um eine Fiktion handelt und es gerade nicht auf den bei dem Verletzten konkret entstandenen Schaden ankommt, so verbleibt es dennoch dabei, dass es um den Ersatz des dem Verletzten entstandenen Schadens geht und nicht um die Herausgabe einer etwaigen Bereicherung des in Anspruch Genommenen. Der *Berechnungs*methode »Verletzergewinn« wohnt der Gedanke inne, dass nur solche Vorteile/Gewinne berücksichtigt werden können, die der Inhaber des Schutzrechtes dem Grunde nach ebenfalls hätte erzielen können. Der Verletzte musste und konnte jedoch Rückstellungen der genannten Art nicht bilden; einen damit möglicherweise erwirtschafteten Gewinn hätte er unter keinen Umständen erzielen können.

f) Umsatzsteuer

220 Auf den Verletzergewinn kann keine Umsatzsteuer verlangt werden, weil es sich bei einer Schadneersatzzahlung nicht um ein steuerpflichtiges Entgelt handelt.[261]

---

[259] BGH, GRUR 1995, 349 – Objektive Schadensberechnung.
[260] BGH, GRUR 2001, 329 – Gemeinkostenanteil; BGH, GRUR 1995, 349 – Objektive Schadensberechnung; BGHZ 57, 116 – Wandsteckdose II.
[261] BGH, GRUR 2009, 660, 662 – Resellervertrag.

g) Anwaltskosten für Zahlungsaufforderung

Wird der Verletzer vorgerichtlich zur Zahlung aufgefordert, sind die hierdurch veranlassten Anwaltskosten erstattungsfähig (§ 139 Abs 2 PatG).[262] Wird zuviel verlangt, sind die für das Mahnschreiben angefallenen Gebühren zu quoteln und lediglich in dem Maße zu ersetzen, in dem sich der geforderte Schadenersatzbetrag als objektiv berechtigt erweist.[263]

221

Umgekehrt sind die Kosten für die anwaltliche **Abwehr** unberechtigter Zahlungsansprüche (zB gegen nicht haftende Geschäftsführer) nicht erstattungsfähig, weil es an einer Sonderbeziehung fehlt, die gemäß § 241 Abs 2 BGB zur Rücksichtnahme auf die Belange des Anderen verpflichten würde. Sie wird weder durch das der Zahlungsaufforderung vorausgegangene Verletzungsgrundverfahren noch durch die Rechnungslegung des Verletzers begründet. Überdies ist zu erwägen, ob bei klar unberechtigter Inanspruchnahme (zB von Geschäftsführern, die im Verletzungszeitraum überhaupt nicht passivlegitimiert waren) die Erstattungsfähigkeit der Anwaltskosten nicht an § 254 BGB scheitert, weil den Anspruchsgegnern zuzumuten war, den Gläubiger selbst (dh ohne anwaltliche Unterstützung) hierauf hinzuweisen.

222

5. Entgangener Gewinn

Schließlich hat der Verletzte die Möglichkeit, von dem Verletzer den ihm (dem Verletzten) selbst entgangenen Gewinn heraus zu verlangen (§ 139 Abs 2 PatG iVm §§ 249, 252 BGB). Es bestehen zwei Möglichkeiten der Schadensberechnung, nämlich zum Einen die **abstrakte Methode**, die von dem regelmäßigen Verlauf im Handelsverkehr ausgeht, dass der Kaufmann gewisse Geschäfte im Rahmen seines Gewerbes tätigt und daraus Gewinn erzielt, und zum Anderen die **konkrete Methode**, bei der der Geschädigte nachweist, dass er durch die schädigende Handlung an der Durchführung *bestimmter* Geschäfte gehindert worden ist und dass ihm wegen der Nichtdurchführbarkeit *dieser* Geschäfte ein Gewinn entgangen ist.[264] Im Fall der abstrakten Schadensberechnung ist die volle Gewissheit, dass der Gewinn gezogen worden wäre, nicht erforderlich; vielmehr genügt der Nachweis einer gewissen, mindestens aber überwiegenden[265] Wahrscheinlichkeit. Hierzu muss der Kläger jedoch die erforderlichen und vom Beklagten bestrittenen Anknüpfungstatsachen beweisen, bevor auf der so gesicherten Tatsachengrundlage Schätzungen vorgenommen werden können.[266] Ist ersichtlich, dass der Gewinn nach dem gewöhnlichen Lauf der Dinge wahrscheinlich erwartet werden konnte, wird vermutet, dass er erzielt worden wäre. Dem Ersatzpflichtigen obliegt dann der Beweis, dass er nach dem späteren Verlauf oder aus irgendwelchen anderen Gründen dennoch nicht erzielt worden wäre.[267] Bleiben Unwägbarkeiten, ist jedenfalls ein **Mindestschaden** zu schätzen.[268]

223

Auch wenn dem Verletzten über die Möglichkeit der Schadenschätzung gemäß § 252 Abs 2 BGB, § 287 ZPO Beweiserleichterungen gewährt werden[269], birgt diese Berechnungsmethode die meisten Schwierigkeiten:

224

---

262 OLG Düsseldorf, InstGE 13, 199 – Schräg-Raffstore.
263 OLG Düsseldorf, InstGE 13, 199 – Schräg-Raffstore.
264 BGH, NJW-RR 2006, 243.
265 BGH, GRUR 2016, 860 – Deltamethrin II.
266 BGH, GRUR 2016, 860 – Deltamethrin II.
267 BGH, NJW-RR 2006, 243.
268 BGH, NJW-RR 2006, 243; BGH, GRUR 2008, 933 – Schmiermittel.
269 BGH, GRUR 1962, 580 – Laux-Kupplung II; BGH, GRUR 1980, 841 – Tolbutamid.

a) Mutmaßliche Umsatzgeschäfte

225 In einem ersten Schritt muss der Gläubiger nachweisen, dass ihm durch die Verletzungshandlungen überhaupt ein Gewinn entgangen ist bzw in welchem Umfang dies geschah. Hierfür muss er dartun, dass er selbst die schutzrechtsverletzenden Aufträge ganz oder zumindest teilweise an sich gezogen hätte.[270] Dieser **Nachweis** gelingt in der Regel in einem kleinen Markt, idealerweise in einem Markt, der ausschließlich von dem Schutzrechtsinhaber und dem Verletzer bedient wird. Handeln weitere Konkurrenten auf dem Markt, wird der Nachweis, ob bzw in welchem Umfang Aufträge von dem Schutzrechtsinhaber hätten übernommen werden können, schwieriger. Neben den ggf unterschiedlichen Preisen der einzelnen Anbieter, die für die Kaufentscheidung mehr oder weniger bedeutsam sein können, ist es denkbar, dass weitere Faktoren ins Spiel kommen (wie die Wertschätzung einzelner Konkurrenten im Markt bezüglich Qualität der Produkte, Kundendienst oder dergleichen), die im Einzelfall schwer fassbar sind. Vergleichsweise problemlos ist die Kausalität ferner dann festzustellen, wenn der Patentinhaber den Verletzer zuvor mehrere Jahre aufgrund einer vertraglichen Ausschließlichkeitsvereinbarung mit patentgemäßen Vorrichtungen beliefert und der Verletzer sich später entschlossen hat, dieselbe Ausführungsform zu geringerem Preis aus patentverletzender Quelle zu beziehen.[271]

226 Wo solche besonderen Umstände nicht vorliegen, ist auf den Grundsatz zurückzugreifen, dass ein Gewinnentgang bereits dann zu bejahen ist, wenn es nach den gewöhnlichen Umständen des Falles wahrscheinlicher ist, dass der Gewinn ohne das haftungsbegründende Ereignis erzielt worden wäre, als dass er ausgeblieben wäre.[272] Diese Prognose kann zwar nur dann angestellt werden, wenn der Geschädigte konkrete Anknüpfungstatsachen darlegt und nachweist; an die Darlegung solcher Anknüpfungstatsachen dürfen jedoch keine zu hohen Anforderungen gestellt werden.[273] Es ist deswegen im Ausgangspunkt nicht zu beanstanden, wenn der Geschädigte zur Darstellung seines entgangenen Gewinns die vom Verletzer erzielten Umsätze heranzieht. Zwar kann nicht einfach davon ausgegangen werden, dass der Umsatz des Verletzers in vollem Umfang dem Geschädigten zugutegekommen wäre. Der Verletzerumsatz kann jedoch als Anhaltspunkt für die Gewinneinbußen des Berechtigten von Bedeutung sein.[274]

227 Welche Anknüpfungstatsachen zielführend sind, hängt von den jeweiligen Umständen des Einzelfalles ab. Dabei ist die Erkenntnis wichtig, dass es um die mutmaßliche Kaufentscheidung derjenigen konkreten Abnehmer geht, die während des Verletzungszeitraumes beim Beklagten tatsächlich die Verletzungsprodukte erworben haben (was sich aus der erfolgten Rechnungslegung des Verletzers ergeben wird). Ist der erfindungsgemäße Gegenstand in ganz unterschiedlichen Industriezweigen verwendbar, stellt sich deshalb nicht die Frage, welche patentfreien Alternativprodukte einem Interessenten im gesamten Anwendungsspektrum der Erfindung zur Verfügung gestanden hätten; vielmehr ist lediglich zu klären, auf welche alternativen Erzeugnisse die konkreten Abnehmer der Verletzungsprodukte hätten ausweichen können, wenn es den Verletzungsgegenstand nicht gegeben hätte. Ob diese Abnehmer statt des die Erfindung benutzenden Verletzungsproduktes das – ebenfalls erfindungsbenutzende – Konkurrenzerzeugnis des Patentinhabers gewählt hätten oder aber stattdessen auf patentfreie Alternativprodukte ausgewichen wären, lässt sich, wenn Verletzungsgeschäfte von überschaubarer Zahl in Rede stehen, ggf durch Vernehmung der zuständig gewesenen Einkäufer aufklären. Ansonsten wird eine entscheidende (wenn auch nicht die alleinige) Rolle spielen, welche

---

[270] Vgl Busse/Keukenschrijver, § 139 PatG Rn 155 f, mwN.
[271] LG Mannheim, InstGE 9, 5 – Drehverschlussanordnung.
[272] BGH, GRUR 2008, 933 – Schmiermittel.
[273] BGH, GRUR 2008, 933 – Schmiermittel.
[274] BGH, GRUR 2008, 933 – Schmiermittel.

technischen Vorteile die Benutzung des Klagepatents für den jeweiligen Abnehmer und dessen Geschäftsbetrieb mit sich gebracht hat und wie entbehrlich oder unentbehrlich dieser Vorteil aus der damaligen Sicht (dh mit Rücksicht auf die Verhältnisse im Zeitpunkt des Erwerbs des Verletzungsproduktes) gewesen ist. Diese Frage lässt sich im Zweifel auch »normativ« anhand vernünftiger technischer und wirtschaftlicher Überlegungen beantworten.

Verletzungsprodukte, die der Beklagte – freiwillig oder in Befolgung eines entsprechenden Urteilsausspruchs nach § 140a Abs 3 PatG – von seinen Abnehmern **zurückgerufen** hat und die aufgrund dessen gegen Erstattung des vereinnahmten Kaufpreises wieder an ihn zurückgelangt (und dort ggf vernichtet worden) sind, können Einfluss auf die Schadensberechnung haben, wenn und soweit sich feststellen lässt, dass es infolge des Rückrufs zu Ersatzbeschaffungen der Abnehmer beim Verletzten gekommen ist, mit denen die ursprüngliche Umsatz- und Gewinneinbuße nachträglich wieder egalisiert worden ist. Wo solche Folgegeschäfte nicht stattfinden, bleibt es bei dem durch die Verletzungshandlungen verursachten (vollen) Gewinnentgang. Darlegungs- und beweisbelastet für eine infolge Rückrufs eingetretene Schadensminderung ist der Verletzer. 228

b) Ertragssituation

Ein weiteres Problem bei dieser Berechnungsmethode besteht darin, dass der Anspruchsteller seine **Gewinnkalkulation** offen legen und unter Beweis stellen muss.[275] Dazu genügt nicht die Behauptung üblicherweise erzielter Gewinnmargen; vielmehr müssen zumindest ansatzweise alle maßgeblichen Kalkulationsgrundlagen offenbart und die produktbezogenen Erlöse und Kosten einander gegenübergestellt werden.[276] Dies bedingt, dass in einem erheblichen Umfang dem Gegner, also der Konkurrenz, Unternehmensinterna offenbart und im Bestreitensfall durch das Angebot einer Buchprüfung unter Beweis gestellt werden. 229

Bei der Berechnung des entgangenen Gewinns sind ähnliche Grundsätze wie bei der Berechnung des Verletzergewinns zu beachten. So sind beispielsweise **Fixkosten** nicht pauschal zu berücksichtigen, sondern nur solche Kosten, die speziell durch die Ausführung der entgangenen Aufträge angefallen wären. Hierunter können aber auch zusätzliche Abschreibungen durch die verstärkte Benutzung von Anlagen fallen.[277] Verluste des Verletzers sind – weil es nur auf die fiktive Gewinnsituation beim Patentinhaber ankommt – nicht abzugsfähig.[278] 230

c) Zinsen

Auf die entgangenen Gewinnbeträge soll dem Verletzten nach der Rechtsprechung des BGH[279] kein selbständiger Zinsanspruch zustehen, wie er im Rahmen der Lizenzanalogie und des Verletzergewinns für die (idR) jährlichen Schadenersatzbeträge anerkannt ist. Mit Recht weisen Harmsen/Schuster[280] jedoch darauf hin, dass es dem gewöhnlichen Lauf der Dinge entspricht, dass ein Unternehmer Gewinnbeträge zinsbringend anlegt. Durch Vorenthaltung der als Schadenersatz auszugleichenden Gewinne entgehen dem Verletzten daher Guthabenzinsen, womit es schon nach § 252 Satz 2 BGB gerechtfertigt ist, diese Zinsen als Teil des Schadens anzuerkennen. Die Zinshöhe richtet sich nach dem Niveau der Guthabenzinsen. 231

---

275 BGH, GRUR 1980, 841 – Tolbutamid.
276 OLG Köln, GRUR-RR 2014, 329 – Converse AllStar.
277 LG Düsseldorf, Entscheidungen 1999, 32 – Rammverpresspfahl.
278 LG Mannheim, InstGE 9, 5 – Drehverschlussanordnung.
279 BGH, MDR 1980, 752 – Tolbutamid.
280 Harmsen/Schuster, IP-Berater 2010, 283, 284.

I. Schadenersatz

232 Grundsätzlich könnte für den vorgerichtlichen Zinsanspruch zwar – tagesgenau – an jedes einzelne Verletzergeschäft und den dadurch dem Schutzrechtsinhaber entgangenen Gewinnbetrag angeknüpft werden. Abgesehen davon, dass schon im Tatsächlichen nicht davon ausgegangen werden kann, dass ein Unternehmen jeden (noch so kleinen) Gewinnbetrag anlegt, sondern dies nur für Beträge plausibel ist, die am Ende des Geschäftsjahres zur Verfügung stehen, erfordert es auch die Praktikabilität der Schadensberechnung, dass entgangene Zinsen – ähnlich wie bei der Lizenzanalogie – jeweils für die im Vorjahr entgangenen Gewinnsummen berechnet werden.

d) Umsatzsteuer

233 USt kann auf den entgangenen Gewinn, der kein steuerpflichtiges Entgelt darstellt, nicht verlangt werden.[281]

e) Selbständiges Beweisverfahren

234 Die Durchführung eines selbständigen Beweisverfahrens zum Zwecke der Beweissicherung kommt nur nach § 485 Abs 1 ZPO, dh bei drohendem Beweismittelverlust infrage. Die Einholung eines Sachverständigengutachtens gemäß § 485 Abs 2 ZPO zur Klärung der Frage, ob dem Antragsteller durch ein bestimmtes Verhalten ein bestimmter Gewinn entgangen ist, scheidet demgegenüber aus, weil der fragliche Begutachtungsgegenstand (entgangener Gewinn) unter keine der im Absatz 2 enumerativ aufgelisteten Beweissachverhalte fällt.[282]

6. *Gesetzliche Verzugszinsen*

235 Verzugszinsen von dem als Schadenersatz verlangten Betrag kann der Gläubiger nach den allgemeinen Vorschriften der §§ 286, 288, 291 BGB verlangen, wobei allerdings das Zinseszinsverbot nach § 289 BGB zu beachten ist. Der Zinsanspruch bleibt auch dann bestehen, wenn der Gläubiger ein nicht rechtskräftiges Zahlungsurteil erstritten hat, aus dem er nicht vollstreckt, die ihm vom Schuldner zur Abwendung der Zwangsvollstreckung angebotene Zahlung aber zurückweist.[283]

236 Maßgeblich für die Zuerkennung von Prozesszinsen ist die Zustellung der bezifferten Höheklage; der Feststellungsantrag des Verletzungsprozesses löst weder die Rechtsfolge nach § 291 BGB aus noch begründet er einen Schuldnerverzug. Der Zinsanspruch unterliegt einer eigenen Verjährung (§§ 195, 199 BGB); spätestens verjährt er jedoch mit der Hauptforderung (§ 217 BGB). »Entstanden« (§ 199 Abs 1 BGB) ist der Anspruch auf Prozesszinsen nicht erst mit Rechtskraft der zusprechenden Entscheidung, sondern mit Rechtshängigkeit der zu verzinsenden Hauptforderung.[284]

237 | **Praxistipp** | Formulierungsbeispiel |

Abzuraten ist von der Überlegung, zur Herbeiführung eines frühzeitigen Verzugsbeginns könne es zweckmäßig sein, auch ohne genaue Kenntnis vom Verletzungsumfang einen bestimmten Schadenersatzbetrag beim Verletzer anzumahnen. Die Gefahr einer solchen Taktik liegt darin, dass in der Mahnung zugleich eine Berühmung des Inhalts liegt, dass dem Verletzten die bestimmte Summe als Schadenersatzbetrag zusteht. Der Gemahnte kann deswegen eine

---

281 BGH, GRUR 2009, 660, 662 – Resellervertrag.
282 BGH, MDR 2014, 176.
283 BGH, MDR 2012, 604.
284 OLG Düsseldorf, MDR 2017, 1205.

> negative Feststellungsklage erheben, wobei dem Verletzten, weil er sich eines Anspruchs
> berühmt hat, die volle Darlegungs- und Beweislast dafür obliegt, dass ihm der zur Zahlung
> angemahnte Betrag tatsächlich zusteht. Mangels hinreichender Kenntnis über die Verletzungshandlungen des Gemahnten ist dieser Prozess nicht zu gewinnen.

Der Zinssatz beträgt in den Fällen der §§ 286, 291 BGB 5 Prozentpunkte über dem **238**
Basiszinssatz der EZB (§ 288 Abs 1 Satz 2 BGB). Der in § 288 Abs 2 BGB vorgesehene
Zinssatz von 8[285] bzw 9[286] Prozentpunkten über dem Basiszinssatz kommt nicht in
Betracht, weil es sich bei einem Schadenersatzanspruch nicht um eine »Entgeltforderung«
iSd genannten Vorschrift handelt.[287]

7. Sonderschäden

Neben diesen Schäden für die konkreten Verletzungshandlungen kann weiterer, tatsächlich entstandener Schaden geltend gemacht werden. Dies gilt vordringlich für den sog **239**
Diskreditierungsschaden oder den **Marktverwirrungsschaden**. Es können mithin Schäden reklamiert werden, die sich aus einem Imageverlust des von dem Berechtigten nach
dem Schutzrecht gefertigten Produktes ergeben. Solche Imageschäden werden ua
dadurch verursacht, dass die Verletzungsform Mängel aufweist, die von dem potenziellen
Kunden auch auf die Produkte des Berechtigten projiziert werden. Aber auch Schäden,
die zu einer Preissenkung durch den Berechtigten geführt haben, weil der Verletzer sein
Produkt zu einem deutlich geringeren Preis in den Markt gebracht hat, können geltend
gemacht werden.[288] Schließlich wird der sog Sprungbrettschaden diskutiert, der dem
Schutzrechtsinhaber einen Schadenersatzanspruch über die Laufzeit seines Schutzrechtes
hinaus vor dem Hintergrund zubilligen soll, dass der Verletzer nicht erst mit Ablauf
der Laufzeit als Konkurrent des Schutzrechtsinhabers auf den Markt trat, sondern seine
Marktposition schon zu einem deutlich früheren Zeitpunkt auf- und ausbauen konnte
und insoweit einen Vorsprung vor rechtmäßig handelnden Konkurrenten erlangt hat.

IV. Schadensliquidation im Strafverfahren

Zur faktischen Durchsetzung eines bestehenden Schadenersatzanspruchs hält das Gesetz **240**
neben dem Klageverfahren und den Mitteln der privaten Zwangsvollstreckung Möglichkeiten auch im Strafrecht und Strafprozessrecht bereit, die in einem geeigneten Einzelfall
eine wertvolle Hilfe bieten können.

V. Adhäsionsverfahren[289]

Findet gegen den Verletzer ein Strafverfahren wegen Patentverletzung (§ 142 PatG) statt, **241**
kann der Verletzte statt einer eigenen kostenträchtigen Verletzungsklage das Adhäsionsverfahren betreiben. Es handelt sich um einen Annex zum Strafverfahren, der weitgehend
den normalen Regeln des Zivilprozesses folgt. Die Ansprüche (auf Unterlassung, Auskunft, Schadensersatzfeststellung etc) wegen Patentverletzung müssen in einer dem
Bestimmtheitserfordernis des § 253 Abs 2 ZPO genügenden Antragsschrift umrissen und

---

285 § 288 Abs 2 BGB aF (gültig bis 28.7.2014).
286 § 288 Abs 2 BGB nF (gültig ab 29.7.2014).
287 LG Düsseldorf, InstGE 5, 172 – Verzugszinssatz.
288 Vgl auch Meier-Beck, IIC 2004, 113, 117.
289 Zu Einzelheiten vgl Hansen/Wolff-Rojczyk, GRUR 2009, 644.

unter Angabe geeigneter Beweismittel dargelegt werden. Die Ansprüche können zusammen mit dem Strafurteil wie in einem gewöhnlichen Verletzungsprozess zuerkannt und nach den Regeln des ZPO-Vollstreckungsrechts durchgesetzt werden. Der zusprechende Ausspruch hat Rechtskraftwirkung wie ein Zivilurteil (§ 406 Abs 3 Satz 1 StPO).[290] Ergeht zum Schadenersatz lediglich ein Feststellungsurteil, entfaltet es bei Rechtskraft für das nachfolgend mit der Höheklage befasste Zivilgericht allerdings keine Bindungswirkung.[291]

242 **Vorteile** des Adhäsionsverfahrens sind: Es ist kein Prozesskostenvorschuss zu zahlen und es fallen keine Gerichtsgebühren an; es herrscht, soweit es um den strafrechtsrelevanten Verletzungsvorwurf einschließlich des notwendigen Verschuldens geht, der Amtsermittlungsgrundsatz; der Verletzte ist selbst Zeuge; scheitert der Adhäsionsantrag, können die Ansprüche erneut vor einem Zivilgericht geltend gemacht werden.

243 **Nachteile** des Adhäsionsverfahrens sind: Es ist nur möglich in Strafverfahren, in denen es zu einer Hauptverhandlung mit Verurteilung des Angeklagten kommt, dh nicht im Strafbefehlsverfahren und nicht bei einem Freispruch oder einer Verfahrenseinstellung nach §§ 153, 153a, 154 StPO; das zuständige Strafgericht wird regelmäßig unerfahren in der Beurteilung von Patentverletzungssachverhalten sein, weswegen sich ein Adhäsionsverfahren nur anbietet, wenn es sich um einen klaren Pirateriefall handelt; das Strafgericht kann von einer Adhäsionsentscheidung nach Ermessen absehen, wenn sich der Antrag zur Erledigung des Strafverfahrens nicht eignet (was derzeit gemeinhin angenommen wird).

VI. Rückgewinnungshilfe[292]

244 Für die Praxis relevanter ist die Möglichkeit, zur Realisierung von Schadenersatz- oder Bereicherungsansprüchen wegen Patentverletzung auf diejenigen Vermögensgegenstände des Täters zuzugreifen, die im laufenden Strafverfahren gegen ihn dem Verfall nach §§ 73 ff StGB unterliegen und die gemäß §§ 111 b, 111c StPO vorbereitend durch eine Beschlagnahme oder einen dinglichen Arrest sichergestellt worden sind. Ist der Verletzte – wofür beizeiten Vorsorge zu treffen ist – im Besitz eines mindestens vorläufig vollstreckbaren Titels (Urteil, dinglicher Arrest, Vollstreckungsbescheid) gegen den Beschuldigten, kann er beim zuständigen Strafgericht einen Antrag auf Zulassung der Zwangsvollstreckung bzw Arrestvollziehung in das sichergestellte Vermögen stellen. Wird dem Begehren entsprochen, kann der Verletzte vor den Strafverfolgungsbehörden, die insoweit zurücktreten (§ 111g Abs 1 StPO), auf den Beschlagnahmegegenstand zugreifen, um sich wegen seiner titulierten Ansprüche zu befriedigen.

---

290 Speziell zur Rechtskraftwirkung unbezifferter Anträge vgl BGH, NJW 2015, 1252.
291 BGH, NJW 2013, 1163.
292 Zu Einzelheiten vgl Hansen/Wolff-Rojczyk, GRUR 2007, 468.

J. Sonstiges

I. Sachverständigenbeweis[1]

Zum Nachweis einer Patentbenutzung sind alle in der ZPO vorgesehenen Beweismittel zugelassen. Erfahrungsgemäß sind allerdings manche von ihnen verlässlicher als andere; ein potenziell schlechtes Beweismittel stellen Zeugen dar, wenngleich auf sie bisweilen nicht verzichtet werden kann. In diesem Zusammenhang ist zu beachten, dass auch außerhalb des Schutzterritoriums stattgefundene Benutzungshandlungen (zB die Ausstellung einer Maschine auf einer **ausländischen Messe**) eine Aufklärung inländischer Verletzungshandlungen erlauben kann, nämlich dann, wenn die angegriffene Ausführungsform in ihrer für die Merkmalsverwirklichung relevanten Ausstattung derjenigen entspricht, die auf der Messe präsentiert worden ist.[2]

Die häufigste Form der gerichtlichen Sachaufklärung stellt jedoch die Einholung eines Sachverständigengutachtens dar.

1. Das Verletzungsmuster als Begutachtungsgrundlage

Damit sie möglich ist, hat der Beweispflichtige (= Kläger) Vorsorge dafür zu treffen, dass begutachtungsfähige Exemplare der angegriffenen Ausführungsform in hinreichender Anzahl vorhanden sind (Testkauf) und **während des gesamten Prozesses** verfügbar bleiben.

Bei »**verderblichen**« Materialien (zB biologischem Material) schließt dies Erhaltungsmaßnahmen ein, die den Verletzungsgegenstand als solchen und dessen Untersuchungsfähigkeit konservieren.

Der Verletzungsgegenstand sollte unversehrt im **Originalzustand** verbleiben.

Um die betriebliche Herkunft und Identität unangreifbar zu halten, sollte das Exemplar nicht durch zu viele Hände gehen, weil ansonsten vor einer Begutachtung zunächst der **Weg des Begutachtungsgegenstandes** – umfangreich und mit ggf ungewissem Ausgang – aufgeklärt werden muss. Wenn zunächst interne Untersuchungen (uU sogar im Ausland) vorgenommen werden sollen, ist dafür Sorge zu tragen, dass genügend Überstücke der Verletzungsform beschafft werden, die bis zu einer gerichtlichen Begutachtung in einer solchen Weise aufbewahrt werden, dass ihre Beschaffung aus dem bestimmten Testkauf problem- und lückenlos nachgewiesen werden kann.

2. Aufgabe des Gutachters

Eine Begutachtung kann sich als erforderlich erweisen, weil die Auslegung des Klagepatents Schwierigkeiten bereitet, weil Äquivalenzüberlegungen anzustellen sind, zu denen sich das Gericht ohne sachverständige Beratung außerstande sieht, oder weil die Beschaffenheit der angegriffenen Ausführungsform in entscheidungsrelevanten Details zwischen den Parteien streitig ist und sich nicht durch bloße Augenscheinseinnahme, sondern nur

---

1 Würtenberger, Technischer Sachverstand, 2018.
2 OLG Düsseldorf, Urteil v 18.8.2016 – I-2 U 21/16.

anhand aufwändiger Untersuchungen klären lässt. Speziell für das Berufungsgericht gelten besondere Maßstäbe, weil in der Nichteinholung eines Sachverständigengutachtens ein Verfahrensfehler liegen kann, der die Revision begründet. Nach der Rechtsprechung des BGH[3] kann ein in Patentverletzungssachen erfahrenes Gericht technische Fragen eigenständig beantworten, wenn es die hierzu erforderliche Sachkunde besitzt. Sie kann sich bereits aus der Sache selbst ergeben (zB weil es sich um einen technisch einfach gelagerten Sachverhalt handelt). Anderenfalls hat das Gericht im Urteil darzutun, dass und weshalb es die notwendige Sachkunde besitzt, die ein Sachverständigengutachten überflüssig macht.

8 Das Gericht darf die Auslegung des Patentanspruchs nicht dem Sachverständigen überlassen. Das Gutachten dient vielmehr nur dazu, dem Tatrichter diejenigen objektiven technischen Gegebenheiten zu vermitteln, mit denen ein technischer Fachmann durchschnittlichen Könnens im Prioritätszeitpunkt versehen war und mit denen er sich dem Verständnis des Patentanspruchs genähert hat.[4] Auf der Grundlage dieser dem Durchschnittsfachmann eigenen Kenntnisse, Fertigkeiten, Erfahrungen und methodischen Herangehensweisen hat das Gericht eigenverantwortlich zu klären, welcher technische Inhalt den Merkmalen des Patentanspruchs beizumessen ist.[5] Die Bestimmung des technischen Sinngehalts eines Patents (oder Gebrauchsmusters) stellt nach Auffassung des BGH eine reine **Rechtsfrage** dar[6]; gleiches gilt für die im Rahmen der Äquivalenz zu klärende Frage, ob die in Rede stehende Abwandlung vom Anspruchswortlaut bei Orientierung am Patentanspruch für den Fachmann naheliegend als gleichwertige Lösung aufzufinden war.[7] Beides – die vom Berufungsgericht vorgenommene Auslegung des Patents als auch die (bejahte oder verneinte) Gleichwertigkeit – kann also in der Revisionsinstanz vom BGH uneingeschränkt überprüft werden. Eine Bindung besteht nur an diejenigen zugrundeliegenden tatsächlichen Feststellungen, die das Berufungsgericht ordnungsgemäß (namentlich in Auseinandersetzung mit dem Gutachten) getroffen hat.[8]

9 Ausnahmsweise kann eine sachverständige Begutachtung auch **von Amts wegen** geboten sein: Fehlt im Verletzungsprozess Parteivortrag zu unmittelbaren Tatumständen, die Anhaltspunkte beispielsweise dafür zu geben vermögen, welche technischen Zusammenhänge für das Verständnis der unter Schutz gestellten Lehre bedeutsam sein könnten, wer als Durchschnittsfachmann in Betracht zu ziehen sein und welche Ausbildung seine Sicht bestimmen könnte, hat das Gericht darauf hinzuwirken, dass die Parteien sich dazu vollständig erklären. Selbst wenn solche dem unmittelbaren Beweis zugängliche Tatsachen zwischen den Parteien unstreitig sind, kann die Einholung eines Sachverständigengutachtens geboten sein, wenn die Kenntnis dieser Tatsachen allein je nach Fall nicht ausreicht, um auf die ihrerseits dem unmittelbaren Beweise nicht zugängliche Sicht des Fachmanns zu schließen oder die technischen Zusammenhänge zuverlässig zu bewerten. Das Verletzungsgericht prüft in jedem Einzelfall eigenverantwortlich, ob es aus diesem Grund einen Sachverständigen hinzuzieht.[9]

10 Als **Gutachter** werden üblicherweise Hochschullehrer bestellt, die das betreffende Fachgebiet in Forschung und Lehre vertreten. In Betracht kommen aber auch Patentanwälte, sofern sie aufgrund ihrer Ausbildung und ihrer beruflichen Tätigkeit (zB in der Beratung von Firmen auf dem fraglichen Gebiet) in technischer Hinsicht die erforderlichen Kennt-

---

3 BGH, GRUR 2005, 569 – Blasfolienherstellung.
4 BGH, GRUR 2006, 131 – Seitenspiegel.
5 BGH, GRUR 2006, 131 – Seitenspiegel; BGHZ 171, 120 – Kettenradanordnung; BGH, GRUR 2008, 779 – Mehrgangnabe.
6 BGH, GRUR 2006, 314 – Stapeltrockner.
7 BGH, GRUR 2006, 314 – Stapeltrockner.
8 Vgl BGH, GRUR 2006, 962 – Restschadstoffentfernung.
9 BGH, GRUR 2010, 314 – Kettenradanordnung II.

nisse besitzen, dh (mindestens) die Qualifikation eines Durchschnittsfachmanns aufweisen. Auf sie zurückzugreifen bieten sich vor allem dann an, wenn der Streitfall besondere patentrechtliche Problemstellungen aufwirft, deren Bewältigung eine größere Erfahrung in der Beurteilung von Verletzungssachverhalten voraussetzt.

Bei überaus komplexen Begutachtungsgegenständen und/oder dann, wenn die Parteien die wenigen geeigneten Sachverständigen bereits durch wechselseitige Privatgutachten »verbraucht« haben, gestaltet sich die Suche nach einem Gerichtssachverständigen oftmals schwierig. Zwar kann das Gericht die Parteien auffordern, ihm einen tauglichen Sachverständigen zu benennen (§ 404 Abs 4 ZPO); Voraussetzung für ein beachtliches Beweisangebot ist dies jedoch nicht[10]. Und das Übergehen eines zulässigen Beweisantritts zu einer aufklärungsbedürftigen Tatsache verletzt den Anspruch der betreffenden Partei auf Gewährung rechtlichen Gehörs.[11] Andererseits verlangt die ZPO vom Gericht auch nichts Unmögliches, weswegen **von** einer sachverständigen **Beweiserhebung** (mit der daraus resultierenden Folge einer Nichterweislichkeit der betreffenden Tatsache) **abgesehen** werden kann, wenn ein geeigneter Gutachter, der die Beweisfrage klären kann, nicht zu finden ist. Allerdings sind die Bemühungen, die das Gericht erfolglos unternommen haben muss, beachtlich. Es muss sämtliche Erkenntnisquellen ausgeschöpft haben, um einen Sachverständigen ausfindig zu machen (wozu neben der Einschaltung der Parteien auch die Kontaktaufnahme mit Kammern, Berufsverbänden, Instituten oder in Betracht kommenden Einzelpersonen gehört) und daraus muss sich der zwingende Schluss ergeben, dass der Beweis durch Sachverständige nicht geführt werden kann.[12] In *formaler* Hinsicht ist das Prozedere des § 356 ZPO (Fristsetzung durch Beschluss) einzuhalten[13]; darüber hinaus hat das Gericht im Urteil für die Parteien diejenigen Erwägungen und Bemühungen nachvollziehbar darzulegen, die für die Einschätzung maßgeblich waren, dass eine Beweiserhebung nicht möglich ist und deswegen von ihr abgesehen wurde.[14] Sind diese Bedingungen nicht erfüllt und hat gleichwohl keine Beweisaufnahme stattgefunden, kann der Verfahrensfehler gerügt werden, ohne dass der Rechtsmittelführer selbst einen geeigneten Sachverständigen konkret benennen müsste.[15]

Ist die Begutachtung in erster Instanz trotz Fristsetzung unterblieben, weil der Auslagenvorschuss nicht eingezahlt wurde, so rechtfertigt dies im Allgemeinen nicht die Zurückweisung eines inhaltsgleichen neuerlichen Beweisantrages in der **Berufungsinstanz** nach § 531 ZPO. Hat das Landgericht den ursprünglichen Beweisantrag unter *zutreffender* Anwendung des § 296 Abs 2 ZPO zurückgewiesen, so ist das Beweismittel zwar auch im Rechtsmittelzug ausgeschlossen. Eine Zurückweisungsentscheidung liegt allerdings noch nicht darin, dass das Landgericht ohne Nennung einer Präklusionsvorschrift lediglich ausführt, von der Einholung eines Gutachtens wegen **Nichtzahlung des Vorschusses** abgesehen zu haben.[16] In einem solchen Fall ist es dem Berufungsgericht auch verwehrt, die in erster Instanz ggf mögliche, aber unterbliebene Zurückweisungsentscheidung selbst nachzuholen.[17] § 531 Abs 2 ZPO kommt ebenfalls nicht in Betracht, weil ein Beweismittel nur dann »neu« im Sinne der Präklusionsvorschriften ist, wenn es in erster Instanz überhaupt nicht vorgebracht worden ist oder aber zwar vorgebracht war, die beweispflichtige Partei jedoch im weiteren Verfahren

---

10 BGH, WM 2017, 1276.
11 BGH, WM 2017, 1276.
12 BGH, WM 2017, 1276.
13 BGH, WM 2017, 1276.
14 BGH, WM 2017, 1276.
15 BGH, WM 2017, 1276.
16 BGH, MDR 2017, 963.
17 BGH, MDR 2017, 963.

darauf verzichtet hat (§ 399 ZPO). Letzteres ist noch nicht deshalb der Fall, weil der angeforderte Kostenvorschuss nicht eingezahlt wurde.[18]

13 Ob ein **schriftliches** oder nur ein mündliches Gutachten eingeholt wird, steht – auch in Patentstreitsachen[19] – gemäß § 411 Abs 1 ZPO im Ermessen des Gerichts. Mit Rücksicht auf die Komplexität ist die schriftliche Begutachtung in der Praxis die Regel. Da der Sachverständige somit sein Gutachten zunächst schriftlich auszuarbeiten hat, die Parteien alsdann Gelegenheit zur Stellungnahme erhalten und der Sachverständige danach auf Antrag einer Partei oder erforderlichenfalls von Amts wegen mündlich angehört wird, verzögert die Einholung eines Gutachtens die Entscheidung des Rechtsstreits in der ersten Instanz erfahrungsgemäß um etwa zwei Jahre. Es sollte deshalb – soweit das betreffende technische Sachgebiet dies erlaubt – im eigenen Interesse des Klägers liegen, durch einen sorgfältigen, verständlichen und gegebenenfalls durch privatgutachterliche Stellungnahmen ergänzten Sachvortrag den Streitstoff so aufzubereiten, dass das Gericht in die Lage versetzt wird, den Rechtsstreit anhand des Akteninhalts und auf der Grundlage der Diskussion in der mündlichen Verhandlung zu entscheiden.

14 Insbesondere dann, wenn nur eine überschaubare, singuläre Auslegungsfrage zu klären ist, kann es aus Gründen der Verfahrensbeschleunigung zweckmäßig sein, den Sachverständigen **nur** zum Verhandlungstermin zu laden und ihn dort sein Gutachten **mündlich** erstatten zu lassen. Zur Vorbereitung sind ihm vorab diejenigen Unterlagen und Schriftsatzteile zu überlassen, die die klärungsbedürftige Angelegenheit betreffen. Im Zweifel empfiehlt es sich, den Parteien aufzugeben, ihren Sachvortrag zu der sachverständig zu klärenden Frage in einem Schriftsatz nochmals (abschließend) zusammenzufassen, so dass dem Gutachter zur Vorbereitung auf den Beweistermin statt der gesamten Gerichtsakte nur die beiden Schriftsätze der Parteien (ggf nebst Anlagen) überlassen werden müssen.

15 Welche Maßnahmen zur Beantwortung der Beweisfragen jeweils geboten sind, entscheidet der Sachverständige in eigener Verantwortung. Das suspendiert ihn selbstverständlich nicht davon, die Kostenseite zuvor mit dem Gericht abzuklären, das seinerseits die Parteien involvieren wird. Darüber hinaus kann es im Einzelfall sinnvoll sein, den Gutachter vorab ein Konzept über die von ihm geplante Herangehensweise erstellen zu lassen. Um späteren methodischen Einwänden der Parteien zu begegnen, ist es auf diese Weise möglich, das Konzept des Sachverständigen beizeiten zur Diskussion der Beteiligten zu stellen, die die Aufklärung durch hilfreiche Anregungen ggf sogar bereichern können.

16 Liegt aus einem anderen Verfahren bereits ein Sachverständigengutachten vor, das zu demselben Patent erstattet worden ist oder sich auch lediglich zum technischen Hintergrund verhält, den das Gericht berücksichtigen will, so eröffnet **§ 411a ZPO** die Möglichkeit, dieses Gutachten nicht nur im Urkundenbeweis[20], sondern als Ersatz für eine neue Begutachtung heranzuziehen. Bevor letzteres geschieht, ist den Parteien allerdings rechtliches Gehör zu gewähren (damit ggf Ablehnungsgründe geltend gemacht und inhaltlich zum Gutachten Stellung genommen werden kann)[21]; außerdem steht den Parteien das Recht zu, die mündliche Anhörung des Gutachters zu beantragen.[22] Das alles gilt selbstverständlich erst Recht für ein im Vorfeld des Verletzungsprozesses im selbständigen Beweisverfahren eingeholtes Besichtigungsgutachten, das die Beweisaufnahme vor dem Prozessgericht ersetzt (§ 493 Abs 1 ZPO). Auch wenn die Aufgabe des Besichtigungsgut-

---

18 BGH, MDR 2017, 963.
19 Für das Nichtigkeitsberufungsverfahren: BGH, GRUR 2010, 123 – Escitalopram.
20 … eines vorherigen Hinweises an die Parteien bedarf es hierfür nicht (BGH, Beschluss v 25.2.2014 – X ZR 103/10).
21 BGH, MDR 2016, 1022.
22 BGH, MDR 2012, 226, 228.

achters vordringlich darin besteht, den angegriffenen Gegenstand in seiner Konstitution und Wirkungsweise zu analysieren, hat er sich auch dazu zu äußern, ob von der technischen Lehre desjenigen Patentanspruchs Gebrauch gemacht wird, der der Besichtigungsanordnung zugrunde liegt. Tauchen im Verletzungsprozess Auslegungsfragen auf, so spricht deshalb nichts dagegen, auf das Besichtigungsgutachten zurückzugreifen und den mit der Sache bereits befassten Sachverständigen ergänzend schriftlich oder mündlich zu befragen.

3. Beweisbeschluss

a) Anordnung

Ergibt sich im Einzelfall dennoch die Notwendigkeit eines Sachverständigengutachtens, wird dessen Einholung durch einen schriftlichen **Beweisbeschluss** angeordnet (§§ 358, 358a ZPO). Nachstehend ist das *Muster* eines solchen Beschlusses, wie er beim Landgericht Düsseldorf verwendet wird, abgedruckt:

17

Praxistipp	Formulierungsbeispiel
	I. Es soll das schriftliche Gutachten eines noch zu benennenden Sachverständigen zu folgenden Fragen eingeholt werden: **A.** **Die im europäischen Patent ... (Prioritätstag: ... – Tag der Erstanmeldung in ...) unter Schutz gestellte Lehre zum technischen Handeln:** 1. Welchen Ausbildungsabschluss und welche beruflichen Erfahrungen haben im Durchschnitt diejenigen Personen, die sich in der Praxis mit der Entwicklung von Neuerungen befassen, wie sie Gegenstand des Klagepatents sind? *Anmerkung*: Bei der Beantwortung *aller* nachfolgenden Fragen ist auf das durchschnittliche Wissen und Können *dieser* Fachleute im Prioritätszeitpunkt (siehe A.) abzustellen. 2. Welche Wirkungen werden mit der im Patentanspruch 1 des Klagepatents unter Schutz gestellten Lehre zum technischen Handeln erzielt? *Anmerkung:* Maßgeblich ist, welchen technischen Erfolg das patentgemäße Erzeugnis nach dem Gesamtinhalt der Klagepatentschrift *objektiv* bezweckt. Die in der Patentschrift formulierte Aufgabenstellung (Sp. ... Z. ...) ist dabei nicht allein entscheidend. Sie kann jedoch einen wichtigen Anhaltspunkt dafür bieten, welches technische Problem der Durchschnittsfachmann mit dem Kenntnisstand des Prioritätstages der Klagepatentschrift entnimmt. Zu berücksichtigen sind darüber hinaus die in der Patentschrift genannten Nachteile des vorbekannten Standes der Technik (Sp. ... Z. ...) und die demgegenüber herausgestellten Vorteile des patentgemäßen Erzeugnisses[23] (Sp. ... Z. ...). Gegenstand der Betrachtung ist die allgemeine Lehre des Patentanspruchs 1 und nicht spezielle Ausführungsformen, die sich durch weitere bloß optionale Merkmale (zB von Unteransprüchen) auszeichnen. Die technische und wirtschaftliche Bedeutung des dem Klagepatent zugrunde liegenden Problems und die in der Patentschrift erwähnten technischen Begriffe und Vorgänge sind für einen technischen Laien verständlich zu erläutern.

18

---

23 BGH, GRUR 2010, 602 – Gelenkanordnung.

3. Welche Lehre zur Lösung des zu 2. genannten Problems enthält der durch die Beschreibung und die Zeichnungen erläuterte Patentanspruch 1?

Anmerkung: Es empfiehlt sich, die im Patentanspruch 1 gegebene technische Lehre in einzelne Merkmale zu gliedern. Falls der Sachverständige keine Bedenken hat, kann er die nachfolgende Merkmalsanalyse zugrunde legen.

... (es folgt die Merkmalsgliederung)

Für das Verständnis der Merkmale des Patentanspruchs ist nicht von einer rein philologischen Betrachtung auszugehen. Vielmehr kommt es darauf an, welchen technischen Sinngehalt der Durchschnittsfachmann (siehe 1.) den Merkmalen des Patentanspruchs bei Berücksichtigung

- des Inhalts der Patentbeschreibung und der Patentzeichnungen,
- des in der Patentschrift gewürdigten Standes der Technik sowie
- seines allgemeinen Fachwissens am Prioritätstag

entnommen hat.

Der Patentanspruch darf dabei nicht auf die konkret beschriebenen (vgl Sp ... Z ... ff) und in den Figuren ... bis ... gezeichneten Ausführungs*beispiele* beschränkt werden, die den im Patentanspruch mit allgemeinen Merkmalen umschriebenen Erfindungsgedanken eben nur exemplarisch – und nicht abschließend – erläutern. Ebenso wenig darf für das Verständnis der im Patentanspruch verwendeten Begriffe *unbesehen* auf den allgemeinen technischen Sprachgebrauch zurückgegriffen werden, der auf dem betreffenden Fachgebiet im Prioritätszeitpunkt geherrscht hat. Das Klagepatent bildet vielmehr sein eigenes Lexikon für das Verständnis der in seinen Patentansprüchen verwendeten Begriffe. Die Merkmale eines Patentanspruchs sind dementsprechend

- nach Maßgabe des Sprachgebrauchs der Klagepatentschrift (der sich mit dem allgemeinen Begriffsverständnis decken *kann*, aber *nicht* decken *muss*) zu verstehen und
- *funktionsorientiert* so zu interpretieren, wie es die ihnen im Rahmen der Aufgabenlösung zugedachte technische Funktion verlangt.

B.

Der Verletzungstatbestand:

Macht das beanstandete Gerät »...« der Beklagten, wie es sich aus den Anlagen ... ergibt, von der technischen Lehre des Patentanspruchs 1 Gebrauch?

1. Wortsinngemäße Verletzung:

Verwirklicht die angegriffene Ausführungsform sämtliche Merkmale des Patentanspruchs 1 so, wie sie der Durchschnittsfachmann ihrem technischen Sinngehalt nach versteht (siehe A.3.), identisch?

Anmerkung: Die Prüfung ist anhand der unter A.3. angesprochenen Merkmalsgliederung – Merkmal für Merkmal – vorzunehmen.[24]

---

24 Handelt es sich um einen »product-by-process«-Anspruch, sollten dem Sachverständigen nachfolgende Erläuterungen an die Hand gegeben werden:
Für den vorliegenden »product-by-process«-Anspruch ist darüber hinaus Folgendes zu beachten: Sogenannte »product-by-process«-Ansprüche zeichnen sich dadurch aus, dass der Patentschutz zwar auf eine Sache (hier: einen Erstarrungs- und Erhärtungsbeschleuniger) – und nicht auf ein bestimmtes Herstellungsverfahren – gerichtet ist, dass die patentgeschützte Sache jedoch – ganz oder teilweise – durch das Verfahren seiner Herstellung gekennzeichnet ist. Eine derartige Anspruchsfassung wird zugelassen, wenn eine Beschreibung des beanspruchten Gegenstandes durch strukturelle Merkmale nicht möglich oder gänzlich unpraktikabel ist. Im Rahmen eines »product-by-process«-Anspruch dient die Bezugnahme auf das Herstellungsverfahren daher der näheren Definition des geschützten Erzeugnisses (hier: des Erstarrungs- und Erhärtungsbeschleunigers).

> Im Hinblick auf den Streit der Parteien soll der Sachverständige insbesondere zu folgenden Fragen Stellung nehmen:
>
> ...
>
> 2. Äquivalente Verletzung
>
> Falls einzelne Merkmale des Patentanspruchs 1 nicht wortsinngemäß verwirklicht sind: Macht das angegriffene Gerät insoweit von der Lehre des Klagepatents mit äquivalenten Mitteln Gebrauch?
>
> a) *Vorbemerkung:*
>
> Eine äquivalente Benutzung der Erfindung liegt vor, wenn sich die angegriffene Ausführungsform eines vom Anspruchswortlaut abweichenden Ersatzmittels bedient und in Bezug auf dieses Ersatzmittel – kumulativ – die drei folgenden Voraussetzungen erfüllt sind:
>
> - Das Austauschmittel muss – zumindest im Wesentlichen[25] – dieselbe technische Wirkung erzielen, die das im Patentanspruch beschriebene Lösungsmittel nach der Lehre des Klagepatents erreichen soll (sog Gleichwirkung);
>
> - der Durchschnittsfachmann mit dem Kenntnisstand des Prioritätstages muss ohne erfinderische Überlegungen in der Lage gewesen sein, das Austauschmittel als funktionsgleiches Lösungsmittel aufzufinden (Naheliegen);
>
> - der Fachmann muss schließlich die abweichende Ausführung mit ihren abgewandelten Mitteln als eine Lösung in Betracht gezogen haben, die zu der im Wortsinn des Patentanspruchs liegenden gegenständlichen Ausführungsform gleichwertig ist (Gleichwertigkeit). Dabei kommt es nicht darauf an, ob der Fachmann mithilfe seines Fachwissens überhaupt in der Lage war, das betreffende Austauschmittel als solches aufzufinden. Entscheidend ist vielmehr, ob er zu der bei der angegriffenen Ausführungsform verwirklichten Abwandlung gelangen konnte, wenn er sich an der im Patentanspruch offenbarten technischen Lehre und dem darin zum Ausdruck kommenden Lösungsgedanken orientiert.

Stellt der Patentanspruch – wie im Streitfall – darauf ab, dass das patentierte Erzeugnis durch das im Anspruch bezeichnete Verfahren »erhältlich ist«, so hat das in den Anspruch aufgenommene Herstellungsverfahren lediglich beispielhaften Charakter. Unter den Schutz des Patents fallen deswegen auch solche Gegenstände, die aus einem anderen Fertigungsverfahren hervorgegangen sind, sofern sie nur diejenigen Produkteigenschaften besitzen, die das anspruchsgemäße Herstellungsverfahren dem Erzeugnis nach der Lehre des Klagepatents verleiht.
Für den Nachweis einer Patentverletzung stehen damit grundsätzlich zwei Wege zur Verfügung: Zum einen kann der Nachweis geführt werden, dass das angegriffene Produkt nach dem im Patentanspruch bezeichneten Verfahren hergestellt wird. Zum anderen – und stattdessen – kann die Patentverletzung dadurch belegt werden, dass das angegriffene Erzeugnis diejenigen Eigenschaften, Vorteile oder Wirkungen besitzt, die mit dem im Patentanspruch angeführten Herstellungsverfahren verbunden sind. In diesem (zuletzt genannten) Fall kommt es auf das zur Fertigung der angegriffenen Ausführungsform angewendete Herstellungsverfahren und dessen Übereinstimmung mit dem anspruchsgemäßen Verfahren nicht an.

25 In diesem Fall, in dem die Vorteile der Erfindung nicht in vollem Umfang, aber in einem praktisch noch erheblichen Umfang erzielt werden, spricht man von einer sog verschlechterten Ausführung.

b) Im Streitfall stellen sich insoweit folgende Fragen:

– Erzielt die angegriffene Ausführungsform dieselben Vorteile, die nach dem Inhalt der Klagepatentschrift durch die im Patentanspruch 1 unter Schutz gestellte Vorrichtung[26] erzielt werden sollen? Welche Vorteile sind dies?

– Konnte der Durchschnittsfachmann des Prioritätstages – wenn er sich auf die Suche nach einer außerhalb des Anspruchswortlauts gelegenen, aber dennoch gleichwertigen Ersatzlösung begeben und sich bei seiner Suche an der in der Klagepatentschrift beschriebenen Erfindung orientiert hat – aufgrund nahe liegender Überlegungen zu der bei der angegriffenen Ausführungsform verwirklichten Abwandlung gelangen? Oder musste der Fachmann hierzu Erwägungen von erfinderischem Rang anstellen?

Welche Überlegungen hat der Fachmann im Einzelnen angestellt und weshalb waren diese Überlegungen (ausgehend von der Klagepatentschrift) – jede für sich und alle zusammen – naheliegend bzw erfinderisch?

c) Formstein-Einwand:

War ein Durchschnittsfachmann anhand des Standes der Technik am Prioritätstag (dh ohne Berücksichtigung des Klagepatents) in der Lage, zu der angegriffenen Ausführungsform zu gelangen, ohne erfinderisch tätig zu werden? Ist die angegriffene Ausführungsform dem Fachmann insbesondere durch die als Anlage ... vorgelegte Veröffentlichung nahe gelegt?

Welche technische Lehre vermittelt die besagte Schrift dem Durchschnittsfachmann? Inwiefern war dem Fachmann hierdurch jedes einzelne Merkmal des Patentanspruchs 1 des Klagepatents dem Wortsinn nach oder in seiner äquivalenten Abwandlung nahe gelegt?

C.

Benutzungsrecht der Beklagten aus dem prioritätsälteren europäischen Patent 0 994 872:

Gelangt der Durchschnittsfachmann (siehe A. 1) mit dem Kenntnisstand des Prioritätstages (siehe A.), wenn er die europäische Patentschrift 0 994 872 nacharbeitet, zwangsläufig zu einem Arzneimittel, wie es in seinen technischen Merkmalen im Patentanspruch 1 des Klagepatents beschrieben ist?

Anmerkung: Bei der Beantwortung dieser Frage sind sämtliche Erkenntnisse auszublenden, die erst durch das Klagepatent vermittelt worden sind. Zu berücksichtigen ist nur diejenige technische Lehre, die dem Fachmann (mit seinem ihm am Prioritätstag eigenen Fachwissen) durch die europäische Patentschrift 0 994 872 offenbart worden ist. Neben dem, was in der Patentschrift 0 994 872 ausdrücklich beschrieben ist, gilt alles das als »offenbart«, was der Fachmann bei aufmerksamer Lektüre der Patentschrift als selbstverständlich ergänzt und in Gedanken gleichsam mitliest.

---

26 Handelt es sich um ein Verfahrenspatent, ist zu ergänzen:
Ist – wie vorliegend – Gegenstand des Patents ein Verfahren, so genügt eine bloße Übereinstimmung im Verfahrensergebnis noch nicht. Gleichwirkend ist ein Ersatzmittel vielmehr nur dann, wenn bei dem angegriffenen Verfahren darüber hinaus auch von dem für die unter Schutz gestellte Lehre maßgebenden technischen Gedanken Gebrauch gemacht wird. Eine Gleichwirkung ist deshalb zu verneinen, wenn der mit dem angegriffenen Verfahren beschrittene Lösungsweg von dem im Patent unter Schutz gestellten Lösungsweg so weit entfernt ist, dass er nicht mehr als dessen Verwirklichung anzusehen ist.

> **III.**
>
> Im Rahmen seines Gutachtens soll der Sachverständige das gesamte einschlägige technische Vorbringen der Parteien berücksichtigen und bei der Beantwortung der einzelnen Beweisfragen in angemessener Weise darauf eingehen.
>
> Im Interesse eines leichteren Verständnisses mag sich der Sachverständige bei seinen Erörterungen derjenigen Terminologie bedienen, die das Klagepatent gebraucht, und tunlichst keine hiervon abweichenden Begrifflichkeiten einführen.
>
> Die unparteiliche Stellung des Sachverständigen erfordert es, dass er jede einseitige Kontaktaufnahme mit den Parteien und ihren Vertretern unbedingt unterlässt. Sollte der Sachverständige weitere Informationen oder Unterlagen benötigen, so sind diese über das Gericht anzufordern. Zu einer Besichtigung oder sonstigen praktischen Versuchen, zu denen die Parteien hinzugezogen werden sollen, sind beide Seiten rechtzeitig vorher zu laden.
>
> **IV.**
>
> Das Sachverständigengutachten wird nur eingeholt, wenn die Klägerin bei der Justizkasse des Landgerichts Düsseldorf einen Auslagenvorschuss einzahlt, dessen Höhe festgesetzt wird, sobald sich der Sachverständige zu den voraussichtlichen Kosten der Begutachtung erklärt hat.
>
> **V.**
>
> Die Parteien erhalten Gelegenheit, der Kammer bis zum … geeignete Sachverständige zu benennen.

b) Anfechtung

Der Beweisbeschluss ist **nicht anfechtbar**.[27] Gleiches gilt für ergänzende Anordnungen zur Art und Weise der Beweiserhebung, zB zur praktischen Durchführung einer sachverständigen Begutachtung.[28] Der Grund liegt darin, dass mit einer selbständigen Anfechtbarkeit prozessleitender Anordnungen (wie einem Beweisbeschluss oder im Rahmen der Beweisaufnahme ergehender Zwischenentscheidungen) durch die Beschwerdeinstanz unzulässiger Weise in die Sachentscheidungskompetenz der Vorinstanz eingegriffen würde, indem dieser ggf vorgegeben wird, wie die vom Prozessgericht erst noch zu treffende Hauptsacheentscheidung auszufallen hat. Eine Überprüfung von Beweisanordnungen findet deswegen nicht isoliert vorab, sondern nur im Rahmen des gegen die Endentscheidung gegebenen Rechtsmittels (Berufung) statt. Vom Grundsatz mangelnder Anfechtbarkeit ist lediglich für den Fall eine **Ausnahme** anzuerkennen, dass mit der prozessleitenden Zwischenentscheidung *für die das Rechtsmittel führende Partei* bereits ein bleibender rechtlicher Nachteil verbunden ist, der sich im weiteren Verfahren (dh durch eine spätere Korrektur im Rechtsmittelverfahren gegen die Endentscheidung) nicht oder nicht mehr vollständig beheben lässt.[29]

19

Dafür reicht noch nicht aus, dass dem Kläger die persönliche Anwesenheit bei einer beim Beklagten durchzuführenden sachverständigen Besichtigung gestattet worden ist und dem Kläger hierdurch Betriebsgeheimnisse bekannt werden können.[30] Denn der Beklagte hat unter Berufung auf sein Hausrecht die Möglichkeit, dem Kläger den Zutritt zu seinen Betriebsräumen zu verbieten, und die Frage einer hiermit ggf verbundenen Beweisverei-

20

---

27 BGH, GRUR 2009, 519 – Hohlfasermembranspinnanlage.
28 BGH, GRUR 2009, 519 – Hohlfasermembranspinnanlage.
29 BGH, GRUR 2009, 519 – Hohlfasermembranspinnanlage.
30 BGH, GRUR 2009, 519 – Hohlfasermembranspinnanlage.

telung kann im Rechtsmittelzug gegen die Endentscheidung vollständig nachgeprüft werden.

21 Anders verhält es sich, wenn die Besichtigung stattgefunden hat und die Parteien darum streiten, ob dem Kläger das Betriebsgeheimnisse der Beklagten offenlegende Sachverständigengutachten zur Kenntnis gebracht wird. Hier fehlt dem Beklagten jedwede Möglichkeit, durch eigenes Handeln dem Verlust seiner betrieblichen Geheimnisse entgegenzuwirken, weswegen eine selbständige Beschwerde gegen die das Gutachten zugunsten des Klägers freigebende Zwischenentscheidung zuzulassen ist. Soweit es im Rahmen der Freigabeentscheidung darauf ankommt, ob nach vorläufigem Sachstand eine Patentverletzung zu bejahen oder zu verneinen ist, kann die diesbezügliche Entscheidung des Landgerichts vom Beschwerdegericht allerdings nur daraufhin überprüft werden, ob das Landgericht bei summarischer Kontrolle zu einem vertretbaren Ergebnis gelangt ist. Weil durch die Beschwerdeentscheidung die noch ausstehende Entscheidung des Landgerichts über das Vorliegen oder Nichtvorliegen einer Patentverletzung nicht präjudiziert werden darf, gelten sinngemäß dieselben Regeln wie bei der Beschwerde gegen einen landgerichtlichen Aussetzungsbeschluss.[31]

4. Verfahrensrechtliches

a) Sachverständigensuche und Gutachtenauftrag

22 Unter Beifügung der Klagepatentschrift sowie des Beweisbeschlusses wird bei dem ins Auge gefassten Sachverständigen angefragt, ob er zu der Begutachtung bereit und in der Lage ist, Ein Muster des beim Landgericht Düsseldorf hierzu verwandten Anschreibens ist nachfolgend abgedruckt:

23 | Praxistipp | Formulierungsbeispiel |
|---|---|

Sehr geehrte ...

vor der beim Landgericht Düsseldorf eingerichteten Patentstreitkammer für das Land Nordrhein-Westfalen ist ein Rechtsstreit zwischen ... (Klägerin) und ... (Beklagte) anhängig, in dem die Parteien über die Frage der Verletzung des deutschen/europäischen Patents ..., von dem ich eine Kopie beifüge, streiten. Nach dem gleichfalls als Anlage beigefügten Beweisbeschluss der Kammer vom ..., aus dem sich die einzelnen zu klärenden Fragen ergeben, soll hierzu ein schriftliches Sachverständigengutachten eingeholt werden.

Sie sind der Kammer als Sachverständiger vorgeschlagen worden, und wir würden Sie daher gerne mit der Erstattung des Gutachtens beauftragen, sofern dem nicht persönliche oder sachliche Hindernisse entgegenstehen. Ich darf Sie um die Prüfung bitten, ob solche Hinderungsgründe bestehen, wobei namentlich persönliche oder berufliche Beziehungen zu einer der Parteien in Betracht kämen, die Zweifel an Ihrer Unbefangenheit wecken könnten.

Zur Deckung der Kosten des Gutachtens ist ein Vorschuss der Parteien einzufordern. Ich bitte Sie daher weiterhin um die Prüfung, welche Kosten nach dem zu erwartenden Zeit- und Arbeitsaufwand voraussichtlich entstehen werden. Eine entsprechende Schätzung, die den von Ihnen zugrunde gelegten Stundensatz erkennen lassen sollte, ist, was den Gesamtbetrag (nicht den Stundensatz) betrifft, nicht verbindlich, sondern kann später gegebenenfalls korrigiert werden.

---

31 Vgl Kap E Rdn 763 ff.

Ich wollte Sie nicht sogleich mit den Gerichtsakten belasten, bin jedoch gerne bereit, Ihnen diese für Ihre Prüfung zu übersenden, wenn Sie dies wünschen sollten. Im Übrigen stehe ich Ihnen für (auch telefonische) Rückfragen gerne zur Verfügung (Durchwahl ...).

Sollten Sie selbst als Gutachter nicht zur Verfügung stehen, wäre ich Ihnen für die Benennung einer anderen Person sehr dankbar, die Ihres Erachtens als Sachverständiger in Betracht kommen könnte.

Erklärt sich der Adressat zur Übernahme des Gutachtenauftrages bereit, wird er förmlich zum Sachverständigen bestellt; gleichzeitig wird ein Auslagenvorschuss angefordert. **24**

| Praxistipp | Formulierungsbeispiel | **25** |

1. Zum gerichtlichen Sachverständigen wird Prof. Dr. ... ernannt.
2. Der von der Klägerin einzuzahlende Vorschuss auf die Entschädigung des Sachverständigen wird auf ... € festgesetzt. Der Betrag ist bis zum ... bei der Justizkasse ... einzuzahlen.

Sobald dieser eingegangen ist, wird die Gerichtsakte mit dem Gutachtenauftrag an den Sachverständigen versandt. Zu dessen näherer Information empfiehlt sich ein **Begleitschreiben**, das folgenden Inhalt haben sollte: **26**

| Praxistipp | Formulierungsbeispiel | **27** |

Sehr geehrter Herr Professor ...,

in dem Verfahren ... (Klägerin)./. ... (Beklagte) sind Sie mit Beschluss vom ... zum gerichtlichen Sachverständigen bestellt worden. Anliegend erhalten Sie die Gerichtsakten (2 Bände) nebst Anlagen (2 Hüllen) sowie einem Musterstück (...) mit der Bitte, ein schriftliches Gutachten gemäß dem Beweisbeschluss der Kammer vom ... (GA ...) zu erstatten.

Prüfen Sie bitte zunächst, ob der Auftrag in Ihr Fachgebiet fällt und ohne die Einbeziehung weiterer Sachverständiger erledigt werden kann. Anderenfalls verständigen Sie bitte unverzüglich das Gericht. Nach § 407 ZPO sind Sie zur Erstattung des Gutachtens verpflichtet, wenn Ihnen nicht aus persönlichen Gründen das Gutachtenverweigerungsrecht gemäß § 408 ZPO in Verbindung mit den §§ 383, 384 ZPO zusteht. Sie dürfen nach § 407a Abs 2 ZPO den Auftrag nicht auf einen anderen übertragen. Soweit Sie sich der Mitarbeit einer anderen Person bedienen, müssen Sie diese in Ihrem Gutachten namhaft machen und den Umfang der Tätigkeit des Mitarbeiters angeben, soweit es sich nicht um Hilfsdienste von untergeordneter Bedeutung handelt.

Im Rahmen der Begutachtung bitte ich das gesamte einschlägige Vorbringen der Parteien zu berücksichtigen und bei der Beantwortung der einzelnen Beweisfragen in angemessener Weise darauf einzugehen. Versuche und Erprobungen, die mehr als einen nur unerheblichen Aufwand an Zeit und Kosten erfordern, sollen ohne vorherige Rückfrage bei Gericht nicht vorgenommen werden.

Sollten Sie Auskünfte oder Unterlagen der Parteien benötigen oder eine Besichtigung für erforderlich halten, wird gebeten, beide Parteien über ihre Prozessbevollmächtigten und das Gericht rechtzeitig zu unterrichten. Von einer notwendigen Besichtigung müssen die Parteien – ggf zu Händen ihrer Prozessbevollmächtigten – rechtzeitig benachrichtigt werden, da das Gutachten sonst grundsätzlich nicht verwertet werden kann. Die Benachrichtigung soll nachweisbar erfolgen (zB durch Einschreiben gegen Rückschein, durch Rücksendung einer vorbezeichneten Empfangsbestätigung durch die Beteiligten oder durch kurzen Aktenvermerk des Gutachters über eine fernmündliche Benachrichtigung). Jede bloß einseitige Kontaktaufnahme mit nur einer Partei und/oder ihren Anwälten ist unbedingt zu vermeiden. Im Übrigen kann der erforderliche Schriftverkehr mit den Prozessbevollmächtigten der Parteien unmittelbar geführt werden, wobei dem Gericht jeweils eine Durchschrift Ihrer Schreiben zuzuleiten ist.

Sofern sich bei der Ausarbeitung des Gutachtens ergibt, dass voraussichtlich Kosten erwachsen, die den durch den eingeforderten Vorschuss von ... € gedeckten Betrag übersteigen, bitte ich Sie, dem Gericht (nicht den Parteien) umgehend die ermittelte Höhe der Kosten mitzuteilen und vorerst von einer weiteren Bearbeitung abzusehen. Vorsorglich weise ich nochmals darauf hin, dass Sie aus Gründen der Besorgnis einer Befangenheit nicht als Gutachter tätig werden können, wenn Sie zu einer der Parteien oder ihrer Vertreter in irgendeiner Beziehung stehen oder gestanden haben, die Zweifel an Ihrer Unvoreingenommenheit aufkommen lassen könnten. In diesem Fall würden Sie für ein dennoch erstattetes Gutachten Ihren Vergütungsanspruch verlieren. Sollte sich – ggf. auch erst während der Begutachtung – ergeben, dass der angeforderte Kostenvorschuss von ... € nicht ausreicht, teilen Sie dies bitte rechtzeitig dem Gericht mit, so dass ggf. ein weiterer Auslagenvorschuss eingefordert werden kann. Stellen Sie bis dahin Ihre weitere Tätigkeit ein. Überschreiten Sie den eingezahlten Vorschuss ohne Anzeige, ist Ihr Vergütungsanspruch grundsätzlich auf die Höhe des Vorschusses zu beschränken.

Über die Ihnen aus den Akten bekannt gewordenen Angelegenheiten und Umstände haben Sie gegenüber Dritten Verschwiegenheit zu bewahren; nutzen Sie diese Informationen lediglich zur Erfüllung Ihres gerichtlichen Auftrages.

Das Gericht geht davon aus, dass Sie das Gutachten bis ... vorlegen können. Im Interesse einer zügigen Erledigung des Rechtsstreits bitte ich den Termin unbedingt einzuhalten. Sollte Ihnen dies aufgrund unvorhergesehener Umstände nicht möglich sein, wäre ich Ihnen für eine kurze Nachricht unter Angabe der Gründe und des Zeitpunktes, zu dem das Gutachten erstattet werden kann, dankbar.

Da sich an diese Instanz möglicherweise noch ein Rechtsmittelverfahren anschließt, möchte ich Sie höflich bitten, davon abzusehen, die Gerichtsakte um zuheften, die Anlagenhüllen zu vernichten oder Bemerkungen in die Gerichtsakte zu schreiben.

Sofern Sie für die Erstattung von Gutachten dieser Art allgemein beeidigt sind, bitte ich Sie, dem Gutachten die Berufung auf den geleisteten Eid anzuschließen.

Reichen Sie Ihr schriftliches Gutachten bitte in ...facher[32] Ausfertigung zugleich mit Ihrer Kostenrechnung (...fach[33]) ein. Die Gerichtsakten senden Sie bitte als Einschreiben oder als Wertpaket hierher zurück. Die Kostenrechnung muss spätestens binnen drei Monaten nach Eingang des Gutachtens bei Gericht vorliegen, weil der Vergütungsanspruch ansonsten erlischt.

Zu einer etwaigen mündlichen Verhandlung wird Ihnen zu gegebener Zeit eine besondere Ladung zugehen. Im Hinblick darauf empfiehlt es sich, dass Sie Ihre Aufzeichnungen und Unterlagen nach der Gutachtenerstattung zunächst weiter aufbewahren und ggf Kopien wichtiger Dokumente oder Aktenteile für Ihre Unterlagen anfertigen.

Sollten sich bei der Begutachtung Unklarheiten ergeben, stehe ich Ihnen für Rückfragen jederzeit, auch telefonisch (...), gerne zur Verfügung.

---

[32] 1 Exemplar für das Gericht sowie 2 Exemplare für jede Partei.
[33] 1 Exemplar für das Gericht und 1 Exemplar für jede Partei.

b) Obergutachten

Bevor gemäß § 412 Abs 1 ZPO ein weiteres Gutachten eines anderen Sachverständigen eingeholt wird, ist es oftmals ratsam und zweckmäßig, dem bisherigen Sachverständigen zunächst Gelegenheit zu geben, durch ein schriftliches Ergänzungsgutachten oder durch eine mündliche Anhörung die Mängel oder Lücken seiner bisherigen Begutachtung auszuräumen.[34] Unbedingt erforderlich ist dies jedoch nicht; wenn sich der Tatrichter davon keinen Aufklärungserfolg verspricht, kann auch sogleich ein Obergutachten eingeholt werden.[35] Warum der Tatrichter von einer ergänzenden Begutachtung durch den bisherigen Sachverständigen keinen Gebrauch gemacht hat, ist allerdings im Urteil nachvollziehbar darzulegen.[36] Die daraufhin getroffene Ermessensentscheidung für ein Obergutachten unterliegt sodann keiner weiteren revisionsrechtlichen Überprüfung mehr.[37] Die Einschaltung eines neuen Sachverständigen ist aber nicht nur ein Recht des Tatrichters; im Einzelfall kann er hierzu auch gehalten sein. Denn es gilt der Grundsatz, dass vorhandene weitere Aufklärungsmöglichkeiten, die sich anbieten und Erfolg versprechen, nicht nur genutzt werden dürfen, sondern genutzt werden müssen.[38]

28

In diesem Sinne hat das Gericht insbesondere **Einwände** gegen das bisherige Sachverständigengutachten, die sich **aus einem Privatgutachten** ergeben, ernst zu nehmen. Es muss ihnen nachgehen und hat den Sachverhalt weiter aufzuklären.[39] Auf welche Weise es dies tut, liegt prinzipiell in seinem Ermessen. Es kann den Gerichtssachverständigen sein Gutachten schriftlich ergänzen lassen, es kann den Gerichtsgutachter mündlich anhören oder es kann – und muss, wenn beides nicht geschehen soll – ein Obergutachten einholen.[40] Eine dieser Maßnahmen muss ergriffen werden.[41]

29

c) Erlaubnis Dritter

Soll die Begutachtung anhand eines vom Sachverständigen in Augenschein zu nehmenden oder näher zu untersuchenden Gegenstandes erfolgen, der sich im Gewahrsam eines Dritten befindet, setzt die Durchführung der Beweiserhebung voraus, dass der Dritte dem Sachverständigen sowie den Parteivertretern freiwillig Zutritt zum Untersuchungsgegenstand gewährt und die notwendigen Aufklärungsmaßnahmen (Testlauf, Umbauten etc) duldet. Eine entsprechende Erlaubnis ist rechtzeitig vom Gericht einzuholen, wobei zB das nachfolgende **Musterschreiben** verwendet werden kann:

30

Praxistipp	Formulierungsbeispiel
	Sehr geehrte Damen, sehr geehrte Herren,
	in einem Patentverletzungsrechtsstreit zwischen der ... (Klägerin) und der ... (Beklagte) hat das Gericht zur Aufklärung des erhobenen Vorwurfs der Patentverletzung einen gerichtlichen Sachverständigen beauftragt, der einen in Ihrem Besitz befindlichen ... untersuchen soll. Als Besichtigungstermin für die sachverständige Untersuchung ist der ..., ... h vorgesehen. Neben dem gerichtlichen Sachverständigen (Prof. Dr. ...) würden insgesamt weitere 7–8 Personen, vorwiegend Rechts- und Patentanwälte der Streitparteien, teilnehmen. Vom Sachverständigen

31

---

34 BGH, NJW-RR 2009, 1192, 1193.
35 BGH, MDR 2011, 64.
36 BGH, MDR 2011, 64.
37 BGH, MDR 2011, 64.
38 BGH, MDR 2011, 64.
39 BGH, MDR 2016, 1012.
40 BGH, MDR 2016, 1012.
41 BGH, MDR 2016, 1012.

> ist eine Besichtigungsdauer von maximal ... Stunden veranschlagt, wobei der ... auch in Betrieb genommen werden soll. Die hierzu notwendigen Materialien würden von der Klägerin bereitgestellt.
>
> Die Besichtigung kann selbstverständlich nur mit Ihrer Einwilligung stattfinden. Ich wollte Sie deshalb höflichst fragen, ob Sie dazu bereit sind. Mir ist bewusst, dass die Besichtigung für Sie mit gewissen Unannehmlichkeiten verbunden ist, hoffe aber dennoch, dass Sie sich dazu entschließen können, die Maßnahme im Interesse einer verlässlichen Entscheidungsgrundlage für das Gericht zu erlauben. Für eine kurzfristige Nachricht wäre ich Ihnen sehr verbunden, weil die Parteien und der Sachverständige bereits dabei sind, ihre Reise zu planen.

32 Wird die Einwilligung verweigert, hat dies regelmäßig eine Beweislastentscheidung zur Folge, es sei denn, es besteht ein Duldungsanspruch gegen den Besitzer des Untersuchungsgegenstandes und dieser wird gerichtlich durchgesetzt.

d) Anhörungstermin

33 Nachdem das schriftliche Gutachten vorliegt, erhalten die Parteien Gelegenheit, zu den Ausführungen des Sachverständigen Stellung zu nehmen. In dem Übersendungsschreiben sollte den Parteien zur Auflage gemacht werden, von ihrer Stellungnahme nebst darin in Bezug genommener Anlagen jeweils 1 Überstück für den Sachverständigen einzureichen.

34 Beantragt auch nur eine Partei, den Sachverständigen zur mündlichen Erläuterung seines Gutachtens zu laden, so hat das Gericht dem zu entsprechen, und zwar selbst dann, wenn es das Gutachten für überzeugend hält und keinen Klärungsbedarf sieht.[42] Hat das Landgericht den Anhörungsantrag einer Partei übergangen, muss das Berufungsgericht dem in zweiter Instanz wiederholten Antrag stattgeben.[43] Beschränkungen des Antragsrechts können sich allenfalls aus dem Gesichtspunkt des Rechtsmissbrauchs oder der Prozessverschleppung ergeben.[44] Die Anhörungspflicht gilt auch dann, wenn der Sachverständige sein Gutachten in einem vorausgegangenen selbständigen Beweisverfahren erstattet hat.[45] Demgegenüber bezieht sich das Recht der Parteien, die Ladung des Sachverständigen zu beantragen, grundsätzlich nicht auf einen früheren, »abgelösten« Sachverständigen, dessen Gutachten der Tatrichter für ungenügend gehalten und deshalb zum Anlass für die Beauftragung eines weiteren Sachverständigen gemäß § 412 Abs 1 ZPO genommen hat.[46] Zu beachten ist jedoch, dass nicht jede Zweitbegutachtung (zB im Berufungsverfahren) auf, § 412 ZPO gestützt ist. Selbst wenn dies der Fall sein sollte, ist auf Antrag nicht nur der zweite Gutachter anzuhören, sondern auch der frühere (zB in 1. Instanz hinzugezogene) Sachverständige zu laden, wenn und soweit dies zur weiteren Sachaufklärung, namentlich zur Behebung von Lücken und Zweifeln, erforderlich ist.[47] Damit Gericht und Sachverständiger in der Lage sind, den **Anhörungstermin** sachgerecht vorzubereiten, empfiehlt es sich, schriftsätzlich darzulegen, in welcher Hinsicht die Ausführungen des Gutachters infrage gestellt werden sollen. Das Gericht kann den Parteien hierzu eine Frist setzen (§ 411 Abs 4 ZPO). Es ist nicht erforderlich (und kann deshalb vom Gericht nur angeregt, aber nicht verlangt werden), dass ein Erläuterungsbedarf von der Partei konkret dargetan wird oder dass sie die Fragen, die sie an den Gutachter zu richten beabsichtigt, im Voraus formuliert.[48] Es genügt, wenn allgemein angegeben

---

42 BVerfG, MDR 2012, 599; BGH, MDR 2009, 1126; BGH, Mitt 2003, 142.
43 BGH, MDR 2014, 224; BGH, MDR 2017, 1329.
44 BGH, MDR 2011, 318.
45 BGH, BauR 2007, 1610.
46 BGH, MDR 2011, 64.
47 BGH, MDR 2011, 318.
48 BGH, MDR 2011, 318.

wird, in welcher Richtung die Partei durch ihre Fragen an den Sachverständigen eine weitere Aufklärung herbeizuführen wünscht.[49]

Völlig unabhängig von einem Parteiantrag ist das Gericht nach seinem Ermessen jederzeit in der Lage, die mündliche Anhörung des Sachverständigen **von Amts wegen** zu verfügen (§ 411 Abs 3 ZPO). Ein Kostenvorschuss kann in einem solchen Fall von den Parteien freilich nicht eingefordert werden.[50] Das Ermessen verdichtet sich zu einer amtsseitigen Anhörungspflicht, wenn das schriftliche Gutachten für das Gericht unverständlich, widersprüchlich oder sonst in einem Maße unzulänglich ist, dass es keine im Sinne von § 286 ZPO ordnungsgemäßen Feststellungen erlaubt.[51] Entscheidet sich das Gericht für eine Anhörung von Amts wegen, ist den Parteien dies rechtzeitig vor dem Termin mitzuteilen, damit auch von ihrer Seite eine sachgerechte Vorbereitung des Verhandlungstermins stattfinden kann.[52]

Damit die – ggf kurzfristig angeordnete – Anhörung des Sachverständigen nicht an anderweitigen Terminen des Gutachters scheitert, empfiehlt es sich, den Sachverständigen frühzeitig vom Haupttermin und seiner möglicherweise erforderlichen Anwesenheit zu unterrichten, tunlichst mit der Ladungsverfügung an die Parteien. Dies kann mit folgendem Anschreiben geschehen:

Praxistipp	Formulierungsbeispiel

Sehr geehrter Herr Professor ...,

in dem Rechtsstreit ..../. ... hat der Senat nunmehr Termin zur abschließenden mündlichen Verhandlung auf den

(Tag, Monat, Jahr, Uhrzeit), Saal ...

bestimmt. In der Verhandlung wird voraussichtlich auch das von Ihnen erstattete Gutachten, für das ich bei dieser Gelegenheit ganz herzlich danke, mit den Parteien zu erörtern sein. Möglicherweise ist Ihre persönliche Teilnahme an diesem Termin zur Erläuterung und erforderlichenfalls Ergänzung des schriftlichen Gutachtens erforderlich, insbesondere wenn eine der Parteien dies beantragen sollte. Für diesen Fall sollten Sie sich darauf einrichten, dass die Verhandlung sich ggf bis in die Abendstunden hinein erstrecken kann, so dass Sie möglicherweise erst am nächsten Tag Ihre Heimreise antreten können.

Ich wäre Ihnen dankbar, wenn sie sich vorsorglich den genannten Termin freihalten könnten. Sollte Ihre Anhörung notwendig werden, erhalten Sie rechtzeitig noch eine gesonderte Ladung.

❏ Ihre Kostenrechnung habe ich den Parteien zur Stellungnahme binnen 3 Wochen übersandt. Eine Anweisung Ihrer Vergütung wird sich daher noch etwas verzögern.

❏ Da Sie Ihrem Gutachten keine Kostenrechnung beigefügt haben, weise ich vorsorglich darauf hin, dass Ihr Vergütungsanspruch verjährt, wenn er nicht binnen 3 Monaten nach Eingang des Gutachtens bei Gericht (hier: am ...) beim Senat geltend gemacht wird.

Zur Stellungnahme auf Ihr schriftliches Gutachten ist den Parteien eine Frist bis zum ... gesetzt.

---

49 BGH, MDR 2014, 224.
50 BGH, GRUR 2010, 365 – Quersubventionierung von Laborgemeinschaften II.
51 BGH, MDR 1987, 751.
52 Vgl § 222 Abs 1 Satz 1 StPO.

38 Bei umfangreichen Einwendungen und/oder einem technisch schwierigen Sachverhalt kann sich ergeben, dass die Darlegungen der Parteien in einer mündlichen Anhörung nicht sachgerecht abgehandelt werden können und dass stattdessen eine schriftliche Gutachtenergänzung die geeignetere Vorgehensweise ist. Da das Gericht die Zweckmäßigkeit einer Anhörung oder Gutachtenergänzung aus eigener Anschauung kaum zuverlässig wird beurteilen können, empfiehlt es sich, den Sachverständigen einzubeziehen. Denkbar sind der folgende **Beschluss**

39 | Praxistipp | Formulierungsbeispiel |

Auf Antrag der Klägerin/auf Anordnung der Kammer soll der gerichtliche Sachverständige sein schriftliches Gutachten vom ... im Verhandlungstermin vom ... mündlich erläutern.

Ggf[53]: Der Klägerin wird aufgegeben, auf die Vergütung des Sachverständigen vorsorglich einen weiteren Vorschuss von ...,-- € bei der Justizkasse des ... einzuzahlen.

Frist: 3 Wochen nach Zugang dieses Beschlusses.

Dem gerichtlichen Sachverständigen sollen vorab – zur Vorbereitung seiner Anhörung und zur Vorabentscheidung darüber, ob er stattdessen eine schriftliche Ergänzung seines Gutachtens für zweckmäßiger hält – die Stellungnahmen der Klägerin vom ... (GA ...) sowie der Beklagten vom ... (GA ...) zugeleitet werden. Ggf. bleibt die Abladung des Sachverständigen vorbehalten.

40 und das folgende **Anschreiben**:

41 | Praxistipp | Formulierungsbeispiel |

In pp.

hat das Gericht mit dem in Kopie beigefügten Beschluss vom ... Ihre Ladung zum Verhandlungstermin vom ... beschlossen, so dass nunmehr Ihr persönliches Erscheinen zur mündlichen Erläuterung Ihres Gutachtens vom ... notwendig ist. Zu Ihrer Vorbereitung übersende ich Ihnen die Stellungnahmen der Parteien zu Ihren gutachterlichen Ausführungen.

Vorab möchte ich Sie um eine kurze Einschätzung dazu bitten, ob die Einwendungen der Parteien voraussichtlich im Rahmen Ihrer mündlichen Anhörung abgehandelt werden können oder ob Sie es mit Rücksicht auf den Umfang und/oder die Komplexität der Sache für angezeigt halten, stattdessen Ihr bisheriges Gutachten schriftlich zu ergänzen. Für Ihre diesbezügliche Stellungnahme, die keiner weitergehenden Begründung bedarf, habe ich mir erlaubt, eine Frist von 3 Wochen zu notieren.

42 Damit eine schriftliche Ergänzung im Einzelfall noch vor dem anberaumten Verhandlungstermin durchgeführt werden kann, ist es ratsam, die Stellungnahmefrist der Parteien zum schriftlichen Sachverständigengutachten nicht bis in die Nähe des ggf fernen Verhandlungstermins zu erstrecken, sondern stets so zu setzen, dass vorher, falls erforderlich, noch eine schriftliche Gutachtenergänzung eingeholt und den Parteien hierzu rechtliches Gehör gewährt werden kann.

---

53 Keine Vorschussanforderung ist möglich, wenn die Ladung von Amts wegen erfolgt.

| Praxistipp | Formulierungsbeispiel | 43 |

Bei der Terminierung der Sache nach Eingang des schriftlichen Gutachtens wird sich das Gericht im Allgemeinen nicht detailliert mit dem Inhalt des Gutachtens befassen. Sollte der Sachverständige einzelne Beweisfragen nicht oder völlig unzureichend beantwortet haben, sollte der Sachverständige statt belastbarer tatsächlicher Feststellungen (zB zur Funktionsweise der angegriffenen Ausführungsform) nur Vermutungen zu Papier gebracht haben, ohne die erforderlichen eigenen Untersuchungen anzustellen, oder sollte das Gutachten gänzlich unbrauchbar sein, weil es ohne Rücksicht auf patentrechtliche Regeln oder ohne Begründungstiefe abgefasst ist, so wird dem Gericht all dies im Zweifel nicht schon bei der Anberaumung des neuen Verhandlungstermins, sondern erst in Vorbereitung der mündlichen Verhandlung auffallen, was zur Folge hat, dass erst zu diesem späten Zeitpunkt die notwendigen Konsequenzen (Einholung eines Ergänzungsgutachtens, Beauftragung eines anderen Sachverständigen) gezogen werden. In der Zwischenzeit vergehen nutzlos viele Monate, während derer die Sache nicht zielführend weiter bearbeitet wird. Die Parteien, namentlich die beweispflichtige Partei, haben es in der Hand, dem dadurch entgegen zu wirken, dass sie im Rahmen ihrer Stellungnahme zum Gutachten die betreffenden Mängel schonungslos aufdecken und dem Gericht in geeigneter Weise zur Kenntnis bringen. Dazu darf es nicht bei schriftsätzlichen Ausführungen sein Bewenden haben, sondern ist unbedingt der direkte telefonische Kontakt mit dem Gericht zu suchen, um angesichts der Schwächen der bisherigen Begutachtung die sachgerechte weitere Vorgehensweise abzustimmen.

44 Hat der Sachverständige sein Gutachten auf den Anhörungsantrag einer Partei hin schriftlich ergänzt, so ist der Antrag auf mündliche Anhörung des Gutachters erledigt. Der Anhörungsantrag muss deshalb nach der Gutachtenergänzung wiederholt werden, wenn eine mündliche Erörterung des Gutachtens erzwungen werden soll.

45 Direkt im Anschluss an die Anhörung des Sachverständigen plädieren die Parteien und wird die mündliche Verhandlung geschlossen.[54] § 279 Abs 3 ZPO verpflichtet das Gericht grundsätzlich nicht, im Anschluss an die Anhörung des Sachverständigen seine vorläufige Beweiswürdigung mitzuteilen, um der beweispflichtigen Partei Gelegenheit zu geben, weitere Beweismittel zu präsentieren. Anders verhält es sich ausnahmsweise dann, wenn ohne eine solche Mitteilung eine unzulässige Überraschungsentscheidung ergehen würde.[55] Da die mündliche Verhandlung nach Abschluss der Beweisaufnahme sogleich fortzusetzen ist (§§ 370 Abs 1, 525 Satz 1 ZPO), muss den Parteien prinzipiell auch nicht das Recht eingeräumt werden, sich schriftsätzlich zum Ergebnis der mündlichen Begutachtung äußern zu können.[56] Der Anspruch auf rechtliches Gehör gebietet es im Anschluss an einen Anhörungstermin und die Übersendung des das Beweisergebnis festhaltenden Sitzungsprotokolls nur ausnahmsweise zur Gewährung eines **Schriftsatznachlasses** analog § 283 ZPO, nämlich dann, wenn von einer Partei eine umfassende sofortige[57] Stellungnahme nicht erwartet werden kann, weil sie Zeit braucht, um in Kenntnis der Sitzungsniederschrift angemessen vorzutragen.[58] Solches ist etwa der Fall,

46 – wenn der Sachverständige kein schriftliches Gutachten erstattet hat, sondern seine Ausführungen ausschließlich mündlich in einem Verhandlungstermin gemacht hat

---

54 BGH, GRUR 2010, 123 – Escitalopram (für das Nichtigkeitsberufungsverfahren).
55 BGH, MDR 2016, 1110; vgl dazu Greger, MDR 2016, 1057.
56 BGH, MDR 2018, 1057.
57 ... weil auch eine Sitzungsunterbrechung von zB 1 oder 2 Stunden für einen geordneten Vortrag nicht ausreicht.
58 BGH, MDR 2018, 1057.

und seine Ausführungen schwierige Sachfragen betreffen.[59] Gibt der diesbezügliche Vortrag der Parteien Anlass zu weiterer tatsächlicher Aufklärung, sind die mündliche Verhandlung wiederzueröffnen und der Sachverständige erforderlichenfalls ergänzend zu befragen.[60] Für den Bereich des Patentrechts wird eine solche Konstellation kaum in Betracht kommen, da den Parteien angesichts ihrer Sachkunde auf dem betreffenden technischen Gebiet und mit Rücksicht auf ihre Vertretung durch Patentanwälte regelmäßig eine sofortige Äußerung zu den Ausführungen des Sachverständigen zugemutet werden kann[61];

47 – wenn erst in oder kurz vor der mündlichen Verhandlung überraschend neue Fragen aufgeworfen werden und es sich dem Gericht aufdrängt, dass die Parteien hierzu in der Verhandlung nicht abschließend Stellung nehmen können;[62]

48 – wenn ein schriftliches Gutachten mündlich umfassend erörtert worden ist oder der Sachverständige in seinen mündlichen Ausführungen neue und ausführlichere Beurteilungen gegenüber dem bisherigen Gutachten abgegeben hat.[63]

49 Unbedingt zu beachten ist, dass eine verfahrensfehlerhaft verweigerte Schriftsatzfrist aus **Subsidiaritätsgründen** rechtlich bedeutungslos werden kann, wenn es der Verfahrensbeteiligte vorwerfbar unterlässt, selbst eine ihm mögliche Korrektur der behaupteten Gehörsverletzung zu erwirken. Das ist etwa der Fall, wenn das Gericht zwar ihren Antrag auf Schriftsatznachlass ablehnt, jedoch (zB durch eine geräumige Verlegung des Spruchtermins) zu erkennen gibt, dass es diejenigen Erwägungen, deretwegen um einen Schriftsatznachlass nachgesucht wurde, in seine Überlegungen einbeziehen will. Hier hat die Partei trotz verweigerten Schriftsatznachlasses die Pflicht, ihre Einwände dem Gericht rechtzeitig vor dem Verkündungstermin zu unterbreiten, anderenfalls sie das Recht verliert, im Nachhinein einen Gehörsverstoß zu ihrem Nachteil zu reklamieren.[64]

50 Die **Sitzungsniederschrift** über die Anhörung des Sachverständigen wird üblicherweise mit einem Diktiergerät vorläufig aufgezeichnet, danach in ein schriftliches Protokoll übertragen, welches anschließend (nach Vornahme etwaiger Schreibkorrekturen durch das Gericht) den Parteien zugestellt wird. Die näheren Einzelheiten hierzu regeln die §§ 159 ff ZPO. Sollen seitens einer Partei Unzulänglichkeiten der Protokollabschrift geltend gemacht werden, ist zwischen einem Protokollaufnahmeantrag und einem Protokollberichtigungsantrag zu unterscheiden, die jeweils anderen rechtlichen Regeln unterliegen:

51 – Geht das Begehren dahin, einen Vorgang, der im Protokoll bisher keine Erwähnung gefunden hat, nachträglich in die Sitzungsniederschrift aufzunehmen, liegt ein **Protokollaufnahmeantrag** iSv § 160 Abs 4 ZPO vor. Er ist nur bis zum Schluss derjenigen mündlichen Verhandlung möglich, über die das Protokoll aufgenommen worden ist.[65] Ein späterer Antrag ist unzulässig.

52 – Soll demgegenüber ein in das Protokoll aufgenommener Vorgang unrichtig wiedergegeben sein (zB weil ein Übertragungsfehler vorgekommen ist), so handelt es sich um eine **Protokollberichtigungsantrag** iSv § 164 ZPO. Gegen die Berichtigungsentscheidung, egal wie sie ausfällt, ist ein Rechtsmittel nicht statthaft, wenn es dazu führt, dass das Beschwerdegericht, welches an der fraglichen Sitzung nicht teilgenom-

---

59 BGH, MDR 2009, 997; BGH, MDR 2018, 1057.
60 BGH, MDR 2009, 997.
61 BGH, GRUR 2010, 123 – Escitalopram (zum Nichtigkeitsberufungsverfahren).
62 BGH, NZBau 2009, 244; BGH, GRUR 2010, 123 – Escitalopram.
63 BGH, MDR 2018, 1057.
64 BGH, MDR 2018, 1057.
65 OLG Schleswig, MDR 2011, 751.

men hat und deshalb auch nicht wissen kann, was gewesen oder nicht gewesen ist, das Protokoll inhaltlich überprüfen müsste.[66] Anders liegt die Sache nur dann, wenn die Ablehnung der Berichtigung auf rein formale und abstrakt zu bescheidende Gründe, zB dem der Verspätung, gestützt ist.[67]

Nach erfolgter Anhörung braucht ein **zweites Sachverständigengutachten** nicht allein deshalb eingeholt zu werden, weil das schriftliche Gutachten des angehörten Sachverständigen patentrechtliche Vorgaben noch nicht hinreichend berücksichtigt hat, sofern das Gericht zu Beginn der Anhörung die patentrechtlich zutreffenden Grundsätze erläutert, auf dieser Grundlage seine Befragung durchgeführt und den Antworten des Sachverständigen hat entnehmen können, dass der Gutachter das patentrechtlich Gebotene bei seinen Erwägungen nicht außer Acht gelassen hat.[68] 53

e) Vorschusspflicht

Vorschusspflichtig für das Sachverständigengutachten ist der Beweisführer, dh diejenige Partei, die den Beweis förmlich angeboten hat.[69] Die materielle Beweislast bestimmt den Vorschussschuldner nur dann, wenn die Beweisaufnahme von beiden Parteien beantragt worden ist.[70] Beweisbelastet für die in einem Verletzungsprozess üblicherweise zu begutachtenden Fragen (die Auslegung des Klageschutzrechts und dessen Verletzung durch die angegriffene Ausführungsform) ist in der Regel der Kläger. Kommt ihm die Beweisvorschrift des § 139 Abs 3 PatG zugute und geht es bei der Beweisaufnahme um die Klärung, ob das angegriffene Erzeugnis gleicher Eigenschaft tatsächlich nach einem anderen als dem erfindungsgemäßen Verfahren hergestellt worden ist, so liegt die Vorschusspflicht beim Beklagten.[71] Soll im Gutachten auch dem »Formstein«-Einwand nachgegangen werden, so ist der – insoweit beweispflichtige – Beklagte anteilig am Kostenvorschuss zu beteiligen. Erweist sich die Kostenschätzung des Gutachters als zu gering, kann ein ergänzender Vorschuss nachgefordert werden.[72] Ist der eingezahlte Vorschuss durch die Liquidation des Sachverständigen für das schriftliche Gutachten aufgezehrt und wird die mündliche Anhörung des Sachverständigen beantragt, so ist derjenige für die hierdurch voraussichtlich entstehenden (weiteren) Kosten vorschusspflichtig, der die Anhörung begehrt. Die Anforderung eines Auslagenvorschusses ist unanfechtbar.[73] Keine Vorschusspflicht besteht, wenn ein Gutachten von Amts wegen (zB gemäß § 144 ZPO) eingeholt wird.[74] 54

Typischerweise wird die Einholung des Gutachtens (bzw die Ladung des Sachverständigen zur Anhörung) von der Einzahlung des Vorschusses abhängig gemacht (vgl §§ 402, 379 ZPO). Wird in einem solchen Fall die **Zahlung nicht innerhalb der** gesetzten (ggf verlängerten) **Frist** vorgenommen, stellt sich die Frage einer möglichen Präklusion dahingehend, ob das Gericht von der angeordneten Beweiserhebung absehen, statt dessen Verhandlungstermin bestimmen und die Sache nach Beweislastgrundsätzen entscheiden darf. Erfolgt bis zum Verhandlungstermin überhaupt keine Zahlung und existieren auch keine anderen Möglichkeiten der Sachaufklärung, ist entsprechend zu verfahren. Von grober Nachlässigkeit ist allerdings nur auszugehen, wenn der Vorschusspflichtige auf die Präk- 55

---

66 OLG Schleswig, MDR 2011, 751; 752; OLG Koblenz, MDR 2012, 1061.
67 OLG Schleswig, MDR 2011, 751; OLG Koblenz, MDR 2012, 1061.
68 BGH, GRUR 2010, 410 – Insassenschutzsystemsteuereinheit.
69 BGH, GRUR 2010, 365 – Quersubventionierung von Laborgemeinschaften II.
70 BGH, GRUR 2010, 365 – Quersubventionierung von Laborgemeinschaften II.
71 OLG Düsseldorf, Beschluss v 2.1.2014 – I-2 U 47/07.
72 BGH, MDR 2011, 561.
73 BGH, WuM 2009, 317.
74 BGH, GRUR 2010, 365 – Quersubventionierung von Laborgemeinschaften II.

lusionswirkung hingewiesen worden ist.[75] Geschieht die Zahlung bloß verzögert, gelten die allgemeinen Regeln zur Zurückweisung verspäteten Vorbringens. Eine Präklusion kann deshalb nicht angenommen werden, wenn die verspätete Zahlung nicht kausal für eine Verzögerung in der Erledigung des Rechtsstreits ist. So liegt der Sachverhalt, wenn das Verfahren bei Durchführung der Beweisaufnahme nicht länger dauern würde, als es bei rechtzeitiger Einzahlung des Vorschusses gedauert hätte.[76]

f) Vergütungsanspruch des Sachverständigen

56 Allein für die **Prüfung** der Frage, ob der Sachverständige zur Erstellung eines Gutachtens fachlich in der Lage ist, steht dem als Gutachter in Aussicht Genommenen regelmäßig keine Entschädigung zu.[77] Gleiches gilt für die Anfertigung und Erläuterung seiner Rechnung[78], für die Kosten der ohne gerichtliche Aufforderung vorgenommenen Anfertigung eines eigenen Exemplars des Gutachtens für die Handakte des Sachverständigen[79] und für die Anfertigung einer Stellungnahme zu einem gegen ihn gerichteten Ablehnungsgesuch[80].

57 Gleiches gilt, wenn die **Fertigstellung** des Gutachtens **unterbleibt**. Ein Anspruch auf Entschädigung für Vorbereitungs- und bereits erbrachte Teilarbeiten steht dem Sachverständigen ausnahmsweise nur dann zu,

58 – wenn das Gutachten ohne Verschulden des Sachverständigen unvollendet bleibt oder

59 – wenn und soweit es um Teilarbeiten geht, die für das Gericht verwertbar sind.[81]

60 Dass das Gutachten Detailfragen offenlässt, die ggf in einer mündlichen Erörterung zu klären sind, beeinträchtigt den Honoraranspruch demgegenüber nicht.[82]

61 Dem Sachverständigen kann der Vergütungsanspruch aberkannt werden, wenn und soweit das Gutachten **unverwertbar** ist und der Sachverständige dies durch eine Verletzung seiner Pflichten verschuldet hat. Bisher wurde diesbezüglich ein vorsätzlicher oder grob fahrlässiger Pflichtverstoß verlangt[83], wofür einfaches Unvermögen in der Regel ebenso wenig ausreiche wie eine fehlende Sachkunde[84]. Der Haftungsmaßstab hat sich mit dem 2. KostRModG insofern verschärft, als der Sachverständige bei Erbringung einer mangelhaften Leistung eine Vergütung nur noch dann erhält, wenn diese trotz der vorhandenen Mängel für das Gericht verwertbar ist (§ 8a Abs 2 Nr 2 JVEG). Dass das Gutachten einzelne Fragen offen lässt, die im Rahmen einer mündlichen Anhörung des Sachverständigen geklärt oder durch eine schriftliche Gutachtenergänzung aufgearbeitet werden können, begründet allerdings noch keinen Mangel des Gutachtens.[85]

---

75 OLG Köln, MDR 2014, 494.
76 BGH, MDR 2011, 561. Vgl dazu: Fellner, MDR 2012, 260.
77 BGH, Mitt 2002, 378 – Massedurchfluss; BGH, GRUR 2007, 175 – Sachverständigenentschädigung IV (zur Rechtslage unter der Geltung des JVEG).
78 OLG Düsseldorf, Beschluss v 29.2.2012 – I-2 U 5/08.
79 OLG Oldenburg, MDR 2009, 774.
80 OLG Celle, Beschluss v 28.6.2012 – 2 W 171/12.
81 OLG Düsseldorf, OLG-Report 2009, 225.
82 BGH, GRUR-RR 2009, 120 – Fertigstellung.
83 OLG Jena, MDR 2008, 1186, mwN; OLG Naumburg, MDR 2012, 802; OLG Düsseldorf, Beschluss v 29.2.2012 – I-2 U 5/08.
84 OLG Jena, MDR 2008, 1186, mwN.
85 OLG Düsseldorf, Beschluss v 29.2.2012 – I-2 U 5/08. Zu einem Verlust des Vergütungsanspruchs kommt es in solchen Fällen allerdings dann, wenn der Sachverständige eine Gutachtenergänzung vereitelt, indem er sie zB von unangemessenen Honorarforderungen (für die Erläuterung seiner bisherigen Rechnung oder unter Zugrundelegung eines zu hohen Stundensatzes) abhängig macht (OLG Düsseldorf, Beschluss v 29.2.2012 – I-2 U 5/08).

Die **zögerliche Gutachtenbearbeitung** führt in aller Regel nicht zum Verlust des 62
Anspruchs auf Vergütung, weil das Gericht mit § 411 ZPO (Fristsetzung, Ordnungsmittel) Möglichkeiten in der Hand hat, den Sachverständigen zur Gutachtenerstellung anzuhalten. Erst wenn das Gericht Ordnungsmittel gegen den Sachverständigen festgesetzt und dieser seine Leistung dennoch nicht vollständig erbracht hat, lässt es § 8a Abs 2 Nr 4 JVEG zu, seine Vergütung auf die erbrachte Teilleistung zu beschränken, sofern diese verwertbar ist. Ist dies nicht der fall, kommt der Vergütungsanspruch vollständig zum Erlöschen. Nach OLG München[86] gilt dasselbe in Fällen besonderer Eilbedürftigkeit, wenn die Angelegenheit nach der Gesamtschau aller Umstände keine verzögerte Bearbeitung des Gutachtens duldet. Lässt der Gutachter nicht nur eine erste Nachfrist verstreichen, sondern versäumt er auch eine zweite Nachfrist, mit dem ihm entsprechendes angedroht worden ist, so kann das Gericht ihm den Auftrag unter Verlust seines Honoraranspruchs entziehen, ihm die durch sein Untätigsein verursachten Kosten auferlegen und einen neuen Sachverständigen beauftragen.[87]

Überträgt der gerichtlich bestellte **Sachverständige den Auftrag unbefugt auf einen** 63
anderen, erhält dieser für das von ihm erstattete Gutachten keine Vergütung. Das gilt auch dann, wenn der ernannte Sachverständige bereit ist, das Gutachten durch eine nachträgliche Unterzeichnung mitzutragen.[88]

Demgegenüber sind diejenigen Kosten erstattungsfähig, die dem Sachverständigen für 64
die Hinzuziehung einer **Hilfskraft** (bei der es sich um einen eigenen Angestellten, aber auch eine Fremdfirma handeln kann) entstanden sind. Voraussetzung ist freilich, dass die Einschaltung des Gehilfen sachlich notwendig war und dessen Vergütung angemessen ist.[89] Bei freien Mitarbeitern und Fremdfirmen, die hinzugezogen werden, fällt regelmäßig kein Zuschlag auf die Gemeinkosten nach § 12 Abs 2 JVEG an; anderes ist vom Sachverständigen konkret nachzuweisen.[90]

Die **Vergütungshöhe** für das Gutachten und dessen Erläuterung bemisst sich nicht nach 65
der vom Sachverständigen tatsächlich aufgewendeten Zeit, sondern nach derjenigen Stundenzahl, die ein durchschnittlich schnell arbeitender Sachverständiger benötigt hätte.[91] Es gilt insoweit ein objektiver Maßstab.[92] Zu berücksichtigen ist, dass der Sachverständige auf dem zur Begutachtung anstehenden technischen Sachgebiet eine fachliche Kompetenz besitzt, weswegen zwischen seiner Fachkunde und dem in Rechnung gestellten zeitlichen Aufwand eine plausible Proportionalität bestehen muss.[93] Dieser Gesichtspunkt hat erst recht Bedeutung, wenn es um die Vorbereitung eines mündlichen Anhörungstermins nach vorausgegangener schriftlicher Begutachtung geht, weil der Sachverständige aufgrund seiner Vorbefassung mit der Sache bereits vertraut ist, was die Wiedereinarbeitung in den Streitstoff unter Berücksichtigung der von den Parteien gegen sein schriftliches Gutachten vorgebrachten Einwendungen erleichtert.[94] Hat der Sachverständige die Arbeit an dem Gutachten *außergewöhnlich* oft unterbrochen, so dass er sich wiederholt von neuem in den Streitstoff einarbeiten musste, so ist der hierdurch verursachte (unangemessene) zeitliche Mehraufwand nicht vergütungsfähig. Darüber hinaus muss die Arbeitsweise des Sachverständigen grundsätzlich allerdings ihm überlassen blei-

---

86 OLG München, MDR 2012, 306.
87 OLG Stuttgart, MDR 2017, 900.
88 OLG Koblenz, MDR 2012, 1491.
89 OLG Stuttgart, MDR 2018, 1085.
90 OLG Stuttgart, MDR 2018, 1085.
91 BGH, GRUR 2004, 446 – Sachverständigenentschädigung III.
92 OLG Düsseldorf, OLG-Report 2009, 219.
93 BGH, GRUR-RR 2009, 120 – Fertigstellung; BGH, GRUR-RR 2010, 272 – Erforderlicher Bearbeitungsaufwand; BGH, Beschluss v 13.8.2012 – X ZR 11/10.
94 OLG Düsseldorf, Beschluss v 15.2.2016 – I-2 U 77/11.

ben, weswegen zB einem Stundenaufwand von 150 Stunden bei einem eingehenden Gutachten in einer Nichtigkeitssache jedenfalls nicht ohne Weiteres die Erforderlichkeit abgesprochen werden kann.[95] Mehr als 150 Stunden billigt der BGH dem Sachverständigen in einem Nichtigkeitsverfahren durchschnittlichen Prüfungsumfangs nicht zu.[96] Grundsätzlich wird davon auszugehen sein, dass die Angaben des Sachverständigen über die tatsächlich benötigte Zeit richtig sind. Ein Anlass zur Nachprüfung, ob die von dem Sachverständigen angegebene Zeit tatsächlich erforderlich war, wird nur dann bestehen, wenn der angesetzte Zeitaufwand im Verhältnis zur erbrachten Leistung ungewöhnlich hoch erscheint[97].

66 Hinsichtlich des **Stundensatz**es hält der BGH in einem normal gelagerten Patentnichtigkeitsverfahren die Eingruppierung in die höchste Honorargruppe 13 (= 125 € netto), vormals Honorargruppe 10 (= 95 € netto) des § 9 Abs 1 JVEG für angemessen.[98] Mit Blick auf den Verletzungsprozess kann nichts anderes gelten.[99] Der Stundensatz kann – neben dem Tagegeld[100] – auch für Reise- und Wartezeiten des Sachverständigen verlangt werden.[101] Sofern die Stundenzahl übersetzt erscheint, der Sachverständige jedoch beim Stundensatz den möglichen Rahmen bis 95 € nicht ausgeschöpft hat, kann bei der Vergütungsfestsetzung ein höherer als der vom Gutachter selbst in Ansatz gebrachte Stundensatz zugebilligt werden, solange die beanspruchte Gesamtvergütung nicht überschritten wird (Bsp: Liquidation lautet auf 202 Stunden á 76 € = 15.352 €; Festsetzung erfolgt auf 150 Stunden á 95 € = 14.250 €).[102]

67 Will der Sachverständige nach einem Stundensatz abrechnen, der oberhalb der Sätze der Honorargruppen liegt, bedarf es der Zustimmung beider Parteien. Sie kann noch nicht in einem bloßen Schweigen der Parteien auf die Forderung des Sachverständigen gesehen werden, sondern muss vor Erbringung der Sachverständigenleistung eindeutig und unzweifelhaft erklärt werden.[103] Bei der Anfrage nach der Bereitschaft des Sachverständigen als Gutachter tätig zu werden, sollte dieser deshalb aufgefordert werden, seinen Stundensatz und die voraussichtliche Stundenzahl anzugeben. Bei den Parteien sollte anschließend das Einverständnis mit dem Stundensatz (nicht nur mit der veranschlagten Gesamtvergütung!) eingeholt und anschließend ein entsprechender Vorschuss eingefordert werden. Stimmt nur eine Partei zu, kann die Zustimmung der anderen Partei durch das Gericht ersetzt werden (§ 13 JVEG), und zwar auch nachträglich im Anschluss an die Begutachtung des Sachverständigen[104]. Zulässig ist eine Überschreitung des Honorarrahmens allerdings nur bis zum 2-fachen[105] des gesetzlichen Vergütungssatzes.[106] Seit Inkrafttreten des 2. KostRModG muss ferner hinzukommen, dass sich ein geeigneter Sachverständiger zu dem gesetzlichen Honorar nach § 9 Abs 1 Satz 1 JVEG nicht finden

---

95 BGH, GRUR 2007, 175 – Sachverständigenentschädigung IV.
96 BGH, GRUR 2013, 863 – Sachverständigenentschädigung VI.
97 OLG Koblenz, Mitt 2013, 148 – Kürzung der Sachverständigenvergütung für Aktenlektüre (LS); OLG Düsseldorf, OLG-Report 2009, 219.
98 BGH, GRUR 2007, 175 – Sachverständigenentschädigung IV; BGH, Beschluss v 16.12.2010 – Xa ZR 14/10; BGH, Beschluss v 10.12.2013 – X ZR 74/11.
99 OLG Düsseldorf, InstGE 13, 221 – Drehgeber.
100 § 6 Abs 1 JVEG.
101 BGH, Beschluss v 16.12.2010 – Xa ZR 14/10.
102 BGH, Beschluss v 15.2.2011 – X ZR 7/09.
103 OLG Koblenz, MDR 2010, 346.
104 BGH, GRUR 2013, 863 – Sachverständigenentschädigung VI.
105 Vor dem Inkrafttreten des 2. KostRModG lag die Grenze beim 1,5-fachen.
106 OLG Düsseldorf, InstGE 13, 221 – Drehgeber. Bleibt die Vergütung damit unterhalb des angeforderten Stundensatzes, kann der Sachverständige unter den Voraussetzungen des § 407 Abs 1 ZPO dennoch zur Begutachtung auch zu den verschlechterten finanziellen Bedingungen verpflichtet sein. Sie liegen bei einem Patentanwalt aufgrund seiner Berufszulassung vor (OLG Düsseldorf, InstGE 13, 221 – Drehgeber).

lässt. Der Einwand, das Gutachten beantworte die gestellten Fragen nur teilweise und sei daher nachzubessern, rechtfertigt es nicht ohne weiteres, dem Sachverständigen die geltend gemachte Vergütung für die betreffenden Positionen seiner Rechnung vorzuenthalten.[107]

Der Vergütungsanspruch **erlischt**, wenn er nicht binnen 3 Monaten gegenüber derjenigen Stelle, die den Gutachterauftrag erteilt hat (typischerweise das Verletzungsgericht), geltend gemacht wird. Die Frist – über die und deren Beginn der Sachverständige zu belehren ist – beginnt, wenn Gegenstand der Beauftragung ein schriftliches Gutachten war, mit Eingang des Gutachtens bei Gericht (§ 2 Abs 1 Satz 2 Nr 1 JVEG), wenn sich die Beauftragung auf ein mündliches Gutachten oder dessen Erläuterung bezieht, mit Beendigung der Vernehmung (§ 2 Abs 1 Satz 2 Nr 2 JVEG). Erledigt sich der Gutachtenauftrag vorher (zB weil sich die Parteien außergerichtlich vergleichen), kommt es auf die Bekanntgabe der Erledigung an den Sachverständigen an (§ 2 Abs 1 Satz 2 Nr 3 JVEG). Die Fehlvorstellung des Sachverständigen, er werde sein Gutachten noch schriftlich ergänzen oder mündlich erläutern müssen, schiebt weder den Fristbeginn hinaus noch rechtfertigt sie eine Wiedereinsetzung in den vorigen Stand nach § 2 Abs 2 JVEG.[108] Ist eine Rechnung fristgerecht gestellt, so dass ein Erlöschenstatbestand nicht vorliegt, kann der Vergütungsanspruch binnen 3 Jahren verjähren (§ 2 Abs 3 JVEG). 68

Überschreiten die voraussichtlichen Begutachtungskosten den vorher mitgeteilten (und dementsprechend der Vorschussanforderung zugrunde gelegten) Rahmen erheblich, dh im Regelfall um 20–25 %[109], so hat der Sachverständige dies dem Gericht gemäß § 407a Abs 3 Satz 2 ZPO rechtzeitig anzuzeigen, damit entschieden werden kann, ob die Begutachtung dennoch in der vorgesehenen Form durchgeführt werden soll. Verletzt der Sachverständige diese Pflicht schuldhaft, wovon im Allgemeinen jedenfalls dann auszugehen ist, wenn der Sachverständige über seine Hinweispflicht belehrt worden ist, so führte dies früher zu einer **Kürzung** der (an sich angemessenen) Vergütung um die Mehrkosten, es sei denn, bei verständiger Würdigung aller Umstände ist unter Anlegung eines objektiven Maßstabes davon auszugehen, dass auch bei pflichtgemäßer Anzeige die Tätigkeit des Sachverständigen weder eingeschränkt noch unterbunden worden wäre.[110] Bleibt die Kausalitätsfrage ungeklärt, geht dies zu Lasten des Sachverständigen, dh es findet eine Kürzung statt.[111] § 8a Abs 4 JVEG, der auf Sachverständigentätigkeiten anwendbar ist, die seit dem 1.8.2013 beauftragt worden sind, bestimmt nunmehr ausdrücklich, dass der Sachverständige bei schuldhafter Verletzung seiner Hinweispflicht[112] lediglich den eingezahlten Auslagenvorschuss (ohne einen 20 %igen Aufschlag) erhält.[113] Seine Verantwortlichkeit wird dabei gesetzlich vermutet, so dass es der Darlegung entlastender Umstände durch den Sachverständigen bedarf (§ 8a Abs 5 JVEG). Gibt der Sachverständige rechtzeitig den Hinweis auf eine zu erwartende Vorschussüberschreitung, so darf er, solange er keine gegenteilige Anweisung erhält, mit der Begutachtung fortfahren, ohne Gefahr zu laufen, nach § 8a Abs 4 JVEG behandelt zu werden.[114] 69

---

107 BGH, GRUR-RR 2009, 120 – Fertigstellung.
108 OLG Koblenz, MDR 2008, 173.
109 OLG Hamm, MDR 2015, 300; OLG Stuttgart, MDR 2008, 652, mwN.
110 OLG Naumburg, MDR 2013, 172; OLG Stuttgart, MDR 2008, 652.
111 OLG Stuttgart, MDR 2008, 652.
112 Sie bleibt auch dann bestehen, wenn der Sachverständige seine der Vorschussanforderung zugrunde gelegte Kostenangabe als bloße Schätzung deklariert (OLG Hamm, MDR 2015, 1033).
113 OLG Hamm, MDR 2015, 300.
114 OLG Stuttgart, MDR 2017, 1392.

J. Sonstiges

g) Besorgnis der Befangenheit

70 Ein Sachverständiger kann aus denselben Gründen wegen **Besorgnis der Befangenheit**[115] abgelehnt werden, die bei einem Richter gemäß § 42 ZPO zu einer Ablehnung führen. Es bedarf nicht der Feststellung, dass der Sachverständige tatsächlich voreingenommen ist; vielmehr genügt der bei der ablehnenden Partei bei objektiver Würdigung der Umstände berechtigterweise erweckte *Anschein* der Parteilichkeit.

71 Er wird noch **nicht** dadurch hervorgerufen, dass

72 – der Sachverständige in einem anderen Gerichtsverfahren bereits als gerichtlich bestellter Gutachter tätig geworden ist, selbst wenn dieselben Parteien involviert waren und dieselben Fragen zur Beurteilung standen[116];

73 – der Sachverständige als Hochschullehrer in einem üblichen Kontakt zur Industrie steht (auch wenn sich darunter Wettbewerber der Parteien befinden)[117], im Gegenteil sind vorausgegangene Industrietätigkeiten bei Hochschullehrern an technischen Hochschulen nicht nur allgemein zu erwarten, sondern im Interesse der Qualifikation des Sachverständigen sogar erwünscht[118]. Gleiches gilt für einen Patentanwalt, der oder dessen Sozien für Wettbewerber der Parteien tätig sind, es ei denn, das Mandat für den Wettbewerber besteht darin, diesen (zB in einem Einspruchs- oder Nichtigkeitsverfahren) gegen einen der Prozessparteien zu vertreten[119];

74 – der Sachverständige gewöhnliche (weder fachlich noch persönlich besonders enge) berufliche Kontakte zu einer Person unterhält, die für eine Prozesspartei Leistungen erbracht hat oder nach wie vor erbringt, die in einem Zusammenhang mit dem entscheidungserheblichen Sachverhalt stehen[120];

75 – der Sachverständige Vertreter eines Verbandes ist, dem auch eine der Parteien angehört,

76 – der Sachverständige eine Bekanntschaft oder lockere Freundschaft zu einer Prozesspartei oder ihrem anwaltlichen Vertreter unterhält[121];

77 – der Sachverständige einen von dritter Seite erteilten Gutachtenauftrag annimmt, der seinerseits in einem Beratungsverhältnis zu einer der Parteien steht, jedenfalls dann, wenn die Gutachtertätigkeit für den Dritten nicht auf Dauer angelegt ist und auch inhaltlich nicht den Prozessstoff berührt[122],

78 – die Hochschule, der der Sachverständige angehört, als solche geschäftliche Kontakte zu einer Partei unterhält[123],

79 – und die Gegenpartei in beruflichen Beziehungen zu einem Dritten stehen[124];

80 – der Sachverständige in Schutzrechten eines Wettbewerbers als Erfinder genannt ist, sofern diese Schutzrechte nicht benutzt, sondern aufgegeben werden sollen[125];

---

115 Vgl ausführlich Prietzel-Funk, GRUR 2009, 322.
116 BGH, MDR 2017, 479.
117 BGH, GRUR 2008, 191 – Sachverständigenablehnung II.
118 BGH, Beschluss v 18.9.2007 – X ZR 81/06.
119 OLG Düsseldorf, InstGE 13, 221 – Drehgeber.
120 OLG Hamm, MDR 2013, 169.
121 BGH, Beschluss v 22.11.2017 – RiZ 2/16.
122 BGH, GRUR 2013, 100 – Sachverständigenablehnung VI.
123 BGH, GRUR 2008, 191 – Sachverständigenablehnung II.
124 OLG Stuttgart, Mitt 2010, 495.
125 BGH, GRUR 2002, 369 – Sachverständigenablehnung I; BGH, Beschluss v 3.11.2014 – X ZR 148/11.

- das Gutachten inhaltliche Mängel aufweist[126] bzw lückenhaft ist[127], namentlich dann, wenn sie die Unzulänglichkeiten bei einer mündlichen Anhörung ausräumen lassen; 81

- gegen den Sachverständigen mangelnde Sachkunde oder unzureichende Fortbildung eingewandt wird[128]; 82

- das Gutachten trotz komplexer Sachlage zügig erstellt wird[129]; 83

- der Sachverständige auf die Anfrage des Gerichts nach etwaigen befangenheitsbegründenden Beziehungen zu den Parteien Vortragstätigkeiten auf Veranstaltungen *einer* Partei unerwähnt lässt, weil er aufgrund einer subjektiven Fehleinschätzung erst Beraterverträge oder ähnlich enge Beziehungen zu einer Prozesspartei für erwähnenswert gehalten hat[130]; 84

- der Sachverständige seinen Gutachtenauftrag überschreitet *und* dies in einer Weise geschieht, dass die Erledigung des Auftrages nicht als Ausdruck einer unsachlichen Grundhaltung gegenüber einer Partei gedeutet werden kann[131], zB deshalb, weil er den Gutachtenauftrag missverstanden hat[132]; 85

- sich der Sachverständige gegen Angriffe eines Rechtsanwaltes oder seiner Partei mit deutlichen Worten zur Wehr setzt[133]; 86

- der Sachverständige bei Begutachtung des Verletzergewinns die Erfindung des vergütungspflichtigen Klagepatents als »genial« bezeichnet[134]; 87

- wenn der Sachverständige das Promotionsvorhaben eines subaltern beschäftigten Mitarbeiters einer Prozesspartei betreut hat, welches nicht den Gegenstand der Begutachtung betrifft; das gilt auch dann, wenn der Promovend während dessen bei der Prozesspartei weiter beschäftigt bleibt, sofern die Prozesspartei ausschließlich die ihr zugute kommende Arbeitsleistung (50 %) vergütet; unter solchen Umständen begründen auch gemeinsame Veröffentlichungen des Sachverständigen mit dem Promovenden zu den Forschungsergebnissen der Dissertation keinen Befangenheitsverdacht; gleiches gilt für den Umstand, dass der Sachverständige das Promotionsprojekt vor seiner gerichtlichen Gutachterbestellung nicht offengelegt hat.[135] 88

Schädlich ist dagegen, wenn der Sachverständige 89

- über gehäufte gemeinsame Mitgliedschaften mit dem Geschäftsführer einer Partei in Vorständen und Beiräten verschiedener Institutionen verfügt, sofern den Vorständen und Beiräten eine lediglich geringe Zahl von Mitgliedern angehört, wobei die Zweifel verstärkt werden, wenn der Sachverständige die gemeinsamen Mitgliedschaften auf eine gerichtliche Anfrage vor seiner Bestellung verschwiegen hat[136]; 90

- im Zuge der Begutachtung Handlungen (zB eine Besichtigung[137]) unter Ausschluss einer Partei vornimmt, selbst wenn die Nichtbenachrichtigung der einen Partei von 91

---

126 BGH, GRUR 2008, 191 – Sachverständigenablehnung II; OLG Köln, MDR 2008, 361.
127 BGH, GRUR 2012, 92 – Sachverständigenablehnung IV.
128 BGH, Beschluss v 3.11.2014 – X ZR 148/11; OLG Celle, MDR 2013, 721.
129 OLG Köln, MDR 2008, 361.
130 BGH, GRUR 2012, 855 – Sachverständigenablehnung V.
131 BGH, MDR 2013, 739.
132 OLG Karlsruhe, MDR 2014, 425.
133 OLG Zweibrücken, MDR 2013, 1425; OLG Düsseldorf, Beschluss v 25.11.2015 – I-15 W 27/15 (Prozessverhalten im Zusammenhang mit der Vorschusszahlung sei »Realsatire«).
134 OLG Düsseldorf, Beschluss v 25.11.2015 – I-15 W 27/15.
135 OLG Düsseldorf, Beschluss v 9.10.2017 – I-2 U 76/14.
136 OLG Düsseldorf, InstGE 7, 62 – Umhüllungsverfahren.
137 OLG Koblenz, MDR 2010, 463.

dem Besichtigungstermin auf einem bloßen Versehen beruht[138] oder die mangelnde Beteiligung der einen Partei darin begründet ist, dass der Gegner ihr den Zutritt verweigert[139];

92 – einer Partei nicht offenbart, dass er von der anderen Partei bestimmte Unterlagen herangezogen und verwertet hat, selbst wenn dies nur zum Zwecke der Überprüfung der Prämissen seines Hauptgutachtens geschehen ist[140];

93 – zur Vorbereitung eines Anhörungstermins mit der Gegenseite telefoniert und Unterlagen anfordert, sofern er dies nicht von sich aus, sondern erst auf Nachfrage des Gerichts im Termin offenlegt und die erhaltenen Unterlagen herausgibt[141];

94 – im Rahmen der Gutachtenerstellung telefonischen Kontakt zu der Gegenseite und einem im Lager der Gegenseite stehenden Dritten aufnimmt, dabei die Sache im Hinblick auf das zu erstattende Gutachten erörtert und den genauen Gesprächsinhalt nicht ungefragt offenlegt[142];

95 – in einer wissenschaftlichen oder geschäftlichen Verbindung zu einer der Parteien steht, wobei es ausreicht, dass die Verbindungen zwischen der Partei und demjenigen Institut bestehen, der der Sachverständige angehört[143];

96 – wirtschaftlich mit einem Unterlizenznehmer am Klagepatent und mit einem Wettbewerber des Patentinhabers zusammengearbeitet hat (Forschungsgelder, Beratungsleistungen), in dessen benutzten Schutzrechten er zudem als Miterfinder benannt ist[144];

97 – in einem aktuellen (nicht schon längere Zeit zurückliegenden) Mandatsverhältnis zu den Prozessbevollmächtigten des Prozessgegners[145];

98 – in seinem Gutachten bei der Auseinandersetzung mit dem Standpunkt einer Prozesspartei Formulierungen verwendet, die nicht nur drastisch, sondern böswillig unterstellend sowie abwertend und abfällig sind[146];

99 – auf eine seitens einer Partei angebrachte Kritik an seinem Gutachten mit Bemerkungen wie »Unverschämtheit«, »völlig absurd und inkompetent« sprachlich entgleist[147];

100 – die Stellung eines Beweisantrages durch eine Partei während seiner Anhörung als Prozesshanselei bezeichnet[148];

101 – sich nicht mit der gebotenen Sachlichkeit mit den durch Privatgutachten substantiierten Einwendungen gegen sein Gutachten auseinandersetzt[149] oder Einwendungen gegen sein Gutachten zum Anlass für abwertende Äußerungen über die Prozessbevollmächtigten der betreffenden Partei nimmt[150];

---

138 OLG Karlsruhe, MDR 2010, 1148; aA OLG Saarbrücken (MDR 2011, 1315), das für entscheidend hält, dass das Verhalten des Sachverständigen auf dessen Intention schließen lässt, die andere Partei – etwa durch bewusstes Absehen von einer Terminsmitteilung – zu benachteiligen.
139 OLG Saarbrücken, MDR 2014, 180.
140 OLG Stuttgart, MDR 2014, 560.
141 OLG Stuttgart, MDR 2011, 190; OLG Koblenz, MDR 2012, 994.
142 OLG Köln, MDR 2011, 507.
143 BGH, GRUR 2008, 191 – Sachverständigenablehnung II.
144 BGH, Beschluss v 3.11.2014 – X ZR 148/11.
145 BGH, GRUR 2008, 191 – Sachverständigenablehnung II.
146 OLG Celle, MDR 2012, 1309.
147 KG, MDR 2008, 528; vgl auch OLG Brandenburg, MDR 2009, 288.
148 OLG Hamm, MDR 2015, 1320.
149 OLG Saarbrücken, MDR 2008, 1121.
150 OLG Hamm, MDR 2010, 653.

– seinen Gutachtenauftrag dadurch überschreitet, dass er eine dem Gericht vorbehaltene Beweiswürdigung vornimmt und seiner Beurteilung nicht vorgegebene Anknüpfungstatsachen zugrunde legt[151]; 102

– bei seiner Begutachtung einseitig von dem zwischen den Parteien streitigen Vortrag *einer* Partei ausgeht, ohne hinreichend darzulegen, weshalb er die gegenteilige Behauptung der anderen Partei für nicht verlässlich hält; 103

– eine private/berufliche Nähe zu einer Partei, die Zweifel an seiner Unparteilichkeit begründen kann, auf eine gerichtliche Anfrage verschweigt[152]; 104

– bei der Aufnahme und Auswertung des Sachverhaltes in auch aus objektiver Sicht wichtigen Punkten Fehler macht, die in starkem Maße auf mangelnde Sorgfalt schließen lassen[153]; 105

– in derselben Sache in einem Verfahren der außergerichtlichen Konfliktbeilegung als Sachverständiger mitgewirkt hat[154]; 106

– für einen nicht unmittelbar oder mittelbar am Rechtsstreit beteiligten Dritten ein entgeltliches Privatgutachten zu einer gleichartigen Fragestellung in einem gleichartigen Sachverhalt erstattet hat und wenn die Interessen der jeweiligen Parteien in beiden Fällen in gleicher Weise kollidieren[155]. 107

Liegt ein Ablehnungsgrund vor, ist dieser innerhalb der Frist des **§ 406 Abs 2 Satz 1 ZPO** (dh binnen 2 Wochen nach Verkündung bzw Zustellung des Beschlusses über die Ernennung des Sachverständigen) geltend zu machen. Bis zum Ablauf dieser Frist trifft jede Partei die Pflicht, im Rahmen des Zumutbaren eigene Nachforschungen darüber anzustellen, ob Umstände vorliegen, die Zweifel an der Unvoreingenommenheit des Sachverständigen rechtfertigen.[156] Das gilt jedenfalls dann, wenn konkrete Anhaltspunkte für das Vorliegen eines Ablehnungsgrundes bestehen, zB deshalb, weil es auf dem betreffenden Fachgebiet (wegen der geringen Zahl der tätigen Unternehmen und/oder Gutachter, die Kontakte untereinander nahe legen) außergewöhnlich schwierig ist, überhaupt einen Sachverständigen zu gewinnen.[157] Gleiches gilt ganz generell im Patentnichtigkeits- und infolgedessen auch im Patentverletzungsverfahren, wenn die Parteien seitens des Gerichts Gelegenheit erhalten, zu Sachverständigenvorschlägen der Gegenseite Stellung zu nehmen und dies auch wahrnehmen, ohne Bedenken zu äußern.[158] Unterbleiben die gebotenen Ermittlungen, ist die Unkenntnis vom Vorliegen eines Befangenheitsgrundes verschuldet und ein außerhalb der Zweiwochen-Frist eingereichter Befangenheitsantrag unzulässig.[159] Zu den zumutbaren Nachforschungsmaßnahmen gehören einfache und ohne weiteres mögliche Recherchen im Internet nach etwaigen Verbindungen des Sachverständigen zur gegnerischen Partei.[160] 108

Erfährt die Partei unverschuldet außerhalb der Zweiwochen-Frist von einem Ablehnungsgrund, hat sie das Befangenheitsgesuch unverzüglich nach ihrer Kenntnis anzubringen (**§ 406 Abs 2 Satz 2 ZPO**).[161] Das gilt zB dann, wenn sich das Ablehnungsgesuch 109

---

151 OLG Saarbrücken, MDR 2008, 1121.
152 OLG Jena, MDR 2010, 170.
153 OLG Karlsruhe, MDR 2010, 230.
154 BGH, MDR 2017, 356.
155 BGH, MDR 2017, 479.
156 OLG Düsseldorf, InstGE 7, 62 – Umhüllungsverfahren.
157 BGH, GRUR 2009, 92 – Sachverständigenablehnung III.
158 BGH, GRUR 2012, 855 – Sachverständigenablehnung V.
159 BGH, GRUR 2012, 855 – Sachverständigenablehnung V.
160 OLG Düsseldorf, InstGE 7, 62 – Umhüllungsverfahren.
161 BGH, GRUR 2009, 92 – Sachverständigenablehnung III; OLG Düsseldorf, InstGE 7, 62 – Umhüllungsverfahren.

auf Gründe stützt, die während eines Besichtigungstermins vorgefallen sind.[162] Tritt der Ablehnungsgrund, auf den sich die Partei beruft, in der mündlichen Verhandlung zutage, so muss das Ablehnungsgesuch spätestens bis zum Schluss der betreffenden mündlichen Verhandlung gestellt werden.[163] Ergeben sich die Ablehnungsgründe aus dem Gutachten, muss der Antrag unverzüglich nach Erhalt des Gutachtens geltend gemacht werden. Bei eindeutigem Sachverhalt stehen der Partei ggf nur wenige Tage zur Verfügung.[164] Ergibt sich die Besorgnis der Befangenheit statt dessen erst aus einer inhaltlichen Auseinandersetzung mit dem Gutachten, läuft die Frist zur Ablehnung gleichzeitig mit der Frist ab, die das Gericht für die Stellungnahme zum Gutachten gesetzt hat (wobei Fristverlängerungen zu beachten sind).[165] Dies gilt auch dann, wenn einzelne Beanstandungen bereits ohne nähere Auseinandersetzung mit dem Gutachteninhalt erhoben werden können (zB sprachliche »Entgleisungen« im Gutachtentext), die Rüge zusätzlich aber auf weitere, eingehendes Gutachtenstudium erfordernde Umstände gestützt werden soll, die alle zusammen genommen den Befangenheitsvorwurf tragen soll.[166] Trotz Kenntnis vom Ablehnungsgrund darf dessen Anbringung nicht deshalb mehrere Wochen zurückgestellt werden, um die Stellungnahme der Gegenseite zu einem unterbreiteten Vergleichsangebot abzuwarten.[167]

110 Die Zurückweisung des Ablehnungsgesuches ist mit der **sofortigen Beschwerde** anfechtbar. Die Entscheidung des Beschwerdegerichts hat über die Kosten zu befinden, was ggf auch in einem Ergänzungsbeschluss nachgeholt werden kann.[168] Der Streitwert für das Beschwerdeverfahren entspricht 1/3 des Hauptsachestreitwertes.[169] Wird dem Befangenheitsgesuch stattgegeben, ist ein Rechtsmittel nicht zulässig. Das gilt auch dann, wenn die Rechtsbeschwerde fehlerhaft zugelassen war.[170]

111 Grundsätzlich darf das Gericht das Gutachten eines nicht rechtsmissbräuchlich abgelehnten Sachverständigen in seiner Endentscheidung erst verwerten, wenn es zuvor das Befangenheitsgesuch beschieden hat.[171]

112 Allein dadurch, dass ein Sachverständiger erfolgreich wegen des Verdachts der Befangenheit abgelehnt worden ist, verliert er noch nicht seinen **Vergütungsanspruch**; hinzukommen muss vielmehr, dass ihn an der Unverwertbarkeit seiner Leistung ein grob fahrlässiges oder vorsätzliches Verschulden trifft.[172] Solches kommt in Betracht, wenn der Sachverständige seine Pflicht verletzt, bei der Entgegennahme des Gutachtenauftrages auf einen möglicherweise in seiner Person liegenden Ablehnungsgrund hinzuweisen.[173] § 8a Abs 1 JVEG trifft nunmehr eine differenzierende Regelung, die danach unterscheidet, ob der Befangenheitsgrund schon bei der Beauftragung bestanden hat oder erst im Zuge der Begutachtung geschaffen wurde. Der Sachverständige verliert seinen Vergütungsanspruch vollständig, wenn er es in vertretbarer Weise unterlässt, dem Gericht diejenigen Umstände aufzuzeigen, die seiner Beauftragung entgegen stehen, weil sie seine Ablehnung wegen Besorgnis der Befangenheit rechtfertigen würden (§ 8a Abs 1 JVEG). Voraussetzung sind – objektiv – Gründe, die ein Befangenheitsgesuch durchgreifen lassen würden, sowie – subjektiv – Umstände, die das Schweigen des Sachverständigen

---

162 OLG Köln, OLG-Report 2008, 806.
163 BGH, MDR 2008, 582; einschränkend: OLG Bamberg, MDR 2016, 789.
164 BGH, NJW 2005, 1869.
165 BGH, NJW 2005, 1869; OLG Köln, OLG-Report 2008, 806; OLG Bremen, MDR 2010, 48.
166 OLG Düsseldorf, Beschluss v 25.11.2015 – I-15 W 27/15.
167 OLG Hamm, MDR 2013, 1308.
168 OLG Celle, MDR 2008, 1180.
169 BGH, ASG 2004, 159; OLG Düsseldorf, OLG-Report 2009, 334; OLG München, MDR 2010, 1012.
170 BGH, MDR 2015, 1197.
171 OLG Saarbrücken, MDR 2013, 1230.
172 OLG Rostock, MDR 2009, 295; OLG Koblenz, MDR 2010, 463; KG, MDR 2010, 719.
173 OLG Rostock, MDR 2009, 295.

hierzu als schuldhaft erscheinen lassen, was verlangt, dass ihm die maßgeblichen Ablehnungstatsachen bekannt sind und dass sich ihm bei der gebotenen Sorgfalt hätte erschließen müssen, dass diese Tatsachen berechtigterweise Bedenken gegen seine Unbefangenheit bei der Begutachtung hervorrufen können. Eine besondere Schwere des Schuldvorwurfs (Vorsatz oder grobe Fahrlässigkeit) ist für die Aberkennung des Entschädigungsanspruchs nicht erforderlich. Letzteres folgt nicht zuletzt auch aus der Regelung, die das Entstehen von Ablehnungsgründen während der Begutachtung erfahren hat. § 8a Abs 2 Nr 3 JVEG sieht nämlich vor, dass ein Sachverständiger, der im Rahmen seiner Leistungserbringung *grob fahrlässig oder vorsätzlich* Ablehnungsgründe schafft[174], eine Vergütung nur insoweit erhält als seine Leistung dennoch bestimmungsgemäß verwertbar ist. Beweispflichtig für einen Sachverhalt, der den Verlust des Vergütungsanspruchs rechtfertigt, ist der Kostenschuldner.[175]

In jedem Fall ist der abgelehnte Sachverständige nach herrschender Meinung[176] für seine **Stellungnahme zum Ablehnungsgesuch** nicht zu entschädigen, weil die Äußerung kein Teil der von ihm geforderten Sachverständigenleistung ist. Andere[177] differenzieren zu Recht danach, ob der Befangenheitsantrag gegen den Sachverständigen mit dessen persönlichem Verhalten (zB Äußerungen des Gutachters gegenüber Prozessbeteiligten) begründet wird – hier soll keine Vergütungspflicht bestehen – oder ob sich das Befangenheitsgesuch auf eine angeblich unzureichende Sachkunde des Gutachters oder inhaltliche Mängel des Gutachtens stützt (und dementsprechend auch die Stellungnahme des Sachverständigen sich hiermit befasst) – hier soll eine Entschädigungspflicht bestehen. Die gleiche Betrachtung hat Platz zu greifen, wenn der Sachverständige im Rahmen der Festsetzung seiner Vergütung auf Einwendungen der Parteien erwidert. Ist der Sachverständige darauf hingewiesen worden, dass das ihm eingeräumte rechtliche Gehör nicht dazu vorgesehen ist, ein Ergänzungsgutachten anzufertigen und ist eine dahingehende inhaltliche Erwiderung zur Rechtfertigung des angegriffenen Vergütungsanspruchs ach nicht erforderlich ist, hat eine Liquidation allerdings auszuscheiden. 113

5. Weitere Muster

Nachfolgend werden weitere Muster einer Beweisanordnung dargestellt: 114

a) Höhe des Schadenersatzes nach begangener Patentverletzung

aa) Angemessene Lizenzgebühr

Praxistipp	**Formulierungsbeispiel**
Es soll ein schriftliches Sachverständigengutachten dazu eingeholt werden, welche Benutzungsvergütung vernünftige Vertragsparteien vereinbart hätten, wenn sie beim Abschluss eines Lizenzvertrages die künftige Entwicklung und namentlich die Zeitdauer und das Maß der Benutzung des Klagepatents ... durch die Beklagten entsprechend dem Urteil der Kammer vom ... AZ ... – vorausgesehen hätten.	

115

---

174 **Bsp:** Bloß einseitige Kommunikation mit einer Partei, befangenheitsbegründende Aufnahme einer Privatgutachtertätigkeit trotz laufender gerichtlicher Begutachtung.
175 Vgl OLG Koblenz, MDR 2015, 118.
176 BGH, BGH-Report 2008, 140; KG, MDR 2010, 719; differenzierend: OLG Köln, MDR 2009, 1015.
177 OLG Düsseldorf, OLG-Report 2009, 820, mwN.

Bei der Beantwortung der Beweisfrage soll der Sachverständige insbesondere zu folgenden Fragen Stellung nehmen:

- Welche allgemeine wirtschaftliche Bedeutung, wie sie
    - in einem möglicherweise festzustellenden verkehrsmäßig üblichen Wert der Benutzungsberechtigung an dem Patent,
    - in einer etwaigen Monopolstellung des Patentinhabers bzw seines ausschließlichen Lizenznehmers,
    - im Schutzumfang des Patents und
    - in den gegebenenfalls in Betracht kommenden technischen und wirtschaftlichen Alternativen zur erfindungsgemäßen Lösung

    zum Ausdruck kommt, hat das Klagepatent, und welche Betriebsvorteile haben die Verletzer durch seine Benutzung erzielt?

- In welchem Bereich liegt die Handels- oder Gewinnspanne, die üblicherweise bei Gegenständen der durch das Klagepatent geschützten Art für die Berechnung des Gewinns zugrunde gelegt wird, und in welchem Bereich liegen üblicherweise die Lizenzsätze auf dem hier in Rede stehenden Gebiet der Technik?

- Ist ein verkehrsmäßig üblicher Wert der Benutzungsberechtigung am Klagepatent und/oder an vergleichbaren Erfindungen feststellbar?

- Ist eine Verkehrsüblichkeit hinsichtlich der Berechnungsgrundlage – Wert der Gesamtvorrichtung ... oder Wert nur des patentierten Teils ... – für die Lizenzgebühr bei Gegenständen der geschützten Art feststellbar?

- Welche Berechnungsgrundlage – Wert der Gesamtvorrichtung ... oder Wert nur des patentierten Teils ... – wäre hier unter Berücksichtigung aller Umstände gewählt worden?

Sollte der Sachverständige zu dem Ergebnis gelangen, dass vernünftige Parteien hier als Bemessungsgrundlage die kleinere Einheit gewählt hätten, möge er gleichwohl dazu Stellung nehmen, welchen Lizenzsatz vernünftige Vertragsparteien bei Wahl der Gesamtvorrichtung als Bemessungsgrundlage vereinbart hätten.

bb) Entgangener Gewinn

116 | Praxistipp | Formulierungsbeispiel

Es soll ein schriftliches Sachverständigengutachten dazu eingeholt werden,

ob und ggf welcher Gewinn der Klägerin wahrscheinlich dadurch entgangen ist, dass die Beklagte in der Zeit vom ... bis zum ... in der Bundesrepublik Deutschland patentverletzende Rohrschellen angeboten und vertrieben hat.

A. Vorbemerkungen:

Gemäß § 252 Satz 2 BGB ist derjenige Gewinn herauszugeben, der ohne die rechtswidrige Patentverletzung nach dem gewöhnlichen Lauf der Dinge oder nach den getroffenen Anstalten und Vorkehrungen *mit Wahrscheinlichkeit* erwartet werden konnte. Nach der gesicherten Rechtsprechung des BGH (NJW 2005, 3348 – isokratische Geräte) gelten in diesem Zusammenhang folgende Grundsätze:

1. Ist ersichtlich, dass der Gewinn mit Wahrscheinlichkeit erwartet werden konnte, dann wird vermutet, dass er gemacht worden wäre. Volle Gewissheit, dass der Gewinn gezogen

worden wäre, ist nicht erforderlich. Insoweit dürfen an das Vorbringen eines selbständigen Unternehmers, ihm seien erwartete Gewinne entgangen, wegen der damit regelmäßig verbundenen Schwierigkeiten keine allzu strengen Anforderungen gestellt werden.

2. Geht es um die Markteinführung eines neu entwickelten Gerätes, ist die Wahrscheinlichkeitsprognose notwendig unsicher. Diesem Umstand muss dadurch Rechnung getragen werden, dass sich der Tatrichter seiner Aufgabe, auf der Grundlage des § 252 BGB iVm § 287 ZPO eine Schadensermittlung – notfalls unter Vornahme von Schätzungen – vorzunehmen, nicht vorschnell unter Hinweis auf die Unsicherheit möglicher Prognosen entziehen darf. Wird dem Geschädigten die Möglichkeit genommen, sein eigenes Produkt auf den Markt zu bringen, darf der Wahrscheinlichkeitsnachweis nicht schon deshalb als nicht geführt angesehen werden, weil sich eine *überwiegende* Wahrscheinlichkeit nicht feststellen lässt. Vielmehr liegt es in einem solchen Fall nahe, nach dem gewöhnlichen Lauf der Dinge von einem angemessenen Erfolg des Geschädigten beim Vertrieb auszugehen und auf dieser Grundlage die Prognose hinsichtlich des entgangenen Gewinns und des infolgedessen entstandenen Schadens anzustellen, wobei auch ein Risikoabschlag in Betracht kommen kann.

B. Hypothetischer Kausalverlauf:

1. Ist unter Berücksichtigung aller im Zeitpunkt der Patentverletzungshandlungen vorliegenden objektiven Umstände davon auszugehen, dass es der Klägerin ohne das rechtswidrige Angebot der Beklagten nach dem gewöhnlichen Lauf der Dinge wahrscheinlich gelungen wäre, über ihre tatsächlichen Verkäufe hinaus weitere ... (Patentgegenstände) abzusetzen?

2. Wenn ja: Welche Verkäufe (Stückzahlen) und welche Umsätze mit ... (Patentgegenständen) wären der Klägerin bei Berücksichtigung ihres damaligen Marktanteils in Deutschland *wahrscheinlich*[178] in der Zeit vom ... bis ... zusätzlich zu den tatsächlich erzielten Verkäufen gelungen?

C. Gewinnbetrag:

Sofern zusätzliche Verkäufe von ... (Patentgegenständen) in der Zeit vom ... bis ... in irgendeinem Umfang wahrscheinlich sind:

Welchen Gewinn hätte die Klägerin aus diesen Zusatzverkäufen erzielt?

D.h.:

1. Zu welchen Verkaufspreisen hätten die ... (Patentgegenstände) der Klägerin wahrscheinlich abgesetzt werden können? Wären die von der Klägerin behaupteten Preiserhöhungen mutmaßlich am Markt durchsetzbar gewesen?

2. Welche Kosten pro Stück wären von den Verkaufserlösen abzuziehen gewesen?

cc) Verletzergewinn

Praxistipp	Formulierungsbeispiel	117

Es soll das schriftliche Gutachten eines Sachverständigen dazu eingeholt werden,

wie hoch der »Verletzergewinn« der Beklagten ist, den diese seit dem ... durch Herstellung und Vertrieb der aus der Rechnungslegung der Beklagten gemäß Anlage ... ersichtlichen ... (Verletzungsgegenstände) erzielt hat.

---

178 Zum Begriffsinhalt vgl oben unter A.

A. Vorbemerkung:

Zu ermitteln ist der Verletzergewinn nach folgender Formel:

$$\frac{\text{Umsatz.}/.\text{ Kosten}}{\text{Kausalanteil}}$$

B. Umsatz der Beklagten mit patentverletzenden Schwenkhebeln:

Welchen Umsatz hat die Beklagte in der Zeit vom ... bis zum ... in ihrem Geschäftsbetriebes mit den patentverletzenden ... erzielt?

C. Abzugsfähige Kosten:

1. Vorbemerkungen:

Nach der Rechtsprechung des Bundesgerichtshofs (GRUR 2001, 329 – Gemeinkostenanteil; GRUR 2007, 431 – Steckverbindergehäuse; Kopien liegen bei) sind bei der Feststellung des durch eine Schutzrechtsverletzung erzielten Verletzergewinns grundsätzlich nur diejenigen Kosten für die Fertigung, die Montage und den Absatz der schutzrechtsverletzenden Ware abzugfähig, die auch im fingierten Betrieb des Verletzten aus Anlass der Patentverletzung zusätzlich entstanden wären (und nicht »sowieso«, dh auch ohne den patentverletzenden Gegenstand, vorhanden gewesen wären). Nicht abziehbar sind dementsprechend (a) solche Kosten, die unabhängig vom Umfang der Produktion und des Vertriebs durch die allgemeine Unterhaltung des Betriebes – dh »sowieso« – angefallen sind, sowie (b) Kosten, mit denen der unterstellte Betrieb des Verletzten – obwohl es sich nicht um »sowieso«-Kosten handelt – nicht ebenfalls belastet worden wäre.

Abzugsfähig sind hiernach zB:

(a) Die tatsächlichen Material- und Fertigungskosten für die Herstellung und Montage des verletzenden Produkts, (b) Kosten eines etwaigen Ausschusses und Materialschwundes, es sei denn, es handelt sich um Anlaufkosten, die dem Verletzten im unterstellten laufenden Betrieb nicht ebenfalls entstanden wären, (c) Kosten für die Anschaffung und Inbetriebnahme einer Maschine, die ausschließlich für die Herstellung der schutzrechtsverletzenden Ware verwendet worden ist, und zwar anteilig im Verhältnis des Verletzungszeitraumes zur mutmaßlichen Lebensdauer, (d) Aufwendungen für Personal, welches eigens für die Produktion oder den Vertrieb der verletzenden Gegenstände eingestellt und beschäftigt worden ist, (e) Kosten für im Rahmen der Fertigung verbrauchte Energie, einerlei, ob der Verbrauch konkret erfasst oder durch Schätzung ermittelt worden ist (nicht dagegen Kosten für die Instandhaltung der Energieanlagen und hierauf bezogene Abschreibungsbeträge), (f) Mieten für Fertigungs- bzw Lagerhallen, die ausschließlich für die Verletzungsform genutzt werden, (g) gewährte Skonti, (h) Verpackungs- und Frachtkosten, soweit sie ohne den verletzenden Gegenstand nicht angefallen wären, (i) Umsatzabhängige Versicherungskosten, (j) Umsatzabhängige Vertreterprovisionen.

Nicht abzugsfähig sind zB:

(a) Aufwendungen für Gehälter von Mitarbeitern, die sich auch mit anderen Produkten befassen, genauso wie Gehälter von Verwaltungsangestellten oder Geschäftsführern, (b) Maschinenkosten oder Lagerhallenmieten, soweit diese Kosten nicht ausschließlich auf die Verletzungsform zurückzuführen sind, (c) Allgemeine Marketingkosten, (d) Anlauf- und Entwicklungskosten für den patentverletzenden Gegenstand, weil sie dem Verletzten, für den eine bereits laufende Produktion fingiert wird, nicht entstanden wären, (e) Kosten für (zB infolge der Unterlassungsverpflichtung) nicht mehr veräußerbare Produkte, (f) Schadenersatzleistungen an Abnehmer.

2. Welche von der Beklagten geltend gemachten Kosten sind abzugsfähig und in welcher Höhe sind sie entstanden?

D. Erzielter Verletzergewinn:
Welchen Gewinn hat die Beklagte unter Berücksichtigung der Ausführungen unter B. und C. aus dem Vertrieb der patentverletzenden ... erzielt?
E. Kausalität:
Der Verletzergewinn gebührt der Klägerin nur in dem Maße, wie dessen Erzielung auf der Benutzung des Klagepatents – und auf keinen anderen Ursachen – beruht.
Welche einzelnen Faktoren haben den Kaufentschluss derjenigen Abnehmer, die von der Beklagten die patentverletzenden ... bezogen haben, mutmaßlich beeinflusst?
Welches Gewicht und welcher Stellenwert ist den einzelnen Kausalfaktoren im Verhältnis zueinander beizumessen?

b) Beweisanordnung zur Feststellung einer Miterfinderquote

Praxistipp	Formulierungsbeispiel	118
Es soll ein schriftliches Sachverständigengutachten zu der Frage eingeholt werden, ob der Kläger mit seinem Technischen Bericht vom ... einen schöpferischen Beitrag zu dem deutschen Patent ... (Streitpatent)[179] geleistet hat und wie hoch dieser Beitrag – gemessen an der Gesamterfindung des Streitpatents und dem Beitrag der Beklagten – zu veranschlagen ist.		

---

179 Handelt es sich bei dem Vindikationsgegenstand um eine Patentanmeldung, ist nicht zu klären, ob der Gegenstand der Vindikationsanmeldung patentfähig, dh insbesondere erfinderisch ist. Diese Frage ist ausschließlich in dem laufenden Patenterteilungsverfahren vor dem Deutschen/Europäischen Patentamt zu entscheiden (BGH, GRUR 2011, 903 – Atemgasdrucksteuerung). Vielmehr geht es darum, den Anmeldungsgegenstand – so wie er ist, mag er nun Erfindungshöhe besitzen oder auch nicht – zwischen den Parteien entsprechend ihren beiderseitigen Beiträgen zu dem Anmeldungsgegenstand aufzuteilen. Maßgeblich sind insoweit nicht nur die Patentansprüche, sondern der gesamte Offenbarungsgehalt der Anmeldeschrift, was dazu zwingt, ggf auch überschießende Inhalte des Beschreibungstextes zu würdigen, es sei denn, sie gingen über denjenigen Gegenstand hinaus, für den Schutz begehrt wird (BGH, GRUR 2011, 903 – Atemgasdrucksteuerung). Daraus ergeben sich folgende Fragestellungen:
1. Schritt: In welchen Patentansprüchen bzw in welchen Teilen von Patentansprüchen der Vindikationsanmeldung haben die technischen Vorschläge des Klägers gemäß den Anlagen ... ihren Niederschlag gefunden?
Da es um die Verteilung des Anmeldungsgegenstandes geht, ist der Kläger nicht auf die (typischerweise ohnehin nur vorläufige) Anspruchsfassung der Anmeldeschrift oder des aktuellen Prüfungsverfahrens (Hauptanspruch und Unteransprüche) beschränkt, sondern kann im Rahmen der Ursprungsoffenbarung auch selbst einen Anspruchssatz formulieren, wenn er glaubt, dadurch besser denjenigen Fortschritt zu erfassen, der den (gemeinsamen) Anmeldungsgegenstand vom vorbekannten Stand der Technik abhebt (OLG Düsseldorf, Beschluss v 25.11.2010 und Urteil v 22.12.2011 – I-2 U 15/04).
2. Schritt: Wenn diejenigen Beiträge des Klägers, die mit den Anlagen ... zu dem Anmeldungsgegenstand geleistet worden sind, mit den übrigen auf den Beklagten zurückgehenden technischen Anweisungen der Vindikationsanmeldung abwägend verglichen werden: Welcher prozentuale Anteil an dem Anmeldungsgegenstand gebührt dann dem Kläger und welcher prozentuale Anteil an dem Anmeldungsgegenstand gebührt dem Beklagten?
Folgende Gesichtspunkte sind dabei zu beachten: Erstens: Die Abwägung hat in wertender Betrachtung stattzufinden. Zweitens: Es ist zu prüfen, in welchen technischen Beiträgen – ausgehend vom vorbekannten Stand der Technik und unter Berücksichtigung des allgemeinen Wissens und Könnens eines Durchschnittsfachmanns am Prioritätstag – die größere gedankliche Leistung zutage tritt – in den Vorschlägen des Klägers (Anlagen ...) oder in den Vorschlägen des Beklagten. Drittens: Mit der Feststellung, dass eine bestimmte technische Maßnahme als solche vorbekannt war, ist nicht abschließend etwas gewonnen. Zum einen kann auch in der Kombination von für sich allesamt

Im Rahmen seines Gutachtens soll der Sachverständige zu folgenden Einzelfragen Stellung nehmen:

A.

Die im deutschen Patent ... unter Schutz gestellte Lehre zum technischen Handeln:

1. Welchen Ausbildungsstand und welche beruflichen Erfahrungen hatten im Prioritätszeitpunkt (... – Tag der Anmeldung des Streitpatents beim Deutschen Patentamt) diejenigen Personen, die sich in der Praxis mit der Entwicklung von Neuerungen befasst haben, wie sie Gegenstand des Streitpatents sind?

Anmerkung: Bei der Beantwortung aller nachfolgenden Fragen ist auf das durchschnittliche Wissen und Können dieser Fachleute im Prioritätszeitpunkt abzustellen.

2. Welches technische Problem löst die im Patentanspruch des Streitpatents unter Schutz gestellte Lehre?

Anmerkung: Die technische und wirtschaftliche Bedeutung des dem Streitpatent zugrunde liegenden Problems und die in der Streitpatentschrift erwähnten technischen Begriffe und Vorgänge sind für einen technischen Laien verständlich zu erläutern.

3. Welche Lehre zur Lösung des zu 2. genannten Problems enthält der durch die Beschreibung erläuterte Patentanspruch?

Anmerkung: Es empfiehlt sich, die im Patentanspruch gegebene technische Lehre in einzelne Merkmale zu gliedern. Sofern der Sachverständige keine Bedenken hat, kann er seinen weiteren Erörterungen die nachfolgende Merkmalsgliederung zugrunde legen:

...

Für das Verständnis der Merkmale eines Patentanspruchs ist nicht von einer rein philologischen Betrachtung auszugehen. Vielmehr kommt es darauf an, welchen technischen Sinngehalt der Durchschnittsfachmann (siehe a)) den Merkmalen des Patentanspruchs bei Berücksichtigung

1. des Inhalts der Patentbeschreibung und der Patentzeichnungen,

2. des in der Patentschrift gewürdigten Standes der Technik sowie

3. seines allgemeinen Fachwissens am Prioritätstag entnommen hat.

Der Patentanspruch darf dabei nicht auf die konkret beschriebenen und gezeichneten Ausführungsbeispiele beschränkt werden, die den im Patentanspruch mit allgemeinen Merkmalen umschriebenen Erfindungsgedanken eben nur exemplarisch – und nicht abschließend – erläutern. Ebenso wenig darf unbesehen auf den allgemeinen technischen Sprachgebrauch auf dem betreffenden Fachgebiet zurückgegriffen werden. Jedes Patent bildet vielmehr sein eigenes Lexikon für das Verständnis der in seinen Patentansprüchen verwendeten Begriffe. Der Sprachgebrauch des Patents kann – er muss aber nicht – mit dem allgemein gebräuchlichen Begriffsverständnis übereinstimmen. Die Merkmale eines Patentanspruchs sind dementsprechend nach Maßgabe des Sprachgebrauchs der jeweiligen Patentschrift zu verstehen und *funktionsorientiert* so zu interpretieren, wie es die ihnen im Rahmen der Aufgabenlösung zugedachte technische Funktion verlangt.

---

bekannten Maßnahmen eine (sog. Kombinations-)Erfindung liegen; zum anderen ist auch bei Vorliegen von insgesamt nur bekannten Maßnahmen, die auch zusammengenommen keine Erfindungshöhe besitzen, eine Quotelung des Anmeldungsgegenstandes vorzunehmen. Es kommt darauf an, welche der jeweils zum Anmeldungsgegenstand beigesteuerten Maßnahmen aus der Sicht des Durchschnittsfachmanns am Prioritätstag die größere schöpferische Leistung darstellt.

B.

Kenntnisstand der Fachwelt zur Zeit des Technischen Berichts des Klägers vom ...:

Welche Kenntnisse besaß der Durchschnittsfachmann (siehe A.1.) am ..., dh vor dem Technischen Bericht des Klägers, in Bezug auf ...?

Welches konkrete Wissen ergab sich aus welcher der im Verfahren befindlichen Druckschrift des Standes der Technik, insbesondere aus ...:

Welche Lösungsmerkmale des Patentanspruchs (siehe A.3.) waren demnach aus dem Stand der Technik[180] nicht bekannt?

C.

Offenbarungsgehalt des Technischen Berichts des Klägers vom ...:

1. Welche Informationen hat der Durchschnittsfachmann (siehe A.1) dem Technischen Bericht des Klägers vom ... entnommen?
2. Gehen die mit dem Technischen Bericht vermittelten Kenntnisse über den bei ihrer Abfassung gegebenen Stand der Technik hinaus? Wenn ja, in welcher Hinsicht?
3. War das sich aus dem Technischen Bericht des Klägers für einen Durchschnittsfachmann ergebende Wissen notwendig, um zu der technischen Lehre des Streitpatents (siehe A.3.) zu gelangen? Inwiefern und weshalb?

D.

Mitberechtigungsquote des Klägers an der Erfindung des Streitpatents:

1. *Vorbemerkung:*

   Ob dem Kläger eine Mitberechtigung[181] an dem Streitpatent einzuräumen ist und wie hoch der Bruchteil der Mitberechtigung zu bemessen ist, hängt von seinem Anteil an der im Streitpatent unter Schutz gestellten Erfindung ab. Als Beurteilungskriterium ist hierfür seine Beteiligung an der erfinderischen Leistung heranzuziehen, die in dem Gegenstand des deutschen Patents ... zum Ausdruck kommt. Ausschlaggebend für die Aufteilung des Patents ist das Gewicht, das den Einzelbeiträgen der an der Erfindung Beteiligten – vom Stand der Technik und vom Können des Durchschnittsfachmanns her betrachtet – im Verhältnis zueinander und im Verhältnis zu der erfinderischen Gesamtleistung zukommt. Ein Beitrag braucht, um eine Mitberechtigungsquote zu rechtfertigen, nicht selbständig erfinderisch zu sein. es ist also nicht erforderlich, dass er für sich allein betrachtet alle Voraussetzungen einer patentfähigen Erfindung erfüllt. Nur solche Beiträge, die den Gesamterfolg nicht beeinflusst haben, also unwesentlich in Bezug auf die Lösung sind, begründen keine Miterfinderschaft.

2. *Fragestellung:*

   Im Streitfall sind deswegen folgende Fragen zu klären:

   a) Welchen Einzelbeitrag hat der Kläger mit seinem Technischen Bericht vom ... zu der Erfindung des Streitpatents (siehe A.3.) beigesteuert?

   b) Worin (dh in welchen Merkmalen des Patentanspruchs) besteht demgemäß der Beitrag der Beklagten?

   c) Waren die auf die Beklagten zurückgehenden Lösungsmerkmale durch den Stand der Technik – ggf durch welche Druckschrift(en)? – vorgegeben oder nahe gelegt?

---

180 Jede Druckschrift ist einzeln mit der technischen Lehre des Streitpatents zu vergleichen.
181 Ggf sogar die alleinige Berechtigung.

> Oder waren eigene (möglicherweise erfinderische) Überlegungen notwendig, um – auf der Grundlage des Technischen Berichts des Klägers und des sonstigen, einem Durchschnittsfachmann zur damaligen Zeit zur Verfügung stehenden Fachwissens – zu den von den Beklagten aufgefundenen Lösungsmerkmalen des Streitpatents zu gelangen?
>
> d) Welches Gewicht besitzt – ausgehend vom Stand der Technik im ... – der Beitrag des Klägers zum Streitpatent
>
>   – im Vergleich zu der Leistung der Beklagten (siehe b und c) und
>   – im Verhältnis zu der erfinderischen Gesamtleistung, die das Streitpatent ausmacht?

II. Zeugenbeweis

119 Ein in der gerichtlichen Praxis häufiges, aber genauso unzuverlässiges Beweismittel ist der Zeugenbeweis. Im Patentverletzungsprozess kommt er vor allem beim Vorbenutzungsrecht zum Zuge. Zwei Punkte sollen an dieser Stelle angesprochen werden:

1. Vier-Augen-Gespräch

120 Der Grundsatz der Waffengleichheit, der Anspruch auf rechtliches Gehör sowie das Recht auf Gewährleistung eines fairen Prozesses und eines wirkungsvollen Rechtsschutzes erfordern es, dass einer Partei, die für ein Vier-Augen-Gespräch keinen Zeugen hat, Gelegenheit gegeben wird, ihre Darstellung des Gesprächs in den Prozess persönlich einzubringen. Diese Regeln gelten auch dann, wenn es sich um ein Sechs-Augen-Gespräch handelt, bei dem der einzige zur Verfügung stehende Zeuge im Lager des Prozessgegners steht.[182] Solches ist etwa der Fall, wenn der Zeuge als Vertreter der gegnerischen Partei tätig geworden ist[183], eine »Lagersituation« ergibt sich aber nicht allein schon daraus, dass der Zeuge bei der gegnerischen Partei beschäftigt ist und von daher ein grundsätzliches Interesse an einem seinem Arbeitgeber günstigen Ausgang des Rechtsstreits hat[184]. Besteht nach dem Gesagten ein Recht der in Beweisnot befindlichen Partei, ihre Sicht der Tatsachen persönlich in den Prozess einzubringen, so ist sie entweder förmlich als Partei zu vernehmen (§ 448 ZPO) oder anzuhören (§ 141 ZPO). Dessen bedarf es nicht mehr, wenn die (zu vernehmende oder anzuhörende) Partei bei oder nach einer Zeugenvernehmung vor Gericht persönlich anwesend war und aufgrund dessen die – von ihr nicht genutzte – Möglichkeit hatte, den Zeugen zu befragen oder ihre Darstellung vom Verlauf des streitigen Gesprächs durch eine Wortmeldung gemäß § 137 Abs 4 ZPO vorzutragen.[185]

2. Vorbereitung einer Zeugenvernehmung

121 Wie bei einem Sachverständigen-Anhörungstermin versteht es sich von selbst, dass auch die Vernehmung eines Zeugen von Seiten des Gerichts und von Anwaltsseite vorbereitet werden will. Die Detailfragen zum Beweisthema und ihre Reihenfolge haben einer inneren Logik zu folgen; welche Vorhalte gemacht werden, sollte vorab ebenso festgelegt

---

182 BGH, NJW 2013, 2601; BGH, GRUR 2016, 1291 – Geburtstagskarawane.
183 BGHZ 186, 152.
184 BGH, GRUR 2016, 1291 – Geburtstagskarawane.
185 BVerfG NJW 2008, 2170; BGH, GRUR 2016, 1291 – Geburtstagskarawane.

sein wie klar sein muss, mit welchen Unterlagen der Zeuge zu welchem Zeitpunkt konfrontiert werden soll. All das wird in der Praxis grundsätzlich beherzigt.

Ein wichtiger Fehler wird auf Anwalts- oder Parteiseite aber immer wieder gemacht. Er liegt darin, dass vor dem Verhandlungstermin persönlich Kontakt zu dem (meist eigenen) Zeugen aufgenommen wird. Schon ein gemeinsames Abendessen am Vorabend des Verhandlungstermins schadet nachhaltig seiner Glaubwürdigkeit; erst recht ist das gemeinsame »**Üben**« **mit dem Zeugen** in der Anwaltskanzlei des Beweisführers tabu. 122

3. Besetzungswechsel

Ein Wechsel in der Besetzung des Prozessgerichts nach einer Beweisaufnahme (Zeugeneinvernahme) erfordert nicht unbedingt eine Wiederholung der Beweiserhebung durch die aktuelle Spruchbesetzung. Die früheren Aussagen können vielmehr im Wege des **Urkundenbeweises** verwertet werden, was es allerdings verbietet, für die Beweiswürdigung auf Glaubwürdigkeitsgesichtspunkte abzustellen, die nicht Protokollinhalt geworden sind.[186] Anderes (im Sinne einer nochmaligen Vernehmung) ist allerdings angezeigt, wenn es für die Beweiswürdigung entscheidend auf Glaubwürdigkeitsgesichtspunkte ankommt, die einen persönlichen Eindruck der Spruchrichter von den Zeugen erfordern. 123

III. Fotobeweis

Das Verbot in **Allgemeinen Messebedingungen**, ohne vorherige Zustimmung der Messeleitung Fotoaufnahmen anzufertigen, führt jedenfalls dann zu keinem Beweisverwertungsverbot, wenn der Fotografie des Verletzungsgegenstandes ein erheblicher objektiver Beweiswert zukommt, die Messe öffentlich zugänglich war und der betreffende Aussteller selbst keine eigenen Schutzvorkehrungen getroffen hat.[187] 124

IV. Streitwert[188]

1. Bedeutung

Da die sachliche Zuständigkeit in Patentstreitsachen streitwertunabhängig geregelt ist[189], besitzt der Gegenstandswert Bedeutung allein für die gerichtlichen und außergerichtlichen Gebühren. Nach ihm richtet sich insbesondere der vom Kläger gemäß § 6 Abs 1 Nr 1, § 12 Abs 1 GKG einzuzahlende Gerichtskostenvorschuss.[190] 125

2. Festsetzung

Der Streitwert ist vom Gericht gemäß § 51 Abs 1 GKG nach **freiem Ermessen** festzusetzen. Maßgeblich ist das wirtschaftliche Interesse, das der Kläger mit seiner Klage *objektiv* 126

---

186 OLG Düsseldorf, Urteil v 13.9.2018 – I-15 U 52/17.
187 OLG Düsseldorf, Urteil v 13.9.2018 – I-15 U 52/17.
188 Stephan, Streitwertermittlung, 2015.
189 § 143 Abs 1 PatG.
190 Von der Vorschusspflicht ausgenommen sind Arbeitnehmererfindersachen (§ 12 Abs 2 Nr 3 GKG), Anträge auf Erlass einer einstweiligen Verfügung (weil § 12 Abs 1 GKG die Vorschusspflicht nur für »Klagen« anordnet) und die Einlegung von Rechtsmitteln (aber nicht: Klageerweiterungen in der Rechtsmittelinstanz, § 12 Abs 1 Satz 2 GKG).

verfolgt, wobei es auf die Verhältnisse bei Klageeinreichung (beim Streitwert für ein Rechtsmittelverfahren auf die Gegebenheiten bei Rechtsmitteleinlegung) ankommt (§ 40 GKG). Generalpräventive Überlegungen haben im Rahmen der Streitwertfestsetzung keinen Platz.[191] Eine Klageerweiterung wirkt mit ihrer Anhängigkeit streitwerterhöhend, unabhängig davon, ob der Erweiterungsschriftsatz nachfolgend noch zugestellt wird oder nicht.[192] Keine Streitwertfestsetzung kommt für einen außergerichtlichen Vergleich in Betracht, selbst wenn die verglichenen Ansprüche Gegenstand eines Gerichtsverfahrens waren.[193]

a) Bemessungsregeln für den Verletzungsprozess

aa) Mehrere Streitgegenstände

127 Werden in *einer* Klage *mehrere* Schutzrechte – kumulativ oder im Eventualverhältnis – geltend gemacht, so hat jedes Schutzrecht seinen eigenen Wert und die Werte sind für die Streitwertfestsetzung zu addieren, soweit über die einzelnen Schutzrechte eine gerichtliche Entscheidung ergeht (§ 45 Abs 1 Satz 2 GKG). Dies gilt nicht nur dann, wenn die anhängig gemachten Schutzrechte einen unterschiedlichen technischen Inhalte (dh voneinander abweichende Anspruchswortlaute) haben, die mit den Klageanträgen aufgegriffen werden, sondern gleichermaßen dann, wenn aus den mehreren Schutzrechte ein einheitliches Klagebegehren hergeleitet wird (zB dergestalt, dass ein weiter gefasstes Gebrauchsmuster lediglich im Umfang des parallelen, enger gefassten Patents geltend gemacht wird).[194] Dieselbe additive Betrachtung ist maßgeblich, wenn ein – divergierendes oder auch gleiches – Rechtsschutzziel auf ein gewerbliches Schutzrecht und einen Vertrag gegründet wird.[195]

bb) Unterlassungsanspruch

128 Ist Gegenstand des Verfahrens – wie meist – ein **Unterlassungsanspruch**, ist entscheidend, mit welchen **Nachteilen** der Kläger **bei einer Fortsetzung des beanstandeten** patentverletzenden **Verhaltens** rechnen muss. Die Streitwertfestsetzung hat insoweit dem Umstand Rechnung zu tragen, dass das Rechtsschutzziel nicht in einer Sanktion für den oder die bereits vorliegenden, die Wiederholungsgefahr begründenden Verstöße besteht, sondern dahin geht, den Kläger vor künftigen Verletzungshandlungen zu bewahren. Das Interesse an der Rechtsverfolgung richtet sich demgemäß weniger nach dem mit der begangenen Zuwiderhandlung verbundenen wirtschaftlichen Schaden der Partei; ausschlaggebend ist vielmehr das wirtschaftliche Interesse an einer Abwehr der mit *weiteren* Verstößen verbundenen Nachteile. Von Bedeutung ist in diesem Zusammenhang zunächst die bei Klageerhebung noch gegebene Restlaufzeit des Klagepatents. Zu berücksichtigen sind darüber hinaus einerseits die Verhältnisse beim Kläger (wie dessen Umsatz, Größe und Marktstellung), die Aufschluss über den voraussichtlich drohenden Schaden aus der behaupteten Patentverletzung geben, andererseits Art, Ausmaß und Schädlichkeit der Verletzungshandlung sowie die Intensität der Begehungs- oder Wiederholungsgefahr.[196] Handelt es sich bei der Verletzungshandlung erkennbar um einen singulären Einzelfall ohne die ernstliche Gefahr der Wiederholung, kann sich auch in Patentverletzungssachverhalten ein sechsstelliger Streitwert verbieten.[197] Andererseits rechtfertigt der

---

191 BGH, GRUR 2016, 1275 – Tannöd; OLG Schleswig, GRUR-RR 2010, 126 – Nutzung von Kartografien; OLG Celle, GRUR-RR 2012, 270 – Unterlassungsstreitwert.
192 OLG Düsseldorf, OLG-Report 2009, 338.
193 OLG Karlsruhe, MDR 2015, 1095.
194 BGH, Beschluss v 28.6.2017 – I ZR 167/15.
195 BGH, Beschluss v 28.6.2017 – I ZR 167/15.
196 BGH, GRUR 2014, 206 – Einkaufskühltasche.
197 BGH, GRUR 2014, 206 – Einkaufskühltasche.

Umstand, dass der Kläger kartellrechtlich zu einer Benutzungsgestattung an den Beklagten verpflichtet ist, keine Herabsetzung des Streitwertes, selbst dann nicht, wenn er gegenüber der Kartellbehörde zugesagt hat, für eine Übergangszeit (zB 5 Jahre) keine Unterlassungsverfügungen mehr gegen lizenzwillige Wettbewerber zu erwirken.[198] Denn der Kläger hat mit seiner Verpflichtungszusage nicht auf Rechte aus dem Patent verzichtet (was wertmindernd zu berücksichtigen wäre), sondern (wertneutral) bloß eine bestimmte Art und Weise der Geltendmachung dieser Rechte zugesagt.

Der Unterlassungsanspruch gegen jeden Beklagten hat einen selbständigen Wert, wobei bei einer Inanspruchnahme einer **juristischen Person und** ihres **Geschäftsführers** im Allgemeinen der Anspruch gegen das Vertretungsorgan deutlich geringer zu bemessen ist.[199] Im Zweifel ist eine Aufteilung im Verhältnis 70:30 angemessen.[200] Das gilt auch in Fällen einer negativen Feststellungsklage. Etwas anderes gilt, wenn die eigentliche Gefahr vom Geschäftsführer ausgeht, zB weil er Alleingesellschafter und deshalb damit zu rechnen ist, dass er die Rechtsverletzungen im Falle einer Verurteilung seines Unternehmens unter anderer Firma fortsetzt. 129

Dem Interesse des Klägers an der Unterlassungsverurteilung entspricht in der Regel die **Beschwer** des Beklagten, der das Unterlassungsurteil anficht.[201] Dabei macht es keinen Unterschied, ob der Beklagte lediglich in tatsächlicher Hinsicht bestreitet, eine bestimmte Verletzungshandlung begangen zu haben, oder ob die Parteien zusätzlich auch darüber streiten, ob der behauptete Sachverhalt die Tatbestandsvoraussetzungen der Verbotsnorm erfüllt.[202] 130

Neben dem Unterlassungsanspruch hat der Anspruch auf **Urteilsveröffentlichung** (als Folgenbeseitigungsanspruch) einen eigenständigen Wert, der zu dem Wert des Unterlassungsantrages hinzu zu rechnen ist.[203] 131

cc) Auskunftsanspruch

Ein **Anspruch auf Auskunft/Rechnungslegung** ist mit dem Interesse des Gläubigers zu bemessen, das dieser an der begehrten Auskunft/Rechnungslegung hat (die ihm zB eine Bezifferung seines Zahlungsanspruchs ermöglicht). Der Wert des zu beziffernden Leistungsanspruchs bildet insoweit einen wichtigen Anhaltspunkt, wobei die Auskunft üblicherweise mit einem Bruchteil von 10 – 25 % angesetzt wird.[204] Der Bruchteil ist dabei umso höher anzusetzen, je geringer die Kenntnisse des Klägers von den zur Begründung des Leistungsanspruchs maßgeblichen Tatsachen sind.[205] Die patentrechtliche Praxis, bei der der vorzubereitende Zahlungsanspruch im Wege der Feststellungsklage geltend gemacht wird, verfährt anders. Im Allgemeinen ist der auf die Rechnungslegung entfallende Streitwertanteil höher zu bemessen als derjenige Anteil am Gesamtstreitwert, der auf die Schadenersatzfeststellung entfällt, weil der Gläubiger für die Bezifferung seines Anspruchs auf Schadenersatz – und damit für dessen tatsächliche Durchsetzung – entscheidend auf die Rechnungslegungsangaben des Schuldners angewiesen ist. Ohne diese Auskünfte ist die Schadenersatzfeststellung wirtschaftlich weitgehend wertlos und praktisch nur für die Verjährungsunterbrechung relevant.[206] Dies 132

---

198 BGH, Beschluss v 28.10.2014 – X ZR 93/13.
199 OLG Hamburg, MDR 2013, 1240; OLG München, Beschluss v 10.1.2017 – 6 W 2094/16; aA: OLG Hamm, GRUR-RR 2016, 383 – Streitwert bei parallelem Vorgehen.
200 OLG Düsseldorf, Urteil v 15.5.2014 – I-2 U 27/13.
201 BGH, GRUR 2013, 1067 – Beschwer des Unterlassungsschuldners.
202 BGH, GRUR 2013, 1067 – Beschwer des Unterlassungsschuldners.
203 BGH, MDR 2016, 1282.
204 BGH, MDR 2016, 348; BGH, MDR 2018, 767.
205 BGH, MDR 2018, 767.
206 OLG Düsseldorf, Beschluss v 11.11.2013 – I-2 W 35/13.

rechtfertigt es, den Rechnungslegungsanspruch, sofern keine Besonderheiten[207] gegeben sind, mit dem doppelten Betrag anzusetzen, der dem Schadenersatzfeststellungsantrag zugemessen wird.[208] Richtet sich die Klage gegen das Unternehmen und dessen Geschäftsführer, ist im Zweifel der Streitwert für die Ansprüche gegen das Vertretungsorgan mit einem Bruchteil (30 %) des Streitwertes für die Ansprüche gegen die juristische Person zu bemessen.[209]

133 Der Wert des Anspruchs auf **Abgabe einer eidesstattlichen Versicherung** entspricht im Zweifel dem Wert für die Erteilung der vorausgegangenen Auskunft, deren Richtigkeit in Zweifel steht.[210]

134 Geht es um die Bewertung der **Beschwer** eines Rechtsmittels[211] gegen die Verurteilung zur Auskunft, ist auf den Aufwand an Zeit und Kosten abzustellen, den die sorgfältige Erfüllung des titulierten Anspruchs erfordert, sowie auf etwaige Geheimhaltungsinteressen des Verurteilten.[212] Das Interesse des zur Auskunft Verpflichteten, den mit der Auskunft vorzubereitenden Hauptanspruch zu verhindern, ist demgegenüber nicht zu berücksichtigen.[213] Alles zuvor Gesagte gilt in gleicher Weise nach erfolgter Verurteilung zur eidesstattlichen Versicherung. Auch hier ist einerseits der für die Überprüfung und Abgabe erforderliche Zeitaufwand von Belang, wobei der Wert eines etwaigen Geheimhaltungsinteresses hinzuzurechnen ist.[214] Bezüglich des Aufwandes an Zeit und Kosten ist regelmäßig davon auszugehen, dass er für die eidesstattliche Versicherung demjenigen für die vorausgegangene sorgfältige Erteilung der Auskunft entspricht.[215] Ist der Beklagte zu einer für ihn unmöglichen Auskunft verurteilt worden, so ist zusätzlich der zu erwartende Aufwand an Zeit und Kosten zu berücksichtigen, der erforderlich ist, um etwaige Vollstreckungsversuche zu verhindern.[216] Dass der so ermittelte Wert der Beschwer den erforderlichen Rechtsmittelbetrag übersteigt, ist vom Rechtsmittelführer glaubhaft zu machen.[217] Werden von ihm keine Angaben gemacht, die eine Schätzung erlauben, schätzt das Rechtsmittelgericht die Beschwer auf Grund seiner eigenen Lebenserfahrung und Sachkenntnis nach freiem Ermessen.[218]

135 Darlegungspflichtig für diejenigen Tatsachen, die geheim zu halten sind, sowie für die durch eine Offenlegung drohenden Nachteile ist nach den dargelegten Regeln ebenfalls der Auskunftsschuldner.[219] **Geheimhaltungsbelange** sind hierbei werterhöhend nur beachtlich, wenn sie substantiiert dargelegt und glaubhaft gemacht werden, was voraussetzt, dass der Schuldner einen konkreten Nachteil benennt, der ihm aus der Offenbarung der auskunftspflichtigen Daten droht, und dass gerade in der Person des Auskunftsgläubigers die Gefahr begründet ist, dass er von den ihm offenbarten Tatsachen über

---

207 ZB eigene Kenntnisse des Gläubigers über den Benutzungsumfang und dessen Erträgnisse, so dass die Rechnungslegung des Schuldners im Wesentlichen der Kontrolle dient.
208 OLG Düsseldorf, Beschluss v 11.11.2013 – I-2 W 35/13.
209 OLG Düsseldorf, Urteil v 15.5.2014 – I-2 U 27/13.
210 Für das allgemeine Zivilrecht gilt wiederum, dass sich der Anspruch auf eidesstattliche Versicherung – genauso wie der Rechnungslegungsanspruch – nach einem Bruchteil dessen bemisst, was der Kläger mit der Leistungsklage zu erstreiten hofft (BGH, MDR 2018, 767.
211 Eine Berufung ist, sofern sie vom LG nicht besonders zugelassen wurde (§ 511 Abs 2 Nr 2 ZPO), nur zulässig, wenn die Beschwer des Rechtsmittelführers 600 € übersteigt (§ 511 Abs 2 Nr 1 ZPO). Bei der Nichtzulassungsbeschwerde liegt die zu überschreitende Wertgrenze bei 20.000 € (§ 26 Nr 8 EGZPO).
212 BGH, MDR 2010, 766; BGH, MDR 2014, 922; BGH, GRUR-RR 2017, 185 – Derrick.
213 BGH, FamRZ 2017, 368.
214 BGH, MDR 2014, 1099; BGH, MDR 2018, 48.
215 BGH, FamRZ 2017, 225.
216 BGH, Beschluss v 2.6.2015 – I ZA 8/15.
217 BGH, Beschluss v 2.6.2015 – I ZA 8/15.
218 BGH, Beschluss v 2.6.2015 – I ZA 8/15.
219 BGH, MDR 2014, 1102.

das Verfahren hinaus in einer Weise Gebrauch machen wird, die die schützenswerten wirtschaftlichen Interessen des Auskunftsschuldners gefährden könnte.[220] Ein Geheimhaltungsinteresse hat bei der Bemessung des Anspruchs auf eidesstattliche Versicherung außer Betracht zu bleiben, wenn sich das Bedürfnis nach Geheimhaltung im Zeitpunkt der eidesstattlichen Versicherung (bedingt durch die vorausgegangene Auskunft) bereits erledigt hat.[221] Gleiches gilt für Sachverhalte, die der Verurteilte in seiner Werbung der Öffentlichkeit zugänglich macht.[222]

136 Hat die Auskunftsverpflichtung teilweise **keinen vollstreckungsfähigen Inhalt** (zB weil vorzulegende Belege nicht hinreichend bezeichnet sind), erhöht sich die Beschwer für den Auskunftsschuldner um die mit der Abwehr einer insoweit ungerechtfertigten Zwangsvollstreckung verbundenen Kosten.[223] Dazu zählen die Anwaltskosten, um etwaigen Vollstreckungsversuchen des Gläubigers entgegen zu treten.[224]

137 Ergibt sich nicht aus den Umständen des konkreten Falles ohne weiteres, dass die Wertgrenze überschritten ist, hat der Rechtsmittelführer seine Beschwer substantiiert vorzutragen und in geeigneter Weise glaubhaft zu machen.[225] Beides muss innerhalb der Frist zur Begründung des Rechtsmittels geschehen.[226]

138 Grundsätzlich ist davon auszugehen, dass die zur Auskunftserteilung[227]/eidesstattlichen Versicherung[228] nötigen Tätigkeiten in der **Freizeit** erbracht werden können. Für den reinen Zweitaufwand kann daher bloß der in § 20 JVEG vorgesehene Entschädigungsbetrag für Zeugen von 3,50 €/Stunde in Ansatz gebracht werden.[229] Wer abweichend hiervon behauptet, dass ihm dies nicht möglich sei, hat die Gründe hierfür im Einzelnen darzulegen und glaubhaft zu machen.[230] Müssen Tätigkeiten außerhalb der Freizeit erbracht werden, ist der je Stunde in Ansatz zu bringende Betrag an dem Höchststundensatz zu orientieren, den § 22 JVEG für die Entschädigung von Zeugen vorsieht.[231] Der Verurteilte kann den eigenen Aufwand daher nicht mit den Stundensatz geltend machen, den er Dritten für seine berufliche Tätigkeit in Rechnung stellen würde.[232]

139 Die Kosten der Hinzuziehung einer sachkundigen **Hilfsperson** können bei der Wertbemessung des Beschwerdegegenstandes nur unter besonderen Umständen berücksichtigt werden, nämlich dann, wenn sie dem Auskunfts- bzw Eidespflichtigen zwangsläufig entstehen, weil er zu einer sachgerechten Auskunftserteilung/Überprüfung nicht in der Lage ist.[233] Über welche Qualifikation die Hilfsperson verfügen muss, hängt von den Erfordernissen ab, die bei der Auskunftserteilung zu überwinden sind. Rechtliches Wissen eines Anwaltes ist vonnöten, wenn der Titel zu unbestimmt ist, so dass Zweifel über seinen Inhalt und seine Reichweite auftreten können, oder wenn die gewissenhafte Auskunftserteilung/Überprüfung ansonsten Rechtskenntnisse erfordert, über die der Aus-

---

220 BGH, MDR 2016, 899.
221 BGH, MDR 2013, 50.
222 BGH, MDR 2010, 766.
223 BGH, MDR 2016, 899; BGH, GRUR-RR 2017, 185 – Derrick.
224 BGH, GRUR-RR 2017, 185 – Derrick.
225 BGH, Beschluss v 22.5.2013 – X ZR 49/11.
226 BGH, Beschluss v 22.5.2013 – X ZR 49/11.
227 Zusammentragen der auskunftspflichtigen Daten und Erstellen der Auskunft.
228 Überprüfen der Auskunft auf Vollständigkeit und Richtigkeit, ggf. Korrektur bzw Ergänzung der Auskunft, Abgabe der Versicherung.
229 BGH, MDR 2015, 536.
230 BGH, MDR 2015, 536.
231 BGH, MDR 2014, 922; BGH, MDR 2014, 1274; OLG Hamm, MDR 2014, 111;BGH, GRUR-RR 2017, 185 – Derrick.
232 BGH, MDR 2010, 766.
233 BGH, FamRZ 2014, 644.

kunftsschuldner in eigener Person nicht verfügt.²³⁴ Liegt ein solcher Sachverhalt vor, steht dem Auskunfts- oder Eidespflichtigen ein grundsätzlich weiter Beurteilungsspielraum zur Verfügung, weswegen die Anwaltskosten hinzunehmen sind, wenn die Hinzuziehung anwaltlicher Unterstützung plausibel erscheint.²³⁵ Unter anderen Umständen (zB wenn der Auskunftsschuldner aufgrund einer psychischen Erkrankung zu einer eigenen Rechnungslegung nicht in der Lage ist), kann es der Hinzuziehung einer bloß in Buchführungsangelegenheiten erfahrenen Person bedürfen.²³⁶ Ist die Hinzuziehung eines Dritten geboten, geben die tatsächlichen Kosten ihrer Einschaltung die maßgeblichen Kosten vor.²³⁷

140 Um einen Dritten handelt es sich auch dann, wenn Mitarbeiter eines mit der Prozesspartei lediglich **konzernverbundenen Unternehmens** herangezogen werden, während für eigene Mitarbeiter der Partei nicht deshalb dasselbe gilt, weil zur Auskunftserteilung – in personam – deren gesetzliches Vertretungsorgan (Geschäftsführer) verpflichtet ist.²³⁸

dd) Schadenersatz

141 Werden mehrere (zB das Unternehmen und sein Geschäftsführer) gesamtschuldnerisch auf **Schadenersatz** in Anspruch genommen, so ist der betreffende Streitwertbetrag für alle Schuldner einheitlich festzusetzen²³⁹; ansonsten ist der Wert für die gegen den Geschäftsführer (zB in einem späteren gesonderten Prozess) geltend gemachten Ansprüche mit einem Teil (30 %) des Wertes anzusetzen, der für das Unternehmen festgesetzt worden ist.²⁴⁰

ee) Gesamtwert

142 Werden mit der Klage außerdem Ansprüche auf Rechnungslegung, Entschädigung und Schadenersatz geltend gemacht, so ist der in der Vergangenheit (bis zur Einreichung der Klage) bereits entstandene Kompensationsanspruch überschlägig zu schätzen und der entsprechende Betrag dem Streitwert für den Unterlassungsanspruch hinzuzurechnen, um einen Gesamtstreitwert zu bilden.²⁴¹

143 Stützt der Kläger einen einheitlichen Unterlassungsantrag in erster Linie auf die Verletzung eines bestimmten Schutzrechts und **hilfsweise** auf **weitere parallele Schutzrechte**, handelt es sich um Haupt- und Hilfsanträge über kostenrechtlich verschiedene Gegenstände²⁴². Ihre Werte sind daher gemäß § 45 Abs 1 GKG zusammenzurechnen, wenn

---

234 BGH, GRUR 2014, 908 – Erweiterte Angaben zur Umsatzentwicklung.
235 BGH, NJW-RR 2013, 1033; BGH, GRUR 2014, 908 – Erweiterte Angaben zur Umsatzentwicklung.
236 BGH, GRUR 2015, 615 – Auskunftsverurteilung.
237 BGH, GRUR 2015, 615 – Auskunftsverurteilung.
238 BGH, GRUR-RR 2017, 185 – Derrick.
239 BGH, GRUR-RR 2008, 460.
240 OLG Düsseldorf, Urteil v 15.5.2014 – I-2 U 27/13.
241 Mit der Klageschrift hat der Kläger eine Streitwertangabe zu machen (§ 61 GKG). Ihr folgt das Gericht in der Praxis, sofern sie nicht offensichtlich unangemessen ist und der Beklagte sie nicht (substantiiert) bestreitet. Geschieht letzteres, haben die Parteien im Einzelnen zu den oben genannten Bemessungsfaktoren vorzutragen.
242 Ob kostenrechtlich dieselben oder verschiedene Gegenstände vorliegen, ist aufgrund einer wirtschaftlichen Betrachtung zu entscheiden. Eine Zusammenrechnung wegen Verschiedenheit hat stattzufinden, wo eine wirtschaftliche Werthäufung entsteht und nicht ein wirtschaftlich identisches Interesse betroffen ist. Wirtschaftliche Identität idS besteht bei in ein Eventualverhältnis gestellten Anträgen, wenn die haupt- und hilfsweise geltend gemachten Ansprüche nicht in einer Weise nebeneinander bestehen können, dass, wenn die vom Kläger gesetzte Bedingung hinweggedacht wird, allen stattgegeben werden könnte, sondern die Verurteilung nach dem einen Antrag notwendigerweise die Abweisung des anderen Antrages nach sich zöge (BGH, BeckRS 2013, 11006).

und soweit über die Hilfsansprüche entschieden wird.[243] Wird aus unterschiedlichen Streitgegenständen ein einheitlicher Unterlassungsanspruch verfolgt, hat allerdings keine schlichte Addition stattzufinden; vielmehr ist der Wert für den Hauptanspruch prozentual um einen bestimmten Wert (zB 10 %) für jeden mitentschiedenen Hilfsanspruch zu erhöhen.[244] Das bedeutet freilich nicht, dass auch die Kostenquote im Rechtsstreit nach diesem Verhältnis zwischen Ausgangswert und Erhöhungsbetrag zu bestimmen wäre. Vielmehr ist, wenn der Kläger bloß mit einem von mehreren Klagegründen durchdringt, die Kostenquote (§ 92 Abs 1 ZPO) nach dem Verhältnis der Anzahl erfolgreicher und erfolgloser Streitgegenstände zu bestimmen.[245]

ff) Besichtigungsanspruch

Ein Besichtigungsanspruch ist mit dem – ungekürzten – Wert der zugehörigen Hauptsache (= Patentverletzungsklage) zu bemessen, deren Vorbereitung die Besichtigung dient. Auch wenn die Besichtigungsergebnisse dem Kläger eine Inanspruchnahme weiterer Verletzer erlauben, ist grundsätzlich nur derjenige Streitwertbetrag maßgeblich, der sich für die Ansprüche wegen Patentverletzung gegen den Besichtigungsschuldner ergibt.[246]

144

Wird **gleichzeitig** mit den Ansprüchen wegen Patentverletzung eine **Besichtigung** geltend gemacht, so bemisst sich der Streitwert nach dem (höheren) Wert der Verletzungsklage (§ 45 Abs 1 Satz 3 GKG).[247] Eine Zusammenrechnung nach § 45 Abs 1 Satz 2 GKG findet nicht statt.

145

gg) Ansprüche ohne Streitwertbedeutung

Nicht streitwerterhöhend[248] wirkt der **nicht** auf die Verfahrensgebühr **anrechenbare Teil der** vorgerichtlichen **Geschäftsgebühr** (zB für ein der Klageerhebung vorangegangenes Abmahnschreiben), auch wenn diese Kosten separat neben der Hauptforderung (auf Schadenersatz) wegen Schutzrechtsverletzung geltend gemacht werden.[249] Es spielt keine Rolle, ob es sich um eine positive Leistungsklage oder eine negative Feststellungsklage handelt.[250] Anderes gilt nur dann, wenn und sobald der vorgerichtlich verfolgte Hauptanspruch nicht mehr Gegenstand des Rechtsstreits ist, zB weil die Parteien ihn übereinstimmend für in der Hauptsache erledigt erklärt haben[251] oder die Hauptforderung in erster Instanz aberkannt ist und im Rechtsmittelverfahren nicht mehr weiterverfolgt wird[252]. Dieselben Grundsätze gelten auch für die Bestimmung der Rechtsmittelbeschwer.[253] Streitwertrelevant ist selbstverständlich eine Widerklage, mit der die Kosten zur Abwehr der Abmahnung geltend gemacht werden.

146

Eine nicht streitwerterhöhende Nebenforderung stellen gleichermaßen **Zinsen** dar, die als gedachte vertragliche Verzugszinsen **auf** die nach Lizenzgrundsätzen zu zahlenden **Lizenzgebühren**[254] oder als Verwendungszinsen vom Verletzergewinn zu entrichten

147

---

243 BGH, BeckRS 2013, 20393 – Streitwert für die Revisionsinstanz; vgl auch OLG Frankfurt/Main, GRUR-RR 2012, 367 – Streitwertaddition (mit Anmerkung von Labesius, GRUR-RR 2012, 317).
244 BGH, BeckRS 2013, 20393 – Streitwert für die Revisionsinstanz; OLG Frankfurt/Main, GRUR-RR 2014, 280 – 10 %-Erhöhung.
245 BGH, GRUR 2016, 1301 – Kinderstube.
246 OLG Düsseldorf, Beschluss v 14.12.2015 – I-2 W 21/15.
247 OLG Düsseldorf, Beschluss v 16.5.2012 – I-2 U 111/03.
248 ... und auch nicht beschwerdewerterhöhend (BGH, BeckRS 2012, 07783; BGH, BeckRS 2013, 16816 – ContraWurm).
249 BGH, MDR 2007, 919; BGH, BGH-Report 2007, 845.
250 BGH, WRP 2015, 590.
251 BGH, NJW 2008, 999.
252 BGH, MDR 2013, 816.
253 BGH, BeckRS 2013, 02356.
254 OLG Düsseldorf, Urteil v 17.7.2009 – I-2 U 38/08.

sind. Das gilt auch dann, wenn die gestaffelten Zinsen »kapitalisiert« und mit der eigentlichen Lizenzforderung bzw dem Verletzergewinn zu einem einheitlichen Betrag zusammengefasst werden.[255] Anderes gilt nur dann, wenn die Zinsen als Hauptforderung verfolgt werden, weil neben ihnen keine andere Hauptforderung geltend gemacht wird.[256] Letzteres ist nicht der Fall, wenn der Kläger mit seinem Rechtsmittel die abgewiesenen Zinsen und der verurteilte Beklagte mit seinem Rechtsmittel die zugrunde liegende Hauptforderung zur Entscheidung stellt.[257]

hh) Rechtmittelverfahren

148 Im Rechtsmittelverfahren bestimmt sich der Streitwert einheitlich nach den Anträgen des Rechtsmittelführers, und zwar auch dann, wenn das Rechtsmittel zunächst unbeschränkt eingelegt und erst in der Begründungsschrift auf einen Teil der Beschwer eingeschränkt wurde.[258] *Dieser* Streitwert ist für die Berechnung der **Gerichtsgebühren** ausnahmslos maßgeblich, für die **Anwaltsgebühren** jedoch nur dann, wenn der Gegenstand der gerichtlichen mit dem Gegenstand der anwaltlichen Tätigkeit identisch ist. Daran fehlt es, wenn dem Anwalt der Auftrag zur Einlegung eines vollumfänglichen Rechtsmittels erteilt wurde, der Anwalt entsprechend verfahren ist und das Rechtsmittel später (zB im Rahmen seiner Begründung) beschränkt wurde. Hier ist für die anwaltliche Tätigkeit ein gesonderter Streitwert festzusetzen (§ 33 RVG), der sich nicht nach den beschränkten Rechtsmittelanträgen richtet, die schlussendlich verfolgt worden sind, sondern nach der kompletten Beschwer des Rechtsmittelführers.[259]

149 Wird **einer von mehreren Klageanträgen** vom Kläger **für erledigt erklärt**, so bemisst sich die Beschwer des Klägers nach seinem Kosteninteresse. Dieses Interesse ist nach der Differenzrechnung zu ermitteln (indem festgestellt wird, um welchen Betrag diejenigen Kosten überschritten werden, die angefallen wären, wenn der Kläger den rechtsstreit von Anfang an über den Wert der nicht erledigten Hauptsache geführt hätte), wenn die Erledigungserklärung bereits in erster Instanz abgegeben worden ist und das angefochtene Urteil über die Teilerledigung entscheiden hat.[260] Ist dem nicht so, weil die Teilerledigungserklärung im Umfang des abgewiesenen Teils erst mit der Berufungseinlegung geschieht, ist das Kosteninteresse (statt nach der Diffenerenzmethode) dadurch zu ermitteln, dass der Streitwert des abgewiesenen Klageantrages ins Verhältnis zum Gesamtstreitwert gesetzt und die sich nach dieser Quote auf den abgewiesenen Antrag entfallende Kostenbelastung errechnet wird.[261]

ii) Stufenklage

150 Maßgeblich für die Gerichtsgebühren und die anwaltliche Geschäfts- und Verfahrensgebühr ist der Wert des erwarteten Zahlungsanspruchs, und zwar auch dann, wenn die Klage insgesamt abgewiesen wird, nachdem lediglich über die Auskunftsstufe mündlich verhandelt worden ist[262] oder die Sache nach rechtskräftiger Zuerkennung des Auskunftsanspruchs nicht weiter betrieben und die Sache deshalb weggelegt wird[263]. Der geringere Wert des Auskunftsanspruchs bestimmt lediglich den Wert der anwaltlichen Terminsgebühr.[264]

---

255 BGH, KoRsp § 4 ZPO Nr 81; OLG Köln, KoRsp § 4 ZPO Nr 84.
256 BGH, WM 1981, 1091, 1092; BGH, NJW 2008, 999.
257 BGH, MDR 2013, 1316.
258 BGH, MDR 2013, 1376; BGH, MDR 2018, 367.
259 BGH, MDR 2018, 367.
260 BGH, MDR 2006, 109.
261 BGH, MDR 2018, 301.
262 OLG Koblenz, MDR 2014, 243; OLG Schleswig, MDR 2014, 494.
263 OLG Schleswig, MDR 2014, 1345.
264 OLG Koblenz, MDR 2014, 243.

b) Kontroverse Streitwertauffassungen

Herrscht Uneinigkeit über die richtige Bemessung des Streitwertes, kann eine über die restliche Laufzeit des Patents angestellte **Lizenzbetrachtung** einen rechnerischen Anhaltspunkt liefern, indem diejenigen Lizenzgebühren ermittelt werden, die dem Kläger mutmaßlich zustehen würden, wenn die Verletzungshandlungen bis zum Ablauf des Klagepatents[265] fortgesetzt werden. Vorausgesetzt ist hierbei freilich, dass die Parteien dem Gericht Zahlenmaterial zur Verfügung stellen, das entsprechende Berechnungen erlaubt. Unterhalb des sich hiernach ergebenden Betrages wird der Streitwert für die auch auf Unterlassung gerichtete Klage nicht festgesetzt werden können. Die Lizenzberechnung stellt keinen Höheprozess dar; vielmehr hat eine bloß überschlägige Ermittlung stattzufinden, wobei regelmäßig ein Lizenzsatz am obersten denkbaren Rahmen anzusetzen ist.[266] Letzteres trägt insbesondere der Tatsache Rechnung, dass die Lizenzanalogie erfahrungsgemäß nur den geringstmöglichen Schadenersatzbetrag ergeben wird, der von dem herauszugebenden Verletzergewinn oder dem zu ersetzenden entgangenen eigenen Gewinn (die mangels Kenntnis von den berechnungsrelevanten Geschäftsdaten für die Streitwertbemessung nicht zur Verfügung stehen werden) – ggf deutlich – übertroffen werden wird. **151**

In besonderen Konstellationen kann es gerechtfertigt sein, das Rechtsverfolgungsinteresse statt anhand einer Lizenzbetrachtung unter überschlägiger Bestimmung des dem Verletzten **entgangenen Gewinns** zu ermitteln. Anlass hierzu besteht namentlich dann, wenn der Beklagte den Verletzungsgegenstand zu Dumpingpreisen anbietet, während der Kläger am Markt deutlich höhere Preise durchgesetzt hat. In einer solchen Situation sind die Verletzungshandlungen geeignet, die Gewinnerzielungsmöglichkeiten des Klägers in Gefahr zu bringen, sei es, dass er seine Preise ebenfalls nach unten korrigieren muss, um am Markt überhaupt Bestand haben zu können, sei es, dass sich seine Verkaufszahlen zu den unverändert hohen Preisen rückläufig entwickeln. Das mit der Klage verfolgte Interesse geht hier ersichtlich dahin, die bisherige Gewinnerzielung ungestört fortsetzen zu können. Seinen betragsmäßigen Ausdruck findet dieses Interesse in denjenigen (überschlägig ermittelten) Gewinnen, die der Kläger durch die (bis zum Ende des Patentschutzes fortgesetzten) Verletzungshandlungen voraussichtlich einbüßen wird.[267] **152**

Der **Streitwertangabe des Klägers/Antragstellers** kommt für die Festsetzung überragendes Gewicht. Das gilt umso mehr, je weniger die Parteien sich zu Umsätzen und Lizenzsätzen verhalten, die eine rechnerische Ermittlung des Streitwertes erlauben würden.[268] Genauso aufschlussreich kann der für eine der Klage vorausgegangene Abmahnung angegebene Gegenstandswert sein, weil die Abmahnung regelmäßig darauf gerichtet ist, den Schutzrechtseingriff endgültig abzustellen und infolgedessen mit dem Rechtsverfolgungsinteresse einer nachfolgenden Unterlassungsklage übereinstimmt.[269] **153**

---

265 Ist davon auszugehen, dass die Technik vorher überholt werden wird, kann im Einzelfall der frühere Zeitpunkt zugrunde gelegt werden, zu dem die Technik des Klagepatents mutmaßlich ihre Bedeutung verlieren wird.
266 Einschränkend in der Begründung und weniger in den Folgen die Rechtsprechung des I. ZS des BGH (WRP 2015, 414; BGH, GRUR 2016, 1275 – Tannöd; Urteil v 30.3.2017 – I ZR 50/16): Zwar soll das Interesse des Unterlassungsgläubigers an der Unterbindung weiterer Verletzungen *auch* anhand des wirtschaftlichen Wertes des verletzten Rechtsbestimmt werden können, das sich wiederum in den erzielbaren Lizenzeinnahmen niederschlägt; darüber hinaus sollen jedoch auch die dem Rechtsinhaber insgesamt zu Gebote stehenden Verwertungsmöglichkeiten in Betracht gezogen werden, deren Verwirklichung durch künftige Verletzungshandlungen beeinträchtigt zu werden droht. Dies kann dazu führen, dass mit einer Verdoppelung der mutmaßlichen Lizenzbeträge das Unterlassungsbegehren nicht ausreichend erfasst ist (Urteil v 30.3.2017 – I ZR 50/16).
267 OLG Düsseldorf, Beschlüsse v 24.10.2012 und 14.11.2012 – I-2 W 26/12.
268 OLG Düsseldorf, Beschluss v 28.8.2017 – I-2 W 20/17.
269 OLG Hamburg, Mitt 2018, 243 – Wert des Verfügungsverfahrens (LS).

Die Streitwertangabe des Klägers steht erst dann zur Disposition, wenn konkrete Anhaltspunkte dafür bestehen, dass die Angabe ersichtlich zu niedrig oder offensichtlich überhöht ist.[270] In der Regel ist es deswegen geboten, den Kläger/Antragsteller an seiner eigenen Streitwertangabe festzuhalten, die er bei Einleitung des gerichtlichen Verfahrens und in Unkenntnis des tatsächlichen Prozessausgangs gemacht hat.[271] Eine Herabsetzung des Streitwertes kommt jedenfalls dann nicht in Betracht, wenn der Antrag hierzu erst gestellt wird, nachdem ein voraussichtliches Unterliegen des Klägers/Antragstellers absehbar ist oder sogar feststeht (zB weil das Klagepatent rechtskräftig vernichtet ist). Gleiches gilt, wenn der Herabsetzungsantrag nicht alsbald angebracht wird, nachdem dem Kläger/Antragsteller diejenigen Umstände zur Kenntnis gelangt sind, aus denen sich eine Fehleinschätzung seines Rechtsverfolgungsinteresses ergeben soll.[272] Entsprechendes gilt grundsätzlich auch für den Beklagten, der zu dem vom Kläger bei Einleitung des gerichtlichen Verfahrens angegebenen Streitwert geschwiegen hat und den angegebenen Wert erst beanstandet, nachdem sein eigenes Unterliegen absehbar ist oder sogar bereits feststeht. Ebenso wenig wie sich der Kläger von einer einmal gemachten Wertangabe ohne nachvollziehbaren, lückenlosen und ggf durch entsprechendes Material belegten Vortrag dazu, dass und warum die anfänglichen Angaben falsch gewesen sind, die späteren aber richtig sein sollen, lösen kann, kann auch der Beklagte nachträglich nicht einfach geltend machen, der vom Gericht entsprechend der anfänglichen, unbeanstandet gebliebenen Wertangabe des Klägers festgesetzte Streitwert sei zu hoch. Auch er muss in einem solchen Fall vielmehr im Einzelnen nachvollziehbar darlegen und ggf durch Vorlage entsprechenden Materials belegen, dass und warum die ursprüngliche Wertangabe falsch gewesen ist, und er nunmehr – in Kenntnis des eigenen Unterliegens – zu einem abweichenden Wert gelangt.[273]

154 Hat der Kläger für seine auf mehrere **SEP** gestützte und gegen eine Vielzahl von Beklagten gerichtete Rechnungslegungs- und Entschädigungs- sowie Schadensersatzfeststellungsklage den Streitwert mit einem einstelligen Millionenbetrag angegeben und auf Intervention des Gerichts eine vorläufige Festsetzung auf einen zweistelligen Millionenbetrag angeregt, die alsdann auch erfolgt ist, so rechtfertigt sich eine niedrigere endgültige Streitwertfestsetzung nach erfolgter Klagerücknahme nicht deswegen, weil der Kläger mit einem Teil der Beklagten 2 Monate nach Klageerhebung einen weltweiten Lizenzvertrag über sein gesamtes Portfolio für 200.000 US-Dollar abgeschlossen hat und andere Beklagte ein vergleichbares Angebot der Klägerin sogar ausgeschlagen haben.[274] Gleiches gilt für den Umstand, dass das gesamte Schutzrechtsportfolio für einen geringen einstelligen Millionenbetrag erworben worden ist.[275]

155 Für das **Nichtzulassungsbeschwerdeverfahren** vertritt der BGH die strikte Auffassung, dass derjenige, der die Streitwertfestsetzung der Tatsacheninstanzen nicht beanstandet hat, vor dem BGH nicht mehr mit Einwendungen gegen den Streitwert gehört werden kann.[276] Das gilt zunächst für den Einwand, bereits in den Tatsacheninstanzen vorgebrachte Umstände seien nicht ausreichend berücksichtigt worden.[277] Darüber hinaus ist es ihm aber auch verwehrt, mit neuem Vortrag die in den Tatsacheninstanzen gemachten Angaben zum Wert (einschließlich vorgetragener Schätzungsgrundlagen für das Gericht)

---

270 BGH, GRUR 2012, 1288 – Vorausbezahlte Telefongespräche II.
271 BGH, GRUR 2012, 1288 – Vorausbezahlte Telefongespräche II.
272 OLG Hamburg, InstGE 6, 124 – Streitwertkorrektur; OLG München, Beschluss v 10.1.2017 – 6 W 2094/16.
273 OLG Düsseldorf, Beschluss v 20.9.2010 – I-2 W 46/10.
274 OLG Düsseldorf, Beschluss v 28.8.2017 – I-2 W 20/17.
275 OLG Düsseldorf, Beschluss v 28.8.2017 – I-2 W 20/17.
276 BGH, BeckRS 2012, 07284; BGH, BeckRS 2012, 07783; BGH, BeckRS 2012, 10947.
277 BGH, Beschluss v 12.4.2018 – I ZR 145/17.

zu korrigieren, um die Wertgrenze des § 26 Nr 8 EGZPO zu überschreiten.[278] Das gleiche gilt für eine Streitwertänderung im Revisionsverfahren.[279] Denn es gilt der Grundsatz, dass die Beschwer des Unterlassungsschuldners *im Zweifel* dem Interesse des Klägers an der Unterlassungsverurteilung und damit dem auf den Unterlassungsteil entfallenden Streitwertanteil entspricht.[280] Auf eine höhere Beschwer hat der Beklagte schon in den Tatsacheninstanzen, und zwar *substanziiert*, hinzuweisen.[281]

Umgekehrt gilt nicht dasselbe. Ergibt sich im Nachhinein, dass beide Parteien mit einer zu niedrigen Streitwertangabe prozessiert haben, ist eine der Sachlage angemessene Anhebung des Streitwertes geboten, selbst wenn die Tatsachen hierfür von der einen Partei erst beigebracht werden, nachdem diese endgültig obsiegt hat.[282] Unerheblich ist in diesem Zusammenhang, ob die zu niedrige Streitwertangabe vorsätzlich erfolgt ist[283] und vom Gegner bewusst unbeanstandet geblieben ist (zB weil beide Parteien angesichts des zunächst noch ungewissen Prozessausgangs Gerichtskosten »sparen« wollen) oder ob die zu niedrige Streitwertangabe bloß auf Fahrlässigkeit beruht.[284] In keinem Fall ist irgendein Vertrauensschutz gerechtfertigt und kann es hingenommen werden, dass der Landeskasse ihr zustehende Gebühren vorenthalten werden. 156

Sobald das Gericht den Verdacht einer zu niedrigen Streitwertangabe hat, sollten die Parteien zu einer dezidierten Begründung ihres Streitwertvorschlages aufgefordert werden[285], zB mit folgendem Schreiben: 157

Praxistipp	Formulierungsbeispiel	158

In pp.

wird den Parteien – unter ausdrücklichem Hinweis auf die auch insoweit bestehende Wahrheitspflicht – aufgegeben, binnen 3 Wochen zu den für die Streitwertbemessung maßgebli-

---

278 BGH, MDR 2013, 926.
279 BGH, Beschluss v 18.8.2014 – I ZR 107/10.
280 BGH, GRUR 2018, 655 – Postversandkosten.
281 BGH, GRUR 2018, 655 – Postversandkosten.
282 OLG Düsseldorf, InstGE 12, 107 – Du sollst nicht lügen! Vgl dazu Köllner, Mitt 2010, 454.
283 ... und damit den Straftatbestand eines zumindest versuchten Betruges erfüllen kann.
284 OLG Düsseldorf, InstGE 12, 107 – Du sollst nicht lügen!
285 Das OLG Frankfurt/Main (Mitt 2012, 94 – Indizielle Bedeutung von Streitwertangaben) hält eine solche Nachfrage für unzulässig und will der Streitwertangabe des Klägers nur dann nicht folgen, wenn – (1) – entweder das eigene Vorbringen des Klägers einen höheren (oder niedrigeren) Streitwertbetrag ergibt oder wenn – (2) – der Beklagte konkrete Einwände erhebt. Das erscheint zu eng. Das Gericht hat in jedem Fall auf eine angemessene Streitwertfestsetzung hinzuwirken, mithin auch dann, wenn es von beiden Parteien hinters Licht geführt wird, aber aufgrund eigener Erkenntnisse (zB aus anderen Verfahren) Anhaltspunkte dafür hat, dass der angegebene Streitwert über- (oder auch unter-)setzt ist. Der Hinweis des OLG Frankfurt/Main, die Parteien hätten schon deshalb keinen Anlass für eine zu niedrige Streitwertangabe, weil damit auch der Kostenerstattungsanspruch des Obsiegenden geschmälert werde, der infolgedessen auf einem Teil seiner nach Stundenaufwand honorierten Anwaltskosten sitzen bleibe, verfängt nicht. Bei Prozessbeginn steht der Gewinner naturgemäß noch nicht fest. Für den Kläger, der damit rechnen muss, ggf zu unterliegen, ist es deshalb eine durchaus vernünftige Erwägung, den Streitwert mit einem zu geringen Betrag anzugeben, um zu verhindern, dass er neben der möglicherweise drohenden Klageabweisung auch noch einem beträchtlichen Kostenerstattungsanspruch des Prozessgegners (der ggf sein Wettbewerber ist) ausgesetzt ist. Dafür wird er unter Umständen in Kauf nehmen, im Falle eines Obsiegens einen Teil des an seinen eigenen Anwalt gezahlten Honorars selbst tragen zu müssen. Für den Beklagten gelten keine grundsätzlich anderen Überlegungen. Auch er wird bestrebt sein, neben einer ggf drohenden Verurteilung nicht auch noch erhebliche Kosten an den obsiegenden Gegner entrichten zu müssen und vor diesem Hintergrund akzeptieren, bei eigenem Obsiegen nicht alle Kosten seines Anwaltes erstattet zu erhalten.

chen Faktoren vorzutragen. Der bisherige Streitwert erscheint dem Gericht nicht plausibel und zu gering.

Vorsorglich werden die Parteien auf Folgendes hingewiesen:

Mit Blick auf den Unterlassungsanspruch *ist für die Streitwertbemessung entscheidend, mit welchen Nachteilen der Kläger bei einer* Fortsetzung des beanstandeten (mutmaßlich schutzrechtsverletzenden) Verhaltens rechnen muss. Das Interesse an der Rechtsverfolgung richtet sich demgemäß nach dem wirtschaftlichen Interesse an einer Abwehr der mit *weiteren* Verstößen verbundenen Nachteile. Von Bedeutung ist in diesem Zusammenhang zunächst die bei Klageerhebung/Berufungseinlegung noch gegebene Restlaufzeit des Klageschutzrechts. Zu berücksichtigen sind darüber hinaus zum einen Umsatz, Größe und Marktstellung des Klägers, die Aufschluss über den voraussichtlich drohenden Schaden aus der behaupteten Schutzrechtsverletzung geben, sowie zum anderen Art, Ausmaß und Schädlichkeit der Verletzungshandlung sowie die Intensität der Begehungs- oder Wiederholungsgefahr. Zur wertmäßigen Erfassung des Unterlassungsanspruchs kann eine über die restliche Laufzeit des Patents angestellte Lizenzbetrachtung einen rechnerischen Anhaltspunkt liefern, indem diejenigen Lizenzgebühren ermittelt werden, die dem Kläger mutmaßlich zustehen würden, wenn die Verletzungshandlungen bis zum Ablauf des Klageschutzrechts – ggf in gesteigertem Umfang – fortgesetzt werden. Die Lizenzberechnung ersetzt keinen Höheprozess; vielmehr hat eine bloß überschlägige Ermittlung stattzufinden, wobei regelmäßig ein Lizenzsatz am obersten denkbaren Rahmen anzusetzen ist.

Werden mit der Klage neben dem Unterlassungsanspruch Ansprüche auf Rechnungslegung, Entschädigung und Schadenersatz geltend gemacht, so ist der in der Vergangenheit (bis zur Einreichung der Klage/Einlegung der Berufung) bereits entstandene Kompensationsanspruch nach grundsätzlich denselben Kriterien überschlägig zu schätzen und der entsprechende Betrag dem Streitwert für den Unterlassungsanspruch hinzuzurechnen, um einen Gesamtstreitwert zu bilden.

Die Parteien haben daher im Einzelnen zum Verkaufspreis für Gegenstände der fraglichen Art, zur Absatzmenge in Deutschland, zu ihren jeweiligen Marktanteilen, zur Höhe üblicher Lizenzsätze und zu den durchschnittlichen Herstellungskosten vorzutragen.

Sollte das Klageschutzrecht während des Rechtsstreits infolge Ablaufs der gesetzlichen Schutzdauer (oder aus sonstigen Gründen) erloschen sein, hat dies regelmäßig keinen Einfluss auf den Streitwert. Denn der bisherige Unterlassungsanspruch schlägt mit dem Auslaufen des Schutzrechts in einen Schadenersatzanspruch um, der nunmehr entsprechend höher zu bewerten ist. Eine Streitwertherabsetzung ist nur dann angezeigt, wenn der Verletzungsbeklagte die Benutzung des Klageschutzrechts vor Eintritt des Wirkungsverlustes freiwillig einstellt, weil sich unter solchen Umständen die bei Klageeinreichung/Berufungseinlegung zur Bewertung des Unterlassungsanspruchs angestellte Prognose, dass die Verletzungshandlungen für die prognostizierte Restlaufzeit des Klageschutzrechts fortgesetzt, ggf sogar ausgedehnt werden, als unzutreffend erweist.

159 Sofern die Parteien sachdienliche Angaben verweigern[286], kann dem dadurch begegnet werden, dass das Gericht einen hohen, seiner Auffassung nach gerade noch vertretbaren Streitwert festsetzt und dessen Herabsetzung davon abhängig macht, dass die Parteien geeignetes Zahlenmaterial beibringen und glaubhaft machen.[287]

---

286 … was gerne unter Hinweis auf mangelnde Kenntnisse über die genauen Vertriebszahlen des anderen geschieht, obwohl evident ist, dass Wettbewerber regelmäßig über die Marktmacht des Konkurrenten Bescheid wissen.
287 OLG Düsseldorf, InstGE 13, 232 – Du sollst nicht lügen! II.

c) Bemessungsregeln für Sonderfälle

aa) Einstweiliger Rechtsschutz

Im Verfahren des **vorläufigen Rechtsschutzes** hat die Streitwertfestsetzung der Tatsache gerecht zu werden, dass der Verfügungsantrag nicht der endgültigen Durchsetzung des geltend gemachten Unterlassungsanspruchs dient, sondern lediglich seiner einstweiligen Sicherung. Dies rechtfertigt im Allgemeinen einen Abschlag vom eigentlichen (Hauptsache-)Streitwert in Höhe von ¹/₅ bis ¹/₃.[288] Nach einem Kostenwiderspruch reduziert sich der Streitwert auf das Kosteninteresse, dh die Summe der angefallenen Kosten, um deren Tragung es geht.[289] Für denjenigen Anwalt, der den Kostenwiderspruch einlegt, fällt eine Verfahrensgebühr nur nach dem Wert des Kosteninteresses (aber nicht nach dem gesamten Gegenstandswert des ursprünglichen Verfügungsverfahrens) an.[290] 160

bb) Negative Feststellungsklage

Der Streitwert einer **negativen Feststellungsklage**, die darauf gerichtet ist, die Nichtverletzung eines Patents durch eine bestimmte Ausführungsform gerichtlich festzustellen, entspricht – wegen der vernichtenden Wirkung eines obsiegenden Urteils – dem Streitwert einer positiven Leistungsklage (auf Unterlassung etc) umgekehrten Rubrums.[291] 161

cc) Lizenznehmer als Kläger

Klagt ein **Lizenznehmer**, ist für die Streitwertermittlung in aller Regel ebenfalls die voraussichtliche Benutzung des Klagepatents durch den Beklagten während der restlichen Laufzeit des Klageschutzrechts in Betracht zu ziehen. In Bezug auf einen einfachen Lizenznehmer ist dies schon deshalb geboten, weil er (in gewillkürter Prozessstandschaft und aufgrund materiell-rechtlicher Abtretung) die Ansprüche des Schutzrechtsinhabers geltend macht, die naturgemäß bis zum Laufzeitende bestehen. Gleiches gilt für einen ausschließlichen Lizenznehmer, wenn der Lizenzvertrag auf unbestimmte Zeit oder mit (zB jährlicher) stillschweigender Verlängerungsklausel abgeschlossen ist. Dass der Lizenzvertrag durch Kündigung oder mangels Verlängerung vorzeitig sein Ende finden *kann*, hat für die Streitwertermittlung solange keine Konsequenzen, wie die genannten Beendigungsgründe bloß theoretisch bestehen. Statt auf die gesamte Restlaufzeit des Klagepatents ist nur dann auf die kürzere Restlaufzeit des Lizenzvertrages abzustellen, wenn definitiv absehbar ist, dass der Lizenzvertrag vor dem Erlöschen des Patentschutzes sein Ende finden wird.[292] 162

dd) Streithelfer

Im Verhältnis zum **Streithelfer**[293], der dem Rechtsstreit beigetreten ist, kommt es nicht auf dessen Interesse an[294]; maßgeblich ist vielmehr auch im Verhältnis zu ihm der reguläre Streitwert des Prozesses. Das gilt, wenn der Streithelfer sich den Anträgen der von ihm unterstützten Partei angeschlossen hat[295], aber gleichermaßen dann, wenn der Streit- 163

---

288 OLG Rostock, GRUR-RR 2009, 39 – Moonlight; OLG Hamburg, Mitt 2018, 243 – Wert des Verfügungsverfahrens.
289 BGH, NJW-RR 2003, 1293; OLG Karlsruhe, MDR 2007, 1455.
290 BGH, GRUR 2013, 1286 – Gegenstandswert des Verfügungsverfahrens.
291 Allg Meinung: BGH, WuM 2004, 352; KG, GRUR-RR 2009, 160.
292 OLG Düsseldorf, Beschlüsse v 24.10.2012 und 14.11.2012 – I-2 W 26/12.
293 Zum Streitstand vgl Schmeel, MDR 2012, 13.
294 So aber OLG München, Beschluss v 30.3.2015 – 6 W 71/14, das auf die jeweilige Regresshaftungssumme des einzelnen Streithelfers gegenüber dem Verletzungsbeklagten abstellt.
295 BGH, JurBüro 2013, 477; OLG Düsseldorf, Beschluss v 12.9.2011 – I-2 W 35/11, mwN zum Streitstand.

J. Sonstiges

helfer keinen Antrag gestellt hat.[296] Da sich auch die Anwaltsgebühren des Streithelfers nach dem die Gerichtsgebühren bestimmenden Wert richteten, ist auch für eine gesonderte Festsetzung nach § 32 RVG kein Raum.[297] Nur im Zwischenstreit über die Zulässigkeit der Nebenintervention bestimmt das wirtschaftliche Interesse des Streithelfers den Streitwert.[298]

ee) Schutzrechtsablauf

164 Wird das **Klagepatent** während des Rechtsstreits **wirkungslos** und ist Erlöschensgrund der Ablauf der gesetzlichen Patentdauer, hat dies regelmäßig keinen Einfluss auf den Streitwert.[299] Denn der bisherige Unterlassungsanspruch (in dessen Streitwert bereits der künftige Schutzrechtsablauf und somit die zeitliche Limitierung des Unterlassungsbegehrens »eingepreist« ist) schlägt mit dem Auslaufen des Patents in einen Schadenersatzanspruch um, der nunmehr entsprechend höher zu bewerten ist.[300] In dem Umfang, in dem sich der Wert des Unterlassungsantrages mit Annäherung an das Schutzrechtsende reduziert, erhöht sich gleichzeitig der Wert des Schadenersatzanspruchs, der dem Kläger wegen begangener Patentverletzung zusteht. Vorausgesetzt ist dabei, dass die Verletzungshandlungen vom Beklagten fortgesetzt werden, wovon ohne anderweitige Anhaltspunkte im Zweifel auszugehen ist. Eine Streitwertherabsetzung ist deswegen angezeigt, wenn der Verletzungsbeklagte die Benutzung des Klagepatents vor Eintritt des Wirkungsverlustes – freiwillig oder zwangsweise – einstellt, weil sich unter solchen Umständen die bei Klageeinreichung zur Bewertung des Unterlassungsanspruchs angestellte Prognose, dass die Verletzungshandlungen für die prognostizierte Restlaufzeit des Klagepatents fortgesetzt, ggf sogar ausgedehnt werden, als unzutreffend erweist.[301] Dasselbe gilt unabhängig von einem Wirkungsverlust, wenn bereits bei Klageerhebung/Rechtsmitteleinlegung ein Kausalverlauf unabänderlich in Gang gesetzt ist, der dazu führt, dass die Verletzungshandlungen sich nicht bis zum gesetzlichen Ende der Schutzrechtsdauer fortsetzen werden. Auch wenn der Kläger hierüber keine Kenntnis hat, beschränkt sich sein Klageinteresse objektiv auf die nach den vom Beklagten getroffenen Vorkehrungen verbleibende restliche Benutzungszeit.

165 Anlass zur Korrektur besteht im Allgemeinen auch bei allen sonstigen Erlöschensgründen (zB Verzicht auf das Klagepatent, Eingreifen des Doppelschutzverbotes, Lizenznahme am Klagepatent oder einem prioritätsälteren Schutzrecht, Zwangslizenz, § 23 PatG), die sich – in Bezug auf die Verhältnisse bei Einreichung der Verletzungsklage – typischerweise unvorhergesehen einstellen und allein deswegen eine Neubewertung des Klägerinteresses erfordern. Nicht zu verwechseln mit dem Verzicht auf das Patent ist der Verzicht auf die mit der Verletzungsklage geltend gemachten Ansprüche, der typischerweise nach rechtskräftiger Vernichtung des Klagepatents erfolgt. Weil der Verzicht in der mündlichen Verhandlung erklärt werden muss (**§ 306 ZPO**), ist die schriftsätzliche Verzichtserklärung eine bloß (rechtlich wirkungslose) Ankündigung derselben und schon deshalb streitwertmäßig unbeachtlich.[302] Sie ist es darüber hinaus auch deshalb, weil trotz des Verzichts eine gerichtliche Entscheidung (wenn auch ohne Sachprüfung) über die Verletzungsansprüche ergeht. Auch für solche Gebührentatbestände, die nach

---

296 BGH, MDR 2016, 854.
297 BGH, MDR 2016, 854.
298 OLG Düsseldorf, Beschluss v 12.9.2011 – I-2 W 35/11.
299 Das gilt auch dann, wenn der Unterlassungsantrag für erledigt erklärt wird, was an sich – bezogen auf den Zeitpunkt der Abgabe der Erledigungserklärung, nicht des Eintritts des erledigenden Ereignisses – zur Folge hat, dass sich der Streitwert von da ab auf die bis zur Erledigungserklärung entstandenen Prozesskosten reduziert (BGH, MDR 2010, 1342).
300 OLG Düsseldorf, InstGE 11, 175 – Sitzheizung.
301 OLG Düsseldorf, InstGE 11, 175 – Sitzheizung.
302 OLG Düsseldorf, Beschluss v 13.9.2013 – I-2 U 44/09.

ordnungsgemäßer (mündlicher) Verzichtserklärung verwirklicht werden, kommt daher eine Reduzierung des Streitwertes auf das Kosteninteresse nicht in Betracht.[303]

ff) Streit um Prozesskostensicherheit

Der Wert des Streits über die Verpflichtung der Klägerin, **Prozesskostensicherheit** (§ 110 ZPO) zu leisten, ist nicht nach dem Betrag der vom Beklagten verlangten oder ihm gerichtlich zugesprochenen Sicherheitsleistung zu bemessen, sondern entspricht dem vollen Wert der Hauptsache selbst.[304] Das gilt auch für das Rechtsmittelverfahren gegen die Anordnung oder Ablehnung einer Prozesskostensicherheit.[305] Der Grund liegt darin, dass die Einrede aus § 110 ZPO eine Verteidigung gegen die Klage als solche darstellt, weil sie dem Beklagten die Möglichkeit gibt, die Einlassung auf die Klage zu verweigern, bis über die Prozesseinrede entschieden oder die angeordnete Sicherheit geleistet ist.[306] Leistet der Kläger die Sicherheit nicht, wird seine Klage für zurückgenommen erklärt, was eine Entscheidung über den gesamten Streitgegenstand in der Hauptsache darstellt.[307] Wird die Einrede, nachdem sich der Beklagte in erster Instanz zur Sache eingelassen hat, erstmals während des Berufungsrechtszuges erhoben, so soll ihr kein eigener (erhöhender) Wert zukommen.[308]

166

gg) Zahlungsantrag unter Berücksichtigung geleisteter Zahlungen

Wird mit der Klage ein bezifferter Zahlungsbetrag nebst Zinsen verfolgt, von dem (zB vorgerichtlich) bereits geleistete Zahlungen des Schuldners in Abzug gebracht werden, ist durch Auslegung zu ermitteln, wie der Wert der allein streitwertrelevanten Hauptforderung zu bemessen ist. Materiellrechtlich wird eine zur Tilgung der ganzen Schuld nicht ausreichende Zahlung zunächst auf die Zinsen und erst danach auf die Hauptforderung angerechnet (§ 367 Abs 1 BGB). Dort, wo mangels gegenteiliger Anhaltspunkte von *dieser* Verrechnungsrangfolge auszugehen ist, schmälert eine vorgerichtliche Zahlung die eingeklagte Hauptforderung nur in dem Maße, wie sie nicht durch eine primäre Anrechnung auf von der Hauptforderung geschuldete Zinsen aufgezehrt ist. Dass das Klagebegehren (und eine entsprechende Verurteilung) genau in diesem Sinne gewollt und deswegen auch zu verstehen sind, liegt vor allem dann nahe, wenn die in Abzug zu bringende Zahlung ausweislich der Formulierung des Klageantrages/Urteilstenors erst im Anschluss an den Zinsanspruch erwähnt wird (»... an den Kläger 100.000 € nebst Zinsen in Höhe von ... abzüglich am ... gezahlter 20.000 € zu zahlen.«).[309]

167

hh) Zahlungsantrag und Insolvenz

Speziell für Höhe- oder Kostenerstattungsklagen ist in Fällen der Insolvenz des Zahlungsschuldners und Aufnahme des Rechtsstreits durch den Insolvenzverwalter zu beachten, dass sich die ursprüngliche Zahlungsklage in eine Klage auf Feststellung der eingeklagten Forderung zur Insolvenztabelle umwandelt (§ 180 Abs 2 InsO). Bezogen auf den Aufnahmezeitpunkt reduziert sich der Wert des Streitgegenstandes (soweit der Anspruch gegen den Insolvenzverwalter betroffen ist[310]) auf denjenigen Betrag, der bei der Verteilung der vorhandenen Insolvenzmasse für die Forderung zu erwarten ist (§ 182

168

---

303 OLG Düsseldorf, Beschluss v 23.9.2013 – I-2 U 63/03.
304 BGH, VersR 1991, 122; OLG Hamburg, AGS 2003, 82; OLG Düsseldorf, Beschluss v 17.10.2014 – I-2 U 54/14.
305 OLG Düsseldorf, Beschluss v 17.10.2014 – I-2 U 54/14.
306 OLG Hamburg, AGS 2003, 82.
307 BGH, VersR 1991, 122.
308 OLG Frankfurt/Main, GRUR-RS 2016, 15323 – Ohne Funktionseinschränkung kostenlos.
309 BGH, NJW-RR 2016, 759.
310 Im Verhältnis zum mitverklagten Geschäftsführer, der selbst nicht insolvent ist, bleibt es bei dem ursprünglichen, am Betrag der Klageforderung orientierten Streitwert.

InsO). Einen Anhalt hierüber kann auch ein Zwischenbericht des Insolvenzverwalters liefern, der einige Zeit nach dem Aufnahmetag datiert.[311]

d) Streitwertbemessung im Nichtigkeitsverfahren

169 Der Streitwert einer **Nichtigkeitsklage** wird durch den **gemeinen Wert** des Patents bei Klageerhebung zzgl bis dahin entstandener Schadenersatzforderungen wegen Patentverletzung bestimmt.[312] Dieser Wert kann nicht unterhalb der Summe der Streitwerte angesetzt werden, die in den aus dem Patent geführten Verletzungsprozessen zugrunde gelegt worden sind bzw geführt werden, sondern wird regelmäßig darüber hinausgehen. Um dem Rechnung zu tragen, ist der Streitwert des Nichtigkeitsverfahrens dadurch zu bilden, dass der/die Streitwert(e) des/der abgeschlossenen bzw laufenden Verletzungsprozesse(s) angemessen erhöht wird/werden. Sofern keine verlässlicheren Erkenntnisse vorliegen, ist der auf den/die Verletzungsstreitwert(e) vorzunehmende Aufschlag mit 25 % zu bemessen.[313]

170 Wird das Patent von mehreren Klägern in demselben Umfang angegriffen, so gilt für jede einzelne Nichtigkeitsklage der besagte, den vollen gemeinen Wert des angegriffenen Patents repräsentierende Streitwert und nicht etwa nur ein der Zahl der angreifenden **Streitgenossen** entsprechender Bruchteil dessen.[314] Das gilt unabhängig davon, ob die mehreren Kläger eine gemeinsame Nichtigkeitsklage erheben oder ob zunächst separat eingereichte Klagen vom Gericht zur gemeinsamen Verhandlung und Entscheidung verbunden werden.[315] In beiden Fällen handelt es sich bei den mehreren Nichtigkeitsklägern um notwendige Streitgenossen.[316] Ein reduzierter Streitwert ist nur für denjenigen Streitgenossen gerechtfertigt, dessen Angriff im Vergleich zu dem der anderen Kläger von geringerer Intensität ist (zB weil er bloß eine Teilnichtigkeitsklage erhebt oder das zugehörige Schutzzertifikat – anders als die übrigen Nichtigkeitskläger – nicht ebenfalls mit angreift).[317] Zu der Frage, welche Gerichtsgebühren anfallen, vgl oben Kap E Rdn 694 ff.

171 Die Streitwertfestsetzung des BPatG ist unanfechtbar.[318]

e) Streitwertbemessung im Vollstreckungsverfahren

172 Im Ordnungs- und Zwangsmittelverfahren ist für die Streitwertfestsetzung zu differenzieren:

173 – Solange Ordnungs- oder Zwangsmittel noch nicht verhängt sind (dh vor dem Landgericht und nach erstinstanzlicher Antragszurückweisung vor dem Beschwerdegericht) bestimmt sich der Streitwert nach demjenigen Teil des Streitwertes aus dem Erkenntnisverfahren, der auf den vollstreckten Unterlassungsantrag (§ 890 ZPO) bzw Rechnungslegungsantrag (§ 888 ZPO) entfällt. Ausnahmsweise kann lediglich ein Bruchteil dieses Erkenntnisteilstreitwertes gerechtfertigt sein, zB wenn für einen bestimmten Zeitraum ordnungsgemäß Rechnung gelegt wurde und der Zwangsmittelantrag lediglich darauf abzielt, für einen bestimmten restlichen Auskunftszeitraum Angaben zu erlangen.[319]

---

311 OLG Düsseldorf, Beschluss v 21.6.2016 – I-2 W 13/16.
312 BGH, GRUR 2011, 757 – Nichtigkeitsstreitwert.
313 BGH, GRUR 2011, 757 – Nichtigkeitsstreitwert.
314 BGH, GRUR 2013, 1287 – Nichtigkeitsstreitwert II.
315 BPatG, Mitt 2014, 44 (LS) – Streitwert für die Berechnung der Anwaltsgebühren bei verbundenen Nichtigkeitsklagen.
316 BGH, GRUR 2016, 361 – Fugenband.
317 BGH, GRUR 2013, 1287 – Nichtigkeitsstreitwert II.
318 BGH, Mitt 2012, 41 – Streitwertbeschwerde.
319 OLG Düsseldorf, Beschluss v 11.11.2013 – I-2 W 35/13.

– Sind Ordnungs- oder Zwangsmittel festgesetzt und wendet sich der Schuldner hierge- **174**
gen, beläuft sich der Wert des Beschwerdeverfahrens auf den Betrag des gegen den
Schuldner verhängten Ordnungs- bzw Zwangsgeldes.[320]

– Hat der Vollstreckungsantrag nur teilweise Erfolg gehabt und legt der Gläubiger **175**
Beschwerde ein, so gilt für den Wert *seines* Rechtsmittels Folgendes:

Erstrebt der Gläubiger wegen der gerichtlich festgestellten Zuwiderhandlungen bzw **176**
Rechnungslegungsmängel ein höheres Ordnungs- bzw Zwangsgeld, weil er der Meinung ist, dass das Landgericht bei der Bewertung zu nachsichtig gewesen ist, so ist der Mehrbetrag entscheidend, den der Gläubiger zusätzlich zu dem bereits verhängten Ordnungs- bzw Zwangsgeld festgesetzt wissen will. Bei dem Begehren, statt eines Zwangsgeldes Zwangshaft anzuordnen, ist der Wert der angestrebten Sanktionsverschärfung betragsmäßig zu schätzen; er wird sich – je nach der Höhe des festgesetzten Zwangsgeldes – in dem Doppelten bis Mehrfachen des verhängten Zwangsgeldes ausdrücken.[321]

Macht der Gläubiger geltend, dass weitere Zuwiderhandlungen bzw Rechnungsle- **177**
gungsmängel vorliegen, die das Landgericht nicht erkannt hat, so bemisst sich der Wert einer solchen Beschwerde nach dem Teil des Streitwertes aus dem Erkenntnisverfahren, der den weiteren Beanstandungen und ihrer Bedeutung für die Verfolgung des Unterlassung- bzw Rechnungslegungsanspruchs entspricht. Hinzuzurechnen ist im Falle einer Beschwerde des Schuldners noch der Betrag des gegen ihn bereits verhängten und mit der Beschwerde bekämpften Ordnungs- bzw Zwangsgeldes.

3. Anfechtbarkeit

Der Streitwertbeschluss des Landgerichts ist gemäß § 68 Abs 1 GKG mit der einfachen **178**
Beschwerde zum Oberlandesgericht anfechtbar, sofern der Beschwerdewert von mehr als 200 € erreicht ist und nicht nur eine bloß vorläufige Festsetzung (gleichgültig ob zur Kostenvorschussanforderung oder zur Zuständigkeitsbestimmung) vorliegt.[322] Angreifbar mit der Beschwerde (§ 67 Abs 1 GKG) ist erst die Kostenanforderung auf der Grundlage der vorläufigen Streitwertfestsetzung.[323] Die Wertgrenze von 200 € gilt auch für Streitwertbeschwerden von Anwälten aus eigenem Recht.[324] Abzustellen ist auf die Differenz zwischen der Gesamtvergütung des Rechtsanwaltes aufgrund der bisherigen Wertfestsetzung und der voraussichtlichen Gesamtvergütung nach dem von ihm erstrebten Wert.[325] Das Beschwerderecht bleibt auch derjenigen Partei erhalten, die ihr Einverständnis mit einer bestimmten Streitwertfestsetzung erklärt hat.[326] Im Beschwerdeverfahren gilt ein Verbot der reformatio in peius nicht, weil das Streitwertfestsetzungsverfahren im überwiegenden öffentlichen Interesse an einer jederzeit objektiv richtigen Bewertung der Verfahrensgegenstände als amtliches Verfahren ausgestaltet ist.[327] Der Streitwert kann deshalb auch zum Nachteil des Beschwerdeführers verbösert werden.[328]

---

320 OLG Celle, MDR 2014, 1170, mwN zum Streitstand.
321 OLG Düsseldorf, Beschluss v 20.4.2017 – I-2 W 2/17.
322 OLG Düsseldorf, MDR 2008, 1120; OLG Köln, OLG-Report 2008, 678; OLG Koblenz, MDR 2008, 1368; OLG Frankfurt/Main, MDR 2012, 733.
323 OLG Düsseldorf, MDR 2008, 1120.
324 OLG Düsseldorf, MDR 2012, 433.
325 OLG Düsseldorf, MDR 2012, 433.
326 OLG Karlsruhe, MDR 2010, 404.
327 OLG Düsseldorf, OLG-Report 2009, 745, mwN.
328 OLG Düsseldorf, Beschluss v 24.10.2012 – I-2 W 26/12.

179 Das Beschwerdeverfahren ist gebührenfrei[329]; außergerichtliche **Kosten** werden nicht erstattet (§ 68 Abs 3 GKG). Das gilt allerdings nur für statthafte Beschwerde, dh nicht für solche, die gegen eine Wertfestsetzung durch das OLG an den BGH gerichtet sind.[330]

180 Zwar ist die einfache Beschwerde an sich an keine **Frist** gebunden. Nach § 68 Abs 1 Satz 3, § 63 Abs 3 Satz 2 GKG ist eine Beschwerde gegen den Streitwertbeschluss allerdings ausgeschlossen, wenn seit der Rechtskraft der Hauptsacheentscheidung sechs Monate verstrichen sind. Danach ist auch eine amtswegige Streitwertänderung ausgeschlossen, die ansonsten sowohl durch das Gericht, welches den Streitwert festgesetzt hat, als auch durch das Rechtsmittelgericht, welches mit der Hauptsache, dem Streitwert, dem Kostenansatz oder der Kostenfestsetzung befasst ist, jederzeit möglich ist (§ 63 Abs 3 Satz 1 GKG). Wird ein Anspruch sowohl im Wege des einstweiligen Rechtsschutzes als auch im Wege der Hauptsacheklage verfolgt, beginnt die 6-Monats-Frist erst dann zu laufen, wenn beide Verfahren beendet sind.[331] Maßgeblich für den Fristbeginn ist mithin die Rechtskraft der Hauptsacheentscheidung.[332] Innerhalb der 6-Monatsfrist kann der Streitwert auch von Amts wegen geändert werden. Im selbständigen Beweisverfahren kommt es für die Fristberechnung auf dessen Beendigung (nach § 411 Abs 4 ZPO) – und nicht auf die rechtskräftige Erledigung eines nachfolgenden Hauptsacheverfahrens – an.[333]

181 Voraussetzung für die Zulässigkeit der Beschwerde ist außerdem, dass der Beschwerdeführer durch die angefochtene Wertfestsetzung **beschwert** ist. Daran fehlt es, wenn die die Beschwerde führende Prozesspartei obsiegt hat und von ihr geltend gemacht wird, der Streitwert sei zu niedrig festgesetzt worden. Gleiches gilt, wenn mehrere durch denselben Rechtsanwalt vertretene Streitgenossen mit ihrem Rechtsmittel eine andere Aufteilung des Gesamtstreitwertes begehren, um die Erhöhungsgebühr aus einem höheren Teilstreitwert berechnen zu können.[334] Das gilt auch dann, wenn der Beschwerdeführer im Rechtsstreit obsiegt hat und deshalb kostenerstattungsberechtigt ist.[335]

182 An einer Beschwer fehlt es in einem solchen Fall auch dann, wenn sich der Beschwerdeführer gegenüber seinem Prozessbevollmächtigten zu einer über den gesetzlichen Rahmen hinausgehenden **Honorarzahlung** zB **nach Stundenaufwand** verpflichtet hat.[336] Davon unabhängig ist das dem Prozessbevollmächtigten selbst zustehende Beschwerderecht gegen eine zu niedrige Streitwertfestsetzung (§ 32 Abs 1 RVG). Seine Beschwer ergibt sich regelmäßig aus dem Umstand, dass der Honoraranspruch des Anwaltes streitwertabhängig ist und sich deshalb mit einer Heraufsetzung des Streitwertes erhöht. Das Beschwerderecht besteht aber auch dann, wenn der Prozessbevollmächtigte sein Honorar im Einzelfall nicht streitwertabhängig, sondern nach einer mit der Partei getroffenen Gebührenvereinbarung liquidiert.[337] Auch für sein Rechtsmittel spielt – genauso wie bei der Partei – eine konkrete abweichende Honorarvereinbarung keine Rolle.[338]

183 Die Beschwerdeentscheidung ist ebenso wie ein vom Oberlandesgericht selbst erlassener (erstmaliger oder abändernder) Streitwertbeschluss unanfechtbar (§§ 68 Abs 1 Satz 5, 66

---

329 Das gilt auch für die unstatthafte Beschwerde (zB gegen eine nur vorläufige Streitwertfestsetzung): OLG Koblenz, MDR 2012, 1315.
330 BGH, MDR 2014, 610.
331 OLG Hamburg, MDR 2011, 258.
332 OLG Zweibrücken, MDR 2011, 562.
333 OLG Köln, MDR 2013, 809.
334 OLG Düsseldorf, Beschluss v 4.3.2013 – I-2 W 7/13.
335 OLG Düsseldorf, Beschluss v 4.3.2013 – I-2 W 7/13.
336 OLG Düsseldorf, InstGE 2, 299 – Unzulässige Streitwertbeschwerde; OLG Köln, MDR 2012, 185; KG, MDR 2016, 422; aA: OLG Frankfurt/Main, AGS 2013, 33; OLG Stuttgart, BeckRS 2013, 18821; OVG Lüneburg, BeckRS 2014, 56589.
337 OLG Hamburg, InstGE 6, 124 – Streitwertkorrektur.
338 OLG Düsseldorf, Beschluss v 13.12.2013 – I-2 W 41/13.

Abs 3 Satz 3 GKG). Für eine dennoch eingelegte (unstatthafte) Beschwerde an den BGH gilt die Gebührenfreiheit nach § 68 Abs 3 GKG nicht.[339] Gemäß § 69a GKG ist binnen zwei Wochen lediglich eine **Anhörungsrüge** möglich, die darauf gestützt ist, dass bei der Streitwertentscheidung das rechtliche Gehör verletzt wurde. Solches ist nicht nur dann der Fall, wenn das Gericht eine den Beteiligten selbst gesetzte Frist zur Äußerung mit seiner Entscheidung nicht abwartet, sondern auch dann, wenn das Gericht sofort entscheidet, ohne eine *angemessene* Frist abzuwarten, innerhalb derer eine eventuell beabsichtigte Stellungnahme unter normalen Umständen eingehen kann, oder wenn die vom Gericht gesetzte Frist objektiv nicht ausreicht, um innerhalb der Frist eine sachlich fundierte Äußerung zum Sachverhalt und zur Rechtslage zu erbringen.[340] Da ein Gericht andererseits nicht verpflichtet ist, sich mit jedem Parteivorbringen in den Gründen ausdrücklich oder jedenfalls mit einer bestimmten Intensität zu befassen, ist eine Gehörsverletzung nur dann hinreichend substantiiert (§ 321a Abs 1 Satz 1 Nr 2, Abs 2 Satz 5 ZPO), wenn die Rüge über eine wiederholende Darstellung oder Rechtfertigung des vermeintlich übergangenen Vorbringens hinausgeht, indem anhand der angegriffenen Entscheidung näher herausgearbeitet wird, dass darin ein Rechtsstandpunkt eingenommen wird, bei dem das als übergangen gerügte Vorbringen schlechthin nicht unberücksichtigt bleiben konnte, so dass sich seine Nichtberücksichtigung nur damit erklären lässt, dass es nicht zur Kenntnis genommen wurde.[341] Ist die Entscheidungserheblichkeit des Gehörsverstoßes nicht unmittelbar und zweifelsfrei ersichtlich, hat der Antragsteller darzulegen, was er ohne den Gehörsverstoß vorgetragen hätte und dass nicht auszuschließen ist, dass dieser Vortrag zu einer anderen (ihm günstigen) gerichtlichen Entscheidung geführt hätte.[342] Ist für das Gericht offensichtlich, dass sich eine Partei zu einem gerichtlichen Hinweis nicht sogleich abschließend erklären kann, so verlangt es der Grundsatz rechtlichen Gehörs, ihr auch ohne eigenen Antrag eine Schriftsatzfrist einzuräumen bzw die Verhandlung angemessen zu vertagen.[343] Darüber hinaus ist das Gericht gehalten, vor seiner Entscheidung gesetzliche oder von ihm selbst gesetzte richterliche Äußerungsfristen abzuwarten, und zwar selbst dann, wenn die betreffende Partei sich vor Fristablauf bereits schriftsätzlich geäußert hat und diese Äußerung als abschließend verstanden werden konnte.[344]

Über die Anhörungsrüge hinaus ist im Rahmen einer zweit- oder drittinstanzlichen Streitwertfestsetzung eine **Gegenvorstellung** statthaft[345], allerdings nur innerhalb der Frist des § 63 Abs 3 Satz 2 GKG[346]. **184**

Wird der Streitwert geändert und ist die Kostengrundentscheidung zu diesem Zeitpunkt bereits rechtskräftig, scheidet eine **Änderung der** durch die Streitwertänderung unrichtig gewordenen **Kostenquote** aus; sie kommt auch nicht in analoger Anwendung des § 319 Abs 1 ZPO in Betracht.[347] Anders verhält es sich, wenn die Berichtigung eines Rechenfehlers zu einem reduzierten Verurteilungsbetrag führt; hier ist, wenn die bisherige Kostenquote am Maß des beiderseitigen Obsiegens und Unterliegens orientiert ist, auch der Kostenausspruch entsprechend zu korrigieren.[348] **185**

---

339 BGH, MDR 2014, 610.
340 BGH, MDR 2018, 1014.
341 BGH, MDR 2016, 1350.
342 BGH, GRUR 2018, 111 – PLOMBIR; BVerfG, MDR 2018, 614.
343 BGH, GRUR 2018, 111 – PLOMBIR.
344 BVerfG, MDR 2018, 614.
345 BGH, Beschluss v 30.7.2015 – I ZB 61/13; aA: VGH Kassel, NJW 2009, 2761.
346 BGH, Beschluss v 30.7.2015 – I ZB 61/13; BGH, Beschluss v 29.6.2017 – I ZB 90/15.
347 BGH, MDR 2008, 1292.
348 BGH, MDR 2015, 52.

J. Sonstiges

186 Auf das Beschwerde- und Gegenvorstellungsverfahren ist prinzipiell die Unterbrechungsvorschrift des § 240 **ZPO** anwendbar[349], auch wenn die Insolvenzeröffnung in Eigenverwaltung geschieht.[350] Bedingung ist freilich, dass das fragliche Verfahren zum Zeitpunkt der Insolvenzeröffnung bereits rechtshängig ist. Dem ist so, wenn das Kostenfestsetzungsverfahren vor Eröffnung des Insolvenzverfahrens eingeleitet war, mag die Kostengrundentscheidung damals auch bereits rechtskräftig gewesen sein.[351] Keine Unterbrechung tritt demgegenüber ein, wenn – auch zu einem bereits vor Eröffnung des Insolvenzverfahrens rechtskräftig abgeschlossenen Verfahren – die Streitwertbeschwerde (oder Gegenvorstellung) erst nach Insolvenzeröffnung erhoben wird.[352]

4. Ermäßigung[353]

187 Für eine wirtschaftlich schwache Partei eröffnet § 144 PatG die Möglichkeit, einen Streitwertermäßigungsantrag zu stellen. Er muss, damit er prozessual beachtlich ist, vor der mündlichen Verhandlung zur Hauptsache angebracht werden[354] und **setzt voraus**, dass die Belastung mit den Prozesskosten nach dem vollen Streitwert die wirtschaftliche Lage der betreffenden Partei erheblich gefährden würde. Daran sind strenge Anforderungen zu stellen, weil der Partei auch bei einer Herabsetzung des Streitwertes ein gewisses Prozessrisiko verbleiben soll.[355] Droht der Partei durch die volle Kostenbelastung zB die Insolvenz, ist eine erhebliche Gefährdung ihrer wirtschaftlichen Lage anzuerkennen.[356] Um sie glaubhaft zu machen (§ 294 ZPO), hat die Partei, die um eine Streitwertermäßigung nachsucht, ihre finanzielle Situation – einschließlich der Möglichkeit und Zumutbarkeit einer Kreditaufnahme – im Einzelnen offen zu legen.

188 Ähnlich wie im Prozesskostenhilfeverfahren hat der Gegner keinen Anspruch darauf, die Unterlagen zu den wirtschaftlichen Verhältnissen des Antragstellers einzusehen. Verweigert der Antragsteller dem Gegner dieses Wissen, *können* (nicht müssen!) die betreffenden Angaben bei der Entscheidung über den Ermäßigungsantrag allerdings unberücksichtigt bleiben.[357] Für den Streitwertermäßigungsantrag einer als rechtsfähig anzusehenden BGB-Gesellschaft kommt es auf die Vermögensverhältnisse der Gesellschaft (und nicht ihrer Gesellschafter) an.[358]

189 Der Antrag gilt nur für die jeweilige Instanz und muss im nächsten Rechtszug erneuert werden. Für die Frage der wirtschaftlichen Gefährdung sind infolgedessen ebenfalls nur die in der jeweiligen Instanz anfallenden Kosten (und nicht die möglichen Kosten aller Rechtszüge) heranzuziehen.

---

349 Offen gelassen von BGH, Beschluss v 29.6.2017 – I ZB 90/15.
350 BGH, Beschluss v 29.6.2017 – I ZB 90/15.
351 BGH, Beschluss v 29.6.2017 – I ZB 90/15.
352 BGH, Beschluss v 29.6.2017 – I ZB 90/15.
353 Zur Vereinbarkeit der Regelung mit dem EU-Unionsrecht und dem deutschen Verfassungsrecht vgl Gruber, GRUR 2018, 585.
354 Jede Instanz ist insoweit gesondert zu betrachten. Ein späterer Antrag ist nur zu beachten, wenn (a) der angenommene oder förmlich festgesetzte Streitwert nach der Verhandlung zur Sache heraufgesetzt wird (§ 14 Abs 2 Satz 3 PatG) oder wenn (b) sich nach der Verhandlung die wirtschaftliche Lage des Antragstellers entscheidend verschlechtert, so dass erst jetzt Grund für einen Ermäßigungsantrag besteht. Ein Verfügungsverfahren stellt, wenn es zu keinem Widerspruch kommt, keine Hauptsacheverhandlung dar, weswegen der Antrag binnen angemessener Frist nach Streitwertfestsetzung zulässig ist; er scheidet allerdings aus, sobald eine Abschlusserklärung abgegeben ist (KG, GRUR-RR 2017, 127 – Streitwertbegünstigung).
355 BGH, Beschluss v 28.6.2016 – X ZR 5/15.
356 BGH, Beschluss v 28.6.2016 – X ZR 5/15.
357 BGH, Mitt 2005, 165.
358 OLG München, InstGE 2, 81 – Streitwertbegünstigung für BGB-Gesellschaft II.

Ein Ermäßigungsantrag kann prinzipiell auch von einer juristischen Person (zB GmbH) **190** gestellt werden. Ist die Gesellschaft vermögenslos, kommt eine Streitwertermäßigung allerdings nicht in Betracht, weil die ohnehin desolate wirtschaftliche Lage durch die Belastung mit den vollen Prozesskosten nicht mehr »gefährdet« werden kann.[359] Aus dem Gesichtspunkt des Rechtsmissbrauchs kann eine beklagte Partei ebenfalls keine Streitwertermäßigung beanspruchen, wenn die ihr nachteilige Rechtslage eindeutig ist und sie auf die vorgerichtliche (berechtigte) Abmahnung des Klägers nicht reagiert hat.[360] Umgekehrt gilt Ähnliches. Eine vermögenslose Partei, die den Verletzungsrechtsstreit mit Unterstützung eines Prozessfinanzierers führt, dessen Hilfe für die im Zweifel zu erwartende Nichtigkeitsklage des Prozessgegners aber nicht ebenfalls vereinbart hat, verdient regelmäßig nicht den Schutz der Streitwertermäßigung.[361]

Bei der **Bestimmung des Teilstreitwertes** ist § 115 ZPO zu berücksichtigen. Zugunsten **191** des Antragstellers (und ggf seiner Familie) sind deshalb die in § 115 Abs 1 Nr 2 ZPO vorgesehenen Freibeträge heranzuziehen; ferner ist die bei einer Bewilligung von Prozesskostenhilfe mit Ratenzahlungsverpflichtung geltende maximale Kostenbelastung des Antragstellers (§ 115 Abs 4 ZPO) zu beachten.[362] Allerdings dürfen die Grundsätze des § 115 ZPO nicht schematisch übertragen werden. Dem Antragsteller muss vielmehr ein gewisses Kostenrisiko verbleiben, das maßvoll diejenigen Beträge übersteigt, die er gemäß § 115 Abs 4 ZPO im Falle einer Prozesskostenhilfebewilligung mit Ratenzahlungsverpflichtung einzusetzen hätte.[363]

Wird für die wirtschaftlich schwache Partei ein Teilstreitwert festgesetzt, so hat dies zur **192** **Konsequenz**, dass der Begünstigte Gerichtskosten sowie Rechtsanwalts- und Patentanwaltskosten, und zwar seine eigenen wie die des Gegners, nur nach dem ermäßigten Teilstreitwert zu entrichten hat. Für den Gegner bleibt dagegen der volle Streitwert maßgeblich. Obsiegt der Begünstigte im Rechtsstreit, so kann ihr Anwalt seine Gebühren von dem Gegner nach dem vollen Streitwert verlangen (§ 144 Abs 1 Satz 4 PatG). Ihm steht insoweit ein eigenes gesetzliches Forderungsrecht zu. Das Gleiche gilt – hinsichtlich der nach § 143 Abs 3 PatG erstattungsfähigen Gebühren – für den mitwirkenden Patentanwalt des Begünstigten. Der Erstattungsanspruch nach dem vollen Streitwert besteht auch im Falle einer Kostenquotelung, *soweit* der Streitwertbegünstigte im Verfahren obsiegt hat.[364]

V. Prozesskostenhilfe[365]

Fehlen dem Kläger eigene finanzielle Mittel für eine Prozessführung, besteht für ihn die **193** Möglichkeit, bei dem für die beabsichtigte Klage, den vorgesehenen Verfügungs- oder Zwangsvollstreckungsantrag oder das ins Auge gefasste selbständige Beweisverfahren zuständigen Gericht um die Bewilligung von Prozesskostenhilfe nachzusuchen. Gleiches gilt für den mittellosen Beklagten oder Antragsgegner für die von ihm beabsichtigte Verteidigung gegen eine Klage oder einen Antrag. Rechtliche Grundlage für das PKH-

---

359 BGH, GRUR 2013, 1288 – Kostenbegünstigung III; BGH, GRUR 1953, 284 – Kostenbegünstigung I.
360 OLG Frankfurt/Main, GRUR-RR 2005, 296 – Goldschmuckstücke.
361 BGH, GRUR 2013, 1288 – Kostenbegünstigung III.
362 OLG Düsseldorf, InstGE 5, 70 – Streitwertermäßigung.
363 OLG Düsseldorf, InstGE 5, 70 – Streitwertermäßigung.
364 BPatG, Mitt 2012, 92 – Erstattungsanspruch des Anwalts bei Streitwertbegünstigung.
365 Umfassend zur aktuellen Rechtsprechung: Nickel, MDR 2009, 1145; Nickel, MDR 2010, 1227; Nickel, MDR 2012, 1261; Nickel, MDR 2014, 383; Nickel, MDR 2015, 690; Nickel, MDR 2016, 438; Nickel, MDR 2017, 499; Nickel, MDR 2018, 369.

Begehren bilden die §§ 114 ff ZPO. Sie lassen eine Bewilligung für jedes selbständige Gerichtsverfahren zu, zu denen auch die Anhörungsrüge nach § 321a ZPO zählt.[366]

194 Allerdings muss das **Verfahren**, für welches um PKH nachgesucht wird, **noch anhängig** sein. Ist die Klage bereits zurückgenommen oder hat sich der Rechtsstreit sonst erledigt, bevor die Bewilligungsvoraussetzungen gegeben waren (insbesondere eine ordnungsgemäße Erklärung über die persönlichen und wirtschaftlichen Verhältnisse eingereicht war), ist der Antrag auf PKH allein deswegen zurückzuweisen.[367] Außerdem muss der Antragsteller prozessfähig sein, was ggf (aufgrund des § 118 Abs 2, 3 ZPO) durch sachverständige Begutachtung zu klären ist.[368]

195 Nach den §§ 114 ff ZPO setzt die Zuerkennung von Prozesskostenhilfe zweierlei voraus:

1. Finanzielle Verhältnisse

196 Zunächst muss die Partei nach ihren wirtschaftlichen oder persönlichen **Verhältnissen** außerstande sein, die Kosten der Prozessführung ganz oder zum Teil selbst aufzubringen, wovon auch dann auszugehen ist, wenn die Kosten von ihr lediglich ratenweise getragen werden können (§ 114 ZPO). Daran fehlt es, wenn dem Antragsteller ein unterhaltsrechtlicher Prozesskostenvorschussanspruch gegenüber einem Dritten zusteht, welcher tatsächlich realisierbar ist und dessen Geltendmachung dem Antragsteller auch zugemutet werden kann.[369] Da die PKH-Bewilligung für jeden Rechtszug einzeln erfolgt, ist nur auf diejenigen Kosten abzustellen, die voraussichtlich in dem von dem PKH-Antrag betroffenen Rechtszug anfallen werden.

197 Wird das **Klageschutzrecht** ohne triftigen Grund auf eine finanziell nicht leistungsfähige Person **übertragen**, damit diese Ansprüche aus dem Patent im Wege der Prozesskostenhilfe durchsetzen kann, so sind im Rahmen des PKH-Verfahrens neben den finanziellen Verhältnissen des Erwerbers auch die wirtschaftlichen Verhältnisse des Übertragenden zu berücksichtigen.[370] Je nach dem finanziellen Leistungsvermögen[371] erfolgt die PKH-Bewilligung uneingeschränkt oder unter Auferlegung monatlicher Raten, die aufzubringen dem Antragsteller zuzumuten ist.

198 Handelt es sich bei dem Antragsteller um einen **Gewerbetreibenden** und betrifft die Rechtverfolgung den Gewerbebetrieb, ist eine Bedürftigkeit nur zu bejahen, wenn die Prozesskosten nach den jeweiligen konkreten wirtschaftlichen Verhältnissen des Betriebes nicht aus dem Unternehmensvermögen bestritten werden können und auch nicht durch eine Kreditaufnahme aufgebracht werden kann, die dem Gewerbetreibenden im Rahmen eines ordnungsgemäßen kaufmännischen Geschäftsbetriebes zugemutet werden kann.[372] Handelt es sich bei dem Antragsteller nicht um eine natürliche, sondern um eine juristische Person (GmbH, AG, KGaA) oder eine parteifähige Vereinigung (OHG, KG), sieht § 116 Nr 2 ZPO besondere Bedingungen vor. Eine PKH-Bewilligung kommt hier nur in Betracht, wenn (a) die voraussichtlichen Prozess- oder Verfahrenskosten weder von der juristischen Person oder Vereinigung als solcher noch von ihren Gesellschaftern getragen werden können und (b) die Unterlassung der Rechtsverfolgung bzw Rechtsverteidigung allgemeinen Interessen zuwiderlaufen würde.

---

366 BGH, Beschluss v 13.3.2012 – X ZR 7/11.
367 BGH, MDR 2013, 1477.
368 OLG Hamm, MDR 2014, 1044.
369 BGH, MDR 2008, 1232.
370 Vgl KG, MDR 2002, 1396; OLG Köln, NJW-RR 1995, 1405.
371 Zu Einzelheiten vgl §§ 115, 120 ZPO.
372 BGH, NZBau 2007, 173.

Die Vorschrift ist allerdings nur so lange einschlägig, wie der bestimmungsgemäße **199** Betrieb des Unternehmens andauert, was nicht mehr der Fall ist, wenn und sobald das **Insolvenzverfahren** eröffnet ist. Von diesem Zeitpunkt an gilt für einen vom Insolvenzverwalter gestellten Prozesskostenhilfeantrag – unabhängig davon, ob der Insolvenzverwalter das Unternehmen liquidiert oder vorerst fortführt – die Vorschrift des § 116 Nr 1 ZPO (und nicht § 116 Nr 2 ZPO).[373] Unerheblich ist, ob das Insolvenzverfahren erst während eines laufenden Rechtsstreits eröffnet wird, da Prozesskostenhilfe mit dessen Eintritt in den Rechtsstreit dem Insolvenzverwalter als Partei kraft Amtes zu gewähren und daher nur zu prüfen ist, ob in dessen Person diejenigen Voraussetzungen vorliegen, unter denen nach dem Gesetz Prozesskostenhilfe bewilligt werden kann.[374] Das verlangt zweierlei:

– Zum Ersten müssen die Kosten eines vom Insolvenzverwalter geplanten Aktivprozesses nicht aus der verwalteten Vermögensmasse aufgebracht werden können. Davon ist bei Masseunzulänglichkeit auszugehen[375], wobei die Anzeige der Masseunzulänglichkeit, sofern sie noch nicht allzu lange zurückliegt, im Allgemeinen ein ausreichendes Indiz dafür ist, dass die Kosten tatsächlich nicht aus der Insolvenzmasse beglichen werden können.[376] **200**

– Zum Zweiten kommt es darauf an, ob den am Gegenstand des Rechtsstreits wirtschaftlich beteiligten Gläubigern zuzumuten ist, die Prozesskosten aufzubringen (§ 116 Abs 1 Satz 1 ZPO). Letzteres ist anhand einer wertenden Abwägung aller Gesamtumstände des Einzelfalles zu prüfen, wobei insbesondere die bei einem Obsiegen zu erwartende Quotenverbesserung, das Prozess- und Vollstreckungsrisiko und die Gläubigerstruktur zu berücksichtigen sind.[377] Da Neumassegläubiger vorrangig bedient werden, so dass Altmassegläubiger sich von einem Prozesserfolg nichts oder nur wenig versprechen können, ist ihnen nicht zuzumuten, die Prozesskosten aufzubringen. Die Frage nach der Bedürftigkeit der Masse ist deswegen unter Einbeziehung der Altmasseverbindlichkeiten zu beantworten.[378] Die Masseunzulänglichkeit macht die beabsichtigte Rechtsverfolgung noch nicht mutwillig.[379] PKH ist zu bewilligen für die Verfolgung einer Forderung, wenn die Massearmut im Falle der Beitreibung des Klagebetrages abgewendet würde.[380] Sie ist hingegen zu versagen, wenn die Masse nicht einmal ausreicht, um die Kosten des Insolvenzverfahrens zu decken.[381] **201**

Die Bewilligungsvoraussetzungen sind vom Antragsteller – unter Verwendung eines **202** hierfür vorgesehenen amtlichen Vordrucks (§ 117 Abs 4 ZPO) – im Einzelnen darzutun und auf Verlangen des Gerichts **glaubhaft zu machen** (§ 118 Abs 2 Satz 1 ZPO). Gibt ein Antragsteller, der keine Sozialhilfe bezieht[382], an, keine eigenen Einnahmen zu haben, kann das Gericht verlangen, dass plausibel dargetan und belegt wird, wie unter solchen Umständen der Lebensunterhalt finanziert wird.[383] Erfolgen regelmäßige Zuwendungen Dritter in nennenswertem Umfang, sind eidesstattliche Versicherungen der Sponsoren

---

373 BGH, NJW-RR 2005, 1640; BGH, MDR 2007, 851 – Prozesskostenhilfe für Insolvenzverwalter.
374 BGH, MDR 2007, 851 – Prozesskostenhilfe für Insolvenzverwalter.
375 BGH, MDR 2008, 107; BGH, MDR 2008, 769.
376 BGH, MDR 2008, 769.
377 BGH, ZIP 2006, 682.
378 BGH, MDR 2008, 107.
379 BGH, WM 2008, 880.
380 BGH, MDR 2013, 177.
381 BGH, MDR 2013, 177.
382 Anderenfalls, dh wenn ein Sozialhilfebescheid vorgelegt werden kann, besteht grundsätzlich kein Anlass, darüber hinaus eine eidesstattliche Versicherung zu verlangen (OLG Dresden, MDR 2018, 829).
383 BGH, MDR 2018, 115; OLG Koblenz, MDR 2016, 1226.

über Grund und Höhe vorzulegen.[384] Außerdem ist glaubhaft zu machen, warum der Lebensbedarf nicht durch Aufnahme einer Erwerbstätigkeit gedeckt werden kann.[385] Setzt das Gericht dem Antragsteller für seine Darlegungen/Nachweise eine Frist und wird diese versäumt, kann allein deswegen der PKH-Antrag zurückgewiesen werden (§ 118 Abs 2 Satz 3 ZPO). Ohne die Zustimmung der antragstellenden Partei (welche regelmäßig nicht vorliegt) dürfen die Erklärung über die persönlichen und wirtschaftlichen Verhältnisse des Antragstellers und die dazu gehörenden Belege dem Gegner nicht zugänglich gemacht werden (§ 117 Abs 2 Satz 2 ZPO). Dieser hat insbesondere kein Akteneinsichtsrecht nach § 299 ZPO.[386] Verweigert der Antragsteller dem Gegner dieses Wissen, *können* (nicht müssen!) die betreffenden Angaben bei der Entscheidung über den Antrag unberücksichtigt bleiben.[387]

2. *Erfolgsaussicht*

203 Zum Zweiten muss die beabsichtigte Rechtsverfolgung[388] bzw die beabsichtigte Rechtsverteidigung **hinreichende Aussicht auf Erfolg** bieten und darf nicht mutwillig sein (§ 114 ZPO).

204 Erfolgsaussicht besteht, wenn es bei summarischer Prüfung der Sach- und Rechtslage möglich erscheint, dass der Antragsteller mit seinem Begehren durchdringen wird. Relevant ist allein eine Erfolgsaussicht in der Sache selbst, so dass ein davon losgelöster möglicher Erfolg des konkret eingelegten Rechtsmittels allein unerheblich ist[389] (Bsp: Erfolgsaussicht wegen eines formalen Fehlers, wenn in der Sache keine andere Entscheidung zu erwarten ist). Dies ist grundsätzlich anzunehmen, wenn es zur Klärung des Streitfalles einer Beweisaufnahme bedarf, es sei denn, es ist bereits im Bewilligungsverfahren abzusehen, dass die Beweiserhebung mit großer, an Sicherheit grenzender Wahrscheinlichkeit zum Nachteil des Antragstellers ausgehen wird.[390] Diese Prognose wird regelmäßig nur angebracht sein, wenn auf in anderen Verfahren bereits dokumentierte Vernehmungsprotokolle zurückgegriffen wird, nicht dagegen, soweit es sich um die erstmalige Vernehmung eines Zeugen handelt.[391] Hängt die Entscheidung von einer schwierigen, bisher noch nicht geklärten Rechtsfrage ab, so ist hinreichende Erfolgsaussicht gleichfalls zu bejahen.[392] Solches ist mit Bezug auf die Tatsacheninstanz der Fall, wenn wegen grundsätzlicher Bedeutung die Revision zugelassen wird.[393] Ebenso, wenn aufgrund einer zwischenzeitlichen Gesetzesänderung fraglich ist, ob eine zum alten Recht ergangene höchstrichterliche Rechtsprechung auch auf die neue Gesetzeslage Anwendung findet.[394] Ergeben sich aufgrund eines zugelassenen Rechtsmittels keine entscheidungserheblichen Rechtsfragen, die einer Klärung durch den BGH bedürfen, kommt es für die Bewilligung von Prozesskostenhilfe für das Revisionsverfahren allein auf die

---

384 BGH, MDR 2018, 115.
385 BGH, MDR 2018, 115.
386 BGH, MDR 2015, 973.
387 BGH, Mitt 2005, 165.
388 Dazu gehört auch, dass die beabsichtigte Klage zulässig ist, was ua verlangt, dass das angerufene Gericht für die Entscheidung des Klagebegehrens zuständig ist (OLG Zweibrücken, MDR 2014, 1046).
389 BGH, MDR 2017, 1441.
390 KG, MDR 2009, 221; OLG Jena, MDR 2010, 1344; großzügiger: OLG München, MDR 2010, 1342 – PKH-Versagung, wenn konkrete Anhaltspunkte dafür vorliegen, dass die Beweisaufnahme zum Nachteil des Antragstellers ausgehen wird.
391 KG, MDR 2009, 221.
392 BGH, MDR 2013, 364; BVerfG, NJW 1991, 413 f; OLG Köln, OLG-Report 2008, 713.
393 BVerfG, MDR 2015, 723.
394 OLG Bremen, MDR 2009, 219.

Erfolgsaussichten in der Sache an.[395] Ist die Revision nicht zugelassen und geht es um Prozesskostenhilfe für das Beschwerdeverfahren gegen die Nichtzulassung, so ist PKH zu verweigern. Aus verfassungsrechtlichen Gründen darf die Bewilligungsentscheidung nicht unnötig aufgeschoben und erst im Nachhinein getroffen werden, um Erkenntnisse aus dem Hauptsacheverfahren (zB bereits vorliegende Beweisergebnisse) in die Beurteilung der Erfolgsaussicht mit einfließen zu lassen.[396] Im Rechtsmittelverfahren fehlt die Erfolgsaussicht, wenn der Antragsteller zugleich Rechtsmittelführer ist und versäumt wurde, innerhalb der Frist zur Einlegung des Rechtsmittels wenigstens einen den gesetzlichen Anforderungen genügenden PKH-Antrag einzureichen, wozu gehört, dass *fristgerecht* auch die zwingend vorgeschriebene Erklärung über die persönlichen und wirtschaftlichen Verhältnisse präsentiert wird.[397]

Eine spezielle Regelung trifft **§ 119 Abs 1 Satz 2 ZPO** für den – umgekehrten – Fall, dass PKH – erstmals oder nach einem entsprechenden Antrag für die vorhergehende Instanz – für einen höheren Rechtszug begehrt wird, beispielsweise für das Berufungs- oder Revisionsverfahren, und der Antragsteller Rechtsmittelgegner ist. Hier wird die Erfolgsaussicht vermutet, wenn (und soweit) der Antragsteller im vorangegangenen Rechtszug obsiegt hat. Allerdings ist vor einer Bewilligung die Rechtsmittelbegründung abzuwarten, damit geklärt ist, dass die Voraussetzungen für eine Verwerfung des Rechtsmittels (zB wegen versäumter Fristen oder nicht ordnungsgemäßer Vertretung) nicht vorliegen.[398] Eine Anwendung des § 119 Abs 1 Satz 2 ZPO hat ausnahmsweise dann auszuscheiden, wenn das dem Antragsteller günstige Urteil der Vorinstanz offensichtlich unrichtig ist[399] oder wenn die durch das erstinstanzliche Urteil begründete Vermutung, dass eine Verteidigung gegen das Rechtsmittel Aussicht auf Erfolg hat, deshalb nicht gerechtfertigt ist, weil sich zwischen den Instanzen die entscheidungserheblichen tatsächlichen oder rechtlichen Gegebenheiten zugunsten des Rechtsmittelführers geändert haben, zB deshalb, weil neuer Stand der Technik aufgefunden worden ist, der das Klageschutzrecht der Vernichtung preisgibt.[400] 205

Eine »**Bindung**« in der Beurteilung der Erfolgsaussichten ergibt sich ferner dann, wenn sich das PKH-Verfahren in der Beschwerdeinstanz befindet und zu diesem Zeitpunkt bereits eine rechtskräftige Hauptsacheentscheidung vorliegt. Hier ist das Beschwerdegericht an die Beurteilung im Hauptsacheverfahren gebunden.[401] Etwas anderes gilt nur dann, wenn eine zweifelhafte Rechtsfrage verfahrensfehlerhaft in das PKH-Verfahren verlagert worden ist oder wenn das erstinstanzliche Gericht die Entscheidung verzögert hat und die Erfolgsaussicht in der Zwischenzeit entfallen ist.[402] Wird Prozesskostenhilfe für die Durchführung eines selbständigen Beweisverfahrens begehrt, kommt es nicht auf die Erfolgsaussichten einer beabsichtigten Klage nach erfolgter Beweissicherung, sondern darauf an, ob die Voraussetzungen für das Beweisverfahren gegeben sind.[403] 206

3. Verfahrensrechtliches

Die PKH-Bewilligung erfolgt nur auf **Antrag**. Für ihn besteht kein Anwaltszwang (§§ 117 Abs 1 Satz 1, 78 Abs 3 ZPO), so dass Anträge auch von der Partei selbst oder 207

---

395 BGH, Beschluss v 15.8.2018 – XII ZB 32/18.
396 BVerfGE 81, 347; BVerfG, FamRZ 2009, 1654; OLG Saarbrücken, MDR 2011, 625.
397 BGH, Beschluss v 8.5.2013 – I ZA 12/12.
398 BGH, MDR 2012, 1487.
399 Zöller, § 119 ZPO Rn 56.
400 OLG Düsseldorf, Beschluss v 24.11.2010 – I-2 U 57/10.
401 BGH, NJW 2012, 1964; OLG Düsseldorf, OLG-Report 2009, 640.
402 BGH, NJW 2012, 1964.
403 OLG Stuttgart, MDR 2010, 169.

ihrem Patentanwalt eingereicht werden können. Sie können auf die Beiordnung eines Rechtsanwaltes und eines Patentanwaltes gerichtet sein, wobei es sich empfiehlt, beides ausdrücklich zu beantragen. In der Rechtsprechung wird nämlich die Auffassung vertreten, dass allein das Begehren auf Bewilligung von Prozesskostenhilfe nicht ohne weiteres einen Antrag auf Beiordnung (jedenfalls nicht eines Patentanwaltes) umfasst.[404] Prozesskostenhilfe kann nicht rückwirkend bewilligt werden, sondern immer nur für die Zeit ab ordnungsgemäßer Antragstellung.[405]

208 Ein **Insolvenzverfahren** hindert eine Entscheidung über den PKH-Antrag jedenfalls dann nicht, wenn er bei Eintritt der Insolvenz entscheidungsreif war.[406] Da die Bewilligung nur für den Zeitraum bis zur Insolvenzeröffnung gilt, ist für die Erfolgsaussicht der Rechtsverfolgung/verteidigung auf eben diesen Zeitpunkt abzustellen.[407]

209 Ist über ein PKH-Gesuch bestandskräftig entschieden, kann einem **erneuten Antrag** das Rechtsschutzbedürfnis fehlen, wenn auf der Grundlage desselben Lebenssachverhaltes ein vorheriger Antrag gleichen Inhalts bereits zurückgewiesen worden ist und ein Rechtsmittel dagegen nicht mehr eingelegt werden kann oder ein eingelegtes Rechtsmittel erfolglos geblieben ist. Es müssen also nicht nur unwesentlich geänderte tatsächliche oder rechtliche Gesichtspunkte geltend gemacht werden können oder formale Versäumnisse behoben worden sein, auf denen die Versagung der PKH beruhte.[408]

210 Hat der Antragsteller absichtlich oder aus grober Nachlässigkeit **falsche Angaben** gemacht, so kann die PKH-Bewilligung nachträglich aufgehoben werden. Insoweit ist zu unterscheiden: Betreffen die Falschangaben die persönlichen oder wirtschaftlichen Verhältnisse (§ 124 Nr 2 ZPO), kommt es nicht darauf an, ob die falschen Angaben zu einer objektiv unrichtigen Bewilligungsentscheidung geführt haben.[409] Beziehen sich die Falschangaben auf das Streitverhältnis (§ 124 Nr 1 ZPO), kommt eine Aufhebung der PKH-Bewilligung nur in Betracht, wenn bei zutreffender Darstellung PKH zu versagen gewesen wäre. § 124 Abs 1 Nr 2 ZPO ist nicht analog auf das Bewilligungsverfahren anwendbar, so dass der Antragsteller durch schuldhaft falsche Angaben nicht sein Recht auf PKH verwirkt.[410] Der Sanktionscharakter einer Aufhebung wegen unrichtiger Angaben hindert nicht deren anschließende erneute Beantragung und Bewilligung mit zutreffenden Angaben; allerdings wirkt die Bewilligung nur für die Zeit ab der erneuten, zutreffenden Antragstellung.[411]

211 Sofern das Gericht den PKH-Antrag nicht zurückweist (zB weil das Antragsvorbringen unheilbar unschlüssig ist), hat es vor einer Entscheidung den Gegner anzuhören (§ 118 Abs 1 Satz 1 ZPO). Das Prozesskostenhilfeverfahren ist kostenfrei; eine **Erstattung außergerichtlicher Kosten** erfolgt jedoch nicht (§ 118 Abs 1 Satz 4 ZPO). Schaltet der Antragsgegner zur Erwiderung auf den Prozesskostenhilfeantrag einen Rechts- oder Patentanwalt ein, so hat er deshalb dessen Kosten selbst zu tragen, und zwar auch dann, wenn der PKH-Antrag zurückgewiesen wird.

212 Die Bewilligung von Prozesskostenhilfe erfolgt nur für die **jeweilige Instanz**, also nicht für alle bei der in Frage stehenden Verfahrensart möglichen künftigen Rechtszüge. Der Antrag muss deswegen für jeden nächsten Rechtszug von neuem gestellt werden. Zuständig ist das für diesen Rechtszug zur Entscheidung berufene Gericht, im Berufungsverfah-

---

404 So zur Verfahrenskostenhilfe: BPatG, Mitt 2007, 149 (LS).
405 BGH, Beschluss v 2.6.2015 – I ZA 8/15.
406 OLG Rostock, MDR 2015, 297, mwN.
407 OLG Rostock, MDR 2015, 297, mwN.
408 BGH, MDR 2015, 1148; OLG Celle, MDR 2011, 563.
409 BGH, MDR 2013, 51.
410 BGH, MDR 2015, 1148.
411 BGH, MDR 2018, 486.

ren also das OLG. Ein neuer Rechtszug wird nicht nur im gerichtlichen Instanzenzug (LG, OLG, BGH) eröffnet, sondern kann auch auf derselben Gerichtsstufe gegeben sein. Gegenüber der Hauptsacheklage beim LG stellt beispielsweise sowohl das dort anhängig gewesene vorausgegangene Verfügungsverfahren als auch das der Klage nachfolgende Zwangsvollstreckungsverfahren einen jeweils eigenen Rechtszug dar, der einen gesonderten PKH-Antrag erfordert. Zeitlich erfolgt die PKH-Bewilligung mit Wirkung auf den Zeitpunkt der Antrageinreichung. Dem Antragsteller muss daher daran gelegen sein, den Antrag frühzeitig zu Beginn des Rechtszuges anzubringen. Eine nachträgliche Bewilligung nach Abschluss der Instanz ist nicht möglich, wenn der Prozesskostenhilfeantrag vor Abschluss der Instanz nicht ordnungsgemäß gestellt und Bewilligungsreife eingetreten war.[412]

Nicht selten kommt es vor, dass die Rechtsmittelfrist abgelaufen ist, bevor über den PKH-Antrag entschieden wird. In einem solchen Fall ist der Partei, die vor Fristablauf PKH beantragt hat, auf ihren fristgerechten (§ 234 Abs 1 Satz 1 ZPO) Antrag hin **Wiedereinsetzung in den vorigen Stand** zu gewähren, wenn die Mittellosigkeit für die Fristversäumung ursächlich geworden ist[413] und wenn die bedürftige Partei vernünftigerweise nicht mit einer Verweigerung der PKH wegen nicht hinreichend nachgewiesener Bedürftigkeit rechnen musste.[414] Das ist der Fall, wenn dem Rechtsmittelführer bereits in erster Instanz PKH bewilligt worden war und für das Rechtsmittelverfahren im Wesentlichen die gleichen Angaben gemacht und Nachweise erbracht werden.[415] Ein Vertrauen auf die Bewilligung ist gleichermaßen dann gerechtfertigt, wenn dem Antrag innerhalb der Rechtsmittelfrist eine vollständig ausgefüllte Erklärung über die persönlichen und wirtschaftlichen Verhältnisse nebst den erforderlichen Anlagen beigefügt war.[416] Enthalten die Angaben in dem Vordruck einzelne Lücken, kann die Partei unter Umständen gleichwohl darauf vertrauen, die wirtschaftlichen Voraussetzungen für die Bewilligung von PKH genügend dargetan zu haben. Solches kommt in Betracht, wenn die verbliebenen Lücken oder Zweifel auf andere Weise ohne weiteres (zB anhand der beigefügten Unterlagen) geschlossen werden können oder wenn sich aufgrund der sonstigen Angaben und Belege aufdrängt, dass Einnahmen oder Vermögenswerte nicht vorhanden sind.[417] Ist der PKH-Antrag vor Ablauf der Rechtsmittelfrist eingegangen und hat das Gericht dem Antragsteller zur Vervollständigung seiner Angaben eine Frist gesetzt, darf er jedenfalls bis zum Fristablauf weiterhin auf Bewilligung der beantragten PKH vertrauen.[418] Erfüllt der Antragsteller die fristgebundene Auflage zur Vervollständigung seiner Angaben innerhalb der gerichtlich bestimmten Frist, beginnt die Wiedereinsetzungsfrist des § 234 Abs 1 S 1 ZPO erst in dem Moment zu laufen, in dem der Antragsteller der das PKH-Gesuch zurückweisende Beschluss bekannt gegeben wird.[419] Andererseits ist mit einer Verweigerung der Prozesskostenhilfe zu rechnen, wenn das Rechtsmittelgericht auf Zweifel hinsichtlich der Bedürftigkeit der antragstellenden Prozesspartei hingewiesen hat

213

---

412 OLG Köln, MDR 2010, 1329.
413 BGH, MDR 2011, 62. Daran fehlt es, wenn innerhalb der gesetzlichen Fristen von dem im Verfahren befindlichen Anwalt bereits eine – wenn auch als Entwurf bezeichnete – Berufungs- und Berufungsbegründungsschrift eingereicht wird; anders, wenn die Begründungsschrift (ohne Unterschrift) lediglich zur Rechtfertigung des PKH-Antrages beigefügt wird (BGH, MDR 2014, 47). Der Antragsteller hat in solchen Fällen glaubhaft zu machen, dass der Anwalt ohne bewilligte Prozesskostenhilfe nicht bereit gewesen ist, eine ordnungsgemäße (dh auch unterzeichnete) Rechtsmittelbegründung anzufertigen und einzureichen (BGH, MDR 2018, 49).
414 BGH, MDR 2010, 400.
415 BGH, MDR 2012, 180.
416 BGH, MDR 2008, 581.
417 BGH, MDR 2008, 581.
418 BGH, MDR 2008, 581.
419 BGH, MDR 2008, 1117.

J. Sonstiges

und diese vernünftigerweise davon ausgehen muss, dass sie diese Zweifel nicht ausräumen kann.[420]

214 Im Grundsatz dieselben Regeln gelten, wenn der Rechtsmittelführer trotz seiner Mittellosigkeit einen Anwalt gefunden hat, der schon vor Bewilligung von PKH – formularmäßig – ein Rechtsmittel eingelegt hat, aber nicht bereit ist, auch eine Rechtsmittelbegründung anzufertigen.[421] Hat der Berufungsführer vor Ablauf der Berufungsbegründungsfrist PKH beantragt und beabsichtigt das Gericht, Prozesskostenhilfe zu versagen, so hat es vor einer **Verwerfung der Berufung** über das PKH-Gesuch zu entscheiden.[422] Konnte die mittellose Partei auf die Bewilligung von PKH vertrauen, ist ihr deshalb Wiedereinsetzung in den vorigen Stand zu bewilligen, wenn die Berufungsbegründung erst nach Fristablauf vorgelegt wird. Die Wiedereinsetzungsfrist beginnt zu laufen, sobald der Antragsteller Kenntnis von der Entscheidung über seinen PKH-Antrag hat, zzgl. einiger Tage Bedenkzeit, wobei dieser Zeitpunkt auch dann maßgeblich bleibt, wenn der Antragsteller eine Anhörungsrüge erhebt, falls er nicht von deren Erfolg ausgehen kann.[423]

215 Will der Berufungskläger die Berufung erst nach der Entscheidung über das PKH-Gesuch begründen, hat er allerdings durch einen **rechtzeitigen Antrag auf Verlängerung der Berufungsbegründungsfrist** dafür zu sorgen, dass eine Wiedereinsetzung nicht notwendig wird.[424]

216 Der bewilligende **Beschlusstenor** im PKH-Verfahren lautet wie folgt:

217	Praxistipp	Formulierungsbeispiel
	1. Dem Antragsteller wird für die Rechtsverfolgung gemäß dem Entwurf seiner Klageschrift/Antragsschrift vom ... (bzw für die Rechtsverteidigung gegen die Klage/den Antrag des ... vom ...) Prozesskostenhilfe bewilligt und zur vorläufig unentgeltlichen Wahrnehmung seiner Rechte in dieser Instanz Rechtsanwalt ... und Patentanwalt ... beigeordnet.	
	2. Diese Entscheidung ergeht gerichtsgebührenfrei; außergerichtliche Kosten werden nicht erstattet.	

4. Rechtsfolgen der Bewilligung

218 Die PKH-Bewilligung hat für den Begünstigten – unabhängig vom Ausgang des Verfahrens, für welches ihm Prozesskostenhilfe bewilligt worden ist – zur **Konsequenz**, dass er von der Zahlung von Gerichtskosten und von den Anwaltsgebühren seiner eigenen Rechts- und Patentanwälte (die aus der Staatskasse vergütet werden) befreit ist (§ 122 Abs 1 ZPO) und allenfalls die bei der Bewilligung festgesetzten monatlichen Raten zu zahlen hat. Demgegenüber hat der Begünstigte, wenn er im Prozess unterliegt, in voller Höhe die dem Gegner entstandenen außergerichtlichen Kosten zu erstatten (§ 123 ZPO). Obsiegt der Begünstigte, kann der beigeordnete Rechts- oder Patentanwalt seine Vergütung, wenn er sie nicht aus der Staatskasse fordern will, aus eigenem Recht wahlweise gegen die in die Kosten verurteilte unterlegene Gegenpartei festsetzen lassen (§ 126 Abs 1 ZPO). Es handelt sich um einen Fall gesetzlicher Prozessstandschaft, die das Kostenfest-

---

420 BGH, MDR 2010, 400; BGH, MDR 2015, 790.
421 BGH, MDR 2012, 180.
422 BGH, MDR 2011, 748.
423 BGH, MDR 2013, 1253.
424 BGH, MDR 2013, 670.

setzungsrecht des Bedürftigen gegen den unterlegenen Prozessgegner unberührt lässt.[425] Das gilt auch dann, wenn zahlungsfreie Prozesskostenhilfe bewilligt ist.[426]

Auch im Vergütungsfestsetzungsverfahren nach § 55 RVG gilt, dass eine nach RVG-VV Nr 2300, Vorbemerkung 3.4 anzurechnende Geschäftsgebühr[427] auf die spätere gerichtliche Verfahrensgebühr nach RVG Nr 3100, § 49 RVG zu verrechnen ist. Voraussetzung ist allerdings, dass die Geschäftsgebühr tatsächlich an den beigeordneten Anwalt gezahlt worden ist.[428] Wegen § 15a Abs 2 RVG[429] führt dies aber nicht dazu, dass im Umfang der **Anrechnung** die Verfahrensgebühr von vornherein nicht zur Entstehung gelangt. Vielmehr entstehen beide Gebühren in voller Höhe und ist nur der Rechtsanwalt gehindert, mehr als den um den Anrechnungsbetrag verminderten Gesamtbetrag der Gebühren zu verlangen.[430] Die Anrechnung erfolgt auch dann, wenn die Bedürftigkeit bereits zum Zeitpunkt der vorprozessualen Tätigkeit vorgelegen hat[431] und sie geschieht nicht um den hälftigen Betrag der nach § 13 RVG bezifferten Geschäftsgebühr, sondern um den hälftigen Gebührensatz der Geschäftsgebühr.[432] 219

Ist dem Antragsteller PKH ganz oder teilweise verwehrt worden, steht ihm das Rechtsmittel der **sofortigen Beschwerde** zu (§ 127 Abs 2 Satz 2 ZPO). Für sie gilt – abweichend von der Regel – nicht die zweiwöchige, sondern eine einmonatige Einlegungsfrist (§ 127 Abs 2 Satz 3 ZPO). Für die gegnerische Partei ist der bewilligende Beschluss unanfechtbar (§ 127 Abs 2 Satz 1, Abs 3 ZPO). Der Gegenstandswert des Beschwerdeverfahrens entspricht dem Hauptsachestreitwert.[433] 220

5. Beiordnung

Da im Patentverletzungsverfahren Anwaltszwang besteht, wird dem Antragsteller im Falle einer Bewilligung von Prozesskostenhilfe ein **Rechtsanwalt** oder eine Rechtsanwaltssozietät[434] – gleichgültig ob als Rechtsanwaltsgesellschaft (§ 59c Abs 1 BRAO)[435], Partnerschaftsgesellschaft (§ 7 Abs 4 PartGG) oder GbR organisiert – seiner Wahl **beigeordnet** (§ 121 Abs 1 ZPO). Soweit ausnahmsweise (wie für den Antrag auf Erlass einer einstweiligen Verfügung) die Vertretung durch einen Rechtsanwalt gesetzlich nicht vorgeschrieben ist, erfolgt eine Beiordnung, wenn entweder die Vertretung durch einen Rechtsanwalt – angesichts von Umfang, Schwierigkeit und Bedeutung der Sache sowie der eigenen Fähigkeiten des Antragstellers – erforderlich erscheint (was in Patentstreitigkeiten grundsätzlich der Fall sein wird) oder – aus Gründen der Waffengleichheit – wenn der Gegner durch einen Rechtsanwalt vertreten ist (§ 121 Abs 2 ZPO). Findet der Antragsteller keinen zu seiner Vertretung bereiten Anwalt, ordnet der Vorsitzende des Gerichts ihm einen sog Not-Rechtsanwalt zu (§ c121 Abs 5 ZPO), der alsdann auch 221

---

425 BGH, MDR 2007, 918.
426 BGH, MDR 2009, 1182.
427 Ein Anrechnungstatbestand setzt voraus, dass eine Geschäftsgebühr nach RVG-VV Nr 2300 angefallen ist, was im Bereich der Beratungshilfe ausgeschlossen ist (OLG Düsseldorf, OLG-Report 2009, 121).
428 OLG Celle, MDR 2014, 188.
429 Fölsch, MDR 2009, 1137, 1140.
430 OLG Düsseldorf, OLG-Report 2009, 121; OLG Koblenz, MDR 2009, 595; OLG Koblenz, MDR 2009, 773.
431 OLG Düsseldorf, OLG-Report 2009, 303.
432 OLG Düsseldorf, OLG-Report 2009, 121.
433 Vgl BGH, MDR 2010, 1350.
434 BGH, MDR 2009, 103.
435 OLG Nürnberg, MDR 2013, 934 (selbst wenn zu ihren Geschäftsführern andere Personen als Rechtsanwälte gehören).

verpflichtet ist, das Mandat zu PKH-Bedingungen zu übernehmen (§ 48 Abs 1 Nr 1 BRAO).

222 Neben dem Rechtsanwalt wird dem Antragsteller in Patent- und Gebrauchsmusterstreitigkeiten in der Regel auch ein **Patentanwalt beizuordnen** sein. Einschlägig ist insoweit § 1 des Gesetzes über die Beiordnung von Patentanwälten bei Prozesskostenhilfe. Die Vorschrift sieht die Beiordnung eines Patentanwaltes vor, wenn dessen Hinzuziehung zur Beratung der antragstellenden Partei und zur Unterstützung ihres beigeordneten Rechtsanwaltes erforderlich erscheint, um eine sachgemäße Rechtsverfolgung oder Rechtsverteidigung zu gewährleisten. Im Verletzungsprozess wird hiervon im Allgemeinen auszugehen sein. Findet der Antragsteller keinen Wahlanwalt, so ordnet ihm der Vorsitzende einen Patentanwalt bei, der gesetzlich zur Mandatsübernahme unter PKH-Bedingungen verpflichtet ist (§ 43 Abs 1 Nr 2, 4 Abs 1 PAO).

223 Gemäß § 121 Abs 3 ZPO kann ein nicht beim Prozessgericht zugelassener Anwalt nur beigeordnet werden, wenn dadurch keine weiteren Kosten entstehen. Die Regelung trifft ihrem Wortlaut nach an sich nicht mehr zu, seitdem die lokal beschränkte Anwaltszulassung aufgehoben worden ist. Ihr wird jedoch ein allgemeiner, auch im PKH-Verfahren zu beachtender Grundsatz entnommen, dass unnötige Mehrkosten (die auch eine vermögende Partei nicht aufwenden würde) zu vermeiden sind.[436] Ob solche entstehen, ist eine Frage des Einzelfalles. So können etwaige Reisekosten des **auswärtigen Anwalts** zum Gericht durch diejenigen Reisekosten aufgewogen werden, die für die Reise des Antragstellers zur Besprechung mit einem am Sitz des Gerichtes ansässigen Anwalt anfallen würden. Es ist deswegen eine Vergleichsberechnung anzustellen, in der die Reisekosten zu berücksichtigen sind, die bei dem ins Auge gefassten auswärtigen und – im Vergleich dazu – bei einem noch im Gerichtsbezirk, aber am weitesten weg vom Gerichtsort ansässigen Anwalt entstehen können. Außerdem sind ggf die Kosten in Betracht zu ziehen, die durch die Beiordnung eines Verkehrsanwaltes nach § 131 Abs 4 ZPO anfallen und durch die Beiordnung des auswärtigen Anwalts eingespart werden können.[437] Sind die Kosten im konkreten Fall geringer, kann der auswärtige Anwalt beigeordnet werden. Führt dessen Beiordnung zu Mehrkosten, kommt seine Beiordnung nur »zu den Bedingungen eines am Ort des Prozessgerichts ansässigen Anwaltes« in Betracht.[438] Allerdings muss der Anwalt mit dieser Einschränkung einverstanden sein.[439] Das Einverständnis kann vermutet werden. solange der nicht beim Prozessgericht zugelassene Rechtsanwalt nicht ausdrücklich etwas anderes erklärt.[440] Erfolgt die Beiordnung – zu Unrecht – ohne die besagte Einschränkung, kann der beigeordnete Anwalt Reisekosten und Abwesenheitsgelder beanspruchen.[441]

224 Wird eine Beiordnung verweigert, hat hiergegen nur die Partei selbst, nicht aber der Anwalt, dessen Beiordnung beantragt war, ein **Beschwerderecht**.[442]

---

436 BGH, NJW 2006, 3783.
437 OLG Rostock, MDR 2011, 753.
438 In Sachen des gwerblichen Rechtsschutzes soll diese Einschränkung wegen der gebotenen Eilbedürftigkeit regelmäßig nicht geboten sein (OLG Frankfurt/Main, MDR 2016, 234).
439 OLG Frankfurt/Main, MDR 2013, 721.
440 BGH, NJW 2006, 3783.
441 OLG Brandenburg, MDR 2009, 175; OLG Naumburg, MDR 2009, 234.
442 OLG Hamm, MDR 2011, 628.

Entscheidungsregister

Entscheidungen nach Stichworten.

Entscheidungsstichwort	Gericht/Datum/Aktenzeichen	Fundstelle	zitiert in
10 %-Erhöhung	OLG Frankfurt/Main, 11.12.2013 – 6 U 218/13	GRUR-RR 2014, 280	J 143
199 IP-Adressen	OLG Frankfurt/Main, 15.04.2009 – 11 W 27/09	GRUR-RR 2009, 407	D 576
2-Achsen-Drehkopf	LG Düsseldorf, 09.12.2008 – 4b O 306/07	InstGE 11, 41	D 48, 50
3dl.am	OLG Hamburg, 21.11.2013 – 5 U 68/10	GRUR-RR 2014, 140	D 201
Abdichtsystem	LG Mannheim, 10.12.2013 – 2 O 180/12	Mitt 2014, 235	D 679
Abdichtsystem	OLG Karlsruhe, 07.10.2015 – 6 U 7/14	GRUR 2016, 482	A 240; D 679
Abdichtsystem	BGH, 16.05.2017 – X ZR 120/15	GRUR 2017, 785	A 240, 241, 243, 248, 366, 369; D 445, 669, 676, 679, 693, 702, 703; F 33
Abflußrohre	OLG Düsseldorf, 15.09.2000 – 2 U 47/99	Mitt 2001, 28	A 206
Abgasreinigungsvorrichtung	BGH, 05.07.2005 – X ZR 14/03	GRUR 2005, 845	A 316, 359, 424; D 174; E 193; I 106
Abgestuftes Getriebe	BGH, 16.04.2002 – X ZR 127/99	GRUR 2002, 801	D 142
Abkauf eines titulierten Unterlassungsanspruchs	OLG München, 22.12.2011 – 29 U 3463/11	Mitt 2012, 245	H 142
Abmahnaktion	BGH, 23.11.2006 – I ZR 276/03	GRUR 2007, 631	C 41
Abmahnkostenersatz	BGH, 08.05.2008 – I ZR 83/06	GRUR 2008, 928	C 46; G 263
Abmahnkostenerstattung bei Patentverletzung	LG Düsseldorf, 20.10.2005 – 4b O 199/05	InstGE 6, 37	C 53, 54
Abmahnkostenverjährung	BGH, 26.09.1991 – I ZR 149/89	GRUR 1992, 176	C 42
Abmahnung bei Besichtigungsanspruch	LG Düsseldorf, 04.12.2008 – 4b O 348/08	InstGE 11, 35	B 162; C 169
Abmahnung bei Vindikationsklage	LG Düsseldorf, 05.08.2003 – 4b O 216/03	InstGE 3, 224	C 165
Abnehmerverwarnung	BGH, 23.02.1995 – I ZR 15/93	GRUR 1995, 424	C 120, 143
Absatzhaltehebel	OLG Düsseldorf, 17.04.1980 – 2 U 106/79	GRUR 1981, 45, GRUR 1981, 42	I 117, 131, 132
Abschirmdichtung	LG Mannheim, 21.04.2006 – 7 O 208/05	InstGE 6, 260	I 168, 198
Abschlusserklärung	OLG Hamburg, 17.03.2015 – 7 U 82/14	Mitt 2015, 347	G 183
Absetzvorrichtung	BGH, 22.03.1983 – X ZR 9/82	GRUR 1983, 497	A 121
abstrakte Vorgreiflichkeit	OLG München, 29.12.2008 – 6 W 2387/08	InstGE 11, 192	E 707
Abwehrschreiben	OLG Düsseldorf, 06.12.2007 – I-10 W 153/07	InstGE 9, 39	C 39
Abweichende Hashwerte	OLG München, 27.09.2010 – 11 W 1894/10	GRUR-RR 2011, 116	D 576

Entscheidungsstichwort	Gericht/Datum/Aktenzeichen	Fundstelle	zitiert in
Access-Provider	OLG Frankfurt/Main, 22.01.2008 – 6 W 10/08	GRUR-RR 2008, 93	D 201
Actavis/Sanofi	EuGH, 12.12.2013 – C-443/12	GRUR 2014, 157	A 80
Admin-C	OLG Köln, 15.08.2008 – 6 U 51/08	GRUR-RR 2009, 27	D 230
Admin-C	OLG München, 30.07.2009 – 6 U 3008/08	GRUR-RR 2010, 203	D 230
Administrativer Ansprechpartner	OLG Stuttgart, 24.09.2009 – 2 U 16/09	GRUR-RR 2010, 12	D 229, 230
Advanced System	OLG Karlsruhe, 09.11.2016 – 6 U 37/15	GRUR-RS 2016, 21121	D 133, 140, 142, 394, 601, 619; E 664, 670, 687
Afterlife	BGH, 06.10.2016 – I ZR 154/15	GRUR 2017, 386	D 207
Al Di Meola	BGH, 05.11.2015 – I ZR 88/13	GRUR 2016, 493	D 176, 187
Alder/Orlowski	EuGH, 19.12.2012 – C-325/11	NJW 2013, 443	D 78
Allegro Barbaro	OLG München, 28.01.2016 – 29 U 2798/15	GRUR 2016, 612	D 176
Alles kann besser werden	BGH, 19.04.2012 – I ZB 80/11	GRUR 2012, 1026	D 497, 552, 556
Alone in the Dark	BGH, 12.07.2012 – I ZR 18/11	BGHZ 194, 339, GRUR 2013, 370	A 304; D 176
Altix	BGH, 15.06.1967 – Ia ZB 13/66	GRUR 1967, 655	I 117
An Evening with Marlene Dietrich	BGH, 21.04.2016 – I ZR 43/14	GRUR 2016, 1048	D 2, 25, 152, 155
Ananasschneider	OLG Düsseldorf, 09.09.2004 – I-2 U 47/03	InstGE 5, 17	I 71
Andockvorrichtung	OLG Düsseldorf, 29.01.2015 – I-15 U 23/14	GRUR-RS 2015, 06710	D 465, 689
Anfechtung der Kostenentscheidung	OLG München, 17.01.1990 – 29 W 3006/89	GRUR 1990, 482	G 182
Anforderungen an den Rechtsbestand des Verfügungspatents	LG Düsseldorf, 08.05.2014 – 4a O 66/13	Mitt 2014, 559	G 74
Angebotsmanipulation bei Amazon	BGH, 03.03.2016 – I ZR 140/14	GRUR 2016, 936	D 194
Angehaltene Mobiltelefone	OLG Dresden, 02.03.2016 – 14 W 106/16	GRUR-RR 2016, 527	C 162
Anguilla	BGH, 30.06.2004 – VIII ZR 273/03	Mitt 2005, 45	E 61
Anhebung der Sicherheitsleistung	OLG Köln, 17.11.1999 – 6 U 162/99	GRUR 2000, 253	H 70
Anhörungsrüge	LG Düsseldorf, 03.05.2005 – 4a O 162/05	InstGE 5, 236	B 158
Animationsfilm	LG Frankfurt/Main, 08.07.2015 – 2-06 S 21/14	GRUR-RR 2015, 431	C 73
Ankle Tube	OLG Frankfurt/Main, 01.06.2011 – 6 W 12/11	GRUR-RR 2011, 340	G 198
Ankopplungssystem	BGH, 01.03.2017 – X ZR 10/15	GRUR 2017, 604	E 717
Ann Christine	OLG Hamburg, 21.12.2012 – 3 U 96/12	BeckRS 2013, 06273	H 30, 47
Annahmeverweigerung	KG, 09.02.1989 – 25 U 3910/88	GRUR 1989, 618	C 35
Anruf-Linientaxi	OLG Frankfurt/Main, 22.11.2017 – 6 W 93/17	GRUR-RR 2018, 223	H 108, 185
Anschrift des Klägers	BGH, 28.06.2018 – I ZR 257/16		D 91
Anspruch auf Drittauskunft	OLG Frankfurt/Main, 22.08.2017 – 11 U 71/16	GRUR 2017, 1116	D 516

Entscheidungsstichwort	Gericht/Datum/Aktenzeichen	Fundstelle	zitiert in
Antihistamine	LG Düsseldorf, 05.06.2001 – 4 O 178/01	InstGE 1, 19	D 373
Antriebsscheibenaufzug	OLG Düsseldorf	Mitt 2003, 264	A 441, 446, 454; D 343, 412, 444; E 528
Antriebsscheibenaufzug	BGH, 07.06.2005 – X ZR 247/02	GRUR 2005, 848	A 418, 425, 432, 434, 435, 445; D 443, 444, 476
Antwortpflicht	OLG Hamburg, 24.11.2008 – 5 W 117/08	GRUR-RR 2009, 159	C 41
Antwortpflicht des Abgemahnten	BGH, 19.10.1989 – I ZR 63/88	GRUR 1990, 381	C 26
Anwaltskosten bei zeitlich früherer Abmahnung	OLG München, 04.02.1988 – 6 U 3435/87	GRUR 1988, 843	C 41
Anwaltskosten im Gestattungsverfahren	BGH, 26.04.2017 – I ZB 41/16	GRUR 2017, 854	D 561, 576, 577, 578
Anwaltszwang im Verfügungsverfahren	OLG Frankfurt/Main, 28.06.2010 – 6 W 91/10	GRUR-RR 2011, 31	G 186
Apotheken-Kommissioniersystem	OLG Düsseldorf, 03.09.2009 – I-2 U 96/07	InstGE 11, 167	E 82
Aquaflam	BGH, 15.12.2017 – I ZR 258/14	GRUR 2018, 335	F 88, 89; G 285
Arzneimittelgebrauchsmuster	BGH, 05.10.2005 – X ZB 7/03	GRUR 2006, 135	A 333
Arzneimittelwerbung im Internet	BGH, 30.03.2006 – I ZR 24/03	GRUR 2006, 513	A 296; D 24
Astra Zeneca	EuGH, 06.12.2012 – C-457/10 P		E 227
Atemgasdrucksteuerung	BGH, 17.05.2011 – X ZR 53/08	GRUR 2011, 903	E 536; J 118
Audiosignalcodierung	BGH, 03.02.2015 – X ZR 69/13	GRUR 2015, 467	A 405, 420, 421, 424, 426, 428, 430; D 3
Aufblasventil	LG Düsseldorf, 15.01.2009 – 4b O 146/07	InstGE 11, 1	B 307
Aufforderung zur Abschlusserklärung	OLG Frankfurt/Main, 12.09.2005 – 6 W 122/05	GRUR-RR 2006, 111	G 261
Aufschiebende Wirkung	BGH, 17.08.2011 – I ZB 20/11	GRUR 2012, 427	H 140
aufschiebende Wirkung	OLG Frankfurt/Main, 17.08.2011 – I ZB 20/11	InstGE 9, 301	H 140
Aufzeichnungsträger	BGH, 19.05.2005 – X ZR 188/01	GRUR 2005, 749	A 116
Ausflußschiebeverschluß	LG Düsseldorf	GRUR 1988, 116	E 627
Ausgelagerte Rechtsabteilung	OLG Köln, 22.01.2010 – 6 W 149/09	GRUR-RR 2010, 493	G 136
ausgelagerter Server	OLG München, 11.03.2011 – 6 W 610/10	InstGE 13, 298	B 138, 145
Auskunft über Tintenpatronen	BGH, 18.12.2008 – I ZB 68/08	GRUR 2009, 794	A 229; H 194, 199, 230, 252
Auskunftserteilung in fremder Sprache	OLG Frankfurt/Main, 15.11.2017 – 6 W 83/17	Mitt 2018, 99	H 215
Auskunftsgebühr	OLG Köln, 23.01.2013 – 2 Wx 328/12	GRUR-RR 2013, 353	D 576
Auskunftsverurteilung	BGH, 17.11.2014 – I ZB 31/14	GRUR 2015, 615	J 139
Ausländersicherheit für WTO-Ausländer	BPatG, 02.05.2005 – 1 Ni 5/04	GRUR 2005, 973	E 29
ausländische Abnehmerverwarnung	LG Frankfurt/Main, 19.12.2007 – 2/6 O 270/07	Mitt 2014, 30	C 113, 124
Ausländische Nichtigkeitsklage	OLG Düsseldorf, 27.05.2003 – 2 W 11/03	InstGE 3, 233	E 764, 767, 768

Entscheidungsstichwort	Gericht/Datum/Aktenzeichen	Fundstelle	zitiert in
Ausländischer Arrestbeschluss	BGH, 21.12.2006 – IX ZB 150/05	GRUR 2007, 813	G 170
Ausländischer Gerichtsstand	KG, 25.04.2014 – 5 U 178/11	GRUR-RR 2014, 351	D 324
Ausländischer Verkehrsanwalt	BGH, 28.09.2011 – I ZB 97/09	GRUR 2012, 319	B 359, 376
Auspuffkanal für Schaltgase	BGH, 07.12.1978 – X ZR 63/75	GRUR 1979, 308	A 92
Ausrüstungssatz	OLG Karlsruhe, 23.09.2015 – 6 U 52/15	GRUR-RR 2015, 509	G 51, 64, 78, 141
Ausschließliche Zuständigkeit	LG Hamburg, 16.01.2013 – 327 O 10/13	GRUR-RR 2014, 47	B 118
Ausschreibungsunterlagen	BGH, 04.07.1975 – I ZR 115/73	GRUR 1976, 367	D 510
Aussetzung	OLG Düsseldorf, 30.09.1999 – 2 W 60/98	Mitt 2000, 419	E 100
Aussetzung bei aufklärungsbedürftiger Verletzungsklage	LG Düsseldorf, 04.07.2007 – 4a O 254/05	InstGE 8, 112	E 708
Aussetzung bei Nichtigkeitsurteil II	OLG München, 17.09.2002 – 6 W 2153/02	InstGE 3, 62	E 727
Austro Mechana/Amazon	EuGH, 21.04.2016 – C-572/14	GRUR 2016, 927	D 16
Auswärtiger Rechtsanwalt IV	BGH, 23.01.2007 – I ZB 42/06	GRUR 2007, 726	C 46; G 263
Auswärtiger Rechtsanwalt IX	BGH, 09.05.2018 – I ZB 62/17	GRUR 2018, 969	B 349
Autowaschvorrichtung	BGH, 06.11.1990 – X ZR 55/89	GRUR 1991, 443	A 151
Babybilder	OLG Jena, 08.06.2015 – 1 W 17/15	GRUR-RR 2015, 463	B 79
Bajonett-Anschlussvorrichtung	LG Düsseldorf, 26.11.2009 – 4b O 110/09	InstGE 11, 257	D 675
Balkonbelag	OLG Düsseldorf, 09.06.2004 – 2 W 14/04	InstGE 5, 292	H 250
Ballerinaschuh	BGH, 11.01.2018 – I ZR 187/16	GRUR 2018, 832	C 138, 139, 144, 145; D 31, 465; I 15
Ballermann	BGH, 24.02.2000 – I ZR 168/97	GRUR 2000, 1028	D 125
Bankauskunft	OLG Naumburg, 15.03.2012 – 9 U 208/11	GRUR-RR 2012, 388	D 497
Basis3	BGH, 06.02.2013 – I ZR 13/12	GRUR 2013, 1069	E 417
Basler-Haar-Kosmetik	BGH, 09.11.2011 – I ZR 150/09	GRUR 2012, 304	D 230
Batteriekastenschnur	BGH, 03.10.1989 – X ZR 33/88	GRUR 1989, 903	A 7, 120
Bauschalungsstütze	BGH, 28.05.2009 – Xa ZR 140/05	GRUR 2009, 837	A 68
BearShare	BGH, 08.01.2014 – I ZR 169/12	GRUR 2014, 657	D 206, 207
Beatles-Doppel-CD	BGH, 18.12.1997 – I ZR 79/95	GRUR 1998, 568	D 437
Bedingtes Unterlassungsversprechen	OLG Düsseldorf, 09.08.2004 – I-2 W 18/04	InstGE 5, 68	D 322
Befestigungsvorrichtung II	BGH, 12.07.1990 – X ZR 121/88	GRUR 1991, 436, BGHZ 112, 140	A 68, 210
Begrenzungsanschlag	BGH, 06.05.2014 – X ZR 36/13	GRUR 2014, 852	A 125, 131, 159
Belaghalter für Scheibenbremse	LG Düsseldorf, 27.11.2007 – 4a O 333/06	InstGE 9, 18	D 31; E 12, 38
Belegvorlage	OLG Hamburg, 30.09.2004 – 3 U 46/03	GRUR-RR 2005, 265	D 619
Beleuchtungssystem	LG Düsseldorf, 08.11.2006 – 4b O 39/06 ZV	InstGE 7, 185	H 104
Benutzerkennung	BGH, 13.07.2017 – I ZR 193/16	GRUR 2018, 189	D 557
Beratungsauktion	LG Berlin, 08.05.2012 – 15 O 60/04	NJOZ 2012, 2121	G 244
Berodual	OLG Hamburg, 11.02.1999 – 3 U 184/98	NJWE-WettbR 2000, 19	B 118; D 640; G 33
Berseker	KG, 18.10.2016 – 5 W 210/16	GRUR-RR 2017, 85	C 110

Entscheidungsstichwort	Gericht/Datum/Aktenzeichen	Fundstelle	zitiert in
Berühmungsaufgabe	BGH, 31.05.2001 – I ZR 106/99	NJW-RR 2001, 1483, WRP 2001, 1076	D 331, 338
Beschichtungsverfahren	BGH, 27.09.2016 – X zR 163/12	GRUR 2016, 1257	E 183
beschränkte Teilerledigungserklärung	OLG Frankfurt/Main, 29.10.2009 – 6 W 170/09	Mitt 2010, 321	H 176
Beschwer des Unterlassungsschuldners	BGH, 24.01.2013 – I ZR 174/11	GRUR 2013, 1067	H 144, 146; J 130
Besichtigungsanordnung	OLG Düsseldorf, 11.02.2016 – I-20 W 14/16	GRUR-RR 2016, 224	B 135
Besichtigungsanspruch	KG, 11.08.2000 – 5 U 3069/00	GRUR-RR 2001, 118	B 13, 14
Besichtigungsanspruch	OLG Nürnberg, 17.08.2015 – 3 W 1412/15	GRUR-RR 2016, 108	B 109
Besonderer Mechanismus	BGH, 12.07.2011 – X ZR 56/09	GRUR 2011, 995	C 15, 16; E 611; G 7, 14
Bestattungsbehältnis	OLG Düsseldorf, 06.03.2014 – I-2 U 90/13	GRUR-RR 2014, 315	C 16, 115, 130
Bestrafungsverfahren gegen Rechtsnachfolger	OLG Köln, 14.10.2008 – 6 W 104/08	OLG-Report 2009, 408, GRUR-RR 2009, 192	H 107, 149
Bestreiten der Abmahnung	OLG Jena, 11.09.2006 – 2 W 371/06	GRUR-RR 2007, 96	C 33
Betriebspsychologe	BGH, 05.10.2017 – I ZR 184/16	GRUR 2018, 203	E 546
Betriebsspionage	LG Nürnberg/Fürth, 23.02.2005 – 3 O 4156/04	InstGE 5, 153	B 13, 35
Bettgestell	BGH, 29.06.2017 – I ZR 9/16	GRUR 2018, 72	C 39, 44; E 495, 504
Bettwaren »Made in Germany«	OLG Frankfurt/Main, 25.06.2018 – 6 W 9/18	GRUR-RR 2018, 387	G 199; H 108, 115, 143
BH-Modell	OLG Hamburg, 27.08.2008 – 5 U 38/07	Mitt 2010, 389	I 212
Biedermeiermanschetten	BGH, 20.02.1979 – X ZR 63/77	GRUR 1979, 540	E 542
Biegevorrichtung	BGH, 13.11.2001 – X ZR 32/99	GRUR 2002, 231	E 513, 527
Bigfoot II	OLG Köln, 26.04.2013 – 6 U 171/11	GRUR-RR 2013, 398	D 471; H 242; I 85, 172, 175, 178, 180
Bildanzeigegerät	BGH, 15.10.2013 – X ZR 41/11	GRUR 2014, 251	E 722
Bildunterstützung bei Katheternavigation	BGH, 31.08.2010 – X ZB 9/09	GRUR 2010, 1081	A 68, 69, 75
Biomineralwasser	BGH, 13.09.2012 – I ZR 230/11	GRUR 2013, 401	C 116
Blasenfreie Gummibahn II	BGH, 30.09.2003 – X ZR 114/00	GRUR 2004, 268	A 67; B 10
Blasfolienherstellung	BGH, 30.03.2005 – X ZR 126/01	GRUR 2005, 569	D 347; F 48; J 7
Blendschutzbehang	BGH, 12.03.2009 – Xa ZR 86/06	GRUR 2009, 657	E 175
Blut/Gehirnschranke	OLG Düsseldorf, 11.10.2010 – I-2 U 40/10	InstGE 12, 258	A 333, 334
BMW/Acacia	EuGH, 13.07.2017 – C-433/16	GRUR 2017, 1129	D 31; E 238
Bodenseitige Vereinzelungseinrichtung	BGH, 07.09.2004 – X ZR 255/01	BGHZ 160, 204, GRUR 2004, 1023	A 9, 19, 98, 101
Bodypass	OLG Karlsruhe, 23.07.2008 – 6 U 109/07	Mitt 2009, 419	E 202
Bolagsupplysningen ua	EuGH, 17.10.2017 – C-194/16	GRUR 2018, 108	D 16
Bordako	BGH, 29.07.2010 – Xa ZR 118/09	GRUR 2010, 996	D 352, 366; G 296, 297, 314, 318
Borstenverrundung	LG Frankfurt/Main, 29.10.2003 – 6 O 442/02	InstGE 6, 141	I 167, 170, 182, 215
Bratgeschirr	BGH, 28.06.2000 – X ZR 128/98	GRUR 2000, 1005	A 121

Entscheidungsregister

Entscheidungsstichwort	Gericht/Datum/Aktenzeichen	Fundstelle	zitiert in
Bremsbacken	OLG Düsseldorf, 20.12.2007 – I-2 U 138/05	Mitt 2010, 476	E 66
BretarisGenuair	BGH, 30.03.2017 – I ZR 263/15	GRUR 2017, 1160	B 416; D 517; G 261
Brombeerleuchte	BGH, 19.01.1979 – I ZR 166/76	GRUR 1979, 332	C 16
Bronner/Media	EuGH, 26.11.1998 – Rs. C-7/97	Slg 1998, I-7817	E 222
Brotröster	OLG Frankfurt/Main, 10.06.1965 – 6 U 24/64	GRUR 1967, 114	C 138
Bruce Springsteen and his Band	BGH, 23.04.1998 – I ZR 205/95	GRUR 1999, 49	D 437
Brustbein-Öffner	OLG Düsseldorf, 24.10.2006 – I-2 W 51/06	InstGE 7, 191	B 156
BTK	BGH, 29.07.2009 – I ZR 169/07	GRUR 2010, 239	F 16; I 90, 109, 113, 124, 131
Buchhaltung	OLG Düsseldorf, 17.12.2013 – 1-20 U 52/13	GRUR-RR 2014, 155	C 87
Buchstabe als Reißverschlussanhänger	OLG Köln, 28.10.2005 – 6 U 75/05	GRUR-RR 2006, 159	D 619
Budget	OLG München, 25.02.2010 – 29 U 1513/07	GRUR-RR 2011, 34	E 28
Cam-Carpet	LG Düsseldorf, 07.11.2000 – 4 O 425/99	InstGE 1, 26	A 317
Cartier-Armreif	BGH, 24.03.1994 – I ZR 42/93	BGHZ 125, 322	H 264
Cartier-Ring	BGH, 23.01.2003 – I ZR 18/01	GRUR 2003, 433	D 512, 531; H 251
Carvedilol I	BGH, 17.01.2006 – X ZR 236/01	GRUR 2006, 438	E 695
Catwalk	BGH, 23.06.2005 – I ZR 263/02	GRUR 2006, 143	I 86, 87, 90, 113
CD-ROM »Erotic 5«	OLG Karlsruhe, 27.03.1996 – 6 W 15/96	WRP 1996, 922	C 171
Cerebro Card	OLG Hamburg, 14.06.2006 – 5 U 21/06	GRUR-RR 2007, 29	C 164; G 33
Chinaherde	BGH, 17.04.1997 – X ZR 2/96	GRUR 1997, 741	C 137
Chirurgische Instrumente	BGH, 03.06.2003 – X ZR 215/01	GRUR 2003, 896	D 174
Cholesterinspiegelsenker	OLG Düsseldorf, 02.10.2003 – I-2 U 53/03	GRUR 2004, 417	A 272
Cholesterin-Test	LG Düsseldorf, 19.12.2002 – 4a O 4/00	InstGE 3, 8	E 111, 139
Cinch-Stecker	OLG Düsseldorf, 15.05.2010 – I-2 U 98/09	InstGE 12, 88	D 165, 172, 699
Cinch-Stecker	BGH, 05.04.2011 – X ZR 86/10	BGHZ 189, 112, GRUR 2011, 711	D 131, 165, 167, 168
CIP Klausel	OLG Düsseldorf, 25.01.2018 – I-20 U 82/17	GRUR-RR 2018, 240	E 623
Class International/Colgate-Palmolive	EuGH, 18.10.2005 – C-405/03	GRUR Int 2006, 40	E 622, 624
Clinique	KG, 12.10.2010 – 5 U 152/08	GRUR-RR 2011, 263	A 313
Clinique happy	BGH, 25.04.2012 – I ZR 235/10	GRUR 2012, 1263	A 312, 313, 314; D 656
Comedyvideos	OLG Frankfurt/Main, 28.05.2013 – 11 W 13/13	BeckRS 2013, 10983	G 120, 160
Computernetzwerk	LG Düsseldorf, 17.03.2009 – 4b O 218/08	InstGE 11, 99	E 102, 103
Concurrence/Samsung Elektronics France	EuGH, 21.12.2016 – C-618/15	GRUR-RR 2017, 206	D 17
Consulente in marchi	BGH, 19.04.2007 – I ZB 47/06	GRUR 2007, 999	B 366, 367
ConText	BGH, 05.11.2015 – I ZR 50/14	GRUR 2016, 705	B 331
ContraWurm	BGH, 18.04.2013 – I ZR 199/12	BeckRS 2013, 16816	J 146

Entscheidungsstichwort	Gericht/Datum/Aktenzeichen	Fundstelle	zitiert in
Converse AllStar	OLG Köln, 24.01.2014 – 6 U 111/13	GRUR-RR 2014, 329	I 229
CONVERSE I	BGH, 15.03.2012 – I ZR 52/10	GRUR 2012, 626	E 617
CONVERSE II	BGH, 15.03.2012 – I ZR 137/10	GRUR 2012, 630	D 157; I 12
Converse Inc	OLG Frankfurt/Main, 07.02.2013 – 6 U 188/12	GRUR-RR 2013, 325	E 617
Copad	EuGH, 23.04.2009 – C-59/08	GRUR 2009, 593	E 574
Copolyester II	BGH, 13.11.1997 – X ZR 132/95	GRUR 1998, 689	E 671
Coty Germany GmbH./. First Note Perfumes NV	EuGH, 05.06.2014 – C-360/12	GRUR 2014, 806	D 15, 19
Coty Germany/Stadtsparkasse	EuGH, 16.07.2015 – C-580/13	GRUR 2015, 894	D 497
Coty Prestige Lancaster/Simex Trading	OLG Nürnberg, 31.03.2009 – 3 U 1497/08	GRUR 2009, 786	E 619
Coty Prestige/Simex Trading	EuGH, 03.06.2010 – C-127/09	GRUR 2010, 723	E 574, 575, 581, 622
Couchtisch	OLG Köln, 10.01.2005 – 6 W 117/04	GRUR-RR 2005, 143	G 192, 200
Coverdisk	BGH, 02.02.1999 – KZR 51/97	NJW-RR 1999, 689	D 174
CPP/Bilas	EuGH, 20.05.2010 – C-111/09	Slg 2010, I-4545	D 31
Crimpwerkzeug I	BGH, 13.01.2004 – X ZR 212/02	GRUR 2004, 354	E 730; H 41
Crimpwerkzeug III	BGH, 29.06.2010 – X ZR 193/03	GRUR 2010, 858	F 55, 57, 81, 83, 84
Crimpwerkzeug IV	BGH, 14.12.2010 – X ZR 193/03	GRUR 2011, 313, Mitt 2011, 24	A 120, 132; D 104; F 49, 50, 51; G 303
CT-Paradies	BGH, 18.09.2014 – I ZR 76/13	GRUR 2015, 258	C 84, 86, 87, 92, 104; H 108
Custodiol I	BGH, 12.03.2002 – X ZB 12/00	GRUR 2002, 523	A 191
Custodiol II	BGH, 12.03.2002 – X ZR 73/01	GRUR 2002, 527	A 180
Dämmstoffbahn	LG Düsseldorf, 23.05.2000 – 4 O 162/99	Entscheidungen 2000, 81	D 419
Dampffrisierstab	BGH, 16.09.1982 – X ZR 54/81	GRUR 1982, 723	H 279
Dampffrisierstab II	BGH, 03.07.1984 – X ZR 34/83	GRUR 1984, 728	D 626; H 255
Darmbefüllvorrichtung	LG Düsseldorf, 06.12.2001 – 4a O 855/00	InstGE 2, 31	D 425
DAS GROSSE RÄTSELHEFT	BGH, 25.04.2012 – I ZR 105/10	GRUR 2012, 1279	D 176, 183; E 663, 664
Datensicherung	OLG Karlsruhe, 01.09.2009 – 6 W 47/09	InstGE 11, 183	D 556, 558, 579
Datenspeicherung auf Zuruf	OLG München, 21.11.2011 – 29 W 1939/11	NJOZ 2012, 1463	D 555
Datenträger	LG Hamburg, 30.04.2009 – 315 O 72/08	InstGE 11, 65	A 312, 313; D 652, 656
Davidoff	EuGH, 20.11.2001 – C-414/99	GRUR 2002, 156	E 622
Davidoff Hot Water	BGH, 17.10.2013 – I ZR 51/12	GRUR 2013, 1237	D 497
Davidoff Hot Water II	BGH, 21.10.2015 – I ZR 51/12	GRUR 2016, 497	D 497
Davidoff Hot Water III	BGH, 26.07.2018 – I ZR 20/17	GRUR 2018, 1059	D 194
de.de	KG, 23.05.2012 – 5 U 119/11	Mitt 2013, 43	G 185
Dead Island	BGH, 26.07.2018 – I ZR 64/17	GRUR 2018, 1044	D 199, 200, 201, 202, 205, 214, 216, 223
Deckenheizung	BGH, 13.06.2006 – X ZR 153/03	GRUR 2006, 839	A 432, 445, 449; D 328, 343, 444, 712; G 337
Dehnungsfugenabdeckprofil	LG Düsseldorf, 14.07.1988 – 4 O 369/87	Mitt 1990, 101	I 140
Dekorplatten	LG Düsseldorf, 10.05.2007 – 4b O 318/06	InstGE 8, 4	A 278

Entscheidungsregister

Entscheidungsstichwort	Gericht/Datum/Aktenzeichen	Fundstelle	zitiert in
Delcantos Hits	BGH, 02.02.2012 – I ZR 162/09	GRUR 2012, 910	E 185, 202
Deltamethrin	BGH, 11.06.2015 – I ZR 226/13	GRUR 2016, 88	B 123
Deltamethrin II	BGH, 21.01.2016 – I ZR 90/14	GRUR 2016, 860	I 223
Demonstrationshilfen	BPatG, 28.01.2009 – 4 Ni 69/08	GRUR 2009, 1196	B 419
Der blaue Engel	BGH, 01.12.1999 – I ZR 226/97	GRUR 2000, 715	I 81
Derrick	BGH, 28.02.2017 – I ZR 46/16	GRUR-RR 2017, 185	E 663; J 134, 136, 138, 140
Desmopressin	BGH, 12.06.2012 – X ZR 131/09	GRUR 2012, 895	E 497, 498, 514, 518
Desmopressin I	LG Düsseldorf, 04.09.2008 – 4b O 127/07	InstGE 10, 12	E 504, 518
Desmopressin II	LG Düsseldorf, 04.09.2008 – 4b O 402/06	InstGE 10, 17	E 518
Desmopressin-Tablette	OLG Düsseldorf, 12.11.2009 – I-2 U 88/08	InstGE 11, 193	E 497, 498, 518
Desogestrel	OLG Düsseldorf, 07.11.2013 – I-2 U 94/12	BeckRS 2014, 04902	G 41, 59, 62, 63
Detektionseinrichtung I	BGH, 21.12.2005 – X ZR 17/03	GRUR 2006, 217	G 23
Detektionseinrichtung II	BGH, 21.12.2005 – X ZR 72/04	GRUR 2006, 219	C 125, 138; G 217; I 15, 65
Deus Ex	BGH, 15.05.2014 – I ZB 71/13	GRUR 2014, 1239	D 578
Deutschsprachiger Verkaufsleiter	OLG Frankfurt/Main, 01.07.2014 – 6 U 104/14	GRUR-RR 2015, 183	G 193
DHL Express France/Chronopost	EuGH, 12.04.2011 – C-235/09	GRUR 2011, 518	H 192
Diabehältnis	BGH, 25.11.2003 – X ZR 162/00	GRUR 2004, 411	A 98
Dialysekonzentrat	LG Hamburg, 19.03.2018 – 327 O 321/17	GRUR-RR 2018, 319	H 108
Diamant-Trennscheiben	OLG Düsseldorf, 21.04.2015 – I-20 U 181/14	GRUR-RR 2015, 493	G 189, 194, 195, 244
Dia-Rähmchen II	BGH, 29.05.1962 – I ZR 132/60	GRUR 1962, 509	I 142, 201
Dia-Rähmchen V	BGH, 14.07.1970 – X ZR 4/65	BGHZ 82, 254, GRUR 1971, 78	A 410
Die Heiligtümer des Todes	BGH, 05.12.2012 – I ZB 48/12	GRUR 2013, 536	D 573, 579, 580
DIE PROFIS	BGH, 19.04.2001 – I ZR 238/98	GRUR 2002, 190	E 158
Diffusor	LG Düsseldorf, 06.04.2006 – 4a O 144/05	InstGE 6, 130	A 263
Diglycidverbindung	BGH, 13.09.2011 – X ZR 69/10	GRUR 2012, 45	A 122, 157, 158, 171
Disposition	OLG Koblenz, 07.08.2008 – 5 U 140/08	GRUR-RR 2008, 413	C 101
dlg.de	BGH, 13.12.2012 – I ZR 150/11	GRUR 2013, 294	D 230
Doppelahndung	OLG Frankfurt/Main, 18.04.2016 – 6 W 13/16	GRUR-RR 2017, 166	H 162
Doppelvertretung	OLG Braunschweig, 04.10.2011 – 2 W 96/11	GRUR-RR 2012, 133	B 371
Doppelvertretung	BPatG, 23.08.2017 – 3 ZA (pat) 73/16 zu 3 Ni 6/12 (EP)	GRUR-RS 2017, 134903	B 386, 408
Doppelvertretung im Nichtigkeitsverfahren	BGH, 18.12.2012 – X ZB 11/12	GRUR 2013, 427	B 383, 386, 387
Doppelvertretung im Patentnichtigkeitsverfahren	BPatG, 13.08.2007 – 2 ZA (pat) 56/06	GRUR 2008, 735	B 383, 385, 388
Doppelvertretungskosten	BPatG, 15.06.2010 – 3 ZA (pat) 17/09	GRUR-RR 2010, 401	B 383, 387

Entscheidungsstichwort	Gericht/Datum/Aktenzeichen	Fundstelle	zitiert in
Doppelvertretungskosten im Gebrauchsmusterlöschungsverfahren	BPatG, 17.05.2017 – 35 W (pat) 1/14	GRUR 2017, 1169	B 388
Doppelvertretungskosten im Nichtigkeitsverfahren I	BPatG, 21.11.2008 – 1 ZA (pat) 15/07	GRUR 2009, 706	B 386
Doppelvertretungskosten im Nichtigkeitsverfahren II	BPatG, 22.12.2008 – 1 ZA (pat) 13/08	GRUR 2009, 707	B 386
Doppelvertretungskosten im Nichtigkeitsverfahren III	BPatG, 22.09.2011 – 10 ZA (pat) 8/11 zu 10 Ni 6/0	GRUR-RR 2012, 130	B 386
Doppelvertretungskosten im Nichtigkeitsverfahren IV	BPatG, 18.01.2011 – 5 ZA 20/10	Mitt 2011, 258	B 386
Doppelvertretungskosten im Nichtigkeitsverfahren V	BPatG, 24.02.2011 – 3 ZA (pat) 29/10	Mitt 2011, 308	B 386
Doppelvertretungskosten im Nichtigkeitsverfahren VI	BPatG, 26.07.2011 – 3 ZA (pat) 21/10	GRUR-RR 2012, 129	B 387
Dosierinhalator	LG Düsseldorf, 18.03.2008 – 4a O 4/08	InstGE 9, 110	G 74, 143
Drahtlegekopf	OLG Frankfurt/Main, 02.02.2017 – 6 U 260/11	Mitt 2017, 222	D 655, 687
Drehgeber	OLG Düsseldorf, 20.04.2011 – I-2 U 78/09	InstGE 13, 221	J 66, 67, 73
Drehverschlussanordnung	LG Mannheim, 19.10.2007 – 7 O 184/06	InstGE 9, 5	I 225, 230
Drehzahlermittlung	BGH, 03.06.2004 – X-ZR-82/03	GRUR 2004, 845, BGHZ 159, 221	A 14; D 412
Drei-Jahres-Frist	BGH, 15.12.2005 – I ZB 63/05	NJW 2006, 1290	G 215
Dringlichkeit bei Besichtigung	OLG Düsseldorf, 17.03.2011 – I-2 W 5/11	InstGE 13, 126	B 109
Drouot/CMI	EuGH, 19.05.1998 – C-351/96	Mitt 1998, 387	E 100
Druckbalken	BGH, 27.09.1984 – X ZR 53/82	GRUR 1985, 512	B 13, 14
Druckbogenstabilisierer	LG Düsseldorf, 19.08.2004 – 4b O 199/04	InstGE 5, 231	G 74
Druckbogenstabilisierer II	LG Düsseldorf, 19.06.2008 – 4b O 130/08	InstGE 9, 130	B 216, 268, 285
Druckerpatrone	OLG Düsseldorf, 31.07.2008 – I-2 W 59/06	InstGE 9, 179	H 230, 252
Druckerpatrone II	OLG Düsseldorf, 08.10.2008 – VI U (Kart) 42/06	InstGE 10, 129	D 241, 641; E 266
Druckmaschinen-Temperierungssystem I	BGH, 06.04.2004 – X ZR 272/02	GRUR 2004, 710	A 139; D 364; E 694; G 285
Druckmaschinen-Temperierungssystem III	BGH, 28.07.2009 – X ZR 153/04	GRUR 2009, 1100	B 361
Du sollst nicht lügen!	OLG Düsseldorf, 15.04.2010 – I-2 W 10/10	InstGE 12, 107	J 156
Du sollst nicht lügen! II	OLG Düsseldorf, 10.05.2011 – I-2 W 15/11	InstGE 13, 232	J 159
»Dügida«	BGH, 08.12.2016 – I ZB 118/15	GRUR 2017, 318	H 140, 143, 178, 183, 184
Dünnbramme II	LG Düsseldorf, 10.01.2001 – 4a O 241/00	InstGE 2, 157	G 222
Durastep	OLG Düsseldorf, 13.11.1997 – 2 U 116/96	Mitt 1998, 358	I 132
Durchfuhr von Originalware	BGH, 21.03.2007 – I ZR 66/04	GRUR 2007, 875, MarkenR 2007, 337	E 619, 624

Entscheidungsstichwort	Gericht/Datum/Aktenzeichen	Fundstelle	zitiert in
Ecosoil	BGH, 21.10.2015 – I ZR 173/14	GRUR 2016, 201	D 106; E 188, 196, 198, 453
einfache Unterlassungsverpflichtungserklärung	OLG Hamburg, 10.06.2014 – 7 W 51/14	GRUR-RR 2014, 471	H 99
Eingriff in den Gewerbebetrieb des Herstellers durch »überschießende« Abnehmerverwarnung	OLG Frankfurt/Main, 09.03.2017 – 6 U 161/11	Mitt 2017, 348	C 126
Eingriffskatheter	LG Düsseldorf, 10.02.2009 – 4b O 211/07	InstGE 11, 44	D 10
Einkaufskühltasche	BGH, 13.11.2013 – X ZR 171/12	GRUR 2014, 206	C 53; J 128
Einspritzventil	BGH, 09.06.2015 – X ZR 51/13	GRUR 2015, 976	F 14
Einstieghilfe für Kanalöffnungen	OLG Düsseldorf, 08.03.2012 – I-2 U 5/11	GRUR-RR 2012, 319	E 189, 190, 191, 192, 205, 502, 505
Elektrischer Haartrockner	OLG Düsseldorf, 29.04.2004 – I-20 U 18/04	InstGE 4, 298	G 159
Elektronische Anzeigevorrichtung	OLG Düsseldorf, 09.01.2006 – I-2 W 36/05	InstGE 6, 123	H 244
Enalapril	BGH, 13.03.2003 – X ZR 100/00	GRUR 2003, 507	E 574, 581
englischsprachige Pressemitteilung	BGH, 12.12.2013 – I ZR 131/12	GRUR 2014, 601	A 296
Entfernung der Herstellungsnummer II	BGH, 17.05.2001 – I ZR 291/98	GRUR 2001, 841	D 519
Entfernung der Herstellungsnummer III	BGH, 21.02.2002 – I ZR 140/99	GRUR 2002, 709	D 531
erfolglose Besichtigung	OLG München, 12.01.2011 – 6 W 2399/10	InstGE 13, 293	C 168
Erforderlicher Bearbeitungsaufwand	BGH, 22.09.2009 – Xa ZR 69/06	GRUR-RR 2010, 272	J 65
Erhöhung der Prozesskostensicherheit	BGH, 02.10.2002 – I ZR 15/02	Mitt 2003, 90	E 61
Erhöhungsgebühr bei Unterlassungsanspruch	OLG Düsseldorf, 17.01.2007 – I-2 W 55/06	InstGE 7, 192	B 401
Erledigungserklärung nach Gesetzesänderung	BGH, 20.01.2016 – I ZB 102/14	GRUR 2016, 421	H 175, 177
Erschöpfung bei Übersee-Export	OLG München, 05.06.2003 – 29 U 1886/03	Mitt 2004, 34	E 622
Erstattung von Abmahnkosten	BGH, 28.09.2011 – I ZR 145/10	BeckRS 2011, 25516	C 44
Erstattung von Patentanwaltskosten	OLG Düsseldorf, 18.12.2002 – 2 W 29/02	InstGE 3, 76	B 371
Erstattung von Patentanwaltskosten	BGH, 18.05.2006 – I ZB 57/05	GRUR 2006, 702	B 361, 364
Erstattungsanspruch des Anwalts bei Streitwertbegünstigung	BPatG, 24.11.2011 – 3 ZA (pat) 54/10 zu 3 Ni 11/10 EU	Mitt 2012, 92	J 192
Erstattungsfähigkeit der Kosten eines Patentassessors	OLG Frankfurt/Main, 12.09.2013 – 6 W 60/13	Mitt 2014, 97	B 367
Erstattungsfähigkeit von Patentanwaltskosten	OLG Karlsruhe, 16.06.2006 – 6 W 46/06	GRUR-RR 2006, 302	C 74
Erweiterte Angaben zur Umsatzentwicklung	BGH, 13.03.2014 – I ZB 60/13	GRUR 2014, 908	J 139
Erythropoietin III	LG Düsseldorf, 02.04.1996 – 4 O 229/91	Entscheidungen 1996, 24	E 530
Escitalopram	BGH, 10.09.2009 – Xa ZR 130/07	GRUR 2010, 123	J 13, 45, 46, 47

Entscheidungsstichwort	Gericht/Datum/Aktenzeichen	Fundstelle	zitiert in
Escitalopram-Besitz	LG Düsseldorf, 27.01.2011 – 4b O 234/10	InstGE 13, 1	D 639, 640, 643, 659
E-Sky	OLG Düsseldorf, 07.06.2011 – I-20 U 1/11	GRUR-RR 2012, 146	G 135
Ethofumesat	BGH, 21.02.1989 – X ZR 53/87	GRUR 1990, 997	A 310, 316; D 368
Ethylengerüst	BGH, 10.08.2011 – X ZB 2/11	GRUR 2011, 1053	B 304
Etikettieraggregat	LG Mannheim, 15.02.2007 – I-2 U 71/05	InstGE 6, 194	G 72, 77
Etikettiermaschine	LG Düsseldorf, 08.03.2007 – 4b O 230/04	InstGE 8, 103	B 13, 83
EURO und Schwarzgeld	BGH, 08.11.2007 – I ZR 172/05	GRUR 2008, 360	G 11; H 161
Euro-Einführungsrabatt	BGH, 23.10.2003 – I ZB 45/02	GRUR 2004, 264	G 197; H 173, 174, 175, 176, 178
Europareise	BGH, 28.05.1968 – X ZR 42/66	GRUR 1969, 35	A 267
Everytime we touch	BGH, 12.05.2016 – I ZR 48/15	GRUR 2016, 1280	C 73; D 107, 206, 207, 615; E 438, 670, 677
ex works	BGH, 27.04.2006 – I ZR 162/03	GRUR 2006, 863	E 580, 622, 623
extracoronales Geschiebe	BGH, 22.11.2005 – X ZR 79/04	GRUR 2006, 570	A 415, 418; D 342, 412, 629, 633
Fachliche Empfehlung II	BGH, 16.05.1991 – I ZR 218/89	BB 1991, 1446	H 212
Fahrbare Betonpumpe	OLG Düsseldorf, 28.06.2007 – I-2 U 22/06	InstGE 8, 117	E 675; H 61, 62, 63
Fahrbare Betonpumpen	OLG Düsseldorf, 07.09.2011 – I-2 W 34/11	GRUR-RR 2012, 308	B 371
Fahrdienst zur Augenklinik	BGH, 12.02.2015 – I ZR 213/13	GRUR 2015, 813	D 313
Fahrradcomputer	OLG Düsseldorf, 16.03.2015 – I-2 W 3/15	Mitt 2015, 419	B 380
Fahrradfelge	OLG Karlsruhe, 11.02.2015 – 6 U 160/13	BeckRS 2015, 06021	D 517
Fahrradgepäckträger II	BGH, 14.02.1978 – X ZR 19/76	GRUR 1978, 492	D 457
Fahrzeugaufnahme für Hebebühnen	OLG München, 23.10.2003 – 6 U 1715/03	InstGE 4, 161	E 160; F 19
Fahrzeugleitsystem	BGH, 16.12.2003 – X ZR 206/98	GRUR 2004, 407	A 5
Fahrzeugwechselstromgenerator	BGH, 28.08.2012 – X ZR 99/11	GRUR 2012, 1236	E 382; F 17
Faktor VIII-Konzentrat	OLG Düsseldorf, 27.01.2011 – I-2 U 18/09	InstGE 13, 15	D 93, 670, 681
falscher Abgemahnter	LG Mannheim, 26.11.2013 – 2 O 315/12	Mitt 2014, 294	C 55
Falscher Abmahnungsadressat	OLG Düsseldorf, 28.06.2007 – I-2 W 6/07	InstGE 8, 183	C 9, 152
Fälschungsverdacht I	LG München I, 28.05.2003 – 21 O 4349/03	InstGE 3, 297	G 130
Fälschungsverdacht II	OLG München, 26.08.2003 – 29 U 3383/03	InstGE 3, 301	G 150
Faltenbalg	OLG Düsseldorf, 28.04.2005 – I-2 U 110/03	InstGE 5, 249	D 531, 619, 624
Falzmaschine	BGH, 22.05.1990 – X ZR 124/88	GRUR 1991, 811	A 64
Farbbild	OLG Frankfurt/Main, 17.02.2015 – 11 U 56/14	GRUR-RR 2015, 495	G 197
farbige Skulpturen	OLG Frankfurt/Main, 07.04.2009 – 11 U 74/08	GRUR 2009, 995	G 197
farbige Verbindungsanlage	OLG Hamburg, 30.01.2007 – 3 W 239/06	GRUR-RR 2007, 406	G 197

Entscheidungsstichwort	Gericht/Datum/Aktenzeichen	Fundstelle	zitiert in
Faxkarte	BGH, 02.05.2002 – I ZR 45/01	GRUR 2002, 1046, BGHZ 150, 377	B 13, 14, 67
Faxversendung ohne Beglaubigungsvermerk	KG, 17.10.2014 – 5 U 63/14	GRUR-RR 2015, 181	G 151, 192
Fehlende Klageveranlassung	OLG Frankfurt/Main, 20.03.2007 – 6 W 168/06	WRP 2007, 556	C 172, 173, 174
Fehlendes Rechtsschutzbedürfnis für weiteren Eilantrag	OLG Frankfurt/Main, 14.03.2013 – 6 U 227/12	BeckRS 2013, 09966	G 134; H 132
Feldmausbekämpfung	BGH, 27.03.2018 – X ZB 18/16	GRUR 2018, 605	B 335
Fentanyl-TTS	BGH, 18.11.2010 – Xa ZR 149/07	GRUR 2011, 129	A 14, 17
Fernsehmenü-Steuerung	OLG Düsseldorf, 13.01.2011 – I-2 U 56/09	InstGE 12, 261	D 97, 98, 643
Fersenabstützvorrichtung	BGH, 24.11.1981 – X ZR 36/80	GRUR 1982, 286	I 113, 131
Fertigstellung	BGH, 02.12.2008 – X ZR 159/05	GRUR-RR 2009, 120	J 60, 65, 67
Festsetzung der Patentanwaltsvergütung	BGH, 25.08.2015 – X ZB 5/14	GRUR 2015, 1253	B 394
Festsetzung gegen die eigene Partei	OLG Düsseldorf, 23.07.2008 – I-2 W 30/08	InstGE 10, 57	B 394
Feststellungsinteresse II	BGH, 17.05.2001 – I ZR 189/99	GRUR 2001, 1177	D 465; G 337
Feuer, Eis & Dynamit	BGH, 06.07.1995 – I ZR 2/94	BGHZ 130, 205, GRUR 1995, 750	D 437
Fieberthermometer	LG Düsseldorf, 16.03.2010 – 4a O 238/09	InstGE 12, 234	C 161, 163
Fiktive Patentanwaltskosten	OLG Köln, 29.08.2012 – 17 W 47/12	GRUR-RR 2013, 39	B 362
Finanzkaufpreis ohne Mehrkosten	BGH, 11.11.1993 – I ZR 315/91	GRUR 1994, 311	C 42
Firmenporträt	OLG Hamburg, 03.03.2004 – 5 U 132/03	GRUR-RR 2005, 31	D 47
Fischdosendeckel	BGH, 10.12.2009 – I ZR 46/07	GRUR 2010, 253	A 5
fishtailparka	BGH, 08.05.2014 – I ZR 210/12	GRUR 2014, 797	C 82, 91
Flammpunktprüfungsvorrichtung	OLG Düsseldorf, 26.07.2018 – I-15 U 2/17	GRUR 2018, 1037	E 167, 183, 189; F 30
Flaschenkasten	LG Düsseldorf, 31.05.2005 – 4 b O 277/04	InstGE 5, 168	E 197
Flaschenträger	BGH, 24.07.2012 – X ZR 51/11	GRUR 2012, 1226	I 190, 196, 197, 198, 199, 200, 201
Flexitanks II	BGH, 25.02.2014 – X ZB 2/13	GRUR 2014, 605	H 218, 222, 224, 253
Flipchart-Ständer	OLG Karlsruhe, 23.09.1981 – 6 U 98/80	GRUR 1983, 67	E 543
FLT3-Gentest	LG München I, 20.11.2014 – 7 O 13161/14	GRUR-RR 2015, 93	A 324, 325, 332, 334
Fluch der Karibik	BGH, 10.05.2012 – I ZR 145/11	GRUR 2012, 1248	E 660, 663, 664
Flüchtige Ware	OLG Braunschweig, 06.12.2004 – 2 W 237/04	GRUR-RR 2005, 103	C 161
Flügelradzähler	BGH, 04.05.2004 – X ZR 48/03	GRUR 2004, 758	A 411, 417, 418, 421, 449; D 132, 157, 343; E 628, 641
Flughafen Lübeck	BGH, 09.02.2017 – I ZR 91/15	WRP 2017, 451	D 262; G 341
Flugkosten	BGH, 06.11.2014 – I ZB 38/14	GRUR 2015, 509	B 348, 350
Flupirtin-Maleat	OLG Düsseldorf, 17.01.2013 – I-2 U 87/12	GRUR-RR 2013, 236	G 58, 59, 120, 130
Flüssiggastank	BGH, 16.03.2006 – I ZR 92/03	GRUR 2006, 879	D 311
Focus Online	BGH, 30.06.2009 – VI ZR 210/08	GRUR 2009, 1093	D 184, 229

Entscheidungsstichwort	Gericht/Datum/Aktenzeichen	Fundstelle	zitiert in
Folien Fischer ua	EuGH, 25.10.2012 – C-133/11	GRUR 2013, 98	D 23
Folienblasanlage	OLG Düsseldorf, 10.05.2001 – 2 U 183/99	InstGE 2, 1	D 412
Folienrollos	BGH, 19.05.2010 – I ZR 177/07	GRUR 2010, 855	G 271
Förderband	BGH, 26.05.1964 – Ia ZB 18/63	GRUR 1964, 606	D 436
Formsand II	BGH, 30.04.1964 – Ia ZR 224/63	GRUR 1964, 496	A 454; D 343
Formstein	BGH, 29.04.1986 – X ZR 28/85	GRUR 1987, 279, GRUR 1986, 803	A 120, 199; D 414
Forsgren/Österreichisches Patentamt	EuGH, 15.01.2015 – C-631/13	GRUR 2015, 245	A 214
Forum-Shopping	OLG Frankfurt/Main, 14.07.2005 – 16 U 23/05	GRUR 2005, 972	G 158, 159
forum-shopping	OLG Hamburg, 06.12.2006 – 5 U 67/06	GRUR 2007, 614	G 159
forum-shopping	OLG Hamburg, 26.11.2009 – 3 U 60/90	GRUR-RR 2010, 266	G 159
Fotomaterial	OLG Frankfurt/Main, 22.05.2006 – 11 W 13/06	GRUR-RR 2007, 30	D 661
Frachtführer	LG Düsseldorf, 12.07.2005 – 4a O 332/04	InstGE 5, 241	D 232, 428
Frachtführer II	LG Düsseldorf, 06.04.2006 – 4a O 1/06	InstGE 6, 132	D 642
France Télécom/Kommission	EuG, 30.01.2007 – T-340/03	Slg 2007, II-107	E 372
Französischer Rechtsanwalt	OLG Frankfurt, 01.09.1992 – 6 W 93/92	GRUR 1993, 161	B 413
Fräsautomat	BGH, 15.01.2009 – I ZR 123/06	GRUR 2009, 878	C 119, 179
Fräsverfahren	BGH, 07.05.2013 – X ZR 69/11	GRUR 2013, 713	A 416, 447; D 95, 104, 108, 444; E 185
Freeport plc	EuGH, 11.10.2007 – C-98/06	NJW 2007, 3702	D 26
Freunde finden	BGH, 14.01.2016 – I ZR 65/14	GRUR 2016, 946	D 15; E 662, 667
Fruchtsaftbären	OLG Frankfurt/Main, 08.06.2017 – 6 U 2/17	GRUR-RS 2018, 132374	G 192
Fugenband	BGH, 27.10.2015 – X ZR 11/13	GRUR 2016, 361	A 9, 11; G 285; J 170
Fullplastverfahren	BGH, 24.09.1979 – KZR 14/78	GRUR 1980, 38	A 428; E 653
Füllstoff	BGH, 10.09.2009 – Xa ZR 18/08	GRUR 2010, 47	E 497, 502, 505, 517
Funkmietwagen	BGH, 02.04.1965 – Ib ZR 71/63	GRUR 1965, 607	B 297, 299
Funkstation	LG Mannheim, 10.11.2017 – 7 O 28/16	GRUR-RR 2018, 273	D 122, 124; E 335, 336, 402
Funkuhr	BGH, 26.02.2002 – X ZR 36/01	Mitt 2002, 416	D 176
Funkuhr II	BGH, 30.01.2007 – X ZR 53/04	GRUR 2007, 313	A 424; C 111
Furniergitter	BGH, 26.02.1962 – II ZR 22/61	BB 1962, 428	D 436
Fußballwetten	OLG Köln, 31.03.2004 – 6 U 135/03	GRUR-RR 2005, 36	C 187
Fußbodenpaneele II	OLG Hamburg, 26.05.2005 – 3 U 91/04	InstGE 5, 294	B 26; H 261
Gaby	BGH, 05.11.1987 – I ZB 11/86	GRUR 1988, 307	D 621
Ganz anders	OLG Köln, 21.10.2008 – 6 Wx 2/08	Mitt 2009, 415, GRUR-RR 2009, 9	D 558, 579
Garagentorantrieb	OLG Düsseldorf, 01.07.2011 – I-2 W 22/11	InstGE 13, 240	D 55
Gasparone	BGH, 30.01.1959 – I ZR 82/57	GRUR 1959, 379	I 71
Gasser/MISAT	EuGH, 09.12.2003 – C-116/02	IPRax 2004, 243	E 111
GAT	EuGH, 13.07.2006 – C-4/03	GRUR 2007, 49	D 10

Entscheidungsregister

Entscheidungsstichwort	Gericht/Datum/Aktenzeichen	Fundstelle	zitiert in
Geburtstagskarawane	BGH, 16.06.2016 – I ZR 222/14	GRUR 2016, 1291	J 120
Gefälligkeit	BGH, 19.04.2007 – I ZR 92/04	DB 2007, 2142	D 245
Gefärbte Jeans	BGH, 14.12.1995 – I ZR 210/93	BGHZ 131, 308, GRUR 1996, 271	D 437
Gegenabmahnung	BGH, 29.04.2004 – I ZR 233/01	GRUR 2004, 790	C 115; G 8
Gegenabmahnungskosten	OLG München, 08.01.2008 – 29 W 2738/07	GRUR-RR 2008, 461	C 115
Gegenstandswert des Verfügungsverfahrens	BGH, 15.08.2013 – I ZB 68/12	GRUR 2013, 1286	G 181; J 160
Gegenstandswert im Anordnungsverfahren	OLG Köln, 09.10.2008 – 6 W 123/08	GRUR-RR 2009, 38	D 577
Gegenverfügungsantrag	OLG Frankfurt/Main, 20.10.2011 – 6 U 101/11	GRUR-RR 2012, 88	G 177
Geheimhaltungsinteresse und Besichtigungsanspruch II	OLG Düsseldorf, 08.04.1982 – 2 U 176/81	GRUR 1983, 745	B 13
Geheimverfahren	OLG Düsseldorf, 24.09.2008 – I-2 W 57/08	InstGE 10, 122	E 163
gekühlte Backware	LG München I, 19.05.2011 – 7 O 6033/10	Mitt 2012, 184	E 784
Gelenkanordnung	BGH, 04.02.2010 – Xa ZR 36/08	GRUR 2010, 602	A 19, 55, 56; J 18
Gemeinkostenanteil	BGH, 02.11.2000 – I ZR 246/98	GRUR 2001, 329, BGHZ 145, 366	I 142, 149, 153, 190, 219
geneigte Nadeln	BGH, 01.03.1977 – X ZB 5/75	GRUR 1977, 594	E 536
Genentech Inc./Hoechst GmbH	EuGH, 07.07.2016 – C-567/14	GRUR 2016, 917	E 202
Generalvorsatz	OLG Frankfurt/Main, 14.02.2018 – 6 W 6/18	GRUR-RS 2018, 9083	C 153, 158, 160; G 182
Geogitter	LG Düsseldorf, 16.12.2008 – 4b O 280/07	InstGE 10, 193	A 296; B 10
Geordnete Rechnungslegung	OLG Frankfurt/Main, 01.11.2017 – 6 W 69/17	GRUR-RS 2017, 133683	D 616, 619
Gesamtordnungsgeld	OLG Köln, 10.05.2006 – 6 W 52/06	GRUR-RR 2007, 31	H 129
Geschäftsführerhaftung	BGH, 18.06.2014 – I ZR 242/12	GRUR 2014, 883	D 176, 235
Geschäftspolitik	EuGH, 13.07.2006 – C-539/03	GRUR 2007, 47	D 28
Geschlitzte Abdeckfolie	BGH, 21.11.1989 – X ZR 29/88	GRUR 1990, 505	A 359, 423
Gestattungsanordnung	OLG Düsseldorf, 06.02.2018 – I-10 W 441/17	GRUR-RS 2018, 15336	D 576
Gestattungsanordnung I	OLG Köln, 21.07.2010 – 6 W 79/10	GRUR-RR 2011, 86	D 550
Gestattungsanordnung II	OLG Köln, 05.10.2010 – 6 W 82/10	GRUR-RR 2011, 88	D 579
Gestattungsantrag gegen ausländischen Provider	OLG München, 12.09.2011 – 29 W 1634/11	InstGE 13, 303	D 567; G 188
Getränketräger	OLG Frankfurt/Main, 31.03.2011 – 6 U 136/10	GRUR-RR 2011, 201	I 196
Gewohnt gute Qualität	BGH, 15.02.2018 – I ZR 243/16	GRUR 2018, 740	F 16
gezielte Gehörsvereitelung	KG, 11.10.2016 – 5 U 139/15	GRUR-RR 2017, 128	G 159
GfK-Bericht	OLG Düsseldorf, 04.08.2011 – I-2 U 21/11	InstGE 13, 244	G 39
Glasfasern II	BGH, 15.12.2015 – X ZR 30/14	GRUR 2016, 257	A 359, 361, 362; D 234, 235, 449, 711
Glasscheiben-Befestiger	OLG Düsseldorf, 09.01.2003 – 2 U 94/01	InstGE 3, 176	D 624
Gleichstromsteuerschaltung	BGH, 11.04.2000 – X ZR 185/97	GRUR 2000, 788	E 305

Entscheidungsstichwort	Gericht/Datum/Aktenzeichen	Fundstelle	zitiert in
Gleitsattelscheibenbremse	OLG Düsseldorf, 21.07.2010 – I-2 U 47/10	InstGE 12, 210	D 504, 505
Goldesel	OLG Köln, 18.07.2014 – 6 U 192/11	GRUR 2014, 1081	D 201
Goldschmuckstücke	OLG Frankfurt/Main, 06.04.2005 – 6 W 43/05	GRUR-RR 2005, 296	J 190
Google Maps	LG München I, 12.02.2015 – 7 O 9443/12	Mitt 2015, 392, GRUR-RR 2015, 512	E 708, 727
GPRS-Zwangslizenz	OLG Karlsruhe, 23.01.2012 – 6 U 136/11	GRUR-RR 2012, 124	E 274, 276, 277
GPRS-Zwangslizenz II	OLG Karlsruhe, 27.02.2012 – 6 U 136/11	GRUR 2012, 736	E 290
Grasherbizid	LG Düsseldorf, 06.08.1985 – 4 O 310/84	GRUR 1987, 896	A 252
Group Josi	EuGH, 13.07.2000 – C-412/98	NJW 2000, 3121	D 31
Grubenschaleisen	BGH, 10.06.1960 – I ZR 107/58	GRUR 1961, 26	D 436
Gubisch Maschinenfabrik/Palumbo	EuGH, 08.12.1987 – Rs 144/86	NJW 1989, 665	C 186, 187
GUID-Mehrheit	OLG Karlsruhe, 15.01.2009 – 6 W 4/09	MMR 2009, 263	D 576
Gülleausbringung	LG München I, 25.03.2010 – 7 O 17716/09	Mitt 2013, 275	I 99
Gülleausbringungsvorrichtung	LG München I, 25.03.2010 – 7 O 17716/09	NJOZ 2011, 1318	I 99
gummielastische Masse II	BGH, 22.03.2005 – X ZR 152/03	GRUR 2005, 663	E 164, 166
H 15	BGH, 30.01.2014 – I ZR 107/10	GRUR 2014, 385	F 87
Haarspange	LG Mannheim, 26.11.2013 – 2 O 315/12	GRUR-RR 2014, 370	C 41, 55; D 599
Haartrockner	OLG Düsseldorf, 29.04.2004 – I-20 U 18/04	GRUR-RR 2005, 102	G 200
Haarverstärker	OLG Köln, 13.12.2013 – 6 U 100/13	GRUR-RR 2014, 127	G 124, 125, 136
Haftung für Hyperlink	BGH, 18.06.2015 – I ZR 74/14	GRUR 2016, 209	A 301, 302, 304
Halbleiterbaugruppe	LG Mannheim, 06.06.2006 – 2 O 242/05	InstGE 7, 14	D 236, 429
Halbleiterdotierung	BGH, 18.06.2013 – X ZR 35/12	GRUR 2013, 1121	A 359
Halzband	BGH, 11.03.2009 – I ZR 114/06	GRUR 2009, 597	D 186
Handhabungsgerät	BGH, 16.09.1997 – X ZB 21/94	GRUR 1998, 130	E 653
Handover	LG Mannheim, 12.02.2010 – 7 O 84/09	InstGE 12, 70	A 316, 405
Hanssen/Prast-Knipping	EuGH, 05.10.2017 – C-341/16	GRUR 2017, 1167	D 10
Hansson/Jungpflanzen Grünewald	EuGH, 09.06.2016 – C-481/14		I 113, 131
Harnkatheterset	OLG Düsseldorf, 29.04.2010 – I-2 U 126/09	InstGE 12, 114	G 42, 48, 49, 50, 51, 52, 57, 69, 149
Haubenstretchautomat	OLG Düsseldorf, 20.06.2002 – 2 U 81/99	Mitt 2003, 252, InstGE 2, 115	A 444, 454; D 343, 412; E 670
Haubenstretchautomat	BGH, 09.01.2007 – X ZR 173/02	GRUR 2007, 679	A 425, 432, 434, 435, 442, 443, 449, 450, 452, 454; D 443, 444, 445
Haubenstretchautomat	OLG Düsseldorf, 02.08.2012 – I-2 U 58/10	GRUR-RR 2013, 1	E 686, 687, 688

Entscheidungsregister

Entscheidungsstichwort	Gericht/Datum/Aktenzeichen	Fundstelle	zitiert in
Heißläuferdetektor	BGH, 18.12.1969 – X ZR 52/67	GRUR 1970, 358	A 266
Heizkessel mit Brenner I	LG Düsseldorf, 21.09.2017 – 4 a O 18/16	Mitt 2018, 73	D 620
Hejduk/EnergieAgentur	EuGH, 22.01.2015 – C-441/13	GRUR 2015, 296	D 17, 18
Heliumeinspeisung	BGH, 19.11.1991 – X ZR 9/89	GRUR 1992, 305	A 317, 359
Hermès	EuGH, 16.06.1998 – C-53/96	GRUR Int 1998, 697	B 12
Herstellerpreisempfehlung bei Amazon	BGH, 03.03.2016 – I ZR 110/15	GRUR 2016, 961	D 194
Herzklappenprothese	BGH, 10.11.1998 – X ZR 137/94	Mitt 1999, 362	G 59
Herzklappenringprothese	OLG Düsseldorf, 07.07.2008 – I-2 U 90/06	InstGE 9, 173	H 41
Himalaya Salz	BGH, 31.03.2016 – I ZR 86/13	GRUR 2016, 741	D 187
Hinweispflicht über den Umfang des abgemahnten Unterlassungsanspruchs	OLG Frankfurt/Main, 02.12.2014 – 11 U 73/14	BeckRS 2015, 01669	C 27; G 182
HIV-Immunoassay	LG Düsseldorf, 24.09.2001 – 4a O 162/01	GRUR Int 2002, 157	E 131
HIV-Medikament	OLG Düsseldorf, 20.09.2012 – I-2 U 44/12	GRUR-RR 2013, 241	D 333
Hochdruckreiniger	LG Düsseldorf, 03.12.2002 – 4 O 446/01	InstGE 3, 86	C 118, 119
Hofdamen	OLG Frankfurt/Main, 26.11.2015 – 16 U 64/15	GRUR-RR 2016, 307	A 305
Hoffmann	EuGH, 04.02.1988 – Rs 145/86	NJW 1989, 663	E 99
Hoffmann-La Roche	EuGH, 13.02.1979 – 85/76	Slg 1979, 461	E 227
Höhe des Vollstreckungsschadens	OLG Düsseldorf, 02.02.2012 – I-2 U 91/11	GRUR-RR 2012, 304	H 72, 77, 85
Hohlfasermembranspinnanlage	BGH, 18.12.2008 – I ZB 118/07	GRUR 2009, 519	J 19, 20
Honda-Grauimport	BGH, 18.01.2012 – I ZR 17/11	GRUR 2012, 928	E 691
Hot Sox	BGH, 19.11.2015 – I ZR 109/14	GRUR 2016, 720	D 709; G 217; I 36
Hotel Maritime	BGH, 13.10.2004 – I ZR 163/02	GRUR 2005, 431	A 296; D 24, 44
Hotel ohne Pool	KG, 02.03.2011 – 5 W 21/11	BeckRS 2011, 05970	G 40
Hotelinfo	BGH, 13.02.2003 – I ZR 281/01	GRUR 2003, 545	C 93
HSA FREI	OLG Hamburg, 16.02.2017 – 3 U 194/15	GRUR-RR 2018, 27	G 121
Huawei Technologies/ZTE	EuGH, 16.07.2015 – C-170/13	GRUR 2015, 764	E 213, 216, 267, 299, 302, 305, 322, 325, 326, 328, 332, 337, 345, 348, 351, 352, 357, 358, 393, 394, 396
Human-Interferon-alpha	OLG Düsseldorf, 08.06.2000 – 2 U 55/99	Mitt 2000, 369	G 7, 13, 20
Hydraulikschlauchgriffteil	LG Hamburg, 27.11.2014 – 327 O 559/14	GRUR-RR 2015, 137	G 42, 47, 167
Hydropyridin	BGH, 20.09.1983 – X ZB 4/83	BGHZ 88, 209	A 396
Idarubicin II	BGH, 15.02.2000 – X ZB 13/95	GRUR 2000, 683	A 216
Identitätsdiebstahl	OLG Brandenburg, 16.11.2005 – 4 U 5/05	GRUR-RR 2006, 297	D 186, 189
IHT Internationale Heiztechnik und Danzinger	EuGH, 22.06.1994 – Rs. C-9/93	GRUR Int 1994, 614	E 574
Immer jünger	OLG Köln, 07.04.1978 – 6 U 179/77	GRUR 1978, 658	G 4

Entscheidungsstichwort	Gericht/Datum/Aktenzeichen	Fundstelle	zitiert in
Impfstoff I	LG Düsseldorf, 27.02.1998 – 4 O 127/97	GRUR Int 1998, 804	E 100, 102
Impfstoff II	LG Düsseldorf, 25.03.1999 – 4 O 198/97	GRUR Int 1999, 775	D 21
IMS/Health	EuGH, 29.04.2004 – C-418/01	GRUR 2004, 524	E 222, 244
Indizielle Bedeutung von Streitwertangaben	OLG Frankfurt/Main, 03.11.2011 – 6 W 65/10	Mitt 2012, 94	J 157
Indizienkette	BGH, 27.01.1994 – I ZR 326/91	GRUR 1995, 693	B 10
Informationsaufzeichnungsmedium	OLG Karlsruhe, 08.01.2016 – 7 O 96/14	Mitt 2016, 321	E 348
Inhalator	OLG Düsseldorf, 13.11.2008 – I-2 U 35/08	InstGE 10, 124	C 175; G 143
Initialidee	BGH, 12.04.2011 – X ZR 72/10	GRUR 2011, 733	E 164, 540
Inländischer Admin-C	BGH, 06.11.2013 – I ZB 48/13	GRUR 2014, 705	D 60
Insassenschutzsystemsteuereinheit	BGH, 26.01.2010 – X ZR 25/06	GRUR 2010, 410	J 53
Integrationselement	BGH, 21.06.2011 – X|ZR|43/09	GRUR 2011, 1003	A 39
interframe dropping	OLG Düsseldorf, 28.01.2010 – I-2 U 131/08	NJOZ 2010, 1781	A 336
Internet-Versteigerung I	BGH, 11.03.2004 – I ZR 304/01	GRUR 2004, 860	D 186, 189, 196
Internet-Versteigerung II	BGH, 19.04.2007 – I ZR 35/04	GRUR 2007, 708	D 186, 188, 189, 202
Internet-Versteigerung III	BGH, 30.04.2008 – I ZR 73/05	GRUR 2008, 702	D 188, 193
interoptik.de	OLG Hamm, 31.08.2006 – 4 U 124/06	GRUR 2007, 173	G 152
INTERPACK	OLG Düsseldorf, 12.01.2004 – I-2 W 39/03	InstGE 4, 159	C 26, 156
Intrakardiale Pumpvorrichtung	BPatG, 15.11.2016 – 4 Ni 42/14	Mitt 2017, 174	E 750
Ionenanalyse	BGH, 14.06.1988 – X ZR 5/87	GRUR 1988, 896	A 120
IP-Daten-Gebühr	OLG München, 27.09.2010 – 11 W 1868/10	GRUR-RR 2011, 230	D 576
IP-Daten-Speicherung	OLG Düsseldorf, 07.03.2013 – I-20 U 121/12	GRUR-RR 2013, 208	D 558
IP-Daten-Speicherung auf Zuruf	OLG Hamm, 15.03.2011 – 20 U 136/10	NJOZ 2011, 218	D 555
IP-Daten-Speicherung auf Zuruf	OLG Düsseldorf, 15.03.2011 – 20 U 136/10	BeckRS 2011, 06223	D 558
iPod	LG Düsseldorf, 14.12.2006 – 14c O 189/06	InstGE 7, 172	D 428, 642
iPod II	OLG Hamburg, 16.10.2008 – 5 W 53/08	InstGE 10, 257	D 232, 642
Irbesartan	LG Düsseldorf, 15.08.2012 – 4 a O 109/12	GRUR-RR 2012, 420	G 56
Irreführende Lieferantenangabe	BGH, 17.09.2015 – I ZR 47/14	GRUR 2016, 526	D 599
Italienischer Torpedo	LG Düsseldorf, 17.03.2009 – 4b O 218/08	GRUR-RR 2009, 402	E 98, 99, 100
JACKPOT!	KG, 30.03.2009 – 24 U 145/08	GRUR-RR 2010, 22	G 176, 242
Jackpot-Werbung II	OLG München, 27.04.2010 – 29 W 1209/10	GRUR-RR 2011, 32	H 151
John Bello Story 2	OLG Köln, 05.05.2009 – 6 W 39/09	GRUR-RR 2009, 321	D 579
Joop Freigeist	OLG Köln, 05.12.2014 – 6 U 57/14	WRP 2015, 387	D 329
Joop!	OLG Frankfurt/Main, 29.04.2010 – I ZR 3/09	GRUR-RR 2012, 473	D 9
JOOP!	BGH, 29.04.2010 – I ZR 3/09	GRUR 2010, 1107	E 153, 203

Entscheidungsregister

Entscheidungsstichwort	Gericht/Datum/Aktenzeichen	Fundstelle	zitiert in
Jugendgefährdende Medien bei eBay	BGH, 12.07.2007 – I ZR 18/04	GRUR 2007, 890	D 188, 189, 307, 330
Kabeldurchführung	BGH, 04.02.1997 – X ZR 74/94	GRUR 1997, 454	A 204
Kabelendhülsen	LG Mannheim, 30.05.1980 – 7 O 2/80	GRUR 1980, 935	C 123
Kabelschloss	BGH, 03.09.2013 – X ZR 130/12	GRUR 2013, 1212	I 206
Kaffee-Filterpads	OLG Düsseldorf, 17.11.2005 – 2 U 35/04	GRUR-RR 2006, 39	A 468
Kaffeemaschine	OLG Düsseldorf, 17.12.2009 – I-2 W 68/09	InstGE 11, 296	B 137
Kaffeepads	LG Düsseldorf, 24.02.2006 – 4b O 338/04	InstGE 6, 289	H 158
Kalfelis	EuGH, 27.09.1988 – 189/87	Slg 1988, 5565	D 26
Kaminrohr	LG Düsseldorf, 22.03.2001 – 4 O 42/00	InstGE 1, 186	A 179
Kappaggregat	LG Düsseldorf, 18.03.2008 – 4a O 365/06	InstGE 9, 1	I 138, 140
Karate	BGH, 14.12.1999 – X ZR 61/98	GRUR 2000, 299	E 581
Kartellrechtlicher Zwangslizenzeinwand	LG Mannheim, 09.12.2011 – 7 O 122/11	Mitt 2012, 120	E 279, 295
Kassieranlage	OLG München, 22.12.2005 – 6 U 4351/02	InstGE 6, 57, GRUR-RR 2006, 385	D 427, 436; E 72, 85
Kauf auf Probe	BGH, 07.06.2001 – I ZR 21/99	GRUR 2001, 1036	G 16
Kein Verletzungsnachweis nach Besichtigung	OLG München, 12.01.2011 – 6 W 2399/10	InstGE 13, 190	C 168
Keksstangen	BGH, 23.10.2014 – I ZR 133/13	GRUR 2015, 603	A 277; D 308
Kettenbandförderer III	LG Düsseldorf	Entscheidungen 1998, 1	D 35
Kettenradanordnung	BGH, 13.02.2007 – X ZR 74/05	GRUR 2007, 410, BGHZ 171, 120	A 52; J 8
Kettenradanordnung II	BGH, 22.12.2009 – X ZR 56/08	GRUR 2010, 314	A 98; D 350; J 9
Kfz-Ersatzteile	OLG Düsseldorf, 21.02.2018 – VI-U (Kart) 20/17	GRUR-RR 2018, 312	E 410
Kfz-Stahlbauteil	BGH, 20.10.2015 – X ZR 149/12	GRUR 2016, 265	E 536
Kinderhochstühle im Internet	BGH, 22.07.2010 – I ZR 139/08	GRUR 2011, 152	C 110; D 176, 188
Kinderhochstühle im Internet II	BGH, 16.05.2013 – I ZR 216/11	GRUR 2013, 1229	D 188, 190, 192
Kinderhochstühle im Internet III	BGH, 05.02.2015 – I ZR 240/12	GRUR 2015, 485	A 304; D 188, 190
Kinderstube	BGH, 28.04.2016 – I ZR 254/14	GRUR 2016, 1301	C 50, 58; J 143
Kinderwagen	BGH, 28.09.2011 – I ZR 23/10	GRUR 2012, 512	A 264
Kinderwärmekissen	BGH, 17.07.2008 – I ZR 168/05	GRUR 2009, 181	C 83, 91, 93, 97, 98
Kinox.to	OLG München, 14.06.2018 – 29 U 732/18	GRUR 2018, 1050	D 208
Klage auf FRAND-Vertrag	OLG Karlsruhe, 23.03.2011 – 6 U 66/09	InstGE 13, 138	E 251
Klageerhebung an einem dritten Ort	BGH, 12.09.2013 – I ZB 39/13	GRUR 2014, 607	B 352
Klageerweiterung im Verletzungsprozess	LG Düsseldorf, 18.03.2008 – 4a O 170/07	InstGE 9, 108	E 72, 73
Klauselersetzung	BGH, 14.12.2017 – I ZR 184/15	GRUR 2018, 423	C 86; H 110
Kleberoller	LG Düsseldorf, 07.06.2004 – 4b O 227/04	InstGE 5, 64	G 154, 155

Entscheidungsstichwort	Gericht/Datum/Aktenzeichen	Fundstelle	zitiert in
Klebstoffadditiv	LG München I, 23.10.2008 – 7 O 17209/07	InstGE 10, 178	D 23
Kleiderbügel	BGH, 20.12.1994 – X ZR 56/93	GRUR 1995, 338	D 140, 476, 514, 623, 632
Kleine Partysonne	OLG München, 16.05.2013 – 6 W 411/13	GRUR-RR 2013, 388	D 44
Kleinleistungsschalter	OLG Düsseldorf, 01.03.2007 – I-2 U 98/06	InstGE 7, 147	G 49
Klemmzug	LG Düsseldorf, 02.08.2001 – 4 O 249/00	InstGE 1, 276	I 142
Klimaschrank	BGH, 28.09.2011 – X ZR 68/10	GRUR 2012, 93	E 724, 744
Klinische Versuche I	BGH, 11.07.1995 – X ZR 99/92	GRUR 1996, 109	E 792; G 337
Klinische Versuche II	BGH, 17.04.1997 – X ZR 68/94	Mitt 1997, 253	E 792
Klinkerriemchen	OLG Düsseldorf, 14.02.2007 – I-2 W 58/06	InstGE 7, 256	B 156
Klinkerriemchen II	OLG Düsseldorf, 19.09.2007 – I-2 W 21/07	InstGE 8, 186	B 156
Knoblauch-Kapseln	KG Berlin, 20.12.2001 – 2 W 211/01	GRUR Int 2002, 448	D 44
Köbler	EuGH, 30.09.2003 – C-224/01	NJW 2003, 3539	B 272
Kochgefäß	BGH, 13.01.2015 – X ZR 81/13	GRUR 2015, 361	A 116, 121, 212; B 304, 309; E 568, 569
Koksofentür	BGH, 15.11.2005 – X ZR 17/02	GRUR 2006, 316	A 31
Kollagenese I	BGH, 25.02.2014 – X ZB 5/13	GRUR 2014, 461	A 371
Kommunikationsrouter	BGH, 26.08.2014 – X ZB 19/12	GRUR 2014, 1235	E 383
Kommunikationsvorrichtungen eines Mobilfunksystems	OLG Düsseldorf, 13.01.2016 – I-15 U 65/15	Mitt 2016, 85	E 348; H 38, 39
Komplexbildner	LG Düsseldorf, 24.10.2000 – 4 O 402/99	InstGE 1, 9	D 170
Komplexes Herstellungsverfahren	OLG Frankfurt/Main, 16.03.2011 – 6 W 36/11	InstGE 13, 254	B 32
Kondensator für Klimaanlage	LG Mannheim, 26.08.2005 – 7 O 506/04	InstGE 6, 9	D 24, 309
Kondensatorspeicherzellen	LG Düsseldorf, 27.01.1998 – 4 O 418/97	InstGE 6, 9	E 102, 116
Kontaktfederblock	BGH, 17.02.1999 – X ZR 22/97	GRUR 1999, 914	A 105, 201
Kontrollbesuch	BGH, 13.11.2003 – I ZR 187/01	GRUR 2004, 420	B 14, 70
Kontrollnummernbeseitigung	BGH, 15.07.1999 – I ZR 204/96	GRUR 1999, 1017	B 294, 296
Kopfhörer-Kennzeichnung	BGH, 09.07.2015 – I ZR 224/13	GRUR 2015, 1021	C 48, 94
Kopienversanddienst	BGH, 25.02.1999 – I ZR 118/96	GRUR 1999, 707	B 12
Korkenzieher	OLG Köln, 17.07.2002 – 6 U 73/00	Mitt 2004, 188	G 13
Koronarstent	LG Hamburg, 24.10.2013 – 327 O 326/13	GRUR-RR 2014, 137	A 289; D 335, 336; G 137, 168
Kosten bei unbegründeter Abmahnung	BGH, 01.12.1994 – I ZR 139/92	WRP 1995, 300	C 41
Kosten der IP-Abfrage	OLG Karlsruhe, 12.12.2011 – 6 W 69/11	GRUR-RR 2012, 230	D 561, 576
Kosten der Recherche	OLG Düsseldorf, 09.07.2010 – I-2 W 18/10	InstGE 12, 252	B 420, 422, 423
Kosten der Schutzschrift I	BGH, 13.02.2003 – I ZB 23/02	GRUR 2003, 456	G 256
Kosten der Schutzschrift II	BGH, 23.11.2006 – I ZB 39/06	GRUR 2007, 727	G 253, 256, 258, 259
Kosten der Schutzschrift III	BGH, 13.03.2008 – I ZB 20/07	GRUR 2008, 640	G 259

Entscheidungsstichwort	Gericht/Datum/Aktenzeichen	Fundstelle	zitiert in
Kosten der Vorbereitung einer Nichtigkeitsklage	LG München I, 27.01.2014 – 21 O 26665/11	Mitt 2014, 292	B 392
Kosten des Abgemahnten II	LG Wiesbaden, 08.11.1984 – 1 S 268/84	GRUR 1987, 658	C 115
Kosten des Patentanwalts	BGH, 03.04.2003 – I ZB 37/02	WRP 2003, 755	B 366
Kosten des Patentanwalts beim Kostenwiderspruch	OLG Düsseldorf, 21.11.2013 – I-20 W 54/12	Mitt 2014, 345	B 365
Kosten des Patentanwalts II	BGH, 24.02.2011 – I ZR 181/09	GRUR 2011, 754	C 41, 42, 45, 46
Kosten des Patentanwalts III	BGH, 21.12.2011 – I ZR 196/10	GRUR 2012, 756	B 365; C 46, 144, 146
Kosten des Patentanwalts IV	BGH, 10.05.2012 – I ZR 70/11	GRUR 2012, 759	C 46
Kosten eines Abwehrschreibens	BGH, 06.12.2007 – I ZB 16/07	GRUR 2008, 639	C 39
Kosten für Abschlussschreiben	LG Düsseldorf, 23.08.2001 – 4a O 13/01	InstGE 1, 272	G 261
Kosten für Abschlussschreiben I	BGH, 04.02.2010 – I ZR 30/08	GRUR 2010, 1038	G 265
Kosten für Abschlussschreiben II	BGH, 22.01.2015 – I ZR 59/14	GRUR 2015, 822	G 261, 262, 265, 266
Kostenbegünstigung I	BGH, 24.02.1953 – I ZR 106/51	GRUR 1953, 284	J 190
Kostenbegünstigung III	BGH, 03.09.2013 – X ZR 1/13	GRUR 2013, 1288	J 190
Kostenfaktoren	LG Düsseldorf	Entscheidungen 1997, 122	H 238
Kostenquote bei beziffertem Ordnungsmittelantrag	BGH, 19.02.2015 – I ZB 55/13	GRUR 2015, 511	H 178, 185
Kostenwiderspruch	OLG Düsseldorf, 08.09.2004 – I-2 W 38/04	InstGE 5, 157	G 179
Krankentransportunternehmen II	BGH, 12.03.1991 – KZR 26/89	BGHZ 114, 218	E 413
Kreiselegge II	BGH, 03.11.1988 – X ZR 107/87	GRUR 1989, 187	E 66
Kreuzbodenventilsäcke	BGH, 29.03.1960 – I ZR 109/58	GRUR 1960, 423	A 267
Kreuzgestänge	BGH, 02.06.2015 – X ZR 103/13	GRUR 2015, 972	A 11; F 85
Kronhofer	EuGH, 10.06.2004 – C-168/02	NJW 2004, 2441	D 22
Kuchenbesteck-Set	BGH, 03.02.2011 – I ZR 26/10	GRUR 2011, 820	E 574, 580
Kumulierte Zwangsgeldanträge	OLG München, 27.07.2007 – 6 W 1669/07	InstGE 9, 57	H 210
Kundenzeitschriften	OLG Düsseldorf, 10.12.1992 – 2 U 149/92	GRUR 1994, 81	H 159
Kunstharzzusammensetzung	LG Frankfurt/Main, 15.06.2005 – 2-06 O 442/04	InstGE 6, 1	A 107
Kunststoffaufbereitung	BGH, 29.04.1997 – X ZR 101/93	GRUR 1998, 133	A 147; E 667
Kunststoffbügel	BGH, 16.05.2006 – X ZR 169/04	GRUR 2006, 927	A 266, 267, 268, 277; D 441
Kunststoffhohlprofil I	BGH, 30.11.1976 – X ZR 81/72	GRUR 1977, 250	D 426, 436, 438; E 670
Kunststoffhohlprofil II	BGH, 24.11.1981 – X ZR 7/80	GRUR 1982, 301	D 455; E 670
Kunststoffrohrteil	BGH, 12.03.2002 – X ZR 43/01	GRUR 2002, 511	A 81, 120, 125, 180
Kunststoffschläuche	OLG Düsseldorf, 29.10.1981 – 2 U 4/81	GRUR 1982, 35	D 436
Kupplung für optische Geräte	BGH, 16.09.2003 – X ZR 179/02	GRUR 2003, 1031	A 272, 281
Kupplungsvorrichtung	OLG Düsseldorf, 09.10.2014 – I-15 U 27/14	GRUR 2015, 299	E 546
Kurznachrichten	BGH, 16.09.2014 – X ZR 61/13	GRUR 2014, 1237	E 716; H 41, 55
Kürzung der Sachverständigenvergütung für Aktenlektüre	OLG Koblenz, 15.03.2012 – 14 W 150/11	Mitt 2013, 148	J 65

Entscheidungsstichwort	Gericht/Datum/Aktenzeichen	Fundstelle	zitiert in
Laborthermostat	LG Düsseldorf, 10.07.2001 – 4a O 766/00	InstGE 1, 259	E 495
Laccio-Möbel	LG Hamburg, 20.03.2007 – 308 O 172/07	NJOZ 2009, 1456	G 139
Lacktränkeeinrichtung	BGH, 07.01.1965 – Ia ZR 151/63	GRUR 1965, 411	E 527
Lagerkorn	OLG Frankfurt/Main, 13.07.2017 – 6 W 51/17	GRUR-RR 2018, 47	H 177
Lagerkosten nach Grenzbeschlagnahme	OLG Köln, 18.08.2005 – 6 U 48/05	GRUR-RR 2005, 342	B 270
Lagerregal	BGH, 09.12.2008 – X ZR 124/05	GRUR 2009, 390	A 32
Lagersystem	OLG Düsseldorf, 22.04.2010 – 2 W 1/10	InstGE 12, 113	G 328
Laminatboden-Paneele	OLG Düsseldorf, 02.08.2010 – I-2 W 39/10	InstGE 12, 255	C 114, 119
Laminatboden-Paneele II	OLG Düsseldorf, 19.05.2011 – I-2 W 13/11	InstGE 13, 238	C 159
Längsführungssystem	LG Düsseldorf, 29.11.2001 – 4 O 764/00	InstGE 2, 23	A 444
Laser-Hybrid-Schweißverfahren	OLG München, 11.08.2008 – 6 W 1380/08	GRUR-RR 2009, 191	B 111
Lasershow	OLG Karlsruhe, 14.04.2010 – 6 U 5/10	InstGE 12, 125	G 166
Lasthebemagnet I	LG Düsseldorf, 28.03.2002 – 4 O 150/01	InstGE 2, 82	A 424
Lateinlehrbuch im Internet II	OLG München, 21.09.2006 – 29 U 2119/06	InstGE 8, 34	D 188
Laternenflaschen	OLG Nürnberg, 18.10.1966 – 3 U 49/66	GRUR 1967, 538	D 436
Laufkranz	BGH, 03.05.2006 – X ZR 45/05	GRUR 2006, 837	E 641, 644
Laux-Kupplung II	BGH, 13.07.1962 – I ZR 37/61	GRUR 1962, 580	I 224
LCD-Monitor	OLG Düsseldorf, 14.10.2003 – 20 W 38/03	InstGE 3, 238	D 85; G 184
Leichtflüssigkeitsabscheider	BGH, 11.01.2005 – X ZR 20/02	GRUR 2005, 406	E 195
Leistungspakete im Preisvergleich	BGH, 07.04.2011 – I ZR 34/09	GRUR 2011, 742	H 132, 159
Leit- und Informationssystem II	OLG München, 25.10.2001 – 6 U 5508/00	InstGE 2, 61	D 13, 23; E 114; G 4
Leiterbahnstrukturen	OLG Karlsruhe, 13.10.2014 – 6 U 118/14	GRUR-RR 2015, 50	H 38
Lesevorrichtung für Reliefmarkierungen	OLG München, 15.04.2010 – 6 W 1566/09	InstGE 12, 192!	B 156, 157
Lesevorrichtung für Reliefmarkierungen II	OLG München, 03.01.2011 – 6 W 2007/10	InstGE 13, 286	B 151
Levitationsmaschine	LG Düsseldorf, 03.11.1998 – 4 O 175/98	Entscheidungen 1998, 115	E 653
Lichtbogenschnürung	BGH, 16.11.2009 – X ZB 37/08	GRUR 2010, 318	B 44, 111, 131, 133, 134, 135
Lichtemittierende Vorrichtung	OLG Düsseldorf, 22.12.2016 – I-15 U 31/14	GRUR-RR 2017, 249	E 65, 67; F 31, 32, 33
Lichtschutzfolie	BGH, 14.02.2017 – X ZR 64/15	GRUR 2017, 504	E 165, 546
Liffers/Mandarina	EuGH, 17.03.2016 – C-99/15	GRUR 2016, 485	I 81
Lifter	OLG Düsseldorf, 02.06.2005 – I-2 U 39/03	InstGE 5, 251	H 242; I 78, 155, 185, 197, 199, 201, 215

Entscheidungsstichwort	Gericht/Datum/Aktenzeichen	Fundstelle	zitiert in
linkwerk	OLG Düsseldorf, 15.09.2009 – I-20 U 164/08	GRUR-RR 2010, 87	C 38
Linsenschleifmaschine	BGH, 12.05.1992 – X ZR 109/90	GRUR 1992, 839	A 92
Lithographische Druckplatten	OLG Düsseldorf, 21.10.2008 – I-U 189/08	InstGE 10, 98	C 184
Loom-Möbel	OLG Düsseldorf, 22.03.2007 – I-2 U 128/05	InstGE 7, 258	A 262, 263, 310
Löschpistolen	OLG Hamburg, 31.01.2002 – 3 U 72/01	NJW-RR 2002, 1292	H 255
Loseblattwerk	OLG Köln, 08.04.2005 – 6 U 107/04, 6 W 33/05	GRUR-RR 2005, 247	I 71
Lottofonds	OLG Düsseldorf, 13.04.2006 – U (Kart) 23/05	GRUR 2006, 785	G 159
Loud	BGH, 30.03.2017 – I ZR 19/16	GRUR 2017, 1233	D 207
LSG/Tele2	EuGH, 19.02.2009 – C-557/07	GRUR 2009, 579	D 196
Luftabscheider für Milchsammelanlage	BGH, 07.06.2006 – X ZR 105/04	GRUR 2006, 923	A 68, 86
Luftdruck-Kontrollvorrichtung	LG Mannheim, 25.06.2004 – 7 O 412/03	InstGE 5, 179	A 424; D 24
Luftentfeuchter	BGH, 04.05.2017 – I ZR 208/15	GRUR 2017, 823	C 79, 83, 86, 87, 93, 94; H 162
Luftheizgerät	BGH, 10.10.2000 – X ZR 176/98	GRUR 2001, 228	A 416, 432, 443, 445; D 342
Luftkappensystem	BGH, 13.10.2015 – X ZR 74/14	GRUR 2016, 169	A 52, 53, 60
Lungenfunktionsmessgerät	OLG Düsseldorf, 24.02.2011 – I-2 U 122/09	InstGE 13, 78	A 115, 412; E 577
M2Trade	BGH, 19.07.2012 – I ZR 70/10	GRUR 2012, 916	E 200
Magazinbildwerfer	BGH, 23.06.1992 – X ZR 98/90	GRUR 1992, 692	E 530
Magill TVG Guide	EuGH, 06.04.1995 – C-241/91 P und C-242/91 P	GRUR Int 1995, 490	E 227, 228
Magnetbohrständer II	BGH, 11.12.1979 – X ZR 49/74	GRUR 1980, 220	G 273, 338
Magnetowiderstandssensor	BGH, 16.12.2010 – Xa ZR 110/08	GRUR 2011, 359	E 695
Magnetspule	LG Düsseldorf, 11.04.2006 – 4b O 430/02	InstGE 6, 136	D 452, 453
Mähroboter	BGH, 12.09.2016 – X ZR 14/15	GRUR 2016, 1206	H 41
Maisgebiss-Modell	OLG Düsseldorf, 07.05.2009 – I-2 W 28/09	InstGE 11, 121	B 419
Makro	EuGH, 15.10.2009 – C-324/08	GRUR 2009, 1159	E 574
Marinari	EuGH, 19.09.1995 – C-364/93	Slg 1995, I-2719	D 22
marions-kochbuch.de	BGH, 12.11.2009 – I ZR 166/07	GRUR 2010, 616	D 202
Markant	BGH, 09.03.1999 – KZR 23/97	NJW-RR 1999, 1199	D 174
Markenheftchen II	BGH, 20.06.2013 – I ZR 201/11	GRUR 2013, 1268	C 18
Markenhemden	OLG Hamburg, 17.04.2003 – 3 U 150/02	GRUR-RR 2003, 335	E 622
Markenparfümverkäufe	BGH, 23.02.2006 – I ZR 272/02	BGHZ 166, 253	D 618
Markenrechtliche Abmahnung	OLG Frankfurt/Main, 29.02.2012 – 6 W 25/12	GRUR-RR 2012, 307	C 45
Marktzulassungsprivileg	OLG Düsseldorf, 05.12.2013 – I-2 U 68/12	GRUR-RR 2014, 100	A 448; E 792, 795, 796
Mart-Stam-Stuhl	BGH, 23.02.2017 – I ZR 92/16	GRUR 2017, 793	A 277
Maschenfester Strumpf	BGH, 11.12.1973 – X ZR 14/70	GRUR 1974, 290	C 136, 137
Maschinensatz	BGH, 06.05.2010 – Xa ZR 70/08	GRUR 2010, 904	A 5; E 750
Massedurchfluss	BGH, 23.04.2002 – X ZR 83/01	Mitt 2002, 378	J 56

Entscheidungsstichwort	Gericht/Datum/Aktenzeichen	Fundstelle	zitiert in
Massenspektrometer	LG Düsseldorf, 27.10.2000 – 4 O 65/99	InstGE 1, 250	H 98
Matratzen im Härtetest	OLG Köln, 12.02.2010 – 6 U 127/09	GRUR-RR 2010, 339	C 76
Matratzenwerbung	BGH, 07.06.2018 – I ZB 57/17	GRUR 2018, 971	F 3
Mautberechnung	BGH, 19.04.2011 – X ZR 124/10	GRUR 2011, 848	E 713
Max Mutzke	LG Hamburg, 22.03.2017 – 308 O 480/16	GRUR-RS 2017, 121509	D 521
McFadden/Sony Music	EuGH, 15.09.2016 – C-484/14	GRUR 2016, 1146	D 196
mechanisches Arretiersystem	LG Mannheim, 10.12.2013 – 2 O 4/13	Mitt 2014, 563	E 784
Mecki-Igel III	BGH, 10.07.1997 – I ZR 42/95	GRUR 1997, 896	C 114, 178
Medizinische Fußpflege	BGH, 15.11.2012 – 13 U 57/12	GRUR 2013, 1252	C 28, 40, 78
Medizinische Fußpflege	OLG Celle, 15.11.2012 – 13 U 57/12	GRUR-RR 2013, 177	C 44
Medizinisches Instrument	OLG Düsseldorf, 28.06.2007 – I-2 U 25/07	InstGE 8, 122	G 64, 111
Medizinisches Instrument	BPatG, 21.09.2009 – 5 W (pat) 432/06	Mitt 2009, 568	B 388
Mehrfachkontaktanordnung	LG Düsseldorf, 13.06.2001 – 4 O 204/00	InstGE 1, 33	E 572, 573
Mehrfachverstoß bei Lieferung	LG Düsseldorf, 17.10.2005 – 4b O 269/02 (ZV II) B.	InstGE 6, 34	H 129
Mehrfachverstoß gegen Unterlassungstitel	BGH, 18.12.2008 – I ZB 32/06	GRUR 2009, 427	C 23, 96; H 129
Mehrgangnabe	BGH, 12.02.2008 – X ZR 153/05	GRUR 2008, 779	A 25, 98, 99; J 8
Mehrlagendichtung	LG Düsseldorf, 02.08.2001 – 4 O 177/00	InstGE 1, 296	E 503
Mehrpoliger Steckverbinder	OLG Düsseldorf, 05.02.1998 – 2 U 145/96	Mitt 1998, 179	A 11
Meißner Dekor	BGH, 18.10.2001 – I ZR 22/99	Mitt 2002, 251	D 184
Meistbegünstigung	OLG Zweibrücken, 30.04.2009 – 4 W 23/09	GRUR-RR 2009, 399	D 577
Meistbegünstigungsvereinbarung	BGH, 06.02.2007 – X ZR 117/04	WRP 2007, 550	D 601
Melanie	BGH, 14.02.2006 – X ZR 93/04	GRUR 2006, 575	D 429
Melkautomat	OLG Düsseldorf, 15.12.2005 – I-2 U 53/05	InstGE 6, 47	E 72, 77, 82, 85; F 30
Merck & Dohme	EuGH, 12.02.2015 – C-539/13	GRUR Int 2015, 359	E 608, 609, 610, 612
Merck/Primecrown	EuGH, 09.07.1997 – Rs. C-316/95	GRUR Int 1997, 911	E 581
Mescher weis	BGH, 02.07.2009 – I ZR 146/07	GRUR 2009, 1096	G 267, 269, 271, 284
Messeangebot ins Ausland I	LG München I, 23.06.2004 – 21 O 6421/01	InstGE 5, 13	A 284
Messeangebot ins Ausland II	OLG München, 16.09.2004 – 6 W 2048/04	InstGE 5, 15	A 284; H 183
Messmaschine	OLG Karlsruhe, 12.02.2010 – 6 W 79/09	InstGE 12, 299	A 279, 284
Metacolor	BGH, 07.02.1975 – I ZR 103/73	GRUR 1975, 315	C 183
Metallspritzverfahren	BGH, 08.11.1960 – I ZR 67/59	GRUR 1961, 627	A 454; D 343
Metazachlor	OLG Düsseldorf, 22.01.2009 – I-2 W 102/08	InstGE 10, 301	D 664
MICRO COTTON	BGH, 03.11.2016 – I ZR 101/15	GRUR 2017, 520	D 258
Mietwagen-Testfahrt	BGH, 29.09.1988 – I ZR 57/87	GRUR 1989, 113	B 296, 297, 299

Entscheidungsstichwort	Gericht/Datum/Aktenzeichen	Fundstelle	zitiert in
mikromechanisches Uhrwerkbauteil	BGH, 29.09.2016 – X ZR 58/14	Mitt 2017, 267	A 116
Millionen-Chance II	BGH, 05.10.2010 – I ZR 4/06	GRUR 2011, 532	C 44
Miss 17	OLG Hamburg, 14.12.2005 – 5 U 200/04	GRUR-RR 2006, 182	D 234
Missbräuchliche Vertragsstrafe	BGH, 31.05.2012 – I ZR 45/11	GRUR 2012, 949	C 44, 56
Mitnehmerorgan	LG Mannheim, 16.01.2004 – 7 O 403/03	InstGE 4, 107	E 670
Mitwirkender Patentanwalt	BGH, 12.08.2004 – I ZB 6/04	GRUR 2004, 1062	B 363
Mitwirkender Rechtsanwalt II	BPatG, 26.10.2010 – 4 ZA (pat) 50/10	Mitt 2011, 100	B 387
mitwirkender Rechtsanwalt III	BPatG, 07.05.2012 – 4 ZA (pat) 13/12	Mitt 2012, 424	B 386
Mitwirkender Vertreter II	BPatG, 19.02.2014 – 4 ZA (pat) 22/13	Mitt 2017, 92	B 387
Mitwirkung bei Herausgabevollstreckung	OLG Düsseldorf, 20.01.2010 – I-2 W 69/09	InstGE 11, 299	D 666
Mitwirkung eines Dritten	OLG Köln, 10.02.2005 – 6 W 123/04	GRUR-RR 2006, 31	H 251
Mitwirkung eines Patentanwalts im Ordnungsmittelverfahren	OLG München, 17.06.2005 – 6 W 1198/05	Mitt 2006, 187	B 365
Mitwirkungsgebühr für Patentanwalt	OLG Frankfurt/Main, 21.01.2005 – 6 W 219/04	InstGE 5, 159	B 361
Mobiles Kommunikationssystem	OLG Düsseldorf, 30.03.2017 – I-15 U 66/15	GRUR 2017, 1219	B 292, 293; D 425, 429, 432; E 229, 234, 235, 317, 318, 319, 320, 324, 325, 326, 334, 335, 338, 339, 341, 342, 343, 344, 348, 351, 365, 400, 617
Mobilfunk-Chipsets	LG Mannheim, 23.10.2007 – 2 O 72/07	NJOZ 2007, 5795	G 22
Mobilfunkgerät	KG, 20.02.2015 – 5 U 150/14	GRUR-RS 2015, 11082	G 125, 128, 135, 136
Mobiltelefone	OLG Karlsruhe, 23.04.2015 – 6 U 44/15	GRUR-RR 2015, 326	E 270, 280
Modenschau im Salvatorkeller	BGH, 18.09.1997 – I ZR 71/95	GRUR 1998, 471	C 83
Modulgerüst II	BGH, 18.03.2010 – I ZR 158/07	GRUR 2010, 536	D 292, 294
Moduretik	EuGH, 14.07.1981 – Rs. 187/80	GRUR Int 1982, 47	E 581
Mogul-Anlage	BGH, 25.05.1993 – X ZR 19/92	GRUR 1993, 897	H 242; I 78, 80, 117, 147
Momentanpol I	BGH, 13.05.2003 – X ZR 226/00	GRUR 2003, 867	B 336; E 750, 789
Momentanpol II	BGH, 08.07.2008 – X ZB 13/06	GRUR 2008, 887	A 11
Montagehilfe für Dachflächenfenster	OLG Düsseldorf, 03.03.2008 – I-2 W 4/08	InstGE 9, 53	H 127
Montex Holdings/Diesel	EuGH, 09.11.2006 – C-281/05	GRUR Int 2007, 241, GRUR 2007, 146	A 312; E 619
Moonlight	OLG Rostock, 05.09.2008 – 2 W 22/08	GRUR-RR 2009, 39	J 160
Motorblock	BGH, 16.02.1951 – I ZR 73/50	GRUR 1951, 314	C 183
Motorradreiniger	BGH, 18.12.2008 – I ZR 63/06	GRUR 2009, 515	B 20, 194; D 375, 456, 458, 474, 615, 670
Motorradteile	BGH, 15.01.2015 – I ZR 148/13	GRUR 2015, 780	E 660, 662, 670, 678

Entscheidungsstichwort	Gericht/Datum/Aktenzeichen	Fundstelle	zitiert in
MP 3-Standard	OLG Karlsruhe, 26.05.2010 – 6 U 100/08	InstGE 12, 220	D 642; E 267, 742
MP2-Geräte	OLG Karlsruhe, 08.05.2013 – 6 U 34/12	GRUR 2014, 59	A 267, 415, 424, 426, 432; D 444; E 653
MP3-Player-Import	BGH, 17.09.2009 – Xa ZR 2/08	GRUR 2009, 1142, BGHZ 182, 245	A 295, 311, 330; B 24, 292; D 160, 176, 177, 183, 194, 231, 642, 648; E 153, 154
MPEG-2	OLG Düsseldorf, 16.04.2008 – I-2 W 14/08	InstGE 9, 122	C 27, 114
MPEG-2-Videosignalcodierung	BGH, 21.08.2012 – X ZR 33/10	GRUR 2012, 1230	A 332, 418, 419; D 24, 48, 88, 332, 476; E 620
Mülltonne	BGH, 12.06.1951 – I ZR 75/50	GRUR 1951, 452	A 250; C 138
Multifeed	OLG Düsseldorf, 19.06.2008 – I-2 U 95/07	InstGE 9, 123	C 121
Multifeed II	OLG Karlsruhe, 13.06.2007 – 6 W 39/07	InstGE 11, 61	H 221, 251
Multiplexsystem	BGH, 23.09.2008 – X ZR 135/04	GRUR 2009, 42	D 266, 267
Münzpfandschloss	LG Düsseldorf, 12.08.2008 – 4b O 17/08	InstGE 10, 6	E 202
Münzschloss II	OLG Düsseldorf, 21.09.2005 – I-2 W 8/05	InstGE 6, 43	H 156
Nabenschaltung II	BGH, 18.03.2010 – Xa ZR 74/09	GRUR 2010, 708	B 304, 309, 316, 321
Nabenschaltung III	BGH, 22.05.2012 – X ZR 129/09	GRUR 2012, 1010	E 517
nachträgliche Abmahnung	OLG Frankfurt/Main, 22.03.2012 – 6 U 41/12	Mitt 2012, 574	C 49
Nachweis der Sicherheitsleistung	BGH, 10.04.2008 – I ZB 14/07	GRUR 2008, 1029	H 23, 121; I 24
NACT-Studie	OLG Köln, 11.03.2014 – 6 W 217/13	GRUR 2014, 1032	H 177
Namensklau im Internet	BGH, 10.04.2008 – I ZR 227/05	GRUR 2008, 1097	D 186, 191
Nebenintervention	BGH, 05.12.2012 – I ZB 7/12	GRUR 2013, 535	G 360
Nero	BGH, 10.07.2014 – I ZR 249/12	GRUR 2015, 196	H 118; I 28, 29, 39, 40
Nespressokapseln	OLG Düsseldorf, 21.02.2013 – I-2 U 72/12	GRUR-RR 2013, 185	E 641, 645
Neues Herstellungsverfahren	LG Düsseldorf, 19.12.1996 – 4 O 408/95	Entscheidungen 1997, 20	G 8
Neugeborenentransporte	BGH, 10.10.1989 – KZR 22/88	GRUR 1990, 474	D 437
Neurodermitis-Behandlungs-Gerät	BPatG, 22.05.2006 – 21 W (pat) 42/04	Mitt 2007, 18	A 68
Nicht anrechenbare Geschäftsgebühr	BGH, 20.10.2005 – I ZB 21/05	GRUR 2006, 439	C 39
Nicht zu ersetzender Nachteil	BGH, 08.07.2014 – X ZR 61/13	GRUR 2014, 1028	H 55
Nichtigkeitsstreitwert	BGH, 12.04.2011 – X ZR 28/09	GRUR 2011, 757	J 169
Nichtigkeitsstreitwert II	BGH, 27.08.2013 – X ZR 83/10	GRUR 2013, 1287	J 170
Nicola	BGH, 25.02.1992 – X ZR 41/90	GRUR 1992, 612, BGHZ 117, 264	B 296, 297, 299; D 422, 621
Nightcrawler	OLG Köln, 19.10.2015 – 6 W 111/15	GRUR-RS 2015, 19422	D 552
NMR-Kontrastmittel	LG Düsseldorf, 08.07.1999 – 4 O 187/99	GRUR 2000, 692	G 164
Noblesse	BGH, 06.10.2005 – I ZR 322/02	GRUR 2006, 419	D 607; H 235
Notablaufvorrichtung	BGH, 02.11.2011 – X ZR 23/09	Mitt 2012, 119	A 400

Entscheidungsregister

Entscheidungsstichwort	Gericht/Datum/Aktenzeichen	Fundstelle	zitiert in
Notarielle Unterlassungserklärung	BGH, 10.04.2015 – 6 U 149/14	GRUR 2016, 1316	C 108, 109; H 131
notarielle Urkunde	OLG Köln, 26.03.2014 – I-6 W 43/14	GRUR-RR 2014, 277	H 131
Notwendige Konnexität	BGH, 23.10.2001 – XI ZR 83/01	Mitt 2002, 559	D 2
Novartis	EuGH, 09.02.2012 – C-442/11	BeckRS 2012, 80847	A 80
Nullauskunft	OLG Düsseldorf, 08.09.2011 – I-2 W 26/11	GRUR-RR 2012, 406	H 197
Nutzung von Kartografien	OLG Schleswig, 09.07.2009 – 6 W 12/09	GRUR-RR 2010, 126	J 126
Oberflächenvorbehandlung	LG Düsseldorf, 01.03.2011 – 4b O 260/09	InstGE 13, 97	D 445, 446, 447
Objektive Schadensberechnung	BGH, 02.02.1995 – I ZR 16/93	GRUR 1995, 349	I 219
Occluder	OLG Düsseldorf, 22.12.2008 – I-2 U 65/07	InstGE 10, 248	E 82, 83; F 30, 35
Offenend-Spinnmaschine	BGH, 11.04.1989 – X ZR 26/87	GRUR 1989, 411, BGHZ 107, 161	D 416, 615
Ohne Funktionseinschränkung kostenlos	OLG Frankfurt/Main, 24.05.2016 – 6 U 171/14	GRUR-RS 2016, 15323	E 54, 676; J 166
Ohrclips	BGH, 04.12.2008 – I ZR 3/06	MDR 2009, 993	D 188
Ohrstecker	OLG Düsseldorf, 28.10.1996 – 2 W 55/96	WRP 1997, 471	C 161
Okklusionsvorrichtung	BGH, 10.05.2011 – X ZR 16/09	GRUR 2011, 701	A 85, 156
Olanzapin	OLG Düsseldorf, 29.05.2008 – I-2 W 47/07	InstGE 9, 140	E 727; G 48, 51, 69
Olanzapin II	OLG Düsseldorf, 22.08.2008 – I-2 W 35/08	InstGE 10, 60	G 115, 159
Olympiasiegerin	BGH, 03.07.2003 – I ZR 297/00	GRUR 2003, 899	C 83
optischer Datenträger	LG Leipzig, 27.05.2008 – 5 O 757/06	InstGE 9, 167	D 23; E 253, 256, 420
Oracle	BGH, 01.10.2009 – I ZR 94/07	GRUR 2010, 343	D 259
Orange-Book-Lizenz	LG Mannheim, 05.03.2010 – 7 O 142/09	InstGE 12, 160	I 95, 98, 99, 138
Orange-Book-Standard	OLG Karlsruhe, 13.12.2006 – 6 U 174/02	GRUR-RR 2007, 177	E 212, 253, 270
Orange-Book-Standard	BGH, 06.05.2009 – KZR 39/06	GRUR 2009, 694	E 213, 216, 223, 253, 256, 268, 272, 273, 274, 284, 287, 290, 291, 293
Ordnungsmittelandrohung	BGH, 22.01.2009 – I ZB 115/07	GRUR 2009, 890	G 219; H 118
Ordnungsmittelandrohung durch Schuldner	BGH, 07.06.2018 – I ZB 117/17	GRUR 2018, 973	C 108; H 98
Ordnungsmittelandrohung nach Prozessvergleich	BGH, 03.04.2014 – I ZB 3/12	GRUR 2014, 909	H 104
Ordnungsmittelbeschluss	BGH, 25.03.2010 – I ZB 116/08	GRUR 2010, 662	H 190
Original der Bürgschaftsurkunde	LG Düsseldorf, 22.06.2009 – 4b O 292/07	InstGE 11, 154	H 21
Östrogenblocker	OLG Düsseldorf, 05.05.2017 – I-2 W 6/17	GRUR 2017, 1107	A 371, 373, 378, 379; G 139, 140, 156, 157
OTK/SFP	EuGH, 25.01.2017 – C-367/15	GRUR 2017, 264	I 130
Palettenbehälter II	BGH, 17.07.2012 – X ZR 97/11	GRUR 2012, 1118	E 635, 636, 639, 646, 647
Palettenbehälter III	BGH, 17.07.2012 – X ZR 113/11	GRUR 2012, 1122	A 121, 212

Entscheidungsregister

Entscheidungsstichwort	Gericht/Datum/Aktenzeichen	Fundstelle	zitiert in
»Parallelverwendung« inhaltsgleicher AGBs	BGH, 10.02.2011 – I ZB 63/09	GRUR 2011, 557	G 349, 350, 355, 356, 357
Parfumflakon III	BGH, 27.11.2014 – I ZR 1/11	GRUR 2015, 689	D 15
Parfummarken	BGH, 09.11.2017 – I ZR 164/16	GRUR 2018, 84	D 3, 17, 24; F 1
Parfümtester	OLG Hamburg, 21.04.2004 – 5 U 174/04	GRUR-RR 2004, 355	E 619
Parfümtester	BGH, 15.02.2007 – I ZR 63/04	GRUR 2007, 882	E 619
Parfümtestkäufe	BGH, 23.02.2006 – I ZR 27/03	GRUR 2006, 504	D 475, 531, 645, 648, 653; H 251
Patentanwaltsgebührenerstattung bei Sozietät mit Rechtsanwalt	OLG Düsseldorf, 20.08.2001 – 20 W 46/01	InstGE 2, 298	B 366
Patentanwaltshonorarklage	KG, 13.07.2012 – 5 W 248/11	GRUR-RR 2012, 410	B 361; D 52
Patentanwaltskosten bei Rechtsmittelrücknahme	OLG Stuttgart, 23.09.2003 – 8 W 162/03	GRUR-RR 2004, 279	B 380
Patentanwaltskosten für Abschlussschreiben	OLG Düsseldorf, 30.10.2007 – I-20 U 52/07	InstGE 9, 35	C 46; G 263, 264, 265
Patentanwaltskosten im Geschmacksmusterstreit	OLG Frankfurt/Main, 31.01.2013 – 6 W 127/12	GRUR-RR 2013, 184	B 416
Patentanwaltskosten im Zwangsgeldverfahren	OLG Köln, 15.08.2012 – 17 W 135/12	GRUR-RR 2012, 492	B 365
Patentanwaltskosten in der Zwangsvollstreckung	OLG Stuttgart, 21.03.2005 – 8 W 106/05	GRUR-RR 2005, 334	B 365
patentierte UV-Lichthärtungsgeräte	LG Düsseldorf, 19.10.2007 – 4a O 113/07	GRUR-RR 2008, 110	H 147
Patentinhaberwechsel im Einspruchsverfahren	BGH, 17.04.2007 – X ZB 41/03	Mitt 2007, 408	C 165
Patentstreitsache	BGH, 22.02.2011 – X ZB 4/09	GRUR 2011, 662	D 55
Patentstreitsache II	BGH, 20.03.2013 – X ZB 15/12	GRUR 2013, 756	D 52
PCB-Pool	OLG Stuttgart, 09.08.2007 – 2 U 23/07	GRUR-RR 2007, 399	C 46
Peak Holding/Axolin-Elinor	EuGH, 30.11.2004 – C-16/03	GRUR Int 2005, 314	E 622, 624
Pelikan	BGH, 19.04.2012 – I ZR 86/10	GRUR 2012, 1145	D 234, 253; E 136
Pemetrexed	BGH, 14.06.2016 – X ZR 29/15	GRUR 2016, 921	A 60, 84, 157, 160, 164, 165, 166, 171, 195, 371, 378, 385; G 140
Permanentmagnet	OLG Düsseldorf, 16.02.2006 – I-2 U 32/04	InstGE 6, 152	D 183, 430, 456
Peter Fechter	BGH, 06.02.2014 – I ZR 86/12	GRUR 2014, 363	D 305, 307, 317; E 687, 688, 691, 693
PET-Spritzwerkzeug II	OLG Frankfurt/Main, 28.11.2006 – 11 U 57/03	InstGE 7, 162	H 243
Pfändung einer Domain	OLG Frankfurt/Main, 06.01.2000 – 6 W 149/99	NJW 2000, 1961	G 136
Pfefferspray	OLG Frankfurt/Main, 03.05.2018 – 6 U 89/17	WRP 2018, 1110	C 72
Pfizer/Orifarm	EuGH, 21.06.2018 – C-681/16	GRUR 2018, 904	E 591, 602, 604
Pharma-Vertriebsbereiche	OLG Frankfurt/Main, 10.08.2017 – 6 U 63/17	GRUR-RR 2018, 251	G 124, 136
Pharmon	EuGH, 09.07.1985 – Rs. 19/84	GRUR Int 1985, 822	E 574
Philips und Nokia	EuGH, 01.12.2011 – C-446/09	GRUR 2012, 828	B 244
Piadina-Rückruf	BGH, 30.07.2015 – I ZR 250/12	GRUR 2016, 406	I 31, 32, 36, 50, 51, 52, 53

Entscheidungsregister

Entscheidungsstichwort	Gericht/Datum/Aktenzeichen	Fundstelle	zitiert in
Pipettensystem	BGH, 27.02.2007 – X ZR 38/06	GRUR 2007, 769	A 418, 419, 421; E 628, 640, 641, 645
Pizza Flitzer	OLG Hamburg, 19.07.2007 – 3 U 241/06	GRUR-RR 2008, 370	C 46
PKH-Versagung	OLG München, 01.09.2010 – 5 W 1810/10	MDR 2010, 1342	J 204
Pkw-Laufleistung	OLG Oldenburg, 12.08.2009 – 1 W 37/09	GRUR-RR 2010, 252	C 97
Planungsmappe	BGH, 22.09.1999 – I ZR 48/97	GRUR 2000, 226	I 82
PLOMBIR	BGH, 06.07.2017 – I ZB 59/16	GRUR 2018, 111	J 183
POC	OLG Köln, 14.07.2017 – 6 U 199/16	GRUR-RR 2018, 317	D 56
Polo/Lauren/Dwidua	EuGH, 06.04.2000 – C-383/98	GRUR Int 2000, 748	B 218
Polyferon	BGH, 05.12.1995 – X ZR 26/92	GRUR 1996, 190	D 310, 332, 363
Polymerschaum	BGH, 17.07.2012 – X ZR 117/11	GRUR 2012, 1124	A 14
Polyurethanhartschaum	LG Düsseldorf, 24.04.2006 – 4b O 349/99	InstGE 6, 293	H 165
Porzellanfiguren	OLG Köln, 02.09.2013 – 6 W 114/13	GRUR-RR 2014, 319	G 187
Poststreik	OLG Köln, 13.10.2017 – I-6 U 83/17	GRUR-RR 2018, 268	G 189, 210, 225
Postversandkosten	BGH, 29.03.2018 – I ZR 11/18	GRUR 2018, 655	H 55, 56; J 155
Potticelli	OLG Köln, 24.08.2012 – 6 U 72/12	BeckRS 2012, 19761	G 158
Präklusion neuen Sachvortrags bei Antrag auf Erhöhung der Sicherheitsleistung	OLG Karlsruhe, 13.09.2017 – 6 U 34/17	Mitt 2018, 294	H 70
Pralinenform II	BGH, 22.04.2010 – I ZR 17/05	GRUR 2010, 1103	A 277; D 308
Preisbindung für Franchisegeber II	BGH, 20.05.2003 – KZR 27/02	GRUR 2003, 1062	D 174
Prepaid-Telefonkarte	OLG Düsseldorf, 10.12.2009 – I-2 U 51/08	InstGE 11, 203	A 318, 319, 321, 330
Prepaid-Verfahren	OLG Düsseldorf, 01.07.2009 – I-2 U 51/08	InstGE 11, 164	H 36
Pressefotos	BGH, 06.10.2005 – I ZR 266/02	GRUR 2006, 136	I 103
Presseur	OLG München, 19.03.2010 – 6 W 832/10	InstGE 12, 186	C 167
Primäre Verschlüsselungslogik	OLG Düsseldorf, 19.02.2015 – I-15 U 39/14	GRUR-RR 2016, 97	A 110, 412
Process Forwarding International	LG Hamburg, 07.02.2013 – 327 O 426/12	GRUR-RR 2013, 230	G 192
Product-by-process-Merkmale im Besichtigungsverfahren	OLG Karlsruhe, 16.10.2012 – 6 W 72/12	BeckRS 2013, 19312	B 42, 67, 109
Produkte zur Wundversorgung	BGH, 11.10.2017 – I ZB 96/16	GRUR 2018, 292	D 669, 677, 695, 709; H 108, 111
Produktionsrückstandsentsorgung	BGH, 10.11.2009 – X ZR 11/06	GRUR 2010, 272	F 55
Produkt-Scanner	OLG Düsseldorf, 07.01.2010 – I-2 W 1/10	InstGE 11, 267	C 184
Projektunterlagen	BGH, 21.09.2017 – I ZB 8/17	GRUR 2018, 222	B 79, 82
Proteinderivat	LG Düsseldorf, 22.03.2001 – 4 O 65/00	InstGE 1, 146	D 28
Proteintrennung	BGH, 18.03.2014 – X ZR 77/12	GRUR 2014, 758	A 87
Provisionsweitergabe	BGH, 19.12.1984 – I ZR 79/83	GRUR 1985, 447	B 299
Proxyserversystem	BGH, 18.03.2010 – Xa ZR 54/06	GRUR 2010, 709	E 734

Entscheidungsregister

Entscheidungsstichwort	Gericht/Datum/Aktenzeichen	Fundstelle	zitiert in
Prozessbürgschaft	LG Düsseldorf, 05.08.2003 – 4 O 107/02	InstGE 3, 227	H 22
Prozesskostenhilfe für Insolvenzverwalter	BGH, 15.02.2007 – I ZB 73/06	MDR 2007, 851	J 199
Prozesskostensicherheit	BGH, 21.06.2016 – X ZR 41/15	GRUR 2016, 1204	E 16, 17, 22
Prozesskostensicherheit I	LG Düsseldorf, 14.02.2002 – 4 O 858/00	InstGE 1, 157	E 29
Prozesskostensicherheit II	LG Düsseldorf, 24.02.2004 – 4a O 12/03	InstGE 3, 147	E 39
Prozesskostensicherheit III	LG Düsseldorf, 14.05.2003 – 12 O 405/02	InstGE 3, 215	E 29
Prozesskostensicherheit IV	LG Düsseldorf, 30.04.2004 – 12 O 52/04	InstGE 4, 287	E 15, 29
Prozesskostensicherheit V	LG Düsseldorf, 21.04.2005 – 4b O 435/04	InstGE 5, 234	E 15
Prozesskostensicherheitsbürgschaft	LG Düsseldorf, 08.02.2011 – 4b O 195/10	InstGE 13, 116	E 59; H 22, 23
Prozessrechner	BGH, 18.02.1977 – I ZR 112/75	GRUR 1977, 539	I 84
Prozessvergleich mit Vertragsstraferegelung	OLG Frankfurt/Main, 08.07.2013 – 6 W 64/13	GRUR-RR 2013, 494	H 99, 104
Prozessvergleich ohne Vertragsstraferegelung	OLG Hamburg, 10.06.2013 – 7 W 49/13	GRUR-RR 2013, 495	H 100
Prüfungspflicht des Admin-C	OLG Düsseldorf, 03.02.2009 – 20 U 1/08	GRUR-RR 2009, 337	D 230
Pumpeinrichtung	OLG Düsseldorf, 08.08.2011 – I-2 W 27/11	InstGE 13, 252	B 434
Pumpeneinrichtung	BGH, 17.04.2007 – X ZR 1/05	GRUR 2007, 959	A 120, 125
P-Vermerk	BGH, 28.11.2002 – I ZR 168/00	GRUR 2003, 228	D 664
Pyrex	BGH, 11.12.2003 – I ZR 68/01	WRP 2004, 350	C 167
Qualitätssprung	OLG Frankfurt/Main, 17.01.2013 – 6 U 88/12	GRUR-RR 2014, 82	G 125
Quarantäne-Buchung II	OLG Frankfurt/Main, 30.07.2018 – 6 W 74/16	GRUR 2018, 976	H 111
Quersubventionierung von Laborgemeinschaften II	BGH, 17.09.2009 – I ZR 103/07	GRUR 2010, 365	J 35, 54
Radschützer	BGH, 15.03.2005 – X ZR 80/04	GRUR 2005, 665	A 272, 279, 281, 282
Raffvorhang	BGH, 25.01.2011 – X ZR 69/08	GRUR 2011, 411	E 63, 66
Rahmengestell	LG Düsseldorf, 22.07.2003 – 4a O 104/03	InstGE 3, 221	C 156
Raltegravir	BGH, 11.07.2017 – X ZB 2/17	GRUR 2017, 1017	D 363
Rammverpresspfahl	LG Düsseldorf, 13.10.1998 – 4 O 348/94	Entscheidungen 1999, 32	I 230
Rangierkatze	BGH, 13.12.2005 – X ZR 14/02	GRUR 2006, 399	A 110, 208, 210
Rasierklingeneinheiten	OLG Düsseldorf, 30.04.2018 – I-15 W 9/18	GRUR 2018, 855	D 708; H 108
Raumkühlgerät	OLG Düsseldorf, 30.01.2003 – 2 U 71/99	GRUR-RR 2003, 327	B 71
Räumschild	BGH, 18.05.1999 – X ZR 156/97	GRUR 1999, 977	A 411; D 185
Reaktanzschleife	LG Düsseldorf, 25.11.2011 – 4 O 11/96	Entscheidungen 1999, 83	I 115
Rechenrad	OLG Düsseldorf, 31.01.1958 – 2 U 80/57	GRUR 1959, 538	E 65
Recherche-Kosten	OLG Frankfurt/Main, 06.07.1994 – 6 W 65/94	GRUR 1996, 967	B 422, 423

1109

Entscheidungsregister

Entscheidungsstichwort	Gericht/Datum/Aktenzeichen	Fundstelle	zitiert in
Rechnungslegung über Gestehungskosten	OLG Düsseldorf, 03.05.2011 – I-2 W 10/11	InstGE 13, 226	H 240, 259
Rechtsanwalt an einem dritten Ort	BGH, 21.12.2011 – I ZB 47/09	MDR 2012, 191	B 351
Rechtsanwaltsabmahnung in Routinesache	OLG Düsseldorf, 20.02.2001 – 20 U 194/00	Mitt 2001, 305	C 49
Rechtshängigkeit in der Schweiz	OLG Frankfurt/Main, 28.02.2005 – 6 W 154/04	Mitt 2006, 286	C 187
Rechtskraft des Zwangsmittelbeschlusses	BGH, 13.07.2017 – I ZR 64/16	GRUR 2018, 219	H 204, 207, 208
Rechtsprechungszitat	KG, 24.02.2004 – 5 U 273/03	GRUR-RR 2004, 258	C 14
Rechtsschutzbedürfnis für weiteren Unterlassungstitel	OLG Frankfurt/Main, 26.04.2012 – 6 U 2/11	GRUR-RR 2012, 404	H 150
Recycling Aktiv	LG Düsseldorf, 28.09.2016 – 2a O 269/15	GRUR-RR 2017, 167	G 259
Regal-Ordnungssysteme	OLG München, 08.12.1989 – 6 W 3050/89	GRUR 1990, 352	E 733
Regenbecken	BGH, 05.05.1998 – X ZR 57/96	GRUR 1998, 895	A 91
Reifenabdichtmittel	BGH, 12.07.2011 – X ZR 75/08	GRUR 2011, 1109	A 23
Reinigungsmittel für Kunststoffverarbeitungsmaschinen	LG Düsseldorf, 16.01.1996 – 4 O 5/95	Entscheidungen 1996, 1	D 27
Reisekostenfestsetzung	OLG Düsseldorf, 03.09.2009 – I-2 W 52/09	InstGE 11, 177	B 360
Reisestellenkarten	BGH, 30.03.2011 – KZR 6/09	WuW/E DE-R 2708	E 228
Renault	EuGH, 05.10.1988 – 53/87	Slg 1988, 6039	E 247
RESCUE-Produkte	BGH, 27.04.2017 – I ZB 34/15	GRUR-RR 2017, 416	B 158
Resellervertrag	BGH, 26.03.2009 – I ZR 44/06	GRUR 2009, 660	C 54, 99; I 92, 100, 109, 141, 220, 233
Resin	BGH, 29.10.1957 – I ZR 192/56	GRUR 1958, 179	A 445
Resistograph	BGH, 09.11.2017 – I ZR 134/16	GRUR 2018, 417	A 297
Rest-Entschädigungsanspruch	OLG München, 27.07.2006 – 6 U 4349/04	Mitt 2009, 559	D 419
Restitutionsklage	LG Düsseldorf, 24.06.1986 – 4 O 16/86	GRUR 1987, 628	G 296
Restschadstoffentfernung	BGH, 01.08.2006 – X ZR 114/03	GRUR 2006, 962	A 98, 99; B 62, 180; J 8
Restwertbörse	BGH, 29.04.2010 – I ZR 68/08	GRUR 2010, 623	D 601, 618, 621
Restwertbörse II	BGH, 20.06.2013 – I ZR 55/12	GRUR 2013, 1235	D 349
Réunion Européenne	EuGH, 27.10.1998 – C-51/97	Slg 1998, I-06511	D 29
Rezeptortyrosinkinase II	BGH, 27.09.2016 – X ZR 124/15	GRUR 2017, 261	A 322, 333, 334
Ribavirin	LG Düsseldorf, 24.02.2004 – 4a O 12/03	InstGE 4, 97	A 423
Richterausschluss	BGH, 12.11.2002 – X ZR 176/01	GRUR 2003, 550	A 139; E 694
Rigg	BGH, 10.12.1981 – X ZR 70/80	GRUR 1982, 165	A 417
Riptide	BGH, 22.03.2018 – I ZR 265/16	GRUR 2018, 914	C 41; D 228
Rohrleitungsprüfung	OLG Karlsruhe, 13.04.2018 – 6 U 161/16	GRUR 2018, 1030	E 545
Rohrleitungsverdichter	OLG München, 01.09.2005 – 6 W 2984/04	InstGE 6, 55	H 127
Rohrmuffe	BGH, 18.12.2012 – X ZR 7/12	GRUR 2013, 316	B 67, 180
Rohrreinigungsdüse II	BGH, 21.02.2012 – X ZR 111/09	GRUR 2012, 485	E 133
Rohrschweißverfahren	OLG Düsseldorf, 24.06.2004 – I-2 U 18/03	InstGE 4, 252	A 426, 457

Entscheidungsstichwort	Gericht/Datum/Aktenzeichen	Fundstelle	zitiert in
Rohrschweißverfahren	BGH, 27.02.2007 – X ZR 113/04	GRUR 2007, 773	A 405, 421, 426, 427, 428; D 443, 445, 711; E 653
Rohrverzweigung	LG Düsseldorf, 07.11.2000 – 4 O 438/99	InstGE 1, 154	D 35
Rolex	EuGH, 06.02.2014 – C-98/13	Mitt 2014, 200	B 232
Rolex-Internetversteigerung	OLG Köln, 18.03.2005 – 6 U 12/01	GRUR-RR 2006, 50	D 186
Rollenantriebseinheit I	BGH, 17.10.2000 – X ZR 223/98	GRUR 2001, 226	E 536
Rollstuhlfahrrad	LG Düsseldorf, 21.12.1993 – 4 O 235/92	GRUR 1994, 509	A 204
Rotationsbürstenwerkzeug	BGH, 24.03.1994 – X ZR 108/91	GRUR 1994, 602	H 200
Rotationssymmetrische Behälter	BPatG, 01.02.1980 – 5 W (pat) 440/78	GRUR 1980, 852	G 296
Roter mit Genever	BGH, 28.11.1991 – I ZR 297/89	GRUR 1992, 203	B 282
Rotordüse	LG Düsseldorf, 22.07.2005 – 4b O 327/04	InstGE 6, 30	H 155
Rotorelemente	BGH, 12.05.2015 – X ZR 43/13	GRUR 2015, 875	A 9, 11, 34
RSS-Feeds	BGH, 27.03.2012 – VI ZR 144/11	GRUR 2012, 751	D 202
RTE/Magill	EuGH, 06.04.1995 – C-241/91 P und C-242/91 P	Slg 1995, I-808	E 222
Rücknahme der Lizenzbereitschaftserklärung II	BPatG, 28.03.2017 – 7 W (pat) 22/15	Mitt 2017, 268	E 571
Rücknahme des Ordnungsmittelantrages	OLG Düsseldorf, 31.03.2008 – I-2 W 29/07	InstGE 9, 56	H 135, 176
Rückruf von RESCUE-Produkten	BGH, 29.09.2016 – I ZB 34/15	GRUR 2017, 208	H 123, 147, 156
Rückzahlung der Lizenzgebühr	BGH, 05.05.2011 – IX ZR 176/10	GRUR 2011, 758	D 48; I 18, 57
Rundfunkübertragungssystem	BGH, 24.03.1987 – X ZR 20/86	BGHZ 100, 249, GRUR 1987, 626	A 8
Sachverständigenablehnung I	BGH, 04.12.2001 – X ZR 199/00	GRUR 2002, 369	J 80
Sachverständigenablehnung II	BGH, 23.10.2007 – X ZR 100/05	GRUR 2008, 191	J 73, 78, 81, 95, 97
Sachverständigenablehnung III	BGH, 23.09.2008 – X ZR 135/04	GRUR 2009, 92	J 108, 109
Sachverständigenablehnung IV	BGH, 27.09.2011 – X ZR 142/08	GRUR 2012, 92	J 81
Sachverständigenablehnung V	BGH, 03.04.2012 – X ZR 67/09	GRUR 2012, 855	J 84, 108
Sachverständigenablehnung VI	BGH, 23.10.2012 – X ZR 137/09	GRUR 2013, 100	J 77
Sachverständigenentschädigung III	BGH, 16.12.2003 – X ZR 206/98	GRUR 2004, 446	J 65
Sachverständigenentschädigung IV	BGH, 07.11.2006 – X ZR 138/04	GRUR 2007, 175	J 56, 65, 66
Sachverständigenentschädigung VI	BGH, 28.05.2013 – X ZR 137/09	GRUR 2013, 863	J 65, 67
Sammelförderer	BGH, 27.10.1998 – X ZR 56/96	NJW-RR 1999, 546	A 106
Sammelhefter II	BGH, 16.10.2007 – X ZR 226/02	GRUR 2008, 60	E 695
Sauggreifer	LG Mannheim, 29.10.2010 – 7 O 214/10	InstGE 13, 11, GRUR-RR 2011, 83	A 277; D 308; G 42
Schadensberechnung	OLG Karlsruhe, 05.08.2013 – 6 U 114/12	GRUR-RR 2014, 55	I 86, 93, 112, 115, 119, 126, 131
Schädlingsbekämpfungsmittel	BGH, 24.02.1970 – X ZR 49/66	GRUR 1970, 361	A 316
Schallplattenimport	BGH, 06.05.1981 – I ZR 92/78	GRUR 1982, 100	E 624
Scharniere auf Hannovermesse	OLG Braunschweig, 21.12.2011 – 2 U 61/11	GRUR-RR 2012, 97	G 50
Schaumstoffherstellung	OLG Düsseldorf, 07.02.2008 – I-20 W 152/07	InstGE 9, 41	B 103, 104, 156

1111

Entscheidungsregister

Entscheidungsstichwort	Gericht/Datum/Aktenzeichen	Fundstelle	zitiert in
Scheibenbremse	OLG Düsseldorf, 23.01.2013 – I-2 W 33/12	GRUR-RR 2013, 273	H 199, 253
Schiebewagen	OLG Düsseldorf, 08.08.2013 – I-2 U 22/12	BeckRS 2013, 16787	F 85
Schießbolzen	BGH, 07.11.1978 – X ZR 58/77	GRUR 1979, 149	A 250
Schlachtroboter	OLG Düsseldorf, 27.11.2008 – I-2 W 98/08	InstGE 10, 138	A 283
Schlampige Abmahnung	LG Freiburg, 30.11.2015 – 12 O 46/15 KfH	GRUR-RR 2016, 360	C 41
Schließfolgeregler	OLG Düsseldorf, 02.07.1998 – 2 U 35/97	GRUR 1999, 702	A 137
Schlumpfserie	BGH, 06.07.1979 – I ZR 55/79	GRUR 1979, 807	H 47
Schmiergeldzahlung	BGH, 08.05.1985 – IVa ZR 138/83	BGHZ 94, 268	B 162
Schmiermittel	BGH, 14.02.2008 – I ZR 135/05	GRUR 2008, 933	D 470; I 223, 226
Schmuckanhänger	OLG Zweibrücken, 08.11.1996 – 2 U 53/95	GRUR 1997, 131	H 257, 267
Schneckenköder	OLG Dresden, 31.05.2016 – 14 U 247/15	GRUR-RR 2016, 313	G 12
Schneidbrennerstromdüse	BGH, 11.04.2006 – X ZR 139/03	GRUR 2006, 747	E 546
Schneidmesser I	BGH, 12.03.2002 – X ZR 168/00	GRUR 2002, 515	A 180
Schneidmesser II	BGH, 12.03.2002 – X ZR 135/01	GRUR 2002, 519, GRUR 2002, 523, Mitt 2002, 216	A 7, 180, 186, 191
Schnellverschlusskappe	BGH, 13.10.2009 – X ZR 79/06	GRUR 2010, 861	D 288, 290
Schräg-Raffstore	OLG Düsseldorf, 08.09.2011 – I-2 U 77/09	InstGE 13, 199	C 56; I 154, 168, 184, 188, 213, 214, 221
Schreibgeräte	BGH, 24.03.2011 – I ZR 211/08	MDR 2011, 1437	E 102
Schubladenverfügung	OLG München, 09.03.2006 – 29 U 4994/05	GRUR-RR 2006, 176	C 49
Schubladenverfügung	BGH, 07.10.2009 – I ZR 216/07	GRUR 2010, 257	C 49
Schuldnachfolge	BGH, 26.04.2007 – I ZR 34/05	GRUR 2007, 995	D 311, 332
Schuldner des Auskunftsanspruchs	OLG München, 14.07.2008 – 6 W 1241/08	InstGE 10, 254	H 13
Schussfadengreifer	LG Düsseldorf, 25.08.1998 – 4 O 165/97	GRUR Int 1999, 455	D 18
Schussfädentransport	BGH, 12.12.2006 – X ZR 131/02	GRUR 2007, 309	A 58
Schutzrechtsverwechslung	LG München I, 18.08.1994 – 7 O 537/94	Mitt 1995, 53	C 131
Schutzschrift	OLG Hamburg, 23.10.2013 – 4 W 100/13	GRUR-RR 2014, 96	G 253
Schutzschriftkosten	OLG Rostock, 21.10.2010 – 5 W 117/10	GRUR-RR 2011, 230	G 253
Schutzverkleidung für funktechnische Anlagen	OLG Düsseldorf, 14.03.2018 – I-15 U 49/16	GRUR 2018, 814	D 390; E 503, 504, 506, 508, 513, 514, 515, 524, 529
Schweißbrennerreinigung	BGH, 01.02.2005 – X ZR 214/02	GRUR 2005, 567	E 517, 535, 543
Schwerlastregal	LG Düsseldorf, 12.05.2005 – 4b O 156/04	InstGE 5, 161	I 215
Schwerlastregal II	OLG Düsseldorf, 15.02.2007 – I-2 U 71/05	InstGE 7, 194	D 451, 452; H 242; I 79, 146, 147, 166, 173, 175, 185, 199, 215
Schwungrad	LG Düsseldorf, 31.05.2001 – 4 O 128/00	InstGE 1, 261	D 9

Entscheidungsstichwort	Gericht/Datum/Aktenzeichen	Fundstelle	zitiert in
Seeing is Believing	BGH, 22.04.2009 – I ZR 5/07	GRUR 2009, 1052	E 303
Seitenaufprall-Schutzeinrichtung	LG Mannheim, 08.03.2013 – 7 O 139/12	GRUR-RR 2013, 449	D 177
Seitenspiegel	BGH, 11.10.2005 – X ZR 76/04	GRUR 2006, 131	A 98, 210; D 609; F 49; J 8
Sektionaltor	BGH, 15.09.2009 – X ZR 115/05	GRUR 2010, 322	E 775, 777
Sektionaltor II	BGH, 16.05.2017 – X ZR 85/14	GRUR 2017, 890	D 418, 619; E 166, 167, 169, 170, 179, 181, 183
Sektionaltorantrieb	OLG Düsseldorf, 07.08.2014 – I-2 U 91/13	GRUR 2014, 1190	D 262, 619; E 166, 169, 175, 179, 182
Sekundenschnell	BGH, 17.07.1997 – I ZR 40/95	GRUR 1997, 931	C 84
selbst (eigenhändig) durchgeführte Recherche	BPatG, 20.05.2015 – 3 ZA (pat) 2/15	Mitt 2015, 417	B 423
Selbstwiderlegung im Beschwerdeverfahren	KG, 20.09.2016 – 5 W 147/16	GRUR-RS 2016, 20973	G 160
Sendeprotokoll	OLG Schleswig, 25.04.2007 – 6 W 10/07	GRUR-RR 2008, 138	C 36
Sequestrationsanspruch	OLG Frankfurt/Main, 09.11.2005 – 6 W 138/05	InstGE 6, 51	C 164
Sequestrationskosten	BGH, 20.07.2006 – I ZB 105/05	NJW 2006, 3010	D 667
Servospur	OLG Karlsruhe, 13.12.2006 – 6 U 174/02	InstGE 8, 14	E 212, 253, 270
shell.de	BGH, 22.11.2001 – I ZR 138/99	GRUR 2002, 622	D 437
Sicherheitsabschlag	OLG Düsseldorf, 23.07.2012 – I-2 W 20/12	GRUR-RR 2012, 493	B 435, 436
Sicherheitsschaltgerät	OLG Düsseldorf, 11.02.2010 – I-2 U 116/07	InstGE 9, 117	H 35, 47, 48, 49, 50, 51
Sicherung der Drittauskunft	BGH, 21.09.2017 – I ZR 58/16	GRUR 2017, 1236	D 558
Sicherungsvollstreckung	OLG Düsseldorf, 21.07.2008 – I-2 W 28/08	InstGE 9, 175	H 7
Sickerschacht	LG Düsseldorf, 18.12.2008 – 4b O 269/08	InstGE 11, 97	G 197
Signalübertragungsvorrichtung	LG Düsseldorf, 16.03.1993 – 4 O 137/92	GRUR 1993, 812	E 139
Silver Linings Playbook	BGH, 12.05.2016 – I ZR 86/15	GRUR 2016, 1289	D 206, 207
Simplify your Production	OLG Hamburg, 10.04.2008 – 3 U 78/07	GRUR-RR 2008, 366	G 120
Simvastatin	OLG Düsseldorf, 02.10.2003 – 2 U 61/03	InstGE 3, 179	A 267; D 373
Simvastatin	BGH, 05.12.2006 – X ZR 76/05	GRUR 2007, 221	A 267; D 441
Sitzheizung	OLG Düsseldorf, 03.08.2009 – I-2 U 154/08	InstGE 11, 175	J 164
Sitzplatznummerierungseinrichtung	BGH, 02.12.2014 – X ZB 1/13	GRUR 2015, 199	A 213
Skistiefel	BGH, 27.05.1982 – I ZR 35/80	GRUR 1982, 681	E 147
SMD-Widerstand	OLG Karlsruhe, 14.01.2009 – 6 U 54/06	InstGE 11, 15	A 298, 336, 344; D 308, 531, 619
SMS-Nachricht	LG Düsseldorf, 24.02.2011 – 4b O 194/09	InstGE 13, 120	G 9
Solvay	EuGH, 12.07.2012 – C-616/10	GRUR 2012, 1169	D 11, 28
Sommer unseres Lebens	BGH, 12.05.2010 – I ZR 121/08	GRUR 2010, 633	C 205
Sondernewsletter	BGH, 10.12.2009 – I ZR 149/07	GRUR 2010, 744	C 56

Entscheidungsstichwort	Gericht/Datum/Aktenzeichen	Fundstelle	zitiert in
Sonnenkollektor	OLG Düsseldorf, 02.03.2009 – I-2 W 10/09	InstGE 12, 247	C 114
Sorbitol	BGH, 28.11.2012 – X ZB 6/11	GRUR 2013, 318	E 383
Sorgfältige Auskunft	LG Düsseldorf, 24.07.2008 – 4a O 183/07	GRUR-RR 2009, 195	H 265
Sortimentsumstellung	OLG Braunschweig, 13.08.2004 – 2 W 101/04	Mitt 2005, 181	C 33
Spannschraube	BGH, 02.03.1999 – X ZR 85/96	GRUR 1999, 909	A 51; B 7
Spannvorrichtung	BGH, 20.06.2000 – X ZR 88/00	GRUR 2000, 862	H 33
Sparkassen-Rot/Santander-Rot	BGH, 23.09.2015 – I ZR 78/14	GRUR 2015, 1201	E 703
Speicherung auf Zuruf	OLG Frankfurt/Main, 17.11.2009 – 11 W 54/09	GRUR-RR 2010, 91	D 558
Spiegel-CD-ROM	BGH, 05.07.2001 – I ZR 311/98	GRUR 2002, 248	E 212
Spielautomat II	BGH, 08.03.1973 – X ZR 6/70	GRUR 1973, 518	D 436
Spielsteuerung	OLG Karlsruhe, 11.01.2013 – 6 W 82/12	GRUR-RR 2013, 182	C 150, 162, 164
Spinnturbine II	BGH, 11.11.1980 – X ZR 58/79	GRUR 1981, 186	E 536
Sportreisen	OLG Frankfurt/Main, 09.01.2014 – 6 U 106/13	GRUR 2014, 296	D 379, 407
Sportschuhsohle	LG Düsseldorf, 05.02.2002 – 4a O 33/01	InstGE 3, 54	D 44; E 724
Sportwettenerlaubnis	BGH, 28.09.2011 – X ZR 68/10	MDR 2011, 1441	E 751
Sportzubehör	OLG Hamburg, 22.12.2017 – 3 W 38/17	GRUR-RR 2018, 173	G 200
Spritzgießmaschine	BGH, 22.06.1976 – X ZR 44/74	GRUR 1976, 715	C 137
Spulkopf	BGH, 13.11.1997 – X ZR 6/96	GRUR 1998, 684	E 671
Spulkopf II	OLG Düsseldorf, 04.03.2004 – I-2 U 123/97	InstGE 4, 165	I 108, 129, 131, 132
Spundfass	OLG Düsseldorf, 28.06.2002 – VI-U (Kart) 18/01	InstGE 2, 168	E 212, 220
Stabilisierung der Wasserqualität	BGH, 03.02.2015 – X ZR 76/13	GRUR 2015, 472	D 87
Stadtplanausschnitte Online	OLG Köln, 19.03.2010 – 6 U 167/09	GRUR-RR 2010, 274	D 229
Standardabschlussschreiben	OLG Hamburg, 06.02.2014 – 3 U 119/13	GRUR-RR 2014, 229	G 261
Standard-Spundfass	BGH, 13.07.2004 – KZR 40/02	GRUR 2004, 966	E 212, 213, 220, 222, 249, 250, 251, 296; G 272
Stanzwerkzeug	OLG Karlsruhe, 02.12.2013 – 6 W 69/13	GRUR 2014, 352	E 765, 784
Stapeltrockner	BGH, 22.11.2005 – X ZR 81/01	GRUR 2006, 314	F 49; J 8
»statt«-Preis	BGH, 04.05.2005 – I ZR 127/02	GRUR 2005, 692	G 271
Staubsaugerfilter	OLG Düsseldorf, 02.12.1999 – 2 U 71/98	GRUR 2000, 599	A 55, 65, 211
Staubsaugerrohr	BGH, 12.10.2004 – X ZR 176/02	Mitt 2005, 281	A 180, 195
Steckverbindergehäuse	BGH, 21.09.2006 – I ZR 6/04	GRUR 2007, 431, MDR 2007, 732	I 155, 156, 166, 167, 168, 169, 170, 171, 173, 178, 179, 181, 183, 186, 187, 190, 200, 215, 216
Steckverbindung	BGH, 16.10.2012 – X ZB 10/11	GRUR 2012, 1242	A 32
Steinknacker	OLG Düsseldorf, 07.12.1995 – 2 U 214/94	Mitt 1997, 257	E 740

Entscheidungsstichwort	Gericht/Datum/Aktenzeichen	Fundstelle	zitiert in
Sterilcontainer	OLG Düsseldorf, 27.03.2014 – I-15 U 19/14	BeckRS 2014, 16067	A 268, 277, 284
Sterilisationsverfahren	LG Düsseldorf, 01.08.2006 – 4a O 283/05	InstGE 7, 1	D 310, 332
Steroidbeladene Körner	LG Düsseldorf, 04.03.2003 – 4 O 456/01	InstGE 3, 91	A 347; E 162, 245
Steroidbeladene Körner	BGH, 16.12.2010 – Xa ZR 66/10	GRUR 2011, 364	I 24, 26, 65
steroidbeladene Körner II	LG Düsseldorf, 30.10.2008 – 4b O 227/07	InstGE 10, 108	I 24, 26, 65
Steuereinrichtung II	BGH, 30.05.1995 – X ZR 54/93	GRUR 1995, 578	I 91
Stickstoffmonoxyd-Nachweis	LG Mannheim, 23.04.2010 – 7 O 145/09,	InstGE 12, 200	D 290, 351, 668, 670, 700
Stiftparfüm	BGH, 17.08.2011 – I ZR 57/09	BGHZ 191, 19, GRUR 2011, 1038	D 195, 331
Stirnlampen	BGH, 10.03.2016 – I ZR 183/14	WRP 2016, 1351	D 330, 338
Störerhaftung des Access-Providers	BGH, 26.11.2015 – I ZR 174/14	GRUR 2016, 268	D 201, 218
Stornierungsentgelt	BGH, 18.10.2011 – KZR 18/10	WM 2012, 622	C 24
Straffreie Rolex-Plagiate	EuGH, 07.01.2004 – C-60/02	GRUR 2004, 501	B 218
Strahlregler	OLG Düsseldorf, 01.08.2006 – 4a O 283/05	InstGE 11, 116	H 16, 19
Straßenbaumaschine	BGH, 31.03.2009 – X ZR 95/05	GRUR 2009, 653	A 11, 98
Straßenverengung	BGH, 22.10.1992 – IX ZR 36/92	GRUR 1993, 415	G 192, 210
Streitwert bei parallelem Vorgehen	OLG Hamm, 01.12.2015 – 4 W 97/14	GRUR-RR 2016, 383	J 129
Streitwert für die Berechnung der Anwaltsgebühren bei verbundenen Nichtigkeitsklagen	BPatG, 20.08.2013 – 3 NI 15/08	Mitt 2014, 44	J 170
Streitwert für die Revisionsinstanz	BGH, 12.09.2013 – I ZR 58/11	BeckRS 2013, 20393	J 143
Streitwertaddition	OLG Frankfurt/Main, 04.06.2012 – 6 W 60/12	GRUR-RR 2012, 367	J 143
Streitwertbegünstigung	KG, 13.12.2016 – 5 W 244/16	GRUR-RR 2017, 127	J 187
Streitwertbegünstigung für BGB-Gesellschaft II	OLG München, 20.11.2001 – 6 W 2850/01	InstGE 2, 81	J 188
Streitwertbeschwerde	BGH, 30.08.2011 – X ZR 105/08	Mitt 2012, 41	J 171
Streitwertermäßigung	OLG Düsseldorf, 11.08.2004 – I-2 W 5/03	InstGE 5, 70	J 191
Streitwertkorrektur	OLG Hamburg, 18.10.2004 – 3 W 40/04	InstGE 6, 124	J 153, 182
Stromwandler	BGH, 20.10.1977 – X ZR 37/76	GRUR 1978, 235	A 64
Synchronmotor	OLG Düsseldorf, 17.03.2011 – I-2 U 120/09	InstGE 13, 129	A 20
Synthetisch hergestelltes Vitamin C	OLG Hamm, 28.08.2007 – 4 W 48/07	GRUR-RR 2007, 407	H 118
Taeschner/Pertussin I	BGH, 15.01.1957 – I ZR 39/55	BGHZ 23, 100	A 312
Taeschner/Pertussin II	BGH, 11.12.1956 – I ZR 93/55	GRUR 1957, 352	A 312
Take Five	BGH, 19.07.2012 – I ZR 24/11	GRUR 2012, 914	E 200
Tampon	LG Düsseldorf, 12.01.2010 – 4b O 286/08	InstGE 11, 291	D 64
Tamsulosin	LG Düsseldorf, 23.01.2007 – 4a O 82/06	InstGE 7, 136	B 306
Tannöd	BGH, 12.05.2016 – I ZR 1/15	GRUR 2016, 1275	C 50; J 126, 151

Entscheidungsstichwort	Gericht/Datum/Aktenzeichen	Fundstelle	zitiert in
Taschenlampe	LG Düsseldorf, 12.12.2007 – 14c O 129/07	InstGE 9, 114	G 261
Tatry/Maciej Rataj	EuGH, 06.12.1994 – C-406/92	JZ 1995, 616, NJW 1995, 1983	C 186; E 98, 101, 116
Tauschbörse I	BGH, 11.06.2015 – I ZR 19/14	GRUR 2016, 176	A 299
Tauschbörse III	BGH, 11.06.2015 – I ZR 75/14	GRUR 2016, 191	D 207
Taxameter	BGH, 04.05.2004 – X ZR 234/02	GRUR 2004, 755	D 622
Taxi-Genossenschaft	BGH, 16.12.1986 – KZR 36/85	GRUR 1987, 564	D 436, 437
Tchibo/Rolex	BGH, 17.06.1992 – I ZR 107/90	GRUR 1993, 55	I 82
T-Company L.P	OLG Düsseldorf, 13.07.2000 – 20 W 37/00	GRUR-RR 2001, 286	C 38
Teigportioniervorrichtung	LG Düsseldorf, 20.05.1999 – 4 O 295/95	Entscheidungen 1999, 60	I 116
Teilunterwerfung	BGH, 25.04.2002 – I ZR 296/99	GRUR 2002, 824	C 76
Telefonwerbung nach Unternehmenswechsel	BGH, 11.03.2010 – I ZR 27/08	GRUR 2010, 939	C 56
Teleskopzylinder	BGH, 18.02.1992 – X ZR 8/90	GRUR 1992, 599	D 458
Telex-Abmahnung	OLG Düsseldorf, 01.09.1989 – 2 W 79/89	GRUR 1990, 310	C 32
Temperaturwächter	BGH, 19.12.2000 – X ZR 150/98	GRUR 2001, 323	E 686, 688
Terminsgebühr	OLG Düsseldorf, 05.09.2005 – I-2 W 30/05	InstGE 6, 41	E 6
Terminsgebühr	OLG Frankfurt/Main, 30.10.2006 – 6 W 181/06	GRUR-RR 2007, 62	G 180
Terminsgebühr bei Säumnis	OLG Köln, 12.09.2005 – 17 W 178/05	Mitt 2006, 286	B 371
Terminskosten für Patentanwalt	OLG Düsseldorf, 07.09.2011 – I-2 W 34/11	InstGE 13, 280	B 366, 369, 371
Terrapin/Terranova	EuGH, 22.06.1976 – Rs. 119/75	GRUR Int 1976, 402	E 619
Testfundstelle	BGH, 17.09.2009 – I ZR 217/07	GRUR 2010, 355	C 24, 76, 77, 83, 98, 99; D 326; H 104, 183
Testkauf im Internet	BGH, 11.05.2017 – I ZR 60/16	GRUR 2017, 1140	B 298, 300; C 89; D 332
Teststreifen zur Blutzuckerkontrolle II	BGH, 01.06.2017 – I ZR 152/13	GRUR 2017, 938	G 243
Textilgarn	BGH, 23.09.1958 – I ZR 106/57	GRUR 1959, 125	A 310
Textilhandel	OLG Frankfurt/Main, 21.01.2005 – 6 W 3/05	GRUR-RR 2005, 104	B 361
TFN-bindende Proteine	LG Düsseldorf, 15.12.2016 – 4 b O 48/15	GRUR-RR 2017, 181	E 607
THE HOME STORE	BGH, 13.09.2007 – I ZR 33/05	GRUR 2008, 254	D 9, 615
Thermocycler	OLG Düsseldorf, 21.12.2006 – I-2 U 58/05	InstGE 7, 139	A 296; D 643, 646, 648, 650; E 740
Thermoplastische Zusammensetzung	BGH, 25.02.2010 – Xa ZR 100/05	GRUR 2010, 414	A 5
Thomas Philipps/Grüne Welle	EuGH, 22.06.2016 – C-419/15	GRUR 2016, 1163	I 12
Tickethändler	OLG Hamburg, 02.10.2007 – 5 W 99/07	OLG-Report 2008, 627	H 102
Tiegelgröße	BGH, 11.10.2017 – I ZR 78/16	GRUR 2018, 431	E 546
Tintenpatrone	LG Düsseldorf, 05.08.2003 – 4 O 107/02	InstGE 3, 150	H 21, 27

Entscheidungsstichwort	Gericht/Datum/Aktenzeichen	Fundstelle	zitiert in
Tintenpatrone I	BGH, 20.05.2008 – X ZR 180/05	GRUR 2008, 896, BGHZ 176, 311	A 68; D 94, 131, 132, 169, 172, 601, 615; I 2, 4, 5
Tintenpatrone II	BGH, 24.01.2012 – X ZR 94/10	GRUR 2012, 430	D 172; I 7
Tintenpatrone III	BGH, 17.04.2012 – X ZR 55/09	GRUR 2012, 753	G 296, 297, 300, 308, 309
Tintenpatronen	OLG Düsseldorf, 11.11.2010 – I-2 U 152/09	GRUR-RR 2011, 122	G 302, 320
Tintenpatronen-Verfügung	LG Düsseldorf, 15.09.2011 – 4b O 99/11	GRUR-RR 2012, 66	G 239
Tintenstrahldrucker	BGH, 06.08.2013 – X ZB 2/12	GRUR 2013, 1135	A 39
Tintentankpatrone	LG Düsseldorf, 18.12.2007 – 4a O 317/06	InstGE 8, 257	I 71, 153, 199
Titelfortfall	OLG Düsseldorf, 13.05.1987 – 2 W 4/87	GRUR 1987, 575	H 171
Titelschuldner im Zwangsvollstreckungsverfahren	BGH, 12.01.2012 – I ZB 43/11	GRUR 2012, 541	H 102, 197
Titelumgehung	OLG Frankfurt/Main, 28.04.2009 – 6 W 60/09	NJOZ 2009, 2565	H 117
Tolbutamid	BGH, 06.03.1980 – X ZR 49/78	GRUR 1980, 841, MDR 1980, 752	I 81, 84, 119, 224, 229, 231
Toleranzbereich	BGH, 11.07.2012 – VIII ZR 323/11	GRUR-RR 2012, 491	C 53
Toleranzgrenze	OLG Stuttgart, 19.04.2012 – 2 U 91/11	GRUR-RR 2012, 412	C 48, 53
Tonerkartuschen	BGH, 05.03.2015 – I ZB 74/14	GRUR 2015, 1248	H 194, 218, 222, 226
Tonträgerpiraterie durch CD-Export	BGH, 03.03.2004 – 2 StR 109/03	GRUR 2004, 421	A 306
Tortenbehälter	LG Düsseldorf, 07.08.1997 – 4 O 288/96	Entscheidungen 1997, 84	D 238
Tournier	EuGH, 13.07.1989 – 395/87	Slg 1989, 2571	E 448
Trägerbahnöse	OLG Düsseldorf, 29.05.2008 – I-2 U 118/06	InstGE 9, 66	A 435; E 579
Trägerplatte	OLG Düsseldorf, 12.07.2007 – I-2 U 15/06	InstGE 8, 141	E 530, 531
Trägerplatte	BGH, 12.02.2009 – Xa ZR 116/07	GRUR 2009, 655	A 55, 234; E 530
Tragkörbe	LG München I, 25.07.2007 – 21 O 12448/06	InstGE 8, 297	H 144
Tragstruktur-Element-Anordnung	LG Mannheim, 11.11.2014 – 2 O 240/13	Mitt 2015, 234	A 168
Trainingsvertrag	BGH, 25.01.2001 – I ZR 323/98	GRUR 2001, 758	C 23, 96
Traktionshilfe	OLG Düsseldorf, 29.07.2010 – I-2 U 139/09	InstGE 12, 213	A 77, 78
Transglutaminase	OLG Hamburg, 29.03.2007 – 3 U 298/06	InstGE 8, 11	B 211; D 482; G 37
Transitwaren	BGH, 25.06.2014 – X ZR 72/13	GRUR 2014, 1189	A 312
Transportfahrzeug	BGH, 27.09.1983 – X ZB 19/82	GRUR 1987, 284	E 716
Treppenlift	BGH, 17.05.2011 – X ZR 77/10	GRUR 2011, 853	F 18
Tretkurbeleinheit	BGH, 27.08.2013 – X ZR 19/12	GRUR 2013, 1272	E 704; F 23
Treuebonus III	OLG München, 13.10.2014 – 29 W 1474/14	GRUR-RR 2015, 87	H 175
TRIANGLE	BGH, 04.02.1993 – I ZR 42/91	GRUR 1993, 556	D 436
Tribenuronmethyl	BGH, 02.02.2012 – I ZR 81/10	GRUR 2012, 945	B 330
Trigonellin	BGH, 20.03.2001 – X ZR 177/98	GRUR 2001, 730	A 360, 361, 371

Entscheidungsregister

Entscheidungsstichwort	Gericht/Datum/Aktenzeichen	Fundstelle	zitiert in
Trioxan	BGH, 06.07.1971 – X ZB 9/70	GRUR 1972, 80	A 116
Tripp-Trapp-Stuhl	BGH, 14.05.2009 – I ZR 98/06	BGHZ 181, 98, GRUR 2009, 856	D 603; I 69, 72, 74, 75, 76, 187, 190, 191, 199, 200
TRIPS-Abkommen	EuGH, 14.12.2000 – C-392/98	GRUR 2001, 235	B 12; E 148
Trockenlegungsverfahren	BGH, 23.04.1991 – X ZR 41/89	GRUR 1991, 744	A 151
Trommeleinheit	BGH, 24.10.2017 – X ZR 55/16	GRUR 2018, 170	E 299, 629, 638, 650, 652, 656
Türbeschläge	OLG Düsseldorf, 15.03.2007 – I-2 U 108/05	InstGE 7, 210	D 604
Turbolader II	OLG Düsseldorf, 07.08.2002 – 2 W 10/02	InstGE 2, 237	C 152, 153, 155, 156, 158
Türinnenverstärkung	BGH, 17.11.2009 – X ZR 137/07	GRUR 2010, 223	D 615
TÜV I	BGH, 24.03.2011 – I ZR 108/09	GRUR 2011, 521	D 252, 253
TÜV II	BGH, 17.08.2011 – I ZR 108/09	GRUR 2011, 1043	D 252, 253; F 30, 67
Tylosin	BGH, 03.06.1976 – X ZR 57/73	GRUR 1976, 579	D 240; E 581
Überkleben von Kontrollnummern	OLG Düsseldorf, 13.06.2001 – 27 U 7/01	GRUR-RR 2002, 23	D 437
Übersehene Schutzschrift	OLG Hamburg, 04.07.2016 – 8 W 68/16	GRUR-RR 2016, 431	G 253
Übersetzung eigener Schriftsätze	OLG Düsseldorf, 17.07.2009 – I-2 W 29/08	InstGE 12, 177	B 427, 434
Übersetzungskosten bei Prozesstrennung	OLG Düsseldorf, 10.01.2017 – I-2 W 31/16	Mitt 2017, 236	D 72
Übersetzungskostenerstattung	OLG Düsseldorf, 22.01.2009 – I-2 W 11/08	InstGE 10, 294	D 71
Überströmventil	BGH, 29.11.1979 – X ZR 12/78	GRUR 1980, 219	A 8
Umhüllungsverfahren	OLG Düsseldorf, 10.08.2006 – I-2 U 120/02	InstGE 7, 62	J 90, 108, 109
Umlenktöpfe	OLG Düsseldorf, 08.12.1977 – 2 U 67/77	GRUR 1978, 425	A 77
Umsatzangaben	BGH, 06.02.2013 – I ZB 79/11	GRUR 2013, 1071	H 206
Umsatzzuwachs	BGH, 07.12.2006 – I ZR 166/03	GRUR 2007, 605	F 30
UMTS-fähige Mobilstation	LG Mannheim, 23.10.2009 – 7 O 125/09	InstGE 11, 215	E 315
UMTS-fähiges Mobiltelefon	LG Mannheim, 02.07.2009 – 7 O 94/08	InstGE 11, 9	D 94, 306; E 302
UMTS-fähiges Mobiltelefon II	LG Mannheim, 18.02.2011 – 7 O 100/10	InstGE 13, 65	D 15, 35, 474; E 105, 315
UMTS-Standard	OLG Karlsruhe, 11.05.2009 – 6 U 38/09	InstGE 11, 124	H 35
UMTS-Standard II	OLG Karlsruhe, 18.04.2011 – 6 U 29/11	InstGE 13, 256	H 35
Umweltengel für Tragetasche	BGH, 19.02.2014 – I ZR 230/12	GRUR 2014, 578	B 81, 111; E 463
Unbeachtlicher Formmangel	OLG Düsseldorf, 27.10.2004 – U (Kart) 42/02	InstGE 5, 78	D 174
Unbedenkliche Mehrfachabmahnung	BGH, 19.07.2012 – I ZR 199/10	GRUR 2013, 307	C 43, 72
Unbegründete Abnehmerverwarnung	BGH, 19.01.2006 – I ZR 217/03	GRUR 2006, 433	C 110
Unberechtigte Abmahnung	BGH, 06.10.2005 – I ZB 37/05	GRUR 2006, 168	C 115
Unberechtigte Abnehmerverwarnung	OLG Düsseldorf, 20.02.2003 – 2 U 135/02	GRUR 2003, 814	C 120, 123

Entscheidungsstichwort	Gericht/Datum/Aktenzeichen	Fundstelle	zitiert in
Unberechtigte Patentberühmung	OLG Düsseldorf, 01.07.2011 – I-2 W 22/11	GRUR-RR 2012, 305	D 55
Unberechtigte Schutzrechtsverwarnung	BGH-GSZ, 15.07.2005 – GSZ - 1/04	GRUR 2005, 882, BGHZ 164, 1	C 110, 125, 137, 143, 145, 179; I 65
Unberechtigte Schutzrechtsverwarnung II	BGH, 01.12.2015 – X ZR 170/12	GRUR 2016, 630	C 126, 140
Unberechtigte Schutzrechtsverwarnung II	OLG Frankfurt, 09.03.2017 – 6 U 161/11	GRUR-RR 2017, 461	C 140
ungesichertes WLAN	OLG Frankfurt/Main, 01.07.2008 – 11 U 52/07	GRUR-RR 2008, 279	D 205
UniBasic-IDOS	BGH, 20.09.2012 – I ZR 90/09	GRUR 2013, 509	B 26, 67
Unikatrahmen	BGH, 07.02.2002 – I ZR 304/99	BGHZ 150, 32	I 187
United Brands	EuGH, 14.02.1978 – 27/76	Slg 1978, 207	E 227
Unrichtige Aufsichtsbehörde	BGH, 10.06.2009 – I ZR 37/07	GRUR 2010, 167	C 83, 84, 92, 95
Unterlassungserklärung durch Anwalt	OLG Karlsruhe, 27.06.2006 – 6 W 120/05	Mitt 2007, 188	D 324
Unterlassungsstreitwert	OLG Celle, 07.12.2011 – 13 U 130/11	GRUR-RR 2012, 270	J 126
Unterlassungsurteil gegen Sicherheitsleistung	BGH, 30.11.1995 – IX ZR 115/94	GRUR 1996, 812	D 434; I 24, 65
Unternehmensübergang	OLG Karlsruhe, 22.01.2014 – 6 U 135/10	GRUR-RR 2014, 362	C 18; D 315; G 176, 223, 242
Unterstretch	LG Düsseldorf, 05.10.2004 – 4b O 190/03	InstGE 5, 1	A 434; D 319
Unvollständige Zustellung	BGH, 10.03.1998 – X ZB 31/97	GRUR 1998, 746	G 197
Unzulässige Streitwertbeschwerde	OLG Düsseldorf, 20.11.2000 – 2 W 69/99	InstGE 2, 299	J 182
UPC-Telekabel	EuGH, 27.03.2014 – C-314/12	GRUR 2014, 468	D 196
Urheberrechtliche Honorarklage	BGH, 17.01.2013 – I ZR 194/12	GRUR 2013, 757	D 52
Urselters II	BGH, 23.05.1990 – I ZR 176/88	GRUR 1990, 1035	D 437
US-Firmensitz	LG München I, 03.02.2005 – 7 O 2353/04	GRUR-RR 2005, 335	E 29
Vakuumgestütztes Behandlungssystem	OLG Düsseldorf, 29.06.2017 – I-15 U 4/17	GRUR-RR 2017, 477	G 132, 143, 145, 146
Vakuumtransportsystem	OLG Düsseldorf, 17.01.2013 – I-2 UH 1/12	BeckRS 2013, 11702	F 53; G 303, 305
Vakuumtransportsystem	BGH, 10.01.2017 – X ZR 17/13	GRUR 2017, 428	F 53; G 285, 300, 303, 305
VA-LCD-Fernseher	OLG Karlsruhe, 08.07.2009 – 6 U 61/09	InstGE 11, 143	G 42, 46, 117, 118
VA-LCD-Fernseher II	LG Mannheim, 27.02.2009 – 7 O 29/09	InstGE 11, 159	G 49
Valsartan	LG Düsseldorf, 08.03.2011 – 4b O 287/10	InstGE 13, 103	A 220
Ventilanbohrvorrichtung	OLG Düsseldorf, 31.05.1979 – 2 U 129/78	GRUR 1979, 636	E 722
verantwortlich für Dresden und Region	OLG Dresden, 07.02.2017 – 4 U 1422/16	GRUR-RS 2017, 102218	G 210
Verbindungsstück	OLG Düsseldorf, 11.06.2015 – I-2 U 64/14	GRUR-RS 2015, 18679	C 8, 44; D 235
verdeckte Tatsachenbehauptung	OLG Köln, 05.07.2005 – 15 U 57/05	GRUR-RR 2005, 363	G 158
Verdichtungsvorrichtung	BGH, 17.07.2012 – X ZR 77/11	GRUR 2012, 1072	E 744

Entscheidungsstichwort	Gericht/Datum/Aktenzeichen	Fundstelle	zitiert in
Verfahren zum Formen	BPatG, 10.07.2013 – 4 Ni 8/11 (EP)	GRUR 2014, 104	D 93, 291
Verfahrensgebühr bei Schutzschrift	OLG Düsseldorf, 25.01.2007 – I-20 W 110/06	InstGE 8, 115	G 259
Verfügungsgrund bei Abnehmerverwarnung II	OLG München, 08.03.2010 – 29 W 901/10	InstGE 12, 184	G 135
Verfügungskosten	BGH, 01.04.1993 – I ZR 70/91	GRUR 1993, 998	B 282, 284
Vergleichsschluss im schriftlichen Verfahren	BGH, 02.02.2012 – I ZB 95/10	GRUR 2012, 957	H 99, 100
Verhütungsmittel	LG Düsseldorf, 13.08.2003 – 4 O 286/01 (ZV)	InstGE 3, 229	H 186
Verkehrsdaten I	OLG Düsseldorf, 08.12.2008 – I-20 W 140/08	InstGE 10, 241	D 566, 567, 569
Verkehrsdaten II	OLG Düsseldorf, 08.12.2008 – I-20 W 130/08	InstGE 10, 246	D 579
Verlagsverschulden II	BGH, 22.01.1998 – I ZR 18/96	GRUR 1998, 963	C 83
Verletzerkette	OLG Hamburg, 24.04.2006 – 5 U 103/04	Mitt 2007, 174	I 74
Verpackungsmaterial	LG Düsseldorf, 02.05.2002 – 4 O 819/00	InstGE 2, 108	D 266, 267, 268, 454
versteckter Beglaubigungsvermerk	OLG Frankfurt/Main, 17.06.2010 – 6 U 48/10	GRUR-RR 2010, 400	G 197
Vertragsstrafe	OLG Rostock, 15.01.2014 – 2 AR 1/13	GRUR 2014, 304	C 103
Vertragsstrafe bis zu … I	BGH, 12.07.1984 – I ZR 123/82	GRUR 1985, 155	C 24; D 323
Vertragsstrafe bis zu … II	BGH, 14.02.1985 – I ZR 20/83	GRUR 1985, 937	C 24
Vertragsstrafe ohne Obergrenze	BGH, 31.05.1990 – I ZR 285/88	GRUR 1990, 1051	C 24
Vertragsstrafebemessung	BGH, 30.09.1993 – I ZR 54/91	GRUR 1994, 146	C 97
Vertragsstrafeneinforderung	BGH, 26.05.2009 – X ZR 185/04	GRUR 2009, 929	C 99
Vertragsstrafenklage	LG Mannheim, 02.08.2010 – 2 O 88/10	InstGE 12, 240	C 102
Vertragsstrafenklausel	BGH, 13.11.2013 – I ZR 77/12	GRUR 2014, 595	C 81
Vertragsstrafevereinbarung	BGH, 18.05.2006 – I ZR 32/03	GRUR 2006, 878	C 76, 83, 84; D 326
Vertragsstrafeversprechen	OLG Celle, 09.02.1989 – 13 U 129/88	GRUR 1990, 481	C 6
Verwarnung aus Kennzeichenrecht II	BGH, 19.01.2006 – I ZR 98/02	GRUR 2006, 432	C 138
Verweigertes Empfangsbekenntnis	OLG Karlsruhe, 23.03.2016 – 6 U 38/16	GRUR-RS 2016, 07206	G 192
Verweisungsantrag in der Berufungsinstanz	OLG Köln, 14.07.2017 – 6 U 199/16	Mitt 2018, 363	D 56
Verwendungspatent	OLG Karlsruhe, 26.02.2014 – 6 U 50/12	GRUR 2014, 764	A 361
Verwendungsschutz	LG Düsseldorf, 07.04.1998 – 4 O 32/97	Mitt 1999, 155	A 359
Verzinsung des Kostenerstattungsanspruchs	BGH, 22.09.2015 – X ZB 2/15	MDR 2016, 57	B 439
verzögertes Anerkenntnis	OLG Saarbrücken, 06.06.2017 – 1 W 18/17	GRUR-RR 2018, 171	C 149
Verzugszinssatz	LG Düsseldorf, 08.06.2005 – 4b O 400/04	InstGE 5, 172	I 134, 238
V-förmige Führungsanordnung	BGH, 23.08.2016 – X ZR 76/14	GRUR 2016, 1254	A 157, 159, 160, 163, 171
Videoplattform	LG Frankfurt/Main, 03.05.2016 – 2-3 O 476/13	GRUR-RR 2017, 3	D 524

Entscheidungsregister

Entscheidungsstichwort	Gericht/Datum/Aktenzeichen	Fundstelle	zitiert in
Videosignal-Codierung I	LG Düsseldorf, 30.11.2006 – 4b O 508/05	InstGE 7, 70	A 344; B 293; E 154, 212, 247, 252, 257, 263, 265, 293, 667
Videosignal-Codierung II	LG Düsseldorf, 30.11.2006 – 4b O 546/05	InstGE 7, 122	A 422, 427
Videosignal-Codierung III	LG Düsseldorf, 11.09.2008 – 4b O 78/07	InstGE 10, 66	E 212, 258, 259, 284, 294
Videospiel-Konsolen II	BGH, 27.11.2014 – I ZR 124/11	GRUR 2015, 672	D 233, 235, 292
Virtueller Verkaufsraum	OLG Koblenz, 21.03.2013 – 9 U 1156/12	BeckRS 2013, 08776	G 189, 198
Vollmachtsnachweis	BGH, 19.05.2010 – I ZR 140/08	GRUR 2010, 1120	C 37, 44, 53
Vollmachtsurkunde	OLG Nürnberg, 04.01.1991 – 3 W 3523/90	GRUR 1991, 387	C 6
Vollstreckung der Rechnungslegung	LG Düsseldorf, 29.01.2007 – 4b O 192/92 (ZV II)	InstGE 7, 188	H 194
Vollstreckungsverzicht im Eilverfahren	OLG Köln, 29.01.2010 – 6 U 177/09	GRUR-RR 2010, 448	G 150
Vollziehung im Verhandlungstermin	OLG München, 14.09.2017 – 6 U 1864/17	GRUR 2018, 444	G 199, 200, 223
Vollziehungsfrist	OLG Düsseldorf, 31.10.2000 – 20 U 126/00	InstGE 1, 255	G 200, 201
Volvo/Veng	EuGH, 05.10.1988 – 238/87	Slg 1988, 6232, Slg 1988, 6211	E 222, 247
Vorausbezahlte Telefongespräche II	BGH, 08.10.2012 – X ZR 110/11	GRUR 2012, 1288	J 153
Vorbereitender Besichtigungsanspruch	OLG Hamm, 31.01.2013 – 4 U 200/12	GRUR-RR 2013, 306	B 70, 74
Vorbeugende Unterwerfungserklärung	BGH, 28.02.2013 – I ZR 237/11	GRUR 2013, 917	C 110
Vorfußentlastungsschuhe	LG München, 05.08.2010 – 7 O 9590/10	Mitt 2012, 95	G 181
Vorgerichtliche Patentanwaltskosten	OLG Frankfurt/Main, 12.11.2009 – 6 U 130/09	GRUR-RR 2010, 127	C 46
vorgeschobene Marktbereinigung II	KG, 09.12.2016 – 5 U 163/15 und 5 W 27/16	GRUR-RR 2017, 114	C 82
Vorlage von Bankunterlagen	OLG Frankfurt/Main, 25.08.2011 – 11 W 29/11	GRUR-RR 2012, 197	B 195, 211
Vorlaminiertes mehrschichtiges Band	LG Düsseldorf, 05.06.2008 – 4a O 27/07	InstGE 9, 246	E 96, 97, 102
Vorprozessuale Patentanwaltskosten	KG, 30.07.2010 – 5 U 161/08	GRUR-RR 2010, 403	C 48
Vorschaubilder	BGH, 29.04.2010 – I ZR 69/08	GRUR 2010, 628	E 205
Vossius	BGH, 11.04.2002 – I ZR 317/99	GRUR 2002, 706	D 437
Walzenformgebungsmaschine	BGH, 15.04.2010 – Xa ZB 10/09	GRUR 2010, 950	A 213; E 383
Walzen-Formgebungsmaschine I	LG Düsseldorf, 09.03.2006 – 4b O 550/05	InstGE 6, 189	B 145
Walzen-Formgebungsmaschine II	LG Düsseldorf, 25.07.2006 – 4b O 550/05	InstGE 6, 294	C 169
Wandabstreifer	BGH, 26.01.1993 – X ZR 79/90	GRUR 1993, 460; BGHZ 121, 194	D 426; E 505
Wandsteckdose II	BGH, 08.10.1971 – I ZR 12/70	BGHZ 57, 116	I 219
Wandverkleidung	LG Düsseldorf, 23.06.2005 – 4 O 297/97	InstGE 5, 173	A 446, 458; E 528
Wärmetauscher	BGH, 10.05.2016 – X ZR 114/13	GRUR 2016, 1031	A 24, 134, 174, 200; D 178, 363; E 135

Entscheidungsregister

Entscheidungsstichwort	Gericht/Datum/Aktenzeichen	Fundstelle	zitiert in
Warnschild	BGH, 07.04.1965 – Ib ZR 86/63	GRUR 1965, 612	B 296, 299
Wartefrist	LG Heilbronn, 03.07.2008 – 8 O 407/07	GRUR-RR 2009, 39	G 261
Wasserdichter Lederschuh	BGH, 30.01.2018 – X ZR 27/16	GRUR 2018, 395	A 118, 119
Wasserinjektionsanlage	LG Mannheim, 07.04.2006 – 7 O 47/06	NJOZ 2007, 2707	C 16
wasserloses Urinal	LG Düsseldorf, 06.11.2003 – 4a O 203/02	InstGE 3, 231	E 725
WC-Erfrischer	LG Düsseldorf, 10.06.2003 – 4b O 166/02	InstGE 3, 153	D 13, 22; G 13, 20
WC-Körbchen II	LG Düsseldorf, 23.09.1999 – 4 O 324/99	Mitt 2000, 108	A 468
WC-Sitzgelenk	OLG Düsseldorf, 07.11.2013 – I-2 U 29/12	GRUR-RR 2014, 185	A 60, 158, 162, 178
Weber	EuGH, 03.04.2014 – C-438/12	NJW 2014, 1871	E 107, 111
Wegfall der Wiederholungsgefahr I	BGH, 09.11.1995 – I ZR 212/93	GRUR 1996, 290	D 317, 325
Wegfall der Wiederholungsgefahr II	BGH, 16.11.1995 – I ZR 229/93	GRUR 1997, 379	D 325; H 170
Weichvorrichtung I	BGH, 20.04.1993 – X ZR 6/91	GRUR 1993, 886	A 86, 148
Weichvorrichtung II	BGH, 05.06.1997 – X ZR 73/95	Mitt 1997, 364	A 84, 86, 90
Weißmacher	OLG Düsseldorf, 20.01.2010 – I-2 W 62/09	InstGE 11, 298	B 33
weitere Abmahnung	OLG Oldenburg, 10.02.2012 – 6 U 247/11	GRUR-RR 2012, 415	C 49
Werbegeschenke	BGH, 09.06.2011 – I ZR 41/10	GRUR 2012, 180	F 30, 33, 34, 35
Werbung des Nachrichtensenders	BGH, 25.03.2010 – I ZR 122/08	GRUR 2010, 1090	D 421, 601; I 81, 190, 198
werkstoffeinstückig	BGH, 07.06.2005 – X ZR 198/01	GRUR 2005, 754	A 51, 52
Werkstück	BGH, 16.06.2011 – X ZB 3/10	GRUR 2011, 851	E 383
Wert des Verfügungsverfahrens	OLG Hamburg, 15.11.2017 – 3 W 92/17	Mitt 2018, 243	J 153, 160
Whistling for a train	BGH, 02.10.2008 – I ZR 6/06	GRUR 2009, 407	I 102, 103
Widerlegung der Dringlichkeitsvermutung	OLG Braunschweig, 14.12.2011 – 2 U 106/11	Mitt 2012, 423	G 136
wiederholter Zwangsmittelantrag	LG Düsseldorf, 25.08.2006 – 4b O 172/00 (ZV III)	InstGE 7, 184	H 210
Wildverbissverhinderung	BGH, 10.11.1970 – X ZR 54/67	GRUR 1971, 210	E 536
Windsor Estate	BGH, 19.07.2007 – I ZR 93/04	GRUR 2007, 877	D 422, 621
Windsurfing International	EuGH, 25.02.1986 – RS 193/83	GRUR Int 1986, 635	I 106
Windturbinenschaufel	LG Hamburg, 26.04.2018 – 327 O 479/16	GRUR-RS 2018, 8035	A 239
Winkelmesseinrichtung	BGH, 21.10.2010 – Xa ZB 14/09	GRUR 2011, 40	A 39
Wintersteiger/Products 4U	EuGH, 19.04.2012 – C-523/10	GRUR 2012, 654	D 15, 17, 18
Wirbel um Bauschutt	OLG Celle, 21.08.2017 – 13 W 45/17	GRUR-RR 2018, 46	H 112
Wirbelkammer	LG Düsseldorf, 05.09.2002 – 4 O 417/01	InstGE 2, 253	E 504
WLAN-Hotspot	OLG Düsseldorf, 16.03.2017 – I-20 U 17/16	GRUR 2017, 811	D 205
WLAN-Schlüssel	BGH, 24.11.2016 – I ZR 220/15	GRUR 2017, 617	D 203, 205
World of Warcraft II	BGH, 12.01.2017 – I ZR 253/14	GRUR 2017, 397	D 235, 252, 253, 434
Wundverband	BGH, 19.02.2013 – X ZR 70/12	GRUR 2013, 1269	D 130

Entscheidungsstichwort	Gericht/Datum/Aktenzeichen	Fundstelle	zitiert in
www.aliexpress.com	KG, 03.11.2015 – 5 U 29/14	GRUR-RR 2016, 335	D 189
Z.Games Abo	OLG Hamburg, 28.02.2013 – 3 U 136/11	GRUR-RR 2013, 464	D 238
Zählrate	OLG Frankfurt/Main, 04.04.2013 – 6 W 85/12	GRUR-RR 2013, 302	C 116
Zahlung statt Freistellung	OLG Hamm, 03.09.2013 – 4 U 58/13	GRUR-RR 2014, 133	C 48
Zahlungsanspruch statt Freistellungsanspruch	OLG Hamm, 23.10.2012 – 4 U 134/12	Mitt 2013, 294	C 48
Zahnimplantat	OLG Düsseldorf, 14.02.2008 – I-2 U 90/07	InstGE 9, 47	H 70, 72, 73
Zeiss	BGH, 24.07.1957 – I ZR 21/56	GRUR 1958, 189	A 312
Zeittelegramm	BGH, 05.10.2000 – X ZR 184/98	GRUR 2001, 140	A 39
Zeitungs-Dummy	LG München I, 22.02.2006 – 21 O 17367/03	InstGE 6, 274	I 138
zeitversetztes Fernsehen	OLG Düsseldorf, 14.01.2009 – I-2 W 56/08	InstGE 10, 198	A 196; B 145, 146, 147, 149, 157
Zelger/Salinitri	EuGH, 07.06.1984 – Rs 129/83	NJW 1984, 2759	C 187
Zerfallszeitmessgerät	BGH, 31.05.2007 – X ZR 172/04	GRUR 2007, 1059	A 99, 191, 206
Zerkleinerungsvorrichtung	LG Düsseldorf, 03.05.2005 – 4b O 247/04	InstGE 5, 83	I 83
Zerkleinerungsvorrichtung	BGH, 25.09.2007 – X ZR 60/06	GRUR 2008, 93	I 82, 83
Zerlegvorrichtung für Baumstämme	BGH, 17.03.1994 – X ZR 16/93	GRUR 1994, 597; BGHZ 125, 303	A 7, 124
Ziehmaschine	OLG Düsseldorf, 21.04.2005 – I-2 U 111/03	InstGE 5, 183	A 92
Ziehmaschinenzugeinheit	BGH, 17.04.2007 – X ZR 72/05	GRUR 2007, 778	A 9, 93, 95
Zugang des Abmahnschreibens	BGH, 21.12.2006 – I ZB 17/06	GRUR 2007, 629	C 34
Zugangsdaten für Internetseite	OLG Düsseldorf, 03.02.2011 – I-20 WE 141/10	InstGE 13, 113	H 232
Zugriffsrechte	BGH, 14.10.2014 – X ZR 35/11	GRUR 2015, 159	A 30
Zungenbett	BGH, 05.10.2016 – X ZR 21/15	GRUR 2017, 152	A 59
zusätzliche Anwendungssoftware	LG Mannheim, 04.05.2010 – 2 O 142/08	InstGE 12, 136	D 647; E 154, 649
zusätzlicher ausländischer Patentanwalt	OLG Düsseldorf, 05.03.2010 – I-2 W 14/10	InstGE 12, 63	B 372, 375, 376
Zuständigkeit bei Vertragsstrafe	LG Mannheim, 28.04.2015 – 2 O 46/15	GRUR-RR 2015, 454	C 103
Zustellung per E-Mail	KG, 31.01.2011 – 5 W 274/10	BeckRS 2011, 05647	G 200
Zustellungsbevollmächtigter	BGH, 05.05.2008 – X ZB 36/07	GRUR 2008, 1030	D 73
Zustellungserfordernis	OLG Stuttgart, 21.08.2008 – 2 U 13/08	GRUR-RR 2009, 194	G 192, 203, 205
Zuwarten mit Besichtigungsantrag	OLG Düsseldorf, 30.03.2010 – I-20 W 32/10	InstGE 12, 105	B 109
Zuweisung von Verschreibungen	BGH, 18.06.2015 – I ZR 26/14	GRUR 2016, 213; MDR 2016, 291	E 546; F 45
Zuwiderhandlung während Schwebezeit	BGH, 17.11.2014 – I ZR 97/13	GRUR 2015, 187	C 80, 100
Zwangsgeld gegen Geschäftsführer	OLG Frankfurt/Main, 09.04.2015 – 6 W 32/15	GRUR-RR 2015, 408	H 197
Zwangsmittelfestsetzung	BGH, 14.08.2013 – I ZB 76/10	NJW 2013, 2906	H 132, 194
Zwangsvollstreckungseinstellung	BGH, 07.09.1990 – I ZR 220/90	GRUR 1991, 159	H 47

Entscheidungsregister

Entscheidungsstichwort	Gericht/Datum/Aktenzeichen	Fundstelle	zitiert in
Zweifelhafte Drittunterwerfung	KG, 19.02.2013 – 5 U 56/11	GRUR-RR 2013, 335	D 325, 327
Zweitabmahnung	OLG Frankfurt/Main, 17.08.2017 – 6 U 80/17	GRUR-RR 2018, 72	C 43
Zweiwöchige Wartefrist	OLG Hamm, 19.11.2009 – 4 U 136/09	GRUR-RR 2010, 267	G 261
Zylinderrohr	BGH, 21.12.2005 – X ZR 165/04	GRUR 2006, 401; WRP 2006, 483	E 305, 685, 704; F 20

Sachregister

Halbfett gedruckte Ziffern verweisen auf das Kapitel und mager gedruckte Ziffern auf die Randnummern der Kommentierung.

A

Abänderung der Sicherheitsleistung H, 66
– Rechtsschutzbedürfnis H, 67
– Restriktionen H, 69
Abberufung eines Geschäftsführers D, 239
Abgewandelte Ausführungsform A, 279; **E**, 83; **H**, 150, 153, 155, 244
– einstweilige Verfügung H, 160
– negative Feststellungsklage H, 161
– streitiges Urteil H, 152
– während des Erkenntnisverfahrens bekannt H, 156
Abhilfeverfahren D, 581
Ablauf des Patentschutzes D, 331, 367, 652
Ablauf des Verfügungspatents G, 93
Ablehnungsgrund
– Frist J, 108
Abmahnfrist D, 530
Abmahnkosten C, 39
– § 143 Abs 3 PatG C, 45
– Abmahnungsschutzrecht später teilvernichtet C, 44
– Anrechnung der Geschäftsgebühr C, 57
– Doppelvertretung C, 54
– Gebührenhöhe C, 51
– Haftungsgrund C, 41
– Mitinhaber C, 55
– mitwirkender PA C, 46
– Patentstreitsache C, 74
– Quotelung C, 56
– Rechtslage zum Zeitpunkt der Abmahnung C, 44
– Streitwert C, 75
– Zuständigkeit C, 146
Abmahnkosten und USt C, 42
Abmahnung C, 1, 122, 125, 154, 155, 168, 169, 172, 173; **E**, 3; **G**, 8
– Abwehrkosten C, 144
– Adressat C, 9
– Aktivlegitimation C, 8
– andere Rechtsgrundlage C, 131
– Androhung gerichtlicher Schritte C, 27
– Anspruchsberühmung C, 105
– aus Gebrauchsmuster C, 133
– aus Patent C, 134
– Benennung der Schutzrechts C, 12
– Beschreibung des Verletzungstatbestandes C, 11
– eines Herstellers C, 114
– eingeschränkte Anspruchskombination C, 132
– E-Mail C, 32

– Entbehrlichkeit C, 147, 154, 156, 158, 161, 164, 167, 170, 171, 174, 175
– fehlgeschlagener Zustellversuch C, 156
– Form C, 32
– formelle Mängel C, 117, 118
– Fristsetzung C, 26
– gegenüber GbR C, 18
– Inhalt C, 7
– Lieferkette C, 111
– Mängel C, 116
– materielle Mängel C, 123, 124, 131, 132, 136
– mehrere Geschäftsführer C, 10
– mehrere Schutzrechte C, 136
– ohne Vorlage der Vollmacht C, 38
– Quotelung C, 56
– Schaden C, 144
– Schutzrecht besteht nicht C, 124
– Schutzrecht nicht unmissverständlich bezeichnet C, 118
– sofort C, 148
– Sonstige Ansprüche C, 28
– teils berechtigt, teils unberechtigt C, 56
– Telefax C, 32
– unberechtigte C, 110, 111, 114, 118, 123, 124, 131, 132, 136, 137, 143, 144
– Unterlassungsverlangen C, 15
– Veranlassung zur Klage C, 152, 154, 156, 158, 161, 164, 167, 170, 171, 174, 175
– Verschulden C, 137
– Vertragsstrafe C, 19
– Vollmacht C, 37
– Zugang C, 33
– Zuständigkeit C, 144
– zweite C, 43
Abmahnung aus mehreren Schutzrechten C, 50
Abmahnung bei Besichtigungsanspruch B, 162
Abmahnung im Grenzbeschlagnahmeverfahren C, 162
Abmahnung ohne Aktivlegitimation C, 129
Abmahnung ohne Benutzungshandlung C, 128
Abmahnung ohne Schutzbereichseingriff C, 125
Abmahnung ohne Schutzrecht C, 124
Abmahnung und unklare Verletzungsform C, 119
Abmahnungsschutzrecht
– mehrere Ansprüche C, 130
Abnehmerverwarnung C, 143
– ausländisches Vertriebsunternehmen C, 112

Abnehmerverwarnung und Verschulden C, 139
Abräumer G, 79
Abrunden A, 181, 182
Abschlusserklärung G, 261, 263, 266, 267
– Präjudiz G, 272
– Rechtsschutzbedürfnis G, 271
Abschlussschreiben C, 47, 172, 174; G, 261
– Gebührensatz G, 265
– Kostenerstattungsanspruch G, 262, 263
– mitwirkender Patentanwalt G, 264
Absehen von Beweiserhebung J, 11
Absendeort A, 284, 288; D, 36
absolute Verjährungsfrist E, 668
Abstraktion A, 137
Abtretung D, 157
Abtretung und IPR D, 124
Abverkaufsrecht E, 194
Abwarten der Einspruchsentscheidung G, 143, 147, 149
Abwehrschreiben C, 39
Abwendungssicherheit
– Kosten zur Beschaffung der H, 94
Abwesenheitsgelder J, 223
Abzugsfähige Kosten I, 148
Access-Provider D, 197, 557
Additiver Unteranspruch A, 26
Adhäsionsverfahren I, 241, 243
Admin-C D, 229
Akteneinsicht B, 191; E, 456
Aktivlegitimation B, 441; D, 92; G, 5
– Übertragung der Anmeldung D, 120
– Zeitpunkt D, 94
Alleinanmeldung durch Miterfinder E, 183
Alleintäter D, 176
Allgemeine Geschäftsbedingungen C, 81
Allgemeine Werbeankündigung A, 364
als ob-Wettbewerbspreis E, 254
Amazon Marketplace D, 194
AMIS-Datenbank A, 376
Amtsermittlungsgrundsatz D, 574
Analyseverfahren definiert A, 48
Anbieten A, 266, 325, 450; D, 441; E, 624
– Kombinationspaket A, 271
– Modulanordnung A, 271
Androhung gerichtlicher Schritte C, 27
Anerkenntnis E, 3
– Anwaltszwang E, 7
– schriftsätzliches E, 6
Anerkenntnis bei Restitutionsklage G, 324
Anfechtbarkeit
– Besichtigungsanordnung B, 158
– Duldungsverfügung B, 162
– Gutachtenaushändigung B, 156
Anfertigung von Filmaufnahmen B, 67
Anfrage beim Einwohnermeldeamt D, 85
Angebot
– Begehungsort D, 36
– erfolgloses D, 523
– erschöpfte Ware A, 278
– Messe im Inland A, 267
– vom Ausland ins Ausland A, 424

angebotsgerechte Erfüllungshandlungen E, 284, 291
– Hinterlegung E, 290
– mittlere Verletzung E, 287
– Rechnungslegung E, 287
– Widerklage E, 285
– Zahlung E, 287
Angegriffene Ausführungsform
– beschrieben A, 42, 43, 45
– nicht beschrieben A, 46
Angriff auf Klagepatent erst im Berufungsverfahren E, 704
Anhängigkeit C, 187
Anhörung des Antragsgegners G, 170
Anhörung des Auskunftspflichtigen D, 573
Anhörungsantrag B, 126
Anhörungsrüge B, 158
Anhörungsrüge und Kosten B, 160
Anhörungstermin J, 33, 34
– von Amts wegen J, 35
Anknüpfungstatsachen B, 27
Anlagen D, 63
Annahme
– modifizierte C, 77
Annahmeverweigerung D, 64
Annahmeverweigerungsrecht D, 63, 82
Anpassungsklausel E, 437
Anrechnung der Geschäftsgebühr C, 57, 61, 65, 67, 70
– Berechnung C, 60
– Geschäftsgebühr bereits beglichen C, 66
Anschlussberufung F, 30
– Belehrung F, 35
– Frist F, 30
– Hilfsantrag F, 43
– konkludent F, 34
– Kosten F, 38
– mehrere Kläger/Beklagte F, 39
– Rücknahme F, 37
– Streithelfer F, 36
Anschlussrechtsmittel E, 87
Anspruchskategorie
– Wechsel der A, 400
Anspruchskombination G, 72
– Bindung für das Rechtsbestandsverfahren E, 750
Anspruchskombination als Klageänderung E, 76
Anspruchswechsel F, 58
Anstifter D, 176
Antrag auf arzneimittelrechtliche Zulassung E, 504
Antrag auf gerichtliche Entscheidung B, 290
Antragsfassung D, 344
Antragsgegner mit Sitz im Ausland G, 170
Anwaltshaftung
– für unberechtigte Abmahnung C, 139
Anwaltskosten D, 577
– Ausländische Partei B, 360
– auswärtiger Anwalt B, 343
– Patentanwalt B, 361

- Rechtsanwalt am dritten Ort **B**, 351, 353, 360, 361
- Reisekosten **B**, 348
- Unterbevollmächtigter **B**, 351
- Vorsteuerabzug **B**, 353
- weiterer ausländischer Rechtsanwalt **B**, 358

Anwaltskosten bei VU B, 355
Anwaltswechsel B, 171
Anwaltszwang D, 572; **G**, 186, 249; **J**, 207
Anwenden A, 316
Anzeige
- Einfuhrabsicht **E**, 608

Anzeige der Verteidigungsbereitschaft C, 148
Äquivalenz A, 120
- Aussetzung der Überlassung **B**, 245; **D**, 342, 642
- Einzelfälle **A**, 142
- Fälle mangelnder **A**, 143
- Fälle möglicher **A**, 175
- Hinweispflicht **A**, 132
- im Verfahren der Nichtzulassungsbeschwerde **E**, 694
- im Verfahren des vorläufigen Rechtsschutzes **E**, 694
- nicht von Amts wegen **A**, 131
- Streitgegenstand **A**, 134
- Teilabweisung **A**, 134
- Vertagung **A**, 133

Arbeitnehmererfindung und Vindikation E, 545
Arglisteinwand E, 538
Arrest G, 33
Arrestbeschluss G, 35
Art 101 AEUV E, 307
Arten der Patentbenutzung A, 105
Arzneimittel E, 590
arzneimittelrechtliches Zulassungsverfahren E, 792
Asset-deal G, 121
Aufbrauchsfrist D, 363
Aufgabe der Berühmung D, 338
Aufgabe der Verletzungshandlungen D, 328
Aufhebung wegen veränderter Umstände G, 223
Ausländisches Patent
- Vindikation **E**, 545

Aufhebungsverfahren
- Kostenentscheidung **G**, 244

Aufhebungsverfahren und Drinflichkeit G, 161
Auflösende Bedingung D, 317, 342
Aufrunden A, 181
aufschiebende Wirkung H, 140, 201
Auftragsforschung E, 796
Augenschein B, 63
Ausbesserungen A, 250
Ausbeutungsmissbrauch E, 254
- Beweislast **E**, 256

ausdrücklich und unübersehbar A, 450
Ausfertigung G, 192
Ausführungsbeispiel A, 24

Aushändigung des Gutachtens B, 126, 129, 150, 151
- Anwälte des Besichtigungsgläubigers **B**, 131
- Besichtigungsgläubiger persönlich **B**, 135
- Besichtigungsschuldner **B**, 130
- Rechtskraft **B**, 140

Auskunft
- falsche oder unvollständige **D**, 590
- über Verletzung anderer Schutzrechte **D**, 618
- verspätete **D**, 595

Auskunft über Bankverbindungen B, 212
Auskunft zur Vollstreckungsabwehr D, 627
Auskunftsanspruch B, 246; **D**, 473; **G**, 33
- Entschädigungsanspruch **D**, 475
- Unverhältnismäßigkeit **D**, 503
- vorbeugender Unterlassungsanspruch **D**, 475

Auskunftsanspruch nach § 140b PatG
- Wirtschaftsprüfervorbehalt **D**, 514

Auskunftszeitraum
- nach Verhandlungsschluss **H**, 227

Ausländischer Schuldner H, 189, 194
ausländisches Patent D, 9, 18
ausländisches Recht
- Ermittlung **D**, 101
- Freibeweis **D**, 101

Auslandslieferung A, 240
Auslandsmesse
- Fördern inländischer Herstellung **A**, 294

Auslandspatent
- § 1004 BGB **A**, 313

Auslandszustellung D, 61
Auslaufen des Patentschutzes A, 267
Auslegung A, 20
- allgemeines Fachwissen **A**, 64
- Ausführbare Lehre **A**, 18
- Ausführungsbeispiel **A**, 24
- Bezugszeichen **A**, 31
- chemische Verbindung **A**, 60
- funktionsorientierte **A**, 55
- Gattungsbezeichnung **A**, 22
- Gesamtzusammenhang **A**, 14
- keine allgemeine Beschreibung **A**, 33
- Mehrfachverwendung desselben Begriffs **A**, 59
- Merkmale als Einheit **A**, 14
- Nebenansprüche **A**, 44
- objektive Aufgabe **A**, 55
- Offenlegungsschrift **A**, 85
- Patentfähigkeit **A**, 14
- Patentzeichnung **A**, 32
- praktische Vorgehensweise **A**, 41
- Prioritätstag **A**, 102
- räumlich-körperlich definierte Merkmale **A**, 60
- Revisionsverfahren **A**, 99
- Stand der Technik **A**, 62
- Unteranspruch **A**, 24
- unterhalb des Wortsinns **A**, 55
- unzulässige Erweiterung **A**, 14
- Verzicht **A**, 158
- Wiedersprüche zwischen Anspruch und Beschreibung **A**, 11

– Zurückverweisung an BG A, 100
Auslegungsmaterial A, 40
Auslegungsprotokoll A, 5
Auslieferungsagent D, 231
Ausräumung der Wiederholungsgefahr D, 317
Ausräumung des Vermutungstatbestandes E, 163
ausschließliche Lizenez
– nach Vergabe einfacher Lizenz D, 147
ausschließliche Lizenz D, 130, 131
ausschließlicher Lizenznehmer D, 132; G, 6
– Schadenersatzanspruch I, 3
Ausschuss I, 167
Außergewöhnliche Nachteile H, 45
– Vollstreckung des Rechnungslegungsanspruchs H, 46
Außergewöhnliche Umstände E, 240
Aussetzung C, 186; D, 536; E, 108, 566, 694, 724; G, 188
– abweichende Patentauslegung E, 736
– älteres nationales Recht E, 713
– Anfechtbarkeit E, 758
– Art 112a EPÜ E, 694
– Aussetzungs-Fälle E, 727
– Beendigung der E, 770
– Begründung E, 755
– bei Gebrauchsmuster E, 706
– bei offengelegter Anmeldung E, 706
– Beitritt E, 695
– Berufung E, 771
– Beschwert E, 761
– Dauer E, 751
– eigene Nichtigkeitsklage E, 695
– Einspruch kurzfristig vor Haupttermin E, 724
– Entgegenhaltungen ohne deutsche Übersetzung E, 724
– Ermessen E, 711
– Erteilungsakte E, 729
– Gebrauchsmuster E, 784
– Gegenstandswert E, 760
– hilfsweise Anspruchkombination E, 747
– in der I. Instanz E, 716
– in der II. Instanz E, 740
– Klageerweiterung E, 74
– Klagepatent abgelaufen E, 718
– Kostenentscheidung E, 759
– mehrere Schutzrechte E, 739
– mündliche Verhandlung E, 751
– Nicht-Aussetzungs-Fälle E, 719
– Nichtzulassungsbeschwerdeverfahren E, 744
– offenkundige Vorbenutzung E, 722
– Prüfungskompetenz des Beschwerdegerichts E, 764
– qualifizierter Hinweis E, 728
– Schutzrechtsablauf E, 742
– Selbstbeschränkung E, 731
– Vertagung der Nichtigkeitsverhandlung E, 727
– wegen EU-Kartellverfahren E, 488
– Wirkungen der E, 773

Aussetzung bis zur Zustellung der Streitverkündung G, 364
Aussetzung der Überlassung B, 250; D, 231
Aussetzung des Erteilungsverfahrens wegen Vindikation E, 560
Aussetzung wegen Vindikationsklage E, 549
Aussetzungsanordnung E, 753
Aussetzungsantrag
– übereinstimmend E, 709
Aussetzungspflicht
– ausschließliche Zuständigkeit E, 107
Austauschmittel A, 147
Auswahlentscheidung A, 157
– Produktkategorie A, 160
Ausweichtechnik I, 41
Avalbürgschaft
– Erstattungsfähigkeit H, 25

B

Bank-, Finanz- und Handelsunterlagen B, 75, 76, 78, 193
Bankbürgschaft E, 39; H, 13
– beglaubigte Abschrift des Originals H, 21
Bedarfsmarktkonzept E, 225
Bedienung der Maschinensteuerung B, 110
Bedienungsanleitung A, 363
Bedürftigkeit J, 196
Beendigung eines Lizenzvertrag
– Ausgleichsanspruch E, 203
Begehungsgefahr
– Fachmesse D, 309
– Handelsunternehmen D, 308
– Hersteller D, 308
Begehungsort D, 35
Beginn des Rechnungslegungszeitraumes D, 621
beglaubigte Abschrift G, 192
Begutachtung
– Erlaubnis Dritter J, 18, 30, 32
– von Amts wegen J, 9
beherrschende Stellung
– Produktmarkt E, 227
– Technologiemarkt E, 227
Beherrschungsverhältnis E, 152, 154
Beibringungsfrist E, 56
Beiordnung J, 221
Beiordnung eines Patentanwaltes J, 207
Beipackzettel A, 375
Beitrittersetzende Vereinbarungen G, 375
Beklagtenmehrheit B, 397, 399, 402
– Streitwert B, 399
Belegenheit des verletzten Rechtsgutes D, 15
Belegvorlage D, 531, 619; H, 219, 220
Belehrungspflicht D, 206
Benutzung während des Offenlegungszeitraumes D, 310
Benutzungsalternativen D, 349
Benutzungsanzeige E, 570
Benutzungsbefugnis
– Mitinhaberschaft E, 164

Benutzungserlaubnis
- Schlichte E, 205
Benutzungsgestattung
- durch einzelnen Mitinhaber E, 189
Benutzungshandlungen A, 235
Benutzungshandlungen während des Offenlegungszeitraumes D, 332
Benutzungsrecht E, 197
Berechtigungsanfrage C, 1, 15, 29, 31, 36, 91, 95, 106, 135, 152, 176, 178, 181, 183; E, 3; G, 7
- Abnehmer C, 179
- Eingriff in Gewerbebetrieb C, 178
- Formzwang C, 180
- Muster C, 29, 31, 36, 91, 95, 106, 135, 177
- sofortiges Anerkenntnis C, 178
Bereicherte D, 456
Bereicherungsanspruch D, 455
- Berechnung D, 458
Bereicherungsausgleich I, 57
Bereicherungshaftung
- gesetzlicher Vertreter D, 456
berichtigte Rechnungslegung H, 240
berichtigte Rechnungslegung und Höheprozess I, 80
Berufungsbegründung F, 3
Berufungsfrist F, 2
Berufungsverfahren B, 333; E, 72, 160; F, 9, 12
Berührung D, 331; G, 7
- konkludente G, 13
Beschlagnahme B, 288
Beschlagnahmesituation B, 217
Beschlagnahmeverfahren B, 250
Beschleunigungsantrag G, 147
Beschlussverfügung G, 171
Beschränkte Rechtsmittelanträge J, 148
Beschränkung
- in deutscher Sprache A, 5
Beschränkung des Klagepatents D, 414, 424
Beschränkungsverfahren E, 530
Beschreibung A, 157
Beschreibungsanpassung A, 94
Beschwer F, 7
- eidesstattliche Versicherung J, 134
Beschwerdeverfahren
- Absehen von Gerichtsgebühr H, 141
Beschwerdewert
- Aushändigung des Besichtigungsgutachtens B, 157
Beseitigung der Erstbegehungsgefahr D, 338
Beseitigungsanspruch D, 367
- Allgemeiner D, 656
- Durchfuhr D, 656
Besichtigen B, 60
Besichtigung B, 63, 85
- Dringlichkeit B, 109
- erforderlich B, 37
- Frist zur Klageerhebung B, 160
- Herausgabevollstreckung B, 79
- »kleine« Wegnahme B, 79
- Schadensersatzpflicht B, 172

- Stufenklage B, 84
- Substanzzerstörung B, 69
- unverhältnismäßig B, 49
- Vorwegnahme der Hauptsache B, 109
- Zuständigkeit B, 97
Besichtigung im Ausland B, 184
Besichtigungsanordnung
- Gegenvorstellung B, 158
Besichtigungsanspruch B, 10; C, 166, 169
- Antragsgegner B, 21
- Antragsteller B, 21
- Entbehrlichkeit C, 166
- Rechtsbeständigkeit B, 21
Besichtigungsgutachten C, 168
- Aushändigung B, 126
- Unzuständigkeit B, 104
- Verletzungsverdacht widerlegt C, 167
Besichtigungsstandort B, 71
Besichtigungsumfang B, 105
- Antragsüberschreitung B, 106
Besichtigungsverfahren B, 83
Besichtigungszuständigkeit B, 100
- Sachpatent B, 99
- unmittelbare Verfahrenserzeugnisse B, 101
- veränderte Umstände B, 101
- Verfahrenspatent B, 101
- Verweisung B, 102
Besitz B, 195; D, 490
Besitzer einer Sache B, 13
Besonderer Mechanismus E, 582
Besorgnis der Befangenheit J, 70
Bestätigung D, 174
Bestimmungsland
- Patent A, 314
Bestreiten des Verletzungsvorwurfs E, 145
Bestreiten mit Nichtwissen E, 152
- Darlegungs- und Beweislast E, 159
Besucher D, 206
Betätigung des Erfindungsbesitzes E, 503
Beteiligung D, 501
Betreiber einer Internet-Auktionsplattform D, 342
Betriebsbezogenheit des Vorbenutzungsrechts E, 517
Betriebsgeheimnisse B, 191
Betriebskostenabrechnung H, 194
Betriebsteil
- Übertragung E, 517
Betroffensein D, 163
Beweis und Präklusionsrecht J, 12
Beweisbeschluss J, 17
- Anfechtbarkeit J, 19
Beweiskraft des Tatbestandes F, 1
Beweislastregel E, 162
Beweismittelverlust B, 92
Beweissicherung B, 10, 21, 23, 31, 33, 35, 44, 48, 60, 62, 67, 69, 73, 75, 78, 83, 86, 88, 97, 103, 104, 109, 110, 115, 123, 126, 131, 133, 135, 137, 139, 141, 143, 146, 148, 150, 156, 160, 162, 172, 176, 178, 184, 186, 192
- Insolvenzverfahren B, 94
- Schlüssigkeitsprüfung B, 94

Beweisvereitelung B, 115, 123; E, 158
Beweisverwertungsverbot bei Messefoto J, 124
Bezug zum Inland A, 296
Bezugsgröße I, 104
Bezugspflicht D, 169
Bezugspflicht für Lizenzgegenstände D, 162
Bezugszeichen A, 31; B, 6
Bilanz B, 78
Bioäquivalenzprüfung E, 792, 796
Biosimilar G, 61
Blasenfreie Gummibahn II E, 148
Bloßstellung D, 379
Bösgläubigkeit E, 539
Bote A, 291; D, 38; H, 217
Buchführungsunterlage B, 78
Buchungsbeleg B, 78
Bündelpatent D, 18; E, 102
Bundesfinanzdirektion Südost B, 213
Bürgschaft
– Austausch E, 53
Bürgschaftserklärung
– Bestimmtheit H, 22
– Zustellung H, 23
business-class-Flug B, 361

C

CD B, 208
CE-Kennzeichnung E, 580
CEN/CENELEC E, 261
CE-Zertifizierung D, 336
Checkliste für Beklagte E, 92, 228, 283, 347, 516, 576, 714, 749, 799
Checkliste für Kläger D, 30, 41, 160, 294, 314, 351, 400, 453, 493, 497, 663, 711, 712, 727
claim charts E, 338, 438
cross-label-use A, 370, 379; G, 140

D

Dämmstoffplatten A, 362
Darlegungslast E, 149
Datenbank B, 209
Datenbus A, 153
Datenmengenbegrenzung D, 223
Datenträger B, 79
Deeplink A, 303
de-facto-Bindung F, 85
Definition des Analyseverfahrens A, 48
Definition in Fachbüchern A, 51
Deliktsgerichtsstand D, 35
demnächst E, 681; G, 322
Denunzierter D, 498
derselbe Anspruch E, 102
Designstudie A, 277
Detektiv B, 415
Deutsch-Amerikanischer Freundschafts-, Handels- und Schifffahrtsvertrag E, 29
Deutsch-britisches Abkommen über den Rechtsverkehr E, 25, 26

Dienstleistung
– rechtsverletzend D, 491, 494
dieselbe Erfindung E, 138
dieselbe Handlung E, 66
dieselben Parteien E, 98
Digitale Daten B, 79
DIN E, 261
Disclaimer A, 296
– wegen unzulässiger Erweiterung A, 39
Discovery B, 186
Discovery-Verfahren
– Kostenerstattung B, 393
Diskette B, 208
Diskreditierungsschaden I, 239
Diskriminierung E, 248
Dispositionsmaxime im Vollstreckungsverfahren H, 114
DNA-Analyse A, 322
DNS-Sperre D, 223
Dokumentenpauschale B, 357
Dolmetscherkosten B, 406
dolo-petit-Einrede E, 215
Doppelahndung H, 162
doppelrelevante Tatsache D, 24, 48
Doppelschutzverbot E, 138
– Personenverschiedenheit E, 141
– positive Benutzungsrechte E, 140
Doppelter Inlandsbezug A, 424
doppelter Vorsatz D, 176
Doppelvertretung
– Parteiidentität B, 387
Doppelvertretung im Gebrauchsmusterlöschungsverfahren E, 388
Dringlichkeit B, 211; G, 120, 128, 129
– Abwandlung G, 134
– Fristverlängerung G, 160
– gekündigter Lizenzvertrag G, 127
– keine parallele Hauptsacheklage G, 148
– Kenntnis von Angestellten G, 136
– laufender Hauptsacheprozess G, 141
– Nachforschungspflicht G, 130
– Nichtvollziehung G, 153
– Patentholdinggesellschaft G, 137
– Recherche des eigenen Schutzrechtsbestandes G, 154
– Vergleichsverhandlungen G, 150
– Verletzungshandlungen Dritter G, 135
– Versäumnisurteil G, 152
– Vertagung G, 160
– Vollstreckungsverzicht G, 151
Dringlichkeit im Aufhebungsverfahren G, 161
Dringlichkeit nach Vollstreckungseinstellung G, 161
Drittaufwendungen B, 391
Drittauskunft D, 536
Dritte D, 480
Drittfertigung D, 520
Drittschäden I, 54
Drittschadensliquidation I, 12
Drittvernichtung D, 664
Druckbalken B, 14

Due-Diligence-Prüfung G, 121
Duldungsverpflichtung
– Zwangsvollstreckung B, 110
Dumpingpreise E, 472
Durchfuhr A, 312; B, 218; D, 656
– § 1004 BGB A, 313
– Auslandspatent ; D, 656
– Verletzung A, 311
Durchschnittsfachmann A, 97
Durchsuchung B, 70, 110
Durchsuchungsanordnung B, 116
– Anhörung des Besichtigungsschuldners B, 117
– ausschließliche Zuständigkeit B, 115
– Gerichtsvollzieher B, 123
– Muster B, 119
– Polizei B, 123
– Zuständigkeit B, 118
Durchsuchungsanspruch B, 70
DVD E, 620

E

eBay D, 186
– Antragsfassung D, 192
EG-VO 1206/2001 B, 184
EG-VO 1393/2007 D, 63
eidesstattliche Versicherung D, 534; H, 254, 256
– Abnahme H, 275
– Ausländer H, 274
– gesetzlicher Vertreter H, 273
– Haftbefehl H, 275
– Patentstreitsache H, 272
– Vollstreckungsgericht H, 275
eigenes Interesse D, 154
Eigenproduktion D, 520
Eigenverwaltung D, 267
Eignung
– verloren gegangene A, 308
ein Austauschmittel für mehrere Merkmale A, 142
einfacher Lizenznehmer D, 151; E, 98; G, 6
– Schadenersatzanspruch I, 12
Einfuhr B, 218; E, 580
Einfuhrabsicht E, 608
Einführung weiteren Schutzrechts E, 72
Eingriff in den eingerichteten und ausgeübten Gewerbebetrieb C, 41, 114, 137, 178; I, 15, 65
Einkaufspreise D, 526
Einschreiben mit Rückschein D, 73, 80
Einsicht in B, 209
Einsichtsrecht D, 623
Einsichtsrecht in Bücher D, 626
Einsichtsrecht in Geschäftsunterlagen H, 251
Einspruch B, 266, 290
Einspruchsentscheidung A, 91
Einspruchsverfahren
– Kostenerstattung B, 390

Einstellung der Zwangsvollstreckung G, 246; H, 29, 201
– Beschwerde H, 54
– Beweisanordnung des Berufungsgerichts H, 40
– Heraufsetzung der Sicherheitsleistung H, 32
– Klagepatent erstinstanzlich vernichtet H, 41
– Lizenzangebot H, 31
– Revision H, 55
– SEP H, 39
– Teilvernichtung des Klagepatents H, 44
– weiterer Stand der Technik H, 43
– Wirtschaftsprüfervorbehalt H, 32
Einstellung des Geschäftsbetriebes D, 328
Einstellung von Produktion und Vertrieb H, 58
Einstweilige Verfügung B, 86, 250; C, 172, 173; D, 535; G, 33, 77
– Aufhebung wegen veränderter Umstände G, 223
– Einstellung der Zwangsvollstreckung G, 246
– Glaubhaftmachung G, 80
– offensichtliche Rechtsverletzung G, 37
– parallele Hauptsacheklage C, 170, 171, 174, 175
Einstweilige Verfügung bei SEP E, 403
Einstweilige Verfügung bei Vindikationsklage E, 558
Einstweilige Verfügung und parallele Hauptsacheklage C, 170
einstweiliger Rechtsschutz
– Torpedo E, 130
Eintritt in Lizenzvertrag E, 198
Einwand des Rechtsmissbrauches E, 108
Einzellizenz E, 258
Einziehung B, 290
Einziehungsermächtigung D, 159
Elektronischer Verweis D, 190
Empfangsort A, 284, 288, 292; D, 36
– weiterer D, 40
Empfangsvertreter A, 292; D, 39
EMRK E, 108
Ende des Rechnungslegungszeitraumes D, 622
Endkundengeschäft E, 332
Endverbraucher E, 654
Energiekosten I, 170
Entbehrlichkeit der Abmahnung C, 147
– bei Anspruch auf Unterlassung, Rechnungslegung und Schadenersatz C, 153
– bei Besichtigungsanspruch C, 166
– bei Sequestrationsanspruch C, 161
– bei Vindikationsanspruch C, 165
Entfernen aus den Vertriebswegen D, 671, 702
– Klageantrag D, 704
Entgangener Gewinn I, 223
– Rückruf I, 228
– Zinsen I, 231
Entgeltforderung C, 72, 100; I, 134
Entschädigungsanspruch B, 25, 303; D, 410
– bei fremdsprachiger PS B, 327

- Geschäftsführer D, 416
- mittelbare Benutzung D, 412

Entschädigungsklage
- Aussetzung D, 420
- Patentstreitsache D, 420

Entscheidung nach Lage der Akten E, 8

Entscheidung über Vollstreckbarkeit übergangen H, 88

Entsorgungskosten B, 229

Entwicklungskosten I, 183

Entwurf eines Rechtsbestandsangriffs
- Kostenerstattung B, 392

Erfindungsbesitz E, 497
- redlich E, 502
- Versuche E, 499

Erfolgsort D, 15

Erfüllung der Rechnungslegungspflicht
- Beweislast H, 229
- Gestehungskosten und Gewinn H, 233, 235
- Unmöglichkeit H, 230

Erfüllungseinwand des Schuldners H, 194

Erfüllungsverweigerung E, 573

ergänzendes Schutzzertifikat A, 214
- Anspruchskategorie A, 218
- doppelte Schutzbereichsprüfung A, 217
- Erschöpfung A, 228
- Klageantrag A, 219
- mehrere Zertifikate für denselben Wirkstoff A, 227, 234
- rechtskräftiges Urteil A, 230
- Schutzbereichsbestimmung A, 215, 219
- Unterwerfungserklärung gegenüber einem Zertifikatinhaber A, 231, 234
- Wirkstoffkombination A, 220

Erhöhungsgebühr B, 399; E, 39

Erinnerung H, 27, 169

Erkennungshinweise
- zu Schutzrechtsverletzungen B, 288

Erklärung mit Nichtwissen E, 152

Erkundigungspflicht
- gegen sich selbst E, 158

Erkundigungspflichten E, 152; H, 251
- Händler E, 155
- Muster besorgen E, 156
- Spediteur E, 153

Erledigung durch vollstreckungsabwehrende Auskunft D, 627

Erledigung im NZB-Verfahren F, 87

Erledigungserklärung
- Befristung H, 174

Erlöschen des Klagepatents J, 159, 165

Erlöschen des Rechnungslegungsanspruchs D, 602

Ermessen E, 711, 765

Ermittlungsverfahren B, 192

Ernstlichkeit der Unterlassungserklärung D, 317

Eröffnung eines Prüfungsverfahrens E, 490

Ersatz eigenen Schadens D, 132, 157

Ersatzmittel A, 149, 156, 170, 171
- unbekannt A, 196

Ersatzordnungshaft H, 184

Ersatzteil
- Patentschutz auf A, 475

Ersatzteile A, 427, 429

Ersatzursache I, 31

Ersatzvornahme D, 657

Erschöpfung A, 272, 427; D, 175; E, 574
- Auflage E, 625
- Beweislast E, 617
- »erweiterter« Erschöpfungsbegriff E, 577
- EU E, 581
- EWR E, 581
- objektbezogen E, 575
- Software E, 649
- Teillieferung E, 577
- Testkauf E, 620
- Transportvertrag E, 622
- Wiederverkäufer E, 625
- Zwischenprodukt E, 577

Erschöpfung & FRAND E, 440

Erstattung außergerichtlicher Kosten J, 211

Erstattungsfähigkeit der Patentanwaltskosten B, 368

Erstbegehungsgefahr A, 249; B, 24; D, 15, 47, 330
- Antwortpflicht D, 333
- Arzneimittelzulassung für Generikum D, 333
- Beseitigung D, 338
- Entstehung D, 331
- Lauer-Taxe D, 333

erstmaliges Bestreiten E, 160

Erstreckungsvereinbarung E, 104

Erteilung eines Buchauszuges H, 194

Erteilungsakten A, 81

Erteilungsbeschluss
- personelle Zuweisung des Patents D, 120

Erteilungsverfahren
- rechtsmissbräuchlich verzögert E, 85

Erzeugnisschutz
- entsprechender E, 591

ETSI E, 261

EuGVÜ C, 186; D, 2; E, 98, 102

EU-Kommission E, 488

EU-Osterweiterung E, 582

EU-Patentanwalt B, 366

EU-Richtlinie über den Schutz von Geschäftsgeheimnissen B, 47

europäischer Vollstreckungstitel H, 190

EuVTVO H, 190

Eventualantrag B, 85

Evidenzprüfung E, 291

Express-Recherche B, 422

externer Versand B, 244

externes Versandverfahren E, 624

F

Fahrlässigkeit
- leichte D, 439

falsa demonstratio A, 34

Falsch referierter Stand der Technik A, 36

Falschbezeichnung A, 34

Faxkarte B, 14

Fehlen einer patentfreien Verwendungsmöglichkeit A, 447
fehlerhafte Übersetzung E, 568
Fertigprodukt A, 118
Fertigungskosten I, 166
feste Vertragsstrafe C, 21
Feststellungsantrag D, 465
– Kausalanteil D, 465, 466
– Lizenzsatz D, 465, 466
Feststellungsinteresse G, 7, 9, 11
– Abmahnung G, 8
– Betreiben eines Besichtigungsverfahrens G, 12
– mangelnde Schutzfähigkeit des Klagepatentes G, 22
File-Hosting-Dienst D, 195
Filtersoftware D, 189
Firmenänderung D, 106
Flugkosten B, 361
Form C, 32
Förmelei C, 158
Formmangel D, 174
Formstein-Einwand A, 105, 131, 199; G, 1
– Kompetenzverteilung A, 204
– mehrere Entgegenhaltungen A, 202
– Stand der Technik als ganzer A, 201
Formwechsel D, 311
Forschungswerkzeug E, 792, 796
Fortfall des Klagepatents I, 16
Fortsetzungszusammenhang C, 23; H, 129
Fotos von Messe
– Verwertungsverbot J, 124
Frachtführer D, 231, 232, 342, 428, 642
Fragmentarische Rechnungslegungen H, 245
FRAND
– Beweislast E, 362
– Hersteller E, 330
– Verspätungsfragen E, 363
– Vertreiber E, 330
FRAND-Erklärung E, 307
– deklaratorisch/konstitutiv E, 303
– diskriminierungsfrei E, 317
– fair & reasonable E, 322
– nachträgliche E, 300
– Recht des Schutzlandstaates E, 315
– rechtliche Bedeutung E, 301
– Schadenersatz E, 400
– Verzicht auf Unterlassungsanspruch E, 302
FRAND-Lizenz
– Benutzung Portfoliopatente E, 438
– Berechnung E, 421
– Drittbestimmung E, 356
– Ermittlung E, 443
– Gegenangebot E, 348
– Höhe E, 443
– Kosten/Nutzen-Ansatz E, 446
– Lizenzgebiet E, 441
– lizenzpflichtige Schutzrechte E, 424
– Rechtsbestand E, 351
– Rechtsbestand der Portfoliopatente E, 437
– Rückforderungsvorbehalte E, 351
– Schutz von Betriebsgeheimnissen E, 451

– Sicherheitsleistung des Lizenzsuchers E, 393
– Vergleichsmarktkonzept E, 447
– Verletzungsanzeige E, 337
– Vertragsbeendigung E, 361
– Vorlagenfreie Ermittlung E, 468
– Zeitliche Reihenfolge E, 345
FRAND-Lizenzangebot E, 328, 335
– Geheimhaltungsabrede E, 334
– Regelungsdichte E, 334
Freilager B, 223
Freilizenz D, 165, 167, 168
– Beweislast E, 618
Freistellungsanspruch C, 48
Freistellungsversprechen G, 377
Freizone B, 223
Frist zur Klageerhebung B, 160
Frist zur Klageerwiderung C, 148
Fristablauf abwarten J, 183
Fristsetzung C, 26
früher erster Verhandlungstermin E, 38
Frühzeitige Überlassung B, 262
frustrierte Aufwendungen G, 217
funktional abgefasste Merkmale A, 107
Funktionsangaben A, 68
Funktionsorientierte Auslegung A, 55, 60
Funktionsprüfung A, 409

G

Garantiehaftung B, 276; I, 17, 19, 21, 26
Gattungsbezeichnung A, 22
GbR J, 221
– Abmahnung C, 18
geänderte Schutzansprüche B, 337
Gebrauchen A, 310
Gebräuchlicher Fachbegriff A, 51
Gebrauchsanleitung A, 359, 361, 363, 435
Gebrauchsmuster B, 225, 335; E, 62, 65, 532, 783
– Aussetzung E, 784
Gebrauchsmusterakte B, 337
gebündeltes Lizenzangebot E, 257
geeignet und bestimmt D, 668
Gefahr eines Torpedos C, 156
Gegenabmahnung C, 114, 115; G, 8
Gegenabmahnungskosten C, 115
Gegenstandswert einer Abmahnung C, 50
Gegenvorstellung gegen Streitwertfestsetzung J, 184
Geheimhaltungsinteressen B, 14, 44
– Zeitpunkt B, 137
Geheimhaltungsinteressen Dritter B, 44
Gehilfe D, 176
Gehörsverletzung J, 183
Gemeinkosten I, 149
Genanomalie A, 322
general partnership D, 276
Generalimporteur B, 420
Generikahersteller D, 331; E, 795; G, 53, 69
Generikaprodukt D, 373
Gerichtsgebühren E, 10
– verbundene Nichtigkeitsklagen B, 389

Gerichtskosten D, 576
Gerichtskostenvorschuss G, 322; J, 125
– Zinsen D, 467
Gerichtsstand der Niederlassung D, 49
Gerichtsstand der Streitgenossenschaft D, 26
Gerichtsstand der unerlaubten Handlung D, 15, 35; E, 114
Gerichtsstand des Beklagtensitzes D, 4
Gerichtsstand des unerlaubten Handlung
– Teilnehmer D, 19
Gerichtsvollzieher D, 657
Gerichtsvollzieherverteilerstelle G, 192
Gerichtswahl und Reisekosten B, 352
Gesamtlizenzbelastung E, 255
Gesamtrechtsnachfolge D, 106; E, 536
Gesamtrechtsnachfolge im Anwaltsprozess D, 107
Gesamtstrafenbildung H, 129
Gesamtvorrichtung B, 440; D, 451; H, 222; I, 104, 105, 146, 190
Geschäftsführer D, 239, 327, 639; E, 98; G, 6; H, 211
– Niederlegung D, 239, 242
– Registerstand D, 242
Geschäftsführer mit unterschiedlichen Zuständigkeitsbereichen D, 238
Geschäftsführerwechsel D, 243, 280
Geschäftsführung ohne Auftrag C, 42; G, 261
Geschäftsgebühr
– Anrechnung C, 57
Geschäftsgeheimnisse B, 191
Gesellschaft bürgerlichen Rechts D, 125
Gesetzesänderung J, 203
– Wiederholungsgefahr D, 307
gesetzlicher Vertreter D, 233; H, 148, 273
Gestattungsanordnung D, 550
Gestehungskosten D, 526
– Darlegung H, 237
gesteigerte Substanziierungspflicht des Beklagten E, 148
Gewerbebetrieb
– eingerichteter und ausgeübter B, 267
– Grenzbeschlagnahmeverfahren B, 267
gewerbliches Ausmaß B, 76
gewillkürte Prozessstandschaft D, 125, 152; E, 98
Gewinnabführung I, 143
Gewinne D, 526
Gewinneinbuße C, 144
Gewinnkalkulation I, 229
GfK-Bericht G, 39
Glasfasern A, 362
Glaubhaftmachung G, 38
gleichartige Handlung E, 66
Gleichwertigkeit A, 125
Gleichwirkung A, 121
– mehrere konstruktive Maßnahmen A, 129
– Verfahren A, 123
Google D, 197
Grenzbeschlagnahme B, 213

Grenzbeschlagnahme und Abmahnung C, 162
Grenzbeschlagnahmeantrag B, 215
Grenzbeschlagnahmeverfahren B, 256; D, 231, 342
Grenzbeschlagnahmeverfahren und SEP B, 269
Großhandelsgeschäft E, 332
Grundsatz der Wirkungserstreckung E, 99
Grundurteil B, 83
Gutachten
– schriftliches oder mündliches J, 13
– unverwertbar J, 61
Gutachtenauftrag J, 22
Gutachtenbearbeitung
– zögerliche J, 62
Gutachterkosten
– Äquivalenz B, 410
– Erstattungsfähigkeit B, 408
– für Privatsachverständigen B, 408
– objektive Eignung B, 412
– offenkundige Vorbenutzung B, 411
– Stundensatz B, 414
Gutgläubigkeit E, 568

H

Haager Übereinkommen über den Zivilprozess E, 25, 26
Haager Zustellungsübereinkommen D, 62
Haftbefehl H, 277
Haftung von
– Kommanditist D, 245
– Komplementär D, 245
– oHG-Gesellschafter D, 245
Haftung von Unternehmen D, 245
Haftungsfeststellung dem Grunde nach G, 337
Haftungsfreistellungsklausel D, 429
Haftungsprivileg D, 342, 439
Halbzeug A, 118
Hamburger Brauch C, 24
Handel zwischen den Mitgliedstaaten B, 226
Handelsbrief B, 78
Handelsunternehmen D, 308, 429
Handelsvertreter D, 176; H, 252
Handlungen zu Versuchszwecken D, 658; E, 792
Handlungsort D, 15
Hauptniederlassung D, 5
Hauptsachetitel
– Erledigung des eV-Verfahrens C, 175
Hauptsacheverfahren B, 83
Hauptverwaltung D, 5
Heilung D, 63
Hemmung E, 674; H, 163
– Erhebung der Klage E, 676
– EuGVVO E, 676
– negative Feststellungsklage des Schuldners E, 676
– selbständiges Beweisverfahren E, 679
– Stillstand des Verfahrens E, 683

– Streitverkündung E, 680
– Zustellung eines Mahnbescheides E, 677
Herausgabe des Titels G, 291
Herausgabevollstreckung B, 79
Herausgabevollstreckung mit Sachverständigem B, 82
Herkunft D, 515
Herstellen A, 250; D, 500; E, 503
– Erstbegehungsgefahr A, 264
Hersteller D, 516
Herstellerverwarnung und Verschulden C, 139
Herstellungsbetrieb D, 308
Herstellungsverfahren A, 332, 333; D, 344
Herstellungsverwendungsanspruch G, 140
Hilfsantrag C, 187
Hilfsmittel A, 114
Hilfsperson J, 139
Hinausgehen über Klageantrag F, 45
hinreichende Aussicht auf Erfolg J, 203
Hinterlegung E, 290
Hinweispflicht des Gerichts E, 383
Hinweispflicht verletzt F, 16
Hochschullehrer J, 10
Höhe der Sicherheitsleistung E, 39; H, 9
Höhe des Ordnungsmittels H, 178
Holdinggesellschaft D, 456
Honorargruppen J, 67
Honorarverbindlichkeit C, 48
Honorarvereinbarung B, 344, 362
Host-Provider D, 195, 197
Hyperlink A, 300
hypothetische Kausalität I, 198

I

Importeur E, 518
Inanspruchnahme D, 495
Inanspruchnahme der Erfindung D, 93
Indiztatsache E, 509
Industriestandard B, 29, 291, 292
– Optionen B, 293
– Vortragslast im Verletzungsprozess B, 293
Informationsbeschaffungspflicht H, 252
ingenieurmäßige Planung A, 263
Inhabermehrheit D, 125, 327
Inlandsbezug D, 36
Inlandswirkungen
– reflexartige A, 295
»insbesondere« Merkmal A, 37
insbesondere-wenn-Antrag B, 68, 111, 122, 125, 132, 142, 298, 330
Insichprozess D, 295
Insolvenz D, 254, 288, 292; H, 58, 186
Insolvenz des Lizenzgebers E, 201
Insolvenzforderung H, 186
Insolvenzverfahren D, 291; J, 199
– ausländisches D, 289
– außerhalb der EU D, 290
– Insolvenzverwalter J, 200
Insolvenzverwalter J, 198
Inspektionsrecht B, 245

Intel-Faktoren B, 186
Interessenabwägung B, 14
Internationale Zuständigkeit D, 2
internationales Rechtshilfeersuchen D, 61
Internet Account D, 184
Internet-Access-Provider D, 197
Internetangebot A, 296; D, 36, 44
– Beweis durch Ausdrucke A, 299
Internet-Auktionsplattform D, 186
Internetausdrucke A, 299
Inventar B, 78
Inverkehrbringen A, 306; E, 619
IP-Sperre D, 223
ISO/IEC E, 261

J

Jahres- und Einzelabschluss B, 78
juristische Person J, 198
Justizbeitreibungsordnung H, 136
Justizgewährungsanspruch E, 108

K

Kabeldurchführung A, 204
kapazitätsreduzierende Umstrukturierungsmaßnahme I, 154
Karenzmonat D, 414, 421, 427, 457, 459
Kartellgericht E, 412
Kartellrechtlicher Zwangslizenzeinwand E, 207
Kartell-Torpedo E, 236
Kartellverstoß D, 505
Kausalität
– Kompatibilität I, 211
– mitbenutzte Schutzrechte I, 213
– Patentkategorie I, 201
– realisierter Stand der Technik I, 208
– verfehlte Erfindungsvorteile I, 204
Kausalität zwischen Verletzungshandlung und Verletzergewinn I, 190
Kenntnis eines rechtsgeschäftlichen Vertreters E, 661
Kenntnis von der Zuwiderhandlung H, 163
Kennzeichen B, 5
Kettenschutz A, 29
Kinderarzneimittel E, 607
kinematische Umkehr A, 176
Klage auf Lizenzabschluss E, 420
Klage aus Patent und parallelem Gebrauchsmuster E, 790
Klageänderung D, 282
Klageänderung bei Anspruchskombination E, 76
Klageanlass
– nachwachsender C, 159
Klageansprüche D, 296
Klageantrag A, 450; D, 157, 344, 350, 616, 643, 657, 668; H, 269
– Muster D, 710
– wortsinngemäße Patentverletzung D, 347
Klagebegründung D, 714; G, 28

1135

Klageerhebung D, 484
Klageerweiterung D, 254; E, 72, 105
– Aussetzung E, 74
– weitere Ausführungsformen E, 75
Klageerweiterung im Berufungsrechtszug E, 77
Klageerweiterung in erster Instanz E, 69
Klageerweiterung und Präklusion F, 27
Klagehäufung D, 254
– alternativ D, 252
– eventuell D, 251
– kumulativ D, 248
– Übergang D, 253
Klagenkonzentration E, 62
Klagepatent E, 704
Klägermehrheit B, 403
Klageschutzrecht
– Eintragung als Inhaber B, 328
– Status B, 302
Klausel H, 1, 3
Kleinmengen B, 259
Kollegialgericht D, 434
Kombinationspatent A, 404, 483
– Einzelkomponenten A, 309
– Komplettlieferung A, 309
Kompatibilitätshinweis A, 468
Kompetenzverteilung A, 204
konkretisiertes Merkmal A, 137
Konnex D, 27; E, 116
konsularische Zustellung D, 61
Kontoauszug B, 78
Konzept der Gewinnbegrenzung E, 254
Kopien B, 208
Körperlichkeit A, 332, 333
Kosten bei Anhörungsrüge B, 160
Kosten bei Websperre D, 225
Kosten der Abmahnung C, 39
Kosten der Vernichtung B, 270
Kosten des Einspruchsverfahrens B, 390
Kosten des Gestattungsverfahrens D, 578
Kosten für Anerkenntnisurteil E, 6
Kosten für Klagerücknahme E, 10
Kosten für nicht mehr veräußerbare Produkte I, 186
Kosten für Rückruf I, 189
Kosten für Sicherheitsleistung B, 438
Kosten für Versäumnisurteil E, 9
Kosten- und Gewinnkalkulation B, 78
Kostenentscheidung B, 110
Kostenerstattung für die Gegenabmahnung C, 114
Kostenerstattungsanspruch C, 144; G, 261
– gegen Auskunftsgläubiger D, 585
Kostenfestsetzung
– Drittaufwendungen B, 391
– Verzinsung B, 439
Kostenfestsetzung gegen eigene Partei B, 394
Kostenfestsetzungsverfahren C, 39; D, 667; G, 253

Kostenfragen B, 340, 341, 361, 365, 366, 368, 376, 379, 383, 385, 394, 397, 399, 402, 404, 406, 408, 413, 415, 417, 420, 422, 425, 429, 430, 434, 440
– § 145 ZPO B, 342
– Abmahnung C, 47
– Abschlussschreiben C, 47
– Klage C, 47
– Rechtsmittelverfahren B, 379
Kostenrisiko B, 340
Kostenübernahme B, 229
Kostenvorschuss J, 33
Kostenvorschuss für Gutachter J, 54
Kostenwiderspruch C, 169; G, 178
– Besichtigungsanspruch B, 162
Kreditvertrag B, 78
Kreuzlizenzen E, 318
Kündigung
– des Unterlassungsvertrages C, 82
kurzfristige Verkaufsaktion G, 93

L

ladungsfähige Klägeranschrift D, 89, D, 90, D, 91
Lagerhalter H, 252
Lagerkosten B, 270; D, 667
Laserdrucker A, 10, 13, 38, 53, 57, 61, 74, 76, 78, 113, 115, 117, 126, 128, 130, 138, 141, 162, 173, 174, 194, 197, 203, 207, 307, 334, 338, 341, 354, 389, 419, 471, 480, 485
Lauer-Taxe D, 331; H, 108
Laufkranz E, 644
Legaldefinition A, 47
leichte Fahrlässigkeit D, 439
Leistungsklage umgekehrten Rubrums G, 23
Leistungsschau A, 272, 277
leitende Angestellte D, 233, 236
lex fori protectionis D, 122
lex loci protectionis D, 145
Lieferanten D, 516
Lieferbereitschaft A, 298
Lieferkette C, 111; D, 429, 517, 523; E, 518
Liefern A, 451
Lieferung
– Ausland ins Ausland A, 240
Liquidation H, 20
Lizenz C, 116
– Abverkaufsrecht E, 194
– Auslandsbezug D, 145
– Beweislast E, 196
– Kombinationspatent E, 578
– Mitbenutzung einer weiteren Erfindung E, 195
– Systempatent E, 578
– Überschreitung E, 193
Lizenzagentur E, 661
Lizenzanalogie D, 418, 457, 615; I, 86
– standardessenzielle Patente I, 95
– tatsächlich abgeschlossene Lizenzverträge I, 90

Lizenzangebot E, 266
- Angabe der Lizenzgebühr E, 273
- angemessen E, 276
- Bedingung E, 274
- ernsthaft E, 269
- hinreichend konkret E, 269
- Kündigungsrecht E, 277
- Rückzahlungsklausel E, 274
- Schadenersatzhaftung anerkennen E, 279
- Territorien außerhalb des Klagepatents E, 286

Lizenzanspruch
- Zulieferer E, 280

Lizenzbereitschaftserklärung E, 304, 315, 419, 570

Lizenzeinwand
- gerichtliche Zuständigkeit E, 409

lizenzerhöhende Faktoren I, 114
Lizenzgebührenrabatt E, 319
Lizenzierungsbitte E, 342
lizenzmindernde Faktoren I, 125
Lizenznehmer B, 227; E, 538
Lizenzsatz I, 112
Lizenzsatz variabel E, 473
Lizenzveräußerung D, 146
Lizenzvergabemarkt E, 226
Lizenzvertrag E, 184, 186
- Nachweis E, 188
Lizenzverweigerung E, 220
Loom-Geflecht A, 308
Löschungsverfahren E, 783
Lösungsmittel
- trivial A, 178
LugÜ D, 2
Lungenfunktionsmessgerät A, 412

M

Machbarkeitsstudie A, 269
Mahnbescheid
- mehrere Rechnungsposten E, 677
mangelnde Sorgfalt bei Auskunft H, 256
Marketingkosten I, 181
marktbeherrschende Stellung E, 223
Marktbeherrschung
- Beweislast E, 234
- Nachweis E, 235
Marktbeobachtungspflicht E, 252; G, 121
Marktverwirrungsschaden D, 441; I, 239
Marktzutrittsvoraussetzung E, 230
Maschinenkosten I, 168
Materialkosten I, 166
Materialschwund I, 167
Mehrfachverfolgung D, 88
Mehrheit von Verstößen H, 129
Meistbegünstigung E, 250
Menge D, 525
Merkmalsgliederung B, 2; D, 718
Merkmalsverwirklichung
- zufällig A, 110
Messe D, 309
- im Ausland A, 289

- im Inland A, 288
Messeauftritt A, 287; G, 35, 79
Messer-Gabel-Kontakte A, 153
Messezustellung D, 58, 73
Metatag A, 297
Miete I, 171
Mindestausstattung A, 15
Mindestschaden I, 223
missbräuchliche Klageerhebung E, 68
Mitbenutzung weiterer Schutzrechte I, 213
Mitbewohner D, 206
Mitgläubiger I, 2
Mitinhaber
- Billigkeit E, 168
- Entschädigung E, 168
- Klage E, 180
- Verjährung E, 181
Mitnahme von Mustern B, 67
Mittäter D, 27, 176
Mittäter und Rechnungslegung H, 239
Mittäter und Verletzergewinn I, 144
Mittel A, 416
mittelbare Patentverletzung A, 402, 404, 438, 440; D, 342, 473
- Anbieten A, 415
- Anspruch auf Rechnungslegung D, 445
- Anwendungsfälle A, 404
- doppelter Inlandsbezug A, 424
- Erschöpfung A, 429
- Herstellen A, 415
- Höheprozess D, 446
- Liefern A, 415
- Lizenz A, 428
- mangelnde Berechtigung des Empfängers A, 427, 429, 431
- Mittel A, 416
- objektive Eignung zur unmittelbaren Patentbenutzung A, 425, 426
- private Verwender A, 429
- Privilegierungstatbestände A, 431
- Roche Bolar A, 448
- Verwendungsbestimmung des Abnehmers A, 432, 437, 441, 442
- Verwendungspatent A, 423
- wesentliches Element der Erfindung A, 417, 418, 421
mittelbare Vorbenutzung E, 519
Mitverschulden des Verwarnten C, 144
Mitverursachungsbeitrag D, 181
- vor Veröffentlichung der Patenterteilung D, 180
Modell B, 10, 417
MPEG E, 261
Mutmaßliche Umsatzgeschäfte I, 225

N

Nachbesichtigung B, 162
Nachforderung E, 61
Nachforschungspflicht G, 130
Nachfrist E, 573
Nachholung der Sicherheitsleistung E, 59

Nachkommastelle A, 181, 182
Nachlässigkeit E, 160
Nachtbriefkasten F, 4
Nachträgliche Erkenntnisse A, 103
Nachträgliche Unterlassungsverpflichtungs-
  erklärung H, 170
Naheliegen A, 124
Nationalität E, 97
natürliche Handlungseinheit C, 21; H, 129
Nebenanspruch A, 44; E, 68
Nebenintervention G, 24, 29, 31, 287, 288,
  321, 328, 339, 342, 347, 349, 352, 353, 356,
  357, 359, 361, 363
– faktische Präzedenzwirkung G, 355
– Grundsatz der Kostenparallelität G, 368
– Kosten G, 365
– Nichtigkeitsberufungsverfahren G, 358
– rechtliches Interesse G, 350
– Rechtskrafterstreckung G, 351
– selbständiges Beweisverfahren B, 112
– Urteilsergänzung G, 365
– Vergleich G, 370
– Zulassungsgründe G, 346
– Zwischenurteil G, 359
Nebenintervention und Rechtsmittel G, 341
Nebentäter A, 403; D, 176
Negativauskunft D, 519; H, 251
negative Feststellungsklage B, 250; C, 114,
  186; D, 13, 22; E, 96, 768; G, 1, 162, 164;
  H, 161; I, 20, 237; J, 161
– Begründung G, 28
– Beweislast G, 30
– Klageantrag G, 26
– Streitwert G, 32
negative Tatsache A, 447
Neubeginn E, 684; H, 163
neue Erzeugnisse E, 240
neue Kostenfaktoren I, 80
Neuheit E, 245
Neuherstellung A, 250; E, 627
nicht anrechenbarer Teil der Geschäftsge-
  bühr J, 146
Nichtangriffsabrede E, 205
Nichtangriffszusage E, 205
Nichterhebungsverfahren B, 222, 244
Nichtigkeitseinrede D, 10
Nichtigkeitsentscheidung A, 91
Nichtigkeitsklage im Ausland E, 705
Nichtigkeitsverfahren
– Doppelvertretung B, 383
– Hinzuziehung eines Rechtsanwalts B, 383
Nichtzahlung des Vorschusses J, 12
Nichtzulassungsbeschwerde F, 81
Niederlassung D, 49, 567
niedriger Preis
– Preisunterbietung I, 212
Normative Verkehrsauffassung E, 652
Normungsorganisation E, 261
notwendige Streitgenossen I, 7
Nullauskunft H, 219
NZB und Erledigung F, 87

O

Oberbegriff B, 5
Obergutachten J, 28
Objektive Eignung zur unmittelbaren
  Patentbenutzung A, 425
objektive Problemstellung A, 55
Occluder A, 59
Offenbarung A, 21
Offenkundige Unrichtigkeit H, 38
offenkundige Vorbenutzung G, 77
offensichtliche Rechtsverletzung D, 482;
  G, 37
Offensichtlichkeit A, 434
Öffentliche Bekantmachung D, 401
– Kosten D, 408
– Umfang D, 406
Öffentliche Zustellung
– einstweilige Verfügung D, 85
– Hauptsacheklage D, 86
Ordnungsgeld H, 131
– Ausland H, 167
Ordnungshaft H, 131
Ordnungsmittelandrohung
– nachträgliche H, 100
Ordnungsmittelantrag
– Erledigungserklärung H, 135
– Rücknahme H, 135
Ordnungsmittelantrag ohne Parteizustellung
  G, 211
Ordnungsmittelverfahren H, 98
– Allgemeine Vollstreckungsvoraussetzungen
  H, 105
– Geschäftsführer H, 102
– Rechtsschutzbedürfnis H, 132
– unbestimmter Titel H, 128
– Verböserung H, 140
– Vergleich H, 99
– Vertragsstrafevereinbarung H, 104
– Zuständigkeit H, 131
Organisationsverschulden H, 143
Orientierung am Patentanspruch A, 125
Örtliche Zuständigkeit D, 34; G, 4
Overblocking D, 223

P

Pädiatrische Verlängerung E, 607
Palettenbehälter E, 646
Paralleleinfuhren B, 224
Parallelentscheidung ausländischer Gerichte
  A, 213
Parallelpatent E, 581
Parallelprodukt B, 28
Partei
– nicht existente D, 273
Parteiberichtigung D, 266
Parteierweiterung D, 273, 280, 285
– Missbrauchssachverhalt D, 287
– Sachdienlichkeit D, 286
– Zustimmung D, 286
Parteifähigkeit D, 273
– Auslandsfälle D, 276

– Kostenfestsetzungsverfahren D, 275
Parteiwechsel D, 104
Parteiwechsel in der Berufungsinstanz F, 28
Parteizustellung G, 192
Partnerschaftsgesellschaft J, 221
Passivlegitimation B, 339; D, 176; G, 6
– Muttergesellschaft D, 178
– Zulieferer D, 177
Passivprozess
– Aufnahme D, 292
Passwort B, 110
Patent E, 209
– nicht lizenziertes E, 208
patent ambush E, 494
Patentanspruch
– weitgefasster A, 9
Patentanwalt
– ausländischer B, 372
– Mitwirkung im ZV-Verfahren B, 365
– Terminsgebühr B, 371
– Verhandlungsgebühr B, 371
Patentanwalt in eigener Sache B, 361
Patentanwaltsgebühren B, 361
Patentanwaltskosten B, 366
– Erstattungsfähigkeit B, 368
– mehrfacher Streitgegenstand B, 377
– Patentassessor B, 367
Patentassessor B, 367
Patentbeschreibung A, 40
Patenthinterhalt E, 494
Patentierte Verletzungsform A, 135
Patentinhaber D, 93
– Auslegung der Rolle D, 93
– Neben Lizenznehmer D, 161
– Patent D, 161
Patentpool E, 257
Patentschrift als eigenes Lexikon A, 51
Patentstreitsache C, 42; D, 51, 666
– durch Widerklage D, 56
Patentübertragung
– Ausland D, 122
– SEP D, 123
– Teilklage D, 121
Patentverletzung nach Verhandlungsschluss D, 622
Patentverwaltungsgesellschaft I, 13
Patentverwerter D, 306, 690
Patentzeichnung A, 32, 40
Patentzeichnungen
Pauschallizenz E, 318, 474
PCT-Anmeldung D, 410
Pemetrexeddinatrium A, 60, 160
Peripheriegerät D, 452, 616; I, 146
Personalkosten I, 169
Pfändung und Überweisung C, 165
Pfändung und Überweisung an Sequester C, 165
Pflicht zur Klage D, 170
Pflicht zur kostenschonenden Prozessführung B, 366
Pflicht zur Lizenzerteilung E, 220
Pflicht zur Markenbenutzung D, 171

Pipettensystem E, 645
Pool-Paketlizenz E, 258
Pool-Stücklizenz E, 259
Positives Benutzungsrecht E, 530, 767
Präklusion C, 169
Präklusion im selbständigen Beweisverfahren B, 114
Präklusionsrecht E, 84, 88, 685; F, 11
praktische Anforderungen E, 796
Preisunterbietung G, 92; I, 212
Prepaid-Telefonkarte A, 321
Presseerklärung C, 184, 185
prioritätsgleiches europäisches Patent E, 138
Prioritätstag A, 102
privater Bereich A, 466
Privatgutachterkosten B, 408, 413
Privatperson A, 466
Probelauf A, 409
Probennahme B, 246
Prodrug A, 77, 253
Product-by-process-Anspruch A, 116
Produktmarkt E, 227
protective order
– Auswirkungen für nationales Verletzungsverfahren B, 187
Protokoll
– über die Auslegung des Art 69 EPÜ A, 6
Protokollaufnahmeantrag J, 51
Protokollberichtigung J, 52
Protokollierung
– Zuständigkeitsrüge D, 50
Prototyp E, 503
Proud-list E, 438
Provider D, 496, 549
Prozessbürgschaft E, 39
Prozessfähigkeit D, 273, 275, 277, 279
– GmbH D, 277
Prozessführungsermächtigung D, 153
Prozessgegner B, 339
prozesshindernde Einrede E, 38, 62
Prozesskostenhilfe E, 27; J, 193, 199
Prozesskostensicherheit E, 13, 28; J, 166
– anfechtbarkeit E, 54
– Befreiung E, 15
– einstweiliges Verfügungsverfahren E, 15
– Streithelfer E, 14
Prozessuale Wahrheitspflicht E, 145
Prozessvergleich
– Doppelnatur E, 778
– Ordnungsmittelandrohung D, 317
– unwirksamer E, 778
Prozessverzögerung D, 284
Prozesszinsen I, 236
Prüfungskompetenz des Beschwerdegerichts
– Ermessen E, 765
– Vorgreiflichkeit E, 765
Prüfungspflichten D, 186, 342
Prüfungszeitraum D, 429, 473, 513, 621

1139

Q
Qualifizierter Hinweis E, 728

R
Rabattvertrag A, 388
räumlich-körperlich definierte Merkmale A, 60
Recherche des Schutzrechtsbestandes G, 154
Recherchekosten B, 422
– nicht darlegungspflichtiger Sachverhalt B, 424
– Verfahrensgebühr B, 423
Recherchenbericht A, 140
Rechnungslegung H, 221
– Benutzungshandlungen H, 253
– Direktwerbung D, 614
– Frist H, 216
– Geschäftsführer D, 605
– Internetwerbung D, 614
– Richtigkeit im Höheprozess vermutet H, 240
– teilweise unberechtigte Beanstandungen H, 250
– Überprüfung H, 278
– unrichtige H, 254
– von Dritten H, 253
Rechnungslegung bei Mittätern H, 239
Rechnungslegung bei mittelbarer Verletzung D, 450
Rechnungslegung gleichzeitig unvollständig und unglaubhaft H, 255
Rechnungslegungsanspruch D, 239, 601; E, 671
– Berechnung des Restschadenersatzanspruchs E, 671
– Umfang D, 607
Rechnungslegungsdaten in elektronischer Form D, 620
Rechstmittelschrift
– falsch adressiert D, 87
Rechtliches Gehör J, 183
Rechtsanwaltsgesellschaft J, 221
Rechtsbestand
– Ausnahmen G, 73
Rechtsbestand des Verfügungspatents G, 49
– Anspruchskombination G, 72
– Darlegungslast des Antragstellers G, 50
– erstinstanzlich widerrufen G, 69
– Grundsatz G, 51
Rechtsfolgen eines Kartellverstoßes E, 292
– Rechnungslegungsanspruch E, 297
– Schadenersatzanspruch E, 296
– Unterlassungsanspruch E, 293, 295
– Vernichtungsanspruch E, 298
Rechtsfrage F, 49; J, 8
Rechtsgutachten B, 413; D, 101, 434
Rechtskontrolle D, 583
Rechtskraft D, 470, 471
– Art 33 EuGVVO D, 10
– Klageabweisung E, 136
– verschiedene angegriffene Ausführungsformen E, 133
Rechtskraft und Zuwiderhandlung H, 124

Rechtskrafterstreckung D, 128; E, 98, 104
– Klageabweisung vor Vergabe einer Lizenz D, 129
– Rechtsnachfolger D, 129
– Zessionar D, 129
Rechtsmittel des Streithelfers G, 341
Rechtsmittelverfahren
– Hinzuziehung eines Patentanwaltes B, 380
– Kostenfragen B, 379
Rechtsnachfolge in Wiederholungsgefahr D, 310
Rechtsnachfolger H, 149
Rechtsprechungsänderung G, 139
Rechtsverteidigungskosten im Besichtigungsverfahren B, 179
Rechtswidrigkeit der Abmahnung C, 116
Rechtverfolgungskosten D, 442; I, 185
Referenzkunde E, 318
Referenzmuster D, 659
reformatio in peius H, 140, 204
Reisekosten B, 404, 406; J, 223
– ausländische Muttergesellschaft B, 421
– der Partei B, 404
– von Mitarbeitern B, 420
Reisekosten und Gerichtswahl B, 352
relevanter Markt E, 223
Rest-Entschädigungsanspruch D, 419, 615
Restitutionsklage G, 291, 293, 296, 299, 302, 306, 310, 312, 319, 322, 325, 327, 331, 337
– abweichende Patentauslegung G, 301
– Anspruchsbeschränkung G, 300
– Art 112a EPÜ G, 311
– Aussetzung G, 320
– Beweislast G, 326
– Fünfjahresfrist G, 319, 320
– Gerichts- und Anwaltskosten G, 295
– Gerichtskostenvorschuss G, 322
– Kenntnis G, 312, 318
– Klagefrist G, 325
– Monatsfrist G, 306, 308, 311
– Prüfungsumfang G, 325
– Rückforderungsansprüche trotz versäumter Wiederaufnahme G, 331, 337
– Schadenersatzzahlungen G, 294
– Streitwert G, 323
– Subsidiarität G, 303
– technische Beschwerdekammer G, 308
– Tenor G, 327
– Verzicht G, 318
– Wissenszurechnung G, 315
– Zwangsvollstreckungskosten G, 294
Restitutionsklage und Anerkenntnis G, 324
Restitutionsverfahren
– Aussetzung G, 302
Restschadenersatzanspruch D, 615; E, 670
– Umstellung auf E, 672
Restschadstoffentfernung B, 62
Revisionsinstanz D, 2
Revisionsverfahren A, 99; F, 47, 57; I, 200
– Auslegungsdivergenz F, 50
– eingeschränkter Klageantrag F, 61
– erstmals Äquivalenz F, 51

– nachträgliche Einschränkung des Patentanspruchs **F**, 53, 55, 60
– Patentauslegung **F**, 47, 49
– unterbliebenes SV-Gutachten **F**, 48
– Verfahrensrüge unterlassener Begutachtung **F**, 47
Richtlinie 2009/125/EG E, 656
Roche-Bolar-Regel E, 792, 795
Rolleneintragung D, 93, 95
Rollstuhlfahrrad A, 204
Rubrum
– Auslegung **D**, 267
Rückforderung G, 331
– Ordnungs- und Zwangsgelder **G**, 331
Rückforderung von Schadenersatzzahlungen bei nachträglichem Patentwiderruf G, 333, 334
Rückgabe der Sicherheit E, 54
Rückgabe der Vollstreckungssicherheit
– Gegenstandswert **H**, 95
– Mahnbescheidsantrag **H**, 95
– mehrere Streitgenossen **H**, 95
Rückgewinnungshilfe I, 244
Rückruf D, 668, 688
– Abholung **D**, 680
– Abholung beim inländischen Abnehmer **D**, 644
– Ausland **D**, 679
– einstweilige Verfügung **D**, 708
– Ernsthaftigkeit **D**, 695
– Ersatzlieferung **D**, 701
– Geschäftsführer **D**, 678
– Klageantrag **D**, 700
– Kosten **D**, 707
– patentfreie Ausweichtechnik **D**, 701
– Teilvernichtung **D**, 701
– unverhältnismäßig **D**, 682
– Vollstreckung **D**, 705
– Wegfall des Klagepatents **D**, 681
Rückruf als Inverkehrbringen A, 306
Rückruf aufgrund Unterlassungstitels H, 108
Rückstellungen I, 219
Rückwirkende Umwandlung einer Lizenz D, 149
Rückzahlung des Ordnungsgeldes H, 139
Rügeloses Verhandeln D, 31, 50
Rundfunkübertragungssystem A, 8

S

Sachaufklärung B, 10, 21, 23, 31, 33, 35, 44, 48, 60, 62, 67, 69, 73, 75, 78, 83, 86, 88, 97, 103, 104, 109, 110, 115, 123, 126, 131, 133, 135, 137, 139, 141, 143, 146, 148, 150, 156, 160, 162, 172, 176, 178, 184, 186, 192
– im Ausland **B**, 186
Sachdienlichkeit D, 286; **E**, 72, 78
Sachliche Zuständigkeit D, 51
Sachverständigenbeweis J, 2
Sachverständigengutachten A, 139, 140
Sachverständigensuche J, 22
Sacklochbohrung A, 60

Saisie-Contrefaçon B, 186
Satzungsmäßiger Sitz D, 5
Saure Antikörper A, 104
Schaden
– des Auskunftsgläubigers **D**, 596
Schadenersatz
– Testkauf **D**, 444
Schadenersatz bei mittelbarer Patentverletzung D, 442
Schadenersatz bei unberechtigter Verletzungsklage I, 15
Schadenersatz bei Verwendungspatent D, 448
Schadenersatz wegen Patentverletzung I, 2
Schadenersatz wegen unberechtigter Vollstreckung I, 16, 17, 19, 21, 26, 65
Schadenersatzanspruch D, 421; **G**, 33
Schadenersatzansprüche Dritter C, 144
Schadenersatzleistungen an Abnehmer I, 100, 187, 188
Schadenersatzklage
– Beitritt von Gesellschaftern **I**, 14
Schadenersatzzahlungen G, 294
Schadensberechnung I, 78
– Rückruf **I**, 101
Schadensliquidation im Strafverfahren I, 240
Schadensminderungspflicht I, 42
Schätzung
– Basiszinssätze seit 1985 **I**, 133
– Überprüfung **I**, 103
Scheinbeklagter D, 269
Schiedsabrede B, 103
Schlechthinverbot A, 446; **D**, 343
– Darlegungslast **A**, 459
– Interessenabwägung **A**, 460
– Roche Bolar **A**, 448
– Technische Gestaltungsmöglichkeiten **A**, 458
– trotz patentfreier Verwendungsmöglichkeit **A**, 456
– Umstellungsfrist **A**, 465
– Wirkungslosigkeit des Warnhinweises **A**, 457
Schriftformerfordernis D, 174
schriftliches Verfahren G, 178
schriftliches Vorverfahren C, 148; **E**, 38
Schriftsatzfrist ohne Antrag J, 183
Schriftsatznachlass E, 160
Schubladenverfügung C, 49
Schuldner im Ausland H, 136
Schulung des Personals A, 409
Schutzbereich
– besteht aus **A**, 23
– enthält **A**, 23
– gebildet aus **A**, 23
– »insbesondere« Merkmal **A**, 37
– umfasst **A**, 23
– und Offenbarung **A**, 21
schutzbereichsbeschränkende Erklärungen A, 86
– Abnehmer **A**, 89
– Meinungsäußerung **A**, 90
– Strohmann **A**, 87
Schutzbereichsbestimmung A, 5

Schutzlandprinzip D, 122
Schutzpflicht Dritter
– Handlung außerhalb des Geltungsbereichs A, 295
– Handlung vor Eintritt der Patentwirkung A, 295
Schutzrecht übergangen D, 250
Schutzrechtsablauf J, 164
Schutzrechtskosten I, 182
Schutzrechtsübertragung und Wirkung auf Lizenz E, 198
Schutzschrift G, 249
– im Beschlagnahmeverfahren B, 236
– Gebührensatz G, 259
– Kosten G, 253
Schutzschriftenregister G, 251
Schutzterritorium
– Bohrinsel A, 239
– Küstenmeer A, 239
– offshore-Windpark A, 239
Schwärzung des Urteils E, 461
Schweizer Anspruchsfassung A, 370
Screenshots A, 299; B, 110
search-order B, 186
Selbständiges Beweisverfahren B, 88, 97, 103, 104, 110, 115, 123, 126, 131, 133, 135, 137, 139, 141, 143, 146, 148, 150, 156, 158, 160, 162
– Anhörung des Sachverständigen B, 155
– Antragsrücknahme B, 169
– Kostenentscheidung B, 163
– Kostenfestsetzung B, 170
– Nebenintervention B, 112
Selbständiges Beweisverfahren und Präklusion B, 114
Selbstbeschränkung A, 93
Selbstverpflichtung E, 656
Selbstverständlichkeit A, 19
selektive Durchsetzung von Verbietungsrechten E, 252
Sendebericht C, 36
SEP E, 210
– FRAND-Erklärung E, 299
– Vermutung der Marktbeherrschung E, 229
SEP im Grenzbeschlagnahmeverfahren B, 269
SEP und einstweilige Verfügung E, 403
Sequester G, 33
Sequestervergütung D, 667
Sequestration G, 33
Sequestrationsanspruch C, 161, 164
Sequestrationskosten D, 667
Serienabmahnung C, 49
Sicherheitsbeträge E, 39
Sicherheitsleistung B, 287, 340; G, 78; H, 8, 119
– Abänderung H, 66
– des Verfügungsklägers G, 191
Sicherheitsleistung bei Vollstreckung nur eines Teils des Tenors H, 13
Sicherungsvollstreckung H, 7
Simultandolmetscher B, 406

sinnfällige Herrichtung A, 316, 359, 375, 377
Sinnfällige Herrichtung und Auskunft A, 367
Sinnfällige Herrichtung und mehrere Brauchbarkeiten A, 365
Sinnfällige Herrichtung und Rechnungslegung A, 369
Sinnfällige Herrichtung und Rückruf A, 367
Sinnfällige Herrichtung und Schadenersatz A, 368
Sinnfällige Herrichtung und Unterlassung A, 366
Sinnfällige Herrichtung und Vernichtung A, 367
sinnfällige Herrrichtung
– allgemeine Werbeankündigung A, 361
Sinngehalt
– unaufklärbar A, 98
Sitz D, 35
Sitzungsniederschrift J, 50
Skalierung als Auslegungsmittel A, 183
Skonti D, 526; I, 172
sofortiges Anerkenntnis C, 148
Sonderausstattungen I, 105
Sortimenter D, 232, 428, 433
sowieso-Kosten I, 158
Sozialisierung von Verlusten H, 241
SPC-Schutz als zweckgebundener Stoffschutz A, 401
Spediteur D, 231, 232, 342, 428; E, 619
Sprungbrettschaden I, 239
Staatshaftungsanspruch B, 272
Stand der Technik A, 124, 200
– als Auslegungshilfe A, 62
Standardfreies Schutzrecht E, 248
Standardgebundenes Schutzrecht E, 250
Stellungnahme zum Ablehnungsgesuch J, 113
Stilllegung von Maschinen B, 67
stillschweigende Lizenzerteilung E, 184, 578, 653
– Endverbraucher E, 654
– Verfahrenspatent E, 653
Stoffschutz A, 223
Störer D, 184, 479, 642
Störungsquelle H, 108
Strafverfahren B, 250
Streit über Sicherheitsleistung H, 27
Streitgegenstand
– Äquivalenz statt Wortsinn A, 134
– Wortsinn/Äquivalenz E, 135
Streitgenossen
– gemeinsamer Anwalt B, 400
Streithelfer B, 381; F, 30
– Prozesskostensicherheit E, 14
Streitschlichtung B, 93
Streitverkündung G, 342
Streitverkündung durch den Streitverkündeten G, 344
Streitverkündung und Aussetzung G, 364
Streitwert B, 340, 342; J, 125
– Anspruch auf Auskunft J, 132
– Ausschluss J, 133

– Beklagtenmehrheit B, 400
– Besichtigung J, 144
– entgangener GewinnBGH J, 152
– generalpräventive Überlegungen J, 126
– Insolvenz J, 168
– Klageerweiterung J, 126
– Kostenerstattungsanspruch C, 72
– Lizenzberechnung J, 151
– Lizenznehmer J, 162
– negative Feststellungsklage J, 161
– nicht anrechenbare Geschäftsgebühr J, 146
– Nichtigkeitsklage J, 169
– Nichtigkeitsverfahren B, 361
– Nichtzulassungsbeschwerdeverfahren J, 155
– Prozesskostensicherheit J, 166
– Rechtsmittelverfahren J, 148
– Schadenersatz J, 139
– Schutzrechtsablauf J, 164
– Streithelfer J, 163
– Stufenklage J, 150
– Unterlassungsanspruch J, 128
– Verzichtsanteil J, 165
– Vollstreckungsverfahren J, 172
– vorläufige Festsetzung J, 178
– vorläufiger Rechtsschutz J, 160
– Zinsen auf Lizenzgebühr J, 147
Streitwert bei mehreren Schutzrechten J, 127
Streitwertangabe des Klägers J, 153
Streitwertbeschluss
– Anfechtbarkeit J, 178, 181, 183, 185
– Kostenquote J, 185
Streitwertbeschwerde J, 178
Streitwertermäßigung J, 187
Strohmann A, 87
Strukturelle Benutzungsmöglichkeit E, 168
Stücklizenz E, 472
Studie E, 796
Stufenklage D, 461
– Besichtigung B, 84
Substantiierung einer Gehörsverletzung J, 183
Substituierbarkeit E, 240
Sukzessionsschutz
– Unterlizenznehmer E, 200
Suspensivwirkung H, 202
Swiss-type-claim G, 140
System des doppelten Datums D, 63, 65

T

Tatbestand und Beweiskraft F, 1
Tatbestandsberichtigung F, 1
Tatfragen F, 49
Tätigkeitsort der Geschäftsführung E, 17
Tatsachenfeststellung A, 98
tatsächliche Kompatibilitätsvoraussetzungen I, 211
Tatsächliche Vermutung für Störerhaftung D, 207
Technischer Wortsinn A, 106
Technologietransfervertrag A, 269
»Teilen«-Funktion A, 305

Teilerfüllung H, 245
Teilkombination A, 205
Teilnichtigkeitsklage E, 717
Teilsicherheit H, 13, 19, 20
– Rückruf H, 14
– Vernichtung H, 14
Teilstreitwert J, 191
Teilurteil D, 101, 254, 461; F, 42; H, 66
– Begriff D, 263
– mehrere a.A. D, 264
– mehrere Klageansprüche D, 264
– mehrere Schutzrechte D, 265
Teilurteilsverbot
– Ausnahmen D, 257
Teilvernichtung A, 94; D, 645, 660, 701
Terminsgebühr B, 354
Terminsgebühr bei Vergleich B, 356
Territorialitätsgrundsatz A, 250
Testgerät E, 619
Testkauf A, 433; B, 10, 294, 297, 299; E, 620
– hereinlegen B, 296
– verwerfliche Mittel B, 297
Testkaufkosten B, 10, 416
Titel H, 1, 2
TKG D, 549
Toleranzbereich C, 51
Tonerkartusche A, 10, 13, 38, 53, 57, 61, 74, 76, 78, 113, 115, 117, 126, 128, 130, 138, 141, 162, 173, 174, 194, 197, 203, 207, 307, 334, 338, 341, 354, 389, 419, 471, 480, 485; E, 656
Torpedo C, 186, 187, 191; E, 96; G, 162, 164
– Drittstaat E, 123
– Einwand des Rechtsmissbrauches E, 111
– Streitgenossen E, 110
– Teilurteil E, 110
Transit A, 312
Transportvertrag E, 622
Treuhänder G, 33
Treuwidrigkeit der Berufung auf Formmangel D, 174
TRIPS B, 12

U

Üben mit dem Zeugen J, 122
Überführung in den zollrechtlich freien Verkehr B, 220
Übergangenes Schutzrecht D, 250
überholte Rechnungslegungsangaben H, 268
Überlassung der Waren B, 254
Überlegungsfrist D, 427
Überprüfung der Rechnungslegung durch Wirtschaftsprüfer H, 278
Übersetzer
– gerichtlicher Schriftstücke B, 425
Übersetzung B, 303, 319, 321, 323, 324, 327, 436; D, 410, 716; E, 568
– eigener Schriftsätze B, 425
– fehlerhafte B, 304, 306, 309, 313, 316, 319, 323, 324
– guter Glaube B, 324

– unvollständige B, 304, 306, 309, 313, 316, 319, 323, 324
Übersetzungsfehler B, 7
Übersetzungskosten B, 425, 429, 430, 434; D, 71
– Annahmeverweigerungsrecht B, 426
– ausländische Muttergesellschaft B, 430
– Erstattungsfähigkeit B, 425; D, 71
– inländische Zweigniederlassung B, 425
– Streithelfer B, 428
– Übersetzung von Druckschriften B, 429
Übersetzungskosten bei Verfahrenstrennung B, 437; D, 72
Übertragung der einfachen Lizenz E, 197
Übertragung der Patentanmeldung
– Wirkung des Erteilungsbeschlusses D, 120
Übertragung des Klagepatents D, 95
Übertragung während Verletzungsprozesses D, 104
Überwachungspflicht D, 206
Überwachungsverschulden H, 143
Umbauten A, 250, 261; D, 645
Umgehung eines Urteils G, 93, 101
Umgehungslösung H, 75
Umsatz als Bezugsgröße I, 109
Umsatzlizenz D, 162; E, 472
Umsatzlizenz gedeckelt E, 473
Umsatzsteuer
– auf entgangenen Gewinn I, 233
– auf Lizenzgebühren I, 141
– auf Verletzergewinn I, 220
– Vertragsstrafe C, 101
Umschreibung D, 95
– nach rechtskräftigem Abschluss des Verletzungsprozesses D, 105
– Nachteile bei der Schadensberechnung D, 99
– Wirksamkeit der Lizenzeinräumung D, 143
Umstandsmoment E, 687
UMTS E, 261
Umverpackung A, 361
unangemessen hohe Lizenzgebühr E, 254
Unangemessene Lizenzierungspraxis E, 247
unbekannte Vorlieferanten H, 251
unbekannter Aufenthalt D, 85
unberechtigte Abmahnung
– Haftung des Anwalts C, 139
unbeschränkte Inanspruchnahme E, 536
Ungleichbehandlung E, 248
– Beweislast E, 253
unmittelbare Patentbenutzung A, 410, 412
– Abgrenzung zur mittelbaren Benutzung A, 408
unmittelbares Verfahrenserzeugnis A, 329; D, 344, 671; E, 574
Unmittelbarkeit A, 335
Unmöglichkeit H, 230
Unmöglichkeit der Rechnungslegung H, 194
Unteranspruch A, 24, 43
Unteranspruch additiv A, 26
Unterbevollmächtigter B, 350
Unterbrechung des Streitwertbeschwerdeverfahrens J, 186

Unterbrechung des Vollstreckungsverfahrens H, 186
Unterkombination A, 205
Unterlassung und Verhältnismäßigkeit D, 354
Unterlassungsanspruch D, 305; G, 33
Unterlassungsanspruch gegen Klageerhebung C, 110
Unterlassungsanspruch präjudiziert nicht Schadenersatzhaftung G, 266
Unterlassungsantrag
– ergänzendes Schutzzertifikat D, 353
– zeitliche Beschränkung D, 352
Unterlassungserklärung
– AGB C, 81
– Auslegung C, 84
– Vollmacht D, 324
– vollmachtloser Vertreter des Gläubigers C, 80
– wie Urteilstenor D, 325
Unterlassungstitel und Rückruf H, 108
Unterlassungsverlangen C, 15
– aus den Begleitumständen C, 16
– Umfang des C, 17
Unterlassungsverpflichtungserklärung A, 442; D, 317
Unterlassungsverpflichtungsvereinbarung A, 449; C, 76; D, 343
Unterlassungsvertrag
– Kündigung C, 82
Unterlizenz D, 142
– Kündigung der Hauptlizenz E, 200
Unverhältnismäßigkeit B, 205; D, 645
unverkäufliches Modell E, 503
unverzüglich D, 530
unzulässige Erweiterung E, 566
Unzumutbarkeit der Abmahnung C, 153
Urkunde B, 73
Urkundenvorlage B, 159
– Klageantrag B, 74
URL-Sperre D, 223
Urteilsbekanntmachung
– Erlöschen D, 409
– Kosten D, 408
Urteilsergänzung D, 250
Urteilsgebühr E, 9
Urteilsveröffentlichung D, 374, 376, 383, 385, 396, 401, 406, 408, 409
– Beweislast D, 398
– Interessenabwägung D, 384
– Klageantrag D, 399
– Rechtsfolgen D, 399
– Wirkungsverlust D, 397
USB B, 208
USt auf Abmahnkosten C, 42

V

Variabler Lizenzsatz E, 473
Veranlassung zur Klage C, 152; E, 5
Veranstaltungen zur alsbaldigen Aufnahme der Benutzung E, 504

Veräußerung einer Lizenz D, 146
verbesserte Ausführungsform A, 208
Verbrauchsmaterialien D, 454; I, 146
Verbrauchter Gegenstand E, 580
Verdacht der Schutzrechtsverletzung B, 216
vereinfachte Postzustellung D, 73, 80
vereinfachtes Verfahren zur Vernichtung
 B, 250
Vereitelungsgefahr B, 110
Verfahren
– Anbieten A, 325
– Inland A, 318
– teils im Ausland A, 318
– teils im Inland A, 318
Verfahren zur Herstellung eines neuen
 Erzeugnisses E, 162
Verfahrensanspruch
– Wirkungs- und Funktionsangaben A, 75
Verfahrenserfindungen I, 108
Verfahrenserzeugnis E, 162
– Bestandteil einer größeren Einrichtung
 A, 337
Verfahrensgebühr C, 57
Verfahrenspatent A, 66, 218, 315, 404; D, 344
– Ausland A, 316
– Erschöpfung E, 653
– stillschweigende Lizenzierung A, 427
– unmittelbare Benutzung A, 317
Verfahrensprodukt
– Unmittelbarkeit A, 335
Verfahrenssprache A, 5; B, 7, 303
– Maßgeblichkeit bei Beschränkung in dt. Spra-
 che A, 5
Verfahrenstrennung E, 89
Verfahrenstrennung und Übersetzungskos-
 ten B, 437; D, 72
Verfolgungsverjährung H, 163, 165
Verfügungsanspruch
– schlüssig dargelegt, aber nicht glaubhaft
 gemacht G, 40
Verfügungsgewalt B, 35, 195; D, 676
Verfügungsverbot C, 165
Vergleich E, 775, 777
– internationaler Bezug E, 777
Vergleichsverhandlungen E, 674; G, 130, 150
Vergütungsanspruch
– des Sachverständigen J, 54, 56
– Erlöschen J, 68
– Fertigstellung des Gutachtens unterbleibt
 J, 57
– Kürzung J, 69
– Stundenaufwand J, 65
– Stundensatz J, 66
– Überschreiten des Vorschusses J, 69
– Verdacht der Befangenheit J, 112
– Vergütungshöhe J, 65
Verhältnismäßigkeit B, 48
Verhältnismäßigkeit bei Unterlassung D, 354
Verhandeln E, 674
verjährte Verletzungshandlung D, 339
Verjährung D, 602; E, 657
– Absolute E, 668

– Anspruch auf Kostenerstattung C, 73
– Auskunftsanspruch E, 660
– Berufungsrechtszug E, 685
– Beweislast E, 658
– Kenntnis Dritter E, 667
– Kenntnis Gläubigerwechsel E, 663
– Mitinhaber E, 181
– Rechtsfolgen E, 669
– Relative E, 661
Verjährung erst im Berufungsrechtszug F, 20
Verjährungseinrede
– erledigendes Ereignis E, 673
– Verzicht auf E, 659
Verkaufsleiter D, 233
Verkaufsmesse A, 277
Verkaufspreise D, 526
Verkehrsanwaltskosten B, 359, 376
– Rechtsmittelverfahren B, 382
Verkehrsauffassung
– Feststellung E, 650
Verkehrsdaten D, 549
Verkehrsdatenspeicherung
– befürchtete Rechtsverletzung D, 555
– Zwischenanordnung D, 558
Verkehrsfilter D, 223
Verkehrsüblichkeit I, 90
Verlängerung der Berufungsbegründungs-
 frist G, 160
Verletzergewinn D, 439; I, 142
– Anwaltskosten für Zahlungsaufforderung
 I, 221
Verletzergewinn bei Mittätern I, 144
Verletzerkette I, 66
Verletzerumsatz I, 146
Verletzerzuschlag I, 112
Verletzung der Hinweispflicht F, 16
Verletzungsanzeige
– Frömelei E, 340
Verletzungshinweis D, 189
Verletzungsvorwurf
– Bestreiten des E, 145
Verletzungszeitpunkt
– Maßgeblichkeit A, 77, 79
Verlust des Vorbenutzungsrechts E, 506
Verlust von Arbeitsplätzen H, 58
Vermengung der Berechnungsarten I, 84
Vermutung B, 30
Vernichtung B, 250
Vernichtungsanspruch D, 628, 633, 637, 639,
 641, 643, 645, 648, 652, 658, 660, 662, 664,
 667; G, 33
– ausländischer Beklagter D, 643
– Beweislast D, 650
– Frachtführer D, 642
– Geschäftsführer D, 641
– nachträglich entfallener Besitz D, 639
– Patentstreitsache D, 666
– Referenzmuster D, 659
– Schutzrechtsablauf D, 652
– Versuche D, 643
– Vollstreckung D, 643, 657, 661, 665
– Wirkungsverlust D, 652

Vernichtungsanspruch bei Verwendungspatent D, 635
Vernichtungskosten D, 642
Veröffentlichungsgebühr B, 309
Verpächter einer Domain D, 229
Verpackungs- und Frachtkosten I, 173
Verrichtungsgehilfen D, 183
Versandhandelsunternehmen D, 433
Versandverfahren B, 222
Versäumnisurteil E, 8; G, 152
Versäumnisurteil und Anwaltskosten B, 355
verschlechterte Ausführungsform A, 209, 211
– Wortsinn A, 210
Verschleißteil A, 427, 429; E, 627
Verschmelzung D, 311
Verschulden D, 425; E, 67
– Gebrauchsmuster D, 438
– Rechtsbeständigkeit D, 435
– Rechtsprechungsänderung D, 437
Verschulden bei Abnehmerverwarnung C, 139
Verschulden bei Herstellerverwarnung C, 139
Versender B, 246
Versicherungskosten I, 174
Verspätung E, 38; F, 12, 18
Verspätungsrecht und Beweis J, 12
Verständnishorizont A, 96
Versuch E, 497, 792, 796
Versuchsprivileg D, 658; E, 792
Vertagung A, 131
Vertagung ohne Antrag J, 183
Vertagungsantrag bei eV G, 160
Vertragsstrafe C, 76, 77, 84, 90, 92, 93, 96, 99, 101, 102
– Anrechnung auf Ordnungsgeld C, 99
– Anrechnung auf Schadenersatz C, 99
– Anrechnung auf Schadenersatzanspruch C, 99
– Bemessung C, 97
– Dritter C, 87
– fortdauernde Störungsquelle C, 86
– Fortsetzungszusammenhang C, 96
– Gesamtschuldner C, 90
– Haftungsgrund C, 76, 77
– Herabsetzung C, 98
– mehrere Verstöße C, 92, 93, 96
– natürliche Handlungseinheit C, 93
– örtliche Zuständigkeit C, 102
– rückwirkende Verpflichtung C, 83
– Umsatzsteuer C, 101
– Verschulden C, 76
– Verstoß nach zustande gekommenem Vertragsschluss C, 83, 84, 90
– Verzinsung C, 100
Vertragsstrafeversprechen C, 20
Vertragsübernahme D, 148
Vertragsübernahme und IPR E, 199
vertrauliche Informationen B, 204
Vertreterprovisionen I, 175
Vertriebsbemühungen
– Vertriebsbemühungen des Verletzers I, 209

Vertriebshändler D, 175
Vertriebspartner H, 147
Vertriebsweg D, 522
Verunreinigungen A, 104
Verwahrungsanspruch C, 161
Verwaltungssitz E, 16
Verwarnung
– Dringlichkeitsvermutung C, 113
– Patentstreitsache C, 113
Verweisung D, 10; G, 174
Verwendung im privaten Bereich A, 466, 468
Verwendungsanspruch
– aus Sachanspruch hervorgegangen A, 400
Verwendungsbestimmung A, 432
– Offensichtlichkeit A, 445
Verwendungsbestimmung des Abnehmers
– Kriterien A, 436
Verwendungspatent A, 218, 359
– Verbotsumfang A, 391
Verwendungszinsen beim Verletzergewinn I, 215
– Zinsbeginn I, 216
Verwertungsverbot D, 557
Verwirkung E, 686
– Ablauf der Verjährungsfrist E, 687
– Schadenersatzanspruch E, 688
– Unterlassungsanspruch E, 688
– wiederholt gleichartige Verletzungshandlungen E, 690
Verzicht
– geänderten Patentschrift A, 163
Verzicht auf privilegierte Handlungen E, 798
Verzichtsurteil G, 338
Verzögerung bei Patentverteilungsverfahren G, 138
Verzögerungsbegriff E, 381
Verzugszinsen I, 235
– gesetzliche I, 20, 235, 238
Vier-Augen-Gespräch J, 120
Vindikation ausländischer Schutzrechte E, 545
Vindikation und Arbeitnehmererfindung E, 545
Vindikation und Aussetzung des Erteilungsverfahrens E, 560
Vindikation und IPR E, 545
Vindikationsanspruch C, 165
Vindikationsfrist E, 539
Vindikationsklage
– allgemeines Zivilrecht E, 546
– Anmeldekosten E, 547
– Mitberechtigung E, 546
– versäumte Frist E, 546
– Zug um Zug E, 547
Vindikationsklage und Aussetzung E, 549
Vindikationsklage und einstweilige Verfügung E, 558
VO 44/2001 C, 186; D, 2; E, 96, 102; G, 162
Vollmacht C, 37
Vollmachtsnachweis D, 317
Vollstreckung des Ordnungsgeldes H, 136

Vollstreckungsabwehrklage G, 276, 278, 281, 284, 289, 291; H, 169, 201, 207
– abweichende Patentauslegung G, 285
– einstweilige Einstellung der ZV G, 286
– Streitwert G, 292
Vollstreckungsdruck I, 24
Vollstreckungsschaden H, 28
Vollstreckungsschutz H, 58
Vollstreckungsschutzantrag H, 30, 65
Vollstreckungssicherheit
– Rückgabe H, 89, 92
Vollstreckungsverjährung H, 166
Vollstreckungsverzicht G, 150
Vollziehung G, 189
– Anspruch auf Auskunft G, 215
– Beschlussverfügung G, 198
– Sequestrationsanspruch G, 215, 216
– Sicherheitsleistung G, 191
– Unterlassungsgebot G, 192
– Vollziehungsmaßnahmen G, 210
– Zustellungsadressat G, 200
Vollziehung der einstweiligen Verfügung
– Sicherheitsleistung G, 78
Vollziehungsfrist G, 189; H, 105
Vollziehungsschaden G, 217
Vorabentscheidungsersuchen G, 188
Vorbehalt
– innerer E, 580
Vorbenutzungsrecht A, 427; B, 68, 111, 122, 125, 132, 142, 298, 330; C, 116; E, 495; G, 1
– Beweislast E, 508
– unteilbar E, 517
Vorbereitungshandlungen A, 249
Vorbesitzer D, 516
vorbeugende Unterlassungsklage D, 15, 47
Vorgreiflichkeit E, 707, 766
– trotz unklarer Verletzungslage E, 708
Vorlage von Gegenständen B, 180
Vorlage von Urkunden B, 72
Vorlageanordnung B, 180
Vorlageanspruch
– Herausgabevollstreckung B, 79
vorläufiges Insolvenzverfahren H, 186
Vorrang
– des Anspruchs vor der Beschreibung A, 9
Vorratsdatenspeicherung D, 556
Vorsatz
– des mittelbaren Verletzers A, 443
Vorsatztat C, 153
vorübergehende Verwendung B, 222
Vorwegnahme der Hauptsache B, 211
Vorzugskonditionen E, 252

W

Wahlfeststellung D, 349
Wahlrecht zwischen Berechnungsarten I, 82
Wahrscheinlichkeit
– Komplexität B, 32
Wahrscheinlichkeit einer Schutzrechtsverletzung B, 26
– Anknüpfungstatsachen B, 27

– Sachverständigengutachten B, 33
– Unwägbarkeiten im Rechtlichen B, 33
– Unwägbarkeiten im Tatsächlichen B, 33
Walzenscheiben A, 15
Warenbewegung innerhalb Konzern E, 624
Warenverkehr zwischen Mitgliedstaaten B, 224
Warnhinweis A, 449; D, 343
Wartefrist
– Arzneimittelbehörde E, 608
Wartungsvertrag D, 454
Websperre D, 216
Websperre und Kosten D, 225
Wegwerfartikel E, 627
Weichvorrichtung A, 86
Weiterbenutzungsrecht B, 317; E, 543, 567
– Beweislast E, 569
weitere Beschwerde D, 582
weitere Sicherheit E, 61
Weiterentwicklung E, 513
Weiterleitung
– falsch adressierte Rechtsmittelschrift D, 87
Weiterverwendung bildlicher Darstellungen A, 279
Werbeankündigung als sinnfällige Herrichtung A, 364
Werbeprospekt A, 272; D, 629
Werbliche Herausstellung I, 206
Werkstattzeichnung A, 263
Werkstoffgruppe A, 195
Wert der Urteilsveröffentlichung J, 131
Wesentliches Element der Erfindung A, 417
Wettlauf um die Anhängigkeit C, 191
Widerklage E, 28
Widerrechtliche Entnahme E, 534
Widerruf des Lizenzpatents E, 202
Widerrufsfrist E, 776
Widerspruch B, 162; G, 172
– Frist G, 175
– gegen Einfuhr E, 611
– Gegenverfügungsantrag G, 176
– Sach- und Rechtslage G, 176
– Verweisung G, 174
– zwischen Anspruch und Beschreibung A, 11
– zwischen kennzeichnendem Teil und Oberbegriff A, 17
widersprüchliche Entscheidungen verschiedener Instanzen G, 111
Wiederaufbereitung von Tonerkartuschen E, 656
Wiederaufleben der Wiederholungsgefahr D, 329
Wiedereinsetzung in den vorigen Stand E, 567; J, 213
– Jahresfrist F, 50
Wiederholter Zwangsmittelantrag H, 210
Wiederholungsgefahr D, 239, 305, 307
– Beendigung D, 317
– Entstehung D, 308
Willenserklärung D, 512
Wirkstoffkombination A, 80

Wirkstofflieferant
– kommerzieller E, 794
Wirkungsangabe
– Anspruchskategorie A, 71
– Ausreißer A, 70
– Verlässlichkeit A, 70
– Verfahrensanspruch A, 75
Wirkungsverlust D, 652; E, 138, 142; H, 127
Wirkungsverlust während des Verletzungsprozesses
– Erledigungserklärung D, 366
– ex nunc D, 365
– ex tunc D, 364
Wirtschaftsprüfervorbehalt D, 514, 623; H, 48, 58
Wissenserklärung D, 512; H, 251
Wissenszurechnung E, 661; G, 315; H, 252
WLAN-Anschluss D, 205
WLAN-Netz D, 184
Wortschöpfung A, 54
Wortsinngemäße Benutzung A, 105

Z

Zahlen- oder Maßangabe A, 179, 189
– wortsinngemäße Benutzung A, 188
Zahlenangabe
– rechtwinklig A, 186
– verbal umschrieben A, 186
Zahlungsunfähigkeit D, 317
Zeilensatz B, 434
Zeitmoment E, 687
Zessionserklärung D, 158
Zeugenbeweis J, 120
Zeugenvernehmung
– Richterwechsel J, 123
Zinsen
– von erstattungsfähigen Abmahnkosten C, 72
Zinsen auf Lizenzgebühren I, 131
Zinseszinsverbot I, 140
Zolllager E, 619
Zolllagerverfahren B, 222, 244
Zubehör A, 486; B, 440; E, 632
zufällige Merkmalsverwirklichung
– Rangierkatze A, 110
Zugang der Abmahnung C, 33
Zugangsdaten für eBay-Mitgliedskonto D, 186
Zugangsverweigerung C, 33
Zulässigkeit des Kartellrechtseinwands E, 212
Zulassung der Revision
– grundsätzliche Bedeutung F, 79
– Patentauslegung F, 80
– Rechtsfortbildung F, 79
– Sicherung einer einheitlichen Rechtsprechung F, 79
Zulassungsantrag D, 367
Zulassungsgrund F, 82
Zulassungsunterlagen A, 375
Zulassungsuntersuchung D, 371
Zulieferer I, 54, 151
Zurückhaltung der Ware B, 245; D, 642

Zurückverweisung an BG A, 100
zusammengesetzte Vorrichtung B, 440
Zusammenstellungszeichnung E, 504
Zusatzmerkmal A, 136
Zuständigkeit D, 1
– Entschädigungsanspruch D, 18
– mangelnde E, 12
– veränderte Umstände D, 14
Zuständigkeitsrüge E, 12
– Protokollierung D, 50
Zuständigkeitsverlust D, 10
Zustellung H, 1, 4
– Anlagen D, 68
Zustellung der Bürgschaftserklärung H, 23
Zustellung im Ausland D, 58
Zustellungsadressat G, 192
Zustellungsadresse E, 16
Zustellungsbevollmächtigter D, 73
Zustellungsmangel
– Heilung D, 65
Zustellungszeitpunkt
– System des doppelten Datums D, 65
Zustimmungsvorbehalt H, 186
Zutat A, 412
Zuwiderhandlung
– Beweislast H, 115
– gegen LG-Urteil H, 119
– gegen OLG-Urteil H, 119
– Mehrere Einzelverstöße H, 129
– unter Einschaltung Dritter H, 115
– Verfahrenspatent H, 115
– Wirkungsverlust H, 127
Zuwiderhandlung bei mittelbarer Patentverletzung H, 158
Zuwiderhandlung nach Rechtskraft H, 124
Zwangsgeld H, 194
Zwangshaft H, 194
Zwangshaft gegen juristische Personen H, 211
Zwangslizenz E, 207
Zwangslizenzeinwand
– Auskunft E, 325
– Bereicherungsausgleich E, 325
– Entschädigung E, 325
– Rechnungslegung E, 325
– Rückruf E, 325
– Schadensersatz E, 325
– Unterlassungsanspruch E, 325
– Urteilsveröffentlichung E, 325
– Vernichtung E, 325
Zwangslizenzen
– Art 101 AEUV E, 316
Zwangsmittelverfahren H, 194
– Erschöpfungssachverhalt H, 226
– Geschäftsführer H, 197
Zwangsvollstreckungsantrag neben Klage auf eidesstattlicher Versicherung H, 255
Zwangsvollstreckungskosten G, 294
Zweckangaben A, 68
zweckgebundener Stoffschutz A, 223, 370; G, 140
Zweckübertragungstheorie E, 305

Zweitbegutachtung **J**, 34
zweite medizinische Indikation
– Klageantrag **A**, 380
– unmittelbare Benutzung **A**, 370
Zweites Besichtigungsverfahren B, 96
zweites Gesuch auf Erlass einer einstweiligen
 Verfügung **G**, 158

zweites Sachverständigengutachten **J**, 53
Zwischenanordnung D, 556
Zwischenerwerb
– nicht registrierter **D**, 118
Zwischenfeststellungsurteil D, 262
Zwischenprodukt A, 250, 319
Zwischenurteil E, 54; **G**, 359